Computernetzwerke

Computernetzwerke

6., aktualisierte Auflage

Andrew S. Tanenbaum
Nick Feamster
David J. Wetherall

Pearson

Bibliografische Information der Deutschen Nationalbibliothek

Die Deutsche Nationalbibliothek verzeichnet diese Publikation in der Deutschen Nationalbibliografie; detaillierte bibliografische Daten sind im Internet über *http://dnb.dnb.de* abrufbar.

Authorized Translation from the English language edition, entitled COMPUTER NETWORKS GLOBAL EDITION, 6 th Edition, 9781292374062 by Andrew S. Tanenbaum, published by Pearson Education, Inc, publishing as Pearson, Copyright © 2023

German language edition published by Pearson Benelux B.V. (Zweigniederlassung Deutschland), Copyright © 2024.

Der Umwelt zuliebe verzichten wir auf Einschweißfolie.

10 9 8 7 6 5 4 3 2 1

27 26 25 24

ISBN 978-3-86894-452-5 (Buch)
ISBN 978-3-86326-355-3 (E-Book)

www.pearson.de
A part of Pearson plc worldwide

Programmleitung: Birger Peil, bpeil@pearson.de
Fachlektorat: Falko Dressler
Übersetzung: Petra Alm und Katharina Pieper
Korrektorat: Katharina Pieper
Herstellung: Philipp Burkart, pburkart@pearson.de
Satz: Gerhard Alfes, mediaService, Siegen (www.mediaservice.tv)
Druck und Verarbeitung: Drukkerij Wilco, Amersfoort

Printed in the Netherlands

Inhaltsübersicht

Inhaltsverzeichnis

Vorwort

Dieses Buch liegt nun in der sechsten überarbeiteten Auflage vor. Es hat sich parallel mit den verschiedenen Entwicklungs- und Nutzungsphasen von Rechnernetzen verändert. Als 1980 die erste Ausgabe erschien, waren Netze eine akademische Kuriosität. 1988, als die zweite Auflage erschien, wurden Netze fast nur an Universitäten und in Großunternehmen eingesetzt. Die dritte Auflage erschien 1996, zu einer Zeit, in der Rechnernetze und insbesondere das Internet bereits für Millionen von Menschen in aller Welt zu einem festen Bestandteil des Alltags geworden waren. Bei Erscheinen der vierten Auflage im Jahr 2003 waren drahtlose Netze und mobile Computer gang und gäbe geworden, um auf das Web und das Internet zuzugreifen. Die fünfte Auflage berücksichtigte den Aspekt, dass die Inhaltsverteilung (besonders von Videos über CDNs und Peer-to-Peer-Netzen) und Mobiltelefone immer populärer wurden. Nun, in der sechsten Auflage liegt der Schwerpunkt auf sehr hoher Leistung unter Einsatz von zellulären 5G-Netzen, 100-Gigabit-Ethernet und 802.11ax WiFi, wobei Geschwindigkeiten von 11 GBit/s wohl bald geknackt werden.

Neu in der sechsten Auflage

Unter den vielen Änderungen in diesem Buch ist die wichtigste, dass Prof. Nick Feamster als Mitautor hinzugekommen ist. Prof. Feamster hat am MIT promoviert und hat inzwischen eine Vollzeitprofessur an der Universität von Chicago.

Eine weitere wichtige Änderung ist, dass *Kapitel 8* (zu Netzsicherheit) stark von Prof. Herbert Bos der Vrije Universiteit in Amsterdam überarbeitet worden ist. Der Fokus hat sich von Kryptografie verschoben zu Netzsicherheit. Hacking, DoS-Angriffe und viele verwandte Themen beherrschen fast jeden Tag die Schlagzeilen, sodass wir sehr dankbar sind, dass die Überarbeitung von Prof. Bos diesen wichtigen Themen mehr Aufmerksamkeit schenkt. Das Kapitel behandelt Schwachstellen, wie man sie abstellt, wie Hacker auf diese Maßnahmen reagieren und welche Verteidigungsstrategien es dann noch gibt, und so weiter. Das Thema Kryptografie wurde etwas gekürzt, um Platz für die umfangreichen Informationen zur Netzsicherheit zu schaffen.

Natürlich finden sich im Buch viele Änderungen, um mit der sich stetig wandelnden Welt der Rechnernetze Schritt zu halten. Die größten Änderungen werden im Folgenden nach Kapiteln aufgelistet:

Kapitel 1 hat zwar den gleichen einführenden Charakter wie in der fünften Auflage, jedoch wurde der Inhalt völlig überarbeitet und aktualisiert. Neu hinzugekommen sind Abschnitte über das Internet der Dinge und die modernen zellulären Architekturen, einschließlich 4G- und 5G-Netze. Auch die Diskussion der Internetpolitik ist aktualisiert worden, vor allem das Thema der Netzneutralität.

Kapitel 2 umfasst nun zusätzlich Beschreibungen der aktuell vorherrschenden physischen Medien in den Zugangsnetzen, wie DOCSIS und Glasfaserarchitekturen, sowie der modernen zellulären Netzarchitekturen und -technologien. Der Abschnitt über

Satellitennetze wurde gründlich überarbeitet. Neu sind auch Abschnitte zu den immer populärer werdenden Technologien wie Virtualisierung, einschließlich der mobilen virtuellen Netzbetreiber und der dynamischen Ressourcenzuweisung bei zellulären Netzen (*cellular network slicing*). Die Ausführungen zu den politischen Maßnahmen wurden umstrukturiert, aktualisiert und um Probleme im Bereich drahtloser Übertragung, wie das Spektrum, erweitert.

Kapitel 3 wurde um einen Abschnitt zu DOCSIS als Protokollbeispiel ergänzt, da wir es hier mit einer weitverbreiteten Technologie zu tun haben. Der Fehlerkorrekturcode ist natürlich größtenteils zeitlos.

In *Kapitel 4* gibt es neues Material zu 40- und 100-Gigabit-Ethernet sowie zu 802.11ac, 802.11ad und 802.11ax. Ebenfalls neu ist der Abschnitt zu DOCSIS, der die MAC-Teilschicht in Kabelnetzen erklärt. Die Erläuterungen zu 802.16 wurden entfernt, da es den Anschein hat, dass diese Technologie im Vergleich zu den zellulären 4G- und 5G-Technologien den Kürzeren zieht. Der Abschnitt zu RFID wurde ebenfalls entfernt, da er keinen direkten Bezug zu Netzen hatte. Außerdem wurde damit Platz für neues Material geschaffen.

In *Kapitel 5* wurden die Themen Überlastungsmanagement, Traffic-Management, Traffic-Shaping und Traffic-Engineering überarbeitet und an die aktuellen Entwicklungen angepasst. Dem Kapitel wurde außerdem ein komplett neues Unterkapitel zu softwaredefiniertem Netzbetrieb (SDN), einschließlich OpenFlow und programmierbarer Hardware (z.B. Tofino), hinzugefügt. Das Kapitel umfasst außerdem einige Beispiele für aufkeimende SDN-Anwendungen, wie bandinterne Netztelemetrie. Auch das Thema IPv6 wurde zum Teil aktualisiert.

Kapitel 6 wurde stark überarbeitet, um den neuen Erkenntnissen zu modernen Transportprotokollen wie TCP CUBIC, QUIC und BBR gerecht zu werden. Die Abschnitte zur Leistungsmessung wurden komplett überarbeitet, um den Fokus auf die Durchsatzmessung in Rechnernetzen zu legen. Dabei wurde besonders auf die Herausforderungen eingegangen, den Durchsatz von Zugangsnetzen zu messen, da die Geschwindigkeiten in Zugangs-ISPs weiter steigen. Das Kapitel enthält außerdem neues Material zum Messen der Erlebnisqualität der Benutzer – ein neues Feld der Leistungsmessung.

Kapitel 7 wurde ebenfalls stark überarbeitet. Über 60 Seiten, die für dieses Buch zu Rechnernetzen nicht mehr relevant sind, wurden entfernt. Das Material zum DNS wurde fast komplett umgeschrieben, um den aktuellen Entwicklungen in diesem Bereich Rechnung zu tragen, einschließlich dem zunehmenden Trend, das DNS zu verschlüsseln und allgemein seinen Schutz der Privatsphäre zu verbessern. Es werden neuere Protokolle wie DNS-over-HTTPS und andere Möglichkeiten des Datenschutzes für das DNS vorgestellt. Die Ausführungen zum Web wurden umfangreich aktualisiert, um den zunehmenden Einsatz von Verschlüsselung im Web sowie extensive Datenschutzprobleme (wie Tracking) zu reflektieren, die im Web immer größere Verbreitung finden. Das Kapitel umfasst einen komplett neuen Abschnitt über Webanonymität, ausführliche Beschreibungen moderner Content-Delivery-Technologie (z.B.

Content-Delivery-Netze) und eine erweiterte Beschreibung von Peer-to-Peer-Netzen. Der Abschnitt zu der Evolution des Internets wurde ebenfalls überarbeitet, um dem zunehmenden Einsatz verteilter Cloud-Dienste gerecht zu werden.

Auch *Kapitel 8* wurde komplett überholt. In vorherigen Auflagen lag der Schwerpunkt des Kapitels zur Sicherheit ausschließlich auf der Informationssicherheit mittels Kryptografie. Allerdings ist Kryptografie nur ein Aspekt der Netzsicherheit, denn wenn wir praktische Sicherheitsvorfälle betrachten, ist dies nicht der Aspekt, wo die Probleme liegen. Um diesem entgegenzuwirken, haben wir neue Inhalte zu Sicherheitsprinzipien, grundlegenden Angriffstechniken, Verteidigungsstrategien und einer breiten Palette von systembezogenen Sicherheitsproblemen hinzugefügt. Außerdem haben wir in den bestehenden Abschnitten die Beschreibungen inzwischen veralteter Verschlüsselungstechniken entfernt und ersetzt durch Ausführungen zu moderneren Versionen der Protokolle und Standards.

Kapitel 9 enthält eine erneuerte Liste mit Leseempfehlungen und eine umfassende Bibliografie.

Zusätzlich wurden Dutzende neue Übungen und Dutzende neue Literaturhinweise ergänzt.

Liste der Akronyme

Fachbücher über Computer sind normalerweise voller Akronyme. Das vorliegende bildet keine Ausnahme. Wenn Sie dieses Buch durchgearbeitet haben, sollten Ihnen die folgenden Abkürzungen etwas sagen: AES, AMI, ARP, ARQ, ASK, BGP, BSC, CCK, CDM, CDN, CRL, DCF, DES, DIS, DMT, DMZ, DNS, EAP, ECN, EDE, EPC, FDD, FDM, FEC, FSK, GEO, GSM, HFC, HLR, HLS, HSS, IAB, IDS, IGP, IKE, IPS, ISM, ISO, ISP, ITU, IXC, IXP, KDC, LAN, LCP, LEC, LEO, LER, LLD, LSR, LTE, MAN, MEO, MFJ, MGW, MIC, MME, MPD, MSC, MSS, MTU, NAP, NAT, NAV, NCP, NFC, NIC, NID, NRZ, ONF, OSI, OSPF, PAR, PCF, PCM, PCS, PGP, PHP, PIM, PKI, PON, POP, PPP, PSK, RAS, RCP, RED, RIP, RMT, RNC, RPC, RPR, RTO, RTP, SCO, SDH, SDN, SIP, SLA, SNR, SPE, SSL, TCG, TCM, TCP, TDM, TLS, TPM, UDP, URL, USB, UTP, UWB, VLR, VPN, W3C, WAF, WAN, WDM, WEP, WFQ und WPA. Aber keine Sorge, jedes Akronym wird in **Fettschrift** eingeführt und sorgfältig erläutert, bevor wir es verwenden. Machen Sie doch zum Spaß einmal den Test, um zu sehen, wie viele der Abkürzungen Sie identifizieren können, *bevor* Sie das Buch lesen. Schreiben Sie sich die Anzahl an den Rand, dann versuchen Sie es noch einmal, *nachdem* Sie das Buch gelesen haben.

Hilfsmaterialien

Material für Dozierende und Studierende, zum Beispiel die Demo zur Steganografie und Protokollsimulatoren, finden Sie auf der Webseite zum Buch unter

www.pearson.de/4452

Danksagung

Unzählige Leute haben uns bei der Entstehung der sechsten Auflage unterstützt. Unser besonderer Dank gilt Phyllis Davis (St. Louis Community College), Farah Kandah (Universität von Tennessee, Chattanooga), Jason Livingood (Comcast), Louise Moser (Universität von California, Santa Barbara), Jennifer Rexford (Princeton), Paul Schmitt (Princeton), Doug Sicker (CMU), Wenye Wang (Universität von North Carolina) und Greg White (Cable Labs).

Einige Studenten von Prof. Tanenbaum haben mit ihren Ideen und wertvollen Rückmeldungen zum Manuskript zum Gelingen des Buches beigetragen: Ece Doganer, Yael Goede, Bruno Hoevelaken, Elena Ibi, Oskar Klonowski, Johanna Sänger, Theresa Schantz, Karlis Svilans, Mascha van der Marel und Anthony Wilkes.

Jesse Donkervliet (Vrije Universiteit) hat sich viele neue und anspruchsvolle Aufgaben ausgedacht, die am Ende jedes Kapitels zu finden sind.

Paul Nagin (Chimborazo Publishing, Inc.) hat die PowerPoint-Folien vorbereitet.

Unsere Lektorin bei Pearson, Tracy Dunkelberger, war wie immer in den vielen großen und kleinen Dingen auf die ihr eigene Art hilfreich. Ohne ihren Rat, ihren Antrieb und ihre Beharrlichkeit gäbe es diese neue Auflage wahrscheinlich nicht. Danke für alles, Tracy. Wir wissen deine Hilfe wirklich zu schätzen.

Zum Schluss kommen wir zu den wichtigsten Menschen. Suzanne hat dies nun 23 Male mitgemacht und bringt immer noch endlose Geduld und Liebe auf. Barbara und Marvin kennen heute den Unterschied zwischen guten und schlechten Lehrbüchern und sind immer eine Inspiration, ein gutes Lehrbuch herzustellen. Daniel und Matilde sind ein willkommener Zuwachs zu unserer Familie. Aron, Nathan, Olivia und Mirte werden dieses Buch nicht so bald lesen, aber sie inspirieren mich und geben mir Hoffnung für die Zukunft (AST). Marshini, Mila und Kira: Mein liebstes Netz ist das, was wir zusammen bilden. Danke für eure Unterstützung und Liebe (NF). Katrin und Lucy haben mich unendlich unterstützt und es immer vermocht, ein Lächeln auf mein Gesicht zu zaubern. Danke (DJW).

Andrew S. Tanenbaum

Nick Feamster

David J. Wetherall

Vorwort zur deutschen Auflage

Computernetzwerke sind aus unserem Leben nicht mehr wegzudenken. In der Tat sind sie die Basis sehr vieler Technologien, die die Weltwirtschaft, unser Sozialgefüge und unsere alltäglichen Aufgaben prägen. Versteckt arbeiten sie und transportieren unvorstellbare Mengen an Daten um den ganzen Erdball. In der öffentlichen Diskussion sind Computernetzwerke in Form von neuen 5G-Netzen, dem privaten Glasfaseranschluss oder den weiterwachsenden internationalen Tech-Firmen immer präsent. Aber was sind Computernetzwerke eigentlich? Welche Konzepte und Technologien erlauben es dem Internet seit den 1970er Jahren kontinuierlich weiterzuwachsen? Und warum klappt das ohne eine internationale Aufsichtsbehörde?

Das Lehrbuch Computernetzwerke geht allen diesen Fragen nach und informiert den interessierten Leser über die Hintergründe, Konzepte und Methoden, Technologien und Beschränkungen. Der „Tanenbaum“ ist über die Jahrzehnte zum Standardrepertoire von unzähligen Kursen an Universitäten und Hochschulen weltweit geworden. Das Team Andrew Tanenbaum, Nick Feamster und David Wetherall hat es geschafft, ein Standardwerk zu kreieren und dieses kontinuierlich weiterzuentwickeln, zu aktualisieren und den Veränderungen in Technologien aber auch geopolitischen Regeln anzupassen. Besonderer Dank gebührt an dieser Stelle dem Verlag und dem Übersetzungsteam Petra Alm und Katharina Pieper, die die neue Edition in Perfektion und kürzester Zeit für den deutschen Sprachraum zugängig gemacht haben.

In neun Kapitel wird der sogenannte Protokollstapel von unten nach oben beleuchtet. Von Symbolen, Bits und Bytes, die zwischen benachbarten Computern ausgetauscht werden, über Regeln des Medienzugriffs und natürlich dem Internetprotokoll werden aufbauend Fragen der Ende-zu-Ende-Verbindung von Rechnern über komplexe Internetnetze und natürlich Protokolle der Anwendungsschicht wie http besprochen, die wir jeden Tag aktiv einsetzen. Ein tiefer Einblick in Fragen der Netzwerksicherheit und weiterführende Leseempfehlungen runden das Buch ab.

Ob Sie gerade ein Ingenieurstudium beginnen oder sich schlicht mehr Einblicke in die Funktion des Internets verschaffen wollen – das Buch Computernetzwerke bietet sowohl einen für den Laien einfachen Start in die Thematik als auch die nötige Tiefe, um die komplexen Grundkonzepte im Detail zu verstehen und anzuwenden. Ich wünsche viel Spaß beim Lesen, Lernen und Hinterfragen der Konzepte von Computernetzwerken.

Über die Autoren

Andrew S. Tanenbaum hat einen Senior-Bachelor-Abschluss des MIT und die Doktorwürde der Universität von Kalifornien in Berkeley. Er ist derzeit emeritierter Professor für Informatik der Vrije Universiteit in Amsterdam, wo er über 40 Jahren in den Bereichen Betriebssysteme, Netzwerke und verwandten Themen gelehrt hat. Seine Forschungstätigkeit konzentrierte sich vor allem auf hoch zuverlässige Betriebssysteme, auch wenn er im Laufe der Jahre in den Bereichen Compiler, verteilte Systeme, Sicherheit und verwandte Themen gearbeitet hat. Die Ergebnisse seiner Forschungsprojekte sind in über 200 Artikeln in Fachzeitschriften und Tagungsbänden dokumentiert.

Prof. Tanenbaum war außerdem (Mit-)Autor von fünf Büchern, die mittlerweile in 24 Ausgaben erschienen sind. Die Bücher wurden in 21 Sprachen übersetzt, einschließlich baskisch, chinesisch, deutsch, französisch, japanisch, koreanisch, rumänisch, serbisch, spanisch und thailändisch, und werden an Universitäten auf der ganzen Welt eingesetzt.

Er ist darüber hinaus der Autor von MINIX, einem kleinen Unix-Klon, das ursprünglich zum Einsatz in studentischen Programmierlaboren gedacht war. MINIX war die direkte Inspiration für Linux und die Plattform, auf der Linux anfangs entwickelt wurde.

Prof. Tanenbaum ist Mitglied der ACM und der IEEE sowie Mitglied der Königlich-Niederländischen Akademie der Wissenschaften. Er hat außerdem zahlreiche wissenschaftliche Preise von ACM, IRRR und USENIX verliehen bekommen, die auf seiner Wikipedia-Seite aufgelistet sind. Seine Homepage im World Wide Web findet sich unter der URL *http://www.cs.vu.nl/~ast/*.

Nick Feamster ist ein Neubauer-Professor für Informatik und Leiter des Center for Data and Computing (CDAC) an der Universität von Chicago. Seine Forschung beschäftigt sich mit vielen Aspekten der Vernetzung von Computern und vernetzten Systemen mit dem Schwerpunkt auf Netzbetrieb, Netzsicherheit und Internetzensur sowie auf Anwendungen des maschinellen Lernens für Computernetze.

Er promovierte 2005 in Informatik am MIT und machte seinen Senior-Bachelor-Abschluss und Master in Elektrotechnik und Informatik am MIT im Jahr 2000 bzw. 2001. Er war schon früh Mitarbeiter von Looksmart (die zum Verzeichnisdienst von AltaVista avancierten), wo er den ersten Webcrawler des Unternehmens schrieb. Bei Damballa war er am Entwurf des ersten Algorithmus zur Botnet-Erkennung beteiligt.

Prof. Feamster ist ein Mitglied der ACM. Er erhielt den PECASE-Preis (Presidential Early Career Award for Scientists and Engineers) für seine Beiträge zu den datengetriebenen Ansätzen zur Netzwerksicherheit. Seine frühen Arbeiten auf der Routing Control Platform brachten ihm den USENIX Test of Time Award für seinen Einfluss auf die softwaredefinierte Vernetzung ein. Er entwickelte den ersten Onlinekurs zu diesem Thema. Er war darüber hinaus als Dozent ein Gründungsmitglied des Online-Masterprogramms für Informatik an der Georgia Tech.

Feamster ist ein begeisterter Langstreckenläufer, der 20 Marathons absolviert hat, darunter die Marathons von Boston, New York und Chicago.

David J. Wetherall arbeitet zurzeit bei Google. Zuvor war er außerordentlicher Professor der Informatik und Ingenieurwissenschaft an der Universität Washington in Seattle und Berater der Intel Labs in Seattle. Er stammt aus Australien, dort hat er seinen Bachelorabschluss in Elektrotechnik an der Universität von West-Australien erlangt. Er promovierte in Informatik am MIT.

Prof. Wetherall arbeitet seit zwei Jahrzehnten im Bereich Netzwerke. Seine Forschung konzentriert sich auf Netzsysteme, insbesondere drahtlose Netze und mobile Computer, den Entwurf von Internetprotokollen sowie Netzmessungen.

Er erhielt den ACM SIGCOMM Test of Time Award für Forschung, die den Weg für aktive Netze bereitete – eine Architektur für die schnelle Einführung von neuen Netzdiensten. Er erhielt den William-Bennett-Preis der IEEE für seinen Durchbruch beim Internet-Mapping. Seine Forschung wurde 2002 mit einem NSF CAREER Award ausgezeichnet. Im Jahr 2004 wurde er ein Sloan Fellow.

Prof. Wetherall ist außerdem Mitglied der Netzforschungsgemeinde. Er war Co-Chair der Programmkomitees von SIGCOMM, NSDI und MobSys und Mitbegründer des ACM HotNets Workshop. Er hat bei unzähligen Programmkomitees für Netzkonferenzen mitgewirkt und ist Lektor für ACM Computer Communication Review.

Fachlektor **Falko Dressler** ist Inhaber des Lehrstuhls für Telekommunikationsnetze an der Fakultät für Elektrotechnik und Informatik der TU Berlin. Er erhielt sein Diplom und seinen Doktortitel von der Fakultät für Informatik der Universität Erlangen, dort habilitierte er auch im Jahr 2009 zum Thema *Self-Organization in Sensor and Actor Networks*. Von 2011 bis 2014 leitete Prof. Dressler den Lehrstuhl für Technische Informatik am Institut für Informatik in Innsbruck; von 2014 bis 2020 war er Inhaber des Lehrstuhls für Verteilte Eingebettete Systeme an der Universität Paderborn. Seine Forschungsschwerpunkte sind adaptive drahtlose Vernetzung (sub-6GHz, mmWave, sichtbares Licht, molekulare Kommunikation) und drahtlose Sensorik mit Anwendungen in Ad-hoc- und Sensornetzen, dem Internet der Dinge und Cyber-Physischen Netze.

Prof. Dressler war stellvertretender Chefredakteur von *IEEE Trans. on Mobile Computing* und *Elsevier Computer Communications* sowie Herausgeber mehrerer Fachzeitschriften (*IEEE/ACM Trans. on Networking, IEEE Trans. on Network Science and Engineering, Elsevier Ad Hoc Networks, Elsevier Nano Communication Networks*) und Vorsitzender verschiedener Konferenzen (*IEEE INFOCOM, ACM MobiSys, ACM MobiHoc, IEEE VNC, IEEE GLOBECOM*). Er ist außerdem Autor von Lehrbüchern zum Thema Selbstorganisation in Netzwerken und Fahrzeugnetzen.

Prof. Dressler ist ein IEEE Fellow sowie ein ACM Distinguished Member, außerdem ist er Mitglied der Deutschen Akademie der Technikwissenschaften (acatech). Seine Webseite ist *https://www2.tkn.tu-berlin.de/team/dressler*.

Einleitung

1

» Jedes der vergangenen drei Jahrhunderte wurde von einer einzelnen neuen Technologie beherrscht. Das 18. Jahrhundert war die Blütezeit der großen mechanischen Systeme, die die Industrielle Revolution begleiteten. Das 19. Jahrhundert war das Zeitalter der Dampfmaschine. Im 20. Jahrhundert spielten das Sammeln, Verarbeiten und Verteilen von Information die technologische Schlüsselrolle. Wir haben unter anderem die Einrichtung weltweiter Telefonnetze, die Erfindung von Radio und Fernsehen, die Geburt und den beispiellosen Aufstieg der Computerindustrie, den Start von Kommunikationssatelliten und – natürlich – das Aufkommen des Internets miterlebt. Und wer weiß, welche Wunder das 21. Jahrhundert für uns bereithält?

Durch den rasanten technologischen Fortschritt verschmelzen diese Gebiete im 21. Jahrhundert mit zunehmender Geschwindigkeit und die Unterschiede zwischen dem Erfassen, Übertragen, Speichern und Verarbeiten von Informationen verschwinden immer mehr. Für Unternehmen mit Hunderten von weit voneinander entfernten Standorten ist es heute eine Selbstverständlichkeit, den augenblicklichen Geschäftsstand von jedem Standort – und sei er noch so fern – per Tastendruck abrufen zu können. Schneller noch als unsere Fähigkeiten auf dem Gebiet des Informationsmanagements zunehmen, entstehen neue Bedürfnisse nach noch besseren Datenverarbeitungssystemen.

«

1.1 Einsatzbereiche für Rechnernetze

Obwohl die Computerindustrie im Vergleich zu anderen Industrien (z.B. der Kfz- oder Luftfahrtindustrie) immer noch relativ jung ist, haben die Computer doch in kurzer Zeit spektakuläre Fortschritte gemacht. In den ersten zwei Jahrzehnten ihrer Existenz waren Computersysteme völlig zentralisiert, normalerweise in einem einzigen großen Raum. Nicht selten hatten diese Räume Glaswände, durch die Besucher das großartige elektronische Wunder bestaunen konnten. Ein Unternehmen mittlerer Größe oder eine Universität hatten zu dieser Zeit vielleicht einen oder zwei Computer und große Institutionen hatten höchstens ein paar Dutzend. Die Vorstellung, dass fünfzig Jahre später Computer mit einer erheblich höheren Leistungsfähigkeit und einem geringeren Platzbedarf als eine Briefmarke in milliardenfacher Massenproduktion hergestellt würden, war reine Zukunftsmusik.

Die Verschmelzung von Computern und Kommunikation hat die Art, wie Computersysteme organisiert sind, grundlegend beeinflusst. Das einst vorherrschende Konzept eines Rechenzentrums in einem großen Raum mit nur einem Großrechner, in das alle Benutzer ihre Arbeiten zum Verarbeiten bringen, gehört heute zum alten Eisen (obwohl Datenzentren, die Tausende von Internetservern beherbergen, gerade üblich werden). Das alte Modell, bei dem ein Großrechner für ein Unternehmen die gesamte Nachfrage nach Rechenleistung befriedigte, wurde durch ein neues ersetzt, bei der eine große Anzahl einzelner, miteinander verbundener Computer die Arbeit übernehmen. Diese Systeme nennt man **Rechnernetze**. Die Entwicklung und der Aufbau dieser Rechnernetze sind Gegenstand dieses Buchs.

In diesem Buch wird der Begriff „Rechnernetze" für mehrere mit einer bestimmten Technologie verbundene autonome Computer verwendet. Zwei Computer gelten als miteinander verbunden, wenn sie Informationen austauschen können. Die Verbindungen können über eine Vielzahl von Übertragungsmedien erfolgen, einschließlich Kupferleiter, Glasfaserkabel, Radiowellen (z.B. Mikrowellen, Infrarot, Kommunikationssatelliten). In diesem Buch werden Sie noch eine Vielzahl an Netzen mit verschiedenen Ausdehnungen, Strukturen und Formen kennenlernen. Die Netze sind in der Regel miteinander verbunden, um größere Netze zu bilden. Das **Internet** ist das bekannteste Beispiel solch eines Netzes von Netzen.

1.1.1 Zugang zu Informationen

Der Zugriff auf Informationen kann auf viele Arten erfolgen. Üblicherweise gelangt man über das Internet an Informationen. Hierfür benötigt man einen Webbrowser, der es einem Benutzer erlaubt, Informationen von den verschiedenen Websites, einschließlich der populären Social-Media-Websites abzurufen. Aber auch über mobile Anwendungen auf den Smartphones können Benutzer auf Ferndaten aus so verschiedenen Bereichen wie Kunst, Wirtschaft, Kochen, Politik, Gesundheit, Geschichte, Hobbys, Freizeitgestaltung, Wissenschaft, Sport, Reise etc. zugreifen. Möglichkeiten zur Unterhaltung gibt es dermaßen viele, dass wir hier nicht alle erwähnen können, ganz zu schweigen von einigen, die überhaupt besser unerwähnt bleiben.

Nachrichtenagenturen publizieren inzwischen größtenteils auch online, wobei einige den Druck auf Papier sogar gänzlich eingestellt haben. Zugriff auf Informationen, einschließlich auf Nachrichten, ist zunehmend personalisierbar. Bei einigen Online-Nachrichtenportalen können Sie angeben, an was Sie primär interessiert sind, z.B. korrupte Politiker, Großfeuer, Promi-Skandale und Epidemien, aber kein Sport. Die Abwanderung ins Internet gefährdet zwar die Jobs der Zeitungszusteller, erschließt aber den Onlinenachrichten eine viel größere Leserschaft.

Zunehmend werden die Nachrichten, die von den Benutzern auf Social-Media-Plattformen gepostet oder aus verschiedensten Quellen geteilt werden, von diesen Plattformen kuratiert. Außerdem sind die Nachrichten, die einem Benutzer angezeigt werden, priorisiert und personalisiert, sei es auf Basis expliziter Benutzerpräferenzen oder komplexer Algorithmen des maschinellen Lernens, die die Benutzerpräferenzen anhand der Benutzer-Historie vorhersagen. Onlinepublishing und das Kuratieren von Inhalten auf Social-Media-Plattformen unterstützt ein Finanzierungsmodell, das größtenteils von gezielter und verhaltensgesteuerter Werbung abhängt, was notwendigerweise voraussetzt, dass Daten über das Verhalten der einzelnen Benutzer gesammelt werden, auch wenn diese gelegentlich missbraucht werden.

Digitale Onlinebibliotheken und Einzelhandels-Websites hosten digitale Inhalte, von Fachjournalen bis Bücher. Viele Fachorganisationen wie die ACM (*www.acm.org, Association for Computing Machinery*) und die IEEE Computer Society (*www.computer.org, Institute of Electrical and Electronics Engineers*) stellen bereits all ihre Journale und Konferenzberichte online zur Verfügung. E-Book-Reader und Onlinebüchereien könnten gedruckte Bücher demnächst überflüssig machen. Skeptiker mögen bedenken, welche Auswirkung die Druckerpresse auf die mittelalterliche illuminierte Handschrift hatte.

Auf einen Großteil der Informationen im Internet wird über ein Client-Server-Modell zugegriffen, bei dem ein Client explizit Informationen von einem Server anfordert, der dieses Informationen hostet (▶Abbildung 1.1).

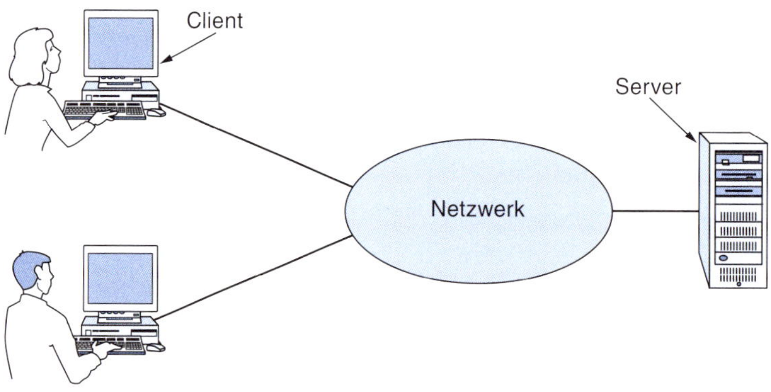

Abbildung 1.1: Ein Netz mit zwei Clients und einem Server.

Dieses **Client-Server-Modell** ist stark verbreitet und bildet häufig die Basis für die Nutzung von Netzen. Die bekannteste Umsetzung dieses Prinzips sind **Webanwendungen**, bei denen ein Server Webseiten anhand seiner Datenbank als Antwort von Client-Anfragen erzeugt, welche die Datenbank aktualisieren können. Das Client-Server-Modell ist nicht nur anwendbar, wenn sich Client und Server im gleichen Gebäude befinden (und zum gleichen Unternehmen gehören), sondern auch wenn Client und Server räumlich weit voneinander entfernt sind. Wenn beispielsweise jemand von zu Hause auf das World Wide Web zugreift, gilt das gleiche Modell, wobei der entfernte Webserver als Server und der PC des Benutzers als Client fungiert. In den meisten Fällen kann ein Server eine große Anzahl (Hunderte oder Tausende) an Clients gleichzeitig bedienen.

Wenn wir uns das Client-Server-Modell genauer ansehen, entdecken wir zwei Prozesse (das heißt laufende Programme): einen auf dem Client-Rechner und einen auf dem Server-Rechner. Die Kommunikation findet statt, indem der Client-Prozess über das Netzwerk eine Nachricht an den Server-Prozess schickt. Der Client-Prozess wartet dann auf eine Antwort. Wenn der Server die Anforderung erhält, führt er die angeforderte Aufgabe aus oder sucht die angeforderten Daten heraus und sendet eine Antwort zurück. Diese Nachrichten sind in ▶Abbildung 1.2 dargestellt.

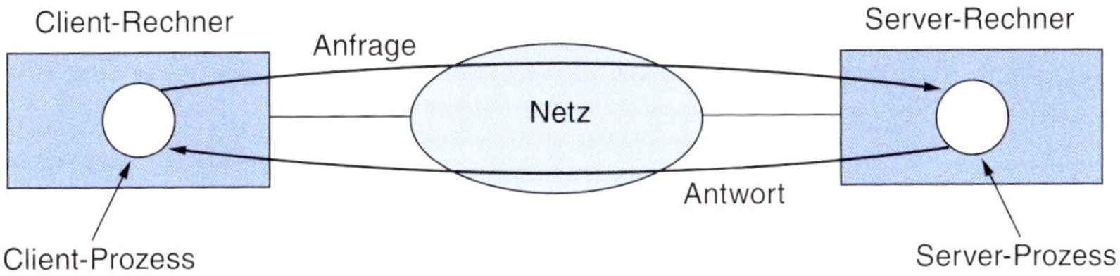

Abbildung 1.2: Das Client-Server-Modell enthält Anfragen und Antworten.

Ein weiteres beliebtes Modell für den Zugriff auf Informationen ist die **Peer-to-Peer**-Kommunikation (Parameswaran et al., 2001). In dieser Form können Personen, die eine lose Gruppe bilden, mit anderen in der Gruppe kommunizieren, wie in ▶Abbildung 1.3 dargestellt. Jede Person kann im Grunde mit einer oder mehreren Personen kommunizieren. Es besteht keine feste Aufteilung in Clients und Server.

Viele Peer-to-Peer-Systeme wie BitTorrent (Cohen, 2003) haben keine zentrale Datenbank mit Inhalten, sondern jeder Benutzer verwaltet seine Datenbank lokal und besitzt eine Liste von in der Nähe lebenden Personen, die auch Mitglied in diesem System sind. Ein neuer Benutzer kann dann zu einem Mitglied gehen und nachsehen, was dieser hat, sowie die Namen der anderen Mitglieder bekommen, um diese wiederum auf weitere Inhalte und weitere Namen zu prüfen. Dieser Nachschlageprozess kann unbegrenzt wiederholt werden, um über die einzelnen Mitglieder eine große lokale Datenbank zu erstellen. Diese Aktivität wäre für Menschen sehr mühselig, aber Computer meistern dies hervorragend.

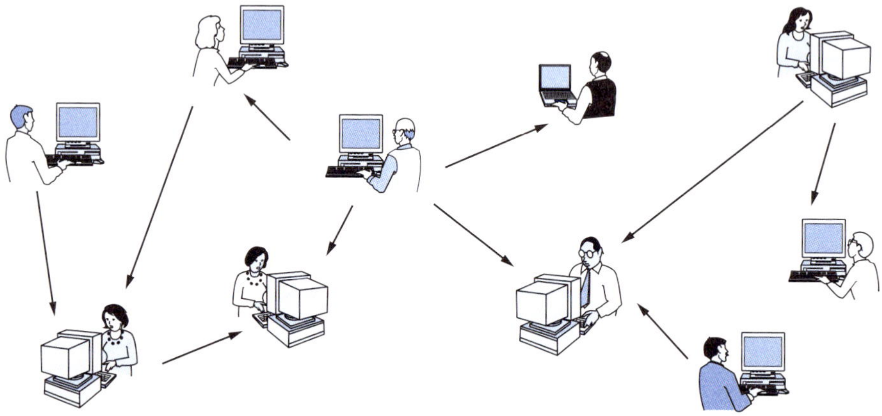

Abbildung 1.3: In einem Peer-to-Peer-System gibt es keine festen Clients und Server.

Peer-to-Peer-Kommunikation wird häufig zum Austausch von Musik und Videos eingesetzt. Einen Höhepunkt gab es um das Jahr 2000 mit der US-amerikanischen Musiktauschbörse Napster, die nach dem vermutlich größten Gerichtsverfahren zur Urheberrechtsverletzung in der Geschichtsschreibung geschlossen wurde (Lam und Tan, 2001; Macedonia, 2000). Es gibt inzwischen aber auch legale Anwendungen der Peer-to-Peer-Kommunikation. Dazu gehören Fans, die Public-Domain-Musik gemeinsam nutzen, Familien, die Fotos und Filme austauschen, und Anwender, die öffentliche Softwarepakete herunterladen. Tatsächlich ist eine der beliebtesten Internetanwendungen überhaupt – das Versenden von E-Mails – (konzeptionell) eine Peer-to-Peer-Anwendung. Diese Kommunikationsform wird wahrscheinlich in der Zukunft noch beträchtlich wachsen.

1.1.2 Kommunikation von Person zu Person

Die interpersonelle Kommunikation ist gewissermaßen die Antwort des 21. Jahrhunderts auf das Telefon des 19. Jahrhunderts. E-Mail wird bereits von Millionen von Menschen in der ganzen Welt täglich verwendet und die Verbreitung nimmt rapide zu. Audio- und Videoinformationen sind hier genauso möglich wie Text und Abbildungen. Die Übertragung von Gerüchen wird wohl noch ein wenig auf sich warten lassen.

Viele Internetnutzer verlassen sich auf eine Form des **Instant Messaging**, um mit anderen Personen im Internet zu kommunizieren. Diese Einrichtung, die vom Unix-Programm *talk* stammt und seit 1970 in Gebrauch ist, ermöglicht zwei Personen, in Echtzeit eingegebene Nachrichten auszutauschen. Es gibt auch Multi-Personen-Nachrichtendienste wie **X** (früher **Twitter**), die es ermöglichen, kurze Textnachrichten, „Tweets“ genannt, an seinen Freundeskreis oder anderes interessiertes Publikum zu senden.

Das Internet kann von Anwendungen benutzt werden, um Audiodaten (z.B. Internetradiosender, Musik-Streamingdienste) oder Videodaten (z.B. Netflix, YouTube) zu übertragen. Abgesehen davon, dass es eine kostengünstige Alternative ist, mit entfernten Freunden zu kommunizieren, können diese Anwendungen wertvolle Möglichkeiten bieten, wie zum Beispiel Telelearning. Damit kann man am Unterricht um 8 Uhr morgens teilnehmen, ohne hierfür aus dem Bett steigen zu müssen. Langfristig mögen bei der Nutzung von Netzwerken die Aspekte, die die zwischenmenschliche Kommunikation fördern, sogar wichtiger werden als viele andere. Dies könnte für Personen immens wichtig werden, die in strukturschwachen Regionen leben, da sie hierdurch auf die gleichen Dienste zugreifen können wie Personen, die in einer großen Stadt wohnen.

Zwischen der interpersonellen Kommunikation und dem Zugriff auf Informationen liegen die **sozialen Netzwerke**. Hier wird der Informationsfluss über die Beziehungen gesteuert, die die Mitglieder des Netzes untereinander haben. Eines der populärsten sozialen Netzwerke ist **Facebook**. Die Mitglieder können hier ihre persönlichen Profile aktualisieren und diese Aktualisierungen mit anderen Leuten teilen, die sie zu ihren Freunden erklärt haben. In anderen sozialen Netzwerken können neue Mitglieder über Freunde von Freunden eingeführt werden, neue Nachrichten an Freunde versandt werden, wie beim oben erwähnten X, und vieles mehr.

Auf eine noch ungebundenere Weise können Gruppen von Leuten zusammenarbeiten, um Inhalte zu erzeugen. Ein **Wiki** ist beispielsweise eine gemeinsame Website, die die Mitglieder einer Gemeinschaft bearbeiten. Das berühmteste Wiki ist **Wikipedia**, eine Enzyklopädie, an der jeder mitschreiben kann, doch es gibt auch Tausende anderer Wikis.

1.1.3 E-Commerce

Onlineshopping ist inzwischen ebenfalls sehr beliebt. Die Benutzer können die Onlinekataloge von Tausenden von Unternehmen durchforsten und sich die bestellten Waren direkt bis an die Haustür liefern lassen. Wenn ein Kunde nach dem Onlinekauf eines Produkts Probleme mit der Bedienung oder Benutzung hat, kann er sich gegebenenfalls an den technischen Online-Support wenden.

Ein weiterer Bereich, in dem E-Commerce viel genutzt wird, ist der Zugriff auf Finanzinstitute. Viele Leute zahlen ihre Rechnungen, verwalten ihre Bankkonten und tätigen ihre Anlagegeschäfte bereits auf elektronischem Weg. Finanzanwendungen, auch Fintech-Anwendungen genannt, erlauben den Benutzern eine Vielzahl von finanziellen Transaktionen online auszuführen, einschließlich Überweisungen von einem Konto auf ein anderes.

Onlineauktionen von gebrauchten Produkten sind zu einem riesigen Geschäft geworden. Im Unterschied zum herkömmlichen E-Commerce, der nach dem Client-Server-Modell abgewickelt wird, sind Onlineauktionen ein Peer-to-Peer-System in dem Sinne, dass Konsumenten sowohl als Verkäufer als auch als Käufer agieren können, auch wenn es einen zentralen Server gibt, der die zum Verkauf stehenden Produkte speichert.

Einige Formen dieser elektronischen Geschäfte haben sich eigene putzige Abkürzungen geschaffen, die die Tatsache nutzen, dass im Englischen „to" und „2" gleich ausgesprochen werden. Die wichtigsten sind in ▶Abbildung 1.4 aufgeführt.

Kürzel	Vollständiger Name	Beispiel
B2C	Business-to-Consumer	Onlinebestellung von Büchern
B2B	Business-to-Business	Kfz-Hersteller bestellt Reifen beim Lieferanten
G2C	Government-to-Consumer	Finanzamt versendet elektronische Steuerformulare
C2C	Consumer-to-Consumer	Onlineauktionen von gebrauchten Artikeln
P2P	Peer-to-Peer	Gemeinsame Nutzung von Musik

Abbildung 1.4: Einige E-Commerce-Modelle.

1.1.4 Unterhaltung

Unsere vierte Kategorie ist der Unterhaltungsbereich. Hier wurden in den letzten Jahren ungeheure Fortschritte erzielt und die Verbreitung von Musik, Radio- und Fernsehprogrammen sowie Filmen über das Internet beginnt, die traditionellen Vertriebswege auszustechen. Benutzer können MP3-Songs und Filme in DVD-Qualität suchen, kaufen und herunterladen und ihrer persönlichen Sammlung hinzufügen. Fernsehsendungen erreichen heute viele Privathaushalte über **IPTV**-Systeme (*IP TeleVision*), die auf der IP-Technologie statt auf Kabelfernsehen oder Radioübertragung basieren. Anwendungen zum Streamen von Medien ermöglichen es Benutzern, Internetradiosendungen zu empfangen oder die letzte Episode ihrer Lieblingsserie anzusehen. Selbstverständlich können all diese Inhalte in Ihrem Haus zwischen verschiedenen Geräten, Bildschirmen und Lautsprechern herumwandern, in der Regel über ein drahtloses Netz.

Bald dürfte es möglich sein, nach jedem jemals für das Kino oder das Fernsehen produzierten Film in jedem beliebigen Land zu suchen und sofort auf dem Bildschirm abzuspielen. Neue Filme werden interaktiv, wobei der Benutzer gelegentlich aufgefordert wird, die Wendung der Geschichte zu bestimmen (soll Macbeth Duncan ermorden oder ihn nur mit Verachtung strafen?), wobei für alle Fälle alternative Szenarien geboten werden. Auch das Live-Fernsehen könnte interaktiv werden, was bedeutet, dass der Zuschauer vom Sessel aus an Quizshows mitmacht, zwischen Kandidaten auswählt usw.

Eine weitere Art der Unterhaltung sind Spiele. Schon jetzt gibt es Spiele für mehrere Spieler in Echtzeitsimulation, wie Verstecken in einem virtuellen Kerker und Flugsimulatoren, bei denen die Spieler eines Teams versuchen, die Spieler des gegnerischen Teams abzuschießen. Virtuelle Welten stellen einen permanenten Rahmen zur Verfügung, in dem Tausende von Nutzer eine gemeinsame Realität mit dreidimensionaler Grafik erfahren.

1.1.5 Das Internet der Dinge

Unsere letzte Kategorie ist **Ubiquitous Computing** (auch **Rechnerallgegenwart**), bei dem die Datenverarbeitung, wie in der Vision von Mark Weiser (1991), in das tägliche Leben eingebettet ist. Viele Häuser sind schon mit Sicherheitssystemen ausgerüstet, die Tür- und Fenstersensoren enthalten, und es gibt noch mehr Sensoren, die in einem intelligenten Messgerät, z.B. zur Messung des Energieverbrauchs, untergebracht werden können. Ihre Strom-, Gas- und Wasserzähler könnten den Verbrauch auch über das Netz melden. Dadurch ließe sich Geld sparen, denn es müssten keine Ableser mehr in die Haushalte geschickt werden. Und Ihre Rauchmelder könnten direkt die Feuerwehr alarmieren, anstatt einen Riesenlärm zu veranstalten (was außerdem ziemlich sinnlos ist, wenn niemand zu Hause ist). Smarte Kühlschränke könnten Milch nachbestellen, wenn diese zur Neige geht. Diese immer noch andauernde Revolution, die oft als **Internet der Dinge** (*Internet of Things*, **IoT**) bezeichnet wird, zielt darauf ab, so ziemlich jedes elektronische Gerät, das wir kaufen, mit dem Internet zu verbinden.

Auch Geräte der Unterhaltungselektronik sind zunehmend vernetzt. Zum Beispiel besitzen einige hochwertige Kameras schon kabellose Netzwerkfähigkeit, um Fotos an einen in der Nähe stehenden Bildschirm zum Betrachten zu senden. Professionelle Sportfotografen können ebenfalls ihre Fotos an Redakteure in Echtzeit senden: zuerst per Funk zu einem Zugangspunkt und dann weiter über das Internet. Geräte wie Fernseher, die einen Wandanschluss besitzen, können **Powerline Networks** benutzen, um Informationen durch das Haus über die Stromkabel zu senden. Es mag nicht sehr überraschen, diese Art von Objekten im Netzwerk zu finden, doch auch Objekte, die wir nicht als Computer ansehen, können Informationen aufnehmen und weiterleiten. Zum Beispiel könnte Ihre Dusche den Wasserverbrauch aufzeichnen, Ihnen eine visuelle Rückmeldung darüber geben, während Sie sich einseifen, und anschließend einen Bericht an ein Programm zur Verbrauchsdatenmessung im häuslichen Umfeld übermitteln, um Sie dabei zu unterstützen, Ihre Wasserrechnung niedrig zu halten.

1.2 Rechnernetzarten

Es gibt viele verschiedene Arten von Rechnernetzen. In diesem Abschnitt wird ein Überblick über einige dieser Netze gegeben, darunter die Netze, die wir üblicherweise für den Zugang zum Internet nutzen (Mobilfunk- und Breitbandzugangsnetze), Netze, in denen die Daten und Anwendungen gespeichert sind, die wir täglich nutzen (Rechenzentrumsnetze), Netze, die Zugangsnetze mit Rechenzentren verbinden (Transitnetze), und Netze, die wir auf einem Campus, in einem Bürogebäude oder einer anderen Organisation nutzen (Unternehmensnetze).

1.2.1 Breitbandnetze

Im Jahr 1977 war Ken Olsen Präsident der Digital Equipment Corporation, damals weltweit die Nummer zwei unter den Computeranbietern (nach IBM). Als er gefragt wurde, warum sich Digital nicht im großen Stil im PC-Markt engagiere, antwortete er: „Es gibt keinen Grund dafür, dass irgendjemand einen Computer bei sich zu Hause haben will." Die Geschichte hat das Gegenteil bewiesen – und Digital existiert heute nicht mehr. Anfangs haben Leute Computer zur Textverarbeitung und für Spiele gekauft. In jüngster Zeit ist der Internetzugang wahrscheinlich ein Hauptgrund, sich privat einen Rechner anzuschaffen. Heutzutage sind viele Geräte der Unterhaltungselektronik wie Set-Top-Boxen, Spielkonsolen, Fernseher und Türschlösser mit eingebetteten Computern zum Anschluss an Rechnernetze ausgerüstet, speziell für kabellose Netze. Heimnetze werden häufig zu Unterhaltungszwecken eingesetzt. Dazu gehört auch das Hören, Ansehen und Erzeugen von Musik, Fotos und Videos.

Der Internetzugang bietet privaten Nutzern **Konnektivität** (*connectivity*) zu entfernten Rechnern. Ebenso wie Unternehmen können Heimanwender auf Informationen zugreifen, mit anderen Personen kommunizieren und Produkte und Dienstleistungen kaufen. Der größte Gewinn ist heute die Verbindung mit der Außenwelt. Bob Metcalfe, der Erfinder des Ethernets, hat die Hypothese aufgestellt, dass der Wert eines Netzwerks proportional zum Quadrat der Anzahl seiner Nutzer ist, da dies grob die Anzahl der möglichen unterschiedlichen Verbindungen ist (Gilder, 1993). Diese Hypothese ist als „Metcalfes Gesetz" bekannt und hilft zu erklären, warum die sagenhafte Beliebtheit des Internets aus seiner Größe abgeleitet werden kann.

Zurzeit sind die Breitbandnetze stark im Kommen. In vielen Teilen der Welt wird der Breitbandzugang mittels Kupferkabel (z.B. Telefonleitungen), Koaxialkabel oder Glasfaser bis an die Privatwohnung gelegt. Auch die Geschwindigkeiten nehmen kontinuierlich zu, wobei viele Breitbandzugangsanbieter den Privatnutzern in Industrienationen eine Übertragungsrate von einem Gbit/s bieten. In einigen Teilen der Welt, vor allem in Entwicklungsregionen, findet der Internetzugang vornehmlich über Mobilfunk statt.

1.2.2 Mobilfunk- und Drahtlosnetze

Mobile Computer, z.B. Notebooks, Tablets und Smartphones, gehören zu den Segmenten in der Computerindustrie mit dem höchsten Wachstum. Ihre Verkaufszahlen haben bereits die der Desktop-Rechner überholt. Warum sollte irgendjemand so etwas wollen? Personen, die viel unterwegs sind, möchten mit ihrer mobilen Ausrüstung E-Mails und Tweets lesen und schreiben, Filme ansehen, Musik herunterladen, spielen, Straßenkarten lesen oder einfach nur im Web nach Informationen surfen. Sie möchten all diese Dinge zu Hause und im Büro tun. Und natürlich wollen sie dies von jedem Ort aus tun, ob zu Land, zu Wasser oder in der Luft.

Konnektivität zum Internet ermöglicht viele dieser mobilen Nutzungen. Da eine Kabelverbindung in Autos, Flugzeugen und auf Booten unmöglich ist, besteht ein großes Interesse an Funknetzen. Mobilfunknetze, die von Telefongesellschaften betrieben werden, sind eine vertraute Art von drahtlosem Netzwerk, das uns mobiles Telefonieren ermöglicht. Kabellose **Hotspots**, die auf dem IEEE-802.11-Standard beruhen, sind eine weitere Art von drahtlosen Netzen für mobile Rechner, Tablets und Smartphones. Sie sind überall dort aus dem Boden geschossen, wo Menschen in großer Zahl zusammenkommen, wie Cafés, Hotels, Flughäfen, Schulen, Zügen und Flugzeugen, sodass die Abdeckung einem Flickenteppich gleicht. Jeder mit einem Laptop und einem schnurlosen Modem kann einfach seinen Rechner starten und ist über den Hotspot genau so mit dem Internet verbunden, als wäre der Computer über Kabel an das Netz angeschlossen.

Drahtlose Netze sind von unschätzbarem Wert für Fahrzeugflotten, z.B. Speditionen, Taxiunternehmen, Busunternehmen und alle Arten von Reparaturfirmen mit vielen Mechanikern im Außendienst, um den Kontakt mit ihrem Heimatstandort aufrechtzuerhalten. Beispielsweise sind Taxifahrer in vielen Städten eigenständige Unternehmer und nicht Angestellte eines Taxiunternehmens. In einigen Städten sind die Taxis mit einem Bildschirm im Sichtbereich des Fahrers ausgestattet. Wenn ein Kunde anruft, gibt ein zentraler Verteiler den Abhol- und den Zielort ein. Diese Informationen werden auf dem Bildschirm des Fahrers angezeigt und es wird ein Klingelton erzeugt. Der erste Fahrer, der eine Taste auf der Anzeige drückt, erhält den Anruf. Der Anstieg der Mobilfunk- und Drahtlosnetze hat auch zu einer Revolution des Bodentransports selbst geführt, bei der die „Share Economy" den Fahrern erlaubt, ihr eigenes Mobiltelefon als Versandgerät zu nutzen wie bei den Mitfahrunternehmen Uber und Lyft.

Drahtlose Netze sind auch für das Militär wichtig. Will man in der Lage sein, irgendwo auf der Welt kurzfristig einen Krieg zu führen, sollte man sich sicher nicht auf die örtliche Netzinfrastruktur verlassen. Da ist es schon besser, man bringt sein eigenes Netz mit.

Nun hängen drahtlose Netze und mobile Computer zwar oft zusammen, sind aber nicht gleichzusetzen (▶Abbildung 1.5). Wir unterscheiden zwischen **festen drahtlosen** und **mobilen drahtlosen** Netzen. Selbst bei Notebooks werden manchmal Kabel verwendet. Wenn Sie beispielsweise auf Reisen Ihr Notebook in die verkabelte Netzanschlussbuchse im Hotelzimmer einstecken, sind Sie mobil, aber ohne drahtloses Netz.

Drahtlos	Mobil	Typische Anwendungen
Nein	Nein	Arbeitsplatzrechner in Büros
Nein	Ja	Im Hotelzimmer benutztes Notebook
Ja	Nein	Netze in Gebäuden ohne Verkabelung
Ja	Ja	Erfassung des Lagerbestands mit einem Handheld

Abbildung 1.5: Kombinationen von drahtlosen Netzen und mobilen Computern.

Umgekehrt sind einige drahtlose Computer nicht mobil. Zu Hause, in Büros oder Hotels, die keine passende Verkabelung haben, kann es zweckmäßiger sein, Desktop-Rechner oder Mediaplayer drahtlos zu verbinden statt Kabel zu installieren. Für die Installation eines drahtlosen Netzes muss man unter Umständen nur ein kleines Kästchen mit etwas Elektronik kaufen, dieses auspacken und anschließen. Diese Lösung kann viel billiger sein als Handwerker zu beauftragen, die Kabelführungen für die Netzwerkkabel durch das Gebäude legen.

Zu guter Letzt gibt es auch echte mobile drahtlose Anwendungen, zum Beispiel wenn Leute in Lagerhäusern mit Handhelds umherlaufen, um Lagerbestände aufzunehmen. In den Parkhäusern stark frequentierter Flughäfen arbeiten Mitarbeiter von Mietwagenfirmen mit drahtlosen mobilen Computern. Sie scannen den Barcode oder den RFID-Chip des zurückgegebenen Autos ein und ihr mobiles Gerät, das einen eingebauten Drucker hat, holt sich die Daten vom Hauptrechner, stellt die Mietdaten zusammen und druckt vor Ort gleich eine Rechnung aus.

Der Hauptmotor der mobilen kabellosen Anwendungen ist das Mobiltelefon. Die Annäherung von Telefon und Internet beschleunigt die Zunahme von Mobilfunkanwendungen. **Smartphones**, wie das iPhone von Apple oder das Galaxy von Samsung, vereinen Aspekte von Mobiltelefonen und mobilen Computern. Sie verbinden sich ebenfalls mit mobilen Hotspots und wählen automatisch das Netzwerk, das für den Benutzer am günstigsten ist. Das Senden von **Textnachrichten** (*text message*) bzw. **SMS** (*Short Message Service*), wie sie außerhalb der Vereinigten Staaten auch genannt werden, war anfangs unheimlich beliebt. Ein Mobiltelefonbenutzer tippt dazu eine kurze Nachricht ein, die dann über das Mobilfunknetz an einen anderen mobilen Teilnehmer übertragen wird. Diese Form der Nachrichtenübertragung ist sehr profitabel, da es den Netzbetreiber nur den Bruchteil eines Cents kostet, eine Textnachricht zu übermitteln – ein Dienst, den er sich weitaus höher bezahlen lässt. Das Übersenden von kurzen Textnachrichten über Mobiltelefone war eine Zeitlang eine enorme Einnahmequelle für Mobilfunkbetreiber. Inzwischen gibt es zahlreiche Alternativen wie WhatsApp, Signal und Facebook Messenger, die entweder auf dem Tarifvertrag des Mobiltelefonnutzers oder dem drahtlosen Netz basieren und die SMS inzwischen an Popularität überholt haben.

Auch andere Geräte der Unterhaltungselektronik nutzen mobile Netze und Hotspots, um die Verbindung mit entfernten Computern aufrechtzuerhalten. Tablets und Lesegeräte für E-Books können ein gerade erworbenes Buch, die nächste Ausgabe einer Zeitschrift oder die heutige Tageszeitung herunterladen, wo auch immer sie sich befinden. Elektronische Bilderrahmen können ihre Anzeigen auf ein Signal hin mit neuen Bildern aktualisieren.

Mobiltelefone kennen in der Regel ihren Standort. **GPS** (*Global Positioning System*) kann ein Gerät direkt lokalisieren und Mobiltelefone triangulieren oft auch zwischen WiFi-Hotspots, deren Standort bekannt ist, um ihre Position zu bestimmen. Mobile Navigations- und Kartensysteme eignen sich für diese Serviceart offensichtlich besonders, da Ihr GPS-fähiges Telefon bzw. Auto wahrscheinlich eher weiß, wo Sie gerade sind, als Sie selbst. Dasselbe gilt für das Suchen nach dem nächsten Buchladen, dem nächsten chinesischen Restaurant oder die lokale Wettervorhersage. Andere Dienste könnten den Ort aufzeichnen, z.B. indem Fotos und Videos mit dem Ortsnamen der Aufzeichnung beschriftet werden. Diese Beschriftung wird als **Geotagging** bezeichnet.

Ein Bereich, in dem Mobiltelefone immer mehr genutzt werden, ist **M-Commerce** (*Mobile Commerce*; Senn, 2000). Anstelle von Bargeld oder Kreditkarten werden kurze Textnachrichten vom Mobiltelefon aus verschickt, um die Bezahlung für Speisen aus Verkaufsautomaten, Kinokarten und andere kleine Posten zu autorisieren. Die Belastung erfolgt dann über die Mobiltelefonrechnung. Wenn ein Mobiltelefon mit **NFC**-Technologie (*Near Field Communication*) ausgestattet ist, kann es als eine RFID-Smartcard fungieren und mit einem nahen Lesegerät zur Bezahlung eingesetzt werden. Die treibenden Kräfte hinter diesem Phänomen sind die Hersteller von mobilen Geräten und die Netzbetreiber, die intensiv an Ideen arbeiten, wie sie ein Stück vom E-Commerce-Kuchen abbekommen können. Vom Händlerstandpunkt aus betrachtet spart dies die Gebühren für die Kreditkartenunternehmen, die sich auf mehrere Prozent belaufen können. Natürlich kann dies aber auch nach hinten losgehen, weil die Kunden in einem Laden die RFID- oder Barcodelesegeräte in ihren mobilen Geräten einsetzen könnten, um vor dem Kauf die Preise der Mitbewerber zu prüfen und einen detaillierten Bericht darüber zu erhalten, wo dieses Produkt in der Nähe noch erworben werden kann und zu welchem Preis.

Ein großer Vorteil von M-Commerce ist, dass Mobiltelefonbenutzer gewohnt sind, für alles zu zahlen (im Gegensatz zu Internetnutzern, die erwarten, dass alles kostenlos ist). Würde eine Website im Internet eine Gebühr erheben, die die Kunden per Kreditkarte zahlen können, gäbe es einen lauten Aufschrei der Benutzer. Wenn dagegen ein Mobilfunkbetreiber seinen Kunden ermöglicht, in Geschäften zu zahlen, indem er mit seinem Telefon an der Kasse winkt, und dann eine zusätzliche Gebühr für diese Annehmlichkeit berechnet, würde dies höchstwahrscheinlich als normal akzeptiert werden. Die Zeit wird es zeigen.

Ohne Zweifel wird mit sinkender Rechnergröße der Einsatz von mobilen und drahtlosen Geräten in der Zukunft rapide wachsen, und dies wahrscheinlich auf Arten, die niemand vorhersehen kann. Lassen Sie uns einen kurzen Blick auf einige der Möglichkeiten werfen. **Sensornetze** sind aus Knoten aufgebaut, die Informationen über den Zustand der physischen Welt sammeln und kabellos weiterübertragen. Diese Knoten können in vertrauten Dingen wie Autos oder Telefonen eingebaut oder kleine, eigenständige Geräte sein. Zum Beispiel könnte Ihr Auto Daten über den Standort, Geschwindigkeit, Vibration und Kraftstoffverbrauch von seinem eingebauten Diagnosesystem sammeln und diese Informationen an eine Datenbank übermitteln (Hull et al., 2006). Diese Daten können beim Auffinden von Schlaglöchern oder Ausweichrouten für überfüllte Straßen helfen und Ihnen mitteilen, wenn Sie – im Vergleich zu anderen Fahrern auf demselben Straßenabschnitt – ein „Spritfresser" sind.

Sensornetze revolutionieren die Wissenschaft, indem sie eine Fülle von Daten über Verhalten liefern, das vorher nicht beobachtet werden konnte. Ein Beispiel dafür ist das Aufzeichnen der Wanderung von einzelnen Zebras, bei dem ein kleiner Sensor an jedem Tier angebracht wird (Juang et al., 2002). Forscher haben einen drahtlosen Computer in einen Würfel von 1 mm Kantenlänge gepackt (Warneke et al., 2001). Mit derart winzigen Computern können sogar kleine Vögel, Nagetiere und Insekten verfolgt werden (Warneke et al., 2001).

Funkparkuhren können Kredit- oder Geldkarten akzeptieren, wobei die Karte über die Funkverbindung sofort verifiziert wird. Die Parkuhren können außerdem über das kabellose Netz melden, wenn sie gerade benutzt werden. Dann könnten Fahrer die neueste

Parkplatzübersicht in ihre Autos herunterladen, sodass diese viel leichter einen freien Parkplatz finden können. Natürlich könnte die Parkuhr auch prüfen, ob ein Auto auf dem Parkplatz steht (durch das Aussenden eines Signals), wenn die Uhr abläuft, und den Ablauf der Parkzeit an das Ordnungsamt melden. Nach Schätzungen könnten die Stadtverwaltungen in den USA alleine hierdurch zusätzlich 10 Milliarden US-Dollar einnehmen (Harte et al., 2000).

1.2.3 Netze für Content-Provider

Viele Internetdienste werden inzwischen von der Cloud oder einem **Datenzentrumsnetz** angeboten. In modernen Datenzentrumsnetzen befinden sich Hunderttausende oder sogar Millionen von Servern an einem Ort, in der Regel sehr eng nebeneinander in Gestellen in Gebäuden angeordnet, die mehr als einen Kilometer lang sein können. Datenzentrumsnetze dienen den zunehmend wachsenden Anforderungen des **Cloud Computing** und sind für die Übertragung großer Datenmengen zwischen den Servern im Datenzentrum sowie zwischen dem Datenzentrum und dem restlichen Internet ausgelegt.

Heutzutage speichern viele der von Ihnen genutzten Anwendungen und Dienste – von den Websites, die Sie besuchen, bis hin zum cloudbasierten Texteditor, den Sie zum Bearbeiten von Notizen verwenden – ihre Daten in einem Datenzentrumsnetz. Diese Netze stehen vor großen Herausforderungen, sowohl hinsichtlich des Netzdurchsatzes als auch des Energieverbrauchs. Eine der größten Herausforderungen beim Netzwerkdurchsatz ist die sogenannte „Querschnittsbandbreite“, d.h. die Datenübertragungsrate zwischen zwei beliebigen Servern im Netzwerk. Frühe Entwürfe für Datenzentrumsnetze basierten auf einer einfachen Baumtopologie mit drei Ebenen für Switches: Zugang, Aggregat und Kern. Dieser einfache Entwurf ließ sich nicht gut skalieren und war zudem fehleranfällig.

Viele beliebte Internetdienste müssen Inhalte an Nutzer in aller Welt liefern. Deshalb verwenden viele Websites und Dienste im Internet ein **CDN** (*Content-Delivery-Netz*). Ein CDN ist eine große Gruppe von Servern, die geografisch so verteilt sind, dass die Inhalte so nah wie möglich an den Nutzern platziert werden, die sie anfordern. Große Content-Provider wie Google, Facebook und Netflix betreiben ihre eigenen CDNs. Einige CDNs, wie Akamai und Cloudflare, bieten kleineren Diensten, die kein eigenes CDN haben, Hosting-Dienste an.

Die Inhalte, auf die die Nutzer zugreifen wollen – von statischen Dateien bis hin zu Videostreams –, können an vielen Stellen in einem einzigen CDN repliziert sein. Wenn ein Nutzer Inhalte anfordert, muss das CDN entscheiden, welche Kopie es dem Nutzer zur Verfügung stellt, wobei die Entfernung zwischen den jeweiligen Kopien und dem Client, die Belastung jedes CDN-Servers sowie die Verkehrslast und die Überlastung des Netzwerks selbst berücksichtigt werden müssen.

1.2.4 Transitnetze

Das Internet wird über eine Vielzahl unabhängig voneinander betriebener Netze übertragen. Das von Ihrem Internetdienstanbieter betriebene Netz ist in der Regel nicht dasselbe wie das Netz, in dem die Inhalte der von Ihnen häufig besuchten Websites gehostet werden. Normalerweise werden Inhalte und Anwendungen in Datenzentrumsnetzen gehostet, und Sie greifen möglicherweise über ein Zugangsnetz auf diese Inhalte zu. Die Inhalte müssen also das Internet vom Datenzentrum zum Zugangsnetz und schließlich zu Ihrem Gerät durchqueren.

Wenn der Content-Provider und Ihr **Internetdienstanbieter** (**ISP**, *Internet Service Provider*) nicht direkt miteinander verbunden sind, dann sind sie häufig auf ein **Transitnetz** angewiesen, um den Verkehr zwischen ihnen zu übertragen. Transitnetze berechnen in der Regel sowohl dem Internetdienstanbieter als auch dem Content-Provider Gebühren für die Übertragung des Datenverkehrs von Ende zu Ende. Wenn das Netz, in dem die Inhalte gehostet werden, und das Zugangsnetz genügend Datenverkehr austauschen, können sie beschließen, eine direkte Verbindung herzustellen. Beispielsweise ist es üblich, dass es eine direkte Verbindung zwischen großen Internetdienstanbietern und großen Content-Providern wie Google oder Netflix gibt. In diesen Fällen müssen der Internetdienstanbieter und der Content-Provider eine Netzinfrastruktur aufbauen und unterhalten, um eine direkte Verbindung zu erleichtern, oft sogar an vielen geografischen Standorten.

Transitnetze werden traditionell als **Backbonenetze** bezeichnet, da sie die Aufgabe haben, den Verkehr zwischen zwei Endpunkten zu transportieren. Vor vielen Jahren waren Transitnetze äußerst profitabel, da alle anderen Netze auf sie angewiesen waren (und sie bezahlten), um sich mit dem Rest des Internets zu verbinden.

In den letzten zehn Jahren haben sich jedoch zwei Trends herausgebildet. Der erste Trend ist die Konsolidierung von Inhalten in einer Handvoll großer Content-Provider, ausgelöst durch die starke Zunahme von Cloud-Diensten und großen CDNs. Der zweite Trend ist der zunehmende Abdeckungsgrad einzelner ISP-Zugangsnetze: Während die ISP-Zugangsnetze früher eher klein und regional waren, bieten viele ISPs für den Zugang eine nationale (oder sogar internationale) Abdeckung, wodurch sich sowohl die Reichweite der geografischen Standorte, an denen sie sich mit anderen Netzen verbinden können, als auch ihr Kundenstamm vergrößert hat. Mit der zunehmenden Größe (und Verhandlungsmacht) der Zugangsnetze und der Content-Provider-Netze sind die größeren Netze weniger auf Transitnetze angewiesen, um ihren Datenverkehr weiterzuleiten, sondern ziehen es oft vor, sich direkt zu verbinden und das Transitnetz nur als Backup zu nutzen.

1.2.5 Unternehmensnetze

Die meisten Organisationen (z.B. Unternehmen, Universitäten) setzen viele Computer ein. Jeder Angestellte nutzt inzwischen einen Rechner für Aufgaben, die vom Produktentwurf bis zu Gehaltsabrechnungen reichen. Normalerweise bilden diese Rechner gemeinsam ein Netz, das es den Angestellten erlaubt, Daten, Informationen und Rechenressourcen zu teilen.

Diese **gemeinsame Nutzung von Ressourcen** (*resource sharing*) hat das Ziel, alle in einem Netzwerk verfügbaren Programme, Geräte und insbesondere Daten allen Benutzern, ungeachtet des Standorts von Ressourcen oder Benutzern, verfügbar zu machen. Ein gängiges Beispiel ist eine Gruppe von Büroangestellten, die sich einen Drucker teilen. Keiner der Angestellten benötigt einen Drucker nur für sich. Ein vernetzter Drucker mit hoher Durchsatzleistung ist oftmals billiger, schneller und einfacher zu warten als viele einzelne Drucker.

Neben der gemeinsamen Nutzung von physikalischen Betriebsmitteln wie Druckern oder Systemen zur Datensicherung ist es aber meistens viel wichtiger, Informationen gemeinsam zu nutzen. Die meisten Unternehmen verfügen über elektronisch gespeicherte Kundendatensätze, Produktinformationen, Außenstände, Jahresabschlüsse, Steuererklärungen und viele andere wichtige Informationen. Wenn bei einer Bank plötzlich alle Computer ausfallen würden, könnte diese keine fünf Minuten länger existieren. Ein modernes Fertigungsunternehmen mit einem computergesteuerten Montageband könnte nicht einmal fünf Sekunden überstehen. Selbst ein kleines Reisebüro oder eine Anwaltskanzlei mit drei Personen ist heutzutage in hohem Maß von Rechnernetzwerken abhängig, damit die Mitarbeiter sofort auf wichtige Informationen und Dokumente zugreifen können.

In kleineren Unternehmen befinden sich die Rechner häufig in einem Büro oder in einem Gebäude, aber bei großen Unternehmen können die Computer und Mitarbeiter über Dutzende von Büros in vielen Ländern versprengt sein. So muss ein Vertriebsmitarbeiter in New York manchmal auf eine Produktbestandsdatenbank in Singapur zugreifen. **Virtuelle private Netze** (**VPN**, *Virtual Private Network*) können eingesetzt werden, um die individuellen Netzwerke von verschiedenen Orten zu einem logischen Netz zu verbinden. Anders ausgedrückt, soll ein Benutzer allein aufgrund der Tatsache, dass er sich 15.000 Kilometer von seinen Daten entfernt befindet, nicht daran gehindert werden, die Daten so zu nutzen, als wären sie lokal vorhanden. Dieses Ziel kann als Versuch aufgefasst werden, die „Tyrannei der Geografie" zu beenden.

Sehr vereinfacht erscheint das Informationssystem eines Unternehmens als eine Sammlung von einer oder mehreren Datenbanken mit Unternehmensdaten sowie einigen Mitarbeitern, die auch von entfernten Standorten aus darauf zugreifen wollen. In diesem Modell werden die Daten in leistungsstarken Computern gespeichert, die **Server** genannt werden. Diese sind oftmals an einem zentralen Standort aufgestellt und werden von einem Systemadministrator verwaltet. Die Mitarbeiter haben dagegen einfachere Rechner, sogenannte **Clients**, auf ihren Schreibtischen stehen, mit denen sie auf die entfernten Daten zugreifen, beispielsweise um diese in die Tabellenkalkulation aufzunehmen, die sie gerade erstellen. (Manchmal bezeichnet man auch den Benutzer des Client-Rechners als Client. Es sollte jedoch aus dem Kontext ersichtlich sein, ob es sich um einen Menschen oder seinen Rechner handelt.) Der Client- und der Server-Rechner sind über ein Netzwerk verbunden (Abbildung 1.1). Beachten Sie, dass das Netzwerk als einfaches Oval ohne nähere Einzelheiten dargestellt wird. Diese Form wird im vorliegenden Buch immer verwendet, wenn wir ganz abstrakt von einem Netzwerk sprechen. Sind weitere Einzelheiten erforderlich, so werden diese angegeben.

Ein zweites Ziel bei der Einrichtung eines Rechnernetzes hat mehr mit den Personen als mit den Informationen oder gar Computern zu tun. Ein Rechnernetz kann für die Mitarbeiter ein leistungsstarkes **Kommunikationsmedium** zur Verfügung stellen. Praktisch jedes Unternehmen, das mehr als zwei Computer besitzt, hat heutzutage **E-Mail** (*Electronic Mail*), mit der die Mitarbeiter in der Regel einen Großteil ihrer täglichen Kommunikation abwickeln. In der Kaffeeküche wird bereits unisono über die Flut von E-Mails geklagt, die täglich zu bearbeiten ist, zumal viele dieser Nachrichten ziemlich bedeutungslos sind, weil der Chef entdeckt hat, dass er mit nur einem Tastendruck ein und dieselbe (oft inhaltslose) Nachricht gleich an alle Mitarbeiter senden kann.

Telefonanrufe zwischen Mitarbeitern können über das Computernetz anstatt über die Telefongesellschaft getätigt werden. Diese Technologie heißt **IP-Telefonie**, **Internettelefonie** bzw. **Voice-over-IP (VoIP)**, wenn Internettechnologie eingesetzt wird. Mikrofon und Lautsprecher am jeweiligen Ende können zu einem VoIP-fähigen Telefon gehören oder im Computer integriert sein. Unternehmen halten dies für eine wunderbare Art, ihre Telefonrechnungen niedrig zu halten.

Aber auch noch andere, reichere Formen der Kommunikation werden durch Rechnernetze ermöglicht. Video kann den Audiodaten hinzugefügt werden, sodass sich Mitarbeiter sehen und hören können, als würden sie eine normale Besprechung abhalten, auch wenn sie sich an weit voneinander entfernten Orten befinden. Diese Technik ist ein leistungsstarkes Mittel, um Reisezeit und -kosten enorm zu senken. Mithilfe von **Desktop-Sharing** können entfernte Mitarbeiter miteinander über einen grafischen Computerbildschirm interagieren. Dadurch ist es für zwei oder mehr räumlich getrennte Menschen leicht, ein gemeinsames Blackboard zu lesen und zu schreiben oder zusammen einen Bericht zu verfassen. Wenn einer der Autoren online eine Änderung an einem gemeinsamen Dokument durchführt, können die anderen dies sofort sehen, statt tagelang auf einen Brief warten zu müssen. Durch diese Beschleunigung können weit verstreute Personengruppen auf bisher nicht da gewesene Art zusammenarbeiten. Noch ambitioniertere Formen der entfernten Koordination wie Telemedizin stehen erst am Anfang (wie die Fernüberwachung von Patienten), können aber noch sehr an Bedeutung gewinnen. Es wird manchmal behauptet, dass sich Transport und Kommunikation ein Wettrennen liefern. Eine Technik wird sich durchsetzen und die andere aussterben lassen.

Ein drittes Ziel für viele Unternehmen ist es, Geschäfte mit anderen Unternehmen elektronisch abzuwickeln, speziell mit Kunden und Lieferanten. Fluglinien, Buchläden und andere Händler haben entdeckt, dass viele Kunden am bequemen Einkaufen von zu Hause aus Gefallen finden. In der Folge bieten viele Unternehmen Produktkataloge und Dienstleistungen online an und nehmen Bestellungen auch online entgegen. Zum Beispiel kaufen Hersteller von Kraftfahrzeugen, Flugzeugen oder Computern Teilsysteme von verschiedenen Zulieferern und montieren die Bauteile. Mithilfe von Netzen können die Hersteller Aufträge nach Bedarf in elektronischer Form erteilen. Es müssen keine hohen Lagerbestände mehr verwaltet werden und die Effizienz wird gesteigert.

1.3 Netztechnologie – von lokal zu global

Netze können von klein und persönlich bis hin zu groß und global reichen. In diesem Abschnitt untersuchen wir die verschiedenen Netzwerktechnologien, mit denen Netzwerke in unterschiedlichen Größen und Maßstäben realisiert werden können.

1.3.1 Personal Area Network

Mithilfe von **PANs** (*Personal Area Network*) können Geräte über die Reichweite einer Person kommunizieren. Ein bekanntes Beispiel ist ein kabelloses Netz, das einen Rechner mit seinen Peripheriegeräten verbindet. Weitere Beispiele sind das Netz, das Ihre kabellosen Kopfhörer und Ihre Uhr mit Ihrem Smartphone verbindet. Es wird außerdem häufig verwendet, um ein Headset ohne Kabel mit einem Mobiltelefon zu verbinden und es Ihrem digitalen Musikplayer zu ermöglichen, sich mit Ihrem Auto zu verbinden, wenn er nur in Reichweite gebracht wird.

Jeder Computer verfügt in der Regel über einen Bildschirm, eine Tastatur, eine Maus und einen Drucker. Wenn diese Verbindungen nicht drahtlos sind, werden hierfür Kabel benötigt. Viele Einsteiger tun sich sehr schwer, die richtigen Kabel zu finden und sie in die richtigen kleinen Löcher zu stecken (selbst wenn diese normalerweise farbig gekennzeichnet sind). Um diesen Nutzern anderweitig zu helfen, haben sich einige Unternehmen zusammengetan und ein Kurzstreckenfunknetz namens **Bluetooth** entwickelt, sodass diese Komponenten ohne Kabel angeschlossen werden können. Wenn Ihre Geräte also mit Bluetooth ausgestattet sind, dann brauchen Sie keine Kabel. Einfach nur Aufstellen, Einschalten und alles funktioniert. Dieses vereinfachte Verfahren ist für viele ein großes Plus.

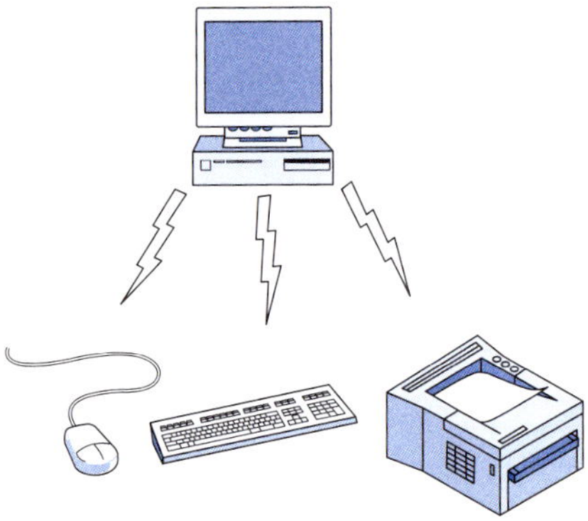

Abbildung 1.6: Bluetooth-PAN-Konfiguration.

In der einfachsten Form verwendet ein Bluetooth-Netz das Controller-Client-Paradigma[1] (▶Abbildung 1.6). Die Systemeinheit (der PC) ist in der Regel der Controller, der mit der Maus, der Tastatur etc. als den Clients kommuniziert. Der Controller gibt den Clients an, welche Adressen verwendet werden, wann sie senden können, wie

1 Anmerkung zur Übersetzung: Früher als „Master-Slave"-Paradigma bezeichnet.

lange sie übertragen können, welche Frequenzen sie verwenden können usw. Bluetooth wird ausführlich in *Kapitel 4* behandelt.

PANs können außerdem mit anderen Technologien eingerichtet werden, die über kurze Distanz kommunizieren und die wir in *Kapitel 4* betrachten.

1.3.2 Lokale Netze (LANs)

Ein **LAN** (*Local Area Network*) ist ein privates Netz, das sich innerhalb oder in der Nähe eines einzelnen Gebäudes wie ein Privathaus, Büro oder eine Fabrik befindet. LANs werden zur Verbindung von PCs und Unterhaltungselektronik benutzt, um Informationen auszutauschen und Betriebsmittel (z.B. Drucker) gemeinsam zu nutzen.

Drahtlose LANs sind heutzutage sehr beliebt, besonders in Privathaushalten, älteren Bürogebäuden, Cafeterias und anderen Orten, wo es zu aufwendig wäre, Kabel zu verlegen. Bei diesen Systemen hat jeder Computer ein Funkmodem und eine Antenne, um mit anderen Rechnern zu kommunizieren. In den meisten Fällen kommuniziert jeder Computer mit einem Gerät, das **Zugangspunkt** (*Access Point*, **AP**) oder **kabelloser Router** oder **Basisstation** genannt wird (▶Abbildung 1.7a). Es übermittelt Pakete zwischen kabellosen Computern und ebenso zwischen diesen und dem Internet. Mit dem Zugangspunkt ist es wie beim beliebtesten Kind in der Schule, mit dem jeder sprechen möchte. Ein weiteres gängiges Szenario besteht darin, dass nahe gelegene Geräte Pakete füreinander in einer Konfiguration als sogenanntes **vermaschtes Netz** (*mesh network*) weiterleiten. In einigen Fällen handelt es sich bei den Relais um dieselben Knoten wie die Endpunkte; in den meisten Fällen umfasst ein vermaschtes Netz jedoch eine separate Sammlung von Knoten, deren einzige Aufgabe die Weiterleitung des Datenverkehrs ist. Vermaschte Netze werden häufig in noch unterentwickelten Regionen eingesetzt, in denen eine flächendeckende Konnektivität umständlich oder kostspielig ist, und werden auch für Heimnetzwerke immer beliebter, insbesondere in großen Haushalten.

Für kabellose LANs gibt es einen Standard, **IEEE 802.11**, allgemein bekannt als **WiFi**. Er arbeitet mit Geschwindigkeiten irgendwo zwischen 11 Mbit/s (IEEE 802.11b) und 7 Gbit/s (IEEE 802.11ad). In diesem Buch wollen wir die Tradition wahren und messen die Übertragungsrate in Mbit/s, wobei 1 Mbit/s 1.000.000 Bit/s sind, und Gbit/s, wobei 1 Gbit/s 1.000.000.000 Bit/s sind. Zweierpotenzen werden nur für die Speicherung verwendet, wobei ein 1-MB-Speicher 2^{20} oder 1.048.576 Bytes entspricht. 802.11 wird in *Kapitel 4* behandelt.

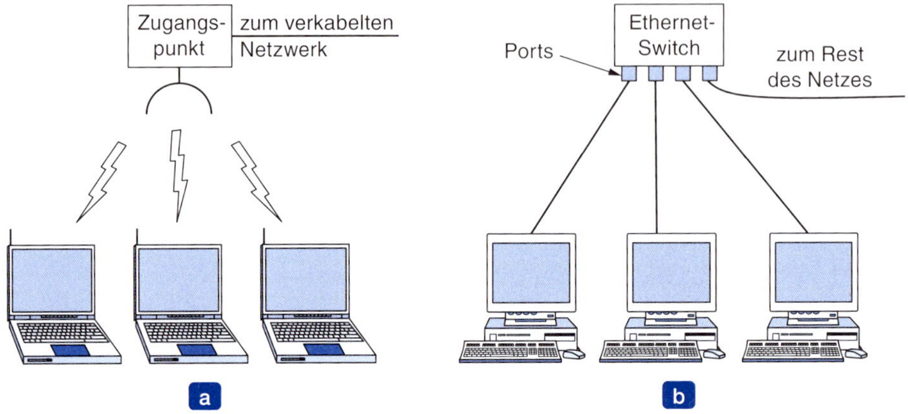

Abbildung 1.7: Drahtlose und verkabelte LANs. (a) IEEE 802.11. (b) Switched Ethernet.

Verkabelte LANs benutzen eine Reihe verschiedener Übertragungstechniken. Gängige physische Übertragungsmedien sind Kupfer-, Koaxial- oder Glasfaserkabel. LANs sind hinsichtlich der Größe begrenzt, was bedeutet, dass die ungünstigste Übertragungszeit nach oben beschränkt und im Voraus bekannt ist. Die Kenntnis dieser Grenze hilft bei der Aufgabe, Netzprotokolle zu entwerfen. Typischerweise arbeiten LANs mit Geschwindigkeiten zwischen 100 Mbit/s und 40 Gbit/s, haben eine geringe Übertragungsverzögerung (nie mehr als zehn Mikrosekunden, oft sogar weniger) und machen sehr wenige Fehler. Verkabelte LANs haben eine geringere Latenz, einen geringeren Paketverlust und höheren Durchsatz als drahtlose LANs, wobei sich dieser Leistungsunterschied verringert hat. Es ist eben einfacher, Signale über ein Kabel oder Glasfaser als durch die Luft zu schicken.

Die Topologie von vielen verkabelten LANs wird mit Punkt-zu-Punkt-Verbindungen aufgebaut. IEEE 802.3, genannt **Ethernet**, ist die bekannteste Art eines verkabelten LAN. Abbildung 1.7b zeigt eine Beispieltopologie von Switched Ethernet. Jeder Computer versteht das Ethernet-Protokoll und verbindet sich über eine Punkt-zu-Punkt-Verbindung mit einer Box, die **Switch** (Schalter) genannt wird. Daher der Name. Die Aufgabe des Switch ist es, Pakete zwischen den angeschlossenen Computern weiterzuleiten, indem die Adressen in jedem Paket benutzt werden, um zu entscheiden, an welchen Rechner es gesendet werden soll.

Ein Switch hat mehrere **Ports**, jeder davon kann sich mit einem anderen Gerät wie einem Rechner oder einem anderen Switch verbinden. Um größere LANs aufzubauen, können Switches über ihre Ports miteinander verbunden werden. Was passiert aber, wenn man auf diese Art eine Schleife zusammensteckt? Wird das Netz dann immer noch arbeiten? Glücklicherweise hat jemand (und zwar Radia Perlman) diesen Fall bedacht und heute verwenden alle Switches ihren Anti-Schleifen-Algorithmus (Perlman, 1985). Es ist die Aufgabe des Protokolls herauszufinden, auf welchen Pfaden die Pakete reisen sollten, um sicher den Zielcomputer zu erreichen. Wie dies funktioniert, sehen wir in *Kapitel 4*.

Es ist auch möglich, ein großes physisches LAN in zwei kleinere logische LANs aufzuteilen. Sie wundern sich vielleicht, warum dies sinnvoll sein sollte. Manchmal passt die Anordnung der Netzwerkausstattung nicht zur Struktur der Organisation. Zum Beispiel benutzen die Rechner der Technik- und der Finanzabteilung einer Firma das gleiche physische LAN, weil sie im selben Teil des Gebäudes untergebracht sind, doch die Systemverwaltung könnte einfacher sein, wenn Technik und Finanzen logisch jeweils ihr eigenes Netz hätten. Dies führt zu **virtuellen LANs** (**VLAN**, *Virtual LAN*). Bei diesem Entwurf ist jeder Port mit einer „Farbe“ gekennzeichnet, zum Beispiel „grün“ für Technik und „rot“ für Finanzen. Der Switch leitet die Pakete dann so weiter, dass Computer an den grünen Ports getrennt von den Rechnern an den roten Ports behandelt werden. Broadcast-Pakete, die an einen roten Port gesendet wurden, werden an den grünen Ports nicht empfangen, genau so, als wären es zwei verschiedene LANs. Wir behandeln VLANs am Ende von *Kapitel 4*.

Es gibt noch andere verkabelte LAN-Topologien. Switched Ethernet ist genau genommen eine moderne Version des originalen Ethernet-Entwurfs, bei dem alle Pakete über ein einziges lineares Kabel geschickt werden. Höchstens ein Rechner konnte jeweils erfolgreich Daten übermitteln und mittels eines verteilten Schlichtungsmechanismus wurden Konflikte gelöst. Dazu wurde ein einfacher Algorithmus benutzt: Computer können immer dann senden, wenn das Kabel nicht belegt ist. Wenn zwei oder mehr Pakete kollidieren, dann wartet jeder Rechner eine zufällig festgelegte Zeitspanne und versucht es später noch einmal. Diese Version bezeichnen wir aus Gründen der Eindeutigkeit als **klassisches Ethernet** und – wie Sie sicher schon erraten haben – erfahren Sie mehr darüber in *Kapitel 4*.

Sowohl kabellose als auch verkabelte Broadcast-Netze können Ressourcen statisch oder dynamisch zuweisen. Typischerweise wird für die statische Zuweisung die Zeit in periodisch wiederkehrende, diskrete Intervalle eingeteilt und ein Round-Robin-Algorithmus verwendet, der jeder Maschine eine Übertragung immer nur innerhalb ihrer Zeitscheibe erlaubt. Bei der statischen Zuweisung wird Kanalkapazität verschwendet, wenn ein Rechner innerhalb der ihm zugeordneten Zeitscheibe nichts zu übertragen hat. Daher versuchen die meisten Systeme, einen Kanal dynamisch (d.h. bei Bedarf) zuzuweisen.

Die dynamischen Kanalzuweisungsmethoden sind entweder zentral oder dezentral. Bei der zentralen Kanalzuweisungsmethode gibt es eine einzelne Einheit, beispielsweise die Basisstation in Funknetzen, die bestimmt, wer als Nächstes an der Reihe ist. Diese kann mehrere Pakete entgegennehmen und ihnen nach einem internen Algorithmus Prioritäten zuweisen. Bei der dezentralen Kanalzuteilungsmethode gibt es keine zentrale Einheit. Jeder Rechner muss selbst entscheiden, ob er übertragen kann. Wer nun annimmt, dass dieser Ansatz zwangsläufig zu Chaos führen muss, irrt sich. Später werden noch viele weitere Algorithmen untersucht, die entwickelt wurden, um Ordnung in dieses potenzielle Chaos zu bringen – vorausgesetzt, dass alle Rechner den Regeln gehorchen.

1.3.3 Heimnetze

Es lohnt sich, den LANs in den eigenen vier Wänden, den sogenannten **Heimnetzen**, besondere Aufmerksamkeit zu schenken. Heimnetze sind eine Art von LAN; sie umfassen eine breite und vielfältige Palette von Geräten, die mit dem Internet verbunden sind, und müssen besonders einfach zu verwalten, zuverlässig und sicher sein, insbesondere in den Händen von technisch nicht versierten Benutzern.

Vor vielen Jahren hätte ein Heimnetz wahrscheinlich aus ein paar Laptops in einem drahtlosen LAN bestanden. Heute kann ein Heimnetzwerk Geräte wie Smartphones, drahtlose Drucker, Thermostate, Einbruchsalarme, Rauchmelder, Glühbirnen, Kameras, Fernseher, Stereoanlagen, intelligente Lautsprecher, Kühlschränke usw. umfassen. Die Verbreitung von internetfähigen Geräten und Unterhaltungselektronik, oft als Internet der Dinge bezeichnet, macht es möglich, nahezu jedes elektronische Gerät (einschließlich Sensoren vieler Arten) mit dem Internet zu verbinden. Dieser enorme Umfang und die Vielfalt der internetfähigen Geräte führen zu neuen Herausforderungen für die Gestaltung, Verwaltung und Absicherung eines Heimnetzes. Die Fernüberwachung des Hauses wird immer üblicher, mit Anwendungen, die von der Sicherheitsüberwachung über die Wartung bis hin zum „Aging in Place" (d.h. unabhängig vom Alter in der eigenen Wohnung und in der Kommune unabhängig und komfortabel zu leben) reichen, da viele erwachsene Kinder bereit sind, Geld auszugeben, um es ihren älter werdenden Eltern zu ermöglichen, möglichst lange sicher im eigenen Haus zu leben.

Auch wenn das Heimnetz ein weiteres LAN darstellt, kann es sich in der Praxis aus mehreren Gründen von anderen LANs unterscheiden. Erstens müssen die Geräte, die die Benutzer an ihr Heimnetz anschließen, einfach zu installieren und zu warten sein. Es gab eine Zeit, als kabellose Router sehr häufig zum Händler zurückgebracht wurden, da die Leute beim Kauf davon ausgingen, dass das drahtlose Netz ohne weiteres Zutun funktionieren würde, nur um dann festzustellen, dass sie endlos am Telefon hingen, um die technische Hotline anzurufen. Die Geräte müssen idiotensicher sein und funktionieren, ohne dass man vorher ein 50-seitiges Handbuch lesen muss.

Zweitens haben Sicherheit und Zuverlässigkeit einen höheren Stellenwert, da unsichere Geräte eine direkte Bedrohung für die Gesundheit und Sicherheit der Verbraucher darstellen können. Der Verlust einiger Dateien durch einen E-Mail-Virus ist eine Sache; wenn ein Einbrecher Ihr Sicherheitssystem von seinem Telefon aus deaktiviert und dann Ihr Haus ausraubt, ist das etwas ganz anderes. In den letzten Jahren gab es unzählige Beispiele für unsichere oder schlecht funktionierende IoT-Geräte, die unter anderem zu eingefrorenen Rohren bis hin zur Fernsteuerung von Geräten aufgrund bösartiger Skripte Dritter geführt haben. Das Fehlen ernsthafter Sicherheitsvorkehrungen bei vielen dieser Geräte ermöglicht es Lauschern, Details der Benutzeraktivitäten in der Wohnung zu beobachten. Selbst wenn der Inhalt der Kommunikation verschlüsselt ist, kann die bloße Kenntnis der Art des kommunizierenden Geräts sowie des Umfangs und der Zeiten des Datenverkehrs eine Menge über das private Benutzerverhalten verraten.

Drittens entwickeln sich Heimnetze organisch, da die Menschen die verschiedensten Geräte der Unterhaltungselektronik kaufen und sie an das Netzwerk anschließen. Folglich ist im Gegensatz zu einem homogeneren Unternehmens-LAN die Menge der an das Heimnetz angeschlossenen Technologien wesentlich vielfältiger. Trotz dieser Vielfalt erwarten die Menschen, dass diese Geräte miteinander interagieren können (z.B. möchten sie den Sprachassistenten eines Herstellers nutzen, um die Beleuchtung eines anderen Herstellers zu steuern). Einmal installiert, können die Geräte über Jahre (oder Jahrzehnte) verbunden bleiben. Das bedeutet, es gibt keinen Schnittstellenkrieg: Den Verbrauchern zu sagen, dass sie Peripheriegeräte mit IEEE-1394-Schnittstellen (FireWire) kaufen sollen, um ein paar Jahre später diese Aussage zurückzunehmen und zu sagen, dass USB 3.0 die Schnittstelle des Monats ist, und dann auf 802.11g umzusteigen – huch, nein, das war ja 802.11n – nein, warten Sie, 802.11ac – Entschuldigung, wir meinen 802.11ax – ist nicht haltbar.

Schlussendlich sind die Gewinnspannen in der Unterhaltungselektronik gering, sodass viele Geräte so preiswert wie möglich sind. Wenn sie vor der Wahl stehen, welchen digitalen Fotorahmen mit Internetanschluss sie kaufen sollen, entscheiden sich viele Nutzer für den preisgünstigeren. Der Druck, die Kosten für Verbrauchergeräte so gering wie möglich zu halten, macht es noch schwieriger, die oben genannten Ziele zu erreichen. Sicherheit, Zuverlässigkeit und Interoperabilität kosten letztendlich Geld. In manchen Fällen brauchen Hersteller oder Verbraucher starke Anreize, um anerkannte Standards zu schaffen und einzuhalten.

Heimnetze sind in der Regel als drahtlose Netze ausgelegt. Die Vorteile und Kosten begünstigen drahtlose Netze, da keine Kabel verlegt oder, schlimmer noch, nachgerüstet werden müssen. Mit zunehmender Zahl der internetfähigen Geräte wird es immer unbequemer, überall im Haus, wo es eine Steckdose gibt, einen kabelgebundenen Netzanschluss vorzusehen. Drahtlose Netze sind bequemer und kosteneffektiver, stellen den Benutzer jedoch vor ganz besondere Leistungs- und Sicherheitsprobleme. Erstens wird das drahtlose Heimnetz immer mehr zum Engpass, je mehr Datenverkehr der Benutzer über sein Heimnetz schickt beziehungsweise je mehr Geräte er daran anschließt. Wenn die Leistung des Heimnetzwerks schlecht ist, wird häufig der Internetanbieter für die schlechte Leistung verantwortlich gemacht, was diese gar nicht gern hören.

Zweitens können Funkwellen Wände durchdringen (im beliebten 2,4-GHz-Band, weniger jedoch bei 5 GHz). Obwohl sich die Sicherheit drahtloser Verbindungen in den letzten zehn Jahren erheblich verbessert hat, sind diese Verbindungen immer noch Gegenstand zahlreicher Lauschangriffe auf die Daten, wobei bestimmte Aspekte des Datenverkehrs, z.B. Geräte-Hardwareadressen und Datenvolumen, unverschlüsselt bleiben. In *Kapitel 8* werden wir untersuchen, wie die Verschlüsselung zur Gewährleistung der Sicherheit eingesetzt werden kann, auch wenn das für unerfahrene Benutzer leichter gesagt als getan ist.

Mithilfe von **Powerline Networks** können Geräte, die mit Steckdosen verbunden sind, Informationen durch das ganze Haus schicken. Man muss das Fernsehgerät sowieso an das Stromnetz anschließen und auf diese Art hat man gleichzeitig Internetzugang.

Diese Netze übertragen sowohl Strom als auch Datensignale gleichzeitig. Teilweise kann dies durch die Verwendung von unterschiedlichen Frequenzbändern gelöst werden.

1.3.4 Stadtnetze (MANs)

Ein **Stadtnetz** (*Metropolitan Area Network*, **MAN**) erstreckt sich über ein Gebiet von der Größe einer Stadt. Das bekannteste Beispiel von MANs ist das Kabelfernsehnetz in vielen Städten. Dieses System ist aus den früheren Gemeinschaftsantennensystemen entstanden, die in Gegenden mit schlechtem Fernsehempfang installiert wurden. Bei diesen frühen Systemen wurde eine große Antenne auf dem nächsten Hügel installiert und das Signal dann zu den Häusern der Teilnehmer übertragen.

Zuerst waren dies lokal konzipierte Ad-hoc-Systeme. Dann begannen Unternehmen, das Geschäft für sich zu entdecken. Sie schlossen mit den lokalen Verwaltungen Verträge und verkabelten ganze Städte. Der nächste Schritt war die Erstellung von speziellen Fernsehprogrammen und dann der Aufbau reiner Kabelkanäle. Oftmals sind diese Kabelkanäle thematisch sehr spezialisiert, wie Nachrichten, Sport, Kochen, Gartenpflege etc. Aber von der Einführung bis Ende der 1990er Jahre waren sie nur für den Fernsehempfang gedacht.

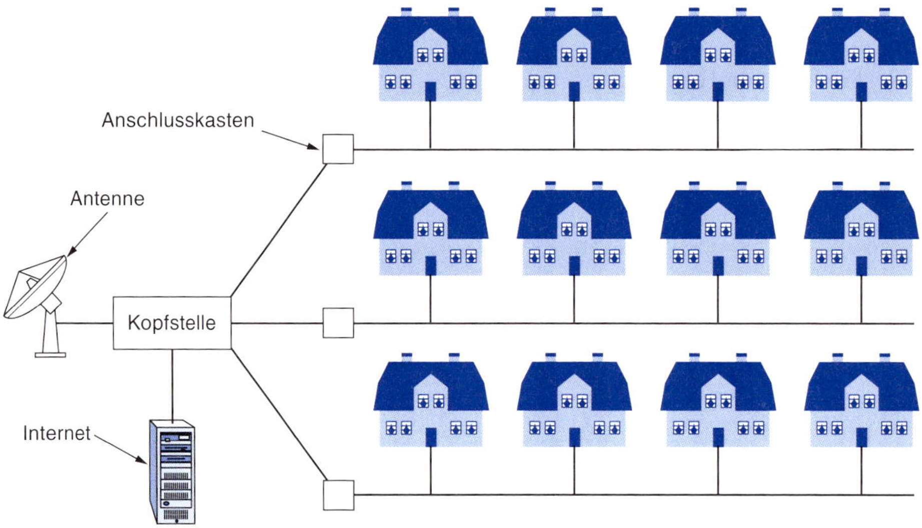

Abbildung 1.8: Ein MAN, das auf Kabelfernsehen basiert.

Als das Internet für ein Massenpublikum attraktiv wurde, stellten die TV-Netzbetreiber fest, dass sie mit ein paar Systemänderungen einen Zweiwege-Internetdienst in noch nicht genutzten Frequenzbereichen anbieten können. An diesem Punkt begann sich das Kabelfernsehsystem von einem einfachen Fernsehnetz hin zu einem Stadtnetz zu verwandeln. Auf den ersten Blick sieht ein Stadtnetz in etwa wie in ▶Abbildung 1.8 aus. In dieser Abbildung werden Fernsehsignale und Internetdaten zu einer zentralen **Kabelkopfstelle** (*cable headend*) oder einem **CMTS** (*Cable Modem Termination System*) gesendet, von wo aus diese dann an die Privathaushalte verteilt wurden. Dieses Thema werden wir in *Kapitel 2* noch ausführlicher behandeln.

Kabelfernsehen ist jedoch nicht das einzige MAN. Neuere Entwicklungen im drahtlosen Internet-Hochgeschwindigkeitszugang führten zu einem weiteren Stadtnetz, das als IEEE 802.16 standardisiert wurde und als **WiMAX** bekannt ist. Es scheint sich jedoch nicht durchzusetzen. Deshalb werden wir hier noch auf andere drahtlose Technologien wie **LTE** (*Long Term Evolution*) und 5G eingehen.

1.3.5 Fernnetze (WANs)

Ein **Fernnetz** (*Wide Area Network*, **WAN**) erstreckt sich über ein großes geografisches Gebiet, meist ein Land, ein Kontinent oder mehrere Kontinente. Ein WAN kann einer privaten Organisation gehören, wie ein Unternehmens-WAN, oder es kann ein kommerziell angebotener Dienst sein, wie ein Transitnetz.

Wir beginnen unsere Darstellung mit verkabelten WANs, dazu benutzen wir das Beispiel eines Unternehmens mit Zweigstellenbüros in verschiedenen Städten. Das WAN in ▶Abbildung 1.9 verbindet Büros in Perth, Melbourne und Brisbane. Jedes dieser Büros besitzt Computer, auf denen Benutzerprogramme (Anwendungen) ausgeführt werden. Wir halten uns an die Konvention und nennen diese Maschinen **Hosts**. Der Rest des Netzes, das diese Hosts verbindet, wird dann **Kommunikationssubnetz** (*communication subnet*) oder einfach nur **Subnetz** genannt. Die Aufgabe eines Subnetzes ist es, Nachrichten von Host zu Host zu übertragen, so wie das Telefonsystem gesprochene Wörter (eigentlich nur Geräusche) vom sprechenden zum zuhörenden Teilnehmer überträgt.

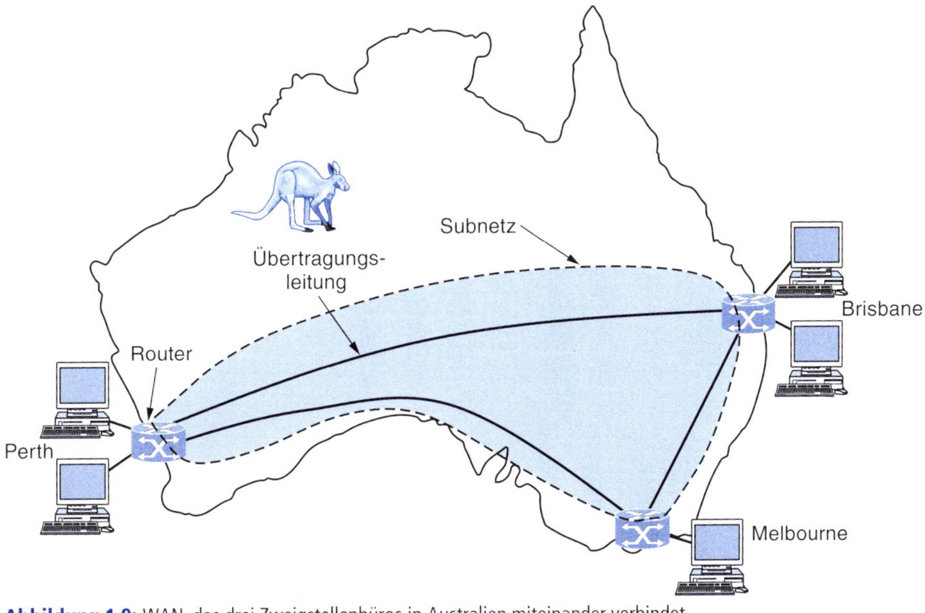

Abbildung 1.9: WAN, das drei Zweigstellenbüros in Australien miteinander verbindet.

In den meisten WANs besteht das Subnetz aus zwei getrennten Komponenten: Übertragungsleitungen und Vermittlungselementen. **Übertragungsleitungen** (*transmission line*) übertragen die Bits zwischen den Rechnern. Die Leitungen können Kupferdrähte oder Glasfasern oder sogar Funkverbindungen sein. Die meisten Unternehmen haben keine eigenen Übertragungsleitungen, also nutzen sie stattdessen die einer Telefongesellschaft. **Vermittlungselemente** (*switching element*) sind spezielle Geräte, die zwei oder mehr Übertragungsleitungen verbinden. Wenn Daten auf einer Eingangsleitung ankommen, muss ein Vermittlungselement eine Ausgangsleitung wählen, auf der die Daten weiterzuleiten sind. Diese Vermittlungsrechner hatten in der Vergangenheit verschiedene Namen, wobei heute die Bezeichnung **Router** am gebräuchlichsten ist. Unglücklicherweise sprechen dies manche Leute wie „Ruter", andere wie „Rauter" aus. Die richtige Aussprache herauszufinden, bleibt dem Leser als Übung überlassen. (Hinweis: Die als richtig empfundene Antwort hängt unter Umständen davon ab, in welcher Region Sie wohnen.)

In den meisten WANs gibt es viele Übertragungsleitungen, die jeweils ein Routerpaar miteinander verbinden. Zwei Router, die keine gemeinsame Übertragungsleitung haben, müssen die Verbindung über weitere Router herstellen. Es gibt wahrscheinlich viele Pfade im Netz, die diese beiden Router miteinander verbinden. Das Netz verwendet für seine Entscheidung, welcher Pfad zu verwenden ist, einen Routing-Algorithmus, die Router verwenden für ihre Entscheidung, wohin ein Paket als Nächstes zu senden ist, einen Weiterleitungsalgorithmus.Wir werden einige Varianten beider Algorithmen in *Kapitel 5* im Detail untersuchen.

Ein kurzer Kommentar über den Begriff „Subnetz" ist hier angebracht. Ursprünglich war seine *einzige* Bedeutung die Ansammlung von Routern und Kommunikationsleitungen, die Pakete vom Quell-Host zum Ziel-Host bewegt haben. Die Leser sollten sich darüber bewusst sein, dass eine zweite, jüngere Bedeutung im Zusammenhang mit Netzadressierung hinzugekommen ist. Wir werden auf diese Bedeutung in *Kapitel 5* stoßen und bleiben bis dahin bei der Originalbedeutung (nämlich eine Zusammenstellung von Leitungen und Routern).

Das WAN, wie wir es beschrieben haben, sieht einem großen, verkabelten LAN sehr ähnlich, doch es gibt einige wichtige Unterschiede, die jenseits der Drähte liegen. Bei einem WAN gehören die Hosts und das Subnetz normalerweise unterschiedlichen Personen und werden von unterschiedlichen Personen bedient. In unserem Beispiel könnten die Arbeitnehmer für ihre eigenen Rechner verantwortlich sein, während die IT-Abteilung des Unternehmens die Aufsicht für den Rest des Netzes innehat. In den nächsten Beispielen werden wir klarere Grenzen sehen, in denen die Netzbetreiber oder Telefongesellschaften das Subnetz betreiben. Die Trennung der reinen Kommunikationsaspekte des Netzwerks (das Subnetz) von den Anwendungsaspekten (den Hosts) vereinfacht den übergreifenden Netzentwurf.

Ein zweiter Unterschied ist, dass die Router in der Regel unterschiedliche Arten von Netzwerktechnologie miteinander verbinden. Das Netz innerhalb der Büros könnte beispielsweise Switched Ethernet sein, während die Übertragungsleitungen für größere Entfernungen SONET-Verbindungen sind (welche wir in *Kapitel 2* behandeln werden). Es muss also irgendeine Vorrichtung geben, die diese zusammenfügt. Der scharfsinnige Leser wird bemerken, dass dies über unsere Definition eines Netzwerks hinausgeht. Das heißt, viele WANs wären tatsächlich eher **Internetworks** oder zusammengesetzte Netze, die aus mehr als einem Netzwerk aufgebaut sind. Auf Internetworks werden wir im nächsten Abschnitt noch ausführlicher eingehen.

Ein letzter Unterschied liegt darin, was mit dem Subnetz verbunden wird. Dies könnten einzelne Rechner, wie es bei LANs der Fall war, oder vollständige LANs sein. Auf diese Weise werden größere Netzwerke aus kleineren aufgebaut. Für das Subnetz macht dies keinen Unterschied, es erledigt immer dieselbe Aufgabe.

Virtuelle private Netze und SD-WANs

Anstatt spezielle Übertragungsleitungen zu mieten, könnte ein Unternehmen sich der Internetkonnektivität bedienen, um seine Büros zu vernetzen. Dadurch werden virtuelle Verbindungen zwischen den Büros hergestellt, die das Internet als Basis benutzen. Dieses Arrangement, das in ▸Abbildung 1.10 gezeigt ist, wird **virtuelles privates Netzwerk** (**VPN**, *Virtual Private Network*) genannt. Im Vergleich zu den speziell dafür vorgesehenen Einrichtungen hat ein VPN den üblichen Vorteil der Virtualisierung, nämlich die flexible Wiederverwendung einer Ressource (Internetverbindung). Ein VPN hat auch die üblichen Nachteile der Virtualisierung: Mangel an Kontrolle über die zugrunde liegenden Ressourcen. Bei einer Standleitung wissen Sie, über welche Kapazität Sie verfügen können. Bei einem VPN kann Ihre Leistung je nach zugrunde liegender Internetkonnektivität variieren. Das Netzwerk selbst kann auch von einem kommerziellen Internetdienstanbieter betrieben werden. ▸Abbildung 1.11 zeigt diese Struktur, die die WAN-Sites miteinander sowie mit dem Rest des Internets verbindet.

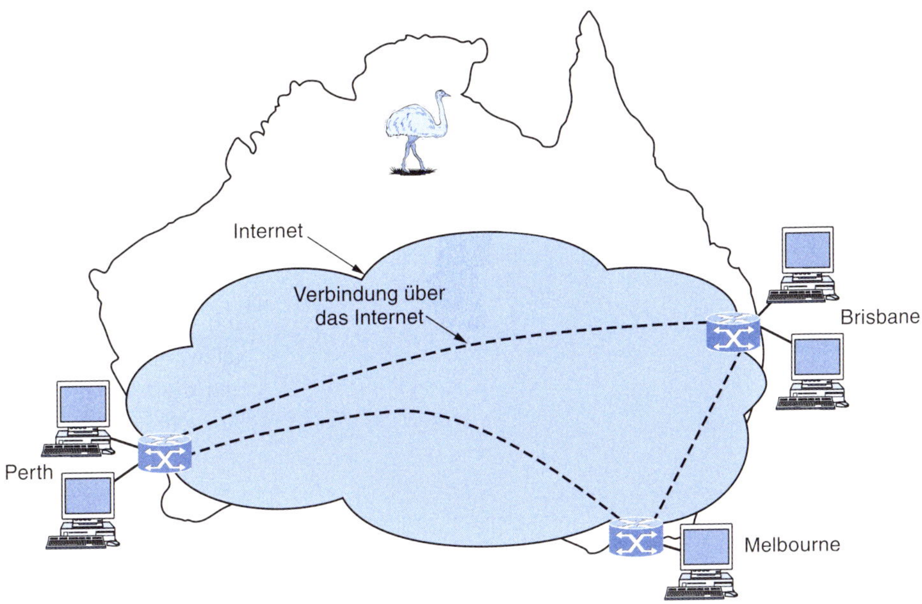

Abbildung 1.10: WAN, das ein virtuelles privates Netzwerk benutzt.

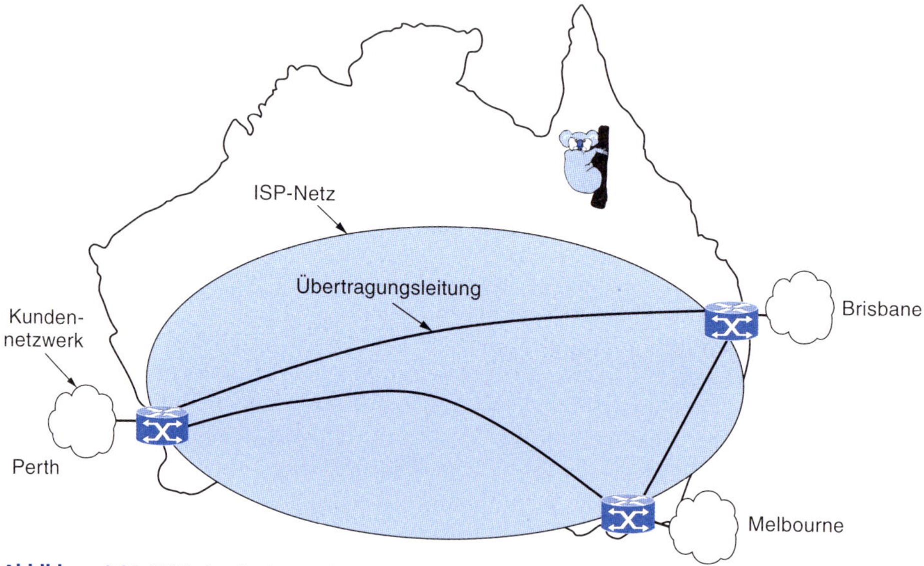

Abbildung 1.11: WAN, das ein ISP-Netz benutzt.

Andere Arten von WANs machen regen Gebrauch von kabellosen Technologien. In Satellitensystemen hat jeder Computer am Boden eine Antenne, über die er Daten mit einem Satelliten im Orbit austauschen kann. Alle Rechner können „hören", was vom Satelliten kommt, und manchmal auch das, was von anderen Computern an den Satelliten gesendet wird. Satellitennetze sind grundsätzlich Broadcast-Netze und am nützlichsten, wenn Broadcasting wichtig ist oder am Boden keine Infrastruktur vorhanden ist (z.B. Ölfirmen, die in entlegenen Wüstengegenden nach Öl bohren).

Das Funknetz für Mobiltelefone ist ein weiteres Beispiel für ein drahtloses WAN. Dieses System befindet sich bereits in der fünften Generation. Die erste Generation war analog und nur für Sprache ausgelegt. Die zweite Generation war digital und nur für Sprache ausgelegt. Die dritte Generation ist digital und sowohl für Sprache als auch für Daten ausgelegt. Die vierte Generation ist rein digital, sogar für Sprache. Die fünfte Generation ist ebenfalls rein digital und viel schneller als die vierte und hat außerdem geringere Verzögerungen.

Die Entfernung, die jede einzelne Basisstation abdeckt, ist bedeutend größer als bei einem drahtlosen LAN, wobei hier die Reichweiten in Kilometern statt in einigen Metern gemessen werden. Die Basisstationen sind miteinander über ein Backbonenetz verbunden, das in der Regel verkabelt ist. Die Datenraten von Funknetzwerken liegen häufig in der Größenordnung von 100 Mbit/s und sind damit viel geringer als bei einem drahtlosem LAN, das bis zu Größenordnungen von 7 Gbit/s reichen kann. Über diese Netze wird in *Kapitel 2* noch viel zu sagen sein.

In jüngster Zeit sind Unternehmen, die an verschiedenen Orten weltweit Standorte unterhalten und diese miteinander verbinden müssen, dazu übergegangen, sogenannte **softwaredefinierte WANs** oder **SD-WANs** zu entwerfen und zu implementieren, die für die Verbindung getrennter Standorte verschiedene, sich ergänzende Technologien verwenden, aber nur eine einzige **Dienstgütevereinbarung** (*Service-Level Agreement*, **SLA**) für das gesamte Netzwerk zugrunde legen. So könnte ein Netz beispielsweise eine Kombination aus teureren Standleitungen für die Verbindung mehrerer entfernter Standorte und ergänzend günstigerer Standard-Internetkonnektivität für die Verbindung dieser Standorte verwenden. Eine Logiksoftware übernimmt die Aufgabe, die Vermittlungselemente in Echtzeit umzuprogrammieren, um das Netzwerk sowohl hinsichtlich der Kosten als auch der Leistung zu optimieren. SD-WANs sind ein Beispiel für ein **SDN** (*Software-Defined Network*), eine Technologie, die in den letzten zehn Jahren an Bedeutung gewonnen hat und im Allgemeinen Netzwerkarchitekturen beschreibt, die das Netzwerk mithilfe einer Kombination aus programmierbaren Switches mit einer als separates Softwareprogramm implementierten Steuerlogik steuern.

1.3.6 Internetworks

Die Welt ist voller Netze, die oft unterschiedliche Hard- und Softwaretechnologien verwenden. Personen, die an ein Netz angeschlossen sind, möchten mit anderen, die an anderen Netzen angeschlossen sind, kommunizieren. Die Erfüllung dieses Wunsches setzt voraus, dass verschiedene, meist miteinander nicht kompatible Netze zusammengeschlossen werden. Eine Gruppe miteinander verbundener Netze nennt man **Internetwork** oder **Internet**. Diese Begriffe werden nicht nur zur Bezeichnung des weltweiten Internets benutzt (welches ein spezielles Internetwork ist), sondern auch in einem allgemeinen Sinne. Hier wird der Terminus „Internetwork" benutzt, wenn im allgemeinen Sinne von einem Zusammenschluss von Netzen die Rede ist, und der Terminus „Internet", wenn das weltweite Internet gemeint ist. Das Internet verbindet Content-Provider, Zugangsnetze, Unternehmensnetze, Heimnetze und viele andere Netze miteinander. Wir werden weiter hinten in diesem Buch näher auf das Internet eingehen.

Ein Netzwerk wird aus der Kombination eines Subnetzes und seiner Hosts gebildet. Das Wort „Netzwerk" wird jedoch häufig auch in einem lockeren Sinne gebraucht. Ein Subnetz könnte als ein Netzwerk beschrieben werden, wie im Fall des „ISP-Netzwerks" in Abbildung 1.11. Ein Internetwork könnte auch als ein Netz beschrieben werden, wie im Fall des WAN in Abbildung 1.9. Wie werden dies ähnlich handhaben und wenn wir ein Netz von anderen Anordnungen unterscheiden, werden wir bei unserer ursprünglichen Definition von einer Gruppe von Computern bleiben, die durch eine einzige Technologie miteinander verbunden sind.

Ein Internetwork setzt die Verbindung von verschiedenen, unabhängig betriebenen Netzen voraus. Aus unserer Sicht entsteht ein Internetwork in der Regel durch die Verbindung eines LAN mit einem WAN oder zweier LANs, aber über die Terminologie besteht in der Branche in diesem Bereich keine Einheitlichkeit. Allgemein lässt sich Folgendes sagen: Wenn zwei oder mehrere unabhängig voneinander betriebene Netze für die Verbindung zahlen oder wenn zwei oder mehreren Netzen eine absolut unterschiedliche Technologie zugrunde liegt (wie Broadcast- und Punkt-zu-Punkt-Übertragungen oder auch verkabelt und drahtlos), so haben wir es wahrscheinlich mit einem Internetwork zu tun.

Das Gerät, das eine Verbindung zwischen zwei oder mehreren Netzen herstellt und die notwendige Übersetzung bereitstellt – sowohl hinsichtlich der Hard- als auch der Software – ist das **Gateway**. Gateways werden unterschieden durch die Schicht in der Protokollhierarchie, auf der sie operieren. Wir werden uns mit Schichten und Protokollhierarchien noch viel beschäftigen und beginnen damit im nächsten Abschnitt. Für den Moment stellen Sie sich vor, dass höhere Schichten eher an Anwendungen wie das Web gebunden sind und tiefere Schichten eher an Übertragungsverbindungen wie Ethernet angebunden sind. Da der Vorteil, ein Internetwork zu bilden, darin liegt, Rechner über mehrere Netzwerke hinweg zu verbinden, wollen wir kein Gateway auf einer zu weit unten liegenden Ebene benutzen, denn damit wären wir nicht in der Lage, Verbindungen zwischen verschiedenen Netzwerkarten herzustellen. Wir wollen auch kein Gateway der zu weit oben liegenden Ebenen verwenden, denn damit würde die Verbindung nur für bestimmte Anwendungen funktionieren. Die Ebene in der Mitte, die „genau richtig" ist, wird oft die Netzschicht genannt, und ein Router ist ein Gateway, das Pakete auf der Netzschicht vermittelt. Allgemein ausgedrückt, wird ein Internetwork durch Gateways oder Router auf der Netzwerkschicht verbunden; selbst ein großes Netzwerk enthält jedoch oft viele Router.

1.4 Beispielnetze

Das Thema Computernetze bezieht sich auf viele verschiedene Netze, große und kleine, bekannte und weniger bekannte. Sie verfügen über verschiedene Ziele, Größen und Technologien. In den folgenden Abschnitten betrachten wir einige Beispiele, um eine Vorstellung von der Bandbreite zu erhalten, die im Bereich Computernetze zu finden ist.

Wir beginnen mit dem Internet, dem vermutlich bekanntesten Netzwerk, und betrachten dessen Geschichte, Evolution und Technologie. Dann beschäftigen wir uns mit dem Mobiltelefonnetz. Technisch gesehen unterscheidet es sich deutlich vom Internet. Als Nächstes befassen wir uns mit IEEE 802.11, dem vorherrschenden Standard für drahtlose LANs.

1.4.1 Das Internet

Das Internet ist eine riesige Ansammlung von verschiedenen Netzen, die bestimmte gängige Protokolle nutzen und bestimmte allgemeine Dienste zur Verfügung stellen. Es ist ein ungewöhnliches System, das von keinem Unternehmen geplant war und auch von keinem Unternehmen kontrolliert wird. Um es besser zu verstehen, beginnen wir von vorne und betrachten, wie es entwickelt wurde und warum. Eine wundervolle Darstellung der Geschichte des Internets findet man bei John Naughton (2000). Es ist eines der seltenen Bücher, die man nicht nur mit Vergnügen liest, sondern das auch für den ernsthaften Historiker 20 Seiten mit Literatur- und Quellverweisen enthält. Einige der Informationen in diesem Abschnitt basieren auf diesem Buch.

Natürlich wurden über das Internet und seine Protokolle unzählige Bücher geschrieben. Weitere Informationen finden Sie beispielsweise in Severance (2015).

Das ARPANET

Die Geschichte begann Ende der späten 1950er Jahre. Auf der Höhe des kalten Kriegs wollte das US-Verteidigungsministerium ein Kommando- und Steuernetz, das imstande sein sollte, einen Atomkrieg zu überdauern. Zu dieser Zeit nutzte die militärische Kommunikation das öffentliche Telefonnetz, das als verletzbar angesehen wurde. Der Grund hierfür ist aus ▶Abbildung 1.12a ersichtlich. Hier stehen die schwarzen Punkte für die Telefonvermittlungsstellen, von denen jede Tausende von Telefonen verband. Diese Vermittlungsstellen waren wiederum mit übergeordneten Vermittlungsstellen (Fernvermittlungsstellen) verbunden und bildeten so eine landesweite Hierarchie mit nur geringer Redundanz. Die Verletzbarkeit dieses Systems lag darin, dass die Zerstörung einiger weniger Fernvermittlungsstellen das System in viele isolierte Inseln fragmentieren würde, sodass die Generäle im Pentagon die Basis in Los Angeles nicht anrufen könnten.

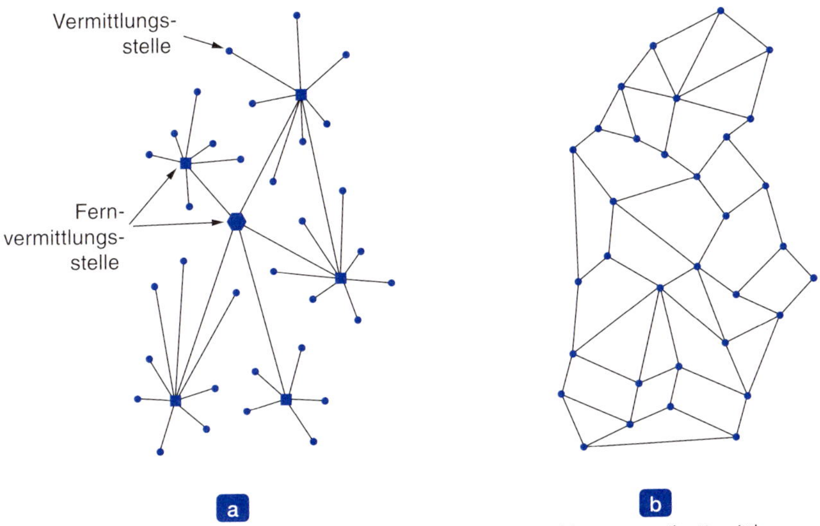

Abbildung 1.12: (a) Struktur des Telefonsystems. (b) Das von Baran vorgeschlagene verteilte Vermittlungssystem.

Um 1960 beauftragte das US-Verteidigungsministerium die RAND Corporation mit der Erarbeitung einer Lösung. Einer der Mitarbeiter, Paul Baran, stellte den hochgradig verteilten und fehlertoleranten Entwurf von Abbildung 1.12b vor. Da die Pfade zwischen zwei Vermittlungsstellen jetzt nicht sehr viel länger waren, als die analogen Signale ohne Störung fließen können, schlug Baran vor, digitale Paketvermittlung zu verwenden. Baran schrieb verschiedene Bereiche für das US-Verteidigungsministerium, in denen er seine Ideen im Detail darstellte (Baran, 1964). Den Vertretern des Pentagons gefiel das

Konzept und man beauftragte AT&T – zu dieser Zeit der nationale amerikanische Telefonmonopolist – einen Prototyp zu erstellen. AT&T tat die Ideen von Baran kurzerhand ab. Das größte und reichste Unternehmen der Welt wollte sich nicht von einem jungen Klugscheißer sagen lassen, wie man ein Telefonsystem aufbaut. Man erklärte, das Telefonsystem von Baran könne nicht gebaut werden, und die Idee war damit gestorben.

Es vergingen einige Jahre und das amerikanische Verteidigungsministerium hatte immer noch kein besseres System. Um die nächste Entwicklung zu verstehen, müssen wir ganz zurückgehen, bis zum Oktober 1957, als die Sowjetunion die USA mit dem Start von Sputnik, dem ersten künstlichen Satelliten, im Weltall schlug. Als Präsident Eisenhower herauszufinden versuchte, wer hier mit offenen Augen geschlafen hatte, war er entsetzt herauszufinden, dass sich Army, Navy und Air Force um das Forschungsbudget des Pentagons stritten. Seine sofortige Antwort war, eine einzige Forschungsorganisation für Verteidigungsprojekte zu gründen, die sogenannte **ARPA** (*Advanced Research Projects Agency*). ARPA hatte weder Wissenschaftler noch Labors. Sie bestand aus nichts als einem Büro und einem (nach Pentagon-Maßstäben) kleinen Budget. Sie bestritt seine Aufgabe durch die Vergabe von Stipendien und Aufträgen von Verträgen an Universitäten und Unternehmen, deren Ideen vielversprechend aussahen.

In den ersten Jahren war ARPA noch damit beschäftigt, seine Aufgaben zu definieren. 1967 versuchte Larry Roberts, ein Programm-Manager von ARPA, herauszufinden, wie entfernter Zugriff auf Computer zur Verfügung gestellt werden könnte, und wandte sich dem Thema Netze zu. Er kontaktierte mehrere Experten und fragte sie um Rat. Einer davon, Wesley Clark, schlug vor, ein paketvermitteltes Subnetz zu errichten, das jeden Host mit seinem eigenen Router verbindet.

Nach anfänglicher Skepsis kaufte Roberts die Idee und präsentierte einen etwas vagen Artikel darüber im ACM SIGOPS Symposium on Operating System Principles, das in Gatlinburg, Tennessee, Ende 1967 stattfand (Roberts, 1967). Zu Roberts großem Erstaunen beschrieb ein anderer Artikel in der Konferenz ein ähnliches System, das nicht nur entworfen, sondern tatsächlich unter der Leitung von Donald Davies am National Physical Laboratory (NPL) in Großbritannien vollständig implementiert worden war. Das NPL-System war zwar kein landesweites System (es verband nur ein paar Rechner auf dem NPL-Campus), aber es zeigte, dass die Paketvermittlung praxistauglich war. Darüber hinaus zitierte dieser Artikel nun Barans frühere, verworfene Arbeit. Roberts kam von Gatlinburg mit dem Entschluss zurück, das System zu errichten, das später als **ARPANET** bekannt wurde.

Das Subnetz sollte aus Minicomputern namens **IMPs** (*Interface Message Processor*) bestehen, die über Übertragungsleitungen mit einer Kapazität von 56 kbit/s verbunden werden sollten. Um hohe Zuverlässigkeit sicherzustellen, sollte jeder IMP an mindestens zwei weitere IMPs angeschlossen werden. Jedes über das Subnetz gesendete Paket sollte die vollständige Zieladresse enthalten, sodass nachfolgende Pakete automatisch über alternative Wege gesendet werden konnten, falls einige Leitungen und IMPs zerstört würden.

Jeder Netzknoten sollte aus einem IMP und einem Host bestehen, die im gleichen Raum stehen und über eine kurze Leitung verbunden werden sollten. Ein Host würde Nachrichten mit bis zu 8.063 Bit an seinen IMP senden, der diese in Pakete von höchstens 1.008 Bit aufteilen und unabhängig in Richtung Ziel befördern sollte. Jedes Paket würde vollständig vor der Weiterleitung empfangen werden, sodass das Subnetz das erste elektronische paketvermittelte Speichervermittlungsnetz (Store-and-forward-Paketvermittlungsnetz) der Welt werden sollte.

ARPA veranstaltete eine Ausschreibung zur Entwicklung des Subnetzes. Zwölf Unternehmen reichten ihre Angebote ein. Nach der Auswertung aller Angebote entschied sich ARPA für BBN, eine in Cambridge im US-Bundesstaat Massachusetts ansässige Beratungsfirma. Im Dezember 1968 wurde der Zuschlag für die Entwicklung des Subnetzes und der dazugehörenden Software erteilt. BBN wählte für diesen Auftrag speziell modifizierte Honeywell-Minicomputer vom Typ DDP-316 mit 12.000 16-Bit-Wörtern Kernspeicher als IMPs. Die IMPs hatten keine Platten, da auswechselbare Teile als unzuverlässig galten. Die IMPs wurden über 56-kbit/s-Leitungen, die von Telefongesellschaften angemietet wurden, verbunden. Obwohl heutzutage 56 kbit/s nur noch in Ausnahmefällen verwendet werden, war es damals das Beste, was man für Geld bekommen konnte.

Die Software wurde zweigeteilt: Subnetz und Host. Die Software für das Subnetz bestand aus dem IMP-Teil der Host-IMP-Verbindung, dem IMP/IMP-Protokoll und einem Protokoll vom Quell- zum Ziel-IMP, um die Zuverlässigkeit zu erhöhen. Das ARPANET in seinem ersten Entwurf ist in ▶Abbildung 1.13 dargestellt.

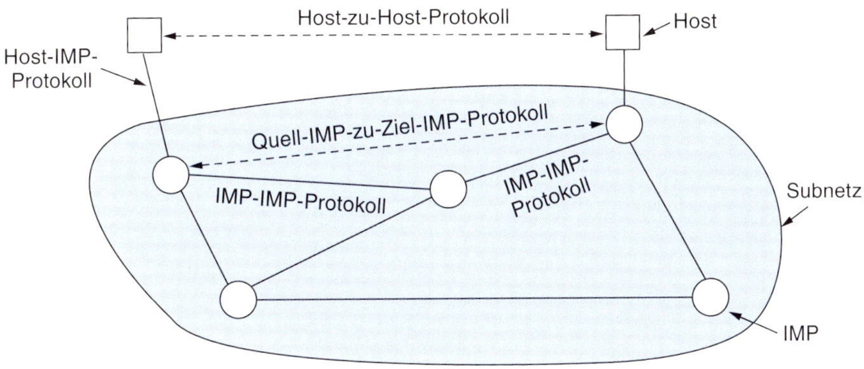

Abbildung 1.13: Der ursprüngliche Entwurf von ARPANET.

Außerhalb des Subnetzes war auch Software nötig: für den Host-Endpunkt der Host-IMP-Verbindung, das Host-Host-Protokoll und die Anwendungssoftware. Bald wurde klar, dass BBN der Meinung war, dass seine Aufgabe getan sei, sobald eine Nachricht auf einer Host-IMP-Leitung angenommen und auf die Host-IMP-Leitung am Ziel zugestellt war.

Roberts hatte ein Problem: Auch der Host benötigte Software. Um das Problem mit der Host-Software zu lösen, berief er im Sommer 1969 in Snowbird in Utah eine Besprechung von Netzforschern, vorwiegend graduierten Studenten, ein. Die Studenten erwarteten einen Netzfachmann, der ihnen den Entwurf des Netzes und seine Software erklären und dann jedem seinen Teil an dem Projekt zuweisen würde. Sie waren verblüfft, als sie feststellten, dass es weder einen Netzfachmann noch einen nennenswerten Entwurf gab. Sie sollten sich selbst etwas einfallen lassen.

So wurde im Dezember 1969 ein experimentelles Netzwerk mit vier Knoten in Betrieb genommen: an der Universität Los Angeles (UCLA), der Universität Santa Barbara (UCSB), am Stanford Research Institute (SRI) und an der Universität von Utah. Diese vier wurden ausgewählt, weil alle eine große Anzahl von ARPA-Verträgen besaßen und auch verschiedene und völlig inkompatible Hostrechner im Einsatz hatten (um das Projekt spaßiger zu gestalten). Die erste Host-zu-Host-Nachricht war zwei Monate früher von dem UCLA-Knoten von einem Team, das von Len Kleinrock (einem Pionier der Paketvermittlungstheorie) angeführt wurde, zum SRI-Knoten gesendet worden. Das Netz wuchs schnell und immer mehr IMPs wurden ausgeliefert und installiert. Bald überspannte es die Vereinigten Staaten. ▶Abbildung 1.14 zeigt, wie schnell das ARPANET in den ersten drei Jahren wuchs.

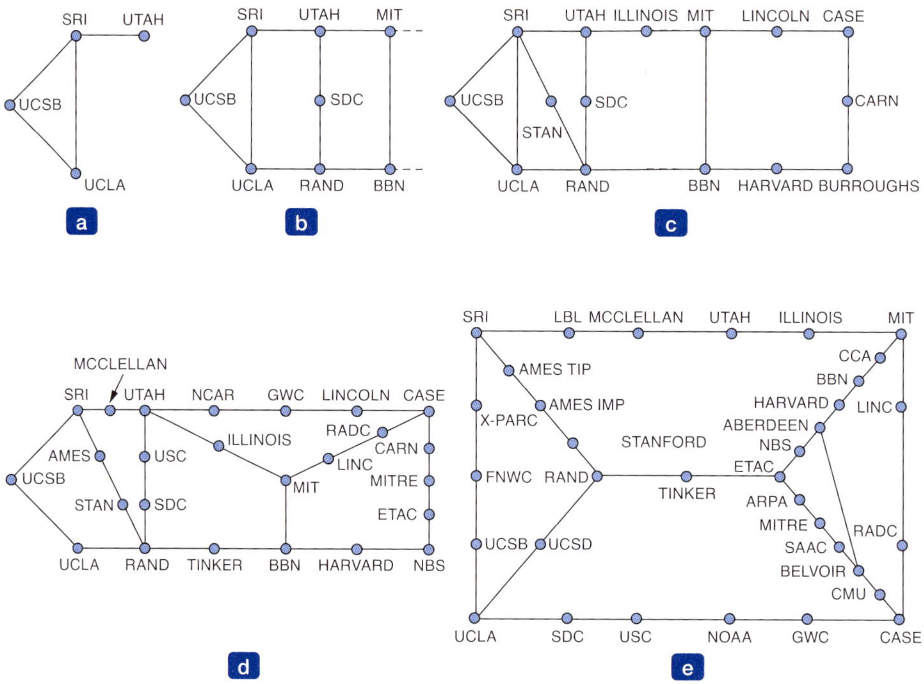

Abbildung 1.14: Wachstum des ARPANET: a) Dezember 1969; (b) Juli 1970; (c) März 1971; (d) April 1972; (e) September 1972.

Abgesehen von der Unterstützung des flügge gewordenen ARPANET, bezuschusste ARPA auch die Forschung von satellitengestützten und mobilen paketvermittelten Funknetzen. In einer spektakulären Demonstration fuhr ein Lastwagen durch ganz Kalifornien und nutzte das paketvermittelte Funknetz, um Nachrichten an SRI zu senden, die dann über das ARPANET an die Ostküste weitergeleitet wurden, von wo sie über Satellitennetz an das University College London (UCL) übertragen wurden. Dabei konnte ein im Lkw mitfahrender wissenschaftlicher Mitarbeiter einen Computer in London auf seiner Fahrt in Kalifornien nutzen.

Dieses Experiment zeigte auch auf, dass die vorhandenen ARPANET-Protokolle nicht für den Betrieb über unterschiedliche Netze geeignet waren. Diese Beobachtung führte zu weiteren Forschungsarbeiten über Protokolle, die schließlich in der Erfindung des TCP/IP-Modells und der entsprechenden Protokolle gipfelte (Cerf und Kahn, 1974). TCP/IP wurde speziell zur Verwaltung der Kommunikation über Internetworks entwickelt, was immer wichtiger wurde, da mehr und mehr Netze an das ARPANET angeschlossen wurden.

Um die Übernahme dieser neuen Protokolle voranzutreiben, erteilte ARPA mehrere Aufträge, TCP/IP auf verschiedenen Computerplattformen zu implementieren, unter anderem für IBM-, DEC- und HP-Systeme sowie für Berkeley-UNIX. Wissenschaftliche Mitarbeiter an der kalifornischen Universität in Berkeley schrieben TCP/IP mit einer neuen Programmierschnittstelle (**Socket**) für die aufkommende 4.2BSD-Version von Berkeley-UNIX um. Sie schrieben außerdem viele Anwendungs-, Hilfs- und Verwaltungsprogramme, um zu zeigen, wie bequem es war, das Netz mithilfe der Sockets zu nutzen.

Das war perfektes Timing. Viele Universitäten hatten eben erst einen zweiten oder dritten VAX-Rechner angeschafft sowie ein LAN, um diese miteinander zu verbinden, hatten aber noch keine Netzsoftware. Als 4.2BSD mit TCP/IP, Sockets und vielen Netzdienstprogrammen herauskam, wurde das Komplettpaket mit offenen Armen aufgenommen. Mit TCP/IP erwies es sich außerdem als einfach, LANs an das ARPANET anzuschließen, was viele auch taten. Als Folge wuchs TCP/IP Mitte der 1970er Jahre sehr schnell.

NSFNET

Gegen Ende der 1970er Jahre erkannte die NSF (U.S. National Science Foundation) die enorme Wirkung des ARPANET auf Forschungen an Universitäten, denn Wissenschaftler konnten kreuz und quer über das ganze Land Daten austauschen und an Forschungsprojekten zusammenarbeiten. Um sich allerdings in das ARPANET einzuklinken, musste eine Universität einen Forschungsvertrag mit dem US-Verteidigungsministerium haben. Viele hatten keinen Vertrag. Die anfängliche Reaktion der NSF war 1981 die Bezuschussung des **CSNET** (*Computer Science Network*). Dieses Netz verband Informatikfachbereiche und industrielle Forschungszentren mit dem ARPANET über Einwahl- oder Standleitungen. In den späten 1980er Jahren ging die NSF einen Schritt weiter und entschied sich, einen Nachfolger zum ARPANET zu entwickeln, der für alle Forschungsgruppen an Universitäten offen sein sollte.

Um für den Anfang etwas Konkretes zur Hand zu haben, baute die NSF ein Backbonenetz, um ihre sechs Superrechenzentren in San Diego, Boulder, Champaign, Pittsburgh, Ithaca und Princeton zu verbinden. Jeder Supercomputer erhielt einen kleinen Bruder, der aus einem Mikrocomputer LSI-11 bestand, den man **Fuzzball** nannte. Diese

Fuzzballs wurden über 56-kbit/s-Standleitungen verbunden und bildeten das Subnetz. Hardwareseitig wurde also die gleiche Technologie angewandt wie beim ARPANET. Die Software war jedoch völlig anders: Die Fuzzballs sprachen von Anfang an TCP/IP und bildeten damit das erste TCP/IP-WAN.

Die NSF bezuschusste außerdem einige (zum Schluss 20) regionale Netze, die an das Backbone angeschlossen wurden, um Benutzern an Tausenden von Universitäten, Forschungseinrichtungen, Bibliotheken und Museen Zugriff auf jeden der Supercomputer zu ermöglichen und untereinander zu kommunizieren. Das komplette Netz, einschließlich des Backbones und der regionalen Netze, wurde **NSFNET** (*National Science Foundation Network*) genannt. Es bot Zugang zum ARPANET über eine Verbindung zu einem IMP und einem Fuzzball im Rechenzentrum der Carnegie-Mellon-Universität. Das erste NSFNET-Backbone ist in ▶Abbildung 1.15 dargestellt.

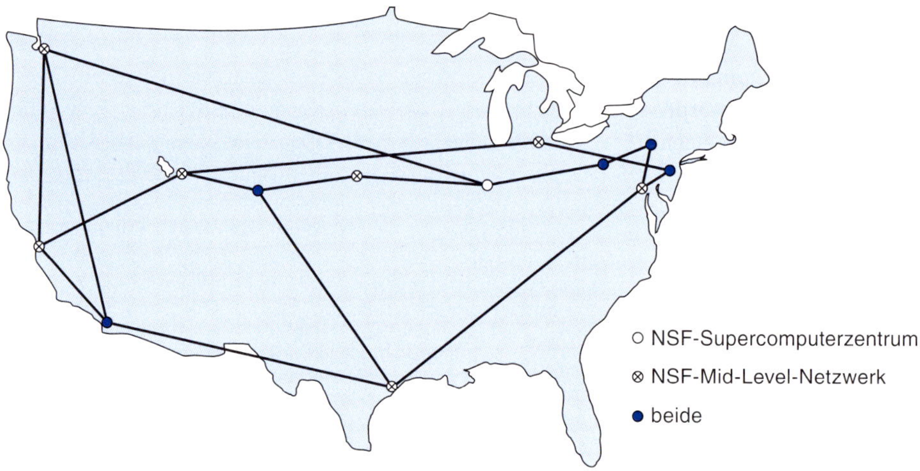

Abbildung 1.15: Das NSFNET-Backbone, USA, im Jahr 1988.

NSFNET war sofort ein durchschlagender Erfolg – und von Anfang an überladen. Die NSF begann unverzüglich mit der Planung eines Nachfolgers und erteilte nach einer Ausschreibung dem in Michigan ansässigen MERIT-Konsortium den Zuschlag als Betreiber des Netzes. Glasfaserkanäle mit 448 kbit/s wurden von MCI (einer amerikanischen Telefongesellschaft, die 2006 von Verizon übernommen wurde) angemietet, um das Backbone Version 2 bereitzustellen. Als Router wurden PC-RTs von IBM eingesetzt. Auch dieses Netz war bald überladen, sodass bis 1990 das zweite Backbone auf 1,5 Mbit/s aufgerüstet wurde.

Das Wachstum setzte sich in raschem Tempo fort und die NSF erkannte, dass die Regierung nicht für immer und ewig Netze finanzieren konnte. Außerdem wollten Privatunternehmen in den Bereich einsteigen, wurden aber durch das Monopol der NSF, das durch deren Finanzierung der Projekte entstand, daran gehindert. Als Folge regte die NSF MERIT, MCI und IBM an, ein gemeinnütziges Unternehmen zu gründen. Es entstand **ANS** (*Advanced Networks and Services*) als erster Schritt auf dem Weg zur Kommerzialisierung. 1990 übernahm ANS das NSFNET und rüstete die 1,5-Mbit/s-

Leitungen auf 45 Mbit/s auf. Damit war das **ANSNET** geboren. Dieses Netzwerk war fünf Jahre in Betrieb und wurde dann an America Online verkauft. Aber zu dieser Zeit boten bereits verschiedene Unternehmen kommerzielle IP-Dienste an und es war klar, dass sich der Staat nun aus dem Netzgeschäft zurückziehen sollte.

Um den Übergang zu erleichtern und sicherzustellen, dass jedes regionale Netz mit jedem anderen regionalen Netz kommunizieren konnte, erteilte die NSF Aufträge an vier verschiedene Netzbetreiber für die Errichtung eines **Netzzugangspunkts** (**NAP**, *Network Access Point*). Diese Betreiber waren PacBell (San Francisco), Ameritech (Chicago), MFS (Washington, DC) und Sprint (New York City, wobei für NAP-Zwecke der Ort Pennsauken in New Jersey als Teil von New York City zählte). Jeder Netzbetreiber, der Backbonedienste für die regionalen NSF-Netze bereitstellen wollte, musste sich an alle NAPs anschließen.

Diese Anordnung bedeutete, dass ein Paket, das von irgendeinem regionalen Netz ausging, den Backbonebetreiber aussuchen konnte. Folglich standen die Backbonebetreiber im Wettbewerb um ein regionales Netzgeschäft, der auf der Grundlage von Service und Preis ausgetragen wurde – was natürlich der Grundgedanke war. In der Folge wurde das Konzept eines einzigen Standard-Backbones durch eine kommerziell ausgerichtete wettbewerbsorientierte Infrastruktur ersetzt. Viele Leute kritisieren die US-Regierung gerne, dass sie nicht innovativ genug sei, aber beim Betrieb von Netzen waren das US-Verteidigungsministerium und die NSF federführend bei der Erstellung der Infrastruktur, die die Basis für das Internet bildete, und man übergab dies dann an die Industrie zum weiteren Betrieb. All dies ist darauf zurückzuführen, dass AT&T, als es vom Verteidigungsministerium mit dem Aufbau des ARPANET beauftragt wurde, die Zusammenarbeit verweigerte, da es den Nutzen von Computernetzen nicht erkannte.

In den 1990er Jahren haben viele Länder und Regionen nationale Forschungsnetze aufgebaut, die oftmals nach dem Muster von ARPANET und NSFNET ausgelegt waren. Hierzu gehörten EuropaNET und EBONE in Europa, die mit 2-Mbit/s-Standleitungen begannen und dann auf Leitungen mit einer Kapazität von 34 Mbit/s aufgerüstet wurden. Auch in Europa ging die Netzinfrastruktur in die Hände der Industrie über.

Das Internet hat sich seit diesen frühen Tagen deutlich gewandelt. Mit dem Aufkommen des World Wide Web (WWW) in den frühen 1990er Jahren ist seine Größe nahezu explodiert. Aktuelle Zahlen des Internet Systems Consortium gehen von über 600 Millionen sichtbaren Internethosts aus. Diese Schätzung ist bewusst zu niedrig veranschlagt, aber die Zahl übersteigt bei Weitem die paar Millionen Hosts von 1994, als die erste WWW-Konferenz am CERN abgehalten wurde.

Auch die Art und Weise, wie wir das Internet nutzen, hat sich radikal geändert. Anfangs herrschten Anwendungen wie E-Mail-für-Akademiker, Newsgroups, entferntes Einloggen und Dateiübertragungen vor. Später verschob sich der Fokus zu E-Mail-für-Alle, dann zu Web- und Peer-to-Peer-Anwendungen zum Verbreiten von Inhalten (wie das heute abgeschaltete Napster). Heute sind das Verbreiten von Media in Echtzeit, soziale Netze (z.B. Facebook) und Mikroblogging (z.B. X, Facebook) gängige Anwendungen. Die vorherrschende Form des Datenverkehrs ist zurzeit eindeutig das Streamen von

Videos (z.B. Netflix und YouTube). Diese Entwicklungen brachten reichhaltigere Medienarten und damit sehr viel mehr Datenverkehr mit sich, was wiederum Auswirkungen auf die Internetarchitektur hatte.

Die Internetarchitektur

Die Architektur des Internets hat sich im Zuge des explosionsartigen Wachstums ebenfalls stark gewandelt. In diesem Abschnitt versuchen wir, eine kurze Übersicht darüber zu geben, wie das Internet heute aussieht. Dieses Bild verkompliziert sich durch die ständigen Umwälzungen im Bereich der Telefongesellschaften, Kabelunternehmen und ISPs, wodurch es oftmals schwer zu sagen ist, wer was macht. Eine treibende Kraft dieser Umwälzungen ist das Zusammenwachsen in der Telekommunikation in dem Sinne, dass Netze eingesetzt werden, die vorher anderen Benutzungsarten dienten. Beispielsweise kaufen Sie von einem Unternehmen in einem „Triple-Play"-Paket Telefon-, Fernsehen- und Internetdienste über dieselbe Netzverbindung zu einem niedrigeren Preis, als diese drei Dienste einzeln kosten würden. Daher ist die Beschreibung, die wir hier geben, etwas einfacher als die realen Verhältnisse. Und was heute gilt, kann morgen schon nicht mehr wahr sein.

▶Abbildung 1.16 zeigt eine grobe Übersicht über die Internetarchitektur. Lassen Sie uns diese Darstellung einmal Stück für Stück untersuchen, angefangen bei einem Computer zu Hause (an den Rändern der Abbildung). Um sich an das Internet anzuschließen, ist der Computer mit einem Internetdienstanbieter verbunden, von dem der Benutzer Internetzugang erwirbt. Damit ist der Rechner in der Lage, Pakete mit allen anderen erreichbaren Hosts im Internet auszutauschen. Es gibt viele Arten von Internetzugriff und sie werden in der Regel danach unterschieden, wie viel Bandbreite sie zur Verfügung stellen und wie viel sie kosten, aber die wichtigste Eigenschaft ist die Verbindungsfähigkeit.

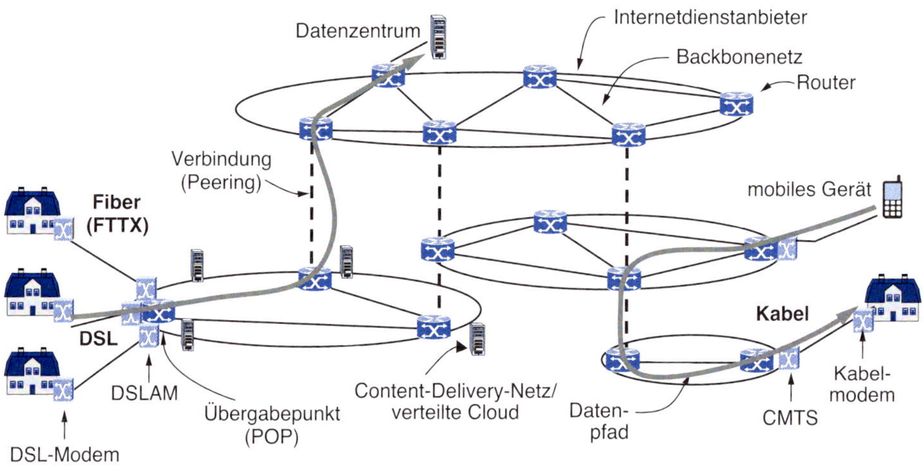

Abbildung 1.16: Überblick über die Internetarchitektur.

Eine gängige Methode, um sich von zu Hause aus mit dem Internet zu verbinden, ist die Übertragung von Signalen über die Kabelfernsehinfrastruktur. Das Kabelnetz, das manchmal auch als **HFC**-Netz (*Hybrid Fiber-Coaxial*) bezeichnet wird, ist eine integrierte Infrastruktur, die einen paketbasierten Transport namens **DOCSIS** (*Data Over Cable Service Interface Specification*) verwendet, um eine Vielzahl von Datendiensten zu übertragen, darunter Fernsehkanäle, Hochgeschwindigkeitsdaten und Sprache. Das Endgerät im Haus heißt **Kabelmodem** und das Gerät am Kabelkopfende **Kabelmodemabschlusssystem** (**CMTS**, *Cable Modem Termination System*). Das Wort **Modem** ist ein Akronym aus „Modulator Demodulator" und bezieht sich auf jedes Gerät, das zwischen digitalen Bits und analogen Signalen konvertiert.

Zugangsnetze sind durch die Bandbreite der „letzten Meile" oder letzten Etappe der Übertragung begrenzt. In den letzten zehn Jahren hat der weiterentwickelte DOCSIS-Standard dazu geführt, dass ein wesentlich höherer Durchsatz zu den Heimnetzen erreicht werden konnte. Der neueste Standard DOCSIS 3.1 mit Vollduplex bietet Unterstützung für symmetrische Datenübertragungsraten vom und zum Empfänger mit einer maximalen Kapazität von 10 Gbit/s. Eine weitere Option für die letzte Meile besteht in der Verlegung von Glasfaserkabel bis zu den Wohnhäusern. Diese Technologie wird **FTTH** (*Fiber to the Home*) genannt. Für Betriebe in Gewerbegebieten kann es sinnvoll sein, eine Leitung mit hoher Übertragungsgeschwindigkeit vom Büro zum nächstgelegenen ISP zu mieten. In den Großstädten einiger Länder können Leitungen von bis zu 10 Gbit/s angemietet werden, wobei selbstverständlich geringere Geschwindigkeiten verfügbar sind. In Nordamerika läuft beispielsweise eine T3-Leitung mit ungefähr 45 Mbit/s. In anderen Teilen der Welt, vor allem in schwach entwickelten Regionen, gibt es weder Kabel noch Glasfaser. Einige dieser Regionen setzen deshalb direkt auf drahtlose oder mobile Netze mit höherer Geschwindigkeit als bevorzugtes Mittel für den Internetzugang. Im nächsten Abschnitt geben wir einen Überblick über die Möglichkeiten des mobilen Internetzugangs.

Wir können jetzt also Pakete zwischen dem Haus und dem ISP übertragen. Der Ort, an dem Kundenpakete das ISP-Netz betreten, heißt **Übergabepunkt** (**POP**, *Point of Presence*) des ISP. Als Nächstes werden wir erklären, wie Pakete zwischen den POPs der verschiedenen ISPs übertragen werden. Ab diesem Punkt ist das System vollständig digital und paketvermittelt.

ISP-Netze können sich regional, national oder international ausdehnen. Wir haben bereits gesehen, dass ihre Architektur aus Fernübertragungsleitungen aufgebaut ist, welche Router an POPs in den verschiedenen Städten, die dieser ISP bedient, miteinander verbinden. Diese Anlage heißt das **Backbone** des ISP. Wenn ein Paket für einen Host bestimmt ist, der direkt von dem ISP bedient wird, dann wird dieses Paket über das Backbone geleitet und dem Host zugestellt. Ansonsten muss es einem anderen ISP übergeben werden.

ISPs verbinden ihre Netze, um Datenverkehr an **Internetknoten** (**IXP**, *Internet eXchange Point*) auszutauschen. Das Verbinden der ISPs untereinander wird **Peering** genannt. Es gibt auf der ganzen Welt viele IXPs in Städten. Sie sind in Abbildung 1.16 vertikal eingezeichnet, da sich ISP-Netze geografisch überlappen. Im Prinzip ist ein IXP ein Raum voll mit Routern, pro ISP mindestens einer. Ein sehr schnelles Glasfaser-LAN in dem Raum verbindet all die Router, sodass Pakete von jedem ISP-Backbone zu jedem anderen ISP-Backbone weitergeleitet werden können. IXPs können große Einrichtungen sein, die voneinander unabhängige Eigentümer haben und miteinander in Konkurrenz stehen. Eines der größten IXP ist die Amsterdam Internet Exchange, mit der über 800 ISPs verbunden sind und über die mehr als 4.000 Gigabit (4 Terabit) an Datenverkehr *jede Sekunde* ausgetauscht werden.

Wie das Peering an den IXPs genau vonstatten geht, hängt von den Geschäftsbeziehungen zwischen den ISPs ab. Er gibt viele mögliche Beziehungen. Zum Beispiel könnte ein kleiner ISP einen größeren für Internetanschluss bezahlen, um entfernte Hosts zu erreichen, so wie ein Kunde für den Dienst eines Internetproviders bezahlt. In diesem Fall sagt man, dass der kleine ISP für den **Transit** bezahlt. Zwei große ISPs könnten dagegen den gegenseitigen Datenaustausch so organisieren, dass jeder ISP einen gewissen Datenverkehr an den anderen ISP liefert, ohne für den Transit zu bezahlen. Eines der vielen Paradoxe des Internets ist, dass ISPs, die öffentlich um Kunden konkurrieren, im nicht öffentlichen Bereich als Peering-Partner zusammenarbeiten (Metz, 2001).

Der Pfad eines Pakets durch das Internet hängt von der Wahl der Peering-Partner des ISP ab. Falls der ausliefernde ISP ein Peering-Partner vom Ziel-ISP ist, so kann das Paket direkt zu dem Peer geliefert werden. Andernfalls muss das Paket an den nächsten Ort geleitet werden, an dem es eine Verbindung zu einem bezahlten Transit-Provider gibt, der wiederum das Paket ausliefern kann. Zwei ISP-Beispielpfade sind in Abbildung 1.16 eingezeichnet. Oftmals ist der Pfad, den ein Paket nimmt, nicht der kürzeste Weg durch das Internet. Es könnte der am wenigsten überlastete oder der billigste der ISPs sein.

Eine kleine Handvoll von Transit-Anbietern wie AT&T und Level 3 betreibt große internationale Backbonenetze mit Tausenden von Routern, welche über Glasfaserkabeln mit hoher Bandbreite miteinander verbunden sind. Diese ISPs bezahlen nicht für den Transit. Sie werden in der Regel **Tier-1**-ISPs genannt und werden als das Backbone des Internets bezeichnet, da sich jeder mit ihnen verbinden muss, um das gesamte Internet erreichen zu können.

Unternehmen, die wie z.B. Facebook und Netflix viel Inhalt anzubieten haben, stellen ihre Rechner in **Datenzentren** auf, die eine gute Verbindung zum Rest des Internets aufweisen. Diese Datenzentren sind für Computer, nicht für Menschen entworfen worden, und bestehen aus vielen Regalen, vollgepfropft mit Server-Rechnern. Sie werden auch **Serverfarmen** genannt. Datenzentren mit **Server-Housing** (*colocation*) oder **Hosting** ermöglichen ihren Kunden, Server an ISP-POPs aufzustellen, sodass kurze, schnelle Verbindungen zwischen den Servern und dem ISP-Backbone hergestellt werden können. Der Bereich des Internet-Hostings ist immer mehr virtualisiert worden, sodass es heute üblich ist, eine virtuelle Maschine zu mieten, die in einer Serverfarm läuft, anstatt einen physischen Rechner zu installieren. Diese Datenzentren sind so groß (Zigtausende von Maschinen), dass Strom ein Hauptkostenfaktor ist. Deshalb werden Datenzentren manchmal in Gegenden gebaut, in denen Strom billig ist. Beispielsweise baute Google ein zwei Milliarden US-Dollar teures Datenzentrum in The Dalles, Oregon, da der Standort nah am riesigen Wasserkraftwerk der Columbia-River-Talsperre lag, das das Datenzentrum mit billigem Ökostrom versorgt.

Bisher wurde die Internetarchitektur als Hierarchie betrachtet, mit den Tier-1-Anbietern an der Spitze und den anderen Netzen weiter unten in der Hierarchie, je nachdem, ob es sich um große regionale Netze oder kleinere Zugangsnetze handelt, wie in ▶Abbildung 1.17 dargestellt. In den letzten zehn Jahren hat sich diese Hierarchie jedoch stark verändert und „abgeflacht" (▶Abbildung 1.18). Ausschlaggebend für diese Umwälzungen war der Aufstieg der „Hypergiganten" unter den Content-Providern, darunter Google, Netflix, Twitch und Amazon, sowie große, weltweit aufgestellte CDNs wie Akamai, Limelight und Cloudflare. Sie haben die Architektur des Internets ein weiteres Mal verändert. Während diese Content-Provider in der Vergangenheit auf Transitnetze angewiesen waren, um Inhalte an lokale Access-ISPs zu liefern, haben sowohl die Access-ISPs als auch die Content-Provider extrem zugenommen und sind so groß geworden, dass sie oft an vielen verschiedenen Standorten direkt miteinander verbunden sind. In vielen Fällen führt der häufigste Internetpfad direkt von Ihrem Access-ISP zum Content-Provider. In einigen Fällen hostet der Content-Provider sogar Server im Netz des Access-ISP.

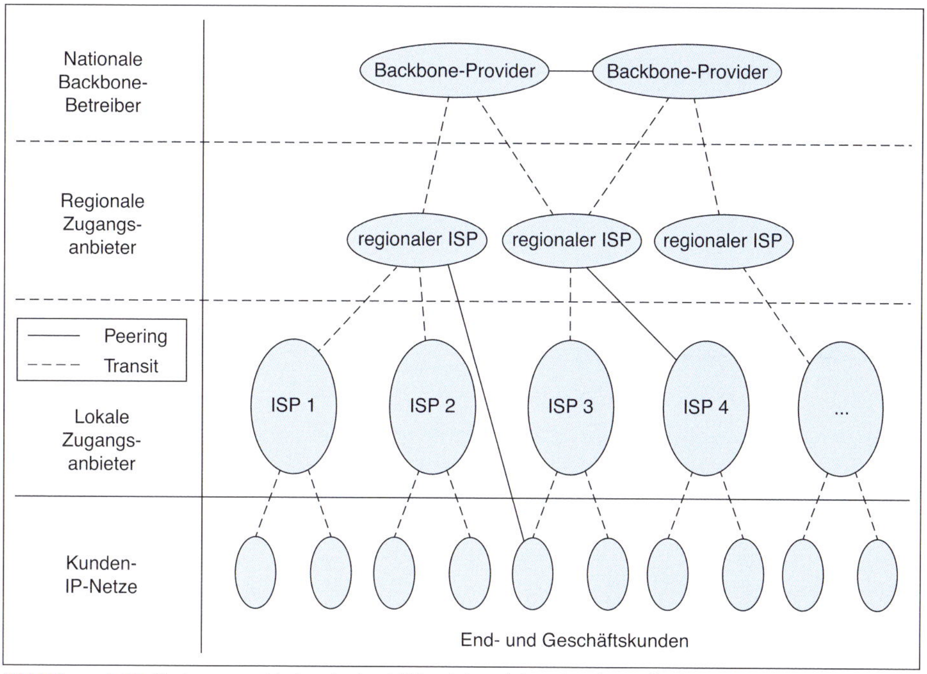

Abbildung 1.17: Die Internetarchitektur in den 1990er Jahren folgte einer hierarchischen Struktur.

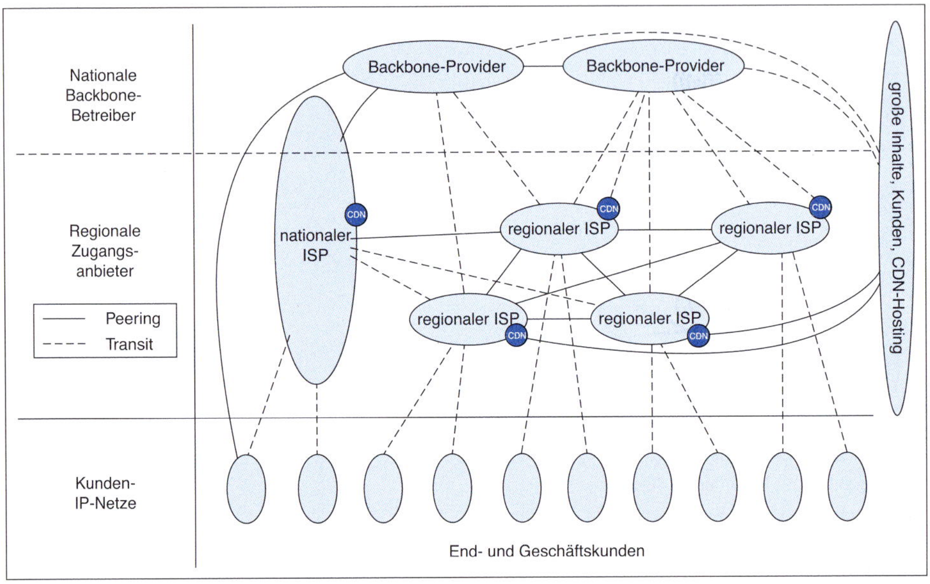

Abbildung 1.18: Abflachung der Internethierarchie.

1.4.2 Mobile Netze

Die Mobilfunknetze haben weltweit mehr als fünf Milliarden Teilnehmer. Um diese Zahl ins rechte Licht zu rücken: das sind etwa 65 % der Weltbevölkerung. Viele, wenn nicht sogar die meisten dieser Abonnenten haben über ihr mobiles Gerät Zugang zum Internet (ITU, 2016). Im Jahr 2018 machte der mobile Internetverkehr mehr als die Hälfte des weltweiten Onlineverkehrs aus. Folglich steht als Nächstes die Untersuchung des Mobilfunksystems an.

Die Architektur mobiler Netze

Die Architektur des Mobilfunknetzes unterscheidet sich stark von der des Internets. Sie besteht aus mehreren Teilen, wie die vereinfachte Version der 4G-LTE-Architektur in ▶Abbildung 1.19 zeigt. Dies ist einer der gängigeren Mobilfunkstandards und wird es bleiben, bis er durch 5G, die fünfte Generation, ersetzt wird. Wir werden die Geschichte der verschiedenen Generationen demnächst erörtern.

Zunächst gibt es das **E-UTRAN** (*Evolved UMTS Terrestrial Radio Access Network*). Dieser Begriff ist ein Fantasiename für das Funkkommunikationsprotokoll, das über die Luft zwischen dem mobilen Gerät (z. B. dem Smartphone) und der **zellulären Basisstation** benutzt wird, die jetzt **eNodeB** genannt wird. **UMTS** (*Universal Mobile Telecommunications System*) ist die offizielle Bezeichnung für das Mobiltelefonnetz. Fortschritte bei der Luftschnittstelle in den letzten Jahrzehnten konnten die drahtlosen Datenraten erheblich steigern (und steigern sie immer noch). Die Luftschnittstelle basiert auf dem **Codemultiplexverfahren** (**CDMA**, *Code Division Multiple Access*), einer Technik, die wir in *Kapitel 2* untersuchen werden.

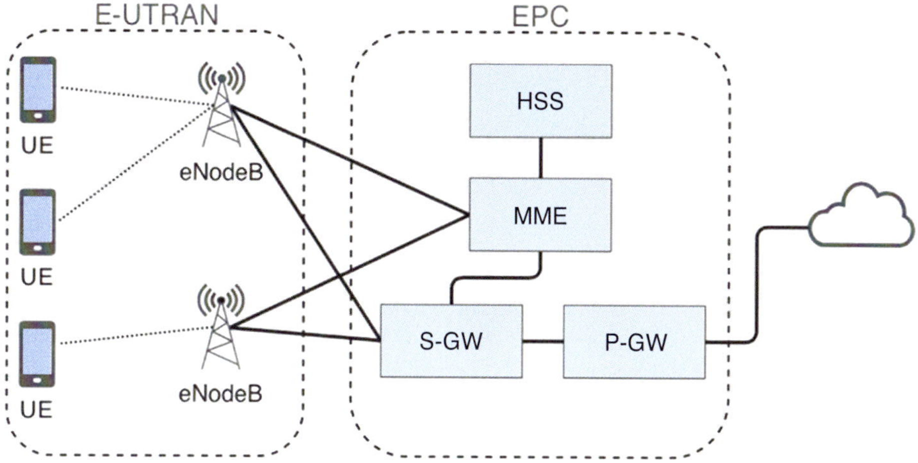

Abbildung 1.19: Vereinfachte 4G-LTE-Netzarchitektur.

Die zelluläre Basisstation zusammen mit seinen Steuerungseinheiten bildet das **Funkzugangsnetz** (*radio access network*). Dieser Teil stellt die drahtlose Seite des Mobilfunknetzes dar. Der Steuerungsknoten oder **RNC** (*Radio Network Controller*) kontrolliert die Verwendung des Spektrums. Die Basisstation implementiert die Luftschnittstelle.

Der Rest des Mobilfunknetzes, das sogenannte **Kernnetz** (*core network*), transportiert den Datenverkehr für das Funkzugangsnetz. In den 4G-Netzen wurde das Kernnetz auf Paketvermittlung umgestellt und heißt jetzt **EPC** (*Evolved Packet Core*). Das 3G-UMTS-Kernnetz hat sich aus dem Kernnetz entwickelt, welches für den Vorgänger, das 2G-GSM-Netz, benutzt wurde. Das 4G-EPC schloss den Übergang zu einem vollständig paketvermittelten Kernnetz ab. Das 5G-System ist ebenfalls vollständig digital. Jetzt gibt es kein Zurück mehr. Analog ist so tot wie der Dodo.

Datendienste sind heute ein viel wichtigerer Teil des Mobilfunknetzes als früher. Es begann mit Textnachrichten und frühen Paketdatendiensten wie **GPRS** (*General Packet Radio Service*) im GSM-System. Diese älteren Datendienste liefen im kbit/s-Bereich, doch die Nutzer verlangten nach mehr. Neuere Mobilfunknetze übertragen Datenpakete mit mehreren Mbit/s. Zum Vergleich: ein Sprachanruf wird mit einer Rate von 64 kbit/s übertragen, bei Kompression in der Regel mit einer 3–4-mal kleineren Rate.

Zur Datenübertragung verbinden sich die Knoten des UMTS-Kernnetzes direkt mit einem paketvermittelnden Netz. Das **S-GW** (*Serving Network Gateway*) und das **P-GW** (*Packet Data Network Gateway*) liefern Datenpakete zu und von mobilen Geräten und Schnittstellen von externen Paketnetzen wie dem Internet.

Dieser Übergang wird sich in den zukünftigen Mobilfunknetzen fortsetzen. Internetprotokolle werden sogar auf Mobilgeräten verwendet, um Verbindungen für Sprachanrufe über ein Paketdatennetz in der Art von Voice-over-IP aufzubauen. IP und Pakete werden für den gesamten Weg vom Funkzugangsnetz durch das Kernnetz verwendet. Natürlich ändert sich auch die Art, wie IP-Netze entworfen werden, um bessere

Dienstgüte zu unterstützen. Dies ist auch notwendig, denn Probleme mit zerhackten Audio- und stockenden Videodaten schrecken zahlende Kunden eher ab. Auf dieses Thema werden wir in *Kapitel 5* zurückkommen.

Ein weiterer Unterschied zwischen Mobilfunknetzen und dem traditionellen Internet ist die Mobilität. Wenn ein Nutzer sich aus dem Bereich einer zellulären Basisstation heraus- und in den Bereich eines anderen hineinbewegt, dann muss der Datenfluss von der alten zur neuen Basisstation umgeleitet werden. Diese Technik ist als **Handover** oder **Handoff** bekannt (▶Abbildung 1.20).

Abbildung 1.20: Handover im Mobilfunk: (a) vorher, (b) danach.

Ein Handover wird entweder vom mobilen Gerät oder der Basisstation angefordert, sobald die Qualität des Signals abfällt. In einigen zellulären Netzen – in der Regel in solchen, die auf CDMA-Technologie basieren – ist es möglich, die Verbindung zur neuen Basisstation aufzubauen, bevor die Verbindung zur alten Basisstation getrennt wird. Dadurch wird die Verbindungsqualität für das mobile Gerät verbessert, weil es keinen Bruch im Dienst gibt; tatsächlich ist das mobile Gerät für kurze Zeit mit zwei Basisstationen verbunden. Diese Art, ein Handover durchzuführen, wird **Soft Handover** genannt, um es vom **Hard Handover** zu unterscheiden, bei dem das mobile Gerät von der alten Basisstation getrennt wird, bevor es mit der neuen verbunden wird.

Ein verwandtes Problem ist, wie ein mobiles Gerät bei einem ankommenden Anruf überhaupt gefunden wird. Jedes Mobiltelefon hat einen **HSS** (*Home Subscriber Server*) im Kernnetz, das den Aufenthaltsort jedes Teilnehmers kennt und ebenso andere Profilinformationen, die zur Authentifizierung und Autorisierung benutzt werden. Durch Kontaktieren des HSS kann also jedes mobile Gerät gefunden werden.

Ein letzter Bereich, den wir besprechen wollen, ist Sicherheit. Historisch gesehen haben Telefongesellschaften das Thema Sicherheit viel ernster genommen als es die Internetbetreiber eine lange Zeit taten, da sie ihre Dienste in Rechnung stellen und Betrügereien bei der Bezahlung vermeiden mussten. Leider sagt das noch nicht sehr viel aus. Dennoch waren bei der Weiterentwicklung von der 1G- zur 5G-Technologie die Mobiltelefongesellschaften in der Lage, einige grundlegende Sicherheitsmechanismen für mobile Geräte einzuführen.

Seit dem 2G-GSM-System war das Mobiltelefon in das Telefongerät selbst und einen entfernbaren Chip aufgeteilt, der die Identität des Teilnehmers und weitere Informationen enthält. Der Chip wird informell **SIM-Karte** (*Subscriber Identity Module*) genannt. SIM-Karten können in verschiedene mobile Geräte zur Aktivierung eingesetzt werden und sie bieten eine Basis für die Sicherheit. Wenn GSM-Kunden im Urlaub oder geschäftlich in andere Länder reisen, bringen sie häufig ihre Mobiltelefone mit und kaufen bei ihrer Ankunft für ein paar Euro eine neue SIM-Karte, um ohne Roaming-Gebühren lokal zu telefonieren.

Zur Reduzierung von Betrügereien nutzt das Mobilfunknetz die Information auf SIM-Karten auch, um Teilnehmer zu authentifizieren und um zu überprüfen, ob diese das Netz benutzen dürfen. Bei UMTS verwendet das mobile Gerät die Information auf der SIM-Karte, um zu prüfen, ob die Verbindung mit einem zulässigen Netz hergestellt wird.

Ein anderer Aspekt von Sicherheit ist Datenschutz. Funksignale werden an alle nahe gelegenen Empfänger gesendet. Daher werden kryptografische Schlüssel auf der SIM-Karte zum Verschlüsseln der Übermittlung eingesetzt, um das Mithören von Gesprächen zu erschweren. Dieser Ansatz bietet weit besseren Datenschutz als dies in 1G-Systemen der Fall war, die leicht angezapft werden konnten, dennoch stellt es aufgrund der Schwäche in den Verschlüsselungsschemata kein Allheilmittel dar.

Paket- und Leitungsvermittlung

Seit den Anfängen der Vernetzungstechnologie fand ein Krieg zwischen den Befürwortern der paketvermittelten (d.h. verbindungslosen) Netze und den Anhängern der leitungsvermittelten (d.h. verbindungsorientierten) Netze statt. Die Hauptvertreter der **Paketvermittlung** kommen aus der Internetgemeinde. In einem verbindungslosen Netzentwurf wird jedes Paket unabhängig von allen anderen Paketen weitergeleitet. Falls also einige Router während einer Sitzung zusammenbrechen, entsteht kein Schaden, solange sich das System selbst dynamisch neu konfigurieren kann, sodass die nachfolgenden Pakete einen anderen Pfad zu ihrem Ziel finden können, selbst wenn dieser von dem Pfad der vorigen Pakete abweicht. Wenn in einem paketvermittelten Netz in einem bestimmten Zeitintervall zu viele Pakete bei einem Router eintreffen, kommt dieser ins Stocken und verliert wahrscheinlich Pakete. Der Sender wird dies irgendwann bemerken und die Daten erneut senden, aber die Dienstqualität kann schlecht sein, wenn die Anwendungen diese Schwankungen nicht berücksichtigen.

Die Anhänger der **Leitungsvermittlung** kommen aus der Welt der Telefongesellschaften. Im Telefonsystem muss ein Anrufer die Nummer des angerufenen Teilnehmers wählen und auf eine Verbindung warten, bevor er sprechen oder Daten senden kann. Dieser Verbindungsaufbau baut einen Weg durch das Telefonsystem auf, der so lange erhalten bleibt, bis der Anruf beendet wird. Alle Wörter oder Pakete folgen derselben Route. Falls eine Leitung oder Vermittlungsstelle auf dem Pfad zusammenbricht, wird der Anruf abgebrochen. Dieser Ansatz ist somit weniger fehlertolerant als ein verbindungsloser Entwurf.

Die Leitungsvermittlung kann die Dienstgüte besser unterstützen. Wenn eine Verbindung im Voraus aufgebaut wird, kann das Subnetz Ressourcen wie Verbindungsbandbreite, Switch-Puffer und CPU-Zeit reservieren. Falls der Versuch eines Anrufaufbaus unternommen wird, doch keine ausreichenden Ressourcen verfügbar sind, so wird der Anruf abgelehnt und der Anrufer erhält eine Art Besetztzeichen. Auf diese Weise kann die Qualität der Verbindung, sobald diese einmal zustande gekommen ist, garantiert werden.

Die Überraschung in Abbildung 1.19 ist, dass im Kernnetz sowohl Vorrichtungen für Paket- als auch Leitungsvermittlung vorhanden sind. Dies zeigt, dass das Mobilfunknetz sich in einem Übergangsstadium befindet, in dem Mobilfunkgesellschaften eine oder manchmal beide der Möglichkeiten implementieren können. Ältere Mobilfunknetze verwendeten einen leitungsvermittelten Kern im Stil der traditionellen Telefonnetze, um Sprachanrufe zu übertragen. Diese Altlast sieht man im UMTS-Netz mit den Elementen der **mobilen Vermittlungsstelle** (**MSC**, *Mobile Switching Center*), **GMSC** (*Gateway Mobile Switching Center*) und **MGW** (*Media Gateway*), die Verbindungen über ein leitungsvermitteltes Kernnetz wie das **PSTN** (*Public Switched Telephone Network*) aufbauen.

Mobile Netze früher Generationen: 1G, 2G und 3G

Parallel zum unglaublichen Wachstum der Mobilfunknetze hat sich im Laufe der letzten 50 Jahre auch deren Architektur stark gewandelt. Mobiltelefone der ersten Generation übertrugen Sprache als ständig variierende (analoge) Signale, nicht als (digitale) Bitfolgen. **AMPS** (*Advanced Mobile Phone System*), welches in den USA im Jahr 1982 eingesetzt wurde, war ein weitverbreitetes System der ersten Generation. Mobiltelefonsysteme der zweiten Generation (2G) wechselten für die Sprachübertragung auf die digitale Form, um die Kapazität zu erhöhen, die Sicherheit zu verbessern und Textnachrichten zu ermöglichen. **GSM** (*Global System for Mobile communications*), welches ab 1991 eingesetzt wurde und das am weitesten verbreitete Mobiltelefonsystem in der Welt darstellt, ist ein 2G-System.

Die Systeme der dritten Generation (oder 3G-Systeme) werden seit dem Jahr 2001 eingesetzt und bieten sowohl digitalen Sprach- als auch digitalen Breitbanddatenservice. Sie brachten außerdem viele Fachtermini mit sich sowie viele unterschiedlichen Standards, aus denen man auswählen konnte. Die ITU (ein internationales Standardisierungsgremium, welches wir im nächsten Abschnitt besprechen werden) definiert 3G lose so, dass Übertragungsraten von mindestens 2 Mbit/s für stationäre oder zu Fuß gehende Benutzer und 384 kbit/s in einem sich bewegenden Fahrzeug bereitgestellt werden. UMTS (*Universal Mobile Telecommunications System*) ist das wichtigste 3G-System, das weltweiten Einsatz gefunden hat. Es kann bis zu 14 Mbit/s auf dem Downlink und fast 6 Mbit/s auf dem Uplink bereitstellen. Zukünftige Versionen werden eine Vielzahl an Antennen und Funkstationen verwenden, um den Nutzern noch größere Geschwindigkeit zu bieten.

Die knappe Ressource in 3G-Systemen ist – wie vorher in den 2G- und 1G-Systemen – das Frequenzspektrum. Regierungen vergeben den Mobiltelefonbetreibern Lizenzen für das Recht, Teile des Spektrums zu nutzen. Häufig geschieht dies über eine Auktion, in der Netzbetreiber Gebote abgeben. Der Besitz eines lizenzierten Frequenzbereichs vereinfacht den Entwurf und den Betrieb von Systemen, da niemand anderes auf diesem Frequenzbereich senden darf, doch oft kostet dies eine erhebliche Geldsumme. Beispielsweise wurden im Jahr 2000 in Großbritannien fünf 3G-Lizenzen für zusammen ungefähr 38 Milliarden Euro versteigert.

Diese Knappheit an Frequenzbereichen führte zu dem Entwurf eines **zellulären Netzes** (▶Abbildung 1.21), der heute für Mobilfunknetze verwendet wird. Um die Funkinterferenzen zwischen Nutzern zu handhaben, wird der Abdeckungsbereich in Zellen unterteilt. Innerhalb einer Zelle werden den Nutzern Kanäle zugewiesen, die sich nicht gegenseitig stören und die nicht zu viele Interferenzen für die benachbarten Zellen verursachen. Dies ermöglicht eine gute Wiederverwendung des Spektrums oder **Frequenzwiederholung** in den Nachbarzellen, wodurch die Kapazität des Netzes erhöht wird. In 1G-Systemen, bei denen jede Sprachübertragung auf einem bestimmten Frequenzband lag, waren die Frequenzen sorgfältig ausgewählt, sodass sie nicht mit benachbarten Zellen in Konflikt kamen. Auf diese Weise konnte eine gegebene Frequenz nur jeweils einmal in mehreren Zellen wiederverwendet werden. Bei modernen 3G-Systeme kann jede Zelle alle Frequenzen benutzen, und zwar so, dass die Interferenzen in den Nachbarzellen tolerierbar bleiben. Variationen des zellulären Entwurfs umfassen den Einsatz von Richtfunk- oder Sektorantennen auf Mobilfunkmasten, um Interferenzen weitergehend zu reduzieren, doch die Grundidee bleibt dieselbe.

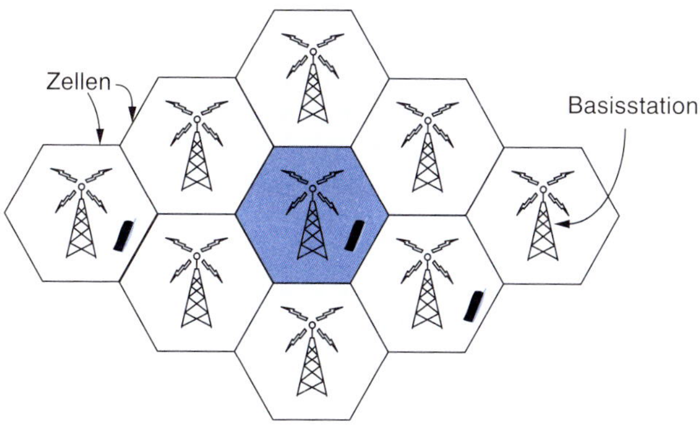

Abbildung 1.21: Zellulärer Entwurf der Mobilfunknetze.

Moderne mobile Netze: 4G und 5G

Mobilfunknetze werden in künftigen Netzen eine große Rolle spielen. Bei ihnen geht es jetzt mehr um mobile Breitbandanwendungen (z.B. Internetzugang vom Mobiltelefon aus) als um Sprachanrufe, und dies hat erhebliche Auswirkungen auf die Luftschnittstellen, die Kernnetzarchitektur und die Sicherheit künftiger Netze. Die Technologien 4G und später 4G LTE (*Long Term Evolution*) bieten höhere Geschwindigkeiten und kamen Ende der 2000er Jahre auf.

4G-LTE-Netze wurden in den späten 2000er Jahren sehr schnell zur bevorzugten Art des mobilen Internetzugangs und überholten Konkurrenten wie 802.16, manchmal auch **WiMAX** genannt. 5G-Technologien versprechen höhere Geschwindigkeiten – bis zu 10 Gbit/s – und können nun Anfang der 2020er Jahre in großem Maßstab eingesetzt werden. Einer der Hauptunterschiede zwischen diesen Technologien ist das Frequenzspektrum, auf das sie sich stützen. 4G verwendet beispielsweise Frequenzbänder bis zu 20 MHz; 5G hingegen ist für den Betrieb in viel höheren Frequenzbändern von bis zu 6 GHz ausgelegt. Die Herausforderung bei der Umstellung auf höhere Frequenzen besteht darin, dass sich die Signale bei höheren Frequenzen nicht so weit ausbreiten wie bei niedrigeren Frequenzen, sodass die Technologie mithilfe neuerer Algorithmen und Technologien, einschließlich Antennengruppen mit mehreren Ein- und Ausgängen (**MIMO**, *Multiple Input Multiple Output*), die Signalabschwächung, Interferenzen und Fehler berücksichtigen muss. Hinzu kommt, dass die kurzen Mikrowellen bei diesen Frequenzen leicht von Wasser absorbiert werden, was besondere Anstrengungen erfordert, damit sie bei Regen funktionieren.

1.4.3 Drahtlose Netze (WiFi)

Mit dem Aufkommen der Laptops kam auch die Vorstellung auf, dass man mit dem Laptop nur in ein Büro gehen muss und der Laptop stellt automatisch die Verbindung zum Internet her. Daher begannen mehrere Gruppen an Lösungen hierfür zu arbeiten. Der praktischste Ansatz war, sowohl das Büro als auch den Laptop mit Kurzstreckenfunksendern und -empfängern auszurüsten, über die sie kommunizieren können.

Fortschritte auf diesem Gebiet führten schnell zu drahtlosen LANs, die von verschiedenen Unternehmen vermarktet wurden. Das Problem war nur, dass keine zwei davon kompatibel waren. Die Vielzahl der Standards bedeutete, dass ein Computer, der mit einem Funkmodul der Marke *X* ausgestattet war, nicht in einem Raum funktionierte, in dem eine Basisstation der Marke *Y* aufgestellt war. Mitte der 1990er Jahre befand die Industrie, dass ein Standard für drahtlose LANs eine gute Idee sei. Daher wurde das IEEE-Komitee, welches das kabelbasierte LAN standardisiert hatte, beauftragt, einen Standard für drahtlose LANs zu entwickeln.

Die erste Entscheidung war am einfachsten: Welchen Namen sollte es erhalten? Alle anderen LAN-Standards bestanden aus Ziffern wie 802.1, 802.2, 802.3 bis hin zu 802.10. Daher wurde dem drahtlosen LAN der Name „802.11" gegeben. Supereinfallsreich. Eine gängige umgangssprachliche Bezeichnung dafür ist **WiFi**, doch da es ein wichtiger Standard ist, der Achtung verdient, wollen wir seinen korrekten Namen IEEE 802.11 verwenden. Über die Jahre sind viele Varianten und Versionen des Standards IEEE 802.11 hinzugekommen.

Der Rest war im Gegensatz zur Namensfindung schwieriger. Das erste Problem war, ein passendes Frequenzband zu finden, das – vorzugsweise weltweit – verfügbar war. Der gewählte Ansatz war das Gegenteil von dem Vorgehen in Mobilfunknetzen. Anstatt ein teures, lizenziertes Spektrum zu benutzen, operieren IEEE-802.11-Systeme in unlizenzierten Bändern wie dem **ISM**-Band (die Abkürzung steht für *Industrial, Scientific, Medical*), das von ITU-R definiert wurde (z.B. 902–928 MHz, 2,4–2,5 GHz, 5,725–5,825 GHz). Alle Geräte dürfen dieses Spektrum benutzen, vorausgesetzt sie begrenzen ihre Sendeleistung, damit unterschiedliche Geräte nebeneinander betrieben werden können. Dies könnte natürlich bedeuten, dass sich IEEE-802.11-Funkmodule in

Konkurrenz mit schnurlosen Telefonen, Garagentoröffnern und Mikrowellenöfen wiederfinden. Solange die Entwickler also nicht der Meinung sind, dass die Leute ihr Garagentor anrufen wollen, ist es wichtig, die richtigen Entscheidungen zu treffen.

IEEE-802.11-Netze bestehen aus Clients wie Laptops und Mobiltelefonen sowie einer Infrastruktur namens **Zugangspunkt** (**AP**, *Access Point*), die in Gebäuden installiert ist. Zugangspunkte werden manchmal auch **Basisstationen** genannt. Sie stellen die Verbindung mit dem verkabelten Netzwerk her; die gesamte Kommunikation zwischen Clients läuft über einen Zugangspunkt. Für Clients in Funkreichweite ist auch direkte Kommunikation möglich, ohne einen Zugangspunkt, beispielsweise zwei Rechner in einem Büro. Dieses Arrangement wird ein **Ad-hoc-Netzwerk** genannt. Es wird deutlich seltener als der Zugangspunktmodus eingesetzt. Beide Modi sind in ▸Abbildung 1.22 gezeigt.

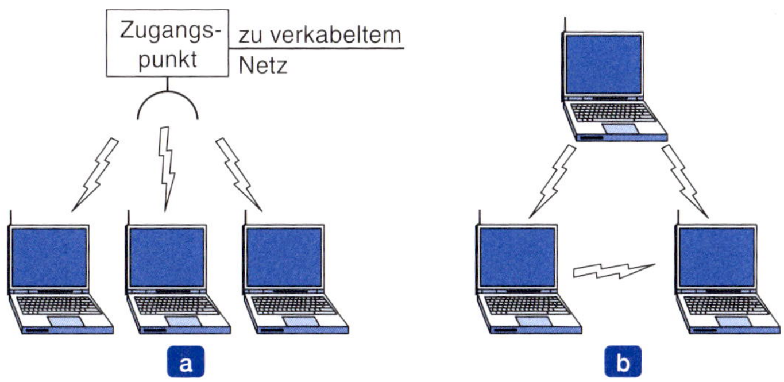

Abbildung 1.22: (a) Drahtloses Netz mit einem Zugangspunkt. (b) Ad-hoc-Netzwerk.

IEEE-802.11-Übertragungen werden durch drahtlose Bedingungen, die selbst mit kleinen Änderungen in der Umgebung variieren, komplizierter. Bei den für IEEE 802.11 benutzten Frequenzen können Funksignale von festen Gegenständen reflektiert werden, sodass bei einem Empfänger mehrere Echosignale einer Übertragung auf unterschiedlichen Pfade ankommen können. Die Echosignale können sich gegenseitig aufheben oder verstärken, dadurch ist das empfangene Signal einer hohen Fluktuation ausgesetzt. Dieses Phänomen heißt **Mehrwegedämpfung** (*multipath fading*), es ist in ▸Abbildung 1.23 illustriert.

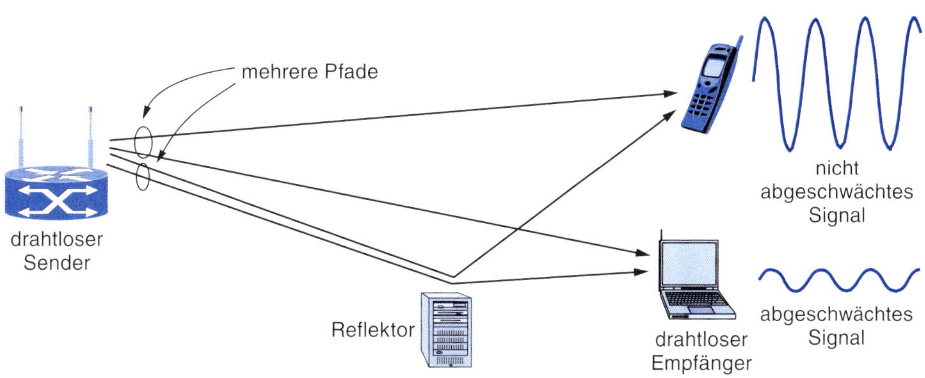

Abbildung 1.23: Mehrwegedämpfung.

Zur Überwindung dieser schwankenden drahtlosen Bedingungen wird vor allem das Konzept der **Mehrwegeführung** (*path diversity*) – das Senden von Information über viele unabhängige Pfade – herangezogen. Auf diese Art wird die Information vermutlich auch dann ankommen, wenn einer der Pfade schwächer wird. Diese unabhängigen Pfade werden typischerweise in das digitale Modulationsschema in der Hardware eingebaut. Optionen umfassen die Benutzung unterschiedlicher Frequenzen über dem erlaubten Band, das Verfolgen von unterschiedlichen räumlichen Pfaden zwischen verschiedenen Antennenpaaren oder das Wiederholen von Bits über unterschiedliche Zeiträume.

Verschiedene Versionen von IEEE 802.11 haben all diese Techniken eingesetzt. Der anfängliche Standard (von 1997) definierte ein drahtloses LAN, das entweder mit 1 Mbit/s oder 2 Mbit/s sendete und zwischen Frequenzen hin- und herwechselte oder bei dem das Signal über das erlaubte Spektrum verstreut wurde. Fast unmittelbar beklagten sich Leute, dass dies zu langsam sei, also wurden schnellere Standards erarbeitet. Die Frequenzspreizung wurde im IEEE-802.11b-Standard (1999) erweitert und lieferte Datenraten bis zu 11 Mbit/s. Die IEEE-Standards 802.11a (1999) und 802.11g (2003) wechselten zu einem unterschiedlichen Modulationsschema, dem **orthogonalen Frequenzmultiplexverfahren** (**OFDM**, *Orthogonal Frequency Division Multiplexing*). Dieses Verfahren teilt ein weites Spektrumsband in viele enge Scheiben, über die verschiedene Bits parallel gesendet werden. Dieses verbesserte Schema, welches wir in *Kapitel 2* untersuchen werden, hob die IEEE-802.11a/g-Bitraten auf bis zu 54 Mbit/s an. Das ist eine bedeutende Steigerung, doch die Nutzer verlangten mehr Datendurchsatz, um anspruchsvollere Anwendungen zu unterstützen. Neuere Versionen des Standards bieten höhere Datenraten. Der häufig eingesetzte Standard 802.11ac kann mit 3,5 Gbit/s übertragen. Der neuere Standard 802.11ad läuft mit 7 Gbit/s, aber nur in Innenräumen, d.h. speziell in einem Raum, da die Funkwellen bei den verwendeten Frequenzen die Wände nicht gut durchdringen.

Da ein drahtloses Netz grundsätzlich ein Broadcast-Medium ist, muss ein IEEE-802.11-Funknetz auch das Problem lösen, das entsteht, wenn mehrere Übertragungen gleichzeitig gesendet werden. Dies würde zu einer Kollision führen, wodurch der Empfang beeinträchtigt wird. Deshalb benutzt IEEE 802.11 ein Schema, das als **CSMA** (*Carrier Sense Multiple Access*) bezeichnet wird. Es greift auf Konzepte des klassischen verdrahteten Ethernets zurück, welche – ironischerweise – wiederum von einem frühen drahtlosen Netz stammen, das in Hawaii entwickelt wurde und **ALOHA** heißt. Der Computer wartet eine kurze, zufällige Zeitspanne, bevor er mit seiner Übermittlung beginnt, beziehungsweise stellt seine Übertragung zurück, wenn er mitbekommt, dass bereits jemand anderes Daten sendet. Durch dieses Vorgehen wird es unwahrscheinlicher, dass zwei Rechner gleichzeitig senden. Dies funktioniert allerdings nicht so gut wie bei verkabelten Netzen. Der Grund hierfür ist in ▶Abbildung 1.24 dargestellt. Angenommen Computer *A* überträgt Daten zu Computer *B*, aber die Funkreichweite des Sendegeräts von *A* ist zu kurz, um Computer *C* zu erreichen. Wenn *C* Daten an *B* übertragen möchte, kann er vor dem Start auf das Vorhandensein einer Übertragung prüfen, aber auch wenn er nichts wahrnimmt, bedeutet dies noch nicht, dass die Übertragung auch gelingt. Da *C* nicht in der Lage ist, vor dem Beginn seiner Übertragung Computer *A* zu überprüfen, können Kollisionen auftreten. Nach einer Kollision wartet der Sender dann eine weitere, diesmal etwas längere Zeitspanne und überträgt das Paket erneut. Trotz dieser und einiger anderer Probleme funktioniert das Schema in der Praxis ganz gut.

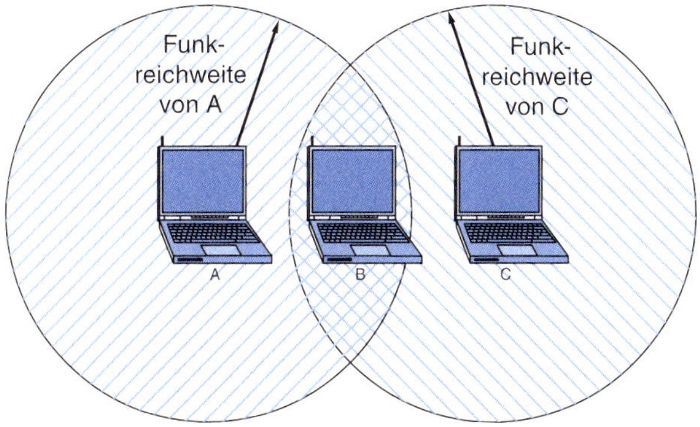

Abbildung 1.24: Die Reichweite eines einzelnen Funkmoduls deckt unter Umständen nicht das gesamte System ab.

Ein anderes Problem ist die Mobilität. Wenn ein mobiler Client vom verwendeten Zugangspunkt wegbewegt wird und in den Bereich eines anderen Zugangspunkts kommt, muss irgendwie mit dieser Situation umgegangen werden. Die Lösung sieht vor, ein IEEE-802.11-Netz aus mehreren Zellen aufzubauen, von denen jede über einen eigenen Zugangspunkt verfügt, und ein Verteilernetz vorzusehen, das die Zellen verbindet. Das Verteilernetz ist häufig Switched Ethernet, aber es könnte auch jede andere Technologie eingesetzt werden. Wenn sich die Clients bewegen, finden sie eventuell einen anderen Zugangspunkt mit einem besseren Signal als den aktuell benutzten, und die Clients können ihre Zuordnung ändern. Von außen betrachtet sieht das Gesamtsystem wie ein einziges verdrahtetes LAN aus.

Abgesehen davon war Mobilität bei IEEE 802.11 – verglichen mit der Mobilität im Mobilfunknetz – bislang nur von untergeordneter Bedeutung. In der Regel wird IEEE 802.11 von nomadenhaften Clients benutzt, die sich von einem festen Standort zum nächsten bewegen, und weniger von Clients, die ständig unterwegs sind. Mobilität ist für eine nomadenhafte Benutzung nicht wirklich nötig. Selbst wenn die IEEE-802.11-Mobilität ausgenutzt wird, bleibt sie auf ein einzelnes IEEE-802.11-Netz begrenzt, erstreckt sich also höchstens auf ein großes Gebäude. Zukünftig werden Verfahren benötigt, damit die Mobilität auf unterschiedliche Netze und unterschiedliche Technologien ausgeweitet werden kann – z. B. auf IEEE 802.21, das ein Handover zwischen kabelgebundenen und kabellosen Netzen erlaubt.

Schließlich gibt es noch das Problem mit der Sicherheit. Da kabellose Übertragungen via Broadcast erfolgen, ist es für nahe stehende Computer ein Leichtes, Informationspakete abzufangen, die nicht für sie bestimmt sind. Um dies zu verhindern, enthält der IEEE-802.11-Standard ein Verschlüsselungsschema, das als **WEP** (*Wired Equivalent Privacy*) bekannt ist. Die Idee dahinter war, drahtlose Sicherheit entsprechend der verdrahteten

Sicherheit zu konzipieren. Der Grundgedanke ist zwar gut, doch unglücklicherweise war das Schema fehlerhaft und wurde bald gebrochen (Borisov et al., 2001). WEP ist inzwischen durch neuere Schemata ersetzt worden, welche andere kryptografische Details als der IEEE-802.11i-Standard aufweisen. Die erste Methode, **WPA** (*WiFi Protected Access*), ist mittlerweile durch **WPA2** ersetzt worden. Außerdem sind auch die Protokolle wie **802-1X** anspruchsvoller, denn sie erlauben dem Client eine Authentifizierung beim Zugangspunkt sowohl über Zertifikate als auch über eine Vielzahl anderer Wege.

IEEE 802.11 hat eine Revolution im Bereich der drahtlosen Netze ausgelöst, die sich auch weiterhin fortsetzt. Zusätzlich zu Gebäuden wird es zunehmend in Zügen, Flugzeugen, Booten und Autos installiert, sodass man im Internet surfen kann, wo immer man ist. Mobiltelefone und alle Arten von Unterhaltungselektronik – von Spielkonsolen bis zu Digitalkameras – können damit kommunizieren. Es gibt eine Annäherung zwischen 802.11 und anderen Arten von mobilen Technologien. Ein bekanntes Beispiel dieser Annäherung ist **LTE-Unlicensed** (LTE-U) – eine Adaption der zellulären 4G-LTE-Netztechnologie. Sie erlaubt es, das unlizenzierte Spektrum zu nutzen, und ist damit eine Alternative zu den WiFi-Hotspots, die sich im Besitz der Internetdienstanbieter befinden. Wie werden auf alle diese mobilen und zellulären Netztechnologien in *Kapitel 4* noch ausführlich zu sprechen kommen.

1.5 Netzprotokolle

Wir beginnen diesen Abschnitt mit einer Diskussion der Entwurfsziele bei verschiedenen Netzprotokollen. Dann wird ein zentrales Konzept des Netzprotokollentwurfs untersucht: der Schichtaufbau. Anschließend wird auf verbindungsorientierte versus verbindungslose Dienste sowie auf die spezifischen Dienstprimitive eingegangen, die diese Dienste unterstützen.

1.5.1 Designziele

Netzwerkprotokolle haben oft eine Reihe von gemeinsamen Entwurfszielen. Hierzu gehören Zuverlässigkeit (die Fähigkeit, Fehler, Störungen oder Ausfälle zu beheben), Ressourcenzuweisung (Zugriff auf eine gemeinsame, begrenzte Ressource zu teilen), Entwicklungsfähigkeit (schrittweise Einführung von Protokollverbesserungen im Laufe der Zeit) und Sicherheit (das Netzwerk gegen verschiedene Arten von Angriffen zu verteidigen). In diesem Abschnitt werden wir jedes dieser Ziele genau untersuchen.

Zuverlässigkeit

Einige der grundlegenden Aspekte des Entwurfs von Rechnernetzen tauchen Schicht um Schicht auf. Die wichtigsten davon werden in diesem Abschnitt kurz beschrieben.

Zuverlässigkeit ist der Entwurfsaspekt, der sich damit befasst, ein Netz so zu konstruieren, dass es selbst dann korrekt funktioniert, wenn es aus unzuverlässigen Komponenten aufgebaut ist. Denken Sie an die Bits eines Pakets, die durch das Netzwerk reisen. Es könnte sein, dass einige dieser Bits beschädigt (invertiert) empfangen werden, ausgelöst durch zufällige elektrische Störungen, zufällige Funksignale, Hardwarefehler, Softwarefehler und so weiter. Wie ist es möglich, diese Fehler zu finden und zu beheben?

Ein Mechanismus zum Auffinden von Fehlern in erhaltener Information benutzt Codes zu **Fehlererkennung** (*error detection*). Information, die falsch empfangen wurde, kann dann noch einmal übertragen werden, bis sie korrekt ankommt. Noch stärkere Codes ermöglichen die **Fehlerbehebung** (*error correction*). Hierbei wird die korrekte Nachricht aus den ursprünglich empfangenen und möglicherweise inkorrekten Bits wiederhergestellt. Bei beiden Verfahren wird redundante Information hinzugefügt. Auf den unteren Schichten werden sie eingesetzt, um Pakete zu schützen, die über individuelle Verbindungen gesendet werden, und auf den hohen Schichten, um zu überprüfen, ob die richtigen Inhalte empfangen wurden.

Ein weiteres Problem im Zusammenhang mit Zuverlässigkeit ist das Auffinden eines Arbeitspfads durch ein Netzwerk. Oft gibt es mehrere Pfade zwischen einer Quelle und einem Ziel und in einem größeren Netz kann es vorkommen, dass einige Verbindungen oder Router außer Betrieb sind. Stellen Sie sich vor, das Netz in Deutschland ist zusammengebrochen. Pakete, die von London nach Rom über Berlin geschickt werden, können nicht weitergeleitet werden, doch wir könnten stattdessen Pakete von London nach Rom über Paris senden. Das Netz sollte diese Entscheidung automatisch treffen. Diesen Sachverhalt nennt man **Routing**.

Zuweisung von Ressourcen

Ein zweites Entwurfsproblem betrifft die Zuweisung von Ressourcen. Wenn Netze größer werden, entstehen neue Probleme. Städte können Verkehrsstaus haben, die Telefonnummern könnten knapp werden und man verläuft sich leicht. Die meisten Menschen haben diese Probleme in ihrer eigenen Nachbarschaft nicht, aber auf die gesamte Stadt bezogen könnte das von Bedeutung sein. Entwürfe, die auch dann noch gut funktionieren, wenn das Netz größer wird, bezeichnet man als **skalierbar** (*scalable*). Netze stellen einen Dienst an Hosts zur Verfügung auf Basis der ihnen zugrunde liegenden Ressourcen, wie zum Beispiel die Kapazität der Übertragungsleitungen. Dazu benötigen sie Mechanismen zur Aufteilung dieser Ressourcen, sodass sich die Hosts untereinander nicht zu sehr beeinträchtigen.

Viele Entwürfe teilen die Netzbandbreiten dynamisch, abhängig vom kurzfristigen Bedarf des Hosts, anstatt jedem Host einen festen Anteil der Bandbreite zuzuweisen, die er nutzen kann oder nicht. Dieser Entwurf heißt **statistisches Multiplexen** und bedeutet, dass die gemeinsame Nutzung auf der statistischen Nachfrage basiert. Statistisches Multiplexen kann auf den unteren Schichten für eine einzelne Verbindung angewandt werden oder auf höheren Schichten für ein Netzwerk oder sogar für Anwendungen, die das Netz benutzen.

Ein Zuweisungsproblem auf jeder Ebene besteht darin, einen schnellen Sender daran zu hindern, einen langsamen Empfänger mit Daten zu überschwemmen. Häufig wird eine Rückmeldung vom Empfänger an den Sender benutzt. Dieses Themengebiet nennt man **Flusskontrolle** (*flow control*). Manchmal ist das Netz überladen, weil zu viele Rechner zu viel Datenverkehr verursachen und das Netz nicht alle bedienen kann. Dieses Problem nennt man **Netzüberlastung** (*congestion*). Eine Strategie dagegen sieht vor, dass jeder Computer seine Nachfrage nach Ressourcen (z.B. Bandbreite) verringert, sobald er die Überlastung wahrnimmt. Auch dies kann in allen Schichten angewandt werden.

Es ist interessant zu beobachten, dass das Netz mehr Ressourcen als nur die Bandbreite anzubieten hat. Bei Anwendungen wie der Übertragung von Live-Video spielen zeitliche Aspekte eine große Rolle. Die meisten Netze müssen sowohl Anwendungen bedienen, die dieses Senden in **Echtzeit** (*real-time*) verlangen, als auch gleichzeitig solche, die einen hohen Durchsatz wünschen. Unter dem Begriff **Dienstgüte** (*quality of service*) werden die Anstrengungen zusammengefasst, diese konkurrierenden Ansprüche auszugleichen.

Entwicklungsfähigkeit

Ein weiteres Entwurfsproblem betrifft die Weiterentwicklung des Netzes. Mit der Zeit werden Netze größer und neue Entwürfe tauchen auf, die mit dem vorhandenen Netzwerk verbunden werden müssen. Wir haben eben den wichtigsten Mechanismus kennengelernt, der eingesetzt wird, um Änderungen zu unterstützen, indem das übergeordnete Problem aufgeteilt wird und die Implementierungsdetails versteckt werden: **Protokollschichten**. Es gibt aber auch noch viele andere Strategien.

Da in ein Netz viele Computer eingebunden sind, benötigt jede Schicht einen Mechanismus zur Identifikation des Senders und des Empfängers, die an dem Versenden dieser bestimmten Nachricht beteiligt sind. Dieser Mechanismus heißt **Adressierung** (*addressing*) in den unteren Schichten bzw. **Namensgebung** (*naming*) in den oberen Schichten.

Ein Aspekt des Wachstums ist, dass unterschiedliche Netztechnologien häufig verschiedene Einschränkungen haben. Zum Beispiel behalten nicht alle Kommunikationskanäle die Reihenfolge der übertragenen Nachrichten bei, was durch eine Nummerierung der Nachrichten gelöst werden kann. Ein anderes Beispiel sind die Unterschiede bei der maximalen Größe einer Nachricht, die das Netz übermitteln kann. Daher muss die Nachricht in Teile zerlegt, übermittelt und dann wieder neu zusammengesetzt werden. Dieses übergeordnete Thema heißt **Internetworking**.

Sicherheit

Das letzte große Entwurfsproblem ist, das Netz sicher zu machen (in der Bedeutung von Security) und es gegen verschiedene Bedrohungsarten zu verteidigen. Eine dieser Bedrohungen hatten wir bereits erwähnt: das Abhören der Kommunikation. Schutz vor dieser Bedrohung bieten Mechanismen, die **Vertraulichkeit** (*confidentiality*) garantieren, sie werden in mehreren Schichten eingesetzt. Einrichtungen zur **Authentifizierung** (*authentication*) sorgen dafür, dass sich niemand als eine andere Person ausgeben kann. Mit ihrer Hilfe können gefälschte Webseiten einer Bank von den echten unterschieden werden, Mobilfunknetze können feststellen, ob ein Anruf tatsächlich von Ihrem Telefon kommt und Sie somit die Rechnung dafür bezahlen. Andere Mechanismen schützen die **Integrität** der Daten und bewahren den Nutzer damit vor betrügerischen Änderungen, zum Beispiel dem Verändern der Nachricht „Belaste mein Konto mit 10 Euro" zu „Belaste mein Konto mit 1.000 Euro". All diese Entwürfe basieren auf Kryptografie, die wir in *Kapitel 8* behandeln.

1.5.2 Protokollschichten

Um ihre Komplexität zu verringern, sind die meisten Netze als mehrere übereinanderliegende **Schichten** oder **Ebenen** aufgebaut. Anzahl, Bezeichnung, Inhalt und Funktion der einzelnen Schichten unterscheiden sich je nach Netz. In allen Netzen haben Schichten den Zweck, den jeweils höheren Schichten bestimmte Dienste zur Verfügung zu stellen, diese Schichten aber von Einzelheiten, wie die Dienste implementiert werden, abzuschirmen. So ist eine Schicht gewissermaßen eine virtuelle Maschine, die bestimmte Dienste für die darüberliegende Schicht anbietet.

Dieses Konzept ist uns vertraut und wird in der gesamten Informatik verwendet. Hier ist es oftmals als Verbergen von Informationen, abstrakte Datentypen, Datenkapselung und objektorientierte Programmierung bekannt. Die Grundidee ist, dass ein bestimmtes Stück Software (oder Hardware) einen Dienst für die Benutzer zur Verfügung stellt, aber die Einzelheiten über seinen inneren Zustand und die Algorithmen vor ihnen verbirgt.

Wenn Schicht *n* auf einem Rechner mit Schicht *n* eines anderen Rechners kommuniziert, so werden die Regeln und Konventionen, auf denen diese Kommunikation basiert, insgesamt das Schicht-*n*-Protokoll genannt. Im Grunde ist ein **Protokoll** eine Vereinbarung zwischen kommunizierenden Parteien über den Ablauf der Kommunikation. Analog kann eine Frau, die einem Mann vorgestellt wird, ihre Hand ausstrecken. Der Mann kann sich seinerseits für einen kräftigen Händedruck oder einen charmanten Handkuss entscheiden, je nachdem, ob sie eine amerikanische Anwältin auf Geschäftsreise oder eine europäische Prinzessin auf einem Ball ist. Die Verletzung des Protokolls erschwert die Kommunikation oder macht sie sogar völlig unmöglich.

▶Abbildung 1.25 zeigt ein Netz mit fünf Schichten. Die Einheiten, die die entsprechenden Schichten auf verschiedenen Rechnern bilden, nennt man **Peers**. Diese Peers können Softwareprozesse, Hardwaregeräte oder auch Menschen sein. Anders ausgedrückt, es sind die Peers, die mithilfe des Protokolls miteinander kommunizieren.

In Wirklichkeit werden Daten nicht direkt von Schicht *n* des einen Rechners zu Schicht *n* eines anderen übertragen. Vielmehr leitet jede Schicht Daten und Steuerinformationen an die unmittelbar darunterliegende Schicht weiter, bis die unterste Schicht erreicht ist. Unter Schicht 1 liegt das **physische Medium**, über das die Kommunikation stattfindet. In Abbildung 1.25 ist die virtuelle Kommunikation durch gestrichelte und die physische durch durchgezogene Linien dargestellt.

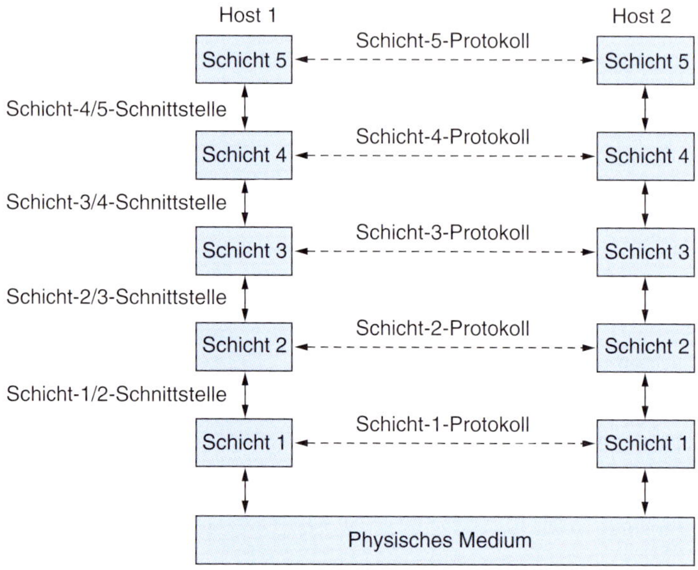

Abbildung 1.25: Schichten, Protokolle und Schnittstellen.

Zwischen je zwei angrenzenden Schichten befindet sich eine **Schnittstelle** (*interface*). Die Schnittstelle definiert, welche Basisoperationen und -dienste die untere Schicht der oberen Schicht anbietet. Wenn Netzentwickler über die Anzahl der in ein Netz einzubindenden Schichten und darüber entscheiden, was diese Schichten alles machen sollen, dann ist die Definition sauberer Schnittstellen einer der wichtigsten Aspekte. Das setzt wiederum voraus, dass jede Schicht eine bestimmte Anzahl von wohlverstandenen Funktionen ausführt. Zusätzlich zur Minimierung der Informationsmenge, die zwischen den Schichten weiterzugeben ist, vereinfachen saubere Schnittstellen auch die Ablösung einer Schicht durch ein völlig anderes Protokoll oder eine andere Implementierung (z.B. alle Telefonleitungen durch Satellitenkanäle ersetzen), weil für das neue Protokoll bzw. die neue Implementierung nur erforderlich ist, dass sie ihren Nachbarn ein Stockwerk höher genau die gleichen Dienste bietet wie die alte. Es ist üblich, dass verschiedene Hosts auch unterschiedliche Implementierungen desselben Protokolls (oft von unterschiedlichen Firmen geschrieben) verwenden. Tatsächlich kann sich das Protokoll selbst innerhalb einer Schicht ändern, ohne dass die Schichten darüber und darunter es überhaupt bemerken.

Eine Menge von Schichten und Protokollen nennt man **Netzarchitektur**. Die Spezifikation einer Architektur muss genügend Informationen enthalten, damit ein Entwickler das Programm oder die Hardware für jede Schicht so implementieren kann, dass es das vorgesehene Protokoll korrekt befolgt. Weder die Einzelheiten der Implementierung noch die Spezifikation der Schnittstellen sind Teil der Architektur, da diese im Rechner versteckt und nicht von außen sichtbar sind. Die Schnittstellen aller Rechner in einem Netz müssen nicht einmal gleich sein, solange jeder Rechner alle Protokolle korrekt verwenden kann. Eine Liste der Protokolle, eines für jede Schicht, die ein bestimmtes System verwenden kann, nennt man **Protokollstapel** (*protocol stack*). Netzarchitekturen, Protokollstapel sowie die Protokolle selbst zählen zu den Schwerpunktthemen dieses Buchs.

Mit einer Analogie lässt sich der Grundgedanke der mehrschichtigen Kommunikation verdeutlichen. Stellen Sie sich zwei Philosophen (Peer-Prozesse auf Schicht 3) vor, von denen einer Urdu und Englisch und der andere Chinesisch und Französisch spricht. Die beiden wollen miteinander kommunizieren. Da sie keine gemeinsame Sprache sprechen, engagiert jeder ein Übersetzerbüro (Peer-Prozesse auf Schicht 2), von denen sich wiederum jedes an ein Sekretariat (Peer-Prozesse auf Schicht 1) wendet. Philosoph 1 möchte seinem Partner seine Vorliebe für *oryctolagus cuniculus* mitteilen. Hierfür gibt er eine Nachricht mit dem Wortlaut „I like rabbits" (in Englisch) über Schnittstelle 2/3 an sein Übersetzerbüro (▶Abbildung 1.26). Die Übersetzer haben sich auf eine neutrale Sprache, in diesem Fall Holländisch, geeinigt, sodass die Nachricht in „Ik vind konijnen leuk" konvertiert wird. Die Wahl der Sprache ist das Schicht-2-Protokoll und wird durch Peer-Prozesse der Schicht 2 geregelt.

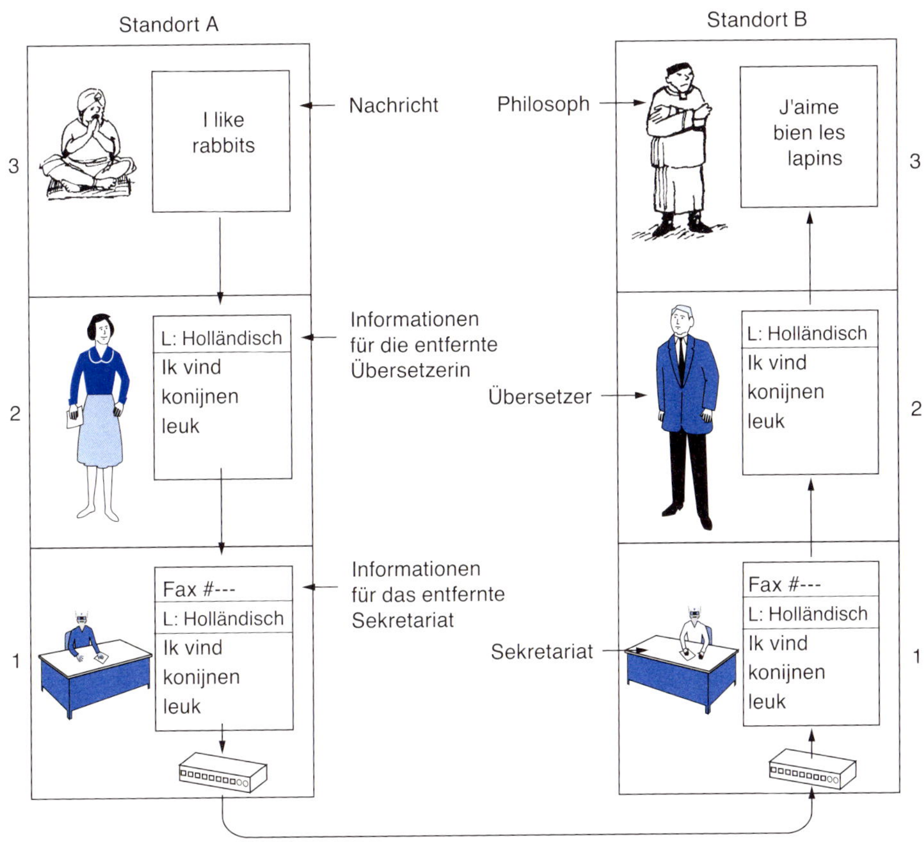

Abbildung 1.26: Die Architektur „Philosoph-Übersetzer-Sekretariat".

Der Übersetzer gibt die Nachricht an eine Sekretärin zur Übertragung weiter, z.B. per E-Mail (Schicht-1-Protokoll). Wenn die Nachricht bei der anderen Sekretärin ankommt, wird sie dem dortigen Übersetzer gegeben, der sie ins Französische übersetzt und über die Schnittstelle 2/3 an den zweiten Philosophen weitergibt. Jedes Protokoll ist völlig unabhängig vom anderen – solange sich die Schnittstellen nicht ändern. Die Übersetzer können beispielsweise von Holländisch auf Finnisch wechseln, wenn sich beide einig sind und keine Änderungen an den Schnittstellen zu Schicht 1 und 3 vorgenommen werden. Ähnlich können die Sekretärinnen von E-Mail auf Telefon umsteigen, ohne dass die anderen Schichten gestört (bzw. nicht einmal informiert) werden. Jeder Prozess kann Informationen hinzufügen, die nur für seinen Peer gedacht sind. Diese Information wird nicht an die darüberliegende Schicht weitergegeben.

Betrachten wir nun ein etwas technischeres Beispiel: Wie wird die Kommunikation mit der obersten Schicht in dem fünfschichtigen Netzwerk aus ▶Abbildung 1.27 bereitgestellt? Eine Nachricht *M* wird von einem Anwendungsprozess auf Schicht 5 erzeugt und an Schicht 4 zur Übertragung weitergegeben. Die Schicht 4 setzt zur eindeutigen Bestimmung einen **Header** (Protokollkopf) an den Anfang der Nachricht und übergibt das Ergebnis an Schicht 3. Der Header enthält Steuerungsinformationen wie Adressen, damit Schicht 4 am Ziel die Nachrichten richtig zustellen kann. Andere Steuerungsinformationen, die in einigen Schichten verwendet werden, sind zum Beispiel fortlaufende Nummern (für den Fall, dass die darunterliegenden Schichten nicht die Reihenfolge der Nachrichten beibehalten), Größe und die Uhrzeit.

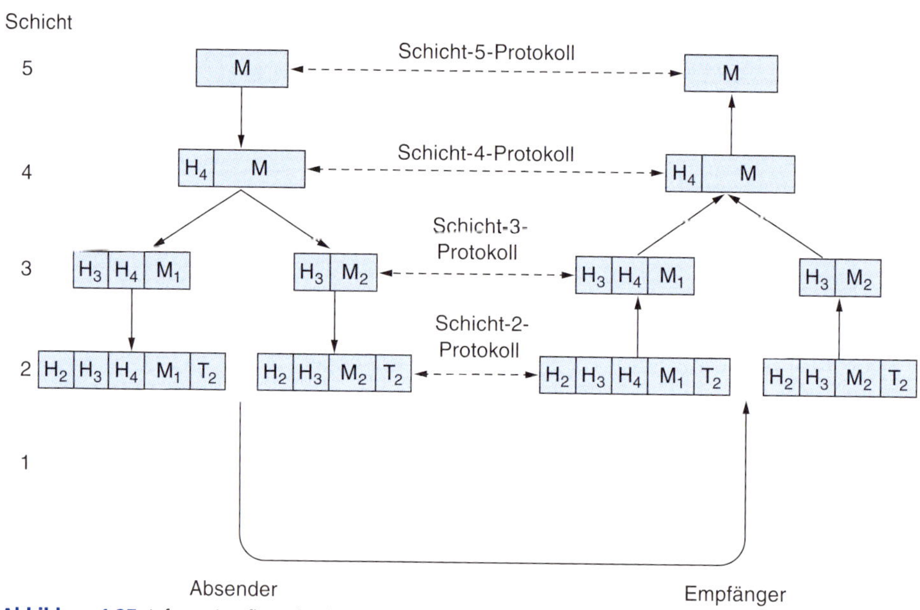

Abbildung 1.27: Informationsfluss, der die virtuelle Kommunikation auf Schicht 5 unterstützt.

In vielen Netzen gibt es keine Beschränkung für die Größe der mit dem Protokoll der Schicht 4 zu übertragenden Nachrichten, wohingegen das Schicht-3-Protokoll fast immer eine Größenbeschränkung auferlegt. Daher muss Schicht 3 die eingehenden

Nachrichten in kleinere Einheiten, die Pakete, aufteilen, wobei jedes Paket mit einem Schicht-3-Header versehen wird. In dem Beispiel wird *M* in M_1 und M_2 aufgeteilt, die unabhängig voneinander übertragen werden.

Schicht 3 entscheidet, welche der abgehenden Leitungen verwendet wird, und übergibt die Pakete an Schicht 2. Schicht 2 fügt nicht nur zu jedem Teil einen Header, sondern auch einen **Trailer** (Nachspann) hinzu und übergibt die daraus resultierende Einheit an Schicht 1 zur eigentlichen Datenübertragung. Im empfangenden Rechner wird die Nachricht Schicht für Schicht nach oben transportiert, wobei die Header einer nach dem anderen wieder entfernt werden. Kein Header von Schichten unterhalb von *n* wird an die Schicht *n* übergeben.

Wichtig am Beispiel in Abbildung 1.27 ist die Beziehung zwischen der virtuellen und der tatsächlichen Kommunikation und der Unterschied zwischen den Protokollen und Schnittstellen. Die Peer-Prozesse auf Schicht 4 beispielsweise halten ihre Kommunikation konzeptionell für horizontal und verwenden das Protokoll der Schicht 4. Jeder hat wahrscheinlich eine Prozedur wie *SchickeAnAndereSeite* und *HoleVonAndererSeite*, selbst wenn diese Prozeduren nicht mit der anderen Seite, sondern mit den niedrigeren Schichten über die 3/4-Schnittstelle kommunizieren.

Die Abstraktion hin zu Peer-Prozessen ist für jeden Netzentwurf von elementarer Wichtigkeit. Dadurch kann die schwierige Aufgabe der Entwicklung eines kompletten Netzes in mehrere kleinere handhabbare Entwurfsprobleme aufgeteilt werden, d.h. in den Entwurf der einzelnen Schichten. Folglich verwenden alle tatsächlichen Netzwerke einen Schichtaufbau.

Es sei darauf hingewiesen, dass die unteren Schichten einer Protokollhierarchie häufig in Hardware oder Firmware implementiert werden. Dennoch sind hier komplexe Protokollalgorithmen involviert, auch wenn diese (ganz oder teilweise) in Hardware implementiert sind.

1.5.3 Verbindungen und Zuverlässigkeit

Jede Schicht kann der jeweils übergeordneten Schicht zwei verschiedene Dienstarten zur Verfügung stellen: verbindungsorientierte und verbindungslose. Sie bieten unter Umständen sogar verschiedene Grade der Zuverlässigkeit.

Verbindungsorientierter Dienst

Verbindungsorientierte Dienste (*connection-oriented service*) sind in der Modellierung dem Telefonsystem nachempfunden. Um mit jemandem zu sprechen, nimmt man den Hörer in die Hand, wählt die Nummer, spricht und legt dann wieder auf. Ähnlich verläuft das bei einem verbindungsorientierten Netzdienst: Der Dienstnutzer baut zuerst eine Verbindung auf, benutzt diese und löst sie schließlich auf. Der wesentliche Aspekt einer Verbindung ist, dass sie wie ein Rohr funktioniert: Der Sender schiebt Objekte (Bits) an einem Ende hinein und der Empfänger entnimmt sie am anderen Ende in der gleichen Reihenfolge. In den meisten Fällen bleibt die Reihenfolge erhalten, sodass die Bits in der Reihenfolge eintreffen, in der sie gesendet wurden.

In einigen Fällen führen der Sender, der Empfänger und das Subnetz eine **Verhandlung** (*negotiation*) über die zu verwendenden Parameter, wie die maximale Nachrichtengröße, die Güte des erforderlichen Dienstes und andere Dinge. Im Normalfall macht eine Seite einen Vorschlag und die andere Seite kann dies akzeptieren, zurückweisen oder einen Gegenvorschlag machen. Eine **Schaltung** (*circuit*) ist ein anderer Name für eine Verbindung mit den dazugehörigen Ressourcen wie eine festgelegte Bandbreite. Diese Bezeichnung stammt aus der Terminologie des Telefonnetzes, wo eine Schaltung ein Pfad über eine Kupferleitung war, welche das Telefongespräch übertrug.

Verbindungsloser Dienst

Im Gegensatz zum verbindungsorientierten Dienst ist der **verbindungslose Dienst** (*connection less service*) dem Postwesen nachempfunden. Jede Nachricht (Brief) enthält die vollständige Adresse und wird unabhängig von allen folgenden Nachrichten durch die dazwischenliegenden Knoten innerhalb des Systems geleitet. Es gibt unterschiedliche Namen für Nachrichten in unterschiedlichen Zusammenhängen. Ein **Paket** (*packet*) ist eine Nachricht in der Netzschicht. Wenn die dazwischenliegenden Knoten eine Nachricht im Ganzen empfangen, bevor sie zum nächsten Knoten weitergeleitet wurde, wird dies **Store-and-forward-Vermittlung** genannt. Die andere Variante ist, bei der die Weiterleitung der Nachricht an den nächsten Knoten beginnt, bevor sie vollständig am ersten Knoten angekommen ist, heißt **Cut-through-Vermittlung**. Werden zwei Nachrichten an die gleiche Adresse gesandt, so wird normalerweise diejenige als Erste ankommen, die früher gesendet wurde. Zuweilen kann sich die erste aber auch verzögern, sodass die zweite vor der ersten ankommt.

Nicht bei allen Anwendungen sind Verbindungen nötig. Beispielsweise senden Spammer elektronische Junkmail an viele Empfänger. Ein unzuverlässiger (d.h. unbestätigter) verbindungsloser Dienst wird oft auch **Datagrammdienst** genannt – analog zum Telegrammdienst, bei dem der Absender ebenfalls keine Empfangsbestätigung erhält.

Zuverlässigkeit

Jeder verbindungsorientierte und verbindungslose Dienst kann weiter nach seiner Zuverlässigkeit charakterisiert werden. Einige Dienste sind in dem Sinn zuverlässig, dass sie nie Daten verlieren. Normalerweise wird ein zuverlässiger Dienst so implementiert, dass der Empfänger den Erhalt jeder Nachricht bestätigen muss, sodass sich der Sender über die Ankunft der Nachricht sicher sein kann. Dieser Bestätigungsprozess bringt zusätzlichen Aufwand und Verzögerungen mit sich, die sich oft lohnen, manchmal aber zu hoch sind.

Eine Dateiübertragung ist beispielsweise eine typische Situation, für die ein zuverlässiger verbindungsorientierter Dienst angemessen ist. Der Eigentümer der Datei möchte sicher sein, dass alle Bits richtig und in der Reihenfolge ankommen, in der sie abgesendet wurden. Nur sehr wenige Kunden würden einen Dienst vorziehen, der gelegentlich ein paar Bits durcheinanderwirft oder verliert, auch wenn er viel schneller wäre.

Ein zuverlässiger verbindungsorientierter Dienst hat zwei Varianten, die sich geringfügig unterscheiden: Nachrichtensequenzen und Byteströme. Bei der ersten Form werden die Nachrichtengrenzen gewahrt. Wenn zwei 1.024-Byte-Nachrichten gesendet werden, dann kommen sie als zwei getrennte 1.024-Byte-Nachrichten und nicht als eine 2.048-Byte-Nachricht an. Bei der zweiten Form ist die Verbindung einfach ein Strom von Bytes ohne Nachrichtengrenzen. Kommen 2.048 Byte beim Empfänger an, dann kann nicht festgestellt werden, ob sie als eine 2.048-Byte-Nachricht, zwei 1.024-Byte-Nachrichten oder 2.048 1-Byte-Nachrichten gesendet wurden. Werden die Seiten eines Buchs über ein Netz an einen Setzer als getrennte Nachrichten gesendet, dann kann es wichtig sein, die Nachrichtengrenzen einzuhalten. Andererseits ist beim Download eines Films ein Bytestrom vom Server zum Rechner des Benutzers absolut ausreichend. Nachrichtengrenzen (verschiedene Szenen) innerhalb des Films sind hier nicht relevant.

In manchen Situationen ist es zwar bequem, keine Verbindung aufbauen zu müssen, um eine kurze Nachricht zu schicken, aber Zuverlässigkeit ist dennoch unentbehrlich. Für solche Anwendungen kann ein **bestätigter Datagrammdienst** (*acknowledged datagram service*) bereitgestellt werden. Dieser Dienst lässt sich mit einem Einschreiben mit Rückschein vergleichen. Wenn der Rückschein ankommt, kann der Absender absolut sicher sein, dass der Brief dem Empfänger zugestellt wurde und nicht unterwegs verloren gegangen ist. Ein Beispiel dafür ist die SMS-Übermittlung vom Mobiltelefon aus.

Die Bereitschaft, auch unzuverlässige Kommunikation zu nutzen, mag auf den ersten Blick seltsam erscheinen. Denn warum sollte jemand unzuverlässige Kommunikation der zuverlässigen vorziehen? Zunächst einmal kann es sein, dass eine zuverlässige Kommunikation (das heißt in unserem Fall mit Bestätigung) in einer bestimmten Schicht nicht verfügbar ist. So bietet Ethernet beispielsweise keine zuverlässige Kommunikation. Pakete können gelegentlich bei der Übertragung beschädigt werden. Es ist Aufgabe der höheren Protokollebenen, dieses Problem zu beheben. Zweitens können die mit der Bereitstellung eines zuverlässigen Dienstes verbundenen Verzögerungen inakzeptabel sein, insbesondere bei Echtzeitanwendungen wie Multimedia. Aus diesen Gründen gibt es sowohl zuverlässige wie auch unzuverlässige Kommunikation.

Bei manchen Anwendungen sind Verzögerungen, die durch die Bestätigungen entstehen, nicht akzeptabel. Ein Beispiel dafür ist die digitale Sprachübertragung (**Voice-over-IP**). Die Telefonbenutzer werden es als weniger störend empfinden, von Zeit zu Zeit etwas Rauschen in der Leitung zu hören, als ständig auf Rückmeldungen warten zu müssen. Ebenso ist es bei der Übertragung einer Videokonferenz nicht so tragisch, wenn ein paar Pixel falsch sind, während ein Film, der durch laufende Fehlerkorrekturen ständig ins Stocken kommt oder auf den man für ein perfektes Abspielen ewig warten muss, sehr irritierend ist.

Ein weiterer Dienst ist der **Anfrage-Antwort-Dienst** (*request-reply service*). Bei diesem Dienst übermittelt der Sender ein einzelnes Datagramm mit einer Anfrage; die zurückgesandte Nachricht enthält die Antwort. Das Anfrage-Antwort-Modell wird üblicherweise verwendet, um Kommunikation in einer Client-Server-Umgebung zu implementieren: Der Client setzt eine Anfrage ab und der Server reagiert darauf. Zum Beispiel könnte ein Mobiltelefon-Client eine Anfrage an einen Karten-Server schicken, um vom Server eine Liste der Chinarestaurants in der Nähe anzufordern.

▶Abbildung 1.28 fasst die bisher beschriebenen Dienstarten noch einmal zusammen.

	Dienst	Beispiel
verbindungs-orientiert	Zuverlässiger Nachrichtenstrom	Folge von Seiten
	Zuverlässiger Bytestrom	Download eines Films
	Unzuverlässige Verbindung	Voice-over-IP
verbindungs-los	Unzuverlässiges Datagramm	Junk-E-Mail
	Bestätigtes Datagramm	Textnachrichten
	Anforderung/Antwort	Datenbankabfrage

Abbildung 1.28: Sechs verschiedene Dienstarten.

1.5.4 Basisoperationen von Diensten

Ein Dienst wird formal durch eine Gruppe von **Basisoperationen** (*primitive*) spezifiziert, mit denen ein Benutzerprozess auf den Dienst zugreifen kann. Diese Operationen weisen den Dienst an, eine Aktion auszuführen, oder berichten über eine Aktion, die von einer Peer-Einheit ausgeführt wurde. Befindet sich der Protokollstapel im Betriebssystem, dann sind die Basisoperationen normalerweise Systemaufrufe. Diese Aufrufe ermöglichen den Sprung in den Kernelmodus, der dann die Steuerung des Rechners an das Betriebssystem übergibt, um die erforderlichen Pakete zu senden.

Die Menge der verfügbaren Operationen hängt von der Art des bereitgestellten Dienstes ab. Die Basisoperationen für verbindungsorientierte Dienste unterscheiden sich von denen für verbindungslose Dienste. Ein kleiner Ausschnitt an Dienstoperationen, die für einen zuverlässigen Bytestrom bereitgestellt werden müssen, ist in ▶Abbildung 1.29 dargestellt. Diese werden den Fans der Berkeley-Socket-Schnittstelle vertraut sein, da sie eine vereinfachte Version dieser Schnittstelle sind.

Basisoperation	Bedeutung
LISTEN	Blockiert, während auf eingehende Verbindung gewartet wird
CONNECT	Aufbau einer Verbindung zu einem wartenden Peer
ACCEPT	Ankommende Verbindung von einem Peer akzeptieren
RECEIVE	Blockiert, während auf eingehende Nachricht gewartet wird
SEND	Nachricht an einen Peer senden
DISCONNECT	Verbindung beenden

Abbildung 1.29: Sechs Basisoperationen für Dienste, die einen einfachen verbindungsorientierten Dienst anbieten.

Diese Operationen können für eine Anfrage-Antwort-Interaktion in einer Client-Server-Umgebung verwendet werden. Um dies zu veranschaulichen, skizzieren wir ein einfaches Protokoll, welches den Dienst mithilfe von bestätigten Datagrammen implementiert.

Als Erstes führt der Server LISTEN aus um anzuzeigen, dass er für den Empfang eingehender Verbindungen bereit ist. Eine gängige Implementierungsweise von LISTEN ist ein blockierender Systemaufruf. Nach Ausführung dieser Operation wird der Server-Prozess blockiert, bis eine Verbindungsanforderung eingeht.

Als Nächstes führt der Client-Prozess CONNECT aus, um eine Verbindung zum Server herzustellen. Der CONNECT-Aufruf muss angeben, zu wem die Verbindung aufgebaut werden soll, sodass dieser vermutlich einen Parameter mit der Adresse des Servers enthalten wird. Das Betriebssystem sendet dann in der Regel ein Paket an den Peer und fordert ihn zur Anmeldung auf, wie in (1) in ▶Abbildung 1.30 gezeigt. Der Client-Prozess wird unterbrochen, bis eine Antwort eingeht.

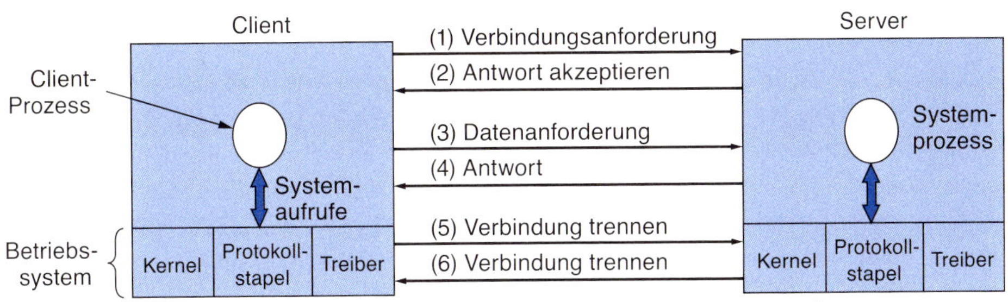

Abbildung 1.30: Eine einfache Client-Server-Interaktion, die bestätigte Datagramme verwendet.

Wenn das Paket beim Server ankommt, merkt das Betriebssystem, dass das Paket eine Verbindung anfordert. Es prüft, ob ein empfangsbereiter Prozess (Listener) vorhanden ist, in dem Fall wird die Blockade des Listeners aufgehoben. Der Server-Prozess kann dann die Verbindung über den ACCEPT-Aufruf einrichten. Dieser sendet eine Antwort (2) zurück zum Client-Prozess, um die Verbindung anzunehmen. Die Ankunft dieser Antwort gibt dann den Client frei. An diesem Punkt laufen sowohl der Client als auch der Server, und eine Verbindung ist aufgebaut.

Die offensichtliche Analogie zwischen diesem Protokoll und der realen Lebenswelt ist ein Kunde (Client), der den Kundendienstbeauftragten eines Unternehmens anruft. Am Tagesbeginn sitzt der Kundendienstbeauftragte neben seinem Telefon, für den Fall, dass dieses läutet. Irgendwann ruft dann ein Kunde an. Der Sachbearbeiter nimmt den Hörer ab und die Verbindung ist hergestellt.

Der nächste Schritt für den Server ist die Ausführung von RECEIVE, um sich für die Annahme der ersten Anfrage zu rüsten. Normalerweise macht dies der Server sofort, nachdem er aus dem LISTEN geweckt wurde, bevor die Bestätigung zurück zum Client gelangen kann. Der RECEIVE-Aufruf blockiert den Server.

Der Client führt dann SEND aus, um seine Anfrage (3) zu übertragen, gefolgt von der Ausführung von RECEIVE, um die Antwort zu erhalten. Die Ankunft des Anfragepakets beim Server gibt den Server frei, sodass dieser die Anfrage verarbeiten kann. Nach getaner Arbeit sendet dieser mit SEND die Antwort an den Client zurück (4). Die Ankunft der Antwort hebt die Blockade beim Client auf, der die Antwort nun untersuchen kann. Wenn der Client weitere Anfragen hat, kann er diese nun starten.

Wenn der Client fertig ist, trennt er die Verbindung mit DISCONNECT (5). In der Regel ist ein erstes DISCONNECT ein blockierender Aufruf, der den Client vorübergehend stilllegt und ein Paket mit der Information an den Server sendet, dass die Verbindung nicht länger benötigt wird. Wenn der Server das Paket erhält, gibt dieser auch ein DISCONNECT als Bestätigung für den Client aus und gibt die Verbindung frei (6). Wenn das Paket des Servers zurück zum Client gelangt, wird der Client-Prozess freigegeben und die Verbindung aufgelöst. Dies ist – kurz und knapp – das Prinzip der verbindungsorientierten Kommunikation.

Natürlich ist das Leben nicht so einfach. Vieles kann hier schiefgehen. Das Timing kann falsch sein (z.B. CONNECT wird vor LISTEN ausgeführt), Pakete können verloren gehen und vieles mehr. Wir werden diese Probleme später sehr detailliert behandeln, doch für den Augenblick reicht die Kurzfassung in Abbildung 1.30, um zu zeigen, wie die Kommunikation zwischen Client und Server mithilfe von bestätigten Datagrammen funktioniert, sodass wir verlorene Pakete ignorieren können.

Es werden hier für das vollständige Protokoll sechs Pakete benötigt – da kann man sich fragen, warum kein verbindungsloses Protokoll verwendet wird. Die Antwort ist, dass in einer perfekten Welt tatsächlich nur die zwei folgenden Pakete erforderlich wären: eines für die Anfrage und eines für die Antwort. Wenn jedoch große Nachrichten in beiden Richtungen versendet werden (z.B. eine Datei in Megabyte-Größe), sieht die Situation – angesichts von Übertragungsfehlern und verlorenen Paketen – schon anders aus. Wenn nun die Antwort aus Hunderten von Paketen besteht, von denen einige bei der Übertragung verloren gingen – wie soll der Client dann wissen, welche Teile fehlen? Wie weiß der Client, ob das zuletzt erhaltene Paket auch wirklich das zuletzt gesendete Paket ist? Angenommen, der Client benötigt eine zweite Datei. Wie kann er dann Paket 1 der zweiten Datei von einem verloren gegangenen Paket 1 aus der ersten Datei unterscheiden, das plötzlich doch noch beim Client angekommen ist? Kurz gesagt, in der realen Welt ist ein einfaches Anfrage-Antwort-Protokoll über ein unzuverlässiges Netzwerk oftmals ungeeignet. In *Kapitel 3* behandeln wir verschiedene Protokolle, die diese und andere Probleme beheben. Für den Moment genügt die Feststellung, dass es manchmal sehr angenehm sein kann, einen zuverlässigen, geordneten Bytestrom zu haben.

1.5.5 Beziehung zwischen Diensten und Protokollen

Dienste und Protokolle basieren auf verschiedenen Konzepten. Ihre Unterscheidung ist so wichtig, dass wir sie hier nochmals betonen wollen. Ein *Dienst* ist eine Gruppe von Basisoperationen, die eine Schicht der über ihr liegenden Schicht zur Verfügung stellt. Der Dienst definiert, welche Operationen diese Schicht für ihre Benutzer ausführen kann. Dies sagt aber nichts darüber aus, wie diese Operationen implementiert werden. Ein Dienst fungiert als Schnittstelle zwischen zwei Schichten, wobei die untere Schicht der Dienstanbieter und die obere der Dienstnutzer ist. Der Dienst bedient sich der unteren Schicht, um der oberen Schicht die Ausführung der Arbeiten zu ermöglichen.

Ein *Protokoll* hingegen ist eine Menge von Regeln, die das Format und die Bedeutung der von den Peer-Einheiten innerhalb einer Schicht ausgetauschten Pakete oder Nachrichten festlegt. Mit Protokollen führen die Einheiten ihre definierten Dienste aus. Sie können ihre Protokolle nach Belieben verändern, solange sie nichts an den für den Dienstnutzer sichtbaren Diensten ändern. Das bedeutet, dass Dienst und Protokoll völlig voneinander getrennt sind. Dies ist ein wesentliches Konzept, das jeder Netzentwickler gut verstanden haben sollte.

Um diesen Kernpunkt noch einmal zu wiederholen: Dienste beziehen sich auf die Schnittstellen zwischen den Schichten (▶Abbildung 1.31). Im Unterschied dazu beziehen sich Protokolle auf die Pakete, die zwischen Peer-Einheiten auf verschiedenen Rechnern versendet werden. Diese beiden Konzepte dürfen auf keinen Fall verwechselt werden.

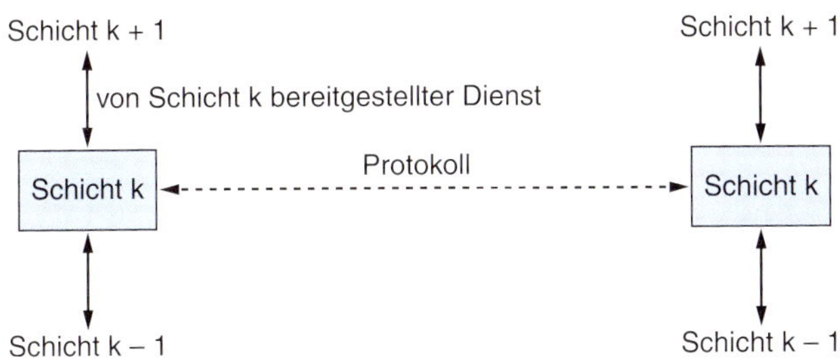

Abbildung 1.31: Die Beziehung zwischen Dienst und Protokoll.

Hier lohnt sich eine Analogie mit Programmiersprachen. Ein Dienst entspricht einem abstrakten Datentyp oder einem Objekt in einer objektorientierten Sprache. Er definiert Operationen, die für ein Objekt ausgeführt werden können, gibt aber nicht an, wie diese Operationen implementiert werden. Im Gegensatz dazu bezieht sich ein Protokoll auf die *Implementierung* des Dienstes und ist als solches für den Dienstnutzer nicht sichtbar.

Viele ältere Modelle haben nicht zwischen Dienst und Protokoll unterschieden. Eine typische Schicht verwendete beispielsweise eine Dienstoperation namens SEND PACKET, wobei der Benutzer einen Zeiger auf ein vollständig zusammengesetztes Paket bereitstellt. Diese Anordnung bedeutete, dass alle Änderungen des Protokolls unmittelbar für den Benutzer sichtbar waren. Die meisten Netzentwickler betrachten ein solches Design heute als ernsthaften Fehler.

1.6 Referenzmodelle

Der Entwurf von Schichtprotokollen ist eine der wichtigsten Abstraktionen bei der Netzgestaltung. Eine der Hauptprobleme ist die Definition der Funktionalität der einzelnen Schichten und ihren Interaktionen. Zwei gängige Modelle sind das TCP/IP-

Referenzmodell und das OSI-Referenzmodell. Im Folgenden werden beide Modelle besprochen sowie das Modell, das wir im weiteren Verlauf dieses Buches verwenden und das einen Mittelweg zwischen den beiden Modellen darstellt.

1.6.1 Das OSI-Referenzmodell

Das OSI-Modell (ohne das physische Medium) wird in ▸Abbildung 1.32 dargestellt. Dieses Modell basiert auf einem Vorschlag, der von der International Standards Organization (ISO) entwickelt wurde und den ersten Schritt auf dem Weg zur internationalen Standardisierung der verschiedenen Protokolle darstellt (Day und Zimmermann, 1983). Es wurde 1995 überarbeitet (Day, 1995). Dieses Modell trägt den Namen **ISO/ OSI-Referenzmodell** (*Open Systems Interconnection*), weil es die Verbindung offener Systeme behandelt, d.h. Systeme, die für die Kommunikation mit anderen Systemen offen sind. Wir nennen es im weiteren Verlauf kurz **OSI-Modell**.

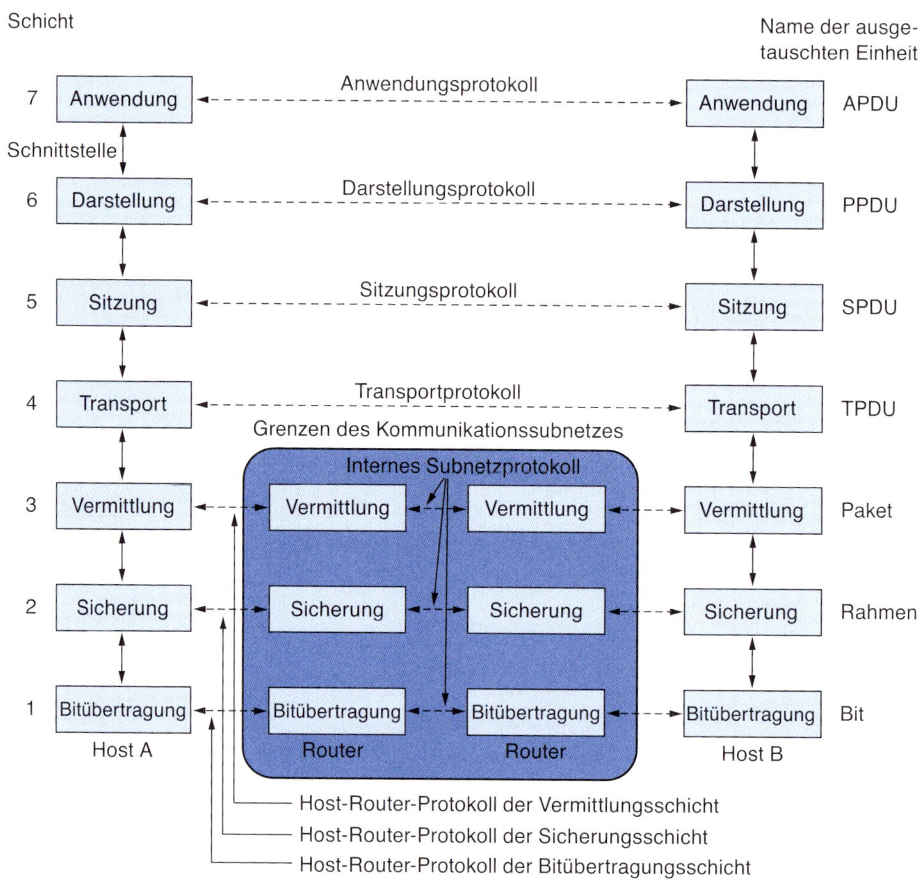

Abbildung 1.32: Das OSI-Referenzmodell.

Das OSI-Modell hat sieben Schichten. Folgende Grundgedanken haben zum Sieben-Schichten-Entwurf geführt:

1. Eine neue Schicht sollte dort erstellt werden, wo ein neuer Abstraktionsgrad benötigt wird.
2. Jede Schicht sollte eine genau definierte Funktion erfüllen.
3. Die Funktionen jeder Schicht sollten mit Blick auf die Definition international genormter Protokolle gewählt werden.
4. Die Grenzen zwischen den einzelnen Schichten sollten so gewählt werden, dass der Informationsfluss über die Schnittstellen möglichst gering ist.
5. Die Anzahl der Schichten sollte so groß sein, dass unterschiedliche Funktionen nicht in einer Schicht zusammengewürfelt werden müssen, aber so klein, dass die gesamte Architektur nicht unhandlich wird.

Das OSI-Modell basiert auf drei Konzepten:

1. Dienste
2. Schnittstellen
3. Protokolle

Der wahrscheinlich größte Beitrag des OSI-Modells ist die explizite Unterscheidung dieser drei Konzepte. Jede Schicht erbringt bestimmte Dienste für die jeweils darüberliegende Schicht. Die Definition eines Dienstes gibt an, was die Schicht macht, nicht wie die darüberliegenden Einheiten darauf zugreifen oder wie die Schicht funktioniert.

Das TCP/IP-Modell unterschied ursprünglich nicht deutlich zwischen Diensten, Schnittstellen und Protokollen, obwohl versucht wurde, es anschließend nachzurüsten, um es OSI-ähnlicher zu machen.

1.6.2 Das TCP/IP-Referenzmodell

Das TCP/IP-Referenzmodell wird im Urahn aller Rechnernetze, dem ARPANET, und seinem Nachfolger, dem weltweiten Internet, eingesetzt. Wie bereits beschrieben war das ARPANET ein Forschungsnetz, das vom US-Verteidigungsministerium gefördert wurde. Es verband zunächst Hunderte von Universitäten und Regierungsbehörden über gemietete Telefonstandleitungen. Als später Satelliten- und Funknetze hinzukamen, warfen die verwendeten Protokolle bei der Zusammenarbeit der Netze Schwierigkeiten auf. Deshalb musste eine neue Referenzarchitektur gefunden werden. So war also fast von Anfang an die Fähigkeit, mehrere Netze nahtlos miteinander zu verbinden, eines der wichtigsten Entwurfsziele. Diese Architektur wurde später nach den zwei primären Protokollen das **TCP/IP-Referenzmodell** genannt. Es wurde zuerst von Cerf und Kahn beschrieben (1974) und später verfeinert und als ein Standard in der

Internetgemeinde definiert (Braden, 1989). Die Entwurfsphilosophie des Modells wird von Clark (1988) diskutiert.

Aufgrund der Besorgnis des US-Verteidigungsministeriums, einige seiner wertvollsten Hosts, Router und netzübergreifenden Gateways könnten im Ernstfall in Sekunden durch einen Angriff der Sowjetunion in Stücke zerfetzt werden, war es ein weiteres wichtiges Ziel, das Netz bei einem Hardwareausfall von Subnetzen überlebensfähig zu halten, ohne die bestehenden Gespräche abzubrechen. Mit anderen Worten, das Verteidigungsministerium wollte, dass Verbindungen intakt bleiben, solange die Quell- und Zielrechner funktionierten, auch falls einige der dazwischenliegenden Geräte oder Übertragungsleitungen plötzlich zusammenbrechen sollten. Da man sich außerdem Anwendungen mit völlig unterschiedlichen Anforderungen ausmalte – von Dateiübertragungen bis hin zur Sprachübertragung in Echtzeit –, war eine flexible Architektur erforderlich.

Die Netzzugangsschicht

All diese Anforderungen führten zur Wahl eines paketvermittelten Netzes auf der Grundlage einer verbindungslosen Schicht, die über viele unterschiedliche Netze lief. Die unterste Schicht in dem Modell, die **Netzzugangsschicht** (*link layer*), beschreibt, was die Verbindungen wie serielle Leitungen und klassisches Ethernet tun müssen, um die Anforderungen dieser verbindungslosen Internetschicht zu erfüllen. Die Netzzugangsschicht ist eigentlich keine Schicht im üblichen Sinn des Begriffs, sondern eher eine Schnittstelle zwischen Hosts und Übertragungsleitungen. In frühen Veröffentlichungen über das TCP/IP-Modell findet man wenig darüber.

Die Internetschicht

Die **Internetschicht** (*internet layer*) ist die Sicherheitsnadel, die die gesamte Architektur zusammenhält. Sie wird anhand von ▶Abbildung 1.33 dargestellt. Ihre Aufgabe ist es, den Hosts zu ermöglichen, Pakete in jedes beliebige Netz einzuspeisen und unabhängig an das (potenziell in einem anderen Netz befindliche) Ziel zu befördern. Sie können sogar in einer völlig anderen Reihenfolge ankommen, als sie abgeschickt wurden. In diesem Fall ist es die Aufgabe der übergeordneten Schichten, sie erneut anzuordnen, wenn die exakte Sendereihenfolge benötigt wird. Beachten Sie, dass „Internet" hier in einem allgemeinen Sinn verwendet wird, auch wenn diese Schicht im Internet ebenfalls vorhanden ist.

Eine Analogie dazu wäre die („gelbe") Post. Man kann eine Reihe von Auslandsbriefen in einem Land in einen Briefkasten werfen und mit ein wenig Glück werden die meisten an die richtige Adresse im Zielland zugestellt. Die Briefe bereisen wahrscheinlich eine oder mehrere internationale Sammelstellen (Gateways) auf ihrem Weg, was für die Benutzer allerdings transparent ist. Auch dass jedes Land (d.h. Netz) seine eigenen Briefmarken, bevorzugten Umschlagformate und Zustellregeln hat, ist den Benutzern egal.

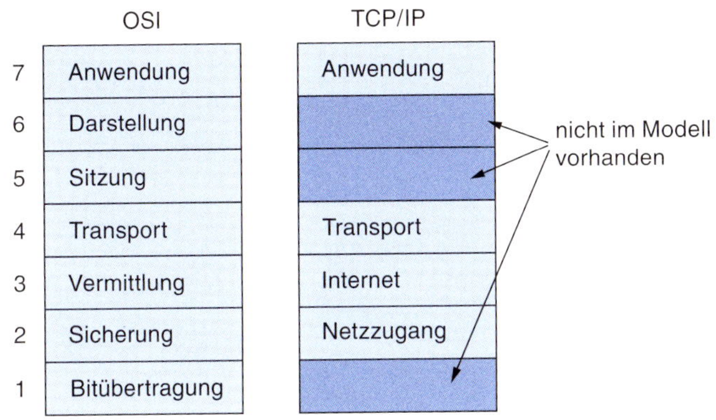

Abbildung 1.33: Das TCP/IP-Referenzmodell.

Die Internetschicht definiert ein offizielles Paketformat und Protokoll namens **IP** (*Internet Protocol*), außerdem ein dazu gehöriges Protokoll namens **ICMP** (*Internet Control Message Protocol*) zur Unterstützung. Die Internetschicht hat die Aufgabe, IP-Pakete richtig zuzustellen. Paket-Routing ist hier offensichtlich eines der Hauptprobleme, ebenso wie Überlastungen. Das Routing-Problem ist größtenteils gelöst worden, aber die Überlastung kann nur mit der Hilfe von höheren Schichten beseitigt werden.

Die Transportschicht

Die Schicht über der Internetschicht im TCP/IP-Modell wird heutzutage in der Regel als **Transportschicht** (*transport layer*) bezeichnet. Wie die OSI-Transportschicht soll sie Peer-Einheiten auf den Quell- und Ziel-Hosts die Kommunikation ermöglichen. Hier wurden anfangs zwei Ende-zu-Ende-Übertragungsprotokolle definiert. **TCP** (*Transmission Control Protocol*) ist ein zuverlässiges, verbindungsorientiertes Protokoll, über das ein Bytestrom von einem Rechner im Internet fehlerfrei einem anderen Rechner zugestellt wird. Es teilt den eingehenden Bytestrom in einzelne Nachrichten auf und leitet diese an die Internetschicht weiter. Am Ziel werden die Nachrichten vom empfangenden TCP-Prozess wieder zum Ausgabestrom zusammengesetzt. TCP verwaltet auch die Flusskontrolle, um sicherzustellen, dass ein langsamer Empfänger nicht von einem schnellen Sender mit Nachrichten überschwemmt wird.

Das zweite Protokoll auf dieser Schicht ist **UDP** (*User Datagram Protocol*). Dies ist ein unzuverlässiges, verbindungsloses Protokoll für Anwendungen, die anstelle der Sicherstellung der Reihenfolge oder der Flusskontrolle von TCP diese Aufgaben lieber selbst bereitstellen. Dieses Protokoll wird vorwiegend für einmalige Anfragen und Anwendungen in Client-Server-Umgebungen verwendet, in denen die Schnelligkeit der Zustellung wichtiger ist als ihre Genauigkeit, z.B. bei der Übertragung von Sprache oder Video. Das Verhältnis zwischen IP, TCP und UDP geht aus ▶Abbildung 1.34 hervor. Seit der Entwicklung dieses Modells wurde IP in vielen anderen Netzen implementiert.

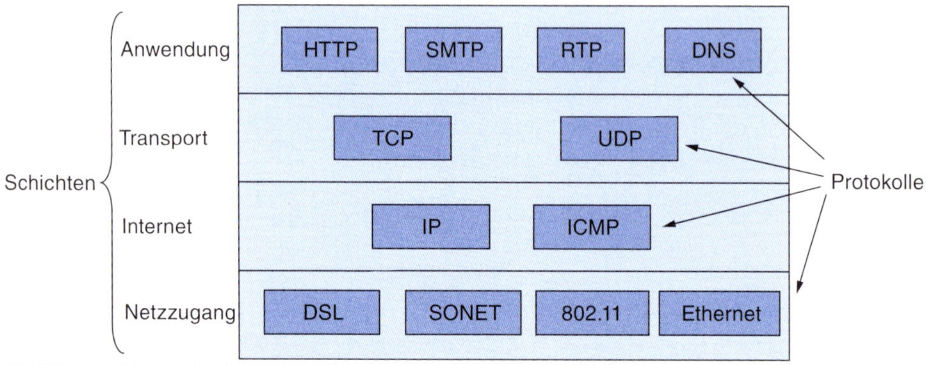

Abbildung 1.34: Ursprüngliche Protokolle und Netzwerke im TCP/IP-Modell.

Die Anwendungsschicht

Das TCP/IP-Modell hat keine Sitzungs- oder Darstellungsschichten. Man sah dafür einfach keine Notwendigkeit. Stattdessen binden Anwendungen einfach jede Sitzungs- und Darstellungsfunktion ein, die sie benötigen. Die Erfahrungen haben gezeigt, dass diese Entscheidung richtig war: Für diese Schichten besteht in den meisten Anwendungen kein Bedarf.

Über der Transportschicht befindet sich die **Anwendungsschicht** (*application layer*). Sie umfasst alle Protokolle der höheren Schichten. Zu den frühen Entwicklungen gehören TELNET (virtuelles Terminal), FTP (*File Transfer Protocol*, Dateiübertragungsprotokoll) und SMTP (*Simple Mail Transfer Protocol*, einfaches E-Mail-Übertragungsprotokoll). Im Laufe der Jahre sind viele weitere Protokolle hinzugekommen. Einige wichtige, die wir uns noch genauer ansehen werden, sind in Abbildung 1.34 zusammengefasst, darunter DNS (*Domain Name System*, Domainnamensystem) für die Zuordnung von Hostnamen an deren Netzadressen, HTTP (*HyperText Transfer Protocol*, Hypertext-Übertragungsprotokoll) zum Abruf von Seiten aus dem World Wide Web und RTP (*Real-time Transport Protocol*, Echtzeitübertragungsprotokoll), das Protokoll zum Zustellen von Echtzeitmedien, wie beispielsweise Sprache oder Filme.

1.6.3 Kritik am OSI-Modell und an den OSI-Protokollen

Weder das OSI-Modell und seine Protokolle noch das TCP/IP-Modell und dessen Protokolle sind perfekt. Beide sind einer gewissen Kritik ausgesetzt. In diesem und dem folgenden Abschnitt betrachten wir einige dieser Kritiken. Wir beginnen mit OSI und prüfen danach das TCP/IP-Modell.

Als die zweite Auflage dieses Buchs erschien (1989), hatten die meisten Fachleute auf diesem Gebiet den Eindruck, dass das OSI-Modell und seine Protokolle die Welt beherrschen und alles andere verdrängen würden. Doch das ist nicht geschehen. Warum? Ein Blick zurück auf die Gründe kann hier einige Antworten liefern. Diese können zusammengefasst werden als schlechtes Timing, schechter Entwurf, schlechte Implementierungen und schlechte Politik.

Schlechtes Timing

Betrachten wir zunächst den ersten Grund: schlechtes Timing. Der Zeitpunkt, zu dem ein Standard etabliert wird, ist für dessen Erfolg absolut entscheidend. David Clark vom MIT hat eine Theorie über Standards, die er *Apokalypse der zwei Elefanten* nennt und die in ▶Abbildung 1.35 dargestellt wird.

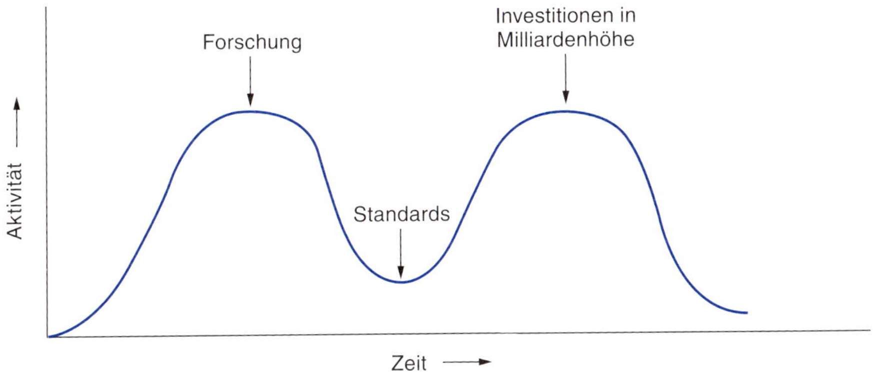

Abbildung 1.35: Die Apokalypse der zwei Elefanten.

Diese Abbildung zeigt den Umfang an Aktivitäten rund um ein neues Projekt. Zu Projektbeginn ist die Forschungsaktivität in Form von Diskussionen, Artikeln und Besprechungen am größten. Nach einer Weile lassen diese Aktivitäten nach, die Unternehmen realisieren das Projekt, und die Investitionen in Milliardenhöhe geraten ins Rollen.

Es ist überaus wichtig, dass die Standards in der Senke zwischen den zwei „Elefanten" definiert werden. Wenn sie sie zu früh festgelegt werden (noch bevor die Forschungsergebnisse gut eingeführt sind), besteht eventuell ein zu geringes Verständnis für das Projekt, was zu schlechten Standards führt. Werden sie zu spät festgelegt, haben viele Unternehmen eventuell bereits auf eine andere Weise größere Investitionen in die Umsetzung bestimmter Vorhaben investiert, sodass die Standards dadurch übergangen werden. Ist der Abstand zwischen den zwei Elefanten sehr kurz (weil sich jeder beeilt, loszulegen), werden die Leute, die die Standards entwickeln, überrollt.

Es scheint, dass die OSI-Standardprotokolle überrollt wurden. Die konkurrierenden TCP/IP-Protokolle waren bei Forschungsinstituten und Universitäten bereits weitverbreitet, als die OSI-Protokolle erschienen. Während die Milliardeninvestitionen noch nicht in Bewegung geraten waren, war der akademische Markt doch groß genug, sodass viele Anbieter vorsichtig damit begannen, TCP/IP-Produkte anzubieten. Als OSI auftauchte, wollten sie einen zweiten Protokollstapel so lange nicht unterstützen, bis sie dazu gezwungen würden; also gab es keine anfänglichen Angebote. Da jedes Unternehmen wartete, dass ein anderes damit anfing, machte kein Unternehmen den Anfang, und OSI wurde nie Wirklichkeit.

Schlechter Entwurf

Der zweite Grund, warum OSI nie Fuß fasste, ist der, dass sowohl das Modell als auch die Protokolle Schwachpunkte haben. Die Entscheidung zugunsten von sieben Schichten war mehr politisch als technisch. Zwei Schichten (Sitzungs- und Darstellungsschicht) sind nahezu leer, wohingegen andere (Sicherungs- und Vermittlungsschicht) übervoll sind.

Zusammen mit den relevanten Dienstdefinitionen und Protokollen ist das OSI-Modell außerordentlich komplex. Aufeinandergestapelt sind die gedruckten Standards ungefähr einen Meter hoch. Sie sind auch schwer zu implementieren und im Betrieb ineffizient. In diesem Zusammenhang wurde von Paul Mockapetris (zitiert in Rose, 1993) ein Rätsel aufgegeben:

> F: *Was erhalten Sie, wenn Sie einen Mafioso mit einem internationalen Standard kreuzen?*
>
> A: *Jemand, der Ihnen ein Angebot macht, das Sie nicht verstehen.*

Abgesehen davon, dass OSI schwer zu verstehen ist, hat OSI den weiteren Nachteil, dass einige Funktionen wie Adressierung, Flusskontrolle und Fehlerkontrolle in jeder Schicht erneut auftauchen. Saltzer et al. (1984) haben beispielsweise darauf hingewiesen, dass Fehlerkontrolle auf der höchsten Schicht greifen muss, um effektiv zu sein, sodass sich die Wiederholung auf allen darunterliegenden Schichten als unnötig und ineffizient erweist.

Schlechte Implementierungen

Angesichts der enormen Komplexität des Modells und seiner Protokolle muss es nicht verwundern, dass die ersten Implementierungen riesig, unhandlich und langsam waren. Jeder, der sich an ihnen versuchte, verbrannte sich die Finger. Es dauert nicht lange, bis die Leute „OSI“ mit „schlechter Qualität“ gleichsetzten. Die Produkte wurden zwar mit der Zeit besser, aber ein einmal gefestigtes Image lässt sich nur schwer korrigieren.

Demgegenüber war eine der ersten Implementierungen von TCP/IP Teil von Berkeley-Unix und ziemlich gut (ganz zu schweigen davon, dass das Produkt kostenlos war). Die Leute benutzten es bereitwillig. Dies führte zu einer großen Benutzergemeinde, was wiederum zu laufenden Verbesserungen führte, die eine noch größere Benutzergemeinde nach sich zogen. Hier verlief die Spirale nach oben, nicht nach unten.

Schlechte Politik

Aufgrund der ersten Implementierung betrachteten viele Leute, insbesondere in der akademischen Welt, TCP/IP als einen Teil von Unix – und eine Vorliebe für Unix gehörte in den 1980er Jahren unter den Akademikern schließlich zum guten Ton.

OSI galt demgegenüber als Geschöpf der europäischen Telekommunikationsministerien, der Europäischen Gemeinschaft und später der US-Regierung. Diese Ansicht stimmte nur teilweise. Doch allein die Vorstellung, dass ein Haufen von Regierungsbürokraten versuchte, den armen Entwicklern und Programmierern unten in den

Schützengräben einen technisch unterlegenen Standard aufzudrängen, hat die Lage noch verschlimmert. Einige Leute betrachteten diese Entwicklung im gleichen Licht wie IBMs Ankündigung in den sechziger Jahren, dass PL/I die Sprache der Zukunft sei, oder die spätere Ankündigung vom US-Verteidigungsministerium, dass eigentlich Ada diese Rolle zukomme.

1.6.4 Kritik am TCP/IP-Referenzmodell und an den dazugehörigen Protokollen

Das TCP/IP-Modell und die zugehörigen Protokolle haben auch gewisse Probleme. Erstens unterscheidet das Modell nicht deutlich zwischen den Konzepten Dienst, Schnittstelle und Protokoll. Gute Gepflogenheiten bei der Softwareentwicklung setzen voraus, dass zwischen der Spezifikation und der Implementierung unterschieden wird. Teilweise macht das OSI sehr sorgfältig, TCP/IP aber überhaupt nicht. Folglich ist das TCP/IP-Modell kein guter Leitfaden zur Entwicklung neuer Netze mit neuen Technologien.

Zweitens ist das TCP/IP-Modell überhaupt nicht allgemein gehalten und schlecht zur Beschreibung eines Protokollstapels außer TCP/IP geeignet. Es ist beispielsweise völlig unmöglich, Bluetooth mit dem TCP/IP-Modell zu beschreiben.

Drittens ist die Netzzugangsschicht eigentlich keine Schicht im üblichen Sinn des Begriffs, wie dieser bei Protokollen mit Schichtenaufbau verwendet wird. Es handelt sich vielmehr um eine Schnittstelle (zwischen Vermittlung- und Sicherungsschichten). Die Unterscheidung zwischen einer Schnittstelle und einer Schicht ist aber wichtig und keiner sollte es sich leisten, salopp damit umzugehen.

Viertens unterscheidet das TCP/IP-Modell nicht zwischen der Bitübertragungs- und der Sicherungsschicht. Diese Schichten sind völlig unterschiedlich. Die Bitübertragungsschicht hat mit den Übertragungsmerkmalen von Kupferdraht, Glasfaser und drahtlosen Kommunikationsmedien zu tun. Die Aufgabe der Sicherungsschicht ist es, den Anfang und das Ende von Rahmen abzugrenzen und sie mit der gewünschten Zuverlässigkeit von einem Ende zum anderen zu befördern. Ein korrektes Modell sollte beide als separate Schichten beinhalten. Das TCP/IP-Modell tut das nicht.

Obwohl das IP- und TCP-Protokoll sorgfältig konzipiert und gut implementiert wurden, wurden viele andere Protokolle spontan produziert, meist von ein paar Studenten, die vor sich hin hackten, bis sie müde waren. Die Protokollimplementierungen wurden dann kostenlos verteilt, was dazu führte, dass sie viel benutzt wurden, sich inzwischen fest etabliert haben und somit kaum ersetzt werden können. Einige davon sind heute eigentlich peinlich. Das virtuelle Terminalprotokoll TELNET wurde beispielsweise für ein mechanisches Telexterminal mit zehn Zeichen/Sekunde entwickelt. Es weiß nichts über grafische Benutzeroberflächen und Mäuse. Trotzdem ist es 30 Jahre später immer noch viel in Gebrauch.

1.6.5 Das in diesem Buch benutzte Modell

Wie bereits erwähnt, ist die Stärke des OSI-Referenzmodells das *Modell* selbst (abzüglich der Sitzungs- und Darstellungsschicht), das sich als außergewöhnlich nützlich bei der Diskussion von Rechnernetzen erwiesen hat. Demgegenüber liegt die Stärke des TCP/IP-Referenzmodells in den *Protokollen*, die seit vielen Jahren häufig angewendet werden. Da Informatiker ja immer alles auf einmal haben wollen, benutzen wir als Grundlage für dieses Buch das in ▶Abbildung 1.36 dargestellte Hybridmodell.

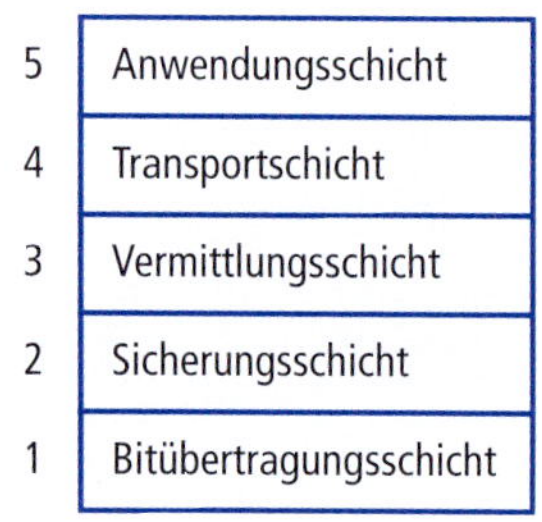

Abbildung 1.36: Das Referenzmodell, das wir in diesem Buch benutzen.

Dieses Modell hat fünf Schichten, von der Bitübertragungsschicht durch Sicherungs-, Vermittlungs- und Transportschichten bis hin zu der Anwendungsschicht. Die Bitübertragungsschicht legt fest, wie Bits über unterschiedliche Medienarten wie elektrische (oder andere analoge) Signale übertragen werden. Die Sicherungsschicht kümmert sich darum, wie Nachrichten endlicher Länge zwischen direkt verbundenen Rechnern mit festgelegten Zuverlässigkeitsstufen gesendet werden. Ethernet und IEEE 802.11 sind Beispiele von Protokollen der Sicherungsschicht.

Die Vermittlungsschicht befasst sich damit, wie mehrere Verbindungen zu Netzen und mehrere Netze zu Internetworks kombiniert werden, sodass wir Pakete zwischen entfernten Computern senden können. Hierzu gehört die Aufgabe, den Pfad zu finden, auf dem die Pakete gesendet werden. IP ist das Hauptbeispielprotokoll, das wir für diese Schicht untersuchen werden. Die Transportschicht verstärkt die Zustellungsgarantie der Vermittlungsschicht, in der Regel mit gesteigerter Zuverlässigkeit, und stellt Zustellungsabstraktionen zur Verfügung, wie einen zuverlässigen Bytestrom, der die Bedürfnisse von verschiedenen Anwendungen erfüllt. TCP ist ein wichtiges Beispiel eines Protokolls der Transportschicht.

Schließlich enthält die Anwendungsschicht Programme, die das Netzwerk benutzen. Viele, nicht alle, Netzanwendungen haben Benutzerschnittstellen wie ein Webbrowser. Unser Interesse gilt jedoch dem Teil des Programms, der das Netz benutzt. Im Fall eines Webbrowsers ist dies das HTTP-Protokoll. Es gibt auch noch andere wichtige Unterstützungsprogramme in der Anwendungsschicht, wie das DNS, das von vielen Anwendungen benutzt wird.

Unsere Kapitelfolge basiert auf diesem Modell. Auf diese Art behalten wir den Wert des OSI-Modells zum Verständnis der Netzarchitekturen bei, doch konzentrieren uns hauptsächlich auf Protokolle, die in der Praxis wichtig sind, von TCP/IP und verwandten Protokollen bis zu neueren wie IEEE 802.11, SONET und Bluetooth.

1.7 Standardisierung

Innovationen in der Internettechnologie hängen oft ebenso stark von politischen und rechtlichen Fragen ab wie von der Technologie selbst. Traditionell werden Internetprotokolle durch einen Standardisierungsprozess weiterentwickelt, auf den wir im Folgenden näher eingehen werden.

1.7.1 Standardisierung und Open Source

Es gibt viele Netzbetreiber und -anbieter, die alle ihre eigenen Vorstellungen davon haben, wie es laufen sollte. Ohne Koordination würde völliges Chaos herrschen und die Benutzer könnten nicht mehr vernünftig arbeiten. Die einzige Möglichkeit aus diesem Dilemma ist die Vereinbarung bestimmter Netzstandards. Standards ermöglichen nicht nur die Kommunikation verschiedener Computer, sondern erweitern auch den Markt für Produkte, die dem Standard entsprechen. Ein größerer Markt führt zur Massenproduktion, wirtschaftlicheren Fertigung, besseren Implementierungen und anderen Vorteilen, die den Preis senken und die Akzeptanz weiter erhöhen.

In diesem Abschnitt werfen wir einen kurzen Blick auf die so wichtige, aber dennoch so wenig bekannte Welt der internationalen Standardisierung. Doch lassen Sie uns zunächst sehen, was in einen Standard hineingehört. Ein vernünftiger Mensch könnte vielleicht annehmen, dass ein Standard ihm sagt, wie ein Protokoll arbeiten sollte, sodass die Implementierung gut gelingt. Dieser Mensch läge falsch.

Standards legen fest, was für die Zusammenarbeit benötigt wird: nicht mehr, nicht weniger. Dadurch können sich größere Märkte herausbilden und gleichzeitig Unternehmen auf der Basis ihrer Produktqualität konkurrieren. Beispielsweise definiert der IEEE-802.11-Standard viele Übertragungsraten, doch er sagt nichts darüber aus, wann ein Sender welche Rate verwenden sollte, was ein entscheidender Faktor von guter Performanz ist. Dies wird demjenigen überlassen, der das Produkt herstellt. Häufig ist es schwierig, auf diese Weise zur Interoperabilität zu gelangen, da viele Implementierungsentscheidungen getroffen werden müssen und Standards in der Regel viele Möglichkeiten definieren. Bei IEEE 802.11 gab es so viele Probleme, dass eine Fachgruppe namens **WiFi Alliance** gestartet wurde, um an der Interoperabilität innerhalb des IEEE-802.11-Standards zu arbeiten. Im Kontext der softwaredefinierten Vernetzung ist die **ONF** (*Open Network Foundation*) bestrebt, sowohl Standards als auch Open-Source Softwareimplementierungen dieser Standards zu entwickeln, um die Interoperabilität der Protokolle sicherzustellen und so die programmierbaren Netz-Switches zu steuern.

Ein Protokollstandard definiert, wie das Protokoll auf den Leitungen auszusehen hat, aber nicht wie die internen Dienstschnittstellen beschaffen sind, außer um bei der Erklärung des Protokolls zu helfen. Tatsächlich sind Dienstschnittstellen oft proprietär. Zum Beispiel spielt die Funktionsweise der Schnittstelle von TCP zu IP innerhalb eines Computers bei der Kommunikation mit einem entfernten Host keine Rolle. Es ist nur wichtig, dass der entfernte Host TCP/IP spricht. Tatsächlich werden TCP und IP häufig zusammen implementiert, ohne eine klar definierte Schnittstelle. Abgesehen davon sind gute Dienstschnittstellen ebenso wie gute **APIs** (*Application Programming Interface*) wertvoll bei der Einführung eines Protokolls, und richtig gute Schnittstellen (wie Berkeley-Sockets) können sehr populär werden.

Standards werden in zwei Kategorien unterteilt: de facto und de jure. **De-facto-Standards** (*de facto* ist lateinisch für „aufgrund der Tatsache") sind jene, die sich einfach aufgrund der hohen Akzeptanz eines Produkts oder einer Produktreihe ergeben haben, ohne dass es dazu einen formellen Plan gab. Das Webprotokoll HTTP begann seine Existenz als ein De-facto-Standard. HTTP war Teil des frühen WWW-Browsers, den Tim Berners-Lee am CERN entwickelt hatte, und seine Beliebtheit wuchs zusammen mit dem Wachstum des Webs. Bluetooth ist ein weiteres Beispiel. Es wurde ursprünglich von Ericsson entwickelt, doch heute benutzt es jeder.

De-jure-Standards (lateinisch für „von Rechts wegen") hingegen sind mithilfe der Regeln eines formalen Standardisierungsgremiums entwickelt worden. Die internationalen Standardisierungsgremien können ebenfalls in zwei Gruppen unterteilt werden: diejenigen, die aufgrund von Verträgen zwischen Staatsregierungen entstanden sind, und die, die aus freiwilligen Organisationen bestehen. Auf dem Gebiet der Standardisierung von Rechnernetzen gibt es von jedem Typ mehrere Organisationen, namentlich ITU, ISO, IETF und IEEE, die wir alle im Folgenden beschreiben werden.

In der Praxis sind die Beziehungen zwischen Standards, Unternehmen und Standardisierungsgremien kompliziert. De-facto-Standards entwickeln sich oft zu De-jure-Standards, besonders wenn sie erfolgreich sind. Dies passierte im Fall von HTTP, das schnell von der IETF aufgegriffen wurde. Standardisierungsgremien ratifizieren sich häufig gegenseitig ihre Standards – wodurch der Eindruck erweckt wird, man klopfe sich einander auf die Schulter, um den Markt für eine Technologie zu steigern. Zur Zeit spielen viele Ad-hoc-Geschäftsallianzen, die sich um bestimmte Technologien herum bilden, ebenfalls eine bedeutende Rolle bei der Entwicklung und dem Verfeinern von Netzstandards. Zum Beispiel ist **3GPP** (*Third Generation Partnership Project*) eine Zusammenarbeit zwischen Telekommunikationsverbänden, die den UMTS-3G-Mobilfunkstandard vorantrieben.

1.7.2 Who's who in der Welt der Telekommunikation

Der rechtliche Status der Telefongesellschaften dieser Welt ist von Land zu Land sehr verschieden. An dem einen Ende stehen die Vereinigten Staaten, wo es sehr viele eigenständige (meist sehr kleine) private Telefongesellschaften gibt. Einige kamen im Zuge der Spaltung von AT&T im Jahr 1984 hinzu (AT&T war bis dahin die größte Gesellschaft der Welt, die ungefähr 80 % aller amerikanischen Telefonanschlüsse versorgte), andere mit dem Telecommunications Act von 1996, mit dem die bisherige Regulierung überholt wurde, um den Wettbewerb fördern. Die Förderung des Wettbewerbs zeitigte jedoch nicht die gewünschten Ergebnisse. Große Telefongesellschaften kauften die kleineren auf, bis in den meisten Gebieten nur noch eine oder höchstens zwei übrig blieben.

Das andere Extrem sind die Länder, in denen die Landesregierung das Monopol auf alle Kommunikationsmedien, z.B. Post, Telegramm, Telefon und oft sogar Radio und Fernsehen, besitzt. Hierunter fällt ein großer Teil der restlichen Welt. In manchen Fällen ist die Behörde für Telekommunikation ein staatliches Unternehmen, in anderen ist sie einfach eine Regierungsabteilung, die häufig den Namen **PTT** (*Post, Telegraph & Telephone*, Post- und Fernmeldeverwaltungen) trägt. Weltweit zeichnet sich ein Trend ab, dieses Monopol abzubauen, d.h., den Telekommunikationsmarkt für private Unternehmen zugänglich zu machen und damit dem Wettbewerb auszusetzen. Die meisten europäischen Länder haben nun ihre Post- und Fernmeldeverwaltung (teil-) privatisiert, aber in anderen Gebieten steckt dies noch in den Kinderschuhen.

Angesichts dieser verschiedenen Betreiber und Anbieter liegt die Notwendigkeit einer weltweiten Kompatibilität auf der Hand, damit Menschen (und Computer) in allen Ländern miteinander in Kontakt treten können. Dieser Bedarf besteht schon sehr lange. Bereits 1865 setzten sich Vertreter vieler europäischer Regierungen zusammen, um den Vorläufer der heutigen **ITU** (*International Telecommunications Union*) zu gründen. Aufgabe der ITU war die Standardisierung der internationalen Telekommunikation, was in jenen Tagen Telegrafie bedeutete.

Schon damals war klar, dass Probleme ins Haus stehen, wenn die Hälfte der Länder mit Morsecode und die andere Hälfte mit einem anderen Code sendet. Als der internationale Telefondienst in Betrieb genommen wurde, übernahm die ITU auch die Aufgabe der Standardisierung des Telefons. 1947 wurde die ITU eine Behörde der Vereinten Nationen.

Derzeit sind über 200 Regierungen Mitglied bei der ITU; hierzu gehört auch fast jeder Mitgliedsstaat der Vereinten Nationen. Da es in den USA keine PTT gibt, muss jemand anderer das Land in der ITU vertreten. Mit dieser Aufgabe wurde das State Department (US-Außenministerium) betraut, wahrscheinlich aufgrund der Tatsache, dass die ITU mit vielen Ländern zu tun hat. Die ITU hat außerdem mehr als 700 Sektormitglieder und assoziierte Mitglieder. Dazu gehören Telefongesellschaften (z.B. AT&T, Vodafone, Sprint), Hersteller von Telekommunikationsgeräten (z.B. Cisco, Nokia, Nortel), Computerhersteller (z.B. Microsoft, Dell, Toshiba), Chiphersteller (z.B. Intel, Motorola, TI) sowie andere interessierte Unternehmen (z.B. Boeing, CBS, VeriSign).

Die ITU umfasst drei Hauptsektoren. Wir konzentrieren uns hier auf **ITU-T** (*Telecommunication Standardization Sector*), der sich mit Telefon- und Datenkommunikationssystemen befasst. Vor 1993 hieß dieser Sektor **CCITT**, ein Akronym der französischen Bezeichnung „Comité Consultatif International Télégraphique et Téléphonique". **ITU-R**, der Radiokommunikationssektor, befasst sich mit der weltweiten Koordination von Funkfrequenzen an die im Wettbewerb stehenden Interessengruppen. Der andere Sektor ist **ITU-D**, der Entwicklungssektor. Dieser unterstützt die Entwicklung von Informations- und Kommunikationstechnologien, um die „digitale Spaltung" zwischen Ländern mit effektivem Zugang zu Informationstechnologien und Ländern mit beschränktem Zugang zu verringern.

Die Aufgabe der ITU-T ist es, technische Empfehlungen für Telefon-, Telegraf- und Datenkommunikationsschnittstellen auszuarbeiten. Aus diesen Empfehlungen werden oft international anerkannte Standards, obwohl diese Empfehlungen technisch gesehen nur Vorschläge sind, die die einzelnen Regierungen – ganz nach Belieben – annehmen oder ignorieren können (denn Regierungen sind wie 13-jährige Kinder: sie mögen es nicht, Anweisungen zu bekommen). In der Praxis sieht das so, dass es jedem Land freisteht, einen völlig anderen Telefonstandard als der Rest der Welt anzunehmen – jedoch zu dem Preis der völligen Isolation. Das funktioniert vielleicht für Nordkorea, aber anderswo wäre das eine Katastrophe.

Die wirkliche Arbeit der ITU-T findet in den Arbeitsgruppen (*Study Group*) statt. Derzeit gibt es 11 Arbeitsgruppen, die nicht selten mehr als 400 Leute umfassen und die sich mit Themen von der Telefonabrechnung über Multimediadienste bis hin zu Sicherheitsfragen befassen. SG 15 ist zum Beispiel ein Standard für die Glasfaserverbindung an das Haus. Das ermöglicht es den Herstellern, Produkte zu produzieren, die überall einsetzbar sind. Damit überhaupt etwas erledigt werden kann, werden die Arbeitsgruppen in kleinere Arbeitsteams aufgeteilt, die ihrerseits in Expertenteams unterteilt werden, die wiederum aus projektbezogenen Gruppen zusammengestellt werden. Einmal bürokratisch, immer bürokratisch.

Trotz alledem ist die ITU-T produktiv. Seit der Gründung wurden mehr als 3.000 Empfehlungen erarbeitet, wovon viele in der Praxis häufig zum Einsatz kommen. So wird beispielsweise Empfehlung H.264 (welche auch ein ISO-Standard ist, bekannt als MPEG-4 AVC) oft für Videokompression benutzt, und X.509-Public-Key-Zertifikate werden für sicheres Webbrowsing und digital signierte E-Mails verwendet.

Im Zuge des Übergangs des Telekommunikationsbereichs, der in den 1980er Jahren einsetzte, von einem vollständig nationalen zu einem vollständig globalen Gebiet gewinnen Standards an Bedeutung. Künftig werden mehr und mehr Organisationen danach streben, an der Ausarbeitung dieser Standards aktiv teilzunehmen. Weitere Informationen über die ITU finden Sie bei Irmer (1994).

1.7.3 Who's who in der Welt der internationalen Normen

Internationale Normen werden von der **ISO** (*International Standards Organization*)[2] ausgegeben, einer freiwilligen, nicht per Staatsvertrag geregelten Organisation, die 1946 gegründet wurde. Ihre Mitglieder sind die nationalen Normungsinstitute der 161 Mitgliedsstaaten. Dazu gehören ANSI (USA), BSI (Großbritannien), AFNOR (Frankreich), DIN (Deutschland) und 157 weitere.

Die ISO legt für eine wahre Unmenge verschiedener Sachgebiete Normen fest, angefangen bei Schrauben und Muttern bis hin zur Beschichtung von Telefonleitungsmasten [ganz zu schweigen von Kakaobohnen (ISO 2451), Fischernetzen (ISO 1530), Damenunterwäsche (ISO 4416) und einer ganzen Reihe weiterer Dinge, von denen

2 Für alle, die es genau nehmen: Die richtige Bezeichnung der ISO ist „International Organization for Standardization".

man nie glauben würde, dass sie normiert werden]. Bei Standards bezüglich Telekommunikation arbeiten ISO und ITU-T oft zusammen (ISO ist Mitglied der ITU-T), um die Blamage zu vermeiden, dass zwei offizielle Organe nicht kompatible internationale Standards ausarbeiten.

Insgesamt wurden über 21.000 Normen formuliert, darunter die OSI-Standards. ISO hat fast 200 technische Fachausschüsse (TC, *Technical Committee*), die nach der Reihenfolge ihrer Entstehung nummeriert sind und sich mit je einem Fachgebiet befassen. TC1 beschäftigt sich z.B. mit Schrauben und Muttern (und der Standardisierung der Gewindesteigungen). JTC1 befasst sich mit Informationstechnologie, einschließlich Netzwerke, Computer und Software. Es ist der erste (und bisher einzige) gemeinsame Fachausschuss (*Joint Technical Committee*). JTC1 wurde 1987 gegründet, als TC97 mit den Aktivitäten von IEC, einem weiteren Standardisierungsgremium, zusammengelegt wurde. Jeder technische Fachausschuss hat Unterausschüsse (SC, *Subcommitee*), die in Arbeitsgruppen (WG, *Working Group*) aufgeteilt sind.

Die eigentliche Arbeit wird größtenteils in den Arbeitsgruppen von über 100.000 Freiwilligen weltweit geleistet. Viele dieser „Freiwilligen“ werden von ihren Arbeitgebern, deren Produkte normiert werden sollen, für die Arbeit in Sachen ISO abgestellt. Andere sind Regierungsbeamte, die bestrebt sind, eine Norm ihres Landes international durchzusetzen. In vielen Arbeitsgruppen sind auch Wissenschaftler aus verschiedenen Fachgebieten vertreten.

Das Standardisierungsverfahren der ISO ist auf breitestmöglichen Konsens ausgelegt. Der Prozess beginnt, wenn eines der nationalen Normungsinstitute auf einem Gebiet die Notwendigkeit einer internationalen Norm sieht. Dann wird eine Arbeitsgruppe gebildet, die einen **Ausschussentwurf** (**CD**, *Committee Draft*) ausarbeitet. Dieser Entwurf wird an alle Mitglieder verteilt. In den darauffolgenden sechs Monaten darf Kritik daran geübt werden. Wenn die überwiegende Mehrheit dafür ist, wird der Entwurf überarbeitet und als **internationaler Standardentwurf** (**DIS**, *Draft International Standard*) ausgearbeitet und zur Diskussion und Abstimmung verteilt. Der endgültige Wortlaut des **internationalen Standards** (**IS**, *International Standard*) wird basierend auf den Ergebnissen dieser Runde vorbereitet, bestätigt und veröffentlicht. Auf Gebieten, in denen viele Meinungen kontrovers aufeinandertreffen, müssen Entwürfe und DIS eventuell mehrmals umformuliert und überarbeitet werden, bis sie mit genügender Stimmenanzahl verabschiedet werden. Dieses Standardisierungsverfahren kann unter Umständen Jahre dauern.

NIST (*National Institute of Standards and Technology*) ist eine Behörde des US-Handelsministeriums. Es wurde vormals NBS (*National Bureau of Standards*) genannt. Diese Behörde gibt Standards heraus, die für das gesamte Beschaffungswesen der US-Regierungsbehörden gelten (mit Ausnahme des Verteidigungsministeriums, das seine eigenen Normen festlegt) und zwingend eingehalten werden müssen.

Ein weiteres wichtiges Mitglied auf der Standardisierungsbühne ist **IEEE** (*Institute of Electrical and Electronics Engineers*), der größte Fachverband der Welt. Außer der Veröffentlichung von Testberichten in Fachzeitschriften und der Veranstaltung vieler jährlich stattfindender Konferenzen beschäftigt sich die IEEE in einer Standardisierungsgruppe auch mit der Entwicklung von Normen im Bereich der Elektrotechnik und Informatik. Das 802-Kommittee der IEEE hat viele LAN-Typen standardisiert. Einige werden später noch ausführlicher behandelt. Die eigentliche Arbeit wird in mehreren Arbeitsgruppen geleistet, die in ▶Abbildung 1.37 aufgeführt sind. Die Erfolgsrate der verschiedenen IEEE-802-Arbeitsgruppen war gering – eine 802.x-Nummer ist noch kein Garant für den Erfolg. Dennoch waren die Auswirkungen der Erfolgsgeschichten, vor allem von IEEE 802.3 und IEEE 802.11, auf Industrie und die Welt enorm.

Nummer	Thema
802.1	Übersicht und Architektur von LANs
802.2	Logische Verbindungssteuerung
802.3 *	Ethernet
802.4 †	Token-Bus (wurde kurze Zeit in Fertigungsbetrieben verwendet)
802.5 †	Token-Ring (IBMs Einstieg in die LAN-Welt)
802.6 †	Dual Queue Dual Bus (frühe MANs)
802.7 †	Technische Beratungsgruppe für Breitbandtechnologien
802.8 †	Technische Beratungsgruppe für Glasfasertechnologien
802.9 †	Isochrone LANs (für Echtzeitanwendungen)
802.10 †	Virtuelle LANs und Sicherheit
802.11 *	Drahtlose LANs (WiFi)
802.12 †	Bedarfsgesteuerte Priorität (AnyLAN von Hewlett-Packard)
802.13	(Unglückszahl, die keiner wollte)
802.14 †	Kabelmodems (besteht nicht mehr: ein Industriekonsortium war hier schneller)
802.15 *	Persönliche Netze (Bluetooth, Zigbee)
802.16 †	Drahtlose Breitbandnetze (WiMAX)
802.17 †	Resilient Packet Ring
802.18	Technische Beratungsgruppe für Fragen zur Funkregulierung
802.19	Technische Beratungsgruppe zur Koexistenz all dieser Standards
802.20	Drahtlose Breitbandnetze (ähnlich 802.16e)
802.21	Medienunabhängiges Handover (zum Übergang zwischen Technologien)
802.22	Drahtlose Regionalnetze

Abbildung 1.37: Die IEEE-802-Arbeitsgruppen. Die wichtigen sind mit * gekennzeichnet. Die mit einem † gekennzeichnete Gruppe hat ihre Arbeit beendet und sich aufgelöst.

1.7.4 Who's who in der Welt der Internetstandards

Das weltweite Internet verfügt über eigene Standardisierungsmechanismen, die sich stark von denen der ITU-T und ISO unterscheiden. Zusammenfassend kann man sagen, dass die Leute, die zu den ITU- und ISO-Standardisierungskonferenzen kommen, Anzug und Krawatte tragen, während man in den entsprechenden Internetkonferenzen eher Leuten in Jeans begegnet (außer wenn die Treffen in San Diego stattfinden, dann werden Shorts und T-Shirt getragen).

In den Konferenzen der ITU-T und ISO wimmelt es von Führungskräften aus Unternehmen und Beamten verschiedener Regierungen. Sie betrachten Standardisierung als gute Sache, der sie ihr Leben widmen. Internetvertreter legen demgegenüber eine eher anarchische Haltung an den Tag. Wenn jedoch viele Millionen Personen nur nach ihrem Gutdünken verfahren, ist wenig Kommunikation möglich. Somit sieht man auch in diesen Kreisen mit mehr oder weniger großem Bedauern ein, dass hier und da Standards nötig sind. In diesem Zusammenhang hat David Clark vom MIT die heute berühmte Bemerkung gemacht, dass Internetstandardisierung aus „grobem Konsens und lauffähigem Code“ besteht.

Als das ARPANET eingerichtet wurde, schuf das US-Verteidigungsministerium einen informellen Ausschuss zu dessen Überwachung. 1983 wurde der Ausschuss in **IAB** (*Internet Activities Board*) umbenannt. Gleichzeitig erhielt er eine etwas breitere Mission, nämlich die am ARPANET und Internet beteiligten Wissenschaftler mehr oder weniger in einer Richtung zu halten. Diese Aufgabe kam in etwa dem Zureiten von Wildpferden gleich. Die Bedeutung des Akronyms „IAB“ wurde später in **Internet Architecture Board** umbenannt.

Jedes der ungefähr zehn Mitglieder des IAB stand einem Expertenteam vor. Das IAB traf sich mehrmals im Jahr, um die Ergebnisse zu besprechen und um das US-Verteidigungsministerium und die NSF (die damals beide die meisten Finanzmittel zur Verfügung stellten) mit Rückmeldungen zu versorgen. Wurde ein Standard benötigt (z.B. ein neuer Routing-Algorithmus), setzten sich die IAB-Mitglieder hin, um etwas Passendes zu entwickeln, und machten die Arbeit dann publik, damit Studenten der höheren Semester, die den Kern der Softwareentwicklung bildeten, die neue Technik implementieren konnten. Die Kommunikation erfolgte durch eine Reihe technischer Berichte namens **RFCs** (*Request For Comments*). RFCs werden online gespeichert und können von jedem Interessierten unter der Webadresse *www.ietf.org/rfc* abgerufen werden. Sie sind in chronologischer Reihenfolge nach dem Datum ihres Entstehens nummeriert. Derzeit gibt es über 8.000. Wir werden in diesem Buch auf viele RFCs Bezug nehmen.

Bis 1989 nahm das Internet derart an Umfang zu, dass dieser höchst informelle Stil nicht mehr funktionierte. Viele Anbieter vertrieben bereits TCP/IP-Produkte und wollten sie nicht ändern, nur weil sich zehn Entwickler etwas Besseres ausdachten. Im Sommer 1989 wurde das IAB erneut umorganisiert. Die Entwickler wurden der **IRTF** (*Internet Research Task Force*) zugeordnet, die als Teilbereich in das IAB eingegliedert wurde, ebenso wie die **IETF** (*Internet Engineering Task Force*). Das IAB setzte sich aus

Leuten zusammen, die außer die Forschungsgemeinde auch andere Organisationen vertraten. Anfangs war das eine rotierende Gruppe, deren Mitglieder sich alle zwei Jahre abwechselten und die neuen Mitglieder von den alten ernannt wurden. Später wurde die **Internet Society** ins Leben gerufen. Sie setzte sich aus Leuten zusammen, die am Internet interessiert waren. Die Internet Society ist somit in gewissem Sinn mit ACM oder IEEE vergleichbar. Sie wird von gewählten Treuhändern beaufsichtigt, die die IAB-Mitglieder benennen.

Mit dieser Aufteilung wurde bezweckt, dass sich die IRTF auf langfristige Forschungsprojekte konzentriert, während sich die IETF mit kurzfristigen technischen Fragen befassen sollte. Auf diese Weise konnten sich die beiden nicht in die Quere kommen. Die IETF wurde in Arbeitsgruppen aufgeteilt, die sich jeweils mit einer bestimmten Problemlösung befassten. Die Vorsitzenden dieser Arbeitsgruppen trafen sich anfangs als Lenkungsausschuss des jeweiligen Projekts. Zu den Sachgebieten der Arbeitsgruppen zählen neue Anwendungen, Benutzerinformationen, OSI-Integration, Routing und Adressierung, Sicherheit, Netzverwaltung und Standards. Schließlich gab es derart viele Arbeitsgruppen (über 70), dass sie wiederum in Bereiche unterteilt wurden. Diesen Bereichen stehen Bereichsleiter vor, die dem Lenkungsausschuss berichten.

Darüber hinaus wurde ein formelles Standardisierungsverfahren nach dem ISO-Muster umgesetzt. Um als **Standardvorschlag** (*Proposed Standard*) abgesegnet zu werden, muss eine Grundidee in einem RFC erläutert werden. Ferner muss sie in der Gemeinde ausreichend Interesse gewinnen, um überhaupt in Betracht gezogen zu werden. Ein Standardvorschlag avanciert zum **Standardentwurf** (*Draft Standard*), wenn es eine funktionierende Implementierung gibt, die sorgfältig an zwei unabhängigen Standorten mindestens vier Monate lang getestet wurde. Ist das IAB davon überzeugt, dass die Idee ausreichend fundiert ist und die Software fehlerfrei läuft, dann kann es den RFC als **Internetstandard** deklarieren. Einige Internetstandards wurden vom US-Verteidigungsministerium übernommen (MIL-STD). Dadurch wird ein solcher Standard für die Zulieferer des Ministeriums zwingend.

Für Webstandards entwickelt das **World Wide Web Consortium** (**W3C**) Protokolle und Richtlinien, um das langfristige Wachstum des Webs zu unterstützen. Dies ist ein Industriekonsortium, das von Tim Berners-Lee geführt wird und 1994 eingerichtet wurde, als das Web gerade seinen Siegeszug antrat. W3C hat heute mehr als 500 Mitglieder aus Unternehmen, Universitäten und anderen Organisationen weltweit und hat mehr als 100 W3C-Empfehlungen, wie die Standards hier heißen, herausgegeben, welche Themen wie HTML und Webanonymität behandeln.

1.8 Politische, rechtliche und gesellschaftliche Aspekte

Wie die Druckerpresse vor 500 Jahren ermöglichen Rechnernetze dem Normalbürger, Inhalte auf Arten zu verbreiten und anzusehen, die bisher nicht möglich waren. Doch wo Licht ist, ist auch Schatten: Diese neu entdeckte Freiheit wirft viele ungelöste gesellschaftliche, ethische und politische Fragen auf. Wir wollen hier einige kurz anreißen; in jedem Kapitel in diesem Buch werden wir, wo erforderlich auf einige politische, rechtliche und gesellschaftliche Fragen zu den jeweilig behandelten Technologien eingehen. Hier besprechen wir einige der allgemeineren politischen und rechtlichen Aspekte, die zurzeit eine Reihe von Bereichen der Internettechnologie betreffen, einschließlich Priorisierung des Datenverkehrs, Datenerfassung und Sicherheit sowie Kontrolle der freien Meinungsäußerung.

1.8.1 Online-Äußerungen

Soziale Netzwerke, Foren, Content-Sharing-Sites und viele andere Anwendungen erlauben es den Nutzern, ihre Ansichten mit Gleichgesinnten auszutauschen. Solange sich die Themen auf rein technische Gebiete oder Hobbys wie Gartenpflege beschränken, können nicht viele Probleme entstehen.

Der Ärger beginnt, wenn Newsgroups zu Themen eingerichtet werden, die die Gemüter erregen, wie Politik, Religion oder Sex. Die in solchen Gruppen veröffentlichten Ansichten können einige Personen tief verletzen. Darüber hinaus müssen die Nachrichten nicht unbedingt auf Text beschränkt sein – hochauflösende Farbfotos und Videoclips können leicht über Rechnernetze übertragen werden. In einigen Fällen wie Kinderpornografie oder Anstiftung zum Terrorismus können die Redebeiträge auch illegal sein.

Die Tatsache, dass soziale Medien und Plattformen für sogenannte nutzergenerierte Inhalte als Kanal für illegale oder beleidigende Äußerungen fungieren können, hat wichtige Fragen zur Rolle dieser Plattformen bei der Moderation der Inhalte aufgeworfen, die auf diesen Plattformen veröffentlicht werden. Lange Zeit genossen Plattformen wie Facebook, X, YouTube und andere Plattformen für nutzergenerierte Inhalte beträchtliche Immunität vor Strafverfolgung nach der Veröffentlichung solcher Inhalte auf ihren Sites. In den Vereinigten Staaten beispielsweise schützt Abschnitt 230 des **Communications Decency Act** diese Plattformen vor strafrechtlicher Verfolgung durch die Bundesstaatsanwaltschaft, falls illegale Inhalte auf ihren Seiten gefunden werden. Viele Jahre lang haben diese sozialen Medienplattformen behauptet, sie seien lediglich eine Informationsplattform, ähnlich einer Druckpresse, und sollten nicht für die von ihnen gehosteten Inhalte haftbar gemacht werden. Da diese Plattformen jedoch die Inhalte, die sie den einzelnen Nutzern zeigen, immer stärker kuratiert, priorisiert und personalisiert haben, ist das Argument, dass es sich bei diesen Websites lediglich um „Plattformen" handelt, ins Wanken geraten.

Sowohl in den Vereinigten Staaten als auch in Europa beginnt sich das Blatt allmählich zu wenden, da Gesetze verabschiedet werden, die diese Plattformen für bestimmte Arten von illegalen Onlineinhalten, wie z.B. den Onlinesexhandel, zur Verantwortung ziehen. Das Aufkommen automatisierter, auf maschinellem Lernen basierender Algorithmen zur Klassifizierung von Inhalten veranlasste einige Anwälte dazu, die sozialen Medienplattformen für ein breiteres Spektrum von Inhalten zur Verantwortung zu ziehen, da diese Algorithmen angeblich in der Lage sind, unerwünschte Inhalte – von Urheberrechtsverletzungen bis hin zu Hassreden – automatisch zu erkennen. Die Realität ist jedoch komplizierter, da diese Algorithmen falsch positive Ergebnisse liefern können. Wenn der Algorithmus einer Plattform Inhalte fälschlicherweise als anstößig oder illegal einstuft und sie automatisch entfernt, kann diese Maßnahme als Zensur oder als Angriff auf die Meinungsfreiheit verstanden werden. Gesetze, die vorschreiben, dass Plattformen diese Art von automatisierten Maßnahmen ergreifen, üben letztlich eine Art der automatischen Zensur aus.

Die Musik- und Filmindustrie setzt sich häufig für Gesetze ein, die den Einsatz automatischer Moderationstechnologien für Inhalte vorschreiben. In den Vereinigten Staaten versenden Vertreter dieser Branchen regelmäßig **DMCA Takedown Notices** (nach dem **Digital Millennium Copyright Act**), in denen rechtliche Schritte angedroht werden, wenn die betreffende Partei nicht tätig wird und die Inhalte entfernt. Wichtig ist, dass der Internetdienstanbieter oder Content-Provider nicht für Urheberrechtsverletzungen haftbar gemacht wird, wenn er die Abmahnung an die Person weiterleitet, die die Urheberrechte verletzt hat. Der Internetdienstanbieter oder Content-Provider muss nicht aktiv nach Inhalten suchen, die gegen das Urheberrecht verstoßen – diese Aufgabe obliegt dem Urheberrechtsinhaber (z.B. der Plattenfirma oder dem Filmproduzenten). Da es schwierig ist, urheberrechtlich geschützte Inhalte zu finden und zu identifizieren, drängen die Urheberrechtsinhaber verständlicherweise weiterhin auf Gesetze, die die Verantwortung auf die Internetdienstanbieter und Content-Provider verlagern würden.

1.8.2 Netzneutralität

Eine der wichtigsten rechtlichen und politischen Fragen der letzten fünfzehn Jahre war die Frage, inwieweit Internetdienstanbieter Inhalte in ihren eigenen Netzen blockieren oder priorisieren dürfen. Das Konzept, dass Internetdienstanbieter für eine bestimmte Art von Anwendungsverkehr die gleiche Dienstqualität bieten sollten, unabhängig davon, wer diese Inhalte sendet, wird häufig als **Netzneutralität** (Wu, 2003) bezeichnet.

Die Grundprinzipien der Netzneutralität bestehen aus den folgenden vier Regeln: (1) keine Blockierung, (2) keine Drosselung, (3) keine bezahlte Priorisierung und (4) Transparenz bei angemessenen Netzverwaltungspraktiken, die als Verstoß gegen eine der ersten drei Regeln angesehen werden könnten. Beachten Sie, dass die Netzneutralität einen Internetdienstanbieter nicht daran hindert, den Verkehr in bestimmten Fällen zu priorisieren. Wie wir in späteren Kapiteln sehen werden, kann es manchmal für einen Internetdienstanbieter sinnvoll sein, den Echtzeitverkehr (z.B. Spiele und Videokonferenzen) gegenüber dem nicht interaktiven Verkehr (z.B. Dateien-Backup) zu bevorzugen. Die Regeln sehen normalerweise Ausnahmen für „angemessene Netzverwaltungspraktiken" vor. Natürlich kann man darüber streiten, was unter „angemessene" Netzverwaltungspraktiken zu verstehen ist. Primär sollen die Regeln Situationen verhindern, in denen ein Internetdienstanbieter den Verkehr wettbewerbswidrig blockiert oder drosselt, insbesondere beim VoIP-Verkehr, wenn dieser mit dem ISP-eigenen Internettelefonie-Angebot konkurriert (wie es bei der Blockierung von Apples FaceTime durch AT&T der Fall war), oder wenn ein Videodienst (z.B. Netflix) mit dem eigenen Video-on-Demand-Angebot im Wettbewerb steht.

Auch wenn das Prinzip der Netzneutralität auf den ersten Blick einfach erscheint, sind die rechtlichen und politischen Implikationen wesentlich komplizierter, zumal die Gesetze und Netze in den einzelnen Ländern unterschiedlich ausfallen. Eine der rechtlichen Fragen in den Vereinigten Staaten ist zum Beispiel, wer befugt ist, die Vorschriften zur Netzneutralität durchzusetzen. So wurde der Federal Communications Commission (FCC) in den letzten zehn Jahren in verschiedenen Gerichtsurteilen die Befugnis zur Durchsetzung der Netzneutralitätsregeln gegenüber Internetanbietern zugestanden und später wieder entzogen. Ein Großteil der Debatte in den Vereinigten Staaten dreht sich um die Frage, ob ein Internetdienstanbieter als Netzbetreiberdienst eingestuft werden sollte, ähnlich wie ein öffentliches Versorgungsunternehmen, oder ob er als Informationsdienst betrachtet werden sollte, so wie Google und Facebook. Da viele dieser Unternehmen ihre Produkte auf sich immer stärker diversifizierenden Märkten anbieten, wird es immer schwieriger, ein Unternehmen der einen oder anderen Kategorie zuzuordnen. Am 11. Juni 2018 wurde die Netzneutralität in den gesamten Vereinigten Staaten durch eine Anordnung der FCC abgeschafft. Einige Staaten können jedoch landesweit eigene Regeln zur Netzneutralität erlassen.

Ein Thema, das mit der Netzneutralität zusammenhängt und in vielen Ländern der Welt weit verbreitet ist, ist die Praxis des **Zero-Ratings**, bei der ein Internetdienstanbieter seinen Abonnenten zwar Gebühren für die Datennutzung in Rechnung stellt, aber für einen bestimmten Dienst eine Ausnahme (d.h. einen „Nulltarif") gewährt. So kann der Internetdienstanbieter seinen Abonnenten beispielsweise das Streaming von Netflix in Rechnung stellen, aber das Streaming anderer Videodienste, die er fördern möchte, in unbegrenztem Umfang zulassen. In einigen Ländern nutzen Mobilfunkanbieter Zero-Rating als Unterscheidungsmerkmal: So könnte ein Mobilfunkanbieter den Nulltarif für X als Werbemaßnahme nutzen, um Abonnenten von anderen Anbietern abzuwerben. Ein weiteres Beispiel für Zero-Rating ist der „Free Basics"-Dienst von Facebook, der den Abonnenten von Internetanbietern kostenlosen, nicht gebührenpflichtigen Zugang zu einem Bündel von Websites und Diensten ermöglicht, die Facebook als Teil eines kostenlosen Pakets anbietet. Viele Parteien sind der Ansicht, dass diese Angebote gegen die Netzneutralität verstoßen, da sie einen bevorzugten Zugang zu einigen Diensten und Anwendungen gegenüber anderen bieten.

1.8.3 Sicherheit

Das Internet wurde so konzipiert, dass sich jeder problemlos damit verbinden und Daten übertragen kann. Dieses offene Design hat nicht nur eine Welle von Innovationen ausgelöst, sondern das Internet auch in einem noch nie dagewesenen Ausmaß und Umfang angreifbar gemacht. Wir werden uns in *Kapitel 8* eingehend mit dem Thema Sicherheit befassen.

Eine der am weitesten verbreiteten und schädlichsten Angriffsarten ist der **DDoS**-Angriff (*Distributed Denial of Service*), bei dem viele Rechner im Netz Datenverkehr an einen als Opfer auserkorenen Rechner senden, um dessen Ressourcen zu erschöpfen. Es gibt viele verschiedene Arten von DDoS-Angriffen. Die einfachste Form des

DDoS-Angriffs besteht darin, dass eine große Anzahl kompromittierter Rechner, manchmal auch als **Botnet** bezeichnet, Datenverkehr an ein einziges Opfer sendet. DDoS-Angriffe wurden in der Regel von kompromittierten allgemeinen Rechnern (z.B. Laptops und Servern) gestartet, aber die zunehmende Verbreitung von nicht ausreichend geschützten IoT-Geräten hat nun ganz neue Überträger von DDoS-Angriffen geschaffen. Kann ein koordinierter Angriff von einer Million internetfähiger intelligenter Toaster Google in die Knie zwingen? Leider kümmert sich die IoT-Industrie nur unzureichend um die Softwaresicherheit, sodass die Abwehr von Angriffen, die von diesen äußerst unsicheren Geräten ausgehen, derzeit den Netzbetreibern obliegt. Neue Anreiz- oder Regulierungsstrukturen könnten notwendig sein, um Nutzer davon abzuhalten, unsichere IoT-Geräte an das Netz anzuschließen. Im Allgemeinen hängen viele Sicherheitsprobleme im Internet mit Anreizen zusammen.

Spam-E-Mails (oder unerwünschte elektronische Post) machen inzwischen mehr als 90% des gesamten E-Mail-Verkehrs aus, weil Spammer Millionen von E-Mail-Adressen gesammelt haben und Möchtegern-Vermarkter kostengünstig computergenerierte Nachrichten an diese Adressen schicken können. Glücklicherweise ist die Filtersoftware in der Lage, den von anderen Computern erzeugten Spam zu lesen und auszusortieren. Frühe Spam-Filtersoftware stützte sich weitgehend auf den Inhalt von E-Mail-Nachrichten, um unerwünschte Spam-Nachrichten von legitimen E-Mails zu unterscheiden, aber Spammer fanden schnell einen Weg, diese Filter zu umgehen, da es relativ einfach ist, 100 verschiedene Schreibweisen von Viagra zu erzeugen. Andererseits erweisen sich Eigenschaften der E-Mail-Nachricht wie die IP-Adresse des Absenders und des Empfängers sowie das E-Mail-Versandverhalten als nützliche Unterscheidungsmerkmale, die sich nicht so leicht umgehen lassen.

Manche Spam-Mails sind einfach nur lästig. Bei anderen E-Mail-Nachrichten hingegen kann es sich um Versuche handeln, groß angelegte Betrügereien zu starten oder Ihre persönlichen Daten zu stehlen, z.B. Ihre Passwörter oder Kontodaten. **Phishing**-Nachrichten geben vor, von einem vertrauenswürdigen Absender zu stammen, z.B. von Ihrer Bank, und versuchen, Sie zur Preisgabe sensibler Informationen, z.B. Kreditkartennummern, zu verleiten. Identitätsdiebstahl wird zu einem ernsten Problem, da die Diebe genügend Informationen über ein Opfer haben, um an Kreditkarten und andere Dokumente im Namen des Opfers zu kommen.

1.8.4 Datenschutz

Mit der zunehmenden Ausbreitung von Computernetzen und den daran angeschlossenen Geräten wird es für verschiedene Parteien immer einfacher, Daten über das Nutzerverhalten von allen zu sammeln. Computernetzwerke machen es sehr einfach zu kommunizieren, aber sie machen es auch den Betreibern des Netzwerks leicht, den Datenverkehr auszuspionieren. Viele verschiedene Parteien können Daten über Ihre Internetnutzung sammeln, darunter Ihr Internetdienstanbieter, Ihr Mobilfunkanbieter, Anwendungen, Websites, Cloud-Hosting-Dienste, Content-Provider-Netze, Gerätehersteller, Werbetreibende und Anbieter von Webtracking-Software.

Eine bevorzugte Praxis vieler Websites und Anwendungsanbieter ist die **Erstellung von Benutzerprofilen** und die **Verfolgung des Benutzerverhaltens** durch das Sammeln von Daten im Netzwerk über die Zeit. Eine Möglichkeit, wie Werbetreibende die Nutzer verfolgen, ist das Speichern kleiner Dateien, sogenannter Cookies, durch die Webbrowser auf den Computern der Nutzer. Cookies ermöglichen es den Werbetreibenden und den Tracking-Unternehmen, das Surfverhalten und die Aktivitäten der Benutzer von einer Website zur anderen zu verfolgen. In den letzten Jahren wurden noch ausgefeiltere Nachverfolgungsmechanismen entwickelt, wie z.B. das **Browser-Fingerprinting**. Es hat sich herausgestellt, dass die Konfiguration Ihres Browsers so eindeutig ist, dass ein Unternehmen mithilfe von Code auf seiner Webseite Ihre Browsereinstellungen extrahieren und Ihre eindeutige Identität mit hoher Wahrscheinlichkeit bestimmen kann. Unternehmen, die webbasierte Dienste anbieten, speichern ebenfalls große Mengen an persönlichen Daten über ihre Nutzer, die es ihnen ermöglichen, die Aktivitäten der Nutzer direkt zu analysieren. Zum Beispiel kann Google Ihre E-Mails lesen und Ihnen Werbung anzeigen, die auf Ihre Interessen zugeschnitten sind, wenn Sie seinen E-Mail-Dienst **Gmail** nutzen.

Mit dem Aufkommen mobiler Dienste wird auch der Schutz der Standortdaten immer wichtiger (Beresford und Stajano, 2003). Der Anbieter des Betriebssystems Ihres Mobiltelefons hat Zugang zu genauen Standortinformationen, einschließlich Ihrer geografischen Koordinaten und sogar Ihrer Höhe mittels der Messwerte des Luftdrucksensors des Telefons. So kann beispielsweise der Anbieter Ihres Mobiltelefonbetriebssystems Android, Google, Ihren genauen Standort in einem Gebäude oder Einkaufszentrum ermitteln, um Ihnen Werbung für das Geschäft, an dem Sie gerade vorbeigehen, zu liefern. Mobilfunkanbieter können auch Informationen über Ihren geografischen Standort erhalten, indem sie den Mobilfunkmast ermitteln, mit dem Ihr Mobiltelefon kommuniziert.

Verschiedene Technologien, von VPNs bis hin zu anonymer Browsing-Software wie dem Tor-Browser, zielen darauf ab, die Privatsphäre der Nutzer zu schützen, indem sie die Quelle des Datenverkehrs verschleiern. Der Grad des Schutzes, den jedes dieser Systeme bietet, hängt von den Eigenschaften des Systems ab. Ein VPN-Anbieter kann zum Beispiel verhindern, dass Ihr Internetdienstanbieter Ihren unverschlüsselten Internetverkehr sieht, aber der Anbieter des VPN-Dienstes kann den unverschlüsselten Verkehr trotzdem sehen. Tor kann eine zusätzliche Schutzebene bieten, aber es gibt unterschiedliche Einschätzungen über seine Wirksamkeit, und viele Forscher haben seine Schwächen festgestellt, insbesondere wenn eine einzelne Einrichtung große Teile der Infrastruktur kontrolliert. Anonyme Kommunikation kann Studenten, Angestellten und Bürgern eine Möglichkeit bieten, illegales Verhalten ohne Angst vor Repressalien zu melden. Andererseits gibt das Gesetz in den Vereinigten Staaten und den meisten anderen Demokratien einer beschuldigten Person das Recht, ihren Ankläger vor Gericht zu zerren und seine Aussagen anzufechten, sodass anonyme Anschuldigungen nicht als Beweismittel verwendet werden können. Computernetzwerke werfen neue rechtliche Probleme auf, wenn sie mit alten Gesetzen interagieren. Eine interessante rechtliche Frage betrifft den Zugang zu Daten. Wovon hängt es beispielsweise ab, ob eine Regierung auf die Daten ihrer Bürger zugreifen darf? Wenn sich die Daten in einem anderen Land befinden, sind sie dann vor der Fahndung geschützt?

Wenn Daten ein Land durchqueren, inwieweit unterliegen sie dann den Gesetzen dieses Landes? Microsoft hatte mit diesen Fragen in einem Fall vor dem Obersten Gerichtshof zu kämpfen, in dem die US-Regierung versucht, Zugriff auf Daten von US-Bürgern auf Microsoft-Servern in Irland zu erhalten. Es ist wahrscheinlich, dass die „grenzenlose" Natur des Internets auch in den kommenden Jahren Fragen an der Schnittstelle von Recht und Technologie aufwerfen wird.

1.8.5 Desinformation

Das Internet macht es möglich, schnell Informationen zu finden, aber viele davon sind nicht schlüssig, irreführend oder schlichtweg falsch. Der medizinische Rat, den Sie aus dem Internet über Ihre Schmerzen in der Brust erhalten haben, kann von einem Nobelpreisträger oder einem Schulabbrecher stammen. Die Sorge darüber, wie Bürgerinnen und Bürger auf der ganzen Welt an Informationen über Neuigkeiten und aktuelle Ereignisse gelangen, wächst. Bei den Präsidentschaftswahlen 2016 in den Vereinigten Staaten kam es zum Beispiel zum Aufkommen sogenannter „Fakenews", bei denen bestimmte Parteien explizit falsche Geschichten mit dem Ziel verbreiteten, den Lesern Dinge vorzugaukeln, die nie passiert sind. **Desinformationskampagnen** haben die Betreiber von Netzen und Plattformen vor neue Herausforderungen gestellt. Erstens, wie definiert man Desinformation überhaupt? Zweitens, kann Desinformation zuverlässig erkannt werden? Und schließlich, was sollte ein Netz- oder Plattformbetreiber tun, wenn er sie entdeckt hat?

1.9 Metrische Einheiten

Um etwaige Verwirrungen zu vermeiden, weisen wir hier explizit darauf hin, dass in dem vorliegenden Buch, wie in der Informatik im Allgemeinen, das metrische Maßsystem anstelle der traditionellen angelsächsischen Einheiten verwendet wird. Die grundlegenden metrischen Präfixe werden in ▶Abbildung 1.38 aufgelistet. Die Präfixe werden in der Regel mit den ersten Buchstaben abgekürzt, wobei Einheiten größer als 1 mit Großbuchstaben geschrieben werden (KB, MB etc.). Eine Ausnahme ist aus historischen Gründen kbit/s. So überträgt eine Übertragungsleitung mit 1 Mbit/s 10^6 Bit/s und eine 100-ps-Uhr tickt alle 10^{-10} Sekunden. Da Milli und Mikro beide mit dem Buchstaben „M" beginnen, musste man sich hier entscheiden. Normalerweise wird „m" für Milli und „μ" (der griechische Buchstabe mü) für Mikro verwendet.

Weiterhin muss beachtet werden, dass bei den in der Industrie üblichen Angaben für Speicher-, Festplatten-, Datei- und Datenbankgrößen die Einheiten eine etwas andere Bedeutung haben. Kilo bedeutet hier 2^{10} (1.024) anstatt 10^3 (1.000), weil Speichergrößen immer eine Potenz von 2 sind. So enthält 1 KB Speicher 1.024 Byte und nicht 1.000 Byte. Beachten Sie außerdem, dass der Großbuchstabe „B" in dieser Verwendung „Byte" bedeutet (Einheiten von 8 Bit), wohingegen der Kleinbuchstabe „b" für „Bit" steht. Ebenso enthält 1 MB Speicher 2^{20} (1.048.576) Byte, 1 GB Speicher enthält 2^{30} (1.073.741.824) Byte und eine Datenbank mit 1 TB enthält 2^{40} (1.099.511.627.776) Byte. Eine Übertragungsleitung mit 1 kbit/s überträgt jedoch 1.000 Bit pro Sekunde und ein 10-Mbit/s-LAN operiert mit 10.000.000 Bit/s, da diese Geschwindigkeiten keine Potenz von 2 sind. Leider bringen viele diese beiden Systeme durcheinander, vor allem bei der Größe von Festplatten. Um Mehrdeutigkeiten zu vermeiden, verwenden wir die Bezeichnungen KB, MB, GB und TB für 2^{10}, 2^{20}, 2^{30} und 2^{40} Byte sowie die Bezeichnungen kbit/s, Mbit/s, Gbit/s und Tbit/s für 10^3, 10^6, 10^9 und 10^{12} Bit/s.

Exp.	Ausgeschrieben	Präfix	Exp.	Ausgeschrieben	Präfix
10^{-3}	0,001	Milli	10^3	1.000	Kilo
10^{-6}	0,000001	Mikro	10^6	1.000.000	Mega
10^{-9}	0,000000001	Nano	10^9	1.000.000.000	Giga
10^{-12}	0,000000000001	Pico	10^{12}	1.000.000.000.000	Tera
10^{-15}	0,000000000000001	Femto	10^{15}	1.000.000.000.000.000	Peta
10^{-18}	0,000000000000000001	Atto	10^{18}	1.000.000.000.000.000.000	Exa
10^{-21}	0,000000000000000000001	Zepto	10^{21}	100.000.000.000.000.000.000	Zetta
10^{-24}	0,000000000000000000000001	Yokto	10^{24}	1.000.000.000.000.000.000.000.000	Yotta

Abbildung 1.38: Die wichtigsten metrischen Präfixe.[3]

1.10 Überblick über das restliche Buch

In diesem Buch werden sowohl die Grundlagen sowie der praktische Einsatz von Rechnernetzen behandelt. Die meisten Kapitel beginnen mit einer Diskussion der relevanten Prinzipien, gefolgt von mehreren Beispielen, die diese Prinzipien verdeutlichen. Die Beispiele stammen in der Regel aus dem Internet oder drahtlosen Netzen wie Mobilfunknetzen, da diese beide wichtig, aber sehr verschieden sind. Soweit relevant, werden andere Beispiele angeführt.

Das Buch folgt in seinem Aufbau dem in Abbildung 1.36 dargestellten Hybridmodell. In *Kapitel 2* beginnen wir, uns von unten durch die Protokollhierarchie hochzuarbeiten. Wir präsentieren Hintergrundinformationen aus dem Bereich der Datenkommunikation, sowohl für kabelbasierte als auch für drahtlose Übertragungssysteme. Diese Themen betreffen die Sendung von Informationen über physische Kanäle. Allerdings werden keine Hardware-, sondern nur Architekturaspekte behandelt. Einige Beispiele der Bitübertragungsschicht wie öffentliche Telefonnetze, Mobilfunknetze und Kabelfernsehen werden zudem erörtert.

Kapitel 3 und *4* behandeln die Sicherungsschicht in zwei Teilen. In *Kapitel 3* sehen wir uns an, wie Pakete über eine Verbindung gesendet werden, einschließlich der

3 Für die binären Einheiten wird heute zunehmend die Notation Kibibyte (KiB, 2^{10} Byte = 1.024 Byte), Mebibyte (MiB, 2^{20} Byte = 1.048.576 Byte), Gigibyte (GiB, 2^{30} Byte = 1.073.741.824 Byte) etc. verwendet.

Themen Fehlererkennung und -behebung. Wie werfen einen Blick auf DSL (welches für den Breitbandinternetzugang über Telefonleitungen verwendet wird) als ein Beispiel aus der realen Welt eines Protokolls für die Sicherungsschicht.

In *Kapitel 4* untersuchen wir die MAC-Teilschicht. Diese ist der Teil der Sicherungsschicht, welche die gemeinsame Nutzung eines Kanals von mehreren Rechnern regelt. Unter den vorgestellten Beispielen sind drahtlose LANs wie IEEE 802.11 und verdrahtete LANs wie Ethernet. Sicherungsschicht-Switches zum Verbinden von LANs, wie beispielsweise Switched Ethernet, werden ebenfalls hier behandelt.

In *Kapitel 5* geht es um die Vermittlungsschicht mit dem besonderen Schwerpunkt Routing. Es werden viele statische und dynamische Routing-Algorithmen behandelt. Tritt mehr Netzverkehr auf, als das Netz verwalten kann, werden einige Pakete verspätet oder überhaupt nicht ankommen, selbst wenn ein guter Routing-Algorithmus verwendet wird. Wir werden dieses Problem vom Verhindern der Überlastung bis hin zur Garantie einer bestimmten Dienstgüte erörtern. Auch die Verbindung heterogener Netze zu Internetworks bringt unzählige Probleme mit sich, die hier besprochen werden. Die Vermittlungsschicht im Internet wird ausführlich dargestellt.

Kapitel 6 behandelt die Transportschicht. Dabei wird großes Gewicht auf verbindungsorientierte Protokolle und auf Zuverlässigkeit gelegt, da dies von vielen Anwendungen benötigt wird. Beide Internettransportprotokolle, UDP und TCP, werden im Detail unter Berücksichtigung von Leistungsaspekten vorgestellt. Der Schwerpunkt wird dabei jedoch auf TCP gelegt, da es zurzeit eines der wichtigsten Internetprotokolle ist.

Kapitel 7 befasst sich mit der Anwendungsschicht, ihren Protokollen und Anwendungen. Als Erstes wird DNS – das Telefonbuch des Internets – behandelt. Als Nächstes werden E-Mails mit einer Erörterung der Protokolle untersucht. Dann wenden wir uns dem Web zu. Wir erörtern ausführlich statische und dynamische Inhalte, sowie die Vorgänge auf der Client- und der Serverseite. Anschließend werfen wir einen Blick auf vernetzte Multimedia-Anwendungen, darunter Audio- und Videostreaming. Zum Schluss besprechen wir Content-Delivery-Netze und Peer-to-Peer-Technologie.

Kapitel 8 behandelt die Sicherheitsaspekte im Netz. Dieses Themengebiet bezieht sich auf alle Schichten; daher wird es am Ende nach der ausführlichen Darstellung aller Schichten behandelt. Das Kapitel beginnt mit einer Einführung in die Kryptografie. Im Folgenden wird dann gezeigt, wie man mit Verschlüsselungstechniken die Kommunikation, E-Mails und das Web sicher gestalten kann. Das Kapitel schließt mit einer Erörterung von Bereichen, in denen die Sicherheit mit der Privatsphäre, der Meinungsfreiheit, Zensur und anderen sozialen Themen kollidiert.

Kapitel 9 enthält eine kommentierte Liste mit Leseempfehlungen zu den einzelnen Kapiteln. Dies ist für die Leser gedacht, die ihre Studien zum Thema Netze weiter vertiefen möchten. Dieses Kapitel enthält auch ein alphabetisches Literaturverzeichnis aller Quellen, die in dem vorliegenden Buch zitiert wurden.

Die Websites zum Buch unter

https://www.pearson.de/4452
https://computernetworksbook.com

bieten zusätzliche Informationen, die von Interesse sein könnten.

Zusammenfassung

Rechnernetze haben viele Einsatzmöglichkeiten, sowohl für Unternehmen als auch für Privatpersonen, zu Hause oder unterwegs. Unternehmen verwenden Netze aus Computern, um Unternehmensinformationen gemeinsam zu nutzen. In der Regel sind diese nach dem Client-Server-Modell aufgebaut, wobei die Desktop-Rechner auf den Schreibtischen der Mitarbeiter als Clients auf leistungsstarke Server im Rechenzentrum zugreifen. Für Privatleute bieten Netze Zugang zu einer Vielfalt an Informationen und Unterhaltungsressourcen, ebenso wie einen Weg, Produkte und Dienstleistungen zu kaufen und zu verkaufen. Privatpersonen greifen zu Hause häufig über Ihren Telefon- oder Kabelbetreiber auf das Internet zu, obwohl zunehmend drahtloser Zugang für Laptops und Telefone verwendet wird. Technologische Fortschritte ermöglichen neue Arten von mobilen Anwendungen und Netzwerken, wobei Rechner in Haushalts- und anderen Endgeräten eingebettet sind. Durch diese Fortschritte tauchen gleichzeitig gesellschaftliche Probleme auf, die zum Beispiel die Privatsphäre betreffen.

Netze können grob in LANs, MANs, WANs und Internetworks unterteilt werden. LANs sind in der Regel auf Gebäude beschränkt und arbeiten in hoher Geschwindigkeit. MANs erstrecken sich gewöhnlich über eine Stadt. Ein Beispiel ist das Kabelfernsehsystem, das heutzutage auch von vielen Personen für den Zugang ins Internet genutzt wird. WANs können sich über ein Land oder einen Kontinent erstrecken. Einige der zum Aufbau dieser Netze eingesetzten Technologien sind Punkt-zu-Punkt-Verbindungen (z.B. ein Kabel), während andere Broadcast-Verbindungen (z.B. drahtlos) sind. Netzwerke können mit Routern miteinander verbunden werden und bilden somit Internetworks, von denen das Internet das größte und bekannteste Beispiel ist. Drahtlose Netze, z.B. IEEE-802.11-LANs und 4G-Mobilfunk, gewinnen ebenfalls zunehmend an Beliebtheit.

Netzsoftware ist um Protokolle herum aufgebaut. Dies sind die Regeln, durch die Prozesse kommunizieren können. Die meisten Netze unterstützen Protokollhierarchien, wobei jede Schicht der nächsten Schicht gewisse Dienste bietet und sie von den Einzelheiten der Protokolle der unteren Schichten abschirmt. Protokollstapel basieren normalerweise auf dem OSI- oder dem TCP/IP-Modell. Beide Modelle haben eine Netzzugangs- bzw. Sicherungs-, eine Vermittlungs-, eine Transport- und eine Anwendungsschicht, unterscheiden sich aber in den anderen Schichten. Zu den Entwurfsaspekten gehören Zuverlässigkeit, Ressourcenzuweisung, Wachstum, Sicherheit und anderes mehr. Ein großer Teil dieses Buches beschäftigt sich mit Protokollen und deren Entwurf.

Netze stellen für ihre Benutzer verschiedene **Dienste** zur Verfügung. Diese Dienste reichen von der verbindungslosen Best-Effort-Paketzustellung bis zu verbindungsorientierter Sendung mit garantierter Zustellung. In einigen Netzen wird auf einer Schicht ein verbindungsloser Dienst bereitgestellt und in der Schicht darüber ein verbindungsorientierter Dienst.

Bekannte Netze sind das Internet, das Mobilfunknetz und drahtlose IEEE-802.11-LANs. Das Internet ist aus dem ARPANET hervorgegangen, das durch die weitere Anbindung von anderen Netzwerken zu einem Internetwork wurde. Das aktuelle Internet ist eigentlich eine Ansammlung von vielen Tausenden von Netzen, die den TCP/IP-Protokollstapel verwenden. Das Mobilfunknetz stellt drahtlosen und mobilen Internetzugang zu Geschwindigkeiten vom mehreren Mbit/s zur Verfügung und überträgt natürlich auch Sprachanrufe. Drahtlose LANs, die auf dem 802.11-Standard der IEEE basieren, sind in vielen Haushalten, Hotels, Flughäfen und Restaurants installiert und können Übertragungsraten von mehr als 1Gbit/s zur Verfügung stellen. Auch bei drahtlosen Netzen ist ein gewisses Maß an Annäherung zu beobachten, was sich in Vorschlägen wie LTE-U widerspiegelt, die den Betrieb von Mobilfunkprotokollen im unlizenzierten Spektrum neben 802.11 erlaubt.

Damit mehrere Computer miteinander kommunizieren können, ist ein erheblicher **Standardisierungsaufwand** bei Hardware und Software vonnöten. Organisationen wie ITU-T, ISO, IEEE und IAB betreuen verschiedene Teile des Standardisierungsprozesses.

EXTRAS ONLINE

Lösungshinweise

Übungsaufgaben

1 Stellen Sie sich vor, Sie hätten Ihren Bernhardiner Bernie darauf abgerichtet, anstelle einer Flasche Schnaps eine Schachtel mit drei 8-mm-Bändern zu tragen. (Wenn Ihre Festplatte überläuft, halten Sie dies für einen Notfall.) Diese Bänder fassen je 10 Gbyte. Der Hund kann Ihren Aufenthaltsort mit einer Geschwindigkeit von 18 km/Stunde erreichen, egal wo Sie sich befinden. Bei welcher Entfernung erreicht Bernie eine höhere Datenrate als eine Übertragungsleitung mit 150 Mbit/s? Wie ändert sich Ihre Antwort, wenn

a. Bernie seine Geschwindigkeit verdoppelt?

b. jede Bandkapazität verdoppelt wird?

c. die Datenrate der Übertragungsleitung verdoppelt wird?

2 Eine Alternative zu einem LAN ist ein großes Timesharing-System mit Terminals für alle Benutzer, die darauf zugreifen können. Nennen Sie zwei Vorteile eines Client-Server-Systems mit einem LAN.

3 Die Leistung eines Client-Server-Systems wird von zwei Netzfaktoren stark beeinflusst: der Bandbreite des Netzes (wie viele Bit/s übertragen werden können) und der Latenz (wie viele Sekunden es dauert, bis das erste Bit vom Client zum Server gelangt). Nennen Sie ein Beispiel für ein Netz, das eine hohe Bandbreite, aber auch eine hohe Latenz aufweist. Geben Sie ein weiteres Beispiel für ein Netz, das sowohl eine niedrige Bandbreite als auch eine geringe Latenz hat.

4 Welcher weitere Parameter ist neben Bandbreite und Latenz erforderlich, um eine gute Charakterisierung der Dienstgüte eines Netzes für die Übertragung von

a. digitalisierter Sprache

b. Video

c. finanziellen Transaktionen

zu geben?

5 Ein Faktor bei der Verzögerung eines Store-and-forward-Paketvermittlungssystems ist, wie lange es dauert, um ein Paket über eine Schaltung (Switch) zu speichern und weiterzuleiten. Wenn die Umschaltzeit 20 µs beträgt, ist dies dann für die Antwortzeit in einem Client-Server-System ein kritischer Faktor, bei dem der Client sich in New York und der Server sich in Kalifornien befindet? Gehen Sie davon aus, dass die Ausbreitungsgeschwindigkeit im Kabel 2/3 der Lichtgeschwindigkeit im Vakuum beträgt.

6 Ein Client-Server-System verwendet ein Satellitennetz mit einem Satelliten auf 40.000 km Höhe. Wie sieht im besten Fall die Verzögerung einer Antwort auf eine Anforderung aus?

7 Jetzt, wo praktisch jeder mit seinem Heim-PC oder mobilen Gerät an ein Rechnernetz angeschlossen ist, werden auch öffentliche Referenden zu wichtigen anstehenden Gesetzgebungen möglich. Am Ende könnten Legislativen abgeschafft werden, wenn die Bürger ihren Willen und ihre Meinung in großer Zahl direkt ausdrücken können. Die positiven Aspekte dieser Art von direkter Demokratie liegen auf der Hand. Welche negativen Aspekte könnten sich Ihrer Meinung nach dadurch ergeben?

8 Fünf Router sollen an ein Punkt-zu-Punkt-Subnetz angeschlossen werden. Zwischen jedem Router-Paar kann der Entwickler eine Leitung mit hoher, mittlerer oder niedriger Geschwindigkeit oder keine Leitung vorsehen. Wenn es 50 ms an Rechenzeit dauert, um jede Topologie zu erzeugen und zu prüfen, wie lange dauert es dann, um alle zu prüfen?

9 Eine Gruppe von 2^n-1 Routern ist in einem zentralisierten binären Baum miteinander verbunden, wobei sich an jedem Baumknoten ein Router befindet. Router i kommuniziert mit Router j, indem er eine Nachricht an die Wurzel des Baums sendet, die dann die Nachricht an j zurücksendet. Leiten Sie einen Näherungsausdruck für die mittlere Anzahl von Teilstrecken pro Nachricht für große n ab, wobei angenommen wird, dass alle Routerpaare gleich wahrscheinlich sind.

10 Ein Nachteil bei Broadcast-Subnetzen ist die Verschwendung von Netzkapazität, wenn mehrere Hosts gleichzeitig auf den Kanal zugreifen wollen. Stellen Sie sich als einfaches Beispiel vor, dass die Zeit in diskrete Abschnitte (Zeitscheiben) aufgeteilt wird und jeder der n Hosts mit einer Wahrscheinlichkeit von p während einer Zeitscheibe versucht, auf den Kanal zuzugreifen. Wie hoch ist der Anteil der Zeitscheiben, der aufgrund von Kollisionen nicht genutzt wird?

11 Nennen Sie zwei Gründe, die für die Verwendung von Schichtprotokollen sprechen. Welches ist ein möglicher Nachteil von Schichtprotokollen?

12 Ordnen Sie die Schichten – Sicherungs-, Vermittlungs- und Transportschicht – den Garantien zu, die jede Schicht den höheren Schichten bieten kann.

Garantie	Schicht
Best-Effort-Zustellung	Vermittlung
Zuverlässige Zustellung	Transport
Zustellung gemäß Sendereihenfolge	Transport
Bytestrom-Abstraktion	Transport
Punkt-zu-Punkt-Verbindung-Abstraktion	Sicherung

13 Angenommen, zwei Netzwerkendpunkte haben eine Umlaufzeit von 100 Millisekunden und der Sender sendet bei jedem Umlauf fünf Pakete. Wie hoch ist die Übertragungsrate des Senders bei dieser Umlaufzeit, wenn man von 1.500-Byte-Paketen ausgeht? Geben Sie Ihre Antwort in Bytes pro Sekunde an.

14 Der Geschäftsführer des Unternehmens Sonderfarbe möchte mit einer örtlichen Brauerei zusammenarbeiten, um eine unsichtbare Bierdose (als Maßnahme gegen den Verpackungsmüll) zu produzieren. Er weist seine Rechtsabteilung an, sich der Angelegenheit anzunehmen. Diese wiederum wendet sich an die Konstruktionsabteilung um Hilfe. Als Ergebnis ruft der leitende Ingenieur seinen Kollegen in der Brauerei an, um technische Aspekte des Projekts zu besprechen. Die beiden Ingenieure berichten das Ergebnis ihrer jeweiligen Rechtsabteilung. Diese beginnen, die rechtlichen Grundlagen der Zusammenarbeit per Telefon miteinander auszuarbeiten. Schließlich diskutieren die Geschäftsführer der beiden Unternehmen die finanziellen Aspekte der Zusammenarbeit. Welche Prinzipien eines mehrschichtigen Protokolls im Sinne des OSI-Modells verletzt diese Kommunikationsstruktur?

15 Was ist der Hauptunterschied zwischen verbindungsloser und verbindungsorientierter Kommunikation? Nennen Sie ein Beispiel für ein Protokoll, das

a. eine verbindungslose Kommunikation

b. eine verbindungsorientierte Kommunikation

verwendet.

16 Zwei Netze bieten zuverlässigen verbindungsorientierten Dienst. Eines davon bietet einen zuverlässigen Bytestrom und das andere einen zuverlässigen Nachrichtenstrom. Sind diese identisch? Falls ja, warum wird diese Unterscheidung gemacht? Falls nicht, geben Sie ein Beispiel an, um den Unterschied zu verdeutlichen.

17 Was bedeutet „Verhandlung" bei Netzprotokollen? Führen Sie ein Beispiel an.

18 In Abbildung 1.31 wird ein Dienst dargestellt. Sind in dieser Abbildung noch weitere Dienste implizit vorhanden? Falls ja, wo? Wenn nicht, warum nicht?

19 Bei einigen Netzen behandelt die Sicherungsschicht Übertragungsfehler, indem sie fordert, fehlerhafte Rahmen erneut zu übertragen. Wie oft muss ein Rahmen durchschnittlich erneut übertragen werden, wenn die Wahrscheinlichkeit eines fehlerhaften Rahmens p ist? Gehen Sie davon aus, dass die Bestätigungen nie verloren gehen.

20 Welche der OSI-Schichten und TCP/IP-Schichten ist jeweils für die folgenden Aufgaben zuständig?

a. Aufteilung des übertragenen Bitstroms in Rahmen.

b. Bestimmung der zu verwendenden Route durch das Subnetz.

21 Wenn die auf der Sicherungsschicht ausgetauschte Einheit als Rahmen und die auf der Vermittlungsschicht ausgetauschte Einheit als Paket bezeichnet wird, kapseln Rahmen dann Pakete oder kapseln Pakete Rahmen? Begründen Sie Ihre Antwort.

22 Ein System hat eine Protokollhierarchie mit n Schichten. Anwendungen erzeugen Nachrichten in einer Länge von M Byte. Auf jeder Schicht wird ein Header mit h Byte hinzugefügt. Welcher Anteil der Netzbandbreite wird von den Headern belegt?

23 Nennen Sie zwei Punkte, in denen das OSI-Referenzmodell und das TCP/IP-Referenzmodell übereinstimmen, und zwei Punkte, in denen sie sich unterscheiden.

24 Was ist der hauptsächliche Unterschied zwischen TCP und UDP?

25 Das Subnetz in Abbildung 1.12b wurde so konzipiert, dass es einen Atomkrieg überdauert. Wie viele Bomben sind nötig, um die Knoten in zwei getrennte Gruppen aufzuteilen? Gehen Sie davon aus, dass eine Bombe einen Knoten und alle damit verbundenen Links auslöscht.

26 Die Größe des Internets verdoppelt sich ungefähr alle 18 Monate. Obwohl es keiner mit Sicherheit weiß, gehen vorsichtige Schätzungen davon aus, dass die Anzahl der Hosts im Internet bis 2018 auf 1 Milliarde gestiegen ist. Berechnen Sie anhand dieser Daten die bis zum Jahr 2027 erwartete Anzahl an Hosts im Internet. Glauben Sie dies? Erklären Sie Ihre Antwort.

27 Bei der Übertragung einer Datei zwischen zwei Rechnern sind zwei Bestätigungsstrategien möglich. Bei der ersten wird die Datei in Pakete zerlegt, die einzeln vom Empfänger bestätigt werden. Der Dateitransfer als Ganzes wird aber nicht bestätigt. Bei der zweiten werden die Pakete nicht einzeln bestätigt. Vielmehr wird die gesamte Datei bei Ankunft bestätigt. Diskutieren Sie die zwei Ansätze.

28 Betreiber von Mobilfunknetzen müssen wissen, wo sich die Mobiltelefone ihrer Teilnehmer (also ihre Benutzer) aufhalten. Erklären Sie, warum dies ungünstig für die Nutzer ist. Geben Sie dann Gründe dafür an, warum es gut für die Nutzer ist.

29 Wie lang ist ein Bit beim ursprünglichen IEEE-802.3-Standard in Metern? Gehen Sie von einer Übertragungsgeschwindigkeit von 10 Mbit/s sowie davon aus, dass die Geschwindigkeit im Koaxialkabel 2/3 der Lichtgeschwindigkeit im Vakuum beträgt.

30 Eine Grafik ist 1.600 x 1.200 Pixel mit 3 Byte/Pixel groß. Die Grafik ist nicht komprimiert. Wie lange dauert die Übertragung über einen Modemkanal mit 56 kbit/s? Über ein Kabelmodem mit 1 Mbit/s? Über ein Ethernet mit 10 Mbit/s? Über ein Ethernet mit 100 Mbit/s? Über ein Gigabit-Ethernet?

31 Ethernet und drahtlose Netze weisen einige Ähnlichkeiten und Unterschiede auf. Eine Eigenschaft des Ethernets ist, dass im Ethernet zu einem Zeitpunkt nur ein Rahmen übertragen werden kann. Gilt diese Ethernet-Eigenschaft auch für IEEE 802.11? Erläutern Sie Ihre Antwort.

32 Drahtlose Netze sind einfach zu installieren, was sie kostengünstig macht, da die Installationskosten in der Regel die Kosten für die Ausstattung bei Weitem übersteigen, aber sie haben auch einige Nachteile. Nennen Sie zwei davon.

33 Führen Sie zwei Vor- und zwei Nachteile von internationalen Standards für Netzprotokolle auf.

34 Bei einem System mit einer festen und einer austauschbaren Komponente, z. B. einem CD-Laufwerk und einer CD, ist es wichtig, dass das System standardisiert ist, damit verschiedene Hersteller beide Teile produzieren können und alles miteinander kompatibel ist. Führen Sie drei Beispiele von solchen internationalen Standards außerhalb der Computerindustrie auf. Dann nennen Sie drei Bereiche, ebenfalls außerhalb der Computerindustrie, in denen solche Standards nicht vorhanden sind.

35 Angenommen der Algorithmus, der für die Implementierung der Operationen in Schicht k eingesetzt wird, wird geändert. Welche Auswirkungen hat dies auf Operationen in den Schichten $k-1$ und $k+1$?

36 Angenommen es gibt eine Änderung im Dienst (der Menge der Operationen), die von Schicht k angeboten wird. Welche Auswirkungen hat dies auf Dienste in den Schichten $k-1$ und $k+1$?

37 Erstellen Sie eine Liste von Begründungen, warum die Antwortzeit eines Clients größer sein kann als die Verzögerung im besten Fall.

38 Finden Sie heraus, welche Netze an Ihrer Ausbildungsstätte oder Ihrem Arbeitsplatz verwendet werden. Beschreiben Sie die hier verwendeten Netztypen, Topologien und Switching-Methoden.

39 Mit dem *ping*-Programm können Sie ein Testpaket an einen bestimmten Ort senden und prüfen, wie lange es dorthin und wieder zurück braucht. Testen Sie mit *ping*, wie lange eine Datenübertragung von Ihrem Standort zu anderen bekannten Standorten benötigt. Zeichnen Sie anhand der Daten die Übertragungszeit über das Internet als Funktion der Entfernung auf. Am besten verwenden Sie Universitäten, da der Standort der Server ganz genau bekannt ist. So befindet sich *berkeley.edu* beispielsweise in Berkeley in Kalifornien, *mit.edu* in Cambridge in Massachusetts, *vu.nl* in den Niederlanden in Amsterdam, *www.usyd.edu.au* im australischen Sydney und *www.uct.ac.za* in Kapstadt in Südafrika.

40 Gehen Sie zur Website von IETF, *www.ietf.org*, und sehen Sie sich die Aktivitäten der Organisation genauer an. Wählen Sie ein Projekt aus, und schreiben Sie einen halbseitigen Bericht über das Problem und die vorgeschlagene Lösung.

41 Die Standardisierung ist in der Welt der Netze sehr wichtig. ITU und ISO sind die wichtigsten offiziellen Organisationen für Normung. Besuchen Sie die Websites dieser Organisationen, *www.itu.org* und *www.iso.org*, und informieren Sie sich über deren Arbeit. Schreiben Sie einen kurzen Bericht über die Dinge, die sie genormt haben.

42 Das Internet setzt sich aus vielen Netzen zusammen. Deren Anordnung legt die Topologie des Internets fest. Sehr viele Informationen über die Topologie des Internets sind online verfügbar: Finden Sie unter Verwendung einer Suchmaschine Genaueres über die Internettopologie heraus und erstellen Sie einen kurzen Bericht über die gefundenen Ergebnisse.

43 Durchsuchen Sie das Internet, um einige wichtige Peering-Punkte herauszufinden, die aktuell zur Weiterleitung von Paketen im Internet benutzt werden.

44 Schreiben Sie ein Programm, das den Nachrichtenfluss von der obersten Schicht zur untersten Schicht des 7-Schichten-Protokollmodells implementiert. Ihr Programm sollte eine separate Protokollfunktion für jede Schicht enthalten. Protokoll-Header sind Folgen aus bis zu 64 Zeichen. Jede Protokollfunktion hat zwei Parameter: eine Nachricht, die vom Protokoll der höheren Schicht (ein Zeichenpuffer) übergeben wird, und die Größe der Nachricht. Diese Funktion setzt ihren Header vor die Nachricht, druckt die neue Nachricht auf der Standardausgabe und ruft dann die Protokollfunktion des Protokolls der darunterliegenden Schicht auf. Die Programmeingabe ist eine Nachricht der Anwendung.

Die Bitübertragungsschicht

2

» In diesem Kapitel beschäftigen wir uns mit der untersten Schicht in unserem Protokollmodell, d.h. mit der Bitübertragungsschicht. Diese definiert die elektrischen, zeitbezogenen und anderen Schnittstellen zum Senden von Bits in Form von Signalen über die Kanäle. Die Bitübertragungsschicht ist die Grundlage, auf der das Netz aufgebaut ist. Die Eigenschaften von verschiedenen Arten von physischen Kanälen bestimmen die Leistungsfähigkeit (z.B. Durchsatz, Latenz- und Fehlerrate). Dies ist also ein guter Ausgangspunkt für unsere Reise in das Land der Netzwerke.

Wir beginnen mit der Betrachtung von drei verschiedenen Übertragungsmedien: gerichtete Medien (Kupferdraht, Koaxialkabel und Glasfaser), drahtlose (Radio- bzw. Funkübertragung) und Satellitenkommunikation. Jede dieser Technologien hat andere Eigenschaften, die den Entwurf und die Leistungsfähigkeit des jeweiligen Netzes beeinflussen. Dieses Material bildet unser Hintergrundwissen zu den wichtigsten Übertragungstechniken, die heute in modernen Netzen verwendet werden.

Im Anschluss beschäftigen wir uns mit einer theoretischen Analyse der Datenübertragung und werden dabei entdecken, dass Mutter (Vater?) Natur dem, was über einen Kommunikationskanal (d.h. einen physischen Bitübertragungskanal) gesendet werden kann, Grenzen auferlegt. Das nächste Thema ist digitale Modulation, bei der es darum geht, wie analoge Signale in digitale Bits umgewandelt werden und umgekehrt. Danach sehen wir uns Multiplexing-Schemata an und erkunden, wie mehrere Gespräche gleichzeitig auf dasselbe Übertragungsmedium gepackt werden können, ohne sich gegenseitig zu stören.

Schließlich werden wir einen Blick auf drei Beispiele von Kommunikationssystemen werfen, die in der Praxis bei Weitverkehrsnetzen eingesetzt werden: das Telefonsystem (Festnetz), das Mobilfunksystem und das Kabelfernsehsystem. Diese sind alle in der Praxis wichtig, deshalb werden wir jedem einen angemessenen Raum geben. «

2.1 Gerichtete Übertragungsmedien

Die Aufgabe der Bitübertragungsschicht ist die Beförderung von Bits von einem Rechner zum anderen. Für die eigentliche Übertragung können verschiedene physische Medien eingesetzt werden. Übertragungsmedien, die auf physische Kabel oder Leitungen angewiesen sind, werden oft **gerichtete Übertragungsmedien** genannt, da die Signalübertragung entlang eines Pfades über ein physisches Kabel oder eine physische Leitung erfolgt. Die am weitesten verbreiteten gerichteten Übertragungsmedien sind Kupferkabel (in Form von Koaxialkabel oder Twisted-Pair-) und Glasfaserkabel. Jedes gerichtete Übertragungsmedium hat in Bezug auf Frequenz, Bandbreite, Verzögerung, Kosten sowie Installationsfreundlichkeit und Wartung seine eigenen Stärken und Schwächen. Bandbreite ist eine Kenngröße für die Übertragungskapazität eines Mediums. Sie wird in **Hz** (oder MHz bzw. GHz) gemessen, benannt nach dem deutschen Physiker Heinrich Hertz. Wir werden später in diesem Kapitel näher darauf eingehen.

2.1.1 Persistente Speichermedien

Eine der gebräuchlichsten Arten, Daten von einem Computer zum anderen zu übertragen, ist immer noch, sie auf persistente Speichermedien (wie Magnetband, Festplatte oder beschreibbare DVDs) zu schreiben, das Band oder die Festplatte zum Zielgerät zu tragen und sie dort wieder einzulesen. Selbst wenn diese Methode nicht so elegant ist wie die Übertragung über einen geostationären Satelliten, ist sie doch oft viel kostengünstiger, vor allem in Anwendungsbereichen, bei denen eine hohe Datenrate oder die Kosten pro übertragenem Bit von Bedeutung sind.

Das wird an einer einfachen Rechnung deutlich: Ein branchenübliches Ultrium-Band hat eine Speicherkapazität von 30 TB. In einen Karton mit der Abmessung 60×60×60 cm passen etwa 1.000 solcher Bänder. Das ergibt eine Gesamtkapazität von 30 PB bzw. 240 Pbit. Dieser Karton kann in den USA innerhalb von 24 Stunden durch Federal Express oder einen anderen Kurierdienst an einen beliebigen Ort befördert werden. Die effektive Datenrate dieser Übertragung ist 6.400 Tbit/86.400 s, also ein wenig mehr als 70 Gbit/s. Ist das Ziel auf dem Landweg nur eine Stunde entfernt, erhöht sich die Datenrate auf über 1.700 Gbit/s. Kein Rechnernetz kann dies auch nur näherungsweise erreichen. Natürlich werden Netze schneller, doch die Bandaufzeichnungsdichte steigt ebenfalls.

Betrachtet man die Kosten, ergibt sich ein ähnliches Bild: Der Preis für ein Ultrium-Band liegt bei etwa 40 US-Dollar, wenn man sie in größeren Mengen einkauft. Ein Band kann mindestens zehnmal wiederverwendet werden, sodass sich ein Preis von etwa 4.000 US-Dollar pro Karton und Nutzung ergibt. Addiert man 1.000 US-Dollar für den Transport (vermutlich viel weniger), ergeben sich ungefähr 5.000 US-Dollar für die Beförderung von 800 TB. Dies ergibt Lieferkosten von etwas weniger als einem halben US-Cent pro GB. Dies kann kein Netz schlagen. Und die Moral von der Geschichte:

> *Unterschätze nie die Datenrate eines mit Magnetbändern voll beladenen Lkws, der über die Autobahn braust.*

Für die Beförderung sehr großer Datenmengen ist dies oft die beste Lösung. Amazon bietet zum Beispiel sein sogenanntes „Snowmobile“ – ein großer Lkw mit Tausenden von Festplatten, die alle an ein Hochgeschwindigkeitsnetz im Lkw angeschlossen sind. Der Lkw hat eine Gesamtkapazität von 100 PB (100.000 TB oder 100 Millionen GB). Wenn ein Unternehmen eine Riesenmenge Daten zu transportieren hat, kann es diesen Lkw bestellen, der sich dann vor Ort mit dem Kabelnetzwerk des Unternehmens verbindet und die Daten absaugt und im Lkw speichert. Anschließend fährt der Lkw zu dem Zielort, wo er die Daten wieder ausspuckt. Diese Art von Dienstleistung könnte zum Beispiel für Unternehmen interessant sein, die ihr eigenes riesiges Datenzentrum mit der Amazon-Cloud ersetzen wollen. Bei sehr großen Datenvolumen kommt keine andere Methode des Datentransports an diese heran.

2.1.2 Twisted-Pair-Kabel

Obwohl die Bandbreiteneigenschaften von persistenten Speichermedien hervorragend sind, lassen die Verzögerungszeiten zu wünschen übrig. Sie werden in Stunden oder Tagen gemessen, nicht in Millisekunden. Viele Anwendungen, einschließlich dem Web, Videokonferenzen und Onlinespiele, sind auf Datenübertragungen mit geringer Verzögerung angewiesen. Das älteste und immer noch gebräuchlichste Übertragungsmedium ist das **Twisted-Pair-Kabel** (verdrilltes Leitungspaar). Ein in der Regel 1 mm dickes Twisted-Pair-Kabel besteht aus zwei isolierten Kupferdrähten. Diese sind wie ein DNA-Molekül spiralförmig miteinander verdrillt. Zwei parallele Kabel würden eine gute Antenne bilden, daher sind die Kabel verdrillt. Diese verdrillte Form bewirkt, dass die Wellen durch die Verwindungen gebrochen werden und das Kabel in der Folge weniger Störungen ausstrahlt. Ein Signal wird gewöhnlich als Spannungsdifferenz zwischen den zwei Kabeln übertragen. Dadurch, dass das Signal als Differenz zwischen den zwei Spannungsniveaus und nicht als absolute Spannung übertragen wird, wird eine bessere Abschirmung gegenüber äußeren Störungen (Rauschen) erreicht, da diese in der Regel die Spannung, die beide Kabel durchfließt, gleichzeitig beeinträchtigen, die Differenz aber praktisch nicht verändern.

Die häufigste Verwendung von Twisted-Pair-Kabeln ist im Telefonnetz. Fast alle Telefone sind auf diese Weise an die Vermittlungsstellen angeschlossen. Sowohl Telefonanrufe als auch der ADSL-Internetanschluss laufen über diese Leitungen. Twisted-Pair-Kabel können über mehrere Kilometer hinweg ohne Verstärkung arbeiten, doch bei größeren Entfernungen wird das Signal zu sehr gedämpft und es müssen Repeater eingesetzt werden. Laufen viele Twisted-Pair-Kabel über eine längere Strecke parallel, wie z.B. aus einem Hochhaus kommende Leitungen zur Vermittlungsstelle, werden sie in einem Schutzmantel gebündelt. Diese Kabel würden sich hier gegenseitig stören, wenn sie nicht paarweise verdrillt wären. In Teilen der Welt, wo die Telefonleitungen über Masten oberhalb der Erde geführt werden, erreichen diese Bündel einen Durchmesser von einigen Zentimetern.

Twisted-Pair-Kabel können sowohl für analoge als auch für digitale Informationen genutzt werden. Die Bandbreite hängt von der Stärke der Drähte und der Entfernung ab. In vielen Fällen sind einige Mbit/s über Entfernungen von wenigen Kilometern möglich oder sogar noch weiter, wenn verschiedene Tricks angewandt werden. Aufgrund ihrer oft ausreichenden Leistungsfähigkeit und der geringen Kosten werden Twisted-Pair-Kabel derzeit sehr häufig verwendet und dies wird sich in den nächsten Jahren wohl kaum ändern.

Twisted-Pair-Kabel gibt es in verschiedenen Varianten. Der Feld-, Wald- und Wiesentyp, der in vielen Bürogebäuden installiert ist, gehören zur **Kategorie 5e** (oder kurz „Cat-5e"). Ein Twisted-Pair-Kabel der Kategorie 5e besteht aus zwei Isolierdrähten, die leicht miteinander verdrillt sein. In der Regel werden vier Paare in einer Plastikummantelung untergebracht, um die Kabel zu schützen und zusammenzuhalten. Dies ist in ▶Abbildung 2.1 dargestellt.

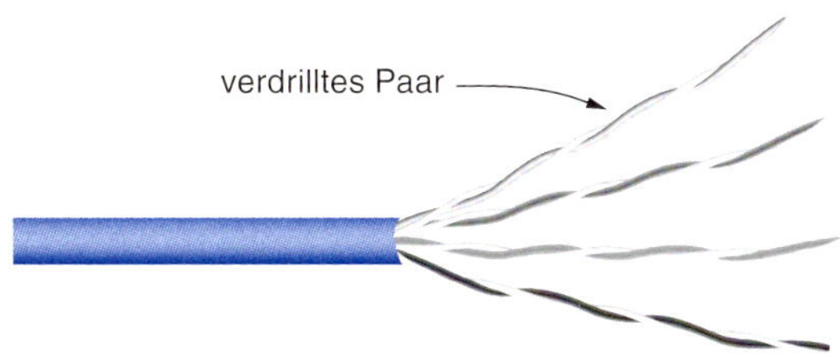

Abbildung 2.1: Kategorie-5e-UTP-Kabel mit vier verdrillten Kabeln. Diese Kabel können für LANs verwendet werden.

Verschiedene LAN-Standards verwenden Twisted-Pair-Kabel möglicherweise unterschiedlich. Beispielsweise benutzt 100-Mbit/s-Ethernet zwei (von vier) Paaren: ein Paar pro Richtung. Um höhere Geschwindigkeiten zu erreichen, verwendet Gigabit-Ethernet alle vier Paare in beiden Richtungen gleichzeitig. Hier muss der Empfänger das Signal herausfiltern, das übertragen wird.

Ein paar Worte zur allgemeinen Terminologie: Verbindungen, die wie eine zweispurige Straße gleichzeitig in beide Richtungen benutzt werden können, heißen **Vollduplexverbindungen**. Im Gegensatz dazu heißen Verbindungen, die zwar prinzipiell in beide Richtungen benutzt werden, doch wie eine enge einspurige Straße jeweils immer nur in eine Richtung, **Halbduplexverbindungen**. Zu einer dritten Kategorie gehören Verbindungen, die Datenverkehr wie Einbahnstraßen nur in einer Richtung zulassen; diese werden **Simplexverbindungen** genannt.

Kommen wir zu den verdrillten Paaren zurück. Cat-5-Kabel haben die bisherigen Kabel der **Kategorie 3** (Cat-3-Kabel) ersetzt, welche ähnlich sind und dieselbe Steckverbindung besitzen, aber auf einem Meter ein wenig öfter verdrillt sind. Häufigeres Verdrillen führt zu weniger Übersprechen und über größere Entfernungen zu einem qualitativ besseren Signal. Daher sind diese Kabel für schnelle Rechnerkommunikation besser geeignet, speziell für 100-Mbit/s- und Gigabit-Ethernet.

Neuere Verkabelung wird wahrscheinlich mit Kabeln der **Kategorie 6** oder sogar **Kategorie 7** durchgeführt. Diese Kategorien haben strengere Spezifikationen für die Behandlung von Signalen mit größeren Bandbreiten. Einige Kabel der Kategorie 6 oder höher können 10-Gbit/s-Verbindungen unterstützen, die inzwischen allgemein in vielen Netzen, wie beispielsweise in neuen Bürogebäuden, eingesetzt werden. Kabel der **Kategorie 8** erlauben viel höhere Geschwindigkeiten als niedrigere Kabelkategorien, sind jedoch nur im Nahbereich für Entfernungen von ungefähr 30 m einsetzbar und eignen sich deshalb nur für Datenzentren. Der Kategorie-8-Standard bietet zwei Optionen: Klasse I, die mit Kategorie 6A kompatibel ist, und Klasse II, die mit Kategorie 7A kompatibel ist.

Bis einschließlich Kategorie 6 werden diese Kabeltypen als **UTP**-Kabel (*Unshielded Twisted Pair*) bezeichnet, da sie nur aus Kabeln und Isolierung bestehen. Im Gegensatz dazu haben Kabel der Kategorie 7 sowohl eine Abschirmung um jedes einzelne Paar als auch um das Gesamtkabel (aber innerhalb der Plastikummantelung). Die Abschirmung verringert die Anfälligkeit für externe Interferenzen und das Übersprechen mit anderen Kabeln in der Nähe, um die geforderten Leistungsvorgaben einzuhalten. Die Kabel erinnern an die hochwertigen, aber sperrigen und teuren geschirmten Twisted-Pair-Kabel, die IBM in den frühen 1980er Jahren eingeführt hat, die seinerzeit aber außerhalb von IBM-Installationen wenig Anklang gefunden haben. Offensichtlich ist es an der Zeit, einen neuen Versuch zu starten.

2.1.3 Koaxialkabel

Ein ebenso weitverbreitetes Übertragungsmedium ist das **Koaxialkabel** (von seinen vielen Anhängern auch liebevoll „Koax" genannt). Dieses Kabel ist besser abgeschirmt und besitzt eine größere Bandbreite als ungeschirmte verdrillte Kabelpaare, sodass es sich für größere Entfernungen und höhere Geschwindigkeiten eignet. Derzeit sind zwei Arten von Koaxialkabeln gebräuchlich. Das 50-Ohm-Kabel wird häufig für digitale Übertragungen verwendet. Der zweite Typ, ein 75-Ohm-Kabel, wird vorwiegend für analoge Übertragungen und Kabelfernsehen eingesetzt. Diese Unterscheidung basiert eher auf historischen als auf technischen Faktoren (so hatten die ersten zweipoligen Antennen z.B. eine Impedanz von 300 Ohm und es war einfach, passende Transformatoren mit einer Impedanz von 4:1 herzustellen). Ab Mitte der 1990er Jahre haben Fernsehbetreiber damit begonnen, Internetzugang über Kabel anzubieten, wodurch das 75-Ohm-Kabel wichtiger für die Datenübertragung wurde.

Ein Koaxialkabel besteht aus einem starren Kupferdraht als Kern, der mit einem Isoliermaterial ummantelt ist. Der Isolator wird wiederum von einer zylindrischen Leiter umschlossen, oftmals ein eng geflochtenes Netz. Der äußere Leiter wird mit einem Plastikschutzmantel abgeschirmt. Ein Querschnitt eines Koaxialkabels ist in ▶Abbildung 2.2 dargestellt.

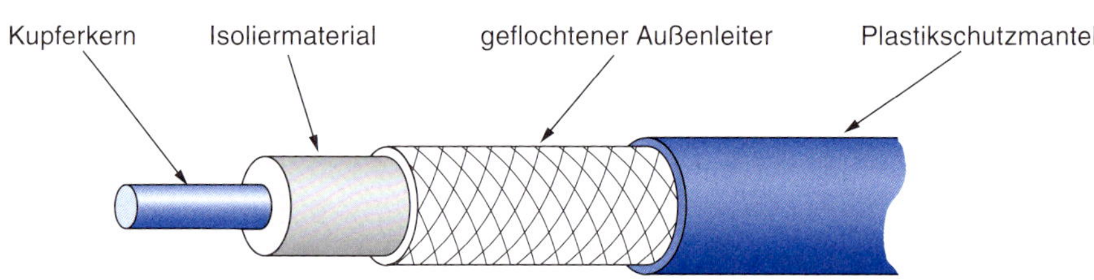

Abbildung 2.2: Koaxialkabel.

Aufbau und Abschirmung des Koaxialkabels verleihen ihm eine gute Kombination aus hoher Bandbreite und ausgezeichneter Rauschunempfindlichkeit (z.B. gegenüber Garagentoröffnern, Mikrowellengeräten usw.). Die mögliche Bandbreite hängt von der Qualität und der Länge des Kabels ab. Koaxialkabel haben eine extrem hohe Bandbreite, die bei modernen Kabeln bei bis zu 6 GHz liegt. Dadurch ist es möglich, viele Konversationen gleichzeitig über ein einziges Koaxialkabel zu übertragen (ein Fernsehprogramm belegt z.B. ungefähr 3,5 MHz). Koaxialkabel wurden früher häufig für Fernleitungen im Telefonnetz eingesetzt, wurden aber inzwischen in Fernnetzen größtenteils von Glasfaserkabeln abgelöst. Koaxialkabel werden jedoch nach wie vor häufig für das Kabelfernsehen und Stadtnetze verwendet sowie in vielen Teilen der Welt, um Privathaushalte mit schnellem Internet zu versorgen.

2.1.4 Powerline Networks

Das Telefon- und das Kabelfernsehnetz sind nicht die einzigen Kabelquellen, die zur Datenkommunikation wiederverwendet werden können. Es gibt eine noch geläufigere Art der Verkabelung: elektrische Stromleitungen. Starkstromleitungen transportieren den elektrischen Strom in Häuser, innerhalb der Häuser sorgt die elektrische Verkabelung für die Verteilung des Stroms auf die Steckdosen.

Stromleitungen zur Datenkommunikation zu verwenden – im Deutschen als **Trägerfrequenzanlage** bezeichnet – ist eine alte Idee. Stromkonzerne benutzen seit vielen Jahren Stromleitungen zur Übertragung mit geringen Datenraten wie entferntes Ablesen von Messdaten, auch die Steuerung von Geräten in Privathaushalten (z.B. mit dem X10-Standard) kann über Stromleitungen erfolgen. In jüngerer Zeit gibt es ein neu erwachtes Interesse an der Kommunikation mit höheren Datenraten über diese Leitungen, sowohl innerhalb von Haushalten für LAN als auch außerhalb für Breitbandinternetzugang. Wir konzentrieren uns hier auf das häufigste Szenario: die Verwendung von elektrischen Leitungen innerhalb von Häusern.

Der Vorteil, Stromleitungen für Netze zu benutzen, liegt auf der Hand: Einfach ein Fernsehgerät und einen Receiver an die Steckdose anschließen – was man sowieso tun muss, weil diese Geräte Strom brauchen –, und schon können Filme über die Stromleitungen gesendet und empfangen werden. Diese Konstellation ist in ▶Abbildung 2.3 zu sehen. Es gibt keine weiteren Anschlüsse oder Funkwellen. Das Datensignal wird auf das niedrigfrequente Stromsignal aufgesetzt (auf dem aktiven oder „heißen“ Kabel), da beide Signale das Kabel gleichzeitig benutzen.

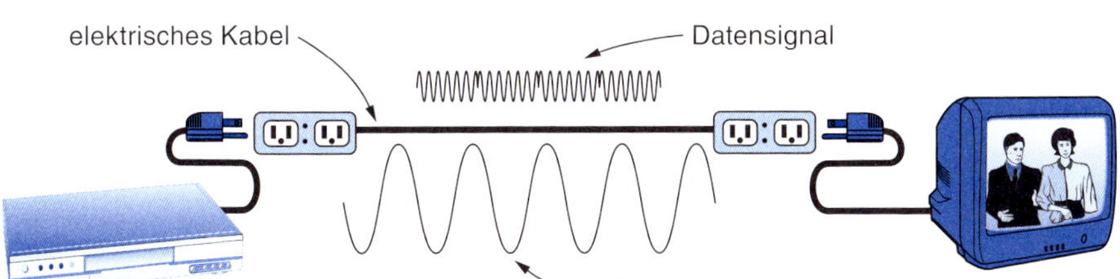

Abbildung 2.3: Netzwerk, das die elektrischen Leitungen im Haushalt benutzt.

Die Schwierigkeit bei der Verwendung von elektrischen Leitungen des Haushalts für ein Netz ist, dass die Leitungen entworfen wurden, um Strom zu transportieren. Diese Aufgabe ist etwas ganz anderes als die Verbreitung von Datensignalen, wofür die Hausverkabelung fürchterlich schlecht geeignet ist. Elektrische Signale werden mit 50–60 Hz gesendet und die Kabel dämpfen die Signale der viel höheren Frequenz (MHz), die für die Datenkommunikation nötig sind. Die elektrischen Eigenschaften der Verkabelung variieren von Haus zu Haus und ändern sich, wenn Haushaltsgeräte an- und abgestellt werden, was dazu führt, dass Datensignale in den Kabeln herumspringen. Transiente Ströme, die entstehen, wenn Geräte an- und abgeschaltet werden, erzeugen elektrische Störgeräusche über einen breiten Frequenzbereich. Und ohne die vorsichtige Verdrillung der Twisted-Pair-Kabel fungieren elektrische Kabel als eine feine Antenne, die externe Signale auffängt sowie eigene aussendet. Dies bedeutet, dass zur Erfüllung von regulatorischen Anforderungen das Datensignal lizenzierte Frequenzen wie die Amateurfunkbänder ausschließen muss.

Trotz dieser Schwierigkeiten ist es praktisch möglich, mindestens 500 Mbit/s über kurze Distanzen über die normalen Stromleitungen im Haus zu schicken, indem Kommunikationsmuster benutzt werden, die gestörte Frequenzen und eine Häufung von Fehlern abfangen. Viele Produkte benutzen unterschiedliche proprietäre Standards für Powerline Networks, deshalb wird intensiv an der Entwicklung von Standards gearbeitet.

2.1.5 Glasfaserleiter

Viele Leute in der Computerindustrie sind sehr stolz darauf, wie schnell sich die Technologien laut dem Gesetz von Moore weiterentwickeln. Dieses Gesetz besagt, dass sich die Anzahl an Transistoren pro Chip rund alle zwei Jahre verdoppelt (Kuszyk und Hammoudeh, 2018). Der ursprüngliche IBM-PC (1981) lief mit einer Taktfrequenz von 4,77 MHz. Vierzig Jahre später konnte ein PC mit Vierkernprozessor mit über 3 GHz laufen. Diese Steigerung ist eine Verbesserung ungefähr um das 2.500-Fache. Beeindruckend.

In der gleichen Zeit entwickelten sich die überregionalen Kommunikationsverbindungen von 45 Mbit/s (eine T3-Leitung im Telefonsystem) auf 100 Gbit/s (eine moderne Fernleitung). Dieser Zuwachs ist ähnlich beeindruckend, um mehr als den Faktor 2.000, während gleichzeitig die Fehlerrate von 10^{-5} pro Bit auf fast null sank. Außerdem haben sich im letzten Jahrzehnt die Einzelkernprozessoren allmählich physikalischen Grenzen genähert, weshalb heute die Anzahl der Prozessoren auf einem Chip erhöht wird. Demgegenüber beträgt die erreichbare Bandbreite bei der Glasfasertechnik mehr als 50.000 Gbit/s (50 Tbit/s) und wir sind weit davon entfernt, diese Grenzen zu erreichen. Die heutige Beschränkung in der Praxis von rund 100 Gbit/s ist unserem Unvermögen zuzuschreiben, elektrische und optische Signale schneller ineinander zu konvertieren. Um Verbindungen mit höherer Kapazität aufzubauen, werden viele Kanäle einfach parallel über eine einzige Glasfaser geführt.

In diesem Abschnitt untersuchen wir Glasfaserleiter, um die Funktionsweise dieser Übertragungstechnik kennenzulernen. Im andauernden Wettlauf zwischen Rechengeschwindigkeit und Kommunikation könnte die Kommunikation aufgrund der Glasfasernetze schon gewonnen haben. Die Konsequenzen wären hauptsächlich unbegrenzte Bandbreite und die neue Allerweltsweisheit, dass Computer hoffnungslos langsam sind, sodass Netze versuchen sollten, Berechnungen um jeden Preis zu vermeiden. Diese Veränderung wird noch eine Weile brauchen, bis sie zu einer Generation von Informatikern und Ingenieuren durchgedrungen ist, die noch in Begriffen von niedrigen Übertragungsgrenzen denken, welche von Kupferkabeln auferlegt wurden.

Natürlich erzählt dieses Szenario nicht die ganze Geschichte, weil es nichts über die Kosten sagt. Die Kosten, Glasfaser auf der letzten Meile zu installieren, um Konsumenten zu erreichen und die niedrige Bandbreite von Kabeln und begrenzte Verfügbarkeit des Frequenzspektrums zu umgehen, sind enorm. Außerdem kostet es mehr Energie, Bits zu bewegen als zu rechnen. Wir haben möglicherweise immer Inseln der Ungerechtigkeit, wo entweder Berechnung oder Kommunikation im Wesentlichen kostenlos ist. Beispielsweise reagieren wir in den Randbereichen des Internets mit Berechnung und Speicherung auf das Problem der Komprimierung und Zwischenspeicherung von Inhalten, nur um die Internetzugangsverbindungen besser zu nutzen. Innerhalb des Internets passiert unter Umständen das Gegenteil, nämlich wenn Unternehmen wie Google riesige Datenmengen über das Netz dorthin verschieben, wo die Speicherung oder Berechnung billiger ist.

Glasfaserleiter werden für Langstreckenübertragungen im Backbone des Netzes, in Hochgeschwindigkeits-LANs (auch wenn bisher Kupfer letzten Endes immer noch aufholen konnte) und Hochgeschwindigkeitsinternetzugang wie **Fiber to the Home** (**FTTH**) eingesetzt. Ein optisches Übertragungssystem hat drei Komponenten: die Lichtquelle, das Übertragungsmedium und den Detektor. Konventionell wird ein Lichtimpuls als ein 1-Bit und die Abwesenheit eines Lichtimpulses als ein 0-Bit interpretiert. Das Übertragungsmedium ist eine hauchdünne Glasfaser. Der Detektor erzeugt einen elektrischen Impuls, wenn Licht auf ihn fällt. Durch das Anschließen einer Lichtquelle an einem Ende eines Glasfaserleiters und eines Detektors am anderen Ende erhalten wir ein unidirektionales Datenübertragungssystem, das ein elektrisches Signal annimmt, in Lichtimpulse konvertiert und diese überträgt und die Ausgabe dann beim Empfänger wieder in ein elektrisches Signal umwandelt.

Dieses Übertragungssystem würde Licht verlieren und wäre in der Praxis nutzlos, gäbe es da nicht ein interessantes physikalisches Prinzip: Wenn ein Lichtstrahl von einem Medium in ein anderes übertritt – z. B. von Quarzglas in die Luft –, so wird er an der Grenzfläche zwischen Quarzglas und Luft gebrochen (▶Abbildung 2.4a). Hier sehen wir einen Lichtstrahl, der mit dem Winkel α_1 auf die Grenzfläche trifft und sie im Winkel β_1 verlässt. Die Brechungsstärke hängt von den Eigenschaften der beiden Medien ab (genauer gesagt, von den Brechungsindizes). Liegt der Einfallswinkel oberhalb eines bestimmten kritischen Werts, dann wird das gesamte Licht vollständig in das Quarzglas zurückgeworfen und nichts entkommt in die Luft. Somit ist ein Lichteinfall im oder oberhalb des kritischen Winkels in der Faser gefangen (Abbildung 2.4b) und kann sich praktisch ohne Verlust über viele Kilometer ausbreiten.

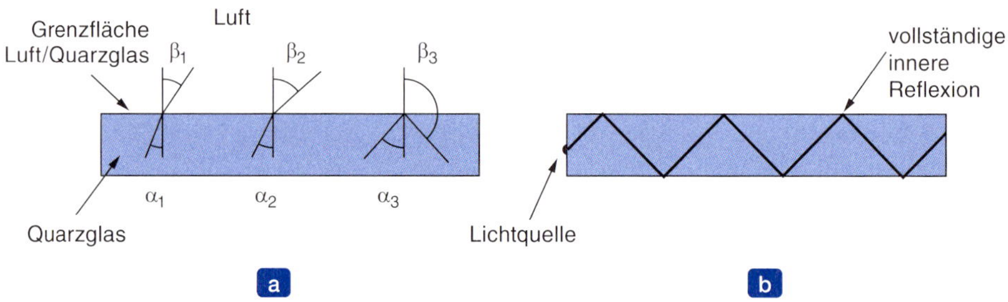

Abbildung 2.4: (a) Drei Beispiele eines Lichtstrahls in einer Glasfaser, der in verschiedenen Winkeln auf die Luft-Quarzglas-Grenzfläche trifft. (b) Durch vollständige interne Reflexion eingeschlossener Lichtstrahl.

Die Skizze in Abbildung 2.4b zeigt nur einen eingeschlossenen Strahl. Da aber jeder Lichtstrahl oberhalb des kritischen Winkels nach innen reflektiert wird, prallen in der Glasfaser viele Lichtstrahlen in verschiedenen Winkeln auf die Grenzfläche. Jeder Strahl hat einen anderen sogenannten Modus, sodass eine Glasfaser mit dieser Eigenschaft **Multimode-Faser** genannt wird.

Wird jedoch der Durchmesser der Glasfaser auf wenige Wellenlängen reduziert (weniger als 10 Mikrometer im Gegensatz zu mehr als 50 Mikrometer für Multimode-Faser), dann verhält sich die Faser wie ein Wellenleiter. Das Licht breitet sich ohne Aufprall an der Grenzfläche entlang einer geraden Linie aus. Diese Fasern werden **Singlemode-Fasern** genannt. Singlemode-Fasern sind teurer, werden aber häufig für Langstrecken verwendet; sie können Signale ungefähr 50-mal weiter übertragen als Multimode-Fasern. Derzeit erhältliche Singlemode-Fasern können Daten über 100 km mit 100 Gbit/s ohne Verstärkung übertragen. Bei kürzeren Entfernungen wurden im Labor sogar noch höhere Datenübertragungsraten erzielt. Die Wahl zwischen Singlemode- und Multimode-Fasern hängt von der Anwendung ab. Multimode-Fasern können für Übertragungen über bis zu 15 km verwendet werden und erlauben den Einsatz von weniger teuren Glasfaserausstattungen. Andererseits wird die Bandbreite mit zunehmender Entfernung immer begrenzter.

Übertragung von Licht über Glasfaser

Lichtwellenleiter werden aus Glas hergestellt. Für Glas ist der Rohstoff wiederum Sand, ein kostengünstiges Rohmaterial, das in nahezu unbegrenzten Mengen vorhanden ist. Die Herstellung von Glas war schon im alten Ägypten bekannt. Damals durfte Glas aber nicht stärker als 1 mm sein, sonst wäre es lichtundurchlässig gewesen. Glas, das ausreichend durchsichtig war, um für Fenster benutzt zu werden, wurde erstmals in der Renaissance entwickelt. Das für moderne optische Fasern verwendete Glas ist so transparent, dass man hier, wenn die Meere statt mit Wasser mit diesem Glas gefüllt wären, von der Oberfläche aus den Meeresboden sehen kann wie von einem Flugzeug aus an einem klaren Tag den Erdboden.

Die Dämpfung des Lichts durch Glas hängt von der Wellenlänge des Lichts ab (wie auch von einigen physikalischen Eigenschaften des Glases). Sie ist definiert als das Verhältnis von Eingangs- zu Ausgangssignalstärke. Für die in Glasfasern verwendete Glasart wird in ▶Abbildung 2.5 die Dämpfung in Einheiten von Dezibel pro linearem Kilometer Glasfaser dargestellt. Ein Verlustfaktor der Signalstärke von zwei ergibt beispielsweise eine Dämpfung von $10 \log_{10} 2 = 3$ dB. Dezibel werden wir demnächst besprechen. Kurz gesagt ist es eine logarithmische Möglichkeit, Größenordnungen der Leistung zu messen, wobei 3 dB zwei Größenordnungen der Leistung sind. Die Abbildung zeigt den nahen infraroten Teil der Frequenzbereiche, der in der Praxis verwendet wird. Sichtbares Licht hat geringfügig kürzere Wellenlängen von 0,4 bis 0,7 µm (1 µm entspricht 10^{-6} m). Ein echter metrischer Purist würde diese Wellenlänge mit 400 nm bis 700 nm angeben, aber wir bleiben hier bei der traditionellen Bezeichnung.

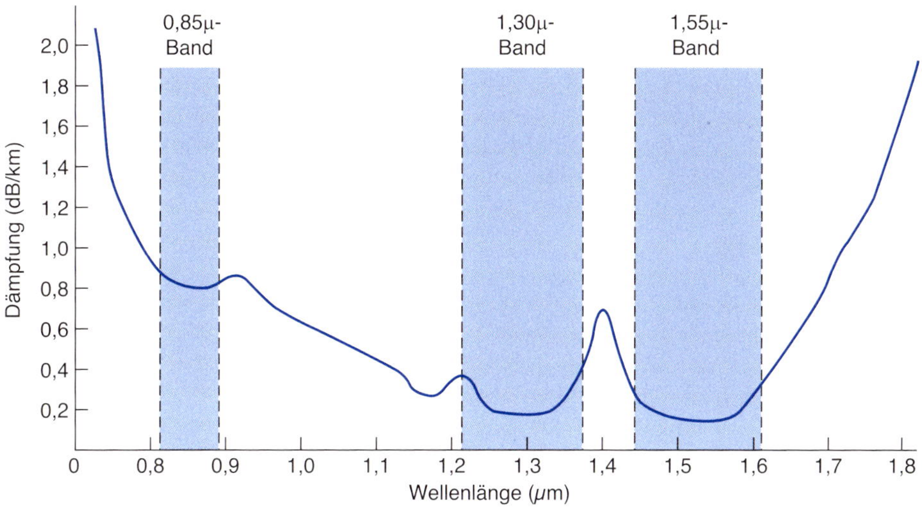

Abbildung 2.5: Dämpfung von Licht durch Glasfaser im Infrarotbereich.

Im optischen Übertragungsbereich werden zurzeit drei Wellenlängenbänder am häufigsten genutzt. Ihre jeweilige Mitte liegt bei 0,85, 1,30 bzw. 1,55 µm. Alle drei Bänder sind 25.000 bis 30.000 GHz breit. Das 0,85-µm-Band wurde zuerst eingesetzt. Es hat eine höhere Dämpfung und wird daher für kürzere Entfernungen verwendet, aber bei dieser Wellenlänge können Laser und Elektronik aus dem gleichen Material (Galliumarsenid) hergestellt werden. Die letzten beiden Bänder haben gute Dämpfungseigenschaften (weniger als 5% Verlust pro Kilometer). Das 1,55-µm-Band wird heute verbreitet mit Erbium-dotierten Verstärkern eingesetzt, die direkt im optischen Bereich arbeiten.

Lichtimpulse, die durch eine Glasfaser gesendet werden, dehnen sich bei der Übertragung in der Länge aus. Diese Ausbreitung nennt man **chromatische Dispersion**. Der Umfang hängt von der Wellenlänge ab. Eine Möglichkeit, diese ausgedehnten Impulse daran zu hindern sich zu überlappen, ist die Erhöhung der Entfernung zwischen ihnen. Das ist aber nur durch Reduzierung der Signalrate möglich. Zum Glück wurde inzwischen entdeckt, dass fast alle Dispersionseffekte verschwinden, wenn die Impulse eine spezielle Form aufweisen, die etwas mit dem Kehrwert des Kosinus Hyperbolicus zu tun hat. So ist es möglich, Impulse Tausende von Kilometern zu senden, ohne dass eine nennenswerte Formverzerrung entsteht. Diese Impulse nennt man **Solitons**. Sie werden in der Praxis immer häufiger eingesetzt.

Glasfaserkabel

Glasfaserkabel sind mit Koaxialkabeln vergleichbar, haben aber keinen geflochtenen Schutzmantel. ▶Abbildung 2.6a zeigt die Seitenansicht einer einzelnen Glasfaser. In der Mitte befindet sich der Glaskern, durch den sich das Licht ausbreitet. Bei Multimode-Fasern hat der Kern einen Durchmesser von 50 µm. Das ist etwa die Stärke eines menschlichen Haares. Singlemode-Fasern haben einen Kern von 8 bis 10 µm.

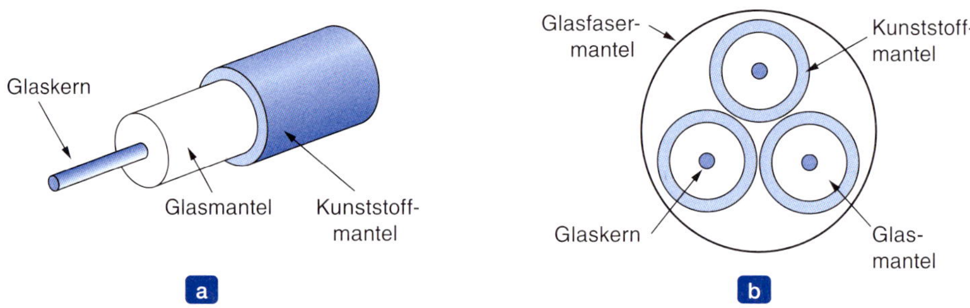

Abbildung 2.6: (a) Seitenansicht einer Glasfaser. (b) Ende eines Kabelmantels mit drei Glasfasern.

Der Glaskern ist mit einem Glasmantel verkleidet, der einen niedrigeren Brechungsindex hat als der Glaskern, um das gesamte Licht im Kern zu halten. Darüber liegt ein dünner Kunststoffmantel zum Schutz des Glasmantels. Glasfaserleiter werden in der Regel in Bündeln gruppiert, die von einem schützenden Außenmantel umhüllt sind. Abbildung 2.6b zeigt einen Kabelmantel mit drei Glasfaserleitern.

Terrestrische Fasermäntel werden normalerweise unterirdisch – etwa einen Meter unter der Oberfläche – verlegt, wo sie gelegentlich den Angriffen von Baggern und Erdhörnchen ausgesetzt sind. In Küstennähe werden Überseeleitungen aus Glasfaser mit einer Art Meerespflug in Gräben verlegt. Im tieferen Gewässer liegen sie nur auf dem Meeresgrund, wo sie Opfer von Schleppnetzfischern oder Riesentintenfischen werden können.

Glasfaserleiter können auf drei Arten verbunden werden. Sie können erstens am Ende in Steckern münden und in Glasfaserbuchsen eingesteckt werden. Die Stecker verlieren etwa 10 bis 20% Licht, vereinfachen aber die Rekonfiguration des Systems. Zweitens können sie mechanisch verbunden (verspleißt) werden. Beim mechanischen Spleißen werden einfach zwei sauber abgeschnittene Enden nebeneinander in einen speziellen Mantel gelegt und festgeklemmt. Die Ausrichtung kann verbessert werden, indem Licht durch die Verbindungsstelle geleitet wird und dann kleine Korrekturen vorgenommen werden, um das Signal zu optimieren. Mechanische Spleiße können von einem geschulten Fachmann in etwa fünf Minuten eingerichtet werden und führen zu einem Lichtverlust von 10%. Drittens können zwei Faserstücke verschmolzen werden, um eine feste Verbindung zu bilden. Solch ein Fusionsspleiß ist fast so gut wie eine einzeln gezogene Faser, aber auch hier tritt eine geringe Dämpfung auf. Bei allen drei Spleißarten können an der Spleißstelle Reflexionen auftreten und die reflektierte Energie kann das Signal stören.

Für die Signale werden in der Regel zwei Arten von Lichtquellen verwendet: LEDs (lichtemittierende Dioden) und Halbleiterlaser. Wie in ▸Abbildung 2.7 gezeigt, besitzen sie verschiedene Eigenschaften. Indem man Interferometer (Fabry-Perot oder Mach-Zehnder) zwischen Quelle und Faser einfügt, kann man ihre Wellenlänge einstellen. Bei Fabry-Perot-Interferometern handelt es sich um einfache Hohlraumresonatoren, die aus zwei parallelen Spiegeln bestehen. Das Licht fällt senkrecht auf die Spiegel ein. Die Länge des Hohlraums wählt jene Wellenlängen aus, die in ein ganzzahliges Vielfaches hineinpassen. Mach-Zehnder-Interferometer teilen das Licht in zwei Lichtbündel. Die zwei Lichtbündel durchlaufen leicht unterschiedliche Strecken. Sie werden am Ende wieder gebündelt und sind nur für bestimmte Wellenlängen phasengleich.

Eigenschaft	**LED**	**Halbleiterlaser**
Datenübertragungsrate	Niedrig	Hoch
Glasfasertyp	Multimode	Multimode oder Singlemode
Entfernung	Kurz	Lang
Lebensdauer	Langlebig	Kurzlebig
Temperaturempfindlichkeit	Gering	Beträchtlich
Kosten	Niedrig	Hoch

Abbildung 2.7: Vergleich von Halbleiterdioden und LEDs als Lichtquellen.

Das Empfangsstück einer optischen Faser besteht aus einer Fotodiode, die einen elektrischen Impuls abgibt, wenn Licht auf sie fällt. Die Reaktionszeit einer Fotodiode, welche das Signal vom optischen in den elektrischen Bereich überführt, begrenzt die Datenübertragungsraten auf etwa 100 Gbit/s. Darüber hinaus ist hier thermisches Rauschen ein Problem, sodass ein Lichtimpuls ausreichend Energie führen muss, um erkannt zu werden. Die Fehlerrate kann beliebig weit reduziert werden, indem man sicherstellt, dass die Impulse stark genug sind.

Vergleich: Glasfaser und Kupferdraht

Ein Vergleich von Glasfaser und Kupfer lohnt sich. Glasfaser hat viele Vorteile. Sie kann zum einen viel höhere Bandbreiten unterstützen als Kupfer. Das allein würde schon genügen, um sie als bevorzugtes Medium in leistungsstarken Netzen zu verwenden. Aufgrund der geringen Dämpfung ist auf Langstrecken nur ungefähr alle 50 km ein Repeater erforderlich, während bei Kupferdraht etwa alle 5 km ein Repeater installiert werden muss. Das bedeutet große Kosteneinsparungen. Glasfaser hat den weiteren Vorteil, dass sie von Stromstößen, elektromagnetischen Störungen und Stromausfällen nicht beeinflusst wird. Auch korrodierende Schadstoffe in der Luft können ihr nichts anhaben, was wichtig beim Einsatz in rauen Fabrikumgebungen ist.

Seltsamerweise bevorzugen Telefongesellschaften die Glasfaser aus einem völlig anderen Grund: Sie ist dünn und wiegt wenig. Viele vorhandene Kabelkanäle sind voll, deshalb ist für Kapazitätserweiterungen kein Platz vorhanden. Die Entfernung sämtlicher Kupferkabel und deren Ablösung durch Glasfaser schafft in den Kabelkanälen wieder Platz und Kupfer hat einen ausgezeichneten Wiederverkaufswert für Kupferraffinerien, die es als sehr hochwertiges Erz betrachten. Glasfaser ist darüber hinaus sehr viel leichter als Kupfer. Eintausend Twisted-Pair-Kabel mit einer Länge von 1 km wiegen 8.000 kg. Zwei Glasfaserkabel in der gleichen Länge haben eine höhere Kapazität und wiegen nur 100 kg. Das bedeutet auch geringere Kosten für mechanische Stützsysteme. Bei der Verlegung neuer Strecken gewinnt die Glasfaser um Längen aufgrund der wesentlich niedrigeren Installationskosten. Glasfasern verlieren auch kein Licht und lassen sich weniger leicht anzapfen. Dadurch bieten sie guten Schutz gegen unbefugtes Abhören.

Ein Nachteil ist, dass Glasfaser eine sehr viel weniger bekannte Technologie ist, die Kenntnisse erfordert, über die nicht alle Techniker verfügen. Darüber hinaus kann Glasfaser sehr leicht beschädigt werden, wenn sie zu stark gebogen wird. Da die optische Übertragung von Haus aus unidirektional ist, setzt eine bidirektionale Kommunikation entweder zwei Glasfaserkabel oder zwei Frequenzbänder für ein Glasfaserkabel voraus. Außerdem kosten Glasfaserschnittstellen mehr als elektrische. Dennoch liegt die Zukunft aller festen Datenkommunikationseinrichtungen für mehr als kurze Entfernungen eindeutig bei der Glasfaser. Eine ausführliche Diskussion aller Aspekte der Glasfaser und Glasfasernetze finden Sie in Pearson (2015).

2.2 Drahtlose Übertragung

Viele Menschen sind heutzutage über eine drahtlose Verbindung mit vielen Geräten verbunden, von Laptops und Smartphones bis hin zu Smartwatches und intelligenten Kühlschränken. Alle diese Geräte nutzen die drahtlose Kommunikation, um Informationen an andere Geräte und Endpunkte im Netzwerk zu übertragen.

In den folgenden Abschnitten wird drahtlose Kommunikation im Allgemeinen behandelt. Es gibt noch viele andere wichtige Anwendungsbereiche dafür als lediglich am Strand liegend im Web surfen zu können. Drahtlosigkeit hat aber auch für fest aufgestellte Geräte unter gewissen Umständen einen Vorteil. Ist beispielsweise die Verlegung einer Glasfaserleitung zu einem Gebäude aufgrund geologischer Gegebenheiten (Berge, Dschungel, Sümpfe usw.) schwierig, bietet sich die drahtlose Verbindung an. Interessant ist, dass die drahtlose digitale Kommunikation in den 1970ern als Forschungsprojekt von Prof. Norman Abramson der Universität von Hawaii begann, wo die Benutzer durch den Pazifik von ihren Datenzentren getrennt waren und das Telefonsystem keine geeignete Lösung bot. Wir werden das ALOHA-System in *Kapitel 4* näher beleuchten.

2.2.1 Das elektromagnetische Spektrum

Wenn sich Elektronen bewegen, erzeugen sie elektromagnetische Wellen, die sich im Raum (auch im Vakuum) ausbreiten können. Diese Wellen wurden 1865 von dem britischen Physiker James Clerk Maxwell vorhergesagt und das erste Mal 1887 von dem deutschen Physiker Heinrich Hertz beobachtet. Die Anzahl der Schwingungen einer Welle pro Sekunde wird als ihre **Frequenz** f bezeichnet und in **Hz** (zu Ehren von Heinrich Hertz) gemessen. Die Entfernung zwischen zwei aufeinanderfolgenden Maxima (oder Minima) wird als **Wellenlänge** bezeichnet. Sie wird mit dem griechischen Buchstaben Lambda (λ) angegeben.

Schließt man eine Antenne der richtigen Größe an einen Stromkreis an, können elektromagnetische Wellen effizient ausgestrahlt und vom Empfänger in einiger Entfernung empfangen werden. Alle drahtlosen Kommunikationsarten basieren auf diesem Prinzip.

Im Vakuum bewegen sich alle elektromagnetischen Wellen ungeachtet ihrer Frequenz mit derselben Geschwindigkeit. Diese wird als **Lichtgeschwindigkeit** c bezeichnet, die ungefähr 3×10^8 m/s bzw. etwa 30 cm/ns beträgt. Bei Kupferdraht oder Glasfaser verlangsamt sich die Geschwindigkeit auf etwa 2/3 dieses Wertes und ist in geringem Umfang von der Frequenz abhängig. Lichtgeschwindigkeit ist die ultimative Geschwindigkeitsbegrenzung. Kein Objekt oder Signal kann jemals schneller sein.

Die grundlegende Beziehung zwischen f, λ und c (im Vakuum) lautet:

$$\lambda f = c \tag{2.1}$$

Da c eine Konstante ist, erhalten wir λ, wenn wir f kennen, und umgekehrt. Als Faustregel gilt: Wenn λ in Meter angegeben wird und f in MHz, dann ist $\lambda f \approx 300$. Ein Beispiel: 100-MHz-Wellen sind z.B. etwa 3 m lang, 1.000-MHz-Wellen sind z.B. etwa 0,3 m und 0,1 m lange Wellen haben eine Frequenz von 3.000 MHz.

Das elektromagnetische Spektrum ist in ▶Abbildung 2.8 dargestellt. Funkwellen, Mikrowellen, Infrarotwellen und sichtbares Licht sind die Teile des Frequenzbereichs, die zur Übertragung von Informationen genutzt werden können, indem die Amplitude, Frequenz oder Phase der Wellen moduliert wird. Ultraviolettes Licht, Röntgen- und Gammastrahlen wären aufgrund ihrer höheren Frequenzen noch besser, sind aber schwer zu erzeugen und zu modulieren, breiten sich nicht so gut in Gebäuden aus und sind für alle lebenden Geschöpfe gefährlich.

Die in Abbildung 2.8 unten aufgeführten Bänder sind die offiziellen ITU-Bezeichnungen. Sie basieren auf den Wellenlängen, was bedeutet, dass das LF-Band von 1 bis 10 km (ungefähr 30 bis 300 kHz) reicht. Die Bezeichnungen LF, MF und HF bezeichnen niedrige, mittlere und hohe Frequenz. Als die Bezeichnungen festgelegt wurden, hat niemand geahnt, dass man einmal über 10 MHz hinauskommen würde. Deshalb wurden die höheren Bänder später mit „Very“, „Ultra“, „Super“, „Extremely“ und „Tremendously High Frequency“ benannt. Darüber hinaus gibt es keine Bezeichnungen, aber „Incredibly“, „Astonishingly“ und „Prodigiously High Frequency“ – abgekürzt

IHF, AHF und PHF – klingen doch ganz hübsch. Über 10^{12} Hz kommen wir in den Infrarotbereich, wo wir eher von Lichtwellen und nicht von Funkwellen reden.

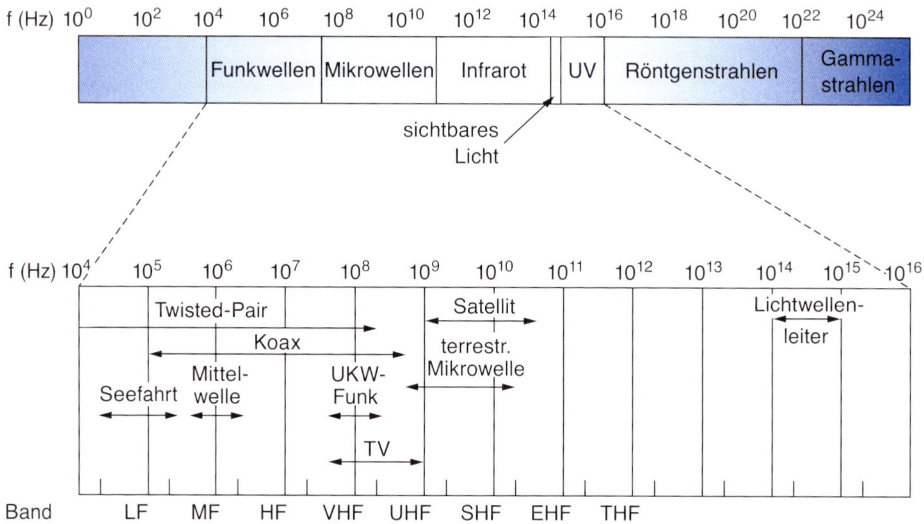

Abbildung 2.8: Das elektromagnetische Spektrum und seine Verwendung in der Telekommunikation.

Die theoretische Basis der Kommunikation, die weiter hinten in diesem Kapitel besprochen wird, gibt an, dass die Informationsmenge, die ein Signal wie eine elektromagnetische Welle führen kann, von der empfangenen Stärke abhängt und proportional zur Bandbreite ist. Aus Abbildung 2.8 sollte nun auch ersichtlich sein, warum Netzspezialisten die Glasfaser so sehr schätzen. Im Mikrowellenband könnten viele GHz der Bandbreite für die Datenübertragung abgegriffen werden, im Glasfaserband sogar noch mehr, da es weiter rechts auf unserer logarithmischen Skala steht. Sehen Sie sich beispielsweise das 1,30-µm-Band in Abbildung 2.5 an, welches eine Breite von 0,17 µm hat. Benutzen wir Gleichung (2.1), um die Anfangs- und Endfrequenzen von den Anfangs- und Endwellenlängen zu suchen, so stellen wir fest, dass der Frequenzbereich bei 30.000 GHz liegt. Bei einem realistischen Signal-Rausch-Verhältnis von 10 dB sind dies 300 Tbit/s.

Die meisten Übertragungen nutzen ein relativ schmales Frequenzband (d.h. $\Delta f / f \ll 1$). Sie konzentrieren ihre Signale in diesem schmalen Band, um das Spektrum effizient auszunutzen und um annehmbare Datenraten zu erhalten, wenn mit ausreichender Leistung übertragen wird. Der Rest dieses Abschnitts beschreibt drei verschiedene Arten der Übertragung, die die breiteren Frequenzbänder nutzen.

2.2.2 Frequency Hopping Spread Spectrum

Beim **Frequency Hopping Spread Spectrum** (**FHSS**, Frequenzsprungtechnik mit Spektrumsspreizung) wechselt der Sender mehrere Hundert Mal pro Sekunde von Frequenz zu Frequenz. Das ist besonders im Militärbereich beliebt, weil Übertragungen dadurch schwer aufzudecken sind und es fast unmöglich ist, sie zu stören. Es bietet auch einen guten Schutz gegen Fading, da die Signale verschiedene Pfade von Quelle zum Ziel nehmen und sich nach der Rekombination überlagern. Außerdem bietet es Schutz gegen Niederfrequenzbandstörungen, da der Empfänger nie so lange auf einer gestörten Frequenz bleiben wird, dass es zum Abbruch der Kommunikation kommt. Diese Robustheit macht den Einsatz für überbelegte Teile des Spektrums sinnvoll, wie die ISM-Bänder, die wir in Kürze beschreiben. Diese Technik wird kommerziell genutzt, beispielsweise bei Bluetooth oder älteren Versionen von IEEE 802.11.

Eine kleine Anekdote am Rande: Diese Technik wurde von dem in Österreich geborenen Filmstar Hedy Lamarr miterfunden, die in Europa in den 1930er Jahren unter ihrem Mädchennamen Hedwig (Hedy) Kiesler als Filmschauspielerin sehr erfolgreich war. Ihr erster Ehemann war ein Waffenfabrikant, von dem sie lernte, wie einfach die Funksignale blockiert werden konnten, mit denen damals Torpedos gesteuert wurden. Als sie entdeckte, dass ihr Mann Waffen an Hitler verkaufte, war sie entsetzt. Sie verkleidete sich als Dienstmädchen und floh nach Hollywood, um ihre Karriere als Schauspielerin fortzusetzen. In ihrer Freizeit entwickelte sie das Frequenzsprungverfahren, um die Alliierten beim Kampf gegen Hitler zu unterstützen.

In ihrem Schema wurden 88 Frequenzen verwendet, was der Anzahl der Tasten (und Frequenzen) eines Klaviers entspricht. Für ihre Erfindung erhielten sie und ihr Freund, der Komponist George Antheil, das US-Patent 2.292.387. Es gelang ihnen aber nicht, die US-amerikanische Marine von dem praktischen Nutzen ihrer Erfindung zu überzeugen, und sie erhielten somit nie Lizenzeinnahmen dafür. Nur ein paar Jahre nach Ablauf des Patents wurde das Verfahren wiederentdeckt und in mobilen elektronischen Geräten verwendet statt zum Blockieren von Signalen an Torpedos während des Krieges.

2.2.3 Direct Sequence Spread Spectrum

Eine zweite Form des Streuspektrums, die **Spreizbandtechnik** (**DSSS**, *Direct Sequence Spread Spectrum*), benutzt eine Codefolge, um das Datensignal über ein breiteres Frequenzband zu verteilen. Dieses wird im kommerziellen Bereich häufig als effektive Möglichkeit eingesetzt, damit mehrere Signale ein Frequenzband gemeinsam nutzen können. Diesen Signalen können unterschiedliche Codes zugeordnet werden, eine Methode, die **Codemultiplexverfahren** (**CDMA**, *Code Division Multiple Access*) heißt und die wir später in diesem Kapitel noch besprechen werden. ▸Abbildung 2.9 stellt diese Methode dem Frequenzsprungverfahren gegenüber. DSSS bildet die Grundlage des 3G-Mobilfunknetzes und wird außerdem für GPS (*Global Positioning System*) eingesetzt. Selbst ohne verschiedene Codes kann ein DSSS-Verfahren ebenso wie FHHS Interferenzen und Fading tolerieren, da nur ein Bruchteil des gewünschten Signals verloren ist. Es wird in dieser Rolle in älteren drahtlosen IEEE-802.11b-LANs verwendet. Eine faszinierende und ausführliche Geschichte der Streuspektrumkommunikation findet der Leser in Walters (2013).

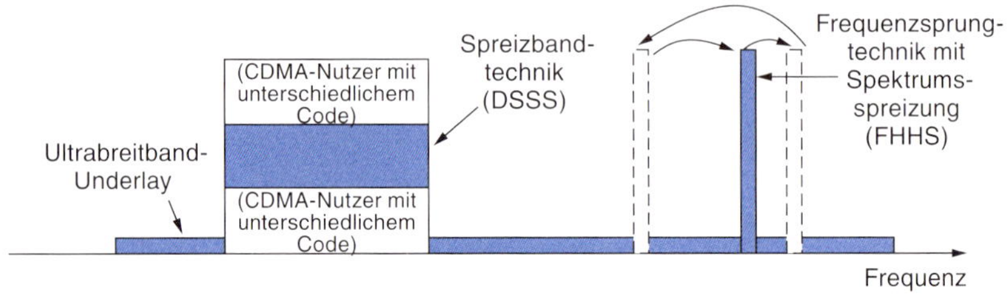

Abbildung 2.9: Streuspektrum- und Ultrabreitbandkommunikation.

2.2.4 Ultrabreitbandkommunikation

Eine dritte Kommunikationsmethode mit einem breiteren Band ist die **Ultrabreitbandtechnik** (**UWB**, *Ultra-WideBand*). UWB sendet zur Informationsübertragung eine Reihe von schnellen Niedrigenergie-Impulsen, die ihre Trägerfrequenzen variieren. Die schnellen Übergänge führen zu einem Signal, das dünn über eine sehr breite Frequenz verteilt ist. Bei UWB haben die Signale eine Bandbreite von mindestens 500 MHz oder mindestens 20% der Mittenfrequenz ihres Frequenzbandes. UWB ist ebenfalls in Abbildung 2.9 dargestellt. Aufgrund dieser großen Bandbreite kann UWB mit hohen Datenraten von mehreren Hundert Megabit pro Sekunde übertragen. Durch die Verteilung über ein breites Frequenzband kann eine beträchtliche Menge von verhältnismäßig starken Interferenzen von andern Schmalbandsignalen toleriert werden. Da UWB bei Kurzstreckenübertragungen auf jeder Frequenz sehr wenig Energie hat, ist es ebenso wichtig, dass UWB keine nachteiligen Interferenzen mit den anderen schmalbandigen Funksignalen verursacht. Im Gegensatz zu der Streuspektrumübertragung überträgt UWB so, dass es keine Interferenzen mit den Trägerfrequenzen im gleichen Frequenzband gibt. Es kann auch zum Durchleuchten von festen Objekten (Boden, Mauern und Körper) oder als Teil eines präzisen Lokalisierungssystems eingesetzt werden. Diese Technologie wird verstärkt für Kurzstreckenfunkanwendungen in Innenräumen sowie für Präzisionsradarbildgebung und Standortverfolgung eingesetzt.

2.3 Nutzung des Spektrums für Übertragungen

Wir werden uns jetzt ansehen, wie die verschiedenen Teile des elektromagnetischen Spektrums von Abbildung 2.9 benutzt werden, dabei beginnen wir mit Funkwellen. Wenn nichts anderes gesagt wird, setzen wir voraus, dass alle Übertragungen ein schmales Frequenzband nutzen.

2.3.1 Funkübertragung

Funkwellen (Radiowellen) sind leicht zu erzeugen, legen große Entfernungen zurück und dringen mühelos in Gebäude ein. Deshalb werden sie häufig für die Kommunikation in Räumen und im Freien benutzt. Funkwellen sind außerdem rundstrahlend (omnidirektional), das heißt, sie strahlen von der Quelle in alle Richtungen aus, sodass Sender und Empfänger nicht sorgfältig physikalisch ausgerichtet werden müssen.

Rundstrahlende Funkwellen sind oft nützlich – aber nicht immer. In den 1970er Jahren entschloss sich General Motors, alle neuen Cadillac-Modelle mit computergesteuerten Antiblockierbremsen auszustatten. Trat der Fahrer auf das Bremspedal, schaltete der Computer die Bremsen in kurzen Abständen ein und aus, um hartes Bremsen zu vermeiden. Eines schönen Tages setzte ein Streifenpolizist auf dem Highway in Ohio sein neues mobiles Funkgerät ein, um das Revier anzurufen, und plötzlich verhielt sich der Cadillac neben ihm wie ein buckelndes Wildpferd. Nachdem der Polizist den Fahrer an den Seitenstreifen geordert hatte, erklärte dieser ihm aufgeregt, er könne nichts dazu, der Wagen sei einfach verrückt geworden.

Schließlich zeichnete sich ein Muster ab: Die Cadillacs spielten manchmal verrückt, aber nur auf den Ohio-Highways und nur, wenn Streifenwagen in der Nähe waren. Über lange Zeit hinweg konnte man bei General Motors einfach nicht verstehen, warum dies weder in anderen Bundesstaaten noch auf kleineren Straßen in Ohio auftrat. Nach umfassenden Untersuchungen stellte sich heraus, dass die Verkabelung des Antiblockiersystems im neuen Cadillac eine fantastische Antenne für die Frequenz der Ohio-Highway-Streifenwagen bildete, die mit einem neuen Funksystem ausgestattet waren.

Die Eigenschaften von Funkwellen sind von der Frequenz abhängig. In niedrigen Frequenzen können Funkwellen leicht durch Hindernisse hindurchdringen, jedoch fällt die Leistung mit zunehmender Entfernung von der Quelle stark ab – mindestens so schnell wie $1/r^2$ in der Luft –, da sich die Signalenergie dünner über eine größere Oberfläche verteilt. Diese Abschwächung heißt **Pfadverlust** (*path loss*). Bei hohen Frequenzen verlaufen Funkwellen eher in geraden Linien und prallen an Hindernissen ab. Pfadverlust verringert die Energie noch, obwohl das empfangene Signal ebenfalls stark von Reflexionen abhängt. Außerdem werden Hochfrequenzfunkwellen in größerem Ausmaß von Regen und anderen Hindernissen absorbiert als Wellen der niedrigeren Frequenzen. Auf allen Frequenzen sind Funkwellen Störungen von Motoren und Elektroanlagen ausgesetzt.

Es ist interessant, die Dämpfung von Funkwellen mit denen von Signalen in gerichteten Medien zu vergleichen. Bei Glasfaser-, Koaxial- und Twisted-Pair-Kabeln fällt das Signal mit dem gleichen Bruchteil pro Entfernungseinheit, zum Beispiel 20 dB pro 100 m für Twisted-Pair-Kabel. Bei Funkwellen, fällt das Signal mit dem gleichen Bruchteil, mit dem sich die Entfernung verdoppelt, zum Beispiel 6 dB pro Verdopplung im freien Raum. Dieses Verhalten bedeutet, dass Funkwellen große Entfernungen zurücklegen können, und Überlagerungen der verschiedenen Benutzer sind ein Problem. Aus diesem Grund wird die Nutzung von Funkwellensendern in allen Ländern sehr streng reguliert, mit einigen Ausnahmen, die später in diesem Kapitel noch besprochen werden.

In den VLF-, LF- und MF-Bändern folgen Funkwellen der Erdoberfläche (▶Abbildung 2.10a). Diese Wellen können bei niedrigen Frequenzen über etwa 1.000 km, bei höheren über kürzere Entfernungen erkannt werden. Das Mittelwellenradio läuft über das MF-Band. Aus diesem Grund kann man z. B. die Hamburger Mittelwellen-Radiostationen in München nicht gut empfangen. Radiowellen in diesen Bändern durchdringen mühelos Gebäude; deshalb funktionieren tragbare Radios in Innenräumen. Das Hauptproblem bei der Verwendung dieser Bänder für die Datenkommunikation ist die geringe Bandbreite (siehe Gleichung (2.1)).

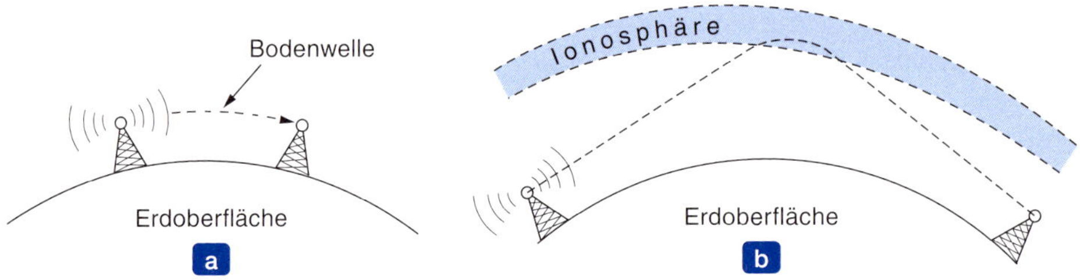

Abbildung 2.10: In den VLF-, LF- und MF-Bändern folgen Funkwellen der Krümmung der Erdoberfläche. Beim HF-Band prallen sie an der Ionosphäre ab.

Bei den HF- und VHF-Bändern werden die Bodenwellen leichter von der Erde absorbiert. Die Wellen, die die Ionosphäre, eine mit Partikeln aufgeladene Schicht, die in einer Höhe von 100 bis 500 km die Erde umschließt, erreichen, werden hier gebrochen und auf die Erde zurückgeschickt (Abbildung 2.10b). Unter bestimmten atmosphärischen Bedingungen schnellen die Signale eventuell mehrmals hin und her. Amateurfunker benutzen diese Bänder für Fernübertragungen. Auch das Militär benutzt die HF- und VHF-Bänder.

2.3.2 Mikrowellenübertragung

Über 100 MHz verlaufen die Wellen in nahezu geraden Linien und können daher eng gebündelt werden. Die Konzentration der gesamten Energie in einen kleinen Strahl mithilfe einer Parabolantenne (die üblichen Fernsehschüsseln auf den Hausdächern) ergeben ein viel höheres Signal-Rausch-Verhältnis. Die Sende- und Empfangsantennen müssen aber genau aufeinander ausgerichtet werden. Diese Ausrichtung ermöglicht außerdem, dass mehrere reihenweise angeordnete Sender mit mehreren ebenfalls reihenweise angeordneten Empfängern ohne Störeinflüsse kommunizieren können – unter der Voraussetzung, dass ein gewisser Mindestabstand eingehalten wird. Bevor die Glasfaser eingeführt wurde, bildeten diese Mikrowellen jahrzehntelang den Kern des Telefonnetzes für Ferngespräche. So hat beispielsweise MCI, einer der ersten Mitbewerber von AT&T, nach der Deregulierung sein gesamtes System auf Mikrowellenkommunikation aufgebaut, wobei die Übertragung zwischen den Masten über zig Kilometer ablief. Die verwendete Technologie kam selbst im Firmennamen zum Ausdruck (MCI stand für Microwave Communications, Inc.). MCI ist dann auf Glasfaser umgestiegen und wurde nach einer langen Reihe von Firmenzusammenschlüssen und Konkursen im Telekommunikationskarussell ein Teil von Verizon.

Mikrowellen verlaufen in einer geraden Linie, daher kommt ihnen manchmal die Erde in die Quere, wenn die Sendemasten zu weit auseinanderstehen (etwa bei der Verbindung zwischen Seattle und Amsterdam). Folglich sind in gewissen Abständen Repeater erforderlich. Je höher die Sendemasten sind, umso weiter können sie voneinander entfernt sein. Die Entfernung zwischen Repeatern steigt in etwa mit der Quadratwurzel der Höhe der Sendemasten. Bei einem 100 m hohen Sendemast können sich die Repeater 80 km weit entfernt befinden.

Im Gegensatz zu Funkwellen mit niedrigeren Frequenzen können Mikrowellen Gebäude nicht durchdringen. Darüber hinaus besteht, auch wenn der Strahl am Sender gut ausgerichtet ist, eine gewisse räumliche Abweichung. Einige Wellen werden eventuell durch niedrige atmosphärische Schichten gebrochen und kommen dadurch etwas später an als direkte Wellen. Die verzögerten Wellen kommen eventuell phasenverschoben zu den direkten Wellen an und löschen damit das Signal aus. Diesen Effekt nennt man **Mehrwegedämpfung** (*multipath fading*). Es stellt oft ein ernstes Problem dar. Es hängt vom Wetter und von der Frequenz ab. Einige Betreiber halten 10% ihrer Kanäle ungenutzt als Reserve, um umschalten zu können, wenn ein Frequenzband vorübergehend durch Mehrwegedämpfung unbrauchbar ist.

Die Forderungen nach immer mehr Frequenzbereichen zwingen die Betreiber zu noch höheren Frequenzen. Heute werden in der Praxis Bänder mit bis zu 10 GHz eingesetzt. Bei etwa 4 GHz setzt allerdings ein neues Problem ein: die Absorption durch Wasser. Diese Wellen sind nur ein paar Zentimeter lang und werden vom Regen absorbiert. Dieser Effekt wäre prima, wenn man planen würde, einen riesigen Mikrowellenherd im Garten aufzubauen, um vorbeifliegende Vögel zu grillen – im Kommunikationsbereich ist dies aber ein schwerwiegendes Problem. Wie bei der Mehrwegedämpfung ist die einzige Lösung auch hier die Abschaltung der Verbindungen, die dem Regen ausgesetzt sind, und deren Umlegung auf einen anderen Weg.

Zusammenfassend kann man sagen, dass die Mikrowellenkommunikation heute im Bereich der Telefonfernverbindungen, Mobiltelefone, der Ausstrahlung von Fernsehsendungen und anderer Anwendungen derart stark verbreitet ist, dass ein ernsthafter Mangel an Frequenzbereichen herrscht. Die Mikrowelle hat gegenüber der Glasfaser einige entscheidende Vorteile aufzuweisen. Der Hauptvorteil ist, dass keine Wegerechte benötigt werden, um Kabel zu verlegen. Indem man alle 50 km ein kleines Grundstück erwirbt und darauf einen Mikrowellensendemast aufstellt, kann man das Telefonnetz völlig umgehen. Auf diese Weise hat es MCI geschafft, sich schnell erfolgreich als Anbieter von Telefonfernverbindungen auf dem Markt zu etablieren. (Sprint, ein anderer früher Konkurrent der deregulierten AT&T, ging einen völlig anderen Weg: Die Firma wurde von Southern Pacific Railroad gegründet, die bereits Eigentümerin eines umfangreichen Wegnutzungsrechtes war und einfach entlang ihrer Eisenbahnschienen Glasfaser verlegte.)

Mikrowellen sind auch verhältnismäßig preisgünstig. Die Aufstellung von zwei einfachen Sendemasten (was auch einfach nur hohe Stangen mit vier Spanndrähten sein können) und je einer Antenne kann billiger seinals das Einbuddeln von Glasfaserkabeln über eine Strecke von 50 km quer durch dicht besiedelte Wohngebiete oder Berge. Es kann auch billiger sein als das Anmieten von Glasfaseranschlüssen von einer Telefongesellschaft, insbesondere wenn die Telefongesellschaft noch nicht einmal die Kupferkabel voll abbezahlt hat, die zugunsten der Glasfaser herausgerissen wurden.

2.3.3 Infrarotübertragung

Ungeführte Infrarotwellen werden heute viel in der Kurzstreckenkommunikation benutzt. Die Fernsteuerung für Fernsehgeräte, Videorekorder und Stereoanlagen läuft z.B. über Infrarot. Sie sind einigermaßen geführt, preisgünstig und einfach herzustellen, haben aber einen entscheidenden Nachteil: Sie können keine festen Gegenstände durchdringen (stellen Sie sich einmal zwischen Ihren Fernseher und die Fernsteuerung, dann geht mit Knöpfchendrücken nichts mehr). Im Allgemeinen gilt: Je weiter man sich vom Langwellenfunk hin zum sichtbaren Licht bewegt, umso mehr verhalten sich die Wellen wie Licht und umso weniger wie Funkwellen.

Andererseits hat aber die Tatsache, dass Infrarotwellen keine Mauern durchdringen können, auch Vorteile. Es bedeutet, dass ein Infrarotsystem in einem Raum eines Gebäudes keine ähnlichen Systeme in benachbarten Räumen stören kann – Sie können mit Ihrer Fernsteuerung nicht den Fernseher Ihres Nachbarn steuern. Außerdem ist die Sicherheit gegen Abhören viel höher als bei Funksystemen. Deshalb ist für das Betreiben eines Infrarotsystems im Gegensatz zu Funksystemen, die außerhalb der ISM-Bänder lizenziert werden müssen, keine amtliche Zulassung erforderlich. Die infrarotbasierte Kommunikation hat im Desktop-Bereich eine begrenzte Verwendung, um beispielsweise Notebooks und Drucker über den **IrDA**-Standard (*Infrared Data Association*) zu verbinden, spielt aber im Kommunikationsbereich keine herausragende Rolle.

2.3.4 Lichtübertragung

Die ungeführte optische Signalübertragung, auch **optischer Richtfunk** (*free-space optics*) genannt, wird schon seit Jahrhunderten benutzt. Paul Revere[1] benutzte die binäre optische Signalisierung von der Old North Church aus, kurz bevor er zu seinem berühmten Ritt aufbrach. Ein modernerer Anwendungsbereich ist die Verbindung der LANs zweier Gebäude über Laser, die auf den Dächern montiert werden. Die optische Signalübertragung über Laser ist prinzipiell unidirektional, sodass beide Enden mit einem Laser und einem Fotodetektor ausgestattet werden müssen. Diese Technik bietet eine sehr hohe Bandbreite zu geringen Kosten und ist relativ sicher, weil es schwierig ist, einen schmalen Laserstrahl anzuzapfen. Außerdem ist sie relativ leicht zu installieren und setzt im Gegensatz zur Mikrowellenübertragung keine Lizenz voraus, weder eine FCC-Lizenz in den Vereinigten Staaten noch eine vergleichbare Lizenz von den Behörden anderer Länder.

Die Stärke des Lasers, ein sehr schmaler Strahl, ist gleichzeitig seine Schwäche. Die Ausrichtung eines Laserstrahls mit einer Breite von 1 mm auf einen Nadelkopf, der 500 Meter entfernt ist, erfordert die Geschicklichkeit einer modernen Annie Oakley[2]. Normalerweise werden Linsen in das System eingefügt, um den Strahl leicht zu defokussieren. Die Schwierigkeiten werden dadurch vergrößert, dass Wind- und Tempera-

1 Anm. zur Übersetzung: Paul Revere (1735–1818), US-amerikanischer Freiheitskämpfer. 1775 ritt Revere von Boston nach Lexington, um eine Warnung über die Truppenbewegung der britischen Armee zu überbringen.

2 Anm. zur Übersetzung: Annie Oakley (1860–1926), US-amerikanische Kunstschützin.

turänderungen den Strahl verfälschen können und Laserstrahlen auch Regen oder dichten Nebel nicht durchdringen können, auch wenn sie an sonnigen Tagen gut funktionieren. Viele dieser Faktoren sind jedoch kein Thema, wenn es darum geht, zwei Raumschiffe miteinander zu verbinden.

Einer der Autoren dieses Buchs (AST) hat einmal an einer Konferenz in einem modernen europäischen Hotel teilgenommen, in dem die Organisatoren der Konferenz wohlmeinend einen Raum mit Terminals ausstatteten, damit die Tagungsteilnehmer während langweiliger Vorträge ihre E-Mails lesen konnten. Da die örtliche Telefongesellschaft nicht bereit war, für nur drei Tage zahlreiche Telefonleitungen zu installieren, stellten die Organisatoren auf dem Dach des Hotels einen Laser auf und richteten ihn auf das Informatikgebäude ihrer ein paar Kilometer entfernten Universität aus. Sie testeten die Anlage am Abend vor Beginn der Veranstaltung; sie funktionierte prima. Um 9 Uhr früh, einem sonnigen Morgen, versagte die Verbindung völlig und war den ganzen Tag über nicht wiederherstellbar. Dies wiederholte sich an den nächsten zwei Tagen. Erst nach der Konferenz entdeckten die Veranstalter das Problem: Die Wärme der Sonneneinstrahlung während des Tages verursachte Konvektionsströme, die vom Dach des Gebäudes aufstiegen (▶Abbildung 2.11). Dieser Luftwirbel lenkte den Strahl ab, sodass er praktisch um den Detektor tanzte, ähnlich wie bei flimmernden Straßen an heißen Sommertagen. Hieraus lernen wir: damit ungeführte optische Verbindungen sowohl unter schwierigen als auch unter guten Bedingungen zuverlässig funktionieren, müssen sie mit einem ausreichenden Spielraum für Fehler konstruiert sein.

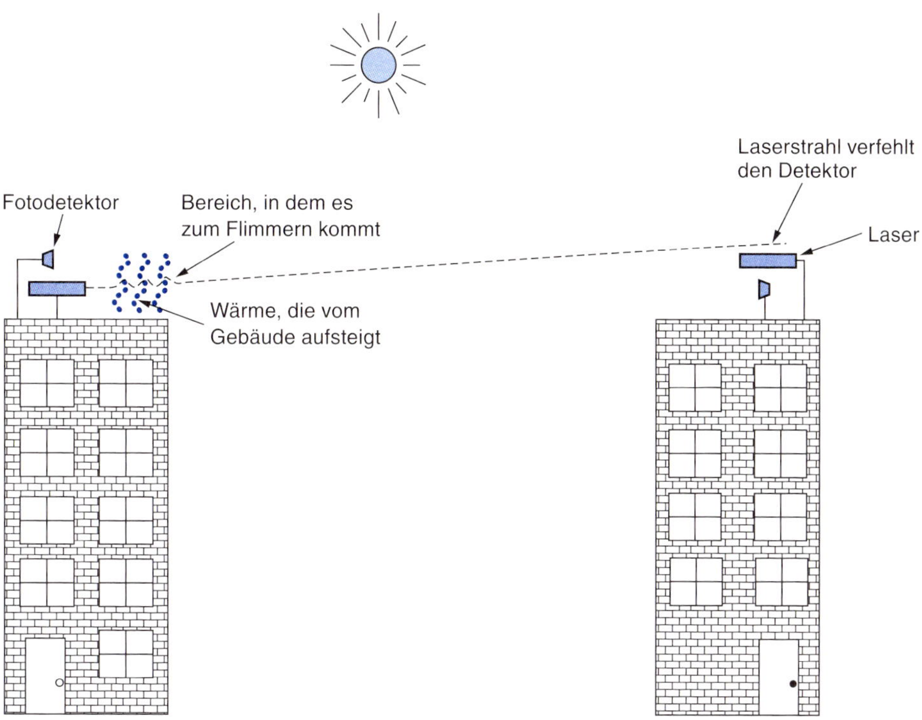

Abbildung 2.11: Konvektionsströme können Störungen bei Laserkommunikationssystemen verursachen. Die Abbildung zeigt ein bidirektionales System mit zwei Lasern.

Ungeführte optische Kommunikation mag heute aussehen wie eine exotische Netzwerktechnologie, doch diese Technologie könnte sich bald mehr durchsetzen. Wir sind umgeben von Kameras (die Licht wahrnehmen) und Displays (die Licht mithilfe von LEDs und anderen Technologien aussenden). Die Datenkommunikation kann als obere Schicht auf diese Displays aufgesetzt werden, indem Information in das An- und Ausschaltmuster der LEDs codiert wird, welches unterhalb der menschlichen Wahrnehmungsschwelle liegt. Solch eine Kommunikation mit sichtbarem Licht ist prinzipiell sicher und erzeugt ein langsames Netz in der unmittelbaren Umgebung des Displays. Dies könnte allerlei abstruse Ubiquitous-Computing-Szenarien ermöglichen. Das Blaulicht von Rettungsfahrzeugen könnte Ampeln und Autos in der Nähe alarmieren, um zu helfen, den Weg freizugeben. Informationsschilder könnten Landkarten aussenden. Und festliche Lichter könnten Lieder ausstrahlen, die mit ihren Displays synchronisiert sind.

2.4 Von den Wellenformen zu den Bits

In diesem Abschnitt beschreiben wir, wie Signale über die weiter vorn beschriebenen physischen Medien übertragen werden. Wir beginnen unsere Diskussion mit den theoretischen Grundlagen der Datenkommunikation und gehen anschließend ein auf die Modulation (d.h. die Umwandlung von analogen Wellenformen in Bits) und das Multiplexen (das es einem physischen Medium erlaubt, mehrere Übertragungen gleichzeitig durchzuführen).

2.4.1 Theoretische Grundlagen der Datenübertragung

Informationen können über Kabel durch die Variation bestimmter physikalischer Eigenschaften, z.B. Spannung oder Strom, übertragen werden. Durch Darstellung des Wertes dieser Spannung oder des Stroms als einwertige Funktion der Zeit $f(t)$ können wir das Verhalten des Signals modellieren und mathematisch analysieren. Diese Analyse ist Thema der folgenden Abschnitte.

Fourieranalyse

Im frühen 19. Jahrhundert bewies der französische Mathematiker Jean-Baptiste Fourier, dass jede periodische Funktion $g(t)$, die sich einigermaßen vernünftig verhält, mit der Periode T als (möglicherweise unendliche) Summe einer Anzahl von Sinus- und Kosinusfunktionen gebildet werden kann:

$$g(t) = \frac{1}{2}c + \sum_{n=1}^{\infty} a_n \sin(2\pi nft) + \sum_{n=1}^{\infty} b_n \cos(2\pi nft) \tag{2.2}$$

wobei $f=1/T$ die Grundfrequenz ist und a_n und b_n die Sinus- und Kosinusamplituden der n-ten **Harmonischen** sind und c eine Konstante ist, die den Mittelwert der Funktion bestimmt. Eine solche Zerlegung nennt man **Fourierreihe**. Aus der Fourierreihe kann die Funktion rekonstruiert werden. Das heißt, wenn die Periode T bekannt ist und die Amplituden gegeben sind, kann die ursprüngliche Funktion der Zeit durch die Berechnung der Summe in Gleichung (2.2) gefunden werden.

Ein Datensignal, das eine endliche Dauer hat (was für alle Datensignale zutrifft), kann man auch so betrachten, dass das gleiche Muster immer wiederholt wird (d.h., das Intervall von T bis $2T$ entspricht dem von 0 bis T usw.).

Die a_n-Amplituden können für jedes gegebene $g(t)$ berechnet werden, indem beide Seiten der Gleichung (2.2) mit $\sin(2\pi kft)$ multipliziert und dann von 0 bis T integriert werden.

Da

$$\int_0^T \sin(2\pi kft)\sin(2\pi nft)\,dt = \begin{cases} 0 \text{ für } k \neq n \\ T/2 \text{ für } k = n \end{cases}$$

bleibt bei der Summation nur ein Term übrig: a_n. Die Summation mit den b_n fällt ganz weg. Ebenso können wir b_n durch Multiplikation der Gleichung (2.2) mit $\cos(2\pi kft)$ und Integrieren von 0 und T herleiten. Indem wir beide Seiten der Gleichung, wie sie oben dargestellt ist, integrieren, erhalten wir c. Die Ergebnisse dieser Rechnungen lauten wie folgt:

$$a_n = \frac{2}{T}\int_0^T g(t)\sin(2\pi nft)dt \quad b_n = \frac{2}{T}\int_0^T g(t)\cos(2\pi nft)dt \quad c = \frac{2}{T}\int_0^T g(t)dt$$

Signale mit begrenzter Bandbreite

Diese Berechnungen sind für die Datenübertragung deshalb relevant, weil reale Kanäle auf verschiedene Frequenzsignale unterschiedliche Auswirkungen haben. Dazu betrachten wir am besten ein Beispiel: die Übertragung des ASCII-Zeichens „b", das in einem 8-Bit-Byte codiert ist. Das zu übertragende Bitmuster ist 01100010. Der linke Teil von ▶Abbildung 2.12a zeigt die vom übertragenden Rechner erzeugte Spannung. Die Fourieranalyse dieser Spannung ergibt folgende Koeffizienten:

$$a_n = \frac{1}{\pi n}\left[\cos(\pi n/4) - \cos(3\pi n/4) + \cos(6\pi n/4) - \cos(7\pi n/4)\right]$$
$$b_n = \frac{1}{\pi n}\left[\sin(3\pi n/4) - \sin(\pi n/4) + \sin(7\pi n/4) - \sin(6\pi n/4)\right]$$
$$c = 3/4$$

Die Effektivamplituden $\sqrt{a_n^2 + b_n^2}$ für die ersten Terme stehen auf der rechten Seite von Abbildung 2.12a. Diese Werte sind deshalb interessant, weil ihre Quadrate proportional zu der Energie sind, die bei der zugehörigen Frequenz übertragen wird.

Kein Übertragungsgerät kann Signale übermitteln, ohne hierbei etwas Energie zu verlieren. Würden alle Fourierkomponenten gleichermaßen verringert, hätte das entstehende Signal zwar eine geringere Amplitude, wäre aber nicht verzerrt (d.h., es hätte die gleiche nette rechtwinklige Gestalt wie Abbildung 2.12a). Leider verringern alle Übertragungseinrichtungen die verschiedenen Fourierkomponenten um unterschiedliche Beträge und erzeugen dadurch Verzerrungen.

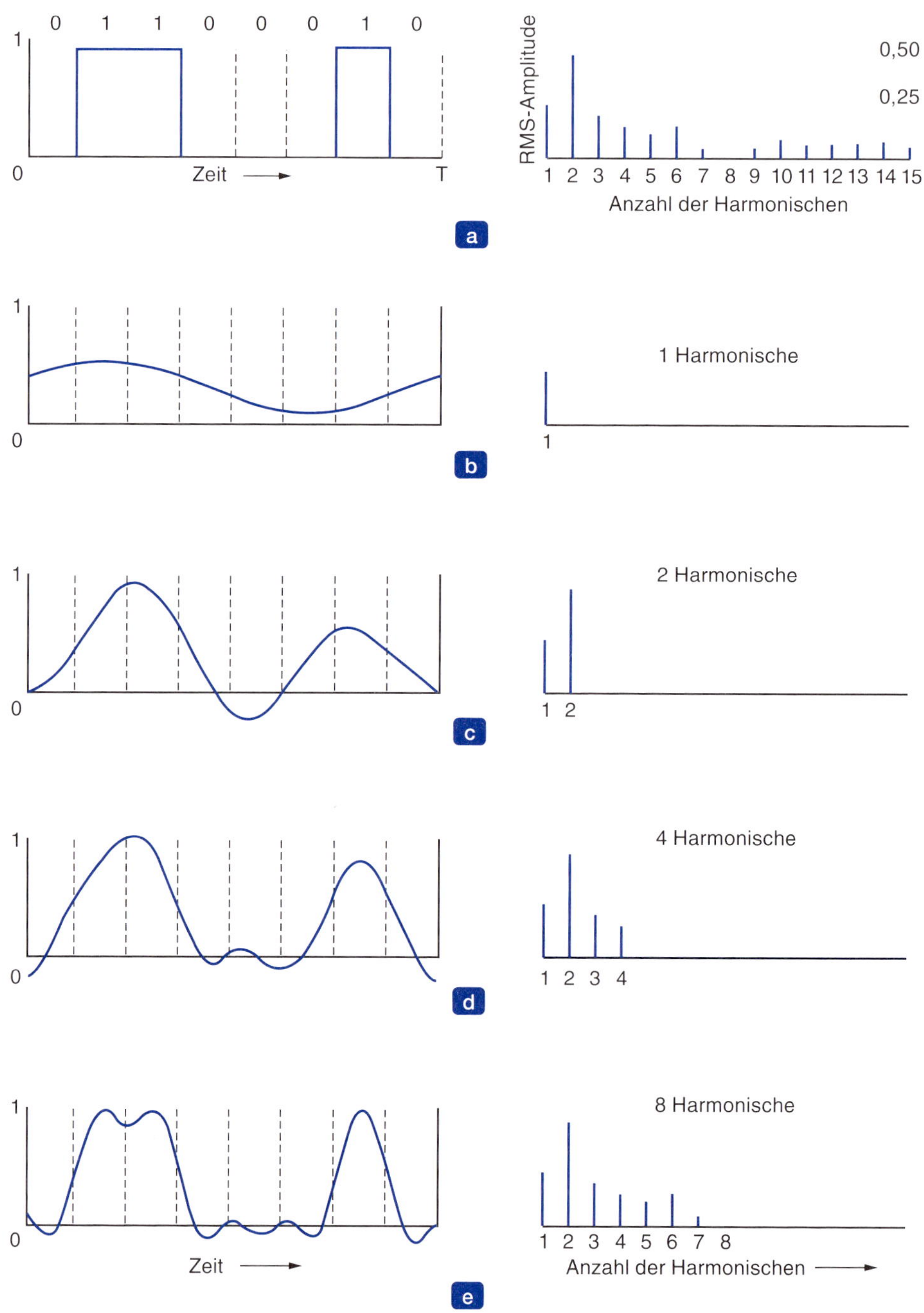

Abbildung 2.12: (a) Binäres Signal und die quadratischen Mittelwerte (RMS, *Root Mean Square*) seiner Fourieramplituden. (b)–(e) Aufeinanderfolgende Näherungen des ursprünglichen Signals.

Normalerweise werden die Amplituden für ein Kabel zwischen den Frequenzen 0 und f_c (gemessen in Schwingungen/Sekunde oder Hertz (Hz)) fast unverändert übertragen, während alle Frequenzen über dieser Grenzfrequenz abgedämpft werden. Die Breite des Frequenzbereichs, in dem ohne größere Dämpfung übertragen wird, wird als **Bandbreite** (*bandwidth*) bezeichnet. In der Praxis ist die Trennung nicht so streng, sodass die angegebene Bandbreite oftmals von 0 bis zu der Frequenz reicht, bei der die Leistung auf die Hälfte abgefallen ist.

Die Bandbreite ist eine physikalische Eigenschaft des Übertragungsmediums, die in der Regel z.B. von dessen Aufbau, der Dicke und der Länge des Kabels oder der Glasfaser abhängt. Häufig werden Filter eingesetzt, um die Bandbreite eines Signals weiter zu begrenzen. Kanäle für drahtloses IEEE 802.11 (WiFi) können beispielsweise bis zu circa 20 MHz benutzen, sodass 802.11-Wellen die Signalbandbreite auf diese Größe filtern (obwohl in einigen Fällen ein 80-MHz-Band verwendet wird).

Ein weiteres Beispiel sind traditionelle (analoge) Fernsehkanäle, die jeweils 6 MHz besetzen, auf einem Kabel oder in der Luft. Mithilfe dieses Filterns können mehr Signale einen vorgegebenen Bereich des Spektrums gemeinsam nutzen, was die Gesamteffizienz des Systems verbessert. Dies bedeutet, dass der Frequenzbereich für einige Signale nicht bei null starten wird, sondern bei einer höheren Zahl, aber das macht nichts. Die Bandbreite ist immer noch die Breite des Bandes der durchlaufenen Frequenzen; und die Information, die übertragen werden kann, hängt nur von dieser Breite und nicht von den Anfangs- und Endfrequenzen ab. Signale innerhalb des Bereichs von 0 bis zu einer maximalen Frequenz werden **Basisbandsignale** (*baseband signal*) genannt. Signale, die verschoben werden, um einen höheren Frequenzbereich zu belegen – wie bei allen drahtlosen Übertragungen –, heißen **Durchlassbandsignale** (*passband signal*).

Betrachten wir nun, wie das Signal in Abbildung 2.12a aussehen würde, falls die Bandbreite nur für eine Übertragung der niedrigsten Frequenzen ausreichend wäre (d.h., falls die Funktion durch die ersten Terme von Gleichung (2.2) angenähert würde). Abbildung 2.12b zeigt das Signal, das bei einem Kanal entsteht, der nur die erste Harmonische (Grundschwingung f) durchgehen lässt. Abbildung 2.12c–e zeigen die Spektren und rekonstruierten Funktionen für Kanäle mit höheren Bandbreiten. Bei der digitalen Übertragung ist es das Ziel, ein Signal mit gerade so viel Genauigkeit zu empfangen, um die gesendete Bitfolge zu rekonstruieren. Bei dem Signal in Abbildung 2.12e ist dies schon einfach möglich, also wäre es verschwenderisch, mehr Harmonische zu benutzen, um eine noch akkuratere Kopie zu empfangen.

Bei einer Bitrate von b Bit/s ist die Zeit, die in unserem Beispiel für die Übertragung von 8 Bit benötigt wird, $8/b$ Sekunden. Folglich beträgt die Frequenz der ersten Harmonischen dieses Signals $b/8$ Hz. Eine normale Telefonleitung mit Sprachqualität (*voice-grade line*) hat eine künstlich eingeführte Grenzfrequenz bei etwa 3.000 Hz. Durch diese Einschränkung liegt die Zahl der höchsten übertragenen Harmonischen bei etwa $3.000/(b/8)$ oder $24.000/b$ (die Grenze ist nicht strikt).

Bei einigen Datenübertragungsraten ergeben sich die in ►Abbildung 2.13 aufgeführten Zahlen. Aus diesen Zahlen geht hervor, dass der Versuch, mit 9.600 Bit/s über eine Telefonleitung in Sprachqualität zu übertragen, Abbildung 2.12a in etwas umwandelt, das aussieht wie Abbildung 2.12c, was den korrekten Empfang des binären Bitstroms etwas schwieriger macht. Es ist offensichtlich, dass bei Datenübertragungsraten, die weit über 38,4 kbit/s liegen, für binäre Signale keinerlei Hoffnung besteht, auch wenn die Übertragungseinrichtung absolut rauschfrei ist. Mit anderen Worten, die Einschränkung der Bandbreite begrenzt die Datenübertragungsrate auch bei perfekten Kanälen. Allerdings gibt es ausgefeilte Codierverfahren mit mehreren Spannungsstufen, die höhere Datenübertragungsraten ermöglichen. Dies wird später in diesem Kapitel ausführlicher behandelt.

Bit/s	T (ms)	1. Harmonische (Hz)	Anzahl gesendeter Harmonischer
300	26,67	37,5	80
600	13,33	75	40
1.200	6,67	150	20
2.400	3,33	300	10
4.800	1,67	600	5
9.600	0,83	1.200	2
19.200	0,42	2.400	1
38.400	0,21	4.800	0

Abbildung 2.13: Beziehung zwischen Datenraten und Harmonischen für unser Beispiel.

Es herrscht viel Verwirrung, wenn es um Bandbreite geht, da dieser Begriff bei Elektroingenieuren und Informatikern unterschiedliche Bedeutung hat. Für Elektroingenieure ist die (analoge) Bandbreite (so wie wir es oben beschrieben haben) eine Quantität, die in Hz gemessen wird. Für Informatiker ist die (digitale) Bandbreite die maximale Datenrate eines Kanals, eine Quantität, die in Bit/s gemessen wird. Diese Datenrate ist das Endresultat, das sich aus Benutzung der analogen Bandbreite eines physischen Kanals für digitale Übertragung ergibt, und die Beziehungen dieser beiden werden wir als Nächstes diskutieren. In diesem Buch wird immer aus dem Kontext hervorgehen, ob wir die analoge Bandbreite (Hz) oder die digitale Bandbreite (Bit/s) meinen.

2.4.2 Maximale Datenübertragungsrate eines Kanals

Schon 1924 hat Henry Nyquist, Ingenieur bei AT&T, erkannt, dass auch ein perfekter Kanal eine begrenzte Übertragungskapazität aufweist. Er leitete einen Ausdruck ab, der die maximale Datenübertragungsrate für einen rauschfreien Kanal mit begrenzter Bandbreite darstellt. 1948 führte Claude Shannon die Arbeit von Nyquist fort und dehnte die Gleichung auf einen Kanal aus, der zufälligem (thermodynamischem) Rauschen unterliegt (Shannon, 1948). Dieser Artikel gilt als der wichtigste Aufsatz in der gesamten Informationstheorie. Wir fassen seine inzwischen klassischen Ergebnisse hier kurz zusammen.

Nyquist bewies: Wenn ein beliebiges Signal durch einen Tiefpassfilter der Bandbreite B geführt wird, kann das gefilterte Signal durch nur $2B$ (exakte) Abtastwerte pro Sekunde vollständig rekonstruiert werden. Mehr als $2B$ Abtastwerte pro Sekunde sind nutzlos, da Anteile mit höherer Frequenz, die durch eine höhere Abtastrate entdeckt werden könnten, bereits ausgefiltert wurden. Besteht ein Signal aus V diskreten Stufen, lautet das Nyquist-Theorem:

$$\text{maximale Datenübertragungsrate} = 2B \log_2 V \text{ Bit/s} \tag{2.3}$$

Ein rauschfreier 3-kHz-Kanal beispielsweise kann binäre (also zweistufige) Signale nicht mit mehr als 6.000 Bit/s übertragen.

Bis jetzt haben wir nur rauschfreie Kanäle betrachtet. Ist zufälliges Rauschen vorhanden, verschlechtert sich die Situation sehr schnell. Zufälliges (thermisches) Rauschen ist aufgrund der Bewegung der Moleküle im System immer vorhanden. Die Intensität des vorhandenen thermischen Rauschens wird durch das Verhältnis der Signalstärke zur Rauschstärke – das **Signal-Rausch-Verhältnis** (**SNR**, *Signal-to-Noise Ratio*, auch als **Rauschabstand** bezeichnet) – gemessen. Ist die Signalstärke S und die Rauschstärke N, dann beträgt das Signal-Rausch-Verhältnis S/N. Normalerweise wird dieses Verhältnis auf einer logarithmischen Skala als Wert $10 \log_{10} S/N$. angegeben, weil es über einem extrem großen Bereich variieren kann. Die Einheiten dieser logarithmischen Skala werden **Dezibel** (**dB**) genannt, wobei „dezi“ von 10 kommt und „bel“ zu Ehren von Alexander Graham Bell, dem Erfinder des Telefons, gewählt wurde. Ein S/N-Verhältnis von 10 ist 10 dB, ein Verhältnis von 100 ist 20 dB, das Verhältnis von 1.000 ist 30 dB usw. Die Hersteller von Hifi-Verstärkern geben oft die Bandbreite (den Frequenzbereich) an, über die sich ihr Produkt linear verhält, indem sie die beiden Grenzfrequenzen mit 3 dB Abweichung angeben. An diesen Punkten wird die Verstärkung ungefähr halbiert (da $10 \log_{10} 0{,}5 \approx -3$).

Shannons wichtigstes Ergebnis ist, dass die maximale Datenübertragungsrate oder **Kapazität** eines rauschenden Kanals mit einer Bandbreite von B Hz und einem Signal-zu-Rausch-Verhältnis von S/N folgendermaßen gegeben ist:

$$\text{maximale Anzahl von Bit/Sekunde} = B \log_2 (1 + S/N) \tag{2.4}$$

Daraus können wir ablesen, welches die besten Kapazitäten sind, die reale Kanäle aufweisen können. Beispielsweise benutzt ADSL (*Asymmetric Digital Subscriber Line*) für den Internetzugang über normale Telefonleitungen eine Bandbreite von ca. 1 MHz. Das Signal-Rausch-Verhältnis hängt stark von der Entfernung des Hauses vom Fernsprechamt ab, und ein SNR von ungefähr 40 dB für kurze Leitungen von ein bis zwei Kilometern ist sehr gut. Mit diesen Charakteristiken kann der Kanal nie mehr als 13 Mbit/s übertragen, gleichgültig, wie viele oder wenige Signalstufen benutzt und wie oft oder selten Abtastwerte abgenommen werden. In der Praxis ist ADSL auf bis zu 12 Mbit/s festgelegt, obwohl Benutzer häufig niedrigere Datenraten bekommen. Diese Datenrate ist in der Tat sehr gut – über 60 Jahre der Kommunikationstechnik haben die Lücke zwischen theoretischer Shannon-Kapazität und der Kapazität von realen Systemen stark verkleinert.

Shannons Ergebnis wurde aus Argumenten der Informationstheorie abgeleitet und ist auf jeden Kanal, bei dem thermisches Rauschen auftritt, anwendbar. Gegenbeispiele fallen in die gleiche Kategorie wie das Perpetuum mobile. Um ADSL auf über 12 Mbit/s zu erweitern, muss entweder das SNR verbessert werden (zum Beispiel indem digitale Verstärker in die Leitungen eingefügt werden, die näher an den Kunden sind) oder es muss mehr Bandbreite benutzt werden, so wie bei der Weiterentwicklung ADSL2+.

2.4.3 Digitale Modulation

Nachdem wir nun die Eigenschaften von verkabelten und drahtlosen Kanälen untersucht haben, können wir unsere Aufmerksamkeit dem Problem zuwenden, digitale Informationen zu senden. Kabelgebundene und drahtlose Kanäle übertragen analoge Signale als kontinuierlich variierende Spannung, Lichtstärke oder Schallstärke. Um digitale Informationen zu senden, müssen wir uns überlegen, wie analoge Signale als Bits dargestellt werden. Der Vorgang des Konvertierens zwischen Bits und den dazugehörigen Signalen wird **digitale Modulation** genannt.

Wir beginnen mit Schemata, die Bits direkt in ein Signal konvertieren. Diese führen zur **Basisbandübertragung** (*baseband transmission*), bei der das Signal Frequenzen von null bis zu einem Maximum besetzt. Dieses Maximum hängt von der Signalrate ab. Dieses Vorgehen ist üblich für Kabel. Dann werden wir Schemata betrachten, die die Amplitude, Phase oder Frequenz eines Trägersignals regulieren, um Bits zu transportieren. Daraus ergibt sich die **Übertragung im Durchlassbereich** (*passband transmission*), bei der das Signal ein Frequenzband um die Frequenz des Trägersignals herum besetzt. Dieses Vorgehen ist für drahtlose und optische Kanäle üblich, bei denen die Signale in einem vorgegebenen Frequenzband liegen müssen.

Kanäle werden häufig von mehreren Signalen gemeinsam benutzt. Schließlich ist es sehr viel bequemer, ein einziges Kabel zu verwenden, statt für jedes Signal ein eigenes Kabel zu verlegen. Diese Art der gemeinsamen Nutzung heißt **Multiplexing**. Es kann auf mehrere Weisen durchgeführt werden. Wir werden Methoden für Zeit-, Frequenz- und Codemultiplexing vorstellen.

Die Modulations- und Multiplexverfahren, die wir in diesem Abschnitt beschreiben, sind weitverbreitet für Kabel, Glasfaser, terrestrische drahtlose und Satellitenkanäle.

Basisbandübertragung

Die direkteste Form der digitalen Modulation ist, eine positive Spannung zu nehmen, um eine 1 darzustellen, und eine negative Spannung, um eine 0 darzustellen (▶Abbildung 2.14a). Für Glasfaserkabel könnte die Anwesenheit von Licht eine 1 und die Abwesenheit von Licht eine 0 repräsentieren. Dieses Schema heißt **NRZ** (*Non-Return-to-Zero*). Der seltsame Name hat historische Gründe und bedeutet einfach nur, dass das Signal den Daten folgt. Ein Beispiel ist in Abbildung 2.14b zu sehen.

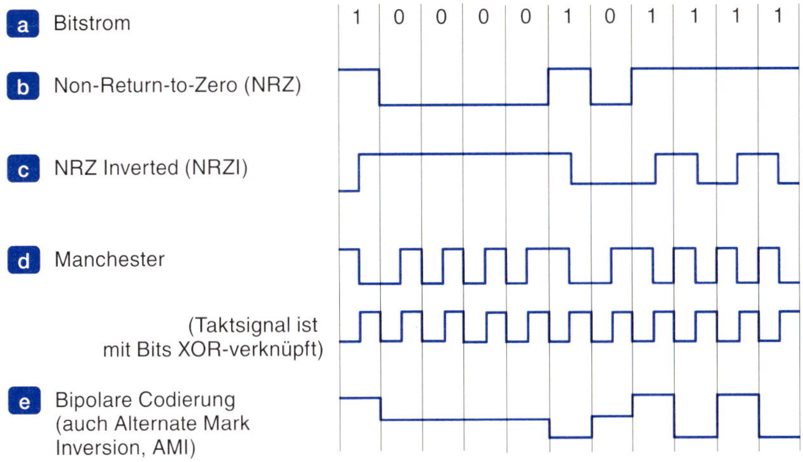

Abbildung 2.14: Leitungscodes: (a) Bits, (b) NRZ, (c) NRZI, (d) Manchester, (e) bipolar oder AMI.

Einmal gesendet, pflanzt sich das NRZ-Signal durch das Kabel weiter fort. Am anderen Ende konvertiert der Empfänger es in Bits, indem das Signal in regelmäßigen Zeitintervallen abgetastet wird. Dieses Signal entspricht nicht exakt dem gesendeten Signal, da es vermutlich durch den Kanal gedämpft wird und durch Rauschen auf der Empfängerseite gestört ist. Um die Bits zu decodieren, bildet der Empfänger die Signalabtastungen auf die am nächsten kommenden Symbole ab. Bei NRZ wird man eine positive Spannung nehmen, um anzuzeigen, dass eine 1 gesendet wurde, und eine negative Spannung, um anzuzeigen, dass eine 0 gesendet wurde.

NRZ ist ein guter Ausgangspunkt für unsere Betrachtungen, weil es ein einfaches Verfahren ist, jedoch wird es in der Praxis selten allein benutzt. Komplexere Schemata werden **Leitungscodes** (*line code*) genannt. Im Folgenden beschreiben wir Leitungscodes, die Bandbreiteneffizienz, Taktrückgewinnung und Gleichstromsymmetrie unterstützen.

Bandbreiteneffizienz

Bei NRZ kann das Signal zwischen den positiven und negativen Spannungsniveaus bis hin zu jedem zweiten Bit (wenn Einsen und Nullen abwechselnd vorkommen) springen. Dies bedeutet, dass wir bei einer Bitrate von B Bit/s mindestens eine Bandbreite von $B/2$ Hz benötigen. Diese Relation resultiert aus der Nyquist-Gleichung (2.3). Es ist eine prinzipielle Grenze, wir können also NRZ nicht schneller ausführen, ohne mehr Bandbreite zu benutzen. Bandbreite ist oft eine begrenzte Ressource, selbst für verkabelte Kanäle. Hochfrequente Signale werden zunehmend gedämpft – was sie weniger nützlich macht – und benötigen außerdem schnellere Elektronik.

Eine Vorgehensweise zur effizienteren Ausnutzung der begrenzten Bandbreite ist, mehr als zwei Signalebenen zu verwenden. Wenn beispielsweise vier Spannungsniveaus benutzt werden, können wir zwei Bits auf einmal als ein **Symbol** senden. Dieses Konzept funktioniert so lange, wie das Signal beim Empfänger ausreichend stark ist, um die vier Niveaus zu unterscheiden. Die Rate, mit der das Signal sich ändert, ist dann die Hälfte der Bitrate, die benötigte Bandbreite ist also verringert worden.

Wir nennen die Rate, mit der sich das Signal ändert, die **Symbolrate**, um es von der **Bitrate** zu unterscheiden. Die Bitrate entspricht der Symbolrate multipliziert mit der Anzahl der Bits pro Symbol. Ein älterer Name für die Symbolrate, insbesondere im Kontext mit Telefonmodems, welche digitale Daten über Telefonleitungen transportieren, ist **Baudrate**. In der Fachliteratur werden die Begriffe „Bitrate" und „Baudrate" oft falsch benutzt.

Die Anzahl der Signalebenen muss nicht unbedingt eine Potenz von zwei sein. Dies kommt häufig vor, wenn einige Ebenen zum Schutz vor Fehlern und zur Vereinfachung des Empfängerentwurfs benutzt werden.

Taktrückgewinnung

Bei allen Schemata zur Codierung von Bits in Symbole muss der Empfänger wissen, wann ein Symbol endet und das nächste beginnt, um die Bits korrekt zu decodieren. Bei NRZ sind die Symbole einfach nur Spannungsniveaus – eine lange Reihe von Nullen oder Einsen lässt das Signal also unverändert. Nach einer Weile ist es schwer, die einzelnen Bits auseinanderzuhalten, da eine Reihe von 15 Nullen einer Reihe von 16 Nullen recht ähnlich sieht, außer man hat einen extrem akkuraten Taktgeber.

Akkurate Taktgeber würden bei diesem Problem helfen, aber sie sind eine teure Lösung für Allerweltsgeräte. Schließlich messen wir die Bits zeitlich auf Verbindungen, die mit vielen Megabit/s laufen, daher dürfte der Taktgeber nur weniger als den Bruchteil einer Mikrosekunde über der längsten erlaubten Reihe abweichen. Dies könnte für langsame oder kurze Verbindungen noch sinnvoll sein, doch es ist keine generelle Lösung.

Eine Strategie wäre, dem Empfänger ein separates Taktsignal zu senden. Eine weitere Taktleitung ist für Computerbusse oder kurze Kabel, in denen es viele parallele Leitungen gibt, keine große Sache, aber bei den meisten Netzverbindungen wäre das Verschwendung: wenn wir eine zusätzliche Leitung haben, um ein Signal zu senden, dann könnten wir diese Leitung auch nutzen, um Daten zu übertragen. Ein raffinierter Trick hier ist, das Taktsignal mit dem Datensignal durch eine XOR-Verknüpfung zu mischen, sodass keine zusätzliche Leitung benötigt wird. Die Ergebnisse sind in Abbildung 2.14d zu sehen. Der Taktgeber macht in jeder Bitzeit einen Taktübergang, er läuft also mit doppelter Bitrate. Wenn das Taktsignal mit dem 0-Pegel XOR-verknüpft ist, so wird ein Übergang von niedrig zu hoch (steigende Flanke) durchgeführt, welcher einfach dem Taktsignal entspricht. Dieser Übergang entspricht einer logischen 0. Wenn es mit dem 1-Pegel XOR-verknüpft ist, dann ist das Signal invertiert und macht einen Übergang von hoch zu niedrig (fallende Flanke). Dieser Übergang entspricht einer logischen 1. Das Schema heißt **Manchester**-Code und wurde im klassischen Ethernet eingesetzt.

Der Nachteil des Manchester-Codes ist, dass aufgrund des Taktsignals doppelt so viel Bandbreite wie bei NRZ benötigt wird, und wir haben bereits gesehen, dass Bandbreite oft eine wichtige Rolle spielt. Eine andere Strategie basiert auf der Idee, die Daten zu codieren um sicherzustellen, dass das Signal genügend Übergänge aufweist.

Schließlich hat NRZ nur für lange Reihen von Nullen und Einsen Taktrückgewinnungsprobleme. Falls es häufige Übergänge gibt, wird es für den Empfänger einfach, mit dem ankommenden Symbolstrom synchronisiert zu bleiben.

Als Schritt in die richtige Richtung können wir die Situation vereinfachen, indem wir eine 1 als einen Übergang und eine 0 als keinen Übergang (oder umgekehrt) codieren. Diese Codierung wird **NRZI** (**Non-Return-to-Zero Inverted**) genannt, eine Variation von NRZ. Ein Beispiel ist in Abbildung 2.14c gezeigt. Der beliebte **USB**-Standard (*Universal Serial Bus*) für die Verbindung von Rechnerperipheriegeräten benutzt NRZI. Somit gibt es kein Problem mit langen Reihen von Einsen.

Nun haben wir natürlich noch das Problem der langen Reihen von Nullen zu lösen. Wenn wir eine Telefongesellschaft wären, könnten wir einfach fordern, dass der Sender nicht zu viele Nullen übermittelt. Ältere digitale Telefonleitungen in den USA, sogenannte **T1-Leitungen**, verlangten in der Tat, dass nicht mehr als 15 hintereinanderfolgende Nullen gesendet wurden, damit die Leitungen korrekt funktionierten. Um dieses Problem völlig zu beheben, können wir eine Folge von Nullen aufbrechen, indem wir eine Abbildung definieren, die kleine Gruppen der zu sendenden Bits jeweils anderen, leicht längeren Gruppen zuweist, welche nicht zu viele aufeinanderfolgende Nullen haben.

Ein bekannter Code hierfür ist **4B/5B**. Jeweils 4 Bits werden auf ein 5-Bit-Muster nach einer festgelegten Übersetzungstabelle abgebildet. Die 5-Bit-Muster sind so ausgewählt, dass niemals eine Folge von mehr als drei aufeinanderfolgenden Nullen vorkommt. Die Übersetzungstabelle ist in ▶Abbildung 2.15 gezeigt. Dieses Schema fügt 25 % Overhead hinzu – was besser ist als 100 % Overhead beim Manchester-Code. Da es 16 Eingabekombinationen und 32 Ausgabekombinationen gibt, werden einige der Ausgabekombinationen nicht verwendet. Nimmt man die Kombinationen mit zu vielen Nullen heraus, dann sind immer noch einige Codes übrig. Als Bonus können wir diese Nicht-Daten-Codes benutzen, um Steuersignale der Bitübertragungsschicht zu repräsentieren. Zum Beispiel stellt in einigen Verwendungen „11111" eine unbeschäftigte Leitung dar und „11000" repräsentiert den Beginn eines Rahmens.

Daten (4B)	Codewort (5B)	Daten (4B)	Codewort (5B)
0000	11110	1000	10010
0001	01001	1001	10011
0010	10100	1010	10110
0011	10101	1011	10111
0100	01010	1100	11010
0101	01011	1101	11011
0110	01110	1110	11100
0111	01111	1111	11101

Abbildung 2.15: 4B/5B-Abbildung.

Ein alternativer Ansatz sieht vor, die Daten zufällig erzeugt aussehen zu lassen, auch bekannt als Scrambling. In diesem Fall ist es sehr wahrscheinlich, dass es häufige Übergänge geben wird. Ein **Scrambler** führt vor der Übertragung eine XOR-Verknüpfung der Daten mit einer pseudozufälligen Folge aus. Durch dieses Mischen werden die Daten so zufällig wie die pseudozufällige Folge selbst (vorausgesetzt, dass sie von der pseudozufälligen Folge unabhängig sind). Der Empfänger nimmt dann eine XOR-Verknüpfung der ankommenden Bits mit derselben pseudozufälligen Folge vor, um die ursprünglichen Daten wiederherzustellen. Damit dieses Verfahren praktikabel bleibt, muss die pseudozufällige Folge leicht zu erzeugen sein. Sie wird in der Regel von einem einfachen Zufallszahlengenerator ausgegeben.

Scrambling ist attraktiv, weil keine zusätzliche Bandbreite oder Zeit erforderlich ist. Tatsächlich ist es häufig hilfreich, das Signal aufzubereiten, sodass es seine Energie nicht in dominanten Frequenzkomponenten (verursacht durch sich wiederholende Datenmuster) hat, die elektromagnetische Interferenzen ausstrahlen können. Scrambling kann hier helfen, da zufällige Signale tendenziell „weiß" sind oder ihre Energie über die Frequenzkomponenten verstreuen.

Scrambling garantiert jedoch nicht, dass es keine langen Reihen geben wird. Es ist auch hier möglich, gelegentlich Pech zu haben, und zwar wenn die Daten dieselben sind wie die pseudozufällige Folge. In diesem Fall bewirkt die XOR-Verknüpfung, dass eine Reihe von Nullen entsteht. Dieses Ergebnis tritt nicht allgemein bei einer langen pseudozufälligen Folge auf, welche schwierig vorherzusagen ist. Bei kurzen oder vorhersehbaren Folgen kann es jedoch für bösartige Benutzer einfach sein, Bitmuster zu senden, die nach dem Scrambling eine lange Reihen von Nullen erzeugen und somit Verbindungsfehler verursachen. Frühe Versionen des Standards zum Senden von IP-Paketen über SONET-Verbindungen im Telefonsystem besaßen diesen Defekt (Malis und Simpson, 1999). Damit konnten Benutzer bestimmte „Killerpakete" senden, die garantiert Probleme verursachten.

Symmetrische Signale

Signale, die sogar innerhalb kurzer Zeitintervalle genauso viel positive wie negative Spannung haben, heißen **symmetrische Signale** (*balanced signal*). Ihr Mittelwert beträgt null, was bedeutet, dass diese Signale keine elektrische Gleichstromkomponente haben. Dieses Fehlen ist ein Vorteil, weil einige Kanäle wie Koaxialkabel oder Leitungen mit Transformatoren eine Gleichstromkomponente aufgrund ihrer physischen Eigenschaften stark dämpfen. Eine weitere Methode, den Empfänger mit dem Kanal zu verbinden, ist die **kapazitive Kopplung** (*capacitive coupling*), bei der nur der Wechselstromanteil eines Signals weitergeleitet wird. In beiden Fällen verschwenden wir Energie beim Senden eines Signals, dessen Mittelwert nicht null ist, da die Gleichstromkomponente herausgefiltert wird.

Symmetrische Signalübertragung stellt Übergänge für Taktrückgewinnung zur Verfügung, da es hier eine Mischung aus positiven und negativen Spannungen gibt. Außerdem können Empfänger auf eine einfache Art kalibriert werden, weil der Mittelwert des Signals gemessen und als eine Entscheidungsschwelle zum Decodieren von Symbolen genutzt werden kann. Bei asymmetrischen Signalen kann der Mittelwert zum Beispiel aufgrund von vielen Einsen von der echten Entscheidungsebene abweichen. Dies könnte beispielsweise durch viele Einsen verursacht werden, was das Decodieren von mehr Symbolen mit Fehlern nach sich ziehen würde.

Eine direkte Möglichkeit, einen symmetrischen Code zu konstruieren, ist die Verwendung von zwei Spannungsebenen, um eine logische Eins und eine logische Null darzustellen (z.B. +1 V für ein 1-Bit und −1 V für ein 0-Bit). Um eine 1 zu senden, wechselt der Sender zwischen der +1-V- und der −1-V-Ebene, sodass immer ein Ausgleich stattfindet. Dieses Schema heißt **bipolare Codierung** (*bipolar encoding*). Im Bereich von Telefonnetzen hat das Verfahren den Namen **AMI** (*Alternate Mark Inversion*), welcher von einer veralteten Terminologie herrührt, in der eine 1 als „mark“ (Zeichen) und eine 0 als „space“ (Zwischenraum) bezeichnet wurde. Ein Beispiel ist in Abbildung 2.14e zu sehen.

Bipolare Codierung fügt ein Spannungsniveau hinzu, um Symmetrie zu erhalten. Alternativ können wir dazu eine Abbildung wie 4B/5B benutzen (wodurch außerdem Übergänge zur Taktrückgewinnung gewonnen werden). Ein Beispiel dieser Art von symmetrischem Code ist der **8B/10B**-Leitungscode. Hierbei werden 8 Eingabebits auf 10 Ausgabebits abgebildet, damit hat dieser Code genau wie der 4B/5B-Leitungscode eine Effizienz von 80%. Die 8 Bits werden in zwei Gruppen von 5 Bits und von 3 Bits aufgeteilt, wobei die 5-Bit-Gruppe auf 6 Bits und die 3-Bit-Gruppe auf 4 Bits abgebildet wird. Die 6-Bit- und 4-Bit-Symbole werden anschließend aneinandergehängt. In jeder Gruppe können einige Eingabemuster auf symmetrische Ausgabemuster abgebildet werden, die dieselbe Anzahl von Nullen und Einsen besitzen. Beispielsweise wird „001“ auf „1001“ abgebildet, was symmetrisch ist. Doch es gibt nicht genügend Kombinationen, damit alle Ausgabemuster symmetrisch sind. In diesen Fällen wird jedes Eingabemuster auf zwei Ausgabemuster abgebildet. Das erste Muster bekommt eine zusätzliche 1, das zweite eine zusätzliche 0. Beispielsweise wird „000“ sowohl auf „1011“ als auch auf das Komplement „0100“ abgebildet. Wenn Eingabebits auf Ausgabebits abgebildet werden, erinnert sich der Codierer an die **Disparität** (*disparity*) des vorhergehenden Symbols. Die Disparität ist die Gesamtzahl der Nullen oder Einsen, bei denen das Signal seine Symmetrie verliert. Der Codierer wählt dann entweder ein Ausgabemuster oder das Komplement, um die Disparität zu verringern. Bei 8B/10B wird die Disparität höchstens 2 Bits betragen. Somit ist das Signal niemals weit von der Symmetrie entfernt. Es gibt auch nie mehr als fünf aufeinanderfolgende Einsen oder Nullen, was die Taktrückgewinnung unterstützt.

Übertragung im Durchlassbereich

Die Kommunikation über Basisbandfrequenzen eignet sich vor allem für die Übertragung via Kabel wie Twisted-Pair-, Koaxial- oder Glasfaserkabel. In anderen Fällen, besonders wenn Drahtlosnetze und Funk zum Einsatz kommen, müssen wir einen Frequenzbereich benutzen, der nicht bei null beginnt, um Daten über einen Kanal zu senden. Vor allem bei drahtlosen Kanälen ist es nicht praktikabel, sehr niederfrequente Signale zu senden, weil die Größe der Antenne ein Bruchteil der Signalwellenlänge sein muss, welche bei hohen Übertragungsfrequenzen groß werden kann. Auf jeden Fall wird die Wahl der Frequenzen gewöhnlich durch regulatorische Beschränkungen und die Notwendigkeit diktiert, Interferenzen zu vermeiden. Selbst bei Kabeln kann es sinnvoll sein, ein Signal in einem gegebenen Frequenzband so zu platzieren, dass verschiedene Arten von Signalen auf dem Kanal vorhanden sein können. Diese Art der Übertragung heißt Durchlassbandübertragung, da ein beliebiges Frequenzband benutzt wird, um das Signal weiterzuleiten.

Glücklicherweise beziehen sich unsere grundlegenden Ergebnisse am Anfang dieses Kapitels allesamt auf die Bandbreite oder die Breite des Frequenzbandes. Die absoluten Frequenzwerte spielen für die Kapazität keine Rolle. Dies bedeutet, wir können ein **Basisbandsignal** nehmen, das die Frequenzen von 0 bis B Hz besetzt, und es in einen sogenannten **Durchlassbereich** (*passband*) von S bis $S+B$ Hz verschieben. Dabei bleibt die übertragene Informationsmenge unverändert, auch wenn das Signal anders aussieht. Um das Signal beim Empfänger zu verarbeiten, kann es wieder zurück zum Basisband verschoben werden, wo die Erkennung von Symbolen günstiger ist.

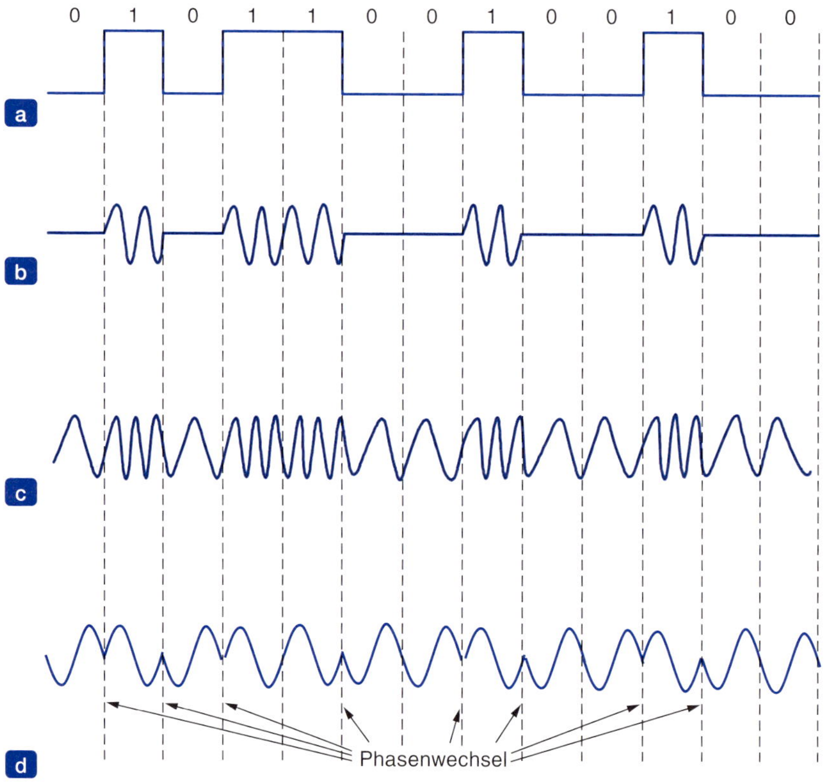

Abbildung 2.16: (a) Binärsignal. (b) Amplitudenmodulation. (c) Frequenzmodulation. (d) Phasenmodulation.

Digitale Modulation wird bei der Übertragung im Durchlassbereich durchgeführt, indem ein Trägersignal im Durchlassband moduliert wird. Wir können die Amplitude, Frequenz oder Phase des Trägersignals modulieren. Jede dieser Methoden hat einen eigenen Namen. Bei der **Amplitudenmodulation** (**ASK**, *Amplitude Shift Keying*) werden zwei unterschiedliche Amplituden benutzt, um 0 und 1 zu repräsentieren. Ein Beispiel dafür ist in ▶Abbildung 2.16b gezeigt. Wenn mehrere Bits pro Symbol codiert werden sollen, können weitere Spannungsniveaus eingesetzt werden.

Ähnlich werden bei der **Frequenzmodulation** (**FSK**, *Frequency Shift Keying*) zwei oder mehr unterschiedliche Tonhöhen verwendet. Das Beispiel in Abbildung 2.16c benutzt nur zwei Frequenzen. In der einfachsten Form der **Phasenmodulation** (**PSK**, *Phase Shift Keying*) wird die Trägerwelle bei jeder Symbolperiode systematisch um 0 oder 180 Grad verschoben. Da es zwei Phasen gibt, wird dieses Verfahren auch als **BPSK** (*Binary Phase Shift Keying*) bezeichnet. „Binary" hier bezieht sich auf die zwei Symbole und nicht darauf, dass die Symbole zwei Bits repräsentieren. Ein Beispiel ist in Abbildung 2.16d zu sehen. Ein besseres Schema zur effizienteren Ausnutzung der Kanalbandbreite ist die Verwendung von vier Verschiebungen, z.B. 45, 135, 225 oder 315 Grad, um 2 Bits an Information per Symbol zu übertragen. Diese Version heißt **QPSK** (*Quadrature Phase Shift Keying*).

Wir können diese Schemata kombinieren und mehr Spannungslagen benutzen, um mehr Bits pro Symbol zu übertragen. Aufgrund ihrer Beziehung – Frequenz ist die Rate der Phasenveränderung über der Zeit – kann zu einem Zeitpunkt immer nur entweder die Frequenz oder die Phase moduliert werden. In der Regel werden Amplitude und Phase zusammen moduliert. In ▶Abbildung 2.17 sind drei Beispiele dafür zu sehen. In jedem Beispiel geben die Punkte die erlaubten Amplituden- und Phasenkombinationen jedes Symbols an. In Abbildung 2.17a haben die Punkte den gleichen Abstand voneinander und befinden sich auf 45, 135, 225 bzw. 315 Grad. Die Phase eines Punkts wird durch den Winkel angegeben, den eine Linie von diesem Punkt zum Koordinatenursprung mit der positiven x-Achse bildet. Die Amplitude eines Punkts ist der Abstand vom Ursprung. Dieses Bild ist eine Darstellung von QPSK.

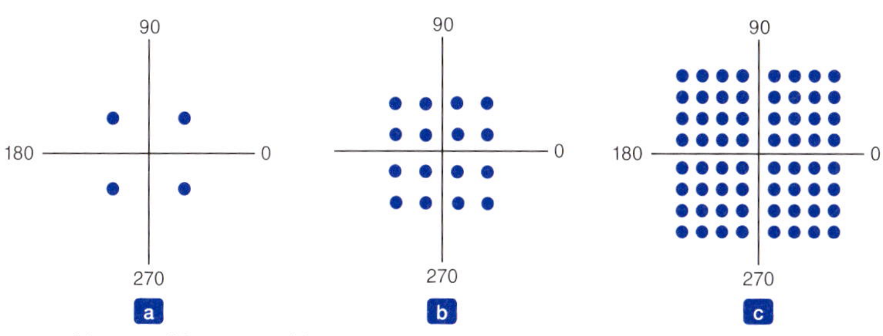

Abbildung 2.17: (a) QPSK. (b) QAM-16. (c) QAM-64.

Diese Art von Diagramm heißt **Konstellationsdiagramm**. In Abbildung 2.17b sehen wir ein Modulationsschema mit einer dichteren Konstellation. Sechzehn Kombinationen von Amplituden und Phasen werden benutzt, sodass das Modulationsschema verwendet werden kann, um 4 Bits pro Symbol zu übermitteln. Es wird **QAM-16** genannt, wobei QAM für **Quadraturamplitudenmodulation** (*Quadrature Amplitude Modulation*) steht. Abbildung 2.17c ist ein noch dichteres Modulationsschema mit 64 unterschiedlichen Kombinationen, sodass 6 Bits pro Symbol übermittelt werden können. Es heißt

QAM-64. Es werden sogar auch QAMs von noch höherer Ordnung eingesetzt. Wie Sie vielleicht anhand dieser Konstellationen vermuten können, ist es einfacher, elektronische Geräte so zu bauen, dass sie Symbole als eine Kombination von Werten auf jeder Achse erzeugen, anstatt als Kombination von Amplituden- und Phasenwerten. Daher sehen die Muster eher wie Quadrate als wie konzentrische Kreise aus.

Die Konstellationen, die wir bisher gesehen haben, zeigen nicht, wie die Bits den Symbolen zugewiesen werden. Eine wichtige Überlegung dabei ist, dass eine kleine Anhäufung von Rauschen beim Empfänger nicht in zu vielen Bitfehlern resultieren sollte. Dies könnte passieren, wenn wir aufeinanderfolgende Bitwerte benachbarten Symbolen zuweisen. Wenn bei QAM-16 zum Beispiel ein Symbol für 0111 und das benachbarte Symbol für 1000 steht und der Empfänger versehentlich das benachbarte Symbol auswählt, dann werden als Folge davon alle Bits falsch sein. Eine bessere Lösung ist, Bits so auf Symbole abzubilden, dass benachbarte Symbole sich in nur einer Bitposition unterscheiden. Diese Abbildung heißt **Gray-Code**. ▶Abbildung 2.18 zeigt eine QAM-16-Konstellation, die Gray-codiert ist. Wenn nun der Empfänger das Symbol fehlerhaft decodiert, so gibt es nur einen einzigen Bitfehler in dem erwarteten Fall, dass das decodierte Symbol nahe an dem übermittelten Symbol ist.

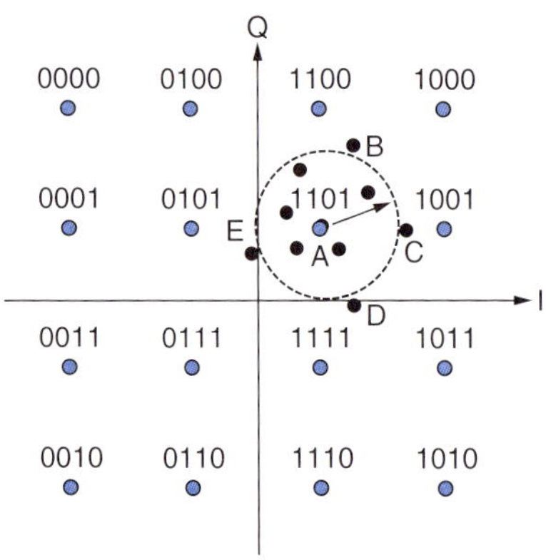

Wenn 1101 gesendet wurde:

Punkt	Decodiert als	Bitfehler
A	1101	0
B	1100	1
C	1001	1
D	1111	1
E	0101	1

Abbildung 2.18: Gray-codiertes QAM-16.

2.4.4 Multiplexing

Die bisher vorgestellten Modulationsschemata erlauben das Senden eines Signals, um Bits über eine verkabelte oder drahtlose Verbindung zu transportieren. Allerdings beschreiben sie nur, wie ein Bitstrom zurzeit übertragen wird. In der Praxis spielen Skaleneffekte eine große Rolle dabei, wie wir Netzwerke benutzen. Eine Übertragungsleitung mit hoher statt mit niedriger Bandbreite zwischen zwei Büros zu installieren und zu pflegen, kostet im Wesentlichen dasselbe (d.h., die Kosten kommen vom Ausheben des Grabens und nicht davon, welche Art von Kabel oder Glasfaser dort hinein kommt). Folglich wurden Multiplex-Schemata entwickelt, um eine gemeinsame Nutzung einer Leitung durch viele Signale zu ermöglichen. Die drei wichtigsten Möglichkeiten, eine einzelne physische Leitung zu multiplexen, betreffen Zeit, Frequenz und Code. Es gibt auch eine Methode namens Wellenlängenmultiplexing, die im Wesentlichen ein optische Form des Frequenzmultiplexing ist. Wir besprechen diese Methoden nachstehend im Detail.

Frequenzmultiplexverfahren

Frequenzmultiplexing (FDM, *Frequency Division Multiplexing*) verwendet die Übertragung im Durchlassbereich zur gemeinsamen Nutzung eines Kanals. Das Spektrum wird in Frequenzbänder aufgeteilt und jeder Benutzer erhält exklusive Besitzrechte auf ein bestimmtes Band zum Senden. Die Übertragung von Mittelwellenradio ist ein Beispiel für FDM. Das zugeteilte Spektrum umfasst ungefähr 1 MHz, ca. 500 bis 1.500 kHz. Jedem logischen Kanal (Station) wird ein Frequenzbereich zugeordnet, in dem er ausgeführt werden kann, wobei der Abstand zwischen den Kanälen groß genug sein muss, um Interferenzen zu verhindern.

Als ausführlicheres Beispiel sind in ▶Abbildung 2.19 drei Telefonkanäle mit Sprachqualität dargestellt, die mithilfe von FDM mehrfach genutzt werden. Filter begrenzen die nutzbare Bandbreite auf etwa 3.100 Hz pro Sprachkanal. Werden viele Kanäle mehrfach genutzt, erhält jeder Kanal 4.000 Hz. Der überschüssige Frequenzbereich wird **Sicherheitsband** (*guard band*) genannt. Dadurch wird die Trennung der Kanäle gewährleistet. Zuerst werden die Sprachkanäle in der Frequenz angehoben, wobei die Höhe der Anhebung für jeden Sprachkanal anders aussieht. Dann werden sie zusammengeführt, weil jetzt nie zwei Kanäle den gleichen Frequenzbereich nutzen. Obwohl sich dank der Sicherheitsbänder Lücken zwischen den Kanälen befinden, überlappen sich benachbarte Kanäle teilweise. Diese Überlappung kommt daher, weil reale Filter keine idealen scharfen Grenzen haben. Das bedeutet, dass eine starke Signalspitze am Rand eines Kanals im benachbarten Kanal ein nicht thermisches Rauschen verursachen kann.

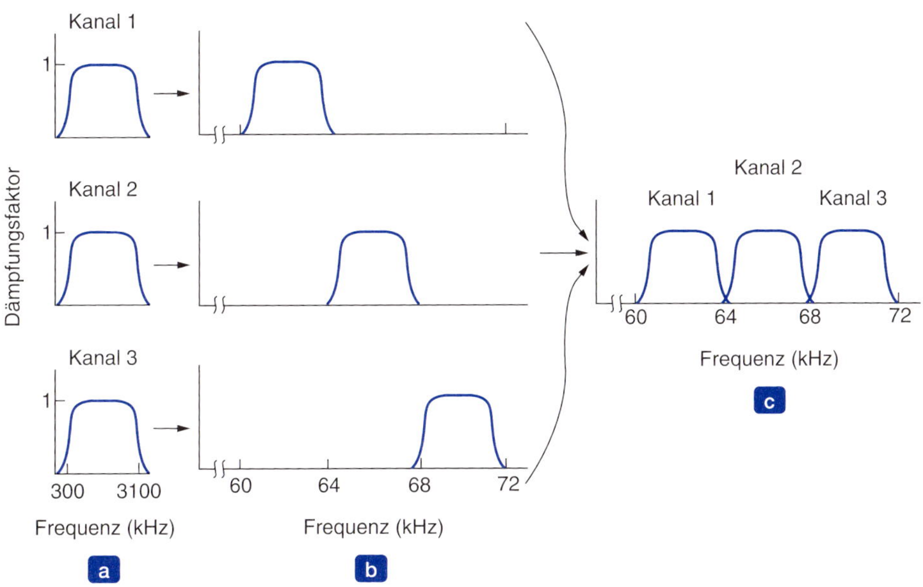

Abbildung 2.19: Frequenzmultiplexing. (a) Ursprüngliche Bandbreite. (b) Bandbreiten mit erhöhter Frequenz. (c) Multiplexkanal.

Dieses Schema wurde über viele Jahre im Telefonsystem eingesetzt, doch heute werden Zeitmultiplexverfahren bevorzugt. FDM wird jedoch weiterhin in Telefonnetzen sowie in zellulären, terrestrisch-drahtlosen und Satellitennetzen auf einer höheren Detailebene verwendet.

Wenn digitale Daten gesendet werden, ist es möglich, das Spektrum effizient ohne Benutzung von Sicherheitsbändern aufzuteilen. Bei **orthogonalem Frequenzmultiplexing** (**OFDM**, *Orthogonal Frequency Division Multiplexing*) wird die Kanalbandbreite in viele Unterträger eingeteilt, die unabhängig Daten senden (z. B. mit QAM). Die Unterträger werden eng im Frequenzbereich zusammengepackt. Somit reichen die Signale von einem Unterträger zu dem benachbarten Träger. Wie man allerdings in ▶Abbildung 2.20 sieht, ist die Frequenzantwort jedes Unterträgers so konzipiert, dass diese in der Mitte der benachbarten Unterträger null ist. Die Unterträger können daher an ihren Mittelfrequenzen ohne Interferenzen von ihren Nachbarn abgetastet werden. Dazu wird eine Sicherheitszeit benötigt, sodass ein Teil des Symbolsignals rechtzeitig wiederholt werden kann, um die gewünschte Frequenzantwort zu erhalten. Dieser Mehraufwand ist jedoch sehr viel geringer als mit vielen Sicherheitsbändern.

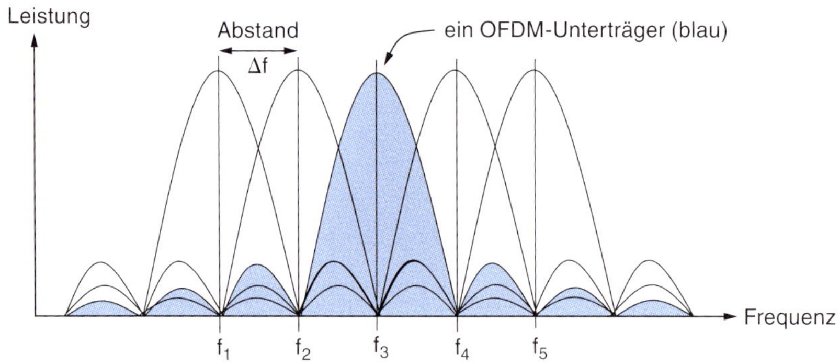

Abbildung 2.20: Orthogonales Frequenzmultiplexing (OFDM).

Die Idee von OFDM gibt es schon eine ganze Weile, doch erst seit Beginn der 2000er Jahre hat es sich weithin durchgesetzt – im Zuge der Erkenntnis, dass es möglich ist, OFDM effizient hinsichtlich einer Fouriertransformation von digitalen Daten über allen Unterträgern zu implementieren (anstatt jeden Unterträger separat zu modulieren). OFDM wird bei IEEE 802.11, in Kabelnetzen, Powerline Networks und für zelluläre Systeme der vierten Generation verwendet. In der Regel wird ein einzelner digitaler Informationsstrom mit hoher Datenrate in viele Ströme mit niedriger Datenrate aufgespalten, die auf den Unterträgern parallel übermittelt werden. Diese Aufteilung ist sinnvoll, weil Qualitätsverluste des Kanals auf der Unterträgerebene einfacher zu behandeln sind; einige Unterträger können sehr hohe Qualitätsverluste aufweisen, diese werden dann zugunsten von Unterträgern ausgesondert, auf denen der Empfang gut ist.

Zeitmultiplexverfahren

Eine Alternative zu FDM ist **Zeitmultiplexing** (**TDM**, *Time Division Multiplexing*). Hier wechseln sich die Benutzer (in Round-Robin-Manier) ab, jeder bekommt periodisch die gesamte Bandbreite für eine kurze Zeit. In ▶Abbildung 2.21 sind drei Ströme dargestellt, die mittels TDM mehrfach genutzt werden. Die Bits aus den Eingabeströmen werden in eine feste **Zeitscheibe** (*time slot*) aufgenommen und in den aggregierten Strom ausgegeben. Dieser Strom läuft mit der Summenrate der individuellen Ströme. Dazu müssen die Ströme zeitlich synchronisiert werden. Analog zum Sicherheitsfrequenzband können kurze Intervalle von **Sicherheitszeiten** (*guard time*) hinzugefügt werden, um kleine zeitliche Variationen auszugleichen.

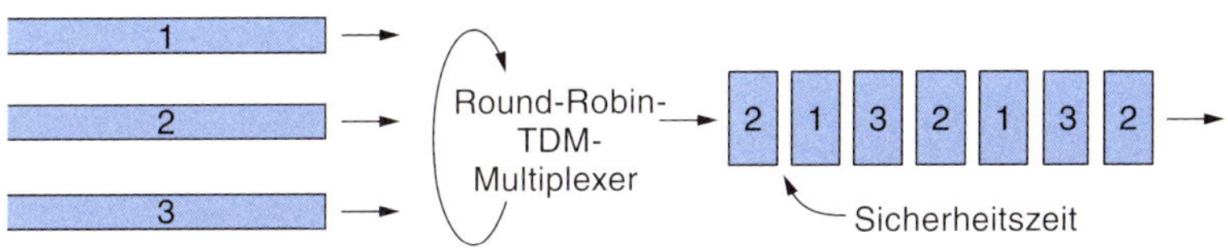

Abbildung 2.21: Zeitmultiplexing (TDM).

TDM wird weitverbreitet innerhalb des Telefon- und des zellulären Netzes eingesetzt. Um Verwirrung zu vermeiden, wollen wir klarstellen, dass TDM sich grundsätzlich vom alternativen **statistischen Zeitmultiplexing** (**STDM**, *Statistical Time Division Multiplexing*) unterscheidet. Das Attribut „statistisch“ deutet darauf hin, dass die einzelnen Ströme des Multiplexstroms *nicht* nach einem festgelegten Plan, sondern aufgrund der Statistik ihrer Nachfrage hinzukommen. STDM ist mehr oder weniger Paketvermittlung unter einem anderen Namen.

Codemultiplexverfahren

Es gibt noch eine dritte Variante des Multiplexing, die völlig anders funktioniert als FDM und TDM. **Codemultiplexing** (**CDM**, *Code Division Multiplexing*) ist eine Form der **Frequenzspreizungskommunikation**, in der ein Schmalbandsignal über ein breiteres Frequenzband gestreut wird. Dadurch kann das Verfahren toleranter gegenüber Interferenzen sein und es außerdem ermöglichen, dass mehrerer Signale von unterschiedlichen Benutzern dasselbe Frequenzband gemeinsam nutzen. Da Codemultiplexing hauptsächlich für den letztgenannten Zweck eingesetzt wird, nennt man es häufig **CDMA** (*Code Division Multiple Access*).

CDMA erlaubt es jeder Station, die ganze Zeit über das gesamte Frequenzspektrum zu übermitteln. Mehrere gleichzeitige Übertragungen werden mithilfe der Codierungstheorie voneinander getrennt. Bevor wir uns den Algorithmus ansehen, hier eine Analogie: eine Abflughalle mit vielen Personenpaaren, die sich unterhalten. TDM ist mit Personenpaaren in diesem Raum vergleichbar, die nacheinander sprechen. FDM ist mit Personenpaaren vergleichbar, die in verschiedenen Tonhöhen miteinander sprechen, einige höher und andere tiefer, sodass die einzelnen Paare zwar gleichzeitig, aber unabhängig von den anderen Paaren ihre eigenen Gespräche führen können. CDMA entspricht der Situation, dass jedes Personenpaar gleichzeitig spricht, aber jeweils in einer anderen Sprache. Das französische Paar rattert in Französisch los und empfindet alles Nicht-Französische lediglich als Geräuschkulisse. Der Kern von CDMA ist also die Möglichkeit, das gewünschte Signal herauszufiltern und alles andere als zufälliges Rauschen zu werten. Im Folgenden geben wir nun eine etwas vereinfachte Beschreibung von CDMA.

In CDMA wird jede Bitübertragungszeit in m kurze Intervalle namens **Chips** unterteilt, die mit der ursprünglichen Datenfolge multipliziert werden (die Chips sind eine Bitfolge, die jedoch Chips genannt werden, damit sie nicht mit den Bits der eigentlichen Nachricht verwechselt werden). Normalerweise gibt es 64 oder 128 Chips pro Bit, aber im folgenden Beispiel werden der Einfachheit halber nur 8 Chips pro Bit verwendet. Jeder Station wird ein eindeutiger m-Bit-Code, der als **Chipfolge** bezeichnet wird, zugeteilt. Aus pädagogischen Gründen ist die Verwendung einer bipolaren Notation einfacher, wobei diese Codes als Folgen von -1 und $+1$ geschrieben werden. Chipfolgen werden in Klammern aufgeführt.

Um ein 1-Bit zu übertragen, sendet die Station ihre Chipfolge. Um ein 0-Bit zu übertragen, sendet sie die Negation ihrer Chipfolge. Kein anderes Muster ist zulässig. Für m=8 gilt: Wenn der Station A die Chipfolge (-1 -1 -1 $+1$ $+1$ -1 $+1$ $+1$) zugewiesen wurde, dann kann sie ein 1-Bit durch die Übertragung der Chipfolge und ein 0-Bit durch die Übertragung von ($+1$ $+1$ $+1$ -1 -1 $+1$ -1 -1) senden. Es werden tatsächlich Signale dieser Spannungen gesendet, doch für uns ist es ausreichend, sich Folgen vorzustellen.

Die Erhöhung der zu sendenden Informationsmenge für jede Station von b Bit/s auf mb Chip/s bedeutet, dass muss die für CDMA benötigte Bandbreite um den Faktor m größer ist als die Bandbreite, die für eine Station benötigt wird, die CDMA nicht benutzt (unter der Annahme, dass keine Änderungen in der Modulation oder der Codiertechnik vorgenommen werden). Ist ein 1-MHz-Band für 100 Stationen verfügbar, hätte jede Station bei FDM 10 kHz und könnte mit 10 kbit/s senden (bei einem Bit pro Hz). Bei CDMA nutzt jede Station 1 MHz voll, sodass die Chiprate 100 Chip pro Bit beträgt, um die Bitrate der Station von 10 kbit/s über den Kanal zu streuen.

In ▶Abbildung 2.22a und b sind die Chipfolgen zu sehen, die den vier Beispielstationen zugewiesen sind, sowie die Signale, die sie repräsentieren. Jede Station hat ihre eindeutige Chipfolge. Wir verwenden das Symbol **S** zur Bezeichnung des m-Chipvektors für Station S und $\overline{\mathbf{S}}$ für seine Negation. Alle Chipfolgen sind paarweise **orthogonal**, was bedeutet, dass das normalisierte innere Produkt von zwei beliebigen verschiedenen Chipfolgen **S** und **T** (geschrieben als $\mathbf{S} \bullet \mathbf{T}$) 0 ist. Solche orthogonalen Chipfolgen kann man mit einer Methode namens **Walsh-Code** erzeugen. Mathematisch kann die Orthogonalität der Chipfolgen wie folgt ausgedrückt werden:

$$\mathbf{S} \bullet \mathbf{T} \equiv \frac{1}{m} \sum_{i=1}^{m} S_i T_i = 0 \tag{2.5}$$

In einfachem Deutsch: Es sind genauso viele Paare gleich wie verschieden. Diese Orthogonalitätseigenschaft erweist sich später noch als sehr wichtig. Beachten Sie, dass, wenn $\mathbf{S} \bullet \mathbf{T} = 0$, dann gilt auch $\mathbf{S} \bullet \overline{\mathbf{T}} = 0$. Das normalisierte innere Produkt einer Chipfolge mit sich selbst ist 1:

$$\mathbf{S} \bullet \mathbf{S} = \frac{1}{m} \sum_{i=1}^{m} S_i S_i = \frac{1}{m} \sum_{i=1}^{m} S_i^2 = \frac{1}{m} \sum_{i=1}^{m} (\pm 1)^2 = 1$$

Der Grund liegt darin, dass alle m Terme im inneren Produkt 1 sind, also ist die Summe m. Beachten Sie auch, dass $\mathbf{S} \bullet \overline{\mathbf{S}} = -1$ ist.

A = (−1 −1 −1 +1 +1 −1 +1 +1)
B = (−1 −1 +1 −1 +1 +1 +1 −1)
C = (−1 +1 −1 +1 +1 +1 −1 −1)
D = (−1 +1 −1 −1 −1 −1 +1 −1)

a

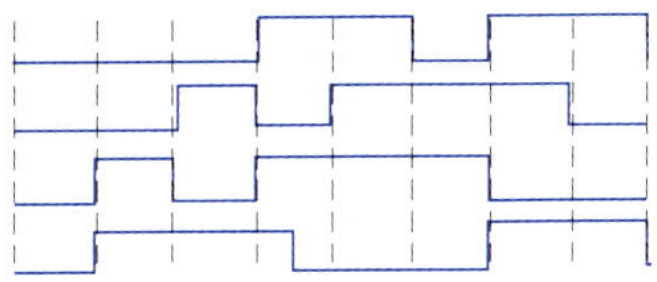

b

$S_1 = C \quad = (-1\ +1\ -1\ +1\ +1\ +1\ -1\ -1)$
$S_2 = B+C \quad = (-2\ \ 0\ \ 0\ \ 0\ +2\ +2\ \ 0\ -2)$
$S_3 = A+\overline{B} \quad = (\ 0\ \ 0\ -2\ +2\ \ 0\ -2\ \ 0\ +2)$
$S_4 = A+\overline{B}+C \quad = (-1\ +1\ -3\ +3\ +1\ -1\ -1\ +1)$
$S_5 = A+B+C+D = (-4\ \ 0\ -2\ \ 0\ +2\ \ 0\ +2\ -2)$
$S_6 = A+B+\overline{C}+D = (-2\ -2\ \ 0\ -2\ \ 0\ -2\ +4\ \ 0)$

c

$S_1 \bullet C = [1+1-1+1+1+1-1-1]/8 = 1$
$S_2 \bullet C = [2+0+0+0+2+2+0+2]/8 = 1$
$S_3 \bullet C = [0+0+2+2+0-2+0-2]/8 = 0$
$S_4 \bullet C = [1+1+3+3+1-1+1-1]/8 = 1$
$S_5 \bullet C = [4+0+2+0+2+0-2+2]/8 = 1$
$S_6 \bullet C = [2-2+0-2+0-2-4+0]/8 = -1$

d

Abbildung 2.22: (a) Chipfolgen für vier Stationen. (b) Signale, welche die Folgen repräsentieren. (c) Sechs Beispiele für Übertragungen. (d) Wiederherstellung des Signals von Station *C*.

Während der Übertragungszeit für ein Bit kann eine Station eine 1 übertragen (indem sie ihre Chipfolge sendet) oder sie kann eine 0 übertragen (indem sie das Negative ihrer Chipfolge sendet). Sie kann aber auch schweigen und nichts übertragen. Für den Moment nehmen wir an, dass alle Stationen zeitlich synchronisiert sind; deshalb beginnen alle Chipfolgen im gleichen Augenblick. Übertragen zwei oder mehr Stationen gleichzeitig, addieren sich ihre bipolaren Folgen linear. Wenn beispielsweise in einer Chipperiode drei Stationen +1 ausgeben und eine Station −1 ausgibt, dann wird +2 empfangen. Man kann sich das so vorstellen, dass Signale als Spannungen zu dem Kanal addiert werden: Drei Stationen geben +1 Volt und eine gibt −1 Volt aus, sodass 2 Volt empfangen wird. In Abbildung 2.22c sehen wir sechs Beispiele der gleichzeitigen Übertragung von einem 1-Bit durch eine oder mehrere Stationen. Im ersten Beispiel überträgt *C* ein 1-Bit, sodass wir hier nur die Chipfolge von *C* erhalten. Im zweiten Beispiel übertragen *B* und *C* 1-Bits, sodass wir hier die Summe ihrer bipolaren Chipfolgen erhalten, konkret:

$$(-1\ -1\ +1\ -1\ +1\ +1\ +1\ -1) + (-1\ +1\ -1\ +1\ +1\ +1\ -1\ -1) = (-2\ 0\ 0\ 0\ +2\ +2\ 0\ -2)$$

Um den Bitstrom einer einzelnen Station wiederherzustellen, muss der Empfänger die Chipfolgen der betreffenden Station im Voraus kennen. Er führt die Wiederherstellung durch Berechnung des normalisierten inneren Produkts der empfangenen Chipfolge und der Chipfolge der Station durch, deren Bitstrom wiederherzustellen ist. Ist die erhaltene Chipfolge **S** und der Empfänger versucht eine Station abzuhören, deren Chipfolge **C** ist, so berechnet er nur das normalisierte innere Produkt $\mathbf{S} \bullet \mathbf{C}$.

Um dies zu verstehen, stellen Sie sich zwei Stationen A und C vor, die beide ein 1-Bit zu dem Zeitpunkt übertragen, an dem B ein 0-Bit überträgt. Der Empfänger sieht die Summe $\mathbf{S} = \mathbf{A} + \overline{\mathbf{B}} + \mathbf{C}$ und rechnet wie folgt:

$$\mathbf{S} \bullet \mathbf{C} = (\mathbf{A} + \overline{\mathbf{B}} + \mathbf{C}) \bullet \mathbf{C} = \mathbf{A} \bullet \mathbf{C} + \overline{\mathbf{B}} \bullet \mathbf{C} + \mathbf{C} \bullet \mathbf{C} = 0 + 0 + 1 = 1$$

Die ersten zwei Terme verschwinden, weil alle Paare von Chipfolgen sorgfältig so ausgewählt wurden, dass sie alle orthogonal sind (Gleichung (2.5)). Nun dürfte klar sein, warum diese Eigenschaft den Chipfolgen auferlegt werden muss.

Um den Decodierprozess konkreter darzustellen, zeigen wir sechs Beispiele in Abbildung 2.22d. Nehmen wir an, der Empfänger ist daran interessiert, das von Station C gesendete Bit aus den sechs Summen S_1 bis S_6 zu extrahieren. Er berechnet das Bit durch Summieren der paarweisen Produkte des empfangenen **S**- und **C**-Vektors von Abbildung 2.22a. Dann nimmt er 1/8 des Ergebnisses (da hier m=8 ist). Die Beispiele umfassen Fälle, in denen C schweigt, ein 1-Bit sendet und ein 0-Bit sendet, einzeln und in Kombination mit anderen Übertragungen. Wie man sieht, wird jedes Mal das richtige Bit decodiert. Es ist wie Französisch zu sprechen.

Wenn genügend Rechenkapazität vorhanden ist, kann der Empfänger im Prinzip allen Sendern gleichzeitig zuhören, indem der Decodieralgorithmus für jeden Sender parallel ausgeführt wird. Für das wahre Leben sei angemerkt: Dies ist leichter gesagt als getan, und es ist nützlich zu wissen, welche Sender übertragen könnten.

In dem idealen rauschfreien CDMA-System, das wir hier betrachtet haben, kann die Anzahl der Stationen, die parallel senden, beliebig vergrößert werden, indem längere Chipfolgen benutzt werden. Für 2^n Stationen können Walsh-Codes 2^n orthogonale Chipfolgen der Länge 2^n zur Verfügung stellen. Eine bedeutende Begrenzung ist jedoch unsere Annahme, dass alle Chips beim Empfänger rechtzeitig synchronisiert werden. Diese Synchronisation ist bei einigen Anwendungen wie zellulären Netzen (bei denen CDMA seit den 1990er Jahren verbreitet eingesetzt wird) nicht einmal annähernd realistisch. Dies führt zu unterschiedlichen Entwürfen.

CDMA wird außer in zellulären Netzen auch in Satelliten- und Kabelnetzen eingesetzt. Wir haben in dieser kurzen Einleitung viele komplizierende Faktoren unter den Teppich gekehrt. Leser, die noch tiefer in die CDMA-Materie einsteigen möchten, sollten Viterbi (1995) und Harte et al. (2012) lesen. Für diese Literaturtipps ist jedoch ein gewisser Hintergrund in der Telekommunikationstechnik von Vorteil.

Wellenlängenmultiplexverfahren

Wellenlängenmultiplexing (**WDM**, *Wavelength Division Multiplexing*) ist eine Form von Frequenzmultiplexing, das mehrere Signale unterschiedlicher Wellenlänge auf einer Glasfaser bündelt. In ▶Abbildung 2.23 wird gezeigt, wie vier Glasfasern in einem optischen Kombinator zusammenlaufen, wobei jede Glasfaser eine andere Wellenlänge verwendet. Die vier Stränge werden zu einer gemeinsamen Glasfaser zusammengefasst, um die Signale an ein entferntes Ziel zu übertragen. Am Ziel wird das Bündel auf die ursprüngliche Anzahl von Glasfasern wieder aufgeteilt. Jede Ausgangsglasfaser enthält einen kurzen, besonders dafür entwickelten Kern, der alle Wellenlängen bis auf die eine richtige ausfiltert. Die daraus resultierenden Signale können an das Ziel weitergeleitet oder auf verschiedenen Arten für einen Multiplextransport neu kombiniert werden.

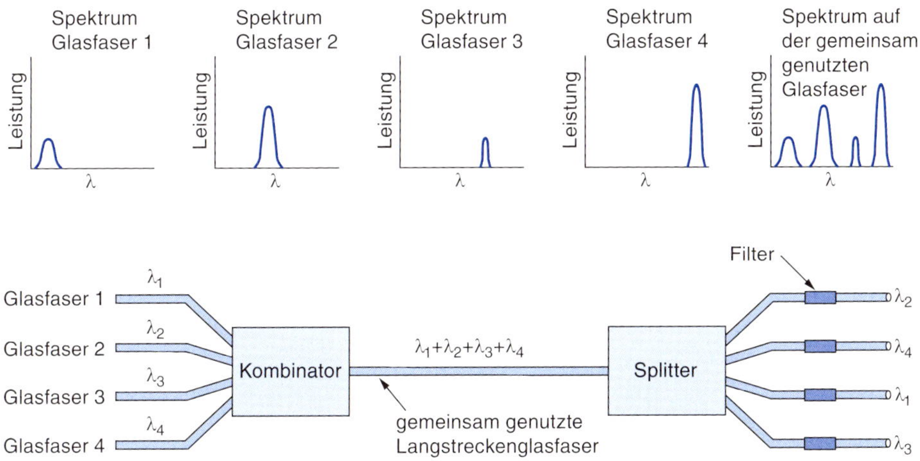

Abbildung 2.23: Wellenlängenmultiplexing.

An diesem Aufbau ist eigentlich nichts Neues. Diese Betriebsart ist nur ein Frequenzmultiplexing auf sehr hohen Frequenzen, wobei sich der Begriff WDM darauf bezieht, dass Glasfaserkanäle durch ihre Wellenlänge oder „Farbe" anstatt durch ihre Frequenz beschrieben werden. Solange jeder Kanal seinen eigenen Frequenzbereich (d.h. Wellenlängenbereich) hat und alle Bereiche getrennt sind, können sie in der Langstreckenglasfaser mehrfach genutzt werden. Das Verfahren unterscheidet sich vom elektrischen FDM lediglich dadurch, dass ein optisches System mit einem Beugungsgitter völlig passiv und damit absolut zuverlässig ist.

Die Beliebtheit von WDM ist darauf zurückzuführen, dass die Energie in einem einzelnen Kanal normalerweise nur ein paar Gigahertz breit ist, denn dies ist die derzeitige Grenze dafür, wie schnell zwischen elektrischen und optischen Signalen konvertiert werden kann. Indem viele Kanäle parallel auf verschiedenen Wellenlängen betrieben werden, erhöht sich die gesamte Bandbreite linear mit der Anzahl der Kanäle. Da die Bandbreite eines einzelnen Glasfaserbandes etwa 25.000 GHz beträgt (Abbildung 2.5), ist theoretisch selbst bei 1 Bit/Hz (auch höhere Übertragungsraten sind möglich) Platz für 2.500 10-Gbit/s-Kanäle vorhanden.

Die WDM-Technologie hat sich in einer Geschwindigkeit weiterentwickelt, welche die der Computertechnologie verblassen lässt. WDM wurde um das Jahr 1990 erfunden. Die ersten kommerziellen Systeme verfügten über acht Kanäle mit 2,5 Gbit/s pro Kanal. 1998 waren Systeme mit 40 Kanälen mit 2,5 Gbit/s auf dem Markt. 2006 gab es Modelle mit 192 Kanälen mit 10 Gbit/s und 64 Kanäle mit 40 Gbit/s, was potenziell bis auf 2,56 Tbit/s gesteigert werden konnte. 2019 waren dann die ersten Systeme mit bis zu 160 Kanälen erhältlich, die mehr als 16 Tbit/s über nur einem Glasfaserpaar unterstützten. Damit ist ihre Kapazität um das 800-Fache höher als die der Systeme von 1990. Die Kanäle sind außerdem sehr dicht gepackt auf der Glasfaser, mit einem Trennungsbereich von 200, 100 oder sogar nur 50 GHz.

Wenn man diesen Abstand auf 12,5 GHz senkt, ist es möglich, 320 Kanäle auf nur einer Glasfaser zu unterstützen, was die Übertragungskapazität weiter erhöht. Ist die Anzahl der Kanäle sehr groß und liegen die Wellenlängen eng beieinander, dann wird das System als **DWDM** (*Dense WDM*, dichtes Wellenlängenmultiplexing) bezeichnet. DWDM-Systeme sind in der Regel viel teurer, da sie aufgrund der kurzen Abstände für stabile Wellenlängen und Frequenzen sorgen müssen. Folglich kontrollieren diese Systeme ihre Temperatur engmaschig, um sicherzustellen, dass die Frequenzen genau sind.

Einer der Treiber der WDM-Technologie ist die Entwicklung von optischen Verstärkern. Bisher mussten sämtliche Kanäle alle 100 km aufgeteilt und jeder in ein elektrisches Signal konvertiert werden, um einzeln verstärkt zu werden, bevor man sie wieder in optische Signale zurückverwandelte und die einzelnen Signale wieder zusammenführte. Heutzutage können optische Verstärker das gesamte Signal alle 1.000 km auffrischen, ohne dass hierzu mehrere optisch-elektrische Konvertierungen erforderlich sind.

Das in Abbildung 2.23 gezeigte Beispiel ist ein System mit fester Wellenlänge. Bits von der Eingangsglasfaser 1 gehen zur Ausgangsglasfaser 3, Bits von der Eingangsglasfaser 2 gehen zur Ausgangsglasfaser 1 usw. Es besteht aber die Möglichkeit, WDM-Systeme zu errichten, die im optischen Bereich mit Vermittlung (*switching*) arbeiten. Bei einem solchen Gerät lassen sich die optischen Filter mit Fabry-Perot- oder Mach-Zehnder-Interferometern einstellen. Diese Geräte ermöglichen die dynamische Veränderung der gewählten Frequenzen mithilfe eines Steuercomputers. Dadurch entsteht ein hohes Maß an Flexibilität, um viele unterschiedliche Wellenlängenpfade durch das Telefonnetz aus einer festen Menge von Glasfasern bereitzustellen. Weitere Informationen zu optischen Netzen und WDM finden Sie bei Grobe und Eiselt (2013).

2.5 Das öffentliche Telefonnetz

Wenn zwei Computer miteinander kommunizieren wollen und nicht zu weit voneinander entfernt sind, ist es meist am einfachsten, sie mit einem Kabel zu verbinden. Dieses Prinzip wird bei LANs angewendet. Steigt die Entfernung oder die Zahl der Computer oder müsste die Leitung eine öffentliche Straße überqueren, erhöhen sich die Kosten für die Verlegung eigener Kabel ganz beträchtlich. Darüber hinaus ist es in fast jedem Land verboten, Verbindungsleitungen über oder unter öffentlichem Eigentum zu verlegen. Daher müssen Netzentwickler auf bereits existierende Telekommunikationsanlagen zurückgreifen, wie das Telefonnetz, das Mobilfunknetz oder das Kabelfernsehnetz.

Es hat sich gezeigt, dass der begrenzende Faktor für Datennetze die „letzte Meile" zum Kunden ist, die sich auf eine dieser physikalischen Technologien verlässt, im Gegensatz zu der sogenannten „Backbone"-Infrastruktur des restlichen Zugangsnetzes. In den letzten zehn Jahren hat sich diese Situation dramatisch geändert, als Geschwindigkeiten von 1Gbit/s für den Hausanschluss immer selbstverständlicher wurden.

Obwohl die zunehmende Verbreitung von Glasfaser in den Randbereichen des Netzes dazu beigetragen hat, die „letzte Meile" immer schneller zu machen, spielte in einigen Ländern die effiziente Nutzung der bestehenden Telefon- und Kabelnetze eine viel wichtigere Rolle, um immer mehr Bandbreite aus der bestehenden Infrastruktur herauszuquetschen. Es zeigt sich, dass die Verbesserung der Nutzung der bestehenden Infrastruktur, um die Übertragungsgeschwindigkeiten zu erhöhen, wesentlich billiger ist, als neue Glasfaserkabel für den Hausanschluss im Boden zu verlegen. Zurzeit werden die Architekturen und Besonderheiten der einzelnen physikalischen Kommunikationsinfrastrukturen genauer untersucht.

Diese Anlagen, insbesondere das **öffentliche Telefonnetz** (*Public Switched Telephone Network, PSTN*), wurden vor vielen Jahren mit einem völlig anderen Ziel entwickelt und installiert: Übertragung der menschlichen Sprache in mehr oder weniger klarer Form. Ein Kabel zwischen zwei Computern kann Daten mit einer Rate von 10 Gbit/s oder mehr übertragen. Die Aufgabe des Telefonnetzes besteht also darin, Bits mit einer höheren Geschwindigkeit zu übertragen. Die ersten DSL-Technologien (*Digital Subscriber Line*) konnten nur Daten mit Geschwindigkeiten von einigen wenigen Mbit/s übertragen. Heute erreichen modernere Versionen von DSL Geschwindigkeiten von fast 1 Gbit/s. In den folgenden Abschnitten beschäftigen wir uns eingehender mit dem Telefonsystem und damit, wie es funktioniert. Das Telefonsystem wird ausführlich in Laino (2017) beschrieben.

2.5.1 Aufbau des Telefonsystems

Kurz nachdem Alexander Graham Bell im Jahre 1876 (nur ein paar Stunden vor seinem Rivalen Elisha Gray) das Telefon patentieren ließ, bestand eine enorme Nachfrage nach seiner neuen Erfindung. Telefone wurden damals paarweise verkauft. Der Kunde musste die Apparate selbst mit einem Kabel verbinden. Wollte ein Telefonbesitzer mit n anderen Telefonbesitzern sprechen, musste je ein Kabel zu allen n Häusern verlegt werden. Innerhalb eines Jahres waren die Städte mit einem wilden Gewirr von Drähten überzogen, die über Häuser und Bäume gespannt waren. An diesem Punkt wurde jedem klar, dass das Modell, jedes Telefon mit jedem anderen Telefon zu verbinden (▶Abbildung 2.24a), nicht funktionieren konnte.

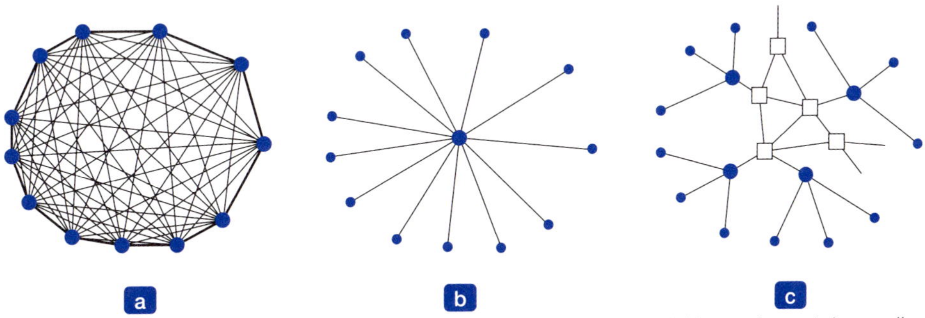

Abbildung 2.24: (a) Netz, in dem alle Teilnehmer direkt miteinander verbunden sind. (b) Zentrale Vermittlungsstelle. (c) Zweistufige Hierarchie.

Man muss Bell zugute halten, dass er dieses Problem frühzeitig voraussah. Er gründete die Bell Telephone Company, die 1878 ihr erstes Vermittlungsamt in New Haven, Connecticut, eröffnete. Das Unternehmen verlegte ein Kabel zum Haus oder Büro jedes Kunden. Um einen Anruf zu tätigen, musste der Kunde am Telefon kurbeln, um im Vermittlungsamt ein Klingelzeichen zu erzeugen und somit einen Mitarbeiter aufmerksam zu machen, der daraufhin den Anrufer mit dem Angerufenen mithilfe einer kurzen Steckverbindung manuell verband. Das Modell einer Vermittlungszentrale zeigt Abbildung 2.24b.

Innerhalb kürzester Zeit schossen Vermittlungsämter von Bell Systems wie Pilze aus dem Boden und die Leute wollten nun auch Ferngespräche führen, sodass Bell anfing, die Vermittlungsämter zu verbinden. Das ursprüngliche Problem trat auch hier wieder auf: Die Verbindung der einzelnen Vermittlungsämter untereinander mit einem Kabel von einem zum anderen war bald nicht mehr handhabbar, sodass eine zweite Ebene von Vermittlungsämtern eingeführt wurde. Nach einer gewissen Zeit wurden mehrere Vermittlungsämter der zweiten Ebene benötigt (Abbildung 2.24c). Schließlich wuchs die Hierarchie auf fünf Ebenen an.

Im Jahr 1890 standen die drei wichtigsten Komponenten des Telefonsystems: die Vermittlungsämter, die Kabel zwischen den Kunden und den Vermittlungsämtern (in Form symmetrischer, isolierter Twisted-Pair-Kabel anstelle von offenen Kabeln mit einer Masserückleitung) und die Fernverbindungen zwischen den Vermittlungsämtern. Ein kurzer geschichtlicher Abriss des Telefonsystems ist in Hawley (1991) zu finden.

Seither gab es in allen drei Bereichen beträchtliche Verbesserungen, doch das grundlegende Bell-Modell ist im Wesentlichen seit über 100 Jahren gleich geblieben. Die folgende Beschreibung ist stark vereinfacht, vermittelt aber dennoch die wesentlichen Prinzipien. Jedes Telefon hat zwei ausgehende Kupferkabel, die direkt an die nächste lokale **Teilnehmervermittlungsstelle** (*end office* oder auch *local central office*) angeschlossen werden. Die Entfernung beträgt in der Regel 1 bis 10 km und ist in Stadtgebieten kürzer als auf dem Land. Allein in den USA gibt es ungefähr 22.000 Teilnehmervermittlungsstellen. Die Verbindungen über zwei Kabel zwischen dem Telefon eines Teilnehmers und der lokalen Vermittlungsstelle nennt man **Teilnehmeranschlussleitung** oder **Amtsleitung** (*local loop*). Würde man alle Teilnehmeranschlussleitungen der Welt aneinanderreihen, so wäre dies 1.000-mal die Strecke bis zum Mond und wieder zurück.

Zu einem bestimmten Zeitpunkt bestanden 80 % des gesamten Kapitalvermögens von AT&T aus den für die Teilnehmeranschlussleitungen verlegten Kupferkabeln. AT&T war damals quasi die größte Kupfermine der Welt. Zum Glück wurde diese Tatsache nicht unter den Anlagespekulanten bekannt. Andernfalls hätte ein Spekulant möglicherweise AT&T aufgekauft, den gesamten Telefondienst der USA durch Rausreißen der Kupferkabel zum Erliegen gebracht und die Kupferdrähte anderweitig profitabler verwertet.

Ruft ein an einer bestimmten Teilnehmervermittlungsstelle angeschlossener Teilnehmer einen anderen Teilnehmer an, der an der gleichen Teilnehmervermittlungsstelle angeschlossen ist, wird durch den Vermittlungsmechanismus im Amt eine direkte elektrische Verbindung zwischen den zwei Teilnehmeranschlussleitungen hergestellt. Diese Verbindung bleibt für die Dauer des Gesprächs aufrechterhalten.

Ist der angerufene Teilnehmer an einer anderen lokalen Vermittlungsstelle angeschlossen, muss ein anderes Verfahren angewendet werden. Jede Teilnehmervermittlungsstelle hat eine Reihe von Ausgangsleitungen zu einer oder mehreren nahe gelegenen Vermittlungsstellen, die als **Fernvermittlungsstellen** (*toll office*) oder, falls sie sich im gleichen lokalen Gebiet befinden, als **Durchgangsvermittlung** (*tandem office*) bezeichnet werden. Diese Leitungen nennt man **Fernleitungen** (*toll connecting trunk*). Die Anzahl der unterschiedlichen Arten von Vermittlungsstellen und ihre Topologie variiert von Land zu Land, abhängig von der dort herrschenden Dichte des Telefonnetzes.

Haben die Teilnehmervermittlungsstellen beider gesprächsbereiten Teilnehmer zufällig eine Fernleitung zur gleichen Fernvermittlungsstelle (was wahrscheinlich ist, wenn sie sich in einer geringen Entfernung voneinander befinden), kann die Verbindung innerhalb der Fernvermittlungsstelle aufgebaut werden. In Abbildung 2.24c ist ein Telefonnetz dargestellt, das nur aus Telefonen (den kleinen blauen Punkten), Teilnehmervermittlungsstellen (den großen Punkten) und Fernvermittlungsstellen (den Vierecken) besteht.

Hängen die beiden Teilnehmer nicht an der gleichen Fernvermittlungsstelle, muss ein Pfad zwischen zwei Fernvermittlungsstellen aufgebaut werden. Zwei Fernvermittlungsstellen kommunizieren miteinander über **Verbindungsleitungen** (*intertoll trunk* oder *interoffice trunk*) mit hoher Bandbreite. Vor dem Auseinanderfall von AT&T im Jahre 1984 wurde im US-Telefonsystem ein hierarchisches Routing zum Auffinden eines Pfads durchgeführt, wobei so lange auf eine höhere Hierarchieebene gewechselt wurde, bis man eine gemeinsame Vermittlungsstelle fand. Später ging man dann zu einem flexibleren, nicht hierarchischen Routing über. ►Abbildung 2.25 zeigt, wie eine Verbindung über eine längere Entfernung verlaufen könnte.

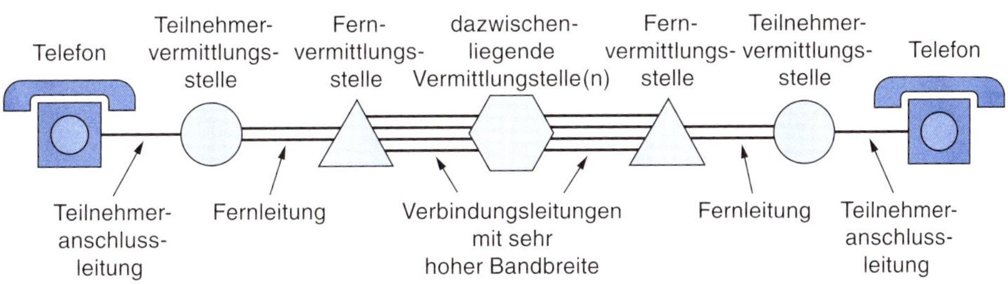

Abbildung 2.25: Ein typischer Leitungsweg für ein Ferngespräch.

In der Telekommunikation werden verschiedene Übertragungsmedien benutzt. Anders als in modernen Bürogebäuden, wo üblicherweise Kabel der Kategorie 5 oder 6 verlegt sind, bestehen Teilnehmeranschlussleitungen zu Privathaushalten aus Twisted-Pair-Kabeln der Kategorie 3 oder seit Neuestem auch aus Glasfaserkabeln. Zwischen den Vermittlungsstellen werden Koaxialkabel, Mikrowellen und insbesondere Glasfaserkabel verwendet.

In der Vergangenheit wurden die Daten im Telefonsystem analog übertragen. Das Sprachsignal wurde als elektrische Spannung von der Quelle zum Ziel gesendet. Mit dem Aufkommen von Glasfaserkabeln, Digitalelektronik und Computern wurden alle Verbindungsleitungen und Schaltstellen durch digitale Komponenten ersetzt, sodass die Teilnehmeranschlussleitung die letzte analoge Komponente im System ist. Die digitale Übertragung wird bevorzugt, da hier keine exakte analoge Wellenform erzeugt werden muss, nachdem das Signal bei einem Ferngespräch viele Verstärker durchlaufen hat. Es genügt, genau zwischen einer 0 und einer 1 unterscheiden zu können. Durch diese Eigenschaft wird die digitale Übertragung viel zuverlässiger als die analoge. Außerdem ist sie kostengünstiger und einfacher zu warten.

Die drei wichtigsten Komponenten des Telefonsystems können wie folgt zusammengefasst werden:

1. Teilnehmeranschlussleitungen (analoge Twisted-Pair-Kabel zwischen Teilnehmervermittlungsstellen und Privatwohnungen und gewerblich genutzte Gebäude)
2. Verbindungsleitungen (digitale Glasfaserkabel mit sehr hoher Bandbreite, die die Vermittlungsstellen verbinden)
3. Vermittlungsstellen (in denen die Anrufe entweder elektrisch oder optisch von einer Verbindungsleitung zur nächsten weitergestellt werden)

Die Teilnehmeranschlussleitungen ermöglichen den allgemeinen Zugriff auf das gesamte System, daher sind sie von entscheidender Bedeutung. Leider sind sie auch das schwächste Glied im System. Bei Fernverbindungen ist das Hauptproblem, wie man mehrere Anrufe zusammenstellt und sie über die gleiche Leitung aussendet, was mithilfe von Wellenlängenmultiplexing (WDM) erfolgt. Schließlich gibt es noch zwei grundlegend verschiedene Arten der Vermittlung (Leitungsvermittlung und Paketvermittlung), die wir beide behandeln werden.

2.5.2 Teilnehmeranschlüsse: Modems, ADSL und Glasfaser

In diesem Abschnitt werden wir uns sowohl die alten als auch die neuen Teilnehmeranschlussleitungen ansehen. Wir behandeln Telefonmodems, ADSL und FTTH (*Fiber to the Home*). In einigen Orten sind die Teilnehmeranschlussleitungen bereits modernisiert und durch Glasfaserkabel ersetzt worden, die bis (oder zumindest nah) an die Privathaushalte heranreichen. Diese Installationen unterstützen die Rechnernetze von Grund auf, da der Teilnehmeranschluss damit genügend Bandbreite für die Datendienste bekommt. Leider sind die Kosten für das Verlegen von Glasfaserkabel sehr hoch, sodass sie manchmal im Zuge von Kanalarbeiten in der Stadt mitverlegt werden. Einige Gemeinden, vor allem im dicht besiedelten städtischen Raum, bieten bereits flächendeckend Glasfaseranschlüsse, doch im Großen und Ganzen sind sie eher noch die Ausnahme, auch wenn ihnen eindeutig die Zukunft gehört.

Telefonmodems

Die meisten Menschen sind vertraut mit der zweiadrigen Teilnehmeranschlussleitung, die von einer Telefongesellschaft bis in die Häuser führt und häufig auch als die „letzte Meile" bezeichnet wird, obwohl sie bis zu mehrere Kilometer lang sein kann. Es wurden große Anstrengungen unternommen, um das letzte Quäntchen Datenübertragungskapazität aus den vorhandenen Kupferanschlüssen herauszuquetschen. Telefonmodems senden digitale Daten zwischen Rechnern über den schmalen Kanal, den die Telefonnetzbetreiber für einen Sprachanruf zur Verfügung stellen. Sie waren einst weitverbreitet, sind heute aber größtenteils von Breitbandtechnologien wie beispielsweise ADSL ersetzt worden, die den Teilnehmeranschluss wiederverwenden, um digitale Daten von einem Kunden zur Vermittlungsstelle zu senden, von wo aus sie ins Internet übertragen werden. Sowohl Modems als auch ADSL müssen mit den Begrenzungen der alten Teilnehmeranschlüsse zurecht kommen: relativ schmale Bandbreite, Dämpfung und Verzerrung von Signalen und Anfälligkeit für elektrische Störgeräusche wie Übersprechen.

Um Bits über die Teilnehmeranschlussleitung oder einen anderen physischen Kanal zu senden, müssen diese in analoge Signale konvertiert werden, die über den Kanal übertragen werden können. Diese Konvertierung wird mithilfe von Methoden der digitalen Modulation durchgeführt, die wir im vorigen Abschnitt betrachtet haben. Am anderen Ende des Kanals wird das analoge Signal zurück in Bits konvertiert.

Ein Gerät, das zwischen einem Strom von digitalen Bits und einem analogen Signal, das die Bits repräsentiert, konvertiert, heißt **Modem** (kurz für „*Mo*dulator *Dem*odulator"). Modems gibt es in einer großen Vielfalt: Telefonmodems, DSL-Modems, Kabelmodems und drahtlose Modems. Im Falle eines Kabel- oder DSL-Modems handelt es sich normalerweise um ein eigenständiges Gerät, das zwischen der physischen Leitung in das Haus und dem Netzwerk im Haus sitzt. Drahtlose Rechner verfügen in der Regel über ein eingebautes Modem. Logisch befindet sich das Modem zwischen dem (digitalen) Computer und dem (analogen) Telefonsystem (▶Abbildung 2.26).

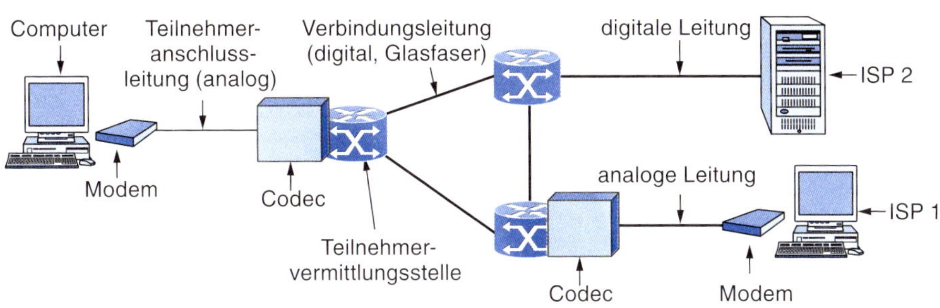

Abbildung 2.26: Der Einsatz von analoger und digitaler Übertragung für einen Anruf von Computer zu Computer. Die Konvertierung wird durch Modems und Codecs vorgenommen.

Telefonmodems werden benutzt, um Bits zwischen zwei Computern über eine Sprachtelefonleitung zu senden, die normalerweise für Gespräche verwendet wird. Die Hauptschwierigkeit dabei ist, dass eine Sprachleitung auf 3.100 Hz begrenzt ist, was für die Gesprächsübertragung ausreichend ist. Diese Bandbreite ist mehr als vier Größenordnungen geringer als die Bandbreite von Ethernet oder IEEE 802.11 (WiFi). Es überrascht daher nicht, dass die Datenraten von Telefonmodems um vier Größenordnungen geringer als die von Ethernet und WiFi sind.

Werfen wir kurz einen Blick darauf, wie diese Zahl zustande kommt. Das Nyquist-Theorem besagt, dass es sogar mit einer perfekten 3.000-Hz-Leitung (was eine Telefonleitung ganz sicher nicht ist) keinen Sinn hat, Symbole schneller als mit 6.000 Baud zu senden. Betrachten wir zum Beispiel ein älteres Modem, das mit einer Rate von 2.400 Symbole/Sekunde bzw. 2.400 Baud sendet und mehrere Bits pro Symbol erhält, während Datenverkehr in beiden Richtungen gleichzeitig möglich ist (indem verschiedene Frequenzen für verschiedene Richtungen benutzt werden).

Das bescheidene 2.400-Bit/s-Modem benutzt 0 Volt für eine logische 0 und 1 Volt für eine logische 1, wobei 1 Bit pro Symbol verwendet wird. Ein Schritt weiter wäre die Verwendung von vier unterschiedlichen Symbolen, wie z.B. in den vier Phasen von QPSK. Somit kann mit 2 Bit/Symbol eine Datenrate von 4.800 Bit/s erreicht werden.

Mit der Weiterentwicklung der Technologie wurden auch höhere Datenraten erreicht. Höhere Raten erfordern eine größere Menge von Symbolen (siehe Abbildung 2.17). Bei vielen Symbolen kann selbst ein wenig Rauschen in der erkannten Amplitude oder Phase zu einem Fehler führen. Um die Wahrscheinlichkeit von Fehlern zu reduzieren, verwenden Standards für Modems mit hoher Geschwindigkeit einige der Symbole zur Fehlerbehebung. Die Schemata sind unter dem Namen **Trellis Coded Modulation** (**TCM**) bekannt. Einige geläufige Modemstandards sind in ▶Abbildung 2.27 aufgeführt.

Modemstandard	Baud	Bits/Symbol	Bit/s
V.32	2.400	4	9.600
V.32 bis	2.400	6	14.400
V.34	2.400	12	28.800
V.34 bis	2.400	14	33.600

Abbildung 2.27: Einige Modemstandards und ihre Bitrate.

Doch warum hört es bei 33.600 Bit/s auf? Standardmodems gehen nicht über 33.600 Bit/s hinaus, weil die Shannon-Grenze für das Telefonsystem bei ca. 35 kbit/s liegt, basierend auf der durchschnittlichen Länge der Teilnehmeranschlüsse und der Qualität dieser Leitungen. Diese Grenze zu überschreiten, würde die physikalischen Gesetze verletzen (Abteilung für Thermodynamik) oder neue Teilnehmeranschlüsse erfordern (was bereits in Angriff genommen wurde).

Es gibt jedoch eine Möglichkeit, diese Situation zu ändern. Bei der Teilnehmervermittlungsstelle der Telefongesellschaft werden die Daten für die Übertragung innerhalb des Telefonnetzes in eine digitale Form konvertiert (der Kern des Telefonnetzes wurde vor langer Zeit von analog zu digital konvertiert). Die 35-kbit/s-Grenze gilt für

Situationen, in denen es zwei Teilnehmeranschlussleitungen gibt, eine an jedem Ende. Durch jede dieser Leitungen wird dem Signal Rauschen hinzugefügt. Wenn wir einen dieser Teilnehmeranschlüsse loswerden könnten, würden wir das Signal-Rausch-Verhältnis erhöhen und die maximale Datenrate könnte verdoppelt werden.

Dies ist genau das Vorgehen bei 56-kbit/s-Modems. Das eine Ende, in der Regel ein ISP, bekommt eine hochqualitative digitale Einspeisung von der nächsten Teilnehmervermittlungsstelle. Wenn ein Ende der Verbindung ein hochqualitatives Signal ist, wie es bei den meisten ISPs heute der Fall ist, kann die maximale Datenrate somit bis zu 70 kbit/s betragen. Zwischen zwei privaten Endnutzern mit Modems und analogen Leitungen liegt das Maximum noch bei 33,6 kbit/s.

Der Grund dafür, dass 56-kbit/s-Modems (statt 70-kbit/s-Modems) in Gebrauch sind, hat mit dem Nyquist-Theorem zu tun. Ein Sprachkanal wird innerhalb des Telefonsystems als digitales Signalmuster übertragen. Jeder Kanal ist 4.000 Hz breit, wenn man das Sicherheitsband dazu nimmt. Die Anzahl der Abtastungen pro Sekunden, die zur Rekonstruktion benötigt werden, beträgt somit 8.000. In den USA ist die Anzahl der Bits pro Abtastung 8, ein Bit davon kann zu Kontrollzwecken benutzt werden, womit 56.000 Bit/s für Benutzerdaten zur Verfügung stehen. In Europa sind alle 8 Bits für die Anwender verfügbar, sodass theoretisch Modems mit 64.000 Bit/s verwendet werden könnten, doch um internationale Vereinbarungen über Standards zu erreichen, wurde 56.000 Bit/s gewählt.

Das Endergebnis sind der **V.90**- und der **V.92**-Modemstandard. Diese stellen einen 56-kbit/s-Empfangskanal (vom ISP zum Anwender) bzw. einen 33,6-kbit/s- und 48-kbit/s-Rückkanal (vom Anwender zum ISP) zur Verfügung. Die Asymmetrie liegt daran, dass es in der Regel mehr Datentransport vom ISP zum Benutzer statt andersherum gibt. Dies bedeutet auch, das mehr von der begrenzten Bandbreite dem Empfangskanal zugewiesen werden kann, um damit die Chance zu erhöhen, dass das Modem tatsächlich 56 kbit/s erreicht.

DSL

Als die Telefonbranche schließlich 56 kbit/s erreicht hatte, klopfte sie sich selbst auf die Schulter dafür, die Aufgabe so gut gelöst zu haben. In der Zwischenzeit bot die Kabelfernsehbranche Geschwindigkeiten mit bis zu 10 Mbit/s auf gemeinsam genutzten Kabeln an. Der Internetzugang gewann für das Geschäft der Telekommunikationsgesellschaften zunehmend an Bedeutung und man erkannte, dass man ein wettbewerbsfähigeres Produkt benötigte. Die Antwort darauf war das Angebot neuer digitaler Dienste über die Teilnehmeranschlussleitung.

Anfangs gab es viele einander überschneidende Hochgeschwindigkeitsangebote, die alle unter dem Namen **xDSL** (*Digital Subscriber Line*) für verschiedene *x* liefen. Dienste mit einer höheren Bandbreite als der Standardtelefondienst werden manchmal als **Breitbanddienste** bezeichnet, obwohl der Begriff eigentlich mehr ein Marketingkonzept als ein besonderes technisches Konzept ist. Später besprechen wir das, was zum bekanntesten dieser Dienste geworden ist: **ADSL** (*Asymmetric DSL*). Wir werden den Begriff „DSL" oder „xDSL" als Abkürzung für alle Spielarten verwenden.

Modems sind deshalb so langsam, weil Telefone für die Übertragung der menschlichen Stimme entwickelt wurden und das gesamte System sorgfältig darauf abgestimmt wurde. Daten wurden immer als Stiefkinder behandelt. An dem Punkt, an dem eine Teilnehmeranschlussleitung in der Teilnehmervermittlungsstelle endet, läuft das Kabel durch einen Filter, der alle Frequenzen unter 300 Hz und über 3.400 Hz dämpft. Dies kann man verschmerzen. 300 Hz und 3.400 Hz sind die 3-dB-Punkte, sodass die Bandbreite in der Regel mit 4.000 Hz angegeben wird, selbst wenn der Abstand zwischen den 3-dB-Punkten bei 3.100 Hz liegt. Die Daten auf dem Kabel sind daher auf dieses schmale Band beschränkt.

Der Trick, der bei xDSL angewendet wird, ist folgender: Wenn ein Teilnehmer xDSL abonniert, wird die eingehende Leitung an eine andere Vermittlungsstelle (Switch) angeschlossen, die keinen Filter hat, sodass die gesamte Kapazität der Teilnehmeranschlussleitung verfügbar wird. Der einschränkende Faktor sind nun die physischen Merkmale der Teilnehmeranschlussleitung, die ca. 1 MHz unterstützt, und nicht die künstliche, durch den Filter erzeugte Bandbreite von 3.100 Hz.

Bedauerlicherweise fällt die Kapazität der Teilnehmeranschlussleitung recht schnell mit der Entfernung von der Vermittlungsstelle, wobei das Signal entlang des Kabels zunehmend schwächer wird. Es hängt außerdem von der Dicke und der allgemeinen Qualität der Twisted-Pair-Kabel ab. Eine Darstellung der möglichen Bandbreite als Funktion der Entfernung wird in ▶Abbildung 2.28 gezeigt. In der Abbildung wird davon ausgegangen, dass alle anderen Faktoren optimal sind (neue Kabel, mittlere Kabelbündel etc.).

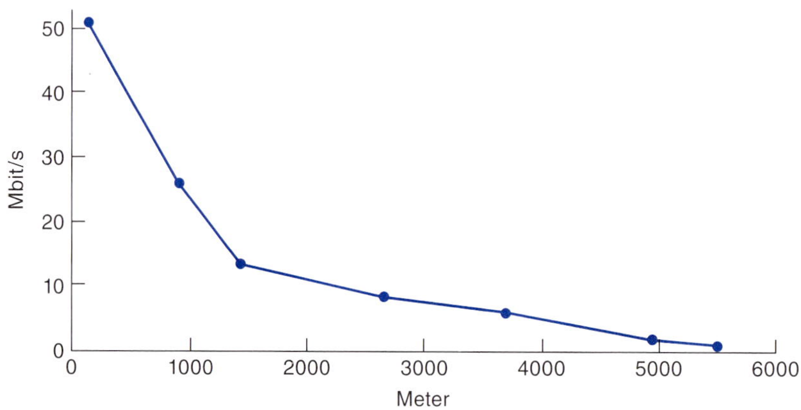

Abbildung 2.28: Bandbreite im Verhältnis zur Entfernung für DSL über UTP der Kategorie 3.

Die Auswirkungen dieser Abbildung führen für die Telefongesellschaft zu einem Problem. Wenn die Telefongesellschaft eine bestimmte Geschwindigkeit auswählt, wählt sie gleichzeitig einen Radius aus, über den hinaus dieser Dienst nicht bereitgestellt werden kann. Dies bedeutet, wenn Kunden an eher abgelegenen Orten versuchen, sich für den Dienst anzumelden, müssen sie unter Umständen mit folgendem Satz rechnen: „Vielen Dank für Ihr Interesse, aber Sie sind 100 m zu weit von der nächsten Teilnehmervermittlungsstelle entfernt und wir können Ihnen den Dienst nicht bereitstellen. Könnten Sie vielleicht umziehen?“ Je niedriger die gewählte Geschwindigkeit ist, umso größer wird der Einzugskreis und damit auch der Kundenkreis. Aber je geringer die Geschwindigkeit, umso weniger attraktiv ist der Dienst und umso weniger Leute sind bereit, dafür zu zahlen. Hier treffen Geschäft und Technologie aufeinander.

Die xDSL-Dienste wurden mit einer bestimmten Zielsetzung konzipiert. Als Erstes muss xDSL über die bestehenden Twisted-Pair-Anschlussleitungen der Kategorie 3 funktionieren. Zweitens dürfen die bei den Kunden vorhandenen Telefone und Faxe nicht beeinträchtigt werden. Drittens müssen sie sehr viel schneller als 56 kbit/s sein. Viertens sollten sie immer aktiviert sein, wobei eine monatliche Abrechnung und keine nach Minuten zugrunde gelegt wird.

Um die technischen Ziele zu erreichen, wird das verfügbare 1,1-MHz-Spektrum auf der Teilnehmeranschlussleitung in 256 unabhängige Kanäle von jeweils 4.312,5 Hz aufgeteilt. Diese Anordnung ist in ▶Abbildung 2.29 dargestellt. Das OFDM-Schema, das wir im vorigen Abschnitt besprochen haben, wird zum Senden von Daten über diese Kanäle benutzt, im Kontext von ADSL wird es allerdings häufig **Mehrtonverfahren** (**DMT**, *Discrete MultiTone*) genannt. Kanal 0 wird für den „guten alten Telefondienst“ (**POTS**, *Plain Old Telephone Service*) verwendet. Die Kanäle 1–5 werden nicht genutzt, um Störungen zwischen den Sprachsignalen und den Datensignalen zu vermeiden. Von den restlichen 250 Kanälen wird einer für die Upstream-Überwachung und einer für die Downstream-Überwachung eingesetzt. Der Rest steht für Benutzerdaten zur Verfügung.

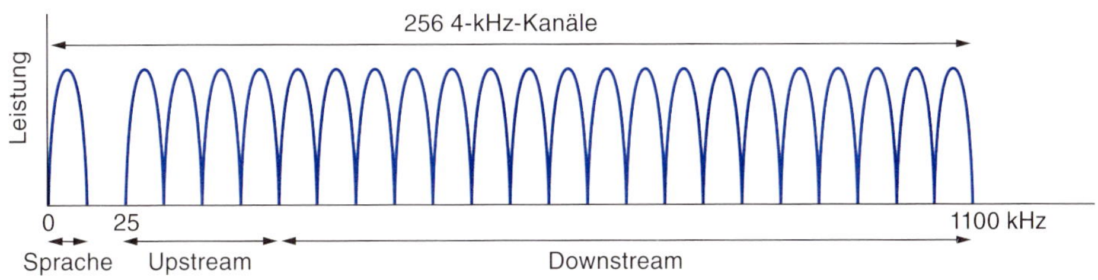

Abbildung 2.29: Betrieb von ADSL mit diskreter Mehrtonmodulation.

Im Grunde ist dann jeder der restlichen Kanäle für einen Duplexdatenstrom verfügbar, aber durch die Harmonischen, Übersprechen und andere Effekte bleiben die in der Praxis eingesetzten Systeme weit unter dieser theoretischen Grenze. Es ist Sache des Anbieters festzulegen, wie viele Kanäle für das Senden und wie viele für den Empfang reserviert sind. Eine 50/50-Kombination von Sendekapazität und Empfangskapazität ist theoretisch möglich, aber die meisten Provider weisen etwa 80 %–90 % der Bandbreite dem Empfangskanal zu, weil die meisten Benutzer mehr Daten herunterladen als übertragen. Diese Festlegung führt zum „A“ in ADSL. Eine gängige Aufteilung sind 32 Kanäle für das Senden von Daten, der Rest ist für den Empfang von Daten reserviert. Einige der höchsten Rückkanäle können auch zur Erhöhung der Bandbreite bidirektional gemacht werden. Diese Optimierung erfordert allerdings den Einbau einer speziellen Leitung, um Echos zu unterbinden.

Der internationale ADSL-Standard, bekannt als **G.dmt**, wurde 1999 herausgegeben. Es werden Geschwindigkeiten bis 8 Mbit/s Downstream und 1 Mbit/s Upstream unterstützt. Der Standard wurde 2002 von einer zweiten Generation namens ADSL2 abgelöst, der verschiedene Verbesserungen enthielt, um Geschwindigkeiten wie 12 Mbit/s Downstream und 1 Mbit/s Upstream zu ermöglichen. Mittlerweile sind wir bei ADSL2+, bei dem die Downstream-Geschwindigkeit auf 24 Mbit/s erhöht wird, indem die Bandbreite verdoppelt wird, um 2,2 MHz auf den Twisted-Pair-Kabeln zu nutzen.

Die nächste Verbesserung (2006) war VDSL, mit dem die Datenrate bei kürzeren Teilnehmeranschlussleitungen empfangsseitig auf 52 Mbit/s und sendeseitig auf 3 Mbit/s gesteigert werden konnte. 2007 bis 2011 wurde dann eine Reihe neuer Standards unter dem Namen VDSL2 für hochwertige Teilnehmeranschlussleitungen eingeführt, die eine Bandbreite von 12 MHz nutzen und Datenraten von 200 Mbit/s für den Empfangskanal und 100 Mbit/s für den Sendekanal erreichen. Im Jahr 2015 wurde Vplus für Teilnehmeranschlussleitungen mit einer Länge von weniger als 250 m vorgeschlagen. Im Prinzip können damit empfangsseitig 300 Mbit/s und sendeseitig 100 Mbit/s erreicht werden, aber es ist nicht einfach, dies in der Praxis umzusetzen. Für die bestehende Kategorie-3-Kabel könnte hier das Ende der Fahnenstange erreicht sein, außer vielleicht für kürzere Entfernungen.

In jedem Kanal wird QAM-Modulation mit einer Rate von rund 4.000 Symbolen pro Sekunde verwendet. Die Leitungsqualität jedes Kanals wird fortlaufend überwacht und die Datenübertragungsrate kontinuierlich angepasst, indem wie in Abbildung 2.17 eine größere oder kleinere Konstellation benutzt wird. Verschiedene Kanäle können ganz unterschiedliche Datenraten aufweisen, je nach Standard von maximal 15 Bit pro Symbol bei einem Kanal mit einem hohen Signal-Rausch-Verhältnis bis zu 2, 1 oder keinem Bit pro Symbol bei einem Kanal mit einem niedrigen Signal-Rausch-Verhältnis.

Eine typische ADSL-Konfiguration ist in ▸Abbildung 2.30 dargestellt. In diesem Schema muss der Techniker einer Telefongesellschaft ein **NID** (*Network Interface Device*) auf dem Grundstück des Kunden installieren. Diese kleine Plastikbox markiert das Ende des Eigentums der Telefongesellschaft und den Beginn des Kundeneigentums. Neben dem NID (manchmal auch in einem Gerät) befindet sich der **Splitter**, ein analoger Filter, der das von POTS genutzte 0- bis 4.000-Hz-Band von den Daten trennt. Das POTS-Signal wird an das vorhandene Telefon oder Fax weitergeleitet. Das Datensignal wird zu einem ADSL-Modem geleitet, welches digitale Signalverarbeitung benutzt, um OFDM zu implementieren. Da die meisten ADSL-Modems externe Geräte sind, muss der Computer mit diesen über eine Hochgeschwindigkeitsleitung verbunden werden. In der Regel wird hierzu Ethernet, ein USB-Kabel oder WiFi benutzt.

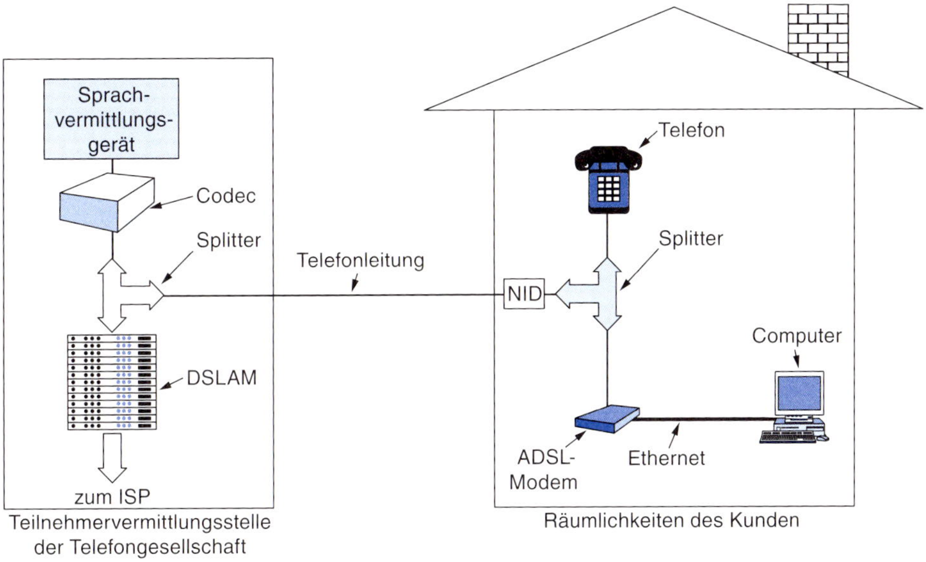

Abbildung 2.30: Eine typische ADSL-Gerätekonfiguration.

Am anderen Ende des Kabels, an der Teilnehmervermittlungsstelle, ist ebenfalls ein entsprechender Splitter installiert. Hier wird der Sprachanteil des Signals herausgefiltert und an eine normale Sprachvermittlung weitergeleitet. Das Signal über 26 kHz wird an ein neuartiges Gerät namens **DSLAM** (*Digital Subscriber Line Access Multiplexer*) weitergeleitet, das den gleichen digitalen Signalprozessortyp wie das ADSL-Modem enthält. Nachdem die Bits aus dem Signal wiederhergestellt sind, werden Pakete gebildet und an den ISP gesendet.

Durch die komplette Trennung von Sprachsystem und ADSL ist es für die Telefongesellschaft relativ einfach, ADSL einzusetzen. Hierzu müssen nur ein DSLAM und ein Splitter erworben werden und die ADSL-Teilnehmer mit dem Splitter verbunden werden. Andere Dienste mit hoher Bandbreite (wie ISDN) erfordern sehr viel umfangreichere Änderungen an den bestehenden Vermittlungsgeräten.

Das nächste Ziel für den DSL-Einsatz ist das Erreichen von Übertragungsgeschwindigkeiten von 1 Gbit/s und mehr. Diese Bemühungen konzentrieren sich auf eine Reihe von ergänzenden Techniken, einschließlich einer Technik namens **Bonding**, die eine virtuelle DSL-Verbindung schafft, indem sie zwei oder mehr physische DSL-Verbindungen zusammenfasst. Offensichtlich sollte sich die Bandbreite verdoppeln lassen, wenn man zwei verdrillte Leitungspaare kombiniert. Mancherorts wird für die Telefonleitungen, die in die Häuser führen, ein Kabel verwendet, das in der Tat aus zwei verdrillten Paaren besteht. Die ursprüngliche Idee war, zwei getrennte Telefonleitungen mit verschiedenen Nummern im Haus zu ermöglichen, aber solche Doppelpaare (*pair bonding*) erlaubten auch eine Internetverbindung mit höherer Geschwindigkeit. Immer mehr Internetanbieter in Europa, Australien, Kanada und den Vereinigten Staaten setzen bereits die sogenannte **G.fast**-Technologie ein, die auf Doppelpaaren beruht. Wie bei anderen DSL-Formen hängt die Leistung von G.fast von der Länge der Übertragungsleitung ab. In jüngsten Tests wurden symmetrische Geschwindigkeiten von annähernd 1 Gbit/s bei Entfernungen von 100 Metern gemessen. In Kombination mit einem Glasfaserausbau, der als **FTTdp** (Fiber to the Distribution Point) Glasfaser zu einem Verteilerpunkt mit mehreren hundert Teilnehmern bringt und Kupfer für die Datenübertragung auf dem restlichen Weg zum Haus verwendet (bei VDSL2 kann dies bis zu einem Kilometer sein, wenn auch mit niedrigeren Geschwindigkeiten), ist FTTdp nur eine Art des Einsatzes von Glasfaser, bei dem Glasfaser vom Kern des Netzes zu einem Punkt in der Nähe des Netzrandbereichs führt. Im nächsten Abschnitt werden verschiedene Arten von Glasfaseranschlüssen beschrieben.

FTTX - Fiber to the X

Die Geschwindigkeit der Netze auf der letzten Meile wird häufig durch die in den herkömmlichen Telefonnetzen verwendeten Kupferkabel begrenzt, die keine so hohen Datenraten über eine so lange Strecke übertragen können, wie dies mit Glasfaser möglich ist. Daher ist es das ultimative Ziel, wenn es kosteneffektiv ist, Glasfaser bis in die Wohnung des Kunden zu verlegen, manchmal auch **FTTH** (*Fiber to the Home*) genannt. Die Telefongesellschaften versuchen, die Leistung der Teilnehmeranschlussleitung zu verbessern, indem sie Glasfaser so weit wie möglich bis zum Haus verlegen. Wenn nicht direkt bis zur Wohnung, bietet das Unternehmen eventuell **FTTN** (*Fiber to the Node/Neighborhood*) an, wobei die Glasfaser in einem Kabelverzweigerkasten am Straßenrand endet, der manchmal mehrere Kilometer von der Wohnung des Kunden entfernt ist. FTTdp bringt, wie oben erwähnt, die Glasfaser einen Schritt näher an das Haus des Kunden heran, und zwar oft bis auf wenige Meter an das Grundstück. Zwischen diesen beiden Optionen liegt noch **FTTC** (*Fiber to the Curb*). Alle diese unter dem Kürzel **FTTX** (*Fiber to the X*) zusammengefassten Glasfaseranschlusskonzepte werden manchmal auch als „Fiber in the Loop“ bezeichnet, da ein gewisser Anteil an Glasfaser in der Teilnehmeranschlussleitung verwendet wird.

Es gibt mehrere Variationen von „FTTX“ (wobei *X* für *Basement, Curb, Home, Distribution Point* und *Neighborhood* steht). Sie geben jeweils an, wie nah die Glasfaserinstallation an das Haus reicht. In diesem Fall ist die Geschwindigkeit, die Kupferleitungen (Twisted-Pair- oder Koaxialkabel) bieten können, schnell genug für die letzte kurze Distanz. Bei der Entscheidung, wie weit Glasfaser verlegt wird, spielen ökonomische Überlegungen eine Rolle, da die Kosten mit dem erwarteten Gewinn aufzurechnen sind. Der springende Punkt hier ist, dass Glasfaser auf jeden Fall die traditionelle Barriere der „letzten Meile“ überschritten hat. Wir werden uns in unserer Diskussion auf FTTH konzentrieren.

Wie der Vorgänger aus Kupfer ist der Teilnehmeranschluss aus Glasfaser passiv. Dies bedeutet, es ist keine strombetriebene Ausrüstung notwendig, um Signale zu verstärken oder anderweitig zu verarbeiten. Die Glasfaser trägt einfach Signale zwischen dem Haus und der Vermittlungsstelle. Dies verringert wiederum die Kosten und verbessert die Zuverlässigkeit. In der Regel werden die Glasfasern von mehreren Häusern gebündelt, sodass nur eine einzige Glasfaser pro Gruppe von maximal 100 Häusern in der Vermittlungsstelle ankommt. In Downstream-Richtung teilen optische Splitter das

Signal von der Vermittlungsstelle, sodass es alle Häuser erreicht. Aus Sicherheitsgründen ist eine Verschlüsselung notwendig, wenn vorgesehen ist, dass nur ein Haus das Signal decodieren darf. In der Upstream-Richtung verschmelzen optische Kombinatoren die Signale aus den verschiedenen Häusern zu einem einzigen Signal, das an der Vermittlungsstelle empfangen wird.

Diese Architektur heißt **passives optisches Netz** (**PON**, *Passive Optical Network*) und ist in ▶Abbildung 2.31 dargestellt. Es ist üblich, eine Wellenlänge zu benutzen, die von allen Häusern für Downstream-Übertragungen gemeinsam verwendet wird, und eine weitere Wellenlänge für Upstream-Übertragungen.

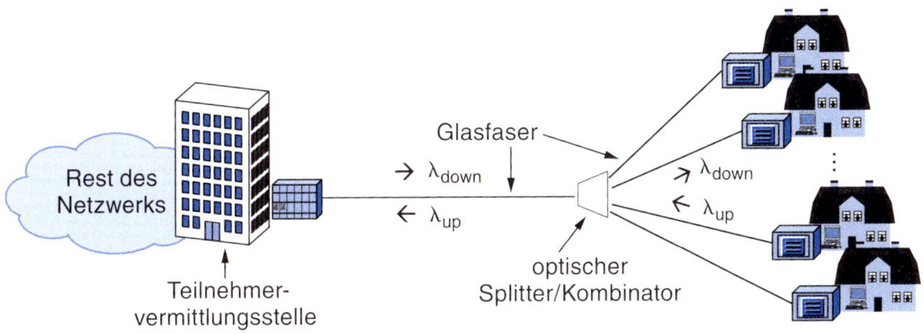

Abbildung 2.31: Passives optisches Netz (PON) für FTTH.

Trotz des Splittings können PONs dank der ungeheuren Bandbreite und der geringen Dämpfung der Glasfaser den Benutzern über Entfernungen von bis zu 20 km hohe Datenraten zur Verfügung stellen. Die aktuellen Datenraten und andere Einzelheiten hängen vom Typ des PON ab. Zwei Arten sind üblich. **GPONs** (*Gigabit-capable PON*) kommen aus der Welt der Telekommunikation, sie werden also durch einen ITU-Standard festgelegt. **EPONs** (*Ethernet PON*) sind mehr auf die Welt der Netze abgestimmt, sie werden also durch einen IEEE-Standard definiert. Beide laufen mit rund einem Gigabit und können Datenverkehr für unterschiedliche Dienste übertragen, einschließlich Internet, Video und Sprache. Zum Beispiel stellen GPONs 2,4 Gbit/s für den Empfang und 1,2 oder 2,4 Gbit/s zum Hochladen bereit.

Für die gemeinsame Nutzung der Kapazität einer einzelnen Glasfaser in der Vermittlungsstelle durch verschiedene Häuser sind außerdem weitere Protokolle notwendig. Die Downstream-Richtung ist einfach. Die Vermittlungsstelle kann Nachrichten zu jedem einzelnen Haus in beliebiger Reihenfolge senden. Andersherum können jedoch Nachrichten von verschiedenen Endkunden nicht gleichzeitig gesendet werden, ohne dass die Gefahr von Kollisionen besteht. Da die Teilnehmer nicht die Übertragungen der jeweils anderen mithören können, ist vor dem Senden auch kein Abhorchen der Leitung möglich. Die Lösung besteht darin, dass das Endkundengerät Zeitscheiben in der Vermittlungsstelle anfordert und zugeteilt bekommt. Dazu wird ein Verfahren zur Distanzmessung verwendet, um die Übertragungszeiten vom Haus so anzupassen, dass alle Signale, die an der Vermittlungsstelle ankommen, synchronisiert sind. Der Entwurf ist ähnlich den Kabelmodems, die wir später in diesem Kapitel behandeln. Weitere Informationen über die Zukunft von PONs finden Sie bei Grobe und Elbers (2008) oder Andrade et al. (2014).

2.5.3 Verbindungsleitungen und Multiplexverfahren

Verbindungsleitungen im Telefonnetz sind nicht nur viel schneller als die Teilnehmeranschlussleitungen, sie unterscheiden sich noch in zwei weiteren Beziehungen. Der Kern des Telefonnetzes trägt digitale, keine analoge Information, das heißt: Bits statt Sprache. Dies erfordert eine Umwandlung in der Vermittlungsstelle in die digitale Form zur Übertragung über Langstreckenverbindungen. Die Verbindungsleitungen tragen Tausende, sogar Millionen von Gesprächen gleichzeitig. Diese gemeinsame Nutzung ist wichtig für das Erreichen von Skaleneffekten, da es im Wesentlichen die gleiche Menge Geld kostet, eine Verbindungsleitung mit hoher Bandbreite zu installieren und unterhalten wie eine Verbindungsleitung mit niedriger Bandbreite zwischen zwei Vermittlungsstellen. Dies wird mit Varianten von TDM- und FDM-Multiplexing erreicht.

Im Folgenden werden wir kurz untersuchen, wie Sprachsignale so digitalisiert werden, dass sie vom Telefonnetz transportiert werden können. Danach betrachten wir, wie TDM im Lichtwellenleiterbereich eingesetzt werden kann, um Bits über Verbindungsleitungen zu übertragen, einschließlich des TDM-Systems für Lichtwellenleiter (SONET). Dann sehen wir, wie FDM für Glasfaser eingesetzt wird, was Wellenlängenmultiplexing (*wavelength division multiplexing*) genannt wird.

Digitalisieren von Sprachsignalen

In den Anfängen der Telefonnetzentwicklung behandelte der Kern Sprachsignale als analoge Information. FDM-Techniken wurden über viele Jahre eingesetzt, um 4.000-Hz-Sprachkanäle (bestehend aus 3.100 Hz plus Sicherheitsbänder) in immer größeren Einheiten mehrfach zu nutzen. Beispielsweise heißen 12 Anrufe im 60–108-kHz-Band eine **Gruppe** und fünf Gruppen (60 Anrufe) sind eine **Supergruppe** und so weiter. Diese FDM-Methoden werden noch auf einigen Kupferleitungen und Mikrowellenkanälen eingesetzt. FDM benötigt jedoch analoge Schaltkreise und kann nicht von einem Computer ausgeführt werden. Im Gegensatz dazu kann TDM vollständig von der digitalen Elektronik abgewickelt werden, sodass es in den letzten Jahren weit mehr verwendet wird. Da TDM nur für digitale Daten benutzt werden kann und die Teilnehmeranschlussleitungen analoge Signale erzeugen, muss eine Umwandlung von analog zu digital in der Vermittlungsstelle vorgenommen werden. Dabei werden alle einzelnen Teilnehmeranschlüsse auf Ausgangsverbindungsleitungen zusammengefasst.

Die Analogsignale werden im Fernmeldeamt von einem Gerät namens **Codec** (Kurzform für „*Co*der-*Dec*oder") digitalisiert, und zwar mithilfe einer Technik namens **Pulscodemodulation** (**PCM**, *Pulse Code Modulation*), die das Herz des modernen Telefonsystems bildet. Der Codec nimmt 8.000 Abtastungen pro Sekunde (125 µs/Abtastung) vor, weil das laut Nyquist-Theorem ausreicht, um alle Informationen von einem Telefonkanal mit einer Bandbreite von 4 kHz zu erfassen. Mit einer niedrigeren Abtastrate würden Informationen verloren gehen. Bei einer höheren könnten keine zusätzlichen Informationen gewonnen werden. Praktisch alle Zeitintervalle im Telefonsystem sind Vielfache von 125 µs. Die Standardrate für unkomprimierte Daten bei einem Sprachanruf über die Telefonleitung ist daher 8 Bits jede 125 µs bzw. 64 kbit/s.

Jede Abtastung der Amplitude eines Signals wird zu einer 8-Bit-Zahl quantisiert. Um die Fehler zu reduzieren, die im Zuge der Quantisierung auftreten können, werden die Quantisierungsstufen ungleichmäßig getrennt. Es wird eine logarithmische Skalierung benutzt, die verhältnismäßig viele Bits für kleinere Signalamplituden und wenig Bits für große Signalamplituden verwendet. Auf diese Weise ist der Fehler proportional zur Signalamplitude. Zwei Quantisierungsmethoden werden üblicherweise benutzt: **μ-law** (in Nordamerika und Japan) und **A-law** (in Europa und der restlichen Welt). Beide Versionen sind im ITU-Standard G.711 festgelegt. Alternativ kann man sich diesen Prozess so vorstellen, dass der dynamische Bereich des Signals (oder das Verhältnis zwischen den größten und den kleinsten möglichen Werten) komprimiert wird, bevor es (gleichmäßig) quantisiert wird, und danach erweitert wird, wenn das analoge Signal wiederhergestellt wird. Dieses System aus Kompressor und Expander wird **Kompander** genannt. Es ist auch möglich, die Abtastungen nach der Digitalisierung zu komprimieren, sodass deutlich weniger als 64 kbit/s erforderlich sind. Wir werden auf dieses Thema zurückkommen, wenn wir Audioanwendungen wie VoIP untersuchen.

Am anderen Ende des Anrufs wird aus den quantisierten Abtastungen wieder ein analoges Signal erzeugt, indem diese über die Zeit abgespielt (und geglättet) werden. Das neue Signal wird nicht exakt mit dem ursprünglichen analogen Signal übereinstimmen, selbst wenn wir mit Nyquist-Rate abgetastet haben, da die Abtastungen quantisiert wurden.

T-Träger: Digitale Signale im Telefonnetz multiplexen

Der **T-Träger** (*T-Carrier*) ist eine Spezifikation für die Übertragung mehrerer TDM-Kanäle über eine einzige Leitung. Das auf PCM basierende Zeitmultiplexing (TDM) wird eingesetzt, um mehrere Sprachanrufe über Verbindungsleitungen zu übertragen, indem alle 125 μs eine Abtastung von jedem Anruf gesendet wird. Als sich die digitale Übertragung als machbare Technologie abzeichnete, war ITU (damals noch unter dem Namen CCITT) nicht in der Lage, für PCM einen internationalen Standard herbeizuführen. Folglich gibt es heute in den verschiedenen Ländern mehrere untereinander nicht kompatible Verfahren.

Die in Nordamerika und Japan verwendete Methode trägt den Namen **T1**-Träger und ist in ▶Abbildung 2.32 dargestellt. (Bei einer rein technischen Betrachtungsweise muss man unterscheiden, dass das Format als DS1 und der Träger als T1 bezeichnet wird. Wir halten uns hier aber an eine weitverbreitete Sprachregelung in der Branche und verzichten auf die Feinunterscheidung.) Der T1-Träger besteht aus 24 Sprachkanälen, die mehrfach genutzt werden. Normalerweise werden die Analogsignale reihum abgetastet. Jeder der 24 Kanäle darf reihum 8 Bits in den Ausgangsstrom einfügen. Der T1-Träger wurde 1962 eingeführt.

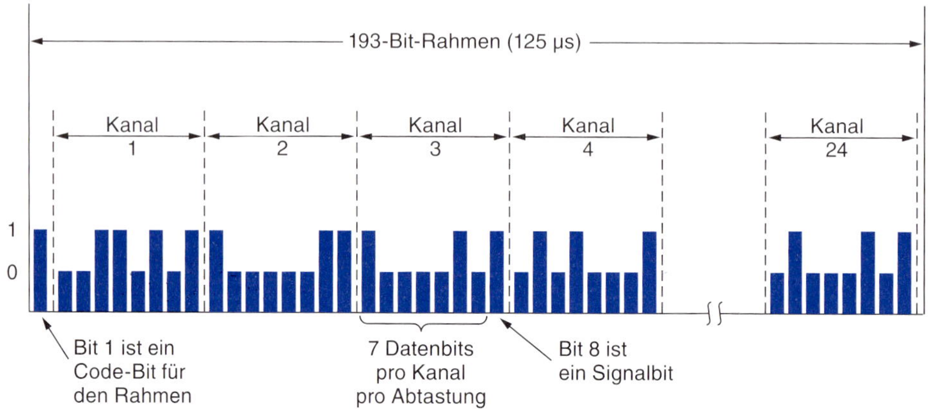

Abbildung 2.32: Der T1-Träger (1,544 Mbit/s).

Ein Rahmen besteht aus 24×8=192 Bit, zuzüglich einem Bit zu Steuerzwecken, sodass wir auf 193 Bit alle 125 µs kommen. Dies ergibt insgesamt eine Datenübertragungsrate von 1,544 Mbit/s, davon sind 8 kbit/s für die Signalübertragung. Das 193. Bit wird zur Rahmensynchronisation und Signalübertragung benutzt. Es gibt eine Variation, bei der das 193. Bit über einer Gruppe von 24 Rahmen (**erweiterter Superrahmen** genannt) verwendet wird. Sechs der Bits – in der 4., 8., 12., 16., 20. und 24. Position – nehmen abwechselnd das Muster 001011 an. Normalerweise prüft der Empfänger dieses Muster fortlaufend, um sicherzustellen, dass er noch synchron ist. Sechs weitere Bits werden benutzt, um einen Fehlerprüfcode zu senden, der den Empfänger bei der Bestätigung der Synchronisation unterstützt. Verliert er die Synchronisation, kann der Empfänger das Muster abtasten und den Fehlerprüfcode validieren, um sich erneut zu synchronisieren. Die verbleibenden 12 Bits werden für Informationen zur Steuerung von Betrieb und Wartung des Netzes benutzt, wie beispielsweise Leistungsberichte vom entfernten Ende.

Das T1-Format hat mehrere Varianten. Die früheren Versionen sendeten Signalinformationen **bandintern**, das heißt in dem gleichen Kanal wie die Daten, indem einige der Datenbits benutzt wurden. Dieser Entwurf ist eine Form von **kanalgebundener Signalisierung** (*channel-associated signaling*), weil jeder Kanal seinen eigenen privaten Subkanal für die Signalisierung besitzt. Es gibt eine Konstellation, bei der das niederwertigste Bit einer 8-Bit-Abtastung von jedem Kanal in jedem sechsten Rahmen benutzt wird. Diese trägt die bildliche Bezeichnung **Robbed-Bit Signaling**. Die Idee dabei ist, dass ein paar gestohlene Bits für Sprachanrufe keine Rolle spielen. Niemand wird den Unterschied hören.

Bei Daten ist das jedoch eine andere Geschichte. Die falschen Bits zu senden ist – gelinde gesagt – nicht hilfreich. Falls ältere Versionen von T1 zur Datenübertragung benutzt werden, können nur 7 von 8 Bits bzw. 56 kbit/s in jedem der 24 Kanäle verwendet werden. Neuere Versionen von T1 hingegen stellen freie Kanäle zur Verfügung, in denen alle Bits zum Senden von Daten benutzt werden können. Unternehmen, die eine T1-Leitung mieten, wollen genau diese freien Kanäle, wenn sie Daten über das Telefonnetz anstatt Sprachmuster senden. Die Signalgebung für Sprachanrufe wird dann **bandextern** verarbeitet, das heißt in einem von den Daten getrennten Kanal. Häufig wird die Signalisierung mit **Zentralkanal-Signalisierung** (*common-channel signaling*) durchgeführt, bei der es einen gemeinsamen Kanal zur Signalgebung gibt. Einer der 24 Kanäle kann für diesen Zweck eingesetzt werden.

Außerhalb von Nordamerika und Japan ist der **E1**-Träger mit 2.048 Mbit/s im Einsatz. Dieser Träger hat 32 8-Bit-Datenabtastwerte, die in dem 125-µs-Basisrahmen gepackt werden. Dreißig Kanäle werden für Informationen und bis zu zwei für die Signalübertragung benutzt. Jede Gruppe von vier Rahmen liefert 64 Signalisierungsbits. Die Hälfte davon wird zur Signalisierung benutzt (entweder kanalgebundene oder Zentralkanal-Signalisierung), die andere Hälfte dient zur Rahmensynchronisation bzw. ist für die einzelnen Länder zur Belegung nach eigenem Ermessen reserviert.

Zeitmultiplexverfahren ermöglichen das Multiplexing mehrerer T1-Träger in höherwertige Träger. Wie das realisiert werden kann, ist aus ▶Abbildung 2.33 ersichtlich. Auf der linken Seite werden vier T1-Kanäle auf einen T2-Kanal mehrfach genutzt. Das Multiplexing auf T2 und darüber erfolgt bitweise und nicht byteweise in den 24 Sprachkanälen, aus denen ein T1-Rahmen besteht. Vier T1-Ströme mit 1,544 Mbit/s sollten 6,176 Mbit/s erzeugen, aber T2 enthält tatsächlich 6,312 Mbit/s. Die Zusatzbits werden für die Rahmenbildung und -wiederherstellung verwendet, wenn das Trägersignal sich verschiebt.

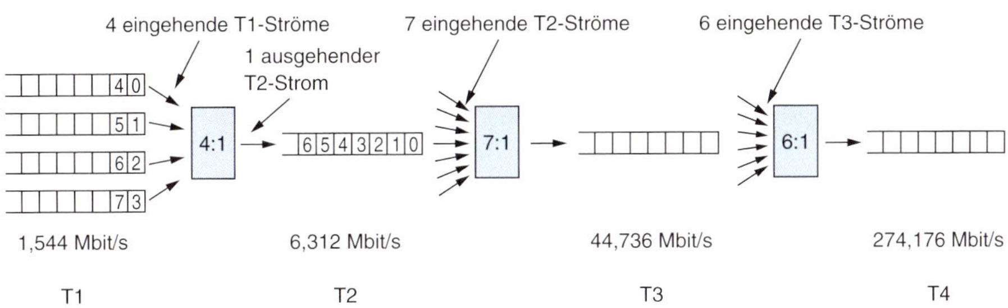

Abbildung 2.33: Multiplexing von T1-Strömen auf höherwertige Träger.

Auf der nächsten Ebene werden sieben T2-Ströme bitweise zusammengefasst, um einen T3-Strom zu bilden. Dann werden sechs T3-Ströme zu einem T4-Strom zusammengefasst. In jedem Schritt wird etwas Overhead für die Rahmenbildung und Wiederherstellung hinzugefügt, falls die Synchronisation zwischen Sender und Empfänger verloren geht. T1 und T3 werden häufig im Endkundenbereich eingesetzt, T2 und T4 aber nur innerhalb des Telefonsystems verwendet, sodass sie nicht so bekannt sind.

Ebenso wie es kaum Vereinbarungen über den Basisträger zwischen den USA und dem Rest der Welt gibt, besteht auch keine Vereinbarung darüber, wie das Multiplexing in Trägern höherer Bandbreite erfolgen soll. Die in USA verbreitete Methode der 4er-, 6er- und 7er-Schritte konnte niemanden als künftige Lösung begeistern, sodass der ITU-Standard fordert, auf jeder Ebene vier Ströme in einen Strom zu multiplexen. Außerdem unterscheiden sich die Daten für die Rahmenbildung und Wiederherstellung bei dem US-amerikanischen und den ITU-Standards. Die ITU-Hierarchie für 32, 128, 512, 2.048 und 8.192 Kanäle läuft in Geschwindigkeiten von 2,048, 8,848, 34,304, 139,264 und 565,148 Mbit/s.

Multiplexen von optischen Netzen: SONET/SDH

In den Anfängen der Glasfasertechnik hatte jede Telefongesellschaft ihr eigenes optisches TDM-System. Nachdem AT&T 1984 zerschlagen wurde, mussten sich die örtlichen Telefongesellschaften an mehrere Fernnetzbetreiber anschließen, die alle mit unterschiedlichen optischen TDM-Systemen von verschiedenen Anbietern arbeiteten. Somit entstand ein dringender Bedarf an Standardisierung. 1985 begann Bellcore, die Forschungseinrichtung von RBOC, mit der Ausarbeitung eines Standards namens **SONET** (*Synchronous Optical NETwork*).

Später stieg die ITU mit ein. Die gemeinsamen Anstrengungen führten 1989 zum SONET-Standard und einer Reihe paralleler ITU-Empfehlungen (G.707, G.708 und G.709). Die ITU-Empfehlungen werden als **SDH** (*Synchronous Digital Hierarchy*) bezeichnet, unterscheiden sich aber nur in Kleinigkeiten von SONET. Praktisch der gesamte Telefonfernverkehr in den USA und in großen Teilen der Welt basiert heutzutage auf Verbindungsleitungen mit SONET auf der Bitübertragungsschicht. Weiterführende Informationen zu SONET finden Sie in Perros (2005).

Das SONET-Design hatte vier wichtige Ziele.

1. Interoperabilität der Träger: SONET sollte die Zusammenarbeit verschiedener Träger ermöglichen. Um dieses Ziel zu erreichen, musste ein gemeinsamer Signalübertragungsstandard in Bezug auf Wellenlänge, Zeitverhalten, Rahmenstruktur usw. definiert werden.

2. Gebietsübergreifende Vereinheitlichung: Es wurde eine Methode benötigt, die digitalen Systeme der USA, Europas und Japans zu vereinheitlichen, die alle auf PCM-Kanälen mit 64 kbit/s basierten, diese Kanäle aber auf unterschiedliche (nicht kompatible) Weise zusammenfassten.

3. Multiplexen von digitalen Kanälen: SONET sollte eine Möglichkeit bieten, mehrere digitale Kanäle mehrfach zu nutzen. Als SONET entwickelt wurde, war die höchste Geschwindigkeit in den USA bei T3 44,736 Mbit/s. T4 gab es zwar, wurde aber nicht häufig verwendet, und oberhalb der Geschwindigkeit von T4 war nichts mehr definiert. Eine Aufgabe von SONET war, die Hierarchie auf Gbit/s und darüber hinaus fortzusetzen. Deshalb war auch ein Standard erforderlich, um langsamere Kanäle in einen SONET-Kanal mehrfach zu nutzen.

4. Verwaltungsunterstützung: SONET sollte Unterstützung für Betrieb, Verwaltung und Wartung (OAM – *Operations, Administration and Management*) bereitstellen, was zum Management des Netzes notwendig ist. Bei den bisherigen Systemen waren diese Aufgaben nicht optimal gelöst worden.

Einer frühen Entscheidung zufolge sollte SONET ein herkömmliches TDM-System werden, bei dem die gesamte Bandbreite der Glasfaser einem Kanal zugeordnet wurde, welcher Zeitscheiben für die verschiedenen Unterkanäle besaß. So gesehen ist SONET ein synchrones System. Sender und Empfänger sind an einen gemeinsamen Taktgeber angeschlossen. Dieser Taktgeber, der das System steuert, arbeitet mit einer Genauigkeit von 1 zu 10^9. Die Bits auf einer SONET-Leitung werden in extrem genauen Intervallen gesendet, die durch den Taktgeber gesteuert werden.

Der SONET-Basisrahmen ist ein Block von 810 Byte, der alle 125 µs gesendet wird. Da SONET synchron ist, werden Rahmen unabhängig davon ausgegeben, ob es Nutzdaten zu senden gibt oder nicht. Die 8.000 Rahmen pro Sekunde passen genau zur Abtastrate von PCM-Kanälen, die in allen digitalen Telefonsystemen eingesetzt werden.

Die 810 Byte großen SONET-Rahmen kann man sich als Tabelle von Bytes vorstellen, die 90 Spalten breit und 9 Zeilen hoch ist. Somit werden 8×810= 6.480 Bit 8.000-mal pro Sekunde übertragen. Die gesamte Datenübertragungsrate beträgt 51,84 Mbit/s. Dieses Layout ist der SONET-Basiskanal, der **STS-1** (*Synchronous Transport Signal-1*) heißt. Alle SONET-Verbindungsleitungen sind Vielfache von STS-1.

Die ersten drei Spalten eines jeden Rahmens sind für Systemverwaltungsinformationen reserviert, wie in ▶Abbildung 2.34 dargestellt. In diesem Block enthalten die ersten drei Zeilen den Abschnittsoverhead, die nächsten sechs den Leitungsoverhead. Der Abschnittsoverhead wird am Anfang und Ende eines jeden Abschnitts erzeugt und geprüft, während der Leitungsoverhead am Anfang und Ende jeder Leitung erzeugt und geprüft wird.

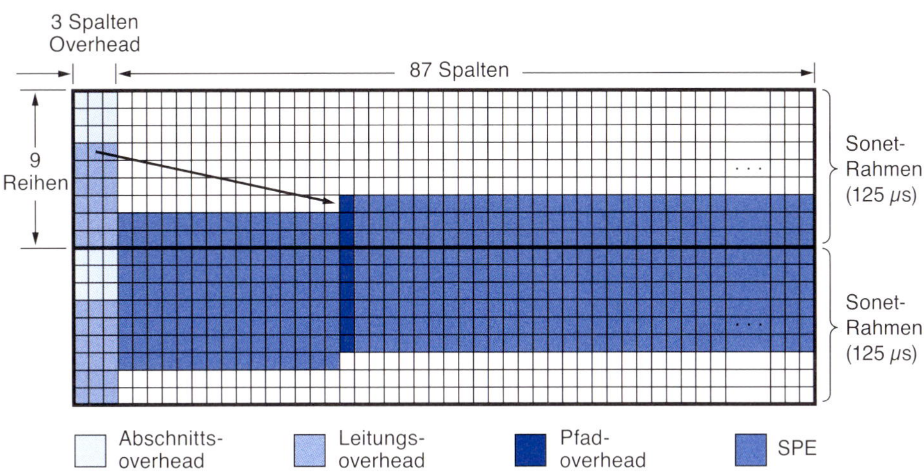

Abbildung 2.34: Zwei unmittelbar aufeinanderfolgende SONET-Rahmen.

Ein SONET-Sender sendet unmittelbar nacheinander und ohne einen Abstand dazwischen 810-Byte-Rahmen, selbst wenn keine Daten darin enthalten sind (in diesem Fall werden Leerdaten gesendet). Für den Empfänger stellt sich dies als ein fortlaufender Bitstrom dar. Wie soll er also wissen, wo ein Rahmen beginnt? Die Antwort lautet, dass die ersten beiden Bytes eines Rahmens ein festes Muster enthalten, nach dem der Empfänger sucht. Wenn er dieses Muster an der gleichen Stelle einer großen Anzahl aufeinanderfolgender Rahmen findet, geht er davon aus, dass er mit dem Sender synchronisiert ist. Theoretisch könnte ein Benutzer dieses Muster auch regulär in die Nutzdaten einfügen, aber in der Praxis ist dies nicht möglich. Dies liegt unter anderem daran, dass Multiplexing auf mehrere Benutzer im gleichen Rahmen angewandt wird.

Die verbleibenden 87 Spalten fassen 879×8×8.000=50,112 Mbit/s für Nutzdaten. Diese Nutzdaten können Sprachabtastungen, T1- und andere Träger oder Pakete sein. SONET ist einfach ein bequemer Behälter zum Transportieren von Bits. Der **SPE**-Block (*Synchronous Payload Envelope*), welcher die Nutzdaten trägt, beginnt nicht immer in Zeile 1, Spalte 4. Der SPE-Block kann an beliebiger Stelle innerhalb des Rahmens beginnen. Ein Zeiger auf das erste Byte ist in der ersten Zeile des Leitungsoverheads enthalten. Die erste Spalte des SPE-Blocks ist der Pfad-Overhead (d.h. Header für das Ende-zu-Ende-Pfad-Teilschichtprotokoll).

Die Tatsache, dass SPEs an einer beliebigen Stelle im SONET-Rahmen beginnen und sich auch auf zwei Rahmen erstrecken können, erhöht die Flexibilität des Systems (Abbildung 2.34). Wenn beispielsweise Nutzdaten an der Quelle ankommen, während ein SONET-Leerrahmen gebildet wird, können diese in den aktuellen Rahmen eingefügt werden und müssen nicht bis zum Start des nächsten zurückgehalten werden.

Die Multiplex-Hierarchie von SONET/SDH wird in ▶Abbildung 2.35 dargestellt. Es wurden Übertragungsarten von STS-1 bis STS-768 festgelegt, angefangen von Raten, die ungefähr einer T3-Leitung entsprechen, bis zu 40 Gbit/s. Sicherlich werden sogar noch höhere Raten im Laufe der Zeit definiert, wobei OC-3072 mit 160 Gbit/s als Nächstes ansteht – falls und wenn dies technisch möglich sein wird. Der optische Träger, der STS-*n* entspricht, wird als OC-*n* bezeichnet. Diese entsprechen sich ganz genau, bis auf eine geringe Neuordnung der Bits, die zur Synchronisation erforderlich ist. Die Bezeichnungen von SDH sind verschieden; sie beginnen bei OC-3, da ITU-basierte Systeme keine Übertragungsrate nahe 51,84 Mbit/s aufweisen. Wir haben die üblichen Raten angegeben, die ausgehend von OC-3 als Vielfache von vier auftreten. Die Gesamtdatenrate beinhaltet den Overhead. Die SPE-Datenübertragungsrate enthält keinen Leitungs- und Abschnittsoverhead. Die Benutzerdatenübertragungsrate enthält keinerlei Overhead und verfügt nur über 86 Nutzdatenspalten.

SONET		**SDH**	**Datenübertragungsrate (Mbit/s)**		
Elektrisch	**Optisch**	**Optisch**	**Insgesamt**	**SPE**	**Benutzer**
STS-1	OC-1		51,84	50,112	49,536
STS-3	OC-3	STM-1	155,52	150,336	148,608
STS-12	OC-12	STM-4	622,08	601,344	594,432
STS-48	OC-48	STM-16	2.488,32	2.405,376	2.377,728
STS-192	OC-192	STM-64	9.953,28	9.621,504	9.510,912
STS-768	OC-768	STM-256	3.9813,12	38.486,016	38.043,648

Abbildung 2.35: Multiplexraten von SONET und SDH.

Wird ein Träger wie OC-3 nicht mehrfach genutzt, sondern befördert nur die Daten von einer Quelle, wird der Buchstabe *c* (Abkürzung für *concatenated*, verkettet) an die Bezeichnung angehängt. OC-3 bezeichnet einen Träger mit 155,52 Mbit/s, der aus drei getrennten OC-1-Trägern besteht, während OC-3c bedeutet, dass es sich um einen Datenstrom von einer einzigen Quelle mit 155,52 Mbit/s handelt. Die drei OC-1-Ströme in einem OC-3c-Strom werden nach Spalten verschachtelt – 1. Spalte von Strom 1, dann 1. Spalte von Strom 2, dann 1. Spalte von Strom 3, gefolgt von 2. Spalte von Strom 1 usw. –, sodass man am Ende einen Rahmen mit 270 Spalten und 9 Zeilen erhält.

2.5.4 Vermittlung

Aus Sicht des normalen Fernmeldetechnikers ist das Telefonsystem in zwei Teile geteilt: Außenanlagen (Teilnehmeranschlussleitungen und Verbindungsleitungen, die sich außerhalb der Vermittlungsstellen befinden) und Innenanlagen (die Switches, also Vermittlungsgeräte), die sich in den Vermittlungsstellen befinden. Wir haben bislang immer den äußeren Bereich betrachtet. Betrachten wir nun einmal die Sache von innen.

Heutzutage werden zwei verschiedene Vermittlungstechniken für das Netzwerk eingesetzt: Leitungsvermittlung und Paketvermittlung. Das traditionelle Telefonsystem basiert auf Leitungsvermittlung, die VoIP-Technologie hingegen auf Paketvermittlung. Wir werden uns Leitungsvermittlung detailliert ansehen und mit Paketvermittlung vergleichen. Beide Vermittlungsarten sind so wichtig, dass wir darauf noch einmal zurückkommen, wenn wir die Vermittlungsschicht behandeln.

Leitungsvermittlung

Wenn Sie (oder Ihr Computer) früher eine Telefonverbindung aufbauen wollten, suchten die Vermittlungseinrichtungen im Telefonsystem einen durchgehenden physikalischen Pfad von Ihrem Telefon zu dem des anderen Teilnehmers, den sie anschließend für die Dauer des Anrufs belegten. Diese Technik heißt **Leitungsvermittlung** (*circuit switching*). Sie ist in ▶Abbildung 2.36 schematisch dargestellt. Jedes der sechs Rechtecke stellt eine Vermittlungsstelle des Betreibers (Teilnehmervermittlungsstelle, Fernvermittlungsstelle usw.) dar. In diesem Beispiel hat jedes Amt drei eingehende und drei ausgehende Leitungen. Wenn ein Anruf eine Vermittlungsstelle durchläuft, wird eine physikalische Verbindung zwischen der Leitung, auf der der Anruf ankommt, und einer Ausgangsleitung hergestellt. Das ist in der Abbildung durch die gestrichelten Linien dargestellt.

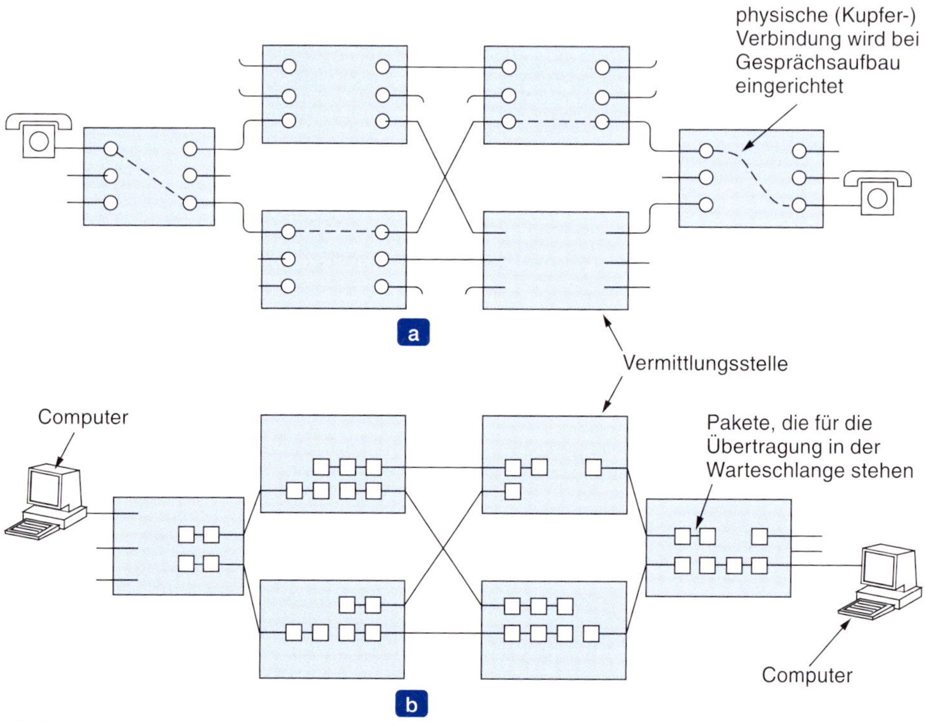

Abbildung 2.36: (a) Leitungsvermittlung. (b) Paketvermittlung.

In den Kindertagen des Telefons wurde die Verbindung durch das „Fräulein vom Amt" hergestellt, das mit einem Verbindungsstecker die Eingangs- und Ausgangsbuchsen verband. Die Erfindung der automatischen Leitungsvermittlung hängt mit einer kuriosen Geschichte zusammen. Die Entdeckung machte ein Bestattungsunternehmer namens Almon B. Strowger im 19. Jahrhundert. Seit der Erfindung des Telefons konnten sich die Hinterbliebenen eines Verstorbenen über das städtische Telefonamt eine Verbindung zu einem Bestatter herstellen lassen. Zum Bedauern von Herrn Strowger gab es außer ihm in seiner Stadt noch ein anderes Bestattungsunternehmen. Wie es der Zufall wollte, war die Frau seines Konkurrenten die Dame vom Amt, die alle Telefonverbindungen der Stadt stöpselte. Er sah sich vor die Wahl gestellt, entweder eine automatische Telefonvermittlung zu erfinden oder sein Unternehmen dicht zu machen. Er entschied sich für die erste Möglichkeit. Nahezu 100 Jahre lang wurden die Leitungsvermittlungsgeräte als **Strowger-Schaltung** bezeichnet. (Aus der Überlieferung der Geschichte geht nicht hervor, ob die durch Strowgers Erfindung arbeitslos gewordene Dame eventuell in der Telefonauskunft weiterbeschäftigt wurde und Fragen wie „Wie lautet die Telefonnummer des Bestatters?" beantwortete.)

Das Modell in Abbildung 2.36a ist natürlich stark vereinfacht, da Teile des physischen Weges zwischen zwei Telefonen Mikrowellen oder Glasfaserleitungen sein können, auf denen Tausende von Anrufen gebündelt werden. Dennoch gilt der Grundgedanke:

Ist ein Anruf einmal eingerichtet, besteht ein dedizierter Weg zwischen den beiden Teilnehmern, bis der Anruf beendet wird.

Ein wichtiges Merkmal der Leitungsvermittlung ist die Notwendigkeit, einen Ende-zu-Ende-Pfad einzurichten, *bevor* Daten übertragen werden können. Die zwischen dem Ende des Wählvorgangs und dem Beginn des Klingelzeichens verstrichene Zeit kann gut zehn Sekunden betragen, bei Ferngesprächen sogar länger. Während dieser Zeit sucht das Telefonsystem nach einem möglichen Pfad (▶Abbildung 2.37a). Ebenfalls vor Beginn der Datenübertragung muss das Rufanforderungssignal den ganzen Weg bis zum Ziel gesendet und bestätigt werden. Bei vielen Computeranwendungen (z.B. Kreditrahmenüberprüfungen an Ladenkassen usw.) sind lange Aufbauzeiten nicht sehr erstrebenswert.

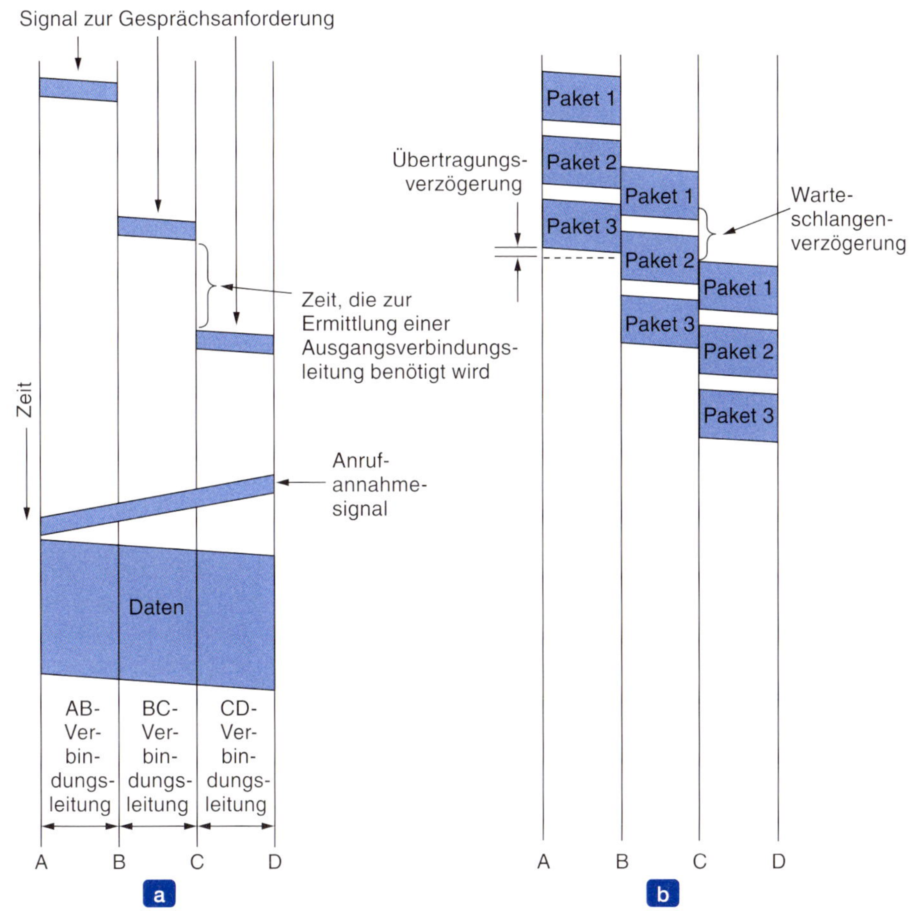

Abbildung 2.37: Zeitliches Verhalten der Ereignisse bei (a) Leitungsvermittlung, (b) Paketvermittlung.

Eine Folge des reservierten Weges zwischen zwei Teilnehmern ist, dass nach erfolgreichem Einrichten der Verbindung als einzige Datenverzögerung nur die Ausbreitungszeit des elektromagnetischen Signals (ca. 5 ms je 1.000 km) anfällt. Bei einem vorab errichteten Übertragungsweg tritt daher kein Datenrückstau an – d.h., wenn der Anruf einmal durchgestellt wurde, erhalten Sie nie ein Besetztzeichen. Natürlich können Sie ein Besetztzeichen vor dem erfolgreichen Aufbau der Verbindung erhalten, wenn keine entsprechende Vermittlungs- oder Leitungskapazität vorhanden ist.

Paketvermittlung

Die Alternative zur Leitungsvermittlung ist die **Paketvermittlung** (*packet switching*), die in Abbildung 2.36b dargestellt ist und in *Kapitel 1* beschrieben wurde. Bei dieser Technologie werden einzelne Pakete gesendet, sobald sie verfügbar sind. Anders als bei der Leitungsvermittlung ist es hier nicht notwendig, einen dedizierten Pfad vorab einzurichten. Paketvermittlung lässt sich vergleichen mit dem postalischen Versand einer Reihe von Briefen: jeder Brief reist unabhängig von den anderen. Es ist die Aufgabe der Router, mittels Store-and-forward-Übertragungen jedes Paket für sich allein auf seinen Weg zum Ziel zu senden. Im Gegensatz dazu besteht bei der Leitungsvermittlung der Verbindungsaufbau darin, die Bandbreite auf dem gesamten Weg vom Sender zum Empfänger zu reservieren. Alle Daten auf der Leitung folgen diesem Pfad. Unter anderem bringt es diese Eigenschaft mit sich, dass die Daten immer in derselben Reihenfolge ankommen. Bei der Paketvermittlung gibt es keinen festgelegten Pfad, unterschiedliche Pakete können also verschiedenen Pfaden folgen, je nach Netzbedingung zum Zeitpunkt der Übermittlung, und die Daten können in einer anderen Reihenfolge ankommen.

Paketvermittelte Netzwerke legen eine strenge Obergrenze für die Paketgröße fest. Damit wird sichergestellt, dass kein Nutzer eine Übertragungsleitung sehr lange (z.B. viele Millisekunden) in Beschlag nehmen kann, sodass paketvermittelte Netze interaktiven Datenverkehr verarbeiten können. Außerdem wird dadurch die Verzögerungszeit verringert, da das erste Paket einer langen Nachricht weitergeleitet werden kann, bevor das zweite Paket vollständig angekommen ist. Die Store-and-forward-Verzögerung, die entsteht, wenn ein Paket im Speicher des Routers zwischengespeichert wird, bevor es zum nächsten Router weitergeschickt wird, ist jedoch größer als die Verzögerung bei der Leitungsvermittlung (▶Abbildung 2.37b). Dort fließen die Bits einfach kontinuierlich durch die Leitung.

Paket- und Leitungsvermittlung unterscheiden sich noch auf andere Arten. Da bei der Paketvermittlung keine Bandbreite reserviert wird, müssen Pakete unter Umständen warten, bis sie weitergeleitet werden. Dies kann zu **Verzögerungen durch Warteschlangenbildung** (*queueing delay*) und Netzüberlastung führen, falls viele Pakete gleichzeitig gesendet werden. Auf der anderen Seite besteht keine Gefahr, ein Besetztzeichen zu bekommen und somit das Netz nicht nutzen zu können. Netzüberlastung tritt also zu unterschiedlichen Zeitpunkten auf: bei Leitungsvermittlung während der Aufbauzeit und bei Paketvermittlung, wenn Pakete gesendet werden.

Wenn eine Leitung für einen bestimmten Benutzer reserviert wurde und es keinen Datenverkehr gibt, wird dessen Bandbreite verschwendet; sie kann nicht für anderen Datenverkehr verwendet werden. Paketvermittlung verschwendet keine Bandbreite und ist somit aus einer Systemperspektive betrachtet effizienter. Um den Unterschied zwischen Leitungs- und Paketvermittlung nachzuvollziehen, ist es ganz wesentlich, diesen Zielkonflikt zu verstehen: Er besteht zwischen garantiertem Service und der Verschwendung von Ressourcen auf der einen Seite und nicht garantiertem Service und keine Ressourcenverschwendung auf der anderen Seite.

Die Paketvermittlung ist fehlertoleranter als die Leitungsvermittlung. Dies war der eigentliche Grund, warum sie erfunden wurde. Fällt ein Vermittlungselement aus, werden alle Verbindungen, die es gerade nutzen, beendet und es können keine Daten mehr darüber übertragen werden. Bei der Paketvermittlung können Pakete um ausgefallene Vermittlungselemente herum gesendet werden.

Ein letztes Unterscheidungsmerkmal ist die Gebührenberechnung. Bei der Leitungsvermittlung werden die Gebühren seit Einführung des Telefons nach Entfernung und Zeit berechnet. Bei Mobiltelefonen spielt die Entfernung in der Regel keine Rolle, außer bei internationalen Ferngesprächen. Zeit spielt auch nur eine untergeordnete Rolle (z.B. kostet ein Tarif mit 2.000 Freiminuten mehr als einer mit 1.000 Freiminuten und manchmal sind Abend- und Wochenendgespräche billig). Bei der Paketvermittlung spielt die Verbindungszeit keine Rolle, in manchen Fällen aber das Volumen des Datenverkehrs. Bei privaten Nutzern berechnen ISPs in der Regel eine monatliche Flatrate, da dies für sie und ihre Kunden weniger Arbeit bedeutet und das Abrechnungsmodell für ihre Kunden verständlich ist. In einigen Entwicklungsländern erfolgt die Abrechnung häufig noch auf der Grundlage des Datenvolumens: Die Nutzer können ein „Datenpaket" eines bestimmten Umfangs erwerben und dieses Datenvolumen im Laufe eines Abrechnungszyklus aufbrauchen. Bestimmte Tageszeiten oder sogar bestimmte Zielorte können kostenlos sein oder werden nicht auf die Datenobergrenze oder das Kontingent angerechnet; diese Dienste werden manchmal als gebührenfreie Dienste (*zero-rated service*) bezeichnet. Im Allgemeinen berechnen Carrier-ISPs im Internet-Backbone-Bereich ihre Gebühren auf der Grundlage des Verkehrsaufkommens. Ein typisches Abrechnungsmodell basiert auf der 95%-Methode mit Fünf-Minuten-Stichproben: Dabei misst ein ISP für eine gegebene Verbindung alle fünf Minuten das Verkehrsvolumen, das in den letzten fünf Minuten über die Verbindung gelaufen ist. In einem 30-tägigen Abrechnungszyklus gibt es 8.640 solcher Fünf-Minuten-Intervalle, und der ISP rechnet auf der Grundlage von 95 % dieser Stichproben ab. Diese Technik wird oft als **95%-Abrechnungsmethode** bezeichnet.

Die Unterschiede werden in ▶Abbildung 2.38 aufgeführt. Traditionell haben Telefonnetze die Leitungsvermittlung benutzt, um Telefongespräche mit hoher Qualität zu bieten, und Rechnernetze haben Paketvermittlung aus Gründen der Einfachheit und Effizienz verwendet. Es gibt jedoch auch bemerkenswerte Ausnahmen. Einige ältere Rechnernetze haben unter der Oberfläche Leitungsvermittlung eingesetzt (z.B. X25) und einige neuere Telefonnetze benutzen Paketvermittlung bei VoIP. Dies sieht nach außen für den Anwender ganz wie ein normaler Telefonanruf aus, aber innerhalb des Netzes werden die Sprachdaten in Paketen weitervermittelt. Dieser Ansatz hat es möglich gemacht, dass Emporkömmlinge im Telekommunikationsgeschäft billige internationale Anrufe über Telefonkarten verkaufen, auch wenn diese vielleicht eine schlechtere Gesprächsqualität als solche von etablierten Unternehmen aufweisen.

Eigenschaft	Leitungsvermittlung	Paketvermittlung
Gesprächsaufbau	Notwendig	Nicht notwendig
Dedizierter physischer Pfad	Ja	Nein
Alle Pakete folgen der gleichen Route	Ja	Nein
Pakete kommen der Reihe nach an	Ja	Nein
Ausfall einer Vermittlungsstelle ist fatal	Ja	Nein
Verfügbare Bandbreite	Fest	Dynamisch
Zeitpunkt möglicher Überlastung	Beim Verbindungsaufbau	Bei jedem Paket
Potenziell verschwendete Bandbreite	Ja	Nein
Übertragung mit Zwischenspeicherung (Store-and-forward)	Nein	Ja
Gebührenberechnung	Pro Minute	Pro Paket

Abbildung 2.38: Vergleich von leitungsvermittelten und paketvermittelten Netzen.

2.6 Mobilfunknetze

Auch wenn das herkömmliche Telefonnetz eines Tages Glasfasern mit mehreren Gigabit zwischen zwei Teilnehmerstellen bereitstellt, erwarten die Netzbenutzer heutzutage, dass sie in Flugzeugen, Autos, Swimmingpools und beim Joggen im Park telefonieren, ihre E-Mails lesen und im Web surfen können. Somit ist das Interesse an der drahtlosen Telefonie sehr groß, ebenso wie die Investitionen in diesem Bereich. Im Folgenden werden wir dieses Thema im Detail betrachten.

Das Mobilfunksystem wird für überregionale Sprach- und Datenkommunikation genutzt. **Mobiltelefone** (*mobile phone*, *cell phone*), im Deutschen auch Handys genannt, haben fünf unterschiedliche Generationen durchlaufen, die allgemein **1G**, **2G**, **3G**, **4G** und **5G** genannt werden. Die ersten drei Generationen boten analoge Sprache, digitale Sprache sowie digitale Sprache und Daten (Internet, E-Mail usw.). Die 4G-Technologie bietet zusätzliche Funktionen, einschließlich zusätzlicher Übertragungstechniken auf der Bitübertragungsschicht (z.B. OFDM-Uplink-Übertragungen) und IP-basierte Femtozellen (Funkzellen für den Privatbereich, die mit der Festnetz-Internetinfrastruktur verbunden sind). 4G unterstützt im Gegensatz zu seinen Vorgängern keine Leitungsvermittlung der Telefonie, sondern basiert ausschließlich auf der Paketvermittlung.5G wird derzeit eingeführt, wird aber noch Jahre brauchen, bis es die früheren Generationen überall vollständig ersetzt hat. Die 5G-Technologie unterstützt Übertragungen mit einer Geschwindigkeit von bis zu 20 Gbit/s sowie eine dichtere Bereitstellung. Ein weiterer Schwerpunkt ist die Verringerung der Netzlatenz, um ein breiteres Spektrum von Anwendungen zu unterstützen, z.B. hochinteraktives Gaming.

2.6.1 Gängige Begriffe und Konzepte: Zellen, Handover, Paging

Bei allen Mobiltelefonsystemen wird ein geografisches Gebiet in Zellen unterteilt, deshalb bezeichnet man dieses System im englischsprachigen Raum auch als *cellular network* („zelluläres Netz"). Jede Zelle verwendet einen Frequenzbereich, der von keiner benachbarten Zelle verwendet wird. Das Grundkonzept, durch das Zellulärsysteme eine viel größere Kapazität haben als alle vorherigen Systeme, ist die Nutzung relativ kleiner Zellen und die Wiederverwendung von Übertragungsfrequenzen in nahe gelegenen (aber nicht benachbarten) Zellen. Das zelluläre Design erhöht die Systemkapazität, wenn die Zellen kleiner werden. Außerdem bedeuten kleinere Zellen auch einen geringeren Leistungsbedarf, was zu kleineren und kostengünstigeren Geräten führt.

Zellen erlauben die Wiederverwendung von Frequenzen, wie in ▶Abbildung 2.39a dargestellt ist. Die Zellen sind normalerweise möglichst kreisförmig, können aber als Sechsecke leichter modelliert werden. In Abbildung 2.39 haben alle Zellen die gleiche Größe. Sie werden in Einheiten von je sieben Zellen gruppiert. Jeder Buchstabe bezeichnet eine Frequenzgruppe. Für jede Frequenzgruppe gibt es einen Puffer, der eine Breite von etwa zwei Zellen hat, in dem diese Frequenz nicht wiederverwendet wird, wodurch eine gute Trennung und Abschirmung gegen Störungen erreicht wird.

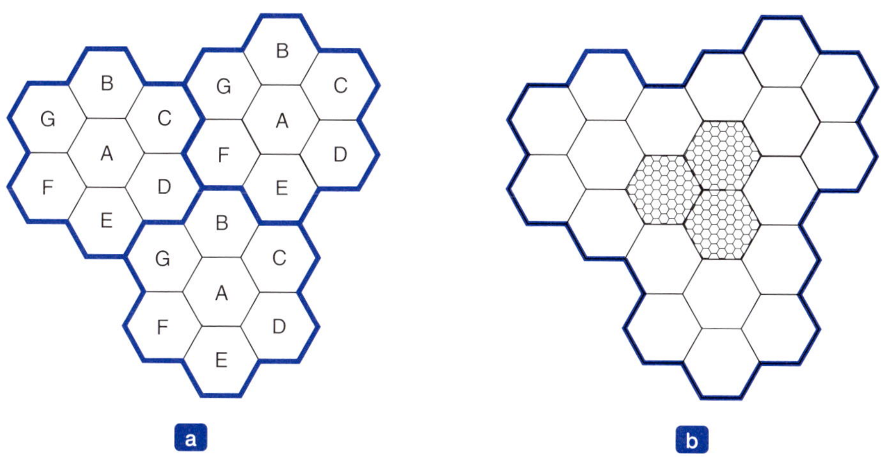

Abbildung 2.39: (a) Frequenzen werden in Nachbarzellen nicht wiederverwendet. (b) Um mehr Benutzer zu unterstützen, können kleinere Zellen verwendet werden.

In einem Gebiet, in dem die Zahl der Benutzer bis zu einem Punkt angestiegen ist, an dem das System überlastet ist, wird die Leistung reduziert und die überlasteten Zellen werden in kleinere, sogenannte **Mikrozellen** aufgeteilt, damit die Frequenzwiederholung erhöht werden kann (Abbildung 2.39b). Telefongesellschaften erzeugen manchmal temporäre Mikrozellen mithilfe von tragbaren Funktürmen mit Satellitenverbindungen bei Sportveranstaltungen, Rockkonzerten und an anderen Stellen, an denen sich für ein paar Stunden eine große Anzahl von Benutzern versammelt.

Im Zentrum jeder Zelle befindet sich eine Basisstation, an die alle Telefone innerhalb der Zelle übertragen. Die Basisstation besteht aus einem Computer und einem an eine Antenne angeschlossenen Sender/Empfänger. Bei einem kleinen System werden alle Basisstationen an ein Gerät namens **Mobilfunkvermittlungsstelle** (**MSC**, *Mobile Switching Center* oder **MTSO**, *Mobile Telephone Switching Office*) angeschlossen. Bei größeren Systemen sind eventuell mehrere MSCs erforderlich, die alle an eine übergeordnete MSC angeschlossen werden usw. Die MSCs sind im Grunde Teilnehmervermittlungsstellen wie beim Telefonnetz. Sie sind auch mindestens an eine Teilnehmervermittlungsstelle eines Telefonnetzes angeschlossen. Die Funkvermittlungsstellen kommunizieren mit den Basisstationen, untereinander und mit dem öffentlichen Fernsprechnetz über ein paketvermitteltes Netz.

Jedes Mobiltelefon befindet sich logisch zu jedem bestimmten Zeitpunkt in einer bestimmten Zelle und unter der Kontrolle der Basisstation dieser Zelle. Verlässt ein Mobiltelefon eine Zelle, dann stellt deren Basisstation fest, dass sich das Signal des Telefons entfernt, und fordert alle benachbarten Basisstationen um Mitteilung auf, wie viel Leistung sie von ihm erhalten. Wenn die Antwort zurückkommt, übergibt die Basisstation die Zuständigkeit an die Zelle, die das stärkste Signal empfängt, d.h. meistens diejenige, in deren unmittelbarer Nähe sich das Telefon jetzt befindet. Anschließend wird das Telefon über seinen neuen Chef informiert. Wenn gerade über das Telefon telefoniert wird, so wird dieses aufgefordert, auf einen neuen Kanal zu wechseln (weil der alte von benachbarten Zellen nicht verwendet wird). Dieser Vorgang ist das sogenannte **Handover** (Verbindungsübergabe), das etwa 300 ms dauert. Die Kanalzuweisung nimmt das MSC vor. Die Basisstationen sind im Grunde einfach stupide Richtfunkgeräte.

Die Suche nach hoch gelegenen Aufstellungsorten für die Antennen der Basisstationen stellt ein größeres Problem dar. Zur Lösung des Problems sind einige Telekommunikationsanbieter eine Allianz mit der römisch-katholischen Kirche eingegangen, da sie über eine große Anzahl von hohen Gebäuden weltweit verfügen, die bequemerweise zentral verwaltet werden.

Zellulär aufgebaute Mobilfunknetze verfügen normalerweise über vier Arten von **Kanälen**. **Steuerungskanäle** (Basisstation zum Mobiltelefon) werden zur Verwaltung des Systems benutzt. **Paging-Kanäle** (Basisstation zum Mobiltelefon) machen mobile Benutzer auf eingehende Anrufe aufmerksam. (Bidirektionale) **Zugangskanäle** werden für den Gesprächsaufbau und die Kanalzuweisung eingesetzt. Schließlich sind die (bidirektionalen) **Datenkanäle** für die Übermittlung von Sprache, Fax oder Daten zuständig.

2.6.2 Die erste Generation der Mobiltelefone (1G): Analoge Sprache

Wenden wir uns jetzt der Mobilfunktechnologie zu. Wir beginnen mit den ersten Mobiltelefonsystemen. Mobile Funktelefone wurden in den ersten Jahrzehnten des 20. Jahrhunderts sporadisch in der Marine und im Militär eingesetzt. 1946 wurde in St. Louis das erste System für Autotelefone eingerichtet. Dieses System nutzte einen einzelnen großen Sender auf einem Hochhaus und hatte einen einzigen Kanal, der sowohl zum Senden als auch zum Empfangen diente. Um sprechen zu können, musste der Benutzer eine Taste drücken, durch die der Sender ein- und der Empfänger ausgeschaltet wurde. Solche Systeme nannte man **Push-to-Talk-Systeme**. Sie wurden Ende der 1950er Jahre in mehreren Städten der USA installiert. Taxis und Streifenwagen der Polizei benutzten diese Technologie sehr oft.

In den 1960er Jahren wurde **IMTS** (*Improved Mobile Telephone System*) eingeführt. Es basierte ebenfalls auf einem leistungsstarken Sender (200 Watt), der auf einem Hügel oder Berg stand, aber zwei Frequenzen hatte – eine zum Senden und eine zum Empfangen. Somit war die Umschalttaste nicht mehr länger nötig. Da die gesamte Kommunikation von den mobilen Telefonen auf einem anderen Kanal einging als die ausgehenden Signale, konnten die mobilen Benutzer einander nicht hören (im Gegensatz zum Push-to-Talk-System in älteren Taxis).

Das IMTS unterstützte 23 Kanäle, die sich über ein Band von 150 bis 450 MHz verteilten. Aufgrund der kleinen Zahl an Kanälen mussten die Benutzer oft lange Zeit warten, bis sie einen Freiton erhielten. Wegen seiner hohen Leistung musste der Sender einige Hundert Kilometer von anderen Sendern entfernt aufgestellt werden, um Störungen zu vermeiden. Insgesamt war das System aufgrund seiner begrenzten Kapazität unpraktisch.

Diese Situation änderte sich drastisch mit dem von Bell Labs entwickelten und erstmals in den USA 1982 installierten **AMPS** (*Advanced Mobile Phone System*). Dieses System wurde auch in Großbritannien eingesetzt, wo es TACS, und in Japan, wo es MCS-L1 genannt wurde. AMPS wurde 2008 formal in den Ruhestand geschickt, dennoch werden wir einen Blick darauf werfen, um die 2G- und 3G-Systeme im Zusammenhang zu verstehen, da diese eine Verbesserung von AMPS darstellen. Bei AMPS haben die Zellen in der Regel einen Durchmesser von 10 bis 20 km, bei digitalen Systemen sind die Zellen kleiner. Während bei einem IMTS-System mit einem Durchmesser von 100 km nur ein Anruf auf jeder Frequenz erfolgen kann, besteht ein AMPS-System im gleichen Bereich aus 100 10-km-Zellen und ermöglicht so 10 bis 15 Anrufe auf jeder Frequenz in weit getrennten Zellen.

Das AMPS-System benutzt FDM, um die Kanäle zu trennen. Das System arbeitet mit 832 Vollduplexkanälen, die je aus einem Paar von Simplexkanälen bestehen. Diese Anordnung wird **FDD** (*Frequency Division Duplex*) genannt. Die 832 Simplexsendekanäle von 824 bis 849 MHz werden für Übertragungen vom Mobiltelefon zur Basisstation verwendet, die 832 Simplexempfangskanäle von 869 bis 894 MHz für Übertragungen von der Basisstation zum mobilen Gerät. Jeder dieser Simplexkanäle ist 30 kHz breit.

Die 832 Kanäle sind in vier Kategorien unterteilt. Da dieselben Frequenzen in benachbarten Zellen nicht wiederverwendet werden können und in jeder Zelle 21 Kanäle für die Steuerung reserviert sind, ist die tatsächliche Anzahl der pro Zelle verfügbaren Sprachkanäle viel geringer als 832, in der Regel etwa 45.

Rufverwaltung

Jedes Mobiltelefon im AMPS-System hat eine 32 Bit große Seriennummer und eine zehnstellige Telefonnummer im PROM (*Programmable Read-Only Memory*). Die Telefonnummer setzt sich in vielen Ländern aus einer dreistelligen Vorwahl von 10 Bit und einer siebenstelligen Teilnehmernummer von 24 Bit zusammen. Beim Einschalten tastet das Mobiltelefon eine vorprogrammierte Liste mit 21 Steuerkanälen ab, um das stärkste Signal zu ermitteln. Dann sendet das Telefon seine 32 Bit große Seriennummer und die 34 Bit große Telefonnummer. Wie alle Steuerinformationen im AMPS-System wird auch dieses Paket digital mehrmals und mit einem Fehlerkorrekturcode versendet, obwohl die Sprachkanäle selbst analog sind.

Hört die Basisstation die Ankündigung, informiert sie das MSC, die das Vorhandensein eines neuen Kunden vermerkt, sowie das Heimat-MSC des Kunden über dessen derzeitigen Standort. Im Normalbetrieb registriert sich das Mobiltelefon etwa alle 15 Minuten erneut.

Um einen Anruf zu tätigen, schaltet der Benutzer das Mobiltelefon ein, wählt die Nummer des gewünschten Teilnehmers und drückt die SENDE-Taste. Das Telefon sendet die gewählte Nummer und seine eigene Identität an den Zugriffskanal. Tritt eine Kollision auf, versucht es später noch einmal, die Verbindung herzustellen. Erhält die Basisstation die Anfrage, dann informiert sie das MSC. Wenn der Anrufer ein Kunde des MSC-Unternehmens (oder einer seiner Partner) ist, sucht das MSC nach einem freien Kanal für den Anruf. Ist einer vorhanden, so wird die Kanalnummer über den Steuerkanal zurückgeschickt. Das Mobiltelefon schaltet dann automatisch auf den gewählten Sprachkanal und wartet, bis der gerufene Teilnehmer abnimmt.

Ankommende Anrufe werden anders abgewickelt. Zunächst hören alle betriebsbereiten Telefone ständig den Paging-Kanal ab, um eventuell an sie gerichtete Nachrichten zu erkennen. Wird ein Mobiltelefon (entweder von einem Festnetztelefon oder einem anderen Mobiltelefon) angerufen, dann wird ein Paket an das Heimat-MSC des gerufenen Teilnehmers gesendet, um festzustellen, wo es sich befindet. Danach wird ein Paket an die Basisstation seiner momentanen Zelle gesendet, die dann auf dem Paging-Kanal einen Rundruf in der Form „Einheit 14, sind Sie da?“ überträgt. Das gerufene Telefon antwortet mit „Ja“ über den Zugangskanal. Die Basis meldet dann den Anruf etwa so: „Einheit 14, ein Anruf für Sie auf Kanal 3.“ An diesem Punkt schaltet das gerufene Telefon auf Kanal 3 und aktiviert das Klingelzeichen (oder eine Melodie, die der Besitzer als Geburtstagsgeschenk erhalten hat).

2.6.3 Die zweite Generation der Mobiltelefone (2G): Digitale Sprache

Die erste Generation der Mobiltelefone war analog, die zweite ist digital. Der Wechsel zu digital hat mehrere Vorteile. Er bietet Kapazitätszuwachs, da Sprachsignale digitalisiert und komprimiert werden können. Die Sicherheit wird erhöht, weil die Verschlüsselung von Sprach- und Steuersignalen möglich ist. Damit werden umgekehrt

Betrügereien und Lauschangriffe verhindert, und zwar sowohl das absichtliche Absuchen als auch die Echosignale von anderen Anrufen aufgrund der Funkwellenweiterleitung. Schließlich werden neue Dienste wie Textnachrichten ermöglicht.

Genau wie bei der ersten Generation erfolgte auch bei der zweiten keine internationale Standardisierung. Es wurden mehrere verschiedene Systeme entwickelt, drei davon werden weitverbreitet eingesetzt. **D-AMPS** (*Digital Advanced Mobile Phone System*) ist eine digitale Version von AMPS, die neben AMPS existiert und TDM benutzt, um mehrere Anrufe auf dem gleichen Frequenzkanal zu platzieren. D-AMPS wird im internationalen Standard IS-54 und dem Nachfolger IS-136 beschrieben. **GSM** (*Global System for Mobile communication*) hat sich als das vorherrschende System herauskristallisiert, und obwohl sich GSM in den USA nur langsam durchsetzte, wird es heute fast überall auf der Welt verwendet. Wie D-AMPS basiert es auf einer Mischung aus FDM und TDM. **Codemultiplexverfahren** (**CDMA**, *Code Division Multiple Access*, beschrieben im internationalen Standard **IS-95**) ist eine völlig andere Systemart, die weder auf FDM noch auf TDM beruht. Obwohl CDMA nicht zum vorherrschenden 2G-System wurde, so ist es doch die Grundlage für 3G-Systeme geworden. Auch der Name **PCS** (*Personal Communications Services*) wird manchmal in der Marketingliteratur verwendet, um ein (digitales) System der zweiten Generation zu bezeichnen. Ursprünglich war damit ein Mobiltelefon mit einem 1.900-MHz-Band gemeint, aber diese Unterscheidung wird heute nur noch selten getroffen. Im Folgenden beschreiben wir GSM, da es das vorherrschende 2G-System ist.

2.6.4 GSM – Global System for Mobile Communications

GSM startete in den 1980er Jahren als ein Versuch, einen einheitlichen europäischen 2G-Standard hervorzubringen. Diese Aufgabe wurde an eine Telekommunikationsgruppe delegiert, die den französischen Namen „Groupe Spécial Mobile“ trug. Die ersten GSM-Systeme wurden ab 1991 installiert und waren schnell erfolgreich. Es wurde bald klar, dass GSM auf dem Weg war, mehr als nur ein europäischer Erfolg zu werden, sondern sich auf weit entfernte Länder wie Australien ausdehnte. Deshalb wurde der Standard in GSM umbenannt, um weltweit Anklang zu finden.

GSM und die anderen Mobilfunksysteme, die wir untersuchen, haben von 1G-Systemen einen Entwurf übernommen, der auf Zellen, der Frequenzwiederholung zwischen Zellen und der Mobilität mithilfe von Handovers bei Fortbewegung des Teilnehmers basiert. Die wichtigsten Eigenschaften von GSM werden im folgenden Abschnitt kurz beschrieben. Der GSM-Standard ist über 5.000 (!) Seiten lang. Ein Großteil dieses Materials bezieht sich auf technische Aspekte des Systems, insbesondere das Design von Empfängern zur Handhabung der Signalausbreitung über mehrere Wege und der Synchronisation von Sendern und Empfängern. All das werden wir hier nicht einmal erwähnen.

▸Abbildung 2.40 zeigt, dass die GSM-Architektur der AMPS-Architektur ähnelt, auch wenn die Komponenten unterschiedliche Namen haben. Das Mobiltelefon selbst wird aufgeteilt in den Handapparat und einen entfernbaren Chip mit Teilnehmer- und Kontoinformationen, **SIM-Karte** genannt (kurz für *Subscriber Identity Module*). Die SIM-Karte aktiviert den Handapparat und sie enthält Geheimnisse, die zur Identifizierung zwischen Mobiltelefon und Netzwerk und zur Verschlüsselung von Gesprächen benötigt werden. Eine SIM-Karte kann herausgenommen und in einen anderen Apparat eingesetzt werden – und verwandelt so diesen Apparat in Ihr Mobiltelefon, jedenfalls soweit es das Netz betrifft.

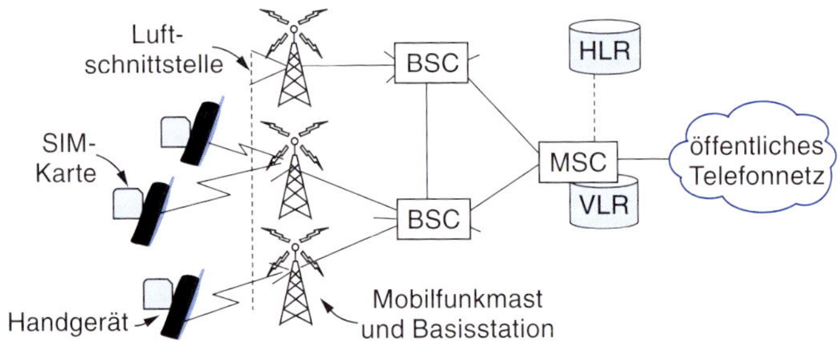

Abbildung 2.40: Architektur des GSM-Funknetzes.

Das Mobiltelefon spricht zur Zellbasisstation über eine **Luftschnittstelle** (*air interface*), die wir gleich beschreiben werden. Die Zellbasisstationen sind jeweils mit einer **BSC** (*Base Station Controller*) verbunden, die die Funkwellenressourcen der Zellen steuert und die Handovers durchführt. Das BSC wiederum ist (wie bei AMPS) an ein MSC angebunden, welches Anrufe weiterleitet und mit einem öffentlichen Telefonnetz verbindet.

Um Anrufe weiterleiten zu können, muss das MSC wissen, wo die Mobiltelefone aktuell gefunden werden können. Dazu unterhält das MSC eine Datenbank mit allen Mobiltelefonen in der Nähe, die mit den vom MSC verwalteten Zellen verbunden sind. Diese Datenbank heißt **VLR** (*Visitor Location Register*). Außerdem gibt es eine Datenbank im Funknetz, die den letzten bekannten Aufenthaltsort jedes Mobiltelefons angibt, das **HLR** (*Home Location Register*). Diese Datenbank wird benutzt, um ankommende Anrufe an die richtigen Orte zu leiten. Beide Datenbanken müssen aktuell gehalten werden, wenn Mobiltelefone von Zelle zu Zelle wandern.

Wir werden nun die Luftschnittstelle detaillierter beschreiben. GSM läuft weltweit auf einem Frequenzbereich, der 900, 1.800 und 1.900 MHz umfasst. Das belegte Spektrum ist größer als für AMPS, um sehr viel mehr Nutzer unterstützen zu können. GSM ist genau wie AMPS ein Frequenzduplex-Zellulärsystem. Das heißt, jedes Mobiltelefon übermittelt auf der einen Frequenz und empfängt auf einer anderen, höheren Frequenz (bei GSM 55 MHz höher gegenüber 80 MHz bei AMPS). Anders als bei AMPS wird bei GSM jedoch ein einzelnes Frequenzpaar mittels Zeitmultiplexing in Zeitscheiben aufgeteilt. Auf diese Art wird es von mehreren Mobiltelefonen genutzt.

Um mehrere Mobiltelefone handhaben zu können, sind GSM-Kanäle viel breiter als die AMPS-Kanäle (200 kHz gegenüber 30 kHz). Ein 200-kHz-Kanal ist in ▶Abbildung 2.41 dargestellt. Ein GSM-System, das im 900-kHz-Bereich arbeitet, verfügt über 124 Simplexkanalpaare. Jeder der Simplexkanäle ist 200 kHz breit und unterstützt acht getrennte Verbindungen mittels Zeitmultiplexing. Jede aktuell aktive Station erhält auf einem Kanalpaar eine Zeitscheibe. Theoretisch können 992 Kanäle pro Zelle unterstützt werden, aber viele davon sind nicht verfügbar, um Frequenzkonflikte mit benachbarten Zellen zu vermeiden. In Abbildung 2.41 gehören die acht blau schattierten Zeitscheiben zur gleichen Verbindung, je vier in eine Richtung. Senden und Empfangen geschehen nicht in der gleichen Zeitscheibe, weil die GSM-Funkwellen nicht gleichzeitig senden und empfangen können und das Umschalten etwas Zeit erfordert. Wenn die mobile Station, die der Frequenz von 890,4/935,4 MHz und der Zeitscheibe 2 zugewiesen ist, an die Basisstation übertragen möchte, dann müsste sie die unteren vier blau schattierten Zeitscheiben (und die zeitlich darauffolgenden) benutzen. Sie würde in jeder Zeitscheibe einen Teil der Daten übertragen, bis die gesamten Daten versendet sind.

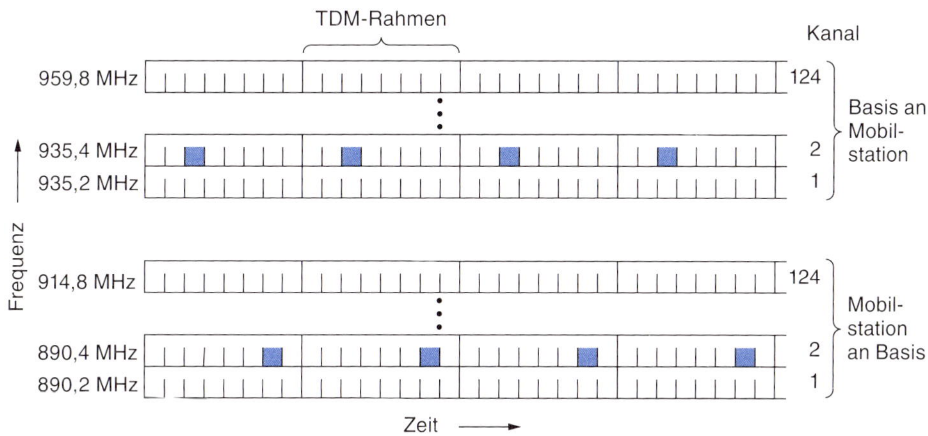

Abbildung 2.41: GSM nutzt 124 Frequenzkanäle, wobei jeder Kanal ein TDM-System mit acht Zeitscheiben verwendet.

Die in Abbildung 2.41 dargestellten TDM-Einträge (d.h. die Daten, die in einer Zeitscheibe übertragen werden) sind Teil einer komplexen Rahmenhierarchie. Jeder TDM-Eintrag hat eine eigene Struktur. Gruppen von TDM-Einträgen bilden Mehrfachrahmen, ebenfalls mit einer besonderen Struktur. Eine vereinfachte Version dieser Hierarchie ist in ▸Abbildung 2.42 dargestellt. Hier ist ersichtlich, dass jeder TDM-Eintrag aus einem 148-Bit-Datenrahmen besteht, der den Kanal für 577 µs (einschließlich einer 30-µs-Sicherheitszeit nach jeder Zeitscheibe) belegt. Jeder Datenrahmen beginnt und endet aus Gründen der Rahmenabgrenzung mit drei 0-Bit. Er enthält auch zwei 57 Bit große *Information*-Felder mit je einem Steuerbit, das angibt, ob das folgende *Information*-Feld für Sprache oder Daten gilt. Zwischen den *Information*-Feldern befindet sich ein *Sync*-Feld von 26 Bit, das vom Empfänger benutzt wird, um sich mit den Rahmengrenzen des Senders zu synchronisieren.

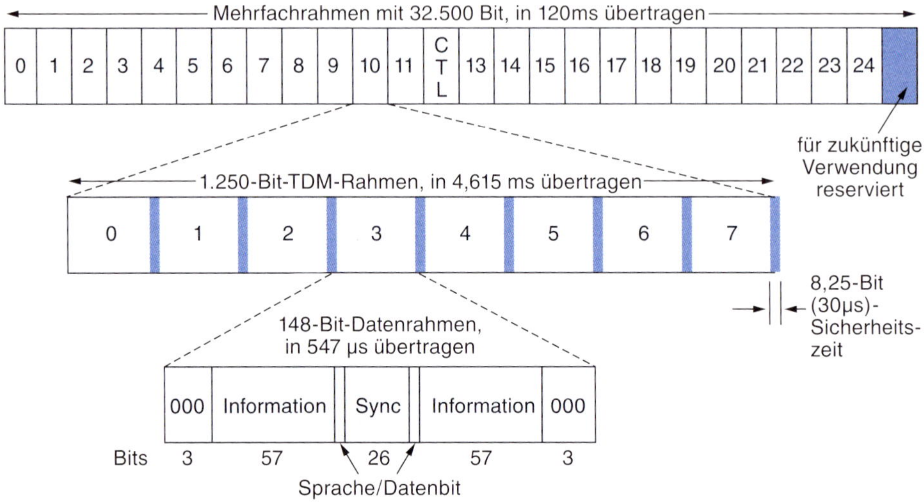

Abbildung 2.42: Teil der GSM-Rahmenstruktur.

Ein Datenrahmen wird in 547 µs übertragen. Einem Sender ist es aber nur gestattet, alle 4,615 ms einen Datenrahmen zu senden, da er den Kanal mit sieben anderen Stationen teilt. Die Gesamtübertragungsrate jedes Kanals beträgt 270.833 Bit/s, aufgeteilt auf acht Benutzer. Doch wie bei AMPS frisst der Overhead einen Großteil der Bandbreite, sodass letztlich nur 24,7 kbit/s für die Nutzdaten pro Benutzer vor der Fehlerkorrektur übrig bleiben. Nach der Fehlerkorrektur bleiben 13 kbit/s für die Sprache übrig. Obwohl dies bedeutend weniger als 64 kbit/s PCM für unkomprimierte Sprachsignale im Telefonfestnetz sind, kann die Kompression auf dem mobilen Gerät dies mit wenig Qualitätsverlust erreichen.

Aus Abbildung 2.42 ist ersichtlich, dass acht Datenrahmen einen TDM-Rahmen und 26 TDM-Rahmen einen Mehrfachrahmen mit 120 ms bilden. Von den 26 TDM-Rahmen in einem Mehrfachrahmen wird Rahmen 12 zur Steuerung benutzt und Rahmen 25 ist für künftige Benutzung reserviert; somit sind für den Benutzerverkehr nur 24 Rahmen verfügbar.

Zusätzlich zu dem in Abbildung 2.42 aufgezeigten Mehrfachrahmen mit 26 Einträgen wird auch ein (hier nicht dargestellter) Mehrfachrahmen mit 51 Einträgen benutzt. Einige dieser Einträge werden für verschiedene Steuerkanäle zur Systemverwaltung verwendet. Der sogenannte **BCCH** (*Broadcast Control Channel*) ist ein kontinuierlicher Ausgabestrom von der Basisstation, der ihre Identität und den Kanalstatus enthält. Alle Mobiltelefone überwachen ihre Signalstärke, um festzustellen, wann sie sich in einer neuen Zelle befinden.

Der **DCCH** (*Dedicated Control Channel*) wird zum Aktualisieren, Registrieren des Standorts und zum Gesprächsaufbau benutzt. Insbesondere verwaltet jedes BSC eine Datenbank der momentan in ihrem Hoheitsgebiet befindlichen Mobiltelefone, das VLR. Informationen, die zur Verwaltung des VLR benötigt werden, werden über den DCCH gesendet.

Schließlich gibt es noch den **CCCH** (*Common Control Channel*), der in drei logische Teilkanäle aufgeteilt ist. Der erste dieser Teilkanäle ist der **Paging Channel**, den die Basisstation benutzt, um eingehende Anrufe anzukündigen. Jedes Mobiltelefon überwacht ihn kontinuierlich, um eventuelle Anrufe festzustellen, die es beantworten muss. Der zweite ist der **Random Access Channel**, mit dem Benutzer eine Zeitscheibe auf dem DCCH anfordern können. Wenn zwei Anforderungen gleichzeitig eingehen, gibt es einen Konflikt und die Anforderungen müssen zu einem späteren Zeitpunkt wiederholt werden. Durch Verwendung von DCCH-Zeitscheiben kann die Station ein Gespräch aufbauen. Die zugeteilte Zeitscheibe wird auf dem dritten Teilkanal, dem **Access Grant Channel**, angekündigt.

Schließlich unterscheiden sich GSM und AMPS darin, wie ein Handover durchgeführt wird. Bei AMPS führt das MSC dieses ganz ohne Hilfe des mobilen Geräts durch. Durch die Zeitscheiben bei GSM kann das Mobiltelefon die meiste Zeit weder senden noch empfangen. Während der inaktiven Zeitscheiben hat das Mobiltelefon Gelegenheit, die Signalqualität zu anderen Basisstationen in der Nähe zu messen. Diese Information wird an das BSC gesendet, welche diese nutzen kann um festzulegen, wann ein Mobiltelefon eine Zelle verlässt und eine andere betritt, sodass das Handover durchgeführt werden kann. Dieser Entwurf heißt **MAHO** (*Mobile Assisted HandOff*).

2.6.5 Die dritte Generation der Mobiltelefone (3G): Digitale Sprache und Daten

Die erste Generation der Mobiltelefone war analoge Sprache und die zweite Generation war digitale Sprache. Bei der dritten Generation der Mobiltelefon (**3G**) stehen digitale Sprache *und* Daten im Mittelpunkt.

Die Weiterentwicklung zur 3G-Technologie wurde von verschiedenen Faktoren angetrieben. Zum einen überstieg zur Zeit von 3G der Datenverkehr im Festnetz den Sprachverkehr – ein Trend der sich auch bei den Mobiltelefonen abzeichnete. Zweitens wuchsen Telefon-, Internet- und Videodienstleistungen immer mehr zusammen. Das Aufkommen von Smartphones, das mit dem 2007 eingeführten iPhone von Apple seinen Anfang nahm, beschleunigte die Hinwendung zu mobilen Daten. Die Datenvolumen stiegen mit zunehmender Popularität des iPhones steil an. Als das iPhone auf dem Markt gebracht wurde, benutzte es ein 2,5G-Netz (ein verbessertes 2G-Netz), das allerdings nicht genügend Datenkapazität aufwies. Datenhungrige iPhone-Nutzer trieben deshalb den Umstieg auf 3G-Technologien voran, um höhere Übertragungsraten zu erzielen. Bereits ein Jahr später, 2008, stellte Apple eine aktualisierte Version seines iPhones vor, das mit dem 3G-Netz funktionierte.

Am Anfang machten die Betreiber nur kleine Schritte in Richtung 3G, indem sie sich erst einmal mit dem sogenannten 2,5G zufrieden gaben. Eines dieser Systeme ist **EDGE** (*Enhanced Data rates for GSM Evolution*), das im Wesentlichen GSM entsprach, allerdings mit mehr Bits pro Symbol. Das Problem dabei ist, dass mehr Bits pro Symbol auch mehr Fehler pro System bedeutet, sodass EDGE über neun verschiedene Schemata für die Modulation und Fehlerkorrektur verfügte, die sich darin unterschieden, wie viel Bandbreite zur Behebung der Fehler, die auf die höhere Geschwindigkeit zurückzuführen waren, bereitgestellt wurde. EDGE ist ein Schritt in der Entwicklung von GSM zu anderen 3G-Technologien, die wir noch in diesem Abschnitt besprechen werden.

Im Jahre 1992 versuchte die ITU die 3G-Vision etwas zu konkretisieren und gab eine vorläufige Fassung des sogenannten **IMT-2000** heraus, wobei IMT für **International Mobile Telecommunications** stand. Das IMT-2000-Netz sollte die folgenden Grunddienste für die Benutzer bereitstellen:

1. Sprachübertragung in höchster Qualität
2. Nachrichtenübertragung (als Ersatz für E-Mail, Fax, SMS, Chats etc.)
3. Multimedia (Musik abspielen, Video und Filme abspielen, Fernsehen etc.)
4. Internetzugang (Surfen im Web, wobei Audio und Video eingeschlossen sind)

Als weitere Dienste waren Videokonferenzen, Telepräsenz, das Spielen von Spielen in Gruppen und M-Commerce (Bezahlen mit dem Mobiltelefon in einem Laden) geplant. Darüber hinaus sollten diese Dienste jederzeit weltweit verfügbar sein (mit einer automatischen Verbindung über Satellit, wenn kein terrestrisches Netz vorhanden ist) und die Dienstgüte garantieren.

ITU hatte eine einzige weltweite Technologie für IMT-2000 im Auge, sodass die Hersteller ein einzelnes Gerät bauen können, das überall auf der Welt verkauft und benutzt werden kann. Eine einzige Technologie würde auch das Leben von Netzbetreibern viel einfacher machen und mehr Leute dazu ermutigen, diese Dienste zu nutzen.

Wie sich herausstellte, war dies ein wenig zu optimistisch. Die Zahl 2000 stand für drei Dinge: (1) das Jahr, in dem es seinen Dienst aufnehmen sollte, (2) die angenommene Betriebsfrequenz (in MHz) und (3) die Bandbreite des Dienstes (in kbit/s). Keine der drei Annahmen trat ein. Im Jahre 2000 wurde nichts implementiert. ITU empfahl, dass alle Staaten Frequenzen bei 2 GHz reservieren sollten, sodass Geräte nahtlos von Land zu Land einsatzfähig sind. China hat die erforderliche Bandbreite reserviert, sonst aber niemand. Schließlich wurde erkannt, dass 2 Mbit/s derzeit für Benutzer nicht machbar ist, die *zu* mobil sind (aufgrund der Schwierigkeit, die Gesprächsweitergabe entsprechend schnell auszuführen). Realistischer sind 2 Mbit/s für stationäre Benutzer in Räumen, 384 kbit/s für Leute, die zu Fuß unterwegs sind, sowie 144 kbit/s für Verbindungen in Kraftfahrzeugen.

Trotz dieser anfänglichen Rückschläge ist seither viel verwirklicht worden. Es wurden verschiedene ITU-Vorschläge gemacht und nach einigem Hin und Her kristallisierten sich zwei Hauptentwicklungen heraus. Die erste, **WCDMA** (*Wideband CDMA*), wurde von Ericsson vorgeschlagen und von der Europäischen Union stark vorangetrieben, wo es eher unter dem Namen **UMTS** (*Universal Mobile Telecommunications System*) bekannt ist. Der andere Mitbewerber war **CDMA2000**, das von Qualcomm vorgestellt wurde.

Beide Systeme haben mehr Ähnlichkeiten als Unterschiede in dem Sinne, dass sie auf Breitband-CDMA beruhen; WCDMA verwendet 5-MHz-Kanäle und CDMA2000 1,25-MHz-Kanäle. Wenn die Ingenieure von Ericsson und Qualcomm mit der Aufgabe in einen Raum eingesperrt würden, ein einheitliches Verfahren zu entwickeln, würden sie ganz schnell eines finden. Das wirkliche Problem ist hier nicht die Technik, sondern – wie üblich – die Politik. Europa wollte ein System, das mit GSM kompatibel ist, die USA wollten ein System, das mit einem in den USA weitverbreiteten System kompatibel ist (IS-95). Jede Seite unterstützte das lokale Unternehmen (Ericsson hat seinen Hauptsitz in Schweden, Qualcomm in Kalifornien). Am Ende waren Ericsson und Qualcomm in verschiedene Rechtsstreite wegen der jeweiligen CDMA-Patente verwickelt. Zur allgemeinen Verwirrung beigetragen hat die Festlegung von UMTS zum einzigen 3G-Standard mit mehreren inkompatiblen Optionen, wozu auch CDMA2000 gehörte. Dieser Wechsel ist als Versuch zu verstehen, die verschiedenen Lager zu vereinen, doch damit wurden nur die technischen Unterschiede vertuscht und die Ausrichtung auf die anhaltenden Bemühungen verschleiert. Wir benutzen den Begriff UMTS, wenn wir WCDMA meinen, im Unterschied zu CDMA2000.

Eine weitere Verbesserung von WCDMA gegenüber dem zuvor beschriebenen vereinfachten CDMA-Schema besteht darin, dass verschiedene Nutzer unabhängig voneinander Daten mit unterschiedlichen Raten senden können. Dieser Trick wird bei CDMA auf natürliche Weise erreicht, indem die Rate, mit der Chips übertragen werden, festgelegt wird und verschiedenen Nutzern unterschiedlich lange Chipfolgen zugewiesen werden.Bei WCDMA beträgt die Chiprate beispielsweise 3,84 MChips/s und die Spreizcodes variieren von 4 bis 256 Chips. Bei einem 256-Chipcode bleiben nach der Fehlerkorrektur etwa 12 kbit/s übrig, was für eine Sprachübertragung ausreicht. Bei einem 4-Chipcode liegt die Benutzerdatenrate bei fast 1 Mbit/s. Codes mittlerer Länge liegen dazwischen; um mehrere Mbit/s zu erreichen, muss das Mobiltelefon mehr als einen 5-MHz-Kanal auf einmal nutzen.

Wir werden unsere Diskussion auf die Verwendung von CDMA in zellulär aufgebauten Mobilfunknetzen konzentrieren, da dies das charakteristische Merkmal der beiden Systeme ist. CDMA ist weder FDM noch TDM, sondern eine Art Mischung von beiden, bei der jeder Nutzer gleichzeitig auf demselben Frequenzband sendet. Als CDMA erstmals für Zellulärsysteme vorgeschlagen wurde, kam von der Industrie ungefähr die gleiche Reaktion wie von Königin Isabella, als Kolumbus vorschlug, Indien dadurch zu erreichen, indem man in die falsche Richtung segelte. Durch die Beharrlichkeit eines einzelnen Unternehmens, Qualcomm, wurde CDMA als 2G-System (IS-95) erfolgreich und es entwickelte sich so weit, dass es zur technischen Basis für 3G wurde.

Um CDMA im Mobiltelefonumfeld einsetzen zu können, ist mehr als die grundlegende CDMA-Technik erforderlich, die wir im Abschnitt 2.4 beschrieben haben. Dort haben wir synchrones CDMA betrachtet, bei dem die Chipfolgen exakt orthogonal sind. Dieser Entwurf funktioniert, wenn alle Benutzer zur Startzeit ihrer Chipfolgen synchronisiert sind, wie es bei der Basisstation der Fall ist, die an ein Mobiltelefon überträgt. Die Basisstation kann die Chipfolgen übermitteln, die gleichzeitig beginnen, sodass die Signale orthogonal sind und separiert werden können. Es ist jedoch schwierig, die Übertragungen von unabhängigen Mobiltelefonen zu synchronisieren. Ohne Vorsichtsmaßnahmen würden die Übertragungen an der Basisstation zu verschiedenen Zeiten ankommen und es könnte keine Orthogonalität garantiert werden. Damit Mobiltelefone zur Basisstation ohne Synchronisation senden können, benötigen wir Codefolgen, die jeweils orthogonal zueinander bei allen möglichen Verschiebungen sind und nicht nur, wenn sie am Anfang ausgerichtet wurden.

Obwohl es nicht möglich ist, Folgen zu finden, die exakt orthogonal für diesen allgemeinen Fall sind, kommen lange pseudozufällige Folgen dieser Forderung nah genug. Solche Folgen haben die Eigenschaft, dass sie untereinander mit hoher Wahrscheinlichkeit eine geringe **Kreuzkorrelation** bei jeder Verschiebung haben. Dies heißt, wenn eine Folge von einer anderen Folge zur Berechnung des inneren Produkts multipliziert und aufsummiert wird, dann wird das Ergebnis klein sein; wenn die Folgen orthogonal zueinander wären, dann wäre das Ergebnis null. (Intuitiv sollten sich Zufallsfolgen immer voneinander unterscheiden. Die Multiplikation dieser Folgen sollte dann ein zufälliges Signal erzeugen, welches zu einem kleinen Ergebnis aufsummiert wird.) Damit kann ein Empfänger unerwünschte Übertragungen aus dem empfangenen Signal herausfiltern. Die **Autokorrelation** von pseudozufälligen Folgen ist mit hoher Wahrscheinlichkeit ebenfalls klein, außer bei einer Null-Verschiebung. Das heißt, wenn eine Folge von einer verzögerten Kopie der Folge selbst multipliziert und aufsummiert wird, so ist das Ergebnis klein, außer die Verzögerung ist null. (Intuitiv sieht eine verzögerte Zufallsfolge wie eine andere Zufallsfolge aus und wir sind wieder beim Kreuzkorrelationsfall.) Dadurch kann ein Empfänger den Anfang der gewünschten Übertragung im empfangenen Signal lokalisieren.

Durch den Einsatz von pseudozufälligen Folgen kann die Basisstation CDMA-Nachrichten von unsynchronisierten Mobiltelefonen empfangen. Eine implizite Annahme in unserer Diskussion von CDMA ist jedoch, dass die Leistungspegel aller Mobiltelefone mit denen des Empfängers übereinstimmen. Falls dies nicht zutrifft, könnte eine kleine Kreuzkorrelation mit einem leistungsstarken Signal eine große Autokorrelation mit einem schwachen Signal übertreffen. Die Übertragungsleistung von Mobiltelefonen muss also gesteuert werden, um die Interferenz zwischen konkurrierenden Signalen zu minimieren. Diese Interferenz begrenzt die Kapazität von CDMA-Systemen.

Die Leistungspegel, die an einer Basisstation empfangen werden, sind davon abhängig, wie weit die Sender entfernt sind und wie viel Leistung diese übermitteln. Möglicherweise gibt es viele mobile Stationen mit schwankenden Entfernungen von der Basisstation. Eine gute Heuristik, die empfangene Leistung anzugleichen, besteht darin, dass jede mobile Station an die Basisstation mit dem inversen Leistungspegel übermittelt, die sie von der Basisstation empfängt. Mit anderen Worten, eine mobile Station, die ein schwaches Signal von der Basisstation empfängt, wird mehr Leistung brauchen als eine Station, die ein starkes Signal erhält. Um größere Genauigkeit zu erzielen, gibt die Basisstation außerdem jedem Mobiltelefon ein Feedback, ob die Übertragungsleistung erhöht, verringert oder beibehalten werden soll. Dieses Feedback wird häufig (1.500-mal pro Sekunde) abgegeben, da eine gute Leistungssteuerung zur Minimierung der Interferenz wichtig ist.

Nun kommen wir zu den Vorteilen von CDMA. Erstens kann CDMA die Kapazität verbessern, indem die kleinen Perioden ausgenutzt werden, wenn einige der Sender stumm sind. In einem höflichen Telefongespräch schweigt die eine Seite, während die andere spricht. Im Durchschnitt ist die Leitung nur 40% der Zeit belegt. Die Pausen können jedoch klein und schwierig vorherzusagen sein. Bei TDM- oder FDM-Systemen ist es nicht möglich, Zeitscheiben oder Frequenzkanäle schnell genug neu zuzuweisen, um von diesen kleinen Sprechpausen zu profitieren. Bei CDMA verringert jedoch ein Benutzer die Interferenz für andere Nutzer, indem einfach nichts gesendet wird, und es ist wahrscheinlich, dass zu jeder Zeit ein gewisser Teil der Nutzer zu einer ausgelasteten Zelle nichts übertragen wird. CDMA nutzt diese erwarteten Sprechpausen, um mehr Anrufe gleichzeitig zuzulassen.

Der zweite Vorteil ist, dass bei CDMA jede Zelle dieselben Frequenzen verwendet. Anders als bei GSM und AMPS wird kein FDM benötigt, um die Übermittlungen von verschiedenen Nutzern zu trennen. Dies beseitigt komplizierte Frequenzplanungsaufgaben und erhöht die Kapazität. Außerdem wird es dadurch für eine Basisstation einfach, mehrere direktionale oder **sektorierte Antennen** anstatt einer omnidirektionalen Antenne zu benutzen. Direktionale Antennen richten ein Signal auf die gewünschte Richtung aus, in die anderen Richtungen wird das Signal – und somit Interferenzen – abgeschwächt. Dies wiederum erhöht die Kapazität. Entwürfe mit drei Sektoren sind weitverbreitet. Die Basisstation muss das Mobiltelefon verfolgen, wenn es sich von Sektor zu Sektor bewegt. Dieses Verfolgen ist bei CDMA einfach, weil alle Frequenzen in allen Sektoren benutzt werden.

Der dritte Pluspunkt von CDMA ist, dass es das **Soft Handover** erleichtert, bei dem das Mobiltelefon von der neuen Basisstation aufgenommen wird, bevor sich die alte abmeldet. Auf diese Weise ist die Fortsetzung des laufenden Gesprächs gewährleistet. Soft Handover wird in ►Abbildung 2.43 gezeigt. Bei CDMA ist dies einfach, da alle Frequenzen in jeder Zelle benutzt werden. Die Alternative ist ein **Hard Handover**, bei dem die alte Basisstation das Gespräch abmeldet, bevor die neue Basisstation es übernimmt. Wenn die neue Basisstation es nicht übernehmen kann (weil beispielsweise keine Frequenz verfügbar ist), dann wird das Gespräch abrupt beendet. Die Benutzer merken dies natürlich gelegentlich, aber bei diesem Verfahren ist dies unvermeidbar. Beim FDM-Entwurf ist Hard Handover die Norm, um die Kosten zu vermeiden, die entstehen, wenn das Mobiltelefon auf zwei Frequenzen gleichzeitig sendet oder empfängt.

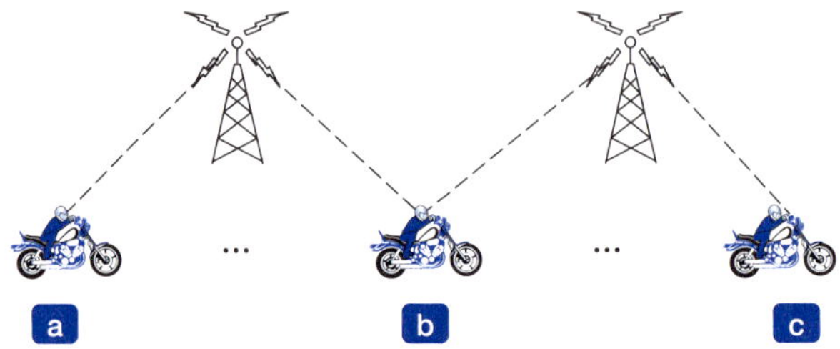

Abbildung 2.43: (a) Vor, (b) während, (c) nach einem Soft Handover.

2.6.6 Die vierte Generation der Mobiltelefone (4G): Paketvermittlung

2008 spezifizierte die ITU eine Reihe von Standards für 4G-Systeme. **4G**, gelegentlich auch **IMT Advanced** genannt, basiert vollständig auf einer Netzwerktechnologie mit Paketvermittlung, einschließlich zu seinen Vorläufern. Sein direkter Vorläufer war eine Technologie, die oft als **LTE** (*Long Term Evolution*) bezeichnet wurde. Eine weitere vorhergehende und verwandte Technologie zu 4G war 3GPP LTE, die manchmal „4G LTE" genannt wurde. Die Terminologie ist ein wenig verwirrend, da sich „4G" mehr oder weniger auf eine Generation von mobilen Kommunikationsformen bezieht, bei der jede mehrere Standards haben kann. Die ITU betrachtet beispielsweise IMT Advanced als 4G-Standard, obwohl sie auch LTE als 4G-Standard akzeptiert. Andere Technologien, wie das totgeweihte WiMAX (IEEE 802.16) gehören ebenfalls zu den 4G-Technologien. Technisch gesehen sind LTE und das „wahre" 4G verschiedene Versionen des 3GPP-Standards (Version 8 bzw. 10).

Die wichtigste Neuerung von 4G gegenüber den früheren 3G-Systemen besteht darin, dass 4G-Netze auf Paketvermittlung und nicht auf Leitungsvermittlung basieren. Diese Paketvermittlung wird ermöglicht durch ein sogenanntes **EPC** (*Evolved Packet Core*), hinter dem sich im Wesentlichen ein vereinfachtes IP-Netz verbirgt, das den Sprachverkehr vom Datennetz trennt. Das EPC-Netz überträgt sowohl Sprache als auch Daten in IP-Paketen. Es handelt sich also um ein **VoIP**-Netz (*Voice over IP*), bei dem die Ressourcen mithilfe der oben beschriebenen statistischen Multiplexing-Ansätze zugewiesen werden, d.h., EPC muss die Ressourcen so verwalten, dass die Sprachqualität trotz der von vielen gemeinsam genutzten Netzressourcen hoch bleibt. Zu den Leistungsanforderungen für LTE gehört unter anderem ein Spitzendurchsatz von 100 Mbit/s zum Hochladen und 50 Mbit/s zum Herunterladen. Um diese höheren Raten zu erreichen, nutzen 4G-Netze eine Reihe zusätzlicher Frequenzen, darunter 700 MHz, 850 MHz, 800 MHz und andere. Ein weiterer Aspekt des 4G-Standards ist die „spektrale Effizienz", d.h., wie viele Bits pro Sekunde bei einer bestimmten Frequenz übertragen werden können. Bei 4G-Technologien sollte die spektrale Spitzeneffizienz für den Downlink bei 15 Bit/s pro Hz und für den Uplink bei 6,75 Bit/s pro Ghz liegen.

Die LTE-Architektur umfasst die folgenden Elemente als Teil des EPC (Abbildung 1.19 in *Kapitel 1*).

1. **Serving Gateway (S-GW):** Das S-GW sorgt dafür, dass die Datenpakete beim Wechsel von einem eNodeB zu einem anderen weiterhin an das Gerät des Nutzers weitergeleitet werden.

2. **Mobility Management Entity (MME):** Diese Komponente dient dem Verfolgen und Suchen des Benutzergeräts. Außerdem wählt sie das S-GW für die Geräte aus, wenn sie sich zum ersten Mal mit dem Netz verbinden, sowie beim Handover. Sie authentifiziert auch das Gerät des Benutzers.

3. **Paketdatennetz-Gateway (P-GW):** Das PDN GW bildet die Schnittstelle zwischen dem Benutzergerät und einem Paketdatennetz (d.h. einem Netz mit Paketvermittlung) und kann Funktionen ausführen wie Adresszuweisung für dieses Netz (z.B. über DHCP), Ratenbegrenzung, Filterung, Deep Packet Inspection und rechtmäßiges Abhören des Datenverkehrs. Benutzergeräte stellen einen verbindungsorientierten Dienst mit dem Paket-Gateway über einen sogenannten **EPS-Bearer** her, der eingerichtet wird, wenn sich das Benutzergerät mit dem Netz verbindet.

4. **Home Subscriber Server (HSS):** Die MME klärt mittels einer Anfrage beim HSS, ob das Benutzergerät ein gültiger Teilnehmer ist.

Das 4G-Netz verfügt außerdem über ein hochentwickeltes **Funkzugangsnetz** (*Random Access Network*, **RAN**). Das Funkzugangsnetz für LTE führt einen Zugangsknoten namens **eNodeB** ein, der Operationen auf der Bitübertragungsschicht (auf die wir uns in diesem Kapitel konzentrieren) sowie auf den Schichten **MAC** (*Medium Access Control*), **RLC** (*Radio Link Control*) und **PDCP** (*Packet Data Control Protocol*) durchführt, von denen viele spezifisch für die Architektur des Mobilfunknetzes sind. Der eNodeB ist zuständig für Ressourcenverwaltung, Zulassungskontrolle, Zeitplanung und andere Funktionen der Steuerungsebene.

In 4G-Netzen kann der Sprachverkehr mit der **VoLTE**-Technologie (*Voice over LTE*) über den EPC übertragen werden, was es den Betreibern ermöglicht, den Sprachverkehr über das paketvermittelte Netz zu übertragen und die Abhängigkeit vom alten leitungsvermittelten Sprachnetz zu beseitigen.

2.6.7 Die fünfte Generation der Mobiltelefone (5G)

Um das Jahr 2014 herum war das LTE-System so weit ausgereift, dass die Menschen begannen darüber nachzudenken, was als Nächstes kommen würde. Nach 4G kommt erwartungsgemäß 5G. Die eigentliche Frage aber, die von Andrews et al. (2014) eingehend erörtert wird, lautet „Was wird 5G bieten?“. Inzwischen hat 5G viele verschiedene Bedeutungen, je nachdem, wer den Begriff verwendet und wer ihn interpretiert. Im Wesentlichen geht es bei der nächsten Generation der Mobilfunknetztechnologie um zwei Faktoren: höhere Datenraten und geringere Latenzzeiten als bei den 4G-Technologien. Auf die spezifischen Technologien, die höhere Geschwindigkeiten und geringere Latenzzeiten ermöglichen, wollen wir nachstehend eingehen.

Die Leistung von Mobilfunknetzen wird häufig anhand der **aggregierten Datenrate** oder der **Flächenkapazität** gemessen, d.h. der Gesamtdatenmenge, die das Netz in Bits pro Flächeneinheit bereitstellen kann. Eines der Ziele von 5G besteht darin, die Flächenkapazität des Netzes um drei Größenordnungen (mehr als das 1.000-Fache von 4G) zu steigern, wobei eine Kombination von Technologien zum Einsatz kommt:

1. Ultraverdichtung und Offloading: Eine der einfachsten Möglichkeiten, die Netzkapazität zu erhöhen, besteht darin, mehr Zellen pro Fläche hinzuzufügen. Während 1G-Zellen in der Größenordnung von Hunderten von Quadratkilometern lagen, werden bei 5G kleinere Zellen angestrebt, einschließlich **Picozellen** (Zellen mit einem Durchmesser von weniger als 100 Metern) und sogar **Femtozellen** (Zellen mit einer WiFi-Reichweite von einigen Dutzend Metern). Einer der wichtigsten Vorteile der Verkleinerung der Zellengröße ist die Möglichkeit der Wiederverwendung von Frequenzen in einem bestimmten geografischen Gebiet, wodurch die Anzahl der Nutzer, die an einer beliebigen Basisstation um Ressourcen konkurrieren, verringert wird. Natürlich bringt die Verkleinerung der Zellengröße eine Reihe von Komplikationen mit sich, wie z.B. ein komplizierteres Mobilitätsmanagement und Handover.

2. Erhöhte Bandbreite mit Millimeterwellen: Die meisten Frequenzen früherer Technologien lagen im Bereich von einigen Hundert MHz bis zu einigen GHz, was Wellenlängen im Bereich von Zentimetern bis zu einem Meter entspricht. Diese Frequenzen sind zunehmend überfüllt, vor allem in den großen Märkten während der Stoßzeiten. Es gibt beträchtliche Mengen ungenutzter Frequenzen im Millimeterwellenbereich von 20 bis 300 GHz, mit Wellenlängen von weniger als 10 Millimetern. Bis vor Kurzem galt dieses Spektrum als ungeeignet für die drahtlose Kommunikation, da sich kürzere Wellenlängen nicht so gut ausbreiten. Eine der Möglichkeiten, die Ausbreitungsprobleme zu lösen, besteht in der Verwendung großer Arrays von Richtantennen, was einen bedeutenden architektonischen Wandel gegenüber früheren Generationen von Mobilfunknetzen darstellt: Von den Interferenzeigenschaften bis hin zum Prozess der Zuordnung eines Nutzers zu einer Basisstation ist alles anders.

3. Erhöhte spektrale Effizienz durch Fortschritte in der **MIMO**-Technologie (*Multiple-Input Multiple-Output*): MIMO verbessert die Kapazität einer Funkverbindung, indem mehrere Sende- und Empfangsantennen verwendet werden, um die Mehrwegeausbreitung zu nutzen, bei der das gesendete Funksignal den Empfänger über zwei oder mehr Wege erreicht. MIMO wurde um 2006 in die WiFi-Kommunikation und 3G-Mobilfunktechnologien eingeführt. MIMO gibt es in verschiedenen Varianten; frühere Mobilfunkstandards nutzen das **MU-MIMO**-Verfahren (*Multi-User MIMO*). Im Allgemeinen nutzen diese Technologien die räumliche Vielfalt der Nutzer, um Interferenzen auszugleichen, die an beiden Enden der drahtlosen Übertragung auftreten können. **Massives MIMO** ist eine Art von MU-MIMO, bei der die Anzahl der Antennen der Basisstation erhöht wird, sodass viel mehr Antennen als Endpunkte vorhanden sind. Es besteht auch die

Möglichkeit, ein dreidimensionales Antennenarray zu verwenden, in einem sogenannten **FD-MIMO** (*Full-Dimension MIMO*).

Eine weitere Funktion, die mit 5G einhergeht, ist die Aufteilung des Netzes in virtuelle Teilsegmente, das sogenannte **Network Slicing**, die es Mobilfunkbetreibern ermöglicht, mehrere virtuelle Netze auf der gleichen gemeinsamen physischen Infrastruktur aufzusetzen und Teile ihres Netzes für bestimmte Kundenanwendungen zu reservieren. Bestimmte Teile des Netzes (und seiner Ressourcen) können verschiedenen Anwendungsanbietern vorgehalten werden, wobei die verschiedenen Anwendungen unterschiedliche Anforderungen haben können. So können beispielsweise Anwendungen, die einen hohen Durchsatz erfordern, einem anderen Netzabschnitt zugewiesen werden als solche, die keinen hohen Durchsatz benötigen. **SDN** (*Software-Defined Networking*) und **NFV** (*Network Functions Virtualization*) sind neue Technologien, die das Slicing unterstützen. Wir werden diese Technologien in späteren Kapiteln besprechen.

2.7 Kabelnetze

Festnetz- und Mobilfunktelefonsysteme werden eindeutig in zukünftigen Netzen eine Rolle spielen, aber es gibt einen weiteren wichtigen Mitspieler bei den Breitbandzugangsnetzen: Kabelnetze. Viele Leute beziehen heutzutage ihre Fernseh-, Telefon- und Internetdienste über Kabel. In den folgenden Abschnitten untersuchen wir die Eignung des Kabelfernsehens als Netzsystem und stellen es den gerade untersuchten Telefonsystemen gegenüber. Weitere Informationen finden Sie bei Harte (2017). Der DOCSIS-Standard 2018 bietet ebenfalls hilfreiche Informationen, vor allem zu modernen Kabelnetzarchitekturen.

2.7.1 Geschichtlicher Abriss der Kabelnetze: Gemeinschaftsantennen-Fernsehen

Kabelfernsehen wurde Ende der 1940er Jahre entwickelt, um für Bewohner ländlicher oder hügeliger Gebiete einen besseren Empfang zu ermöglichen. Das System bestand ursprünglich aus einer großen Antenne auf einem Hügel, um das Fernsehsignal aus der Luft zu empfangen, einem Verstärker, der sogenannten Kopfstelle (*headend*), zur Verstärkung des Signals und einem Koaxialkabel zu den jeweiligen Häusern, wie in ▶Abbildung 2.44 dargestellt.

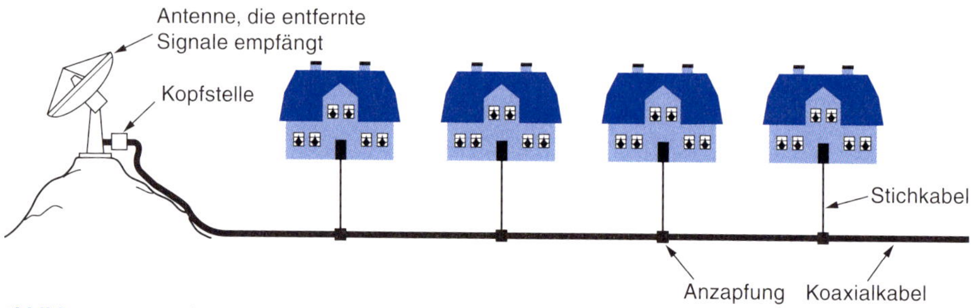

Abbildung 2.44: Ein frühes Kabelfernsehsystem.

In der Anfangszeit bezeichnete man dies als **Gemeinschaftsantennen-Fernsehen** (*Community Antenna Television*). Das Ganze hatte große Ähnlichkeit mit Tante-Emma-Läden: Jeder, der sich ein bisschen mit Elektronik auskannte, konnte für seine Stadt einen Dienst anbieten, und die Benutzer drängten sich herein, um die Kosten zu begleichen. Als die Anzahl der Teilnehmer zunahm, wurden mehr Anschlüsse auf das ursprüngliche Kabel gespleißt und Verstärker bei Bedarf hinzugefügt. Die Übertragung ging in eine Richtung, von der Empfangsstelle zu den Benutzern. Im Jahre 1970 existierten Tausende von einzelnen Systemen.

1974 startete Time Inc. einen neuen Kanal namens Home Box Office mit neuen Inhalten (Filme), die nur über Kabel verteilt wurden. Andere reine Kabelkanäle folgten mit Themenschwerpunkten wie Nachrichten, Sport, Kochen, Geschichte, Filme, Naturwissenschaften, Kinder und vielen anderen Themen. Diese Entwicklung führte zu zwei Veränderungen. Erstens begannen große Unternehmen, vorhandene Kabelsysteme zu kaufen und neue Kabel zu legen, um neue Teilnehmer zu gewinnen. Zweitens war es nun erforderlich, mehrere Systeme zu verbinden, oftmals in weit auseinanderliegenden Städten, um die neuen Kabelkänale zu verbreiten. Die Kabelunternehmen begannen, Kabel zwischen ihren Städten zu legen, um alle zu einem System zu verbinden. Dies entsprach der Entwicklung in der Telefonbranche etwa 80 Jahre früher, als die isolierten Teilnehmervermittlungsämter verbunden wurden, um Ferngespräche zu ermöglichen.

2.7.2 Breitbandinternetzugang über Kabel: HFC-Netze

Im Laufe der Jahre wuchs das Kabelsystem und die Kabel zwischen den verschiedenen Städten wurden ähnlich wie beim Telefonsystem durch Glasfaser mit hoher Bandbreite ersetzt. Ein Glasfasersystem für Langstreckenübertragungen mit einem Koaxialkabel bis zu den einzelnen Häusern wird als **HFC**-System (*Hybrid Fiber Coax*) bezeichnet und ist derzeit die vorherrschende Architektur für Kabelnetze. Der Trend, Glasfaser näher an die Kundenhaushalte zu verlegen, hält an (siehe Abschnitt zu FTTX). Die elektrooptischen Konverter, die die Schnittstelle zwischen den optischen und elektrischen Systemkomponenten bilden, werden als **Glasfaserknoten** bezeichnet. Da die Bandbreite von Glasfaser sehr viel größer ist als die von Koaxialkabeln, kann ein Glasfaserknoten mehrere Koaxialkabel versorgen. Ein Ausschnitt eines modernen HFC-Systems wird in ▶Abbildung 2.45a gezeigt.

Ende der 1990er haben sich viele Kabelbetreiber entschlossen, in das Geschäft der Bereitstellung von Internetzugängen und auch in das Telefongeschäft einzusteigen. Die vielen technischen Unterschiede zwischen einer Kabelanlage und einer Telefonanlage wirkten sich auf die Maßnahmen aus, die zur Verwirklichung dieser Ziele ergriffen werden mussten. So mussten beispielsweise alle Einwegverstärker durch bidirektionale Verstärker ersetzt werden, um sowohl Upstream- als auch Downstream-Übertragungen zu unterstützen. Währenddessen verwendeten frühe Internet-über-Kabel-Systeme das Kabelfernsehnetz für den Downstream und eine Wählleitung über das Telefonnetz für den Upstream. Dies war zwar eine Notlösung, aber sie funktionierte.

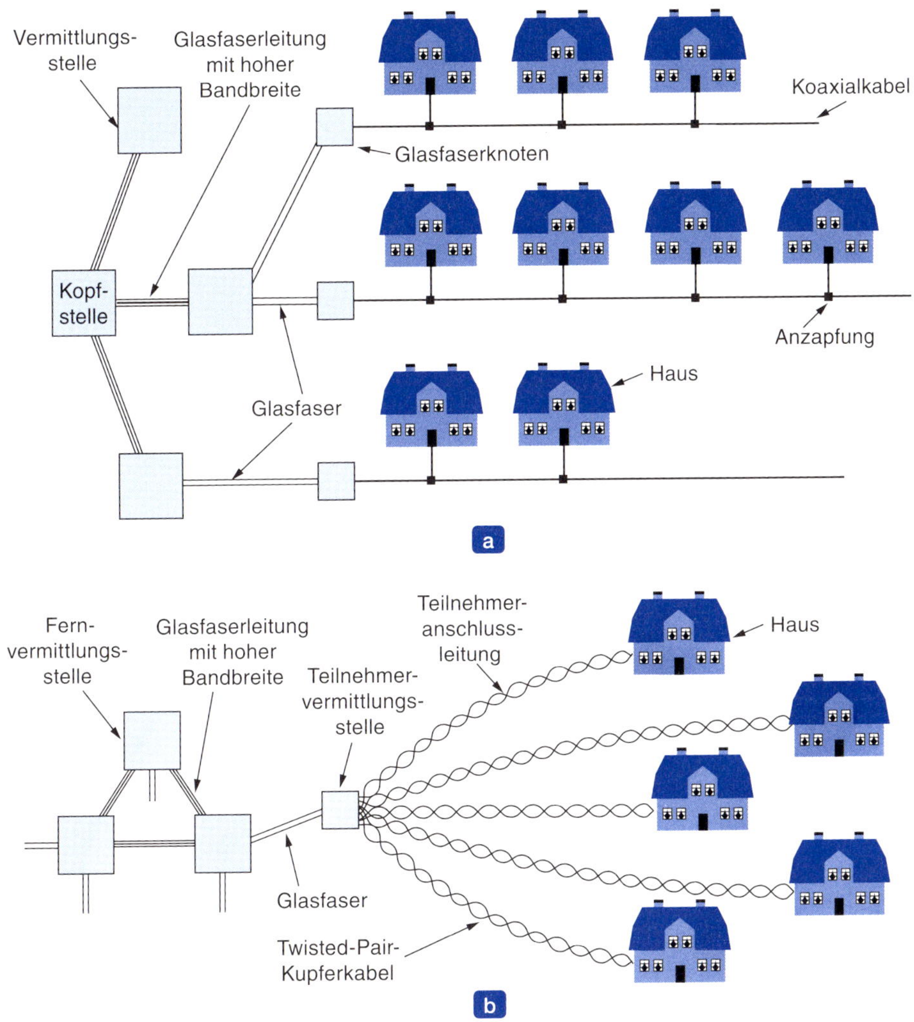

Abbildung 2.45: (a) Hybrides Glasfaser-Koaxial-Kabelnetz. (b) Telefonfestnetz.

Wenn man alle Fernsehkanäle hinauswirft und die Kabelinfrastruktur nur für den Internetzugang verwendet, würde dies vermutlich viele Kunden erzürnen (vor allem ältere Kunden, da die jüngeren diesen Schritt bereits vollzogen haben), sodass die Kabelunternehmen dies lieber lassen. Darüber hinaus regulieren die meisten Städte sehr stark, was über Kabel übertragen wird, sodass die Kabelbetreiber dies nicht tun dürften, selbst wenn sie es wirklich wollten. Sie müssen also einen Weg finden, um Fernsehen und Internet auf dem gleichen Kabel friedlich nebeneinander betreiben zu können.

Die Lösung beruht auf Frequenzmultiplexing. Kabelfernsehkanäle in Nordamerika senden im Frequenzbereich von 54–550 MHz (außer UKW-Radio von 88 bis 108 MHz). Fernsehkanäle haben eine Bandbreite von 6 MHz, einschließlich der Sicherheitsfrequenzbänder, und können einen traditionellen analogen Fernsehkanal oder mehrere digitale Fernsehkanäle transportieren. In Europa ist die untere Grenze in der Regel 65 MHz und die Kanäle sind 6–8 MHz breit aufgrund der höheren Auflösung, die von PAL und SECAM benötigt wird, aber ansonsten ist das Zuweisungsschema ähnlich. Der untere Teil des Bands wird nicht verwendet. Moderne Kabel können auch gut über 550 MHz arbeiten, oftmals sogar bis 750 MHz oder mehr. Mit der gewählten Lösung sollten Rückkanäle in das 5- bis 42-MHz-Band (etwas höher in Europa) eingeführt und die Frequenzen am oberen Ende für die Downstream-Datenübertragung verwendet werden. Der Frequenzbereich des Kabels ist in ▶Abbildung 2.46 dargestellt.

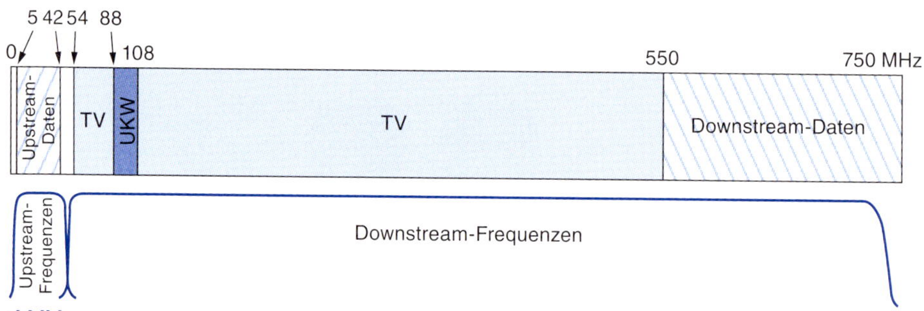

Abbildung 2.46: Frequenzzuweisung bei einem typischen Kabelfernsehsystem, das für den Internetzugang verwendet wird.

Da die Fernsehsignale in Downstream-Richtung übertragen werden, kann man hier Upstream-Verstärker verwenden, die nur im 5- bis 42-MHz-Bereich arbeiten, sowie Downstream-Verstärker, die nur mit 54 MHz und höher arbeiten (Abbildung 2.46). Wir erhalten daher eine Asymmetrie zwischen den Upstream- und Downstream-Bandbreiten, da ein größerer Frequenzbereich oberhalb der für TV reservierten Frequenzen als darunter verfügbar ist. Andererseits wünschen die Benutzer mehr Downstream-Datenverkehr, sodass Kabelbetreiber hierüber nicht unglücklich sind. Telefongesellschaften setzen oftmals asymmetrisches DSL ein, selbst wenn hierfür kein technischer Grund besteht. Zusätzlich zum Aufrüsten der Verstärker muss der Betreiber auch die Kopfstelle aufrüsten, von einem dummen Verstärker auf ein intelligentes digitales Computersystem mit einer Glasfaserschnittstelle mit hoher Bandbreite zu einem ISP. Oftmals wird diese aufgerüstete Kopfstelle auch als **CMTS** (*Cable Modem Termination System*) bezeichnet. Wir werden jedoch auf diese Namensaufwertung verzichten und bleiben bei dem herkömmlichen Begriff „Kopfstelle“. CTMS und Kopfstelle beziehen sich auf die gleiche Komponente.

2.7.3 DOCSIS

Kabelunternehmen betreiben Netze, die mit Glasfaser und drahtlosen Verbindungen sowie mit HFC-Technologie (*Hybrid Fiber Coaxial*) auf der Bitübertragungsschicht für die Konnektivität auf der letzten Meile sorgen. HFC für die letzte Meile ist in den Netzen in den Vereinigten Staaten, Kanada, Europa und anderen Märkten weit verbreitet und nutzt die **DOCSIS**-Standards (*Data Over Cable Service Interface Specification*) von CableLabs.

Die Version 1.0 von DOCSIS kam 1997 heraus. DOCSIS 1.0 und 1.1 waren Downstream auf 38 Mbit/s und Upstream auf 9 Mbit/s begrenzt. DOCSIS 2.0 im Jahr 2001 wies bereits die dreifache Upstream-Bandbreite auf. Später führte DOCSIS 3.0 (2006) die Unterstützung für IPv6 ein und ermöglichte Kanalbündelung (*channel bonding*) für Downstream- und Upstream-Kommunikation, wodurch die potenzielle Kapazität für jeden angeschlossenen Haushalt auf Hunderte von Megabit pro Sekunde erhöht wurde. DOCSIS 3.1 (2013), das orthogonales Frequenzmultiplexing (OFDM), eine größere Kanalbandbreite und eine höhere Effizienz einführte, ermöglichte eine Downstream-Kapazität von über 1 GBit/s pro Haushalt. DOCSIS 3.1 wurde in Form von Aktualisierungen des DOCSIS-3.1-Standards erweitert, darunter der Vollduplex-Betrieb (2017), der symmetrische Downstream- und Upstream-Kapazitäten von mehreren Gigabit ermöglicht, sowie DOCSIS Low Latency (2018) und andere Funktionen zur Verringerung der Latenz.

Auf der HFC-Schicht ist das Netz sehr dynamisch, da die Kabelnetzbetreiber regelmäßig Glasfaserknoten aufspalten, wodurch die Glasfaser näher an die Haushalte heranrückt und die Anzahl der an jedem Knotenpunkt angeschlossenen Haushalte reduziert wird, sodass mehr Kapazität für jeden angeschlossenen Haushalt zur Verfügung steht. In einigen Fällen wird auf der letzten Meile HFC durch Glasfaser bis zum Haus ersetzt und bei vielen Neubauten wird gleich Glasfaser bis zum Haus verlegt.

Abonnenten von kabelgebundenem Internet benötigen ein DOCSIS-Kabelmodem, das als Schnittstelle zwischen dem Heimnetz und dem Netz des ISP dient. Jedes Kabelmodem sendet Daten auf einem Rück- und einem Empfangskanal, wobei jeder Kanal mittels FDM zugewiesen wird. DOCSIS 3.0 verwendet mehrere Kanäle. Das übliche Schema besteht darin, jeden 6- oder 8-MHz-Empfangskanal mit QAM-64 zu modulieren, oder QAM-256, wenn die Kabelqualität außergewöhnlich gut ist. Bei einem 6-MHz-Kanal und QAM-64 erhalten wir etwa 36 Mbit/s. Wenn man den Overhead abzieht, liegen die verbleibenden Nutzdaten um 27 Mbit/s. Bei QAM-256 beträgt die verbleibende Nutzlast etwa 39 Mbit/s. Die europäischen Werte liegen um ein Drittel höher.

Die Schnittstelle zwischen Modem und Heimnetz ist einfach: Es handelt sich in der Regel um eine Ethernet-Verbindung. Heutzutage verbinden viele Internetnutzer in den Privathaushalten das Kabelmodem mit einem WiFi-Zugangspunkt, um ein drahtloses Heimnetzwerk einzurichten. In einigen Fällen stellt der Internetdienstanbieter (ISP) des Benutzers ein Gerät zur Verfügung, in dem das Kabelmodem und der drahtlose Zugangspunkt kombiniert sind. Die Schnittstelle zwischen dem Kabelmodem und dem restlichen ISP-Netz ist komplizierter, da sie die gemeinsame Nutzung von Ressourcen durch viele Kabelteilnehmer koordiniert, die an dieselbe Kopfstelle angeschlossen sein können. Diese gemeinsame Ressourcennutzung findet technisch gesehen zwar auf der Vermittlungsschicht und nicht auf der Bitübertragungsschicht statt, wird in diesem Kapitel aber aus Gründen der Vollständigkeit mit behandelt.

2.7.4 Gemeinsame Ressourcennutzung in DOCSIS-Netzen: Knoten und Minizeitscheiben

Es gibt einen wichtigen grundlegenden Unterschied zwischen dem HFC-System von Abbildung 2.45a und dem Telefonsystem von Abbildung 2.45b. In einer Wohngegend wird ein einziges Kabel von vielen Häusern gemeinsam genutzt, während im Telefonsystem jedes Haus seine eigene Teilnehmeranschlussleitung hat. Wenn diese Kabel für Fernsehübertragungen verwendet werden, ist die gemeinsame Nutzung selbstverständlich. Alle Programme werden über das Kabel übertragen, und es spielt keine Rolle, ob es 10 oder 10.000 Zuschauer gibt. Wenn dasselbe Kabel jedoch für den Internetzugang verwendet wird, spielt es eine große Rolle, ob es 10 oder 10.000 Nutzer gibt. Wenn ein Nutzer beschließt, eine sehr große Datei herunterzuladen oder einen 8K-Film zu streamen, steht diese Bandbreite den anderen Nutzern nicht zur Verfügung. Je mehr Nutzer sich ein einziges Kabel teilen, desto höher ist der Wettbewerb um die Bandbreite des Kabels. Das Telefonsystem hat diese besondere Eigenschaft nicht: Das Herunterladen einer großen Datei über eine ADSL-Leitung reduziert nicht die Bandbreite Ihres Nachbarn. Andererseits ist die Bandbreite von Koaxialkabeln viel höher als die von verdrillten Kabeln. Im Wesentlichen hängt die Bandbreite, die ein bestimmter Teilnehmer zu einem bestimmten Zeitpunkt erhält, stark von der Nutzung der Teilnehmer ab, die sich zufällig dasselbe Kabel teilen, wie wir weiter unten näher beschreiben.

Kabel-Internetanbieter haben dieses Problem gelöst, indem sie lange Kabel aufgeteilt und jedes einzelne direkt an einen Glasfaserknoten angeschlossen haben. Die Bandbreite von der Kopfstelle bis zu den einzelnen Glasfaserknoten ist beträchtlich, sodass der Datenverkehr zu bewältigen ist, solange nicht zu viele Abonnenten an jedem Kabelsegment angeschlossen sind. Vor zehn oder fünfzehn Jahren lag die typische Größe eines Knotens bei 500 bis 2.000 Haushalten, wobei die Anzahl der Haushalte pro Knoten abnimmt, da der Ausbau bis zum Rand fortgesetzt wird, um die Geschwindigkeit für die Abonnenten zu erhöhen. Die Zunahme der Kabelinternet-Abonnenten in den letzten zehn Jahren in Verbindung mit der steigenden Nachfrage der Abonnenten nach Datenverkehr hat dazu geführt, dass diese Kabel zunehmend aufgeteilt und weitere Glasfaserknoten hinzugefügt werden müssen. 2019 lag die typische Knotengröße bei etwa 300–500 Haushalten, obwohl in einigen Gebieten ISPs N+0 HFC-Architekturen (auch bekannt als „Fiber Deep") verwenden, die diese Zahl auf bis zu 70 reduzieren können, wodurch die Notwendigkeit von kaskadierenden Signalverstärkern entfällt und die Glasfaser direkt von der Netzkopfstelle zum Knoten am letzten Koaxialkabelsegment verläuft.

Wenn ein Kabelmodem eingesteckt und angeschaltet wird, prüft es den Empfangskanal in periodischen Abständen auf ein spezielles Paket, das von der Kopfstelle gesendet wird, um die Systemparameter für Modems bereitzustellen, die gerade online gegangen sind. Entdeckt ein neues Modem dieses Paket, dann gibt es sein Vorhandensein auf einem der Rückkanäle bekannt. Die Kopfstelle antwortet, indem dem Modem die Rück- und Empfangskanäle zugeordnet werden. Diese Zuweisungen können später geändert werden, wenn die Kopfstelle es für erforderlich hält, die Last auszugleichen.

Beim Rückkanal gibt es mehr Hochfrequenzrauschen, da das System ursprünglich nicht für Daten ausgelegt war, außerdem kommt das Rauschen von mehreren Teilnehmern an der Kopfstelle an, sodass ein konservativeres Schema benutzt wird. Dieses reicht von QPSK bis QAM-128, wobei einige der Symbole zum Fehlerschutz mit Trellis Coded Modulation verwendet werden. Bei weniger Bits auf dem Rückkanal ist die Asymmetrie zwischen Upstream- und Downstream-Datenraten viel größer als in Abbildung 2.46 dargestellt.

Heutige DOCSIS-Modems fordern eine Übertragungszeit an, woraufhin das CMTS eine oder mehrere Zeitscheiben zuweist, in denen das Modem je nach Verfügbarkeit übertragen kann; gleichzeitige Nutzer konkurrieren um den Upstream- und Downstream-Zugang. TDM wird dann eingesetzt, um die Bandbreite auf dem Rückkanal mit mehreren Teilnehmern gemeinsam zu nutzen. Die Zeit wird in sogenannte **Minizeitscheiben** (*minislot*) aufgeteilt und die unterschiedlichen Teilnehmer senden in diesen verschiedenen Minizeitscheiben. Die Kopfstelle kündigt in regelmäßigen Abständen den Beginn einer neuen Runde von Minizeitscheiben an, aber die Ankündigung des Beginns einer jeden Minizeitscheibe ist aufgrund der Signallaufzeit im Kabel nicht an allen Modems gleichzeitig zu hören. Da jedes Modem weiß, wie weit es von der Kopfstelle entfernt ist, kann es berechnen, wie lange der Beginn der ersten Minizeitscheibe tatsächlich zurückliegt.

Das Modem muss die korrekte Entfernung kennen, um das zeitliche Verhalten richtig anzupassen. Es bestimmt die Entfernung bis zur Kopfstelle, indem es ein spezielles Paket sendet und dann prüft, wie lange die Antwort braucht. Diesen Prozess nennt man **Bereichswahl** (*ranging*). Jedes Upstream-Paket muss in eine oder mehrere aufeinanderfolgende Minizeitscheiben an der Kopfstelle passen, wenn es ankommt. Die Länge einer Minizeitscheibe hängt vom Netz ab. Die typischen Nutzdaten betragen 8 Byte.

Während der Initialisierung weist die Kopfstelle jedem Modem eine Minizeitscheibe zu, die für die Anforderung der Rückkanal-Bandbreite verwendet wird. Möchte ein Computer ein Paket senden, so überträgt er das Paket zum Modem, das dann dafür die erforderliche Anzahl von Minizeitscheiben anfordert. Wird die Anforderung akzeptiert, dann schickt die Kopfstelle über den Empfangskanal eine Bestätigung, die dem

Modem angibt, wie viele Minizeitscheiben für das Paket reserviert wurden. Das Paket wird dann beginnend mit der zugewiesenen Minizeitscheibe gesendet. Weitere Pakete können über ein Feld im Header angefordert werden.

In der Regel wird mehreren Modems dieselbe Minizeitscheibe zugewiesen, was zu Konkurrenz führt (da mehrere Modems versuchen Upstream-Daten gleichzeitig zu senden). CDMA kann mehreren Teilnehmern erlauben, dieselbe Minizeitscheibe zu teilen, wenn auch mit verringerter Datenrate pro Teilnehmer. Eine andere Alternative ist, CDMA nicht zu verwenden. In diesem Fall kann es passieren, dass es aufgrund einer Kollision keine Bestätigung für die Anfrage gibt. Sollte dies passieren, so wartet das Modem eine zufällige Zeitspanne und versucht es dann erneut. Treten hintereinander mehrere Fehlversuche auf, dann wird die Zufallszeit verdoppelt. (Für Leser, die mit Netzen vertrauter sind: Dieser Algorithmus ist einfach S-ALOHA mit binärer exponentieller Übertragungsverzögerung (*Binary Exponential Backoff*). Ethernet kann für Kabel nicht verwendet werden, weil die Stationen das Medium nicht abhören können. Dieses Thema wird später in *Kapitel 4* noch einmal aufgegriffen.)

Die Empfangskanäle werden anders gehandhabt als die Rückkanäle. Einerseits gibt es nur einen Sender (die Kopfstelle), sodass es keine Konkurrenz und keinen Bedarf an Minizeitscheiben gibt. Andererseits ist die Menge des Datenverkehrs in Richtung auf das Ziel in der Regel viel größer, sodass eine feste Paketgröße von 204 Byte verwendet wird. Ein Teil davon ist der Reed-Solomon-Fehlerkorrekturcode und ein gewisser Overhead, sodass für die Nutzdaten des Benutzers 184 Byte übrig sind. Diese Zahlen wurden zur Sicherstellung der Kompatibilität zum Digitalfernsehen mit MPEG-2 verwendet, sodass die TV- und Empfangskanäle auf die gleiche Weise formatiert sind. Logisch sehen die Verbindungen wie in ▶Abbildung 2.47 dargestellt aus.

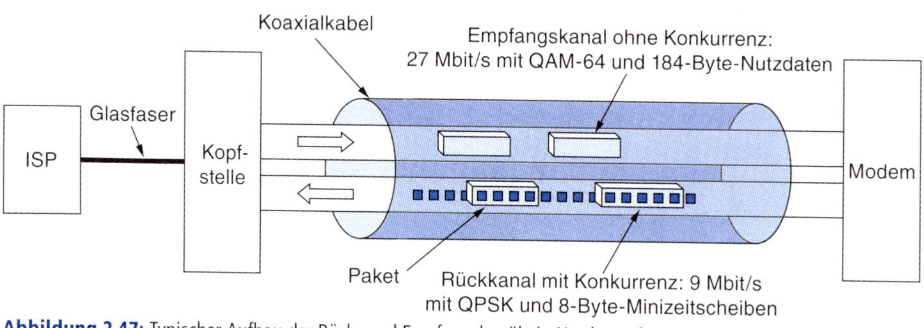

Abbildung 2.47: Typischer Aufbau der Rück- und Empfangskanäle in Nordamerika.

2.8 Kommunikationssatelliten

In den 1950er und Anfang der 1960er Jahre versuchte man, Kommunikationssysteme einzurichten, bei denen Signale an metallisierten Wetterballons abprallten. Leider waren die empfangenen Signale zu schwach, um für irgendetwas tauglich zu sein. Dann entdeckte die US-Marine einen permanenten Wetterballon am Himmel – den

Mond – und baute ein betriebsfähiges System zur Kommunikation zwischen Schiff und Land, das den Mond als Abprallpunkt nutzen sollte.

Weitere Fortschritte auf diesem himmlischen Kommunikationsgebiet mussten allerdings warten, bis der erste Satellit gestartet wurde. Der wichtigste Unterschied zwischen einem künstlichen und einem echten Satelliten liegt darin, dass der künstliche Satellit Signale verstärken kann, bevor er sie zurückschickt – somit wurde aus einer kuriosen Idee ein mächtiges Kommunikationssystem.

Kommunikationssatelliten verfügen über einige interessante Eigenschaften, die sie für bestimmte Anwendungen interessant machen. Einen Kommunikationssatelliten kann man sich als großen Mikrowellenverstärker am Himmel vorstellen. Er enthält mehrere **Transponder** für verschiedene Frequenzbereiche, die das eingehende Signal verstärken und auf einer anderen Frequenz zurücksenden, um Störungen mit dem eingehenden Signal zu vermeiden. Diese Betriebsart wird als **Bent Pipe** (gebogenes Rohr) bezeichnet. Um Datenströme einzeln zu behandeln oder innerhalb des gesamten Bands umzuleiten, kann zusätzlich digitale Verarbeitung eingesetzt werden oder der Satellit kann sogar digitale Informationen empfangen und zurücksenden. Eine derartige Rückkopplung von Signalen verbessert die Leistungsfähigkeit im Vergleich zu einer Bent Pipe, weil der Satellit das Rauschen im hochkommenden Signal nicht mitverstärkt. Die abwärtsgerichteten Strahlen können breit sein und über einen großen Teil der Erdoberfläche gehen, oder sie sind schmal und bedecken nur eine Fläche mit einem Durchmesser von einigen 100 km.

Nach dem Kepler'schen Gesetz hängt die Umlaufzeit eines Satelliten vom Orbitalradius hoch 3/2 ab. Je höher der Satellit, umso länger die Umlaufzeit. Nahe der Erdoberfläche beträgt die Umlaufzeit 90 Minuten. Satelliten mit niedrigen Umlaufbahnen verliert man sehr schnell aus den Augen, sodass hier zur flächendeckenden Versorgung viele benötigt werden. Außerdem müssen sie von Bodenantennen nachverfolgt werden. In einer Höhe von 35.800 km beträgt die Umlaufzeit 24 Stunden. In einer Höhe von 384.000 km beträgt die Umlaufzeit ungefähr einen Monat, wie jeder bestätigen kann, der regelmäßig den Mond beobachtet.

Die Umlaufzeit eines Satelliten ist wichtig, aber es ist nicht das einzige Kriterium, um seinen Standort festzulegen. Ein weiterer Punkt ist die Existenz des Van-Allen-Strahlungsgürtels. Dies sind Schichten mit stark geladenen Partikeln, die durch das Magnetfeld der Erde gefangen sind. Ein Satellit, der hier durchfliegt, würde sehr schnell durch die Partikel zerstört werden. Aus diesen Gründen gibt es drei Bereiche, in denen sich Satelliten sicher aufhalten können. Diese Bereiche und einige ihrer Eigenschaften sind in ▶Abbildung 2.48 dargestellt. Im Folgenden beschreiben wir kurz die Satelliten, die sich in diesen Bereichen befinden.

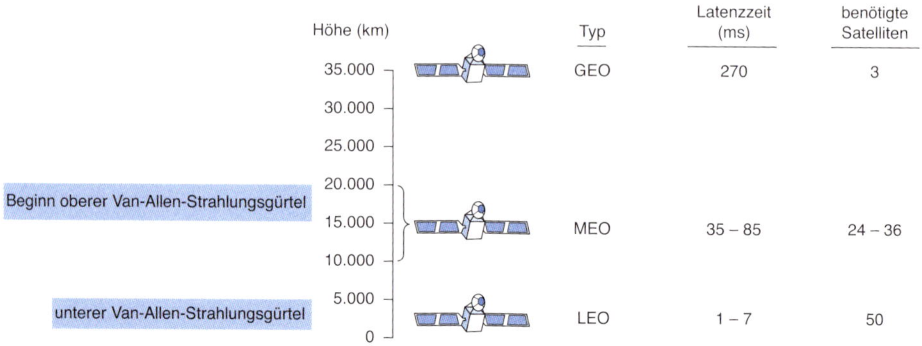

Abbildung 2.48: Kommunikationssatelliten mit einigen Eigenschaften, wie Entfernung von der Erde, Umlaufverzögerung und Anzahl der Satelliten, die für eine weltweite Abdeckung erforderlich ist.

2.8.1 Geostationäre Satelliten

1945 berechnete der Science-Fiction-Autor Arthur C. Clarke, dass ein Satellit in einer Höhe von 35.800 km in einer kreisförmigen, äquatornahen Umlaufbahn im Himmel als bewegungslos wahrgenommen und daher nicht nachverfolgt werden müsste (Clarke, 1945). Er beschrieb ein vollständiges Kommunikationssystem, das diese (bemannten) **geostationären Satelliten** verwendet, einschließlich der Umlaufbahnen, Solaranlagen, Funkfrequenzen und dem Ablauf des Starts. Leider traf er die Schlussfolgerung, dass Satelliten nicht möglich sind, da leistungshungrige, zerbrechliche Vakuumröhrenverstärker nicht in die Umlaufbahn gebracht werden könnten, sodass er die Idee nicht weiterverfolgte, obwohl er einige Science-Fiction-Romane darüber schrieb.

Die Erfindung des Transistors änderte dies grundlegend und im Juli 1962 wurde der erste künstliche Kommunikationssatellit Telstar gestartet. Seither sind Kommunikationssatelliten ein Geschäft in Milliardenhöhe und die einzige Entwicklung, die das Weltall nutzt und dabei hochprofitabel ist. Die in großen Höhen fliegenden Satelliten werden oft als **GEO**-Satelliten (*Geostationary Earth Orbit*, geostationäre Umlaufbahn) bezeichnet.

Mit der heutigen Technologie ist es nicht sinnvoll, geostationäre Satelliten sehr viel enger als 2 Grad nebeneinander in der 360-Grad-Äquatorialebene zu platzieren, um Störungen zu vermeiden. Bei einem Abstand von 2 Grad können sich nur 360/2=180 geostationäre Satelliten auf dieser Umlaufbahn befinden. Jeder Transponder kann aber mehrere Frequenzen und Polarisationen verwenden, um die verfügbare Bandbreite zu erhöhen.

Um das totale Chaos am Himmel zu vermeiden, wird die Umlaufbahnposition von der ITU zugewiesen. Dieser Prozess ist hochpolitisch, weil auch Länder, die gerade erst die Steinzeit hinter sich gelassen haben, „ihre“ Umlaufposition fordern (damit sie diese an den höchsten Bieter vermieten können). Andere Länder vertreten wiederum die Ansicht, dass die nationalen Besitzrechte sich nicht bis zum Mond erstrecken und kein Land gesetzliche Ansprüche auf Umlaufpositionen über dem Landesgebiet hat. Erschwerend kommt noch hinzu, dass die kommerzielle Telekommunikation nicht das einzige Anwendungsgebiet ist. Fernsehgesellschaften, Regierungen und das Militär möchten auch ein Stück vom Umlaufbahnkuchen.

Moderne Satelliten können ziemlich groß sein, bis zu 5.000 kg wiegen und einige Kilowatt Strom konsumieren, den die Solargeneratoren erzeugen. Durch die Einwirkungen von Sonnen-, Mond- und Planetengravitation tendieren sie dazu, von den zugewiesenen Umlaufbahnen und -richtungen abzuweichen. Dem wird mit den für diese Zwecke montierten Raketenmotoren des Satelliten entgegengesteuert. Diese Feinabstimmung wird als **Positionsbeibehaltung** (*station keeping*) bezeichnet. Wenn aber der Brennstoff für die Motoren erschöpft ist (in der Regel nach zehn Jahren), dann treibt der Satellit hilflos umher, sodass er abgeschaltet werden muss. Mit der Zeit verlässt er seine Umlaufbahn und tritt wieder in die Erdatmosphäre ein, wo er verbrennt oder – sehr selten – auf die Erde aufschlägt.

Umlaufpositionen sind nicht der einzige Streitpunkt. Auch um Frequenzen wird gekämpft, da die Downlink-Übertragung mit den verwendeten Mikrowellen in Konflikt gerät. Deshalb hat die ITU den Satellitennutzern bestimmte Frequenzbänder zugeteilt. Die wichtigsten sind in ▶Abbildung 2.49 aufgeführt. Das C-Band war das erste Band, das für den kommerziellen Satellitenverkehr ausgelegt war. Zwei Frequenzbereiche können darauf zugewiesen werden. Der untere Bereich ist für Downlink-Verkehr, der vom Satelliten zur Erde fließt, und der obere für den Uplink-Verkehr zum Satelliten. Damit der Datenverkehr gleichzeitig in beide Richtungen ablaufen kann, sind zwei Kanäle erforderlich. Diese Kanäle sind bereits überlastet, weil sie auch von den Betreibern terrestrischer Mikrowellenanschlüsse benutzt werden. Die L- und S-Bänder wurden im Jahr 2000 im Rahmen eines internationalen Abkommens hinzugefügt. Sie sind aber eng und ebenfalls sehr gut belegt.

Band	Downlink	Uplink	Bandbreite	Probleme
L	1,5 GHz	1,6 GHz	15 MHz	Geringe Bandbreite; überfüllt
S	1,9 GHz	2,2 GHz	70 MHz	Geringe Bandbreite; überfüllt
C	4,0 GHz	6,0 GHz	500 MHz	Bodeninterferenzen
Ku	11 GHz	14 GHz	500 MHz	Regen
Ka	20 GHz	30 GHz	3500 MHz	Regen, Gerätekosten

Abbildung 2.49: Die wichtigsten Satellitenbänder.

Das nächsthöhere für die Telekommunikation verfügbare Band ist das Ku-Band (von *K under*). Dieses Band ist (noch) nicht überlastet; die Übertragungsgeschwindigkeiten in diesem Band können mehr als 500 MBit/s erreichen. Außerdem können Satelliten, die in den höheren Frequenzbereich dieses Bandes arbeiten, ein Grad voneinander entfernt positioniert werden. Allerdings tritt hier ein anderes Problem auf: Regen. Wasser kann diese kurzen Mikrowellen leicht absorbieren. Normalerweise sind große Stürme aber lokal begrenzt, sodass sich das Problem mit mehreren weit auseinanderliegenden Erdstationen lösen lässt. Dabei fallen aber Zusatzkosten für weitere Antennen, Kabel und Elektronikbauteile an, um zwischen den Stationen schnell umschalten zu können. Die Bandbreite im Ka-Band (von *K above*) wurde ebenfalls für kommerziellen Satellitenverkehr reserviert, aber die dafür erforderlichen Anlagen sind sehr teuer. Außer diesen kommerziellen Bändern gibt es noch viele staatliche und militärische Bänder.

Ein moderner Satellit hat etwa 40 Transponder, meistens mit einer Bandbreite von 36.MHz. In der Regel arbeitet ein Transponder im Bent-Pipe-Prinzip, aber neuere Satelliten verfügen auch über eigene Rechenkapazitäten, die einen ausgefeilteren Betrieb ermöglichen. Bei den ersten Satelliten war die Aufteilung der Transponder in Kanäle statisch: Die Bandbreite war einfach in feste Frequenzbänder unterteilt. Heutzutage wird jeder Transponderstrahl in verschiedene Zeitscheiben unterteilt, wobei die verschiedenen Benutzer der Reihe nach drankommen. Auch hier sehen wir, wie TDM und FDM in vielen Kontexten eingesetzt werden.

Die ersten geostationären Satelliten hatten einen einzigen Strahl, der etwa 1/3 der Erdoberfläche abdeckte und als **Ausleuchtzone** (*footprint*) bezeichnet wird. Da bei Mikroelektronikkomponenten Preis, Größe und Strombedarf enorm gesunken sind, wurden anspruchsvollere Übertragungstechniken möglich. Ein Satellit ist mit mehreren Antennen und Transpondern ausgerüstet. Jeder abwärtsgerichtete Strahl kann auf ein kleines geografisches Gebiet ausgerichtet werden. Dadurch sind gleichzeitig mehrere auf- und abwärtsgerichtete Übertragungen möglich. Diese sogenannten **scharf gebündelten Funkstrahlen** (*spot beam*) sind normalerweise elliptisch und können einen Durchmesser von nur einigen Hundert Kilometern haben. Ein Kommunikationssatellit für die USA hat in der Regel einen breiten Strahl für die 48 zusammenhängenden Bundesstaaten sowie scharf gebündelte Funkstrahlen für Alaska und Hawaii.

Eine Innovation in der Welt der Kommunikationssatelliten ist die Entwicklung kostengünstiger Mikrostationen, die auch **VSAT**s (*Very Small Aperture Terminal*; Abramson, 2000) genannt werden. Diese winzigen Terminals haben Antennen von 1 m Durchmesser (im Unterschied zu 10 m für eine GEO-Standardantenne) und können eine Leistung von etwa 1 Watt erbringen. Uplink unterstützt im Allgemeinen bis zu 1 Mbit/s, während die Abwärtsverbindung meist bis zu einigen Mbit/s aufweist. Direkt sendendes Satellitenfernsehen verwendet diese Technologie für unidirektionale Übertragungen.

In vielen VSAT-Systemen haben die Mikrostationen nicht genügend Leistung, um direkt (selbstverständlich über den Satelliten) miteinander zu kommunizieren. Hierfür ist eine spezielle Bodenstation, ein **Hub**, mit einer großen leistungsstarken Antenne erforderlich, um den Verkehr zwischen den VSATs zu vermitteln (►Abbildung 2.50). In diesem Betriebsmodus hat entweder der Sender oder der Empfänger eine große Antenne und einen leistungsstarken Verstärker. Für die preisgünstigeren Endbenutzerstationen muss eine längere Übertragungszeit in Kauf genommen werden.

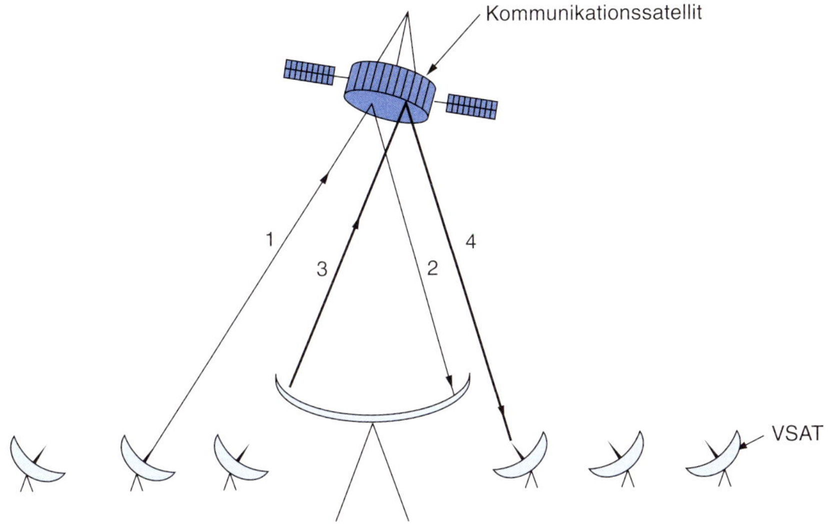

Abbildung 2.50: VSAT-Schüsseln, die einen Hub verwenden.

VSATs sind in ländlichen Gebieten, vor allem in Entwicklungsländern, sehr interessant. In einem Großteil der Welt gibt es weder Festnetz noch Mobilfunkmasten. Das Verlegen von Telefonleitungen in Tausende kleiner Dörfer ist für viele Länder der dritten Welt einfach unerschwinglich. Das Aufstellen von Mobilfunkmasten ist einfacher, aber solche Masten setzen eine Kabelverbindung zum staatlichen Telefonnetz voraus. Die Installation einer solarbetriebenen VSAT-Schüssel mit einem Meter Durchmesser ist aber oftmals machbar. VSAT-Schüsseln stellen die Technologie bereit, die die Welt verbinden wird. Sie bieten außerdem Internetzugang für Smartphone-Nutzer in Gebieten, in denen es keine terrestrische Infrastruktur gibt, was für die meisten Entwicklungsländer zutrifft.

Kommunikationssatelliten haben verschiedene Eigenschaften, durch die sie sich völlig von terrestrischen Punkt-zu-Punkt-Verbindungen unterscheiden. Auch wenn die Signale von und zu einem Satelliten in Lichtgeschwindigkeit (fast 300.000 km/s) übertragen werden, ergibt sich durch die enorme Entfernung eine beträchtliche Verzögerung für GEO-Satelliten. Je nach Entfernung zwischen Benutzer und Bodenstation und der Erhebung des Satelliten über dem Horizont kann die Übertragungszeit von Endpunkt zu Endpunkt bei 250 bis 300 ms liegen. Ein typischer Mittelwert ist 270 ms (540 ms bei einem VSAT-System mit einem Hub).

Im Vergleich dazu haben terrestrische Mikrowellenverbindungen eine Signalausbreitungsverzögerung von ungefähr 3 µs/km und Koaxial- oder Glasfaserkabel eine Verzögerung von ca. 5 µs/km (elektromagnetische Signale bewegen sich in der Luft schneller als in Feststoffen).

Eine weitere wichtige Eigenschaft von Satelliten ist, dass sie eigentlich Broadcasting-Medien sind. Es kostet nicht mehr, eine Nachricht an Tausende von Stationen innerhalb der Reichweite des Transponders zu versenden als an eine einzige. Für manche

Anwendungsbereiche ist diese Eigenschaft sehr nützlich. Stellen Sie sich beispielsweise einen Satelliten vor, der normale Webseiten an die Cache-Speicher einer großen Zahl von Computern überträgt, die über ein weites Gebiet verteilt sind. Broadcasting kann zwar durch eine Punkt-zu-Punkt-Leitung simuliert werden, ist aber über Satellit wesentlich kostengünstiger. Andererseits sind Satelliten in Bezug auf Datenschutz ein völliges Desaster. Jeder kann alles mithören. Wenn Sicherheit gefordert ist, ist die Verschlüsselung daher eine absolute Bedingung.

Bei Satelliten sind die Kosten der Übertragung einer Nachricht außerdem von der zurückgelegten Entfernung unabhängig. Die Bereitstellung eines Ferngesprächs über den Atlantik kostet nicht mehr als ein Gespräch auf die andere Straßenseite. Satellitenanschlüsse weisen auch ausgezeichnete Fehlerraten auf und können ohne viel Aufwand installiert werden, was besonders für die Katastrophenhilfe und den militärischen Bereich interessant ist.

2.8.2 MEO-Satelliten

In viel geringeren Höhen, zwischen den beiden Van-Allen-Strahlungsgürteln, befinden sich die **MEO**-Satelliten (*Medium-Earth Orbit*). Von der Erde aus betrachtet wandern diese langsam an den Längengraden entlang und benötigen für eine Erdumrundung etwa sechs Stunden. Dementsprechend müssen sie bei ihrer Reise über den Himmel verfolgt werden. Da sie eine sehr viel niedrigere Umlaufbahn als die GEO-Satelliten aufweisen, haben sie eine geringere Ausleuchtzone und es werden weniger leistungsstarke Sender benötigt, um sie zu kontaktieren. Derzeit werden sie eher für Navigationssysteme als für die Telekommunikation verwendet, daher gehen wir hier nicht weiter auf sie ein. Die Konstellation der rund 30 **GPS**-Satelliten (*Global Positioning System*), die in etwa 20.200 km Höhe die Erde umkreisen, sind MEO-Satelliten.

2.8.3 LEO-Satelliten

Verringern wir die Höhe noch ein wenig, so treffen wir auf die **LEO**-Satelliten (*Low-Earth Orbit*). Aufgrund ihrer schnellen Bewegung werden hier für ein vollständiges System sehr viele Satelliten benötigt. Da andererseits die Satelliten so nahe über der Erde kreisen, müssen die Bodenstationen nicht so leistungsstark sein und die Signalverzögerung ist wesentlich niedriger: Es wurden Übertragungszeitlatenzen von 40 bis 150 Millisekunden gemessen. Auch sind die Kosten für den Start wesentlich niedriger. In diesem Abschnitt betrachten wir zwei Beispiele von Satellitenkonstellationen für die Sprachkommunikation: Iridium und Globalstar.

In den ersten 30 Jahren des Satellitenzeitalters wurden Satelliten in niedriger Umlaufbahn selten für Kommunikationszwecke benutzt, weil sie wie der Blitz im Sichtfeld auftauchen und genauso schnell wieder verschwinden. 1990 hat Motorola neue Wege eingeschlagen und als erstes Unternehmen beim FCC einen Antrag zur Genehmigung des Starts von 77 Satelliten in die niedrige Umlaufbahn für das Projekt **Iridium** gestellt (Element 77 ist Iridium). Der Plan wurde später dahingehend geändert, dass nur noch

66 Satelliten eingesetzt werden sollten – eigentlich hätte das Projekt in Dysprosium (Element 66) umbenannt werden müssen, aber das hörte sich wahrscheinlich zu sehr nach einer Krankheit an. Die Idee in diesem Projekt war, dass ein Satellit durch den nächsten ersetzt wird, sobald der erste aus dem Sichtfeld verschwindet. Dieser Antrag löste bei anderen Kommunikationsunternehmen eine wahre Hysterie aus. Plötzlich wollte jeder eine Reihe von Satelliten in die niedrige Umlaufbahn schießen.

Nach mehreren Jahren des Kampfes um Partner und Finanzierung begann im November 1998 der Kommunikationsdienst. Unglücklicherweise war der kommerzielle Bedarf für die großen, schweren Satellitentelefone vernachlässigbar, da das Mobilfunknetz seit 1990 auf eindrucksvolle Weise gewachsen war. Daher war Iridium nicht profitabel, die Betreiber mussten im August 1999 Konkurs anmelden. Dies war eines der spektakulärsten Fiaskos eines Unternehmens in der Geschichte. Die Satelliten und andere Sachwerte (im Wert von 5 Milliarden US-Dollar) wurden in der Folge von einem Investor als extraterrestrisches Schnäppchen für 25 Millionen US-Dollar erworben. Andere Satellitenprojekte erlitten prompt das gleiche Schicksal.

Der Iridiumdienst startete im März 2001 erneut und ist seitdem gewachsen. Es werden Sprach-, Daten-, Pager-, Fax- und Navigationsdienste weltweit an jedem Ort zu Land, zu Wasser und in der Luft zur Verfügung gestellt – über Handhelds, die direkt mit den Iridiumsatelliten kommunizieren. Zu den Kunden gehören die Marine, die Luftfahrt, Ölförderindustrien wie auch Personen, die in abgelegene Gebiete ohne Telekommunikationsinfrastruktur reisen (z.B. Wüsten, Berge, der Südpol und einige Entwicklungsländer).

Die Satelliten werden in einer Höhe von 670 km in kreisförmigen polaren Umlaufbahnen positioniert. Sie werden in einer Nord-Süd-Kette angeordnet, wobei die Satelliten jeweils 32 Breitengrade voneinander entfernt sind (►Abbildung 2.51). Jeder Satellit hat maximal 48 scharf gebündelte Punktstrahlen und eine Kapazität von 3.840 Kanälen, wovon einige für Pager- und Navigationsdienste, andere für Daten und Sprache verwendet werden.

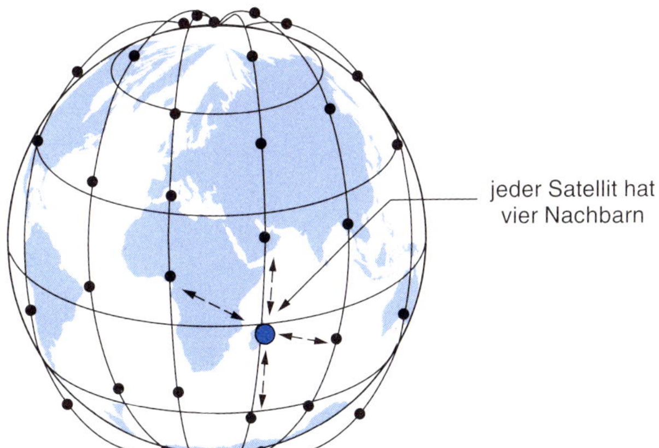

Abbildung 2.51: Die Iridiumsatelliten bilden sechs Ketten rund um die Erde.

Mit sechs Satellitenketten kann die ganze Erde abgedeckt werden (Abbildung 2.51). Eine interessante Eigenschaft von Iridium ist, dass die Kommunikation zwischen entfernten Kunden im All stattfindet, wie in ▶Abbildung 2.52a gezeigt. Hier sehen wir einen Anrufer am Nordpol, der den Satelliten direkt über ihm kontaktiert. Jeder Satellit hat vier Nachbarn, mit denen er kommunizieren kann, zwei davon in derselben Kette (abgebildet) und zwei in benachbarten Ketten (nicht abgebildet). Die Satelliten leiten den Anruf über dieses Gitter weiter, bis er schließlich zum Angerufenen am Südpol hinunter gesendet wird.

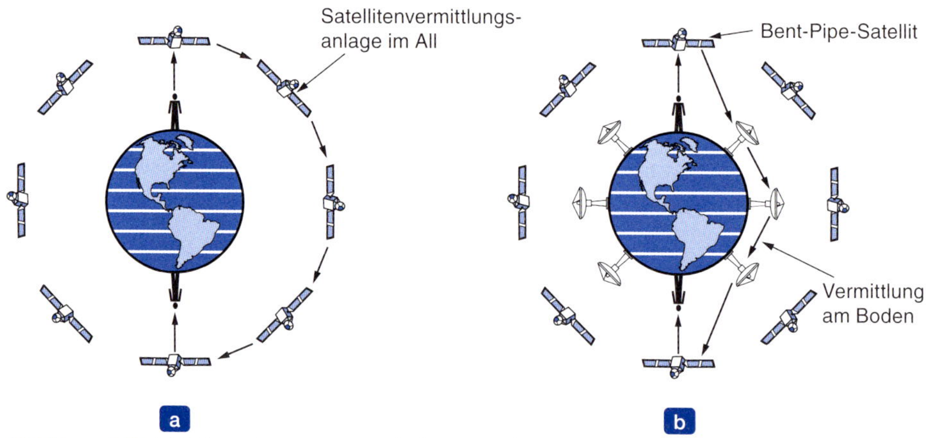

Abbildung 2.52: (a) Weitergabe von Daten im All. (b) Weitergabe von Daten am Boden.

Eine Alternative zu Iridium ist **Globalstar**. Globalstar basiert auf 48 LEO-Satelliten, verwendet aber ein anderes Vermittlungsschema als Iridium. Während Iridium Anrufe von Satellit zu Satellit weitergibt, was eine ausgefeilte Vermittlungsausrüstung in den Satelliten erforderlich macht, verwendet Globalstar den traditionellen Bent-Pipe-Entwurf. Der Anruf, der in Abbildung 2.52b am Nordpol begonnen wird, wird zur Erde zurückgesendet und von einer großen Bodenstation aufgenommen. Der Anruf wird dann über ein terrestrisches Netz an die für den Angerufenen nächstliegende Bodenstation weitergeleitet und über eine Bent-Pipe-Verbindung dem Empfänger wie dargestellt übermittelt. Der Vorteil dieses Schemas ist, dass damit vieles der Komplexität auf den Boden zurückgeholt wird, wo diese einfacher zu verwalten ist. Auch bedeutet die Verwendung von großen Bodenstationsantennen, die starke Signale aussenden und schwache empfangen können, dass hier Telefone mit niedriger Leistung verwendet werden können. Das Telefon gibt nur ein paar Milliwatt Leistung ab, sodass das zur Bodenstation zurückkommende Signal ziemlich schwach ist, selbst wenn es durch den Satelliten verstärkt wurde.

Es werden weiterhin rund 20 Satelliten im Jahr gestartet, darunter auch größere Satelliten, die heute über 5.000 Kilogramm wiegen. Doch für eher kostenbewusste Organisationen gibt es auch sehr kleine Satelliten. Um die Weltraumforschung erschwinglicher zu machen, haben sich im Jahr 1999 Wissenschaftler von Cal Poly und Stanford zusammengetan, um einen Standard für Miniatursatelliten und eine gemeinsame

Startvorrichtung festzulegen, wodurch sich die Startkosten erheblich senken ließen (Nugent et al., 2008). **CubeSats** sind Satelliten in der Form von 10×10×10-cm-Würfeln, von denen jeder nicht mehr als 1 Kilogramm wiegt und die für nur 40.000 US-Dollar abgeschossen werden können. Die Startvorrichtung fliegt als Sekundärnutzlast von kommerziellen Weltraummissionen. Im Prinzip ist die Vorrichtung eine Röhre, die bis zu drei Einheiten von CubeSats aufnehmen kann und die mithilfe von Sprungfedern die Satelliten auf eine Umlaufbahn bringt. Mehr als 20 CubeSats wurden bisher gestartet, viele weitere sind in Vorbereitung. Die meisten kommunizieren mit Bodenstationen auf den UHF- und VHF-Bändern.

Ein weiterer Einsatz von LEO-Satelliten ist der Versuch von OneWeb, ein satellitengestütztes Internet-Backbonenetz zu errichten. Dieses Projekt wird zunächst eine Konstellation von mehreren Hundert Satelliten umfassen, die im Erfolgsfall einen Hochgeschwindigkeitsinternetzugang auch an Orten ermöglichen, an denen dies bisher nicht möglich war. Die Satelliten werden im Ku-Band operieren und eine Technik namens „Progressive Pitch" verwenden, bei der die Satelliten leicht gedreht werden, um Interferenzen mit geostationären Satelliten zu vermeiden, die im selben Band senden.

2.9 Vergleich verschiedener Zugangsnetze

Lassen Sie uns jetzt die Eigenschaften der verschiedenen Arten von Zugangsnetzen vergleichen, die wir untersucht haben.

2.9.1 Terrestrische Zugangsnetze: Kabel, Glasfaser und ADSL

Kabel, FTTH und ADSL weisen viel mehr Ähnlichkeiten als Unterschiede auf. Sie bieten vergleichbare Dienste und, da der Wettbewerb zwischen ihnen zunimmt, wahrscheinlich auch vergleichbare Preise. Alle Zugangsnetztechnologien, einschließlich Kabel, ADSL und FTTH, verwenden jetzt Glasfaser im Backbone; sie unterscheiden sich in der Zugangstechnologie für die letzte Meile auf der Bitübertragungs- und Sicherungsschicht. Glasfaser- und ADSL-Anbieter liefern normalerweise jedem Teilnehmer eine gleichmäßigere Bandbreite, da jeder Nutzer über eine eigene Kapazität verfügt. Laufende und aktuelle Berichte in den Vereinigten Staaten, wie die jährlich erscheinende MBA-Initiative (*Measuring Broadband America*) der FCC, zeigen, dass die Zugangsanbieter in der Regel ihre angekündigten Raten einhalten.

Ein Anstieg der Nutzer in einem ADSL- oder FTTH-Zugangsnetz hat kaum Auswirkungen auf die bestehenden Nutzer, da jeder Nutzer über eine eigene Verbindung bis zum Haus verfügt. Kabelabonnenten hingegen teilen sich die Kapazität eines einzigen Knotens. Wenn also ein oder mehrere Nutzer an einem Knotenpunkt ihre Nutzung erhöhen, kann es bei anderen Nutzern zu Engpässen kommen. Infolgedessen neigen Kabelnetzbetreiber heute dazu, die Kapazität, die sie den einzelnen Teilnehmern zur Verfügung stellen, zu hoch anzusetzen. Modernere DOCSIS-Standards wie DOCSIS 3.0 verlangen, dass Kabelmodems in der Lage sein müssen, mindestens vier Kanäle zu bündeln, um etwa 170 Mbit/s im Downstream und 120 Mbit/s im Upstream zu erreichen (wobei etwa 10% dieses Durchsatzes für den Signalisierungs-Overhead verwendet werden).

Letztendlich sind die Höchstgeschwindigkeiten, die ein Kabelteilnehmer erreichen kann, durch die Kapazität des Koaxialkabels begrenzt; das nutzbare Spektrum in Glasfaser ist im Vergleich dazu viel größer. Für Kabel gilt: je mehr Teilnehmer sich für einen Internetdienst anmelden, desto mehr leidet die Leistung der anderen Nutzer im selben Knotenpunkt. Die Kabeldienstanbieter reagieren darauf, indem sie viel genutzte Kabel aufteilen und jedes Kabel direkt an einen Glasfaserknotenpunkt anschließen (diese Praxis wird manchmal als **Knotentrennung** (*node split*) bezeichnet). Wie bereits erwähnt, nimmt die Zahl der Haushalte pro Knotenpunkt stetig ab, da die Kabelnetzbetreiber immer mehr Glasfaserkabel bis an die Haustür verlegen.

Je nach Gebiet sind Kabel, Glasfaser und ADSL verfügbar, und die Leistung dieser Netze hängt sowohl von der Technologie selbst als auch vom Einsatz der jeweiligen Technologie ab. Die meisten Privathaushalte in den Industrieländern können einen Telefonanschluss haben, wenn sie es wünschen, aber nicht alle sind nahe genug an ihren Teilnehmervermittlungsstellen, um über ADSL verbunden zu werden. Einige müssen sich mit 56-kbit/s-Wählleitungen zufrieden geben, vor allem in ländlichen Gebieten. Sogar in den Vereinigten Staaten gibt es große Gebiete, in denen eine T1-Leitung mit 1,544 Mbit/s ein unerreichbarer Luxus ist. In Europa mit seiner höheren Bevölkerungsdichte ist Glasfaser-Internet mit 500 Mbit/s in Großstädten üblich. Einige Städte bieten inzwischen sogar einen 1-GBit/s-Dienst.

Außerdem hat nicht jeder einen Kabelanschluss. Wenn Sie einen solchen haben und das Unternehmen einen Internetzugang anbietet, können Sie diesen nutzen; die Entfernung zum Glasfaserknoten oder zur Kopfstelle stellt dann kein Problem dar. Die Verfügbarkeit von Kabel- und Glasfaseranschlüssen in bestimmten Regionen, insbesondere in dünn besiedelten Gebieten, bleibt jedoch ein Problem. Denn letztendlich hängt der Hochgeschwindigkeitsinternetzugang heute immer noch von der Verlegung von Glasfaser oder Kabel zu den Haushalten ab. Bei Kabelnetzen erfordert die zunehmende Trennung der Knotenpunkte die Verlegung von Glasfasern möglichst nahe an die Haushalte, anstatt sich auf die vorhandene Koaxialkabelinfrastruktur zu stützen. Auch bei ADSL nimmt die Geschwindigkeit nach wenigen Kilometern von einer zentralen Vermittlungsstelle deutlich ab, sodass selbst ADSL eine Art Glasfaserausbau am Ende des Netzes (z.B. FTTN) erfordert, um dünn besiedelte Gebiete mit hoher Geschwindigkeit zu versorgen. All diese Unternehmungen sind jedoch äußerst kostspielig.

In der Vergangenheit war die Telefoninfrastruktur (und das DSL-Netz) im Allgemeinen zuverlässiger als das Kabelnetz, obwohl die Daten des MBA-Projekts der FCC zeigen, dass sich diese Lücke verkleinert hat, wobei die meisten Kabel- und DSL-Dienste eine Zuverlässigkeit von mindestens „zwei Neunen" erreichen (d.h. 99% Betriebszeit oder einige Dutzend Stunden Ausfallzeit pro Jahr). Satellitennetze und drahtlose Netze in Ballungsräumen arbeiten weniger zuverlässig. Im Vergleich dazu erreicht das herkömmliche Telefonnetz eine Zuverlässigkeit von fünf Neunen, was einer Ausfallzeit von nur wenigen Minuten pro Jahr entspricht (Bischof et al., 2018).

Da ADSL ein Punkt-zu-Punkt-Medium ist, ist es von Natur aus sicherer als Kabel. Jeder Kabelnutzer kann leicht alle Pakete mitlesen, die über das Kabel übertragen werden, unabhängig davon, für wen sie bestimmt sind, weshalb jeder anständige Kabelanbieter den gesamten Datenverkehr in beide Richtungen verschlüsselt. Trotzdem ist es immer noch unsicherer, wenn Ihr Nachbar Ihre verschlüsselten Nachrichten erhält, als wenn er gar nichts mitbekommt.

2.9.2 Satelliten im Vergleich zu terrestrischen Netzen

Ein Vergleich zwischen der Satelliten- und der terrestrischen Kommunikation ist ganz aufschlussreich. Vor einiger Zeit schien es noch so, dass die Zukunft der Telekommunikation bei den Kommunikationssatelliten liege. Schließlich hatte sich das Telefonsystem in den vorhergehenden hundert Jahren kaum geändert und es gab auch keine Anzeichen, dass es sich in den nächsten hundert Jahren ändern würde. Dieses Schneckentempo war zu einem nicht geringen Anteil durch die Regulierungsbestimmungen verursacht worden, in deren Rahmen man erwartete, dass die Telefongesellschaften gute Sprachdienste zu vernünftigen Preisen bereitstellten (was sie taten) und dafür wiederum einen garantierten Gewinn für ihre Investitionen erhielten. Für diejenigen, die Daten übertragen mussten, waren 1.200-Bit/s-Modems verfügbar. Mehr gab es nicht.

Die Einführung des Wettbewerbs in den USA im Jahre 1984 und etwas später in Europa änderte dies radikal. Die Telefongesellschaften begannen, ihre alten Fernnetze durch Glasfaserkabel zu ersetzen, und führten Dienste mit hoher Bandbreite wie **ADSL** (*Asymmetric Digital Subscriber Line*) ein. Sie beendeten ihre lange gepflegte Praxis, für Ferngespräche künstlich überzogene Tarife zu berechnen, um den lokalen Dienst zu subventionieren. Plötzlich entstand der Eindruck, dass die terrestrischen Glasfaserverbindungen das bevorzugte Medium sein würden.

Dennoch konnten sich Kommunikationssatelliten bestimmte Nischenmärkte erobern, die Glasfaser nicht berücksichtigt (und manchmal auch nicht berücksichtigen kann). Zunächst einmal liegen die Satelliten immer dann vorne, wenn schnelle Installation entscheidend ist. Eine schnelle Reaktion ist für militärische Kommunikationssysteme in Kriegszeiten und bei der Katastrophenhilfe in Friedenszeiten wichtig. Beispielsweise konnten Kommunikationssatelliten nach dem schweren Sumatra-Erdbeben im Dezember 2004 und dem darauffolgenden Tsunami die Verbindung zu Notfallhelfern innerhalb von 24 Stunden wiederherstellen. Diese schnelle Reaktion war möglich, weil es einen entwickelten Markt für Satellitendienstanbieter gibt, in dem große Akteure, wie Intelsat mit über 50 Satelliten, so ziemlich überall Kapazität vermieten können, wo es nötig ist. Für Kunden, die von bestehenden Satellitennetzen bedient werden, kann ein VSAT leicht und schnell eingerichtet werden, um eine Mbit/s-Verbindung weltweit zur Verfügung zu stellen.

Eine zweite Nische ist die Kommunikation an Orten mit schlechter oder keiner terrestrischen Infrastruktur. Viele Leute wollen heutzutage von überall aus kommunizieren können. Mobilfunknetze decken Orte mit hoher Bevölkerungsdichte ab, doch an anderen Stellen (z.B. auf See oder in einer Wüste) sind sie weniger geeignet. Im Gegensatz dazu stellt Iridium überall auf der Erde Sprachdienste zur Verfügung, sogar am Südpol. Die Installation von terrestrischer Infrastruktur kann außerdem teuer sein, je nach Gelände und erforderlichen Wegerechten. Indonesien hat zum Beispiel einen eigenen Satelliten für den inländischen Telefonverkehr. Der Start eines Satelliten war kostengünstiger, als Tausende von Unterwasserkabeln zwischen den 13.677 Inseln des Archipels zu verlegen.

Eine dritte Nische sind Anwendungsbereiche, in denen Broadcasting eine wesentliche Rolle spielt. Eine über einen Satelliten übertragene Nachricht kann von Tausenden von Bodenstationen gleichzeitig empfangen werden. Satelliten werden daher häufig eingesetzt, um TV-Programme zu lokalen Stationen zu übertragen. Es gibt heute einen großen Markt für die direkte Satellitenübertragung von digitalem Fernsehen und Radio zu Endnutzern, die Satellitenempfänger in ihren Häusern und Autos haben. Prinzipiell können aber alle Arten von Inhalt via Broadcasting gesendet werden. Beispielsweise könnte ein Unternehmen, das Aktienkurse an Tausende von Börsenhändlern überträgt, ein Satellitensystem viel kostengünstiger finden als die Simulation von Broadcasting auf dem Boden.

In den Vereinigten Staaten gibt es einige konkurrierende satellitengestützte Internetanbieter, darunter Hughes (oft als DISH vermarktet, früher EchoStar) und Viasat, die Satelliten hauptsächlich im geostationären oder MEO-Bereich betreiben, wobei einige Anbieter auf LEO umsteigen. Im Jahr 2016 berichtete das FCC-Projekt Measuring Broadband America, dass diese satellitengestützten Anbieter zu den wenigen Internetdienstanbietern gehörten, die im Laufe der Zeit einen Leistungsrückgang verzeichneten, der wahrscheinlich auf die steigende Zahl der Abonnenten und die begrenzte Bandbreite zurückzuführen war. In dem Bericht wurde festgestellt, dass diese Anbieter nicht in der Lage waren, Geschwindigkeiten von mehr als 10 Mbit/s anzubieten.

Nichtsdestotrotz hat der Internetzugang über Satellit in den letzten Jahren an Interesse gewonnen, insbesondere in Nischenmärkten wie dem Internetzugang während des Fluges. Einige Internetzugänge während des Fluges beinhalten eine direkte Kommunikation mit mobilen Breitbandmasten, was jedoch bei Flügen über Ozeane nicht funktioniert. Eine andere Methode, die hilft, die begrenzte Bandbreite in Flugzeugen zu bewältigen, besteht in der Übertragung von Daten an eine Reihe von Satelliten in einer geostationären Umlaufbahn. Andere Unternehmen wie OneWeb (siehe oben) und Boeing arbeiten am Aufbau eines satellitengestützten Internet-Backbone mit LEO-Satelliten. Die Märkte werden immer noch eine Nische sein, da der Datendurchsatz bei etwa 50 Mbit/s liegt, also viel niedriger als beim terrestrischen Internet.

Kurz gesagt, es sieht ganz danach aus, als ob in Zukunft die Hauptkommunikationstechnologie eine Kombination von terrestrischen Glasfaserkabeln und Mobilfunknetzen sein wird, für spezielle Anwendungen sind jedoch Satelliten am besten geeignet. Bei all diesen Möglichkeiten werden die Kosten leicht übersehen. Obwohl Glasfaser mehr Bandbreite bietet, ist es vorstellbar, dass aggressive Preiskämpfe zwischen der terrestrischen und der Satellitenkommunikation stattfinden könnten. Falls technologische Fortschritte die Kosten für den Einsatz eines Satelliten radikal senken (z.B.

wenn ein zukünftiges Raumfahrzeug bei einem Start gleich Dutzende von Satelliten ins All schleudern könnte) oder falls sich Satelliten auf niedriger Umlaufbahn im großen Stil durchsetzen, dann ist nicht mehr ganz so sicher, ob die Glasfaser in allen Märkten als Gewinner hervorgehen wird.

2.10 Politische Entscheidungen im Bereich der Bitübertragungsschicht

Verschiedene Aspekte der Bitübertragungsschicht sind mit rechtlichen und politischen Entscheidungen verbunden, die sich letztlich darauf auswirken, wie diese Technologien genutzt und entwickelt werden. Wir erörtern kurz die laufenden politischen Aktivitäten sowohl in terrestrischen Netzen (d.h. Telefon- und Kabelnetzen) als auch in drahtlosen Netzen.

2.10.1 Zuweisung der Frequenzbereiche

Die größte Herausforderung im Zusammenhang mit dem elektromagnetischen Spektrum ist die effiziente und gerechte **Zuweisung von Frequenzbereichen** (*spectrum allocation*). Wenn mehrere Parteien im gleichen Teil des Spektrums in der gleichen geografischen Region Daten übertragen können, besteht ein erhebliches Potenzial für die kommunizierenden Parteien, sich gegenseitig zu stören. Um das totale Chaos zu vermeiden, gibt es nationale und internationale Vereinbarungen über die Nutzung der Frequenzen. Da jeder eine höhere Datenübertragungsrate anstrebt, möchte jeder mehr Frequenzbereiche. Die Landesregierungen vergeben die Frequenzbereiche für MW- und UKW-Radio, Fernsehen und Mobiltelefone sowie für Telefongesellschaften, Polizei, Seefahrt, Navigation, Militär, Regierung und viele andere Anwendungsbereiche. International versucht eine Behörde der ITU-R (WRC) diese Zuweisungen zu koordinieren, damit Geräte hergestellt werden können, die in verschiedenen Ländern funktionieren. Die Länder sind jedoch nicht an die Empfehlungen der ITU-R gebunden. So hat die Telekommunikationsbehörde FCC (*Federal Communication Commission*), die in den Vereinigten Staaten für die Zuweisung verantwortlich ist, die Empfehlungen von ITU-R in einigen Fällen zurückgewiesen (in der Regel, weil eine politisch einflussreiche Gruppe hierzu einen Frequenzbereich hätte aufgeben müssen).

Selbst wenn ein Frequenzbereich einer bestimmten Verwendung zugewiesen ist, wie etwa Mobiltelefonen, besteht weiterhin die Frage, welcher Betreiber welche Frequenzen nutzen darf. In der Vergangenheit wurden oftmals drei Verfahren angewendet. Das älteste Verfahren, häufig als **Schönheitswettbewerb** bezeichnet, erfordert, dass jeder Betreiber begründet, warum sein Vorschlag dem öffentlichen Interesse am besten gerecht wird. Regierungsvertreter entscheiden dann, welche der netten Geschichten ihnen am besten gefällt. Wenn einige Staatsdiener Güter, die Milliarden wert sind, an ihre Lieblingsfirma vergeben, führt dies oft zu Bestechung, Korruption, Vetternwirtschaft und noch Schlimmerem. Darüber hinaus kann auch ein ehrenhafter Staatsdiener in Erklärungsnot kommen, wenn er der Ansicht ist, dass ein ausländisches Unternehmen die Aufgabe besser löst als alle einheimischen Firmen.

Diese Beobachtungen führten zum Verfahren Nummer zwei: ein **Losverfahren** für alle Interessenten durchzuführen. Das Problem bei dieser Idee ist, dass auch Unternehmen, die den Frequenzbereich nicht nutzen möchten, an der Auslosung teilnehmen können. Wenn beispielsweise eine Fast-Food- oder Schuhkette gewinnt, kann diese den Frequenzbereich an einen Betreiber ohne Risiko mit Riesengewinnen weiterverkaufen.

Diese Möglichkeit der zufälligen und unerwarteten Gewinnmitnahme hat den Unternehmen viel Kritik eingebracht, sodass man zu Verfahren Nummer drei überging: die **Versteigerung** der Bandbreite an den Höchstbietenden. Als die britische Regierung im Jahr 2000 die Frequenzen für die dritte Generation der Mobiltelefone versteigerte, ging man davon aus, dass dies knapp 4 Milliarden Euro einbringen würde. Tatsächlich wurden aber 40 Milliarden Euro erzielt, weil sich die Betreiber eine Bieterschlacht lieferten und jeder in Todesangst befürchtete, die nächste Welle bei der Mobilfunkkommunikation zu verpassen. Diese interessante Einnahmequelle ließ auch andere Regierungen hellhörig werden und in verschiedenen anderen Ländern wurden die Frequenzen ebenso versteigert. Es funktionierte auch hier, aber einige der Betreiber hatten sich so hoch verschuldet, dass sie nahezu bankrott waren. Selbst in den besten Fällen wird es viele Jahre dauern, bis die Lizenzgebühren wieder hereingeholt sind.

Ein völlig anderer Ansatz bei der Zuteilung von Frequenzen ist, diese überhaupt nicht zuzuweisen. Stattdessen darf jeder nach Belieben übertragen, aber die verwendete Leistung wird reguliert, sodass die Stationen eine geringe Reichweite haben und einander nicht stören. Dementsprechend haben die meisten Regierungen einige Frequenzbänder, die sogenannten **ISM-Bänder** (was für *Industrial, Scientific, Medical* steht), für unlizenzierten Gebrauch reserviert. ISM-Bänder werden bei automatischen Garagentüröffnern, schnurlosen Telefonen, funkgesteuerten Spielzeugen, Funkmäusen und einer Vielzahl anderer drahtloser Haushaltsgeräte eingesetzt. Um die Störungen zwischen nicht aufeinander abgestimmten Geräten zu minimieren, fordert das FCC, dass alle Geräte, die die ISM-Bänder nutzen, ihre Übertragungsleistung begrenzen (z.B. auf 1 Watt) und weitere Techniken einsetzen, um ihre Signale über einen Frequenzbereich zu streuen. Es kann auch nötig sein, dass die Geräte selbst darauf achten, Interferenzen mit Radaranlagen zu vermeiden.

Die Zuordnung der ISM-Bänder ist in den verschiedenen Ländern etwas unterschiedlich. In den Vereinigten Staaten beispielsweise nutzen Netzgeräte in der Praxis die in ▶Abbildung 2.53 dargestellten Bänder, ohne dass hierfür eine FCC-Lizenz erforderlich ist. Das 900-MHz-Band wurde für frühe Versionen von IEEE 802.11 eingesetzt, ist aber überbelegt. Das 2,4-GHz-Band ist in den meisten Ländern verfügbar und wird häufig für IEEE 802.11b/g und Bluetooth verwendet, obwohl es Störungen von Mikrowellenherden und Radaranlagen ausgesetzt ist. Der 5-GHz-Bereich des Spektrums umfasst **U-NII-Bänder** (*Unlicensed National Information Infrastructure*). Die 5-GHz-Bänder sind relativ unentwickelt, doch da sie die größte Bandbreite haben und von IEEE 802.11a eingesetzt werden, haben sie schnell an Beliebtheit gewonnen und sind inzwischen auch ziemlich überbelegt.

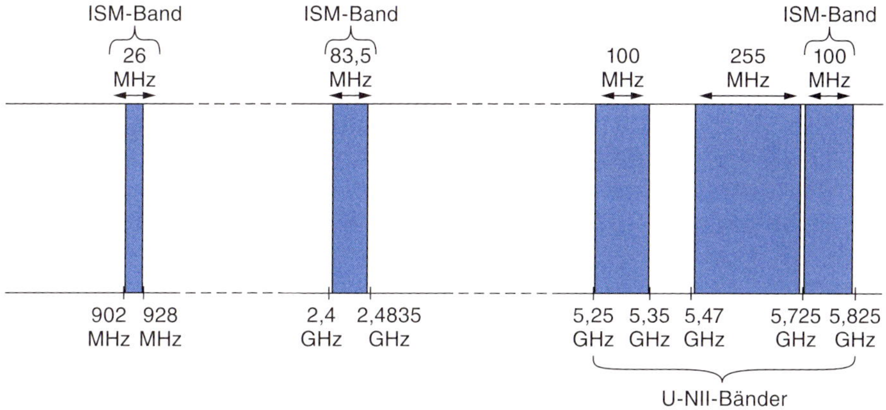

Abbildung 2.53: Die ISM- und U-NII-Bänder, die in den Vereinigten Staaten von drahtlosen Geräten genutzt werden.

Die unlizenzierten Bänder waren im letzten Jahrzehnt ein Bombenerfolg. Die Fähigkeit, das Spektrum frei zu nutzen, hat eine Welle an Innovationen bei drahtlosen LANs und PANs entfesselt, was durch die Verbreitung von Technologien wie IEEE 802.11 und Bluetooth bewiesen wird. Sogar einige Internetdienstanbieter steigen jetzt mit Technologien wie LTE-U ins Spiel ein, bei der ein LTE-Mobilfunknetz im unlizenzierten Frequenzspektrum aufgebaut wird. Diese Technologie könnte den Betrieb mobiler Geräte in diesem unlizenzierten Spektrum ermöglichen, zusätzlich zu den Frequenzbereichen, die ausdrücklich für den Betrieb von Mobilfunknetzen zugewiesen wurden. LTE-U könnte es ISPs, die WiFi-Zugangspunkte in Hunderten von Millionen Haushalten einsetzen, ermöglichen, ihr Netz von Zugangspunkten in ein Netz von Mobilfunk-Basisstationen zu verwandeln. Die Nutzung der unlizenzierten Frequenzbereiche durch Mobiltelefone bringt natürlich eine Reihe von Komplikationen mit sich. So müssen Geräte, die im unlizenzierten Spektrum operieren, andere Geräte, die das gleiche Spektrum nutzen, respektieren und vor allem die sogenannten „etablierten" Geräte nicht stören. Außerdem hat LTE-U eventuell mit eigenen Herausforderungen in Bezug auf Zuverlässigkeit und Leistung zu kämpfen, da es sich zurückhalten muss, um mit anderen Geräten im unlizenzierten Spektrum gut zusammenzuarbeiten, von anderen WiFi-Geräten bis hin zu Babyfonen.

Verschiedene politische Entscheidungen in den letzten 10 Jahren waren ausschlaggebend für den Innovationsschub bei den Drahtlostechnologien. Eine spannende Entwicklung in den USA ist die potenzielle Zuweisung weiterer unlizenzierter Frequenzbereiche. 2009 entschied die FCC, die unlizenzierte Nutzung der **White Spaces** im Bereich um 700 MHz zu erlauben. White Spaces sind Frequenzbänder, die zwar zugewiesen wurden, aber lokal nicht benutzt werden. Durch den Übergang von der analogen zur vollständig digitalen Fernsehübertragung in den USA im Jahr 2010 wurden die White Spaces im Bereich um 700 MHz frei. Die einzige Schwierigkeit bei der Benutzung der White Spaces ist, dass unlizenzierte Geräte in der Lage sein müssen, jeden lizenzierten Sender in der Nähe zu entdecken. Dazu gehören auch schnurlose Mikrofone, die das Frequenzband vorrangig nutzen dürfen. 2001 öffnete das FCC den Bereich 57 GHz bis 64 GHz für den unlizenzierten Betrieb. Dieser Bereich stellt einen enormen Abschnitt des Spektrums dar, der größer ist als alle anderen ISM-Bänder zusammen – ausreichend also, um die Art von Hochgeschwindigkeitsnetzen zu unterstützen, die für die Luftübertragung von hochauflösendem Fernsehen (HDTV) quer durch Ihr Wohnzimmer nötig wäre. Bei 60 GHz werden Funkwellen von Sauerstoff absorbiert. Dies bedeutet, Signale pflanzen sich nicht sehr weit fort, daher eignen sie sich gut für Kurzstreckennetze. Die hohen Frequenzen (60 GHz liegt im EHF-Bereich (*Extreme High Frequency*) oder Millimeterband, direkt unterhalb der Infrarotstrahlen) stellten anfangs eine Herausforderung für die Gerätehersteller dar, inzwischen sind jedoch Produkte auf dem Markt.

In den Vereinigten Staaten werden auch andere Frequenzbänder umgewidmet und an Betreiber versteigert, darunter 2,5 und 2,9 GHz, das C-Band (das früher für die Satellitenkommunikation genutzt wurde) im Bereich von 3,7 bis 4,2 GHz sowie weitere, darunter 3,5, 6, 24, 28, 37 und 49 GHz. Die FCC erwägt auch die Nutzung bestimmter sehr hoher Frequenzbänder für die Kurzstreckenkommunikation, etwa im Bereich von 95 GHz. Ende 2018 startete die FCC ihre erste 5G-Auktion, weitere Auktionen sind für die kommenden Jahre geplant. Diese Auktionen werden eine beträchtliche Menge an Frequenzen für mobiles Breitband erschließen und die höheren Bandbreiten ermöglichen, die für Videostreaming und Anwendungen des Internets der Dinge erforderlich sind. Für das 24- und 28-GHz-Spektrum stehen jeweils etwa 3.000 Lizenzen zum Verkauf. Die FCC gewährt außerdem Rabatte für kleine Unternehmen und ländliche Anbieter. Versteigerungen für Teile der Frequenzbänder 37, 39 und 49 GHz sind ebenfalls geplant. In anderen Ländern können einige dieser Frequenzbänder als unlizenzierte Frequenzen genutzt werden. So hat sich beispielsweise die deutsche Automobilindustrie erfolgreich dafür eingesetzt, das 3,5-GHz-Band für die Nutzung durch private Unternehmen zuzulassen; andere europäische Länder werden diesem Beispiel wahrscheinlich folgen.

2.10.2 Das Mobilfunknetz

Es ist interessant, welch großen Einfluss hier politische Entscheidungen wie auch winzige Marketingentscheidungen auf die Errichtung von Mobilfunknetzen in den USA und Europa haben können. Das erste Mobilfunksystem wurde in den Vereinigten Staaten von AT&T entwickelt und für das ganze Land von der FCC freigegeben. In der Folge war in den gesamten Vereinigten Staaten ein einziges (analoges) System im Einsatz und ein Mobiltelefon, das man in Kalifornien erworben hatte, funktionierte auch in New York. Als aber Mobiltelefone sich auch in Europa etablierten, entwickelte jedes Land sein eigenes System, was zu einem Fiasko führte.

Europa lernte aus dem Fehler und als das digitale Mobiltelefon vorgestellt wurde, taten sich die einzelnen Aufsichtsbehörden zusammen und erarbeiteten als einheitlichen Standard GSM, sodass nun ein europäisches Mobiltelefon in ganz Europa funktioniert. Zu diesem Zeitpunkt hatte man in den Vereinigten Staaten beschlossen, dass die Standardisierung nicht Sache des Staates ist, und man überließ die Standardisierung der digitalen Mobiltelefone dem Markt. Diese Entscheidung führte dazu, dass verschiedene Gerätehersteller verschiedene Arten von Mobiltelefonen produzierten. So wurden in den USA zwei größere – und vollständig inkompatible – digitale Mobilfunksysteme sowie weitere kleinere Systeme installiert.

Obwohl anfangs in den Vereinigten Staaten mehr Leute Mobiltelefone besaßen, liegt nun Europa vorne. Ein Grund hierfür ist, dass ein einheitliches System existiert, das überall in Europa und mit jedem Provider funktioniert. Aber es gibt noch weitere Gründe. Ein zweiter Punkt, in dem sich die USA und Europa unterscheiden, ist die unscheinbare Sache mit den Telefonnummern. In den USA werden die Mobiltelefone nicht von den normalen (Festnetz-)Telefonen unterschieden. Daher kann ein Anrufer nicht erkennen, ob beispielsweise hinter (212) 234-5678 ein Festanschluss (ein günstiger oder kostenfreier Anruf) oder ein Mobiltelefon (ein teurer Anruf) steht. Damit die Leute nicht zu nervös wurden, wenn sie jemanden anrufen wollten, entschieden die Telefongesellschaften, dass die Besitzer des Mobiltelefons für die eingehenden Anrufe bezahlen müssen. In der Folge zögerten viele Leute bei der Anschaffung eines Mobiltelefons, weil sie fürchteten, dass hier nur aufgrund der eingehenden Anrufe riesige Rechnungen auflaufen würden. In Europa haben Mobiltelefonnummern eine spezielle Vorwahl, sodass man sie sofort erkennen kann. So gilt in Europa die übliche Regel „der Anrufende zahlt" auch für Mobiltelefone, außer bei internationalen Anrufen, wo die Kosten aufgeteilt werden.

Ein dritter Punkt, der für die Akzeptanz von Mobiltelefonen in Europa sehr wichtig ist, ist die weitverbreitete Nutzung von im Voraus bezahlten (Prepaid-) Handykarten (in manchen Gebieten machen diese bis zu 75% aus). Sie können in vielen Läden ohne viel mehr Formalitäten als beim Kauf einer Digitalkamera erworben werden. Man bezahlt und kann telefonieren. Sie sind beispielsweise mit 20 oder 50 Euro aufgeladen und können unter Verwendung eines geheimen Pin-Codes wieder neu aufgeladen werden, wenn das Guthaben aufgebraucht ist. In der Folge hat in Europa praktisch jeder Teenager oder auch viele kleinere Kinder Mobiltelefone (in der Regel mit Prepaid-Guthabenkarten), sodass ihre Eltern sie schnell finden können, ohne dass hierfür riesige Telefongebühren entstehen. Wenn ein Mobiltelefon nur gelegentlich genutzt wird, ist die Nutzung sehr billig bzw. ganz kostenlos, da keine Monatsgebühren oder Gebühren für eingehende Anrufe erhoben werden.

Die Versteigerung der begehrten Frequenzbänder für 5G in Verbindung mit vielen technologischen Fortschritten, die bereits in diesem Kapitel erörtert wurden, wird in den nächsten Jahren die Mobilfunknetze auf den Kopf stellen. Schon jetzt erleben wir den Aufstieg von **MVNOs** (*Mobile Virtual Network Operators*), d.h. Mobilfunkbetreibern, die nicht Eigentümer der Netzinfrastruktur sind, über die sie ihren Kunden Dienste bereitstellen. Da die Zellgrößen mit höheren Frequenzen weiter schrumpfen und die Hardware für kleine Zellen immer mehr zur Massenware wird, zahlen MVNOs für die gemeinsame Nutzung von Kapazitäten in einer Infrastruktur, für die ein anderer Betreiber verantwortlich ist. Sie haben die Wahl, ob sie ihre eigenen Komponenten einer LTE-Architektur betreiben oder die Infrastruktur des zugehörigen Betreibers nutzen wollen. MVNOs, die ihr eigenes Kernnetz betreiben, werden manchmal als „vollständige" MVNOs bezeichnet. Unternehmen wie Qualcomm und Intel stellen ein Referenzdesign für die Hardware für kleine Zellen zusammen, die zu einer vollständigen Entflechtung des Netzwerkrandes führen könnten, insbesondere in Verbindung mit der Nutzung unlizenzierter Frequenzen. Die Industrie beginnt allmählich, ebenfalls eine Infrastruktur mit „Whitebox"-eNodeBs anzustreben, die mit einer Zentrale verbunden sind, die über virtuelle EPC-Dienste verfügt; das M-CORD-Projekt der Open Networking Foundation hat eine solche Architektur implementiert.

2.10.3 Das Telefonnetz

Bell System bot bis zum Jahr 1984 jahrzehntelang Orts- und Ferndienste in fast dem gesamten Gebiet der USA an. In den 1970er Jahren gelangte die US-Regierung zu der Überzeugung, dass das ein ungesetzliches Monopol sei, und strengte ein Gerichtsverfahren mit dem Bestreben an, dieses aufzubrechen. Die US-Regierung gewann den Prozess und am 1. Januar 1984 wurde AT&T in AT&T Long Lines, 23 **BOCs** (*Bell Operating Company*) und ein paar weitere Unternehmen aufgeteilt. Die 23 BOCs wurden zu sieben regionalen RBOCs zusammengefasst, um sie wirtschaftlich überlebensfähig zu machen. Die Telekommunikation in den USA hatte sich über Nacht per Gerichtsbeschluss (nicht durch Begehren des Kongresses) grundlegend geändert.

Die Einzelheiten der Aufteilung wurden im sogenannten **MFJ** (*Modification of Final Judgment*, modifiziertes endgültiges Urteil) beschrieben – ein Oxymoron in seiner reinsten Form. Dies führte zu mehr Wettbewerb, besseren Dienstleistungen und niedrigeren Preisen für Ferngespräche für Privatpersonen und Unternehmen. Die Preise für die lokalen Dienstleistungen stiegen jedoch, da die Quersubventionierung durch Ferngespräche abgeschafft wurde und die lokalen Dienstleistungen sich selber tragen mussten. Viele Länder haben nun auf ähnliche Weise mehr Wettbewerb im Telekommunikationsbereich eingeführt.

Von direkter Relevanz für unsere Betrachtung ist, dass der neue Wettbewerbsrahmen eine Schlüsseltechnologie hervorgebracht hat, welche der Architektur des Telefonnetzes hinzugefügt werden muss. Um unmissverständlich festzuhalten, wer was machen darf, wurde die USA in etwa 160 **Ortsnetzbereiche** (*Local Access and Transport Area*, **LATA**) aufgegliedert. Ein Ortsnetzbereich entspricht in der Ausdehnung etwa dem Bereich einer Vorwahlnummer. Innerhalb eines Ortsnetzbereiches gibt es normalerweise einen **Ortsnetzbetreiber** (*Local Exchange Carrier*, **LEC**), der das Monopol auf die konventionellen Telefondienste innerhalb des Ortsnetzbereiches hat. Die meisten größeren Ortsnetzbetreiber sind die verschiedenen örtlichen BOCs. In manchen Ortsnetzbereichen gibt es aber auch mehr als eine der 1.500 unabhängigen Telefongesellschaften, die als Ortsnetzbetreiber operieren.

Die neue Schlüsseleigenschaft war, dass der gesamte ortsnetzübergreifende Verkehr von einer anderen Gesellschaftsart, einem **Fernnetzbetreiber** (*IntereXchange Carrier*, **IXC**), verwaltet wird. Ursprünglich war AT&T Long Lines der einzige große Fernnetzbetreiber, heute sind aber gut etablierte Mitbewerber wie Verizon und Sprint dazugekommen. Mit der Aufteilung des Telefonriesen sollte unter anderem sichergestellt werden, dass alle Fernnetzbetreiber in Bezug auf Leitungsqualität, Tarife und Anzahl der den Kunden zugewiesenen Telefonnummern gleich behandelt werden. Die Struktur und die Arbeitsweise werden in ▶ Abbildung 2.54 aufgezeigt. Die Abbildung enthält drei Ortsnetzbereiche, von denen jeder verschiedene Teilnehmervermittlungsstellen aufweist. Ortsnetzbereich 2 und 3 haben auch eine kleine Hierarchie mit Durchgangsämtern.

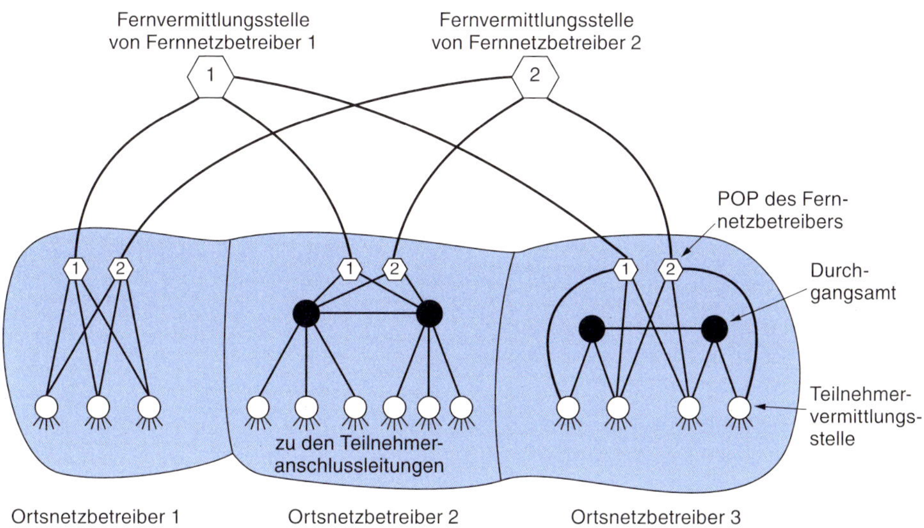

Abbildung 2.54: Die Beziehungen zwischen Ortnetzbereichen, Ortnetzbetreibern und Fernnetzbetreibern. Die Kreise stehen für Vermittlungsstellen der Ortsnetzbetreiber, jedes Sechseck für den Fernnetzbetreiber, mit dessen Nummer es beschriftet ist.

Möchte ein Fernnetzbetreiber Verbindungen abwickeln, die von einem Ortsnetzbereich ausgehen, so kann er dort eine Vermittlungsstelle namens **POP** (*Point of Presence*) einrichten. Der Ortsnetzbetreiber muss jeden Fernnetzbetreiber an jede Teilnehmervermittlungsstelle anbinden, entweder direkt wie bei den Ortsnetzbereichen 1 und 3 oder indirekt wie bei Ortsnetzbereich 2. Darüber hinaus müssen die technischen und finanziellen Rahmenbedingungen für alle Fernnetzbetreiber gleich sein. Diese Bedingungen ermöglichen es einem Teilnehmer beispielsweise in Ortsnetzbereich 1 zu wählen, welcher Fernnetzbetreiber für den Anruf eines Teilnehmers in Ortsnetzbereich 3 verwendet wird.

Im Rahmen der MFJ war es den Fernnetzbetreibern nicht erlaubt, lokale Telefondienste anzubieten, und die Ortsnetzbetreiber durften keine Telefondienste über den Ortsnetzbereich hinaus anbieten, obwohl beide in jedes andere Geschäft wie den Betrieb von Fast-Food-Restaurants einsteigen durften. Im Jahr 1984 war das eine eindeutige Aussage. Witzigerweise hat die Technologie einen Weg gefunden, das Gesetz überflüssig zu machen. So enthält die Vereinbarung weder für das Kabelfernsehen noch für Mobiltelefone irgendwelche Regelungen. Als sich das Kabelfernsehen von der uni- zu einer bidirektionalen Technik entwickelte und Mobiltelefone ungeheuer an Beliebtheit gewannen, begannen Ortsnetzbetreiber und Fernnetzbetreiber gleichermaßen, Kabel- und Mobilfunkbetreiber zu übernehmen oder mit ihnen zu fusionieren.

1995 stellte der Kongress fest, dass der Versuch, weiterhin zwischen den verschiedenen Gesellschaftsarten zu unterscheiden, nicht mehr länger aufrechterhalten werden konnte. Es wurde ein Gesetzesentwurf eingereicht, um den Wettbewerb beizubehalten und es dennoch Kabelfernsehgesellschaften, örtlichen Telefongesellschaften, Fernverbindungsanbietern und Mobilfunkbetreibern zu erlauben, in die gegenseitigen Geschäftsbereiche einzutreten. Damit wurde das Konzept verfolgt, dass jede Gesellschaft ihren Kunden ein integriertes Gesamtpaket anbieten kann, das Kabelfernsehen, Telefon und Informationsdienste enthält, die bis dato durch verschiedene Gesellschaften monopolistisch angeboten wurden. Dadurch sollte der Wettbewerb auf der Dienst- und Preisschiene erhöht werden. Das Gesetz trat im Februar 1996 als Generalüberarbeitung der Regulierungen im Telekommunikationsbereich in Kraft. In der Folge wurden aus einigen BOCs Fernnetzbetreiber und einige andere Unternehmen wie Kabelfernsehbetreiber begannen im Wettbewerb mit den Ortsnetzbetreibern lokale Telefondienste anzubieten.

Eine interessante Eigenschaft des Gesetzes von 1996 ist die Anforderung, dass die Ortsnetzbetreiber die **Mitnahme der lokalen Telefonnummer** ermöglichen müssen. Dies bedeutet, dass ein Kunde die lokalen Telefongesellschaften wechseln kann, ohne hierbei eine neue Telefonnummer beantragen zu müssen. Die Mitnahme der Mobiltelefonnummer (auch zwischen Fest- und Mobilleitungen) folgte 2003. Durch diese Bestimmung entfällt für viele Leute eine riesige Hürde und sie sind sehr viel eher geneigt, den Ortsnetzbetreiber zu wechseln. Daraufhin wurde die US-amerikanische Telekommunikationslandschaft noch wettbewerbsorientierter und andere Länder zogen nach. Oft warten andere Länder einmal ab, wie das Experiment in den Vereinigten Staaten funktioniert. Wenn es gut geht, machen sie dasselbe, wenn nicht, probieren sie etwas Neues aus.

In den letzten Jahren war es in der Telekommunikationspolitik relativ ruhig um die Telefongesellschaften, da sich die meisten Maßnahmen und Aktivitäten auf die Internetanbieter verlagert haben. Zwei jüngere Entwicklungen haben jedoch zu politischen Aktivitäten im Zusammenhang mit den Unsicherheiten eines Signalisierungsprotokolls namens **SS7** (*Signaling System 7*) geführt, das die Kommunikation zwischen Mobilfunknetzen ermöglicht. Das Protokoll ist unsicher und der Kongress hat die FCC aufgefordert, Maßnahmen zu ergreifen, um einige dieser Unsicherheiten zu beseitigen. Eine weitere interessante Entwicklung im Zusammenhang mit dem Telekommunikationsgesetz von 1996 ist die Einstufung von Textnachrichten. Im Gegensatz zum Sprachverkehr über das Telefonnetz, der als Kommunikationsdienst (wie Telefonanrufe) eingestuft wird, werden SMS-Nachrichten („Textnachrichten") als Informationsdienst eingestuft (ähnlich wie Sofortnachrichten oder andere Internet-Kommunikationsdienste), wodurch sie ganz anderen Vorschriften unterliegen, von der Art der Rechnungsstellung bis hin zu den Datenschutzbestimmungen für diese Nachrichten.

Zusammenfassung

Die **Bitübertragungsschicht** ist die Grundlage aller Netze. Die Natur stellt bei allen Kanalarten zwei grundlegende Grenzen auf und diese Grenzen bestimmen die Bandbreite. Das sind die Nyquist-Grenze in Bezug auf rauschfreie Kanäle und die Shannon-Grenze bei Kanälen, die Rauscheinwirkungen unterliegen.

Übertragungsmedien können geführt oder ungeführt sein. Zur ersten Kategorie zählen Twisted-Pair-Kabel, Koaxialkabel und Lichtwellenleiter. Ungeführte Medien sind u. a. terrestrische Funkwellen, Mikrowellen, Infrarot, Laser und Satelliten.

Digitale **Modulationsmethoden** senden Bits als analoge Signale über geführte und ungeführte Medien. Leitungscodes arbeiten im Basisband und Signale können in einem Durchlassbereich abgelegt werden, indem die Amplitude, die Frequenz und die Phase eines Trägers moduliert wird. Mit Zeit-, Frequenz- und Codemultiplexing können Kanäle von mehreren Anwendern gemeinsam genutzt werden.

Ein wichtiges Element bei den meisten Fernnetzen (WANs) ist das **Telefonsystem**. Seine wesentlichen Komponenten sind Teilnehmeranschlussleitungen, Verbindungsleitungen und Vermittlungsgeräte (Switches). ADSL unterstützt Geschwindigkeiten von bis 40 Mbit/s über die Teilnehmeranschlussleitung, indem diese in viele parallele Unterträger aufgeteilt wird. Dies übertrifft die Datenraten von Telefonmodems weit. PONs bieten Glasfaser bis zur Wohnung (FTTH) für sogar noch größere Zugangsraten als ADSL.

Verbindungsleitungen übertragen digitale Informationen. Multiplexing kann zum einen mithilfe von WDM durchgeführt werden, um Verbindungen sehr hoher Kapazität über einzelne Glasfasern bereitzustellen, zum anderen aber auch mithilfe von TDM, um hochratige Verbindungen gemeinsam zu nutzen. Sowohl Leitungs- als auch Paketvermittlung spielen dabei eine Rolle.

Ein alternatives System für den Netzzugriff basiert auf einer **Kabelinfrastruktur**, die sich im Laufe der Zeit von Koaxialkabel zu einem hybriden Glasfaser-Kabel-System entwickelt hat. Über ein solches System bieten viele Internetdienstanbieter ihren Abonnenten inzwischen bis zu 1 GBit/s (und wahrscheinlich in einigen Jahren sogar 10 GBit/s). Die Architektur dieser Netze unterscheidet sich insofern, als die Kapazität des Netzes von mehreren Abonnenten im gleichen Service-Knoten geteilt wird.

Für **Anwendungen für mobile Geräte** ist das kabelgebundene Telefonfestnetz nicht geeignet. Mobiltelefone werden derzeit primär für die Sprach- und Datenübertragung verwendet. Seit der vierten Generation (4G) erfolgt die Sprachübertragung ausschließlich über ein paketvermitteltes Netz. Die erste Generation (1G) war analog und wurde von AMPS dominiert. Die zweite Generation (2G) war digital, wobei GSM zurzeit das weltweit am meisten eingesetzte Mobilfunknetz ist. Die dritte Generation (3G) ist digital und basiert auf Breitband-CDMA. Die wichtigste Neuerung der vierten Generation (4G) war der Umstieg auf einen Kern mit Paketvermittlung. Die fünfte Generation (5G) zeichnet sich durch kleinere Zellengrößen, massives MIMO und der Nutzung eines wesentlich größeren Frequenzspektrums aus.

Viele Aspekte der Bitübertragungsschicht werden letzten Endes nicht nur durch die Technologien selbst bestimmt, sondern durch **politische Organisationen** wie Standardisierungsgremien und Regulierungsbehörden. Ein Bereich der Bitübertragungsschicht, der in politischer Hinsicht sehr dynamisch ist, ist das drahtlose Spektrum, das größtenteils stark reguliert ist. Da der Bedarf an Bandbreite für die Datenkommunikation weiter wächst, suchen die Regulierungsbehörden aktiv nach Wegen, das bestehende Spektrum effizienter zu nutzen, indem Teile der bereits zugewiesenen Frequenzbereiche wieder zurückgefordert und versteigert werden.

EXTRAS ONLINE
Lösungshinweise

Übungsaufgaben

1 Ist eine Öl-Pipeline ein Simplex-, ein Halbduplex-, ein Vollduplexsystem oder keines der hier genannten? Wie sieht es bei einem Fluss oder einer Kommunikation im Walkie-Talkie-Stil aus?

2 Was sind die Vorteile von Glasfaser gegenüber Kupfer als Übertragungsmedium? Gibt es auch Nachteile dabei?

3 Wie viel Bandbreite besteht in einem Frequenzbereich von 0,1 μm bei einer Wellenlänge von 1 μm?

4 Eine Bildfolge eines Computerbildschirms soll über einen Lichtwellenleiter übertragen werden. Der Bildschirm ist 3.840×2.160 Pixel groß und jedes Pixel hat 24 Bit. Insgesamt sind 50 Bilder pro Sekunde vorhanden. Welche Datenrate wird benötigt?

5 In Abbildung 2.5 ist das linke Frequenzband schmaler als die anderen. Warum?

6 Radioantennen funktionieren oft am besten, wenn der Durchmesser der Antenne der Wellenlänge der Radiowelle entspricht. Einsetzbare Antennen können einen Durchmesser von 1 cm bis 1 m haben. Welchen Frequenzbereich decken sie ab?

7 Mehrwegedämpfung wird maximiert, wenn die zwei Strahlen um 180 Grad versetzt ankommen. Wie hoch muss die Pfaddifferenz sein, um die Dämpfung für eine 100 km lange 1-GHz-Mikrowellenverbindung zu maximieren?

8 Ein 1 mm großer Laserstrahl wird auf einen 1 mm großen Detektor gerichtet, der sich 100 m entfernt auf dem Dach eines Gebäudes befindet. Ab welcher Winkelabweichung (in Grad) verfehlt der Laserstrahl den Detektor?

9 Berechnen Sie die Fourierkoeffizienten für die Funktion $f(t) = t \ (0 \leq t \leq 1)$.

10 Nennen Sie drei physikalische Eigenschaften, die die maximale Übertragungsrate der in der Praxis eingesetzten digitalen Kommunikationskanäle begrenzen. Erläutern Sie Ihre Antwort.

11 Ein rauschfreier 10-kHz-Kanal wird jede Millisekunde abgefragt. Wie hoch ist die maximale Übertragungsrate?

12 Trifft das Nyquist-Theorem nur auf Kupferdraht oder auch auf hochqualitative Singlemode-Glasfaser zu?

13 Fernsehkanäle haben eine Bandbreite von 6 MHz. Wie viele Bit/s können bei der Verwendung von vierstufigen Digitalsignalen verwendet werden? Gehen Sie von einem rauschfreien Kanal aus.

14 Wie hoch ist die maximal erreichbare Datenübertragungsrate, wenn ein binäres Signal über einen 3-kHz-Kanal mit einem Signal-Rausch-Verhältnis von 20 dB gesendet wird?

15 Sie müssen einen Leitungscode wählen, der nur benutzt wird, um die Bitfolgen 10101010 und 00111100 zu senden. Welcher der Leitungscodes aus Abbildung 2.14 eignet sich nicht als Kandidat? Berücksichtigen Sie sowohl Bandbreiteneffizienz und Taktrückgewinnung.

16 Was ist die minimale Bandbreite, die benötigt wird, um eine Datenrate von B Bit/s zu erreichen, wenn das Signal mittels NRZ, MLT-3 und Manchester-Codierung übertragen wird? Erläutern Sie Ihre Antwort.

17 Zeigen Sie, dass bei der 4B/5B-Abbildung der Daten mittels NRZI-Codierung spätestens nach jedem vierten Bit ein Signalübergang stattfindet.

18 Ein Modemkonstellationsdiagramm wie das in Abbildung 2.17 hat Datenpunkte mit den Koordinaten (0,1), (0,2). Verwendet das Modem Phasen- oder Amplitudenmodulation?

19 In einem Konstellationsdiagramm liegen alle Punkte in einem Kreis um den Ursprung. Welche Art der Modulation wird verwendet?

20 Zehn Signale, von denen jedes 4.000 Hz erfordert, werden auf einem Kanal mit FDM gemultiplext. Wie groß ist die minimale Bandbreite, die für den gemultiplexten Kanal erforderlich ist? Gehen Sie davon aus, dass die Sicherheitsfrequenzbänder 400 Hz breit sind.

21 Nehmen Sie an, dass A, B und C in einem CDMA-System mit den Chipfolgen von Abbildung 2.22a gleichzeitig 0-Bits übertragen. Welche Chipfolge ergibt sich?

22 In der Diskussion über die Orthogonalität von CDMA-Chipfolgen wurde behauptet, dass wenn $\mathbf{S}\bullet\mathbf{T}=0$ auch $\mathbf{S}\bullet\overline{\mathbf{T}}$ auch 0 ist. Beweisen Sie dies.

23 Betrachten Sie das Merkmal der Orthogonalität von CDMA-Chipfolgen unter einem anderen Gesichtspunkt. Jedes Bit in einem Paar von Chipfolgen kann übereinstimmen oder nicht. Drücken Sie die Orthogonalität in Bezug auf Übereinstimmungen und Nichtübereinstimmungen aus.

24 Ein CDMA-Empfänger erhält folgende Chips: (–1 +1 –3 +1 –1 –3 +1 +1). Welche Stationen haben übertragen, und welche Bits hat jede davon gesendet, wenn man von den in Abbildung 2.22a definierten Chipfolgen ausgeht?

25 In Abbildung 2.22 gibt es vier Stationen, die übertragen können. Angenommen, es werden vier weitere Stationen hinzugefügt. Geben Sie die Chipfolgen für diese Stationen an.

26 Eine Basisstation sieht eine einzige Zeitscheibe für die Geräte A und B vor, um Daten unter Verwendung ihrer jeweiligen Chipfolgen aus Abbildung 2.22a zu senden. Während dieser Zeit verhalten sich die anderen Stationen ruhig. Aufgrund des Rauschens gehen einige der Chips verloren. Die Basisstation empfängt die folgende Folge: (0, 0, ?, 2, ?, ?, 0, –2). Wie lauten die von A und B übertragenen Bitwerte?

27 Wie viele Teilnehmervermittlungsstellen-Codes gab es vor 1984 in den USA, als jede Teilnehmervermittlungsstelle durch eine dreistellige Ortsvorwahl und die ersten drei Ziffern der lokalen Telefonnummer gekennzeichnet wurde? Ortsvorwahlen begannen mit einer Ziffer zwischen 2 und 9, hatten als zweite Ziffer 0 oder 1 und endeten mit einer beliebigen Ziffer. Die ersten beiden Ziffern einer lokalen Telefonnummer lagen immer zwischen 2 und 9. Die dritte Ziffer konnte eine beliebige Zahl sein.

28 Ein einfaches Telefonsystem besteht aus zwei Teilnehmervermittlungsstellen und einer einzelnen Fernvermittlungsstelle, die mit jeder Teilnehmervermittlungsstelle über einen 1-MHz-Vollduplexanschluss verbunden ist. Im Durchschnitt werden auf jedem Telefon an einem achtstündigen Arbeitstag vier Anrufe getätigt. Die mittlere Dauer eines Telefonats liegt bei sechs Minuten. Zehn Prozent aller Gespräche sind Ferngespräche (d.h., sie durchlaufen die Fernvermittlungsstelle). Wie viele Telefone kann eine Teilnehmervermittlungsstelle maximal unterstützen? (Gehen Sie von 4 kHz je Leitung aus.) Erklären Sie, warum sich eine Telefongesellschaft entscheiden könnte, eine geringere Anzahl Telefone als dieses Maximum an der Vermittlungsstelle zu unterstützen.

29 Eine regionale Telefongesellschaft hat 15 Millionen Teilnehmer. Die Apparate aller Teilnehmer sind über eine Kupferleitung (Twisted-Pair) an eine zentrale Vermittlungsstelle angeschlossen. Diese Twisted-Pair-Leitungen haben eine durchschnittliche Länge von 10 km. Wie viel ist der Kupferanteil in den Teilnehmeranschlussleitungen wert? Gehen Sie bei jedem Strang von einem Querschnitt von 1 mm, von einer spezifischen Dichte für Kupfer von 9,0 g/cm^3 und von einem Kupferpreis von 6 US-Dollar pro kg aus.

30 Welches ist die maximale Bitrate, die in einem V.32-Standardmodem erreicht werden kann, wenn die Baudrate 9.200 beträgt und es keine Fehlerbehebung gibt?

31 Der Preis für einen leistungsstarken Mikroprozessor ist derart stark gesunken, dass es heute möglich ist, jedes Modem damit auszustatten. Welche Wirkung hat das auf die Handhabung von Fehlern in der Telefonleitung? Entfällt damit die Notwendigkeit zur Fehlererkennung/-behebung in Schicht 2?

32 Ein ADSL-System, das DMT verwendet, weist 3/4 der verfügbaren Datenkanäle der Downstream-Verbindung zu. Es moduliert jeden Kanal mit QAM-64. Wie groß ist die Kapazität der Downstream-Verbindung?

33 Warum wurde bei PCM die Abtastrate auf 125 μs festgelegt?

34 Welches Signal-Rausch-Verhältnis ist erforderlich, um einen T1-Träger auf eine 200-kHz-Leitung zu legen?

35 Vergleichen Sie die maximale Datenrate eines rauschfreien 4-kHz-Kanals mit

a. analoger Codierung (wie QPSK) mit 2 Bit pro Abtastwert;

b. dem T1/PCM-System.

36 Unterläuft einem T1-Trägersystem ein Fehler und gerät aus der Synchronisation, versucht es, sich anhand des ersten Bits in jedem Rahmen wieder zu synchronisieren. Wie viele Rahmen müssen im Durchschnitt geprüft werden, damit die erneute Synchronisation mit einer Fehlerwahrscheinlichkeit von 0,001 klappt?

37 Wie hoch ist der prozentuale Overhead auf einem T1-Träger? Das heißt, wie viel Prozent der 1,554 Mbit/s werden dem Endanwender vorenthalten? Wie hängt dies mit dem prozentualen Overhead in OC-1- oder OC-768-Leitungen zusammen?

38 SONET-Uhren haben eine Abweichungszeit von 1 zu 10^9. Wie lange dauert es, bis die Abweichung der Breite eines Bits entspricht? Sehen Sie irgendwelche praktischen Auswirkungen dieser Berechnung? Falls ja, welche?

39 In Abbildung 2.35 wird die Nutzdatenrate für OC-3 mit 148,608 Mbit/s angegeben. Zeigen Sie, wie diese Zahl aus den OC-3-Parametern des SONET-Systems abgeleitet werden kann. Welches sind die Gesamt-, SPE- und Nutzerdatenraten einer OC-3072-Leitung?

40 Um geringere Übertragungsraten als STS-1 zu unterstützen, verwendet SONET ein System von Virtual Tributaries (VT, virtueller Container). Ein VT enthält einen Teil der Nutzdaten und kann in einen STS-1-Rahmen eingefügt und dann mit anderen Nutzdatenanteilen kombiniert werden, um den Rahmen aufzufüllen. VT1.5 verwendet drei Spalten, VT2 vier Spalten, VT3 sechs Spalten und VT6 zwölf Spalten eines STS-1-Rahmens. Welcher Typ von VT kann Folgendes unterstützen:

a. einen DS-1-Dienst (1,544 Mbit/s)?

b. den europäischen CEPT-1-Dienst (2,048 Mbit/s)?

c. einen DS-2-Dienst (6,312 Mbit/s)?

41 Welche Bandbreite steht dem Benutzer in einer OC-12c-Verbindung zur Verfügung?

42 Was ist der Unterschied (falls es einen gibt) zwischen der Demodulationskomponente eines Modems und dem Codierteil eines Codecs? (Beide konvertieren schließlich analoge in digitale Signale.)

43 Drei paketvermittelte Netze enthalten je n Knoten. Das erste Netz hat eine Sterntopologie mit einem zentralen Vermittler, das zweite ist ein (bidirektionaler) Ring und beim dritten ist jeder Knoten mit jedem anderen Knoten durch ein Kabel verbunden. Ermitteln Sie die Anzahl der Teilstrecken im Übertragungsweg im bestmöglichen Fall, im Durchschnitt und im schlimmsten Fall.

44 Vergleichen Sie die Verzögerung, die bei der Übertragung einer Nachricht mit x Bit über ein leitungsvermitteltes Netz mit k Teilstrecken (Hops) und über ein gering ausgelastetes paketvermitteltes Netz entsteht. Die Leitungsaufbauzeit liegt bei s Sekunden, die Signalübertragungsverzögerung beträgt d Sekunden pro Teilstrecke, die Pakete sind p Bit groß und die Übertragungsrate beträgt b Bit/s. Unter welchen Voraussetzungen hat das paketvermittelte Netz eine geringere Verzögerung? Erläutern Sie auch die Bedingungen, unter denen ein paketvermitteltes Netzwerk einem leitungsvermittelten Netz vorzuziehen ist.

45 In einem paketvermittelten Netz sollen Nutzdaten mit x Bit über einen Pfad mit k Teilstrecken als Paketfolge übertragen werden. Jedes Paket enthält p Datenbit und h Header-Bit, wobei $x >> p+h$ gilt. Die Übertragungsrate der Leitungen liegt bei b Bit/s, die Signalausbreitungsverzögerung ist verschwindend gering. Durch welchen Wert von p wird die Gesamtverzögerung minimiert?

46 In einem typischen Mobiltelefonsystem mit hexagonalen Zellen darf das Frequenzband einer benachbarten Zelle nicht wiederverwendet werden. Wie viele Frequenzen können in einer bestimmten Zelle benutzt werden, wenn insgesamt 840 Frequenzen verfügbar sind?

47 Das tatsächliche Layout einer Zelle ist selten so regelmäßig wie in Abbildung 2.39 dargestellt. Selbst die Formen einzelner Zellen sind normalerweise unregelmäßig. Geben Sie einen möglichen Grund hierfür an. Wie beeinflussen diese unregelmäßigen Formen die Frequenzzuweisung an jede Zelle?

48 Stellen Sie eine grobe Schätzung der Anzahl von PCS-Mikrozellen auf, die bei einer Reichweite von 100 m Durchmesser notwendig sind, um San Francisco (120 Quadratkilometer) abzudecken?

49 Überschreitet der Benutzer eines Mobiltelefons die Grenze von einer Zelle zu einer anderen, kann es vorkommen, dass die Verbindung abrupt abgebrochen wird, auch wenn alle Sender und Empfänger einwandfrei funktionieren. Warum?

50 In Richtung auf die Teilnehmer ist das Telefonsystem sternförmig, wobei alle Teilnehmeranschlussleitungen in einem Einzugsgebiet in einer Teilnehmervermittlungsstelle zusammenlaufen. Demgegenüber hat das Kabelfernsehen ein einzelnes langes Kabel, das sich durch alle Gebäude im gleichen Einzugsgebiet schlängelt. Nehmen Sie an, dass die Fernsehkabel der Zukunft aus einem Glasfaserkabel von 10 Gbit/s bestehen werden und nicht aus Kupfer. Könnte man hiermit das Telefonmodell simulieren, sodass jeder seine eigene Privatleitung zur Teilnehmervermittlungsstelle erhält? Falls ja, wie viele Häuser mit je einem Telefonanschluss könnten an ein einziges Glasfaserkabel angeschlossen werden?

51 Eine Kabelgesellschaft entscheidet sich, in einem Wohnviertel mit 5.000 Häusern den Internetzugang über Kabel bereitzustellen. Das Unternehmen verwendet ein Koaxialkabel und eine Frequenzbereichszuweisung, mit der 100 Mbit/s Downstream-Bandbreite möglich sind. Um Kunden anzuziehen, entscheidet das Unternehmen, mindestens 2 Mbit/s Bandbreite für den Empfang für jedes Haus zu jedem Zeitpunkt zu garantieren. Geben Sie an, was das Kabelunternehmen tun muss, um dies garantieren zu können.

52 Wenn man die Frequenzbereichszuweisung von Abbildung 2.46 und die Informationen aus dem Text zugrunde legt, wie viele Mbit/s muss ein Kabelsystem dann für die Upstream-Übertragung und wie viele für die Downstream-Übertragung zuweisen?

53 Wie schnell kann ein Kabelbenutzer Daten empfangen, wenn das Netz ansonsten im Leerlaufzustand ist? Nehmen Sie an, dass die Benutzerschnittstelle

a. 10-Mbit/s-Ethernet

b. 100-Mbit/s-Ethernet

c. 54-Mbit/s drahtlos

ist.

54 Die 66 Satelliten in niedriger Umlaufbahn des Iridiumprojekts werden in sechs Ketten um den Erdball angeordnet. In der Höhe, in der sie sich befinden, beträgt die Umlaufzeit 90 Minuten. Wie groß ist das durchschnittliche Handover-Intervall bei einem stationären Sender?

55 Betrachten Sie einen Satelliten auf der Höhe geostationärer Satelliten, dessen Orbitalebene jedoch um den Winkel ϕ zur Äquatorebene geneigt ist. Scheint dieser Satellit für einen stationären Anwender auf der Erdoberfläche nördlicher Breite ϕ bewegungslos am Himmel? Wenn nicht, beschreiben Sie dessen Bewegung.

56 Berechnen Sie die Übertragungszeit von Endpunkt zu Endpunkt eines Pakets für GEO- (Höhe: 35.800 km), MEO- (Höhe: 18.000 km) und LEO-Satelliten (Höhe: 750 km).

57 Wie ist die Latenzzeit eines Anrufs, der seinen Ursprung im Nordpol hat, um den Südpol zu erreichen, wenn der Anruf über Iridiumsatelliten geleitet wird. Gehen Sie davon aus, dass die Umschaltzeit an den Satelliten 10 μs dauert und der Erdradius 6.371 km beträgt.

58 Wie lange wird es dauern, eine 1-GB-Datei von einem VSAT zum nächsten wie in Abbildung 2.50 mithilfe eines Hubs zu übertragen? Nehmen Sie an, dass der Uplink 1 Mbit/s, der Downlink 7 Mbit/s beträgt und Leitungsvermittlung mit 1,2 s Schaltungsaufbauzeit benutzt wird.

59 Berechnen Sie die Übertragungszeit in der vorigen Aufgabe, wenn stattdessen Paketvermittlung eingesetzt wird. Nehmen Sie an, dass das Paket 64 KB groß ist, die Schaltverzögerung im Satelliten und Hub 10 μs beträgt und die Größe des Paket-Headers 32 Byte ist.

60 In SONET spielt das Multiplexing von mehreren STS-1-Datenströmen, sogenannten Tributaries, eine bedeutende Rolle. Ein 3:1-Multiplexer multiplext drei STS-1-Eingangs-Tributaries auf einen STS-3-Ausgangsstrom. Das Multiplexing wird byteweise durchgeführt, also sind die ersten drei Ausgangsbytes die ersten Bytes der Tributaries 1, 2, und 3. Die nächsten drei Ausgangsbytes sind die zweiten Bytes der Tributaries 1, 2 und 3 und so weiter. Erstellen Sie ein Programm, das diesen 3:1-Multiplexer simuliert. Ihr Programm sollte aus fünf Prozessen bestehen. Der Hauptprozess erstellt vier Prozesse, je einen für die drei STS-1-Tributaries und einen für den Multiplexer. Jeder Tributary-Prozess liest einen STS-1-Rahmen aus einer Eingabedatei als Folge von 810 Byte ein. Sie senden ihre Rahmen (byteweise) an den Multiplexer-Prozess. Der Multiplexer-Prozess erhält diese Bytes und gibt einen STS-3-Rahmen (byteweise) aus, indem er ihn auf der Standardausgabe schreibt. Verwenden Sie für die Kommunikation zwischen den Prozessen Pipes.

61 Schreiben Sie ein Programm zur Implementierung von CDMA. Nehmen Sie an, dass die Länge einer Chipfolge acht und die Anzahl der übertragenden Stationen vier ist. Ihr Programm sollte aus drei Prozessmengen bestehen: vier Übertragungsprozesse (t0, t1, t2 und t3), ein Verbindungsprozess und vier Empfängerprozesse (r0, r1, r2 und r3). Das Hauptprogramm, das außerdem als Verbindungsprozess fungiert, liest zunächst vier Chipfolgen (bipolare Notation) aus der Standardeingabe und eine Folge von 4 Bits (1 Bit pro Übertragungsprozess, der gesendet werden soll) ein. Dann werden vier Paare von Übertragungs- und Empfängerprozessen abgezweigt. Jedem Paar von Übertragungs-/Empfängerprozessen (t0,r0; t1,r1; t2,r2; t3,r3) wird eine Chipfolge zugewiesen und jedem Übertragungsprozess wird 1 Bit zugewiesen (erstes Bit zu t0, zweites Bit zu t1 und so weiter). Als Nächstes berechnet jeder Übertragungsprozess das zu übermittelnde Signal (eine Folge von 8 Bits) und sendet es zum Verbindungsprozess. Nachdem Signale von allen vier Übertragungsprozessen empfangen wurden, fasst der Verbindungsprozess die Signale zusammen und sendet das kombinierte Signal an die vier Empfängerprozesse. Jeder Empfängerprozess berechnet dann das Bit, das es empfangen hat und sendet es zur Standardausgabe. Benutzen Sie Pipes zur Kommunikation zwischen Prozessen.

Die Sicherungsschicht

3

» In diesem Kapitel befassen wir uns mit den Entwurfsprinzipien der zweiten Schicht unseres Modells, der Sicherungsschicht (*data link layer*). Wir untersuchen Algorithmen, die eine effiziente, zuverlässige Kommunikation unterstützen. Hier bewegen wir ganze Informationseinheiten, sogenannte Rahmen (anstelle von einzelnen Bits wie in der Bitübertragungsschicht), zwischen zwei benachbarten Rechnern. Der Begriff „benachbart" bezieht sich auf zwei Rechner, die physikalisch über einen Übertragungskanal miteinander verbunden sind, der konzeptionell wie ein Kabel funktioniert (z.B. ein Koaxialkabel, eine Telefonleitung oder eine Funkverbindung). Das wesentliche Merkmal, damit sich ein Kanal wie ein Kabel verhält, ist die Zustellung der Bits in genau der gleichen Reihenfolge, in der sie gesendet wurden.

Zunächst könnte man denken, dieses Problem sei so unbedeutend, dass es überhaupt nichts zu untersuchen gibt – Rechner A stellt die Bits auf die Leitung und Rechner B entnimmt sie. Leider machen Übertragungskanäle zuweilen auch Fehler. Außerdem haben sie nur eine begrenzte Datenübertragungsrate und die Übertragungsverzögerung zwischen dem Zeitpunkt, an dem ein Bit gesendet wird, und dem Zeitpunkt, an dem es empfangen wird, kann nie null sein. Diese Einschränkungen haben entscheidende Auswirkungen auf die Effizienz des Datentransfers. Die für die Kommunikation verwendeten Protokolle müssen diese Faktoren berücksichtigen. Diese Protokolle sind Thema dieses Kapitels.

Nach einer Einführung in die wichtigsten Entwurfsfragen im Zusammenhang mit der Sicherungsschicht beginnen wir mit der Untersuchung der dazugehörigen Protokolle. Dazu betrachten wir die Art der Fehler und wie sie erkannt und korrigiert werden können. Dann behandeln wir eine Reihe von zunehmend komplexeren Protokollen, wobei jedes auch zunehmend mehr Probleme auf dieser Schicht löst. Wir beenden das Kapitel mit einigen Beispielen von Schicht-2-Protokollen. «

3.1 Entwurfsaspekte der Sicherungsschicht

Die Sicherungsschicht benutzt die Dienste der Bitübertragungsschicht, um Bits über die Kommunikationskanäle zu senden und zu empfangen. Zu den Funktionen dieser Schicht gehören:

1. Bereitstellung einer wohldefinierten Dienstschnittstelle für die Vermittlungsschicht (Abschnitt 3.1.1)
2. Zusammenfassen von Bytefolgen zu Rahmen, d.h. zu in sich geschlossenen Sequenzen (Abschnitt 3.1.2)
3. Erkennung und Behandlung von Übertragungsfehlern (Abschnitt 3.1.3)
4. Regulierung des Datenflusses, damit langsame Empfänger nicht von schnellen Sendern mit Daten überschwemmt werden (Abschnitt 3.1.4)

Hierzu kapselt die Sicherungsschicht die von der Vermittlungsschicht erhaltenen Pakete für die Übertragung in **Rahmen** (*frame*). Jeder Rahmen enthält einen Rahmen-Header, ein Nutzdatenfeld, welches das Paket enthält, und einen Trailer (▶Abbildung 3.1). Die zentrale Aufgabe der Sicherungsschicht ist die Verwaltung dieser Rahmen. Im Folgenden wollen wir uns diese Themen im Detail ansehen. Dabei gilt außerdem, dass in unzuverlässigen drahtlosen Netzen der Einsatz von Protokollen, die die Sicherungsschicht verbessern, oft auch später die Leistung verbessert.

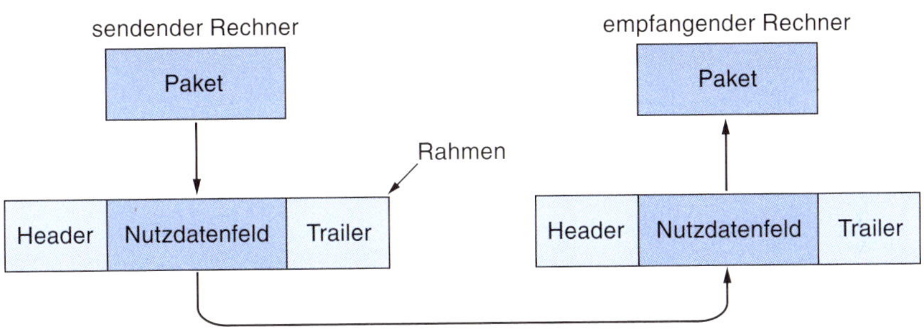

Abbildung 3.1: Beziehung zwischen Paketen und Rahmen.

Obwohl dieses Kapitel primär die Sicherungsschicht und deren Protokolle betrifft, sind viele der hier untersuchten Prinzipien, z.B. Fehler- und Flusskontrolle, auch auf die Transportschicht und auf andere Protokolle anwendbar. Das liegt daran, dass Zuverlässigkeit ein übergeordnetes Ziel ist, das erreicht wird, wenn alle Schichten zusammenarbeiten. Tatsächlich befinden sich in vielen Netzen diese Funktionen hauptsächlich in den oberen Schichten, wobei die Sicherungsschicht gerade so viel Funktionalität anbietet, wie unbedingt nötig ist. Unabhängig von ihrer tatsächlichen Position sind aber die Grundkonzepte nahezu identisch. Sie tauchen in ihrer einfachsten und reinsten Form oft in der Sicherungsschicht auf, hier ist also ein guter Ausgangspunkt für eine detaillierte Darstellung.

3.1.1 Dienste für die Vermittlungsschicht

Die Aufgabe der Sicherungsschicht ist es, der Vermittlungsschicht Dienste zur Verfügung zu stellen. Der Hauptdienst besteht in der Übertragung von Daten von der Vermittlungsschicht des Quellrechners zur Vermittlungsschicht des Zielrechners. Auf dem Quellrechner gibt es in der Vermittlungsschicht eine Instanz, die wir als Prozess bezeichnen, die einige Bits an die Sicherungsschicht zur Übertragung an das Ziel weitergibt. Die Aufgabe der Sicherungsschicht ist die Übertragung von Bits zum Ziel, sodass sie dort wieder an die Vermittlungsschicht übergeben werden können (▶Abbildung 3.2a). Die konkrete Datenübertragung geht wie in Abbildung 3.2b vonstatten. Einfacher kann man sich den Vorgang so vorstellen, dass zwei Sicherungsschichtprozesse über ein Schicht-2-Protokoll miteinander kommunizieren. Daher werden wir in diesem Kapitel implizit das Modell von Abbildung 3.2a verwenden.

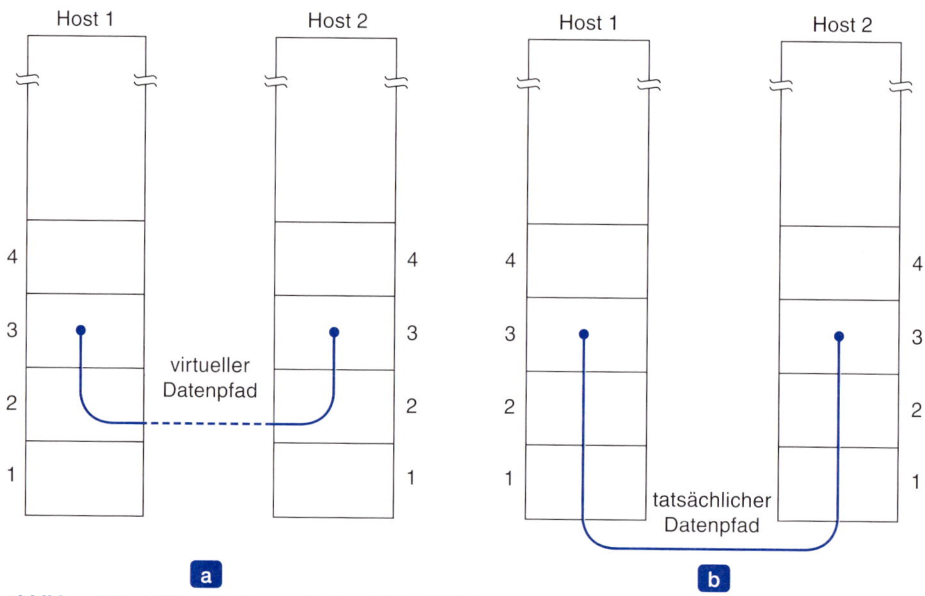

Abbildung 3.2: (a) Virtuelle Kommunikation. (b) Tatsächliche Kommunikation.

Die Sicherungsschicht kann so ausgelegt werden, dass sie verschiedene Dienste anbietet. Die tatsächlich gebotenen Dienste unterscheiden sich von einem Protokoll zum anderen. Drei sinnvolle Optionen, die wir nacheinander betrachten werden, sind:

1. unbestätigter verbindungsloser Dienst
2. bestätigter verbindungsloser Dienst
3. bestätigter verbindungsorientierter Dienst

Bei unbestätigten verbindungslosen Diensten sendet der Quellrechner unabhängige Rahmen an den Zielrechner, ohne dass dieser den Empfang bestätigen muss. Ethernet ist ein gutes Beispiel einer Sicherungsschicht, die diese Dienstklasse zur Verfügung stellt. Es wird weder vorher eine logische Verbindung aufgebaut noch anschließend wieder freigegeben. Wenn aufgrund von Rauschen ein Rahmen in der Leitung verloren geht, wird in der Sicherungsschicht nicht versucht, diesen Verlust zu entdecken und die Daten wiederherzustellen. Diese Dienstklasse ist angemessen, wenn die Fehlerquote sehr niedrig ist, die Datenwiederherstellung kann also höheren Schichten überlassen werden. Sie wird auch beim Echtzeitdatenverkehr (z.B. Sprachübertragung) angewendet, wo verspätete Daten schlimmer sind als zerstörte Daten.

Bestätigte verbindungslose Dienste sind hinsichtlich der Zuverlässigkeit der nächste Schritt. Wird dieser Dienst zur Verfügung gestellt, so werden zwar immer noch keine logischen Verbindungen verwendet, aber der Empfang jedes gesendeten Rahmens wird einzeln bestätigt. So weiß der Sender, ob sein Rahmen sicher angekommen ist oder verloren ging. Kommt der Rahmen nicht innerhalb eines festgesetzten Zeitraums an, kann er noch einmal gesendet werden. Der Dienst ist bei unzuverlässigen Kanälen wie drahtlosen Systemen nützlich. Ein gutes Beispiel für diese Dienstklasse ist IEEE 802.11 (WiFi).

Hier sollte vielleicht betont werden, dass das Bereitstellen von Bestätigungen auf der Sicherungsschicht nie erforderlich ist, sondern nur der Optimierung dient. Die Vermittlungsschicht kann immer eine Nachricht senden und warten, bis diese vom Peer auf dem entfernten Rechner bestätigt wird. Geht die Bestätigung nicht innerhalb einer bestimmten Zeit ein, kann der Sender die gesamte Nachricht erneut senden. Diese Strategie hat den Nachteil, dass sie eventuell ineffizient ist. Verbindungen haben in der Regel eine feste maximale Rahmenlänge, die über die Hardware festgelegt ist, und kennen Übertragungsverzögerungen. Die Vermittlungsschicht kennt diese Parameter jedoch nicht. Sie könnte ein großes Paket senden, das z.B. in zehn Rahmen zerlegt wird, von denen durchschnittlich zwei verloren gehen. Dann würde es sehr lange dauern, bis die Nachricht durchkommt. Wenn stattdessen einzelne Rahmen bestätigt und erneut übertragen werden, dann können Fehler direkter und schneller korrigiert werden. Auf zuverlässigen Kanälen, wie beispielsweise Glasfaser, kann der Overhead eines komplexen Sicherungsschichtprotokolls unnötig sein, wohingegen sich bei (inhärent unzuverlässigen) drahtlosen Kanälen die Investition lohnt.

Kommen wir zu unseren Diensten zurück. Verbindungsorientierte Dienste sind die ausgefeiltesten Dienste, die der Vermittlungsschicht von der Sicherungsschicht zur Verfügung gestellt werden können. Kommen verbindungsorientierte Dienste zum Einsatz, so bauen Quell- und Zielmaschine vor jeder Datenübertragung eine Verbindung zueinander auf. Jeder der über diese Verbindung gesendeten Rahmen ist nummeriert und die Sicherungsschicht garantiert, dass jeder gesendete Rahmen auch ankommt. Sie garantiert ferner, dass jeder Rahmen genau einmal empfangen und die Reihenfolge bei der Übermittlung beibehalten wird. Der verbindungsorientierte Dienst bietet somit den Vermittlungsschichtprozessen einen Datenfluss in Form eines zuverlässigen Bitstroms. Er eignet sich somit für lange, unzuverlässige Verbindungen wie Satellitenkanäle oder Telefonfernleitungen. Wenn bestätigte verbindungslose Dienste verwendet werden, kann es vorkommen, dass verloren gegangene Bestätigungen das wiederholte Senden und Empfangen des Rahmens bewirken können, wodurch Bandbreite verschwendet wird.

Beim verbindungsorientierten Dienst ist die Datenübertragung in drei verschiedene Phasen eingeteilt. In der ersten Phase wird die Verbindung aufgebaut, indem Sender und Empfänger Variablen und Zähler initialisieren, um zu verfolgen, welche Rahmen angekommen sind und welche nicht. In der zweiten Phase werden Rahmen übertragen. In der dritten Phase wird die Verbindung getrennt und die Variablen, Puffer und anderen Ressourcen, durch die die Verbindung aufrechterhalten wurde, werden freigegeben.

3.1.2 Rahmenbildung

Damit die Sicherungsschicht der Vermittlungsschicht Dienste anbieten kann, muss sie selbst zuerst die Dienste der Bitübertragungsschicht in Anspruch nehmen. Die Bitübertragungsschicht nimmt einen rohen Bitstrom auf und versucht, ihn an einen Empfänger weiterzuleiten. Wenn der Kanal verrauscht ist, wie es bei den meisten drahtlosen und einigen Kabelverbindungen der Fall ist, dann wird die Bitübertragungsschicht den Signalen des Bitstroms Redundanz hinzufügen, um die Bitfehlerrate auf ein tolerables Maß zu reduzieren. Der Bitstrom, der von der Sicherungsschicht empfangen wird, ist jedoch nicht unbedingt fehlerfrei. Einige Bits können verschiedene Werte haben und die Anzahl der empfangenen Bits kann kleiner, gleich oder größer als die der gesendeten Bits sein. Es ist Aufgabe der Sicherungsschicht, Fehler aufzudecken und notfalls zu korrigieren.

Die übliche Vorgehensweise ist wie folgt: Die Sicherungsschicht unterteilt den Bitstrom in diskrete Rahmen, berechnet ein kurzes Token – die Prüfsumme – für jeden Rahmen und fügt die Prüfsumme in den Rahmen ein, wenn dieser übertragen wird. (Prüfsummenalgorithmen werden später in diesem Kapitel behandelt.) Sobald ein Rahmen seinen Bestimmungsort erreicht, wird die Prüfsumme neu errechnet. Wenn die neu berechnete Prüfsumme nicht mit der im Rahmen angegebenen übereinstimmt, so weiß die Sicherungsschicht, dass ein Fehler aufgetreten sein muss, und unternimmt die zur Behebung nötigen Schritte (z.B. Verwerfen des fehlerhaften Rahmens und Zurücksenden einer Fehlermeldung).

Die Aufteilung eines Bitstroms in Rahmen ist schwieriger, als es zunächst aussieht. Ein guter Entwurf muss es einem Empfänger leicht machen, den Anfang eines neuen Rahmens zu finden, ohne allzu viel der Kanalbandbreite zu benutzen. In diesem Abschnitt betrachten wir vier Methoden:

1. Bytezahl
2. Verwendung von Flagbytes mit Byte Stuffing
3. Flagbits mit Bit Stuffing
4. Codierungsverletzungen auf der Bitübertragungsschicht

Die erste Rahmenbildungsmethode verwendet ein Feld im Header, um die Bytezahl des Rahmens anzugeben. Sobald die Sicherungsschicht auf der Empfängerseite die Bytezahl liest, weiß sie, wie viele Bytes ankommen werden und wo folglich das Ende des Rahmens sein wird. Diese Technik wird in ▶Abbildung 3.3a für vier Rahmen der Größen 5, 5, 8 und 8 Bytes aufgezeigt.

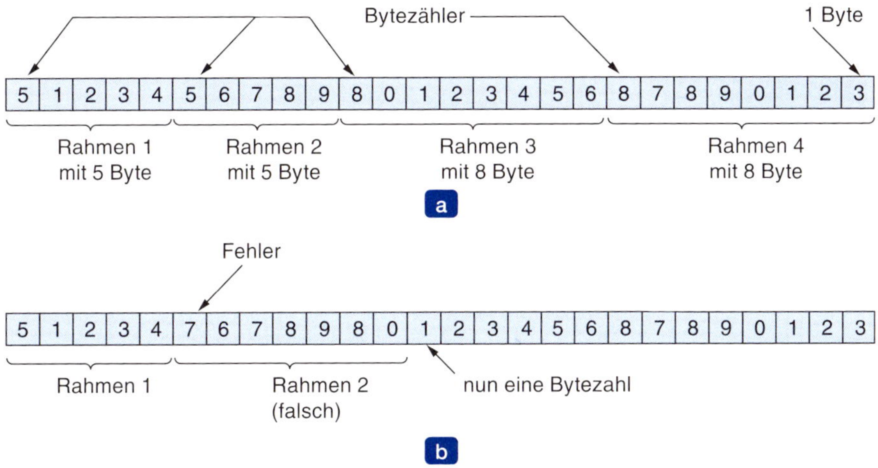

Abbildung 3.3: Ein Bytestrom: (a) ohne Fehler, (b) mit einem Fehler.

Das Problem bei diesem Algorithmus besteht darin, dass das Bytezählfeld durch einen Übertragungsfehler verändert werden kann. Wenn also z.B. die Anzahl 5 im zweiten Rahmen in Abbildung 3.3b bei der Übertragung infolge einer einzigen Bitvertauschung in eine 7 abgeändert wird, käme der Empfänger mit der Synchronisation durcheinander und könnte dann den korrekten Anfang des nächsten Rahmens nicht finden. Der Empfänger weiß zwar aufgrund der Prüfsumme, dass der Rahmen falsch ist, kann aber den Anfang des nächsten Rahmens nicht erkennen. Das Zurücksenden des Rahmens an den Sender mit der Aufforderung, ihn noch einmal zu übertragen, ist ebenfalls nutzlos, denn die Zielmaschine weiß nicht, wie viele Bytes ausgelassen werden müssen, um den Anfang der Wiederholungsübertragung zu finden. Aus diesem Grund wird heute die Bytezählmethode kaum noch alleine angewendet.

Bei der zweiten Rahmenbildungsmethode wird das Problem mit der erneuten Synchronisation nach einem Fehler vermieden, indem spezielle Bytes zu Beginn und am Ende eines Rahmens verwendet werden. Oft wird das gleiche Byte, ein sogenanntes **Flagbyte**, als Begrenzungszeichen sowohl am Anfang als auch am Ende des Rahmens verwendet. Dieses Byte wird in ▶Abbildung 3.4a als FLAG bezeichnet. Zwei aufeinanderfolgende Flagbytes markieren das Ende eines Rahmens und den Anfang des nächsten. Wenn der Empfänger also jemals aus der Synchronisation gerät, muss er nur nach zwei Flagbytes suchen, um das Ende des aktuellen und den Anfang des nächsten Rahmens zu finden.

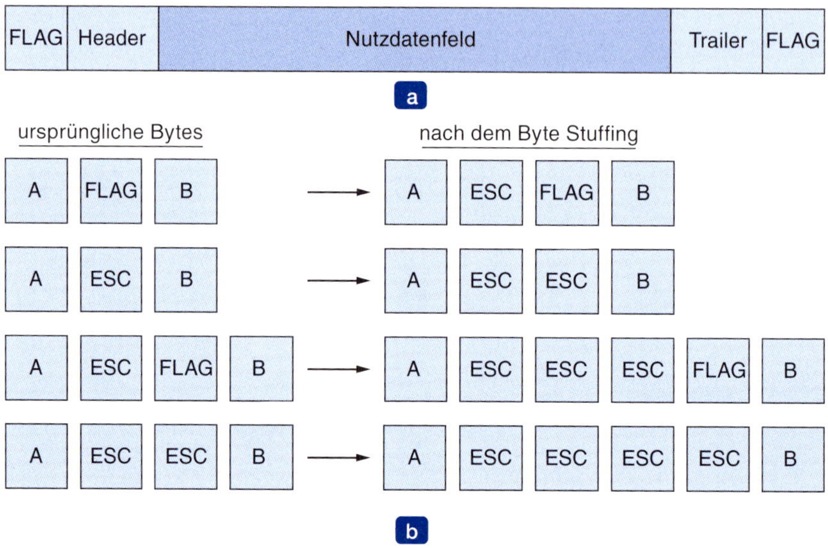

Abbildung 3.4: (a) Mit Flagbytes markierter Rahmen. (b) Vier Beispiele von Bytefolgen vor und nach dem Byte Stuffing.

Es gibt jedoch noch ein ernstes Problem, das wir zu lösen haben. Es kann vorkommen, dass das Flagbyte in den Daten vorkommt, insbesondere wenn Binärdaten wie Fotos oder Musik übertragen werden. Das würde natürlich mit der Rahmenbildung kollidieren. Eine Lösung wäre, dass die Sicherungsschicht des Absenders ein spezielles Escape-Byte (ESC) vor jedem „zufälligen" Flagbyte in den Daten einfügt. Ein Flagbyte zur Kennzeichnung eines Rahmens kann dann von einem Flagbyte in den Daten dadurch unterschieden werden, dass bei Letzterem ein Escape-Byte davor steht. Die Sicherungsschicht auf der Empfängerseite nimmt das Escape-Byte heraus, bevor es die Daten an die Vermittlungsschicht übergibt. Diese Technik wird **Byte Stuffing** genannt.

Natürlich stellt sich die nächste Frage: Was geschieht, wenn eine Escape-Byte mitten in den Daten vorkommt? Die Antwort ist, dass es ebenfalls mit einem Escape-Byte aufgefüllt wird. Der Empfänger entfernt das erste Escape-Byte und belässt das folgende Datenbyte (welches ein weiteres Escape-Byte oder das Flagbyte sein könnte). Einige Beispiele hierfür finden Sie in Abbildung 3.4b. In jedem Fall ist die Bytefolge nach dem Entfernen der Füllbytes genau die gleiche wie in der ursprünglichen Bytefolge. Wir können weiterhin nach einer Rahmengrenze suchen, indem wir nach zwei Flagbytes hintereinander Ausschau halten, und müssen uns nicht darum kümmern, Escape-Bytes zu löschen.

Die Methode des Byte Stuffing in Abbildung 3.4 ist eine leichte Vereinfachung des Schemas, das im Protokoll **PPP** (*Point-to-Point Protocol*) verwendet wird, welches zur Übertragung von Paketen über Kommunikationsverbindungen eingesetzt wird. Auf PPP kommen wir in Abschnitt 3.5.1 noch einmal zu sprechen.

Die dritte Methode zur Begrenzung des Bitstroms umgeht einen Nachteil von Byte Stuffing, nämlich dass dieser an die Verwendung von 8-Bit-Bytes gebunden ist. Rahmenbildung kann auch auf Bitebene stattfinden, sodass Rahmen eine beliebige Anzahl von Bits enthalten können, die aus Einheiten jeder Größe zusammengesetzt sind. Dieses Vorgehen wurde für das früher häufig eingesetzte **HDLC**-Protokoll (*Highlevel Data Link Control*) entwickelt. Jeder Rahmen beginnt und endet mit einem speziellen Bitmuster, nämlich 01111110 bzw. 0x7E in hexadezimaler Schreibweise. Dieses Muster ist ein Flagbyte. Sobald die Sicherungsschicht des Senders fünf aufeinanderfolgende Einsen im Datenstrom entdeckt, füllt sie den abzusendenden Bitstrom automatisch mit einer Null auf. Dieses **Bit Stuffing** entspricht dem Byte Stuffing, bei dem im ausgehenden Datenstrom vor dem Flagbyte ein Escape-Byte eingefügt wird. Dadurch wird außerdem sichergestellt, dass eine minimale Dichte von Übergängen vorhanden ist, welche der Bitübertragungsschicht bei der Aufrechterhaltung der Synchronisation helfen. USB (*Universal Serial Bus*) setzt Bit Stuffing aus diesem Grund ein.

Sobald der Empfänger eine Folge von fünf Einsen gefolgt von einer Null im ankommenden Datenstrom erkennt, nimmt er das Nullbit automatisch aus dem Datenstrom heraus. Genau wie das Byte Stuffing in der Vermittlungsschicht beider Rechner ist auch das Bit Stuffing völlig transparent. Wenn die Benutzerdaten das Flagmuster 01111110 enthalten, wird das Flag als 011111010 übertragen, aber im Speicher des Empfängers als 01111110 abgelegt. ▶Abbildung 3.5 zeigt ein Beispiel für Bit Stuffing.

a 0 1 1 0 1 1 1 1 1 1 1 1 1 1 1 1 1 1 1 1 0 0 1 0

b 0 1 1 0 1 1 1 1 1 0 1 1 1 1 1 0 1 1 1 1 1 0 1 0 0 1 0

Füllbits

c 0 1 1 0 1 1 1 1 1 1 1 1 1 1 1 1 1 1 1 1 0 0 1 0

Abbildung 3.5: Bit Stuffing: (a) Originaldaten. (b) Daten, wie sie während der Übertragung dargestellt werden. (c) Daten, wie sie nach dem Entfernen der Füllbits im Speicher des Empfängers gespeichert werden.

Beim Bit Stuffing können die Rahmengrenzen ganz eindeutig anhand des Flagmusters erkannt werden. Wenn also der Empfänger einmal seine Position verliert, kann er ganz einfach die ankommenden Daten nach bestimmten Flagfolgen absuchen. Diese können sich nämlich nur an den Rahmengrenzen, nie innerhalb der Daten befinden.

Sowohl beim Bit Stuffing als auch beim Byte Stuffing gibt es den Nebeneffekt, dass die Länge eines Rahmens nun von den Inhalten der übertragenen Daten abhängt. Wenn es beispielsweise keine Flagbytes in den Daten gibt, dann könnten 100 Bytes in einem rund 100 Byte großen Rahmen übertragen werden. Falls jedoch die Daten ausschließlich aus Flagbytes bestehen, wird für jedes Flagbyte ein Escape-Byte eingefügt und der Rahmen wird ungefähr 200 Byte lang sein. Beim Bit Stuffing werden die Daten um rund 12,5 % verlängert, da zu jedem Byte jeweils 1 Bit hinzugefügt wird.

Bei der letzten Methode der Rahmenbildung nutzen wir einen Nebeneffekt, den wir direkt aus der Bitübertragungsschicht erhalten. Wir haben in *Kapitel 2* gesehen, dass beim Codieren von Bits zu Signalen häufig Redundanzen eingefügt werden, um den Empfang zu unterstützen. Diese Redundanz bedeutet, einige Signale tauchen nicht in regulären Daten auf. Zum Beispiel werden im 4B/5B-Leitungscode 4 Datenbits auf 5 Signalbits abgebildet, um ausreichende Bitübergänge sicherzustellen. Das heißt, dass 16 von den 32 möglichen Signalen nicht genutzt werden. Wir können nun einige dieser reservierten Signale verwenden, um Rahmenanfang und -ende zu markieren. Eigentlich handelt es sich hierbei um „Codierungsverletzungen", die wir zur Begrenzung von Rahmen einsetzen. Der Reiz dieses Schemas liegt darin, dass es einfach ist, den Anfang und das Ende von Rahmen zu finden, weil es sich um reservierte Signale handelt, und es ist nicht notwendig, die Daten zu „stopfen".

Viele Protokolle in der Sicherungsschicht verwenden aus Sicherheitsgründen eine Kombination dieser Methoden. Ein übliches Muster, das für Ethernet und WiFi eingesetzt wird, ist es, an den Anfang eines Rahmens ein wohldefiniertes Muster, die sogenannte **Präambel**, zu stellen. Dieses Muster kann recht lang sein (72 Bits ist die Regel bei WiFi), sodass sich der Empfänger auf ein ankommendes Paket vorbereiten kann. Nach der Präambel kommt dann ein Längenfeld (z.B. Zählfeld) im Header, welches benutzt wird, um das Ende des Rahmens zu ermitteln.

3.1.3 Fehlerkontrolle

Nachdem das Problem der Markierung von Anfang und Ende des Rahmens gelöst wurde, kommen wir zum nächsten Problem: Wie wird sichergestellt, dass alle Rahmen wirklich an die Vermittlungsschicht des Empfängers übertragen werden und dass die Reihenfolge eingehalten wird? Nehmen wir für den Moment an, dass der Empfänger entscheiden kann, ob ein ankommender Rahmen korrekte oder fehlerhafte Information enthält (wir werden uns die Codes zur Erkennung und Korrektur von Übertragungsfehlern in Abschnitt 3.2 ansehen).

Für einen unbestätigten verbindungslosen Dienst mag es vielleicht reichen, wenn der Sender einfach weiterhin Rahmen abschickt, ohne zu prüfen, ob sie richtig ankommen. Aber für einen zuverlässigen verbindungsorientierten Dienst wäre dies ganz und gar nicht ausreichend.

Im Normalfall wird die zuverlässige Übermittlung dadurch gewährleistet, dass der Sender eine Bestätigung über die Vorgänge am anderen Ende der Leitung erhält. Grundsätzlich erfordert das Protokoll, dass der Empfänger spezielle Steuerrahmen an den Sender zurücksendet, die positive oder negative Bestätigungen über die ankommenden Rahmen enthalten. Wenn also der Sender eine positive Bestätigung über den gesendeten Rahmen erhält, weiß er, dass dieser sicher angekommen ist. Erhält er andererseits eine negative Bestätigung, bedeutet das, dass etwas schiefgelaufen ist und der Rahmen noch einmal übertragen werden muss.

Zusätzliche Komplikationen treten dadurch auf, dass Hardwarestörungen einen Rahmen verschwinden lassen können (z.B. in einem länger anhaltenden Rauschen). In einem solchen Fall reagiert der Empfänger überhaupt nicht. Er weiß ja nicht, dass er reagieren sollte. Außerdem wird der Sender nicht wissen, wie er weiter verfahren soll, wenn der Bestätigungsrahmen verloren geht. Damit dürfte klar sein, dass ein Protokoll, in dem ein Absender einen Rahmen gesendet hat und dann auf eine Bestätigung (positiv oder negativ) wartet, für immer blockiert wäre, wenn ein Rahmen z.B. aufgrund eines Hardwarefehlers oder eines fehlerhaften Übertragungskanals vollständig verloren ginge.

Dieser Fall wird durch die Einführung von Timern in der Sicherungsschicht abgedeckt. Wenn der Sender einen Rahmen überträgt, wird der Timer gestartet. Der Timer wird so eingestellt, dass er nach einer Zeit abläuft, die lang genug dafür ist, dass der Rahmen sein Ziel erreichen, dort verarbeitet werden und eine Rückmeldung den Sender erreichen kann. Normalerweise wird der Rahmen korrekt empfangen und die Bestätigung vor Ablauf des Timers zurückgesendet. In diesem Fall wird der Timer abgeschaltet.

Falls jedoch der Rahmen oder die Bestätigung verloren gehen, läuft der Timer ab und macht den Sender auf mögliche Probleme aufmerksam. Die einfachste Lösung ist, den Rahmen noch einmal zu übertragen. Wenn jedoch ein Rahmen mehrmals gesendet wird, besteht die Gefahr, dass der Empfänger den gleichen Rahmen mehrmals annimmt und damit auch mehrmals an die Vermittlungsschicht weitergibt. Um dieser Situation vorzubeugen, vergibt man normalerweise Sequenznummern für die zu sendenden Rahmen, damit der Empfänger Originale von Wiederholungen unterscheiden kann.

Die Verwaltung von Timern und Sequenznummern zur Sicherstellung, dass jeder Rahmen schlussendlich genau einmal – nicht mehr und nicht weniger – an die Vermittlungsschicht des Ziels weitergegeben wird, ist eine wichtige Aufgabe der Sicherungsschicht (und höherer Schichten). Später in diesem Kapitel wird die Verwaltung anhand zunehmend komplexer werdender Beispiele genauer betrachtet.

3.1.4 Flusskontrolle

Ein weiteres wichtiges Entwurfskriterium der Sicherungsschicht (und ebenso der darüberliegenden Schichten) ist, wie man mit einem Sender umgehen soll, der die Rahmen ständig schneller übertragen möchte, als sie der Empfänger aufnehmen kann. Diese Situation kann auftreten, wenn der Sender ein schneller, leistungsstarker Rechner und der Empfänger ein langsamer, einfacher Rechner ist. Ein typisches Szenario ist, wenn ein Smartphone eine Webseite von einem sehr viel leistungsstärkeren Server aufruft, der daraufhin seine Schleusen öffnet und die Daten auf das arme, hilflose Telefon loslässt, bis dieses förmlich in einer Datenwelle ertrinkt. Auch wenn die Übertragung fehlerfrei abläuft, könnte der Empfänger nicht mehr in der Lage sein, alle ankommenden Rahmen sofort abzuarbeiten, und verliert deshalb einige.

Für solche Fälle müssen natürlich Vorkehrungen getroffen werden. Hier werden in der Regel zwei Ansätze verwendet. Im ersten Ansatz, der **feedbackbasierten Flusskontrolle** (*feedback-based flow control*), sendet der Empfänger Informationen an den Sender zurück und erteilt damit die Erlaubnis, weitere Daten zu senden, oder informiert den Sender zumindest, wie es dem Empfänger geht. Beim zweiten Ansatz, der **Flusskontrolle basierend auf der Übertragungsrate** (*rate-based flow control*), besitzt das Protokoll einen integrierten Mechanismus, der die Übertragungsgeschwindigkeit beschränkt, mit der der Sender Daten überträgt, ohne dass hierzu eine Rückmeldung vom Empfänger erforderlich ist.

In diesem Kapitel beschäftigen wird uns mit der feedbackbasierten Flusskontrolle, hauptsächlich deshalb, weil Schemata, die auf der Übertragungsrate basieren, nur als Teil der Transportschicht verwendet werden (*Kapitel 5*). Feedbackbasierte Verfahren kommen sowohl in Sicherungsschichten als auch in höheren Schichten vor. Letzteres ist heutzutage üblicher. In diesem Fall wird die Hardware der Sicherungsschichten so konzipiert, dass sie schnell genug ist, um keinen Ausfall zu verursachen. Wenn beispielsweise die Hardware der Sicherungsschicht als **Netzwerkkarte** (**NIC**, *Network Interface Card*) implementiert wird, sagt man, dass die Hardware mit „Kabelgeschwindigkeit" läuft. Das bedeutet, sie kann die Rahmen so schnell bearbeiten, wie diese auf der Leitung ankommen. Überläufe sind dann kein Verbindungsproblem, sie können also von höheren Schichten behandelt werden.

Es gibt verschiedene feedbackbasierte Flusskontrollverfahren. Die meisten funktionieren jedoch nach dem gleichen Grundprinzip. Das Protokoll besitzt wohldefinierte Regeln, wann ein Sender den nächsten Rahmen senden darf. Diese Regeln verbieten es dem Sender, Rahmen ohne ausdrückliche oder implizite Erlaubnis des Empfängers zu senden. Wenn z.B. eine Verbindung aufgebaut wird, könnte der Empfänger sagen: „Du kannst mir jetzt *n* Rahmen senden, aber danach sende so lange nichts mehr, bis ich dir mitteile, dass du wieder senden kannst." Die Details dazu untersuchen wir in Kürze.

3.2 Fehlererkennung und -korrektur

Wir haben in *Kapitel 2* gesehen, dass Kommunikationskanäle eine Reihe von Charakteristika haben. Einige Kanäle wie Glasfaser in Telekommunikationsnetzen haben winzige Fehlerraten, sodass Übertragungsfehler nur sehr selten vorkommen. Doch andere Kanäle, insbesondere drahtlose Verbindungen und alte Teilnehmeranschlussleitungen haben Fehlerraten, die um ein Vielfaches höher sind. Für solche Verbindungen sind Übertragungsfehler die Norm. Diese Fehler können nur mit hohem Aufwand oder Kosten hinsichtlich der Leistungsfähigkeit vermieden werden. Die Folge davon ist, dass Übertragungsfehler hier eine dauerhafte Erscheinung sind. Wir müssen lernen, mit ihnen umzugehen.

Netzentwickler haben zwei Grundstrategien für die Fehlerbehandlung entwickelt. Beide fügen den gesendeten Daten redundante Information hinzu. Eine Strategie ist, genug redundante Informationen zu senden, dass der Empfänger daraus ableiten kann, wie die übertragenen Daten ausgesehen haben müssen. Bei der anderen Methode wird nur so viel Redundanz mitgesendet, dass der Empfänger das Auftreten eines Fehlers feststellen (nicht aber die Art des Fehlers) und eine erneute Übertragung anfordern kann. Die erste Strategie verwendet **Fehlerkorrekturcodes**, die zweite **Fehlererkennungscodes**. Die Verwendung von Fehlerkorrekturcodes wird häufig auch als **Vorwärtsfehlerkorrektur** (**FEC**, *Forward Error Correction*) bezeichnet.

Jede dieser Techniken belegt eine eigene Nische. Bei extrem zuverlässigen Kanälen mit niedrigen Übertragungslatenzen wie Glasfaser ist es günstiger, einen Fehlererkennungscode zu verwenden und die gelegentlich fehlerhaften Blöcke erneut zu übertragen. Bei Kanälen mit vielen Fehlern wie Funkverbindungen ist es jedoch besser, jeden Block mit Redundanz auszustatten, sodass der Empfänger ermitteln kann, wie der ursprünglich übermittelte Block ausgesehen hat. FEC wird auf rauschbehafteten Kanälen benutzt, da hier eine erneute Übertragung mit der gleichen Wahrscheinlichkeit fehlerhaft ist wie die erste Übertragung.

Bei diesen Codes müssen wir uns als Erstes überlegen, welcher Art die Fehler sind, die wahrscheinlich auftreten werden. Weder Fehlerkorrekturcodes noch Fehlererkennungscodes können alle möglichen Arten von Fehlern behandeln, da die redundanten Bits, die als Schutzmaßnahme eingefügt werden, mit derselben Wahrscheinlichkeit fehlerhaft empfangen werden wie die Datenbits (wodurch deren Schutz beeinträchtigt werden kann). Es wäre nett, wenn der Kanal redundante Bits anders als Datenbits behandeln würde, doch er tut es nicht. Für den Kanal sind es alles einfach nur Bits. Das heißt, wenn man verhindern möchte, dass Fehler unentdeckt bleiben, muss der Code stark genug sein, um die erwarteten Fehler zu behandeln.

Ein Szenario besteht darin, dass Fehler durch extreme Werte von thermischem Rauschen verursacht werden, wodurch das Signal von Zeit zu Zeit jeweils kurz überlagert wird, was zu isolierten Einzelbitfehlern führt. In einem anderen Fall gibt es die Tendenz, dass Fehler eher gehäuft, in sogenannten Bursts, statt einzeln vorkommen. Dieses Modell leitet sich aus den physikalischen Prozessen ab, welche die Fehler erzeugen – so wie starke Schwankungen auf einem drahtlosen Kanal oder transiente elektrische Interferenzen auf einem verkabelten Kanal.

Beide Herangehensweisen haben praktische Bedeutung und basieren auf unterschiedlichen Abwägungen. Wenn die Fehler in Bursts und nicht als einzelne Bitfehler auftreten, hat dies Vor- und Nachteile. Der Vorteil ist: Computerdaten werden immer in Bitblöcken übertragen. Nimmt man eine Blockgröße von 1.000 Bit und eine Fehlerrate von 0,001 pro Bit an, dann wäre in den meisten Blöcken ein Fehler enthalten, wenn die Fehler einzeln auftreten würden. Treten die Fehler beispielsweise in Hunderterhaufen auf, wäre im Durchschnitt höchstens ein Block von 100 betroffen. Der Nachteil des gruppenweisen Auftretens von Fehlern liegt darin, dass sie im Vergleich zu vereinzelten Fehlern weniger leicht erkannt und korrigiert werden können.

Darüber hinaus gibt es noch andere Fehlerarten. Manchmal ist die Position des Fehlers bekannt, vielleicht weil die Bitübertragungsschicht ein analoges Signal empfangen hat, das weit vom erwarteten Wert für eine 0 oder 1 abwich, und daher das Bit als verloren erklärt hat. Diese Situation wird **Auslöschungskanal** (*erasure channel*) genannt. Es ist einfacher, Fehler in Auslöschungskanälen zu beheben als in Kanälen, die Bits kippen. Das liegt daran, dass selbst wenn der Wert der Bits verloren ist, wir wenigstens wissen, welches Bit fehlerhaft ist. Leider haben wir diesen Vorteil der Auslöschungskanäle nicht häufig.

Als Nächstes werden wir sowohl Fehlerkorrekturcodes als auch Fehlererkennungscodes untersuchen. Bitte behalten Sie dabei zwei Punkte im Hinterkopf. Erstens behandeln wir diese Codes in der Sicherungsschicht, weil dies die erste Stelle ist, an der wir das Problem der zuverlässigen Übertragung von Bitgruppen angehen. Die Codes werden weitverbreitet eingesetzt, weil Zuverlässigkeit ein übergreifendes Anliegen ist. Fehlerkorrekturcodes kommen auch auf der Bitübertragungsschicht vor, besonders für rauschbehaftete Kanäle, ebenso wie in höheren Schichten, insbesondere bei Echtzeitmedien und bei der Verbreitung von Inhalten. Fehlererkennungscodes werden üblicherweise in Sicherungs-, Vermittlungs- und Transportschichten eingesetzt.

Der zweite Punkt, den es zu berücksichtigen gilt, ist die Tatsache, dass Fehlercodes angewandte Mathematik sind. Sofern Sie nicht besonders versiert mit Galois-Körpern oder den Eigenschaften von dünnbesetzten Matrizen sind, sollten Sie es vorziehen, Codes mit guten Eigenschaften von einer zuverlässigen Quelle zu beziehen anstatt Ihren eigenen Code zu entwickeln. Dies ist in der Tat die Vorgehensweise vieler Protokollstandards, daher tauchen die gleichen Codes immer und immer wieder auf. Im weiteren Verlauf des Kapitels werden wir einen einfachen Code ausführlich untersuchen und anschließend verschiedene Erweiterungen davon jeweils kurz beschreiben. Auf diese Art können wir die oben erwähnten Abwägungen anhand des einfachen Codes nachvollziehen und über die Eigenschaften von praxisrelevanten Codes anhand der Erweiterungen sprechen.

3.2.1 Fehlerkorrekturcodes

Wir werden vier unterschiedliche Fehlerkorrekturcodes untersuchen:

1. Hamming-Codes
2. Binäre Faltungscodes
3. Reed-Solomon-Codes
4. LDPC-Codes (*Low-Density Parity Check*)

Alle diese Codes fügen den gesendeten Bits redundante Informationen hinzu. Ein Rahmen besteht aus m Datenbits (Nachrichtenbits) und r redundanten Bits (Prüfbits). In einem **Blockcode** werden r Prüfbits allein als Funktion der m zugehörigen Datenbits berechnet, so als würden die m Bits in einer großen Tabelle nachgeschlagen, um die entsprechenden r Prüfbits zu finden. In einem **systematischen Code** werden die m Bits direkt, ohne weitere Codierung zusammen mit den Prüfbits gesendet. Bei einem **linearen Code** werden die r Prüfbits als lineare Funktion der m Datenbits berechnet. Hierzu wird gerne die XOR-Verknüpfung oder die Modulo-2-Addition gewählt. Das heißt, die Codierung kann mit Operationen wie der Matrixmultiplikation oder mithilfe einfacher logischer Schaltkreise durchgeführt werden. Die Codes, die wir uns in diesem Abschnitt anschauen, sind – soweit nichts anderes gesagt wird – lineare systematische Blockcodes.

Die Gesamtlänge eines Blocks sei n (d.h. $n=m+r$). Wir werden dies als einen (n,m)-Code bezeichnen. Eine n-Bit-Einheit, die Daten- und Prüfbits enthält, wird **n-Bit-Codewort** genannt. Die **Coderate** oder kurz Rate ist der Teil des Codeworts, das die nicht redundante Information trägt, oder m/n. Die in der Praxis verwendeten Raten variieren beträchtlich. Sie könnten 1/2 bei einem verrauschten Kanal sein – hier ist also die Hälfte der empfangenen Information redundant – oder fast 1 für hochwertige Kanäle, bei denen nur eine kleine Anzahl von Prüfbits einer langen Nachricht hinzugefügt werden.

Zum Verständnis der Fehlerbehandlung muss man erst einmal genau betrachten, was ein Fehler ist. Vergleicht man zwei Codewörter, die übertragen oder gesendet werden können, beispielsweise 10001001 und 10110001, so kann man feststellen, wie viele Bits nicht übereinstimmen. In diesem Fall sind drei Bits verschieden. Um festzustellen, wie viele Bits nicht übereinstimmen, verknüpft man die zwei Codewörter mit einem exklusiven ODER (XOR) und zählt, wie oft ein 1-Bit im Ergebnis vorkommt. Zum Beispiel:

```
      10001001
XOR   10110001
      --------
      00111000
```

Die Anzahl der Bitpositionen, in denen sich zwei Codewörter unterscheiden, wird als **Hamming-Abstand** bezeichnet (Hamming, 1950). Haben zwei Codewörter einen Hamming-Abstand von d, müssen d Einzelbitfehler vorkommen, um ein Wort in das andere umzuwandeln.

Mithilfe des Algorithmus zur Berechnung der Prüfbits ist es möglich, eine komplette Liste aller zulässigen Codewörter zu erstellen. Dieser Liste können nun die beiden Codewörter mit dem kleinsten Hamming-Abstand entnommen werden. Dieser Abstand ist der Hamming-Abstand des gesamten Codes.

Bei den meisten Datenübertragungsanwendungen sind alle 2^m möglichen Datennachrichten zulässig. Aufgrund der Berechnungsweise der Prüfbits werden aber nicht alle 2^n möglichen Codewörter verwendet. Bei r Prüfbits wird in der Tat nur ein Bruchteil von $2^m/2^n$ oder $1/2^r$ der möglichen Nachrichten ein zulässiges Codewort sein. Aufgrund dieser geringen Dichte, mit der die Nachricht in den Raum der Codewörter eingebettet ist, kann der Empfänger Fehler erkennen und beheben.

Die Fehlererkennungs- und -korrektureigenschaften eines Blockcodes hängen von seinem Hamming-Abstand ab. Zum zuverlässigen Auffinden von d Fehlern benötigt man einen Code mit Abstand $d+1$. Nur so kann sichergestellt werden, dass d Einzelbitfehler kein gültiges Codewort in ein anderes gültiges umwandeln. Findet der Empfänger ein ungültiges Codewort, kann er sofort erkennen, dass ein Übertragungsfehler aufgetreten sein muss. Zur Behebung von d Fehlern braucht man einen Code mit Abstand von $2d+1$. Damit sind die zulässigen Codewörter so weit voneinander entfernt, dass das Originalcodewort auch im Falle von d Änderungen immer noch näher liegt als jedes andere. Vorausgesetzt, eine größere Fehleranzahl ist weniger wahrscheinlich, so bedeutet dies, dass das ursprüngliche Codewort eindeutig erkannt werden kann.

Als einfaches Beispiel für einen Fehlerkorrekturcode betrachten wir einen Code, der nur vier gültige Codewörter hat:

0000000000, 0000011111, 1111100000 und 1111111111

Dieser Code hat einen Abstand von 5, kann also Doppelfehler korrigieren oder Vierfachfehler erkennen. Wenn das Codewort 0000000111 ankommt und wir Einfach- oder Doppelbitfehler erwarten, dann weiß der Empfänger, dass das Original 0000011111 gewesen sein muss. Wenn aber ein dreifacher Fehler 0000000000 in 0000000111 abändert, wird der Fehler nicht richtig korrigiert. Wenn wir andererseits alle diese Fehler erwarten, dann können wir sie entdecken. Keines der empfangenen Codewörter ist zulässig, deshalb muss ein Fehler aufgetreten sein. Es sollte offensichtlich sein, dass wir in diesem Beispiel nicht gleichzeitig Doppelfehler korrigieren und Vierfachfehler entdecken können. Dies hieße, dass wir ein empfangenes Codewort auf zwei unterschiedliche Arten interpretieren müssten.

Die Aufgabe des Decodierens durch Auffinden eines zulässigen Codeworts, das dem empfangenen Codewort am nächsten kommt, kann in unserem Beispiel einfach abgelesen werden. Unglücklicherweise kann diese Aufgabe im allgemeinen Fall, in dem alle Codewörter als mögliche Kandidaten infrage kommen und bewertet werden müssen, zu einer zeitaufwendigen Suche werden. Daher werden Codes in der Praxis so entworfen, dass Abkürzungen zugelassen sind, um das Codewort zu finden, welches vermutlich das ursprüngliche war.

Angenommen, wir wollen einen Code mit m Nachrichtenbits und r Prüfbits so zusammenstellen, dass alle Einzelfehler korrigiert werden können. Jede der 2^m erlaubten Nachrichten beinhaltet n unerlaubte Codewörter mit einem Abstand von 1. Diese werden erstellt, indem systematisch jedes der n Bits in dem aus ihm erstellten n-Bit-Codewort invertiert wird. Folglich benötigt jede der 2^m erlaubten Nachrichten $n+1$ zugeteilte Bitmuster. Da die Gesamtzahl der Bitmuster 2^n ist, brauchen wir $(n+1)2^m \leq 2^n$. Mit $n=m+r$ wird diese Anforderung zu

$$(m+r+1) \leq 2^r \tag{3.1}$$

Mit gegebenem m ist dies eine Untergrenze für die Zahl der Prüfbits, die zur Korrektur von Einzelfehlern benötigt werden.

Diese theoretische Untergrenze kann in der Praxis mit einer Methode nach Hamming (1950) erreicht werden. Bei **Hamming-Codes** werden die Bits des Codewortes beginnend mit Bit 1 auf der linken Seite, Bit 2 rechts daneben etc. durchnummeriert. Die Bits, die Potenzen von 2 sind (1, 2, 4, 8, 16 usw.), sind Prüfbits. Die restlichen (3, 5, 6, 7, 9 usw.) werden mit den m Datenbits aufgefüllt. Dieses Muster ist für einen (11,7)-Hamming-Code mit 7 Datenbits und 4 Prüfbits in ▶Abbildung 3.6 dargestellt. Jedes Prüfbit erzwingt die Modulo-2-Summe oder Parität einer bestimmten Bitreihe (zu der auch das Prüfbit selbst gehört) auf gerade (oder ungerade). Ein Bit kann in mehrere Prüfbitberechnungen aufgenommen werden. Um zu sehen, zu welchem Prüfbit das Datenbit in Position k gehört, wird k als Summe von Zweierpotenzen umgeschrieben, z.B. 11=1+2+8 und 29=1+4+8+16. Ein Bit wird überprüft, indem nur die Prüfbits berechnet werden, die in seiner Erweiterung vorkommen (z.B. wird Bit 11 durch Bits 1, 2 und 8 überprüft). In diesem Beispiel werden die Prüfbits für gerade Paritätssummen für eine Nachricht berechnet, die den ASCII-Buchstaben „A" enthält.

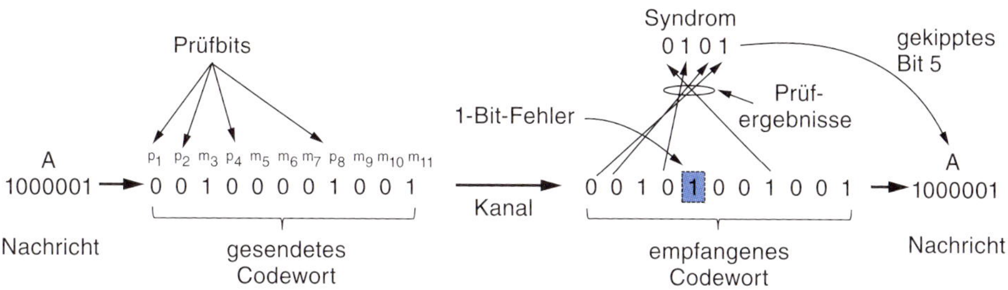

Abbildung 3.6: Beispiel eines (11,7)-Hamming-Codes zur Korrektur eines Einzelbitfehlers.

Diese Konstruktion liefert einen Code mit dem Hamming-Abstand 3, was bedeutet, dass Einzelfehler korrigiert (oder Doppelfehler entdeckt) werden können. Der Grund für die sehr sorgfältige Nummerierung von Nachrichten- und Prüfbits wird beim Decodierprozess ersichtlich. Wenn ein Codewort ankommt, führt der Empfänger die Prüfbitberechnung noch einmal durch, einschließlich der Werte der empfangenen Prüfbits. Wir nennen diese die Prüfergebnisse. Wenn die Prüfbits – sogar für Paritätssummen – korrekt sind, dann sollte jedes Prüfergebnis null sein. In diesem Fall wird das Codewort als gültig angenommen.

Falls die Prüfergebnisse nicht überall null sind, dann ist ein Fehler entdeckt worden. Die Menge der Prüfergebnisse bilden das sogenannte **Fehlersyndrom** (*error syndrome*), das benutzt wird, um den Fehler genau zu lokalisieren und zu korrigieren. In Abbildung 3.6 kommt auf dem Kanal ein Einzelbitfehler vor, die Prüfergebnisse sind also 0, 1, 0 bzw. 1 für $k = 8, 4, 2$ bzw. 1. Dies ergibt ein Syndrom von 0101 oder 4+1=5. Dies bedeutet, das fünfte Bit ist fehlerhaft. Durch Kippen des fehlerhaften Bits (welches ein Prüf- oder ein Datenbit sein kann) und Verwerfen der Prüfbits erhält man die korrekte Nachricht, ein „A" in ASCII.

Hamming-Abstände sind für das Verständnis von Blockcodes sehr wertvoll und Hamming-Codes werden bei fehlerkorrigierenden Speichern eingesetzt. Die meisten Netze benutzen jedoch stärkere Codes. Der zweite Code, den wir uns ansehen wollen, ist ein **Faltungscode** (*convolutional code*). Dieser ist unter den Codes, die wir hier behandeln, der einzige, der kein Blockcode ist. In einem Faltungscode verarbeitet ein Codierer eine Folge von Eingabebits und erzeugt eine Folge von Ausgabebits. Es gibt keine natürliche Nachrichtengröße oder Codierungsgrenze wie bei Blockcodes. Die Ausgabe hängt von den aktuellen und den vorherigen Eingabebits ab. Das bedeutet, der Codierer hat einen Speicher. Die Anzahl der vorherigen Bits, von denen die Ausgabe abhängt, wird die **Einflusslänge** (*constraint length*) des Codes genannt. Faltungscodes sind bezüglich ihrer Rate und Einflusslänge festgelegt.

Faltungscodes werden in Netzen häufig eingesetzt, zum Beispiel als Teil des GSM-Mobilfunksystems, bei der Satellitenkommunikation und bei WiFi. Als ein Beispiel wird ein bekannter Faltungscode in ▶Abbildung 3.7 gezeigt. Dieser Code ist als der NASA-Faltungscode von $r=1/2$ und $k=7$ bekannt, da er zuerst für die Voyager-Weltraummissionen eingesetzt wurde, die 1977 begannen. Seitdem wurde der Code großzügig wiederbenutzt, zum Beispiel als Teil von IEEE 802.11.

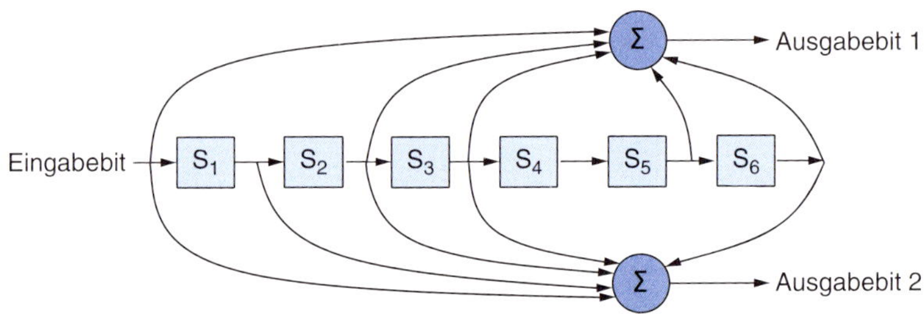

Abbildung 3.7: Der binäre Faltungscode der NASA, der in WiFi benutzt wird.

In Abbildung 3.7 erzeugt jedes Bit auf der linken Seite zwei Ausgabebits auf der rechten Seite, welche XOR-Summen der Eingabe und des internen Zustands sind. Da dieser Code mit Bits arbeitet und lineare Operationen durchführt, ist es ein binärer linearer Faltungscode. Da ein Eingabebit zwei Ausgabebits erzeugt, beträgt die Coderate 1/2. Es ist kein systematischer Code, da keines der Ausgabebits dem Eingabebit entspricht.

Der interne Zustand wird in sechs Speicherregistern festgehalten. Jedes Mal, wenn ein weiteres Bit eingegeben wird, werden die Werte in den Registern nach rechts geschoben. Wenn beispielsweise 111 die Eingabe ist und der Anfangszustand aus lauter Nullen besteht, dann wird der interne Zustand – geschrieben von links nach rechts – zu 100000, 110000 und 111000, nachdem jeweils das erste, zweite und dritte Bit eingegeben wurde. Die Ausgabebits sind dann 11, gefolgt von 10 und 01. Man benötigt sieben Verschiebungen, um eine Eingabe vollständig zu löschen, sodass sie keinen Einfluss mehr auf die Ausgabe hat. Die Einflusslänge dieses Codes ist somit $k=7$.

Ein Faltungscode wird decodiert, indem man die Folge der Eingabebits findet, die mit der größten Wahrscheinlichkeit die beobachtete Folge von Ausgabebits erzeugt hat (mit allen Fehlern). Für kleine Werte von k wird dies mit einem häufig benutzten Algorithmus durchgeführt, der von Viterbi entwickelt wurde (Forney, 1973). Der Algorithmus durchläuft die beobachtete Folge und speichert für jeden Schritt und jeden möglichen internen Zustand die Eingabefolge, die die beobachtete Folge mit den wenigsten Fehlern erzeugt hätte. Am Ende entspricht die Eingabefolge mit den wenigsten Fehlern wahrscheinlich der ursprünglichen Nachricht.

Faltungscodes waren in der Praxis sehr beliebt, da die Unsicherheit, ob ein Bit eine 0 oder eine 1 ist, einfach in die Decodierung einbezogen werden kann. Wenn beispielsweise −1V die logische 0-Ebene und +1V die logische 1-Ebene darstellt, könnten wir für zwei Bits 0,9V und −0,1V empfangen. Anstatt diese Signale direkt auf 1 und 0 abzubilden, möchten wir 0,9V gerne als „sehr wahrscheinlich eine 1“ und −0,1V als „vielleicht eine 0“ ansehen und die Folge als Ganzes korrigieren. Erweiterungen des Viterbi-Algorithmus können mit diesen Unsicherheiten arbeiten und somit eine stärkere Fehlerbehebung bieten. Dieser Ansatz, mit der Unsicherheit eines Bits umzugehen, wird **Soft-Decision-Decodierung** genannt. Umgekehrt wird die Methode, vor der nachfolgenden Fehlerbehebung für jedes Bit zu entscheiden, ob es sich um eine 0 oder eine 1 handelt, **Hard-Decision-Decodierung** genannt.

Die dritte Art von Fehlerkorrekturcode, den wir beschreiben wollen, ist der **Reed-Solomon-Code**. Wie Hamming-Codes sind Reed-Solomon-Codes lineare Blockcodes und oft sind sie auch systematisch. Anders als Hamming-Codes, die auf einzelnen Bits arbeiten, operieren Reed-Solomon-Codes auf m Bitsymbolen. Naturgemäß ist die Mathematik hier mehr beteiligt, daher werden wir die Operationen dieser Codes sinngemäß beschreiben.

Reed-Solomon-Codes basieren auf der Tatsache, dass jedes n-Grad-Polynom allein durch $n+1$ Punkte bestimmt wird. Zum Beispiel wird eine Gerade der Form $ax+b$ durch zwei Punkte festgelegt. Zusätzliche Punkte auf der gleichen Geraden sind redundant, was hilfreich für die Fehlerkorrektur ist. Angenommen, wir haben zwei Datenpunkte, die eine Gerade repräsentieren, und wir senden diese zwei Punkte sowie zusätzlich zwei Prüfpunkte, die so gewählt sind, dass sie auf derselben Geraden liegen. Wenn nun einer der Punkte fehlerhaft empfangen wird, so können wir dennoch die Datenpunkte wiederherstellen, indem wir eine Gerade durch die empfangenen Punkte ziehen. Drei dieser Punkte werden auf der Geraden liegen und ein Punkt – der fehlerhafte – nicht. Durch das Auffinden der Geraden haben wir den Fehler korrigiert.

Reed-Solomon-Codes werden tatsächlich als Polynome definiert, die über endlichen Feldern operieren, doch sie funktionieren ähnlich. Für m Bitsymbole sind die Codewörter 2^m-1 Symbole lang. Eine beliebte Wahl ist $m=8$, sodass die Symbole Bytes entsprechen. Ein Codewort ist dann 255 Byte lang. Der (255,223)-Code wird oft verwendet; es werden hier 32 redundante Symbole zu 223 Datensymbolen hinzugefügt. Das Decodieren mit Fehlerkorrektur wird mit einem Algorithmus durchgeführt, der von Berlekamp und Massey entwickelt wurde. Mithilfe dieses Algorithmus kann das Anpassen der Codes mittlerer Länge effizient ausgeführt werden (Massey, 1969).

Reed-Solomon-Codes werden in der Praxis wegen ihrer starken Fehlerbehebungseigenschaften häufig eingesetzt, speziell für Burstfehler. Sie werden für DSL, Datenübertragung per Kabel, Satellitenkommunikation und – vielleicht am allgegenwärtigsten – für CDs, DVDs und Blu-Ray-Discs angewandt. Da die Codes auf m Bitsymbolen basieren, werden sowohl Einzelbitfehler als auch m-Bit-Burstfehler einfach als ein Symbolfehler behandelt. Wenn $2t$ redundante Symbole hinzugefügt werden, ist ein Reed-Solomon-Code in der Lage, bis zu t Fehler in jedem der übermittelten Symbole zu korrigieren. Dies bedeutet, dass beispielsweise der (255,223)-Code, der 32 redundante Symbole besitzt, bis zu 16 Symbolfehler korrigieren kann. Da die Symbole aufeinanderfolgen und jeweils 8 Bit lang sind, kann ein Burstfehler von bis zu 128 Bits korrigiert werden. Die Situation ist sogar noch besser, wenn das Fehlermodell Auslöschungen beinhaltet (z.B. ein Kratzer auf einer CD, wodurch einige Symbole unlesbar werden). In diesem Fall können bis zu $2t$ Fehler korrigiert werden.

Reed-Solomon-Codes werden häufig in Kombination mit anderen Codes eingesetzt, beispielsweise mit einem Faltungscode. Die dahinterstehende Idee ist wie folgt. Faltungscodes sind bei der Behandlung von isolierten Bitfehlern effektiv, doch sie versagen wahrscheinlich bei Burstfehlern, wenn es zu viele Fehler im empfangenen Bitstrom gibt. Durch das Einfügen eines Reed-Solomon-Codes in den Faltungscode kann der Reed-Solomon-Decodierer den Burstfehler abfangen – eine Aufgabe, für die er sehr gut geeignet ist. Der gesamte Code bietet damit eine gute Schutzmaßnahme sowohl gegen Einzelfehler als auch gegen Burstfehler.

Den letzten Fehlerkorrekturcode, den wir behandeln werden, ist der **LDPC-Code** (*Low-Density Parity Check*). LDPC-Codes sind lineare Blockcodes, die von Robert Gallagher in seiner Doktorarbeit entwickelt wurden (Gallagher, 1962). Wie die meisten Promotionen versank auch diese sofort in Vergessenheit – nur um im Jahr 1995 wiederentdeckt zu werden, als durch Fortschritte bei der Rechnerleistung diese Codes praktikabel wurden.

In einem LDPC-Code wird jede Ausgabe nur aus einem Teil der Eingabebits gebildet. Dies führte zu einer Matrixdarstellung des Codes, wobei die Matrix nur dünn mit Einsen besetzt ist, daher der Name für den Code. Das empfangene Codewort wird mit einem Approximationsalgorithmus decodiert, welcher iterativ die empfangenen Daten zu einem zulässigen Codewort verbessert. Damit werden Fehler korrigiert.

LDPC-Codes sind praktisch für große Blockgrößen und haben exzellente Fehlerkorrektureigenschaften, die viele andere Codes (einschließlich derjenigen, die wir behandelt haben) in der Praxis übertreffen. Aus diesem Grund werden sie schnell in neue Protokolle integriert. Sie sind Teil des Standards für digitales Video-Broadcasting, 10-Gigabit-Ethernet, Powerline Networks und der letzten Version von IEEE 802.11. Sie dürfen erwarten, in zukünftigen Netzen mehr davon anzutreffen.

3.2.2 Fehlererkennungscodes

Fehlerkorrekturcodes werden bei drahtlosen Verbindungen häufig verwendet, da diese im Vergleich zur Glasfaser fast immer mit Störrauschen behaftet und fehleranfällig sind. Ohne Fehlerkorrekturcodes würden schwerlich Daten durchkommen. Bei Glasfaser oder hochwertigem Kupfer ist aber die Fehlerrate sehr viel niedriger, sodass die Fehlererkennung und die erneute Übertragung hier effizienter ist, um die nur gelegentlich auftretenden Fehler zu behandeln.

Wir werden drei unterschiedliche Fehlererkennungscodes untersuchen. Es sind alles lineare systematische Blockcodes:

1. Parität
2. Prüfsummen
3. Zyklische Redundanzprüfung (CRC, *Cyclic Redundancy Check*)

Um zu verstehen, warum diese effizienter als fehlerkorrigierende Codes sein können, betrachten wir den ersten Fehlererkennungscode, bei dem ein einzelnes **Paritätsbit** an die Daten angehängt wird. Das Paritätsbit wird so gewählt, dass die Anzahl der 1-Bits im Codewort gerade (oder ungerade) ist. Dieses Vorgehen ist äquivalent zum Berechnen des (geraden) Paritätsbits als die Modulo-2-Summe oder die XOR-Verknüpfung der Datenbits. Wenn beispielsweise 1011010 in gerader Parität gesendet wird, wird am Ende ein Bit angehängt, um 10110100 zu erhalten.

Bei einer ungeraden Parität wird aus 1011010 dann 10110101. Ein Code mit einem Paritätsbit hat den Abstand 2, da jeder Einzelbitfehler ein Codewort mit der falschen Parität erzeugt. Das heißt, dass es Einzelbitfehler aufdecken kann.

Wir wollen einen Kanal untersuchen, auf dem Fehler nur isoliert auftreten und dessen Fehlerquote bei 10^{-6} pro Bit liegt. Dies mag wie eine winzige Fehlerrate aussehen, doch für ein langes Anschlusskabel ist dies bestenfalls eine mittelmäßige Rate, die für die Fehlererkennung eine Herausforderung darstellt. Typische LAN-Verbindungen liefern Bitfehlerraten von 10^{-10}. Als Blockgröße nehmen wir 1.000 Bit an. Um eine Fehlererkennung für Blöcke von 1.000 Bit zu erreichen, wissen wir aus Gleichung (3.1), dass dafür 10 Prüfbits benötigt werden. Somit würde eine Datenmenge von einem Megabit 10.000 Prüfbits erfordern. Zum bloßen Auffinden eines Blocks mit einem einzigen 1-Bit-Fehler genügt ein einziges Paritätsbit pro Block. Nach jeweils 1.000 Blöcken wird ein fehlerhafter Block gefunden und ein Extrablock (1.001 Bit) muss übertragen werden, um den Fehler zu reparieren. Der zusätzliche Platzbedarf für diese Methode der Fehlererkennung plus Sendewiederholung ist nur 2.001 Bit pro Megabit, im Gegensatz zu 10.000 Bit beim Hamming-Code.

Eine Schwierigkeit bei diesem Schema ist, dass ein einzelnes Paritätsbit zuverlässig nur einen Einzelbitfehler in dem Block entdecken kann. Wenn der Block durch einen Burstfehler verstümmelt wurde, liegt die Wahrscheinlichkeit, dass der Fehler gefunden wird, bei nur 0,5. Das ist kaum akzeptabel. Eine deutliche Verbesserung wird erreicht, wenn jeder gesendete Block als rechtwinklige Matrix, n Bit breit und k Bit hoch, betrachtet wird. Wenn wir nun ein Paritätsbit für jede Reihe berechnet und gesendet haben, dann werden bis zu k Bitfehler zuverlässig erkannt, solange es höchstens einen Fehler pro Reihe gibt.

Es gibt jedoch etwas anderes, was wir zu einem verbesserten Schutz gegen Burstfehler unternehmen können: Wir können die Paritätsbits über die Daten in einer anderen Reihenfolge berechnen als in Reihenfolge, in der die Datenbits übertragen werden. Dies wird **Versatz** oder **Interleaving** genannt. In unserem Fall werden wir ein Paritätsbit für jede der n Spalten berechnen und alle Datenbits als k Reihen senden. Hierbei werden die Reihen von oben nach unten und die Bits in jeder Reihe von links nach rechts auf die übliche Art und Weise gesendet. In der letzten Reihe senden wir die n Paritätsbits. Die Übertragungsreihenfolge wird in ▶Abbildung 3.8 für n=7 und k=7 gezeigt.

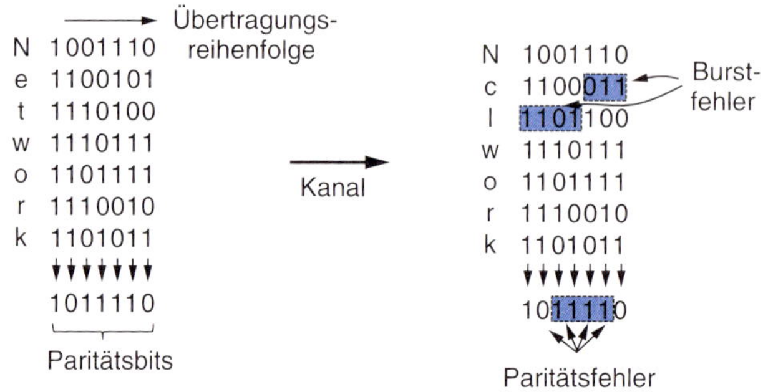

Abbildung 3.8: Interleaving von Paritätsbits zum Aufdecken eines Burstfehlers.

Interleaving ist eine allgemeine Technik, einen Code, der isolierte Fehler entdeckt (oder korrigiert) in einen Code umzuwandeln, der Burstfehler entdeckt (oder korrigiert). Wenn in Abbildung 3.8 ein Burstfehler der Länge n=7 auftritt, dann werden die fehlerhaften Bits über mehrere Spalten verstreut. (Ein Burstfehler impliziert nicht, dass alle Bits falsch sind; es bedeutet lediglich, dass mindestens das erste und das letzte Bit falsch sind. In Abbildung 3.8 wurden innerhalb eines Bereichs von 7 Bits 4 Bits gekippt.) In jeder der n Spalten wird höchstens 1 Bit betroffen sein, die Paritätsbits von diesen Spalten werden daher den Fehler entdecken. Diese Methode benutzt n Paritätsbits auf Blöcken von kn Datenbits, um einen einzelnen Burstfehler der Länge n oder kleiner zu entdecken.

Ein Burst der Länge n+1 wird dann unentdeckt durchgehen, wenn das erste und das letzte Bit invertiert und alle anderen Bits korrekt sind. Wird ein Block durch einen langen oder viele kurze Bursts verstümmelt, liegt für jede einzelne der n Spalten die Wahrscheinlichkeit, dass diese die richtige Parität hat, bei 0,5. Folglich ist die Wahrscheinlichkeit, dass ein fehlerhafter Block dennoch angenommen wird, 2^{-n}.

Die zweite Art von Fehlererkennungscode, die **Prüfsumme** (*checksum*), ist eng mit Gruppen von Paritätsbits verwandt. Das Wort „Prüfsumme" wird häufig benutzt, um eine Gruppe von Prüfbits zu bezeichnen, die mit einer Nachricht verbunden sind, unabhängig vom Berechnungsverfahren. Eine Gruppe von Paritätsbits ist ein Beispiel für eine Prüfsumme. Es gibt jedoch andere, stärkere Prüfsummen, die auf einer laufenden Summe von Datenbits der Nachricht basieren. Die Prüfsumme wird normalerweise am Ende der Nachricht als Komplement der Summenfunktion eingefügt. Dann können Fehler entdeckt werden, indem das gesamte empfangene Codewort aufsummiert wird, sowohl Datenbits als auch die Prüfsumme. Wenn das Ergebnis null ist, dann ist kein Fehler entdeckt worden.

Ein Beispiel einer Prüfsumme ist die 16-Bit-Internetprüfsumme, die für alle Internetpakete als Teil des IP-Protokolls benutzt wird (Braden et al., 1988). Diese Prüfsumme addiert die Nachrichtenbits auf, die in 16-Bit-Wörter aufgeteilt sind. Weil diese Methode auf Wörtern statt wie bei Parität auf Bits operiert, können Fehler, die die Parität unverändert lassen würden, dennoch die Summe verändern und somit entdeckt werden. Wenn beispielsweise das niederwertigste Bit in zwei verschiedenen Wörtern von 0 auf 1 gekippt ist, dann würde eine Paritätsprüfung über diese Bits den

Fehler nicht entdecken und somit versagen. Wenn allerdings zwei Einsen zur 16-Bit-Prüfsumme hinzuaddiert werden, so wird ein unterschiedliches Ergebnis erzielt. Der Fehler kann also entdeckt werden.

Die Internetprüfsumme wird in Einerkomplement-Arithmetik anstatt als Modulo-2^{16}-Summe berechnet. In Einerkomplement-Arithmetik ist eine negative Zahl das bitweise Komplement seines positiven Gegenparts. Moderne Rechner verwenden Zweierkomplement-Arithmetik, bei der eine negative Zahl das Einerkomplement plus eins ist. Auf einem Zweierkomplement-Rechner ist die Einerkomplement-Summe äquivalent damit, die Modulo-2^{16}-Summe zu nehmen und den Überlauf des höchstwertigen Bits zu den niederwertigen Bits zu addieren. Dieser Algorithmus liefert eine eher gleichmäßige Abdeckung der Daten durch die Prüfsummenbits. Sonst können zwei höherwertige Bits hinzugefügt werden, überlaufen und verloren gehen, ohne dass sich die Summe ändert. Es gibt noch einen weiteren Vorteil: In der Einerkomplement-Arithmetik gibt es zwei Darstellungen der Null – alles Nullen und alles Einsen. Damit kann einer der Werte (z.B. alles Nullen) benutzt werden um anzuzeigen, dass es keine Prüfsumme gibt, ohne dass dafür ein weiteres Feld nötig wäre.

Jahrzehntelang wurde immer vorausgesetzt, dass Rahmen, die per Prüfsumme getestet werden, zufällige Bits enthalten. Alle Analysen von Prüfsummenalgorithmen sind unter dieser Voraussetzung durchgeführt worden. Die Untersuchung von realen Daten durch Partridge et al. (1995) hat gezeigt, dass diese Annahme schlichtweg falsch ist. Das heißt, in einigen Fällen kommen unentdeckte Fehler viel häufiger vor, als man ursprünglich dachte.

Speziell die Internetprüfsumme ist effizient und einfach, bietet jedoch in einigen Fällen nur schwachen Schutz, gerade weil es eine einfache Summe ist. Weder die Löschung oder das Hinzufügen von Nulldaten noch der Austausch von Teilen der Nachricht werden entdeckt. Außerdem bietet das Verfahren nur schwachen Schutz gegen das Verbinden von Nachrichten, bei dem Teile von zwei Nachrichten aneinandergehängt werden. Es mag sehr unwahrscheinlich erscheinen, dass diese Fehler bei beliebigen Prozessen auftreten, doch es ist genau diese Sorte von Fehlern, die sich bei beschädigter Hardware einstellen können.

Eine bessere Wahl ist die **Fletcher-Prüfsumme** (Fletcher, 1982). Sie enthält eine Lagekomponente, die das Produkt der Daten und seine Position zur laufenden Summe hinzufügt. Damit können Veränderungen in der Position der Daten besser entdeckt werden.

Obwohl die beiden vorangehenden Verfahren in höheren Schichten manchmal angemessen sein können, wird in der Praxis häufig eine dritte und stärkere Art von fehlererkennendem Code in der Sicherungsschicht benutzt: die **zyklische Redundanzprüfung** (**CRC**, *Cyclic Redundancy Check*), auch **Polynomcode** genannt. Polynomcodes basieren darauf, dass man Bitketten als Darstellungen von Polynomen mit den Koeffizienten 0 und 1 behandelt. Ein Rahmen mit k Bits wird als Koeffizientenliste für ein Polynom mit k Termen von x^{k-1} bis x^0 betrachtet. Dieses Polynom hat den Grad $k-1$. Das höchstwertige Bit (das am weitesten links stehende) ist der Koeffizient von x^{k-1}, das nächste Bit ist der Koeffizient von x^{k-2} und so weiter. So besteht beispielsweise 110001 aus sechs Bit und stellt daher ein sechsgliedriges Polynom mit den Koeffizienten 1, 1, 0, 0, 0 und 1 dar: $1x^5+1x^4+0x^3+0x^2+0x+1x^0$.

Rechnungen mit Polynomen modulo 2 werden nach den Regeln der algebraischen Körpertheorie durchgeführt. Es gibt keinen Übertrag bei der Addition und kein Borgen bei der Subtraktion. Addition und Subtraktion sind identisch mit dem exklusiven ODER (XOR).

Ein Beispiel:

$$\begin{array}{r} 10011011 \\ +\underline{11001010} \\ 01010001 \end{array} \qquad \begin{array}{r} 00110011 \\ +\underline{11001101} \\ 11111110 \end{array} \qquad \begin{array}{r} 11110000 \\ -\underline{10100110} \\ 01010110 \end{array} \qquad \begin{array}{r} 01010101 \\ -\underline{10101111} \\ 11111010 \end{array}$$

Die lange Division wird auf exakt die gleiche Weise ausgeführt wie im Binärsystem, außer dass dabei die Subtraktion wieder modulo 2 ausgeführt wird. Ein Divisor „passt" in einen Dividenden, wenn der Dividend genauso viele Bits hat wie der Divisor.

Wird die Polynomcode-Methode angewandt, dann müssen sich Sender und Empfänger vorher auf ein sogenanntes **Generatorpolynom** einigen. Sowohl das höchstwertige als auch die niederwertigste Bit müssen 1 sein. Um den CRC-Wert für einen Rahmen mit m Bit, der einem Polynom $M(x)$ entspricht, ausrechnen zu können, muss der Rahmen länger als das Generatorpolynom sein. Die Grundidee ist, den CRC-Wert am Ende des Rahmens anzuhängen, und zwar so, dass das Polynom, das durch einen um eine Prüfsumme ergänzten Rahmen dargestellt wird, durch $G(x)$ teilbar ist. Erhält der Empfänger den Rahmen, teilt er ihn durch $G(x)$. Bleibt ein Rest, ist ein Übertragungsfehler vorhanden.

Der Algorithmus zur Berechnung des CRC-Werts lautet folgendermaßen:

1. Sei r der Grad von $G(x)$. Hänge r 0-Bits an der niederwertigen Seite des Rahmens an, sodass er nun $m+r$ Bits enthält und dem Polynom $x^rM(x)$ entspricht.

2. Teile die Bitkette, die $x^rM(x)$ entspricht, anhand der Modulo-2-Division durch die Bitkette, die $G(x)$ entspricht.

3. Subtrahiere den Rest (immer r Bits oder weniger) mit der Modulo-2-Subtraktion von der Bitkette, die $x^rM(x)$ entspricht. Das Ergebnis ist der um die Prüfsumme ergänzte Rahmen, der übertragen wird. Das zugehörige Polynom heiße $T(x)$.

▸Abbildung 3.9 veranschaulicht die Berechnung für den Rahmen 1101011111 unter Verwendung des Generatorpolynoms $G(x)=x^4+x+1$.

Es sollte klar sein, dass $T(x)$ durch $G(x)$ teilbar ist (modulo 2). Bei jeder Division ist das, was übrig bleibt, wenn man vom Dividenden den Rest abzieht, durch den Divisor teilbar. Wenn Sie beispielsweise bei der Basis 10 den Wert 210.278 durch 10.941 teilen, so beträgt der Rest 2.399. Wenn Sie 2.399 von 210.278 abziehen, dann ist der Rest (207.879) teilbar durch 10.941.

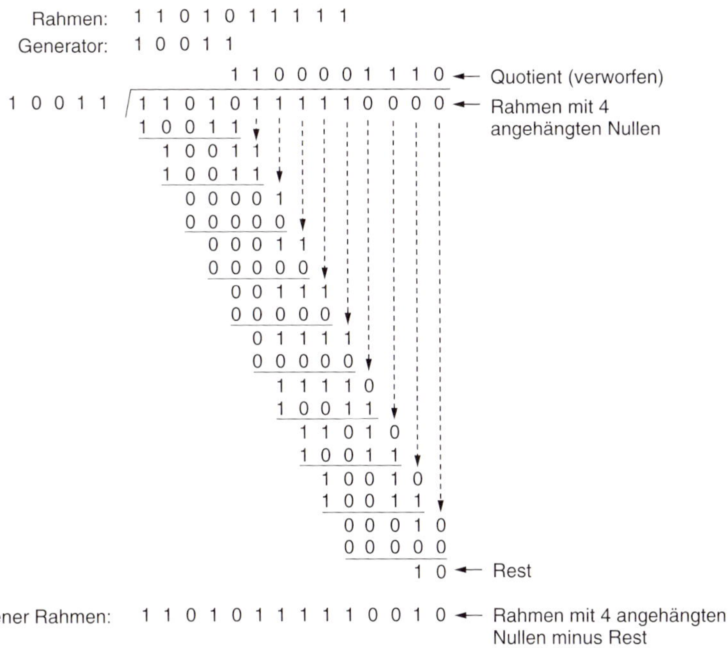

Abbildung 3.9: Beispielberechnung des CRC-Werts.

Untersuchen wir nun einmal, was diese Methode leistet. Welche Arten von Fehlern werden erkannt? Stellen Sie sich einen Übertragungsfehler vor, bei dem anstatt des Polynoms $T(x)$ das Polynom $T(x)+E(x)$ ankommt. Jedes 1-Bit in $E(x)$ entspricht einem Bit, das bei der Übertragung invertiert wurde. Wenn $E(x)$ k 1-Bits enthält, haben sich k Einzelbitfehler ereignet. Ein einzelner Burstfehler sieht wie folgt aus: eine Eins am Anfang, eine Mischung von Nullen und Einsen in der Mitte und eine Eins am Schluss. Alle anderen Bits sind Nullen.

Wenn der Empfänger den Rahmen mit der angehängten Prüfsumme empfängt, teilt er ihn durch $G(x)$. Er berechnet also $[T(x)+E(x)]/G(x)$. $T(x)/G(x)$ ist immer 0. Folglich ist das Ergebnis der Berechnung einfach $E(x)/G(x)$. Die Fehler, die zufällig Polynomen mit $G(x)$ als Faktor (d.h. Vielfachen von $G(x)$) entsprechen, werden nicht entdeckt, alle anderen aber schon.

Bei einem Einzelbitfehler ist $E(x)=x^i$, wobei i angibt, welches Bit fehlerhaft ist. Wenn $G(x)$ zwei oder mehr Terme enthält, kann $E(x)$ nie durch $G(x)$ geteilt werden. Folglich können alle Einzelbitfehler erkannt werden.

Treten zwei isolierte Einzelbitfehler auf, ergibt sich $E(x)=x^i+x^j$, wobei $i>j$ ist. Diese Formel kann auch folgendermaßen geschrieben werden: $E(x)=x^j\,(x^{i-j}+1)$. Nimmt man an, dass $G(x)$ nicht durch x teilbar ist, reicht zur Entdeckung aller Doppelfehler aus, dass $G(x)$ nicht Teiler von x^{k+1} ist, und zwar für alle k bis zu einem Maximalwert von $i-j$ (d.h. bis zur maximalen Rahmengröße). Es sind einfache Polynome niedrigen Grades bekannt, die lange Rahmen schützen. Zum Beispiel ist $x^{15}+x^{14}+1$ nicht Teiler von x^{k+1} für alle k kleiner 32.768.

Ist die Zahl der fehlerhaften Bits ungerade, enthält $E(x)$ eine ungerade Anzahl von Termen (z.B. x^5+x^2+1, aber nicht x^2+1). Interessant ist, dass es kein Polynom mit einer ungeraden Zahl von Termen gibt, das $x+1$ als Faktor im Modulo-2-System hat. Durch die Verwendung von $x+1$ als Faktor von $G(x)$ werden alle Fehler mit einer ungeraden Zahl von invertierten Bits gefunden. Statistisch wird dadurch schon die Hälfte der Fälle erfasst.

Schließlich, und auch am wichtigsten, ist jedoch, dass man mit einem Polynomcode mit r Prüfbits alle Burstfehler der Länge $\leq r$ erkennt. Ein Burstfehler der Länge k kann als $x^i(x^{k-1}+\ldots+1)$ dargestellt werden, wobei i angibt, wie weit der Burstfehler vom rechten Ende des empfangenen Rahmens entfernt ist. Wenn $G(x)$ einen x^0-Term enthält, hat es keinen x^i-Term als Faktor. Wenn also der Grad des Ausdrucks in Klammern kleiner ist als der Grad von $G(x)$, kann der Rest nie null sein.

Ist die Länge des Burstfehlers $r+1$, so ist der nach der Division durch $G(x)$ verbleibende Rest ausschließlich dann null, wenn der Burstfehler mit $G(x)$ identisch ist. Bei einem Burstfehler ist das erste und letzte Bit per Definition 1. Folglich hängt die Übereinstimmung von den $r-1$ dazwischenliegenden Bits ab. Sind alle Kombinationen gleich wahrscheinlich, liegt die Wahrscheinlichkeit, dass ein nicht korrekter Rahmen akzeptiert wird, bei $1/2^{r-1}$.

Es kann auch gezeigt werden, dass bei einem Burstfehler, der länger als $r+1$ Bit ist, oder bei mehreren kleineren Bursts die Wahrscheinlichkeit des Nichterkennens eines fehlerhaften Rahmens gleich $1/2^r$ ist, unter der Annahme, dass alle Bitmuster gleich wahrscheinlich sind.

Bestimmte Polynome wurden zu internationalen Standards erhoben. Das Polynom, das im Standard IEEE 802 verwendet wird und dem Beispiel von Ethernet folgt, lautet:

$$x^{32}+x^{26}+x^{23}+x^{22}+x^{16}+x^{12}+x^{11}+x^{10}+x^{8}+x^{7}+x^{5}+x^{4}+x^{2}+x^{1}+1$$

Neben anderen wünschenswerten Eigenschaften zeichnet sich dieses Polynom dadurch aus, dass es alle Bursts bis zur Länge 32 entdeckt sowie alle Bursts, die eine ungerade Anzahl von Bits betreffen. Es wurde seit den 1980er Jahren weitverbreitet eingesetzt. Dies bedeutet jedoch nicht, dass es die beste Wahl ist. Unter Anwendung einer erschöpfenden, rechenintensiven Suche haben Castagnoli et al. (1993) und Koopman (2002) die besten CRC-Codes gefunden. Diese CRCs haben einen Hamming-Abstand von 6 für typische Nachrichtengrößen, während der IEEE-Standard CRC-32 einen Hamming-Abstand von nur 4 hat.

Obwohl die Berechnung des CRC-Werts kompliziert aussieht, ist es auf Hardwareebene mit einfachen Schieberegisterschaltungen leicht zu berechnen und zu verifizieren (Peterson und Brown, 1961). Und regelmäßig werden neuere und schnellere Implementierungen entwickelt (Mitra und Nyack, 2017). In der Praxis wird diese Hardware fast immer eingesetzt. Dutzende von Netzstandards enthalten verschiedene CRCs, unter anderem fast alle LANs (z.B. Ethernet) sowie Punkt-zu-Punkt-Leitungen (z.B. Packet over SONET).

3.3 Grundlegende Protokolle der Sicherungsschicht

Als Einführung in dieses Thema sehen wir uns drei Protokolle mit zunehmender Komplexität an. Vorher ist es jedoch sinnvoll, einige dem Kommunikationsmodell zugrunde liegende Annahmen ausführlich darzustellen.

3.3.1 Einige vereinfachende Annahmen

Unabhängige Prozesse: Erstens nehmen wir an, dass die Bitübertragungs-, die Sicherungs- und die Vermittlungsschicht unabhängige Prozesse sind, die miteinander kommunizieren, indem sie Nachrichten austauschen. Eine weitverbreitete Implementierung ist in ▶Abbildung 3.10 zu sehen. Die Prozesse der Bitübertragungsschicht und einige Prozesse der Sicherungsschicht laufen auf spezieller Hardware, der **Netzwerkkarte** (**NIC**, *Network Interface Card*). Der Rest der Sicherungsschichtprozesse und die Prozesse der Vermittlungsschicht laufen meist auf der Haupt-CPU als Teil des Betriebssystems, wobei die Software für die Sicherungsschichtprozesse häufig in Form von Gerätetreibern auftritt. Andere Implementierungen sind jedoch ebenfalls möglich, z.B. drei Prozesse migriert auf eine dafür vorgesehene Hardware – den **Netzbeschleuniger** (*network accelarator*) – oder drei Prozesse auf der Haupt-CPU auf einem SDR-System (*Software-Defined Radio*) ausführen. Welche Implementierung dabei gerade den Vorzug erhält, ändert sich in Abhängigkeit von den technischen Kompromissen jedes Jahrzehnts. Auf alle Fälle vereinfacht die Behandlung der drei Schichten als separate Prozesse die Diskussion des Konzeptes grundsätzlich und die Unabhängigkeit der einzelnen Schichten wird unterstrichen.

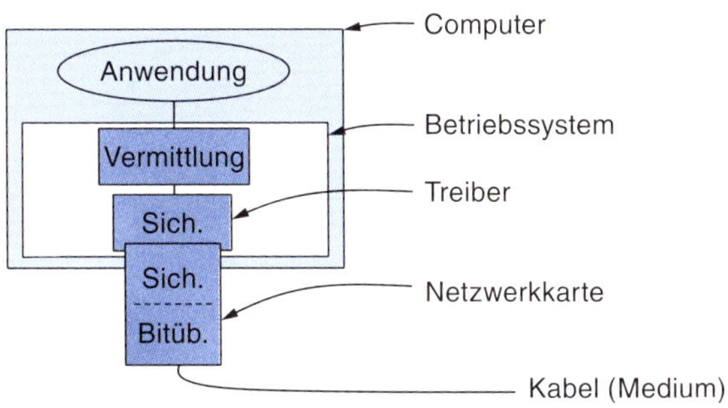

Abbildung 3.10: Implementierung der Bitübertragungs-, Sicherungs- und Vermittlungsschichten.

Unidirektionale Kommunikation: Eine weitere wichtige Annahme ist, dass Rechner *A* eine lange Datenfolge an Rechner *B* senden und dabei einen zuverlässigen verbindungsorientierten Dienst verwenden will. Später wird der Fall behandelt, in dem auch *B* gleichzeitig Daten an *A* senden will. Wir gehen davon aus, dass *A* einen unerschöpflichen Vorrat an sendebereiten Daten hat und nie auf die Erstellung der Daten warten muss. Fordert die Sicherungsschicht von *A* Daten an, so kann die Vermittlungsschicht sofort welche zur Verfügung stellen (auch diese Annahme werden wir später fallen lassen).

Zuverlässige Rechner und Prozesse: Wir gehen weiter davon aus, dass die Rechner nicht abstürzen. Diese Protokolle behandeln also Kommunikationsfehler, nicht aber die Probleme, die beim Absturz und erneutem Hochfahren eines Rechners entstehen.

Für die Sicherungsschicht besteht das Paket, das über die Schnittstelle von der Vermittlungsschicht kommt, nur aus Daten, von denen jedes einzelne Bit an die Vermittlungsschicht des Zielrechners gesendet werden muss. Die Tatsache, dass die Vermittlungsschicht am Zielort einen Teil des Pakets als Nachrichten-Header interpretiert, ist für die Sicherungsschicht nicht von Belang.

3.3.2 Grundlagen der Übertragung und des Empfangs

Die Sicherungsschicht nimmt ein Paket von der Vermittlungsschicht des Senders an und kapselt es in einem Rahmen, indem ein spezieller Nachrichten-Header und ein Trailer hinzugefügt werden (siehe Abbildung 3.1). Folglich besteht ein Rahmen aus einem eingeschlossenen Paket und einigen Steuerdaten (im Nachrichten-Header) sowie einer Prüfsumme (im Trailer). Der Rahmen wird dann zur Sicherungsschicht des anderen Rechners übertragen. Nehmen wir an, es gibt die Bibliotheksprozeduren *to_physical_layer*, um Rahmen zu senden, und *from_physical_layer*, um Rahmen zu empfangen. Diese Prozeduren berechnen die Prüfsumme und hängen sie an den Code an oder überprüfen diese (was in der Regel hardwaremäßig durchgeführt wird), sodass wir uns im Zusammenhang mit den in diesem Abschnitt zu entwickelnden Protokollen nicht darum kümmern müssen. Es könnte beispielsweise der CRC-Algorithmus verwendet werden, den wir im vorigen Abschnitt besprochen haben.

Anfangs hat der Empfänger nichts zu tun. Er wartet nur darauf, dass etwas geschieht. In den Protokollbeispielen in diesem Kapitel stellen wir die Tatsache, dass die Sicherungsschicht darauf wartet, dass etwas passiert, durch den Prozeduraufruf *wait_for_event(&event)* dar. Diese Prozedur kehrt nur dann zurück, wenn etwas passiert ist (z.B. wenn ein Rahmen angekommen ist). Bei der Rückkehr gibt die Variable *event* an, was genau geschehen ist. Die Menge der möglichen Ereignisse ist bei verschiedenen Protokollarten jeweils unterschiedlich und wird für jedes Protokoll gesondert festgelegt. In der Realität sieht das anders aus: Die Sicherungsschicht wartet nicht tatenlos auf ein Ereignis (wie wir jetzt hier annehmen), sondern erhält ein Interrupt, welches sie ihre momentane Arbeit unterbrechen lässt, um den eingegangenen Rahmen zu verarbeiten. Der Einfachheit halber werden wir trotzdem die parallelen Aktivitäten der Sicherungsschicht nicht weiter berücksichtigen, sondern davon ausgehen, dass sie ihre gesamte Bearbeitungszeit einem einzigen Kanal widmet.

Kommt ein Rahmen beim Empfänger an, dann wird die Prüfsumme neu berechnet. Falls die Prüfsumme nicht korrekt ist (d.h. ein Übertragungsfehler aufgetreten ist), so wird die Sicherungsschicht darüber informiert (*event = cksum_err*). Kommt der Rahmen korrekt an, wird die Sicherungsschicht ebenfalls informiert (*event = frame_arrival*), sodass sie den Rahmen mit *from_physical_layer* zur Überprüfung annehmen kann. Hat die Sicherungsschicht der Empfängerseite einen fehlerfreien Rahmen erhalten, dann prüft sie die Informationen im Nachrichten-Header. Ist alles richtig, dann wird der Paketteil an die Vermittlungsschicht übertragen. Der Rahmen-Header wird unter keinen Umständen an die Vermittlungsschicht weitergegeben.

Es gibt einen guten Grund, dass die Vermittlungsschicht nie auch nur einen Teil des Rahmen-Headers erhalten darf: die Protokolle der Vermittlungs- und der Sicherungsschicht absolut getrennt zu halten. Solange die Vermittlungsschicht nichts über die Protokolle oder das Rahmenformat der Sicherungsschicht weiß, können Änderungen in der Sicherungsschicht vorgenommen werden, ohne dass die Software der Vermittlungsschicht ebenfalls modifiziert werden muss. Dies passiert jedes Mal, wenn eine neue Netzwerkkarte in einem Rechner eingebaut wird. Durch eine vorgegebene Schnittstelle zwischen Vermittlungs- und Sicherungsschicht wird der Entwurf wesentlich vereinfacht, weil die Kommunikationsprotokolle in den verschiedenen Schichten unabhängig voneinander entwickelt werden können.

▶Abbildung 3.11 zeigt einige Deklarationen (in C), die in vielen Protokollen verwendet werden, die später beschrieben werden. Fünf Datenstrukturen sind hier definiert: *boolean*, *seq_nr*, *packet*, *frame_kind* und *frame*. Ein *boolean* ist ein Typ mit zwei Werten *true* (wahr) oder *false* (falsch). Bei *seq_nr* handelt es sich um eine kleine Ganzzahl zur Nummerierung der Rahmen, damit wir sie unterscheiden können. Die Nummerierung geht von 0 bis einschließlich *MAX_SEQ*, das in jedem Protokoll definiert ist, das diesen Maximalwert braucht. Ein *packet* (Paket) ist die Informationseinheit, die zwischen der Vermittlungs- und der Sicherungsschicht eines Rechners oder zwischen den Vermittlungsschichten gleichgestellter Rechner ausgetauscht wird. In unserem Modell enthält es immer *MAX_PKT* Byte. Wirklichkeitsnah wäre aber ein Paket mit variabler Länge.

```
#define MAX_PKT 1024                        /* bestimmt die Paketgröße in Byte */
typedef enum {false, true} boolean;         /* boolescher Typ */
typedef unsigned int seq_nr;                /* Sequenz- oder Bestätigungsnummer */
typedef struct {unsigned char
  data[MAX_PKT];} packet                    /* Paketdefinition */
typedef enum {data, ack, nak}
  frame_kind;                               /* Definition der Rahmenart*/

typedef struct {                            /* Rahmen, die auf dieser Schicht
                                               übertragen werden */
  frame_kind kind;                          /* welche Art von Rahmen? */
  seq_nr seq;                               /* Sequenznummer */
  seq_nr ack;                               /* Bestätigungsnummer */
  packet info;                              /* Paket der Vermittlungsschicht */
} frame;


/* Auf Ereignis warten; Typ in event zurückgeben */
void wait_for_event(event_type *event);

/* Paket von der Vermittlungsschicht zur Übertragung holen */
void from_network_layer(packet *p);

/* Informationen eines eingegangenen Rahmens zur Vermittlungsschicht senden */
void to_network_layer(packet *p);
```

```
/* Eingegangenen Rahmen von der Bitübertragungsschicht holen und auf
   r kopieren */
void from_physical_layer(frame *r);

/* Rahmen an Bitübertragungsschicht zur Übertragung weitergeben */
void to_physical_layer(frame *s);

/* Uhr starten und Timeout-Ereignis aktivieren */
void start_timer(seq_nr k);

/* Uhr anhalten und Timeout-Ereignis deaktivieren */
void stop_timer(seq_nr k);

/* Start eines Hilfstimers und Ereignis ack_timeout aktivieren */
void start_ack_timer(void);

/* Hilfstimer anhalten und Ereignis ack_timeout deaktivieren */
void stop_ack_timer(void);

/* Der Vermittlungsschicht erlauben, Ereignis network_layer_ready auszulösen */
void enable_network_layer(void);

/* Der Vermittlungsschicht verbieten, Ereignis network_layer_ready auszulösen */
void disable_network_layer(void);

/* Makro inc wird in der Zeile erweitert: k wird zyklisch inkrementiert */
#define inc(k) if (k < MAX_SEQ) k = k + 1; else k = 0
```

Abbildung 3.11: Definitionen, die in nachfolgenden Protokollen benötigt werden. Diese Definitionen befinden sich in der Datei *protocol.h*.

Ein *frame* setzt sich aus vier Feldern zusammen: *kind*, *seq*, *ack* und *info*. Die ersten drei enthalten Steuerinformationen und das letzte kann zu übertragende Daten enthalten. Die Steuerfelder werden zusammen **Rahmen-Header** genannt.

Das *kind*-Feld gibt an, ob der Rahmen Daten enthält, weil Rahmen von einigen Protokollen danach unterschieden werden, ob sie nur Steuerinformationen oder auch Daten enthalten. Die Felder *seq* und *ack* werden für Sequenznummern bzw. Bestätigungsnummern verwendet. Ihre Verwendung wird später ausführlich beschrieben. Das *info*-Feld eines Datenrahmens enthält ein einzelnes Paket. Das *info*-Feld eines Steuerrahmens wird nicht verwendet. Eine realistischere Implementierung hätte ein *info*-Feld mit variabler Länge, das bei Steuerrahmen ganz weggelassen würde.

Wichtig ist auch hier wieder, die Beziehung zwischen einem Paket und einem Rahmen zu verstehen (siehe Abbildung 3.1). Die Vermittlungsschicht erstellt ein Paket, indem eine Nachricht von der Transportschicht übernommen und dieser der Vermittlungsschicht-Header angehängt wird. Dieses Paket wird an die Sicherungsschicht übergeben, die es wiederum in das *info*-Feld eines ausgehenden Rahmens einbaut. Wenn ein Rahmen sein Ziel erreicht, extrahiert die Sicherungsschicht das Paket aus dem Rahmen und übergibt es an die Vermittlungsschicht. Auf diese Weise kann die Vermittlungsschicht so arbeiten, als ob die Rechner die Pakete direkt austauschen würden.

In Abbildung 3.11 sind auch eine Reihe von Prozeduren aufgelistet. Dies sind Bibliotheksroutinen, deren Einzelheiten von der Implementierung abhängen und deren innere Abläufe uns in der folgenden Diskussion nicht weiter interessieren. Die Prozedur *wait_for_event* durchläuft eine Schleife und wartet, bis etwas passiert. Die Prozeduren *to_network_layer* und *from_network_layer* werden von der Sicherungsschicht verwendet, um Pakete an die Vermittlungsschicht weiterzugeben und von ihr Pakete entgegenzunehmen. Beachten Sie, dass *from_physical_layer* und *to_physical_layer* Rahmen zwischen der Sicherungsschicht und der Bitübertragungsschicht übertragen. Anders ausgedrückt beziehen sich *to_network_layer* und *from_network_layer* auf die Schnittstelle zwischen den Schichten 2 und 3, während *from_physical_layer* und *to_physical_layer* die Schnittstelle zwischen den Schichten 1 und 2 betreffen.

Bei den meisten Protokollen gehen wir von einem unzuverlässigen Kanal aus, der gelegentlich ganze Rahmen verliert. Aus diesem Grund muss die sendende Sicherungsschicht einen internen Timer oder eine Uhr starten, wenn sie einen Rahmen sendet. Geht innerhalb einer bestimmten vordefinierten Zeit keine Bestätigung ein, läuft die Uhr ab und die Sicherungsschicht erhält ein Interrupt-Signal.

Bei unseren Protokollen wird das folgendermaßen gehandhabt: Die Prozedur *wait_-for_event* gibt *event = timeout* zurück. Die Prozeduren *start_timer* und *stop_timer* schalten den Timer an und aus. Timeout-Ereignisse können nur eintreten, wenn der Timer läuft und bevor *stop_timer* aufgerufen wird. Der Aufruf von *start_timer* ist ausdrücklich auch zulässig, während der Timer läuft. Durch einen solchen Aufruf wird die Uhr zurückgesetzt, um die Beziehung zwischen einem Paket und einem Rahmen zu verstehen (sofern der Timer nicht zurückgesetzt oder ausgeschaltet wird).

Die Prozeduren *start_ack_timer* und *stop_ack_timer* werden zur Steuerung eines Hilfstimers benutzt, um unter bestimmten Bedingungen Bestätigungen zu erzeugen.

Die Prozeduren *enable_network_layer* und *disable_network_layer* werden in anspruchsvolleren Protokollen benutzt, bei denen wir nicht mehr davon ausgehen, dass die Vermittlungsschicht immer Pakete zum Versenden hat. Wird die Vermittlungsschicht von der Sicherungsschicht aktiviert, kann die Vermittlungsschicht unterbrechen, wenn sie ein Paket zu versenden hat. Das wird im Beispiel durch die Prozedur *event = network_ layer_ready* angegeben. Ist eine Vermittlungsschicht deaktiviert, darf sie solche Ereignisse nicht erzeugen. Durch sorgfältige Vorgehensweise, wann sie ihre Vermittlungsschicht aktiviert und deaktiviert, kann die Sicherungsschicht verhindern, dass die Vermittlungsschicht sie mit Paketen überschwemmt, wenn nicht mehr ausreichend Pufferplatz zur Verfügung steht.

Die Sequenznummern der Rahmen liegen immer im Bereich von 0 bis einschließlich *MAX_SEQ*, wobei *MAX_SEQ* je nach Protokoll unterschiedlich ist. Häufig muss die Sequenznummer modulo *MAX_SEQ* um 1 erhöht werden (d.h., nach *MAX_SEQ* kommt 0). Diese schrittweise Erhöhung wird vom Makro *inc* ausgeführt. Es wurde als Makro definiert, weil es innerhalb des kritischen Pfades verwendet wird. Wie wir später noch sehen werden, ist die Protokollverarbeitung häufig der entscheidende Faktor, der die Netzwerkleistung limitiert. Durch Definition von einfachen Operationen wie dieser als Makros (anstatt als Prozeduren) wird die Leistung gesteigert, ohne die Lesbarkeit des Codes zu beeinträchtigen.

Die Deklarationen in Abbildung 3.11 sind Teil aller Protokolle, die wir in Kürze besprechen werden. Um Platz zu sparen und eine bequeme Nachschlagemöglichkeit bereitzustellen, wurden sie extrahiert und in einer Liste zusammengestellt, aber vom Konzept her sollten sie bei den einzelnen Protokollen stehen. In C erfolgt die Zusammenführung durch Einfügen der Definitionen in eine gesonderte Header-Datei, in diesem Fall *protocol.h*, und durch Verwenden der `#include`-Anweisung des C-Präprozessors, um sie in die Protokolldateien einzubeziehen.

3.3.3 Simplexprotokolle der Sicherungsschicht

In diesem Abschnitt betrachten wir drei einfache Protokolle, die jeweils eine realistischere Situation verarbeiten als das vorherige Protokoll.

Utopia: Keine Flusskontrolle oder Fehlerkorrektur

Als erstes Beispiel wollen wir ein Protokoll betrachten, das einfacher nicht sein könnte, weil es sich nicht um die Möglichkeit kümmert, dass irgendetwas schiefgehen könnte. Die Daten werden nur in eine Richtung übertragen. Sowohl die sendende als auch die empfangende Vermittlungsschicht ist jederzeit bereit. Eventuelle Verarbeitungszeiten werden ignoriert. Der Puffer ist unendlich groß. Als absolute Krönung verliert der Übertragungskanal zwischen den Sicherungsschichten nie Rahmen und beschädigt sie auch nicht. Dieses völlig unrealistische Protokoll, das wir „Utopia" nennen, ist nur dazu da, die Grundstruktur darzustellen, auf der wir aufbauen werden. Die Implementierung ist in ▶Abbildung 3.12 zu sehen.

```
/* Protokoll 1 (Utopia) lässt die Datenübertragung nur in einer Richtung zu:
   vom Sender zum Empfänger. Laut Voraussetzung ist der Kommunikationskanal
   fehlerfrei und der Empfänger kann alle eingehenden Daten unendlich schnell
   verarbeiten. Deshalb befindet sich der Sender einfach in einer Schleife
   und füttert die Leitung mit Daten, so schnell er kann. */

typedef enum {frame_arrival} event_type;
#include "protocol.h"

void sender1(void)
{
  frame s;                          /* Puffer für ausgehende Rahmen */
  packet buffer;                    /* Puffer für ausgehendes Paket */
  while (true) {
     from_network_layer(&buffer);   /* hole etwas zum Senden */
     s.info = buffer;               /* kopiere es in s zum Übertragen */
     to_physical_layer(&s);         /* schicke es ab */
  }                                 /* Morgen, und Morgen, und dann wieder
                                       morgen, Kriecht so mit kleinem
                                       Schritt von Tag zu Tag, Zur letzten
                                       Silb auf unserem Lebensblatt
                                          - Macbeth, V, v */
}
```

```
void receiver1(void)
{
  frame r;
  event_type event;                  /* wird von wait ausgefüllt,
                                        aber hier nicht verwendet */

  while (true) {
     wait_for_event(&event);         /* einzige Möglichkeit ist
                                        frame_arrival */
     from_physical_layer(&r);        /* hole ankommenden Rahmen */
     to_network_layer(&r.info);      /* gib Daten an Vermittlungsschicht
                                        weiter */
  }
}
```

Abbildung 3.12: Utopia-Simplexprotokoll.

Das Protokoll besteht aus zwei unterschiedlichen Prozeduren, einem Sender und einem Empfänger. Der Sender läuft auf der Sicherungsschicht der Quellmaschine, der Empfänger auf der Sicherungsschicht der Zielmaschine. Es werden keine Sequenznummern oder Bestätigungen verwendet, deshalb wird *MAX_SEQ* nicht benötigt. Die einzig mögliche Ereignisart ist *frame_arrival* (d.h. die Ankunft eines fehlerfreien Rahmens).

Der Sender befindet sich in einer *while*-Endlosschleife und macht nichts anderes, als Daten in die Leitung zu pumpen, so schnell er kann. Der Schleifenrumpf besteht aus drei Aktionen: Hole ein Paket von der (immer bereiten) Vermittlungsschicht, baue in der Variablen *s* einen abgehenden Rahmen auf und schicke den Rahmen ab. Dieses Protokoll nutzt nur das Rahmenfeld *info*, da die anderen Felder Fehler- und Flusskontrolle betreffen und es hier ja weder Fehler noch Beschränkungen der Flusskontrolle gibt.

Der Empfänger ist ähnlich einfach aufgebaut: Zuerst wartet er, bis etwas passiert, wobei die einzige Möglichkeit die Ankunft eines fehlerfreien Rahmens ist. Irgendwann kommt der Rahmen an und die Prozedur *wait_for_event* übergibt in *event* den Wert *frame_arrival* (was aber ohnehin ignoriert wird). Der Aufruf von *from_physical_layer* nimmt den neu angekommenen Rahmen aus dem Hardwarepuffer und legt ihn in der Variablen *r* ab, auf die der Empfängercode zugreifen kann. Schließlich werden die Daten an die Vermittlungsschicht übergeben und die Sicherungsschicht lehnt sich entspannt zurück, um auf den nächsten Rahmen zu warten (sie suspendiert sich sozusagen selbst, bis wieder ein Rahmen eintrifft).

Das Utopia-Protokoll ist unrealistisch, da es weder Flusskontrolle noch Fehlerkorrektur bietet. Die Verarbeitung ähnelt hier der eines unbestätigten verbindungslosen Dienstes, der die Lösung dieser Probleme an höhere Schichten abgibt, obwohl selbst ein unbestätigter verbindungsloser Dienst etwas in puncto Fehlererkennung unternehmen würde.

Flusskontrolle ergänzen: Stop-and-Wait

Als Nächstes wollen wir das Problem angehen, wie der Sender davon abgehalten werden kann, den Empfänger schneller mit Rahmen zu überschwemmen als dieser sie verarbeiten kann. Diese Situation kann in der Praxis leicht entstehen. Die Fähigkeit, dies zu verhindern, ist also von großer Wichtigkeit. Wir nehmen weiterhin an, dass der Kommunikationskanal fehlerfrei ist und der Datenverkehr immer noch in nur eine Richtung geht.

Eine Lösung könnte sein, den Empfänger so leistungsstark zu konstruieren, dass er einen kontinuierlichen Strom von Back-to-Back-Rahmen verarbeiten kann (oder gleichwertig, die Sicherungsschicht so langsam einzurichten, dass der Empfänger mithalten kann). Der Empfänger muss ausreichend Pufferungsmöglichkeiten und Verarbeitungsfähigkeiten haben, um mit Leitungsrate zu laufen, außerdem muss er die ankommenden Rahmen schnell genug zur Vermittlungsschicht weiterreichen können. Dies ist jedoch eine Worst-Case-Lösung, die dedizierte Hardware benötigt und verschwenderisch mit Ressourcen umgeht, falls die Auslastung der Verbindung in der Regel niedrig ist. Mehr noch, die Bewältigung des zu schnellen Senders wird lediglich an einen anderen Ort verschoben – in diesem Fall zur Vermittlungsschicht.

Eine allgemeinere Lösung dieses Problems erhält man, indem man den Empfänger eine Bestätigung an den Sender schicken lässt. Nach der Weitergabe eines Pakets an die Vermittlungsschicht sendet der Empfänger einen kleinen Leerrahmen an den Sender, der diesem die Erlaubnis erteilt, den nächsten Rahmen zu senden. Nach der Übertragung eines Rahmens lässt das Protokoll den Sender warten, bis der kleine Leerrahmen (d.h. der Bestätigungsrahmen) des Empfängers ankommt. Diese Verzögerung ist ein einfaches Beispiel für ein Flusskontrollprotokoll.

Protokolle, in denen der Sender einen Rahmen sendet und dann auf eine Bestätigung wartet, bevor er weitermacht, werden als **Stop-and-Wait-Protokolle** bezeichnet. ▶Abbildung 3.13 zeigt ein Beispiel eines Stop-and-Wait-Simplexprotokolls.

```
/* Protokoll 2 (Stop-and-Wait) definiert ebenfalls einen unidirektionalen
   Datenfluss vom Sender zum Empfänger. Wie in Protokoll 1 wird auch hier
   angenommen, dass der Kommunikationskanal fehlerfrei ist. Diesmal hat der
   Empfänger jedoch nur einen begrenzten Puffer zur Verfügung. Deshalb muss
   das Protokoll dafür sorgen, dass der Sender den Empfänger nicht schneller
   mit Daten überschwemmt, als dieser verarbeiten kann. */

typedef enum {frame_arrival} event_type;
#include "protocol.h"

void sender2(void)
{
  frame s;                      /* Puffer für einen ausgehenden Rahmen */
  packet buffer;                /* Puffer für ein ausgehendes Paket */
  event_type event;             /* frame_arrival ist die einzige Möglichkeit */

  while (true) {
     from_network_layer(&buffer);  /* hole Daten zum Senden */
     s.info = buffer;              /* kopiere diese zum Übertragen in s */
```

```
      to_physical_layer(&s);         /* tschüss, kleiner Rahmen */
      wait_for_event(&event);        /* nicht weitermachen, bis grünes Licht
                                        kommt */
   }
}

void receiver2(void)
{
  frame r, s;                        /* Rahmenpuffer */
  event_type event;                  /* frame_arrival ist die einzige
                                        Möglichkeit */
  while (true) {
      wait_for_event(&event);        /* einzige Möglichkeit ist frame_arrival */
      from_physical_layer(&r);       /* hole den ankommenden Rahmen */
      to_network_layer(&r.info);     /* gib die Daten an die Vermittlungs-
                                        schicht weiter */
      to_physical_layer(&s);         /* sende ein Leerrahmen, um den Sender
                                        zu wecken */
  }
}
```

Abbildung 3.13: Simplexprotokoll mit Stop-and-Wait.

Obwohl es sich bei diesem Beispiel um einen Datenverkehr im Simplexmodus handelt, der nur vom Sender zum Empfänger stattfindet, bewegen sich die Rahmen doch in beide Richtungen. Deshalb muss der Kommunikationskanal zwischen den zwei Sicherungsschichten die Datenübertragung in beide Richtungen zulassen. Dieses Protokoll legt jedoch eine strenge Reihenfolge hinsichtlich der Änderung der Flussrichtung fest: Erst schickt der Sender einen Rahmen, dann schickt der Empfänger einen Rahmen, danach schickt der Sender wieder einen Rahmen und dann wieder der Empfänger usw. Ein Halbduplexkanal würde hier also genügen.

Wie bei Protokoll 1 beginnt der Sender damit, ein Paket von der Vermittlungsschicht zu holen, daraus einen Rahmen zu erstellen und ihn abzusenden. Im Gegensatz zu Protokoll 1 muss der Sender jetzt aber warten, bis ein Bestätigungsrahmen ankommt. Erst dann kann er fortfahren und das nächste Paket von der Vermittlungsschicht holen. Die sendende Sicherungsschicht muss den ankommenden Rahmen nicht einmal prüfen, weil es nur eine Möglichkeit gibt. Der eingehende Rahmen ist immer eine Bestätigung.

Der einzige Unterschied zwischen *receiver1* und *receiver2* ist, dass *receiver2* nach Abgabe des Pakets an die Vermittlungsschicht eine Bestätigung an den Sender richtet, bevor er wieder in die Warteschleife eintritt. Da hier nur die Ankunft eines Rahmens beim Sender wichtig ist und nicht dessen Inhalt, braucht der Empfänger keine besonderen Informationen in den Rahmen einzufügen.

Fehlerkorrektur ergänzen: Sequenznummern und ARQ

Nun wollen wir uns mit der üblichen Situation eines Kommunikationskanals befassen, der Fehler macht. Rahmen können beschädigt werden oder völlig verloren gehen. Wir nehmen hier an, dass die Hardware auf der Empfängerseite erkennt, wenn ein

Rahmen während seiner Übertragung beschädigt wurde, sobald sie die Prüfsumme errechnet. Ist der Rahmen so beschädigt, dass die Prüfsumme dennoch korrekt ist – was äußerst selten der Fall ist –, so kann dieses Protokoll (und alle anderen) versagen (d.h., es wird ein fehlerhaftes Paket an die Vermittlungsschicht übertragen).

Auf den ersten Blick sieht es so aus, als ob eine kleinere Veränderung von Protokoll 2 schon ausreichen würde: Hinzufügen eines Timers. In diesem Fall überträgt der Sender einen Rahmen, der Empfänger sendet aber nur dann eine Bestätigung, wenn die Daten korrekt angekommen sind. Kommt beim Empfänger ein zerstörter Rahmen an, wird er verworfen. Nach einer bestimmten Zeit läuft der Timer des Senders ab und der Rahmen wird noch einmal gesendet. Dieser Vorgang wird so oft wiederholt, bis der Rahmen in einwandfreiem Zustand ankommt.

Dieses Schema enthält allerdings einen fatalen Fehler. Denken Sie noch einmal über das Problem nach und versuchen Sie herauszufinden, was schiefgehen könnte, bevor Sie weiterlesen.

Vergessen Sie nicht, dass das Ziel der Sicherungsschicht die Bereitstellung einer fehlerfreien transparenten Kommunikation zwischen den Prozessen der Vermittlungsschichten ist. Die Vermittlungsschicht auf Rechner *A* gibt eine Reihe von Paketen an die Sicherungsschicht ab. Diese wiederum muss gewährleisten, dass auf Rechner *B* genau die gleiche Reihe von Paketen durch die Sicherungsschicht an die Vermittlungsschicht weitergegeben wird. Insbesondere hat die Vermittlungsschicht auf Rechner *B* keine Möglichkeit zu erkennen, dass ein Paket verloren gegangen ist oder doppelt vorkommt. Die Sicherungsschicht muss also garantieren, dass es keine Kombination von Übertragungsfehlern gibt, die dazu führen können, dass Pakete doppelt an die Vermittlungsschicht gesendet werden, egal wie unwahrscheinlich das sein mag.

Betrachten Sie folgendes Szenario:

1. Die Vermittlungsschicht auf *A* sendet Paket 1 an ihre Sicherungsschicht. *B* erhält das Paket korrekt und gibt es an die Vermittlungsschicht auf der *B*-Seite ab. *B* sendet einen Bestätigungsrahmen zurück an *A*.

2. Der Bestätigungsrahmen geht vollständig verloren. Er kommt einfach nie an. Das Leben wäre um sehr vieles einfacher, wenn der Kommunikationskanal nur Datenrahmen, aber keine Steuerrahmen demolieren und verlieren würde – bedauerlicherweise ist der Kanal jedoch nicht sehr wählerisch.

3. Auf der Sicherungsschicht von *A* läuft schließlich der Timer ab. Da keine Bestätigung angekommen ist, nimmt die Sicherungsschicht fälschlicherweise an, dass der Datenrahmen verloren gegangen oder beschädigt worden ist, und sendet den Rahmen mit Paket 1 noch einmal.

4. Das Duplikat kommt bei der Sicherungsschicht von *B* unbeschädigt an und wird von der ahnungslosen Sicherungsschicht an die Vermittlungsschicht weitergegeben. Sendet *A* eine Datei an *B*, wird ein Teil der Datei verdoppelt (d.h. die von *B* angefertigte Kopie der Datei ist fehlerhaft, was aber nicht entdeckt wird). Mit anderen Worten: das Protokoll hat versagt.

Es ist also offensichtlich nötig, dass der Empfänger Rahmen, die er zum ersten Mal sieht, von erneut übertragenen Rahmen unterscheiden kann. Der einfachste Weg, das zu erreichen, ist der, dass der Sender eine Sequenznummer im Nachrichten-Header jedes gesendeten Rahmens angibt. Der Empfänger kann dann die Sequenznummer jedes ankommenden Rahmens prüfen, um festzustellen, ob der Rahmen neu oder ein Duplikat ist, das verworfen werden kann.

Da das Protokoll korrekt sein muss und das Sequenznummerfeld im Header wahrscheinlich zu klein ist, um die Verbindung effizient zu benutzen, taucht die Frage auf: Was ist die für Sequenznummern erforderliche Mindestzahl an Bits? Der Header könnte, je nach Protokoll, 1 Bit, ein paar Bits, 1 Byte oder mehrere Bytes für eine Sequenznummer bereitstellen. Der springende Punkt ist, dass Sequenznummern übertragen werden müssen, die groß genug sind, damit das Protokoll korrekt arbeiten kann, oder es ist kein richtiges Protokoll.

Die einzige Mehrdeutigkeit in diesem Protokoll besteht zwischen einem Rahmen m und seinem direkten Nachfolger $m+1$. Wenn Rahmen m verloren geht oder beschädigt wird, bestätigt der Empfänger dessen Erhalt nicht und der Sender versucht weiter, den Rahmen zu übertragen. Sobald dieser korrekt angekommen ist, sendet der Empfänger eine Bestätigung an den Sender. Genau an dieser Stelle könnten wir in Schwierigkeiten kommen. Je nachdem, ob der Bestätigungsrahmen wieder korrekt beim Empfänger ankommt, sendet der Sender unter Umständen m oder $m+1$.

Das Ereignis, das beim Sender die Übertragung des Rahmens $m+1$ auslöst, ist die Ankunft der Bestätigung für den Rahmen m. Diese Situation impliziert aber, dass $m-1$ korrekt empfangen wurde und dass außerdem die dazugehörige Bestätigung beim Sender korrekt angekommen ist. Andernfalls hätte der Sender nicht mit m begonnen, geschweige denn das Senden von $m+1$ in Betracht gezogen. Deshalb kann die einzige Verwechslung zwischen einem Rahmen und seinem unmittelbaren Vorgänger oder Nachfolger auftreten, nicht aber zwischen dem Vorgänger und dem Nachfolger des Rahmens.

Es genügt also eine Sequenznummer mit einem Bit (0 oder 1). Der Empfänger erwartet zu jedem Zeitpunkt eine bestimmte Sequenznummer. Kommt ein Rahmen mit der korrekten Sequenznummer an, wird er akzeptiert und an die Vermittlungsschicht übergeben, dann bestätigt. Daraufhin wird die erwartete Sequenznummer modulo 2 inkrementiert (d.h., 0 wird 1 und 1 wird 0). Jeder Rahmen, der mit der falschen Sequenznummer ankommt, wird als Duplikat zurückgewiesen. Die letzte gültige Bestätigung wird jedoch wiederholt, sodass der Sender letzten Endes mitbekommt, dass der Rahmen empfangen wurde.

Ein Beispiel für diesen Protokolltyp zeigt ▶Abbildung 3.14. Protokolle, bei denen der Sender auf eine positive Bestätigung wartet, bevor er die nächsten Daten übermittelt, werden häufig **ARQ**-Protokolle (*Automatic Repeat reQuest*, automatische Wiederholungsanforderung) oder **PAR**-Protokolle (*Positive Acknowledgement with Retransmission*, positive Bestätigung mit erneuter Übertragung) genannt. Wie Protokoll 2 übermittelt auch diese Protokollart die Daten nur in eine Richtung.

```
/* Mit Protokoll 3 (PAR) können Daten unidirektional über einen unzuverlässigen
   Kommunikationskanal übertragen werden. */

#define MAX_SEQ 1                        /* für Protokoll 3 muss das 1 sein */
typedef enum {frame_arrival, cksum_err, timeout} event_type;
#include "protocol.h"

void sender3(void)
{
  seq_nr next_frame_to_send;             /* Sequenznummer des nächsten
                                            ausgehenden Rahmens */
  frame s;                               /* Hilfsvariable */
  packet buffer;                         /* Puffer für ein ausgehendes Paket */
  event_type event;

  next_frame_to_send = 0;                /* initialisiere Ausgangssequenz-
                                            nummer */
  from_network_layer(&buffer);           /* hole erstes Paket */
  while (true) {
     s.info = buffer;                    /* erstelle Rahmen für Übertragung */
     s.seq = next_frame_to_send;         /* füge Sequenznummer in Rahmen ein */
     to_physical_layer(&s);              /* sende Paket ab */
     start_timer(s.seq);                 /* Timeout, falls die Antwort zu
                                            lange dauert */
     wait_for_event(&event);             /* frame_arrival, cksum_err, timeout */
     if (event == frame_arrival) {
        from_physical_layer(&s);         /* hole Bestätigung */
        if (s.ack == next_frame_to_send) {
           stop_timer(s.ack);            /* Timer deaktivieren */
           from_network_layer
               (&buffer);                /* hole die nächsten zu sendenden
                                            Daten */
           inc(next_frame_to_send);      /* invertiere next_frame_to_send */
        }
     }
  }
}

void receiver3(void)
{
  seq_nr frame_expected;
  frame r, s;
  event_type event;

  frame_expected = 0;
  while (true) {
     wait_for_event(&event);             /* Möglichkeiten: frame_arrival,
                                            cksum_err */
     if (event == frame_arrival) {       /* ein gültiger Rahmen ist
                                            angekommen */
        from_physical_layer(&r);         /* hole neu angekommenen Rahmen */
        if (r.seq == frame_expected) {   /* darauf haben wir gewartet */
           to_network_layer(&r.info);    /* gib die Daten an die Vermittlungs-
                                            schicht weiter */
           inc(frame_expected);          /* beim nächsten Mal wird die andere
                                            Sequenznummer erwartert */
```

```
            }
            s.ack = 1 - frame_expected;       /* bestimme, welcher Rahmen
                                                 bestätigt wird */
            to_physical_layer(&s);             /* sende Bestätigung */
        }
    }
}
```

Abbildung 3.14: PAR-Protokoll.

Protokoll 3 unterscheidet sich von seinen Vorgängern darin, dass Sender und Empfänger eine Variable haben, deren Wert gespeichert wird, während sich die Sicherungsschicht im Wartezustand befindet. Der Sender speichert die Sequenznummer des nächsten Rahmens in *next_frame_to_send*. Der Empfänger speichert die Sequenznummer des nächsten erwarteten Rahmens in *frame_expected*. Jedes Protokoll hat eine kurze Initialisierungsphase, bevor es in seine Endlosschleife eintritt.

Nach der Übertragung eines Rahmens schaltet der Sender den Timer ein. War der Timer bereits aktiv, wird er wieder zurückgesetzt, sodass sich ein volles Timerintervall ergibt. Die Zeitspanne muss so gewählt werden, dass der Rahmen beim Empfänger ankommen, der Empfänger den Rahmen auch im schlechtesten Fall verarbeiten und der Bestätigungsrahmen beim Sender ankommen kann. Erst nach Ablauf dieses Intervalls kann man sicher sein, dass entweder der übermittelte Rahmen oder seine Bestätigung verloren gegangen ist und ein Duplikat gesendet werden muss. Ist das Timeout-Intervall zu kurz, dann überträgt der Sender unnötig Rahmen. Wenngleich diese zusätzlichen Rahmen auch die Korrektheit des Protokolls nicht beeinträchtigen, so mindern sie doch die Leistung.

Nach der Übertragung des Rahmens und dem Starten des Timers wartet der Sender auf das nächste große Ereignis. Es gibt nur drei Möglichkeiten: Ein Bestätigungsrahmen kommt unbeschädigt an, ein Bestätigungsrahmen kommt fehlerhaft an oder der Timer läuft ab. Kommt ein gültiger Bestätigungsrahmen beim Sender an, dann holt dieser das nächste Paket von der Vermittlungsschicht und speichert es im Puffer, wodurch das vorhergehende Paket gelöscht wird. Außerdem erhöht er die Sequenznummer. Wenn ein beschädigter Rahmen ankommt oder der Timer abläuft, werden weder die Informationen im Puffer noch die Sequenznummer geändert, sodass ein Duplikat gesendet werden kann. Auf jeden Fall wird dann der Inhalt des Puffers gesendet (entweder das nächste Paket oder ein Duplikat).

Kommt ein korrekter Rahmen beim Empfänger an, dann wird die Sequenznummer des Rahmens überprüft, um zu sehen, ob der Rahmen ein Duplikat ist. Falls nicht, wird er angenommen, an die Vermittlungsschicht weitergegeben und es wird eine Bestätigung erstellt. Duplikate und beschädigte Rahmen werden nicht an die Vermittlungsschicht weitergegeben, aber sie bewirken, dass der letzte korrekt empfangene Rahmen bestätigt wird, um damit dem Sender zu signalisieren, mit dem nächsten Rahmen fortzufahren oder einen beschädigten Rahmen noch einmal zu übertragen.

3.4 Effizienz verbessern

In den bisher besprochenen Protokollen wurden Datenrahmen in eine einzige Richtung übertragen. In der Praxis werden jedoch Übertragungsmöglichkeiten in beide Richtungen benötigt. Außerdem ist die Sicherungsschicht effizienter, wenn sie mehrere Rahmen gleichzeitig senden kann, bevor sie eine Bestätigung erhält. Im Folgenden werden diese beiden Konzepte untersucht und anschließend werden mehrere Beispielprotokolle vorgestellt, mit denen sich diese Ziele erreichen lassen.

3.4.1 Ziel: Bidirektionale Übertragung, mehrere Rahmen gleichzeitig im Umlauf

Als Nächstes werden wir das Konzept des Huckepacktransports erläutern, mit dem ein Sicherungsschichtprotokoll eine bidirektionale Übertragung erreichen kann, sowie das Schiebefensterkonzept, das die Übertragungseffizienz verbessert, indem es dem Sender erlaubt, mehrere Bytes im Umlauf zu haben.

Bidirektionale Übertragung: Huckepacktransport

Für Datenübertragungen im Vollduplexmodus könnte man zwei Instanzen von einem der vorherigen Protokolle ausführen, wobei jedes eine separate Verbindung für den Simplexdatenverkehr verwendet (in verschiedene Richtungen). Jede Verbindung besteht dann aus einem Hauptkanal (für Daten) und einem Rückkanal (für Bestätigungen). In beiden Fällen wäre die Kapazität des Rückkanals fast vollständig verschwendet.

Eine bessere Lösung ist der Einsatz der gleichen Verbindung für die Datenübertragung in beide Richtungen. Schließlich wurde in den Protokollen 2 und 3 bereits eine Leitung für die Rahmenübertragung in beide Richtungen verwendet, wobei der Rückkanal normalerweise die gleiche Kapazität hat wie der Hauptkanal. Bei diesem Modell werden die Daten- und Bestätigungsrahmen von *A* nach *B* gemischt. Inspiziert der Empfänger das Feld *kind* im Nachrichten-Header des ankommenden Rahmens, erkennt er sofort, ob der Rahmen Daten enthält oder ein Bestätigungsrahmen ist.

Obwohl die Überlappung von Daten- und Steuerrahmen auf der gleichen Verbindung gegenüber dem Einsatz von zwei getrennten Verbindungen schon ein großer Vorteil ist, gibt es noch eine zusätzliche Verbesserungsmöglichkeit: Wenn ein Datenrahmen ankommt, schickt der Empfänger nicht sofort einen Bestätigungsrahmen, sondern hält sich damit zurück, bis die Vermittlungsschicht das nächste Paket übermittelt. Die Bestätigung wird an den ausgehenden Datenrahmen angehängt (im Feld *ack* im Rahmen-Header). So bekommt die Bestätigung also eine Freifahrt auf dem nächsten Datenrahmen, der gesendet wird. Die Methode, ausgehende Bestätigungen kurzzeitig zu verzögern, sodass sie an dem nächsten ausgehenden Datenrahmen auf den Rücken geschnallt werden können, wird **Huckepacktransport** (*piggybacking*) genannt.

Der wesentliche Vorteil des Huckepacktransports gegenüber der gesonderten Sendung von Bestätigungsrahmen ist der, dass die verfügbare Bandbreite des Kanals besser genutzt wird. Das *ack*-Feld im Rahmen-Header kostet nur wenige Bits, während für einen separaten Rahmen ein Nachrichten-Header, die Bestätigung und eine Prüfsumme benötigt werden. Ferner bedeutet eine geringere Anzahl von übertragenen Rahmen in der Regel eine schwächere Verarbeitungslast beim Empfänger. In unserem nächsten Protokoll kostet uns das Feld für den Huckepacktransport nur ein Bit im Rahmen-Header. Selten werden mehr als ein paar Bits benötigt.

Der Huckepacktransport bringt jedoch eine Komplikation mit sich, die wir bei der getrennten Übertragung nicht haben. Wie lange sollte die Sicherungsschicht auf ein Paket warten, an das sie die Bestätigung anhängen kann? Ist die Wartezeit länger als das Timeout-Intervall des Senders, dann wird der Rahmen noch einmal übertragen – was dem Zweck der Bestätigungsprozedur zuwider läuft. Hätte die Sicherungsschicht prophetische Kräfte und könnte die Zukunft vorhersagen, dann wüsste sie, wann das nächste Paket der Vermittlungsschicht ankommt. Sie könnte sich somit entscheiden, ob sie darauf warten oder die Bestätigung getrennt senden soll, je nachdem, wie lange die vorhergesehene Wartezeit wäre. Natürlich ist unsere Sicherungsschicht keine Hellseherin, sondern muss Zuflucht zu Ad-hoc-Schemata nehmen, wie z.B. eine bestimmte Dauer in Millisekunden zu warten. Kommt ein neues Paket schnell an, wird ihm die Bestätigung huckepack aufgeladen. Wenn andereseits bis zum Ende des Zeitintervalls kein neues Paket angekommen ist, sendet die Sicherungsschicht einen separaten Bestätigungsrahmen.

Schiebefenster

Die nächsten drei Protokolle sind bidirektionale Protokolle, die zur Klasse der sogenannten **Schiebefensterprotokolle** (*sliding windows protocol*) gehören. Sie unterscheiden sich in Bezug auf Effizienz, Komplexität und Pufferanforderungen, was später genauer erörtert wird. Bei allen Schiebefensterprotokollen enthält jeder zu sendende Rahmen eine Sequenznummer von 0 bis zu einem bestimmten Maximum. Das Maximum ist normalerweise 2^n-1, damit die Sequenznummer in ein n-Bit-Feld passt. Das Stop-and-Wait-Schiebefensterprotokoll verwendet $n=1$, wobei die Sequenznummern auf 0 oder 1 beschränkt sind. Ausgefeiltere Versionen können ein beliebiges n verwenden.

Das Hauptmerkmal aller Schiebefensterprotokolle ist, dass der Sender ständig eine Liste von aufeinanderfolgenden Sequenznummern führt, die der Anzahl der Rahmen entspricht, die er senden darf. Man sagt, dass diese Rahmen genau in das sogenannte **Sendefenster** fallen. Ähnlich benutzt der Empfänger ein **Empfangsfenster**, das den Rahmen entspricht, die er annehmen darf. Die Fenster des Senders und Empfängers müssen nicht die gleichen Unter- und Obergrenzen, noch nicht einmal die gleiche Größe haben. In einigen Protokollen ist die Größe festgelegt, in anderen aber kann sie im Laufe der Zeit mit dem Senden oder Empfangen von Rahmen größer oder kleiner werden.

Obwohl diese Protokolle der Sicherungsschicht größere Freiheiten bezüglich der Reihenfolge lassen, in der sie Rahmen senden und empfangen darf, haben wir ganz bewusst folgende Bedingung nicht aufgehoben: Das Protokoll muss Pakete an die Vermittlungsschicht der Zielmaschine in genau der Reihenfolge übertragen, in der die Pakete an die Sicherungsschicht auf der Quellmaschine übergeben wurden. Zudem haben wir beibehalten, dass das eigentliche Verhalten des Kommunikationskanals der kabelgebundenen Übertragung entspricht (d.h., die Rahmen müssen in der Reihenfolge, in der sie gesendet werden, beim Empfänger abgeliefert werden).

Die Sequenznummern im Sendefenster stellen Rahmen dar, die versendet wurden oder noch versendet werden können, aber noch nicht bestätigt wurden. Sobald aus der Vermittlungsschicht ein neues Paket ankommt, wird ihm die nächsthöhere Sequenznummer zugeteilt und die Obergrenze des Fensters wird um eins verschoben. Kommt eine Bestätigung an, wird die untere Begrenzung des Fensters um eins weitergerückt. So enthält das Fenster immer eine Liste der unbestätigten Rahmen. ▶Abbildung 3.15 zeigt dies an einem Beispiel.

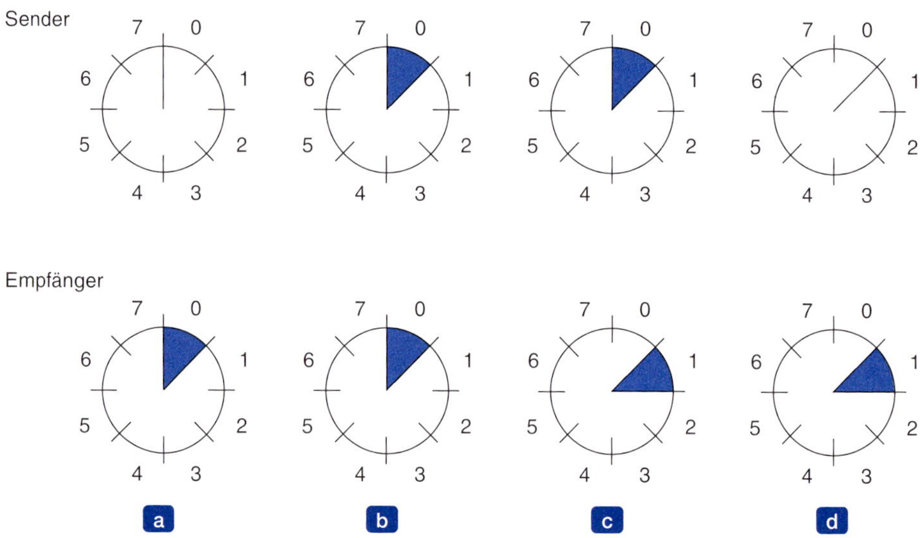

Abbildung 3.15: Schiebefenster der Größe 1 mit einer 3-Bit-Sequenznummer: (a) Anfangszustand, (b) nach Senden des ersten Rahmens, (c) nach Empfang des ersten Rahmens, (d) nach Empfang der ersten Bestätigung.

Da Rahmen, die sich gerade im Sendefenster befinden, schließlich doch noch verloren gehen oder beschädigt werden können, muss der Sender alle diese Rahmen in seinem Speicher halten, um sie eventuell noch einmal übertragen zu können. Wenn also die maximale Größe des Fensters n beträgt, braucht der Sender n Puffer, um alle unbestätigten Rahmen aufnehmen zu können. Wächst das Fenster bis zu seiner Höchstgrenze an, dann muss die Sicherungsschicht auf der Senderseite die Vermittlungsschicht zwangsweise blockieren, bis wieder ein Puffer frei wird.

Das Fenster der Sicherungsschicht auf der Empfängerseite entspricht der Anzahl der Rahmen, die sie aufnehmen kann. Jeder Rahmen, der innerhalb des Fensters fällt, wird im Puffer des Empfängers gespeichert. Kommt ein Rahmen an, dessen Sequenznummer der Untergrenze des Fensters entspricht, wird der Rahmen an die Vermittlungsschicht weitergegeben und das Fenster wird um eins weiterbewegt. Jeder Rahmen, der nicht in das Fenster fällt, wird kommentarlos verworfen. In all diesen Fällen wird eine nachfolgende Bestätigung erzeugt, sodass der Sender herausfinden kann, wie er weiter verfahren soll. Beachten Sie, dass eine Fenstergröße von 1 bedeutet, dass die Sicherungsschicht Rahmen nur der Reihe nach annimmt. Dies gilt aber nicht für größere Fenster. Die Vermittlungsschicht andererseits erhält ihre Daten immer in der richtigen Reihenfolge, unabhängig davon, welche Größe das Fenster der Sicherungsschicht hat.

Abbildung 3.15 ist ein Beispiel mit einer maximalen Fenstergröße von 1. Anfangs stehen keine Rahmen aus, folglich sind Ober- und Untergrenze des Sendefensters gleich. Im Laufe der Zeit entsteht aber die hier dargestellte Situation. Anders als das Sendefenster behält das Empfangsfenster immer seine ursprüngliche Größe und rotiert, wenn der nächste Rahmen angenommen und zur Vermittlungsschicht weitergereicht wird.

3.4.2 Beispiele für Vollduplex-Schiebefensterprotokolle

Im Folgenden präsentieren wir Beispiele für ein einfaches 1-Bit-Schiebefensterprotokoll sowie für Protokolle, die die erneute Übertragung von fehlerhaften Rahmen bearbeiten können, wenn mehrere Rahmen in Umlauf sind.

1-Bit-Schiebefenster

Bevor wir uns dem allgemeinen Fall zuwenden, wollen wir ein Schiebefensterprotokoll mit einer Fenstergröße von 1 untersuchen. Ein solches Protokoll geht nach dem Stop-and-Wait-Verfahren vor: Der Sender übermittelt einen Rahmen und wartet auf die zugehörige Bestätigung, bevor er den nächsten abschickt.

▶Abbildung 3.16 zeigt ein solches Protokoll. Wie bei den anderen beginnt es mit der Definition einiger Variablen. Mit *next_frame_to_send* wird bezeichnet, welchen Rahmen der Sender als Nächstes zu übertragen versucht, und *frame_expected* sagt aus, welchen Rahmen der Empfänger erwartet. In beiden Fällen sind 0 und 1 die einzigen Möglichkeiten.

```
/* Protokoll 4 (Schiebefenster) ist bidirektional. */

#define MAX_SEQ 1                         /* für Protokoll 4 muss das 1
                                             sein*/
typedef enum {frame_arrival, cksum_err, timeout} event_type;
#include "protocol.h"

void protocol4 (void)
{
  seq_nr next_frame_to_send;              /* nur 0 oder 1 */
  seq_nr frame_expected;                  /* nur 0 oder 1 */
  frame r, s;                             /* Hilfsvariablen */
  packet buffer;                          /* aktuell zu übertragendes
                                             Paket */
  event_type event;
```

```
  next_frame_to_send = 0;                 /* nächster Rahmen des
                                             Ausgangsstroms */
  frame_expected = 0;                     /* Nummer des nächsten erwarteten
                                             Rahmens */
  from_network_layer(&buffer);            /* hole Paket von der
                                             Vermittlungsschicht */
  s.info = buffer;                        /* bereite einen Rahmen zum
                                             Senden vor */
  s.seq = next_frame_to_send;             /* füge Sequenznummer in Rahmen
                                             ein */
  s.ack = 1 - frame_expected;             /* Huckepackbestätigung */
  to_physical_layer(&s);                  /* übertrage den Rahmen */
  start_timer(s.seq);                     /* starte den Timer */

  while (true) {
     wait_for_event(&event);              /* frame_arrival, cksum_err,
                                             oder timeout */
     if (event == frame_arrival) {        /* ein Rahmen ist unbeschädigt
                                             angekommen */
        from_physical_layer(&r);          /* hole ihn */

        if (r.seq == frame_expected) {    /* bearbeite ankommenden
                                             Rahmenstrom */
           to_network_layer(&r.info);     /* gib das Paket weiter zur
                                             Vermittlungsschicht */
           inc(frame_expected);           /* invertiere nächste erwartete
                                             Sequenznummer */
        }

        if (r.ack == next_frame_to_send) { /* bearbeite ausgehenden
                                             Rahmenstrom */
           stop_timer(r.ack);             /* deaktiviere  Timer */
           from_network_layer(&buffer);   /* hole neues Paket von
                                             Vermittlungsschicht */
           inc(next_frame_to_send);       /* invertiere Sequenznummer
                                             des Senders */
        }
     }
     s.info = buffer;                     /* erstelle den Ausgangsrahmen */
     s.seq = next_frame_to_send;          /* füge Sequenznummer ein */
     s.ack = 1 - frame_expected;          /* Sequenznummer des zuletzt
                                             eingegangenen Rahmens */
     to_physical_layer(&s);               /* übertrage einen Rahmen */
     start_timer(s.seq);                  /* starte den Timer */
  }
}
```

Abbildung 3.16: Ein 1-Bit-Schiebefensterprotokoll.

Normalerweise beginnt eine der beiden Sicherungsschichten mit der Übertragung des ersten Rahmens. Anders ausgedrückt, sollte nur eines der Programme der Sicherungsschicht die Prozeduraufrufe *to_physical_layer* und *start_timer* außerhalb der Hauptschleife aufweisen. Der startende Rechner holt das erste Paket von der Vermittlungsschicht, erstellt einen Rahmen und sendet diesen. Sobald dieser (oder ein anderer) Rahmen ankommt, prüft die empfangende Sicherungsschicht genau wie bei Protokoll

3, ob der Rahmen ein Duplikat ist. Ist es der erwartete Rahmen, so wird er an die Vermittlungsschicht weitergegeben und das Fenster des Empfängers wird nach oben verschoben.

Das Bestätigungsfeld enthält die Nummer des letzten fehlerfrei empfangenen Rahmens. Stimmt diese Nummer mit der Sequenznummer des Rahmens überein, der gesendet werden soll, dann weiß der Sender, dass der Rahmen in *buffer* erledigt ist, und kann das nächste Paket von seiner Vermittlungsschicht holen. Stimmt die Sequenznummer nicht überein, muss der Sender weiter versuchen, den gleichen Rahmen zu senden. Jedes Mal wenn ein Rahmen angekommen ist, wird auch einer zurückgesendet.

Nun wollen wir Protokoll 4 dahingehend untersuchen, wie belastbar es unter ungünstigen Bedingungen ist. Nehmen wir an, *A* versucht, seinen Rahmen 0 an *B* zu senden, und *B* versucht, seinen Rahmen 0 an *A* zu verschicken. *A* sendet seinen Rahmen an *B*, aber der Timer von *A* ist ein wenig zu kurz eingestellt. Also unterbricht *A* immer wieder und sendet eine Reihe von identischen Rahmen, alle mit *seq*=0 und *ack*=1.

Der erste gültige Rahmen, der bei *B* ankommt, wird angenommen und *frame_expected* wird auf den Wert 1 gesetzt. Alle nachfolgenden Rahmen werden nicht angenommen, weil *B* nun Rahmen mit der Sequenznummer 1 und nicht 0 erwartet. Außerdem holt *B* kein neues Paket von der Vermittlungsschicht, da alle Duplikate *ack*=1 aufweisen und *B* immer noch auf die Bestätigung von Rahmen 0 wartet.

Nach der Ankunft jedes zurückgewiesenen Duplikats schickt *B* einen Rahmen an *A*, der *seq*=0 und *ack*=0 enthält. Irgendwann kommt einer dieser Rahmen korrekt bei *A* an und veranlasst *A*, das nächste Paket zu senden. Es ist durch keine Kombination aus verlorenen Rahmen und vorzeitigem Timeout möglich, dass das Protokoll Duplikatpakete an eine der Vermittlungsschichten sendet, ein Paket überspringt oder in einen Deadlock gerät. Das Protokoll ist korrekt.

Um jedoch zu zeigen, wie subtil Protokollinteraktionen sein können, betrachten wir die Situation, wenn beide Seiten gleichzeitig ein Anfangspaket senden – hier kommt es zu einem Sonderfall. Diese Schwierigkeit bei der Synchronisation ist in ▶Abbildung 3.17 gezeigt. In Abbildung 3.17a wird der normale Ablauf des Protokolls geschildert. In Abbildung 3.17b sehen wir den Sonderfall. Wenn *B* auf den ersten Rahmen von *A* wartet, bevor *B* seinen eigenen ersten sendet, sieht das Ganze wie in Abbildung 3.17a aus und jeder Rahmen wird angenommen.

Fangen jedoch *A* und *B* gleichzeitig zu senden an, kreuzen sich ihre ersten Rahmen und die Sicherungsschichten kommen in die in Abbildung 3.17b gezeigte Lage. In Abbildung 3.17a enthält jeder ankommende Rahmen ein neues Paket für die Vermittlungsschicht – es gibt keine Duplikate. In Abbildung 3.17b ist die Hälfte der Rahmen Duplikate, obwohl keine Übertragungsfehler vorkommen. Ähnliche Situationen können durch vorzeitige Timeouts entstehen, auch wenn eindeutig eine der beiden Seiten als Erstes zu übertragen beginnt. Finden mehrere vorzeitige Timeouts statt, werden Rahmen eventuell dreimal oder noch häufiger gesendet, wodurch wertvolle Bandbreite verschwendet wird.

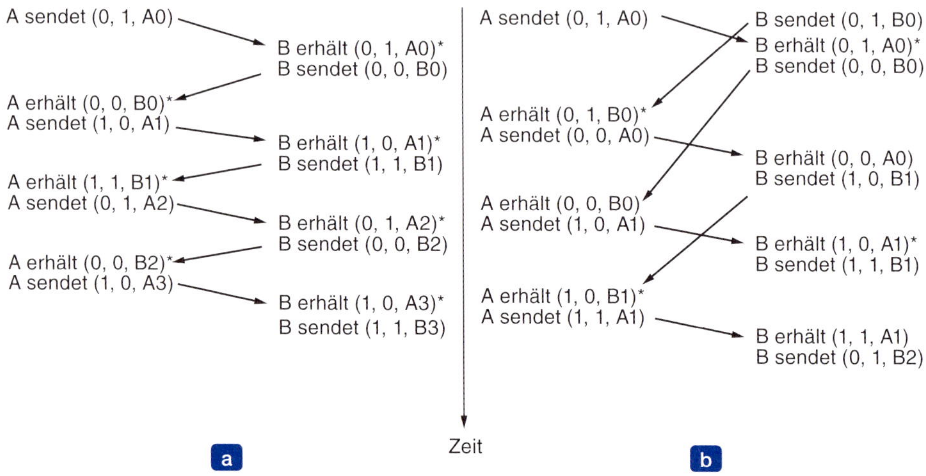

Abbildung 3.17: Zwei Szenarien für Protokoll 4: (a) Normalfall, (b) Sonderfall. Die Schreibweise lautet (*seq, ack, Paketnummer*). Ein Sternchen gibt an, wo eine Vermittlungsschicht ein Paket annimmt.

Go-back-N-Protokoll

Bis jetzt sind wir stillschweigend davon ausgegangen, dass die Übertragungszeit, die ein Rahmen braucht, bis er beim Empfänger ankommt, sowie die zum Senden der Bestätigung erforderliche Zeit vernachlässigt werden können. Manchmal ist diese Annahme allerdings schlichtweg falsch. In solchen Fällen kann eine lange Übertragungszeit gravierende Auswirkungen auf die effiziente Nutzung der Bandbreite haben. Betrachten wir z.B. einen Satellitenkanal mit 50 kbit/s und einer Signalausbreitungsverzögerung pro Paketumlaufzeit (*round-trip delay*) von 500 ms. Angenommen, wir benutzen Protokoll 4 zur Übertragung eines 1.000-Bit-Rahmens über Satellit. Bei t=0 beginnt der Sender mit der Übertragung des ersten Rahmens. Bei t=20 ms ist die Übertragung beendet. Frühestens bei t=270 ms ist der Rahmen vollständig beim Empfänger angekommen und frühestens bei t=520 ms erreicht die Bestätigung den Sender unter den besten Umständen (d.h. ohne Wartezeit beim Empfänger und bei einem kleinen Bestätigungsrahmen). Dies bedeutet, dass der Sender zwischen 500/520 bzw. 96 % der Zeit blockiert war. Anders ausgedrückt, wurden nur 4 % der verfügbaren Bandbreite genutzt. Dies verdeutlicht, dass die Kombination von langen Übertragungszeiten, großer Bandbreite und kleinen Rahmengrößen katastrophale Auswirkungen auf die Effizienz hat.

Das oben geschilderte Problem kann als Folge davon angesehen werden, dass der Sender auf eine Bestätigung warten muss, bevor er den nächsten Rahmen senden kann. Durch Lockerung dieser Vorgabe kann die Effizienz gesteigert werden. Grundsätzlich können wir das Problem lösen, wenn der Sender bis zu w Rahmen abschicken darf (statt nur einen), bevor er blockiert. Wird w groß genug gewählt, so kann der Sender fortlaufend Rahmen senden, da die Bestätigungen für vorhergehende Rahmen ankommen, bevor das Fenster voll wird, wodurch die Blockierung des Senders verhindert wird.

Um einen angemessenen Wert für w zu finden, müssen wir wissen, wie viele Rahmen in den Kanal passen, wenn sie vom Sender zum Empfänger wandern. Diese Kapazität wird bestimmt durch die Bandbreite in Bit/s multipliziert mit der einfachen Übertragungsdauer, auch **Bandbreitenverzögerungsprodukt** (*bandwidth-delay product*) der Verbindung genannt. Wir können diese Größe durch die Anzahl der Bits in einem Rahmen dividieren, um diese als Anzahl von Rahmen auszudrücken. Wir wollen diese Größe BD nennen. Dann sollte w auf $2BD+1$ gesetzt werden. Betrachtet man die gesamte Paketumlaufzeit zum Erhalt einer Bestätigung, dann entspricht die doppelte Bandbreitenverzögerung der Anzahl von Rahmen, die noch ausstehen können, falls der Sender kontinuierlich Rahmen sendet. Die „+1" kommt daher, dass kein Bestätigungsrahmen gesendet wird, bevor nicht der vollständige Rahmen angekommen ist.

Für die Beispielverbindung beträgt bei einer Bandbreite von 50 kbit/s und einer einfachen Übertragungszeit von 250 ms das Bandbreitenverzögerungsprodukt 12,5 kbit bzw. 12,5 Rahmen von je 1.000 Bits. $2BD+1$ entspricht dann 26 Rahmen. Angenommen, der Sender fängt wie vorher mit der Übertragung von Rahmen 0 an und sendet alle 20 ms einen neuen Rahmen. Ist er bei $t=520$ ms mit der Übertragung von 26 Rahmen fertig, dann ist gerade die Bestätigung für Rahmen 0 eingetroffen. Danach treffen alle 20 ms Bestätigungen ein und der Sender erhält immer dann die Erlaubnis weiterzusenden, wenn er sie braucht. Von jetzt an sind also laufend 25 oder 26 Rahmen nicht bestätigt. Anders ausgedrückt, ist die maximale Fenstergröße des Senders (sein Zeitfenster) 26.

Für kleinere Fenstergrößen wird die Ausnutzung der Verbindung weniger als 100% betragen, da der Sender manchmal blockiert ist. Wir können die Ausnutzung als den Anteil der Zeit schreiben, in welcher der Sender nicht blockiert ist:

$$\text{Verbindungsausnutzung} \leq \frac{w}{1+2BD}$$

Dieser Wert ist eine obere Grenze, weil keine Verarbeitungszeit für die Rahmen vorgesehen ist und der Bestätigungsrahmen so behandelt wird, als hätte er die Länge null, da er üblicherweise kurz ist. Diese Ungleichung zeigt, dass ein großes Fenster w immer dann notwendig ist, wenn das Bandbreitenverzögerungsprodukt groß ist. Ist die Verzögerungszeit hoch, dann erschöpft der Sender schnell sein Fenster, selbst bei moderater Bandbreite wie im Satellitenbeispiel. Ist die Bandbreite hoch, wird der Sender selbst bei kleinen Verzögerungen sein Fenster schnell ausschöpfen, außer das Fenster ist sehr groß (z.B. hält eine 1-Gbit/s-Verbindung mit einer 1-ms-Verzögerungszeit 1 Mbit). Bei Stop-and-Wait (w=1) wird die Effizienz weniger als 50% betragen, wenn die Verzögerung mindestens eine Rahmensendezeit beträgt.

Diese Technik, mehrere Rahmen im Fluss zu halten, ist ein Beispiel für **Pipelining**. Die Anwendung von Pipelining zur Rahmenübertragung über einen unzuverlässigen Kommunikationskanal wirft einige wichtige Fragen auf. Was passiert beispielsweise, wenn ein Rahmen in der Mitte eines langen Datenflusses zerstört wird oder verloren geht? Sehr viele nachfolgende Rahmen kommen beim Empfänger an, bevor der Sender herausfindet, dass etwas schiefgegangen ist. Sobald ein zerstörter Rahmen beim Empfänger ankommt, sollte er logischerweise verworfen werden. Doch was soll der Empfänger mit all den darauffolgenden korrekten Rahmen tun? Wir dürfen nicht vergessen, dass die Sicherungsschicht auf der Empfängerseite dazu verpflichtet ist, die Pakete in einer ganz bestimmten Reihenfolge an die Vermittlungsschicht weiterzugeben.

Bei der Fehlerbehandlung beim Pipelining gibt es zwei grundlegende Ansätze, die beide in ▶Abbildung 3.18 dargestellt sind.

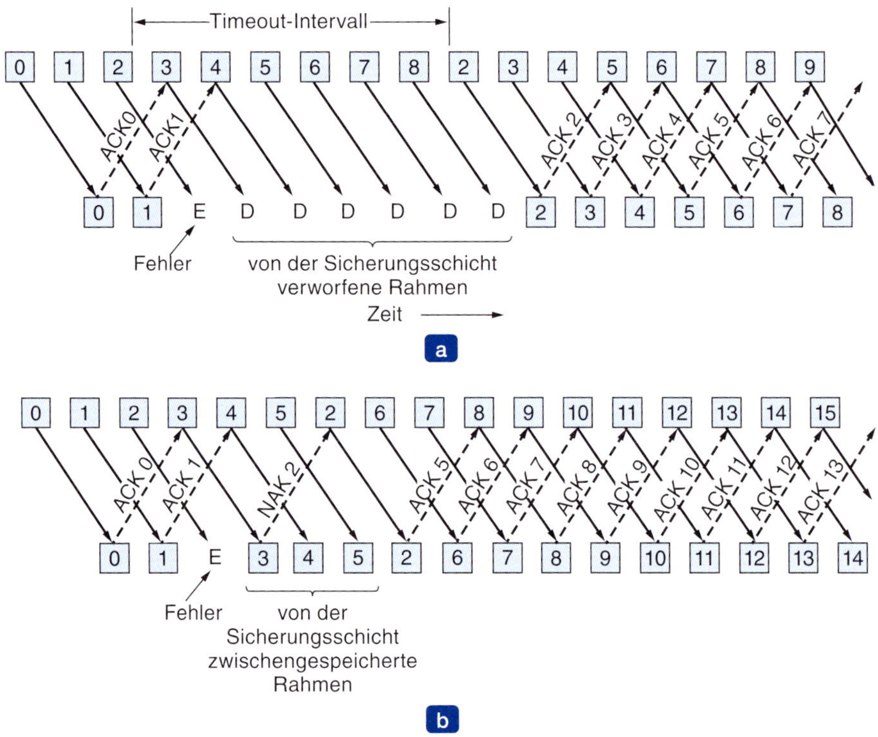

Abbildung 3.18: Pipelining und Wiederherstellung nach einem Fehler. Auswirkungen eines Fehlers, wenn (a) das Empfangsfenster die Größe 1 hat, (b) bei einem großen Empfangsfenster.

Eine Möglichkeit ist das sogenannte **Go-back-N**. Hierbei verwirft der Empfänger alle nachfolgenden Rahmen und sendet für diese keine Bestätigungen. Diese Strategie entspricht einem Empfangsfenster der Größe 1. Mit anderen Worten, die Sicherungsschicht nimmt nur den Rahmen an, den sie als nächsten an die Vermittlungsschicht weitergeben muss. Ist das Sendefenster voll, bevor der Timer abläuft, beginnt sich die Pipeline zu leeren. Irgendwann läuft der Timer des Senders ab; also überträgt dieser alle unbestätigten Rahmen in der richtigen Reihenfolge noch einmal, wobei er mit dem verlorenen oder zerstörten anfängt. Dieser Ansatz kann einen Großteil der verfügbaren Bandbreite verschwenden, wenn die Fehlerrate hoch ist.

Abbildung 3.18a zeigt den Ansatz Go-back-N für den Fall, dass das Empfangsfenster 1 ist. Die Rahmen 0 und 1 werden korrekt empfangen und bestätigt. Rahmen 2 wird jedoch beschädigt oder geht verloren. Der Sender, dem dies nicht bekannt ist, sendet weiterhin Rahmen, bis der Timer für Rahmen 2 abläuft. Dann geht er zurück zu Rahmen 2 und beginnt erneut mit dem Senden der Rahmen 2, 3, 4 usw.

Selektive Wiederholung

Das Go-back-N-Protokoll eignet sich gut bei geringem Fehleraufkommen. Wenn aber die Leitung schlecht ist, wird viel Bandbreite für die erneute Übertragung von Rahmen verschwendet. Deshalb muss es eine bessere Lösung geben. Und die gibt es. Die andere allgemeine Fehlerbehandlungsstrategie beim Pipelining von Rahmen wird als **selektive Wiederholung** (*selective repeat*) bezeichnet.

Hier wird ein fehlerhafter Rahmen verworfen, aber die danach erhaltenen fehlerfreien Rahmen werden in einem Puffer abgelegt. Wenn beim Sender die Zeit abgelaufen ist, wird nur der älteste nicht bestätigte Rahmen erneut übertragen. Wenn dieser Rahmen korrekt ankommt, kann der Empfänger in der Folge alle im Puffer gespeicherten Rahmen an die Vermittlungsschicht übertragen. Die selektive Wiederholung entspricht einem Empfangsfenster, das größer als 1 ist. Das kann in der Sicherungsschicht viel Speicherplatz in Anspruch nehmen, falls das Fenster groß ist.

Die selektive Wiederholung wird oftmals damit kombiniert, dass der Empfänger eine negative Bestätigung (NAK, *negative acknowledgement*) sendet, wenn er einen Fehler wie beispielsweise einen Prüfsummenfehler oder einen Rahmen außerhalb der Reihenfolge entdeckt. NAKs stoßen die erneute Übertragung an, bevor der entsprechende Timer abläuft, und verbessern daher die Leistung.

In Abbildung 3.18b werden die Rahmen 0 und 1 wieder korrekt empfangen und bestätigt, doch Rahmen 2 geht verloren. Wenn Rahmen 3 beim Empfänger ankommt, bemerkt die Sicherungsschicht, dass ein Rahmen fehlt, und sendet ein NAK für Rahmen 2 zurück, legt aber 3 im Puffer ab. Wenn die Rahmen 4 und 5 ankommen, werden sie ebenfalls von der Sicherungsschicht im Puffer abgelegt, anstatt an die Vermittlungsschicht weitergegeben zu werden. Irgendwann gelangt NAK 2 zum Sender zurück, der sofort Rahmen 2 neu sendet. Wenn dieser ankommt, verfügt die Sicherungsschicht nun über die Rahmen 2, 3, 4 und 5 und kann alle in der korrekten Reihenfolge an die Vermittlungsschicht übergeben. Ebenso können nun alle Rahmen bis einschließlich Rahmen 5 bestätigt werden, wie in der Abbildung dargestellt. Geht das NAK verloren, wartet der Sender auf das Timeout für Rahmen 2 und sendet ihn (und zwar nur ihn) auf eigene Veranlassung noch einmal. Dies kann eine ganze Weile später passieren.

Bei diesen zwei alternativen Ansätzen wird zwischen der effizienten Benutzung der Bandbreite und der Größe des Pufferspeichers der Sicherungsschicht ein Kompromiss eingegangen. Je nachdem, welcher Aspekt wichtiger ist, kann man das eine oder das andere verwenden. ▶Abbildung 3.19 zeigt ein Go-back-N-Protokoll, bei dem die empfangende Sicherungsschicht nur Daten in der richtigen Reihenfolge annimmt. Rahmen, die auf einen Fehler folgen, werden verworfen. Bei diesem Protokoll haben wir nun zum ersten Mal die Annahme fallen gelassen, dass die Vermittlungsschicht immer einen unerschöpflichen Vorrat an zu sendenden Paketen hat. Sobald die Vermittlungsschicht ein Paket übertragen möchte, ruft sie das Ereignis *network_layer_ready* auf. Um die Flusskontrollgrenze einzuhalten, die das Sendefenster oder die Anzahl der unbestätigten Rahmen begrenzt, die zu jedem Zeitpunkt ausstehen können, muss die Sicherungsschicht in der Lage sein, ein Übermaß an Arbeit von der Vermittlungsschicht abzuwehren. Hierfür werden die Bibliotheksprozeduren *enable_network_layer* und *disable_network_layer* verwendet.

```
/* Protokoll 5 (Go-back-N) lässt mehrere ausstehende Rahmen zu. Der Sender
kann bis zu MAX_SEQ Rahmen übertragen, ohne auf eine Bestätigung warten zu
müssen. Ferner wird (im Gegensatz zu den vorherigen Protokollen) von der Ver-
mittlungsschicht nicht angenommen, dass sie jederzeit neue Pakete verfügbar
hat. Stattdessen löst die Vermittlungsschicht immer, wenn sie ein Paket zu
verschicken hat, ein network_layer_ready-Ereignis aus. */

#define MAX_SEQ 7
typedef enum {frame_arrival, cksum_err, timeout, network_layer_ready}
event_type;
#include "protocol.h"

static boolean between(seq_nr a, seq_nr b, seq_nr c)
{
/* Gib true aus, wenn a <= b < c (modulo gerechnet); false sonst */
  if (((a <= b) && (b < c)) || ((c < a) && (a <= b)) || ((b < c) && (c < a)))
      return(true);
    else
      return(false);
}

static void send_data(seq_nr frame_nr, seq_nr frame_expected, packet buffer[])
{
/* Erstelle und sende einen Datenrahmen */
  frame s;                              /* Hilfsvariable */

  s.info = buffer[frame_nr];            /* füge Paket in Rahmen ein */
  s.seq = frame_nr;                     /* füge Sequenznummer Rahmen ein */
  s.ack = (frame_expected + MAX_SEQ) % (MAX_SEQ + 1);/* Huckepackbestätigung */
  to_physical_layer(&s);                /* übertrage den Rahmen */
  start_timer(frame_nr);                /* starte den Timer */
}

void protocol5(void)
{
  seq_nr next_frame_to_send;            /* MAX_SEQ > 1 für Ausgangsstrom */
  seq_nr ack_expected;                  /* ältester noch nicht bestätigter
                                           Rahmen */
  seq_nr frame_expected;                /* nächster erwarteter Rahmen im
                                           Eingangsstrom */
  frame r;                              /* Hilfsvariable */
  packet buffer[MAX_SEQ + 1];           /* Puffer für Ausgangsstrom */
  seq_nr nbuffered;                     /* Anzahl der in Gebrauch befind-
                                           lichen Ausgangspuffer */
  seq_nr i;                             /* Index in das Puffer-Array */
  event_type event;
```

```
enable_network_layer();                /* erlaube Ereignisse des Typs
                                          network_layer_ready */
ack_expected = 0;                      /* nächste erwartete Bestätigung */
next_frame_to_send = 0;                /* nächster ausgehender Rahmen */
frame_expected = 0;                    /* Nummer des erwarteten
                                          Eingangsrahmens */
nbuffered = 0;                         /* anfangs wird kein Paket
                                          zwischengespeichert */

while (true) {
   wait_for_event(&event);             /* vier Möglichkeiten: siehe
                                          event_type oben */
   switch(event) {
      case network_layer_ready:        /* Vermittlungsschicht möchte Paket
                                          senden */
         /* Einen neuen Rahmen annehmen, speichern und übertragen */
         from_network_layer(&buffer[next_frame_to_send]);    /* hole neues
                                          Paket */
         nbuffered = nbuffered + 1;    /* erweitere Sendefenster */
         send_data(next_frame_to_send, frame_expected, buffer);   /* über-
                                          trage den Rahmen */
         inc(next_frame_to_send);      /* inkrementiere oberes Ende des
                                          Sendefensters */
         break;

      case frame_arrival:              /* ein Daten- oder Steuerrahmen
                                          ist angekommen */
         from_physical_layer(&r);      /* hole ankommenden Rahmen von der
                                          Bitübertragungsschicht */

         if (r.seq == frame_expected) {
            /* Rahmen werden nur in richtiger Reihenfolge angenommen. */
            to_network_layer(&r.info); /* übergib Paket an
                                          Vermittlungsschicht */
            inc(frame_expected);       /* inkrementiere unteres Ende vom
                                          Empfangsfenster */
         }

         /* Ack n impliziert n - 1, n - 2 usw. Überprüfe dies. */
         while (between(ack_expected, r.ack, next_frame_to_send)) {
            /* Bearbeiten der Huckepackbestätigung */
            nbuffered = nbuffered - 1; /* ein Rahmen weniger
                                          zwischengespeichert */
            stop_timer(ack_expected);  /* Rahmen intakt angekommen;
                                          stoppe Timer */
            inc(ack_expected);         /* verkleinere Sendefenster */
         }
         break;

      case cksum_err: break;           /* fehlerhafte Rahmen einfach
                                          ignorieren */

      case timeout:                    /* Fehler; alle ausstehenden Rahmen
                                          erneut übertragen */
         next_frame_to_send = ack_expected;  /* beginne hier mit
```

```
                                                Neuübertragung */
                for (i = 1; i <= nbuffered; i++) {
                   send_data(next_frame_to_send, frame_expected, buffer);
                                                /* sende Rahmen erneut */
                   inc(next_frame_to_send);     /* bereite nächsten Rahmen zum
                                                   Senden vor */
                }
          }

          if (nbuffered < MAX_SEQ)
                enable_network_layer();
          else
                disable_network_layer();
     }
}
```

Abbildung 3.19: Go-Back-N-Schiebefensterprotokoll.

Die maximale Anzahl an Rahmen, die zu jedem Zeitpunkt ausstehen können, entspricht nicht der Größe des Sequenznummernbereichs. Bei Go-back-N können *MAX_SEQ* Rahmen zu jeder Zeit ausstehen, obwohl es für *MAX_SEQ*+1 unterschiedliche Sequenznummern gibt (0, 1, 2, ..., *MAX_SEQ*). Für das nächste Protokoll, die selektive Wiederholung, werden wir sogar eine noch stärkere Einschränkung kennenlernen. Um einzusehen, wozu diese Einschränkung nötig ist, betrachten Sie folgenden Ablauf mit *MAX_SEQ*=7:

1. Der Sender schickt die Rahmen 0 bis 7.
2. Eine Huckepackbestätigung für Rahmen 7 kommt zum Sender zurück.
3. Der Sender schickt weitere acht Rahmen, wieder mit den Sequenznummern 0 bis 7.
4. Anschließend geht wieder eine Huckepackbestätigung für Rahmen 7 ein.

Die Frage ist nun: Kamen alle acht Rahmen der zweiten Sendung erfolgreich an oder sind alle acht verloren gegangen (wobei die nach einem Fehler verworfenen als verloren gelten)? In beiden Fällen würde der Empfänger den Rahmen 7 als Bestätigungsrahmen senden. Der Sender kann das nicht wissen. Aus diesem Grund muss die zulässige Höchstzahl an ausstehenden Rahmen auf *MAX_SEQ* (und nicht auf *MAX_SEQ* + 1) beschränkt werden.

Obwohl Protokoll 5 die nach einem Fehler ankommenden Rahmen nicht zwischenspeichert, kann es den Einsatz von Puffern doch nicht ganz vermeiden. Da ein Sender möglicherweise alle nicht bestätigten Rahmen zu einem späteren Zeitpunkt noch einmal übertragen muss, muss er sie im Speicher behalten, bis er ganz sicher weiß, dass die Rahmen vom Empfänger angenommen worden sind.

Sobald die Bestätigung für n eingeht, gelten die Rahmen $n-1$, $n-2$ usw. automatisch ebenfalls als bestätigt. Diese Art der Bestätigung wird **kumulative Bestätigung** genannt. Diese Eigenschaft ist besonders wichtig, wenn einige der früheren Rahmen mit Bestätigungen verloren gegangen sind. Jedes Mal, wenn eine Bestätigung ankommt, prüft die Sicherungsschicht, ob irgendein Puffer geleert werden kann. Ist das der Fall (d.h., im Fenster ist etwas Platz frei), erhält die bis dahin blockierte Vermittlungsschicht die Erlaubnis, erneut *network_layer_ready*-Ereignisse auszulösen.

Bei diesem Protokoll gehen wir davon aus, dass es immer Rückverkehr gibt, auf dem die Bestätigung im Huckepackverfahren gesendet werden kann. Bei Protokoll 4 ist diese Annahme nicht erforderlich, da es für jeden erhaltenen Rahmen einen Rahmen zurücksendet, selbst wenn es einen Rahmen gesendet hat. Im nächsten Protokoll lösen wir das Problem des Einbahnverkehrs auf elegante Weise.

Da bei Protokoll 5 mehrere Rahmen unterwegs sein können, werden auch mehrere Timer (einer für jeden ausstehenden Rahmen) benötigt. Für jeden Rahmen läuft die Zeit unabhängig von allen anderen ab. Man kann alle diese Timer jedoch ganz einfach softwareseitig simulieren, indem man einen Hardwaretaktgeber verwendet, der periodisch Interrupts auslöst. Die ausstehenden Timeouts bilden eine nach der Ablaufzeit des Timers geordnete verkettete Liste. Jeder Knoten der Liste enthält die Information, wie viele Takte vom Ablauf des vorherigen Timers bis zu diesem Timer noch gewartet werden muss und um welchen Rahmen es sich handelt. Außerdem ist ein Zeiger auf den nächsten Knoten vorhanden.

Ein Beispiel für die Implementierung von Timern enthält ▸Abbildung 3.20a. Nehmen wir an, dass genau alle 1 ms ein Taktsignal erfolgt. Anfangs ist die absolute Zeit 10:00:00,000 und es stehen noch drei Timeouts aus – bei 10:00:00,005, 10:00:00,013 und 10:00:00,019. Bei jedem Takt der Hardwareuhr wird die Realzeit nachgestellt und der Taktzähler am Anfang der Liste um eins verringert. Sobald der Taktzähler auf null steht, wird ein Timeout veranlasst und der Knoten aus der Liste entfernt (Abbildung 3.20b). Obwohl bei diesem Verfahren die Liste durchsucht werden muss, wenn *start_timer* oder *stop_timer* aufgerufen wird, ist doch der Aufwand pro Takt insgesamt relativ gering. Bei Protokoll 5 haben beide Routinen Parameter erhalten, die angeben, für welchen Rahmen sie aufgerufen werden.

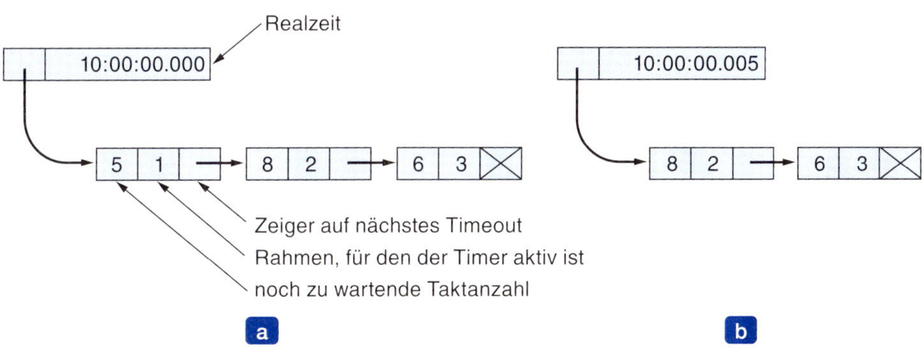

Abbildung 3.20: Softwareseitige Simulation mehrerer Timer. (a) Die Warteschlange der Timeouts. (b) Situation, nachdem das erste Timeout abgelaufen ist.

Bei diesem Protokoll haben sowohl der Sender als auch der Empfänger ein Fenster mit ausstehenden bzw. zulässigen Sequenznummern. Zuerst hat das Sendefenster die Größe 0 und kann bis zu einem vorgegebenen Maximum anwachsen. Das Empfangsfenster hat andererseits immer eine festgelegte Größe, die dem vorgegebenen Maximum entspricht. Der Empfänger reserviert für jede Sequenznummer in seinem Fenster einen Puffer. Für jeden Puffer gibt es ein Bit (*arrived*), das angibt, ob der Puffer voll oder leer ist. Sobald ein Rahmen ankommt, wird über seine Sequenznummer mithilfe der Funktion *between* geprüft, ob er in das Fenster passt. Ist das der Fall und wurde er nicht schon einmal übertragen, dann wird er angenommen und gespeichert. Hierbei wird nicht darauf geachtet, ob der Rahmen das nächste von der Vermittlungsschicht erwartete Paket enthält oder nicht. Natürlich muss der Rahmen in der Sicherungsschicht verbleiben und darf nicht an die Vermittlungsschicht weitergegeben werden, bis alle Rahmen mit niedrigerer Sequenznummer in der richtigen Reihenfolge an die Vermittlungsschicht weitergegeben wurden. ▶Abbildung 3.21 zeigt ein Protokoll, bei dem dieser Algorithmus angewendet wird.

```
/* Protokoll 6 (selektive Wiederholung) nimmt Rahmen ungeordnet an, gibt die
Pakete aber geordnet an die Vermittlungsschicht weiter. Zu jedem ausstehenden
Rahmen gehört ein Timer. Wenn der Timer abläuft, dann wird nur dieser Rahmen
erneut übertragen, nicht alle ausstehenden Rahmen wie bei Protokoll 5. */


#define MAX_SEQ 7                        /* sollte 2^n-1 sein */
#define NR_BUFS ((MAX_SEQ + 1)/2)
typedef enum {frame_arrival, cksum_err, timeout, network_layer_ready, ack_ti-
meout} event_type;
#include "protocol.h"
boolean no_nak = true;                   /* es wurde noch kein NAK gesendet */
seq_nr oldest_frame = MAX_SEQ + 1;       /* der Anfangswert ist nur für den
                                            Simulator */

static boolean between(seq_nr a, seq_nr b, seq_nr c)
{
/* Wie bei Protokoll 5, aber kürzer und etwas obskurer. */
  return ((a <= b) && (b < c)) || ((c < a) && (a <= b)) || ((b < c) && (c < a));
}

static void send_frame(frame_kind fk, seq_nr frame_nr, seq_nr frame_expected,
packet buffer[])
{
/* Erstelle und sende Daten-, Bestätigungs- oder NAK-Rahmen. */
  frame s;                               /* Hilfsvariable */

  s.kind = fk;                           /* Möglichkeiten: data, ack oder
                                            nak */
  if (fk == data) s.info = buffer[frame_nr % NR_BUFS];
  s.seq = frame_nr;                      /* nur für Datenrahmen von Bedeutung */
  s.ack = (frame_expected + MAX_SEQ) % (MAX_SEQ + 1);
  if (fk == nak) no_nak = false;         /* ein NAK pro Rahmen, bitte */
  to_physical_layer(&s);                 /* übertrage den Rahmen */
  if (fk == data) start_timer(frame_nr % NR_BUFS);
  stop_ack_timer();                      /* separater Bestätigungsrahmen nicht
                                            nötig */
}

void protocol6(void)
{
  seq_nr ack_expected;                   /* unteres Ende des Sendefensters */
```

```
seq_nr next_frame_to_send;          /* oberes Ende des Sendefensters + 1 */
seq_nr frame_expected;              /* unteres Ende des Empfangsfensters */
seq_nr too_far;                     /* oberes Ende des Empfangsfensters + 1 */
int i;                              /* Index in Puffer */
frame r;                            /* Hilfsvariable */
packet out_buf[NR_BUFS];            /* Puffer für Ausgangsstrom */
packet in_buf[NR_BUFS];             /* Puffer für Eingangsstrom */
boolean arrived[NR_BUFS];           /* eingehendes Bitmap */
seq_nr nbuffered;                   /* Zahl der aktuell verwendeten
                                       Ausgangspuffer */
event_type event;

enable_network_layer();             /* initialisieren */
ack_expected = 0;                   /* nächste erwartete Bestätigung im
                                       Eingangsstrom */
next_frame_to_send = 0;             /* Nummer des nächsten Ausgangsrahmens */
frame_expected = 0;
too_far = NR_BUFS;
nbuffered = 0;                      /* anfangs sind keine Pakete
                                       zwischengespeichert */
for (i = 0; i < NR_BUFS; i++) arrived[i] = false;
while (true) {
   wait_for_event(&event);          /* fünf Möglichkeiten: siehe event_type
                                       oben */
   switch(event) {
      case network_layer_ready:     /* akzeptiere, speichere und übertrage
                                       neuen Rahmen */
         nbuffered = nbuffered + 1;/* erweitere das Fenster */
         from_network_layer(&out_buf[next_frame_to_send % NR_BUFS]);
                                    /* hole neues Paket */
         send_frame(data, next_frame_to_send, frame_expected, out_buf);
                                    /* übertrage den Rahmen */
         inc(next_frame_to_send);   /* inkrementiere oberes Fensterende */
         break;

      case frame_arrival:           /* ein Daten- oder Steuerrahmen ist
                                       angekommen */
         from_physical_layer(&r);   /* hole Eingangsrahmen von Bitüber-
                                       tragungsschicht */
         if (r.kind == data) {
            /* Ein unbeschädigter Rahmen ist angekommen. */
            if ((r.seq != frame_expected) && no_nak)
               send_frame(nak, 0, frame_expected, out_buf); else
                   start_ack_timer();
            if (between(frame_expected,r.seq,too_far) &&
                   (arrived[r.seq%NR_BUFS]==false)) {
              /* Rahmen können in jeder Reihenfolge angenommen
                 werden. */
              arrived[r.seq % NR_BUFS] = true;/* markiere Puffer als voll */
              in_buf[r.seq % NR_BUFS] = r.info;/* füge Daten in Puffer ein */
              while (arrived[frame_expected % NR_BUFS]) {
                 /* Übergib Rahmen und schiebe das Fenster eine Einheit
                    weiter. */
                 to_network_layer(&in_buf[frame_expected % NR_BUFS]);
                 no_nak = true;
                 arrived[frame_expected % NR_BUFS] = false;
```

```
                    inc(frame_expected); /* inkrementiere unteres Ende
                                            des Empfangsfensters */
                    inc(too_far);        /* inkrementiere oberes Ende des
                                            Empfangsfensters */
                    start_ack_timer();   /* um zu prüfen, ob eine eigene
                                            Bestätigung nötig ist */
                  }
                }
              }
              if((r.kind==nak) && between(ack_expected,(r.ack+1)%(MAX_SEQ+1)
                  ,next_frame_to_send))
                send_frame(data, (r.ack+1) % (MAX_SEQ + 1), frame_expected,
                    out_buf);

              while (between(ack_expected, r.ack, next_frame_to_send)) {
                nbuffered = nbuffered - 1;/* bearbeite Huckepackbestätigung */
                stop_timer(ack_expected % NR_BUFS);  /* Rahmen intakt
                                           angekommen */
                inc(ack_expected);      /* inkrementiere untere Ecke des
                                           Sendefensters */
              }
              break;

            case cksum_err:
              if (no_nak) send_frame(nak, 0, frame_expected, out_buf);
                                        /* Rahmen beschädigt */
              break;

            case timeout:
              send_frame(data, oldest_frame, frame_expected, out_buf);
                                        /* Zeit abgelaufen */
              break;

            case ack_timeout:
             send_frame(ack,0,frame_expected, out_buf);/* ack-Timer abgelaufen;
                                           sende Bestätigung */
          }
          if (nbuffered < NR_BUFS) enable_network_layer(); else
            disable_network_layer();
      }
    }
```

Abbildung 3.21: Schiebefensterprotokoll mit selektiver Wiederholung.

Das Empfangen ohne Beachtung der Reihenfolge erzeugt weitere Beschränkungen auf Rahmensequenznummern im Vergleich mit Protokollen, die Rahmen nur in der richtigen Reihenfolge akzeptieren. Solche Problemfälle können am besten anhand eines Beispiels aufgezeigt werden. Nehmen wir den Fall an, dass die Sequenznummer aus 3 Bits besteht, sodass der Sender bis zu sieben Rahmen versenden kann, bevor er auf Bestätigungen warten muss.

Zunächst sehen die Fenster des Senders und Empfängers so aus wie in ▶Abbildung 3.22a. Der Sender schickt zuerst Rahmen 0 bis 6 ab. Das Empfangsfenster lässt den Eingang aller Rahmen mit den Sequenznummern von 0 bis einschließlich 6 zu. Alle sieben Rahmen kommen korrekt an; daher sendet der Empfänger die Bestätigungen ab und schiebt sein Fenster so weiter, dass wieder die Rahmen 7, 0, 1, 2, 3, 4 oder 5 angenommen werden können (Abbildung 3.22b). Alle sieben Puffer werden als leer gekennzeichnet.

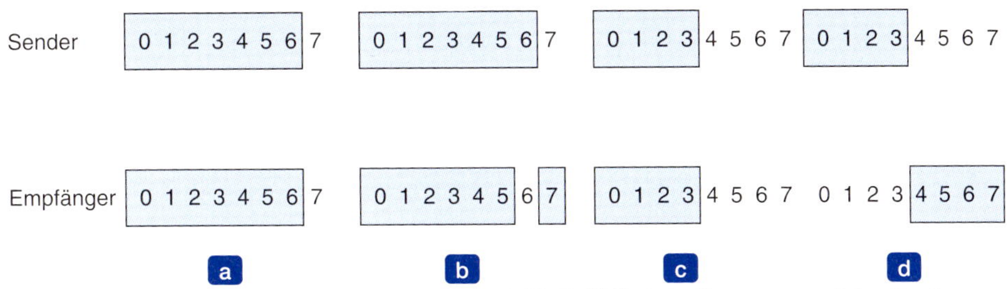

Abbildung 3.22: (a) Ausgangssituation mit Fenster der Größe 7. (b) Nach der Übertragung und dem Empfang von sieben Rahmen ohne Bestätigung. (c) Ausgangssituation mit Fenster der Größe 4. (d) Nach der Übertragung und dem Empfang von vier Rahmen ohne Bestätigung.

Genau jetzt kommt es zu einem Unglück: Der Blitz schlägt in einen Telefonmast ein und alle Bestätigungen werden ausgelöscht. Das Protokoll sollte trotz dieses Unglücks korrekt arbeiten. Der Timer des Senders läuft nach einer bestimmten Zeit ab und der Sender schickt Rahmen 0 noch einmal. Sobald dieser Rahmen beim Empfänger ankommt, wird geprüft, ob der Rahmen in das Empfangsfenster fällt. Leider ist er im neuen Fenster enthalten (Abbildung 3.22b) und wird deshalb als ein neuer Rahmen angenommen. Der Empfänger sendet eine (Huckepack-)Bestätigung für Rahmen 6, da 0 bis 6 angekommen sind.

Der Sender freut sich zu hören, dass alle seine Rahmen korrekt angekommen sind, und schiebt sein Fenster weiter. Er schickt dann sofort Rahmen 7, 0, 1, 2, 3, 4 und 5. Rahmen 7 wird vom Empfänger angenommen und sein Paket wird direkt an die Vermittlungsschicht weitergegeben. Gleich danach prüft die empfangende Sicherungsschicht, ob sie schon einen gültigen Rahmen 0 erhalten hat, und stellt fest, dass das der Fall ist. Das (alte zwischengespeicherte) Paket wird daraufhin so an die Vermittlungsschicht weitergegeben, als wäre es ein neues Paket. Folglich erhält die Vermittlungsschicht ein falsches Paket und das Protokoll hat einen Fehler erzeugt.

Der Kern des Problems liegt darin, dass sich die neue Reihe der gültigen Sequenznummern mit der alten überschneidet, nachdem der Empfänger sein Fenster weitergeschoben hat. Die nächste Menge Rahmen kann nun entweder aus Duplikaten bestehen (wenn alle Bestätigungen verloren gegangen sind) oder aus neu gesendeten Rahmen (wenn alle Bestätigungen angekommen sind). Der bedauernswerte Empfänger hat keine Möglichkeit, die zwei Fälle auseinanderzuhalten.

Ein Ausweg aus diesem Dilemma ist, dafür Sorge zu tragen, dass es keine Überschneidung mit dem Originalfenster gibt, nachdem der Empfänger sein Fenster weitergeschoben hat. Um dies zu gewährleisten, darf das Fenster höchstens so groß sein, dass die Hälfte der Sequenznummern hineinpasst. Diese Situation ist in Abbildung 3.22c und Abbildung 3.22d gezeigt. Bei drei Bits wird ein Bereich von 0 bis 7 abgedeckt. Es sollten immer maximal vier unbestätigte Rahmen ausstehen. So kann der Empfänger, wenn er gerade Rahmen 0 bis 3 angenommen und sein Fenster für den Empfang der Rahmen 4 bis 7 weitergeschoben hat, eindeutig sagen, ob die nächsten empfangenen Rahmen noch einmal gesendet wurden (0 bis 3) oder neu sind (4 bis 7). Im Allgemeinen haben wir bei Protokoll 6 eine Fenstergröße von (MAX_SEQ+1)/2.

Nun stellt sich die interessante Frage, wie viele Puffer der Empfänger haben muss. Er wird unter keinen Umständen Rahmen annehmen, deren Sequenznummern nicht zwischen der Unter- und Obergrenze des Fensters liegen. Folglich ist die benötigte Zahl von Puffern gleich der Fenstergröße und nicht gleich der Zahl der Sequenznummern. In dem obigen Beispiel mit 3-Bit-Sequenznummern brauchen wir also vier Puffer, die wir mit 0 bis 3 nummerieren. Wenn Rahmen i ankommt, wird er in Puffer i mod 4 gespeichert. Beachten Sie, dass i und (i+4) mod 4 niemals zur gleichen Zeit im Fenster sein können, obwohl sie um den gleichen Puffer „kämpfen“, weil dafür eine Fenstergröße von mindestens 5 nötig wäre.

Aus dem gleichen Grund ist die Zahl der benötigten Timer gleich der Zahl der Puffer, nicht gleich der Größe des Sequenznummernbereichs. Jedem Puffer wird je ein Timer zugeordnet. Läuft der Timer ab, wird der Inhalt des Puffers noch einmal gesendet.

Protokoll 6 lockert außerdem die implizite Annahme, dass die Leitung stark ausgelastet ist. Wir hatten diese Annahme in Protokoll 5 aufgenommen, als wir uns auf Rahmen bezogen, die in umgekehrter Richtung gesendet werden und dabei die Huckepackbestätigungen mitnehmen. Gibt es nur wenig Rückverkehr, so könnte die Bestätigung lange aufgehalten werden, was Probleme verursachen kann. Im Extremfall ist der Verkehr in eine Richtung sehr stark und in die andere sehr gering, dann blockiert das Protokoll, wenn das Sendefenster sein Maximum erreicht.

Um diese Annahme abzuschwächen, wird ein Hilfstimer durch *start_ack_timer* nach dem Empfang des in der richtigen Reihenfolge nächsten Rahmens gestartet. Kam es vor dem Ablaufen des Timers zu keinem Rückverkehr, so wird eine separate Bestätigung gesendet. Eine vom Hilfstimer hervorgerufene Unterbrechung wird *ack_timeout* genannt. Mit dieser Methode ist Datenfluss nur in eine Richtung möglich, weil ein eventueller Mangel an zurückzusendenden Datenrahmen, die Bestätigungen huckepack mitnehmen können, kein Problem mehr darstellt. Es gibt nur einen einzigen Hilfstimer und wenn *start_ack_timer* aufgerufen wird, während der Timer läuft, hat dies keine Auswirkung. Der Timer wird nicht zurückgesetzt oder verlängert, da es seine Aufgabe ist, eine minimale Rate an Bestätigungen zur Verfügung zu stellen.

Das Timeout des Hilfstimers muss erheblich kürzer sein als das Timeout, welches zur zeitlichen Begrenzung der Datenrahmen verwendet wird. Diese Bedingung ist erforderlich um sicherzustellen, dass ein korrekt empfangener Rahmen früh genug bestätigt wird, sodass der Timer für die erneute Übertragung noch nicht abgelaufen ist und der Rahmen erneut gesendet wird.

Protokoll 6 hat eine effizientere Fehlerbehandlungsmethode als Protokoll 5. Sobald der Empfänger Grund zu der Annahme hat, dass ein Fehler aufgetreten ist, sendet er einen negativen Bestätigungsrahmen (NAK) an den Sender. Dieser Rahmen ist eine Aufforderung zur erneuten Übertragung des im NAK angegebenen Rahmens. In zwei

Fällen sollte der Empfänger misstrauisch werden: wenn entweder ein zerstörter oder ein anderer Rahmen als der erwartete angekommen ist (ein Rahmen ist möglicherweise verloren gegangen). Um zu vermeiden, dass die Neuübertragung des gleichen (verlorenen) Rahmens immer wieder angefordert wird, sollte der Empfänger genau überwachen, ob schon ein NAK für einen bestimmten Rahmen gesendet wurde. Die Variable *no_nak* in Protokoll 6 hat den Wert *true*, wenn kein NAK für *frame_expected* angekommen ist. Wird NAK beschädigt oder geht verloren, ist das nicht so schlimm, weil das Timeout für den Sender schließlich abläuft und der Sender den fehlenden Rahmen auf jeden Fall erneut übertragen wird. Kommt der fehlerhafte Rahmen nach einem beschädigten oder verlorenen NAK an, hat *no_nak* den Wert *true*. Demzufolge wird der Hilfstimer gestartet. Läuft er ab, wird ein ACK gesendet, um den Sender mit dem aktuellen Status des Empfängers zu synchronisieren.

In einigen Fällen ist die Zeit, die der Rahmen braucht, um an sein Ziel zu gelangen und dort verarbeitet zu werden, sowie die Rückübertragung der Bestätigung (fast) konstant. In solchen Fällen kann der Sender seinen Timer „knapp“, das heißt genau so einstellen, dass er ein bisschen länger läuft, als Zeit benötigt wird, um den Rahmen zu senden und die Bestätigung abzuwarten. In diesem Fall sind NAKs nicht sinnvoll.

In anderen Situationen kann die Zeit jedoch sehr variabel gehandhabt werden. Zum Beispiel ist bei sporadischem Rückverkehr die Zeitspanne bis zum Erhalt der Bestätigungen kürzer, wenn es Rückverkehr gibt, und länger, wenn es keinen Rückverkehr gibt. Der Sender steht vor der Entscheidung, entweder die Zeitspanne auf einen kleinen Wert festzusetzen (und dadurch unnötige Neuübertragungen zu riskieren) oder einen großen Wert zu wählen (und damit eventuell nach einem Fehler für eine längere Zeit unbeschäftigt zu sein). Beide Optionen verschwenden Bandbreite. Grundsätzlich gilt: Ist die Standardabweichung des Rückmeldeintervalls groß im Vergleich zum Intervall selbst, dann wird der Timer vorsichtshalber großzügig eingestellt. NAKs können die Neuübertragungen von verlorenen oder zerstörten Rahmen stark beschleunigen.

In engem Zusammenhang mit Timeouts und NAKs steht die Frage, wie festgestellt werden kann, welcher Rahmen das Timeout hervorgerufen hat. In Protokoll 5 ist das *ack_expected*, weil es immer der älteste Rahmen ist. In Protokoll 6 ist es nicht so einfach festzustellen, wer das Timeout ausgelöst hat. Nehmen wir an, Rahmen 0 bis 4 sind übertragen worden, was bedeutet, dass die Liste der ausstehenden Rahmen 01234 lautet, angefangen bei dem am längsten ausstehenden Rahmen. Jetzt ist die Zeitspanne für 0 abgelaufen, 5 (ein neuer Rahmen) wird übertragen, für 1 läuft die Zeit ab, für 2 auch, und 6 (ebenfalls ein neuer Rahmen) wird gesendet. Zu diesem Zeitpunkt lautet die Liste der noch ausstehenden Rahmen (vom ältesten zum jüngsten) 3.405.126. Wenn eine Zeitlang überhaupt kein Eingangsverkehr fließt (beispielsweise Rahmen mit Bestätigung), laufen die Timer für die sieben ausstehenden Rahmen in genau dieser Reihenfolge ab.

Um das Beispiel nicht noch komplizierter zu machen, wurde die Verwaltung des Timers weggelassen. Stattdessen gehen wir davon aus, dass die Variable *oldest_frame* beim Auftreten eines Timeouts gesetzt wird um anzugeben, für welchen Rahmen die Zeit abgelaufen ist.

3.5 Protokolle der Sicherungsschicht in der Praxis

Innerhalb eines einzelnen Gebäudes werden häufig LANs zur Vernetzung eingesetzt, doch eine WAN-Infrastruktur wird meistens aus Punkt-zu-Punkt-Leitungen aufgebaut. In *Kapitel 4* werden wir uns mit LANs beschäftigen. Hier wollen wir die Sicherungsschichtprotokolle untersuchen, die auf Punkt-zu-Punkt-Leitungen im Internet in zwei typischen Situationen angetroffen werden. Die erste Situation entsteht beim Senden von Paketen über SONET-Glasfaserverbindungen in WANs. Diese Verbindungen werden häufig eingesetzt, um zum Beispiel Router in den verschiedenen Standorten eines ISP-Netzes anzuschließen.

Die zweite Situation betrifft ADSL-Verbindungen, die auf der Teilnehmeranschlussleitung des Telefonnetzes am Rand des Internets verwendet werden. Die dritte Situation betrifft DOCSIS-Verbindungen, die auf der Teilnehmeranschlussleitung eines Kabelnetzes verwendet werden. Sowohl ADSL und DOCSIS verbinden Millionen von Einzelpersonen und Unternehmen mit dem Internet.

Das Internet benötigt Punkt-zu-Punkt-Verbindungen für diese Nutzungsarten, ebenso wie Einwählmodems, Standleitungen, Kabelmodems usw. Das Standardprotokoll **PPP** (*Point-to-Point Protocol*) wird benutzt, um Pakete über diese Verbindungen zu schicken. PPP wird in RFC 1661 definiert und in RFC 1662 und anderen RFCs weiter ausgearbeitet (Simpson, 1994a, 1994b). SONET- , ADSL- und DOCSIS-Verbindungen wenden alle PPP an, jedoch auf unterschiedliche Weisen.

3.5.1 Packet over SONET

SONET (siehe Abschnitt 2.5.3) ist das Protokoll der Bitübertragungsschicht, das am häufigsten auf den WAN-Glasfaserverbindungen benutzt wird, die das Backbone von Kommunikationsnetzen, darunter das des Telefonsystems, bilden. SONET stellt einen Bitstrom zu einer genau festgelegten Rate bereit, zum Beispiel 2,4 Gbit/s für eine OC-48-Verbindung. Dieser Bitstrom ist aus Nutzdaten fester Bytegröße aufgebaut, die nach jeweils 125 µs wiederholt werden, unabhängig davon, ob Benutzerdaten zu senden sind oder nicht.

Die Übertragung von Paketen über diese Verbindungen setzt einen Mechanismus voraus, der es ermöglicht, die vereinzelt auftretenden Pakete von dem kontinuierlichen Bitstrom zu unterscheiden, in dem die Pakete transportiert werden. Auf IP-Routern wird PPP eingesetzt, um diesen Mechanismus zur Verfügung zu stellen (▶Abbildung 3.23).

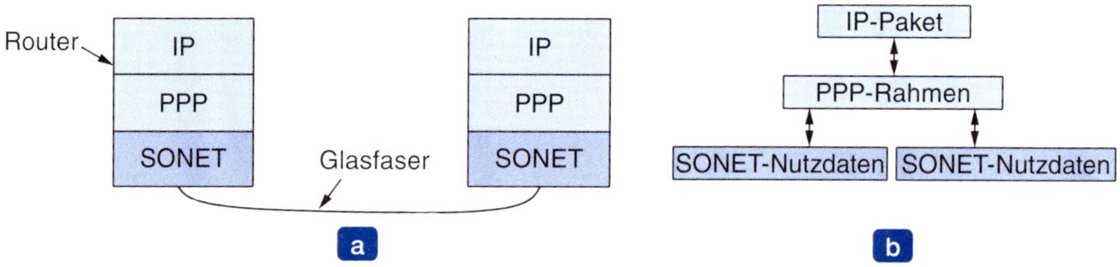

Abbildung 3.23: Packet over SONET. (a) Ein Protokollstapel. (b) Beziehungen zwischen Rahmen.

PPP ist die Verbesserung eines früheren, einfacheren Protokolls namens **SLIP** (*Serial Line Internet Protocol*). Es wird zur Verbindungskonfiguration bei der Fehlererkennung benutzt, unterstützt mehrere Protokolle, ermöglicht Authentifizierung und einiges mehr. PPP bietet eine große Bandbreite an Optionen und zeichnet sich durch drei Hauptmerkmale aus:

1. Eine Rahmenbildungsmethode, die das Ende eines Rahmens und den Anfangs des nächsten eindeutig kennzeichnet. Das Rahmenformat übernimmt auch die Fehlererkennung.
2. Ein Verbindungssteuerungsprotokoll zum Aktivieren und Testen von Leitungen, Verhandeln von Optionen und Beenden von Verbindungen, wenn sie nicht mehr gebraucht werden. Dieses Protokoll heißt **LCP** (*Link Control Protocol*).
3. Eine Methode zum Aushandeln von Optionen auf der Vermittlungsschicht, die von dem auf der Vermittlungsschicht benutzten Protokoll unabhängig sind. Die gewählte Methode sieht vor, dass auf jeder unterstützten Vermittlungsschicht ein anderes **NCP** (*Network Control Protocol*) läuft.

Das PPP-Rahmenformat ist dem Rahmenformat **HDLC** (*High-level Data Link Control*) sehr ähnlich, einem häufig genutzten Vertreter einer frühen Protokollfamilie, weil keine Notwendigkeit bestand, das Rad neu zu erfinden.

Der wesentliche Unterschied zwischen PPP und HDLC liegt darin, dass PPP byteorientiert und HDLC bitorientiert ist. Insbesondere nutzt PPP das Byte Stuffing und alle Rahmen enthalten eine ganzzahlige Anzahl an Bytes. HDLC verwendet Bit Stuffing, sodass Rahmen mit beispielsweise 30,25 Byte möglich sind.

In der Praxis gibt es jedoch einen zweiten großen Unterschied. HDLC stellt zuverlässige Übertragungen mit einem Schiebefenster, Bestätigungen und Timeouts in der Art bereit, wie wir es untersucht haben. Auch PPP kann zuverlässige Übertragungen in verrauschten Umgebungen wie drahtlosen Netzen bieten; die Details sind in RFC 1663 definiert. In der Praxis wird dies jedoch selten umgesetzt. Stattdessen wird im Internet fast immer ein „unnummerierter Modus" benutzt, um verbindungslosen unbestätigten Dienst zu liefern.

Das PPP-Rahmenformat ist in ▶Abbildung 3.24 dargestellt. Alle PPP-Rahmen beginnen mit dem Flagbyte des HDLC-Standards von 0x7E (01111110). Das Flagbyte wird gestopft, wenn es innerhalb des *Payload*-Felds auftritt, indem das Escape-Byte 0x7D benutzt wird. Das folgende Byte ist das Escape-Byte, das mit 0x20 XOR-verknüpft wurde, wodurch das 5. Bit gekippt wird. Beispielsweise ist 0x7D 0x5E die Escape-Folge für das Flagbyte 0x7E. Dies bedeutet, nach Rahmenanfang und -ende kann gesucht werden, indem einfach nach dem Byte 0x7E gescannt wird, da dies nirgendwo sonst vorkommt. Die Regel zum „Entstopfen" beim Empfang eines Rahmens sieht vor, nach 0x7D zu suchen, dieses löschen und das darauffolgende Byte mit 0x20 XOR-verknüpfen. Auch hier wird nur ein Flagbyte zwischen zwei Rahmen benötigt. Mehrere Flagbytes können zum Auffüllen benutzt werden, wenn keine Rahmen zum Senden vorhanden sind.

Nach dem Start-des-Rahmens-Flag kommt das Feld *Address*. Dieses Feld wird immer auf den Binärwert 11111111 gesetzt, um anzugeben, dass alle Stationen den Rahmen akzeptieren sollen. Durch diesen Wert wird vermieden, dass Verbindungsadressen zugewiesen werden müssen.

Bytes	1	1	1	1 oder 2	variabel	2 oder 4	1
	Flag 01111110	Address 11111111	Control 00000011	Protocol	Payload	Checksum	Flag 01111110

Abbildung 3.24: Format eines vollständigen PPP-Rahmens für den Betrieb im unnummerierten Modus.

Dem *Address*-Feld folgt das Feld *Control*, dessen Standardwert 00000011 ist. Dieser Wert zeigt einen unnummerierten Rahmen an.

Da die Felder *Address* und *Control* in der Standardkonfiguration immer konstant sind, stellt LCP den nötigen Mechanismus bereit, damit zwei Parteien eine Option aushandeln können, mit der beide Felder weggelassen und dadurch zwei Byte pro Rahmen eingespart werden.

Das vierte PPP-Feld ist *Protocol*. Dies gibt an, welche Paketart sich im Feld *Payload* befindet. Codes, die mit einem 0-Bit beginnen, werden für IP-Version 4, IP-Version 6 und andere Protokolle der Vermittlungsschicht definiert, die eventuell genutzt werden, wie IPX und AppleTalk. Codes, die mit einem 1-Bit beginnen, werden für PPP-Konfigurationsprotokolle verwendet. Hierzu zählen LCP und ein weiteres NCP für jedes unterstützte Protokoll der Vermittlungsschicht. Die Standardgröße des *Protocol*-Feldes ist 2 Byte, über LCP kann aber auch 1 Byte vereinbart werden. Die Entwickler waren vermutlich etwas übervorsichtig mit ihrer Einschätzung, dass eines Tages mehr als 256 Protokolle im Einsatz sein könnten.

Das Feld *Payload* hat eine variable Länge bis zu einem vereinbarten Maximum. Wird die Länge nicht beim Verbindungsaufbau über LCP vereinbart, dann wird eine Standardlänge von 1.500 Byte verwendet. Die Nutzdaten können bei Bedarf auch aufgefüllt werden (Padding).

Nach diesem Feld kommt das Feld *Checksum* (Prüfsumme), das normalerweise 2 Byte groß ist. Alternativ kann eine Prüfsumme von 4 Byte vereinbart werden. Die 4-Byte-Prüfsumme entspricht in der Tat dem 32-Bit-CRC-Wert, dessen Generatorpolynom wir am Ende von Abschnitt 3.2.2 angegeben haben. Die 2-Byte-Prüfsumme ist ebenfalls ein Standard-CRC.

PPP ist ein Rahmenmechanismus zur Übertragung von Paketen mehrerer Protokolle über viele Arten von Bitübertragungsschichten. Wenn PPP over SONET verwendet werden soll, dann werden die dabei zu treffenden Entscheidungen in RFC 2615 vorgegeben (Malis und Simpson, 1999). Eine 4-Byte-Prüfsumme wird als Hauptinstrument zum Entdecken von Übertragungsfehlern über den Bitübertragungs,- Sicherungs- und Vermittlungsschichten benutzt. Es wird empfohlen, die *Address*-, *Control*- und *Protocol*-Felder nicht zu komprimieren, da SONET-Verbindungen immer mit relativ hohen Raten laufen.

PPP hat auch noch ein ungewöhnliches Merkmal. Auf die PPP-Nutzdaten wird Scrambling angewandt (siehe Abschnitt 2.4.3), bevor diese in die SONET-Nutzdaten eingefügt werden. Scrambling verknüpft vor der Übertragung die Nutzdaten mit einer langen pseudozufälligen Folge über XOR. Das Problem dabei ist, dass der SONET-Bitstrom häufige Bitübergänge zur Synchronisation benötigt. Diese Übergänge treten bei Sprachsignalen durch Variationen ganz natürlich auf, doch bei der Datenkommunikation wählt der Benutzer die zu sendende Information aus und überträgt eventuell ein Paket mit einer langen Folge von Nullen. Durch Scrambling verringert sich die Wahrscheinlichkeit enorm, dass Probleme entstehen, wenn ein Benutzer eine lange Folge von Nullen sendet.

Bevor PPP-Rahmen über SONET-Leitungen übertragen werden können, muss die PPP-Verbindung aufgebaut und konfiguriert werden. Die Phasen, die eine Verbindung vom Aufbau über Benutzung bis zum Trennen durchläuft, ist in ▶Abbildung 3.25 gezeigt.

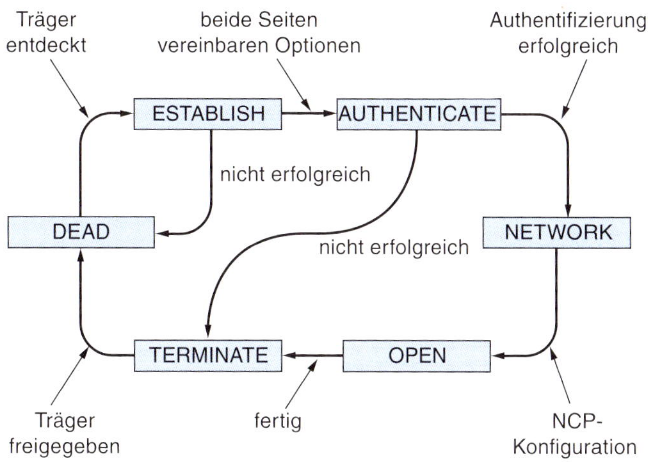

Abbildung 3.25: Zustandsdiagramm zum Auf- und Abbau von PPP-Verbindungen.

Die Verbindung beginnt im *DEAD*-Zustand, was bedeutet, dass keine Verbindung auf der Bitübertragungsschicht vorhanden ist. Wenn eine Verbindung auf der Bitübertragungsschicht aufgebaut wird, wechselt die Verbindung zum Zustand *ESTABLISH*. An diesem Punkt tauschen die PPP-Peers eine Reihe von LCP-Paketen aus, die jeweils im *Payload*-Feld eines PPP-Rahmens übertragen werden, um die PPP-Optionen für die Verbindung aus den oben erwähnten Möglichkeiten zu wählen. Der initiierende Peer schlägt Optionen vor und der antwortende Peer akzeptiert diese oder weist sie – vollständig oder teilweise – zurück. Er kann auch alternative Vorschläge unterbreiten.

Wenn die Verhandlung der LCP-Option erfolgreich ist, erreicht die Verbindung den *AUTHENTICATE*-Zustand. Nun können die zwei Parteien auf Wunsch gegenseitig ihre Identitäten prüfen. Falls die Authentifizierung erfolgreich ist, wird der *NETWORK*-Zustand betreten und zur Konfiguration der Vermittlungsschicht wird eine Reihe von NCP-Paketen gesendet. Man kann kaum Verallgemeinerungen zu NCP-Protokollen treffen, weil jedes auf ein bestimmtes Protokoll der Vermittlungsschicht ausgelegt ist und Konfigurationsanfragen zulässt, die spezifisch für dieses Protokoll sind.

Für IP ist zum Beispiel die Zuweisung von IP-Adressen zu beiden Verbindungsenden die wichtigste Möglichkeit.

Sobald *OPEN* erreicht wird, kann die Datenübertragung beginnen. In diesem Zustand werden IP-Pakete in PPP-Rahmen über die SONET-Verbindung übertragen. Ist die Datenübertragung beendet, wechselt die Verbindung in den *TERMINATE*-Zustand und geht von dort wieder in den *DEAD*-Zustand zurück, wenn die Verbindung der Bitübertragungsschicht freigegeben wird.

3.5.2 ADSL

ADSL verbindet Millionen von Privathaushalten mit dem Internet mit Datenraten von mehreren Megabit/Sekunde über dieselbe Telefonleitung, die für den guten alten Telefondienst benutzt wird. In Abschnitt 2.5.2 haben wir beschrieben, wie ein DSL-Modem auf der Teilnehmeranschlussseite angeschlossen wird. Das Modem sendet Bits über die Anschlussleitung zu einem Gerät namens DSLAM (*DSL Access Multiplexer*), ausgesprochen „di-släm", das sich im lokalen Büro des Telefonunternehmens befindet. Nun werden wir ausführlicher untersuchen, wie Pakete über ADSL-Verbindungen übertragen werden.

Das Gesamtbild der Protokolle und Geräte, die bei ADSL benutzt werden, ist in ▶Abbildung 3.26 zu sehen. Verschiedene Protokolle werden in unterschiedlichen Netzen eingesetzt, deshalb haben wir uns entschieden, das am weitesten verbreitete Szenario darzustellen. Innerhalb eines Hauses sendet ein Rechner, z.B. ein PC, IP-Pakete zu dem DSL-Modem unter Verwendung einer Sicherheitsschicht wie Ethernet. Das DSL-Modem sendet dann IP-Pakete über die Teilnehmeranschlussleitung zum DSLAM mithilfe der Protokolle, die wir jetzt untersuchen wollen. Am DSLAM (oder einem Router, der mit diesem verbunden ist, je nach Implementierung) werden die IP-Pakete extrahiert und treten in ein ISP-Netz ein, sodass sie jedes Ziel im Internet erreichen können.

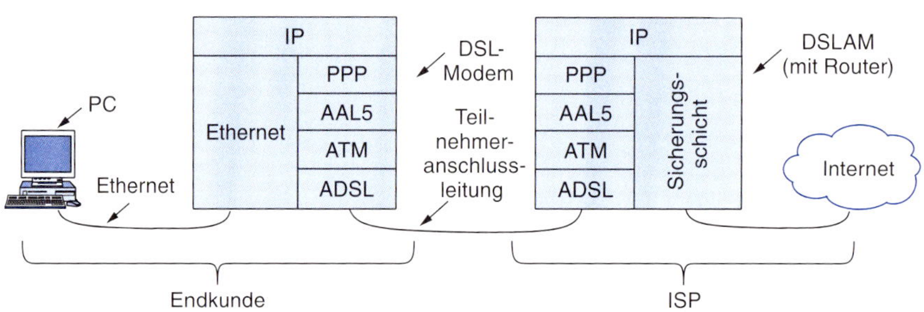

Abbildung 3.26: ADSL-Protokollstapel.

Die Protokolle, die in Abbildung 3.26 auf der ADSL-Verbindung zu sehen sind, beginnen im unteren Teil mit der ADSL-Bitübertragungsschicht. Sie basieren auf einem digitalen Modulationsschema, dem orthogonalen Frequenzmultiplexing (auch bekannt als Mehrtonverfahren, siehe Abschnitt 2.5.2). Am oberen Ende des Stapels, direkt unterhalb der IP-Vermittlungsschicht, finden wir PPP. Hierbei handelt es sich um dasselbe PPP, welches wir gerade für Packet-over-SONET-Übertragungen betrachtet haben. Verbindungsaufbau und -konfiguration werden auf die gleiche Weise durchgeführt, um IP-Pakete zu übertragen.

Zwischen ADSL und PPP befinden sich ATM und AAL5. Dies sind neue Protokolle, die wir bisher noch nicht kennengelernt haben. **ATM** (*Asynchronous Tranfer Mode*) wurde in den frühen 1990er Jahren entwickelt und startete mit unglaublichem Tamtam. Es versprach eine Netzwerktechnologie, die alle Telekommunikationsprobleme dieser Welt lösen würde, indem Sprache, Daten, Kabelfernsehen, Fernschreiber, Brieftauben, Dosentelefone an Schnüren, Trommeln und alles andere zu einem einzigen großen System verbunden werden, welches alles für jeden tun könnte. Dies trat nicht ein. Größtenteils ähnelten die Probleme von ATM denen, die wir für die OSI-Protokolle aufgezeigt haben, das heißt: schlechtes Timing, schlechte Technologie, schlechte Implementierung und schlechte Politik. Nichtsdestotrotz war ATM viel erfolgreicher als OSI. Auch wenn es nicht die Weltherrschaft übernommen hat, so findet es doch in einigen Nischen breite Anwendung, wozu Breitbandzugangsleitungen wie DSL und WAN-Verbindungen innerhalb von Telefonnetzen gehören.

ATM ist eine Sicherheitsschicht, die auf der Übertragung von **Zellen** fester Länge mit Informationen basiert. Das „asynchronous" im Namen deutet darauf hin, dass die Zellen anders als bei SONET nicht immer als kontinuierlicher Bitstrom über synchrone Leitungen übertragen werden müssen. Zellen müssen nur dann gesendet werden, wenn auch Information zum Übertragen vorhanden ist. ATM ist eine verbindungsorientierte Technologie. Jede Zelle trägt einen Identifikator der **virtuellen Verbindung** (*virtual circuit*) in ihrem Header. Dieser Identifikator wird benutzt, um die Zellen über den Pfad der aufgebauten Verbindungen zu leiten.

Die Zellen haben jeweils eine Länge von 53 Byte, sie bestehen aus einer 48-Byte-Nutzlast und einem 5-Byte-Header. Die Verwendung von Zellen ermöglicht es ATM, die Bandbreite einer Verbindung der Bitübertragungsschicht flexibel zwischen unterschiedlichen Benutzern in Form von dünnen Scheiben aufzuteilen. Diese Eigenschaft ist z.B. dann nützlich, wenn sowohl Sprache als auch Daten über die gleiche Verbindung gesendet werden sollen und man keine langen Datenpakete haben möchte, die große Variationen in der Verzögerung von Sprachabtastungen verursachen würden. Die ungewöhnliche Wahl der Zelllänge (verglichen beispielsweise mit der eher natürlichen Wahl einer Potenz von 2) ist ein Anzeichen genau dafür, wie politisch der Entwurf von ATM war. Die 48-Byte-Größe für die Nutzdaten war ein Kompromiss, um die festgefahrenen Verhandlungen zwischen Europa, das 32-Byte-Zellen forderte, und den USA, die 64-Byte-Zellen bevorzugten, aufzulösen. Einen kurzen Überblick über ATM finden Sie bei Siu und Jain (1995).

Um Daten über ein ATM-Netz zu senden, müssen diese auf eine Folge von Zellen abgebildet werden. Diese Abbildung wird mithilfe einer ATM-Adaptionsschicht in einem Prozess durchgeführt, der Segmentierung und Reassemblierung genannt wird. Mehrere Adaptionsschichten wurden für unterschiedliche Dienste definiert, angefangen von periodischen Sprachabtastungen bis zu Paketdaten. Die Adaptionsschicht, die vorwiegend für Paketdaten benutzt wird, heißt **AAL5** (*ATM Adaption Layer 5*).

Ein AAL5-Rahmen ist in ▶Abbildung 3.27 gezeigt. Anstatt eines Headers gibt es hier einen Trailer, der die Länge sowie einen 4-Byte-CRC-Wert zur Fehlererkennung enthält. Normalerweise ist dieser CRC-Wert derselbe, der für PPP und IEEE-802-LANs wie Ethernet benutzt wird. Wang und Crowcroft (1992) haben gezeigt, dass dieser stark genug ist, um unübliche Fehler wie Änderung der Zellreihenfolge zu entdecken. Außer den Nutzdaten enthält der AAL5-Rahmen noch Fülldaten (Padding). Dies vervollständigt die Gesamtlänge auf ein Vielfaches von 48 Byte, sodass der Rahmen gleichmäßig in Zellen aufgeteilt werden kann. Der Rahmen benötigt keine Adressen, da der Identifikator der virtuellen Verbindung, der mit jeder Zelle übertragen wird, dafür sorgt, den Rahmen zum richtigen Ziel bringen.

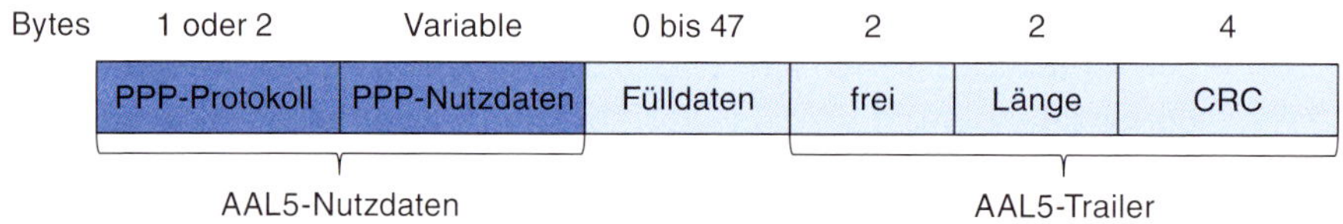

Abbildung 3.27: AAL5-Rahmen, der PPP-Daten überträgt.

Nachdem wir nun ATM beschrieben haben, müssen wir uns nur noch ansehen, wie ATM von PPP im Fall von ADSL benutzt wird. Dazu wird ein weiterer Standard, **PPPoA** (**PPP over ATM**), herangezogen. Dieser Standard ist eigentlich kein Protokoll (daher erscheint es nicht in Abbildung 3.26), sondern eher eine Spezifikation, wie mit PPP- und mit AAL5-Rahmen umzugehen ist. PPPoA wird in RFC 2364 beschrieben (Gross et al., 1998).

Lediglich die PPP-Protokoll- und PPP-Nutzdatenfelder werden in die AAL5-Nutzlast übernommen (Abbildung 3.27). Das Protokollfeld unterrichtet den DSLAM am anderen Ende darüber, ob die Nutzlast ein IP-Paket oder ein Paket eines anderen Protokolls wie LCP ist. Dieses andere Ende weiß, dass die Zellen PPP-Informationen enthalten, weil eine virtuelle ATM-Verbindung zu diesem Zweck eingerichtet ist.

Innerhalb des AAL5-Rahmens wird keine PPP-Rahmenbildung benötigt, da es hier keinen Zweck erfüllt; ATM und AAL5 bieten schon Rahmenbildung. Eine weitere Rahmenbildung wäre sinnlos. Der PPP-CRC-Wert wird ebenfalls nicht gebraucht, weil AAL5 bereits genau diesen CRC-Wert umfasst. Dieser Fehlererkennungsmechanismus ergänzt die Codierung der ADSL-Bitübertragungsschicht eines Reed-Solomon-Codes zur Fehlerkorrektur und fügt einen 1-Byte-CRC zur Erkennung von Fehlern hinzu, die anderweitig nicht abgefangen werden. Dieses Schema hat einen sehr viel anspruchsvolleren Mechanismus für den Wiederanlauf im Fehlerfall als bei der Übertragung von Paketen über eine SONET-Leitung, da ADSL ein störanfälliger Kanal ist.

3.5.3 DOCSIS (Data Over Cable Service Interface Specification)

Das **DOCSIS**-Protokoll (*Data Over Cable Service Interface Specification*) besteht im Allgemeinen aus zwei Komponenten: der Bitübertragungsschicht (PHY), die im vorigen Kapitel beschrieben wurde (manchmal auch als PMD oder *Physical Media Dependent*

Sublayer bezeichnet), und der MAC-Schicht (*Media Access Control*), auf die wir in *Kapitel 4* näher eingehen werden. Über der Bitübertragungsschicht muss DOCSIS eine Reihe von Aufgaben für die Vermittlungsschicht übernehmen, darunter die Bandbreitenzuweisung für Upstream- und Downstream-Übertragungen (Flusskontrolle), Rahmenbildung und Fehlerkorrektur (manchmal wird Fehlerkorrektur auch als Konstrukt der Bitübertragungsschicht betrachtet). Wir haben diese Konzepte weiter oben in diesem Kapitel bereits beschrieben, wollen in diesem Abschnitt aber untersuchen, wie DOCSIS jedes dieser Probleme angeht.

Ein DOCSIS-Rahmen enthält verschiedene Informationen, darunter Indikatoren der Dienstqualität und Unterstützung für die Fragmentierung oder Verkettung von Rahmen. Jede unidirektionale Folge von Rahmen wird als **Dienstfluss** (*service flow*) bezeichnet. Die primären Dienstflüsse ermöglichen es dem CMTS im Kabelunternehmen, Verwaltungsnachrichten an jedes Kabelmodem zu übermitteln. Jeder Dienstfluss hat eine eindeutige Kennung und ist oft mit einer bestimmten Dienstklasse verbunden, z.B. Best Effort, Polling (d.h., ein Kabelmodem fordert explizit Bandbreite an) und Grant Service (d.h., ein Kabelmodem überträgt Daten-Bursts zu einer garantierten Zeit). Ein primärer Dienstfluss ist der Standarddienstfluss, der alle Rahmen überträgt, die keinem anderen Dienstfluss zugewiesen sind. In den vielen Breitbanddienstkonfigurationen gibt es standardmäßig nur einen Upstream- und einen Downstream-Dienstfluss zwischen dem CM und dem CMTS, der den gesamten Benutzerverkehr sowie alle Verwaltungsnachrichten umfasst. DOCSIS-Netze wurden ursprünglich unter der Annahme entworfen, dass die meisten Daten in Downstream-Richtung übertragen werden. Bestimmte Anwendungen, wie z.B. Videokonferenzen, laufen diesen Trends zuwider, auch wenn kürzlich angekündigte Cloud-Gaming-Dienste (z.B. Stadia, GeForce Now, xCloud) eventuell zu einer noch stärkeren Downstream-Nutzung führen, da diese Anwendungen auf kontinuierliche Streaming-Raten von 30–35 Mbit/s abzielen.

Sobald ein Kabelmodem eingeschaltet ist, stellt es eine Verbindung zum CMTS her, wodurch es sich in der Regel mit dem restlichen Netz verbindet. Nach der Registrierung beim CMTS erhält es von ihm die zu verwendenden Upstream- und Downstream-Kommunikationskanäle sowie die Verschlüsselungsschlüssel. Die Upstream- und Downstream-Netzbetreiber stellen zwei gemeinsame Kanäle für alle Kabelmodems bereit. In Downstream-Richtung empfangen alle an das CMTS angeschlossenen Kabelmodems jedes übertragene Paket. In Upstream-Richtung senden viele Kabelmodems und das CMTS ist der einzige Empfänger. Zwischen dem CMTS und den einzelnen Kabelmodems können mehrere physikalische Pfade bestehen.

Vor DOCSIS 3.1 wurden Pakete in Downstream-Richtung in 188-Byte-MPEG-Rahmen mit jeweils einem 4-Byte-Header und einer 184-Byte-Nutzlast unterteilt (die sogenannte MPEG-Übertragungskonvergenzschicht). Zusätzlich zu den eigentlichen Daten sendet das CMTS in regelmäßigen Abständen Verwaltungsinformationen an die Kabelmodem, die Informationen über das Ranging, die Kanalzuweisung und andere Aufgaben im Zusammenhang mit der Kanalzuordnung enthalten, die von der MAC-Schicht durchgeführt werden (auf die wir in *Kapitel 4* näher eingehen werden). DOC-

SIS 3.1 unterstützt diese Konvergenzschicht zwar immer noch aus Gründen der Abwärtskompatibilität, stützt sich aber nicht darauf für die Downstream-Kommunikation.

Die DOCSIS-Sicherungsschicht organisiert die Übertragung anhand von **Modulationsprofilen**. Ein Modulationsprofil ist eine Liste von Modulationsanweisungen (d.h. Bit-Loadings), die den OFDM-Unterträgern entsprechen. In Downstream-Richtung kann das CMTS unterschiedliche Profile für verschiedene Kabelmodems verwenden, aber in der Regel wird eine Gruppe von Kabelmodems, die die gleiche oder eine ähnliche Leistung aufweisen, in demselben Profil zusammengefasst. Auf der Grundlage der Dienstflussidentifikation und der QoS-Parameter gruppiert die Sicherungsschicht (in DOCSIS 3.1), die jetzt als **Konvergenzschicht** bezeichnet wird, Pakete mit demselben Profil in denselben Sendepuffer. In der Regel gibt es einen Sendepuffer pro Profil, der jeweils flach ist, um hohe Latenzzeiten zu vermeiden. Der Codeword Builder ordnet dann jeden DOCSIS-Rahmen den entsprechenden FEC-Codewörtern zu, wobei er Pakete aus verschiedenen Profilpuffern nur an jeder Codewort-Grenze abruft. Bei der FEC-Codierung wird der DOCSIS-Rahmen als Bitstrom und nicht als Bytefolge betrachtet. DOCSIS stützt sich auf ein LDPC-Codewort. In Downstream-Richtung hat ein vollständiges Codewort bis zu 2.027 Bytes, von denen bis zu 1.799 Bytes Daten und 225 Bytes Parität sind. Innerhalb jedes Bytes eines DOCSIS-Rahmens wird das niederwertigste Bit zuerst übertragen; wenn ein Wert von mehr als einem Byte übertragen wird, werden die Bytes vom höherwertigen zum niederwertigen geordnet, eine Ordnung, die manchmal auch als **Netzordnung** bezeichnet wird. Das CMTS wendet auch Byte Stuffing an: Wenn kein DOCSIS-Rahmen in Downstream-Richtung verfügbar ist, fügt das CMTS mit Null-Bit gefüllte Unterträger in OFDM-Symbole ein oder fügt einfach Folgen von Einsen in Codewörter ein, wie in ▶Abbildung 3.28 gezeigt.

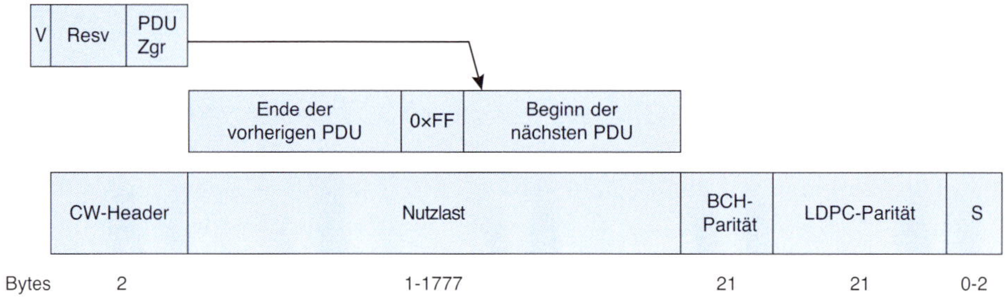

Abbildung 3.28: DOCSIS-Rahmen an Codewort-Abbildung.

Seit Version 3.0 unterstützt DOCSIS eine Technologie namens **Kanalbündelung** (*channel bonding*), die es einem einzelnen Teilnehmer ermöglicht, mehrere Upstream- und Downstream-Kanäle gleichzeitig zu nutzen. Diese Technologie ist eine Form der **Verbindungsaggregation** (*link aggregation*), bei der mehrere physische Verbindungen oder Ports zu einer einzigen logischen Verbindung kombiniert werden können. Mit DOCSIS 3.0 können bis zu 32 Downstream-Kanäle und 8 Upstream-Kanäle gebündelt werden, wobei jeder Kanal 6–8 MHz breit sein kann. Die Kanalbündelung in DOCSIS 3.1 unterscheidet sich von der in DOCSIS 3.0 nur insofern, als DOCSIS 3.1 breitere

Upstream- und Downstream-Kanäle unterstützt: Diese können mit bis zu 192 MHz im Downstream und 96 MHz im Upstream viel breiter sein im Vergleich zu DOCSIS 3.0 mit seinen 6 oder 8 MHz im Downstream und bis zu 6,4 MHz im Upstream. Andererseits kann ein DOCSIS-3.1-Modem Kanäle verschiedener Typen bündeln (z.B. könnte ein DOCSIS-3.1-Modem einen 192-MHz-OFDM-Kanal und vier 6-MHz-SC-QAM-Kanäle bündeln).

Zusammenfassung

Die **Sicherungsschicht** hat die Aufgabe, den reinen Bitstrom aus der Bitübertragungsschicht für die Weiterverarbeitung durch die Vermittlungsschicht in einen Rahmenstrom zu konvertieren. Die Sicherungsschicht kann diesen Strom mit unterschiedlichen Zuverlässigkeitsebenen anbieten, vom verbindungslosen unbestätigten Dienst bis hin zum zuverlässigen verbindungsorientierten Dienst.

Bei der **Rahmenbildung** gibt es verschiedene Methoden, z. B. Bytezählverfahren, Byte Stuffing und Bit Stuffing. Protokolle der Sicherungsschicht implementieren Fehlerkontrollmethoden, sodass beschädigte Rahmen erkannt und korrigiert oder verlorene Rahmen erneut übertragen werden können. Um einen schnellen Sender davon abzuhalten, einen langsamen Empfänger mit Daten zu überschütten, setzen die Protokolle der Sicherungsschicht Flusskontrollmechanismen ein. Mit dem Schiebefenstermechanismus können Fehler- und Flusskontrolle einfach koordiniert werden. Wenn die Fenstergröße 1 Paket beträgt, dann wird ein Stop-and-Wait-Protokoll verwendet.

Codes zur **Fehlerkorrektur** und -entdeckung fügen den Nachrichten redundante Information hinzu, indem eine Reihe von mathematischen Techniken verwendet wird. Faltungscodes und Reed-Solomon-Codes werden zur Fehlerkorrektur weitverbreitet eingesetzt, wobei Paritätsprüfcodes mit geringer Dichte zunehmend beliebter werden. Zu den Codes zur Fehlererkennung, die in der Praxis eingesetzt werden, gehören zyklische Redundanzprüfung und Prüfsummen. Diese Codes können sowohl in der Sicherungsschicht als auch in der Bitübertragungsschicht und höheren Schichten eingesetzt werden.

Wir haben verschiedene **Protokolle** untersucht, die eine zuverlässige Sicherungsschicht mithilfe von Bestätigungen und Neuübertragungen bzw. – unter realistischeren Annahmen – ARQ (*Automatic Repeat reQuest*) unterstützen. Angefangen bei einer fehlerfreien Umgebung, in der der Empfänger jeden an ihn gesendeten Rahmen verarbeiten kann, haben wir Flusskontrolle eingeführt, gefolgt von Fehlerkontrolle mit Sequenznummern und den Stop-and-Wait-Algorithmus. Dann haben wir den Schiebefensteralgorithmus verwendet, um bidirektionale Kommunikation zu ermöglichen, und haben das Konzept des Huckepacktransports eingeführt. Die letzten beiden Protokolle leiten die Übertragung von mehreren Rahmen, um den Sender davor zu bewahren, auf einer Verbindung mit einer langen Übertragungsverzögerung blockiert zu werden. Der Empfänger kann entweder alle Rahmen bis auf den Rahmen verwerfen, der in der Folge der nächste wäre, oder die Rahmen zwischenspeichern, die außerhalb der Reihenfolge ankommen, und negative Bestätigungen senden, um die Bandbreiteneffizienz zu erhöhen. Die erste Strategie ist ein Go-Back-N-Protokoll und die zweite ein Protokoll mit selektiver Wiederholung.

Das **Internet** verwendet vorwiegend PPP als Schicht-2-Protokoll auf Punkt-zu-Punkt-Leitungen. PPP stellt einen verbindungslosen unbestätigten Dienst zur Verfügung, benutzt Flagbytes zur Rahmenbegrenzung und ein CRC zur Fehlererkennung. PPP wird zur Paketübertragung für eine Vielzahl von Verbindungen benutzt, dazu gehören SONET-Verbindungen in WANs und ADSL-Verbindungen für Privathaushalte. DOCSIS wird verwendet, wenn der Internetdienst über das bestehende Kabel-TV-Netz angeboten wird.

Übungsaufgaben

EXTRAS ONLINE Lösungshinweise

1 Ethernet verwendet eine Präambel mit einer Bytezählung, um die Rahmen zu trennen. Was geschieht, wenn ein Benutzer versucht, Daten zu senden, die diese Präambel enthalten?

2 In einem Schicht-2-Protokoll wird die folgende Zeichencodierung verwendet:

A.: 01000111; B: 11100011; FLAG: 01111110; ESC: 11100000

Zeigen Sie, welche Bitfolge (binär) für den folgenden vier Zeichen langen Rahmen übertragen wird: A B ESC FLAG, wenn die folgenden Rahmenbildungsmethoden verwendet werden:

a. Bytezählung

b. Flagbytes mit Byte Stuffing

c. Start- und Endflagbytes mit Bit Stuffing?

3 Das folgende Datenfragment erscheint inmitten eines Datenflusses, für den der im Text beschriebene Byte-Stuffing-Algorithmus verwendet wird: A B ESC C ESC FLAG FLAG D. Welches Ergebnis erhält man nach dem Auffüllen?

4 Welches ist der maximale Overhead beim Byte-Stuffing-Algorithmus?

5 Sie empfangen das folgende Datenfragment: A ESC FLAG A B A FLAG FLAG C B ESC FLAG ESC ESC ESC FLAG FLAG. Sie wissen, dass das Protokoll Byte Stuffing verwendet. Zeigen Sie den Inhalt von jedem Rahmen nach dem „Entstopfen".

6 Sie empfangen das folgende Datenfragment: 0110 0111 1100 1111 0111 1101. Sie wissen, dass das Protokoll Bit Stuffing verwendet. Zeigen Sie den Inhalt von jedem Rahmen nach dem „Entstopfen".

7 Einer Ihrer Kommilitonen, Dagobert, hat darauf hingewiesen, dass es Verschwendung ist, jeden Rahmen mit einem Flagbyte zu beenden und dann den nächsten wieder mit einem zweiten Flagbyte zu beginnen. Dies könnte man auch mit einem Flagbyte erledigen und sich das zweite Flagbyte sparen. Stimmen Sie dem zu?

8 Die Bitfolge 0111101111101111110 muss über die Sicherungsschicht übertragen werden. Welche Bitfolge wird nach dem Bit Stuffing tatsächlich übertragen?

9 Ein Paket der oberen Schicht wird in 10 Rahmen aufgeteilt, die jeweils eine 80%ige Chance haben, unbeschädigt anzukommen. Wie oft muss die Nachricht im Durchschnitt gesendet werden, um das ganze Paket zu übertragen, wenn das Protokoll der Sicherungsschicht keine Fehlerkontrolle bietet?

10 Können Sie sich Situationen vorstellen, in denen Protokolle mit offenen Schleifen (z.B. ein Hamming-Code) besser geeignet sind als die in diesem Kapitel beschriebenen Protokolle mit Bestätigungsfunktion?

11 Um eine höhere Zuverlässigkeit bereitzustellen, als ein einzelnes Paritätsbit bieten kann, verwendet ein Codierschema zur Fehlererkennung ein Paritätsbit zum Überprüfen aller Bits mit ungerader und ein zweites Paritätsbit für alle Bits mit gerader Nummer. Wie lautet der Hamming-Abstand dieses Codes?

12 16-Bit-Nachrichten werden unter Verwendung eines Hamming-Codes übertragen. Wie viele Prüfbits sind erforderlich um sicherzustellen, dass der Empfänger Einzelbitfehler entdecken und korrigieren kann? Geben Sie das übertragene Bitmuster für die Nachricht 1101001100110101 an. Gehen Sie davon aus, dass im Hamming-Code die gerade Parität verwendet wird.

13 Ein 8-Bit-Byte mit dem Binärwert 10101111 soll mit einem Hamming-Code gerader Parität codiert werden. Wie lautet der Binärwert nach der Codierung?

14 Ein 12-Bit-Hamming-Code mit dem hexadezimalen Wert 0xE4F kommt beim Empfänger an. Wie lautet der Ursprungswert in hexadezimaler Darstellung? Gehen Sie davon aus, dass nicht mehr als ein Bit fehlerhaft ist.

15 Eine Möglichkeit der Erkennung von Fehlern ist, Daten als einen Block mit *n* Zeilen und *k* Bit pro Zeile zu übertragen und jeder Zeile und jeder Spalte ein Paritätsbit anzufügen. Das Bit rechts unten ist ein Paritätsbit, das seine Zeile und seine Spalte prüft. Können mit diesem Schema alle Einzelfehler aufgedeckt werden? Doppelte Fehler? Dreifache Fehler? Zeigen Sie, dass dieses Schema einige Vierbitfehler nicht entdecken kann.

16 Angenommen, Daten werden in Blöcken von 1.000 Bits übertragen. Welches ist die maximale Fehlerrate, bei der Fehlererkennungs- und Neuübertragungsmechanismen (1 Paritätsbit pro Block) besser als die Benutzung von Hamming-Code sind? Setzen Sie voraus, dass Bitfehler unabhängig voneinander sind und kein Bitfehler während einer Neuübertragung auftritt.

17 Ein aus *n* Zeilen und *k* Spalten bestehender Bitblock benutzt horizontale und vertikale Paritätsbits zur Fehlererkennung. Nehmen Sie an, dass aufgrund von Übertragungsfehlern genau vier Bit invertiert werden. Leiten Sie einen Ausdruck für die Wahrscheinlichkeit ab, dass dieser Fehler nicht entdeckt wird.

18 Welche Ausgabefolge wird bei Anwendung des Faltungscodes von Abbildung 3.7 erzeugt, wenn die Eingabefolge 10101010 (von links nach rechts) ist und der interne Status anfangs aus lauter Nullen besteht

19 Nehmen Sie an, dass die Nachricht 1001 1100 1010 0011 unter Benutzung der Internetprüfsumme (4-Bit-Wort) übertragen wird. Welchen Wert hat die Prüfsumme?

20 Welchen Rest erhält man, wenn man x^7+x^5+1 durch das Generatorpolynom x^3+1 teilt?

21 Der Bitstrom 10011101 wird mit der im Text beschriebenen CRC-Standardmethode übertragen. Das Generatorpolynom ist x^3+1. Geben Sie die tatsächlich übertragene Bitfolge an. Gehen Sie davon aus, dass das dritte Bit von links bei der Übertragung invertiert wird. Zeigen Sie, dass dieser Fehler vom Empfänger entdeckt wird. Geben Sie ein Beispiel von Bitfehlern in der übertragenen Bitfolge, die nicht vom Empfänger entdeckt werden.

22 Eine 1.024-Bit-Nachricht, die aus 992 Datenbits und 32 CRC-Bits besteht, wird gesendet. Der CRC-Wert wird mithilfe des durch IEEE 802 standardisierten Polynoms vom Grad 32 berechnet. Erklären Sie für jede der folgenden Situationen, ob die Fehler während der Nachrichtenübertragung vom Empfänger entdeckt werden.

a. Es gab einen Einzelbitfehler.

b. Es gab zwei isolierte Bitfehler.

c. Es gab 18 isolierte Bitfehler.

d. Es gab 47 isolierte Bitfehler.

e. Es gab einen 24 Bit langen Burstfehler.

f. Es gab einen 35 Bit langen Burstfehler.

23 Bei der Besprechung des ARQ-Protokolls in Abschnitt Simplexprotokolle der Sicherungsschicht wurde ein Szenario entworfen, das damit endete, dass der Empfänger zwei Kopien desselben Rahmens akzeptierte, weil der Bestätigungsrahmen verloren ging. Ist es möglich, dass ein Empfänger mehrere Kopien desselben Rahmens auch dann akzeptiert, wenn keiner der Rahmen (Nachrichten oder Bestätigung) verloren wurde?

24 Ein Kanal hat eine Übertragungsgeschwindigkeit von 4 kbit/s und eine Übertragungszeit von 20 ms. Bei welchen Rahmengrößen ergibt das Stop-and-Wait-Protokoll eine Effizienz von mindestens 50%?

25 Kann ein Sender in Protokoll 3 den Timer starten, wenn dieser bereits läuft? Falls ja, warum kann es dazu kommen? Wenn nicht, warum ist dies unmöglich?

26 Über eine 3.000 km lange T1-Leitung werden mit Protokoll 5 64-Byte-Rahmen übertragen. Wie viele Bits sollte die Sequenznummer haben, wenn die Übertragungsgeschwindigkeit 6 µs/km beträgt?

27 Nehmen Sie ein Schiebefensterprotokoll, das so viele Bits für Sequenznummern verwendet, dass die Sequenznummern nie wieder bei 0 anfangen müssen. Welche Beziehungen müssen zwischen den vier Fensterenden und der Fenstergröße bestehen, die konstant und für Sender und Empfänger gleich sei?

28 Würden sich Auswirkungen auf die Richtigkeit des Protokolls oder seine Effizienz ergeben, wenn die Prozedur *between* in Protokoll 5 die Bedingung $a \leq b \leq c$ anstatt der Bedingung $a \leq b < c$ überprüfen würde? Erläutern Sie Ihre Antwort.

29 In Protokoll 6 wird bei Ankunft eines Datenrahmens geprüft, ob die Sequenznummer von der erwarteten abweicht und *no_nak* wahr (*true*) ist. Falls beide Bedingungen zutreffen, wird ein NAK gesendet. Andernfalls wird der Hilfstimer gestartet. Angenommen, die `else`-Klausel würde weggelassen. Würde sich diese Änderung auf die Korrektheit des Protokolls auswirken?

30 Angenommen, die `while`-Schleife mit drei Anweisungen am Ende von Protokoll 6 würde entfernt. Wirkt sich dies auf die Korrektheit des Protokolls aus oder nur auf die Leistung? Erläutern Sie Ihre Antwort.

31 Die Entfernung von der Erde zu einem entfernten Planeten beträgt ungefähr 9×10^{10} m. Wie groß ist die Kanalauslastung, wenn ein Stop-and-Wait-Protokoll zur Rahmenübertragung auf einer Punkt-zu-Punkt-Verbindung mit 64 Mbit/s benutzt wird? Nehmen Sie an, dass die Rahmengröße 32 KB beträgt, die Lichtgeschwindigkeit ist 3×10^8 m/s.

32 Nehmen Sie an, dass in der vorherigen Aufgabe anstelle von Stop-and-Wait ein Schiebefensterprotokoll benutzt wird. Für welche gesendete Fenstergröße beträgt die Verbindungsausnutzung 100%? Sie dürfen die Protokollverarbeitungszeiten beim Sender und Empfänger vernachlässigen.

33 In Protokoll 6 hat der Code für *frame_arrival* einen Abschnitt für NAKs. Dieser Abschnitt wird aufgerufen, wenn der ankommende Rahmen ein NAK ist und eine weitere Bedingung erfüllt wird. Beschreiben Sie einen Ablauf, bei dem die Erfüllung dieser anderen Bedingung wichtig ist.

34 Betrachten Sie den Betrieb von Protokoll 6 über eine perfekte (d.h. fehlerfreie) 1-Mbit/s-Leitung. Die maximale Rahmengröße ist 1.000 Bit. Neue Pakete werden im Abstand von einer Sekunde erzeugt. Das Timeout-Intervall steht auf 10 ms. Würde man den speziellen Bestätigungstimer weglassen, entstünden unnötige Timeouts. Wie oft würde die durchschnittliche Nachricht übertragen werden?

35 In Protokoll 6 gilt $MAX\_SEQ = 2^n - 1$. Diese Bedingung ist sicher wünschenswert, um Header-Bits effizient zu verwenden. Wir haben aber nicht gezeigt, dass sie notwendig ist. Funktioniert das Protokoll noch richtig mit beispielsweise $MAX\_SEQ = 4$?

36 Rahmen mit 1.000 Bit werden über einen 1-Mbit/s-Kanal über einen geostationären Satelliten versendet, dessen Übertragungszeit von der Erde weg 270 ms beträgt. Die Bestätigungen erfolgen immer huckepack auf Datenrahmen. Die Header sind sehr kurz. Es werden 3-Bit-Sequenznummern verwendet. Welche maximale Kanalauslastung ergibt sich bei

a. Stop-and-Wait?

b. Protokoll 5?

c. Protokoll 6?

37 Betrachten Sie ein Protokoll, das Huckepacktransport, eine Sendefenstergröße von 4 und 400-Bit-Rahmen verwendet. Dieses Protokoll dient dazu, Daten über einen 200-kbit/s-Kanal mit einer unidirektionalen Übertragungsverzögerung von 4 ms zu übertragen. Leider hat der Empfänger keine Daten zum Zurücksenden. Er muss seine Bestätigungen in eigenen Rahmen senden. Wie lange kann der Empfänger vor dem Senden maximal warten, sodass die Bandbreiteneffizienz nicht unter 50% fällt?

38 Berechnen Sie den Teil der Bandbreite, der für den zusätzlichen Overhead (Header und erneute Übertragungen) von Protokoll 6 auf einem stark benutzen 50-kbit/s-Satellitenkanal verschwendet wird. Es werden Datenrahmen mit 40 Header- und 3.960 Datenbits verwendet. Gehen Sie davon aus, dass die Signalübertragungszeit von der Erde zum Satelliten 270 ms beträgt. ACK-Rahmen kommen nicht vor. NAK-Rahmen bestehen aus 40 Bits. Die Fehlerrate liegt für Datenrahmen bei 1% und die von NAK-Rahmen ist verschwindend gering. Die Sequenznummern bestehen aus 8 Bits.

39 Betrachten Sie einen fehlerfreien Satellitenkanal mit 64 kbit/s zur Übertragung von Rahmen mit 512 Byte in eine Richtung. Die mit dem Rückverkehr ankommenden Bestätigungen sind sehr klein. Wie groß ist der maximale Durchsatz für die Fenstergrößen 1, 7, 15 und 127? Die Übertragungszeit Erde–Satellit beträgt 270 ms.

40 Ein 100 km langes Kabel läuft mit T1-Geschwindigkeit. Die Übertragungsgeschwindigkeit im Kabel beträgt 2/3 der Lichtgeschwindigkeit. Wie viele Bits passen in das Kabel?

41 Geben Sie mindestens einen Grund an, warum PPP Byte Stuffing anstelle von Bit Stuffing verwendet, um unabsichtliche Flagbytes innerhalb der Nutzdaten daran zu hindern, Konfusion zu verursachen.

42 Wie hoch ist der minimale Overhead beim Senden eines IP-Pakets über PPP? Berücksichtigen Sie nur den von PPP selbst eingebrachten Overhead, nicht den des IP-Headers. Wie hoch ist der maximale Overhead?

43 Ein 100-Byte-IP-Paket wird über eine Teilnehmeranschlussleitung mithilfe des ADSL-Protokollstapels übertragen. Wie viele ATM-Zellen werden übertragen? Beschreiben Sie kurz deren Inhalte.

44 Das Ziel dieser Praxisübung ist, einen Fehlererkennungsmechanismus unter Verwendung des im Text beschriebenen CRC-Standardalgorithmus zu implementieren. Schreiben Sie zwei Programme, *generator* und *verifikation*. Das *generator*-Programm liest von der Standardeingabe eine Zeile ASCII-Text ein, die eine n-Bit-Nachricht als Folge von Nullen und Einsen enthält. Die zweite Zeile ist das k-Bit-Polynom, ebenfalls in ASCII. Die Ausgabe erfolgt auf der Standardausgabe als Zeile mit ASCII-Text mit $n+k$ Nullen und Einsen, die die zu übertragende Nachricht darstellen. Dann wird das Polynom wie eingelesen ausgegeben. Das *verifikation*-Programm liest die Ausgabe des *generator*-Programms und gibt eine Meldung aus, ob diese korrekt ist oder nicht. Schreiben Sie dann ein Programm *aenderung*, das in der ersten Zeile das im Argument des Programms angegebene Bit verändert (das am weitesten links stehende Bit habe die Nummer 1), den Rest der beiden Zeilen aber korrekt kopiert. Durch die Eingabe von

```
generator <file | verifikation
```

sollten Sie feststellen können, dass die Nachricht korrekt ist; durch die Eingabe von

```
generator <file | aenderung arg | verifikation
```

sollten Sie eine Fehlermeldung erhalten.

Die MAC-Teilschicht (Medium Access Control)

4

» Viele Kommunikationsprotokolle der Sicherungsschicht, die wir in *Kapitel 3* untersucht haben, setzen ein Broadcast-Kommunikationsmedium ein, um Daten zu übertragen. Jedes dieser Protokolle benötigt zusätzliche Mechanismen, damit mehrere Sender das Broadcast-Medium effizient und fair gemeinsam nutzen können.Diese Protokolle wollen wir in diesem Kapitel vorstellen.

Der wichtigste Aspekt in jedem Broadcast-Netz ist die Festlegung, wer den Kanal benutzen darf, falls es mehrere Bewerber für den Kanal gibt. Zur Verdeutlichung stellen Sie sich am besten eine Konferenzschaltung vor, in der sechs Personen an sechs verschiedenen Telefonen miteinander verbunden sind, sodass jeder jeden hören und jeder mit jedem sprechen kann. Es führt sehr wahrscheinlich zu einem Chaos, wenn eine Person zu sprechen aufhört und sofort zwei oder mehrere andere zu sprechen beginnen. Sitzen sich die Personen direkt gegenüber, wird das Chaos anderweitig vermieden. Bei einem Meeting kann man beispielsweise durch Handzeichen mitteilen, dass man sprechen will. Ist nur ein einziger Kanal vorhanden, dann ist die Festlegung, wer als Nächster an die Reihe kommt, viel schwieriger. Es gibt viele Protokolle, die dieses Problem lösen. Sie sind das Thema dieses Kapitels. In der Literatur werden die Broadcast-Kanäle auch **Mehrfachzugriffskanäle** bzw. **Multiaccess Channels** oder **Random Access Channels** genannt.

Protokolle, mit denen bestimmt werden kann, wer wann in einem Mehrfachzugriffskanal an die Reihe kommt, gehören zu einer Teilschicht der Sicherungsschicht namens **MAC** (*Medium Access Control*, Zugriffskontrolle). Die MAC-Teilschicht ist besonders in LANs wichtig, speziell in drahtlosen, da diese natürlicherweise Broadcast-Kanäle sind. Einige Aspekte eines WAN (z.B. direkte Verbindungen) erstrecken sich von Punkt zu Punkt, andere (z.B. das gemeinsame Zugriffsnetzwerk eines kabelgebundenen ISP) werden gemeinsam genutzt und bedürfen einer MAC-Schicht, die die gemeinsame Nutzung erleichtert. Da Mehrfachzugriffskanäle und LANs in engem Zusammenhang stehen, werden in diesem Kapitel sowohl LANs im Allgemeinen als auch einige Probleme behandelt, die streng genommen nicht unbedingt zur MAC-Teilschicht gehören, doch das Hauptthema hier wird die Steuerung des Kanals sein.

Vom technischen Gesichtspunkt her ist die MAC-Teilschicht der untere Teil der Sicherungsschicht; deshalb sollte sie logisch betrachtet eigentlich vor den in *Kapitel 3* beschriebenen Punkt-zu-Punkt-Protokollen behandelt werden. Aber für die meisten Leute ist das Verständnis von Protokollen einfacher, bei denen mehrere Parteien beteiligt sind, wenn Protokolle mit zwei Parteien bekannt sind. Aus diesem Grund sind wir etwas von der strengen Anordnung von unten nach oben abgewichen. «

4.1 Die Kanalzuordnung

Das zentrale Thema dieses Kapitels ist, wie ein einzelner Broadcast-Kanal mehreren Benutzern gleichzeitig zur Verfügung gestellt werden kann. Der Kanal kann Teil des drahtlosen Spektrums innerhalb eines geografischen Bereichs sein oder ein einzelnes Kabel oder Glasfaserkabel, mit dem mehrere Knoten verbunden sind. Das spielt hier keine Rolle. In beiden Fällen verbindet der Kanal jeden Benutzer mit allen anderen Nutzern und jeder, der den Kanal ausgiebig verwendet, gerät mit anderen Nutzern, welche ebenfalls den Kanal verwenden wollen, in Konflikt.

Zunächst werfen wir einen Blick auf die Mängel statischer Zuordnungsverfahren bei Datenverkehr, der in Bursts auftritt. Dann werden wir die wesentlichen Voraussetzungen bereitstellen, die wir zur Modellierung der dynamischen Verfahren benötigen, welche wir in den folgenden Abschnitten untersuchen.

4.1.1 Statische Kanalzuordnung

Der normale Weg, einen einzelnen Kanal, etwa eine Telefonleitung, unter mehreren Benutzern aufzuteilen, besteht darin, seine Kapazität aufzuspalten, indem eines der Multiplexing-Verfahren eingesetzt wird, die wir in Abschnitt 2.4.4 besprochen haben, beispielsweise FDM (Frequenzmultiplexing). Bei N Benutzern wird die verfügbare Bandbreite in N gleich große Teile zerlegt und jedem Benutzer wird ein Teil zugewiesen. Da jeder Benutzer nun sein eigenes Frequenzband hat, gibt es keine Überlagerungen zwischen den Nutzern. Wenn nur eine kleine, gleichbleibende Anzahl von Benutzern einen ständigen Datenstrom oder ein relativ hohes Datenverkehrsaufkommen hat, ist diese Aufteilung ein einfacher und effizienter Zuordnungsalgorithmus. Ein drahtloses Beispiel sind UKW-Radiostationen. Jede Station erhält einen Teil des UKW-Bands, das er meistens zum Senden seiner Signale verwendet.

Wenn jedoch die Anzahl der einzelnen Sender groß ist und sich verändert oder der Datenverkehr aus Bursts besteht, dann wirft FDM einige Probleme auf. Ist das verfügbare Spektrum in N Bereiche unterteilt, sind momentan aber weniger als N Benutzer an einer Übertragung interessiert, dann wird wertvolle Kapazität verschenkt. Und wollen andererseits mehr als N Benutzer kommunizieren, so wird einigen von ihnen mangels Bandbreite der Zugang verweigert, obwohl andere Benutzer, denen ein Frequenzband zugeteilt wurde, kaum etwas senden oder empfangen.

Selbst wenn man davon ausgeht, dass die Anzahl der Benutzer im Großen und Ganzen stets bei N liegt, so ist die Aufteilung eines verfügbaren Kanals in statische Unterkanäle dennoch ineffizient. Das Grundproblem ist hier, dass die Bandbreite einfach verloren geht, wenn Benutzer nichts übertragen. Sie nutzen ihren Unterkanal nicht selbst, er wird aber auch nicht anderen zur Verfügung gestellt. Eine statische Zuordnung ist für die meisten Computersysteme dann ungeeignet, wenn der Datenverkehr extrem starken Schwankungen unterworfen ist, häufig mit einem Verhältnis zwischen Spitzen- und durchschnittlichen Übertragungsraten von 1.000:1. Daher sind die meisten Kanäle einen Großteil der Zeit im Leerlaufzustand.

Die geringe Leistung des statischen FDM ist leicht anhand einer einfachen Berechnung aus der Warteschlangentheorie nachvollziehbar. Beginnen wir damit, die mittlere Verzögerungszeit *T* zu finden, um einen Rahmen über einen Kanal der Kapazität von *C* Bit/s zu senden. Wir nehmen an, dass die Rahmen zufällig mit einer durchschnittlichen Ankunftsrate von λ Rahmen/Sekunde ankommen und dass die Rahmenlänge durchschnittlich um 1/μ Bit/Rahmen schwankt. Mit diesen Parametern beträgt die Dienstrate μ*C* Rahmen/Sekunde. Ein Standardergebnis aus der Warteschlangentheorie ist:

$$T = \frac{1}{\mu C - \lambda}$$

(Für die Wissbegierigen unter den Lesern: Dieses Ergebnis gilt für eine „M/M/1"-Warteschlange. Diese setzt voraus, dass die Zufälligkeit der Zeiten zwischen der Ankunft von Rahmen und der Rahmenlänge einer Exponentialverteilung folgt bzw. dass sie das Ergebnis eines Poisson-Prozesses ist.)

Wenn in unserem Beispiel *C* gleich 100 Mbit/s, die mittlere Rahmenlänge 1/μ 10.000 Bit und die Rahmenankunftsrate λ 5.000 Rahmen/Sekunde ist, dann gilt *T*=200 μs. Wenn wir die Übertragungsverzögerung durch die Warteschlange ignorieren und nur gefragt hätten, wie lange das Senden eines 10.000-Bit-Rahmens in einem 100-Mbit/s-Netz dauert, dann hätten wir die (falsche) Antwort 100 μs erhalten. Dieses Ergebnis gilt nur, wenn für den Kanal keine Konkurrenz besteht.

Lassen Sie uns nun den ganzen Kanal in *N* unabhängige Unterkanäle mit einer Kapazität von je *C*/*N* Bit/s unterteilen. Die mittlere Rahmenankunftsrate für jeden Unterkanal beträgt jetzt λ/*N*. Wenn wir nun *T* erneut berechnen, erhalten wir:

$$T_N = \frac{1}{\mu(C/N) - (\lambda/N)} = \frac{N}{\mu C - \lambda} = NT \qquad (4.1)$$

Die mittlere Verzögerung für den geteilten Kanal ist *N*-mal schlechter, als wenn alle Rahmen ordentlich in einer großen zentralen Wartschlange angeordnet wären. Dies ist vergleichbar mit dem Vorraum einer Bank mit mehreren Geldautomaten. Auch hier ist es besser, wenn eine einzige Schlange gebildet wird, die sich dann auf alle Automaten verteilt, als wenn sich vor jedem Automaten eine eigene Schlange bildet, weil es sonst nicht genutzte Geldautomaten geben könnte, während sich vor den anderen lange Schlangen befinden.

Genau die gleichen Argumente, die für FDM gelten, sind auch auf andere Arten der statischen Kanalaufteilung anwendbar. Wird beispielsweise Zeitmultiplexing benutzt (TDM), dann wird jedem Benutzer statisch jede *N*-te Zeitscheibe zugeordnet. Falls ein Benutzer seine Zeitscheibe nicht beansprucht, liegt diese brach. Das Gleiche gilt auch, wenn das Netz physikalisch aufgeteilt wird. Würden wir in obigem Beispiel das 100-Mbit/s-Netz durch zehn Netze mit je 10 Mbit/s ersetzen und jeden Benutzer statisch einem dieser Netze zuordnen, so würde die mittlere Übertragungsverzögerung von 200 μs auf 2 ms hochschnellen.

Da keine der herkömmlichen statischen Kanalzuordnungsmethoden bei Burst-Datenverkehr gut funktioniert, untersuchen wir jetzt die dynamischen Zuordnungsverfahren.

4.1.2 Voraussetzungen für dynamische Kanalzuordnung

Bevor wir zur ersten der vielen Kanalzuordnungsmethoden in diesem Kapitel kommen, ist es sinnvoll, das Problem der Zuordnung genau zu formulieren. Alle Überlegungen auf diesem Gebiet bauen auf den folgenden fünf Grundannahmen auf:

1. **Unabhängiger Datenverkehr:** Das Modell besteht aus N unabhängigen **Stationen** (wie Computer, Telefone), jede mit einem Programm (oder Benutzer), welches Rahmen zur Übertragung erzeugt. Die erwartete Anzahl der Rahmen, die innerhalb eines Intervalls der Länge Δt erzeugt werden, ist $\lambda\Delta t$, wobei λ eine Konstante ist (die Ankunftshäufigkeit von neuen Rahmen). Ist ein Rahmen einmal erstellt worden, so ist die Station blockiert, bis der Rahmen erfolgreich übertragen wurde.

2. **Einzelkanal:** Für die gesamte Kommunikation ist ein einzelner Kanal verfügbar. Alle Stationen können über ihn übertragen und empfangen. Es wird davon ausgegangen, dass alle Stationen die gleiche Kapazität aufweisen, auch wenn Protokolle ihnen unterschiedliche Rollen (z.B. Prioritäten) zuweisen können.

3. **Beobachtbare Kollisionen:** Wenn zwei Rahmen gleichzeitig übertragen werden, überschneiden sie sich eine gewisse Zeit und das resultierende Signal ist entstellt. Dieses Ereignis wird **Kollision** genannt. Alle Stationen können erkennen, dass eine Kollision stattgefunden hat. Ein kollidierter Rahmen muss später erneut übertragen werden. Es gibt keine anderen Fehler als jene, die durch Kollisionen verursacht werden.

4. **Kontinuierlicher oder in Zeitscheiben unterteilter Zeitverlauf:** Zeit kann als ununterbrochen angenommen werden, in diesem Fall kann die Übertragung eines Rahmens zu jedem Zeitpunkt beginnen. Alternativ dazu könnte die Zeit auch in einzelne Intervalle (sogenannte Zeitscheiben) unterteilt werden. Die Übertragung eines Rahmens muss dann immer am Anfang einer Zeitscheibe beginnen. Eine Zeitscheibe kann 0, 1 oder mehrere Rahmen enthalten, was einem Kanal im Leerlaufzustand, einer erfolgreichen Übertragung oder einer Kollision entspricht.

5. **Trägerprüfung oder keine Trägerprüfung:** Unter der Voraussetzung, dass Trägerprüfung (*carrier sense*) stattfindet, können Stationen feststellen, ob der Kanal genutzt wird, bevor sie versuchen, ihn zu verwenden. Keine Station unternimmt einen Nutzungsversuch, solange der Kanal als besetzt erkannt wird. Wenn es keine Trägerprüfung gibt, können Stationen den Kanal nicht überprüfen, bevor sie versuchen, ihn zu benutzen. Sie fangen einfach mit der Übertragung an. Erst hinterher können sie feststellen, ob die Übertragung erfolgreich war oder nicht.

Schauen wir uns die zugrunde liegenden Annahmen etwas genauer an. Die erste Annahme besagt, dass die Ankunft der Rahmen unabhängig ist – sowohl über mehrere Stationen hinweg als auch an einer bestimmten Station – und dass Rahmen auf nicht vorhersehbare Weise, aber kontinuierlich erzeugt werden. Eigentlich ist diese Annahme kein besonders gutes Modell für Netzverkehr, da allgemein bekannt ist, dass Pakete in Bursts über viele Zeiträume hinweg ankommen (Paxson und Floyd, 1995). Dennoch sind **Poisson-Modelle** – wie diese häufig genannt werden – sinnvoll, da sie mathematisch beherrschbar sind. Sie helfen bei der Analyse von Protokollen, um eine grobe Vorstellung davon zu bekommen, wie sich die Performanz innerhalb eines Einsatzbereichs ändert und wie sich diese im Vergleich zu anderen Entwürfen verhält.

Die Annahme eines einzelnen Kanals ist das Herz des ganzen Modells. Es gibt keine externen Kommunikationsmöglichkeiten. Stationen können nicht ihre Hand heben, um dem Lehrer anzudeuten, dass er sie aufrufen soll, daher werden wir wohl nach besseren Lösungen suchen müssen.

Die verbleibenden drei Annahmen hängen von der Konstruktion des Systems ab. Wenn wir ein bestimmtes Protokoll untersuchen, werden wir jeweils angeben, welche Annahmen gelten.

Die Kollisionsannahme ist grundlegend. Stationen müssen für den Fall, dass Rahmen neu übertragen werden sollen, die Möglichkeit haben, Kollisionen zu entdecken. Für kabelgebundene Kanäle kann eine Knotenhardware entworfen werden, die möglicherweise auftretende Kollisionen entdeckt. Die Stationen können dann ihre Übertragungen vorzeitig beenden und somit die Verschwendung von Kapazität vermeiden. Für drahtlose Kanäle ist diese Kollisionserkennung viel schwieriger. Hier wird in der Regel im Nachhinein, wenn ein erwarteter Bestätigungsrahmen ausbleibt, gefolgert, dass eine Kollision aufgetreten ist. Es kann auch vorkommen, dass einige der an einer Kollision beteiligten Rahmen erfolgreich empfangen werden, abhängig von den Signalen und der empfangenden Hardware. Dies ist jedoch gewöhnlich nicht der Fall, wir gehen deshalb davon aus, dass alle an einer Kollision beteiligten Rahmen verloren sind. Wir werden auch Protokollen begegnen, die verhindern, dass Kollisionen überhaupt auftreten.

Der Grund für die beiden Annahmen hinsichtlich der Zeit ist, dass in Zeitscheiben aufgespaltene Zeit eingesetzt werden kann, um die Leistung zu verbessern. Dies macht es jedoch erforderlich, dass die Stationen einem Haupttaktgeber folgen oder ihre Aktionen miteinander synchronisieren, um die Zeit in diskrete Intervalle aufzuteilen. Somit ist diese Möglichkeit nicht immer gegeben. Wir werden Systeme mit beiden Arten von Zeit besprechen und untersuchen. Für ein bestimmtes System trifft selbstverständlich immer nur eine zu.

Ebenso kann in einem Netz eine Trägerprüfung stattfinden oder nicht, aber nicht beides zugleich. Kabelnetze unterstützen in der Regel die Prüfung des Trägers. Drahtlose Netze können dies nicht immer effizient tun, weil möglicherweise nicht jede Station im Funkbereich jeder anderen Station liegt. Ebenso ist Trägerprüfung nicht in Umgebungen verfügbar, in denen eine Station nicht direkt mit anderen Stationen kommunizieren kann. Ein Beispiel dafür ist ein Kabelmodem, bei dem Stationen über das Kabelkopfende kommunizieren müssen.

Um jegliches Missverständnis zu vermeiden, sollte hier noch erwähnt werden, dass kein Mehrfachzugriffsprotokoll eine zuverlässige Sendung garantieren kann. Selbst wenn es keine Kollisionen gibt, könnte der Empfänger aus unterschiedlichen Gründen einige der Rahmen falsch kopiert haben. Zuverlässigkeit bieten andere Teile der Sicherungsschicht oder höherer Schichten.

4.2 Mehrfachzugriffsprotokolle

Viele Algorithmen zur Zuordnung eines Mehrfachzugriffskanals sind heute im Einsatz. In den folgenden Abschnitten werden wir einige der interessanteren Protokolle behandeln und Beispiele dafür anführen, wie diese in der Praxis häufig eingesetzt werden.

4.2.1 ALOHA

Die Geschichte unseres ersten MAC-Protokolls begann im unberührten Hawaii in den frühen 1970er Jahren. In diesem Fall kann „unberührt" als „hat kein funktionierendes Telefonsystem" interpretiert werden. Dies hat das Leben für die Forscher Norman Abramson und seine Kollegen an der Universität von Hawaii nicht angenehmer gemacht, die versuchten, Benutzer auf entfernten Inseln mit dem Hauptrechner in Honolulu zu verbinden. Ihre eigenen Kabel unter dem Pazifischen Ozean zu verlegen, war nicht wirklich eine Option, also hielten sie Ausschau nach einer anderen Lösung.

Diese Lösung wurde auch gefunden: die Verwendung von Kurzstreckenfunk, wobei alle Benutzerterminals dieselbe Upstream-Frequenz benutzten, um Rahmen an den Zentralrechner zu senden. Dazu gehörte auch eine einfache und elegante Methode, um das Problem der Kanalzuordnung zu lösen. Diese Ergebnisse wurden seitdem von vielen Forschern erweitert (Schwarz und Abramson, 2009). Obwohl Abramsons Arbeit – das ALOHA-System – den Bodenfunk verwendete, ist die Grundidee auf jedes System übertragbar, in dem nicht koordinierte Benutzer um die Benutzung eines einzelnen gemeinsamen Kanals konkurrieren.

Im Folgenden werden zwei ALOHA-Versionen beschrieben: reines ALOHA und S-ALOHA (Slotted ALOHA). Sie unterscheiden sich darin, ob wie bei der reinen Version die Zeit kontinuierlich ist oder ob sie in einzelne Zeitscheiben aufgeteilt wird, in die alle Rahmen passen müssen.

Reines ALOHA

Das grundlegende Konzept eines ALOHA-Systems ist einfach: Benutzer dürfen ihre zu sendenden Daten jederzeit übertragen. Es treten selbstverständlich Kollisionen auf und die kollidierenden Rahmen werden beschädigt. Ein Sender muss herausfinden, ob dies der Fall ist. Wenn im ALOHA-System jede Station ihren Rahmen an den Zentralrechner gesendet hat, überträgt dieser den Rahmen via Broadcast zu allen Stationen. Eine sendende Station kann diese Übertragung somit am Hub abhören, um festzustellen, ob ihr Rahmen durchgekommen ist. In anderen Systemen wie kabelbehafteten LANs kann der Sender eventuell während der Übertragung auf Kollisionen abhören.

Falls der Rahmen zerstört wurde, wartet der Absender eine zufällig gewählte Zeitspanne und sendet ihn dann nochmals. Die Wartezeit muss zufällig sein, sonst kollidieren die gleichen Rahmen immer wieder, bis in alle Ewigkeit. Systeme, in denen Benutzer einen gemeinsamen Kanal so benutzen, dass es zu Konflikten kommen kann, sind allgemein als **Konkurrenzsysteme** (*contention system*) bekannt.

▶Abbildung 4.1 zeigt die prinzipielle Erzeugung von Rahmen in einem ALOHA-System. Die Rahmen haben alle die gleiche Länge, da der Datendurchsatz von ALOHA-Systemen dadurch maximiert wird, dass eine feste Rahmengröße vorgeschrieben ist.

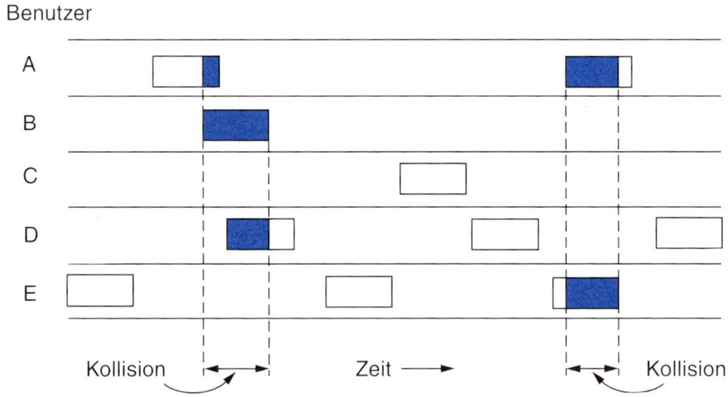

Abbildung 4.1: Beim reinen ALOHA werden Rahmen zu beliebigen Zeiten übertragen.

Jedes Mal, wenn zwei Rahmen zur gleichen Zeit versuchen, den Kanal zu besetzen, entsteht eine Kollision (Abbildung 4.1) und beide werden verstümmelt. Falls auch nur das erste Bit eines neuen Rahmens das letzte Bit eines fast beendeten Rahmens überschneidet, werden beide Rahmen völlig zerstört (d. h. haben falsche Prüfsummen) und müssen später erneut übertragen werden. Eine Prüfsumme kann nicht (und sollte auch nicht) zwischen einem totalen und einem teilweisen Verlust unterscheiden.

Eine interessante Frage ist: Wie sieht die Effizienz eines ALOHA-Systems aus? Mit anderen Worten, welcher Teil aller übermittelten Rahmen entgeht unter diesen chaotischen Bedingungen einer Kollision? Betrachten wir zunächst eine unendliche Menge von Benutzern, die etwas in ihre Terminals (Stationen) eingeben. Ein Benutzer befindet sich immer in einem von zwei Zuständen: Er schreibt oder er wartet. Zu Beginn befinden sich alle Benutzer im schreibenden Zustand. Wenn eine Zeile fertig geschrieben ist, hört der Benutzer zu schreiben auf und wartet auf eine Antwort. Dann überträgt die Station einen Rahmen, in dem sich die Zeile befindet, über den gemeinsamen Kanal zum Zentralrechner und prüft den Kanal, um zu sehen, ob die Übertragung erfolgreich war. Trifft das zu, sieht der Benutzer die Antwort und fährt mit dem Schreiben fort. Andernfalls wartet der Benutzer, während die Station den Rahmen so lange neu überträgt, bis er erfolgreich angekommen ist.

Die Rahmenübertragungszeit sei die Zeit, die benötigt wird, um den Standardrahmen mit fester Länge zu übermitteln (d. h. die Länge des Rahmens geteilt durch die Bitübertragungsrate). Wir gehen hier davon aus, dass neue Rahmen, die von den Stationen erzeugt werden, durch eine Poisson-Verteilung mit einer mittleren Anzahl von N Rahmen pro Rahmenübertragungszeit wohlmodelliert sind. (Die Annahme einer unbegrenzten Benutzerzahl ist erforderlich, um sicherzustellen, dass N nicht abnimmt, wenn die Benutzer gerade blockiert sind.) Falls $N > 1$ ist, erzeugen die Benutzer die Rahmen schneller als der Kanal sie verarbeiten kann, also erleidet fast jeder Rahmen eine Kollision. Für einen vernünftigen Durchsatz gehen wir von $0 < N < 1$ aus.

Abgesehen von den neuen Rahmen generieren die Stationen auch Neuübertragungen von vorher verunglückten Rahmen. Wir nehmen an, dass die alten und die neuen Rahmen zusammen durch eine Poisson-Verteilung wohlmodelliert sind, mit einem mittleren Wert von G Rahmen pro Rahmenübertragungszeit. Natürlich gilt $G \geq N$. Bei niedriger Belastung (d.h. $N \approx 0$) gibt es wenig Kollisionen, also auch wenig Neuübertragungen, sodass $G \approx N$ ist. Bei höheren Lasten entstehen viele Kollisionen, sodass $G > N$ ist. Für jede beliebige Last ist der Datendurchsatz S die gegebene Last G multipliziert mit der Wahrscheinlichkeit, dass eine Übertragung erfolgreich ist, d.h. $S = GP_0$, wobei P_0 die Wahrscheinlichkeit ist, dass ein Rahmen keine Kollision erleidet.

Ein Rahmen kollidiert nicht, wenn keine anderen Rahmen innerhalb einer Rahmenübertragungszeit nach seinem Start gesendet werden (▶Abbildung 4.2). Unter welchen Bedingungen kommt der graue Rahmen unbeschädigt an? Angenommen, t ist die zum Senden eines Rahmens benötigte Zeit. Wenn ein anderer Benutzer in der Zeit zwischen t_0 und t_0+t einen Rahmen erstellt, kollidiert das Ende dieses Rahmens mit dem Anfang des grauen Rahmens. In Wirklichkeit war das Schicksal des grauen Rahmens schon vor der Übertragung des ersten Bits besiegelt. Da beim reinen ALOHA eine Station den Kanal vor der Übertragung nicht prüft, hat sie keine Möglichkeit zu erfahren, dass ein anderer Rahmen schon unterwegs ist. Ebenso wird jeder andere Rahmen, der zwischen t_0+t und t_0+2t abgesendet wird, mit dem Ende des dunkelblauen Rahmens zusammenstoßen.

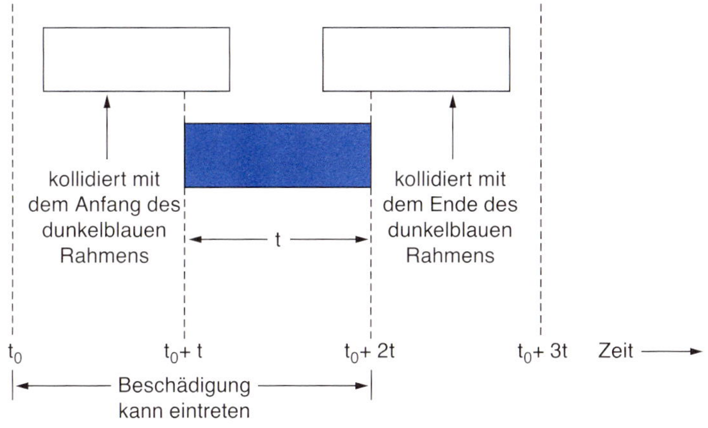

Abbildung 4.2: Gefährliche Zeitspanne für den dunkelblauen Rahmen.

Die Wahrscheinlichkeit, dass k Rahmen innerhalb einer gegebenen Rahmenübertragungszeit produziert werden, in der G Rahmen erwartet werden, ist durch die Poisson-Verteilung

$$\Pr[k] = \frac{G^k e^{-G}}{k!} \tag{4.2}$$

gegeben. Die Wahrscheinlichkeit für 0 Rahmen ist daher genau e^{-G}. Innerhalb einer Zeitspanne, die zwei Rahmenübertragungszeiten lang ist, werden im Durchschnitt $2G$ Rahmen erzeugt. Die Wahrscheinlichkeit, dass innerhalb der gefährlichen Zeitspanne keine weiteren Rahmen begonnen werden, ist somit $P_0=e^{-2G}$. Unter Verwendung von $S=GP_0$ erhalten wir

$$S = Ge^{-2G}$$

Das Verhältnis zwischen dem gegebenen Datenverkehr und dem Datendurchsatz wird in ▶Abbildung 4.3 dargestellt. Der maximale Durchsatz erfolgt bei G=0,5 mit S=1/2e, was etwa 0,184 ergibt. Mit anderen Worten: Wir können bestenfalls mit einer Kanalnutzung von maximal 18 % rechnen. Dieses Ergebnis ist nicht sehr ermutigend. Wenn aber jeder Daten dann überträgt, wann er will, ist kaum eine Erfolgsrate von 100 % zu erwarten.

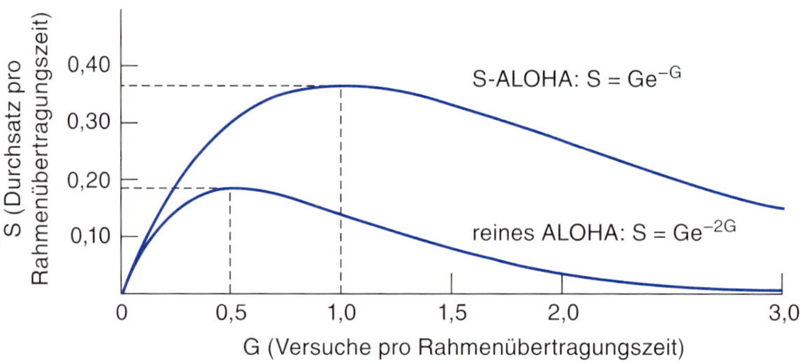

Abbildung 4.3: Durchsatz gegenüber angebotenem Datenverkehr bei ALOHA-Systemen.

S-ALOHA

Kurz nachdem ALOHA in der Szene auftauchte, veröffentlichte Roberts (1972) eine Methode zur Verdoppelung der Kapazität eines ALOHA-Systems. Er schlug vor, die Zeit in einzelne Intervalle – sogenannte **Zeitscheiben** (*slot*) – aufzuteilen, wobei jedes Intervall einem Rahmen entspricht. Bei diesem Ansatz müssen sich die Benutzer bezüglich der Grenzen der Zeitscheiben abstimmen. Eine Möglichkeit, eine gewisse Synchronisation zwischen den Benutzern zu erreichen, wäre die, dass eine Station zu Beginn eines jeden Intervalls wie eine Uhr einen Piepton aussendet.

Bei der Methode von Roberts, die als **S-ALOHA** (*Slotted ALOHA*) bekannt wurde, darf im Gegensatz zum **reinem ALOHA** von Abramson eine Station nicht sofort senden, wenn der Benutzer eine Zeile eingibt. Stattdessen muss auf die nächste Zeitscheibe gewartet werden. So wird der zeitlich ununterbrochene Fluss des reinen ALOHA in eine Variante mit diskreten Zeitabschnitten abgewandelt. Dies halbiert die gefährliche Zeitspanne. Betrachten Sie dazu Abbildung 4.2 und überlegen Sie sich die nun möglichen

Kollisionen. Die Wahrscheinlichkeit, dass kein anderer Datenverkehr in der gleichen Zeitscheibe wie unser Testrahmen stattfindet, ist e^{-G}, woraus sich

$$S = Ge^{-G} \tag{4.3}$$

ergibt. Wie man in Abbildung 4.3 sieht, hat S-ALOHA seinen Spitzenwert bei G=1 mit einem Durchsatz von S=1/e bzw. ungefähr 0,368. Dies ist also eine Verdoppelung gegenüber dem reinen ALOHA. Wenn das System mit G=1 arbeitet, ist die Wahrscheinlichkeit für eine leere Zeitscheibe 0,368 (aus Gleichung (4.2)). Im besten Fall liefert S-ALOHA 37% leere Zeitscheiben, 37% erfolgreiche Übertragungen und 26% Kollisionen. Ein Betrieb mit höheren Werten für G verringert zwar die Zahl der leeren Zeitscheiben, erhöht aber die Zahl der Kollisionen exponentiell. Um zu verstehen, wie dieser schnelle Zuwachs von Kollisionen mit G zusammenhängt, betrachten wir als Beispiel die Übertragung eines Testrahmens. Die Wahrscheinlichkeit, dass er eine Kollision vermeiden kann, ist e^{-G}, welches die Wahrscheinlichkeit ist, dass alle anderen Stationen nicht in der gleichen Zeitscheibe übertragen. In diesem Fall beträgt die Wahrscheinlichkeit einer Kollision nur $1-e^{-G}$. Die Wahrscheinlichkeit, dass eine Übertragung genau k Versuche benötigt (d.h. $k-1$ Kollisionen, gefolgt von einem Erfolg) ist

$$P_k = e^{-G}(1-e^{-G})^{k-1}$$

Die erwartete Anzahl an Übertragungen E pro am Terminal eingegebener Zeile ist dann

$$E = \sum_{k=1}^{\infty} kP_k = \sum_{k=1}^{\infty} ke^{-G}(1-e^{-G})^{k-1} = e^G$$

Als Folge der exponentiellen Abhängigkeit von E von G können bereits geringe Erhöhungen der Kanallast die Leistung erheblich verringern.

S-ALOHA ist darüber hinaus aus einem weiteren Grund bemerkenswert, der nicht auf den ersten Blick ersichtlich ist. Es wurde in den 1970er Jahren entwickelt, in ein paar experimentellen Systemen eingesetzt und geriet dann überwiegend in Vergessenheit (außer bei einigen wenigen davon begeisterten exzentrischen Fachbuchautoren). Als der Internetzugang über Kabel erfunden wurde, entstand plötzlich das Problem, wie man einen gemeinsam genutzten Kanal unter mehreren konkurrierenden Benutzern zuweisen sollte. Hier wurde dann S-ALOHA zur Rettung der Lage wieder aus der Versenkung geholt und gemischt mit einem Spritzer neuer Ideen zur Rettung herangezogen. Es ist schon öfter vorgekommen, dass vollkommen gültige Protokolle aus politischen Gründen nicht mehr verwendet werden (beispielsweise weil ein großes Unternehmen möchte, dass alle nach seinem Verfahren arbeiten) oder aufgrund von sich ständig verändernden Technologietrends. Doch dann, Jahre später, erkennt jemand, dass das eigentlich vergessene Protokoll sein aktuelles Problem löst. Aus diesem Grunde beschäftigen wir uns in diesem Kapitel mit mehreren eleganten Protokollen, die zwar zurzeit keine große Verbreitung aufweisen, aber vielleicht in zukünftigen Anwendungen einen Einsatz finden – vorausgesetzt, dass viele Netzentwickler sie kennen. Natürlich behandeln wir auch viele Protokolle, die aktuell benutzt werden.

4.2.2 CSMA-Protokolle (Carrier Sense Multiple Access)

Bei S-ALOHA liegt die bestmögliche Kanalauslastung bei $1/e$. Dieses niedrige Ergebnis ist nicht erstaunlich, da hier die Stationen senden, wann sie wollen, und die Aktivitäten der anderen Stationen nicht kennen, sodass viele Kollisionen zu erwarten sind. In LANs können die Stationen demgegenüber häufig erkennen, was andere Stationen tun, und somit ihr eigenes Verhalten anpassen. Diese Netze können eine viel bessere Auslastung als $1/e$ erreichen. In diesem Abschnitt werden einige Protokolle mit Hinblick auf die Leistungsverbesserung behandelt.

Protokolle, bei denen Stationen einen Träger (d.h. eine Übertragung) abhören und dementsprechend handeln, heißen **Protokolle mit Trägerprüfung** (*carrier sense protocol*). Hier wurden inzwischen mehrere Varianten vorgeschlagen und schon vor langer Zeit detailliert analysiert, siehe zum Beispiel Kleinrock und Tobagi (1975). Im Folgenden werden wir uns verschiedene Varianten von Protokollen mit Trägerprüfung ansehen.

Persistentes CSMA und nicht persistentes CSMA

Als erstes Protokoll mit Trägerprüfung untersuchen wir das **1-persistente CSMA** (*Carrier Sense Multiple Access*, Mehrfachzugriff mit Trägerprüfung). Dieser Name ist ein wenig sperrig für das einfachste CSMA-Verfahren. Wenn eine sendewillige Station Daten übertragen möchte, hört sie erst den Kanal ab, ob bereits jemand sendet. Ist der Kanal frei, dann sendet die Station ihre Daten. Wenn der Kanal dagegen besetzt ist, so wartet die Station einfach, bis er frei wird, dann überträgt sie einen Rahmen. Falls eine Kollision auftritt, wartet die Station eine zufällige Zeitspanne und beginnt von vorn. Dieses Protokoll heißt 1-persistent, weil die Station mit einer Wahrscheinlichkeit von 1 sendet, wenn der Kanal im Leerlaufzustand ist.

Man könnte nun erwarten, dass dieses Verfahren Kollisionen bis auf den seltenen Fall von gleichzeitigem Senden vermeidet, doch tatsächlich tut es das nicht. Wenn zwei Stationen sendebereit werden, während gerade eine dritte Station sendet, so warten beide höflich, bis diese Übertragung beendet ist, und dann beginnen beide genau gleichzeitig zu senden, was zu einer Kollision führt. Wenn sie nicht so ungeduldig wären, gäbe es weniger Kollisionen.

Außerdem hat auch die Ausbreitungsverzögerung einen großen Einfluss auf Kollisionen. Es besteht die Möglichkeit, dass kurz nachdem eine Station zu senden begonnen hat, eine andere Station auch senden will und den Kanal überprüft. Wenn das Signal der ersten Station die zweite noch nicht erreicht hat, findet die zweite einen Kanal im Leerlaufzustand vor und beginnt ebenfalls zu senden, was zu einer Kollision führt. Diese Möglichkeit hängt von der Anzahl der Rahmen ab, die sich auf dem Kanal aufhalten können, bzw. dem **Bandbreitenverzögerungsprodukt** des Kanals. Wenn nur ein kleiner Teil eines Rahmens auf den Kanal passt, wie dies für die meisten LANs der Fall ist, da hier die Ausbreitungsverzögerung gering ist, dann tritt selten eine Kollision auf. Je größer das Bandbreitenvverzögerungsprodukt ist, umso wichtiger wird dieser Effekt und umso geringer wird die Leistungsfähigkeit des Protokolls.

Trotz allem hat dieses Protokoll eine bessere Performanz als das reine ALOHA, da beide Stationen genug Anstand besitzen, nicht mit dem Rahmen der dritten Station in Konflikt zu geraten. Genau das Gleiche gilt auch für S-ALOHA.

Die zweite Variante eines Protokolls mit Trägerprüfung ist **nicht persistentes CSMA**. Bei diesem Protokoll mit Trägerprüfung wird bewusst der Versuch unternommen, etwas weniger gierig zu sein als im vorherigen Protokoll. Wie vorher überprüft eine Station den Kanal, wenn es einen Rahmen senden möchte, und falls niemand anderes sendet, fängt die Station selbst damit an. Ist allerdings der Kanal bereits belegt, dann überprüft ihn die Station nicht andauernd mit dem Hintergedanken, ihn sofort an sich zu reißen, sobald das Ende der vorherigen Übertragung erkannt wird. Stattdessen wird eine zufällige Zeitspanne gewartet und der Vorgang dann wiederholt. Dieser Algorithmus führt zu einer besseren Kanalauslastung, aber längeren Wartezeiten als beim 1-persistenten CSMA.

Eine weitere Protokollvariante ist **p-persistentes CSMA**. Dieses Protokoll kann auf Kanäle mit Zeitscheiben angewandt werden und funktioniert wie folgt: Wenn eine Station senden will, überprüft sie den Kanal. Ist er frei, sendet die Station mit einer Wahrscheinlichkeit p. Mit einer Wahrscheinlichkeit von $q=1-p$ wartet sie bis zur nächsten Zeitscheibe. Ist diese Zeitscheibe auch frei, wird entweder gesendet oder gewartet, wiederum mit den Wahrscheinlichkeiten p und q. Dieser Vorgang wird wiederholt, bis entweder der Rahmen übertragen worden ist oder eine andere Station zu senden begonnen hat. Im letzteren Fall reagiert die glücklose Station, als ob eine Kollision stattgefunden hätte (d.h. eine zufällige Zeitspanne warten und dann alles von vorn beginnen). Wenn die Station erkennt, dass der Kanal belegt ist, wartet sie bis zur nächsten Zeitscheibe und wendet dann das obige Verfahren an. IEEE 802.11 benutzt eine Verfeinerung von p-persistentem CSMA, welches wir in Abschnitt 4.4 besprechen.

▶Abbildung 4.4 zeigt den berechneten Durchsatz in Abhängigkeit vom anfallenden Datenverkehr für alle drei Protokolle sowie für reines ALOHA und S-ALOHA.

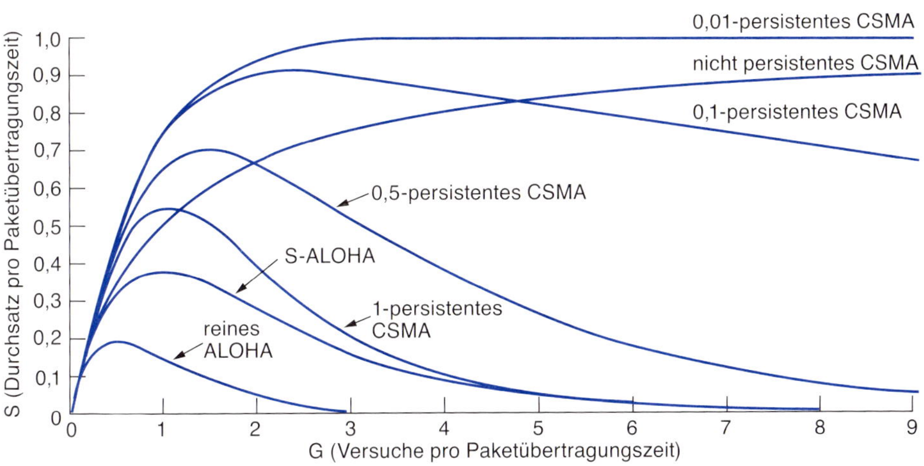

Abbildung 4.4: Vergleich der Kanalauslastung in Abhängigkeit vom Datenverkehr bei verschiedenen zufallsgesteuerten Protokollen.

CSMA mit Kollisionserkennung

Persistente und nicht persistente CSMA-Protokolle sind sicher eine Verbesserung gegenüber ALOHA, da sie gewährleisten, dass keine Station sendet, während der Kanal belegt ist. Wenn jedoch zwei Stationen den Kanal als frei erkennen und beide gleichzeitig zu senden beginnen, werden ihre Signale immer noch kollidieren. Eine weitere Verbesserung ist, dass die Station die Kollision schnell entdecken und die Übertragung abrupt abbrechen kann (statt sie normal zu beenden), da diese ohnehin irreparabel verstümmelt wäre. Diese Strategie spart Zeit und Bandbreite.

Dieses Protokoll heißt **CSMA/CD** (*Carrier Sense Multiple Access with Collision Detection*, Mehrfachzugang mit Trägerprüfung und Kollisionserkennung) und ist die Grundlage für das klassische Ethernet-LAN, sodass es hier durchaus eine nähere Betrachtung verdient. Es ist wichtig sich zu vergegenwärtigen, dass Kollisionserkennung ein analoger Prozess ist. Die Hardware der Station muss den Kanal während der Übertragung abhören. Wenn das Signal, das zurückkommt, sich von dem Signal unterscheidet, das ursprünglich auf den Kanal gelegt wurde, dann weiß die Station, dass eine Kollision aufgetreten ist. Dies impliziert, dass ein empfangenes Signal im Vergleich zum gesendeten Signal nicht winzig sein muss (was bei kabellosen Kanälen schwierig ist, da empfangene Signale 1.000.000-mal schwächer als gesendete Signale sein können) und dass die Modulation so gewählt werden muss, um Kollisionserkennung zu ermöglichen (z.B. könnte es gut sein, dass es unmöglich ist, eine Kollision von zwei 0-Volt-Signalen zu entdecken).

CSMA/CD verwendet genau wie viele andere LAN-Protokolle das Konzept aus ▸Abbildung 4.5. Zum Zeitpunkt t_0 hat eine Station die Übertragung ihres Rahmens beendet. Jede andere Station, die einen Rahmen zu senden hat, kann das jetzt versuchen. Wenn sich zwei oder mehr Stationen gleichzeitig zum Senden entschließen, kommt es zu einer Kollision. Wenn eine Station die Kollision erkennt, unterbricht sie ihre Übertragung, wartet eine zufällige Zeitspanne und versucht es dann erneut (unter der Annahme, dass inzwischen keine andere Station zu übertragen begonnen hat). Deshalb besteht unser CSMA/CD-Modell aus abwechselnden Konkurrenz- und Übertragungsperioden, wobei Leerlauf entsteht, sobald keine Station sendet.

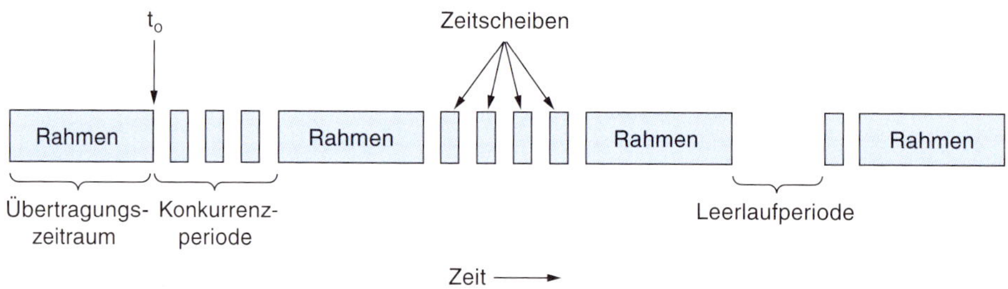

Abbildung 4.5: CSMA/CD kann sich im Konkurrenz-, Übertragungs- oder Leerlaufzustand befinden.

Wir wollen nun die Einzelheiten des Konkurrenzalgorithmus genauer untersuchen. Angenommen, zwei Stationen beginnen genau zur Zeit t_0 mit der Übertragung. Wie lange brauchen sie um zu erkennen, dass eine Kollision stattgefunden hat? Die Beantwortung dieser Frage ist grundlegend für die Ermittlung der Konkurrenzperiode, aus der Verzögerung und Datendurchsatz bestimmt werden.

Die minimale Zeit bis zur Entdeckung einer Kollision ist die Zeit, die ein Signal braucht, um von einer Station zur anderen zu gelangen. Aufgrund dieser Information könnte man folgern, dass eine Station, die seit Beginn der Übertragung für die Dauer der Signalausbreitung über das Kabel hinweg keine Kollision erkannt hat, sicher sein kann, sie verfüge über das Kabel. Mit „verfügen" ist gemeint, dass alle anderen Stationen die Übertragung erkannt haben und demzufolge nicht stören. Diese Schlussfolgerung ist falsch.

Stellen Sie sich als schlechtesten Fall folgendes Szenario vor: Angenommen, τ ist die Zeit, die ein Signal für die Ausbreitung zwischen den beiden am weitesten entfernten Stationen benötigt. Bei t_0 beginnt eine Station mit der Übertragung. Zur Zeit $t_0+\tau-\varepsilon$, kurz bevor das Signal die entfernteste Station erreicht, beginnt auch diese zu senden. Natürlich entdeckt sie die Kollision fast im gleichen Augenblick und bricht ab, aber das kurze Signal, das durch die Kollision erzeugt wurde, gelangt zur ursprünglichen Station nicht vor der Zeit $2\tau-\varepsilon$ zurück. Das bedeutet, dass eine Station im schlechtesten Fall nicht sicher sein kann, den Kanal zu belegen, bevor sie 2τ lang gesendet hat, ohne eine Kollision festzustellen.

Mit diesem Verständnis können wir uns CSMA/CD-Konkurrenz als S-ALOHA-System mit einer Zeitscheibengröße von 2τ vorstellen. In einem 1 km langen Koaxialkabel gilt $\tau \approx 5$ µs. Der Unterschied zwischen CSMA/CD und S-ALOHA ist, dass Zeitscheiben, in denen nur eine Station überträgt (d.h., in denen der Kanal belegt ist), vom Rest eines Rahmens gefolgt werden. Dieser Unterschied verbessert die Performanz bedeutend, falls die Rahmenzeit sehr viel länger als die Übertragungszeit ist.

4.2.3 Kollisionsfreie Protokolle

Obwohl Kollisionen bei CSMA/CD nicht mehr entstehen, nachdem eine Station eindeutig den Kanal in Besitz hält, können sie während der Konkurrenzperiode immer noch auftreten. Diese Kollisionen beeinflussen die Leistungsfähigkeit des Systems im negativen Sinn, vor allem wenn das Bandbreitenverzögerungsprodukt sehr groß ist, z.B. wenn das Kabel lang ist (d.h. ein großer τ-Wert) und kurze Rahmen übertragen werden. Kollisionen verringern nicht nur die Bandbreite, darüber hinaus bewirken sie, dass die Zeit zum Senden eines Rahmens variiert, was für Echtzeitdatenverkehr wie VoIP keine gute Eigenschaft ist. CSMA/CD ist außerdem nicht universell einsetzbar.

In diesem Abschnitt werden wir einige Protokolle untersuchen, die die Konkurrenz um den Kanal auf eine Art lösen, bei der keine Kollisionen auftreten, nicht einmal während der Konkurrenzperiode. Die meisten dieser Protokolle werden derzeit nicht in praktisch bedeutsamen Systemen verwendet. Aber in einem sich sehr schnell wandelnden Bereich ist es oft sehr vorteilhaft, Protokolle mit exzellenten Eigenschaften für zukünftige Systeme bereits an der Hand zu haben.

Bei allen beschriebenen Protokollen nehmen wir an, dass es *N* Stationen gibt, jede mit einer eindeutigen Adresse von 0 bis *N*−1 programmiert. Es spielt keine Rolle, dass einige Stationen ab und zu inaktiv sind. Wir gehen weiter davon aus, dass die Signalausbreitungsverzögerung vernachlässigbar ist. Die Hauptfrage bleibt: Welche Station erhält nach einer erfolgreichen Übertragung den Kanal? Wir benutzen weiterhin das Modell von Abbildung 4.5 mit den diskreten Zeitscheiben für konkurrierende Übertragungsversuche.

Bitmusterprotokoll

In unserem ersten kollisionsfreien Protokoll, der **Bitmuster-Methode** (*basic bit-map method*), besteht jede Konkurrenzperiode aus genau *N* Zeitscheiben. Wenn Station 0 einen Rahmen senden will, überträgt sie in Zeitscheibe 0 ein 1-Bit. Keine andere Station darf in dieser Zeitscheibe übertragen. Unabhängig davon, was Station 0 macht, erhält Station 1 die Möglichkeit, in Zeitscheibe 1 ein 1-Bit zu übertragen, aber nur wenn sie einen zur Übertragung bereitstehenden Rahmen hat. Allgemein kann Station *j* die Tatsache eines zur Übertragung anstehenden Rahmens dadurch anzeigen, dass sie in Zeitscheibe *j* eine 1 einfügt. Nachdem alle *N* Zeitscheiben durchlaufen sind, hat jede Station den genauen Überblick, welche Stationen übertragen wollen. Jetzt beginnen sie der Reihe nach Rahmen zu senden (▶Abbildung 4.6).

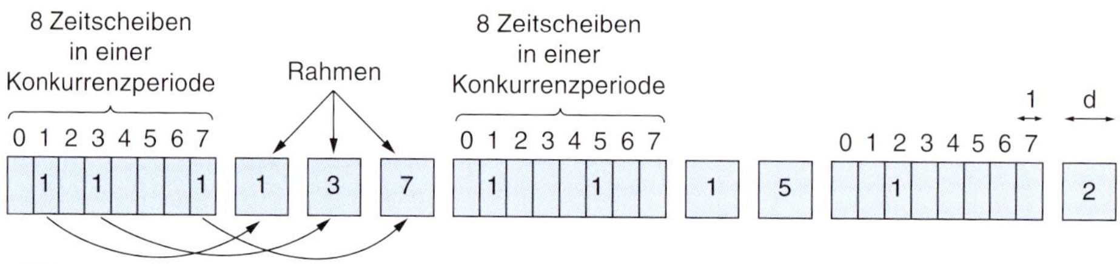

Abbildung 4.6: Das Bitmusterprotokoll.

Da sich bei jeder Übertragung alle darüber einigen, wer als Nächstes an die Reihe kommt, entstehen nie Kollisionen. Nachdem die letzte bereite Station ihren Rahmen übertragen hat, was alle Stationen leicht mitverfolgen können, beginnt eine weitere *N*-Bit-Konkurrenzperiode. Wenn eine Station erst kurz nach Ablauf ihrer Bitscheibe sendebereit wird, hat sie Pech gehabt und muss warten, bis jeder an der Reihe war und das Bitmuster wieder die Runde gemacht hat.

Protokolle wie dieses, bei dem jeder Übertragungswunsch vor der tatsächlichen Übertragung allen Stationen bekannt gegeben wird, nennt man **Reservierungsprotokolle** (*reservation protocol*), weil sie Kanalbesitz im Voraus reservieren und Kollisionen verhindern. Nun wollen wir kurz die Leistungsfähigkeit dieses Protokolls analysieren. Der Einfachheit halber messen wir die Zeit in Einheiten der Größe einer Zeitscheibe in der Konkurrenzperiode, wobei Datenrahmen aus *d* Zeiteinheiten bestehen.

Im Zustand geringer Belastung wird einfach mangels Datenrahmen das Bitmuster immer wiederholt. Wir betrachten die Situation aus Sicht einer Station mit niedriger Nummer, z.B. 0 oder 1. Wenn sie senden will, wird die „aktuelle“ Zeitscheibe meist irgendwo in der Mitte des Bitmusters sein. Im Durchschnitt muss die Station $N/2$ Zeitscheiben warten, bis die aktuelle Abfrage vorbei ist, und weitere N Zeitscheiben bis zur Beendigung der nächsten Abfrage, bevor übertragen werden kann.

Die Aussichten für Stationen mit höheren Nummern sind besser. Normalerweise müssen diese, bevor sie mit einer Übertragung beginnen können, nur für die Dauer einer halben Prüfung ($N/2$ Bitscheiben) warten. Stationen mit höheren Nummern müssen selten auf die nächste Abfrage warten. Da Stationen mit niedrigen Nummern durchschnittlich $1{,}5N$ Zeitscheiben und solche mit hoher Nummer durchschnittlich $0{,}5N$ Zeitscheiben warten müssen, beträgt das Mittel für alle Stationen N Zeitscheiben.

Die Effizienz des Kanals bei niedriger Auslastung ist leicht zu berechnen. Der zusätzliche Platzbedarf pro Rahmen beträgt N Bit. Bei einer Datenmenge von d Bit ergibt sich eine Effizienz von $d/(N+d)$.

Bei hoher Belastung, wenn alle Stationen andauernd senden wollen, werden die N Bit der Konkurrenzperiode auf N Rahmen aufgeteilt. Dadurch erhöht sich der Platzbedarf nur um ein Bit pro Rahmen, was zu einer Effizienz von $d/(d+1)$ führt. Die durchschnittliche Übertragungsverzögerung eines Rahmens ist gleich der Zeit, die er innerhalb der Station in Warteposition steht, zuzüglich $(N-1)d+N$, wenn er einmal den Kopf der internen Warteschlange erreicht hat. Diese Zeitspanne gibt an, wie lange gewartet werden muss, bis alle anderen Stationen an der Reihe waren und einen Rahmen gesendet haben und ein weiteres Bitmuster durchgelaufen ist.

Tokenweitergabe

Das Wesentlich am Bitmusterprotokoll ist, dass es jeder Station der Reihe nach die Übertragung eines Rahmens in einer vorgegebenen Reihenfolge ermöglicht. Dasselbe kann auch auf einem anderen Weg erreicht werden, und zwar indem eine kleine Nachricht, ein **Token**, von einer Station zur nächsten in der gleichen Reihenfolge übergeben wird. Das Token repräsentiert die Erlaubnis zum Senden. Falls eine Station zu dem Zeitpunkt, wenn es das Token erhält, einen Rahmen in ihrer Warteschlange zur Übertragung bereit hat, dann kann die Station diesen Rahmen senden, bevor das Token zur nächsten Station weitergegeben wird. Falls kein Rahmen in der Warteschlange ist, wird das Token einfach weitergegeben.

Bei einem **Token-Ring**-Protokoll wird die Topologie des Netzwerks benutzt, um die Reihenfolge festzulegen, in der die Stationen senden. Die Stationen sind jeweils mit der nächsten zu einem Ring verbunden. Die Weitergabe des Token zur nächsten Station besteht dann einfach darin, das Token aus der einen Richtung zu empfangen und es in die andere Richtung weiterzusenden (▶Abbildung 4.7). Die Übermittlung der Rahmen findet ebenfalls in der Richtung des Token statt. Auf diese Art kreisen die Rahmen auf dem Ring herum und erreichen immer ihre Zielstation. Um zu verhindern, dass Rahmen (bzw. das Token) unendlich im Ring kreisen, muss irgendeine Station den Rahmen wieder vom Ring entfernen. Diese Station könnte entweder diejenige sein, die den Rahmen ursprünglich ausgesandt hat, nachdem er einen vollständigen Zyklus durchlaufen hat, oder die Station, die der beabsichtigte Empfänger des Rahmens war.

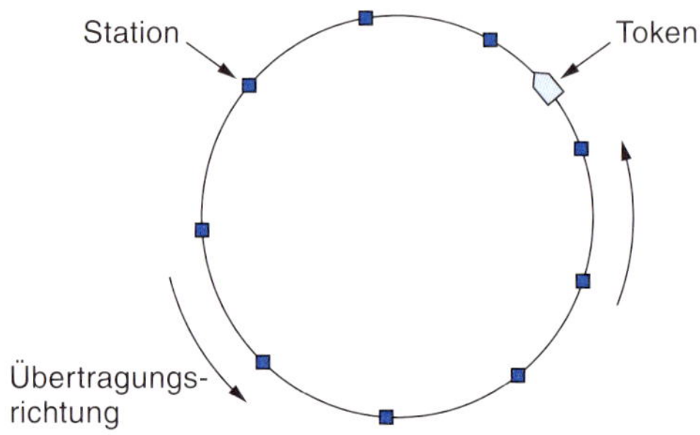

Abbildung 4.7: Token-Ring.

Beachten Sie, dass wir keinen physikalischen Ring benötigen, um Tokenweitergabe zu implementieren. Der Kanal, der die Stationen verbindet, könnte stattdessen ein einzelner langer Bus (Kabel) sein. Jede Station benutzt dann den Bus, um das Token in der vorgegebenen Reihenfolge an die nächste Station zu senden. Der Besitz des Token erlaubt wie vorher einer Station, den Bus zu benutzen, um einen Rahmen zu senden. Dieses Protokoll wird **Token-Bus** genannt. Es ist in IEEE 802.4 definiert – ein Standard, der sich als so schlecht erwiesen hat, dass er vom IEEE zurückgezogen wurde. Nicht alle Standards bestehen für immer.

Die Performanz der Tokenweiterleitung ähnelt der vom Bitmusterprotokoll, obwohl sich die Konkurrenzzeitscheiben und -rahmen eines Zyklus nun vermischen. Nach dem Senden eines Rahmens muss jede Station so lange warten, bis alle N Stationen (einschließlich der Station selbst) das Token an ihre Nachbarn weitergeleitet und die anderen $N-1$ Stationen ihren Rahmen – falls vorhanden – übertragen haben. Es gibt aber einen feinen Unterschied: Da alle Positionen im Kreis gleichwertig sind, werden keine Stationen aufgrund ihrer niedrigen bzw. hohen Nummerierung bevorzugt. Bei einem Token-Ring sendet jede Station außerdem das Token nur bis zur nächsten Station, bevor das Protokoll einen Schritt weiter geht. Es muss also nicht jedes Token zu allen Stationen weitergeleitet werden, bevor das Protokoll mit dem nächsten Schritt fortfährt.

Token-Ringe tauchten als MAC-Protokolle mit einer gewissen Beständigkeit auf. Ein frühes Token-Ring-Protokoll (unter dem Namen „Token Ring" als IEEE 802.5 standardisiert) war in den 1980er Jahren als Alternative zum klassischen Ethernet weitverbreitet. In den 1990er Jahren wurde ein viel schnellerer Token-Ring mit Namen **FDDI** (*Fiber Distributed Data Interface*) von Switched Ethernet geschlagen. In den 2000er Jahren wurde ein Token-Ring namens **RPR** (*Resilient Packet Ring*) als IEEE 802.17 definiert, um die Mischung der MAN-Ringe, die von ISPs benutzt werden, zu standardisieren. Wir sind gespannt, was die 2010er Jahre zu bieten haben.

Binärer Countdown

Eine Schwierigkeit beim normalen Bitmusterprotokoll – und infolgedessen auch bei der Tokenweiterleitung – ist, dass der Overhead (d.h. der zusätzliche Aufwand) pro Station 1 Bit beträgt, sodass dies nicht gut auf Netze mit Tausenden von Stationen angepasst werden kann. Durch Verwendung von binären Stationsadressen mit einem Kanal, der Übertragungen kombiniert, lässt sich ein besseres Ergebnis erzielen. Eine Station, die den Kanal benutzen will, sendet dabei ihre Adresse als Binärzeichenfolge, beginnend mit dem höchstwertigen Bit, an alle anderen Stationen. Bei allen Adressen wird von der gleichen Länge ausgegangen. Die Bits an derselben Adressposition der verschiedenen Stationen werden vom Kanal mittels booleschem ODER verknüpft, wenn sie zur selben Zeit gesendet werden. Man nennt dieses Protokoll **binärer Countdown** (*binary countdown*). Es wurde in Datakit (Fraser, 1987) verwendet. Man geht implizit davon aus, dass die Übertragungsverzögerungen vernachlässigbar sind, sodass alle Stationen die Bits unmittelbar wahrnehmen.

Um Konflikte zu vermeiden, muss eine Schiedsregel verwendet werden: Sobald eine Station erkennt, dass ein hochwertiges Bit, das in ihrer eigenen Adresse 0 ist, mit 1 überschrieben wurde, gibt sie auf. Versuchen z.B. die Stationen 0010, 0100, 1001 und 1010 gleichzeitig, den Kanal zu belegen, übertragen die Stationen in der ersten Bitzeit 0, 0, 1 und 1. Daraus wird mit ODER eine 1 gebildet. Die Stationen 0010 und 0100 erkennen an der 1, dass sich eine Station mit einer höheren Nummer um den Kanal bewirbt, und geben in dieser Runde den Kampf auf, während die Stationen 1001 und 1010 fortfahren.

Das nächste Bit ist 0 und beide Stationen fahren fort. Das nächste Bit ist 1, somit gibt Station 1001 auf. Siegerin ist Station 1010, weil sie die höchste Adresse hat. Sie kann nun einen Rahmen übertragen. Wenn sie fertig ist, beginnt der nächste Zyklus. Dieses Protokoll ist in ▶Abbildung 4.8 dargestellt. Es weist die Eigenschaft auf, dass Stationen mit höheren Bitwerten eine höhere Priorität haben als die Stationen mit niedrigeren Werten, was je nach Kontext gut oder schlecht sein kann.

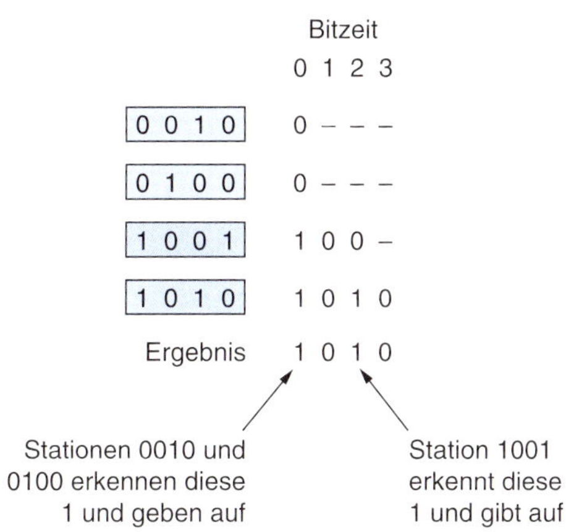

Abbildung 4.8: Das binäre Countdown-Protokoll. Ein Strich bedeutet Ruhe.

Die Effizienz des Kanals ist bei dieser Methode $d/(d+\log_2 N)$. Wird das Rahmenformat so klug gewählt, dass die Adresse des Senders das erste Feld im Rahmen ist, dann werden auch diese $\log_2 N$ Bits nicht verschwendet und die Effizienz beträgt 100 %.

Der binäre Countdown ist ein Beispiel für ein einfaches, elegantes und effizientes Protokoll, das wiederentdeckt werden muss. Hoffen wir, dass es eines Tages ein neues Zuhause finden wird.

4.2.4 Protokolle mit eingeschränkter Konkurrenz

Wir haben jetzt zwei Grundstrategien für die Inbesitznahme eines Kanals in einem Broadcast-Netz betrachtet: auf konkurrierenden Zugriffsversuchen basierende Methoden wie CSMA (Konkurrenzmethoden) und kollisionsfreie Methoden. Jede Strategie kann im Hinblick auf zwei wichtige Leistungsmerkmale bewertet werden: die Übertragungsverzögerung bei geringer Auslastung und die Effizienz bei hoher Auslastung. Bei geringer Belastung ist die Konkurrenzmethode (reines ALOHA oder S-ALOHA) aufgrund der kurzen Wartezeiten vorzuziehen (da Kollisionen selten sind). Wenn die Belastung steigt, wird Konkurrenz immer unattraktiver, da der Overhead, der durch die Kanalzuteilung erzeugt wird, ebenfalls steigt. Bei kollisionsfreien Protokollen ist genau das Gegenteil der Fall. Bei niedriger Auslastung erzeugen sie relativ hohe Verzögerungen. Nimmt die Auslastung aber zu, steigt die Kanaleffizienz (da der Overhead fest ist).

Jetzt wäre es natürlich nett, die besten Eigenschaften von Konkurrenz- und kollisionsfreien Protokollen in einem neuen Protokoll zu vereinen, das bei niedriger Auslastung das Konkurrenzverfahren nutzt, um kurze Wartezeiten zu gewährleisten, bei hoher Auslastung aber eine kollisionsfreie Technik anwendet, um hohe Kanaleffizienz zu garantieren. Solche Protokolle gibt es tatsächlich, sie heißen **Protokolle mit eingeschränkter Konkurrenz** (*limited-contention protocol*), mit denen wir unsere Betrachtung der Netze mit Trägerprüfung abschließen wollen.

Alle bisher beschriebenen Konkurrenzprotokolle sind symmetrisch, d.h., jede Station versucht mit einer Wahrscheinlichkeit von p den Kanal zu nutzen, wobei p für alle Stationen gleich ist. Interessanterweise kann die Leistungsfähigkeit des gesamten Systems zuweilen verbessert werden, wenn ein Protokoll benutzt wird, das den verschiedenen Stationen unterschiedliche Wahrscheinlichkeiten zuteilt.

Bevor wir uns den asymmetrischen Protokollen zuwenden, wollen wir noch einmal kurz die Leistungsmerkmale der symmetrischen Verfahren betrachten. Angenommen, k Stationen bewerben sich um den Zugriff auf den Kanal. Jede überträgt mit der Wahrscheinlichkeit p Daten in einer Zeitscheibe. Die Wahrscheinlichkeit, dass eine Station den Kanal während einer Zeitscheibe erfolgreich belegt, entspricht der Wahrscheinlichkeit, dass irgendeine Station mit Wahrscheinlichkeit p überträgt und alle anderen $k-1$ Stationen ihre Übertragung jeweils mit Wahrscheinlichkeit $1-p$ zurückstellen. Dieser Wert ist somit $kp(1-p)^{k-1}$. Um den optimalen Wert für p zu ermitteln, differenzieren wir nach p. Die erhaltene Ableitung setzen wir gleich 0 und lösen sie nach p auf. Dadurch finden wir heraus, dass der beste Wert von p $1/k$ beträgt. Setzt man $p=1/k$, erhält man

$$\text{Pr[Erfolg bei optimalem p]} = \left[\frac{k-1}{k}\right]^{k-1} \tag{4.4}$$

Diese Wahrscheinlichkeit ist in ▶Abbildung 4.9 dargestellt. Bei nur wenigen Stationen sind die Erfolgschancen hoch, aber sobald die Anzahl der Stationen auch nur fünf beträgt, sinkt die Wahrscheinlichkeit fast auf den asymptotischen Wert $1/e$.

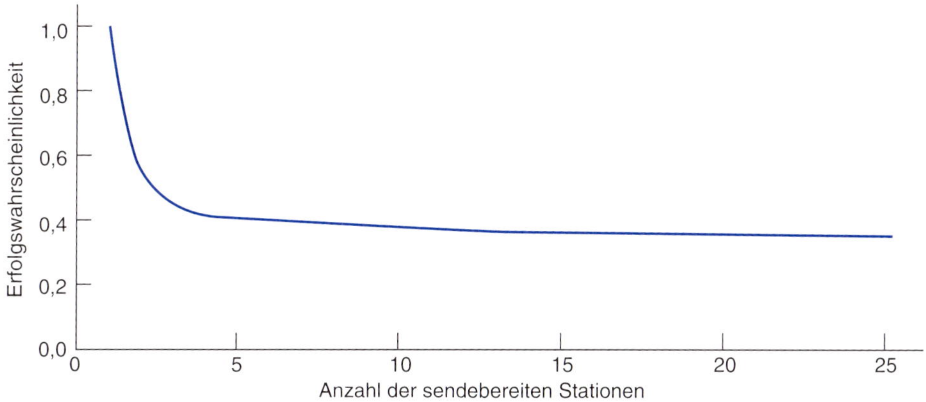

Abbildung 4.9: Belegungswahrscheinlichkeit für einen symmetrischen Konkurrenzkanal.

Aus Abbildung 4.9 ist gut zu ersehen, dass die Wahrscheinlichkeit, dass eine Station einen Kanal belegt, nur erhöht werden kann, wenn der Wettbewerb reduziert wird. Genau das machen Protokolle mit eingeschränkter Konkurrenz. Zuerst unterteilen sie die Stationen in (nicht unbedingt disjunkte) Gruppen. Nur die Mitglieder der Gruppe 0 können um Zeitscheibe 0 konkurrieren. Wer durchkommt, besetzt den Kanal und überträgt seinen Rahmen. Wenn die Zeitscheibe ungenutzt ist oder eine Kollision eintritt, konkurrieren die Mitglieder von Gruppe 1 um Zeitscheibe 1 usw. Indem eine Teilung der Stationen in Gruppen durchgeführt wird, kann die Konkurrenz um jede einzelne Zeitscheibe vermindert werden. Daher wird jede Zeitscheibe wie am linken Ende des Graphen in Abbildung 4.9 genutzt.

Der Trick dabei ist, wie man die Stationen den Zeitscheiben zuordnet. Bevor wir den allgemeinen Fall betrachten, sehen wir uns erst einige Spezialfälle an. Im Extremfall hat jede Gruppe nicht mehr als ein Mitglied. Diese Zuordnung garantiert, dass nie Kollisionen auftreten, sondern sich nur eine Station um eine Zeitscheibe bewirbt. Diese Art von Protokoll kennen wir bereits (z.B. den binären Countdown). Ein weiterer Sonderfall ist die Zusammenfassung von je zwei Stationen zu einer Gruppe. Die Wahrscheinlichkeit, dass beide innerhalb einer Zeitscheibe übertragen wollen, ist p^2, was bei einem kleinen Wert von p vernachlässigt werden kann. Wenn der gleichen Zeitscheibe immer mehr Stationen zugewiesen werden, steigt die Wahrscheinlichkeit einer Kollision, aber gleichzeitig schrumpft die Länge des Bitmusters, das abgefragt werden muss, um jedem eine Chance zu geben. Der Grenzfall ist eine einzelne Gruppe, die alle Stationen enthält (d.h. S-ALOHA). Wir brauchen nun eine Lösung, um die Stationen dynamisch zuzuweisen, mit vielen Stationen pro Zeitscheibe bei niedriger Auslastung und wenigen Stationen (oder gar nur einer) pro Zeitscheibe bei hoher Auslastung.

Das adaptive Tree-Walk-Protokoll

Eine besonders einfache Art der erforderlichen Zuweisung ist der Algorithmus, den sich die US-amerikanische Armee ausdachte, um im zweiten Weltkrieg Soldaten auf Syphilis zu untersuchen (Dorfman, 1943). Hier das Verfahren kurzgefasst: die Armee nahm Blutproben von einer Stichprobe aus N Soldaten. Ein Teil jeder Stichprobe wurde in ein Teströhrchen eingefüllt. Diese gemischte Probe wurde auf Antikörper getestet. Wurden keine gefunden, so waren alle Soldaten gesund. Waren Antikörper vorhanden, dann wurden zwei neue gemischte Stichproben erstellt, eine von den Soldaten 1 bis $N/2$ und eine vom Rest. Der Prozess wurde rekursiv wiederholt, bis die infizierten Soldaten ermittelt waren.

Für die Computerversion dieses Algorithmus (Capetanakis, 1979) ist es zweckmäßig, sich die Stationen in einem binären Baum angeordnet vorzustellen, wie in ▶Abbildung 4.10 gezeigt. In der ersten konkurrierenden Zeitscheibe nach einer erfolgreichen Rahmenübertragung (Zeitscheibe 0) dürfen alle Stationen versuchen, sich den Kanal anzueignen. Wenn es einer gelingt, gut. Wenn eine Kollision auftritt, dann dürfen nur diejenigen Stationen in Zeitscheibe 1 konkurrieren, die im Baum zu Knoten 2 gehören. Belegt eine davon den Kanal, wird die Zeitscheibe, die auf den Rahmen folgt, für die Stationen unter Knoten 3 reserviert. Möchten andererseits zwei oder mehr Stationen unter Knoten 2 übertragen, gibt es in Zeitscheibe 1 eine Kollision. In diesem Fall kommt dann Knoten 4 in Zeitscheibe 2 an die Reihe.

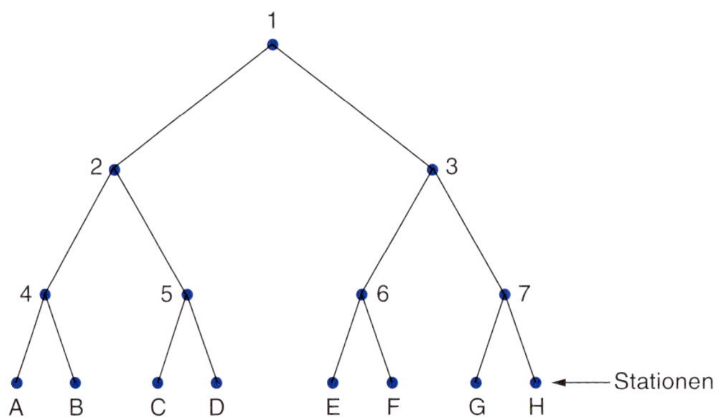

Abbildung 4.10: Ein Baum mit acht Stationen.

Im Wesentlichen passiert also Folgendes: wenn während Zeitscheibe 0 eine Kollision auftritt, wird der ganze Baum in vertikaler Richtung (Tiefe des Baumes) durchsucht, um alle sendebereiten Stationen zu ermitteln. Jede Zeitscheibe wird durch einen bestimmten Knoten im Baum dargestellt. Wenn eine Kollision auftritt, geht die Suche rekursiv mit dem linken und dann mit dem rechten Kindknoten dieses Knotens weiter. Ist eine Zeitscheibe im Leerlaufzustand oder überträgt nur eine Station darin, so kann die Suche nach diesem Knoten abgebrochen werden, weil dann alle sendebereiten Stationen entdeckt wurden (wären es mehr als eine, hätte eine Kollision stattgefunden).

Wenn das System stark ausgelastet ist, lohnt es sich kaum, Zeitscheibe 0 dem Knoten 1 zuzuweisen, da dies nur in der unwahrscheinlichen Situation sinnvoll ist, dass genau eine Station einen Rahmen zu übertragen hat. Ebenso könnte man argumentieren, dass die Knoten 2 und 3 aus dem gleichen Grund übersprungen werden sollten. Etwas allgemeiner ausgedrückt: Auf welcher Ebene des Baumes sollte die Suche beginnen? Je stärker die Auslastung, desto tiefer im Baum sollte die Suche natürlich beginnen. Wir nehmen an, dass anhand der Überwachung des jüngsten Datenverkehrs jede Station über eine gute Schätzung der Anzahl q der sendebereiten Stationen verfügt.

Wir nummerieren nun die Ebenen des Baumes von oben herab, wobei Knoten 1 in Abbildung 4.10 auf Ebene 0 liegt, die Knoten 2 und 3 auf Ebene 1 usw. Beachten Sie, dass jeder Knoten auf der Ebene i noch den Bruchteil 2^{-i} der Stationen unter sich hat. Falls q sendebereite Stationen gleichmäßig im Baum verteilt sind, ist ihre erwartete Anzahl unter einem bestimmten Knoten der Ebene i genau $2^{-i}q$. Intuitiv würden wir die Ebene, ab der der Baum am besten durchsucht werden kann, dort erwarten, wo die durchschnittliche Anzahl der konkurrierenden Stationen pro Zeitscheibe gleich 1 ist, also die Ebene, auf der $2^{-i}q=1$ gilt. Die Lösung dieser Gleichung ergibt $i=\log_2 q$.

Zu diesem Grundalgorithmus wurden viele Verbesserungen erarbeitet und von Bertsekas und Gallagher (1992) beschrieben Die grundlegende Idee ist so clever, dass Wissenschaftler immer noch an Verfeinerungen daran arbeiten (De Marco und Kowalski, 2017). Stellen Sie sich z.B. vor, dass nur die Stationen G und H senden möchten. Am Knoten 1 findet in dem Fall eine Kollision statt; also wird 2 getestet und im Leerlaufzustand vorgefunden. Wir müssen nun Knoten 3 nicht mehr testen, da hier auf jeden Fall eine Kollision stattfindet (wir wissen, dass unterhalb von 1 zwei oder mehr Stationen sendebereit sind und keine davon unter 2 liegt, also müssen alle unter 3 liegen). Die Abfrage von 3 kann übersprungen und bei 6 fortgesetzt werden. Falls diese Abfrage auch nichts bringt, kann wiederum 7 übersprungen und als Nächstes Knoten G überprüft werden.

4.2.5 Protokolle für drahtlose LANs

Ein System von Laptoprechnern, die über Funk miteinander kommunizieren, können als ein drahtloses LAN angesehen werden, wie wir es in Abschnitt 1.4.3 besprochen haben. Solch ein LAN ist ein Beispiel für einen Broadcast-Kanal. Es hat auch etwas andere Eigenschaften als ein verkabeltes LAN, was zu unterschiedlichen MAC-Protokollen führt. In diesem Abschnitt werden wir einige dieser Protokolle untersuchen. In Abschnitt 4.4 sehen wir uns IEEE 802.11 (WiFi) detailliert an.

Eine übliche Konfiguration für ein drahtloses LAN ist ein Bürogebäude mit Zugangspunkten (*Access Point, AP*), die strategisch überall im Gebäude verteilt aufgestellt sind. Die Zugangspunkte sind untereinander über Kupferkabel oder Glasfaser verbunden und stellen eine Verbindung zu den Stationen her, die mit ihnen kommunizieren. Wird die Übertragungsleistung der Zugangspunkte und Laptops so eingestellt, dass diese eine Reichweite von vielen Metern haben, so werden nahe gelegene Räume zu einzelnen Zellen und das Gebäude wird zu einem zellulären Mobilfunksystem, wie wir in *Kapitel 2* beschrieben haben, mit dem Unterschied, dass jede Zelle nur einen Kanal hat. Dieser Kanal wird von allen Stationen innerhalb der Zelle gemeinsam benutzt, einschließlich dem Zugangspunkt. In der Regel wird Bandbreite im Bereich von Megabit/s, ja sogar Gigabit/s zur Verfügung gestellt. IEEE 802.11ac schafft theoretisch bis zu 7 Gbit/s, ist aber in der Praxis viel langsamer.

Wir haben bereits angemerkt, dass drahtlose Systeme normalerweise eine Kollision, während sie passiert, nicht erkennen können. Das an der Station empfangene Signal ist möglicherweise verschwindend klein, vielleicht eine Million Mal schwächer als das Signal, das übermittelt wurde. Dieses Signal zu finden ist wie die Suche nach der Stecknadel im Heuhaufen. Stattdessen werden Bestätigungen benutzt, um Kollisionen und Folgefehler zu entdecken.

Es gibt einen sogar noch wichtigeren Unterschied zwischen drahtlosen und verkabelten LANs. Eine Station eines drahtlosen LAN ist möglicherweise aufgrund der begrenzten Funkreichweite der Stationen nicht in der Lage, Rahmen an alle anderen Stationen zu übertragen bzw. von allen anderen Stationen zu empfangen. Wenn bei verkabelten LANs eine Station einen Rahmen sendet, empfangen diesen alle anderen Stationen. Das Fehlen dieser Eigenschaft in drahtlosen LANs verursacht eine Reihe von Komplikationen.

Wir gehen von der vereinfachten Annahme aus, dass jeder Funksender eine feste Reichweite hat, die durch einen kreisförmigen Abdeckungsbereich dargestellt wird, innerhalb dessen eine andere Station die Übertragungen der Station abhören und empfangen kann. Es ist wichtig sich klarzumachen, dass reale Abdeckungsbereiche nicht annähernd so regelmäßig sind, weil die Weiterleitung von Funksignalen von der Umgebung abhängt. Wände und andere Hindernisse, die Signale dämpfen und reflektieren, können dazu führen, dass sich der Bereich in verschiedenen Richtungen deutlich unterscheidet. Doch für unsere Zwecke reicht die Vorstellung von einem einfachen Kreis.

Ein naiver Ansatz für ein drahtloses LAN könnte die Verwendung von CSMA sein: Man hört einfach auf andere Übertragungen und sendet nur, wenn kein anderer sendet. Die Schwierigkeit dabei ist, dass dieses Protokoll für drahtlose Netze nicht wirklich geeignet ist, weil die Interferenzen beim Empfänger und nicht beim Sender für den Empfang wichtig sind. Um die Natur des Problems aufzuzeigen, betrachten wir ▶Abbildung 4.11 mit vier drahtlosen Stationen. Für unsere Zwecke spielt es keine Rolle, was Basisstationen und was Laptops sind. Der Funkbereich ist so angelegt, dass sich A und B in der gegenseitigen Reichweite befinden und einander potenziell stören können. C kann auch B und D, nicht aber A stören.

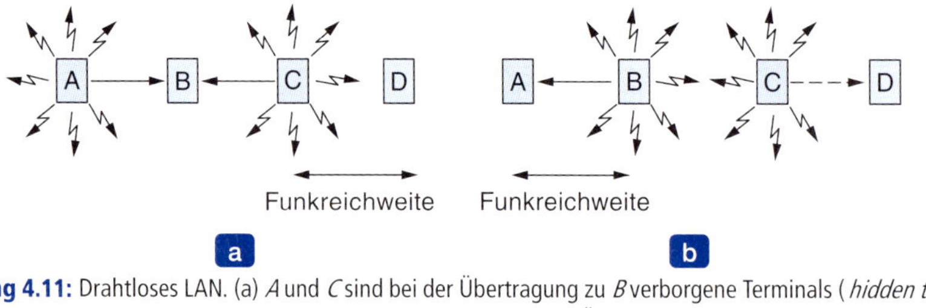

Abbildung 4.11: Drahtloses LAN. (a) A und C sind bei der Übertragung zu B verborgene Terminals (*hidden terminal*) (b) B und C sind zu weit entfernte Terminals (*exposed terminal*) bei der Übertragung von A und D.

Zunächst betrachten wir, was passiert, wenn *A* und *C* an *B* übertragen, wie in Abbildung 4.11a dargestellt. Wenn *A* sendet und dann Station *C* sofort das Medium prüft, kann *C* Station *A* nicht hören, da sich *A* außerhalb des Funkbereichs befindet. *C* nimmt also fälschlicherweise an, dass mit der Übertragung an *B* begonnen werden kann. Beginnt *C* mit der Übertragung, so werden Überlagerungen bei *B* erzeugt, d.h., *C* zerstört den Rahmen von *A*. (Wir setzen hier voraus, dass kein CDMA-artiges Schema zur Bereitstellung mehrerer Kanäle benutzt wird, daher verstümmeln Kollisionen das Signal und zerstören beide Rahmen.) Wir möchten ein MAC-Protokoll haben, dass diese Art von Kollisionen verhindert, weil dadurch Bandbreite verschwendet wird. Die Schwierigkeit einer Station, einen potenziellen Mitbewerber um das Medium nicht zu erkennen, weil die Entfernungen zu groß sind, nennt man auch **Hidden-Terminal-Problem** (Problem der verborgenen Endgeräte).

Betrachten wir nun eine andere Situation: *B* überträgt zur gleichen Zeit an *A*, zu der *C* an *D* übertragen möchte (Abbildung 4.11b). Wenn *C* das Medium überprüft, hört *C* eine Übertragung und schließt irrtümlich daraus, dass nicht an *D* gesendet werden darf (in der Abbildung als gestrichelte Linie gezeigt). Tatsächlich würde eine solche Übertragung nur in der Zone zwischen *B* und *C* einen schlechten Empfang verursachen, wo sich aber keiner der Empfänger befindet. Wir wünschen uns ein MAC-Protokoll, das diese Art der Verschiebung verhindert, da dadurch Bandbreite verschwendet wird. Das Problem wird **Exposed-Terminal-Problem** (Problem eines der Interferenz des Übertragenden zu stark exponierten Terminals) genannt.

Die Schwierigkeit ist, dass eine Station vor Beginn einer Übertragung im Grunde wissen will, ob es rund um den Empfänger Funkaktivitäten gibt oder nicht. CSMA teilt lediglich mit, ob nahe des Senders, der den Träger prüft, Aktivitäten vorhanden sind. Bei einem Kabel verteilen sich alle Signale an alle Stationen, diese Unterscheidung gibt es hier also nicht. Es kann nur jeweils eine Übertragung im System stattfinden. Bei einem auf Kurzstreckenfunk basierenden System können gleichzeitig mehrere Übertragungen laufen, sofern alle Übertragungen für ein anderes Ziel bestimmt sind und diese Ziele nicht innerhalb gegenseitiger Reichweite liegen. Wir möchten diese Nebenläufigkeit zulassen, wenn die Zelle zunehmend größer wird, ebenso wie Leute auf einer Party nicht darauf warten sollten, bis alle im Raum schweigen, bevor sie selbst beginnen zu sprechen – mehrere Gespräche können gleichzeitig in einem großen Raum stattfinden, solange sie sich nicht auf dieselbe Stelle richten.

Ein frühes und einflussreiches Protokoll, das diese Probleme für drahtlose LANs löst, ist **MACA** (*Multiple Access with Collision Avoidance*, Mehrfachzugriff mit Kollisionsvermeidung; Karn, 1990; Garcia-Luna-Aceves, 2017). Das zugrunde liegende Konzept ist hier, dass der Sender den Empfänger zur Ausgabe eines kurzen Rahmens veranlasst, sodass nahe gelegene Stationen diese Übertragung erkennen und für die Dauer des nachfolgenden (großen) Datenrahmens nichts übertragen. Diese Technik wird anstelle der Trägerprüfung eingesetzt.

MACA ist in ▶Abbildung 4.12 dargestellt. Betrachten wir einen Fall, in dem *A* einen Rahmen an *B* sendet. *A* beginnt durch Aussenden eines **RTS**-Rahmens (*Request To Send*, Sendeanforderung) an *B*, Abbildung 4.12a. Dieser kurze Rahmen (30 Byte) enthält die Länge des folgenden Datenrahmens. Dann antwortet *B* mit einem **CTS**-Rahmen (*Clear To Send*, Senden erlaubt), wie in Abbildung 4.12b dargestellt. Der CTS-Rahmen enthält die (aus dem RTS-Rahmen kopierte) Datenlänge. Nach Empfang des CTS-Rahmens beginnt *A* mit der Übertragung.

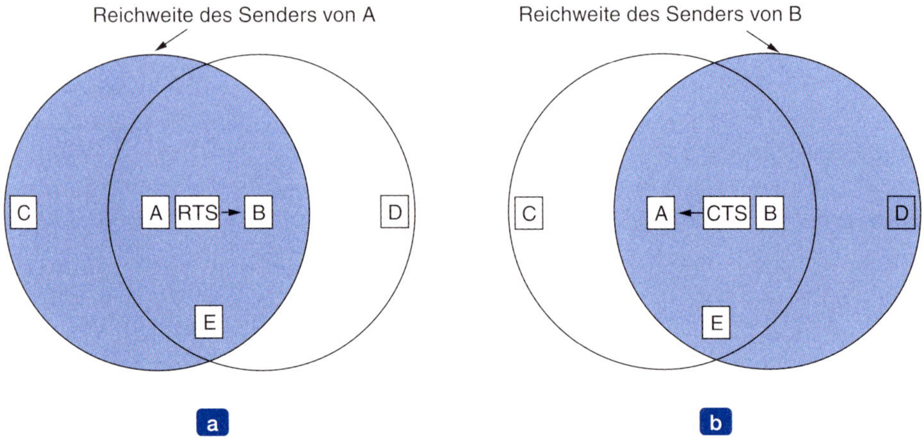

Abbildung 4.12: Das MACA-Protokoll: (a) *A* sendet ein RTS an *B*, (b) *B* antwortet *A* mit einem CTS.

Wie reagieren nun Stationen, die einen dieser Rahmen mithören? Stationen, die das RTS hören, befinden sich in der Nähe von *A* und müssen so lange stillschweigen, bis CTS konfliktfrei an *A* zurückgesendet wird. Stationen, die das CTS hören, befinden sich in der Nähe von *B* und müssen während der anstehenden Datenübertragung, deren Länge sie durch Prüfung des CTS-Rahmens ermitteln können, schweigen.

In Abbildung 4.12 befindet sich *C* innerhalb des Bereichs von *A*, nicht aber in dem von *B*. Deshalb hört *C* das RTS von *A*, aber nicht das CTS von *B*. Solange *C* das CTS nicht stört, kann *C* zur gleichen Zeit senden, in der der betreffende Datenrahmen übertragen wird. Demgegenüber liegt *D* nicht in der Reichweite von *A*, sondern in der von *B*. *D* hört nur das CTS, nicht aber das RTS. Daher folgert Station *D* aus diesem CTS, dass sie sich in der Nähe einer Station befindet, die jeden Augenblick einen Rahmen empfangen muss; deshalb hält sich *D* mit Senden zurück, bis der Rahmen erwartungsgemäß fertig übertragen wurde. Station *E* hört beide Steuernachrichten und muss wie *D* stillhalten, bis der Datenrahmen fertig ist.

Trotz dieser Vorsichtsmaßnahmen können Kollisionen entstehen. So könnten *B* und *C* z.B. gleichzeitig RTS-Rahmen an *A* senden. Diese kollidieren und gehen verloren. Im Falle einer Kollision wartet der erfolglose Sender (d.h. derjenige, der das CTS nicht innerhalb des erwarteten Zeitintervalls hört) eine zufallsgesteuerte Zeitspanne und versucht es später erneut.

4.3 Ethernet

Wir haben nun unsere Beschreibung der Protokolle für die Kanalzuordnung auf abstrakter Ebene abgeschlossen. Im Folgenden untersuchen wir, wie diese Prinzipien auf echte Systeme angewendet werden können. Viele der Entwürfe für PANs, LANs und MANs wurden unter der Bezeichnung IEEE 802 standardisiert. Wie in Abbildung 1.37 gezeigt, haben einige überlebt, viele andere sind jedoch in Vergessenheit geraten. Einige Leute, die an die Wiedergeburt glauben, denken, dass Charles Darwin als Mitglied der IEEE Standards Association wiedergeboren wurde, um die nicht Überlebensfähigen auszusortieren. Die wichtigsten Überlebenden sind IEEE 802.3 (Ethernet) und IEEE 802.11 (drahtloses LAN). Bluetooth (drahtloses PAN) wird häufig eingesetzt, ist aber heute außerhalb von IEEE 802.15 standardisiert.

Wir wollen unsere Untersuchung von realen Systeme mit Ethernet beginnen, das wahrscheinlich die allgegenwärtigste Art von Rechnernetzen auf der Welt darstellt. Es gibt zwei Typen von Ethernet: **klassisches Ethernet**, welches das Mehrfachzugriffsproblem mithilfe der Techniken löst, die wir in diesem Kapitel besprochen haben; und **Switched Ethernet**, bei welchem sogenannte **Switches** benutzt werden, um mehrere Computer zu verbinden. Es ist wichtig zu bemerken, dass beide Arten als Ethernet bezeichnet werden, obwohl sie ziemlich unterschiedlich sind. Klassisches Ethernet ist die ursprüngliche Form und läuft mit Raten von 3 bis 100 Mbit/s. Switched Ethernet ist das, wozu Ethernet geworden ist, und läuft mit 100, 1.000, 10.000, 40.000 oder 100.000 Mbit/s, in Gestalt von Fast Ethernet, Gigabit-Ethernet, 10-Gigabit-Ethernet, 40-Gigabit-Ethernet oder 100-Gigabit-Ethernet. In der Praxis wird heutzutage nur Switched Ethernet eingesetzt.

Wir werden diese historischen Formen von Ethernet in chronologischer Reihenfolge besprechen, um zu sehen, wie sie sich entwickelt haben. Da Ethernet und IEEE 802.3 bis auf eine kleinere Abweichung (die wir im Folgenden kurz behandeln) identisch sind, verwenden viele die Begriffe „Ethernet“ und „IEEE 802.3“ synonym. Wir schließen uns dem an. Weitere Informationen über das Ethernet finden Sie in Spurgeon und Zimmermann (2014).

4.3.1 Bitübertragungsschicht von klassischem Ethernet

Die Geschichte des Ethernets begann zur gleichen Zeit wie die Geschichte von ALOHA, als ein Student namens Bob Metcalfe seinen Abschluss am MIT machte und dann nach Harvard ging, um dort zu promovieren. Während seiner Studien lernte er die Arbeit von Abramson kennen. Dies interessierte ihn so sehr, dass er nach seiner Promotion in Harvard einen Sommer nach Hawaii ging, um bei Abramson zu arbeiten, bevor er seinen Job beim Xerox PARC (Palo Alto Research Center) antrat. Als er zu PARC kam, hatten die Forscher dort ein Gerät entwickelt und gebaut, das später den Namen Personal Computer tragen sollte. Aber die Geräte waren isoliert. Mit der Kenntnis von Abramsons Arbeit entwickelte und implementierte er zusammen mit seinem Kollegen David Boggs das erste lokale Netz (Metcalfe und Boggs, 1976). Es verwendete ein einzelnes langes, dickes Koaxialkabel und lief mit 3 Mbit/s.

Dieses System wurde **Ethernet** genannt, nach dem *Lichtäther*, von dem einmal angenommen wurde, dass sich in ihm elektromagnetische Strahlung fortpflanzt. (Als im 19. Jahrhundert der britische Physiker James Clerk Maxwell entdeckte, dass sich elektromagnetische Strahlung durch eine Wellengleichung beschreiben lässt, nahmen die Wissenschaftler allgemein an, dass der Weltraum mit einem ätherischen Medium gefüllt sein müsse, in dem sich Strahlung fortpflanzen kann. Nach dem berühmten Experiment von Michelson-Morley im Jahre 1887 entdeckten die Physiker, dass sich elektromagnetische Strahlung im Vakuum ausbreiten kann.)

Das Xerox-Ethernet war so erfolgreich, dass DEC, Intel und Xerox 1978 den **DIX-Standard** für das 10-Mbit/s-Ethernet definierten. Mit einer kleineren Änderung wurde der DIX-Standard 1983 zum IEEE-802.3-Standard. Sehr zum Nachteil von Xerox, das bereits einige bahnbrechende Erfindungen (wie den Personal Computer) gemacht hatte und diese dann nicht vermarkten konnte – diese Geschichte wird ausführlicher in *Fumbling the Future* von Smith und Alexander (1988)[1] erzählt. Als Xerox außer seinem Beitrag zur Standardisierung kein Engagement zeigte, gründete Metcalfe sein eigenes Unternehmen, 3Com, um Ethernet-Karten für PCs zu verkaufen. Seither hat 3Com viele Millionen davon verkauft.

Klassisches Ethernet schlängelt sich durch Gebäude wie ein einzelnes langes Kabel, an das alle Computer angeschlossen werden. Diese Architektur wird in ▶Abbildung 4.13 gezeigt. Die erste Variante, allgemein **Thick Ethernet** genannt, ähnelt einem gelben Gartenschlauch, der im Abstand von 2,5 m an den Stellen Markierungen aufweist, wo die Computer angeschlossen werden können. (Der IEEE-802.3-Standard *forderte* zwar nicht, dass das Kabel gelb sein musste, hat dies jedoch *vorgeschlagen*.) Der Nachfolger war **Thin Ethernet**, das sich leichter biegen ließ und Verbindungen über Industriestandard-BNC-Stecker herstellte. Thin Ethernet war viel preisgünstiger und einfacher zu installieren, bot aber pro Segment nur eine Länge von 185 m (statt 500 m bei Thick Ethernet), wobei in einem Segment nur maximal 30 Rechner (statt 100) unterstützt werden konnten.

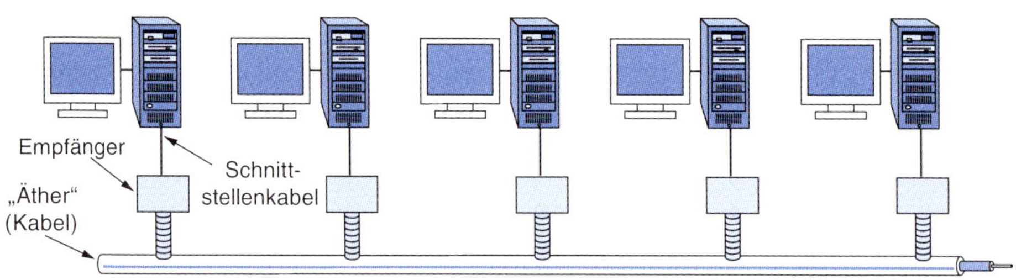

Abbildung 4.13: Architektur des klassischen Ethernets.

Jede Ethernet-Version hat eine maximale Kabellänge pro Segment (d.h. unverstärkte Länge), über die sich das Signal ausbreitet. Um das Netz auf größere Entfernungen auszuweiten, können mehrere Kabelsegmente durch **Repeater** verbunden werden. Ein Repeater arbeitet auf der Ebene der Bitübertragungsschicht. Er empfängt, verstärkt

1 In Deutsch erschienen unter dem Titel „Das Milliardenspiel. Xerox' Kampf um den ersten PC".

(d.h. bereitet neu auf) und überträgt Signale in beide Richtungen. Aus Sicht der Software sind mehrere durch Repeater verbundene Kabel nichts anderes als ein einziger Kabelstrang, abgesehen von der kleinen Verzögerung, die durch Repeater verursacht wird.

Über jedes dieser Kabel wurde Information unter Verwendung der Manchester-Codierung (siehe Abschnitt 2.4.3) gesendet. Ein Ethernet konnte mehrere Kabelsegmente und mehrere Repeater enthalten, wobei zwei Transceiver nicht weiter als 2,5 km voneinander entfernt sein und zwischen zwei Transceivern nicht mehr als vier Repeater liegen durften. Diese Einschränkung wurde eingeführt, damit das MAC-Protokoll, welches wir uns als Nächstes ansehen wollen, korrekt funktionierte.

4.3.2 Ethernet-MAC-Teilschichtprotokoll

Das Format, das zum Senden von Rahmen eingesetzt wird, ist in ▶Abbildung 4.14 dargestellt. Jeder Rahmen beginnt mit einer Präambel (*Preamble*) von 8 Byte, wobei jedes Byte das Bitmuster 10101010 enthält (mit Ausnahme des letzten Bytes, in dem die letzten 2 Bits auf 11 gesetzt sind). Dieses letzte Byte wird der *Start of Frame*-Begrenzer für IEEE 802.3 genannt. Die Manchester-Codierung dieses Musters erzeugt für 6,4 µs eine Rechteckwelle von 10 MHz, damit sich der Takt des Empfängers mit dem Takt des Senders synchronisieren kann. Die letzten zwei 1-Bits sagen dem Empfänger, dass der Rest des Rahmens für die Übertragung bereit ist.

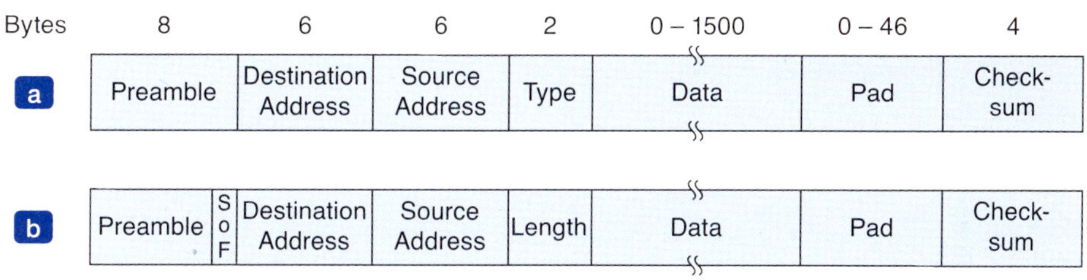

Abbildung 4.14: Rahmenformate: (a) Ethernet (DIX), (b) IEEE 802.3.

Als Nächstes kommen zwei Adressen: eine für das Ziel und eine für die Quelle. Sie sind jeweils 6 Byte lang. Das zuerst übertragene Bit der Zieladresse ist 0 für normale Adressen und 1 für Gruppenadressen. Durch Gruppenadressen können mehrere Stationen eine einzige Adresse abhören. Wird ein Rahmen an eine Gruppenadresse geschickt, empfangen ihn alle Stationen der Gruppe. Das Senden an eine Gruppe von Stationen wird **Multicasting** genannt. Die spezielle Adresse, die nur aus 1-Bits besteht, ist für **Broadcasting** reserviert. Ein Rahmen, der im Feld der Zieladresse nur 1-Bits enthält, wird von allen Stationen im Netz akzeptiert. Multicasting ist selektiver, erfordert aber die Verwaltung der Gruppen, um zu definieren, welche Stationen zur Gruppe gehören. Umgekehrt unterscheidet **Broadcasting** überhaupt nicht zwischen Stationen und braucht daher auch keine Gruppenverwaltung.

Eine interessante Eigenschaft der Stationsquelladressen ist, dass sie global eindeutig sind. Sie werden von der IEEE vergeben um sicherzustellen, dass nirgendwo auf der

Welt zwei Stationen dieselbe Adresse haben. Die Idee dabei ist, dass jede Station eindeutig jede andere Station einfach durch die richtige 48-Bit-Zahl adressieren kann. Dazu werden die ersten drei Byte des Adressfelds für einen Identifikator namens **OUI** (*Organizationally Unique Identifier*) benutzt. Die Werte für dieses Feld werden von der IEEE zugewiesen und geben den Hersteller an. Den Herstellern werden Blöcke von 2^{24} Adressen zugewiesen. Der Hersteller weist die letzten drei Byte der Adresse zu und programmiert die vollständige Adresse vor dem Verkauf in die Netzwerkkarte ein.

Als Nächstes kommt das Feld *Type* bzw. *Length*, je nachdem, ob es sich um einen Ethernet- oder einen IEEE-802.3-Rahmen handelt. Ethernet verwendet das *Type*-Feld, um dem Empfänger mitzuteilen, was mit dem Rahmen geschehen soll. Mehrere Vermittlungsschichtprotokolle können auf einem Rechner zur gleichen Zeit in Verwendung sein, sodass bei Ankunft des Ethernet-Rahmens das Betriebssystem wissen muss, an wen der Rahmen übergeben werden soll. Das *Type*-Feld spezifiziert den Prozess, an den der Rahmen übergeben wird. Der *Type*-Code 0x0 800 bedeutet beispielsweise, dass die Daten ein IPv4-Paket beinhalten.

IEEE 802.3 hatte – in ihrer Weisheit – entschieden, dass dieses Feld die Länge des Rahmens enthalten sollte, da die Ethernet-Länge durch einen Blick auf die Daten festgestellt werden konnte – eine Schichtverletzung, falls es da je eine gab. Dies bedeutete natürlich, dass der Empfänger nicht mehr feststellen konnte, was mit dem eingehenden Rahmen passieren sollte. Dieses Problem wurde durch das Hinzufügen eines weiteren Headers für das **LLC**-Protokoll (*Logical Link Control*) in den Datenteil gelöst. Es werden 8 Byte benutzt, um die 2 Byte von Protokolltypinformation zu transportieren.

Leider war bei der Veröffentlichung von IEEE 802.3 so viel Hardware und Software für DIX-Ethernet im Einsatz, dass nur wenige Hersteller und Benutzer die Neuverpackung der *Type*- und *Length*-Felder begeistert aufnahmen. 1997 warf die IEEE das Handtuch und erkannte beide Methoden an. Glücklicherweise hatten alle vor 1997 verwendeten *Type*-Felder Werte größer als 1.500, der damals gängigen maximalen Datengröße. Heute gilt die Regel, das jede Zahl kleiner oder gleich 0x600 (1.536) als *Length* und jede Zahl über 0x600 als *Type* interpretiert werden kann. Nun kann IEEE mit Recht behaupten, dass ihre Standards allgemein verwendet werden, und alle anderen können so weitermachen wie bisher (und sich nicht an LCC stören), ohne dabei ein schlechtes Gewissen haben zu müssen. Dies passiert, wenn (Industrie-)Politik auf Technologie trifft.

Als Nächstes kommen die Daten mit bis zu 1.500 Byte. Diese Grenze wurde ein wenig willkürlich zu der Zeit festgelegt, als der Ethernet-Standard in Stein gemeißelt wurde. Ausschlaggebend hierfür war im Grunde, dass ein Transceiver ausreichend RAM benötigt, um einen ganzen Rahmen zu speichern, und RAM war im Jahr 1978 noch sehr teuer. Eine höhere Obergrenze hätte mehr RAM bedeutet, was den Transceiver verteuert hätte.

Darüber hinaus gibt es neben der maximalen Länge eines Datenrahmens auch eine Mindestlänge. Wenngleich ein Datenfeld mit 0 Byte manchmal nützlich ist, verursacht es auch ein Problem. Wenn ein Transceiver eine Kollision entdeckt, schneidet er den aktuellen Rahmen ab, sodass im Kabel andauernd einzelne Bits und Bruchteile von Rahmen umherwandern. Um die Unterscheidung von Müll und gültigen Rahmen zu erleichtern, müssen bei Ethernet gültige Rahmen von der Zieladresse bis einschließlich der Prüfsumme (jeweils inklusive) mindestens 64 Byte lang sein. Falls der Datenteil des Rahmens kleiner als 46 Byte ist, füllt das *Pad*-Feld (Füllung) den Rahmen bis zur Minimallänge auf.

Die Festlegung einer minimalen Rahmenlänge hat einen weiteren, noch wichtigeren Grund. Damit soll auch verhindert werden, dass eine Station die Übertragung eines kurzen Rahmens beendet, bevor dessen erstes Bit überhaupt das andere Ende des Kabels erreicht hat, wo er dann eventuell mit einem anderen Rahmen kollidiert. Dieses Problem ist in ▶Abbildung 4.15a–d dargestellt. Zum Zeitpunkt 0 sendet Station *A* an einem Ende des Netzes einen Rahmen. Gehen wir als Beispiel von einer Signalübertragungszeit von τ aus, bis dieser Rahmen das andere Ende erreicht. Kurz vor Erreichen des anderen Endes (d.h. zur Zeit $\tau-\varepsilon$) beginnt *B*, die am weitesten entfernte Station, mit einer Übertragung. Erkennt *B*, dass sie mehr Leistung erhält als sie ausgibt, dann weiß sie, dass eine Kollision stattgefunden hat; deshalb bricht sie ihre Übertragung ab und erzeugt ein 48-Bit-Burst-Signal, um alle anderen Stationen zu warnen. Anders ausgedrückt, die Leitung wird blockiert um sicherzustellen, dass der Sender die Kollision nicht übersieht. Etwa zur Zeit 2τ sieht der Sender dieses Warnsignal und bricht seinerseits die Übertragung ab. Dann wartet er eine zufällige Zeitspanne, bevor er es erneut versucht.

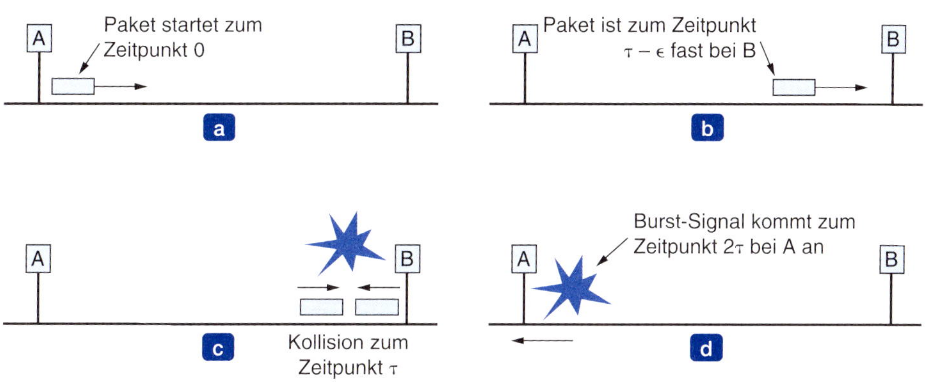

Abbildung 4.15: Die Kollisionserkennung kann 2τ dauern.

Versucht eine Station, einen sehr kurzen Rahmen zu übertragen, dann kann eine Kollision stattfinden, aber die Übertragung wird beendet sein, bevor das Warnsignal zum Zeitpunkt 2τ zur Station zurückkommt. Der Sender schließt daraus irrigerweise, dass der Rahmen erfolgreich gesendet wurde. Damit dieser Fall nicht eintritt, müssen alle Rahmen länger als 2τ senden, sodass die Übertragung immer noch stattfindet, wenn das Burst-Signal zum Sender zurückgelangt. Bei einem 10-Mbit/s-LAN mit einer maximalen Länge von 2.500 Metern und vier Repeatern (aus der IEEE-802.3-Spezifikation) liegt die Paketumlaufzeit (einschließlich der Verbreitungszeit über die vier Repeater) im schlechtesten Fall bei etwa 50 µs, einschließlich der Zeit für den Durchlauf durch die Repeater. Daher muss die Übertragung des kleinsten erlaubten Rahmens mindestens so lange dauern. Bei 10 Mbit/s benötigt ein Bit 100 ns, sodass der kleinste zu übertragende Rahmen 500 Bit enthalten muss. Um etwas Sicherheitsspielraum hinzuzufügen, wurde dies auf 512 Bit oder 64 Byte aufgerundet.

Das letzte Ethernet-Feld ist die Prüfsumme (*Checksum*). Es ist ein 32 Bit langer CRC-Wert von der Art, wie wir sie in Abschnitt 3.2 untersucht haben. In der Tat wird dieser Wert genau von dem Generatorpolynom definiert, das wir dort angegeben haben und das auch für PPP, ADSL und andere Verbindungen angewandt wird. Dieser CRC-Wert ist ein Fehlererkennungscode, der verwendet wird, um festzustellen, ob die Bits des Rahmens korrekt empfangen wurden. Er dient lediglich der Fehlererkennung, wobei der Rahmen verworfen wird, wenn ein Fehler festgestellt wird.

CSMA/CD mit binärem exponentiellen Backoff

Klassisches Ethernet verwendet den 1-persistenten CSMA/CD-Algorithmus, den wir in Abschnitt 4.2 untersucht haben. Diese Benennung bedeutet nur, dass Stationen das Medium überprüfen, wenn sie einen Rahmen zur Übertragung haben, und den Rahmen senden, sobald das Medium verfügbar ist. Der Kanal wird von den Stationen auf Kollisionen hin überwacht, während sie senden. Falls eine Kollision auftritt, wird die Übertragung mit einem kurzen Signal abgebrochen und nach einer zufälligen Zeitspanne erneut gesendet.

Wir wollen uns nun ansehen, wie das Zufallsintervall im Falle einer Kollision bestimmt wird, da dies eine neue Methode ist. Das Modell ist noch dasselbe wie in Abbildung 4.5. Nach einer Kollision wird die Zeit in einzelne Zeitscheiben unterteilt, deren Länge im schlechtesten Fall der vollen Paketumlaufzeit (2τ) entspricht. Um den längsten nach Ethernet zulässigen Pfad zu verwenden (2,5 km und vier Repeater), wurden die Zeitscheiben auf 512 Bitzeiten bzw. 51,2 µs gesetzt.

Nach der ersten Kollision wartet die Station zufällig entweder 0 oder 1 Zeitscheibenzeit, bevor sie es wieder versucht. Wenn zwei Stationen kollidieren und die gleiche Zufallszahl nehmen, kollidieren sie wieder. Nach der zweiten Kollision nimmt sich jede zufällig eine der Zahlen 0, 1, 2 oder 3 und wartet diese Anzahl von Zeitscheiben ab. Falls eine dritte Kollision auftritt (die Wahrscheinlichkeit dafür ist 0,25), wird die nächste Wartezeit zufällig zwischen 0 und 2^3-1 gewählt.

Allgemein wird nach *i* Kollisionen eine Zufallszahl zwischen 0 und 2^i-1 gewählt und diese Anzahl von Zeitscheiben wird übersprungen. Nachdem allerdings zehn Kollisionen erreicht worden sind, wird das maximale Zufallsintervall bei 1.023 Zeitscheiben eingefroren. Nach 16 Kollisionen wirft der Controller das Handtuch und berichtet dem Rechner den Fehler. Die weitere Behandlung liegt jetzt bei höheren Schichten.

Dieser Algorithmus heißt **binäres exponentielles Backoff** (*binary exponential backoff*). Er wurde gewählt, um die Anzahl von sendebereiten Stationen dynamisch anpassen zu können. Die Wahrscheinlichkeit, dass zwei Stationen bei einem festen Zufallsintervall von 1.023 ein zweites Mal kollidieren, wäre verschwindend gering, aber die durchschnittliche Wartezeit nach einer Kollision läge bei mehreren Hundert Zeitscheiben, was insgesamt zu einer spürbaren Verzögerung führen würde. Versuchten auf der anderen Seite 100 Stationen gleichzeitig zu senden und wartete jede nach einer Kollision entweder 1 oder 0 Zeitscheiben, dann würden sie so lange kollidieren, bis 99 Stationen 0 und eine Station 1 wählt oder umgekehrt. Das kann Jahre dauern. Indem das Zufallsintervall exponentiell mit der Anzahl der Kollisionen anwächst, garantiert der Algorithmus kurze Verzögerungen, falls wenige Stationen kollidieren, aber er garantiert auch eine einigermaßen rasche Auflösung, wenn viele Stationen kollidieren. Wenn man die Obergrenze für das Backoff auf 1.023 festsetzt, wird die Grenze nicht zu groß.

Falls es keine Kollision gibt, nimmt der Sender an, dass der Rahmen wahrscheinlich erfolgreich angekommen ist. Das heißt, weder CSMA/CD noch Ethernet bieten Bestätigungen. Diese Wahl ist für verkabelte und Glasfaserkanäle angemessen, da hier die Fehlerrate niedrig ist. Alle auftretenden Fehler müssen dann von dem CRC entdeckt werden, die Wiederherstellung wird von höheren Schichten vorgenommen. Bei drahtlosen Kanälen, die fehleranfälliger sind, werden dagegen Bestätigungen eingesetzt, wie wir noch sehen werden.

4.3.3 Leistungsaspekte bei Ethernet

Wir wollen nun kurz die Leistungsfähigkeit von klassischem Ethernet unter hoher und konstanter Auslastung untersuchen. Wir gehen immer davon aus, dass k Stationen sendebereit sind. Eine umfassende Analyse des binären exponentiellen Backoff-Algorithmus ist sehr komplex; also folgen wir dem Beispiel von Metcalfe und Boggs (1976) und gehen für jede Zeitscheibe von einer konstanten Wahrscheinlichkeit für eine nochmalige Übertragung aus. Wenn jede Station während einer Zeitscheibe mit der Wahrscheinlichkeit p überträgt, ergibt sich für die Wahrscheinlichkeit A, dass eine Station während dieser Zeitscheibe das Übertragungsmedium belegt:

$$A = kp(1-p)^{k-1} \tag{4.5}$$

A wird maximiert, wenn $p=1/k$, wobei $A \to 1/e$, wenn $k \to \infty$. Die Wahrscheinlichkeit, dass das Konkurrenzintervall genau j Zeitscheiben umfasst, ist $A(1-A)^{j-1}$, sodass die durchschnittliche Anzahl von Zeitscheiben pro Konkurrenzsituation gegeben ist durch

$$\sum_{j=0}^{\infty} jA(1-A)^{j-1} = \frac{1}{A}$$

Da jede Zeitscheibe 2τ dauert, ist das mittlere Konkurrenzintervall w gleich $2\tau/A$. Unter einem optimalen p beträgt die durchschnittliche Anzahl der Konkurrenzzeitscheiben nie mehr als e, sodass w höchstens $2\tau e \approx 5{,}4\tau$ ist.

Wenn ein durchschnittlicher Rahmen P Sekunden zur Übertragung benötigt, kann die Kanaleffizienz, wenn viele Stationen senden, wie folgt angegeben werden:

$$\text{Kanaleffizienz} = \frac{P}{P + 2\tau / A} \tag{4.6}$$

Hieran kann man sehen, an welcher Stelle die maximale Kabellänge zwischen zwei Stationen die Leistungswerte beeinflusst. Je länger das Kabel ist, desto länger ist auch das Konkurrenzintervall, deshalb wird vom Ethernet-Standard eine maximale Kabellänge angegeben.

Es ist recht aufschlussreich, die Gleichung (4.6) in Bezug auf die Rahmenlänge *F*, die Bandbreite des Netzes *B*, die Kabellänge *L* und die Geschwindigkeit der Signalausbreitungsverzögerung *c* für den günstigsten Fall von *e* Konkurrenzzeitscheiben pro Rahmen auszudrücken. Mit $P=F/B$ wird aus Gleichung (4.6):

$$\text{Kanaleffizienz} = \frac{1}{1+2BLe/cF} \tag{4.7}$$

Ist der zweite Term im Nenner groß, dann ist die Effizienz des Netzes gering. Genauer ausgedrückt: Eine Vergrößerung der Netzbandbreite oder der Entfernung (also des Produktes *BL*) verringert bei gleichbleibender Rahmengröße die Leistungsstärke. Leider ist der Großteil der Forschungsarbeiten im Bereich der Netzhardware genau auf die Erhöhung dieses Produkts ausgerichtet. Man möchte hohe Bandbreiten über große Entfernungen (z.B. Glasfaser-MANs), jedoch ist klassisches Ethernet für diese Anwendungen nicht das beste System. Wir werden im nächsten Abschnitt noch andere Implementierungsmöglichkeiten für Ethernet kennenlernen.

In ▶Abbildung 4.16 wird die Kanaleffizienz der Zahl der sendebereiten Stationen für $2\tau=51{,}2$ µs und einer Datenrate von 10 Mbit/s unter Verwendung von Gleichung (4.7) dargestellt. Bei einer Zeitscheibe von 64 Byte sind 64-Byte-Rahmen selbstverständlich nicht effizient. Andererseits ergibt sich mit Rahmen von 1.024 Byte und einem asymptotischen Wert von *e* 64-Byte-Zeitscheiben pro Konkurrenzintervall eine Konkurrenzperiode von 174 Byte und eine Effizienz von 0,85 %. Dieses Ergebnis ist viel besser als die 37 %ige Effizienz von S-ALOHA.

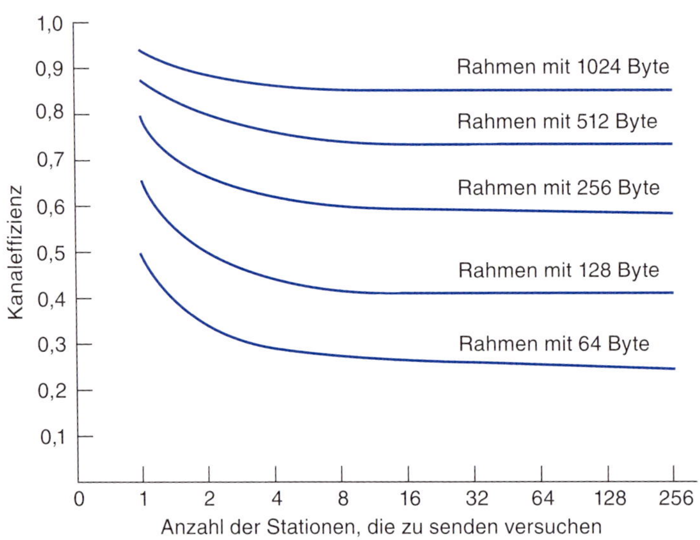

Abbildung 4.16: Effizienz von Ethernet bei 10 Mbit/s und Zeitscheiben von 512 Bit.

Man sollte wahrscheinlich erwähnen, dass für das Ethernet (und andere Netze) sehr viele theoretische Leistungsanalysen durchgeführt wurden. Die meisten der Ergebnisse sollten aus zwei Gründen mit größter Vorsicht aufgenommen werden. Zunächst wurden fast alle theoretischen Arbeiten unter der Annahme eines Poisson-verteilten Datenverkehrs ausgelegt. Nachdem man aber begonnen hat, echte Datenflüsse zu betrachten, erweist es sich jetzt, dass der Netzverkehr selten nach Poisson verläuft, sondern selbstähnlich oder Burst-anfällig über einer Reihe von Zeitskalen ist (Paxson und Floyd, 1995; Fontugne et al., 2017). Das bedeutet, dass die Ermittlung von Durchschnitten über lange Zeitspannen den Verkehr nicht glättet. Ebenso wie die Verwendung von fragwürdigen Modellen ist die Analyse von „interessanten" Fällen unter Einsatz von unrealistisch hoher Last kritisch zu bewerten. Boggs et al. (1988) zeigten durch Experimente, dass Ethernet in der Realität sogar bei mäßig hoher Auslastung gut arbeitet.

4.3.4 Switched Ethernet

Ethernet begann sich bald von der Einzel-Kabelarchitektur des klassischen Ethernets wegzuentwickeln. Probleme in Verbindung mit dem Auffinden von Brüchen oder dem Verlieren von Verbindungen haben zur Entwicklung eines anderen Verkabelungsmusters geführt, bei dem von jeder Station aus ein dediziertes Kabel zu einem zentralen **Hub** führt. Ein Hub verbindet einfach all die angeschlossenen Kabel elektrisch, als ob sie zusammengelötet wären. Diese Konfiguration ist in ▶Abbildung 4.17a zu sehen.

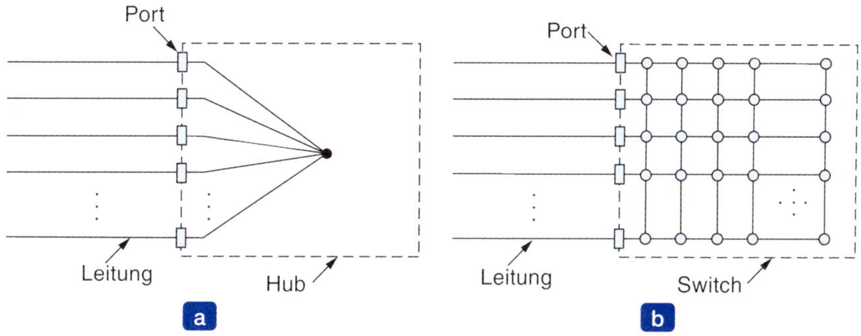

Abbildung 4.17: (a) Hub. (b) Switch.

Die Kabel waren Twisted-Pair-Kabel von der Telefongesellschaft, da die meisten Bürogebäude bereits verkabelt waren und normalerweise jede Menge Ersatzkabel zur Verfügung standen. Diese Wiederverwendung war ein Gewinn, doch dadurch wurde die maximale Kabellänge bis zum Hub auf 100 m verringert (bzw. 200 m, wenn qualitativ hochwertige Twisted-Pair-Kabel der Kategorie 5 verwendet wurden). Bei dieser Konfiguration ist das Hinzufügen weiterer oder das Entfernen vorhandener Stationen viel einfacher. Außerdem können Kabelbrüche schnell entdeckt werden. Aufgrund dieses Vorteils, die vorhandene Verkabelung zu nutzen, sowie der Wartungsfreundlichkeit wurden Twisted-Pair-Hubs schnell die vorherrschende Form des Ethernets.

Hubs erhöhen jedoch nicht die Kapazität, da sie logisch äquivalent zu einem einzelnen langen Kabel des klassischen Ethernets sind. Wenn immer mehr Stationen hinzugefügt werden, so bekommt jede Station einen abnehmenden Anteil der konstanten Kapazität. Zu guter Letzt wird das LAN gesättigt sein. Ein Ausweg aus dieser Situation ist es, die Geschwindigkeit zu erhöhen, beispielsweise von 10 Mbit/s auf 100 Mbit/s, 1 Gbit/s oder auf sogar noch größere Geschwindigkeiten. Doch mit dem Anwachsen von Multimedia und leistungsstarken Servern kann selbst ein 1-Gbit/s-Ethernet gesättigt werden.

Glücklicherweise gibt es noch eine weitere Methode, höhere Lasten zu verarbeiten: Switched Ethernet. Den Kern dieses Systems bildet ein **Switch**, der eine Backplane hat, die alle Ports verbindet (Abbildung 4.17b). Von außen sieht ein Switch genau wie ein Hub aus. Beides sind Boxen, in der Regel mit 4 bis 48 Ports, jeweils mit einem Standard-RJ-Verbindungsstecker für ein Twisted-Pair-Kabel ausgestattet. Jedes Kabel verbindet den Switch oder Hub mit einem einzelnen Rechner, wie in ▶Abbildung 4.18 gezeigt. Ein Switch hat dieselben Vorteile wie ein Hub. Eine neue Station kann einfach hinzugefügt oder entfernt werden, indem ein Kabel angeschlossen bzw. ausgesteckt wird, und die meisten Fehler sind einfach zu finden, da ein unzuverlässiges Kabel oder Port in der Regel nur jeweils eine Station betrifft. Es gibt noch eine gemeinsam benutzte Komponente, die ausfallen kann – der Switch selbst –, doch wenn alle Stationen die Verbindung verlieren, wissen die IT-Leute, was zu tun ist, um das Problem zu beheben: den gesamten Switch ersetzen.

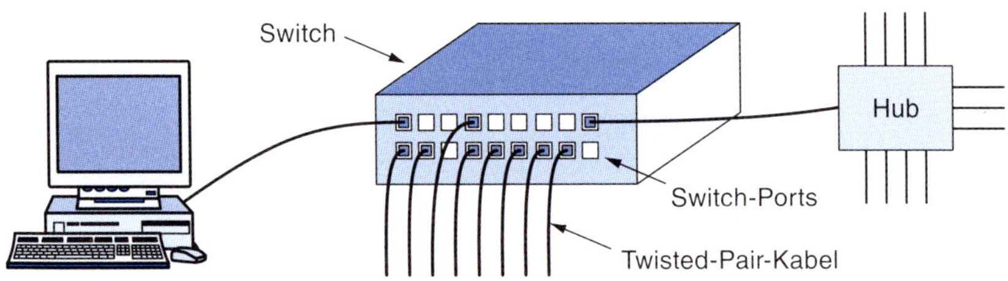

Abbildung 4.18: Ethernet-Switch.

Im Inneren des Switch passiert jedoch etwas völlig anderes. Switches geben Rahmen nur auf den Ports aus, für die diese Rahmen gedacht sind. Wenn ein Switch-Port einen Ethernet-Rahmen von einer Station empfängt, überprüft der Switch die Ethernet-Adresse um festzustellen, für welchen Port der Rahmen bestimmt ist. Dieser Schritt erfordert, dass der Switch herausfinden kann, welcher Port zu welcher Adresse gehört. Diesen Vorgang beschreiben wir in Abschnitt 4.7, wenn wir den allgemeinen Fall behandeln, dass Switches mit anderen Switches verbunden sind. Für den Moment nehmen wir einfach an, dass der Switch den Zielport des Rahmens kennt. Der Switch leitet den Rahmen dann über seine Hochgeschwindigkeitsbackplane zum Zielport weiter. Die Backplane läuft in der Regel mit vielen Gbit/s, unter Verwendung eines proprietären Protokolls, das nicht standardisiert werden muss, weil es vollständig innerhalb des Switch verborgen ist. Der Zielport überträgt dann den Rahmen auf die Leitung, sodass er die beabsichtigte Station erreicht. Die anderen Ports wissen nicht einmal, dass der Rahmen existiert.

Was passiert, wenn mehr als eine Station oder ein Port einen Rahmen zur gleichen Zeit senden wollen? Auch hier unterscheidet sich der Switch von Hubs. Bei einem Hub befinden sich alle Stationen in derselben **Kollisionsdomäne**. Sie müssen den CSMA/CD-Algorithmus verwenden, um ihre Übertragungen zeitlich festzulegen. Bei einem Switch ist jeder Port in seiner eigenen, unabhängigen Kollisionsdomäne. Im allgemeinen Fall eines Vollduplexkabels können die Station und der Port gleichzeitig einen Rahmen über das Kabel schicken, ohne sich um andere Ports oder Stationen kümmern zu müssen. Kollisionen sind hier unmöglich und CSMA/CD wird nicht benötigt. Wenn es sich jedoch um ein Halbduplexkabel handelt, dann müssen Station und Port auf die übliche Weise mithilfe von CSMA/CD um die Übertragung konkurrieren.

Ein Switch verbessert die Performanz gegenüber einem Hub auf zwei Arten. Zunächst wird die Kapazität effektiver genutzt, da es keine Kollisionen gibt. Noch viel wichtiger ist jedoch, dass mit einem Switch mehrere Rahmen gleichzeitig (von verschiedenen Stationen) gesendet werden können. Diese Rahmen werden die Switch-Ports erreichen und über die Backplane des Switch auf die richtigen Ports ausgegeben. Da zwei Rahmen jedoch eventuell gleichzeitig auf denselben Ausgabeport gesendet werden könnten, muss der Switch eine Puffermöglichkeit haben, sodass er kurzzeitig einen ankommenden Rahmen zwischenspeichern kann, bis dieser zu dem Ausgabeport übertragen werden kann. Insgesamt bringen diese Verbesserungen einen großen Performanzgewinn, der mit einem Hub nicht möglich wäre. Der gesamte Systemdurchsatz kann häufig um eine Größenordnung erhöht werden, je nach Anzahl an Ports und Datenverkehrsmustern.

Die Veränderung in den Ports, auf denen Rahmen ausgegeben werden, haben auch Sicherheitsvorteile. Die meisten LAN-Schnittstellen haben einen **Gemischtmodus** (*promiscuous mode*), in dem *alle* Rahmen von jedem Computer empfangen werden, nicht nur die, die für ihn bestimmt sind, d.h., die die richtige Zieladresse haben. Mit einem Hub kann jeder angeschlossene Computer den Datenverkehr sehen, der zwischen allen anderen Rechnern gesendet wird. Spione und Wichtigtuer lieben diese Funktion. Bei einem Switch wird der Datenverkehr nur an die Ports weitergeleitet, für die er bestimmt ist. Diese Einschränkung bietet eine bessere Isolation, sodass die Daten nicht leicht entweichen und in die falschen Hände geraten können. Dennoch ist es besser, den Datenverkehr zu verschlüsseln, wenn Sicherheit ein wichtiger Aspekt ist.

Da der Switch auf allen Eingangsports nur Ethernet-Standardrahmen erwartet, können einige Ports als Konzentratoren fungieren. In Abbildung 4.18 ist der Port in der oberen rechten Ecke nicht an eine Station, sondern an einen Hub mit zwölf Ports angeschlossen. Gehen Rahmen auf dem Hub ein, können sie sich auf die übliche Weise mit Kollisionen und binärem Backoff um einen Übertragungskanal bewerben. Erfolgreiche Rahmen schaffen ihren Weg durch den Hub zum Switch und werden dort wie alle anderen Eingangsrahmen behandelt. Der Switch weiß nicht, dass sie sich ihren Weg erkämpfen mussten. Im Switch angekommen werden sie über die Hochgeschwindigkeitsplatine an die richtige Ausgangsleitung gesendet. Es ist auch möglich, dass das richtige Ziel auf den Leitungen war, die an den Hub angeschlossen waren, in welchem Fall der Rahmen bereits zugestellt ist, sodass der Switch ihn einfach fallen lässt. Hubs sind einfacher und kostengünstiger als Switches, aber da die Preise für Switches immer mehr sinken, sind sie eine vom Aussterben bedrohte Art geworden. Dennoch gibt es Hubs weiterhin.

4.3.5 Fast Ethernet

Zur gleichen Zeit, in der Switches beliebt wurden, kam die Geschwindigkeit von 10-Mbit/s-Ethernet unter Druck. Am Anfang sahen 10 Mbit/s wunderbar aus, so wie ein Kabelmodem für die Nutzer von Telefonmodems ein Traum war. Aber die Neuheit hat sich schnell verbraucht. Als eine Art Ergänzung zu dem Parkinson'schen Gesetz („Jede Arbeit dauert so lange, wie Zeit für sie zur Verfügung steht") schienen sich die Daten immer mehr auszubreiten, um die zur Übertragung verfügbare Bandbreite auszufüllen.

Viele Installationen benötigten mehr Bandbreite und bestanden deshalb aus unzähligen 10-Mbit/s-LANs, verbunden durch ein Gewirr aus Repeatern, Hubs und Switches – obwohl viele Netzmanager mitunter das Gefühl hatten, dass diese Netze nur mit Kaugummi und Blumendraht zusammengehalten wurden. Doch selbst bei Ethernet-Switches wurde die maximale Bandbreite eines einzelnen Computers durch das Kabel begrenzt, welches ihn mit dem Switch-Port verband.

In diesem Umfeld betraute IEEE das 802.3-Komitee im Jahr 1992 mit der Aufgabe, ein schnelleres LAN zu erarbeiten. Ein Vorschlag lautete, IEEE 802.3 so zu belassen, wie es war, es lediglich schneller zu machen. Ein weiterer Vorschlag sah die völlige Umarbeitung des Standards mit einer Fülle neuer Merkmale vor, z.B. Echtzeitverkehr und digitalisierte Sprache. Im Grunde sollte bei dieser Lösung (aus Marketinggründen) nur der Name beibehalten werden. Nach einigem Hin und Her entschloss sich der Ausschuss dafür, IEEE 802.3 zu lassen wie es war, es lediglich schneller zu machen. Diese Strategie erfüllte die Aufgabe, bevor sich die Technologie änderte, und vermied unvorhergesehene Probleme mit einem nagelneuen Entwurf. Der neue Entwurf musste außerdem abwärtskompatibel mit vorhandenen Ethernet-LANs sein. Die hinter dem abgelehnten Vorschlag stehenden Leute reagierten so, wie jeder anständige Mensch aus der Computerindustrie in dieser Lage reagiert hätte: Sie bildeten ihren eigenen Ausschuss und standardisierten ihr LAN allein (unter IEEE 802.12). Es wurde ein riesiger Flop.

Die Standardisierungsarbeiten wurden relativ schnell durchgezogen und das Ergebnis namens IEEE 802.3u wurde im Juni 1995 von der IEEE anerkannt. Unter technischen Gesichtspunkten ist IEEE 802.3u kein neuer Standard, sondern eine Erweiterung des bestehenden IEEE-802.3-Standards (um die Abwärtskompatibilität auch durch die Bezeichnung deutlich zu machen). Diese Strategie wird häufig eingesetzt. Da praktisch jeder **Fast Ethernet** zu IEEE 802.3u sagt, werden wir das hier auch so halten.

Das grundlegende Konzept hinter Fast Ethernet war einfach: Behalte alle alten Rahmenformate, Schnittstellen, Verfahrensregeln und senke die Bitzeit von 100 ns auf 10 ns. Technisch wäre es möglich gewesen, klassisches 10-Mbit/s-Ethernet zu kopieren und immer noch Kollisionen rechtzeitig festzustellen, indem man lediglich die maximale Kabellänge um einen Faktor 10 gekürzt hätte. Andererseits waren die Vorteile der Twisted-Pair-Verkabelung derart überwältigend, dass Fast Ethernet völlig auf diesem Design basiert. Folglich werden in allen Fast-Ethernet-Systemen Hubs und Switches verwendet; Multidrop-Kabel mit Vampirklemmen oder BNC-Stecker sind nicht zulässig.

Dennoch mussten einige Entscheidungen getroffen werden, von denen die wichtigste damit zu tun hat, welche Kabeltypen unterstützt werden sollen. Ein Bewerber war Twisted-Pair der Kategorie 3. Für dieses Kabel sprach, dass praktisch in jedem Büro der westlichen Welt Kabel mit vier Twisted-Pair-Strängen der Kategorie 3 (oder besser) vorhanden sind, die von einem Telefonkabelschrank maximal 100 m entfernt sind. Manchmal gibt es auch zwei solche Kabel. Auf diese Weise konnte man die vorhandene Infrastruktur der Twisted-Pair-Kabel Kategorie 3 zum enormen Vorteil unzähliger Unternehmen mitnutzen, ohne die Gebäude neu zu verkabeln.

Der größte Nachteil von Twisted-Pair-Kabeln der Kategorie 3 ist die Unfähigkeit, Signale mit 100 Mbit/s über 100 m zu befördern. Das aber ist die maximale Rechner-Hub-Entfernung gemäß 10-Mbit/s-Spezifikation. Demgegenüber würden Twisted-Pair-Kabel der Kategorie 5 locker 100 m abdecken und Lichtwellenleiter sogar noch mehr. Man entschied sich für den Kompromiss, alle drei Kabelarten zu unterstützen (▶Abbildung 4.19), die Lösung der Kategorie 3 aber aufzupeppen, um ihr die nötige Kapazität zu verleihen.

Name	Kabel	Max. Segment	Vorteile
100Base-T4	Twisted-Pair	100 m	Verwendet UTP Kategorie 3
100Base-TX	Twisted-Pair	100 m	Vollduplex mit 100 Mbit/s (Kat. 5 UTP)
100Base-FX	Glasfaser	2000 m	Vollduplex mit 100 Mbit/s; weite Entfernungen

Abbildung 4.19: Ursprüngliche Fast-Ethernet-Verkabelung.

Das Modell mit UTP der Kategorie 3 hat die Bezeichnung **100Base-T4** und verwendete eine Signalübertragungsgeschwindigkeit von 25 MHz. Das sind nur 25 % mehr als die 20 MHz des Standard-Ethernets. (Die Manchester-Codierung, die wir in Abschnitt 2.4.3 besprochen haben, erfordert zwei Taktperioden für jedes der 10 Millionen Bit, die pro Sekunde gesendet werden.) Um die nötige Bitrate zu erreichen, setzt 100Base-T4 vier Twisted-Pair-Stränge voraus. Von den vier Paaren läuft eines immer zum Hub hin, eines immer vom Hub weg, und die übrigen zwei sind auf die gewünschte Übertragungsrichtung umschaltbar. Um 100 Mbit/s aus den drei Twisted-Pair-Strängen in Übertragungsrichtung herauszuholen, wird ein recht verzwicktes Schema auf jedem einzelnen Strang verwendet. Dazu gehört das Senden von ternären Signalen mit drei unterschiedlichen Spannungspegeln. Dieses Schema dürfte sicherlich keine Preise für Eleganz gewinnen, sodass wir uns die Einzelheiten hier ersparen. Da das Telefonnetz jedoch seit Jahrzehnten mit vier Twisted-Pair-Strängen pro Kabel ausgelegt ist, können die meisten Büros die vorhandenen Kabelanlagen nutzen. Selbstverständlich bedeutet das, dass man auf den Telefonanschluss in diesen Büros verzichten muss, aber das ist sicherlich ein kleiner Preis für schnellere E-Mails.

100Base-T4 blieb auf der Strecke, als viele Bürogebäude mit Kategorie-5-Kabeln für **100Base-TX**-Ethernet, das den Markt zu beherrschen begann, neu verkabelt wurden. Dieser Entwurf ist einfacher, weil die Kabel Taktraten von bis zu 125 MHz und mehr handhaben können. Pro Station werden nur zwei Twisted-Pair-Stränge verwendet, eines zum Hub hin und eines vom Hub weg. Es wird weder die direkte Binärcodierung (d.h. NRZ) noch Manchester-Codierung verwendet. Stattdessen kommt die **4B/5B**-Codierung (siehe Abschnitt 2.4.3) zum Einsatz. Dabei werden 4 Datenbits auf 5 Signalbits abgebildet und mit 125 MHz gesendet, um 100 Mbit/s bereitzustellen. Dieses Schema ist einfach, bietet aber genügend Übergänge für die Synchronisation und nutzt die Bandbreite des Kabels relativ gut. Das 100Base-TX ist ein Vollduplexsystem. Die Stationen können gleichzeitig mit 100 Mbit/s auf einem Twisted-Pair-Strang übertragen und mit 100 Mbit/s auf einem anderen Twisted-Pair-Strang empfangen.

Die letzte Option heißt **100Base-FX**. Bei ihr werden zwei Stränge einer Multimode-Faser verwendet, je eine in jede Richtung. Somit ist auch diese Verkabelung Vollduplex mit 100 Mbit/s in jeder Richtung. In dieser Konstellation kann die Entfernung zwischen einer Station und dem Switch bis zu 2 km betragen.

Fast Ethernet erlaubt Vernetzung wahlweise mittels Hubs oder Switches. Um sicherzustellen, dass der CSMA/CD-Algorithmus weiterhin korrekt funktioniert, muss das Verhältnis zwischen minimaler Rahmengröße und maximaler Kabellänge beibehalten werden, wenn sich die Netzgeschwindigkeit von 10 Mbit/s auf 100 Mbit/s erhöht. Im Verhältnis muss also entweder die minimale Rahmenlänge von 64 Byte erhöht oder die maximale Kabellänge von 2.500 m verringert werden. Die einfache Wahl war, die maximale Entfernung zwischen je zwei Stationen um den Faktor 10 zu verringern, da ein Hub mit 100-m-Kabeln schon innerhalb dieses neuen Maximums liegt. 100Base-FX-Kabel mit einer Länge von 2 km sind jedoch zu lang, um einen 100-Mbit/s-Hub mit dem normalen Ethernet-Kollisionsalgorithmus zuzulassen. Diese Kabel müssen stattdessen mit einem Switch verbunden werden und im Vollduplexmodus betrieben werden, damit keine Kollisionen auftreten.

Die Benutzer begannen schnell, Fast Ethernet einzusetzen, aber sie dachten nicht daran, ihre 10-Mbit/s-Ethernet-Karten auf älteren Rechnern wegzuwerfen. Als Folge können fast alle Fast-Ethernet-Switches eine Mischung aus 10-Mbit/s- und 100-Mbit/s-Stationen handhaben. Um das Aufrüsten zu vereinfachen, liefert der Standard selbst einen Mechanismus namens **Autonegotiation**, mit dessen Hilfe zwei Stationen automatisch die optimale Geschwindigkeit (10 oder 100 Mbit/s) und den Duplexmodus (voll oder halb) aushandeln können. Dies funktioniert meistens gut, führt aber zu Problemen bei der Duplexanpassung, wenn ein Verbindungsende Autonegotiation durchführt, das andere Ende jedoch nicht, sondern den Vollduplexmodus verwendet (Shalunov und Carlson, 2005). Die meisten Ethernet-Produkte benutzen diese Funktion, um sich selbst zu konfigurieren.

4.3.6 Gigabit-Ethernet

Die Tinte zur Definition des Fast-Ethernet-Standards war kaum trocken, als das IEEE-802-Komitee mit der Erarbeitung eines noch schnelleren Ethernet-Standards begann (1995), der ziemlich schnell auf den Namen **Gigabit-Ethernet** getauft wurde. IEEE genehmigte 1999 die bekannteste Form unter der Bezeichnung 802.3ab. Im Folgenden werden wir die wichtigsten Eigenschaften des Gigabit-Ethernets eingehender untersuchen. Weitere Informationen finden Sie in Spurgeon und Zimmerman (2014).

Die Ziele des Komitees für Gigabit-Ethernet waren im Grunde die gleichen wie die des Komitees für Fast Ethernet: die Leistung verzehnfachen, während die Kompatibilität mit allen vorhandenen Ethernet-Standards erhalten bleibt. Insbesondere musste das Gigabit-Ethernet einen Datagrammdienst ohne Bestätigung für Unicast und Broadcast zur Verfügung stellen, das gleiche bereits verwendete 48-Bit-Adressierschema unterstützen und das gleiche Rahmenformat einschließlich der Mindest- und Maximalgrößen der Rahmen aufweisen. Der erarbeitete Standard erfüllt alle diese Voraussetzungen.

Wie bei Fast Ethernet verwenden alle Konfigurationen des Gigabit-Ethernets Punkt-zu-Punkt-Verbindungen. Bei der einfachsten Konfiguration (▶Abbildung 4.20a) sind zwei Computer direkt miteinander verbunden. In der Regel wird aber ein Switch oder Hub mit mehreren Computern und eventuell auch weiteren Switches oder Hubs verbunden, wie in Abbildung 4.20b dargestellt. Bei beiden Konfigurationen sind an ein Ethernet-Kabel genau zwei Geräte angeschlossen, nicht mehr und nicht weniger.

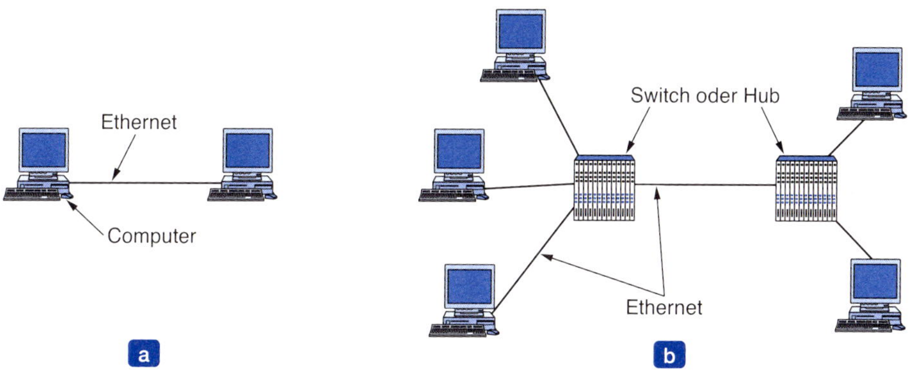

Abbildung 4.20: (a) Ethernet mit zwei Stationen. (b) Ethernet mit vielen Stationen.

Ebenso wie Fast Ethernet unterstützt Gigabit-Ethernet zwei Betriebsmodi: den Vollduplex- und den Halbduplexmodus. Der „normale" Modus ist der Vollduplexmodus, der Datenverkehr in beide Richtungen gleichzeitig zulässt. Dieser Modus wird verwendet, wenn ein zentraler Switch mit Rechnern (oder anderen Switches) verbunden ist. In dieser Konfiguration werden alle Leitungen gepuffert, damit jeder Switch und jeder Computer jederzeit Rahmen senden kann, wenn er dies möchte. Der Sender muss den Kanal nicht prüfen um herauszufinden, ob ihn eine andere Station belegt, da Konkurrenz unmöglich ist. Auf der Leitung zwischen einem Computer und einem Switch ist der Computer der einzig mögliche Sender zum Switch. Die Übertragung gelingt sogar dann, wenn der Switch aktuell einen Rahmen an den Computer sendet (weil die Leitung den Vollduplexbetrieb unterstützt). Da keine Konkurrenz möglich ist, wird auch kein CSMA/CD-Protokoll verwendet, sodass die maximale Kabellänge eher durch die Signalstärke als dadurch beschränkt wird, wie lange es im schlechtesten Fall dauert, dass ein Rausch-Burst zum Sender zurückübertragen wird. Switches können Geschwindigkeiten frei kombinieren und zuordnen. Autonegotiation wird genau wie bei Fast Ethernet unterstützt, nur dass hier zwischen 10, 100 und 1.000 Mbit/s gewählt werden kann.

Die andere Betriebsart, Halbduplex, wird verwendet, wenn die Computer mit einem Hub anstatt über einen Switch verbunden werden. Ein Hub puffert die eingehenden Rahmen nicht. Stattdessen verbindet er elektronisch alle Leitungen intern und simuliert so ein Multidrop-Kabel, wie es im klassischen Ethernet verwendet wird. Bei dieser Betriebsart können Kollisionen auftreten, sodass hier das CSMA/CD-Standardprotokoll erforderlich ist. Da ein 64-Byte-Rahmen (der kleinste erlaubte Rahmen) nun hundertmal schneller übertragen werden kann als beim klassischen Ethernet, muss die maximale Kabellänge hundertmal geringer (oder 25 m) sein, um die wesentliche Eigenschaft zu wahren, dass der Sender immer noch überträgt, wenn ein Burst-Signal zurückkommt – selbst im schlechtesten Fall. Bei einem 2.500 m langen Kabel wäre der Sender eines 64-Byte-Rahmens bei 1 Gbit/s längst fertig, bevor der Rahmen auch nur ein Zehntel seines Weges zum Ziel zurückgelegt hat.

Diese Längenbeschränkung war so schmerzhaft, dass dem Standard zwei Funktionen hinzugefügt wurden, um die maximale Kabellänge auf 200 m zu erhöhen, was für die meisten Büros vermutlich ausreichend ist. Die erste Funktion namens **Carrier Extension** (Erweiterung des Trägers) weist die Hardware an, ein eigenes Füllverfahren anzuwenden, um den normalen Rahmen auf 512 Byte zu erweitern. Da die sendende Hardware die Bytes auffüllt und die empfangende Hardware diese wieder entfernt, weiß die Software nichts darüber. Dies bedeutet, dass keine Änderungen an der vorhandenen Software erforderlich sind. Der Nachteil ist, dass die Übertragung von 46 Byte Nutzerdaten (die Nutzdaten in einem 64-Byte-Rahmen) unter Verwendung von 512 Byte Bandbreite eine Leitungseffizienz von nur 9 % hat.

Die zweite Funktion namens **Frame-Bursting** (Rahmen-Burst-Übertragung) erlaubt einem Sender eine miteinander verknüpfte Folge mehrerer Rahmen in einer Übertragung zu senden. Beträgt der gesamte Burst unter 512 Byte, füllt dies die Hardware wieder auf. Wenn ausreichend Rahmen auf eine Übertragung warten, ist dieses Schema sehr effizient und der Carrier Extension vorzuziehen.

Zugegebenermaßen ist es schwer vorstellbar, dass ein Unternehmen moderne Rechner mit Gigabit-Ethernet-Karten kauft und diese dann über einen altmodischen Hub verbindet, um das klassische Ethernet mit allen Kollisionen zu simulieren. Gigabit-Ethernet-Schnittstellen und Switches waren früher teuer, doch die Preise dafür fallen schnell mit steigenden Verkaufszahlen. Dennoch ist die Abwärtskompatibilität in der Computerbranche immer noch eine heilige Kuh, sodass das Komitee dies berücksichtigen musste. Heute werden die meisten Rechner mit einer Ethernet-Schnittstelle ausgeliefert, die 10-, 100- und 1.000-Mbit/s-Betrieb zur Verfügung stellen kann und mit allen kompatibel ist.

Gigabit-Ethernet unterstützt sowohl Kupfer- als auch Glasfaserkabel, wie in ▶Abbildung 4.21 aufgelistet. Die Signalübertragung mit nahezu 1 Gbit/s erfordert Codierung und das Senden von einem Bit pro Nanosekunde. Dieser Trick wurde anfangs mit kurzen, abgeschirmten Kupferkabeln (die 1000Base-CX-Version) und Glasfasern bewerkstelligt. Für Glasfaser sind zwei Wellenlängen zulässig, die zu zwei verschiedenen Versionen führen: 0,85 µm (kurz, für 1000Base-SX) und 1,3 µm (lang, für 1000Base-LX).

Name	Kabel	Max. Segment	Vorteile
1000Base-SX	Glasfaser	550 m	Multimode-Faser (50, 62,5 µm)
1000Base-LX	Glasfaser	5000 m	Single- (10 µm) oder Multimode-Faser (50, 62,5 µm)
1000Base-CX	2 Paar STP	25 m	Abgeschirmtes Twisted-Pair-Kabel
1000Base-T	4 Paar UTP	100 m	Standard-UTP der Kategorie 5

Abbildung 4.21: Kabelarten für Gigabit-Ethernet.

Die Signalgebung bei kurzer Wellenlänge kann mit billigeren LEDs erreicht werden. Diese werden mit Multimode-Fasern benutzt und sind bei Verbindungen innerhalb eines Gebäudes hilfreich, da sie bis zu 500 m für 50-µm-Faser laufen können. Signalgebung bei langen Wellenlängen erfordert teurere Laser. Andererseits kann hier die Kabellänge bis zu 5 km betragen, wenn die Laser mit (10-µm-)Singlemode-Fasern kombiniert werden. Diese Begrenzung ermöglicht Verbindungen über große Entfernungen zwischen Gebäuden als dedizierte Punkt-zu-Punkt-Verbindung, zum Beispiel bei einem Campus-Backbone. Spätere Variationen des Standards erlaubten sogar längere Verbindungen über Singlemode-Fasern.

Um Bits über diese Versionen von Gigabit-Ethernet zu senden, wurde die **8B/10B**-Codierung, die wir in Abschnitt 2.4.3 beschrieben haben, von einer weiteren Technologie namens Fibre Channel übernommen. Das Schema codiert 8 Datenbits in 10-Bit-Codewörter, die über das Kabel oder die Glasfaser gesendet werden, daher der Name 8B/10B. Die Codewörter werden so ausgewählt, dass sie balanciert werden können (d.h., sie haben die gleiche Anzahl an Nullen und Einsen), mit ausreichend Übergängen zur Taktrückgewinnung. Das Senden der codierten Bits mit NRZ erfordert eine Signalbandbreite von 25 % mehr als für die uncodierten Bits erforderlich ist, was eine große Verbesserung gegenüber der Bandbreitenerhöhung von 100 % bei der Manchester-Codierung bedeutet.

All diese Optionen erfordern neue Kupfer- oder Glasfaserkabel, um schnellere Signalgebung zu unterstützen. Keine davon benutzte die große Menge an Kategorie-5-UTP-Kabeln, die zusammen mit Fast Ethernet installiert wurden. Innerhalb eines Jahres tauchte 1000Base-T auf, um diese Lücke zu füllen, und wurde seitdem zur beliebtesten Art von Gigabit-Ethernet. Anscheinend mögen es die Leute nicht, ihre Gebäude neu zu verkabeln.

Komplizierte Signalgebung wird benötigt, um Ethernet mit 1.000 Mbit/s über Kategorie-5-Kabel laufen zu lassen. Zunächst werden alle vier verdrillten Aderpaare innerhalb des Twisted-Pair-Kabels benutzt und jedes Paar wird gleichzeitig in beiden Richtungen eingesetzt, indem digitale Signalverarbeitung zum Trennen der Signale benutzt wird. Über jedes Kabel werden fünf Spannungspegel, die 2 Bits tragen, zur Signalgebung mit 125 MSymbol/s benutzt. Die Erzeugung der Symbole aus den Bits ist nicht ganz unkompliziert. Dazu wird Scrambling (für die Übergange) eingesetzt, gefolgt von einem Fehlerkorrekturcode, in dem vier Werte in fünf Signalebenen eingebettet werden.

Die Geschwindigkeit von 1 Gbit/s ist ziemlich schnell. Wenn beispielsweise ein Empfänger für nur 1 ms mit einer anderen Aufgabe belegt ist und den Eingangspuffer bei einer Leitung nicht leert, können sich in diesem Zwischenraum bis zu 1.953 Rahmen angesammelt haben. Ebenso sind Pufferüberläufe sehr wahrscheinlich, wenn ein Computer in einem Gigabit-Ethernet Daten zu einem Computer in einem klassischen Ethernet sendet. Deshalb unterstützt Gigabit-Ethernet Flusskontrolle. Bei diesem Mechanismus sendet das eine Ende einen speziellen Steuerrahmen an das andere Ende, um diesem mitzuteilen, dass für eine gewisse Zeit eine Pause eingelegt werden soll. Diese PAUSE-Steuerrahmen sind normale Ethernet-Rahmen mit einer Typangabe von 0x8.808. Pausen werden in Vielfachen der Zeit für die Übertragung des kleinsten Rahmens angegeben. Bei Gigabit-Ethernet beträgt die Zeiteinheit 512 ns, sodass Pausen bis zu 33,6 ms lang sein können.

Es gibt noch eine andere Erweiterung, die zusammen mit Gigabit-Ethernet eingeführt wurde. **Jumborahmen** erlauben es, dass Rahmen länger als 1.500 Byte sein können, in der Regel bis zu 9 KB. Diese Erweiterung ist herstellerabhängig. Sie wird vom Standard nicht beachtet, denn falls sie benutzt wird, dann ist Ethernet nicht mehr kompatibel mit früheren Versionen. Die meisten Anbieter unterstützen diese Erweiterung dennoch. Die Begründung dafür ist, dass 1.500 Byte eine kleine Einheit bei Gigabit-Geschwindigkeiten ist. Indem größere Informationsblöcke behandelt werden, kann die Datenrate verringert werden. Gleichzeitig reduzieren sich auch die dazugehörigen Verarbeitungsschritte, wie beispielsweise dem Prozessor mitzuteilen, dass ein Rahmen angekommen ist, oder das Aufsplitten und Neukombinieren von Nachrichten, die zu lang waren, um in einen Ethernet-Rahmen zu passen.

4.3.7 10-Gigabit-Ethernet

Sobald das Gigabit-Ethernet einmal standardisiert war, langweilte sich das IEEE-802-Komitee und wollte wieder zur Tat schreiten. Die IEEE gab ihm den Auftrag, mit dem 10-Gigabit-Ethernet zu beginnen. Diese Arbeit folgte im Großen und Ganzen dem gleichen Muster wie die vorhergehenden Ethernet-Standards, wobei die Standards für

Glasfaser- und abgeschirmte Kupferkabel zuerst erschienen (2002 und 2004), gefolgt vom Standard für Kupfer-Twisted-Pair-Kabel im Jahr 2006.

10 Gbit/s ist eine wahrhaft enorme Geschwindigkeit, 1.000-mal schneller als das ursprüngliche Ethernet. Wo könnte diese benötigt werden? Die Antwort ist: innerhalb von Datenzentren und Telefonvermittlungen, um High-End-Router, Switches und Server zu verbinden, ebenso in Fernverbindungsleitungen mit hoher Bandbreite zwischen Büros, wodurch ganze MANs realisiert werden können, die auf Ethernet und Glasfaser basieren. Die Fernverbindungen benutzen Glasfaser, während die kurzen Verbindungen Kupfer oder Glasfaser einsetzen können.

Alle Versionen von 10-Gigabit-Ethernet unterstützen Vollduplexbetrieb. CSMA/CD ist nicht länger Teil des Entwurfs und die Standards konzentrieren sich auf die Einzelheiten der Bitübertragungsschichten, die mit sehr hoher Geschwindigkeit laufen können. Kompatibilität ist immer noch ein Thema, daher führen 10-Gigabit-Ethernet-Schnittstellen Autonegotiation durch und fallen auf die Geschwindigkeit zurück, die von beiden Leitungsenden maximal unterstützt wird.

Die Hauptarten von 10-Gigabit-Ethernet sind in ▸Abbildung 4.22 aufgeführt. Multimode-Fasern mit der (kurzen) Wellenlänge von 0,85 μm werden für mittlere Entfernungen und Singlemode-Fasern mit 1,3 μm (lang) und 1,5 μm (erweitert) für große Entfernungen benutzt. 10GBase-ER kann für Entfernungen bis zu 40 km betrieben werden, damit eignet es sich für überregionale Anwendungen. All diese Versionen senden einen seriellen Informationsstrom, der durch Scrambling der Datenbits und anschließender Codierung mit einem **64B/66B**-Code erzeugt wird. Diese Codierung hat weniger Overhead als ein 8B/10B-Code.

Name	Kabel	Max. Segment	Vorteile
10GBase-SR	Glasfaser	Bis zu 300 m	Multimode-Faser (0,85 μm)
10GBase-LR	Glasfaser	10 km	Singlemode-Faser (1,3 μm)
10GBase-ER	Glasfaser	40 km	Singlemode-Faser (1,5 μm)
10GBase-CX4	4 Twinax-Paare	15 m	Twinaxial-Kupfer
10GBase-T	4 UTP-Paare	100 m	UTP der Kategorie 6a

Abbildung 4.22: Kabelarten für 10-Gigabit-Ethernet.

Die erste definierte Kupferversion, 10GBase-CX4, verwendet ein Kabel mit vier Paaren verdrillter Kupferadern. Jedes Paar benutzt 8B/10B-Codierung und läuft mit 3,125 GSymbol/s, um 10 Gbit/s zu erreichen. Diese Version ist billiger als Glasfaser und wurde früh vermarktet, aber es bleibt abzuwarten, ob es sich auf lange Sicht gegen 10-Gigabit-Ethernet über eher gewöhnliche Twisted-Pair-Verkabelung durchsetzen wird.

10GBase-T ist die Version, die UTP-Kabel benutzt. Während Verkabelung der Kategorie 6a nötig ist, kann es für kürzere Strecken niedrigere Kategorien (einschließlich Kategorie 5) benutzen, um eine gewisse Wiederverwendung der installierten Kabel zu erlauben. Es ist keine Überraschung, dass die Bitübertragungsschicht einen großen Anteil daran hat, 10 Gbit/s über Twisted-Pair-Kabel zu erreichen. Wir werden daher nur einige der Details der höheren Schichten anreißen. Jedes der vier verdrillten Adern wird benutzt, um 2.500 Mbit/s in beiden Richtungen zu senden. Diese Geschwindigkeit wird erreicht, indem eine Signalrate von 800 MSymbol/s eingesetzt wird, wobei 16 Spannungspegel für die Symbole verwendet werden. Die Symbole werden durch Scrambling der Daten erzeugt, mit einem LDPC-Code (*Low Density Parity Check*) geschützt und zur Fehlerkorrektur weiter codiert.

10-Gigabit-Ethernet hat sich inzwischen auf dem Markt etabliert, sodass sich das IEEE-802.3-Komitee schon weiterbewegt hat. Ende 2007 hat IEEE eine Gruppe gegründet, um den Betrieb von Ethernet mit 40 Gbit/s und 100 Gbit/s zu standardisieren. Durch diese Verbesserung wird Ethernet auch in hochperformanten Umgebungen konkurrieren können, dazu gehören Fernverbindungen in Backbonenetzen und kurze Verbindungen über die Backplanes der Geräte. Der Standard ist zurzeit noch nicht vollständig abgeschlossen, doch proprietäre Produkte sind bereits verfügbar.

4.3.8 40- und 100-Gigabit-Ethernet

Nach Abschluss der Standardisierung von 10-Gigabit-Ethernet wandte sich das IEEE-802.11-Komitee der Erarbeitung neuer Standards für Ethernet mit 40 Gbit/s und 100 Gbit/s zu. Ersteres zielt auf interne Verbindungen in Datenzentren ab, nicht auf normale Büros und schon gar nicht auf Endbenutzer, Letzteres auf das Internet-Backbone und muss sich deshalb mit Glasfaserleitungsstrecken von Tausenden Kilometern beschäftigen. Eine mögliche Anwendung ist ein virtuelles privates LAN, um ein Datenzentrum mit einer Million CPUs mit einem anderen Millionen-CPU-Datenzentrum zu verbinden.

Der erste Standard war 802.3ba, der im Jahr 2010 verabschiedet wurde, gefolgt von 802.3bj (2014) und 802.3cd (2018), die alle Ethernet mit 40 und 100 Gbit/s definieren. Zu den Entwicklungszielen gehören:

1. Abwärtskompatibilität mit den IEEE-802.3-Standards zu 1 Gbit/s
2. Keine Veränderung der minimalen und maximalen Rahmengröße
3. Verarbeitung von Bitfehlerraten von 10^{-12} und besser
4. Gute Ausführung auf Glasfasernetzen
5. Verarbeitung von Datenraten von 40 oder 100 Gbit/s
6. Einsatz von Singlemode- und Multimode-Faserkabel sowie von speziellen Backplanes

Die neuen Standards ersetzen Kupferkabel durch Glasfaserkabel und Hochleistungs-Backplanes (aus Kupfer), die Rechenzentren beim Cloud Computing unterstützen. Es werden ein halbes Dutzend Modulationsverfahren unterstützt, darunter 64B/66B (entspricht 8B/10B, aber mit mehr Bits). Darüber hinaus können bis zu 10 parallele Bahnen mit jeweils 10 Gbit/s verwendet werden, um 100 Gbit/s zu erreichen. Die Bahnen bestehen in der Regel aus unterschiedlichen Frequenzbändern über Glasfaser. Die Integration in bestehende Glasfasernetze basiert auf der ITU-Empfehlung G.709.

Seit etwa 2018 haben einige Unternehmen begonnen, Switches und Netzwerkadapterkarten mit 100 Gbit/s einzusetzen. Für diejenigen, denen 100 Gbit/s nicht ausreichen, wurde bereits mit der Arbeit an Standards für bis zu 400 Gbit/s begonnen, die manchmal auch als 400GbE bezeichnet werden. Die Standards lauten 802.3cd, 802.3ck, 802.3cm und 802.3cn, falls Sie sie nachschlagen möchten. Bei 400 Gbit/s kann ein typischer (komprimierter) 4K-Film in etwa 2 Sekunden vollständig heruntergeladen werden.

4.3.9 Das Ethernet – ein Rückblick

Das Ethernet gibt es seit über 40 Jahren und es sind noch keine ernsthaften Konkurrenten in Sicht, sodass es uns auch noch einige Jahre erhalten bleiben wird. Nur wenige CPU-Architekturen, Betriebssysteme oder Programmiersprachen konnten sich so erfolgreich über vier Jahrzehnte halten – und Ethernet wächst weiter. Also hat Ethernet doch etwas richtig gemacht. Und was?

Der Hauptgrund für die Langlebigkeit von Ethernet ist höchstwahrscheinlich, dass es einfach und flexibel ist. In der Praxis bedeutet „einfach“: zuverlässig, kostengünstig und leicht zu warten. Nachdem die Hub- und Switch-Architektur angenommen wurde, waren Ausfälle sehr selten. Viele Leute zögern, etwas zu ersetzen, das prima funktioniert, besonders da ja allgemein bekannt ist, dass viele Dinge in der Computerindustrie mehr recht als schlecht funktionieren, sodass viele „Upgrades“ schlechter sind als das, was sie ersetzen.

„Einfach“ kann auch mit kostengünstig übersetzt werden. Twisted-Pair-Verkabelung ist relativ günstig, genauso wie die Hardwarekomponenten. Bei einem Wandel werden diese zunächst vermutlich teuer sein, zum Beispiel neue Gigabit-Ethernetkarten oder -Switches, aber das sind lediglich Ergänzungen zu einem gut etablierten Netz (keine Ersetzung desselben), und die Preise fallen schnell, sobald die Verkaufszahlen steigen.

Ethernet ist einfach zu warten. Man muss außer den Treibern keine Software installieren und nicht viele Konfigurationstabellen verwalten (und dabei Fehler machen). Darüber hinaus können auch neue Hosts problemlos – durch einfaches Einstecken – hinzugefügt werden.

Ein weiterer Punkt ist, dass Ethernet gut mit TCP/IP zusammenarbeitet, welches sich durchgesetzt hat. IP ist ein verbindungsloses Protokoll, sodass es hervorragend zu Ethernet passt, das ebenfalls verbindungslos ist. IP passt viel weniger gut zu verbindungsorientierten Alternativen wie ATM. Dies mindert die Chancen von ATM erheblich.

Schließlich, und das ist vielleicht das wichtigste, war Ethernet in der Lage, sich in bestimmten kritischen Punkten weiterzuentwickeln. Die Geschwindigkeiten sind um vier Größenordnungen gestiegen, Hubs und Switches sind hinzugekommen, aber diese Veränderungen haben keine Änderung an der Software nach sich gezogen. Häufig war es möglich, die bestehende Verkabelung eine Zeitlang weiterzubenutzen. Wenn ein Verkaufsberater für Netze bei einer großen Installation sagt: „Ich habe hier ein fantastisches Netz für Sie. Sie müssen nur die gesamte Hardware ersetzen und die Software umschreiben", dann hat er ein Problem.

Viele alternative Technologien, von denen Sie vermutlich noch nicht einmal gehört haben, waren bei ihrer Einführung schneller als Ethernet. Außer ATM enthält diese Liste auch FDDI (*Fiber Distributed Data Interface*) und Fibre Channel[2], zwei ringbasierte optische LANs. Beide waren nicht mit Ethernet kompatibel. Keiner der beiden hat es geschafft. Sie waren zu kompliziert, was zu komplexen Chips und hohen Preisen führte. Die Lektion, die hier gelernt werden sollte, lautete: KISS (Keep It Simple, Stupid). Im Laufe der Zeit legte Ethernet an Geschwindigkeit zu, häufig indem einige ihrer Technologien übernommen wurden, zum Beispiel die 4B/5B-Codierung von FDDI und die 8B/10B-Codierung von Fibre Channel. Damit hatten die anderen keine Vorteile mehr und starben leise weg oder übernahmen spezialisierte Rollen.

Es sieht so aus, als würde das Wachstum der Ethernet-Anwendungen noch eine Zeitlang andauern. 10-Gigabit-Ethernet brachte die Befreiung von den Entfernungseinschränkungen durch CSMA/CD. Es wird viel Mühe in **Carrier-grade-Ethernet** gesteckt, damit Netzbetreiber ihren Kunden Ethernet-basierte Dienste für MANs und WANs anbieten können (Hawkins, 2016). Diese Anwendung überträgt Ethernet-Rahmen über große Entfernungen über Glasfaser und benötigt bessere Verwaltungsfunktionen, um Betreiber dabei zu unterstützen, zuverlässige, hoch qualitative Dienste anzubieten. Extrem schnelle Netze wie 100GbE finden außerdem in Backplanes zur Verbindung von Komponenten in großen Routern oder Servern Anwendung. Beide Nutzungsarten werden zusätzlich zum Senden von Rahmen zwischen Rechnern in Büros verwendet. Der nächste Schritt ist 400GbE und ist wahrscheinlich noch nicht der letzte.

4.4 Drahtlose LANs

Drahtlose LANs werden immer beliebter und Privathaushalte, Büros, Cafés, Bibliotheken, Flughäfen, Zoos und andere öffentliche Orte werden damit ausgerüstet, um Computer, Tablet-PCs und Smartphones mit dem Internet zu verbinden. Drahtlose LANs

2 Die Schreibweise „Fibre Channel" statt „Fiber Channel"kommt daher, weil der Lektor der Dokumentation ein Engländer war.

können auch benutzt werden, damit zwei oder mehrere nah beieinander stehende Rechner kommunizieren können, ohne das Internet benutzen zu müssen.

Der wichtigste LAN-Standard ist IEEE 802.11. Einige Hintergrundinformationen darüber haben wir bereits in Abschnitt 1.7.4 behandelt. Nun wollen wir uns die Technologie etwas genauer ansehen. In den folgenden Abschnitten untersuchen wir den Protokollstapel, die Funkübertragungsverfahren auf der Bitübertragungsschicht, das MAC-Teilschichtprotokoll, die Rahmenstruktur und die zur Verfügung gestellten Dienste. Weitere Informationen zu IEEE 802.11 finden Sie in Bing (2017) und Davis (2018). Wenn Sie Informationen aus erster Hand bekommen möchten, können Sie auch den veröffentlichten Standard IEEE-802.11 selbst konsultieren.

4.4.1 IEEE-802.11-Architektur und -Protokollstapel

IEEE-802.11-Netze können in zwei Modi betrieben werden. Der bekannteste Modus ist, Clients wie Laptops und Smartphones mit anderen Netzen, zum Beispiel einem Firmenintranet oder dem Internet, zu verbinden. Dieser Modus ist in ▶Abbildung 4.23a dargestellt. In diesem Infrastrukturmodus ist jeder Client einem **Zugangspunkt** (*Access Point*, *AP*) zugeordnet, der wiederum mit dem anderen Netz verbunden ist. Der Client sendet und empfängt seine Pakete über den Zugangspunkt. Mehrere Zugangspunkte können miteinander verbunden werden, in der Regel über ein verkabeltes **Verteilernetz** (*distribution system*), um ein erweitertes IEEE-802.11-Netz zu bilden. In diesem Fall können Clients Rahmen zu anderen Clients über ihre Zugangspunkte senden.

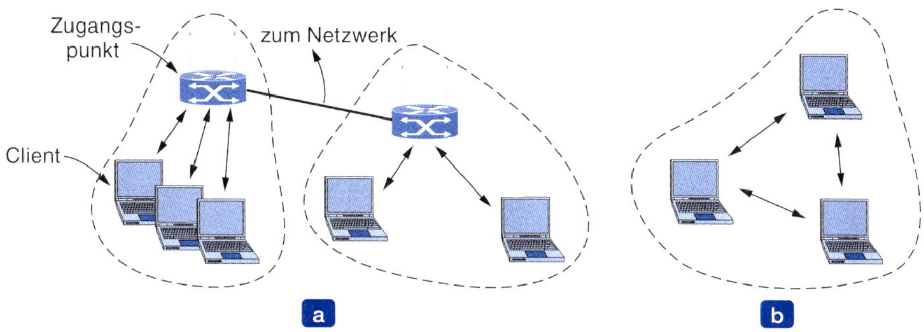

Abbildung 4.23: IEEE-802.11-Architektur. (a) Infrastrukturmodus. (b) Ad-hoc-Modus.

Der andere Modus (Abbildung 4.23b) ist ein **Ad-hoc-Netzwerk**. Dieser Modus ist eine Ansammlung von Rechnern, die verbunden sind, sodass sie direkt Rahmen zueinander senden können. Es gibt keinen Zugangspunkt. Da Internetzugang die Killeranwendung für drahtlose Netze ist, sind Ad-hoc-Netze nicht sehr verbreitet.

Nun wenden wir uns den Protokollen zu. Alle IEEE-802-Protokolle – einschließlich IEEE 802.11 und Ethernet – haben eine gewisse Gemeinsamkeit in den Strukturen. ▶Abbildung 4.24 zeigt eine teilweise Darstellung des IEEE-802.11-Protokollstapels für die wichtigsten 802.11-Varianten. Der Stapel ist für Clients und Zugangspunkte derselbe. Die Bitübertragungsschicht entspricht im Großen und Ganzen der OSI-Bitübertragungsschicht, aber die Sicherungsschicht ist in allen IEEE-802-Protokollen in zwei oder mehr Teilschichten aufgeteilt. In IEEE 802.11 bestimmt die MAC-Teilschicht, wie der Kanal zugewiesen wird und wer als Nächster übertragen darf. Darüber liegt die LLC-Teilschicht (*Logical Link Control*), die die Unterschiede zwischen den verschiedenen IEEE-802-Varianten verbergen und sie für die Vermittlungsschicht gleich darstellen muss. Dies könnte eine bedeutende Verantwortung gewesen sein, aber heutzutage ist LLC eine Art Verbindungsschicht, welche das Protokoll (z.B. IP) identifiziert, das innerhalb des IEEE-802.11-Rahmens transportiert wird.

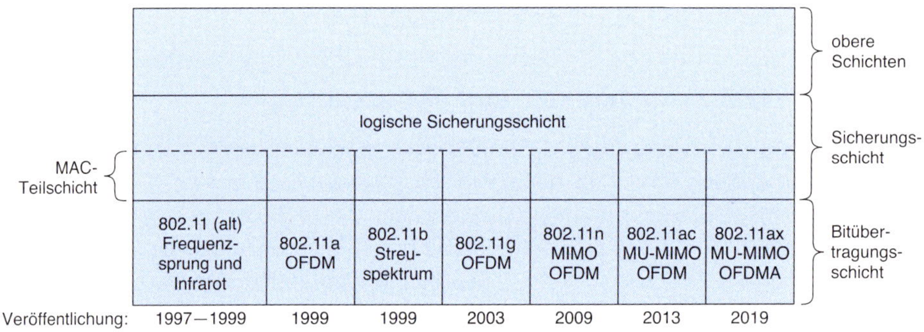

Abbildung 4.24: Teil des IEEE-802.11-Protokollstapels.

Verschiedene Übertragungstechniken wurden der Bitübertragungsschicht hinzugefügt, als IEEE 802.11 sich weiterentwickelte, seitdem es erstmals 1997 erschienen ist. Zwei der anfänglichen Techniken – Infrarot in der Art von Fernsehfernbedienungen und das Frequenzsprungverfahren FHSS (*Frequency Hopping Spread Spectrum*) im 2,4-GHz-Band – gibt es inzwischen nicht mehr. Die dritte anfängliche Technik, das Frequenzspreizverfahren DSSS (*Direct Sequence Spread Spectrum*) bei 1 oder 2 Mbit/s im 2,4-GHz-Band, wurde erweitert, um zu Raten mit bis zu 11 Mbit/s zu laufen, und wurde schnell zum Hit. Heute kennt man diese Technik unter dem Namen IEEE 802.11b.

Um Drahtlos-Junkies den ersehnten Geschwindigkeitsschub zu geben, wurden in den Jahren 1999 und 2003 neue Übertragungstechniken eingeführt, die auf dem OFDM-Schema (*Orthogonal Frequency Division Multiplexing*) basieren, das wir in Abschnitt 2.4.4 beschrieben haben. Die erste Technik heißt IEEE 802.11a und benutzt ein unterschiedliches Frequenzband, 5 GHz. Die zweite Technik – IEEE 802.11g – hielt an 2,4 GHz und Kompatibilität fest. Beide liefern Datenraten bis zu 54 Mbit/s.

Im Oktober 2009 wurden Übertragungstechniken, die gleichzeitig mehrere Antennen beim Sender und Empfänger für eine Steigerung der Geschwindigkeit benutzen, unter dem Namen IEEE 802.11n zum Abschluss gebracht.

Im Dezember 2013 gingen dem IEEE die Buchstaben aus und er veröffentlichte den nächsten Standard als 802.11ac. Nebenbei bemerkt, kennen die Mitglieder des 802.11-Komitees durchaus das gesamte Alphabet: die „fehlenden" Buchstaben, wie 802.11r, werden für kleinere technische Verbesserungen und Änderungen (oft für Klarstellungen und Fehlerbehebungen) verwendet. 802.11ac arbeitet im 5-GHz-Band, was bedeutet, dass ältere Geräte, die nur das 2,4-GHz-Band verwenden, es nicht nutzen können. Die meisten modernen Mobilgeräte verwenden inzwischen 802.11ac. Vor Kurzem wurde der 802.11ax-Standard für noch mehr Geschwindigkeit verabschiedet.

Wir wollen nun kurz jede dieser Übertragungstechniken untersuchen. Wir werden jedoch nur diejenigen behandeln, die tatsächlich verwendet werden, und die veralteten IEEE-802.11-Übertragungsmethoden auslassen. Von der technischen Seite her gehören diese Methoden eigentlich zur Bitübertragungsschicht und sollten daher in *Kapitel 2* behandelt werden. Da sie aber eng mit LANs im Allgemeinen und den IEEE-802.11-LANs im Besonderen verknüpft sind, behandeln wir sie stattdessen hier.

4.4.2 Die IEEE-802.11-Bitübertragungsschicht

Jede der Übertragungstechniken unterstützt das Senden eines MAC-Rahmens über den Äther von einer Station zur nächsten. Sie unterscheiden sich jedoch in der verwendeten Technologie und den verfügbaren Geschwindigkeiten. Eine detaillierte Erörterung dieser Technologien geht weit über den Rahmen dieses Buches hinaus. Dennoch wollen wir ein paar Worte zu jeder dieser Techniken verlieren, um sie mit den in *Kapitel 2* behandelten Themen zu verknüpfen und um den interessierten Lesern die Schlüsselbegriffe an die Hand zu geben, mit denen sie an anderen Stellen nach weiterführender Information suchen können.

All diese IEEE-802.11-Techniken verwenden Kurzstreckenfunk, um Signale entweder in 2,4-GHz- oder in 5-GHz-ISM-Frequenzbändern zu senden. Diese Bänder haben den Vorteil, unlizenziert und somit frei verfügbar für jeden Sender zu sein, der willens ist, ein paar Einschränkungen in Kauf zu nehmen, wie Strahlungsleistung von höchstens 1 W (obwohl 50 mW typischer für drahtlose WiFi-basierte LANs ist). Unglücklicherweise ist diese Tatsache auch den Herstellern von elektrischen Garagentoröffnern, schnurlosen Telefonen, Mikrowellenherden und unzähligen anderen Geräten bekannt, die alle mit Laptops um dasselbe Frequenzspektrum konkurrieren. Das 2,4-GHz-Band ist tendenziell überfüllter als das 5-GHz-Band, sodass 5 GHz für einige Anwendungen besser sein kann, obwohl die Reichweite aufgrund der höheren Frequenz kürzer ist. Leider durchdringen die kürzeren Funkwellen bei 5 GHz die Wände nicht so gut wie die längeren Funkwellen bei 2,4 GHz, sodass 5 GHz nicht der unbestrittene Champion ist.

All diese Übertragungsmethoden definieren mehrere Datenraten. Die Idee ist, je nach aktueller Bedingung unterschiedliche Raten zu verwenden. Falls das drahtlose Signal schwach ist, kann eine niedrige Rate benutzt werden. Falls das Signal klar ist, kann die höchste Rate verwendet werden. Diese Justierung wird **Ratenanpassung** (*rate adaption*) genannt. Da die Raten um den Faktor 10 oder mehr variieren, ist eine gute Ratenanpassung für gute Performanz wichtig. Da dies natürlich nicht für die Interoperabilität benötigt wird, sagen die Standards nichts darüber aus, wie die Ratenanpassung durchgeführt werden sollte.

Die erste Übertragungsmethode, die wir uns ansehen wollen, ist **IEEE 802.11b**. Dies ist ein Spreizspektrumverfahren, das Raten von 1, 2, 5,5 und 11 Mbit/s unterstützt, obwohl es in der Praxis fast immer mit 11 Mbit/s betrieben wird. Es ähnelt dem CDMA-System, das wir in Abschnitt 2.4.4 untersucht haben, bis auf die Tatsache, dass es sich hier um nur einen Spreizcode handelt, der von allen Nutzern gemeinsam verwendet wird. Frequenzspreizung wird eingesetzt, um die FCC-Anforderung zu erfüllen, dass die Leistung über das ISM-Band verteilt wird. Die Spreizfolge, die von IEEE 802.11b benutzt wird, ist eine **Barker-Folge**. Diese hat die Eigenschaft, dass ihre Autokorrelation niedrig ist, solange die Folgen nicht ausgerichtet sind. Diese Eigenschaft ermöglicht es einem Empfänger, am Beginn einer Übertragung zu sperren. Um mit einer Rate von 1 Mbit/s zu senden, wird die Barker-Folge mit BPSK-Modulation eingesetzt, um 1 Bit pro 11 Chips zu senden. Die Chips werden zu einer Rate von 11 MChips/s übertragen. Um mit 2 Mbit/s zu senden, wird die Barker-Folge mit QPSK-Modulation benutzt, um 2 Bits pro 11 Chips zu senden. Mit den höheren Raten verhält es sich anders. Diese Raten benutzen ein Technik namens **CCK** (*Complementary Code Keying*), um Codes anstelle der Barker-Folge zu erstellen. Die 5,5-Mbit/s-Rate sendet 4 Bits in jedem 8-Chip-Code und die 11-Mbit/s-Rate sendet 8 Bits in jedem 8-Chip-Code.

Als Nächstes kommen wir zu **IEEE 802.11a**, welches Raten bis zu 54 Mbit/s im 5-GHz-ISM-Band unterstützt. Man könnte annehmen, dass IEEE 802.11a vor IEEE 802.11b kommt, aber dies war nicht der Fall. Obwohl die IEEE-802.11a-Gruppe früher zusammengestellt wurde, wurde der IEEE-802.11b-Standard zuerst genehmigt und seine Produkte konnten weit vor den IEEE-802.11a-Produkten auf den Markt gebracht werden, was teilweise an der Schwierigkeit lag, im höheren 5-GHz-Band zu operieren.

Die IEEE-802.11a-Methode basiert auf **OFDM** (*Orthogonal Frequency Division Multiplexing*), weil OFDM das Spektrum effizient nutzt und Einbußen bei drahtloser Signalqualität wie Mehrwegeempfang abfängt. Bits werden parallel über 52 Unterträger gesendet, wobei 48 zur Datenübertragung und 4 zur Synchronisation benutzt werden. Die Symboldauer beträgt 4µs und jedes Symbol sendet 1, 2, 4 oder 6 Bits. Die Bits sind zur Fehlerkorrektur zuerst mit einem binären Faltungscode codiert, sodass nur 1/2, 2/3 oder 3/4 der Bits nicht redundant sind. Mit unterschiedlichen Kombinationen kann IEEE 802.11a mit acht verschiedenen Raten laufen, von 6 bis 54 Mbit/s. Diese Raten sind signifikant schneller als die IEEE-802.11b-Raten, und es gibt weniger Interferenz im 5-GHz-Band. IEEE 802.11b hat jedoch eine Reichweite, die ungefähr siebenmal größer ist als die von IEEE 802.11a, was in vielen Situationen wichtiger ist.

Selbst mit der größeren Reichweite hatten die 802.11b-Leute nicht vor, diesen Emporkömmling das Geschwindigkeitsrennen gewinnen zu lassen. Glücklicherweise ließ das FCC im Mai 2002 seine lange bestehende Regel fallen, die forderte, dass jede drahtlose Kommunikationseinrichtung, die im ISM-Band in den USA betrieben wird, Frequenzspreizung benutzt. Also begann man, an IEEE 802.11g zu arbeiten, was von der IEEE im Jahr 2003 genehmigt wurde. Dieses kopierte die OFDM-Modulationsverfahren von IEEE 802.11a, aber operierte im schmalen 2,4-GHz-ISM-Band zusammen mit IEEE 802.11b. Es bot dieselben Raten wie IEEE 802.11a (6 bis 54 Mbit/s) plus natürlich Kompatibilität mit allen IEEE-802.11b-Geräten, die gerade in der Nähe sind. All diese unterschiedlichen Wahlmöglichkeiten können für Kunden verwirrend sein, deshalb ist es üblich, dass Produkte IEEE 802.11a/b/g in einer einzigen Netzwerkkarte unterstützen.

Damit konnte sich das IEEE-Komitee jedoch nicht begnügen und begann, an einer Bitübertragungsschicht mit hohem Durchsatz namens IEEE 802.11n zu arbeiten. Diese wurde 2009 genehmigt. Das Ziel für IEEE 802.11n war ein Durchsatz von mindestens 100 Mbit/s, nachdem alle drahtlosen Overheads entfernt waren. Dieses Ziel verlangte eine Geschwindigkeitssteigerung mindestens um das Vierfache. Dazu verdoppelte das Komitee die Kanäle von 20 MHz auf 40 MHz und verringerte den Overhead bei der Rahmenbildung, indem zugelassen wurde, eine Gruppe von Rahmen zusammen zu senden. Noch signifikanter jedoch benutzt IEEE 802.11n bis zu vier Antennen, um bis zu vier Informationsströme gleichzeitig zu übermitteln. Die Signale der Ströme überlagern sich beim Empfänger, aber sie können mithilfe von **MIMO**-Kommunikationstechniken (*Multiple Input Multiple Output*) wieder getrennt werden. Der Einsatz von mehreren Antennen bringt einen großen Geschwindigkeitsschub bzw. bessere Reichweite und Zuverlässigkeit. MIMO ist wie OFDM eine dieser cleveren Kommunikationsideen, die den drahtlosen Entwurf verändern und über die wir wahrscheinlich in der Zukunft noch viel hören werden. Eine kurze Einführung in die Verwendung mehrerer Antennen finden Sie bei Halperin et al. (2010).

Im Jahr 2013 veröffentlichte das IEEE den Standard 802.11ac, der breitere Kanäle (80 MHz und 160 MHz), 256-QAM-Modulation und **MU-MIMO** (*MultiUser MIMO*) mit bis zu acht Strömen und andere Tricks verwendet, um die Bitrate auf ein theoretisches Maximum von 7 Gbit/s zu steigern, das in der Praxis jedoch nie erreicht wird. Moderne mobile Endgeräte verwenden in der Regel 802.11ac.

Ein weiterer neuerer 802.11-Standard ist **802.11ad**. Dieser Standard arbeitet im 60-GHz-Band (57-71 GHz), was bedeutet, dass die Funkwellen sehr kurz sind: nur 5 mm lang. Diese Wellen durchdringen weder Wände noch andere Gegenstände, sodass der Standard nur in einem einzigen Raum eingesetzt werden kann. Dies ist jedoch sowohl ein Vorteil als auch ein Nachteil. Es bedeutet, dass die Kommunikation der Person im Büro oder in der Wohnung nebenan nicht das stört, was Sie gerade tun. Die Kombination aus hoher Bandbreite und geringer Durchdringung macht es ideal für das Streaming von unkomprimierten 4K- oder 8K-Filmen von einer Basisstation, wenn diese sich im selben Raum wie die mobilen Geräte befindet. Eine Verbesserung dieses Standards, der die Bandbreite um das Vierfache erhöht, ist der Standard **802.11ay**.

Kommen wir nun zu **802.11ax**, manchmal auch als hocheffizienter Drahtlos-Standard bezeichnet. Die verbraucherfreundliche Bezeichnung hierfür ist **WiFi 6** (falls Sie dachten, Sie hätten WiFi 1 bis 5 verschlafen, haben Sie sich geirrt; die alten Namen basierten auf den Nummern der IEEE-Standards, und die WiFi Alliance beschloss, diese Überarbeitung WiFi 6 zu nennen, weil es die sechste Version des WiFi-Standards ist). Sie ermöglicht eine effizientere QAM-Codierung zusammen mit einem neuen Modulationsverfahren, OFDMA. Es kann (im Prinzip) in unlizenzierten Teilen des Spektrums bis zu 7 GHz betrieben werden und erreicht (theoretisch) eine Datenrate von 11 Gbit/s.

Sie können das zu Hause ausprobieren, aber wenn Sie kein perfekt ausgestattetes Testlabor zu Hause haben, werden Sie keine 11 Gbit/s erreichen. Im Bereich des Möglichen wären allerdings 1 Gbit/s.

Bei 802.11ax OFDMA weist ein zentraler Scheduler den einzelnen übertragenden Stationen Ressourceneinheiten mit fester Länge zu und verringert so die Konkurrenzsituation bei hoher Übertragungsdichte. 802.11ax unterstützt auch die räumliche Wiederverwendung des Spektrums durch eine Technik namens **Coloring**, bei der ein Sender den Beginn seiner Übertragung so markiert, dass andere Sender feststellen können, ob eine gleichzeitige Nutzung des Spektrums stattfindet. Unter bestimmten Umständen könnte ein Sender gleichzeitig senden, wenn er seine Leistung entsprechend reduziert.

Außerdem verwendet 802.11ax 1024-QAM, wodurch jedes Symbol 10 Bits codieren kann, im Gegensatz zu den 8 Bits/Symbol in 256-QAM, die 802.11ac verwendet. Der Standard unterstützt außerdem eine intelligentere Zeitplanung durch eine Funktion namens **Target Wake Time**, die es einem Router ermöglicht, für Geräte im Haus Übertragungszeiten festzusetzen, um Kollisionen zu minimieren. Diese Funktion dürfte vor allem in Smarthomes nützlich sein, in denen immer mehr angeschlossene Geräte in regelmäßigen Abständen Daten an den Heimrouter senden müssen.

4.4.3 Das IEEE-802.11-MAC-Teilschichtprotokoll

Kehren wir nun von der Elektrotechnik wieder in die Computergefilde zurück. Das IEEE-802.11-MAC-Teilschichtprotokoll unterscheidet sich erheblich von dem des Ethernets. Dies liegt an zwei Faktoren, die grundlegend für drahtlose Kommunikation sind.

Zunächst einmal sind Funkwellen fast immer halbduplex, was bedeutet, dass sie nicht gleichzeitig auf einer einzelnen Frequenz übertragen und auf Rausch-Bursts abhören können. Das empfangene Signal kann leicht eine Millionen Mal schwächer als das übertragene Signal sein, es kann also nicht zur gleichen Zeit gehört werden. Bei Ethernet wartet eine Station, bis der Träger schweigt, und beginnt dann zu übertragen. Wenn diese Station während der Übertragung der ersten 64 Byte keinen Rausch-Burst zurückerhält, kann mit großer Wahrscheinlichkeit davon ausgegangen werden, dass der Rahmen korrekt übertragen wurde. Bei drahtlosen Übertragungen funktioniert dieser Mechanismus zur Kollisionserkennung nicht.

IEEE 802.11 versucht stattdessen, Kollisionen mithilfe eines Protokolls namens **CSMA/CA** (*CSMA with Collision Avoidance*) zu vermeiden. Dieses Protokoll ähnelt konzeptionell dem CSMA/CD bei Ethernet, es prüft den Kanal vor dem Senden und verwendet nach Kollisionen exponentiellen Backoff. Eine Station mit einem zu sendenden Rahmen beginnt mit einem zufälligen Backoff (außer in dem Fall, dass die Station den Kanal in letzter Zeit nicht benutzt hat und der Kanal frei ist). Die Station wartet nicht auf eine Kollision. Die Anzahl der Zeitscheiben, die gewartet wird, liegt im Bereich von 0 bis beispielsweise 15 (im Fall der OFDM-Bitübertragungsschicht). Die Station wartet, bis der Kanal frei ist, indem sie prüft, dass es eine kurze Zeitspanne (die DIFS genannt wird, wie wir gleich noch erklären werden) kein Signal gibt. Dann zählt die Station die Zeitscheiben rückwärts, in denen nichts passiert, und pausiert, wenn Rahmen gesendet werden. Die Station sendet ihren Rahmen, wenn der Zähler auf 0 steht. Kommt der Rahmen durch, dann sendet die Zielstation direkt eine kurze Bestätigung zurück. Aus dem Fehlen einer Bestätigung wird gefolgert, dass ein Fehler vorliegt, entweder eine Kollision oder etwas anderes. In diesem Fall verdoppelt der Sender die Backoff-Zeitspanne und versucht es erneut, indem er mit exponentiellem Backoff wie bei Ethernet weitermacht, bis der Rahmen erfolgreich übertragen wurde oder die maximale Anzahl an Neuübertragungen erreicht ist.

In ▶Abbildung 4.25 ist ein Beispiel für eine zeitliche Abfolge zu sehen. Zuerst sendet Station *A* einen Rahmen. Während *A* sendet, werden *B* und *C* sendebereit. Sie stellen fest, dass der Kanal belegt ist, und warten darauf, dass er wieder frei wird. Kurz danach enthält *A* eine Bestätigung und der Kanal wird frei. Anstatt jedoch direkt einen Rahmen zu senden, der dann kollidieren würde, führen *B* und *C* einen Backoff durch. *C* wählt eine kurze Zeitspanne für den Backoff und sendet somit zuerst. Station *B* unterbricht ihren Countdown, während *C* den Kanal belegt, und fährt fort, nachdem *C* eine Bestätigung bekommen hat. Station *B* beendet ihren Backoff und sendet ihren Rahmen.

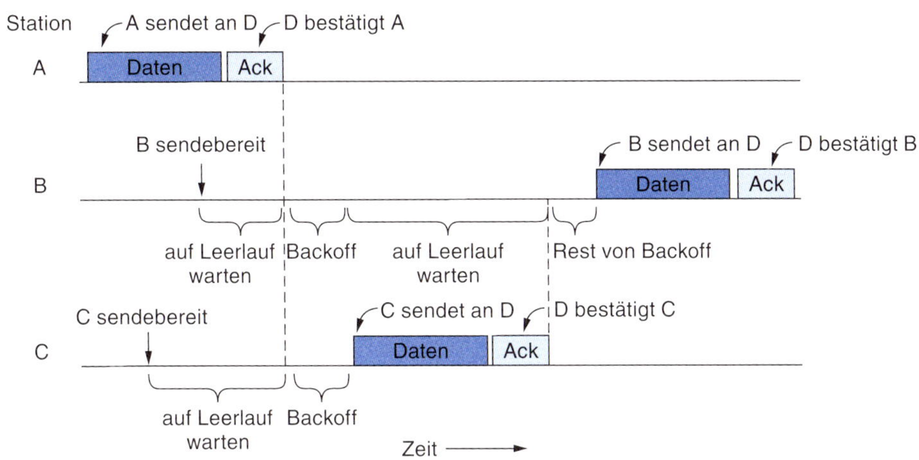

Abbildung 4.25: Senden eines Rahmens mit CSMA/CD.

Zu Ethernet gibt es zwei Hauptunterschiede. Zunächst einmal ist das frühe Starten von Backoffs hilfreich beim Vermeiden von Kollisionen. Dieses Vermeiden lohnt sich, denn Kollisionen sind teuer, da der gesamte Rahmen übertragen wird, selbst wenn eine Kollision auftritt. Zweitens werden Bestätigungen benutzt, um auf Kollisionen zu schließen, da Kollisionen nicht entdeckt werden können.

Dieser Betriebsmodus heißt **DCF** (*Distributed Coordination Function*), weil jede Station unabhängig agiert, ohne eine Art von zentraler Steuerung. Der Standard enthält außerdem einen optionalen Betriebsmodus, **PCF** (*Point Coordination Function*), in dem der

Zugangspunkt alle Aktivitäten in seiner Zelle steuert, genau wie eine Basisstation im zellulär aufgebauten Mobilfunksystem. PCF wird jedoch in der Praxis nicht eingesetzt, weil es normalerweise keine Möglichkeit gibt, Stationen in anderen nahe gelegenen Netzen davon abzuhalten, konkurrierenden Datenverkehr zu senden.

Das zweite Problem ist, dass die Übertragungsbereiche von verschiedenen Stationen unterschiedlich sein können. Ein Kabelsystem ist so entworfen, dass alle Stationen sich gegenseitig hören können. Mit der Komplexität der RF-Weiterleitung gilt diese Situation nicht für drahtlose Stationen. Folglich können Situationen wie das bereits vorgestellte Hidden-Terminal-Problem auftreten, das noch einmal in ▶Abbildung 4.26a dargestellt ist. Da nicht alle Stationen im gegenseitigen Funkbereich liegen, können Übertragungen, die in einem Teil einer Zelle stattfinden, an anderen Orten innerhalb derselben Zelle nicht empfangen werden. In diesem Beispiel sendet die Station *C* an Station *B*. Wenn *A* den Kanal prüft, hört *A* nichts und schließt fälschlicherweise daraus, dass nun mit der Übertragung zu *B* begonnen werden kann. Diese Entscheidung führt zu einer Kollision.

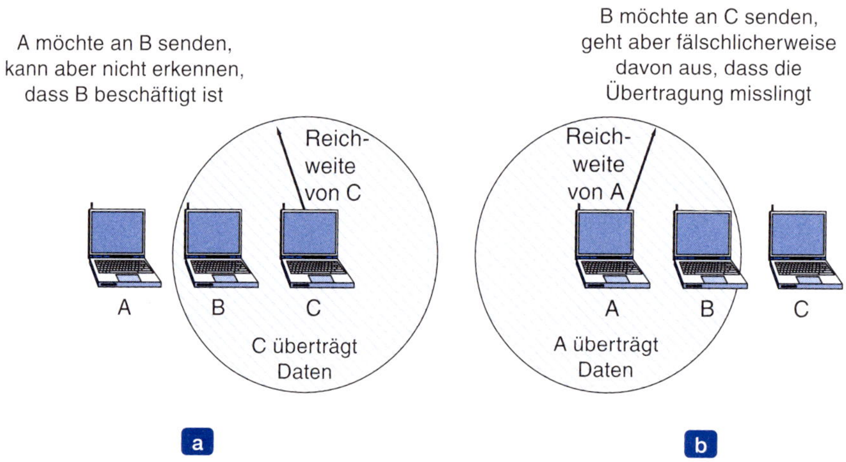

Abbildung 4.26: (a) Das Hidden-Terminal-Problem. (b) Das Exposed-Terminal-Problem.

Die umgekehrte Situation ist das Exposed-Terminal-Problem, das in Abbildung 4.26b dargestellt ist. Hier möchte *B* an *C* senden, daher prüft *B* den Kanal. Wenn eine Übertragung entdeckt wird, schließt *B* fälschlicherweise daraus, dass nicht an *C* gesendet werden darf, obwohl *A* vielleicht tatsächlich an *D* sendet (nicht dargestellt). Durch diese Entscheidung wird eine Übertragungsmöglichkeit verschwendet.

Um die Unklarheit, welche Station sendet, zu verringern, definiert IEEE 802.11, dass Kanalprüfung sowohl aus physischer als auch aus virtueller Prüfung besteht. Die physische Prüfung kontrolliert einfach das Medium, um festzustellen, ob es ein gültiges Signal gibt. Bei der virtuellen Prüfung verwaltet jede Station einen logischen Datensatz mit Informationen darüber, wann der Kanal benutzt wird, indem der sogenannte **Netzbelegungsvektor** (**NAV**, *Network Allocation Vector*) verfolgt wird. Jeder Rahmen trägt ein NAV-Feld, das angibt, wann die Folge, zu der dieser Rahmen gehört, beendet sein wird. Stationen, die diesen Rahmen mithören, wissen dann, dass der Kanal noch so lange belegt sein wird, wie durch den NAV angegeben ist – unabhängig davon, ob sie ein physisches Signal wahrnehmen können oder nicht. Zum Beispiel gibt der NAV eines Datenrahmens die Zeit an, die benötigt wird, um eine Bestätigung zu senden. Alle Stationen, die den Datenrahmen hören, werden die Bestätigungsphase abwarten, egal ob sie die Bestätigung hören können oder nicht. Im Wesentlichen dient der NAV als Countdown-Zähler, in dessen Verlauf der Sender davon ausgeht, dass der Kanal belegt ist. In IEEE 802.11 sind die Einheiten des NAV Mikrosekunden. Bei hoher Übertragungsdichte kann der von einem Sender gesetzte NAV von anderen Sendern im gleichen Sendebereich zurückgesetzt werden, was zu Kollisionen und suboptimaler Leistung führt. Um diesen Effekt abzuschwächen, führt 802.11ax zwei NAVs ein: Ein NAV wird durch Rahmen verändert, mit denen die Station verbunden ist, und der zweite NAV wird durch Rahmen verändert, die von der Station gehört werden, aber aus überlappenden Netzen stammen.

Ein optionaler RTS/CTS-Mechanismus benutzt den NAV, um Stationen daran zu hindern, zur gleichen Zeit wie die verborgenen Terminals Rahmen zu senden. Dies ist in ▶Abbildung 4.27 dargestellt. In diesem Beispiel möchte *A* Daten an *B* senden. *C* ist eine Station in der Reichweite von *A* (und eventuell in der Reichweite von *B*, dies spielt aber keine Rolle). *D* ist eine Station in der Reichweite von *B*, nicht aber in der Reichweite von *A*.

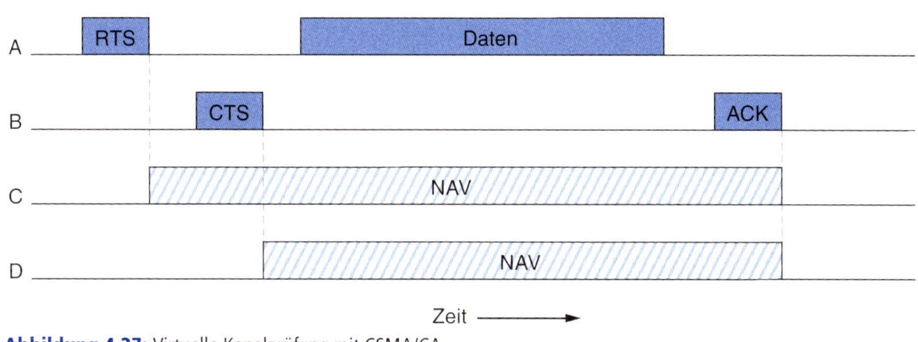

Abbildung 4.27: Virtuelle Kanalprüfung mit CSMA/CA.

Das Protokoll beginnt, wenn sich *A* entscheidet, Daten an *B* zu senden. *A* beginnt mit der Übertragung eines RTS-Rahmens an *B*, um die Erlaubnis anzufordern, einen Rahmen zu senden. Falls *B* diese Anforderung erhält, antwortet *B* mit einen CTS-Rahmen um anzuzeigen, dass der Kanal frei zum Senden ist. Nach Empfang des CTS sendet *A* den Rahmen und startet einen ACK-Timer. Wenn der Datenrahmen korrekt empfangen wurde, antwortet *B* mit einem ACK-Rahmen und vollendet den Austausch. Wenn der ACK-Timer von *A* abläuft, bevor der ACK-Rahmen zurückkommt, wird dies wie eine Kollision behandelt und das gesamte Protokoll wird nach einem Backoff erneut ausgeführt.

Betrachten wir nun diesen Informationsaustausch aus der Warte von *C* und *D*. *C* befindet sich in der Reichweite von *A*, sodass *C* den RTS-Rahmen empfangen kann. Wenn dies passiert, erkennt *C*, dass jemand in Kürze Daten senden möchte. Aus der Information in der RTS-Anforderung kann *C* ersehen, wie lange dies einschließlich der letzten Bestätigung (ACK) dauern wird. Daher hält *C* sich zum Vorteil aller von sämtlichen Übertragungen zurück, bis der Austausch beendet ist. Dazu aktualisiert *C* seinen NAV und zeigt so an, dass der Kanal belegt ist (Abbildung 4.27). *D* hört das RTS-Signal nicht, dafür aber das CTS, sodass *D* ebenfalls sein NAV aktualisiert. Beachten Sie, dass NAV-Signale nicht übertragen werden, sie dienen nur der internen Erinnerung, dass für eine gewisse Zeit Ruhe herrschen soll.

Obwohl sich RTS/CTS in der Theorie gut anhört, ist es eines der Entwürfe, die sich in der Praxis als wenig sinnvoll herausgestellt haben. Es gibt mehrere Gründe, warum dieses Verfahren selten benutzt wird. Es bringt wenig bei kurzen Rahmen (die anstelle des RTS gesendet werden) oder beim Zugangspunkt (den per definitionem jeder hören kann). In anderen Situationen verlangsamt es lediglich die Ausführung. RTS/CTS bei IEEE 802.11 funktioniert ein wenig anders als im MACA-Protokoll (das wir in Abschnitt 4.2 besprochen haben), weil jeder, der das RTS oder das CTS hört, während dieser Zeitspanne ruhig bleibt, um es dem ACK zu ermöglichen, ohne Kollisionen durchzukommen. Daher kann dieses Verfahren im Gegensatz zu MACA nicht zum Verhindern des Exposed-Terminal-Problems verwendet werden, es hilft nur bei verborgenen Terminals. Meistens gibt es wenige verborgene Terminals und hier hilft bereits CSMA/CA, indem Stationen verlangsamt werden, die – aus welchem Grund auch immer – erfolglos übertragen, um die Wahrscheinlichkeit zu erhöhen, dass Übertragungen gelingen.

CSMA/CA mit physischer und virtueller Prüfung ist der Kern des IEEE-802.11-Protokolls. Es gibt jedoch mehrere andere Mechanismen, die dazu passend entwickelt wurden. Jeder dieser Mechanismen entstand aus Anforderungen aus dem Praxiseinsatz, daher werden wir diese kurz betrachten.

Die erste Praxisanforderung, die wir uns ansehen, ist Zuverlässigkeit. Im Gegensatz zu Kabelnetzen sind drahtlose Netze rauschbehaftet und daher unzuverlässig, was nicht unwesentlich auf Interferenzen durch andere Gerätearten wie Mikrowellenherde zurückzuführen ist, die ebenfalls auf den unlizenzierten ISM-Bändern senden. Die Benutzung von Bestätigungen und Neuübertragungen ist wenig hilfreich, wenn die Wahrscheinlichkeit, einen Rahmen durchzubekommen, von Anfang an gering ist.

Die Hauptstrategie, die eingesetzt wird, um die Anzahl der erfolgreichen Übertragungen zu erhöhen, ist die Herabsetzung der Übertragungsrate. Langsamere Raten verwenden robustere Modulationen, für die die Wahrscheinlichkeit höher ist, dass sie bei einem gegebenen Signal-Rausch-Verhältnis korrekt empfangen werden. Wenn zu viele Rahmen verloren gehen, kann eine Station die Rate heruntersetzen. Wenn Rahmen mit wenig Verlust gesendet werden, kann eine Station von Zeit zu Zeit eine höhere Rate testen, um festzustellen, ob diese benutzt werden sollte.

Eine weitere Strategie, um die Wahrscheinlichkeit zu erhöhen, dass ein Rahmen unbeschädigt durchkommt, ist, kürzere Rahmen zu senden. Wenn die Wahrscheinlichkeit eines fehlerhaften Bits p ist, dann ist die Wahrscheinlichkeit, dass ein Rahmen mit n Bit völlig korrekt empfangen wird, $(1-p)^n$. Ein Beispiel: Für $p=10^{-4}$ liegt die Wahrscheinlichkeit, dass ein vollständiger Ethernet-Rahmen (12.144 Bit) korrekt ankommt, bei unter 30 %. Die meisten Rahmen gehen verloren. Aber falls die Rahmen nur ein Drittel so lang sind (4.048 Bit), dann werden zwei Drittel davon korrekt empfangen. Nun kommen die meisten Rahmen durch und es sind weniger Neuübertragungen nötig.

Kürzere Rahmen können realisiert werden, indem die maximale Größe der Nachricht, die von der Vermittlungsschicht akzeptiert wird, reduziert wird. Alternativ können Rahmen bei IEEE 802.11 in kleinere Teile, sogenannte **Fragmente**, aufgeteilt werden, von denen jedes seine eigene Prüfsumme hat. Die Fragmentgröße ist durch den Standard nicht festgelegt, doch es ist ein Parameter, der vom Zugangspunkt eingestellt werden kann. Die Fragmente werden einzeln durchnummeriert und mit dem Stop-and-Wait-Protokoll bestätigt (d.h., der Sender darf Fragment $k+1$ erst dann übertragen, wenn er die Bestätigung für Fragment k erhalten hat). Wurde ein Kanal erst einmal belegt, dann können mehrere Fragmente als Burst gesendet werden. Einer nach dem anderen wird jeweils mit einer Bestätigung (und möglicherweise Neuübertragungen) dazwischen übertragen, bis entweder der ganze Rahmen erfolgreich gesendet wurde oder die Übertragungszeit die maximal erlaubte Zeit erreicht. Durch den NAV-Mechanismus werden die anderen Stationen nur bis zur nächsten Bestätigung ruhig gehalten, doch ein anderes Verfahren (siehe unten) wird benutzt, um das Senden eines Fragment-Bursts zu ermöglichen, ohne dass andere Stationen zwischendurch einen Rahmen übertragen können.

Die zweite Anforderung, die wir besprechen, ist Energiesparen. Die Lebensdauer von Batterien ist bei mobilen Geräten immer ein Thema. Beim IEEE-802.11-Standard wird auch die Stromversorgung berücksichtigt, sodass Clients keinen Strom verschwenden müssen, wenn sie weder Informationen zu senden noch zu empfangen haben.

Der Grundmechanismus zum Stromsparen basiert auf sogenannten **Beacon-Rahmen** (Leuchtfeuer). Beacons werden in regelmäßigen Abständen vom Zugangspunkt ausgesendet (z.B. alle 100 ms). Diese Rahmen kündigen allen Clients die Anwesenheit des Zugangspunkts an und übermitteln Systemparameter wie den Identifikator des Zugangspunkts, die Zeit bis zum nächsten Beacon sowie Sicherheitseinstellungen.

Clients können ein Bit zur Energieverwaltung in Rahmen setzen, die sie zum Zugangspunkt senden, um mitzuteilen, dass sie in den **Stromsparmodus** eintreten. In diesem Modus kann der Client dösen und der Zugangspunkt wird den Datenverkehr zwischenspeichern, der an diesen Client gerichtet ist. Um auf ankommenden Verkehr zu prüfen, wacht der Client für jedes Beacon auf und überprüft eine TIM (*Traffic Indication Map*), die als Teil des Beacons gesendet wird. Diese TIM teilt dem Client mit, ob es gespeicherte Daten für ihn gibt. Falls dies so ist, sendet der Client eine Polling-Nachricht an den Zugangspunkt, welcher dann den gespeicherten Datenverkehr sendet. Der Client kann sich dann wieder schlafen legen, bis das nächste Beacon gesendet wird.

Ein weiterer Mechanismus zum Energiesparen, **APSD** (*Automatic Power Save Delivery*), wurde 2005 ebenfalls zu IEEE 802.11 hinzugefügt. Mit diesem neuen Mechanismus puffert der Zugangspunkt Rahmen und sendet diese an einen Client, sobald der

Client Rahmen zum Zugangspunkt sendet. Der Client kann dann schlafen gehen, bis er mehr Daten zum Senden (und Empfangen) hat. Dieser Mechanismus funktioniert gut für Anwendungen wie VoIP, bei denen viel Datenverkehr in beiden Richtungen stattfindet. Zum Beispiel könnte ein schnurloses VoIP-Telefon dieses Verfahren einsetzen, um alle 20 ms Rahmen zu senden und zu empfangen, was sehr viel häufiger als das Beacon-Intervall mit 100 ms ist, während es in der Zwischenzeit schlummert.

Die dritte und letzte Anforderung, die wir untersuchen wollen, ist Dienstgüte. Konkurriert der VoIP-Verkehr im vorangehenden Beispiel mit Peer-to-Peer-Datenverkehr, dann wird der VoIP-Verkehr den Kürzeren ziehen. Aufgrund der Konkurrenz zum Peer-to-Peer-Datenverkehr mit hoher Bandbreite wird der VoIP-Verkehr verzögert, obgleich die VoIP-Bandbreite niedrig ist. Diese Verzögerungen mindern die Qualität der Sprachübertragung. Um dies zu verhindern, würden wir gerne dem VoIP- vor dem Peer-to-Peer-Datenverkehr den Vorzug geben, da dieser eine höhere Priorität hat.

IEEE 802.11 verfügt über einen intelligenten Mechanismus, um diese Art der Dienstgüte – im Jahr 2005 als eine Reihe von Erweiterungen unter dem Namen IEEE 802.11e eingeführt – zur Verfügung zu stellen. Dieses Verfahren erweitert CSMA/CA mittels vorsichtig definierter Intervalle zwischen den Rahmen. Nachdem ein Rahmen gesendet wurde, muss eine bestimmte Wartezeit eingehalten werden, bevor eine Station einen Rahmen zur Überprüfung senden darf, ob der Kanal wieder frei ist. Der Trick hierbei ist, unterschiedliche Zeitspannen für unterschiedliche Rahmenarten festzulegen.

In ▶Abbildung 4.28 sind fünf Intervalle eingezeichnet. Das Intervall zwischen regulären Datenrahmen heißt **DIFS** (*DCF InterFrame Spacing*). Jede Station kann versuchen, den Kanal zu belegen, um einen neuen Rahmen zu senden, nachdem das Medium für eine DIFS-Länge im Leerlauf war. Es gelten hier die normalen Konkurrenzregeln und im Falle von Kollisionen kann das binäre exponentielle Backoff erforderlich sein. Das kürzeste Intervall ist **SIFS** (*Short InterFrame Spacing*). Es dient dazu, den Parteien in einem Dialog die Chance zu geben, zuerst zu senden. Zu den Beispielen gehört, dass der Empfänger ein ACK oder andere Steuerrahmenfolgen wie RTS und CTS senden kann, oder dass der Sender ein Fragment-Burst übertragen kann. Indem mit dem Senden des nächsten Fragments nur eine SIFS-Länge gewartet wird, werden die anderen Station daran gehindert, in den Datenaustausch hineinzuplatzen.

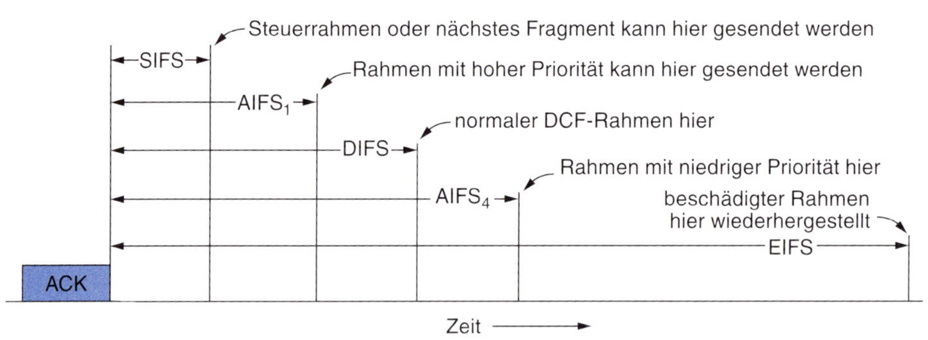

Abbildung 4.28: Abstand zwischen Rahmen bei IEEE 802.11.

Die zwei **AIFS**-Intervalle (*Arbitration InterFrame Space*) zeigen Beispiele von verschiedenen Prioritätsebenen. Das kurze Intervall, $AIFS_1$, ist kleiner als DIFS, aber länger als SIFS. Es kann vom Zugangspunkt benutzt werden, um Sprache oder anderen Datenverkehr mit hoher Priorität zum Kopf der Leitung zu bewegen. Der Zugangspunkt wird auf ein kürzeres Intervall warten, bevor er die Sprachübertragung beginnt, und diese somit vor dem regulären Datenverkehr senden. Das lange Intervall, $AIFS_4$, ist größer als DIFS. Es wird für Hintergrundverkehr benutzt, der bis nach dem regulären Datenverkehr hinausgezögert werden kann. Der Zugangspunkt wird auf ein längeres Intervall warten, bevor er diese Daten sendet, und gibt somit regulärem Verkehr die Möglichkeit, zuerst zu übertragen. Der vollständige Dienstgütemechanismus definiert vier unterschiedliche Prioritätsebenen, die jeweils verschiedene Backoff-Parameter sowie unterschiedliche Wartezeit-Parameter haben.

Das letzte Zeitintervall, **EIFS** (*Extended InterFrame Spacing*), wird nur von einer Station verwendet, die gerade einen fehlerhaften oder ungültigen Rahmen erhalten hat, um das Problem zu melden. Die Idee hierbei ist, dass der Empfänger, der eventuell nicht weiß, was gerade passiert, eine Weile warten soll, um keinen laufenden Dialog zwischen zwei Stationen zu stören.

Ein weiterer Teil der Dienstgüte-Erweiterungen ist der Begriff eines **TXOP** (*Transmit Opportunity*). Beim ursprünglichen CSMA/CA-Mechanismus können Stationen nur jeweils einen Rahmen senden. Dieser Entwurf war ausreichend, bis sich der Bereich der Raten vergrößerte. Bei IEEE 802.11a/g kann eine Station mit 6 Mbit/s senden und eine andere mit 54 Mbit/s. Sie senden jeweils einen Rahmen, aber die 6-Mbit/s-Station braucht zum Senden ihres Rahmens neunmal so lange (wenn man den festen Overhead ignoriert) wie die 54-Mbit/s-Station. Dieses Ungleichgewicht hat den unglücklichen Nebeneffekt, dass ein schneller Sender, der mit einem langsamen Sender konkurriert, ausgebremst wird, und zwar auf ungefähr die Rate des langsamen Senders. Wenn zum Beispiel – der feste Overhead wird wieder ignoriert – die 6-Mbit/s- und die 54-Mbit/s-Stationen jeweils alleine senden, werden sie ihre eigenen Raten bekommen, doch wenn sie zusammen senden, bekommen beide durchschnittlich 5,4 Mbit/s. Das ist eine harte Strafe für den schnellen Sender. Dieses Problem ist als **Ratenanomalität** bekannt (Heusse et al., 2003).

Mit TXOPs bekommt jede Station die gleiche Menge an Sendezeit, nicht die gleiche Anzahl an Rahmen. Stationen, die mit einer höheren Datenrate in ihrer Sendezeit senden, werden einen höheren Durchsatz erreichen. Wenn also in unserem Beispiel der 6-Mbit/s- und der 54-Mbit/s-Sender zusammen senden, bekommen sie nun 3 Mbit/s bzw. 27 Mbit/s.

4.4.4 IEEE-802.11-Rahmenstruktur

Der IEEE-802.11-Standard definiert drei verschiedene Rahmenklassen: Daten, Steuerung und Verwaltung. Jede diese Klassen hat einen Header mit verschiedenen Feldern, die von der MAC-Teilschicht verwendet werden. Darüber hinaus werden auf der Bitübertragungsschicht diverse Header benutzt, wobei sich diese aber meistens mit verwendeten Modulationstechniken beschäftigen, sodass wir hier nicht näher darauf eingehen.

Zunächst wollen wir uns das Format des Datenrahmens als Beispiel ansehen. Es ist in ▶Abbildung 4.29 dargestellt. Als Erstes kommt das Feld *Frame Control* (Rahmensteuerung), das aus 11 Unterfeldern besteht. Das erste ist hier *Protocol Version* (Protokollversion), das auf 00 gesetzt ist. Es ermöglicht zukünftigen Versionen von IEEE 802.11, gleichzeitig in der gleichen Zelle zu arbeiten. Dann folgt das Feld *Type* (Daten, Steuerung oder Verwaltung) und *Subtype* (z. B. RTS oder CTS). Bei einem regulären Datenrahmen (ohne Dienstgüte) werden diese Felder auf 10 und 0000 binär gesetzt. Die Bits *To DS* und *From DS* geben an, ob der Rahmen zu dem mit dem Zugangspunkt verbundenen Netz, dem Verteilungssystem, geht oder von dort kommt. Das *More Fragments*-Bit gibt an, dass weitere Fragmente folgen. Das Bit *Retry* gibt eine erneute Übertragung eines Rahmens an, der bereits früher gesendet wurde. Das Bit *Power Management* gibt an, dass der Sender in den Energiesparmodus übergeht. Das *More Data* gibt an, dass der Sender für den Empfänger weitere Rahmen hat. Das *Protected Frame*-Bit gibt an, dass der Rahmenhauptteil aus Sicherheitsgründen verschlüsselt wurde. Den Bereich Sicherheit werden wir im nächsten Abschnitt behandeln. Schließlich gibt das *Order*-Bit dem Empfänger an, dass die höhere Schicht die Rahmenfolge genau in dieser Reihenfolge erwartet.

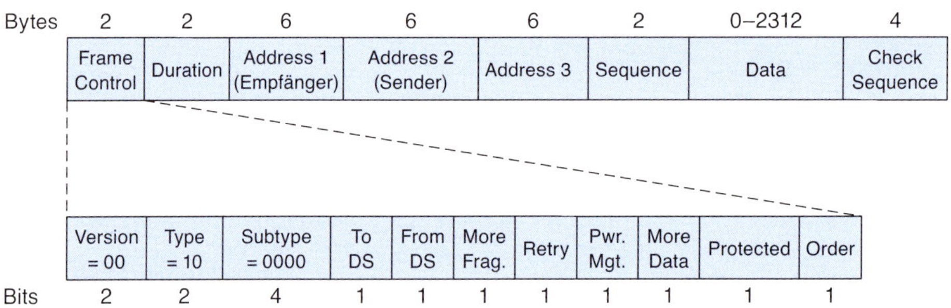

Abbildung 4.29: Format des IEEE-802.11-Datenrahmens.

Das zweite Feld des Datenrahmens ist *Duration*, es gibt an, wie lange der Rahmen und die dazugehörende Bestätigung den Kanal belegen werden, gemessen in Mikrosekunden. Es ist in allen Rahmenarten, einschließlich Steuerrahmen, vorhanden und gibt an, was Stationen benutzen, um den NAV-Mechanismus zu verwalten.

Als Nächstes kommen Adressen. Datenrahmen, die zu oder von einem Zugangspunkt gesendet werden, haben drei Adressen, die alle im IEEE-802-Standardformat sind. Die erste Adresse ist der Empfänger, die zweite der Sender. Diese beiden sind offensichtlich erforderlich, aber wofür ist die dritte Adresse? Vergessen Sie nicht, dass der Zugangspunkt einfach eine Schaltstelle für Rahmen ist, die sich zwischen einem Client und einem anderen Punkt des Netzes bewegen, vielleicht ein entfernter Client oder ein Internetportal. Die dritte Adresse benennt diesen entfernten Endpunkt.

Das *Sequence*-Feld nummeriert die Rahmen, sodass Duplikate entdeckt werden können. Von den 16 verfügbaren Bits identifizieren 4 das Fragment und 12 tragen eine

Nummer, die mit jeder neuen Übertragung erhöht wird. Das Feld *Data* enthält die Nutzdaten bis zu 2.312 Byte. Die ersten Bytes dieser Nutzdaten sind in einem Format, das als **LLC** (*Logical Link Control*) bekannt ist. Diese Schicht identifiziert die Protokolle höherer Schichten (z.B. IP), zu dem die Nutzdaten weitergeleitet werden sollen. Zuletzt kommt das Feld *Frame Check Sequence*, welches denselben 32-Bit-CRC-Wert enthält, den wir schon in Abschnitt 3.2.2 und anderswo getroffen haben.

Die Verwaltungsrahmen haben dasselbe Format wie Datenrahmen, plus einem Format für den Datenanteil, der mit dem Subtyp variiert (z.B. Parameter in Beacon-Rahmen). Steuerrahmen sind kurz. Wie alle Rahmen haben sie die Felder *Frame Control*, *Duration* und *Frame Check Sequence*. Es kann jedoch vorkommen, dass sie nur eine Adresse und keinen Datenteil haben. Der Großteil der Schlüsselinformation befindet sich im *Subtype*-Feld (z.B. ACK RTS und CTS).

4.4.5 Dienste

Der IEEE-802.11-Standard definiert die Dienste, sodass die Clients, die Zugangspunkte und das Netzwerk, das diese verbindet, ein konformes drahtlose LAN bilden müssen. Der IEEE-802.11-Standard bietet verschiedene Dienste.

Association und Datenzustellung

Mit dem Dienst **Association** bauen Mobilstationen eine Verbindung zum Zugangspunkt auf. In der Regel wird dieser Dienst verwendet, wenn eine Station in die Reichweite eines Zugangspunktes eintritt. Beim Eintritt erfährt die Station die Identität und die Leistungsmerkmale des Zugangspunkts, entweder durch Beacon-Rahmen oder indem der Zugangspunkt direkt befragt wird. Zu den Leistungsmerkmalen gehören die unterstützten Datenübertragungsraten, Sicherheitseinrichtungen, Energiesparpotenzial, Unterstützung der Dienstgüte und vieles mehr. Die Beacon-Nachricht des Zugangspunkts umfasst auch einen **SSID** (*Service Set IDentifier*), den viele oft für den Netznamen halten. Die Station sendet eine Anfrage zur Verbindung mit dem Zugangspunkt. Dieser kann die Anfrage annehmen oder zurückweisen. Während bei Beacons immer Broadcasting angewendet wird, ist dies bei SSID nur eine Option. Wenn SSID nicht über Broadcast übertragen wird, muss die Station irgendwie wissen (oder in Erfahrung bringen), welcher Name mit diesem Zugangspunkt zu assoziieren ist.

Mithilfe des Dienstes **Reassociation** kann eine Station ihren bevorzugten Zugangspunkt wechseln. Diese Einrichtung ist nützlich für Mobilstationen, die von einem Zugangspunkt zum nächsten im selben erweiterten IEEE-802.11-LAN wandern, wie bei einem Handover im Mobilfunknetz. Bei korrekter Handhabung gehen bei der Weiterreichung keine Daten verloren. (Aber IEEE 802.11 ist wie Ethernet nur ein Best-Effort-Dienst.) Es gibt keine Zustellungsgarantie. Entweder die Station oder der Zugangspunkt kann eine Trennung (**Dissociation**) herbeiführen, also die Beziehung lösen. Eine Station sollte diesen Dienst verwenden, bevor sie sich abschaltet oder das Netz verlässt. Der Zugangspunkt kann den Dienst verwenden, bevor er aus Wartungsgründen herunterfährt. Der IEEE-Standard 802.11w führt eine Authentifizierung für die Dissociation-Rahmen ein.

Sobald Rahmen den Zugangspunkt erreichen, legt der Dienst **Distribution** fest, wie diese weitergeleitet werden. Ist das Ziel der lokale Zugangspunkt, dann können die Rahmen direkt auf dem Luftweg übertragen werden. Andernfalls müssen sie über das kabelgebundene Netz weitergeleitet werden. Der Dienst **Integration** verwaltet jede Übersetzung, die benötigt wird, um einen Rahmen außerhalb des IEEE-802.11-LAN zu senden bzw. von außerhalb zu empfangen. Der Regelfall ist hier die Verbindung des drahtlosen LAN mit dem Internet.

Letztendlich geht es um die Datenübertragung, sodass IEEE 802.11 natürlich auch einen Dienst **Datenzustellung** (*data delivery*) bereitstellt. Dieser Dienst ermöglicht es, dass Stationen Daten mithilfe der Protokolle, die wir in diesem Kapitel eingeführt haben, senden und empfangen. Da IEEE 802.11 nach dem Ethernet modelliert wurde und die Übertragungen im Ethernet nicht 100%ig zuverlässig sind, gilt dies auch für die Übertragungen über IEEE 802.11. Die höheren Schichten müssen sich mit dem Entdecken und Korrigieren von Fehlern befassen.

Sicherheit und Datenschutz

Stationen müssen sich außerdem **authentifizieren**, bevor sie Rahmen über den Zugangspunkt senden können, aber Authentifizierung wird auf unterschiedliche Arten behandelt, je nach Wahl des Sicherheitsschemas. Falls das IEEE-802.11-Netz „offen" ist, dann darf es jeder benutzen. Andernfalls sind Berechtigungsnachweise zum Authentisieren erforderlich.

Das empfohlene Verfahren, **WPA2** (*WiFi Protected Access 2*), implementiert Sicherheitsaspekte so, wie es im IEEE-802.11i-Standard definiert ist. (WPA selbst war ein vorläufige Version, die eine Teilmenge von IEEE 802.11i implementierte. Wir überspringen diese und gehen direkt zum vollständigen Schema.) Mit WPA2 kann der Zugangspunkt mit einem Authentifizierungsserver sprechen, der einen Benutzernamen und eine Passwortdatenbank hat, um festzustellen, ob es der Station erlaubt ist, Zugang zum Netz zu bekommen. Alternativ könnte ein sogenannter Pre-Shared Key (vorher vereinbarter Schlüssel) – was ein hochtrabender Name für ein Netzwerkpasswort ist – konfiguriert werden. Mehrere Rahmen werden zwischen der Station und dem Zugangspunkt ausgetauscht (Challenge-Response-Verfahren), womit die Station beweisen kann, dass sie die richtigen Berechtigungsnachweise hat. Dieser Austausch findet nach der Verknüpfung statt.

Ein weiterer Authentifizierungsansatz, der in Unternehmensnetzen häufig verwendet wird, ist **802.1X**, der die sogenannte **portbasierte Authentifizierung** implementiert. 802.1X stützt sich auf eine zentralisierte Authentifizierung (z.B. Authentifizierung von Geräten bei einem zentralen Server), was Möglichkeiten für eine feiner abgestufte Zugangskontrolle, Abrechnung, Fakturierung und Zuweisung schafft. Die authentifizierende Station wird manchmal als Teilnehmer oder Supplicant bezeichnet; dieses Gerät authentifiziert sich beim Netzwerk über einen Authenticator, der mit dem Authentifizierungsserver kommuniziert. 802.1X basiert auf einem Authentifizierungs-Framework namens **EAP** (*Enhanced Authentication Protocol*). Das EAP-Framework definiert mehr als 50 verschiedene Methoden zur Authentifizierung, aber zu den gängigen Methoden gehören **EAP-TLS**, das die Authentifizierung auf der Grundlage von Zertifikaten durchführt, **EAP-TTLS** und **PEAP**, die es dem Client ermöglichen, sich mit einer Vielzahl von Methoden zu verbinden, einschließlich der passwortbasierten Authentifizierung, und **EAP-SIM**, bei dem sich ein Mobiltelefon mit einer SIM-Karte authentifizieren kann. 802.1X hat viele Vorteile gegenüber dem einfachen WPA, wie die Möglichkeit, eine fein abgestufte Zugriffskontrolle auf der Grundlage des Benutzers durchzuführen, aber es erfordert die Verwaltung einer Zertifikatsinfrastruktur.

Das Verfahren, das vor WPA benutzt wurde, heißt **WEP** (*Wired Equivalent Privacy*). Bei diesem Verfahren findet die Authentifizierung mit einem vorher vereinbarten Schlüssel vor der Verknüpfung statt. Aufgrund der Schwachstellen im Entwurf, durch die WEP leicht zu kompromittieren war, wird jedoch von der Verwendung abgeraten. Die erste praktische Demonstration, dass WEP gebrochen werden kann, gelang Adam Stubblefield, ein Praktikant bei AT&T (Stubblefield et al., 2002). Er war in der Lage, einen Angriff in einer Woche zu programmieren und zu testen – wobei er viel Zeit damit zubrachte, die Erlaubnis von der Verwaltung einzuholen, die WiFi-Karten zu kaufen, die er für die Experimente benötigte. Software zum Knacken von WEP-Passwörtern ist heutzutage frei verfügbar.

Da WEP gebrochen und WPA veraltet war, wurde mit WPA2 ein neuer Versucht gestartet. Es verwendet einen Privacy-Dienst, der die Einzelheiten der Ver- und Entschlüsselung verwaltet. Der Verschlüsselungsalgorithmus für WPA2 basiert auf **AES** (*Advanced Encryption Standard*), einem Standard der US-Regierung, der 2002 angenommen wurde. Die verwendeten Schlüssel werden während der Authenitifizierungsprozedur festgelegt. Leider wurde WPA2 2017 gebrochen (Vanhoef und Piessens, 2017). Eine hohe Sicherheit ist schwer zu erreichen, selbst mit nicht zu brechender Verschlüsselung, da die Schlüsselverwaltung das schwächste Glied ist.

Priorisierung und Leistungssteuerung

Um Datenverkehr mit unterschiedlichen Prioritäten zu handhaben, gibt es einen **QoS-Traffic-Scheduling**-Dienst. Dieser benutzt die beschriebenen Protokolle, um Sprach- und Videodatenverkehr vor Best-Effort- und Hintergrundverkehr zu bevorzugen. Ein begleitender Dienst stellt außerdem Timersychnronisation der höheren Schichten zur Verfügung. Dadurch können die Stationen ihre Aktionen koordinieren, was bei Mediaverarbeitung hilfreich sein kann.

Schließlich gibt es zwei Dienste, welche die Stationen dabei unterstützen, ihre Verwendung des Spektrums zu verwalten. Der **Transmit-Power-Control**-Dienst gibt Stationen die nötigen Informationen, um regulatorische Einschränkungen der Sendeleistung einzuhalten, die von Region zu Region variieren. Durch den **Dynamic-Frequency-Selection**-Dienst bekommen Stationen die Information, die sie benötigen, um das Senden auf Frequenzen im 5-GHz-Band zu verhindern, welche für Radar in der Nähe benutzt werden.

Mit diesen Diensten stellt IEEE 802.11 ein reichhaltiges Angebot an Funktionalität zur Verfügung, um nahe gelegene mobile Clients mit dem Internet zu verbinden. IEEE

802.11 war ein riesiger Erfolg und der Standard wurde wiederholt abgeändert, um mehr Funktionalität hinzuzufügen. Ein Überblick, wie sich der Standard entwickelte und wohin der Weg geht, findet sich in Hiertz et al. (2010).

4.5 Bluetooth

1994 begann sich das norwegische Unternehmen L.M. Ericsson für die Verbindung von Mobiltelefonen mit anderen Geräten wie Laptops ohne Kabel zu interessieren. Zusammen mit vier anderen Unternehmen bildeten sie 1998 eine SIG (*Special Interest Group*, also ein Konsortium), um einen drahtlosen Standard zur Verbindung von Rechnern und Kommunikationsgeräten unter Verwendung von kostengünstigen drahtlosen Funkgeräten mit geringem Strombedarf zu erstellen. Das Projekt wurde **Bluetooth** genannt, nach Harald Blaatand (Bluetooth) II (940–981), einem Wikingerkönig, der Dänemark und Norwegen auch ganz ohne Kabel vereinte (also eroberte).

Bluetooth 1.0 wurde im Juli 1999 herausgegeben, seitdem hat die SIG niemals zurückgeblickt. Alle möglichen Gerätearten der Unterhaltungselektronik benutzen heute Bluetooth, von Smartphones und Laptops bis zu Headsets, Druckern, Tastaturen, Mäuse, Spielkonsolen, Uhren, Musikplayer, Navigationgeräte und mehr. Die Bluetooth-Protokolle ermöglichen es diesen Geräten, einander zu finden und sich zu verbinden – ein Vorgang, den man **Pairing** nennt – und Daten sicher zu übertragen.

Die Protokolle haben sich während des letzten Jahrzehnts ebenfalls weiterentwickelt. Nachdem die ersten Protokolle stabil waren, wurden im Jahr 2004 höhere Datenraten zu Bluetooth 2.0 hinzugefügt. Seit dem 3.0-Release 2009 kann Bluetooth zum Pairing von Geräten in Kombination mit IEEE 802.11 für Datenübertragung mit höherem Durchsatz verwendet werden. Das 4.0-Release im Dezember 2009 spezifiziert Niedrigenergiebetrieb. Dies ist für all diejenigen praktisch, die keine Lust haben, regelmäßig Batterien in ihren Geräten überall im Haus zu wechseln. Wir werden nun die Hauptaspekte von Bluetooth 4.0 betrachten, da es immer noch die am weitesten verbreitete Version ist. Anschließend stellen wir Bluetooth 5 vor und zeigen die (meist nur geringfügigen) Unterschiede zu Bluetooth 4.0 auf.

4.5.1 Architektur von Bluetooth

Beginnen wir unsere Untersuchung des Bluetooth-Systems mit einer kurzen Übersicht über die Inhalte und Ziele. Die Grundeinheit eines Bluetooth-Systems ist ein **Piconetz**, das aus einem Controller-Knoten und bis zu sieben Client-Knoten in einem maximalen Umkreis von 10 m besteht. Mehrere Piconetze können in einem (großen) Raum vorhanden sein und sogar über einen Bridge-Knoten verbunden sein, der Teil von mehreren Piconetzen wie in ▶Abbildung 4.30 ist. Eine miteinander verbundene Gruppe von Piconetzen wird als **Scatternetz** bezeichnet.

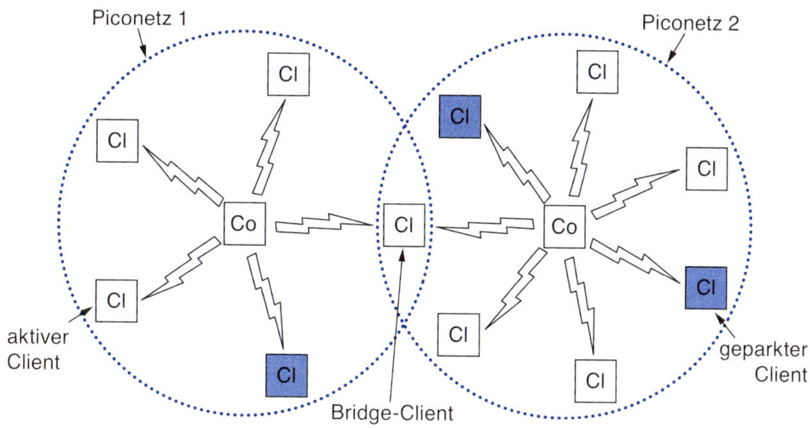

Abbildung 4.30: Zwei Piconetze können verbunden werden und ein Scatternetz bilden.

Zusätzlich zu den sieben aktiven Client-Knoten können in einem Netz bis zu 255 geparkte Knoten vorhanden sein. Dies sind die Geräte, die der Controller in einen Ruhezustand mit geringem Stromverbrauch gesetzt hat, um den Batterieverbrauch zu senken. In dem Parkzustand kann ein Gerät nur auf eine Aktivierung oder ein Beacon-Signal vom Controller reagieren. Es gibt auch noch zwei dazwischenliegende Stromsparmodi, Hold (Halten) und Sniff (Abhören), die uns aber hier nicht weiter beschäftigen.

Der Grund für die Entwicklung eines Controller-Client-Designs ist, dass die Entwickler die Implementierung eines vollständigen Bluetooth-Chips für weniger als 5 US-Dollar im Auge hatten. Daher sind die Clients ziemlich dumm und machen im Grunde nur das, was ihnen das Controller-Gerät sagt. Im Kern ist ein Piconetz ein zentralisiertes TDM-System, wobei der Controller den Takt steuert und entscheidet, wer in welcher Zeitscheibe übertragen darf. Die Kommunikation läuft immer zwischen Controller und Client ab. Eine direkte Kommunikation von Client zu Client ist nicht möglich.

4.5.2 Bluetooth-Anwendungen

Die meisten Netzprotokolle stellen nur Kanäle zwischen den kommunizierenden Objekten zur Verfügung und geben den Anwendungsentwicklern völlige Freiheit bei deren Nutzung. So gibt beispielsweise IEEE 802.11 nicht an, ob die Benutzer ihre Notebooks zum Lesen von E-Mail, zum Surfen im Web oder zu etwas anderem verwenden sollen. Im Unterschied dazu spezifiziert die Bluetooth SIG bestimmte Anwendungen, die unterstützt werden sollen, und stellt für jede einen anderen Protokollstapel bereit. Zum jetzigen Zeitpunkt gibt es 25 Anwendungen, die als **Profile** bezeichnet werden. Leider führt dies zu einer hohen Komplexität. Wir wollen diese Komplexität hier übergehen und stattdessen einen kurzen Blick auf die Profile werfen, um die Ziele der Bluetooth SIG besser zu verstehen.

Sechs der Profile sind für verschiedene Nutzungen von Audio und Video vorgesehen. Zum Beispiel ermöglicht das Interkommunikationsprofil (Intercom) die Verbindung zweier Telefone als Walkie-Talkies. Die Headset- und Freisprechprofile definieren beide die Sprachkommunikation zwischen einem Headset und der Basisstation, das zum Telefonieren beim Autofahren benutzt werden kann. Andere Profile sind für das Streamen von Audio und Video in Stereoqualität, beispielsweise von einem tragbaren Musikplayer auf Kopfhörer oder von einer digitalen Kamera auf ein Fernsehgerät.

Das HID-Profil (*Human Interface Device*) dient dem Verbinden von Tastaturen und Mäusen mit Computern. Andere Profile ermöglichen es einem Mobiltelefon oder anderen Rechnern, Bilder von einer Kamera zu empfangen oder Bilder an einen Drucker zu senden. Vielleicht von größerem Interesse ist ein Profil, um ein Mobiltelefon als Fernbedienung für einen (Bluetooth-fähigen) Fernseher zu benutzten.

Noch andere Profile ermöglichen Netzbetrieb. Das PAN-Profil erlaubt es Bluetooth-Geräten, ein Ad-hoc-Netz zu bilden oder auf andere Netze (wie ein IEEE-802.11-LAN) über einen Zugangspunkt entfernt zuzugreifen. Das DUN-Profil (*Dial-Up Networking*) war tatsächlich die ursprüngliche Motivation für das gesamte Projekt. Es erlaubt einem Notebook, sich ohne Kabel mit einem Mobiltelefon zu verbinden, das ein eingebautes Modem enthält.

Es wurden ebenfalls Profile für Informationsaustausch auf höheren Schichten definiert. Das Synchronisationsprofil ist dazu gedacht, beim Verlassen des Hauses Daten in ein Mobiltelefon zu laden und bei der Rückkehr Daten auszulesen.

Wir werden die übrigen Profile hier überspringen, wollen aber noch erwähnen, dass einige Profile als Bausteine dienen, aus denen die obigen Profile zusammengesetzt sind. Die generischen Zugriffsprofile, aus denen all die anderen Profile aufgebaut sind, stellen eine Möglichkeit zur Verfügung, sichere Verbindungen (Kanäle) zwischen Controller und Clients einzurichten und aufrechtzuerhalten. Die anderen generischen Profile definieren die Basis von Objektaustausch sowie Audio- und Videoübertragung. Hilfsprofile werden weitverbreitet für Funktionen wie die Emulation einer seriellen Leitung eingesetzt, was besonders nützlich für viele veraltete Anwendungen ist.

War es wirklich notwendig, alle diese Anwendungen im Detail darzulegen und für jede einen eigenen Protokollstapel zu definieren? Wahrscheinlich nicht, aber es gab mehrere Arbeitsgruppen, die sich mit unterschiedlichen Teilen des Standards beschäftigten, wobei sich jede auf ihr spezielles Problem konzentrierte und ein eigenes Profil erarbeitete. Stellen Sie sich dies als das angewandte Gesetz von Conway vor. (In der Ausgabe vom April 1968 des *Datamation*-Magazins hat Melvin Conway beobachtet, dass wenn man *n* Personen den Auftrag erteilt, einen Compiler zu schreiben, man einen Compiler mit *n* Arbeitsgängen erhält. Allgemeiner ausgedrückt: Die Software spiegelt immer die Struktur der Gruppe wider, die diese erstellt hat.) Man wäre auch mit zwei Protokollstapeln anstelle der 25 ausgekommen, einen für die Dateiübertragung und einen für die unterbrechungsfreie Echtzeitübertragung.

4.5.3 Bluetooth-Protokollstapel

Der Bluetooth-Standard hat viele Protokolle, die lose in die in ▶Abbildung 4.31 gezeigten Schichten eingeteilt werden. Die erste Beobachtung ist, dass die Strukturierung der Schichten weder dem OSI-Modell noch dem TCP/IP-Modell oder irgendeinem anderen Modell folgt.

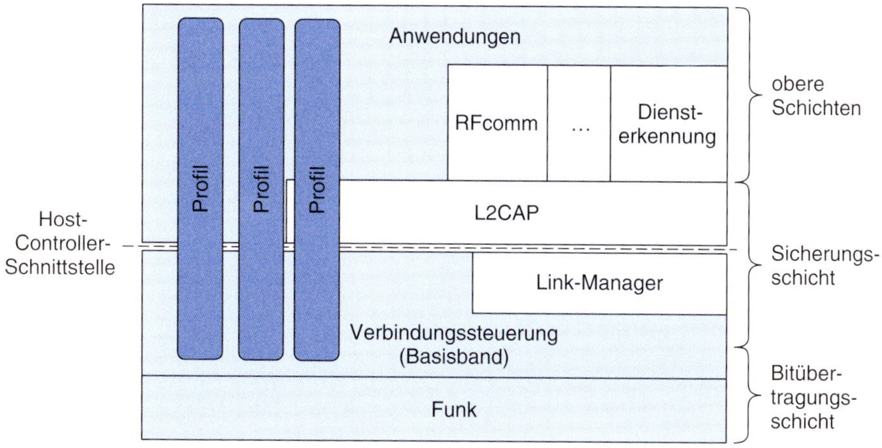

Abbildung 4.31: Die Bluetooth-Protokollarchitektur.

Die untere Schicht ist die physikalische Funkschicht, die im Großen und Ganzen der Bitübertragungsschicht des OSI- und des IEEE-802-Modells entspricht. Sie behandelt die Funkübertragung und die Modulation. Viele Entscheidungen beruhen hier auf der Forderung, das System kostengünstiger zu machen, um es für einen Massenmarkt produzieren zu können.

Die Schicht zur Verbindungssteuerung (*link control layer*) oder Basisbandschicht entspricht in etwa der MAC-Teilschicht, enthält aber auch Elemente der Bitübertragungsschicht. Hier wird behandelt, wie der Controller die Zeitscheiben steuert und wie diese Zeitscheiben in Rahmen zusammengefasst werden.

Als Nächstes kommen zwei Protokolle, die das Protokoll zur Verbindungssteuerung benutzen. Der Link-Manager verwaltet die Errichtung logischer Kanäle zwischen den Geräten, einschließlich Energieverwaltung, Pairing und Verschlüsselung sowie Dienstgüte. Er befindet sich unterhalb der Host-Controller-Schnittstelle. Diese Schnittstelle ist eine Erleichterung für die Implementierung: In der Regel werden die Protokolle unterhalb dieser Linie auf einem Bluetooth-Chip implementiert, die Protokolle oberhalb der Linie werden in dem Bluetooth-Gerät implementiert, in dem der Chip untergebracht ist.

Das Verbindungsprotokoll oberhalb der Linie ist **L2CAP** (*Logical Link Control Adaptation Protocol*, Protokoll zur Anpassung an die logische Verbindungssteuerung). Es erlaubt Rahmenbildung von Nachrichten mit variabler Länge und stellt bei Bedarf Zuverlässigkeit zur Verfügung. Viele Protokolle, wie die zwei dargestellten Hilfsprotokolle, verwenden L2CAP. Das Diensterkennungsprotokoll (*service discovery protocol*) dient dem Auffinden von Diensten im Netz. Das RFcomm-Protokoll (*Radio Frequency Communication*) emuliert den seriellen Standardport an PCs zum Anschluss von Tastatur, Maus, Modem und anderen Geräten.

Auf der obersten Schicht befinden sich die Anwendungen. Die Profile werden durch vertikale Rechtecke dargestellt, weil diese jeweils eine Scheibe des Protokollstapels für einen bestimmten Zweck definieren. Spezielle Profile wie das Headsetprofil enthalten in der Regel nur die Protokolle, die von dieser Anwendung benötigt werden, und keine weiteren. Beispielsweise kann L2CAP zu einem Profil gehören, wenn Pakete zu versenden sind. Falls es dagegen nur einen stetigen Strom von Audiodaten gibt, kann L2CAP ausgelassen werden.

In den folgenden Abschnitten untersuchen wir die Bluetooth-Funkschicht und verschiedene Verbindungsprotokolle, da diese in etwa der Bitübertragungsschicht und den MAC-Teilschichten in den bisher besprochenen Protokollstapeln entsprechen.

4.5.4 Bluetooth-Funkschicht

Die Funkschicht überträgt die Daten vom Controller zum Client oder umgekehrt. Es ist ein Niedrigenergiesystem mit einer Reichweite von 10 m, das im gleichen 2,4-GHz-ISM-Band wie IEEE 802.11 läuft. Das Band ist in 79 Kanäle von je 1 MHz aufgeteilt. Um neben anderen Netzen, die das ISM-Band benutzen, zu bestehen, wird eine Frequenzsprungtechnik mit Spektrumsspreizung verwendet. Es können bis zu 1.600 Umschaltungen/Sekunde über Zeitscheiben mit einer Verweilzeit von 625 µs vorkommen. In einem Piconetz springen alle Knoten gleichzeitig und folgen der Zeitscheibenvorgabe und der pseudozufälligen Sprungfolge, die der Controller vorgibt.

Unglücklicherweise hat sich herausgestellt, dass sich frühe Versionen von Bluetooth und IEEE 802.11 gegenseitig so sehr beeinträchtigen, dass sie Übertragungen des jeweils anderen zerstören. Einige Unternehmen haben darauf reagiert, indem sie Bluetooth ganz verbannt haben, doch schließlich ist noch eine technische Lösung gefunden worden. Diese Lösung sieht für Bluetooth vor, seine Sprungfolge anzupassen, um Kanäle, auf denen es andere RF-Signale gibt, auszulassen. Dieses Vorgehen verringert die schädigenden Interferenzen. Es wird **adaptives Frequenzsprungverfahren** (*adaptive frequency hopping*) genannt.

Drei Modulationsformen werden benutzt, um Bits über einen Kanal zu senden. Das Grundschema ist, Frequenzumtastung zu verwenden, um ein 1-Bit-Symbol jede Mikrosekunde zu senden, wodurch eine Bruttodatenrate von 1 Mbit/s erreicht wird. Verbesserte Raten wurden mit der 2.0-Version von Bluetooth eingeführt. Diese Raten benutzen Phasenumtastung, um 2 oder 3 Bits pro Symbol zu senden, was zu Bruttodatenraten von 2 oder 3 Mbit/s führt. Die verbesserten Raten werden nur in den Datenanteilen der Rahmen benutzt.

4.5.5 Bluetooth-Verbindungsschicht

Die Schicht zur Verbindungssteuerung (oder Basisbandschicht) von Bluetooth entspricht in etwa der MAC-Teilschicht. Sie verwandelt den reinen Bitstrom in Rahmen und definiert einige Schlüsselformate. In der einfachsten Form definiert der Controller im Piconetz eine Reihe von Zeitscheiben mit 625 µs. Die Übertragungen des Controllers beginnen in den geraden Zeitscheiben und die der Clients in den ungeraden. Dieses Schema ist das normale Zeitmultiplexverfahren, bei dem der Controller die eine Hälfte der Zeitscheiben und die Clients die andere Hälfte erhalten. Rahmen können 1, 3 oder 5 Zeitscheiben lang sein. Jeder Rahmen hat einen Overhead von 126 Bit für einen Zugangscode und Header, plus eine Übergangsdauer von 250–260 µs pro Sprung, damit die kostengünstigen Funkleitungen stabil werden. Die Nutzdaten des Rahmens können zur Wahrung der Vertraulichkeit mit einem Schlüssel geschützt werden, der gewählt wird, wenn Controller und Client sich verbinden. Sprünge finden nur zwischen zwei Rahmen statt, nicht innerhalb eines Rahmens. Daher ist ein Rahmen von fünf Zeitscheiben viel effizienter als ein Rahmen mit einer Zeitscheibe, da bei konstantem Overhead mehr Daten gesendet werden können.

Das Protokoll zur Verbindungsverwaltung richtet logische Kanäle, sogenannte **Links** (Verbindung), zur Übertragung von Rahmen zwischen dem Controller- und einem Client-Gerät ein, die sich gegenseitig entdeckt haben. Es folgt eine Pairing-Prozedur um sicherzustellen, dass die beiden Geräte die Erlaubnis zur Kommunikation haben, bevor der Link benutzt wird. Bei der alten Pairing-Methode müssen beide Geräte mit derselben vierstelligen PIN (*Personal Identification Number*) konfiguriert werden. Die übereinstimmende PIN sorgt dafür, dass jedes Gerät weiß, ob es mit dem richtigen entfernten Gerät verbunden ist. Da fantasielose Benutzer und Geräte gerne PINs wie „0000“ und „1234“ als Standardeinstellung wählen, bietet diese Methode in der Praxis sehr wenig Sicherheit.

Die neue **sichere einfache Pairing**-Methode ermöglicht es den Benutzern zum einen zu bestätigen, dass beide Geräte denselben Hauptschlüssel aufweisen, oder zum anderen den Hauptschlüssel auf dem einen Gerät zu beobachten und ihn in das zweite Gerät einzugeben. Diese Methode ist sicherer, weil Benutzer keine PIN auswählen oder einstellen müssen. Sie müssen lediglich einen längeren, vom Gerät erzeugten Hauptschlüssel bestätigen. Natürlich kann diese Methode bei einigen Geräten mit begrenzter Ein-/Ausgabemöglichkeit nicht angewandt werden, wie beispielsweise Freisprecheinrichtungen.

Nachdem das Pairing abgeschlossen ist, richtet das Protokoll zur Verbindungsverwaltung die Links ein. Es gibt zwei grundsätzliche Arten von Links, um Benutzerdaten zu übertragen. Die erste ist der **SCO**-Link (*Synchronous Connection Oriented*) für Echtzeitdaten wie Telefonverbindungen. Bei diesem Linktyp ist jeder Richtung eine feste Zeitscheibe zugeordnet. Ein Client kann bis zu drei SCO-Links zum Controller besitzen. Ein SCO-Link kann einen PCM-Audiokanal mit 64.000 Bit/s übertragen. Aufgrund der zeitkritischen Natur der SCO-Links werden Rahmen, die darüber versendet werden, nie erneut übertragen. Stattdessen kann mit der Vorwärtsfehlerkorrektur die Zuverlässigkeit erhöht werden.

Die andere Möglichkeit ist der **ACL**-Link (*Asynchronous ConnectionLess*). Dieser Linktyp wird für paketvermittelte Daten verwendet, die in unregelmäßigen Abständen verfügbar sind. ACL-Datenverkehr läuft auf der Best-Effort-Basis ab. Eine Garantie besteht nicht. Die Rahmen können verloren gehen und müssen dann erneut übertragen werden. Ein Client hat möglicherweise nur einen ACL-Link zum Controller.

Die Daten, die über ACL-Links gesendet werden, stammen aus der L2CAP-Schicht. Diese Schicht hat vier Hauptfunktionen. Als Erstes akzeptiert sie Pakete bis 64 KB Länge von den oberen Schichten und zerlegt sie zur Übertragung in Rahmen. Am anderen Ende werden die Rahmen wieder zu Paketen zusammengestellt. Zweitens verwaltet sie das Multiplexing und Demultiplexing mehrerer Paketquellen. Wird ein Paket erneut zusammengebaut, dann bestimmt die L2CAP-Schicht, an welches Protokoll der oberen Schicht es übergeben wird, beispielsweise RFcomm oder Diensterkennung. Drittens verwaltet L2CAP die Fehlerkontrolle und Neuübertragungen. Fehler werden erkannt und Pakete erneut gesendet, die nicht bestätigt wurden. Und schließlich behandelt L2CAP die Anforderungen für die Dienstgüte zwischen mehreren Links.

4.5.6 Bluetooth-Rahmenstruktur

Bluetooth definiert verschiedene Rahmenformate, von denen das wichtigste in ▶Abbildung 4.32 in zwei Versionen dargestellt wird. Ein Rahmen beginnt mit einem Zugriffscode, der in der Regel den Controller bestimmt, sodass die Clients in der Reichweite zweier Controller unterscheiden können, welcher Datenverkehr für sie bestimmt ist. Als Nächstes kommt ein 54-Bit-Header mit den typischen Feldern der MAC-Teilschicht. Falls der Rahmen mit Basisdatenrate gesendet wird, dann kommt als Nächstes das Datenfeld. Es hat bis zu 2.744 Bit bei einer Übertragung über fünf Zeitscheiben. Bei einer einzigen Zeitscheibe ist das Format gleich, aber das Datenfeld hat nur 240 Bit.

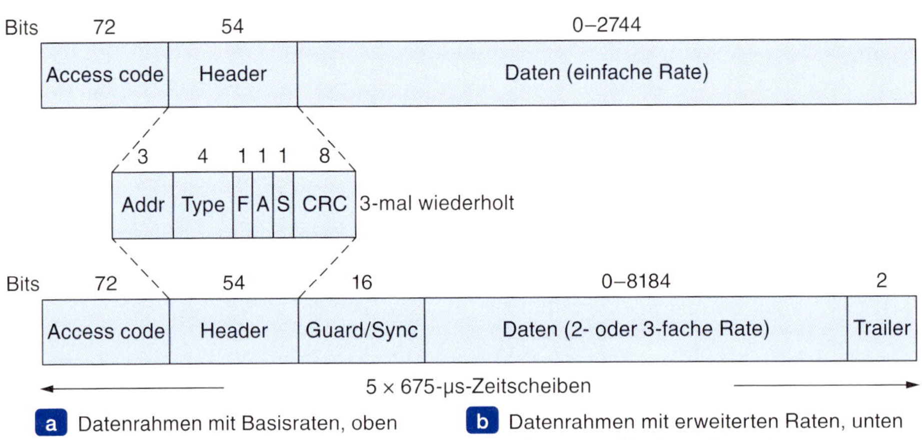

Abbildung 4.32: Typischer Bluetooth-Datenrahmen (a) mit Basisdatenraten, (b) mit erweiterten Datenraten.

Falls der Rahmen mit erweiterter Rate gesendet wird, kann der Datenanteil bis zu zwei- oder dreimal so viele Bits betragen, weil jedes Symbol 2 oder 3 Bits statt 1 Bit überträgt. Diesen Daten ist ein Sicherheitsfeld und ein Synchronisationsmuster vorangestellt. Letzteres wird benutzt, um auf die schnellere Datenrate umzuschalten. Das heißt, Zugangscode und Header werden mit der Basisrate übertragen und nur der Datenanteil mit der schnelleren Rate. Rahmen mit dieser erweiterten Datenrate enden mit einem kurzen Trailer.

Sehen wir uns den allgemeinen Header einmal kurz an. Das Feld *Address* gibt an, für welches der acht aktiven Geräte der Rahmen bestimmt ist. Das Feld *Type* gibt den Rahmentyp an (ACL, SCO, Polling oder Null), die Art der im Datenfeld verwendeten Fehlerkorrektur und wie viele Zeitscheiben der Rahmen umfasst. Das *Flow*-Bit wird von einem Client gesetzt, wenn sein Puffer voll ist und er keine Daten mehr empfangen kann. Dieses Bit ermöglicht eine einfache Form der Flusskontrolle. Das *Acknowledgement*-Bit wird für den Huckepacktransport einer Bestätigung (ACK) auf einem Rahmen verwendet. Das *Sequence*-Bit dient der Nummerierung der Rahmen, um erneute Übertragungen zu erkennen. Als Protokoll wird Stop-and-Wait verwendet, sodass 1 Bit ausreichend ist. Dann folgt die 8-Bit-Prüfsumme (*Checksum*) des Headers. Der insgesamt 18 Bit lange Header wird dreimal wiederholt, um wie in Abbildung 4.32 einen 54 Bit langen Header zu bilden. Auf Empfangsseite untersucht eine einfache Schaltung die drei Kopien jedes Bits. Sind alle drei gleich, wird das Bit akzeptiert. Wenn nicht, gewinnt die Meinung der Mehrheit. Es werden also 54 Bit Übertragungskapazität zum Senden der 10 Bit im Header verwendet; denn um Daten zuverlässig in einer rauschenden Umgebung mit billigen Geräten mit wenig Leistung (2,5 mW) und Rechenkapazität zu senden, ist ein hohes Maß an Redundanz erforderlich.

Für das Datenfeld von ACL- und SCO-Rahmen stehen verschiedene Formate zur Auswahl. Die SCO-Rahmen mit Basisrate sind ein einfaches Untersuchungsbeispiel: Das Datenfeld ist immer 240 Bit lang. Drei Varianten sind definiert, sodass an Nutzdaten 80, 160 oder 240 Bit möglich sind, und der Rest wird zur Fehlerkorrektur verwendet. In der zuverlässigsten Version (80 Bit Nutzdaten) werden die Inhalte wie im Header dreimal wiederholt.

Wir können die Kapazität mit diesen Rahmen wie folgt berechnen. Da Clients nur die ungeraden Zeitscheiben verwenden dürfen, erhalten sie wie der Controller 800 Zeitscheiben/s. Bei 80 Bit Nutzdaten beträgt die Kanalkapazität des Clients wie die des Controllers 64.000 Bit/s. Diese Kapazität reicht für einen PCM-Duplexsprachkanal genau aus (daher wurde die Sprungrate von 1.600 Sprüngen/s gewählt). Das heißt, trotz der rohen Bandbreite von 1 Mbit/s kann ein einzelner, unkomprimierter Duplexsprachkanal mit 64.000 Bit/s das Piconetz voll auslasten. Die Effizienz von 13 % resultiert daraus, dass 41 % der Kapazität für die Übergangsdauer, 20 % für die Header und 26 % für die Codierung der Wiederholungen aufgewendet werden. Dieses Manko verdeutlicht den Wert der erweiterten Raten und Rahmen von mehr als einer einzelnen Zeitscheibe.

Man könnte noch viel mehr über Bluetooth sagen, leider fehlt hier der Platz. Für Wissbegierige: die Bluetooth-4.0-Spezifikation enthält alle Details.

4.5.7 Bluetooth 5

Im Juni 2016 stellte die Bluetooth Special Interest Group Bluetooth 5 vor, im Januar 2019 folgte Bluetooth 5.1. Es handelt sich dabei um relativ geringfügige Verbesserungen des Bluetooth-4-Standards, dennoch gibt es einige Unterschiede zwischen Bluetooth 4 und den beiden Bluetooth-5-Standards. Die nachfolgende Liste nennt die wichtigsten Unterschiede in Bluetooth 5.0:

1. Unterstützung für Geräte im Internet der Dinge
2. Erhöhung der Geschwindigkeit von 1 Mbit/s auf 2 Mbit/s
3. Erhöhung des Nachrichtenumfangs von 31 Bytes auf 255 Bytes
4. Erhöhung der Entfernung im Innenraum von 10 auf 40 Meter
5. Leichte Senkung des Energiebedarfs
6. Leichte Erhöhung der Reichweite der Beacons
7. Etwas bessere Sicherheit

Alles in allem keine große Veränderung, aber angesichts der Notwendigkeit der Abwärtskompatibilität war das auch nicht zu erwarten. Der Bluetooth-5.1-Standard enthielt einige kleinere Aktualisierungen in den Bereichen Geräteverfolgung, Zwischenspeicherung und ein paar andere kleine Dinge.

4.6 DOCSIS

Das Kabelfernsehnetz wurde ursprünglich entwickelt, um Fernsehprogramme in die Haushalte zu bringen. Heute wird es auch als Alternative zum Telefonsystem verwendet und bringt das Internet in die Haushalte. Im Folgenden wird die „MAC-Schicht" im DOCSIS-Standard beschrieben, der von den meisten Kabelanbietern implementiert wird.

4.6.1 Überblick

Die DOCSIS-Spezifikation (*Data over Cable Service Interface Specification*) verfügt in gewisser Weise ebenfalls über eine MAC-Teilschicht, obwohl sich diese Schicht nicht so stark von der Verbindungsschicht unterscheidet wie in anderen Protokollen, die wir in den vorangegangenen Kapiteln untersucht haben. Nichtsdestotrotz weist das Protokoll verschiedene Aspekte auf, die zu den Standardzielen der MAC-Teilschicht passen, darunter die Kanalzuweisung (die über einen Anforderung-Bewilligung-Prozess erfolgt), die Konfiguration der Dienstgüte und ein einzigartiges Weiterleitungsmodell. Dieser Abschnitt befasst sich mit allen drei dieser Themen. In jüngster Zeit wurden mit Vollduplex-DOCSIS 3.1 (jetzt DOCSIS 4.0 genannt) neue Technologien für das Scheduling und die Interferenzunterdrückung eingeführt.

DOCSIS weist ein standardisiertes MAC-Rahmenformat auf, das eine Reihe von Feldern enthält, darunter die Länge des MAC-Rahmens, eine Prüfsumme und ein erweitertes Header-Feld, das mehrere Funktionen unterstützt, unter anderem die Sicherheit auf der Verbindungsschicht. Einige Header unterstützen spezifische Funktionen, wie Downstream-Timing, Upstream-Leistungsanpassung, Bandbreitenanforderung und die Verkettung von Rahmen. Ein spezieller Rahmentyp wird als Anforderungsrahmen (*request frame*) bezeichnet, mit dem das Kabelmodem Bandbreite anfordert, wie später in diesem Abschnitt beschrieben wird.

4.6.2 Ranging

Das Kabelmodem sendet eine sogenannte **Ranging**-Anfrage, die es dem CMTS (Kopfstelle) ermöglicht, die Netzverzögerung zum Kabelmodem zu ermitteln und die erforderlichen Leistungseinstellungen vorzunehmen. Beim Ranging handelt es sich um die regelmäßige Abstimmung der verschiedenen Übertragungsparameter, insbesondere von Timing, Frequenz und Leistung. Das CMTS fragt das Kabelmodem ab, was das Modem veranlasst, eine Ranging-Anfrage zu stellen. Auf der Grundlage dieser Nachricht sendet das CMTS dem Modem eine Antwort, mit deren Hilfe das Kabelmodem das Timing und die Leistung der Signalübertragung anpassen kann. Standardmäßig erfolgt das Ranging etwa alle 30 Sekunden, es kann aber auch so konfiguriert werden, dass es häufiger erfolgt; typische Ranging-Intervalle liegen bei 10 bis 20 Sekunden.

4.6.3 Zuordnung der Kanalbandbreite

Das DOCSIS-CMTS weist jedem Kabelmodem über einen Anforderung-Bewilligung-Prozess Bandbreite zu. Jedem Upstream- oder Downstream-Verkehr wird in der Regel ein Dienstfluss zugewiesen, und jedem Dienstfluss wird vom CMTS Bandbreite zugeordnet.

Dienstflüsse

Bei der Kanalzuweisung in DOCSIS geht es in der Regel um die Zuweisung von Kanälen zwischen einem **CMTS** (*Cable Modem Termination System*) und einem oder mehreren Kabelmodems, die sich zu Hause bei den Abonnenten befinden. Das CMTS muss alle Upstream- und Downstream-Kanäle bedienen und verwirft jeden Rahmen, dessen MAC-Quelladresse nicht zu einem der zugewiesenen Kabelmodems in der Gruppe gehört. Zentraler Bestandteil der DOCSIS-MAC-Schicht ist der Begriff des **Dienstflusses**, der eine Möglichkeit zur Verwaltung der Upstream- und Downstream-Dienstqualität bietet. Jedes Kabelmodem hat eine zugehörige Dienstfluss-ID, die bei der Registrierung des Kabelmodems ausgehandelt wird, wobei jedes Kabelmodem mehrere zugehörige Dienstflüsse haben kann. Verschiedene Dienstflüsse können unterschiedliche Beschränkungen aufweisen, abhängig von den verschiedenen Arten von Verkehr. Beispielsweise kann jeder Dienstfluss eine maximale Paketgröße haben oder ein Dienstfluss kann für eine bestimmte Art von Anwendung bestimmt sein, z.B. für eine Anwendung mit konstanter Bitrate. Alle Kabelmodems müssen mindestens einen Upstream- und einen Downstream-Dienstfluss unterstützen, die sogenannten primären Dienstflüsse.

Der Anforderung-Bewilligung-Prozess und Low-Latency DOCSIS

Wenn ein Kabelmodem Daten zu senden hat, sendet es eine kurze Anfrage, die dem CMTS mitteilt, wie viele Daten es zu senden hat, und wartet auf eine nachfolgende Bandbreitenzuweisungsnachricht, die die Upstream-Übertragungsmöglichkeiten beschreibt, die einem Sender für die Datenübertragung zur Verfügung stehen.

Die Upstream-Übertragung wird durch einen Mechanismus zur Upstream-Bandbreitenzuweisung in diskrete Intervalle, sogenannte **Minizeitscheiben** (*minislot*), unterteilt. Eine Minizeitscheibe ist einfach eine Zeiteinheit für die Granularität der Upstream-Übertragung, in der Regel in Schritten von 6,25 µs. Je nach DOCSIS-Version muss eine Minizeitscheibe ein Vielfaches dieses Inkrements sein; in moderneren DOCSIS-Versionen gilt diese Einschränkung nicht. Durch die Anpassung der Minizeitscheiben, die einem bestimmten Dienstfluss zugewiesen werden, kann das CMTS die Dienstqualität und die Priorisierung für verschiedene Verkehrsströme wirksam umsetzen.

Im Allgemeinen hat es die Dienstqualität dem CMTS ermöglicht, den verschiedenen Kabelmodems mehr Bandbreite zuzuweisen (sodass ein Teilnehmer, der für eine höhere Servicestufe vorgesehen ist, ein höheres Serviceniveau erreichen kann). In jüngster Zeit haben die Überarbeitungen von DOCSIS jedoch auch differenzierte Dienste für latenzempfindliche Anwendungen ermöglicht. So erlaubt beispielsweise eine neue Überarbeitung des DOCSIS-Protokolls durch eine neue Spezifikation namens **LLD** (*Low-Latency DOCSIS*) eine niedrige Latenzzeit. LLD berücksichtigt, dass für viele interaktive Anwendungen wie Spiele und Videokonferenzen eine niedrige Latenzzeit ebenso wichtig ist wie ein hoher Durchsatz. In einigen Fällen kann in bestehenden DOCSIS-Netzen die Latenzzeit für einige Datenströme recht hoch sein, was sowohl auf die Zeit für den Erwerb der gemeinsam genutzten Medien als auch auf die Zeit in der Warteschlange zurückzuführen ist.

LLD löst diese Probleme, indem es die mit dem Anforderung-Bewilligung-Prozess verbundene Umlaufverzögerung verkürzt und zwei Warteschlangen verwendet – eine Warteschlange für latenzempfindlichen und eine weitere für nicht latenzempfindlichen Anwendungsverkehr. Die kürzere Verzögerung zwischen Anforderung und Bewilligung reduziert die Zeit, die das CMTS für die Scheduling-Berechnungen benötigt, auf 1 Millisekunde gegenüber einem früheren Zeitintervall von 2–4 Millisekunden. LLD setzt auch Mechanismen zum proaktiven Scheduling von Dienstflussbewilligungen ein, um die mit dem Anforderung-Bewilligung-Prozess verbundene Verzögerung vollständig zu eliminieren. Mit LLD können Anwendungen festlegen, ob sie Pakete haben, die nicht in die Warteschlange gestellt werden können, Hierzu markieren sie ein Differenzierte-Dienste-Feld im DOCSIS-Rahmen. Weitere Informationen zu LLD finden Sie in White (2019).

4.7 Switches der Sicherungsschicht

Viele Unternehmen haben mehrere LANs und möchten diese verbinden. Wäre es nicht praktisch, wenn wir die LANs einfach zusammenführen könnten, um ein größeres LAN zu bilden? Dies ist in der Tat möglich, wenn die Verbindungen mithilfe von sogenannten **Bridges** hergestellt werden. Die Ethernet-Switches, die wir in Abschnitt 4.3.4 beschrieben haben, sind ein moderner Name für Bridges; sie bieten Funktionalität, die über klassisches Ethernet und Ethernet-Hubs hinausgeht, um das Zusammenführen mehrer LANs zu einem größeren und schnelleren Netzwerk zu vereinfachen. Wir werden die Begriffe „Bridge" und „Switch" synonym verwenden.

Bridges arbeiten auf der Sicherungsschicht, daher prüfen sie die Sicherungsschichtadressen zum Weiterleiten der Rahmen. Da sie nicht das Nutzdatenfeld des weitergeleiteten Rahmens untersuchen, können Sie IP-Pakete ebenso wie andere Paketarten (z.B. AppleTalk-Pakete) bearbeiten. Im Unterschied dazu untersuchen *Router* die Adressen in den Paketen und leiten sie dementsprechend weiter, sie können also nur mit den Protokollen betrieben werden, für die sie entworfen wurden.

In diesem Abschnitt werfen wir einen Blick darauf, wie Bridges funktionieren und benutzt werden, um mehrere physische LANs zu einem einzigen logischen LAN zu vereinen. Wir wollen uns außerdem den umgekehrten Fall ansehen, wie ein physisches LAN als viele logische LANs, sogenannte **virtuelle LANs** (**VLAN**), behandelt werden kann. Beide Technologien stellen nützliche Flexibilität zur Netzverwaltung bereit. Eine umfassende Beschreibung von Bridges, Switches und damit in Verbindung stehenden Themen finden Sie bei Perlman (2000) und Yu (2011).

4.7.1 Verwendung von Bridges

Bevor wir in die Bridge-Techniken einsteigen, wollen wir einen Blick auf die üblichen Situationen werfen, in denen Bridges verwendet werden. Es werden drei Gründe aufgeführt, warum in einem einzelnen Unternehmen mehrere LANs vorhanden sein können.

Erstens haben viele Universitäts- und Firmenabteilungen ihr eigenes LAN, um damit ihre PCs, Server und Geräte wie Drucker zu verbinden. Da sich die Ziele der einzelnen Abteilungen unterscheiden, werden auch verschiedene LANs eingerichtet, ohne die Entscheidung anderer Abteilungen zu berücksichtigen. Früher oder später müssen sie jedoch zusammenarbeiten, also wird eine Art Brücke (*bridge*) benötigt. In diesem Beispiel entstanden die verschiedenen LANs aufgrund der Autonomie ihrer Besitzer.

Zweitens könnte das Unternehmen auf verschiedene, geografisch weit voneinander entfernte Gebäude aufgeteilt sein. Hier ist es kostengünstiger, in jedem Gebäude ein LAN einzurichten und diese LANs dann mit Bridges und ein paar Langstreckenglasfaserleitungen zu verbinden, als alle Kabel durch einen einzigen zentralen Switch zu verlegen. Selbst wenn das Verlegen der Kabel einfach durchzuführen ist, so gibt es doch Grenzen bezüglich ihrer Länge (z.B. 200 m für Twisted-Pair-Gigabit-Ethernet). Das Netzwerk würde für längere Kabel aufgrund der starken Signaldämpfung oder der Umlaufverzögerung nicht funktionieren. Die einzige Lösung ist, das LAN zu partitionieren und Bridges zu installieren, um die Stücke zusammenzufügen. Damit wird die gesamte räumliche Entfernung vergrößert, die abgedeckt werden kann.

Drittens könnte es nötig sein, ein logisches Einzel-LAN in mehrere LANs (verbunden durch Bridges) aufzuteilen, um die Belastung zu verteilen. An vielen großen Universitäten stehen z.B. für Studenten und Mitarbeiter Tausende von Rechnern zur Verfügung. Unternehmen können ebenfalls Tausende von Angestellten haben. Bei Systemen dieses Umfangs können nicht alle Rechner an ein einzelnes LAN angeschlossen werden – es gibt mehr Computer als Ports an jedem Ethernet-Hub und mehr Stationen, als an einem einzigen klassischen Ethernet erlaubt ist.

Selbst wenn es möglich wäre, alle Workstations miteinander zu verdrahten – mehr Stationen an einen Ethernet-Hub oder klassisches Ethernet anzuschließen, würde nicht mehr Kapazität einbringen. All diese Stationen teilen die gleiche festgelegte Menge an Bandbreite. Je mehr Stationen es gibt, desto weniger durchschnittliche Bandbreite steht pro Station zur Verfügung.

Zwei separate LANs haben jedoch die doppelte Kapazität von einem einzelnen LAN. Bridges ermöglichen es, die LANs zusammenzuführen und gleichzeitig diese Kapazität beizubehalten. Der springende Punkt dabei ist, dass kein Datenverkehr auf Ports gesendet wird, wenn es nicht nötig ist, sodass jedes LAN mit voller Geschwindigkeit laufen kann. Dieses Verhalten erhöht außerdem die Zuverlässigkeit, da bei einem einzelnen LAN ein defekter Knoten, der unaufhörlich einen Nonsens-Datenstrom ausgibt, das gesamte LAN verstopfen kann. Bridges entscheiden, was weitergeleitet wird und was nicht, und verhalten sich damit wie Feuertüren in einem Gebäude: Sie verhindern, dass ein einzelner Knoten, der Amok läuft, das gesamte System zum Absturz bringt.

Um diese Vorteile leicht verfügbar zu machen, sollten Bridges im Idealfall völlig transparent sein. Es sollte möglich sein, loszugehen und Bridges zu kaufen, die LAN-Kabel in die Bridges stecken und alles läuft perfekt – sofort. Es sollten keine Hardwareänderungen erforderlich sein, keine Softwareänderungen, kein Einstellen von Adressen, kein Downloaden von Routing-Tabellen oder Parametern, nichts von all dem. Einfach die Kabel einstecken und fertig. Außerdem sollte der Betrieb der vorhandenen LANs in keinster Weise von den Bridges betroffen sein. Soweit es die Stationen betrifft, sollte es keinen beobachtbaren Unterschied geben, ob sie Teil eines per Bridges gekoppelten LAN sind oder nicht. Stationen innerhalb des Bridge-LAN zu verschieben sollte ebenso einfach sein, wie sie innerhalb eines Einzel-LAN zu bewegen.

Erstaunlicherweise ist es tatsächlich möglich, Bridges zu erzeugen, die transparent sind. Zwei Algorithmen werden verwendet: ein Backward-Learning-Algorithmus, um Datenverkehr zu stoppen, wo er nicht nötig ist; und ein Spannbaum-Algorithmus, um Schleifen aufzubrechen, die sich bilden können, wenn Switches notgedrungen miteinander verkabelt sind. Lassen Sie uns nun nacheinander einen Blick auf diese Algorithmen werfen und lernen, wie diese Zauberei bewerkstelligt wird.

4.7.2 Learning-Bridges

Die Topologie von zwei LANs, die per Bridge gekoppelt sind, ist in ▶Abbildung 4.33 für zwei Fälle gezeigt. Auf der linken Seite werden zwei LANs (Kollisionsdomänen, zum Beispiel klassisches Ethernet) mithilfe einer speziellen Station – der Bridge – zusammengeführt, die in beiden LANs sitzt. Auf der rechten Seite sind LANs mit Punkt-zu-Punkt-Kabeln einschließlich eines Hubs miteinander verbunden. Die Stationen und der Hub sind an die Bridges angeschlossen. Falls die LAN-Technologie Ethernet ist, sind die Bridges besser bekannt als Ethernet-Switches.

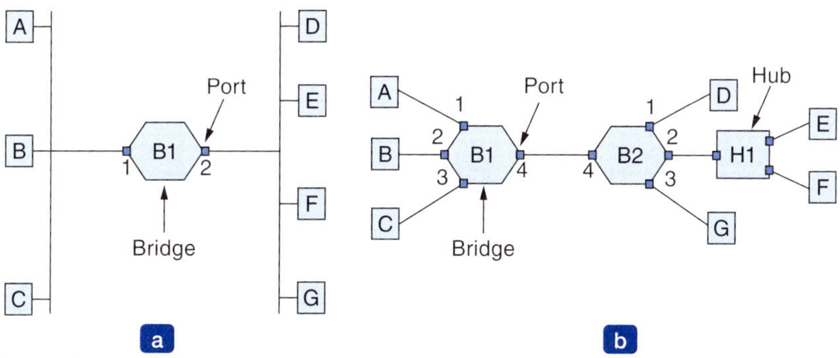

Abbildung 4.33: (a) Bridge, die zwei LANs verbindet. (b) Bridges (und ein Hub), die sieben Punkt-zu-Punkt-Stationen verbinden.

Bridges wurden entwickelt, als klassisches Ethernet in Gebrauch war, daher werden sie häufig in Topologien mit Multidrop-Kabeln wie in Abbildung 4.33a gezeigt. Die heutigen Topologien bestehen jedoch aus Punkt-zu-Punkt-Kabeln und -Switches. Die Bridges arbeiten in beiden Situationen auf die gleiche Weise. Alle Stationen, die am selben Port einer Bridge angeschlossen sind, gehören zur selben Kollisionsdomäne, die sich von den Kollisionsdomänen anderer Ports unterscheidet. Falls es wie beim klassischen Ethernet mehr als eine Station, einen Hub oder eine Halbduplexverbindung gibt, dann wird das CSMA/CD-Protokoll zum Senden der Rahmen verwendet.

Es gibt jedoch einen Unterschied in der Art, wie die Bridge-LANs aufgebaut werden. Um LANs per Bridge zu koppeln, wird eine Bridge als neue Station in jeder Kollisionsdomäne hinzugefügt (Abbildung 4.33a). Um Punkt-zu-Punkt-LANs mithilfe von Bridges aufzubauen, sind die Hubs entweder mit einer Bridge verbunden, oder werden – vorzugsweise – zur Steigerung der Performanz durch eine Bridge ersetzt. In Abbildung 4.33b haben Bridges alle Hubs bis auf einen ersetzt.

Verschiedene Kabelarten können ebenfalls an eine Bridge angeschlossen werden. Zum Beispiel ist das Kabel, das in Abbildung 4.33b Bridge *B1* mit Bridge *B2* verbindet, vielleicht eine Glasfaserfernverbindung, während das Kabel, das die Bridges mit den Stationen verbindet, eine Kurzstrecken-Twisted-Pair-Leitung sein könnte. Dieses Arrangement ist sinnvoll, wenn LANs in verschiedenen Gebäuden per Bridge gekoppelt werden sollen.

Nun wollen wir einen Blick darauf werfen, was innerhalb der Bridges passiert. Jede Bridge operiert im Gemischtmodus (*promiscuous mode*), das heißt, sie akzeptiert jeden Rahmen, der von einer Station übermittelt wird, die an einen ihrer Ports angeschlossen sind. Die Bridge muss bei jedem Rahmen entscheiden, ob dieser weitergeleitet oder verworfen werden soll, und im ersteren Fall außerdem, auf welchen Port der Rahmen ausgegeben wird. Diese Entscheidung wird mithilfe der Zieladresse getroffen. Betrachten Sie als Beispiel die Topologie von Abbildung 4.33a. Wenn Station *A* einen Rahmen an Station *B* sendet, dann wird Bridge *B1* den Rahmen auf Port 1 erhalten. Dieser Rahmen kann direkt verworfen werden, weil er bereits auf dem richtigen Port ist. Nehmen wir jedoch an, in der Topologie von Abbildung 4.33b sendet *A* einen Rahmen an *D*. Bridge *B1* wird diesen Rahmen auf Port 1 empfangen und auf Port 4 ausgeben. Bridge *B2* wird dann den Rahmen auf ihrem Port 4 erhalten und auf ihrem Port 1 ausgeben.

Eine einfache Möglichkeit, dieses Schema zu implementieren, ist innerhalb der Bridge eine große (Hash-)Tabelle vorzuhalten. Die Tabelle kann jedes mögliche Ziel auflisten und zu welchem Ausgabeport dieses gehört. Zum Beispiel steht in Abbildung 4.33b in der Tabelle von *B1*, dass *D* zu Port 4 gehört, denn *B1* muss lediglich wissen, auf welchen Port die Rahmen gelegt werden müssen, wenn *D* erreicht werden soll. Für *B1* ist es nicht von Interesse, dass der Rahmen tatsächlich später, wenn er bei *B2* eintrifft, noch weitergeleitet wird.

Bei der erstmaligen Installation der Bridges sind die Hash-Tabellen leer. Keine der Bridges weiß, wo welches Ziel liegt, sodass ein Flooding-Algorithmus (Fluten) verwendet wird: Jeder eintreffende Rahmen für ein unbekanntes Ziel wird auf jeden angeschlossenen Port ausgegeben, außer auf den, auf dem er angekommen ist. Mit der Zeit lernt die Bridge, wo die verschiedenen Ziele liegen. Irgendwann sind ihr alle Ziele bekannt und alle Rahmen werden an den jeweils richtigen Port abgegeben. Damit ist auch kein weiteres Flooding (Weiterleiten an alle LANs) mehr nötig.

Der Algorithmus, der von den Bridges benutzt wird, trägt die Bezeichnung **Backward Learning** (rückwärtsgerichtetes Lernen). Wie bereits erwähnt, arbeiten die Bridges im Gemischtmodus, sodass sie jeden gesendeten Rahmen auf jedem ihrer Ports sehen. Durch einen Blick auf die Quelladressen sehen sie, welche Rechner auf welchen Ports erreichbar sind. Wenn beispielsweise die Bridge *B1* in Abbildung 4.33b erkennt, dass ein Rahmen auf Port 3 von *C* eingeht, weiß sie, dass *C* über Port 3 erreichbar ist. Folglich macht sie einen entsprechenden Eintrag in ihrer Hash-Tabelle. Jeder nachfolgende an *C* adressierte Rahmen, der an *B1* über irgendeinen anderen Port eintrifft, wird an Port 3 weitergegeben.

Die Topologie kann sich ändern, wenn Rechner und Bridges ein- und ausgeschaltet oder verlegt werden. Für die dynamische Topologie wird die Ankunftszeit des Rahmens in den Hash-Tabelleneintrag mitaufgenommen. Jedes Mal, wenn ein Rahmen ankommt, dessen Quelle bereits eingetragen ist, wird die Zeit des Eintrags aktualisiert. Damit stellt die Zeitangabe im Eintrag den letzten Zeitpunkt dar, an dem ein Rahmen von diesem Rechner gesehen wurde.

In periodischen Abständen überprüft nun ein Prozess die Hash-Tabelle der Bridge und löscht alle Einträge, die älter als ein paar Minuten sind. Wird ein Computer von seinem LAN getrennt, an eine andere Stelle im Gebäude verlegt und dort wieder angeschaltet, ist er innerhalb weniger Minuten wieder lauffähig, ohne dass manuelle Eingaben erforderlich sind. Dieser Algorithmus bedeutet auch, dass der Verkehr zu einem mehrere Minuten lang untätigen Rechner per Flooding weitergeleitet werden muss, bis er selbst wieder einen Rahmen versendet.

Die Routing-Prozedur für einen eingehenden Rahmen hängt vom Port ab, auf dem der Rahmen ankommt (dem Quellport), und der Adresse, an die er gerichtet ist (der Zieladresse) ab. Das Verfahren ist wie folgt:

1. Ist der Port für die Zieladresse identisch mit dem Quellport, dann wird der Rahmen verworfen.
2. Sind der Port für die Zieladresse und der Quellport verschieden, dann wird der Rahmen an den Zielport weitergegeben.
3. Ist der Zielport unbekannt, dann wird Flooding verwendet und der Rahmen auf alle Ports außer dem Quellport geschickt.

Vielleicht fragen Sie sich, ob der erste Fall bei Punkt-zu-Punkt-Verbindungen überhaupt auftreten kann. Die Antwort ist: ja, falls Hubs verwendet werden, um mehrere Rechner mit einer Bridge zu verbinden. Ein Beispiel ist in Abbildung 4.33b zu sehen, wo die Stationen *E* und *F* mit Hub *H1* verbunden sind, der wiederum an Bridge *B2* angeschlossen ist. Falls *E* einen Rahmen zu *F* sendet, wird der Hub ihn zu *B2* sowie zu *F* weiterleiten. Das genau ist die Aufgabe von Hubs – sie verkabeln alle Ports miteinander, sodass die Eingabe für einen Port einfach die Ausgabe für alle anderen Ports ist. Der Rahmen kommt bei *B2* auf Port 2 an, was schon der richtige Ausgabeport ist, um das Ziel zu erreichen. Bridge *B2* muss nur den Rahmen verwerfen.

Dieser Algorithmus muss für jeden eingehenden Rahmen angewendet werden, sodass er gewöhnlich mit speziellen VLSI-Chips implementiert wird. Die Chips überprüfen die Tabelleneinträge in ein paar Mikrosekunden und bringen diese auf den neuesten Stand. Da sich die Bridges nur die MAC-Adressen ansehen, um zu entscheiden, wie ein Rahmen weitergeleitet werden soll, ist es möglich, mit der Weiterleitung anzufangen, sobald das Ziel-Header-Feld hereingekommen ist, also noch bevor der Rest des Rahmens angekommen ist (vorausgesetzt natürlich, dass die Ausgabeleitung verfügbar ist). Dieser Entwurf reduziert zum einen die Wartezeit, die Bridge zu durchlaufen, und ebenso die Anzahl der Rahmen, die die Bridge zwischenspeichern muss. Das Verfahren wird als **Cut-through-Switching** oder **Wormhole-Routing** bezeichnet und in der Regel von der Hardware behandelt.

Wir können die Arbeitsweise einer Bridge aus dem Blickwinkel von Protokollstapeln betrachten, um einen Eindruck davon zu bekommen, wie ein Gerät der Sicherungsschicht funktioniert. Sehen wir uns dazu einen Rahmen in der Konfiguration von Abbildung 4.33a an, in der die LANs Ethernet-LANs sind. Der Rahmen wird von Station *A* zu Station *D* gesendet und muss eine Bridge passieren. Die Protokollstapelsicht der Verarbeitung wird in ▶Abbildung 4.34 gezeigt.

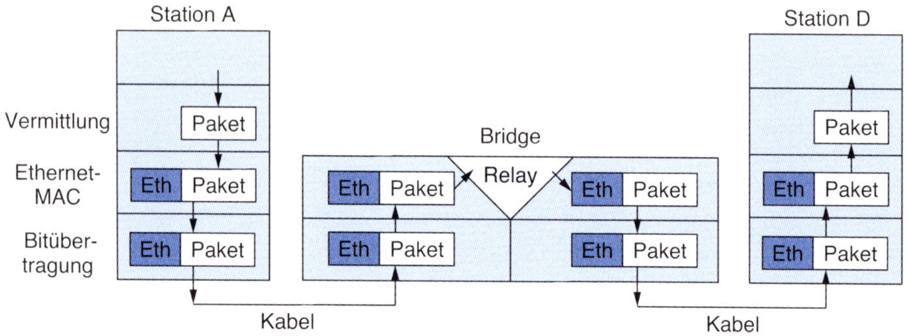

Abbildung 4.34: Protokollverarbeitung in einer Bridge.

Das Paket kommt von einer höheren Schicht und taucht in die Ethernet-MAC-Schicht hinab. Es bekommt einen Ethernet-Header (und auch einen Trailer, dieser ist nicht abgebildet). Diese Einheit wird an die Bitübertragungsschicht weitergereicht, über das Kabel hinausgeleitet und von der Bridge aufgenommen.

In der Bridge wird der Rahmen von der Bitübertragungsschicht an die Ethernet-MAC-Schicht weitergeleitet. Verglichen mit der Ethernet-MAC-Schicht der Station bietet diese Schicht erweiterte Verarbeitungsmöglichkeiten. Der Rahmen wird an ein Relais weitergegeben, immer noch innerhalb der MAC-Schicht. Die Bridge-Relaisfunktion verwendet nur den Ethernet-MAC-Header um festzustellen, wie der Rahmen zu behandeln ist. In diesem Fall gibt die Bridge den Rahmen zur Ethernet-MAC-Schicht des Ports weiter, über den Station *D* erreicht werden kann, und der Rahmen setzt seinen Weg fort.

Im allgemeinen Fall können Relais in einer bestimmten Schicht die Header für diese Schicht neu schreiben. VLANs werden uns dafür in Kürze ein Beispiel liefern. Auf keinen Fall sollte die Bridge in den Rahmen hineinsehen und herausfinden, dass dieser ein IP-Paket beinhaltet; das ist irrelevant für die Verarbeitung in der Bridge und stellt eine Verletzung der Protokollschichten dar. Beachten Sie außerdem, dass eine Bridge mit *k* Ports *k* Instanzen von MAC- und Bitübertragungsschichten haben wird. Der Wert von *k* ist in unserem einfachen Beispiel 2.

4.7.3 Spannbäume und Bridges

Um die Zuverlässigkeit zu erhöhen, können redundante Verbindungen zwischen Bridges eingesetzt werden. Im Beispiel von ▶Abbildung 4.35 gibt es zwei parallele Verbindungen zwischen einem Paar von Bridges. Dieser Entwurf stellt sicher, dass im Falle einer Verbindungstrennung das Netzwerk nicht in zwei Mengen von Rechnern partitioniert wird, die nicht miteinander sprechen können.

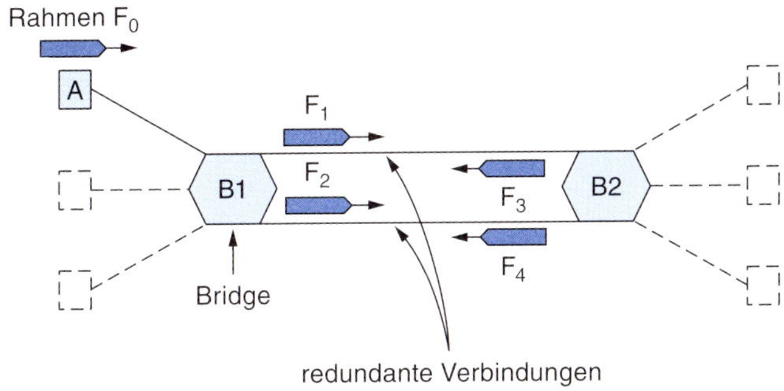

Abbildung 4.35: Bridges mit zwei parallelen Verbindungen.

Diese Redundanz verursacht jedoch zusätzliche Probleme, weil dadurch in der Topologie Schleifen erzeugt werden. Ein Beispiel dieser Problematik können wir in Abbildung 4.35 bei der Behandlung eines Rahmens sehen, der von *A* an ein bislang unbeobachtetes Ziel gesendet wurde. Jede Bridge folgt der normalen Regel für die Behandlung unbekannter Ziele, das heißt, Rahmen mit unbekannter Adresse werden geflutet. Nennen wir den Rahmen von *A*, der Bridge *B1* erreicht, Rahmen F_0. Die Bridge sendet Kopien dieses Rahmen auf jedem ihren Ports aus. Wir betrachten lediglich die Bridge-Ports, die *B1* mit *B2* verbinden (obwohl der Rahmen auch auf die anderen Ports gesendet wird). Da es zwei Verbindungen von *B1* nach *B2* gibt, kommen zwei Kopien des Rahmens bei *B2* an. Diese sind in Abbildung 4.35 als F_1 und F_2 dargestellt.

Kurz danach erhält Bridge *B2* die Rahmen. *B2* weiß nicht (und kann auch nicht wissen), dass dies Kopien desselben Rahmens sind, und nicht zwei unterschiedliche Rahmen, die nacheinander gesendet wurden. Deshalb nimmt Bridge *B2* den Rahmen F_1 an und sendet Kopien davon auf alle anderen Ports. Und *B2* nimmt auch F_2 an und sendet Kopien davon auf alle anderen Ports. Dadurch werden die Rahmen F_3 und F_4 erzeugt, die über die zwei Verbindungen zurück zu *B1* gesendet werden. Bridge *B1* erkennt zwei neue Rahmen mit unbekanntem Ziel und kopiert diese erneut. Dieser Kreislauf setzt sich unendlich fort.

Die Lösung für dieses Problem sieht die Kommunikation der Bridges untereinander und die Überlagerung der aktuellen Topologie mit einem Spannbaum (*spanning tree*) vor, der jede Bridge erreicht. Um eine fiktive schleifenlose Topologie aufzubauen (eine Teilmenge der aktuellen Topologie), werden in der Tat einige potenzielle Verbindungen zwischen den Bridges ignoriert.

In ▸Abbildung 4.36 sehen wir beispielsweise fünf Bridges, die zusammengeschlossen sind, außerdem ist jede mit Stationen verbunden. Jede Station ist nur mit einer Bridge verbunden. Es gibt ein paar redundante Verbindungen zwischen den Bridges, sodass Rahmen in Schleifen weitergeleitet werden, falls alle Verbindungen benutzt werden. Diese Topologie kann man sich als einen Graphen vorstellen, in dem die Bridges die Knoten und Punkt-zu-Punkt-Verbindungen die Kanten sind. Der Graph kann auf einen Spannbaum reduziert werden, der definitionsgemäß keine Zyklen enthält, indem man die in Abbildung 4.36 als gestrichelte Linien dargestellten Verbindungen weglässt. Bei diesem Spannbaum gibt es genau einen Pfad von jeder Station zu jeder anderen. Haben die Bridges einmal Übereinkunft über den Spannbaum getroffen, erfolgen alle Übertragungen zwischen den Stationen über den Spannbaum. Da von jeder Quelle zu jedem Ziel ein eindeutiger Pfad führt, sind Schleifen unmöglich.

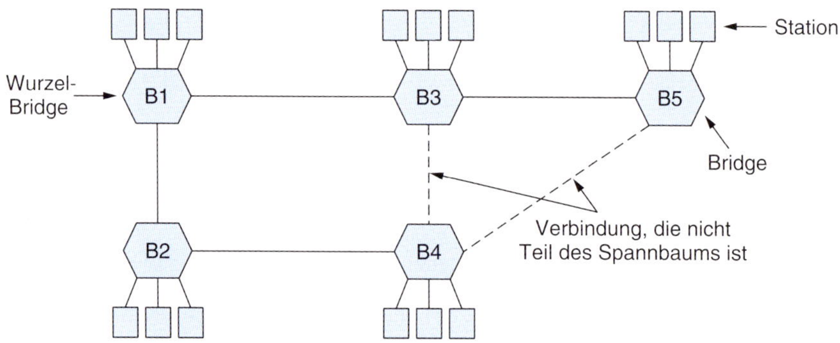

Abbildung 4.36: Ein Spannbaum verbindet fünf Bridges. Die gestrichelten Linien sind nicht Teil des Spannbaums.

Zur Errichtung des Spannbaums führen die Bridges einen verteilten Algorithmus aus. Jede Bridge sendet periodisch eine Konfigurationsnachricht auf allen seinen Ports zu seinen Nachbarn und verarbeitet die Nachrichten, die sie von anderen Bridges empfängt, wie im Folgenden beschrieben wird. Diese Nachrichten werden nicht weitergeleitet, da sie nur dazu dienen, den Baum aufzubauen, der dann zur Weiterleitung benutzt werden kann.

Die Bridges müssen zuerst eine Bridge als Wurzel des Spannbaums auswählen. Dazu fügt jede Bridge einen Identifikator, der auf ihrer MAC-Adresse basiert, in die Konfigurationsnachricht ein und außerdem den Identifikator der Bridge, den sie für die Wurzel halten. MAC-Adressen werden vom Hersteller installiert und sind weltweit garantiert eindeutig, was diese Adresse praktisch und einzigartig macht. Die Bridge mit dem niedrigsten Identifikator wird als Wurzel ausgewählt. Nachdem genügend Nachrichten ausgetauscht wurden, um die Neuigkeit zu verbreiten, wissen alle Bridges, welche von ihnen die Wurzel ist. In Abbildung 4.36 hat *B1* den niedrigsten Identifikator und wird die Wurzel.

Als Nächstes wird ein Baum mit kürzestmöglichen Pfaden von der Wurzel zu jeder Bridge aufgebaut. In Abbildung 4.36 können die Bridges *B2* und *B3* jeweils von Bridge *B1* aus direkt mit einem Sprung erreicht werden, dies ist der kürzeste Pfad. Bridge *B4* kann mit zwei Sprüngen erreicht werden, entweder über *B2* oder über *B3*. Um diese Verbindung abzubrechen, wird der Pfad mit dem kleinsten Identifikator ausgewählt, also wird *B4* über *B2* erreicht. Bridge *B5* kann mit zwei Sprüngen über *B3* erreicht werden.

Um diese kürzesten Pfade zu finden, fügen die Bridges die Entfernung von der Wurzel in ihre Konfigurationsnachrichten ein. Jede Bridge merkt sich den kürzesten Pfad, den sie zur Wurzel findet. Die Bridges schalten dann die Ports ab, die nicht Teil des kürzesten Pfads sind.

Obwohl der Baum alle Bridges umfasst, müssen nicht unbedingt alle Verbindungen (noch nicht einmal alle Bridges) im Baum enthalten sein. Dies liegt daran, dass durch das Abschalten der Ports einige Verbindungen vom Netzwerk getrennt werden, um Schleifen zu vermeiden. Sogar nach der Erstellung des Spannbaums läuft der Algorithmus im Normalbetrieb weiter, um Änderungen in der Topologie automatisch zu erfassen und den Baum entsprechend anzupassen.

Der zum Aufbau des Spannbaums verwendete Algorithmus wurde von Radia Perlman entwickelt. Sie hatte die Aufgabe, das Problem zu lösen, wie LANs ohne Schleifen zusammengeführt werden können. Ihr wurde eine Woche Zeit dazu gegeben, doch ihr kam die Idee für den Spannbaum-Algorithmus in einem Tag. Zum Glück, denn so blieb ihr noch genug Zeit, ein Gedicht darüber zu schreiben (Perlman,1985):

I think that I shall never see
A graph more lovely than a tree.
A tree whose crucial property
Is loop-free connectivity.
A tree which must be sure to span.
So packets can reach every LAN.
First the Root must be selected
By ID it is elected.
Least cost paths from Root are traced
In the tree these paths are placed.
A mesh is made by folks like me
Then bridges find a spanning tree.

Der Spannbaum-Algorithmus wurde dann in IEEE 802.1D standardisiert und über viele Jahre verwendet. 2001 wurde er überarbeitet, um einen neuen Spannbaum nach einer Änderung in der Topologie noch schneller zu finden. Eine ausführliche Behandlung von Bridges finden Sie in (Perlman, 2000).

4.7.4 Repeater, Hubs, Bridges, Switches, Router und Gateways

Wir haben uns in diesem Buch bislang mit verschiedenen Möglichkeiten befasst, Rahmen und Pakete von einem Rechner zu einem anderen zu transportieren. Wir haben Repeater, Hubs, Bridges, Switches, Router und Gateways erwähnt. Diese Geräte werden alle häufig eingesetzt und unterscheiden sich auf subtile und auch auf weniger subtile Art und Weise. Da es so viele davon gibt, ist es wahrscheinlich eine gute Idee, dass wir sie uns zusammen ansehen, um die Ähnlichkeiten und Unterschiede zu entdecken.

Der Schlüssel zum Verständnis dieser Geräte ist sich bewusst zu machen, dass sie auf verschiedenen Schichten arbeiten (▶Abbildung 4.37a). Die Schicht spielt eine Rolle, weil die verschiedenen Geräte verschiedene Informationsstücke verwenden, um die

Art der Vermittlung zu bestimmen. In einem typischen Fall erzeugt ein Benutzer einige Daten, die an einen entfernten Rechner gesendet werden sollen. Diese Daten werden an die Transportschicht übergeben, die dann einen Header (beispielsweise einen TCP-Header) hinzufügt und das Ergebnis an die Vermittlungsschicht übergibt. Die Vermittlungsschicht fügt einen eigenen Header hinzu, um ein Paket der Vermittlungsschicht (z.B. ein IP-Paket) zu bilden. In Abbildung 4.37b sehen wir ein dunkelblaues IP-Paket. Das Paket geht dann zur Sicherungsschicht, die einen eigenen Header und die Prüfsumme (CRC) hinzufügt und den entstandenen Rahmen an die Bitübertragungsschicht zur Übertragung, beispielsweise über ein LAN, weitergibt.

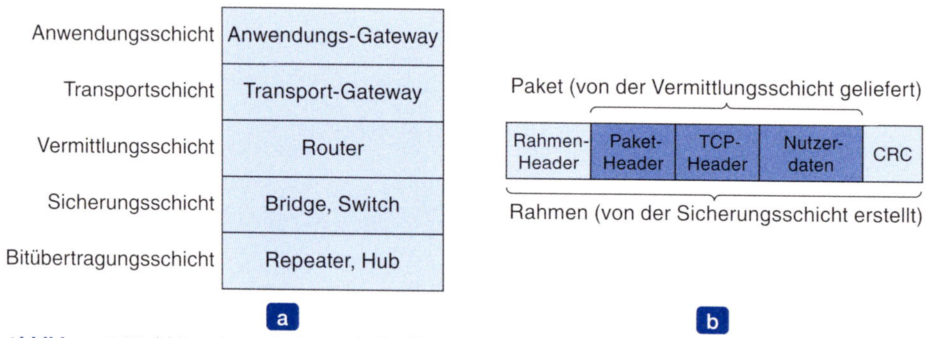

Abbildung 4.37: (a) Zuordnung Gerät zu Schicht. (b) Rahmen, Pakete und Header.

Betrachten wir nun die Vermittlungsgeräte und deren Beziehung zu Paketen und Rahmen. Auf der untersten Ebene in der Bitübertragungsschicht finden wir Repeater. Dabei handelt es sich um analoge Geräte, die mit Signalen auf den Kabeln, an die sie angeschlossen sind, arbeiten. Ein Signal, das auf einem Kabel auftritt, wird bereinigt, verstärkt und auf einem anderen Kabel ausgegeben. Repeater verstehen keine Rahmen, Pakete oder Header. Sie verstehen die Symbole, die Bits als Voltangaben codieren. Das klassische Ethernet wurde beispielsweise zur Unterstützung von vier Repeatern konzipiert, die das Signal verstärken, um die maximale Kabellänge von 500 m auf 2.500 m zu erweitern.

Als Nächstes kommen wir zu den Hubs. Ein Hub verfügt über mehrere Eingangsleitungen, die er elektronisch verbindet. Rahmen, die auf einer Leitung eingehen, werden auf allen anderen versendet. Wenn zwei Rahmen gleichzeitig eintreffen, stoßen sie wie bei einem Koaxialkabel zusammen. Alle Leitungen, die zum Hub führen, müssen mit der gleichen Geschwindigkeit arbeiten. Hubs unterscheiden sich von Repeatern darin, dass sie (in der Regel) die eingehenden Signale nicht verstärken und für mehrere Eingänge ausgelegt sind, aber die Unterschiede sind hier gering. Wie Repeater sind Hubs Geräte der Bitübertragungsschicht, die die Sicherungsschichtadressen nicht untersuchen und auch nicht verwenden.

Nun wollen wir zur Sicherungsschicht weitergehen, wo wir Bridges und Switches finden. Wir haben uns ausführlich mit Bridges beschäftigt. Eine Bridge verbindet zwei oder mehrere LANs. Wie ein Hub verfügt eine moderne Bridge über mehrere Ports, in der Regel genug für 4 bis 48 Eingangsleitungen eines bestimmten Typs. Anders als beim Hub ist jeder Port isoliert und besitzt eine eigene Kollisionsdomäne; hat der Port eine Duplex-Punkt-zu-Punkt-Leitung, so wird der CSMA/CD-Algorithmus nicht benötigt. Kommt ein Rahmen an, dann extrahiert die Bridge die Zieladresse aus dem Rahmen-Header und schlägt sie in einer Tabelle nach um herauszufinden, wohin der Rahmen gesendet werden soll. Bei Ethernet ist diese Adresse die 48-Bit-Zieladresse aus Abbildung 4.14. Die Bridge gibt den Rahmen nur dann auf den Port, wenn er benötigt wird, und kann mehrere Rahmen gleichzeitig weiterleiten.

Bridges bieten deutlich bessere Performanz als Hubs und die Isolation zwischen den Bridge-Ports bedeutet auch, dass Eingabeleitungen mit unterschiedlichen Geschwindigkeiten laufen können, möglicherweise sogar mit unterschiedlichen Netztypen. Ein häufiges Beispiel ist eine Bridge mit Ports, die 10-, 100-, und 1.000-Mbit/s-Ethernet verbinden. Innerhalb der Bridge wird ein Zwischenspeicher benötigt, um einen Rahmen auf einem Port akzeptieren und diesen auf einem anderen Port übermitteln zu können. Falls Rahmen schneller ankommen als sie weitergeleitet werden können, kann der Bridge der Zwischenspeicher ausgehen und sie muss anfangen, Rahmen zu verwerfen. Falls beispielsweise ein Gigabit-Ethernet Bits mit höchster Geschwindigkeit in ein 10-Mbit/s-Ethernet strömen lässt, dann wird die Bridge diese puffern müssen – in der Hoffnung, dass ihr der Speicher nicht ausgeht. Dieses Problem existiert selbst dann noch, wenn alle Ports mit derselben Geschwindigkeit laufen, weil eventuell mehr als ein Port Rahmen zu einem bestimmten Zielport sendet.

Bridges waren ursprünglich dazu gedacht, verschiedene LAN-Arten miteinander zu verknüpfen, zum Beispiel ein Ethernet- und ein Token-Ring-LAN. Aufgrund der Unterschiede zwischen den LANs hat dies jedoch niemals gut funktioniert. Verschiedene Rahmenformate erfordern Kopieren und Neuformatierungen, was CPU-Zeit in Anspruch nimmt, eine neue Prüfsummenberechnung nötig macht und möglicherweise unentdeckte Fehler aufgrund von defekten Bits im Speicher der Bridge einführt. Unterschiedliche Rahmenlängen sind ebenfalls ein ernstes Problem, für das es noch keine gute Lösung gibt. Im Grunde müssen Rahmen, die zu groß sind, um weitergeleitet werden, verworfen werden. So viel zur Transparenz.

Zwei andere Bereiche, in denen sich LANs unterscheiden können, sind Sicherheit und Dienstgüte. Einige LANs haben Sicherheitsschichtverschlüsselung, zum Beispiel IEEE 802.11, und einige nicht, zum Beispiel Ethernet. Einige LANs bieten Dienstgütefunktionen wie Prioritäten, zum Beispiel IEEE 802.11, und einige nicht, zum Beispiel Ethernet. Wenn sich also ein Rahmen zwischen diesen LANs bewegen muss, so können die Sicherheit oder die Dienstgüte, die vom Sender erwartet werden, möglicherweise nicht gewährleistet werden. Aus all diesen Gründen funktionieren moderne Bridges in der Regel für einen Netztyp, und wenn es darum geht, Netze unterschiedlicher Typen zusammenzuschließen, werden stattdessen Router verwendet, zu denen wir bald kommen.

Switches sind moderne Bridges mit anderem Namen. Die Unterschiede haben eher mit Marketing- als mit technischen Gründen zu tun, doch es gibt ein paar Dinge, die man darüber wissen sollte. Bridges wurden entwickelt, als klassisches Ethernet eingesetzt wurde. Sie mussten tendenziell relativ wenige LANs verbinden und haben daher relativ wenig Ports. Der Begriff „Switch" ist heutzutage gebräuchlicher. Außerdem verwenden alle modernen Einrichtungen Punkt-zu-Punkt-Verbindungen, wie Twisted-Pair-Kabel, sodass einzelne Rechner direkt an einen Switch angeschlossen werden, und somit wird der Switch tendenziell viele Ports haben. Schließlich wird „Switch" auch als allgemeiner Ausdruck verwendet. Bei einer Bridge ist die Funktionalität klar. Ein Switch andererseits könnte einen Ethernet-Switch bezeichnen oder eine völlig andere Geräteart, welche mit Entscheidungen zur Weiterleitung befasst ist, beispielsweise eine Telefonvermittlungsstelle (*telephone switch*).

Nun kennen wir also Repeater und Hubs, die in der Tat recht ähnlich sind, wie auch Bridges und Switches, die sich sogar noch mehr ähneln. Betrachten wir nun die Router, die sich von den anderen unterscheiden. Kommt ein Paket zu einem Router, werden der Header und Trailer des Rahmens entfernt und das Paket, das sich im Nutzdatenfeld des Rahmens befindet (in Abbildung 4.37 dunkelblau), wird an die Routing-Software übergeben. Diese Software bestimmt anhand der Paket-Header eine Ausgabeleitung. Bei einem IP-Paket enthält der Paket-Header eine 32-Bit- (IPv4) oder 128-Bit-Adresse (IPv6), aber keine IEEE-802-Adresse mit 48 Bit. Die Routing-Software sieht die Rahmenadresse nicht. Sie weiß nicht einmal, ob ein Paket aus einem LAN oder einer Punkt-zu-Punkt-Leitung eingegangen ist. Wir beschäftigen uns mit Routern in *Kapitel 5*.

Eine Schicht weiter oben finden wir die Transport-Gateways. Sie verbinden zwei Rechner, die verschiedene verbindungsorientierte Transportprotokolle verwenden. Angenommen, ein Computer mit dem verbindungsorientierten TCP/IP-Protokoll muss mit einem Computer kommunizieren, der ein anderes verbindungsorientiertes Transportprotokoll namens SCTP verwendet. Das Transport-Gateway kann die Pakete von einer Verbindung auf eine andere kopieren und sie bei Bedarf umformatieren.

Darüber hinaus verstehen Anwendungs-Gateways das Format und die Inhalte der Daten und können Nachrichten von einem Format in ein anderes übersetzen. Ein E-Mail-Gateway könnte beispielsweise die Internetnachrichten in SMS-Nachrichten für Mobiltelefone konvertieren. Ebenso wie „Switch" ist „Gateway" ein eher allgemeiner Begriff, der sich auf den Weiterleitungsprozess in einer höheren Schicht bezieht.

4.7.5 Virtuelle LANs

In den frühen Tagen der lokalen Netze wanden sich dicke gelbe Kabel durch die Kabelführungen in vielen Bürogebäuden. Sie waren mit jedem Computer, an dem sie vorbeiliefen, verbunden. Man kümmerte sich nicht darum, welcher Computer zu welchem LAN gehörte. Alle Mitarbeiter in benachbarten Büros wurden im gleichen LAN zusammengefasst, ob sie nun zusammengehörten oder nicht. Die Geografie siegte über Firmen-Organigramme.

Mit der Einführung von Twisted-Pair-Kabeln und Hubs in den 1990er Jahren änderte sich dies. Die Gebäude wurden neu verkabelt (mit erheblichen Kosten), um die gelben Gartenschläuche zu entfernen und stattdessen Twisted-Pair-Kabel von jedem Büro in einen Kabelschrank am Ende des Flurs oder in ein zentrales Rechenzentrum zu legen (▶Abbildung 4.38). Wenn der für die Verkabelung zuständige Abteilungsleiter ein Visionär war, wurden Twisted-Pair-Kabel der Kategorie 5 installiert. Wenn er ein Erbsenzähler war, wurde die vorhandene Telefonleitung (Kategorie 3) verwendet – nur um sie ein paar Jahre später mit dem Aufkommen von Fast Ethernet zu ersetzen.

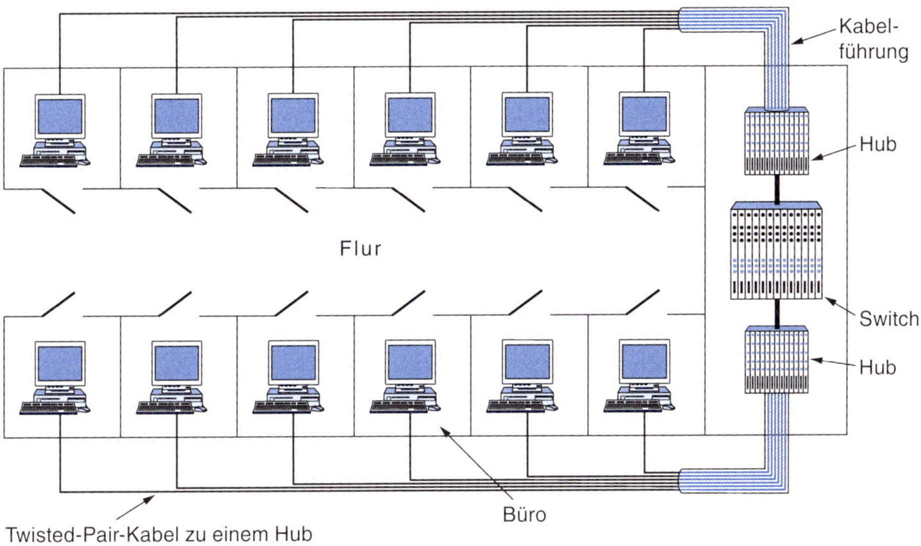

Abbildung 4.38: Gebäude mit zentraler Verkabelung mit Hubs und einem Switch.

Heute haben sich die Kabel verändert und Hubs sind zu Switches geworden, doch das Verkabelungsmuster ist immer noch dasselbe. Dieses Muster macht es möglich, LANs logisch anstatt physikalisch zu konfigurieren. Wenn beispielsweise ein Unternehmen *k* LANs benötigte, konnte es *k* Hubs kaufen. Indem die Stecker für das einzelne Switch sorgfältig zugeordnet werden, können die Rechner in einem LAN auf eine Weise gewählt werden, die auch organisatorisch sinnvoll ist – ohne Rücksicht auf die Geografie.

Spielt es eine Rolle, wer in welchem LAN ist? Schließlich sind ja in beinahe allen Unternehmen die LANs miteinander verbunden. Kurz gesagt: ja, es spielt eine Rolle. Netzadministratoren gruppieren Benutzer in LANs aus verschiedenen Gründen lieber nach organisatorischen Gesichtspunkten. Ein Aspekt ist hier die Sicherheit. Ein LAN könnte Webserver und andere Computer beherbergen, die zur öffentlichen Nutzung bestimmt sind. Ein anderes LAN könnte Host für Rechner sein, die Datensätze der Personalabteilung enthalten, die diese Abteilung nicht verlassen dürfen. In einer solchen Situation ist es sinnvoll, alle Computer in einem einzelnen LAN zusammenzufassen und keinen Zugriff auf die Server von außerhalb des LAN zuzulassen. Die Geschäftsleitung reagiert eher mit Stirnrunzeln, wenn sie hört, dass dies unmöglich ist.

Ein zweiter Aspekt ist die Last. Da einige LANs viel intensiver genutzt werden als andere, kann es vorteilhaft sein, diese zu trennen. Wenn beispielsweise die Forschungsabteilung allerlei knifflige Experimente durchführt, die das LAN völlig auslasten, dann sind die Leute in der Geschäftsführung möglicherweise nicht begeistert, etwas von ihrer Kapazität zu spenden, die sie gerade für eine Videokonferenz benötigen. Andererseits könnte dies der Geschäftsführung nachdrücklich vermitteln, dass ein schnelleres Netzwerk installiert werden muss.

Ein dritter Aspekt ist Broadcast-Verkehr. Bridges senden Datenverkehr via Broadcast, wenn der Standort des Ziels unbekannt ist, und auch Protokolle der oberen Schichten nutzen Broadcasting. Wenn beispielsweise ein Benutzer ein Paket an die IP-Adresse x senden möchte, woher weiß er dann, welche MAC-Adresse in diesen Rahmen aufgenommen werden soll? Dieses Thema wird in *Kapitel 5* behandelt. Doch kurz zusammengefasst lautet die Antwort, dass ein Rahmen mit der Frage rundgesendet wird: Wem gehört die IP-Adresse von x? Dann wird auf die Antwort gewartet. Mit dem Anwachsen der Rechneranzahl in einem LAN erhöht sich auch die Anzahl der Broadcasts. Jede Broadcast-Übertragung verbraucht mehr von der LAN-Kapazität als ein normaler Rahmen, weil es an jeden Computer im LAN gesendet wird. Die Auswirkung des Broadcast-Verkehrs wird verringert, indem LANs nicht größer als nötig gehalten werden.

Bei Broadcasting besteht das Problem, dass eine Netzwerkkarte einmal versagen kann oder falsch konfiguriert ist und anfängt, einen unendlichen Strom an Broadcast-Rahmen zu senden. Und wenn das Netz richtig Pech hat, wird einer dieser Rahmen Reaktionen auslösen, die zu noch mehr Datenverkehr führen. Das Ergebnis dieses **Broadcast-Sturms** ist, dass erstens die gesamte Kapazität des LAN belegt wird und zweitens alle Rechner in den miteinander verbundenen LANs damit beschäftigt sind, diese Rahmen zu verarbeiten und zu verwerfen.

Auf den ersten Blick erscheint es einfach, das Ausmaß von Broadcast-Stürmen durch das Aufteilen von LANs mit Bridges oder Switches zu begrenzen. Aber wenn Transparenz das Ziel ist (d.h., ein Rechner kann über die Bridge an ein anderes LAN angeschlossen werden, ohne dass dies jemand bemerkt), dann müssen Bridges die Broadcast-Rahmen weitergeben.

Da wir nun wissen, warum Unternehmen mehrere LANs mit begrenztem Wirkungskreis haben möchten, kehren wir zu dem Problem zurück, die logische Topologie von der physischen Topologie zu lösen. Eine physische Topologie aufzubauen, welche die organisatorische Struktur widerspiegelt, kann Arbeit und Kosten verursachen, selbst bei zentralisierter Verkabelung und mit Switches. Falls zum Beispiel zwei Leute aus der gleichen Abteilung in verschiedenen Gebäuden arbeiten, könnte es einfacher sein, diese an unterschiedliche Switches anzuschließen, die Teil von unterschiedlichen LANs sind. Selbst wenn dies nicht der Fall ist, könnte ein Benutzer in eine andere Abteilung versetzt werden, ohne das Büro zu wechseln, oder er könnte das Büro wechseln, nicht aber die Abteilung. Das Ergebnis wäre, dass der Benutzer im falschen LAN ist, bis ein Administrator den Anschlussstecker des Benutzers von einer Switch zu einer anderen wechselt. Außerdem könnte die Anzahl der Rechner, die zu verschiedenen Abteilungen gehören, nicht gut mit der Anzahl der Ports in Switches zusammenpassen; einige Abteilungen sind vielleicht zu klein, andere wiederum zu groß, sodass sie mehrere Switches benötigen. Dies führt dazu, dass ungenutzte Switch-Ports verschwendet werden.

In vielen Unternehmen gibt es häufig organisatorische Veränderungen, sodass die Systemadministratoren sehr viel Zeit damit verbringen, die Stecker richtig umzustecken. Manchmal geht das auch nicht, weil das Twisted-Pair-Kabel vom Rechner des Benutzers zu weit vom richtigen Switch entfernt ist (z. B. im falschen Gebäude ist) oder sich die verfügbaren Switch-Ports im falschen LAN befinden.

Da die Kunden mehr Flexibilität forderten, begannen die Netzwerkhersteller mit der Erarbeitung einer Möglichkeit, ganze Gebäude nur über Software neu zu verkabeln. Dieses Konzept wird als **virtuelles LAN** (**VLAN**, *Virtual LAN*) bezeichnet. Es wurde vom IEEE-802-Komitee standardisiert und wird derzeit in vielen Unternehmen eingesetzt. Sehen wir es uns einmal genauer an.

VLANs basieren auf Switches, die VLANs erkennen können. Um ein VLAN-basiertes Netz einzurichten, muss der Netzadministrator festlegen, wie viele VLANs es geben wird, welcher Computer zu dem VLAN gehören soll und wie die VLANs heißen sollen. Oftmals werden die VLANs (informell) nach Farben benannt, da man sie dann in Übersichten in Farbe ausgeben kann, auf denen die Mitglieder des roten LAN rot, die des grünen LAN grün usw. eingezeichnet sind. Auf diese Weise sind physikalisches und logisches Layout in einer Ansicht vorhanden.

Als Beispiel betrachten wir die vier Bridge-LANs aus ▶Abbildung 4.39, wo neun der Rechner zu dem (grauen) VLAN G und fünf zum (weißen) VLAN W gehören. Die Maschinen des grauen VLAN verteilen sich auf die zwei Switches, wobei zwei Rechner mit einem Switch über einen Hub verbunden sind.

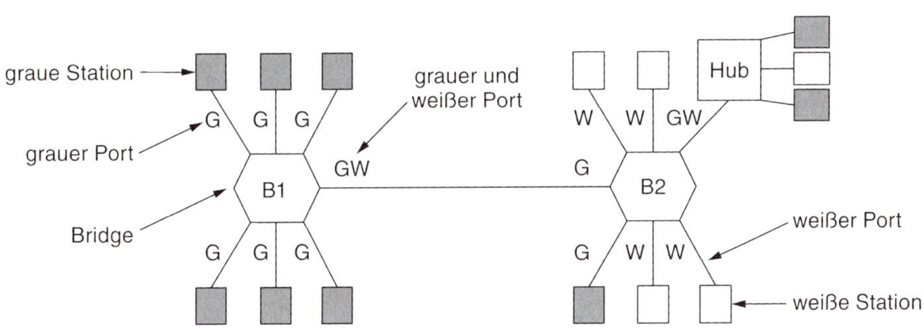

Abbildung 4.39: Zwei VLANS (grau und weiß) in einem Bridge-LAN.

Damit die VLANs korrekt funktionieren, müssen Konfigurationstabellen auf den Bridges eingerichtet werden. Diese Tabellen geben an, auf welche VLANs über welche Ports zugegriffen werden kann. Wenn ein Rahmen beispielsweise vom grauen VLAN eingeht, muss dieser an alle Ports, die mit G markiert sind, weitergeleitet werden. Dies gilt für normalen (Unicast-)Datenverkehr, bei dem die Bridges die Position des Ziels nicht lernen müssen, wie auch für Multicast- und Broadcast-Datenverkehr. Beachten Sie, dass ein Port mit mehreren VLAN-Farben gekennzeichnet sein kann.

Nehmen wir beispielsweise an, dass eine der grauen Stationen an Bridge *B1* in Abbildung 4.39 einen Rahmen an ein Ziel sendet, das vorab nicht beobachtet wurde. Bridge *B1* wird den Rahmen empfangen und sehen, dass er vom Rechner im grauen VLAN stammt, daher wird *B1* den Rahmen durch Flooding auf alle Ports mit der Bezeichnung G (mit Ausnahme des Eingangsports) weiterleiten. Der Rahmen wird zu den fünf anderen grauen Stationen, die an *B1* angeschlossen sind, gesendet und ebenso über die Verbindung von *B1* zu Bridge *B2*. Bei Bridge *B2* wird der Rahmen ebenso auf alle anderen Ports weitergeleitet, die mit G bezeichnet sind. In diesem Fall wird der Rahmen also an eine weitere Station und den Hub gesendet (welcher den Rahmen zu allen seinen Stationen übermittelt). Der Hub ist sowohl mit G als auch mit W markiert, weil er mit Maschinen von beiden VLANs verbunden ist. Der Rahmen wird nicht an Ports gesandt, die nicht mit G markiert sind, weil die Bridge weiß, dass es keine weiteren Maschinen im grauen VLAN gibt, die über diese Ports erreicht werden können.

In unserem Beispiel wird der Rahmen nur deshalb von Bridge *B1* zu Bridge *B2* gesendet, weil es Maschinen im grauen VLAN gibt, die mit *B2* verbunden sind. Wenn wir das weiße VLAN betrachten, können wir sehen, dass der Bridge-Port von *B2*, der mit Bridge *B1* verbunden ist, *nicht* mit W bezeichnet ist. Das bedeutet, dass ein Rahmen im weißen VLAN nicht von Bridge *B2* zu Bridge *B1* weitergeleitet wird. Dieses Verhalten ist korrekt, weil keine Stationen des weißen VLAN mit *B1* verbunden sind.

Der IEEE-802.1Q-Standard

Um dieses Schema zu implementieren, müssen Bridges wissen, zu welchem VLAN der ankommende Rahmen gehört. Ohne diese Information kann beispielsweise Bridge *B2* in Abbildung 4.39 nicht wissen, wenn ein Rahmen von Bridge *B1* ankommt, ob dieser Rahmen an das graue oder das weiße VLAN weitergeleitet werden soll. Wenn man eine neue Art von LAN entwirft, könnte man ganz einfach ein VLAN-Feld im Header aufnehmen. Doch wie sieht es beim vorherrschenden LAN, dem Ethernet, aus? Hier liegen schließlich keine freie Felder mehr für eine VLAN-Kennung herum.

Das IEEE-802-Komitee bekam dieses Problem 1995 aufgetischt. Nach langen Diskussionen geschah das Undenkbare und der Ethernet-Header wurde geändert. Das neue Format wurde 1998 als IEEE-Standard **802.1Q** veröffentlicht. Das neue Format enthält ein VLAN-Tag, den wir nun kurz untersuchen wollen. Natürlich ist eine Änderung bei einer so etablierten Sache wie dem Ethernet-Header nicht ganz leicht zu bewerkstelligen. Hier stellt man sich sofort ein paar Fragen:

1. Müssen hundert Millionen vorhandener Ethernet-Karten weggeworfen werden?
2. Wenn nicht, wer erzeugt die neuen Felder?
3. Was passiert mit Rahmen, die bereits die maximale Größe haben?

Natürlich waren dem IEEE-802-Komitee diese Probleme (nur zu schmerzhaft) bewusst, ebenso wie die Tatsache, dass man dafür Lösungen anbieten musste – was man auch tat.

Der Schlüssel zur Lösung liegt in der Erkenntnis, dass die VLAN-Felder derzeit nur von Bridges und Switches, *nicht* aber von den Rechnern der Anwender genutzt werden. Daher ist es in Abbildung 4.39 nicht wirklich entscheidend, dass sie auf den Leitungen, die zu den Endstationen hinausgehen, vorhanden sind, solange sie sich auf der Leitung zwischen den Bridges befinden. Außerdem müssen die Bridges VLANs erkennen, um VLANs zu verwenden. Dadurch wird der Entwurf praktikabel.

Bei der Frage, ob man alle vorhandenen Ethernet-Karten wegwerfen muss, lautet die Antwort: nein. Wie Sie wissen, konnte das IEEE-802.3-Komitee die Leute nicht einmal überzeugen, das *Type*-Feld in ein *Length*-Feld zu ändern. Sie können sich den Aufschrei vorstellen, wenn alle vorhandenen Ethernet-Karten weggeworfen werden müssten. Neue Ethernet-Karten sind jedoch kompatibel mit IEEE 802.1Q und können die VLAN-Felder richtig füllen.

Da es Rechner (und Switches) geben kann, die nicht VLAN-fähig sind, fügt die erste VLAN-fähige Bridge, die den Rahmen bekommt, VLAN-Felder hinzu und die letzte Bridge in der Reihe entfernt diese wieder. Ein Beispiel einer gemischten Topologie ist in ▶Abbildung 4.40 zu sehen. In dieser Abbildung erzeugen VLAN-fähige Rechner direkt Rahmen mit Tags (also IEEE-802.1Q-Rahmen), die bei der weiteren Vermittlung zum Einsatz kommen. Die dunkelblauen Symbole sind VLAN-fähig und die hellblauen Symbole sind es nicht.

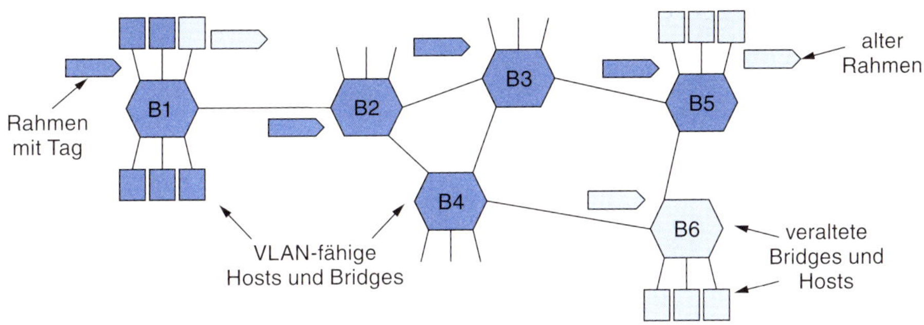

Abbildung 4.40: LAN mit Bridges, das nur teilweise VLAN-fähig ist. Die dunkelblauen Symbole sind VLAN-fähig, die hellblauen nicht.

Bei IEEE 802.1Q werden Rahmen farblich markiert, abhängig vom Port, auf dem sie empfangen werden. Damit diese Methode funktioniert, müssen alle Maschinen an einem Port zum selben VLAN gehören, was die Flexibilität verringert. In Abbildung 4.40 beispielsweise trifft diese Eigenschaft für alle Ports zu, bei denen ein einzelner Computer mit einer Bridge verbunden ist, aber nicht für die Ports, bei denen der Hub mit Bridge *B2* verbunden ist.

Zusätzlich kann die Bridge zur Auswahl der Farbe das Protokoll höherer Schichten verwenden. Dann kann es sein, dass die am Port ankommende Rahmen zu verschiedenen VLANs gehören, je nachdem, ob sie IP-Pakete oder PPP-Rahmen übertragen.

Es sind auch noch andere Methoden möglich, doch diese werden nicht von IEEE 802.1Q unterstützt. Beispielsweise kann die MAC-Adresse zur Auswahl der VLAN-

Farbe benutzt werden. Das könnte für Rahmen sinnvoll sein, die von einem in der Nähe befindlichen IEEE-802.11-LAN kommen, bei dem Laptops Rahmen über verschiedene Ports senden, wenn sie sich bewegen. Eine MAC-Adresse würde dann einem festen VLAN zugeordnet, unabhängig davon, auf welchem Port es das LAN betritt.

Zum Problem der Rahmen, die länger als 1.518 Byte sind: IEEE 802.1Q hat gerade die Obergrenze auf 1.522 Byte erhöht. Zum Glück müssen nur VLAN-fähige Rechner und Switches diese längeren Rahmen unterstützen.

Sehen wir uns das IEEE-802.1Q-Rahmenformat einmal genauer an. Es ist in ▶Abbildung 4.41 dargestellt. Die einzige Änderung ist das neu hinzugekommene Paar von 2-Byte-Feldern. Das erste ist die VLAN-Protokollkennung (*VLAN Protocoll ID*). Es hat immer den Wert 0x8.100. Da die Zahl über 1.500 liegt, interpretieren sie alle Ethernet-Karten als Typ und nicht als Länge. Was eine alte Karte mit einem solchen Rahmen macht, ist egal, da solche Rahmen nicht an alte Karten gesendet werden.

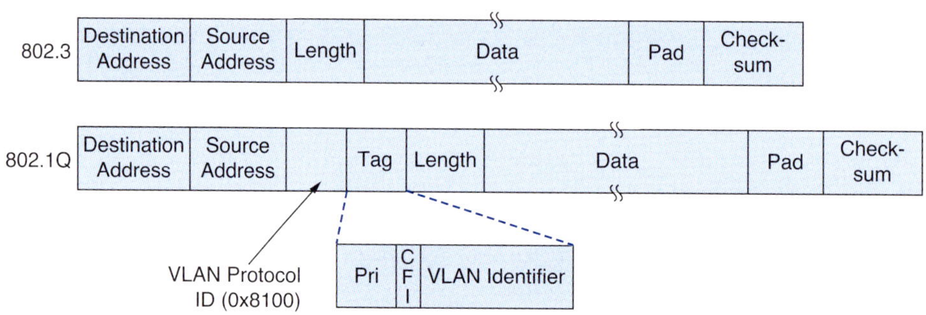

Abbildung 4.41: Die IEEE-802.3- (alt) und IEEE-802.1Q-Ethernet-Rahmenformate.

Das zweite 2-Byte-Feld enthält drei Unterfelder. Das wichtigste Feld ist die VLAN-Kennung (*VLAN Identifier*), die über die 12 hinteren Bits geht. Das ist genau das, worum es geht – die Farbe des VLANs, zu dem der Rahmen gehört. Das 3-Bit-Feld *Priority* hat nichts mit VLANs zu tun, doch da die Änderung des Ethernet-Headers ein Ereignis ist, das nur einmal im Jahrzehnt stattfindet, drei Jahre dauert und hundert Leute beschäftigt – warum dann nicht gleich ein paar weitere gute Dinge einbauen, wenn man einmal dabei ist? Dieses Feld ermöglicht es, zwischen „hartem" Echtzeit-Datenverkehr, „weichem" Echtzeit-Datenverkehr und nicht zeitkritischem Datenverkehr zu unterscheiden, um im Ethernet eine bessere Dienstgüte bereitzustellen. Es wird für Sprachübertragung über das Ethernet verwendet (obwohl der Fairness halber gesagt werden sollte, das IP ein ähnliches Feld seit einem Vierteljahrhundert hat und niemand es jemals benutzt).

Das letzte Feld, *CFI* (*Canonical Format Indicator*, Kennzeichner für das Standardformat), sollte eigentlich *CEI* (*Corporate Ego Indicator*, Kennzeichner für das Unternehmens-Ego) heißen. Es war ursprünglich dazu bestimmt, die Reihenfolge der Bits in den MAC-Adressen anzuzeigen (also Little-Endian- von Big-Endian-MAC-Adressen zu unterscheiden), doch diese Verwendung ging im Laufe der Diskussionen unter.

Seine Gegenwart gibt an, dass die Nutzdaten einen gefriergetrockneten IEEE-802.5-Rahmen enthalten, der hofft, am anderen Ende ebenfalls ein IEEE-802.5-LAN vorzufinden, zwischenzeitlich aber über Ethernet transportiert wird. Diese ganze Anordnung hat natürlich so rein gar nichts mit VLANs zu tun. Aber manchmal ähnelt die Politik des Standardisierungsgremiums der echten Politik: Wenn du für mein Bit stimmst, stimme ich auch für deins.

Wie bereits erwähnt, wenn ein Rahmen mit Tags an einem VLAN-fähigen Switch ankommt, verwendet der Switch die VLAN-Kennung als Index in einer Tabelle, um herauszufinden, an welchen Port das Ganze gehen soll. Woher kommt aber die Tabelle? Wenn sie von Hand erstellt wird, sind wir wieder am Anfang: bei der manuellen Konfiguration von Bridges. Das Wundervolle an der transparenten Bridge ist jedoch, dass sie Plug-and-Play-fähig ist und eben keine manuelle Konfiguration benötigt. Glücklicherweise können sich VLAN-fähige Bridges auch anhand der vorkommenden Tags selbst konfigurieren. Kommt ein als VLAN 4 gekennzeichneter Rahmen bei Port 3 an, dann ist anscheinend ein Rechner auf Port 3 auf VLAN 4. Der IEEE-802.1Q-Standard erklärt, wie die Tabellen dynamisch erstellt werden, hauptsächlich indem auf die entsprechenden Stellen im IEEE-802.1D-Standard verwiesen wird.

Bevor wir VLAN-Routing verlassen, hier noch eine letzte Beobachtung. Viele Leute in der Internet- und Ethernet-Welt sind fanatische Anhänger von verbindungslosen Netzen und wehren sich wie wild gegen alles, was nach Verbindungen auf der Sicherungs- oder Vermittlungsschicht aussieht. Aber VLANs führen etwas erstaunlich Ähnliches wie eine Verbindung ein. Um VLANs richtig zu verwenden, trägt jeder Rahmen eine neue spezielle Kennung, mit der eine Tabelle im Switch indiziert wird, um das Ziel des Rahmens nachzuschlagen. Das Gleiche geschieht auch in verbindungsorientierten Netzen. Bei verbindungslosen Netzen wird die Zieladresse zum Weiterleiten verwendet, nicht eine Verbindungskennung. Wir befassen uns hiermit ausführlicher in *Kapitel 5*.

Zusammenfassung

In einigen Netzen steht für die gesamte Kommunikation ein einziger Kanal zur Verfügung. Das Hauptproblem in diesen Netzen ist die Zuteilung des Kanals unter allen angeschlossenen bzw. sendewilligen Stationen. FDM und TDM sind einfache, effiziente **Zuordnungsmethoden**, wenn die Anzahl der Stationen klein und festgelegt und der Datenverkehr konstant ist. Beide Methoden werden unter entsprechenden Bedingungen angewendet, z. B. zur Aufteilung der Bandbreite von Satellitenverbindungen für Telefongespräche. Ist jedoch die Anzahl der Stationen groß und variabel oder ist der Datenverkehr ziemlich unregelmäßig – der Normalfall in Rechnernetzen –, dann ist man mit FDM und TDM schlecht beraten.

Es wurden zahlreiche dynamische **Kanalzuordnungsalgorithmen** entwickelt. Das ALOHA-Protokoll mit oder ohne Unterteilung in Zeitscheiben wird in vielen Varianten in realen Systemen eingesetzt, zum Beispiel in DOCSIS-Systemen. Falls die Möglichkeit besteht, den Zustand des Kanals abzufragen, kann das Verfahren verbessert werden, indem während einer Übertragung durch eine Station die anderen Stationen davon absehen, ebenfalls eine Übertragung zu beginnen. Diese Technik – Trägerprüfung – hat zu einer Vielzahl von CSMA-Protokollen für LANs und MANs geführt. Sie ist die Grundlage für klassisches Ethernet und IEEE-802.11-Netze.

Es gibt eine Klasse von **Protokollen**, die Konkurrenz eliminiert oder sie zumindest erheblich reduziert. Beim Bitmusterprotokoll, bei bestimmten Topologien wie Ringen, und beim binären Countdown-Protokoll gibt es überhaupt keine Konkurrenz. Beim Tree-Walk-Protokoll wird die Konkurrenz dadurch reduziert, dass die Stationen dynamisch in zwei getrennte Gruppen unterschiedlicher Größe unterteilt werden und Konkurrenz jeweils nur innerhalb einer Gruppe zugelassen wird. Idealerweise wird die Gruppe so ausgewählt, dass nur eine einzige Station sendebereit ist, wenn die Erlaubnis dazu erteilt wird. Moderne Versionen von MAC-Protokollen, einschließlich DOCSIS und Bluetooth, haben explizit Schritte unternommen, um keine Konkurrenz aufkommen zu lassen, indem sie den Sendern Übertragungsintervalle zugewiesen haben.

Bei **drahtlosen LANs** gibt es das zusätzliche Problem, dass es schwierig ist, die Kollision von Übertragungen zu erkennen, und dass die Abdeckungsbereiche der Stationen unterschiedlich sein können. Im vorherrschenden drahtlosen LAN, IEEE 802.11, benutzen Stationen CSM/CA, um das erste Problem zu entschärfen, indem kleine Lücken gelassen werden, um Kollisionen zu vermeiden. Die Stationen können auch das RTS/CTS-Protokoll verwenden, um das Hidden-Terminal-Phänomen zu bekämpfen, welches aufgrund des zweiten Problems auftaucht, obwohl der Overhead von RTS/CTS aufgrund des Exposed-Terminal-Problems in der Praxis so hoch ist, dass es oft nicht genutzt wird, vor allem nicht in Umgebungen hoher Dichte.

Im Gegensatz dazu verwenden inzwischen viele Clients Kanalauswahlmechanismen, um Konkurrenz zu vermeiden. IEEE 802.11 wird häufig benutzt, um Laptops und andere Geräte mit drahtlosen Zugangspunkten zu verbinden, aber es kann auch zwischen Geräten eingesetzt werden. Es können verschiedene Bitübertragungsschichten verwendet werden, einschließlich Mehrfachkanal-FDM mit und ohne mehrere Antennen, und Frequenzspreizung. Moderne Versionen von IEEE 802.11 weisen Sicherheitsfunktionen auf der Verbindungsschicht auf, einschließlich Unterstützung für Authentifizierung sowie eine weiterentwickelte Codierung, die die MIMO-Übertragung unterstützt.

Ethernet ist bei verkabelten Netzen vorherrschend. Klassisches Ethernet verwendete CSMA/CD für die Kanalzuordnung auf einem gelben Kabel der Größe eines Gartenschlauchs, das sich von Rechner zu Rechner schlängelte. Die Architektur hat sich gewandelt und die Geschwindigkeiten sind von 10 Mbit/s auf 10 Gbit/s gestiegen und steigen weiterhin. Heute werden Punkt-zu-Punkt-Verbindungen wie Twisted-Pair-Kabel an Hubs und Switches angeschlossen. Mit modernen Switches und Vollduplexverbindungen gibt es keine Konkurrenz auf den Leitungen und die Switches können Rahmen zwischen verschiedenen Ports parallel weiterleiten.

Bei Gebäuden voll mit LANs muss es eine Möglichkeit geben, sie alle zu verbinden. Zu diesem Zweck werden **Plug-and-Play-Bridges** verwendet. Die Bridges werden mit einem Backward-Learning-Algorithmus und einem Spannbaum-Algorithmus aufgebaut. Da diese Funktionalität auch in moderne Switches eingebaut ist, werden die Begriffe „Bridge" und „Switch" synonym verwendet. Um die Verwaltung von LANs, die per Bridge gekoppelt sind, zu unterstützen, kann man mithilfe von VLANs die physische Topologie in unterschiedliche logische Topologien einteilen. Der VLAN-Standard, IEEE 802.1Q, führt ein neues Format für Ethernet-Rahmen ein.

Übungsaufgaben

EXTRAS ONLINE
Lösungshinweise

1 Verwenden Sie für diese Übung eine Formel aus diesem Kapitel. Geben Sie aber zuerst die Formel an. Die Rahmen kommen bei einem Kanal mit 100 Mbit/s zufällig zur Übertragung an. Wenn der Kanal belegt ist und ein Rahmen ankommt, wartet dieser in einer Warteschlange. Die Länge des Rahmens ist exponentiell verteilt, wobei der Durchschnitt bei 10.000 Bit/Rahmen liegt. Geben Sie für jede der folgenden Rahmenankommensraten die für einen durchschnittlichen Rahmen anfallende Verzögerung einschließlich der Zeit in der Warteschlange und der Übertragungszeit an.

a. 90 Rahmen/Sekunde

b. 900 Rahmen/Sekunde

c. 9.000 Rahmen/Sekunde

2 Eine Gruppe von *N* Stationen teilt sich einen reinen ALOHA-Kanal mit 56 kbit/s. Jede Station gibt im Durchschnitt alle 100 Sekunden einen 1.000-Bit-Rahmen aus, auch wenn der vorherige noch nicht vollständig übertragen wurde (z. B. puffern die Stationen ausgehende Rahmen). Wie lautet der maximale Wert für *N*?

3 Stellen Sie die Verzögerung von reinem ALOHA der von S-ALOHA bei niedriger Auslastung vergleichend gegenüber. Welche ist geringer? Erklären Sie Ihre Antwort.

4 Eine große Anzahl an ALOHA-Benutzern generiert 50 Anfragen/Sekunde, sowohl Originale als auch erneute Übertragungen. Die Zeitscheiben sind 40 ms lang.

a. Wie hoch ist die Erfolgschance beim ersten Versuch?

b. Wie hoch ist die Wahrscheinlichkeit, dass genau *k* Kollisionen auftreten und die Übertragung dann erfolgreich ist?

c. Was ist die erwartete Anzahl an erforderlichen Übertragungsversuchen?

5 In einem S-ALOHA-System mit einer unendlichen Menge von Benutzern liegt die mittlere Anzahl von Zeitscheiben, die eine Station zwischen einer Kollision und einer Übertragungswiederholung wartet, bei 4. Stellen Sie die Kurve für die Verzögerung in Abhängigkeit vom Durchsatz für dieses System dar.

6 Wie lang ist eine Konkurrenzscheibe bei CSMA/CD für

a. ein 2 km langes Paralleldrahtkabel (Signalausbreitungsgeschwindigkeit beträgt 82% der Geschwindigkeit im Vakuum) und

b. ein 40 km langes Multimode-Glasfaserkabel (Signalausbreitungsgeschwindigkeit beträgt 65% der Geschwindigkeit im Vakuum)?

7 Wie lange muss eine Station *s* im schlechtesten Fall warten, bis sie die Übertragung eines Rahmens über ein LAN beginnen kann, welches das Bitmusterprotokoll verwendet?

8 Erklären Sie, wie beim binären Countdown-Protokoll eine Station mit niedriger Nummer vom Senden eines Pakets abgehalten wird („verhungert").

9 Siehe Abbildung 4.10. Angenommen, die Stationen wissen, dass es vier sendebereite Stationen gibt: *B*, *D*, *G* und *H*. Wie durchquert das Adaptive-Tree-Walk-Protokoll den Baum, damit alle vier Stationen ihren Rahmen senden können? Wie viele zusätzliche Kollisionen treten auf, wenn die Suche an der Wurzel beginnt?

10 16 Stationen (1 bis 16) konkurrieren um die Benutzung eines gemeinsamen Kanals unter Verwendung des Adaptive-Tree-Walk-Protokolls. Wie viele Zeitscheiben werden zur Auflösung der Konkurrenz benötigt, wenn alle Stationen, deren Adressen Primzahlen sind, auf einmal sendebereit sind?

11 Eine Gruppe von Freunden trifft sich, um hochinteraktive CPU- und netzwerkintensive Videospiele zu spielen. Die Freunde spielen zusammen über ein drahtloses Netz mit hoher Bandbreite. Das drahtlose Signal kann sich nicht durch Wände ausbreiten, aber die Freunde befinden sich alle im selben Raum. Wäre es in einem solchen Fall am besten, das nicht persistente CSMA- oder das Token-Ring-Protokoll zu verwenden? Bitte erläutern Sie Ihre Antwort.

12 Nehmen wir an, es gibt fünf drahtlose Stationen, *A*, *B*, *C*, *D* und *E*. Station *A* kann mit allen anderen Stationen kommunizieren. *B* kann mit *A*, *C* und *E* kommunizieren. *C* kann mit *A*, *B* und *D* kommunizieren. *D* kann mit *A*, *C* und *E* kommunizieren. *E* kann mit *A*, *D* und *B* kommunizieren.

a. Wenn *A* an *B* sendet, welche anderen Kommunikationen sind möglich?

b. Wenn *B* an *A* sendet, welche anderen Kommunikationen sind möglich?

c. Wenn *B* an *C* sendet, welche anderen Kommunikationen sind möglich?

13 Die sechs Stationen *A* bis *F* kommunizieren über das MACA-Protokoll. Können hier zwei Übertragungen gleichzeitig stattfinden? Erläutern Sie Ihre Antwort.

14 Ein siebenstöckiges Bürogebäude hat pro Stockwerk 15 aneinandergrenzende Büros. Jedes Büro ist in der vorderen Wand mit einer Wandsteckdose für ein Terminal ausgerüstet, sodass die Steckdosen in der Vertikalen ein rechteckiges Gitter mit einem horizontalen und vertikalen Abstand von je 4 m zwischen den Steckdosen bilden. Vorausgesetzt, dass jede direkte horizontale, vertikale oder diagonale Kabelverbindung zwischen zwei beliebigen Steckdosen machbar ist, wie viele Meter Kabel sind dann zur Verbindung der Steckdosen notwendig, wenn

a. eine Sternkonfiguration mit einem Router in der Mitte verwendet wird?

b. ein klassisches IEEE-802.3-LAN verwendet wird?

15 Wie hoch ist die Baudrate des klassischen Ethernets mit 10 Mbit/s?

16 Skizzieren Sie die Manchester-Codierung in einem klassischen Ethernet für den Bitstrom 0001110101.

17 Die Ausbreitungsgeschwindigkeit in einem 1 km langen CSMA/CD-LAN (nicht IEEE 802.3) mit 10 Mbit/s beträgt 200 m/μs. Repeater sind nicht erlaubt. Die Datenrahmen sind 256 Bit lang, einschließlich 32 Bit für Header, Prüfsumme und anderen Overhead. Die erste Zeitscheibe nach jeder erfolgreichen Übertragung ist für den Empfänger reserviert, der dann den Kanal belegt und einen 32-Bit-Bestätigungsrahmen sendet. Wie groß ist die effektive Datenübertragungsrate ohne den Overhead, unter der Annahme, dass keine Kollisionen auftreten?

18 Zwei CSMA/CD-Stationen versuchen jeweils, einen Rahmen zu übertragen. Beide konkurrieren sie über den binären exponentiellen Backoff um die Benutzung des Kanals nach einer Kollision. Wie hoch ist die Wahrscheinlichkeit, dass die Konkurrenz in Runde *k* endet, und wie hoch ist die mittlere Anzahl der Runden in jeder Konkurrenzperiode?

19 Ein IP-Paket, das über Ethernet übertragen werden soll, ist 60 Byte lang, einschließlich aller Header. Wird LLC nicht verwendet, muss der Ethernet-Rahmen aufgefüllt werden? Wenn ja, mit vielen Byte?

20 Ethernet-Rahmen müssen mindestens 64 Byte lang sein, um sicherzustellen, dass der Sender im Fall einer Kollision am entfernten Ende des Kabels noch läuft. Fast Ethernet hat die gleiche Mindestrahmengröße, kann aber die Bits zehnmal schneller befördern. Wie ist es möglich, die gleiche minimale Rahmengröße einzuhalten?

21 Einige Bücher beziffern die maximale Größe eines Ethernet-Rahmens mit 1.522 Byte anstatt 1.500 Byte. Ist dies falsch? Erklären Sie Ihre Antwort.

22 Wie viele Rahmen pro Sekunde kann Gigabit-Ethernet verwalten? Denken Sie sorgfältig darüber nach und berücksichtigen sie alle relevanten Fälle. *Tipp*: Wichtig ist, dass es sich um ein Gigabit-Ethernet handelt.

23 Nennen Sie ein Netz, in dem Rahmen direkt hintereinander gesendet werden können. Warum ist diese Funktion nützlich?

24 In Abbildung 4.27 werden die vier Stationen *A*, *B*, *C* und *D* gezeigt. Welche der letzten beiden Stationen liegt am nächsten bei *A* und warum?

25 Geben Sie ein Beispiel an, um zu zeigen, dass das RTS/CTS im IEEE-802.11-Protokoll ein wenig anders als im MACA-Protokoll ist.

26 Siehe Abbildung 4.33b. Stellen Sie sich vor, dass alle in der Abbildung gezeigten Stationen, Bridges und Hubs drahtlose Stationen sind. Die Verbindungen zeigen an, dass zwei Stationen in Reichweite zueinander sind. Wenn *B*2 an *D* sendet, während *B*1 an *A* und *H*1 an *F* senden will, welche Stationspaare sind dann Hidden oder Exposed Terminals?

27 Ein drahtloses LAN mit einem Zugangspunkt hat zehn Client-Stationen. Vier Stationen haben Datenraten von 6 Mbit/s, vier Stationen haben Datenraten von 18 Mbit/s und die letzten beiden Stationen haben Datenraten von 54 Mbit/s. Wie hoch ist die Datenrate, die jede Station erfährt, wenn alle zehn Stationen zusammen Daten senden und

a. TXOP nicht benutzt wird?

b. TXOP benutzt wird?

28 Angenommen, ein IEEE-802.11b-LAN mit 11 Mbit/s überträgt 64-Byte-Rahmen direkt hintereinander über einen Funkkanal mit einer Bitfehlerrate von 10^{-7}. Wie viele Rahmen pro Sekunde werden im Durchschnitt beschädigt?

29 Zwei Geräte, die an dasselbe 802.11-Netz angeschlossen sind, laden beide eine große Datei aus dem Internet herunter. Erklären Sie, wie ein Gerät eine höhere Datenrate als das andere erhalten könnte, indem es einen 802.11-Mechanismus (fehl)nutzt, der die Dienstqualität gewährleisten soll.

30 Abbildung 4.28 zeigt die unterschiedlichen Wartezeiten in 802.11 für Rahmen mit verschiedenen Prioritäten. Dieser Ansatz verhindert, dass Datenverkehr mit hoher Priorität, z. B. Rahmen mit Echtzeitdaten, hinter dem regulären Verkehr zurückbleibt. Welchen Nachteil hat dieser Ansatz?

31 Geben Sie zwei Gründe an, warum Netze einen Fehlerkorrekturcode anstatt der Fehlererkennung und erneuten Übertragung verwenden sollten.

32 Warum sind Lösungen wie PCF (*Point Coordination Function*) besser für 802.11-Versionen geeignet, die mit höheren Frequenzen arbeiten?

33 Ein Nachteil von Bluetooth-Profilen ist, dass sie das Protokoll erheblich komplizierter machen. Wie können diese Profile aus Sicht der Anwendungen von Vorteil sein?

34 Stellen Sie sich ein Netz vor, in dem die Stationen mithilfe von Laserstrahlen kommunizieren, ähnlich wie in Abbildung 4.11 dargestellt. Erläutern Sie, inwieweit sich dieser Aufbau von Ethernet und IEEE 802.11 unterscheidet beziehungsweise ihnen ähnelt und wie sich dies auf den Entwurf der Sicherungsschicht und der MAC-Protokolle auswirken würde.

35 In Abbildung 4.30 sehen wir, dass ein Bluetooth-Gerät gleichzeitig in zwei Piconetzen aktiv sein kann. Gibt es einen Grund dafür, dass ein Gerät nicht gleichzeitig der Controller von beiden sein kann?

36 Welches ist die maximale Größe eines Datenfelds für einen 3 Zeitscheiben langen Bluetooth-Rahmen mit Basisdatenraten. Erläutern Sie Ihre Antwort.

37 Abbildung 4.24 listet verschiedene Protokolle der Bitübertragungsschicht auf. Welches entspricht dem Bitübertragungsschichtprotokoll von Bluetooth am besten? Was ist der hauptsächliche Unterschied zwischen beiden?

38 In diesem Kapitel wird erwähnt, dass die Effizienz eines 1 Zeitscheiben langen Rahmens mit Codierung der Wiederholungen ungefähr 13% mit Basisdatenrate entspricht. Wie groß ist die Effizienz, wenn stattdessen ein 5 Zeitscheiben langer Rahmen mit Codierung der Wiederholungen mit Basisdatenrate verwendet wird?

39 Beacon-Rahmen enthalten in der FHSS-Variante von IEEE 802.11 eine Verweilzeit. Glauben Sie, dass die analogen Beacon-Rahmen in Bluetooth auch eine Verweilzeit enthalten? Erläutern Sie Ihre Antwort.

40 Ein Switch für Fast Ethernet hat eine Platine, die 10 Gbit/s verarbeiten kann. Wie viele Rahmen/Sekunde kann sie im schlechtesten Fall verwalten?

41 Betrachten Sie das erweiterte LAN, das über die Bridges *B*1 und *B*2 in Abbildung 4.33b verbunden ist. Angenommen, die Hash-Tabellen in den beiden Bridges sind leer. Wie sieht die Hash-Tabelle von *B*2 nach der folgenden Sequenz von Datenübertragungen aus:

a. *B* sendet einen Rahmen an *E*.

b. *F* sendet einen Rahmen an *A*.

c. *A* sendet einen Rahmen an *B*.

d. *G* sendet einen Rahmen an *E*.

e. *D* sendet einen Rahmen an *C*.

f. *C* sendet einen Rahmen an *A*.

Nehmen wir an, dass jeder Rahmen gesendet wird, nachdem der vorherige Rahmen empfangen worden ist.

42 Betrachten Sie das erweiterte LAN, das über die Bridges *B*1 und *B*2 in Abbildung 4.33b verbunden ist. Angenommen, die Hash-Tabellen in den beiden Bridges sind leer. Welche dieser Datenübertragungen führt zu einem Broadcast:

a. *A* sendet einen Rahmen an *C*.

b. *B* sendet einen Rahmen an *E*.

c. *C* sendet einen Rahmen an *B*.

d. *G* sendet einen Rahmen an *C*.

e. *E* sendet einen Rahmen an *F*.

f. *D* sendet einen Rahmen an *C*.

Nehmen wir an, dass jeder Rahmen gesendet wird, nachdem der vorherige Rahmen empfangen worden ist.

43 Betrachten Sie das in Abbildung 4.33b dargestellte LAN, das mithilfe der Bridges *B*1 und *B*2 verbunden ist. Angenommen, die Hash-Tabellen der beiden Bridges sind anfangs leer. Geben Sie alle Ports an, zu denen ein Paket für die folgende Datenübertragungsfolge geleitet wird:

a. *A* sendet ein Paket an *C*.

b. *E* sendet ein Paket an *F*.

c. *F* sendet ein Paket an *E*.

d. *G* sendet ein Paket an *E*.

e. *D* sendet ein Paket an *A*.

f. *B* sendet ein Paket an *F*.

44 Siehe Abbildung 4.36. Stellen Sie sich vor, eine zusätzliche Bridge *B0* ist mit den Bridges *B4* und *B5* verbunden. Skizzieren Sie den neuen Spannbaum für diese Topologie.

45 Beschreiben Sie kurz den Unterschied zwischen Store-and-forward- und Cut-through-Switches.

46 Betrachten Sie ein Ethernet-LAN mit sieben Bridges. Bridge 0 ist mit 1 und 2 verbunden. Die Bridges 3, 4, 5 und 6 sind sowohl mit 1 als auch mit 2 verbunden. Angenommen, die überwiegende Mehrheit der Rahmen ist an Stationen adressiert, die mit Bridge 2 verbunden sind. Skizzieren Sie zunächst den vom Ethernet-Protokoll erstellten Spannbaum und dann einen alternativen Spannbaum, der die durchschnittliche Rahmenlatenzzeit verringert.

47 Betrachten Sie zwei Ethernet-Netze. In Netz (a) sind die Stationen über Vollduplexkabel mit einem Hub verbunden. In Netz (b) sind die Stationen über Halbduplexkabel mit einem Switch verbunden. Warum ist für jedes dieser Netze CSMA/CD erforderlich beziehungsweise nicht erforderlich?

48 Store-and-forward-Switches haben gegenüber Cut-through-Switches einen Vorteil bei beschädigten Rahmen. Erklären Sie dies.

49 In Abschnitt 4.7.3 wird erwähnt, dass einige Bridges eventuell im Spannbaum gar nicht vorkommen. Skizzieren Sie ein Szenario, in dem eine Bridge nicht im Spannbaum erscheint.

50 Damit VLANs korrekt arbeiten, sind in den Bridges Konfigurationstabellen erforderlich. Was passiert, wenn die VLANs in Abbildung 4.39 Hubs anstatt Switches verwenden? Benötigen Hubs auch Konfigurationstabellen? Warum bzw. warum nicht?

51 Schreiben Sie ein Programm zur Simulation von reinem ALOHA. Nehmen Sie an, dass die Paketlängen einer Gauß'schen Verteilung folgen mit Mittelwert und Standardabweichung als Parameter. Die Anzahl der Stationen ist ebenfalls ein Parameter. Der Taktimpuls beträgt ΔT, ebenfalls ein Parameter. Bei jedem Taktschritt hat jede Station eine gewisse Wahrscheinlichkeit, zu senden, unabhängig davon, ob andere Übertragungen stattfinden. Untersuchen Sie das Verhalten des Systems unter verschiedenen Belastungen.

52 Erfassen Sie mehrmals für einige Minuten die von Ihrem eigenen Computer im Gemischtmodus gesendeten Message-Traces. Erstellen Sie einen Simulator für einen einzelnen Kommunikationskanal und implementieren Sie die CSMA/CD-Protokolle. Bewerten Sie die Effizienz dieser Protokolle anhand Ihrer eigenen Traces, die die verschiedenen, um den Kanal konkurrierenden Stationen repräsentieren. Diskutieren Sie, wie repräsentativ diese Traces als Sicherungsschicht-Arbeitslast sind.

53 Schreiben Sie ein Programm, um das Verhalten des CSMA/CD-Protokolls über Ethernet zu simulieren, wenn *N* Stationen sendebereit sind, während ein Rahmen übertragen wird. Ihr Programm soll die Zeitpunkte ausgeben, zu denen jede Station erfolgreich beginnt, ihren Rahmen zu senden. Gehen Sie davon aus, dass ein Taktgeber pro Zeitscheibe (51,2 µs) einmal tickt und die Kollisionsentdeckung und das Senden eines Rausch-Bursts eine Zeitscheibe dauert. Alle Rahmen haben die maximal zulässige Länge.

54 Laden Sie das Programm Wireshark von *www.wireshark.org* herunter. Es ist ein kostenloses Open-Source-Programm zur Überwachung von Netzen und zur Erstellung von Berichten über die dort ablaufenden Vorgänge. Machen Sie sich damit vertraut, indem Sie sich eine der vielen Anleitungen auf YouTube ansehen. Es gibt viele Webseiten, auf denen Experimente beschrieben und diskutiert werden, die Sie damit durchführen können. Auf diese Weise können Sie ein Gefühl dafür bekommen, was in einem Netzwerk vor sich geht.

Die Vermittlungsschicht

5

» Die Vermittlungsschicht hat die Aufgabe, Pakete von der Quelle bis zum Ziel zu übertragen. Dazu kann auch das Durchqueren vieler Teilstrecken zwischen den auf dem Weg liegenden Routern gehören. Diese Aufgabe unterscheidet sich stark von der Funktion der Sicherungsschicht, die lediglich Rahmen von einem Ende der Leitung zum anderen Ende befördern muss. Die Vermittlungsschicht ist also die unterste Schicht, die mit der Übertragung von Endpunkt zu Endpunkt zu tun hat.

Um ihre Aufgabe zu bewältigen, muss die Vermittlungsschicht über die Topologie des Netzes (d.h. alle Router und Verbindungen) Bescheid wissen und auch in großen Netzen geeignete Pfade wählen. Sie muss auch die Routen sorgfältig wählen, um zu vermeiden, dass einige Übertragungsleitungen und Router überlastet sind, während sich andere im Leerlaufzustand befinden. Wenn sich dann die Quelle und das Ziel auch noch in verschiedenen Netzen befinden, treten neue Probleme auf, wie beispielsweise die Datenflüsse über mehrere Netze zu koordinieren und die Netznutzung zu organisieren. Mit diesen Problemen befasst sich in der Regel die Vermittlungsschicht. Netzadministratoren sind oft gezwungen, diese Herausforderungen manuell zu lösen. So mussten Netzadministratoren bislang üblicherweise diese Vermittlungsschicht von Hand neu aufsetzen, durch eine sogenannte Low-Level-Konfiguration. In jüngster Zeit ist es dank des Aufkommens softwaredefinierter Netznutzung und programmierbarer Hardware möglich, die Vermittlungsschicht von höheren Softwareprogrammen aus zu konfigurieren, ja sogar die Funktionen der Vermittlungsschicht gänzlich neu zu definieren. In diesem Kapitel untersuchen wir die oben aufgeführten Aspekte und veranschaulichen sie anhand des Internets und dessen Schicht-3-Protokoll IP (*Internet Protocol*). «

5.1 Entwurfsaspekte der Vermittlungsschicht

Die folgenden Abschnitte geben eine Einführung in einige der Aufgaben, mit denen sich die Entwickler der Vermittlungsschicht befassen müssen. Zu diesen Aufgaben zählen die Bereitstellung von Diensten für die Transportschicht und der interne Entwurf des Netzes.

5.1.1 Paketvermittlung unter Verwendung des Store-and-forward-Verfahrens

Bevor wir uns mit den Details der Vermittlungsschicht befassen, betrachten wir noch einmal den Kontext, in dem die Schicht-3-Protokolle arbeiten. Dieser Kontext ist in ▶Abbildung 5.1 dargestellt. Die Hauptkomponenten des Netzes sind die Geräte des ISP (Router, Switches und Middleboxen, die an Übertragungsleitungen angeschlossen sind), die sich in dem blau schattierten Oval befinden, sowie die Ausrüstung des Kunden, die sich außerhalb des Ovals befindet. Host *H1* ist direkt mit dem Router *A* des ISP verbunden, z.B. ein Heimanwender, der seinen Rechner an ein DSL-Modem angeschlossen hat. Dagegen befindet sich *H2* in einem LAN (z.B. ein Ethernet in einem Büro) mit einem Router *F*, der dem Kunden gehört und vom ihm betrieben wird. Der Router verfügt über eine Standleitung zu den ISP-Geräten. Wir haben den Router *F* außerhalb des Ovals gesetzt, weil er nicht zum ISP gehört. Für die Behandlung in diesem Kapitel werden wir jedoch die Router der Kunden als zum ISP-Netz gehörend betrachten, da sie die gleichen Algorithmen wie die ISP-Router ausführen (und unser Hauptaugenmerk liegt hier auf den Algorithmen).

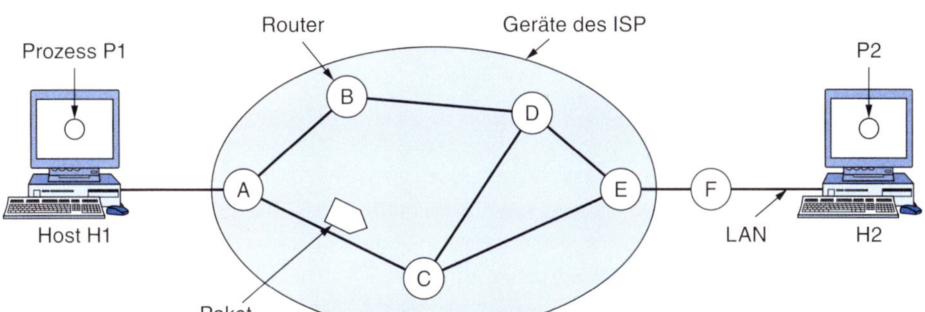

Abbildung 5.1: Die Umgebung des Schicht-3-Protokolls.

Diese Geräte werden wie folgt eingesetzt. Ein Host mit einem zu sendenden Paket überträgt dieses zum nächsten Router, entweder auf seinem eigenen LAN oder über eine Punkt-zu-Punkt-Verbindung zum ISP. Das Paket wird hier gespeichert, bis es vollständig angekommen ist, damit die Prüfsumme kontrolliert werden kann. Es wird dann auf dem Pfad zum nächsten Router weitergeleitet, bis es beim Ziel-Host ankommt und hier zugestellt wird. Dieser Mechanismus ist die Store-and-forward-Paketvermittlung, die wir bereits in den vorhergehenden Kapiteln kennengelernt haben.

5.1.2 Dienste für die Transportschicht

Die Vermittlungsschicht stellt Dienste für die Transportschicht an der Schnittstelle zwischen den beiden Schichten bereit. Eine wichtige Frage ist, welche Arten von Diensten die Vermittlungsschicht für die Transportschicht genau zur Verfügung stellt. Die Dienste müssen sorgfältig hinsichtlich der folgenden Ziele konzipiert werden:

1. Die Dienste sollten unabhängig von den Technologien sein, die bei den Routern verwendet werden.
2. Die Transportschicht muss vor der Anzahl, der Art und der Topologie der Router abgeschirmt werden.
3. Die für die Transportschicht zur Verfügung gestellten Netzadressen müssen ein einheitliches Nummerierungsschema darstellen, selbst zwischen LANs und WANs.

Mit diesen Vorgaben haben die Entwickler der Vermittlungsschicht sehr viel Freiraum bei der Erstellung genauer Dienstspezifikationen für die Transportschicht. Dieser Freiraum artet meist in eine wilde Schlacht zwischen zwei gegnerischen Parteien aus. Der wesentliche Streitpunkt besteht in der Frage, ob die Vermittlungsschicht verbindungsorientierte oder verbindungslose Dienste bereitstellen soll.

Ein Lager (vertreten durch die Internetgemeinde) argumentiert, dass der Router lediglich Pakete befördern und sonst nichts übernehmen soll. Aus ihrer Sicht (auf der Grundlage von 40 Jahren Erfahrung mit einem echten Rechnernetz) ist das Netz inhärent unzuverlässig, gleichgültig wie es entworfen wird. Deshalb sollten die Hosts diese Tatsache akzeptieren und Fehlerkontrolle (d.h. Fehlererkennung und -korrektur) sowie Flusskontrolle selbst übernehmen.

Dieser Standpunkt führt zu dem Schluss, dass der Dienst der Vermittlungsschicht verbindungslos sein sollte, mit nicht viel mehr als den Primitiven SEND PACKET und RECEIVE PACKET. Insbesondere sollten keine Fehlerkontrolle und keine Flusskontrolle stattfinden, da dies ohnehin von den Hosts vorgenommen wird. In der Regel wird nur wenig gewonnen, wenn man dies zweimal durchführt. Diese Schlussfolgerung ist ein Beispiel der **Ende-zu-Ende-Argumentation**, ein Entwurfsprinzip, das sehr einflussreich bei der Gestaltung des Internets war (Saltzer et al., 1984). Außerdem muss jedes Paket die volle Zieladresse enthalten, da es gänzlich unabhängig von seinen Vorgängern (falls vorhanden) übertragen wird.

Das andere Lager (verkörpert durch die Telefongesellschaften) argumentiert, dass das Netz einen zuverlässigen, verbindungsorientierten Dienst bieten soll. Sie weisen darauf hin, dass eine hundertjährige erfolgreiche Erfahrung mit dem weltweiten Telefonsystem ein hervorragender Wegweiser ist. Bei diesem Standpunkt ist die Dienstgüte der entscheidende Faktor. Ohne Verbindungsorientierung im Netz ist die Dienstgüte sehr schwer zu verwirklichen, insbesondere für Echtzeitdatenverkehr wie Sprache und Video.

Selbst nach mehreren Jahrzehnten ist dieser Streit immer noch im Gange. Frühe, weitverbreitete Datennetze, wie X.25 in den 1970er Jahren und sein Nachfolger Frame Relay in den 1980er Jahren, waren verbindungsorientiert. Jedoch sind seit den Tagen von ARPANET und dem frühen Internet verbindungslose Vermittlungsschichten enorm in der Beliebtheit gestiegen. Das IP-Protokoll ist heute ein stets präsentes Symbol des Erfolgs. Dieser Erfolg ließ sich auch nicht durch eine verbindungslose Technologie namens ATM aufhalten, die in den 1980ern Jahren entwickelt wurde, um IP vom Thron zu stoßen – im Gegenteil: heute findet man ATM nur in Nischenanwendungen und IP ist dabei, die Telefonnetze zu erobern. Mit steigender Bedeutung der Dienstgüte jedoch entwickelt das Internet unter der Oberfläche verbindungsorientierte Eigenschaften. Zwei Beispiele für verbindungsorientierte Technologien sind MPLS (*MultiProtocol Label Switching*), das wir später in diesem Kapitel beschreiben, und VLANs, die wir in *Kapitel 4* untersucht haben. Beide Technologien werden häufig eingesetzt.

5.1.3 Implementierung eines verbindungslosen Dienstes

Nachdem wir die beiden Dienstklassen behandelt haben, die die Vermittlungsschicht den Benutzern bereitstellt, befassen wir uns nun damit, wie diese Schicht intern arbeitet. Je nach angebotenem Diensttyp sind zwei verschiedene Strukturen möglich. Wird ein verbindungsloser Dienst angeboten, so werden Pakete einzeln in das Netz eingespeist und unabhängig voneinander weitergeleitet. Vorab ist keine Einrichtung erforderlich. In diesem Kontext werden die Pakete häufig als **Datagramme** (*datagram*; in Analogie zu Telegramm) bezeichnet und das Netz als **Datagrammnetz** (*datagram network*). Wird ein verbindungsorientierter Dienst eingesetzt, dann muss der gesamte Pfad vom Quell-Router zum Ziel-Router aufgebaut werden, bevor Datenpakete gesendet werden können. Diese Verbindung wird als **virtuelle Verbindung** (**VC**, *Virtual Circuit*) bezeichnet, analog zu den physikalischen Verbindungen (Leitungen), die das Telefonsystem aufbaut. Das Netz wird dann als **VC-Netz** (*virtual circuit network*) bezeichnet. In diesem Abschnitt behandeln wir die Datagrammnetze, im nächsten Abschnitt gehen wir auf die VC-Netze ein.

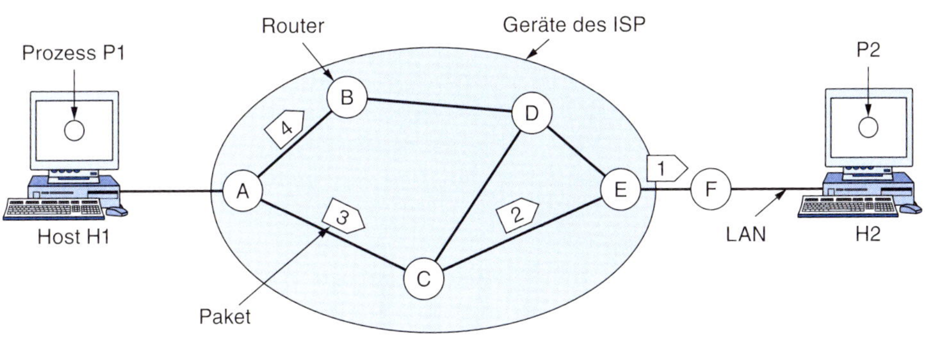

Tabelle von A (zu Beginn)

Ziel	Leitung
A	–
B	B
C	C
D	B
E	C
F	C

Tabelle von A (später)

A	–
B	B
C	C
D	B
E	B
F	B

Tabelle von C

A	A
B	A
C	–
D	E
E	E
F	E

Tabelle von E

A	C
B	D
C	C
D	D
E	–
F	F

Abbildung 5.2: Routing in einem Datagrammnetz.

Untersuchen wir nun einmal, wie ein Datagrammnetz arbeitet. Angenommen, der Prozess *P1* in ▶Abbildung 5.2 hat eine lange Nachricht für *P2*. Er übergibt die Nachricht an die Transportschicht mit der Anweisung, sie Prozess *P2* auf Host *H2* zuzustellen. Der Transportschichtcode läuft auf *H1*, in der Regel im Betriebssystem. Er hängt an das vordere Ende der Nachricht einen Transport-Header an und übergibt das Ergebnis an die Vermittlungsschicht, die wahrscheinlich nur eine weitere Prozedur im Betriebssystem ist.

Wir wollen für dieses Beispiel annehmen, dass die Nachricht viermal länger als die maximale Paketgröße ist, sodass die Vermittlungsschicht sie in die vier Pakete 1, 2, 3 und 4 aufteilen muss und jedes Paket an den Router *A* sendet, wobei ein Punkt-zu-Punkt-Protokoll wie PPP verwendet wird. An diesem Punkt übernimmt der ISP die Weiterleitung. Jeder Router hat eine interne Tabelle, aus der er jedes mögliche Ziel zum Versenden der Pakete entnimmt. Jeder Tabelleneintrag ist ein Paar bestehend aus einem Ziel und der Ausgangsleitung, die für dieses Ziel verwendet werden soll. Es können nur direkte Verbindungsleitungen verwendet werden. So hat beispielsweise *A* in Abbildung 5.2 nur zwei Ausgangsleitungen – zu *B* und zu *C* –, sodass jedes eingehende Paket zu einem dieser Router gesendet werden muss, selbst wenn das endgültige Ziel sich auf einem anderen Router befindet. Die anfängliche Routing-Tabelle von *A* wird in der Abbildung unter der Überschrift „zu Beginn" dargestellt.

Bei *A* werden die Pakete 1, 2 und 3 kurz gespeichert, nachdem sie auf der Eingangsleitung angekommen sind und ihre Prüfsummen verifiziert wurden. Dann werden die Pakete gemäß den Informationen in der Tabelle von *A* weitergeleitet, und zwar auf der Ausgangsleitung zu *C* innerhalb eines neuen Rahmens. Das Paket 1 wird dann an *E* weitergeleitet und anschließend an *F*. Bei *F* angekommen wird es in einem Rahmen über das LAN an *H2* gesendet. Die Pakete 2 und 3 nehmen den gleichen Weg.

Mit Paket 4 geschieht aber etwas anderes. Wenn es bei *A* ankommt, wird es an den Router *B* weitergeleitet, obwohl es eigentlich ebenfalls für *F* bestimmt war. Aus irgendeinem Grund hat *A* entschieden, das Paket 4 über einen anderen Weg als die ersten drei Pakete gehen soll. Vielleicht hat *A* von einem Datenstau auf dem Pfad *ACE* erfahren und die Routing-Tabelle aktualisiert. Dies wird unter der Überschrift „später" aufgeführt. Der Algorithmus zur Verwaltung der Tabellen und der Routing-Entscheidungen wird als **Routing-Algorithmus** (Weiterleitungsalgorithmus) bezeichnet. Routing-Algorithmen gehören zu den Schwerpunkten in diesem Kapitel. Wie wir sehen werden, gibt es verschiedene Arten dieser Algorithmen.

IP ist als Basis für das ganze Internet das vorherrschende Beispiel eines verbindungslosen Netzwerkdienstes. Jedes Paket trägt eine Ziel-IP-Adresse, die die Router dazu verwenden, um jedes Paket individuell weiterzusenden. Die Adressen bestehen in IPv4-Paketen aus 32 Bit und in IPv6-Paketen aus 128 Bit. Wir beschreiben IP und diese beiden Versionen ausführlich weiter hinten in diesem Kapitel

5.1.4 Implementierung eines verbindungsorientierten Dienstes

Für einen verbindungsorientierten Dienst benötigen wir ein VC-Netz. Betrachten wir einmal, wie dies funktioniert. Bei virtuellen Verbindungen muss nicht wie in Abbildung 5.2 für jedes Paket oder jede Zelle ein neuer Weg gewählt werden. Vielmehr wird beim Aufbau einer Verbindung ein Weg zwischen der Quelle und dem Ziel als Teil der Verbindungseinrichtung gewählt, die dann in den Router-Tabellen gespeichert wird. Dieser Pfad wird für den gesamten Verkehr verwendet, der über die Verbindung fließt, wie beim Telefonnetz. Wird die Verbindung freigegeben, dann endet auch die virtuelle Verbindung. Bei einem verbindungsorientierten Dienst enthält jedes Paket einen Identifikator, der angibt, zu welcher virtuellen Verbindung es gehört.

Betrachten wir dazu als Beispiel die Situation in ▶Abbildung 5.3. Hier errichtet der Host *H1* die Verbindung 1 zu Host *H2*. Diese Verbindung wird im ersten Eintrag der entsprechenden Routing-Tabellen notiert. Die erste Zeile in der Tabelle von *A* gibt an, dass ein von *H1* ankommendes Paket mit den Verbindungsidentifikator 1 an den Router *C* gesendet wird und den Verbindungsidentifikator 1 enthält. Genauso leitet der erste Eintrag in *C* das Paket an *E* weiter, ebenfalls mit dem Verbindungsidentifikator 1.

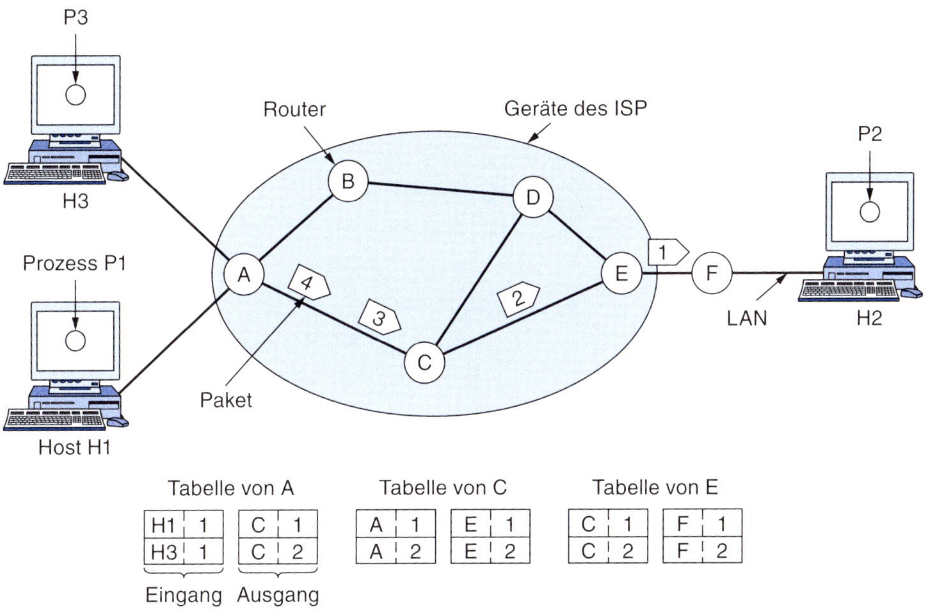

Abbildung 5.3: Routing in einem VC-Netz.

Nun wollen wir uns ansehen, was passiert, wenn *H3* eine Verbindung zu *H2* aufbauen möchte. Der Host wählt den Verbindungsidentifikator 1 (da er die Verbindung initiiert hat und dies die einzige Verbindung ist) und weist das Netz an, eine virtuelle Verbindung einzurichten. Dies führt zu der zweiten Zeile in den Tabellen. Beachten Sie, dass hier ein Konflikt vorliegt: Obwohl *A* sehr einfach die Verbindung-1-Pakete von *H1* von denen von *H3* unterscheiden kann, ist *C* nicht dazu in der Lage. Daher weist *A* für den ausgehenden Datenverkehr der zweiten Verbindung einen anderen Verbindungsidentifikator zu. Um derartige Konflikte zu vermeiden, benötigen Router die Fähigkeit, die Verbindungsidentifikatoren ausgehender Pakete zu ersetzen.

Ein Beispiel für einen verbindungsorientierten Netzdienst ist **MPLS** (*MultiProtocol Label Switching*). MPLS wird innerhalb von ISP-Netzen im Internet eingesetzt, indem IP-Pakete in einen MPLS-Header eingewickelt werden, der einen 20-Bit-Verbindungsidentifikator oder ein Label hat. MPLS wird oft vor den Kunden verborgen, wenn der ISP dauerhafte Verbindungen für die Übertragung großer Datenmengen einrichtet. Doch zunehmend wird MPLS auch dann verwendet, wenn Dienstgüte wichtig ist oder die Verwaltung des ISP-Verkehrs unterstützt werden soll. Wir werden später in diesem Kapitel noch auf MPLS zurückkommen.

5.1.5 Vergleich von VC-Netzen und Datagrammnetzen

Sowohl virtuelle Verbindungen als auch Datagramme haben ihre Befürworter und Gegner. Wir wollen hier den Versuch unternehmen, einen Überblick über die Argumente beider Seiten zu geben. Die wichtigsten Kriterien sind in ▶Abbildung 5.4 aufgeführt – Puristen werden vermutlich für alles ein Gegenargument finden.

Kriterium	Datagrammnetz	VC-Netz
Verbindungsaufbau	Nicht erforderlich	Erforderlich
Adressierung	Jedes Paket enthält die volle Ziel- und meist auch die Quelladresse	Jedes Paket enthält eine kurze VC-Nummer
Zustandsinformation	Router führen keine Zustandsinformationen über die Verbindung	Für jede virtuelle Verbindung ist ein Tabelleneintrag erforderlich
Routing	Jedes Paket wird unabhängig befördert	Die Route wird beim Aufbau der virtuellen Verbindung gewählt; alle Pakete folgen dieser Route
Wirkung von Router-Fehlern	Keine, außer dass Pakete verloren gehen	Alle virtuellen Verbindungen über den ausgefallenen Router werden beendet
Dienstgüte	Schwierig	Einfach, wenn im Voraus für jede virtuelle Verbindung ausreichend Ressourcen bereitgestellt werden
Überlastkontrolle	Schwierig	Einfach, wenn im Voraus für jede virtuelle Verbindung ausreichend Ressourcen bereitgestellt werden

Abbildung 5.4: Vergleich von VC-Netzen mit Datagrammnetzen.

Innerhalb des Netzes werden in Bezug auf virtuelle Verbindungen und Datagramme verschiedene Kompromisse getroffen. Ein Kompromiss muss zwischen der Einrichtzeit gegenüber der Zeit, die zum Parsen der Adresse verwendet wird, gefunden werden. Bei virtuellen Verbindungen ist eine Einrichtphase erforderlich, die Zeit und

Ressourcen kostet. Ist dieser Preis jedoch einmal bezahlt, dann ist es in einem VC-Netz einfach herauszufinden, wie mit einem Datenpaket weiter verfahren werden soll: Der Router benutzt lediglich die Verbindungsnummer, um das Ziel eines Pakets zu ermitteln. Bei einem Datagrammnetz ist eine kompliziertere Nachschlageprozedur erforderlich, um den Zieleintrag zu ermitteln.

Ein ähnliches Problem ist, dass die in Datagrammnetzen verwendeten Zieladressen länger als Verbindungsnummern sind, die in VC-Netzen benutzt werden, weil sie eine globale Bedeutung haben. Bei relativ kurzen Paketen bedeutet eine volle Zieladresse in jedem Paket einen beträchtlichen Overhead, d.h. verschwendete Bandbreite.

Ein anderer Aspekt ist der Tabellenplatz, der im Router-Speicher belegt wird. Ein Datagrammnetz muss für jedes mögliche Ziel einen Eintrag besitzen, ein VC-Netz muss dagegen nur für jede virtuelle Verbindung einen Eintrag aufweisen. Dieser Vorteil ist aber eine gewisse Illusion, da die Pakete zur Errichtung einer Verbindung ebenfalls weitergeleitet werden müssen, und sie verwenden genau wie Datagramme Zieladressen.

Virtuelle Verbindungen haben gewisse Vorteile bezüglich der Sicherstellung der Dienstgüte und der Vermeidung von Überlastungen im Netz, weil Ressourcen (wie Puffer, Bandbreite und CPU-Zyklen) im Voraus – beim Aufbau der Verbindung – reserviert werden. Kommen Pakete an, dann sind Bandbreite und Router-Kapazität dem Bedarf entsprechend vorhanden. Bei einem Datagrammnetz ist die Vermeidung von Überlastung schwieriger.

Bei Transaktionsverarbeitungssystemen (z.B. die Anrufe von Geschäften bei einer Kreditkartengesellschaft, wenn Kunden mit Kreditkarte bezahlen) kann der durch den Auf- und Abbau einer virtuellen Verbindung entstehende Overhead die Nutzung der Verbindung leicht in den Schatten stellen. In Umgebungen, in denen vorwiegend mit dieser Verkehrsart zu rechnen ist, ist die Nutzung von virtuellen Verbindungen im Netz kaum sinnvoll. Dafür eignen sich permanente virtuelle Verbindungen für lang anhaltende Nutzung wie bei VPN-Verkehr zwischen zwei verbundenen Büros (die manuell aufgebaut und Monate oder Jahre aufrechterhalten werden).

Virtuelle Verbindungen sind außerdem recht empfindlich. Bricht ein Router zusammen und verliert seinen Hauptspeicherinhalt, dann werden alle vorhandenen virtuellen Verbindungen abgebrochen, auch wenn der Ausfall nur Sekunden dauert. Demgegenüber sind in einem Datagrammnetz bei einem Router-Ausfall – wenn überhaupt – nur die Benutzer betroffen, deren Pakete im Moment im Router in der Warteschlange anstanden (und wahrscheinlich nicht einmal dann, da der Sender diese vermutlich kurz darauf neu überträgt). Der Ausfall einer Übertragungsleitung ist für virtuelle Verbindungen fatal, kann aber leicht ausgeglichen werden, wenn Datagramme verwendet werden. Durch Datagramme können die Router auch den Verkehrsdurchsatz im Netz ausgleichen, da bei einer langen Folge von Paketübertragungen die Versandwege mittendrin gewechselt werden können.

5.2 Routing-Algorithmen

Die wichtigste Funktion der Vermittlungsschicht besteht darin, die Pakete von der Quelle zum Ziel weiterzuleiten. In den meisten Netzwerken durchlaufen die Pakete bei dieser Reise mehrere Teilstrecken (Hops). Die einzige nennenswerte Ausnahme bilden Broadcast-Netze, aber auch hier ist das Routing ein Thema, wenn sich Quelle und Ziel nicht im gleichen Netzsegment befinden. Die Algorithmen zum Auswählen der Routen und der verwendeten Datenstrukturen sind ein zentrales Thema bei der Entwicklung der Vermittlungsschicht.

Der **Routing-Algorithmus** ist jener Teil der Software der Vermittlungsschicht, der über die Ausgabeleitung für eingehende Pakete entscheidet. Nutzt das Netz intern Datagramme, dann muss diese Entscheidung bei jedem Datenpaket neu getroffen werden, weil sich der beste Pfad seit der letzten Übertragung geändert haben kann. Verwendet das Netz intern virtuelle Verbindungen, werden Routing-Entscheidungen nur gefällt, wenn eine neue virtuelle Verbindung aufgebaut wird. Danach folgen alle Datenpakete diesem bereits bestehenden Weg. Dieser Fall wird auch **Session-Routing** genannt, weil der Weg während einer gesamten Sitzung bestehen bleibt (z.B. während der Anmeldung über ein VPN).

Manchmal ist eine Unterscheidung zwischen Routing – die Entscheidung, welche Pfade verwendet werden sollen – und der Weiterleitung – die Verarbeitung, die bei der Ankunft eines Pakets abläuft – von Vorteil. Man kann sich einen Router so vorstellen, dass er über zwei Prozesse verfügt. Einer verwaltet jedes ankommende Paket und sucht die zu verwendende Ausgangsleitung in den Routing-Tabellen. Diesen Prozess nennt man **Weiterleitung** (*forwarding*). Der andere Prozess füllt die Routing-Tabellen aus und aktualisiert sie. Hier kommt dann der Routing-Algorithmus ins Spiel.

Unabhängig davon, ob die Routen für jedes Paket einzeln oder nur einmal beim Aufbau einer neuen Verbindung gewählt werden, sind folgende Eigenschaften eines Routing-Algorithmus wünschenswert: korrekt, einfach, robust, stabil, fair und effizient. Korrektheit und Einfachheit bedürfen keiner weiteren Erklärung. Der Anspruch auf Robustheit mag zunächst nicht einleuchten. Wird ein großes Netz eingerichtet, geht man davon aus, dass es über Jahre hinweg fehlerfrei läuft. In dieser Zeitspanne treten aber Hardware- und Softwarefehler aller Art auf. Hosts, Router und Leitungen werden immer wieder ausfallen und die Topologie wird immer wieder geändert werden. Der Routing-Algorithmus sollte Änderungen der Topologie und des Datenverkehrs bewältigen können, ohne dass nach dem Absturz eines Routers alle Jobs in allen Hosts abgebrochen werden müssen. Stellen Sie sich das Chaos vor, wenn das Netz jedes Mal hochgefahren werden müsste, sobald irgendwo ein Router ausfällt!

Auch Stabilität ist ein wichtiges Ziel des Routing-Algorithmus. Es gibt Routing-Algorithmen, die nie eine feste Pfadmenge erreichen, ganz gleich, wie lange sie laufen. Ein stabiler Algorithmus konvergiert in einen stabilen Zustand und bleibt darin. Dies sollte außerdem schnell gehen, da die Kommunikation getrennt werden könnte, bevor der Routing-Algorithmus den stabilen Zustand erreicht.

Fairness und Effizienz mögen offensichtlich scheinen – sicher würde kein vernünftiger Mensch etwas dagegen einwenden –, sind aber oft als Ziele nicht vereinbar. Als einfaches Beispiel dafür betrachte man ▶Abbildung 5.5. Angenommen, zwischen *A* und *A'*, zwischen *B* und *B'* sowie zwischen *C* und *C'* fließt ausreichend Datenverkehr, um die horizontalen Verbindungen auszulasten. Um den Gesamtfluss zu maximieren, müsste der Verkehr zwischen *X* und *X'* gänzlich abgeschaltet werden. Leider sehen das *X* und *X'* nicht unbedingt so. Folglich muss zwischen der globalen Effizienz und der Fairness gegenüber einzelnen Verbindungen ein Kompromiss getroffen werden.

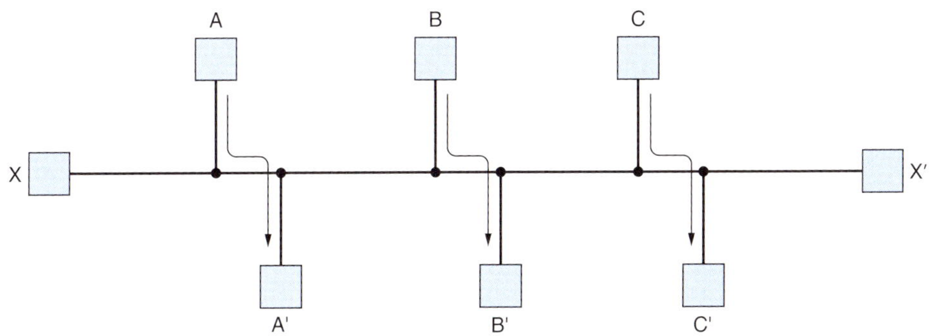

Abbildung 5.5: Netz mit einem Konflikt zwischen Fairness und Effizienz.

Bevor man überhaupt beginnt, sich mit Kompromissen zwischen Fairness und Effizienz zu befassen, muss ermittelt werden, was es zu optimieren gilt. Die Minimierung der durchschnittlichen Paketübertragungszeit, um Datenverkehr effektiv durch das Netz zu senden, ist eine Möglichkeit, interessant wäre aber auch die Maximierung des gesamten Netzdurchsatzes. Außerdem stellen diese zwei Ziele einen Konflikt dar, weil der Betrieb eines Warteschlangensystems nahe der Kapazitätsgrenze bedeutet, dass die Warteschlangenverzögerung lang ist. Bei vielen Netzen wird deshalb versucht, die Entfernung zu minimieren, die ein Paket zurücklegen muss, oder einfach die Anzahl der zu durchlaufenden Teilstrecken zu verringern. Beide Maßnahmen verbessern die Übertragungszeit und reduzieren außerdem den Bandbreitenverbrauch pro Paket, was sich wiederum positiv auf den gesamten Durchsatz des Netzes auswirkt.

Routing-Algorithmen können in zwei Hauptgruppen gegliedert werden: adaptive und nicht adaptive. **Nicht adaptive Algorithmen** gründen ihre Routing-Entscheidungen nicht auf Messungen oder Schätzungen der aktuellen Topologie und des Verkehrs. Stattdessen wird die Entscheidung, welcher Pfad von *I* zu *J* (für alle *I* und *J*) verwendet wird, vorab offline berechnet und beim Hochfahren des Netzes auf die Router geladen. Dieses Verfahren nennt man auch **statisches Routing** (*static routing*). Da statisches Routing nicht auf Ausfälle reagiert, ist es für Situationen am sinnvollsten, in denen die Routing-Entscheidung klar ist. Zum Beispiel sollte Router *F* in Abbildung 5.3 alle Pakete für das Netz unabhängig vom endgültigen Ziel immer zu Router *E* senden.

Adaptive Algorithmen ändern demgegenüber ihre Routing-Entscheidungen entsprechend den an der Topologie durchgeführten Änderungen und manchmal auch entsprechend den Änderungen beim Verkehr. Diese **dynamischen Routing-Algorithmen**

unterscheiden sich darin, woher sie ihre Informationen holen (z.B. lokal von benachbarten Routern oder von allen Routern), wann sie die Pfade ändern (z.B. alle ΔT Sekunden oder wenn sich die Last oder die Topologie ändert) und welche Metrik sie zur Optimierung verwenden (z.B. Entfernung, Anzahl der Teilstrecken oder geschätzte Übertragungszeit).

In den folgenden Abschnitten werden wir eine Vielzahl von Routing-Algorithmen beschreiben. Neben dem Senden eines Pakets von einer Quelle zu einem Ziel behandeln die Algorithmen auch Zustellungsmodelle. Manchmal soll das Paket zu mehreren Zielen, zu allen Zielen oder zu einem von vielen Zielen geschickt werden. Alle hier beschriebenen Routing-Algorithmen basieren ihre Entscheidungen auf der Topologie; in Abschnitt 5.3 werden wir die Möglichkeit besprechen, Entscheidungen aufgrund des Verkehrs zu treffen.

5.2.1 Das Optimalitätsprinzip

Vor der Beschreibung der einzelnen Algorithmen sollte man noch hervorheben, dass man eine allgemeine Aussage über optimale Pfade ohne Berücksichtigung der Netztopologie und des Verkehrs treffen kann. Diese Aussage wird als **Optimalitätsprinzip** (Bellman, 1957) bezeichnet. Es sagt Folgendes aus: Wenn Router J auf dem optimalen Pfad von Router I zu Router K liegt, dann gehört der optimale Weg von J nach K zum gleichen Pfad. Um das zu zeigen, nennen wir den Teil des Pfads von I nach J r_1 und den restlichen Pfad r_2. Gibt es zwischen J und K einen besseren Weg als r_2, kann dieser mit r_1 verkettet und der Weg von I nach K damit verbessert werden, was der Aussage widerspricht, dass $r_1 r_2$ optimal ist.

Als unmittelbare Folge des Optimalitätsprinzips sehen wir, dass die optimalen Routen von allen Quellen zu einem bestimmten Ziel einen Baum bilden, der am Ziel wurzelt. Einen solchen Baum nennt man **Quelle-Senke-Baum** (*sink tree*); in ▶Abbildung 5.6b ist ein Quelle-Senke-Baum für das Netz aus Abbildung 5.6a dargestellt, wobei die Distanz über die Anzahl der Teilstrecken gemessen wird. Das Ziel aller Routing-Algorithmen ist, die Quelle-Senke-Bäume für alle Router zu ermitteln und zu verwenden.

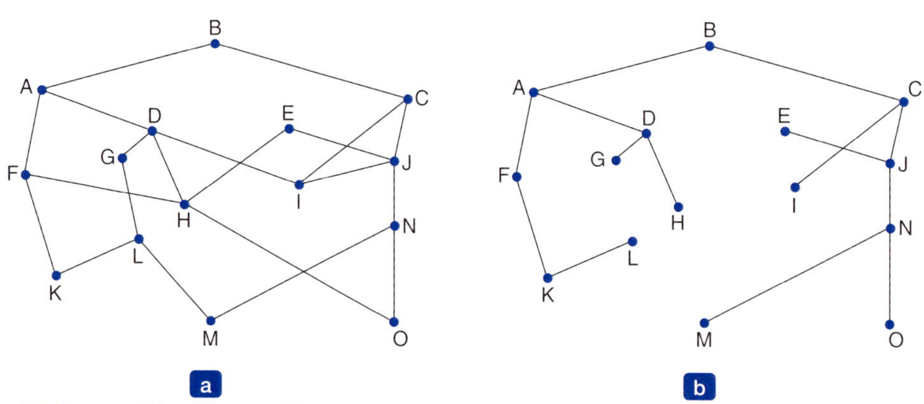

Abbildung 5.6: (a) Ein Netzwerk. (b) Ein Quelle-Senke-Baum für Router *B*.

Beachten Sie, dass ein Quelle-Senke-Baum nicht unbedingt eindeutig sein muss; es können auch weitere Bäume mit der gleichen Weglänge existieren. Wenn man es zulässt, dass alle möglichen Pfade gewählt werden können, so wird aus dem Baum eine allgemeinere Struktur: ein **gerichteter azyklischer Graph** (**DAG**, *Directed Acyclic Graph*). DAGs haben keine Schleifen. Wir werden Quelle-Senke-Bäume als ein praktisches Kürzel für beide Fälle verwenden. Für beide trifft auch die (technische) Annahme zu, dass Pfade sich nicht gegenseitig beeinträchtigen, sodass beispielsweise durch einen Verkehrsstau auf dem einen Pfad kein anderer Pfad umgeleitet werden muss.

Da ein Quelle-Senke-Baum tatsächlich ein Baum ist, enthält er keine Schleifen, das heißt, Pakete werden auf einer endlichen und begrenzten Anzahl von Teilstrecken übertragen. In der Praxis ist das nicht ganz so einfach. Leitungen und Router können ausfallen und während des laufenden Betriebs wieder hochfahren, sodass verschiedene Router unterschiedliche Kenntnisse der aktuellen Topologie haben können. Auch die Frage, ob jeder Router die Informationen, auf die er seine Berechnung des Quelle-Senke-Baums gründet, selber finden muss oder ob diese Information auf andere Weise erfasst wird, wurde hier unter den Tisch gekehrt. Dieses Thema werden wir später noch einmal aufgreifen. Dennoch stellen das Optimalitätsprinzip und das Konzept des Quelle-Senke-Baums gute Bezugspunkte zur Beurteilung von Routing-Algorithmen dar.

5.2.2 Routing nach dem kürzesten Pfad

Wir beginnen unsere Untersuchung der Routing-Algorithmen mit einer einfachen Technik zur Berechnung von optimalen Pfaden, unter der Annahme, dass ein vollständiges Bild des Netzes gegeben ist. Dies sind genau die Pfade, von denen wir möchten, dass ein verteilter Routing-Algorithmus sie findet, selbst wenn nicht alle Router alle Details des Netzes kennen.

Die Idee hierbei ist, einen Graphen des Netzes zu erstellen, wobei jeder Knoten im Graphen einen Router und jede Kante eine Übertragungsleitung oder eine Verbindung darstellt. Um einen Weg zwischen einem bestimmten Router-Paar auszuwählen, berechnet der Algorithmus anhand des Graphen den kürzesten Weg.

Das Konzept des **kürzesten Pfades** (*shortest path*) verdient einige Erklärungen. Eine Möglichkeit, die Pfadlänge zu messen, ist, die Anzahl der Teilstrecken zu berechnen. Bei dieser Bewertung sind die Pfade *ABC* und *ABE* in ▶Abbildung 5.7 gleich lang. Ein anderes Maß ist die geografische Entfernung in Kilometern. In diesem Fall ist *ABC* deutlich länger als *ABE* (unter der Voraussetzung, dass die Abbildung maßstabgerecht ist).

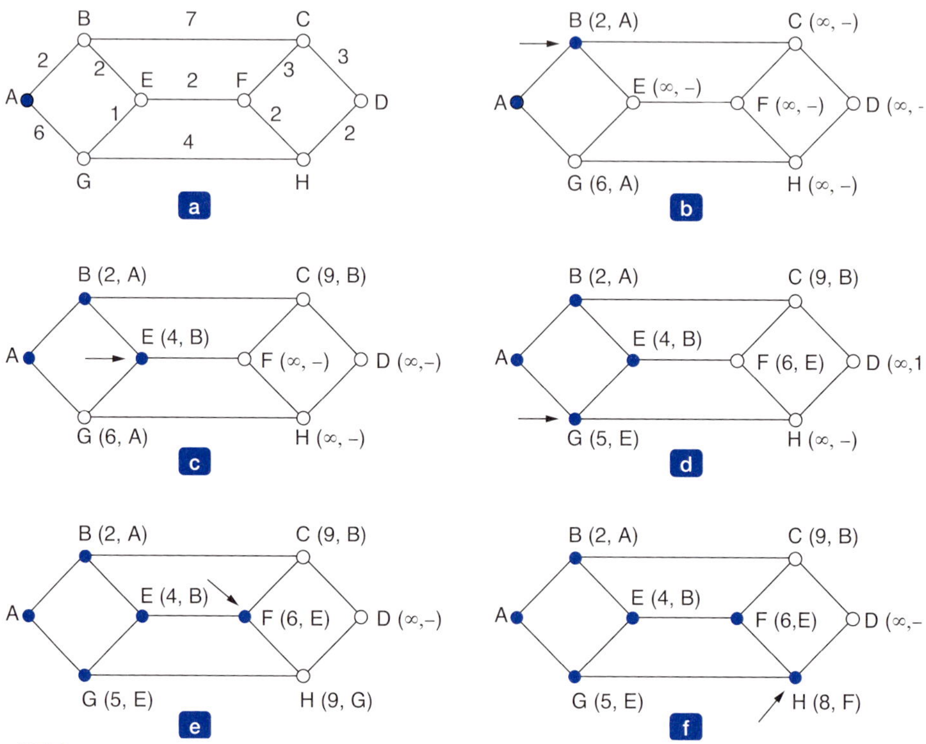

Abbildung 5.7: Die ersten sechs Schritte für die Berechnung des kürzesten Pfades von *A* nach *D*. Der Pfeil kennzeichnet den Arbeitsknoten.

Abgesehen von Teilstrecken und physikalischen Entfernungen sind noch andere Metriken möglich. Jede Kante kann beispielsweise mit der mittleren Übertragungszeit eines Standardtestpakets markiert werden, die stündlich ermittelt wird. Bei dieser Graphenbeschriftung ist der kürzeste Pfad der schnellste Pfad, und nicht derjenige mit den wenigsten Kanten oder Kilometern.

Im Allgemeinen können die Beschriftungen der Kanten als Funktion von Entfernung, Bandbreite, Durchschnittsverkehr, Übertragungskosten, gemessener Übertragungszeit und anderen Faktoren berechnet werden. Durch Ändern der Gewichtungsfunktion wird mit dem Algorithmus dann der „kürzeste" Pfad anhand eines von mehreren Kriterien oder einer Kombination dieser Kriterien ermittelt.

Zur Berechnung des kürzesten Pfads zwischen zwei Knoten eines Graphen sind verschiedene Algorithmen bekannt. Der hier vorgestellte Algorithmus geht auf Dijkstra (1959) zurück und findet den kürzesten Pfad zwischen einer Quelle und allen Zielen im Netz. Jeder Knoten wird (in Klammern) mit seiner Entfernung vom Quellknoten auf dem besten bekannten Pfad beschriftet. Die Entfernungen dürfen nicht negativ sein, wie es der Fall wäre, wenn sie auf realen Quantitäten wie Bandbreite und Übertragungszeit basierten. Anfangs ist kein Pfad bekannt, sodass alle Knoten die Bezeichnung „unendlich" tragen. Je weiter der Algorithmus fortschreitet und Pfade gefunden werden, desto mehr kann sich die Beschriftung ändern und jeweils bessere Pfade anzeigen. Eine Beschriftung (Label) kann provisorisch oder permanent sein. Zunächst sind alle Beschriftungen provisorisch. Wird festgestellt, dass eine Beschriftung den kürzestmöglichen Pfad von der Quelle zu einem Knoten angibt, wird sie permanent gesetzt und danach nie mehr geändert.

Um zu verdeutlichen, wie der Algorithmus zur Vergabe von Beschriftungen arbeitet, betrachten wir den gewichteten ungerichteten Graphen in Abbildung 5.7a, in dem die Gewichtungen, wie beispielsweise die Entfernung, eingetragen sind. Wir suchen den kürzesten Weg von A nach D. Wir beginnen, indem wir Knoten A als permanent markieren – dargestellt durch einen gefüllten Kreis. Nun untersuchen wir von A (dem Arbeitsknoten) aus jeden benachbarten Knoten und beschriften jeden mit seiner Entfernung zu A. In jeder solchen Beschriftung zu einem Knoten wird auch der Knoten angegeben, von dem aus gemessen wurde, sodass der endgültige Pfad später rekonstruiert werden kann. Wenn das Netz mehr als einen kürzesten Pfad von A zu D hat und wir alle kürzesten Pfade finden wollen, dann müssten wir uns alle untersuchten Knoten merken, die ein Knoten mit derselben Entfernung erreichen kann.

Nach der Untersuchung jedes Nachbarknotens von A untersuchen wir alle vorläufig beschrifteten Knoten im gesamten Graphen und setzen den mit der kleinsten Beschriftung permanent, wie in Abbildung 5.7b. Dieser wird der neue Arbeitsknoten.

Nun beginnen wir bei B und untersuchen alle Nachbarn. Sollte die Summe der Beschriftung auf B und der Entfernung von B zu dem gerade untersuchten Knoten kleiner sein als die bisherige Beschriftung dieses Knotens, liegt ein kürzerer Pfad vor, also wird die Beschriftung geändert.

Nachdem alle Nachbarn des Arbeitsknotens untersucht und die vorläufigen Beschriftungen – soweit möglich – geändert wurden, wird der gesamte Graph nach dem vorläufig beschrifteten Knoten mit dem kleinsten Wert abgesucht. Dieser Knoten wird permanent gesetzt und in der nächsten Runde als Arbeitsknoten deklariert. Abbildung 5.7 zeigt die ersten sechs Schritte des Algorithmus.

Um zu verstehen, warum der Algorithmus funktioniert, betrachten wir Abbildung 5.7c. Hier haben wir gerade E permanent gesetzt. Nehmen wir an, dass es einen kürzeren Pfad als ABE gibt, sagen wir $AXYZE$ (für beliebige X und Y). Es gibt zwei Möglichkeiten: Entweder wurde der Knoten Z bereits permanent gemacht oder nicht. Wenn ja, wurde E bereits untersucht (in der Runde nach derjenigen, in der Z permanent gesetzt wurde). Der Pfad $AXYZE$ ist also unserer Aufmerksamkeit nicht entgangen und kann daher kein kürzerer Pfad sein.

Betrachten wir nun den Fall, dass Z immer noch provisorisch beschriftet ist. Falls die Beschriftung von Z größer oder gleich der von E ist, dann kann $AXYZE$ nicht kürzer als ABE sein. Falls die Beschriftung kleiner als die von E ist, so wird nicht E, sondern zuerst Z als permanent markiert, wodurch E von Z aus untersucht werden kann.

Dieser Algorithmus wird in ▶Abbildung 5.8 dargestellt. Die globalen Variablen *n* und *dist* beschreiben den Graphen und werden initialisiert, bevor *shortest_path* aufgerufen wird. Der einzige Unterschied zwischen dem Programm und dem oben beschriebenen Algorithmus ist der, dass wir in Abbildung 5.8 den kürzesten Pfad vom Endknoten t und nicht vom Quellknoten s berechnen.

```
#define MAX_NODES 1024                /* maximale Anzahl der Knoten */
#define INFINITY 1000000000           /* Zahl, die größer ist als jeder maximale
                                         Pfad */
int n, dist[MAX_NOTES][MAX_NODES]; /* dist[i][j] ist die Entfernung
                                      von i nach j*/

void shortest_path(int s, int t, int path[])
{ struct state {                      /* Arbeitspfad */
    int predecessor;                  /* vorheriger Knoten */
    int length;                       /* Länge von der Quelle zu diesem Knoten */
    enum {permanent, tentative} label; /* Beschriftungsart */
} state[MAX_NODES];

int i, k, min;
struct state * p;

for (p = &state[0]; p < &state[n]; p++) { /* Zustand initialisieren */
    p->predecessor = -1;
    p->length = INFINITY;
    p->label = tentative;
}
state[t].length = 0; state[t].label = permanent;
k = t;                                /* k ist der anfängliche Arbeitsknoten */
do {                                  /* Gibt es einen besseren Pfad von k? */
    for (i = 0; i < n; i++)           /* dieser Graph hat n Knoten */
        if (dist[k][i] != 0&&state[i].label == tentative) {
            if (state[k].length + dist[k][i] < state[i].length) {
                state[i].predecessor = k;
                state[i].length = state[k].length + dist[k][i];
            }
        }

    /* Provisorisch beschrifteten Knoten mit der kleinsten Beschriftung
       ermitteln */
    k = 0; min = INFINITY;
    for (i = 0; i < n; i++)
        if (state[i].label == tentative &&state [i].length < min) {
            min = state[i].length;
            k = i;
        }
    state[k].label = permanent;
} while (k != s);

/* Pfad in das Ausgangsarray kopieren */
i = 0; k = s;
do {path[i++] = k; k = state[k].predecessor; } while (k >= 0);
}
```

Abbildung 5.8: Der Algorithmus von Dijkstra zur Berechnung des kürzesten Pfads in einem Graphen.

Da der kürzeste Pfad von t nach s in einem ungerichteten Graphen und die kürzesten Pfade von s nach t gleich sind, spielt es keine Rolle, an welchem Ende man beginnt.

Der Grund für die Rückwärtssuche ist, dass jeder Knoten mit seinem Vorgänger statt mit seinem Nachfolger beschriftet ist. Wenn der endgültige Pfad in die Ausgabevariable *path* kopiert wurde, wird er umgedreht. Die beiden Effekte heben sich auf und die Antwort wird in der richtigen Reihenfolge erzeugt.

5.2.3 Flooding

Wenn ein Routing-Algorithmus implementiert wird, muss jeder Router Entscheidungen treffen, die auf lokalem Wissen basieren und nicht auf dem vollständigen Bild vom Netz. Eine einfache lokale Technik ist **Flooding** (*Fluten*). Hier wird jedes ankommende Paket über jede Ausgangsleitung gesendet, außer über diejenige, auf der es angekommen ist.

Beim Flooding wird natürlich eine enorme Anzahl an Paketduplikaten erstellt. Diese Zahl kann in der Tat unendlich sein, wenn nicht Maßnahmen ergriffen werden, um dies einzudämmen. Eine mögliche Maßnahme ist ein Teilstreckenzähler, der im Header der Pakete enthalten ist und bei jeder Teilstrecke um 1 reduziert wird. Erreicht der Zähler null, so wird das Paket verworfen. Im Idealfall sollte der Teilstreckenzähler auf die Länge des Pfads von der Quelle zum Ziel initialisiert sein. Ist dem Sender die Pfadlänge nicht bekannt, kann er den Zähler auf den schlechtesten Fall initialisieren, d.h. auf den vollen Durchmesser des Netzes.

Flooding mit einem Teilstreckenzähler kann eine exponentielle Zahl an Paketduplikaten hervorbringen, wenn der Streckenzähler wächst und Router Pakete duplizieren, die vorher bereits einmal bei diesem Router waren. Eine bessere Technik zum Eindämmen von Flooding ist, dass sich die Router merken, welche Pakete bereits via Flooding weitergeleitet wurden, sodass sie nicht ein zweites Mal gesendet werden. Das lässt sich z.B. dadurch erreichen, dass der Quell-Router in jedes Paket, das er von seinen Hosts empfängt, eine Sequenznummer einfügt. Jeder Router muss dann eine Liste pro Quell-Router führen, in der die Sequenznummern erfasst werden. Steht ein ankommendes Paket auf der Liste, wird es nicht per Flooding gesendet.

Um zu verhindern, dass sich die Liste endlos verlängert, sollte sie um einen Zähler k erweitert werden, der angibt, dass alle Sequenznummern bis k bereits gesehen wurden. Kommt ein Paket an, lässt sich leicht ermitteln, ob das Paket bereits per Flooding gesendet wurde (indem seine Sequenznummer mit k verglichen wird). In diesem Fall wird es verworfen. Der Teil der Liste vor k wird nicht mehr benötigt, da er sozusagen durch k zusammengefasst wird.

Für das Senden der meisten Pakete ist Flooding nicht praktisch, aber es hat einige wichtige Anwendungen. Zunächst einmal stellt Flooding sicher, dass ein Paket an jeden Knoten im Netz zugestellt wird. Falls nur ein einziges Ziel dieses Paket benötigt, ist das zwar verschwenderisch, aber für den Broadcast von Informationen ist Flooding sehr effektiv. In drahtlosen Netzen können alle Nachrichten, die von einer Station übertragen werden, von allen anderen Stationen im gleichen Funkbereich empfangen werden. Dies ist de facto Flooding. Einige Algorithmen nutzen diese Eigenschaft.

Zweitens ist Flooding unglaublich robust. Selbst wenn viele Router mit einem Schlag in die Luft fliegen (z.B. in einem militärischen Netz innerhalb einer Kriegszone), wird mithilfe von Flooding ein Pfad gefunden (falls einer existiert), um ein Paket an sein Ziel zu bringen. Außerdem stellt Flooding keine hohen Anforderungen an die Einrichtung. Die Router müssen nur ihre Nachbarn kennen. Dies bedeutet, Flooding kann als Baustein in anderen Routing-Algorithmen benutzt werden, die effizienter, aber aufwendiger einzurichten sind. Flooding kann auch als Maß für den Vergleich mit anderen Routing-Algorithmen herangezogen werden. Flooding wählt immer den kürzesten Pfad, weil es alle möglichen Pfade gleichzeitig wählt. Folglich kann kein anderer Algorithmus eine kürzere Übertragungszeit erzeugen (wenn man den von diesem Verfahren selbst erzeugten Overhead außer Betracht lässt).

5.2.4 Distanzvektoralgorithmus

Rechnernetze verwenden im Allgemeinen dynamische Routing-Algorithmen, die komplexer als Flooding, aber effizienter sind, weil sie die kürzesten Pfade für die aktuelle Topologie finden. Die am häufigsten angewandten dynamischen Routing-Algorithmen sind der Distanzvektoralgorithmus und das Link-State-Routing (Routing nach dem Verbindungszustand). In diesem Abschnitt behandeln wir den ersten Algorithmus, im folgenden Abschnitt gehen wir auf den zweiten ein.

Beim **Distanzvektoralgorithmus** (*distance vector routing*) verwaltet jeder Router eine Tabelle (d.h. einen Vektor), die für jedes Ziel die bestmöglich bekannte Entfernung und die zu verwendende Leitung enthält. Diese Tabellen werden durch Austausch von Informationen mit den benachbarten Routern aktualisiert. Zum Schluss kennt jeder Router die beste Verbindung, um ein Ziel zu erreichen.

Der Distanzvektoralgorithmus ist auch unter anderen Bezeichnungen bekannt, am häufigsten als verteilter **Bellman-Ford-Algorithmus**, benannt nach den Wissenschaftlern, die diese Algorithmen entwickelt haben (Bellman, 1957; Ford und Fulkerson, 1962). Dies war der ursprüngliche Routing-Algorithmus im ARPANET und wurde auch im Internet unter der Bezeichnung RIP (*Routing Information Protocol*) eingesetzt.

Beim Distanzvektoralgorithmus führt jeder Router eine Routing-Tabelle, die für jeden im Netz vorhandenen Router einen Eintrag enthält und nach diesen Einträgen indiziert wird. Dieser Eintrag hat zwei Teile: die bevorzugte Ausgangsleitung zu diesem Ziel und die geschätzte Zeit oder Entfernung zu diesem Ziel. Die Entfernung kann als Anzahl der Teilstrecken angegeben werden oder es werden andere Metriken benutzt, die wir bei der Berechnung der kürzesten Pfade besprochen haben.

Es wird vorausgesetzt, dass jeder Router die „Entfernung" zu seinen Nachbarn kennt. Werden die Teilstrecken als Maß verwendet, dann ist die Entfernung einfach eine Teilstrecke. Wird die Übertragungszeit als Maß herangezogen, so kann der Router diese direkt mit speziellen ECHO-Paketen messen, in die der Empfänger einen Zeitstempel einfügt und die er so schnell wie möglich zurücksendet.

Als Beispiel nehmen wir an, dass die Übertragungszeit als Maß verwendet wird und der Router die Übertragungszeit zu all seinen Nachbarn kennt. Einmal alle T ms sendet jeder Router an jeden Nachbarn eine Liste mit den geschätzten Übertragungszeiten zu jedem Ziel. Er empfängt eine ähnliche Liste von seinen Nachbarn. Nehmen wir an, dass eine dieser Tabellen gerade vom Nachbarn X eingetroffen ist, wobei X_i die Schätzung von X ist, wie lange der Weg zu Router i dauert. Wenn der Router weiß, dass die Übertragung zu X m ms dauert, so weiß er auch, dass er jeden Router i über X in X_i+m ms erreichen kann. Berechnet man dies für jeden Nachbarknoten, dann kann ein Router herausfinden, welche Schätzung am besten zu sein scheint, und diese mit der zugehörigen Verbindung dann in seiner neuen Routing-Tabelle verwenden. Die alte Routing-Tabelle wird nicht zur Berechnung herangezogen.

Dieser Aktualisierungsprozess ist in ►Abbildung 5.9 dargestellt. Teil (a) zeigt ein Netz. Die ersten vier Spalten von Teil (b) zeigen die von den Nachbarn von Router J eingegangenen Übertragungsvektoren. A schätzt die Übertragungszeit zu B auf 12 ms, 25 ms zu C, 40 ms zu D usw. Wir nehmen an, dass J die Übertragungszeit zu seinen Nachbarn A, I, H und K mit 8, 10, 12 bzw. 6 ms gemessen oder geschätzt hat.

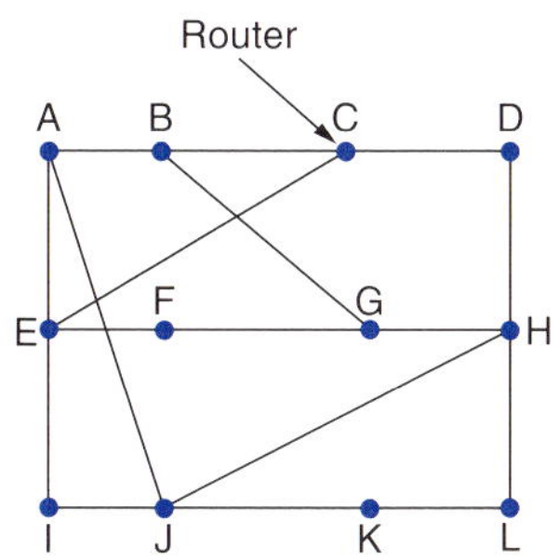

a

zu	A	I	H	K	neu geschätzte Verzögerung von J	Leitung
A	0	24	20	21	8	A
B	12	36	31	28	20	A
C	25	18	19	36	28	I
D	40	27	8	24	20	H
E	14	7	30	22	17	I
F	23	20	19	40	30	I
G	18	31	6	31	18	H
H	17	20	0	19	12	H
I	21	0	14	22	10	I
J	9	11	7	10	0	-
K	24	22	22	0	6	K
L	29	33	9	9	15	K
	JA-Verzögerung ist 8	JI-Verzögerung ist 10	JH-Verzögerung ist 12	JK-Verzögerung ist 6	neue Routing-Tabelle für J	

von den vier Nachbarn von J erhaltene Vektoren

b

Abbildung 5.9: (a) Ein Netz. (b) Eingaben von *A, I, H, K* und die neue Routing-Tabelle für *J*.

Nun betrachten wir, wie J seinen neuen Weg zu Router G berechnet. J weiß, dass er A in 8 ms erreichen kann. A behauptet weiterhin, G in 18 ms erreichen zu können. Daraus schließt J, dass er mit einer Übertragungszeit von 26 ms zu G rechnen muss, wenn er Pakete für G nach A überträgt. Ebenso berechnet J die Übertragungszeit zu G über I, H und K mit 41 (31+10), 18 (6+12) und 37 (31+6) ms. Der beste dieser Werte ist 18.

Deshalb trägt *J* in seine Routing-Tabelle ein, dass die Übertragungszeit zu *G* 18 ms beträgt und der zu verwendende Weg über *H* führt. Die gleiche Berechnung wird für alle anderen Ziele durchgeführt. Die neue Routing-Tabelle ist in der letzten Spalte der Abbildung dargestellt.

Das Count-to-Infinity-Problem

Das endgültige Festlegen von Routen zu besten Pfaden durch das Netz wird **Konvergenz** genannt. Distanzvektoralgorithmen sind als eine einfache Technik sinnvoll, mit der Router gemeinsam kürzeste Pfade berechnen können, doch sie haben in der Praxis einen großen Nachteil: Der Algorithmus führt zwar zur richtigen Lösung, schafft das aber nur sehr langsam. Insbesondere reagiert er zwar schnell auf gute Nachrichten, aber sehr träge auf schlechte. Nehmen wir an, der beste Weg eines Routers zu Ziel *X* ist lang. Meldet Nachbar *A* beim nächsten Informationsaustausch plötzlich eine kürzere Übertragungszeit zu *X*, dann schaltet der Router einfach um, indem er Leitung *A* verwendet, um Datenverkehr an *X* zu senden. Die gute Nachricht wird mit einem einzigen Austausch im Vektor verarbeitet.

Um zu sehen, wie schnell sich gute Nachrichten verbreiten, betrachten wir das (lineare) Netz mit fünf Knoten aus ▶Abbildung 5.10, bei dem das Maß für die Übertragung die Anzahl der Teilstrecken ist. Wir nehmen an, dass *A* anfänglich nicht in Betrieb ist und dass dies alle anderen Router wissen. Mit anderen Worten, sie haben alle die Übertragungszeit nach *A* als unendlich registriert.

A	B	C	D	E	
	·	·	·	·	zu Beginn
	1	·	·	·	nach 1 Austausch
	1	2	·	·	nach 2 Austauschvorgängen
	1	2	3	·	nach 3 Austauschvorgängen
	1	2	3	4	nach 4 Austauschvorgängen

a

A	B	C	D	E	
	1	2	3	4	zu Beginn
	3	2	3	4	nach 1 Austausch
	3	4	3	4	nach 2 Austauschvorgängen
	5	4	5	4	nach 3 Austauschvorgängen
	5	6	5	6	nach 4 Austauschvorgängen
	7	6	7	6	nach 5 Austauschvorgängen
	7	8	7	8	nach 6 Austauschvorgängen
		⋮			
	·	·	·	·	

b

Abbildung 5.10: Das Count-to-Infinity-Problem.

Schaltet sich *A* wieder zu, erfahren das die anderen Router über den Vektoraustausch. Der Einfachheit halber nehmen wir an, dass es irgendwo einen gigantischen Gong gibt, der in regelmäßigen Abständen ertönt, um einen Vektoraustausch bei allen Routern gleichzeitig einzuleiten. Zum Zeitpunkt des ersten Austauschs erfährt *B*, dass sein linker Nachbar eine Übertragungszeit von null zu *A* hat. *B* trägt in seine Routing-Tabelle ein, dass *A* eine Teilstrecke nach links entfernt liegt. Alle anderen Router glauben noch, dass *A* ausgeschaltet ist. An diesem Punkt sehen die Einträge in der Routing-Tabelle für *A* so aus wie in der zweiten Zeile in Abbildung 5.10a. Beim nächsten Austausch erfährt *C*, dass *B* einen Pfad der Länge 1 zu *A* hat. Folglich aktualisiert *C* seine Routing-Tabelle auf einen Pfad der Länge 2, was *D* und *E* aber erst später erfahren. Die guten Nachrichten verbreiten sich in einer Geschwindigkeit von einer Teilstrecke pro Austausch. In einem Netz, dessen längster Pfad eine Länge von *N* Teilstrecken hat, tauschen alle innerhalb von *N* die Nachricht über neu zugeschaltete Verbindungen und Router aus.

In der in Abbildung 5.10b dargestellten Situation sind alle Verbindungen und Router anfangs betriebsbereit. Die Router *B*, *C*, *D* und *E* haben eine Entfernung zu *A* von 1, 2, 3 bzw. 4 Teilstrecken. Plötzlich fällt entweder *A* aus oder die Leitung zwischen *A* und *B* wird unterbrochen (was aus der Sicht von *B* das Gleiche ist).

Beim ersten Paketaustausch hört *B* überhaupt nichts von *A*. Glücklicherweise sagt *C*: „Keine Panik, mein Pfad zu *A* hat die Länge 2." *B* weiß nicht, dass der Pfad von *C* über ihn – *B* – führt. Nach allem, was *B* weiß, könnte *C* zehn Verbindungen mit jeweils verschiedenen Pfaden der Länge 2 zu *A* haben. Deshalb denkt *B*, dass er *A* über *C* mit einer Pfadlänge von 3 erreichen kann. *D* und *E* aktualisieren ihre Einträge für *A* beim ersten Austausch nicht.

Beim zweiten Austausch bemerkt *C*, dass alle seine Nachbarn behaupten, einen Pfad von Länge 3 nach *A* zu haben. Er sucht sich einen davon aus und setzt seine neue Entfernung zu *A* auf 4. Dies entspricht der dritten Zeile in Abbildung 5.10b. Darauffolgende Übertragungen erzeugen den weiteren in Abbildung 5.10b dargestellten Verlauf.

Aus dieser Abbildung kann man ersehen, warum sich die schlechte Nachricht so langsam verbreitet: Kein Router hat je einen um mehr als 1 höheren Wert als der Minimalwert aller seiner Nachbarn. Allmählich arbeiten sich alle Router ihren Weg in Richtung Unendlichkeit, aber die Zahl der dafür erforderlichen Übertragungen hängt vom numerischen Wert, der für die Unendlichkeit verwendet wird, ab. Aus diesem Grund sollte die Unendlichkeit auf den längsten Pfad plus 1 gesetzt werden.

Die Bezeichnung für dieses Problem kommt nicht völlig überraschend: **Count-to-Infinity-Problem**. Es gibt viele Versuche, dieses Problem zu lösen, z.B. indem Router mit der „Split Horizon with Poisoned Reverse"-Regel davon abgehalten werden, ihre besten Pfade den Nachbarn mitzuteilen, von denen sie diese Pfade erhalten haben (siehe RFC 1058). Keine dieser Heuristiken funktioniert jedoch – trotz der klangvollen Namen – gut in der Praxis. Das Hauptproblem ist, dass wenn *X* Router *Y* mitteilt, dass er irgendwo einen Pfad hat, *Y* keine Möglichkeit hat festzustellen, ob er selbst Teil dieses Pfads ist.

5.2.5 Link-State-Routing

Distanzvektoralgorithmen wurden im ARPANET bis 1979 eingesetzt, dann wurden sie durch Link-State-Routing ersetzt. Der Hauptgrund für die Ablösung war, dass der Algorithmus nach einer Änderung der Netztopologie häufig zu langsam war (aufgrund des Count-to-Infinity-Problems). Daher wurde auf einen völlig neuen Algorithmus umgestellt, der **Link-State-Routing** (Routing nach dem Verbindungszustand) heißt. Varianten des Link-State-Routings sind IS-IS und OSPF – die Routing-Protokolle, die heute am häufigsten innerhalb großer Netzwerke und dem Internet eingesetzt werden.

Das Konzept von Link-State-Routing ist ziemlich einfach und besteht aus fünf Teilen. Jeder Router muss die folgenden Schritte ausführen, damit das Routing funktioniert:

1. Die Nachbarn und deren Netzadressen ermitteln
2. Die Entfernungs- oder die Kostenmetrik zu jedem seiner Nachbarn festlegen
3. Ein Paket zusammenstellen, in dem alles steht, was er bisher gelernt hat
4. Dieses Paket an alle anderen Router senden und von allen Routern Pakete empfangen
5. Den kürzesten Pfad zu allen anderen Routern berechnen

Die vollständige Topologie wird an jeden Router verteilt. Dann kann der Algorithmus von Dijkstra angewendet werden, um den kürzesten Pfad zu allen anderen Routern zu ermitteln. Diese fünf Schritte werden im Folgenden ausführlicher dargestellt.

Ermitteln der benachbarten Router

Nach dem Start muss ein Router als Erstes ermitteln, wer seine Nachbarn sind. Hierzu sendet er ein spezielles HELLO-Paket auf jeder Punkt-zu-Punkt-Leitung. Der Router am anderen Ende muss eine Antwort zurücksenden, mit der er seinen Namen bekannt gibt. Diese Namen müssen global eindeutig sein, denn wenn ein entfernter Router später erfährt, dass drei Router mit *F* verbunden sind, muss er erkennen können, ob alle drei dasselbe *F* meinen.

Sind zwei oder mehr Router über eine Broadcast-Verbindung aneinander angeschlossen (z.B. Switch, Ring oder klassisches Ethernet), dann ist die Situation etwas komplizierter. ▶Abbildung 5.11a zeigt ein Broadcast-LAN, mit dem die drei Router *A*, *C* und *F* direkt verbunden sind. Diese drei Router sind wiederum mit anderen Routern verbunden.

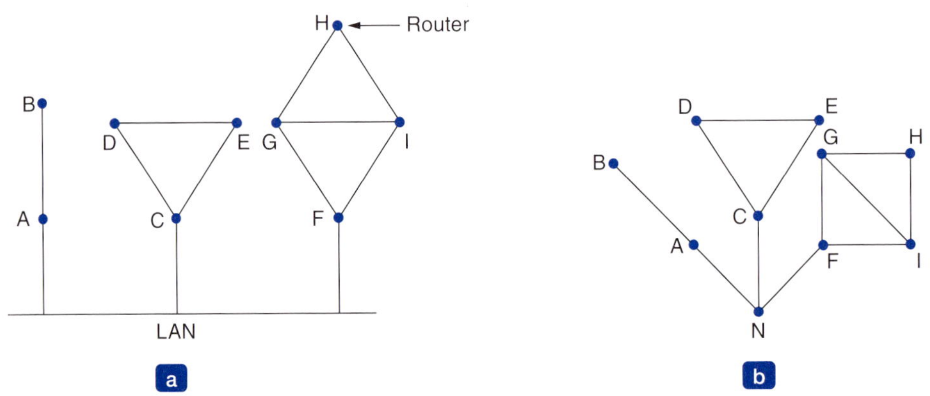

Abbildung 5.11: (a) Neun Router und ein Broadcast-LAN. (b) Der Graph für (a).

Das Broadcast-LAN verbindet je zwei angeschlossene Router. Die Modellierung der LANs als Punkt-zu-Punkt-Verbindungen würde jedoch die Größe der Topologie erhöhen und zu unnötigem Nachrichtenaustausch führen. Eine bessere Möglichkeit, das

LAN zu modellieren, ist das LAN selbst als Knoten zu betrachten (Abbildung 5.11b). Hier haben wir einen neuen künstlichen Knoten *N* eingefügt, an den *A*, *C* und *F* angeschlossen sind. Es wird ein **designierter Router** im LAN ausgewählt, der die Rolle von *N* im Routing-Protokoll spielt. Die Tatsache, dass man im LAN von *A* nach *C* gelangen kann, ist hier durch den Pfad *ANC* dargestellt.

Festlegen der Verbindungskosten

Das Link-State-Routing setzt voraus, dass jede Verbindung eine Entfernungs- oder Kostenmetrik zum Auffinden der kürzesten Pfade besitzt. Die Kosten zum Erreichen der Nachbarn können automatisch festgesetzt oder vom Netzbetreiber konfiguriert werden. Häufig werden die Kosten umgekehrt proportional zur Bandbreite der Verbindung festgelegt. Beispielsweise könnte 1-Gbit/s-Ethernet Kosten von 1 und 100-Mbit/s-Ethernet von 10 haben. Dadurch werden Pfade mit höherer Kapazität bevorzugt.

Wenn sich das Netz geografisch ausbreitet, könnte die Übertragungszeit der Verbindungen in die Kosten einbezogen werden, sodass Pfade über kürzere Verbindungen die bessere Wahl sind. Der direkteste Weg, diese Übertragungszeit zu ermitteln, ist das Aussenden eines speziellen ECHO-Pakets. Die andere Seite muss es sofort wieder zurücksenden. Durch Messen der Hin- und Rückreisezeit, geteilt durch zwei, kann der sendende Router die Übertragungszeit vernünftig abschätzen.

Link-State-Pakete erstellen

Nachdem die erforderlichen Informationen für den Austausch erfasst wurden, muss jeder Router im nächsten Schritt ein Paket mit allen Daten zusammenstellen. Das Paket beginnt mit der Identität des Senders, gefolgt von einer Sequenznummer und dem Alter (wird später beschrieben) sowie einer Liste der Nachbarn. Die Kosten zu jedem Nachbarn werden ebenfalls erfasst. ▶Abbildung 5.12a zeigt ein Beispiel eines Netzes, wobei die Kosten an den Verbindungen vermerkt sind. Die entsprechenden Link-State-Pakete aller sechs Router sind in Abbildung 5.12b dargestellt.

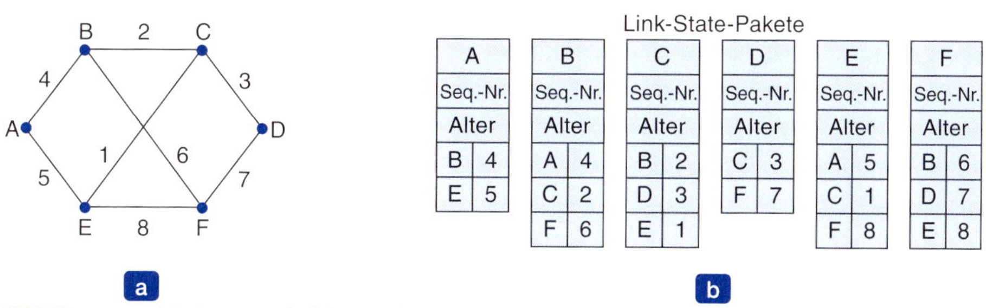

Abbildung 5.12: (a) Ein Netzwerk. (b) Die Link-State-Pakete für dieses Netz.

Das Erstellen von Link-State-Paketen ist einfach. Der schwierige Teil ist die Frage, wann sie erstellt werden sollen. Eine Möglichkeit ist, sie periodisch aufzubauen, d.h. in regelmäßigen Abständen. Eine Alternative ist die Erstellung, wenn ein bestimmtes wichtiges Ereignis eintritt, z.B. der Ausfall oder die Aufnahme einer Leitung oder eines benachbarten Routers oder eine erhebliche Änderung der Eigenschaften.

Link-State-Pakete verteilen

Der kniffligste Teil des Algorithmus ist die zuverlässige Verteilung der Link-State-Pakete. Alle Router müssen alle Link-State-Paket schnell und zuverlässig erhalten. Falls verschiedene Router unterschiedliche Versionen der Topologie verwenden, können die jeweils berechneten Wege Inkonsistenzen wie Schleifen, unerreichbare Rechner und andere Probleme enthalten.

Wir werden nun zuerst den grundlegenden Verteilungsalgorithmus beschreiben. Danach wird diese Darstellung etwas verfeinert. Das Basiskonzept ist die Anwendung von Flooding zur Verteilung der Link-State-Pakete an alle Router. Um das Ausmaß von Flooding unter Kontrolle zu halten, enthält jedes Paket eine Sequenznummer, die bei jedem neu ausgesendeten Paket erhöht wird. Die Router vermerken alle Paare (Quell-Router, Sequenznummer), die sie sehen. Kommt ein neues Link-State-Paket an, so wird es mit der bereits bekannten Paketliste verglichen. Ist es neu, dann wird es an alle Leitungen außer derjenigen, auf der es eingegangen ist, ausgegeben. Ist es ein Duplikat, wird es verworfen. Wenn die Sequenznummer eines Pakets niedriger als das höchste bisher erfasste ist, wird das Paket als veraltet abgelehnt.

Dieser Algorithmus wirft ein paar Probleme auf, die aber gelöst werden können. Erstens würde die Wiederverwendung von Sequenznummern zu Verwirrung führen. Dies kann durch die Verwendung von 32-Bit-Sequenznummern gelöst werden. Bei einem Link-State-Paket pro Sekunde würde es 137 Jahre dauern, bis die gleichen Nummern wieder auftauchen, sodass dieses Risiko ignoriert werden kann.

Zweitens verliert ein Router bei einem Absturz die Übersicht über seine Sequenznummern. Wenn er mit der Zählung wieder bei 0 beginnt, wird das nächste Paket, das dieser Router sendet, als Duplikat verworfen.

Drittens kann durch einen kleinen Fehler bei der Übertragung der Sequenznummer z.B. aus 4 eine 65.540 werden (ein 1-Bit-Fehler), und dann würden die Pakete 5 bis 65.540 als veraltet zurückgewiesen, da 65.540 als aktuelle Sequenznummer angenommen wird.

Die Lösung all dieser Probleme besteht darin, das Alter eines Pakets nach der Sequenznummer aufzunehmen und dieses pro Sekunde um 1 zu reduzieren. Ist das Alter gleich null, dann werden die Informationen von diesem Router verworfen. Kommt ein neues Paket z.B. alle zehn Sekunden an, „veraltet" ein Paket nur, wenn ein Router ausfällt (oder sechs aufeinanderfolgende Pakete verloren gehen, was eher unwahrscheinlich ist). Das Feld *Age* wird von jedem Router auch während des anfänglichen Floodings um 1 reduziert, um sicherzustellen, dass kein Paket verloren geht und ewig weiterlebt (ein Paket mit dem Alter null wird verworfen).

Dieser Algorithmus kann durch einige Verfeinerungen robuster gemacht werden. Kommt ein Link-State-Paket zum Flooding in einem Router an, wird es nicht zur sofortigen Übertragung in die Warteschlange gestellt. Es wird vielmehr in einem Wartebereich abgestellt, in dem es eine Weile warten muss, falls weitere Verbindungen aufgebaut oder unterbrochen werden. Geht vor dessen Übertragung ein weiteres Link-

State-Paket von der gleichen Quelle ein, so werden die Sequenznummern der zwei Pakete verglichen. Stimmen sie überein, dann wird das Duplikat verworfen. Sind sie unterschiedlich, wird das ältere verworfen. Als Schutz vor Fehlern auf Verbindungen werden alle Link-State-Pakete bestätigt.

Die Datenstruktur von Router *B* des in Abbildung 5.12a dargestellten Netzes ist in ▶Abbildung 5.13 gezeigt. Jede Zeile entspricht einem kürzlich angekommenen, aber noch nicht vollständig verarbeiteten Link-State-Paket. In der Tabelle werden der Ursprung des Pakets, die Sequenznummer, das Alter und die Daten erfasst. Zusätzlich gibt es Sende- und Bestätigungs-Flags für die drei Leitungen von *B* (zu *A*, *C* und *F*). Die Sende-Flags bedeuten, dass das Paket auf der angegebenen Leitung übertragen werden muss. Die Bestätigungs-Flags geben an, dass es dort bestätigt werden muss.

			Sende-Flags			Bestätigungs-Flags			
Quelle	Seq.-Nr.	Alter	A	C	F	A	C	F	Daten
A	21	60	0	1	1	1	0	0	
F	21	60	1	1	0	0	0	1	
E	21	59	0	1	0	1	0	1	
C	20	60	1	0	1	0	1	0	
D	21	59	1	0	0	0	1	1	

Abbildung 5.13: Der Paketpuffer für Router *B* von Abbildung 5.12a.

In Abbildung 5.13 ist das Link-State-Paket von *A* direkt angekommen, deshalb muss es an *C* und *F* gesendet und für *A* bestätigt werden (wie in den Flag-Bits angegeben). Das Paket von *F* muss an *A* und *C* weitergeleitet und für *F* bestätigt werden.

Beim dritten Paket, das von *E* kommt, ist die Situation jedoch anders. Dieses Paket kommt zweimal an – einmal über *EAB* und einmal über *EFB*. Folglich muss es nur an *C* gesendet, aber sowohl für *A* als auch *F* bestätigt werden.

Geht ein Duplikat ein, während sich das Original noch im Puffer befindet, müssen einige Bits geändert werden. Kommt beispielsweise eine Kopie des Zustands von *C* über *F* an, bevor der vierte Eintrag in der Tabelle weitergeleitet wurde, werden die sechs Bits auf 100011 geändert, um anzuzeigen, dass das Paket für *F* bestätigt, aber nicht dorthin übertragen werden muss.

Berechnung neuer Wege

Nachdem ein Router eine vollständige Menge an Link-State-Paketen angesammelt hat, kann er den Graphen für das gesamte Netz aufbauen, weil alle Verbindungen vertreten sind. Die Verbindungen werden zweimal dargestellt, je einmal für jede Richtung. Die verschiedenen Richtungen können sogar unterschiedliche Kosten haben. Die Berechnungen der kürzesten Pfade können dann dazu führen, dass es andere Pfade von Router *A* zu *B* als von *B* zu *A* gibt.

Jetzt kann der Algorithmus von Dijkstra lokal ausgeführt werden, um den kürzesten Pfad zu allen möglichen Zielen zu ermitteln. Die Ergebnisse dieses Algorithmus sagen dem Router, welche Verbindung zu verwenden ist, um das jeweilige Ziel zu erreichen. Diese Information wird in die Routing-Tabellen eingefügt und der Normalbetrieb wird wieder aufgenommen.

Verglichen mit Distanzvektoralgorithmus erfordert Link-State-Routing mehr Speicherplatz und Rechenzeit. Bei einem Netzwerk mit n Routern, die je k Nachbarn haben, ist der zum Ablegen der Eingangsdaten erforderliche Speicher proportional zu kn, was mindestens so groß ist wie eine Routing-Tabelle, die alle Ziele auflistet. Außerdem wächst die Berechnungszeit schneller als kn, selbst mit den effizientesten Datenstrukturen, was in großen Netzen ein Problem ist. Dennoch funktioniert Link-State-Routing in den meisten praktischen Anwendungen gut, weil es nicht am Problem der langsamen Konvergenz leidet.

Link-State-Routing wird in der Praxis recht häufig verwendet. Deshalb wollen wir hier ein paar Worte zu Beispielprotokollen verlieren. Viele ISPs benutzen das **IS-IS**-Link-State-Protokoll (*Intermediate System-Intermediate System*; Oran, 1990). Es wurde für ein frühes Netzwerk, DECnet, entwickelt, später von der ISO zur Nutzung mit den OSI-Protokollen übernommen und dann geändert, damit es auch andere Protokolle – insbesondere IP – unterstützt. Das **OSPF**-Protokoll *(Open Shortest Path First)*, das in Abschnitt 5.7.6 näher beschrieben wird, ist das andere wichtige Link-State-Protokoll. Es wurde von IEFT mehrere Jahre nach IS-IS entwickelt und übernahm viele der Innovationen von IS-IS. Zu diesen Innovationen zählen eine sich selbst stabilisierende Methode des Floodings von Link-State-Aktualisierungen, das Konzept eines designierten Routers in einem LAN sowie die Methode der Berechnung und Unterstützung von Parametern für die Pfadaufteilung, außerdem mehrere Metriken. Folglich sind sich IS-IS und OSPF sehr ähnlich. Der wichtigste Unterschied ist der, dass IS-IS Informationen über mehrere Protokolle der Vermittlungsschicht gleichzeitig verwalten kann (z.B. IP, IPX und AppleTalk). OSPF bietet diese Funktion nicht, die in großen Netzumgebungen mit mehreren Protokollen ein Vorteil ist.

Ein allgemeiner Kommentar zu Routing-Algorithmen soll hier ebenfalls nicht fehlen. Link-State-, Distanzvektor- und andere Algorithmen beruhen darauf, dass die Berechnung der Wege an allen Routern stattfindet. Probleme mit der Hard- oder Software selbst bei einer kleinen Anzahl von Routern können sich bereits verheerend auf das Netzwerk auswirken. Behauptet z.B. ein Router, eine Verbindung zu besitzen, die er in Wirklichkeit nicht hat, oder vergisst er eine Verbindung, dann ist der Netzgraph falsch. Wenn ein Router beim Weiterleiten von Paketen versagt oder er die Pakete bei der Übertragung verstümmelt, dann funktioniert die Route nicht wie erwartet. Hat der Router schließlich keinen Speicherplatz mehr oder berechnet das Routing falsch, passieren unangenehme Dinge. Mit zunehmender Netzgröße, z.B. mit Hunderttausenden von Knoten, kann die Wahrscheinlichkeit, dass ein Router gelegentlich ausfällt, nicht mehr vernachlässigt werden. Hier muss man versuchen, den Schaden zu begrenzen. In Perlman (1988) werden diese Probleme und die möglichen Lösungen ausführlich diskutiert.

5.2.6 Hierarchisches Routing in einem Netz

Mit zunehmender Größe eines Netzes wachsen auch die Routing-Tabellen der Router proportional an. Dabei wird nicht nur im Router mehr Speicherplatz durch fortlaufend anwachsende Tabellen verbraucht, sondern auch mehr CPU-Zeit zu ihrer Durchsuchung und mehr Bandbreite zur Übertragung der zugehörigen Statusberichte. Außerdem wäre die Neuberechnung der kürzesten Pfade bei jeder Änderung an der Netztopologie viel zu kostspielig, selbst wenn jeder Router die gesamte Topologie speichern könnte: Stellen Sie sich beispielsweise einfach vor, ein sehr großes Netz müsste jedes Mal, wenn eine Verbindung im Netz abbricht oder wieder aufgenommen wird, die kürzesten Pfade neu berechnen. Irgendwann ist das Netz so groß, dass es nicht mehr sinnvoll ist, jeden Router einen Eintrag für alle anderen Router verwalten zu lassen. Folglich muss das Routing wie beim Telefonnetz hierarchisch durch die Nutzung sogenannter Routing-Bereiche durchgeführt werden.

Beim hierarchischen Routing werden die Router in **Regionen** unterteilt. Jeder Router weiß, wie er Pakete an Ziele innerhalb seiner Region leiten muss, die innere Struktur anderer Regionen kennt er aber nicht. Wenn verschiedene Netze verbunden werden, ist es ganz natürlich, die einzelnen Netze als eigenständige Regionen zu betrachten, um die eigenen Router nicht noch mit Informationen über fremde Topologien zu belasten.

Bei riesigen Netzen ist eine zweistufige Hierarchie meist ungenügend. In diesem Fall können die Regionen in Cluster, die Cluster in Zonen, die Zonen in Gruppen usw. unterteilt werden, bis irgendwann die Bezeichnungen ausgehen. Betrachten wir als Beispiel, wie ein Paket vom kalifornischen Berkeley nach Malindi in Kenia geleitet wird. Der Berkeley-Router kennt die Topologie innerhalb von Kalifornien, versendet aber alle überregionalen Pakete an den Router in Los Angeles. Der Router in Los Angeles kann Datenverkehr an andere inländische Router weiterleiten, sendet allen ausländischen Verkehr aber nach New York. Der Router in New York ist so programmiert, dass er alle an das Bestimmungsland gerichteten Pakete an den Router schickt, der für Auslandsdaten zuständig ist, in diesem Fall wahrscheinlich Nairobi. Schließlich arbeitet sich das Paket in Kenia wieder durch den Baum nach unten, bis es in Malindi angelangt ist.

▸Abbildung 5.14 zeigt ein quantitatives Beispiel für das Routing in einer zweistufigen Hierarchie mit fünf Regionen. Die vollständige Routing-Tabelle für Router *1A* weist 17 Einträge auf, wie in Abbildung 5.14b dargestellt. Beim hierarchischen Routing wie in Abbildung 5.14c gibt es wie vorhin Einträge für die lokalen Router, alle anderen Regionen wurden aber in einem einzigen Router zusammengefasst. Aller Datenverkehr für Region 2 fließt also über die Leitung *1B–2A*. Der Rest des Fernverkehrs läuft über die Leitung *1C–3B*. Das hierarchische Routing hat die Tabelle von 17 auf 7 Einträge reduziert. Wenn das Verhältnis der Anzahl von Regionen gegenüber der Anzahl von Routern in einer Region zunimmt, nimmt der Umfang der Tabelle im gleichen Verhältnis ab.

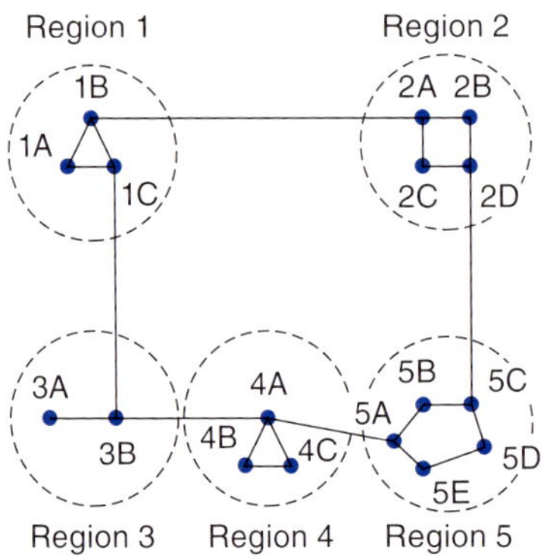

a

vollständige Tabelle für 1A

Ziel	Leitung	Teil-strecken
1A	–	–
1B	1B	1
1C	1C	1
2A	1B	2
2B	1B	3
2C	1B	3
2D	1B	4
3A	1C	3
3B	1C	2
4A	1C	3
4B	1C	4
4C	1C	4
5A	1C	4
5B	1C	5
5C	1B	5
5D	1C	6
5E	1C	5

b

hierarchische Tabelle für 1A

Ziel	Leitung	Teil-strecken
1A	–	–
1B	1B	1
1C	1C	1
2	1B	2
3	1C	2
4	1C	3
5	1C	4

c

Abbildung 5.14: Hierarchisches Routing.

Leider fordert diese Platzersparnis aber ihren Preis, nämlich eine ansteigende Pfadlänge. Der beste Weg von *1A* zu *5C* verläuft über Region 2. Beim hierarchischen Routing fließen aber die gesamten Daten für Region 5 über Region 3, weil das für die meisten anderen Bestimmungsorte günstiger ist.

Wird ein einzelnes Netz zu groß, muss die Frage gestellt werden: Wie viele Ebenen muss die Hierarchie aufweisen? Man stelle sich beispielsweise ein Netz mit 720 Routern vor. Gäbe es keine Hierarchie, dann würde jeder Router 720 Einträge in seiner Routing-Tabelle benötigen. Wird das Netz in 24 Regionen mit je 30 Routern unterteilt, so benötigt jeder Router 30 lokale und 23 entfernte Einträge, also insgesamt 53 Einträge. Bei einer dreistufigen Hierarchie mit 8 Clustern zu je 9 Regionen mit 10 Routern benötigt jeder Router 10 Einträge für die anderen Router der eigenen Region, 8 Einträge für die Wege in die anderen Regionen im eigenen Cluster und 7 Einträge für die übrigen Cluster, also insgesamt 25 Einträge. Kamoun und Kleinrock (1979) haben entdeckt, dass die optimale Anzahl an Ebenen für ein Netz mit N Routern bei $\ln N$ liegt, wobei insgesamt $e \ln N$ Einträge pro Router nötig sind. Außerdem haben sie gezeigt, dass die durch ein hierarchisches Routing bedingte Steigerung der durchschnittlichen Pfadlänge klein genug ist, um sie vernachlässigen zu können.

5.2.7 Broadcast-Routing

Bei einigen Anwendungen müssen Hosts Nachrichten an viele oder sogar alle anderen Hosts versenden. Zum Beispiel funktionieren ein Dienst zum Verteilen von Wetterberichten, die Aktualisierung der Börsenkurse oder die Übertragung von Radiosendungen in Echtzeit vermutlich am besten, wenn die Information an alle Maschinen gesendet wird und diejenigen, die interessiert sind, lesen die Daten. Das gleichzeitige Senden eines Pakets an alle Ziele heißt **Broadcasting**. Hierfür wurden verschiedene Methoden vorgeschlagen.

Eine Broadcasting-Methode, die an das Netzwerk keine besonderen Anforderungen stellt, besteht darin, dass die Quelle ein bestimmtes Paket einfach an jedes Ziel sendet. Diese Methode ist nicht nur langsam und verschwendet Bandbreite, sondern die Quelle muss auch noch eine Liste aller Ziele führen. Diese Methode ist in der Praxis eigentlich nicht wünschenswert, auch wenn sie häufig eingesetzt wird.

Eine Verbesserung ist das **Multidestination-Routing** (Routing an mehrere Ziele), wobei jedes Paket eine Liste von Zielen oder ein Bitmuster enthält, das die gewünschten Ziele bezeichnet. Der empfangende Router überprüft alle Ziele, um die benötigten Leitungen zu bestimmen. (Eine Ausgabeleitung wird dann verwendet, wenn sie den besten Pfad zu mindestens einem der Ziele darstellt.) Der Router erzeugt für jede zu verwendende Ausgabeleitung eine neue Paketkopie und fügt dem Paket nur jene Ziele hinzu, die von dieser Leitung aus zu erreichen sind. Damit werden die Ziele auf die Leitungen aufgeteilt. Nach einer ausreichend großen Anzahl von Teilstrecken enthält jedes Paket nur noch ein Ziel und wird wie ein ganz normales Paket behandelt. Das Multidestination-Routing ähnelt einer Methode mit einzeln adressierten Paketen, abgesehen davon, dass bei mehreren Paketen auf dem gleichen Pfad eines davon den vollen Fahrpreis zu zahlen hat, während die übrigen umsonst mitreisen. Die Netzbandbreite wird daher effizienter ausgenutzt. Dieses Schema verlangt jedoch immer noch, dass die Quelle alle Ziele kennt. Außerdem ist es für einen Router genauso viel Aufwand festzulegen, wohin ein Multidestination-Paket zu senden ist, wie für viele verschiedene Pakete.

Wir haben bereits eine bessere Technik für Broadcast-Routing kennengelernt: Flooding. Wird Flooding mit einer Sequenznummer pro Quelle implementiert, dann werden Verbindungen effektiv genutzt, wobei Router eine relativ einfache Entscheidungsregel anwenden. Obwohl Flooding für die Punkt-zu-Punkt-Kommunikation schlecht geeignet ist, erweist es sich beim Broadcasting als gute Lösung. Es stellt sich jedoch heraus, dass wir das Verfahren noch weiter verbessern können, sobald der kürzeste Pfad für reguläre Pakete berechnet ist.

Das Konzept für **Reverse Path Forwarding** (Weiterleitung auf dem umgekehrten Pfad) ist elegant und bemerkenswert einfach, nachdem erst einmal jemand auf die Idee gekommen ist (Dalal und Metcalfe, 1978). Erreicht ein Broadcast-Paket einen Router, überprüft dieser, ob das Paket auf der Verbindung angekommen ist, die normalerweise für die Übertragung von Paketen *zum* Absender der Rundsendung verwendet wird. Trifft das zu, dann ist es sehr wahrscheinlich, dass das Broadcast-Paket auf dem besten Pfad vom Absender angekommen ist und daher die erste ankommende Kopie darstellt. Ist dies der Fall, kopiert der Router das Paket auf alle Verbindungen mit Ausnahme der Verbindung, auf der es ankam. Wenn das Paket aber über eine Verbindung einging, die nicht die für die betreffende Quelle bevorzugte Verbindung ist, wird das Paket als vermutliches Duplikat verworfen.

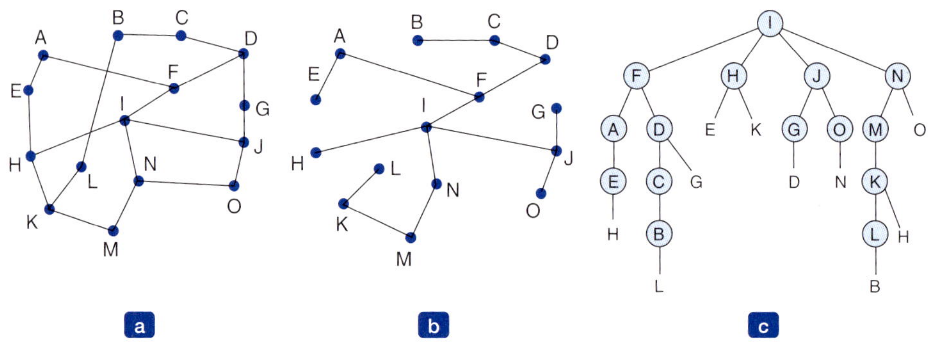

Abbildung 5.15: Reverse Path Forwarding: (a) Netzwerk, (b) Quelle-Senke-Baum, (c) der durch Reverse Path Forwarding erstellte Baum.

Ein Beispiel für Reverse Path Forwarding wird in ▶Abbildung 5.15 dargestellt. Teil (a) ist ein Netzwerk, (b) zeigt einen Quelle-Senke-Baum für Router *I* dieses Netzes und (c) die Funktionsweise des Reverse-Path-Algorithmus. Auf der ersten Teilstrecke sendet *I* Pakete an *F*, *H*, *J* und *N* (zweite Reihe des Baums). Diese Pakete kommen alle auf dem bevorzugten Pfad zu *I* an (unter der Annahme, dass der bevorzugte Pfad im Quelle-Senke-Baum liegt), dies wird in der Abbildung durch einen Kreis um die Buchstaben gekennzeichnet. Auf der zweiten Teilstrecke werden acht Pakete erzeugt, je zwei von den Routern, die ein Paket auf der ersten Teilstrecke empfangen haben. Alle acht Pakete kommen bei bisher noch nicht besuchten Routern an und fünf gehen auf der bevorzugten Leitung ein. Von den sechs auf der dritten Teilstrecke erzeugten Paketen kommen nur drei auf dem bevorzugten Pfad an (*C*, *E* und *K*), die anderen sind Duplikate. Nach fünf Teilstrecken und 24 Paketen endet das Broadcasting im Gegensatz zu vier Teilstrecken und 14 Paketen, wenn der Quelle-Senke-Baum exakt durchlaufen worden wäre.

Der wesentliche Vorteil beim Reverse Path Forwarding liegt darin, dass die Methode effizient und gleichzeitig leicht zu implementieren ist. Es werden genau wie beim Flooding Broadcast-Pakete über jede Verbindung nur einmal in jede Richtung ausgesandt, doch müssen hier die Router lediglich wissen, wie alle Ziele erreicht werden, und sich keine Sequenznummern merken (oder andere Mechanismen anwenden, um die Flut zu stoppen) oder eine Liste aller Ziele im Paket mitführen.

Unser letzter Broadcasting-Algorithmus verbessert das Verhalten von Reverse Path Forwarding. Dieser Algorithmus verwendet explizit den Quelle-Senke-Baum – oder einen anderen geeigneten Spannbaum – für den Router, der die Broadcast-Übertragung einleitet. Ein **Spannbaum** ist eine Teilmenge des Netzes, der alle Router enthält, aber keine Schleifen aufweist. Quelle-Senke-Bäume sind Spannbäume. Wenn jeder

Router weiß, welche seiner Leitungen zum Spannbaum gehören, kann er ein ankommendes Broadcast-Paket auf alle Spannbaumleitungen kopieren, außer auf diejenige, auf der es angekommen ist. Diese Methode nutzt die Bandbreite hervorragend, da nur die absolute Mindestzahl an Paketen erzeugt wird. Wenn zum Beispiel in Abbildung 5.15 der Quelle-Senke-Baum aus Teil (b) als Spannbaum verwendet wird, dann wird das Broadcast-Paket mit mindestens 14 Paketen gesendet. Das einzige Problem ist hier, dass jeder Router einen geeigneten Spannbaum kennen muss, damit die Methode anwendbar ist. Manchmal ist diese Information verfügbar (z.B. beim Link-State-Routing kennen alle Router die vollständige Topologie, sodass sie einen Spannbaum berechnen können), aber manchmal auch nicht (z.B. beim Distanzvektoralgorithmus).

5.2.8 Multicast-Routing

Bei manchen Anwendungen wie einem Multiplayer-Spiel oder der Live-Übertragung eines Sportereignisses, das an vielen Standorten betrachtet wird, werden Pakete zu mehreren Empfängern gesendet. Falls die Gruppe nicht sehr klein ist, ist das Senden eines einzelnen Pakets zu jedem Empfänger teuer. Andererseits ist das Broadcasting eines Paktes Verschwendung, falls die Gruppe beispielsweise auf 1.000 Rechnern in einem Netz mit Millionen von Knoten besteht, sodass die meisten Empfänger nicht an der Nachricht interessiert sind (oder noch schlimmer, weil sie zwar brennend daran interessiert wären, aber die Nachricht nicht sehen sollen, weil sie den Bezahl-Sportsender nicht abonniert haben). Das heißt, wir benötigen eine Methode, um Nachrichten gezielt an bestimmte Gruppen zu versenden, die zwar viele Mitglieder haben können, aber im Vergleich zum Gesamtnetz klein sind.

Das Übertragen einer Nachricht an eine solche Gruppe heißt **Multicasting** und der zugrunde liegende Routing-Algorithmus ist das **Multicast-Routing**. Alle Multicasting-Methoden benötigen ein Verfahren, um Gruppen anzulegen und zu löschen sowie um festzustellen, welche Router Mitglieder einer Gruppe sind. Wie diese Aufgaben durchgeführt werden, kümmert den Routing-Algorithmus nicht. Für den Moment nehmen wir an, dass jede Gruppe über eine Multicast-Adresse identifizierbar ist und dass jeder Router weiß, zu welcher Gruppe er gehört. Wir werden auf das Thema der Gruppenmitgliedschaft zurückkommen, wenn wir das Internet-Multicasting in Abschnitt 5.7.8 beschreiben.

Methoden zum Multicast-Routing bauen auf den Broadcast-Routing-Verfahren auf, die wir bereits untersucht haben. Sie senden Pakete entlang der Spannbäume, um diese allen Mitgliedern der Gruppe zuzustellen, wobei die Bandbreite effizient ausgenutzt wird. Welcher Spannbaum jedoch der beste ist, hängt davon ab, ob die Gruppe „dicht" (*dense*) ist, das heißt, die Empfänger sind fast über das ganze Netz verteilt, oder „spärlich" (*sparse*), wenn ein großer Teil des Netzes nicht zur Gruppe gehört. In diesem Abschnitt werden wir uns beide Fälle ansehen.

Falls die Dichte der Gruppe hoch ist, dann ist Broadcasting ein guter Anfang, weil dadurch die Pakete effizient in alle Teile des Netzes kommen. Doch die Broadcast-Übertragung wird auch einige Router erreichen, die keine Mitglieder der Gruppe sind, was Verschwendung ist. Deering und Cheriton (1990) haben sich daher folgende Lösung erdacht: der Broadcast-Spannbaum wird gestutzt (*prune*), indem alle Verbindungen gelöscht werden, die nicht zu Mitgliedern führen. Das Ergebnis ist ein effizienter Multicast-Spannbaum.

Betrachten wir als Beispiel zwei Gruppen, 1 und 2, im Netzwerk von ▶Abbildung 5.16a. Einige Router sind an Hosts angeschlossen, die zu keiner, einer oder zu beiden dieser Gruppen gehören, wie in der Abbildung angegeben. Ein Spannbaum für den Router ganz links ist in Abbildung 5.16b gezeigt. Dieser Baum kann für Broadcasting verwendet werden, aber ist für Multicasting überdimensioniert, wie man an den zwei gestutzten Versionen sehen kann, die in Teil (c) und (d) abgebildet sind. In Abbildung 5.16c wurden alle Verbindungen entfernt, die nicht zu Hosts führen, die Mitglieder von Gruppe 1 sind. Das Ergebnis ist der Multicast-Spannbaum für den Router links außen, wenn an Gruppe 1 gesendet wird. Pakete werden nur entlang dieses Spannbaums weitergeleitet, welcher effizienter ist als der Broadcast-Baum, da es hier 7 anstatt 10 Verbindungen gibt. Abbildung 5.16d zeigt den Multicast-Spannbaum nach dem Stutzen für Gruppe 2. Auch dieser ist effizient, er hat jetzt nur 5 Verbindungen. Hieraus wird außerdem ersichtlich, dass unterschiedliche Multicast-Gruppen auch unterschiedliche Spannbäume haben.

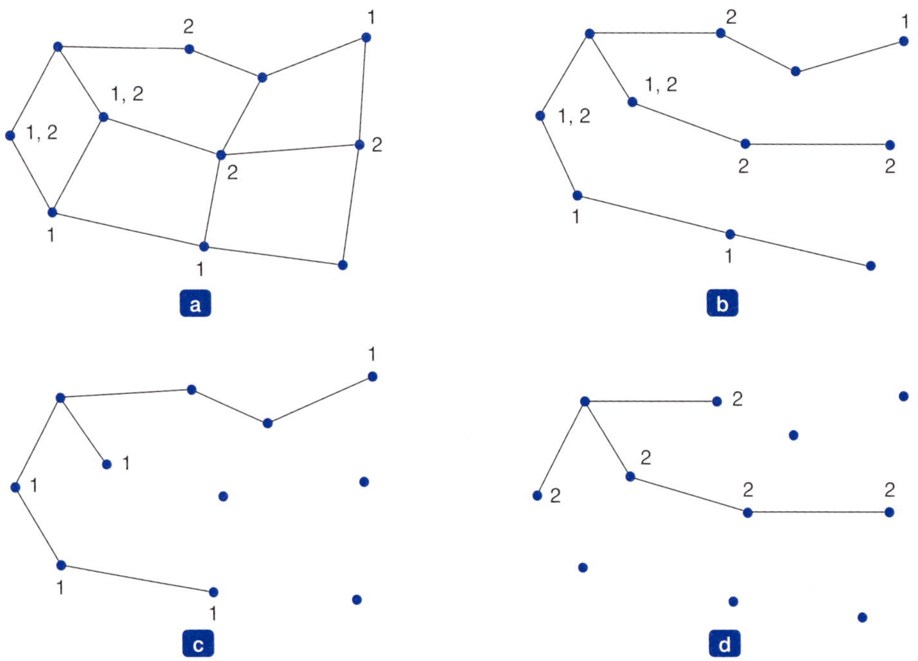

Abbildung 5.16: (a) Netzwerk. (b) Spannbaum für den Router ganz links. (c) Multicast-Baum für Gruppe 1. (d) Multicast-Baum für Gruppe 2.

Es gibt verschiedene Möglichkeiten, einen Spannbaum zu stutzen. Die einfachste kann beim Link-State-Routing eingesetzt werden, wenn jeder Router sowohl die vollständige Topologie kennt als auch weiß, welcher Host zu welcher Gruppe gehört.

Jeder Router kann dann für jeden Sender der betreffenden Gruppe seinen eigenen gestutzten Spannbaum aufbauen, indem wie üblich ein Quelle-Senke-Baum für den Sender konstruiert wird und anschließend alle Verbindungen entfernt werden, die keine Gruppenmitglieder mit dem Senken-Knoten verbinden. **MOSPF** (*Multicast OSPF*) ist ein Beispiel für solch ein Link-State-Protokoll (Moy, 1994).

Beim Distanzvektoralgorithmus kann eine andere Strategie zum Stutzen der Bäume verfolgt werden. Im Prinzip handelt es sich um das Reverse Path Forwarding. Ist ein Router ohne Hosts an einer bestimmten Gruppe interessiert und bestehen keine Verbindungen zu anderen Routern, so antwortet er mit einer PRUNE-Nachricht. Damit weist er den Nachbarknoten an, der diese Nachricht gesendet hat, ihm von diesem Sender für die betreffende Gruppe keine Multicast-Pakete mehr zu schicken. Hat ein Router ohne Gruppenmitglieder unter seinen eigenen Hosts solche Nachrichten auf all seinen Leitungen erhalten, auf denen er die Multicast-Pakete gesendet hat, kann er ebenfalls mit einer PRUNE-Nachricht antworten. Auf diese Weise wird der Spannbaum rekursiv gestutzt. **DVMRP** (*Distance Vector Multicast Routing Protocol*) ist ein Beispiel eines Multicast-Routing-Protokolls, das auf diese Weise arbeitet (Waitzman et al., 1988).

Das Stutzen führt zu effizienten Spannbäumen, die nur die Verbindungen benutzen, die tatsächlich benötigt werden, um die Gruppenmitglieder zu erreichen. Ein potenzieller Nachteil ist, dass dieses Verfahren für den Router jede Menge Arbeit mit sich bringt, insbesondere in großen Netzen. Angenommen, ein Netz hat n Gruppen mit je durchschnittlich m Knoten. Für jeden Router und jede Gruppe müssen m gestutzte Spannbäume gespeichert werden. Das sind insgesamt mn Bäume. Abbildung 5.16c zeigt als Beispiel den Spannbaum für den Router ganz links, der an Gruppe 1 sendet. Der Spannbaum für den ganz rechts stehenden Router zum Senden an Gruppe 1 (nicht abgebildet) sähe ganz anders aus, da die Pakete direkt an die Gruppenmitglieder geleitet würden, anstatt den Weg über die linke Seite des Graphen zu nehmen. Dies wiederum bedeutet, dass Router die Pakete, welche für Gruppe 1 bestimmt sind, in unterschiedliche Richtungen weiterleiten müssen, je nachdem, welcher Knoten an die Gruppe sendet. In Umgebungen mit vielen großen Gruppen mit vielen Sendern bedeutet das ein beträchtliches Speichervolumen.

Ein alternativer Entwurf basiert auf sogenannten **Core-Based Trees** (wurzelbasierter Baum), der einen einzigen Spannbaum für die Gruppe berechnet (Ballardie et al., 1993). Alle Router einigen sich auf eine Wurzel (genannt **Core** oder **Rendezvous-Punkt**) und bauen den Baum auf, indem jedes Mitglied ein Paket zur Wurzel sendet. Der Baum ist die Vereinigung der Pfade, auf denen diese Pakete gereist sind. ▶Abbildung 5.17a zeigt einen Core-Based Tree für Gruppe 1. Möchte ein Sender an diese Gruppe senden, dann schickt er ein Paket an den Core. Wenn das Paket dort ankommt, wird es den Baum hinab weitergeleitet. Dies ist in Abbildung 5.17b für den Sender auf der rechten Seite des Netzes zu sehen. Zur Optimierung der Performanz müssen Pakete, die für die Gruppe bestimmt sind, den Core nicht erreichen, bevor sie per Multicast weitergeleitet werden. Sobald ein Paket den Baum erreicht, kann es sowohl nach oben zur Wurzel ebenso wie hinunter zu allen Zweigen weitergeleitet werden. Dies ist für den Sender oben in Abbildung 5.17b dargestellt.

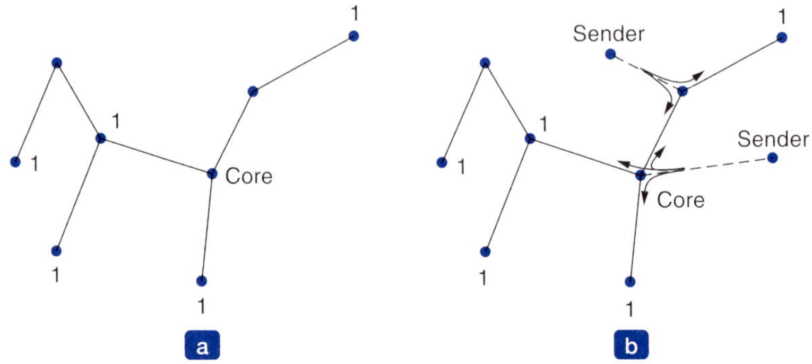

Abbildung 5.17: (a) Core-Based Tree für Gruppe 1. (b) Senden zu Gruppe 1.

Ein gemeinsam genutzter Baum ist nicht für alle Quellen optimal. In Abbildung 5.17b zum Beispiel erreicht das Paket vom rechten Sender das Gruppenmitglied ganz oben rechts nicht direkt, sondern über den Core in drei Teilstrecken. Wie ineffizient dieses Vorgehen ist, hängt davon ab, wo sich Core und Sender befinden. Meistens ist diese Ineffizienz jedoch vertretbar, wenn der Core inmitten der Sender liegt. Gibt es nur einen einzigen Sender, wie bei einem Videostream, der an eine Gruppe übertragen wird, dann setzt man am besten den Sender als Core ein.

Hervorzuheben ist auch, dass gemeinsam benutzte Bäume wesentliche Einsparungen bei den Speicherkosten, den gesendeten Nachrichten und der Rechenzeit bringen können. Jeder Router muss nur einen Baum pro Gruppe anstatt m Bäume vorhalten. Außerdem tragen Router, die nicht zum Baum gehören, nichts zur Unterstützung der Gruppe bei. Daher werden Ansätze mit gemeinsam genutzten Bäumen wie Core-Based Trees innerhalb von bekannten Protokollen wie **PIM** (*Protocol Independant Multicast*; Fenner et al., 2006) eingesetzt, wenn via Multicasting an spärlich besetzte Gruppen im Internet gesendet werden soll.

5.2.9 Anycast-Routing

Bislang haben wir Zustellungsmodelle betrachtet, bei denen eine Quelle zu einem einzelnen Ziel sendet (**Unicast**), zu allen Zielen (Broadcast) und zu einer Gruppe von Zielen (Multicast). Ein weiteres Modell ist manchmal ebenfalls nützlich: **Anycast**. Hier wird ein Paket an das am nächsten gelegene Gruppenmitglied gesendet (Partridge et al., 1993). Verfahren, die diese Pfade finden, werden **Anycast-Routing** genannt.

Warum wollen wir Anycasting überhaupt? Manchmal stellen Knoten einen Dienst zur Verfügung, wie die Tageszeit oder die Verteilung von Inhalten, bei dem es nur darauf ankommt, dass man die richtige Information bekommt, nicht aber, welcher Knoten dafür kontaktiert wird – jeder Knoten passt. Im Internet wird Anycasting beispielsweise als Teil von DNS verwendet, wie wir in *Kapitel 7* noch sehen werden.

Glücklicherweise müssen wir keine neuen Routing-Verfahren für Anycasting erfinden, weil normale Distanzvektoralgorithmen und Link-State-Routing auch Anycast-Routen erzeugen können. Nehmen wir an, wir wollen Anycasting auf die Mitglieder von Gruppe 1 anwenden. Anstatt allen unterschiedliche Adressen zu geben, bekommen alle die Adresse „1". Der Distanzvektoralgorithmus verteilt Vektoren wie üblich und die Knoten wählen den kürzesten Pfad zu Ziel 1. Dies führt dazu, dass ein Knoten zur nächstgelegenen Instanz von Ziel 1 sendet. Die Routen sind in ▶Abbildung 5.18a dargestellt. Diese Prozedur funktioniert, weil das Routing-Protokoll nicht weiß, dass es mehrere Instanzen von Ziel 1 gibt. Tatsächlich hält es alle Instanzen von Knoten 1 für ein und denselben Knoten, wie in der Topologie in Abbildung 5.18b zu sehen ist.

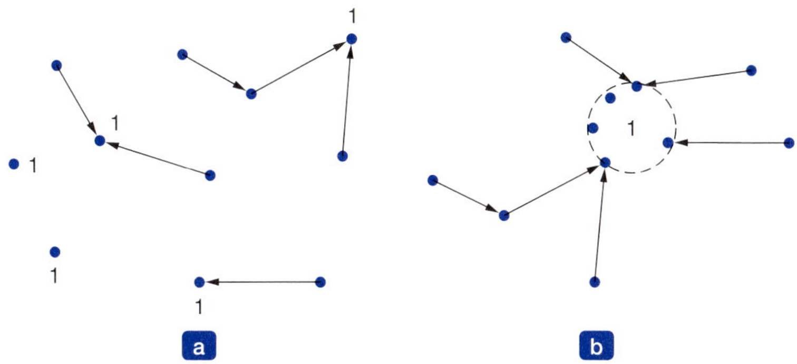

Abbildung 5.18: (a) Anycast-Routen zu Gruppe 1. (b) Topologie aus Sicht des Routing-Protokolls.

Das Verfahren funktioniert auch beim Link-State-Routing, obwohl hier außerdem bedacht werden muss, dass das Routing-Protokoll keine scheinbar kurzen Pfade finden muss, die durch Knoten 1 hindurchführen. Dies würde Sprüngen durch den Hyperraum gleichkommen, da die Instanzen von Knoten 1 in Wirklichkeit Knoten sind, die sich in verschiedenen Teilen des Netzes befinden. Tatsächlich machen Link-State-Protokolle bereits diese Unterscheidung zwischen Routern und Hosts. Wir haben diese Tatsache jedoch früher unter den Teppich gekehrt, weil es für unsere Untersuchung nicht notwendig war.

5.3 Traffic-Management auf der Vermittlungsschicht

Durch zu viele Pakete in einem Netz (oder einem Teil davon) steigt die Übertragungszeit der Pakete und die Leistung fällt ab. In dieser Situation spricht man von **Überlastung** (*congestion*).

5.3.1 Der Grund für Traffic-Management: Überlastung

Die Vermittlungs- und Transportschichten teilen sich die Verantwortung für die Behandlung von Überlastung. Da Überlastung innerhalb des Netzes auftritt, erfährt die Vermittlungsschicht diese direkt und muss letztendlich festlegen, was mit den überschüssigen Paketen geschehen soll. Der effektivste Weg der Überlastkontrolle ist jedoch, die Last zu reduzieren, die die Transportschicht dem Netzwerk auferlegt. Dazu müssen die Vermittlungs- und die Transportschicht zusammenarbeiten. Die Vermittlungsschicht schwächt die Überlastung nicht automatisch ab, aber Netzbetreiber können Router, Switches und andere Geräte auf der Vermittlungsschicht so konfigurieren, dass die Auswirkungen der Überlastung abgemildert werden. In der Regel werden dazu Maßnahmen ergriffen, die die Sender animieren, die Senderate zu verringern oder den Verkehr auf andere, weniger verstopfte Pfade im Netz umzuleiten. In diesem Kapitel betrachten wir die Aspekte der Überlastung hinsichtlich der Vermittlungsschicht sowie die Mechanismen dieser Schicht, um die Überlastung in den Griff zu bekommen. Um Verwechslung mit der geläufigeren „Überlastkontrolle" zu vermeiden, die häufig von einigen Autoren zur Beschreibung von Funktionen der Transportschicht verwendet wird, werden wir die Methoden zur Behandlung von Überlastung auf der Vermittlungsschicht unter der Bezeichnung **Überlastungsmanagement** oder **Traffic-Management** diskutieren. In *Kapitel 6* werden wir das Thema abschließen, indem wir die Mechanismen der Transportschicht zur Überlastkontrolle behandeln.

▶Abbildung 5.19 zeigt den Beginn von Überlastung. Entspricht die Anzahl der Pakete, die von den Hosts in das Netz gesendet werden, der Übertragungskapazität des Netzes, dann ist die Anzahl der zugestellten Pakete proportional zur Anzahl der gesendeten Pakete. Falls doppelt so viele Pakete gesendet werden, werden doppelt so viele zugestellt. Erreicht die angebotene Last jedoch die Übertragungskapazität, dann kommt es hin und wieder vor, dass Daten-Bursts die Puffer innerhalb der Router füllen und einige Pakete verloren gehen. Diese verlorenen Pakete verbrauchen einen Teil der Kapazität, daher fällt die Anzahl der zugestellten Pakete unter die ideale Kurve. Das Netz ist nun überlastet.

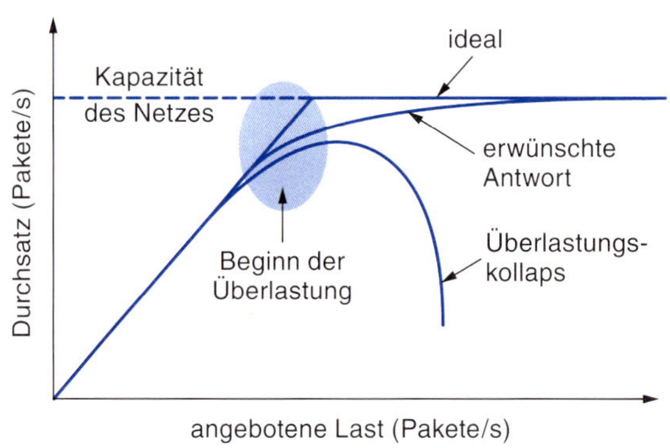

Abbildung 5.19: Bei übermäßiger Verkehrsbelastung sinkt die Performanz rapide ab: die Paketverlustrate sowie die Latenz steigen, während sich die Routerwarteschlangen mit Paketen füllen.

An einem bestimmten Punkt kann das Netz einen **Überlastungskollaps** (*congestion collapse*) erleben, bei dem die Performanz stark absinkt, während die angebotene Last über die Kapazität hinaus ansteigt. Kurz gesagt, haben wir es mit einem Überlastungskollaps zu tun, wenn eine zunehmende Last auf dem Netz tatsächlich dazu führt, dass weniger Datenverkehr erfolgreich zugestellt wird. Diese Situation kann eintreten, wenn Pakete so lange innerhalb des Netzes verzögert werden, dass sie bereits nutzlos sind, wenn sie das Netz verlassen. In den Anfangsjahren des Internets konnte beispielsweise die Zeit, die ein Paket auf einen Rückstau von Paketen warten musste, die vor diesem über eine langsame 56-kbit/s-Verbindung gesendet werden sollten, die maximale Zeit erreichen, die das Paket im Netz bleiben durfte. Dann musste es verworfen werden. Eine andere Art des Ausfalls tritt auf, wenn Sender Pakete, die stark verzögert sind, erneut übertragen in der Annahme, dass diese Pakete verloren gingen. In diesem Fall stellt das Netz Kopien desselben Pakets zu, was wiederum Kapazität verschwendet. Daher wird auf der y-Achse von Abbildung 5.19 der **Datendurchsatz** (*goodput*) dargestellt, also die Rate, mit der *nützliche* Pakete durch das Netz zugestellt werden.

Wir würden gerne Netze entwerfen, die Überlastung nach Möglichkeit vermeiden bzw. keinen Überlastungskollaps erleiden, sollte dies nicht gelingen. Leider kann in einem paketvermittelnden Netz Überlastung nicht völlig vermieden werden. Kommen plötzlich Paketströme auf drei oder vier Eingangsleitungen an, die alle an die gleiche Ausgangsleitung gesendet werden müssen, so entsteht eine Warteschlange. Wenn nicht ausreichend Speicherplatz vorhanden ist, um alle Pakete vorübergehend abzulegen, dann gehen Pakete verloren. Die Erweiterung des Speichers kann in gewissem Umfang Abhilfe schaffen. Andererseits hat Nagle (1987) entdeckt, dass sich die Überlastung noch verschlimmert, wenn Router eine unendliche Speicherkapazität haben. In jüngerer Zeit haben Wissenschaftler festgestellt, dass viele Netzgeräte häufig mehr Speicher haben, als sie benötigen, was als **aufgeblähter Speicher** bezeichnet wird. Netzgeräte, die zu viel Speicher aufweisen, können die Netzleistung aus einer Reihe von Gründen verschlechtern. Zum einen sind die Timer bereits (wiederholt) abgelaufen, bis Pakete die Warteschlange durchlaufen haben und Duplikate gesendet wurden. Zum anderen müssen, wie in *Kapitel 6* diskutiert, die Sender rechtzeitig über Netzüberlastung informiert werden, denn wenn Pakete in Routerpuffern gespeichert werden, anstatt sie zu entsorgen, schicken die Sender immer weiter Pakete, die das Netz verstopfen. Dies macht die Sache schlimmer, nicht besser – es führt zum Überlastungskollaps.

Andererseits können auch Verbindungen oder Router mit niedriger Bandbreite, die Pakete langsamer bearbeiten als die Kapazität einer Netzleitung, zu Überlastung führen. In Fällen, in denen das Netz über zusätzliche Kapazität in anderen Teilen des Netzes verfügt, kann die Situation verbessert werden, indem ein Teil des Verkehrs weg vom Engpass zu anderen (weniger verstopften) Teilen des Netzes geleitet wird. Schließlich jedoch werden alle Bereiche des Netzes überlastet sein. In dieser Situation können die Netzbetreiber zwei Ansätze verfolgen: die Last verringern (d.h. Verkehr reduzieren) oder zusätzliche Kapazität bereitstellen.

Wir wollen hier noch auf den Unterschied zwischen **Überlastkontrolle**, **Traffic-Management** und **Flusskontrolle** hinweisen, da der Zusammenhang zwischen diesen sehr subtil ist. Traffic-Management (manchmal auch als Traffic-Engineering bezeichnet) hat die Aufgabe sicherzustellen, dass das Netz den angebotenen Verkehr bewältigen kann. Dies können Geräte im Netz oder die Sender des Verkehrs übernehmen (oftmals mittels Mechanismen im Transportprotokoll, die unter den Begriff der Überlastkontrolle fallen). Überlastungsmanagement und -kontrolle betrifft das Verhalten aller Hosts und Router. Flusskontrolle bezieht sich demgegenüber auf den Datenverkehr zwischen einem bestimmten Sender und einem bestimmten Empfänger. Mit Flusskontrolle wird sichergestellt, dass ein schneller Sender einen langsamen Empfänger nicht mit Daten überschwemmt, die dieser nicht verarbeiten kann. Damit soll außerdem sichergestellt werden, dass keine Daten verloren gehen, weil der Sender leistungsstärker ist als der Empfänger und die Daten schneller senden kann, als sie vom Empfänger verarbeitet werden.

Um den Unterschied zwischen diesen zwei Konzepten zu verdeutlichen, betrachten wir ein Glasfasernetz mit einer Kapazität von 1.000 Gbit/s, über das ein Supercomputer versucht, einem PC, der lediglich 1 Gbit/s behandeln kann, eine große Datei aufzudrücken. Obwohl im Netz keine Überlastung vorliegt (das Netz selbst hat kein Problem), ist Flusskontrolle erforderlich, um den Supercomputer zu zwingen, während der Übertragung mehrmals anzuhalten, damit der PC Luft holen kann.

Als anderes Extrem betrachten wir ein Netz mit 1-Mbit/s-Leitungen und 1.000 leistungsstarken Rechnern, von denen die Hälfte Dateien mit 100 kbit/s an die andere Hälfte übertragen will. Hier liegt das Problem nicht an schnellen Sendern, die langsame Empfänger überschütten, sondern daran, dass das Netz den insgesamt aufkommenden Verkehr nicht bewältigen kann.

Es gibt einen Grund dafür, dass Überlastkontrolle und Flusskontrolle oft verwechselt werden: bei beiden Problemen besteht der beste Lösungsweg darin, den Host zu verlangsamen. Ein Host kann also eine Nachricht zur Verlangsamung erhalten, weil der Empfänger mit der Flut nicht fertig wird oder weil das Netz überfordert ist. Auf diesen Punkt kommen wir in *Kapitel 6* noch einmal zurück.

Wir beginnen unsere Studie des Überlastungsmanagements mit der Vorstellung mehrerer Ansätze, die zu jeweils unterschiedlichen Zeitpunkten benutzt werden können. Anschließend kommen wir zu Verfahren, die bereits das Auftreten von Überlastung verhindern, gefolgt von Ansätzen zur Bewältigung von aktuell eingetretener Überlastung.

5.3.2 Verfahren zum Traffic-Management

Das Vorhandensein einer Überlastung bedeutet, dass die Last (vorübergehend) größer ist, als die Ressourcen (in Teilen des Netzes) bewältigen können. Hier bieten sich zwei Lösungen an: Erhöhung der Ressourcen oder Reduzierung der Last. Wie in ▸Abbildung 5.20 gezeigt, werden diese Lösungen in der Regel auf verschiedenen Zeitskalen angewandt, um entweder Überlastung zu verhindern oder darauf zu reagieren, wenn Überlastung aufgetreten ist.

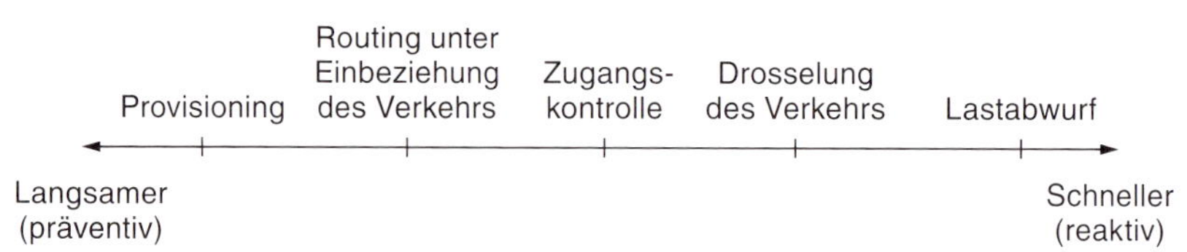

Abbildung 5.20: Zeitskalen von Ansätzen zum Traffic- und Überlastungsmanagement.

Der einfachste Weg zur Vermeidung von Überlastung ist, bei der Konstruktion des Netzes darauf zu achten, dass es gut auf den zu übertragenden Verkehr abgestimmt ist. Wenn es eine Verbindung mit niedriger Bandbreite auf dem Pfad gibt, der den größten Teil des Verkehrs trägt, dann ist das Auftreten von Überlastung wahrscheinlich. Manchmal können Ressourcen dynamisch hinzugefügt werden, wenn es zu extremer Überlastung kommt, zum Beispiel können Ersatzrouter hinzugeschaltet oder Leitungen aktiviert werden, die normalerweise nur zur Sicherung verwendet werden (um das System fehlertoleranter zu machen), oder es kann Bandbreite auf dem freien Markt erworben werden. Überwiegend werden Verbindungen und Router, die regelmäßig stark benutzt werden, bei der ersten Gelegenheit aufgerüstet. Diesen Vorgang nennt man **Provisioning**, er findet über Monate hinweg statt und wird von langfristigen Entwicklungen im Datenverkehr angetrieben.

Um die vorhandene Netzkapazität bestmöglich auszunutzen, können Routen auf Verkehrsmuster zugeschnitten werden, die sich während des Tages verändern, um sich den unterschiedlichen Wach- und Schlafzeiten der Netzbenutzer in verschiedenen Zeitzonen anzupassen. Zum Beispiel können Routen geändert werden, um stark genutzte Pfade zu entlasten, indem die Gewichtung der kürzesten Pfade verändert wird. Einige lokale Radiostationen haben Helikopter, die über ihre Städte herum fliegen, um über Verkehrsstaus zu berichten, sodass ihre mobilen Zuhörer ihre Pakete (Autos) um Hotspots herumleiten können. Dies nennt man **verkehrsgewahres Routing** (*traffic-aware routing*). Verkehr auf mehrere Pfade aufzuteilen ist ebenfalls hilfreich.

In manchen Fällen jedoch lässt sich die Kapazität nicht steigern, vor allem nicht in kurzer Zeit. Die einzige Lösung zur Beseitigung einer Überlastung besteht dann darin, die Last zu senken. In einem VC-Netz können neue Verbindungen abgelehnt werden, wenn sie dazu führen würden, dass das Netz überlastet wäre. Dies ist ein Beispiel für **Zugangssteuerung** (*admission control*), ein Konzept, das einfach den Sendern die Möglichkeit verwehrt, Daten zu senden, wenn dies die Netzkapazität nicht zulässt.

Wenn Überlastung unmittelbar bevorsteht, kann das Netz den Quellen eine Rückmeldung geben, die mit ihrem Verkehr für das Problem verantwortlich sind. Das Netz kann entweder diese Quellen auffordern, ihren Verkehr zu verlangsamen, oder einfach selbst den Verkehr verlangsamen - ein Vorgang, der manchmal als **Drosselung** bezeichnet wird. Bei diesem Ansatz tauchen zwei Schwierigkeiten auf: Wie kann der Beginn der Überlastung festgestellt werden und wie wird die Quelle, die verlangsamt werden muss, darüber informiert? Das erste Problem kann gelöst werden, indem Router die durchschnittliche Last, die Verzögerung durch Warteschlangenbildung oder den Paketverlust überwachen und den Sendern ein Feedback geben – sei es explizit oder implizit (durch Verwerfen von Paketen) –, um ihnen zu signalisieren, langsamer zu werden.

Bei explizitem Feedback müssen Router an einer Feedbackschleife mit den Quellen teilnehmen. Damit ein Verfahren korrekt arbeitet, muss die Zeitskala sorgfältig angepasst werden. Brüllt ein Router jedes Mal STOPP, wenn zwei Pakete hintereinander ankommen, und jedes Mal LOS, wenn er 20 µs nichts zu tun hatte, dann treten im System wilde Schwankungen auf, sodass es nie konvergiert. Wenn der Router andererseits 30 Minuten wartet, um absolut sicherzugehen, bevor er irgendetwas kundtut, reagiert der Mechanismus zur Überlastkontrolle so schwerfällig, dass er keine Hilfe ist. Die rechtzeitige Bereitstellung von Feedback ist keine banale Angelegenheit. Router, die immer weiter Nachrichten austauschen, wenn das Netz bereits überlastet ist, machen die Sache nicht leichter.

Ein anderer Ansatz des Netzes besteht darin, Pakete zu verwerfen, die es nicht zustellen kann. Die allgemeine Bezeichnung dafür ist **Lastabwurf** (*load shedding*), was auf mehreren Wegen erreicht werden kann, unter anderem durch Traffic-Shaping (die Übertragungsrate für einen bestimmten Sender beschränken) oder Traffic-Policing (den Verkehr eines bestimmten Senders verwerfen, wenn er seine Rate überschritten hat). Steht eine gute Strategie zur Verfügung, um auszuwählen, welche Pakete zu verwerfen sind, so kann eventuell ein Überlastungskollaps verhindert werden. Nachstehend werden wir alle diese Themen einzeln behandeln.

Routing unter Berücksichtigung des Verkehrs

Der erste Ansatz, den wir untersuchen wollen, ist Routing unter Verkehrsberücksichtigung. Die Routing-Verfahren, die wir in Abschnitt 5.2 gesehen haben, benutzten festgelegte Gewichtungen für die Verbindungen. Diese Verfahren sind an Änderungen in der Topologie, nicht aber an Änderungen in der Last angepasst. Wenn man die Last in die Berechnung von Routen einbezieht, ist es das Ziel, den Verkehr von Hotspots wegzuverlagern, da dies die ersten Stellen im Netz sind, wo Überlastung auftritt.

Der direkteste Weg dazu ist die Festlegung der Gewichtung von Verbindungen als Funktion von (fester) Verbindungsbandbreite und Übertragungsverzögerung plus der (variablen) gemessenen Last oder durchschnittlichen Warteschlangenverzögerung. Pfade mit niedrigen Gewichten werden dann Pfade vorziehen, die weniger belastet sind, wenn alles andere gleich bleibt.

Routing unter Berücksichtigung des Verkehrs wurde in der Anfangszeit des Internets entsprechend diesem Modell eingesetzt (Khanna und Zinky, 1989). Es gibt jedoch eine Gefahr dabei. Betrachten Sie das Netz in ▶Abbildung 5.21, das in zwei Teile aufgeteilt ist, Ost und West, die durch zwei Verbindungen, *CF* und *EI*, aneinander angeschlossen sind. Angenommen, der Großteil des Verkehrs zwischen Ost und West benutzt Verbindung *CF*. Als Folge davon ist diese Verbindung stark belastet und benötigt lange für Übertragungen. Wird die Warteschlangenverzögerung in die Gewichtung zur Berechnung des kürzesten Pfads einbezogen, dann wird *EI* attraktiver. Nachdem die neuen Routing-Tabellen installiert wurden, wird der größte Teil des Ost-West-Verkehrs nun über *EI* gehen, wodurch diese Verbindung jetzt belastet wird. Folglich scheint bei der nächsten Aktualisierung *CF* wieder der kürzeste Pfad zu sein. Dies führt dazu, dass die Routing-Tabellen wild pendeln, wodurch das Routing unregelmäßig wird und viele Probleme auftreten können.

Wenn die Last ignoriert wird und stattdessen Bandbreite und Übertragungsverzögerung berücksichtigt werden, tritt dieses Problem nicht auf. Versucht man die Last zwar einzubeziehen, aber die Gewichtungen innerhalb eines engen Bereichs zu ändern, verlangsamt dies lediglich das Oszillieren des Routings. Zwei Techniken sind hier erfolgsversprechend: Die erste ist Multipath-Routing, bei der es mehrere Pfade von einer Quelle zu einem Ziel geben kann. In unserem Beispiel bedeutet dies, dass sich der Verkehr auf beide Ost-West-Verbindungen aufteilen kann. Bei der zweiten Technik wird der Verkehr zwischen den Routen so langsam verlagert, dass das Routing-Verfahren konvergieren kann. Ein Beispiel dafür ist der Algorithmus von Gallagher (1977).

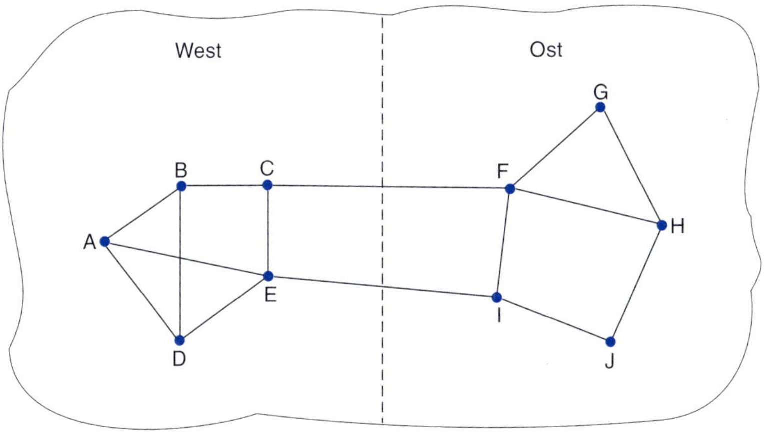

Abbildung 5.21: Ein Netz, in dem der Ost- und der Westteil durch zwei Verbindungen verbunden sind.

Aufgrund dieser Schwierigkeiten berichtigen die Internet-Routing-Protokolle ihre Routen nicht generell in Abhängigkeit von der Last. Stattdessen werden Anpassungen von den Netzbetreibern an den Routing-Protokollen auf einer langsameren Zeitskala vorgenommen, indem die Routing-Konfiguration und -Parameter langsam geändert werden. Dies nennt man **Traffic-Engineering.** Traffic-Engineering war lange Zeit ein mühsamer, manueller Prozess, nicht unähnlich der Schwarzen Kunst. Es wurde versucht, diesen Prozess zu formalisieren, aber die Verkehrslasten im Internet sind ziemlich unvorhersehbar und die Konfigurationsparameter der Protokolle grob und umständlich, sodass der Prozess weiterhin ziemlich primitiv blieb. In jüngster Zeit hat die Entwicklung von softwaredefiniertem Netzaufbau es möglich gemacht, einige dieser Aufgaben zu automatisieren. Außerdem sind die Betreiber inzwischen dank der zunehmenden Nutzung von bestimmten Technologien wie MPLS-Tunnel jetzt wesentlich flexibler bei der Lösung vieler Traffic-Engineering-Aufgaben.

Zugangssteuerung

Eine häufig in VC-Netzen verwendete Technik, um Überlastung einzudämmen, ist die **Zugangssteuerung** (*admission control*). Das Konzept ist ganz einfach: Baue keine neue virtuelle Verbindung auf, falls das Netz den zusätzlichen Verkehr nicht verkraften kann, ohne überlastet zu werden. Das heißt, alle Versuche, eine virtuelle Verbindung aufzubauen, schlagen fehl. Dies ist immerhin besser als die Alternative, denn noch mehr Personen Zugang zu gewähren, wenn das Netz schon ausgelastet ist, verschlimmert das Ganze noch. Im Telefonnetz wird diese Art der Zugangssteuerung ebenfalls praktiziert: Ist eine Vermittlungseinrichtung überlastet, erhält man einfach kein Freizeichen.

Das Kunststück bei diesem Ansatz ist es herauszufinden, wann eine neue virtuelle Schaltung zur Überlastung führen wird. Im Telefonnetz ist diese Aufgabe wegen der festen Bandbreite von Anrufen einfach (64 kbit/s für unkomprimierte Sprachdaten). Virtuelle Verbindungen in Rechnernetzen treten jedoch in unterschiedlichster Gestalt auf. Wenn wir also Zugangssteuerung betreiben sollen, ist es notwendig, auch Informationen über die Art des jeweiligen Verkehrs einer Verbindung zu bekommen.

Datenverkehr wird häufig hinsichtlich seiner Rate und Form beschrieben. Es ist nicht ganz einfach, Verkehr auf eine einfache und doch aussagekräftige Weise zu beschreiben, da er typischerweise in Schüben (Bursts) auftritt – die durchschnittliche Rate erzählt nur die halbe Wahrheit. Beispielsweise ist Datenverkehr, der beim Webbrowsing entsteht, sehr variabel und damit schwieriger zu behandeln als der Verkehr beim Streaming eines Films, bei dem der Durchsatz lange Zeit konstant bleibt – die Bursts des Webverkehrs überlasten die Router im Netz viel wahrscheinlicher. Um diesen Umstand zu erfassen, wird häufig eine Beschreibungsmethode namens **Token Bucket** oder sein Spezialfall namens **Leaky Bucket** verwendet. Ein Token Bucket besitzt zwei Parameter, die die durchschnittliche Rate und die momentane Burst-Größe des Datenverkehrs eingrenzen. Da es sich hierbei um zwei geläufige Mechanismen zum Traffic-Shaping handelt, werden wir diese Themen in diesem Abschnitt ausführlicher behandeln.

Ausgerüstet mit den Beschreibungen des jeweiligen Verkehrs kann das Netzwerk nun entscheiden, ob es die neue virtuelle Verbindung zulässt. Dazu könnte das Netz ausreichend Kapazität entlang der Pfade jedes seiner virtuellen Verbindungen reservieren, sodass Überlastung nicht auftreten wird. In diesem Fall entspricht die Verkehrsbeschreibung einer Dienstleistungsvereinbarung darüber, was das Netz seinen Nutzern garantieren kann. Wir haben Überlastung verhindert, sind aber etwas zu früh in das verwandte Thema der Dienstgüte abgedriftet; wir werden im nächsten Abschnitt darauf zurückkommen.

Selbst ohne Garantien zu geben, kann das Netz Verkehrsbeschreibungen zur Zugangssteuerung benutzen. Dann besteht die Aufgabe darin zu schätzen, wie viele virtuelle Verbindungen die Übertragungskapazität des Netzes ohne Überlastung aufnehmen kann. Nehmen wir an, dass virtuelle Verbindungen, die Daten mit Raten bis zu 10 Mbit/s schicken können, alle dieselbe physische 100-Mbit/s-Verbindung passieren. Wie viele virtuelle Verbindungen sollten zugelassen werden? Sicherlich können 10 Verbindungen erlaubt werden, ohne Überlastung zu riskieren, aber im Normalfall ist dies verschwenderisch, da selten alle 10 Verbindungen gleichzeitig auf Hochtouren übertragen. In echten Netzen kann bisheriges Verhalten gemessen und somit die Übertragungen statistisch erfasst werden. Diese Messungen können verwendet werden, um die Anzahl der zuzulassenden Verbindungen abzuschätzen. Damit wird eine bessere Performanz gegen ein akzeptables Risiko eingetauscht.

Zugangssteuerung kann außerdem mit Routing unter Verkehrsberücksichtigung kombiniert werden. In diesem Fall werden Routen rund um Hotspots bereits während des Einrichtens berücksichtigt. Betrachten Sie zum Beispiel das Netzwerk aus ▶Abbildung 5.22a, in dem zwei Router wie gezeigt überlastet sind.

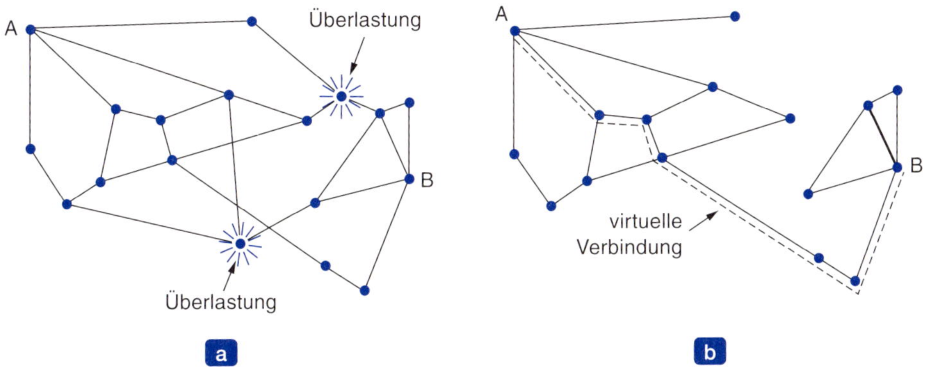

Abbildung 5.22: (a) Überlastetes Netzwerk. (b) Der Teil des Netzes, der nicht überlastet ist. Außerdem ist eine virtuelle Verbindung von *A* nach *B* gezeigt.

Angenommen, ein mit Router *A* verbundener Host möchte eine Verbindung zu einem mit Router *B* verbundenen Host aufbauen. In der Regel würde diese Verbindung über einen der überlasteten Router aufgebaut werden. Um diese Situation zu vermeiden, kann man das Netz neu auslegen, etwa wie in Abbildung 5.22b, wo die überlasteten Router und alle ihre Leitungen umgangen werden. Die gestrichelte Linie ist eine mögliche Route für die virtuelle Verbindung, die die überlasteten Router umgeht. Shaikh et al. (1999) stellen ein Modell für diese Art von lastabhängigem Routing vor.

Lastabwurf

Kann eine Überlastung durch keine der genannten Methoden eingedämmt werden, dann können Router mit schwererem Geschütz auffahren: dem **Lastabwurf** (*load shedding*). Das ist eine originelle Methode, bei der Router Pakete, die sie nicht bewältigen können, einfach verwerfen können. Der Begriff „Lastabwurf" stammt aus der Welt der Stromerzeugung, wo er die absichtliche Abschaltung bestimmter Bereiche bezeichnet, um das gesamte Stromnetz vor dem Zusammenbruch zu bewahren, wenn der Stromverbrauch das Angebot um ein Vielfaches übersteigt.

Ein Router, der gerade in Paketen ertrinkt, steht nun vor der Entscheidungsfrage, welche der Pakete er fallen lassen soll. Dies könnte von der Art der Anwendungen abhängen, die das Netz benutzen. Bei einer Dateiübertragung ist ein altes Paket mehr wert als ein neues. Dies liegt daran, dass das Verwerfen von Paket 6 und das Behalten der Pakete 7 bis 10 beispielsweise den Empfänger nur zwingt, sich noch mehr anzustrengen, Daten zu puffern, die er noch nicht benutzen kann. Demgegenüber ist bei Echtzeit-Multimedia ein neues Paket wertvoller als ein altes. Dies liegt daran, dass Pakete nutzlos werden, wenn sie verzögert sind, und somit der Zeitpunkt verstreicht, an dem sie beim Benutzer abgespielt werden sollten.

Die Regel „lieber alt als neu" wird oft **Wein** und die Regel „lieber neu als alt" wird **Milch** genannt, weil die meisten Menschen eher neue Milch und alten Wein trinken würden als umgekehrt.

Intelligentere Verfahren zum Lastabwurf setzen die Kooperation der Sender voraus. Ein Beispiel dafür sind Pakete, die Routing-Informationen übertragen. Diese Pakete sind wichtiger als normale Datenpakete, weil sie Routen aufbauen; wenn diese Pakete verloren gehen, kann das Netz Konnektivität verlieren. Ein anderes Beispiel ist, dass Algorithmen zur Kompression von Video (wie MPEG) periodisch einen ganzen Rahmen übertragen, dann senden sie weitere Rahmen mit Unterschieden zum letzten vollständigen Rahmen. In diesem Fall ist das Verwerfen eines Pakets, das Teil eines Differenzrahmens ist, weniger schmerzlich als das Verwerfen eines Pakets, das einen vollständigen Rahmen enthält, weil zukünftige Pakete von dem vollständigen Rahmen abhängen.

Soll eine intelligente Methode zum Verwerfen implementiert werden, dann müssen Anwendungen ihre Pakete kennzeichnen, um dem Netz deren jeweilige Bedeutung anzuzeigen. In diesem Fall können Router, wenn sie Pakete verwerfen müssen, zuerst die Pakete der unwichtigsten Klasse verwerfen, dann der zweitunwichtigsten und so fort.

Wenn natürlich kein erheblicher Anreiz damit verbunden wäre, zu vermeiden, dass Pakete mit SEHR WICHTIG – NIEMALS VERWERFEN gekennzeichnet werden, so würde dies niemand tun. Häufig werden finanzielle Anreize benutzt, um Sender vom leichtfertigen Markieren abzuschrecken. Beispielsweise könnte das Netz einem Sender erlauben, schneller zu senden als es der bezahlte Dienst eigentlich zulässt, falls er überzählige Pakete als von niedriger Priorität kennzeichnet. Eine solche Strategie ist nicht schlecht, weil sie zu einer effizienteren Nutzung der Ressourcen im Leerlaufzustand führt. Denn Hosts können sie verwenden, solange niemand daran interessiert ist, erhalten aber nicht das ständige Recht darauf, wenn die Zeiten härter werden.

Traffic-Shaping

Bevor das Netz Dienstgütegarantien geben kann, muss es wissen, welche Art von Datenverkehr garantiert wird. Im Telefonnetz ist diese Charakterisierung einfach. Zum Beispiel benötigt ein Sprachanruf (in unkompromiertem Format) 64 kbit/s und besteht aus einer 8-Bit-Abtastung alle 125 µs. Verkehr in Datennetzen tritt jedoch in **Bursts** auf. Er kommt typischerweise mit ungleichmäßigen Raten an, da die Verkehrsrate variiert (z.B. Videokonferenzen mit Komprimierung), Benutzer mit Anwendungen interagieren (z.B. Browsen einer neuen Webseite) und Computer zwischen Aufgaben hin- und herwechseln. Bursts sind schwieriger zu behandeln als Verkehr mit einer konstanten Rate, weil sie die Puffer füllen und somit Pakete verloren gehen.

Traffic-Shaping ist eine Technik, die durchschnittliche Übertragungsrate und das Burst-Aufkommen eines Datenflusses zu regulieren, der das Netz betritt. Ziel ist, dass Anwendungen zahlreiche Arten von jeweils auf ihre Bedürfnisse angepassten Verkehr übermitteln können, einschließlich einiger Bursts, und gleichzeitig die möglichen Verkehrsmuster des Netzes auf einfache und zweckmäßige Art und Weise beschreiben zu können. Wird ein Datenfluss eingerichtet, so vereinbaren der Benutzer und das

Netz (d.h. der Kunde und der Provider) ein bestimmtes Verkehrsmuster für diesen Datenfluss. Im Prinzip sagt der Kunde zum Provider: „Mein Übertragungsmuster sieht folgendermaßen aus. Kannst du dies verarbeiten?"

Diese Absprache wird manchmal **Dienstgütevereinbarung** (*Service Level Agreement*, SLA) genannt, besonders wenn sie sich auf aggregierte Datenflüsse bezieht und über einen langen Zeitraum abgeschlossen wird (z.B. der gesamte Datenverkehr eines bestimmten Kunden). Solange der Kunde seinen Teil der Vereinbarung erfüllt und Pakete nur entsprechend der Vereinbarung sendet, gewährleistet der Provider deren zeitgerechte Zustellung.

Traffic-Shaping reduziert Überlastungen und unterstützt damit das Netz, sein Versprechen zu erfüllen. Damit das Verfahren jedoch funktioniert, muss außerdem die Frage geklärt werden, wie der Provider feststellen kann, ob der Kunde die Vereinbarung einhält, und was zu tun ist, wenn dies nicht der Fall ist. Pakete, die über das vereinbarte Muster hinausgehen, können zum Beispiel vom Netz fallen gelassen werden oder eine Kennzeichnung erhalten, dass sie eine geringere Priorität haben. Die Überwachung eines Verkehrsflusses nennt man **Traffic-Policing** (Regelüberwachung für den Datenverkehr).

Traffic-Shaping und Traffic-Policing sind nicht so entscheidend für Peer-to-Peer- und andere Übertragungen, die sämtliche verfügbare Bandbreite verbrauchen werden, haben aber eine große Bedeutung für Echtzeitdaten wie Audio- und Videoverbindungen, die hohe Dienstgüteanforderungen aufweisen. Wir haben bereits eine Möglichkeit gesehen, die von einer Anwendung gesendete Datenmenge zu begrenzen: Schiebefenster mit einem Parameter, durch welchen die Datenmenge begrenzt wird, die zu einem beliebigen Zeitpunkt unterwegs ist, wodurch indirekt die Datenrate eingeschränkt wird. Nun wollen wir uns mit dem Leaky-Bucket- und dem Token-Bucket-Algorithmus einen allgemeineren Weg zur Charakterisierung des Verkehrs ansehen. Die Formulierungen sind leicht anders, aber das Ergebnis ist ähnlich.

Stellen Sie sich einen Eimer (*bucket*) mit einem kleinen Loch im Boden vor, wie in ▸Abbildung 5.23b dargestellt. Gleichgültig, in welcher Geschwindigkeit Wasser in den Eimer eingefüllt wird, der Ausfluss hat immer die gleiche Rate R, wenn Wasser vorhanden ist, und null, wenn der Eimer leer ist. Ist der Eimer mit der Kapazität B voll, so läuft überschüssiges Wasser über den Eimerrand und geht verloren.

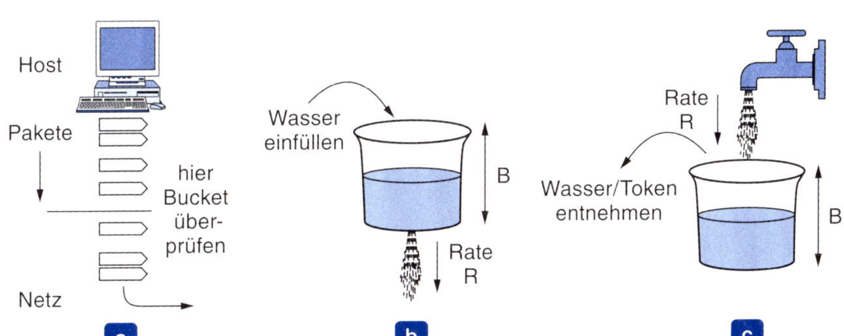

Abbildung 5.23: (a) Traffic-Shaping von Paketen. (b) Leaky Bucket. (c) Token Bucket.

Der Eimer kann verwendet werden, um Traffic-Shaping oder Traffic-Policing auf Pakete anzuwenden, die das Netz betreten (Abbildung 5.23a). Vom Konzept her ist jeder Host mit dem Netz über eine Schnittstelle verbunden, die einen undichten Eimer (*leaky bucket*) enthält (Abbildung 5.23b). Um ein Paket in das Netz zu senden, muss es möglich sein, den Eimer mit mehr Wasser zu füllen. Kommt ein Paket an, wenn der Eimer voll ist, dann muss das Paket entweder in die Warteschlange gestellt werden, bis genügend Wasser herausgeflossen ist, um das Paket aufzunehmen, oder das Paket wird verworfen. Der erste Fall kann bei einem Host auftreten, der seinen Verkehr auf Betriebssystemebene mittels Traffic-Shaping für das Netz aufbereitet. Der zweite Fall könnte auf der Hardwareebene bei einer Provider-Netzwerk-Schnittstelle auftreten, wenn Traffic-Policing beim Eintritt ins Netz verwendet wird. Diese Technik wurde von Turner (1986) vorgeschlagen und heißt **Leaky-Bucket-Algorithmus**.

Eine andere Formulierung ist, sich die Netzschnittstelle als einen Eimer vorzustellen, der wie in Abbildung 5.23c dargestellt gefüllt wird. Wie vorher läuft der Wasserhahn mit Rate R und der Eimer hat die Kapazität B. Nun müssen wir, um ein Paket zu senden, in der Lage sein, Wasser – oder Token, wie die Inhalte gewöhnlich genannt werden – aus dem Eimer zu entnehmen (statt Wasser in den Eimer zu füllen). Im Eimer kann sich höchstens eine feste Anzahl von Token, B, ansammeln, und falls der Eimer leer ist, müssen wir warten, bis mehr Token ankommen, bevor wir ein weiteres Paket senden können. Dieser Algorithmus heißt **Token-Bucket-Algorithmus**.

Leaky und Token Buckets begrenzen die langfristige Rate eines Datenflusses, erlaubt es aber, dass kurzfristige Bursts bis zu einer maximalen Länge unverändert durchkommen, ohne künstlich verzögert zu werden. Große Bursts werden von einem Leaky-Bucket-Traffic-Shaper geglättet, um die Überlastung im Netz zu verringern. Stellen Sie sich beispielsweise vor, dass ein Computer Daten mit bis zu 1.000 Mbit/s (125 Millionen Byte/s) erzeugen kann und dass die erste Verbindung des Netzes ebenfalls mit dieser Geschwindigkeit läuft. Das Verkehrsmuster, das der Host erzeugt, ist in ▶Abbildung 5.24 gezeigt. Bei diesem Muster tritt der Verkehr in Bursts auf. Die durchschnittliche Rate über einer Sekunde ist 200 Mbit/s, selbst wenn der Host einen Burst von 16.000 KB mit der Spitzengeschwindigkeit von 1.000 Mbit/s sendet (für 1/8 der Sekunde).

Stellen wir uns nun vor, dass die Router nur für kurze Intervalle Daten mit der Spitzengeschwindigkeit annehmen können, bis ihre Puffer aufgefüllt sind. Die Puffergröße beträgt 9.600 KB, ist also kleiner als der Daten-Burst. Bei langen Intervallen arbeiten die Router am besten mit Raten, die 200 Mbit/s nicht überschreiten (zum Beispiel, weil dies die gesamte Bandbreite ist, die dem Kunden zur Verfügung steht). Als Folge davon wird Verkehr, der mit diesem Muster gesendet wird, einen Teil der Pakete im Netz verlieren, weil sie nicht in die Puffer der Router passen.

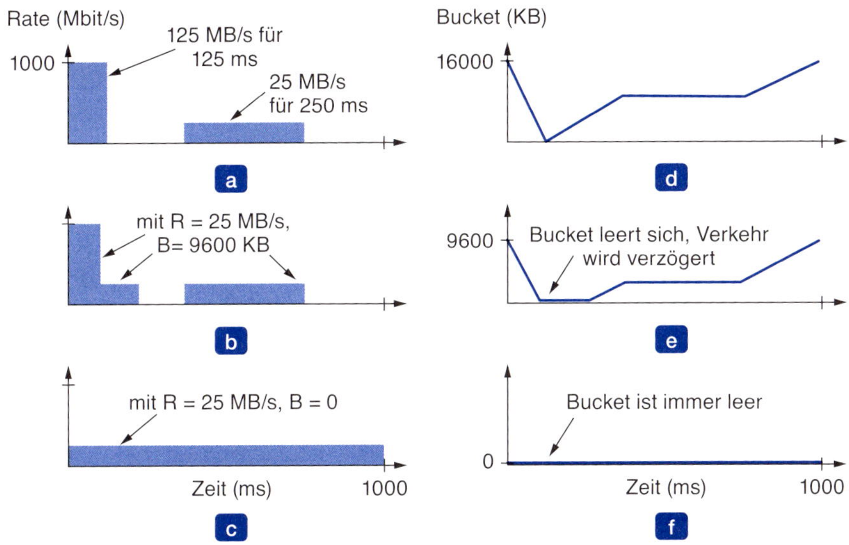

Abbildung 5.24: (a) Verkehr von einem Host. Die Ausgabe ist durch einen Token Bucket geglättet auf R = 200 Mbit/s und mit einer Kapazität von (b) B = 9.600 KB und (c) B = 0 KB. Füllstand des Token Bucket für Traffic-Shaping mit R = 200 Mbit/s und (d) B = 16 000 KB, (e) B = 9.600 KB und(f) B = 0 KB.

Um diesen Paketverlust zu vermeiden, können wir beim Host Traffic-Shaping mit dem Token-Bucket-Algorithmus anwenden. Wenn wir eine Rate R von 200 Mbit/s und eine Kapazität B von 9.600 KB benutzen, dann liegt der Datenverkehr innerhalb der Grenzen, in denen das Netz die Daten verarbeiten kann. Die Ausgabe dieses Token Bucket ist in Abbildung 5.24b dargestellt. Der Host kann eine kurze Zeit Vollgas geben und mit 1.000 Mbit/s senden, bis das Bucket leer ist. Dann muss er auf 200 Mbit/s zurückschrauben, bis der Burst gesendet wurde. Das Senden des Bursts wird also über die Zeit verteilt, weil der Burst nicht auf einmal verarbeitet werden kann. Der Füllstand des Token Bucket ist in Abbildung 5.24e gezeigt. Anfangs ist das Bucket voll, dann wird es vom ersten Burst aufgebraucht. Wenn der Füllstand null erreicht, können neue Pakete mit der Rate gesendet werden, mit der der Puffer sich füllt. Es kann jetzt keine weiteren Bursts geben, bis das Bucket sich erholt hat. Das Bucket füllt sich, wenn kein Verkehr gesendet wird, und der Füllstand bleibt gleich, wenn Datenverkehr mit der Füllrate gesendet wird.

Traffic-Shaping können wir außerdem anwenden, um zu verhindern, dass der Verkehr in Bursts auftritt. Abbildung 5.24c zeigt die Ausgabe eines Token Bucket mit R=200 Mbit/s und einer Kapazität von 0. Dies ist der extreme Fall, bei dem der Verkehr vollständig geglättet wurde. Es sind keine Bursts erlaubt und der Verkehr betritt das Netz mit einer gleichbleibenden Rate. Der entsprechende Bucket-Füllstand (Abbildung 5.24f) ist immer leer. Der Verkehr wird beim Host in einer Warteschlange bis zur Freigabe gespeichert und es ist immer ein Paket vorhanden, das darauf wartet, gesendet zu werden, sobald die Freigabe erteilt wird.

Zu guter Letzt zeigt Abbildung 5.24d den Bucket-Füllstand für ein Token Bucket mit R=200 Mbit/s und einer Kapazität von B=16.000 KB. Dies ist das kleinste Token

Bucket, das der Verkehr unverändert passieren kann. Dieses Bucket könnte von einem Router im Netz genutzt werden, der Traffic-Policing auf den vom Host gesendeten Verkehr anwendet. Falls der Host Verkehr sendet, der mit dem Token Bucket übereinstimmt, auf das sich der Host mit dem Netz geeinigt hat, so wird der Verkehr durch eben dieses Token Bucket passen, welches vom Router an den Randbereichen des Netzes ausgeführt wird. Falls der Host mit einer schnelleren Rate oder in Bursts sendet, wird dem Token Bucket das „Wasser" ausgehen. In diesem Fall weiß ein Traffic-Policier, dass der Verkehr nicht wie vorher beschrieben aussieht. Je nachdem, auf welchem Entwurf das Netz basiert, werden dann entweder die überschüssigen Pakete verworfen oder deren Priorität verringert. In unserem Beispiel leert sich das Bucket nur vorrübergehend zum Ende des anfänglichen Bursts, dann erholt es sich ausreichend für den nächsten Burst.

Leaky Buckets und Token Buckets sind einfach zu implementieren. Wir werden nun die Arbeitsweise eines Token Bucket beschreiben. Bisher haben wir den Zu- und Ablauf des Bucket als kontinuierlich dargestellt, reale Implementierungen müssen jedoch mit diskreten Quantitäten arbeiten. Ein Token Bucket wird mit einem Zähler für den Bucket-Füllstand implementiert. Der Zähler wird bei jedem Taktimpuls von ΔT s um $R/\Delta T$ Einheiten hochgesetzt. In unserem obigen Beispiel wären das 200 kbit jede 1 ms. Jedes Mal, wenn eine Einheit des Datenverkehrs in das Netz gesendet wird, wird der Zähler dekrementiert, und es kann so lange gesendet werden, bis der Zähler null erreicht.

Wenn die Pakete alle dieselbe Größe haben, kann der Bucket-Füllstand einfach in Paketen gezählt werden (z. B. 200 Mbit entsprechen 20 Paketen von 1.250 Byte). Häufig werden jedoch Pakete mit variabler Größe verwendet. In diesem Fall wird der Bucket-Füllstand in Byte gezählt. Falls die verbliebene Bytezahl zu niedrig ist, um ein großes Paket zu senden, muss das Paket bis zum nächsten Taktimpuls warten (oder sogar länger, falls die Füllrate klein ist).

Die Berechnung der Länge des maximalen Bursts (bis das Bucket leer ist) ist nicht ganz einfach. Sie ist länger als einfach nur 9.600 KB geteilt durch 125 MB/s, weil während der Ausgabe des Bursts weitere Token ankommen. Wenn wir die Burst-Länge mit S Sekunden bezeichnen, die maximale Ausgaberate M Byte/s, die Token-Bucket-Kapazität mit B Byte und die Token-Ankunftsrate mit R Byte/s, dann zeigt sich, dass ein Ausgabe-Burst maximal $B+RS$ Byte enthält. Wir wissen auch, dass die Anzahl von Bytes in einem Höchstgeschwindigkeits-Burst der Länge S Sekunden MS ist. Somit erhält man:

$$B + RS = MS$$

Diese Gleichung kann man auflösen, um $S = B/(M-R)$ zu erhalten. Mit unseren Parametern B = 9.600 KB, M = 125 MB/s und R = 25 MB/s erhalten wir eine Burst-Zeit von ca. 94 ms.

Ein mögliches Problem des Token-Bucket-Algorithmus ist, dass er große Bursts bis hin zur langfristigen Rate R reduziert. Häufig ist es wünschenswert, die Spitzenrate zu reduzieren, aber nicht wieder bis zur langfristigen Rate zurückzugehen (und auch ohne die langfristige Rate zu erhöhen, um mehr Verkehr im Netz zuzulassen). Eine Möglichkeit, den Datenverkehr auszugleichen, besteht im Einfügen eines zweiten Token Bucket nach dem ersten. Die Rate des zweiten Bucket sollte viel höher als die des ersten sein. Das erste Bucket charakterisiert den Verkehr und setzt seine durchschnittliche Rate fest, erlaubt aber einige Bursts. Das zweite Bucket reduziert die Spitzenrate, mit der Bursts in das Netz gesendet werden. Wenn zum Beispiel die Rate des zweiten Token Bucket auf 500 Mbit/s und die Kapazität auf 0 eingestellt ist, dann wird der erste Burst das Netzwerk mit einer Spitzenrate von 500 Mbit/s betreten, was niedriger ist als die 1.000-Mbit/s-Rate, die wir vorher hatten.

Das Benutzen all dieser Buckets ist ein wenig knifflig. Wenn Token Buckets für Traffic-Shaping beim Host verwendet werden, dann werden Pakete in Warteschlangen gespeichert und verzögert, bis die Buckets es erlauben, dass sie gesendet werden. Wenn Token Buckets für Traffic-Policing bei den Routern im Netz benutzt werden, so wird der Algorithmus simuliert, um sicherzustellen, dass nicht mehr Pakete als zulässig gesendet werden. Dennoch stellen diese Werkzeuge verschiedene Möglichkeiten zur Verfügung, um den Netzverkehr in eine besser verwaltbare Form zu bringen, damit die Anforderungen hinsichtlich der Dienstgüte erfüllt werden können.

Aktives Warteschlangenmanagement

Im Internet und vielen anderen Rechnernetzen passen Sender ihre Übertragungen an, um so viel Verkehr zu senden, wie das Netz bequem zustellen kann. In diesem Zusammenhang ist das Netz darauf ausgerichtet, immer kurz vor Einsetzen der Überlastung zu arbeiten. Steht Überlastung unmittelbar bevor, dann muss das Netz den Sendern mitteilen, ihre Übertragungen zu drosseln und zu verlangsamen. Diese Rückmeldung ist eher der Normalzustand als eine Ausnahmesituation. Der Begriff **Überlastungsvermeidung** (*congestion avoidance*) wird manchmal benutzt, um diesen Moment im Betriebsablauf von der Situation abzugrenzen, in der das Netz bereits (allzu) überlastet ist.

Wir wollen uns nun einige Ansätze zur Drosselung des Verkehrs ansehen, die sowohl in Datagrammnetzen als auch in VC-Netzen benutzt werden können. Jeder Ansatz muss zwei Probleme beheben. Erstens müssen Router feststellen, wann Überlastung auftaucht, idealerweise bevor sie eintritt. Dazu kann jeder Router fortlaufend die von ihm verwendeten Ressourcen überwachen. Es gibt hier drei potenzielle Ressourcen: die Ausnutzung der Ausgangsverbindungen, das Puffern der Pakete in der Warteschlange des Routers und die Anzahl der Pakete, die aufgrund ungenügender Pufferung verloren gehen. Die zweite dieser Möglichkeiten ist am sinnvollsten. Durchschnittswerte der Ausnutzung erklären nicht direkt den Grad des Burst-Anteils des größten Teils des Verkehrs – eine Ausnutzung von 50% kann für gleichmäßigen Verkehr gering sein und zu hoch für extrem schwankenden Verkehr. Zählungen der Paketverluste kommen zu spät. Überlastung hat zu dem Zeitpunkt, an dem die Pakete verloren werden, bereits eingesetzt.

Die Warteschlangenverzögerung innerhalb der Router fängt direkt jegliche Überlastung auf, der Pakete ausgesetzt sind. Dieser Wert sollte im Allgemeinen niedrig sein, aber er steigt sprunghaft an, sobald es einen Daten-Burst gibt, der einen Rückstau erzeugt. Um eine gute Schätzung der Warteschlangenverzögerung d sicherzustellen, kann periodisch eine Abtastung der aktuellen Warteschlangenlänge s vorgenommen und d entsprechend der folgenden Formel aktualisiert werden:

$$d_{\text{neu}} = \alpha d_{\text{alt}} + (1-\alpha)s$$

wobei die Konstante α bestimmt, wie schnell der Router die neuere Historie vergisst. Dies nennt man einen **exponentiell gewichteten gleitenden Durchschnitt** (**EWMA**, *Exponentially Weighted Moving Average*). Er glättet Fluktuationen und ist äquivalent zu einem Tiefpassfilter. Jedes Mal, wenn d über einen Schwellenwert hinausgeht, bemerkt der Router den Beginn von Überlastung.

Das zweite Problem ist, dass Router den Sendern, die die Überlastung verursachen, rechtzeitig eine Rückmeldung darüber geben müssen. Überlastung wird zwar im Netz wahrgenommen, doch um sie abzubauen, sind Aktionen seitens der Sender nötig, die das Netz benutzen. Um diese Rückmeldung zustellen zu können, muss der Router die entsprechenden Sender identifizieren. Dies muss vorsichtig geschehen, damit nicht noch sehr viele weitere Pakete in das bereits überlastete Netz geschickt werden. Es gibt verschiedene Verfahren, die jeweils andere Feedbackmechanismen benutzen und die wir nun beschreiben werden.

Früherkennung nach dem Zufallsprinzip

Es ist effizienter, die Überlastung schon in den Anfängen zu wehren, als zu warten, bis alles verstopft ist, und sie erst dann zu beheben. Diese Beobachtung führt zu einer interessanten Form des Lastabwurfs, nämlich Pakete zu verwerfen, bevor der Puffer vollständig belegt ist.

Die Motivation für dieses Konzept ist, dass die meisten Internethosts noch keine Überlastungsmitteilungen von Routern in Form von expliziten Nachrichten bekommen. Stattdessen ist der Paketverlust das einzig zuverlässige Anzeichen einer Überlastung, die Hosts vom Netz erhalten. Schließlich ist es nicht ganz einfach, einen Router zu konstruieren, der keine Pakete fallen lässt, wenn er überlastet ist. In Transportprotokollen wie TCP ist somit fest vorgegeben, auf Verlust als Anzeichen von Überlastung zu reagieren und die Quelle zu verlangsamen. Dies ist darauf zurückzuführen, dass TCP für kabelgebundene Netze konzipiert wurde, die sehr zuverlässig sind. Daher sind verlorene Pakete in der Regel auf Pufferüberlaufe und nicht auf Übertragungsfehler zurückzuführen. Drahtlose Verbindungen müssen Übertragungsfehler in der Sicherungsschicht berichtigen (sie sind auf der Vermittlungsschicht also nicht zu sehen), um gut mit TCP zusammenzuarbeiten.

Diese Situation kann zur Verringerung der Überlastung genutzt werden. Wenn Router Pakete früh verwerfen, bevor die Situation aussichtslos wird, hat die Quelle Zeit, etwas zu unternehmen, bevor es zu spät ist. Ein weitverbreiteter Algorithmus hierfür ist der sogenannte **RED**-Algorithmus (*Random Early Detection*, Früherkennung nach dem Zufallsprinzip), der in Floyd und Jacobson (1993) beschrieben wird. Die Router ermitteln laufend die durchschnittliche Länge der Warteschlange, um festzustellen, ab wann die Pakete verworfen werden sollen. Wenn die durchschnittliche Länge der

Warteschlange einen bestimmten Grenzwert übersteigt, geht man davon aus, dass die Verbindung überlastet ist, und ein kleiner Teil der Pakete wird zufällig fallen gelassen. Diese zufällige Auswahl der Pakete in der Warteschlange erhöht die Wahrscheinlichkeit, dass darunter ein Paket der schnellsten Sender ist; dies ist die beste Option, da der Router nicht feststellen kann, welche Quelle die meisten Probleme in einem Datagrammnetz verursacht. Der betroffene Sender wird den Verlust bemerken, wenn es keine Bestätigung gibt, und dann das Transportprotokoll verlangsamen. Das verlorene Paket liefert somit dieselbe Nachricht wie ein Choke-Paket, aber indirekt, ohne dass der Router ein explizites Signal sendet.

RED-Router verbessern die Performanz im Vergleich zu Routern, die Pakete nur fallen lassen, wenn ihre Puffer voll sind, obwohl es bei RED eventuell notwendig ist, die Router zu justieren, damit das Verfahren gut funktioniert. Beispielsweise hängt die ideale Anzahl der Pakete, die fallen gelassen werden sollen, davon ab, wie viele Sender von der Überlastung benachrichtigt werden. Explizite Benachrichtigung sollte jedoch, sofern sie verfügbar ist, dennoch bevorzugt werden. Sie funktioniert auf genau dieselbe Art und Weise, sendet aber ein explizites Überlastungssignal statt einer indirekten Benachrichtigung über Paketverluste. RED wird immer dann benutzt, wenn Hosts keine expliziten Signale empfangen können.

Choke-Pakete

Der direkteste Weg, einen Sender von Überlastung zu unterrichten, ist es ihm direkt mitzuteilen. Bei diesem Ansatz wählt der Router ein überlastetes Paket und sendet ein **Choke-Paket** (*Drosselpaket*) an den Quell-Host zurück (die Adresse wird im Paket vorgefunden). Das Originalpaket kann gekennzeichnet werden (ein Header-Bit wird gesetzt), sodass keine weiteren Choke-Pakete auf dem Pfad erzeugt werden. Dann wird es auf die übliche Weise weitergeleitet. Um steigende Last auf dem Netz während einer Überlastungszeit zu vermeiden, kann der Router nur ein Choke-Paket mit einer niedrigen Rate senden.

Erhält der Quell-Host das Choke-Paket, dann muss dieser den an das betreffende Ziel gesendeten Datenverkehr um beispielsweise 50% reduzieren. In einem Datagrammnetz führt das zufällige Auswählen von Paketen beim Auftreten von Überlastung wahrscheinlich dazu, dass Choke-Pakete zu schnellen Sendern geschickt werden, weil diese die meisten Pakete in der Warteschlange haben. Das diesem Protokoll eigene Feedback trägt zur Vermeidung von Überlastungen bei, drosselt aber nicht jeden Sender, solange er keine Probleme verursacht. Aus dem gleichen Grund ist es wahrscheinlich, dass mehrere Choke-Pakete zu einem bestimmten Host und Ziel gesendet werden. Der Host sollte diese zusätzlichen Choke-Pakete für eine festgelegte Zeit ignorieren, bis seine Reduktion beim Verkehr Wirkung zeigt. Nach dieser Zeitspanne zeigen weitere Choke-Pakete an, dass das Netz immer noch überlastet ist.

Ein Beispiel eines Choke-Pakets, das in den Anfängen des Internets verwendet wurde, ist die SOURCE QUENCH-Nachricht (Postel, 1981). Diese hat sich allerdings niemals durchgesetzt, teilweise weil die Umstände, in denen sie erzeugt wurde, und der Effekt, den sie hatte, nicht klar spezifiziert waren. Das moderne Internet benutzt ein alternatives Benachrichtigungsverfahren, das wir als Nächstes beschreiben wollen.

ECN – Explicit Congestion Notification

Anstatt zusätzliche Pakete zu erzeugen, um vor Überlastung zu warnen, kann ein Router irgendein Paket, das er weiterleitet, mit einem Kennzeichen versehen (indem ein Bit im Header des Pakets gesetzt wird), um zu signalisieren, dass er überlastet ist. Wenn das Netz das Paket ausliefert, registriert das Ziel, dass es Überlastung gibt, und informiert den Sender beim Senden eines Antwortpakets. Der Sender kann dann wie vorher seine Übertragungen drosseln.

Dieser Entwurf heißt **ECN** (*Explicit Congestion Notification*) und wird im Internet verwendet (Ramakrishnan et al., 2001). Es verfeinert frühere Protokolle zur Überlastungswarnung, namentlich das binäre Feedbackverfahren von Ramakrishnan und Jain (1988), das in der DECnet-Architektur eingesetzt wurde. Zwei Bits in dem IP-Paket-Header werden verwendet um aufzuzeichnen, ob das Paket Überlastung ausgesetzt war. Ein Paket ohne Markierung abgesendet ist in ▶Abbildung 5.25 dargestellt. Falls einer der Router, den das Paket durchläuft, überlastet ist, so markiert dieser Router das Paket entsprechend, bevor es weitergeleitet wird. Das Ziel wird dann in seinem nächsten Antwortpaket alle Markierungen als Rückmeldung an den Sender als explizites Überlastungszeichen weitergeben. In der Abbildung wird dies mit einer gestrichelten Linie dargestellt, um anzudeuten, dass sich dieser Vorgang oberhalb der IP-Ebene abspielt (z.B. in TCP). Der Sender muss dann seine Übertragungen drosseln, wie im Fall der Choke-Pakete.

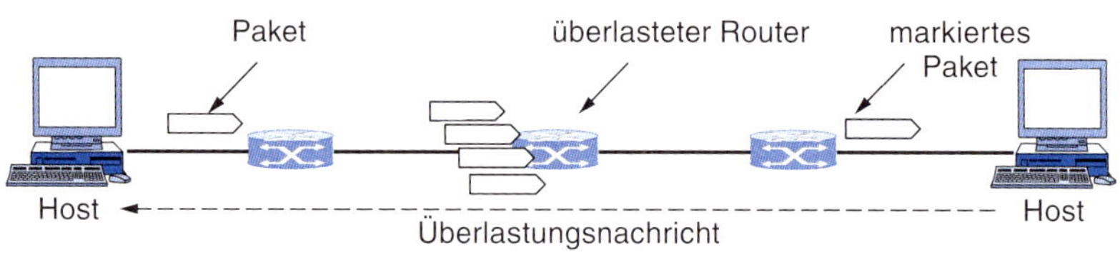

Abbildung 5.25: ECN.

5.3.3 Hop-by-Hop-Rückstau

Bei hohen Geschwindigkeiten oder über große Entfernungen können aufgrund der Übertragungsverzögerung noch viele neue Pakete übertragen werden, nachdem die Überlastung gemeldet wurde, bevor das Signal Wirkung zeigt. Man betrachte z.B. einen Host in San Francisco (Router *A* in ▶Abbildung 5.26), der mit der OC-3-Geschwindigkeit von 155 Mbit/s Daten an einen Host in New York (Router *D* in Abbildung 5.26) sendet. Gehen beim New Yorker Host die Puffer zur Neige, so dauert es etwa 40 ms, bis ein Choke-Paket nach San Francisco zurückkommt und dort die Nachricht zur Verlangsamung überbringt. Ein ECN-Hinweis bräuchte sogar noch länger, weil es über das Ziel zugestellt wird. Die Weiterleitung des Choke-Pakets ist im zweiten, dritten und vierten Schritt in Abbildung 5.26 dargestellt. In diesen 40 ms können 6,2 Mbit gesendet werden. Auch wenn der Host in San Francisco sofort vollständig abschaltet, kommen die 6,2 Mbit weiter in der Leitung an und müssen irgendwie verarbeitet werden. Erst im siebten Diagramm in Abbildung 5.26a bemerkt der Router in New York einen langsameren Datenfluss.

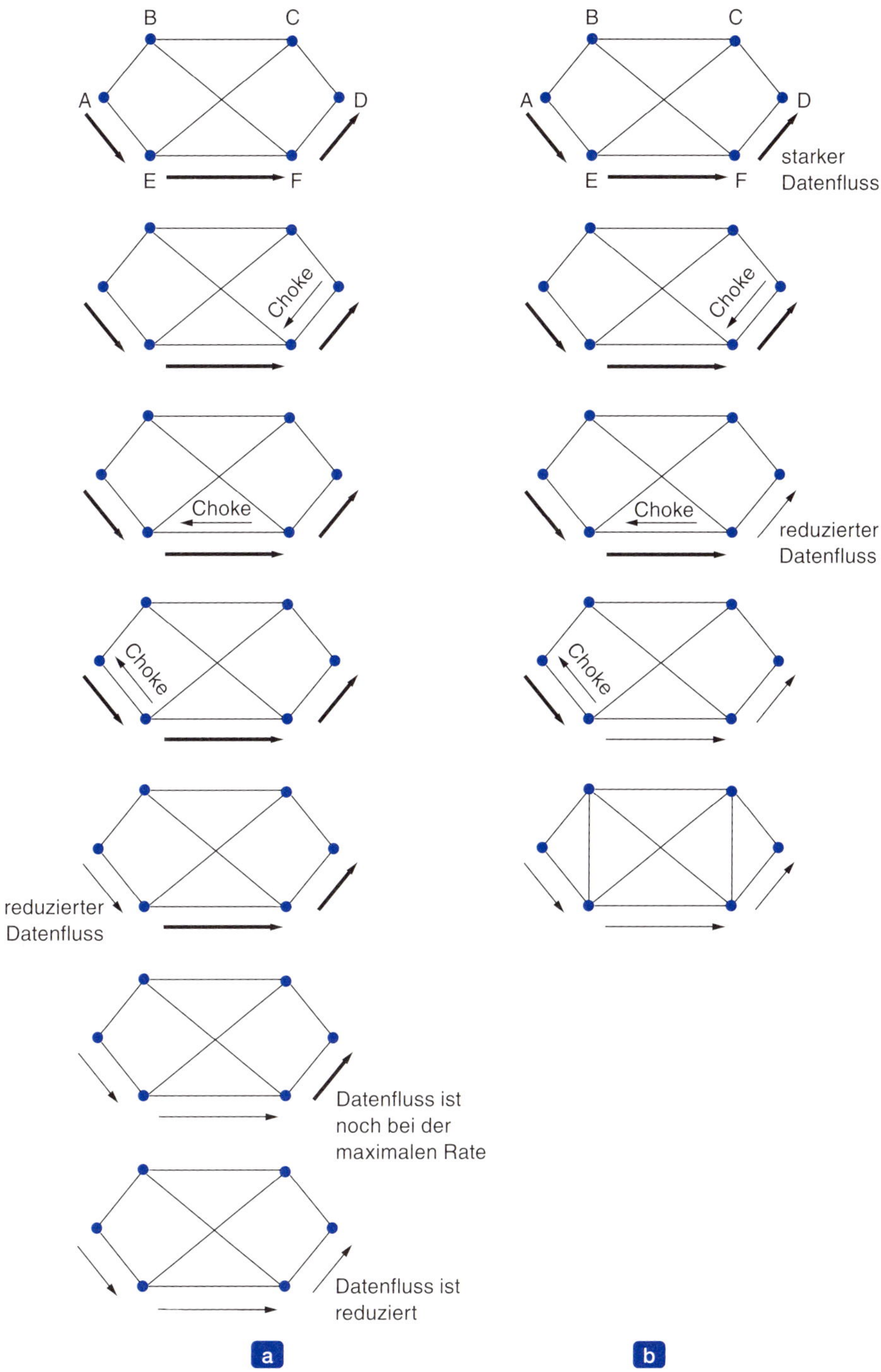

Abbildung 5.26: (a) Ein Choke-Paket, das sich nur auf die Quelle auswirkt. (b) Ein Choke-Paket, das sich auf jede durchlaufene Teilstrecke auswirkt.

Bei einem alternativen Ansatz wird das Choke-Paket auf jeder durchlaufenen Teilstrecke (Hop) wirksam (Abbildung 5.26b). Sobald ein Choke-Paket *F* erreicht, muss *F* den Datenfluss nach *D* reduzieren. Hierdurch muss *F* mehr Puffer für die Verbindung bereitstellen, weil die Quelle immer noch mit voller Kraft weitersendet. Jedoch wird *D* sofort entlastet – wie bei der Fernsehwerbung für Kopfschmerztabletten. Im nächsten Schritt erreicht das Choke-Paket *E*, womit *E* angewiesen wird, den Fluss nach *F* zu reduzieren. Diese Maßnahme stellt eine größere Anforderung an die Puffer von *E*, entlastet aber *F* sofort. Schließlich erreicht das Choke-Paket *A* und der Datenfluss verlangsamt sich stetig.

Die Nettowirkung bei diesem Hop-by-Hop-Schema ist die schnelle Entlastung der überlasteten Stelle auf Kosten der stärkeren Belastung der Upstream-Puffer. Auf diese Weise kann die Überlastung im Keim erstickt werden, ohne dass Pakete verloren gehen. Das Konzept wird ausführlich in Mishra et al. (1996) behandelt.

5.4 Dienstgüte und Erlebnisqualität der Anwendungen

Die in den vorherigen Abschnitten beschriebenen Verfahren dienen der Verringerung der Belastung und der Verbesserung der Netzleistung. Es gibt jedoch Anwendungen (und Kunden), die stärkere Performanzgarantieren vom Netz verlangen als „das Beste, das unter den Umständen getan werden konnte“, was manchmal auch als **Best Effort** (d.h. ausreichende Dienstgüte bei minimalen Ressourcenverbrauch) bezeichnet wird. Viele Anwendungen benötigen jedoch einen minimalen Durchsatz und funktionieren nicht besonders gut, wenn die Latenz einen Schwellenwert überschreitet. In diesem Abschnitt werden wir uns weiterhin mit der Untersuchung der Netzleistung beschäftigen, wobei hier der Schwerpunkt auf den Möglichkeiten liegt, die von den Anwendungen benötigte Dienstgüte bereitzustellen. Dies ist ein Bereich, in dem das Internet gerade eine nachhaltige Aufrüstung erfährt. Neuerdings liegt der Fokus verstärkt auf der **Erlebnisqualität** (*QoE, Quality of Experience*) für die Benutzer, was ausdrückt, dass letztendlich das Benutzererlebnis zählt, da verschiedene Anwendungen verschiedene Anforderungen und Schwellenwerte hinsichtlich der Netzleistung haben. Zunehmend konzentriert sich die Forschung auf das Abschätzen der Erlebnisqualität beim Umgang mit verschlüsseltem Netzverkehr.

5.4.1 Anforderungen an die Erlebnisqualität der Anwendungen

Ein Strom von Paketen von einer Quelle zum Ziel wird als **Datenfluss** (*flow*; Clark, 1988) bezeichnet. In einem verbindungsorientierten Netz können alle Pakete einer Verbindung zu einem Datenfluss gehören, in einem verbindungslosen Netz alle Pakete, die von einem Prozess zu einem anderen gesendet werden. Die Anforderungen eines Datenflusses können mit vier primären Parametern angegeben werden: Bandbreite, Übertragungsverzögerung, Jitter und Verlustrate. Miteinander legen diese die **Dienstgüte** (*QoS, Quality of Service*) fest, die ein Datenfluss benötigt.

Einige weitverbreitete Anwendungen und die Stringenz ihrer Netzanforderungen werden in ▶Abbildung 5.27 aufgelistet. Beachten Sie, dass Netzanforderungen in solchen Fällen weniger anspruchsvoll sind als Anwendungsanforderungen, in denen die Anwendung den Dienst verbessern kann, der vom Netz zur Verfügung gestellt wird. Insbesondere müssen Netze für zuverlässige Dateiübertragung nicht verlustfrei sein und sie müssen keine Pakete mit identischen Übertragungsverzögerungen für Audio- und Videowiedergabe zustellen. Eine gewisse Verlustmenge kann mit Neuübertragungen behoben werden und ein bestimmtes Maß an Jitter geglättet werden, indem Pakete beim Empfänger zwischengespeichert werden. Anwendungen können jedoch nichts dagegen unternehmen, wenn das Netz zu geringe Bandbreite anbietet oder zu große Verzögerung aufweist.

Anwendung	Bandbreite	Übertragungsverzögerung	Jitter	Verlustrate
E-Mail	Niedrig	Niedrig	Niedrig	Mittel
Dateiaustausch	Hoch	Niedrig	Niedrig	Mittel
Webzugriff	Mittel	Mittel	Niedrig	Mittel
Entfernte Anmeldung	Niedrig	Mittel	Mittel	Mittel
Audio on Demand	Niedrig	Niedrig	Hoch	Niedrig
Video on Demand	Hoch	Niedrig	Hoch	Niedrig
Telefonie	Niedrig	Hoch	Hoch	Niedrig
Videokonferenzen	Hoch	Hoch	Hoch	Niedrig

Abbildung 5.27: Stringenz der Anforderungen für die Dienstgüte verschiedener Anwendungen.

Die Anwendungen unterscheiden sich hinsichtlich ihrer Anforderungen an die Bandbreite. Hier benötigen E-Mail, Audio in allen Formen und Fernanmeldung nicht viel, aber Dateiaustausch und Video in allen Facetten benötigen sehr viel.

Interessanter sind die Anforderungen an die Verzögerung. Bei Anwendungen zur Übertragung von Dateien, inklusive E-Mail oder Video, spielt eine Verzögerung der Übertragung keine Rolle. Werden alle Pakete einheitlich um ein paar Sekunden verzögert übertragen, dann schadet dies nichts. Bei interaktiven Anwendungen wie Surfen im Web und Fernanmeldungen ist die Übertragungsverzögerung kritischer. Echtzeitanwendungen, wie Telefonie und Videokonferenzen, haben strenge Anforderungen bezüglich der Übertragungsverzögerung. Wenn alle Wörter bei einem Telefongespräch zu lange verzögert werden, wird dies für die Gesprächsteilnehmer nicht mehr akzeptabel sein. Wenn andererseits Audio- oder Videodateien von einem Server abgespielt werden, muss die Übertragungsverzögerung nicht niedrig sein.

Die Schwankung (also die Standardabweichung) bei der Übertragunsverzögerung oder den Paketankunftszeiten wird als **Jitter** bezeichnet. Bei den ersten drei Anwendungen von Abbildung 5.27 spielt es keine Rolle, wenn die Pakete in unregelmäßigen Zeitabständen ankommen. Die Fernanmeldung ist hier etwas kritischer, da Aktualisierungen auf dem Bildschirm in kleinen Bursts angezeigt werden, wenn zu viel Jitter in der Verbindung besteht. Bei Video und vor allem Audio ist Jitter extrem kritisch. Wenn ein Benutzer ein Video über das Netz ansieht und alle Rahmen um genau 2.000 Sekunden verzögert ankommen, ist dies nicht weiter schlimm. Wenn aber die Übertragungszeit nach dem Zufallsprinzip um ein oder zwei Sekunden variiert, ist das Ergebnis schrecklich. Bei Audio ist selbst ein Jitter von wenigen Millisekunden deutlich hörbar.

Die ersten vier Anwendungen haben höhere Anforderungen bezüglich der Verlustrate als Audio und Video, weil alle Bits korrekt geliefert werden müssen. Dieses Ziel wird in der Regel mittels Neuübertragungen durch die Transportschicht von Paketen, die im Netz verloren gehen, erreicht. Dies ist verschwendete Arbeit; es wäre besser, wenn das Netz von vornherein Pakete ablehnen würde, die wahrscheinlich verloren werden. Audio- und Videoanwendungen können einige Pakete ohne Neuübertragungen tolerieren, weil niemand kurze Pausen oder gelegentlich ausgelassene Rahmen wahrnimmt.

Um für eine breite Auswahl von Anwendungen geeignet zu sein, können Netze unterschiedliche Kategorien von Dienstgüte unterstützen. Ein einflussreiches Beispiel kommt von ATM-Netzen, die einst Teil einer großen Netzwerktechnik-Vision waren, seitdem aber zu einer Nischentechnologie wurden. Sie unterstützen:

1. Konstante Bitübertragungsrate (wie Telefonie)
2. Variable Echtzeit-Bitübertragungsrate (wie komprimierte Übertragung von Videokonferenzen)
3. Variable Nichtechtzeit-Bitübertragungsrate (wie einen Film „on demand" ansehen)
4. Verfügbare Bitübertragungsrate (wie Dateiübertragung)

Diese Kategorien sind auch für andere Zwecke und Netze nützlich. Eine konstante Bitübertragungsrate ist der Versuch, ein Kabel zu simulieren, indem einheitliche Bandbreite und Übertragungsverzögerung zur Verfügung gestellt werden. Eine variable Bitübertragungsrate tritt bei Videokomprimierung auf, wenn einige Rahmen stärker komprimiert werden als andere. Bei einem Rahmen mit vielen Einzelinformationen ist die Übertragung vieler Bits erforderlich, wohingegen sich ein Foto einer weißen Wand normalerweise sehr gut komprimieren lässt. Filme auf Bestellung (*movie on demand*) sind keine richtige Echtzeitanwendung, da ein paar Sekunden der Videodaten leicht beim Empfänger gepuffert werden können, bevor die Abspielung beginnt, daher wird durch Jitter im Netz die Menge der gespeicherten, aber noch nicht abgespielten Videos kaum verändert. Die verfügbare Bitübertragungsrate bezieht sich auf Anwendungen wie E-Mail, bei denen die Übertragungsverzögerung oder Jitter keine Rolle spielen und die so viel Bandbreite beanspruchen, wie sie bekommen können.

5.4.2 Overprovisioning

Eine einfache Lösung, um gute Dienstgüte zur Verfügung zu stellen, ist ein Netz so zu bauen, dass es immer ausreichend Kapazität hat, egal mit welchem Verkehr es konfrontiert wird. Diese Lösung, Ressourcen im Überfluss vorzuhalten, ist unter dem Namen **Overprovisioning** bekannt. Das resultierende Netz wird Anwendungsdaten ohne bedeutenden Verlust übertragen und – ein ordentliches Routing-Schema vorausgesetzt – Pakete mit geringer Latenz zustellen. Bessere Performanz wird es nicht geben. In gewissem Maß sind im Telefonsystem Ressourcen im Überfluss vorhanden, weil es ganz selten passiert, dass man einen Telefonhörer aufnimmt und nicht sofort einen Amtston erhält. Es ist ganz einfach so viel Kapazität verfügbar, dass der Bedarf immer erfüllt werden kann.

Diese Methode hat den Nachteil, dass sie teuer ist. Im Grunde wird ein Problem durch den Einsatz von Geld gelöst. Mithilfe von Dienstgütemechanismen kann ein Netz mit weniger Kapazität ebenso gut die Anforderungen der Anwendungen erfüllen, aber zu geringeren Kosten. Des Weiteren basiert Overprovisioning auf erwartetem Verkehr. Es gibt keine Garantien, wenn sich die Verkehrsmuster stark verändern. Mit Dienstgütemechanismen kann das Netz die versprochenen Performanzgarantien einlösen, selbst wenn es zu Spitzen im Datenverkehr kommt. Dann werden lediglich einige Anfragen abgewiesen.

Um Dienstgüte zuzusichern, müssen vier Fragen beantwortet werden:

1. Was benötigen Anwendungen vom Netz?
2. Wie wird der Verkehr reguliert, der das Netz betritt?
3. Wie werden Ressourcen beim Router reserviert, um Performanz zu garantieren?
4. Kann das Netz gefahrlos mehr Verkehr verkraften?

Es gibt kein einzelnes Verfahren, das effizient mit all diesen Fragestellungen umgeht. Stattdessen wurden verschiedene Verfahren zum Einsatz in der Vermittlungsschicht (und der Transportschicht) entwickelt. Praxislösungen für Dienstgüte kombinieren mehrere Verfahren. Zu diesem Zweck werden wir zwei Dienstgüteversionen für das Internet beschrieben, die integrierten Dienste (*Integrated Services*) und die differenzierten Dienste (*Differentiated Services*).

5.4.3 Scheduling der Pakete

Die Regulierung der Form des angebotenen Datenverkehrs ist ein guter Ausgangspunkt. Um jedoch eine Performanzgarantie zu bieten, müssen wir ausreichend Ressourcen entlang der Route reservieren, auf der die Pakete durch das Netz wandern. Dazu nehmen wir an, dass die Pakete eines Datenflusses den gleichen Weg nehmen müssen. Wenn man sie zufällig und wild über die Router verteilt, kann man schwerlich etwas garantieren. Daher ist so etwas wie eine virtuelle Verbindung von der

Quelle zum Ziel erforderlich, und alle Pakete eines Datenflusses müssen diesem Weg folgen.

Algorithmen, die Router-Ressourcen zwischen den Paketen eines Datenflusses und zwischen konkurrierenden Datenflüssen zuteilen, werden **Paket-Scheduling-Algorithmen** genannt. Drei unterschiedliche Arten von Ressourcen können für verschiedene Datenflüsse reserviert werden:

1. Bandbreite
2. Pufferspeicher
3. CPU-Zyklen

Die erste Ressource, Bandbreite, ist die offensichtlichste. Wenn ein Datenfluss 1 Mbit/s benötigt und die Ausgangsleitung eine Kapazität von 2 Mbit/s unterstützt, kann man über diese Leitung nicht drei Datenflüsse leiten. Daher bedeutet die Reservierung von Bandbreite, eine Ausgangsleitung nicht überzubelegen.

Ein zweite Ressource, die oftmals knapp wird, ist der Pufferspeicher. Kommt ein Paket an, dann wird es innerhalb des Routers gepuffert, bis es auf der gewählten Ausgangsleitung übertragen werden kann. Der Zweck eines Puffers besteht darin, kleinere Daten-Bursts abzufangen, wenn die Datenflüsse miteinander konkurrieren. Ist kein Puffer verfügbar, dann muss das Paket verworfen werden, da kein Platz für dessen Aufbewahrung vorhanden ist. Für eine hohe Dienstgüte können einige Puffer für bestimmte Datenflüsse reserviert werden, sodass ein bestimmter Datenfluss nicht mit anderen Datenflüssen um diesen Puffer konkurrieren muss. So ist bis zu einem gewissen Maximalwert immer ein Puffer vorhanden, wenn der Datenfluss einen benötigt.

Schließlich können auch die CPU-Zyklen eine rare Ressource sein. Zur Verarbeitung eines Paketes wird CPU-Zeit vom Router benötigt, sodass ein Router nur eine bestimmte Anzahl an Paketen pro Sekunde verarbeiten kann. Auch wenn moderne Router in der Lage sind, die meisten Pakete schnell zu verarbeiten, so erfordern doch einige Pakete aufwendigere CPU-Verarbeitung, wie die ICMP-Pakete, die wir in Abschnitt 5.4.7 beschreiben. Man muss sicherstellen, dass die CPU nicht überlastet ist, um die zeitgerechte Verarbeitung der Pakete zu gewährleisten.

FIFO-Scheduling

Paket-Scheduling-Algorithmen allozieren Bandbreite und andere Router-Ressourcen, indem sie festlegen, welches der gepufferten Pakete als Nächstes auf die Ausgabeleitung gesendet wird. Wir haben bereits den einfachsten Scheduling-Mechanismus beschrieben, als wir erklärt haben, wie Router arbeiten. Jeder Router puffert für jede Ausgabeleitung Pakete in einer Warteschlange, bis diese gesendet werden können. Die Pakete werden in derselben Reihenfolge gesendet, in der sie angekommen sind. Dieser Algorithmus ist als **FIFO** (**First-In, First-Out**) oder auch **FCFS** (**First-Come, First-Serve**) bekannt.

FIFO-Router verwerfen in der Regel neu ankommende Pakete, wenn die Warteschlange voll ist. Da das neu ankommende Paket am Ende der Schlange platziert worden wäre, wird dieses Verhalten **Taildrop** genannt. Dies ist intuitiv und Sie fragen sich vielleicht, welche Alternativen es gibt. In der Tat entscheidet sich der RED-Algorithmus (siehe Abschnitt 5.3.2) dafür, ein zufällig neu ankommendes Paket zu verwerfen, wenn die durchschnittliche Warteschlangenlänge anwächst. Die anderen Scheduling-Algorithmen, die wir beschreiben werden, erzeugen auch andere Möglichkeiten, um zu entscheiden, welche Pakete fallen gelassen werden, wenn die Puffer voll sind.

Fair Queueing

FIFO-Scheduling ist einfach zu implementieren, aber es ist nicht geeignet, wenn Dienstgüte wichtig ist. Dies liegt daran, dass bei mehreren Datenflüssen ein Fluss leicht die Performanz der anderen Flüsse beeinträchtigen kann. Falls der erste Datenfluss aggressiv ist und große Bursts von Paketen sendet, werden diese sich in der Warteschlange einnisten. Die Verarbeitung von Paketen in der Reihenfolge ihrer Ankunft bedeutet, dass der aggressive Sender den größten Teil der Kapazität aller Router, durch die seine Pakete laufen, in Beschlag nimmt und die anderen Datenflüsse verhungern, was deren Dienstgüte reduziert. Um dem Ganzen noch die Krone aufzusetzen, werden die Pakete der anderen Datenflüsse, die durchkommen, wahrscheinlich verzögert sein, weil sie in der Warteschlange hinter vielen Paketen des aggressiven Senders sitzen.

Viele Paket-Scheduling-Algorithmen wurden erfunden, um die Datenflüsse stärker voneinander zu isolieren und um allen Störungssversuchen entgegenzuwirken (Bhatti und Crowcroft, 2000). Einer der ersten war der Algorithmus der fairen Warteschlangenstrategie, **Fair Queueing**, der von Nagle (1987) entwickelt wurde. Im Wesentlichen sieht dieser Algorithmus vor, dass Router mehrere Warteschlangen haben, je eine für jeden Datenfluss pro Ausgangsleitung. Ist eine Leitung im Leerlaufzustand, so durchsucht der Router die Warteschlangen im Round-Robin-Verfahren, wie in ▶Abbildung 5.28 gezeigt. Dann nimmt der Router das erste Paket der nächsten Warteschlange heraus. Auf diese Weise erhält jeder Host Gelegenheit, eines von n Paketen zu senden, wenn n Hosts um die Ausgangsleitung konkurrieren. Dieses Verfahren ist in der Hinsicht fair, dass alle Datenflüsse ihre Pakete mit derselben Rate senden können. Durch Versenden von mehr Paketen wird diese Rate nicht verbessert.

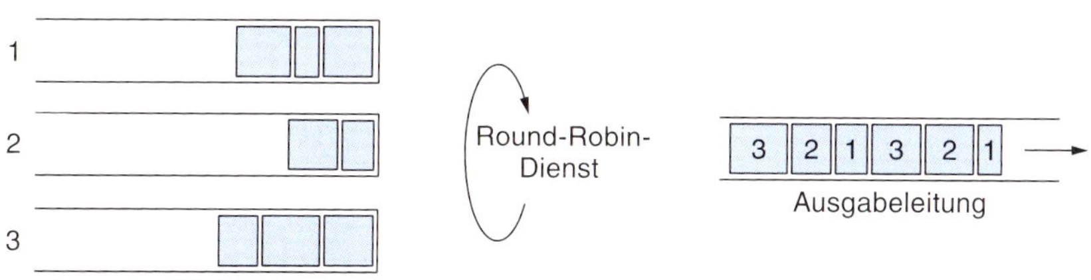

Abbildung 5.28: Round-Robin-Fair-Queueing.

Der Algorithmus ist zwar ein guter Ausgangspunkt, hat aber eine Schwachstelle: Hosts, die große Pakete übertragen, bekommen mehr Bandbreite als Hosts, die kleine

Pakete senden. Demers et al. (1990) haben eine Verbesserung vorgeschlagen, bei der das Round-Robin-Verfahren so erfolgt, dass anstelle eines paketweisen ein byteweises Round-Robin simuliert wird. Der Trick ist, eine virtuelle Zeit zu berechnen, die die Nummer der Runde angibt, in der das Senden eines Pakets beendet sein wird. In jeder Runde lassen alle Warteschlangen, die Daten zu senden haben, ein Byte abfließen. Die Pakete werden dann nach ihren Beendigungszeiten sortiert und in dieser Reihenfolge übertragen.

Dieser Algorithmus sowie ein Beispiel von Beendigungszeiten für Pakete, die in drei Datenflüssen ankommen, sind in ▶Abbildung 5.29 dargestellt. Falls ein Paket die Länge *L* hat, wird es einfach *L* Runden nach seiner Startzeit beendet sein. Die Startzeit ist enweder die Beendigungszeit des vorherigen Pakets oder die Ankunftszeit des Pakets, falls die Warteschlange leer ist, wenn es ankommt.

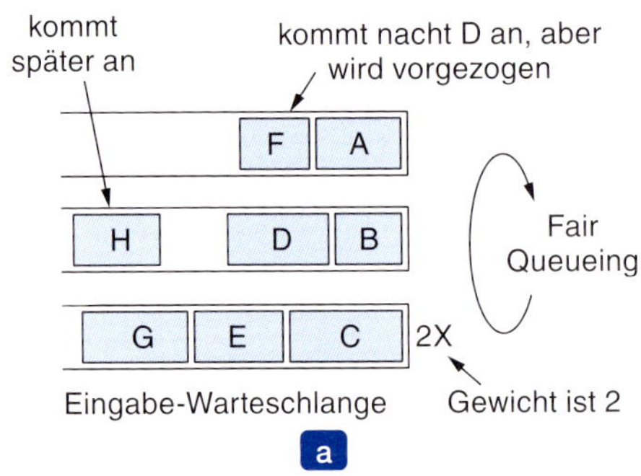

Paket	Ankunftszeit	Länge	Beendigungszeit	Ausgabe-Reihenfolge
A	0	8	8	1
B	5	6	11	3
C	5	10	10	2
D	8	9	20	7
E	8	8	14	4
F	10	6	16	5
G	11	10	19	6
H	20	8	28	8

b

Abbildung 5.29: (a) Gewichtetes Fair Queueing. (b) Beendigungszeiten der Pakete.

Betrachtet man nur die jeweils ersten zwei Pakete in den beiden oberen Warteschlangen, so kann man der Tabelle in Abbildung 5.29b entnehmen, dass die Pakete in der Reihenfolge *A*, *B*, *D* und *F* ankommen. Paket *A* kommt in Runde 0 an und ist 8 Byte lang, also ist die Beendigungszeit von *A* Runde 8. Ähnlich ist die Beendigungszeit für Paket *B* 11. Paket *D* kommt an, während *B* gesendet wird. Die Beendigungszeit von *D* ist 9 Byte-Runden, nachdem *B* endet, oder 20. Ebenso berechnet man, dass die Beendigungszeit für *F* 16 ist. Falls keine neuen Pakete ankommen, ist die Sendereihenfolge *A*, *B*, *F*, *D*, obwohl *F* später als *D* angekommen ist. Möglicherweise kommt noch ein anderes kleines Paket auf dem oberen Datenfluss an, welches dann eine Beendigungszeit vor *D* erhält. Es wird nur dann vor *D* springen, falls die Übertragung von diesem Paket noch nicht begonnen hat. Fair Queueing unterbricht keine Pakete, die gerade übermittelt werden. Da Pakete als Ganzes gesendet werden, ist Fair Queueing nur eine Annäherung an das ideale Byte-für-Byte-Schema. Doch es ist eine sehr gute Annäherung, die innerhalb einer Paketübertragung die ganze Zeit beibehalten wird.

Weighted Fair Queueing

Ein Manko dieses Algorithmus ist, dass alle Hosts die gleiche Priorität haben. In vielen Situationen ist es wünschenswert, beispielsweise Videoservern mehr Bandbreite als normalen Dateiservern zu geben. Dies kann einfach realisiert werden, indem dem Videoserver zwei oder mehr Bytes pro Runde zugestanden werden. Dieser geänderte Algorithmus heißt **Weighted Fair Queueing** (**WFQ**, gewichtete faire Warteschlangenstrategie). Wenn wir das Gewicht eines Datenflusses W als Anzahl der Bytes pro Runde festlegen, so können wir nun die Formel zur Berechnung der Beendigungszeit angeben:

$$F_i = \max(A_i, F_{i-1}) + L_i / W$$

wobei A_i die Ankunftszeit ist, F_i die Beendigungszeit und L_i die Länge von Paket i. Die untere Warteschlange von Abbildung 5.29a hat ein Gewicht von 2, daher werden diese Pakete schneller gesendet, wie Sie an den Beendigungszeiten in Abbildung 5.29b sehen können.

Eine weitere praktische Überlegung ist die Komplexität der Implementierung. WFQ verlangt, dass Pakete nach ihrer Beendigungszeit in eine sortierte Warteschlange eingefügt werden. Mit N Datenflüssen sind dies bestenfalls $O(\log N)$ Operationen pro Paket, was für viele Datenflüsse in Hochgeschwindigkeitsroutern schwierig zu erreichen ist. Shreedhar und Varghese (1995) beschreiben eine Annäherung, die **Deficit-Round-Robin** genannt wird und die sehr effizient mit nur $O(1)$ Operationen pro Paket implementiert werden kann. WFQ wird häufig in dieser Annäherung eingesetzt.

Es gibt auch noch andere Arten von Scheduling-Algorithmen. Ein einfaches Beispiel ist Prioritätsscheduling, bei dem jedem Paket eine Priorität zugewiesen wird. Pakete mit hoher Priorität werden immer vor den zwischengespeicherten Paketen mit niedriger Priorität gesendet. Innerhalb einer Prioritätsklasse werden Pakete immer in FIFO-Reihenfolge gesendet. Prioritätsscheduling hat jedoch den Nachteil, dass ein Burst von Paketen mit hoher Priorität die Pakete mit niedriger Priorität verhungern lassen kann, weil diese unter Umständen unendlich lange warten müssen. WFQ bietet häufig eine bessere Alternative. Wenn der Warteschlange mit hoher Priorität ein großes Gewicht, zum Beispiel 3, zugeteilt wird, dann werden Pakete mit hoher Priorität häufig nur kurz warten müssen (da nur relativ wenige Pakete eine hohe Priorität haben sollten), sodass trotzdem ein Teil der Pakete mit niedriger Priorität weiterhin gesendet werden kann. Ein System mit hoher und niedriger Priorität ist im Grunde ein Zwei-Warteschlangen-WFQ-System, bei dem die hohe Priorität unendliches Gewicht hat.

Kommen wir nun zum letzten Beispiel einer Scheduling-Strategie. Hierbei tragen Pakete einen Zeitstempel und werden in der Reihenfolge ihrer Zeitstempel gesendet. Clark et al. (1992) beschreiben einen Entwurf, bei dem der Zeitstempel dazu dient festzuhalten, wie lange das Paket im Rückstand ist bzw. vor seinem Zeitplan liegt, während es durch eine Reihe von Routern auf dem Pfad gesendet wird. Pakete, die hinter anderen Paketen in der Warteschlange eingereiht werden, sind tendenziell eher im Rückstand und die Pakete, die zuerst bedient werden, sind ihrem Zeitplan eher voraus. Werden Pakete in der Reihenfolge ihrer Zeitstempel gesendet, so hat dies den günstigen Effekt, dass langsame Pakete beschleunigt werden, während gleichzeitig schnelle Pakete verlangsamt werden. Daher können alle Pakete vom Netz mit einer gleichmäßigeren Übertragungszeit zugestellt werden.

Fazit

Wir haben jetzt all die notwendigen Elemente für Dienstgüte einzeln betrachtet, nun ist es Zeit, diese für den praktischen Gebrauch zusammenzusetzen. Dienstgütegarantien werden durch den Prozess der Zugangssteuerung gebildet. Bisher hatten wir Zugangssteuerung als Mittel angesehen, um Überlastung zu steuern, was eine Performanzgarantie darstellt, wenngleich eine schwache. Die Garantien, die wir uns nun ansehen wollen, sind stärker, das Modell ist jedoch dasselbe. Der Benutzer übergibt dem Netz einen Datenfluss zusammen mit einer Dienstgüteanforderung. Das Netz entscheidet dann, ob der Datenfluss angenommen oder abgewiesen wird auf Grundlage seiner Kapazität und den Verpflichtungen, die das Netz anderen Datenflüssen gegenüber hat. Falls der Fluss akzeptiert wird, reserviert das Netz im Voraus Kapazitäten bei Routern, um Dienstgüte zu garantieren, wenn Verkehr auf dem neuen Datenfluss gesendet wird.

Die Reservierungen müssen bei allen Routern entlang der Route, auf der die Pakete durch das Netz reisen, vorgenommen werden. Gibt es für einen Router auf dem Pfad keine Reservierungen, so könnte dieser überlastet werden – und ein einziger überlasteter Router kann die Dienstgütegarantien ruinieren. Viele Routing-Algorithmen finden den einzigen besten Pfad zwischen jeder Quelle und jedem Ziel und senden den gesamten Verkehr über diesen Pfad. Dies kann dazu führen, dass einige Datenflüsse abgelehnt werden, wenn es nicht genügend freie Kapazität entlang des besten Pfads gibt. Für einen neuen Datenfluss können Dienstgütegarantien noch angepasst werden, indem für den Datenfluss eine andere Route gewählt wird, der überschüssige Kapazität hat. Dies wird **QoS-Routing** genannt. Chen und Nahrstedt (1998) geben einen Überblick über diese Techniken. Es ist auch möglich, den Verkehr für jedes Ziel auf mehrere Pfade aufzuteilen, um leichter überschüssige Kapazität zu finden. Dies kann einfach realisiert werden, indem die Router Pfade mit gleichen Kosten auswählen und den Verkehr gleichmäßig oder im Verhältnis zur Kapazität der ausgehenden Verbindungen auf diese verteilen. Es gibt jedoch auch noch ausgefeiltere Algorithmen dafür (Nelakuditi und Zhang, 2002).

Für einen gegebenen Pfad ist es dann bei der Entscheidung, einen Datenfluss anzunehmen oder zurückzuweisen, nicht ausreichend, einfach die vom Datenfluss angeforderten Ressourcen (Bandbreite, Puffer, CPU-Zyklen) mit den freien Kapazitäten des Routers in diesen drei Bereichen zu vergleichen. Es ist leider etwas komplizierter. Auch wenn einige Anwendungen ihre Bandbreitenanforderungen kennen mögen, so kennen doch nur wenige die Anforderungen bezüglich der Puffer oder CPU-Zyklen, sodass mindestens noch eine andere Kategorie erforderlich ist, um einen Datenfluss zu beschreiben und um diese Beschreibung auf Router-Ressourcen zu übersetzen. Wir werden in Kürze darauf eingehen.

Darüber hinaus sind einige Anwendungen gegenüber einer gelegentlich nicht eingehaltenen Deadline sehr viel toleranter als andere. Die Anwendungen müssen aus den Arten von Garantien wählen, die das Netz geben kann, ob harte Garantien oder Verhalten, das meistens gelten soll. Unter ansonsten gleichen Bedingungen würde jeder lieber harte Garantien bekommen, doch diese sind teuer, da sie Worst-Case-Verhalten erzwingen. Garantien, die für den Großteil der Pakete gelten, sind für Anwendungen häufig ausreichend und es können mehr Datenflüsse mit dieser Garantie für eine feste Kapazität unterstützt werden.

Schließlich können einige Anwendungen bereit sein, um die Flussparameter zu feilschen, wohingegen andere dies nicht sind. So kann beispielsweise ein Programm zum Abspielen von Filmen mit einer Wiedergaberate von 30 Rahmen/s bereit sein, auf 25 Rahmen/s zurückzugehen, wenn nicht ausreichend Bandbreite zur Unterstützung der 30 Rahmen/s verfügbar ist. Ebenso können die Anzahl der Pixel pro Rahmen, die Audiobandbreite und andere Eigenschaften anpassbar sein.

Da bei der Aushandlung des Datenflusses viele Parteien beteiligt sein können (der Sender, der Empfänger und alle dazwischenliegenden Router), müssen die Datenflüsse mit den betreffenden zu verhandelnden Parametern genau beschrieben werden. Die Menge solcher Parameter nennt man **Flussspezifikation** (*flow specification*). Ein Sender (z.B. ein Videoserver) erzeugt in der Regel eine Flussspezifikation, die die zu verwendenden Parameter vorschlägt. Wenn die Spezifikation den Weg durchläuft, wird sie von jedem Router untersucht und die Parameter werden nach Bedarf abgeändert. Die Änderungen können den Datenfluss nur reduzieren, nicht aber erhöhen (d.h. eine niedrigere Datenübertragungsrate, keine höhere). Wenn die Spezifikation am anderen Ende ankommt, können die Parameter festgelegt werden.

Ein Beispiel für den Inhalt einer Flussspezifikation ist in ►Abbildung 5.30 dargestellt, das auf den RFCs 2210 und 2211 für integrierte Dienste basiert, ein Dienstgüteentwurf, den wir im nächsten Abschnitt behandeln. Die Spezifikation verfügt über fünf Parameter. Die ersten beiden Parameter, die *Token-Bucket-Rate* und die *Token-Bucket-Größe*, verwenden ein Token Bucket, um die maximale Übertragungsrate, die der Sender im Mittel über ein langes Zeitintervall übertragen darf, und den größten Burst, den er über ein kurzfristiges Intervall senden kann, zu geben.

Parameter	Einheit
Token-Bucket-Rate	Byte/s
Token-Bucket-Größe	Byte
Spitzendatenrate	Byte/s
Minimale Paketgröße	Byte
Maximale Paketgröße	Byte

Abbildung 5.30: Beispiel einer Flussspezifikation.

Der dritte Parameter, *Spitzendatenrate*, ist die selbst bei kurzen Zeitintervallen maximal tolerierte Übertragungsrate. Der Sender darf diese Übertragungsrate nie überschreiten, auch nicht für kurze Bursts.

Die letzten beiden Parameter geben die minimale und die maximale Paketgröße an, einschließlich der Header der Transport- und Vermittlungsschicht (d.h. TCP und IP). Die Mindestgröße ist nützlich, weil die Verarbeitung eines Pakets eine bestimmte festgelegte Zeitspanne dauert, selbst wenn diese noch so kurz ist. Ein Router kann unter Umständen 10.000 Pakete/s mit je 1 KB verarbeiten, nicht aber 100.000 Pakete/s mit je 50 Byte, selbst wenn dies eine niedrigere Datenübertragungsrate darstellt. Die maximale Paketgröße ist aufgrund der internen Netzbeschränkungen wichtig, die nicht überschritten werden dürfen. Wenn beispielsweise ein Teil des Pfads über ein Ethernet verläuft, ist die maximale Paketgröße auf maximal 1.500 Byte beschränkt, unabhängig davon, was das restliche Netz verarbeiten kann.

Eine interessante Frage ist, wie ein Router eine Flussspezifikation in eine Menge bestimmter Ressourcenreservierungen umwandelt. Auf den ersten Blick sieht es so aus, dass falls ein Router eine Verbindung hat, die mit beispielsweise 1 Gbit/s läuft, und ein durchschnittliches Paket 1.000 Bit groß ist, er dann 1 Million Pakete/s verarbeiten könnte. Dies trifft aber nicht zu, weil es aufgrund statistischer Fluktuationen in der Last immer Leerlaufzeiten auf der Verbindung geben wird. Wenn die Verbindung zur Erledigung ihrer Aufgaben jedes bisschen Kapazität benötigt, so bedeutet selbst ein Leerlauf von nur einigen wenigen Bits einen Rückstand, der nie wieder aufgeholt werden kann.

Selbst bei einer Last, die etwas unter der theoretischen Kapazität liegt, können Warteschlangen und Übertragungsverzögerungen entstehen. Betrachten wir eine Situation, in der Pakete zufällig mit einer mittleren Ankunftsrate von λ Pakete/s ankommen. Die Pakete haben zufällige Längen und können auf der Verbindung mit einer mittleren Rate von μ Pakete/s gesendet werden. Unter der Annahme, dass die Ankunftszeiten und Verarbeitungszeiten einer Poisson-Verteilung folgen (was ein M/M/1-Warteschlangensystem genannt wird, wobei „M“ für Markov, d.h. Poisson, steht), kann man mithilfe der Warteschlangentheorie beweisen, dass die mittlere Übertragungsverzögerung pro Paket T wie folgt lautet:

$$T = \frac{1}{\mu} \times \frac{1}{1-\lambda/\mu} = \frac{1}{\mu} \times \frac{1}{1-\rho}$$

wobei $\rho=\lambda/\mu$ die CPU-Auslastung ist. Der erste Faktor $1/\mu$ gibt an, wie die Verarbeitungszeit aussieht, wenn kein Wettbewerb vorliegt. Der zweite Faktor ist die Verlangsamung aufgrund des Wettbewerbs mit anderen Datenflüssen. Ist beispielsweise λ=950.000 Pakete/s und μ=1.000.000 Pakete/s, dann ist ρ=0,95 und die mittlere Übertragungsverzögerung pro Pakte beträgt 20 µs anstelle von 1 µs. Diese Zeit beinhaltet sowohl die Zeit in der Wartschlange als auch die Dienstzeit. Dies ist gut erkennbar, wenn die Last sehr gering ist ($\lambda/\mu \approx 0$). Wenn der Datenfluss beispielsweise 30 Router durchläuft, beträgt alleine die Übertragungsverzögerung durch die Wartschlangen 600 µs.

Eine Methode, wie Flussspezifikationen mit Router-Ressourcen bezüglich Garantien für Bandbreite- und Übertragungszeit verbunden werden können, wird von Parekh und Gallagher (1993, 1994) beschrieben. Das Verfahren basiert auf Verkehrsquellen, die von (*R*,*B*)-Token-Buckets geglättet werden und WFQ beim Router einsetzen. Jedem Datenfluss wird ein WFQ-Gewicht *W* zugeteilt, das groß genug ist, um seine Token-Bucket-Rate *R* abfließen zu lassen (▶Abbildung 5.31). Wenn z.B. der Datenfluss eine Rate von 1 Mbit/s hat und der Router und die Ausgabeleitung eine Kapazität von 1 Gbit/s, dann muss das Gewicht für den Datenfluss größer als 1/1.000stel des Gesamtgewichts aller Datenflüsse beim Router für die Ausgabeleitung sein. Dies garantiert dem Datenfluss eine minimale Bandbreite. Ist es nicht möglich, dem Datenfluss eine ausreichend große Rate zuzuteilen, so kann der Datenfluss nicht zugelassen werden.

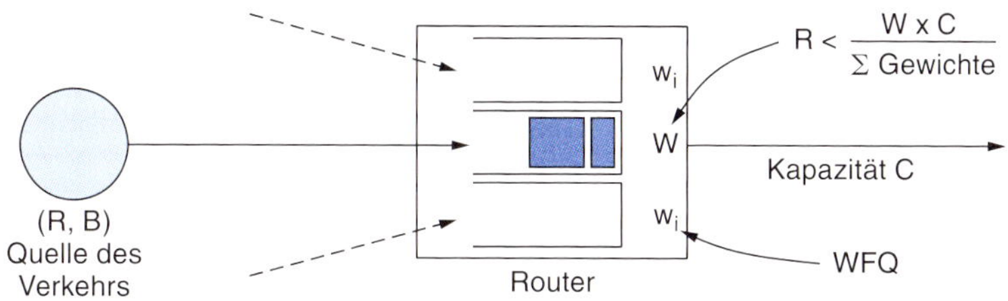

Abbildung 5.31: Bandbreiten- und Übertragungszeitgarantien mit Token Bucket und WFQ.

Die größte Warteschlangenverzögerung, die der Datenfluss erleben wird, ist eine Funktion der Burst-Größe des Token Bucket. Betrachten wir zwei extreme Fälle. Falls der Verkehr völlig ausgeglichen ist, ohne jegliche Bursts, dann werden Pakete den Router genauso schnell verlassen, wie sie ankommen. Es gibt keine Warteschlangenverzögerung (wenn man von den Auswirkungen der Paketisierung einmal absieht). Wenn andererseits der Verkehr für das Senden in Bursts angesammelt wird, dann kann ein Burst der maximalen Größe *B* mit einem Mal am Router ankommen. In diesem Fall ist die maximale Warteschlangenverzögerung *D* die Zeit, die benötigt wird, um diesen Burst mit der garantierten Bandbreite oder *B*/*R* abfließen zu lassen (wiederum werden die Effekte der Paketisierung nicht beachtet). Falls diese Verzögerung zu lang ist, muss der Datenfluss mehr Bandbreite vom Netz anfordern.

Diese Garantien sind hart. Die Token Buckets begrenzen den Burst-Anteil des Verkehrs von der Quelle und Fair Queueing isoliert die Bandbreite, die den verschiedenen Datenflüssen zugeteilt wird. Dies bedeutet, der Datenfluss wird seine Bandbreiten- und Übertragungszeitgarantien erfüllen, unabhängig davon, wie sich die anderen konkurrierenden Datenflüsse beim Router verhalten. Diese anderen Datenflüsse können die Garantien nicht brechen, selbst wenn sie allen Verkehr ansammeln und auf einmal schicken.

Dies gilt außerdem auch für einen Pfad durch mehrere Router in einer beliebigen Netztopologie. Jeder Datenfluss bekommt eine minimale Bandbreite, da diese Bandbreite bei jedem Router garantiert wird. Der Grund, warum jeder Datenfluss eine maximale Verzögerung bekommt, ist subtiler. Im schlechtesten Fall, wenn ein Daten-Burst beim ersten Router eintrifft und dort mit dem Verkehr der anderen Datenflüsse konkurrieren muss, wird er bis zum Maximalwert *D* verzögert. Diese Verzögerung wird jedoch ebenfalls den Burst glätten. Dies bedeutet wiederum, dass der Burst keine weiteren Warteschlangenverzögerungen bei späteren Routern erfährt. Die gesamte Warteschlangenverzögerung wird somit höchstens D sein.

5.4.4 Integrierte Dienste

Zwischen 1995 und 1997 hat das IETF erhebliche Anstrengungen in die Erarbeitung einer Architektur für Multimedia-Streaming investiert. Das Ergebnis waren über zwei Dutzend RFCs, wobei die RFCs 2205–2212 den Anfang machten. Diese Arbeiten werden im Allgemeinen als **integrierte Dienste** (*integrated services*) bezeichnet. Sie sind sowohl für Unicast- als auch für Multicast-Anwendungen ausgelegt. Ein Beispiel für die Unicast-Anwendung ist ein Benutzer, der einen Videoclip von einer News-Site herunterlädt. Ein Beispiel für Multicasting sind mehrere digitale Fernsehstationen, die ihre Programme als Ströme von IP-Paketen an viele Empfänger an verschiedenen Orten übertragen. Im Folgenden konzentrieren wir uns auf Multicasting, weil Unicasting ein Sonderfall von Multicasting ist.

In vielen Multicast-Anwendungen können Gruppen die Menge ihrer Mitglieder dynamisch ändern. So können z.B. Leute einer Videokonferenz beitreten und nach einer Weile auf eine Seifenoper oder auf den Krocket-Kanal umschalten, wenn sie sich langweilen. Unter diesen Bedingungen funktioniert der Ansatz, die Sender im Voraus Bandbreite reservieren zu lassen, nicht gut. Das würde bedeuten, dass jeder Sender alle Ein- und Austritte des Publikums laufend mitverfolgen muss. Bei einem System zur Übertragung von Kabelfernsehsendungen mit Millionen von Teilnehmern ist das überhaupt undenkbar.

RSVP

Der Hauptteil des IETF-Protokolls für die Architektur der integrierten Dienste, die sichtbar für die Benutzer des Netzes ist, ist **RSVP** (*Resource reSerVation Protocol*, Ressourcen-Reservierungsprotokoll). Es wird in RFC 2205–2210 beschrieben. Mit diesem Protokoll werden Reservierungen vorgenommen. Andere Protokolle dienen dem Versenden von Daten. RSVP ermöglicht mehreren Sendern, an mehrere Empfängergruppen zu übertragen, und einzelnen Empfängern, nach Wunsch Kanäle zu wechseln. Außerdem optimiert es die Nutzung der Bandbreite bei gleichzeitiger Vermeidung von Überlastungen.

In seiner einfachsten Form nutzt das Protokoll Multicast-Routing mit Spannbäumen. Jede Gruppe erhält eine Gruppenadresse. Um an eine Gruppe senden zu können, setzt ein Sender die Adresse der betreffenden Gruppe in seine Pakete. Der Multicast-Routing-Standardalgorithmus baut dann einen Spannbaum auf, der alle Gruppenmitglieder abdeckt. Der Routing-Algorithmus ist nicht Teil des RSVP-Protokolls. Der einzige Unterschied zwischen dieser Methode und dem normalen Multicasting sind einige wenige weitere Informationen, die periodisch an die Gruppe gesendet werden, damit die Router im Baum in ihren Hauptspeichern gewisse Datenstrukturen führen können.

Als Beispiel betrachten wir das Netz in ▶Abbildung 5.32a. Host 1 und 2 sind Multicast-Sender, Host 3, 4 und 5 Multicast-Empfänger. Die Sender und Empfänger sind in diesem Beispiel getrennt, aber im Allgemeinen überlappen sich die zwei Mengen. Die Multicast-Bäume für Host 1 und 2 sind in Abbildung 5.32b bzw. Abbildung 5.32c dargestellt.

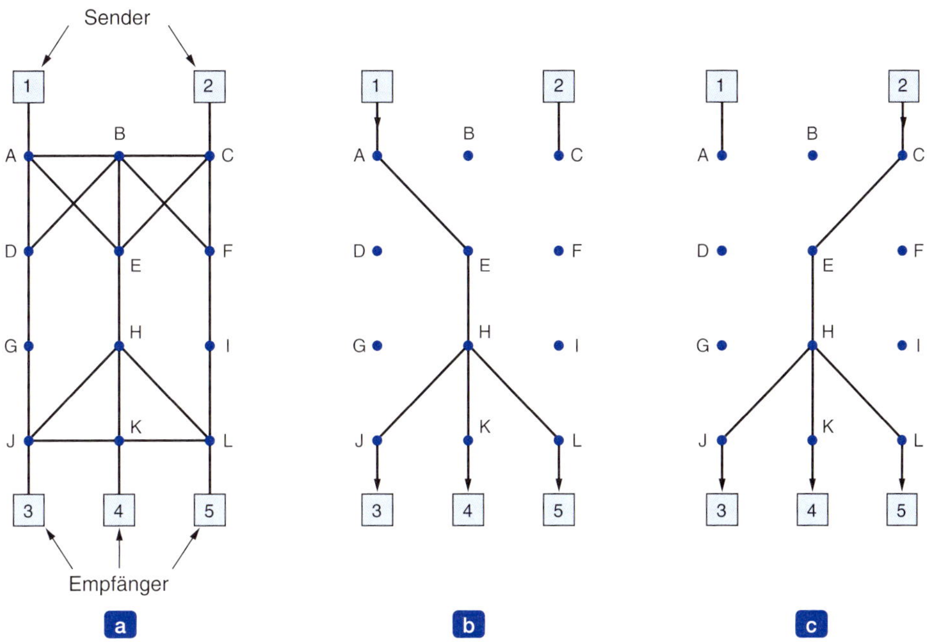

Abbildung 5.32: (a) Ein Netz. (b) Multicast-Spannbaum für Host 1.(c) Multicast-Spannbaum für Host 2.

Um einen besseren Empfang zu erhalten und Überlastung zu vermeiden, kann jeder beliebige Empfänger einer Gruppe eine Reservierungsnachricht den Baum hinauf zum Sender schicken. Die Nachricht wird über den an früherer Stelle beschriebenen Reverse-Path-Forwarding-Algorithmus weitergeleitet. Auf jeder Teilstrecke nimmt der Router die Reservierung zur Kenntnis und reserviert die erforderliche Bandbreite. Wir haben im vorigen Abschnitt gesehen, wie ein gewichteter Fair-Queueing-Scheduler eingesetzt werden kann, um diese Reservierung vorzunehmen. Ist nicht genügend Bandbreite verfügbar, meldet er einen Fehler. Bis die Nachricht wieder bei der Quelle ankommt, wurde die Bandbreite über die gesamte Strecke vom Sender bis zu dem Empfänger reserviert, der die Reservierungsanfrage im Spannbaum gemacht hatte.

▸Abbildung 5.33a zeigt ein Beispiel einer solchen Reservierung. Hier hat Host 3 einen Kanal zu Host 1 angefordert. Nach dem Aufbau können Pakete ohne Überlastung von 1 nach 3 fließen. Nun betrachten wir, was passiert, wenn Host 3 als Nächstes einen Kanal zu Host 2 reserviert, damit der Benutzer zwei Fernsehprogramme gleichzeitig sehen kann. Ein zweiter Pfad wird reserviert, wie in Abbildung 5.33b gezeigt. Von Host 3 zu Router *E* sind zwei getrennte Kanäle erforderlich, weil zwei unabhängige Datenströme übertragen werden.

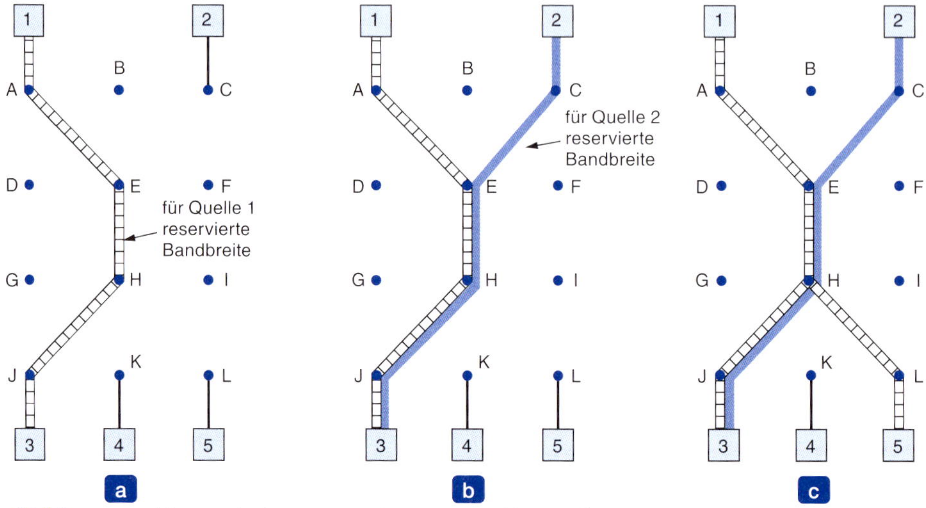

Abbildung 5.33: (a) Host 3 fordert einen Kanal zu Host 1 an. (b) Host 3 fordert dann einen zweiten Kanal zu Host 2 an. (c) Host 5 fordert einen Kanal zu Host 1 an.

In Abbildung 5.33c entschließt sich Host 5, ein Programm zu sehen, das von Host 1 übertragen wird. Also nimmt er eine Reservierung vor. Zuerst wird dedizierte Bandbreite bis zu Router *H* reserviert. Dieser Router erkennt aber, dass er bereits von Host 1 Daten erhält und eine zusätzliche Reservierung nicht nötig ist, falls bereits genügend Bandbreite reserviert wurde. Host 3 und 5 könnten aber auch nach einer unterschiedlichen Bandbreitenmenge gefragt haben (z.B. falls Host 3 auf einem kleinen Bildschirm spielt und nur die geringe Auflösung wünscht). Aus diesem Grund muss die reservierte Kapazität groß genug sein, um den gierigsten Empfänger zufriedenzustellen.

Bei einer Reservierung kann ein Empfänger (optional) eine oder mehrere Quellen angeben, von der bzw. denen er empfangen möchte. Er kann auch angeben, ob diese Auswahl für die Dauer der Reservierung fest ist oder ob er es sich offen halten will, eventuell später zu einer anderen Quelle zu wechseln. Die Router verwenden diese Informationen, um die Bandbreitenplanung zu optimieren. Vor allem werden zwei Empfänger nur für einen gemeinsamen Pfad eingeplant, wenn beide zusagen, die jeweilige Quelle nicht zu wechseln.

Der Grund, warum diese Strategie für den vollkommen dynamischen Fall verwendet wird, ist, dass die reservierte Bandbreite von der Wahl der Quelle abgekoppelt ist. Hat ein Empfänger Bandbreite reserviert, kann er zu einer anderen Quelle wechseln und den Teil des vorhandenen Pfads behalten, der für die neue Quelle gültig ist. Überträgt Host 2 mehrere Videoströme in Echtzeit, z.B. ein TV-Sender mit mehreren Kanälen, so kann Host 3 zwischen ihnen wechseln, ohne seine Reservierung ändern zu müssen. Die Router kümmert es nicht, welches Programm der Empfänger sieht.

5.4.5 Differenzierte Dienste

Flussbasierte Algorithmen können für einen oder mehrere Datenflüsse eine bessere Dienstgüte bereitstellen, da sie die benötigten Ressourcen entlang des Weges reservieren. Dennoch haben sie einen Nachteil. Sie erfordern eine ausgefeilte Einrichtung zur Herstellung eines Datenflusses. Diese Methode skaliert nicht gut, wenn Tausende oder Millionen von Datenflüssen vorliegen. Darüber hinaus unterhalten diese Algorithmen auch einen internen Zustand für jeden Datenfluss in den Routern, sodass sie gegen Routerabstürze anfällig sind. Schließlich sind auch erhebliche Änderungen am Routercode erforderlich, die komplexe Austauschvorgänge zwischen den Routern zum Einrichten des Datenflusses beinhalten. Die Bemühungen, integrierte Dienste weiterzuentwickeln, werden zwar fortgesetzt, dennoch gibt es derzeit nur wenige Implementierungen davon oder etwas Ähnlichem.

Aus diesen Gründen hat die IETF auch einen einfacheren Ansatz für die Dienstgüte entwickelt, der weitgehend lokal an jedem Router ohne vorherige Einrichtung und ohne Einbeziehung des gesamten Pfades implementiert werden kann. Dieser Ansatz wird als **klassenbasierte** (*class-based*) Dienstgüte im Unterschied zu der flussbasierten Dienstgüte bezeichnet. IETF hat eine Architektur dafür standardisiert, die sogenannten **differenzierten Dienste** (*differentiated service*), die in den RFCs 2474, 2475 und anderen beschrieben werden. Wir betrachten diese im Folgenden etwas näher.

Differenzierte Dienste können in Form einer Gruppe von Routern angeboten werden, die eine administrative Domäne bilden (wie ein ISP oder eine Telefongesellschaft). Die Administration definiert eine Menge von Dienstklassen mit den dazugehörenden Weiterleitungsregeln. Wenn sich ein Kunde für differenzierte Dienste anmeldet, werden die Kundenpakete, die in die Domäne eintreten, mit der Klasse gekennzeichnet, zu der sie gehören. Diese Information wird in das Feld *Differentiated Services* von IPv4- oder IPv6-Paketen eingetragen (beschrieben in Abschnitt 5.7.1). Die Klassen werden über ihr Weiterleitungsverhalten (**Per-Hop Behavior**) definiert, da sie der Behandlung entsprechen, die die Pakete an jedem Router erhalten, und keine Garantie für das gesamte Netz darstellen. Pakete mit bestimmtem Per-Hop Behavior (z.B. Premiumdienste) erhalten besseren Service als andere Pakete (z.B. Normaldienst). Der Datenverkehr innerhalb einer Klasse muss eventuell einer bestimmten Form entsprechen, wie einem Leaky Bucket mit einer angegebenen Fließrate. Ein geschäftstüchtiger Betreiber wird unter Umständen eine Extragebühr für jedes übertragene Premiumpaket berechnen oder nur N Premiumpakete pro Monat für eine feste Zusatzgebühr zulassen. Beachten Sie, dass bei diesem Schema im Unterschied zu den integrierten Schemata keine Vorabeinrichtung, keine Ressourcenreservierung und keine zeitaufwendige Verhandlung zwischen den Endpunkten eines Datenflusses erforderlich ist. Hierdurch sind differenzierte Dienste leicht zu implementieren.

Klassenbasierte Dienste finden sich auch in anderen Branchen. So bieten Paketzusteller oftmals die Zustellung über Nacht, in zwei oder in drei Tagen an. Fluggesellschaften bieten die erste Klasse, Business-Klasse und Economy-Klasse an. Auch in Fernzügen gibt es in der Regel mehrere Klassen. Selbst die U-Bahn in Paris verfügt über zwei

Klassen. Bei Paketen können sich die Klassen hinsichtlich der Übertragungsverzögerung, Jitter und der Wahrscheinlichkeit, bei einer Überlastung verworfen zu werden, neben anderen Möglichkeiten (aber z.B. nicht durch geräumigere Ethernet-Rahmen) unterscheiden.

Um die Unterscheidung zwischen flussbasierter Dienstgüte und klassenbasierter Dienstgüte deutlicher zu machen, hier ein Beispiel: Telefonieren über das Internet. Bei einem flussbasierten Schema erhält jeder Telefonanruf seine eigenen Ressourcen und Garantien. Bei einem klassenbasierten Schema erhalten alle Telefonanrufe zusammen die für die Klasse Telefonie reservierten Ressourcen. Diese Ressourcen können nicht von Paketen der Klasse Webbrowsen oder anderen Klassen weggenommen werden, aber kein einzelner Telefonanruf bekommt nur für sich private Ressourcen reserviert.

Expedited Forwarding

Der Betreiber legt die Dienstklassen fest. Da aber die Pakete häufig über Netze weitergegeben werden, die von verschiedenen Anbietern betrieben werden, hat IETF einige netzunabhängige Dienstklassen definiert. Die einfachste Klasse ist **Expedited Forwarding** (Express-Weiterleitung), mit der wir beginnen. Sie wird in RFC 3246 beschrieben.

Das Konzept von Expedited Forwarding ist ganz einfach. Es sind zwei Dienstklassen verfügbar: Normal (*regular*) und Express (*expedited*). Der Großteil des Datenverkehrs wird normal, ein begrenzter Teil aber wird beschleunigt übertragen. Die Expresspakete sollten das Netz so durchqueren können, als ob keine anderen Pakete vorhanden wären. Auf diese Art werden sie weniger Verlust, geringe Übertragungsverzögerung und niedrigen Jitter-Service bekommen – genau was für VoIP benötigt wird. Eine symbolische Darstellung dieses „Zwei-Röhren"-Systems wird in ▶Abbildung 5.34 dargestellt. Beachten Sie, dass es hier nur eine physikalische Leitung gibt. Die beiden logischen Röhren in der Abbildung stellen eine Möglichkeit der Reservierung von Bandbreite für verschiedene Dienstklassen dar, aber keine zweite Leitung.

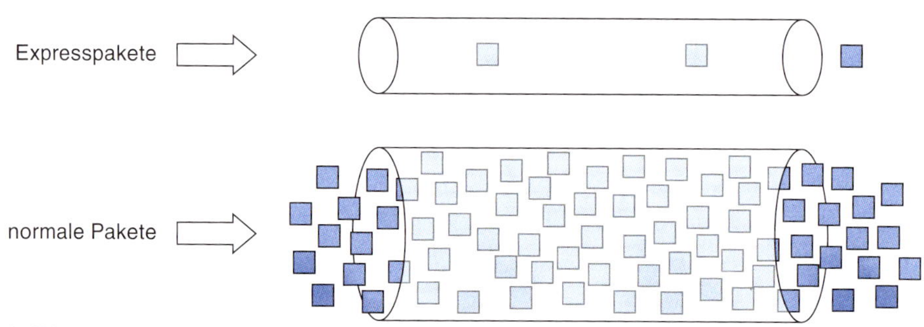

Abbildung 5.34: Expresspakete erleben ein Netz ohne Datenverkehr.

Eine Möglichkeit zur Implementierug dieser Strategie sieht wie folgt aus. Pakete werden als „Express" oder „Normal" klassifiziert und entsprechend markiert. Dieser Schritt könnte beim sendenden Host oder am Ingress-Router (dem ersten Router) durchgeführt werden. Der Vorteil, diese Klassifizierung beim sendenden Host vorzunehmen, besteht darin, dass dann mehr Informationen darüber vorliegen, welche

Pakete zu welchem Datenfluss gehören. Diese Aufgabe kann von der Netzsoftware oder sogar vom Betriebssystem durchgeführt werden, um zu vermeiden, existierende Anwendungen zu ändern. Zum Beispiel ist es üblich geworden, VoIP-Pakete für den Expressdienst durch die Hosts markieren zu lassen. Falls die Pakete ein Unternehmensnetz oder ISP passieren, wo der Expressdienst unterstützt wird, dann werden sie bevorzugt behandelt. Unterstützt das Netz keinen Expressdienst, schadet das nicht. In diesem Fall ist es sinnvoll, es wenigstens zu versuchen.

Wird die Markierung vom Host vorgenommen, dann wird natürlich der Ingress-Router den Verkehr überwachen, um sicherzustellen, dass Kunden nur so viel Expressverkehr senden, wie sie bezahlt haben. Innerhalb des Netzes könnten die Router zwei Warteschlangen für jede Ausgangsleitung haben, eine für Expresspakete und eine für normale Pakete. Kommt ein Paket an, so wird es in der entsprechenden Warteschlange eingereiht. Die Expresswarteschlange bekommt eine höhere Priorität als die normale Warteschlange, zum Beispiel indem ein Prioritätsscheduler verwendet wird. Auf diese Weise erleben Expresspakete ein unbelastetes Netz, selbst wenn es in Wirklichkeit eine hohe Belastung mit normalem Datenverkehr gibt.

Assured Forwarding

Ein etwas ausgefeilteres Schema zur Verwaltung von Dienstklassen wird als **Assured Forwarding** (gesicherte Weiterleitung) bezeichnet. Sie wird in RFC 2597 beschrieben. Beim Assured Forwarding werden vier Prioritätsklassen angegeben, wobei jede Klasse ihre eigenen Ressourcen hat. Die drei Topklassen könnten Gold, Silber und Bronze genannt werden. Darüber hinaus werden drei Klassen zum Verwerfen von Paketen definiert, die sich in einer Überlastung befinden: Niedrig, Mittel und Hoch. Diese beiden Faktoren definieren zusammen zwölf Dienstklassen.

▶Abbildung 5.35 zeigt eine Möglichkeit der Verarbeitung von Paketen mit Assured Forwarding. Im ersten Schritt werden Pakete einer von vier Prioritätsklassen zugeordnet. Wie vorher kann dies auf dem sendenden Host ausgeführt werden (wie in der Abbildung gezeigt) oder auf dem Ingress-Router. Außerdem kann die Rate von Paketen höherer Priorität durch den Operator als Teil des Dienstangebots begrenzt werden.

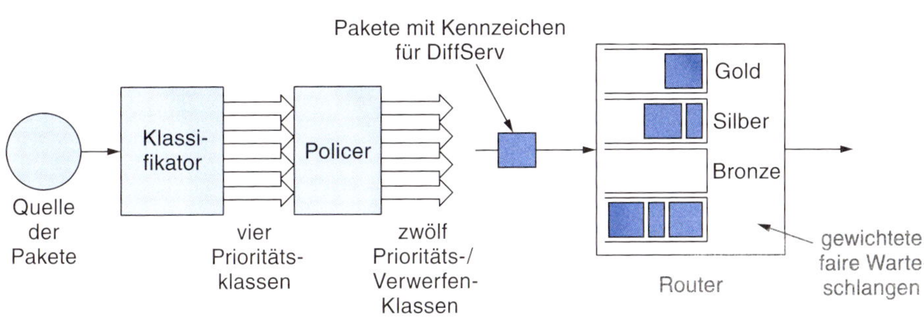

Abbildung 5.35: Eine mögliche Implementierung von Assured Forwarding.

Der nächste Schritt besteht darin, für jedes Paket die Verwerfen-Klasse festzulegen. Dazu werden die Pakete jeder Prioritätsklasse durch einen Traffic-Policier wie ein

Token Bucket geleitet. Der Traffic-Policier lässt den gesamten Verkehr passieren, aber kennzeichnet die Pakete hinsichtlich ihrer Verwerfen-Klasse wie folgt: Pakete, die in kleine Bursts hineinpassen, als „Niedrig"; Pakete, größer als kleine Bursts sind, als „Mittel"; und Pakete, die über große Bursts hinausgehen, als „Hoch". Die Kombination von Priorität- und Verwerfen-Klassen wird dann in jedem Paket codiert.

Schließlich werden die Pakete von den Netz-Routern mit einem Paket-Scheduler verarbeitet, der die verschiedenen Klassen unterscheidet. Gewöhnlich wird gewichtetes Fair Queueing für die vier Prioritätsklassen verwendet, wobei höhere Klassen höhere Gewichte bekommen. Auf diese Art wird den höheren Klassen der Großteil der Bandbreite zugeteilt, gleichzeitig verhungern aber die niedrigen Klassen nicht völlig. Falls sich zum Beispiel die Gewichte von einer Klasse zur nächsthöheren Klasse verdoppeln, dann werden die höheren Klassen das Doppelte an Bandbreite bekommen. Innerhalb einer Prioritätsklasse können Pakete mit einer höheren Verwerfen-Klasse bevorzugt fallen gelassen werden, dazu kann ein Algorithmus wie RED (*Random Early Detection*) ausgeführt werden. RED beginnt mit dem Verwerfen von Paketen, sobald sich Überlastung abzeichnet, aber noch bevor dem Router der Pufferspeicher ausgegangen ist. Zu diesem Zeitpunkt gibt es noch Pufferspeicher, der Pakete mit niedriger Verwerfen-Klasse annimmt, während Pakete mit hoher Verwerfen-Klasse fallen gelassen werden.

5.5 Internetworking

Bislang haben wir implizit angenommen, dass wir es mit einem einzelnen homogenen Netz zu tun haben, das auf jeder Schicht das gleiche Protokoll verwendet. Leider ist diese Annahme viel zu optimistisch. Es gibt viele verschiedene Netze, darunter PANs, LANs, MANs und WANs. Wir haben Ethernet, Internet über Kabel, das Festnetz und das mobile Telefonnetz, IEEE 802.11 und weitere. Auf jeder Schicht werden innerhalb dieser Netze zahlreiche verschiedene Protokolle verwendet.

5.5.1 Internetworks: Ein Überblick

In den folgenden Abschnitten werden die Fragen behandelt, die entstehen, wenn zwei oder mehr Netze zu einem **Internetwork** zusammengeschlossen werden.

Das Vereinen von Netzen wäre viel einfacher, wenn alle eine einzige Netzwerktechnologie verwenden würden, und es ist häufig der Fall, dass es eine vorherrschende Netzart gibt, beispielsweise Ethernet. Einige Experten spekulieren darauf, dass die Fülle an Technologien verschwinden wird, sobald alle gemerkt haben, wie wundervoll [tragen Sie hier Ihr bevorzugtes Netz ein] ist. Rechnen Sie nicht damit. Die Geschichte zeigt, dass dies Wunschdenken ist. Unterschiedliche Arten von Netzen schlagen sich mit unterschiedlichen Problemen herum, sodass sich beispielsweise Ethernet und Satellitennetze wahrscheinlich immer voneinander unterscheiden werden. Die Wiederverwendung vorhandener Systeme, wie Datennetze auf Kabel, dem Telefonnetz oder Stromleitungen auszuführen, fügt Beschränkungen hinzu, die dazu führen, dass die Merkmale der Netze sich in verschiedene Richtungen entwickeln. Heterogenität wird uns erhalten bleiben.

Wenn es immer unterschiedliche Netze geben wird, wäre es einfacher, wir müssten diese nicht miteinander verbinden. Doch das ist ebenfalls unwahrscheinlich. Bob Metcalfe postulierte, dass der Nutzen eines Netzes mit N Knoten die Anzahl von Verbindungen ist, die zwischen Knoten hergestellt werden, oder N^2 (Gilder, 1993). Dies bedeutet, dass große Netze nützlicher sind als kleine Netze, weil sie viel mehr Verbindungen erlauben, daher wird es immer einen Anreiz geben, kleinere Netze miteinander zu kombinieren.

Das Internet ist das Paradebeispiel für diese Vernetzung. Das Ziel der Verbindung dieser Netze ist, dass die Benutzer der verschiedenen Netze miteinander kommunizieren und gegenseitig auf Daten zugreifen können. Wenn Sie einen ISP für Internetdienst bezahlen, werden Sie möglicherweise in Abhängigkeit von der Bandbreite Ihrer Leitung bezahlen, doch wofür Sie eigentlich bezahlen ist die Möglichkeit, Pakete mit jedem anderen Host auszutauschen, der ebenfalls mit dem Internet verbunden ist. Schließlich wäre das Internet nicht sehr erfolgreich, falls Sie nur Pakete zu anderen Hosts in der gleichen Stadt senden könnten.

Da sich Netze aber häufig in wesentlichen Eigenschaften unterscheiden, ist die Übertragung eines Pakets von einem Netz in ein anderes nicht so einfach. Wir müssen Probleme der Heterogenität angehen und ebenfalls Skalierungsprobleme, da das resultierende Internetwork sehr groß wird. Wir werden zunächst untersuchen, worin sich Netze unterscheiden können, um zu verstehen, womit wir es zu tun haben. Dann wollen wir uns den Ansatz ansehen, der so erfolgreich von IP (*Internet Protocol*) verwendet wird, dem Protokoll der Vermittlungsschicht des Internets, einschließlich Techniken zum Tunneling durch Netze, Routing in Internetworks und Paketfragmentierung.

5.5.2 Unterscheidungsmerkmale von Netzen

Netze können sich auf viele Arten unterscheiden. Einige der Unterschiede, wie verschiedene Modulierungstechniken oder Rahmenformate, sind innerhalb der Bitübertragungsschicht oder der Sicherungsschicht anzutreffen. Damit beschäftigen wir uns hier aber nicht. In ▶Abbildung 5.36 werden einige Unterschiede aufgeführt, denen die Vermittlungsschicht ausgesetzt sein könnte. Durch diese Unterschiede ist der Betrieb eines Internetworks komplizierter als der eines einzelnen Netzes.

Wenn die von einer Quelle im Netz gesendeten Pakete eines oder mehrere fremde Netze durchlaufen müssen, um ihr Zielnetz zu erreichen, können an den Schnittstellen zwischen den Netzen viele Probleme auftreten. Zunächst muss die Quelle in der Lage sein, das Ziel zu adressieren. Was machen wir, wenn die Quelle in einem Ethernet-Netz und das Ziel in einem Mobilfunknetz liegt? Angenommen, wir könnten sogar ein Mobilfunkziel von einem Ethernet-Netz aus spezifizieren, dann müssten Pakete von einem verbindungslosen Netz zu einem verbindungsorientierten wechseln. Dies könnte es erforderlich machen, kurzfristig eine neue Verbindung aufzubauen, wodurch eine Verzögerung eingefügt wird – und viel Overhead, wenn diese Verbindung nicht für viele weitere Pakete verwendet wird.

Merkmal	Mögliche Varianten
Angebotener Dienst	Verbindungslos oder verbindungsorientiert
Adressierung	Unterschiedliche Größen, flach oder hierarchisch
Broadcasting	Vorhanden oder nicht (auch Multicasting)
Paketgröße	Jedes Netz hat ein eigenes Maximum
Ordnung	Geordnete oder ungeordnete Zustellung
Dienstgüte	Vorhanden oder nicht; viele verschiedene Arten
Zuverlässigkeit	Verschiedene Ebenen der Verlustraten
Sicherheit	Datenschutzregeln, Verschlüsselung usw.
Parameter	Verschiedene Timeouts, Flussspezifikationen usw.
Abrechnung	Nach Verbindungszeit, Paket, Byte oder keine

Abbildung 5.36: Eigenschaften, in denen sich Netze unterscheiden.

Unter Umständen müssen auch noch viele spezielle Unterschiede ausgeglichen werden. Wie senden wir ein Paket via Multicasting zu einer Gruppe, von der sich einige Mitglieder in einem Netz befinden, das keinen Multicast unterstützt? Die verschiedenen maximalen Paketgrößen, die von unterschiedlichen Netzen verwendet werden, können ebenfalls ein großes Ärgernis darstellen. Wie überträgt man ein 8.000 Byte großes Paket in einem Netz, dessen maximale Paketgröße 1.500 Byte beträgt? Wenn Pakete eines verbindungsorientierten Netzes ein verbindungsloses Netz durchlaufen, kann es passieren, dass sie in einer anderen Reihenfolge ankommen als in der, in der sie gesendet wurden. Damit rechnet der Sender wahrscheinlich nicht – und es könnte auch für den Empfänger eine (unangenehme) Überraschung sein.

All diese Unterschiede können mit einem gewissen Aufwand kaschiert werden. Zum Beispiel könnte ein Gateway, das zwei Netze vereint, für jedes Ziel separate Pakete erzeugen, um Multicasting zu simulieren. Ein großes Paket könnte aufgespalten, in Einzelteilen gesendet und dann wieder zusammengesetzt werden. Empfänger könnten Pakete zwischenspeichern und diese der Reihe nach zustellen.

Netze können sich außerdem zu weiten Teilen in Bereichen unterscheiden, die schwieriger miteinander in Einklang zu bringen sind. Das offensichtlichste Beispiel dafür ist die Dienstgüte. Wenn das eine Netz strenge Dienstgüte und das andere Best-Effort-Dienst anbietet, wird es unmöglich sein, Garantien bezüglich Bandbreite und Übertragungszeit für Ende-zu-Ende-Echtzeitverkehr zu geben. In der Tat können Garantien vermutlich nur gemacht werden, während das Best-Effort-Netz mit einer niedrigen Auslastung betrieben oder kaum benutzt wird, was wahrscheinlich nicht dem Ziel der meisten ISPs entspricht. Sicherheitsmechanismen sind problematisch, doch zumindest eine Verschlüsselung für Vertraulichkeit und Datenintegrität kann oberhalb von solchen Netzen angesiedelt werden, die dies noch nicht bieten. Schließlich können Unterschiede in der Abrechnung zu unwillkommenen Rechnungen führen, wenn normale Benutzung plötzlich teuer wird – wie Roaming-Mobiltelefon-Benutzer mit Datentarifen herausgefunden haben.

5.5.3 Verbindung von heterogenen Netzen

Es gibt zwei grundlegende Optionen für das Verbinden von unterschiedlichen Netzen: wir können Geräte bauen, die Pakete der einen Netzart in Pakete für jedes andere Netz übersetzen oder konvertieren, oder wir können – wie gute Informatiker – versuchen, das Problem zu lösen, indem wir eine Art Umleitungsschicht hinzufügen und eine gemeinsame Schicht oberhalb der unterschiedlichen Netze bauen. In beiden Fällen werden die Geräte an den Schnittstellen zwischen den Netzen platziert; anfänglich wurden diese Geräte **Gateways** genannt.

Schon früh haben sich Cerf und Kahn (1974) für eine gemeinsame Schicht ausgesprochen und dafür, die Unterschiede der bestehenden Netze zu verbergen. Dieser Ansatz war ungemein erfolgreich und die vorgeschlagene Schicht wurde schließlich in TCP- und IP-Protokolle geteilt. Fast vier Jahrzehnte später ist IP die Grundlage des modernen Internets. Für diese Leistung wurden Cerf und Kahn im Jahr 2004 mit dem Turing Award ausgezeichnet, der allgemein als Nobelpreis der Informatik bezeichnet wird. IP stellt ein universelles Paketformat zur Verfügung, das alle Router erkennen und das fast jedes Netz passieren kann. IP hat seine Reichweite von Rechnernetzen erweitert, um das Telefonnetz zu übernehmen. Es läuft außerdem auf Sensornetzen und anderen winzigen Geräten, von denen einst angenommen wurde, dass sie zu ressourcenbeschränkt seien, um IP zu unterstützen.

Wir haben mehrere unterschiedliche Geräte vorgestellt, die Netze verbinden, einschließlich Repeater, Hubs, Bridges, Router und Gateways. Repeater und Hubs verschieben einfach Bits von einem Kabel zum anderen. Sie sind größtenteils analoge Geräte und verstehen nichts von Protokollen der höheren Schichten. Bridges und Switches operieren auf der Sicherungsschicht. Sie können zum Aufbau von Netzen verwendet werden, aber nur mit kleineren Protokollübersetzungen, zum Beispiel zwischen 10-, 100- und 1.000-Mbit/s-Ethernet-Switches. Unser Fokus in diesem Abschnitt liegt auf Vernetzungsgeräten, die auf der Vermittlungsschicht operieren, also den Routern. Wir werden die Behandlung von Gateways, die Geräte zum Verbinden auf höheren Ebenen, auf später verschieben.

Zunächst wollen wir auf einer höheren Ebene erforschen, wie Vernetzung mit einer üblichen Vermittlungsschicht benutzt werden kann, um ungleiche Netze zu verbinden. Ein Internetwork, das sich aus IEEE-802.11-, MPLS- und Ethernet-Netzen zusammensetzt, ist in ▶Abbildung 5.37a dargestellt. Angenommen, der Quellrechner im IEEE-802.11-Netz möchte ein Paket zu dem Zielrechner im Ethernet-Netz senden. Da diese Technologien unterschiedlich sind und sie außerdem durch eine weitere Netzart

(MPLS) getrennt sind, wird zusätzliche Verarbeitung an den Schnittstellen zwischen den Netzen nötig sein.

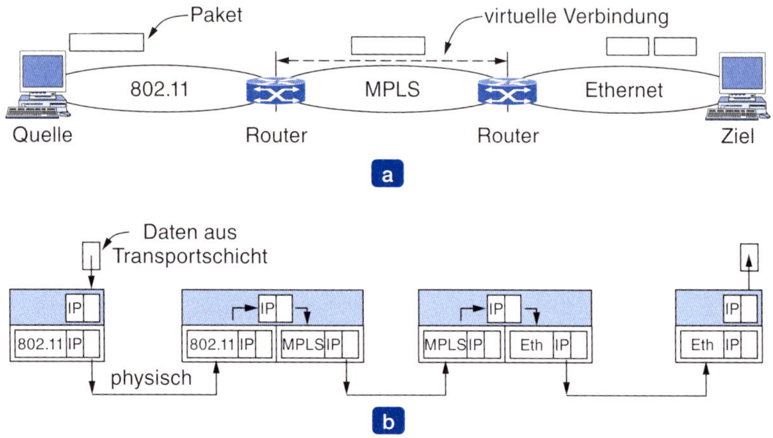

Abbildung 5.37: (a) Ein Paket, das unterschiedliche Netze durchquert. (b) Abarbeitung der Vermittlungsschicht- und Sicherheitsschichtprotokolle.

Da unterschiedliche Netze im Allgemeinen unterschiedliche Adressierungsformen haben können, trägt das Paket eine Vermittlungsschichtadresse, die jeden Host über die drei Netze identifizieren kann. Die erste Grenze, die das Paket erreicht, ist, wenn es von einem IEEE-802.11-Netz in ein MPLS-Netz übergeht. IEEE 802.11 stellt einen verbindungslosen Dienst zur Verfügung, aber MPLS einen verbindungsorientierten Dienst. Die bedeutet, dass eine virtuelle Verbindung aufgebaut werden muss, um dieses Netz zu durchqueren. Reist das Paket erst einmal entlang der virtuellen Verbindung, wird es das Ethernet-Netz erreichen. An dieser Grenze könnte das Paket zu groß sein, um übertragen zu werden, da IEEE 802.11 mit größeren Rahmen als Ethernet arbeiten kann. Um dieses Problem zu behandeln, wird das Paket in Fragmente aufgeteilt, und jedes Fragment wird einzeln gesendet. Wenn die Fragmente das Ziel erreichen, werden sie wieder zusammengesetzt. Dann hat das Paket seine Reise beendet.

Die Abarbeitung der Protokolle für diese Reise ist in Abbildung 5.37b dargestellt. Die Quelle akzeptiert Daten von der Transportschicht und erzeugt ein Paket mit dem gemeinsamen Vermittlungsschicht-Header, welches in diesem Beispiel IP ist. Der Header enthält die endgültige Zieladresse, welche für die Feststellung benutzt wird, dass das Paket über den ersten Router gesendet werden sollte. Das Paket ist also in einem IEEE-802.11-Rahmen verkapselt, dessen Ziel der erste Router ist, und wird übermittelt. Beim Router wird das Paket aus dem Datenfeld des Rahmens entfernt und der IEEE-802.11-Rahmen-Header wird verworfen. Der Router untersucht nun die IP-Adresse im Paket und schlägt diese Adresse in seiner Routing-Tabelle nach. Basierend auf dieser Adresse entscheidet er, das Paket als Nächstes zum zweiten Router zu senden. Für diesen Teil des Pfads muss eine virtuelle MPLS-Verbindung zum zweiten Router eingerichtet werden und das Paket muss mit MPLS-Headern verkapselt werden, die diese Verbindung bereisen. Am entfernten Ende wird der MPLS-Header verworfen und die Netzwerkadresse wird wiederum konsultiert, um die nächste Teilstrecke der Vermittlungsschicht zu finden. Es ist das Ziel selbst. Da das Paket zu lang ist, um über Ethernet gesendet zu werden, wird es in zwei Teile aufgespalten. Jedes dieser Teile wird in das Datenfeld eines Ethernet-Rahmens gepackt und zur Ethernet-Adresse des Ziels gesendet. Am Ziel wird der Ethernet-Header aus jedem der Rahmen herausgezogen und die Inhalte werden wieder zusammengesetzt. Das Paket hat zu guter Letzt sein Ziel erreicht.

Beachten Sie, dass es einen entscheidenden Unterschied gibt zwischen der Situation mit Routern und der mit Switches (oder Bridges). Bei einem Router wird das Paket aus dem Rahmen extrahiert und die Netzwerkadresse in dem Paket wird dazu benutzt, zu entscheiden, wohin es zu senden ist. Bei einem Switch (oder einer Bridge) wird der gesamte Rahmen auf Basis seiner MAC-Adresse transportiert. Switches müssen das Protokoll der Vermittlungsschicht nicht verstehen, das zum Weiterleiten der Pakete verwendet wird. Router ja.

Leider ist Internetworking nicht ganz so leicht, wie es sich hier vielleicht anhört. Als Bridges eingeführt wurden, war es tatsächlich beabsichtigt, damit unterschiedliche Netzwerktypen zu vereinen – oder zumindest unterschiedliche LAN-Typen. Dazu sollten die Bridges die Rahmen von einem LAN in Rahmen eines anderen LAN übersetzen. Dies funktionierte jedoch aus dem gleichen Grund nicht gut, aus dem Internetworking schwierig ist: Die Unterschiede in den Merkmalen von LANs, wie verschiedene maximale Paketgrößen und LANs mit und ohne Prioritätsklassen, sind schwer zu verbergen. Heute werden Bridges vorwiegend verwendet, um dieselbe Art von Netz auf der Sicherungsschicht zu verbinden, und Router verbinden unterschiedliche Netze auf der Vermittlungsschicht.

Internetworking war sehr erfolgreich beim Aufbau großer Netze, aber es funktioniert nur, wenn es eine gemeinsame Vermittlungsschicht gibt. In der Tat gab es im Laufe der Zeit viele Netzwerkprotokolle. Es ist schwierig, alle Beteiligten davon zu überzeugen, sich auf ein einziges Format zu einigen, wenn Unternehmen es als ihren wirtschaftlichen Vorteil ansehen, ein proprietäres Format zu besitzen, das sie kontrollieren können. Außer IP, dem heute fast universellen Netzprotokoll, waren da noch IPX, SNA und AppleTalk. Keines dieser Protokolle wird noch häufig eingesetzt, doch es wird immer andere Protokolle geben. Das relevanteste Beispiel sind heute wahrscheinlich IPv4 und IPv6. Obwohl beides Versionen von IP sind, sind sie nicht kompatibel (sonst wäre es nicht nötig gewesen, IPv6 zu entwerfen).

Ein Router, der mehrere Netzprotokolle verarbeiten kann, wird als **Multiprotokoll-Router** bezeichnet. Er muss entweder die Protokolle übersetzen oder die Verbindung einem Protokoll der höheren Schichten überlassen. Keiner der beiden Ansätze ist völlig befriedigend. Für eine Verbindung auf einer höheren Schicht, z.B. indem TCP verwendet wird, ist es erforderlich, dass alle Netze TCP implementieren (was möglicherweise nicht der Fall ist). Damit wird die Nutzung über die Netze hinweg auf Anwendungen begrenzt, die TCP verwenden (was viele Echtzeitanwendungen nicht einschließt).

Die Alternative ist, Pakete zwischen den Netzen zu übersetzen. Falls jedoch die Paketformate nicht nahe Verwandte mit denselben Informationsfeldern sind, werden solche Umformungen immer unvollständig und damit häufig zum Scheitern verurteilt sein. Beispielsweise sind IPv6-Adressen 128 Bit lang. Sie werden nicht in ein 32-Bit-IPv4-Adressfeld passen, egal, wie sehr der Router sich anstrengt. Die gleichzeitige Ausführung von IPv4 und IPv6 in einem Netz hat sich als eines der größten Hindernisse bei Verbreitung von IPv6 erwiesen. (Um fair zu bleiben: ein ebenso großes Hindernis war es, Kunden begreiflich zu machen, warum sie überhaupt IPv6 wollen sollten.) Größere Probleme können erwartet werden, wenn zwischen grundlegend verschiedenen Protokollen übersetzt wird, wie verbindungslosen und verbindungsorientierten Netzprotokollen. Angesichts dieser Schwierigkeiten wird nur selten der Versuch einer Konvertierung unternommen. Zugegeben, selbst IP hat nur deshalb so gut funktioniert, weil es eine Art kleinster gemeinsamer Nenner war. IP stellt keine hohen Anforderungen an die Netze, auf denen es ausgeführt wird, bietet aber als Ergebnis auch nur Best-Effort-Dienst.

5.5.4 Verbindung von Endpunkten über heterogene Netze hinweg

Die Darstellung des allgemeinen Falls, dass zwei verschiedene Netze miteinander zur Zusammenarbeit verbunden werden, ist extrem schwierig. Andererseits gibt es aber einen bekannten Sonderfall, der selbst für unterschiedliche Netzprotokolle handhabbar ist. Das ist der Fall, wenn die Quell- und Ziel-Hosts am gleichen Netztyp hängen, dazwischen aber ein anderer Netztyp liegt. Als Beispiel kann man sich eine internationale Bank mit einem IPv6-Netz in Paris, einem IPv6-Netz in London und Konnektivität zwischen den Büros über das IPv4-Internet vorstellen. Diese Situation ist in ▶Abbildung 5.38 zu sehen.

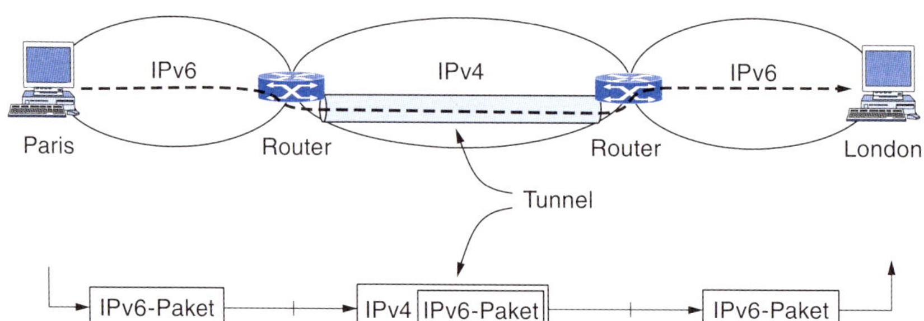

Abbildung 5.38: Tunneling eines Pakets von Paris nach London.

Eine Lösung dieses Problems ist eine Technik namens **Tunneling**. Um ein IP-Paket an einen Host im Londoner Büro zu senden, stellt ein Host im Pariser Büro das Paket mit der IPv6-Adresse in London zusammen und sendet es zu dem Multiprotokoll-Router, der das Pariser IPv6-Netz mit dem IPv4-Internet verbindet. Wenn dieser Router das IPv6-Paket bekommt, verkapselt er das Paket mit einem IPv4-Header, der die IPv4-Seite des Multiprotokoll-Routers adressiert, der mit dem Londoner IPv6-Netz verbunden ist. Das heißt, der Router verpackt ein (IPv6-)Paket in ein (IPv4-)Paket. Wenn dieses eingehüllte Paket ankommt, entfernt der Londoner Router das ursprüngliche IPv6-Paket und sendet es weiter zum Ziel-Host.

Den Pfad durch das IPv4-Internet kann man sich als riesigen Tunnel vorstellen, der sich von einem Multiprotokoll-Router zum anderen erstreckt. Das IPv6-Paket reist, angenehm in einer Box verpackt, von einem Ende des Tunnels zum anderen. Es muss sich überhaupt nicht um IPv4 kümmern, ebenso wenig wie die Hosts in Paris oder London. Nur die Multiprotokoll-Router müssen sowohl die IPv4- als auch die IPv6-Pakete verstehen. Die gesamte Reise von einem Multiprotokoll-Router zum anderen ist praktisch wie eine Teilstrecke über eine einzelne Verbindung.

Eine Analogie soll das Konzept des Tunnelings verdeutlichen. Jemand reist mit seinem Wagen von Paris nach London. In Frankreich fährt der Wagen selbst, aber bei der Ankunft am Ärmelkanal wird der Wagen auf einen Hochgeschwindigkeitszug verfrachtet und durch den Tunnel nach England befördert (Autos dürfen nicht selbst im Tunnel fahren). Wie in ▸Abbildung 5.39 ersichtlich ist, wird der Wagen als Frachtgut befördert. Am anderen Ende wird der Wagen auf Englands Straßen losgelassen und fährt wieder selbst. Das Tunneling von Paketen durch ein fremdes Netz funktioniert auf ähnliche Weise.

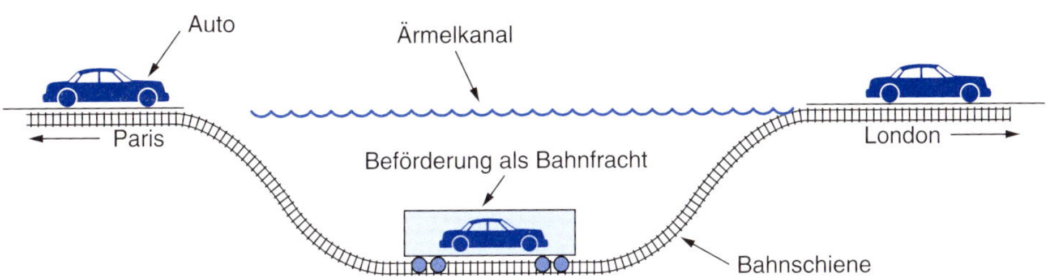

Abbildung 5.39: Beförderung eines Autos von Frankreich nach England.

Tunneling wird oft verwendet, um isolierte Hosts und Netze mithilfe anderer Netze zu verbinden. Das resultierende Netz wird ein **Overlay** genannt, da es praktisch auf dem Basisnetz aufsetzt. Ein häufiges Motiv dafür ist die Installation eines Netzprotokolls mit einer neuen Funktion, wie unser „IPv6 über IPv4"-Beispiel zeigt. Der Nachteil von Tunneling ist, dass keiner der Hosts in dem Netz, durch das der Tunnel hindurchläuft, erreicht werden kann, da die Pakete nicht irgendwo in der Mitte aus dem Tunnel ausbrechen können. Diese Begrenzung des Tunneling wird jedoch in einen Vorteil mit **VPNs** (**virtuelles privates Netz**) gewandelt. Ein VPN ist einfach ein Overlay, das verwendet wird, um ein Maß an Sicherheit zur Verfügung zu stellen. Wir werden VPNs untersuchen, wenn wir zu *Kapitel 8* kommen.

5.5.5 Internetwork-Routing: Routing über mehrere Netze

Das Routing durch ein Internetwork wirft dasselbe Grundproblem auf wie das Routing innerhalb eines einzelnen Netzes, enthält aber ein paar zusätzliche Komplikationen. Zunächst können die Netze intern unterschiedliche Routing-Algorithmen verwenden.

Zum Beispiel könnte das eine Netz Link-State-Routing benutzen und ein anderes Netz den Distanzvektoralgorithmus. Da für das Link-State-Routing die Topologie des Netzes bekannt sein muss, für den Distanzvektoralgorithmus aber nicht, wäre allein durch diesen Unterschied unklar, wie die kürzesten Pfade durch das Internetwork zu finden sind.

Werden Netze von verschiedenen Betreibern verwaltet, dann bringt das noch größere Probleme mit sich. Zunächst einmal haben die Betreiber vermutlich unterschiedliche Vorstellungen davon, was ein guter Pfad durch das Netz ist. Der eine Betreiber möchte vielleicht die Route mit der geringsten Verzögerung, während ein anderer die billigste Route bevorzugt. Dies wird dazu führen, dass die Betreiber unterschiedliche Quantitäten verwenden, um die Kosten des kürzesten Pfads festzulegen (z.B. Millisekunden Verzögerung oder finanzielle Kosten). Die Gewichte sind dann über das Netzwerk hinweg nicht vergleichbar, sodass in dem Internetwork nicht gut definiert ist, was kürzeste Pfade sind.

Schlimmer noch, der eine Betreiber möchte eventuell nicht, dass ein anderer Betreiber überhaupt die Einzelheiten der Pfade in seinem Netz kennt, vielleicht weil die Gewichte und Pfade sensible Informationen widerspiegeln könnten (wie die finanziellen Kosten), die einen Wettbewerbsvorteil darstellen.

Schließlich könnte das Internetwork viel größer sein als jedes der Netze, aus denen es sich zusammensetzt. Dann werden eventuell Routing-Algorithmen erforderlich sein, die mithilfe einer Hierarchie skaliert werden, selbst wenn keines der einzelnen Netze eine Hierarchie verwenden muss.

All diese Überlegungen führen zu einem zweistufigen Routing-Algorithmus. Innerhalb jedes Netzes wird ein **Intradomain-Protokoll** oder **internes Gateway-Protokoll** verwendet. („Gateway" ist eine ältere Bezeichnung für „Router".) Es könnte ein Link-State-Protokoll von der Art sein, die wir schon beschrieben haben. Zwischen den Netzen, die das Internetwork bilden, wird ein **Interdomain-Protokoll** oder **externes Gateway-Protokoll** benutzt. Die einzelnen Netze verwenden möglicherweise unterschiedliche Intradomain-Protokolle, aber sie müssen dasselbe Interdomain-Protokoll benutzen. Im Internet wird das Interdomain-Routing-Protokoll **BGP** (*Border Gateway Protocol*) genannt. Wir werden es im nächsten Abschnitt beschreiben.

Es gibt hier noch einen wichtigen Begriff einzuführen. Da jedes Netz von allen anderen Netzen unabhängig ist, wird es häufig als **autonomes System** (**AS**, *Autonomous System*) bezeichnet. Ein gutes gedankliches Modell für ein autonomes System ist ein ISP-Netz. In der Tat kann sich ein ISP-Netz aus mehr als einem autonomen System zusammensetzen, wenn es verwaltet wird oder als mehrere Netze erworben wurde. Doch der Unterschied ist in der Regel nicht signifikant.

Die beiden Ebenen sind gewöhnlich nicht streng hierarchisch, da hochgradig suboptimale Pfade entstehen können, wenn ein großes internationales Netz und ein kleines regionales Netz zu einem einzigen Netz zusammengefasst werden. Es werden jedoch relativ wenige Informationen über Routen innerhalb der Netze preisgegeben, um Wege durch das Internetwork zu finden. Mithilfe dieses Konzepts können all die angesprochenen Komplikationen in Angriff genommen werden. Die Skalierung wird verbessert und Betreiber können Routen innerhalb ihrer Netze frei auswählen, indem sie die Protokolle ihrer Wahl verwenden. Es müssen auch keine netzübergreifenden Gewichte verglichen werden und sensible Informationen müssen nicht nach außen preisgegeben werden.

Wir haben bisher jedoch wenig dazu gesagt, wie die Routen durch die Netze des Internetworks festgelegt werden. Im Internet ist ein entscheidender Faktor die Geschäftsvereinbarung zwischen ISPs. Jeder ISP kann den anderen ISPs das Übertragen des Verkehrs in Rechnung stellen. Falls beim Internetwork-Routing internationale Grenzen überquert werden müssen, taucht ein weiterer Faktor auf: eventuell kommen plötzlich verschiedene Gesetze ins Spiel, wie die strengen Datenschutzgesetze in Schweden über den Export persönlicher Daten von schwedischen Bürgern aus Schweden heraus. All diese nicht technischen Faktoren sind im Konzept einer Routing-Strategie enthalten, die überwacht, wie autonome Netze die von ihnen verwendeten Routen auswählen. Wir werden auf Routing-Strategien zurückkommen, wenn wir BGP beschreiben.

5.5.6 Unterstützung verschiedener Paketgrößen: Paketfragmentierung

Jedes Netz bzw. jede Verbindung gibt eine bestimmte Höchstgröße für Pakete vor. Diese Grenzen haben verschiedene Ursachen, wie:

1. Hardware (z.B. die Größe eines Ethernet-Rahmens)
2. Betriebssystem (z.B. sind alle Puffer 512 Byte groß)
3. Protokolle (z.B. die Anzahl an Bits im Längenfeld des Pakets)
4. Übereinstimmung mit nationalen und/oder internationalen Standards
5. Das Bestreben, durch Fehler verursachte Neuübertragungen auf ein Mindestmaß zu reduzieren
6. Das Bestreben, ein Paket daran zu hindern, den Kanal zu lange zu belegen

Aus diesen Faktoren ergibt sich, dass die Netzentwickler die alte maximale Paketgröße nicht frei wählen können. Die maximalen Nutzdaten für einige häufige Technologien betragen 1.500 Byte für Ethernet und 2.272 Byte für IEEE 802.11. IP ist etwas großzügiger und lässt Pakete zu, die 65.515 Byte groß sind.

Hosts ziehen es in der Regel vor, große Pakete zu übermitteln, weil dies die Paket-Overheads wie verschwendete Bandbreite an Header-Bytes reduziert. Ein offensichtliches Problem bei Internetworks entsteht, wenn ein großes Paket durch ein Netz reisen will, dessen maximale Paketgröße zu klein ist. Diese Beeinträchtigung war ein hartnäckiges Problem und die Lösungen dafür haben sich zusammen mit der vielen Erfahrung herausgebildet, die im Internet gesammelt wurde.

Eine Lösung ist, von vornherein sicherzustellen, dass das Problem erst gar nicht auftritt. Das ist jedoch leichter gesagt als getan. Eine Quelle kennt in der Regel nicht den Pfad, den ein Paket durch das Netz zu einem Ziel nimmt, daher weiß sie sicher auch nicht, wie klein die Pakete sein müssen, um dort anzukommen. Diese Paketgröße wird **Path MTU** (*Path Maximum Transmission Unit*) genannt. Selbst wenn die Quelle die Path MTU nicht kennt, werden Pakete unabhängig in einem verbindungslosen Netz wie dem Internet weitergeleitet. Dieses Routing bedeutet, dass Pfade sich plötzlich ändern können, wodurch sich unerwarteterweise die Path MTU ändern kann.

Die alternative Lösung dieses Problems ist, den Routern zu erlauben, die Pakete in **Fragmente** aufzuteilen und jedes Fragment als getrenntes Vermittlungsschichtpaket zu übertragen. Wie alle Eltern von kleinen Kindern jedoch wissen, ist es aber viel einfacher, ein großes Objekt in kleine Teile zu zerlegen, als umgekehrt. (Physiker haben dafür sogar eine Bezeichnung: das zweite Gesetz der Thermodynamik.) Auch paketvermittelte Netze haben Schwierigkeiten, ein in Fragmente aufgeteiltes Paket wieder zusammenzusetzen.

Für das Zusammensetzen der Fragmente in die Originalpakete gibt es zwei entgegengesetzte Strategien. Bei der ersten Strategie wird die Fragmentierung, die von einem Netz mit ausschließlich kleinen Paketen veranlasst wurde, für alle anderen Netze, die das Paket bis zum Endziel durchläuft, transparent gemacht. Diese Option ist in ▶Abbildung 5.40a dargestellt. Kommt bei diesem Ansatz ein übergroßes Paket bei *G1* an, so teilt der Router das Paket in Fragmente auf. Jedes Fragment wird an den gleichen Ausgangsrouter *G2* adressiert, wo die Einzelteile wieder zusammengesetzt werden. Auf diese Weise ist die Reise durch das Netz mit kleinen Paketen transparent. Die anderen durchlaufenen Netze sind sich nicht einmal dessen bewusst, dass eine Fragmentierung stattgefunden hat.

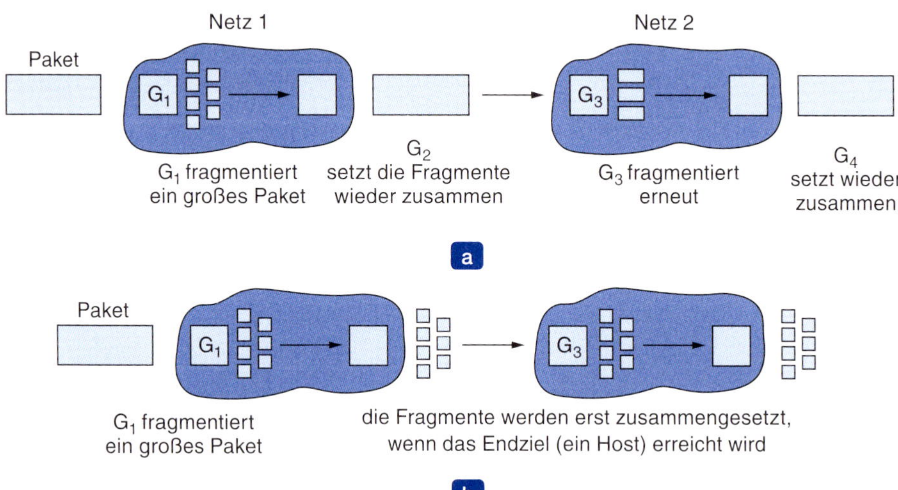

Abbildung 5.40: (a) Transparente Fragmentierung. (b) Nicht transparente Fragmentierung.

Die transparente Fragmentierung ist einfach, aber nicht ganz unproblematisch. Zunächst einmal muss der Ausgangsrouter wissen, wann alle Stücke bei ihm angekommen sind, sodass entweder ein Zählerfeld oder ein „Paketende"-Bit in jedes Paket eingefügt werden muss. Da außerdem alle Pakete das Netz über den gleichen Router verlassen müssen, damit sie wieder zusammengesetzt werden können, ist die Auswahl der Routen eingeschränkt. Können nicht alle Fragmente eines Pakets über den gleichen Weg an das Ziel gelangen, kann Leistung verloren gehen. Bedeutsamer ist jedoch der Aufwand, den der Router möglicherweise bewältigen muss. Eventuell muss der Router die Fragmente bei ihrer Ankunft zwischenspeichern und entscheiden, wann sie zu verwerfen sind, falls nicht alle Fragmente ankommen. Ein Teil dieser Arbeit stellt sich vielleicht auch als Verschwendung heraus, wenn das Paket beispielsweise eine Reihe von Netzen mit kleiner Paketgröße passieren und wiederholt fragmentiert und zusammengesetzt werden muss.

Bei der nicht transparenten Fragmentierungsstrategie werden die Fragmente auf dazwischenliegenden Routern nicht zusammengesetzt. Die Teile eines einmal fragmentierten Pakets werden so behandelt, als wären sie ein Originalpaket. Die Router geben die Fragmente weiter (Abbildung 5.40b), das Zusammensetzen der Teile wird erst am Ziel-Host durchgeführt.

Der Hauptvorteil der nicht transparenten Fragmentierung ist, dass damit den Routern weniger Arbeit abverlangt wird. IP funktioniert auf diese Weise. Ein vollständiger Entwurf erfordert die Durchnummerierung der Fragmente auf solche Weise, dass der ursprüngliche Datenstrom rekonstruiert werden kann. Bei dem Entwurf, den IP verwendet, wird jedes Fragment mit einer Paketnummer (die auf allen Paketen transportiert wird), einem absoluten Byte-Offset innerhalb des Pakets und einem Flag versehen, das angibt, ob das Fragment das Paketende darstellt. Ein Beispiel ist in ▶Abbildung 5.41 zu sehen. Obwohl dieser Entwurf einfach ist, hat er doch einige attraktive Eigenschaften. Fragmente können in einem Puffer am Ziel auf dem richtigen Platz für die Wiederzusammensetzung angeordnet werden, selbst wenn sie nicht in der richtigen Reihenfolge ankommen. Fragmente können außerdem erneut fragmentiert werden, falls sie ein Netz mit noch kleinerer MTU durchqueren. Dies ist in Abbildung 5.41c dargestellt. Bei einer Neuübertragung des Pakets (falls keines der Fragmente ankommt) kann das Paket in andere Teile zerlegt werden. Schließlich können Fragmente von beliebiger Größe sein, bis hinunter zu einem einzelnen Byte plus dem Paket-Header. In allen Fällen verwendet das Ziel einfach die Paketnummer und den Fragmente-Offset, um die Daten in die richtige Position zu bringen, und das Ende-des-Pakets-Flag, um festzustellen, wann es das ganze Paket erhalten hat.

Leider gibt es noch Probleme mit diesem Entwurf. Der Overhead kann höher sein als bei der transparenten Fragmentierung, weil die Fragment-Header nun auch über Verbindungen übertragen werden, wo sie möglicherweise nicht benötigt werden. Doch das wahre Problem ist die Existenz von Fragmenten überhaupt. Kent und Mogul (1987) argumentieren, dass Fragmentierung nachteilig für die Performanz ist, weil – ebenso wie die Header-Overheads – ein ganzes Paket verloren ist, falls eines seiner

Fragmente verloren geht, und weil Fragmentierung eine größere Last für Hosts ist, als man ursprünglich angenommen hatte.

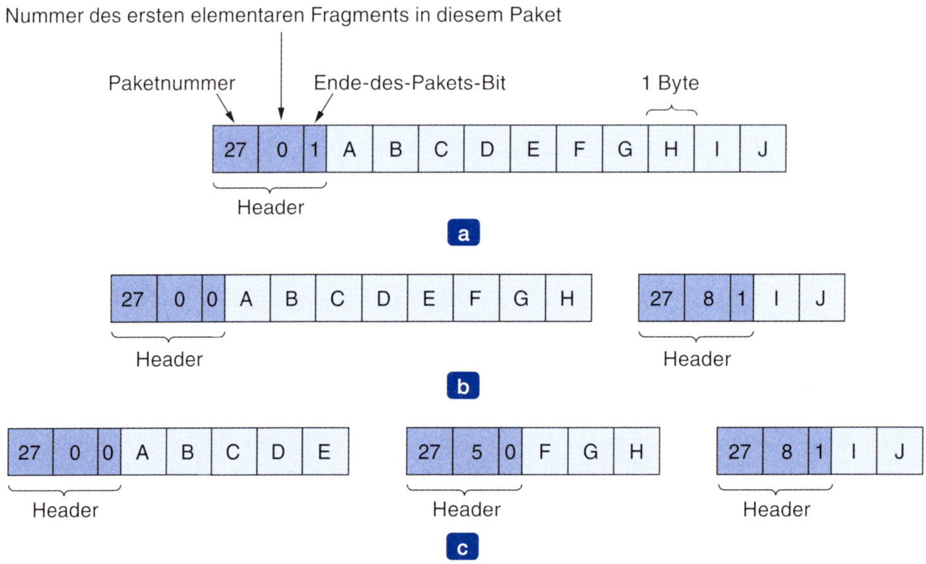

Abbildung 5.41: Fragmentierung bei einer elementaren Datengröße von 1 Byte: (a) Originalpaket mit 10 Datenbytes. (b) Fragmente nach dem Durchqueren eines Netzes mit der maximalen Paketgröße von 8 Bytes Nutzdaten plus Header. c) Fragmente nach dem Durchqueren eines Gateways der Größe 5.

Dies bringt uns zurück zu der ursprünglichen Lösung, Fragmentierung im Netz zu beiseitigen – die Strategie, die im modernen Internet verwendet wird. Der Prozess heißt **Path MTU Discovery** (Mogul und Deering, 1990) und funktioniert folgendermaßen. Jedes IP-Paket wird mit seinen Header-Bits gesendet, um zu markieren, dass keine Fragmentierung erlaubt ist. Falls ein Router ein Paket empfängt, das zu groß ist, erzeugt er ein Fehlerpaket, schickt dieses zurück zur Quelle und verwirft das Paket. Dies ist in ▶Abbildung 5.42 gezeigt. Wenn die Quelle das Fehlerpaket bekommt, verwendet sie die enthaltene Information, um das Paket in Stücke zu zerlegen, die klein genug sind, dass der Router sie behandeln kann. Falls ein Router im weiteren Verlauf des Pfads eine noch kleinere MTU hat, wird der Prozess wiederholt.

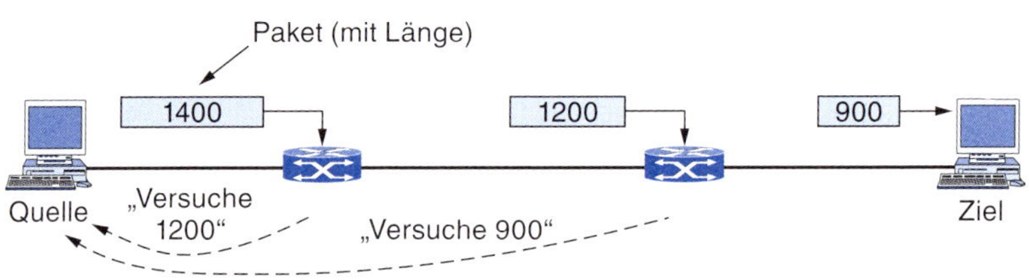

Abbildung 5.42: Path MTU Discovery.

Der Vorteil von Path MTU Discovery ist, dass die Quelle nun weiß, welche Paketlänge gesendet werden kann. Falls sich die Routen und die Path MTU ändern, dann werden neue Fehlerpakete ausgelöst und die Quelle passt sich an den neuen Pfad an. Solange die höheren Schichten jedoch die Path MTU nicht kennen und die richtige Datenmenge an IP übergeben, wird weiterhin Fragmentierung zwischen der Quelle und dem Ziel benötigt. TCP und IP werden typischerweise zusammen implementiert (als „TCP/IP"), damit diese Art von Informationen weitergegeben werden kann. Obwohl dies für andere Protokolle nicht gilt, hat sich die Fragmentierung doch aus den Netzen zu den Hosts hin verschoben.

Der Nachteil von Path MTU Discovery ist die zusätzliche Anfangsverzögerung beim einfachen Senden eines Pakets. Es kann sein, dass mehr als eine Paketumlaufzeit benötigt werden, um den Pfad zu erforschen und die MTU ausfindig zu machen, bevor Daten zum Ziel geliefert werden. Dies wirft die Frage auf, ob es nicht bessere Entwürfe gibt. Die Antwort ist wahrscheinlich „Ja". Stellen Sie sich zum Beispiel ein Konzept vor, bei dem jeder Router einfach Pakete, die seine MTU überschreiten, abschneidet. Damit wäre sichergestellt, dass das Ziel die MTU auf dem schnellsten Weg lernt (durch die zugestellte Datenmenge) und einen Teil der Daten erhält.

5.6 Softwaredefinierter Netzbetrieb

Traffic-Management und -Engineering ist historisch eine große Herausforderung: Die Netzwerkbetreiber müssen die Konfigurationsparameter der Routing-Protokolle anpassen, die daraufhin die Routen neu berechnen. Der Datenverkehr fließt entlang der neuen Pfade, was zu einem neuen Gleichgewicht des Verkehrs führt. Leider wirken derartige Mechanismen der Verkehrssteuerung indirekt: Änderungen an der Routing-Konfiguration haben Änderungen beim netzinternen und netzübergreifenden Routing zur Folge; außerdem können diese Protokolle auf unvorhergesehene Art und Weise interagieren. Der **softwaredefinierte Netzbetrieb** (**SDN**, *Software-Defined Networking*) zielt darauf ab, viele dieser Probleme zu lösen, wie nachfolgend beschrieben wird.

5.6.1 Überblick

In gewisser Weise waren Netze immer schon „softwaredefiniert", da die auf den Routern ausgeführte konfigurierbare Software dafür zuständig ist, Informationen aus Paketen zu extrahieren und anhand dieser Informationen Entscheidungen über die Weiterleitung zu treffen. Allerdings war die Software, die die Routing-Algorithmen ausführt und andere Logik zur Paketweiterleitung implementiert, historisch gesehen vertikal in die Netzhardware integriert. Ein Betreiber, der sich für einen Cisco- oder Juniper-Router entschieden hatte, war gewissermaßen an die Softwaretechnologie gebunden, die der Verkäufer mit der Hardware auslieferte. So war es beispielsweise einfach nicht möglich Änderungen an der Funktionsweise von OSPF oder BGP vorzunehmen. Eines der Hauptkonzepte, die SDN vorantrieben, war die Erkenntnis, dass die **Steuerungsebene** (*control plane*) – d.h. die Software und Logik, die die Routen wählt und entscheidet, wie der Datenverkehr weitergeleitet wird – in Software ausgeführt wird und vollständig unabhängig von der **Datenebene** (*data plane*) operieren kann, die als hardwarebasierte Technologie verantwortlich dafür ist, den Paketen die Informationen zu entnehmen und zu entscheiden, was mit den Paketen geschehen soll. Die beiden Ebenen werden in ▶Abbildung 5.43 veranschaulicht.

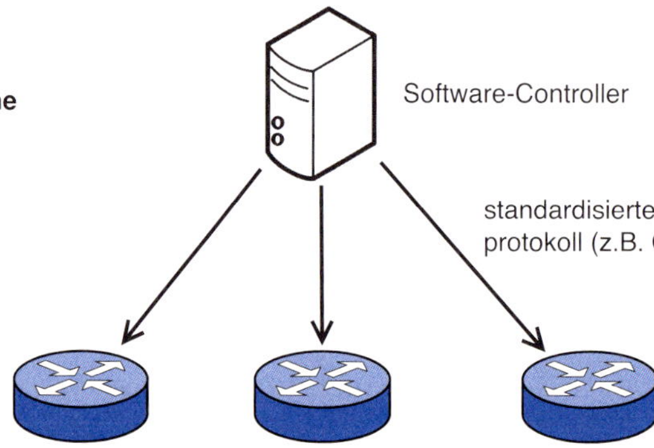

Abbildung 5.43: Trennung von Steuerungs- und Datenebene in SDN.

Angesichts der Trennung von Steuerungs- und Datenebene in der Architektur besteht der nächste natürliche logische Schritt in der Erkenntnis, dass die Steuerungsebene eigentlich überhaupt nicht auf der Netzhardware ausgeführt werden muss! Eine häufige Instanziierung von SDN beinhaltet sogar ein logisch zentralisiertes Programm, oft in einer höheren Sprache wie Python, Java, Golang oder C, das logische Entscheidungen über die Weiterleitung trifft und diese Entscheidungen jedem Weiterleitungsgerät im Netz mitteilt. Dieser Kommunikationskanal zwischen dem höheren Softwareprogramm und der zugrunde liegenden Hardware kann im Prinzip alles sein, was das Netzgerät versteht. Die ersten SDN-Controller verwendeten BGP als Steuerungsebene (Feamster et al., 2003). Anschließend kamen Technologien wie OpenFlow, NETCONF und YANG auf, die sich hinsichtlich der Kommunikation der Informationen der Steuerungsebene an die Netzgeräte als flexibler erwiesen. In gewisser Weise war SDN die Wiedergeburt einer bereits bekannten Idee (d.h. der zentralisierte Steuerung) zu einer Zeit, als verschiedene Wegbereiter (offene Chipsatz-APIs, Softwaresteuerung verteilter Systeme) ebenfalls so weit entwickelt waren, dass sie Architekturkonzepten ermöglichten, endlich Fuß zu fassen.

Auch wenn sich die SDN-Technologie in schnellem Tempo weiterentwickelt, wird an dem zentralen Grundsatz einer getrennten Steuerungs- und Datenebene festgehalten. Die SDN-Technologie gibt es seit mehreren Jahren. Leser, die sich für die Anfänge der Entwicklung dieser zunehmend populären Technologie interessieren, sei zur Vertiefung Feamster et al. (2013) empfohlen. Im Folgenden betrachten wir einige der größeren Trends in SDN: (1) Kontrolle über Routing und Weiterleitung (d.h. die Technologie hinter der Steuerungsebene), (2) programmierbare Hardware und anpassbare Weiterleitung (d.h. die Technologie, die die Datenebene programmierbarer macht), und (3) programmierbare Netztelemetrie (eine Netzmanagementanwendung, die die beiden Teile zusammenfügt und in vielerlei Hinsicht die „Killer-App" für SDN werden könnte).

5.6.2 Die SDN-Steuerungsebene: Logisch zentralisierte Softwaresteuerung

Eine der wichtigsten technischen Neuerungen, die SDN zugrunde liegt, ist eine Steuerungsebene, die separat von den Routern, oft als alleinstehendes zentralisiertes Programm ausgeführt wird. In gewisser Weise hat SDN bereits existiert: Router sind konfigurierbar und große Netze haben oft ihre Routerkonfiguration automatisch aus einer zentralen Datenbank erzeugt, in der Versionsverwaltung gespeichert und mittels Skripten mit den Routern verbunden. Genau genommen könnte diese Art der Vorgehensweise als SDN bezeichnet werden, während sie technisch gesehen den Betreibern nur begrenzte Kontrolle darüber gibt, wie der Verkehr über das Netz geleitet wird. Vielmehr sind die SDN-Steuerprogramme (manchmal als „Controller" bezeichnet) verantwortlich für die Steuerlogik, wie die Berechnung der Pfade durch das Netz für die Router und entfernte Aktualisierung der Weiterleitungstabellen.

Frühe Arbeiten zum softwaredefinierten Netzbetrieb zielten darauf ab, den Netzbetreibern die Traffic-Engineering-Aufgaben einfacher zu machen, indem direkt gesteuert wurde, welche Routen jeder Router im Netz auswählt, anstatt sich auf die indirekte Einstellung der Netzkonfigurationsparameter zu verlassen. Frühe Ausprägungen von SDN waren deshalb bestrebt, sich an die Beschränkungen bestehender Routing-Protokolle im Internet zu halten, um damit direkt die Routen zu kontrollieren. Ein Beispiel hierfür war das **RCP** (*Routing Control Platform*, Routing-Steuerplattform; Feamster et al., 2003), das daraufhin in wichtigen Netzen eingesetzt wurde, um die Verkehrslast gut zu verteilen und vor DOS-Angriffe zu schützen. Nachfolgende Entwicklungen umfassten ein System namens Ethane (Casado et al., 2007), das mittels zentraler Softwaresteuerung Hosts in einem Netz authentifizierte. Eines der Probleme mit Ethane war jedoch, dass es zum Funktionieren individuelle Switches benötigte, was seinen Einsatz in der Praxis sehr einschränkte.

Nachdem diese Vorteile von SDN der Netzverwaltung bekannt gemacht wurden, begannen Netzbetreiber und -anbieter davon Notiz zu nehmen. Außerdem gab es eine bequeme Hintertür, um die Switches über eine programmierbare Steuerungsebene noch flexibler zu machen: Viele Netz-Switches verließen sich auf einen geläufigen Broadcom-Chipsatz mit einer Schnittstelle, die es erlaubte, direkt in den Switch-Speicher zu schreiben. Eine Gruppe von Wissenschaftlern arbeitete mit Switch-Anbietern zusammen, um diese Schnittstelle Softwareprogrammen auszusetzen, und entwickelte am Ende ein Protokoll namens **OpenFlow** (McKeown et al., 2008). Das OpenFlow-Protokoll wurde von vielen Switch-Anbietern offengelegt, die versuchten, mit dem vorherrschenden Switch-Anbieter Cisco zu konkurrieren. Anfänglich unterstützte das Protokoll eine sehr einfache Schnittstelle: Schreibvorgänge in einen inhaltsadressierbaren Speicher, der als einfache **Match-Action-Tabelle** fungierte. Diese Match-Action-Tabelle ermöglichte es einer Switch, Pakete zu identifizieren, deren Felder mit einem oder mehreren Feldern in den Paket-Headern übereinstimmten (z.B. MAC-Adresse, IP-Adresse), und eine von mehreren möglichen Aktionen auszuführen, einschließlich das Paket an einen spezifischen Port weiterzuleiten, es zu verwerfen oder an einen Software-Controller abseits des Pfades zu senden.

Es gab mehrere Versionen des OpenFlow-Protokollstandards. Eine frühe OpenFlow-Version, in diesem Fall Version 1.0, verfügte über *nur eine* Match-Action-Tabelle, in der sich die Tabelleneinträge entweder auf eine genaue Übereinstimmung von Kombinationen von Paket-Header-Feldern (z.B. MAC-Adressen, IP-Adressen) oder Platzhaltereinträge (z.B. den Präfix einer IP- oder MAC-Adresse) bezogen. Spätere Versionen von OpenFlow (am bekanntesten war OpenFlow 1.3) umfassten komplexere Operationen, einschließlich *Ketten* von Tabellen; allerdings implementierten nur wenige Anbieter diese Standards. Die Anwendung von UND- und ODER-Verknüpfungen auf diese Arten von Übereinstimmungen erwies sich als problematisch, vor allem für Programmierer, sodass einige Technologien aufkamen, die es Programmierern erleichterten, komplexere Bedingungen auszudrücken (Foster et al., 2011) und zeitliche und andere Aspekte in die Weiterleitungsentscheidungen zu inkorporieren (Kim et al., 2015). Am Ende fanden einige dieser Technologien nur begrenzt Anklang: Das OpenFlow-Protokoll setzte sich vornehmlich in großen Datenzentren durch, in denen die Betreiber die vollständige Kontrolle über das Netz hatten. In WANs und Unternehmensnetzen sah das schon anders aus, da die Operationen in der Weiterleitungstabelle so begrenzt waren. Außerdem implementierten viele Switch-Anbieter spätere Versionen dieses Standards nur unvollständig, was es schwierig machte, Lösungen zu nutzen, die in der Praxis von diesen Standards abhingen. Doch letztendlich verdanken wir dem OpenFlow-Protokoll einige wichtige Errungenschaften: (1) Kontrolle über ein Netz mit nur einem zentralen Softwareprogramm, was die Koordination über Netzgeräte und Weiterleitungselemente erlaubte, und (2) die Fähigkeit, diese Kontrolle über das ganze Netz mithilfe nur einer höheren Programmiersprache (z.B. Python, Java) auszudrücken.

Insgesamt erwies sich OpenFlow als sehr begrenzende Schnittstelle. Bei seiner Entwicklung spielte flexible Netzsteuerung keine Rolle, sondern vielmehr Zweckmäßigkeit: Netzgeräte verfügten bereits über TCAM-basierte Nachschlagetabellen in ihren Switches und OpenFlow war vor allem eine marktorientierte Initiative, die Schnittstelle für diese Tabellen zu öffnen, sodass externe Softwareprogramme dort hinein schreiben konnten. Deshalb dauerte es nicht lange, bis Netzwerk-Wissenschaftler begannen, nach besseren Möglichkeiten zu suchen, indem sie auch die Hardware in die Planung einbezogen, um flexiblere Arten der Steuerung in der Datenebene zu ermöglichen. Der nächste Abschnitt befasst sich mit den Entwicklungen in programmierbarer Hardware, die dazu geführt haben, dass die Switches selber programmierbarer wurden.

In der Zwischenzeit hat die programmierbare Softwaresteuerung, die am Anfang vornehmlich auf Übertragungs- und Datenzentrumsnetze ausgerichtet war, Einzug auch in Funknetze gefunden. So hat sich das Projekt „Central Office Re-Architected as a Datacenter" (CORD) das Ziel gesetzt, ein 5G-Netz aus zerlegter Allerweltshardware und Open-Source-Softwarekomponenten zu entwickeln (Peterson et al., 2019).

5.6.3 Die SDN-Datenebene: Programmierbare Hardware

Angesichts der Beschränkungen des OpenFlow-Chipsatzes ging man in SDN dazu über, die Hardware selbst programmierbar zu machen. Eine Reihe von Entwicklungen bei programmierbarer Hardware, sowohl bei Netzwerkschnittstellenkarten (NIC, *Network Interfache Card*) als auch bei Switches, haben es möglich gemacht, alles vom Paketformat bis zum Weiterleitungsverhalten anzupassen.

Die allgemeine Architektur wird manchmal als **protokollunabhängige Switch-Architektur** bezeichnet, die einen festen Satz von Verarbeitungspipelines umfasst, die jeweils über Speicher für Match-Action-Tabellen, eine gewisse Menge an Registerspeicher und einfache Operationen wie die Addition verfügen (Bosshart et al., 2013). Das Weiterleitungsmodell wird oft als RMT (*Reconfigurable Match Tables*) bezeichnet, eine Pipeline-Architektur, die von RISC-Architekturen inspiriert wurde. Jede Stufe der Verarbeitungspipeline kann Informationen aus den Paket-Headern lesen, die Werte im Header auf der Grundlage einfacher arithmetischer Operationen ändern und die Werte in die Pakete zurückschreiben. Die Verarbeitungspipeline ist in ▶Abbildung 5.44 dargestellt. Die Chip-Architektur umfasst einen programmierbaren Parser, eine Reihe von Match-Stufen, die einen Zustand verwalten und arithmetische Berechnungen an Paketen durchführen sowie einfache Weiterleitungs- und Verwerfungsentscheidungen treffen können, und einen „Deparser“, der die resultierenden Werte in die Pakete zurückschreibt. Jede der Lese-/Änderungsstufen kann sowohl den Zustand, der in jeder Stufe gespeichert wird, als auch jegliche Paket-Metadaten ändern (z.B. Informationen über die Warteschlangentiefe, die ein einzelnes Paket sieht).

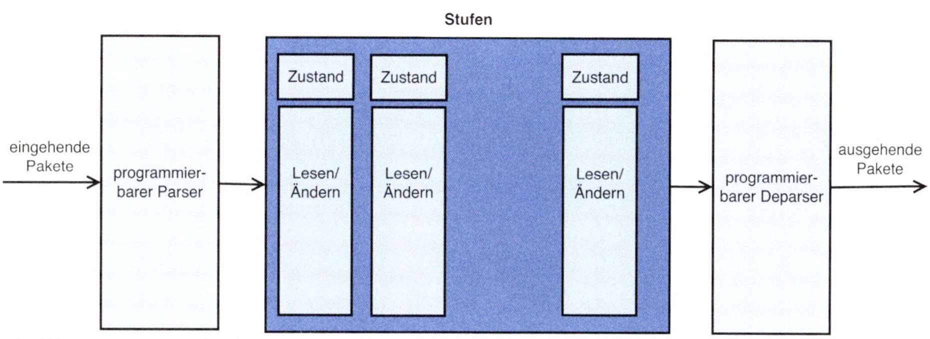

Abbildung 5.44: Rekonfigurierbare Match-Action-Pipeline für eine programmierbare Datenebene.

Das RMT-Modell erlaubt auch benutzerdefinierte Paket-Header-Formate, sodass es möglich ist, in jedem Paket zusätzliche Informationen zu speichern, die über die Standard-Protokoll-Header hinausgehen. RMT ermöglicht es einem Programmierer, Aspekte der Hardware-Datenebene zu ändern, ohne die Hardware selbst zu modifizieren. Der Programmierer kann mehrere Überstimmungstabellen beliebiger Größe spezifizieren, vorbehaltlich einer allgemeinen Ressourcenbegrenzung. Außerdem bietet es dem Anwender genügend Flexibilität, um beliebige Header-Felder zu ändern.

Moderne Chipsätze, wie z.B. der Barefoot-Tofino-Chipsatz, ermöglichen eine protokollunabhängige benutzerdefinierte Paketverarbeitung sowohl am Paketeingang als auch am Paketausgang, wie in ▶Abbildung 5.45 dargestellt. Die Möglichkeit, sowohl am Eingang als auch am Ausgang eine benutzerdefinierte Verarbeitung durchzuführen, ermöglicht Analysen der Warteschlangenzeiten (z.B. wie lange einzelne Pakete in den Warteschlangen verweilen) sowie eine benutzerdefinierte Kapselung und Entkapselung. Darüber hinaus ist ein aktives Warteschlangenmanagement (z.B. RED) in den Ausgangswarteschlangen auf der Grundlage von Metadaten möglich, die aus den Eingangswarteschlangen zur Verfügung stehen. Derzeit wird untersucht, wie diese Architektur für Verkehrs- und Überlastungsmanagement genutzt werden kann, z.B. für die Durchführung feinkörniger Warteschlangenmessungen (Chen et al., 2019).

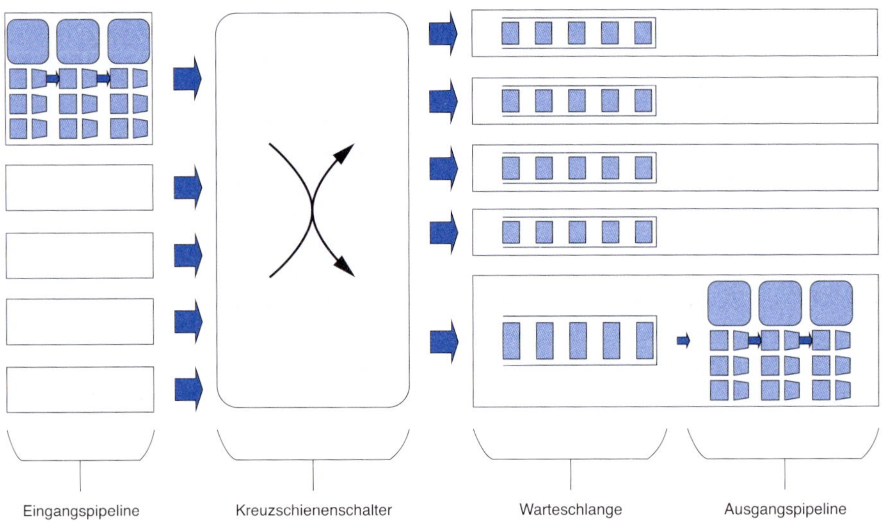

Abbildung 5.45: Rekonfigurierbare Match-Action-Pipelines für Eingang und Ausgang.

Dieses Maß an Programmierbarkeit hat sich allgemein in den Netzen von Datenzentren am nützlichsten erwiesen, deren Architekturen von dem hohen Maß an Anpassbarkeit profitieren können. Andererseits ermöglicht das Modell aber auch einige allgemeine Verbesserungen und Funktionen. So macht es das Modell beispielsweise möglich, dass Pakete Informationen über den Zustand des Netzes selbst transportieren, was Anwendungen wie die sogenannte **INT** (*In-band Network Telemetry*) ermöglicht, eine Technologie, mit der Pakete zum Beispiel Informationen über die Latenzzeit entlang jeder Teilstrecke in einem Netzpfad transportieren können.

Dank programmierbarer NICs, Bibliotheken wie das Data Plane Development Kit (DPDK) von Intel und dem Aufkommen flexiblerer Verarbeitungspipelines wie der Barefoot-Tofino-Chipsatz, der mit einer Sprache namens P4 programmierbar ist (Bosshart et al., 2014), können Netzbetreiber inzwischen eigene Protokolle und eine umfangreichere Paketverarbeitung in der Switch-Hardware selbst entwickeln. P4 ist eine höhere Sprache zur Programmierung von protokollunabhängigen Paketprozessoren wie dem RMT-Chip. Außerdem gibt es programmierbare Datenebenen für Software-Switches (und zwar lange vor programmierbaren Hardware-Switches). Eine wichtige Entwicklung auf dem Gebiet der programmierbaren Steuerung bei Switches war die Entwicklung von Open vSwitch (OVS), einer Open-Source-Implementierung eines Switches, der Pakete auf mehreren Ebenen verarbeitet und als Modul im Linux-Kernel arbeitet. Der Software-Switch bietet eine Reihe von Funktionen, von VLANs bis IPv6. Das Aufkommen von OVS ermöglichte es Netzbetreibern, die Weiterleitung in Datenzentren anzupassen, insbesondere, wenn OVS als Switch im Hypervisor von Servern in Datenzentren ausgeführt wird.

5.6.4 Programmierbare Netztelemetrie

Einer der wichtigsten Vorteile von SDN ist, dass es programmierbare Netzwerkmessungen unterstützt. Über viele Jahre hinweg hat die Netzwerkhardware nur eine begrenzte Menge an Informationen über den Netzverkehr preisgegeben, wie z. B. aggregierte Statistiken über Verkehrsflüsse, die der Netzwerk-Switch sieht (z. B. durch Standards wie IPFIX). Andererseits kann sich die Unterstützung für die Erfassung jedes einzelnen Netzwerkpakets als zu kostspielig erweisen angesichts des Speicher- und Bandbreitenbedarfs für die Erfassung des Datenverkehrs sowie des Verarbeitungsaufwands für die spätere Analyse der Daten. Für viele Anwendungen muss ein Gleichgewicht zwischen der Granularität von Paketverfolgungen und der Skalierbarkeit von IPFIX-Aggregaten gefunden werden. Dieses Gleichgewicht ist erforderlich, um Netzwerkmanagementaufgaben wie die Leistungsmessung von Anwendungen und die bereits erwähnten Überlastungsmanagementaufgaben zu unterstützen.

Programmierbare Switch-Hardware, wie sie im vorigen Abschnitt beschrieben wurde, kann eine flexiblere Telemetrie ermöglichen. Ein Trend besteht beispielsweise darin, Betreibern die Möglichkeit zu geben, Abfragen über den Netzwerkverkehr in höheren Programmiersprachen unter Verwendung von Frameworks wie MapReduce zu formulieren (Dean und Ghemawat, 2008). Ein solches Paradigma, das ursprünglich für die Datenverarbeitung in großen Clustern entwickelt wurde, eignet sich natürlich auch für Abfragen zum Netzwerkverkehr, z. B. wie viele Bytes oder Pakete sind innerhalb eines bestimmten Zeitfensters für eine gegebene Adresse oder einen gegebenen Port bestimmt? Leider ist die programmierbare Switch-Hardware (noch) nicht ausgereift genug, um komplexe Abfragen zu unterstützen, weshalb die Abfrage möglicherweise auf den Stream-Prozessor und den Netzwerk-Switch aufgeteilt werden muss. Verschiedene Technologien zielen darauf ab, diese Art der Abfrageaufteilung zu unterstützen (Gupta et al., 2019). Noch nicht gelöst sind die Forschungsprobleme, wie High-Level-Abfragekonstrukte und -Abstraktionen effizient auf Low-Level-Switch-Hardware und -Software abgebildet werden können.

Eine der letzten Herausforderungen für die programmierbare Netztelemetrie in den kommenden Jahren ist die zunehmende Verbreitung von verschlüsseltem Datenverkehr im Internet. Einerseits verbessert die Verschlüsselung die Privatsphäre, indem sie es Lauschern im Netz erschwert, den Inhalt des Nutzerverkehrs einzusehen. Andererseits ist es für die Netzbetreiber aber auch schwieriger, ihre Netze zu verwalten, wenn sie den Inhalt des Datenverkehrs nicht kennen. Ein Beispiel hierfür ist die Überwachung der Qualität von Internet-Videostreams. Ohne Verschlüsselung macht der

Inhalt des Datenverkehrs Details wie die Bitrate und die Auflösung des Videos sichtbar. Wenn der Verkehr verschlüsselt ist, müssen diese Eigenschaften indirekt abgeleitet werden, und zwar auf der Grundlage von Eigenschaften des Netzverkehrs, die direkt beobachtet werden können (z.B. Paketankunftszeiten, übertragene Bytes). Jüngste Arbeiten haben Möglichkeiten untersucht, wie sich aus einfachen statistischen Daten automatisch die übergeordneten Eigenschaften des Netzanwendungsverkehrs ableiten lassen (Bronzino et al., 2020). Die Netzbetreiber benötigen letztlich bessere Modelle, die ihnen dabei helfen, die Auswirkungen von Bedingungen wie Überlastung auf die Anwendungsleistung zu ermitteln.

5.7 Vermittlungsschicht im Internet

Nun ist es an der Zeit, die Vermittlungsschicht im Internet genauer zu untersuchen. Doch bevor wir ins Detail gehen, lohnt sich ein Blick auf die Prinzipien, die in der Vergangenheit für den Entwurf verantwortlich waren und heutzutage seinen Erfolg ausmachen. Es scheint zu oft, dass diese heute in Vergessenheit geraten sind. Diese Prinzipien werden in RFC 1958, der sehr lesenwert ist (und zur Pflichtlektüre aller Protokollentwickler gehören sollte – mit entsprechender Abschlussprüfung) aufgeführt und erörtert. Dieser RFC stützt sich stark auf Konzepte, die in Clark (1988) und Saltzer et al. (1984) vorgestellt werden. Das Folgende ist eine Übersicht der nach unserem Dafürhalten wichtigsten zehn Prinzipien (vom wichtigsten zum am wenigsten wichtigen):

1. **Stellen Sie sicher, dass es funktioniert.** Schließen Sie das Design oder den Standard nicht ab, bevor nicht mehrere Prototypen erfolgreich miteinander kommuniziert haben. Zu oft erstellen die Entwickler zuerst einen 1.000 Seiten langen Standard, lassen diesen genehmigen und entdecken dann, dass so viele Fehler enthalten sind, dass er nicht funktioniert. Dann erstellen Sie die Version 1.1 des Standards. Dies ist nicht der richtige Weg.

2. **Halten Sie den Entwurf einfach.** Wählen Sie in Zweifelsfällen die einfachste Lösung. William von Occam formulierte dieses Prinzip im 14. Jahrhundert (das Ökonomieprinzip von Occam). In modernen Begriffen formuliert: Vermeiden Sie zu viele Funktionen. Ist eine Funktion nicht absolut notwendig, lassen Sie sie weg, Insbesondere dann, wenn die gleiche Wirkung durch die Kombination anderer Funktionen erzielt werden kann.

3. **Treffen Sie eine klare Auswahl.** Wenn verschiedene Möglichkeiten bestehen, das Gleiche zu erledigen, entscheiden Sie sich für eine. Wenn Sie die gleiche Sache auf zwei oder mehr Arten ausführen, sieht dies nach Problemen aus. Standards verfügen oftmals über mehrere Optionen, Modi oder Parameter, da verschiedene einflussreiche Parteien darauf bestehen, dass ihr Weg der beste ist. Entwickler sollten sich dieser Tendenz mit ganzer Kraft widersetzen. Sagen Sie einfach nein.

4. **Nutzen Sie Modularität.** Dieses Prinzip führt direkt zum Konzept von Protokollstapeln, bei denen jede Schicht unabhängig von allen anderen ist. Wenn es erforderlich wird, dass ein Modul oder eine Schicht geändert wird, so sind auf diese Weise keine anderen betroffen.

5. **Erwarten Sie Heterogenität.** In jedem großen Netz treten verschiedene Typen von Hardware, Übertragungseinrichtungen und Anwendungen auf. Um diese handhaben zu können, muss der Netzentwurf einfach, allgemein und flexibel sein.

6. **Vermeiden Sie statische Optionen und Parameter.** Können Parameter nicht vermieden werden (wie z. B. die maximale Paketgröße), so ist es am besten, wenn der Sender und der Empfänger einen Wert aushandeln, anstatt feste Optionen vorzugeben.

7. **Streben Sie nach einem guten Entwurf, er muss nicht perfekt sein.** Oftmals haben Entwickler einen guten Entwurf, können aber einen merkwürdigen Sonderfall nicht behandeln. Entwickler sollten dann, anstatt sich den Entwurf zu verderben, den guten Entwurf nehmen und den Entwicklungsaufwand für eine Lösung des Sonderfalls den Leuten mit den ausgefallenen Anforderungen überlassen.

8. **Handhaben Sie das Senden streng, das Empfangen aber tolerant.** Anders ausgedrückt, senden Sie nur Pakete, die den Standards hundertprozentig entsprechen. Akzeptieren Sie auch ankommende Pakete, die die Standards nicht vollständig erfüllen, und versuchen Sie, diese zu verarbeiten.

9. **Berücksichtigen Sie Skalierbarkeit.** Wenn das System Millionen von Hosts und Milliarden von Benutzern leistungsstark verwalten soll, sind zentrale Datenbanken absolut nicht möglich, und die Last muss gleichmäßig über die verfügbaren Ressourcen verteilt werden.

10. **Berücksichtigen Sie Leistung und Kosten.** Wenn ein Netz eine schlechte Leistung oder enorme Kosten aufweist, wird es niemand verwenden.

Wenden wir uns nun von den allgemeinen Prinzipien hin zu den Einzelheiten der Vermittlungsschicht im Internet. Auf der Vermittlungsschicht kann das Internet als Sammlung von Teilnetzen oder **autonomen Systemen (AS)** betrachtet werden, die miteinander verbunden sind. Es gibt keine echte Struktur, sondern mehrere größere Backbones. Diese Backbones werden aus Leitungen mit hoher Bandbreite und schnellen Routern gebildet. Die größten dieser Backbones, mit denen sich alle anderen verbinden, um den Rest des Internets zu erreichen, werden **Tier-1-Netze** genannt. An die Backbones sind ISPs angeschlossen, die einen Internetzugang für private und geschäftliche Anwendungen, für Datenzentren und Housing-Einrichtungen mit vielen Servern sowie für regionale Netze (mittlere Ebene) zur Verfügung stellen. Die Datenzentren verarbeiten einen Großteil des Inhalts, der über das Internet gesendet wird. Mit den regionalen Netzen sind weitere ISPs, die LANs vieler Universitäten und Unternehmen sowie andere Randnetze verbunden. Diese quasi hierarchische Organisation ist in ▶Abbildung 5.46 dargestellt.

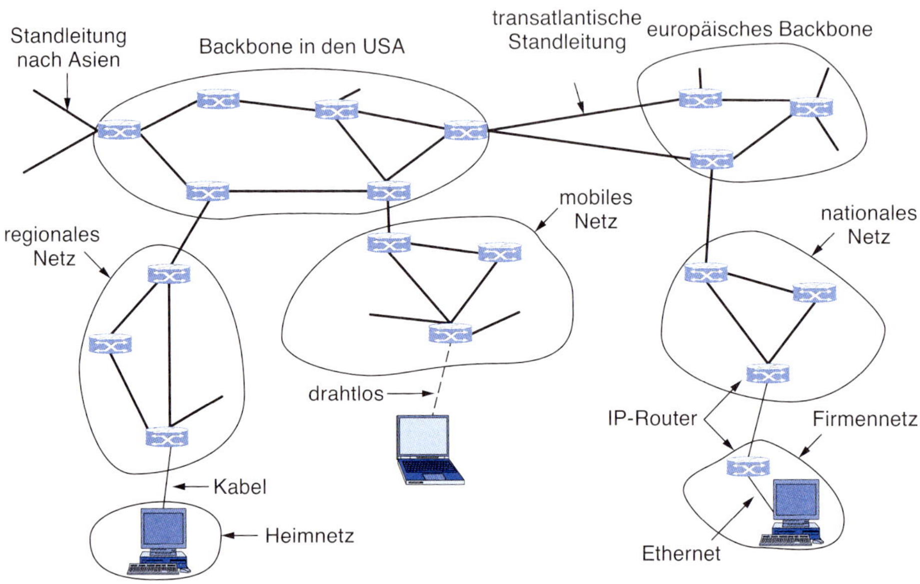

Abbildung 5.46: Das Internet besteht aus vielen miteinander verbundenen Netzen.

Der Klebstoff, der das alles zusammenhält, ist das Protokoll der Vermittlungsschicht – **IP** (*Internet Protocol*). Im Gegensatz zu den meisten älteren Protokollen der Vermittlungsschicht wurde IP von Anfang für das Internetworking ausgelegt. Stellen Sie sich die Vermittlungsschicht auf die folgende Weise vor: die Aufgabe der Vermittlungsschicht ist die Bereitstellung einer Möglichkeit, nach bestem Bestreben (d.h. nicht garantiert) Pakete von der Quelle zum Ziel zu befördern, unabhängig davon, ob sich diese Rechner im gleichen Netz befinden oder ob andere Netze dazwischenliegen.

Die Kommunikation im Internet funktioniert so, dass die Transportschicht Datenströme entgegennimmt und so aufgeteilt, dass sie als IP-Pakete gesendet werden können. Theoretisch können Pakete jeweils bis zu 64 KB groß sein, doch in der Praxis liegt die Größe bei nicht mehr als 1.500 Byte (so passen Sie in einen Ethernet-Rahmen). IP-Router leiten jedes Paket durch das Internet entlang eines Pfads von einem Router zum nächsten weiter, bis das Ziel erreicht ist. Am Ziel reicht die Vermittlungsschicht die Daten an die Transportschicht weiter, welche diese dem empfangenen Prozess übergibt. Wenn alle Teile schließlich das Ziel erreicht haben, werden sie von der Vermittlungsschicht wieder zum ursprünglichen Datagramm zusammengesetzt. Dieses Datagramm wird dann an die Transportschicht übergeben.

Im Beispiel von Abbildung 5.46 muss ein Paket, das seinen Ursprung bei einem Host im Heimnetz hat, vier Netze und eine große Anzahl von IP-Routern passieren, bevor es überhapt das Firmennetz erreicht, in dem sich der Ziel-Host befindet. Dies ist in der Praxis nicht unüblich und es gibt viele noch längere Pfade. Außerdem gibt es viel redundante Konnektivtät im Internet, da sich Backbones und ISPs an mehreren Stellen miteinander verbinden. Dies bedeutet, dass es viele mögliche Pfade zwischen zwei Hosts gibt. Es ist die Aufgabe des IP-Routing-Protokolls zu entscheiden, welche Pfade benutzt werden sollen.

5.7.1 IPv4

Das Format der IP-Datagramme ist ein guter Ausgangspunkt für unsere Erforschung der Vermittlungsschicht des Internets. Ein IPv4-Datagramm besteht aus einem Header- und einem Body- oder Nutzdatenteil. Der Header besteht aus einem festen, 20 Byte großen Abschnitt und einem optionalen Abschnitt mit variabler Länge. Das Header-Format ist in ▸Abbildung 5.47 dargestellt. Die Bits werden von links nach rechts und von oben nach unten übertragen, beginnend mit dem höchstwertigen Bit des *Version*-Feldes. (Dies ist eine Bytereihenfolge aus „Big-Endian"-Netzen. Auf Little-Endian-Rechnern, wie den Intel-x86-Computern, ist eine Softwarekonvertierung bei der Übertragung und beim Empfang erforderlich.) Rückblickend wäre Little-Endian die bessere Wahl gewesen, aber zu der Zeit, als IP entworfen wurde, wusste niemand, dass es einmal die Computerwelt beherrschen würde.

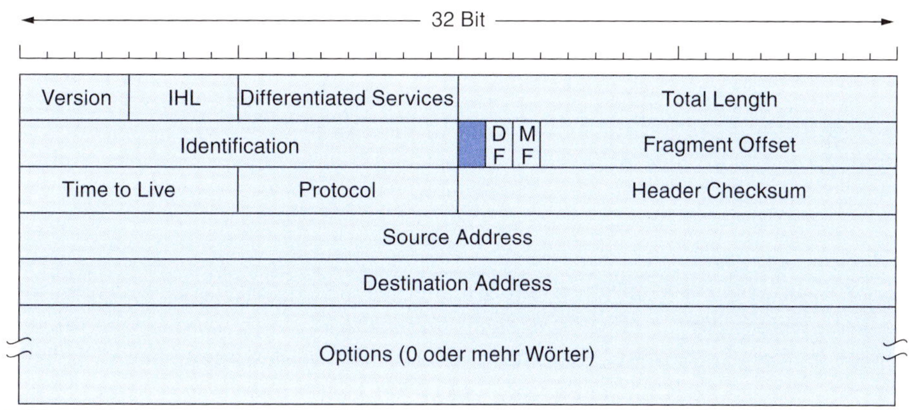

Abbildung 5.47: Der IPv4-Header.

Das *Version*-Feld informiert über die Version des Protokolls, zu dem das Datagramm gehört. Version 4 dominiert heute das Internet, und damit haben wir unsere Betrachtung begonnen. Durch Einbindung der Version am Anfang jedes Datagramms ist es möglich geworden, dass sich ein Übergang zwischen Versionen über eine lange Zeitspanne hinzieht. In der Tat wurde IPv6, die nächste IP-Version, vor mehr als einem Jahrzehnt definiert und dennoch beginnt die Installation von IPv6 gerade erst. Wir werden später in diesem Abschnitt darauf zurückkommen. Die Verwendung von IPv6 wird letztendlich unausweichlich sein, wenn jeder der fast 2^{31} Einwohner Chinas einen Desktop-PC, einen Laptop und ein IP-Telefon hat. Nebenbei zur fortlaufenden Nummerierung: IPv5 war ein experimentelles Echtzeitprotokoll, das nie große Verbreitung fand.

Da die Header-Länge nicht konstant ist, wird das Header-Feld *IHL* bereitgestellt. In diesem Feld wird die Header-Länge in 32-Bit-Wörtern angegeben. Der Mindestwert ist 5, was zutrifft, wenn keine Optionen vorhanden sind. Der Höchstwert dieses 4-Bit-Feldes ist 15, was den Header auf 60 Byte und damit das *Options*-Feld auf 40 Byte begrenzt. Für manche Optionen, z.B. eine, die den Weg eines Pakets aufzeichnet, ist das viel zu klein, sodass die Option unbrauchbar ist.

Das Feld *Differentiated Services* ist eines der wenigen Felder, die ihre Bedeutung im Laufe der Jahre (leicht) verändert haben. Ursprünglich hieß das Feld *Type of Service*. Es wurde und wird zur Unterscheidung diverser Dienstklassen verwendet. Hier sind verschiedene Kombinationen aus Zuverlässigkeit und Geschwindigkeit möglich. Für digitalisierte Sprache ist Schnelligkeit wichtiger als Genauigkeit. Für Dateiübertragung ist die fehlerfreie Übertragung wichtiger als die Schnelligkeit. Das *Type of Service*-Feld stellt 3 Bits für die Anzeige der Priorität und 3 Bits, um mitzuteilen, ob einem Host eher Verzögerung, Durchsatz oder Zuverlässigkeit wichtig ist. Da jedoch niemand wusste, was Router mit diesen Bits anfangen sollten, blieben sie viele Jahre ungenutzt. Als differenzierte Dienste eingeführt wurden, warf die IETF das Handtuch und belegte dieses Feld neu. Nun werden die ersten 6 Bits benutzt, um das Paket mit seiner Dienstklasse zu markieren; wir haben die Dienstklassen Expedited Forwarding und Assured Forwarding bereits früher in diesem Kapitel beschrieben. Die letzten 2 Bits werden zur Übertragung von ECN-Informationen verwendet, zum Beispiel, ob das Paket Überlastung erfahren hat; wir haben ECN als Teil der Überlastkontrolle weiter vorne in diesem Kapitel beschrieben.

Das Feld *Total Length* beinhaltet das komplette Datagramm – Header und Daten. Die Höchstlänge ist 65.535 Byte. Derzeit ist diese Obergrenze akzeptabel, aber in künftigen Netzen können größere Datagramme nötig sein.

Das Feld *Identification* ist erforderlich, damit der Ziel-Host feststellen kann, zu welchem Paket ein neu angekommenes Fragment gehört. Alle Fragmente eines Pakets enthalten den gleichen Wert in *Identification*.

Danach folgt ein nicht verwendetes Bit, was erstaunlich ist, da verfügbare Fläche im IP-Header extrem rar gesät ist. Bellovin (2003) hat – als Aprilscherz – vorgeschlagen, dieses Bit zu benutzen, um bösartigen Verkehr aufzudecken. Dies würde die Sicherheit sehr vereinfachen, da man wüsste, dass Pakete, bei denen das „Böse"-Bit gesetzt ist, von Angreifern gesendet wurden und somit einfach verworfen werden könnten. Leider ist Netzwerksicherheit doch nicht ganz so einfach.

Als Nächstes kommen zwei 1-Bit-Felder, die sich auf die Fragmentierung beziehen. *DF* steht für „Don't Fragment" (nicht fragmentieren). Das ist ein Befehl an die Router, dass ein Paket nicht fragmentiert werden darf. Ursprünglich war es dazu gedacht, Hosts zu unterstützen, die nicht in der Lage sind, die einzelnen Stücke wieder zusammenzusetzen. Jetzt wird es innerhalb des Prozesses verwendet, mit dem die Path MTU herausgefunden wird – die Größe, die angibt, wie groß ein Paket sein darf, das ohne Fragmentierung einen Pfad entlang reisen kann. Durch Kennzeichnung des Datagramms mit dem *DF*-Bit weiß der Sender, dass das Paket entweder in einem Stück ankommt oder dass eine Fehlermeldung an den Sender zurückgeschickt wird.

MF bedeutet „More Fragments" (mehr Fragmente). Dieses Bit ist bei allen Fragmenten außer dem letzten gesetzt. Es wird benötigt, um feststellen zu können, wann alle Fragmente eines Datagramms angekommen sind.

Fragment Offset gibt an, an welche Stelle im aktuellen Paket ein Fragment gehört. Alle Fragmente außer dem letzten müssen in einem Datagramm ein Vielfaches von 8 Byte sein. Das ist die elementare Fragmenteinheit. Da 13 Bit verfügbar sind, sind maximal 8.192 Fragmente pro Datagramm möglich, wodurch eine maximale Paketlänge bis zur Grenze des Felds *Total Length* unterstützt wird. Die Felder *Identification*, *MF* und *Fragment Offset* werden zusammen verwendet, um Fragmentierung wie in Abschnitt 5.5.6 beschrieben zu implementieren.

Das Feld *TTL* (*Time to Live*) ist ein Zähler, mit dem die Lebensdauer von Paketen begrenzt werden kann. Ursprünglich sollte das Feld die Zeit in Sekunden erfassen. Zulässig ist eine maximale Lebensdauer von 255 Sekunden. Der Zähler muss bei jeder Teilstrecke um 1 reduziert werden und bei einer längeren Zwischenspeicherung in einem Router mehrmals. In der Praxis werden nur die Teilstrecken gezählt. Erreicht der Zähler null, wird das Paket verworfen und ein Warnpaket an den Quell-Host gesendet. Durch dieses Merkmal werden Pakete daran gehindert, ewig herumzuschwirren, was manchmal passiert, wenn die Routing-Tabellen beschädigt wurden.

Hat die Vermittlungsschicht ein komplettes Paket zusammengestellt, muss sie wissen, was sie damit anfangen soll. Durch das Feld *Protocol* kann sie erkennen, an welchen Transportprozess das Paket weiterzugeben ist. TCP ist eine Möglichkeit, UDP und andere sind weitere. Die Nummerierung der Protokolle ist im ganzen Internet einheitlich. Protokolle und andere zugewiesene Nummern wurden früher im RFC 1700 aufgeführt, sind aber heutzutage in einer Onlinedatenbank unter *www.iana.org* zu finden.

Da der Header wesentliche Informationen wie Adressen beinhaltet, legt er seine eigene Prüfsumme zum Schutz an, und zwar im Feld *Header Checksum*. Der Algorithmus addiert alle 16-Bit-Halbwörter des Headers bei ihrer Ankunft in der Einerkomplement-Arithmetik und berechnet dann das Einerkomplement des Ergebnisses. Zum Zweck dieses Algorithmus wird angenommen, dass *Header Checksum* bei Ankunft null ist. Eine solche Prüfsumme dient dem Erkennen von Fehlern, während das Paket durch das Netz reist. Beachten Sie, dass sie bei jeder Teilstrecke neu berechnet werden muss, weil sich mindestens ein Feld immer ändert (das *TTL*-Feld). Es sind aber verschiedene Tricks möglich, um die Berechnung zu beschleunigen.

Die Felder *Source Address* und *Destination Address* bezeichnen die IP-Adresse der Netzschnittstellen von Quelle und Ziel. Internetadressen werden im nächsten Abschnitt behandelt.

Das Feld *Options* wurde vorgesehen, um es späteren Versionen des Protokolls zu ermöglichen, Informationen aufzunehmen, die im ursprünglichen Entwurf nicht vorhanden sind. Damit können Experimentierfreudige neue Ideen ausprobieren und es wird gleichzeitig vermieden, dass Header-Bits für Informationen genutzt werden, die selten benötigt werden. Das Feld hat eine variable Länge. Jede Option beginnt mit einem 1-Byte-Code, der die Option identifiziert. Bei einigen Optionen folgt darauf ein 1-Byte-Feld mit der Optionslänge und dann eines oder mehrere Datenbytes. Das Feld *Options* wird auf ein Vielfaches von 4 Byte aufgefüllt. Ursprünglich waren fünf Optionen definiert, sie sind in ▶Abbildung 5.48 aufgeführt.

Option	Beschreibung
Security	Bezeichnet, wie geheim das Datagramm ist
Strict Source Routing	Gibt den vollständigen Pfad an
Loose Source Routing	Gibt eine Liste von Routern an, die nicht verfehlt werden dürfen
Record Route	Veranlasst jeden Router, seine IP-Adresse anzuhängen
Timestamp	Veranlasst jeden Router, seine IP-Adresse und einen Zeitstempel anzuhängen

Abbildung 5.48: Einige ausgewählte IP-Optionen.

Die Option *Security* (Sicherheit) bestimmt, wie geheim die Informationen sind. Theoretisch kann ein Router in einer militärischen Anwendung diese Option benutzen, um festzulegen, dass die Übertragung der Pakete nicht durch bestimmte Länder fließen soll. In der Praxis wird es von allen Routern ignoriert; deshalb liegt seine einzige praktische Verwendung darin, dass Spione schneller an die interessanten Daten kommen können.

Die Option *Strict Source Routing* (exaktes Source-Routing) gibt den vollständigen Pfad von der Quelle zum Ziel als Folge von IP-Adressen an. Das Datagramm muss diese Route genau einhalten. Sie ist besonders für Systemmanager nützlich, die Notpakete aussenden müssen, wenn Routing-Tabellen beschädigt wurden, oder für bestimmte Zeitmessungen.

Die Option *Loose Source Routing* (lockeres Source-Routing) verlangt, dass das Paket die spezifizierten Router in der angegebenen Reihenfolge durchläuft, es kann aber auf dem Weg auch andere Router durchqueren. Normalerweise stellt diese Option nur ein paar Router zur Verfügung, um einen bestimmten Pfad zu erzwingen. Wenn beispielsweise durchgesetzt werden soll, dass ein Paket von London nach Sydney in westlicher und nicht in östlicher Richtung übertragen werden soll, können mit dieser Option Router in New York, Los Angeles und Honolulu angegeben werden. Diese Option ist am nützlichsten, wenn Datenströme aus politischen oder wirtschaftlichen Gründen bestimmte Länder durchlaufen oder aber meiden sollen.

Die Option *Record Route* (Wegaufzeichnung) weist jeden Router auf dem durchquerten Weg an, seine IP-Adresse an das Feld *Options* anzuhängen. Dadurch können Systemmanager Fehler in den Routing-Algorithmen verfolgen („Warum besuchen Pakete von Houston nach Dallas zuerst Tokio?"). Als das ARPANET erstmals eingerichtet wurde, überquerte kein Paket mehr als neun Router, sodass die 40-Byte-Option reichlich bemessen war. Heute ist das zu wenig.

Die Option *Time Stamp* (Zeitstempel) schließlich ist mit der Option *Record Route* vergleichbar, außer dass hier jeder Router zusätzlich zur 32-Bit-IP-Adresse auch einen 32-Bit-Zeitstempel erfasst. Auch diese Option wird vorwiegend für Messungen verwendet.

Heutzutage sind IP-Optionen in Ungnade gefallen. Viele Router ignorieren sie oder verarbeiten sie nicht effizient, schieben sie als unüblichen Fall beiseite. Das heißt, Optionen werden nur teilweise unterstützt und selten benutzt.

5.7.2 IP-Adressen

Ein definierendes Merkmal von IPv4 sind dessen 32-Bit-Adressen. Jeder Host und jeder Router im Internet hat eine IP-Adresse, die in den Feldern *Source Address* und *Destination Address* von IP-Paketen verwendet werden kann. Es ist wichtig, sich vor Augen zu halten, dass sich eine IP-Adresse eigentlich nicht auf einen Host, sondern auf eine Netzwerkschnittstelle bezieht. Wenn ein Host in zwei Netzen verfügbar ist, muss er zwei IP-Adressen haben. In der Praxis sind aber die meisten Hosts in einem Netz und haben daher eine IP-Adresse. Im Gegensatz dazu haben Router mehrere Schnittstellen und somit mehrere IP-Adressen.

Präfixe

Anders als Ethernet-Adressen sind IP-Adressen hierarchisch aufgebaut. Jede 32-Bit-Adresse setzt sich zusammen aus einem Netzwerkteil von variabler Länge in den oberen Bits und einem Hostteil in den unteren Bits. Der Netzwerkanteil hat für alle Hosts auf einem Netz, beispielsweise einem Ethernet-LAN, denselben Wert. Dies bedeutet, dass ein Netz einem zusammenhängenden Block von IP-Adressräumen entspricht. Dieser Block wird **Präfix** genannt.

IP-Adressen können in **Dezimalpunktschreibweise** (*dotted decimal notation*) geschrieben werden. In diesem Format wird jedes der 4 Bytes dezimal geschrieben, von 0 bis 255. Zum Beispiel wird die 32-Bit-Hexadezimalzahl 80D00297 als 128.208.2.151 geschrieben. Präfixe werden geschrieben, indem die niedrigste IP-Adresse im Block und die Blockgröße angegeben werden. Die Größe wird durch die Anzahl der Bits im Netzwerkteil bestimmt; die verbleibenden Bits im Hostteil können variieren. Dies bedeutet, dass die Größe eine Zweierpotenz sein muss. Konventionsgemäß wird die Größe nach der Präfix-IP-Adresse als Schrägstrich gefolgt von der Länge des Netzwerkteils in Bits geschrieben. Wenn in unserem Beispiel das Präfix 2^8 Adressen enthält und somit 24 Bits für den Netzwerkteil bleiben, so wird dies als 128.208.0.0/24 geschrieben.

Da die Präfixlänge nicht allein aus der IP-Adresse abgeleitet werden kann, müssen Routing-Protokolle die Präfixe zu den Routern bringen. Manchmal werden Präfixe einfach durch ihre Länge beschrieben, wie in „/16“ (was „Slash 16“ gesprochen wird). Die Länge des Präfixes entspricht einer binären Maske von Einsen im Netzwerkteil. Wird das Präfix auf diese Art ausgeschrieben, dann wird es eine **Netzmaske** (*subnet mask*) genannt. Es kann über eine UND-Operation mit der IP-Adresse verknüpft werden, um nur den Netzwerkteil zu extrahieren. Für unser Beispiel ist die Netzmaske 255.255.255.0. ▶Abbildung 5.49 zeigt ein Präfix und eine Netzmaske.

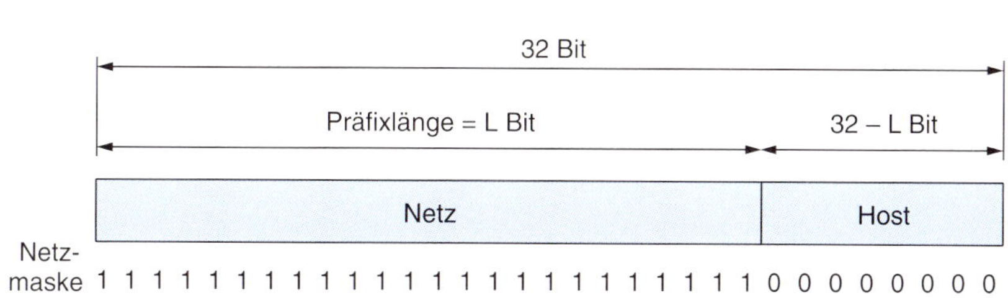

Abbildung 5.49: IP-Präfix und eine Netzmaske.

Hierarchisch aufgebaute Adressen haben entscheidende Vor- und Nachteile. Der Hauptvorteil von Präfixen ist, dass Router die Weiterleitung von Paketen lediglich aufgrund des Netzwerkteils der Adresse durchführen können, solange jedes Netz einen eindeutigen Adressblock besitzt. Der Hostteil interessiert die Router nicht, weil alle Pakete an Hosts in demselben Netzwerk in dieselbe Richtung gesendet werden. Der Hostteil wird erst benötigt, wenn die Pakete das Netz erreichen, für das sie vorgesehen sind, um sie zu dem richtigen Host weiterzuleiten. Dadurch sind die Routing-Tabellen viel kleiner. Bedenken Sie, dass die Anzahl von Hosts im Internet eine Milliarde erreicht. Das wäre eine sehr große Tabelle, die jeder Router vorhalten müsste. Indem jedoch eine Hierarchie verwendet wird, müssen Router nur die Wege für rund 300.000 Präfixe behalten.

Die Verwendung einer Hierarchie ermöglicht zwar das Skalieren von Internet-Routing, hat aber zwei Nachteile. Erstens ist die IP-Adresse eines Hosts davon abhängig, wo sich dieser innerhalb des Netzes befindet. Eine Ethernet-Adresse kann überall in der Welt verwendet werden, doch eine IP-Adresse gehört zu einem konkreten Netz und ein Router kann nur Pakete ausliefern, die für diese Adresse in diesem Netz bestimmt sind. Es werden Entwürfe wie mobiles IP benötigt, um Hosts zu unterstützen, die sich zwischen Netzen hin- und herbewegen, aber dieselbe IP-Adresse behalten wollen.

Der zweite Nachteil ist, dass die Hierarchie verschwenderisch mit Adressen umgeht, wenn keine sorgfältige Verwaltung betrieben wird. Falls Adressen an Netze in (zu) großen Blöcken zugewiesen werden, dann gibt es (viele) Adressen, die zwar zugeteilt sind, aber nicht verwendet werden. Diese Zuweisung wäre nicht weiter von Belang, wenn es reichlich Adressen zum Verteilen gäbe. Man weiß jedoch seit mehr als zwei Jahrzehnten, dass das ungeheure Wachstum des Internets rasant den freien Adressraum aufbraucht. IPv6 ist die Lösung für diesen Adressmangel, aber bis IPv6 weithin installiert ist, bleibt der Druck weiterhin groß, IP-Adressen so zuzuteilen, dass sie sehr effizient benutzt werden.

Subnetze

Die Netznummern werden von einer gemeinnützigen Organisation namens **ICANN** (*Internet Corporation for Assigned Names and Numbers*) verwaltet, um Konflikte zu vermeiden. ICANN wiederum hat verschiedene Teile des Adressraums an verschiedene regionale Behörden übergeben, die IP-Adressen an ISPs und andere Unternehmen vergeben. Auf diese Weise wird einem Unternehmen ein Block von IP-Adressen zugewiesen.

Dieser Vorgang ist jedoch erst der Anfang der Geschichte, denn die IP-Adresszuweisung geht weiter, wenn Unternehmen wachsen. Wir hatten oben gesagt, dass Routing mithilfe von Präfixen erfordert, dass alle Hosts in einem Netz dieselbe Netzwerknummer haben. Diese Eigenschaft kann Probleme verursachen, wenn Netze größer werden. Stellen Sie sich zum Beispiel vor, dass eine Universität unseren /16-Präfix aus dem obigen Beispiel benutzt, um die Rechner der Informatikfakultät auf ihrem Ethernet mit Adressen zu versorgen. Ein Jahr später möchte die Elektrotechnikfakultät ins Internet gehen. Die Kunstfakultät zieht bald darauf nach. Welche IP-Adressen sollten diese

Fakultäten verwenden? Sollen weitere Blöcke angefordert werden, dann muss der Universitätsrahmen verlassen werden, und dies kann teuer oder umständlich sein. Zudem liefern die bereits zugewiesenen /16 schon genug Adressen für über 60.000 Hosts. Dieser Schritt könnte geplant werden, wenn bedeutendes Wachstum vorgesehen ist, aber bevor dies nicht passiert, wäre es verschwenderisch, derselben Universität weitere Blöcke von IP-Adressen zuzuweisen. Eine andere Organisationmethode wird hier benötigt.

Die Lösung ist, den Adressblock in mehrere Teile aufzuspalten, die intern wie mehrere Netze benutzt werden, während sie der Außenwelt gegenüber noch wie ein einzelnes Netz auftreten. Dieser Vorgang wird **Subnetting** genannt und die Netze (wie Ethernet-LANs), die aus dem Aufteilen eines größeren Netzes resultieren, werden **Subnetze** genannt. Wie wir in *Kapitel 1* erwähnt haben, sollten Sie sich darüber bewusst sein, dass dieser neue Gebrauch der Begriffe mit der älteren Nutzung von „Subnetz" in Konflikt steht, welcher die Menge aller Router und Kommunikationsleitungen in einem Netz bezeichnet.

▶Abbildung 5.50 zeigt, wie Subnetze uns bei unserem Beispiel weiterhelfen können. Das einzelne /16 wurde in Teile gespalten. Diese Aufteilung muss keine gleich großen Teile ergeben, aber alle Teile müssen aufeinander abgestimmt sein, sodass alle Bits im unteren Hostteil verwendet werden können. In diesem Fall wird die Hälfte des Blocks (a /17) der Informatikfakultät zugewiesen, ein Viertel (a /18) der Elektrotechnikfakultät und ein Achtel (a /19) der Kunstfakultät. Das verbleibende Achtel wird nicht zugewiesen. Man kann sich die Aufteilung des Blocks auch verständlich machen, wenn man einen Blick auf die resultierenden Präfixe in Binärschreibweise wirft:

```
Informatik:      10000000  11010000  1|xxxxxxx  xxxxxxxx
Elektrotechnik:  10000000  11010000  00|xxxxxx  xxxxxxxx
Kunst:           10000000  11010000  011|xxxxx  xxxxxxxx
```

Hier gibt der senkrechte Balken (|) die Grenze zwischen der Subnetznummer und dem Hostteil an.

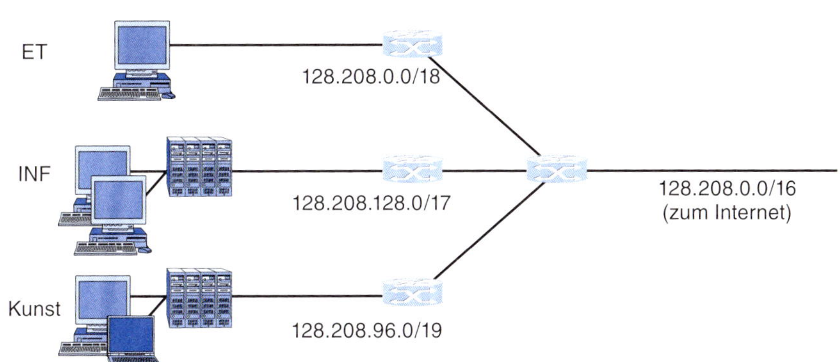

Abbildung 5.50: Aufspalten eines IP-Präfixes in unterschiedliche Netze mithilfe von Subnetting.

Kommt ein Paket am Hauptrouter an, wie weiß der Router dann, an welches Subnetz dieses Paket übergeben werden soll? Das ist der Punkt, an dem die Einzelheiten unserer Präfixe ins Spiel kommen. Eine Möglichkeit wäre, dass jeder Router eine Tabelle mit 65.536 Einträgen vorhält, die angibt, welche Ausgangsleitung für jeden Host im Campus benutzt werden soll. Aber dies würde den Hauptskalierungsvorteil unterminieren, den wir uns von der Verwendung einer Hierarchie versprechen. Stattdessen müssen die Router einfach die Netzmasken für die Netzwerke auf dem Campus kennen.

Wenn ein Paket ankommt, sieht sich der Router die Zieladeresse des Pakets an und überprüft, zu welchem Subnetz das Paket gehört. Der Router kann dies tun, indem er die Zieladresse mit der Maske für jedes Subnetz UND-verknüpft und dann prüft, ob das Ergebnis mit dem entsprechenden Präfix übereinstimmt. Betrachten wir zum Beispiel ein Paket, das für IP-Adresse 128.208.2.151 bestimmt ist. Um festzustellen, ob es an die Informatikfakultät gerichtet ist, wenden wir eine UND-Verknüpfung mit 255.255.128.0 an und vergleichen die ersten 17 Bit (also 128.208.0.0) mit der Präfix-Adresse (128.208.128.0). Sie stimmen nicht überein. Nun prüfen wir die ersten 18 Bit für die Elektrotechnikfakultät. Hier erhalten wir 128.208.128.0, wenn wir eine UND-Verknüpfung mit der Netzmaske durchführen. Hier haben wir eine Übereinstimmung mit der Präfix-Adresse, daher wird das Paket zur Schnittstelle des Elektrotechniknetzes weitergeleitet.

Die Subnetzaufteilung kann falls nötig später geändert werden, indem alle Netzmasken an den Routern innerhalb der Universität aktualisiert werden. Außerhalb des Netzes sind die Subnetze nicht sichtbar, daher muss ICANN bei der Zuweisung von neuen Subnetzen nicht kontaktiert werden und es müssen keine externen Datenbanken geändert werden.

CIDR – Classless InterDomain Routing

Selbst wenn Blöcke von IP-Adressen reserviert werden, sodass die Adressen effizient genutzt werden, gibt es noch ein verbleibendes Problem: explodierende Routing-Tabellen.

Router von Organisationen am Rand des Netzes, wie eine Universität, müssen für jedes ihrer Subnetze einen Eintrag besitzen, der dem Router mitteilt, welche Leitung benutzt werden muss, um dieses Netz zu erreichen. Für Routen zu Zielen außerhalb der Organisation kann die einfache Default-Regel verwendet werden, die Pakete auf der Leitung zu dem ISP zu senden, der die Organisation mit dem Rest des Internets verbindet. Die anderen Zieladressen müssen sich alle irgendwo da draußen befinden.

Router von ISPs und Backbones aus dem Kernbereich des Internets haben diesen Luxus nicht. Sie müssen genau wissen, auf welchem Weg jedes einzelne Netz erreicht werden kann, und hierfür gibt es keine einfache Default-Regel. Diese Kernrouter befinden sich damit in der sogenannten **Default-freien Zone** des Internets. Niemand weiß mit Sicherheit, wie viele Netze darüber hinaus noch mit dem Internet verbunden sind, doch die Zahl dürfte groß sein, wahrscheinlich mindestes eine Million. Dies kann zu einer sehr großen Tabelle führen. In Computermaßstäben mag sich dies nicht groß anhören, aber bedenken Sie, dass ein Router für jedes Paket eine Suche in dieser Tabelle durchführen muss, und Router in großen ISPs müssen Millionen von Paketen pro Sekunde weiterleiten. Spezialisierte Hardware und schneller Speicher sind nötig, um Pakete mit diesen Raten zu verarbeiten, ein Allzweckrechner kann dies nicht leisten.

Außerdem setzen Routing-Algorithmen voraus, dass jeder Router mit anderen Routern Informationen über die Adressen austauscht, die der Router erreichen kann. Je größer die Tabellen, desto mehr Information muss kommuniziert und verarbeitet werden. Die Verarbeitung wächst mindestens linear mit der Tabellengröße. Größerer Kommunikationsaufwand erhöht die Wahrscheinlichkeit, dass ein Teil davon unterwegs verloren geht, zumindest zeitweilig, was möglicherweise zu einem instabilen Routing führt.

Die Probleme mit den Routing-Tabellen können gelöst werden, wenn man zu einer tieferen Hierarchie übergeht, wie dem Telefonnetz. Wenn jede IP-Adresse je ein Feld für Land, Landkreis/Provinz, Stadt, Netz und Host enthält, kann dies funktionieren. In diesem Fall muss jeder Router nur wissen, wie er die einzelnen Länder, Landkreise oder Provinzen, Städte und Netze in seiner Stadt erreicht. Leider würde diese Lösung wesentlich mehr als 32 Bit für die IP-Adresse voraussetzen und außerdem Adressen ineffizient nutzen (und Liechtenstein hätte beispielsweise genauso viele Bits in seinen Adressen wie die USA).

Zum Glück gibt es etwas, was wir tun können, um die Größen der Routing-Tabellen zu reduzieren. Wir können dieselbe Erkenntnis wie beim Subnetting anwenden: Router an unterschiedlichen Orten können wissen, dass eine gegebene IP-Adresse zu Präfixen unterschiedlicher Größen gehört. Anstatt jedoch einen Adressblock in Subnetze aufzuspalten, kombinieren wir hier mehrere kleine Präfixe zu einem größeren Präfix. Dieser Vorgang wird als **Routen-Aggregation** bezeichnet. Das resultierende größere Präfix wird manchmal **Supernetz** genannt, um es von Subnetzen als Aufteilung von Adressblöcken abzugrenzen.

Bei der Aggregation kommen IP-Adressen in Präfixen unterschiedlicher Größe vor. Dieselben IP-Adressen, die der eine Router als Teil eines /22 (ein Block, der 2^{10} Adressen enthält) betrachtet, können von einem anderen Router als Teil eines größeren /20 angesehen werden (welches 2^{12} Adressen enthält). Es liegt an jedem einzelnen Router, ob er die entsprechende Präfixinformation hat. Dieser Entwurf wird zusammen mit Subnetting verwendet und **CIDR** (*Classless Inter-Domain Routing*) genannt, was wie das Getränk „Cider“ ausgesprochen wird. Die aktuelle Version wird in RFC 4632 spezifiziert (Fuller und Li, 2006). Der Name unterstreicht den Gegensatz zu Adressen, bei denen die Hierarchie mithilfe von Klassen codiert wird, welche wir in Kürze beschreiben werden.

Um CIDR verständlicher zu machen, sehen wir uns ein Beispiel an, in dem ein Block von 8.192 IP-Adressen ab der Adresse 194.24.0.0 verfügbar ist. Nehmen wir an, die Cambridge-Universität braucht 2.048 Adressen und erhält die Adressen 194.24.0.0 bis 194.24.7.255 mit der Maske 255.255.248.0. Dies ist ein /21-Präfix. Als Nächstes fordert die Oxford-Universität 4.096 Adressen an. Da ein Block von 4.096 Adressen auf einer Grenze von 4.096 Byte liegen muss, können Oxford keine Adressen gegeben werden, die mit 194.24.8.0 beginnen. Oxford erhält stattdessen 194.24.16.0 bis 194.24.31.255 mit der Netzmaske 255.255.240.0. Dann fordert die Universität von Edinburgh 1.024

Adressen an. Sie erhält die Adressen 194.24.8.0 bis 194.24.11.255 und die Maske 255.255.252.0. Diese Zuweisungen sind in ▶Abbildung 5.51 zusammengefasst.

Universität	Erste Adresse	Letzte Adresse	Wie viele	Präfix
Cambridge	194.24.0.0	194.24.7.255	2048	194.24.0.0/21
Edinburgh	194.24.8.0	194.24.11.255	1024	194.24.8.0/22
(verfügbar)	194.24.12.0	194.24.15.255	1024	194.24.12.0/22
Oxford	194.24.16.0	194.24.31.255	4096	194.24.16.0/20

Abbildung 5.51: Eine Menge von IP-Adresszuweisungen.

Alle Router in der Default-freien Zone werden nun über die IP-Adressen in den drei Netzen informiert. Router, die sich nahe der Universitäten befinden, müssen eventuell für jedes der Präfixe auf einer anderen Ausgangsleitung senden, sie benötigen also einen Eintrag für jedes Präfix in ihren Routing-Tabellen. Ein Beispiel ist der Router in London in ▶Abbildung 5.52.

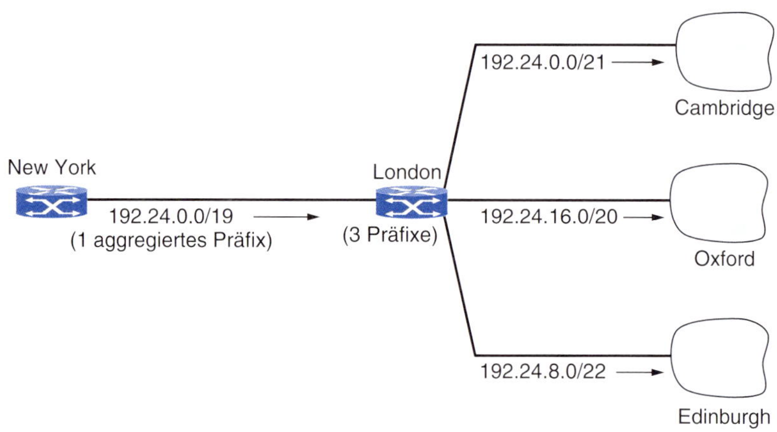

Abbildung 5.52: Aggregation von IP-Präfixen.

Betrachten wir nun diese drei Universitäten vom Standpunkt eines entfernten Routers in New York aus. Alle IP-Adressen in den drei Präfixen sollten von New York (oder der USA im Allgemeinen) nach London gesendet werrden. Der Routing-Prozess in London bemerkt dies und kombiniert die drei Präfixe zu einem aggregierten Eintrag für das Präfix 194.24.0.0/19, das er dem New Yorker Router weitergibt. Dieses Präfix enthält 8.192 Adressen und deckt die drei Universitäten sowie die ansonsten unreservierten 1.024 Adressen ab. Durch Aggregation sind drei Präfixe auf eines reduziert worden. Somit haben sich die Präfixe, über die der New Yorker Router informiert werden muss, sowie die Einträge in den Routing-Tabellen des New Yorker Routers verringert.

Sobald Aggregation zugeschaltet wird, läuft der Prozess automatisch ab. Es kommt darauf an, welche Präfixe sich wo im Internet befinden, und hängt nicht von den

Aktionen eines Administrators ab, der Adressen den Netzen zuordnet. Aggregation wird im Internet stark genutzt, die Größe von Router-Tabellen kann damit um rund 200.000 Präfixe reduziert werden.

Es gibt noch eine weitere Verwicklung: Präfixe können sich überlappen. Die Regel ist, dass Pakete in Richtung der speziellsten Route oder des **Longest-Prefix-Match** (*longest matching prefix*) gesendet werden, das die wenigsten IP-Adressen hat. Longest-Prefix-Match-Routing bietet einen sinnvollen Grad an Flexibilität, wie man an dem Verhalten des Routers in New York in ▶Abbildung 5.53 sehen kann. Dieser Router verwendet noch ein einzelnes aggregiertes Präfix, um Verkehr an die drei Universitäten nach London zu senden. Der zuvor verfügbare Adressblock innerhalb dieses Präfixes wurde jedoch nun einem Netz in San Francisco zugeteilt. Der New Yorker Router hat nun die Möglichkeit, vier Präfixe zu behalten und die Pakete für drei davon nach London zu senden, während die Pakete für das vierte Präfix nach San Francisco gehen. Oder das Longest-Prefix-Match-Routing erledigt diese Weiterleitung mit den zwei gezeigten Präfixen. Ein Gesamtpräfix wird verwendet, um Verkehr für den gesamten Block nach London zu dirigieren. Ein spezielleres Präfix wird außerdem benutzt, um einen Teil des längeren Präfixes nach San Francisco zu leiten. Mit der Longest-Prefix-Match-Regel werden IP-Adressen innerhalb des Netzes in San Francisco auf die Ausgangsleitung nach San Francisco gesendet und alle anderen IP-Adressen im größeren Präfix werden nach London gesendet.

Abbildung 5.53: Longest-Prefix-Match-Routing am New Yorker Router.

Im Prinzip arbeitet CIDR wie folgt. Wenn ein Paket ankommt, wird die Routing-Tabelle durchsucht um festzustellen, ob das Ziel innerhalb des Präfixes liegt. Es ist möglich, dass mehrere Einträge mit unterschiedlichen Präfixlängen passen, in diesem Fall wird der Eintrag mit dem längsten Präfix benutzt. Falls es also eine Übereinstimmung für eine /20-Maske und für eine /24-Maske gibt, wird die /24-Maske verwendet, um die Ausgangsleitung für das Paket nachzuschlagen. Dieser Prozess wäre jedoch sehr mühsam, wenn die Tabelle tatsächlich Eintrag für Eintrag durchsucht würde. Stattdessen wurden komplexe Algorithmen entwickelt, um den Prozess der Adresszuordnung zu beschleunigen (Ruiz-Sanchez et al., 2001). Handelsübliche Router verwenden angepasste VLSI-Chips, bei denen diese Algorithmen in der Hardware eingebettet sind.

Klassenbasierte und spezielle Adressierung

Damit Sie besser schätzen können, warum CIDR so nützlich ist, wollen wir kurz den Entwurf ansehen, der ihm zeitlich voranging. Vor 1993 waren IP-Adressen über mehrere Jahrzehnte in fünf Kategorien aufgeteilt, die in ▶Abbildung 5.54 aufgeführt sind. Diese Zuordnungen werden als **klassenbasierte IP-Adressierung** (*classful addressing*) bezeichnet.

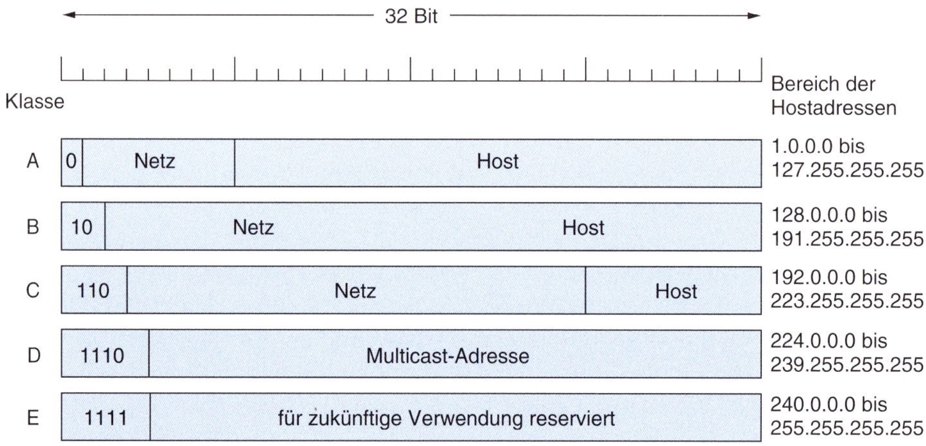

Abbildung 5.54: IP-Adressformate.

Die Formate der Klassen A, B und C ermöglichen die Konfiguration von bis zu 128 Netzen mit je 16 Millionen Hosts, 16.384 Netzen mit bis zu 65.536 Hosts, 2 Millionen Netzen (z.B. LANs) mit bis zu je 256 Hosts (obwohl einige davon für spezielle Zwecke reserviert sind). Ebenso wird Multicasting unterstützt (das Format der Klasse D), bei dem ein Datagramm an mehrere Hosts gerichtet werden kann. Adressen, die mit 1111 beginnen, sind für zukünftige Verwendungen reserviert. In Anbetracht des schwindenden IPv4-Adressraums könnten sie nun sinnvoll eingesetzt werden. Leider akzeptieren viele Hosts diese Adressen nicht als gültig, da sie so lange Zeit tabu waren, und jetzt ist es schwer, einem alten Host neue Tricks beizubringen.

Dies ist ein hierarchischer Entwurf, doch anders als bei CIDR sind die Größen der Adressblöcke fest. Es gibt über zwei Milliarden 21-Bit-Adressen, aber durch die Organisation des Adressraums nach Klassen werden Millionen davon verschwendet. Der eigentliche Übeltäter ist die Klasse B. Für die meisten Unternehmen ist ein Klasse-A-Netz mit 16 Millionen Adressen zu groß und ein Klasse-C-Netz mit 256 Adressen zu klein. Meist ist ein Klasse-B-Netz mit 65.536 Adressen gerade richtig. In der Internetwelt nennt man diese Situation das **Problem der drei Bären** (wie im Märchen *Goldlöckchen und die drei Bären*; Southey, 1848).

In Wirklichkeit jedoch ist eine Klasse-B-Adresse für die meisten Unternehmen viel zu groß. Untersuchungen haben gezeigt, dass mehr als die Hälfte der Klasse-B-Netze weniger als 50 Hosts haben. Für sie wäre ein Netz der Klasse C ausreichend. Zweifellos hatten alle Organisationen, die nach der Klasse B verlangten, das eventuell irgendwann zu knappe 8-Bit-Hostfeld vor Augen. Rückblickend wäre es besser gewesen, man hätte die C-Klasse mit einem 10-Bit-Feld anstelle von 8 Bit für die Hostnummer ausgestattet, was 1.022 Hosts pro Netz ermöglicht hätte. Wäre das der Fall gewesen, hätten sich die meisten Organisationen sicherlich für ein Netz der Klasse C entschieden (von denen es eine Million gibt, im Gegensatz zu nur 16.384 B-Netzen).

Es ist schwierig, die Internetentwickler dafür zu tadeln, dass sie nicht mehrere (und kleinere) Klasse-B-Adressen bereitgestellt haben. Als die Entscheidung getroffen wurde, drei Klassen zu verwenden, war das Internet ein Forschungsnetz, das die großen Forschungsuniversitäten der USA miteinander verband (plus einige wenige Unternehmen und militärische Standorte, die Netzforschung betrieben). Niemand konnte damals ahnen, dass das Internet ein Kommunikationssystem für den Massenmarkt werden sollte, das eine Konkurrenz zum Telefonsystem darstellt. Zu dieser Zeit hat zweifellos irgendjemand gesagt: „Die Vereinigten Staaten verfügen über 2.000 Colleges und Universitäten. Selbst wenn man alle mit dem Internet verbindet und viele Universitäten aus anderen Ländern hinzukommen, werden wir 16.000 nie erreichen, da es weltweit nicht so viele Universitäten gibt. Darüber hinaus beschleunigt es die Paketverarbeitung, wenn die Hostnummer ein ganzes Vielfaches eines Bytes ist“ (was zum damaligen Zeitpunkt vollständig softwareseitig ausgeführt wurde). Vielleicht werden eines Tages die Menschen zurückblicken und diejenigen, die das Telefonnummernschema entwickelt haben, mit den Worten kritisieren: „Was für Idioten. Warum haben sie nicht die Planetennummern in die Telefonnummern aufgenommen?“ Doch zu jener Zeit schien es nicht nötig zu sein.

Zur Lösung dieser Probleme wurden Subnetze eingeführt, mit deren Hilfe man innerhalb einer Organisation flexibel Adressblöcke zuweisen kann. Später kam CIDR hinzu, um die Größe der globalen Routing-Tabelle zu reduzieren. Heute werden die Bits, die anzeigen, ob eine IP-Adresse zu einem Netz der Klasse A, B oder C gehört, nicht länger verwendet, obwohl Verweise auf diese Klassen in der Literatur immer noch üblich sind.

Um zu verstehen, warum durch den Verzicht auf Klassen die Weiterleitung verkompliziert wird, wollen wir uns ansehen, wie einfach es im alten klassenbasierten System war. Wenn ein Paket bei einem Router ankam, wurde eine Kopie der IP-Adresse um 28 Bit nach rechts verschoben, um eine 4-Bit-Klassennummer zu ergeben. Eine 16-fache Verzweigung sortierte dann die Pakete in A, B, C (und D und E), wobei acht der Fälle für Klasse A, vier für Klasse B und zwei für Klasse C reserviert waren. Für den Code jeder Klasse wurde dann durch Maskierung die 8-, 16-, oder 24-Bit-Netznummer erstellt und das Ergebnis nach rechts in einem 32-Bit-Wort ausgerichtet. Die Netznummer wurde dann in der Tabelle A, B oder C nachgeschlagen, in der Regel für A- und B-Netze durch Indizierung sowie für C-Netze durch Hashing. Wurde der Eintrag gefunden, konnte die Ausgangsleitung nachgeschlagen und das Paket weitergeleitet werden. Dies ist viel einfacher als die Longest-Prefix-Match-Operation, da hier ein einfacher Tabellennachschlag nicht mehr ausreicht, denn eine IP-Adresse könnte jede beliebige Präfixlänge haben.

Klasse-D-Adressen werden weiterhin im Internet für Multicasting verwendet. In der Tat wäre es zutreffender zu sagen, dass gerade erst damit begonnen wird, sie für Multicasting einzusetzen, da Internet-Multicasting in der Vergangenheit nicht sehr verbreitet war.

Es gibt außerdem mehrere andere Adressen, die spezielle Bedeutung haben, wie in ▶Abbildung 5.55 gezeigt. Die IP-Adresse 0.0.0.0, die niedrigste Adresse, wird von Hosts benutzt, wenn sie hochgefahren werden. Es bedeutet „dieses Netz" oder „dieser Host". IP-Adressen mit 0 als Netznummer beziehen sich auf das aktuelle Netz. Anhand dieser Adressen können sich Rechner auf ihr Netz beziehen, ohne dessen Nummer zu kennen (sie müssen aber seine Netzmaske kennen, um zu wissen, wie viele Nullen einzubeziehen sind). Die nur aus Einsen bestehende Adresse bzw. 255.255.255.255 – die höchste Adresse – wird benutzt, um alle Hosts im bezeichneten Netz zu meinen. Es ermöglicht Broadcasting im lokalen Netz, das normalerweise ein LAN ist. Die Adressen mit einer richtigen Netznummer und nur Einsen im Hostfeld erlauben Rechnern, Broadcast-Pakete an entfernte LANs irgendwo im Internet zu senden. Viele Netzwerkadministratoren deaktivieren diese Funktion jedoch, da sie meist ein Sicherheitsrisiko ist. Schließlich sind alle Adressen in der Form 127.*xx*.*yy*.*zz* für Loopback-Tests reserviert. Pakete, die an diese Adresse gesendet werden, werden nicht auf einer Leitung ausgegeben. Sie werden lokal verarbeitet und als Eingangspakete behandelt. Dadurch können Pakete an den Host gesendet werden, ohne dass der Sender die Nummer wissen muss, was nützlich für das Testen ist.

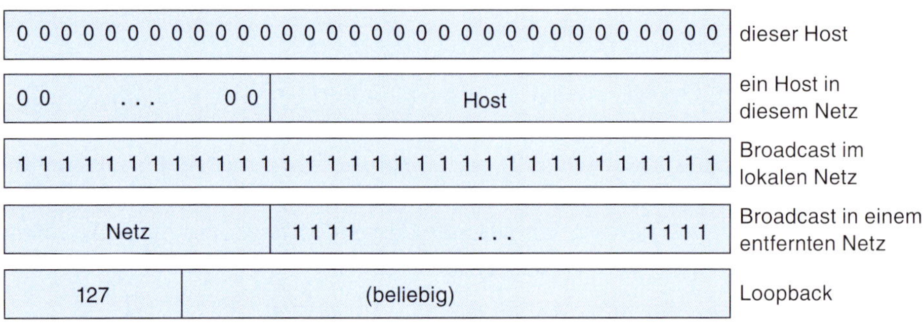

Abbildung 5.55: Spezielle IP-Adressen.

NAT – Network Address Translation

IP-Adressen sind rar. Ein ISP hat beispielsweise eine /16-Adresse, durch die er 65.534 benutzbare Hostnummern erhält. Wenn er mehr Kunden hat, ist dies ein Problem. Bei 32-Bit-Adressen gibt es nur 2^{32} davon und alle sind weg.

Diese Verknappung hat Techniken zum sparsamen Umgang mit IP-Adressen hervorgebracht. Ein Ansatz ist, eine IP-Adresse dynamisch an einen Computer zuzuweisen, wenn dieser angeschaltet ist und das Netzwerk benutzt, und diese IP-Adresse wieder zurückzunehmen, wenn der Host inaktiv wird. Die IP-Adresse kann dann einem anderen Computer zugewiesen werden, der aktiv wird. Auf diese Weise kann man mit einer /16-Adresse bis zu 65.534 aktive Benutzer unterstützen.

Diese Strategie funktioniert in einigen Fällen gut, zum Beispiel für DFÜ-Netzverbindungen oder für mobile und andere Rechner, die zeitweise abwesend oder ausgeschaltet sind. Für Geschäftskunden ist es jedoch nicht geeignet. Von vielen geschäftlich genutzten PCs wird erwartet, dass sie ununterbrochen angeschaltet sind. Bei einigen dieser Rechner werden nachts Datensicherungen durchgeführt und andere sind Server, die eventuell von jetzt auf gleich auf Fernanfragen reagieren müssen. Diese Unternehmen haben eine Zugangsleitung, die immer eine Verbindung mit dem Rest des Internets herstellt.

In steigendem Maße trifft diese Situation auch auf Privatanwender zu, die ADSL oder Internet über Kabel abonnieren, da es keine Verbindungsgebühren gibt (nur eine monatliche Flatrate). Viele dieser Nutzer haben zwei oder mehr Rechner zu Hause, oftmals einen pro Familienmitglied, die alle immer online sein möchten. Die Lösung ist, alle Rechner in einem Heimnetz über ein LAN zu verbinden und einen (drahtlosen) Router einzusetzen. Der Router verbindet dann mit dem ISP. Aus der Sicht des ISP ist die Familie also gleichzusetzen mit einem kleinen Unternehmen mit ein paar Rechnern. Willkommen bei der Schmidt AG. Mit den Techniken, die wir bisher gesehen haben, muss jeder Computer den ganzen Tag eine eigene IP-Adresse haben. Für einen ISP mit vielen Tausenden von Kunden, besonders Geschäftskunden und Familien, die wie kleine Unternehmen sind, kann die Nachfrage nach IP-Adressen den verfügbaren Block schnell überschreiten.

Das Problem, dass die IP-Adressen ausgehen, ist kein theoretisches, das irgendwann in der fernen Zukunft einmal eintreten könnte. Dies geschieht hier und jetzt. Die langfristige Lösung ist, dass das gesamte Internet auf IPv6 migriert, wo 128-Bit-Adressen zur Verfügung stehen. Der Übergang findet langsam statt, aber es wird noch Jahre dauern, bis der Prozess abgeschlossen ist. Um diese Zeit zu überbrücken, musste eine schnelle Lösung geschaffen werden. Diese schnelle Lösung, die heute weitverbreitet genutzt wird, kam in Gestalt von **NAT** (*Network Address Translation*, Netzwerkadressübersetzung), die in RFC 3022 beschrieben ist und die wir im Folgenden kurz zusammenfassen. Weitere Informationen hierzu finden Sie in Dutcher (2001).

Die Grundidee hinter NAT für den ISP ist, dass jeder Privathaushalt oder Unternehmen für den Internetdatenverkehr eine einzige IP-Adresse erhält (oder maximal eine kleine Anzahl). *Innerhalb* des Kundennetzes erhält jeder Rechner eine eindeutige IP-Adresse, die zum Weiterleiten des unternehmensinternen Datenverkehrs eingesetzt wird. Kurz bevor aber ein Paket das Kundennetz verlässt und zum ISP geht, findet eine Adressübersetzung von der eindeutigen IP-Adresse zu der gemeinsamen öffentlichen IP-Adresse statt. Diese Übersetzung verwendet drei Bereiche von IP-Adressen, die als privat deklariert wurden. Netzwerke können diese beliebig intern einsetzen. Sie müssen sich nur an die einzige Regel halten, die besagt, dass keine Pakete mit diesen Adressen im Internet auftauchen dürfen. Die drei reservierten Bereiche sind:

```
10.0.0.0    - 10.255.255.255/8     (16777216 Hosts)
172.16.0.0  - 172.31.255.255/12    (1048576 Hosts)
192.168.0.0 - 192.168.255.255/16   (65536 Hosts)
```

Der erste Bereich umfasst 16.777.216 Adressen (außer für alle Nullen und alle Einsen, wie üblich) und ist die bevorzugte Wahl, selbst wenn das Netz nicht groß ist.

Die Funktionsweise von NAT ist in ▶Abbildung 5.56 dargestellt. Beim Kunden hat jeder Rechner eine eindeutige Adresse in der Form 10.*x*.*y*.*z*. Bevor jedoch ein Paket die Kundengrenzen verlässt, durchquert es eine **NAT-Box**, die die interne IP-Quelladresse, in der Abbildung 10.0.0.1, in die echte IP-Adresse des Kunden, in unserem Beispiel 198.60.42.12, konvertiert. Die NAT-Box wird oft in einem Gerät mit einer Firewall kombiniert, die Sicherheit bietet, indem genau kontrolliert wird, welche Daten in das Kundennetz hineinkommen und welche herausgehen. Dieses Thema wird ausführlich in *Kapitel 8* behandelt. Die NAT-Box kann auch in einen Router oder ein ADSL-Modem integriert werden.

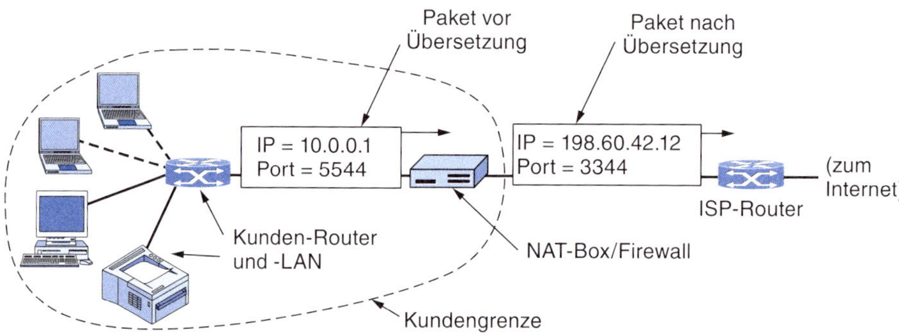

Abbildung 5.56: Positionierung und Betrieb einer NAT-Box.

Bis jetzt haben wir ein kleines, aber wichtiges Detail übersehen: Wenn die Antwort zurückkommt, (z.B. von einem Webserver), ist diese natürlich an 198.60.42.12 adressiert. Wie weiß die NAT-Box dann aber, durch welche interne Adresse diese ersetzt werden soll? Dies ist das Problem bei NAT. Wenn im IP-Header ein freies Feld vorhanden wäre, könnte man damit verfolgen, wer der echte Sender ist. Es ist aber nur ein Bit nicht genutzt. Prinzipiell könnte man eine neue Option erstellen, die die echte Quelladresse enthält, aber dies würde erfordern, dass der IP-Code auf allen Rechnern im gesamten Internet geändert werden müsste, um diese neue Option zu unterstützen. Dies ist keine vielversprechende Alternative für eine schnelle Lösung.

In Wirklichkeit passiert Folgendes: Die NAT-Entwickler haben beobachtet, dass die meisten IP-Pakete entweder TCP- oder UDP-Nutzdaten enthalten. Wir beschäftigen uns mit TCP und UDP in *Kapitel 6*. Hier werden wir sehen, dass beide Header haben, die einen Quellport und einen Zielport angeben. Im Folgenden werden wir nur TCP-Ports behandeln, aber das Gleiche gilt auch für UDP-Ports. Die Ports sind 16-Bit-Integerwerte, die angeben, wo die TCP-Verbindung beginnt und wo sie endet. Diese Ports enthalten das Feld, mit dem NAT arbeitet.

Möchte ein Prozess eine TCP-Verbindung zu einem entfernten Prozess aufbauen, weist er sich einem unbenutzten TCP-Port auf dem eigenen Rechner zu. Dieser wird als **Quellport** bezeichnet. Er gibt dem TCP-Code an, wohin die eingehenden Pakete gesendet werden sollen, die zu dieser Verbindung gehören. Der Prozess gibt auch den **Zielport** an, damit bekannt ist, wer die Pakete am entfernten Standort erhält. Die Ports 0–1.023 sind für bestimmte Dienste reserviert. So wird beispielsweise Port 80 von Webservern verwendet, damit entfernte Clients sie ausfindig machen können. Jede ausgehende TCP-Nachricht enthält einen Quell- und einen Zielport. Diese Ports legen zusammen die Prozesse fest, die die Verbindung an beiden Endpunkten nutzen.

Eine Analogie soll das Konzept der Ports verdeutlichen. Stellen Sie sich ein Unternehmen mit einer einzigen Haupttelefonnummer vor. Wenn Anrufer die Hauptnummer wählen, kommen sie zur Vermittlung und werden gefragt, welche Nebenstelle sie möchten, worauf sie durchgestellt werden. Die Hauptnummer ist analog zur IP-Adresse des Kunden und die Nebenstellen an beiden Endpunkten entsprechen den Ports. Ports stellen im Endeffekt eine zusätzliche 16-Bit-Adressierung dar, die angibt, welcher Prozess das eingehende Paket erhält.

Mit dem Feld *Source Port* können wir auch unser Zuordnungsproblem lösen. Immer wenn ein ausgehendes Paket in der NAT-Box ankommt, wird die Quelladresse 10.*x*.*y*.*z* durch die echte IP-Adresse des Kunden ersetzt. Darüber hinaus wird das TCP-Feld *Source Port* durch einen Index in die Übersetzungstabelle mit 65.536 Einträgen der NAT-Box ersetzt. Dieser Tabelleneintrag enthält die ursprüngliche IP-Adresse und den ursprünglichen Quellport. Schließlich werden die Prüfsummen der IP- und TCP-Header erneut berechnet und in das Paket eingefügt. *Source Port* muss ersetzt werden, weil Verbindungen von den Rechnern 10.0.0.1 und 10.0.0.2 eventuell beide beispielsweise Port 5.000 nutzen, sodass der *Source Port* alleine nicht ausreicht, um den sendenden Prozess zu identifizieren.

Wenn ein Paket vom ISP in der NAT-Box eintrifft, wird *Destination Port* im TCP-Header extrahiert und als Index in die Zuordnungstabelle der NAT-Box verwendet. Von dem ermittelten Eintrag werden die interne IP-Adresse und der ursprüngliche TCP-*Port* ermittelt und in das Paket eingefügt. Schließlich werden die Prüfsummen der IP- und TCP-Header erneut berechnet und in das Paket eingefügt. Das Paket wird dann an den Router des Kunden übergeben, um normal mit einer 10.*x*.*y*.*z*-Adresse ausgeliefert zu werden.

Obwohl dieses Schema das Problem in etwa löst, haben Netzwerk-Puristen in der IP-Gemeinde die Tendenz, es als eines der verabscheuungswürdigsten Dinge auf Erden zu betrachten. Hier sind kurz zusammengefasst einige der Einwände: Als Erstes verletzt NAT das architektonische Modell von IP, das besagt, dass jede IP-Adresse einen Rechner weltweit eindeutig bestimmt. Die gesamte Softwarestruktur des Internets beruht auf dieser Tatsache. Bei NAT können Tausende von Rechnern die Adresse 10.0.0.1 verwenden (und tun dies auch).

Zweitens verletzt NAT das Modell der Ende-zu-Ende-Verbindung des Internets, welches besagt, dass jeder Host jederzeit an jeden anderen Host ein Paket senden kann. Da die Zuordnung in der NAT-Box durch die ausgehenden Pakete bestimmt wird, können keine ankommenden Pakete akzeptiert werden, ehe nicht Pakete hinausgeschickt wurden. In der Praxis bedeutet dies, dass ein Privatanwender mit NAT zwar TCP/IP-Verbindungen zu einem entfernten Webserver aufbauen kann, aber ein entfernter Benutzer kann keine Verbindung zu einem Spieleserver im Heimnetz herstellen. Spezielle Konfigurationen oder Techniken zur sogenannten **NAT-Durchdringung** (*NAT traversal*) werden benötigt, um mit diesen Situationen umzugehen.

Drittens ändert NAT das Internet von einem verbindungslosen Netz in eine eigentümliche Art von verbindungsorientiertem Netz. Das Problem dabei ist, dass die NAT-Box für jede durchgehende Verbindung die Informationen (d.h. die Zuweisungen) verwalten muss. Wenn das Netz den Verbindungszustand verwaltet, so ist dies eine Eigenschaft eines verbindungsorientierten Netzes und nicht eines verbindungslosen. Fällt die NAT-Box aus und die Zuordnungstabelle geht verloren, werden alle TCP-Verbindungen zerstört. In Abwesenheit von NAT kann ein Router ausfallen und neu starten ohne langfristige Auswirkungen auf TCP-Verbindungen. Der sendende Prozess erfährt nur innerhalb weniger Sekunden einen Zeitüberlauf und überträgt alle unbestätigten Pakete erneut. Bei NAT wird das Internet verletzlich wie ein leitungsvermitteltes Netz.

Viertens verletzt NAT die grundlegendste Regel der Protokollschichtbildung: Schicht k darf keine Annahmen darüber treffen, was Schicht $k+1$ in das Nutzdatenfeld abgelegt hat. Das Grundprinzip ist, die Schichten unabhängig zu halten. Wenn TCP in Zukunft einmal auf TCP-2 aktualisiert wird, so scheitert NAT an einem anderen Header-Layout (wie 32-Bit-Ports). Das Konzept der Protokollschichten dient dazu sicherzustellen, dass Änderungen in einer Schicht keine Änderungen in anderen Schichten nach sich ziehen. NAT zerstört diese Unabhängigkeit.

Fünftens müssen Prozesse im Internet nicht unbedingt TCP oder UDP verwenden. Wenn ein Benutzer auf Rechner *A* sich entscheidet, ein neues Transportprotokoll einzusetzen, um mit einem Benutzer auf Rechner *B* zu kommunizieren (beispielsweise bei einer Multimedia-Anwendung), führt eine dazwischenliegende NAT-Box zum Ausfall der Anwendung, weil die NAT-Box nicht in der Lage ist, den *Source Port* korrekt zu bestimmen.

Ein sechstes und verwandtes Problem ist, dass einige Anwendungen mehrere TCP/IP-Verbindungen oder UDP-Ports auf vorgeschriebene Weise benutzen. Zum Beispiel fügt **FTP** (*File Transfer Protocol*), das Standardprotokoll für Dateiübertragungen, IP-Adressen in den Hauptteil des Pakets ein, sodass der Empfänger diese extrahieren und verwenden kann. Da NAT nichts über dieses Arrangement weiß, kann NAT die IP-Adressen auch nicht umschreiben oder diese anderweitig berücksichtigen. Diese Wissenslücke führt dazu, dass FTP und andere Anwendungen (wie das H.323-Protokoll für Telefongespräche über das Internet, welches wir in *Kapitel 7* untersuchen werden) bei einem NAT scheitern werden, falls nicht besondere Vorsichtsmaßnahmen getroffen werden. Häufig kann man in diesen Fällen NAT daraufhin ergänzen, aber wenn man den Code in der NAT-Box jedes Mal korrigieren muss, sobald eine neue Anwendung auftaucht, so ist dies auch nicht optimal.

Schließlich ist das *Source Port*-TCP-Feld 16 Bit lang, sodass einer IP-Adresse maximal 65.536 Rechner zugewiesen werden können. Tatsächlich ist die Anzahl etwas geringer, weil die ersten 4.096 Ports für spezielle Einsatzbereiche reserviert sind. Wenn aber mehrere IP-Adressen verfügbar sind, kann jede bis zu 61.440 Rechner verwalten.

Ein Überblick über diese und andere Probleme ist in RFC 2993 zu finden. Trotz dieser Probleme wird NAT in der Praxis häufig eingesetzt, speziell für Privatanwender und kleine Firmennetze, da es die einzige brauchbare Technik ist, um mit der Verknappung der IP-Adressen umzugehen. NAT wurde um Firewalls und Datenschutz erweitert, weil es unerwünscht ankommende Pakete standardmäßig blockiert. Aus diesem Grund ist es unwahrscheinlich, dass NAT vollständig verschwindet, wenn IPv6 weithin installiert wurde.

5.7.3 IP Version 6

IP wird seit Jahrzehnten vielfach eingesetzt. Es hat sich bewährt, wie das exponentielle Wachstum des Internets belegt. Leider wurde IP ein Opfer seiner eigenen Beliebtheit: ihm gehen langsam die Adressen aus. Selbst mit der sparsameren Verwendung von Adressen durch CIDR und NAT wurden die letzten IPv4-Adressen am 25. November 2019 zugewiesen. Diese im Hintergrund lauernde Katastrophe wurde vor zwei Jahrzehnten entdeckt und hat vehemente Diskussionen und Kontroversen in der Internetgemeinde ausgelöst.

In diesem Abschnitt werden das Problem und mehrere vorgeschlagene Lösungen beschrieben. Die einzige langfristige Lösung ist die Migration zu größeren Adressen. **IPv6 (IP Version 6)** ist ein Entwurf zur Ersetzung, der genau dies umsetzt. IPv6 benutzt 128-Bit-Adressen; eine Verknappung dieser Adressen in absehbarer Zukunft ist nicht sehr wahrscheinlich. Es hat sich jedoch erwiesen, dass IPv6 sehr schwierig zu installieren ist. IPv6 ist ein Vermittlungsschichtprotokoll, das sich von IPv4 unterscheidet und eigentlich nicht mit diesem zusammenarbeitet, trotz vieler Gemeinsamkeiten. Außerdem sind Firmen und Benutzer nicht wirklich sicher, warum sie IPv6 auf jeden Fall wollen sollten. Das Ergebnis ist, dass IPv6 sich nur sehr langsam verbreitet und nur in einem kleinen Teil des Internets (schätzungsweise 25 %) benutzt wird, obwohl es seit 1998 ein Internetstandard ist. Die nächsten Jahre werden eine interessante Zeit sein. Jede IPv4-Adresse hat inzwischen einen Wert von 19 Euro. 2019 wurde ein Mann dafür verurteilt, 750.000 IP-Adressen (mit einem Wert von 14 Millionen Euro) zu horten und auf dem Schwarzmarkt zu verkaufen.

Abgesehen von diesen Adressproblemen lauern noch andere Probleme im Hintergrund. In seinen Anfangsjahren wurde das Internet größtenteils von Universitäten, High-Tech-Industrien und der US-Regierung (insbesondere dem US-Verteidigungsministerium) genutzt. Mit der explosionsartigen Ausdehnung des Internets ab Mitte der 1990er Jahre wird es von ganz anderen Personen eingesetzt, die häufig andere Anforderungen haben. Zum einen möchten unzählige Leuten mit Smartphones das Internet nutzen, um mit ihrem Heimatstandort in Verbindung zu bleiben. Zum anderen wird es angesichts der bevorstehenden Verschmelzung der Computer-, Kommunikations- und Unterhaltungsbranchen nicht mehr lange dauern, bis jedes Telefon und jeder Fernseher der Welt ein Internetknoten ist. Das bedeutet, dass dann Milliarden von Geräten für Audio- und Video-on-Demand genutzt werden. Unter diesen Umständen ist ganz klar, dass sich IP weiterentwickeln und flexibler werden muss.

Angesichts dieser am Horizont auftauchenden Probleme begann die IETF 1990 die Arbeit an einer neuen Version von IP. Angestrebt wurde eine Version, der nie die

Adressen ausgehen, die eine Vielzahl anderer Probleme löst und die auch flexibler und effizienter ist. Die wesentlichen Ziele waren:

1. Unterstützung von Milliarden von Hosts, auch bei ineffizienter Zuweisung des Adressraums
2. Reduzierung des Umfangs der Routing-Tabellen
3. Vereinfachung des Protokolls, damit Router Pakete schneller verarbeiten können
4. Höhere Sicherheit (Authentifizierung und Datenschutz)
5. Stärkere Betonung des Diensttyps, insbesondere für Echtzeitdaten
6. Unterstützung von Multicasting durch die Möglichkeit, dessen Umfang anzugeben
7. Möglichkeit für Hosts, ohne Adressänderung auf Reisen zu gehen
8. Möglichkeit für das Protokoll, sich künftig weiterzuentwickeln
9. Unterstützung der alten und neuen Protokolle in Koexistenz für Jahre

Der Entwurf von IPv6 stellt eine großartige Möglichkeit dar, all die Eigenschaften von IPv4 zu verbessern, die hinter den heutigen Wünschen zurückbleiben. Um ein Protokoll zu finden, das diese Anforderungen erfüllt, veröffentlichte die IETF eine Ausschreibung zur Einreichung von Angeboten und zur Diskussion in RFC 1550. Anfänglich sind 21 Vorschläge eingegangen. Im Dezember 1992 lagen sieben brauchbare Protokolle auf dem Tisch. Die Lösungen reichten von der Durchführung geringfügiger Änderungen in IP bis zur vollständigen Ablösung durch ein ganz anderes Protokoll.

Eine Lösung sah vor, TCP auf CLNP aufzusetzen, dem Vermittlungsschichtprotokoll, das für OSI entworfen wurde. Mit seinen 160-Bit-Adressen würde CLNP ausreichend Adressraum für ewige Zeiten geboten haben, da es jedem Wassermolekül in den Ozeanen genügend Adressen (grob 2^5) geben könnte, um ein kleines Netz einzurichten. Diese Wahl hätte außerdem zwei wichtige Protokolle der Vermittlungsschicht vereint. Viele Leute waren aber der Meinung, dass das einem Zugeständnis gleichgekommen wäre, dass etwas in der OSI-Welt tatsächlich richtig gemacht wurde – eine Aussage, die in Internetkreisen als „politisch inkorrekt" erachtet wurde. CLNP wurde eng an IP angelehnt, sodass sich die zwei Protokolle kaum unterscheiden. Im Grunde unterscheidet sich das letztlich angenommene neue Protokoll mehr vom alten IP als CLNP. Ein weiterer Punkt gegen CLNP war seine schlechte Unterstützung von Diensttypen, die aber besonders im Hinblick auf die effiziente Übertragung von Multimediadaten als wichtig erachtet wurden.

Drei der besseren Vorschläge wurden in *IEEE Network* veröffentlicht (Deering, 1993; Francis, 1993; Katz und Ford, 1993). Nach heftigen Diskussionen und zahlreichen Revisionen wurde eine geänderte kombinierte Version der Vorschläge von Deering und Francis unter dem damaligen Namen **SIPP** (*Simple Internet Protocol Plus*) gewählt und schließlich als **IPv6** bezeichnet.

IPv6 erfüllt die Ziele von IETF ziemlich gut. Es hat die guten Eigenschaften von IP, wurde von den schlechten befreit und umfasst neue, die erforderlich waren. Im Allgemeinen ist IPv6 nicht mit IPv4 kompatibel, jedoch mit den anderen Internetprotokollen, darunter TCP, UDP, ICMP, IGMP, OSPF, BGP und DNS, nach geringen Modifikationen, die vorwiegend mit den längeren Adressen zu tun haben. Die wichtigsten Merkmale von IPv6 werden im Folgenden beschrieben. Ausführliche Informationen sind in RFC 2460 und RFC 2466 enthalten.

Als wichtigstes Merkmal hat IPv6 gegenüber IPv4 längere Adressen. Sie sind 128 Bits lang, was das Problem löst, weswegen IPv6 überhaupt entwickelt wurde: Bereitstellen einer wirklich unbegrenzten Menge an Internetadressen. Das Thema Adressen wird gleich noch einmal aufgegriffen.

Die zweite Verbesserung von IPv6 ist die Vereinfachung des Headers. Er enthält nur sieben Felder (gegenüber 13 in IPv4). Diese Änderung ermöglicht Routern, Pakete schneller zu verarbeiten. Damit verbessern sich der Durchsatz und die Übertragungsverzögerung. Dieses Thema wird später ebenfalls erneut aufgegriffen.

Die dritte wichtige Verbesserung ist eine bessere Unterstützung von Optionen. Diese Änderung war für den neuen Header erforderlich, weil vormals zwingende Felder nun optional sind (da sie nicht so häufig verwendet werden). Darüber hinaus unterscheidet sich auch die Art, wie Optionen dargestellt werden. Für Router ist es damit einfacher, Optionen zu überspringen, die sie nichts angehen. Diese Eigenschaft beschleunigt die Verarbeitungszeit von Paketen.

Ein vierter Bereich, in dem IPv6 gegenüber dem Vorgänger deutliche Vorteile bringt, ist Sicherheit. Die IETF hatte genug von Zeitungsgeschichten über frühreife Zwölfjährige, die ihre PCs dazu einsetzen, in Banken und Militärbasen im ganzen Internet einzubrechen. Allseits war man zu der Überzeugung gekommen, dass etwas Durchschlagendes unternommen werden musste, um die Sicherheit zu verbessern. Die wichtigsten Merkmale des neuen IP sind somit Authentifizierung und Datenschutz. Diese wurden später jedoch auch in IPv4 übernommen, sodass die Unterschiede im Bereich Sicherheit nicht mehr so groß sind.

Schließlich wurde auf die Dienstgüte mehr Gewicht gelegt. In der Vergangenheit waren verschiedene halbherzige Anstrengungen zur Verbesserung der Dienstgüte unternommen worden, aber derzeit ist durch die Verbreitung von Multimediainhalten im Internet die Dringlichkeit größer.

Der Hauptheader von IPv6

▶Abbildung 5.57 zeigt den IPv6-Header. Das Feld *Version* ist für IPv6 immer 6 (und 4 für IPv4). Während der Übergangszeit von IPv4 auf IPv6, die bereits mehr als ein Jahrzehnt andauert, können Router dieses Feld prüfen, um die Version festzustellen. Nebenbei bemerkt: Da dieser Test ein paar Anweisungen auf dem kritischen Pfad vergeudet – vorausgesetzt der Sicherheitsschicht-Header kennzeichnet in der Regel das Netzprotokoll für Demultiplexing –, könnten einige Router die Überprüfung auslassen. Zum Beispiel hat das *Type*-Feld von Ethernet verschiedene Werte, um IPv4- oder IPv6-Nutzdaten anzuzeigen. Die Diskussionen zwischen den beiden Lagern „mach es richtig" und „mach es schnell" werden zweifellos langwierig und vehement sein.

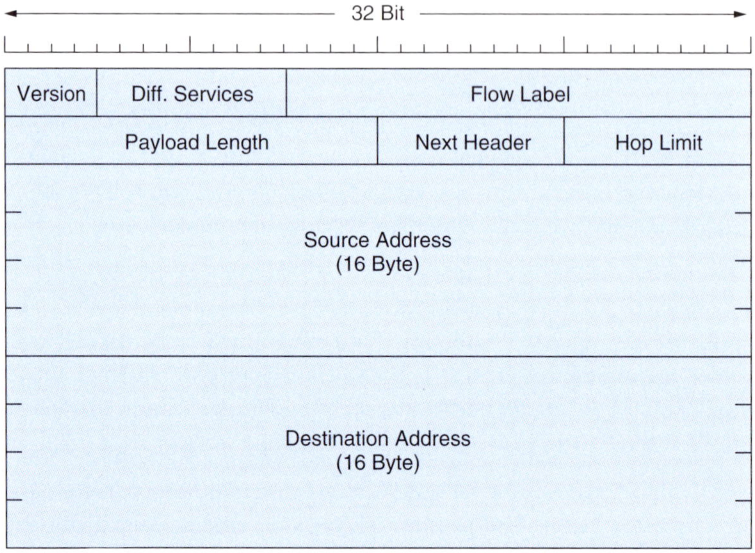

Abbildung 5.57: Der feste Header von IPv6 (erforderlich).

Das Feld *Differentiated Services* (ursprünglich *Traffic Class* genannt) dient zur Unterscheidung der Dienstklassen von Paketen mit unterschiedlichen Anforderungen bezüglich der Echtzeitzustellung. Es wird mit der Architektur differenzierter Dienste für Dienstgüte auf die gleiche Weise verwendet wie das Feld desselben Namens im IPv4-Paket. Auch die beiden niederwertigen Bits werden verwendet, um explizite Überlastungsanzeigen zu signalisieren, ebenfalls auf die gleiche Art wie bei IPv4.

Das Feld *Flow Label* ermöglicht es einer Quelle und einem Ziel, Gruppen von Paketen zu markieren, die dieselben Anforderungen haben und auf dieselbe Art und Weise vom Netzwerk behandelt werden sollten, indem eine Pseudoverbindung aufgebaut wird. Ein Paketstrom von einem Prozess eines bestimmten Quell-Hosts zu einem Prozess auf einem bestimmten Ziel-Host kann straffe Übertragungszeitanforderungen stellen und damit reservierte Bandbreite benötigen. Der Datenfluss kann im Voraus aufgebaut werden und erhält einen Identifikator. Kommt ein Paket mit einem anderen Eintrag als null im Feld *Flow Label* an, können alle Router ihre internen Tabellen durchsehen, um festzustellen, welche spezielle Behandlung gefordert wird. Datenflüsse sind also ein Versuch, beides zu erlangen: die Flexibilität eines Datagrammnetzes und die Garantien eines VC-Netzes.

Jeder Fluss für Dienstgütezwecke wird durch die Quelladresse, die Zieladresse und die Flussnummer bezeichnet. Dieser Entwurf bedeutet, dass bis zu 2^{20} Datenflüsse zwischen einem Paar von IP-Adressen gleichzeitig aktiv sein können. Es bedeutet auch, dass selbst wenn zwei Datenflüsse von verschiedenen Hosts kommen, aber mit der gleichen Flussnummer durch den gleichen Router strömen, ist der Router dadurch in der Lage, sie anhand der Quell- und Zieladressen zu unterscheiden. Es wird erwartet, dass Flussnummern zufallsgesteuert ausgewählt werden, also nicht sequenziell ab

1 zugewiesen werden, deshalb wird von Routern der Aufbau von Hash-Tabellen erwartet.

Das Feld *Payload Length* gibt an, wie viele Bytes dem 40 Byte langen Header folgen (Abbildung 5.57). Der Name wurde geändert (das Feld heißt in IPv4 *Total Length*), weil sich auch die Bedeutung leicht geändert hat: Die 40-Header-Bytes werden nicht mehr (wie vorher) als Teil der Länge gezählt. Diese Veränderung bedeutet, dass die Nutzlast nun 65.535 Byte anstelle von nur 65.515 Byte betragen kann.

Das Feld *Next Header* lässt die Katze aus dem Sack. Der Grund, warum der Header vereinfacht werden konnte, liegt darin, dass es zusätzliche (optionale) Erweiterungs-Header gibt. Dieses Feld gibt an, welcher der (derzeit) sechs Erweiterungs-Header diesem folgt, falls überhaupt. Ist das der letzte IP-Header, gibt das Feld *Next Header* an, an welchen Transportprotokoll-Handler (z.B. TCP, UDP) das Paket übergeben wird.

Das Feld *Hop Limit* wird verwendet, um Pakete am ewigen Leben zu hindern. Das entspricht dem Feld *Time to Live* in IPv4, d.h., es ist ein Feld, das nach jeder Teilstrecke um 1 reduziert wird. Theoretisch war das in IPv4 eine Zeit in Sekunden, aber kein Router hat das Feld so verwendet; deshalb wurde der Name geändert, um die eigentliche Nutzung widerzuspiegeln.

Die nächsten Felder sind *Source Address* und *Destination Address*. Deerings ursprünglicher Vorschlag, SIP, verwendet 8-Byte-Adressen. Im Laufe der Revisionsdurchläufe kam man aber überein, dass IPv6 dadurch innerhalb von wenigen Jahrzehnten keine Adressen mehr haben würde. 16-Byte-Adressen würden demgegenüber niemals ausgehen. Andere waren der Meinung, dass 16 Byte überbemessen seien, während wieder andere 20-Byte-Adressen befürworteten, um mit dem OSI-Datagrammprotokoll kompatibel zu sein. Eine weitere Gruppe wollte Adressen mit variabler Länge. Nach heftigen Diskussionen und einigen Bemerkungen, die für ein akademisches Lehrbuch nicht druckreif sind, einigte man sich auf 16-Byte-Adressen mit fester Länge.

Eine neue Notation wurde zum Schreiben von 16-Byte-Adressen entwickelt. Sie werden in acht Gruppen von je vier hexadezimalen Ziffern geschrieben, die durch Doppelpunkte getrennt werden, wie beispielsweise

8000:0000:0000:0000:0123:4567:89AB:CDEF

Da viele Adressen viele Nullen aufweisen werden, wurden drei Optimierungen beschlossen. Erstens können führende Nullen in einer Gruppe weggelassen werden, sodass 0123 als 123 geschrieben werden kann. Zweitens können eine oder mehrere Gruppen mit 16 Nullbits durch zwei Doppelpunkte ersetzt werden. Die obige Adresse wäre dann z.B.

8000::123:4567:89AB:CDEF

Drittens können IPv4-Adressen als zwei Doppelpunkte und eine alte Dezimalzahldarstellung mit Punkt geschrieben werden, z.B.

::192.31.20.46

Die neue Form der Adressierung wird hier so ausführlich beschrieben, weil es viele 16-Byte-Adressen gibt. Ganz genau gibt es 2^{128} davon, was ungefähr 3×10^{38} entspricht. Wäre die ganze Erde, einschließlich der Meere, mit Computern bedeckt, würde IPv6 7×10^{23} IP-Adressen pro Quadratmeter bieten. Chemiestudenten werden feststellen, dass diese Zahl größer ist als die von Avogadro. Obwohl es nicht beabsichtigt war, jedem Molekül auf der Erdoberfläche eine eigene IP-Adresse zu geben, sind wir nicht mehr weit davon entfernt.

In der Praxis wird dieser Adressraum nicht effizient genutzt, genauso wie beim Telefonsystem (die Vorwahl für Manhattan – 212 – ist fast ausgeschöpft, aber 307 für Wyoming ist fast leer). In RFC 3194 haben Durand und Huitema berechnet, dass man unter Verwendung der Zuweisung der Telefonnummern als Richtlinie auch in einem extrem pessimistischen Szenario immer noch weit über 1.000 IP-Adressen pro Quadratmeter der Erdoberfläche (Land und Wasser) erhält. In jedem realistischen derartigen Szenario gibt es davon Trillionen pro Quadratmeter. Kurz: Es scheint sehr unwahrscheinlich, dass uns in vorhersehbarer Zukunft die IP-Adressen ausgehen.

Ein Vergleich des IPv4-Headers (Abbildung 5.47) mit dem IPv6-Header (Abbildung 5.57) zeigt auf, was in IPv6 weggelassen wurde. Das *IHL*-Feld ist verschwunden, weil der IPv6-Header eine feste Länge hat. Das *Protocol*-Feld wurde herausgenommen, weil das Feld *Next Header* angibt, was nach dem letzten IP-Header folgt (z.B. ein UDP- oder TCP-Segment).

Alle Felder in Bezug auf die Fragmentierung wurden weggelassen, weil die Fragmentierung in IPv6 anders gehandhabt wird. Erstens wird von allen IPv6-kompatiblen Hosts erwartet, dass sie die Größe der zu verwendenden Pakete dynamisch ermitteln. Dies wird mithilfe der Path-MTU-Discovery-Prozedur durchgeführt, die wir in Abschnitt 5.5.6 beschrieben haben. Kurz, sendet ein Host ein zu großes IPv6-Paket, dann wird es nicht fragmentiert, vielmehr sendet der Router, der es nicht weitergeben kann, eine Nachricht an den sendenden Host zurück. In dieser Nachricht wird der Host angewiesen, alle künftigen Pakete zu diesem Ziel aufzuteilen. Dadurch, dass der Host von vornherein Pakete in der richtigen Größe senden muss, wird mehr Effizienz erreicht, als wenn Pakete unterwegs fragmentiert werden. Auch wurde die minimale Paketgröße von 576 auf 1.280 erhöht, um 1.024 Byte Daten und viele Header zu unterstützen.

Das Feld *Checksum* ist verschwunden, weil die Berechnung eine nachteilige Wirkung auf die Leistung hat. Bei den neuen zuverlässigen Netzen und aufgrund der Tatsache, dass die Sicherungs- und Transportschicht normalerweise ihre eigenen Prüfsummen haben, hielt man es nicht für notwendig, zum Preis einer gewissen Leistungseinbuße noch ein Prüffeld bereitzustellen. Das Entfernen dieser Merkmale hat zu einem schlanken Protokoll für die Vermittlungsschicht geführt. Mit diesem Entwurf erfüllt IPv6 seine Ziele: Es ist ein schnelles, flexibles Protokoll mit reichlich Adressraum.

Erweiterungs-Header

In manchen Situationen sind aber einige der fehlenden IPv4-Felder trotzdem notwendig, sodass IPv6 das Konzept eines (optionalen) **Erweiterungs-Headers** (*extension header*) beinhaltet. Diese Header können verwendet werden, um zusätzliche Informationen bereitzustellen, sie werden aber auf effiziente Weise codiert. Derzeit sind sechs Erweiterungs-Header definiert (▶Abbildung 5.58). Alle sind optional; wenn sie benutzt werden, müssen sie direkt nach dem festen Header und vorzugsweise in der unten aufgeführten Reihenfolge erscheinen.

Erweiterungs-Header	Beschreibung
Optionen für Teilstrecken (*Hop-by-Hop Options*)	Verschiedene Informationen für Router
Optionen für Ziele (*Destination Options*)	Zusätzliche Informationen für das betreffende Ziel
Routing (*Routing*)	Eine nicht notwendigerweise vollständige Liste der zu passierenden Router
Fragmentierung (*Fragmentation*)	Verwaltung von Datagrammfragmenten
Authentifizierung (*Authentification*)	Überprüfung der Identität des Senders
Verschlüsselte Sicherheitsdaten (*Encrypted Security Payload*)	Informationen über den verschlüsselten Inhalt

Abbildung 5.58: IPv6-Erweiterungs-Header.

Einige Header haben ein festes Format, andere enthalten eine variable Anzahl von Feldern mit Optionen variabler Länge. Bei diesen Feldern wird jedes Element als Tupel (*Type*, *Length*, *Value*) codiert. *Type* ist ein 1-Byte-Feld, das die Option bezeichnet. Die Werte für *Type* wurden so gewählt, dass die ersten zwei Bits jenen Routern, die mit der Option nichts anfangen können, sagen, was sie tun sollen. Die Möglichkeiten lauten wie folgt: Option überspringen; Paket verwerfen; Paket verwerfen und ein ICMP-Paket zurücksenden; Paket verwerfen, aber keine ICMP-Pakete für Multicast-Adressen senden (um zu verhindern, dass ein fehlerhaftes Multicast-Paket Millionen von ICMP-Berichten erzeugt).

Length ist ebenfalls ein 1-Byte-Feld. Es gibt an, wie lang der Wert ist (0 bis 255 Byte). *Value* kann jede beliebige Information mit einer Länge von bis zu 255 Byte sein.

Der Header für Teilstreckenoptionen (Hop-by-Hop) wird für Informationen verwendet, die alle Router auf der jeweiligen Strecke prüfen müssen. Bisher wurde eine Option definiert: Unterstützung von Datagrammen, die über 64 KB hinausgehen. ▶Abbildung 5.59 zeigt das Format dieses Headers. Wenn er verwendet wird, wird das Feld Nutzdatenlänge im festen Header auf 0 gesetzt.

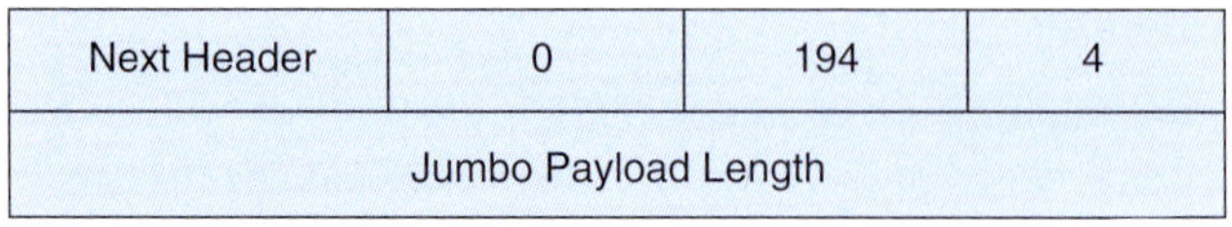

Abbildung 5.59: Der Erweiterungs-Teilstrecken-Header für große Datagramme (Jumbogramme).

Wie alle Erweiterungs-Header beginnt auch dieser mit einem Byte, das angibt, welcher Headertyp als Nächstes kommt. Diesem Byte folgt eines, das bezeichnet, wie lang der Teilstrecken-Header in Byte ist, einschließlich der ersten 8 Byte, die zwingend sind. Alle Erweiterungen beginnen auf diese Weise.

Die nächsten 2 Bytes geben an, dass diese Option die Datagrammgröße als 4-Byte-Zahl definiert (Code 194). Die letzten 4 Bytes geben die Größe des Datagramms an. Größen von weniger als 65.536 Byte sind nicht zulässig. Sie führen dazu, dass das Paket vom ersten Router verworfen und eine ICMP-Fehlermeldung ausgegeben wird. Datagramme mit dieser Header-Erweiterung nennt man **Jumbogramme**. Die Verwendung von Jumbogrammen ist für Supercomputeranwendungen wichtig, die mehrere Gigabyte Daten effizient im Internet übertragen müssen.

Der Erweiterungs-Header für Zieloptionen kann für Felder verwendet werden, die nur vom Ziel-Host interpretiert werden müssen. In der ersten Version von IPv6 sind nur Nulloptionen zum Auffüllen dieses Headers auf ein Vielfaches von 8 Byte definiert. Der Header wird vorläufig nicht verwendet. Er wurde aber berücksichtigt, um für künftige Optionen neuer Routing- und Host-Software vorzusorgen.

Der Routing-Header führt bestimmte Router auf, die Pakete auf ihrem Weg zum Ziel durchlaufen müssen. Er ist dem freien Routing (*Loose Source Routing*) in IPv4 sehr ähnlich, da alle aufgeführten Adressen der Reihe nach besucht werden müssen, aber andere Router, die nicht aufgeführt sind, dürfen dazwischen besucht werden. ▶Abbildung 5.60 zeigt das Format des Routing-Headers.

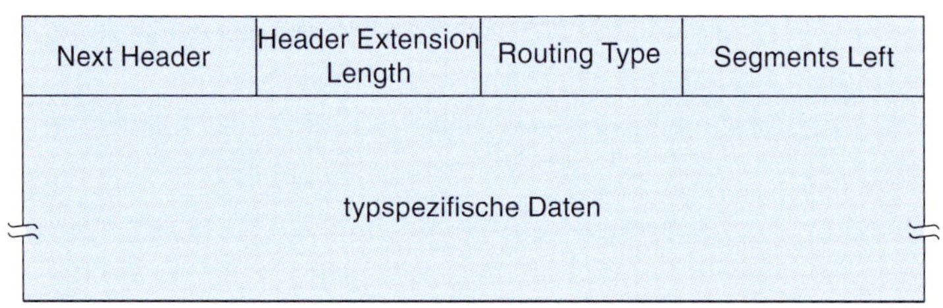

Abbildung 5.60: Der Erweiterungs-Header für Routing.

Die ersten 4 Bytes dieses Erweiterungs-Headers enthalten vier 1-Byte-Integerzahlen: Die Felder *Next Header* und *Header Extension Length* wurden oben beschrieben. Das Feld *Routing Type* gibt die vollständige Länge des Rahmens einschließlich des Headers an. Typ 0 gibt an, dass ein reserviertes 32-Bit-Wort auf das erste Wort folgt, wiederum gefolgt von einer Reihe von IPv6-Adressen. Andere Typen können bei Bedarf entwickelt werden. Schließlich verfolgt das Feld *Segments Left*, wie viele Adressen in der Liste noch nicht besucht wurden. Es wird jedes Mal um 1 reduziert, wenn eine

Adresse besucht wurde. Wird es 0, steht das Paket alleine da und weiß nicht mehr, welchen Weg es wählen soll. An diesem Punkt ist es in der Regel so nahe am Ziel, dass der beste Weg offensichtlich ist.

Der Fragment-Header behandelt die Fragmentierung in einer ähnlichen Weise wie IPv4. Er enthält den Datagrammidentifikator, die Fragmentnummer und ein Bit, das angibt, ob weitere Fragmente folgen. Im Gegensatz zu IPv4 kann in IPv6 nur der Quell-Host ein Paket fragmentieren. Router entlang der Strecke sind dazu nicht berechtigt. Diese Änderung ist ein größerer philosophischer Bruch mit dem originalen IP, aber in Einklang mit aktueller Praxis für IPv4. Zusätzlich vereinfacht es aber die Arbeit der Router und beschleunigt das Routing insgesamt. Wird ein Router mit einem zu großen Paket konfrontiert, verwirft er es und sendet stattdessen ein ICMP-Fehlerpaket an die Quelle zurück. Dadurch wird der Quell-Host angewiesen, das Paket zu fragmentieren und es in kleineren Stücken erneut zu übertragen.

Der Authentifizierungs-Header bietet einen Mechanismus, durch den der Empfänger eines Pakets sicher sein kann, wer es gesendet hat. Die verschlüsselten Sicherheitsdaten ermöglichen die Verschlüsselung des Inhalts eines Pakets, sodass es nur der beabsichtigte Empfänger lesen kann. Diese Header wenden Verschlüsselungstechniken an, die wir in *Kapitel 8* beschreiben werden, um ihre Aufgaben zu bewältigen.

Kontroversen

Angesichts des offenen Entwicklungsprozesses und der vehement verteidigten Meinungen vieler Beteiligter muss es nicht überraschen, dass viele für IPv6 getroffene Entscheidungen höchst kontrovers sind. Einige davon werden in diesem Abschnitt kurz zusammengefasst. Die schmutzigen Details können sie in den RFCs nachlesen.

Die Streitigkeiten über die Adresslänge wurden bereits erwähnt. Das Ergebnis war ein Kompromiss: 16-Byte-Adressen in fester Länge.

Die Länge des Feldes *Hop Limit* ist ein weiteres strittiges Thema. Ein Lager behauptete, dass die Begrenzung der Höchstzahl von Teilstrecken auf 255 (implizit durch Verwendung eines 8-Bit-Feldes) ein großer Fehler sei. Schließlich seien heute Pfade mit 32 Teilstrecken üblich, und in zehn Jahren dürften es noch viel mehr sein. Diese Leute argumentierten, dass eine riesige Adressgröße weitsichtig, eine winzige Anzahl von Teilstrecken aber zu kurzsichtig sei. Ihrer Ansicht nach ist die Bereitstellung von zu wenig Bits an irgendeiner Stelle die größte Sünde, die ein Informatiker begehen kann.

Als Gegenargument wurde angeführt, dass jedes Feld vergrößert werden kann, dass das aber zu einem aufgeblähten Header führen würde. Außerdem sei die Funktion des Feldes *Hop Limit* die, Pakete von einer zu ausgedehnten Wanderung abzuhalten, und 65.535 Teilstrecken seien viel, viel zu lang. Schließlich werden mit zunehmendem Umfang des Internets mehr und mehr Fernverbindungen eingerichtet, sodass man über maximal ein halbes Dutzend Teilstrecken von einem Land zu einem anderen gelangen kann. Sind mehr als 125 Teilstrecken erforderlich, um von der Quelle oder dem Ziel zum jeweiligen internationalen Gateway zu gelangen, stimmt mit den nationalen Backbones etwas nicht. Die 8-Bit-Leute haben letztendlich den Kampf für sich entschieden.

Ein weiteres heißes Eisen war die maximale Paketgröße. Die Supercomputergemeinde wollte Pakete über 64 KB. Beginnt ein Supercomputer mit einer Übertragung, ist das keine Spielerei und er will sich nicht alle 64 KB unterbrechen lassen. Das Argument gegen große Pakete lautete, dass ein 1-Mbyte-Paket, das auf eine 1,5-Mbit/s-T1-Leitung trifft, die Leitung über fünf Sekunden lang in Beschlag nimmt, was für interaktive Benutzer, die gleichzeitig die Leitung nutzen, größere Übertragungszeiten bedeutet. Hier wurde folgender Kompromiss getroffen: Normale Pakete werden auf 64 KB begrenzt, aber der Erweiterungs-Header für Teilstrecken kann verwendet werden, um Jumbogramme zu senden.

Ein drittes heißes Eisen war die Entfernung der IPv4-Prüfsumme. Einige Leute verglichen das mit dem Ausbau der Bremsen in einem Auto. Das Auto werde zwar leichter und fahre auch schneller, habe aber spätestens dann Probleme, wenn Hindernisse auftauchen.

Als Gegenargument wurde angeführt, dass Prüfsummen etwas seien, das von Anwendungen übernommen werden könne, sofern für die Anwendungen die Datenintegrität wirklich erforderlich ist. Prüfsummen seien auf der Transportschicht ohnehin vorhanden, sodass keine weitere in IP erforderlich sei. Des Weiteren hätten die Erfahrungen gezeigt, dass die Berechnung der IP-Prüfsumme in IPv4 teuer zu stehen komme. In diesem Streit hat das Lager der Prüfsummengegner gewonnen. IPv6 hat also keine Prüfsumme.

Mobile Hosts waren ein weiterer Streitpunkt. Fliegt ein mobiler Host um die halbe Welt, kann er am Ziel mit der gleichen IPv6-Adresse weiterarbeiten oder soll er ein Schema mit Heimatagenten benutzen? Einige Leute wollten die explizite Unterstützung mobiler Hosts in IPv6 einbringen. Diese Bemühung ist misslungen, weil keine Einigung auf einen spezifischen Vorschlag erzielt werden konnte.

Die größte Schlacht ist beim Thema Sicherheit entbrannt. Jeder stimmte zu, dass Sicherheit entscheidend ist. Gestritten wurde nur über das Wo und das Wie. Zuerst zum Wo. Das Argument dafür, die Sicherheit auf die Vermittlungsschicht zu legen, ist, dass sie dann ein Standarddienst wird, den alle Anwendungen ohne Vorausplanung nutzen können. Die Gegenstimmen behaupteten, dass wirklich sichere Anwendungen im Allgemeinen nicht ohne eine Verschlüsselung von Ende zu Ende auskommen, wobei die Quellanwendung die Verschlüsselung übernimmt und die Zielanwendung alles wieder entschlüsselt. Bei jeder anderen Lösung ist der Benutzer wohl oder übel potenziell fehlerhaften Implementierungen der Vermittlungsschicht ausgeliefert, worüber er keinerlei Kontrolle hat. Die Antwort auf dieses Argument ist, dass diese Anwendungen schlichtweg darauf verzichten können, die IP-Sicherheitsfunktionen zu benutzen, und die Arbeit selbst übernehmen. Die Erwiderung darauf ist, dass Leute, die dem Netz nicht vertrauen, dass es dies richtig macht, nicht den Preis für langsame, überfrachtete IP-Implementierungen zahlen wollen, die diese Eigenschaft aufweisen, selbst wenn sie deaktiviert ist.

Ein weiterer Aspekt im Zusammenhang mit Sicherheit ist die Tatsache, dass viele (aber nicht alle) Länder strenge Ausfuhrbestimmungen in Bezug auf Verschlüsselung haben. Einige, darunter Frankreich und der Irak, schränken auch die Anwendung von Verschlüsselungsalgorithmen im Inland ein, damit die Leute vor der Regierung nicht zu viele Geheimnisse haben können. Das bedeutet, dass eine IP-Implementierung mit einem brauchbaren Verschlüsselungssystem von den USA (und vielen anderen Ländern) nicht an internationale Kunden exportiert werden darf. Das Unterhalten von zwei Softwareprodukten, einem für das Inland und einem für den Export, wird von den meisten Computeranbietern vehement abgelehnt.

Zu einem Punkt gab es keinerlei Meinungsverschiedenheiten: Keiner erwartet, dass das IPv4-Internet an einem Sonntagabend ausgeschaltet und am Montagmorgen als IPv6-Internet wieder angeschaltet wird. Vielmehr werden isolierte „Inseln" auf IPv6 umgestellt, die anfangs über Tunnel kommunizieren, wie wir es in Abschnitt 5.5.4 gezeigt haben. Mit zunehmender Größe der IPv6-Inseln verschmelzen sie zu wieder größeren Inseln. Irgendwann werden alle Inseln verschmelzen, sodass das Internet dann vollständig auf IPv6 umgestellt ist.

So war zumindest der Plan. Die Installation hat sich jedoch als Achillesferse von IPv6 herausgestellt. IPv6 wird weiterhin wenig eingesetzt, obwohl es von allen großen Betriebssystemen vollständig unterstützt wird. Am häufigsten wird IPv6 in neuen Situationen installiert, wenn ein Netzbetreiber – zum Beispiel ein Mobilfunkbetreiber – eine große Anzahl von IP-Adressen benötigt. Nichtsdestotrotz breitet sich IPv6 langsam, aber sicher aus. Bei Comcast erfolgt der Verkehr bereits vornehmlich mit IPv6 und bei Google ist es ein Viertel des Verkehrs. Es sind also Fortschritte zu verzeichnen.

Es wurden viele Strategien definiert, die dabei helfen sollen, den Übergang zu erleichtern. Darunter waren Verfahren der automatischen Konfiguration der Tunnel, die IPv6 über das IPv4-Internet tragen, und Methoden, damit Hosts automatisch die Endpunkte der Tunnel finden. Dual-Stack-Hosts haben eine IPv4- und eine IPv6-Implementierung, sodass diese abhängig vom Ziel des Pakets auswählen können, welches Protokoll sie einsetzen. Diese Strategien werden die umfangreiche Installation optimieren, die unvermeidbar scheint, sobald die IPv4-Adressen aufgebraucht sind. Weitere Informationen über IPv6 finden Sie in Davies (2008).

5.7.4 Internetsteuerprotokolle

Zusätzlich zu IP, das für die Datenübertragung verwendet wird, werden im Internet verschiedene begleitende Steuerprotokolle auf der Vermittlungsschicht verwendet. Darunter sind ICMP, ARP und DHCP. In diesem Abschnitt wollen wir uns jedes dieser Protokolle der Reihe nach ansehen und die Versionen beschreiben, die IPv4 entsprechen, da dies die Protokolle sind, die üblicherweise benutzt werden. ICMP und DHCP haben ähnliche Versionen für IPv6; das Äquivalent von ARP für IPv6 heißt NDP (*Neighbor Discovery Protocol*).

ICMP

Der Betrieb des Internets wird von Routern überwacht. Passiert etwas Unerwartetes, während das Paket am Router verarbeitet wird, dann wird dem Sender das Ereignis vom **ICMP** (*Internet Control Message Protocol*) berichtet. ICMP wird auch für Tests im Internet verwendet. Etwa ein Dutzend Arten von ICMP-Nachrichten sind definiert. Jeder ICMP-Nachrichtentyp wird in einem IP-Paket gekapselt. Die wichtigsten sind in ▸Abbildung 5.61 aufgeführt.

Nachrichttyp	Beschreibung
Destination unreachable (Ziel nicht erreichbar)	Paket konnte nicht zugestellt werden
Time exceeded (Zeit abgelaufen)	Das Feld *Time to Live* hat den Wert 0
Parameter Problem (Parameterproblem)	Ungültiges Header-Feld
Source Quench (Quelldrosselung)	Choke-Paket
Redirect (Umleitung)	Bringt dem Router etwas über Geografie bei
Echo und Echo Reply (Echo und Echo-Antwort)	Prüft, ob ein Rechner noch am Leben ist
Timestamp Request/Reply (Zeitstempel-Anforderung/Antwort)	Wie Echo, aber mit Zeitstempel
Router Advertisement/Solicitation	Findet einen nahe gelegenen Router

Abbildung 5.61: Die wichtigsten ICMP-Nachrichtentypen.

Die Nachricht DESTINATION UNREACHABLE wird verwendet, wenn der Router das Ziel nicht finden oder ein Paket mit dem *DF*-Bit nicht zugestellt werden kann, weil ein Netz mit kleiner Paketgröße im Weg steht.

Die Nachricht TIME EXCEEDED wird gesendet, wenn ein Paket weggeworfen wird, weil sein *TTL*-Zähler (*Time to Live*) null erreicht hat. Dieses Ereignis ist ein Anzeichen dafür, dass Pakete in Schleifen kreisen oder dass die Zählerwerte zu niedrig eingestellt wurden.

Diese Fehlernachricht wird geschickt im **Traceroute**-Hilfsprogramm eingesetzt, das 1987 von van Jacobson entwickelt wurde. Traceroute findet die Router entlang des Pfads vom Host zu einer Ziel-IP-Adresse, und zwar ohne irgendeine Art bevorzugter Netzunterstützung. Die Methode besteht darin, einfach eine Folge von Paketen zu einem Ziel zu senden, zuerst mit einem TTL von 1, dann einem TTL von 2, 3 und so weiter. Die Zähler in den Paketen werden an aufeinanderfolgenden Routern entlang des Pfads null erreichen. Jeder dieser Router wird gehorsam eine TIME EXCEEDED-Nachricht zurück an den Host senden. Anhand dieser Nachrichten kann der Host die IP-Adresse der Router entlang des Pfads feststellen und gleichzeitig statistische und zeitliche Informationen über Teile des Pfads erhalten. Dafür war die TIME EXCEEDED-Nachricht zwar eigentlich nicht gedacht, aber Traceroute ist vielleicht das nützlichste Debugging-Werkzeug für Netze aller Zeiten.

Die Nachricht PARAMETER PROBLEM zeigt an, dass in einem Header-Feld ein unzulässiger Wert festgestellt wurde. Dieses Problem deutet auf einen Fehler in der IP-Software des sendenden Hosts oder möglicherweise in der Software eines durchquerten Routers hin.

Die Nachricht SOURCE QUENCH wurde vor Langem verwendet, um Hosts zu drosseln, die zu viele Pakete schickten. Wenn ein Host diese Nachricht erhielt, wurde von ihm erwartet, sofort seine Aktivitäten herunterzuschrauben. Sie wird heute kaum mehr verwendet, weil diese Pakete im Fall von Überlastungen nur noch mehr Öl ins Feuer gießen und es unklar ist, wie auf sie zu reagieren ist. Zur Überlastkontrolle werden Maßnahmen heute im Internet vorwiegend auf der Transportschicht ergriffen, indem Paketverluste als Überlastungssignal verwendet werden. Wir werden uns dies in *Kapitel 6* genauer ansehen.

Die Nachricht REDIRECT wird verwendet, wenn ein Router festgestellt hat, dass ein Paket falsch weitergeleitet wurde. Der Router verwendet die Nachricht, um den sendenden Host auf eine bessere Route aufmerksam zu machen.

Die Nachrichten ECHO REQUEST und ECHO REPLY werden von Hosts gesendet, um festzustellen, ob ein bestimmtes Ziel erreichbar und momentan noch am Leben ist. Bei Erhalt der ECHO-Nachricht wird vom Ziel erwartet, dass es eine Nachricht ECHO REPLY schickt. Diese Nachrichten werden im **ping**-Hilfsprogramm verwendet, das prüft, ob ein Host aktiv und im Internet ist.

Die Nachrichten TIMESTAMP REQUEST und TIMESTAMP REPLY sind ähnlich, außer dass die Ankunftszeit der Nachricht und die Sendezeit der Antwort in der Antwort erfasst werden. Diese Einrichtung kann zum Messen der Netzleistung verwendet werden.

Die Nachrichten ROUTER ADVERTISMENT und ROUTER SOLICITATION werden benutzt, damit Hosts Router in der Nähe finden können. Ein Host muss die IP-Adresse von mindestens einem Router kennen, um Pakete aus dem lokalen Netz heraus zu senden.

Darüber hinaus wurden auch noch weitere Nachrichten definiert. Die Onlineliste befindet sich nun unter *www.iana.org/assignments/icmp-parameters*.

ARP

Obwohl jeder Rechner im Internet eine oder mehrere IP-Adressen hat, reichen diese Adressen zum Versenden von Paketen nicht aus. Netzwerkkarten der Sicherheitsschicht wie Ethernet-Karten verstehen die Internetadressen nicht. Im Fall von Ethernet wird jede Netzwerkkarte werkseitig mit einer eindeutigen Ethernet-Adresse von 48 Bit ausgeliefert. Die Hersteller von Ethernet-Schnittstellenkarten fordern von der IEEE einen Ethernet-Adressblock an, um sicherzustellen, dass jede Netzwerkkarte eine eindeutige Adresse hat (damit nicht zufällig zwei Netzwerkkarten mit derselben Adresse im gleichen LAN auftauchen). Die Netzwerkkarten senden und empfangen

Rahmen auf der Grundlage von 48 Bit langen Ethernet-Adressen. Sie wissen absolut nichts über 32-Bit-IP-Adressen.

Nun stellt sich die Frage, wie IP-Adressen in Adressen der Sicherungsschicht, z.B. Ethernet, konvertiert werden können. Um die Frage zu beantworten, betrachten wir das Beispiel von ▶Abbildung 5.62: eine kleine Universität mit zwei /24-Netzen. Ein Netz (INF) ist ein Switched Ethernet in der Fakultät für Informatik. Es hat das Präfix 192.32.65.0/24. Das andere LAN (ET), ebenfalls ein Switched Ethernet, gehört zur Fakultät für Elektrotechnik und hat das Präfix 192.32.63.0/24. Die beiden LANs sind über einen IP-Router verbunden. Jeder Rechner in einem Ethernet und jede Schnittstelle am Router hat eine eindeutige Ethernet-Adresse von *E1* bis *E6* und eine eindeutige IP-Adresse im INF- oder ET-Netz.

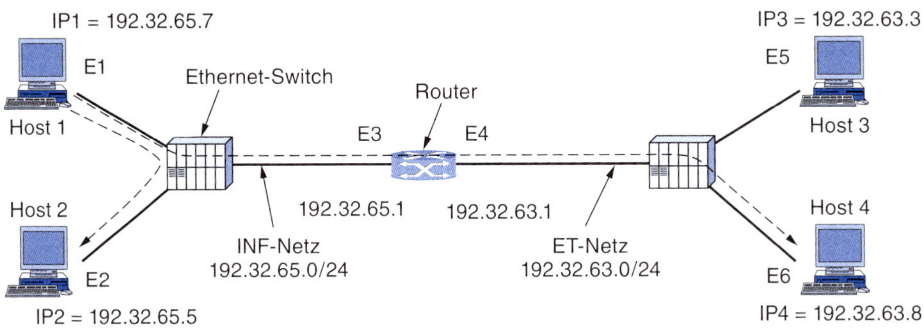

Rahmen	Quell-IP	Quell-Ethernet	Ziel-IP	Ziel-Ethernet
Host 1 zu 2 im INF-Netz	IP1	E1	IP2	E2
Host 1 zu 4 im INF-Netz	IP1	E1	IP4	E3
Host 1 zu 4 im ET-Netz	IP1	E4	IP4	E6

Abbildung 5.62: Zwei miteinander verbundene Ethernets, verbunden durch einen Router.

Wir beginnen mit der Untersuchung, wie ein Benutzer an Host 1 ein Paket an einen Benutzer an Host 2 im INF-Netz sendet. Nehmen wir an, der Sender kennt den Namen eines beabsichtigten Empfängers, eventuell etwas wie *eagle.cs.uni.edu*. Im ersten Schritt wird die IP-Adresse für Host 2 herausgefunden. Diese Suche wird vom DNS durchgeführt, das in *Kapitel 7* beschrieben wird. Vorläufig gehen wir einfach davon aus, dass DNS die IP-Adresse für Host 2 ausgibt (192.32.65.5).

Die Software der oberen Schicht auf Host 1 stellt jetzt ein Paket mit 192.32.65.5 im Feld *Destination Address* zusammen und gibt es zur Übertragung an die IP-Software ab. Die IP-Software kann die Adresse ansehen und erkennen, dass das Ziel im INF-Netz (also in ihrem eigenen Netz) liegt. Nun muss noch irgendwie die Ethernet-Adresse des Ziels herausgefunden werden, um den Rahmen zu senden. Das ist unter anderem über eine Konfigurationsdatei möglich, die irgendwo im System IP-Adressen in Ethernet-Adressen zuordnet. Diese Lösung ist sicherlich möglich, aber für Unternehmen oder Institute mit Tausenden von Rechnern eine mühsame und sehr fehleranfällige Angelegenheit.

Als bessere Lösung kann Host 1 ein Broadcast-Paket im Ethernet ausgeben und fragen, wem die IP-Adresse 192.32.65.5 gehört. Das Paket kommt auf jedem Rechner im INF-Ethernet an und jeder Rechner prüft daraufhin seine IP-Adresse. Host 2 wird als Einziger antworten, weil das seine IP-Adresse (*E2*) ist. Auf diese Weise erfährt Host 1, dass die IP-Adresse 192.32.65.5 zu dem Host mit der Ethernet-Adresse *E2* gehört. Das Protokoll, das für diese Frage und die Antwort verwendet wird, heißt **ARP** (*Address Resolution Protocol*, Adressauflösungsprotokoll). Fast jeder Rechner im Internet führt dieses Protokoll aus. ARP ist in RFC 826 definiert.

ARP hat im Vergleich zur Verwendung von Konfigurationsdateien den Vorteil, dass es einfach ist. Der Systemmanager hat nicht viel Arbeit damit, abgesehen davon, dass er jedem Rechner eine IP-Adresse zuweisen und eine Entscheidung über die Netzmasken treffen muss. Der Rest wird von ARP übernommen.

An diesem Punkt stellt die IP-Software auf Host 1 einen Ethernet-Rahmen zusammen, der an *E2* adressiert ist, stellt das IP-Paket (adressiert an 192.32.65.5) in das Nutzdatenfeld und schickt es auf das Ethernet. Die IP- und Ethernet-Adressen dieses Pakets sind in Abbildung 5.62 angegeben. Die Ethernet-Schnittstellenkarte von Host 2 empfängt diesen Rahmen und löst einen Interrupt aus. Der Ethernet-Treiber zieht das IP-Paket aus den Nutzdaten heraus und leitet es an die IP-Software weiter, die es verarbeitet.

Um ARP effizienter auszulegen, sind verschiedene Optimierungen möglich. Ein Rechner, auf dem ARP läuft, speichert das Ergebnis für den Fall, dass er den gleichen Rechner bald wieder kontaktieren muss. Beim nächsten Mal findet er die konvertierte Adresse im Cache, sodass kein weiteres Broadcast-Paket erforderlich ist. In vielen Fällen muss Host 2 eine Antwort zurücksenden, sodass auch er ARP ausführen muss, um die Ethernet-Adresse des Senders festzustellen. Dieses ARP-Broadcasting kann vermieden werden, wenn Host 1 seine IP-zu-Ethernet-Zuordnung in das ARP-Paket einfügt. Kommt das ARP-Broadcasting bei Host 2 an, so wird das Paar (192.32.65.7, *E1*) in den ARP-Cache von Host 2 gestellt. Alle Rechner im Ethernet können sich solche Adresspaare in ihren ARP-Cache stellen.

Um Änderungen von Zuordnungen zulassen zu können, wenn beispielsweise ein Host konfiguriert wird, um eine neue IP-Adresse zu benutzen (aber seine alte Ethernet-Adresse behält), sollten Einträge im ARP-Cache nach ein paar Minuten zeitlich ablaufen. Eine intelligente Methode, die hilft, zwischengespeicherte Informationen aktuell zu halten und Performanz zu optimieren, lässt jede Maschine ihre Zuordnungstabelle via Broadcast versenden, sobald sie konfiguriert wurde. Dieses Broadcast wird in der Regel durchgeführt, indem mithilfe von ARP die eigene IP-Adresse gesucht wird. Es sollte keine Antwort zurückkommen, aber als Nebeneffekt des Broadcast wurde in allen ARP-Caches ein Eintrag hinzugefügt oder aktualisiert. Dieses Vorgehen wird als **Gratuitous ARP** (unaufgefordertes ARP) bezeichnet. Falls (unerwarteterweise) eine Antwort ankommt, dann wurden zwei Rechnern dieselbe IP-Adresse zugewiesen. Der Fehler muss vom Netzmanager behoben werden, bevor beide Maschinen das Netz benutzen können.

Werfen wir noch einmal einen Blick auf Abbildung 5.62, doch dieses Mal nehmen wir an, dass Host 1 ein Paket an Host 4 (192.32.63.8) im ET-Netz senden möchte. Host 1 wird feststellen, dass die Ziel-IP-Adresse nicht im INF-Netz liegt. Der Host weiß, dass sämtlicher Verkehr, der das Netz verlässt, zum Router zu senden ist, welcher auch als **Default-Gateway** bezeichnet wird. Konventionsgemäß ist das Default-Gateway die niedrigste Adresse im Netz (198.31.65.1). Um einen Rahmen zum Router zu senden, muss Host 1 noch die Ethernet-Adresse der Routerschnittstelle im INF-Netz kennen. Er findet diese heraus, indem ein ARP-Broadcast für 198.31.65.1 gesendet wird, wodurch er *E3* erfährt. Host 1 sendet dann den Rahmen. Derselbe Suchmechanismus wird verwendet, um ein Paket von einem zum nächsten Router über eine Folge von Routern in einem Internetpfad zu senden.

Wenn die Ethernet-Netzwerkkarte des Routers diesen Rahmen bekommt, übergibt sie das Paket an die IP-Software. Der Router weiß anhand der Netzmaske, dass das Paket zum ET-Netz gesendet werden sollte, wo es Host 4 erreichen wird. Falls der Router die Ethernet-Adresse für Host 4 nicht kennt, dann wird er noch einmal ARP einsetzen. Die Tabelle in Abbildung 5.61 listet die Quell- und Zieladressen von Ethernet und IP auf, die im Rahmen enthalten sind. Beachten Sie, dass sich die Ethernet-Adressen mit dem Rahmen auf jedem Netz ändern, während die IP-Adressen konstant bleiben (da sie die Endpunkte in allen verbundenen Netzen angeben).

Es ist auch möglich, ein Paket von Host 1 zu Host 4 zu senden, ohne dass Host 1 weiß, dass sich Host 4 in einem anderen Netz befindet. Dies geschieht, indem der Router auf ARPs im INF-Netz für Host 4 antwortet und seine Ethernet-Adresse *E3* als Antwort sendet. Host 4 kann jedoch nicht direkt antworten, da er die ARP-Anfrage nicht sieht (denn Router leiten keine Broadcasts auf Ethernet-Ebene weiter). Der Router erhält somit Rahmen, die an 192.32.63.8 gesendet wurden, und leitet diese an das ET-Netz weiter. Diese Lösung heißt **Proxy ARP**. Sie wird in speziellen Fällen eingesetzt, in denen ein Host in einem Netz als anwesend erscheinen will, obwohl er sich in Wirklichkeit in einem anderen Netz befindet. Eine übliche Situation ist zum Beispiel ein mobiler Computer, der möchte, dass ein anderer Knoten Pakete für ihn annimmt, wenn er nicht in seinem Heimnetz ist.

DHCP

ARP (ebenso wie andere Internetprotokolle) geht von der Annahme aus, dass Hosts mit einer Art Grundinformation konfiguriert sind, wie beispielsweise ihrer eigenen IP-Adresse. Wie kommen Hosts an diese Information? Es ist möglich, jeden Rechner manuell zu konfigurieren, aber das ist mühsam und fehleranfällig. Es gibt einen besseren Weg – **DHCP** (*Dynamic Host Configuration Protocol*).

Bei DHCP muss jedes Netz einen DHCP-Server haben, der für die Konfiguration verantwortlich ist. Wenn ein Rechner gestartet wird, dann ist die eigene Ethernet-Adresse oder andere Sicherheitsschichtadressen in der Netzwerkkarte integriert, aber keine IP-Adresse. Genau wie bei ARP sendet der Rechner via Broadcast eine Anfrage für eine IP-Adresse in seinem Netz. Dazu setzt er ein DHCP DISCOVER-Paket ein. Dieses Paket muss den DHCP-Server erreichen. Für den Fall, dass dieser Server nicht direkt an das Netz angeschlossen ist, ist der Router konfiguriert, um DHCP-Broadcast zu empfangen und an den DHCP-Server weiterzuleiten, wo immer sich dieser befindet.

Erhält der Server die Anfrage, so weist er eine freie IP-Adresse zu und sendet diese dem Host in einem DHCP OFFER-Paket (welches wiederum über den Router weitergegeben werden kann). Um diese Aufgabe zu erledigen, selbst wenn Hosts keine IP-Adressen haben, identifiziert der Server einen Host über dessen Ethernet-Adresse (die in dem DHCP DISCOVER-Paket übertragen wird).

Eine Frage, die sich bei der automatischen Zuweisung von IP-Adressen aus einem Pool stellt, ist, wie lange eine IP-Adresse zugewiesen bleiben soll. Verlässt ein Host das Netz und gibt seine IP-Adresse nicht an den DHCP-Server zurück, dann ist diese Adresse für immer verloren. Nach einer gewissen Zeit können viele Adressen verloren sein. Um das zu verhindern, kann die Zuweisung der IP-Adresse für eine bestimmte Zeitspanne fest sein. Diese Technik wird als **Leasing** bezeichnet. Kurz bevor das Leasing abläuft, muss der Host DHCP um eine Erneuerung bitten. Wenn er dies nicht tut oder die Anforderung abgewiesen wird, darf der Host die erhaltene IP-Adresse nicht mehr länger verwenden.

DHCP wird in RFC 2131 und RFC 2132 beschrieben. Zusätzlich zu der Bereitstellung von IP-Adressen für Hosts wird es im Internet häufig eingesetzt, um alle Arten von Parametern zu konfigurieren. Sowohl in Geschäfts- als auch Privatnetzen wird DHCP von ISPs verwendet, um die Geräteparameter über die Internetzugangsverbindung einzurichten, sodass Kunden ihre ISPs nicht anrufen müssen, um diese Information zu bekommen. Bekannte Beispiele für Informationen, die so konfiguriert werden, sind die Netzmaske, die IP-Adresse des Default-Gateways und die IP-Adresse von DNS und Zeitservern. DHCP hat weitgehend frühere Protokolle (namens RARP und BOOTP) mit begrenzterer Funktionalität ersetzt.

5.7.5 Label Switching und MPLS

Bisher haben wir uns auf unserer Reise durch die Vermittlungsschicht des Internets ausschließlich auf Pakete als Datagramme konzentriert, die von IP-Routern weitergeleitet werden. Es gibt aber auch noch eine andere Technologie, die gerade immer beliebter wird, besonders bei ISPs zur Übertragung von Internetverkehr durch ihre Netze. Diese Technologie heißt **MPLS** (*MultiProtocol Label Switching*) und reicht gefährlich nahe an Leitungsvermittlung heran. Trotz der Tatsache, dass viele Leute aus der Internetgemeinde eine intensive Abneigung gegen verbindungsorientierte Netze haben, scheint das Konzept eine Renaissance zu erleben. Oder wie Yogi Berra es ausgedrückt hat: Es ist schon wieder wie ein Déja-vu. Es bestehen aber grundlegende Unterschiede zwischen der Art, wie das Internet und wie verbindungsorientierte Netze den Wegaufbau durchführen, sodass die Technik sicherlich keine herkömmliche Leitungsvermittlung ist.

MPLS fügt einen Kennzeichner (ein Label) an den Anfang eines jeden Pakets ein und die Weiterleitung basiert auf dem Label und nicht auf der Zieladresse. Da das Label als

Index in eine interne Tabelle fungiert, wird die Ermittlung der korrekten Ausgangsleitung ein einfacher Nachschlagevorgang in einer Tabelle. Mit diesem Verfahren kann ein Paket sehr schnell weitergeleitet werden. Dies war auch die ursprüngliche Motivation für MLPS, welches als proprietäre Technologie begann und unter verschiedenen Namen bekannt war, einschließlich **Tag Switching**. IETF hat irgendwann mit der Standardisierung der Idee begonnen. MLPS wird in RFC 3031 und vielen anderen RFCs beschrieben. Als Hauptvorteile haben sich im Laufe der Zeit das flexible Routing herausgestellt sowie die Weiterleitung, die sowohl schnell ist als auch dazu geeignet, Dienstgüte zur Verfügung zu stellen.

Die erste Frage ist nun, an welcher Stelle das Label stehen soll. Da IP-Pakete nicht für virtuelle Verbindungen entworfen wurden, gibt es im IP-Header kein Feld für virtuelle Verbindungsnummern. Aus diesem Grund musste ein neuer MPLS-Header vor dem IP-Header hinzugefügt werden. Bei einer Router-zu-Router-Leitung mit PPP als Rahmenbildungsprotokoll entspricht das Rahmenformat, einschließlich der PPP-, MPLS-, IP- und TCP-Header der Darstellung in ▶Abbildung 5.63.

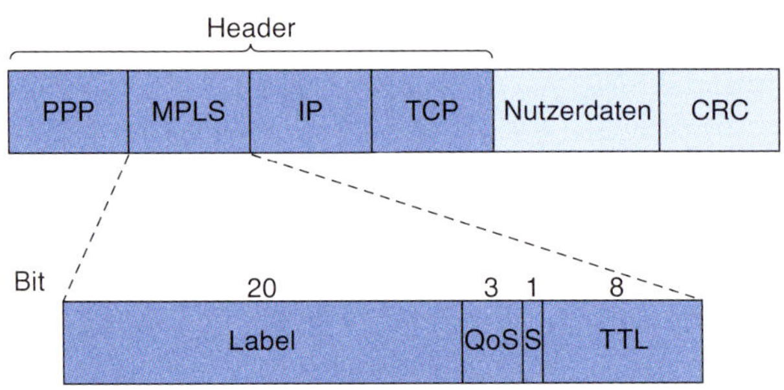

Abbildung 5.63: Übertragung eines TCP-Segments mit IP, MPLS und PPP.

Der allgemeine MPLS-Header ist 4 Byte lang und verfügt über vier Felder. Das wichtigste ist das Feld *Label*, das den Index enthält. Das Feld *QoS* (Quality of Service) gibt die Dienstgüte an. Das Feld *S* bezieht sich auf die Stapel mehrerer Label (wie weiter unten beschrieben wird). Das *TTL*-Feld zeigt an, wie viele Male das Paket noch weitergeleitet werden kann. Es wird bei jedem Router dekrementiert und wenn es 0 erreicht, wird das Paket verworfen. Diese Funktion verhindert unendliche Schleifen im Falle einer instabilen Weiterleitung.

MPLS fällt zwischen das IP-Vermittlungsschichtprotokoll und das PPP-Sicherheitsschichtprotokoll. Es ist kein richtiges Schicht-3-Protokoll, da MPLS von IP- oder anderen Vermittlungsschichtadressen abhängt, um die Label-Pfade aufzubauen. Es ist auch kein richtiges Schicht-2-Protokoll, weil Pakete über mehrere Teilstrecken, nicht über eine einzelne Verbindung weitergeleitet werden. Aus diesem Grund wird MPLS manchmal als ein Schicht-2,5-Protokoll beschrieben. Es ist ein Beispiel dafür, dass echte Protokolle nicht immer nahtlos in unser ideales Schichtenprotokollmodell passen.

Da auf der positiven Seite die MPLS-Header nicht zum Vermittlungsschichtpaket oder dem Rahmen der Sicherungsschicht gehören, ist MPLS größtenteils von beiden

Schichten unabhängig. Diese Eigenschaft bedeutet unter anderem, dass MPLS-Switches gebaut werden können, die je nach ankommenden Daten sowohl IP-Pakete als auch Nicht-IP-Pakete weiterleiten können. Diese Funktion ist der Grund für die Bezeichnung „Multiprotocol“ in MPLS. MLPS kann außerdem IP-Pakete über Nicht-IP-Netze übertragen.

Wenn ein um MPLS erweitertes Paket an einem **LSR** (*Label Switched Router*) ankommt, wird das Label als Index in eine Tabelle verwendet, um die zu verwendende Ausgangsleitung und das neue Label zu bestimmen. Dieser Austausch von Labeln wird in allen VC-Netzen verwendet. Label besitzen nur lokale Bedeutung und zwei verschiedene Router können nicht miteinander in Verbindung stehende Pakete mit dem gleichen Label an einen anderen Router zur Übertragung auf der gleichen Ausgangsleitung schicken. Damit dies am anderen Ende unterscheidbar ist, müssen die Label in jeder Teilstrecke erneut zugewiesen werden. In Abbildung 5.3 hatten wir diesen Mechanismus in Aktion dargestellt. MPLS verwendet das gleiche Verfahren.

Nebenbei bemerkt, einige Leute unterscheiden zwischen *Weiterleitung* und *Switching*. Weiterleitung ist der Prozess des Findens der besten Übereinstimmung für eine Zieladresse in einer Tabelle, um zu entscheiden, wohin Pakete gesendet werden sollen. Ein Beispiel dafür ist der Longest-Prefix-Match-Algorithmus, der für IP-Weiterleitung verwendet wird. Demgegenüber wird beim Switching ein Label aus dem Paket als Index in eine Weiterleitungstabelle benutzt. Das ist einfacher und schneller. Diese Definitionen sind jedoch weit entfernt davon, allgemeingültig zu sein.

Da die meisten Hosts und Router MPLS nicht verstehen, sollten wir auch danach fragen, wann und wie die Label an die Pakete gehängt werden. Dies passiert, wenn ein IP-Paket das Ende eines MPLS-Netzes erreicht. Der **LER** (*Label Edge Router*) untersucht die Ziel-IP-Adresse und andere Felder, um herauszufinden, welchem MPLS-Pfad das Paket folgen sollte, und stellt das richtige Label vor das Paket. Innerhalb des MPLS-Netzes wird dieses Label zur Weiterleitung des Pakets verwendet. Am anderen Ende des MPLS-Netzes hat das Label seinen Zweck erfüllt und wird entfernt, wodurch das IP-Paket für das nächste Netz wieder zum Vorschein kommt. Dieser Prozess ist in ▸Abbildung 5.64 gezeigt. Ein Unterschied zu den herkömmlichen virtuellen Verbindungen ist die Ebene der Aggregation. Es ist sicherlich möglich, dass jeder Datenfluss eine eigene Labelmenge in dem MPLS-Netz hat. Es ist aber bei Routern üblicher, dass sie mehrere Datenflüsse gruppieren, die an einem bestimmten Router oder LAN enden und dafür einen Kennzeichner verwenden. Datenflüsse, die unter einem Label gruppiert werden, werden als zur gleichen **FEC** (*Forwarding Equivalence Class*, Äquivalenzklasse für die Weiterleitung) gehörig bezeichnet. Diese Klasse enthält nicht nur, an welches Ziel die Pakete gehen, sondern auch deren Dienstklasse (im Sinne der differenzierten Dienste), da alle ihre Pakete im Hinblick auf die Weiterleitung gleich behandelt werden.

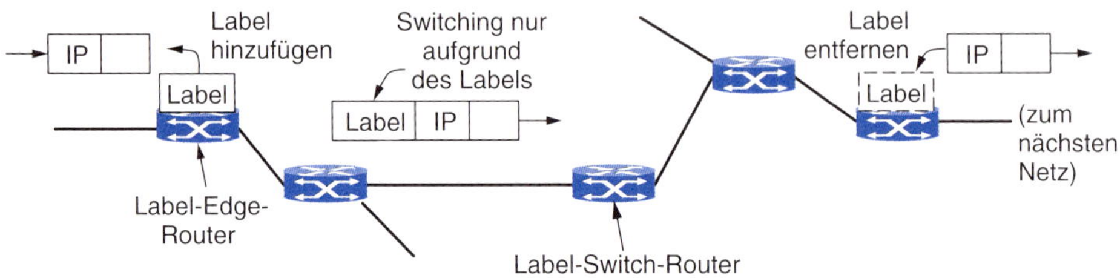

Abbildung 5.64: Weiterleitung eines IP-Pakets durch ein MPLS-Netz.

Bei herkömmlichem Routing über virtuelle Verbindungen ist es nicht möglich, mehrere einzelne Pfade mit verschiedenen Endpunkten durch Verwendung des gleichen Labels für virtuelle Verbindungen zu gruppieren, weil man diese am Ziel nicht auseinanderhalten kann. Bei MPLS enthalten die Pakete zusätzlich zu den Labeln immer noch das Endziel. Am Ende des gekennzeichneten Wegs kann der Label-Header entfernt werden und die Weiterleitung kann auf die übliche Weise mit den Zieladressen der Vermittlungsschicht vorgenommen werden.

Tatsächlich geht MPLS sogar noch weiter. Es kann auf mehreren Ebenen gleichzeitig arbeiten, indem dem Paket mehr als ein Label vorangestellt wird. Nehmen wir zum Beispiel an, dass es viele Pakete mit bereits unterschiedlichen Labeln gibt (weil wir die Pakete im Netz unterschiedlich behandeln möchten), die einem gemeinsamen Pfad zu einem Ziel folgen sollen. Anstatt viele Label-Switching-Pfade aufzubauen – einen für jedes der unterschiedlichen Label –, brauchen wir nur einen einzigen Pfad einzurichten. Wenn die bereits mit Labeln versehenen Pakete den Anfang dieses Pfads erreichen, wird vorne ein weiteres Label hinzugefügt. Dies wird ein Label-Stack genannt. Das äußere Label führt die Pakete den Pfad entlang. Es wird am Ende des Pfads entfernt und die zum Vorschein kommenden Label – falls es welche gibt – werden verwendet, um das Paket weiterzuleiten. Das *S*-Bit in Abbildung 5.63 ermöglicht es einem Router, ein Label zu entfernen, um herauszufinden, ob es noch zusätzliche Label gibt. Es ist auf 1 gesetzt für das untere Label und auf 0 für alle anderen Labels.

Die letzte Frage, die wir uns stellen wollen, ist, wie die Weiterleitungstabellen bei MPLS angelegt werden. In diesem Bereich gibt es den größten Unterschied zwischen MLPS und konventionellen VC-Entwürfen. Möchte ein Benutzer in herkömmlichen VC-Netzen eine Verbindung aufbauen, wird ein Einrichtungspaket im Netz gestartet, um den Pfad anzulegen und die Einträge für die Weiterleitungstabelle vorzunehmen. MPLS bezieht die Nutzer nicht in die Aufbauphase ein. Zu verlangen, dass Benutzer mehr tun als Datagramme zu senden, würde zu viel der vorhandenen Internetsoftware unbrauchbar machen.

Stattdessen wird die Information zur Weiterleitung von Protokollen eingerichtet, die eine Kombination aus Routing-Protokollen und Verbindungsaufbauprotokollen sind. Diese Steuerprotokolle sind sauber von der Label-Weiterleitung getrennt, wodurch es möglich wird, mehrere unterschiedliche Steuerprotokolle zu verwenden. Eine dieser Varianten arbeitet wie folgt. Wenn ein Router hochgefahren wird, überprüft er, für welche Routen er das Endziel darstellt (z.B. welche Präfixe zu seinen Schnittstellen gehören). Dann erzeugt er einen oder mehrere FECs für sie, ordnet jedem ein Label zu und reicht diese Label an seine Nachbarn weiter. Diese wiederum tragen die Label in ihre Weiterleitungstabellen ein und senden neue Label an ihre Nachbarn, bis alle Router die Pfadinformationen erhalten haben. Ressourcen können ebenfalls während der Konstruktion des Pfads reserviert werden, um eine angemessene Dienstgüte zu garantieren. Andere Varianten bauen eventuell andere Pfade auf – zum Beispiel beziehen Traffic-Engineering-Pfade die ungenutzte Kapazität ein – oder erzeugen Pfade auf Anfrage, um Serviceangebote wie Dienstgüte zu unterstützen.

Obwohl die Konzepte hinter MPLS einfach sind, sind die Details, die mit vielen Variationen und Anwendungsfällen aktiv weiterentwickelt werden, kompliziert. Weiterführende Informationen sind in Davie und Farrel (2008) und Davie und Rekhter (2000) enthalten.

5.7.6 OSPF-Protokoll

Wir haben nun unsere Untersuchung darüber, wie Pakete im Internet weitergeleitet werden, abgeschlossen. Es ist an der Zeit, zum nächsten Thema überzugehen: Routing im Internet. Wie bereits erwähnt, setzt sich das Internet aus einer großen Zahl von unabhängigen Netzen oder **autonomen Systemen** (**AS**) zusammen, die von verschiedenen Organisationen betrieben werden, in der Regel einer Firma, einer Universität oder einem ISP. Innerhalb ihres eigenen Netzes kann eine Organisation ihren eigenen Algorithmus für internes Routing (oder **Intradomain-Routing**, wie es üblicherweise genannt wird) verwenden. Nichtsdestotrotz gibt es nur eine Handvoll von bekannten Standardprotokollen. In diesem Abschnitt werden wir das Problem des Intradomain-Routings untersuchen und einen Blick auf das OSFP-Protokoll werfen, welches in der Praxis vielfach eingesetzt wird. Ein Intradomain-Routing-Protokoll wird auch **internes Gateway-Protokoll** genannt. Im nächsten Abschnitt werden wir das Problem des Routings zwischen unabhängig arbeitenden Netzen – oder **Interdomain-Routing** – betrachten. Für diesen Fall müssen alle Netze dasselbe Interdomain-Routing-Protokoll bzw. **externe Gateway-Protokoll** verwenden. Das Protokoll, das im Internet eingesetzt wird, ist BGP (*Border Gateway Protocol*) und wird in Abschnitt 5.7.7 diskutiert.

Frühe Intradomain-Routing-Protokolle verwendeten einen Distanzvektor-Entwurf auf der Grundlage des verteilten Bellman-Ford-Algorithmus aus dem ARPANET. **RIP** (*Routing Information Protocol*) ist das wichtigste Beispiel hierfür, das bis zum heutigen Tag verwendet wird. Es funktioniert in kleinen Systemen recht gut, aber nicht so gut in größeren Netzen. Außerdem leidet es an dem Count-to-Infinity-Problem und einer allgemein langsamen Konvergenz. Das ARPANET wechselte im Mai 1979 zu einem Link-State-Protokoll für Intradomain-Routing. Dieses Protokoll heißt **OSPF** (*Open Shortest Path First*) und wurde 1990 zum Standard erklärt. Es stützt sich auf ein Protokoll namens **IS-IS** (*Intermediate-System to Intermediate-System*), welches ein ISO-Standard wurde. Aufgrund ihres gemeinsamen Erbes haben die beiden Protokolle viel mehr Ähnlichkeiten als Unterschiede. Die vollständige Geschichte finden Sie in RFC 2328. Es sind die vorherrschenden Intradomain-Routing-Protokolle und die meisten Router-Anbieter unterstützen beide. OSPF wird eher in Unternehmensnetzen verwendet und IS-IS eher in ISP-Netzen. Nachfolgend wird die Funktionsweise von OSPF kurz beschrieben.

Angesichts der langjährigen Erfahrungen mit anderen Routing-Protokollen lag der Gruppe, die OSPF entwickelte, eine lange Liste mit Anforderungen vor, die alle erfüllt werden sollten. Der Algorithmus sollte in der offenen Literatur veröffentlicht werden, was das „O“ in der Bezeichnung OSPF erklärt. Es sollte keine proprietäre Lösung von einem Unternehmen sein. Zweitens sollte das neue Protokoll eine Vielzahl von Entfernungsmetriken unterstützen, darunter die physikalische Entfernung, die Übertragungsverzögerung usw. Drittens sollte es ein dynamischer Algorithmus sein, d.h. einer, der sich schnell und automatisch an Änderungen in der Topologie anpasst.

Viertens war bei OSPF neu, dass es Routing auf der Grundlage des Diensttyps unterstützen musste. Das neue Protokoll musste in der Lage sein, Echtzeitverkehr in eine und Datenverkehr in eine andere Richtung zu lenken. Zu der Zeit besaß IP das Feld *Type of Service*, das aber von keinem verfügbaren Routing-Protokoll verwendet wurde. Das Feld wurde auch in OSPF aufgenommen, aber da es immer noch niemand verwendete, wurde es irgendwann entfernt. Vielleicht war diese Anforderung ihrer Zeit voraus, da sie eingefügt wurde, bevor die Arbeit der IEFT zu differenzierten Diensten begann, mit der Dienstklassen erneuert wurden.

Fünftens sollte OSPF einen gewissen Lastenausgleich bieten, d.h. die Last auf mehrere Leitungen verteilen. Die meisten früheren Protokolle schickten alle Pakete über eine einzelne beste Route, selbst wenn es zwei Routen gab, die gleich gut waren. Die andere Route wurde überhaupt nicht verwendet. In vielen Fällen führt die Aufteilung der Last auf mehrere Routen zu einer besseren Leistung.

Sechstens war die Unterstützung hierarchischer Systeme gefordert. Im Jahr 1988 waren einige Netze schon derartig angewachsen, dass von keinem Router erwartet werden konnte, die gesamte Topologie zu kennen. OSPF sollte so ausgelegt werden, dass dies von vornherein von keinem Router erwartet werden muss.

Siebtens sollten gewisse Sicherheitsmaßnahmen geboten werden, um Studenten mit Sinn für Humor daran zu hindern, Router durch Übersenden falscher Routing-Daten ganz aus dem Häuschen zu bringen. Schließlich waren Vorkehrungen nötig, um Router zu handhaben, die über einen Tunnel an das Internet angeschlossen sind. Die früheren Protokolle hatten diese Aufgabe nicht gut bewältigt.

OSPF unterstützt sowohl Punkt-zu-Punkt-Verbindungen (z.B. SONET) als auch Broadcast-Netze (z.B. die meisten LANs). Tatsächlich ist OSPF in der Lage, Netze mit mehreren Routern zu unterstützen, von denen jeder direkt mit allen anderen kommunizieren kann (**Mehrfachzugriffsnetze** genannt), selbst wenn sie keine Broadcast-Fähigkeit haben. Frühere Protokolle konnten mit diesem Fall nicht gut umgehen.

Ein Beispiel eines Netzwerks aus autonomen Systemen ist in ▶Abbildung 5.65a zu sehen. Bei der Darstellung wurden Hosts weggelassen, da sie in der Regel bei OSPF keine Rolle spielen, im Gegensatz zu Routern und Netzen (welche Hosts enthalten können). Die meisten der Router in Abbildung 5.65a sind mit anderen Routern über

Punkt-zu-Punkt-Verbindungen verbunden, und zu Netzen, um die Hosts in diesen Netzen zu erreichen. Die Router *R3*, *R4* und *R5* sind jedoch über ein Broadcast-LAN wie Switched Ethernet miteinander verbunden.

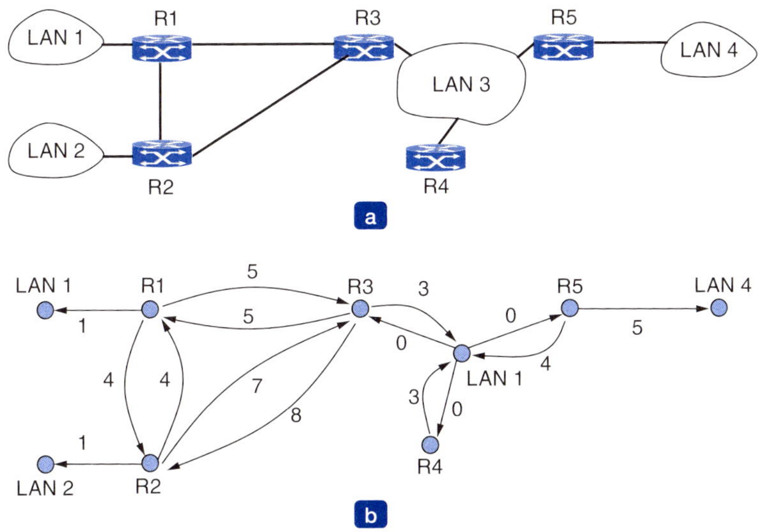

Abbildung 5.65: (a) Autonomes System. (b) Darstellung von (a) als Graph.

OSPF abstrahiert die Anzahl der tatsächlichen Netze, Router und Verbindungen in einen gerichteten Graphen, in dem jeder Kante ein Gewicht (Entfernung, Übertragungsverzögerung usw.) zugewiesen wird. Eine Punkt-zu-Punkt-Verbindung zwischen zwei Routern wird durch ein Kantenpaar darstellt, je eine Kante in eine Richtung. Ihre Gewichtungen können unterschiedlich sein. Ein Broadcast-Netz wird durch einen Knoten für das Netz selbst und einen Knoten für jeden Router dargestellt. Die Kanten von diesem Netzknoten zu den Routern haben das Gewicht 0. Sie sind dennoch wichtig, denn ohne sie gibt es keinen Pfad durch das Netz. Andere Netze, die nur Hosts haben, haben nur eine einfache Kante zum Netz hin und keine ausgehende Kante. Diese Anordnung bietet Routen zu Hosts hin, aber nicht durch sie hindurch.

Abbildung 5.65b stellt den Graphen des Netzes von Abbildung 5.65a dar. OSPF stellt im Grunde das eigentliche Netz als Graphen wie diesen dar und verwendet dann die Link-State-Methode, mit deren Hilfe jeder Router den kürzesten Pfad von ihm zu allen anderen Knoten berechnet. Es kann sein, dass mehrere gleich kurze Pfade gefunden werden. In diesem Fall speichert OSPF die Menge der kürzesten Pfade und während der Paketweiterleitung wird der Verkehr zwischen diesen Pfaden aufgeteilt. Diese Strategie, **ECMP** (*Equal Cost MultiPath*) genannt, unterstützt den Lastausgleich.

Viele autonome Systeme im Internet sind selbst groß und nicht so einfach in der Verwaltung. Für den Betrieb in diesem Maßstab kann ein autonomes System mithilfe von OSPF in nummerierte **Bereiche** (*area*) aufgeteilt werden, wobei ein Bereich ein Netz oder eine Menge zusammenhängender Netze ist. Bereiche überlappen sich nicht, müssen aber nicht erschöpfend sein, was bedeutet, dass eventuell einige Router zu keinem

Bereich gehören. Router, die vollständig innerhalb eines Bereichs liegen, werden **interne Router** genannt. Ein Bereich ist eine Generalisierung eines individuellen Netzes. Außerhalb eines Bereichs sind dessen Ziele sichtbar, nicht aber die Topologie. Diese Eigenschaft hilft bei der Skalierung des Routings.

Jedes autonome System hat einen **Backbone-Bereich**, der als Bereich 0 bezeichnet wird. Die Router in diesem Bereich heißen **Backbone-Router**. Alle Bereiche sind mit dem Backbone verbunden, möglicherweise über Tunnel, sodass man über das Backbone von einem beliebigen Bereich eines autonomen Systems zu einem beliebigen anderen Bereich des autonomen Systems gelangen kann. Ein Tunnel wird im Graph lediglich als weitere Kante mit Kosten dargestellt. Wie bei anderen Bereichen ist die Topologie des Backbones außerhalb desselben nicht sichtbar.

Jeder Router, der mit zwei oder mehr Bereichen verbunden ist, wird **Grenzrouter** (*area border router*) genannt. Er muss außerdem Teil des Backbones sein. Die Aufgabe eines Grenzrouters ist es, die Ziele in einem Bereich zusammenzufassen und diese Zusammenfassung an andere Bereiche, mit denen er verbunden ist, weiterzugeben. Die Zusammenfassung enthält Kosteninformationen, aber nicht alle Einzelheiten der Topologie innerhalb eines Bereichs. Das Weiterreichen von Kosteninformation erlaubt es Hosts, in anderen Bereichen die besten Grenzrouter zum Betreten des Bereichs zu finden. Indem keine Informationen über die Topologie weitergereicht werden, wird der Verkehr reduziert und die Berechnungen des kürzesten Pfads von Routern in anderen Bereichen vereinfachen sich. Falls es jedoch nur einen Grenzrouter aus einem Bereich heraus gibt, muss nicht einmal die Zusammenfassung weitergegeben werden. Routen zu Zielen außerhalb eines Bereichs beginnen immer mit der Anweisung „Gehe zum Grenzrouter." Diese Art von Bereich heißt **Stub-Bereich**.

Die letzte Art von Router ist der **AS-Grenzrouter** (*AS boundary router*). Er versorgt den Bereich mit Routen zu externen Zielen in anderen autonomen Systemen. Die externen Routen erscheinen dann als Ziele, die über den AS-Grenzrouter mit bestimmten Kosten erreicht werden können. Eine externe Route kann in einen oder mehrere AS-Grenzrouter eingegeben werden. Die Beziehung zwischen autonomen Systemen, Bereichen und verschiedenen Routerarten ist in ▶Abbildung 5.66 dargestellt. Ein Router kann mehrere Rollen spielen, zum Beispiel ist ein Grenzrouter gleichzeitig ein Backbone-Router.

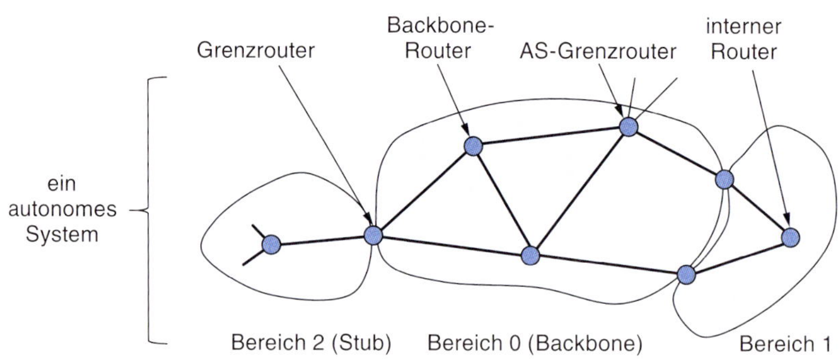

Abbildung 5.66: Die Beziehung zwischen autonomen Systemen, Backbones und Bereichen bei OSPF.

Im normalen Betrieb hat jeder Router innerhalb eines Bereichs die gleiche Link-State-Datenbank und führt den gleichen Algorithmus (des kürzesten Pfads) aus. Seine Hauptaufgabe ist die Berechnung des kürzesten Pfades von sich zu jedem anderen Router und jedem Netz im gesamten autonomen System. Ein Grenzrouter benötigt die Datenbanken von allen Bereichen, mit denen er verbunden ist, und muss den Algorithmus des kürzesten Pfades für jeden Bereich getrennt ausführen.

Befinden sich Quelle und Ziel im selben Bereich, so wird die beste bereichsinterne Route (die vollständig im Bereich liegt) gewählt. Falls Quelle und Ziel in verschiedenen Bereichen liegen, muss die bereichsinterne Route von der Quelle zum Backbone gehen, über das Backbone zum Zielbereich und dann zum Ziel. Dieser Algorithmus zwingt dem OSPF eine Sternkonfiguration auf, in der das Backbone der Hub und die anderen Bereiche die Speichen sind. Da die Route mit den niedrigsten Kosten gewählt wird, kann es sein, dass Router in unterschiedlichen Teilen des Netzes verschiedene Grenzrouter verwenden, um das Backbone und den Zielbereich zu betreten. Pakete werden von der Quelle zum Ziel befördert, „wie sie sind". Sie werden weder gekapselt noch durch Tunnel geschleust (es sei denn, sie gehen an einen Bereich, dessen einzige Verbindung zum Backbone ein Tunnel ist). Außerdem können Routen zu externen Zielen die externen Kosten von dem AS-Grenzrouter über den externen Pfad enthalten, falls gewünscht, oder nur die internen Kosten des autonomen Systems.

Beim Starten sendet ein Router HELLO-Nachrichten an alle seine Punkt-zu-Punkt-Leitungen und verteilt sie per Multicasting über LANs an die Gruppe, die von allen anderen Routern gebildet wird. Aus den Antworten erfährt jeder Router Einzelheiten über seine Nachbarn. Router im gleichen LAN sind alle Nachbarn.

OSPF tauscht Informationen zwischen aneinander angrenzenden Routern aus. Das ist nicht das Gleiche wie zwischen benachbarten Routern. Insbesondere ist es ineffizient, wenn jeder Router mit jedem anderen Router innerhalb eines LAN kommuniziert. Um diese Situation zu vermeiden, wird ein Router als **designierter Router** (*designated router*) ausgewählt. Dieser Router gilt als **angrenzend** (*adjacent*) zu allen anderen und tauscht mit ihnen Informationen aus. Tatsächlich agiert er als der einzelne Knoten, der das LAN repräsentiert. Benachbarte Router, die nicht aneinander angrenzen, tauschen keine Informationen aus. Ein Backup für den designierten Router wird laufend aktualisiert, um bei Ausfall des primären designierten Routers sofort auf eine Ausweichmöglichkeit umsteigen zu können.

Im Normalbetrieb flutet jeder Router gelegentlich Nachrichten vom Typ LINK STATE UPDATE an alle angrenzenden Router. Diese Nachrichten geben den Status des sendenden Routers und die in der Topologiedatenbank verwendeten Kosten an. Die Nachrichten werden bestätigt, sind also zuverlässig. Jede Nachricht hat eine laufende Nummer, sodass ein Router erkennen kann, ob eine ankommende LINK STATE UPDATE-Nachricht älter oder jünger als die momentan vorliegende ist. Router senden diese Nachrichten auch aus, wenn eine Verbindung zu- oder abgeschaltet wird und wenn sich ihre Kosten ändern.

Nachrichten vom Typ DATABASE DESCRIPTION geben die Sequenznummern aller Link-State-Einträge aus, die momentan beim Sender vorhanden sind. Durch Vergleichen seiner eigenen Werte mit denen des Senders kann der Empfänger feststellen, wer neuere Werte hat. Diese Nachrichten werden ausgesendet, wenn eine Verbindung zugeschaltet wird.

Beide Partner können voneinander mittels Nachrichten vom Typ LINK STATE REQUEST Link-State-Informationen anfordern. Das Ergebnis dieses Algorithmus ist, dass jedes Paar angrenzender Router prüft, wer die aktuellsten Daten hat. Auf diese Weise werden neue Informationen im ganzen Bereich verbreitet. Alle Nachrichten werden direkt als IP-Pakete übertragen. Die fünf Nachrichtenarten sind in ▶Abbildung 5.67 zusammengefasst.

Nachrichtentyp	Beschreibung
Hello	Dient zur Feststellung, wer die Nachbarn sind
Link State Update	Gibt die Kosten des Senders an seine Nachbarn aus
Link State Ack	Bestätigt eine Link-State-Aktualisierung
Database Description	Gibt die neuesten Daten des Senders bekannt
Link State Request	Fordert Informationen vom Partner an

Abbildung 5.67: Die fünf Nachrichtentypen von OSPF.

An diesem Punkt angelangt, kann man alle Stücke zusammensetzen. Mithilfe von Flooding informiert jeder Router alle anderen in seinem Bereich über seine Verbindungen zu anderen Routern und Netzen sowie über die Kosten dieser Verbindungen. Anhand dieser Informationen kann jeder Router den Graphen für seinen Bereich bzw. seine Bereiche aufbauen und den kürzesten Pfad berechnen. Das macht auch der Backbone-Bereich. Zusätzlich nehmen die Backbone-Router Informationen von Grenzroutern zwischen Bereichen entgegen, um die beste Route von jedem Backbone-Router zu jedem anderen Router zu berechnen. Diese Information wird an alle Grenzrouter zurückgeschickt, die sie wiederum innerhalb ihrer Bereiche verteilen. Anhand dieser Information können interne Router die beste Route zu einem Ziel außerhalb ihres Bereichs auswählen, einschließlich des besten Ausgangsrouters zum Backbone.

5.7.7 BGP

Innerhalb eines autonomen Systems sind OSPF und IS-IS die Protokolle, die üblicherweise eingesetzt werden. Zwischen mehreren autonomen Systemen wird ein anderes Protokoll verwendet: **BGP** (*Border Gateway Protocol*). Hier wird ein anderes Protokoll benötigt, weil Intradomain- und Interdomain-Protokolle nicht die gleichen Ziele verfolgen. Ein Intradomain-Protokoll muss lediglich Pakete so effizient wie möglich von der Quelle zum Ziel befördern. Es muss sich um keinerlei Regeln kümmern.

Demgegenüber haben Interdomain-Protokolle sehr wohl Regeln, die beachtet werden müssen (Metz, 2001). Ein autonomes System eines Unternehmens muss beispielsweise die Fähigkeit aufweisen, Pakete an jeden beliebigen Internetstandort zu senden und von jedem Internetstandort zu empfangen. Eventuell ist es aber nicht willens, Pakete auf dem Transit von einem fremden autonomen System zu einem anderen fremden autonomen System zu befördern, obwohl es auf dem kürzesten Weg zwischen den beiden fremden Systemen liegt („Das ist deren Problem, nicht meins"). Andererseits ist es vielleicht bereit, Transitverkehr für seine Nachbarn oder bestimmte andere autonome Systeme zu übernehmen, falls sie für diesen Dienst zahlen. Telefongesellschaften stellen ihre Übertragungsdienste gerne ihren Kunden zur Verfügung, nicht aber fremden Parteien. Externe Gateway-Protokolle im Allgemeinen und BGP im Besonderen wurden ausgelegt, um viele Arten von Routing-Regeln, denen der Verkehr zwischen autonomen Systemen unterliegt, zu unterstützen.

Zu den typischen Regeln gehören politische, sicherheitstechnische und wirtschaftliche Überlegungen. Beispiele für mögliche Routing-Einschränkungen sind:

1. Übertrage keinen kommerziellen Datenverkehr auf einem Bildungsnetz.
2. Sende niemals Datenverkehr vom Pentagon auf einer Route durch den Irak.
3. Benutze TeliaSonera anstelle von Verizon, weil es billiger ist.
4. Verwende AT&T nicht in Australien, weil die Leistung schlecht ist.
5. Datenverkehr, der bei Apple beginnt und endet, darf nicht über Google führen.

Wenn Sie diese Aufzählung lesen, können Sie sich sicher vorstellen, dass Routing-Regeln sehr individuell sein können. Häufig sind sie proprietär, weil sie sensible Geschäftsinformationen enthalten. Man kann jedoch zwei Muster ausmachen, die eine Grundlage für die obigen Überlegungen sind und die oft als Ausgangspunkt verwendet werden.

Eine Routing-Regel wird implementiert, indem man entscheidet, welcher Datenverkehr über welche der Verbindungen zwischen autonomen Systemen fließen kann. Eine übliche Regel ist, dass ein Kunden-ISP einen anderen Provider-ISP bezahlt, um Pakete an beliebige andere Ziele im Internet zuzustellen und um Pakete zu erhalten, die von einem beliebigen anderen Ziel gesendet wurden. Man sagt, der Kunden-ISP kauft **Transitdienst** vom ISP des Providers. Dies ist ganz so, wenn ein Kunde zu Hause von einem ISP Internetzugangsdienst kauft. Damit dies funktioniert, stellt der Provider seinen Kunden die Routen zu allen Zielen im Internet über die Verbindung zur Verfügung, die ihn mit dem Kunden verbindet. Auf diese Weise hat der Kunde eine Route, die er verwenden kann, wenn er Pakete an ein beliebiges Ziel senden möchte. Umgekehrt gibt der Kunde nur Routen zu den Zielen auf seinem eigenen Netz an den Provider weiter. Dadurch wird sichergestellt, dass der Provider dem Kunden nur Verkehr für dessen Adressen sendet; der Kunde möchte keinen Verkehr bearbeiten, der für andere Ziele bestimmt ist.

Wir können ein Beispiel eines Transitdienstes in ▶Abbildung 5.68 sehen. Hier sind vier autonome Systeme miteinander verbunden. Die Verbindung wird häufig über **Internetknoten** (**IXP**, *Internet eXchange Point*) durchgeführt. Dies sind Einrichtungen, an denen viele ISPs angeschlossen sind, um sich mit anderen ISPs zu verbinden. *AS2*, *AS3* und *AS4* sind Kunden von *AS1*, sie kaufen Transitdienst von *AS1*. Wenn somit Quelle *A* an das Ziel *C* sendet, reisen die Pakete von *AS2* zu *AS1* und schließlich zu *AS4*. Die Verteilung der Routen erfolgt in entgegengesetzter Richtung. *AS4* teilt seinem Transit-Provider *AS1 C* als ein Ziel mit, sodass Quellen *C* über *AS1* erreichen können. Später gibt *AS1* eine Route zu *C* an seine anderen Kunden, einschließlich *AS2*, weiter, damit diese wissen, dass sie Verkehr zu *C* über *AS1* senden können.

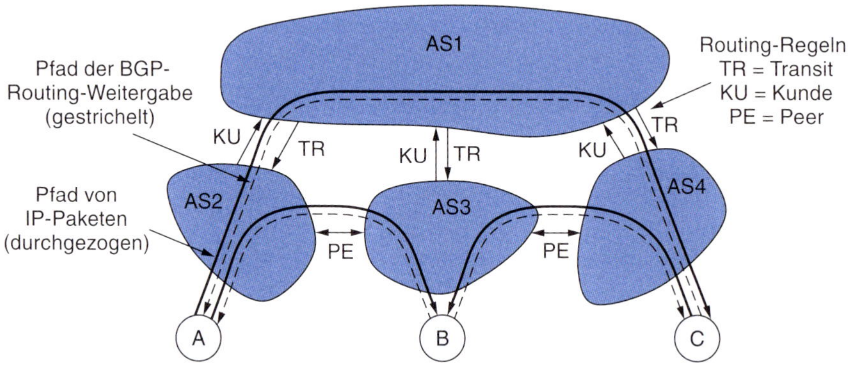

Abbildung 5.68: Routing-Regeln zwischen vier autonomen Systemen.

In Abbildung 5.68 kaufen alle der anderen autonomen Systeme Transitdienst von *AS1*. Dadurch erhalten sie die Konnektivität, um mit jedem Host im Internet interagieren zu können. Sie müssen für dieses Privileg jedoch bezahlen. Nehmen wir an, dass *AS2* und *AS3* viel Verkehr austauschen. Vorausgesetzt, dass ihre Netze bereits verbunden sind, dann können *AS2* und *AS3* eine abweichende Routing-Regel verwenden, falls sie möchten – sie können Verkehr kostenlos direkt miteinander austauschen. Dies verringert die Menge an Verkehr, den *AS1* in ihrem Namen zustellt und wird hoffentlich ihre Rechnungen senken. Diese Methode wird **vereinbarungsfreies Peering** oder **vereinbarungsfreie gegenseitige Verbindung** genannt.

Zur Implementierung von vereinbarungsfreiem Peering teilen zwei autonome Systeme ihre Routing-Informationen für die Adressen in ihren Netzen miteinander. Daher kann *AS2* Pakete für *AS3* von *A* nach *B* und umgekehrt senden. Beachten Sie jedoch, dass vereinbarungsfreies Peering nicht transitiv ist. In Abbildung 5.68 gehen *AS3* und *AS4* eine Peering-Verbindung miteinander ein. Dieses Peering ermöglicht es, den Datenverkehr von *C* direkt nach *B* zu senden. Was passiert, wenn *C* ein Paket zu *A* sendet? *AS3* gibt nur seine Route zu *B* an *AS4* weiter, nicht jedoch seine Route zu *A*. Daher wird kein Verkehr von *AS4* über *AS3* zu *AS2* weitergeleitet, selbst wenn ein physischer Pfad existiert. Genau diese Einschränkung ist von *AS3* gewünscht: es unterhält eine Peering-Verbindung zu *AS4* zum Austausch von Datenverkehr, möchte aber keinen Verkehr von *AS4* zu anderen Teilen des Internets übertragen, da *AS3* dafür nicht bezahlt wird. Stattdessen erhält *AS4* Transitdienst von *AS1*. Somit wird das Paket von *C* nach *A* von *AS1* übermittelt.

Nun, da wir etwas über Transit und vereinbarungsfreiem Peering wissen, können wir auch erkennen, dass *A*, *B* und *C* Transitvereinbarungen haben. Zum Beispiel muss *A* Internetzugang von *AS2* kaufen. *A* könnte ein einzelner privater Rechner oder ein Firmennetzwerk mit vielen LANs sein. *A* muss jedoch nicht BGP ausführen, weil es ein **Stub-Netz** ist, das an den Rest des Internets nur über eine Verbindung angeschlossen ist. *A* muss daher alle Pakete, die an ein Ziel außerhalb des Netzes gerichtet sind, über die Verbindung zu *AS2* senden. Es gibt keine andere Möglichkeit. Dieser Pfad kann leicht aufgebaut werden, indem eine Standardroute eingerichtet wird. Aus diesem Grund haben wir *A*, *B* und *C* nicht als autonome Systeme dargestellt, die am Interdomain-Routing teilnehmen.

Unternehmensabsprachen hinsichtlich Transit und vereinbarungsfreiem Peering werden durch eine Kombination von Routing-Regeln umgesetzt, die (1) bei mehreren Routen zu einem Ziel eine Bevorzugung implementieren und (2) eine Filterung der Art und Weise, wie Routen an benachbarte Netze weitergegeben werden, vorsehen. Im Allgemeinen funktioniert die Bevorzugung wie folgt: Ein Router bevorzugt zuerst Routen, die er von zahlenden Kunden kennt, gefolgt von Routen, die er von vereinbarungsfreien Peers kennt, und schließlich Routen, die er von Providernetzen kennt. Der Grund dafür ist einfach: Ein autonomes System würde es vorziehen, den Verkehr über Strecken zu schicken, für die es bezahlt wird, anstatt über Strecken, für deren Nutzung es bezahlen muss. Aus den gleichen Gründen wird ein autonomes System alle seine Routen seinen Kunden bekannt machen, aber keine Routen, die es von einem vereinbarungsfreien Peer oder Transit-Provider kennt, an andere Peers oder Anbieter weitergeben. Zusätzlich zu diesen beiden Unternehmensabsprachen haben die autonomen Systeme noch andere Vereinbarungen getroffen, wie z.B. **bezahltes Peering** (*paid peering*) bei denen ein autonomes System ein anderes für den Zugang zu Routen bezahlt, die es von den Kunden dieses autonomen Systems erhalten hat. Bezahltes Peering ist vergleichbar mit vereinbarungsfreiem Peering, außer dass Geld die Hand wechselt. Schließlich kann es auch partielle Transitvereinbarungen geben, bei denen ein autonomes System ein anderes für Routen zu nur einigen der Internetziele bezahlt.

Andererseits sind einige Firmennetze mit mehreren ISPs verbunden. Diese Technik wird verwendet, um die Zuverlässigkeit zu verbessern: Falls der Pfad des einen ISP ausfällt, kann das Unternehmen den Pfad über einen anderen ISP benutzen. Diese Technik heißt **Multihoming**. Hierbei führt das Firmennetz vermutlich ein Interdomain-Routing-Protokoll (z.B. BGP) aus, um anderen autonomen Systemen mitzuteilen, welche Adressen über welche ISP-Verbindung erreicht werden sollen.

Viele Variationen dieser Transit- und Peering-Regeln sind möglich, aber die bisher gezeigten lassen bereits erkennen, inwiefern Geschäftsbeziehungen und die Kontrolle darüber, an wen Routen weitergegeben werden, unterschiedliche Arten von Regeln nach sich ziehen können. Nun werden wir uns detaillierter ansehen, wie Router, die BGP ausführen, untereinander Routen anzeigen und Pfade auswählen, über die Pakete weitergeleitet werden sollen.

BGP ist eine Form von Distanzvektorprotokoll, unterscheidet sich aber beträchtlich von Intradomain-Distanzvektorprotokollen wie RIP. Wir haben bereits festgestellt, dass zur Auswahl der zu verwendenden Route Regeln anstelle der minimalen Entfernung benutzt werden. Ein weiterer bedeutender Unterschied ist, dass anstatt einfach nur die Kosten der Route für jedes Ziel zu verwalten, jeder BGP-Router auch den verwendeten Pfad verfolgt. Dieser Ansatz heißt **Pfad-Vektor-Protokoll**. Der Pfad besteht aus dem nächsten Teilstrecken-Router (der nicht unbedingt angrenzend sein muss, sondern sich auf der anderen Seite des ISP befinden kann) und der Folge von autonomen Systemen oder **AS-Pfad**, der die Route gefolgt ist (in umgekehrter Reihenfolge). Schließlich kommunizieren Paare von BGP-Routern durch Aufbau von TCP-Verbindungen miteinander. Dies garantiert eine zuverlässige Kommunikation und verbirgt alle Einzelheiten des durchquerten Netzes.

Ein Beispiel dafür, wie BGP-Routen verbreitet werden, ist in ▶Abbildung 5.69 gezeigt. Hier haben wir drei autonome Systeme, das mittlere stellt Transit für den linken und den rechten ISP zur Verfügung. Eine Weitergabe von Routen zu Präfix *C* beginnt in *AS3*. Läuft diese Weitergabe über die Verbindung zu *R2c* oben in der Abbildung, so besteht der AS-Pfad einfach aus *AS3* und der nächste Teilstrecken-Router ist *R2a*. Die Weitergabe über die untere Verbindung liefert denselben AS-Pfad, aber eine unterschiedliche nächste Teilstrecke. Bei Fortführung der Weitergabe wird die Grenze zu *AS1* überschritten. Am Router *R1a* oben in der Abbildung lautet der AS-Pfad *AS2, AS3* und die nächste Teilstrecke ist *R2a*.

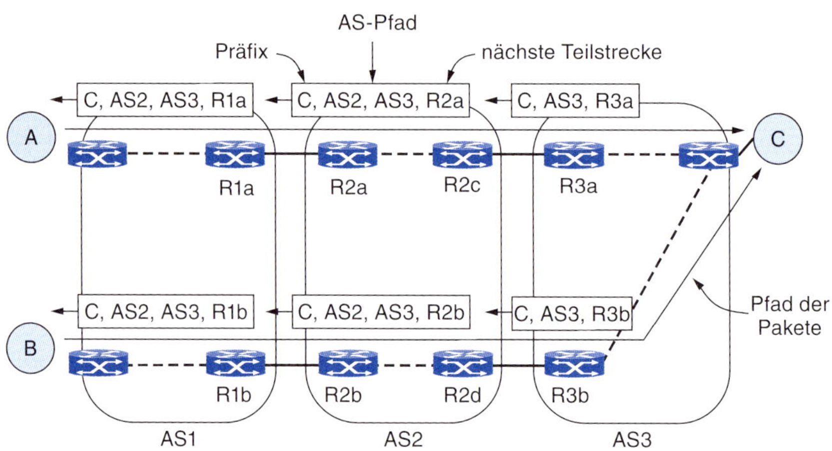

Abbildung 5.69: Weiterleitung von BGP-Routen.

Das Übertragen des vollständigen Pfads mit der Route vereinfacht es dem empfangenen Router, Schleifen im Routing zu erkennen und zu durchbrechen. Die Regel ist, dass jeder Router, der eine Route außerhalb des autonomen Systems sendet, seine eigene AS-Nummer der Route voranstellt. (Deshalb ist die Liste in umgekehrter Reihenfolge.) Wenn ein Router eine Route empfängt, überprüft er, ob seine eigene AS-Nummer schon in dem AS-Pfad enthalten ist. Ist dies der Fall, dann wurde eine Schleife entdeckt und diese Route wird nicht weitergegeben. Jedoch – und irgendwie ironisch – hat man in den späten 1990er Jahren herausgefunden, dass trotz dieser Vorsichtsmaßnahme BGP an einer Form des Count-to-Infinity-Problems leidet (Labovitz et al., 2001). Es gibt keine langlebigen Schleifen, aber Routen konvergieren manchmal langsam und haben vorübergehende Schleifen.

Eine Liste von autonomen Systemen anzugeben, ist eine sehr primitive Art und Weise, einen Pfad zu spezifizieren. Ein autonomes System kann eine kleine Firma oder ein internationales Backbonenetz sein. Es besteht keine Möglichkeit, dies aus der Route abzulesen. BGP versucht dies nicht einmal, da unterschiedliche autonome Systeme unterschiedliche Intradomain-Protokolle verwenden können, deren Kosten man nicht vergleichen kann. Und selbst wenn sie vergleichbar wären, kann es sein, dass ein autonomes System seine internen Metriken nicht preisgeben möchte. Dies ist ein Beispiel dafür, wie sich Interdomain-Routing-Protokolle von Intradomain-Protokollen unterscheiden.

Bisher haben wir gesehen, wie eine Routen-Weitergabe über Verbindungen zwischen zwei ISPs gesendet wird. Wir benötigen noch Möglichkeiten, BGP-Routen von einer Seite des ISP zur anderen zu leiten, sodass sie zum nächsten ISP gesendet werden können. Diese Aufgabe könnte von Intradomain-Protokollen erledigt werden, doch weil BGP sehr gut zum Skalieren auf große Netze geeignet ist, wird häufig eine Variante von BGP verwendet. Diese heißt **internes BGP** (**iBGP**), um es vom regulären Einsatz von BGP als **externes BGP** (**eBGP**) zu unterscheiden.

Die Regel für das Weiterleiten von Routen innerhalb eines ISP besagt, dass jeder Router an der Grenze des ISP aus Gründen der Konsistenz von allen Routen erfährt, die für alle anderen AS-Grenzrouter sichtbar sind. Falls ein AS-Grenzrouter des ISP von einem Präfix zu IP 128.208.0.0/16 Kenntnis erhält, so werden alle anderen Router von diesem Präfix erfahren. Das Präfix wird dann von allen Teilen des ISP aus erreichbar sein, unabhängig davon, wie Pakete den ISP von anderen autonomen Systemen betreten.

Wir haben diese Weiterleitung in Abbildung 5.69 nicht gezeigt, um ein Durcheinander zu vermeiden, aber beispielsweise Router *R2b* wird wissen, dass er *C* entweder über Router *R2c* (oben) oder über Router *R2d* (unten) erreichen kann. Die nächste Teilstrecke wird aktualisiert, wenn sich die Route innerhalb des ISP überschneidet, sodass Router auf der entfernten Seite des ISP wissen, welche Router sie verwenden müssen, um den ISP auf der anderen Seite zu verlassen. Dies kann man an den Wegen ganz links in der Abbildung sehen: die nächste Teilstrecke verweist auf einen Router im selben ISP und nicht auf einen Router im nächsten ISP.

Wir können nun zu dem entscheidenden, noch fehlenden Puzzlestück kommen: wie BGP-Router entscheiden, welche Route für jedes Ziel verwendet wird. Jeder BGP-Router kann von einem Weg für ein bestimmtes Ziel von dem Router erfahren, mit dem er im nächsten ISP verbunden ist, sowie von allen anderen AS-Grenzroutern (die wiederum von verschiedenen Wegen von den Routern gehört haben, mit denen sie in anderen ISPs verbunden sind). Jeder Router muss entscheiden, welcher Weg aus dieser Routenmenge der beste ist. Letztendlich sieht die Antwort so aus, dass es Aufgabe des

ISP ist, einige Regeln zur Auswahl der bevorzugten Route aufzustellen. Diese Erklärung ist jedoch sehr allgemein und überhaupt nicht befriedigend. Deshalb wollen wir zumindest einige allgemeine Strategien beschreiben.

Die erste Strategie ist, dass Routen über Netze, die mittels Peering miteinander verbunden sind, vor Routen über Transit-Provider bevorzugt werden. Die ersten sind frei – die zweiten kosten Geld. Eine ähnliche Strategie ist, Kundenrouten die höchste Präferenz zu geben. Es ist nur gutes Geschäftsgebahren, Verkehr direkt an die zahlenden Kunden zu senden.

Eine andere Art Strategie ist die Standardregel, dass kürzere AS-Pfade besser sind. Diese Regel ist jedoch fragwürdig, wenn man bedenkt, dass ein autonomes System ein Netz beliebiger Größe sein kann, ein Pfad durch drei kleine autonome Systeme also tatsächlich kürzer sein könnte als ein Pfad durch ein großes autonomes System. Im Durchschnitt scheint „kürzer" aber „besser" zu sein, und diese Regel ist ein übliches Entscheidungskriterium.

Die letzte Strategie ist die Bevorzugung von Routen, die innerhalb des ISP die geringsten Kosten haben. Diese Strategie ist in Abbildung 5.69 realisiert. Pakete, die von *A* zu *C* gesendet werden, verlassen *AS1* am oberen Router *R1a*. Pakete, die von *B* aus gesendet werden, nehmen den Ausgang über den unteren Router *R1b*. Der Grund dafür ist, dass sowohl *A* als auch *B* den Pfad mit den niedrigsten Kosten bzw. die schnellste Route aus *AS1* heraus wählen. Da *A* und *B* sich in unterschiedlichen Teilen des ISP befinden, ist der schnellste Ausgang jeweils ein anderer. Dasselbe passiert, wenn die Pakete *AS2* passieren. Auf der letzten Etappe muss *AS3* das Paket von *B* durch sein eigenes Netz transportieren.

Diese Strategie ist als **Early-Exit-Routing** oder **Hot-Potato-Routing** bekannt. Es gibt hierbei den seltsamen Nebeneffekt, dass Routen tendenziell asymmetrisch werden. Betrachten Sie zum Beispiel den Pfad, der gewählt wird, wenn *C* ein Paket zurück zu *B* sendet. Das Paket verlässt *AS3* schnell, und zwar am oberen Router, damit möglichst wenige Ressourcen verschwendet werden. Aus dem gleichen Grund wird das Paket auf der oberen Route bleiben, wenn *AS2* es so schnell wie möglich zu *AS1* weiterreicht. Danach hat das Paket eine längere Reise in *AS1* vor sich. Dies ist ein Spiegelbild des Pfads, der von *B* zu *C* genommen wurde.

Die obige Diskussion sollte verdeutlichen, dass jeder BGP-Router seine eigene beste Route aus den bekannten Möglichkeiten auswählt. Es ist nicht der Fall – wie man naiv annehmen könnte –, dass BGP den zu folgendem Pfad auf AS-Ebene auswählt und OSPF die Pfade innerhalb des jeweiligen autonomen Systems. BGP und das interne Gateway-Protokoll sind weit tiefer integriert. Dies bedeutet, dass zum Beispiel BGP den besten Austrittspunkt von einem ISP zum nächsten finden kann und dass dieser Punkt innerhalb eines ISP variieren kann, wie im Fall der Hot-Potato-Regel. Es bedeutet außerdem, dass BGP-Router in unterschiedlichen Bereichen eines autonomen Systems unterschiedliche AS-Pfade wählen können, um dasselbe Ziel zu erreichen. Der ISP muss bei der Konfiguration aller BGP-Router große Sorgfalt an den Tag legen, um angesichts all dieser Freiheiten eine passende Auswahl zu treffen, doch dies kann in der Praxis durchgeführt werden.

Die oben aufgeführten Regeln werden mit einer Vielzahl von Protokollkonfigurationen und -einstellungen implementiert. Der Hauptaspekt, den man verstehen sollte, ist der Prozess der Pfadauswahl, der es einem Router erlaubt, bei mehreren Optionen einen Weg zum Internetziel zu wählen. Die Wahl des günstigsten Pfads erfolgt nach folgenden Kriterien:

1. Bevorzuge den Pfad mit dem höchsten lokalen Präferenzwert.
2. Bevorzuge den Pfad mit der kürzesten AS-Pfadlänge.
3. Bevorzuge Pfade, die über externe Verbindungen (d.h. via eBGP) gelernt wurden, gegenüber Pfaden, die von internen Verbindungen (d.h. via iBGP) gelernt wurden.
4. Wähle unter den Pfaden, die von dem gleichen autonomen System gelernt wurden, denjenigen mit dem niedrigsten MED-Wert (*Multiple Exit Discriminator*).
5. Bevorzuge Pfade mit den geringsten IGP-Pfadkosten zur Next-Hop-IP-Adresse auf dem BGP-Pfad (wobei die Next-Hop-IP-Adresse in der Regel die des Grenzrouters ist).

Diese Schritte der Pfadauswahl werden nacheinander durchgeführt, bis der Router einen einzigen Pfad für jedes IP-Präfix auswählt. Der Router führt den obigen Prozess für jedes IP-Präfix in seiner Routing-Tabelle durch. Obwohl diese Reihenfolge langwierig und kompliziert erscheint, ist sie ziemlich intuitiv. Der **lokale Präferenzwert** für jeden Pfad ist ein Wert, den der lokale Netzbetreiber festlegen kann, und er bleibt intern in diesem autonomen System. Da er unter den Regeln für die Pfadauswahl die höchste Priorität hat, kann ein Betreiber damit die Arten von Pfadpräferenzen und -prioritäten umsetzen, die wir weiter oben in diesem Abschnitt erörtert haben (z.B. die Bevorzugung einer von einem Kunden erlernten Route gegenüber einer vereinbarungsfreien Route). Nach dieser Regel werden im Allgemeinen kurze Routen ausgewählt, und es gibt auch eine Möglichkeit, wie man eine frühzeitige Ausstiegsroute implementieren kann (siehe weiter vorn). Zum Beispiel ist die Bevorzugung einer Route, die von einem externen autonomen System anstatt von einem internen Router gelernt wurde, ein Versuch, einen frühzeitigen Ausstieg zu implementieren. Ebenso ist die Bevorzugung einer Route mit den geringsten IGP-Pfadkosten zum Grenzrouter ein Versuch, einen frühzeitigen Ausstieg zu implementieren.

Erstaunlicherweise haben wir nur die Oberfläche von BGP angekratzt. Für weitere Informationen verweisen wir auf die Spezifikation von BGP Version 4 in RFC 4271 und verwandte RFCs. Halten Sie sich jedoch vor Augen, dass ein Großteil der Komplexität von den Regeln abhängt, die in der Spezifikation des BGP-Protokolls nicht beschrieben sind.

Traffic-Engineering für Interdomain-Routing

Wie bereits in diesem Kapitel beschrieben, müssen Netzwerkbetreiber häufig die Parameter und die Konfiguration von Netzwerkprotokollen anpassen, um die Nutzung und Überlastung zu steuern. Solche Traffic-Engineering-Maßnahmen sind bei BGP üblich, wo ein Betreiber möglicherweise Einfluss darauf nehmen möchte, wie BGP Pfade auswählt, um zu steuern, wie der Verkehr in das Netz gelangt – **eingehendes** (*inbound*) **Traffic-Engineering** – oder wie er das Netz verlässt – **ausgehendes** (*outbound*) **Traffic-Engineering**.

Die gängigste Methode zur Steuerung des eingehenden Verkehrs ist die Anpassung, wie die Router das Attribut der lokalen Präferenz für einzelne Routen einstellen. Durch einen höheren Wert für die lokale Präferenz für alle Routen, die von einem bestimmten Kunden-AS gelernt wurden, kann ein Betreiber beispielsweise sicherstellen, dass die Routen dieses Kunden gegenüber einer Transitroute bevorzugt werden, sofern die Kundenroute existiert. Traffic-Engineering für eingehenden Verkehr ist schwieriger, da BGP es einem autonomen System nicht ermöglicht, einem anderen autonomen System mitzuteilen, wie es Routen auswählen soll (daher der Name „autonom"). Dennoch kann ein Betreiber indirekte Signale an Router in benachbarten Netzen senden, um zu steuern, wie diese Router Pfade auswählen. Eine gängige Methode besteht darin, die Länge des AS-Pfads künstlich aufzublähen, indem das netzwerkeigene AS in der Routenankündigung mehrfach wiederholt wird, eine Praxis, die als **AS-Pfad-Prepending** bezeichnet wird. Ein anderer Ansatz besteht darin, die längste Präfix-Übereinstimmung zu nutzen und ein Präfix einfach in mehrere kleinere (längere) Präfixe aufzuteilen, sodass Upstream-Router die Routen mit den längeren Präfixen bevorzugen. So könnte beispielsweise eine Route für ein /20-Präfix in Routen für zwei /21-Präfixe, vier /22-Präfixe usw. aufgeteilt werden. Dieser Ansatz ist jedoch mit gewissen Kosten verbunden, da die Routing-Tabellen dadurch größer werden und die Router ab einer bestimmten Länge die Ankündigungen filtern.

5.7.8 Internet-Multicasting

Die übliche IP-Kommunikation findet zwischen einem Sender und einem Empfänger statt. Bei manchen Anwendungen ist es aber für einen Prozess nützlich, an viele Empfänger gleichzeitig zu senden. Beispiele hierfür sind das Live-Streaming von Sportveranstaltungen an viele Benutzer, das Senden von Programmaktualisierungen an einen Pool von replizierten Servern sowie die Verwaltung digitaler Telefonkonferenzen (d.h. mit mehreren Teilnehmern).

IP unterstützt One-to-Many-Kommunikation oder Multicasting unter Verwendung von IP-Adressen der Klasse D. Jede Klasse-D-Adresse gibt eine Gruppe von Hosts an. Zur Bestimmung von Gruppen sind 28 Bit verfügbar, sodass über 250 Millionen Gruppen gleichzeitig existieren können. Sendet ein Prozess ein Paket an eine Adresse der Klasse D, wird es allen Mitgliedern der adressierten Gruppe so gut es geht (Best Effort), aber ohne Garantien zugestellt. Eventuell erhalten einige Mitglieder das Paket nicht.

Der IP-Adressen-Bereich 224.0.0.0/24 ist für Multicasting auf dem lokalen Netz reserviert. In diesem Fall wird kein Routing-Protokoll benötigt. Die Pakete werden an alle Mitglieder geschickt, indem sie einfach via Broadcasting auf dem LAN mit einer Multicast-Adresse gesendet werden. Alle Hosts auf dem LAN empfangen den Broadcast und die Hosts, die Mitglieder der Gruppe sind, verarbeiten das Paket. Router leiten das Paket nicht aus dem LAN hinaus. Beispiele für lokale Multicast-Adressen sind:

224.0.0.1 Alle Systeme in einem LAN

224.0.0.2 Alle Router in einem LAN

224.0.0.5 Alle OSPF-Router in einem LAN

224.0.0.251 Alle DNS-Server in einem LAN

Andere Multicast-Adressen können Mitglieder in verschiedenen Netzen haben. In diesem Fall wird ein Routing-Protokoll benötigt. Aber zunächst müssen die Multicast-Router wissen, welche Hosts Mitglieder einer Gruppe sind. Ein Prozess bittet seinen Host, ihn in eine bestimmte Gruppe aufzunehmen oder diese wieder zu verlassen. Jeder Host verwaltet die Prozesse, die momentan an einer Gruppe teilnehmen. Verlässt der letzte Prozess eines Hosts eine Gruppe, ist der Host nicht länger Mitglied dieser Gruppe. Etwa einmal pro Minute sendet jeder Multicast-Router ein Anfragepaket an alle Hosts in seinem LAN (natürlich unter Verwendung der lokalen Multicast-Adresse 224.0.0.1) und fordert sie auf, die Gruppen zu melden, zu denen sie momentan gehören. Die Multicast-Router können mit Standardroutern am gleichen Ort existieren, aber sie müssen nicht. Jeder Host sendet seine Antworten für alle Adressen der Klasse D zurück, an denen er interessiert ist. Diese Anfrage-Antwort-Pakete benutzen ein Protokoll namens **IGMP** (*Internet Group Management Protocol*, Protokoll zur Verwaltung von Gruppen im Internet). IGMP wird in RFC 3376 beschrieben.

Jedes der vielen Multicast-Routing-Protokolle kann benutzt werden, um Multicast-Spannbäume aufzubauen, die Pfade von Sendern zu allen Mitgliedern der Gruppe liefern. Die verwendeten Algorithmen sind dieselben, die wir in Abschnitt 5.2.8 beschrieben haben. Innerhalb eines autonomen Systems wird **PIM** (*Protocol Independent Multicast*) als Hauptprotokoll eingesetzt. PIM gibt es in mehreren Ausführungen. Bei PIM Dense Mode wird ein gestutzter Reverse-Path-Forwarding-Baum erzeugt. Dieser Modus ist auf Situationen zugeschnitten, bei denen sich die Mitglieder überall im Netz befinden, beispielsweise verteilte Dateien auf vielen Servern innerhalb eines Netzes für Datenzentren. Bei PIM Sparse Mode ähneln die aufgebauten Spannbäume den Core-Based Trees. Dieser Modus ist in Situationen angemessen, in denen beispielsweise ein Content-Provider TV-Inhalte per Multicasting zu vielen Teilnehmern in seinem IP-Netz sendet. Eine Variante dieses Entwurfs, Source-Specific Multicast PIM, ist für den Fall optimiert, dass es nur einen Sender für die Gruppe gibt. Schließlich müssen Multicast-Erweiterungen für BGP oder Tunneling verwendet werden, um Multicast-Routen zu erzeugen, wenn sich die Gruppenmitglieder in mehr als einem autonomen System befinden.

5.8 Regeln und Richtlinien auf der Vermittlungsschicht

Das Management des Datenverkehrs ist in den letzten Jahren zu einem Thema geworden, das Regeln unterworfen ist, da der Videostreaming-Verkehr einen großen Anteil am Gesamtverkehr ausmacht und die Internetvernetzung zunehmend direkt zwischen Content-Providern und Zugangsnetzen erfolgt. Zwei Aspekte der Vermittlungsschicht, die Regeln erfordern, sind Peering-Dispute und die Priorisierung des Datenverkehrs (manchmal in Verbindung mit der **Netzneutralität**). Auf beide Aspekte wird im Folgenden eingegangen.

5.8.1 Peering-Dispute

Obwohl BGP ein technischer Standard ist, ist die Nutzung von Verbindungen letztlich eine Frage von Routing-Gebühren. Der Verkehr fließt auf Pfaden, die den Dienstanbietern und Transitnetzen das meiste Geld einbringen; die Bezahlung für den Transit wird als letzter Ausweg betrachtet. Vereinbarungsfreies Peering hängt natürlich davon ab, dass beide Parteien sich einig sind, dass die Vernetzung für beide Seiten von Vorteil ist. Wenn ein Netz das Gefühl hat, zu kurz zu kommen, kann es das andere Netz zur Zahlung auffordern. Das andere Verbindungsnetz kann zustimmen oder ablehnen, aber wenn die Verhandlungen scheitern, führt dies zu einem sogenannten **Peering-Disput**.

Vor einigen Jahren kam es zu einem solchen viel beachteten Peering-Disput. In den letzten Jahren haben große Content-Provider so viel Datenverkehr eingespeist, dass jede Verbindungsleitung überlastet war. Im Jahr 2013 verstopften große Videoanbieter die Verbindungsleitungen zwischen Transit-Providern und privaten Zugangsnetzen und lasteten letztendlich mit ihrem Videostreaming-Verkehr die Kapazität dieser Verbindungen komplett aus. Diese hohe Auslastung der Verbindungsleitungen konnte von den Zugangsnetzen fast nur mit der Bereitstellung zusätzlicher Kapazitäten ausgeglichen werden. Die Frage war nun, wer für die Erhöhung der Netzkapazität zahlen sollte. In vielen Fällen zahlten die großen Content-Provider schließlich an die Zugangsnetze für die direkte Nutzung der Verbindungen, was praktisch einer bezahlten Peering-Vereinbarung gleichkam, wie weiter oben in diesem Kapitel beschrieben. Viele hielten diese Umstände fälschlicherweise als irgendwie verantwortlich für die unfaire Depriorisierung oder Blockierung von Videodatenverkehr. Tatsächlich handelte es sich bei den Vorfällen um geschäftliche Streitigkeiten darüber, welches Netz für die Bereitstellung von Verbindungspunkten zu zahlen hat. Weitere Informationen zu Peering-Disputen und deren Beilegung finden Sie in *The Peering Playbook* (Norton, 2012).

Peering-Dispute sind so alt wie das kommerzielle Internet. Da jedoch ein immer größerer Anteil des Internetverkehrs über private Verbindungsleitungen läuft, werden diese Dispute wahrscheinlich zunehmen und sich verändern. So senden beispielsweise private Zugangsnetze heute einen sehr hohen Anteil ihres eigenen Datenverkehrs in dieselben verteilten Clouds, in denen auch andere Inhalte gehostet werden. Daher liegt es nicht in ihrem Interesse, dass die Verbindungsleitungen zu diesen verteilten Cloud-Plattformen eine hohe Auslastung erfahren. In jüngster Zeit sind einige

Betreiber so weit gegangen, den Tod der Transitverbindungen insgesamt vorherzusagen (Huston, 2018). Es bleibt abzuwarten, ob sich dies bewahrheitet, aber klar ist, dass sich die Dynamik von Peering, Vernetzung und Transit weiterhin rasant entwickelt.

5.8.2 Priorisierung von Datenverkehr

Die Priorisierung von Datenverkehr, wie wir sie bereits in diesem Kapitel besprochen haben, ist ein kompliziertes Thema, das manchmal in das Reich der Regeln und Richtlinien hineinreicht. So ist ein Kernaspekt des Traffic-Managements, den latenzempfindlichen Datenverkehr (z.B. Spiele und interaktive Videos) zu priorisieren, ohne dass die hohe Auslastung für andere Arten von Datenverkehr (z.B. die Übertragung großer Dateien) zu einer schlechten Benutzererfahrung führt. Einige Anwendungen, wie z.B. Dateiübertragungen, kommen ohne Interaktivität aus, während interaktive Anwendungen oft auf niedrige Latenzzeiten und eine jitterfreie Übertragung angewiesen sind.

Um eine gute Leistung für einen gemischten Anwendungsverkehr zu erreichen, setzen Netzbetreiber oft verschiedene Formen der Verkehrspriorisierung ein, einschließlich Methoden wie Weighted Fair Queueing, das weiter oben in diesem Kapitel beschrieben wurde. Darüber hinaus bieten, wie bereits erwähnt, neuere Versionen von DOCSIS Unterstützung, um den interaktiven Anwendungsverkehr in Warteschlangen mit niedriger Latenz abzulegen. Eine differenzierte Behandlung der verschiedenen Arten von Anwendungsverkehr kann in der Tat zu einer verbesserten Erlebnisqualität für bestimmte Anwendungen führen, ohne die Erlebnisqualität für andere Klassen von Anwendungen zu beeinträchtigen.

Die Priorisierung wird jedoch schwieriger, wenn Geld den Besitzer wechselt. Die dritte Schiene der Internetpolitik ist die **bezahlte Priorisierung**, bei der eine Partei einen ISP dafür bezahlt, dass ihr Verkehr eine höhere Priorität erhält als der konkurrierende Verkehr desselben Anwendungstyps. Eine solche bezahlte Priorisierung könnte als wettbewerbswidriges Verhalten interpretiert werden. In anderen Fällen könnte ein Transitnetz mit einem bestimmten Dienstangebot (z.B. Video oder Voice-over-IP) seinem eigenen Dienst gegenüber den Diensten von Konkurrenten Vorrang einräumen. In einem Fall wurde beispielsweise festgestellt, dass AT&T FaceTime-Videoanrufe blockiert. Aus diesen Gründen ist die Priorisierung oft ein heikles Thema in Diskussionen über **Netzneutralität**. Das Konzept der Netzneutralität wirft komplexe rechtliche und politische Fragen auf, die den Rahmen eines Lehrbuchs über technische Netzwerke sprengen würden. Die allgemein anerkannten wichtigsten Regeln lauten:

1. Kein Blockieren
2. Keine Drosselung
3. Keine bezahlte Priorisierung
4. Auskunft über jedwede Priorisierungsmaßnahmen

Jede Politik der Netzneutralität lässt darüber hinaus normalerweise vernünftige Ausnahmen bei den Netzverwaltungspraktiken zu (z.B. Priorisierung zur Steigerung der Netzeffizienz, Blockierung oder Filterung aus Gründen der Netzsicherheit). Die Entscheidung, was als „vernünftig“ gilt, wird oft den Juristen überlassen. Eine weitere politische und rechtliche Frage ist, wer (d.h. welche Regierungsbehörde) über die Regeln und die Sanktionen bei Verstößen entscheiden soll. Bei den Debatten über die Netzneutralität in den Vereinigten Staaten geht es zum Beispiel darum, ob ein Internetdienstanbieter eher mit einem Telefonanbieter (z.B. AT&T) oder mit einem Anbieter von Informationen und Inhalten (z.B. Google) vergleichbar ist. Je nach Antwort auf diese Frage legen verschiedene Regierungsbehörden die Regeln für alles fest, von der Priorisierung bis zum Datenschutz.

Zusammenfassung

Die **Vermittlungsschicht** bietet der Transportschicht Dienste an. Diese Dienste können auf Datagrammen oder virtuellen Verbindungen basieren. In beiden Fällen ist ihre Hauptaufgabe das Routing von Paketen von der Quelle zum Ziel. Bei Datagrammnetzen wird eine Routing-Entscheidung bei jedem Paket getroffen. In VC-Netzen wird diese Entscheidung beim Aufbau einer virtuellen Verbindung getroffen.

In Rechnernetzen werden viele verschiedene **Routing-Algorithmen** verwendet. Flooding ist ein einfacher Algorithmus, um ein Paket über alle Pfade zu senden. Die meisten Algorithmen finden den kürzesten Pfad und passen sich an Änderungen in der Netztopologie an. Die wichtigsten Algorithmen sind Distanzvektoralgorithmus und Link-State-Routing. Die meisten neuen Netze benutzen einen dieser Algorithmen. Andere wichtige Routing-Techniken sind die Verwendung einer Hierarchie in großen Netzen, Routing für mobile Hosts sowie Broadcast-, Multicast- und Anycast-Routing.

Netze können leicht überlastet werden, was die Übertragungszeit und die Paketverluste erhöht. Netzentwickler versuchen **Überlastung** zu vermeiden, indem sie das Netz mit ausreichend Kapazität entwerfen und es außerdem befähigen, unüberlastete Routen zu wählen, die Annahme von weiterem Verkehr abzulehnen, an die Quellen Nachrichten zur Verlangsamung zu senden und Last abzuwerfen.

Der nächste Schritt, der über die Behandlung einer Überlastung hinausgeht, ist die versprochene **Dienstgüte** wirklich zu erzielen. Einige Anwendungen bemühen sich mehr um Durchsatz, wohingegen andere eher Übertragungsverzögerung und Jitter wichtig nehmen. Die verwendeten Methoden, um unterschiedliche Grade an Dienstgüte zur Verfügung zu stellen, beinhalten eine Kombination von Traffic-Shaping, das Reservieren von Ressourcen bei Routern und die Zugangssteuerung. Zu den Ansätzen, die zur Sicherstellung der Dienstgüte entwickelt wurden, gehören integrierte Dienste (einschließlich RSVP) und differenzierte Dienste der IETF.

Netze unterscheiden sich anhand verschiedener Faktoren, deshalb können Probleme auftreten, wenn mehrere Netze miteinander verbunden werden. Haben verschiedene Netze unterschiedliche Höchstgrenzen für Paketgrößen, dann könnte eine Fragmentierung der Pakete nötig werden. Unterschiedliche Netze können intern unterschiedliche Routing-Protokolle ausführen, müssen aber extern ein gemeinsames Protokoll haben. Teilweise können diese Probleme durch das Tunneling-Verfahren gelöst werden. Dabei werden Pakete durch ein fremdes Netz geschleust. Wenn aber das Quell- und das Zielnetz verschiedene Technologien verwenden, scheitert dieser Ansatz.

Das Internet verfügt über eine Vielzahl von **Protokollen für die Vermittlungsschicht**. Hierzu gehören beispielsweise das Datagrammprotokoll, IP und verbundene Steuerungsprotokolle wie ICMP, ARP und DHCP. Ein verbindungsorientiertes Protokoll namens MPLS trägt IP-Pakete über einige Netze. Eines der wichtigsten Routing-Protokolle, das innerhalb von Netzen eingesetzt wird, ist OSPF, und das Routing-Protokoll, das zwischen Netzen verwendet wird, ist BGP. Dem Internet gehen inzwischen die IP-Adressen aus, sodass eine neue IP-Version, IPv6, entwickelt wurde und nun langsam installiert wird.

Einige Aspekte von Traffic-Engineering und Traffic-Management berühren politische Belange. Zwei der geläufigsten Probleme sind **Peering-Dispute**, wenn sich Netze nicht auf die Geschäftsbedingungen bei der Nutzung der Verbindungen einigen können, sowie die **Priorisierung von Datenverkehr**, die gern angewandt wird, um die negativen Auswirkungen einer Überlastung abzumildern, was aber der Netzneutralität widersprechen kann, wenn es wettbewerbsschädigend eingesetzt wird.

EXTRAS ONLINE

Lösungshinweise

Übungsaufgaben

1 Geben Sie zwei Beispiele für Computeranwendungen, bei denen ein verbindungsorientierter Dienst angemessen ist. Geben Sie ebenso zwei Beispiele, bei denen ein verbindungsloser Dienst am besten geeignet ist.

2 Datagrammnetze leiten jedes Paket als separate Einheit unabhängig von allen anderen weiter. VC-Netze brauchen das nicht, da jedes Paket einem vorab festgelegten Weg folgt. Bedeutet dies, dass VC-Netze nicht die Fähigkeit haben müssen, isolierte Pakete von einer bestimmten Quelle an ein bestimmtes Ziel zu leiten? Erklären Sie Ihre Antwort.

3 Nennen Sie drei Beispiele von Protokollparametern, die beim Aufbau einer Verbindung vereinbart werden können.

4 Angenommen, alle Router und Hosts funktionieren störungsfrei und die jeweilige Software enthält keine Fehler. Besteht dann eine Möglichkeit, egal wie gering, dass ein Paket zu einem falschen Ziel übertragen wird?

5 Zeigen Sie, dass das in Abbildung 5.10b gezeigte Count-to-Infinity-Problem gelöst werden kann, indem die Router zu ihren Distanzvektoren die ausgehende Verbindung für jedes Ziel-Kosten-Paar hinzufügen. In Abbildung 5.10a gibt der Knoten *C* nicht nur eine Route nach *A* mit der Entfernung 2 bekannt, sondern teilt auch mit, dass dieser Weg über den Knoten *B* führt. Zeigen Sie die Entfernungen von allen Routern zu *A* nach jedem Austausch des Distanzvektors, bis alle Router feststellen, dass *A* nicht mehr erreichbar ist.

6 Skizzieren Sie eine Netztopologie, die sich von der in Abbildung 5.10 unterscheidet und bei der die Einbeziehung der nächsten Teilstrecke das Count-to-Infinity-Problem bei Ausfall von Knoten *A* nicht löst.

7 Betrachten wir das Netz von Abbildung 5.12. Es wird ein Distanzvektor-Routing verwendet, und die folgenden Link-State-Pakete sind gerade bei Router *D* eingetroffen: von *A* (*B*: 5, *E*: 4); von *B* (*A*: 4, *C*: 1, *F*: 5); von *C* (*B*: 3, *D*: 4, *E*: 3); von *E* (*A*: 2, *C*: 2, *F*: 2); von *F* (*B*: 1, *D*: 2, *E*: 3). Die Kosten der Verbindungen von *D* nach *C* und *F* sind 3 bzw. 4. Wie sieht die neue Routing-Tabelle von *D* aus? Geben Sie sowohl die zu verwendende Ausgangsleitung als auch die Kosten an.

8 Geben Sie einen einfachen Algorithmus an, der durch ein Netz zwei Pfade von einer bestimmten Quelle zu einem bestimmten Ziel findet, mit denen der Ausfall irgendeiner Übertragungsleitung überstanden wird (unter der Annahme, dass zwei solche Pfade existieren). Die Router gelten als zuverlässig, sodass man sich über mögliche Routerabstürze keine Gedanken machen muss.

9 Betrachten Sie das Netz von Abbildung 5.12a. Hier wird der Distanzvektoralgorithmus angewandt, und folgende Vektoren sind eben in Router *C* eingegangen: von *B*: (5, 0, 8, 12, 6, 2), von *D*: (16, 12, 6, 0, 9, 10) und von *E*: (7, 6, 3, 9, 0, 4). Die Kosten der Verbindungen von *C* zu *B*, *D* und *E* sind 6, 3 bzw. 5. Wie sieht die neue Routing-Tabelle von *C* aus? Führen Sie sowohl die zu benutzende Ausgangsleitung als auch die erwartete Übertragungsverzögerung auf.

10 Wie viel Bandbreite pro (Vollduplex-)Leitung wird vom verteilten Routing-Algorithmus verschluckt, wenn Kosten in einem Netz mit 50 Routern als 8-Bit-Zahlen erfasst und Distanzvektoren zweimal pro Sekunde ausgetauscht werden? Gehen Sie davon aus, dass jeder Router drei Leitungen zu anderen Routern hat.

11 Erläutern Sie den Unterschied zwischen Routing, Weiterleitung und Switching.

12 In Abbildung 5.13 ist das boolesche *ODER* der beiden Mengen von *ACF*-Bits in jeder Reihe jeweils 111. Ist dies nur Zufall oder gilt dies grundsätzlich für alle Netze?

13 Betrachten Sie das in Abbildung 5.12 dargestellte Netz und die Verbindungskosten. Dieses Netzwerk verwendet Link-State-Routing. Knoten *F* sendet eine Nachricht mittels Reverse Path Forwarding. Skizzieren Sie den in diesem Szenario verwendeten Broadcast-Baum.

14 Welche Regions- und Cluster-Größen sollten bei einem hierarchischen Routing mit 4.800 Routern gewählt werden, um die Größe der Routing-Tabelle bei einer dreistufigen Hierarchie zu minimieren? Die Hypothese, dass eine Lösung mit *k* Clustern von *k* Regionen von *k* Routern fast optimal ist, bildet einen guten Ausgangspunkt. Dies bedeutet, dass *k* in etwa die Quadratwurzel von 4.800 (um die 16) ist. Finden Sie über Versuch und Irrtum Kombinationen heraus, bei denen alle drei Parameter in der Nähe von 16 liegen.

15 Im Text wurde Folgendes behauptet: Wenn sich ein mobiler Host nicht im Heimatbereich befindet, werden Pakete, die an sein Heimat-LAN gesendet werden, von seinem Heimatagenten in diesem LAN abgefangen. Wie führt der Heimatagent dies bei einem IP-Netz auf einem IEEE-802.3-LAN durch?

16 Wenn man das Netzwerk von Abbildung 5.6 betrachtet, wie viele Pakete werden bei einem Broadcast von *B* erzeugt, unter Verwendung von

a. Reverse Path Forwarding?

b. einem Quelle-Senke-Baum?

17 Betrachten Sie das Netzwerk von Abbildung 5.15a. Stellen Sie sich vor, dass eine neue Linie zwischen *F* und *G* eingefügt wird, aber der Quelle-Senke-Baum von Abbildung 5.15b unverändert bleibt. Welche Änderungen ergeben sich bei Abbildung 5.15c?

18 Berechnen Sie einen Multicast-Spannbaum für Router C in dem folgenden Netz für eine Gruppe mit Mitgliedern an den Routern *A*, *B*, *C*, *D*, *E*, *F*, *I* und *K*.

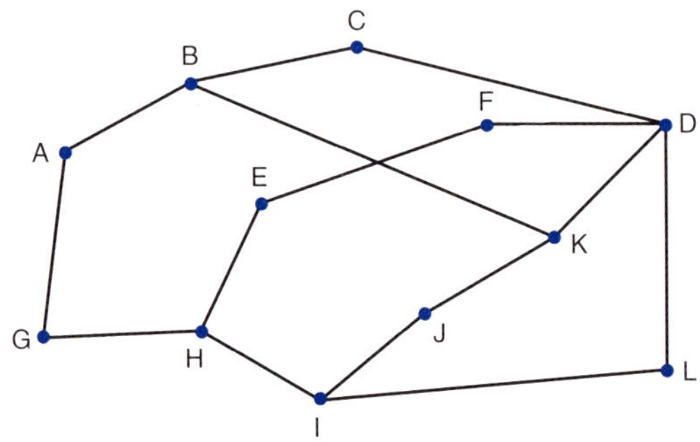

19 Betrachten Sie zwei Hosts, die über einen Router verbunden sind. Erläutern Sie, wie es zu einer Überlastung kommen kann, selbst wenn beide Hosts und der Router eine Flusskontrolle, aber keine Überlastkontrolle verwenden, und erklären Sie, wie der Empfänger überfordert sein kann, selbst wenn er eine Überlastkontrolle, aber keine Flusskontrolle verwendet.

20 Als ein möglicher Algorithmus zur Überlastkontrolle in einem VC-Netz könnte ein Router sich das Bestätigen eines empfangenen Pakets so lange aufsparen, bis er (1) weiß, dass seine letzte Übertragung auf der virtuellen Verbindung erfolgreich empfangen wurde und er (2) Puffer frei hat. Der Einfachheit halber nehmen wir an, dass die Router ein Stop-and-Wait-Protokoll benutzen und dass jede virtuelle Verbindung für jede Verkehrsrichtung einen dedizierten Puffer hat. Mit welcher Rate werden Pakete dem Ziel-Host zugestellt, wenn es *T* Sekunden dauert, um ein Paket (Daten oder Bestätigung) zu übertragen, und *n* Router auf dem Pfad vorhanden sind? Gehen Sie davon aus, dass Übertragungsfehler selten sind und die Host-Router-Verbindung unendlich schnell ist.

21 Beschreiben Sie zwei große Unterschiede zwischen der ECN-Methode und der RED-Methode zur Überlastungsvermeidung.

22 Ein Token-Bucket-Algorithmus wird zur Verkehrsglättung benutzt. In den Eimer fließt alle 5 µs ein neues Token ein. Jedes Token ist für ein kurzes Paket, das 48 Byte an Daten enthält. Wie hoch ist die maximale durchhaltbare Übertragungsrate?

23 Erläutern Sie, wie große Dateiübertragungen die Latenz, die sowohl bei einer Spieleanwendung als auch bei kleinen Dateiübertragungen zu beobachten ist, verringern können.

24 Eine mögliche Lösung für das obige Problem besteht darin, den Datenverkehr so zu formen, dass er eine bestimmte Rate nicht überschreitet. Sie beschließen, den Datenverkehr so zu gestalten, dass die Übertragungsrate 20 Mbit/s nicht übersteigt. Sollten Sie einen Token Bucket oder einen Leaky Bucket verwenden, um dieses Shaping zu implementieren, oder funktioniert beides nicht? Wie hoch sollte die Fließrate des Buckets sein?

25 Ein Computer in einem 6-Mbit/s-Netz wird über einen Token Bucket reguliert. Der Token Bucket wird mit einer Rate von 1 Mbit/s gefüllt. Er ist anfangs mit 8 Mbit bis zur Kapazitätsgrenze voll. Wie lange kann der Rechner mit vollen 6 Mbit/s senden?

26 Ein Computer in einem 6-Mbit/s-Netz wird durch einen Token Bucket reguliert. Der Token Bucket wird mit einer Rate von 1 Mbit/s gefüllt. Er ist anfangs mit 8 Megabit ausgelastet. Wie lange kann der Computer mit den vollen 6 Mbit/s übertragen?

27 Ein Computer verwendet einen Token Bucket mit einer Kapazität von 500 Megabyte (MB) und einer Rate von 5 MB pro Sekunde. Der Rechner beginnt, 15 MB pro Sekunde zu erzeugen, wenn der Bucket 300 MB enthält. Wie lange dauert es, 1.000 MB zu senden?

28 Betrachten Sie die in Abbildung 5.29 dargestellten Paket-Warteschlangen. Wie lauten die Beendigungszeit und die Ausgabereihenfolge der Pakete, wenn die mittlere Warteschlange anstelle der unteren Warteschlange ein Gewicht von 2 hat? Ordnen Sie Pakete mit gleicher Beendigungszeit alphabetisch.

29 Das Netz in Abbildung 5.32 verwendet RSVP mit Multicast-Bäumen für Host 1 und Host 2, wie gezeigt. Angenommen, Host 3 hat einen Kanal mit einer Bandbreite von 2 MB/s für einen Datenfluss von Host 1 und einen anderen Kanal mit einer Bandbreite von 1 MB/s für einen Datenfluss von Host 2 angefordert. Gleichzeitig fordert Host 4 einen Kanal mit einer Bandbreite von 2 MB/s für einen Datenfluss von Host 1, und Host 5 fordert einen Kanal mit einer Bandbreite von 1 MB/s für einen Datenfluss von Host 2 an. Wie viel Bandbreite wird insgesamt für die Anforderungen an den Routern *A*, *B*, *C*, *E*, *H*, *J*, *K* und *L* reserviert?

30 Ein Router kann 2 Millionen Pakete/s verarbeiten. Die ihm angebotene Last beträgt durchschnittlich 1,5 Millionen Pakete. Falls eine Route von der Quelle zum Ziel 10 Router enthält, wie viel Zeit verbringen Pakete in der Warteschlange des Routers und während der Verarbeitung durch den Router?

31 Betrachten Sie einen Benutzer differenzierter Dienste mit Expressweiterleitung. Gibt es eine Garantie, dass Expresspakete eine kürzere Übertragungsverzögerung erfahren als normale Pakete? Warum oder warum nicht?

32 Ein Router sendet mit voller Kraft IP-Pakete, deren Gesamtlänge (Daten plus Header) 1.024 Byte betragen. Angenommen, dass die Pakete 10 s leben; wie hoch ist dann die maximale Leitungsgeschwindigkeit, mit der der Router arbeiten kann, ohne dass die Gefahr besteht, dass der Sequenznummernraum der IP-Datenpakete wiederholt durchlaufen wird?

33 Ein IP-Datagramm mit der Option *Strict Source Routing* muss fragmentiert werden. Glauben Sie, dass die Option in jedes Fragment kopiert werden muss, oder genügt es, sie einfach in das erste Fragment einzufügen? Erklären Sie Ihre Antwort.

34 Angenommen, es werden anstelle von 16 Bit für den Netzteil in einer Adresse der Klasse B 20 Bit verwendet. Wie viele Klasse-B-Netze würde es dann geben?

35 Konvertieren Sie die IP-Adresse mit der hexadezimalen Darstellung C22F1582 in eine Dezimalpunktdarstellung.

36 Zwei IPv6-fähige Geräte möchten über das Internet miteinander kommunizieren. Leider führt der Weg zwischen diesen beiden Geräten über ein Netz, das IPv6 noch nicht eingeführt hat. Entwerfen Sie einen Weg, wie die beiden Geräte kommunizieren können.

37 Ein Netz im Internet hat die Netzmaske 255.255.240.0. Wie viele Hosts können hier maximal unterstützt werden?

38 IP-Adressen sind an spezifische Netze gebunden, Ethernet-Adressen dagegen nicht. Können Sie sich einen guten Grund dafür vorstellen, warum dies so ist?

39 Ein Router hat gerade die folgenden neuen IP-Adressen erhalten: 57.6.96.0/21, 57.6.104.0/21, 57.6.112.0/21 und 57.6.120.0/21. Wenn alle die gleiche Ausgangsleitung verwenden, können sie zusammengefasst werden? Wenn ja, wozu? Wenn nicht, warum nicht?

40 Ein Router hat in seiner Routing-Tabelle die folgenden (CIDR-)Einträge stehen:

Adresse/Maske	Nächste Teilstrecke
135.46.56.0/22	Schnittstelle 0
135.46.60.0/22	Schnittstelle 1
192.53.40.0/23	Router 1
Standard	Router 2

Was macht der Router, wenn ein Paket mit einer der unten stehenden Adressen ankommt?

Beschreiben Sie das Verhalten des Routers für jede der folgenden Adressen:

a. 135.46.63.10

b. 135.46.57.14

c. 135.46.52.2

d. 192.53.40.7

e. 192.53.56.7

41 Aggregieren Sie diese drei Adressbereiche:

37.60.64.0/18

37.60.96.0/19

37.60.128.0/17

42 Viele Unternehmen haben zwei (oder mehr) Router für den Zugang zum Internet im Einsatz, sodass sie eine gewisse Sicherheit haben, falls einer davon ausfällt. Ist dies mit NAT immer noch möglich? Erklären Sie Ihre Antwort.

43 Zwei Geräte im selben Netz versuchen, über dieselbe Portnummer mit einem Server in einem anderen Netz zu kommunizieren. Ist dies möglich? Erklären Sie, warum (nicht). Was geschieht, wenn diese Rechner durch eine NAT-Box von anderen Netzen getrennt sind?

44 Sie haben das ARP-Protokoll gerade einem Freund erklärt. Als Sie fertig sind, sagt er: „Habe verstanden, ARP stellt für die Vermittlungsschicht einen Dienst zur Verfügung und ist deshalb Teil der Sicherungsschicht." Was sagen Sie ihm?

45 Sie verbinden Ihr Telefon mit dem Drahtlosnetz bei Ihnen zu Hause. Dieses Drahtlosnetz wird von dem Modem erzeugt, das Sie von Ihrem ISP erhalten haben. Mithilfe von DHCP erhält Ihr Telefon die IP-Adresse 192.168.0.103. Was ist die wahrscheinliche Quell-IP-Adresse der DHCP OFFER-Nachricht?

46 Beschreiben Sie eine Möglichkeit, IP-Fragmente am Ziel wieder zusammenzusetzen.

47 Bei IP deckt die Prüfsumme nur den Header, nicht aber die Daten ab. Warum wurde Ihrer Meinung nach dieser Entwurf gewählt?

48 Eine Frau, die in Boston lebt, reist nach Minneapolis und nimmt ihr Notebook mit. Zu ihrer Überraschung ist das LAN an ihrem Zielort in Minneapolis ein drahtloses IP-LAN, sodass sie keine Stecker einstecken muss. Müssen hier dann immer noch Heimatagenten und Fremdagenten eingesetzt werden, damit E-Mail und anderer Datenverkehr korrekt ankommt?

49 IPv6 verwendet 16-Byte-Adressen. Wenn ein Block mit 1 Million Adressen jede Pikosekunde zugewiesen wird, wie lange reichen die Adressen?

50 Eine der Lösungen, mit denen Internetdienstanbieter dem Mangel an IPv4-Adressen begegnen, besteht darin, sie ihren Kunden dynamisch zuzuweisen. Sobald IPv6 vollständig eingeführt ist, ist der Adressraum groß genug, um jedem Gerät eine eindeutige Adresse zuzuweisen. Um die Systemkomplexität zu verringern, könnten IPv6-Adressen den Geräten dauerhaft zugewiesen werden. Erklären Sie, warum dies keine gute Idee ist.

51 Das Feld *Protocol* im IPv4-Header ist im festen IPv6-Header nicht vorhanden. Warum nicht?

52 Muss das ARP-Protokoll geändert werden, wenn man das IPv6-Protokoll einführt? Wenn dies der Fall ist, sind die Änderungen dann konzeptioneller oder technischer Art?

53 Schreiben Sie ein Programm, um Routing mittels Flooding zu simulieren. Jedes Paket sollte einen Zähler enthalten, der auf jeder Teilstrecke um 1 reduziert wird. Erreicht der Zähler null, wird das Paket verworfen. Die Zeit ist diskret, wobei jede Leitung ein Paket pro Zeitintervall abwickelt. Erstellen Sie von dem Programm drei Versionen: eine, bei der alle Leitungen geflutet werden, eine, bei der alle Leitungen außer der Eingangsleitung geflutet werden, und eine, bei der die (statisch gewählten) besten k Leitungen geflutet werden. Vergleichen Sie Flooding mit dem deterministischen Routing ($k = 1$) in Bezug auf die Übertragungsverzögerung und die verwendete Bandbreite.

54 Schreiben Sie ein Programm zur Simulation eines Rechnernetzes mit diskreter Zeit. Das erste Paket in jeder Router-Warteschlange legt eine Teilstrecke pro Zeitintervall zurück. Jeder Router hat nur eine endliche Zahl von Puffern. Kommt ein Paket an und ist kein Platz dafür vorhanden, wird es verworfen und nicht erneut übertragen. Stattdessen gibt es ein Ende-zu-Ende-Protokoll, komplett mit Timeout- und Bestätigungspaketen, das letztlich das Paket vom Quell-Router regeneriert. Ermitteln Sie den Durchsatz des Netzes als Funktion des Timeout-Intervalls von Ende zu Ende mit der Fehlerrate als Parameter.

55 Schreiben Sie eine Funktion, um in einem IP-Router Pakete weiterzuleiten. Die Prozedur hat einen Parameter, eine IP-Adresse. Sie hat auch Zugriff auf eine globale Tabelle, die aus einem Array von Tripeln besteht. Jedes Tripel enthält drei Integerwerte: eine IP-Adresse, eine Netzmaske und die zu verwendende Ausgangsleitung. Die Funktion schlägt die IP-Adresse in der Tabelle unter Verwendung von CIDR nach und liefert als Wert die zu verwendende Leitung zurück.

56 Verwenden Sie das Programm *traceroute* (Unix-) bzw. *tracert* (Windows), um den Weg von Ihrem Computer zu verschiedenen Universitäten auf anderen Kontinenten zu verfolgen. Erstellen Sie eine Liste von Überseelinks, die Sie entdeckt haben. Sites, die Sie kontaktieren können, sind beispielsweise

www.berkeley.edu (Kalifornien)

www.mit.edu (Massachusetts)

www.vu.nl (Amsterdam)

www.ucl.ac.uk (London)

www.usyd.edu.au (Sydney)

www.u-tokyo.ac.jp (Tokio)

www.uct.ac.za (Kapstadt)

Die Transportschicht

6

» Zusammen mit der Vermittlungsschicht bildet die Transportschicht den Kern der Protokollhierarchie. Die Vermittlungsschicht bietet Ende-zu-Ende-Paketübermittlung mittels Datagrammen und virtuellen Verbindungen. Die Transportschicht verlässt sich darauf, dass die Vermittlungsschicht die Daten zuverlässig und unabhängig von den physikalischen Netzen von einem Prozess auf einem Quellrechner zu einem Prozess auf einem Zielrechner überträgt. Sie bietet die Abstraktionen, die Anwendungen benötigen, um das Netz zu nutzen. Ohne die Transportschicht wäre das gesamte Konzept der Schichtprotokolle wenig sinnvoll. In diesem Kapitel wird die Transportschicht ausführlich behandelt, einschließlich ihrer Dienste und der Wahl des API-Designs, um auf Punkte wie Zuverlässigkeit, Verbindungen und Überlastkontrolle, Protokolle wie TCP und UDP und Leistungsmerkmale einzugehen. «

6.1 Dienste der Transportschicht

In den folgenden Abschnitten werden Sie in die Dienste der Transportschicht eingeführt. Wir betrachten, welcher Dienst der Anwendungsschicht zur Verfügung gestellt wird. Hierzu untersuchen wir zwei Gruppen von Transportschichtprimitiven. Als Erstes behandeln wir eine einfache (aber hypothetische) Gruppe, um die Grundideen zu veranschaulichen. Dann wenden wir uns den Schnittstellen zu, die in der Regel im Internet verwendet werden.

6.1.1 Dienste für die oberen Schichten

Die Aufgabe der Transportschicht ist es, ihren Benutzern einen gut funktionierenden, zuverlässigen und kosteneffizienten Datenübertragungsdienst bereitzustellen. Diese Benutzer sind normalerweise Prozesse der Anwendungsschicht. Um dieses Ziel zu erreichen, macht die Transportschicht Gebrauch von den Diensten der Vermittlungsschicht. Die Hardware und/oder Software in der Transportschicht, die diese Aufgabe übernimmt, heißt **Transportinstanz** (*transport entity*). Die Transportinstanz kann sich im Betriebssystemkernel, in einem eigenen Benutzerprozess, in einem von Netzanwendungen eingebundenen Bibliothekspaket oder auch auf einer Netzwerkkarte befinden. Die ersten beiden Optionen sind im Internet am geläufigsten. Die (logische) Beziehung der Vermittlungs-, Transport- und Anwendungsschicht wird in ▸Abbildung 6.1 aufgezeigt.

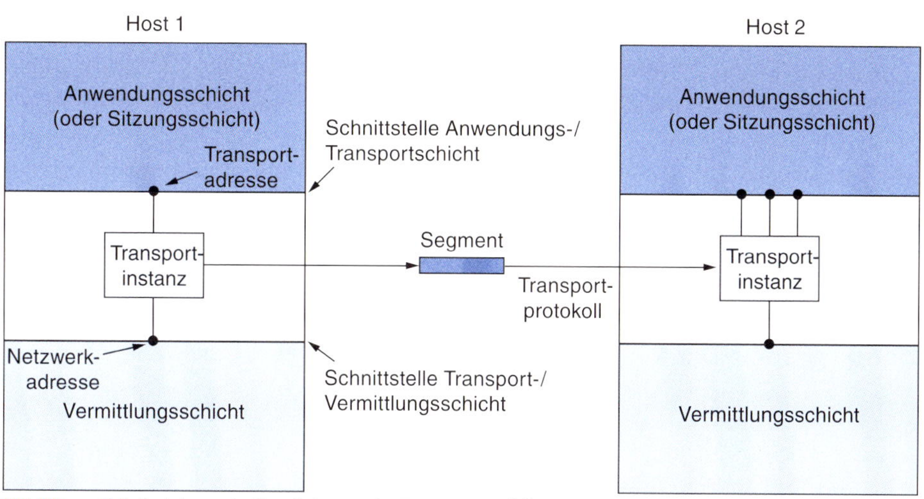

Abbildung 6.1: Beziehung der Vermittlungs-, der Transport- und der Anwendungsschicht.

Genau so wie es zwei Arten von Vermittlungsschichtdiensten gibt, so gibt es auch zwei Arten von Transportschichtdiensten: den verbindungsorientierten und den verbindungslosen Dienst. Der verbindungsorientierte Dienst der Transportschicht ist dem verbindungsorientierten Dienst der Vermittlungsschicht in vielen Punkten ähnlich. Bei beiden Diensten bestehen die Verbindungen aus drei Phasen: Verbindungsaufbau, Datenübertragung und Verbindungsfreigabe.

Adressierung und Flusskontrolle beider Schichten sind einander ebenfalls ähnlich. Darüber hinaus weist auch der verbindungslose Dienst zwischen Transportschicht und Vermittlungsschicht eine große Ähnlichkeit auf. Es ist jedoch zu beachten, dass es schwer sein kann, aufgesetzt auf einen verbindungsorientierten Vermittlungsdienst einen verbindungslosen Transportdienst anzubieten, da es nicht sehr effizient ist, eine Verbindung aufzubauen, um ein einzelnes Paket zu senden, und sie danach direkt wieder zu schließen.

Die naheliegende Frage ist nun: Wenn der Transportschichtdienst dem Vermittlungsschichtdienst so ähnlich ist, warum gibt es dann zwei verschiedene Schichten? Warum reicht nicht eine Schicht aus? Die Antwort ist nicht ganz einfach, aber wichtig. Der Transportcode wird vollständig auf dem Rechner des Benutzers ausgeführt, aber die Vermittlungsschicht läuft in der Regel auf Routern, die von einem Betreiber bereitgestellt werden (zumindest für Fernnetze). Was geschieht, wenn die Vermittlungsschicht keinen adäquaten Dienst zur Verfügung stellt? Was passiert, wenn häufig Pakete verloren gehen? Was passiert, wenn ab und zu Router ausfallen?

Ganz einfach: Es kommt zu Problemen. Die Benutzer haben keinerlei Kontrolle über die Vermittlungsschicht; sie können also das Problem eines schlechten Dienstes nicht durch Verwendung besserer Router oder Einbindung einer besseren Fehlerbehandlung in der Sicherungsschicht lösen, da sie die Router nicht besitzen. Die einzige Möglichkeit besteht darin, auf die Vermittlungsschicht eine weitere Schicht aufzusetzen, um die Qualität des Dienstes zu verbessern. Wenn in einem verbindungslosen Netz Pakete verloren gehen oder verstümmelt werden, kann die Transportinstanz das Problem nach dem Entdecken durch erneutes Übertragen ausgleichen. Wenn in einem verbindungsorientierten Teilnetz eine Transportinstanz mitten in einer langen Übertragung informiert wird, dass die Verbindung abrupt abgebrochen wurde, ohne Hinweis auf den Verbleib der gerade gesendeten Daten, kann sie eine neue Netzverbindung zur entfernten Transportinstanz aufbauen. Über diese Netzverbindung kann sie bei der empfangenden Einheit anfragen, welche Daten angekommen sind und welche nicht, um dort weiterzumachen, wo die Übertragung unterbrochen wurde.

Im Grunde sorgt die Existenz der Transportschicht dafür, dass der Dienst der Transportschicht zuverlässiger ist als das zugrunde liegende Netzwerk. Darüber hinaus können die Transportschichtprimitiven als Aufrufe von Bibliotheksprozeduren implementiert werden, um sie von den Vermittlungsschichtprimitiven unabhängig zu machen. Die Aufrufe der Vermittlungsschichtdienste können von Netz zu Netz sehr unterschiedlich sein, z.B. können Aufrufe auf der Basis eines verbindungslosen Ethernet völlig anders sein als Aufrufe auf einem verbindungsorientierten Netz. Indem der Dienst der Vermittlungsschicht hinter einer Gruppe von Transportschichtdienstprimitiven verborgen wird, muss bei einer Änderung des Netzes nur eine Gruppe von Bibliotheksprozeduren durch eine andere ersetzt werden, die das Gleiche macht mit einem anderen zugrunde liegenden Dienst. Die Anwendungen unabhängig von der Vermittlungsschicht zu machen, ist grundsätzlich eine gute Idee.

Der Transportschicht ist es auch zu verdanken, dass Anwendungsprogrammierer unter Verwendung einer Standardmenge von Dienstprimitiven Code schreiben und diese Programme in vielen verschiedenen Netzen laufen lassen können, ohne sich dabei Gedanken über die verschiedenen Netzschnittstellen und Zuverlässigkeitsstufen machen zu müssen. Wenn alle existierenden Netze fehlerlos funktionieren würden, die gleichen Dienstprimitiven hätten und sich garantiert niemals änderten, wäre die Transportschicht vielleicht überflüssig. Im wirklichen Leben hat sie aber die Schlüsselfunktion, die oberen Schichten von den technischen Details, dem Aufbau und den Unzulänglichkeiten des zugrunde liegenden Netzes abzuschirmen.

Aus diesem Grund unterscheiden viele Fachleute die Schichten 1 bis 4 einerseits und die Schicht(en) darüber andererseits. Die unteren vier Schichten werden als **Transportschichtdienst-Provider** betrachtet, während die oberen Schichten als **Transportschichtdienst-Benutzer** bezeichnet werden. Diese Unterscheidung zwischen Provider und Benutzer hat beträchtliche Auswirkungen auf den Aufbau der Schichten. Die Transportschicht nimmt eine Schlüsselposition ein, weil sie eine wichtige Grenze zwischen Provider und Benutzer des zuverlässigen Datenübertragungsdienstes darstellt. Es handelt sich dabei um die Schicht, die von den Anwendungen gesehen wird.

6.1.2 Dienstprimitive der Transportschicht

Um den Benutzern den Zugriff auf die Dienste der Transportschicht zu gewähren, muss die Transportschicht den Anwendungen einige Operationen zur Verfügung stellen, und zwar über Transportschichtdienst-Schnittstellen. Jeder Dienst der Transportschicht hat seine eigene Schnittstelle. In diesem Abschnitt werden zuerst ein einfacher (hypothetischer) Dienst der Transportschicht und seine Schnittstelle beschrieben, um die elementaren Grundlagen kennenzulernen, und im darauffolgenden Abschnitt betrachten wir ein Beispiel aus der Praxis.

Trotz der Ähnlichkeit zwischen dem Transport- und dem Vermittlungsschichtdienst gibt es einige wichtige Unterschiede. Der größte Unterschied ist der, dass der Dienst der Vermittlungsschicht dazu dient, den von echten Netzen gebotenen Dienst zu modellieren, und zwar mit allen Fehlern und Mängeln. Echte Netze können Pakete verlieren; deshalb ist der Dienst der Vermittlungsschicht im Allgemeinen unzuverlässig.

Demgegenüber ist der verbindungsorientierte Dienst der Transportschicht zuverlässig. Selbstverständlich sind echte Netze nicht fehlerfrei, aber das ist genau der Punkt, an dem die Transportschicht greift – Bereitstellung eines zuverlässigen Dienstes auf einem unzuverlässigen Netz.

Als Beispiel betrachten wir zwei Prozesse auf einem Rechner, die durch eine Unix-Pipe (oder irgendeinen anderen Interprozesskommunikationsweg) verbunden sind. Die Prozesse gehen davon aus, dass die Verbindung zwischen ihnen absolut perfekt ist. Sie wollen nichts von Bestätigungen, verlorenen Paketen, Überlastung und ähnlichen Dingen wissen. Was sie wollen, ist eine 100-prozentig zuverlässige Verbindung. Prozess A speist Daten an einem Ende der Pipe ein und Prozess B entnimmt sie am anderen Ende. Das ist das Grundprinzip eines verbindungsorientierten Transportschichtdienstes: Die Mängel des Vermittlungsschichtdienstes bleiben verborgen, sodass die Benutzerprozesse von einem fehlerfreien Bitstrom ausgehen können, selbst wenn sie auf verschiedenen Rechnern liegen.

Nebenbei bemerkt, kann die Transportschicht auch einen unzuverlässigen Datagrammdienst zur Verfügung stellen. Hierzu gibt es allerdings nur wenig zu sagen, außer dass es sich um „Datagramme" handelt, sodass wir uns in diesem Kapitel vor allem auf den verbindungsorientierten Dienst der Transportschicht konzentrieren. Dennoch gibt es einige Anwendungen, wie Client-Server-Computing und das Streamen von Multimediadaten, die von einem verbindungslosen Transport profitieren. Hierzu später mehr.

Ein weiterer Unterschied zwischen dem Vermittlungs- und dem Transportschichtdienst ist, für wen die Dienste bereitgestellt werden. Der Dienst der Vermittlungsschicht wird nur von den Transportinstanzen benutzt. Und da nur wenige Benutzer ihre eigenen Transportinstanzen schreiben, sehen auch nur wenige Benutzer oder Programme je den reinen Dienst der Vermittlungsschicht. Im Gegensatz dazu gibt es viele Programme (und damit Programmierer), die die Transportprimitiven sehen. Folglich muss der Dienst der Transportschicht benutzerfreundlich und einfach sein.

Um eine Vorstellung davon zu erhalten, wie ein Dienst der Transportschicht aussehen könnte, betrachten Sie die fünf Primitiven, die in ▸Abbildung 6.2 aufgeführt sind. Diese Transportschnittstelle ist wirklich sehr einfach, enthält aber die grundlegenden Funktionen einer verbindungsorientierten Transportschnittstelle. Anwendungsprogramme können Verbindungen aufbauen, verwenden und freigeben. Dies ist für viele Anwendungen völlig ausreichend.

Primitive	Gesendetes Paket	Bedeutung
LISTEN	(Keines)	Blockiert, bis ein Prozess eine Verbindung aufbauen möchte.
CONNECT	CONNCECTION REQUEST	Versucht aktiv, eine Verbindung aufzubauen.
SEND	DATA	Sendet Informationen.
RECEIVE	(Keines)	Blockiert, bis ein DATA-Paket ankommt.
DISCONNECT	DISCONNECTION REQUEST	Fordert die Freigabe der Verbindung.

Abbildung 6.2: Die Primitiven für einen einfachen Dienst der Transportschicht.

Um zu sehen, wie diese Primitiven benutzt werden, betrachten wir eine Anwendung mit einem Server und mehreren entfernten Clients. Der Server führt eine LISTEN-Primitive normalerweise durch Aufruf einer Bibliotheksprozedur aus, durch die ein Systemaufruf erstellt wird, der den Server so lange blockiert, bis ein Client auftaucht. Möchte ein Client mit dem Server kommunizieren, führt er eine CONNECT-Primitive aus. Zur Ausführung dieser Primitive blockiert die Transportinstanz den Aufrufer und sendet ein Paket an den Server. In den Nutzdaten dieses Pakets ist eine Nachricht der Transportschicht für die Transportinstanz des Servers gekapselt.

Hier eine kurze Anmerkung zur Terminologie: Mangels besserer Begriffe bezeichnen wir Nachrichten, die von Transportinstanz zu Transportinstanz gesendet werden, als **Segment**. Dieser Begriff wird von TCP, UDP und anderen Internetprotokollen verwendet. Einige ältere Protokolle verwenden die eher unglückliche Abkürzung **TPDU** (*Transport*

Protocol Data Unit, Dateneinheit des Transportprotokolls). Diese Bezeichnung wird heutzutage nicht mehr häufig verwendet, außer in älteren Aufsätzen und Büchern.

Um genau zu sein, sind Segmente (von der Transportschicht ausgetauscht) in Paketen (von der Vermittlungsschicht ausgetauscht) enthalten und Pakete wiederum in Rahmen (von der Sicherungsschicht ausgetauscht). Kommt ein Rahmen an, verarbeitet die Sicherungsschicht den Rahmen-Header und gibt den Inhalt des Rahmennutzdatenfeldes an die Vermittlungsinstanz weiter, wenn die Zieladresse für die lokale Zustellung stimmt. Die Vermittlungsinstanz verarbeitet den Paket-Header und gibt den Inhalt des Paketnutzdatenfeldes an die Transportinstanz weiter. Diese Verschachtelung ist in ▶Abbildung 6.3 dargestellt.

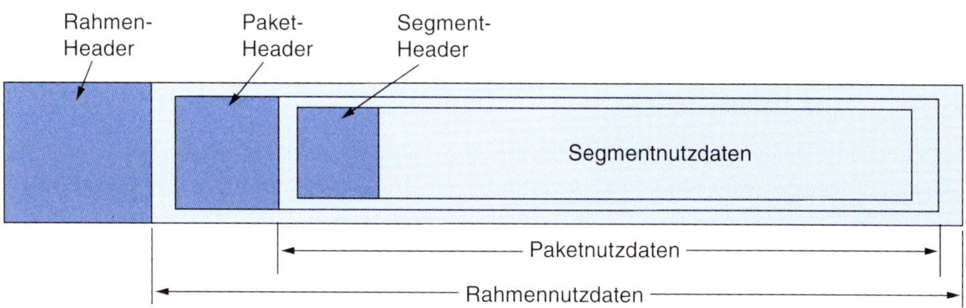

Abbildung 6.3: Verschachtelung von Segmenten, Paketen und Rahmen.

Zurück zu unserem Client-Server-Beispiel. Der CONNECT-Aufruf des Clients veranlasst das Senden eines CONNECTION REQUEST-Segments an den Server. Wenn das Segment ankommt, wird von der Transportinstanz geprüft, ob der Server durch Aufruf einer LISTEN-Primitive blockiert ist (d.h., der Server ist bereit, eingehende Anforderungen zu verarbeiten). In diesem Fall beendet sie das Blockieren des Servers und sendet ein CONNECTION ACCEPTED-Segment an den Client zurück. Kommt dieses Segment an, wird das Blockieren des Clients aufgehoben und die Verbindung wird aufgebaut.

Mit den Primitiven SEND und RECEIVE können jetzt Daten ausgetauscht werden. In der einfachsten Form kann eine Partei ein (blockierendes) RECEIVE ausführen und warten, bis von der anderen Partei SEND kommt. Kommt das Segment an, wird das Blockieren des Empfängers aufgehoben. Er kann das Segment verarbeiten und eine Antwort senden. Solange beide Seiten überblicken, wer mit dem Senden an der Reihe ist, funktioniert dieser Ablauf problemlos.

Man beachte, dass in der Transportschicht sogar ein einfacher unidirektionaler Datenaustausch komplizierter ist als in der Vermittlungsschicht. Jedes gesendete Datenpaket wird (irgendwann) auch bestätigt. Pakete, die Steuersegmente enthalten, werden implizit oder explizit ebenfalls bestätigt. Diese Bestätigungen werden von den Transportinstanzen über das Protokoll der Vermittlungsschicht verwaltet und sind für die Benutzer auf der Transportschicht nicht erkennbar. Außerdem müssen sich Transportinstanzen um Timer und erneute Übertragungen kümmern. Die Benutzer der Transportschicht bekommen diese Mechanismen nicht mit. Für sie ist eine Verbindung eine zuverlässige Bitpipe: Ein Benutzer stopft Bits hinein und am anderen Ende kommen sie wie von Zauberhand wieder in gleicher Reihenfolge heraus. Diese Fähigkeit, die Komplexität zu verbergen, ist der Grund, warum Schichtprotokolle ein derart leistungsstarkes Werkzeug sind.

Wird eine Verbindung nicht mehr gebraucht, muss sie freigegeben werden, um in beiden Transportinstanzen Tabellenplatz freizumachen. Für die Verbindungsfreigabe gibt es zwei Varianten: asymmetrisch und symmetrisch. Bei der asymmetrischen Variante kann jeder Benutzer der Transportschicht eine DISCONNECT-Primitive aufrufen, was dazu führt, dass ein DISCONNECT-Segment an die entfernte Transportinstanz gesendet wird. Bei deren Ankunft wird die Verbindung freigegeben.

Bei der symmetrischen Variante wird jede Richtung unabhängig von der anderen abgebaut. Führt eine Seite ein DISCONNECT aus, bedeutet das, dass keine weiteren Daten mehr zu übertragen sind, dass aber Daten vom Partner noch angenommen werden. Bei diesem Modell wird eine Verbindung erst getrennt, wenn beide Seiten ein DISCONNECT ausführen.

Ein Zustandsdiagramm für den Verbindungsaufbau und die Verbindungsfreigabe für diese einfachen Primitiven ist in ▶Abbildung 6.4 dargestellt. Jeder Übergang wird durch ein Ereignis ausgelöst, entweder eine vom lokalen Benutzer ausgeführte Primitive oder einem eingehenden Paket. Der Einfachheit halber nehmen wir hier an, dass jedes Segment separat bestätigt wird. Wir nehmen auch an, dass ein symmetrisches Freigabemodell verwendet wird und der Client zuerst abbauen will. Dieses Modell ist sehr einfach. Später werden wir im Zusammenhang mit TCP realistischere Modelle betrachten.

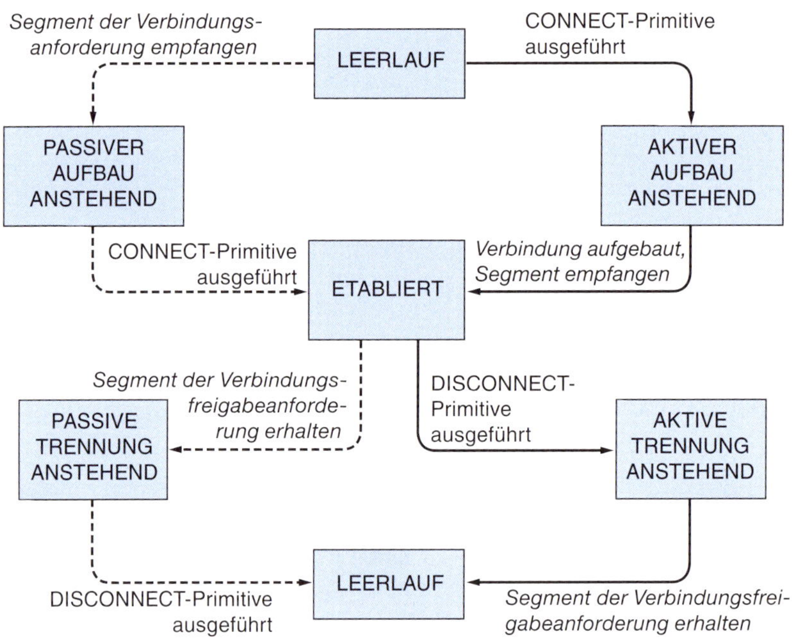

Abbildung 6.4: Zustandsdiagramm einer einfachen Verbindungsverwaltung. Die kursiv gedruckten Übergänge werden von ankommenden Paketen ausgelöst. Die durchgezogenen Linien zeigen die Zustandsfolge des Clients. Die gestrichelten Linien zeigen die Zustandsfolge des Servers.

6.1.3 Berkeley-Sockets

In diesem Abschnitt wird kurz eine andere Gruppe von Transportprimitiven betrachtet, die Socket-Primitiven, wie sie für TCP verwendet werden. Sockets wurden das erste Mal 1983 als Teil der Berkeley-Unix-4.2BSD-Software eingeführt. Sie fanden schnell große Verbreitung. Die Primitiven werden heute häufig in der Internetprogrammierung auf vielen Betriebssystemen verwendet, besonders auf Unix-basierten Systemen; außerdem gibt es eine Socket-API für Windows namens „Winsock".

Die Primitiven sind in ▶Abbildung 6.5 aufgeführt. Ganz allgemein gesprochen folgen sie dem Modell unseres ersten Beispiels, bieten aber mehr Funktionen und eine höhere Flexibilität. Wir betrachten hier nicht die entsprechenden Segmente. Diese Diskussion folgt später.

Primitive	Bedeutung
SOCKET	Erzeugt einen neuen Kommunikationsendpunkt.
BIND	Verknüpft eine lokale Adresse mit dem Socket.
LISTEN	Kündigt die Bereitschaft zur Annahme von Verbindungen an; gibt die Größe der Warteschlange an.
ACCEPT	Baut passiv eine eingehende Verbindung auf.
CONNECT	Versucht aktiv, eine Verbindung aufzubauen.
SEND	Sendet Daten über die Verbindung.
RECEIVE	Empfängt Daten über die Verbindung.
CLOSE	Gibt die Verbindung frei.

Abbildung 6.5: Die Socket-Primitiven für TCP.

Die ersten vier Primitiven in der Liste werden von Servern in der aufgeführten Reihenfolge ausgeführt. Die SOCKET-Primitive erzeugt einen neuen Endpunkt und weist in der Transportinstanz dafür entsprechend Tabellenplatz zu. Die Aufrufparameter geben das zu benutzende Adressierformat, die gewünschte Dienstart (z.B. zuverlässigen Bytestrom) und das Protokoll an. Ein erfolgreicher SOCKET-Aufruf liefert einen normalen Dateideskriptor für nachfolgende Aufrufe zurück, genau wie ein OPEN-Aufruf für eine Datei.

Neu erzeugte Sockets haben keine Netzwerkadressen. Diese werden mit BIND zugewiesen. Hat ein Server eine Adresse mit dem Socket „verbunden", können sich entfernte Clients hier anmelden. Der Grund, warum der SOCKET-Aufruf nicht direkt Adressen erzeugen soll, ist, dass manche Prozesse sich für ihre Adressen interessieren (z.B. wenn sie über Jahre die gleiche Adresse benutzen und alle diese Adresse kennen) und andere Prozesse nicht.

Der LISTEN-Aufruf weist eingehenden Verbindungsanfragen Platz in Warteschlangen zu für den Fall, dass mehrere Clients gleichzeitig eine Verbindung anfordern. Im Gegensatz zu LISTEN in unserem ersten Beispiel ist LISTEN im Socket-Modell kein blockierender Aufruf.

Um sich beim Warten auf eine eingehende Verbindung zu blockieren, führt der Server die ACCEPT-Primitive aus. Kommt ein Segment an und fragt nach einer Verbindung, erzeugt die Transportinstanz einen neuen Socket mit den gleichen Eigenschaften wie der ursprüngliche und gibt dafür einen Dateideskriptor zurück. Der Server kann dann in einem neu erzeugten Prozess oder Thread die Verbindung auf dem neuen Socket verarbeiten, und auf dem ursprünglichen Socket auf die nächste Verbindung warten. ACCEPT gibt einen normalen Dateideskriptor zurück, der wie bei Dateien für normale Lese- und Schreibvorgänge verwendet werden kann.

Betrachten wir nun die Clientseite. Clientseitig muss ebenfalls zuerst mit SOCKET ein Socket erzeugt werden. BIND ist nicht erforderlich, da die benutzte Adresse für den Server keine Rolle spielt. Die CONNECT-Primitive blockiert den Aufrufer und startet den Verbindungsprozess. Ist dies abgeschlossen (d.h. geht das entsprechende Segment vom Server ein), wird die Sperre beim Client-Prozess gelöst und die Verbindung ist aufgebaut. Beide Seiten können nun über die Duplexverbindung Daten mit SEND und RECEIVE senden und empfangen. Wenn keine speziellen SEND- und RECEIVE-Optionen erforderlich sind, können auch die Unix-Standardsystemaufrufe READ und WRITE verwendet werden.

Die Verbindungsfreigabe verläuft symmetrisch. Haben beide Seiten CLOSE ausgeführt, wird die Verbindung freigegeben.

Sockets erfreuen sich inzwischen großer Beliebtheit und sind der De-facto-Standard, um Anwendungen Transportschichtdienste auf höherer Ebene abstrahiert zur Verfügung zu stellen. Die Socket-API wird oft zusammen mit dem TCP-Protokoll verwendet, um einen verbindungsorientierten Dienst in Form eines **zuverlässigen Bytestroms** zu bieten. Hierbei handelt es sich einfach um die bereits beschriebene zuverlässige Bitpipe. Es können jedoch auch andere Protokolle verwendet werden, um diesen Dienst mit der gleichen API zu implementieren. Die Benutzer der Transportschichtdienste sollten keinen Unterschied bemerken.

Eine Stärke der Socket-API ist, dass sie von einer Anwendung auch für andere Transportschichtdienste verwendet werden kann. Zum Beispiel können Sockets mit einem verbindungslosen Transportschichtdienst verwendet werden. In diesem Fall setzt CONNECT die Adresse des entfernten Transport-Peers und SEND und RECEIVE senden bzw. empfangen Datagramme vom und zum entfernten Peer. (Es ist durchaus üblich, einen erweiterten Satz von Aufrufen zu verwenden, z.B. SENDTO und RECEIVEFROM, die die Nachrichten hervorheben und eine Anwendung nicht auf einen einzigen Transport-Peer beschränken.) Sockets können außerdem mit Transportprotokollen verwendet werden, die über einen Nachrichtenstrom anstelle eines Bytestroms kommunizieren und über eine Überlastkontrolle verfügen oder nicht. Beispielsweise ist **DCCP** (*Datagram Congestion Controlled Protocol*) eine Version eines

UDP-Protokolls mit Überlastkontrolle (Kohler et al., 2006). Es ist Aufgabe der Benutzer der Transportschicht, sich über den Dienst zu informieren, den sie erhalten.

Mit Sockets ist jedoch wahrscheinlich noch nicht das letzte Wort zu den Transportschnittstellen gesprochen. Zum Beispiel arbeiten Anwendungen oft mit einer Gruppe verwandter Ströme – wie ein Webbrowser, der mehrere Objekte vom gleichen Server anfordert. Im Falle von Sockets verwenden Anwendungsprogramme idealerweise einen Strom pro Objekt. Bei einer solchen Struktur erfolgt die Überlastkontrolle für jeden Strom separat und nicht für eine ganze Gruppe, was suboptimal ist. In diesem Fall muss die Anwendung die Aufgabe übernehmen, diese zu verwalten. Neuere Protokolle und Schnittstellen sind entwickelt worden, die Gruppen verwandter Ströme effektiver und ausschließlich für die Anwendung unterstützen. Zwei Beispiele sind **SCTP** (*Stream Control Transmission Protocol*), das in RFC 4960 definiert ist, und **QUIC**, auf das wir später noch zu sprechen kommen. Diese Protokolle müssen die Socket-API etwas verändern, um Gruppen verwandter Ströme optimal zu nutzen. Außerdem unterstützen sie neben mehreren Netzpfaden auch Funktionen wie die Kombination von verbindungsorientiertem und verbindungslosem Verkehr.

6.1.4 Beispiel für Socket-Programmierung: Ein Internetdateiserver

Als Beispiel für die wesentlichen Schritte eines erfolgreichen Socket-Aufrufs betrachten wir den Client- und Server-Code in ▶Abbildung 6.6. Es ist ein ganz einfacher Internetdateiserver mit einem Beispiel-Client, der darauf zugreift. Der Code weist viele Einschränkungen auf, die nachfolgend diskutiert werden. Der Server-Code kann aber kompiliert und auf einem beliebigen Unix-System mit Internetzugang ausgeführt werden. Der Client-Code kann kompiliert und auf irgendeinem anderen Unix-Rechner im Internet an einem beliebigen Standort in der Welt ausgeführt werden. Der Client-Code kann mit den entsprechenden Parametern ausgeführt werden, um jede Datei zu holen, auf die der Server auf seinem Rechner zugreifen kann. Diese Datei wird in der Standardausgabe ausgegeben, die natürlich in eine Datei oder Pipe umgeleitet werden kann.

```
/* Bei diesem Code handelt es sich um ein Client-Programm, das eine Datei von
 * dem Server-Programm, das in dem nächsten Listing aufgeführt ist, anfordern
 * kann. Der Server antwortet, indem er die ganze Datei sendet.
 */

#include <sys/types.h>
#include <unistd.h>
#include <string.h>
#include <stdio.h>
#include <stdlib.h>
#include <sys/socket.h>
#include <netinet/in.h>
#include <netdb.h>

#define SERVER_PORT 8080                /* beliebig, aber Client & Server müssen
                                           sich auf einen einigen */
#define BUF_SIZE 4096                   /* Größe des übertragenen Blocks */
```

```
int main(int argc, char **argv)
{
   int c, s, bytes;
   char buf[BUF_SIZE];                    /* Puffer für eingehende Datei */
   struct hostent *h;                     /* Info über den Server */
   struct sockaddr_in channel;            /* enthält IP-Adresse */

   if (argc != 3) fatal("Verwendung: client Servername Dateiname ");
   h = gethostbyname(argv[1]);            /* IP-Adresse des Hosts nachschlagen */
   if (!h) fatal("gethostbyname failed");

   s = socket(PF_INET, SOCK_STREAM, IPPROTO_TCP);
   if (s <0) fatal("Socket");
   memset(&channel, 0, sizeof(channel));
   channel.sin_family= AF_INET;
   memcpy(&channel.sin_addr.s_addr, h->h_addr, h->h_length);
   channel.sin_port= htons(SERVER_PORT);

   c = connect(s, (struct sockaddr *) &channel, sizeof(channel));
   if (c < 0) fatal("Verbindung fehlgeschlagen");

   /* Verbindung nun aufgebaut. Sende Dateiname mit 0 Byte am Ende. */
   write(s, argv[2], strlen(argv[2])+1);

   /* Datei holen und auf die Standardausgabe schreiben. */
   while (1) {
      bytes = read(s, buf, BUF_SIZE);     /* aus dem Socket lesen */
      if (bytes <= 0) exit(0);            /* auf Dateiende prüfen */
      write(1, buf, bytes);               /* auf Standardausgabe schreiben */
   }
}
   fatal(char *string)
{
   printf("%s\n", string);
   exit(1);
}
```

a

```
#include <sys/types.h>                    /* Dies ist der Server-Code. */
#include <string.h>
#include <stdio.h>
#include <stdlib.h>
#include <sys/fcntl.h>
#include <sys/socket.h>
#include <netinet/in.h>
#include <netdb.h>

#define SERVER_PORT 8080                 /* beliebig, aber Client & Server
                                            müssen sich auf einen einigen */
#define BUF_SIZE 4096                     /* Größe des übertragenen Blocks */
#define QUEUE_SIZE 10

int main(int argc, char *argv[])
```

```
{
   int s, b, l, fd, sa, bytes, on = 1;
   char buf[BUF_SIZE];                 /* Puffer für ausgehende Datei */
   struct sockaddr_in channel;         /* enthält IP-Adresse */

   /* Erstelle die Adressstruktur, die an den Socket gebunden wird. */
   memset(&channel, 0, sizeof(channel)); /* Nullkanal */
   channel.sin_family = AF_INET;
   channel.sin_addr.s_addr = htonl(INADDR_ANY);
   channel.sin_port = htons(SERVER_PORT);

   /* Passiv offen. Warte auf Verbindung. */
   s = socket(AF_INET, SOCK_STREAM, IPPROTO_TCP); /* Socket erstellen */
   if (s < 0) fatal("Socket fehlgeschlagen");
   setsockopt(s, SOL_SOCKET, SO_REUSEADDR, (char *) &on, sizeof(on));

   b = bind(s, (struct sockaddr *) &channel, sizeof(channel));
   if (b < 0) fatal("bind fehlgeschlagen");

   l = listen(s, QUEUE_SIZE);         /* Warteschlangengröße angeben */
   if (l < 0) fatal("listen fehlgeschlagen");

   /* Socket ist nun eingerichtet und mit Adresse verbunden. */
   /* Auf Verbindung warten und sie verarbeiten. */
   while (1) {
      sa = accept(s, 0, 0);           /* blockiere für die
                                         Verbindungsanforderung */
      if (sa < 0) fatal("accept fehlgeschlagen ");

      read(sa, buf, BUF_SIZE);        /* Lesen des Dateinamens aus Socket */

      /* Hole Datei und gib sie aus. */
      fd = open(buf, O_RDONLY);       /* zurückzusendende Datei öffnen */
      if (fd < 0) fatal("open fehlgeschlagen");

      while (1) {
         bytes = read(fd, buf, BUF_SIZE); /* aus Datei lesen */
         if (bytes <= 0) break;       /* auf Dateiende prüfen */
         write(sa, buf, bytes);       /* Bytes in Socket schreiben */
      }
      close(fd);                      /* Datei schließen */
      close(sa);                      /* Verbindung schließen */
   }
}
```

b

Abbildung 6.6: (a) Client-Code mit Sockets. (b)Server-Code.

Betrachten wir als Erstes den Server-Code. Dieser lädt zunächst einige Standard-Header-Dateien, wobei die drei letzten die wichtigsten internetbezogenen Definitionen und Datenstrukturen enthalten. Als Nächstes wird *SERVER_PORT* als 8080 festgelegt. Die Zahl wurde frei gewählt. Jede Zahl zwischen 1.024 und 65.535 funktioniert, solange sie nicht von einem anderen Prozess verwendet wird. Portnummern unter 1.023 sind für privilegierte Benutzer reserviert.

Die nächsten zwei Zeilen des Servers definieren die beiden erforderlichen Konstanten. Die erste legt die für die Dateiübertragung verwendete Blockgröße in Byte fest. Die zweite legt fest, wie viele Verbindungen gleichzeitig gehalten werden können, bevor alle weiteren eingehenden verworfen werden.

Nach der Deklaration der lokalen Variablen beginnt der Server-Code. Als Erstes wird eine Datenstruktur initialisiert, die die IP-Adresse des Servers enthält. Diese Datenstruktur wird bald an den Socket des Servers gebunden. Der Aufruf von *memset* setzt die komplette Datenstruktur auf 0. Die drei nächsten Zuweisungen füllen drei Felder davon. Die letzte enthält den Port des Servers. Die Funktionen *htonl* und *htons* konvertieren Werte in ein Standardformat, sodass der Code auf Big-Endian-Rechnern (wie SPARC) und Little-Endian-Rechnern (wie Intel x86) gleichermaßen läuft.

Als Nächstes erstellt der Server einen Socket und führt eine Prüfung auf Fehler durch (angegeben durch *s*<0). In der Produktionsversion des Codes könnte die Fehlermeldung ruhig etwas ausführlicher ausfallen. Der Aufruf von *setsockopt* ist erforderlich, um den Port wiederzuverwenden, damit der Server unbegrenzt Anforderungen abarbeiten kann. Anschließend wird die IP-Adresse an den Socket gebunden und es wird geprüft, ob der Aufruf von *bind* erfolgreich war. Der letzte Schritt bei der Initialisierung ist der Aufruf von *listen*, um anzukündigen, dass der Server nun eingehende Aufrufe behandelt, und um dem System mitzuteilen, dass es bis zu *QUEUE_SIZE* Aufrufe puffern soll, falls neue Anforderungen eingehen, während der Server immer noch die aktuelle verarbeitet. Ist die Warteschlange voll und es kommen weitere Anforderungen herein, werden sie ohne weitere Benachrichtigung verworfen.

An diesem Punkt steigt der Server in die Hauptschleife ein, die er nie wieder verlässt. Sie können ihn nur beenden, indem Sie ihn von außen „abschießen". Der Aufruf von *accept* blockiert den Server, bis ein Client versucht, eine Verbindung aufzubauen. Ist der *accept*-Aufruf erfolgreich, liefert er einen Socket-Deskriptor zurück, der zum Lesen und Schreiben verwendet werden kann, so wie Dateideskriptoren zum Lesen und Schreiben von Pipes eingesetzt werden können. Aber im Unterschied zu Pipes, die unidirektional sind, sind Sockets bidirektional, sodass mit *sa* (Socket-Adresse) von der Verbindung gelesen und in sie geschrieben werden kann. Ein Dateideskriptor für Pipes kann entweder zum Lesen oder zum Schreiben eingesetzt werden, aber nicht für beides.

Nachdem die Verbindung aufgebaut ist, liest der Server darüber den Dateinamen. Ist der Name noch nicht verfügbar, blockiert der Server und wartet darauf. Nach Erhalt des Dateinamens öffnet der Server die Datei und tritt in eine Schleife ein, in der er abwechselnd Blöcke aus der Datei liest und sie in den Socket schreibt, bis die gesamte Datei kopiert ist. Dann schließt der Server die Datei und die Verbindung und wartet auf die nächste eingehende Verbindung. Diese Schleife wird unendlich wiederholt.

Nun betrachten wir den Client-Code. Um ihn zu verstehen, müssen wir wissen, wie er aufgerufen wird. Angenommen der Name lautet *client*, so sieht ein typischer Aufruf wie folgt aus:

```
client flits.cs.vu.nl /usr/tom/filename >f
```

Dieser Aufruf funktioniert nur, wenn der Server bereits auf *flits.cs.vu.nl* läuft, die Datei */usr/tom/filename* existiert und der Server Lesezugriff darauf hat. Ist der Aufruf erfolgreich, wird die Datei über das Internet übertragen und nach *f* geschrieben. Danach wird das Client-Programm beendet. Da der Server nach einer Übertragung weiterarbeitet, kann der Client immer wieder erneut gestartet werden und weitere Dateien holen.

Der Client-Code beginnt mit einigen *include*-Direktiven und Deklarationen. Die Ausführung beginnt mit einer Prüfung, ob er mit der richtigen Anzahl an Argumenten aufgerufen wurde (*argc*=3 steht für den Programmnamen plus zwei Argumente). Beachten Sie, dass *argv*[1] den Server-Namen enthält (wie *flits.cs.vu.nl*) und mit *gethostbyname* in eine IP-Adresse konvertiert wird. Diese Funktion schlägt unter Verwendung von DNS den Namen nach. DNS wird in *Kapitel 7* behandelt.

Als Nächstes wird ein Socket erstellt und initialisiert. Danach versucht der Client, mit *connect* eine TCP-Verbindung zum Server aufzubauen. Wenn der Server auf dem angegebenen Rechner läuft und mit *SERVER_PORT* verbunden wurde, und sich entweder im Leerlauf befindet oder in seiner *listen*-Warteschlange Platz hat, wird die Verbindung (endlich) aufgebaut. Der Client sendet über die Verbindung den Dateinamen, indem er ihn in den Socket schreibt. Es wird 1 Byte mehr gesendet als der eigentliche Name, da das 0-Byte, das den Namen abschließt, auch an den Server übertragen werden muss, damit dieser weiß, wo der Name endet.

Nun steigt der Client in eine Schleife ein, indem er die Datei blockweise aus dem Socket liest und sie auf die Standardausgabe kopiert. Ist dies fertig, beendet sich der Client.

Die Prozedur *fatal* gibt eine Fehlermeldung aus und beendet das Programm. Der Server benötigt die gleiche Prozedur, diese wurde hier nicht noch einmal aufgeführt. Da Client und Server getrennt kompiliert werden und in der Regel auf verschiedenen Rechnern ausgeführt werden, können sie den Code von *fatal* nicht gemeinsam nutzen.

Nur nochmals zu Erinnerung: Dies ist nicht der ultimative Server. Seine Fehlerprüfung ist dürftig und die Fehlerberichte sind mittelmäßig. Da er alle Anfragen streng der Reihe nach abarbeitet (er besitzt nur einen Thread), ist die Leistung ungenügend. Er hat eindeutig noch nie etwas über Sicherheit gehört, und die Verwendung reiner Unix-Systemaufrufe garantiert noch keine Plattformunabhängigkeit. Weiterhin geht er von einigen Annahmen aus, die technisch nicht zulässig sind, wie beispielsweise dass der Dateiname in den Puffer passt und „atomar" übertragen wird. Abgesehen von diesen Mängeln ist er jedoch ein vollständiger funktionierender Internetdateiserver. Weitere Informationen über die Programmierung mit Sockets finden Sie in Donahoo und Calvert (2008, 2009) sowie in Stevens et al. (2004).

6.2 Elemente von Transportprotokollen

Der Dienst der Transportschicht wird durch ein **Transportprotokoll** (*transport protocol*) implementiert, das zwischen den zwei Transportinstanzen benutzt wird. In gewisser Weise ähneln Transportprotokolle den in *Kapitel 3* behandelten Protokollen der Sicherungsschicht. Beide befassen sich u.a. mit Fehlerkontrolle, Steuerung der Reihenfolge und Flusskontrolle.

Es gibt aber auch wichtige Unterschiede zwischen den beiden Protokollarten. Diese Unterschiede sind auf die gänzlich anderen Umgebungen zurückzuführen, in denen diese Protokolle arbeiten (▶Abbildung 6.7). Auf der Sicherungsschicht kommunizieren zwei Router direkt über einen physikalischen Kanal, mit Kabel oder drahtlos. Auf der Transportschicht hingegen wird dieser Kanal durch ein ganzes Netz ersetzt. Dieser Unterschied hat viele wichtige Auswirkungen auf die Protokolle.

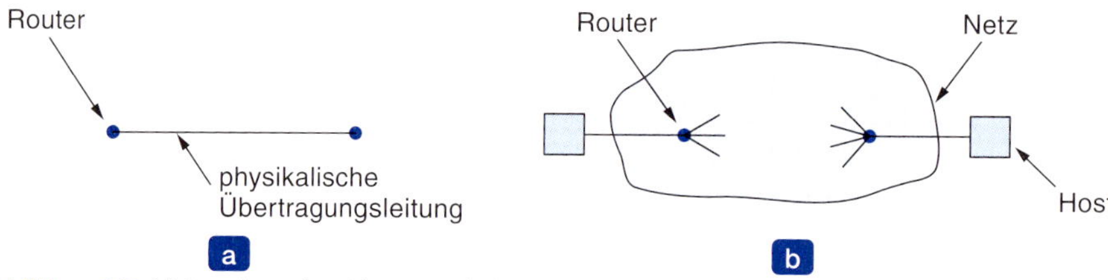

Abbildung 6.7: (a) Umgebung der Sicherungsschicht. (b) Umgebung der Transportschicht.

Zum einen muss ein Router bei Punkt-zu-Punkt-Verbindungen mittels Glasfaser oder andere Kabel normalerweise nicht angeben, mit welchem Router er kommunizieren möchte – jede Ausgangsleitung führt genau zu einem bestimmten Router. Auf der Transportschicht muss das Ziel ausdrücklich adressiert werden.

Zum anderen ist es einfach, eine Verbindung über ein Kabel wie in Abbildung 6.7a einzurichten, denn das andere Ende ist immer bereit (außer, wenn es abgestürzt ist). Es gibt nicht viel zu beachten. Sogar bei drahtlosen Verbindungen gibt es keinen großen Unterschied. Durch Senden einer Nachricht werden automatisch alle Ziele erreicht. Wird die Nachricht aufgrund eines Fehlers nicht bestätigt, kann sie erneut gesendet werden. Bei der Transportschicht ist der erste Verbindungsaufbau kompliziert, wie Sie noch sehen werden.

Ein weiterer (zunehmend lästiger) Unterschied zwischen der Sicherungsschicht und der Transportschicht ist die potenzielle Speicherkapazität im Netz. Wenn ein Router ein Paket über eine Verbindung schickt, kommt dieses entweder an oder geht verloren, aber es kann nicht wild umherreisen, sich im hintersten Winkel der Welt verstecken und plötzlich wieder auftauchen, nachdem alle anderen Paketen, einschließlich derer, die viel später abgeschickt wurden, bereits angekommen sind. Wenn das Netz Datagramme verwendet, die intern unabhängig voneinander weitergeleitet werden, besteht durchaus die Wahrscheinlichkeit, dass Pakete Umwege machen und zu spät und nicht in der erwarteten Reihenfolge ankommen. Es kann sogar passieren, dass Duplikate der Pakete ankommen. Die Fähigkeit des Netzes, Pakete zu verzögern und zu duplizieren, kann manchmal verhängnisvolle Folgen haben und den Einsatz spezieller Protokolle erfordern, um die Informationen korrekt zu übertragen.

Ein weiterer Unterschied zwischen der Sicherungs- und der Transportschicht ist eher eine Frage des Umfangs als eine Frage des Typs. Auf beiden Schichten sind Zwischenspeicherung und Flusskontrolle nötig. Die große und schwankende Anzahl an Verbindungen auf der Transportschicht mit einer Bandbreite, die in Abhängigkeit der konkurrierenden Verbindungen fluktuiert, erfordert unter Umständen eine andere

Methode als in der Sicherungsschicht. In *Kapitel 3* weisen manche Protokolle jeder Leitung eine feste Pufferzahl zu, sodass bei Ankunft eines Rahmens immer Pufferspeicher verfügbar ist. Aufgrund der Vielzahl der zu verwaltenden Verbindungen auf der Transportschicht und die schwankende Bandbreite, die jede Verbindung empfangen kann, ist das Konzept, jeder Verbindung viele Puffer zuzuordnen, nicht so reizvoll. Diese und andere wichtige Fragen werden in den nächsten Abschnitten behandelt.

6.2.1 Adressierung

Möchte ein Anwendungsprozess eine Verbindung zu einem entfernten Anwendungsprozess aufbauen, muss er den gewünschten Partner genau angeben. Normalerweise werden Transportadressen definiert, auf denen Prozesse die eingehenden Verbindungsanforderungen abhören können. Im Internet werden diese Endpunkte als **Ports** bezeichnet. Wir verwenden hier den neutralen Begriff **TSAP** (*Transport Service Access Point*, Zugangspunkt des Transportschichtdienstes). Die analogen Endpunkte auf der Vermittlungsschicht (d.h. Adressen der Vermittlungsschicht) heißen **NSAPs** (*Network Service Access Point*, Zugangspunkt des Vermittlungsschichtdienstes). IP-Adressen beispielsweise sind NSAPs.

In ▶Abbildung 6.8 wird die Beziehung zwischen NSAP, TSAP und der Transportverbindung dargestellt. Anwendungsprozesse, sowohl Clients als auch Server, können sich mit einem lokalen TSAP verbinden, um eine Verbindung zu einem entfernten TSAP aufzubauen. Diese Verbindungen laufen auf jedem Host, wie gezeigt, über NSAPs. Da in einigen Netzen jeder Rechner einen einzigen NSAP besitzt, ist eine Methode erforderlich, um mehrere Transportendpunkte zu unterscheiden, die diesen NSAP gemeinsam nutzen. Dies ist der Zweck von TSAPs.

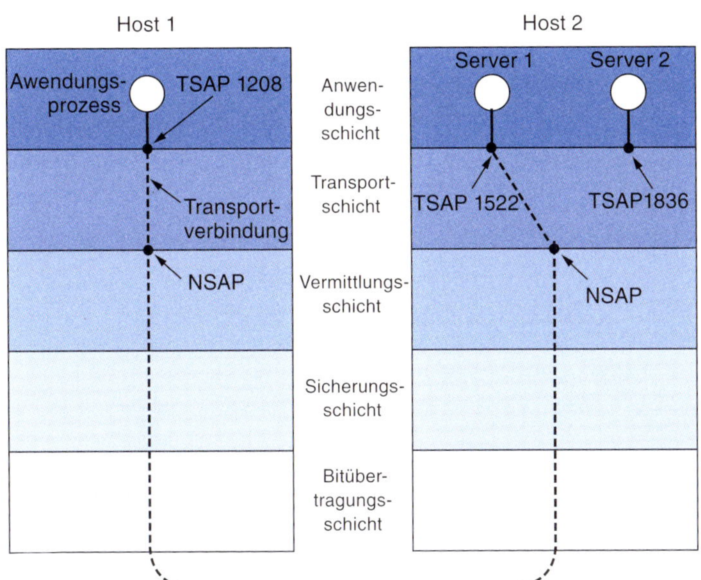

Abbildung 6.8: TSAPs, NSAPs und Transportverbindungen.

Für eine Transportverbindung kann ein mögliches Szenario wie folgt aussehen:

1. Ein Mailserver-Prozess verbindet sich mit TSAP 1522 auf Host 2, um auf einen ankommenden Anruf zu warten. Wie ein Prozess sich mit einem TSAP verbinden kann, liegt außerhalb des Netzmodells und hängt gänzlich vom lokalen Betriebssystem ab. Beispielsweise kann ein Aufruf wie unser LISTEN verwendet werden.
2. Ein Anwendungsprozess auf Host 1 möchte eine E-Mail-Nachricht senden. Also verbindet er sich mit TSAP 1208 und gibt eine CONNECT-Anforderung aus. Die Anforderung gibt TSAP 1208 auf Host 1 als Quelle und TSAP 1522 auf Host 2 als Ziel an. Hierdurch wird eine Transportverbindung zwischen dem Anwendungsprozess und dem Server aufgebaut.
3. Der Anwendungsprozess sendet die E-Mail-Nachricht.
4. Der Mailserver antwortet, dass er die Nachricht ausliefern wird.
5. Die Transportverbindung wird danach freigegeben.

Es können auch andere Server auf Host 2 vorhanden sein, die mit anderen TSAPs verbunden sind und auf eingehende Verbindungen warten, die über den gleichen NSAP eingehen.

Abbildung 6.8 ist ganz nett, abgesehen davon, dass ein kleines Problem unter den Teppich gekehrt wurde: Woher weiß der Benutzerprozess auf Host 1, dass der Mailserver mit TSAP 1522 verbunden ist? Eine Möglichkeit ist, dass der Mailserver bereits seit Jahren mit TSAP 1522 verbunden ist und alle Netzbenutzer darüber inzwischen informiert sind. In diesem Modell haben Dienste feste TSAP-Adressen, die in Dateien an bekannten Orten gespeichert sind. Auf Unix-Systemen ist dies die Datei */etc/services*, die auflistet, welche Server dauerhaft mit welchen Ports verbunden sind, einschließlich der Information, dass der Mailserver auf TCP Port 25 zu finden ist.

Nun sind solch feste TSAP-Adressen vielleicht bei einer kleinen Zahl von wichtigen Diensten (wie Webservern), die sich nie ändern, angebracht. Meist aber möchten Benutzerprozesse mit anderen Benutzerprozessen kommunizieren, die nur vorübergehend existieren und keine im Voraus bekannte TSAP-Adresse haben.

Für diese Situation kann ein anderes System verwendet werden. Bei diesem Modell gibt es einen speziellen Prozess, den sogenannten **Portmapper**. Um die TSAP-Adresse für einen bestimmten Dienst, z.B. „BitTorrent“, herauszufinden, baut der Benutzer eine Verbindung zum Portmapper auf (der auf einem bekannten TSAP auf eingehende Verbindungen wartet). Dann sendet der Benutzer eine Nachricht, in der er den Namen des Dienstes angibt. Der Portmapper sendet ihm die TSAP-Adresse zurück. Dann baut der Benutzer die Verbindung zum Portmapper ab und eine neue zu dem gewünschten Dienst auf.

Bei diesem Modell muss sich ein neu erzeugter Dienst unter Angabe seines Namens (normalerweise eine ASCII-Zeichenkette) und seiner TSAP-Adresse beim Portmapper anmelden. Der Portmapper speichert diese Informationen in seiner internen Datenbank, damit er bei späteren Anfragen die Antwort kennt.

Die Funktion des Portmappers entspricht der einer Telefonauskunft. Er gibt zu einem Namen die betreffende Adresse aus. Genau wie bei der Telefonauskunft ist es sehr wichtig, dass die TSAP-Adresse des Portmappers möglichst allen bekannt ist. Wenn Sie die Nummer der Auskunft nicht kennen, können Sie dort auch nicht anrufen, um eine Telefonnummer zu erfragen. Sollten Sie glauben, die Nummer der Auskunft sei einfach, dann versuchen Sie es doch einmal im Ausland.

Viele der Server-Prozesse, die auf einem Rechner laufen können, werden nur selten benötigt. Es ist reine Verschwendung, wenn jeder von ihnen den ganzen Tag lang aktiv ist und auf eine feste TSAP-Adresse hört. Ein alternatives System ist in ▶Abbildung 6.9 vereinfacht dargestellt. Es wird als **Verbindungsaufbauprotokoll** (*initial connection protocol*) bezeichnet. Anstatt dass jeder Server an einem bekannten TSAP auf eingehende Verbindungen lauscht, hat jeder Rechner, der Dienste für entfernte Benutzer zur Verfügung stellen möchte, einen speziellen **Prozess-Server**, der als Proxy für seltener verwendete Server fungiert. Dieser Server wird auf Unix-Systemen als *inetd* bezeichnet. Er hört gleichzeitig eine Reihe von Ports ab und wartet auf eine Verbindungsanforderung. Mögliche Benutzer eines Dienstes beginnen mit einer CONNECT-Anforderung, die die TSAP-Adresse des gewünschten Dienstes enthält. Wartet kein Server auf sie, erhalten sie eine Verbindung zum Prozess-Server (Abbildung 6.9a).

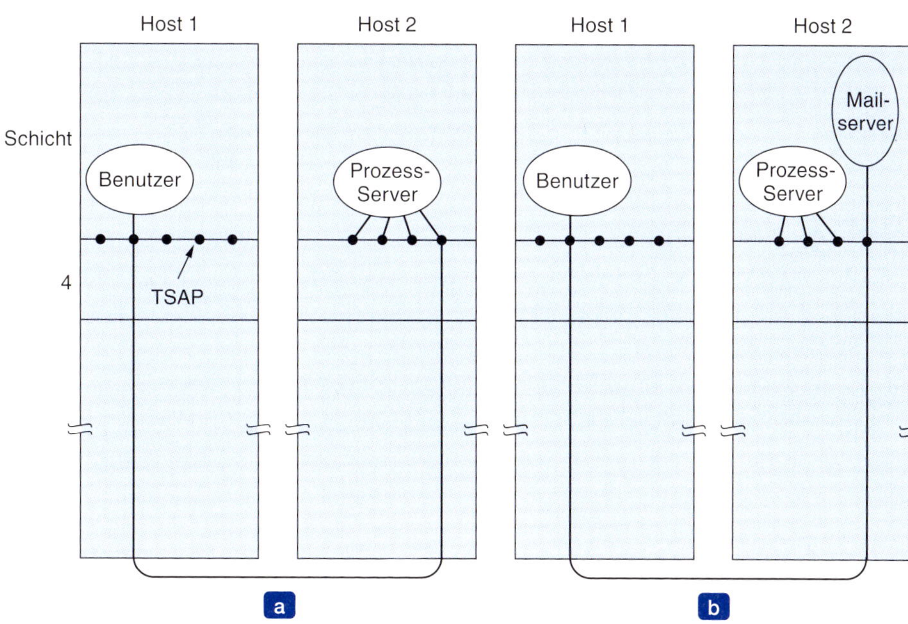

Abbildung 6.9: Wie ein Benutzerprozess auf Host 1 über einen Prozess-Server eine Verbindung zu dem Mailserver auf Host 2 aufbaut.

Nach Erhalt der Anforderung startet der Prozess-Server den angeforderten Server und übergibt ihm die bereits vorhandene Verbindung zu dem Benutzer. Der neue Server führt die angeforderte Aufgabe aus, während der Prozess-Server wieder in seine Ausgangsposition zurückgeht und auf neue Anforderungen prüft (Abbildung 6.9b). Diese Methode ist nur anwendbar, wenn Server bei Bedarf erzeugt werden können.

6.2.2 Verbindungsaufbau

Verbindungsaufbau hört sich einfach an, ist aber erstaunlich kompliziert. Auf den ersten Blick mag es ausreichend erscheinen, dass eine Transportinstanz einfach ein CONNECTION REQUEST-Segment an das Ziel sendet und auf die Antwort CONNECTION ACCEPTED wartet. Probleme entstehen, wenn das Netz Pakete verliert, verzögert, beschädigt und dupliziert. Dies führt zu ernsthaften Komplikationen.

Problem: Verzögerte und duplizierte Pakete

Man stelle sich ein Netz vor, das so überlastet ist, dass Bestätigungen nur selten rechtzeitig ankommen und jedes Paket das Zeitlimit überschreitet und zwei- bis dreimal übertragen wird. Angenommen, das Netz verwendet intern Datagramme und die Pakete wandern auf verschiedenen Wegen. Einige Pakete bleiben in einem Datenstau stecken und benötigen sehr viel Zeit, bis sie ankommen. Das heißt, sie verzögern sich im Netz und tauchen erst viel später wieder auf, wenn der Sender sie schon als verloren aufgegeben hat.

Im schlimmsten Fall kann beispielsweise Folgendes passieren: Ein Benutzer baut eine Verbindung zu einer Bank auf und weist die Bank an, einen hohen Geldbetrag auf das Konto einer nicht ganz vertrauenswürdigen Person zu überweisen. Unglücklicherweise schlagen die Pakete Umwege ein und treiben sich in den hintersten Winkeln des Netzes herum, bevor sie ihr Ziel ansteuern. In der Zwischenzeit bricht der Sender wegen Zeitüberschreitung die Übertragung ab und sendet die Pakete erneut. Dieses Mal nehmen die Pakete den kürzesten Weg und werden direkt zugestellt, woraufhin der Sender die Verbindung abbaut.

Leider tauchen danach die zuerst gesendeten Pakete wieder auf und kommen in der richtigen Reihenfolge am Ziel an. Die Pakete bitten die Bank, eine neue Verbindung aufzubauen und das Geld (noch einmal) zu überweisen. Die Bank kann nicht beurteilen, ob es sich hier um Duplikate handelt. Sie geht davon aus, dass es sich um eine zweite unabhängige Transaktion handelt, und überweist den Betrag erneut.

Dieses Szenario mag an den Haaren herbeigezogen scheinen, ja sogar unglaubhaft klingen, aber der Punkt ist, dass Protokolle für alle Fälle korrekt entworfen sein müssen. Während die geläufigsten Fälle effizient implementiert werden müssen, um eine gute Netzleistung zu erzielen, steht bei den seltenen Fällen im Mittelpunkt, dass das Protokoll nicht versagt. Denn sonst hätten wir nur ein Schönwetternetz, das bei extremen Bedingungen ohne Warnung versagen kann

Im restlichen Teil dieses Abschnitts wenden wir uns den Problemen mit verzögerten Duplikaten zu, mit besonderer Betonung auf die Algorithmen, die für einen zuverlässigen Verbindungsaufbau sorgen. Diese können Horrorszenarien, wie sie oben beschrieben wurden, verhindern. Der Kern des Problems ist, dass die verzögerten Duplikate als neue Pakete betrachtet werden. Wir können nicht verhindern, dass Pakete dupliziert und verzögert werden. Doch wenn dies passiert, müssen die Pakete als Duplikate erkannt und verworfen werden, anstatt sie als neue Pakete zu verarbeiten.

Für dieses Problem gibt es verschiedene Lösungen, von denen keine wirklich zufriedenstellend ist. Eine Möglichkeit wäre die Verwendung von Wegwerfadressen. Bei diesem Ansatz wird immer, wenn eine Transportadresse benötigt wird, eine neue erzeugt. Nach der Freigabe der Verbindung wird die Adresse „weggeworfen“ und nie wieder verwendet. Verzögerte Paketduplikate finden dann nie wieder ihren Weg zu einem Transportprozess und können keinen Schaden mehr anrichten. Diese Strategie erschwert allerdings, überhaupt eine Verbindung mit einem Prozess herzustellen.

Eine weitere Möglichkeit wäre, jeder Verbindung eine eindeutige Verbindungskennung zu geben (d.h. eine Sequenznummer, die mit jeder aufgebauten Verbindung um 1 erhöht wird). Diese Kennung wählt der anfordernde Partner aus und überträgt sie in jedem Segment, einschließlich dem, mit dem die Verbindung angefordert wird. Bei jeder Verbindungsfreigabe könnten beide Transportinstanzen eine Tabelle aktualisieren, in der die bereits abgebauten Verbindungen als Paare der Form „gleichgeordnete Transportinstanz – Verbindungskennung“ eingetragen sind. Wenn nun eine Verbindungsanforderung eingeht, kann sie mit der Tabelle verglichen werden, um festzustellen, ob es sich dabei um eine bereits früher freigegebene Verbindung handelt.

Leider hat dieses Methode einen grundlegenden Haken: Jede Transportinstanz müsste eine bestimmte Menge von Archivdaten für unbegrenzte Zeit aufbewahren. Diese Archivdaten müssen sowohl auf dem Ausgangs- als auch auf dem Zielrechner gespeichert sein. Andernfalls hat ein Rechner, der abstürzt und seinen Speicherinhalt verliert, keine Daten mehr darüber, welche Verbindungskennungen bereits von seinen gleichgeordneten Transportinstanzen verwendet wurden.

Das Problem muss also anders angepackt werden. Anstatt Paketen die Möglichkeit einzuräumen, ewig in einem Netz zu überleben, entwickeln wir einen Mechanismus, der alte, noch umherwandernde Pakete beseitigt. Damit ist das Problem besser in den Griff zu bekommen.

Die Lebensdauer eines Pakets kann durch eine (oder mehrere) der folgenden Methoden auf ein definiertes Maximum beschränkt werden:

1. Entwurf beschränkter Netze.
2. Jedes Paket enthält einen Teilstreckenzähler.
3. Jedes Paket wird mit einem Zeitstempel versehen.

Der erste Punkt umfasst alle Methoden, die verhindern, dass Pakete sich auf Umwege begeben, kombiniert mit einer Möglichkeit, Verzögerung einzugrenzen, einschließlich Stau auf dem (jetzt bekannten) längstmöglichen Pfad. Dies ist schwierig angesichts der Tatsache, dass der Umfang eines Netzes von kleinräumig (z.B. stadtbezogen) bis international reicht. Bei der zweiten Methode wird ein Teilstreckenzähler mit einem passenden Wert initialisiert und jedes Mal reduziert, wenn das Paket weitergereicht wird. Das Netzprotokoll verwirft einfach alle Pakete, deren Teilstreckenzähler null wird. Bei der dritten Methode erhält jedes Paket bei seiner Erzeugung einen Zeitstempel und die Router sind gehalten, alle Pakete zu entfernen, die eine zuvor festgelegte Zeitspanne überschritten haben. Diese Methode setzt voraus, dass die Uhren der Router synchronisiert werden, was allein schon eine nicht ganz einfache Aufgabe ist. In der Praxis ist ein Teilstreckenzähler eine hinreichend genaue Annäherung an die Zeit.

In der Praxis muss garantiert werden, dass nicht nur das Paket erledigt ist, sondern auch alle Bestätigungen dieses Pakets. Daher führen wir die Variable T ein, die ein kleines Vielfaches der tatsächlichen maximalen Paketlebensdauer darstellt. Die maximale Paketlebensdauer für ein Netz ist eine konservative Konstante; für das Internet wurden dafür mehr oder weniger willkürlich 120 Sekunden festgelegt. Das Vielfache davon ist vom Protokoll abhängig und hat einfach nur den Zweck, T zu verlängern. Wenn wir nach Verschicken eines Pakets T Sekunden abwarten, können wir sicher sein, dass alle Spuren dieses Pakets verschwunden sind. Weder das Paket selbst noch Bestätigungen desselben können plötzlich auftauchen und Verwirrung stiften.

Durch die Begrenzung der Paketlebensdauer ist es möglich, eine narrensichere Methode zum Verwerfen von verzögerten, duplizierten Segmenten zu entwickeln. Die im Folgenden beschriebene Methode stammt von Tomlinson (1975), mit Verbesserungen von Sunshine und Dalal (1978). In der Praxis werden häufig Varianten davon eingesetzt, auch in TCP.

Das Grundkonzept ist dabei, dass die Quelle alle Segmente mit Sequenznummern versieht, die innerhalb der T Sekunden nicht wiederverwendet werden. Der Zeitraum T und die Anzahl der Pakete pro Sekunde legen die Größe der Sequenznummern fest. Auf diese Weise steht jederzeit immer nur ein Paket mit einer gegebenen Sequenznummer aus. Es können immer noch Duplikate von diesem Paket auftreten, die dann vom Ziel verworfen werden müssen. Es kann jedoch nicht mehr passieren, dass ein verzögertes Duplikat eines alten Pakets ein neues Paket mit der gleichen Sequenznummer überholt und an seiner statt vom Ziel akzeptiert wird.

Um das Problem zu umgehen, dass ein Rechner nach einem Absturz nicht mehr weiß, wo er war, haben Sie unter anderem die Möglichkeit, nach der Wiederherstellung die Transportinstanzen für eine Zeit von T Sekunden lahmzulegen. In dieser inaktiven Zeit werden alle alten Segmente aufgelöst, sodass der Sender mit einer beliebigen Sequenznummer neu starten kann. In einem komplexen Internetwork kann T allerdings sehr groß ausfallen, sodass diese Strategie relativ unattraktiv ist.

Tomlinson schlug stattdessen vor, jeden Host mit einer Tageszeituhr auszustatten. Die Uhren der einzelnen Hosts brauchen nicht synchronisiert zu werden. Jede dieser Uhren soll ein binärer Zähler sein und sich in gleichmäßigen Abständen erhöhen. Außerdem muss die Bitzahl im Zähler größer oder gleich der Bitzahl der Sequenznummern sein. Schließlich noch die wichtigste Voraussetzung: Die Uhr muss auch dann weiterlaufen, wenn der Host abstürzt.

Wenn eine Verbindung aufgebaut wird, werden die niederwertigen *k* Bit der Uhr als *k*-Bit-Anfangssequenznummer verwendet. Auf diese Weise nummeriert jede Verbindung ihre Segmente mit anderen Sequenznummern (im Gegensatz zu den in *Kapitel 3* beschriebenen Protokollen). Der Folgeabstand sollte so groß sein, dass zu dem Zeitpunkt, an dem die Sequenznummern wieder von vorn beginnen, alte Segmente mit bereits existierenden Sequenznummern längst wieder aufgelöst sind. Diese lineare Beziehung zwischen Zeit und Anfangsnummern ist in ▶Abbildung 6.10a dargestellt. Die verbotene Zone zeigt die Zeiten, in denen die Segmentsequenznummern nicht gültig sind, woraus sich deren Nutzung ergibt. Wenn irgendein Segment mit einer Sequenznummer in diesem Bereich gesendet wird, könnte es sich verzögern und als anderes Paket mit der gleichen Sequenznummer auftreten, das nur kurz darauf ausgegeben wurde. Wenn beispielsweise der Host abstürzt und nach 70 Sekunden neu startet, wird er Anfangssequenznummern verwenden, die auf der Uhr basieren, um dort fortzufahren, wo aufgehört wurde. Der Host startet nicht mit einer niederen Sequenznummer aus der verbotenen Zone.

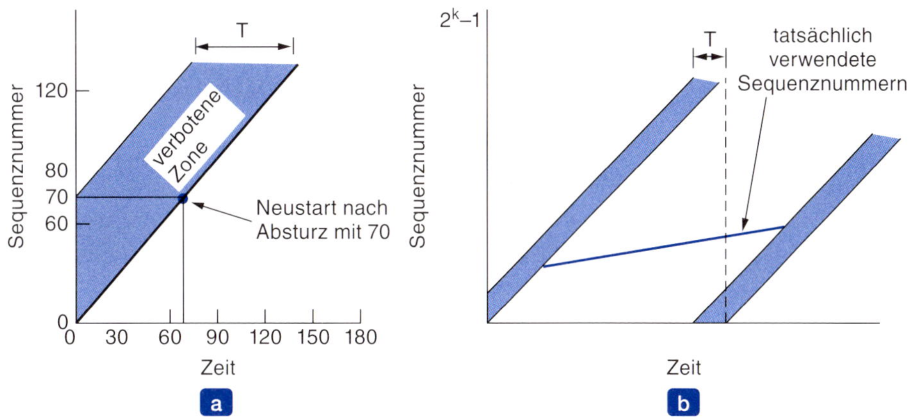

Abbildung 6.10: (a) Segmente dürfen sich nicht in der verbotenen Zone bewegen. (b) Das Problem der erneuten Synchronisation.

Haben sich die beiden Transportinstanzen auf die Anfangssequenznummer geeinigt, kann für die Datenflusskontrolle jedes beliebige Schiebefensterprotokoll verwendet werden. Dieses Fensterprotokoll sucht und entsorgt vorschriftsmäßig Paketduplikate, nachdem sie bereits akzeptiert worden sind. In der Realität ist die Kurve der Anfangssequenznummern (die fette Linie) nicht linear, sondern treppenförmig. Das liegt daran, dass die Uhr in diskreten Schritten erhöht wird, was wir hier der Einfachheit halber ignorieren.

Um die Sequenznummern der Pakete aus der verbotenen Zone herauszuhalten, müssen wir zwei Dinge berücksichtigen. Wir können in zweierlei Hinsicht in Schwierigkeiten geraten. Wenn ein Host zu viele Daten zu schnell über eine neu geöffnete Verbindung sendet, kann die Kurve der tatsächlichen Sequenznummern in Abhängigkeit von der Zeit steiler ansteigen als die Kurve der Anfangssequenznummern, sodass die Sequenznummern in die verbotene Zone rutschen. Um dies zu verhindern, beträgt die maximale Datenübertragungsrate über eine Verbindung nur ein Segment pro Takteinheit. Dies bedeutet auch, dass die Transportinstanz warten muss, bis die Uhr tickt, bevor sie nach dem Hochfahren nach einem Absturz eine neue Verbindung öffnet, damit die gleiche Sequenznummer nicht zweimal vergeben wird. Diese beiden Tatsachen sprechen für eine kurze Takteinheit (wenige µs oder noch kleiner). Aber die Uhr kann bezüglich der Sequenznummer nicht zu schnell ticken. Bei einer Taktrate C und einem Sequenznummernabstand S muss $S/C>T$ sein, damit die Sequenznummern nicht zu schnell von vorne beginnen.

Das Betreten der verbotenen Zone durch zu schnelles Senden ist leider nicht das einzige Problem, das zu Schwierigkeiten führen kann. In Abbildung 6.10b ist ersichtlich, dass bei jeder Übertragungsrate, die niedriger ist als die Taktrate, die Kurve der tatsächlich verwendeten Sequenznummern in Abhängigkeit von der Zeit irgendwann von links in die verbotene Zone eindringen wird. Je steiler die Kurve der tatsächlichen Sequenznummern ansteigt, desto länger dauert es, bis die verbotene Zone erreicht ist. Das Vermeiden dieser Situation hat Einfluss darauf, wie langsam Sequenznummern auf einer Verbindung voranschreiten können (oder wie lang die Verbindungen dauern können).

Die taktgesteuerte Methode löst das Problem, die verzögerten, duplizierten Segmente nicht von den neuen Segmenten unterscheiden zu können. Sie wirft jedoch ein praktisches Problem auf, wenn sie zum Aufbau von Verbindungen verwendet wird. Da wir uns normalerweise am Ziel die Sequenznummern über Verbindungen hinweg nicht merken, wissen wir immer noch nicht, ob ein CONNECTION REQUEST-Segment, das eine Anfangssequenznummer enthält, ein Duplikat einer neueren Verbindung ist. Dieses Problem taucht während einer Verbindung nicht auf, da das Schiebefensterprotokoll die aktuelle Sequenznummer festhält.

Lösung: Der Dreiwege-Handshake

Um dieses Problem zu lösen, führte Tomlinson (1975) eine Methode namens **Dreiwege-Handshake** (*three-way handshake*) ein. Dieses Verbindungsaufbauprotokoll setzt voraus, dass ein Partner beim anderen prüft, ob die Verbindungsanforderung tatsächlich aktuell ist. Die normale Aufbauprozedur mit Host 1 als Initiator ist in ▶Abbildung 6.11a dargestellt. Host 1 wählt eine Sequenznummer x und sendet ein CONNECTION REQUEST-Segment mit dieser Nummer an Host 2. Host 2 antwortet mit einem ACK-Segment, das x bestätigt und seine eigene Anfangssequenznummer y angibt. Schließlich bestätigt Host 1 die Auswahl der Anfangssequenznummer von Host 2 im ersten gesendeten Datensegment.

Wir betrachten nun, wie das Dreiwege-Handshake bei verzögerten Duplikaten von Steuersegmenten funktioniert. In Abbildung 6.11b ist das erste Segment ein verzögertes CONNECTION REQUEST-Duplikat aus einer alten Verbindung. Dieses Segment kommt bei Host 2 ohne Wissen von Host 1 an. Host 2 reagiert auf dieses Segment, indem er Host 1 ein ACK-Segment sendet, mit der er anfragt, ob Host 1 tatsächlich versucht hat, eine neue Verbindung aufzubauen. Weist Host 1 das Anliegen von Host 2 ab, erkennt Host 2, dass er auf ein verzögertes Duplikat hereingefallen ist, und gibt den Verbindungsaufbau auf. Auf diese Weise können verzögerte Duplikate keine Schäden anrichten.

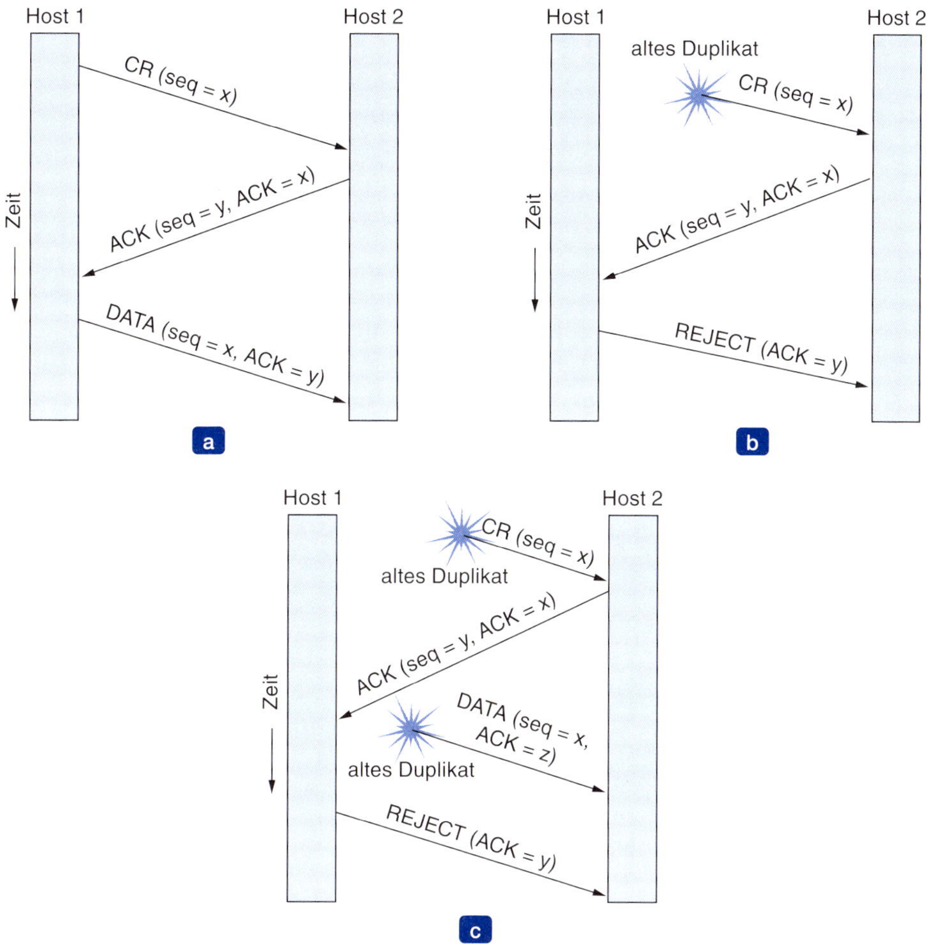

Abbildung 6.11: Drei Protokollszenarien für den Aufbau einer Verbindung mittels Dreiwege-Handshake: CR steht für CONNECTION REQUEST. (a) Normalbetrieb (b) Altes CONNECTION REQUEST-Duplikat, das plötzlich auftaucht. (c) Duplikate von CONNECTION REQUEST und ACK.

Der schlimmste Fall tritt ein, wenn sowohl ein verzögertes CONNECTION REQUEST als auch eine ACK im Teilnetz umhergeistern. Dies ist in Abbildung 6.11c der Fall. Wie im vorherigen Beispiel erhält Host 2 ein verzögertes CONNECTION REQUEST und antwortet darauf. An dieser Stelle ist entscheidend, dass Host 2 die Verwendung von y als Anfangssequenznummer für den Datenverkehr von Host 2 zu Host 1 vorgeschlagen hat, da er weiß, dass es kein Segment mit der Sequenznummer y oder Bestätigungen für y mehr gibt. Kommt das zweite verzögerte Segment bei Host 2 an, erkennt Host 2 seinerseits an der Tatsache, dass z und nicht y bestätigt wurde, dass es sich hier ebenfalls um ein altes Duplikat handelt. Wichtig ist hier, dass es keine Kombination von alten Segmenten gibt, durch die das Protokoll einen Fehler machen und aus Versehen eine Verbindung aufbauen könnte.

TCP verwendet dieses Dreiwege-Handshake zum Aufbau von Verbindungen. Für eine Verbindung wird ein Zeitstempel verwendet, der die 32-Bit-Sequenznummer erweitert, damit sie sich innerhalb der maximalen Paketlebensdauer nicht wiederholt – nicht einmal bei Gbit/s-Verbindungen. Dieser dringend erforderliche Mechanismus behebt eine Schwäche des TCP, das zunehmend bei immer schnelleren Verbindungen eingesetzt wird.

Er wird in RFC 1323 beschrieben und mit **PAWS** (*Protection Against Wrapped Sequence Numbers*, Schutz gegen wiederholte Sequenznummern) abgekürzt. Bevor PAWS ins Spiel kam, verwendete TCP in seinen Verbindungen für die Anfangssequenznummern die weiter oben beschriebene taktgesteuerte Methode. Es zeigte sich jedoch, dass diese Methode mit einem Sicherheitsrisiko verbunden war. Die Taktrate erleichterte es Angreifern, die nächste Anfangssequenznummer vorherzusagen und Pakete zu senden, die den Dreiwege-Handshake austricksen und eine gefälschte Verbindung aufbauen. Um diese Sicherheitslücke zu schließen, werden in der Praxis Pseudozufallszahlen für die Anfangssequenznummern verwendet. Es ist jedoch auch wichtig, dass sich die Anfangssequenznummern für einen Zeitraum nicht wiederholen, auch wenn sie auf den ersten Blick zufällig wirken. Andernfalls können verzögerte Duplikate Schaden anrichten.

6.2.3 Freigabe von Verbindungen

Es ist viel einfacher, eine Verbindung freizugeben als aufzubauen. Trotzdem gibt es dabei mehr Fallen als erwartet. Wie bereits erwähnt, gibt es zwei Arten, eine Verbindung freizugeben: asymmetrisch und symmetrisch. Mit einer asymmetrische Verbindungsfreigabe haben wir es zum Beispiel beim Telefonieren zu tun: Wenn ein Teilnehmer auflegt, wird die Verbindung abgebrochen. Bei der symmetrischen Freigabe wird eine Verbindung als zwei getrennte unidirektionale Verbindungen betrachtet, die jeweils getrennt freigegeben werden müssen.

Die asymmetrische Freigabe ist abrupt und kann zu Datenverlust führen. Betrachten Sie das Szenario aus ▶Abbildung 6.12. Nach Aufbau der Verbindung sendet Host 1 ein Segment, das korrekt bei Host 2 ankommt. Dann sendet Host 1 ein weiteres Segment. Leider setzt Host 2 vor Ankunft des zweiten Segments ein DISCONNECT ab. Somit wird die Verbindung abgebaut, und die Daten gehen verloren.

Um Datenverlust zu vermeiden, ist also ein anspruchsvolleres Freigabeprotokoll erforderlich. Eine Möglichkeit ist die Verwendung der symmetrischen Freigabe, bei der jede Richtung unabhängig von der anderen getrennt wird. In diesem Fall kann ein Host weiter Daten empfangen, auch wenn er bereits ein DISCONNECT-Segment ausgegeben hat.

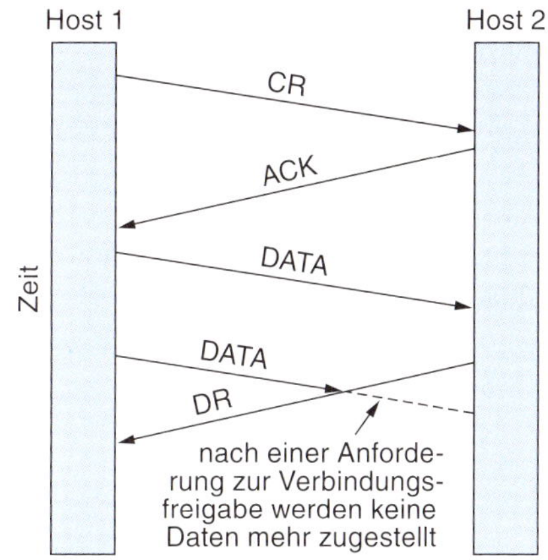

Abbildung 6.12: Abrupter Abbruch mit Datenverlust.

Die symmetrische Verbindungsfreigabe eignet sich gut, wenn jeder Prozess eine feste Datenmenge zu senden hat und genau weiß, wann das Versenden abgeschlossen ist. In anderen Situationen ist das eventuell nicht so klar. Man könnte sich ein Protokoll vorstellen, in dem Host 1 sagt: „Ich bin fertig. Bist Du auch fertig?" Wenn Host 2 antwortet: „Ich bin auch fertig", kann die Verbindung sicher abgebaut werden.

Leider funktioniert dieses Protokoll nicht immer. Es gibt ein berühmtes Problem, das dies veranschaulicht. Man nennt es das **Zwei-Armeen-Problem**. Stellen Sie sich vor, dass die Armee der Weißröcke in einem Tal lagert (▶Abbildung 6.13). Auf beiden Anhöhen steht die Armee der Blauröcke. Die weiße Armee ist zwar zahlenmäßig jeder einzelnen blauen Truppe überlegen, aber zusammen haben die Blauröcke mehr Soldaten als die Weißröcke. Greift eine der blauen Truppen allein an, wird sie zurückgeschlagen. Wenn aber beide blauen Truppen gleichzeitig angreifen, unterliegt die weiße Armee.

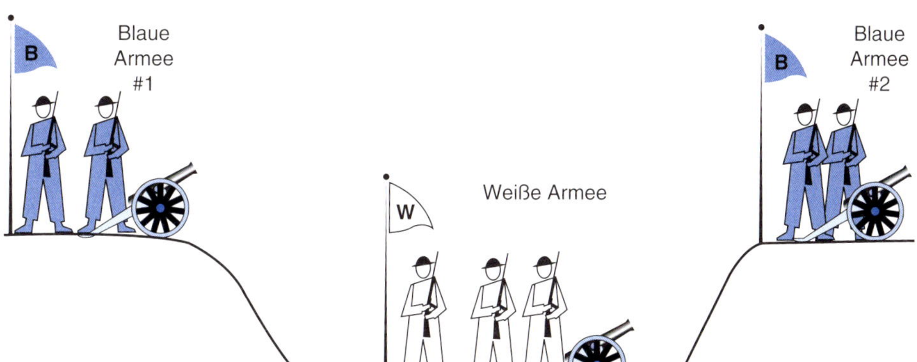

Abbildung 6.13: Das Zwei-Armeen-Problem.

Die Blauröcke möchten ihren Angriff synchronisieren. Das einzige Kommunikationsmittel sind Boten, die zu Fuß durch das Tal rennen müssen und dort unter Umständen in Gefangenschaft geraten. Eine Nachricht kann also verloren gehen. Das heißt, die

Blauröcke haben einen unzuverlässigen Kommunikationskanal. Die Frage ist nun: Gibt es ein Protokoll, durch das die blaue Armee gewinnen könnte?

Angenommen, der Kommandant der blauen Truppe 1 sendet eine Nachricht mit dem Inhalt: „Ich schlage vor, im Morgengrauen des 29. März anzugreifen. Wie wär's?" Nehmen wir weiter an, dass die Nachricht ankommt, der Kommandant der blauen Truppe 2 einverstanden ist und dessen Antwort sicher bei der blauen Truppe 1 ankommt. Findet der Angriff statt? Wahrscheinlich nicht, da der Kommandant der zweiten Truppe nicht weiß, ob sein Bote mit der Bestätigung durchgekommen ist. Ist sie nicht angekommen, greift die blaue Truppe 1 nicht mit an und er wäre dumm, sich allein in den Kampf zu stürzen.

Also verbessern wir diesen Plan, indem wir das Dreiwege-Handshake anwenden. Der Initiator des ursprünglichen Vorschlags muss die Antwort bestätigen. Wenn wir nun davon ausgehen, dass keine Nachricht verloren geht, erhält Truppe 2 eine Bestätigung. Jetzt beginnt jedoch der Kommandant der ersten Truppe zu zweifeln, denn er weiß nicht, ob diese Bestätigung bei Truppe 2 angekommen ist. Falls der Bote nicht durchgekommen ist, wird Truppe 2 nicht angreifen. Man könnte das Protokoll als Vierwege-Handshake auslegen, aber dies hilft hier auch nicht weiter.

Man kann also leicht nachweisen, dass es kein funktionierendes Protokoll gibt. Angenommen, es gäbe ein solches Protokoll. Entweder ist die letzte Nachricht des Protokolls wichtig oder nicht. Wenn sie nicht wichtig ist, sollte sie entfernt werden (wie auch alle anderen unnötigen Nachrichten). Zum Schluss haben wir ein Protokoll, in dem jede Nachricht wichtig ist. Was passiert nun, wenn die letzte Nachricht nicht ankommt? Wir haben ja gerade festgestellt, dass diese Nachricht wichtig ist. Wenn sie also verloren geht, findet der Angriff nicht statt. Da der Sender der letzten Nachricht aber nie sicher sein kann, ob sie angekommen ist, wird auch er nicht angreifen. Außerdem ist sich die andere blaue Truppe darüber im Klaren; deshalb greift sie ihrerseits nicht an.

Um nun das Zwei-Armeen-Problem vom militärischen Bereich auf die Freigabe von Verbindungen zu übertragen, ersetzen wir den Begriff „angreifen" durch „freigeben". Wenn keiner der beiden Partner abbauen will, bevor er nicht überzeugt ist, dass der Partner ebenfalls freigeben möchte, kommt nie eine Trennung zustande.

In der Praxis können wir dieses Dilemma lösen, indem wir auf die Absprache verzichten und das Problem auf den Transportbenutzer abschieben, wobei jede Seite unabhängig von der anderen entscheidet, wann es soweit ist. Dieses Problem lässt sich leichter lösen. In ▶Abbildung 6.14 werden vier Szenarien aufgezeigt, die das Dreiwege-Handshake verwenden. Dieses Protokoll ist zwar nicht unfehlbar, aber im Normalfall ausreichend.

Abbildung 6.14a stellt den Normalfall dar. Einer der Benutzer sendet ein DISCONNECTION REQUEST-Segment (DR), um eine Verbindungsfreigabe einzuleiten. Kommt sie an, sendet der Empfänger ein DR-Segment zurück und startet einen Timer für den Fall, dass sein DR-Segment verloren geht. Kommt dieses DR-Segment an, schickt der ursprüngliche Sender ein ACK-Segment zurück und löst die Verbindung.

Kommt das ACK-Segment an, löst auch der Empfänger die Verbindung. Freigeben einer Verbindung bedeutet in diesem Falle, dass die Transportinstanz die Informationen über die Verbindung aus ihrer Tabelle der offenen Verbindungen entfernt und dem Verbindungseigentümer (dem Transportbenutzer) dies irgendwie signalisiert. Diese Vorgehensweise unterscheidet sich von einem Transportbenutzer, der eine DISCONNECT-Primitive absetzt.

Geht das letzte ACK-Segment verloren, wie in Abbildung 6.14b, rettet der Timer die Lage. Läuft er ab, wird die Verbindung auf jeden Fall freigegeben.

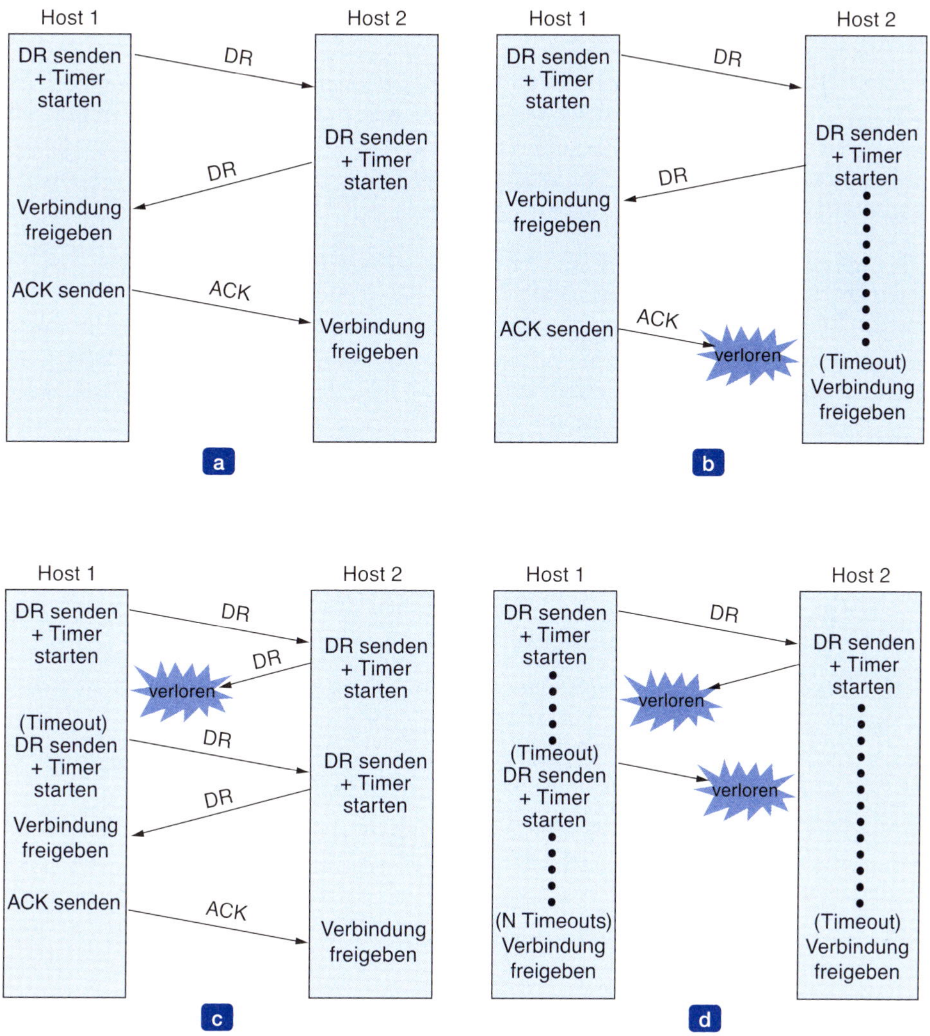

Abbildung 6.14: Verbindungsfreigabe in vier Protokollszenarien: (a) normaler Fall eines Dreiwege-Handshakes, (b) letzte Bestätigung (ACK) ging verloren, (c) Antwort ging verloren, (d) Antwort und erneut gesendete DRs gingen verloren.

Betrachten wir nun den Fall, dass das zweite DR-Segment verloren geht. Das heißt, der Benutzer, der die Verbindungsfreigabe eingeleitet hat, erhält nicht die erwartete Antwort, sodass der Timer abläuft und alles von vorn beginnt. In Abbildung 6.14c sieht man diesen Ablauf, wobei davon ausgegangen wird, dass beim zweiten Mal nichts verloren geht und alle Segmente richtig und pünktlich zugestellt werden.

Das letzte Szenario in Abbildung 6.14d entspricht dem von Abbildung 6.14c mit folgender Ausnahme: Jetzt wird davon ausgegangen, dass alle Wiederholungsversuche, das DR erneut zu übertragen, scheitern, weil die Segmente immer wieder verloren gehen. Nach *N* Versuchen gibt der Sender auf und baut die Verbindung ab. Zwischenzeitlich läuft der Timer beim Empfänger ab, sodass auch er die Verbindung freigibt.

Dieses Protokoll genügt normalerweise, kann theoretisch aber versagen, wenn das erste DR und *N* erneute Übertragungen verloren gehen. Der Sender gibt auf und baut die Verbindung ab, während die andere Seite nichts von den wiederholten Freigabeversuchen weiß und immer noch aktiv ist. Diese Situation führt zu einer halb offenen Verbindung, was wir nicht akzeptieren können.

Dieses Problem kann umgangen werden, wenn der Sender nach *N* Versuchen nicht aufgeben darf, sondern weiter senden muss, bis er eine Antwort erhält. Wenn die andere Seite die Möglichkeit eines Timeouts hat, würde der Sender bis in alle Ewigkeit weitermachen, da er nie eine Antwort erhielte. Verbietet man dem Empfänger, ein Timeout zu aktivieren, scheitert das Protokoll an der Situation von Abbildung 6.14d.

Eine Möglichkeit, halboffene Verbindungen zu beenden, ist die Aufnahme der folgenden Regel: Falls eine bestimmte Anzahl von Sekunden keine Segmente angekommen sind, wird die Verbindung automatisch abgebaut. So kann eine Seite feststellen, dass die andere Seite abgebaut hat und nicht mehr aktiv ist, und daraufhin selbst ebenfalls abbauen. Diese Regel berücksichtigt auch den Fall, dass die Verbindung unterbrochen wird (weil das Netz nicht länger Pakete zwischen den Hosts hin- und herschicken kann), ohne das irgendeine der Seiten zuerst die Verbindung abbaut.

Diese Regel setzt natürlich voraus, dass jede Transportinstanz mit einem Timer ausgestattet ist, der gestoppt und immer wieder neu gesetzt wird, wenn ein Segment gesendet wird. Wenn dieser Timer abläuft, wird ein Pseudosegment übertragen, nur um die andere Seite davon abzuhalten, abzubauen. Wird andererseits die Regel für den automatischen Abbruch verwendet und gehen zu viele Pseudosegmente nacheinander über eine ansonsten inaktive Verbindung verloren, baut zuerst die eine und dann die andere Seite automatisch ab.

Wir wollen dieses Thema an dieser Stelle nicht weiter vertiefen. Es sollte aber klar sein, dass eine Verbindungsfreigabe ohne Datenverlust nicht ganz so einfach ist, wie es anfangs aussieht. Die Lektion, die wir hieraus ziehen, ist, dass der Transportbenutzer an der Entscheidung, wann der Verbindungsabbruch erfolgt, beteiligt werden muss – das Problem kann von den Transportinstanzen allein nicht sauber gelöst werden. Wie wichtig diese Anwendung ist, zeigt sich, wenn Sie bedenken, dass im Gegensatz zu TCP, das eine Verbindung normalerweise symmetrisch beendet (indem jede Seite nach dem Senden der Daten seine Hälfte der Verbindung mit einem FIN-Paket abschließt), viele Webserver dem Client ein RST-Paket senden und so ein abruptes Schließen der Verbindung verursachen, was eher einem asymmetrischen Abbau entspricht. Dies funktioniert nur, weil der Webserver das Muster des Datenaustauschs kennt. Zuerst empfängt er eine Anforderung vom Client mitsamt allen Client-Daten und dann sendet er eine Antwort an den Client.

Wenn der Webserver seine Antwort beendet hat, wurden die Daten in beide Richtungen gesendet. Der Server kann dem Client eine Warnung schicken und abrupt die Verbindung abbauen. Erhält der Client keine Warnung, wird er irgendwann merken, dass der Server nicht mehr mit ihm kommuniziert, und die Verbindung freigeben. In beiden Fällen wurden die Daten erfolgreich übertragen.

6.2.4 Fehlerkontrolle und Flusskontrolle

Nachdem wir den Verbindungsaufbau und die Verbindungsfreigabe ausführlich besprochen haben, befassen wir uns damit, wie Verbindungen während der Benutzung verwaltet werden. Die zentralen Themen sind Fehler- und Flusskontrolle. Fehlerkontrolle besteht darin sicherzustellen, dass die Daten mit dem gewünschten Grad an Zuverlässigkeit übertragen werden, was in der Regel bedeutet, dass die Daten ohne Fehler übertragen werden. Bei der Flusskontrolle wird darauf geachtet, dass ein schneller Sender einen langsamen Empfänger nicht überflutet.

Beide Themen wurden bereits in Zusammenhang mit der Sicherungsschicht angesprochen. Die Lösungen, die auf der Transportschicht verwendet werden, sind die gleichen Mechanismen wie die, die wir in *Kapitel 3* beschrieben haben. Lassen Sie uns dazu kurz rekapitulieren:

1. Ein Rahmen wird mit einem Fehlererkennungscode versehen (z.B. einem CRC-Wert oder einer Prüfsumme), mit dem geprüft wird, ob die Informationen korrekt empfangen wurden.
2. Ein Rahmen wird zur Identifikation mit einer Sequenznummer versehen und vom Sender noch einmal übertragen, bis er vom Empfänger eine Bestätigung über den erfolgreichen Empfang erhält. Dies wird als **ARQ** bezeichnet (*Automatic Repeat Request*, automatische Wiederholungsanfrage).
3. Es gibt eine maximale Anzahl an Rahmen, die der Sender zu jeder Zeit als Dateneinheit losschicken kann und die warten müssen, wenn der Empfänger die Rahmen nicht schnell genug bestätigt. Ist das Maximum ein Paket, wird das Protokoll als **Stop-and-Wait** bezeichnet. Größere Fenster erlauben Pipelining und verbessern die Leistung auf langen, schnellen Verbindungen.
4. Das **Schiebefensterprotokoll** kombiniert diese Funktionen und wird auch zur Unterstützung von bidirektionaler Datenübertragung verwendet.

In Anbetracht der Tatsache, dass diese Mechanismen für Rahmen auf der Sicherungsschicht gedacht sind, fragt man sich natürlich, warum sie auch für Segmente auf der Transportschicht verwendet werden. In der Praxis weisen Sicherungs- und Transportschicht kaum Überschneidungen auf. Auch wenn die gleichen Mechanismen verwendet werden, gibt es Unterschiede in Funktion und Umfang.

Um Unterschiede in der Funktion zu veranschaulichen, betrachten wir die Fehlererkennung. Die Prüfsumme der Sicherungsschicht schützt einen Rahmen nur während der Übertragung auf einer einzelnen Verbindung. Die Prüfsumme auf der Transportschicht hingegen schützt ein Segment, während es einen ganzen Netzpfad, d.h. mehrere Verbindungen durchläuft. Es ist eine Ende-zu-Ende-Prüfung, was nicht das Gleiche ist wie eine Prüfung auf jeder Verbindung. Saltzer et al. (1984) beschreiben eine Situation, in der Pakete in einem Router beschädigt wurden. Die Prüfsummen der Sicherungsschicht schützen die Pakete nur während ihrer Reise über die Verbindung und nicht im Router. Deshalb wurden die Pakete falsch zugestellt, obwohl sie laut Prüfungen auf jeder Verbindung korrekt waren.

Dieses und andere Beispiele haben Saltzer et al. zu der Formulierung des **Ende-zu-Ende-Arguments** veranlasst. Laut diesem Argument ist die Ende-zu-Ende-Prüfung auf der Transportschicht unerlässlich für die Korrektheit; die Prüfungen auf der Sicherungsschicht hingegen sind zwar nicht unerlässlich, aber für die Leistungsverbesserung ganz nützlich (da ansonsten ein beschädigtes Paket unnötig auf den ganzen Pfad gesendet werden kann).

Als Beispiel für den unterschiedlichen Umfang betrachten wir die Neuübertragung und das Schiebefensterprotokoll. Auf den meisten drahtlosen Verbindungen, abgesehen von den Satellitenverbindungen, kann nur ein Rahmen zurzeit vom Sender auf den Weg geschickt werden. Das heißt, das Bandbreitenverzögerungsprodukt für die Verbindung ist klein genug, dass nicht einmal ein ganzer Rahmen in der Verbindung gespeichert werden kann. In diesem Fall ist eine kleine Fenstergröße für gute Leistung ausreichend. Zum Beispiel verwendet IEEE 802.11 ein Stop-and-Wait-Protokoll, das jeden Rahmen überträgt bzw. erneut überträgt und darauf wartet, dass es bestätigt wird, bevor es den nächsten Rahmen sendet. Ist die Fenstergröße größer als ein Rahmen, wäre alles nur komplizierter, ohne dass die Leistung sich verbessert. Für Kabel- und Glasfaserverbindungen, wie (Switched) Ethernet oder ISP-Backbones, ist die Fehlerrate niedrig genug, dass auf die erneute Übertragung auf der Sicherungsschicht verzichtet werden kann, weil die Ende-zu-Ende-Neuübertragungen den übrig bleibenden Rahmenverlust ausgleichen.

Viele TCP-Verbindungen hingegen haben ein Bandbreitenverzögerungsprodukt, das viel größer ist als ein einzelnes Segment. Betrachten wir beispielsweise eine Verbindung, die Daten mit 1 Mbit/s und einer Paketumlaufzeit von 200 ms quer durch die Vereinigten Staaten schickt. Sogar bei einer so langsamen Verbindung werden beim Empfänger für die Dauer des Sendens eines Segments und des Empfangs einer Bestätigung 200 KB Daten gespeichert. In solchen Situationen muss ein großes Schiebefenster verwendet werden. Stop-and-Wait würde die Leistung beeinträchtigen. In unserem Beispiel würde es die Leistung auf ein Segment alle 200 ms (oder 5 Segmente/s) begrenzen, egal wie schnell das Netz wirklich ist.

In Anbetracht der Tatsache, dass Transportprotokolle normalerweise größere Schiebefenster verwenden, werden wir das Thema Datenpufferung eingehender behandeln. Da ein Host mehrere Verbindungen haben kann, die jeweils getrennt behandelt werden, benötigt er für die Schiebefenster eventuell erhebliche Pufferkapazitäten. Die Puffer werden sowohl beim Sender als auch beim Empfänger benötigt. Der Puffer beim Sender dient dazu, alle übertragenen, aber noch nicht bestätigten Segmente zu speichern. Dies ist nötig, da diese Segmente verloren gehen können und erneut übertragen werden müssen.

Da der Sender die Pufferung übernimmt, kann der Empfänger je nach Bedarf entscheiden, ob spezielle Verbindungen Puffer erhalten oder nicht. Der Empfänger kann beispielsweise einen einzigen Pufferpool einrichten, der von allen Verbindungen genutzt wird. Wenn ein Segment eintrifft, wird versucht, dynamisch einen neuen Puffer anzufordern. Ist einer verfügbar, wird das Segment akzeptiert; andernfalls wird es verworfen. Da der Sender darauf vorbereitet ist, Segmente, die im Netz verloren gegangen sind, erneut zu übertragen, verursacht es keinen dauerhaften Schaden, wenn der Empfänger Segmente fallen lässt, auch wenn einige Ressourcen dabei verschwendet werden. Der Sender versucht es einfach weiter, bis er eine Bestätigung erhält.

Der optimale Kompromiss zwischen der Pufferung bei Quelle und Ziel hängt von der Art des Verkehrs ab, den die Verbindungen übertragen. Bei schubweisem Verkehr (Bursts) mit geringer Bandbreite, wie er von einem interaktiven Terminal produziert wird, ist es besser, keine Puffer zuzuteilen, sondern an beiden Endpunkten Pufferplatz dynamisch anzufordern und sich auf die Pufferung beim Sender zu verlassen, falls Segmente gelegentlich verworfen werden müssen. Andererseits ist es für die Dateiübertragung und anderen Datenverkehr mit hoher Bandbreite besser, wenn der Empfänger ein ganzes Fenster mit Puffern zuweist, damit die Daten mit maximaler Geschwindigkeit fließen können. Diese Strategie wird vom TCP-Protokoll verfolgt.

Es bleibt noch die Frage offen, wie der Pufferpool organisiert werden sollte. Haben die meisten Segmente fast die gleiche Länge, bietet es sich an, den Pufferbereich als Pool mit gleich großen Puffern anzulegen, aus dem jedes Segment einen Puffer erhält (▶Abbildung 6.15a). Wenn die Größe der Segmente stark schwankt (von kurzen Anfragen von Webseiten bis zu großen Paketen bei Dateiübertragungen zwischen gleichberechtigten Partnern), ist ein Pufferpool mit Puffern fester Größe problematisch. Wird die Puffergröße gleich dem größtmöglichen Segment gewählt, verschwendet ein kurzes Segment zu viel Speicherplatz. Wenn die Puffergröße kleiner als die größte Segmentlänge gewählt wird, werden für lange Segmente mehrere Puffer benötigt, was zu einer entsprechenden Komplexität führt.

Ein anderer Ansatz zur Behandlung des Puffergrößenproblems ist die Verwendung von Puffern variabler Größe (Abbildung 6.15b). Diese Methode hat den Vorteil, dass der Speicher besser genutzt wird – auf Kosten einer wesentlich komplizierteren Pufferverwaltung. Als dritte Möglichkeit kann jeder Verbindung ein großer Ringpuffer zugeteilt werden (Abbildung 6.15c). Dieses System ist einfach, elegant, hängt nicht von den Segmentgrößen ab und nutzt den Speicher nur, wenn die Verbindungen stark belastet werden.

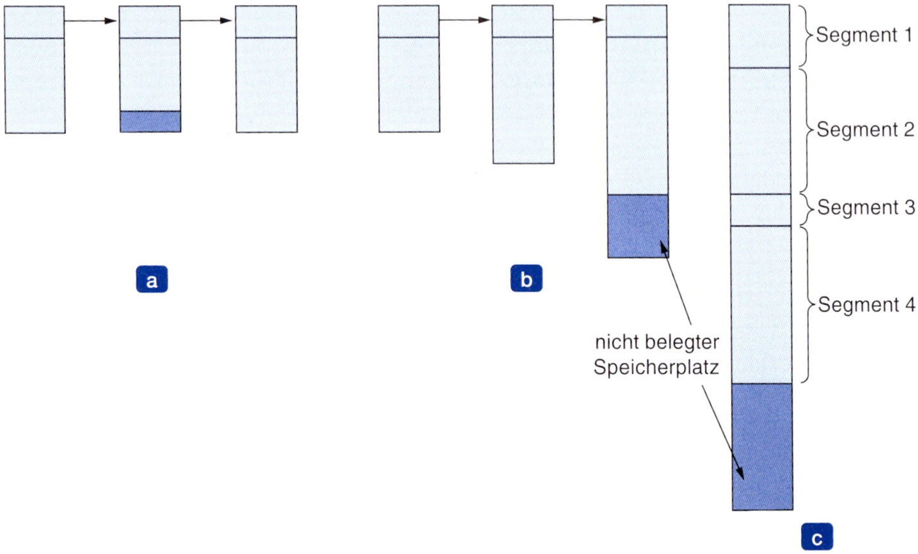

Abbildung 6.15: (a) Verkettete Puffer fester Größe. (b) Verkettete Puffer variabler Größe. (c) Ein großer Ringpuffer pro Verbindung.

Wenn Verbindungen geöffnet oder geschlossen werden oder sich die Struktur des Datenverkehrs ändert, müssen Sender und Empfänger ihre Pufferzuordnungen dynamisch anpassen. Ein Transportprotokoll sollte also dem sendenden Host erlauben, Pufferplatz am anderen Endpunkt anzufordern. Puffer können pro Verbindung oder gemeinsam für alle Verbindungen zwischen zwei Hosts zugewiesen werden. Andererseits könnte der Empfänger, der zwar seine eigene Puffersituation kennt, aber nichts über den bevorstehenden Datenverkehr weiß, dem Sender mitteilen: „Ich habe *X* Puffer für dich reserviert." Wenn die Anzahl der geöffneten Verbindungen steigt, muss die Zuordnung möglicherweise eingeschränkt werden. Das Protokoll sollte diese Möglichkeit zulassen.

Eine vernünftige allgemeine Vorgehensweise bei der dynamischen Pufferzuweisung ist, Puffer und Bestätigungen voneinander zu trennen, womit sie sich von den Schiebefensterprotokollen in *Kapitel 3* unterscheidet. Die dynamische Pufferverwaltung funktioniert eigentlich wie ein Fenster mit veränderlicher Größe. Zuerst fordert der Sender für sein voraussichtliches Datenaufkommen eine bestimmte Anzahl von Puffern an. Daraufhin stellt der Empfänger so viele Puffer zur Verfügung, wie er beschaffen kann. Jedes Mal, wenn der Sender ein Segment sendet, muss er seine Zuordnung reduzieren, bis diese den Stand null erreicht hat. Dann schickt der Empfänger sowohl Bestätigungen als auch Pufferzuordnungen getrennt im Huckepackverfahren auf den Rückweg. TCP verwendet dieses Verfahren und überträgt die Pufferzuordnungen in einem Header-Feld namens *Window Size*.

▶Abbildung 6.16 zeigt eine Möglichkeit, wie die dynamische Fensterverwaltung in einem Datagrammnetz mit 4-Bit-Sequenznummern funktionieren könnte. In diesem Beispiel fließen die Daten in Segmenten von Host *A* nach Host *B* und die Bestätigungen und Pufferzuordnungen in Segmenten in die umgekehrte Richtung. Anfangs fordert *A* acht Puffer an, *B* stellt allerdings nur vier zur Verfügung. Danach sendet *A* drei Segmente, von denen das letzte verloren geht. Segment 6 bestätigt den Erhalt aller Segmente bis einschließlich Sequenznummer 1. Damit kann *A* diese Puffer freigeben. Außerdem wird *A* durch Segment 6 darüber informiert, dass er nun drei weitere Segmente mit Sequenznummern größer 1 (also Segment 2, 3 und 4) senden kann. *A* weiß, dass er Nummer 2 bereits verschickt hat, und meint daher, er dürfe nun Segment 3 und 4 senden, was er auch tut. Hier wird *A* blockiert und muss auf eine weitere Pufferzuordnung warten. Erneute Übertragungen aufgrund eines Timeouts (Zeile 9) können vorkommen, während *A* blockiert ist, da diese bereits zugewiesene Puffer verwenden. In Zeile 10 bestätigt *B*, dass alle Segmente bis einschließlich 4 eingetroffen sind, lässt *A* jedoch nicht weitersenden. Diese Situation wäre bei den Protokollen mit festen Fenstern von *Kapitel 3* unmöglich. Das nächste Segment von *B* nach *A* weist einen neuen Puffer zu. Damit kann *A* weitersenden. Dies passiert, wenn *B* Pufferkapazität hat – wohl weil der Transportbenutzer mehr Segmentdaten akzeptiert hat.

	A	Nachricht	B	Kommentare
1	→	< request 8 buffers>	→	A möchte 8 Puffer.
2	←	<ack = 15, buf = 4>	←	B lässt nur Nachrichten 0-3 zu.
3	→	<seq = 0, data = m0>	→	A hat jetzt noch 3 Puffer übrig.
4	→	<seq = 1, data = m1>	→	A hat jetzt noch 2 Puffer übrig.
5	→	<seq = 2, data = m2>	•••	Nachricht verloren, aber A denkt, er habe noch 1 übrig.
6	←	<ack = 1, buf = 3>	←	B bestätigt 0 und 1, und erlaubt 2-4.
7	→	<seq = 3, data = m3>	→	A hat noch 1 Puffer übrig.
8	→	<seq = 4, data = m4>	→	A hat 0 Puffer übrig und muss aufhören.
9	→	<seq = 2, data = m2>	→	A hat die Zeit überschritten und wiederholt die Übertragung.
10	←	<ack = 4, buf = 0>	←	Alles bestätigt, aber A ist noch blockiert.
11	←	<ack = 4, buf = 1>	←	A kann jetzt 5 senden.
12	←	<ack = 4, buf = 2>	←	B hat irgendwo einen neuen Puffer gefunden.
13	→	<seq = 5, data = m5>	→	A hat 1 Puffer übrig.
14	→	<seq = 6, data = m6>	→	A ist wieder blockiert.
15	←	<ack = 6, buf = 0>	←	A ist immer noch blockiert.
16	•••	<ack = 6, buf = 4>	←	Potenzieller Deadlock.

Abbildung 6.16: Dynamische Pufferzuweisung: Die Pfeile geben die Übertragungsrichtung an; (...) steht für ein verlorenes Segment.

Probleme mit Pufferzuordnungen dieser Art können in Datagrammnetzen auftreten, wenn dort Steuersegmente verloren gehen – was häufig der Fall ist. Betrachten wir Zeile 16. *B* hat für *A* weitere Puffer zugeordnet, aber das Zuordnungssegment ging verloren. Da es bei Zuordnungssegmenten weder Flusskontrolle noch Timeout gibt, befindet sich *A* nun in einem Deadlock. Um diese Situation zu verhindern, sollte jeder Host in regelmäßigen Abständen Steuersegmente aussenden, die den Bestätigungs- und Pufferstatus jeder Verbindung angeben. So wird der Deadlock früher oder später beseitigt.

Bisher sind wir stillschweigend davon ausgegangen, dass die Datenübertragungsrate des Senders nur durch die Puffergröße beim Empfänger begrenzt ist. Dies ist jedoch nicht oft der Fall. Speicherkapazität war früher einmal sehr teuer, doch inzwischen sind die Preise dafür drastisch gesunken, sodass es durchaus im Rahmen des Möglichen ist, Hosts mit so viel Speicher auszustatten, dass Puffermangel kein bzw. ein seltenes Thema ist, nicht einmal für WAN-Verbindungen. Dies setzt natürlich voraus, dass die gesetzte Puffergröße groß genug ist, was bei TCP nicht immer der Fall war (Zhang et al., 2002).

Wenn die Pufferkapazität den maximalen Datenfluss nicht mehr einschränkt, taucht ein anderer Engpass auf: die Übertragungsleistung des Netzes. Wenn benachbarte Router maximal *x* Pakete pro Sekunde austauschen können und *k* disjunkte Pfade zwischen einem Host-Paar bestehen, haben die beiden Hosts keine Möglichkeit, mehr als *kx* Segmente pro Sekunde auszutauschen, gleichgültig, wie viel Pufferkapazität ihnen an beiden Endpunkten zur Verfügung steht. Wenn der Sender zu sehr drängt (also mehr als *kx* Segmente pro Sekunde sendet), ist das Netz überlastet und kann die Segmente nicht so schnell abliefern, wie sie hereinkommen.

Sinnvoll ist hier also ein Mechanismus, der die Übertragungen des Senders auf der Grundlage der Übertragungsleistung des Netzes, nicht auf der Pufferleistung des Empfängers basiert. Belsnes (1975) schlug vor, ein Schiebefensterprotokoll mit Flusskontrolle zu verwenden, bei dem der Sender die Fenstergröße dynamisch an die Übertragungsleistung des Netzes anpasst.

Das bedeutet, dass ein dynamisches Schiebefenster sowohl Flusskontrolle als auch Überlastkontrolle implementieren kann. Wenn das Netz *c* Segmente pro Sekunde bewältigen kann und die Paketumlaufzeit (einschließlich Übertragung, Weiterleitung, Stauen, Verarbeitung beim Empfänger und Bestätigung) *r* beträgt, sollte das Fenster des Senders *cr* sein. Hat das Fenster diese Größe, arbeitet der Sender unter voller Ausnutzung der Leitung. Eine kleine Verminderung der Netzleistung hätte schon zur Folge, dass der Sender blockiert. Da die Leistung des Netzes vom Verkehrsaufkommen abhängt, sollte die Fenstergröße häufig angepasst werden, damit eventuelle Änderungen der Übertragungskapazität berücksichtigt werden. Wie später noch aufgezeigt wird, benutzt TCP ein ähnliches Verfahren.

6.2.5 Multiplexing

In einigen Schichten der Netzarchitektur ist es nötig, mehrere Kommunikationsvorgänge auf konkreten oder virtuellen Verbindungen und physikalischen Leitungen zu multiplexen. Auf der Transportschicht kann Multiplexing aus verschiedenen Gründen notwendig werden. Ein Beispiel: Ist auf dem Host nur eine Netzadresse verfügbar, muss sie von allen Transportverbindungen auf diesem Rechner verwendet werden. Kommt ein Segment an, muss es eine Methode geben, um anzugeben, an welchen Prozess sie übergeben werden soll. Diese Situation nennt man **Multiplexing** oder **Upward-Multiplexing** (▶Abbildung 6.17a). In dieser Abbildung verwenden vier verschiedene Transportverbindungen die gleiche Netzverbindung (z. B. IP-Adresse) zum entfernten Host.

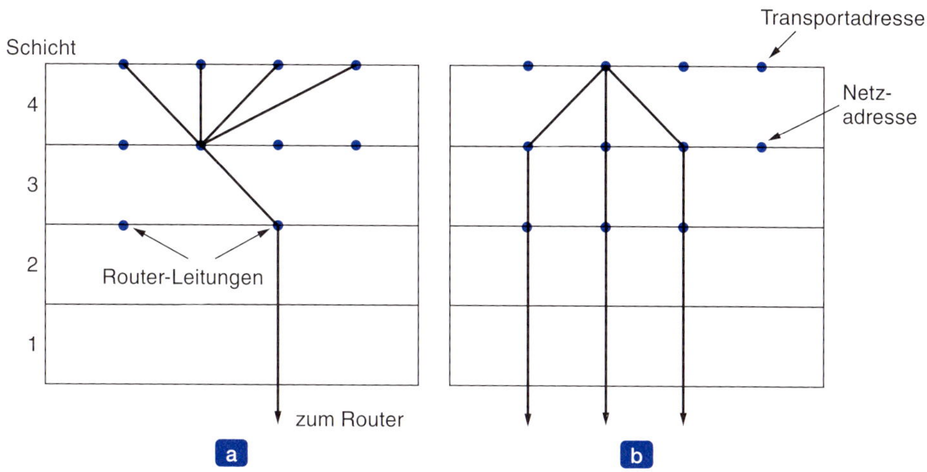

Abbildung 6.17: (a) Multiplexing. (b) Inverses Multiplexing.

Multiplexen kann auch noch aus einem anderen Grund auf der Transportschicht nützlich sein. Angenommen, ein Host hat mehrere Netzpfade, die er verwenden kann. Wenn nun ein Benutzer mehr Bandbreite benötigt oder eine höhere Zuverlässigkeit, als einer der Netzpfade bieten kann, besteht ein Ausweg darin, eine Verbindung aufzubauen, die den Verkehr im Rotationsverfahren auf mehrere Netzpfade verteilt (Abbildung 6.17b). Dieses Vorgehen wird **inverses Multiplexing** oder **Downward-Multiplexing** genannt. Bei k offenen Netzverbindungen erhöht sich die effektive Bandbreite um den Faktor k. Ein Beispiel für inverses Multiplexing ist das **SCTP** (*Stream Control Transmission Protocol*), das eine Verbindung aufbauen kann, die mehrere Netzschnittstellen verwendet. Im Gegensatz dazu verwendet das TCP nur einen Netzendpunkt. Inverses Multiplexing ist auch auf der Sicherungsschicht zu finden, auf der mehrere parallele Verbindungen geringer Übertragungsrate zu einer Verbindung hoher Übertragungsrate zusammengefasst werden.

6.2.6 Systemwiederherstellung

Da Hosts und Router absturzgefährdet oder die Verbindungen langlebig sind (z.B. große Software- oder Media-Downloads), ist das Thema Wiederherstellung nach Systemabstürzen wichtig. Befindet sich die Transportinstanz gänzlich in den Hosts, ist die Wiederherstellung von Netz- und Routerabstürzen nicht problematisch. Die Transportinstanzen rechnen immer mit verlorenen Segmenten und begegnen diesem Problem mit Neuübertragungen.

Etwas mühsamer ist die Wiederherstellung nach Host-Abstürzen. Insbesondere möchten die Clients weiterarbeiten können, wenn Server abstürzen und neu hochfahren. Um das zu veranschaulichen, nehmen wir an, dass ein Host (Client) eine große Datei über ein einfaches Stop-and-Wait-Protokoll an einen anderen Host (Dateiserver) sendet. Die Transportschicht im Server leitet die ankommenden Segmente nacheinander an den Transportbenutzer weiter. Mitten in der Übertragung bricht der Server zusammen. Er fährt zwar sofort wieder hoch, aber seine Tabellen wurden dabei neu initialisiert, sodass er nicht mehr genau weiß, an welcher Stelle er unterbrochen wurde.

Bei dem Versuch, seinen vorherigen Zustand wiederherzustellen, kann der Server ein Broadcast-Segment an alle anderen Hosts senden. Er teilt ihnen mit, dass er abgestürzt ist, und fordert die Clients auf, ihn über den Status aller offenen Verbindungen zu informieren. Jeder Client kann sich in einem von zwei Zuständen befinden: Ein Segment steht aus (*S1*) oder kein Segment steht aus (*S0*). Allein anhand dieser Zustandsinformationen muss der Client entscheiden, ob das letzte Segment erneut übertragen werden muss.

Auf den ersten Blick scheint es klar, dass der Client nur dann nochmals senden sollte, wenn ihm zu dem Zeitpunkt, an dem er von dem Absturz erfährt, eine Bestätigung für ein Segment fehlt (also Zustand *S1*). Bei näherer Betrachtung zeigt dieser etwas naive Vorschlag jedoch Schwächen. Stellen Sie sich z.B. die Situation vor, in der die Transportinstanz des Servers zuerst eine Bestätigung abschickt und dann – nachdem die Bestätigung versendet wurde – in den Anwendungsprozess schreibt. Ein Segment in den Ausgangsstrom zu schreiben und eine Bestätigung zu senden, sind zwei getrennte Vorgänge, die nicht gleichzeitig erfolgen können. Ereignet sich der Absturz, nachdem die Bestätigung geschickt, aber bevor der Schreibvorgang beendet wurde, erhält der Client die Bestätigung und ist dann in Zustand *S0*, wenn die Mitteilung über die Absturzwiederherstellung eintrifft. Der Client überträgt das Segment nicht noch einmal, weil er irrtümlich annimmt, dass das Segment angekommen ist. Diese Entscheidung führt zu einem fehlenden Segment.

An dieser Stelle denken Sie vielleicht: „Das Problem ist doch ganz einfach zu beheben. Wir programmieren einfach die Transportinstanz um, damit sie zuerst den Schreibvorgang vornimmt und dann die Bestätigung losschickt." Spielen wir das einmal durch: Der Schreibvorgang ist erfolgt, aber der Server stürzt ab, bevor die Bestätigung gesendet werden konnte. Der Client befindet sich nun in Zustand *S1* und sendet daher erneut, was ein unentdecktes Segmentduplikat im Ausgangsstrom zum Server-Anwendungsprozess zur Folge hat.

Unabhängig davon, wie Sender und Empfänger programmiert sind, gibt es immer Situationen, in denen das Protokoll nicht richtig wiederhergestellt werden kann. Der Server kann auf zwei Arten programmiert sein: zuerst bestätigen oder zuerst schreiben. Der Client kann auf vier Arten programmiert sein: Er überträgt immer das letzte Segment neu, er überträgt nie das letzte Segment neu, er überträgt nur im Zustand *S0* neu oder er überträgt nur im Zustand *S1* neu. Das ergibt acht Kombinationen. Wir werden gleich sehen, dass es bei jeder Kombination Abläufe gibt, die zum Scheitern des Protokolls führen.

Beim Server sind drei Ereignisse möglich: eine Bestätigung senden (*A*), in den Ausgangsprozess schreiben (*W*) und abstürzen (*C*). Die drei Ereignisse können in sechs verschiedenen Abfolgen auftreten: *AC*(*W*), *AWC*, *C*(*AW*), *C*(*WA*), *WAC* und *WC*(*A*). Die Klammern zeigen an, dass weder *A* noch *W* nach *C* kommen kann (nach einem Absturz geht nichts mehr). ▶Abbildung 6.18 zeigt alle acht Kombinationen der Client-

und Server-Strategien und die gültigen Ereignisfolgen. Für jede Strategie gibt es eine Folge von Ereignissen, die das Protokoll zum Scheitern verurteilt. Wenn der Client z.B. immer erneut überträgt, erzeugt das *AWC*-Ereignis ein unentdecktes Duplikat, auch wenn die anderen zwei Ereignisse korrekt ablaufen.

	Strategie des empfangenden Hosts					
	zuerst Bestätigen, dann Schreiben			zuerst Schreiben, dann Bestätigen		
Strategie des sendenden Hosts	AC(W)	AWC	C(AW)	C(WA)	W AC	WC(A)
Immer erneut übertragen	OK	DUP	OK	OK	DUP	DUP
Nie erneut übertragen	Verlust	OK	Verlust	Verlust	OK	OK
Bei S0 erneut übertragen	OK	DUP	Verlust	Verlust	DUP	OK
Bei S1 erneut übertragen	Verlust	OK	OK	OK	OK	DUP

OK = Protokoll arbeitet korrekt
DUP = Protokoll erzeugt Duplikatnachricht
Verlust = Protokoll verliert eine Nachricht

Abbildung 6.18: Verschiedene Kombinationen der Client- und Server-Strategien.

Auch ein weiteres Feilen am Protokoll bringt hier keine Abhilfe. Sogar wenn Client und Server mehrere Segmente austauschen, bevor der Server schreibt, sodass der Client genau weiß, was passiert, hat der Client keine Möglichkeit, festzustellen, ob ein Absturz vor oder nach dem Schreibvorgang passiert ist. Wir schließen daraus: Nach unserer Grundregel, dass Ereignisse nicht gleichzeitig stattfinden (das heißt, getrennte Ereignisse passieren hintereinander), sind der Absturz und die Wiederherstellung eines Hosts für die höheren Schichten nicht transparent.

Allgemeiner ausgedrückt, kann diese Schlussfolgerung auch so formuliert werden: Eine Wiederherstellung nach einem Absturz in Schicht N kann nur in Schicht $N+1$ erfolgen und dann nur, falls die höhere Schicht ausreichend Statusinformationen hat, um den Zustand so wiederherzustellen, wie er vor dem Problem war. Dies stimmt mit dem oben erwähnten Fall überein, dass die Transportschicht den Zustand nach Ausfällen in der Vermittlungsschicht wiederherstellen kann, sofern beide Endpunkte einer Verbindung sich merken, wo sie gerade sind.

Diese Problematik führt uns zu folgendem Thema: Was bedeutet eigentlich eine sogenannte Ende-zu-Ende-Bestätigung? Im Prinzip ist das Transportprotokoll ein Ende-zu-Ende-Protokoll, das nicht wie die Protokolle der unteren Schichten verkettet ist. Nun nehmen wir den Fall an, dass ein Benutzer Transaktionen bei einer entfernten Datenbank anfordert. Die entfernte Transportinstanz ist so programmiert, dass sie die Segmente zuerst zur nächsthöheren Schicht weitergibt und dann bestätigt. Sogar in dieser Situation bedeutet der Empfang der Bestätigung beim Rechner des Benutzers nicht unbedingt, dass der entfernte Host so lange aktiv war, dass er die Datenbank auch wirklich aktualisieren konnte. Eine echte Ende-zu-Ende-Bestätigung, die besagt, dass die angeforderte Arbeit auch tatsächlich ausgeführt wurde, und deren Abwesenheit bedeutet, dass die Arbeit nicht ausgeführt wurde, ist vielleicht etwas Unerreichbares. Dieses Thema wird bei Saltzer et al. (1984) ausführlich behandelt.

6.3 Überlastkontrolle

Wenn die Transportinstanzen auf vielen Rechnern zu viele Pakete zu schnell ins Netz stellen, kommt es zu einer Überlastung des Netzes, die mit einer Verschlechterung der Leistung einhergeht, weil Pakete sich verzögern oder verloren gehen. Zur Vermeidung dieses Problems muss die Überlastung kontrolliert werden, wofür die Vermittlungs- und die Transportschicht zuständig sind. Die Überlastung tritt in den Routern auf, sodass sie auf der Vermittlungsschicht erkannt wird. Verursacht wird sie jedoch letztlich durch den Verkehr, der im Netz auf der Transportschicht erzeugt wird. Der einzige effektive Weg, die Überlastung zu kontrollieren, besteht darin, die Pakete mithilfe der Transportprotokolle langsamer in das Netz zu stellen.

In *Kapitel 5* haben wir Mechanismen zur Überlastkontrolle auf der Vermittlungsschicht untersucht. In diesem Abschnitt wenden wir uns der anderen Hälfte des Problems zu: der Überlastkontrolle auf der Transportschicht. Nachdem wir die Ziele der Überlastkontrolle vorgestellt haben, beschreiben wir, wie Hosts die Senderate für ihre Pakete im Netz regulieren. Das Internet verlässt sich stark darauf, dass die Transportschicht die Überlastkontrolle übernimmt. Zu diesem Zweck sind bestimmte Algorithmen in TCP und anderen Protokollen integriert.

6.3.1 Gewünschte Bandbreitenzuordnung

Bevor wir beschreiben, wie Sie den Verkehr regulieren, müssen Sie verstehen, was mit der Ausführung eines Überlastkontrollalgorithmus erreicht werden soll. Das heißt, wir müssen den Zustand angeben, in dem ein guter Algorithmus zur Kontrolle der Überlastung im Netz zum Einsatz kommt. Ziel ist es jedenfalls nicht, einfach nur die Überlastung zu vermeiden. Es wird angestrebt, die Bandbreite optimal auf die das Netz verwendenden Transportinstanzen zu verteilen. Eine gute Zuordnung bedeutet auch gleichzeitig eine gute Leistung, da sie die gesamte zur Verfügung stehende Bandbreite nutzt, während sie gleichzeitig Überlastung vermeidet; sie behandelt alle konkurrierenden Transportinstanzen gleich und erkennt schnell Änderungen im Verkehrsaufkommen. Wir werden nach und nach auf diese Kriterien genauer eingehen.

Effizienz und Leistungsvermögen

Bei einer effizienten Zuordnung der Bandbreite auf die Transportinstanzen wird die verfügbare Netzkapazität vollständig genutzt. Sie sollten dabei jedoch nicht automatisch annehmen, dass auf einer 100 Mbit/s-Verbindung mit fünf Transportinstanzen jede davon jeweils 20 Mbit/s erhält. Für eine gute Leistung steht einer Transportinstanz in der Regel weniger als 20 Mbit/s zur Verfügung. Grund ist, dass der Verkehr oft schubweise erfolgt. Erinnern wir uns, dass in Abschnitt 5.3 der **Datendurchsatz** (oder

Rate der Nutzpakete, die beim Empfänger ankommen) als eine Funktion der gegebenen Last beschrieben wurde. Diese Kurve und eine zugehörige Kurve für die Verzögerung als Funktion der gegebenen Last finden Sie in ▸Abbildung 6.19.

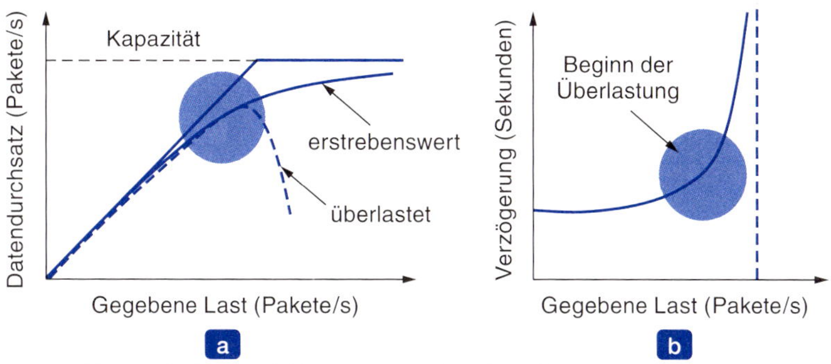

Abbildung 6.19: (a) Datendurchsatz und (b) Verzögerung als Funktion der gegebenen Last.

Der Datendurchsatz erhöht sich am Anfang mit gleicher Rate wie die Last (Abbildung 6.19a). Doch wenn sich die Last der Kapazitätsgrenze nähert, steigt der Datendurchsatz nur noch allmählich an. Die Abflachung der Kurve ist darauf zurückzuführen, dass Verkehrsschübe sich gelegentlich akkumulieren und dadurch einige Pufferverluste im Netz verursachen. Wenn das Transportprotokoll mit Mängeln behaftet ist und Pakete neu überträgt, die nur verzögert, aber nicht verloren sind, kann das Netz vor Überlastung zusammenbrechen. In diesem Zustand werden vom Sender wie wild Pakete gesendet, während gleichzeitig immer weniger nützliche Arbeit erledigt wird.

Die entsprechende Verzögerung im Netz können Sie Abbildung 6.19b entnehmen. Am Anfang ist die Verzögerung fest und entspricht der Ausbreitungsverzögerung im Netz. Wenn die Last sich der Kapazitätsgrenze nähert, steigt die Verzögerung an – zuerst ganz langsam und dann immer stärker. Auch dies liegt daran, dass Verkehrsschübe unter hoher Last zu langen Warteschlangen führen. Die Verzögerung kann dabei nie wirklich unendlich groß werden, außer in einem Modell mit unendlichem Puffer für die Router. Stattdessen gehen bei maximaler Pufferverzögerung Pakete verloren.

Sobald die Überlastung einsetzt, verschlechtert sich der Datendurchsatz und die Verzögerung nimmt zu. Gesunder Menschenverstand sagt uns, dass wir die beste Netzleistung erhalten, wenn wir die Bandbreite so lange zuordnen, bis die Verzögerung beginnt, stark anzusteigen. Dieser Punkt liegt unter der Kapazitätsgrenze. Um ihn zu ermitteln, schlug Kleinrock (1979) folgende Metrik des **Leistungsvermögens** (*power*) vor:

$$\mathit{Leistungsverm\ddot{o}gen} = \frac{\mathit{Last}}{\mathit{Verz\ddot{o}gerung}}$$

Solange die Verzögerung klein und relativ konstant ist, steigt das Leistungsvermögen am Anfang mit der gegebenen Last, sobald die Verzögerung jedoch stark ansteigt, erreicht sie ein Maximum und fällt. Die Last mit dem höchsten Leistungsvermögen entspricht der effizienten Last, die die Transportinstanz ins Netz stellen sollte. Das Netz sollte sich möglichst nah daran halten.

Max-Min-Fairness

In den obigen Abschnitten ist noch eine Frage offen geblieben: Wie wird die Bandbreite auf verschiedene Transportsender verteilt? Auf den ersten Blick scheint die Antwort auf diese Frage einfach: Jeder Sender erhält den gleichen Anteil an der Bandbreite. Hierbei gibt es jedoch Verschiedenes zu bedenken.

Als Erstes sollte man sich vielleicht fragen, was dieses Problem mit Überlastkontrolle zu tun hat. Denn schließlich sollte der Sender, wenn das Netz ihm einen Anteil an der Bandbreite zuteilt, auch nur diesen Teil nutzen. Oft jedoch nehmen Netze keine strengen Bandbreitenreservierungen für einzelne Datenflüsse oder Verbindungen vor. Davon ausgenommen können Datenflüsse sein, wenn die Dienstgüte unterstützt wird; aber viele Verbindungen streben danach, jede zur Verfügung stehende Bandbreite zu nutzen, oder werden vom Netz unter einer gemeinsamen Zuordnung zusammengefasst. Die von der IETF vorgeschlagenen differenzierten Dienste (*differentiated service*) zum Beispiel trennen den Verkehr in zwei Klassen, wobei die Verbindungen innerhalb jeder Klasse um Bandbreite konkurrieren. Bei IP-Routern konkurrieren oft alle Verbindungen um dieselbe Bandbreite. In dieser Situation ist es der Mechanismus zur Überlastkontrolle, der den konkurrierenden Verbindungen Bandbreite zuweist.

Zweitens sollte man überlegen, was ein fairer Anteil hinsichtlich der Datenflüsse in einem Netz bedeutet. Für den Fall, dass N Datenflüsse nur eine Verbindung verwenden, liegt es auf der Hand, dass für alle jeweils $1/N$ der Bandbreite zur Verfügung steht (obwohl Effizienz vorschreibt, dass sie etwas weniger verwenden, wenn der Verkehr schubweise erfolgt). Doch was passiert, wenn die Datenflüsse verschiedene, aber überlappende Netzpfade aufweisen? Zum Beispiel kann ein Datenfluss über drei Verbindungen laufen und die anderen Datenflüsse über eine Verbindung. Der Datenfluss über drei Verbindungen verbraucht mehr Netzressourcen. In gewisser Hinsicht wäre es fairer, ihm weniger Bandbreite zuzuteilen als den Datenflüssen über eine Verbindung. Durch Reduzieren der Bandbreite für den Datenfluss über drei Verbindungen sollte es allerdings möglich sein, mehrere Datenflüsse über eine Verbindung zu unterstützen. Dies zeigt, dass es eine inhärente Konkurrenz zwischen Fairness und Effizienz gibt.

Wir werden jedoch von einem Fairnesskonzept ausgehen, das nicht von der Länge des Netzpfades abhängt. Sogar bei diesem einfachen Modell ist es relativ kompliziert, Verbindungen einen gleichen Anteil an der Bandbreite zu geben, da verschiedene Verbindungen verschiedene Pfade durch das Netz nehmen und diese Pfade wiederum verschiedene Kapazitäten haben. In diesem Fall kann es passieren, dass ein Datenfluss auf einer Downstream-Verbindung in einen Engpass gerät und einen kleineren Anteil einer Upstream-Verbindung nutzt als andere Datenflüsse; die Reduzierung der Bandbreite der anderen Datenflüsse würde diese nur verlangsamen, wäre jedoch keine Hilfe für den Datenfluss im Engpass.

Die Art der Fairness, die oft für die Netznutzung gewünscht wird, ist die **Max-Min-Fairness**. Eine Zuordnung wird als max-min-fair bezeichnet, wenn die Erhöhung der Bandbreite für einen Datenfluss die Verringerung der Bandbreite für einen anderen

Datenfluss mit gleicher oder geringerer Zuordnung zur Folge hat. Das bedeutet, wenn Sie die Bandbreite eines Datenflusses erhöhen, verschlechtern Sie die Situation für die weniger privilegierten Datenflüsse.

Lassen Sie uns das anhand eines Beispiels veranschaulichen. ▶Abbildung 6.20 zeigt eine max-min-faire Zuordnung für ein Netz mit vier Datenflüssen *A*, *B*, *C* und *D*. Alle Verbindungen zwischen den Routern haben der Einfachheit halber die gleiche Kapazität (der Einheit 1), auch wenn sie im Allgemeinen unterschiedliche Kapazitäten aufweisen. Drei Datenflüsse konkurrieren um die Verbindung unten links zwischen den Routern *R4* und *R5*. Jeder dieser drei Datenflüsse erhält 1/3 von der Verbindung. Der übrig gebliebene Datenfluss *A* konkurriert mit *B* um die Verbindung von *R2* zu *R3*. Da *B* 1/3 der Bandbreite zugeordnet wurde, erhält *A* die restlichen 2/3 der Verbindung. Beachten Sie, dass alle anderen Verbindungen Kapazitätsreserven haben. Diese Kapazität kann jedoch nicht an einen der Datenflüsse zugewiesen werden, ohne die Kapazität eines anderen, geringeren Datenflusses zu verringern. Wenn zum Beispiel dem Datenfluss *B* mehr Bandbreite auf der Verbindung zwischen *R2* und *R3* gegeben wird, erhält *A* automatisch weniger. Dies ist vertretbar, da dem Datenfluss *A* bereits mehr Bandbreite zur Verfügung steht. Es muss jedoch die Kapazität des Datenflusses *C* oder *D* (oder beide) verringert werden, um *B* mehr Bandbreite zu geben, und diese Datenflüsse haben weniger Bandbreite als *B*. Das heißt, die Zuordnung ist max-min-fair.

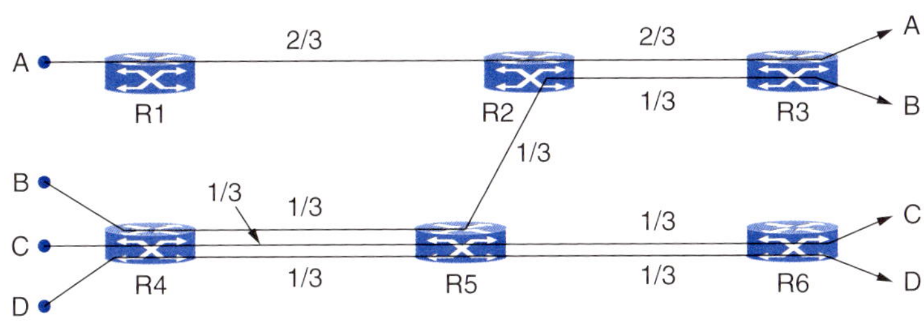

Abbildung 6.20: Max-Min-Zuordnung von Bandbreite für vier Datenflüsse.

Die Berechnung der Max-Min-Zuordnungen setzt eine globale Kenntnis des Netzes voraus. Intuitiv könnte man es sich so vorstellen, dass die Rate für alle Datenflüsse bei null beginnt und langsam ansteigt. Wenn die Rate für irgendeinen Datenfluss einen Engpass erreicht, nimmt dieser Datenfluss nicht länger zu. Die anderen Datenflüsse wachsen weiter und teilen sich die verfügbare Kapazität gerecht, bis sie ebenfalls ihre jeweiligen Engpässe erreichen.

Eine dritte Überlegung ist die Ebene, auf der wir Fairness betrachten: Ein Netz kann auf der Ebene der Verbindungen, der Verbindungen zwischen zwei Hosts oder allen Verbindungen eines Hosts fair sein. Wir haben uns mit diesem Problem in Abschnitt 5.4 im Zusammenhang mit der gewichteten fairen Warteschlange (WFQ, *Weighted Fair Queueing*) beschäftigt und festgestellt, dass jede dieser Definitionen ihre Nachteile hat. Fairness pro Host zu definieren, bedeutet beispielsweise, dass ein ausgelasteter Server nicht besser abschneidet als ein Mobiltelefon, während die Definition der Fairness pro Verbindung die Hosts ermutigt, weitere Verbindungen zu öffnen. In Anbetracht der Tatsache, dass es keine eindeutige Antwort gibt, wird Fairness oft pro Verbindung betrachtet. Doch ist es in der Regel nicht die absolute Fairness, die uns interessiert. In der Praxis ist es oft wichtiger, dass keine Verbindung „verhungert“, weil ihr jegliche Bandbreite entzogen wird, als dass alle Verbindungen exakt den gleichen Anteil an der Bandbreite zugewiesen bekommen. Mithilfe von TCP ist es möglich, mehrere Verbindungen zu öffnen und aggressiver um Bandbreite zu konkurrieren. Diese Taktik wird von bandbreitenintensiven Anwendungen wie BitTorrent für den Peer-to-Peer-Dateiaustausch (*file sharing*) verfolgt.

Konvergenz

Ein letztes Kriterium ist, dass der Algorithmus zur Überlastkontrolle möglichst schnell gegen eine faire und effiziente Zuordnung der Bandbreite konvergiert. Die obige Diskussion des gewünschten Arbeitspunktes geht von einer statischen Netzumgebung aus. In der Realität werden in einem Netz jedoch ständig Verbindungen auf- und abgebaut und außerdem schwankt die Bandbreite, die von einer gegebenen Verbindung benötigt wird, über die Zeit, zum Beispiel wenn ein Benutzer Webseiten ansteuert und gelegentlich große Videos herunterlädt.

Aufgrund der wechselhaften Nachfrage schwankt der ideale Arbeitspunkt für das Netz über die Zeit betrachtet. Ein guter Algorithmus zur Überlastkontrolle sollte schnell gegen den idealen Arbeitspunkt konvergieren und verfolgen, wie sich dieser Punkt über die Zeit verändert. Ist die Konvergenz zu langsam, wird der Algorithmus nie in die Nähe des sich ändernden Arbeitspunktes kommen. Wenn der Algorithmus nicht stabil ist, wird er in manchen Fällen nicht gegen den richtigen Arbeitspunkt konvergieren oder nicht einmal um den richtigen Punkt pendeln.

Ein Beispiel für eine Bandbreitenzuordnung, die sich über die Zeit ändert und schnell konvergiert, finden Sie in ▶Abbildung 6.21. Am Anfang gehört dem Datenfluss 1 die gesamt Bandbreite. Eine Sekunde später beginnt Datenfluss 2. Auch er muss berücksichtigt werden. Die Zuordnung stellt sich darauf ein und teilt jedem Datenfluss jeweils die Hälfte der Bandbreite zu. Nach 4 Sekunden beginnt ein dritter Datenfluss. Er erhält jedoch nur 20 % der Bandbreite, was weniger als die ihm zustehende Kapazität (ein Drittel) ist. Die Datenflüsse 1 und 2 stellen sich schnell darauf ein und teilen die übrig gebliebene Bandbreite so auf, dass jeder Datenfluss 40 % davon erhält. Nach 9 Sekunden hört der zweite Datenfluss auf. Für den dritten Datenfluss ändert sich nichts, während der erste Datenfluss schnell 80 % der Bandbreite einnimmt. Zu jeder Zeit ist die gesamte zugewiesene Bandbreite 100 %, sodass das Netz voll ausgenutzt wird. Dabei werden konkurrierende Datenflüsse gleich behandelt (müssen aber nicht mehr Bandbreite belegen als sie benötigen).

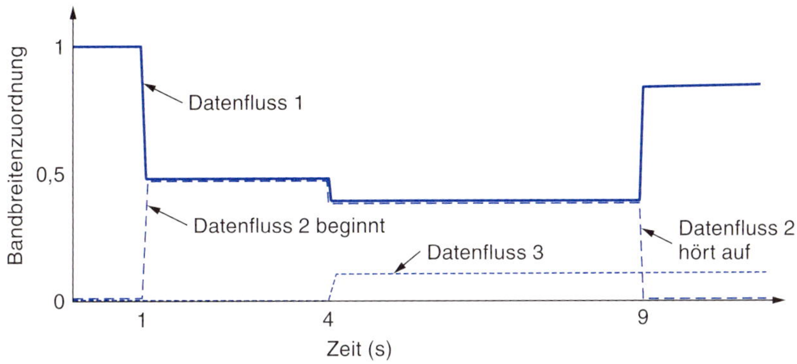

Abbildung 6.21: Sich über die Zeit ändernde Zuordnung der Bandbreite.

6.3.2 Regulierung der Senderate

Inzwischen ist es Zeit, sich dem Hauptproblem zuzuwenden: Wie regulieren wir die Senderaten, um die gewünschte Bandbreitenzuordnung zu erhalten? Die Sendegeschwindigkeit kann von zwei Faktoren beeinflusst werden. Der erste ist Flusskontrolle, falls beim Empfänger nicht genug Puffer zur Verfügung steht. Der zweite ist Überlastkontrolle, falls die Kapazität des Netzes nicht ausreicht. ▶Abbildung 6.22 veranschaulicht dieses Problem an einem hydraulischen Beispiel. In Abbildung 6.22a sehen wir ein dickes Rohr, das zu einem kleinen Empfänger führt. Dies ist die Situation, die durch Flusskontrolle entschärft werden kann, d.h., solange der Sender nicht mehr Wasser sendet, als der Eimer aufnehmen kann, geht kein Wasser verloren. In Abbildung 6.22b ist der beschränkende Faktor nicht die Eimerkapazität, sondern die interne Übertragungskapazität des Netzes. Wenn zu viel Wasser zu schnell ankommt, staut es sich an und kann zum Teil verloren gehen (in diesem Fall weil der Trichter überläuft).

Diese Fälle mögen für den Sender ähnlich erscheinen, da zu schnelles Übertragen den Verlust von Paketen verursachen kann. Die Gründe sind jedoch unterschiedlich und verlangen nach individuellen Lösungen. Über Flusskontrolle als Lösung mit einem Fenster variabler Größe haben wir bereits gesprochen. Jetzt betrachten wir Überlastkontrolle als Lösung. Da beide Probleme auftreten können, muss das Transportprotokoll im Allgemeinen beide Lösungen berücksichtigen und die Übertragung verlangsamen, wenn eines der Probleme auftritt.

Wie ein Transportprotokoll die Senderate regulieren sollte, hängt von der Art des vom Netz zurückgelieferten Feedbacks ab. Je nach Vermittlungsschicht kann das Feedback anders aussehen. Es kann explizit oder implizit erfolgen, präzise oder unpräzise sein.

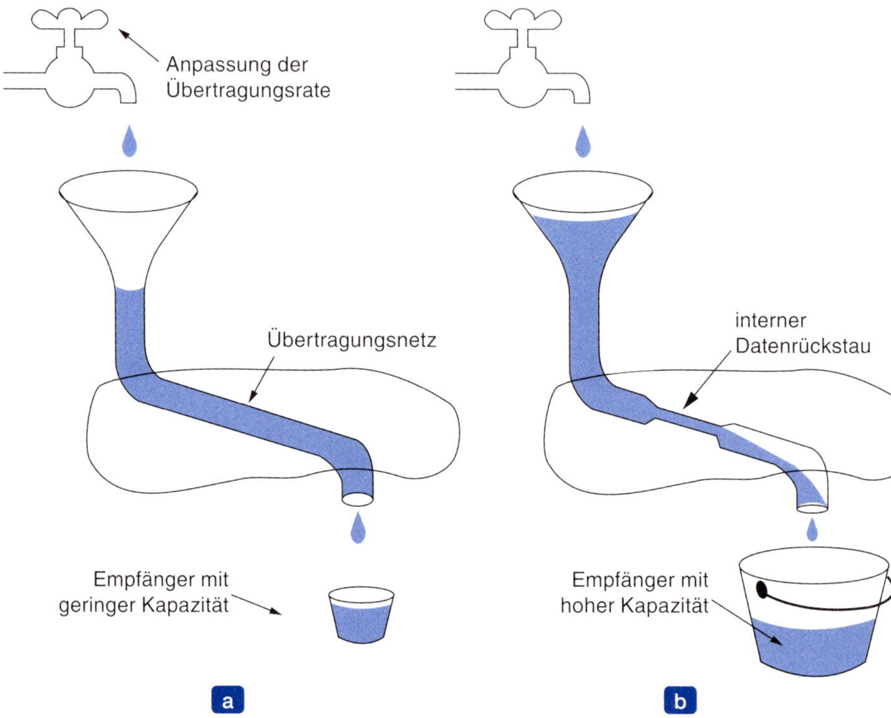

Abbildung 6.22: (a) Ein schnelles Netz, das an einen Empfänger mit geringer Kapazität weiterleitet. (b) Ein langsames Netz, das an einen Empfänger mit hoher Kapazität weiterleitet.

Sie haben es zum Beispiel mit einem expliziten, präzisen Ansatz zu tun, wenn die Router den Quellen mitteilen, mit welcher Rate sie senden sollen. Ansätze und Entwürfe in der Literatur wie XCP (*eXplicit Congestion Protocol*) verfolgen diese Strategie (Katabi et al. 2002). Ein expliziter, unpräziser Ansatz ist der Einsatz von ECN (*Explicit Congestion Notification*) bei der Verwendung des TCP-Protokolls. Bei diesem Ansatz setzen Router bei Pakete, die im Stau stehen, spezielle Bits, um die Sender anzuhalten, die Geschwindigkeit zu reduzieren, aber sie geben nicht vor, um wie viel die Sender die Rate reduzieren sollen.

In anderen Ansätzen gibt es kein explizites Signal. FAST TCP beispielsweise misst die Übertragungsverzögerung und verwendet diese Metrik als Signal zur Vermeidung von Staus (Wei et al., 2006). Und schließlich gibt es TCP mit Droptail- oder RED-Routern. Diese Form der Überlastkontrolle ist heutzutage im Internet am weitesten verbreitet und erkennt Paketverluste, die Signal für ein überlastetes Netz sind. Es gibt von dieser Art des TCP eine Vielzahl von Varianten, einschließlich CUBIC TCP, welches u.a. der Standard in modernem Linux ist (Ha et al., 2008). Kombinationen sind auch denkbar. Windows beispielsweise umfasst Compound TCP, das sowohl Paketverlust als auch Verzögerung als Feedbacksignale verwendet (Tan et al., 2006). Diese Ansätze sind in ▶Abbildung 6.23 zusammengefasst.

Protokoll	Signal	Explizit?	Präzise?
XCP	Zu verwendende Rate	Ja	Ja
TCP mit ECN	Überlastungswarnung	Ja	Nein
FAST TCP	Ende-zu-Ende-Verzögerung	Nein	Ja
Compound TCP	Paketverlust und Ende-zu-Ende-Verzögerung	Nein	Ja
CUBIC TCP	Paketverlust	Nein	Nein
TCP	Paketverlust	Nein	Nein

Abbildung 6.23: Signale einiger Protokolle zur Überlastkontrolle.

Erhält die Transportinstanz ein explizites und präzises Signal, kann sie dieses Signal dazu verwenden, ihre Rate an den neuen Arbeitspunkt anzupassen. Wenn beispielsweise XCP den Sendern die zu verwendende Rate mitteilt, können die Sender diese Rate einfach übernehmen. In den anderen Fällen basieren ihre Entscheidungen auf Vermutungen. Liegt kein Überlastungssignal vor, sollten die Sender ihre Raten erhöhen. Wird ein Überlastungssignal gegeben, sollten die Sender ihre Raten verringern. Wie diese Raten erhöht oder erniedrigt werden, wird von einem **Steuerungsgesetz** vorgegeben. Diese Gesetze haben eine bedeutende Auswirkung auf die Leistung.

Chiu und Jain (1989) haben den Fall des binären Überlastungsfeedbacks untersucht und sind zu dem Schluss gekommen, dass **AIMD** (*Additive Increase Multiplicative Decrease*) das angemessene Steuerungsgesetz ist, um den effizienten und gerechten Arbeitspunkt zu ermitteln. Zur Begründung haben sie den einfachen Fall, dass zwei Verbindungen um die Bandbreite einer Leitung konkurrieren, grafisch veranschaulicht. Das Schaubild in ▶Abbildung 6.24 zeigt die Bandbreite, die dem Benutzer 1 auf der x-Achse und dem Benutzer 2 auf der y-Achse zugewiesen wird. Wenn die Zuordnung gerecht ist, erhalten beide Benutzer den gleichen Anteil an der Bandbreite. Dies wird durch die gestrichelte Fairnesslinie angezeigt. Wenn die Zuordnungen sich zu 100%, der Kapazität der Verbindung, aufaddieren, wird die Zuordnung als effizient bezeichnet. Dies wird durch die gestrichelte Effizienzlinie angezeigt. Das Netz sendet an beide Benutzer ein Überlastungssignal, wenn die Summe ihrer Zuordnungen diese Linie kreuzt. Der Schnittpunkt dieser Linien ist der gewünschte Arbeitspunkt, an dem beide Benutzer die gleiche Bandbreite haben, und die gesamte Netzbandbreite genutzt wird.

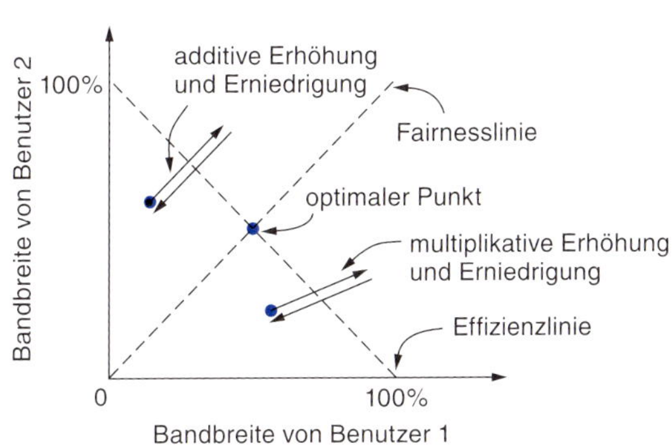

Abbildung 6.24: Additive und multiplikative Bandbreitenanpassungen.

Betrachten wir, was bei einer Ausgangszuordnung passiert, wenn Benutzer 1 und Benutzer 2 ihre jeweiligen Bandbreiten über die Zeit additiv erhöhen. Angenommen, die Benutzer erhöhen ihre Senderate jede Sekunde um 1 Mbit/s. Zum Schluss kreuzt der Arbeitspunkt die Effizienzlinie und beide Benutzer erhalten ein Überlastungssignal vom Netz. Auf dieser Stufe müssen sie ihre Zuordnungen verringern. Eine additive Erniedrigung würde jedoch nur dazu führen, dass die Zuordnungen um eine additive Linie schwanken. Diese Situation sehen Sie in Abbildung 6.24. Bei diesem Verhalten ist der Arbeitspunkt immer relativ effizient, aber nicht notwendigerweise fair.

Oder betrachten wir den Fall, dass beide Benutzer ihre Bandbreite über die Zeit multiplikativ erhöhen, bis sie ein Überlastungssignal erhalten. Die Benutzer könnten beispielsweise ihre Senderaten jede Sekunde um 10% erhöhen. Wenn sie dann ihre Senderaten multiplikativ reduzieren, schwankt der Arbeitspunkt der Benutzer einfach entlang einer multiplikativen Linie. Auch dieses Verhalten ist der Abbildung 6.24 zu entnehmen. Die multiplikative Linie hat eine andere Steigung als die additive Linie. (Sie zeigt auf den Ursprung, während die additive Linie einen Winkel von 45 Grad hat.) Ansonsten ist sie jedoch nicht besser. In keinem Fall werden die Benutzer gegen die optimalen Senderaten konvergieren, die sowohl fair als auch effizient sind.

Kommen wir jetzt zu dem Fall, dass die Benutzer ihre Bandbreitenzuordnungen additiv erhöhen und multiplikativ reduzieren, wenn eine Überlastung signalisiert wird. Dieses Verhalten entspricht dem AIMD-Steuerungsgesetz und wird in ▶Abbildung 6.25 gezeigt. Es ist zu erkennen, dass der von diesem Verhalten erzeugte Pfad gegen den optimalen Punkt konvergiert. Dieser Punkt ist sowohl fair als auch effizient. Diese Konvergenz wird unabhängig vom Startpunkt erreicht, sodass AIMD vielseitig einsetzbar ist. Dieser Argumentation folgend würde die einzige andere Kombination (multiplikative Erhöhung und additive Erniedrigung) vom optimalen Punkt wegführen.

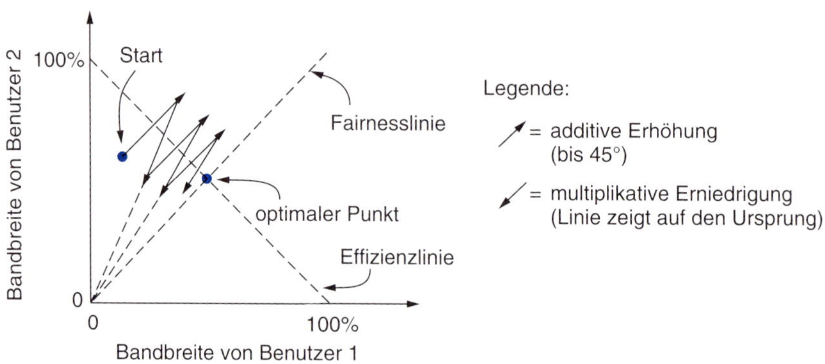

Abbildung 6.25: Das AIMD-Steuerungsgesetz.

AIMD ist das von TCP verwendete Steuerungsgesetz – basierend auf diesem Argument sowie einem weiteren Stabilitätsargument (demzufolge es einfach ist, ein Netz zu überlasten, aber schwer, die Überlastung zu beseitigen, sodass die Erhöhung langsam und die Erniedrigung aggressiv erfolgen sollten). Es ist nicht absolut fair, da TCP-Verbindungen ihre Fenstergröße bei jeder Paketumlaufzeit um einen gegebenen Betrag anpassen. Unterschiedliche Verbindungen haben unterschiedliche Paketumlaufzeiten. Dies führt dazu, dass unter sonst gleichen Bedingungen die Verbindungen zu näheren Hosts mehr Bandbreite erhalten als Verbindungen zu entfernteren Hosts.

In Abschnitt 6.5 beschreiben wir ausführlich, wie TCP ein AIMD-Steuerungsgesetz implementiert, um die Senderate anzupassen und die Überlastung zu kontrollieren. Diese Aufgabe ist schwieriger als sie klingt, da die Raten über einen Intervall gemessen werden und der Verkehr schubweise erfolgt. Anstatt die Rate direkt anzupassen, wird in der Praxis oft die Strategie verfolgt, die Größe eines Schiebefensters anzupassen. TCP verwendet diese Strategie. Wenn die Fenstergröße W ist und die Paketumlaufzeit RTT (*Round Trip Time*), beträgt die entsprechende Rate W/RTT. Diese Strategie lässt sich leicht mit der Flusskontrolle kombinieren, die bereits ein Fenster verwendet, und hat den Vorteil, dass der Sender Pakete nach Erhalt von Bestätigungen verschickt und damit in einem RTT langsamer wird, wenn er keine Berichte mehr erhält, dass Pakete das Netzwerk verlassen.

Zum Schluss soll noch angesprochen werden, dass viele verschiedene Transportprotokolle den Verkehr im Netz verursachen können. Was passiert, wenn die verschiedenen Protokolle zur Vermeidung von Überlastung verschiedenen Steuerungsgesetzen gehorchen, die dann miteinander im Wettstreit stehen? Ungleiche Bandbreitenzuordnung, natürlich! Seit TCP die vorherrschende Form der Überlastkontrolle im Internet ist, ist der Ruf nach dem Entwurf neuer Transportprotokolle in der Gemeinde lauter geworden, sodass sie gerecht miteinander konkurrieren. Die frühen Streaming-Media-Protokolle verursachten Probleme, da sie den TCP-Durchsatz aufgrund des unfairen Wettbewerbs extrem reduzierten. Dies führte zu dem Begriff der **TCP-freundlichen** Überlastkontrolle, in der TCP- und Nicht-TCP-Transportprotokolle ohne gravierende Nebenwirkungen frei kombiniert werden können (Floyd et al., 2000).

6.3.3 Probleme mit drahtloser Übertragung

Transportprotokolle wie TCP, die Überlastkontrolle implementieren, sollten von dem zugrunde liegenden Netz und den Technologien der Sicherungsschicht unabhängig sein. In der Theorie klingt das ganz gut, aber in der Praxis gibt es Probleme mit den drahtlosen Netzen. Das Hauptproblem ist, dass oft Paketverlust als Überlastungssignal verwendet wird – nicht zuletzt von TCP, wie wir bereits besprochen haben. Drahtlose Netze verlieren aufgrund von Übertragungsfehlern die ganze Zeit über Pakete.

Beim AIMD-Steuerungsgesetz erfordern hohe Durchsätze sehr geringe Paketverluste. Untersuchungen von Padhye et al. (1998) zeigen, dass der Durchsatz als Umkehrfunktion der Quadratwurzel der Paketverlustrate steigt. Das bedeutet in der Praxis, dass die Verlustrate für schnelle TCP-Verbindungen sehr gering ist. Eine gemäßigte Verlustrate liegt bei 1 %; hat sie 10 % erreicht, hört die Verbindung praktisch auf zu funktionieren. Bei drahtlosen Netzen wie IEEE-802.11-LANs sind Rahmenverlustraten von mindestens 10 % jedoch häufig der Fall. Dieser Unterschied bedeutet, dass angesichts fehlender Schutzmaßnahmen die Überlastkontrollmechanismen, die mit Paketverlust als Signal arbeiten, drahtlose Verbindungen unnötig auf sehr niedrige Raten drosseln werden.

Um gut zu funktionieren, sollte der Algorithmus zur Überlastkontrolle nur Paketverluste registrieren, die auf unzureichende Bandbreite zurückzuführen sind und nicht auf Übertragungsfehler. Eine Lösung hierfür besteht darin, die Verluste auf drahtlosen Verbindungen durch Neuübertragungen zu „maskieren". Zum Beispiel verwendet IEEE 802.11 ein Stop-and-Wait-Protokoll für die Zustellung aller Rahmen, wobei im Bedarfsfall Rahmen mehrmals übertragen werden, bevor ein Paketverlust der höheren Ebene mitgeteilt wird. Im Normalfall wird jedes Paket zugestellt – trotz vorübergehender Übertragungsfehler, die für die höheren Ebenen nicht sichtbar sind.

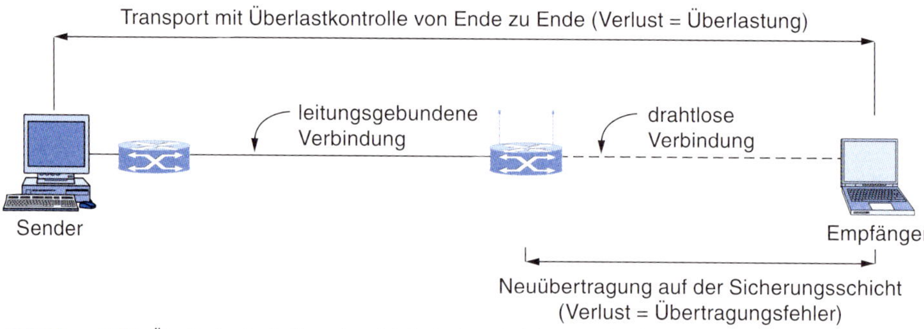

Abbildung 6.26: Überlastkontrolle über einen Pfad mit einer drahtlosen Verbindung.

▶Abbildung 6.26 zeigt einen Pfad mit einer leitungsgebundenen und einer drahtlosen Verbindung, für den die Maskierungsstrategie verwendet wird. Dabei gibt es zwei Aspekte zu beachten. Zum einen weiß der Sender nicht unbedingt, dass der Pfad eine drahtlose Verbindung umfasst, da er nur die leitungsgebundene Verbindung sieht, mit der er verbunden ist. Internetpfade sind heterogen und es gibt für den Sender keinen allgemeinen Weg festzustellen, welche Art von Verbindungen zum Pfad gehört. Dies kompliziert das Problem der Überlastkontrolle, da es keine leichte Möglichkeit gibt, ein Protokoll für leitungsungebundene Verbindungen und ein weiteres für leitungsgebundene Verbindungen zu verwenden.

Der zweite Aspekt wirft eine Frage auf. Die Abbildung zeigt zwei Mechanismen, die von Verlust gesteuert werden: die Neuübertragung der Rahmen über die Sicherungsschicht und die Überlastkontrolle auf der Transportschicht. Die Frage ist, wie diese beiden Mechanismen nebeneinander existieren können, ohne durcheinander zu geraten. Schließlich sollte ein Verlust nur einen Mechanismus auslösen, da es sich entweder um einen Übertragungsfehler oder um ein Überlastungssignal handelt. Beides gleichzeitig ist nicht möglich. Wenn beiden Mechanismen Maßnahmen einleiten (durch Neuübertragung des Rahmens und Verlangsamung der Senderate), stehen wir wieder vor dem ursprünglichen Problem der Transporte, die viel zu langsam über drahtlose Verbindungen laufen. Beschäftigen Sie sich ein wenig mit dieser Frage und überlegen Sie, ob Sie es lösen können.

Die Lösung ist, dass die beiden Mechanismen auf verschiedenen Zeitskalen ausgeführt werden. Neuübertragungen auf der Sicherungsschicht finden bei drahtlosen Verbindungen wie IEEE 802.11 im Mikro- bis Millisekundenbereich statt. Verlust-Timer in den Transportprotokollen feuern im Bereich von Millisekunden bis Sekunden. Der Unterschied beträgt drei Größenordnungen. So können drahtlose Verbindungen Rahmenverluste entdecken und neu übertragen, um Übertragungsfehler zu beheben, lange bevor die Transportinstanz auf Paketverlust schließt.

Die Maskierungsstrategie reicht, damit der Großteil der Transportprotokolle auf den meisten drahtlosen Verbindungen problemlos läuft. Es ist jedoch nicht immer eine passende Lösung. Manche drahtlosen Verbindungen, wie beim Satellitenfunk, haben lange Paketumlaufzeiten. Für diese Verbindungen müssen andere Methoden angewendet werden, um den Verlust zu maskieren, z. B. Vorwärtsfehlerkorrektur (*FEC, Forward Error Correction*), oder das Transportprotokoll muss ein Nicht-Verlust-Signal zur Überlastkontrolle verwenden.

Ein zweites Problem mit der Überlastkontrolle bei drahtlosen Verbindungen ist die variable Kapazität. Das heißt, die Kapazität einer drahtlosen Verbindung ändert sich über die Zeit, manchmal sogar sehr abrupt, da sich die Position von Knoten ändern kann und das Signal-Rausch-Verhältnis mit den sich ändernden Kanalbedingungen variiert. Dies ist bei leitungsgebundenen Verbindungen anders, da deren Kapazität fest vorgegeben ist. Das Transportprotokoll muss sich an die wechselnde Kapazität von drahtlosen Verbindungen anpassen, da es sonst das Netz überlastet oder die verfügbare Kapazität nicht nutzen kann.

Eine mögliche Lösung besteht darin, sich hierüber keine Gedanken zu machen. Diese Strategie ist vertretbar, da Algorithmen zu Überlastkontrolle bereits den Fall bewältigen müssen, dass neue Netzbenutzer hinzukommen oder bestehende Benutzer ihre Senderaten ändern. Auch wenn die Kapazität von leitungsgebundenen Verbindungen fest ist, spiegelt sich das wechselnde Verhalten der anderen Netzbenutzer in einer Schwankung der Bandbreite wider, die für einen gegebenen Benutzer verfügbar ist. Also ist es durchaus möglich, TCP über einen Pfad in einem IEEE-802.11-Funknetz auszuführen und eine vernünftige Leistung zu erhalten.

Wenn es jedoch große Schwankungen auf einer drahtlosen Verbindung gibt, können Transportprotokolle, die für leitungsgebundene Verbindungen entwickelt wurden, irgendwann nicht mehr mithalten und schwächeln. Die Lösung in diesem Fall ist ein Transportprotokoll, das speziell für drahtlose Verbindungen entworfen wurde. Eine besondere Herausforderung ist ein Funknetz, in dem die Übertragung über viele, sich störende drahtlose Verbindungen läuft, Routen sich aufgrund von Mobilität ändern und häufig mit Verlust zu rechnen ist. In diesem Bereich wird zurzeit ausgiebig geforscht. Ein Beispiel für den Entwurf drahtloser Transportprotokolle finden Sie bei Li et al. (2009).

6.4 Internettransportprotokolle: UDP

Das Internet hat auf der Transportschicht zwei Protokolltypen, ein verbindungsorientiertes und ein verbindungsloses. Die Protokolle ergänzen einander. Das verbindungslose Protokoll ist UDP. Es macht im Prinzip nichts anderes, als Pakete zwischen Anwendungen zu senden, die bei Bedarf darauf ihre eigenen Protokolle aufsetzen können. Das verbindungsorientierte Protokoll ist TCP. Es macht so ziemlich alles. Es stellt Verbindungen her und erhöht die Zuverlässigkeit mittels Neuübertragungen, zusammen mit Flusskontrolle und Überlastkontrolle – und alles im Interesse der Anwendungen, die dieses Protokoll verwenden.

In den folgenden Abschnitten werden wir uns den beiden Protokollen UDP und TCP zuwenden. Wir beginnen mit UDP, da es am einfachsten ist. Wir betrachten unter anderem zwei Einsätze von UDP. Da UDP ein Protokoll auf der Transportschicht ist, das normalerweise im Betriebssystem läuft, und Protokolle, die UDP verwenden, normalerweise im Benutzerbereich (User-Space) laufen, können diese Einsätze auch als Anwendungen betrachtet werden. Allerdings sind die eingesetzten Techniken für viele Anwendungen nützlich und sollten besser als Teil eines Transportdiensts betrachtet werden. Deshalb werden wir sie hier behandeln.

6.4.1 Einführung in UDP

Die Internetprotokollsuite unterstützt mit **UDP** (*User Datagram Protocol*, Benutzer-Datagramm-Protokoll) ein verbindungsloses Transportprotokoll. UDP ermöglicht es den Anwendungen, gekapselte IP-Datagramme zu übertragen, ohne eine Verbindung aufzubauen. UDP ist in RFC 768 definiert.

UDP überträgt **Segmente**, die aus einem 8-Byte-Header sowie den darauf folgenden Nutzdaten bestehen. Dieser Header ist in ▶Abbildung 6.27 dargestellt. Die beiden **Ports** identifizieren die Endpunkte im Quell- und Zielrechner. Kommt ein UDP-Paket an, werden die Nutzdaten an den Prozess übergeben, der dem Zielport zugeordnet ist. Diese Zuordnung erfolgt über eine BIND-Primitive oder etwas Ähnlichem, wie in Abbildung 6.6 für TCP dargestellt (der Bindeprozess ist bei UDP gleich). Stellen Sie sich Ports als Briefkästen vor, die von Anwendungen für den Empfang von Paketen gemietet werden können. Wir werden näher darauf eingehen, wenn wir TCP beschreiben, das ebenfalls Ports verwendet. Der Hauptvorteil von UDP gegenüber dem reinen IP sind die Quell- und Zielports. Ohne die Portfelder wüsste die Transportschicht nicht, was sie mit den eingehenden Paketen machen soll. Mit ihnen stellt sie die Segmente jedoch der korrekten Anwendung zu.

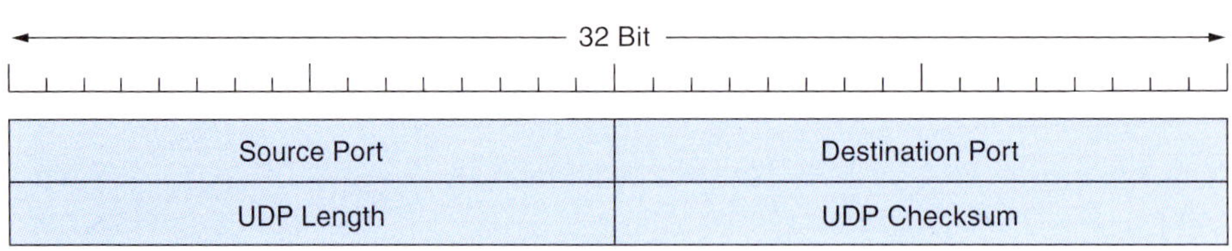

Abbildung 6.27: Der UDP-Header.

Der Quellport wird vor allem dann benötigt, wenn eine Antwort an die Quelle zurückgesendet werden muss. Durch Kopieren des Feldes *Source Port* aus dem eingehenden Segment in das Feld *Destination Port* des ausgehenden Segments kann der Prozess, der die Antwort sendet, genau angeben, welcher Prozess auf dem sendenden Rechner das Segment erhalten soll.

Das Feld *UDP Length* beinhaltet den 8-Byte-Header und die Daten. Die minimale Länge ist 8 Byte, um den Header abzudecken. Die Maximallänge beträgt 65.515 Byte, was aufgrund der Größenbeschränkung für IP-Pakete noch unter der Maximalzahl der Bytes liegt, die in 16 Bit darstellbar ist.

Für erhöhte Zuverlässigkeit wird ein optionales Feld *Checksum* angeboten. In diese Prüfsumme fließen der Header, die Daten und ein konzeptioneller IP-Pseudoheader ein. Bei der Berechnung wird das Feld *Checksum* auf 0 gesetzt und das Datenfeld wird mit einem zusätzlichen Nullbyte aufgefüllt, wenn seine Länge eine ungerade Zahl ist. Der Prüfsummenalgorithmus besteht lediglich darin, alle 16-Bit-Wörter im Einerkomplement zu addieren und wiederum das Einerkomplement der Summe als Prüfsumme zu nehmen. Wenn der Empfänger die Berechnung auf dem gesamten Segment einschließlich des Feldes *Checksum* ausführt, sollte das Ergebnis 0 lauten. Wird die Prüfsumme nicht berechnet, wird sie als 0 gespeichert, da durch einen glücklichen Zufall in der Einerkomplement-Arithmetik eine echte 0-berechnete Prüfsumme als eine Folge von Einsen gespeichert wird. Sie zu deaktivieren, wäre jedoch unsinnig, es sei denn, die Qualität der Daten spielt keine Rolle (z.B. digitalisierte Sprache).

Der Pseudoheader für IPv4 finden Sie in ▶Abbildung 6.28. Er enthält die 32-Bit-IPv4-Adressen der Quell- und Zielrechner, die Protokollnummer für UDP (17) und die Bytezahl für das UPD-Segment (einschließlich des Headers). Für IPv6 ist es anders aber analog. Die Berücksichtigung des Pseudoheaders in der Berechnung der UDP-Prüfsumme trägt dazu bei, falsch zugestellte Pakete zu entdecken, doch es verletzt auch die Protokollhierarchie, da die darin enthaltenen IP-Adressen zu der IP-Schicht und nicht zu der UDP-Schicht gehören. TCP verwendet für seine Prüfsumme den gleichen Pseudoheader.

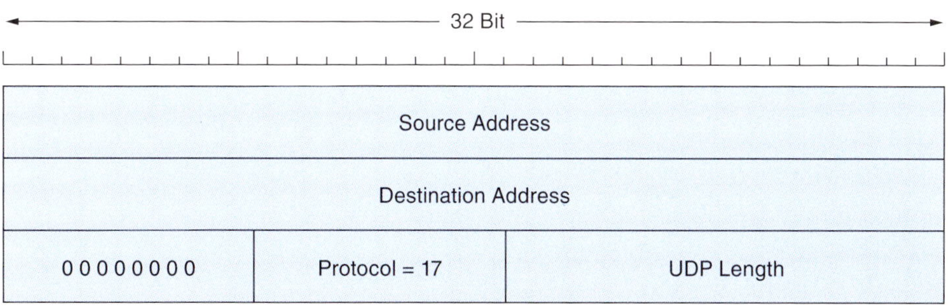

Abbildung 6.28: Der IPv4-Pseudoheader als Teil der UDP-Prüfsumme.

Man sollte auch einige Dinge explizit erwähnen, die UDP *nicht* unterstützt. Hierzu gehören die Flusskontrolle, die Überlastkontrolle oder die erneute Übertragung eines beschädigten Segments. Hierfür sind die Benutzerprozesse zuständig. Was UDP jedoch leistet, ist, eine Schnittstelle zum IP-Protokoll zur Verfügung zu stellen, einschließlich der zusätzlichen Funktion, mehrere Prozesse zu demultiplexen, und zwar unter Verwendung der Ports und einer optionalen Ende-zu-Ende-Fehlerermittlung. Mehr kann UDP nicht.

Anwendungen, die eine exakte Kontrolle über den Paketfluss, die Fehlerkontrolle oder das zeitliche Verhalten benötigen, erhalten bei UDP genau das, was sie benötigen. Es gibt einen Bereich, in dem UDP besonders nützlich ist – den Client-Server-Bereich. Oftmals sendet ein Client eine kurze Anfrage an den Server und erwartet eine kurze Antwort. Geht entweder die Anfrage oder die Antwort verloren, kann der Client bis zum Timeout warten und es dann erneut versuchen. Nicht nur der Code ist einfach, auch sind weniger Nachrichten erforderlich (eine pro Richtung) als bei einem Protokoll wie TCP, das zuvor einen Verbindungsaufbau erfordert.

Eine Anwendung, die UDP auf diese Weise nutzt, ist beispielsweise das DNS (*Domain Name System*, Domainnamensystem). Wir werden darauf in *Kapitel 7* näher eingehen. Kurz, ein Programm, das die IP-Adresse eines Host-Namens (z.B. *www.cs.berkeley.edu*) nachschlagen muss, kann ein UDP-Paket mit dem Host-Namen an einen DNS-Server senden. Der Server antwortet mit einem UDP-Paket, das die IP-Adresse des Hosts enthält. Es ist vorab kein Verbindungsaufbau erforderlich und folglich nachher auch keinerlei Abbau. Es gehen nur zwei Nachrichten über das Netzwerk.

6.4.2 Entfernte Prozeduraufrufe

In gewissem Sinne sind das Senden einer Nachricht an einen entfernten Host und der Erhalt einer Rückantwort mit einem Funktionsaufruf in einer Programmiersprache vergleichbar. In beiden Fällen beginnt man mit einem oder mehreren Parametern und erhält ein Ergebnis zurück. Diese Beobachtung hat dazu geführt, dass man versucht hat, Anfrage-Antwort-Interaktionen in Netzen in Form von Prozeduraufrufen auszuführen. Hierdurch können Netzanwendungen viel einfacher programmiert und verwaltet werden. Stellen Sie sich beispielsweise eine Prozedur namens *get_IP_address (host_name)* vor, die ein UDP-Paket an einen DNS-Server sendet und auf eine Antwort wartet, einen Zeitüberlauf erfährt und es erneut versucht, wenn die Antwort nicht schnell genug kommt. Auf diese Weise können alle Einzelheiten des Netzbetriebs vor dem Programmierer verborgen werden.

Die Hauptarbeit in diesem Bereich leisteten Birrell und Nelson (1984). Kurz, Birrell und Nelson schlugen vor, dass Programme Prozeduren auf entfernten Hosts aufrufen dürfen. Wenn ein Prozess auf Rechner 1 eine Prozedur auf Rechner 2 aufruft, wird der aufrufende Prozess auf 1 zeitweilig unterbrochen und die aufgerufene Prozedur auf Rechner 2 ausgeführt. Der Aufrufende kann Informationen in Form von Parametern an den Aufgerufenen übergeben und erhält als Rückgabewert das Prozedurergebnis zurück. Der Programmierer sieht nichts von dem Nachrichtenaustausch. Diese Technik wird als **entfernter Prozeduraufruf** oder **RPC** (*Remote Procedure Call*) bezeichnet und bildet die Grundlage für viele Netzanwendungen. Die aufrufende Prozedur wird in der

Regel als Client und die aufgerufene Prozedur als Server bezeichnet. Wir werden uns im Folgenden an diese Bezeichnungen halten.

Die Idee hinter den entfernten Prozeduraufrufen ist, dass ein entfernter Prozeduraufruf weitestgehend wie ein lokaler Aufruf aussehen soll. Für einen entfernten Prozeduraufruf in seiner einfachsten Form muss das Client-Programm mit einer kleinen Bibliotheksprozedur, dem sogenannten **Client-Stub**, gebunden werden, die die Server-Prozedur im Adressraum des Clients repräsentiert. Ebenso wird der Server mit einer Prozedur namens **Server-Stub** gebunden. Diese Prozeduren verbergen die Tatsache, dass der Prozeduraufruf vom Client zum Server nicht lokal ist.

Die einzelnen Schritte eines entfernten Prozeduraufrufs werden in ▶Abbildung 6.29 dargestellt. In Schritt 1 ruft der Client den Client-Stub auf. Dieser Aufruf ist ein lokaler Prozeduraufruf, bei dem die Parameter wie gewohnt auf dem Stapel abgelegt werden. In Schritt 2 packt der Client-Stub die Parameter in eine Nachricht und benutzt einen Systemaufruf, um die Nachricht zu senden. Das Verpacken der Parameter wird als **Marshaling** (Anordnen, Bereitstellen) bezeichnet. In Schritt 3 sendet das Betriebssystem die Nachricht vom Client zum Server. In Schritt 4 übergibt das Betriebssystem das eingehende Paket an den Server-Stub. Schließlich, in Schritt 5, ruft der Server-Stub die Server-Prozedur mit den inzwischen entpackten Parametern auf. Die Antwort nimmt den gleichen Pfad, allerdings in die andere Richtung.

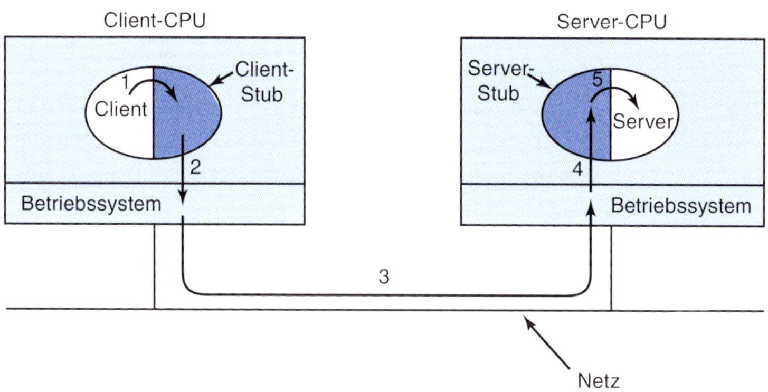

Abbildung 6.29: Schritte in einem entfernten Prozeduraufruf. Die Stubs sind dunkelblau schattiert.

Der zentrale Punkt hierbei ist, dass die Client-Prozedur, die vom Benutzer erstellt wurde, an den Client-Stub einen normalen (also lokalen) Prozeduraufruf schickt, der den gleichen Namen trägt wie die Server-Prozedur. Da die Client-Prozedur und der Client-Stub sich im gleichen Adressraum befinden, werden die Parameter normal übergeben. Entsprechend wird die Server-Prozedur von einer Prozedur in ihrem Adressraum mit den erwarteten Parametern aufgerufen. Für die Server-Prozedur verläuft nichts ungewöhnlich. Auf diese Weise erfolgt die E/A nicht über Sockets, sondern die Kommunikation findet über das Netz durch Vortäuschen eines normalen Prozeduraufrufs statt.

Auch wenn entfernte Prozeduraufrufe konzeptionell sehr elegant sind, haben sie doch einige Haken. Ein großer Nachteil ist die Verwendung von Zeigerparametern. Normalerweise ist die Übergabe eines Zeigers an eine Prozedur kein Problem. Die aufgerufene Prozedur kann den Zeiger genauso verwenden wie die aufrufende Prozedur, da beide im gleichen virtuellen Adressraum existieren. Bei entfernten Prozeduraufrufen hingegen sind Zeiger als Parameter nicht möglich, weil sich Client und Server in verschiedenen Adressräumen befinden.

In manchen Fällen lassen sich Zeiger mit einem Griff in die Trickkiste doch noch übergeben. Angenommen, der erste Parameter ist ein Zeiger auf einen Integerwert *k*. Der Client-Stub kann dann *k* verpacken und zum Server senden. Der Server-Stub erzeugt daraufhin einen Zeiger auf *k* und übergibt ihn wie erwartet an die Server-Prozedur. Wenn die Server-Prozedur anschließend die Kontrolle wieder an den Server-Stub zurückgibt, sendet dieser *k* zurück an den Client, wobei das alte *k* durch das neue *k* ersetzt wird, für den Fall, dass der Server es verändert hat. Genau genommen wurde also der standardmäßige Aufruf durch Verweis (*call-by-reference*) durch einen Aufruf durch Kopieren und Wiederherstellen (*call-by-copy restore*) ersetzt. Leider funktioniert dies nicht immer, beispielsweise wenn der Zeiger auf einen Graphen oder eine andere komplexe Datenstruktur zeigt. Aus diesem Grund müssen den Parametern an entfernt aufgerufene Prozeduren gewisse Beschränkungen auferlegt werden.

Ein zweites Problem ist, dass bei schwach typisierten Programmiersprachen wie C es vollkommen legal ist, eine Prozedur zu schreiben, die das innere Produkt zweier Vektoren (Arrays) berechnet, ohne dass angegeben werden muss, wie groß diese sind. Jeder könnte durch einen besonderen Wert terminiert werden, der nur der aufrufenden und der aufgerufenen Prozedur bekannt ist. Unter diesen Umständen ist es für den Client-Stub mehr oder weniger unmöglich, die Parameter zu verpacken: Er kann nicht feststellen, wie groß diese sind.

Ein drittes Problem besteht darin, dass es nicht immer möglich ist, die Parametertypen abzuleiten, selbst nicht aus einer formalen Spezifikation oder dem Code selbst. Ein Beispiel ist *printf*, das eine beliebige Anzahl an Parametern aufweisen kann (mindestens einen). Diese Parameter können eine beliebige Mischung aus Integer-, Short-, Long-Datentypen, Zeichen, Zeichenfolgen, Gleitkommazahlen verschiedener Länge und anderen Datentypen sein. Der Aufruf von *printf* als entfernte Prozedur ist praktisch unmöglich, weil C nicht restriktiv genug ist. Allerdings würde sich eine Regel, die besagt, dass man einen entfernten Prozeduraufruf verwenden kann, solange er nicht in C oder C++ programmiert ist, keiner großen Beliebtheit erfreuen.

Ein viertes Problem bezieht sich auf die Verwendung globaler Variablen. In der Regel können die aufrufende und die aufgerufene Prozedur nicht nur über Parameter, sondern auch über globale Variablen kommunizieren (auch wenn diese Praxis nicht zu empfehlen ist). Wird aber die aufgerufene Prozedur auf einen entfernten Rechner verschoben, so kann der Code nicht ausgeführt werden, weil die globalen Variablen nicht mehr länger gemeinsam verwendet werden.

Diese Probleme sollen nicht implizieren, dass der entfernte Prozeduraufruf ein hoffnungsloser Fall ist. Eigentlich wird er sogar häufig verwendet. In der Praxis sind aber einige Einschränkungen erforderlich.

Bezüglich der Transportschichtprotokolle ist UDP eine gute Basis zur Implementierung von entfernten Prozeduraufrufen. Sowohl Anfragen als auch Antworten können im einfachsten Fall als einzelne UDP-Pakete gesendet werden – eine Operation, die sehr schnell sein kann. Eine Implementierung muss jedoch noch weitere Vorkehrungen treffen. Da die Anfrage oder Antwort verloren gehen kann, muss der Client einen Timer vorsehen, um die Anfrage erneut zu übertragen. Beachten Sie, dass eine Antwort auf eine Anfrage implizit als Bestätigung verstanden wird, sodass die Anfrage nicht separat bestätigt werden muss. Manchmal sind die Parameter oder Ergebnisse größer als die maximale UDP-Paketgröße. In diesem Fall wird ein Protokoll benötigt, das große Nachrichten übertragen kann. Wenn mehrere Anfragen und Antworten sich überlappen (wie im Fall der nebenläufigen Programmierung), wird ein Identifikator benötigt, über den die Anfrage einer Antwort zugeordnet werden kann.

Auf höherer Ebene gibt es noch das Problem, dass die Operation unter Umständen nicht idempotent (d.h. sicher zu wiederholen) ist. Den einfachen Fall stellen idempotente Operationen wie DNS-Anfragen und -Antworten dar. Der Client kann diese Anfragen immer wieder sicher übertragen, wenn keine Antworten eingehen. Es spielt keine Rolle, ob der Server die Anfrage nie empfangen hat oder dass es die Antwort war, die verloren gegangen ist. Die Antwort wird, wenn sie denn endgültig ankommt, die gleiche sein (vorausgesetzt die DNS-Datenbank wird in der Zwischenzeit nicht aktualisiert). Nicht alle Operationen sind indes idempotent, was zum Beispiel daran liegt, dass sie wichtige Nebeneffekte haben, wie die Inkrementierung eines Zählers. Entfernte Prozeduraufrufe für diese Operationen erfordern eine striktere Semantik, sodass eine Prozedur, die von einem Programmierer aufgerufen wird, nicht mehrfach ausgeführt wird. In diesem Falle mag es erforderlich sein, eine TCP-Verbindung einzurichten und die Anfrage darüber zu senden anstatt über UDP.

6.4.3 Echtzeittransportprotokolle

Neben dem Einsatz bei Client-Server-RPCs wird UDP insbesondere auch für Echtzeit-Multimedia-Anwendungen genutzt. Angesichts der immer stärkeren Verbreitung von Internetradio, Internettelefonie, Music-on-Demand, Videokonferenzen, Video-on-Demand und anderen Multimedia-Anwendungen stellte man bald fest, dass jede Anwendung das gleiche Echtzeittransportprotokoll mehr oder weniger immer wieder neu erfand. Nach und nach zeigte sich, dass ein generisches Echtzeittransportprotokoll für mehrere Anwendungen keine schlechte Idee wäre.

Dies führte zu der Entwicklung des **Echtzeittransportprotokolls** (**RTP**, *Real-time Transport Protocol*). Es ist in RFC 3550 definiert und inzwischen aus Multimedia-Anwendungen kaum noch wegzudenken. Wir werden zwei Aspekte des Echtzeittransports beschreiben. Der erste ist das RTP-Protokoll für den Transport von Audio- und Videodaten in Paketen. Der zweite ist die Verarbeitung, die hauptsächlich beim Empfänger stattfindet, um die Audio- und Videodaten zur richtigen Zeit abzuspielen. Diese Funktionen passen in den Protokollstapel, wie er in ▶Abbildung 6.30 zu sehen ist.

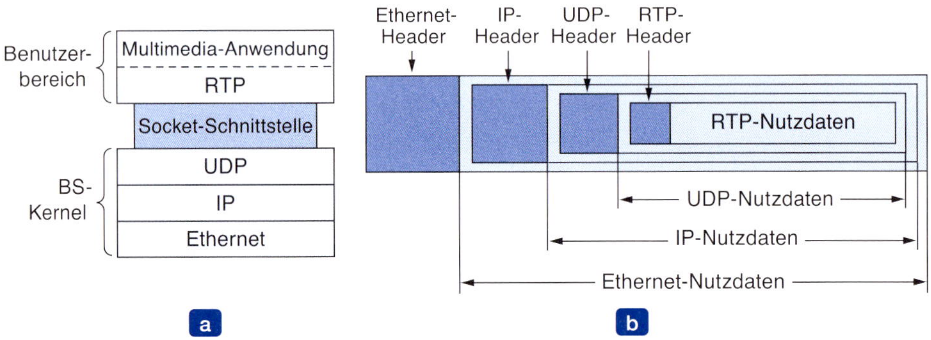

Abbildung 6.30: (a) Die Position von RTP im Protokollstapel. (b) Paketverschachtelung.

RTP wird normalerweise im Benutzerbereich über UDP (im Betriebssystem) ausgeführt. Es arbeitet wie folgt: Die Multimedia-Anwendung besteht aus mehreren Audio-, Video-, Text- und eventuell noch anderen Strömen. Diese werden in die RTP-Bibliothek eingefügt, die sich zusammen mit der Anwendung im Adressraum des Benutzers befindet. Diese Bibliothek multiplext dann die Ströme, codiert sie in RTP-Pakete und legt sie auf einem Socket ab. Am anderen Ende des Sockets (im Betriebssystemkernel) werden UDP-Pakete erzeugt, in die die RTP-Pakete eingebettet werden, und an IP übergeben, damit sie beispielsweise über Ethernet übertragen werden können. Auf Empfängerseite findet der umgekehrte Prozess statt. Zum Schluss empfängt die Multimedia-Anwendung die Multimediadaten aus der RTP-Bibliothek. Sie ist für das Abspielen der Mediendaten verantwortlich. Der Protokollstapel für diese Situation wird in Abbildung 6.30a dargestellt, die Paketverschachtelung in Abbildung 6.30b.

Bei diesem Design kann man nicht so einfach sagen, in welcher Schicht sich RTP befindet. Da es im Benutzerbereich läuft und mit der Anwendung verknüpft ist, sieht es auf den ersten Blick wie ein Anwendungsprotokoll aus. Andererseits ist es ein generisches, anwendungsunabhängiges Protokoll, das nur die Transporteinrichtungen zur Verfügung stellt, sodass es auch als Transportprotokoll betrachtet werden kann. Die wahrscheinlich beste Beschreibung ist, dass es ein Transportprotokoll ist, das nur zufällig in der Anwendungsschicht implementiert ist, weshalb wir es auch in diesem Kapitel behandeln wollen.

RTP – Das Real-time Transport Protocol

Die Hauptfunktion von RTP ist das Multiplexen verschiedener Echtzeitdatenströme in einen einzigen Strom von UDP-Paketen. Der UDP-Strom kann an ein einziges Ziel (Unicasting) oder an mehrere Ziele (Multicasting) gesendet werden. Da RTP nur normales UDP verwendet, werden die Pakete von den Routern nicht besonders behandelt, außer es sind einige IP-Funktionen zur Unterstützung der Dienstgüte aktiviert. Insbesondere gibt es keine besonderen Garantien bezüglich der Zustellung, d.h., Pakete können verloren gehen, verspätet zugestellt werden, beschädigt sein usw.

Das RTP-Format verfügt über mehrere Funktionen, die Empfängern die Arbeit mit Multimediadaten erleichtern. Jedes in einem Strom von RTP gesendete Paket erhält eine Nummer, die um eins höher ist als die des Vorgängers. Anhand dieser Nummerierung kann das Ziel feststellen, ob Pakete fehlen. Fehlt ein Paket, obliegt es der Anwendung zu entscheiden, welche Maßnahme das Ziel ergreifen soll. Im Fall von Videodaten kann zum Beispiel ein Video-Frame übersprungen oder im Fall von Audiodaten der fehlende Wert durch Interpolation näherungsweise bestimmt werden. Die erneute Übertragung bietet sich nicht an, da dieses Paket höchstwahrscheinlich viel zu spät ankommt, um noch nützlich zu sein. Aus diesem Grund gibt es bei RTP keine Bestätigungen und auch keinen Mechanismus, um erneute Übertragungen anzufordern.

Alle Nutzdaten in RTP können mehrere Samples enthalten, die so codiert sein können, wie dies die Anwendung benötigt. Für ein reibungsloses Zusammenspiel definiert RTP verschiedene Profile (beispielsweise einen einfachen Audiostrom) und für jedes Profil können mehrere Codierungsformate erlaubt sein. So kann beispielsweise ein einzelner Audiostrom als 8-Bit-PCM-Samples mit 8 kHz, einer Deltacodierung, einer prädiktiven Codierung, GSM, MP3 usw. codiert werden. RTP enthält ein Header-Feld, in dem die Quelle die Codierung angeben kann, aber nicht daran beteiligt ist, wie die Codierung erfolgt.

Eine weitere Funktion, die viele Echtzeitanwendungen benötigen, sind Zeitstempel. Die Quelle soll die Möglichkeit haben, dem ersten Sample in jedem Paket einen Zeitstempel mitzugeben. Die Zeitstempel sind relativ zum Beginn eines Datenstroms, sodass nur die Unterschiede zwischen den Zeitstempeln relevant sind. Die Absolutwerte haben keine Bedeutung. Wie wir gleich beschreiben werden, erlaubt dieser Mechanismus dem Ziel, einen kleinen Puffer einzurichten und jedes Sample die korrekte Zahl Millisekunden nach Start des Datenstroms abzuspielen, unabhängig von der Ankunftszeit des Samples.

Das Zeitstempelverfahren reduziert nicht nur die Auswirkungen der schwankenden Netzverzögerung, sondern erlaubt auch, mehrere Ströme miteinander zu synchronisieren. So kann beispielsweise ein digitales Fernsehprogramm aus einem Videodatenstrom und zwei Audiodatenströmen bestehen. Die beiden Audiodatenströme können zur Stereoübertragung oder zur Bereitstellung des Films in Originalsprache und einer lokalen, vom Benutzer auszuwählenden Sprache dienen. Jeder Datenstrom stammt von einem anderen physikalischen Gerät. Wenn die Datenströme aber von einem einzelnen Zähler mit einem Zeitstempel versehen werden, können sie synchron wiedergegeben werden, selbst wenn die Datenströme etwas unregelmäßig übertragen beziehungsweise empfangen wurden.

▶Abbildung 6.31 zeigt den RTP-Header. Er besteht aus drei 32-Bit-Wörtern und einigen potenziellen Erweiterungen. Das erste Wort enthält das Feld *Version*, das bereits auf 2 steht. Hoffen wir einmal, dass diese Version der endgültigen Version sehr nahe kommt, da nur noch ein Codewert übrig ist (obwohl 3 so definiert werden könnte, dass die echte Version in einem Erweiterungswort steht).

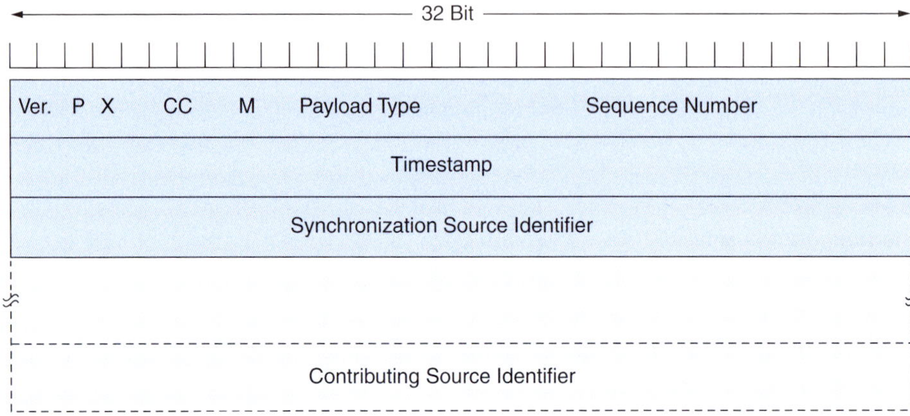

Abbildung 6.31: Der RTP-Header.

Das Bit *P* gibt an, dass das Paket auf ein Vielfaches von 4 Byte aufgefüllt wurde. Das letzte Füllbyte gibt an, wie viele Bytes hinzugefügt wurden. Das Bit *X* gibt an, dass ein Erweiterungs-Header vorhanden ist. Das Format und die Bedeutung des Erweiterungs-Headers sind nicht definiert. Es ist nur definiert, dass das erste Wort in der Erweiterung die Länge angibt. Dies ist ein Notausgang für unvorhergesehene Erfordernisse.

Das Feld *CC* gibt an, wie viele Quellen Daten liefern (von 0 bis 15, siehe unten). Das Bit *M* ist ein anwendungsspezifisches Markierungsbit. Es kann zur Markierung des Beginns eines Videorahmens, eines Wortes in einem Audiokanal oder etwas anderem verwendet werden, das die Anwendung versteht. Das Feld *Payload Type* gibt an, welcher Codieralgorithmus verwendet wurde (wie nicht komprimiertes 8-Bit-Audio, MP3 usw.). Da jedes Paket dieses Feld überträgt, kann sich die Codierung während der Übertragung ändern. Die *Sequence Number* ist nur ein Zähler, der bei jedem gesendeten RTP-Paket inkrementiert wird. Anhand der Sequenznummern kann festgestellt werden, ob Pakete verloren gegangen sind.

Der *Timestamp* wird von der Quelle des Datenstroms erzeugt, um anzugeben, wann das erste Sample im Paket erstellt wurde. Mit diesem Wert kann der Jitter beim Empfänger reduziert werden, indem die Wiedergabe von der Paketankunftszeit losgelöst wird. Das Feld *Synchronization Source Identifier* gibt an, zu welchem Datenstrom das Paket gehört. Mit diesem Verfahren werden mehrere Datenströme in einen Strom von UDP-Paketen gemultiplext und gedemultiplext. Und zum Schluss werden die *Contributing Source Identifier* gesetzt, wenn im Studio Mischpulte verwendet werden. In diesem Fall ist das Mischpult die synchronisierende Quelle, und die gemischten Ströme werden hier aufgeführt.

RTCP – Das Real-time Transport Control Protocol

RTP hat ein kleines Schwesterprotokoll, das **Echtzeittransportsteuerungsprotokoll** namens **RTCP** (*Real-time Transport Control Protocol*). Es ist zusammen mit RTP in RFC 3550 definiert und verwaltet das Feedback, die Synchronisation und die Benutzerschnittstelle. Es überträgt aber keine Daten.

Mit der ersten Funktion kann den Quellen Feedback über Übertragungsverzögerung, Jitter, Bandbreite, Überlastung und andere Netzeigenschaften zur Verfügung gestellt werden. Anhand dieser Informationen kann ein Codierprozess die Datenübertragungsrate erhöhen (und eine bessere Qualität bereitstellen), wenn das Netz gut funktioniert, beziehungsweise andernfalls die Datenübertragungsraten reduzieren. Durch die kontinuierlichen Feedbacks kann der Codieralgorithmus laufend angepasst werden, um die unter den aktuellen Umständen bestmögliche Qualität zu bieten. Wenn beispielsweise die Bandbreite während einer Übertragung zu- oder abnimmt, kann die Codierung je nach Bedarf von MP3 auf 8-Bit-PCM auf Deltacodierung wechseln. Das Feld *Payload Type* gibt dem Ziel an, welcher Codieralgorithmus für das aktuelle Paket verwendet wird, sodass er bei Bedarf geändert werden kann.

Ein Problem des Feedbacks ist, dass die RTCP-Berichte an alle Beteiligte gesendet werden. Bei einer Multicast-Anwendung mit einer großen Gruppe würde die von RTCP verwendete Bandbreite schnell sehr groß werden. Um dies zu verhindern, reduzieren RTCP-Sender den Anteil ihrer Berichte, um zusammen nicht mehr als sagen wir 5 % der Medienbandbreite zu belegen. Hierzu muss jeder Beteiligte die Medienbandbreite kennen, die er vom Sender erfährt, und die Anzahl der Beteiligten, die er durch Lauschen auf andere RTCP-Berichte schätzt.

RTCP verwaltet auch die Synchronisation zwischen Datenströmen. Das Problem ist hier, dass verschiedene Datenströme verschiedene Uhren mit unterschiedlicher Auflösung (Granularität) und verschiedenen Abweichungsraten verwenden. Mit dem Echtzeit-Transportsteuerungsprotokoll können diese synchron gehalten werden.

Schließlich ermöglicht RTCP, die verschiedenen Quellen zu benennen (z.B. in ASCII). Diese Information kann dann am Bildschirm des Empfängers anzeigen, wer gerade „spricht".

In Perkins (2003) findet der Leser weitere Informationen zu RTP.

Abspielen mit Zwischenspeicherung und Jitter-Kontrolle

Sobald die Mediendaten den Empfänger erreichen, müssen sie zum richtigen Zeitpunkt abgespielt werden. Im Allgemeinen ist dies nicht der Moment, an dem das RTP-Paket beim Empfänger ankommt, da Pakete leicht unterschiedliche Zeiten benötigen, um das Netz zu durchqueren. Sogar wenn die Pakete mit genau den richtigen Intervallen ins Netz geschoben werden, weisen sie beim Empfänger verschiedene relative Zeiten auf. Diese Varianz der Laufzeit wird **Jitter** genannt. Bereits geringfügiges Paket-Jitter reicht aus, um verwirrende Medienartefakte zu schaffen, wie abgehackte Bildübertragung und unverständliche Audiodaten, wenn die Medien direkt nach dem Eintreffen abgespielt werden.

Die Lösung zu diesem Jitter-Problem besteht darin, die Pakete in einem **Puffer** zwischenzuspeichern, bevor sie abgespielt werden. Als Beispiel sehen wir in ▶Abbildung 6.32 einen Strom von Paketen, die mit beträchtlichem Jitter zugestellt werden. Paket 1 wird vom Server bei t=0 Sekunden verschickt und kommt beim Client bei t=1

Sekunde an. Paket 2 verzögert sich etwas und benötigt 2 Sekunden für die Strecke. Sobald die Pakete eintreffen, werden sie auf dem Client-Rechner gepuffert.

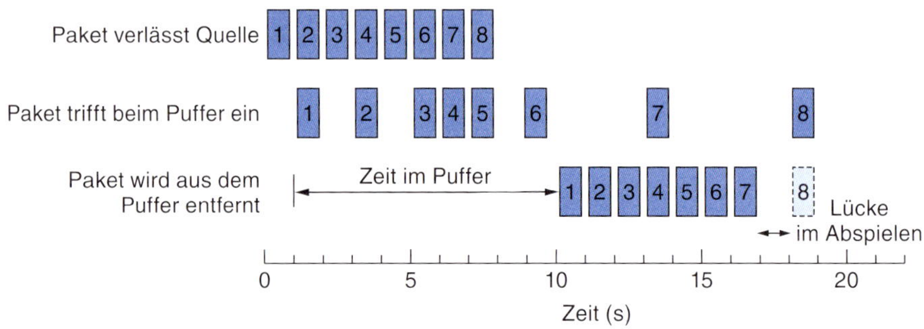

Abbildung 6.32: Den Ausgabestrom durch Puffern von Paketen glätten.

Bei $t=10$ Sekunden wird mit dem Abspielen begonnen. Bis dahin wurden die Pakete 1–6 gespeichert, die jetzt mit gleich großen Intervallen aus dem Puffer entfernt werden können, um reibungslose Übergänge zu gewährleisten. Im Allgemeinen ist es nicht notwendig, gleichmäßige Intervalle zu verwenden, da die RTP-Zeitstempel genau vorgeben, wann die Medienpakete abgespielt werden sollen

Leider müssen wir feststellen, dass Paket 8 sich so stark verspätet hat, dass es noch nicht eingetroffen ist, wenn es mit dem Abspielen an der Reihe ist. In diesem Fall gibt es zwei Optionen. Der Player kann Paket 8 überspringen und mit den nachfolgenden Paketen fortfahren. Oder der Abspielprozess kann unterbrochen werden, bis Paket 8 ankommt, was zu ärgerlichen Lücken in der Musik oder dem Film führt. Bei einer Live-Anwendung wie einem Telefonat über das Internet wird das Paket normalerweise übersprungen, denn für Live-Anwendungen ist es nicht so gut, wenn sie in einer Warteschleife gesetzt werden. In einer Streaming-Anwendung jedoch würde der Player wahrscheinlich anhalten. Dieses Problem ließe sich etwas weiter reduzieren, indem man die Startzeit durch Verwendung eines größeren Puffers noch etwas weiter nach hinten hinausschiebt. Für Player zum Streamen von Audio- und Videodaten werden oft Puffer von ungefähr 10 Sekunden verwendet, um sicherzustellen, dass der Empfänger alle Pakete (die nicht im Netz verloren gegangen sind) rechtzeitig erhält. Für Live-Anwendungen wie beispielsweise Videokonferenzen sind hingegen nur kleine Puffer nötig, die der Reaktionsbereitschaft dienen.

Eine der wichtigsten Überlegungen beim reibungslosen Abspielen gilt dem **Abspielstart** beziehungsweise wie lange der Empfänger auf die Medien warten muss, bevor mit dem Abspielen begonnen wird. Diese Entscheidung hängt vom Jitter ab. Der Unterschied zwischen einer Verbindung mit niedrigem und einer mit hohem Jitter wird in ▶Abbildung 6.33 deutlich. Auch wenn die durchschnittlichen Verzögerungen der beiden nur wenig voneinander abweichen, muss bei einer Verbindung mit hohem Jitter der Abspielstart viel weiter nach hinten gesetzt werden, um 99 % der Pakete zu umfassen, als dies bei einer Verbindung mit niedrigem Jitter nötig ist.

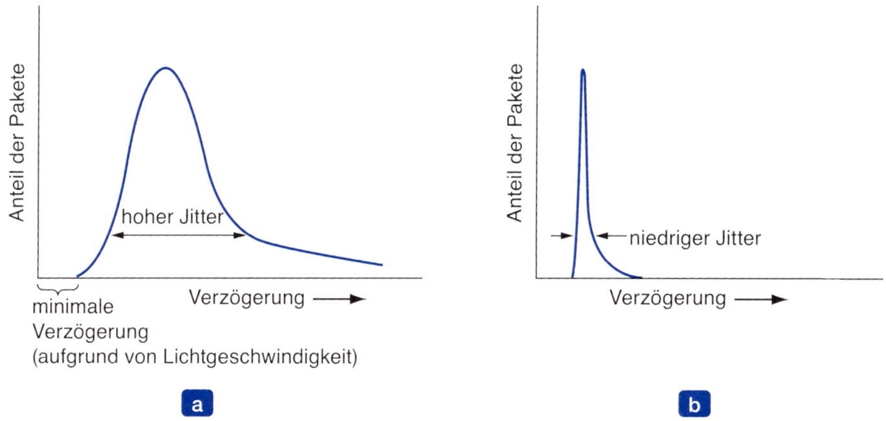

Abbildung 6.33: (a) Hoher Jitter. (b) Niedriger Jitter.

Für die Wahl eines günstigen Abspielstartpunktes kann die Anwendung den Jitter messen, indem sie den Unterschied zwischen den RTP-Zeitstempeln und die Ankunftszeit ermittelt. Jeder Unterschied liefert ein Beispiel der Verzögerung (einschließlich eines beliebigen, festen Offsets). Allerdings kann sich die Verzögerung über die Zeit aufgrund starken Verkehrsaufkommens und wechselnder Routen ändern. Um diesen Änderungen Rechnung zu tragen, können Anwendungen ihren Abspielstartpunkt sogar während der Ausführung verschieben. Wenn das Verschieben dieses Zeitpunktes jedoch nicht professionell erfolgt, kann es bei der Wiedergabe zu einem kleinen Aussetzer kommen. Bei Audiodaten können Sie dieses Problem vermeiden, indem Sie die Anpassung des Abspielstartpunktes zwischen **Talkspurts**, d.h. in den Lücken einer Konversation, vornehmen. Keiner wird den Unterschied zwischen einer kurzen und einer etwas längeren Redepause bemerken. RTP erlaubt es deshalb den Anwendungen, mithilfe des Markierungs-Bits *M* den Anfang eines neuen Talkspurts zu kennzeichnen.

Wenn die absolute Verzögerung bis zum Abspielen der Mediendaten zu lang ist, leiden Live-Anwendungen darunter. Wird bereits ein direkter Pfad verwendet, gibt es keine Möglichkeit mehr, die Ausbreitungsverzögerung zu reduzieren. Wenn es nichts ausmacht, dass ein Teil der Pakete zu spät zum Abspielen eintrifft, kann der Abspielstartpunkt vorgezogen werden. Ansonsten besteht die einzige Möglichkeit zur Verkürzung des Abspielstartpunktes darin, den Jitter mittels einer bessere Dienstgüte zu reduzieren, z.B. den *Expedited Forwarding Differentiated Service* (kurz: es wird ein besseres Netz benötigt).

6.5 Internettransportprotokolle: TCP

UDP ist ein einfaches Protokoll, das einige sehr wichtige Einsatzbereiche hat, wie Client-Server-Interaktionen und Multimedia. Bei den meisten Internetanwendungen ist jedoch eine zuverlässige Zustellung erforderlich, die die Reihenfolge der Pakete einhält. Da UDP dies nicht leisten kann, ist ein anderes Protokoll vonnöten. Und genau hier kommt TCP ins Spiel. Es ist das Standardprotokoll im Internet. Befassen wir uns damit nun genauer.

6.5.1 Das Transportschichtprotokoll TCP

Das **Übertragungssteuerungsprotokoll TCP** (*Transmission Control Protocol*) wurde speziell zur Bereitstellung eines zuverlässigen Bytestroms von Endpunkt zu Endpunkt in einem unzuverlässigen Internetwork entwickelt. Ein Internetwork unterscheidet sich von einem Einzelnetz dahingehend, dass verschiedene Teile völlig unterschiedliche Topologien, Bandbreiten, Übertragungsverzögerungen, Paketgrößen und andere Parameter haben können. TCP wurde so entwickelt, dass es sich an die verschiedenen Eigenschaften eines Internetworks dynamisch anpasst und robust auf alle möglichen Arten von Fehlern reagiert.

Im September 1981 wurde TCP in RFC 793 formal definiert. Im Laufe der Zeit wurden viele Verbesserungen vorgenommen und etliche Fehler und Inkonsistenzen beseitigt. Um Ihnen eine Vorstellung von dem Umfang von TCP zu geben, sei erwähnt, dass es neben RFC 793 inzwischen noch eine ganze Reihe anderer RFCs gibt, die erforderlich geworden sind: RFC 1122 (Verbesserungen und einige Fehlerbehebungen), RFC 1323 (Erweiterungen zur Leistungsverbesserung), RFC 2018 (selektive Bestätigungen), RFC 2581 (Überlastkontrolle), RFC 2873 (Umnutzung der Header-Felder für Dienstgüte), RFC 2988 (verbesserte Timer für die erneute Übertragung) und RFC 3168 (explizite Überlastungsbenachrichtigung). Das sind aber noch längst nicht alle, sodass es einen Leitfaden zu den vielen RFCs gibt, der natürlich ebenfalls als RFC-Dokument (RFC 4614) veröffentlicht wurde.

Jeder Rechner, der TCP unterstützt, verfügt über eine TCP-Transportinstanz, entweder in Form einer Bibliotheksprozedur, eines Benutzerprozesses oder, was am häufigsten vorkommt, als Teil des Betriebssystemkernels. In jedem Fall verwaltet sie TCP-Ströme und Schnittstellen zur IP-Schicht. Eine TCP-Instanz akzeptiert Benutzerdatenströme aus lokalen Prozessen, zerlegt diese in Blöcke bis maximal 64 KB (in der Praxis oftmals 1.460 Datenbyte, damit sie zusammen mit den IP- und TCP-Headern in einen einzelnen Ethernet-Rahmen passen) und sendet jeden Block als eigenes IP-Datagramm. Kommen IP-Datagramme mit TCP-Daten bei einem Rechner an, werden sie an die TCP-Instanz weitergereicht, die die ursprünglichen Byteströme wieder zusammensetzt. Der Einfachheit halber verwenden wir im weiteren Verlauf „TCP" manchmal anstelle von „TCP-Transportinstanz" (Software) oder anstelle von „TCP-Protokoll". Aus dem Zusammenhang geht jedoch hervor, was jeweils gemeint ist. Dem Satz „Der Benutzer gibt Daten an TCP weiter" kann z.B. direkt entnommen werden, dass die TCP-Transportinstanz gemeint ist.

Die IP-Schicht gibt keinerlei Gewähr, dass Datagramme richtig zugestellt werden, noch verrät sie, wie schnell die Datagramme gesendet werden können. Deshalb obliegt es TCP, die Datagramme schnell genug zu senden, um die Kapazität voll auszunutzen, ohne das Netz zu überlasten, und bei Zeitüberschreitung die Datagramme bei Bedarf erneut zu übertragen. Andererseits ist es auch möglich, dass Datagramme zwar ankommen, aber in der falschen Reihenfolge. In diesem Fall werden sie von TCP wieder in die richtige Reihenfolge gebracht. Kurz gesagt, TCP muss die Zuverlässigkeit bieten, die von den meisten Benutzern erwartet wird und die IP nicht liefern kann.

6.5.2 TCP-Dienstmodell

Für einen funktionierenden TCP-Dienst müssen sowohl der Sender als auch der Empfänger Endpunkte, die sogenannten **Sockets** (siehe Abschnitt 6.1.3), einrichten. Jeder Socket trägt eine Socket-Nummer (Adresse), die aus einer IP-Adresse des Hosts und einer lokalen 16-Bit-Nummer des Hosts, als **Port** bezeichnet, besteht. Ein Port ist der TCP-Name für einen TSAP. Für den Zugriff auf einen TCP-Dienst muss explizit eine Verbindung zwischen dem Socket des sendenden Rechners und dem Socket des empfangenden Rechners aufgebaut werden. Die Socketaufrufe sind in Abbildung 6.5 aufgeführt.

Ein Socket kann gleichzeitig für mehrere Verbindungen verwendet werden. Mit anderen Worten, zwei oder mehr Verbindungen enden auf dem gleichen Socket. Verbindungen werden anhand der Socket-Bezeichner an beiden Enden identifiziert, d.h. (*socket1*, *socket2*). Virtuelle Verbindungsnummern oder andere Bezeichner werden nicht benutzt.

Portnummern unter 1.024 sind für Standarddienste reserviert, die normalerweise nur von privilegierten Benutzern (z.B. *root* in Unix-Systemen) gestartet werden können. Diese Ports nennt man **reservierte Ports** (*well-known port*). Beispielsweise kann jeder Prozess, der aus der Ferne die Mail von einem Host abrufen will, eine Verbindung zu dem Port 143 des Ziel-Hosts aufbauen, um dessen IMAP-Dämon zu kontaktieren. Eine Liste der reservierten Ports findet man unter *www.iana.org*. Es wurden bereits über 700 Ports Nummern zugewiesen. Einige der bekannteren werden in ▶Abbildung 6.34 aufgelistet.

Port	Protokoll	Verwendung
20, 21	FTP	Dateiübertragung
22	SSH	Fern-Login, Ersatz für Telnet
25	SMTP	E-Mail
80	HTTP	World Wide Web
110	POP-3	Fernzugriff auf E-Mail
143	IMAP	Fernzugriff auf E-Mail
443	HTTPS	Sicheres Web (HTTP über SSL/TLS)
543	RTSP	Mediaplayer-Steuerung
631	IPP	Gemeinsame Druckernutzung

Abbildung 6.34: Einige reservierte Ports.

Weitere Ports von 1.024 bis 49.151 können bei IANA zur Benutzung durch nicht privilegierte Benutzer registriert werden. Doch Anwendungen können durchaus ihre eigenen Ports wählen und machen dies auch. Zum Beispiel verwendet die Peer-to-Peer-

Filesharing-Anwendung BitTorrent (inoffiziell) die Ports 6.881-6.887, kann jedoch auch auf anderen Ports ausgeführt werden.

Natürlich wäre es auch möglich, dafür zu sorgen, dass sich der FTP-Dämon beim Booten mit Port 21 verbindet oder der SSH-Dämon mit Port 22 usw. Dies würde aber den Hauptspeicher mit Dämonen zumüllen, die sich die meiste Zeit im Leerlauf befinden. Stattdessen wird ein einziger Dämon, in Unix der sogenannte **inetd** (**Internetdämon**), verwendet, der sich selbst mit mehreren Ports verbindet und auf die erste eingehende Verbindung wartet.

Sobald eine eingeht, startet *inetd* einen neuen Prozess und führt darin den entsprechenden Dämon aus, der diese Anfrage behandelt. Auf diese Weise sind neben *inetd* nur dann andere Dämonen aktiv, wenn für sie Arbeit da ist. Aus einer Konfigurationsdatei erfährt *inetd*, welche Ports verwendet werden sollen. Daher kann der Systemadministrator ein System so einrichten, dass permanente Dämonen an den meistbeschäftigten Ports (wie Port 80) Anfragen entgegennehmen und *inetd* auf dem Rest läuft.

Alle TCP-Verbindungen sind Duplex- und Punkt-zu-Punkt-Verbindungen. Duplex bedeutet, dass der Verkehr gleichzeitig in beide Richtungen fließen kann. Punkt-zu-Punkt bedeutet, dass jede Verbindung genau zwei Endpunkte hat. TCP unterstützt weder Multicasting noch Broadcasting.

Eine TCP-Verbindung ist ein Bytestrom, kein Nachrichtenstrom. Die Grenzen von Nachrichten werden nicht von Endpunkt zu Endpunkt beibehalten. Schickt z.B. ein sendender Prozess vier Blöcke mit je 512 Byte als TCP-Strom, können diese Daten am anderen Ende als vier 512-Byte-Blöcke, zwei 1.024-Byte-Blöcke oder ein 2.048-Byte-Block empfangen werden (▶Abbildung 6.35). Es gibt für den Empfänger keine Möglichkeit zu erkennen, in welchen Einheiten die Daten geschrieben wurden, so sehr er sich auch bemüht.

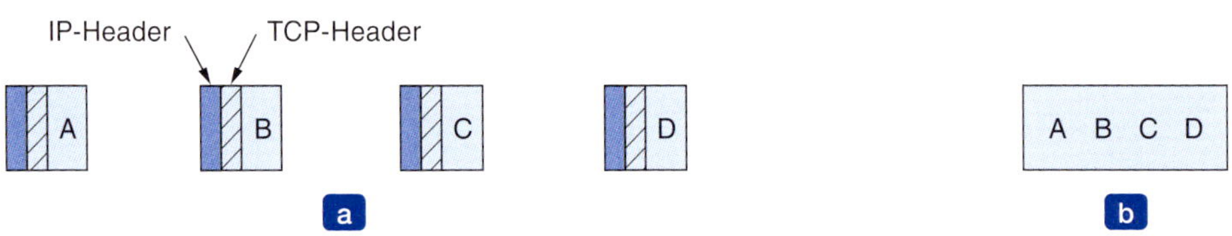

Abbildung 6.35: (a) Vier 512-Byte-Segmente als einzelne IP-Datagramme. (b) Die 2.048-Byte-Daten werden der Anwendung in einem einzigen READ-Aufruf zugestellt.

Dateien in Unix haben ebenfalls diese Eigenschaft. Der Leser einer Datei kann nicht feststellen, ob die Datei blockweise, byteweise oder in einem Zuge geschrieben wurde. Wie bei einer Unix-Datei hat die TCP-Software keine Ahnung, was die Bytes bedeuten, und auch kein Interesse daran, das herauszufinden. Ein Byte ist einfach ein Byte.

Übergibt eine Anwendung Daten an TCP, kann TCP sie nach freiem Ermessen sofort weitergeben oder zwischenspeichern (um eine größere Menge anzusammeln und dann gemeinsam zu versenden). Manche Anwendungen bedingen, dass die Daten sofort weitergegeben werden. Nehmen wir z.B. an, ein Teilnehmer an einem interaktiven Spiel möchte einen Strom an Aktualisierungen senden. Es ist wichtig, dass die

Aktualisierungen direkt gesendet werden und nicht in einem Puffer zwischengespeichert werden, um mehrere Werte gleichzeitig übertragen zu können. Um das Absenden der Daten zu erzwingen, verfügt TCP über ein sogenanntes PUSH-Flag, das bei den Paketen gesetzt wird. Ursprünglich war die Absicht, den Anwendungen die Möglichkeit einzuräumen, TCP-Implementierungen über das PUSH-Flag mitzuteilen, die Übertragung nicht zu verzögern. Allerdings können Anwendungen beim Senden der Daten nicht wirklich das PUSH-Flag setzen. Deshalb haben die verschiedenen Betriebssysteme verschiedene Optionen entwickelt, um die Übertragung zu beschleunigen (z.B. TCP_NODELAY unter Windows und Linux).

Für Internetarchäologen wollen wir hier ein weiteres Merkmal des TCP-Dienstes erwähnen, das es noch im Protokoll gibt, aber selten genutzt wird: **Vorrangdaten** (*urgent data*). Wenn eine Anwendung sehr wichtige Daten hat, die direkt verarbeitet werden müssen, zum Beispiel wenn ein Benutzer in einer interaktiven Anwendung die Tasten STRG-C drückt, um eine bereits eingeleitete entfernte Berechnung abzubrechen, kann die sendende Anwendung entsprechende Steuerinformationen im Datenstrom schicken und sie mit dem URGENT-Flag an TCP weiterreichen. Durch dieses Ereignis stoppt TCP das Sammeln von Daten und überträgt sofort alles, was für die betreffende Verbindung anliegt.

Gehen mit URGENT gekennzeichnete Daten am Ziel ein, wird die empfangende Anwendung unterbrochen (im Unix-Jargon ausgedrückt, erhält sie ein Signal). Sie unterbricht alles, was sie gerade bearbeitet, und liest den Datenstrom mit den Vorrangdaten. Das Ende der Vorrangdaten ist gekennzeichnet, sodass die Anwendung direkt weiß, wann Schluss ist. Der Beginn der Vorrangdaten ist hingegen nicht gekennzeichnet. Den Anfang zu erkennen, bleibt der Anwendung überlassen.

Diese Vorgehensweise entspricht im Grunde einem groben Signalisierungsmechanismus und überlässt alles andere der Anwendung. Zwar trifft es zu, dass Vorrangdaten durchaus nützlich sein können, doch zeigte sich schon früh, dass sie nicht zwingend erforderlich waren, sodass sie mehr und mehr in Vergessenheit gerieten. Von ihrer Verwendung wird inzwischen aufgrund von Implementierungsunterschieden abgeraten, sodass Anwendungen für ihre eigene Signalisierung verantwortlich sind. Vielleicht werden zukünftige Transportprotokolle bessere Signalisierungsunterstützung bieten.

6.5.3 TCP-Protokoll

Dieser Abschnitt enthält einen allgemeinen Überblick über das TCP-Protokoll. Im nächsten Abschnitt wird der Protokoll-Header Feld für Feld beschrieben.

Ein zentrales Charakteristikum von TCP ist, dass jedes Byte in einer TCP-Verbindung eine eigene 32-Bit-Sequenznummer besitzt, was nicht zuletzt das gesamte Protokolldesign prägt. In den Anfangszeiten des Internets waren die Leitungen zwischen den Routern in der Regel 56-kbit/s-Standleitungen. Wenn ein Host in voller Geschwindigkeit Daten über die Leitung übertrug, dauerte es über eine Woche, alle Sequenznummern zu durchlaufen. Bei den aktuellen Netzgeschwindigkeiten können die Sequenznummern in alarmierender Geschwindigkeit verbraucht werden, wie wir später noch sehen werden. Eigene 32-Bit-Sequenznummern werden Paketen für die Schiebefensterposition in die eine Richtung und für Bestätigungen in die entgegengesetzte Richtung mitgegeben (siehe unten).

Die sendenden und empfangenden TCP-Instanzen tauschen Daten in Form von Segmenten aus. Ein **TCP-Segment** besteht aus einem festen 20-Byte-Header (sowie einem optionalen Teil), gefolgt von null oder mehr Datenbytes. Die TCP-Software entscheidet über die Größe der Segmente. Sie kann Daten von mehreren Schreiboperationen in einem Segment zusammenfassen oder Daten aus einem Schreibvorgang auf mehrere Segmente aufteilen. Die Segmentgröße wird durch zwei Faktoren begrenzt. Erstens muss jedes Segment, einschließlich des TCP-Headers, in das IP-Nutzdatenfeld von 65.515 Byte passen. Zweitens hat jedes Netz eine **maximale Übertragungseinheit** (**MTU**, *Maximum Transfer Unit*), in die jedes Segment passen muss. Ein Segment darf nicht größer sein als die maximale Übertragungseinheit beim Sender und Empfänger, sodass es unzerlegt in einem Paket gesendet und empfangen werden kann. In der Praxis ist die maximale Übertragungseinheit 1.500 Byte groß (die Größe der Ethernet-Nutzlast) – ein Wert, der die Obergrenze der Segmentgröße definiert.

Es ist jedoch immer noch möglich, IP-Pakete, die TCP-Segmente übertragen, zu zerlegen, wenn sie einen Netzpfad durchlaufen, der eine Verbindung mit einer kleinen maximalen Übertragungseinheit aufweist. Wenn dies geschieht, sinkt die Leistung und andere Probleme tauchen auf (Kent und Mogul, 1987). Moderne TCP-Implementierungen führen stattdessen **Path MTU Discovery** durch und verwenden dazu die in RFC 1191 definierte Methode, die wir in Abschnitt 5.5.6 beschrieben haben. Diese Methode verwendet ICMP-Fehlermeldungen, um nach der kleinsten Übertragungseinheit für jede Verbindung auf dem Pfad zu suchen. TCP passt dann die Segmentgröße nach unten an, um eine Fragmentierung zu vermeiden.

Das grundlegende Protokoll, das von TCP-Instanzen verwendet wird, ist das Schiebefensterprotokoll mit dynamischer Fenstergröße. Überträgt ein Sender ein Segment, startet er gleichzeitig einen Timer. Kommt das Segment am Ziel an, sendet die empfangende TCP-Instanz ein Segment (mit Daten, falls vorhanden, andernfalls ohne) mit einer Bestätigungsnummer zurück, die der nächsten erwarteten Sequenznummer entspricht, sowie die verbleibende Fenstergröße. Läuft der Timer des Senders ab, bevor die Bestätigung eingeht, überträgt der Sender das Segment erneut.

Das Protokoll klingt einfach, hat aber einige Besonderheiten, auf die wir im Folgenden noch eingehen werden: Manche Segmente kommen eventuell nicht in der gewünschten Reihenfolge an, z.B. kann es vorkommen, dass die Bytes 3.072–4.095 ankommen, aber nicht bestätigt werden können, weil die Bytes 2.048–3.071 noch fehlen. Oder Segmente werden auf dem Transit so lange verzögert, dass der Timer des Senders inzwischen abläuft und die Segmente erneut übertragen werden. Die erneute Übertragung kann andere Bytebereiche enthalten als die ursprüngliche Übertragung, sodass hier eine sorgfältige Administration erforderlich ist, um zu verfolgen, welche Bytes bislang korrekt empfangen wurden. Dies ist möglich, da jedes Byte im Datenstrom einen eigenen, eindeutigen Offset hat.

TCP muss diese Probleme behandeln und effizient lösen können. Ein beträchtlicher Aufwand ist in die Optimierung der Leistung von TCP-Strömen geflossen, sogar angesichts von Netzproblemen. In den nächsten Abschnitten werden einige der Algorithmen beschrieben, die in vielen TCP-Implementierungen benutzt werden.

6.5.4 TCP-Header

▶Abbildung 6.36 zeigt das Layout eines TCP-Segments. Jedes Segment beginnt mit einem 20-Byte-Header, der ein standardisiertes Format aufweist. Auf diesen Header können Header-Optionen folgen. Den Optionen, falls vorhanden, können bis zu 65.535−20−20=65.495 Datenbyte folgen, wobei sich die ersten 20 auf den IP-Header und die zweiten 20 auf den TCP-Header beziehen. Segmente ohne Daten sind zulässig und werden normalerweise für Bestätigungen und Steuernachrichten verwendet.

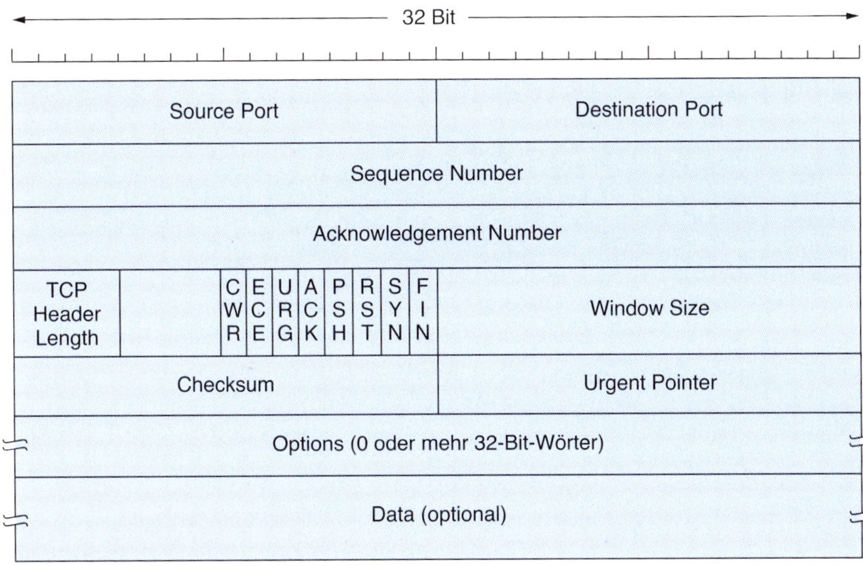

Abbildung 6.36: Der TCP-Header.

Lassen Sie uns im Folgenden den TCP-Header Feld für Feld durchgehen. Die Felder *Source Port* und *Destination Port* geben die lokalen Endpunkte der Verbindung an. Ein TCP-Port plus die IP-Adresse seines Hosts bilden zusammen einen eindeutigen 48-Bit-Endpunkt. Die Endpunkte der Quelle und des Ziels identifizieren zusammen die Verbindung. Dieser Verbindungsidentifikator wird **5-Tupel** genannt, weil er aus fünf Informationen besteht: das Protokoll (TCP), Quell-IP und Quellport sowie Ziel-IP und Zielport.

Die Felder *Sequence Number* und *Acknowledgement Number* führen die üblichen Funktionen aus. Beachten Sie, dass mit der Bestätigungsnummer das nächste erwartete Byte angegeben wird und nicht das zuletzt korrekt empfangene Byte. Es ist eine **kumulative Bestätigung**, weil sie die empfangenen Daten in einer einzigen Zahl zusammenfasst. Sie geht nicht über verlorene Daten hinaus. Beide Felder sind 32 Bit lang, weil in einem TCP-Strom jedes Datenbyte nummeriert ist.

Das Feld *TCP Header Length* gibt an, wie viele 32-Bit-Wörter im TCP-Header enthalten sind. Diese Information ist erforderlich, weil das *Options*-Feld eine variable Länge hat und somit auch der Header. Dieses Feld gibt technisch den Start der Daten im Segment an, gemessen in 32-Bit-Wörtern. Diese Zahl gibt nur die Länge des Headers in Wörtern an, sodass das Ergebnis quasi das gleiche ist.

Als Nächstes folgt ein 4-Bit-Feld, das nicht genutzt wird. Die Tatsache, dass diese Bits seit über 30 Jahren nicht genutzt werden (nur 2 der ursprünglich 6 reservierten Bits wurden zurückgefordert), belegt, wie gut durchdacht das TCP-Design ist. Mittelmäßigere Protokolle hätten diese Bits benötigt, um Fehler im ursprünglichen Design auszubügeln.

Danach folgen acht 1-Bit-Flags. *CWR* und *ECE* werden verwendet, um wie in RFC 3168 definiert bei der Verwendung von *ECN* (*Explicit Congestion Notification*) Überlastung zu signalisieren. *ECE* wird gesetzt, um über einem *ECN-Echo* einem TCP-Sender mitzuteilen, langsamer zu werden, wenn der TCP-Empfänger eine Überlastungsanzeige vom Netz erhält. *CWR* wird gesetzt, um ein verkleinertes Überlastungsfenster (*Congestion Window Reduced*) vom TCP-Sender an den TCP-Empfänger zu signalisieren, sodass er weiß, dass der Sender langsamer geworden ist und er aufhören kann, das *ECN-Echo* zu senden. Wir besprechen die Rolle von *ECN* im Zusammenhang mit der TCP-Überlastkontrolle in Abschnitt 6.5.10.

URG wird auf 1 gesetzt, wenn ein Zeiger auf Vorrangdaten (*Urgent Pointer*) verwendet wird. Der Zeiger auf Vorrangdaten bezeichnet einen Byte-Offset ab der aktuellen Sequenznummer, an dem Vorrangdaten stehen. Diese Funktion ersetzt Interruptnachrichten. Wie bereits erwähnt ist dies die einfache Art, einem Sender die Möglichkeit zu geben, ein Signal an einen Empfänger zu übertragen, ohne TCP in den Grund der Unterbrechung miteinzubeziehen. Sie wird jedoch selten verwendet.

Das *ACK*-Bit (*Acknowledgement*) wird auf 1 gesetzt, um anzugeben, dass die *Acknowledgement Number* gültig ist. Dies ist für fast alle Pakete der Fall. Ist *ACK* auf 0 gesetzt, enthält das Segment keine Bestätigung. In diesem Fall wird das Feld *Acknowledgement Number* ignoriert.

Das *PSH*-Bit bezeichnet direkt zugestellte Daten (*PUSHed*). Der Empfänger wird damit aufgefordert, die Daten der Anwendung bei Ankunft sofort weiterzuleiten und sie nicht so lange zwischenzuspeichern, bis der Puffer voll ist (was sonst aus Gründen der Effizienz geschehen könnte).

Mit dem *RST*-Bit (*Reset*) wird eine Verbindung zurückgesetzt, wenn ein Host abgestürzt oder eine ähnliche Störung aufgetreten ist. Es wird auch verwendet, um ein ungültiges Segment oder einen Versuch, eine Verbindung zu öffnen, abzuweisen. Im

Allgemeinen liegt ein Problem vor, wenn ein Segment mit dem gesetzten *RST*-Bit empfangen wird.

Das *SYN*-Bit wird verwendet, um Verbindungen aufzubauen. Die Verbindungsanfrage verwendet *SYN*=1 und *ACK*=0, um anzugeben, dass das Feld für Huckepackbestätigungen nicht verwendet wird. Die Verbindungsantwort enthält indes eine Bestätigung, sodass *SYN*=1 und *ACK*=1 ist. Das *SYN*-Bit dient zur Angabe von CONNECTION REQUEST und CONNECTION ACCEPTED, wobei mit dem *ACK*-Bit zwischen den beiden Möglichkeiten unterschieden wird.

Das *FIN*-Bit dient zur Freigabe einer Verbindung. Es gibt an, dass der Sender keine weiteren Daten mehr zu übertragen hat. Nach dem Schließen einer Verbindung kann der abschließende Prozess endlos weiter Daten empfangen. Die *SYN*- und *FIN*-Segmente haben Sequenznummern und werden dadurch garantiert in der richtigen Reihenfolge verarbeitet.

Die Flusskontrolle erfolgt in TCP anhand eines Schiebefensters mit variabler Größe. Das Feld *Window Size* gibt an, wie viele Bytes ab dem bestätigten Byte gesendet werden können. Ein *Window Size*-Feld von 0 ist zulässig und besagt, dass die Bytes bis einschließlich *Acknowledgement Number*−1 empfangen wurden, dass der Empfänger aber momentan unbedingt eine Verschnaufpause braucht und vorläufig keine weiteren Daten mehr will. Der Empfänger kann dann später dem weiteren Datenempfang zustimmen, indem er ein Segment mit der gleichen *Acknowledgement Number* und einem *Window Size*-Feld, das nicht null ist, überträgt.

In den Protokollen in *Kapitel 3* waren die Bestätigungen für die empfangenen Rahmen und die Erlaubnis zum Senden neuer Rahmen miteinander verknüpft. Dies war auf die feste Fenstergröße dieser Protokolle zurückzuführen. Bei TCP sind Bestätigungen und die Senderlaubnis völlig voneinander getrennt. Ein Empfänger kann also sagen: „Ich habe alle Bytes bis *k* empfangen, möchte jetzt aber keine weiteren". Die Trennung der beiden Aktionen (in Form eines Fensters mit variabler Größe) gibt zusätzliche Flexibilität. Dieses Thema wird weiter unten ausführlich behandelt.

Das Feld *Checksum* dient der Erhöhung der Zuverlässigkeit. Es enthält eine Prüfsumme für den Header, die Daten und den Pseudoheader, so wie es auch bei UDP der Fall ist, außer dass der Pseudoheader hier die Protokollnummer für TCP (6) aufweist und die Prüfsumme obligatorisch ist. Näheres hierzu können Sie in Abschnitt 6.4.1 nachlesen.

In dem *Options*-Feld können zusätzliche Funktionen aufgenommen werden, die im normalen Header nicht verfügbar sind. Es wurden bereits viele Optionen definiert und einige davon werden sogar häufig verwendet. Die Optionen weisen unterschiedliche Längen auf und füllen ein Mehrfaches von 32 Bit, wobei im Bedarfsfall mit Nullen aufgefüllt wird. Sie können bis auf 40 Byte ausgedehnt werden, um den längsten anzugebenden TCP-Header aufzunehmen. Einige Optionen werden beim Verbindungsaufbau übertragen, um die andere Seite über die Möglichkeiten zu informieren oder darüber zu verhandeln. Andere Optionen werden den Paketen während der bestehenden Verbindung mitgegeben. Jede Option hat eine Typ-Länge-Wert-Codierung.

Weitverbreitet ist die Option, die jedem Host erlaubt, die von ihm akzeptierte **maximale Segmentgröße** (**MSS**, *Maximum Segment Size*) anzugeben. Große Segmente sind effizienter als kleinere, da der 20-Byte-Header sich über mehr Daten amortisiert. Allerdings sind kleinere Hosts nicht immer in der Lage, große Segmente entgegenzunehmen. Beim Verbindungsaufbau kann jede Seite ihr Maximum angeben und das des Partners einsehen. Wenn ein Host diese Option nicht nutzt, werden 536 Byte als die Standardgröße für Nutzdaten verwendet. Alle Internethosts müssen TCP-Segmente von 536+20=556 Byte annehmen. Die maximale Segmentgröße muss nicht in beiden Richtungen die gleiche sein.

Bei Leitungen mit hoher Bandbreite, hoher Verzögerung oder beidem ist ein 64-KB-Fenster, das einem 16-Bit-Feld entspricht, oft problematisch. Bei einer OC-12-Leitung (von ungefähr 600 Mbit/s) dauert es weniger als 1 ms, um ein ganzes 64-KB-Fenster auszugeben. Beträgt die Round-Trip-Übertragungszeit 50 ms (typisch für ein transkontinentales Kabel), wartet der Sender 98 % der Zeit auf Bestätigungen. Ein größeres Fenster würde es dem Sender ermöglichen, weiter Daten herauszupumpen. Die Option **Fensterskalierung** (*window scale*) erlaubt Sender und Empfänger, beim Aufbau der Verbindung einen Skalierfaktor für das Fenster zu vereinbaren. Beide Seiten verwenden den Skalierfaktor, um das Feld *Window Size* um 14 Bit nach links zu erweitern, sodass Fenster mit bis zu 2^{30} Byte möglich sind. Die meisten TCP-Implementierungen unterstützen heute diese Option.

Mit der Option **Zeitstempel** (*timestamp*) kann der Sender einen Zeitstempel schicken und der Empfänger diesen Wert als Echo zurücksenden. Wurde beim Verbindungsaufbau die Verwendung dieser Option festgelegt, ist sie Teil eines jeden Pakets und berechnet normalerweise die Paketumlaufzeiten, mit deren Hilfe abgeschätzt werden kann, ob ein Paket verloren gegangen ist. Sie wird auch als logische Erweiterung der 32-Bit-Sequenznummer verwendet. Auf einer schnellen Verbindung wiederholt sich unter Umständen auch die Sequenznummer schnell, was Verwirrung hinsichtlich der alten und neuen Daten stiften kann. Mit **PAWS** (*Protection Against Wrapped Sequence Numbers*, Schutz gegen wiederholte Sequenznummern) wird jedes mit einem alten Zeitstempel ankommende Segment verworfen, um dieses Problem zu beheben.

Und zum Schluss soll die Option **SACK** (*Selective ACKnowledgement*, selektive Bestätigung) erwähnt werden, die es einem Empfänger erlaubt, dem Sender den bereits empfangenen Sequenznummernbereich mitzuteilen. Diese Option ergänzt die *Acknowledgement Number* und wird verwendet, wenn ein Paket verloren gegangen ist, aber bereits Folge- oder Ersatzdaten angekommen sind. Die neuen Daten werden nicht durch das Feld *Acknowledgement Number* im Header ausgedrückt, da dieses Feld nur das nächste zu erwartende Byte angibt. Mit SACK weiß der Sender genau, welche Daten der Empfänger bereits hat, und kann daraufhin entscheiden, welche Daten neu übertragen werden müssen. SACK wird in RFC 2108 und RFC 2883 definiert und wird immer häufiger verwendet. Wir kommen auf SACK noch in Abschnitt 6.5.10 in Zusammenhang mit der Überlastkontrolle zu sprechen.

6.5.5 Verbindungsaufbau in TCP

In TCP werden Verbindungen über einen Dreiwege-Handshake aufgebaut, der in Abschnitt 6.2.2 erörtert wurde. Um eine Verbindung aufzubauen, muss eine Seite, z.B. der Server, passiv auf eine ankommende Verbindung warten, wobei er die Primitiven LISTEN und ACCEPT in genau dieser Reihenfolge ausführt und entweder eine bestimmte Quelle oder auch nichts angibt.

Die andere Seite, z.B. der Client, führt eine CONNECT-Primitive aus und gibt die IP-Adresse und den Port an, zu denen er eine Verbindung wünscht, sowie die maximale Größe des TCP-Segments, die er akzeptieren kann, und optional einige Benutzerdaten (z.B. ein Kennwort). Die CONNECT-Primitive sendet ein TCP-Segment mit gesetztem *SYN*-Bit und ausgeschaltetem *ACK*-Bit und wartet auf eine Antwort.

Kommt dieses Segment am Ziel an, prüft die TCP-Instanz, ob es einen Prozess gibt, der auf dem im Feld *Destination Port* angegebenen Port ein LISTEN ausgeführt hat. Ist dies nicht der Fall, sendet die Instanz eine Antwort mit gesetztem *RST*-Bit, um die Verbindung abzuweisen.

Hört ein Prozess den Port auf eingehende Verbindungen ab, erhält er das ankommende TCP-Segment. Er kann die Verbindung annehmen oder abweisen. Nimmt er an, wird ein Bestätigungssegment zurückgeschickt. ▶Abbildung 6.37a zeigt die Folge von TCP-Segmenten, die im Normalfall gesendet wird. Ein *SYN*-Segment verbraucht 1 Byte des Folgeraums, deshalb kann es unmissverständlich bestätigt werden.

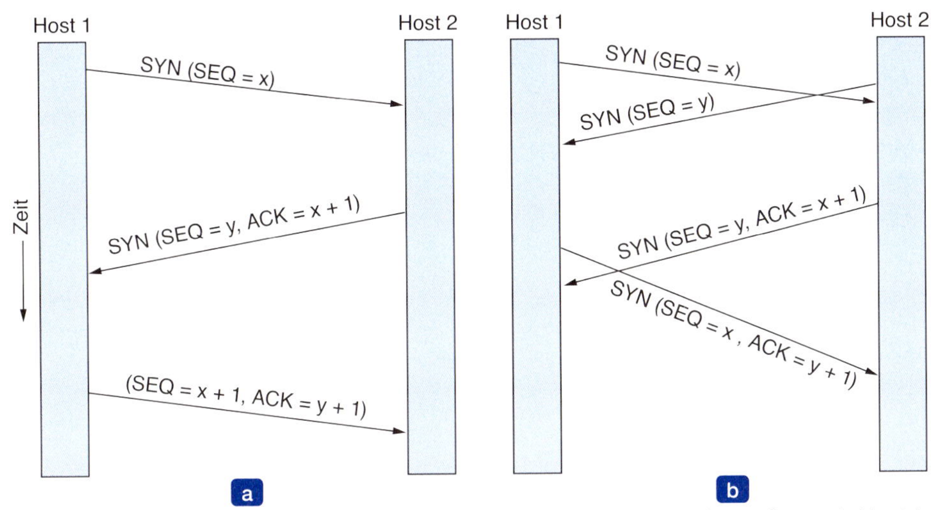

Abbildung 6.37: (a) Normaler Aufbau einer TCP-Verbindung. (b) Gleichzeitiger Verbindungsaufbau von beiden Seiten.

Versuchen zwei Hosts gleichzeitig, eine Verbindung zwischen denselben beiden Sockets aufzubauen, tritt die in Abbildung 6.37b dargestellte Situation ein. Das Ergebnis ist, dass anstatt zwei Verbindungen nur eine Verbindung aufgebaut wird, weil die Verbindungen durch ihre Endpunkte bestimmt sind. Führt die erste Verbindungseinrichtung zu einer mit (x, y) dargestellten Verbindung und die zweite ebenfalls, erfolgt nur ein Tabelleneintrag für (x, y).

Denken Sie daran, dass die Anfangssequenznummer, die von jedem Host gewählt wird, langsam verändert werden sollte, und vor allem keine Konstante wie 0 sein sollte. Diese Regel soll vor verzögerten Paketduplikaten schützen, wie wir es bereits in Abschnitt 6.2.2 besprochen haben. Ursprünglich wurde dies mit einer taktgesteuerten Methode erreicht, die eine Taktrate von 4 µs verwendet.

Eine Schwäche bei der Implementierung des Dreiwege-Handshakes ist, dass der lauschende Prozess sich seine Sequenznummer merken muss, da er schon bald mit seinem eigenen *SYN*-Segment antwortet. Das bedeutet, dass ein bösartiger Sender die Ressourcen auf einem Host binden kann, indem er einen Strom von *SYN*-Segmenten sendet, ohne letztendlich die Verbindung herzustellen. Dieser Angriff wird **SYN-Flood** (SYN-Flut) genannt und hat seit den 1990ern viele Webserver lahmgelegt. Inzwischen weiß man, wie man sich gegen einen solchen Angriff verteidigen kann.

Eine Möglichkeit, sich vor einem solchen Angriff zu schützen, ist die Verwendung von **SYN-Cookies**. Anstatt sich die Sequenznummer zu merken, wählt ein Host eine kryptografisch erzeugte Sequenznummer, verbindet sie mit dem ausgehenden Segment und vergisst sie. Bei Abschluss des Dreiwege-Handshakes wird diese Sequenznummer (plus 1) an den Host zurückgeliefert. Er kann dann die korrekte Sequenznummer neu erzeugen, indem er die gleiche kryptografische Funktion ausführt. Voraussetzung ist, dass die Eingaben der Funktion bekannt sind, zum Beispiel IP-Adresse und Port des anderen Hosts, sowie ein lokales Geheimnis. Dieses Verfahren erlaubt es dem Host, zu prüfen, ob eine bestätigte Sequenznummer korrekt ist, ohne sich die Sequenznummer separat merken zu müssen. Kritisiert wird hieran oft, dass es nicht möglich ist, TCP-Optionen zu verarbeiten, sodass SYN-Cookies nur verwendet werden sollten, wenn der Host einer SYN-Flut ausgesetzt ist. Sie sind jedoch eine interessante Alternative beim Verbindungsaufbau. Weitere Informationen hierzu finden Sie in RFC 4987 und Lemon (2002).

6.5.6 Verbindungsfreigabe in TCP

TCP-Verbindungen sind Vollduplexverbindungen. Um besser zu verstehen, wie Verbindungen freigegeben werden, stellt man sie sich am besten als ein Paar von Simplexverbindungen vor. Jede Simplexverbindung wird unabhängig von der anderen abgebaut. Für den Verbindungsabbau kann eine Partei ein TCP-Segment mit gesetztem *FIN*-Bit senden. Dies bedeutet, dass die Partei keine weiteren Daten mehr zu übertragen hat. Wird *FIN* bestätigt, wird die Verbindung in dieser Richtung für neue Daten geschlossen. In die andere Richtung können Daten jedoch weiterhin beliebig lang fließen. Erst wenn die Verbindungen für beide Richtungen beendet wurden, wird die Verbindung freigegeben. Normalerweise sind vier TCP-Segmente erforderlich, um eine Verbindung abzubauen, d.h. ein *FIN* und ein *ACK* für jede Richtung. Es ist allerdings möglich, dass sich das erste *ACK* und das zweite *FIN* im gleichen Segment befinden, was die Gesamtzahl auf drei reduzieren würde.

Wie bei einem Telefongespräch, bei dem sich die beiden Teilnehmer verabschieden und mehr oder weniger gleichzeitig auflegen, können die beiden Enden einer TCP-Verbindung gleichzeitig *FIN*-Segmente senden. Diese werden auf die übliche Weise bestätigt, und die Verbindung wird freigegeben. Ob zwei Hosts nacheinander oder gleichzeitig eine Verbindung freigeben, macht im Grunde keinen Unterschied.

Um das an früherer Stelle geschilderte Zwei-Armeen-Problem zu verhindern (siehe Abschnitt 6.2.3), werden Timer eingesetzt. Folgt auf ein *FIN* innerhalb von zwei maximalen Paketlebenszeiten keine Antwort, baut der *FIN*-Sender die Verbindung ab. Die andere Seite stellt irgendwann fest, dass ihr offensichtlich niemand mehr zuhört, und beendet ihrerseits auch. Diese Lösung ist zwar nicht perfekt, aber akzeptabel, da eine bessere Lösung theoretisch nicht möglich ist. In der Praxis kommt es selten zu Problemen.

6.5.7 Modellierung der Verwaltung von TCP-Verbindungen

Die zum Auf- und Abbau von Verbindungen erforderlichen Schritte können anhand eines endlichen Automaten und den elf in ▶Abbildung 6.38 aufgeführten Zuständen dargestellt werden. In jedem Zustand sind bestimmte Ereignisse zulässig. Tritt ein zulässiges Ereignis ein, kann eine bestimmte Aktion erfolgen. Tritt ein nicht zulässiges Ereignis ein, wird ein Fehler gemeldet.

Jede Verbindung beginnt im *CLOSED*-Zustand. Sie verlässt diesen Zustand, wenn sie entweder passiv (LISTEN) oder aktiv (CONNECT) geöffnet wird. Wenn die andere Seite das entsprechende Gegenstück ausführt, wird eine Verbindung aufgebaut und es erfolgt der Übergang in den Zustand *ESTABLISHED*. Die Verbindungsfreigabe kann von beiden Seiten eingeleitet werden. Nach deren Beendigung wird wieder der Zustand *CLOSED* eingenommen.

Zustand	Beschreibung
CLOSED	Keine Verbindung aktiv oder anstehend.
LISTEN	Der Server wartet auf eine ankommende Verbindung.
SYN RCVD	Eine Verbindungsanfrage ist angekommen. Warten auf Bestätigung.
SYN SENT	Die Anwendung hat begonnen, eine Verbindung zu öffnen.
ESTABLISHED	Zustand der normalen Datenübertragung.
FIN WAIT 1	Die Anwendung möchte die Übertragung beenden.
FIN WAIT 2	Die andere Seite ist einverstanden, die Verbindung abzubauen.
TIME WAIT	Warten, bis keine Pakete mehr kommen.
CLOSING	Beide Seiten haben gleichzeitig versucht, zu beenden.
CLOSE WAIT	Die Gegenseite hat die Freigabe eingeleitet.
LAST ACK	Warten, bis keine Pakete mehr kommen.

Abbildung 6.38: Zustände des endlichen Automaten für die Verwaltung von TCP-Verbindungen.

Dieser endliche Automat ist in ▶Abbildung 6.39 dargestellt. Der normale Fall, bei dem sich ein Client aktiv bei einem passiven Server anmeldet, wird durch fette Linien (Client) und gestrichelte Linien (Server) dargestellt. Die feinen Linien bezeichnen ungewöhnliche Ereignisfolgen. Jede Linie in Abbildung 6.39 ist mit einem Ereignis/Aktion-Paar gekennzeichnet. Das Ereignis kann ein vom Benutzer eingeleiteter Systemaufruf (CONNECT, LISTEN, SEND oder CLOSE), eine Segmentankunft (*SYN*, *FIN*, *ACK* oder *RST*) oder – in einem Fall – ein Timeout nach zweimal der maximalen Paketlebenszeit sein. Als Aktion wird entweder ein Steuersegment gesendet (*SYN*, *FIN* oder *RST*) oder nichts gemacht (was in der Abbildung durch einen Strich – gekennzeichnet ist). Kommentare stehen in Klammern.

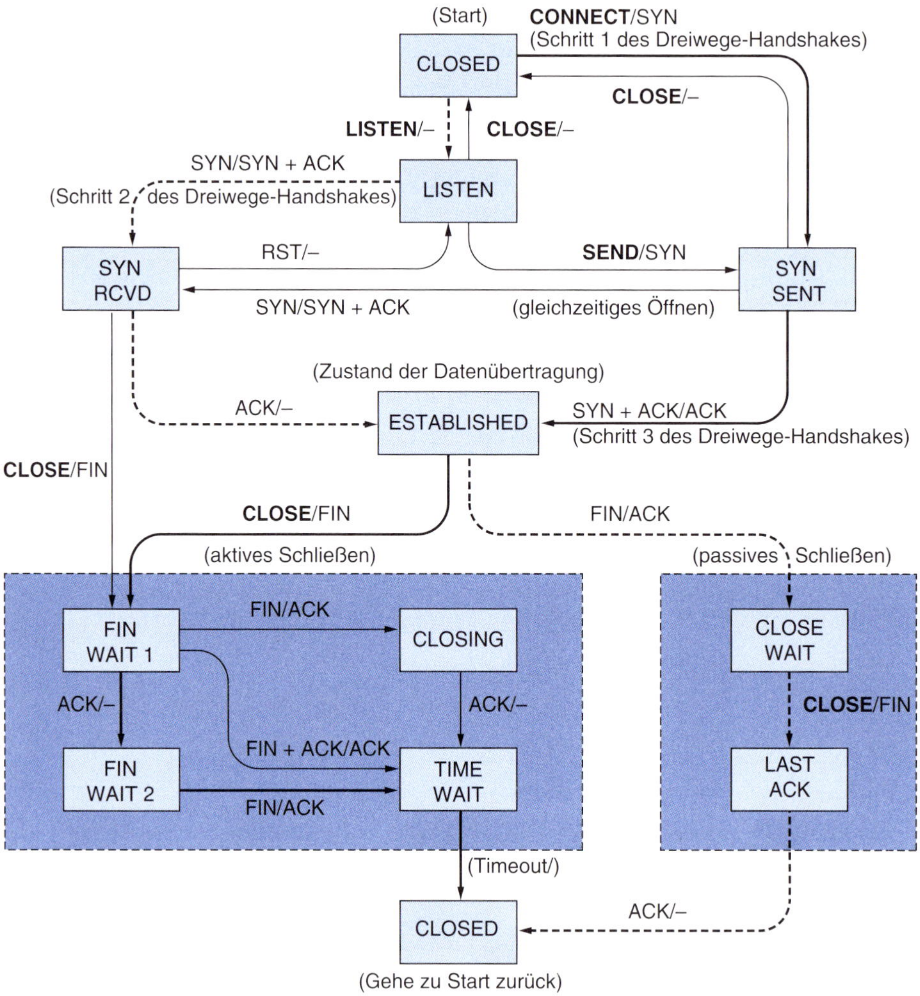

Abbildung 6.39: TCP-Verbindungsmanagement als Zustandsautomat (fette Linie = normaler Pfad des Clients; fette gestrichelte Linie = normaler Pfad des Servers; feine Linien = ungewöhnliche Ereignisse). Jeder Übergang wird durch das Ereignis bezeichnet, das ihn verursacht, sowie durch die daraus resultierenden Aktionen (getrennt durch einen Schrägstrich).

Das Diagramm ist am verständlichsten, wenn man zuerst dem Pfad eines Clients (fette durchgezogene Linie) und dann dem Pfad eines Servers (fette gestrichelte Linie) folgt. Schickt eine Client-Anwendung eine CONNECT-Anfrage ab, erzeugt die lokale TCP-Instanz einen Verbindungsdatensatz, kennzeichnet ihn als im Zustand *SYN SENT* befindlich und sendet ein *SYN*-Segment. Beachten Sie, dass im Falle von mehreren geöffneten Anwendungen viele Verbindungen gleichzeitig offen sein (oder geöffnet werden) können, sodass der Zustand für genau eine Verbindung gilt und im Verbindungsdatensatz aufgezeichnet wird. Kommt *SYN+ACK* an, sendet TCP das letzte *ACK* des Dreiwege-Handshakes und wechselt in den *ESTABLISHED*-Zustand. Nun können Daten gesendet und übertragen werden.

Ist eine Anwendung fertig, führt sie eine CLOSE-Primitive aus. Hierdurch sendet die lokale TCP-Instanz ein *FIN*-Segment und wartet auf das entsprechende *ACK* (gestrichelter Kasten mit der Beschriftung „Aktives Schließen"). Kommt *ACK* an, erfolgt ein Übergang in den Zustand *FIN WAIT 2*, und eine Richtung der Verbindung wird geschlossen. Wenn auch die andere Seite schließt, sendet sie ein *FIN*, das bestätigt wird. Nun sind beide Seiten geschlossen; TCP wartet jedoch so lange, bis zweimal die maximale Paketlebenszeit verstrichen ist, um sicherzugehen, dass es keine weiteren Pakete mehr gibt, für den Fall, dass die Bestätigung verloren gegangen ist. Läuft der Timer ab, löscht TCP den Datensatz der betreffenden Verbindung.

Betrachten wir nun das Verbindungsmanagement aus der Sicht des Servers. Der Server führt ein LISTEN aus und wartet, was passiert. Kommt *SYN* an, wird es bestätigt, und der Server wechselt in den Zustand *SYN RCVD*. Nachdem das *SYN* des Servers bestätigt wurde, ist das Dreiwege-Handshake abgeschlossen, und der Server tritt in den *ESTABLISHED*-Zustand. Die Datenübertragung kann nun stattfinden.

Ist der Client mit der Übertragung fertig, führt er CLOSE aus, woraufhin ein *FIN* beim Server ankommt (gestrichelter Kasten mit der Beschriftung „Passives Schließen"). Dies ist das Signal für den Server. Der Server führt seinerseits CLOSE aus, und *FIN* wird zum Client gesendet. Wenn die Bestätigung des Clients eintrifft, gibt der Server die Verbindung frei und löscht den Verbindungsdatensatz.

6.5.8 TCP-Schiebefenster

Wie bereits erwähnt, wird beim Fenstermanagement in TCP die Bestätigung des korrekten Segmentempfangs von der Zuordnung des Empfängerpuffers getrennt. Ein Beispiel: Angenommen ein Empfänger hat einen Puffer von 4.096 Byte, wie in ▶Abbildung 6.40 dargestellt. Wenn der Sender ein 2.048-Byte-Segment überträgt, das korrekt empfangen wird, bestätigt der Empfänger dieses Segment. Da in seinem Puffer jetzt nur noch 2.048 Byte frei sind (bis die Anwendung einige Daten aus dem Puffer entfernt), kündigt er, beginnend mit dem nächsten erwarteten Byte, ein 2.048 Byte großes Fenster an.

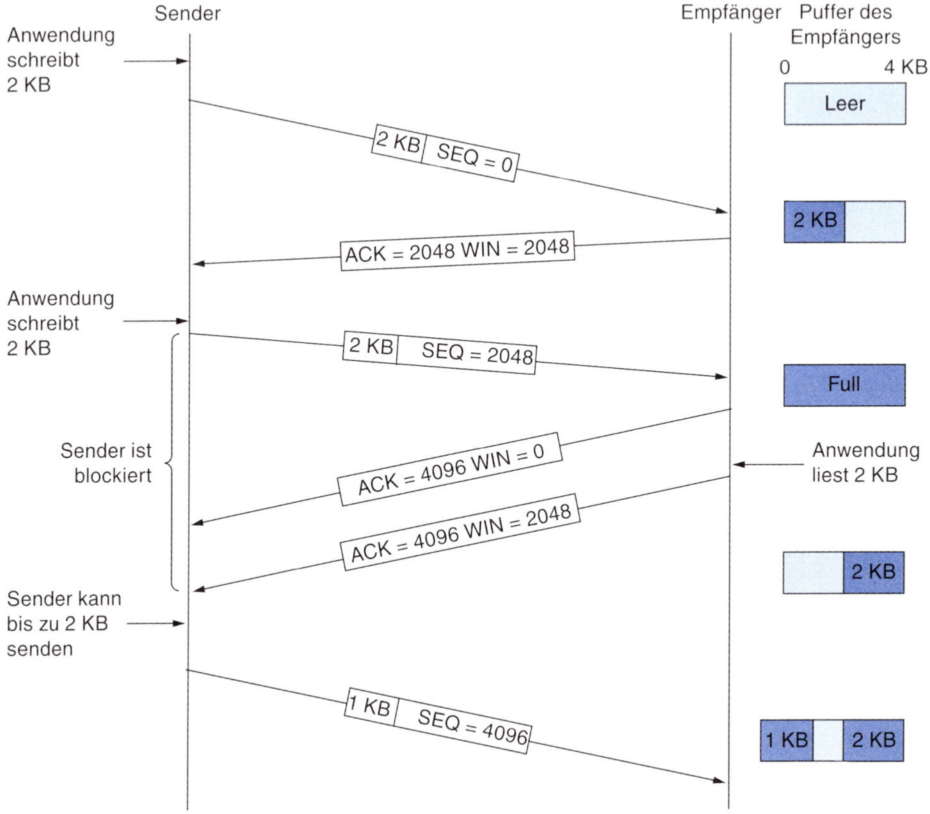

Abbildung 6.40: Fensterverwaltung in TCP.

Anschließend überträgt der Sender weitere 2.048 Byte, die bestätigt werden. Das angekündigte Fenster ist nun 0. Der Sender muss anhalten, bis der Anwendungsprozess auf dem empfangenden Host einige Daten aus dem Puffer entfernt hat, bevor TCP ein größeres Fenster ankündigen kann und weitere Daten gesendet werden können.

Ist das Fenster 0, kann der Sender normalerweise keine Segmente senden. Es gibt jedoch zwei Ausnahmen: Erstens können Vorrangdaten immer gesendet werden, z.B. um es dem Benutzer zu ermöglichen, den auf dem entfernten Rechner laufenden Prozess abzubrechen. Zweitens kann der Sender ein 1-Byte-Segment senden, um den Empfänger zu zwingen, das nächste erwartete Byte und die Fenstergröße erneut anzugeben. Dieses Paket wird **Fenstersondieranfrage** (*window probe*) genannt. Der TCP-Standard bietet diese Option ausdrücklich, um Deadlocks zu vermeiden, falls eine Fensteraktualisierung einmal verloren gehen sollte.

Sender müssen die Daten, die von der Anwendung eintreffen, nicht unbedingt sofort übertragen. Ebenso wenig müssen Empfänger schnellstmöglich Bestätigungen senden. Wenn beispielsweise in Abbildung 6.40 die ersten 2 KB Daten ankommen und TCP weiß, dass ein 4-KB-Fenster verfügbar ist, wäre es absolut korrekt, die Daten zwischenzuspeichern, bis weitere 2 KB ankommen, damit ein Segment mit 4 KB Nutzdaten übertragen werden kann. Diese Entscheidungsfreiheit kann zur Leistungsverbesserung genutzt werden.

Betrachten Sie eine Verbindung zu einem entfernten Terminal (beispielsweise unter Verwendung von SSH oder Telnet), die auf jeden Tastenanschlag reagiert. Im schlimmsten Fall erzeugt TCP für jedes Zeichen, das bei der sendenden TCP-Instanz ankommt, ein aus 21 Byte bestehendes TCP-Segment, das an IP zur Weitersendung als 41-Byte-IP-Datagramm übergeben wird. Am empfangenden Ende sendet TCP unmittelbar darauf eine Bestätigung von 40 Byte (20 Byte für den TCP-Header und 20 Byte für den IP-Header). Später, wenn das entfernte Terminal das Byte gelesen hat, sendet TCP eine Fensteraktualisierung, wodurch das Fenster um 1 Byte nach rechts verschoben wird. Dieses Paket ist auch 40 Byte groß. Hat das entfernte Terminal schließlich das Zeichen verarbeitet, gibt es dieses zur lokalen Anzeige als 41-Byte-Paket weiter. Pro jedes eingegebene Zeichen werden dabei eine Bandbreite von 162 Byte belegt und vier Segmente gesendet. Wenn Bandbreite knapp ist, ist diese Methode nicht unbedingt zu empfehlen.

Ein Ansatz, mit dem viele TCP-Implementierungen diese Situation optimieren, sind die sogenannten **verzögerten Bestätigungen** (*delayed acknowledgement*). Bestätigungen und Fensteraktualisierungen werden bis zu 500 ms verzögert in der Hoffnung, dass einige Daten eintreffen, die eine Mitreisemöglichkeit bieten. Angenommen, das Terminal antwortet innerhalb von 500 ms, dann muss von der entfernten Seite nur ein 41-Byte-Paket zurückgesendet werden, was die Anzahl der Pakete und die genutzte Bandbreite halbiert.

Doch auch wenn diese verzögerten Bestätigungen die empfängerseitig erzeugte Last im Netz reduzieren, arbeitet ein Sender, der mehrere kurze Pakete schickt (z.B. 41-Byte-Pakete mit je einem Datenbyte), nach wie vor ineffizient. Der **Nagle-Algorithmus** (1984) bietet hier Abhilfe. Nagles Vorschlag ist einfach: Wenn Daten beim Sender byteweise ankommen, wird nur das erste Byte gesendet, und der Rest wird so lange im Puffer zwischengespeichert, bis das erste Byte bestätigt wird. Dann werden alle zwischengespeicherten Zeichen in einem TCP-Segment gesendet, und die Zwischenspeicherung beginnt erneut, bis das nächste Segment bestätigt wird. Das bedeutet, zu jedem Zeitpunkt kann immer nur ein kleines Paket ausstehen. Wenn viele Daten von der Anwendung in einer Paketumlaufzeit gesendet werden, werden diese vom Nagle-Algorithmus in einem Segment untergebracht, was die verwendete Bandbreite beträchtlich reduziert. Der Algorithmus besagt darüber hinaus, dass ein neues Segment geschickt werden soll, wenn genug Daten eingegangen sind, um ein Segment von maximaler Größe zu bilden.

Nagles Algorithmus wird heute sehr häufig von TCP-Implementierungen verwendet, sollte aber unter bestimmten Bedingungen besser deaktiviert werden. Besonders bei interaktiven Spielen über das Internet wollen Spieler normalerweise lieber einen schnellen Strom von kleinen Aktualisierungspaketen. Das Sammeln der Aktualisierungen, um sie dann in Schüben zu schicken, lässt das Spiel erratisch reagieren, was viele Benutzer verärgert. Ein selteneres Problem ist, dass der Nagle-Algorithmus manchmal mit verzögerten Bestätigungen interagieren kann und so ein temporäres

Deadlock auslöst: Der Empfänger wartet auf Daten, die eine Bestätigung Huckepack mitnehmen können, und der Sender wartet auf die Bestätigung, weitere Daten zu senden. Diese Interaktion kann das Herunterladen von Webseiten verzögern. Zur Vermeidung dieser Probleme kann der Nagle-Algorithmus abgeschaltet werden (wird *TCP_NODELAY*-Option genannt). Mogul und Minshall (2001) diskutieren diese und andere Lösungen.

Ein weiteres Problem, das sich negativ auf die TCP-Leistung auswirkt, ist das sogenannte **Silly Window Syndrome** (Dummes-Fenster-Syndrom; Clark, 1982). Dieses Problem tritt auf, wenn Daten in großen Blöcken an die sendende TCP-Instanz übergeben werden, eine interaktive Anwendung am empfangenden Ende die Daten aber nur Byte für Byte einliest. Das Problem ist in ▶Abbildung 6.41 dargestellt. Anfangs ist der TCP-Puffer auf der empfangenden Seite voll (d.h., er hat eine Fenstergröße von 0) und der Sender weiß dies. Dann liest die interaktive Anwendung ein Zeichen aus dem TCP-Strom ein. Diese Aktion wird vom empfangenden TCP mit Freude aufgenommen, sodass eine Fensteraktualisierung mit dem Hinweis an den Sender geht, dass ein weiteres Byte gesendet werden darf. Der Sender kommt diesem Wunsch geflissentlich nach und sendet ein Byte. Der Puffer ist jetzt voll, sodass der Empfänger das 1-Byte-Segment bestätigt, das Fenster aber auf 0 setzt. Dies kann endlos fortgesetzt werden.

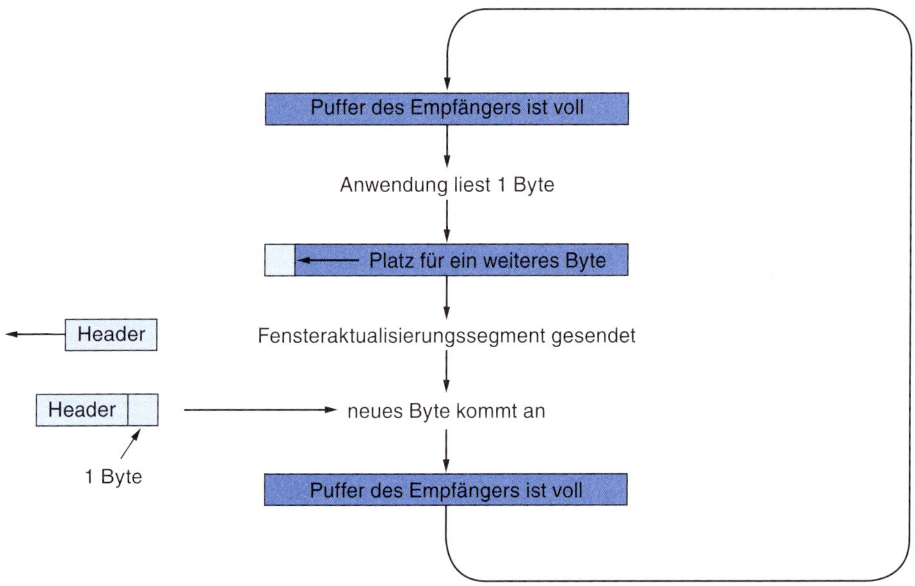

Abbildung 6.41: Silly Window Syndrome.

Clarks Lösung bestand darin zu verhindern, dass der Empfänger eine Fensteraktualisierung für nur 1 Byte sendet. Stattdessen wird er gezwungen zu warten, bis ausreichend Speicherplatz frei ist, und dies dann anzuzeigen. Der Empfänger sollte erst eine Fensteraktualisierung senden, wenn er die maximale Segmentgröße, die er beim Aufbau der Verbindung angekündigt hat, verarbeiten kann oder sein Puffer halb leer ist, je nachdem, was kleiner ist. Aber auch der Sender kann hilfreich mitwirken, indem er beispielsweise keine winzigen Segmente sendet. Er sollte vielmehr warten, bis genügend Platz im Fenster vorhanden ist, und dann ein volles Segment senden oder zumindest eines, das die Hälfte der Größe des Empfängerpuffers belegt.

Nagles Algorithmus und Clarks Lösung zu dem Silly Window Syndrome ergänzen sich. Nagle versuchte, das Problem zu lösen, das entsteht, wenn eine sendende Anwendung die Daten byteweise an TCP übergibt. Clark versuchte, das Problem zu lösen, das entsteht, wenn die empfangende Anwendung die Daten byteweise von TCP entgegennimmt. Beide Lösungen sind sinnvoll und können zusammenarbeiten. Das gemeinsame Ziel ist es, den Sender am Senden kleiner Segmente und den Empfänger an deren Anforderung zu hindern.

TCP kann empfängerseitig die Leistung noch weiter verbessern, als sich auf Fensteraktualisierungen in großen Einheiten zu beschränken. Wie beim TCP auf der Senderseite können auch hier Daten zwischengespeichert werden, d.h., TCP kann eine READ-Anforderung der Anwendung so lange blockieren, bis eine größere Datenmenge bereitsteht. Das reduziert die Anzahl der TCP-Aufrufe (und damit den Overhead). Es erhöht allerdings auch die Antwortzeit, wobei Effizienz für nicht interaktive Anwendungen wie Dateiübertragung oft wichtiger ist als die Reaktionszeit auf einzelne Anforderungen.

Der Empfänger muss des Weiteren das Problem meistern, dass die Segmente nicht in der richtigen Reihenfolge ankommen. Dazu puffert er die Daten, bis sie in der korrekten Reihenfolge an die Anwendung übertragen werden können. Er könnte zu früh eintreffende Segmente, die die Reihenfolge durcheinanderbringen, auch verwerfen. Passieren würde wohl nichts, da diese Segmente am Ende vom Sender neu übertragen werden. Aber es wäre eine ziemliche Verschwendung.

Bestätigungen können selbstverständlich nur gesendet werden, wenn alle Daten bis zum bestätigten Byte eingegangen sind. Dies wird **kumulative Bestätigung** genannt. Wenn der Empfänger die Segmente 0, 1, 2, 4, 5, 6 und 7 erhält, kann er alles bis einschließlich des letzten Bytes in Segment 2 bestätigen. Erfährt der Sender einen Zeitüberlauf, überträgt er Segment 3 neu. Da der Empfänger die Segmente 4 bis 7 im Puffer abgelegt hat, können bei Eingang von Segment 3 alle Bytes bis zum Ende von Segment 7 bestätigt werden.

6.5.9 Verwaltung von Timern in TCP

TCP benutzt mehrere Timer (zumindest konzeptionell). Der wichtigste ist der **Retransmission-Timer** für erneute Übertragungen (*Retransmission TimeOut, RTO*). Sobald ein Segment gesendet wird, startet ein Retransmission-Timer. Wird das Segment bestätigt, bevor der Timer abläuft, wird der Timer gestoppt. Läuft andererseits der Timer vor Ankunft der Bestätigung ab, wird das Segment erneut übertragen (und der Timer startet wieder von vorn). Die Frage ist nun: Wie lang soll die Zeitspanne bis zum Timeout sein?

Dieses Problem ist auf der Transportschicht viel schwieriger als in den Sicherungsschichtprotokollen wie IEEE 802.11. Im letzteren Fall wird die erwartete Übertragungsverzögerung in Mikrosekunden gemessen und ist gut vorhersagbar (d.h., sie unterliegt nur geringen Schwankungen). Daher kann der Timer so gesetzt werden, dass er abläuft, kurz nachdem eine Bestätigung erwartet wird (▶Abbildung 6.42a). Da sich Bestätigungen auf der Sicherungsschicht selten verzögern (hier tritt keine Überlastung auf), bedeutet das Fehlen einer Bestätigung zum erwarteten Zeitpunkt, dass der Rahmen oder die Bestätigung verloren gegangen ist.

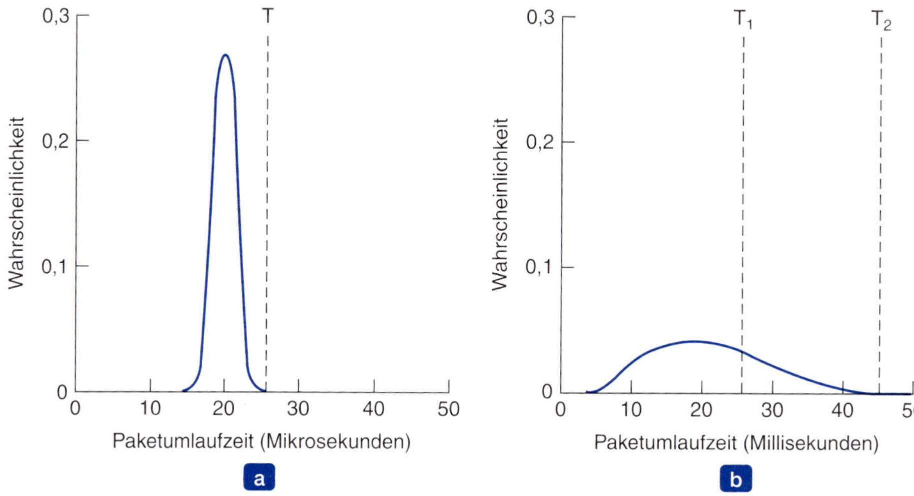

Abbildung 6.42: (a) Wahrscheinlichkeitsdichte der Ankunftszeiten von Bestätigungen auf der Sicherungsschicht. (b) Wahrscheinlichkeitsdichte der Ankunftszeiten von Bestätigungen für TCP.

TCP hingegen hat es mit einer gänzlich anderen Umgebung zu tun. Die Wahrscheinlichkeitsdichtefunktion der Zeitdauer, bis eine TCP-Bestätigung zurückkommt, ähnelt eher Abbildung 6.42b als Abbildung 6.42a. Sie ist größer und variabler. Das Bestimmen der Paketumlaufzeit (RTT) zum Ziel ist nicht einfach. Doch auch wenn sie bekannt ist, ist die Festlegung eines Zeitintervalls schwierig. Ist der Timeout zu kurz, z.B. T_1 in Abbildung 6.42b, erfolgen unnötige Neuübertragungen und das Internet wird mit nutzlosen Paketen überfrachtet. Ist die Zeitspanne zu lang (T_2), entstehen Leistungseinbußen durch lange Übertragungsverzögerungen für Neuübertragungen, wenn ein Paket verloren gegangen ist. Des Weiteren können sich der Mittelwert und die Verteilungsvarianz der Ankunftszeiten von Bestätigungen schnell innerhalb von ein paar Sekunden ändern, wenn eine Überlastung entsteht oder aufgelöst wird.

Eine Lösung ist ein dynamischer Algorithmus, der das Timeout-Intervall auf der Grundlage von Messungen der Netzleistung fortlaufend anpasst. Der bei TCP allgemein verwendete Algorithmus ist auf Jacobson (1988) zurückzuführen und funktioniert wie folgt: Für jede Verbindung verwaltet TCP die Variable *SRTT* (*Smoothed Round-Trip Time*), das heißt, die aktuell beste Schätzung der Paketumlaufzeit zum fraglichen Ziel bis zum Erhalt der Bestätigung. Wird ein Segment gesendet, startet ein Timer. Er überwacht einerseits, wie lange die Bestätigung braucht, und löst andererseits eine Neuübertragung aus, wenn die Bestätigung zu lange dauert. Kommt die Bestätigung zurück, bevor der Timer abläuft, misst TCP, wie lange die Bestätigung unterwegs war, beispielsweise R. Dann wird $SRTT$ unter Verwendung der Formel

$$SRTT = \alpha SRTT + (1-\alpha)R$$

berechnet, wobei α ein Glättungsfaktor ist, der festlegt, wie schnell die alten Werte vergessen werden. In der Regel ist α=7/8. Diese Art Formel ist ein **exponentiell gewichteter gleitender Durchschnitt** (*Exponentially Weighted Moving Average*, **EWMA**) oder ein Tiefpassfilter, der Rauschen in den Samples entfernt.

Auch bei einem guten *SRTT*-Wert ist die Auswahl eines geeigneten Timeouts für Neuübertragungen keine leichte Aufgabe. Erste Implementierungen von TCP verwendeten *2xRTT*, aber Erfahrungen haben gezeigt, dass ein konstanter Wert inflexibel ist, weil er nicht reagieren kann, wenn die Varianz steigt. Vor allem Warteschlangenmodelle des Poisson-verteilten Verkehrs sagen vorher, dass, wenn die Last die Kapazitätsgrenze erreicht, die Verzögerung groß wird und extrem schwankt. Dies kann dazu führen, dass der Retransmission-Timer ausgelöst und eine Kopie des Pakets erneut übertragen wird, obwohl das ursprüngliche Paket immer noch im Netz herumgeistert. Dieses Verhalten ist am häufigsten bei hoher Last zu beobachten, eigentlich die schlechteste Zeit, um zusätzliche Pakete in das Netz zu stellen.

Um dieses Problem zu beheben, schlug Jacobson vor, den Timeout-Wert abhängig von der Varianz der Paketumlaufzeiten sowie von der geglätteten Paketumlaufzeit zu machen. Diese Änderung erfordert die Überwachung einer weiteren geglätteten Variablen, *RTTVAR* (*Round-Trip Time Variation*), die mit folgender Formel aktualisiert wird:

$$RTTVAR = \beta RTTVAR + (1-\beta)\left|SRTT - R\right|$$

Dies ist wie oben ein exponentiell gewichteter gleitender Durchschnitt (EWMA), und β liegt normalerweise bei 3/4. Der Timeout-Wert für die Neuübertragung (*RTO*) wird gesetzt auf

$$RTO = SRTT + 4 \times RTTVAR$$

Der Faktor 4 wurde eigentlich eher willkürlich gewählt, hat aber zwei Vorteile. Erstens können Multiplikationen mit 4 durch eine einzige Bitverschiebung ausgeführt werden. Zweitens kommen weniger als 1 % aller Pakete um mehr als vier Standardabweichungen zu spät an. Beachten Sie, dass die Variable *RTTVAR* nicht genau das Gleiche ist wie die Standardabweichung, denn sie ist eigentlich die mittlere Abweichung (*mean deviation*), aber für die Praxis ist sie gut genug. Der Aufsatz von Jacobson ist voll von schlauen Tricks, die zeigen, wie die Timeouts allein durch Addieren, Subtrahieren und Verschieben von ganzen Zahlen berechnet werden. Diese Wirtschaftlichkeit wird bei modernen Hosts nicht benötigt, ist aber Teil der Kultur geworden, die es TCP erlaubt, auf allen möglichen Geräten ausgeführt zu werden, von Supercomputern bis zu winzigen Geräten. Bis jetzt hat noch niemand TCP auf einem RFID-Chip angewendet, doch wer weiß? Das kann sich eines Tages ändern.

Weitere Einzelheiten zur Berechnung dieses Timeouts, einschließlich der Anfangseinstellungen der Variablen, werden in RFC 2988 definiert. Der Retransmission-Timer wird unabhängig von den Schätzungen auf ein Minimum von 1 Sekunde gesetzt. Dieses ist ein konservativer Wert, der gewählt wurde, um basierend auf Messungen störende Neuübertragungen zu verhindern (Allman und Paxson, 1999).

Beim Zusammenstellen der Samples *R* der Paketumlaufzeit stellt sich die Frage, was zu tun ist, wenn ein Segment abläuft und erneut gesendet wird. Wenn die Bestätigung ankommt, ist nicht klar, ob sie sich auf die erste oder eine spätere Übertragung bezieht. Eine Fehleinschätzung kann das Timeout der Neuübertragung ernsthaft beeinträchtigen. Phil Karn entdeckte dieses Problem auf seine Art. Er ist begeisterter Amateurfunker und daran interessiert, TCP/IP-Pakete über „Amateurfunk" – ein notorisch unzuverlässiges Medium – zu übertragen. Er machte einen einfachen Vorschlag: Aktualisieren Sie keine Schätzungen zu irgendwelchen Segmenten, die erneut übertragen wurden. Stattdessen wird das Timeout bei jeder nachfolgenden Neuübertragung so lange verdoppelt, bis die Segmente beim ersten Mal durchkommen. Das nennt man heute den **Karn-Algorithmus** (Karn und Partridge, 1987). Er wird in den meisten TCP-Implementierungen verwendet.

In TCP wird nicht nur der Retransmission-Timer verwendet. Ein weiterer Timer ist der **Persistence-Timer**. Er ist dazu da, um folgenden Deadlock zu verhindern: Der Empfänger sendet eine Bestätigung mit einer Fenstergröße von 0 und weist damit den Sender zum Warten an. Später aktualisiert der Empfänger das Fenster, aber das Paket mit der Aktualisierung geht verloren. Nun warten beide, der Sender und der Empfänger, bis einer etwas unternimmt. Läuft der Persistence-Timer ab, überträgt der Sender eine Anfrage zum Empfänger. Die Antwort auf diese Anfrage ergibt die Fenstergröße. Ist sie immer noch null, wird der Persistence-Timer wieder gesetzt, und der Zyklus beginnt von neuem. Ist sie nicht null, können Daten übertragen werden.

Bei manchen Implementierungen wird noch ein dritter Timer, der **Keepalive-Timer**, benutzt. Wenn eine Verbindung über längere Zeit inaktiv ist, läuft der Keepalive-Timer ab, wodurch eine Seite veranlasst wird, zu prüfen, ob die andere Seite noch da ist. Kommt keine Antwort, wird die Verbindung beendet. Diese Funktion ist umstritten, weil sie mit Overhead verbunden ist und eine ansonsten funktionstüchtige Verbindung aufgrund einer vorübergehenden Netzaufspaltung beenden kann.

Der letzte Timer, der in jeder TCP-Verbindung verwendet wird, ist der, der im Zustand *TIME WAIT* während des Schließens benutzt wird. Er läuft das Doppelte der maximalen Paketlebensdauer, um sicherzustellen, dass alle Pakete einer Verbindung übertragen wurden, bevor diese beendet wird.

6.5.10 TCP-Überlastkontrolle

Eine der Hauptfunktionen von TCP haben wir uns für den Schluss aufgehoben: die Überlastkontrolle. Wenn die Last in einem Netz größer wird als das Netz bewältigen kann, kommt es zu Verstopfungen. Das Internet bildet hier keine Ausnahme. Die Vermittlungsschicht erkennt diese Verstopfungen an den immer länger werdenden Warteschlangen bei den Routern und versucht Abhilfe zu leisten – und sei es durch Verlieren von Paketen. Aufgabe der Transportschicht ist es, das Überlastungsfeedback von der Vermittlungsschicht entgegenzunehmen und daraufhin ihr Verkehrsaufkommen im Netz zu reduzieren. Im Internet spielt TCP bei der Kontrolle der Überlastung sowie beim zuverlässigen Transport die Hauptrolle. Aus diesem Grunde ist es ein so besonderes Protokoll.

Die allgemeine Situation der Überlastkontrolle haben wir bereits in Abschnitt 6.3 besprochen. Eine unserer Haupterkenntnisse war, dass ein Transportprotokoll, das ein AIMD-Steuerungsgesetz (*Additive Increase Multiplicative Decrease*) als Antwort auf binäre Überlastungssignale vom Netz verwendet, gegen eine faire und effiziente Bandbreitenzuordnung konvergiert. TCP-Überlastkontrolle basiert auf der Implementierung dieses Ansatzes unter Verwendung eines Fensters und mit Paketverlust als binäres Signal. Zu diesem Zwecke verwaltet TCP ein **Überlastungsfenster** (*congestion window*), dessen Größe gleich der Anzahl von Bytes ist, die der Sender zu jeder Zeit im Netz haben kann. Die entsprechende Rate ist die Fenstergröße geteilt durch die Paketumlaufzeit der Verbindung. TCP passt die Größe des Fensters entsprechend der AIMD-Regel an.

Erinnern wir uns, dass neben dem Überlastungsfenster *zusätzlich* ein Flusskontrollfenster verwaltet wird, das die Anzahl der Bytes angibt, die der Empfänger puffern kann. Beide Fenster werden parallel verfolgt; die Anzahl der Bytes, die gesendet werden dürfen, entspricht dem kleineren der beiden Fenster. Demzufolge ist das effektive Fenster das kleinere von dem, was der Sender beziehungsweise der Empfänger für angemessen hält. Voraussetzung ist jedoch, dass es immer zwei gibt. TCP hört auf, Daten zu senden, wenn entweder das Überlastungs- oder das Flusskontrollfenster vorübergehend voll ist. Wenn der Empfänger sagt: „Sende 64 KB“, aber der Sender weiß, dass Datenschübe von mehr als 32 KB das Netz verstopfen, schickt der Sender 32 KB. Wenn andererseits der Empfänger sagt „Sende 64 KB“, und der Sender weiß, dass Datenschübe bis 128 KB problemlos übertragen werden können, sendet er die ganzen angeforderten 64 KB. Das Flusskontrollfenster wurde bereits vorher beschrieben, sodass wir uns im Folgenden nur auf das Überlastungsfenster beschränken wollen.

Die moderne Überlastkontrolle in TCP ist größtenteils auf die Bemühungen von Van Jacobson (1988) zurückzuführen. Die Geschichte dazu ist faszinierend. Im Zuge der seit 1986 zunehmenden Popularität des frühen Internets kam es zu einem Vorfall, der später unter der Bezeichnung **Überlastungskollaps** in die Geschichte eingehen sollte – ein längerer Zeitraum, in dem der Datendurchsatz aufgrund einer Verstopfung im Netz jäh (d.h. um mehr als den Faktor 100) fiel. Jacobson (so wie viele andere) versuchte zu verstehen, was passiert war, und suchte nach einer Lösung.

Die von Jacobson gewählte Implementierung bestand in der Annäherung an ein AIMD-Überlastungsfenster. Der interessante Teil, der außerdem stark zur Komplexität der TCP-Überlastkontrolle beitrug, ist dabei, wie es ihm gelang, eine bestehende Implementierung zu ergänzen, ohne eines der Nachrichtenformate zu ändern, sodass es direkt einsetzbar war. Zum einen beobachtete er, dass Paketverlust sich gut als

Überlastungssignal eignete. Dieses Signal kommt zwar ein wenig spät (da das Netz bereits verstopft ist), ist aber ziemlich zuverlässig. Schließlich ist es schwer, einen Router zu entwickeln, der keine Pakete verliert, wenn er überlastet ist. Das wird sich auch nicht ändern. Denn selbst wenn wir über Terabyte-Speicher verfügen, die eine riesige Anzahl von Paketen puffern können, haben wir es wahrscheinlich mit einem Terabit/s-Netz zu tun, um diesen Speicher zu füllen.

Die Verwendung von Paketverlust als Überlastungssignal setzt voraus, dass Übertragungsfehler relativ selten sind. Dies ist für drahtlose Verbindungen wie IEEE 802.11 normalerweise nicht der Fall, weshalb sie auch ihre eigenen Mechanismen zur erneuten Übertragung auf der Sicherungsschicht mit sich bringen. Aufgrund der drahtlosen Neuübertragungen wird der durch Übertragungsfehler auf der Sicherungsschicht verursachte Paketverlust normalerweise in drahtlosen Netzen maskiert. Er ist auch auf anderen Verbindungen selten, da Leitungen und Glasfaserkabel normalerweise niedrige Bitfehlerraten haben.

Alle TCP-Algorithmen im Internet gehen davon aus, dass verlorene Pakete auf Überlastung zurückzuführen sind, und überwachen Timeouts und suchen nach Anzeichen von Problemen wie früher Bergleute ihre Kanarienvögel beobachteten. Es wird ein guter Retransmission-Timer benötigt, um die Signale des Paketverlusts genau und rechtzeitig zu entdecken. Wir haben bereits diskutiert, wie der TCP-Retransmission-Timer Schätzungen von Mittelwert und Varianz der Übertragungszeiten berücksichtigt. Die Verbesserung dieses Timers durch die Ergänzung eines Varianzfaktors war ein wichtiger Schritt in Jacobsons Arbeit. Mithilfe eines guten Timeouts für Neuübertragungen kann der TCP-Sender die ausstehende Anzahl Bytes verfolgen, die das Netz verstopfen. Er schaut einfach auf die Differenz zwischen den übertragenen und bestätigten Sequenznummern.

Damit scheint unsere Aufgabe jetzt sehr einfach. Alles, was wir machen müssen, ist das Überlastungsfenster anhand der Folge- und Bestätigungsnummern zu überwachen und dann mittels einer AIMD-Regel anzupassen. Doch wie zu erwarten war, ist es natürlich viel komplizierter. Eine erste Überlegung ist, dass die Art, wie Pakete, auch über kurze Zeiträume, ins Netz gestellt werden, auf den Netzpfad abgestimmt werden muss. Andernfalls kommt es zu einer Verkehrsüberlastung. Betrachten wir beispielsweise einen Host mit einem Überlastungsfenster von 64 KB, der mit einem 1-Gbit/s-Switched-Ethernet verbunden ist. Wenn der Host das ganze Fenster in einem Schub (Burst) sendet, kann diese riesige Datenmenge über eine langsame 1-Mbit/s-ADSL-Leitung weiter den Pfad entlang wandern. Der Schub, der auf einer 1-Gbit/s-Leitung nur eine halbe Millisekunde benötigt, wird die 1-Mbit/s-Leitung für eine halbe Sekunde blockieren und damit Protokolle wie Voice-over-IP völlig lahmlegen. Dieses Verhalten mag eine gute Idee für ein Protokoll sein, das eine Überlastung auslösen soll, aber nicht für ein Protokoll, um die Überlastung zu überwachen.

Es zeigt sich jedoch, dass wir kleine Paketschübe zu unserem Vorteil nutzen können. ▶Abbildung 6.43 zeigt, was passiert, wenn ein Sender auf einem schnellen Netz (der 1-Gbit/s-Verbindung) eine kleine Schubeinheit von vier Paketen an einen Empfänger auf einem langsamen Netz (der 1-Mbit/s-Verbindung) schickt, das den Engpass oder den langsamsten Teil des Pfades darstellt. Am Anfang reisen die vier Pakete über die Verbindung so schnell, wie sie vom Sender geschickt werden können. Beim Router laufen sie auf, weil es länger dauert, ein Paket über die langsame Verbindung zu schicken, als das nächste Paket über die schnelle Verbindung zu empfangen. Aber die Warteschlange ist nicht lang, da jeweils nur eine kleine Anzahl von Paketen gleichzeitig gesendet werden. Beachten Sie die zunehmende Länge der Pakete auf der langsamen Verbindung. Das gleiche Paket, von sagen wir 1 KB, ist jetzt länger, da es länger dauert, es auf einer langsamen Verbindung zu senden als auf einer schnellen.

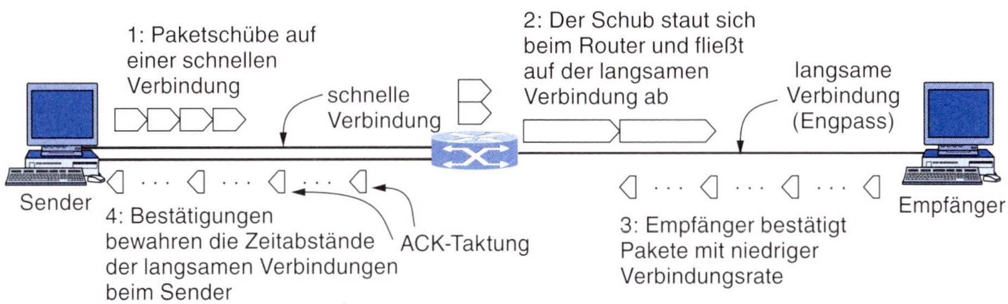

Abbildung 6.43: Ein Schub von Paketen vom Sender und die zurückgelieferte ACK-Taktung.

Schließlich treffen die Pakete beim Empfänger ein, wo sie bestätigt werden. Die Zeitangaben für die Bestätigungen geben an, wann die Pakete nach Passieren der langsamen Verbindung beim Empfänger eingetroffen sind. Verglichen mit den ursprünglichen Paketen auf der schnellen Verbindung liegen sie weiter auseinander. Bei der Rückreise der Bestätigungen über das Netz zurück zum Sender ändern sich diese Zeitabstände nicht.

Die wichtigste Beobachtung hierbei ist: Das Zurücksenden der Bestätigungen an den Sender erfolgt mit der gleichen Übertragungsrate wie das Zusenden der Pakete über die langsamste Verbindung im Pfad. Dies ist genau die Übertragungsrate, die der Sender verwenden möchte. Wenn der Sender anschließend neue Pakete mit dieser Rate in das Netz stellt, werden sie genau so schnell übertragen, wie es die langsame Verbindung erlaubt, ohne dass es zu Staus und Verstopfungen bei irgendwelchen Routern auf der Strecke kommt. Diese Anpassung wird als **ACK-Taktung** (*ack clock*) bezeichnet. Sie ist ein wesentlicher Bestandteil von TCP. Durch die Verwendung einer ACK-Taktung glättet TCP den Verkehr und vermeidet unnötige Warteschlangen vor den Routern.

Die zweite Überlegung ist, dass die AIMD-Regel sehr lange braucht, um auf schnellen Netzen einen guten Arbeitspunkt zu erreichen, wenn das Überlastungsfenster von einer kleinen Größe ausgeht. Betrachten wir dazu einen einfachen Netzpfad, der 10 Mbit/s mit einer Paketumlaufzeit von 100 ms unterstützen kann. Das dazu passende Überlastungsfenster entspricht dem Bandbreitenverzögerungsprodukt (1 MB oder 100 Pakete von jeweils 1.250 Byte). Wenn das Überlastungsfenster mit einem Paket beginnt und sich bei jedem Paketumlauf um 1 Paket erhöht, wird es 100 Umlaufzeiten oder 10 Sekunden dauern, bis die Verbindung in etwa die richtige Rate aufweist. Das ist eine lange Wartezeit, nur um die richtige Übertragungsgeschwindigkeit zu finden. Wir könnten diese Anlaufzeit reduzieren, indem wir von einem größeren Anfangsfenster von sagen wir 50 Paketen ausgehen. Aber dieses Fenster wäre für langsame oder kurze Verbindungen viel zu groß. Wie oben beschrieben, käme es zu einem Stau, wenn es komplett auf einmal verwendet würde.

Die Lösung, die Jacobson wählte, um beiden Überlegungen gerecht zu werden, besteht aus einer Mischung von linearer und multiplikativer Zunahme. Beim Aufbau einer Verbindung initialisiert der Sender das Überlastungsfenster mit einem kleinen Anfangswert von maximal vier Segmenten. Die Einzelheiten sind in RFC 3390 beschrieben; die Verwendung von vier Segmenten basiert auf Erfahrungen und stellt eine Erhöhung des früheren Anfangswertes von einem Segment dar. Anschließend sendet der Sender das Anfangsfenster. Die Pakete benötigen einen Paketumlaufzyklus, um bestätigt zu werden. Für jedes Segment, das bestätigt wird, bevor der Retransmission-Timer abläuft, werden dem Überlastungsfenster vom Sender die Bytes im Umfang eines neuen Segments hinzugefügt. Und da das Segment nun bestätigt wurde, gibt es ein Segment weniger im Netz. Fazit ist, dass für jedes bestätigte Segment zwei weitere Segmente gesendet werden können. Das Überlastungsfenster verdoppelt sich sozusagen mit jedem Paketumlaufzyklus.

Dieser Algorithmus heißt **Slow-Start**, wiewohl er aufgrund seines exponentiellen Wachstums überhaupt nicht langsam ist – außer im Vergleich zum vorherigen Algorithmus, bei dem ein ganzes Flusskontrollfenster auf einmal gesendet wurde. Einen Slow-Start sehen Sie in ▶Abbildung 6.44. Beim ersten Paketumlauf schickt der Sender ein Paket über das Netz (und der Empfänger nimmt ein Paket entgegen). Beim nächsten Paketumlaufzyklus sind es schon zwei Pakete, beim dritten Paketumlauf vier usw.

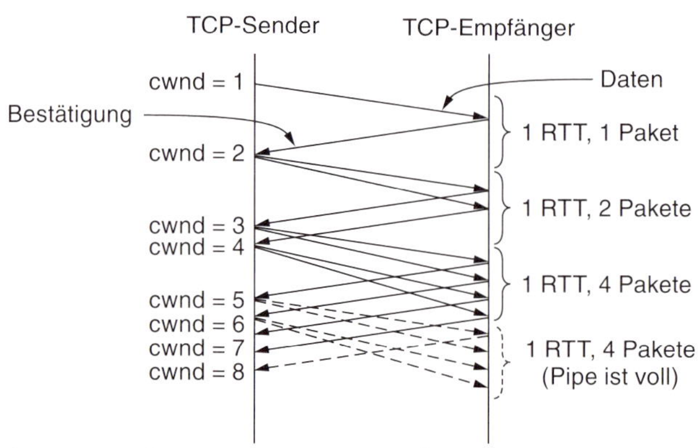

Abbildung 6.44: Slow-Start ausgehend von einem anfänglichen Überlastungsfenster *(cwnd)* von einem Segment.

Slow-Start eignet sich sehr gut für eine Reihe von Verbindungsgeschwindigkeiten und Paketumlaufzeiten und verwendet eine ACK-Taktung, um die Übertragungsrate des Senders an den Netzpfad anzupassen. Betrachten wir einmal genau, wie die Bestätigungen in Abbildung 6.44 vom Sender zum Empfänger zurückkehren. Wenn der Sender eine Bestätigung erhält, erhöht er das Überlastungsfenster um eins und schickt sofort zwei Pakete ins Netz. (Ein Paket ist die Erhöhung um eins, das andere der Ersatz für das bestätigte Paket, das das Netz verlassen hat. Stets wird die Anzahl der nicht bestätigten Pakete vom Überlastungsfenster vorgegeben.) Der Abstand dieser beiden Pakete muss jedoch bei der Ankunft beim Empfänger nicht notwendigerweise genauso eng sein wie beim Losschicken. Angenommen, der Sender ist an ein Ethernet mit 100 Mbit/s angeschlossen. Jedes 1.250-Byte-Paket benötigt zum Senden 100 µs, sodass die Verzögerung zwischen den Paketen minimal bis zu 100 µs betragen kann. Die Situation ändert sich, wenn diese Pakete irgendwann auf ihrem Weg eine ADSL-Verbindung von 1 Mbit/s passieren. Das gleiche Paket benötigt jetzt für die Strecke 10 ms. Das bedeutet, dass der minimale Abstand zwischen den beiden Paketen um den Faktor 100 ansteigt. Dieser Abstand wird groß bleiben, es sei denn die Pakete stehen irgendwann später in einer Warteschlange vor einer nachfolgenden Verbindung.

In Abbildung 6.44 wird dieser Effekt deutlich, indem ein Minimalabstand zwischen den Datenpaketen erzwungen wird, die beim Empfänger ankommen. Dieser Abstand wird beim Versenden der Bestätigungen beibehalten und somit auch beim Empfang der Bestätigungen. Wenn der Netzpfad langsam ist, kommen die Bestätigungen langsam an (nach einer Paketumlaufzeit). Wenn der Netzpfad schnell ist, kommen die Bestätigungen schnell an (ebenfalls nach dem Paketumlauf). Alles, was der Sender machen muss, ist, sich beim Verschicken neuer Pakete an die Zeitabstände der ACK-Taktung zu halten. Und genau das ist es, was der Slow-Start macht.

Da der Slow-Start mit exponentiellem Wachstum verbunden ist, werden irgendwann (und eher früher als später) zu viele Pakete ins Netz gestellt. Wenn dies passiert, kommt es im Netz zur Bildung von Warteschlangen. Sind die Warteschlangen voll, gehen ein oder mehrere Pakete verloren. Als Folge einer nicht rechtzeitig ankommenden Bestätigung sendet der TCP-Sender ein Timeout-Signal. Abbildung 6.44 zeigt, wie ein Slow-Start zu schnell anwachsen kann. Nach drei Paketumlaufzeiten befinden sich vier Pakete im Netz. Diese vier Pakete benötigen eine ganze Paketumlaufzeit, um beim Empfänger anzukommen. Das heißt, ein Überlastungsfenster von vier Paketen ist die richtige Größe für diese Verbindung. Nachdem diese Pakete jedoch bestätigt wurden, erhöht Slow-Start das Überlastungsfenster weiter, und zwar auf acht Pakete in einer weiteren Paketumlaufzeit. Nur vier von diesen Paketen können den Empfänger innerhalb einer Paketumlaufzeit erreichen, egal wie viele gesendet werden. Das heißt, die Netzpipe ist voll. Zusätzliche Pakete, die vom Sender in das Netz gestellt werden, stauen sich in Router-Warteschlangen an, da sie nicht schnell genug beim Empfänger zugestellt werden können. Es wird schon bald zu einer Überlastung und Paketverlust kommen.

Um den Slow-Start unter Kontrolle zu bekommen, gibt der Sender für die Verbindung einen Schwellenwert vor, den sogenannten **Slow-Start-Schwellenwert**. Am Anfang wird dieser Wert beliebig hoch gesetzt, und zwar auf die Größe des Flusskontrollfensters, sodass er die Verbindung nicht beschränkt. TCP erhöht das Überlastungsfenster beim Slow-Start so lange, bis ein Timeout gemeldet wird oder das Überlastungsfenster den Schwellenwert überschreitet (oder das Fenster des Empfängers gefüllt ist).

Immer wenn der Verlust eines Pakets festgestellt wird, beispielsweise durch ein Timeout, wird der Slow-Start-Schwellenwert auf die halbe Größe des Überlastungsfensters gesetzt und der ganze Prozess beginnt von vorn. Der Gedanke dahinter ist, dass das aktuelle Fenster zu groß ist, weil es die vorherige Überlastung verursachte, die erst jetzt durch das Timeout entdeckt wurde. Die Hälfte, die zuvor erfolgreich verwendet wurde, ist wahrscheinlich eine bessere Schätzung für das Überlastungsfenster, denn es liegt nah an der Pfadkapazität, verursacht aber keinen Verlust. In unserem Beispiel aus Abbildung 6.44 kann das Anwachsen des Überlastungsfensters auf acht Pakete zu Verlusten führen, während das Überlastungsfenster von vier Paketen im vorherigen Paketumlauf der richtige Wert war. Das Überlastungsfenster wird dann auf seinen kleinen Anfangswert zurückgesetzt und der Slow-Start geht weiter.

Immer wenn der Slow-Start-Schwellenwert überschritten wird, wechselt TCP vom Slow-Start in den Modus der additiven Erhöhung. In diesem Modus wird das Überlastungsfenster bei jedem Paketumlauf um ein Segment erhöht. Wie beim Slow-Start sieht die Implementierung normalerweise eine Erhöhung für jedes bestätigte Segment vor anstatt eine Erhöhung pro Paketumlaufzeit. Wir bezeichnen das Überlastungsfenster mit *cwnd* und die maximale Segmentgröße mit *MSS*. Eine häufige Annäherung ist es, *cwnd* um $(MSS \times MSS)/cwnd$ für jedes der $cwnd/MSS$ Pakete zu erhöhen, die bestätigt werden können. Diese Erhöhung muss nicht schnell erfolgen. Die Idee dahinter ist, dass das Überlastungsfenster in der TCP-Verbindung möglichst lange einen optimalen Wert einnimmt – nicht zu klein, sodass der Durchsatz sehr niedrig ist, und nicht zu groß, sodass es zu einer Überlastung kommt.

Die additive Erhöhung finden Sie in ▶Abbildung 6.45, und zwar für die gleiche Situation wie beim Slow-Start. Nach jedem Paketumlauf ist das Überlastungsfenster des Senders wieder soweit angewachsen, dass er ein weiteres Paket in das Netz stellen kann. Im Vergleich zum Slow-Start ist die lineare Wachstumsrate viel langsamer. Für kleine Überlastungsfenster wie dieses hier ist der Unterschied nicht so gravierend, aber hinsichtlich der Zeit, die es dauert, ein Überlastungsfenster auf, sagen wir, 100 Segmente anwachsen zu lassen, ist der Unterschied schon gravierend.

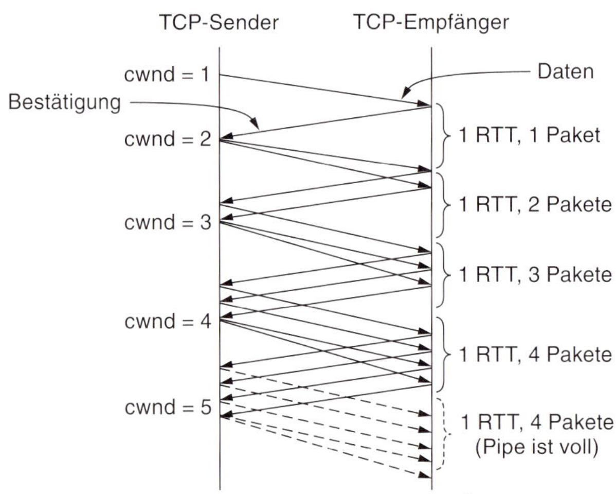

Abbildung 6.45: Additive Erhöhung ausgehend von einem anfänglichen Überlastungsfenster *(cwnd)* der Größe eines Segments.

Es gibt noch etwas anderes, was wir machen können, um die Leistung zu verbessern. Der bisherige Plan hat ein Manko: das Warten auf Timeouts. Timeouts sind relativ lang, da sie konservativ sein müssen. Nachdem ein Paket verloren gegangen ist, kann der Empfänger nachfolgende Pakete nicht bestätigen, sodass die Bestätigungsnummer unverändert bleibt und der Sender keine neuen Pakete ins Netz stellen kann, weil sein Überlastungsfenster voll ist. Dieser Zustand kann relativ lange anhalten, und zwar bis der Timer sich meldet und das verlorene Paket erneut übertragen wird. An diesem Punkt beginnt der Slow-Start bei TCP erneut.

Es gibt eine schnelle Möglichkeit für den Sender zu erkennen, dass eines seiner Pakete verloren gegangen ist. Wenn nach dem verlorenen Paket weitere Pakete beim Empfänger ankommen, lösen sie Bestätigungen aus, die an den Sender zurückkehren. Diese Bestätigungen tragen alle die gleiche Bestätigungsnummer. Sie heißen **Dup-Acks** oder **Bestätigungsduplikate** (*duplicate acknowledgement*). Jedes Mal wenn der Sender ein Dup-Ack empfängt, ist es wahrscheinlich, dass ein weiteres Paket beim Empfänger angekommen ist und das verlorene Paket immer noch nicht aufgetaucht ist.

Da Pakete verschiedene Pfade durch das Netz nehmen können, kann es passieren, dass sie nicht in der richtigen Reihenfolge ankommen. Dies löst Dup-Acks aus, auch wenn keine Pakete verloren gegangen sind. Dies kommt jedoch im Internet nicht sehr häufig vor. Selbst wenn die Pakete bei der Übertragung über verschiedene Pfade laufen sollten, ist die Reihenfolge der empfangenen Pakete normalerweise relativ korrekt. Deshalb geht TCP etwas willkürlich davon aus, dass drei Dup-Acks den Verlust eines Pakets implizieren. Die Identität des verlorenen Pakets kann aus der Bestätigungsnummer abgeleitet werden. Es ist das nächste Paket in der Folge. Dieses Paket kann dann direkt neu übertragen werden, bevor der Retransmission-Timer sich meldet.

Diese Heuristik wird **schnelle Neuübertragung** (*fast retransmission*) genannt. Wird sie ausgelöst, ist der Slow-Start-Schwellenwert immer noch auf die Hälfte des aktuellen Überlastungsfensters gesetzt – genau wie beim Timeout. Slow-Start kann neu gestartet werden, indem das Überlastungsfenster auf ein Paket gesetzt wird. Bei dieser Fenstergröße wird ein neues Paket gesendet, sobald die Bestätigungen für das neu übertragene Paket und alle Daten eingegangen sind, die vor dem Entdecken des Datenverlustes gesendet wurden.

Einen Eindruck von dem Überlastungsalgorithmus, wie wir ihn bisher entwickelt haben, erhalten Sie in ▸Abbildung 6.46. Diese TCP-Version wird TCP Tahoe genannt, und zwar nach dem 4.2BSD–Tahoe-Release 1988, von dem sie ein Teil war. Die maximale Segmentgröße ist 1 KB. Am Anfang war das Übertragungsfenster 64 KB groß, aber ein Timeout erfolgte, sodass der Schwellenwert auf 32 KB festgesetzt wird und das Überlastungsfenster auf 1 KB für die Übertragung 0. Das Übertragungsfenster wächst exponentiell, bis es den Schwellenwert (32 KB) erreicht. Das Fenster wird nicht ständig, sondern nur jedes Mal, wenn eine neue Bestätigung eingeht, erhöht, was zu dem diskreten Treppenmuster führt. Nachdem der Schwellenwert passiert wurde, wächst das Fenster linear. Es wird um ein Segment pro Paketumlaufzeit erhöht.

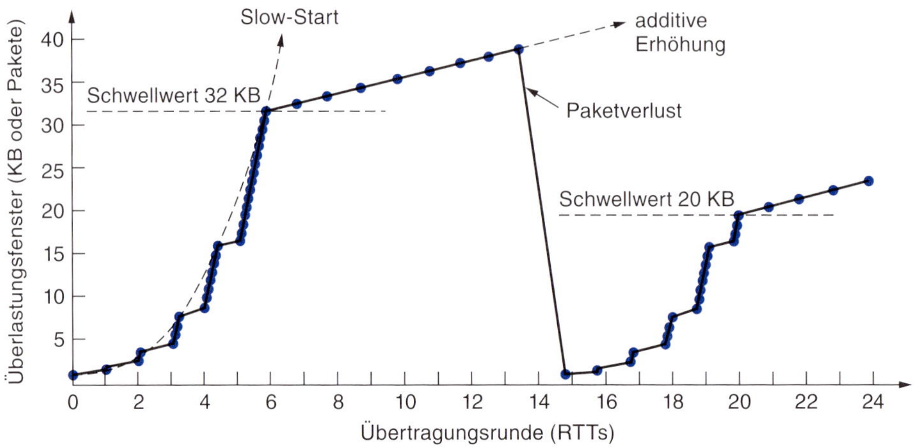

Abbildung 6.46: Slow-Start gefolgt von einer additiven Erhöhung in TCP Tahoe.

Die Übertragungen in Runde 13 haben Pech (das war irgendwann zu erwarten), denn ein Paket ist im Netz verloren gegangen. Dies kommt heraus, wenn drei Dup-Acks eingehen. Daraufhin wird das verlorene Paket erneut übertragen, der Schwellenwert auf die Hälfte des aktuellen Fensters gesetzt (inzwischen 40 KB, d.h., die Hälfte ist 20 KB) und der Slow-Start von neuem initiiert. Das Neustarten mit einem Überlastungsfenster von einem Paket benötigt einen Paketumlaufzyklus, damit all die zuvor übertragenen Daten das Netz verlassen und bestätigt werden, einschließlich des neu übertragenen Pakets. Das Überlastungsfenster wächst bei dem Slow-Start wie zuvor, bis es den neuen Schwellenwert von 20 KB erreicht. Ab diesem Zeitpunkt verläuft das Wachstum wieder linear. Damit wird fortgefahren, bis ein weiterer Paketverlust anhand von Dup-Acks oder einem Timeout festgestellt wird (oder das Fenster des Empfängers zum Grenzwert wird).

TCP Tahoe (zu dem gute Retransmission-Timer gehören) bot einen funktionierenden Algorithmus zur Überlastkontrolle, der das Problem des Überlastungskollapses löste. Jacobson erkannte, dass es sogar noch besser ging. Zurzeit der schnellen Neuübertragung weist die Verbindung ein zu großes Überlastungsfenster auf, aber nichtsdestotrotz eine funktionierende ACK-Taktung. Jedes Mal, wenn ein weiteres Dup-Ack ankommt, hat ein anderes Paket das Netz verlassen. Die Verwendung von Dup-Acks zum Zählen der Pakete im Netz ermöglicht es, einige Pakete aus dem Netz zu entlassen und weiterhin für jedes zusätzliche Dup-Ack ein neues Paket zu schicken.

Die Heuristik, die dieses Verhalten implementiert, ist die **schnelle Wiederherstellung** (*fast recovery*). Sie ist ein temporärer Modus, der darauf abzielt, die ACK-Taktung nicht zu unterbrechen, mit einem Überlastungsfenster, das so groß ist wie der neue Schwellenwert oder halb so groß wie das Überlastungsfenster zurzeit der schnellen Neuübertragung. Hierzu werden die Dup-Acks gezählt (einschließlich der drei, die die schnelle Neuübertragung ausgelöst haben), bis die Anzahl der Pakete im Netz auf den neuen Schwellenwert gefallen ist. Dies dauert ungefähr eine halbe Paketumlaufzeit. Ab da kann für jedes Dup-Ack, das empfangen wurde, ein neues Paket gesendet werden. Einen Paketumlaufzyklus nach der schnellen Neuübertragung wird das verlorene Paket bestätigt sein. Zu diesem Zeitpunkt hört der Strom der Dup-Acks auf und der Modus der schnellen Wiederherstellung wird verlassen. Das Überlastungsfenster wird auf den neuen Slow-Start-Schwellenwert gesetzt und wächst danach linear an.

Diese Heuristik soll bei TCP Slow-Start möglichst vermeiden, es sei denn, die Verbindung wird das erste Mal gestartet und es tritt ein Timeout auf. Letzteres kann immer noch passieren, wenn mehr als ein Paket verloren geht und die schnelle Neuübertragung nicht zu einer angemessenen Wiederherstellung führt. Anstelle von wiederholtem Slow-Start folgt das Überlastungsfenster einer aktiven Verbindung einem **Sägezahnmuster** von additiver Erhöhung (ein Segment pro Paketumlaufzeit) und multiplikativer Erniedrigung (um die Hälfte in einer Paketumlaufzeit). Das ist genau die AIMD-Regel, die wir implementieren wollen.

Das Sägezahnverhalten sehen Sie in ▶Abbildung 6.47. Es wird von der Version TCP Reno erzeugt, benannt nach dem 4.3BSD-Reno-Release 1990, von dem sie ein Teil war. TCP Reno entspricht im Wesentlichen TCP Tahoe plus der schnellen Wiederherstellung. Nach einem anfänglichen Slow-Start steigt das Überlastungsfenster linear an, bis ein Paketverlust durch Dup-Acks festgestellt wird. Das verlorene Paket wird erneut übertragen und die schnelle Wiederherstellung sorgt dafür, dass die ACK-Taktung weiterläuft, bis die erneute Übertragung bestätigt wurde. Dann fährt das Überlastungsfenster mit dem neuen Slow-Start-Schwellenwert fort anstatt mit 1. Dieses Verhalten wird unendlich fortgesetzt, wobei das Überlastungsfenster in der Verbindung die meiste Zeit nahe dem Optimalwert des Bandbreitenverzögerungsprodukts ist.

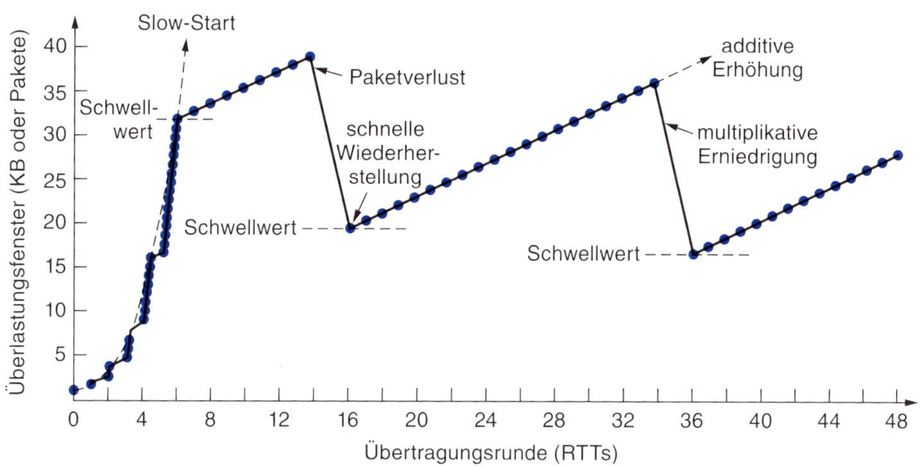

Abbildung 6.47: Schnelle Wiederherstellung und das Sägezahnmuster von TCP Reno.

TCP Reno mit seinen Mechanismen zur Anpassung des Überlastungsfensters bildet seit zwei Jahrzehnten die Basis für die TCP-Überlastkontrolle. Die meisten Änderungen in dieser Zeit waren kleinere Korrekturen an diesen Mechanismen. So wurden zum Beispiel die Auswahlmöglichkeiten des Anfangsfensters geändert und diverse Doppeldeutigkeiten beseitigt. Auch gab es einige Verbesserungen zur Wiederherstellung nach zwei oder mehr Verlusten in einem Fenster von Paketen. Zum Beispiel verwendet die Version TCP NewReno ein teilweises Weiterzählen der Bestätigungsnummer nach einer Neuübertragung, um einen weiteren Verlust zu entdecken und zu beheben (Hoe, 1996); dies wird in RFC 3782 beschrieben. Seit Mitte der 1990er Jahre gibt es mehrere Varianten, die den von uns beschriebenen Prinzipien folgen, aber etwas andere Steuerungsgesetze zugrunde legen. So verwendet Linux beispielsweise eine Variante namens CUBIC TCP (Ha et al., 2008) und Windows eine namens Compound TCP (Tan et al., 2006).

Zwei größere Änderungen hatten ebenfalls Einfluss auf die TCP-Implementierungen. Zum einen ist ein Großteil der Komplexität von TCP darauf zurückzuführen, dass einem Strom von Dup-Acks entnommen werden kann, welche Pakete angekommen und welche verloren gegangen sind. Die kumulative Bestätigungsnummer kann keine Auskunft darüber geben. Eine einfache Lösung ist die Verwendung von **selektiven Bestätigungen** (**SACK**, *Selective ACKnowledgments*), die bis zu drei Bytebereiche auflisten, die empfangen wurden. Mit dieser Information kann der Sender schneller entscheiden, welche Pakete neu zu übertragen sind, und die Pakete, die unterwegs sind, verfolgen, um das Überlastungsfenster zu implementieren.

Wenn Sender und Empfänger eine Verbindung aufbauen, senden beide die TCP-Option *SACK Permitted*, um anzuzeigen, dass sie selektive Bestätigungen verstehen. Wurde diese Option für eine Verbindung aktiviert, sieht die Funktionsweise wie in ▶Abbildung 6.48 aus. Ein Empfänger verwendet das TCP-Feld *Acknowledgement Number* auf normale Art und Weise, als eine kumulative Bestätigung des höchsten Bytes, das in der korrekten Reihenfolge empfangen wurde. Wenn ihm Paket 3 außerhalb der Reihenfolge zugestellt wird (weil Paket 2 verloren gegangen ist), sendet er eine *SACK Option* für die empfangenen Daten zusammen mit der kumulativen Bestätigung (Dup-Ack) für Paket 1. Die *SACK Option* gibt die Bytebereiche an, die über die Zahl, die durch die kumulative Bestätigung angegeben wird, hinaus empfangen wurden. Der erste Bereich ist das Paket, das das Dup-Ack ausgelöst hat. Die nächsten Bereiche, falls vorhanden, sind ältere Blöcke. Normalerweise werden bis zu drei Bereiche verwendet. Wenn Paket 6 empfangen wurde, werden zwei SACK-Bytebereiche verwendet, um anzuzeigen, dass Paket 6 und Pakete 3 bis 4 empfangen wurden, zusätzlich zu allen Paketen bis Paket 1. Anhand der Informationen, die der Sender durch jede SACK-Option empfängt, kann er entscheiden, welche Pakete neu zu übertragen sind. In diesem Fall wäre die erneute Übertragung der Pakete 2 und 5 eine gute Idee.

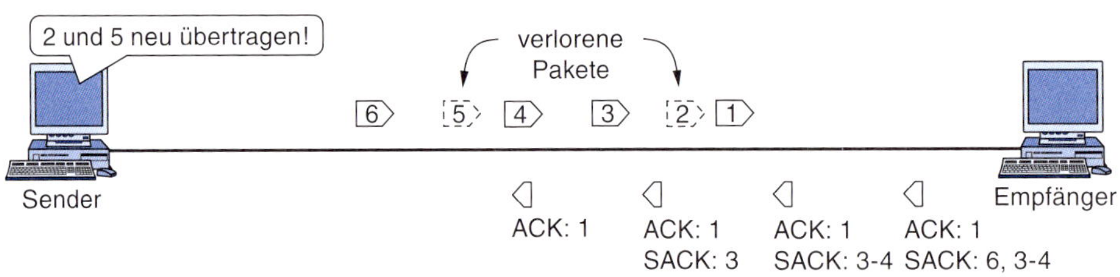

Abbildung 6.48: Selektive Bestätigungen.

SACK hat lediglich informativen Charakter. Die eigentliche Ermittlung eines Verlustes erfolgt wie zuvor mithilfe von Dup-Acks und Anpassungen des Überwachungsfensters. Doch mit SACK kann TCP in Situationen, in denen mehrere Pakete mehr oder weniger gleichzeitig verloren gehen, die Wiederherstellung viel schneller realisieren, da der TCP-Sender weiß, welche Pakete nicht empfangen wurden. SACK hat inzwischen eine weite Verbreitung gefunden. Es wird in RFC 2883 beschrieben und die TCP-Überlastkontrolle mit SACK in RFC 3517.

Die zweite Änderung ist die Verwendung von ECN (*Explicit Congestion Notification*) zusätzlich zu dem Paketverlust als Überlastungssignal. ECN ist ein Mechanismus auf der IP-Schicht, der Hosts über die Überlastung informiert. Wir sind hierauf schon in Abschnitt 5.3.2 eingegangen. Damit kann der TCP-Empfänger Überlastungssignale von IP empfangen.

Die Verwendung von ECN für eine TCP-Verbindung wird aktiviert, wenn sowohl Sender als Empfänger anzeigen, dass sie ECN verwenden können, indem sie während des Verbindungsaufbaus die Bits *ECE* und *CWR* setzen. Wenn ECN verwendet wird, ist bei jedem Paket, das ein TCP-Segment überträgt, ein Flag im IP-Header gesetzt, um anzuzeigen, dass es ein ECN-Signal tragen kann. Router, die ECN unterstützen, werden bei Paketen, die ECN-Flags tragen können, ein Überlastungssignal setzen, wenn eine Überlastung droht, anstatt diese Pakete fallen zu lassen, nachdem eine Überlastung aufgetreten ist.

Der TCP-Empfänger wird darüber informiert, ob irgendeines der Pakete, die ankommen, ein ECN-Überlastungssignal trägt. Der Empfänger verwendet dann das *ECE*-Flag (ECN-Echo), um dem TCP-Sender zu signalisieren, dass die angekommenen Pakete im Stau gestanden haben. Der Sender teilt dem Empfänger mit, dass er das Signal gehört hat, indem er seinerseits das *CWR*-Flag verwendet (*Congestion Window Reduced*).

Der TCP-Sender reagiert auf diese Überlastungsbenachrichtigungen auf genau die gleiche Weise wie bei einem Paketverlust, der mittels Dup-Acks festgestellt wird. Die Situation ist jedoch eindeutig besser. Die Überlastung wurde entdeckt und kein Paket hat in irgendeiner Form Schaden erlitten. ECN wird in RFC 3168 beschrieben. Es muss sowohl vom Host und vom Router unterstützt werden und ist noch nicht sehr weit im Internet verbreitet.

Weitere Informationen zu dem vollständigen Satz der in TCP implementierten Überlastkontrollmethoden finden Sie in RFC 5681.

6.5.11 TCP CUBIC

Die Antwort auf das Problem mit den immer größeren Bandbreitenverzögerungsprodukten lautete **TCP CUBIC** (Ha et al., 2008). Wie bereits oben beschrieben, benötigen Netze mit großen Bandbreitenverzögerungsprodukten viele Paketumlaufzeiten, um die verfügbare Kapazität des Ende-zu-Ende-Pfades zu erreichen. TCP CUBIC basiert auf den allgemeinen Ansatz, für die Vergrößerung des Überlastungsfensters eine Funktion der Zeit der letzten Dup-Acks zugrunde zu legen, und nicht nur das Eintreffen der ACKS.

Die Anpassung des CUBIC-Überlastungsfensters erfolgt als Funktion der Zeit. Im Gegensatz zu dem Standardansatz der Überlastkontrolle mittels AIMD-Steuerungsgesetz, wie oben beschrieben, wird das Überlastungsfenster gemäß einer kubischen Funktion erhöht, die zu Beginn ein Anwachsen des Überlastungsfensters bewirkt, gefolgt von einer Plateau-Zeit und schließlich einer Zeit schnelleren Wachstums. ▸Abbildung 6.49 zeigt die Entwicklung des Überlastungsfensters in TCP CUBIC über die Zeit. Auch hier besteht einer der Hauptunterschiede zwischen CUBIC und anderen TCP-Versionen darin, dass sich das Überlastungsfenster als Funktion der Zeit seit dem letzten Überlastungsereignis entwickelt, schnell ansteigt, sich dann auf das Überlastungsfenster einpendelt, das der Sender vor dem letzten Überlastungsereignis erreicht hat, und dann wieder ansteigt, um die optimale Rate zu ermitteln, bis ein weiteres Überlastungsereignis eintritt.

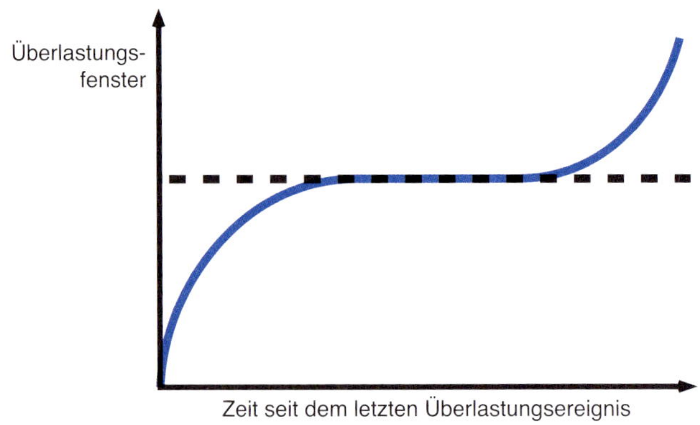

Abbildung 6.49: : Entwicklung des TCP CUBIC Überlastungsfensters.

TCP CUBIC ist standardmäßig in den Linux-Kernels 2.6.19 und höher implementiert, sowie in den modernen Windows-Versionen.

6.6 Transportprotokolle und Überlastkontrolle

Mit zunehmender Netzkapazität erreichen einige der herkömmlichen Betriebsmodi von TCP keine optimale Leistung mehr. Vor allem verbindungsorientierte Protokolle wie TCP können beim Verbindungsaufbau unter einem hohen Overhead sowie in Netzen mit großen Puffern unter Leistungseinbußen leiden. Im weiteren Verlauf dieses Abschnitts werden einige neuere Entwicklungen bei Transportprotokollen erörtert, die sich mit diesen Problemen befassen.

6.6.1 QUIC: Schnelle UDP-Internetverbindungen

QUIC (*Quick UDP Internet Connections*) ist ein Transportprotokoll, das darauf abzielt, einige der Durchsatz- und Latenzeigenschaften von TCP zu verbessern. Es wurde in mehr als der Hälfte aller Verbindungen vom Chrome-Browser zu den Google-Diensten eingesetzt, bevor es überhaupt standardisiert wurde. Allerdings wird dieses Protokoll außer von Google Chrome von kaum irgendwelchen anderen Webbrowsern unterstützt.

Wie der Name schon verrät, setzt QUIC auf UDP auf. Sein Hauptziel ist, Anwendungsprotokolle wie beispielsweise die Webprotokolle aus *Kapitel 7* schneller zu machen. In *Kapitel 7* werden wir näher erläutern, wie QUIC mit den Anwendungsprotokollen des Webs interagiert. Wie wir gleich sehen werden, muss eine Anwendung wie das Web zum Laden einer einzelnen Webseite mehrere Verbindungen parallel aufbauen. Da viele dieser Verbindungen in einem gemeinsamen Server münden, kann der Aufbau einer neuen Verbindung zum Laden jedes einzelnen Webobjekts zu einem erheblichen Overhead führen. QUIC hat daher die Aufgabe, diese Verbindungen über einen einfachen UDP-Fluss zu multiplexen und gleichzeitig sicherzustellen, dass die Verzögerung bei der Übertragung eines einzelnen Webobjekts nicht die Übertragung anderer Objekte blockiert.

Da QUIC auf UDP basiert, ist nicht automatisch eine zuverlässige Übertragung gewährleistet. Wenn einige Daten in einem Strom verloren gehen, kann das Protokoll die Datenübertragung für andere Ströme unabhängig fortsetzen, was letztlich die Leistung von Verbindungen mit hohen Übertragungsfehlerraten verbessern kann. QUIC nimmt auch verschiedene andere Optimierungen vor, um die Leistung zu verbessern, z.B. den Huckepacktransport von Verschlüsselungsinformationen auf Anwendungsebene beim Aufbau von Transportverbindungen und die Verschlüsselung jedes einzelnen Pakets, sodass der Verlust eines Pakets nicht die Entschlüsselung der nachfolgenden Pakete verhindert. Außerdem bietet QUIC Mechanismen zu einem schnelleren Netzübergang (z.B. von einer Mobilfunkverbindung zu einer WiFi-Verbindung), wobei eine Verbindungskennung dazu dient, den Status aufrecht zu erhalten, wenn Endpunkte das Netz wechseln.

6.6.2 BBR: Überlastkontrolle auf der Basis von Bottleneck-Datenrate

Wenn Bottleneck-Puffer (*Engpass*) groß sind, werden sie von den verlustbasierten Überlastkontrollalgorithmen wie die oben beschriebenen letztendlich gefüllt, was zu einem Phänomen führt, das als **Bufferbloat** (*aufgeblähter Puffer*) bekannt ist. Die Idee hinter dem Bufferbloat ist ziemlich einfach: Wenn Netzgeräte entlang eines Netzpfades über zu große Puffer verfügen, kann ein TCP-Sender mit einem großen Überlastungsfenster mit einer Rate senden, die die Kapazität des Netzes weit übersteigt, bevor er überhaupt ein Verlustsignal erhält. Puffer in der Netzmitte können sich füllen, wodurch sich Überlastungsereignisse für Sender verzögern, die zu schnell senden (d.h. keine Pakete fallen lassen), und, was noch wichtiger ist, sich die Netzwerklatenz für Sender erhöht, deren Pakete sich in einer Warteschlange hinter vielen anderen Paketen in einem großen Puffer einreihen müssen (Gettys, 2011).

Das Problem des Bufferbloat kann auf verschiedene Weise angegangen werden. Ein möglicher Ansatz besteht einfach darin, die Größe der Puffer in den Netzgeräten zu reduzieren. Leider müssen dazu die Anbieter und Hersteller von Netzgeräten, von drahtlosen Zugangspunkten bis hin zu Backbone-Routern, davon überzeugt werden, die Größe der Puffer in ihren Geräten zu verringern. Selbst wenn dieser Kampf gewonnen werden könnte, gibt es viel zu viele alte Geräte im Netz, um sich allein auf diesen Ansatz zu verlassen. Ein anderer Ansatz ist die Entwicklung einer Alternative zur verlustbasierten Überlastkontrolle; eine solche Alternative ist BBR.

Die Hauptidee hinter BBR ist es, die Bottleneck-Datenrate und die Umlaufverzögerung (*round-trip propagation delay*) zu messen und Schätzungen dieser Parameter zu verwenden, um genau zum richtigen Arbeitspunkt zu senden. BBR verfolgt also *kontinuierlich* die Bottleneck-Datenrate und die Übertragungsverzögerung der Umlaufzeit. TCP verfolgt bereits die Umlaufzeit; BBR erweitert die bestehende Funktionalität, indem es die Zustellrate des Transportprotokolls über die Zeit verfolgt. BBR berechnet die Bottleneck-Datenrate als das Maximum der gemessenen Zustellrate über ein Zeitfenster – in der Regel sechs bis zehn Umlaufzeiten.

Die allgemeine Philosophie von BBR besteht darin, dass sich bis zum Bandbreitenverzögerungsprodukt des Pfades die Umlaufzeit nicht erhöht, da keine zusätzliche Pufferung stattfindet; ansonsten bleibt die Zustellrate umgekehrt proportional zur Umlaufzeit und proportional zur Menge der Pakete im Umlauf (dem Fenster). Sobald die Anzahl der Pakete im Umlauf das Produkt aus Bandbreite und Verzögerung übersteigt, beginnt die Latenzzeit zu steigen, da die Pakete in die Warteschlange gestellt werden, und die Zustellrate sinkt. ▶Abbildung 6.50 zeigt, wie die Umlaufzeit und die Zustellrate mit der Menge der im Umlauf befindlichen Daten (d.h. der gesendeten, aber nicht bestätigten Daten) variieren. Der optimale Arbeitspunkt für BBR ist gegeben, wenn die Erhöhung der Datenmenge im Umlauf die Gesamtumlaufzeit, aber nicht die Zustellrate erhöht.

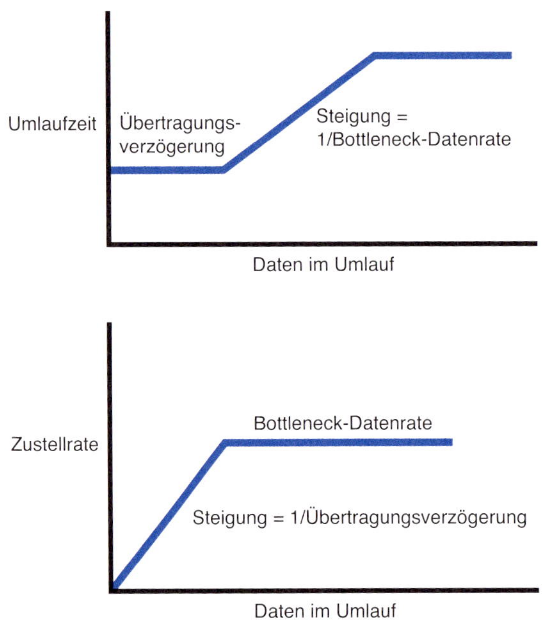

Abbildung 6.50: BBR-Arbeitspunkt.

Der Schlüssel zu BBR ist daher die kontinuierliche Aktualisierung der Schätzungen von Bottleneck-Datenrate und Umlauflatenz. Jede Bestätigung liefert neue, aktualisierte Informationen über die Umlaufzeiten und durchschnittlichen Zustellraten, wobei überprüft wird, ob die Zustellrate nicht anwendungsbeschränkt ist (wie es manchmal bei Anfrage-Antwort-Protokollen der Fall ist). Der zweite Teil von BBR besteht darin, die Datenpaketabstände beim Verschicken an die Bottleneck-Bandbreitenrate anzupassen. Die **Anpassungsrate** (*pacing rate*) ist der entscheidende Parameter für die BBR-basierte Überlastkontrolle. Im Steady State ist die Rate, mit der BBR sendet, einfach eine Funktion der Bottleneck-Datenrate und der Umlaufzeit. BBR minimiert die Verzögerung, indem es die meiste Zeit damit verbringt, Daten im Umfang genau des Bandbreitenverzögerungsprodukts im Umlauf zu halten, die exakt mit der Bottleneck-Datenrate getaktet sind. Die Konvergenz zur Bottleneck-Rate erfolgt recht schnell.

Google hat BBR in ziemlich großem Umfang eingesetzt, sowohl in seinem internen Backbonenetz als auch in vielen seiner Anwendungen. Eine offene Frage ist jedoch, wie gut BBR-basierte Überlastkontrolle mit konventioneller TCP-basierter Überlastkontrolle harmoniert. In einem kürzlich durchgeführten Experiment stellten Forscher beispielsweise fest, dass ein BBR-Sender, der einen Netzwerkpfad mit 16 anderen Transportverbindungen teilte, 40% der Verbindungskapazität belegte. Das bedeutet, dass die anderen Transportverbindungen jeweils weniger als 4% der verbleibenden Bandbreite erhielten (Ware et al., 2019). Es kann gezeigt werden, dass BBR oft einen festen Anteil der verfügbaren Kapazität in Anspruch nimmt, unabhängig von der Anzahl der konkurrierenden TCP-Ströme. Leider besteht der Stand der Technik bei der Analyse der Fairness-Eigenschaften neuer Überlastkontrollalgorithmen darin, sie einfach auszuprobieren und zu sehen, was passiert. In diesem Fall scheint noch viel Arbeit vor den Entwicklern zu liegen, um sicherzustellen, dass BBR gut mit dem bestehenden TCP-Verkehr im Internet interagiert.

6.6.3 Die Zukunft von TCP

Als Arbeitspferd des Internets wird TCP für viele Anwendungen eingesetzt und hat mit der Zeit etliche Erweiterungen erfahren, um in einer Vielzahl von Netzen eine gute Leistung zu zeigen. Es gibt viele Versionen mit jeweils leicht abgewandelten Implementierungen der von uns beschriebenen klassischen Algorithmen, vor allem zur Verbesserung von Überlastkontrolle und Robustheit gegen Angriffe. Es ist zu erwarten, dass sich TCP auch in Zukunft mit dem Internet weiterentwickelt. Auf zwei Aspekte in diesem Zusammenhang wollen wir besonders eingehen.

Der erste Aspekt ist, dass die Transportsemantik von TCP nicht allen Anwendungen gleich gerecht wird. Einige Anwendungen wollen beispielsweise Nachrichten oder Datensätze schicken, deren Umfang bewahrt werden muss. Andere Anwendungen nutzen eine Gruppe verwandter Konversationen wie einen Webbrowser, der mehrere Objekte vom gleichen Server überträgt. Oder noch andere Anwendungen wollen bessere Kontrolle über die von ihnen verwendeten Netzpfade. TCP mit seiner standardmäßigen Socket-Schnittstelle kann all diese Anforderungen nicht voll erfüllen. Kurz und gut, die Anwendung muss sich um all die Probleme kümmern, die TCP nicht lösen kann. Dies führte zu Vorschlägen für neue Protokolle, die eine etwas andere Schnittstelle boten. Zwei Beispiele dafür sind SCTP (*Stream Control Transmission Protocol*) und SST (*Structured Stream Transport*; Ford, 2007). Jedoch immer, wenn irgendjemand vorschlägt, etwas zu ändern, dass so lange gut funktioniert hat, gibt es einen Grabenkampf zwischen denen, die meinen, „dass die Benutzern mehr Funktionen verlangen", und den Anhängern des Spruchs, „dass man nichts reparieren sollte, was nicht kaputt ist".

6.7 Leistungsaspekte

Leistungsaspekte sind in Rechnernetzen sehr wichtig. Wenn Hunderte oder Tausende von Rechnern miteinander verbunden sind, ergeben sich oft komplexe Interaktionen mit unvorhergesehenen Folgen. Häufig führt diese Komplexität zu schlechter Leistung, und keiner weiß den Grund. In den folgenden Abschnitten werden viele Aspekte im Zusammenhang mit Netzleistung und mögliche Problemlösungen beschrieben.

Leider ist das Verständnis der Netzleistung mehr Kunst als Wissenschaft. Es gibt kaum eine zugrunde liegende Theorie, die in der Praxis Anwendung findet. Das Beste, was man in diesem Umfeld tun kann, ist die Weitergabe von Faustregeln, die aus praktischen Erfahrungen gesammelt wurden, und die Präsentation von Beispielen der realen Welt. Wir haben diese Diskussion aufgeschoben, bis wir die Transportschicht in TCP behandelt haben, da die Leistung, die bei den Anwendungen ankommt, von der gemeinsamen Leistung der Transport-, Vermittlungs- und Sicherungsschicht abhängt und wir TCP als Beispiel an verschiedenen Stellen verwenden können.

In den nächsten Abschnitten werden wir acht Aspekte im Zusammenhang mit Netzleistung behandeln:

1. Leistungsprobleme
2. Messen der Netzleistung
3. Messen des Zugangsnetzdurchsatzes
4. Messen der Erlebnisqualität
5. Hostdesign für schnellere Netzwerke
6. Schnelle Segmentverarbeitung
7. Header-Komprimierung
8. Protokolle für „Long Fat Networks"

Diese Aspekte betrachten die Netzleistung sowohl beim Host als auch über das Netz und für den Fall, dass Netze in Größe und Geschwindigkeit zunehmen.

6.7.1 Leistungsprobleme in Rechnernetzen

Einige Leistungsprobleme, z.B. Verstopfung, werden durch die vorübergehende Überlastung von Ressourcen verursacht. Kommt plötzlich mehr Verkehr an, als ein Router verarbeiten kann, baut sich ein Datenstau auf, und die Leistung wird beeinträchtigt. In diesem und dem vorherigen Kapitel wurde das Thema Überlastung ausführlich behandelt.

Die Leistung kann auch abfallen, wenn ein Ungleichgewicht der strukturellen Ressourcen vorliegt. Wird z.B. eine Gigabit-Übertragungsleitung an einen bescheidenen PC angeschlossen, ist der arme Host nicht in der Lage, die ankommenden Pakete schnell genug zu verarbeiten. Zwangsläufig gehen einige verloren. Diese Pakete werden irgendwann erneut übertragen, was die Übertragungsverzögerung erhöht, Bandbreite vergeudet und die Leistung allgemein reduziert.

Überlastungen können auch synchron ausgelöst werden. Wenn beispielsweise ein Segment einen falschen Parameter enthält (z.B. den Port, für den es bestimmt ist), schickt der Empfänger in vielen Fällen netterweise eine Fehlermeldung zurück. Betrachten wir nun, was passieren kann, wenn ein fehlerhaftes Segment an 1.000 Rechner gesendet wird. Jedes könnte eine Fehlermeldung zurücksenden. Der daraus resultierende **Broadcast-Sturm** kann das Netz in die Knie zwingen. UDP litt an diesem Problem, bis das ICMP-Protokoll dergestalt geändert wurde, dass Hosts nicht mehr auf Fehler in UDP-Segmenten antworteten, die an Broadcast-Adressen gesendet wurden. Vor allem drahtlose Netze müssen sorgfältig darauf achten, ungeprüfte Broadcast-Antworten zu vermeiden, da Broadcasting natürlich erfolgt und die drahtlose Bandbreite begrenzt ist.

Ein zweites Beispiel synchroner Überlastung ist die Situation nach einem Stromausfall. Kommt der Strom wieder zurück, starten alle Rechner gleichzeitig. Eine typische Reboot-Folge kann so aussehen, dass zuerst irgendein (DHCP-)Server abgefragt wird, um die korrekte Identität zu erfahren, dann wird irgendein Dateiserver abgefragt, um eine Kopie des Betriebssystems einzuholen. Machen das Hunderte von Rechnern in einem Datenzentrum gleichzeitig, bricht der Server wahrscheinlich unter der Last zusammen.

Sogar wenn keine synchronen Überlastungen vorliegen und genügend Ressourcen verfügbar sind, kann sich die Leistung aufgrund mangelhafter Systemabstimmung verschlechtern. Hat ein Rechner z.B. eine sehr hohe CPU-Leistung und viel Speicher, von dem aber nicht genügend Speicher als Puffer zugewiesen wurde, wird die Flusskontrolle den Empfang der Segmente verlangsamen und die Leistung herunterfahren. Dies stellte bei vielen TCP-Verbindungen ein Problem dar, da das Internet schneller geworden war, aber die Standardgröße des Flusskontrollfensters von 64 KB sich nicht geändert hatte.

Ein weiteres Einstellungsproblem ist das Setzen der Timer. Wenn ein Segment gesendet wird, wird normalerweise ein Timer gesetzt, um sich gegen den Verlust des Segments zu schützen. Ist der Timeout zu kurz, erfolgen unnötig viele Neuübertragungen, die die Leitung verstopfen. Ist der Timeout zu lang, treten nach dem Verlust eines Segments unnötige Übertragungsverzögerungen auf. Zu den weiteren einstellbaren Parametern zählen die Wartezeit für die Übertragung von Daten im Huckepackverfahren, bevor eine getrennte Bestätigung gesendet wird, und die Anzahl der Neuübertragungen vor einem Abbruch.

Ein weiteres Leistungsproblem ist Jitter, der vor allem in Echtzeitanwendungen wie Audio und Video zutage tritt. Im Schnitt über genügend Bandbreite zu verfügen, reicht nicht für eine gute Leistung. Kurze Übermittlungsverzögerungen sind ebenfalls erforderlich. Auf Dauer kurze Verzögerungen zu bieten, setzt eine sorgfältige Planung der Netzlast, Dienstgüteunterstützung auf den Vermittlungs- und Sicherungsschichten oder beides voraus.

6.7.2 Messung der Netzwerkleistung

Betreiber als auch Nutzer von Netzen sind daran interessiert, deren Leistung zu messen. Beliebt ist zum Beispiel die Messung des Durchsatzes im Zugangsnetz (manchmal einfach als „Geschwindigkeit" bezeichnet). Viele Internetnutzer greifen beispielsweise auf Tools wie Speedtest (z.B. *www.speedtest.net*) zurück, um die Leistung von Zugangsnetzen zu messen. Der herkömmliche Ansatz für die Durchführung dieser Tests bestand lange Zeit darin, möglichst viele Daten möglichst schnell in das Netz zu schicken (und so mehr oder weniger „die Leitung zu füllen"). Mit zunehmender Geschwindigkeit der Zugangsnetze ist die Messung der Geschwindigkeit einer Zugangsverbindung jedoch schwieriger geworden, da für das Füllen der Leitung mehr Daten erforderlich sind und sich die Engpässe zwischen dem Client und dem zu testenden Server an andere Stellen des Netzes verlagern. Vielleicht noch wichtiger ist, dass für die Netzleistung die Qualität der Erfahrung oder die Leistung einer Anwendung zunehmend relevanter ist als die Geschwindigkeit. Dies zeigt, dass sich die Messung der Netzleistung kontinuierlich weiterentwickelt, insbesondere im Zeitalter der Gigabit-Zugangsnetze.

6.7.3 Messung des Zugangsnetzdurchsatzes

Der konventionelle Ansatz zur Messung des Durchsatzes eines Netzes besteht einfach darin, so viele Daten über einen Netzpfad zu senden, wie das Netz in einem bestimmten Zeitraum unterstützen kann, und die übertragene Datenmenge dann durch die für die Übertragung benötigte Zeit zu teilen. Diese Berechnung ergibt den durchschnittlichen Durchsatz. Dieser Ansatz scheint zwar einfach und im Allgemeinen ausreichend zu sein, weist jedoch eine Reihe von Mängeln auf: vor allem kann eine einzelne TCP-Verbindung die Kapazität einer Netzverbindung oft nicht ausschöpfen, insbesondere in Anbetracht der Tatsache, dass die Geschwindigkeit der Zugangsverbindungen weiter zunimmt. Außerdem kann der Test, wenn er den frühen Teil der Übertragung erfasst, Übertragungsraten vor dem Steady State erfassen (z.B. TCP-Slow-Start), was letztlich zu einem Test führen kann, der den Durchsatz des Zugangsnetzes unterschätzt. Schließlich werden bei clientbasierten Tests (wie Speedtest oder anderen Durchsatztests, die von einem Client-Gerät aus durchgeführt werden können) zunehmend andere Leistungsgrenzen als das Zugangsnetz gemessen (z.B. der Funk des Geräts, das drahtlose Zugangsnetz).

Um diesen Unzulänglichkeiten Rechnung zu tragen, die immer kritischer werden, da die Zugangsnetze inzwischen Gigabit-Geschwindigkeiten überschreiten, haben sich einige bewährte Verfahren zur Messung des Durchsatzes von Zugangsnetzen herausgebildet (Feamster et al., 2020). Die erste besteht darin, mehrere parallele TCP-Verbindungen zu verwenden, um die Kapazität der Zugangsverbindung auszulasten. Tests früherer Geschwindigkeitstests haben gezeigt, dass vier TCP-Verbindungen in der Regel ausreichen, um die Kapazität des Zugangsnetzes auszulasten (Sundaresan, 2011). Die meisten modernen clientbasierten Tools, darunter Speedtest und der von der Federal Trade Communications verwendete Durchsatztest, verwenden mindestens vier parallele Verbindungen, um die Netzkapazität zu messen. Einige dieser Tools skalieren sogar die Anzahl der Netzverbindungen, sodass Verbindungen, die eine höhere Kapazität zu haben scheinen, mit mehr parallelen Verbindungen getestet werden.

Eine zweite bewährte Praxis, die zunehmend an Bedeutung gewinnt, da der Durchsatz der ISP-Zugangsverbindung den des Heimnetzwerks (und anderer Teile des Ende-zu-Ende-Pfads) übersteigt, besteht darin, Durchsatztests für das Zugangsnetzwerk direkt vom Heimrouter aus durchzuführen. Derartige Tests minimieren die Wahrscheinlichkeit, dass irrelevante Faktoren (z.B. ein Client-Gerät, das Drahtlosnetz des Benutzers) den Durchsatztest beschränken.

Wenn die Geschwindigkeiten weiter steigen, werden sich wahrscheinlich weitere bewährte Verfahren herausbilden, z.B. die parallele Messung mehrerer Internetziele über eine einzige Zugangsverbindung. Ein solcher Ansatz kann erforderlich sein, insbesondere wenn die Serverseite dieser Verbindungen zur Quelle von Engpässen beim Netzwerkdurchsatz wird. Außerdem besteht auch ein zunehmendes Interesse an der Entwicklung sogenannter „passiver" Durchsatztests, bei denen keine großen Mengen an zusätzlichem Daten in das Netz eingespeist werden, sondern der Datenverkehr beim Durchlaufen des Netzes beobachtet wird mit dem Ziel, den Netzdurchsatz auf der Grundlage passiver Beobachtungen abzuschätzen (zwar gibt es noch keine zuverlässigen passiven Messungen des Zugangsdurchsatzes, doch könnte ein solcher Ansatz letztlich dem BBR-Ansatz nicht so unähnlich sein, bei dem die Latenz- und Zustellraten überwacht werden, um die Bottleneck-Datenrate zu schätzen).

6.7.4 Messung der Erlebnisqualität

Mit zunehmenden Zugangsnetzgeschwindigkeiten ist die wichtigste Leistungsmetrik möglicherweise nicht die Geschwindigkeit im Zugangsnetz in Form von Durchsatz, sondern die Frage, ob die Anwendungen so funktionieren, wie die Benutzer es erwarten. Bei Videos beispielsweise hängt das Nutzererlebnis ab einem gewissen Punkt normalerweise nicht mehr vom Durchsatz ab (Ramachandran et al., 2019). Vielmehr wird die Erlebnisqualität beim Streamen eines Videos durch Faktoren wie die Wartezeit bis zum Abspielen des Videos (Startverzögerung), das Nachpuffern sowie die Auflösung des Videos bestimmt. Jenseits von etwa 50 Mbit/s hängt keiner dieser Faktoren besonders vom Durchsatz der Zugangsverbindung ab, sondern eher von anderen Eigenschaften des Netzes, wie Latenz, Jitter usw.

Dementsprechend geht die moderne Messung der Netzleistung über einfache Geschwindigkeitstests hinaus und versucht, die Erlebnisqualität abzuschätzen, was in der Regel auf der passiven Beobachtung des Netzverkehrs beruht. Diese Schätzfunktionen sind für das Videostreaming inzwischen allgemein verbreitet (Ahmed et al., 2017; Krishnamoorthy et al., 2017; Mangla et al., 2018; und Bronzino et al., 2020). Die Herausforderungen bei dieser Art der Optimierung liegen nicht nur darin, wie sie für eine allgemeine Klasse von Videodiensten, sondern auch für eine größere Klasse von Anwendungen (z.B. Spiele, Virtual Reality) durchgeführt werden.

Natürlich ist die Erlebnisqualität, wie sie ein Benutzer wahrnimmt, ein Maß dafür, ob die Person mit dem benutzten Dienst zufrieden ist. Diese Metrik basiert letztlich auf menschlicher Abwägung, unter Umständen verbunden mit einem Nutzerfeedback (z.B. Echtzeit-Umfragen oder nutzerseitige Feedbackmechanismen). Nichtsdestotrotz sind die Anbieter von Internetdiensten nach wie vor an Mechanismen interessiert, die aus direkt messbaren Daten (z.B. Anwendungsdurchsatz, Paketverluste und Ankunftszeiten usw.) auf Erlebnisqualität und Engagement schließen lassen oder diese vorhersagen können.

Wir sind noch weit entfernt von einer automatischen Schätzung der Nutzerzufriedenheit auf der Grundlage passiver Messungen von Merkmalen im Netzverkehr, sodass dieser Bereich an der Schnittstelle von maschinellem Lernen und Netzwerken noch viele Forschungsansätze bietet. Am Ende könnten die Anwendungen sogar mehr leisten als Netzbetrieb, wenn Transportprotokolle (und Netzbetreiber) dazu übergehen, die Ressourcen für Nutzer zu optimieren, die eine höhere Erlebnisqualität verlangen. Für einen Benutzer, der in einem hinteren Teil des Hauses ein Video streamt, aber den Raum verlassen hat, ist die Qualität des Anwendungsstreams wahrscheinlich weniger wichtig als für einen Benutzer, der in einen Film vertieft ist. Die Unterscheidung zwischen einem Benutzer, der sich intensiv ein Video ansieht, und einem, der in die Küche gegangen ist, um etwas zu trinken, und sich nicht die Mühe gemacht hat, die Pausentaste zu drücken, bevor er den Raum verlässt, könnte natürlich schwierig sein.

6.7.5 Hostdesign für eine Optimierung der Leistung

Messungen und entsprechende Nachbesserungen können die Leistung meist beträchtlich erhöhen, sind aber kein Ersatz für guten Entwurf. Ein schlecht ausgelegtes Netz kann nur bis zu einem gewissen Punkt verbessert werden. Darüber hinaus ist ein ganz neuer Entwurf gefordert.

In diesem Abschnitt werden einige Faustregeln zur Implementierung von Netzprotokollen auf Hosts vorgestellt. Erstaunlicherweise haben sich diese aus zwei Gründen oft als Leistungsengpässe auf ansonsten schnellen Netzwerken entpuppt. Zum einen sind Netzwerkkarten und Router bereits so eingerichtet (mit Hardwareunterstützung), dass sie mit „Kabelgeschwindigkeit" laufen. Das bedeutet, dass sie Pakete so schnell verarbeiten können, wie diese über die Verbindung zugesendet werden. Zweitens, die wichtige Leistung ist die von den Anwendungen erzielte. Es ist nicht die Verbindungskapazität, sondern der Durchsatz und die Verzögerung nach der Netz- und Transportverarbeitung.

Die Reduzierung des Software-Overheads verbessert die Leistung durch Erhöhen des Durchsatzes und Verringern der Verzögerung. Sie können damit auch den Energieaufwand für den Netzwerkbetrieb reduzieren, was eine wichtige Überlegung für mobile Computer ist. Die meisten der hier vorgestellten Konzepte gehören seit Jahren zum Standardwissen von Netzentwicklern. Sie wurden erstmals explizit von Mogul (1993) beschrieben. Auf dieser Arbeit basieren die folgenden Ausführungen. Eine weitere gute Quelle ist Metcalfe (1993).

Hostgeschwindigkeit ist wichtiger als Netzgeschwindigkeit

Langjährige Erfahrungen haben gezeigt, dass Betriebssystem- und Protokoll-Overhead bei fast allen Netzen die tatsächliche Übertragungszeit bestimmen. Theoretisch beträgt die Mindestzeit für den entfernten Prozeduraufruf auf einem 1-Gbit/s-Ethernet 1 μs, was einer Minimumanfrage (64 Byte), gefolgt von einer Minimumantwort (64 Byte) entspricht. In der Praxis ist es ein enormer Fortschritt, wenn der Software-Overhead so weit eingeschränkt werden kann, dass die Zeit für entfernte Prozeduraufrufe dem obigen Wert auch nur nahe kommt. Leider ist dies nur sehr selten der Fall.

Das größte Problem im Betrieb bei 1 Gbit/s ist, die Bits schnell genug vom Puffer des Benutzers in das Netz zu bekommen und vom empfangenden Host sofort verarbeiten zu lassen. Kurz: Wird die Hostgeschwindigkeit (CPU und Speicher) verdoppelt, nähert man sich oft einer Verdoppelung des Durchsatzes. Wird die Netzkapazität verdoppelt, erreicht man meist keine Wirkung, weil der Engpass vorwiegend bei den Hosts zu suchen ist.

Overhead durch geringere Paketzahl reduzieren

Jedes Segment hat einen gewissen Overhead (z.B. der Header) sowie eine bestimmte Menge Daten (z.B. die Nutzlast). Beide Komponenten benötigen und belegen Bandbreite. Außerdem müssen beide Komponenten verarbeitet werden (z.B. Header-Verarbeitung und Berechnung der Prüfsumme). Wenn 1 Million Byte gesendet werden, bleiben die Datenkosten immer die gleichen, egal wie groß die Segmentgröße ist. Die Verwendung von 128-Byte-Segmenten anstelle von 4-KB-Segmenten bedeutet jedoch 32-mal mehr Overhead pro Segment. Der Overhead für Bandbreite und Verarbeitung summiert sich schnell, um den Durchsatz zu reduzieren.

Der Overhead pro Paket in den unteren Schichten verstärkt diesen Effekt. Jedes ankommende Paket verursacht einen neuen Interrupt, wenn der Host weitermacht. Bei einem modernen Pipeline-Prozessor unterbricht jeder Interrupt die CPU-Pipeline, stört den Cache, erfordert eine Änderung bei der Speicherverwaltung, leert die Sprungvorhersagetabelle und erzwingt das Sichern einer beträchtlichen Anzahl von CPU-Registern. Eine n-fache Reduzierung der gesendeten Segmente reduziert somit den Interrupt- und den Paket-Overhead um den Faktor n.

Man könnte sagen, dass weder der Mensch noch der Computer besonders multitaskingfähig wären. Diese Beobachtung entspringt dem Wunsch, MTU-Pakete zu senden, die so groß sind, wie maximal über den Netzpfad ohne weitere Fragmentierung übertragen werden können. Nagles Algorithmus und Clarks Lösung sind ebenfalls Versuche, das Senden kleiner Pakete zu vermeiden.

Kopieren der Daten minimieren

Der einfachste Weg, einen aus mehreren Schichten bestehenden Protokollstapel zu implementieren, besteht darin, für jede Schicht ein Modul anzulegen. Leider erfordert dies das Kopieren von oder zumindest das Zugreifen auf Daten, während sie die Schichten durchqueren, da jede Schicht ihre eigene Arbeit zu erledigen hat. Zum Beispiel wird ein Paket, nachdem es von der Netzwerkkarte empfangen wurde, normalerweise in einen Puffer im Betriebssystemkernel kopiert. Von dort wird es in einen Puffer der Vermittlungsschicht (zur Verarbeitung in der Vermittlungsschicht), dann in einen Puffer der Transportschicht (zur Verarbeitung in der Transportschicht) und schließlich noch in den empfangenden Anwendungsprozess kopiert. Es ist nicht unüblich, dass ein ankommendes Paket drei- oder viermal kopiert wird, bevor das darin enthaltene Segment zugestellt wird.

Diese ganzen Kopiervorgänge können die Leistung erheblich beeinträchtigen, da Speicheroperationen um Größenordnungen langsamer sind als Register-Register-Anweisungen. Wenn 20% der Anweisungen tatsächlich auf den Hauptspeicher zugreifen (d.h., die benötigten Daten liegen im Zwischenspeicher), was bei der Behandlung eingehender Pakete wahrscheinlich ist, wird die durchschnittliche Ausführungszeit einer Anweisung um den Faktor 2,8 verlangsamt ($0{,}8 \times 1 + 0{,}2 \times 10$). Hardwareseitig ist hier keine Hilfe zu erwarten. Das Problem liegt ausschließlich darin, dass zu viel vom Betriebssystem kopiert wird.

Ein cleveres Betriebssystem wird die Kopiervorgänge minimieren, indem es die Verarbeitung auf mehreren Schichten kombiniert. So werden TCP und IP normalerweise zusammen (als „TCP/IP") implementiert, sodass es nicht nötig ist, die Nutzlast des Pakets zu kopieren, wenn die Verarbeitung von der Vermittlungs- zur Transportschicht wechselt. Ein anderer bekannter Trick ist, in einer Schicht mehrere Operationen gleichzeitig auf die Daten auszuführen. So werden beispielsweise Prüfsummen oft berechnet, während die Daten kopiert werden (sofern sie kopiert werden müssen), und die neu berechnete Prüfsumme wird an das Ende angehängt.

Kontextwechsel minimieren

Eine verwandte Regel besagt, dass Kontextwechsel (z.B. vom Kernel- in den Benutzermodus) tödlich sind. Sie haben die gleichen schlechten Eigenschaften wie Interrupts und Kopiervorgänge zusammengenommen. Diese Kosten sind der Grund, warum Transportprotokolle oft im Betriebssystemkernel implementiert werden. Wie beim Reduzieren der Paketzahl können Kontextwechsel dadurch reduziert werden, dass die Bibliotheksprozedur, die Daten sendet, diese intern puffert, bis sie eine ausreichende Menge angesammelt hat. Ebenso sollten auf der Empfangsseite kleine Segmente gesammelt und nicht einzeln, sondern in einem Schwung an den Benutzer übergeben werden, um übermäßige Kontextwechsel zu vermeiden.

Im besten Fall verursacht ein ankommendes Paket einen Kontextwechsel vom aktuellen Benutzer zum Kernel und dann einen Wechsel zum Empfangsprozess, um die neu angekommenen Daten abzugeben. Leider spielen sich bei vielen Betriebssystemen zusätzliche Kontextwechsel ab. Wenn z.B. der Netzmanager als eigener Prozess im

Benutzerbereich läuft, könnte die Ankunft eines Pakets einen Kontextwechsel vom aktuellen Benutzer zum Kernel, einen Kontextwechsel vom Kernel zum Netzmanager, einen weiteren zum Kernel zurück und schließlich einen vom Kernel zum Empfangsprozess verursachen. Dieser Vorgang ist in ▶Abbildung 6.51 dargestellt. Diese Kontextwechsel bei jedem Paket sind eine große Vergeudung von CPU-Zeit und haben auf die Netzleistung eine verheerende Wirkung.

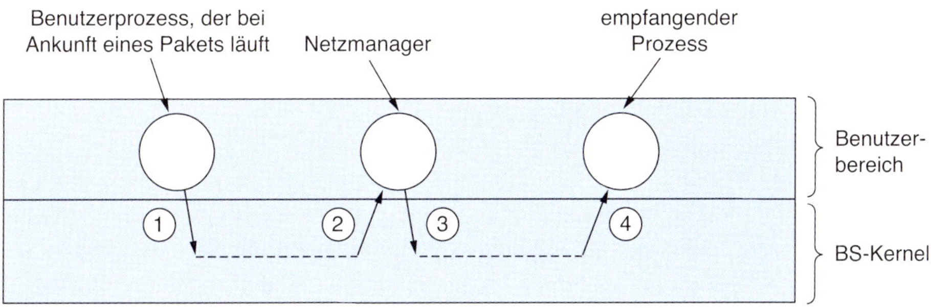

Abbildung 6.51: Vier Kontextwechsel, um ein Paket mit einem Netzmanager im Benutzerbereich zu verarbeiten.

Überlastung vermeiden ist besser als beheben

Die alte Regel, dass Vorbeugen besser ist als Heilen, trifft auch auf Netzüberlastungen zu. Ist ein Netz überlastet, gehen Pakete verloren, Bandbreite wird verschwendet, sinnlose Übertragungsverzögerungen entstehen usw. All diese Kosten sind unnötig und die Wiederherstellung nach Überlastung erfordert Zeit und Geduld. Viel besser ist, wenn sie erst gar nicht auftreten. Das Vermeiden von Überlastungen ist wie eine Impfung: Es sticht ein bisschen, verhindert aber größere Schmerzen in der Zukunft.

Timeouts vermeiden

Timer sind in Netzen notwendig, sollten aber sparsam eingesetzt werden. Auch sollten Timeouts minimiert werden. Läuft ein Timer ab, wird normalerweise eine bestimmte Aktion wiederholt. Sofern die Wiederholung einer Aktion dringend erforderlich ist, muss es eben so sein, aber unnötige Wiederholungen belasten nur die Ressourcen.

Das lässt sich vermeiden, indem man die Timer etwas konservativer setzt. Ein Timer, der zu lange läuft, ist – im (unwahrscheinlichen) Falle eines verlorenen Segments – für eine Verbindung mit einer geringfügigen zusätzlichen Übertragungsverzögerung verbunden. Ein Timer hingegen, der zu früh abläuft, verbraucht wertvolle CPU-Zeit, verschwendet Bandbreite und bedeutet eine unnötige zusätzliche Last auf vielleicht Dutzenden von Routern.

6.7.6 Schnelle Segmentverarbeitung

Nachdem wir nun die allgemeinen Regeln abgehandelt haben, werden wir einige spezielle Methoden betrachten, die die Segmentverarbeitung beschleunigen. Weitere Informationen hierzu finden Sie in Clark et al. (1989) sowie Chase et al. (2001).

Der durch die Segmentverarbeitung entstehende Overhead setzt sich aus zwei Teilen zusammen: Overhead pro Segment und Overhead pro Byte. Beide müssen behandelt werden. Der Schlüssel zu einer schnellen Segmentverarbeitung besteht darin, den Normalfall (unidirektionale Datenübertragung) zu isolieren und speziell zu behandeln. Viele Protokolle heben vor allem das hervor, was sie im Problemfall machen (z.B. wenn ein Paket verloren geht). Aber um die Protokolle schneller zu machen, sollte der Entwickler darauf abzielen, die Verarbeitungszeit für den Normalfall zu minimieren. Die Verarbeitungszeit im Falle eines Fehlers zu verringern ist von zweitrangiger Bedeutung.

Obwohl eine Folge spezieller Segmente erforderlich ist, um in den *ESTABLISHED*-Zustand zu gelangen, ist die Segmentverarbeitung dort ziemlich einfach, bis eine Seite beginnt, die Verbindung zu beenden. Betrachten wir zuerst die sendende Seite im *ESTABLISHED*-Zustand für den Fall, dass Daten übertragen werden müssen. Der Klarheit halber nehmen wir hier an, dass die Transportinstanz im Betriebssystemkernel sitzt. Das gleiche Prinzip trifft aber auch zu, wenn es sich um einen Prozess im Benutzerbereich oder eine Bibliothek im sendenden Prozess handelt. In ▶Abbildung 6.52 geht der sendende Prozess in den Kernel und führt SEND aus. Die Transportinstanz führt als Erstes einen Test durch, um zu sehen, ob es sich um den Normalfall handelt: Der Zustand ist *ESTABLISHED*, keine Seite versucht, die Verbindung abzubauen, ein volles Segment wird normal (d.h. nicht außerhalb der Reihenfolge) übertragen, und beim Empfänger steht ausreichend Fensterraum zur Verfügung. Wenn alle Bedingungen erfüllt sind, sind keine weiteren Tests mehr nötig und es kann der schnelle Pfad (*fast path*) durch die sendende Transportinstanz genommen werden. In der Regel wird dieser Pfad die meiste Zeit verwendet.

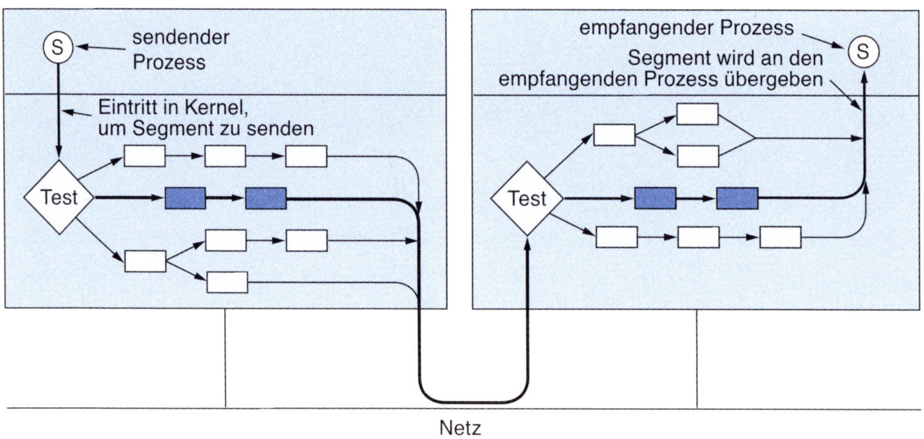

Abbildung 6.52: Der schnelle Pfad vom Sender zum Empfänger wird mit einer dicken Linie dargestellt. Die Verarbeitungsschritte entlang dieses Pfades sind dunkelblau dargestellt.

Im Normalfall sind die Header der aufeinanderfolgenden Datensegmente fast gleich. Um sich diese Tatsache zunutze zu machen, wird ein Prototyp-Header in der Transportinstanz gespeichert. Am Anfang des schnellen Pfades wird er so schnell wie möglich in einen Hilfspuffer kopiert, und zwar Wort für Wort. Die Felder, die sich von Segment zu Segment ändern, werden im Puffer überschrieben. Häufig können diese Felder leicht von Zustandsvariablen abgeleitet werden, z. B. aus der nächsten Sequenznummer. Anschließend werden ein Zeiger auf den vollen Segment-Header sowie einer auf die Benutzerdaten an die Vermittlungsschicht übergeben. Hier kann die gleiche Strategie verwendet werden (in Abbildung 6.52 nicht dargestellt). Schließlich gibt die Vermittlungsschicht das resultierende Paket zur Übertragung an die Sicherungsschicht weiter.

Als Beispiel, wie dieses Prinzip in der Praxis funktioniert, betrachten wir TCP/IP. ▶Abbildung 6.53a zeigt den TCP-Header. Die Felder, die in den aufeinanderfolgenden Segmenten in einer Richtung gleich sind, sind dunkelblau dargestellt. Die sendende Transportinstanz braucht nur die fünf Wörter aus dem Prototyp-Header in den Ausgabepuffer zu kopieren, die nächste Sequenznummer einzutragen (durch Kopieren eines Wortes im Speicher), die Prüfsumme zu berechnen und die Sequenznummer im Speicher zu erhöhen. Dann können Header und Daten an eine spezielle IP-Prozedur zur Übertragung als normales maximales Segment abgegeben werden. IP kopiert seinen aus fünf Wörtern bestehenden Prototyp-Header (Abbildung 6.53b) in den Puffer, füllt das *Identification*-Feld aus und berechnet die Prüfsumme. Dann ist das Paket zur Übertragung bereit.

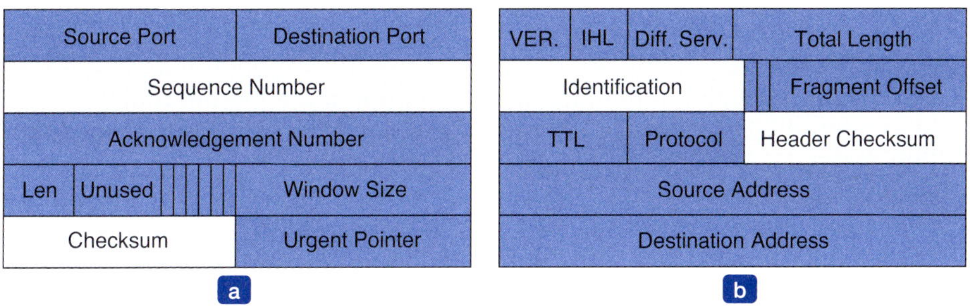

Abbildung 6.53: (a) TCP-Header. (b) IP-Header. In beiden Fällen werden sie unverändert dem Prototyp entnommen.

Betrachten wir nun die Verarbeitung des schnellen Pfades auf der Empfängerseite in Abbildung 6.52. Im ersten Schritt wird der Verbindungsdatensatz für das eingehende Segment ermittelt. Bei TCP kann der Verbindungsdatensatz in einer Hash-Tabelle gespeichert sein, für die eine einfache Funktion aus den beiden IP-Adressen und den beiden Ports den Schlüssel bildet. Wurde der Verbindungsdatensatz gefunden, müssen beide Adressen und beide Ports verglichen werden, um sicherzustellen, dass der herausgesuchte Datensatz der richtige ist.

Zur Optimierung können Sie einen Zeiger verwenden, der auf den zuletzt verwendeten Datensatz zeigt und diesen als ersten prüft. Dies beschleunigt oft die Suche nach Verbindungsdatensätzen. Clark et al. (1989) haben dies getestet und eine Trefferrate von mehr als 90 % erzielt.

Dann wird das Segment geprüft, um festzustellen, ob es normal ist: Der Zustand ist *ESTABLISHED*, keine Seite versucht, die Verbindung abzubauen, das Segment ist vollständig, es sind keine speziellen Flags gesetzt, und die Sequenznummer stimmt auch.

Diese Tests erfordern nur ein paar Anweisungen. Sind alle Bedingungen erfüllt, wird eine spezielle TCP-Prozedur für den schnellen Pfad aufgerufen.

Der schnelle Pfad aktualisiert den Verbindungsdatensatz und kopiert die Daten zum Benutzer. Während des Kopiervorgangs wird auch die Prüfsumme berechnet, sodass ein Durchgang eingespart wird. Ist die Prüfsumme richtig, wird der Verbindungsdatensatz aktualisiert und eine Bestätigung zurückgeschickt. Die allgemeine Vorgehensweise, zuerst eine schnelle Prüfung durchzuführen, ob der Header den Erwartungen entspricht, und dann eine spezielle Prozedur für diesen Fall aufzurufen, nennt man **Header-Prediction** (Header-Prädiktion). Viele TCP-Implementierungen wenden diese Methode an. Mit dieser und allen anderen in diesem Kapitel beschriebenen Optimierungen kann TCP mit 90 % der Geschwindigkeit einer lokalen Speicher-zu-Speicher-Kopie laufen – unter der Voraussetzung, dass das Netz selbst schnell genug ist.

Puffer- und Timer-Management sind zwei weitere Bereiche, in denen sich hohe Leistungsverbesserungen erzielen lassen. Beim Puffermanagement liegt die Aufgabe darin, unnötiges Kopieren zu vermeiden. Timer-Management ist wichtig, weil fast alle gesetzten Timer nicht ablaufen. Sie werden gesetzt, um sich vor Segmentverlust zu schützen. Die meisten Segmente und ihre Bestätigungen kommen aber korrekt an. Folglich ist es wichtig, das Timer-Management für die Situation zu optimieren, dass der Timer nur selten abläuft.

Eine übliche Methode ist die Verwendung einer verketteten Liste von Timer-Ereignissen, die nach Ablaufzeit sortiert ist. Der Kopfeintrag enthält einen Zähler, der die Takte bis zum Timerablauf erfasst. Jeder nachfolgende Eintrag enthält einen Zähler, der die Zählimpulse nach dem vorherigen Eintrag erfasst. Laufen Timer nach 3, 10 bzw. 12 Impulsen ab, dann sind die drei Zähler 3, 7 bzw. 2.

Bei jedem Impuls wird der Zähler im Kopfeintrag um 1 reduziert. Wird er null, so wird sein Ereignis verarbeitet, und das nächste Element auf der Liste ist dann der Kopfeintrag. Sein Zähler muss nicht geändert werden. Bei dieser Methode ist das Einfügen und Löschen von Timern teuer, mit Ausführungszeiten, die proportional zur Länge der Liste sind.

Ein effizienterer Ansatz kann verwendet werden, wenn das maximale Timerintervall begrenzt und im Voraus bekannt ist. Hier kann ein Array namens **Timing-Wheel** (Zeitrad) verwendet werden (▶Abbildung 6.54). Jeder Slot entspricht einem Takt. Die aktuelle Zeit ist $T=4$. Es sind Timer gesetzt, die ab dem aktuellen Zeitpunkt nach 3, 10 und 12 Zählimpulsen ablaufen. Wenn ein neuer Timer plötzlich auf den Ablauf nach sieben Impulsen gesetzt wird, so wird in Slot 11 ein Eintrag vorgenommen. Ebenso muss, wenn der Timer für $T+10$ storniert werden soll, die Liste, auf die Slot 14 zeigt, durchsucht und der betreffende Eintrag entfernt werden. Man beachte, dass das Array in Abbildung 6.54 keine Timer über $T+15$ unterstützen kann.

Tickt die Uhr, so bewegt sich der aktuelle Zeitzeiger um ein Feld (im Kreis) vorwärts. Ist der Eintrag, auf den der Zeiger jetzt verweist, nicht null, werden alle dazugehörenden Timer abgearbeitet. Viele Varianten dieses Grundkonzepts werden von Varghese und Lauck (1987) beschrieben.

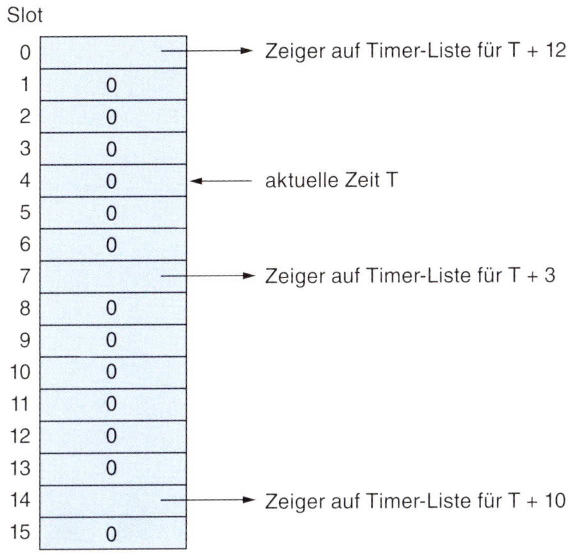

Abbildung 6.54: Ein Timing-Wheel.

6.7.7 Header-Komprimierung

Eigentlich haben wir uns viel zu lange mit den schnellen Netzen beschäftigt. Es gibt auch noch andere Themen. Wenden wir uns also der Leistung auf drahtlosen und anderen Netzen zu, deren Bandbreite beschränkt ist. Die Reduzierung des Software-Overheads kann Ihre mobilen Rechner effizienter machen, trägt aber nicht zur Verbesserung der Leistung bei, wenn die Netzverbindungen der Engpass sind.

Um die Bandbreite gut auszunutzen, sollten Protokoll-Header und Nutzdaten mit einem Minimum an Bits übertragen werden. Für Nutzdaten bedeutet dies, dass sie eine komprimierte Codierung aufweisen sollten; Bilder könnten beispielsweise als JPEG und nicht als Bitmap formatiert sein, oder Dokumente haben ein Format wie PDF, das bereits komprimiert ist. Es bedeutet aber auch, auf Anwendungsebene Mechanismen zur Zwischenspeicherung zu aktivieren, wie Web-Caches, die die Übertragungen von vornherein reduzieren.

Und wie steht es mit den Protokoll-Headern? Auf der Sicherungsschicht sind die Header für drahtlose Netze normalerweise kompakt, da sie in Erwartung von Bandbreitenknappheit entwickelt wurden. Die Header in IEEE 802.16 haben zum Beispiel kurze Verbindungsidentifikatoren anstelle von längeren Adressen. Die Protokolle der höheren Schichten, wie IP, TCP und UDP, haben jedoch nur eine Version für alle Sicherungsschichten, und zwar ohne kompakten Header. Genau genommen führt eine verschlankte Verarbeitung, die der Verringerung des Software-Overheads dient, oft zu Headern, die nicht so kompakt sind, wie sie eigentlich sein könnten (z.B. hat IPv6 einen umfangreicheren Header als IPv4).

Die Header der höheren Schichten können beträchtlich zum Leistungsverlust beitragen. Betrachten wir beispielsweise VoIP-Daten, die mit einer Kombination von IP, UDP und

RTP übertragen werden. Diese Protokolle belegen 40 Byte für die Header (20 für IPv4, 8 für UDP und 12 für RTP). Bei IPv6 ist die Situation sogar noch schlimmer: 60 Byte, einschließlich des 40-Byte-Headers für IPv6. Am Ende machen die Header den Großteil der übertragenen Daten aus und belegen mehr als die Hälfte der Bandbreite.

Mit **Header-Komprimierung** lässt sich die Bandbreite reduzieren, die von den Headern der höheren Schichten auf den einzelnen Verbindungen belegt wird. Anstelle von allgemeinen Methoden werden speziell entwickelte Verfahren verwendet. Dies liegt daran, dass Header kurz sind und sich einzeln nur schlecht komprimieren lassen. Außerdem setzt die Dekomprimierung voraus, dass alle vorherigen Daten empfangen wurden. Dies ist nicht der Fall, wenn ein Paket verloren gegangen ist.

Sie können mit der Header-Komprimierung große Einsparungen erzielen, wenn Sie das Protokollformat kennen. Eine der ersten Methoden wurde von Van Jacobson (1990) entwickelt, um TCP/IP-Header auf langsamen seriellen Verbindungen zu komprimieren. Sie können damit einen normalen TCP/IP-Header von 40 Byte auf durchschnittlich 3 Byte komprimieren. Der Trick dieser Methode ist Abbildung 6.53 zu entnehmen. Viele der Header-Felder bleiben von Paket zu Paket unverändert. Es ist zum Beispiel nicht nötig, in jedem Paket den gleichen IP-TTL (*Time to Live*) oder die gleiche TCP-Portnummer zu senden. Sie können diese Daten sendeseitig weglassen und empfangsseitig wieder ergänzen.

Andere Felder wiederum ändern sich in vorhersagbarer Art und Weise. Sieht man von dem Fall eines Verlustes ab, erhöht sich beispielsweise die TCP-Sequenznummer mit den Daten. In diesen Fällen kann der Empfänger den wahrscheinlichen Wert vorhersagen. Die eigentliche Nummer muss nur übertragen werden, wenn sie von der erwarteten Nummer abweicht. Doch auch dann kann sie als kleine Änderung vom vorherigen Wert übertragen werden. Eigentlich genau wie bei der Bestätigungsnummer, die sich erhöht, wenn neue Daten in der umgekehrten Richtung empfangen werden.

Dank der Header-Komprimierung ist es möglich, in Protokollen der höheren Schichten einfachere Header zu verwenden und auf Verbindungen mit geringer Bandbreite kompakte Codierungen einzusetzen. Die **robuste Header-Komprimierung** (*ROHC, RObust Header Compression*) ist eine moderne Version der Header-Komprimierung, die in RFC 5795 als Rahmenplan definiert ist. Sie wurde für drahtlose Verbindungen entwickelt, die sich durch häufige Verluste auszeichnen. Es gibt für jeden zu komprimierenden Protokollsatz (beispielsweise IP/UDP/RTP) ein Profil. Komprimierte Header werden übertragen, indem ein Bezug zu einem Kontext hergestellt wird, der im Wesentlichen eine Verbindung ist; Header-Felder können für Pakete der gleichen Verbindung leicht vorhergesagt werden, aber nicht für Pakete verschiedener Verbindungen. Normalerweise lässt sich mit der robusten Header-Komprimierung der Umfang von IP/UDP/RTP-Headern von 40 Byte auf 1–3 Byte reduzieren.

Auch wenn Header-Komprimierung primär darauf abzielt, den Bedarf an Bandbreite zu verringern, kann sie auch für die Reduzierung der Verzögerung ganz nützlich sein. Die gesamte Verzögerung setzt sich zusammen aus der Ausbreitungsverzögerung (*propagation delay*), die bei einem gegebenen Netzpfad fest ist, und der Übermittlungsverzögerung (*transmission delay*), die von der Bandbreite und der Menge der zu sendenden Daten abhängt. So sendet beispielsweise eine 1-Mbit/s-Verbindung 1 Bit in 1 µs. Im Falle von Mediendaten über drahtlose Netze ist das Netz relativ langsam, sodass die Übermittlungsverzögerung ein wichtiger Faktor in der Gesamtverzögerung sein kann. Außerdem ist eine ständig niedrige Verzögerung wichtig für die Dienstgüte.

Header-Komprimierung kann Abhilfe schaffen, indem sie die Menge der gesendeten Daten reduziert und damit die Übermittlungsverzögerung verringert. Der gleiche Effekt kann durch Senden kleinerer Pakete erzielt werden. In diesem Fall finden Sie sich mit einem erhöhten Software-Overhead ab zugunsten einer verringerten Übermitttlungsverzögerung. Beachten Sie, dass es eine weitere potenzielle Verzögerungsquelle gibt, die sogenannte Warteschlangenverzögerung beim Zugriff auf die drahtlose Verbindung. Diese kann ebenfalls sehr wichtig sein, da drahtlose Verbindungen als begrenzte Ressource in einem Netz oft stark benutzt werden. In diesem Fall muss die drahtlose Verbindung Dienstgütemechanismen aufweisen, die dafür sorgen, dass die Echtzeitpakete mit einer niedrigen Verzögerung übertragen werden. Header-Komprimierung allein reicht nicht aus.

6.7.8 Protokolle für Long Fat Networks

Seit den 1990er Jahren gibt es Gigabit-Netze, die Daten über lange Strecken übertragen. Aufgrund der Kombination von einem schnellen Netz (oder „fat pipe“) und einer langen Verzögerung werden diese Netze **Long Fat Networks** genannt. Als diese Netze aufkamen, bestand die erste Reaktion der Benutzer darin, die bestehenden Protokolle einzusetzen, aber es tauchten schnell diverse Probleme auf. In diesem Abschnitt werden einige der Probleme beim Erhöhen der Geschwindigkeit und der Übertragungszeit des Netzprotokolls beschrieben.

Ein Problem ist, dass viele Protokolle 32-Bit-Sequenznummern verwenden. In den Anfangszeiten des Internets waren die Leitungen zwischen den Routern in der Regel 56-kbit/s-Standleitungen. Wenn ein Host in voller Geschwindigkeit Daten über die Leitung übertrug, dauerte es über eine Woche, die Sequenznummern zu durchlaufen. Für die Entwickler von TCP war 2^{32} eine ziemlich gute Annäherung an die Unendlichkeit, da wenig Gefahr bestand, dass alte Pakete eine Woche nach ihrer Übertragung noch irgendwo unterwegs waren. Beim 10-Mbit/s-Ethernet betrug die Durchlaufzeit durch alle Sequenznummern 57 Minuten, also viel kürzer, aber immer noch praktikabel. Wenn bei einem 1-Gbit/s-Ethernet Daten in das Internet eingespeist werden, beträgt die Durchlaufzeit etwa 34 Sekunden. Diese liegt also erheblich unter der maximalen Lebensdauer eines Pakets im Internet von 120 Sekunden. So ist 2^{32} dann plötzlich keine so gute Annäherung an die Unendlichkeit mehr, da ein schneller Sender alle Sequenznummern zyklisch durchlaufen kann, während immer noch alte Pakete existieren.

Die Schwierigkeit liegt darin, dass viele Protokollentwickler davon ausgegangen sind, dass die Zeitspanne zum Durchlaufen der gesamten Sequenznummern die maximale Paketlebensdauer weit überschreitet. Folglich bestand keine Notwendigkeit, sich über das Problem Gedanken zu machen, dass es noch alte Duplikate gibt, wenn die Sequenznummern durchlaufen wurden und von vorn beginnen. Bei Gigabit-

Geschwindigkeiten ist diese Annahme nicht mehr gültig. Zum Glück war es möglich, die effektive Sequenznummer zu erweitern, indem der Zeitstempel, der optional im TCP-Header eines jeden Pakets angegeben werden kann, als höchstwertige Bits behandelt wird. Dieser Mechanismus wird Schutz gegen wiederholte Sequenznummern (*Protection Against Wrapped Sequence Numbers*, **PAWS**) genannt.

Ein zweites Problem ist, dass das Flusskontrollfenster stark vergrößert werden muss. Stellen Sie sich vor, Sie senden 64 KB an Daten von San Diego nach Boston, um dort den 64-KB-Puffer des Empfängers zu füllen. Weiterhin angenommen, die Verbindung ist 1 Gbit/s schnell und weist in eine Richtung eine Ausbreitungsverzögerung von 20 ms (im Glasfaserkabel) auf. Zu Beginn, bei $t = 0$, ist die Pipe leer (▶Abbildung 6.55a). Nur 500 µs später befinden sich alle Segmente auf der Reise (Abbildung 6.55b). Das erste Segment dürfte sich irgendwo in der Nähe von Brawley, immer noch im Staat Kalifornien, befinden. Der Sender muss jedoch unterbrechen, bis er eine Fensteraktualisierung erhält.

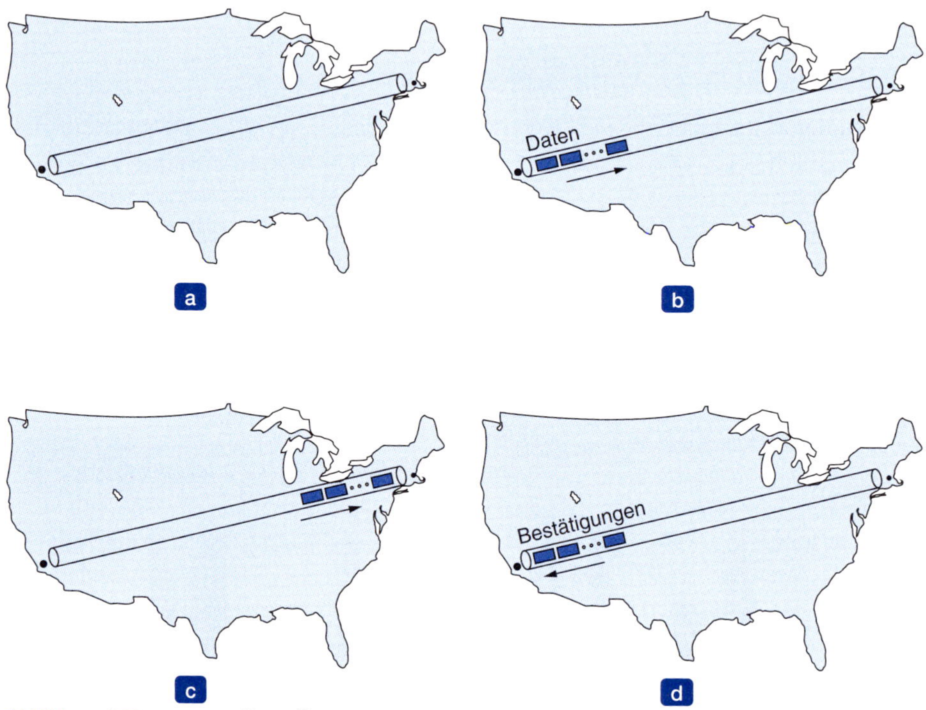

Abbildung 6.55: Der Zustand beim Übertragen von 1 MB von San Diego nach Boston. (a) Bei $t=0$. (b) Nach 500 µs. (c) Nach 20 ms. (d) Nach 40 ms.

Nach 20 ms kommt das erste Segment in Boston an (Abbildung 6.55c) und wird bestätigt. Schließlich, 40 ms nach Übertragungsbeginn, erreicht die erste Bestätigung wieder den Sender und der zweite Datenschub kann übertragen werden (Abbildung 6.55d). Da die Übertragungsleitung nur für 1,25 ms von 100 ms genutzt wurde, beträgt die Effizienz ungefähr 1,25 %. Diese Situation ist typisch für ältere Protokolle, die auf Gigabit-Verbindungen ausgeführt werden.

Ein weiterer wichtiger Faktor, den Sie bei der Analyse der Netzleistung berücksichtigen sollten, ist das **Bandbreitenverzögerungsprodukt**. Es berechnet sich durch die Multiplikation der Bandbreite (in Bit/s) mit der Paketumlaufzeit (in s). Das Produkt drückt die Kapazität (in Bit) der Leitung vom Sender zum Empfänger und wieder zurück aus.

Das Bandbreitenverzögerungsprodukt für das Beispiel in Abbildung 6.55 beträgt 40 Millionen Bit. Mit anderen Worten, der Sender müsste einen Datenschub von 40 Millionen Bit übertragen, um mit voller Geschwindigkeit senden zu können, bis die erste Bestätigung zurückkommt. So viele Bit sind erforderlich, um die Leitung (in beide Richtungen) zu füllen. Ein Datenschub von einer halben Million Bit erreicht also nur eine Effizienz von 1,25 % (das entspricht einer Leitungskapazität von nur 1,25 %).

Daraus kann man folgern, dass für eine gute Leistung das Fenster des Empfängers mindestens so groß sein muss wie das Bandbreitenverzögerungsprodukt. Vorzugsweise sollte es etwas größer sein, da der Empfänger eventuell nicht sofort reagiert. Bei einer transkontinentalen Gigabit-Leitung sind mindestens 5 MB erforderlich.

Ein drittes und verwandtes Problem ist, dass einfache Neuübertragungsstrategien wie Go-back-N-Protokoll auf Leitungen mit einem großen Bandbreitenverzögerungsprodukt schlechte Leistungen zeigen. Betrachten Sie z. B. eine transkontinentale 1-Gbit/s-Verbindung mit einer Übertragungszeit von 40 ms. In dieser Zeit kann ein Sender 5 MB übertragen. Wird ein Fehler erkannt, dauert es 40 ms, bis der Sender darüber informiert wird. Bei Verwendung von Go-back-N muss der Sender nicht nur das fehlerhafte Paket erneut übertragen, sondern auch die gesamten 5 MB an Paketen, die danach kamen. Das ist eine massive Verschwendung von Ressourcen. Es besteht also eindeutig ein Bedarf an komplexeren Protokollen, die beispielsweise eine selektive Wiederholung unterstützen.

Ein viertes Problem ist, dass sich Gigabit- von Megabit-Leitungen grundsätzlich dahingehend unterscheiden, dass die langen Gigabit-Leitungen durch die Übertragungsverzögerung und nicht durch die Bandbreite begrenzt werden. ▶Abbildung 6.56 ist zu entnehmen, wie lange es dauert, eine 1-MB-Datei 4.000 km weit mit verschiedenen Übertragungsgeschwindigkeiten zu befördern. Bei Geschwindigkeiten von bis zu 1 Mbit/s wird die Übertragungszeit von der Übertragungsrate beherrscht, in der die Bits gesendet werden können. Bei 1 Gbit/s überwiegt die Übertragungsverzögerung von 40 ms die 1 ms, die nötig ist, um die Bits in die Leitung einzuspeisen. Weitere Erhöhungen der Bandbreite haben keine Wirkung.

Abbildung 6.56 hat unerfreuliche Folgen für Netzprotokolle, denn sie zeigt, dass der Leistung von Stop-and-Wait-Protokollen (z. B. entfernte Prozeduraufrufe) inhärent eine obere Grenze gesetzt ist. Diese Grenze wird von der Lichtgeschwindigkeit diktiert. Unabhängig von den technischen Fortschritten in der Optik wird sich hieran nichts ändern (obwohl neue physikalische Gesetze durchaus hilfreich wären). Solange Sie keine andere Verwendung für eine Gigabit-Leitung finden, während ein Host auf eine Antwort wartet, ist die Gigabit-Leitung nicht besser als eine Megabit-Leitung, nur wesentlich teurer.

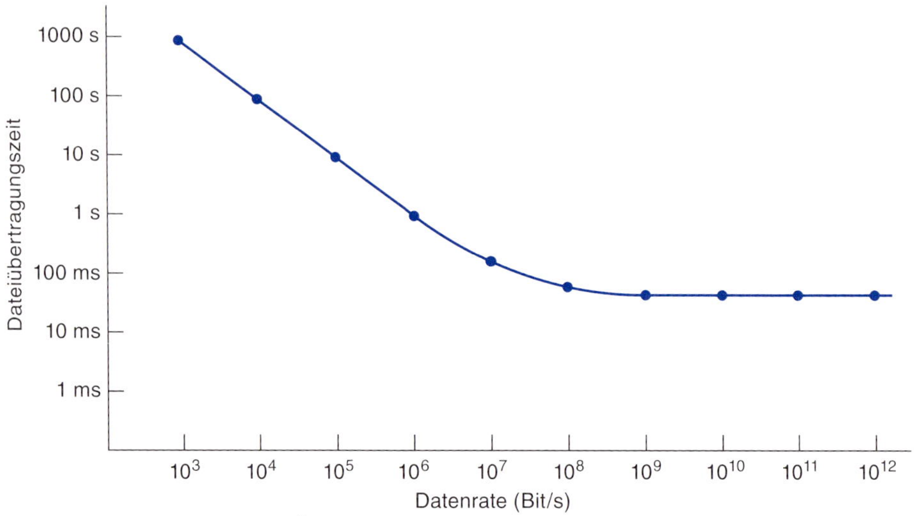

Abbildung 6.56: Benötigte Zeit zur Übertragung und Bestätigung einer 1-MB-Datei über eine 4.000 km lange Leitung.

Ein fünftes Problem ist, dass sich die Kommunikationsgeschwindigkeiten wesentlich stärker erhöht haben als die Rechengeschwindigkeiten. (Auf, Ihr Computerentwickler! Ihr werden Euch doch den Kommunikationsingenieuren nicht geschlagen geben! Wir rechnen mit Euch!) In den 1970er Jahren lief das ARPANET mit 56 kbit/s, wobei Rechner eingesetzt wurden, die eine Million Instruktionen pro Sekunde (1 MIPS) ausführten. Vergleichen Sie diese Zahlen mit den 1.000-MIPS-Computern, die Pakete über eine 1 Gbit/s-Leitung austauschen. Die Zahl der Anweisungen pro Byte hat um mehr als den Faktor 10 abgenommen. Die genauen Zahlen sind je nach Datum und Szenario diskutabel, lassen aber folgende Schlussfolgerung zu: Es steht weniger Zeit für die Protokollverarbeitung zur Verfügung als früher, sodass die Protokolle einfacher werden müssen.

Doch kommen wir nun von den Problemen zu den möglichen Lösungen. Das Grundprinzip, das alle Entwickler von Hochgeschwindigkeitsnetzen auswendig lernen sollten, lautet:

> *Richten Sie die Entwicklung auf die Geschwindigkeit aus und nicht auf die Optimierung der Bandbreite.*

Alte Protokolle legten den Fokus oft auf die Minimierung der Anzahl von Bits in der Leitung. Meist wurde das durch Verwendung kleiner Felder und Verpacken derselben in Bytes und Wörtern realisiert. Diese Probleme bestehen für drahtlose Netze immer noch, aber nicht für Gigabit-Netze. Hier ist die Protokollverarbeitung das Problem; deshalb sollten Protokolle auf kürzere Verarbeitung ausgelegt werden. Die Entwickler von IPv6 haben dies klar verstanden.

Eine verführerische Möglichkeit, Schnelligkeit zu erreichen, ist die Entwicklung schneller Netzwerkkarten (Hardware). Abgesehen von extrem einfachen Protokollen ist die Schwierigkeit bei dieser Strategie, dass Hardware lediglich eine Einsteckkarte mit einer zweiten CPU und einem eigenen Programm bedeutet. Um zu vermeiden, dass der Netz-Koprozessor so teuer kommt wie die eigentliche CPU, muss man sich meist mit einem langsameren Chip zufriedengeben. Dieser Entwurf hat zur Folge, dass viel Zeit der eigentlichen (schnellen) CPU mit Warten auf die zweite (langsame) CPU verstreicht. Die Vorstellung, dass die erste CPU indessen andere Arbeiten auszuführen hat, ist eine Illusion. Außerdem können, wenn zwei CPUs miteinander kommunizieren, Wettlaufsbedingungen (*race condition*) auftreten. Deshalb sind ausgefeilte Protokolle zwischen den beiden Prozessoren erforderlich, um sie richtig zu synchronisieren und Wettläufe zu vermeiden. Die beste Lösung ist meist ein einfaches Protokoll und die Ausführung der Hauptarbeit durch die eigentliche CPU.

In Gigabit-Netzen spielt das Paket-Layout eine wichtige Rolle. Der Header sollte möglichst wenige Felder enthalten, um die Verarbeitungszeit zu reduzieren. Außerdem sollten die Felder groß genug sein, um ihre Arbeit tun zu können, und auf Wortgrenzen beginnen, um leicht verarbeitet werden zu können. In diesem Zusammenhang bedeutet „groß genug", dass Probleme wie das Wiederverwenden von Sequenznummern, während noch alte Pakete vorhanden sind, oder dass der Empfänger keinen ausreichend großen Fensterbereich ankündigen kann, weil das Fensterfeld zu klein ist, nicht auftreten.

Die maximale Datengröße sollte groß sein, um den Software-Overhead zu reduzieren und einen effizienten Betrieb zu erlauben. 1.500 Byte ist zu wenig für Hochgeschwindigkeitsnetze, was der Grund ist, warum Gigabit-Ethernet Jumborahmen von bis zu 9 KB und IPv6-Jumbopakete über 64 KB unterstützen.

Betrachten wir nun das Feedback bei Hochgeschwindigkeitsprotokollen. Aufgrund der (relativ) langen Verzögerungsschleife sollten Feedbacks vermieden werden. Es dauert einfach zu lange, bis der Empfänger den Sender benachrichtigt. Ein Beispiel eines Feedbacks ist die Steuerung der Übertragungsrate mithilfe eines Schiebefensterprotokolls. Zukünftige Protokolle werden vielleicht eher auf der Übertragungsrate basieren, um die (langen) Verzögerungen zu vermeiden, wenn der Empfänger Fensteraktualisierungen an den Sender schickt. Mit einem solchen Protokoll kann der Sender alles übertragen, was er will, solange er nicht schneller sendet, als es zwischen den beiden im Voraus vereinbart wurde.

Ein zweites Beispiel eines Feedbacks ist der Slow-Start-Algorithmus von Jacobson. Dieser Algorithmus nimmt mehrere Messungen vor, um zu prüfen, wie viel das Netz bewältigen kann. Bei Hochgeschwindigkeitsnetzen wird durch ein halbes Dutzend kleiner Messläufe viel Bandbreite verschwendet. Effizienter ist, wenn sich Sender, Empfänger und Netz beim Verbindungsaufbau auf die Reservierung der nötigen Ressourcen einigen. Die Reservierung von Ressourcen im Voraus hat auch den Vorteil, dass Jitter einfacher reduziert werden kann. Kurz: Je höher die Geschwindigkeiten, desto mehr muss sich der Entwurf in Richtung verbindungsorientiertem Betrieb oder etwas sehr Ähnlichem verlagern.

Ein weiteres wichtiges Merkmal ist die Fähigkeit, eine normale Datenmenge mit der Verbindungsanforderung zu senden. So wird bereits eine Hin- und Rückübertragung eingespart.

Zusammenfassung

Die **Transportschicht** ist der Schlüssel für das Verständnis der **Schichtprotokolle**. Sie stellt verschiedene Dienste zur Verfügung. Der wichtigste ist ein zuverlässiger verbindungsorientierter Ende-zu-Ende-Bytestrom vom Sender zum Empfänger. Der Zugriff auf die Transportschicht erfolgt über die Dienstprimitiven, die den Aufbau, die Nutzung und die Freigabe von Verbindungen ermöglichen. Eine weitverbreitete Transportschichtschnittstelle bieten die Berkeley-Sockets.

Transportprotokolle müssen in der Lage sein, Verbindungen in unzuverlässigen Netzen zu verwalten. Der Aufbau von Verbindungen wird durch das Vorhandensein verzögerter Duplikatpakete, die in unpassenden Momenten wieder auftauchen können, erschwert. Wegen der dadurch entstehenden Probleme ist für den Verbindungsaufbau das Dreiwege-Handshake erforderlich. Die Freigabe einer Verbindung ist einfacher als deren Aufbau, aber bei Weitem nicht so einfach wie man glaubt (siehe das Zwei-Armeen-Beispiel).

Selbst wenn die **Vermittlungsschicht** absolut zuverlässig ist, bleibt für die Transportschicht noch viel Arbeit. Sie muss alle Dienstprimitiven verarbeiten, die Verbindungen und Timer verwalten, Bandbreite mit Überlastkontrolle zuweisen und für die Flusskontrolle ein Schiebefenster variabler Größe ausführen.

Die **Überlastkontrolle** sollte die die ganze zur Verfügung stehende Bandbreite gerecht auf die konkurrierenden Datenströme aufteilen und Änderungen bei der Netznutzung verfolgen. Das AIMD-Steuerungsgesetz konvergiert gegen eine faire und effiziente Zuweisung.

Das Internet verfügt über **zwei Haupttransportprotokolle**: UDP und TCP. UDP ist ein verbindungsloses Protokoll, das einfach eine Hülle für IP-Pakete bereitstellt und die zusätzliche Funktion bietet, mehrere Prozesse unter Verwendung einer einzigen IP-Adresse zu multiplexen und zu demultiplexen. UDP kann für Client-Server-Interaktionen verwendet werden, beispielsweise bei der Verwendung eines entfernten Prozeduraufrufs. Es kann auch zur Errichtung von Echtzeitprotokollen wie RTP verwendet werden.

Das wichtigste Transportprotokoll im Internet ist **TCP**. Es zeichnet sich durch einen zuverlässigen, bidirektionalen, überlastkontrollierten Bytestrom aus mit einem 20-Byte-Header für alle Segmente. Umfassende Arbeiten sind in die Optimierung der TCP-Leistung mit Algorithmen von Nagle, Clark, Jacobson, Karn und anderen geflossen.

UDP und TCP haben sich über die Jahre als ziemlich stabil erwiesen, auch wenn es durchaus Ansatzpunkte für Verbesserungen gibt, um zum Beispiel die Leistung zu steigern oder Probleme zu lösen, die auf die schnellen Netzwerke zurückzuführen sind. Zu diesen aktuellen Verbesserungen zählen unter anderem **TCP CUBIC**, **QUIC** und **BBR**.

Die **Netzleistung** wird normalerweise vom **Overhead** der Protokoll- und Segmentverarbeitung bestimmt – eine Situation, die sich mit steigender Geschwindigkeit noch verschlechtert. Protokolle sollten deshalb auf Minimierung der Anzahl von Segmenten und der Arbeit für große Bandbreiteverzögerungspfade ausgelegt werden. Bei Gigabit-Netzen sind einfache Protokolle und eine schlanke Verarbeitung gefragt.

Übungsaufgaben

EXTRAS ONLINE **Lösungshinweise**

1 In unserem Beispiel mit den Transportprimitiven in Abbildung 6.2 ist `LISTEN` ein blockierender Aufruf. Ist er unbedingt erforderlich? Falls nicht, erklären Sie, wie eine nicht blockierende Primitive benutzt werden könnte. Welchen Vorteil hätte das gegenüber der im Text beschriebenen Methode?

2 Die Primitiven des Transportdienstes gehen beim Verbindungsaufbau von einer Asymmetrie zwischen den beiden Endpunkten aus, ein Ende (Server) führt ein `LISTEN` aus, während das andere Ende (Client) ein `CONNECT` ausführt. In Peer-to-Peer-Anwendungen zum Dateiaustausch wie BitTorrent hingegen sind alle Endpunkte Peers. Es gibt keine Server- oder Clientfunktionalität. Wie können die Transportdienstprimitiven verwendet werden, um solche Peer-to-Peer-Anwendungen zu erstellen?

3 Eine Chat-Anwendung, die wiederholt TCP einsetzt, ruft `receive()` auf und gibt die empfangenen Daten als neue Nachricht aus. Könnte es bei diesem Ansatz ein Problem geben?

4 In dem Modell von Abbildung 6.4 wird davon ausgegangen, dass Pakete auf der Vermittlungsschicht verloren gehen können und deshalb einzeln bestätigt werden müssen. Nehmen wir an, dass die Vermittlungsschicht zu 100% zuverlässig ist und nie Pakete verloren gehen. Muss das Modell in Abbildung 6.4 geändert werden und wenn ja, wie?

5 In beiden Teilen von Abbildung 6.6 gibt es jeweils einen Kommentar, dass der Wert von *SERVER_PORT* bei Client und Server gleich sein muss. Warum ist dies so wichtig?

6 Kann in dem Beispiel mit dem Internetdateiserver (Abbildung 6.6) der Systemaufruf `connect()` auf dem Client auch aus einem anderen Grund fehlschlagen, als dass die `LISTEN`-Warteschlange auf dem Server voll ist? Gehen Sie bei Ihrer Antwort von einem perfekten Netz aus.

7 Ein Kriterium für die Entscheidung, ob ein Server die ganze Zeit aktiv sein sollte oder nur, wie ein Prozessserver, auf Anfrage, hängt davon ab, wie oft der angebotene Dienst verwendet wird. Fällt Ihnen irgendein anderes Entscheidungskriterium ein?

8 Nehmen Sie an, dass eine taktgesteuerte Methode zum Erzeugen anfänglicher Sequenznummern mit einem 15 Bit großen Taktzähler benutzt wird. Jede 100 ms erfolgt ein Taktimpuls, und die maximale Paketlebensdauer ist 60 s. Wie oft muss eine Synchronisation stattfinden:

a. im schlechtesten Fall?

b. wenn die Daten 240 Sequenznummern/Minute verbrauchen?

9 Wie würden die folgenden Szenarien Abbildung 6.10b beeinflussen?

a. Die Anzahl der Bit für die Uhr/Sequenznummer steigt.

b. Die maximale Paketlebensdauer steigt.

c. Die Taktrate steigt.

Zeichnen Sie ein neues Diagramm für jedes Szenario. Erläutern Sie, was passiert.

10 Warum muss die maximale Paketlebensdauer T lang genug sein, um sicherzustellen, dass nicht nur das Paket, sondern auch seine Bestätigung verschwunden sind?

11 Betrachten Sie ein verbindungsorientiertes Protokoll der Transportschicht, das mittels einer Tageszeituhr die Sequenznummern der Pakete bestimmt. Die Uhr verwendet einen 9-Bit-Zähler und tickt alle 250 ms. Die maximale Lebensdauer eines Pakets beträgt 32 Sekunden. Angenommen der Sender schickt drei Pakete pro Sekunde. Wie lange könnte die Verbindung bestehen, ohne dass sie sich in die verbotene Zone bewegen.

12 Stellen Sie sich vor, dass zum Aufbau von Verbindungen ein Zweiwege- anstelle eines Dreiwege-Handshakes benutzt wird. Mit anderen Worten, die dritte Nachricht war nicht erforderlich. Sind jetzt Deadlocks möglich? Führen Sie ein Beispiel auf oder zeigen Sie, dass es keine gibt.

13 Stellen Sie sich ein *n*-Armeen-Problem vor, bei dem die Übereinkunft von zwei beliebigen blauen Armeen zum Sieg ausreicht. Gibt es ein Protokoll, durch das die blaue Armee gewinnen könnte?

14 Betrachten Sie das Problem der Wiederherstellung nach einem Host-Absturz (Abbildung 6.18). Welche zwei Sender-Empfänger-Strategien sind die besten zur Minimierung des Risikos eines Protokollfehlers, wenn das Intervall zwischen dem Schreiben und dem Senden einer Bestätigung, oder umgekehrt, relativ kurz gehalten werden kann?

15 Angenommen in Abbildung 6.20 wird ein neuer Datenfluss *E* hinzugefügt, der einen Pfad von *R1* nach *R2* nach *R6* nimmt. Wie ändert sich die Max-Min-Zuordnung der Bandbreite für die fünf Datenflüsse?

16 Angenommen in Abbildung 6.20 werden die Datenflüsse umgeleitet, sodass *A* durch *R1*, *R2* und *R3* führt, *B* durch *R1*, *R5* und *R6*, *C* durch *R4*, *R5* und *R6* und *D* durch *R4*, *R5* und *R6*. Wie sieht die Max-Min-Zuordnung der Bandbreite aus?

17 Weitere Strategien zur Verbesserung der Fairness bei der Überlastkontrolle sind AIAD (*Additive Increase Additive Decrease*), MIAD (*Multiplicative Increase Additive Decrease*) und MIMD (*Multiplicative Increase Multiplicative Decrease*). Diskutieren Sie diese drei Strategien hinsichtlich der Konvergenz und der Stabilität.

18 Betrachten wir ein Protokoll der Transportschicht, das AISRD (*Additive Increase Square Root Decrease*) einsetzt. Konvergiert diese Version gegen eine faire Bandbreitennutzung?

19 Zwei Hosts senden gleichzeitig Daten durch ein Netz mit einer Kapazität von 1 Mbit/s. Host A verwendet UDP und überträgt jede ms ein 100-Byte-Paket. Host B erzeugt Daten mit einer Rate von 600 Kbit/s und verwendet TCP. Welcher Host hat einen höheren Durchsatz?

20 Wozu gibt es UDP? Hätte es nicht genügt, die Benutzerprozesse einfach nackte IP-Pakete senden zu lassen?

21 Betrachten Sie ein einfaches Protokoll auf Anwendungsebene, das auf UDP aufgebaut wurde und dem Client ermöglicht, eine Datei von einem entfernten Server abzurufen, der über eine bekannte Adresse verfügt. Der Client sendet zuerst eine Anforderung mit dem Dateinamen und der Server antwortet mit einer Folge von Datenpaketen, die verschiedene Teile der angeforderten Datei enthalten. Um die Zuverlässigkeit und die Zustellung in der korrekten Reihenfolge sicherzustellen, verwenden Client und Server ein Stop-and-Wait-Protokoll. Treten bei diesem Protokoll Probleme auf, abgesehen von den offensichtlichen Leistungsproblemen? Denken Sie sorgfältig über die Möglichkeit nach, dass Prozesse abstürzen können.

22 Sowohl UDP als auch TCP verwenden Portnummern, um das Ziel bei der Zustellung einer Nachricht anzugeben. Geben Sie zwei Gründe an, warum diese Protokolle eine neue abstrakte Kennung (Portnummer) einführten, anstatt die Prozesskennungen zu verwenden, die bereits bei Entwurf der Protokolle vorhanden waren.

23 Mehrere RPC-Implementierungen bieten dem Client die Option, RPC implementiert für UDP oder RPC implementiert für TPC zu verwenden. Unter welchen Bedingungen wird ein Client RPC auf UDP bzw. RPC auf TCP vorziehen?

24 Betrachten Sie zwei Netze *N1* und *N2* mit der gleichen durchschnittlichen Verzögerung zwischen einer Quelle *A* und einem Ziel *D*. In *N1* ist die Verzögerung der verschiedenen Pakete gleichmäßig verteilt, mit einer maximalen Verzögerung von 10 Sekunden. Im Gegensatz dazu haben in *N2* 99% der Pakete eine Verzögerung von weniger als eine Sekunde, aber die maximale Verzögerung ist unbegrenzt hoch. Diskutieren Sie, wie in diesen beiden Fällen ein RTP (*Real-time Transport Protocol*) verwendet werden kann, um Audio-/Videodaten live zu übertragen.

25 Wie groß ist die kleinste maximale TCP-Übertragungseinheit, einschließlich TCP- und IP-Overhead, aber ohne den Overhead der Sicherungsschicht?

26 Die Fragmentierung von Datagrammen und das erneute Zusammensetzen werden von IP gehandhabt und sind für TCP unsichtbar. Heißt das, dass sich TCP über die Ankunft von Datagrammen in der falschen Reihenfolge keine Gedanken machen muss?

27 Über RTP werden Audiodaten in CD-Qualität übertragen, d.h. als ein Paar von 16-Bit-Samples mit einer Rate von 44.100 Samples/s, je eines für jeden Stereokanal. Wie viele Pakete muss RTP in der Sekunde übertragen?

28 Könnte man den RTP-Code in den Betriebssystemkernel einbauen, und zwar zusammen mit dem UDP-Code? Erklären Sie Ihre Antwort.

29 Ein Prozess auf Host 1 wurde Port *p* und einer auf Host 2 wurde Port *q* zugewiesen. Kann es zwischen diesen beiden Ports gleichzeitig zwei oder mehr TCP-Verbindungen geben?

30 In Abbildung 6.36 finden Sie zusätzlich zu dem 32-Bit-Feld *Acknowledgement* ein *ACK*-Bit im vierten Wort. Wird hier wirklich etwas hinzugefügt? Warum oder warum nicht?

31 Die maximale Nutzlast eines TCP-Segments sind 65.495 Byte. Warum wurde eine derart seltsame Zahl gewählt?

32 Betrachten Sie eine TCP-Verbindung, die die Daten mit einer so schnellen Taktrate sendet, dass sie Sequenznummern wiederverwendet, obwohl die maximale Lebensdauer der Segmente noch nicht abgelaufen ist. Kann dies durch größere Segmente verhindert werden? Warum (nicht)?

33 Beschreiben Sie zwei Möglichkeiten, um in den Zustand *SYN RCVD* in Abbildung 6.39 überzugehen.

34 Sie spielen ein Onlinespiel in einem Netz mit hoher Latenzzeit. In dem Spiel müssen Sie möglichst schnell Objekte auf dem Bildschirm anklicken. Allerdings zeigt das Spiel das Ergebnis Ihrer Aktionen nur in Schüben an. Ist dieses Verhalten eventuell auf eine TCP-Option zurückzuführen? Könnten Sie sich einen anderen (netzbezogenen) Grund vorstellen?

35 Betrachten Sie die Wirkung der Slow-Start-Methode auf eine Leitung mit einer Paketumlaufzeit von 10 ms und ohne Überlastung. Das Empfangsfenster ist 24 KB und die maximale Segmentgröße beträgt 2 KB. Wie lange dauert es, bis das erste volle Fenster gesendet werden kann?

36 Nehmen Sie an, dass das TCP-Überlastungsfenster auf 18 KB gesetzt ist und ein Timeout stattfindet. Wie groß ist das Fenster, wenn die nächsten vier Übertragungen erfolgreich sind? Gehen Sie von einer maximalen Segmentgröße von 1 KB aus.

37 Betrachten Sie eine Verbindung, die TCP Reno einsetzt. Die Verbindung hat ein anfängliches Überlastungsfenster von 1 KB und einen anfänglichen Schwellenwert von 64. Angenommen die additive Erhöhung erfolgt in Schritten von 1 KB. Wie groß ist das Überlastungsfenster in der Übertragungsrunde 8, wenn die erste Übertragungsrunde bei der Zahl 0 beginnt?

38 Angenommen die TCP-Paketumlaufzeit beträgt aktuell 30 ms und die folgenden Bestätigungen kommen nach 26, 32 bzw. 24 ms an. Wie lautet die neue Schätzung der Übertragungszeit unter Verwendung des Algorithmus von Jacobson? Verwenden Sie $\alpha = 0{,}9$.

39 Ein TCP-Rechner sendet vollständige Fenster mit 65.535 Byte über einen 1-Gbit/s-Kanal, der eine Übertragungsverzögerung von 10 ms in eine Richtung hat. Welcher maximale Durchsatz kann erreicht werden? Welche Leitungseffizienz ergibt sich?

40 Um den Beschränkungen von IPv4 zu begegnen, musste die IETF große Anstrengungen unternehmen, die letztlich zu der Entwicklung von IPv6 führten. Selbst heute noch wird diese neue Version nur zögerlich angenommen. Die Beschränkungen von TCP bedürfen nicht so großer Anstrengungen. Erklären Sie, warum.

41 Wie hoch ist die maximale Datenrate pro Verbindung in einem Netz, das eine maximale Segmentgröße von 128 Byte, eine maximale Segmentlebensdauer von 30 s und eine 8-Bit-Sequenznummer hat?

42 Betrachten Sie eine TCP-Verbindung, die eine maximale Segmentlebensdauer von 128 Sekunden aufweist. Angenommen, die Verbindung verwendet eine Zeitstempel-Option, wobei der Zeitstempel sich jede Sekunde erhöht. Welchen Schluss lässt das auf die maximale Datenrate zu?

43 Angenommen, Sie messen die für den Empfang eines Segments benötigte Zeit. Findet ein Interrupt statt, lesen Sie die Systemuhr in Millisekunden ab. Nachdem das Segment vollständig verarbeitet wurde, lesen Sie die Uhr wieder ab. Sie haben 270.000-mal 0 ms und 730.000-mal 1 ms gemessen. Wie lange dauert es, um ein Segment zu empfangen?

44 Eine CPU führt Anweisungen mit 1.000 MIPS aus. Daten können jeweils in 64-Bit-Gruppen kopiert werden, wobei das Kopieren jedes Worts zehn Anweisungen kostet. Kann das System eine 1-Gbit/s-Leitung unterstützen, wenn ein ankommendes Paket viermal kopiert werden muss? Gehen Sie der Einfachheit halber davon aus, dass alle Anweisungen (auch die zum Lesen oder Schreiben im Speicher) mit der vollen 1.000-MIPS-Rate laufen.

45 Um das Problem der mehrmaligen Verwendung von Sequenznummern zu vermeiden, während noch alte Pakete vorhanden sind, kann man 64-Bit-Sequenznummern verwenden. Theoretisch läuft ein Lichtwellenleiter mit 75 Tbit/s. Welche maximale Paketlebensdauer ist erforderlich, um sicherzustellen, dass künftige 75-Tbit/s-Netze mit 64-Bit-Sequenznummern keine Probleme haben? Gehen Sie davon aus, dass jedes Byte wie bei TCP eine eigene Sequenznummer hat.

46 Betrachten Sie einen 1.000-MIPS-Rechner, der eine Instruktion pro Nanosekunde ausführen kann. Angenommen es werden 50 Instruktionen benötigt, um einen Paket-Header zu verarbeiten, unabhängig von der Größe der Nutzlast, und 10 Instruktionen für die jeweils 8 Byte an Nutzlast. Wie viele Pakete kann er pro Sekunde verarbeiten, wenn die Pakete (a) 128 Byte und (b) 1.024 Byte groß sind? Was ist jeweils der Durchsatz in Byte/s?

47 Bei einem 1-Gbit/s-Netz mit 4.000 km Länge ist die Übertragungsverzögerung und nicht die Bandbreite der einschränkende Faktor. Betrachten Sie ein MAN, bei dem die Quelle und das Ziel im Durchschnitt 20 km voneinander entfernt sind. Bei welcher Datenrate entspricht die Paketumlaufzeit aufgrund der Lichtgeschwindigkeit der Übermittlungsverzögerung für ein 1-KB-Paket?

48 Wie sieht das Produkt aus Bandbreite und Übertragungsverzögerung für einen 50-Mbit/s-Kanal für einen geostationären Satelliten aus? Wie groß sollte das Fenster (in Anzahl von Paketen) sein, wenn die Pakete alle 1.500 Byte (einschließlich Overhead) groß sind?

49 Nennen Sie einige der möglichen Gründe, warum ein clientbasierter Geschwindigkeitstest auf einen Zugangsnetz nicht die tatsächliche Geschwindigkeit der Zugangsverbindung misst.

50 Betrachten Sie den TCP-Header in 6.36. Jedes Mal, wenn ein TCP-Segment gesendet wird, umfasst er auch 4 ungenutzte Bit. Welche Auswirkungen hat es auf die Leistung, wenn man diese Bit entfernt und alle nachfolgenden Felder 4 Bit nach links verschiebt?

51 Der Dateiserver in 6.6 ist noch lange nicht perfekt und könnte ein paar Verbesserungen vertragen. Nehmen Sie die folgenden Änderungen vor:

a. Geben Sie dem Client ein drittes Argument, das einen Bytebereich angibt.

b. Fügen Sie ein Client-Flag hinzu, -w, mit dem die Datei auf den Server geschrieben werden kann.

52 Eine gemeinsame Funktion, die alle Netzprotokolle benötigen, dient der Behandlung von Nachrichten. Erinnern wir uns, dass Protokolle Nachrichten bearbeiten, indem sie Header hinzufügen/entfernen. Einige Protokolle können eine Nachricht in mehrere Teile zerlegen, die sie später wieder zu einer Nachricht zusammenfügen. Entwickeln und implementieren Sie hierzu eine Bibliothek zur Nachrichtenverwaltung, die Unterstützung für folgende Funktionen bieten soll: eine neue Nachricht erzeugen, eine Nachricht mit einem Header versehen, einen Header aus einer Nachricht entfernen, eine Nachricht in zwei Nachrichten zerlegen, zwei Nachrichten zu einer zusammenfassen und eine Kopie einer Nachricht speichern. Ihre Implementierung muss beim Kopieren von einem Puffer in einen anderen die Daten so weit wie möglich minimieren. Es ist extrem wichtig, dass die Operationen zur Behandlung der Nachrichten nicht die Daten in den Nachrichten berühren, sondern nur Zeiger einsetzen.

53 Entwerfen und implementieren Sie ein Chat-System, in dem sich mehrere Benutzergruppen miteinander unterhalten können. Ein Chat-Koordinator befindet sich an einer bekannten Netzadresse, verwendet zur Kommunikation mit den Chat-Clients UDP, richtet für jede Chat-Sitzung Chat-Server ein und pflegt ein Chat-Sitzungsverzeichnis. Pro Chat-Sitzung gibt es einen Chat-Server. Ein Chat-Server verwendet TCP für die Kommunikation mit den Clients. Ein Chat-Client ermöglicht Benutzern, eine Chat-Sitzung zu beginnen, einer Sitzung beizutreten und eine Sitzung zu verlassen. Entwickeln und implementieren Sie den Koordinator-, Server- und Client-Code.

Die Anwendungsschicht

7

» Nachdem wir mit den vorbereitenden Ausführungen fertig sind, kommen wir nun zu der Schicht, in der die Anwendungen zu finden sind. Die Schichten unterhalb der Anwendungsschicht stellen die grundlegenden Transportdienste bereit, führen aber noch keine Aufgaben aus, wie sie Benutzern vorschweben. Dies übernehmen die eigentlichen Netzanwendungen, von denen wir in diesem Kapitel einige eingehender untersuchen werden.

Selbst auf der Anwendungsschicht bedarf es allerdings unterstützender Protokolle, damit Anwendungen funktionieren können. Wie z.B. dem Domain Name System, kurz DNS, welches die Namensgebung im Internet regelt, indem es Internetnamen auf IP-Adressen abbildet, und von so großer Bedeutung ist, dass wir es vorab betrachten müssen, bevor wir uns anschließend drei Arten von Netzanwendungen zuwenden können: E-Mail, World Wide Web (allgemein auch kurz als „das Web“ bezeichnet) und Multimedia, einschließlich Videostreaming. Zum Abschluss des Kapitels beschäftigen wir uns mit der Verteilung von Inhalten, auch über Peer-to-Peer- und Content-Delivery-Netzwerke. «

7.1 DNS – Domain Name System

Theoretisch könnten Programme auf Hosts, Mailboxen und andere Ressourcen über die Netzadressen (also IP-Adressen) der Computer zugreifen, auf denen diese Ressourcen abgelegt sind; nur können sich Menschen diese Adressen nicht gut merken. Hinzu kommt, dass ein Unternehmen, dessen Kunden es gewohnt sind, die Webseiten des Unternehmens unter *128.111.24.41* zu finden, im Falle eines Umzugs des Webservers auf einen anderen Rechner mit neuer IP-Adresse alle Kunden über die geänderte IP-Adresse informieren müsste. Auch wenn das Verschieben einer Website von einer IP-Adresse zu einer anderen weit hergeholt scheint, ist es gängige Praxis, um einen Lastausgleich zu erreichen. Speziell moderne Websites hosten ihre Inhalte gern auf vielen Rechnern, oft in geografisch verteilten Clustern. Eventuell möchte sogar das Unternehmen, das den Inhalt hostet, die Kommunikation eines Clients von einem Webserver auf einen anderen „verschieben". Und das DNS ist in der Regel am besten hierfür geeignet.

Aufgrund dieser Überlegungen wurde ein neues System mit besser lesbaren Namen eingeführt, das die Rechnernamen von den Rechneradressen entkoppelte. In diesem System könnte der Webserver unseres Unternehmens nun beispielsweise *www.cs.uchicago.edu* lauten – ungeachtet der aktuellen IP-Adresse. Da die Geräte entlang eines Netzwerkpfads den Datenverkehr anhand der IP-Adresse an das Ziel weiterleiten, müssen diese von Menschen lesbaren Domainnamen in IP-Adressen umgewandelt werden. Diese Aufgabe übernimmt das **Domain Name System**, kurz **DNS**. In den folgenden Abschnitten werden wir untersuchen, wie das DNS diese Zuordnung vornimmt und wie es sich in den letzten Jahrzehnten entwickelt hat. Eine der bedeutendsten Entwicklungen des DNS in den letzten Jahren ist seine Bedeutung für den Schutz der Privatsphäre der Benutzer. Wir werden diese Auswirkungen und verschiedene neuere Entwicklungen bei der DNS-Verschlüsselung, die mit dem Schutz der Privatsphäre zusammenhängen, untersuchen.

7.1.1 Geschichtliches und Überblick

In den guten alten Tagen des ARPANET gab es einfach eine Datei *hosts.txt*, in der alle Rechnernamen und ihre IP-Adressen aufgelistet waren. Jede Nacht holten sich die Hosts die Adressendatei von dem Standort, an dem sie gepflegt wurde. Für ein Netz mit ein paar Hundert großen Timesharing-Rechnern funktionierte dieser Ansatz relativ gut.

Doch den Verantwortlichen wurde bald klar – und zwar lange bevor Millionen von PCs an das Internet angeschlossen wurden –, dass dieser Ansatz auf Dauer nicht funktionsfähig sein würde. Nicht nur, dass die Datei irgendwann zu groß werden würde, man musste auch noch mit ständigen Konflikten aufgrund doppelter Host-Namen rechnen, sofern die Namen nicht zentral verwaltet würden – was sich jedoch bei einem riesigen internationalen Netz aufgrund der damit verbundenen Last und Latenzzeit von selbst verbat. Um diese Probleme zu lösen, wurde 1983 das DNS entwickelt. Seitdem ist das DNS ein essenzieller Bestandteil des Internets.

Das DNS ist ein hierarchisches Benennungsschema sowie ein verteiltes Datenbanksystem, das dieses Benennungsschema implementiert. Es wird vorwiegend zur Abbildung von Host-Namen auf IP-Adressen benutzt, dient aber auch noch anderen Zwecken, die wir nachfolgend weiter ausführen werden. DNS ist eines der sich am stärksten entwickelnden Protokolle im Internet. Es ist in den RFCs 1034, 1035, 2181 definiert und in vielen anderen RFCs weiter ausgearbeitet.

7.1.2 Der DNS-Nachschlageprozess

Kurz gefasst funktioniert das DNS folgendermaßen: Um einen Namen in eine IP-Adresse umzuwandeln, ruft ein Anwendungsprogramm eine Bibliotheksprozedur (in der Regel *gethostbyname* oder ähnlich) auf und übergibt ihr den Namen als Parameter. Dieser Prozess wird manchmal als **Stub Resolver** bezeichnet. Dieser Stub Resolver sendet eine Anfrage mit dem gesuchten Namen an einen lokalen DNS-Resolver, oft **lokaler rekursiver Resolver** oder einfach **lokaler Resolver** genannt, der daraufhin eine **rekursive Suche** nach dem Namen in mehreren DNS-Resolvern ausführt. Der lokale rekursive Resolver schickt dem Stub Resolver eine Antwort mit der zugehörigen IP-Adresse, die vom Stub Resolver schließlich an den Aufrufer zurückgeliefert wird. (Anfrage und Antwort werden als UDP-Pakete übertragen.) Ausgestattet mit der IP-Adresse kann das Programm dann eine Verbindung zu dem Host aufbauen, der dem nachgeschlagenen DNS-Namen entspricht. Wir werden weiter hinten in diesem Kapitel näher auf diesen Prozess eingehen.

Der Stub Resolver fordert in der Regel den lokalen Resolver auf, eine rekursive Suche durchzuführen, d.h., er stellt einfach die Anfrage und wartet auf die Antwort des lokalen Resolvers. Der lokale Resolver hingegen stellt eine Reihe von Anfragen an die jeweiligen Nameserver für jeden Teil der Namenshierarchie. Der Nameserver, der für einen bestimmten Teil der Hierarchie zuständig ist, wird oft als **autoritativer Nameserver** für diese Domain bezeichnet. Wie wir später sehen werden, verwendet DNS eine Zwischenspeicherung, die jedoch veraltet sein kann. Der autoritative Nameserver ist, nun ja, autoritativ, d.h., er ist per Definition immer korrekt. Bevor wir die Funktionsweise von DNS genauer beschreiben, gehen wir auf die DNS-Nameserverhierarchie und die Zuordnung von Namen ein.

Wenn der Stub Resolver eines Hosts eine Anfrage an den lokalen Resolver sendet, führt dieser die Aufgabe aus, bis er die gewünschte Antwort oder keine Antwort erhält. Er gibt *keine* Teilantworten zurück. Andererseits setzt der Root-Nameserver (und jeder nachfolgende Nameserver) die Anfrage an den lokalen Nameserver nicht rekursiv fort. Er gibt nur eine Teilantwort zurück und fährt mit der nächsten Anfrage fort. Der lokale Resolver ist dafür zuständig, die Auflösung fortzusetzen, indem er weitere iterative Anfragen stellt.

Der Prozess der Namensauflösung umfasst in der Regel beide Mechanismen. Eine rekursive Anfrage mag immer vorzuziehen sein, aber viele Nameserver (insbesondere der Root) werden sie nicht bearbeiten, da sie zu beschäftigt sind. Bei iterativen Anfragen liegt die Last beim Absender. Der Grund, warum der lokale Nameserver eine rekursive Anfrage unterstützt, ist, dass er einen Dienst für Hosts in seiner Domain bereitstellt. Diese Hosts müssen nicht so konfiguriert sein, dass sie einen vollständigen Nameserver betreiben, nur um den lokalen Nameserver zu erreichen. In jeder Anfrage ist eine 16-Bit-Transaktionskennung enthalten, die dann in die Antwort kopiert wird, damit ein Nameserver die Antworten mit der entsprechenden Anfrage abgleichen kann, selbst wenn mehrere Anfragen gleichzeitig anstehen.

Alle Antworten, einschließlich aller zurückgegebenen Teilantworten, werden zwischengespeichert. Wenn also ein Computer unter *cs.vu.nl* eine Anfrage nach *cs.uchicago.edu* stellt, landet die Antwort im Zwischenspeicher. Wenn kurz darauf ein anderer *cs.vu.nl*-Host ebenfalls eine Anfrage nach *cs.uchicago.edu* sendet, dann ist die Antwort bereits bekannt. Besser noch, wenn ein Host eine Anfrage nach einem anderen Host aus derselben Domain schickt, z.B. *noise.cs.uchicago.edu*, kann die Anfrage direkt an den autoritativen Nameserver für *cs.uchicago.edu* weitergeleitet werden. Entsprechend können Anfragen nach anderen Domains in *uchicago.edu* direkt mit dem *uchicago.edu*-Nameserver beginnen. Auf diese Weise reduziert das Caching die Anzahl der zur Namensauflösung notwendigen Schritte und verbessert den Durchsatz. Bei dem oben skizzierten Beispiel handelt es sich also um das Worst-Case-Szenario, das eintritt, wenn keinerlei verwertbare Information zwischengespeichert ist.

Allerdings sind zwischengespeicherte Antworten nicht autoritativ, da eventuelle Änderungen an *cs.uchicago.edu* nicht automatisch an alle Caches der Welt, die von diesen Änderungen betroffen sind, weitergegeben werden. Aus diesem Grund sollten Cache-Einträge nicht zu lange leben. Daher verfügt jeder Resource Record – das ist die grundlegende Informationseinheit eines DNS – über das Feld *Time_to_live*. Auf diesen Teil der DNS-Datenbank werden wir gleich noch eingehen. Es teilt den entfernten Nameservern mit, wie lange Datensätze im Cache zwischenzuspeichern sind. Hat ein bestimmter Rechner jahrelang die gleiche IP-Adresse, so kann man davon ausgehen, dass es sicher ist, die Informationen einen Tag lang im Cache zu behalten. Andere Informationen sollten dagegen nach ein paar Sekunden oder einer Minute entfernt werden.

DNS-Anfragen haben ein einfaches Format, das verschiedene Informationen enthält, darunter den abgefragten Namen (QNAME) sowie weitere Zusatzinformationen wie eine Transaktions-ID. Diese ID wird häufig verwendet, um Anfragen Antworten zuzuordnen. Ursprünglich bestand die Transaktions-ID nur aus 16 Bits und die Anfragen und Antworten waren nicht gesichert. Diese Designentscheidung machte DNS anfällig für eine Vielzahl von Angriffen, darunter auch der sogenannte Cache-Poisoning-Angriff, den wir im Detail in *Kapitel 8* näher erläutern. Wenn ein rekursiver DNS-Resolver eine Reihe von iterativen Anfragen durchführt, könnte er den gesamten QNAME nacheinander an die autoritativen Nameserver senden, die die Antworten zurücksenden. Irgendwann wiesen die Protokollentwickler darauf hin, dass das Senden des gesamten QNAME an jeden autoritativen Nameserver in einer Folge von iterativen Resolvern ein Risiko für die Privatsphäre darstellt. Daher verwenden viele rekursive Resolver jetzt ein Verfahren namens **QNAME-Minimierung**, bei dem der lokale Resolver nur den Teil der Anfrage sendet, den der jeweilige autoritative Nameserver mit seinen Informationen auflösen kann. Bei der QNAME-Minimierung würde ein lokaler Resolver beispielsweise bei einem aufzulösenden Namen wie *www.cs.uchicago.edu* nur die Zeichenkette *cs.uchicago.edu* an den autoritativen Nameserver für *uchicago.edu* senden und nicht den **voll qualifizierten Domainnamen** (**FQDN**, *Fully Qualified Domain Name*), um zu vermeiden, dass der autoritative Nameserver den gesamten FQDN erfährt. Weitere Informationen zur QNAME-Minimierung finden Sie in RFC 7816.

Bis vor Kurzem basierten DNS-Anfragen und -Antworten auf UDP als Transportprotokoll, da DNS-Anfragen und -Antworten schnell und leichtgewichtig sein mussten und den entsprechenden Overhead eines TCP-Dreiwege-Handshakes nicht bewältigen konnten. Verschiedene Entwicklungen, darunter die resultierende Unsicherheit des DNS-Protokolls und die unzähligen Angriffe auf DNS, die von Cache-Poisoning- bis hin zu DDoS-Angriffen reichen, haben jedoch zunehmend zur Verwendung von TCP als Transportprotokoll für DNS geführt. Der Einsatz von TCP als Transportprotokoll hat es DNS ermöglicht, modernen sicheren Transport- und Anwendungsschichtprotokollen zum Durchbruch zu verhelfen, was zu DNS-over-TLS (DoT) und DNS-over-HTTPS (DoH) führte. Auf diese Entwicklungen gehen wir später in diesem Kapitel näher ein.

Wenn der DNS-Stub-Resolver innerhalb einer relativ kurzen Zeitspanne (Timeout-Periode) keine Antwort erhält, wiederholt der DNS-Client die Anfrage und versucht es nach einigen Wiederholungen bei einem anderen Server für die Domain. Dieser Prozess ist so konzipiert, dass er sowohl den Fall behandelt, dass der Server ausfällt, als auch den Fall, dass das Anfrage- oder Antwortpaket verloren geht.

7.1.3 DNS-Namensraum und -Hierarchie

Die Verwaltung zahlreicher Namen, die sich ständig ändern, ist nicht einfach. Beim Postsystem erfolgt die Namensverwaltung dadurch, dass Briefe (implizit oder explizit) Land, Stadt und Straße sowie Hausnummer des Adressaten aufweisen müssen. Dank dieser hierarchischen Adressierung gibt es keine Verwechslung zwischen dem Martin Albers in der Hauptstraße in Dortmund und dem Martin Albers in der Bleibtreustraße in Berlin. DNS funktioniert auf die gleiche Weise.

Im Falle des Internets wird die oberste Ebene der Namenshierarchie von der Organisation **ICANN** (*Internet Corporation for Assigned Names and Numbers*) verwaltet. ICANN wurde speziell zu diesem Zweck im Jahre 1998 gegründet, als Teil des Reifungsprozesses, der das Internet in ein weltumspannendes Wirtschaftsunternehmen transformierte. Konzeptionell ist das Internet in über 250 **Top-Level-Domains** aufgeteilt, die jeweils zahlreiche Hosts umfassen. Jede dieser Domains ist in Subdomains unterteilt; diese sind weiter unterteilt usw. All diese Domains bilden eine Namensraumhierarchie und können durch einen Baum dargestellt werden (▶Abbildung 7.1). Die Blätter des Baumes stellen Domains dar, die keine Subdomains (selbstverständlich aber Rechner) enthalten. Eine Blatt-Domain in diesem Baum kann für einen einzelnen Host stehen oder ein Unternehmen mit Tausenden von Hosts darstellen.

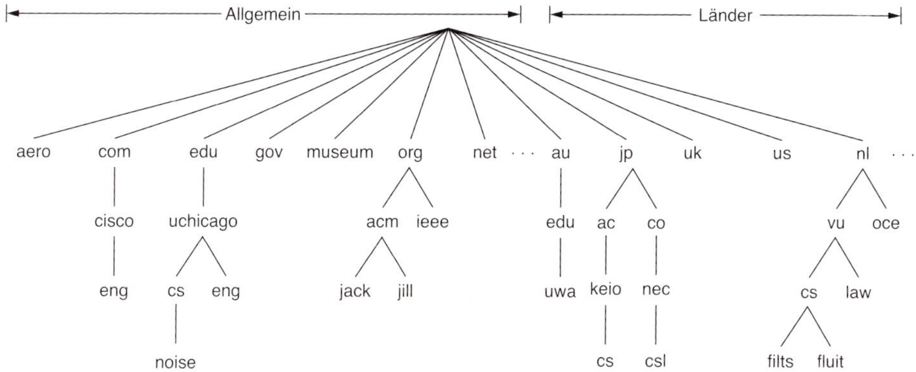

Abbildung 7.1: Teil des Namensraums der Internetdomains.

Die Domains der obersten Ebene gliedern sich in mehrere Bereiche: **gTLD** (*generic Top Level Domain*), **ccTLD** (*country code Top Level Domain*) und andere. Einige der allgemeinen Domains umfassen die Originaldomains (in ▶Abbildung 7.2 aufgeführt) aus den 1980ern plus weitere allgemeine Top-Level-Domains, die beim ICANN beantragt wurden. Die Liste der Länderdomains enthält einen Eintrag für jedes Land, wie in ISO 3166 festgelegt. Internationalisierte Länderdomainnamen mit Zeichen, die nicht aus dem lateinischen Alphabet stammen, wurden 2010 eingeführt. Dank dieser Domains können Hosts nun in Arabisch, Kyrillisch, Chinesisch oder beliebigen anderen Sprachen angegeben werden.

Bis zum Jahr 2011 gab es nur 22 gTLDs, was sich änderte, als im Juni 2011 die ICANN dafür stimmte, die Beschränkungen für die Schaffung zusätzlicher gTLDs aufzuheben, sodass Unternehmen und andere Organisationen mehr oder weniger beliebige Top-Level-Domains wählen konnten, einschließlich TLDs, die nichtlateinische Zeichen (z.B. kyrillisch) enthalten. Die ICANN hat Anfang 2012 mit der Annahme von Bewerbungen für neue TLDs begonnen. Die anfänglichen Kosten für die Bewerbung um eine neue TLD betrugen fast 200.000 US-Dollar. Einige der ersten neuen gTLDs wurden 2013 akzeptiert und im Juli 2013 wurden die ersten vier neuen gTLDs auf der Grundlage einer in Durban (Südafrika) unterzeichneten Vereinbarung eingeführt. Alle vier basierten auf nichtlateinischen Schriftzeichen: das arabische Wort für „Web“, das russische Wort für „online“, das russische Wort für „Site“ und das chinesische Wort für „game“. Einige Tech-Giganten haben viele gTLDs beantragt: zum Beispiel Google und Amazon mit jeweils etwa 100 neuen gTLDs. Zu den beliebtesten gTLDs gehören heute *top*, *loan*, *xyz* und so weiter.

Domain	Gedacht für	Einführung	Restriktiv
com	Kommerzielle Unternehmen	1985	Nein
edu	Bildungseinrichtungen	1985	Ja
gov	Regierung	1985	Ja
int	Internationale Organisationen	1988	Ja
mil	Militär	1985	Ja
net	Netzverwaltung	1985	Nein
org	Nicht kommerzielle Organisationen	1985	Nein
aero	Luftfahrt	2001	Ja
biz	Unternehmen	2001	Nein
coop	Gesellschaften	2001	Ja
info	Information	2002	Nein
museum	Museen	2002	Ja
name	Leute	2002	Nein
pro	Fachkräfte	2002	Ja
cat	Katalanische Kultur	2005	Ja
jobs	Beruf	2005	Ja
mobi	Mobilgeräte	2005	Ja
tel	Kontaktinformationen	2005	Ja
travel	Reise-Industrie	2005	Ja
xxx	Sex-Industrie	2010	Nein

Abbildung 7.2: Allgemeine generische Top-Level-Domains, Stand 2010. Es gibt Stand 2020 mehr als 1.200 generische TLDs.

Eine Domain der zweiten Ebene, wie z.B. *Name-des-Unternehmens.com*, für sich registrieren zu lassen, ist nicht schwierig. Die Top-Level-Domains werden von **Registrierungsstellen** verwaltet, die vom ICANN eingesetzt wurden. Die Registrierungsstelle für *com* ist zum Beispiel Verisign. Eine Ebene tiefer verkaufen **Registrare** Domainnamen direkt an Benutzer. Von ihnen gibt es viele und sie konkurrieren in Preis und Service. Allgemeine Registrare sind beispielsweise Domain.com, GoDaddy und NameCheap. ▸Abbildung 7.3 zeigt die Beziehung zwischen Registrierungsstellen und Registraren hinsichtlich der Registrierung eines Domainnamens.

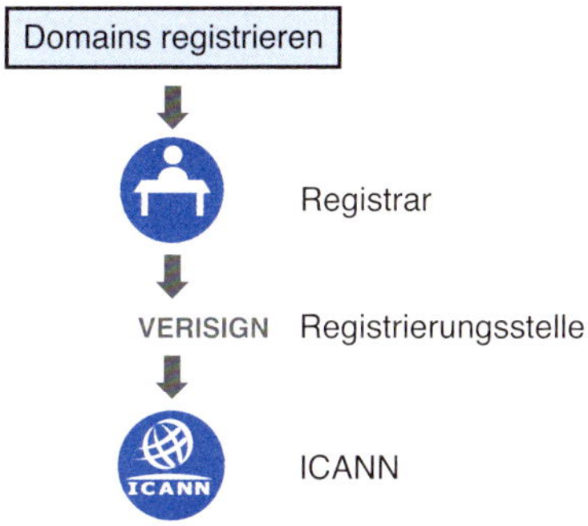

Abbildung 7.3: Beziehung zwischen Registrierungsstellen und Registraren.

Der Domainname, den ein Rechner nachschlagen möchte, wird normalerweise **FQDN** (*Fully Qualified Domain Name*) genannt. Als Beispiele seien *www.cs.uchicago.edu* oder *cisco.com* genannt. Ein FQDN beginnt mit dem speziellsten Teil des Domainnamens, wobei die einzelnen Teile der Hierarchie durch einen „." getrennt sind. (Im Prinzip enden alle FQDN auch auf einen Punkt, der die Wurzel der DNS-Hierarchie angibt, obwohl die meisten Betriebssysteme diesen Teil des Domainnamens automatisch vervollständigen.

Der Name einer Domain ist der Pfad von ihr aufwärts bis zur (nicht benannten) Wurzel. Die einzelnen Komponenten werden durch Punkte („dot") getrennt. Die technische Abteilung von Cisco Systems würde also gemäß dieses Schemas z.B. *eng.cisco.com.* lauten – und nicht etwa nach Unix-Art */com/cisco/eng.* Diese hierarchische Benennung bedeutet, dass *eng.cisco.com.* nicht mit einer möglichen Verwendung von *eng* in *eng.washington.edu.*, das die Fakultät für Anglistik an der Universität von Washington eventuell benutzt, in Konflikt steht.

Domainnamen können absolut oder relativ sein. Ein absoluter Domainname endet immer mit einem Punkt (z.B. *eng.cisco.com.*), ein relativer Domainname nicht. Relative Namen müssen in einem Kontext interpretiert werden, aus dem ihre tatsächliche Bedeutung eindeutig erschlossen werden kann. In beiden Fällen bezieht sich eine benannte Domain auf einen spezifischen Knoten im Baum und alle Knoten darunter.

Bei Domainnamen wird die Groß- und Kleinschreibung nicht beachtet, d.h., *edu*, *Edu* und *EDU* bedeuten allesamt das Gleiche. Der Name einer einzelnen Komponente kann bis zu 63 Zeichen enthalten, der vollständige Pfadname darf allerdings nicht länger als 255 Zeichen sein. Dass zwischen Groß- und Kleinschreibung nicht unterschieden wird, dient dem Zweck, sich gegen verschiedene DNS-Angriffe zu schützen, einschließlich Cache Poisoning. Dabei kommt eine Technik namens 0x20-Codierung zum Einsatz (Dagon et al., 2008), auf die wir später in diesem Kapitel noch eingehen werden.

Grundsätzlich können Domains sowohl unter allgemeinen als auch unter Länderdomains in den Baum eingefügt werden. Beispielsweise könnte *cc.gatech.edu* auch ebenso gut unter der Landesdomain *us* als *cc.gt.atl.ga.us* aufgelistet werden. In der Praxis stehen aber fast alle Organisationen der USA unter einer allgemeinen Domain, während fast alle Organisationen außerhalb der USA unter der Domain ihres jeweiligen Landes stehen. Die Registrierung unter mehreren Top-Level-Domains ist nicht verboten und wird von großen Unternehmen häufig genutzt (z.B. *sony.com*, *sony.net* und *sony.de*).

Jede Domain bestimmt, wie die unter ihr liegenden Domains zugewiesen werden. Japan verwendet z.B. die Domains *ac.jp* und *co.jp* als Pendants zu *edu* und *com*. Die Niederlande machen diese Unterscheidung nicht und platzieren alle Organisationen direkt unter *nl*. Australische Universitäten sind alle unter *edu.au* zu finden. Die folgenden Domainnamen stehen daher allesamt für die Informatik- oder Elektrotechnikfakultäten ihrer Universitäten (CS steht für Computer Science und EE für Electrical Engineering):

- *cs.uchicago.edu* (University of Chicago, USA)
- *cs.vu.nl* (Vrije Universiteit, Niederlande)
- *ee.uwa.edu.au* (University of Western Australia)

Um eine neue Domain anzulegen, ist die Genehmigung der übergeordneten Domain erforderlich. Wird z.B. eine Forschungsgruppe über Sicherheit an der Universität von Chicago ins Leben gerufen und möchte die Gruppe unter *security.cs.uchicago.edu* firmieren, dann braucht sie die Genehmigung von demjenigen, der *cs.uchicago.edu* verwaltet. (Zum Glück ist diese Person aufgrund der föderierten Verwaltungsarchitektur des DNS normalerweise nicht allzu weit weg.) Wird eine neue Universität gegründet, sagen wir die Universität von Northern South Dakota, so muss sie den Verwalter der *edu*-Domain um die Zuweisung der Adresse *unsd.edu* bitten (sofern diese noch frei ist). Auf diese Weise werden Namenskonflikte vermieden und jede Domain behält die Kontrolle über die unter ihr registrierten Unterdomains. Nachdem eine neue Domain angelegt und registriert wurde, kann sie ihrerseits Unterdomains anlegen, z.B. *cs.unsd.edu*. Eine Genehmigung der übergeordneten Domain ist dafür nicht erforderlich.

Die Benennung basiert auf organisatorischen Grenzen, nicht auf physikalischen Netzen. Befinden sich z.B. die Fakultäten für Informatik und Elektrotechnik im gleichen Gebäude und verwenden beide das gleiche LAN, dann können sie trotzdem getrennte Domains haben. Umgekehrt können die Hosts des Fachbereichs Informatik physikalisch auf die Gebäude Babbage Hall und Turing Hall verteilt sein und trotzdem der gleichen Domain angehören.

7.1.4 DNS-Anfragen und -Antworten

Wir wenden uns nun der Struktur, dem Format und dem Zweck von DNS-Anfragen zu und wie die DNS-Server diese Anfragen beantworten.

DNS-Anfragen

Wie bereits erwähnt, stellt ein DNS-Client in der Regel eine Anfrage an einen lokalen rekursiven Resolver, der eine iterative Anfrage durchführt, um die Anfrage schließlich aufzulösen. Der häufigste Anfragetyp ist eine sogenannte *A*-Record-Anfrage, bei der eine Zuordnung zwischen einem Domainnamen und einer IP-Adresse für den dazugehörigen Internet-Endpunkt gesucht wird. DNS verfügt über eine Reihe anderer Datensätze (mit entsprechenden Anfragen), auf die wir im nächsten Abschnitt über Resource Records (d.h. Antworten) näher eingehen.

Obwohl der primäre Mechanismus des DNS seit Langem darin besteht, von Menschen lesbare Namen IP-Adressen zuzuordnen, wurden DNS-Anfragen im Laufe der Jahre auch für eine Vielzahl anderer Zwecke verwendet. Ein weiterer gängiger Verwendungszweck für DNS-Anfragen ist das Nachschlagen von Domains in einer **DNSBL** (*DNS-based blacklist*), d.h. in Listen, die üblicherweise geführt werden, um IP-Adressen im Zusammenhang mit Spammern und Malware zu verfolgen. Um einen Domainnamen in einer DNSBL nachzuschlagen, kann ein Client eine DNS-Anfrage nach einem *A*-Record an einen speziellen DNS-Server wie *pbl.spamhaus.org* (eine schwarze Liste der Polizei) senden, der aus einer Liste von IP-Adressen besteht, die keine Verbindungen zu Mailservern herstellen dürfen. Um eine bestimmte IP-Adresse abzurufen, kehrt ein Client einfach die Oktette der IP-Adresse um und stellt das Ergebnis *pbl.spamhaus.org* voran.

Um z.B. 127.0.0.2 abzufragen, würde ein Client einfach eine Anfrage nach *2.0.0.127.pbl.spamhaus.org* stellen. Wenn die entsprechende IP-Adresse in der Liste enthalten ist, gibt die DNS-Anfrage eine IP-Adresse zurück, die in der Regel einige zusätzliche Informationen enthält, z.B. die Herkunft des Eintrags in der Liste. Wenn die IP-Adresse nicht in der Liste enthalten ist, gibt der DNS-Server dies mit der entsprechenden Antwort NXDOMAIN an, was „no such domain" bedeutet.

Erweiterungen und Verbesserungen von DNS-Anfragen

DNS-Anfragen sind im Laufe der Zeit immer ausgefeilter und komplexer geworden, da die Notwendigkeit, den Kunden immer spezifischere und relevantere Informationen zur Verfügung zu stellen, zugenommen hat und die Sicherheitsbedenken gewachsen sind. Zwei wichtige Erweiterungen der DNS-Anfragen in den letzten Jahren waren die Verwendung der Option **EDNS0 CS Extended DNS Client Subnet** oder einfach **EDNS Client Subnet**, bei der der lokale rekursive Resolver eines Clients das IP-Adresse-Subnetz des Stub Resolvers an den autoritativen Namenserver weitergibt.

Dank des EDNS0-CS-Mechanismus kennt der autoritative Nameserver für einen Domainnamen die IP-Adresse des Clients, der die Anfrage ursprünglich abgeschickt hat. Mit dieser Information kann der autoritative DNS-Server in der Regel eine effektivere Zuordnung zu einem nahe gelegenen replizierten Dienst vornehmen. Wenn ein Client beispielsweise die Domain *google.com* anfragt, möchte der autoritative Namensserver für Google in der Regel einen Namen für einen Front-End-Server zurückgeben, der sich in der Nähe des Clients befindet. Damit dies möglich ist, muss natürlich bekannt sein, wo im Netz (und idealerweise in der Welt, geografisch gesehen) sich der Client befindet. Normalerweise sieht ein autoritativer Nameserver nur die IP-Adresse des lokalen rekursiven Resolvers.

Befindet sich der Client, der die Anfrage initiiert hat, zufällig in der Nähe seines jeweiligen lokalen Resolvers, könnte der autoritative Server für diese Domain eine geeignete Client-Zuordnung einfach anhand des Standorts des lokalen rekursiven DNS-Resolvers ermitteln. In zunehmendem Maße verwenden Kunden jedoch lokale rekursive Resolver, die IP-Adressen verwalten, die die Lokalisierung des Kunden erschweren. Google und Cloudflare zum Beispiel betreiben beide öffentliche DNS-Resolver (8.8.8.8 bzw. 1.1.1.1). Wenn ein Client so konfiguriert ist, dass er einen dieser lokalen rekursiven Resolver verwendet, kann der autoritative Nameserver aus der IP-Adresse des rekursiven Resolvers nur bedingt nützliche Informationen entnehmen. EDNS0 CS löst dieses Problem, indem es das IP-Subnetz in die Anfrage des lokalen rekursiven Resolvers einbezieht, sodass der autoritative Nameserver das IP-Subnetz des Clients sehen kann, der die Anfrage initiiert hat.

Wie bereits erwähnt, wird bei DNS-Anfragen nicht zwischen Groß- und Kleinschreibung unterschieden, sodass moderne DNS-Resolver zusätzliche Bits einer Transaktions-ID in die Anfrage aufnehmen können, indem sie jedes Zeichen in einem QNAME auf eine beliebige Groß- und Kleinschreibung setzen. Eine 16-Bit-Transaktions-ID ist anfällig für verschiedene Cache-Poisoning-Angriffe, einschließlich der in *Kapitel 8* beschriebenen Kaminsky-Attacke. Diese Anfälligkeit entsteht zum Teil dadurch, dass die DNS-Transaktions-ID nur 16 Bits hat. Eine Erhöhung der Anzahl der Bits in der Transaktions-ID würde jedoch eine Änderung der DNS-Protokollspezifikation erfordern, was ein großes Unterfangen ist.

Es wurde eine Alternative entwickelt, die in der Regel als **0x20-Codierung** bezeichnet wird und bei der ein lokaler rekursiver Resolver die Groß- und Kleinschreibung bei jedem QNAME umschaltet (z.B. könnte aus *uchicago.edu uCHicaGO.EDu* oder ähnlich werden), sodass jeder Buchstabe des Domainnamens ein zusätzliches Bit für die DNS-Transaktions-ID codiert. Der Haken an der Sache ist natürlich, dass kein anderer Resolver die Groß- und Kleinschreibung des QNAME in nachfolgenden iterativen Anfragen oder Antworten ändern darf. Wenn die Groß-/Kleinschreibung beibehalten wird, enthält die entsprechende Antwort den QNAME mit der ursprünglichen Groß-/Kleinschreibung, die vom lokalen rekursiven Resolver angegeben wurde, und fügt der Transaktions-ID effektiv Bits hinzu. Das Ganze ist ein hässlicher Hack, aber das liegt in der Natur der Sache, wenn man versucht, weitverbreitete Software zu ändern und gleichzeitig die Abwärtskompatibilität zu wahren.

DNS-Antworten und Resource Records

Mit jeder Domain, sei es ein einzelner Host oder eine Top-Level-Domain, können mehrere Datensätze, die sogenannten **Resource Records**, verbunden sein. Diese Records bilden die DNS-Datenbank. Der übliche Resource Record für einen einzelnen Host ist seine IP-Adresse. Daneben gibt es aber noch viele andere Arten von Resource Records. Gibt ein Resolver einen Domainnamen an das DNS weiter, so erhält er die Resource Records zurück, die mit diesem Namen verbunden sind. Die primäre Funktion des DNS ist also die Abbildung von Domainnamen auf Resource Records.

Ein Resource Record ist ein Fünfertupel. Obwohl Resource Records der besseren Effizienz wegen binär codiert sind, werden sie in Publikationen üblicherweise als ASCII-Text dargestellt, und zwar je ein Resource Record pro Zeile. Das Format, das wir verwenden, ist wie folgt aufgebaut:

```
Domain_name Time_to_live Class Type Value
```

Domain_name gibt die Domain an, für die der Record gilt. Normalerweise liegen für eine Domain viele Records vor und jede Kopie der Datenbank enthält Informationen über mehrere Domains. Dieses Feld ist somit der primäre Suchschlüssel für Datenbankanfragen. Die Reihenfolge der Records in der Datenbank hat keine Bedeutung.

Das Feld *Time_to_live* gibt einen Hinweis darauf, wie dauerhaft die Informationen eines Record sind. Sehr beständige Informationen erhalten einen hohen Wert, z.B. 86.400 (Anzahl der Sekunden eines Tages). Informationen, die flüchtig sind (wie Aktienkurse) oder die die Verantwortlichen häufig ändern wollen (z.B. zur Lastverteilung eines einzelnen Namens über mehrere IP-Adressen) wird ein kleiner Wert wie z.B. 60 (eine Minute) zugewiesen. Wir kommen auf diesen Punkt später im Zusammenhang mit Caching noch einmal zurück.

Das dritte Feld jedes Resource Record ist *Class*. Für Internetinformationen ist dies immer *IN*. Bei Nichtinternet-Informationen können andere Codes verwendet werden. In der Praxis ist dies aber selten.

Das Feld *Type* gibt an, um welche Art von Record es sich handelt. Die wichtigsten Typen sind in ▶Abbildung 7.4 aufgeführt.

Typ	Bedeutung	Wert
SOA	Start of Authority	Parameter für die betreffende Zone
A	IPv4-Adresse eines Hosts	32-Bit-Ganzzahl
AAAA	IPv6-Adresse eines Hosts	128-Bit-Ganzzahl
MX	Mail Exchange	Mit Prioritäten versehener Mailserver, der bereit ist, E-Mails anzunehmen
NS	Nameserver	Name eines Servers der betreffenden Domain
CNAME	Kanonischer Name	Alias-Eintrag
PTR	Zeiger (Pointer)	Alias für eine IP-Adresse
SPF	Sender Policy Framework	Textcodierung der Mail-Sende-Richtlinie
SRV	Service	Host, der den Dienst anbietet
TXT	Text	Nicht interpretierter ASCII-Text

Abbildung 7.4: Die wichtigsten Resource-Record-Typen von DNS.

Das letzte Feld im Resource Record ist das Feld *Value*. Dieses Feld kann eine Zahl, ein Domainname oder eine ASCII-Zeichenfolge sein. Die Semantik hängt vom Record-Typ ab. Eine kurze Beschreibung der *Value*-Felder der wichtigsten Record-Typen ist in Abbildung 7.4 aufgeführt.

Häufige Record-Typen

Ein *SOA*-Record gibt den Namen der primären Informationsquelle über die Zone des Nameservers (wird unten beschrieben), die E-Mail-Adresse des Administrators, eine eindeutige Seriennummer und verschiedene Flags und Timeouts an.

Ein häufiger vorkommender Record-Typ ist *A* (Adresse). Er enthält eine 32 Bit lange IPv4-Adresse einer Schnittstelle für einen Host. Das Pendant dazu, der Typ *AAAA*- bzw. „Quad A" enthält eine 128 Bit lange IPv6-Adresse. Jeder Internethost muss mindestens eine IP-Adresse haben, damit andere Rechner mit ihm kommunizieren können. Einige Hosts haben zwei oder mehr Netzwerkschnittstellen, sodass sie zwei oder mehr Resource Records vom Typ *A* oder *AAAA* haben. Außerdem kann ein einzelner Dienst (z. B. *google.com*) auf vielen geografisch verteilten Rechnern in der ganzen Welt gehostet sein (Calder et al., 2013). In diesen Fällen kann ein DNS-Resolver mehrere IP-Adressen für einen einzigen Domainnamen zurückgeben. Im Falle eines geografisch verteilten Dienstes kann ein Resolver seinem Client eine oder mehrere IP-Adressen eines Servers zurückgeben, der sich in der Nähe des Clients befindet (geografisch oder topologisch), um so die Leistung zu verbessern und die Last zu verteilen.

Von besonderer Bedeutung ist auch der Record-Typ *NS*. Er gibt einen Nameserver für die Domain oder Subdomain an. Dies ist ein Host, der über eine Kopie der DNS-Datenbank (für eine Domain) verfügt. Nameserver sind wichtig für das Nachschlagen von Namen – ein Prozess, den wir uns in Kürze näher ansehen werden.

Ein weiterer Record-Typ ist *MX*. Er gibt den Namen des Hosts an, der bereit ist, E-Mail für die betreffende Domain anzunehmen. Er wird verwendet, weil nicht jeder Rechner dafür eingerichtet ist, E-Mail anzunehmen. Möchte beispielsweise jemand eine E-Mail an *bill@microsoft.com* senden, dann muss der absendende Host unter *microsoft.com* einen Mailserver finden, der E-Mails entgegennimmt. Der *MX*-Record kann ihm diese Informationen liefern.

CNAME-Records ermöglichen das Erstellen von Alias-Namen. Jemand, der mit der Namensvergabe im Internet vertraut ist und dem Benutzer *paul* von der Informatikfakultät der Universität von Chicago eine E-Mail senden möchte, könnte sich z. B. ableiten, dass die Adresse des Benutzers *paul* am Institut *paul@cs.chicago.edu* lauten müsste. Tatsächlich wird seine E-Mail aber niemals ankommen, denn die Domain der Informatikfakultät der Universität von Chicago ist *cs.uchicago.edu*. Um Uneingeweihten Ärger zu ersparen, könnte die Universität von Chicago daher als zusätzlichen Service einen *CNAME*-Eintrag erstellen, der Menschen und Programme in die richtige Richtung weist – beispielsweise:

```
www.cs.uchicago.edu 120 IN CNAME hnd.cs.uchicago.edu
```

CNAME-Einträge werden allgemein für Website-Aliase verwendet, da die normalen Webserveradressen (die oft mit *www* beginnen) in der Regel auf Rechner gehostet werden, die mehreren Zwecken dienen und deren erster Name nicht *www* lautet.

PTR verweist auf einen anderen Namen und wird normalerweise verwendet, um eine IP-Adresse mit einem dazugehörigen Namen zu verbinden. Eine PTR-Suche, die einem Namen mit einer IP-Adresse verbindet, wird normalerweise als **Reverse Lookup** (umgekehrte Namensauflösung, Inverssuche) bezeichnet.

SRV ist ein relativ neuer Record-Typ, mit dessen Hilfe ein Host als Anbieter eines speziellen Dienstes innerhalb einer Domain identifiziert werden kann. So könnte der Webserver für *www.cs.uchicago.edu* beispielsweise als *hnd.cs.uchicago.edu* identifiziert werden. Der *SRV*-Record ist eine Verallgemeinerung des auf Mailserver spezialisierten *MX*-Record.

Der *SPF*-Record erlaubt es einer Domain, in codierter Form die Information abzulegen, welcher Rechner in der Domain für das Senden von E-Mails ins restliche Internet zuständig ist. Die Empfängerrechner können dann anhand dieser Information die Gültigkeit der E-Mail überprüfen. Wurde eine E-Mail von einem Rechner empfangen, der sich selbst *zwielichtig* nennt, der Domain-Record aber besagt, dass E-Mails aus der betreffenden Domain immer von einem Rechner namens *smtp* kommen, so kann man wohl davon ausgehen, dass es sich um eine Junkmail handelt.

Der letzte Record-Typ in der Tabelle ist *TXT*. *TXT*-Records wurden ursprünglich vorgesehen, um Domains die Möglichkeit zu geben, sich selbst auf beliebige Weise zu identifizieren. Heute nutzt man dazu üblicherweise maschinenlesbare Informationen, meist in Form eines *SPF*-Record.

DNSSEC-Records

Bei der ursprünglichen Einführung von DNS wurde die Sicherheit des Protokolls nicht berücksichtigt. Insbesondere konnten DNS-Namensserver oder Resolver den Inhalt jedes DNS-Records manipulieren, sodass der Client falsche Informationen erhielt. RFC 3833 hebt einige der verschiedenen Sicherheitsbedrohungen für DNS hervor und erläutert, wie DNSSEC diese Bedrohungen beseitigt. DNSSEC-Records ermöglichen es, Antworten von DNS-Nameservern mit digitalen Signaturen zu versehen, die der lokale oder Stub-Resolver anschließend überprüfen kann, um sicherzustellen, dass die DNS-Records nicht verändert oder manipuliert wurden. Jeder DNS-Server berechnet einen Hash (eine Art lange Prüfsumme) des **RRSET** (*Resource Record Set*) für jeden Satz von Resource Records desselben Typs mit seinen privaten kryptografischen Schlüsseln. Die entsprechenden öffentlichen Schlüssel können zur Überprüfung der Signaturen auf den RRSETs verwendet werden (für diejenigen, die mit Kryptografie nicht vertraut sind, bietet *Kapitel 8* einige technische Hintergrundinformationen).

Die Überprüfung der Signatur eines RRSET mit dem entsprechenden öffentlichen Schlüssel des Nameservers erfordert natürlich die Überprüfung der Authentizität des öffentlichen Schlüssels dieses Servers. Diese Überprüfung kann durchgeführt werden, wenn der öffentliche Schlüssel eines autoritativen Nameservers vom übergeordneten Nameserver in der Namenshierarchie signiert wird. So könnte beispielsweise der autorisierende Nameserver *.edu* den öffentlichen Schlüssel des autorisierenden Nameservers *chicago.edu* signieren usw.

DNSSEC verfügt über zwei Resource Records, die sich auf öffentliche Schlüssel beziehen: (1) den RRSIG-Record, der einer Signatur über das RRSET entspricht und mit dem privaten Schlüssel des entsprechenden autoritativen Nameservers signiert ist, und (2) den DNSKEY-Record, der der öffentliche Schlüssel für das entsprechende RRSET ist, das mit dem privaten Schlüssel des Elternservers signiert ist. Nur die öffentlichen Schlüssel der Root-Ebene müssen über einen separaten Kanal (*out-of-band*) verteilt werden, und diese Schlüssel können auf die gleiche Weise verteilt werden, wie die Resolver von den IP-Adressen der Root-Nameserver erfahren. In *Kapitel 8* wird DNSSEC ausführlicher behandelt.

DNS-Zonen

In ▶Abbildung 7.5 können Sie sehen, welche Art von Informationen man typischerweise in der DNS-Datenbank einer Domain findet. Die Abbildung zeigt einen Teil einer (halbhypothetischen) Datenbank für die Domain *cs.vu.nl* (Abbildung 7.1), die oft auch als **DNS-Zonendatei** oder manchmal einfach nur als **DNS-Zone** bezeichnet wird.

```
; Authoritative data for cs.vu.nl
cs.vu.nl.      86400    IN   SOA     star boss (9527,7200,7200,241920,86400)
cs.vu.nl.      86400    IN   MX      1 zephyr
cs.vu.nl.      86400    IN   MX      2 top
cs.vu.nl.      86400    IN   NS      star

star           86400    IN   A       130.37.56.205
zephyr         86400    IN   A       130.37.20.10
top            86400    IN   A       130.37.20.11
www            86400    IN   CNAME   star.cs.vu.nl
ftp            86400    IN   CNAME   zephyr.cs.vu.nl

flits          86400    IN   A       130.37.16.112
flits          86400    IN   A       192.31.231.165
flits          86400    IN   MX      1 flits
flits          86400    IN   MX      2 zephyr
flits          86400    IN   MX      3 top

rowboat                 IN   A       130.37.56.201
                        IN   MX      1 rowboat
                        IN   MX      2 zephyr

little-sister           IN   A       130.37.62.23

laserjet                IN   A       192.31.231.216
```

Abbildung 7.5: Ausschnitt aus einer fiktiven DNS-Datenbank für *cs.vu.nl*.

Die erste Nicht-Kommentar-Zeile in Abbildung 7.5 liefert ein paar grundlegende Informationen über die Domain, mit denen wir uns nicht weiter beschäftigen. Dann folgen zwei Einträge, die angeben, wohin man sich wenden kann, um eine an *person@cs.vu.nl* adressierte E-Mail zu übergeben. Als Erstes sollte man es stets mit dem Rechner *zephyr* versuchen. Falls das nicht klappt, kann man auf *top* ausweichen. Die nächste Zeile gibt den Nameserver für die Domain an: *star*.

Nach der Leerzeile, die zur besseren Übersichtlichkeit eingefügt wurde, folgen Zeilen, die die IP-Adressen zu *star*, *zephyr* und *top* angeben. Danach kommt ein Alias, *www.cs.vu.nl*, sodass diese Adresse auch ohne Angabe eines bestimmten Rechners verwendet werden kann. Dank dieses Alias kann die Domain *cs.vu.nl* ihren WWW-Server ändern, ohne dass dadurch die Adresse ungültig wird, unter der sie in der Öffentlichkeit bekannt ist. Gleiches gilt für das Alias *ftp.cs.vu.nl*.

Der Abschnitt für den Rechner *flits* enthält zwei IP-Adressen und drei Alternativen für die Behandlung von E-Mails, die an *flits.cs.vu.nl* gesendet wurden. Die erste Wahl ist natürlich *flits* selbst. Sollte *flits* heruntergefahren sein, stehen als zweite und dritte Option *zephyr* und *top* zur Verfügung.

Die nächsten drei Zeilen sind ein typischer Eintrag für einen Rechner, in diesem Fall *rowboat.cs.vu.nl*. Angegeben sind die IP-Adresse sowie die primäre und sekundäre Mail-Annahmestelle. Dann folgt ein Eintrag für einen Rechner, der selbst keine E-Mail empfangen kann, gefolgt von einem Eintrag, der typisch für Drucker (Laserjet) ist, die mit dem Internet verbunden sind.

Rein theoretisch könnte ein einzelner Nameserver die komplette DNS-Datenbank beherbergen und alle an die Datenbank gerichteten Anfragen beantworten. In der Realität wäre ein solcher Server jedoch derart überladen, dass er praktisch nutzlos würde. Schlimmer noch: würde er jemals abstürzen, dann bräche das ganze Internet zusammen.

Um solche Probleme zu vermeiden, wird der DNS-Namensraum in nicht überlappende **Zonen** aufgeteilt. Eine Möglichkeit, wie der Namensraum aus Abbildung 7.1 aufgeteilt werden könnte, ist in ▸Abbildung 7.6 dargestellt. Jede der eingekreisten Zonen enthält dabei einen bestimmten Teil des Baums.

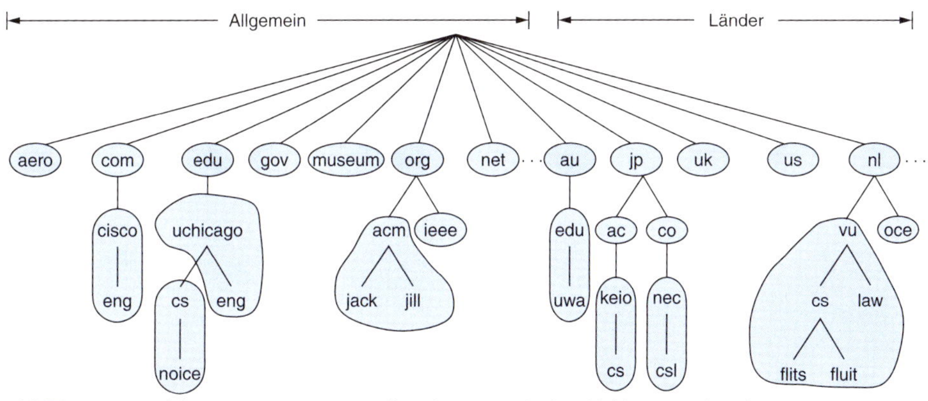

Abbildung 7.6: Teil des DNS-Namensraums, aufgeteilt in Zonen (in der Abbildung eingekreist).

Die Entscheidung, wo die Grenzen innerhalb einer Zone gezogen werden, liegt beim Zonenadministrator und wird größtenteils auf der Grundlage getroffen, wie viele Nameserver gewünscht sind und wo diese liegen sollen. In Abbildung 7.6 *chicago.edu*, die *cs.uchicago.edu*, nicht aber *eng.uchicago.edu* mit verwaltet. Letzteres ist eine separate Zone mit eigenen Nameservern. Der Grund für eine solche Aufteilung kann z.B. sein, dass eine Fakultät, hier die Anglistik, keinen eigenen Nameserver führen möchte, während die Informatik sehr wohl darauf Wert legt.

7.1.5 Namensauflösung

Jede Zone ist mit einem oder mehreren Nameservern verbunden. Dies sind Hosts, auf denen die Datenbank für die Zone gespeichert ist. Normalerweise hat eine Zone einen primären Nameserver, der die Informationen einer auf seiner Festplatte befindlichen Datei entnimmt, und einen oder mehrere sekundäre Nameserver, die ihre Informationen vom primären Nameserver erhalten. Um die Zuverlässigkeit zu verbessern, können einige der Nameserver außerhalb der Zone installiert werden.

Das Nachschlagen eines Namens und die Suche nach der zugehörigen Adresse wird als **Namensauflösung** (*name resolution*) bezeichnet. Liegt einem Resolver eine Anfrage zu einem Domainnamen vor, dann leitet er die Anfrage an einen lokalen Nameserver weiter. Fällt die gesuchte Domain unter die Zuständigkeit des Nameservers, wie z.B. *top.cs.vu.nl* unter *cs.vu.nl* fällt, so gibt er die autoritativen Resource Records aus. Ein **autoritativer Record** ist ein Record, der von der Stelle (Autorität) stammt, die den Record verwaltet, und ist somit immer korrekt. Dagegen können Records, die im Cache zwischengespeichert werden, sogenannte **Cache-Records**, eventuell überholt sein.

Was aber passiert, wenn es sich um eine sogenannte Remote-Domain handelt, wie es z.B. der Fall ist, wenn *flits.cs.vu.nl* die IP-Adresse von *cs.uchicago.edu* der Universität von Chicago sucht? In diesem Fall startet der Nameserver, sofern es lokal keine im Cache zwischengespeicherten Informationen gibt, eine Fernabfrage (*remote query*). Diese Anfrage folgt dem Schema, das in ▶Abbildung 7.7 dargestellt ist. Schritt 1 zeigt die Anfrage, die an den lokalen Nameserver gesendet wird. Die Anfrage enthält den gesuchten Domainnamen, den Typ (*A*) und die Klasse (*IN*).

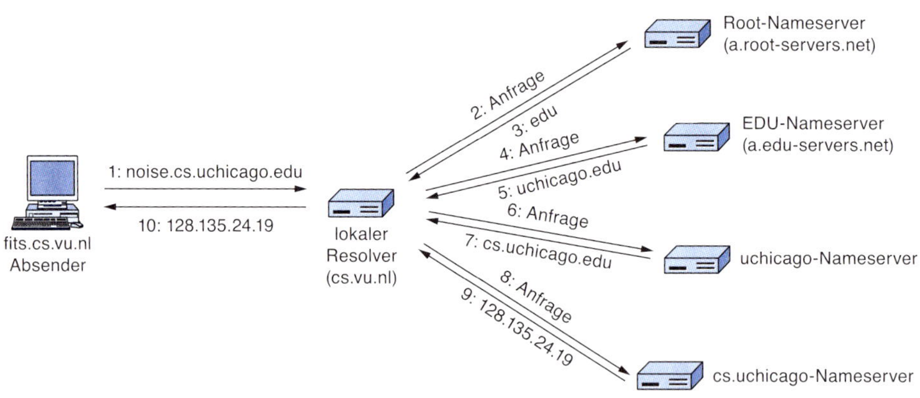

Abbildung 7.7: Suche nach einem entfernten Namen durch einen Resolver in zehn Schritten.

Weiter geht es oben in der Namenshierarchie (Schritt 2 in Abbildung 7.7). Dazu wird eine Anfrage an einen der **Root-Nameserver** gesendet – also einen Nameserver, der die

Informationen über alle Top-Level-Domains besitzt. Damit ein Nameserver Kontakt zu einem Root-Server aufnehmen kann, benötigt er entsprechende Informationen über einen oder mehrere Root-Nameserver. Diese Informationen liegen üblicherweise in Form einer Systemkonfigurationsdatei vor, die beim Start des DNS-Servers in den DNS-Cache geladen wird. Sie besteht einfach aus einer Liste von *NS*-Records für die Root-Server und die zugehörigen *A*-Records.

Es gibt insgesamt 13 DNS-Root-Server, die wenig einfallsreich *a-root-servers.net*, *b-root-servers.net* bis *m.root.servers.net* heißen. Rein theoretisch könnte es sich bei einem Root-Server um einen einzelnen Rechner handeln. Da jedoch das gesamte Internet von den Root-Servern abhängt, handelt es sich um äußerst leistungsfähige und mehrfach replizierte Rechner. So sind die meisten dieser Server in vielen geografischen Regionen verfügbar und können per Anycast-Routing erreicht werden (d.h., es wird ein Paket an die am nächsten gelegene Instanz einer Zieladresse geschickt, siehe *Kapitel 5*). Stabilität und Leistung des Internets werden auf diese Weise verbessert.

Es ist unwahrscheinlich, dass der Root-Nameserver die Adresse eines Rechners unter *uchicago.edu* kennt. Vermutlich kennt er nicht einmal den Nameserver für *uchicago.edu*. Er muss allerdings den Nameserver der *edu*-Domain kennen, innerhalb der sich *cs.uchicago.edu* befindet. Dessen Namen und IP-Adresse liefert er als Teil seiner Antwort zurück (Schritt 3).

Der lokale Nameserver setzt nun seine Suche fort. Er schickt die gesamte Anfrage an den *edu*-Nameserver (*a.edu-servers.net*), der den Nameserver für *uchicago.edu* zurückliefert (Schritte 4 und 5). Seinem Ziel näher gekommen, sendet der lokale Nameserver die Anfrage zum Nameserver von *uchicago.edu* (Schritt 6). Würde der gesuchte Domainname zur Anglistik gehören, so wäre hier das Ende der Suche erreicht. Doch die Informatik hat sich entschlossen, ihren eigenen Nameserver zu unterhalten. Die Anfrage ergibt daher den Namen und die IP-Adresse des Nameservers der Informatik (*cs.uchicago.edu*) an der Universität von Chicago (Schritt 7).

Zu guter Letzt richtet der lokale Nameserver seine Anfrage an den Nameserver der Informatik, Universität von Chicago, *uchicago.edu* (Schritt 8). Da dieser für die Domain *cs.uchicago.edu* zuständig ist, weiß er die endgültige Antwort und sendet diese zurück (Schritt 9). Der lokale Nameserver leitet die Antwort an *flits.cs.vu.nl* weiter (Schritt 10). Die Namensauflösung ist vollzogen.

7.1.6 DNS in der Praxis

Mithilfe von Programmen wie *dig* können Sie diesen Vorgang selbst nachvollziehen (*dig* ist auf den meisten Unix-System standardmäßig installiert). Die Eingabe

```
dig@a.edu-servers.net cs.uchicago.edu
```

führt z.B. dazu, dass dem Nameserver *a.edu-servers.net* eine Anfrage nach *cs.uchicago.edu* gesendet und das Ergebnis ausgegeben wird. Mit anderen Worten: Sie erhalten die Informationen, die Schritt 4 aus dem obigen Beispiel entsprechen und denen

Sie den Namen und die IP-Adresse des Nameservers von *uchicago.edu* entnehmen können.

Die meisten Organisationen haben mehrere Nameserver für den Fall, dass einer ausfällt. Ein halbes Dutzend ist nicht ungewöhnlich. Wenn Sie Zugang zu einem UNIX-, Linux- oder MacOS-System haben, experimentieren Sie mit dem Programm *dig*, um zu sehen, was es kann. Dabei können Sie eine Menge über DNS lernen (das *dig*-Programm ist auch für Windows verfügbar, muss aber möglicherweise selbst installiert werden).

Das DNS dient einem einfachen und klar umrissenen Zweck. Doch lassen Sie sich davon nicht täuschen. Es handelt sich um ein ebenso großes wie komplexes verteiltes System, das aus Millionen von zusammenarbeitenden Nameservern besteht. Das DNS ist ein wichtiges Bindeglied, das die Verbindung zwischen für Menschen verständliche Domainnamen und den IP-Adressen der Rechner herstellt. Es nutzt Replizierung und Caching zur Leistungsverbesserung, arbeitet äußerst zuverlässig und zeichnet sich durch hohe Stabilität aus.

Für manche Anwendungsgebiete ist es interessant, die aufzulösenden Namen etwas weiter zu fassen, beispielsweise indem man als Namen einen gesuchten Inhalt angibt und als Antwort die IP-Adresse eines nahe gelegenen Hosts erhält, der den gewünschten Inhalt anbietet. Denken Sie z.B. an die Suche nach einem herunterladbaren Kinofilm. In diesem Fall geht es um den Kinofilm und als Antwort ist die IP-Adresse jedes nahe gelegenen Rechners geeignet, auf dem eine Kopie des Films verfügbar ist. Netze zur Verteilung von Inhalten (*Content Delivery Network*, *CDN*) sind eine Möglichkeit, diese Art von Abbildung zu unterstützen. Wie diese auf dem DNS aufsetzen, erfahren Sie in Abschnitt 7.5.

7.1.7 DNS und Privatsphäre

Früher, in den Anfängen des Internets, wurden DNS-Anfragen und -Antworten grundsätzlich nicht verschlüsselt. Infolgedessen könnte jedes andere Gerät oder jeder Lauscher im Netz (z.B. andere Geräte, ein Systemadministrator, ein Coffeeshop-Netz) den DNS-Verkehr eines Benutzers beobachten und Schlussfolgerungen über diesen Benutzer ziehen. So könnte beispielsweise die Suche nach einer Website wie *uchicago.edu* darauf hindeuten, dass ein Benutzer die Website der Universität von Chicago besucht hat. Während solche Informationen harmlos erscheinen mögen, könnten DNS-Anfragen nach Websites wie *webmd.com* darauf hindeuten, dass ein Benutzer medizinischen Rat sucht. Suchvorgänge in Kombination mit anderen Informationen lassen oft noch genauere Schlussfolgerungen zu, möglicherweise auch darüber, welche Websites genau ein Benutzer besucht hat.

Das Thema Privatsphäre im Zusammenhang mit DNS-Anfragen wird angesichts neuer Anwendungen wie dem Internet der Dinge (*Internet of Things, IoT*) und den sogenannten Smart Homes noch kontroverser diskutiert. So können die DNS-Anfragen, die ein Gerät stellt, Informationen darüber preisgeben, welche Art von Geräten Benutzer in ihren intelligenten Häusern verwenden und in welchem Umfang sie mit ihnen interagieren. So können beispielsweise die DNS-Anfragen, die eine mit dem Internet verbundene Kamera oder ein Schlafmonitor stellt, das Gerät eindeutig identifizieren (Apthorpe et al., 2019). Da zunehmend von den Menschen sensible Aktivitäten auf den mit dem Internet verbundenen Geräten durchgeführt werden, von Browsern bis hin zu „intelligenten" Geräten mit Internetzugang, wächst der Wunsch nach Verschlüsselung von DNS-Anfragen und -Antworten.

Einige der neueren Entwicklungen haben das Potenzial zur vollständigen Neuausrichtung des DNS. Verschiedene Unternehmen, darunter Cloudflare, Google und andere, bieten Nutzern bereits die Möglichkeit, ihren DNS-Verkehr an ihren eigenen lokalen rekursiven Resolver zu leiten, sowie zusätzlich Unterstützung für den verschlüsselten Transport (z.B. TLS, HTTPS) zwischen dem DNS-Stub-Resolver und ihrem lokalen Resolver. In einigen Fällen arbeiten diese Unternehmen mit Entwicklungsfirmen von Webbrowsern (z.B. Mozilla) zusammen, um irgendwann den gesamten DNS-Verkehr standardmäßig auf diese lokalen Resolver zu leiten.

Wenn alle DNS-Anfragen und -Antworten mit Cloud-Anbietern standardmäßig über eine verschlüsselte Übertragung ausgetauscht werden, könnte dies gravierende Auswirkungen auf die künftige Internetarchitektur haben. Insbesondere können die Internetdienstanbieter dann nicht mehr DNS-Anfragen verfolgen, die aus den Heimnetzen ihrer Abonnenten abgesetzt wurden, was in der Vergangenheit eine ihrer wichtigsten Methoden war, um deren Netze auf Viren und Malware zu überwachen (Antonakakis et al., 2010). Andere Funktionen wie elterliche Kontrolle und verschiedene andere Dienste der Internetdienstanbieter hängen ebenfalls von der Überwachung des DNS-Datenverkehrs ab.

Letztlich geht es um zwei recht unterschiedliche Probleme: Das erste ist die Umstellung des DNS auf eine verschlüsselte Übertragung – eine Änderung, die fast jeder positiv sieht (anfangs gab es Bedenken hinsichtlich der Leistung, die inzwischen jedoch weitgehend ausgeräumt sind). Das zweite Problem ist heikler: Es geht darum, wer die lokalen rekursiven Resolver betreiben darf. Bisher wurde der lokale rekursive Resolver in der Regel vom Internetdienstanbieter des Benutzers betrieben. Wenn die DNS-Auflösung jedoch über DoH in den Browser verlagert wird, können die Browser (von denen die beiden populärsten derzeit weitgehend von einem einzigen dominanten Anbieter, Google, kontrolliert werden) bestimmen, wer in der Lage ist, den DNS-Verkehr zu beobachten. Letztendlich kann der Betreiber des lokalen rekursiven Resolvers die DNS-Anfragen des Benutzers sehen und diese mit einer IP-Adresse in Verbindung bringen. Wem der Benutzer Einblick in seinen DNS-Verkehr gewähren möchte, sei es dem Internetdienstanbieter oder einem großen Werbeunternehmen, sollte seine Entscheidung sein, auch wenn am Ende unter Umständen die Standardeinstellungen im Browser bestimmen, wer den Großteil dieses Verkehrs sieht. Gegenwärtig versuchen zahlreiche Unternehmen, von Internetdienstanbietern bis hin zu Content-Providern und Werbefirmen, vertrauenswürdige lokale rekursive Resolver, sogenannte **TRRs** (*Trusted Recursive Resolver*), einzurichten, die mittels DoT oder DoH Anfragen für

Kunden auflösen. Die Zeit wird zeigen, wie diese Entwicklungen die DNS-Architektur verändern werden.

Selbst DoT und DoH lösen nicht alle DNS-bezogenen Probleme der Privatsphäre vollständig, da dem Betreiber des lokalen Resolvers immer noch sensible Informationen anvertraut werden müssen, nämlich die DNS-Anfragen und die IP-Adressen der Clients, die diese Anfragen gestellt haben. In jüngster Zeit wurden weitere Verbesserungen für DNS und DoH vorgeschlagen, darunter **oblivious DNS** (Schmitt et al., 2019) und **oblivious DoH** (Kinnear et al., 2019), bei denen der Stub Resolver die ursprüngliche Anfrage an den lokalen rekursiven Resolver verschlüsselt, der wiederum die verschlüsselte Anfrage an einen autoritativen Nameserver sendet, der die Anfrage entschlüsseln und auflösen kann, aber die Identität oder IP-Adresse des Stub Resolvers, der die Abfrage initiiert hat, nicht kennt. ▶Abbildung 7.8 zeigt diese Beziehung.

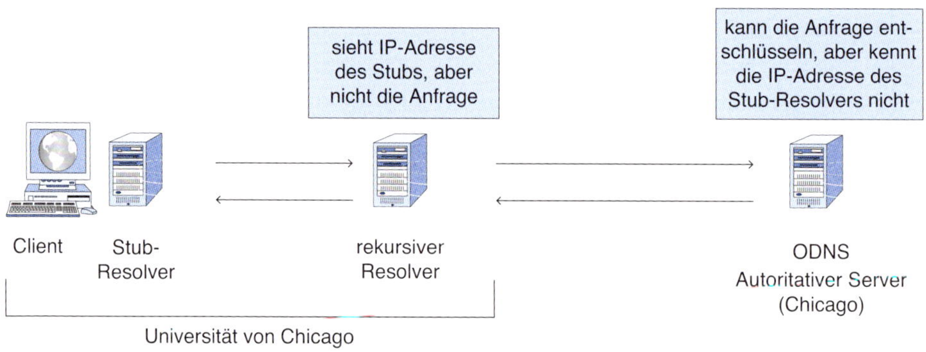

Abbildung 7.8: Oblivious DNS.

Die meisten dieser Implementierungen befinden sich noch im Anfangsstadium, in Form von frühen Prototypen und Normentwürfen, die in der IETF-Arbeitsgruppe zur Privatsphäre beim DNS diskutiert werden.

7.1.8 Namensstreitigkeiten

Die zunehmende Kommerzialisierung und Internationalisierung des Internets führt immer wieder zu Streitpunkten, gerade auch im Bereich der Namensvergabe. Nicht einmal das ICANN ist vor diesbezüglichen Kontroversen gefeit. Beispielsweise erforderte es mehrere Jahren und etliche Gerichtsverhandlungen, bevor über die Einführung einer *xxx*-Domain und die Frage entschieden wurde, ob es eine gute oder eine schlechte Sache sei, wenn pornografische Inhalte auf freiwilliger Basis in eine eigene Domain gestellt würden. (Einige Leute waren der Ansicht, dass pornografische Inhalte überhaupt nicht ins Internet gehören, während andere eine Konzentrierung dieser Inhalte in einer einzigen Domain forderten, damit Filter sie leicht erkennen und vor Kindern verbergen können.) Während sich einige Domains selbst organisieren, gibt es für andere Restriktionen, die festlegen, wer in dieser Domain einen Namen erwerben kann (Abbildung 7.8). Doch welche Restriktionen sind sinnvoll? Nehmen wir z.B. die *pro*-Domain, die für qualifizierte Fachkräfte gedacht ist. Wer aber ist eine Fachkraft?

Ärzte und Anwälte sind natürlich Fachkräfte. Wie aber verhält es sich mit selbstständigen Fotografen, Klavierlehrern, Zauberern, Installateuren, Friseuren, Kammerjägern, Tattoo-Künstlern, Söldnern oder Prostituierten? Ist jemand, der einem solchen Beruf nachgeht, eine qualifizierte Fachkraft? Und wer entscheidet darüber?

Mit Domainnamen lässt sich auch Geld machen. Tuvalu (ein kleiner Inselstaat mitten zwischen Hawaii und Australien), dessen Ländercode sich als Werbeplattform für Fernsehsender geradezu anbietet, hat z.B. seine *tv*-Domain für 50 Millionen US-Dollar verpachtet. Es gibt kaum ein Wort der englischen Sprache, das noch nicht in eine *com*-Domain verwandelt wurde. Probieren Sie es einmal aus: Haushaltsartikel, Tiere, Pflanzen, Körperteile etc. – es ist fast alles belegt. Mittlerweile gibt es sogar einen eigenen Namen für das Registrieren von Domain zu dem alleinigen Zweck diese später zu einem viel höheren Preis an tatsächlich Interessierte weiterzuverkaufen: **Cybersquatting** (zu deutsch „Cyberbesetzung"). Viele Unternehmen, die zu Beginn der Internetära nicht schnell genug reagierten, mussten später feststellen, als sie versuchten, sich die passende Domain zu sichern, dass die gewünschten Domainnamen bereits weg waren. Bei der Vergabe der Namen gilt eben grundsätzlich: wer zuerst kommt, bekommt den Namen – sofern nicht gerade eingetragene Warenzeichen verletzt werden oder ein Betrugsversuch vorliegt. Gleichwohl werden die Richtlinien für die Schlichtung von Namensstreitigkeiten ständig weiterentwickelt und verbessert.

7.2 E-Mail

Elektronische Post, heute allseits **E-Mail** genannt, gibt es bereits seit etwa vier Jahrzehnten. Schneller und billiger als die traditionelle Post, gehörte die E-Mail quasi von Beginn an zu den populärsten Internetanwendungen. Vor 1990 wurde E-Mail vor allem in akademischen Kreisen verwendet. In den neunziger Jahren des 20. Jahrhunderts erfuhr sie weite Verbreitung in der Öffentlichkeit und das E-Mail-Aufkommen wuchs exponentiell an, sodass die Anzahl der täglich versendeten E-Mails mittlerweile sehr viel höher ist als die der auf dem normalen Postweg versendeten Briefe. Andere Formen der Netzwerkkommunikation, wie z.B. Instant Messaging oder Voice-over-IP konnten in den letzten zehn Jahren starke Zuwächse verzeichnen, doch das Arbeitstier der Internetkommunikation ist und bleibt die E-Mail. In der Wirtschaft wird E-Mail für die firmeninterne Kommunikation eingesetzt, beispielsweise um externe Mitarbeiter, die über die ganze Welt verteilt sind, so zu vernetzen, dass sie an einem gemeinsamen Projekt zusammenarbeiten können. Unglücklicherweise leidet die E-Mail unter einem Phänomen, das auch schon von der Briefpost bekannt ist: ein Großteil der eingehenden E-Mail-Nachrichten – ungefähr 9 von 10 Nachrichten – sind Junkmails oder **Spam**. Zwar können heutige Mailsysteme das meiste davon abfangen, doch es kommt immer noch eine Menge durch. Deshalb bemüht sich die Forschung weiterhin, diese Art E-Mail möglichst vollständig zu identifizieren. Siehe dazu auch Dan et al. (2019) und Zhang et al. (2019).

Die E-Mail hat wie die meisten Kommunikationsformen ihre eigenen Konventionen und Stile entwickelt. E-Mail ist z.B. sehr informell und die Leute sind schneller bereit, eine E-Mail zu senden als einen Brief zu schreiben. Leute, denen es nie in den Sinn gekommen wäre, einen Prominenten anzurufen oder ihm gar einen Brief zu schreiben, zögern nicht eine Sekunde, eine schnell aufgesetzte E-Mail zu senden. Da bei der E-Mail-Kommunikation Hinweise auf Rang, Alter oder Geschlecht weitgehend unterbleiben, konzentrieren sich E-Mail-Debatten meist auf Inhalte. Als E-Mail verteilt, kann die brillante Idee eines Praktikanten mehr Aufmerksamkeit bekommen und mehr bewegen als eine nichtssagende Verlautbarung des stellvertretenden Generaldirektors.

E-Mail ist voller Jargon-Ausdrücke und Abkürzungen, wie z.B. MfG (Mit freundlichen Grüßen), ROFL (Rolling On the Floor Laughing) und IMHO (In My Humble Opinion). Viele Leute verwenden auch kleine ASCII-Symbole, sogenannte **Smileys** wie das allgegenwärtige „:-)“. Sollte Ihnen dieses Symbol unbekannt sein, drehen Sie das Buch einfach um 90 Grad im Uhrzeigersinn. Dieses und andere **Emoticons** helfen dabei, die Tonlage einer E-Mail-Nachricht zu vermitteln, und werden mittlerweile auch in anderen mittelbaren Kommunikationsformen, wie z.B. dem Instant Messaging, genutzt, in der Regel als grafisches **Emoji**. Viele Smartphones bieten Hunderte von Emojis.

Doch nicht nur die Gepflogenheiten haben sich über die vielen Jahre der E-Mail-Nutzung verändert, auch die E-Mail-Protokolle haben sich weiterentwickelt. Die ersten E-Mail-Systeme basierten lediglich auf Dateiübertragungsprotokollen mit der Konvention, dass die erste Zeile jeder Nachricht (d.h. der Datei) die Adresse des Empfängers enthält. Im Laufe der Zeit wich man von diesem Ansatz immer weiter ab und es kamen immer mehr zusätzliche Optionen hinzu, wie z.B. die Möglichkeit, eine Nachricht bequem an eine Gruppe von Empfängern zu versenden, oder das Versenden von Bildern und anderen Multimediainhalten, das in den 1990ern immer wichtiger wurde. Auch die Programme zum Lesen von E-Mail wurden immer ausgefeilter, bekamen eine grafische Oberfläche und erlaubten schließlich dem Benutzer, seine E-Mail-Nachrichten per Notebook von jedem Punkt der Erde aus abzufragen. Zu den jüngsten Entwicklungen gehört das Erkennen und Aussortieren unerwünschter E-Mail, das aufgrund des Überhandnehmens von Spam heute wichtiger Bestandteil der E-Mail-Programme und -Übertragungsprotokolle ist.

In unserer Beschreibung werden wir uns auf die Art und Weise konzentrieren, wie E-Mail-Nachrichten zwischen den Anwendern übertragen werden – und nicht auf den Umgang mit diversen E-Mail-Programmen. Nichtsdestotrotz werden wir nach einer kurzen Übersicht über die grundlegende Architektur mit der Benutzerschnittstelle des E-Mail-Systems beginnen, da dies der Teil des Systems ist, der den meisten Leser wohl am besten vertraut ist.

7.2.1 Architektur und Dienste

Dieser Abschnitt enthält eine Übersicht dessen, was E-Mail-Systeme können und wie sie organisiert sind. Die Architektur des E-Mail-Systems ist in ▶Abbildung 7.9 dargestellt und besteht aus zwei Teilsystemen: den **Benutzeragenten** (*user agent*), mit denen die Benutzer Nachrichten lesen und senden können, und den **Nachrichtenübertragungs-**

agenten (*message transfer agent*), die Nachrichten von der Quelle zum Ziel befördern. Statt von Nachrichtenübertragungsagenten sprechen wir informell auch von **Mailservern**.

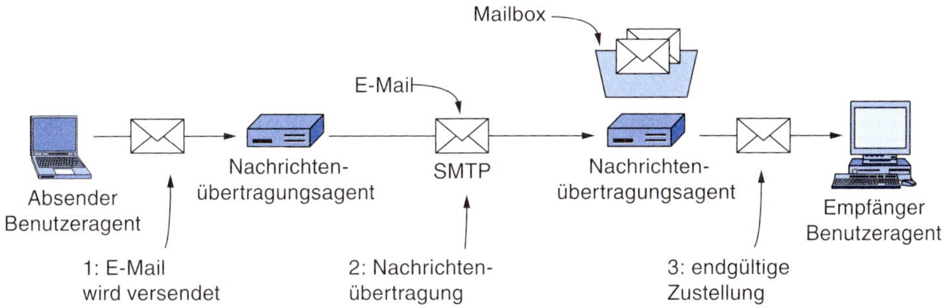

Abbildung 7.9: Architektur des E-Mail-Systems.

Die Benutzeragenten sind Programme mit grafischer – manchmal auch rein text- oder befehlsbasierter – Benutzerschnittstelle, über die der Benutzer mit dem E-Mail-System kommunizieren kann. Dazu gehört, dass der Benutzer neue Nachrichten erstellen, eingehende Nachrichten anzeigen und beantworten sowie empfangene Nachrichten archivieren, durchsuchen und löschen kann. Die Übergabe gesendeter Nachrichten an das E-Mail-System zur Übertragung an den Empfänger wird als **Mail Submission** bezeichnet.

Bestimmte Aufgaben übernehmen die Benutzeragenten automatisch, wobei sie versuchen, im Sinne des Benutzers zu handeln – beispielsweise wenn sie eingehende Mail filtern, um potenzielle Spamnachrichten auszusondern oder zumindest herabzustufen. Einige Benutzeragenten verfügen über fortgeschrittene Features, wie z.B. die Generierung automatischer Antworten („Ich bin im Urlaub, es ist wunderschön hier und ich komme sobald nicht zurück.“). Der Benutzeragent läuft auf demselben Rechner, auf dem der Benutzer seine Mail liest. Es ist einfach ein weiteres Programm, das wahlweise auch nur nach Bedarf ausgeführt werden kann.

Die Nachrichtenübertragungsagenten sind üblicherweise Systemprozesse, die als Dienste im Hintergrund eines Mailserver-Rechners laufen, damit sie ständig verfügbar sind. Ihr Job besteht darin, E-Mail mittels **SMTP** (*Simple Mail Transfer Protocol*) automatisch vom Absender aus durch das System zum Empfänger zu leiten (siehe Abschnitt 7.2.4).

SMTP wurde ursprünglich in RFC 821 spezifiziert, bevor es überarbeitet wurde und jetzt unter RFC 5321 läuft. SMTP sendet E-Mail-Nachrichten über bestehende Verbindungen und meldet den Übertragungsstatus sowie etwaige Fehler zurück. Für viele Anwendungen ist die Bestätigung der erfolgreichen Zustellung von großer Bedeutung, ja kann sogar von rechtlicher Relevanz sein. („Sehen Sie Herr Richter, mein E-Mail-System arbeitet nicht sehr zuverlässig. Ich vermute daher, dass die an mich gerichtete elektronische Vorladung irgendwo unterwegs verloren gegangen ist.“)

Nachrichtenübertragungsagenten erlauben auch die Erstellung von **Mailinglisten**, mit deren Hilfe identische Kopien einer Nachricht an alle in der Liste aufgeführten E-Mail-Adressen gesendet werden. Weitere fortgeschrittene Funktionen sind z.B. das Versenden von Kopien an zusätzliche Empfänger, Blindkopien, E-Mail mit hoher Priorität, geheime (verschlüsselte) E-Mail, alternative Empfänger (wenn der erste Empfänger nicht erreichbar ist) und die Möglichkeit für Sekretärinnen, die E-Mail ihres Chefs zu bearbeiten.

Das Konzept der Mailboxen beruht auf der Verknüpfung von Benutzer- und Nachrichtenübertragungsagenten und ist ein gängiges Format für die Verwaltung von E-Mail-Nachrichten. **Mailboxen** speichern die E-Mail-Nachrichten, die für einen bestimmten Benutzer empfangen wurden. Ihre Verwaltung obliegt den Mailservern. Die Benutzeragenten fungieren einfach nur als Sichtfenster auf den Inhalt der Mailboxen. Zu diesem Zweck senden die Benutzeragenten den Mailservern Befehle zur Manipulation der Mailboxen, zum Inspizieren ihres Inhalts, zum Löschen von Nachrichten und so weiter. Das Abrufen der Mails ist in Abbildung 7.9 der Abschluss der Zustellung (Schritt 3). Gemäß dieser Architektur kann ein Benutzer mehrere Benutzeragenten auf verschiedenen Rechnern für den Zugriff auf seine Mailbox verwenden.

Zwischen den Nachrichtenübertragungsagenten wird die E-Mail in einem Standardformat übertragen. Das ursprüngliche Format, RFC 822, wurde zu RFC 5322 überarbeitet und um die Unterstützung für Multimedia und internationalen Text erweitert. Diese Erweiterungen werden abgekürzt als MIME bezeichnet und weiter unten besprochen. Viele Leute beziehen sich auf Internet-E-Mail aber immer noch als RFC 822.

Ein wichtiges Konzept des E-Mail-Formats ist die Unterscheidung zwischen dem Umschlag (**Envelope**) und dem Inhalt. Im Umschlag ist die Nachricht gekapselt. Er enthält alle für die Beförderung der Nachricht nötigen Informationen, z.B. Zieladresse, Priorität und Sicherheit, die mit der eigentlichen Nachricht nichts zu tun haben. Der Umschlag hat für die Nachrichtenübertragungsagenten also die gleiche Bedeutung wie der Briefumschlag für die Post.

Die im Umschlag befindliche Nachricht umfasst zwei Teile: den **Header** und den Nachrichtenrumpf (**Body**). Der Header enthält Informationen für die Benutzeragenten. Der Nachrichtenteil ist gänzlich für den Empfänger bestimmt. Benutzeragenten interessieren sich kaum für ihn. Umschläge und Nachrichten sind in ▶Abbildung 7.10 dargestellt.

Im Folgenden werden wir den Weg einer E-Mail vom Absender zum Empfänger nachvollziehen und uns dabei die entsprechenden Teile des E-Mail-Systems näher ansehen. Unsere Reise beginnt mit dem Benutzeragenten.

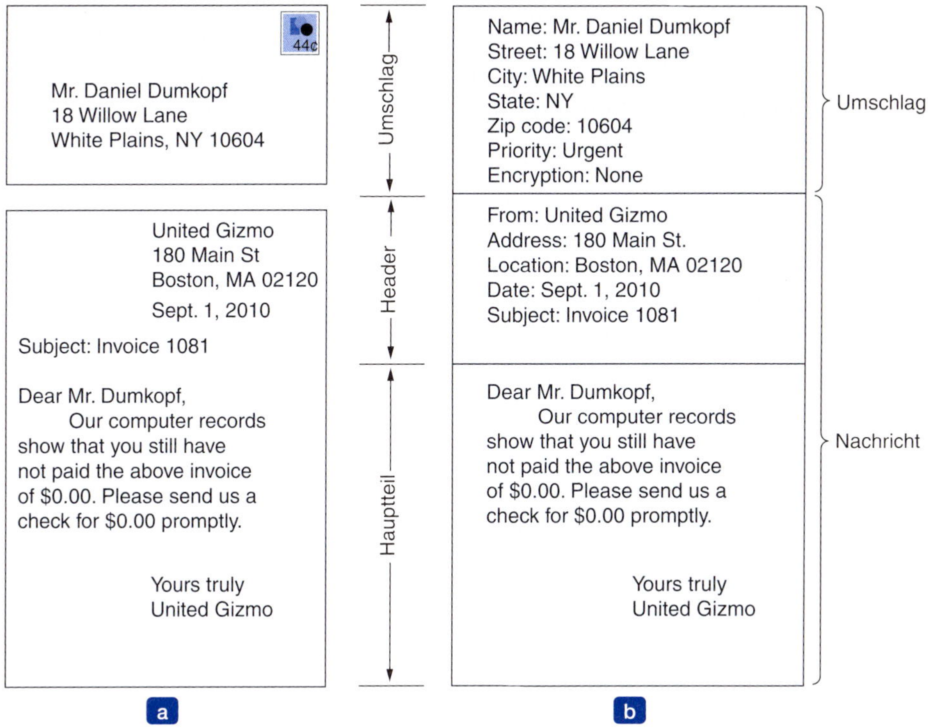

Abbildung 7.10: Umschläge und Nachrichten: (a) traditionelle Post, (b) E-Mail.

7.2.2 Benutzeragenten

Ein Benutzeragent ist ein Programm (manchmal auch **Mailprogramm** genannt), das verschiedene Befehle zum Verfassen, Entgegennehmen und Beantworten von Nachrichten sowie zur Verwaltung von Mailboxen annimmt. Es gibt zahlreiche populäre Benutzeragenten, darunter beispielsweise Google Gmail, Microsoft Outlook, Mozilla Thunderbird oder Apple Mail, die ganz unterschiedliche Benutzeroberflächen besitzen. Die meisten Benutzeragenten haben anspruchsvolle menü- oder schaltflächengesteuerte grafische Benutzeroberflächen, die mit einer Maus oder – im Falle mobiler Kleingeräte – über eine Touchscreen bedient werden. Ältere Benutzeragenten, wie z.B. *Elm*, *mh* oder *Pine*, haben textgesteuerte Schnittstellen und verarbeiten Befehle, die aus einzelnen Zeichen bestehen und über die Tastatur eingegeben werden. Funktionell sind beide Systeme gleich, zumindest soweit es die Verarbeitung von Textnachrichten angeht.

▶Abbildung 7.11 zeigt die typischen Elemente der Benutzeroberfläche eines Benutzeragenten. Vermutlich sieht die Oberfläche Ihres eigenen Benutzeragenten etwas ansprechender aus, aber die dargebotene Funktionalität dürfte ziemlich identisch sein. Nach dem Aufruf zeigen die meisten Benutzeragenten eine Zusammenfassung der Nachrichten in der Mailbox des Benutzers an. Oft handelt es sich dabei um tabellarische Zusammenfassungen, die jede Nachricht in einer eigenen Zeile präsentieren, sortiert sind und Schlüsseleigenschaften der Nachricht, wie im Umschlag oder Header angegeben, hervorheben.

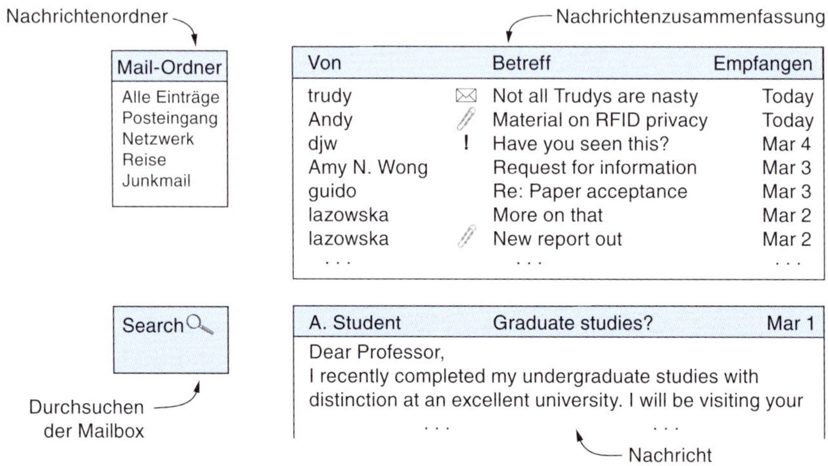

Abbildung 7.11: Typische Elemente der Benutzeroberfläche eines Benutzeragenten.

In Abbildung 7.11 sind sieben Zeilen einer solchen Zusammenfassung zu sehen. Die Zeilen bestehen aus den Felder *Von (From)*, *Betreff (Subject)* und *Datum (Date)*, in genau dieser Reihenfolge, damit der Benutzer schnell ablesen kann, wer die Nachricht gesendet hat, worum es in der Nachricht geht und wann die Nachricht empfangen wurde. Die Informationen werden so aufbereitet, dass sie leicht zu erfassen sind, d.h., sie basieren auf den Inhalten der Nachrichtenfelder, ohne aber deren buchstabengetreuen Inhalt anzuzeigen. So erklärt sich z.B. auch, dass Leute, die versäumen, das *Betreff*-Feld auszufüllen, oft feststellen müssen, dass ihre E-Mails spät oder gar nicht beantwortet werden.

Daneben gibt es noch zahlreiche weitere Felder und Indikatoren. Die in Abbildung 7.11 zu sehenden Symbole vor dem Betreff zeigen z.B. an, dass Mails noch nicht gelesen wurden (Umschlag), einen Anhang besitzen (Büroklammer) oder – nach Einschätzung des Absenders – besonders wichtig sind (Ausrufezeichen).

Mails können auf vielfache Weise sortiert werden. Die häufigste Sortierung ist die Anordnung nach dem Empfangsdatum, mit der zuletzt empfangenen Mail ganz oben und irgendeiner Form der Kennzeichnung, ob die Mail neu ist oder bereits gelesen wurde. Sowohl die Auswahl der in der Zusammenfassung verwendeten Felder als auch die Sortierung können vom Benutzer nach eigenen Vorlieben angepasst werden.

Benutzeragenten müssen auch in der Lage sein, einkommende Nachrichten so anzuzeigen, dass der Benutzer seine E-Mail lesen kann. Vorschauen auf den Nachrichteninhalt (Abbildung 7.11) helfen dem Benutzer zu entscheiden, welche Nachrichten er lesen möchte. Vorschauen können kleine Symbole oder Bilder enthalten, um den Inhalt der Nachricht näher zu beschreiben. Weitere Maßnahmen, die Benutzeragenten zur benutzerfreundlichen Präsentation der Nachrichten ergreifen, sind z.B. die Einpassung der Nachrichten in die Anzeigemaske sowie die Übersetzung oder Konvertierung der Inhalte in andere Formate (z.B. digitalisierte Sprache in Text).

Nachdem der Benutzer eine Nachricht gelesen hat, kann er entscheiden, was weiter mit ihr geschehen soll. Man nennt dies **Message Disposition** (Nachrichtenverwertung). Mögliche Optionen sind: die Nachricht löschen, eine Antwort senden, die Nachricht an einen anderen Benutzer weiterleiten oder die Nachricht für später aufbewahren. Die meisten Benutzeragenten können mehrere Mailboxen für einkommende E-Mail gleichzeitig verwalten, inklusive mehrerer Unterordner zum Abspeichern der E-Mail. Auf diese Weise kann der Benutzer seine Nachrichten geordnet nach Absender, Thema oder anderen Kriterien abspeichern.

Benutzeragenten können einkommende E-Mail, noch bevor der Benutzer diese liest, filtern. Häufig wird dies dazu genutzt, den Benutzeragenten die Felder und Inhalte der Nachrichten inspizieren und ihn aufgrund der gesammelten Daten sowie der Bewertungen früherer Nachrichten durch den Benutzer entscheiden zu lassen, ob es sich um Spam handeln könnte. ISPs und Firmen verwenden spezielle Software, die E-Mails als wichtig oder als Spam einstufen, sodass die Benutzeragenten die Nachrichten in die zugehörigen Mailboxen bzw. deren Unterordner einordnen können. Zugute kommt ihnen dabei, dass sie auf umfangreiche Listen bekannter Spammer zurückgreifen und die E-Mail vieler Benutzer sichten können. Erhalten Hunderte von Benutzern mehr oder weniger gleichzeitig die gleichen E-Mails, dann ist dies ein starkes Indiz, dass es sich um Spam handelt, auch wenn es eine Nachricht vom Firmenchef an alle seine Angestellten sein könnte. Durch Einstufung der eingehenden Mail als „unverdächtig“ oder „wahrscheinlich Spam“ kann der Benutzeragent dem Benutzer bei der Trennung von Spreu und Weizen viel Arbeit sparen.

Und was ist mit der am weitesten verbreitete Form von Spam? Diese Art von Spam wird von sogenannten **Botnets**, Zusammenschaltungen gekaperter Rechner, generiert. Ihr Inhalt richtet sich danach, wo Sie leben. In Asien werden aktuell vor allem gefälschte Diplome angeboten, während in den USA schwerpunktmäßig billige Medikamente und andere zweifelhafte Produkte beworben werden. Daneben wimmelt es immer noch von Bankkonten aus Nigeria, auf die niemand Anspruch erhebt, sowie den unvermeidlichen Pillen, mit deren Hilfe diverse Körperteile vergrößert werden können.

Darüber hinaus kann auch der Benutzer Filterregeln erstellen. Eine solche Filterregel besteht aus einer Bedingung und einer Aktion. So kann beispielsweise eine Regel besagen, dass Nachrichten vom Chef im Ordner für direkt zu lesende Nachrichten abgelegt werden sollen, während Nachrichten von Absendern aus einer bestimmten Mailingliste in den Ordner für weniger dringliche Nachrichten gehören. In Abbildung 7.11 sind einige Beispiel für solche Ordner dargestellt. Die wichtigsten Ordner sind der Posteingang für eingehende E-Mail, die nicht anderweitig einsortiert werden konnte, und Junkmail für Nachrichten, die als Spam eingestuft wurden.

7.2.3 Nachrichtenformate

Wir wenden uns nun von der Benutzeroberfläche ab und dem Format der E-Mail-Nachrichten zu. Die Nachrichten, die der Benutzeragent versendet, müssen ein standardisiertes Format haben, um vom Nachrichtenübertragungsagenten verarbeitet werden zu können. Wir beginnen mit der grundlegenden ASCII-E-Mail gemäß RFC 5322, der letzten Überarbeitung des ursprünglichen Internetnachrichtenformats, wie es in RFC 822 beschrieben wurde. Danach betrachten wir die auf diesem Format aufbauenden Multimedia-Erweiterungen.

RFC 5322 – das Internetnachrichtenformat

Nachrichten bestehen aus einem einfachen Umschlag (in RFC 5321 im Kontext von SMTP beschrieben), einigen Header-Feldern, einer Leerzeile und dem Nachrichtentext. Jedes Header-Feld besteht (logisch) aus einer einzelne Zeile mit ASCII-Text, die den Feldnamen, ein Doppelpunkt und meist einen Wert enthält. Das ursprüngliche RFC 822 wurde vor Jahrzehnten entwickelt und trennte nicht klar zwischen Umschlag- und Header-Feldern. Obwohl dies in RFC 5322 korrigiert wurde, war aufgrund der weiten Verbreitung keine völlige Erneuerung möglich. Im Normalfall erstellt der Benutzeragent eine Nachricht und übergibt sie an den Nachrichtenübertragungsagenten, der dann mithilfe der Daten diverser Header-Felder den Umschlag zusammenstellt – wir haben es in der Praxis also mit einer etwas veralteten Art der Kombination von Nachricht und Umschlag zu tun.

Die wichtigsten Header-Felder in Bezug auf die Nachrichtenübertragung sind in ▸Abbildung 7.12 aufgeführt. Das Feld *To:* gibt die E-Mail-Adresse des primären Empfängers an. Es sind auch mehrere Empfänger zulässig. Das Feld *Cc:* gibt die Adressen etwaiger sekundärer Empfänger an. Bei der Zustellung wird zwischen primären und sekundären Empfängern kein Unterschied gemacht. Es handelt sich um einen rein psychologischen Unterschied, der für die Benutzer, nicht aber für das System wichtig ist. Die Abkürzung *Cc:* (für Carbon Copy, zu Deutsch „Durchschlag") ist etwas altmodisch und nicht ganz passend, da Computer ja kein Kohlepapier verwenden, um Durchschläge anzufertigen. Das Feld *Bcc:* (Blind Carbon Copy) hat die gleiche Bedeutung wie das Feld *Cc:*, nur dass diese Zeile in allen Kopien, die an die primären und sekundären Empfänger gesendet werden, gelöscht wird. Mit dieser Funktion kann der Benutzer Kopien einer Nachricht an Dritte senden, ohne dass die primären und sekundären Empfänger davon wissen.

Header	Bedeutung
To:	E-Mail-Adresse(n) des/der primären Empfänger(s)
Cc:	E-Mail-Adresse(n) des/der sekundären Empfänger(s)
Bcc:	E-Mail-Adresse(n) für blinde Kopien an Dritte

Abbildung 7.12: Header-Felder nach RFC 5322 für die Nachrichtenübertragung.

Header	Bedeutung
From:	Ersteller der Nachricht
Sender:	E-Mail-Adresse des tatsächlichen Absenders
Received:	Zeile, die von jedem Übertragungsagenten auf dem Weg eingefügt wird
Return-Path:	Kann verwendet werden, um einen Pfad zurück zum Absender zu bezeichnen

Abbildung 7.12: Header-Felder nach RFC 5322 für die Nachrichtenübertragung. *(Forts.)*

Die nächsten beiden Felder *From:* und *Sender:* geben an, wer die Nachricht geschrieben bzw. gesendet hat. Das muss nicht unbedingt die gleiche Person sein. Eine Geschäftsfrau schreibt z. B. eine Nachricht, die sie dann von ihrem Sekretär versenden lässt. In diesem Fall wird die Geschäftsfrau im Feld *From:* und der Sekretär im Feld *Sender:* genannt. Das Feld *From:* muss ausgefüllt werden, das Feld *Sender:* kann leer bleiben, wenn es mit *From:* identisch ist. Die Informationen dieser Felder werden benötigt, wenn die Nachricht nicht zustellbar ist und an den Absender zurückgeschickt werden muss.

Auf dem Weg durch das E-Mail-System wird die Nachricht von jedem Nachrichtenübertragungsagenten, der die Nachricht entgegennimmt, um eine Zeile *Received:* erweitert. Diese Zeile enthält die Identität des Agenten, Datum und Uhrzeit des Empfangs der Nachricht und weitere Informationen, die Auskunft über Fehler im Routing-System geben können.

Das Feld *Return-Path:* wird vom letzten Nachrichtenübertragungsagenten eingefügt und soll angeben, wie die Nachricht an den Sender zurückgeschickt werden kann. Theoretisch kann diese Information aus den Angaben in den *Received:*-Headern zusammengestellt werden (es fehlt dann nur noch der Name der Mailbox des Absenders). Es wird aber selten vollständig ausgefüllt und enthält meist nur die Adresse des Absenders.

Zusätzlich zu den in Abbildung 7.12 aufgeführten Feldern können RFC-5322-Nachrichten noch eine Vielzahl von Header-Feldern enthalten, die von den Benutzeragenten oder den Benutzern verwendet werden. Die am weitesten verbreiteten Felder dieser Kategorie sind in ▸Abbildung 7.13 aufgeführt. Die meisten sind selbsterklärend, sodass wir sie hier nicht im Detail behandeln.

Header	Bedeutung
Date:	Datum und Uhrzeit, wann die Nachricht gesendet wurde
Reply-To:	E-Mail-Adresse, an die Antworten gesendet werden können
Message-Id:	Eindeutige Kennung der Nachricht für eine spätere Bezugnahme

Abbildung 7.13: Weitere Felder für den Nachrichten-Header nach RFC 5322.

Header	Bedeutung
In-Reply-To:	Kennung der Nachricht, der diese Antwort gilt
References:	Andere relevante Nachrichtenkennungen
Keywords:	Vom Benutzer gewählte Schlüsselwörter
Subject:	Kurzer einzeiliger Betreff der Nachricht

Abbildung 7.13: Weitere Felder für den Nachrichten-Header nach RFC 5322. *(Forts.)*

Das Feld *Reply-To:* wird benutzt, wenn weder der Verfasser noch der Absender der Nachricht die Antwort erhalten wollen. Ein Marketingmanager schreibt beispielsweise eine E-Mail, mit der er seinen Kunden ein neues Produkt ankündigt. Die Nachricht wird von der Sekretärin gesendet, im Feld *Reply-To:* wird aber der Vertriebsleiter angegeben, der dann die Fragen und Bestellungen entgegennehmen kann. Das Feld ist auch nützlich, wenn der Sender zwei E-Mail-Adressen hat und möchte, dass die Antwort an die andere Adresse geht.

Das Feld *Message-Id:* ist eine automatisch erzeugte Kennnummer, mit deren Hilfe a) Nachrichten miteinander verknüpft werden können (beispielsweise indem die Nummer im *Reply-To:*-Feld angegeben wird) und b) doppelte Zustellungen vermieden werden.

RFC 5322 statuiert explizit, dass Benutzer eigene Header für ihre persönliche Verwendung erzeugen können. Per Konvention beginnen dieser Header seit RFC 822 mit der Zeichenfolge *X-*, wobei gewährleistet ist, dass die offiziellen Header auch in Zukunft keine Namen haben werden, die mit *X-* beginnen, um Konflikte zwischen offiziellen und privaten Headern zu vermeiden. Manchmal kommen besonders erfinderische Studenten auf Felder wie *X-Frucht-des-Tages:* oder *X-Krankheit-der-Woche:* – diese sind zwar zulässig, nur leider wenig erhellend.

Im Anschluss an die Header folgt der eigentliche Nachrichtentext. Die Benutzer können hier eingeben, was sie wollen. Einige Leute beenden ihre Nachrichten mit ausgefeilten Unterschriften, einfachen ASCII-Cartoons, Zitaten von mehr oder weniger großen Koryphäen, politischen Statements und anderen Anhängseln aller Art (z.B. „Die Firma XYZ ist nicht für die von mir geäußerten Meinungen verantwortlich; sie versteht sie ja nicht einmal.“)

MIME – Multipurpose Internet Mail Extensions

Als das ARPANET seinen Anfang nahm, bestand E-Mail ausschließlich aus in Englisch verfassten Textnachrichten im ASCII-Format. Für diesen Kontext war RFC 822 absolut ausreichend. Der Standard spezifizierte die Header, überließ aber den Inhalt gänzlich den Benutzern. In den 1990ern führte die weltweite Nutzung des Internets und der Wunsch, reichere, multimediale Inhalte über das E-Mail-System zu übertragen, dazu, dass dieser Ansatz nicht mehr länger zeitgemäß war. Problematisch war unter anderem das Senden und Empfangen von:

- Nachrichten in Sprachen mit Akzenten (z. B. Französisch und Deutsch)
- Nachrichten in nicht lateinischen Sprachen (z. B. Hebräisch und Russisch)
- Nachrichten in Sprachen ohne Alphabet (z. B. Chinesisch und Japanisch)
- Nachrichten, die überhaupt keinen Text enthalten (z. B. Audio und Video) sowie binäre Dokumente und Programme

Die Lösung brachte die Ausarbeitung der **MIME-Erweiterungen** (*Multipurpose Internet Mail Extensions*). MIME wird heute vielfach genutzt, nicht nur für E-Mail-Nachrichten, die übers Internet gesendet werden, sondern auch ganz allgemein zur Beschreibung von Inhalten, wie sie z. B. beim Surfen im Internet auftreten. MIME selbst ist in den RFCs 2045 und folgende sowie in den RFCs 4288 und 4289 beschrieben.

Das Grundkonzept von MIME besteht darin, das Format RFC 822 weiterhin zu verwenden, jedoch den Nachrichtentext um zusätzliche Strukturen zu erweitern und die Codierregeln für die Übertragung von Nicht-ASCII-Nachrichten zu definieren. Die Treue zu RFC 822 gewährleistete, dass MIME-Nachrichten mit den vorhandenen E-Mail-Programmen und -Protokollen (damals basierend auf RFC 821, heute RFC 5321) übertragen werden konnten. Es mussten lediglich die sendenden und empfangenden Programme ausgetauscht werden, was die Benutzer selbst vornehmen konnten.

MIME definiert fünf neue Nachrichten-Header (▶Abbildung 7.14). Der erste informiert den Benutzeragenten, der die Nachricht erhält, dass er es mit einer MIME-Nachricht zu tun hat und welche MIME-Version er benutzt. Bei Nachrichten ohne den Header *MIME-Version*: wird angenommen, dass es sich um englischen ASCII-Text handelt, der dann als solcher verarbeitet wird.

Header	Bedeutung
MIME-Version:	Bezeichnet die MIME-Version
Content-Description:	Vom Benutzer lesbare Zeichenkette, die den Inhalt der Nachricht andeutet
Content-Id:	Eindeutiger Identifikator
Content-Transfer-Encoding:	Gibt an, wie der Nachrichteninhalt für die Übertragung verpackt wurde
Content-Type:	Bezeichnet den Typ und das Format der Nachricht

Abbildung 7.14: Nachrichten-Header, die gemäß MIME hinzugefügt wurden.

Der Header *Content-Description:* (Inhaltsbeschreibung) ist eine ASCII-Zeichenkette, die auf den Inhalt der Nachricht hinweist. Dieser Header ist erforderlich, damit der Empfänger beurteilen kann, ob es sich lohnt, die Nachricht zu decodieren und zu lesen. Sagt die Zeichenkette: „Foto von Barbaras Hamster" und der Empfänger ist kein großer Hamster-Fan, dann ist es eher wahrscheinlich, dass die Nachricht verworfen wird, als dass sie in ein hochaufgelöstes Farbfoto decodiert wird.

Der Header *Content-Id:* (Inhaltskennung) bezeichnet den Inhalt. Er benutzt das gleiche Format wie der Standard-Header *Message-Id:*.

Der Header *Content-Transfer-Encoding:* (Inhaltsübertragungcodierung) gibt an, wie die Nachricht für die Übertragung über das Netz aufbereitet wurde. Zu der Zeit als MIME ausgearbeitet wurde, bestand eines der größten Probleme darin, dass die Nachrichtenübertragungsprotokolle (SMTP) erwarteten, dass die Nachrichten aus ASCII-Zeichen bestanden und keine Zeile mehr als 1.000 Zeichen enthält. ASCII-Zeichen verwenden von jedem 8-Bit-Byte nur 7 Bit. Binäre Daten wie z.B. ausführbare Programme oder Bilder verwenden dagegen, ebenso wie erweiterte Zeichensätze, alle 8 Bit eines Byte. Da es keine Garantie gab, dass diese Daten korrekt übertragen werden konnten, bedurfte es irgendeines Verfahrens, das dafür sorgte, dass die Daten wie eine reguläre ASCII-Nachricht aussahen. Seit der Entwicklung von MIME gibt es daher SMTP-Erweiterungen, die die Übertragung von binären 8-Bit-Daten gestatten – auch wenn es selbst heute noch keine Gewähr dafür gibt, dass uncodierte binäre Daten korrekt über das Mailsystem weitergeleitet werden.

MIME kennt fünf Codierschemata für die Übertragung, plus ein Hintertürchen für benutzerdefinierte Schemata – falls ein solches benötigt werden sollte. Das einfachste Codierschema ist die Übertragung reiner ASCII-Textnachrichten. ASCII-Zeichen verwenden 7 Bits und können direkt vom E-Mail-Protokoll übertragen werden, sofern keine Zeile mehr als 1.000 Zeichen umfasst.

Das nächste Schema ist nahezu identisch zu seinem Vorgänger, verwendet aber 8-Bit-Zeichen, d.h., es sind sämtliche Werte von 0 bis 255 einschließlich erlaubt. Nachrichten, die auf der 8-Bit-Codierung basieren, müssen sich ebenfalls an die Standardbegrenzung der Zeilenlänge halten.

Dann gibt es noch die Nachrichten, die eine echte Binärcodierung verwenden. Diese bestehen aus beliebigen binären Dateien, die nicht nur alle 8 Bit verwenden, sondern auch Zeilen beliebiger Länge haben (ohne Berücksichtigung des Zeilenlimits von 1.000 Zeichen). Ausführbare Programme fallen z.B. in diese Kategorie. Heutzutage können Mailserver selbständig aushandeln, ob sie Daten binärcodiert (bzw. 8-Bit-codiert) senden oder ob sie auf ASCII zugreifen, wenn die Erweiterung von keinem der beiden Enden unterstützt wird.

Die ASCII-Codierung für binäre Daten wird als **Base64-Codierung** bezeichnet. Bei diesem Schema werden Gruppen von je 24 Bit in vier 6-Bit-Einheiten zerlegt, von denen jede Einheit als zulässiges ASCII-Zeichen übertragen wird. Die Codierung lautet „A" für 0, „B" für 1 usw., gefolgt von den 26 Kleinbuchstaben, den zehn Ziffern sowie + und / für 62 bzw. 63. Die Folgen == und = geben an, dass die letzte Gruppe nur 8 bzw. 16 Bit enthielt. Zeilenvorschub und Zeilenrücklauf werden ignoriert. Sie können also willkürlich eingefügt werden, um die Zeilen kurz zu halten. Mit diesem Schema kann beliebiger Binärtext einigermaßen zuverlässig, wenn auch nicht sonderlich effizient übertragen werden. Vor dem Aufkommen von Mailservern, die Binärdaten direkt verarbeiten, war diese Codierung sehr populär und sie ist immer noch weitverbreitet.

Der letzte Header aus Abbildung 7.14 ist eigentlich der interessanteste. Er gibt die Art des Nachrichteninhalts an und hat über das E-Mail-System hinaus an Einfluss gewonnen. Beispielsweise werden Inhalte, die aus dem Web heruntergeladen werden, mittels MIME-Typen klassifiziert, damit der Browser weiß, wie er die Daten anzeigen soll. Gleiches gilt für Inhalte, die über Streaming Media oder Echtzeit-Transportsysteme wie Voice-over-IP gesendet werden.

Anfänglich wurden in RFC 1521 sieben MIME-Typen definiert. Zu jedem dieser Typen gibt es einen oder mehreren Untertypen, wobei die Typ- und Untertypangaben durch Schrägstriche getrennt werden, wie z.B. in „Content-Type: video/mpeg". Seitdem wurden über 2.700 Subtypen ergänzt, neben zwei neuen Typen (font und model).Und täglich kommen neue Einträge hinzu, wenn neue Arten von Content entwickelt werden. Die von der IANA-Organisation verwaltete Liste der Typen und Untertypen ist online unter *www.iana.org/assignments/media-types* verfügbar. Die Typen sowie einige Beispiele für häufig verwendete Untertypen sind in ▶Abbildung 7.15 dargestellt.

Typ	Untertyp	Beschreibung
text	plain, html, xml, css	Text in verschiedenen Formaten
image	gif, jpeg, tiff	Bilder
audio	basic, mpeg, mp4	Audiodateien
video	mpeg, mp4, quicktime	Filme
model	vrml	3-D-Modelle
font	otf, ttf	Fonts für den Druck
application	octet-stream, pdf, javascript, zip	Daten, die von Anwendungen erzeugt werden
message	http, RFC 822	Eingeschlossene Nachricht
multipart	mixed, alternative, parallel, digest	Kombination verschiedener Typen

Abbildung 7.15: MIME-Typen und ausgewählte Untertypen.

Die MIME-Typen in Abbildung 7.15 sind weitgehend selbsterklärend, außer vielleicht der letzte. Damit lassen sich Nachrichten mit mehreren Anhängen verschicken, die jeweils einen anderen MIME-Typ aufweisen.

7.2.4 Nachrichtenübertragung

Nachdem wir uns mit den Benutzeragenten und den E-Mail-Nachrichten bekannt gemacht haben, sind wir nun so weit, dass wir uns ansehen können, wie die Nachrichtenübertragungsagenten Nachrichten vom Absender zum Empfänger leiten. Das hierfür zuständige Protokoll ist SMTP.

Die einfachste Art, Nachrichten zu übertragen, ist, eine Transportverbindung vom Quellrechner zum Zielrechner aufzubauen und dann die Nachricht einfach über diese Verbindung zu übertragen. Das ist das Prinzip, nach dem SMTP ursprünglich arbeitete. Im Laufe der Jahre haben sich jedoch zwei unterschiedliche Verwendungen für

SMTP ausgebildet. Die erste ist die **Mail Submission** (Schritt 1 in der in Abbildung 7.9 dargestellten Mailarchitektur). Auf diese Weise übergeben Benutzeragenten Nachrichten zur Übertragung an das E-Mail-System. Die andere Art der Verwendung ist die Weiterleitung von Nachrichten zwischen Nachrichtenübertragungsagenten (Schritt 2 in Abbildung 7.9), wodurch die E-Mail in einem Sprung den ganzen Weg vom sendenden zum empfangenden Nachrichtenübertragungsagenten übertragen wird. Die endgültige Zustellung erfolgt unter Verwendung anderer Protokolle, zu denen wir am Ende des nächsten Abschnitts kommen.

In diesem Abschnitt werden wir die Grundlagen des SMTP-Protokolls und seiner Erweiterungsmechanismen vorstellen. Anschließend beleuchten wir die Unterschiede zwischen Mail Submission und Nachrichtenübertragung.

SMTP (Simple Mail Transfer Protocol) und Erweiterungen

Im Internet wird E-Mail zugestellt, indem die Quelle eine TCP-Verbindung zu Port 25 des Zielrechners aufbaut. Das Abhören dieses Ports übernimmt ein Mailserver, der **SMTP** (*Simple Mail Transfer Protocol*) spricht. Dieser Server akzeptiert ankommende Verbindungen, abhängig vom Ergebnis diverser Sicherheitschecks, und nimmt die zuzustellenden Nachrichten entgegen. Kann eine Nachricht nicht zugestellt werden, so wird ein Fehlerbericht mit dem ersten Teil der unzustellbaren Nachricht ausgegeben und an den Absender zurückgeschickt.

SMTP ist ein einfaches ASCII-Protokoll. Dies ist kein Nachteil, im Gegenteil, es ist ein bewusst gewähltes Merkmal, denn auf ASCII-Text basierende Protokolle sind leichter zu entwickeln, zu testen und zu debuggen. Man kann sie mittels eigenhändig abgeschickter Befehle testen und die Aufzeichnungen der Nachrichten sind leicht zu lesen. Auf der Anwendungsebene arbeiten mittlerweile fast alle Internetprotokolle nach diesem Prinzip (so z.B. auch HTTP).

Lassen Sie uns nun eine einfache Nachrichtenübertragung zwischen Mailservern nachverfolgen, die eine Nachricht zustellen. Nach dem Aufbau der TCP-Verbindung zu Port 25 wartet der sendende Rechner (Client), bis der empfangende Rechner (Server) zuerst mit der Kommunikation beginnt. Der Server beginnt durch Aussenden einer Textzeile, durch die er sich identifiziert und mitteilt, ob er E-Mail annehmen kann. Andernfalls gibt der Client die Verbindung frei und versucht es später noch einmal.

Ist der Server bereit, E-Mail entgegenzunehmen, kündigt der Client an, von wem die E-Mail kommt und an wen sie gerichtet ist. Existiert der Empfänger am Ziel, gibt der Server dem Client das Startzeichen zum Senden. Dann sendet der Client die Nachricht und der Server bestätigt sie. Im Allgemeinen sind keine Prüfsummen erforderlich, weil TCP zuverlässige Byteströme befördert. Sind mehrere Nachrichten zu versenden, werden sie nacheinander übertragen. Wurden alle Nachrichten in beiden Richtungen ausgetauscht, dann wird die Verbindung freigegeben. ▶Abbildung 7.16 zeigt einen Beispieldialog. Die vom Client gesendeten Zeilen sind durch ein vorangestelltes *C:* markiert, die vom Server gesendeten Zeilen beginnen mit *S:*.

Der erste Befehl des Clients lautet tatsächlich *HELO*. Unter den verschiedenen Möglichkeiten, *HELLO* auf vier Zeichen zu kürzen, hat die Variante *HELO* gewisse Vorteile, die sie vor ihren größten Mitkonkurrenten auszeichnet. Warum überhaupt alle Befehle vier Zeichen lang sein müssen, ist heute nicht mehr nachzuvollziehen.

```
                    S: 220 ee.uwa.edu.au SMTP service ready
C: HELO abcd.com
                    S: 250 cs.washington.edu says hello to ee.uwa.edu.au
C: MAIL FROM: <alice@cs.washington.edu>
                    S: 250 sender ok
C: RCPT TO: <bob@ee.uwa.edu.au>
                    S: 250 recipient ok
C: DATA
                    S: 354 Send mail; end with "." on a line by itself
C: From: alice@cs.washington.edu
C: To: bob@ee.uwa.edu.au
C: MIME-Version: 1.0
C: Message-Id: <0704760941.AA00747@ee.uwa.edu.au>
C: Content-Type: multipart/alternative; boundary=qwertyuiopasdfghjklzxcvbnm
C: Subject: Earth orbits sun integral number of times
C:
C: This is the preamble. The user agent ignores it. Have a nice day.
C:
C: --qwertyuiopasdfghjklzxcvbnm
C: Content-Type: text/html
C:
C: <p>Happy birthday to you
C: Happy birthday to you
C: Happy birthday dear <bold> Bob </bold>
C: Happy birthday to you
C:
C: --qwertyuiopasdfghjklzxcvbnm
C: Content-Type: message/external-body;
C:      access-type="anon-ftp";
C:      site="bicycle.cs.washington.edu";
C:      directory="pub";
C:      name="birthday.snd"
C:
C: content-type: audio/basic
C: content-transfer-encoding: base64
C: --qwertyuiopasdfghjklzxcvbnm
C: .
                    S: 250 message accepted
C: QUIT
                    S: 221 ee.uwa.edu.au closing connection
```

Abbildung 7.16: Übertragung einer Nachricht von *alice@cs.uchicago.edu* an *bob@ee.uwa.edu.au*.

In Abbildung 7.16 wird die Nachricht nur an einen Empfänger gesendet; deshalb kommt nur ein *RCPT*-Befehl vor. Durch mehrere solche Befehle kann eine Nachricht an mehrere Empfänger gesendet werden. Jeder wird einzeln bestätigt oder abgewiesen. Auch wenn einige Empfänger die Nachricht abweisen (weil sie am Ziel nicht existieren), kann sie an die übrigen gesendet werden.

Während die Syntax für die vier Zeichen langen Client-Befehle genau festgelegt ist, wird die Syntax der Antworten etwas lockerer gehandhabt. Im Grunde zählt nur der numerische Code. Jede Implementierung kann beliebige Zeichenketten nach dem Code anfügen.

Obwohl SMTP gut funktioniert, gibt es diverse Beschränkungen. Beispielsweise gibt es keine Authentifizierung. Der *FROM*-Befehl in unserem Beispiel könnte also jede beliebige Senderadresse angeben. Eine Sicherheitslücke, von der vor allem die Sender von Spamnachrichten profitieren. Eine weitere Beschränkung ist, dass SMTP keine binären Daten, sondern ASCII-Nachrichten überträgt. Um dies auszugleichen, bedurfte es der MIME-Inhaltsübertragungscodierung Base64. E-Mail-Übertragungen mit dieser Codierung können die zur Verfügung stehende Bandbreite aber nicht effizient nutzen, was sich vor allem bei großen Nachrichten bemerkbar macht. Ein dritter Nachteil ist, dass SMTP Nachrichten als Klartext sendet, Verschlüsselungsmechanismen zum Schutz der Privatsphäre gegen neugierige Lauscher sind nicht vorgesehen.

Um diese und etliche weitere mit der Nachrichtenverarbeitung verbundene Probleme angehen zu können, wurde SMTP ein Erweiterungsmechanismus hinzugefügt. Dieser Mechanismus ist obligatorischer Bestandteil des RFC-5321-Standards. Die Verwendung von SMTP mit Erweiterungen wird als **ESMTP** (*Extended SMTP*) bezeichnet.

Clients, die die Erweiterungen nutzen möchten, senden anfangs anstatt der *HELO*-Nachricht eine *EHLO*-Nachricht. Wird diese abgewiesen, dann agiert der Server als gewöhnlicher SMTP-Server und der Client verfährt auf die übliche Weise. Wird *EHLO* akzeptiert, antwortet der Server mit den Erweiterungen, die er akzeptiert, und der Client kann entscheiden, welche dieser Erweiterungen er verwenden möchte. In ▶Abbildung 7.17 sind einige Erweiterungen aufgeführt. Links ist das jeweilige Schlüsselwort angegeben, das von dem Erweiterungsmechanismus verwendet wird, danach folgt eine kurze Beschreibung der neuen Funktionalität, die uns hier genügen soll.

Schlüsselwort	Bedeutung
AUTH	Client-Authentifizierung
BINARYMIME	Server akzeptiert binäre Nachrichten
CHUNKING	Server akzeptiert große, in Blöcke aufgeteilte Nachrichten
SIZE	Überprüft vor dem Senden die Nachrichtengröße
STARTTLS	Wechsel zu sicherer Übertragung (mehr zu TLS in *Kapitel 8*)
UTF8SMTP	Internationale Adressen

Abbildung 7.17: Ausgewählte SMTP-Erweiterungen.

Um ein besseres Gefühl für die Arbeitsweise von SMTP und einigen der anderen in diesem Kapitel beschriebenen Protokolle zu bekommen, sollten Sie sie einmal ausprobieren. Setzen Sie sich dazu zunächst an einen Rechner mit Internetzugang. Auf einem Unix-System geben Sie in die Shell folgenden Befehl ein:

```
telnet mail.isp.com 25
```

wobei Sie *mail.isp.com* durch den DNS-Namen des Mailservers Ihres ISP ersetzen. Auf Windows-Systemen müssen Sie eventuell zuerst das Telnet-Programm (oder ein vergleichbares Programm) installieren und anschließend manuell starten. Der obige Befehl baut eine Telnet-Verbindung (d.h. TCP) zu Port 25 auf Ihrem Rechner auf. Port 25 ist der SMTP-Port. (Eine Liste der Ports der wichtigsten Protokolle finden Sie in Abbildung 6.34.) Die Antwort, die Sie daraufhin erhalten, dürfte ungefähr wie folgt aussehen:

```
Trying 192.30.200.66...
Connected to mail.isp.com
Escape character is '^]'.
220 mail.isp.com Smail #74 ready at Thu, 25 Sept 2019 13:26 +0200
```

Die ersten drei Zeilen kommen von Telnet und geben an, was passiert. Die letzte Zeile kommt vom SMTP-Server auf dem entfernten Rechner und zeigt dessen Bereitschaft an, mit Ihnen zu kommunizieren und eine E-Mail zu akzeptieren. Um herauszufinden, welche Befehle er akzeptiert, geben Sie ein:

```
HELP
```

Ab diesem Punkt ist eine Befehlsfolge wie die aus Abbildung 7.16 möglich, vorausgesetzt, der Server ist willig, E-Mails von Ihnen entgegenzunehmen. Eventuell müssen Sie schnell tippen, da die Verbindung wegen Überschreiten der Zeitbeschränkung abgebrochen wird, wenn sie zu lange inaktiv ist. Außerdem akzeptiert nicht jeder Mailserver eine Telnet-Verbindung von einem unbekannten Rechner.

Mail Submission

Ursprünglich wurde der Benutzeragent auf demselben Rechner ausgeführt wie der sendende Nachrichtenübertragungsagent. Bei dieser Konstellation muss der Benutzeragent, um eine Nachricht zu versenden, lediglich mit dem lokalen Mailserver kommunizieren. Den zugehörigen Dialog haben wir gerade beschrieben. In der Praxis hat man es aber zumeist mit anderen Konstellationen zu tun.

Oftmals werden Benutzeragenten auf Laptops, Heim-PCs oder mobilen Endgeräten ausgeführt. Selten sind sie permanent mit dem Internet verbunden. Nachrichtenübertragungsagenten dagegen laufen auf ISP- und Firmenrechnern und sind ständig mit dem Internet verbunden. Für einen Benutzeragenten, der sich in Boston befindet, bedeutet dies möglicherweise, dass er zum Versenden einer Nachricht zuerst seinen regulären Mailserver in Seattle kontaktieren muss, weil der Benutzer auf Reise ist.

Die Remote-Kommunikation selbst stellt dabei kein Problem dar, schließlich wurde das TCP/IP-Protokoll extra für die Unterstützung dieser Form der Kommunikation konzipiert. Das Problem liegt vielmehr bei den ISPs bzw. den Firmen, die kein Interesse daran haben, dass x-beliebige entferne Benutzer Nachrichten an ihren Mailserver senden, damit dieser sie weiterleitet. ISPs oder Firmen führen ihre Server nicht als öffentlich zugängliche Dienste aus. Auch würde diese Art der **offenen Mail-Verteilung** (*open mail relay*) unweigerlich Spammer anziehen, die den Server als „Geldwaschanlage" zum Vertuschen des ursprünglichen Absenders benutzen können, wodurch die Nachricht schwieriger als Spam zu erkennen ist.

Aus den oben genannten Gründen wird SMTP bei der Mail Submission zumeist in Verbindung mit der *AUTH*-Erweiterung verwendet. Die Erweiterung ermöglicht dem Server die Überprüfung der Identität des Clients (Benutzername und Passwort) und bestätigt auf diese Weise, dass der Server den E-Mail-Dienst zur Verfügung stellen soll.

Es gibt noch verschiedene weitere Eigentümlichkeiten, die die Verwendung von SMTP für die Mail Submission auszeichnen. Beispielsweise wird anstelle des Ports 25 meist der Port 587 verwendet und der SMTP-Server kann das Format der vom Benutzeragenten gesendeten Nachrichten überprüfen und korrigieren. Für mehr Informationen über die Besonderheiten beim der Verwendung von SMTP für die Mail Submission, siehe RFC 4409.

Nachrichtenübertragung

Sowie der sendende Nachrichtenübertragungsagent vom Benutzeragenten eine Nachricht empfängt, schickt er sie mittels SMTP an den empfangenden Nachrichtenübertragungsagenten. Dazu benutzt der Sender die angegebene Zieladresse. Nehmen Sie z.B. die Nachricht aus Abbildung 7.16, die an *bob@ee.uwa.edu.au* adressiert ist. Zu welchem Mailserver sollte diese Nachricht geschickt werden?

Um herauszufinden, welches der richtige zu kontaktierende Mailserver ist, wird das DNS-System zurate gezogen. Weiter oben wurden bereits die verschiedenen Arten von DNS-Datensätzen beschrieben, darunter auch der *MX*-Datensatz (*Mail eXchange*). Die Lösung besteht folglich darin, eine DNS-Anfrage nach dem MX-Datensatz der Domain *ee.uwa.edu.au* abzuschicken. Als Antwort erhält man eine geordnete Liste der Namen und IP-Adressen der vorhandenen Mailserver.

Der sendende Nachrichtenübertragungsagent baut dann auf Port 25 eine TCP-Verbindung zu der IP-Adresse des Mailservers auf, um den empfangenden Nachrichtenübertragungsagent zu erreichen und diesem mittels SMTP die Nachricht weiterzuleiten. Der empfangende Nachrichtenübertragungsagent legt die Nachricht für den Benutzer *bob* in dessen Mailbox ab, sodass Bob sie später bei Gelegenheit lesen kann. Je nach Größe der lokalen E-Mail-Infrastruktur kann es auch bei diesem Zustellungsschritt erforderlich sein, die Nachricht von einem Rechner auf einen anderen Rechner zu übertragen.

Bei dem beschriebenen Verfahren wandert die E-Mail direkt vom ersten zum letzten Nachrichtenübertragungsagenten, d.h., es gibt keine zwischengeschalteten Server in dem Nachrichtenübertragungsschritt. Wohl aber ist es möglich, dass dieser Übertragungsschritt mehrfach ausgeführt wird – beispielsweise, wenn der Nachrichtenübertragungsagent, wie bereits angesprochen, eine Mailingliste ausführt. In diesem Fall nimmt der Agent die Nachricht für die Liste entgegen, vervielfältigt die Nachricht für jeden in der Liste eingetragenen Empfänger und sendet die Nachrichten an die Adressen der Empfänger.

Betrachten wir noch ein weiteres Beispiel für die Nachrichtenübertragung: Nehmen wir an, Bob hätte seinen Abschluss am MIT gemacht und wäre zusätzlich unter der Adresse *bob@alum.mit.edu* zu erreichen. Statt die E-Mail von beiden Benutzerkonten einzeln abzufragen, könnte Bob es so einrichten, dass E-Mail, die an seine MIT-Adresse gesendet wird, automatisch an *bob@ee.uwa.edu.au* weitergeleitet wird.

E-Mail-Nachrichten, die an *bob@alum.mit.edu* gesendet werden, werden dann zweimal zugestellt: Zuerst werden sie an den Mailserver für *alum.mit.edu* gesendet, dann weiter zu dem Mailserver für *ee.uwa.edu.au*. Beide Abschnitte sind aus Sicht der Nachrichtenübertragungsagenten vollständige, separate Zustellungen.

7.2.5 Endzustellung

Unsere E-Mail-Nachricht ist nun beinahe zugestellt. Sie ist in Bobs Mailbox angekommen und alles, was noch zu tun bleibt, ist, eine Kopie der Nachricht an Bobs Benutzeragenten zu schicken, damit dieser die Nachricht anzeigen kann (siehe Schritt 3 in der Architektur von Abbildung 7.9). Früher, als der Benutzeragent und der Nachrichtenübertragungsagent auf demselben Rechner liefen (als eigenständige Prozesse), war dies schnell erledigt. Der Nachrichtenübertragungsagent schrieb neue Nachrichten einfach an das Ende der Mailbox-Datei und der Benutzeragent kontrollierte einfach, ob in der Mailbox-Datei neue E-Mail hinzugekommen ist.

Heutzutage werden Benutzeragenten auf PCs, Laptops und mobilen Endgeräten installiert, d.h., sie laufen eher selten auf demselben Rechner wie der ISP oder der Mailserver einer Firma bzw. mit Sicherheit jedoch nicht auf dem Rechner für Mail-Provider wie Gmail. Die Leute möchten Ihre E-Mail eben auch von außerhalb abfragen – wo immer sie sich auch gerade befinden – und über jeden zur Verfügung stehenden Rechner, sei dies nun ihr Arbeitsplatzrechner, ihr Heim-PC, der Laptop, den sie auf Geschäftsreise mitgenommen haben, oder ein Rechner in einem Cybercafe an ihrem „Urlaubsort". Darüber hinaus möchten sie offline arbeiten können und sich nur bei Bedarf mit dem Internet verbinden, um einkommende E-Mail zu empfangen und ausgehende E-Mail zu versenden. Viele Benutzer verwenden mehrere Benutzeragenten, je nachdem welcher Rechner im Moment gerade zur Verfügung steht oder bequem zu nutzen ist. Und manchmal werden sogar mehrere Benutzeragenten gleichzeitig ausgeführt.

In diesem Szenario besteht die Aufgabe des Benutzeragenten darin, die Inhalte in der Mailbox zu präsentieren und Befehle anzubieten, mit denen sich die Mailbox aus der Ferne verwalten lässt. Dabei können verschiedene Protokolle zum Einsatz kommen, SMTP ist jedoch nicht darunter. SMTP ist ein Push-basiertes Protokoll: Es übernimmt eine Nachricht und verbindet sich mit einem entfernten Server, um die Nachricht zu übertragen. Die endgültige Zustellung kann nicht auf diese Weise erfolgen, da zum einem die Mailbox weiterhin auf dem Nachrichtenübertragungsagenten gespeichert bleiben muss und zum anderen nicht sichergestellt ist, dass der Benutzeragent zu dem Zeitpunkt, da SMTP versucht, die Nachrichten zu übertragen, mit dem Internet verbunden ist.

IMAP (Internet Message Access Protocol)

Eines der wichtigsten Protokolle für die endgültige Zustellung ist **IMAP** (*Internet Message Access Protocol*). Version 4 des Protokolls ist in RFC 3501 und seinen vielen Aktualisierungen definiert. Um IMAP nutzen zu können, führt der Mailserver einen IMAP-Server aus, der auf Port 143 lauscht. Der Benutzeragent führt einen IMAP-Client aus. Der Client verbindet sich mit dem Server und beginnt, IMAP-Befehle abzuschicken (▶Abbildung 7.18).

Befehl	Beschreibung
CAPABILITY	Listet die Fähigkeiten des Servers auf
STARTTLS	Beginnt eine sichere Datenübertragung (TLS, siehe *Kapitel 6*)
LOGIN	Anmeldung beim Server
AUTHENTICATE	Alternative Anmeldung
SELECT	Wählt einen Ordner aus
EXAMINE	Wählt einen Nur-Lesen-Ordner aus
CREATE	Erzeugt einen Ordner
DELETE	Löscht einen Ordner
RENAME	Benennt einen Ordner um
SUBSCRIBE	Fügt dem aktiven Satz einen Ordner hinzu
UNSUBSCRIBE	Löscht einen Ordner aus dem aktiven Satz
LIST	Listet die verfügbaren Ordner auf
LSUB	Listet die aktiven Ordner auf
STATUS	Liefert den Status eines Ordners zurück
APPEND	Hängt eine Nachricht an einen Ordner an
CHECK	Liefert einen Kontrollpunkt für einen Ordner zurück
FETCH	Holt Nachrichten aus einem Ordner
SEARCH	Sucht Nachrichten in einem Ordner
STORE	Ändert Nachrichtenflags
COPY	Legt von einer Nachricht aus einem Ordner eine Kopie an
EXPUNGE	Entfernt Nachrichten, die für das Löschen vorgemerkt sind
UID	Zum Abschicken von Befehlen über eindeutige IDs
NOOP	Tue nichts
CLOSE	Entfernt markierte Ordner und schließt den Ordner
LOGOUT	Abmeldung und Beendigung der Verbindung

Abbildung 7.18: IMAP-Befehle (Version 4).

Als Erstes initiiert der Client eine sichere Datenübertragung – sofern eine solche gewünscht wird, um Nachrichten und Befehle vor allzu neugierigen Blicken zu verbergen. Dann meldet der Client sich an bzw. authentifiziert sich anderweitig beim Server.

Einmal angemeldet, steht ihm eine große Auswahl an Befehlen zur Verfügung, mit denen Ordner und Nachrichten aufgelistet, Nachrichten oder Teile von Nachrichten abgeholt, Nachrichten mit Flags für das Löschen markiert und Nachrichten in Ordner verteilt werden können. Um Missverständnissen vorzubeugen, sei darauf hingewiesen, dass wir den Begriff „Ordner“ hier im gleichen Sinne gebrauchen wie im Rest dieses Abschnitts: Ein Benutzer besitzt eine einzelne Mailbox, die aus mehreren Ordnern besteht. Die IMAP-Spezifikation dagegen spricht grundsätzlich von *mailboxes*, d.h., ein Benutzer verfügt über mehrere Mailboxen, die ihm vom Benutzeragenten typischerweise als Ordner präsentiert werden.

IMAP weist noch viele weitere Merkmale auf, z.B. die Fähigkeit, E-Mails nicht nach der Nachrichtennummer, sondern nach Attributen (z.B. „Gib mir die erste Nachricht von Alice“) zu adressieren. Auch können auf dem Server Suchoperationen durchgeführt werden, um Nachrichten nach bestimmten Kriterien zu filtern und nur die gefilterten Nachrichten vom Client abholen zu lassen.

IMAP stellt eine Verbesserung gegenüber dem älteren **POP3**-Protokoll dar (*Post Office Protocol, Version 3*), das ebenfalls der endgültigen Zustellung dient und in RFC 1939 definiert wurde. POP3 ist einfacher, hat aber auch einen kleineren Funktionsumfang und ist bei normaler Anwendung weniger sicher. Zudem geht POP3 davon aus, dass die E-Mail nicht auf dem Mailserver verbleibt, sondern auf den Rechner mit dem Benutzeragenten heruntergeladen wird. Dies entlastet den Server, ist aber nachteilig für den Benutzer, der seine E-Mail nicht mehr bequem von mehreren Computern aus lesen kann und möglicherweise seine gesamte E-Mail verliert, wenn der Rechner mit dem Benutzeragenten abstürzt. Trotzdem ist POP3 immer noch in Gebrauch.

Stammen Mailserver und Benutzeragent von demselben Unternehmen, dann ist auch der Einsatz eines proprietären Protokolls möglich. Microsoft Exchange ist z.B. ein Mailsystem mit einem proprietären Protokoll.

Webmail

Eine immer populärer werdende Alternative zu IMAP und SMTP als E-Mail-Dienst ist die Verwendung des Webs als Benutzeroberfläche zum Senden und Empfangen von Mail. Weitverbreitete Webmailsysteme sind unter anderem Google Gmail, Microsoft Hotmail und Yahoo! Mail. Webmail ist ein Beispiel für eine Software (in diesem Fall ein E-Mail-Benutzeragent), die als Dienst über das Web zur Verfügung gestellt wird.

Auch in dieser Architektur führt der Provider wie gehabt Mailserver aus, um Nachrichten für die Benutzer entgegenzunehmen, mit SMTP am Port 25. Änderungen gibt es beim Benutzeragenten. Dieser ist nun kein eigenständiges Programm mehr, sondern eine Benutzeroberfläche, die in Form von Webseiten angeboten wird. Für den Benutzer bedeutet dies, dass er zum Abfragen seiner E-Mail wie auch zum Senden von Nachrichten jeden beliebigen Browser verwenden kann.

Wenn der Benutzer zur E-Mail-Webseite des Providers (z.B. Gmail) geht, wird ein Formular angezeigt, in dem er seinen Benutzernamen und ein Passwort eingeben muss. Benutzername und Passwort werden daraufhin zum Server gesendet, der diese dann prüft. Ist die Anmeldung erfolgreich, ermittelt der Server die Mailbox des Benutzers und generiert ad hoc eine Webseite, die den Inhalt der Mailbox auflistet. Diese Webseite wird dann an den Browser zur Anzeige übertragen.

Solche Webseiten, die den Inhalt einer Mailbox präsentieren, besitzen üblicherweise viele Elemente, die anklickbar sind, sodass die Nachrichten gelesen, gelöscht und anderweitig bearbeitet werden können. Meist sind in die Webseite JavaScript-Programme eingebettet, um die Benutzeroberfläche interaktiv zu machen. Diese Programme werden als Antwort auf lokale Ereignisse (z.B. Mausklicks) auf dem Client ausgeführt und können unter anderem auch Nachrichten im Hintergrund hoch- oder herunterladen, die nächste Nachricht für die Anzeige vorbereiten oder neu aufgesetzte Nachrichten für die Übergabe an das E-Mail-System aufbereiten. Die Übergabe, die Mail Submission, erfolgt in diesem Modell unter Verwendung der normalen Webprotokolle, indem Daten an einen URL gesendet werden. Der Webserver übernimmt die Aufgabe, die Nachrichten in das oben beschriebene traditionelle E-Mail-Zustellungssystem einzuspeisen. Aus Sicherheitsgründen können auch die Standard-Webprotokolle verwendet werden, die der Verschlüsselung von Webseiten dienen. Ob es sich bei dem Inhalt einer Webseite um eine E-Mail-Nachricht handelt, ist dabei irrelevant.

7.3 World Wide Web

Das World Wide Web – im allgemeinen Sprachgebrauch meist nur „das Web" genannt – ist ein architektonisches Rahmenwerk für den Zugriff auf verknüpfte Inhalte, die auf Millionen von Rechnern überall im Internet verteilt sind. Innerhalb von zehn Jahren entwickelte es sich von einer Einrichtung zur Koordinierung von Versuchsaufbauten auf dem Gebiet der Hochenergiephysik in der Schweiz zu der Anwendung, die Millionen von Leuten als das „Internet" begreifen. Seine enorme Beliebtheit ist auf die Tatsache zurückzuführen, dass es selbst für Anfänger leicht zu bedienen ist und über eine reiche grafische Benutzeroberfläche Zugriff auf eine unglaubliche Fülle von Informationen über jedes erdenkliche Thema, von Aal bis Zulus bietet.

Das Web wurde 1989 am CERN-Institut, dem europäischen Zentrum für Atomphysik, ins Leben gerufen. Die ursprüngliche Zielsetzung war, größere Forscherteams, deren Mitglieder über ein halbes Dutzend oder mehr Länder und Zeitzonen verstreut sind, bei der Durchführung gemeinsamer Projekte zu unterstützen und den Wissenschaftlern Zugriff auf die sich ständig verändernde Sammlung von Berichten, technischen Zeichnungen, Diagrammen, Fotos und anderen Dokumenten zu geben, die sich aus den auf dem Gebiet der Teilchenphysik durchgeführten Experimenten ergaben. Der erste Vorschlag für ein Netz aus verknüpften Dokumenten kam von dem CERN-Physiker Sir Tim Berners-Lee im März 1989. Der erste (textbasierte) Prototyp wurde 18 Monate später in Betrieb genommen. Eine öffentliche Demonstration auf der *Hypertext '91*-Konferenz zog die Aufmerksamkeit anderer Forscher auf sich und inspirierte Marc Andreessen von der Universität von Illinois zur Entwicklung des ersten grafischen Browsers. Im Februar 1993 wurde dieser Browser unter den Namen Mosaic vorgestellt.

Der Rest ist, wie es so schön heißt, Geschichte. Mosaic war so beliebt, dass Andreessen sich ein Jahr später aufmachte und eine eigene Firma gründete, Netscape Communications Corp., deren Ziel die Entwicklung von Websoftware war. Die nächsten drei Jahre tobte zwischen dem Netscape Navigator und dem Internet Explorer von Microsoft der sogenannte „Browserkrieg", bei dem beide Unternehmen verzweifelt versuchten, ihre Marktanteile dadurch zu steigern, dass sie ihre Browser mit mehr Funktionen (und somit mehr Bugs) ausstatteten als der Konkurrent.

Während der 1990er und 2000er wuchs die Zahl der Websites und Webseiten – wie die im Web angebotenen Inhalte bezeichnet werden – exponentiell, bis es Millionen von Sites und Milliarden von Seiten gab. Einige wenige dieser Sites erfreuen sich enormer Popularität. Diese Sites und die dahinterstehenden Unternehmen bestimmen weitgehend, wie die Menschen heute das Web wahrnehmen. Zu ihnen gehören z.B.: ein Buchhändler (Amazon, gegründet 1994), ein Flohmarkt (eBay, 1995), eine Suchfunktion (Google, 1998) und ein soziales Netzwerk (Facebook, 2004). Für die Zeit um das Jahr 2000, als viele Webunternehmen über Nacht Hunderte Millionen von US-Dollar wert wurden, nur um kurz danach, als sich alles nur als ein Hype herausstellte, komplett einzubrechen, wurde sogar ein eigener Name geprägt: die **Dotcom-Ära**. Für innovative Ideen ist das Web immer noch ein günstiges Umfeld. Viele dieser Ideen kommen von Studenten. Mark Zuckerberg z.B. war Student an der Harvard-Universität, als er Facebook gründete, und Sergey Brin und Larry Page waren Studenten in Stanford, als sie Google starteten. Und wer weiß, vielleicht haben Sie ja die nächste geniale Idee.

Im Jahr 1994 unterzeichneten CERN und das MIT eine Vereinbarung über die Gründung des **W3C** (World Wide Web Consortium), einer Organisation zur Weiterentwicklung des Webs, zur Standardisierung von Protokollen und zur Förderung der Interoperabilität zwischen Websites. Berners-Lee wurde zum Direktor ernannt. Seither sind mehrere Hundert Universitäten und Unternehmen dem Konsortium beigetreten. Über das Web wurden unzählige Bücher geschrieben, doch die beste Stelle, wo man aktuelle Informationen finden kann, ist (natürlich) das Web selbst. Die Homepage des Konsortiums befindet sich unter *http://www.w3.org*. Interessierte Leser finden dort Links zu Seiten, die alle Aktivitäten und Dokumente des Konsortiums abdecken.

7.3.1 Übersicht über die Architektur

Aus Sicht des Benutzers besteht das Web aus einer riesigen weltweiten Sammlung von Dokumenten, die **Webseiten** oder einfach nur **Seiten** (*page*) genannt werden. Jede Seite kann Links (Verweise) zu anderen Seiten enthalten, die sich irgendwo auf der Welt befinden. Die Benutzer können einem Link folgen (z.B. durch Anklicken), um zu der betreffenden Seite zu gelangen. Dieser Prozess kann unendlich oft wiederholt werden. Das Konzept, dass eine Seite auf eine andere verweist, heutzutage als **Hypertext** bezeichnet, wurde von einem hellsichtigen Professor für Elektrotechnik am MIT, Vannevar Bush, im Jahre 1945 lange vor Erfindung des Internets entwickelt, ja sogar noch bevor es kommerzielle Rechner gab (immerhin, einige Universitäten hatten bereits erste klobige Prototypen entwickelt, die ganze Säle füllten und weniger Rechenleistung aufwiesen als eine Smartwatch, aber mehr elektrische Energie verbrauchten als eine kleine Fabrik).

Webseiten werden üblicherweise in einem speziellen Programm namens **Browser** angesehen. Populäre Browser sind z.B. Brave, Chrome, Edge, Firefox, Opera und Safari. Der Browser holt die angeforderte Seite, interpretiert den Inhalt und zeigt die Seite ordentlich formatiert auf dem Bildschirm an. Bei dem darzustellenden Inhalt kann es sich um einen Mix aus Text, Bildern und Formatierungsbefehlen, vergleichbar einem traditionellen Dokument, oder um alternative Formen handeln, wie z.B. Videofilm oder einem Programm, das eine grafische Benutzeroberfläche erzeugt, mit dem der Benutzer interagieren kann.

Auf der linken Seite von ▶Abbildung 7.19 sehen Sie ein Beispiel für eine solche Webseite, in diesem Fall die Seite der US Federal Communications Commission (*Bundeskommunikationskommission*). Wie Sie sehen, enthält die Seite sowohl Text als auch grafische Elemente (die meist zu klein zum Entziffern sind). Die Indexseite, die der Browser lädt, enthält normalerweise Anweisungen für den Browser bezüglich der Anordnung der Objekte einer Seite, d.h., wo und wie diese Objekte auf der Seite anzuzeigen sind.

Einige Teile der Seite sind mit Links zu anderen Webseiten verknüpft. Textpassagen, Symbole oder Bilder, die mit einer anderen Seite verknüpft sind, heißen **Hyperlinks**. Um einem Link zu folgen, setzt der Benutzer den Mauszeiger auf das verknüpfte Element (wodurch sich die Form des Mauszeigers verändert) und klickt darauf. Auf einem Smartphone oder Tablet-Computer tippt der Benutzer mit dem Finger auf den Link. Einem Link zu folgen ist nichts anderes als ein besonders bequemer Weg, um dem Browser mitzuteilen, dass er eine andere Seite laden soll. Früher wurden Hyperlinks meist als unterstrichener, farbiger Text dargestellt, um sie aus der Umgebung hervorzuheben. Heute stehen den Designern von Webseiten mit den sogenannten **Stylesheets** ganz andere Mittel zur Gestaltung von verknüpften Elementen zur Verfügung, sodass Links beispielsweise auch als Symbole erscheinen oder ihr Aussehen verändern können, wenn die Maus über sie bewegt wird. Wichtig ist, dass der Designer sich um die optische Hervorhebung der Links und damit um die benutzerfreundliche Gestaltung der Seitenoberfläche kümmert.

Die Leser dieser Seite finden vielleicht etwas, was sie interessiert, und klicken auf den betreffenden Link-Bereich, woraufhin der Browser die neue Seite lädt und anzeigt. Es gibt Dutzende weiterer Seiten, die via Links von der ersten Seite aus erreichbar sind. Jede dieser Seiten kann aus Inhalten zusammengesetzt sein, die sich auf demselben Rechner (oder Rechnern) wie die erste befinden oder auf irgendeinem anderen Rechner auf der Welt. Der Benutzer kann das nicht erkennen. Der Browser reagiert einfach auf die Klicks des Benutzers und lädt die angeklickten Objekte zur Anzeige in den Browser, wobei der Wechsel zwischen den Rechnern nahtlos erfolgt, während der Benutzer die angebotenen Inhalte betrachtet.

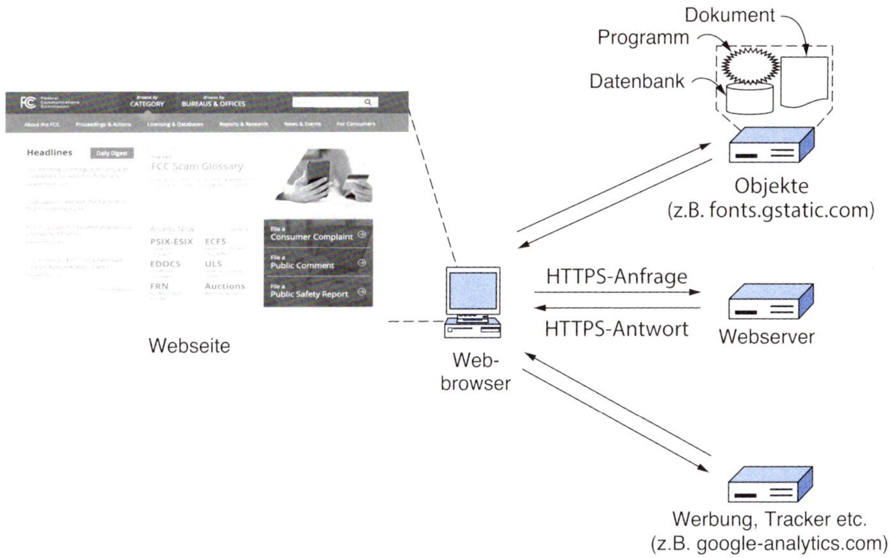

Abbildung 7.19: Das Abrufen und Anzeigen einer Webseite erfordert HTTP/HTTPS-Anfragen bei vielen Servern.

Der Browser präsentiert die Webseiten auf dem Client-Rechner. Für jede anzuzeigende Seite sendet der Browser eine Anfrage (Request) an einen oder mehrere Server, die ihm als Antwort die zu der Seite gehörenden Inhalte schicken. Das Anfrage-Antwort-Protokoll zum Anfordern der Seiten ist ein einfaches textbasiertes Protokoll, das ebenso wie SMTP auf TCP aufsetzt. Die Rede ist von **HTTP** (*HyperText Transfer Protocol*). Die sichere Version dieses Protokolls, das derzeit bevorzugt zum Abrufen von Inhalten im Web verwendet wird, heißt **HTTPS** (*Secure HyperText Transfer Protocol*). Bei dem zurückgesendeten Inhalt kann es sich um ein Dokument handeln, das einfach von der Festplatte gelesen wurde, um das Ergebnis einer Datenbankabfrage oder auch das Produkt eines extra ausgeführten Programms. Besteht die Seite aus einem Dokument, das jedes Mal genau gleich angezeigt wird, spricht man von einer **statischen Seite**, wohingegen Seiten, die auf Anfrage von einem Programm erzeugt werden oder ein Programm enthalten, als **dynamische Seiten** bezeichnet werden.

Dynamische Seiten können jedes Mal, wenn sie angezeigt werden, anders aussehen. Beispielsweise könnte sich die Startseite eines Elektronikhändlers jedem Besucher anders präsentieren. Hat ein Kunde eines Online-Buchhändlers in der Vergangenheit mehrere Mystery-Thriller erstanden, ist es gut möglich, dass ihm bei seinem nächsten Besuch auf der Hauptseite des Händlers neue Thriller auffällig angepriesen werden, während ein Kunde, der eher an kulinarischen Genüssen interessiert ist, mit neuen Kochbüchern begrüßt wird. Wie eine Website sich merken kann, welcher Besucher welche Vorlieben hat, ist eine Frage, der wir uns in Kürze ausführlicher zuwenden werden. Soviel sei aber schon verraten: Die Antwort hat mit Cookies, zu Deutsch „Keksen“, zu tun (und dies gilt auch für Besucher, die keine Backwaren mögen).

In der Abbildung kontaktiert der Browser mehrere Server, um die Webseite anzufordern. Der Inhalt der Indexseite lässt sich wahrscheinlich direkt aus Dateien hochladen, die auf *fcc.gov* gehostet sind. Ergänzende Inhalte wie ein eingebettetes Video sind vielleicht auf einem separaten Server, aber immer noch unter *fcc.gov* zu finden, vielleicht sogar gehostet auf einer Infrastruktur, die genau für diesen Inhalt angelegt wurde. Darüber hinaus kann die Indexseite aber auch Verweise auf Objekte, die der Benutzer nicht einmal sieht (z.B. Tracking-Skripte), oder auf Werbeseiten enthalten, die auf Servern von Fremdanbietern gehostet sind. Der Browser besorgt sich alle diese Objekte, Skripte usw. und baut sie zu einer Seitenansicht für den Benutzer zusammen.

Das Anzeigen der Seiten umfasst verschiedene Prozesse, die von der Art des darzustellenden Inhalts abhängen. Neben der Darstellung von Texten und Bildern ist es unter Umständen erforderlich, ein Video abzuspielen oder ein Skript auszuführen, das seine eigene Benutzeroberfläche als Teil der Seite präsentiert. In diesem Fall, liefert der *fcc.gov*-Server die Hauptseite und der *fonts.gstatic.com*-Server steuert zusätzliche Objekte (z.B. Fonts) bei. Der *google-analytics.com*-Server liefert keine für den Benutzer sichtbaren Inhalte, sondern zeichnet auf, wer die Site besucht. Über diese sogenannten Tracker zur Analyse des Besucherverhaltens und Privatsphäre im Web wird später noch etwas mehr zu sagen sein.

Die Clientseite

Sehen wir uns nun die Clientseite aus Abbildung 7.19 etwas genauer an. Im Wesentlichen ist ein Browser ein Programm, das eine Webseite anzeigen und Mausklicks auf Elemente auf der angezeigten Seite abfangen und interpretieren kann. Wird ein Element ausgewählt, dann folgt der Browser dem Hyperlink und ruft das vom Benutzer mit der Maus oder dem Finger (Touchscreen) angeklickte Objekt ab.

Als das Web ins Leben gerufen wurde, zeichnete sich schnell ab, dass man spezielle Verfahren zum Benennen und Lokalisieren von Seiten benötigen würde, um von einer Webseite auf eine andere verweisen zu können. Es sind vor allem drei Fragen, die beantwortet werden müssen, bevor eine ausgewählte Seite angezeigt werden kann:

1. Wie heißt die Seite?
2. Wo ist die Seite zu finden?
3. Wie kann man auf die Seite zugreifen?

Wenn jede Seite irgendwo einen eindeutigen Namen zugewiesen bekäme, gäbe es keine Unklarheiten bei der Identifizierung der Seiten. Das Problem wäre damit allerdings noch immer nicht gelöst. Eine Parallele zwischen Menschen und Seiten soll dies verdeutlichen. In den Vereinigten Staaten besitzt nahezu jeder eine Sozialversicherungsnummer. Da keine zwei Personen dieselbe Nummer zugewiesen bekommen, können Sie eine Person über die Sozialversicherungsnummer eindeutig identifizieren. Doch es gibt keine Möglichkeit für Sie, aus der Sozialversicherungsnummer die Adresse ihres Eigentümers zu bestimmen oder zu entscheiden, ob Sie der Person auf Englisch, Deutsch oder Chinesisch schreiben sollen. Und vor praktisch den gleichen Problemen steht auch das Web.

Die Lösung, die letztlich umgesetzt wurde, identifiziert die Webseiten auf eine Weise, dass alle drei Probleme gleichzeitig gelöst werden. Jeder Seite wird eine **URL** (*Uniform Resource Locator*) zugewiesen, die als weltweit gültiger Name der Seite fungiert. URLs bestehen aus drei Teilen: dem Namen des Protokolls (auch als *scheme* bezeichnet), dem DNS-Namen des Rechners, auf dem sich die Seite befindet, und dem Pfad, der eindeutig zu der gewünschten Seite (d.h. der zu lesenden Datei oder dem ausführenden Programm auf dem Rechner) führt. Im Allgemeinen besteht der Pfad aus einem hierarchischen Namen wie man ihn auch aus Verzeichnisangaben kennt. Beachten Sie jedoch, dass die Interpretation des Pfads dem Server obliegt. Der Pfad kann also, muss aber nicht die tatsächliche Verzeichnisstruktur widerspiegeln.

Die URL zu der Seite aus Abbildung 7.19 lautet z.B.:

```
https://fcc.gov/
```

Diese URL besteht aus drei Teilen: dem Protokoll (*https*), dem DNS-Namen des Hostrechners (*fcc.gov*) und dem Pfad /, was der Webserver oft als Standard-Indexobjekt interpretiert.

Klickt ein Benutzer auf einen Hyperlink, führt der Browser verschiedene Schritte aus, um die referenzierte Seite abzurufen. Verfolgen wir einmal die Schritte, die ablaufen, wenn unser Beispiellink ausgewählt wird:

1. Der Browser ermittelt die URL (indem er prüft, was ausgewählt wurde).
2. Der Browser fragt das DNS-System nach der IP-Adresse von vom Server *fcc.gov*
3. DNS gibt die Antwort 23.1.55.196 zurück.
4. Der Browser baut eine TCP-Verbindung zu dieser IP-Adresse auf. Handelt es sich bei dem Protokoll um HTTPS, der sicheren Version von HTTP, ist die TCP-Verbindung standardmäßig auf Port 443 (der Standard-Port für HTTP, das inzwischen viel seltener verwendet wird, lautet Port 80).
5. Dann sendet er eine HTTPS-Anfrage nach der Datei //. Diese Anfrage interpretiert der Webserver normalerweise als Indexseite (z.B. index.html, index.php oder ähnlich, wie vom Webserver *fcc.gov* konfiguriert).
6. Der Server sendet die Seite als HTTPS-Antwort, indem er beispielsweise die Datei */index.html* sendet, sofern diese als Standard-Indexobjekt festgelegt wurde.
7. Enthält die Seite URLs, die für die Anzeige benötigt werden, beschafft der Browser nach dem gleichen Verfahren auch die Inhalte dieser URLs. Im Falle unserer Beispielseite handelt es sich um mehrere eingebettete Bilder, die sich ebenfalls auf *fcc.gov* befinden, eingebettete Objekte auf *gstatic.com* und einem Skript von *google-analytics.com*.
8. Der Browser zeigt die Seite */index.html* wie in Abbildung 7.19 an.
9. Gibt es keine unmittelbaren weiteren Anfragen an die Server, so werden die TCP-Verbindungen getrennt.

Viele Browser zeigen den aktuell durchgeführten Schritt in einer Statuszeile am unteren Bildschirmrand an. Dauert das Laden einer Seite unverhältnismäßig lange, kann der Benutzer dann in der Statuszeile nachlesen, ob dies darauf zurückzuführen ist, dass das DNS nicht reagiert, der Server nicht reagiert oder die Übertragung einfach über ein langsames oder überlastetes Netz erfolgt.

Eine detailliertere Möglichkeit, die Leistung einer Webseite zu untersuchen und zu verstehen, ist ein sogenanntes **Wasserfalldiagramm**, wie in ▶Abbildung 7.20 gezeigt.

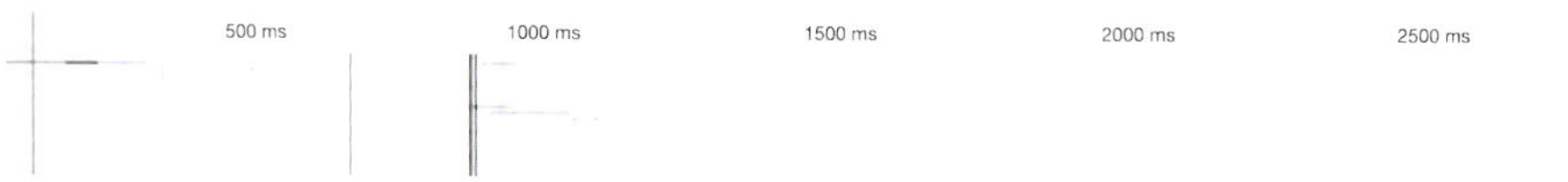

Name	Status	Type	Initiator	Size	Time	Waterfall
icons-sa0dc29a632.png	200	png	(index)	(memory c…	0 ms	
bg-pattern-gray.png?1528211709	200	png	(index)	(memory c…	0 ms	
icon-xls.gif?1528211709	200	gif	(index)	(memory c…	0 ms	
icon-pdf.gif?1528211709	200	gif	(index)	(memory c…	0 ms	
consumer-bg.png?1528211709	200	png	(index)	(memory c…	0 ms	
icons-2x-s4a93a70c85.png	200	png	(index)	(memory c…	0 ms	
icons-2x-sb1583bf5f5.png	200	png	(index)	(memory c…	0 ms	
menu-active-pointer.png?1528211709	200	png	jquery.min.js:3	(memory c…	0 ms	
shadow-mask.png?1528211709	200	png	jquery.min.js:3	(memory c…	0 ms	
widget_iframe.69e02060c7c44baddf1b562…	200	document	widgets.js:8	(disk cache)	2 ms	
settings	200	fetch	VM15:1	236 B	73 ms	
ae.js	200	script	(index):934	0 B	15 ms	
moment~timeline~tweet.a1aa0f6410f7eaad…	200	script	widgets.js:1	(disk cache)	2 ms	
timeline.f7ace10bb00711bb451dd3652315…	200	script	widgets.js:1	(disk cache)	2 ms	
favicon.ico	200	vnd.micros…	Other	15.1 KB	54 ms	
profile?callback=__twttr.callbacks.tl_i0_pro…	200	script	widgets.js:8	11.3 KB	133 ms	
Y9ZQaf24?format=jpg&name=144x144_2	200	jpeg	widgets.js:8	(memory c…	0 ms	
DJY-k5tn?format=jpg&name=144x144_2	200	jpeg	widgets.js:8	(memory c…	0 ms	
LC0RTDgM?format=jpg&name=600x314	200	jpeg	widgets.js:8	(memory c…	0 ms	
bkTB9OHO?format=png&name=600x314	200	png	widgets.js:8	(memory c…	0 ms	
VinVtERd?format=jpg&name=144x144_2	200	jpeg	widgets.js:8	(memory c…	0 ms	
sVaf8fcU?format=jpg&name=600x314	200	jpeg	widgets.js:8	(memory c…	0 ms	
uNvZ0kjK?format=jpg&name=144x144_2	200	jpeg	widgets.js:8	(memory c…	0 ms	
0T7W1nAj?format=jpg&name=600x314	200	jpeg	widgets.js:8	(memory c…	0 ms	
deTa0kd4?format=jpg&name=144x144_2	200	jpeg	widgets.js:8	(memory c…	0 ms	
1f6a8.png	200	webp	widgets.js:8	34 B	9 ms	
2b07.png	200	webp	widgets.js:8	34 B	9 ms	
timeline.b19b28e5dd6afdadd09507e64bad…	200	text/css	widgets.js:8	52.5 KB	5 ms	
9WfkWd8I_bigger.jpg	200	jpeg	moment~timeline~tw…	(memory c…	0 ms	
6oGQ7W00_bigger.jpg	200	jpeg	moment~timeline~tw…	(memory c…	0 ms	
syndication_bundle_v1_73385286cca9d22…	200	text/css	widgets.js:8	44.1 KB	43 ms	
data:image/svg+xml;…	200	svg+xml	Other	(memory c…	0 ms	
data:image/svg+xml;…	200	svg+xml	Other	(memory c…	0 ms	
data:image/svg+xml;…	200	svg+xml	Other	(memory c…	0 ms	
data:image/svg+xml;…	200	svg+xml	Other	(memory c…	0 ms	
data:image/svg+xml;…	200	svg+xml	Other	(memory c…	0 ms	
data:image/svg+xml;…	200	svg+xml	Other	(memory c…	0 ms	
jot	200	document	widgets.js:8	0 B	3 ms	

64 requests 139 KB transferred 3.2 MB resources Finish: 2.79 s DOMContentLoaded: 597 ms Load: 811 ms

Abbildung 7.20: Wasserfalldiagramm für fcc.gov.

Die Abbildung zeigt nicht nur eine Liste aller Objekte, die der Browser beim Laden dieser Seite lädt (in diesem Fall 64, aber viele Seiten haben Hunderte von Objekten), sondern auch die zeitlichen Abhängigkeiten, die mit dem Laden jeder Anfrage verbunden sind, und die Operationen, die mit jedem Laden der Seite verbunden sind (z.B. eine DNS-Suche, eine TCP-Verbindung, das Herunterladen des eigentlichen Inhalts und so weiter). Diese Wasserfalldiagramme verraten uns viel über das Verhalten eines Webbrowsers. Wir erfahren zum Beispiel, wie viele parallele Verbindungen ein Browser zu einem beliebigen Server aufbaut und ob Verbindungen wiederverwendet werden. Sie informieren auch über die relative Zeit für DNS-Suchvorgänge im Vergleich zu tatsächlichen Objekt-Downloads sowie über andere potenzielle Leistungsengpässe.

Das URL-Schema ist in dem Sinn offen, als die Browser verschiedene gängige Protokolle einsetzen können, um auf verschiedene Arten von Ressourcen zuzugreifen. Entsprechend wurden URLs für viele weitere Protokolle definiert. Die wichtigsten sind in leicht vereinfachter Form in ▸Abbildung 7.21 zusammengestellt.

Name	Verwendet für	Beispiel
http	Hypertext (HTML)	http://www.ee.uwa.edu/~rob/
https	Sicherer Hypertext	https://www.bank.com/accounts/
ftp	FTP	ftp://ftp.cs.vu.nl/pub/minix/README
file	Lokale Datei	/file:///usr/suzanne/prog.c
mailto	Senden von E-Mail	mailto:JohnUser@acm.org
rtsp	Streaming Media	rtsp://youtube.com/montypython.mpg
sip	Multimedia-Aufrufe	sip:eve@adversary.com
about	Browserinformation	about:plugins

Abbildung 7.21: Einige bekannte URL-Schemata.

Gehen wir nun die Liste kurz durch. Das *http*-Protokoll ist die ureigene Sprache des Webs, die Webserver von Haus aus sprechen. **HTTP** steht für **HyperText Transfer Protocol**. Wir befassen uns damit später in diesem Kapitel ausführlicher, mit besonderem Schwerpunkt auf HTTPS, der sicheren Version dieses Protokoll, das inzwischen HTTP zum Laden von Objekten im Web den Rang abgelaufen hat.

Das *ftp*-Protokoll wird eingesetzt, um über FTP, das Dateiübertragungsprotokoll des Internets, auf Dateien zuzugreifen. FTP ist älter als das Web, es gibt es bereits seit mehr als vier Jahrzehnten. Vom Web aus ist es besonders einfach, Dateien von verschiedenen FTP-Servern rund um die Welt abzurufen, da es die traditionelle, befehlszeilenorientierte Benutzeroberfläche von FTP durch eine einfache, klickbare Benutzeroberfläche ersetzt. Dieser vereinfachte und verbesserte Zugriff auf Informationen ist einer der Gründe für das spektakuläre Wachstum des Webs.

Will man eine lokale Datei als Webseite anzeigen, benutzt man das *file*-Protokoll oder gibt einfach den Dateinamen ein. Für diese Art des Zugriffs wird kein Server benötigt; dafür funktioniert es aber auch nur bei lokalen Dateien, nicht bei entfernten.

Mit dem Protokoll *mailto* können zwar keine Webseiten besorgt werden, es ist aber auf andere Weise nützlich. Es erlaubt Benutzern, E-Mail über einen Webbrowser zu versenden. Die meisten Browser reagieren auf das Anklicken eines *mailto*-Links, indem sie den Mail-Agenten des Benutzers starten und ihn eine Nachricht mit vorgegebener Adresse anlegen lassen.

Die *rtsp*- und *sip*-Protokolle sind für Streaming-Media-Sitzungen und Audio- oder Videoanrufe.

Das *about*-Protokoll schließlich ist eine Konvention, die Informationen über den Browser liefert. So veranlasst z.B. der *about:plugins*-Link die meisten Browser dazu, eine Seite mit den MIME-Typen anzuzeigen, die sie mithilfe spezieller Browsererweiterungen, Plug-ins genannt, anzeigen können. Viele Browser bieten sehr interessante Informationen im about:-Abschnitt. Ein interessantes Beispiel im Firefox-Browser ist *about:telemetry*, das alle Leistungs- und Aktivitätsdaten anzeigt, die der Browser über den Benutzer sammelt. *about:preferences* zeigt die Benutzereinstellungen an und *about:config* viele interessante Aspekte der Browserkonfiguration, darunter auch, ob der Browser DNS-over-HTTPS-Suchvorgänge durchführt (und zu welchen vertrauenswürdigen rekursiven Resolvern), wie im vorherigen Abschnitt über DNS beschrieben.

Mit anderen Worten, das System der URLs ist nicht nur dafür ausgelegt, dem Benutzer die Navigation im Web zu ermöglichen, sondern erlaubt auch die Arbeit mit älteren Protokollen wie FTP und E-Mail, die Verwendung neuerer Protokolle für Audio und Video sowie den bequemen Zugriff auf lokale Dateien und Browserinformationen. Dieser Ansatz macht all die Programme überflüssig, die spezialisierte Benutzeroberflächen zu den oben aufgeführten Diensten anbieten, und integriert stattdessen nahezu alle Formen des Internetzugriffs in einem einzigen Programm: dem Webbrowser. Wäre es nicht allgemein bekannt, dass dieses Konzept von einem britischen Physiker entwickelt wurde, der in einem multinationalen, europäischen Forschungslabor in der Schweiz (CERN) arbeitete, man könnte es leicht für den Plan der Marketingabteilung irgendeines Softwareunternehmens halten.

Die Serverseite

So viel zur Clientseite. Nun betrachten wir die Serverseite: Wenn, wie oben erklärt, ein Benutzer eine URL eintippt oder auf eine Hypertextzeile klickt, parst der Browser die URL und interpretiert den Teil zwischen *http://* und dem nächsten Schrägstrich als den DNS-Namen, der nachzuschlagen ist. Ausgerüstet mit der IP-Adresse des Servers, baut der Browser eine TCP-Verbindung zu Port 443 auf diesem Server auf. Dann sendet er einen Befehl, welcher den Rest der URL enthält und den Namen der Datei auf diesem Server angibt. Der Server gibt dann die Datei zurück, die der Browser anzeigen kann.

Als erste Näherung kann man sagen, dass ein einfacher Webserver ähnlich wie der Server in Abbildung 6.6 aussieht. Dem Server wird der Name einer Datei übergeben, die er lokalisieren und über das Netz zurückliefern soll. In beiden Fällen sehen die Schritte, die der Server in einer Schleife wieder und wieder ausführt, wie folgt aus:

1. Eine TCP-Verbindung von einem Client (einem Browser) akzeptieren
2. Den Pfad zu der Seite entgegennehmen (dies ist der Name der angeforderten Datei)
3. Die Datei (von der Festplatte) abrufen
4. Die Inhalte der Datei an Client senden
5. Die TCP-Verbindung freigeben

Moderne Webserver verfügen über mehr Funktionen, aber dies sind im Prinzip die Schritte, die ein Webserver ausführt. Bei dynamischen Inhalten kann der dritte Schritt durch die Ausführung eines Programms ersetzt werden, das die gewünschten Inhalte zurückliefert. Die Information, welches Programm auszuführen ist, steckt in der Pfadangabe.

Allerdings sind Webserver etwas anders konzipiert, damit sie Hunderte, ja Tausende von Anfragen pro Sekunde verarbeiten können. Ein grundsätzliches Problem des einfachen Designs ist, dass der Zugriff auf die Dateien oft zum Nadelöhr wird. Lesezugriffe auf eine Festplatte sind im Vergleich zur normalen Programmausführung sehr langsam. Hinzu kommt, dass immer nur eine Anfrage gleichzeitig bearbeitet wird. Ist eine angeforderte Datei sehr groß, dann werden andere Anfragen so lange blockiert, bis die Übertragung abgeschlossen ist.

Eine offensichtliche Verbesserung (die von allen Webservern verwendet wird) ist, im Speicher einen Cache anzulegen, in dem die *n* zuletzt gelesenen Dateien oder Inhaltsdaten bis zu einer bestimmten Anzahl von Gigabytes zwischengespeichert werden. Bevor der Server auf die Festplatte zugreift, um eine Datei zu holen, prüft er den Cache. Wenn die Datei vorhanden ist, kann sie direkt aus dem Speicher übernommen werden, sodass nicht auf die Festplatte zugegriffen werden muss. Obwohl effektives Caching sehr viel Hauptspeicher und zusätzliche Verarbeitungszeit zum Prüfen und Verwalten des Cache benötigt, sind die Zeiteinsparungen fast immer den Overhead und die Kosten wert.

Eine Strategie, wie man das Problem angehen kann, dass immer nur eine Anfrage gleichzeitig bedient wird, ist, den Server **Multithread-fähig** zu machen. Bei einem Design besteht der Server aus einem Front-End-Modul, das alle eingehenden Anfragen akzeptiert, und *k* Verarbeitungsmodulen, ▶Abbildung 7.22. Die $k+1$ Threads gehören alle zu einem Prozess, sodass die verarbeitenden Module alle Zugriff auf den Cache im Adressraum des Prozesses haben. Kommt eine Anfrage herein, nimmt das Front-End sie an und erstellt einen kurzen Datensatz, der sie beschreibt. Dann übergibt es den Datensatz an eines der verarbeitenden Module.

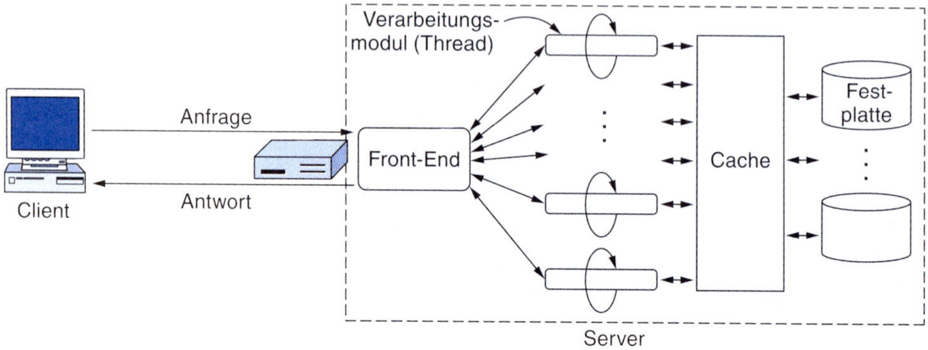

Abbildung 7.22: Ein Multithread-Webserver mit einem Front-End und verarbeitenden Modulen.

Das verarbeitende Modul prüft zuerst den Cache, um zu sehen, ob die benötigte Datei dort vorhanden ist. Ist dies der Fall, wird der Datensatz aktualisiert, d.h., es wird ein Zeiger auf die Datei hinzugefügt. Ist die Datei nicht vorhanden, startet das verarbeitende Modul einen Festplattenzugriff, um sie in den Cache einzulesen (und möglicherweise einige andere im Cache abgelegte Dateien zu verwerfen, um Platz zu machen). Die Datei von der Festplatte wird sowohl im Cache abgelegt als auch an den Client zurückgesendet.

Der Vorteil dieses Schemas ist, dass während ein oder mehrere verarbeitende Module blockiert sind und auf die Beendigung der Festplatten- oder Netzwerkoperation warten (und daher keine CPU-Zeit verbrauchen), andere Module aktiv an anderen Anfragen arbeiten können. Bei k verarbeitenden Modulen kann der Durchsatz k-mal höher sein als bei einem Single-Threaded-Server. Sollte allerdings der begrenzende Faktor die Festplatte oder das Netzwerk sein, lässt sich eine tatsächliche Verbesserung gegenüber dem Single-Threaded-Modell nur mithilfe mehrerer Festplatten oder eines schnelleren Netzwerks erzielen.

Im Wesentlichen entspricht der Aufbau aller modernen Webarchitekturen heute der Darstellung oben, und zwar mit einer Aufteilung in ein Front-End und ein Back-End. Der Front-End-Webserver wird oft als **Reverse Proxy** bezeichnet, weil er Inhalte von anderen (in der Regel Back-End-)Servern abruft und diese Objekte an den Client weiterleitet. Der Proxy wird als Reverse Proxy bezeichnet, weil er im Auftrag der Server und nicht der Clients agiert.

Beim Laden einer Webseite wird ein Client häufig zunächst (über DNS) mit einem Reverse Proxy (d.h. einem Front-End-Server) verbunden, der damit beginnt, statische Objekte an den Webbrowser des Clients zurückzugeben, damit dieser so schnell wie möglich mit dem Laden eines Teils des Seiteninhalts beginnen kann. Während diese (in der Regel statischen) Objekte geladen werden, kann das Back-End komplexe Operationen durchführen (z.B. eine Websuche durchführen, eine Datenbankabfrage vornehmen oder auf andere Weise dynamische Inhalte generieren), die es über den Reverse Proxy an den Client zurückliefert, sobald diese Ergebnisse und Inhalte verfügbar sind.

7.3.2 Statische Webdokumente

Das Grundprinzip im Web ist die Übertragung von Webseiten vom Server auf den Client. In der einfachsten Form sind Webseiten statisch. Heute hat jedoch fast jede Seite, die Sie im Internet aufrufen, irgendeine Art von dynamischem Inhalt. Dennoch ist selbst bei dynamischen Webseiten ein großer Teil des Inhalts (z.B. das Logo, die Formatvorlagen, die Kopf- und Fußzeile) statisch. Statische Objekte sind eigentlich einfach Dateien, die auf einem Server liegen und jedes Mal, wenn sie abgerufen und angezeigt werden, gleich aussehen. Im Allgemeinen eignen sie sich gut zum Zwischenspeichern, manchmal sogar für sehr lange, sodass sie oft in Objekt-Caches abgelegt werden, die nahe beim Benutzer liegen. Doch nur weil Webseiten statisch sind, bedeutet dies nicht, dass sie im Browser komplett inaktiv wären – schließlich kann auch eine Seite, die ein Video enthält, eine statische Webseite sein.

Wie bereits weiter oben erwähnt wurde, ist die Lingua Franca des Webs, in der die meisten Seiten geschrieben werden, HTML. Die Homepages von Lehrern sind meist statische HTML-Seiten, während Unternehmen gelegentlich dynamische Webseiten haben; aber das Endergebnis der Erzeugung dynamischer Inhalte ist eine Seite in HTML. **HTML** (*HyperText Markup Language*) wurde zusammen mit dem Web eingeführt. Mithilfe von HTML kann man Webseiten erstellen, die Text, Grafik, Video, Verweise usw. auf andere Webseiten enthalten. HTML ist eine Markup-Sprache zur Beschreibung, d.h. eine Sprache, die beschreibt, wie Dokumente formatiert werden sollen. Der Begriff „Markup" stammt aus den alten Tagen, als Texter und Schriftsteller Dokumente manuell gekennzeichnet haben, um dem Drucker – in jenen Tagen ein menschliches Wesen – anzugeben, welche Schriftarten und Hervorhebungen zu verwenden sind. Markup-Sprachen enthalten somit explizite Formatierungsbefehle. Beispielsweise gibt in HTML die Zeichenfolge `<b>` **den Beginn der Fettformatierung und** `</b>` das Ende der Fettformatierung an. LaTeX und TeX sind weitere Beispiele für Markup-Sprachen, die vor allem in Akademikerkreisen bekannt sind. Microsoft Word hingegen ist keine Markup-Sprache, da die Formatierungsbefehl nicht im Text eingebettet sind.

Der Hauptvorteil einer Auszeichnungssprache gegenüber einer Sprache ohne explizite Auszeichnungen besteht darin, dass sie den Inhalt von der Darstellung trennt. Die meisten modernen Webseiten verwenden **Stylesheets** (Stilvorlagen), um die Schriftarten, Farben, Größen, Auffüllungen und viele andere Attribute von Text, Listen, Tabellen, Überschriften, Anzeigen und anderen Seitenelementen zu definieren.Stylesheets werden in einer Sprache namens **CSS** (*Cascading Style Sheets*) geschrieben.

Das Schreiben für einen Browser ist dann ganz einfach: Der Browser muss lediglich die Auszeichnungsbefehle und die Stylesheets verstehen und auf die Inhalte anwenden. Die Einbettung aller Markup-Befehle in jede HTML-Datei und ihre Standardisierung ermöglicht es jedem Webbrowser, jede beliebige Webseite zu lesen und umzuformatieren. Das ist von entscheidender Bedeutung, denn häufig wird eine Seite in einem 3.840×2.160-Fenster mit 24-Bit-Farbe auf einem High-End-Computer erstellt, muss aber auf einem Mobiltelefon in einem 640×320-Fenster angezeigt werden. Seiten einfach nur linear zu verkleinern, ist keine gute Idee, denn dann wären die Buchstaben so klein, dass niemand sie lesen könnte.

Es ist zwar durchaus möglich, solche Dokumente mit einem beliebigen Texteditor zu schreiben, und viele tun das auch, aber man kann auch Textverarbeitungsprogramme oder spezielle HTML-Editoren verwenden, die den größten Teil der Arbeit übernehmen (wobei der Benutzer allerdings entsprechend weniger direkte Kontrolle über die Details des Endergebnisses hat). Daneben gibt es viele Programme für die Gestaltung von Webseiten, wie Adobe Dreamweaver.

7.3.3 Dynamische Webseiten und Webanwendungen

Das statische Seitenmodell, auf das wir uns bisher konzentriert haben, betrachtet Seiten als multimediale Dokumente, die auf bequeme Weise miteinander verknüpft sind. Für die Frühzeit des Webs, als gigantische Mengen von Informationen ins Netz gestellt wurden, war es ein äußerst passendes Modell. Doch die Zeiten haben sich gewandelt, heute sind mit die heißesten Themen die Nutzung des Webs für Anwendungen und Webservices – wie z.B. der Verkauf von Produkten über E-Commerce-Sites, das Recherchieren in Bibliothekskatalogen, das Studieren von Karten, das Lesen und Senden von E-Mails oder die Zusammenarbeit an einem Dokument.

Diese neuen Einsatzmöglichkeiten gleichen traditioneller Anwendungssoftware (z.B. E-Mail-Programmen oder Textverarbeitungsprogrammen), nur dass diese Anwendungen innerhalb des Browsers ausgeführt werden, mit Daten, die auf Servern in Internetdatenzentren gespeichert sind. Sie nutzen Webprotokolle, um über das Internet auf Informationen zugreifen zu können, und den Browser, um die Benutzeroberfläche anzuzeigen. Der Vorteil dieses Ansatzes ist, dass die Benutzer keine separaten Anwendungsprogramme installieren müssen und dass die Benutzerdaten von verschiedenen Rechnern aus zugänglich sind und vom Service-Operator mittels Backups gesichert werden können. Das Modell ist so erfolgreich, dass es für die herkömmliche Anwendungssoftware mittlerweile zu einer ernsten Konkurrenz geworden ist. Und der Umstand, dass diese neue Generation von Anwendungen von vielen Anbietern kostenlos zur Verfügung gestellt wird, hilft natürlich auch ein wenig. Dieses Modell ist die vorherrschende Form des **Cloud Computing**, bei dem die Rechenarbeit weg von den individuellen Desktop-Rechnern hin zu gemeinsam genutzten Server-Cluster im Internet verschoben wird.

Damit Webseiten als Anwendungen fungieren können, dürfen sie nicht länger statisch bleiben. Dynamische Inhalte sind nötig. Beispielsweise sollte die Seite eines Bibliothekskatalogs anzeigen, welche Bücher aktuell verfügbar sind und welche Bücher ausgeliehen wurden. Entsprechend würde eine gute Seite für Aktienkurse dem Benutzer interaktive Elemente anbieten, damit er sich die Entwicklung der Aktienkurse über verschiedene Zeiträume ansehen oder Profite und Verluste ausrechnen lassen kann. Wie sich an diesen Beispielen bereits erkennen lässt, können dynamische Inhalte sowohl von Programmen erzeugt werden, die auf dem Server ausgeführt werden, als auch von Programmen, die im Browser laufen (oder sie werden auf dem Server und im Browser generiert).

Beide Fälle werden wir im Folgenden näher untersuchen. Das allgemeine Modell sehen Sie in ▶Abbildung 7.23. Stellen Sie sich z.B. einen Online-Atlas vor, der so konzipiert ist, dass die Benutzer eine Stadt und eine Straße eingeben und als Ergebnis eine Karte der näheren Umgebung angezeigt bekommen. Empfängt der Webserver eine Anfrage zu einem bestimmten Ort, dann muss er ein Programm aufrufen, dass basierend auf den Daten aus einer Datenbank mit Straßennamen und anderen geografischen Informationen die Seite mit der gewünschten Karte erzeugt (siehe Schritte 1 bis 3 in der Abbildung 7.23). Die Anfrage (Schritt 1) startet ein Programm auf dem Server. Das Programm konsultiert eine Datenbank, mit deren Hilfe es die Seite erzeugt (Schritt 2). Letztere schickt es dann zurück an den Browser (Schritt 3).

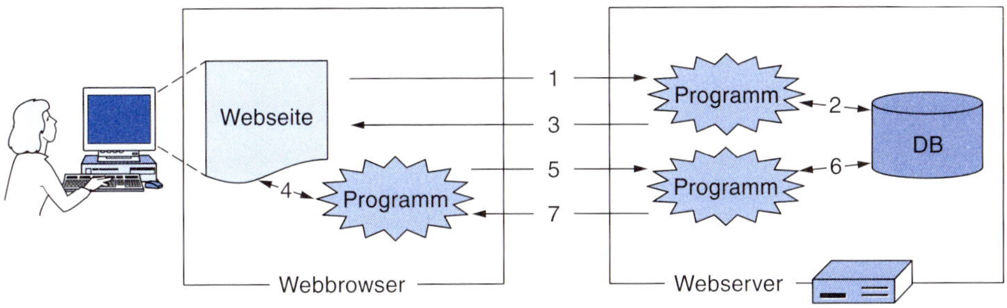

Abbildung 7.23: Dynamische Seiten.

Das ist aber noch nicht alles. Die Seite, die zurückgeliefert wird, kann selbst auch wieder Programme enthalten, die dann im Browser ausgeführt werden. So könnte die Seite unseres Online-Atlasses z.B. ein Programm verwenden, dass es dem Benutzer erlaubt, Fahrtrouten zusammenzustellen oder die Umgebung zu erforschen (in unterschiedlich detaillierten Ansichten). Das Programm würde die Seite aktualisieren und dabei die Anzeige nach Anweisung des Benutzers vergrößern oder verkleinern (Schritt 4). Für einige Interaktionen benötigt das Programm womöglich weitere Daten vom Server. In diesem Fall sendet das Programm eine Anfrage an den Server (Schritt 5), die weitere Informationen aus der Datenbank entnimmt (Schritt 6) und als Antwort zurückschickt (Schritt 7). Anschließend fährt das Programm mit der Aktualisierung der Seite fort (Schritt 4). Anfrage und Antwort laufen gänzlich im Hintergrund ab. Der Benutzer merkt davon in der Regel nichts, da die Seiten-URL und der Titel typischerweise nicht geändert werden. Durch die Einbettung solcher clientseitiger Programme können Seiten ihren Besuchern noch wesentlich interaktivere Oberflächen präsentieren als dies allein mit serverseitigen Programmen möglich wäre.

Serverseitige dynamische Erzeugung von Webseiten

Lassen Sie uns die serverseitige Erzeugung von Inhalten noch etwas genauer betrachten. Ein einfaches Szenario, in dem eine serverseitige Verarbeitung notwendig wird, ist der Einsatz von Formularen. Stellen Sie sich vor, ein Besucher klickt auf einen Link in einem Formular, um zum Beispiel etwas zu kaufen. Der Klick führt dazu, dass eine Anfrage an den Server gesendet wird, an die URL, die in dem HTML-Code des Formulars angegeben ist, und zusammen mit den Inhalten des vom Benutzer ausgefüllten Formulars. Diese Daten müssen einem Programm, einem Skript oder einem Prozess übergeben werden. Das heißt, die URL identifiziert das auszuführende Programm; die Daten werden dem Programm als Eingabe übergeben. Danach wird eine Antwortseite erstellt, die allerdings keine statische Seite ist, sondern davon abhängt, was sich während der Verarbeitung ergibt. Konnte die Bestellung erfolgreich bearbeitet werden, enthält die Antwortseite vielleicht das voraussichtliche Zustelldatum. Andernfalls könnte die Antwortseite dem Kunden mitteilen, dass eines der gewünschten Produkte nicht vorrätig ist oder dass die Kreditkarte aus irgendeinem Grund nicht gültig ist.

Wie der Server im Detail vorgeht, um ein Programm auszuführen statt eine einfache Datei zu beschaffen, hängt von der Konzeption des Webservers ab. Die Webprotokolle schweigen sich zu diesem Thema aus, da die betreffende Schnittstelle proprietär sein kann und der Browser die Details ja nicht kennen muss. Der Browser schickt einfach eine Anfrage und erhält eine Datei zurück.

Dessen ungeachtet wurden im Laufe der Zeit verschiedene Standard-APIs für den Aufruf von Programmen durch den Webserver entwickelt. Für Entwickler ist das Vorhandensein dieser APIs ein Segen, denn es erleichtert die Erweiterung der Server um Webanwendungen. Um Ihnen einen Eindruck davon zu geben, wie die Arbeit mit diesen APIs aussieht, werden wir uns zwei dieser APIs im Folgenden etwas näher ansehen.

Die erste API ist ein Verfahren zur Verarbeitung von Anfragen nach dynamischen Seiten, das bereits seit der Geburt des Webs besteht. Es nennt sich **CGI** (*Common Gateway Interface*) und ist in RFC 3875 definiert. CGI stellt eine standardisierte Schnittstelle zur Verfügung, mit der Webserver mit Back-End-Programmen und -Skripts kommunizieren können, die Eingaben (z.B. aus Formularen) annehmen und HTML-Seiten als Antwort erzeugen können. Diese Programme können in jeder beliebigen Sprache geschrieben werden, die dem Entwickler geeignet scheint. Meist wird dies eine Skriptsprache sein, da sich mit diesen etliche Standardaufgaben leichter erledigen lassen. Wählen Sie z.B. Python, Ruby, Perl oder einfach Ihre Lieblingssprache.

Standardmäßig befinden sich Programme, die via CGI aufgerufen werden, in einem Verzeichnis namens *cgi-bin*, wie auch an der URL abzulesen ist. Der Server bildet an dieses Verzeichnis gerichtete Anfragen auf einen Programmnamen ab und führt das betreffende Programm als eigenständigen Prozess aus. Wurden zusammen mit der Anfrage auch Daten geschickt, übergibt der Server diese als Eingaben an das Programm. Die Ausgabe des Programms ist eine Webseite, die dem Browser zurückgesendet wird.

Die zweite API, die wir uns ansehen wollen, könnte kaum unterschiedlicher sein. Sie basiert auf dem Ansatz, kleine Skripts in die HTML-Seiten einzubetten und diese vom Server zur Erzeugung der Seiten ausführen zu lassen. Eine gängige Sprache zum Erstellen dieser Skripts ist **PHP** (*PHP: Hypertext Preprocessor*). Um sie verwenden zu können, muss der Server PHP verstehen (so wie ein Browser CSS verstehen muss, um Webseiten mit Stylesheets interpretieren zu können). In der Regel erkennen Server Webseiten, die

PHP-Code enthalten, daran, dass deren Dateinamenserweiterung *php* – statt *html* oder *htm* – lautet. PHP ist einfacher zu verwenden als CGI und wird häufig eingesetzt.

Obwohl PHP leicht einzusetzen ist, ist es doch eine leistungsstarke Programmiersprache, die eine Schnittstelle zwischen dem Web und der Server-Datenbank bildet. Sie verfügt über Variablen, Zeichenketten und Arrays sowie die meisten Kontrollstrukturen, die auch in C bekannt sind, besitzt aber eine weitaus leistungsstärkere E/A-Unterstützung als nur *printf*. PHP ist Open Source, kostenlos erhältlich und weitverbreitet. Es wurde speziell für den Einsatz mit dem Apache-Server entwickelt, einer weiteren Open-Source-Software und dem wohl am häufigsten eingesetzten Webserver weltweit.

Clientseitige dynamische Erzeugung von Webseiten

PHP- und CGI-Skripts lösen das Problem der Verarbeitung von Formularen und Interaktionen mithilfe von Datenbanken auf dem Server. Sie können alle aus Formularen stammenden Informationen entgegennehmen, Informationen in einer oder mehreren Datenbanken nachschlagen und HTML-Seiten mit den Ergebnissen erstellen. Was sie nicht können, ist, auf Mausbewegungen zu reagieren oder direkt mit den Benutzern zu interagieren. Hierzu sind Skripts erforderlich, die in HTML-Seiten eingebettet und auf dem Client-Rechner statt auf dem Server-Rechner ausgeführt werden. Seit HTML 4.0 werden Skripts durch das Tag `<script>` unterstützt. Der aktuelle HTML-Standard ist inzwischen **HTML5**. Er verfügt über zahlreiche neue syntaktische Funktionen zur Einbindung von Multimedia- und Grafikinhalten, darunter die Tags `<video>`, `<audio>` und `<canvas>`. Vor allem das Canvas-Element erleichtert die dynamische Darstellung von zweidimensionalen Formen und Bitmap-Bildern. Dabei ist das Canvas-Element durchaus mit verschiedenen Datenschutzproblemen verbunden, da die HTML-Canvas-Eigenschaften auf verschiedenen Geräten oft spezifisch sind. Diese Probleme sollten ernst genommen werden, da die Einzigartigkeit der Canvas-Elemente auf den einzelnen Geräten der Benutzer es den Betreibern von Websites ermöglicht, die Benutzer zu verfolgen, selbst wenn die Benutzer alle Tracking-Cookies löschen und Tracking-Skripte blockieren.

Die beliebteste Skriptsprache für die Clientseite ist **JavaScript**, das wir uns nun etwas näher ansehen werden. Über diese Sprache sind bereits viele Bücher geschrieben worden (z.B. Coding, 2019; und Atencio, 2020). Trotz des ähnlichen Namens, hat JavaScript so gut wie nichts mit der Programmiersprache Java zu tun. Wie andere Skriptsprachen ist es eine höhere Programmiersprache. So kann man beispielsweise in einer einzigen JavaScript-Zeile ein Dialogfenster aufrufen, auf Texteingaben warten und die eingegebene Zeichenfolge in einer Variablen speichern. Höhere Funktionen wie diese machen JavaScript zur idealen Sprache für die Entwicklung interaktiver Webseiten. Andererseits muss man sehen, dass JavaScript schneller mutiert als eine Fruchtfliege, die in einem Röntgengerät gefangen ist, was das Schreiben von JavaScript-Programmen, die auf allen Plattformen laufen, extrem schwierig macht. Aber vielleicht wird sich JavaScript ja eines Tages stabilisieren.

Es ist wichtig zu verstehen, dass PHP und JavaScript trotz der offensichtlichen Ähnlichkeit, dass beide Code in HTML-Dateien einbetten, auf gänzlich unterschiedliche

Weise verarbeitet werden. Nachdem der Benutzer in PHP die *submit*-Schaltfläche angeklickt hat, stellt der Browser eine lange Zeichenfolge mit den Daten aus dem Formular zusammen und sendet diese an den Server, als Anfrage einer PHP-Seite. Der Server lädt die PHP-Datei und führt das darin eingebettete PHP-Skript aus. Das PHP-Skript erzeugt eine neue HTML-Seite, die an den Browser zur Anzeige zurückgesendet wird. Der Browser kann nicht einmal sicher erkennen, ob die Seite von einem Programm erzeugt wurde. Der ganze Vorgang ist noch einmal in ▶Abbildung 7.24a dargestellt.

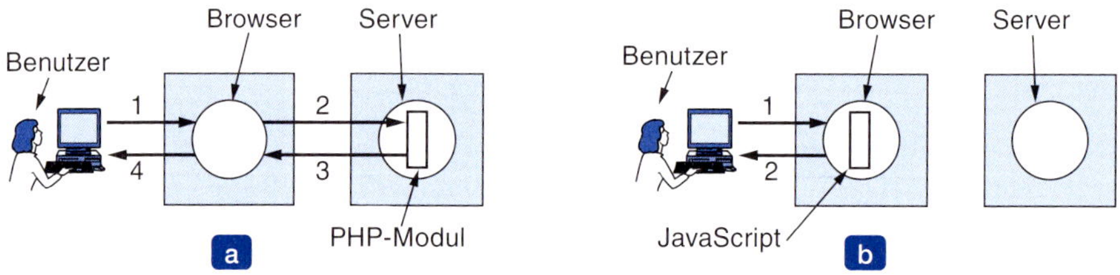

Abbildung 7.24: (a) Serverseitige Skriptausführung mit PHP. (b) Clientseitige Skriptausführung mit JavaScript.

Wenn der Benutzter in JavaScript die *submit*-Schaltfläche anklickt, führt der Interpreter des Browsers eine JavaScript-Funktion aus, die in der Seite enthalten ist. Die ganze Arbeit wird als lokal im Browser erledigt, es gibt keinen Kontakt zum Server (Schritte 1 und 2 in Abbildung 7.24b). Folglich werden die Ergebnisse praktisch sofort angezeigt, wohingegen bei PHP eine Verzögerung von ein paar Sekunden auftreten kann, bevor die resultierende HTML-Seite auf dem Client angezeigt wird.

Dieser Unterschied bedeutet nicht, dass JavaScript besser ist als PHP. Die Einsatzbereiche sind völlig verschieden. PHP wird verwendet, wenn die Interaktion mit einer Datenbank auf dem Server erforderlich ist. JavaScript (und andere Sprachen für die Clientseite) wird verwendet, wenn eine Interaktion mit dem Benutzer auf dem Client-Rechner erforderlich ist. Kombinationen beider Techniken sind natürlich ebenfalls möglich, wie wir in Kürze sehen werden.

7.3.4 HTTP und HTTPS

Nachdem wir nun gesehen haben, wie Webinhalte und Webanwendungen beschaffen sind, wird es Zeit, dass wir uns dem Protokoll zuwenden, mit dessen Hilfe all diese Daten zwischen Webservern und -clients übertragen werden. Das Protokoll heißt **HTTP** (*HyperText Transfer Protocol*) und ist in RFC 2616 definiert. Bevor wir zu sehr ins Detail gehen, sollten wir einige Unterschiede zwischen HTTP und seinem sicheren Pendant, **HTTPS** (*Secure HyperText Transfer Protocol*), beachten. Beide Protokolle rufen Objekte im Wesentlichen auf die gleiche Weise ab, wobei sich der HTTP-Standard zum Abrufen von Webobjekten mehr oder weniger unabhängig von seinem sicheren Pendant entwickelt, das das HTTP-Protokoll über ein sicheres Transportprotokoll namens **TLS** (*Transport Layer Security*) verwendet. In diesem Kapitel konzentrieren wir uns auf die Protokolldetails von HTTP und seine Entwicklung von frühen Versionen zu den moderneren, die jetzt als HTTP/3 bekannt sind. *Kapitel 8* geht ausführlicher auf TLS ein, das im Grunde das Transportprotokoll für HTTP darstellt, was zusammen als HTTPS bezeichnet wird. Für den Rest dieses Abschnitts werden wir über HTTP sprechen; Sie können sich HTTPS einfach als HTTP vorstellen, das über TLS transportiert wird.

Überblick

HTTP ist ein einfaches Anfrage-Antwort-Protokoll, das normalerweise auf TCP aufsetzt, wobei die modernste HTTP-Version, HTTP/3, inzwischen auch häufig auf UDP basiert. Es gibt an, welche Nachrichten Clients an die Server senden dürfen und welche Antworten sie erhalten können. Die Anfrage- und Antwort-Header werden im ASCII-Format angegeben, ganz wie bei SMTP. Die Inhalte werden in einem MIME-ähnlichen Format angegeben, ebenfalls wie bei SMTP. Dieses einfache Modell war mitverantwortlich für den anfänglichen Erfolg des Webs, da es dessen Entwicklung und Ausbreitung erleichterte.

In diesem Abschnitt werden wir einen eingehenden Blick auf diejenigen Eigenschaften von HTTP werfen, die für die Art, wie es heute eingesetzt wird, von besonderer Bedeutung sind. Es sei aber angemerkt, dass die Rolle, die HTTP im Internet spielt, sich verändert. Grundsätzlich gehört HTTP zu den Protokollen der Anwendungsschicht, da es auf TCP aufsetzt und eng mit dem Web verbunden ist. Aus diesem Grund behandeln wir es auch in diesem Kapitel. Auf der anderen Seite wird HTTP aber mehr und mehr wie ein Transportprotokoll verwendet, das es Prozessen ermöglicht, Inhalte über Netzwerkgrenzen hinaus auszutauschen. Dabei muss es sich bei diesen Prozessen keineswegs um einen Webbrowser und einen Webserver handeln. Eine Software zum Abspielen von Videos und Songs könnte HTTP z.B. dazu nutzen, mit dem Server zu kommunizieren und Informationen über ein Album einzuholen. Antivirenprogramme können via HTTP die letzten Updates herunterladen. Entwickler können via HTTP Projektdateien übertragen. Geräte der Unterhaltungselektronik, wie z.B. digitale Fotorahmen, verfügen mittlerweile immer öfters über eingebettete HTTP-Server, die als Schnittstelle zur äußeren Welt dienen, und auch die Kommunikation von Rechner zu Rechner läuft immer häufiger über HTTP – beispielsweise könnte der Server einer Fluglinie, die komplette Urlaubspakete anbietet, den Server eines Mietwagenverleihers kontaktieren, um für den Kunden ein Auto zu reservieren.

Methoden

Obwohl HTTP für die Nutzung im Web entwickelt wurde, entschied man sich mit Hinblick auf künftige objektorientierte Anwendungen dazu, das Protokoll absichtlich allgemeiner auszulegen als eigentlich nötig. Aus diesem Grunde unterstützt HTTP neben der Anforderung von Webseiten auch noch andere Operationen, im HTTP-Jargon als **Methoden** bezeichnet.

Jede Anfrage besteht aus einer oder mehreren Zeilen ASCII-Text, wobei das erste Wort in der ersten Zeile der Name der angeforderten Methode ist. Die integrierten Methoden sind in ▶Abbildung 7.25 aufgeführt. Beachten Sie, dass bei den Namen zwischen

Groß- und Kleinschreibung unterschieden wird, d.h., *GET* ist korrekt, *get* ist nicht korrekt.

Methode	Beschreibung
GET	Lesen einer Webseite
HEAD	Lesen des Headers einer Webseite
POST	Anhängen an eine Webseite
PUT	Speichern einer Webseite
DELETE	Entfernen einer Webseite
TRACE	Echo-Wiedergabe für die eingehende Anfrage
CONNECT	Verbindung über einen Proxy
OPTIONS	Abfrage bestimmter Optionen zu einer Seite

Abbildung 7.25: In HTTP integrierte Anfragemethoden.

Die *GET*-Methode fordert den Server auf, die Seite zu senden. (Wenn wir hier „Seite" sagen, meinem wir im Grunde den allgemeinen Fall eines „Objekts"; um die erläuterten Konzepte zu verstehen, genügt es aber, sich unter einer Seite einfach die Inhalte einer Datei vorzustellen.) Die Seite ist entsprechend in MIME codiert. Die überwiegende Mehrzahl der Webserver-Anfragen sind vom Typ *GET* und hinsichtlich der Syntax einfach. Die übliche Form von *GET* lautet:

```
GET Dateiname HTTP/1.1
```

wobei *Dateiname* die Datei bezeichnet, die abgerufen werden soll, und 1.1 die verwendete Protokollversion ist.

Die *HEAD*-Methode fragt nur nach dem Nachrichten-Header, ohne die eigentliche Seite. Mithilfe dieser Methode können Informationen zur Indizierung gesammelt oder einfach eine URL auf Gültigkeit getestet werden.

Die *POST*-Methode wird zum Abschicken von Formularen verwendet. Ebenso wie *GET* beinhaltet auch *POST* eine URL. Statt aber einfach eine Seite anzufordern, lädt *POST* Daten – sprich den Inhalt des Formulars oder die Parameter – auf den Server hoch. Wie der Server die Daten dann verarbeitet, hängt von der URL ab. Grundsätzlich geht es aber darum, die Daten in passender Weise an das Objekt „anzuhängen". Im Endeffekt wird dann z.B. ein Produkt gekauft oder eine Prozedur aufgerufen. Zum Schluss liefert die Methode eine Seite zurück, die über das Ergebnis der Aktion informiert.

Die verbleibenden Methoden werden beim Bewegen im Web eher selten verwendet. Die *PUT*-Methode ist das Gegenstück zu *GET*: statt eine Seite zu lesen, schreibt sie eine. Diese Methode ermöglicht den Aufbau einer Sammlung von Webseiten auf einem entfernten Server. Die Anfrage enthält die Seite. Sie kann mit MIME codiert sein. In diesem Fall können die Zeilen nach *PUT* möglicherweise Authentifizierungs-Header enthalten, um nachzuweisen, dass der Anfrager zur Durchführung der angeforderten Operation berechtigt ist.

Die *DELETE*-Methode tut das, was man erwartet: Sie löscht die betreffende Seite bzw. meldet zumindest, dass der Webserver eingewilligt hat, die Seite zu löschen. Wie bei *PUT* spielen Authentifizierung und Berechtigungen hier eine wichtige Rolle.

Die *TRACE*-Methode dient dem Debuggen. Sie weist den Server an, die Anfrage zurückzusenden. Diese Methode ist nützlich, wenn Anfragen nicht korrekt verarbeitet werden und der Client wissen möchte, welche Anfrage der Server tatsächlich erhalten hat.

Die *CONNECT*-Methode erlaubt dem Benutzer eine Verbindung zu einem Webserver über ein zwischengeschaltetes Gerät, wie z. B. einen Webcache, herzustellen.

Die *OPTIONS*-Methode erlaubt dem Client, Informationen über eine Datei und die Methoden und Header, die mit der Seite verwendet werden können, abzufragen.

Auf jede Anfrage folgt eine Antwort, die aus einer Statuszeile und möglicherweise weiteren Informationen besteht (z. B. eine komplette Webseite oder Teile einer Webseite). Die Statuszeile enthält einen aus drei Ziffern bestehenden Statuscode, der angibt, ob der Anfrage wunschgemäß nachgekommen wurde bzw. welche Gründe es für das Scheitern gab. Die erste Ziffer dient der Unterteilung der Antworten in fünf Hauptgruppen, ▶Abbildung 7.26. Die 1xx-Codes kommen in der Praxis selten zum Einsatz. Die 2xx-Codes bedeuten, dass eine Anfrage erfolgreich bearbeitet wurde und der Inhalt (falls vorhanden) zurückgeliefert wurde. Die 3xx-Codes weisen den Client an, an anderer Stelle zu suchen, entweder mit einer anderen URL oder im eigenen Cache (dies wird später behandelt). Die 4xx-Codes besagen, dass die Anfrage aufgrund eines Client-Fehlers wie z. B. einer ungültigen Anfrage oder einer nicht vorhandenen Seite gescheitert ist. Die 5xx-Fehler schließlich zeigen an, dass der Server selbst ein Problem hat, entweder aufgrund eines Fehlers in seinem Code oder einer temporären Überlastung.

Code	Bedeutung	Beispiel
1xx	Information	100 = Server stimmt zu, die Anfrage des Clients zu bearbeiten
2xx	Erfolg	200 = Anfrage erfolgreich; 204 = kein Inhalt vorhanden
3xx	Umleitung	301 = Seite wurde verlagert; 304 = Seite im Cache noch gültig
4xx	Client-Fehler	403 = verbotene Seite; 404 = Seite nicht gefunden
5xx	Server-Fehler	500 = interner Server-Fehler; 503 = versuche es später noch einmal

Abbildung 7.26: Die Antwortgruppen des Statuscodes.

Nachrichten-Header

Auf die Zeile mit der Anfrage (also die Zeile mit der *GET*-Methode) können weitere Zeilen mit mehr Informationen folgen. Diese werden als **Anfrage-Header** (*request header*) bezeichnet. Diese Information kann mit den Parametern eines Prozeduraufrufs verglichen werden. Antworten können demgegenüber **Antwort-Header** (*response header*) haben. Einige Header können in beiden Richtungen verwendet werden. Eine Auswahl der wichtigsten Header sehen Sie in ▶Abbildung 7.27. Die Liste ist recht umfangreich, woraus Sie vielleicht zu Recht schließen werden, dass man oftmals mehrere Header in einer einzelnen Anfrage oder Antwort findet.

Header	Typ	Inhalt
User-Agent	Anfrage	Information über den Browser und dessen Plattform
Accept	Anfrage	Seitentypen, die der Client verarbeiten kann
Accept-Charset	Anfrage	Zeichensätze, die der Client unterstützt
Accept-Encoding	Anfrage	Seitencodierungen, die der Client verarbeiten kann
Accept-Language	Anfrage	Natürliche Sprachen, die der Client verarbeiten kann
If-Modified-Since	Anfrage	Datum und Uhrzeit zur Überprüfung der Aktualität
If-None-Match	Anfrage	Zuvor gesendete Identifizierungsmarke zur Überprüfung der Aktualität
Host	Anfrage	DNS-Name des Servers
Authorization	Anfrage	Eine Liste der Anmeldeinformationen des Clients
Referer	Anfrage	Die vorangehende URL, von der die Anfrage ausging
Cookie	Anfrage	Sendet ein zuvor gesendetes Cookie an den Server zurück
Set-Cookie	Antwort	Cookie, dass der Client speichern soll
Server	Antwort	Informationen über den Server
Content-Encoding	Antwort	Wie der Inhalt codiert ist (z. B. *gzip*)
Content-Language	Antwort	Natürliche Sprache, die in der Seite verwendet wird
Content-Length	Antwort	Seitenlänge in Byte
Content-Type	Antwort	MIME-Typ der Seite
Content-Range	Antwort	Identifiziert einen Teil des Seiteninhalts
Last-Modified	Antwort	Zeit und Datum, an dem die Seite zuletzt geändert wurde
Expires	Antwort	Zeit und Datum, wann die Seite ungültig wird
Location	Antwort	Teilt dem Client mit, wohin er seine Anfrage senden soll

Abbildung 7.27: Ausgewählte HTTP-Nachrichten-Header.

Header	Typ	Inhalt
Accept-Ranges	Antwort	Zeigt an, dass der Server Anfragen zum Bytebereich akzeptiert
Date	Beides	Datum und Uhrzeit, zu der die Nachricht gesendet wurde
Range	Beides	Identifiziert einen Teil einer Seite
Cache-Control	Beides	Richtlinien für die Cache-Behandlung
ETag	Beides	Identifizierungsmarke für den Inhalt der Seite
Upgrade	Beides	Das Protokoll, auf das der Sender wechseln möchte

Abbildung 7.27: Ausgewählte HTTP-Nachrichten-Header. *(Forts.)*

Der Header *User-Agent* erlaubt dem Client, den Server über seine Browser-Implementierung (z. B. *Mozilla/5.0* oder *Chrome/74.0.3729.169*) zu informieren. Diese Information gestattet den Servern, ihre Antworten an den verwendeten Browser anzupassen – was angesichts der unterschiedlichen Ausstattung und abweichenden Verhaltensweisen der verschiedenen Browser recht nützlich sein kann.

Die vier *Accept*-Header teilen dem Server mit, was der Client gewillt ist zu akzeptieren – für den Fall, dass der Client nur ein begrenztes Repertoire von Antworten akzeptiert. Der erste Header gibt die unterstützten MIME-Typen an (beispielsweise *text/html*). Der zweite gibt den Zeichensatz an (wie z. B. *ISO-8859-5* oder *Unicode-1-1*). Der dritte enthält die Komprimierungsmethoden (wie z. B. *gzip*). Der vierte enthält die natürliche Sprache (z. B. *Spanish*). Wenn dem Server verschiedene Seiten zur Auswahl zur Verfügung stehen, kann er anhand dieser Informationen genau die Seite zurückliefern, die der Client sucht. Kann er die Anfrage nicht erfüllen, schickt er einen Fehlercode und die Anfrage ist gescheitert.

Die Header *If-Modified-Since* und *If-None-Match* werden zum Caching verwendet. Mit ihrer Hilfe kann der Client mitteilen, dass eine Seite nur dann zurückgesendet werden soll, wenn die zwischengespeicherte Kopie nicht länger gültig ist. Das Thema Caching werden wir in Kürze noch ausführlicher behandeln.

Der *Host*-Header benennt den Server. Er stammt aus der URL. Der Header ist zwingend erforderlich. Er wird verwendet, weil einige IP-Adressen verschiedene DNS-Namen unterstützen können und der Server eine Möglichkeit haben muss, wie er herausfinden kann, an welchen Host die Anfrage übergeben werden soll.

Der Header *Authorization* ist für geschützte Seiten erforderlich. In diesem Fall muss der Client nachweisen, dass er die angeforderte Seite auch wirklich anzeigen darf – dazu verwendet er diesen Header.

Der falsch buchstabierte Header *Referer* wird vom Client verwendet, um die URL anzugeben, die auf die URL der aktuellen Anfrage verwies. In der überwiegenden Zahl der Fälle ist dies die URL der zuvor angezeigten Seite. Dieser Header ist vor allem für das Nachverfolgen von Benutzerbewegungen nützlich, da er dem Server mitteilt, wie ein Client zu der Seite gelangt ist.

Cookies sind kleine Dateien, die Server auf Kundencomputern ablegen, um Informationen für später zu speichern. Ein typisches Beispiel ist eine E-Commerce-Website, die ein clientseitiges Cookie verwendet, um nachzuverfolgen, was der Kunde bisher bestellt hat: Jedes Mal, wenn der Kunde einen Artikel in den Warenkorb legt, wird das Cookie aktualisiert, um den neuen Artikel anzuzeigen. Obwohl Cookies in RFC 2109 und nicht in RFC 2616 behandelt werden, gibt es auch für sie zwei Header. Der Header *Set-Cookie* ist die Methode, wie Server die Cookies an die Clients senden. Der Client soll das Cookie speichern und es bei nachfolgenden Anfragen unter Verwendung des *Cookie*-Headers an den Server zurückschicken. (Beachten Sie, dass es für Cookies noch eine jüngere Spezifikation mit neueren Headern gibt: RFC 2965. Diese wurde von der Industrie aber weitgehend abgelehnt und es gibt nur wenige Implementierungen.)

In Antworten werden noch zahlreiche weitere Header verwendet. Der *Server*-Header ermöglicht dem Server, bei Bedarf den eigenen Software-Build anzugeben. Die nächsten fünf Header, die alle mit *Content-* beginnen, erlauben dem Server, nähere Angaben zu der gesendeten Datei mitzuliefern.

Der Header *Last-Modified* gibt an, wann die Seite zum letzten Mal geändert wurde. Der Header *Expires* teilt mit, wie lange die Seite gültig bleibt. Beide Header sind für das Caching von Seiten von großer Bedeutung.

Der Header *Location* dient dem Server dazu, den Client darüber zu informieren, dass er eine andere URL versuchen sollte. Dies kann verwendet werden, wenn die Seite verlagert wurde oder um mehreren URLs den Verweis auf die gleiche Seite zu ermöglichen (unter Umständen auf verschiedenen Servern). Er wird auch in Unternehmen verwendet, deren Webhauptseite in der *com*-Domain liegt, um Clients zu einer nationalen oder regionalen Seite auf der Basis ihrer IP-Adresse oder bevorzugten Sprache umzuleiten.

Ist eine Seite sehr groß, kann sie ein kleiner Client eventuell nicht auf einmal verarbeiten. Einige Server unterstützen Anfragen nach Byte-Bereichen, sodass die Seite in mehreren kleinen Einheiten abgerufen werden kann. Der Header *Accept-Ranges* gibt die Bereitschaft des Servers an, diese Art der Anfrage eines Teils einer Seite zu verarbeiten.

Bleiben noch die Header, die in beide Richtungen verwendet werden können. Der Header *Date* kann in beiden Richtungen verwendet werden und enthält Zeitpunkt und Datum, an dem die Nachricht gesendet wurde, während der Header *Range* einen Bytebereich für die in der Antwort enthaltene Seite angibt.

Der Header *ETag* wird für das Caching verwendet und enthält eine kurze Identifizierungsmarke, die als Name für den Inhalt der Seite fungiert. Der Header *Cache-Control* liefert weitere explizite Regeln, ob und wie Seiten im Cache zu speichern (bzw. nicht zu speichern) sind.

Der Header *Upgrade* schließlich dient zum Wechsel auf ein neueres Kommunikationsprotokoll, also z.B. eine zukünftige Version des HTTP-Protokolls oder einen sicheren Transportmechanismus. Mithilfe dieses Headers kann der Client ankündigen, was er unterstützen kann, und der Server kann angeben, was er verwendet.

Caching

Leute, die im Web surfen, kehren häufig zu Webseiten zurück, die sie bereits zuvor besucht haben, und verwandte Webseiten verwenden oft dieselben eingebetteten Ressourcen (wie z.B. Bilder für die Navigationselemente, allgemeine Stylesheets oder Skripts). Es wäre äußerst ineffizient, würden diese Ressourcen jedes Mal, wenn eine der betreffenden Seiten angezeigt wird, neu angefordert. Schließlich verfügt der Browser ja bereits über eine Kopie.

Das Horten dieser Seiten für den Fall, dass sie später noch einmal benötigt werden, bezeichnet man als **Caching**. Caching hat den Vorzug, dass im Cache zwischengespeicherte Seiten wiederverwendet werden können, ohne dass der Übertragungsvorgang wiederholt werden muss. HTTP unterstützt das Caching, indem es Clients hilft zu erkennen, wann eine Seite problemlos wiederverwendet werden kann. Netzverkehr und Leerlauf werden auf diese Weise reduziert und die Leistung verbessert. Die Leistungsverbesserung hat aber einen Preis: die Browser müssen jetzt Seiten speichern. Allerdings zahlt sich die Investition fast immer aus, denn lokaler Speicher ist billig. Die Seiten werden üblicherweise auf der Festplatte abgelegt, sodass sie zur Verfügung stehen, wenn der Browser das nächste Mal ausgeführt wird.

Die Schwierigkeit beim HTTP-Caching ist zu entscheiden, ob eine neu angeforderte Seite noch genauso aussehen würde wie eine zuvor zwischengespeicherte Kopie der Seite. Allein anhand der URL kann diese Entscheidung nicht getroffen werden. Die URL könnte z.B. zu einer Seite führen, die die neuesten Nachrichten anzeigt. Die Inhalte einer solchen Seite werden ständig aktualisiert, während die URL immer dieselbe bleibt. Auf der anderen Seite könnte der Inhalt der Seite aber auch aus einer Liste der Götter aus der griechischen und römischen Mythologie bestehen. In diesem Fall würde sich der Inhalt der Seite vermutlich nicht ganz so häufig ändern.

HTTP kennt zwei Strategien, wie dieses Problem zu lösen ist. Beide Ansätze sind in ▶Abbildung 7.28 als alternative Abläufe zwischen Schritt 1 (Anfrage) und Schritt 5 (Antwort) dargestellt. Die erste Strategie basiert auf der Validierung der Seite (Schritt 2). Der Cache wird konsultiert, und wenn sich dabei herausstellt, dass es im Cache zu der angeforderten URL eine Kopie der Seite gibt, die noch aktuell (d.h. noch gültig) ist, besteht keine Notwendigkeit, die Seite erneut vom Server anzufordern. Stattdessen wird sofort die zwischengespeicherte Seite zurückgeliefert. Für die Entscheidung, ob die Seite noch gültig ist, werden lediglich das aktuelle Datum (einschließlich Uhrzeit) und der *Expires*-Header benötigt, der zusammen mit der zwischengespeicherten Seite zurückgeliefert wurde, als diese ursprünglich angefordert wurde.

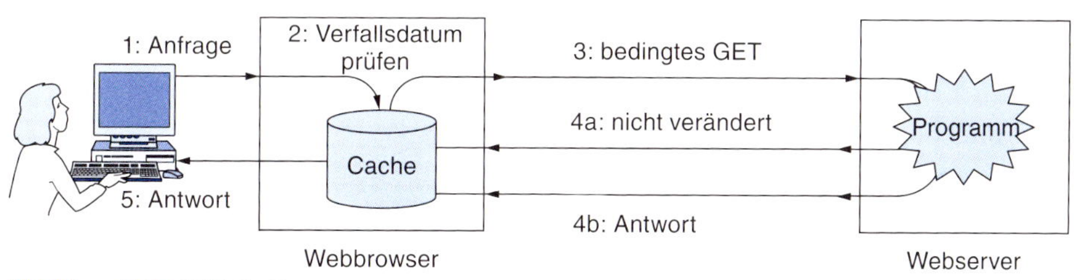

Abbildung 7.28: HTTP-Caching.

Allerdings sind nicht alle Seiten so zuvorkommend mit einem *Expires*-Header ausgestattet, der darüber informiert, wann die Seite wieder angefordert werden muss. Schließlich fallen Vorhersagen nicht immer leicht – vor allem nicht, wenn sie im Voraus getroffen werden müssen. In diesem Fall kann sich der Browser der Heuristik bedienen. Wurde die Seite z.B. im letzten Jahr überhaupt nicht geändert (laut *Last-Modified*-Header), kann mit ziemlicher Sicherheit davon ausgegangen werden, dass sie auch in der nächsten Stunde nicht verändert wird. Eine Garantie gibt es hierfür jedoch nicht, und manchmal erweist sich der heuristische Ansatz als trügerisch. Denken Sie z.B. an eine Seite mit Börsenkursen, die nach dem Schließen der Börse für mehrere Stunden unverändert bleibt, die aber in schneller Abfolge ständig aktualisiert wird, sobald der Börsenhandel wieder aufgenommen wird. Wie gut sich eine Seite für die Zwischenspeicherung im Cache eignet, kann im Laufe der Zeit also stark variieren. Aus diesem Grund ist der heuristische Ansatz mit Vorsicht zu genießen, auch wenn er in der Praxis meist sehr gute Ergebnisse liefert.

Besonders lohnend ist das Caching, wenn der Browser im Cache Seiten findet, die noch nicht abgelaufen sind – bedeutet dies doch, dass der Server gar nicht kontaktiert werden muss. Leider tritt dieser Fall viel zu selten ein, denn die Server müssen beim Einsatz des *Expires*-Headers zurückhaltend sein, vor allem wenn Unsicherheit darüber besteht, wann eine Seite aktualisiert wird. So kann es leicht passieren, dass zwischengespeicherte Kopien immer noch aktuell sind, der Client aber keine Kenntnis darüber hat.

In solchen Fällen kommt die zweite Strategie zum Einsatz, die darin besteht, beim Server nachzufragen, ob die zwischengespeicherte Kopie noch gültig ist. Man bezeichnet diese Art von Anfrage als **bedingtes GET** (*conditional GET*), siehe Abbildung 7.28, Schritt 3. Kann der Server bestätigen, dass die zwischengespeicherte Kopie noch gültig ist, braucht er nur eine kurze, bejahende Antwort zu senden (Schritt 4a). Andernfalls sendet er die vollständige Antwort (Schritt 4b).

Für die Überprüfung der Gültigkeit zwischengespeicherter Seiten durch den Server stehen diverse Header-Felder zur Verfügung. Der Client kann an dem Header *Last-Modified* ablesen, wann die Seite das letzte Mal aktualisiert wurde. Er kann diese Zeitangabe über den Header *If-Modified-Since* zum Server schicken, um sich die Seite nur dann zurückliefern zu lassen, wenn sie in der Zwischenzeit geändert wurde. Es gäbe noch viel, was man über das Caching erzählen könnte, da es einen großen Einfluss auf die Leistung hat. Dies würde aber den Rahmen dieses Buches sprengen, sodass wir Sie auf die vielen Tutorials im Internet aufmerksam machen wollen, die leicht mit dem Suchbegriff „Web-Caching" gefunden werden.

HTTP/1 und HTTP/1.1

Der übliche Weg, wie ein Browser einen Server kontaktiert, ist der Aufbau einer TCP-Verbindung zum Port des Servers, und zwar Port 443 bei HTTPS oder Port 80 bei HTTP. Dies ist jedoch formal nicht erforderlich. Der Einsatz von TCP hat den Vorzug, dass weder Browser noch Server sich um die Behandlung langer Nachrichten, um Fragen der Ausfallsicherheit oder der Netzüberlastung kümmern müssen. Dies wird alles von der TCP-Implementierung übernommen.

In den Anfangszeiten des Webs, also zu Zeiten von HTTP/1.0, wurde nach Errichtung der Verbindung eine einzige Anfrage übersendet und eine einzige Antwort zurückgesendet. Dann wurde die TCP-Verbindung getrennt. In einer Welt, in der eine typische Webseite vollständig aus HTML-Text bestand, war diese Methode angemessen. Doch in nur wenigen Jahren nahm der Umfang der Webseiten so weit zu, dass eine durchschnittliche Seite eine Vielzahl von eingebetteten Links auf weitere Inhaltselemente wie Symbole, Bilder und andere Attraktionen für das Auge enthielt. Die Errichtung einer separaten TCP-Verbindung zur Übertragung jedes einzelnen Elements wurde daher zu einem sehr teuren Verfahren.

Diese Entwicklung führte zu HTTP/1.1, das **dauerhafte Verbindungen** (*persistent connection*) unterstützt. Mit HTTP/1.1 ist es möglich, eine TCP-Verbindung einzurichten, eine Anfrage zu senden und eine Antwort zu erhalten und anschließend über die gleiche Verbindung noch weitere Anfragen zu senden und weitere Antworten zu erhalten. Man spricht in solchen Fällen auch von der **Wiederverwendung von Verbindungen** (*connection reuse*). Auf diese Weise entfallen die Kosten für Aufbau, Start und Freigabe weiterer TCP-Verbindungen und der relative, durch TCP verursachte Overhead pro Anfrage wird reduziert. Außerdem ist es möglich, Anfragen in Pipelines zu stellen, also die zweite Anfrage zu senden, noch bevor die Antwort auf die erste Anfrage zurückgekommen ist.

Die Leistungsunterschiede der drei angesprochenen Fälle sind in ▶Abbildung 7.29 dargestellt. Teil a) zeigt drei Anfragen, die nacheinander abgearbeitet werden und jede eine eigene Verbindung aufbauen. Es könnte sich hier z.B. um eine Webseite handeln, in die zwei Bilder eingebettet sind, die auf demselben Server liegen. Da die URLs dieser Bilder erst beim Parsen der Hauptseite ermittelt werden, werden die Bilder auch erst nach der Hauptseite angefordert. Typische Seiten besitzen heutzutage um die 40 eingebettete Objekte, die für die Präsentation der Seite extra angefordert werden müssen. Da die Berücksichtigung von 40 Objekten die Abbildung allerdings ziemlich unübersichtlich gemacht hätte, begnügen wir uns hier mit nur zwei eingebetteten Objekten.

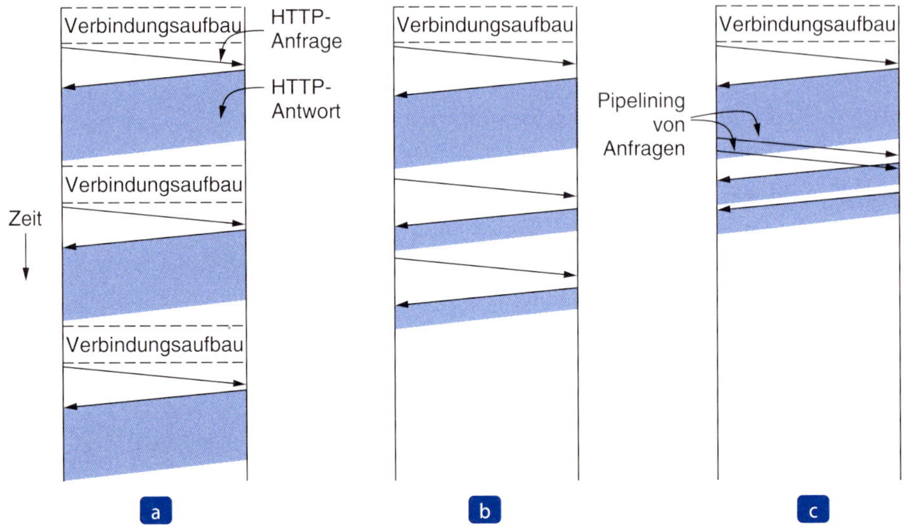

Abbildung 7.29: HTTP mit (a) mehreren Verbindungen und sequenziellen Anfragen, (b) mit einer dauerhaften Verbindung und sequenziellen Anfragen und (c) mit einer dauerhaften Verbindung und Anfragen in Pipelines.

In Abbildung 7.29b wird die Seite über eine dauerhafte Verbindung angefordert. In diesem Fall wird zunächst die TCP-Verbindung geöffnet, dann werden nacheinander die bekannten drei Anfragen gesendet und erst anschließend wird die Verbindung wieder geschlossen. Beachten Sie, dass die Beschaffung der gewünschten Objekte in diesem Fall schneller vonstattengeht, und zwar aus zwei Gründen. Zum einem wird keine Zeit für den Aufbau zusätzlicher Verbindungen verschwendet. (Jede TCP-Verbindung benötigt zum Aufbau mindestens so viel Zeit wie für einen kompletten Austausch.) Zum anderen werden die Bilder schneller übertragen. Wieso? Wegen der Art und Weise, wie TCP mit Netzüberlastungen umgeht. TCP verwendet die Slow-Start-Prozedur, um den Durchsatz langsam zu erhöhen, bis mehr darüber bekannt ist, wie sich der Pfad durch das Netzwerk verhält. Die Konsequenz aus dieser Aufwärmphase ist, dass mehrere kurze TCP-Verbindungen ungleich mehr Zeit für die Übertragung der Daten benötigen als eine anhaltende TCP-Verbindung.

In Abbildung 7.29c schließlich gibt es eine dauerhafte Verbindung und eine Anfragen-Pipeline. Insbesondere die zweite und dritte Anfrage werden in schneller Folge gesendet – eben sobald die Hauptseite so weit übertragen wurde, dass die anzufordernden Bilder identifiziert werden können. Die Antworten auf diese Anfragen folgen später. Dieses Verfahren reduziert die Leerlaufzeit des Servers und verbessert so noch einmal die Gesamtleistung.

Doch auch dauerhafte Verbindungen haben ihren Preis. So stellt sich für dauerhafte Verbindungen z.B. die Frage, wann die Verbindung geschlossen werden kann. Auf jeden Fall sollte die Verbindung zu einem Server so lange geöffnet bleiben, wie die Seite geladen wird. Doch was dann? Es ist nicht unwahrscheinlich, dass der Benutzer auf einen Link klickt, der eine weitere Seite von dem Server anfordert. Wenn die Verbindung geöffnet bleibt, kann die Anfrage umgehend gesendet werden. Eine Garantie dafür, dass der Client auch wirklich in Kürze eine weitere Anfrage an den Server schickt, gibt es aber nicht. In der Praxis lösen Server und Clients dies meist dadurch, dass sie dauerhafte Verbindungen so lange offen halten, bis diese für einen bestimmten, nicht zu langen Zeitraum (z. B. 60 Sekunden), nicht genutzt wurden oder bis es zu viele offene Verbindungen gibt und daher einige geschlossen werden müssen.

Dem aufmerksamen Leser wird vielleicht aufgefallen sein, dass wir einen Fall unterschlagen haben. Denkbar wäre es nämlich auch, eine Anfrage pro TCP-Verbindung zu senden, aber mehrere TCP-Verbindungen parallel auszuführen. Diese Technik der **parallelen Verbindungen** war vor dem Aufkommen dauerhafter Verbindungen unter den Browsern weitverbreitet. Sie hat zwar denselben Makel wie die sequenziellen Verbindungen – zusätzlicher Overhead – bietet aber eine wesentlich bessere Leistung, da Warte- und Leerlaufzeit durch das parallele Aufbauen und Hochfahren der Verbindungen reduziert werden. Von der Unterhaltung mehrerer TCP-Verbindungen zum selben Server ist jedoch abzuraten. TCP würde die Anpassung an die Netzauslastung für jede Verbindung separat durchführen, d.h., die Verbindungen würden in Konkurrenz zueinander treten, es würden mehr Pakete verloren gehen und zusammengenommen würden die Verbindungen aggressivere Netzbenutzer darstellen als die Einzelverbindungen. Dauerhafte Verbindungen vermeiden dagegen zusätzlichen Overhead und führen nicht zu Problemen mit der Netzauslastung. Sie sind daher den parallelen Verbindungen überlegen und werden auch bevorzugt eingesetzt.

HTTP/2

HTTP/1.0 gibt es seit den Anfängen des Internets und HTTP/1.1 stammt aus dem Jahr 2007. Im Jahr 2012 war es schon etwas in die Jahre gekommen, sodass die IETF eine Arbeitsgruppe einrichtete, die das spätere HTTP/2 entwickelte. Ausgangspunkt war ein von Google zuvor entwickeltes Protokoll namens SPDY. Das Endprodukt wurde als RFC 7540 im Mai 2015 veröffentlicht.

Die Arbeitsgruppe hatte mehrere Ziele, die sie zu erreichen versuchte:

1. den Kunden und Servern die Wahl der zu verwendenden HTTP-Version zu ermöglichen;
2. die Kompatibilität mit HTTP/1.1 so weit wie möglich aufrechterhalten;
3. die Leistung durch Multiplexing, Pipelining, Komprimierung usw. zu verbessern;
4. etablierte Praktiken, die in Browsern, Servern, Proxies, Zustellungsnetzen usw. verwendet werden, zu unterstützen.

Ein wichtiges Anliegen war die Aufrechterhaltung der Abwärtskompatibilität: Während bestehende Anwendungen mit HTTP/2 funktionieren mussten, konnten neue Anwendungen sich die neuen Funktionen zunutze machen, um die Leistung zu verbessern. Aus diesem Grund haben sich die Header, URLs und die allgemeine Semantik nicht wesentlich geändert. Was sich geändert hatte, war die Art und Weise, wie alles codiert war und wie Clients mit den Servern interagierten. Bei HTTP/1.1 öffnet ein Client eine TCP-Verbindung zu einem Server, sendet eine Anfrage als Text, wartet auf eine Antwort und schließt dann meistens die Verbindung wieder. Dieser Vorgang wird so oft wiederholt, wie es für den Abruf einer ganzen Webseite erforderlich ist. Bei HTTP/2 wird eine TCP-Verbindung aufgebaut, über die viele Anfragen in binärer Form, möglicherweise priorisiert, gesendet werden können, und der Server kann sie in beliebiger Reihenfolge beantworten. Erst wenn alle Anfragen beantwortet sind, wird die TCP-Verbindung getrennt.

Durch einen Mechanismus namens **Server Push** ermöglicht HTTP/2 dem Server, Dateien zu übermitteln, die seines Wissens nach benötigt werden, was der Client aber möglicherweise zunächst nicht weiß. Wenn zum Beispiel ein Client eine Webseite anfordert und der Server merkt, dass diese ein Stylesheet und eine JavaScript-Datei benötigt, so kann der Server das Stylesheet und die JavaScript-Datei bereits übermitteln, bevor eine konkrete Anfrage vorliegt. Ein Beispiel für das Abrufen der gleichen Informationen (eine Webseite, ihr Stylesheet und zwei Bilder) ist in ▸Abbildung 7.30 für HTTP/1.1 und HTTP/2 dargestellt.

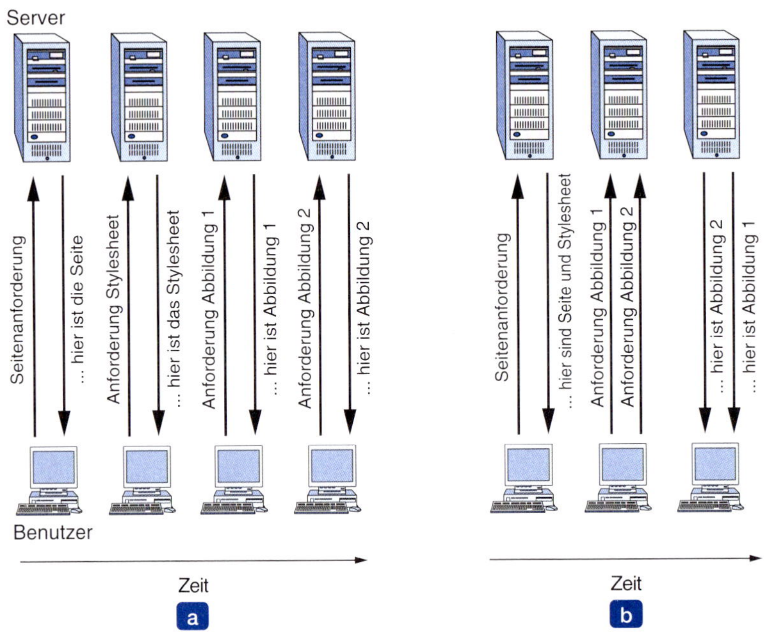

Abbildung 7.30: (a) Abruf einer Webseite in HTTP/1.1. (b) Abruf der gleichen Seite in HTTP/2.

Beachten Sie, dass Abbildung 7.30a den besten Fall für HTTP/1.1 zeigt: Mehrere Anfragen können nacheinander über dieselbe TCP-Verbindung gesendet werden, wobei die Regel gilt, dass sie der Reihe nach verarbeitet und die Ergebnisse der Reihe nach zurückgeschickt werden müssen. In HTTP/2 (Abbildung 7.30b) können die Antworten in beliebiger Reihenfolge ausgesendet werden. Wenn sich zum Beispiel herausstellt, dass Bild 1 sehr groß ist, könnte der Server Bild 2 zuerst zurückschicken, sodass der Browser die Seite mit Bild 2 anzeigen kann, noch bevor Bild 1 verfügbar ist. Dies ist in HTTP/1.1 nicht erlaubt. Beachten Sie auch, dass der Server in Abbildung 7.30b das Stylesheet gesendet hat, ohne dass der Browser danach gefragt hat.

Zusätzlich zum Pipelining und Multiplexing von Anfragen über dieselbe TCP-Verbindung komprimiert HTTP/2 die Header und sendet sie in binärer Form, um die Nutzung der Bandbreite und Wartezeiten zu verringern. Eine HTTP/2-Sitzung besteht aus einer Reihe von Frames, jeder mit einer eigenen Kennung. Antworten können in anderer Reihenfolge als die Anfragen zurückkommen, wie Abbildung 7.30b zeigt, aber da jede Antwort die Kennung der Anfrage trägt, kann der Browser feststellen, welcher Anfrage jede Antwort entspricht.

Die Verschlüsselung war ein wunder Punkt während der Entwicklung von HTTP/2. Einige Leute wollten sie unbedingt, während andere sie komplett ablehnten. Der Widerstand bezog sich hauptsächlich auf Anwendungen zum Internet der Dinge, bei denen das „Ding" nicht viel Rechenleistung hat. Letztendlich wurde die Verschlüsselung im Standard nicht gefordert, aber alle Browser verlangen eine Verschlüsselung, sodass sie de facto ohnehin vorhanden ist, zumindest für das Surfen im Internet.

HTTP/3

HTTP/3 oder einfach **H3** ist das Ergebnis der dritten großen Überarbeitung von HTTP und wurde als Nachfolger von HTTP/2 entwickelt. Es unterscheidet sich vornehmlich durch das Transportprotokoll, das zur Unterstützung der HTTP-Nachrichten verwendet wird: Anstatt TCP wird eine erweiterte Version von UDP namens **QUIC** verwendet, die zusätzlich eine Überlastkontrolleg im Benutzerbereich durchführt. Am Anfang war HTTP/3 einfach nur HTTP-über-QUIC und avancierte dann zur aktuellsten größeren Überarbeitung des Protokolls. Es gibt zahlreiche Open-Source-Bibliotheken, die Client- und Serverlogik für QUIC und HTTP/3 unterstützen, unter anderem in den Sprachen C, C++, Python, Rust und Go. Beliebte Webserver wie nginx bieten dank Patches jetzt ebenfalls HTTP/3-Unterstützung.

Das QUIC-Transportprotokoll unterstützt Stream-Multiplexing und Flusskontrolle pro Stream, wie wir es bereits von HTTP/2 kennen. Zuverlässigkeit auf Streamebene und Überlastkontrolle über alle Verbindungen hinweg können die Leistung von HTTP erheblich verbessern, da Überlastungsinformationen sitzungsübergreifend zur Verfügung stehen und die Zuverlässigkeit sich amortisiert, wenn über mehrere Verbindungen parallel Objekte abgerufen werden können. Sobald eine Verbindung zu einem Server-Endpunkt besteht, erlaubt HTTP/3 dem Client, diese Verbindung mit mehreren verschiedenen URLs wiederzuverwenden.

HTTP/3, das auf HTTP über QUIC setzt, verspricht viele mögliche Leistungsverbesserungen gegenüber HTTP/2, in erster Linie aufgrund der Vorteile, die QUIC im Vergleich zu TCP für HTTP bietet. In gewisser Weise könnte QUIC als die nächste TCP-Generation gesehen werden. QUIC bietet einen Verbindungsaufbau ohne zusätzliche Round-Trips zwischen Client und Server. Wenn eine vorherige Verbindung zwischen Client und Server aufgebaut wurde, ist ein erneuter Verbindungsaufbau mit Zero-Round-Trip (0-RTT) möglich, vorausgesetzt, dass ein geheimer Schlüssel der vorherigen Verbindung festgelegt und zwischengespeichert wurde. QUIC garantiert eine zuverlässige reihenfolgengetreue Übertragung der Bytes eines einzelnen Streams, bietet aber keine Garantien in Bezug auf die Bytes anderer QUIC-Streams. QUIC erlaubt die Übertragung ohne Einhaltung der Byte-Reihenfolge innerhalb eines Streams, aber HTTP/3 macht von dieser Funktion keinen Gebrauch. HTTP/3 über QUIC wird ausschließlich unter Verwendung von HTTPS durchgeführt; Anfragen nach (den zunehmend veralteten) HTTP-URLs werden nicht auf die Verwendung von HTTP/3 umgestellt. Weitere Einzelheiten zu HTTP/3 finden Sie unter *https://http3.net*.

7.3.5 Privatsphäre im Web

Eines der größten Probleme der letzten Jahre war der Schutz der Privatsphäre im Zusammenhang mit dem Surfen im Internet. Websites, Webanwendungen und Dritte nutzen häufig HTTP-Mechanismen, um das Benutzerverhalten sowohl im Kontext einer einzelnen Website oder Anwendung als auch im gesamten Internet zu verfolgen. Darüber hinaus können Angreifer verschiedene Seitenkanäle zur Informationsübertragung im Browser oder Gerät ausnutzen, um Benutzer zu verfolgen. Dieser Abschnitt beschreibt einige der Mechanismen, mit denen Benutzer verfolgt und Fingerabdrücke einzelner Benutzer und Geräte erstellt werden können.

Cookies

Zur Nachverfolgung war es bisher üblich, ein **Cookie** (d.h. eine winzige Datendatei) auf den Rechnern von Clients abzulegen, das die Clients dann bei wiederholten Besuchen verschiedener Websites zurücksenden können. Wenn ein Benutzer ein Webobjekt (z.B. eine Webseite) anfordert, kann ein Webserver mithilfe der HTTP-Anweisung „set-cookie“ ein sogenanntes persistentes Cookie auf dem Rechner des Benutzers ablegen. Die mit dieser Anweisung an den Client-Rechner übermittelten Daten werden dort anschließend lokal gespeichert. Wenn der Rechner diese Webdomain in Zukunft besucht, wird bei der HTTP-Anfrage zusätzlich das Cookie übertragen.

HTTP-Cookies, die von „Erstanbietern“ gesetzt werden (d.h. Cookies von der Domain der Website, die der Benutzer besuchen will, z.B. eine Einkaufs- oder Nachrichten-Website), können genutzt werden, um die Benutzerfreundlichkeit vieler Websites zu verbessern. Cookies werden beispielsweise häufig verwendet, um Daten über eine „Sitzung“ im Internet zu speichern. Sie ermöglichen es einer Website, nützliche Informationen über das Verhalten eines Benutzers auf einer Website zu verfolgen, z.B. ob er sich kürzlich auf der Website angemeldet hat oder welche Artikel sich in seinem Warenkorb befinden.

Cookies, die von einer Domain gesetzt werden, sind in der Regel nur für diese Domain sichtbar. So kann beispielsweise ein Werbenetzwerk ein Cookie auf dem Rechner eines Benutzers setzen und kein Dritter kann das gesetzte Cookie sehen. Diese Sicherheitsrichtlinie des Webs, die sogenannte **Richtlinie des gleichen Ursprungs** (*same-origin policy*), verhindert, dass eine Partei Cookies lesen kann, die von anderen Parteien gesetzt wurden, und kann so die Weitergabe von Informationen über einen einzelnen Benutzer einschränken.

Obwohl Cookies von Erstanbietern häufig dazu verwendet werden, die Benutzererfahrung zu verbessern, können auch Dritte, wie Werbe- und Tracking-Unternehmen, Cookies auf Client-Rechnern ablegen, die es ihnen ermöglichen, die von den Benutzern besuchten Websites zu verfolgen, während sie auf verschiedenen Websites im gesamten Internet surfen. Diese Nachverfolgung findet wie folgt statt:

1. Wenn ein Benutzer eine Website besucht, kann der Rechner zusätzlich zu den Inhalten, die der Benutzer direkt anfordert, Inhalte von Websites Dritter laden, auch von Werbenetzwerkdomains. Wird eine Werbung oder ein Skript von einem Dritten geladen, kann dieser Dritte ein spezifisches Cookie auf dem Rechner des Benutzers speichern.

2. Unter Umständen besucht der Benutzer anschließend verschiedene Websites im Internet, die Webobjekte desselben Drittanbieters laden, der Tracking-Informationen auf einer anderen Website gesetzt hat.

Ein gängiges Beispiel für diese Praxis sind zwei verschiedene Websites, die Anzeigen über dasselbe Werbenetzwerk schalten. In diesem Fall würde das Werbenetzwerk Folgendes sehen: (1) das der Rechner des Benutzers das Cookie zurücksendet, das vom Werbenetzwerk auf einer anderen Website gesetzt wurde; (2) den HTTP-Anfrage-Header *referer*, der die Anfrage zum Laden des Objekts vom Werbeunternehmen begleitet und die ursprüngliche Website angibt, die der Rechner des Benutzers besucht hat. Diese Praxis wird gemeinhin als Website-übergreifendes (*cross-site*) Tracking bezeichnet.

Super-Cookies und andere lokal gespeicherte Tracking-IDs, die der Benutzer nicht wie normale Cookies kontrollieren kann, können es einer Mittelsperson ermöglichen, einen Benutzer über mehrere Websites hinweg zu verfolgen. Zu den eindeutigen Identifikatoren gehören z. B. Tracking-IDs von Drittanbietern, die in HTTP-Headern (insbesondere **HSTS-Headern** (*HTTP Strict Transport Security*)) codiert sind und die nicht gelöscht werden, wenn ein Benutzer die Cookies und Tags löscht, die ein zwischengeschalteter Drittanbieter, z. B. ein mobiler Internetdienstanbieter, in den unverschlüsselten Webverkehr einfügen kann, der ein Netzsegment durchläuft. Auf diese Weise können Dritte, z. B. Werbeunternehmen, ein Profil des Surfverhaltens eines Benutzers erstellen, ähnlich wie die von Werbenetzwerken und Anwendungsanbietern verwendeten Web-Tracking-Cookies.

Tracker von Drittanbietern

Web-Cookies, die von der Domain eines Drittanbieters stammen und auf mehreren Websites verwendet werden, erlauben es einem Werbenetzwerk oder anderen Drittanbietern, die Surfgewohnheiten eines Benutzers auf allen Websites nachzuverfolgen, auf der diese Tracking-Software eingesetzt wird (d. h. auf allen Websites, die deren Werbung, Sharing-Buttons oder anderen eingebetteten Code enthalten). Werbenetzwerke und andere Drittanbieter verfolgen das Surfverhalten von Benutzern in der

Regel auf allen von ihnen besuchten Websites, wobei sie häufig browserbasierte Tracking-Software einsetzen. In einigen Fällen können Drittanbieter ihre eigene Tracking-Software entwickeln (z.B. Webanalysesoftware). In anderen Fällen nutzen sie den Dienst eines anderen Drittanbieters, um dieses Verhalten zusammenzutragen und über die verschiedenen Websites hinweg zusammenzufassen.

Websites können Werbenetzwerken und anderen Drittanbieter-Trackern gestatten, auf ihrer Website zu operieren, was es ihnen ermöglicht, Analysedaten zu sammeln, Werbung auf anderen Websites zu schalten (sogenanntes Re-Targeting) oder die verfügbare Werbefläche der Website durch die Platzierung gezielter Anzeigen zu monetarisieren. Werbeunternehmen sammeln Daten über die Benutzer, indem sie verschiedene Tracking-Mechanismen wie HTTP-Cookies, HTML5-Objekte, JavaScript, Geräte-Fingerprinting, Browser-Fingerprinting und andere gängige Webtechnologien einsetzen. Wenn ein Benutzer mehrere Websites besucht, die dasselbe Werbenetzwerk nutzen, erkennt dieses Werbenetzwerk den Rechner des Benutzers und kann so sein Webverhalten über einen längeren Zeitraum verfolgen.

Mithilfe einer solchen Tracking-Software können Drittanbieter oder Werbenetzwerke die Interaktionen des Benutzers, sein soziales Netzwerk und seine Kontakte, seine Vorlieben, Interessen, Einkäufe usw. ermitteln. Diese Informationen erlauben es nicht nur, genau nachzuverfolgen, ob eine Werbung zu einem Kauf geführt hat, sondern auch die Beziehungen zwischen Personen abzubilden, detaillierte Nutzerprofile zu erstellen, zielgerichtete Werbung zu schalten und vieles mehr, da das Tracking einen so großen Anwendungsbereich hat.

Selbst in Fällen, in denen jemand kein registrierter Nutzer eines bestimmten Dienstes (z.B. einer Social-Media-Website, einer Suchmaschine) ist, diesen Dienst nicht mehr nutzt oder sich bei diesem Dienst abgemeldet hat, wird er häufig immer noch eindeutig über Drittanbieter- (und Erstanbieter-)Tracker verfolgt. Drittanbieter-Tracker konzentrieren sich zunehmend auf einige wenige große Anbieter.

Zusätzlich zum Drittanbieter-Tracking mit Cookies können dieselben Werbeunternehmen und Drittanbieter-Tracker mit anderen Techniken das Surfverhalten der Benutzer verfolgen wie Canvas-Fingerprinting (eine Art Browser-Fingerprinting), Sitzungswiedergabe (bei der ein Drittanbieter jede Benutzerinteraktion mit einer bestimmten Webseite einsehen kann) und Ausnutzung der „Auto-Fill"-Funktion eines Browsers oder Passwortmanagers zur Rücksendung von Formulardaten im Web, oft bevor ein Benutzer das Formular überhaupt ausgefüllt hat. Diese anspruchsvolleren Technologien können detaillierte Informationen über das Verhalten und die Daten des Benutzers liefern, einschließlich feinkörniger Details wie seine Scroll- und Mausklick-Aktivitäten und in einigen Fällen sogar den Benutzernamen und das Passwort für eine bestimmte Website (was entweder vom Benutzer beabsichtigt oder von der Website unbeabsichtigt sein kann).

Eine aktuelle Studie behauptet, dass bestimmte Instanzen von Drittanbieter-Tracking-Software fast überall zu finden sind. Dieselbe Studie fand auch heraus, dass Nachrichten-Websites die größte Anzahl von Tracking-Parteien auf jeder beliebigen Erstanbieter-Website haben; andere beliebte Kategorien für Tracking sind Kunst-, Sport- und Shopping-Websites. Geräteübergreifendes Tracking bezieht sich auf die Praxis, Aktivitäten eines einzelnen Benutzers über mehrere Geräte (z.B. Smartphones, Tablets, Desktop-Rechner, andere „intelligente Geräte") zu verknüpfen. Diese Praxis zielt darauf ab, das Verhalten eines Benutzers nachzuverfolgen, auch über die von ihm verwendeten verschiedenen Geräte hinweg.

Bestimmte Aspekte der geräteübergreifenden Verfolgung können das Nutzererlebnis verbessern. Wie mit Cookies auf einem einzigen Gerät oder Browser kann es die geräteübergreifende Verfolgung dem Benutzer beispielsweise erlauben, eine Nutzeraktion nahtlos weiterzuführen, wenn er von einem Gerät zu einem anderen wechselt (z.B. um ein Buch weiterzulesen oder einen Film ab der Stelle weiterzuschauen, an der er aufgehört hat). Die geräteübergreifende Verfolgung kann auch nützlich sein, um Betrug vorzubeugen; so kann ein Dienstanbieter beispielsweise feststellen, dass sich ein Benutzer von einem unbekannten Gerät an einem völlig neuen Ort angemeldet hat. Wenn ein Benutzer versucht, sich von einem unbekannten Gerät aus anzumelden, kann ein Dienstanbieter zusätzliche Schritte zur Authentifizierung des Benutzers unternehmen (z.B. Zwei-Faktor-Authentifizierung).

Die geräteübergreifende Verfolgung wird am häufigsten von Erstanbieter-Diensten wie E-Mail-Provider, Content-Provider (z.B. Videostreaming-Dienste) und Websites des Onlinehandels durchgeführt, aber auch Drittanbieter stellen sich bei der geräteübergreifenden Verfolgung von Nutzern immer geschickter an.

1. Die geräteübergreifende Verfolgung kann deterministisch sein und auf einer persistenten Kennung wie einem Login beruhen, das an einen bestimmten Nutzer gebunden ist.

2. Die geräteübergreifende Verfolgung kann auch probabilistisch sein. Die IP-Adresse ist ein Beispiel für eine probabilistische Kennung, die für die geräteübergreifende Verfolgung verwendet werden kann. So können beispielsweise Technologien wie die Netzwerkadressenübersetzung dazu führen, dass mehrere Geräte in einem Netzwerk dieselbe öffentliche IP-Adresse haben. Angenommen, ein Benutzer besucht eine Website von einem mobilen Gerät (z.B. einem Smartphone) aus und verwendet dieses Gerät sowohl zu Hause als auch am Arbeitsplatz. Eine dritte Partei kann IP-Adressinformationen in den Cookies des Geräts speichern. Dieser Benutzer kann dann von zwei öffentlichen IP-Adressen aus erscheinen, eine am Arbeitsplatz und eine zu Hause, und diese beiden IP-Adressen können durch dasselbe Drittanbieter-Cookie verknüpft werden. Wenn der Benutzer dann diesen Drittanbieter von verschiedenen Geräten aus besucht, die eine dieser beiden IP-Adressen aufweist, dann können diese zusätzlichen Geräte mit hoher Sicherheit demselben Benutzer zugeordnet werden.

Beim geräteübergreifenden Tracking wird häufig eine Kombination aus deterministischen und probabilistischen Techniken verwendet. Bei vielen dieser Techniken muss der Benutzer nicht einmal auf einer Website angemeldet sein, um diese Art des Trackings zu ermöglichen. Beispielsweise werden von einigen „Analysedienste" angeboten, die, wenn sie in viele Websites von Erstanbietern eingebettet sind, es den Drittanbietern ermöglichen, einen Benutzer über Websites und Geräte hinweg zu verfolgen. Drittanbieter arbeiten oft zusammen, um Benutzer über verschiedene Geräte und Dienste hinweg zu verfolgen, indem sie die sogenannte **Cookie-Synchronisierung** anwenden, die weiter unten in diesem Abschnitt genauer beschrieben wird.

Die geräteübergreifende Verfolgung ermöglicht differenziertere Rückschlüsse auf die Nutzeraktivitäten, da Daten von verschiedenen Geräten kombiniert werden können, um ein umfassenderes Bild von der Aktivität eines einzelnen Benutzers zu erhalten. So können beispielsweise Daten über den Standort eines Benutzers (wie sie von einem Mobilgerät erfasst werden) mit dem Suchverlauf eines Benutzers und den Aktivitäten in sozialen Netzwerken (wie die Vergabe von „Likes") kombiniert werden, um beispielsweise festzustellen, ob ein Benutzer nach einer Onlinesuche oder einem Online-Werbeauftritt tatsächlich konkret ein spezielles Geschäft besucht hat.

Browser- und Geräte-Fingerprinting

Selbst wenn Benutzer gängige Tracking-Mechanismen wie Cookies von Drittanbietern deaktivieren, haben Websites und Drittanbieter die Möglichkeit, das Benutzerverhalten basierend auf den Umgebungs-, Kontext- und Geräteinformationen, die das Gerät an den Server sendet, nachzuverfolgen. Auf der Grundlage dieser Informationen kann ein Dritter einen Benutzer über verschiedene Websites hinweg eindeutig identifizieren beziehungsweise dessen „Fingerabdruck" erstellen.

Eine bekannte Fingerprinting-Methode ist das sogenannte **Canvas-Fingerprinting**, bei dem die HTML-Canvas zur Identifizierung eines Geräts verwendet wird. Die HTML-Canvas ermöglicht es einer Webanwendung, Grafiken in Echtzeit zu zeichnen. Unterschiede bei der Darstellung von Schriftarten, der Glättung, den Abmessungen und einigen anderen Merkmalen können dazu führen, dass jedes Gerät ein anderes Bild zeichnet, und die daraus resultierenden Pixel können als Fingerabdruck des Geräts dienen. Die Technik wurde erstmals 2012 entdeckt, aber erst 2014 der Öffentlichkeit bekannt gemacht. Obwohl es damals einen gewissen Widerstand dagegen gab, verwenden viele Tracker weiterhin Canvas-Fingerprinting und verwandte Techniken wie Canvas-Font-Fingerprinting, bei dem ein Gerät anhand der Schriftartenliste des Browsers identifiziert wird. Eine kürzlich durchgeführte Studie ergab, dass diese Techniken immer noch auf Tausenden von Websites eingesetzt werden. Websites können auch Browser-APIs verwenden, um andere Informationen für die Verfolgung von Geräten abzurufen, einschließlich Informationen wie den Batteriestatus, der verwendet werden kann, um einen Benutzer auf der Grundlage des Batterieladezustands und der Entladezeit zu verfolgen. In anderen Berichten wird beschrieben, wie man mithilfe des Batteriestatus eines Geräts ein Gerät verfolgen und somit mit einem Benutzer in Verbindung bringen kann (Olejnik et al., 2015).

Cookies synchronisieren

Wenn verschiedene Drittanbieter-Tracker Informationen austauschen, können sie einen einzelnen Benutzer auch dann verfolgen, wenn er Websites besucht, auf denen unterschiedliche Tracking-Mechanismen installiert sind. Die **Cookie-Synchronisierung** ist schwer zu erkennen und erleichtert außerdem die Zusammenführung von Datensätzen über einzelne Benutzer zwischen verschiedenen Drittanbietern, was zu erheblichen Datenschutzproblemen führt. Eine aktuelle Studie deutet darauf hin, dass die Praxis der Cookie-Synchronisierung unter Drittanbieter-Trackern weitverbreitet ist.

7.4 Streaming von Audio und Video

Webanwendungen und E-Mail sind nicht die einzigen neuen Entwicklungen, an denen sich die Nutzer der Netze erfreuen können. Für viele Leute sind Audio und Video der heilige Gral der Netzwerknutzung. Allein bei der Erwähnung des Worts „Multimedia" läuft sowohl den Technik-Freaks wie auch Geschäftsleuten das Wasser im Mund zusammen. Die erste Gruppe sieht in Multimedia riesige technische Herausforderungen in der Bereitstellung von Voice-over-IP und interaktivem 8K-Video-on-Demand für jeden Haushalt. Die zweite wittert riesige Gewinne.

Die Idee, Audio und Video über das Internet zu übertragen, gibt es seit den 1970er Jahren, wenn nicht sogar noch länger. Doch erst seit ungefähr 2000 ist eine ganz gewaltige Zunahme im **Echtzeit-Audio**- und **Echtzeit-Videoverkehr** (*real-time audio and video*) festzustellen. Echtzeitverkehr unterscheidet sich insofern vom normalen Webverkehr, als er in einer bestimmten vorgegebenen Geschwindigkeit abgespielt werden muss, um brauchbar zu sein. Denn wer möchte schon gern ein Video in Zeitlupe und mit vielen Aussetzern ansehen. Im Gegensatz dazu kann es im Webverkehr kurze Unterbrechungen geben und das Laden von Seiten kann – im Rahmen gewisser Grenzen – mehr oder weniger lang dauern, ohne dass dies ein größeres Problem darstellt.

Zwei Dinge haben diese Zunahme ermöglicht. Zum einen sind die Computer leistungsstärker geworden und mit Mikrofonen und Kameras ausgestattet, sodass die Eingabe, die Verarbeitung und die Ausgabe von Audio- und Videodaten erleichtert wird. Zum anderen steht inzwischen eine wahre Flut an Internetbandbreiten zur Verfügung. Langstreckenverbindungen im Kern des Internet laufen mit vielen GBits/s und Breitband und drahtloses IEEE-802.11ac-LAN erreichen die Benutzer in jedem Winkel des Internets. Diesen Entwicklungen ist es zu verdanken, dass Internetdienstanbieter (ISP) enorme Verkehrsströme über ihre Backbonenetze schicken können und der normale Benutzer 100–1.000-mal schneller eine Verbindung zum Internet herstellen kann als mit einem Telefonmodem von 56 kbit/s.

Die Fülle an Bandbreite hatte eine Zunahme des Audio- und des Videoverkehrs zur Folge – allerdings aus unterschiedlichen Gründen. Telefonanrufe benötigen relativ wenig Bandbreite (an sich 64 kbit/s, im komprimierten Zustand jedoch weniger); dennoch waren Telefondienste von jeher teuer. Unternehmen nutzten die Gelegenheit, die bestehende Bandbreite für eine Sprachübertragung über das Internet zu nutzen, um ihre Telefonrechnungen zu verringern. Start-up-Unternehmen wie Skype sahen eine Möglichkeit, Kunden über ihre Internetverbindungen kostenlose Telefongespräche anzubieten. Neu auf den Markt drängende Telefondienstanbieter sahen einen kostengünstigen Weg, traditionelle Sprachanrufe über die IP-Netztechnik zu leiten. Folge dieser Entwicklungen war eine explosionsartige Zunahme der Sprachdaten, die über Internetnetze übertragen wurden, was als **Internettelefonie** bezeichnet wird und in Abschnitt 7.4.4 näher beschrieben wird.

Anders als die Audioübertragung benötigt der Videoverkehr große Bandbreiten. Internetvideos hinreichender Qualität werden komprimiert mit einer Geschwindigkeit von ca. 8 Mbit/s für 4 K (was 7 GB für einen zweistündigen Film entspricht) codiert. In der Zeit, als es noch keinen Breitbandinternetzugang gab, war eine Übertragung von Spielfilmen über das Netz völlig ausgeschlossen. Diese Situation hat sich geändert. Mit dem Ausbau des Breitbandnetzes konnten die Benutzer zum ersten Mal zu Hause gestreamte Videos von einigermaßen guter Qualität anschauen. Und das lieben die Menschen. Es wird geschätzt, dass an jedem beliebigen Tag rund ein Viertel der Internetnutzer das öffentliche Internetvideoportal YouTube besuchen. Das Filmverleihgeschäft hat sich auf Online-Downloads verlagert. Und die schiere Größe der Videos hat den Internetverkehr allgemein verändert. Der größte Teil des Internetverkehrs entfällt bereits auf Videoübertragungen, die Schätzungen zufolge in wenigen Jahren 90 % des Internetverkehrs ausmachen.

Angesichts der Tatsache, dass genügend Bandbreite zur Verfügung steht, um Audio- und Videodaten zu übertragen, liegt das Hauptproblem bei der Entwicklung von Streaming- und Konferenzanwendungen in der Netzverzögerung. Audio- und Videodaten sind auf Echtzeitdarstellung angewiesen, was bedeutet, dass sie mit einer vorgegebenen Geschwindigkeit abgespielt werden müssen, um nützlich zu sein. Große Verzögerungen bedeuten, dass Anrufe, die interaktiv sein sollten, dies nicht mehr sind. Dies Problem wird deutlich, wenn Sie jemals über ein Satellitentelefon angerufen haben, bei dem die Verzögerung von bis zu einer halben Sekunde ziemlich störend ist. Beim Abspielen von Musik und Filmen über das Netz spielt die absolute Verzögerung keine Rolle, da sie sich nur auf den Abspielanfang auswirkt. Anders sieht es hingegen mit der Varianz der Verzögerung, dem sogenannten **Jitter**, aus. Er muss vom Player maskiert werden oder Sie erhalten eine unverständliche Audio- bzw. ruckelige Videowiedergabe.

Nur am Rande sei bemerkt, dass der Begriff **Multimedia** oft im Zusammenhang mit dem Internet in der Bedeutung von Audio und Video verwendet wird. Wörtlich bezeichnet Multimedia zwei oder mehr Medien. Dieser Definition zufolge ist dieses Buch auch eine Multimediadarstellung, da sie Text und Grafiken (die Abbildungen) enthält. Das ist jedoch wahrscheinlich nicht das, was Sie im Sinn hatten, sodass wir den Begriff „Multimedia" verwenden, um zwei oder mehr **fortlaufende Medien** zu bezeichnen, das heißt, Medien, die während eines genau definierten Zeitraums abgespielt werden müssen. Bei den beiden Medien handelt es sich normalerweise um Video mit Audio, genau genommen um bewegte Bilder mit Ton. Audio und Geruch wird wohl noch etwas dauern. Viele bezeichnen auch reines Audio, wie Internettelefonie oder Internetradio als Multimedia, was es eindeutig nicht ist. Ein besserer Begriff für all diese Fälle ist **Streaming Media**. Nichtsdestotrotz werden wir uns der Mehrheit anschließen und Echtzeit-Audio auch als Multimedia betrachten.

7.4.1 Digitales Audio

Eine Klangwelle ist eine eindimensionale akustische Druckwelle. Tritt eine akustische Welle in das menschliche Ohr ein, vibriert das Trommelfell und damit auch die winzigen Knochen des Innenohrs, wodurch Nervenimpulse an das Gehirn gesendet werden. Diese Impulse werden vom Zuhörer als Klang wahrgenommen. Trifft eine akustische Welle auf ein Mikrofon, erzeugt das Mikrofon ein elektrisches Signal, das die Klangamplitude als Funktion der Zeit darstellt.

Der Frequenzbereich des menschlichen Ohres reicht von 20 Hz bis 20.000 Hz. Einige Tiere, vor allem Hunde, können viel höhere Frequenzen hören. Das Ohr hört logarithmisch, sodass das Verhältnis von zwei Klängen mit den Amplituden A und B konventionell in **dB** (**Dezibel**) als $10 \log_{10}(A/B)$ ausgedrückt wird. Definieren wir die untere Grenze der Hörbarkeit (ein Druck von etwa 20 µPascal) für eine 1-kHz-Sinuswelle als 0 dB, dann verläuft eine gewöhnliche Unterhaltung bei etwa 50 dB und die Schmerzgrenze liegt bei etwa 120 dB, ein Dynamikbereich mit einem Faktor von 1 Million.

Das Ohr ist erstaunlich empfänglich für Klangschwankungen, die nur ein paar Millisekunden dauern. Das Auge hingegen nimmt Änderungen des Lichtsignals in diesem Zeitraum nicht wahr. Aus dieser Beobachtung ergibt sich, dass Jitter von nur wenigen Millisekunden während einer Multimedia-Übertragung die wahrgenommene Tonqualität mehr beeinträchtigt als die wahrgenommene Bildqualität.

Digitales Audio ist die digitale Repräsentation einer Klangwelle, mit der diese wieder erzeugt werden kann. Klangwellen können mit einem **Analog/Digital-Wandler** (**A/D-Wandler**, *analog digital converter*) in digitale Form konvertiert werden. Ein A/D-Wandler nimmt eine elektrische Spannung als Eingabe und erzeugt eine Binärzahl als Ausgabe. In ▶Abbildung 7.31a sehen wir ein Beispiel einer Sinuswelle. Um dieses Signal digital darzustellen, kann man es alle ΔT Sekunden abtasten, was durch die Höhe der Striche in Abbildung 7.31b dargestellt ist. Ist eine Klangwelle keine reine Sinuswelle, sondern eine lineare Überlagerung von Sinuswellen, wobei die höchste dargestellte Frequenzkomponente f ist, dann reicht es laut Nyquist-Theorem (siehe *Kapitel 2*) aus, in einer Frequenz von $2f$ abzutasten. Häufigeres Abtasten wäre sinnlos, weil die höheren Frequenzen, die dabei erkannt werden könnten, nicht vorhanden sind.

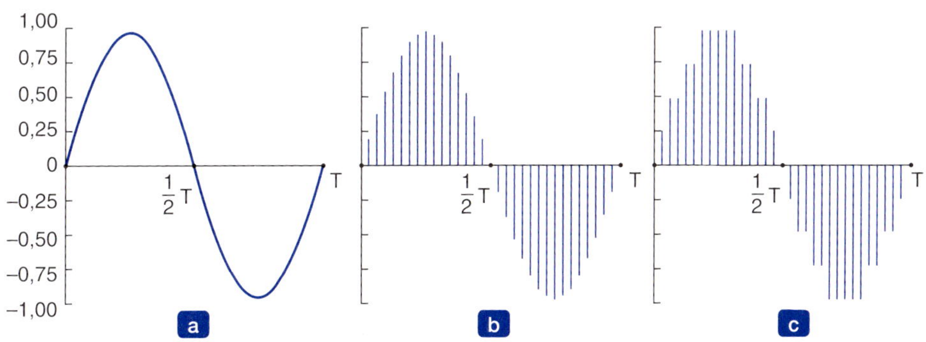

Abbildung 7.31: (a) Eine Sinuswelle. (b) Abtasten der Sinuswelle. (c) Quantisierung der Abtastwerte mit 4 Bit.

Der umgekehrte Prozess nimmt digitale Werte entgegen und erzeugt eine analoge elektrische Spannung. Hierzu benötigen Sie einen **Digital/Analog-Wandler** (**D/A-Wandler**, *digital analog converter*). Ein Lautsprecher kann dann die analoge Spannung in akustische Wellen umwandeln, sodass die Menschen Töne hören können.

Audiokomprimierung

Audiodaten werden oft komprimiert, um die Übertragungsraten und den Bedarf an Bandbreite zu reduzieren, auch wenn die Übertragungsraten für Audiodaten viel geringer sind als für Videodaten. Alle Komprimierungssysteme benötigen zwei Algorithmen: einen zum Komprimieren der Daten an der Quelle und einen zum Dekomprimieren am Ziel. In der Literatur werden diese Algorithmen als **Codier- und Decodieralgorithmen** bezeichnet. Wir werden uns an diese Terminologie halten.

Komprimierungsalgorithmen weisen bestimmte Asymmetrien auf, die Sie auf alle Fälle verstehen sollten. Auch wenn wir Audio zuerst besprechen, gelten diese Asymmetrien auch für Video. Die erste Asymmetrie betrifft das Codieren des Ausgangsmaterials. Bei vielen Anwendungen wird ein Multimediadokument nur einmal codiert (wenn es auf dem Multimediaserver gespeichert wird), aber Tausende Male decodiert (wenn es beim Kunden abgespielt wird). Diese Asymmetrie bedeutet, dass der Codieralgorithmus ruhig langsam sein und teure Hardware voraussetzen darf, solange der Decodieralgorithmus schnell ist und auf preisgünstiger Hardware läuft.

Eine zweite Asymmetrie ist, dass der Codier-/Decodierprozess nicht umkehrbar sein muss. Das heißt, nach dem Komprimieren, Übertragen und anschließenden Dekomprimieren einer Datei erwartet der Benutzer, dass er das Original bis zum letzten Bit zurückerhält. Bei Multimedia besteht diese Anforderung nicht. Es ist normalerweise akzeptabel, wenn sich das Audio- oder Videosignal nach dem Codieren und Decodieren leicht vom Original unterscheidet, sofern es genauso klingt (oder aussieht). Wenn die decodierte Ausgabe nicht absolut der ursprünglichen Eingabe entspricht, wird das System als **verlustbehaftet** (*lossy*) bezeichnet. Sind hingegen Eingabe und Ausgabe identisch, ist das System **verlustlos** (*lossless*). Verlustbehaftete Systeme sind durchaus wichtig, da ein kleiner Informationsverlust durch das zu erreichende Komprimierungsverhältnis mehr als kompensiert wird.

Es sind viele Komprimierungsalgorithmen für Audiodaten entwickelt worden. Die wahrscheinlich bekanntesten Formate sind **MP3** (*MPEG audio layer 3*) und **AAC** (*Advanced Audio Coding*), wie es in **MP4**-Dateien (MPEG-4) übertragen wird. Um Verwirrung zu vermeiden, möchten wir darauf hinweisen, dass MPEG sowohl Audio- als auch Videokomprimierung bietet. MP3 bezieht sich auf Teil 3 (Audiokompression) des MPEG-1-Standards, nicht die dritte Version von MPEG, die von MPEG-4 abgelöst wurde. AAC ist der Nachfolger von MP3 und die Standard-Audiocodierung in MPEG-4. MPEG-2 erlaubt sowohl MP3- und AAC-Audio. Alles klar? Das Gute an Standards ist, dass man unter vielen wählen kann. Und wenn Sie keinen davon mögen, warten Sie einfach ein oder zwei Jahre.

Audiokomprimierung kann auf zwei Arten vorgenommen werden. Bei der **Wellenform-Codierung** (*waveform coding*) wird das Signal mathematisch über eine Fourier-Transformation in die Frequenzkomponenten umgewandelt. Abbildung 2.12a enthält eine Beispielfunktion über die Zeit mit den Fourier-Amplituden. Die Amplitude jeder Komponente wird dann minimal codiert. Das Ziel ist, am anderen Ende die Wellenform möglichst exakt und mit möglichst wenig Bits zu reproduzieren.

Die andere Methode, die **wahrnehmungsbezogene Codierung** (*perceptual coding*), nutzt gewisse Beschränkungen des menschlichen Gehörs, um ein Signal zu codieren, sodass es für einen Hörer gleich klingt, auch wenn es auf einem Oszilloskop anders aussieht. Die wahrnehmungsbezogene Codierung basiert auf der **Psychoakustik**, die sich damit beschäftigt, wie Menschen Klang wahrnehmen. MP3 und AAC basieren beide auf der wahrnehmungsbezogenen Codierung.

Wir wollen uns etwas näher mit der wahrnehmungsbezogenen Codierung befassen, da sie moderne Multimediasysteme dominiert. Die zentrale Eigenschaft dieser Codierung ist, dass einige Klänge andere **überdecken** können. Stellen Sie sich vor, dass an einem warmen Sommertag ein Flötenkonzert live übertragen wird. Plötzlich taucht eine Gruppe Arbeiter in der Nähe auf; sie schalten ihre Presslufthämmer ein und beginnen, die Straße aufzureißen. Niemand kann die Flöte mehr hören. Die Töne werden von den Presslufthämmern überlagert. Zu Übertragungszwecken ist es nun ausreichend, nur das von den Presslufthämmern verwendete Frequenzband zu codieren, da die Zuhörer die Flöte sowieso nicht hören können. Dies wird als **Frequenzmaskierung** (*frequency masking*) bezeichnet. Selbst wenn die Presslufthämmer aufhören, ist die Flöte für kurze Zeit nicht hörbar, da das Ohr die Verstärkung reduziert, wenn sie zu hämmern beginnen, und es eine bestimmte Zeit dauert, diese wieder zu erhöhen. Die Übertragung von Tönen geringer Amplitude während dieser Anpassungszeit ist sinnlos und darauf zu verzichten kann Bandbreite sparen. Dieser Effekt wird als **temporäre Maskierung** (*temporal masking*) bezeichnet. Die wahrnehmungsbezogene Codierung basiert stark darauf, Audiodaten, die sowieso keiner wahrnimmt, nicht zu codieren oder zu übertragen.

7.4.2 Digitales Video

Nachdem wir jetzt alles über das Ohr wissen, ist es an der Zeit, zum Auge überzugehen (nein, danach folgt kein Abschnitt über die Nase). Das menschliche Auge hat die Eigenschaft, dass ein Bild, wenn es auf die Netzhaut auftrifft, einige Millisekunden haften bleibt, bevor es verschwindet. Wird eine Bildfolge in 50 oder mehr Bildern pro Sekunde ausgegeben, so kann das Auge nicht erkennen, dass es einzelne Bilder sind. Seitdem die Lumière-Brüder 1895 den Filmprojektor erfanden, machen sich alle Videosysteme dieses Prinzip zunutze, um bewegte Bilder zu produzieren.

Die einfachste digitale Darstellung von Video ist eine Folge von Einzelbildern, die jeweils aus einem rechteckigen Raster von Bildelementen oder **Pixeln** bestehen. Gängige Größen für Bildschirme reichen von 1.280×720 (**720p** genannt), 1.920×1.080 (**1080p** oder **HD**-Video genannt), 3.840×2.100 (**4K** genannt) und 7.680×4.320 (**8K** genannt).

Die meisten Systeme verwenden 24 Bit pro Pixel, wobei jeweils 8 Bit für die roten, grünen und blauen (RGB) Komponenten verwendet werden. Rot, Blau und Grün sind die Primärfarben der additiven Farbmischung, und durch Überlagerung dieser Farben kann jede andere Farbe in der entsprechenden Intensität erzeugt werden.

Ältere Bildübertragungsraten variieren zwischen 24 Rahmen/s (wie in normalen Filmen), 25 Rahmen/s (beim PAL-System, wie es fast überall im Rest der Welt verwendet wird) und 30 Rahmen/s (gemäß NTSC-Standard des US-Fernsehens). Für die, die es genau wissen wollen, sei erwähnt, dass NTSC-Farbfernsehen eigentlich mit 29,97 Rahmen/s läuft. Das ursprüngliche Schwarz-Weiß-System lief mit 30 Rahmen/s, aber als Farbe ins Spiel kam, benötigten die Techniker zur Signalisierung zusätzliche Bandbreite, sodass sie die Bildrate auf 29,97 reduzierten. PAL wurde nach NTSC erfunden und verwendet tatsächlich 25 Rahmen/s. Und um das Ganze abzurunden, gibt es mit SECAM ein drittes System, das in Frankreich entwickelt wurde, zum Teil aus protektionistischen Gründen, um französische Unternehmen vor deutschen Fernsehherstellern zu schützen. Es läuft ebenfalls mit genau 25 Rahmen/s. Während der 1950er führten die kommunistischen Länder Osteuropas SECAM ein, damit die Ostdeutschen kein Westfernsehen (PAL) sehen konnten und nicht auf dumme Ideen kamen.

Um die für die Übertragung von Fernsehsignalen erforderliche Bandbreite zu verringern, verwendeten die Fernsehsender ein Verfahren, bei dem die Bilder in zwei **Felder** aufgeteilt wurden, eines mit ungeraden und eines mit geraden Abtastzeilen, die abwechselnd gesendet wurden. 25 Rahmen/s bedeuteten also eigentlich 50 Felder/s. Dieses Schema wird auch als **Interlacing** bezeichnet und führt zu weniger Flimmern als bei der Übertragung ganzer Rahmen nacheinander. Moderne Videos verwenden kein Interlacing mehr und senden einfach einen ganzen Rahmen nach dem anderen, in der Regel mit 50 Rahmen/s (PAL) oder 59,94 Rahmen/s (NTSC), was als **progressives Video** bezeichnet wird.

Videokomprimierung

Unseren bisherigen Ausführungen zu digitalem Video sollten Sie entnommen haben, dass die Komprimierung für das Senden von Videos über das Internet sehr wichtig ist. Bereits 720p PAL progressives Video benötigt 553 Mbit/s an Datenrate; entsprechend sind die Anforderungen an die Datenrate von HD, 4K und 8K noch viel höher. Um einen weltweiten Standard für die Videokomprimierung zu entwickeln, der plattformübergreifend und von allen Herstellern verwendet werden kann, haben die Normungsausschüsse eine Gruppe namens **MPEG** (*Motion Picture Experts Group*) gegründet. In aller Kürze funktionieren die von ihr entwickelten Standards, bekannt als MPEG-1, MPEG-2 und MPEG-4, folgendermaßen: Alle paar Sekunden wird ein komplettes Videobild übertragen, das mit einem Algorithmus ähnlich dem JPEG-Algorithmus komprimiert wird, wie er für digitale Standbilder verwendet wird. In den nächsten paar Sekunden sendet der Sender dann keine Vollbilder, sondern die Unterschiede zwischen dem aktuellen Bild und dem zuletzt gesendeten Basisbild (Vollbild).

Lassen Sie uns zunächst einen kurzen Blick auf den **JPEG**-Algorithmus (*Joint Photographic Experts Group*) zur Komprimierung eines einzelnen Standbildes werfen. Anstatt mit den RGB-Komponenten zu arbeiten, wird das Bild in die Komponenten **Luminanz** (Helligkeit) und **Chrominanz** (Farbe) umgewandelt, da das Auge viel empfindlicher auf Luminanz als auf Chrominanz reagiert, sodass ohne Beeinträchtigung der wahrgenommenen Bildqualität weniger Bits zur Codierung der Chrominanz verwendet werden können. Das Bild wird dann in Blöcke von normalerweise 8 × 8 oder 10 × 10 Pixeln aufgeteilt, von denen jeder separat verarbeitet wird. Luminanz und Chrominanz durchlaufen getrennt voneinander eine Art Fourier-Transformation (technisch gesehen eine diskrete Kosinustransformation), um das Spektrum zu erhalten. Hochfrequente Amplituden können dann verworfen werden. Je mehr Amplituden verworfen werden, desto unschärfer ist das Bild und desto kleiner ist das komprimierte Bild. Anschließend werden die verbleibenden Amplituden mit den üblichen verlustfreien Komprimierungstechniken wie Lauflängencodierung und Huffman-Codierung bearbeitet. Das klingt nicht nur kompliziert, sondern ist es auch, aber Computer sind ziemlich gut darin, komplizierte Algorithmen auszuführen.

Nun zum MPEG-Teil, der im Folgenden vereinfacht beschrieben wird: Der auf einen vollständigen JPEG-Rahmen (Basisrahmen) folgende Rahmen dürfte dem JPEG-Rahmen sehr ähnlich sein, sodass anstelle der Codierung des vollständigen Rahmens nur die Blöcke übertragen werden, die sich vom Basisrahmen unterscheiden. Ein Block, der z.B. ein Stück blauen Himmel enthält, wird wahrscheinlich der gleiche sein wie 20 ms zuvor, sodass er nicht erneut übertragen werden muss. Nur die Blöcke, die sich geändert haben, bedürfen einer erneuten Übertragung.

Betrachten wir beispielsweise die Situation einer fest auf einem Stativ montierten Kamera mit einem Schauspieler, der auf einen Baum und ein Haus zugeht, die sich beide nicht verändern. Die ersten drei Bilder sind in ▶Abbildung 7.32 dargestellt. Bei der Codierung des zweiten Bildes werden nur die Blöcke gesendet, die sich geändert haben. Konzeptionell erzeugt der Empfänger das zweite Bild, indem er das erste Bild in einen Puffer kopiert und dann die Änderungen überträgt. Anschließend speichert er das zweite Bild unkomprimiert für die Anzeige. Er verwendet das zweite Bild als Grundlage für die Anwendung der Änderungen, die den Unterschied zwischen dem dritten und dem zweiten Bild ausmachen.

Abbildung 7.32: Drei aufeinanderfolgende Rahmen.

Doch ganz so einfach ist es nicht. Wenn ein Block (z.B. der Schauspieler) im zweiten Bild vorhanden ist, sich aber verschoben hat, kann der Codierer mit MPEG sagen: „Block 29 aus dem vorherigen Bild ist im neuen Bild um einen Offset (Δx, Δy) versetzt und außerdem hat sich das sechste Pixel in *abc* geändert und das 24. in *xyz*." Dies ermöglicht eine noch stärkere Komprimierung.

Wir haben bereits Symmetrien zwischen Codierung und Decodierung erwähnt. Der Codierer kann beliebig viel Zeit damit verbringen, nach Blöcken zu suchen, die sich verschoben haben, und nach Blöcken, die sich etwas verändert haben, um festzustellen, ob es besser ist, eine Liste von Aktualisierungen zum vorherigen Bild oder ein komplett neues JPEG-Bild zu senden. Das Auffinden eines verschobenen Blocks ist wesentlich aufwendiger als das einfache Kopieren eines Blocks aus dem vorherigen Bild und das Einfügen um ein bekanntes Offset (Δx, Δy) in das neue Bild.

Der Genauigkeit halber sei erwähnt, dass MPEG aus *drei* Arten von Rahmen besteht:

1. I-Bilder (intracodiert, *I-frame*): in sich geschlossene komprimierte Standbilder
2. P-Bilder (prädiktiv, *P-frame*): codieren Unterschiede zum *vorherigen* Rahmen
3. B-Bilder (bidirektional, *B-frame*): codieren Unterschiede zum *nächsten* I-Bild

I-Bilder sind lediglich Standbilder.

Bei den B-Bildern muss der Empfänger die Verarbeitung unterbrechen, bis das nächste I-Bild eintrifft, und dann von diesem aus rückwärts arbeiten. Manchmal führt dies zu einer stärkeren Komprimierung, aber da der Codierer ständig prüfen muss, ob die Unterschiede zum vorherigen Bild oder zu einem der nächsten 30, 50 oder 80 Bilder das kleinste Ergebnis liefern, ist dies auf Seiten der Codierung zeitaufwendig, aber nicht auf der der Decodierung. Diese Asymmetrie wird maximal ausgenutzt, um die kleinstmögliche codierte Datei zu erhalten. In den MPEG-Standards ist nicht festgelegt, wie zu suchen ist, wie weit zu suchen ist oder wie gut eine Übereinstimmung sein muss, damit Unterschiede oder ein vollständiger neuer Block gesendet werden. Dies bleibt der jeweiligen Implementierung überlassen.

Audio und Video werden getrennt codiert, wie wir bereits beschrieben haben. Die endgültige MPEG-codierte Datei besteht aus Segmente, die eine bestimmte Anzahl von komprimierten Bildern und den entsprechenden komprimierten Ton enthalten, der abgespielt wird, während die Bilder in diesem Segment angezeigt werden. Auf diese Weise werden Video und Audio synchron gehalten.

Beachten Sie, dass dies eine sehr vereinfachte Beschreibung ist. In Wirklichkeit werden noch mehr Tricks angewandt, um eine bessere Komprimierung zu erreichen, aber die hier dargestellten Grundideen sind im Wesentlichen korrekt. Das aktuellste Format ist MPEG-4, auch MP4 genannt, das in einem Standard namens H.264 definiert ist. Sein Nachfolger (definiert für Auflösungen bis zu 8K) ist H.265. H.264 ist das Format, das die meisten handelsüblichen Videokameras produzieren. Da die Kamera das Video auf der SD-Karte oder einem anderen Medium in Echtzeit aufzeichnen muss, hat sie nur sehr wenig Zeit, um nach Blöcken zu suchen, die sich ein wenig bewegt haben. Folglich ist die Komprimierung nicht annähernd so gut wie die eines Hollywood-Studios, das 10.000 Computer auf einem Cloud-Server dynamisch reserviert, um seine neueste Produktion zu codieren. Dies ist die Codierung/Decodierung-Asymmetrie in Aktion.

7.4.3 Streaming von gespeicherten Medien

Kommen wir nun zu den Netzanwendungen. Als Erstes behandeln wir das Videostreaming, das bereits irgendwo auf dem Server gespeichert ist, beispielsweise ein YouTube- oder Netflix-Video. Das bekannteste Beispiel ist das Betrachten von Videos über das Internet. Dabei handelt es sich um eine Form von **Video-on-Demand** (**VoD**). Andere Formen von Video-on-Demand verwenden ein Providernetz, das vom Internet getrennt ist, um die Filme bereitzustellen (z.B. das Kabelnetz).

Das Internet ist voller Musik- und Video-Websites, die gespeicherte Mediendateien streamen. Eigentlich ist der einfachste Weg zur Behandlung von gespeicherten Medien, sie *nicht* zu streamen. Der unkomplizierteste Weg, Videos (oder Musikstücke) bereitzustellen, besteht darin die vorcodierte Video- (oder Audio-)Datei als sehr große Webseite zu behandeln, die vom Browser heruntergeladen werden kann. Die Reihenfolge der Schritte ist in ▶Abbildung 7.33 zu sehen.

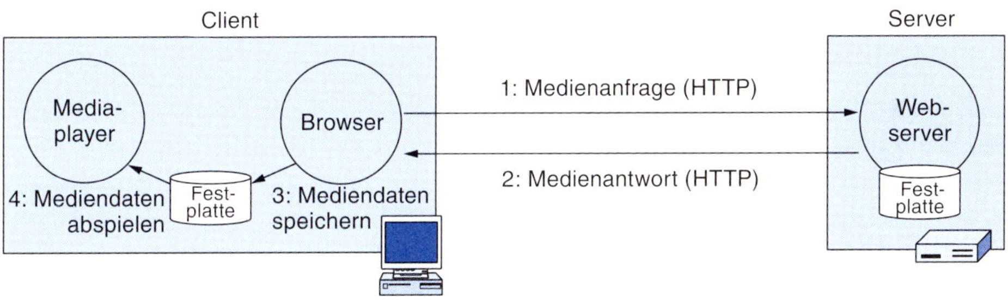

Abbildung 7.33: Mittels einfacher Downloads Medien über das Web abspielen.

Der Browser wird aktiv, wenn der Benutzer einen Film anklickt. In Schritt 1 sendet er eine HTTP-Anfrage für den Film an den Webserver, mit dem der Film verlinkt ist. In Schritt 2 ruft der Server den Film ab (der nur eine Datei im MP4- oder einem anderen Format ist) und sendet ihn zurück an den Browser. Anhand des MIME-Typs entscheidet der Browser, wie die Datei angezeigt bzw. wiedergegeben werden soll. Der Browser speichert den gesamten Film in eine Arbeitsdatei auf der Festplatte in Schritt 3. Dann ruft er den Mediaplayer auf und übergibt ihm den Namen der Arbeitsdatei. Zum Schluss, in Schritt 4, startet der Mediaplayer, liest die Datei ein und spielt den Film ab. Vom Prinzip her unterscheidet sich dies nicht vom Abrufen und Anzeigen einer statischen Webseite, sieht man einmal davon ab, dass die heruntergeladene Datei mithilfe eines Mediaplayers „angezeigt“ wird, anstatt nur Pixel auf einen Monitor zu schreiben.

Dieser Ansatz ist im Grunde völlig korrekt; der Film wird abgespielt. Auch gibt es keine Schwierigkeiten mit Echtzeit im Netz, da lediglich eine Datei heruntergeladen wird. Das einzige Problem ist, dass der gesamte Film über das Netz übertragen werden muss, bevor mit dem Abspielen begonnen werden kann. Die meisten Kunden wollen jedoch nicht eine Stunde auf ihr „Video-on-Demand“ warten, bevor sie es schauen können. Es muss noch etwas Besseres her.

Benötigt wird ein Mediaplayer, der für Streaming ausgelegt ist. Er kann entweder Teil des Webbrowsers sein oder ein externes Programm, das vom Browser aufgerufen wird, wenn ein Video abgespielt werden soll. Moderne Browser, die HTML5 unterstützen, verfügen in der Regel über einen eigenen integrierten Mediaplayer.

Der Mediaplayer muss vier Hauptaufgaben ausführen:

1. Verwaltung der Benutzerschnittstelle
2. Handhabung von Übertragungsfehlern
3. Dekomprimieren des Inhalts
4. Eliminierung von Jitter
5. Entschlüsselung der Datei

Die meisten Mediaplayer haben heutzutage eine schicke Oberfläche, die manchmal sogar wie ein Stereoverstärker aussieht, mit Tasten, Knöpfen, Schiebereglern und grafischen Anzeigen. Sie verfügen häufig über austauschbare Fronten, sogenannte **Skins**, die der Benutzer für den Player auswählen kann. Der Mediaplayer muss dies verwalten und mit dem Benutzer interagieren.

Die anderen drei Aufgaben sind verwandt und hängen von den Netzwerkprotokollen ab. Wir werden sie einzeln besprechen und beginnen mit der Behandlung von Übertragungsfehlern. Die Fehlerbehandlung hängt davon ab, ob für den Medientransport ein TCP-basierter Transport wie HTTP oder ein UDP-basierter Transport wie **RTP** (*Real Time Protocol*) verwendet wird. Wenn ein TCP-basierter Transport verwendet wird, gibt es für den Mediaplayer keine Fehler zu korrigieren, da TCP bereits durch die erneute Übertragung die nötige Zuverlässigkeit bietet. Diese Art der Fehlerbehandlung ist zumindest für den Mediaplayer einfach, aber sie kompliziert später die Beseitigung von Jitter, da Zeitüberschreitungen und die Anfrage nach erneuter Übertragung zu unsicheren und schwankenden Verzögerungen beim Filmabspielen führen.

Alternativ kann auch ein UDP-basierter Transport wie RTP verwendet werden, um die Daten zu übertragen. Bei diesen Protokollen gibt es keine Neuübertragungen. Das bedeutet jedoch, dass Paketverlust aufgrund von Überlastung oder Übertragungsfehler dazu führt, dass nicht alle Mediendaten ankommen. Für dieses Problem ist der Mediaplayer zuständig. Eine Möglichkeit besteht darin, das Problem zu ignorieren und ein paar fehlerhafte Video- und Audioabschnitte zuzulassen, was bei seltenen Fehlern gut funktioniert und fast niemandem auffällt. Eine andere Möglichkeit ist die Vorwärtsfehlerkorrektur (*Forward Error Correction*, **FEC**), d.h. die Codierung der Videodatei mit einer gewissen Redundanz, z.B. einem Hamming- oder Reed-Solomon-Code. Dann verfügt der Mediaplayer über genügend Informationen, um Fehler selbst zu korrigieren, ohne dass er um erneute Übertragungen bitten oder beschädigte Filmabschnitte überspringen muss.

Der Nachteil dabei ist, dass die Datei durch das Hinzufügen von Redundanz größer wird. Ein anderer Ansatz besteht in der selektiven Neuübertragung der Teile des Videostreams, die für die Wiedergabe des Inhalts am wichtigsten sind. In einer komprimierten Videosequenz ist beispielsweise ein Paketverlust in einem I-Bild viel folgenschwerer, da sich die aus dem Verlust resultierenden Decodierungsfehler über die gesamten Bilder in der Gruppe ausbreiten können. Andererseits sind Verluste in abgeleiteten Rahmen, einschließlich P- und B-Bilder, leichter zu beheben. In ähnlicher Weise hängt der Wert einer Neuübertragung auch davon ab, ob die Neuübertragung des Inhalts rechtzeitig zur Wiedergabe eintrifft. Folglich können einige Neuübertragungen weitaus wertvoller sein als andere, und die selektive Neuübertragung bestimmter Pakete (z.B. innerhalb von I-Bildern, die vor der Wiedergabe ankommen würden) ist eine mögliche Strategie. Protokolle wurden auf RTP und QUIC aufgesetzt, um Schutz vor ungleichmäßigem Verlust (*unequal loss protection*) zu bieten, wenn Videos über UDP gestreamt werden (Feamster et al., 2000; und Palmer et al., 2018).

Die dritte Aufgabe des Mediaplayers ist die Dekomprimierung des Inhalts. Obwohl rechenintensiv, ist diese Aufgabe relativ unkompliziert. Die heikle Frage dabei ist, wie Mediendaten zu decodieren sind, wenn das Netzprotokoll die Übertragungsfehler nicht korrigiert hat. Bei vielen Komprimierungsmethoden können die späteren Daten erst dekomprimiert werden, wenn die Daten davor dekomprimiert worden sind, da die späteren Daten in Relation zu den früheren Daten codiert werden. Wir wissen, dass ein P-Bild auf dem letzten I-Bild (und anderen darauf folgenden I-Bildern) basiert. Wenn das I-Bild beschädigt ist und nicht decodiert werden kann, sind alle nachfolgenden P-Bilder nutzlos, und der Mediaplayer ist gezwungen, auf das nächste I-Bild zu warten und einfach einige Sekunden des Videos zu überspringen.

Diese Tatsache zwingt den Codierer, eine Entscheidung zu treffen. Wenn die I-Bilder eng beieinanderliegen, z.B. ein I-Bild pro Sekunde, ist die Lücke bei einem Fehler relativ klein, aber das Video wird größer, da I-Bilder viel größer sind als P- oder B-Bilder. Wenn die I-Bilder z.B. 5 Sekunden auseinanderliegen, ist die Videodatei viel kleiner, aber bei einem beschädigten I-Bild beträgt die Lücke 5 Sekunden beziehungsweise bei einem beschädigten P-Bild etwas weniger. Die Verwendung von TCP als Protokoll erlaubt viel größere Abstände zwischen den I-Bildern als die Verwendung von RTP. So setzen viele Videostreaming-Websites TCP ein, da es ihnen ermöglicht, die codierte Datei möglichst klein zu halten mit größeren Abständen zwischen den I-Bildern, sodass weniger Bandbreite für eine reibungslose Wiedergabe benötigt wird.

Die vierte Aufgabe ist die Eliminierung von Jitter, die Krux aller Echtzeitsysteme. Die Verwendung von TCP verschlimmert dieses Problem, da es zu zufälligen Verzögerungen kommt, wenn erneute Übertragungen erforderlich sind. Die allgemeine Lösung, der sich alle Streaming-Systeme bedienen, ist ein Wiedergabepuffer. Bevor das Video abgespielt wird, akkumuliert das System Mediendaten für 5-10 Sekunden, wie in ▶Abbildung 7.34 dargestellt. Durch das Abspielen werden die Mediendaten regelmäßig aus dem Puffer entfernt, sodass Sie eine klare Audio- und eine reibungslose Videowiedergabe erhalten. Die Anfangsverzögerung bietet die Möglichkeit, den Puffer bis zur **Untergrenze** (*low-water mark*) zu füllen. Die Idee dahinter ist, dass die Daten so regelmäßig gesendet werden, dass der Puffer niemals völlig leer ist. Wenn dies passieren würde, käme es zu einem Stopp der Medienwiedergabe.

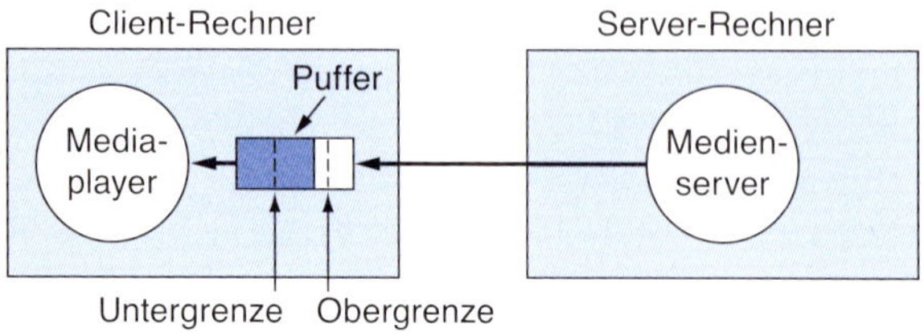

Abbildung 7.34: Der Mediaplayer puffert die Eingaben vom Medienserver und spielt die Daten aus dem Puffer ab statt direkt aus dem Netz.

Das Puffern von Daten birgt eine neue Komplikation. Der Mediaplayer muss einen Teil des Puffers voll halten, idealerweise zwischen der Unter- und der Obergrenze. Das bedeutet, wenn der Puffer die Obergrenze überschreitet, muss der Player der Quelle mitteilen, dass sie aufhören soll zu senden, damit die Daten nicht verloren gehen, weil kein Speicherplatz vorhanden ist. Die Obergrenze muss vor dem Ende des Puffers liegen, da die Daten so lange einströmen, bis die *Stop*-Anforderung den Medienserver erreicht. Sobald der Server aufhört zu senden und die Pipeline leer ist, leert sich auch der Puffer. Wenn die Untergrenze erreicht ist, sendet der Player einen *Start*-Befehl an den Server, um das Streaming erneut zu starten.

Durch die Verwendung eines Protokolls, bei dem der Mediaplayer dem Server Stop- und Start-Befehle erteilen kann, kann der Mediaplayer eine ausreichende, aber nicht übermäßige Menge an Mediendaten im Puffer halten, um eine reibungslose Wiedergabe zu gewährleisten. Da Arbeitsspeicher heutzutage relativ billig ist, kann ein Mediaplayer, sogar auf einem Smartphone, genügend Puffer zuweisen, um bei Bedarf eine Minute oder mehr an Mediendaten zu speichern.

Der Start-Stopp-Mechanismus hat eine weitere nützliche Funktion. Er entkoppelt die Übertragungsrate des Servers von der Abspielrate. Nehmen wir an, dass der Player das Video mit 8 Mbit/s wiedergeben muss. Wenn der Puffer die Untergrenze erreicht, fordert der Player den Server auf, mehr Daten zu übermitteln. Selbst Übertragungsraten des Servers von 100 Mbit/s stellen dabei kein Problem dar. Die Daten kommen einfach an und werden im Puffer gespeichert. Ist die Obergrenze erreicht, dann teilt der Mediaplayer dem Server mit, aufzuhören. Auf diese Weise werden die Übertragungsrate des Servers und die Abspielrate vollständig voneinander getrennt. Was als Echtzeitsystem begann, ist zu einem einfachen Nicht-Echtzeit-Dateitransfersystem geworden. Dass die Anforderungen an Echtzeitübertragungen wegfallen, ist ein weiterer Grund, warum YouTube, Netflix, Hulu und andere Streaming-Server TCP verwenden, denn es vereinfacht das gesamte Systemdesign erheblich.

Die Größe des Puffers festzulegen, ist etwas schwierig. Wenn viel Arbeitsspeicher zur Verfügung steht, scheint es auf den ersten Blick sinnvoll zu sein, einen großen Puffer zu haben und ihn vom Server möglichst voll zu halten, nur für den Fall, dass das Netzwerk später einmal überlastet ist. Doch die Benutzer sind manchmal nicht berechenbar. Wenn ein Benutzer eine Szene langweilig findet und mit den Schaltflächen auf dem Mediaplayer vorwärts spult, kann das den Puffer ganz oder teilweise unbrauchbar machen. In jedem Fall funktioniert das Vorwärts- (oder Rückwärts-)

Springen zu einem bestimmten Zeitpunkt nur, wenn dieser Rahmen zufällig ein I-Bild ist. Wenn nicht, muss der Player nach einem nahe gelegenen I-Bild suchen. Liegt der neue Abspielpunkt außerhalb des Puffers, so muss der gesamte Puffer geleert und neu geladen werden. Benutzer, die viel hin und her springen (und das sind viele), verschwenden Netzwerkbandbreite, indem sie wertvolle Daten in ihren Puffern ungültig machen. Systemweit gesehen spricht das Vorhandensein von Nutzern, die viel springen, für eine Begrenzung der Puffergröße, selbst wenn viel Arbeitsspeicher verfügbar ist. Im Idealfall könnte ein Mediaplayer das Verhalten des Benutzers beobachten und die Puffergröße so wählen, dass sie dem Sehverhalten des Benutzers entspricht.

Alle kommerziellen Videos sind verschlüsselt, um Raubkopien zu verhindern, und ein Mediaplayer muss in der Lage sein, sie zu entschlüsseln, sobald sie eintreffen. Dies ist die fünfte Aufgabe in der obigen Liste.

DASH und HLS

Die Vielzahl der Geräte für die Medienwiedergabe bringt einige Komplikationen mit sich, die wir etwas näher betrachten sollten. Jemand, der einen tollen, glänzenden und sehr teuren 8K-Monitor kauft, möchte Filme in einer Auflösung von 7.680 × 4.320 bei 100 oder 120 Bildern pro Sekunde sehen. Wenn er aber nach der Hälfte eines spannenden Films zum Arzt muss und ihn im Wartezimmer auf einem Smartphone mit einer Auflösung von 1.280 × 720 Pixeln und höchstens 25 Bildern pro Sekunde zu Ende sehen möchte, hat er ein Problem. Aus Sicht der Streaming-Website stellt sich die Frage, mit welcher Auflösung und Bildrate Filme codiert werden sollten.

Die einfache Antwort ist, jede mögliche Kombination zu berücksichtigen. Es verschwendet höchstens Speicherplatz, wenn jeder Film mit sieben Bildschirmauflösungen (z.B. Smartphone, NTSC, PAL, 720p, HD, 4K und 8K) und sechs Bildraten (z.B. 25, 30, 50, 60, 100 und 120) codiert wird, was insgesamt 42 Varianten ergibt, aber Speicherplatz ist nicht sehr teuer. Ein größeres, aber damit zusammenhängendes Problem ist die Frage, was passiert, wenn der Betrachter zu Hause vor seinem großen, glänzenden Monitor sitzt, die Bandbreite zwischen ihm und dem Server aber aufgrund von Netzüberlastung stark schwankt und nicht immer die volle Auflösung unterstützt.

Glücklicherweise gibt es bereits mehrere Lösungen, eine davon ist **DASH** (*Dynamic Adaptive Streaming over HTTP*). Die Grundidee ist einfach und mit HTTP (und HTTPS) kompatibel, sodass sie auf eine Webseite gestreamt werden kann. Der Streaming-Server codiert seine Filme zunächst in mehreren Auflösungen und Bildraten und speichert sie alle in seiner Diskfarm. Jede Version wird nicht in einer einzelnen Datei gespeichert, sondern in mehreren Dateien, von denen jede z.B. 10 Sekunden Video und Audio speichert. Dies würde bedeuten, dass für einen 90-minütigen Film mit sieben Bildschirmauflösungen und sechs Bildraten (42 Varianten) 42×540 = 22.680 separate Dateien mit jeweils 10 Sekunden Inhalt anfallen, d.h., jede Datei enthält ein Segment des Films in einer bestimmten Auflösung und Bildrate. Dem Film ist ein Manifest zugeordnet, das offiziell als **MPD** (*Media Presentation Description*) bezeichnet wird und die Namen all dieser Dateien und ihre Eigenschaften auflistet, einschließlich Auflösung, Bildrate und Bildnummer im Film.

Damit dieser Ansatz funktioniert, müssen sowohl der Player als auch der Server das DASH-Protokoll zugrunde legen. Benutzerseitig wird zum Abspielen entweder der Browser selbst, ein Player, der als JavaScript-Programm an den Browser geliefert wird, oder eine benutzerdefinierte Anwendung (z.B. für ein mobiles Gerät oder eine Streaming-Set-Top-Box) verwendet. Direkt vor Abspielen eines Films wird zunächst das Manifest für diesen Film abgerufen. Es handelt sich dabei um eine kleine Datei, für die lediglich eine normale *GET*-HTTPS-Anfrage benötigt wird.

Anschließend fragt der Player das Gerät ab, auf dem er ausgeführt wird, um die maximale Auflösung und möglicherweise weitere Merkmale zu ermitteln, z.B. welche Audioformate das Gerät verarbeiten kann und wie viele Lautsprecher es hat. Dann beginnt er mit einigen Tests, indem er Testnachrichten an den Server sendet, um abzuschätzen, wie viel Bandbreite zur Verfügung steht. Sobald feststeht, welche Auflösung der Bildschirm hat und wie viel Bandbreite zur Verfügung steht, konsultiert der Player das Manifest, um nach den ersten, sagen wir, 10 Sekunden des Films zu suchen, die die beste Qualität für den Bildschirm und die verfügbare Bandbreite bieten.

Aber das ist noch nicht alles. Während der Film abgespielt wird, führt der Player weiterhin Bandbreitentests durch. Jedes Mal, wenn er mehr Inhalte benötigt, d.h., wenn die Menge der Medien im Puffer die Untergrenze erreicht, konsultiert er erneut das Manifest und fordert, je nach Position im Film und gewünschter Auflösung und Bildrate, die entsprechende Datei an. Wenn die Datenrate während der Wiedergabe stark schwankt, kann der gezeigte Film mehrmals pro Minute von 8K mit 100 Bildern/s zu HD mit 25 Bildern/s und zurück wechseln. Auf diese Weise passt sich das System schnell an sich ändernde Netzwerkbedingungen an und ermöglicht das beste Seherlebnis im Einklang mit den verfügbaren Ressourcen. Unternehmen wie Netflix haben Informationen darüber veröffentlicht, wie sie die Bitrate eines Videostreams in Abhängigkeit von der Belegung des Wiedergabepuffers anpassen (Huang et al., 2014). Ein Beispiel ist in ▶Abbildung 7.35 dargestellt.

In Abbildung 7.35 beschließt der Mediaplayer, bei abnehmender Bandbreite immer niedrigere Auflösungen anzufordern. Er hätte jedoch auch andere Kompromisse eingehen können. So erfordert beispielsweise die Übertragung von 300 Bildern für eine 10-Sekunden-Wiedergabe weniger Bandbreite als die Übertragung von 600 oder 1.200 Bildern für eine 10-Sekunden-Wiedergabe, selbst bei guter Komprimierung. In der Not hätte er auch eine Version mit 10 Bildern/Sekunde bei einer Auflösung von 480 × 320 in Schwarz-Weiß mit monauralem Ton anfordern können, wenn eine solche Datei laut Manifest vorhanden ist. Das Verhalten des Players und die Art und Weise, wie er Segmente anfordert, hängt von der Art des Wiedergabedienstes und dem Gerät ab. Dienste, deren Ziel es ist, Ereignisse wie das Wiederauffüllen des Puffers zu vermeiden, könnten eine große Anzahl von Segmenten, beispielsweise in Batches anfordern, bevor das Video wiedergegeben wird; andere Dienste, die mehr auf Interaktivität setzen, könnten die DASH-Segmente eventuell in einer gleichmäßigeren, stetigen Geschwindigkeit abrufen.

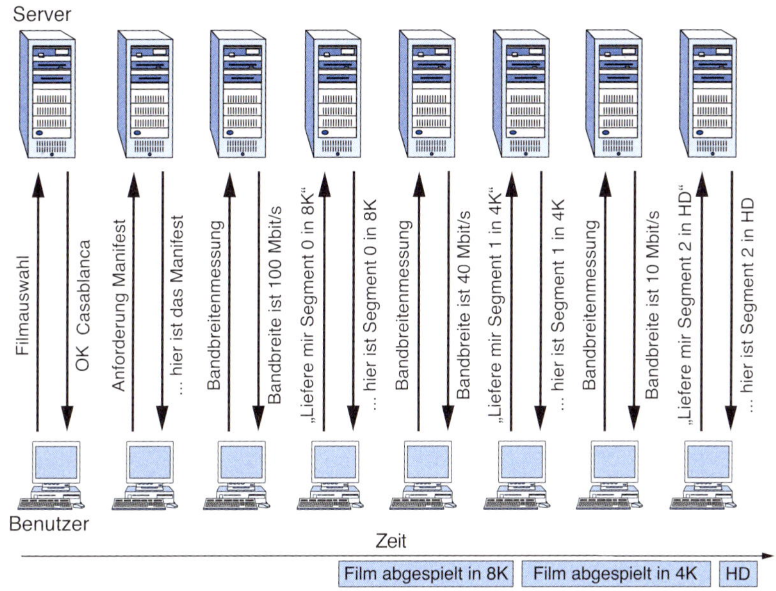

Abbildung 7.35: DASH wird verwendet, um das Format während der Filmwiedergabe zu ändern.

Die Entwicklung von DASH ist noch nicht abgeschlossen. So wird beispielsweise daran gearbeitet, die Latenz zu verringern (Le Feuvre et al., 2015), die Robustheit (Wang und Ren, 2019) und Fairness (Altamini, S., und Shirmohammadi, S., 2019) zu verbessern, Virtual Reality zu unterstützen (Ribezzo et al., 2018) und das Abspielen von 4K-Videos zu optimieren (Quinlan und Sreenan, 2018).

DASH ist heute die gängigste Methode für das Streamen von Videos, obwohl es einige interessante Alternativen gibt. **HLS** (*HTTP Live Streaming*) von Apple funktioniert ebenfalls in einem Browser über HTTP. Es ist die bevorzugte Methode zur Anzeige von Videos in Safari auf iPhones, iPads, MacBooks und allen anderen Apple-Geräten. Es wird auch von Browsern wie Microsoft Edge, Firefox und Chrome auf Windows-, Linux- und Android-Plattformen verwendet und von vielen Spielkonsolen, Smart-TVs und anderen Geräten unterstützt, die Multimedia-Inhalte abspielen können.

Wie DASH erfordert HLS, dass der Server den Film in mehreren Auflösungen und Bildraten codiert, wobei jedes Segment nur wenige Sekunden des Videos umfasst, um eine schnelle Anpassung an veränderte Bedingungen zu ermöglichen. HLS verfügt außerdem über weitere Funktionen wie schneller Vor- und Rücklauf, Untertitel in mehreren Sprachen usw. Es ist in RFC 8216 beschrieben.

Obwohl ihre Funktionsweisen prinzipiell identisch sind, unterscheiden sich DASH und HLS in einigen Punkten. DASH ist Codec-unabhängig, d.h., es funktioniert mit allen Videos, egal welcher Codierungsalgorithmus verwendet wird. HLS arbeitet nur mit Algorithmen, die von Apple unterstützt werden, aber da diese auch H.264 und H.265 umfassen, ist dieser Unterschied unbedeutend, da fast alle Videos einen dieser Algorithmen verwenden. DASH ermöglicht es Dritten, auf einfache Weise Werbung in den Videostream einzufügen, was bei HLS nicht möglich ist. DASH kann mit beliebigen digitalen Rechtemanagement-Systemen umgehen, während HLS nur das von Apple entwickelte System unterstützt.

DASH ist ein offener offizieller Standard, während HLS ein proprietäres Produkt ist. Aber das ist ein zweischneidiges Schwert. Da hinter HLS ein mächtiger Sponsor steht, ist es auf viel mehr Plattformen verfügbar als DASH, und die Implementierungen sind äußerst stabil. Auf der anderen Seite verwenden YouTube und Netflix beide DASH, das jedoch auf iOS-Geräten nicht nativ unterstützt wird. Höchstwahrscheinlich werden wir noch Jahre lang mit beiden Protokollen leben müssen.

Das Videostreaming ist seit Jahrzehnten eine wichtige treibende Kraft des Internets. Für einen Rückblick siehe Li et al. (2013).

Eine ständige Herausforderung beim Videostreaming ist die Einschätzung der **Erlebnisqualität** (**QoE**, *Quality of Experience*), die informell angibt, wie zufrieden ein Benutzer mit der Leistung der Videostreaming-Anwendung ist. Natürlich ist es schwierig, die Erlebnisqualität direkt zu messen (mithilfe von Umfragen unter den Benutzern zu ihren Erfahrungen), aber Netzbetreiber versuchen immer häufiger herauszufinden, wann Videostreaming-Anwendungen Bedingungen ausgesetzt sind, die das Nutzererlebnis beeinträchtigen können. Im Allgemeinen haben sie dabei folgende Parameter im Auge: die Startverzögerung (wie lange ein Video braucht, um mit der Wiedergabe zu beginnen), die Auflösung des Videos und jegliche Unterbrechungen (wegen Wiederauffüllen des Puffers) zu ermitteln. Es kann schwierig sein, diese Ereignisse in einem verschlüsselten Videostream zu identifizieren, insbesondere für einen Internetdienstanbieter, der keinen Zugriff auf die Client-Software hat; daher werden zunehmend Techniken des maschinellen Lernens eingesetzt, um aus verschlüsselten Videostreams auf die Qualität der Anwendung zu schließen (Mangla et al., 2018; und Bronzino et al., 2020).

7.4.4 Echtzeit-Streaming

Im Web ist nicht nur das Abspielen aufgezeichneter Videos extrem populär. Inzwischen hat auch das Streaming in Echtzeit stark an Popularität gewonnen. Sobald es möglich war, Audio- und Videodaten über das Internet zu streamen, begannen Rundfunk- und Fernsehsender, ihre Inhalten nicht nur über den Äther, sondern auch über das Internet zu übertragen. Kurz darauf begannen Uni-Sender, ihre Signale über das Internet zu senden, und dann starteten *Studenten* ihre eigenen Internetübertragungen.

Heutzutage nutzen auch Privatpersonen und Firmen aller Größen das Live-Streaming von Audio- und Videodaten. Die sich ständig weiterentwickelnden Technologien und Standards machen diesen Bereich zu einem Zentrum von Innovationen. Die wichtigsten Fernsehstationen nutzen Live-Streaming für ihre Onlinepräsenz. Dies wird als **IPTV** (**IP TeleVision**) bezeichnet. Aber auch Rundfunkstationen nutzen das Internet zum Verbreiten ihrer Sendungen. Dies wird als **Internetradio** bezeichnet. Sowohl IPTV als auch Internetradio erreichen mit Ereignissen wie Modeschauen, Fußballweltmeisterschaften und Testspielen live von dem Melbourne Cricket Ground ihre Zuhörer in der ganzen Welt. Live-Streaming über IP wird von den Kabelanbietern für den Aufbau eigener Sendesysteme genutzt. Aber auch für den Betrieb von Websites, wie sie jedermann anbieten könnte, seien es Zoos oder Pornosite-Betreiber, wird es zunehmend eingesetzt. Bei dem gegenwärtigen Stand der Technik kann praktisch jeder schnell und mit geringem Aufwand Live-Streaming starten.

Ein Ansatz zum Live-Streaming besteht in der Aufzeichnung von Programmen auf Festplatte. Zuschauer oder Zuhörer können sich dann mit den Serverarchiven verbinden, ein beliebiges Programm auswählen und es zum Betrachten oder Anhören herunterladen. Ein **Podcast** ist eine Serienfolge, die auf diese Weise dem Betrachter verfügbar gemacht wird.

Das Streamen von Live-Veranstaltungen bringt neue Komplikationen mit sich, zumindest manchmal. Bei Sportübertragungen, Nachrichtensendungen und langweiligen Reden von Politikern funktioniert die Methode aus Abbildung 7.34 immer noch. Wenn sich ein Benutzer bei der Website anmeldet, auf der das Live-Ereignis übertragen wird, verzögert sich in den ersten Sekunden das Abspielen des Videos, während sich der Puffer füllt. Danach entspricht das Nutzererlebnis dem Schauen eines normalen Films. Der Player holt sich die Daten aus dem Puffer, der kontinuierlich mit den Daten der Live-Veranstaltung gefüllt wird. Der einzige wirkliche Unterschied besteht darin, dass der Server beim Streamen eines Films von einem Server potenziell 10 Sekunden Film in einer Sekunde laden kann, wenn die Verbindung schnell genug ist. Bei einer Live-Veranstaltung ist das nicht möglich.

7.4.5 Voice-over-IP

Ein gutes Beispiel für Echtzeit-Streaming, bei dem eine Zwischenspeicherung der Daten nicht möglich ist, ist die Übertragung von Telefonanrufen über das Internet (unter Umständen sogar mit Video, wie es Skype, FaceTime und viele andere Dienste anbieten). Es gab mal eine Zeit, in der Telefonanrufe über das öffentliche Telefonsystem übertragen wurden und der Netzverkehr hauptsächlich aus der Übertragung von Sprache und nur selten von Daten bestand. Doch dann kamen das Internet und das Web. Der Datenverkehr wuchs und wuchs, bis 1999 genauso viele Daten wie Sprache übertragen wurden (da Sprache inzwischen digitalisiert ist, kann beides in Bit gemessen werden). 2002 war das Volumen des Datenverkehrs bereits eine Größenordnung höher als das Volumen der Sprachübertragung und es wächst immer noch exponentiell weiter, während die Sprachübertragung fast stagniert. Inzwischen beträgt der Unterschied mehrere Größenordnungen.

Die Folge dieses Wachstums war, dass das Telefonnetz auf den Kopf gestellt wurde. Sprache wird inzwischen mithilfe von Internettechnologien übertragen und benötigt nur einen winzigen Teil der Netzbandbreite. Diese revolutionäre Technologie wird als **Voice-over-IP** oder auch als **Internettelefonie** bezeichnet. Diese Bezeichnung umfasst auch Anrufe mit Video oder mehreren Parteien, sogenannte Videokonferenzen.

Der größte Unterschied zwischen dem Streamen eines Films über das Internet und der Internettelefonie besteht in der Notwendigkeit einer niedrigen Latenzzeit. Das Telefonnetz erlaubt für eine akzeptable Nutzung eine Einweg-Latenz von nicht mehr als 150 ms; alles darüber wird von den Teilnehmern als ärgerliche Verzögerung wahrgenommen. (Internationale Anrufe können eine Latenz von bis zu 400 ms haben, was weit entfernt von einer positiven Benutzererfahrung ist.)

Diese niedrige Latenz ist schwer zu erreichen – mit Sicherheit nicht durch das Puffern von 5–10 Sekunden Mediendaten (wie es bei der Live-Ausstrahlung eines Sportereignisses der Fall wäre). Stattdessen müssen Video- und VoIP-Systeme mit einer Vielzahl von Techniken ausgelegt sein, um die Latenz zu minimieren. Dieses Ziel bedeutet, dass mit UDP als erste Wahl und nicht mit TCP gestartet werden muss, da TCP-Neuübertragungen zu einer Verzögerung von mindestens einer Umlaufzeit führen.

Einige Arten von Latenz lassen sich jedoch nicht reduzieren, auch nicht mit UDP. Die Entfernung zwischen Seattle und Amsterdam beträgt beispielsweise 8.000 km. Die Ausbreitungsverzögerung bei Lichtgeschwindigkeit für diese Distanz beträgt in Glasfaserkabeln 40 ms. Viel Glück, wenn Sie das schlagen wollen. In der Praxis ist die Ausbreitungsverzögerung durch das Netz größer, da eine längere Strecke zurückzulegen ist (die Bits folgen nicht der Großkreisdistanz) und Übertragungsverzögerungen hinzukommen, weil jeder IP-Router ein Paket speichert und weiterleitet. Diese feste Verzögerung schmälert das akzeptable Verzögerungsbudget.

Eine andere Ursache für Latenz ist mit der Paketgröße verbunden. Normalerweise lässt sich mit großen Paketen die Netzbandbreite am besten nutzen, da sie effizienter sind. Bei einer Audio-Samplingrate von 64 kbit/s würde es jedoch 125 ms dauern, um ein 1 KB-Paket zu füllen (und sogar noch länger, wenn die Samples komprimiert werden). Diese Verzögerung würde den Großteil des gesamten Verzögerungsbudgets aufbrauchen. Hinzu kommt, dass die Übertragung eines 1-KB-Pakets 8 ms dauert, wenn es über eine Breitbandverbindung mit einer Rate von nur 1 Mbit/s gesendet wird. Addieren Sie dazu weitere 8 ms, wenn das Paket die Breitbandverbindung am anderen Ende durchläuft. Dies zeigt, dass große Pakete eindeutig nicht geeignet sind.

Stattdessen verwenden VoIP-Systeme kleine Pakete, um die Latenz auf Kosten der Bandbreiteneffizienz zu reduzieren. Sie verarbeiten Audio-Samples in kleineren Einheiten, normalerweise von 20 ms. Bei 64 kbit/s entspricht dies 160 Byte an Daten, mit Komprimierung weniger. Per Definition beträgt die Verzögerung von dieser Paketierung 20 ms. Die Übertragungsverzögerung verkürzt sich ebenfalls, da das Paket kleiner ist. In unserem Beispiel würde sie auf ungefähr 1 ms reduziert. Durch die Verwendung kurzer Pakete kann die Einweg-Verzögerung für ein Seattle-Amsterdam-Paket von unakzeptablen 181 ms (40+125+16) auf akzeptable 62 ms (40+20+2) gedrückt werden.

Und wir haben noch nicht über den Software-Overhead gesprochen, der ebenfalls das Verzögerungsbudget mindert. Dies gilt vor allem für Videodaten, die zur Anpassung an die verfügbare Bandbreite normalerweise einer Komprimierung bedürfen. Im Gegensatz zum Streamen einer gespeicherten Datei ist keine Zeit, einen rechenintensiven Codierer für hohe Komprimierungen einzusetzen. Codierer und Decodierer müssen beide sehr schnell sein.

Außerdem wird immer noch Puffer benötigt, um die Medien-Samples rechtzeitig abzuspielen (um unverständliches Audio oder ruckeliges Video zu vermeiden). Allerdings sollte die Größe des Puffers sehr klein gehalten werden, da die übrig gebliebene Zeit in unserem Verzögerungsbudget in Millisekunden gemessen wird.

Wenn ein Paket zu lang braucht und nicht ankommt, überspringt der Player einfach die fehlenden Samples; vielleicht spielt er benachbarte Geräusche ab oder wiederholt einen Rahmen, um den Verlust vor dem Benutzer zu verbergen. Es besteht eine Beziehung zwischen der Größe des Puffers zur Glättung des Jitters und der Menge an verloren gegangenen Daten. Ein kleinerer Puffer reduziert die Latenz, erhöht jedoch den jitterbedingten Verlust. Wenn der Puffer schrumpft, wird dem Benutzer der Datenverlust irgendwann auffallen.

Aufmerksame Leser werden vielleicht bemerkt haben, dass wir in diesem Abschnitt bisher noch nicht auf die Protokolle der Vermittlungsschicht eingegangen sind. Das Netz kann Latenz, zumindest aber Jitter, durch Dienstgütemechanismen reduzieren. Der Grund, dass dieses Thema noch nicht angesprochen wurde, ist, dass Streaming auch mit erheblicher Latenz funktioniert, sogar im Falle von Live-Streaming. Wenn Latenz nicht das Problem ist, reicht ein Puffer beim Zielrechner, um das Jitterproblem in den Griff zu bekommen. Für Echtzeitkonferenzen hingegen ist es normalerweise wichtig, dass das Netz die Verzögerung und den Jitter reduziert, damit das Verzögerungsbudget eingehalten wird. Die einzige Zeit, in der Jitter und Verzögerung nicht wichtig sind, ist, wenn es genügend Bandbreite gibt, sodass jeder einen guten Dienst erhält.

In *Kapitel 5* haben wir zwei Dienstgütemechanismen beschrieben, die Ihnen helfen, dieses Ziel zu erreichen. Einer dieser Mechanismen sind die differenzierten Dienste (*differentiated services*, DS), bei denen die Pakete als Teil bestimmter Klassen markiert werden, die im Netz jeweils unterschiedlich behandelt werden. Die entsprechende Markierung für VoIP-Pakete ist geringe Verzögerung. In der Praxis setzen Systeme den DS-Codepoint auf den bekannten Wert der Klasse *Expedited Forwarding* mit dem Diensttyp *Low Delay*. Dies ist besonders für Breitbandverbindungen nützlich, da diese zur Überlastung neigen, wenn Webverkehr oder anderer Verkehr um die Nutzung der Verbindung konkurrieren. Unter der Voraussetzung eines stabilen Netzpfades nehmen Verzögerung und Jitter durch die Überlastung zu. Jedes 1-KB-Paket benötigt auf einer 1-Mbit/s-Verbindung 8 ms und ein VoIP-Paket wird diese Verzögerungen übernehmen, wenn es in der Warteschlange dahinter steht. Mit der Markierung *Low Delay* springen die VoIP-Pakete an den Kopf der Warteschlange, d.h., sie umgehen damit die Webpakete und reduzieren ihre Verzögerung.

Der zweite Mechanismus zur Verringerung der Verzögerung besteht darin sicherzustellen, dass genügend Bandbreite zur Verfügung steht. Wenn die verfügbare Bandbreite variiert oder die Übertragungsrate schwankt (wie beim komprimierten Video), sodass manchmal nicht genügend Bandbreite zur Verfügung steht, bilden sich Warteschlangen, was die Verzögerung erhöht. Dies passiert auch bei den differenzierten Diensten. Um sicherzustellen, dass ausreichend Bandbreite zur Verfügung steht, kann beim Netz eine Reservierung gemacht werden. Dies wird durch die integrierten Dienste gewährleistet.

Leider wird davon nicht häufig Gebrauch gemacht. Stattdessen werden Netze auf einen zu erwartenden Verkehr ausgelegt oder Netzkunden gehen Dienstgütevereinbarungen für eine bestimmte Verkehrsdichte ein. Um Überlastung und damit verbundene unnötige Verzögerungen zu vermeiden, müssen sich Anwendungen unterhalb dieses Wertes bewegen. Für gelegentliche Videokonferenzen von zu Hause kann der Benutzer eine Videoqualität quasi stellvertretend für den Bandbreitenbedarf wählen oder aber die Software testet den Netzpfad und wählt automatisch eine passende Qualität.

Alle obigen Faktoren können eine inakzeptable Latenz verursachen, sodass bei Echtzeitkonferenzen auch alle berücksichtigt werden müssen. Einen Überblick über Voice-over-IP und die Analyse dieser Faktoren finden Sie bei Sun et al. (2015).

Nachdem wir das Problem der Latenz im Media-Streaming-Pfad diskutiert haben, wenden wir uns einem weiteren wichtigen Problem zu, mit dem sich Konferenzsysteme beschäftigen müssen: Wie werden Anrufe auf- und abgebaut? Wir werden zwei Protokolle vorstellen, die hierfür allgemein eingesetzt werden: H.323 und SIP. Skype ist ein weiteres wichtiges System, aber seine Funktionsweise ist Betriebsgeheimnis.

H.323

Schon bevor das Internet für Sprach- und Videoanrufe genutzt wurde, war allen Beteiligten klar, dass, wenn jeder Anbieter einen selbst entwickelten Protokollstapel hätte, das System nie funktionieren würde. Um dieses Problem zu vermeiden, taten sich mehrere Interessenten unter der Schirmherrschaft der ITU zusammen und erarbeiteten Standards. 1996 gab die ITU die Empfehlung **H.323** heraus, die den Titel erhielt „Visual Telephone Systems and Equipment for Local Area Networks Which Provide a Non-Guaranteed Quality of Service“ (*Visuelle Telefonsysteme und Geräte für lokale Netze, die eine nicht garantierte Dienstgüte bereitstellen*). Nur die Telefonbranche kann sich einen solchen Namen ausdenken. Bei der Überarbeitung 1998 wurde dieser Name bereits in „Packet-based Multimedia Communications Systems“ (*Paketbasierte Multimedia-Kommunikationssysteme*) geändert. H.323 war die Basis für die ersten weitverbreiteten Internetkonferenzsysteme und wird auch heute noch häufig genutzt.

H.323 ist eher eine Architekturübersicht über Internettelefonie als ein spezielles Protokoll. Es verweist auf sehr viele andere spezielle Protokolle, die sich mit der Codierung von Sprache, dem Gesprächsaufbau, der Signalübertragung, der Datenübertragung und anderen Bereichen beschäftigen, anstatt diese Dinge selbst festzulegen. Das allgemeine Modell ist in ▶Abbildung 7.36 aufgeführt. Im Zentrum steht ein **Gateway**, welches das Internet mit dem Telefonnetz verbindet. Internetseitig wird über H.323-Protokolle kommuniziert und telefonseitig über PSTN-Protokolle. Die Kommunikationsgeräte werden als **Terminals** (Endgeräte) bezeichnet. In einem LAN kann es einen

Gatekeeper geben, der die unter seiner Hoheit befindlichen Endpunkte – als **Zone** bezeichnet – kontrolliert.

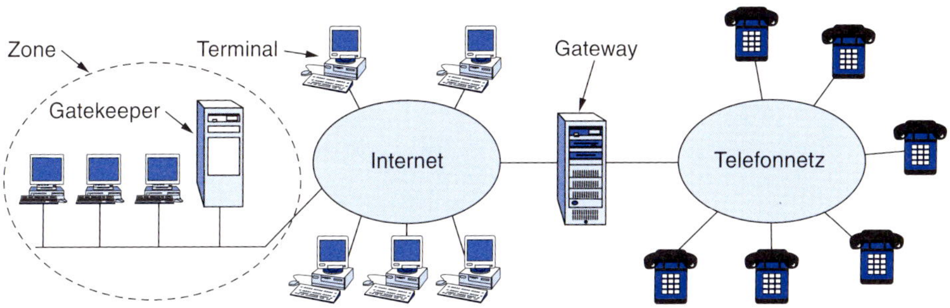

Abbildung 7.36: Das Architekturmodell von H.323 für die Internettelefonie.

Ein Telefonnetz benötigt verschiedene Protokolle, unter anderem ein Protokoll für die Codierung und Decodierung von Audio und Video. Standardtelefoniedarstellungen eines einzelnen Sprachkanals als 64 kbit/s digitales Audio (8.000 Samples mit 8 Bit pro Sekunde) sind in der ITU-Empfehlung **G.711** definiert. Alle H.323-Systeme müssen G.711 unterstützen. Es sind aber auch andere Sprachkomprimierungsprotokolle erlaubt (aber nicht vorgeschrieben). Sie verwenden verschiedene Komprimierungsalgorithmen und gehen verschiedene Kompromisse zwischen Qualität und Bandbreite ein. Für Video werden die bereits beschriebenen MPEG-Formen der Videokomprimierung unterstützt, einschließlich H.264.

Da mehrere Komprimierungsalgorithmen zulässig sind, ist ein Protokoll erforderlich, über das die Terminals verhandeln können, welchen sie verwenden. Dieses Protokoll heißt **H.245**. Hier werden auch andere Aspekte der Verbindung, wie die Bitübertragungsrate, verhandelt. RTCP ist für die Steuerung der RTP-Kanäle erforderlich. Darüber hinaus ist ein Protokoll zum Aufbau und zur Freigabe von Verbindungen, zur Bereitstellung der Wähltöne, zum Erzeugen der Klingeltöne und für die restlichen Dinge der Standardtelefonie erforderlich. Hier wird ITU **Q.931** verwendet. Außerdem benötigen die Terminals ein Protokoll für die Kommunikation mit dem Gatekeeper (falls vorhanden). Hierfür wird **H.225** verwendet. Der Kanal vom PC zum Gatekeeper, den dieses Protokoll verwaltet, wird als **RAS-Kanal** (**Registration/Admission/Status**) bezeichnet. Über diesen Kanal können Terminals unter anderem einer Zone beitreten oder sie verlassen, Bandbreite anfordern und sie zurückgeben oder Statusaktualisierungen bereitstellen. Schließlich wird ein Protokoll für die eigentliche Übertragung der Daten benötigt. Für diesen Zweck wird RTP über UDP verwendet. Es wird wie üblich von RTCP verwaltet. Die Positionierung dieses Protokolls wird in ▶Abbildung 7.37 dargestellt.

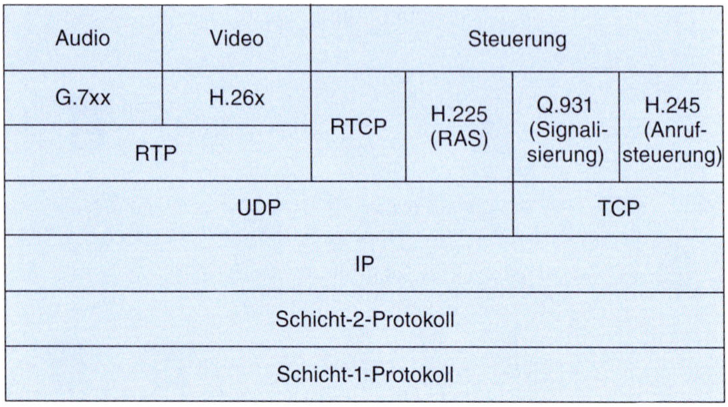

Abbildung 7.37: Der H.323-Protokollstapel.

Um das Zusammenspiel dieser Protokolle zu veranschaulichen, betrachten wir ein PC-Terminal in einem LAN (mit einem Gatekeeper), das ein entferntes Telefon anruft. Der PC muss zuerst den Gatekeeper ausfindig machen; daher sendet er ein UDP-Gatekeeper-Ermittlungspaket an Port 1718. Wenn der Gatekeeper antwortet, erfährt der PC die IP-Adresse des Gatekeepers. Der PC registriert sich beim Gatekeeper, indem er ihm eine RAS-Nachricht in einem UDP-Paket sendet. Nachdem dieses akzeptiert wurde, sendet der PC dem Gatekeeper eine RAS-Erlaubnisnachricht und fordert Bandbreite an. Erst nachdem Bandbreite zugeteilt wurde, kann der Gesprächsaufbau beginnen. Das Konzept der Bandbreitenanforderung im Voraus hat den Zweck, dass der Gatekeeper die Anzahl der Anrufe beschränken kann, um eine Überbelegung der Ausgangsleitungen zu vermeiden und um die erforderliche Dienstgüte bereitzustellen.

Eigentlich macht das Telefonsystem genau das Gleiche. Wenn Sie den Hörer heben, wird ein Signal an die lokale Teilnehmervermittlungsstelle gesendet. Wenn diese ausreichend ungenutzte Kapazität für einen neuen Anruf zur Verfügung hat, erzeugt sie einen Wählton. Wenn nicht, hören Sie nichts. Heutzutage ist das System so überdimensioniert, dass der Wählton fast immer sofort zu hören ist, während es früher oft einige Sekunden dauerte. Wenn Ihre Großkinder Sie also eines Tages fragen, warum es Wähltöne gibt, wissen Sie jetzt die Antwort. Doch wahrscheinlich gibt es bis dahin keine Telefone mehr.

Der PC errichtet anschließend eine TCP-Verbindung zum Gatekeeper, um den Gesprächsaufbau zu beginnen. Beim Gesprächsaufbau werden vorhandene Telefonnetzprotokolle verwendet, die verbindungsorientiert sind, sodass TCP erforderlich ist. Da das Telefonsystem nichts hat, was RAS entspricht, damit Telefone ihre Anwesenheit bekannt machen können, konnten die H.323-Entwickler frei zwischen UDP und TCP für RAS wählen konnten. Sie entschieden sich für UDP mit dem niedrigeren Overhead.

Nachdem die Bandbreite zugeteilt ist, kann der PC über die TCP-Verbindung eine Q.931-Nachricht *SETUP* senden. Diese Nachricht enthält die Nummer des angerufenen Telefons (oder die IP-Adresse und den Port, wenn ein Computer angerufen wird). Der Gatekeeper antwortet mit einer Q.931-Nachricht *CALL PROCEEDING*, um den korrekten Eingang der Anfrage zu bestätigen, und leitet die *SETUP*-Nachricht an das Gateway weiter.

Das Gateway, das halb Computer und halb Telefonvermittlungsgerät ist, führt dann einen normalen Telefonanruf zu dem gewünschten (normalen) Telefon durch. Die Teilnehmervermittlungsstelle, an der das Telefon angeschlossen ist, bringt das angerufene Telefon zum Klingeln und sendet die Q.931-Nachricht *ALERT* zurück, um dem anrufenden PC mitzuteilen, dass der Klingelton erzeugt wird. Wenn die Person am anderen Ende das Telefon aufnimmt, sendet die Teilnehmervermittlungsstelle eine Q.931-Nachricht *CONNECT* zurück, um dem PC zu signalisieren, dass die Verbindung aufgebaut ist.

Wurde die Verbindung einmal aufgebaut, ist der Gatekeeper im Gegensatz zum Gateway nicht mehr in der Verbindung. Folgepakete umgehen den Gatekeeper und werden direkt an die IP-Adresse des Gateways geschickt. An diesem Punkt haben wir einen direkten Kanal zwischen den beiden Parteien. Es ist nur eine Verbindung auf der Bitübertragungsschicht zum Versenden von Bits, weiter nichts. Keine Seite weiß etwas von der anderen.

Mit dem H.245-Protokoll werden die Anrufparameter verhandelt. Es verwendet den H.245-Steuerungskanal, der immer offen ist. Jede Seite beginnt mit der Ankündigung ihrer Fähigkeiten, beispielsweise ob sie Video (H.323 kann auch Videokanäle verarbeiten) oder Telefonkonferenzen entgegennehmen kann, welche Codecs unterstützt werden usw. Wenn jede Seite weiß, was die andere verarbeitet, werden zwei unidirektionale Datenkanäle eingerichtet und jedem ein Codec und andere Parameter zugewiesen. Da jede Seite verschiedene Geräte besitzen kann, ist es durchaus möglich, dass die Codecs für den Empfangs- und den Rückkanal verschieden sind. Wenn alle Verhandlungen abgeschlossen sind, beginnt der Datenfluss unter Verwendung von RTP. Er wird mit RTCP verwaltet, das bei der Überlastkontrolle eine wichtige Rolle spielt. Sind Videodaten vorhanden, übernimmt RTCP die Audio-/Video-Synchronisation. Die verschiedenen Kanäle sind in ▶Abbildung 7.38 dargestellt. Legt einer der Teilnehmer den Hörer auf, wird die Verbindung unter Verwendung des Q.931-Aufrufs „Call Signaling Channel“ abgebaut, nachdem der Anruf beendet ist, um Ressourcen freizugeben, die nicht länger benötigt werden.

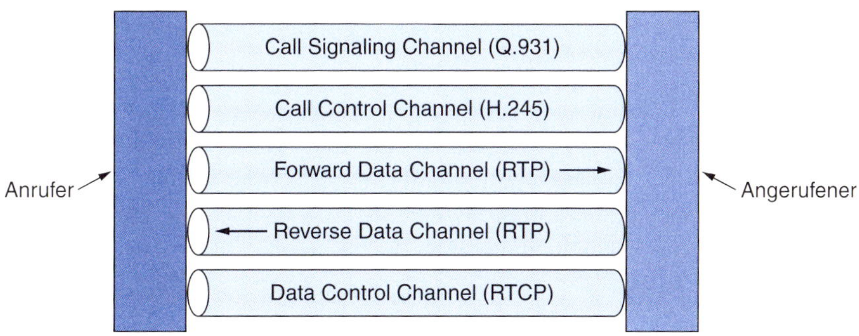

Abbildung 7.38: Logische Kanäle zwischen dem Anrufer und dem Angerufenen während eines Anrufs.

Wird der Anruf beendet, kontaktiert der anrufende PC wieder den Gatekeeper mit einer RAS-Nachricht, um die zugewiesene Bandbreite freizugeben. Alternativ kann er auch einen zweiten Anruf tätigen.

Bislang haben wir noch nichts über die Dienstgüte als Teil von H.323 gesagt, obwohl wir festgestellt haben, dass sie für den Erfolg von Echtzeitkonferenzen entscheidend ist. Der Grund hierfür ist, dass die Dienstgüte nicht in den Bereich von H.323 fällt. Wenn das zugrunde liegende Netz eine stabile, jitterfreie Verbindung vom anrufenden PC zum Gateway erzeugen kann, dann ist die Dienstgüte für den Anruf gut, andernfalls nicht. Der telefonseitige Teil des Anrufs ist immer jitterfrei, da das Telefonnetz so ausgelegt ist.

SIP – Session Initiation Protocol

H.323 wurde von der ITU (*International Telecommunication Union*) entwickelt. Für viele in der Internetgemeinde war dieses Protokoll ein typisches Produkt der Telekommunikationsbranche: groß, komplex und unflexibel. Daher rief die IETF ein Komitee ins Leben, das eine einfachere und modularere Lösung für Voice-over-IP erarbeiten sollte. Das bisher wichtigste Ergebnis ist **SIP** (*Session Initiation Protocol*, Sitzungsaktivierungsprotokoll). Es wird in RFC 3261 beschrieben und hat bereits viele Aktualisierungen erfahren. Dieses Protokoll legt fest, wie über das Internet Telefonanrufe, Videokonferenzen und andere Multimediaverbindungen aufgebaut werden. Im Unterschied zu H.323, das eine vollständige Protokollsuite darstellt, ist SIP nur ein Modul, das konzipiert wurde, um mit vorhandenen Internetanwendungen gut zusammenzuarbeiten. So werden Telefonnummern als URLs definiert, damit sie in Webseiten aufgenommen werden können, um mit einem Klick auf einen Link einen Telefonanruf zu starten (auf die gleiche Weise, wie mit einem Klick auf einen *mailto*-Link ein Programm gestartet wird, um eine E-Mail-Nachricht zu senden).

SIP kann Sitzungen mit zwei Parteien aufbauen (normale Telefonanrufe), Sitzungen mit mehreren Parteien (in denen jeder jeden hören und sprechen kann) sowie Multicast-Sitzungen (ein Sender und viele Empfänger). Die Sitzungen können Audio, Video oder Daten enthalten, wobei Letzteres beispielsweise für Echtzeitspiele mit mehreren Spielern nützlich ist. SIP handhabt den Aufbau, die Verwaltung und die Beendigung von Sitzungen. Andere Protokolle wie RTP/RTCP werden für die Datenübertragung verwendet. SIP ist ein Protokoll der Anwendungsschicht und kann über UDP oder TCP ausgeführt werden.

SIP unterstützt eine Vielzahl von Diensten, einschließlich den Angerufenen ausfindig machen (der eventuell nicht an seinem Heimrechner sitzt) und seine Fähigkeiten bestimmen, ebenso wie die Verbindung aufbauen und trennen. Im einfachsten Fall baut SIP eine Sitzung auf vom Computer des Anrufers zu dem des Angerufenen. Diesen Fall untersuchen wir zuerst.

Die Telefonnummern werden in SIP als URLs unter Verwendung des *sip*-Schemas dargestellt, beispielsweise *sip:ilse@cs.university.edu* für eine Benutzerin namens Ilse an den mit dem DNS-Namen *cs.university.edu* angegebenen Host. SIP-URLs können auch IPv4- bzw. IPv6-Adressen oder konkrete Telefonnummern enthalten.

Das SIP-Protokoll ist ein textbasiertes Protokoll, das sich an HTTP anlehnt. Eine Partei sendet eine Nachricht im ASCII-Text, die aus einem Methodennamen in der ersten Zeile besteht, gefolgt von weiteren Zeilen mit Headern für die Parameterübergabe. Viele Header stammen aus MIME, damit SIP mit den bestehenden Internetanwendungen zusammenarbeiten kann. Die sechs in der Hauptspezifikation definierten Methoden werden in ▶Abbildung 7.39 aufgeführt.

Methode	Beschreibung
INVITE	Initiierung einer Sitzung anfordern
ACK	Initiierung einer Sitzung bestätigen
BYE	Beendigung einer Sitzung anfordern
OPTIONS	Host über seine Möglichkeiten abfragen
CANCEL	Ausstehende Anforderung abbrechen
REGISTER	Umleitungsserver über den aktuellen Standort eines Benutzers informieren

Abbildung 7.39: SIP-Methoden.

Um eine Sitzung einzurichten, erstellt ein Anrufer entweder eine TCP-Verbindung zum Angerufenen und sendet eine *INVITE*-Nachricht, oder er sendet eine *INVITE*-Nachricht in einem UDP-Paket. In beiden Fällen beschreiben die Header in der zweiten und den folgenden Zeilen die Struktur des Nachrichtenhauptteils, der die Fähigkeiten des Anrufers, die Medientypen und die Formate angibt. Wenn der Angerufene den Anruf entgegennimmt, antwortet er mit einem Antwortcode vom Typ HTTP (eine dreistellige Zahl unter Verwendung der Gruppen in Abbildung 7.26, 200 für die Annahme). Auf die Zeile mit dem Antwortcode kann der Angerufene auch Informationen über seine Fähigkeiten, die Medientypen und Formate anhängen.

Die Verbindung wird über ein Dreiwege-Handshake aufgebaut, sodass der Anrufer mit einer *ACK*-Nachricht antwortet, um das Protokoll zu beenden und den Empfang der 200-Nachricht zu bestätigen. Jede Partei kann die Trennung einer Verbindung anfordern, indem eine Nachricht mit der *BYE*-Methode gesendet wird. Wenn die andere Seite dies bestätigt, wird die Sitzung beendet.

Die Methode *OPTIONS* dient zur Abfrage der Fähigkeiten eines Rechners. Sie wird in der Regel vor der Initiierung einer Sitzung verwendet, um herauszufinden, ob dieser Rechner überhaupt Voice-over-IP unterstützt oder welcher andere Sitzungstyp in Erwägung gezogen werden soll.

Die Methode *REGISTER* bezieht sich auf die Fähigkeit von SIP, einen Benutzer, der unterwegs ist, zu verfolgen und mit ihm eine Verbindung herzustellen. Die Nachricht wird an einen SIP-Location-Server gesendet, der im Blick hat, wer wo ist. Der Server kann dann später abgefragt werden, um den aktuellen Standort des Benutzers festzustellen. ▶Abbildung 7.40 zeigt, wie die Umleitung funktioniert. Hier sendet der Anrufer eine *INVITE*-Nachricht an einen Proxy-Server, um die mögliche Umleitung zu verbergen. Der Proxy sucht dann, wo sich der Benutzer befindet, und sendet ihm die *INVITE*-Nachricht. Er fungiert damit als Vermittler für die nachfolgenden Nachrichten im Dreiwege-Handshake. Die Nachrichten *LOOKUP* und *REPLY* gehören nicht zu SIP. Es kann jedes gängige Protokoll verwendet werden, je nachdem, welcher Location-Server zum Einsatz kommt.

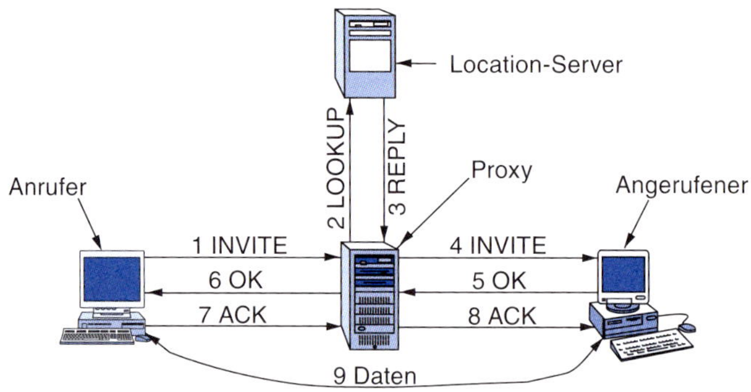

Abbildung 7.40: Einsatz eines Proxy-Servers und Umleitung mit SIP.

SIP zeichnet sich noch durch eine Vielzahl anderer Funktionen aus, auf die wir hier nicht weiter eingehen können, wie Anklopfen, Rufabschirmung, Verschlüsselung und Authentifizierung. SIP kann darüber hinaus von einem Computer aus ein normales Telefon anrufen, wenn ein passendes Gateway zwischen dem Internet und dem Telefonsystem verfügbar ist.

Vergleich von H.323 und SIP

Sowohl H.323 als auch SIP erlauben Anrufe zwischen zwei und mehreren Parteien, die sowohl Computer wie auch Telefone als Endgeräte einsetzen. Beide unterstützen Aushandlung der Parameter, Verschlüsselung und RTP/RTCP-Protokolle. Eine Zusammenfassung der Ähnlichkeiten und Unterschiede ist in ▶Abbildung 7.41 aufgeführt.

Eigenschaft	H.323	SIP
Entworfen	ITU	IETF
Kompatibel mit PSTN	Ja	Größtenteils
Kompatibel mit dem Internet	Ja, mit der Zeit	Ja
Architektur	Monolithisch	Modular
Vollständigkeit	Kompletter Protokollstapel	SIP übernimmt nur das Einrichten
Verhandlung der Parameter	Ja	Ja

Abbildung 7.41: Vergleich von H.323 und SIP.

Eigenschaft	H.323	SIP
Signalisierung des Anrufs	Q.931 über TCP	SIP über TCP oder UDP
Nachrichtenformat	Binär	ASCII
Medienübertragung	RTP/RTCP	RTP/RTCP
Gespräche mit mehreren Teilnehmern	Ja	Ja
Multimediakonferenzen	Ja	Nein
Adressierung	URL oder Telefonnummer	URL
Gesprächsbeendigung	Explizit oder TCP-Freigabe	Explizit oder Timeout
Instant Messaging	Nein	Ja
Verschlüsselung	Ja	Ja
Umfang des Standards	1400 Seiten	250 Seiten
Implementierung	Groß und komplex	Mittel
Status	Weitverbreitet, besonders Video	Alternativ, besonders Audio

Abbildung 7.41: Vergleich von H.323 und SIP.

Obwohl die Funktionen sehr ähnlich sind, unterscheiden sich die beiden Protokolle konzeptionell sehr stark. H.323 ist ein typischer schwergewichtiger Standard der Telefonindustrie, der den gesamten Protokollstapel spezifiziert und genau definiert, was erlaubt ist und was nicht. Dieser Ansatz führt in jeder Schicht zu sehr gut definierten Protokollen und vereinfacht die Interoperabilität. Der hierfür gezahlte Preis ist ein großer, komplexer und rigider Standard, der schwer an zukünftige Anwendungen anzupassen ist.

Im Gegensatz dazu ist SIP ein typisches Internetprotokoll, bei dem nur kurze ASCII-Zeilen ausgetauscht werden. Es ist ein leichtes Modul, das mit anderen Internetprotokollen gut zusammenarbeitet, weniger gut allerdings mit den Signalübertragungsprotokollen des vorhandenen Telefonsystems. Da das IETF-Modell von Voice-over-IP stark modular ist, ist es flexibel und kann einfach an neue Anwendungen angepasst werden. Der Nachteil sind immer wieder auftauchende Interoperabilitätsprobleme, da die Betroffenen versuchen zu interpretieren, was der Standard bedeutet.

7.5 Content Delivery

Wie das Telefonnetz diente das Internet vor allem der Kommunikation. Schon früh kommunizierten Akademiker mit entfernten Rechnern, indem sie sich über das Netz einloggten und Aufgaben ausführten. Schon lange nutzen die Menschen E-Mail, um miteinander zu kommunizieren, und jetzt nutzen Sie darüber hinaus noch Video und

Voice-over-IP. Seitdem das Web jedoch erwachsen geworden ist, dreht sich das Internet mehr um Inhalte (*content*) als um Kommunikation. Viele nutzen das Web für die Informationssuche, daneben gibt es eine große Nachfrage nach Zugriff auf Filme, Musik und anderes Material. Der Wechsel zu Inhalten war so ausgeprägt, dass der Großteil der Bandbreite heutzutage für die Übertragung gespeicherter Videos benötigt wird.

Da die Übertragung von Inhalten sich von der Übertragung von Kommunikation unterscheidet, sind auch die Anforderungen an das Netz andere. Wenn beispielsweise Sandra mit Jörg sprechen möchte, kann sie über VoIP sein Mobiltelefon anrufen. Die Kommunikation muss über einen bestimmten Computer erfolgen. Es würde keinen Sinn machen, Pauls Computer anzurufen. Doch wenn Jörg das letzte Kricketspiel seiner Mannschaft sehen möchte, ist es ihm egal, von welchem Computer er das Video streamt, ob von Sandras oder Pauls Computer oder, was wahrscheinlicher ist, von einem unbekannten Server im Internet. Das heißt, bei Inhalt spielt der Ort keine Rolle, es sei denn er hat Einfluss auf die Leistung (und Verletzung des Urheberrechts).

Der andere Unterschied ist, dass einige Websites, die Inhalte bereitstellen, extrem populär geworden sind. Das beste Beispiel hierfür ist YouTube. Diese Plattform erlaubt den Benutzern, selbst erstellte Videos zu jedem beliebigen Thema für andere zum Betrachten hochzuladen, wovon viele Gebrauch machen, während der Rest der Welt die Videos betrachten will. Der Internetverkehr besteht heute zu mehr als 70 % aus dem Streamen von Videos, wobei der überwiegende Teil dieses Traffics von einer kleinen Zahl von Content-Providern bereitgestellt wird.

Kein einzelner Server ist leistungsstark oder zuverlässig genug, um eine solche überraschend hohe Nachfrage zu bewältigen. Deshalb bauen YouTube, Netflix und andere große Content-Provider ihre eigenen Verteilernetze auf. Diese Netze nutzen Datenzentren in der ganzen Welt, um ihre Inhalte einer extrem großen Anzahl an Clients schnell und zuverlässig bereitzustellen.

Die Techniken, die zur Content-Verteilung verwendet werden, sind mit der Zeit entwickelt worden. Als das Web anfing zu wachsen, war es gerade diese Popularität, die fast seinen Ruin bedeutet hätte. Die steigende Nachfrage nach Content führte dazu, dass Server und Netze häufig überlastet waren. Viele nannten daraufhin das WWW auch das World Wide Wait. Um die endlosen Verzögerungen zu verringern, entwickelten Wissenschaftler außerdem verschiedene Architekturen, um die Bandbreite optimal für die Content-Verteilung zu nutzen.

Eine weitverbreitete Architektur für die Verteilung von Inhalten ist das CDN (*Content Delivery Network*, manchmal auch *Content Distribution Network* genannt). Bei einem CDN handelt es sich mehr oder weniger um eine sehr große verteilte Menge an Zwischenspeicher, die den Content in der Regel direkt an die Kunden weiterleiten. Früher waren CDNs ausschließlich den großen Content-Providern vorbehalten. Ein Content-Provider mit beliebten Inhalten konnte ein CDN wie Akamai für die Verteilung seiner Inhalte bezahlen und so dessen Zwischenspeicher mit den zu verteilenden Inhalten füllen. Heute betreiben viele große Content-Provider, darunter Netflix, Google und sogar viele Internetdienstanbieter, die ihre eigenen Inhalte hosten (z. B. Comcast), ihre eigenen CDNs. Eine weitere Möglichkeit zur Verbreitung von Inhalten ist ein **P2P**-Netz (Peer-to-Peer), bei dem sich Computer gegenseitig Inhalte zur Verfügung stellen, in der Regel ohne separat bereitgestellte Server oder einen zentralen Kontrollpunkt. Die Faszination dieser Idee liegt darin, dass viele kleine „Player" durch diese Zusammenarbeit eine enorme Schlagkraft entwickeln können.

7.5.1 Content und Internetverkehr

Um ein gut funktionierendes Netz zu entwerfen und aufzubauen, müssen Sie wissen, wie hoch das zu erwartende Verkehrsvolumen ist, das über das Netz übertragen werden soll. Mit dem Übergang des Internetverkehrs auf Content-Übertragung wurden beispielsweise die Server aus den Firmenbüros in Internetdatenzentren verlagert, die eine große Anzahl an Rechnern mit ausgezeichneter Netzwerkkonnektivität bereitstellen. Selbst wenn Sie heutzutage nur einen kleinen Server betreiben wollen, ist es einfacher und billiger, einen virtuellen Server zu mieten, der in einem Internetdatenzentrum gehostet wird, als einen realen Rechner mit Breitbandanschluss von zu Hause oder dem Büro aus zu betreiben.

Ein wichtiger Fakt ist, dass der Internetverkehr extrem verzerrt ist. Viele Eigenschaften, die wir kennen, bewegen sich um einen Durchschnittswert. Zum Beispiel haben die meisten Erwachsenen eine Durchschnittsgröße. Es gibt einige große und einige kleine Menschen, aber nur wenige sehr große oder sehr kleine Menschen. Entsprechend haben die meisten Romane einige Hundert Seiten, nur wenige sind 20 oder 10.000 Seiten lang. Bei solchen Eigenschaften ist es möglich, den Entwurf auf einen relativ kleinen Bereich zu beschränken, der dennoch die Mehrheit der Bevölkerung umfasst.

Beim Internetverkehr ist das nicht so. Seit Langem weiß man, dass es eine kleine Anzahl von Websites mit extrem viel Verkehr gibt (z.B. Google, YouTube und Facebook) und eine riesige Anzahl von Websites mit wesentlich weniger Verkehr.

Die Erfahrungen mit Videoverleihfirmen, öffentlichen Bibliotheken und anderen ähnlichen Organisationen haben gezeigt, dass nicht alle Filme gleich beliebt sind. Untersuchungen haben ergeben: Wenn N Spielfilme verfügbar sind, ist der Bruchteil aller Anfragen für den k-ten beliebtesten Film etwa C/k. Hier wird C berechnet, um die Summe auf 1 zu normalisieren, und zwar

$$C = 1/(1+1/2+1/3+1/4+1/5+\ldots+1/N)$$

Daher ist der beliebteste Film etwa siebenmal beliebter als der Film auf Platz 7. Dieses Ergebnis ist als das **Zipf'sche Gesetz** (Zipf, 1949) bekannt. Es ist nach George Zipf, einem Linguistikprofessor der Harvard-Universität, benannt, der festgestellt hat, dass die Häufigkeit eines Wortes in einem großen Text umgekehrt proportional seiner Position in der Reihenfolge ist. Beispielsweise wird das 40sthäufige Wort doppelt so oft verwendet wie das 80sthäufige Wort und dreimal so oft wie das 120sthäufige Wort.

In ▸Abbildung 7.42a sehen Sie eine Zipf'sche Verteilung. Sie spiegelt die Aussage wider, dass es eine kleine Anzahl von beliebten Elementen und eine große Menge an weniger beliebten Elementen gibt. Um Verteilungen dieser Art zu erkennen, bietet es sich an, die Werte mit logarithmischer Skalierung auf beiden Achsen abzutragen (Abbildung 7.42b). Das Ergebnis sollte eine gerade Linie sein.

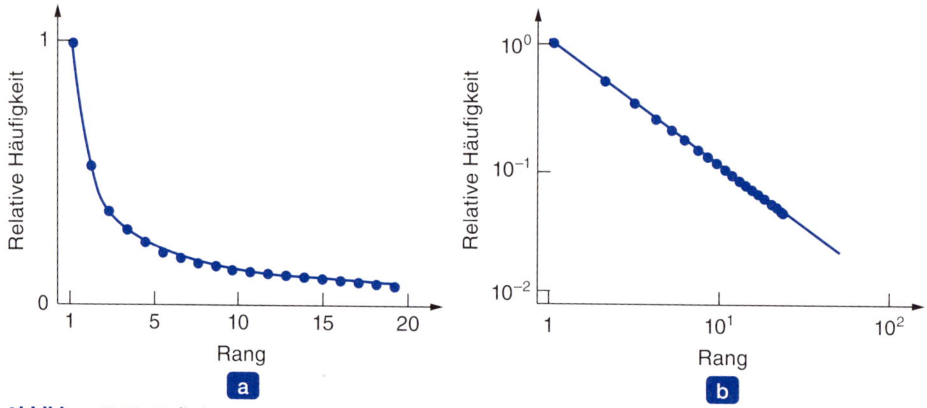

Abbildung 7.42: Zipf'sche Verteilung (a) mit linearer Skalierung; (b) mit Log-Log-Skalierung.

Bei der Untersuchung der Popularität von Webseiten stellte man fest, dass auch diese in etwa dem Zipf'schen Gesetz folgte (Breslau et al., 1999). Die Zipf'sche Verteilung ist nur ein Beispiel aus einer Familie von Verteilungen, die als **Potenzgesetze** bekannt sind. Potenzgesetze liegen vielen menschlichen Phänomenen zugrunde, wie der Verteilung der Stadtbevölkerung und des Wohlstandes. Sie neigen ebenfalls dazu, einige wenige große Player und sehr viele kleinere Player zu beschreiben und sie lassen sich ebenfalls als gerade Linie in einem Log-Log-Diagramm zeichnen. Man stellte schon bald fest, dass die Topologie des Internets grob mit Potenzgesetzen beschrieben werden konnte (Siganos et al., 2003). Daraufhin begannen die Wissenschaftler jede nur denkbare Eigenschaft des Internets auf einer logarithmischen Skala abzutragen, wobei sie bei jeder geraden Linie „Potenzgesetz!" schrien.

Wichtiger als eine gerade Linie in einem Log-Log-Diagramm ist, was diese Verteilungen für den Entwurf und die Nutzung der Netze bedeutet. In Anbetracht der vielen Content-Formen, die einer Verteilung nach dem Zipf'schen oder dem Potenzgesetz folgen, scheint es wichtig, dass Websites im Internet von der Beliebtheit her ebenfalls Zipf folgen. Dies wiederum bedeutet, dass eine durchschnittliche Site kein nützlicher Repräsentant ist. Sites sollten besser als populär oder nicht populär klassifiziert werden. Beide Arten von Sites sind auf ihre Art wichtig. Die populären Sites natürlich, weil die wenigen populären Sites für den Großteil des Verkehrs im Internet verantwortlich sein können. Vielleicht überrascht es Sie, dass auch die nicht so populären Sites eine Rolle spielen können. Das liegt daran, dass das Verkehrsvolumen der weniger populären Sites zusammengenommen einen großen Anteil am Gesamtverkehr ausmachen kann, was wiederum darauf zurückzuführen ist, dass es so viele nicht populäre Sites gibt. Die Vorstellung, dass viele weniger populäre Optionen zusammen eine Rolle spielen können, wurde von Büchern wie *The Long Tail* (Anderson, 2008a) verbreitet.

Um in dieser verzerrten Welt effektiv zu arbeiten, müssen wir beide Arten von Websites erstellen können. Weniger populäre Sites sind einfacher zu verwalten. Durch die Verwendung von DNS ist es möglich, dass viele verschiedene Sites eigentlich auf denselben Computer im Internet zeigen, der alle Sites ausführt. Beliebte Sites hingegen sind nur schwer zu verwalten. Es gibt keinen Computer, der auch nur entfernt leistungsstark genug ist, und außerdem würde die Verwendung nur eines Computers bei Ausfall dazu führen, dass Millionen von Besuchern keinen Zugriff mehr auf die Site hätten. Um solche Sites zu verwalten, müssen wir Content-Verteilersysteme aufbauen. Dieser Aufgaben wollen wir uns als Nächstes widmen.

7.5.2 Serverfarmen und Webproxys

Die Webdesigns, die wir bisher gesehen haben, gehen von einem einzigen Server aus, der mit vielen Client-Rechnern spricht. Beim Aufbau großer Websites, die gute Leistungen zeigen, können wir die Verarbeitung entweder serverseitig oder clientseitig beschleunigen. Serverseitig ist es möglich, leistungsstärkere Webserver in Form einer Serverfarm zu erstellen, in denen ein Rechner-Cluster als ein einziger Server agiert. Clientseitig wird eine bessere Leistung mit besseren Techniken zur Zwischenspeicherung erreicht.

Wir werden die einzelnen Techniken nacheinander beschreiben. Dabei ist jedoch zu beachten, dass keine Technik allein ausreicht, um die größten Websites aufzubauen. Für sehr beliebte Sites benötigen Sie die Content-Verteilungsmethoden, die wir in den folgenden Abschnitten beschreiben werden und die darin bestehen, Rechner an vielen verschiedenen Orten zu kombinieren.

Serverfarmen

Egal, wie viel Bandbreite ein Rechner zur Verfügung hat, er kann nur so viele Webanfragen bearbeiten, wie diese Bandbreite erlaubt. Die Lösung besteht in diesem Fall darin, mehr als einen Computer als Webserver zu verwenden. Dadurch erhalten Sie das Modell der **Serverfarm** aus ▶Abbildung 7.43.

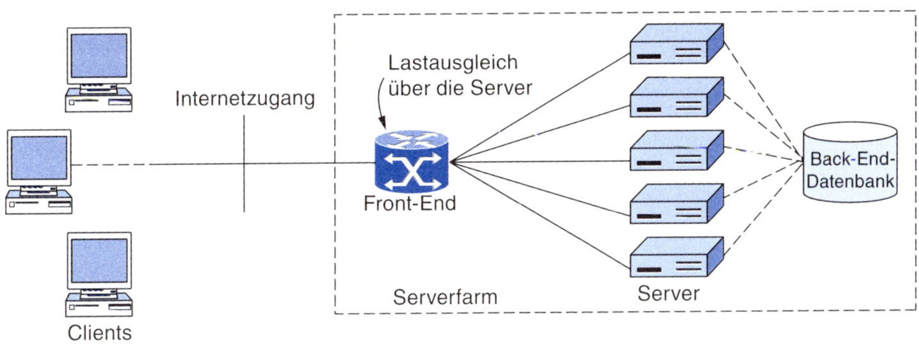

Abbildung 7.43: Eine Serverfarm.

Die Schwierigkeit bei diesem anscheinend sehr einfachen Modell ist, dass die Rechner, aus denen die Serverfarm besteht, für die Clients wie eine einzige logische Website aussehen müssen. Wenn dies nicht gelingt, haben wir nur verschiedene Websites eingerichtet, die parallel ausgeführt werden.

Es gibt mehrere mögliche Lösungen, um die Gruppe von Servern als eine Website erscheinen zu lassen. Alle Lösungen gehen davon aus, dass jeder Server eine Anfrage von jedem Client bearbeiten kann. Hierfür muss jeder Server eine Kopie der Website haben. Zu diesem Zweck werden die Server mit einer gemeinsamen Back-End-Datenbank verbunden, was durch eine gestrichelte Linie angezeigt wird.

Die vielleicht gängigste Lösung besteht darin, mithilfe des DNS die Anfragen auf die Server in der Serverfarm zu verteilen. Wenn eine DNS-Anfrage für die DNS-Domain in der entsprechenden Web-URL erfolgt, gibt der DNS-Server eine DNS-Antwort zurück, die den Client an einen CDN-Dienst weiterleitet (in der Regel durch einen NS-Record, der auf einen für diese Domain autoritativen Nameserver verweist), der wiederum versucht, dem Client eine IP-Adresse zurückzugeben, die einer Serverreplik in der Nähe des Clients entspricht. Werden in der Antwort mehrere IP-Adressen zurückgegeben, so versucht der Client in der Regel, eine Verbindung mit der ersten IP-Adresse in den bereitgestellten Antworten herzustellen. Die Folge davon ist, dass, wie beabsichtigt, verschiedene Clients verschiedene Server kontaktieren, um auf dieselbe Website zuzugreifen, und zwar hoffentlich einen, der sich in der Nähe des Clients befindet. Beachten Sie, dass dieser Prozess, der manchmal als **Client-Zuordnung** bezeichnet wird, darauf beruht, dass der autoritative Nameserver den topologischen oder geografischen Standort des Clients kennt. Auf die DNS-basierte Client-Zuordnung werden wir bei der Beschreibung von CDNs noch genauer eingehen.

Ein weiterer beliebter Ansatz für den Lastausgleich ist die Verwendung von IP-Anycast. Kurz gesagt ist **IP-Anycast** der Prozess, bei dem eine einzige IP-Adresse von mehreren verschiedenen Netzanschlüssen aus angeboten werden kann (z.B. von einem Netz in Europa und einem Netz in den Vereinigten Staaten). Wenn alles gut geht, wird der Datenverkehr eines Clients, der eine bestimmte IP-Adresse erreichen möchte, an den nächstgelegenen Netzendpunkt weitergeleitet. Wie wir wissen, wird beim Routing zwischen Domains im Internet natürlich nicht immer der kürzeste (oder beste) Pfad gewählt, das bedeutet, diese Methode ist viel grobkörniger und schwieriger zu kontrollieren als die DNS-basierte Client-Zuordnung. Dennoch verwenden einige große CDNs wie Cloudflare IP-Anycast in Verbindung mit DNS-basierter Client-Zuordnung.

Die anderen Lösungen basieren auf einem **Front-End**, das die eingehenden Anfragen auf den Pool von Servern in der Serverfarm verteilen. Dies geschieht auch dann, wenn der Client die Serverfarm unter Angabe einer bestimmten Ziel-IP-Adresse kontaktiert. Das Front-End ist normalerweise ein Switch der Sicherungsschicht oder ein IP-Router, das heißt ein Gerät, das Rahmen oder Pakete verarbeitet. Alle Lösungen basieren darauf (bzw. auf den Servern), um einen Blick auf die Header der Vermittlungs-, Transport- oder Anwendungsschicht zu werfen und diese auf unübliche Weise zu verwenden. Webanfragen und -antworten werden mit TCP übertragen. Für eine korrekte

Funktionsweise muss das Front-End alle Pakete für eine Anfrage an denselben Server senden.

Ein einfacher Ansatz wäre, wenn das Front-End alle eingehenden Anfragen an alle Server schicken würde. Jeder Server beantwortet nach vorheriger Vereinbarung nur einen Teil der Anfragen. Zum Beispiel könnten 16 Server die Quell-IP-Adresse überwachen und auf die Anfrage nur antworten, wenn die letzten 4 Bits der Quell-IP-Adresse mit den für sie konfigurierten Selektoren übereinstimmen. Andere Pakete werden verworfen. Auch wenn hierbei eingehende Bandbreite verschwendet wird, ist es bei Weitem nicht so ineffizient wie es klingt, da die Antworten oft viel länger sind als die Anfragen.

In einem eher allgemeinen Entwurf könnte das Front-End die IP-, TCP- und HTTP-Header der Pakete auswerten und die Pakete dann willkürlich einem Server zuweisen. Diese Zuweisung wird **Lastausgleich** (*load balancing*) genannt, da das Ziel darin besteht, die Last gleichmäßig auf die Server zu verteilen. Diese Strategie kann einfach oder komplex sein. Bei einer einfachen Strategie würden die Server beispielsweise der Reihe nach oder rundum (*round robin*) zugewiesen. Bei diesem Ansatz muss sich das Front-End die Zuordnung jeder Anfrage merken, sodass nachfolgende Pakete, die Teil derselben Anfrage sind, an denselben Server gesendet werden. Und soll die Site zuverlässiger sein als ein einzelner Server, muss das Front-End außerdem feststellen können, wann Server ausgefallen sind, damit es an diese Server keine weiteren Anfragen sendet.

Webproxys

Die Zwischenspeicherung verbessert die Leistung, indem sie die Antwortzeit verkürzt und die Netzwerklast reduziert. Wenn der Browser selbst feststellen kann, ob eine zwischengespeicherte Seite aktuell ist, kann die Seite direkt aus dem Cache geholt werden, ohne dass irgendein Netzverkehr anfällt. Und selbst wenn der Browser sich vom Server bestätigen lassen muss, dass die Seite aktuell ist, wird die Antwortzeit verkürzt und die Netzwerklast reduziert – vor allem für große Seiten –, da nur eine kleine Nachricht gesendet werden muss.

Das Beste, was der Browser jedoch machen kann, ist, alle vom Benutzer zuvor besuchten Websites zwischenzuspeichern. Vielleicht erinnern Sie sich von unserer Diskussion der Popularität, dass es neben einigen populären Seiten, die viele Menschen immer wieder besuchen, viele, viele weniger populäre Seiten gibt. In der Praxis beschränkt dies die Effektivität der Browserzwischenspeicherung, da es viele Seiten gibt, die von einem bestimmten Benutzer nur einmal besucht werden. Diese Seiten müssen immer vom Server abgerufen werden.

Eine Strategie, um Caches effektiver zu machen, besteht darin, dass mehrere Benutzer sich einen Cache teilen. Auf diese Weise kann eine Seite, die bereits für einen Benutzer übertragen wurde, einem anderen angezeigt werden, wenn dieser die gleiche Anfrage gestellt hat. Ohne die Zwischenspeicherung beim Browser müssten beide Benutzer die Seite vom Server abrufen. Diese gemeinsame Nutzung ist nicht möglich bei verschlüsseltem Verkehr, Seiten, die authentifiziert werden müssen, und nicht speicherbaren Seiten (z.B. aktuelle Aktienkurse), die von Programmen zurückgeliefert werden. Vor allem dynamische Seiten, die von Programmen erzeugt werden, sind eine zunehmende Spezies, für die eine Zwischenspeicherung unwirksam ist. Nichtsdestotrotz gibt es viele Seiten, die für viele Benutzer sichtbar sind und die immer gleich aussehen, egal welcher Benutzer die Anfrage macht (z.B. Bilder).

Für die gemeinsame Nutzung eines Cache wird ein **Webproxy** eingesetzt. Ein Proxy ist ein Stellvertreter, der im Auftrag von jemand anderem, z.B. dem Benutzer, handelt. Es gibt viele Arten von Proxys. Zum Beispiel antwortet ein ARP-Proxy auf ARP-Anfragen im Auftrag von einem Benutzer, der woanders ist (und nicht für sich selbst antworten kann). Ein Webproxy holt Webanfragen im Auftrag seiner Benutzer. Die Webantworten werden normalerweise bei ihm zwischengespeichert, und da er von mehreren Benutzern genutzt wird, hat er einen erheblich größeren Cache als ein Browser.

Wenn eine Organisation ein Proxy verwendet, sieht das in der Regel so aus, dass die Organisation den Webproxy allen seinen Benutzern zur Verfügung stellt. Die Organisation kann beispielsweise ein Unternehmen oder ein Internetdienstanbieter (ISP) sein. Beide profitieren davon, wenn die Webanfragen ihrer Benutzer beschleunigt werden und der Bedarf an Bandbreite reduziert wird. Denn während für den Endbenutzer unabhängig von der Nutzung Flatrates üblich sind, werden die meisten Unternehmen und ISPs nach der Höhe der genutzten Bandbreite belangt.

Der Aufbau ist in ▶Abbildung 7.44 zu sehen. Jeder Browser ist so konfiguriert, dass die Seitenanfragen an den Proxy geleitet werden und nicht an den eigentlichen Server der Seite. Wenn der Proxy die Seite bereits gespeichert hat, liefert er sie sofort zurück. Wenn nicht, holt er die Seite vom Server, legt sie für zukünftige Anfragen im Cache ab und überträgt sie an den Client, der sie angefordert hat.

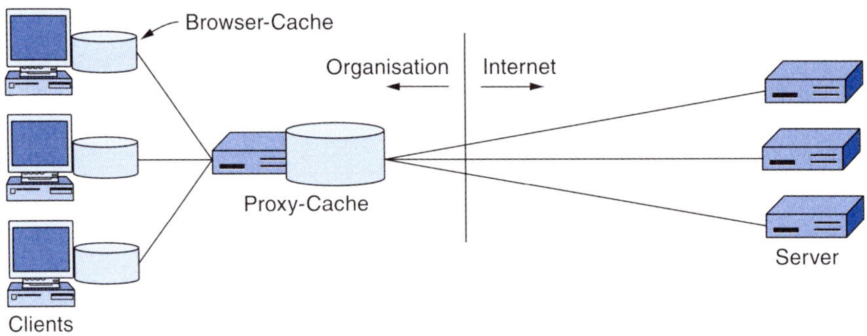

Abbildung 7.44: Ein Proxy-Cache zwischen Webbrowsern und Webservern.

Clients senden ihre Webanfragen nicht nur an den Proxy anstatt an den eigentlichen Server, sondern führen unter Verwendung des Browser-Caches auch ihre eigene Zwischenspeicherung durch. Der Proxy wird erst konsultiert, wenn die Anfrage beim eigenen Browser-Cache vergeblich war. Das heißt, der Proxy ist eine zweite Ebene der Zwischenspeicherung.

Es können weitere Proxys hinzugefügt werden, die Ebenen ergänzen. Jeder Proxy (oder Browser) macht die Anfragen über einen **Upstream-Proxy**. Jeder Upstream-Proxy dient als Cache für die **Downstream-Proxys** (oder Browser). Auf diese Weise ist es möglich, dass Browser in einem Unternehmen einen Firmen-Proxy verwenden, der einen ISP-Proxy verwendet, der die Webserver direkt kontaktiert. Oft jedoch reicht eine Ebene der Proxy-Zwischenspeicherung, wie wir sie in Abbildung 7.44 gezeigt haben, aus, um in der Praxis den potenziellen Nutzen fast voll auszuschöpfen. Das Problem ist wieder der lange Ausläufer der Popularität. Studien zum Webverkehr haben gezeigt, dass die gemeinsame Nutzung eines Caches nur so lange von Vorteil ist, wie die Anzahl der Benutzer nicht die Größe eines kleinen Unternehmens erreicht (sagen wir 100 Personen). Je mehr Benutzer den Cache nutzen, desto geringer wird sein Nutzen, da die Anfragen nach weniger populären Seiten aufgrund von Speichermangel nicht zwischengespeichert werden können.

Webproxys bieten zusätzliche Vorteile, die oft ein wichtiger Entscheidungsfaktor für ihren Einsatz sind. Ein Vorteil ist, dass sie Inhalte filtern. Der Administrator kann den Proxy so konfigurieren, dass er bestimmte Sites auf eine schwarze Liste stellt oder Anfragen anderweitig filtert. Viele Administratoren mögen es beispielsweise gar nicht, wenn Angestellte in ihrer Arbeitszeit auf YouTube surfen (oder noch schlimmer, Pornografie schauen), und setzen ihre Filter entsprechend. Ein weiterer Vorteil ist die Privatsphäre oder Anonymität, die die Proxys gewährleisten, da sie die Identität des Benutzers vor dem Server verbergen.

7.5.3 Content-Delivery-Netze

Serverfarmen und Webproxys helfen, große Websites zu erstellen und die Webleistung zu verbessern. Sie reichen aber nicht aus, wenn es um extrem populäre Websites geht, die ihren Inhalt global bereitstellen. Für diese Sites wird ein anderer Ansatz benötigt.

CDNs (*Content Delivery Network*) stellen die Idee der traditionellen Zwischenspeicherung im Web auf den Kopf. Anstatt dass die Clients nach einer Kopie der angefragten Seite in einem nahe gelegenen Cache suchen, ist es der Provider, der eine Kopie der angeforderten Seite in mehreren Knoten an verschiedenen Orten ablegt und den Client dazu bringt, den nächstgelegenen Knoten als Server zu verwenden.

Die Techniken, die entwickelt wurden, um das DNS zur Auslieferung von Inhalten zu verwenden, wurden von Akamai erstmalig 1998 kommerziell eingesetzt, als das Web unter der Last seines Anfangswachstums stöhnte. Akamai war der erste bedeutende CDN-Provider und wurde schnell zum Branchenführer. Wahrscheinlich noch schlauer als die Idee, Clients mithilfe des DNS mit nahe gelegenen Knoten zu verbinden, war die Anreizstruktur ihrer Geschäfte. Firmen zahlen Akamai für die Zustellung ihrer Inhalte an Clients, was die Antwortzeiten ihrer Websites beschleunigt, sodass die Kunden sie gerne wieder besuchen. Die CDN-Knoten müssen an Netzpositionen mit guter Konnektivität platziert werden, was anfänglich bedeutete: innerhalb des ISP-Netzes. In der Praxis besteht ein CDN-Knoten aus einem standardmäßigen 19-Zoll-

Geräterack, der einen Computer und eine Menge Festplatten enthält mit einem Glasfaserkabel zum Anschluss an das interne LAN des ISP.

Für ISPs ist ein CDN-Knoten in ihren Netzwerken nur von Vorteil, da der CDN-Knoten die Upstream-Netzbandbreite reduziert, die sie benötigen (und bezahlen müssen). Außerdem reduziert der CDN-Knoten die Latenz, was die Zufriedenheit der ISP-Kunden erhöht. Es profitieren sozusagen alle: der Content-Provider, der ISP und die Kunden – und der CDN-Provider macht das Geld. Seit 1998 sind viele Unternehmen, einschließlich Cloudflare, Limelight, Dyn und andere in das Geschäft eingestiegen, sodass es heute eine wettbewerbsfähige Branche mit einer Vielzahl an Providern ist. Wie bereits erwähnt, betreiben viele große Content-Provider wie YouTube, Facebook und Netflix ihre eigenen CDNs.

Die größten CDNs haben überall auf der Welt Hunderttausende von Servern installiert. Dank dieser großen Kapazität sind Websites auch in der Lage, DDoS-Angriffe abzuwehren. Wenn es einem Angreifer gelingt, Hunderte oder Tausende von Anfragen pro Sekunde an eine Website zu senden, die Gebrauch von einem CDN macht, besteht eine gute Chance, dass das CDN sie alle beantworten kann. Auf diese Weise schafft es die angegriffene Website, die Flut von Anfragen zu überstehen, d.h., das CDN kann die Auslieferungskapazität einer Website schnell hochfahren. Einige CDNs werben sogar damit, dass sie in der Lage sind, groß angelegte DDoS-Angriffe abzuwehren, um Content-Provider anzuziehen.

Die CDN-Knoten in unserem Beispiel sind normalerweise Rechner-Cluster. Die DNS-Umleitung erfolgt auf zwei Ebenen: eine, um Clients auf ihren ungefähren Netzstandort abzubilden, und eine andere, um die Last auf die Knoten an diesem Standort zu verteilen. Wichtig sind sowohl Zuverlässigkeit als auch Leistung. Um einen Client von einem Rechner in einem Cluster zu einem anderen verschieben zu können, werden die DNS-Antworten auf der zweiten Ebene mit kurzen TTLs gegeben, sodass der Client die Auflösung nach einer kleinen Weile wiederholt. Zum Schluss sei erwähnt, dass CDNs auch die Erzeugung dynamischer Seiten, Streaming Media und mehr unterstützen, während wir uns hier auf die Auslieferung von statischen Objekten wie Bilder und Videos konzentriert haben. CDNs werden auch häufig für die Verteilung von Videos verwendet.

CDN-Cache-Knoten füllen

Ein Beispiel für den Pfad, dem die Daten folgen, wenn sie über ein CDN verteilt sind, sehen Sie in ▶Abbildung 7.45. Es ist ein Baum. Der ursprüngliche Server in dem CDN verteilt eine Kopie des Inhalts auf andere Knoten im CDN, die sich in diesem Beispiel in Sydney, Boston und Amsterdam befinden. Angezeigt wird dies durch die gestrichelten Linien. Clients holen sich dann die Seiten von dem nächstgelegenen Knoten in dem CDN. Dies wird durch durchgezogene Linien symbolisiert. Hierbei holen die beiden Clients aus Sydney die Seitenkopie, die in Sydney gespeichert ist. Sie holen die Seite nicht von dem ursprünglichen Server, der in Europa stehen kann.

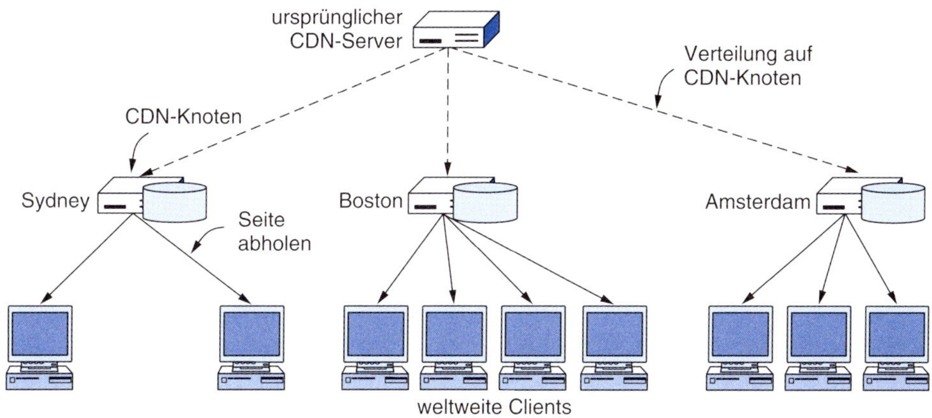

Abbildung 7.45: CDN-Verteilungsbaum.

Die Verwendung einer Baumstruktur hat drei Vorteile. Erstens kann die Verteilung der Inhalte auf beliebig viele Clients ausgedehnt werden, indem weitere Knoten in das CDN eingefügt werden beziehungsweise indem weitere Ebenen im Baum angelegt werden, wenn die Verteilung auf die CDN-Knoten zum Flaschenhals wird. Egal wie viele Clients es gibt – die Baumstruktur ist effizient. Der ursprüngliche Server ist nicht überlastet, da er über den Baum der CDN-Knoten mit den vielen Clients spricht; er muss nicht jede Anfrage nach einer Seite selbst beantworten. Zweitens, jeder Client erhält eine gute Leistung, da er die Seiten von einem nahe gelegenen Server abruft, anstatt von einem weit entfernten Server. Dementsprechend ist die Umlaufzeit zum Aufbau einer Verbindung kürzer, der TCP-Slow-Start läuft aufgrund der kürzeren Umlaufzeit schneller an und die Wahrscheinlichkeit sinkt, dass der kürzere Netzpfad durch überlastete Bereiche im Internet führt. Und schließlich wird die Gesamtlast auf dem Netz ebenfalls minimiert. Wenn die CDN-Knoten gut platziert sind, sollte der Verkehr für eine angeforderte Seite über jeden Teil des Netzes nur einmal laufen. Dies ist wichtig, da am Ende irgendwer für die Netzbandbreite zahlen muss.

Mit der zunehmenden Verschlüsselung im Web und insbesondere mit dem Aufkommen von HTTPS für die Verbreitung von Webinhalten ist die Bereitstellung von Inhalten über CDNs komplexer geworden. Nehmen wir zum Beispiel an, dass Sie *https://nytimes.com/* abrufen möchten. Eine DNS-Suche für diese Domain könnte Sie auf einen Nameserver bei Dyn verweisen, z.B. *ns1.p24.dynect.net*, der Sie wiederum an eine IP-Adresse weiterleiten würde, die im Dyn-CDN gehostet wird. Nun muss dieser Server Ihnen aber Inhalte liefern, die von der *New York Times* authentifiziert sind. Dazu benötigt er möglicherweise die geheimen Schlüssel der New York Times oder die Möglichkeit, ein Zertifikat für *nytimes.com* auszugeben (oder beides). Das bedeutet, dass dem CDN die sensiblen Informationen des Content-Providers anvertraut werden müssen und der Server so konfiguriert werden muss, dass er tatsächlich als Agent von *nytimes.com* agiert. Alternativ können auch alle Client-Anfragen zurück zum Ursprungsserver geleitet werden, der die HTTPS-Zertifikate und -Inhalte bereitstellen könnte, was jedoch alle Leistungsvorteile eines CDN quasi zunichte machen würde.

Die typische Lösung ist eine Art Mittelweg, bei dem das CDN im Namen des Content-Providers ein Zertifikat generiert und unter Verwendung dieses Zertifikats den Inhalt aus dem CDN in der Funktion als Organisation bereitstellt. Auf diese Weise wird das häufigste Wunschziel erreicht, nämlich die Verschlüsselung der Inhalte zwischen dem CDN und dem Benutzer sowie die Authentifizierung der Inhalte für den Benutzer. Komplexere Optionen, die den Einsatz von Zertifikaten auf dem Ursprungsserver erfordern, können es ermöglichen, dass Inhalte auch zwischen dem Ursprung und den Cache-Knoten verschlüsselt werden. Cloudflare bietet auf seiner Website unter *https://cloudflare.com/ssl/* eine gute Zusammenfassung dieser Optionen.

DNS-Umleitung und Client-Zuordnung

Die Idee, einen Verteilungsbaum zu verwenden ist unkompliziert. Weniger einfach ist hingegen, wie die Clients den entsprechenden Cache-Knoten in diesem Baum zuzuordnen sind. Proxyserver scheinen sich beispielsweise als Lösung anzubieten. Wenn in Abbildung 7.45 jeder Client konfiguriert würde, die CDN-Knoten Amsterdam, Boston oder Sydney als zwischenspeichernden Webproxy zu verwenden, würde die Verteilung diesem Baum folgen.

Die geläufigste Art und Weise, Clients den nächstgelegenen CDN-Cache-Knoten zuzuordnen oder sie dorthin zu leiten, besteht in der **DNS-Umleitung** (*DNS redirection*). Diesen Ansatz wollen wir hier etwas näher betrachten. Angenommen, ein Client möchte eine Seite mit der URL *http://www.cdn.com/page.html* abrufen. Um diese Seite zu holen, verwendet der Browser das DNS, um *www.cdn.com* zu einer IP-Adresse aufzulösen. Diese DNS-Suche erfolgt in gewohnter Manier. Über das DNS-Protokoll erfährt der Browser die IP-Adresse des Nameservers für *cdn.com*, den er anschließend kontaktiert, um ihn aufzufordern, *www.cdn.com* aufzulösen. Da der Nameserver jedoch vom CDN betrieben wird, gibt er nicht bei jeder Anfrage dieselbe IP-Adresse zurück, sondern schaut auf die IP-Adresse des Clients, von dem die Anfrage kommt, und liefert entsprechend verschiedene Antworten zurück. Die Antwort ist die IP-Adresse des CDN-Knotens, der dem Client am nächsten liegt. Das heißt, wenn ein Client in Sydney den CDN-Nameserver auffordert, *www.cdn.com* aufzulösen, wird der Nameserver die IP-Adresse des CDN-Knotens in Sydney zurückliefern. Wenn jedoch ein Client in Amsterdam die gleiche Anfrage schickt, liefert der Nameserver die IP-Adresse des CDN-Knotens in Amsterdam zurück.

Diese Strategie ist gemäß der Semantik des DNS absolut legal. Wir haben bereits erfahren, dass Nameserver sich ändernde Listen von IP-Adressen zurückliefern können. Nach der Namensauflösung ruft der Sydney-Client die Seite direkt vom CDN-Knoten in Sydney ab. Weitere Seiten auf dem gleichen „Server“ werden aufgrund der DNS-Zwischenspeicherung ebenfalls direkt vom CDN-Knoten in Sydney abgeholt. Die gesamte Schrittfolge sehen Sie in ▶Abbildung 7.46.

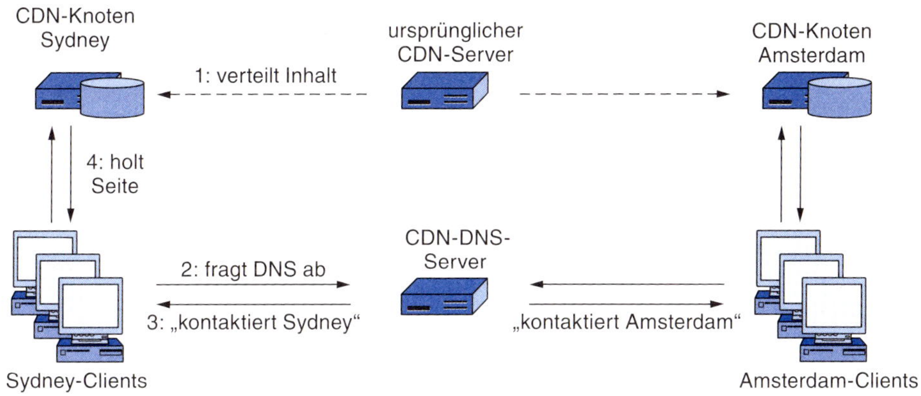

Abbildung 7.46: Clients mittels DNS zu den nächstgelegenen CDN-Knoten umleiten.

Eine komplexe Frage im obigen Prozess ist, was hier „nächstgelegener CDN-Knoten“ bedeutet und wie er ermittelt wird (dies ist das Problem der bereits besprochenen **Client-Zuordnung**). Es gibt mindestens zwei Faktoren, die beim Abbilden eines Clients auf einen CDN-Knoten berücksichtigt werden müssen. Einer der Faktoren ist die Entfernung im Netz. Der Client sollte einen kurzen Netzwerkpfad hoher Kapazität zum CDN-Knoten aufweisen. Das garantiert kurze Download-Zeiten. CDNs verwenden eine Zuordnungsliste, die sie zuvor berechnet haben, um zwischen der IP-Adresse eines Clients und seiner Position im Netz zu übersetzen. Der ausgewählte CDN-Knoten kann der sein, der per Luftlinie am nächsten gelegen ist oder nicht. Es zählt eine Kombination aus Länge und Kapazitätsbeschränkungen des Netzpfades.

Der zweite Faktor ist die Last, die der CDN-Knoten bereits trägt. Wenn die CDN-Knoten überlastet sind, antworten sie nur langsam, wie beim überlasteten Webserver, den wir eigentlich zu vermeiden suchen. Folglich mag es notwendig sein, die Last auf die CDN-Knoten gleichmäßig zu verteilen, indem einige Clients Knoten zugeordnet werden, die zwar etwas weiter weg liegen, aber dafür weniger stark belastet sind.

Die Fähigkeit eines autoritativen DNS-Servers eines CDN, einen Client einem nahe gelegenen CDN-Cache-Knoten zuzuordnen, hängt von der Möglichkeit ab, den Standort des Clients zu bestimmen. Wie bereits im Abschnitt über DNS erörtert, ist es dank moderner DNS-Erweiterungen wie EDNS0 Client Subnet möglich, dass autoritative Nameserver die IP-Adresse des Client einsehen können. Eine eventuelle Umstellung auf DNS-über-HTTPS kann ebenfalls mit neuen Herausforderungen verbunden sein, da sich die IP-Adresse des lokalen rekursiven Resolvers nicht zwangsläufig in der Nähe des Clients befinden muss. Wenn der lokale rekursive DNS-Resolver die IP-Adresse des Clients nicht weitergibt (was in der Regel der Fall ist, da Sinn und Zweck darin besteht, die Privatsphäre des Clients zu schützen), dann werden CDNs, die für ihre Clients keine DNS-Namensauflösungen durchführen, wahrscheinlich größere Schwierigkeiten bei der Client-Zuordnung haben. Andererseits können CDNs, die auch einen DoH-Resolver betreiben (wie Cloudflare und Google es jetzt tun), erheblich davon profitieren, dass sie direkte Kenntnis der Client-IP-Adressen haben, die DNS-Anfragen stellen, oft für Inhalte in ihren eigenen CDNs! Die Zentralisierung des DNS ist im Begriff in den kommenden Jahren die Content-Verteilung erneut zu revolutionieren.

In diesem Abschnitt wurde eine vereinfachte Beschreibung der Funktionsweise von CDNs gegeben. In der Praxis sind viele weitere Details von Bedeutung. Zum Beispiel werden die Festplatten der CDN-Knoten irgendwann voll sein, sodass sie regelmäßig geleert werden müssen. Der Arbeitsaufwand, um zu bestimmen, welche Dateien wann verworfen werden sollten, war sehr hoch (siehe z.B. Basu et al., 2018).

7.5.4 Peer-to-Peer-Netze

Nicht jeder kann ein 1.000-Knoten-CDN an Orten rund um die Welt einrichten, um seine Inhalte auszuliefern. (Eigentlich ist es dank der gut aufgestellten und konkurrenzstarken Hosting-Industrie nicht besonders schwer, weltweit 1.000 virtuelle Rechner zu mieten. Die Anmietung der Knotenkapazität ist jedoch nur der Anfang beim Einrichten eines CDN.) Zum Glück gibt es für uns andere eine Alternative, die leicht zu verwenden ist und enorme Mengen von Inhalten übertragen kann: das **P2P-Netz** (*Peer-to-Peer*).

P2P-Netze hatten 1999 ihren großen Durchbruch. Ihre erste breite Anwendung diente der Massenkriminalität: 50 Millionen Napster-Nutzer tauschten urheberrechtlich geschützte Songs aus, ohne die Erlaubnis der Rechteinhaber einzuholen, bis Napster unter großen Auseinandersetzungen gerichtlich geschlossen werden musste. Nichtsdestotrotz hat die Peer-to-Peer-Technologie viele interessante und legale Anwendungsbereiche. Andere Systeme griffen die Technik auf und entwickelten sie weiter, was auf so breites Interesse bei den Nutzern stieß, dass der P2P-Verkehr den Webverkehr schnell in den Schatten stellte. Derzeit ist BitTorrent das beliebteste P2P-Protokoll. Es wird so stark für die Verteilung von (lizenzierten und lizenzfreien) Videos und anderen Inhalten eingesetzt, dass es einen großen Anteil am gesamten Internetverkehr ausmacht. Wir wollen uns in diesem Abschnitt etwas eingehender damit beschäftigen.

Überblick

Ein P2P-Dateiaustauschnetz basiert auf dem Grundgedanken, dass viele Rechner sich zusammenschließen und ihre Ressourcen bündeln, um ein System zum Verteilen von Inhalten (*content distribution system*) zu bilden. Bei den Rechnern handelt es sich oft um einfache PCs; es müssen keine Rechner in Internetdatenzentren sein. Die Rechner werden Peers genannt, weil jeder sowohl als Client auftreten kann, der von einem anderen Peer Inhalte abruft, als auch als Server dienen kann, der anderen Peers Inhalte bereitstellt. Das Interessante an den Peer-to-Peer-Systemen ist, dass es keine vorgegebene Infrastruktur gibt, wie es bei den CDNs der Fall ist. Jeder wird in die Verteilung von Inhalten mit eingebunden und oft gibt es keinen zentralen Kontrollpunkt. Hierfür gibt es viele Einsatzbereiche (Karagiannis et al., 2019).

Viele sind von der P2P-Technologie begeistert, weil vor allem der kleine Mann von der Straße davon profitiert. Der Grund ist nicht nur, dass ein großes Unternehmen erforderlich ist, um ein CDN zu unterhalten, während jeder mit einem Rechner einem

P2P-Netz beitreten kann, sondern auch, dass P2P-Netze eine beträchtliche Kapazität haben, über die sie Inhalte verteilen können, die es durchaus mit den größten Websites aufnehmen.

Frühe Peer-to-Peer-Netze: Napster

Wie bereits erwähnt, basierten frühe Peer-to-Peer-Netze wie Napster auf einem zentralisierten Verzeichnisdienst. Die Benutzer installierten eine Client-Software, die ihren lokalen Speicher nach Dateien für die gemeinsame Nutzung durchsuchte und nach Prüfung des Inhalts Metadaten-Informationen über die freizugebenden Dateien (z.B. Dateinamen, Größe, Identität des Benutzers, der die Inhalte freigibt) in einen zentralen Verzeichnisdienst hochlud. Benutzer, die Dateien aus dem Napster-Netz abrufen wollten, suchten anschließend auf dem zentralen Verzeichnisserver nach anderen Benutzern, die über die betreffende Datei verfügten. Der Server informierte den Benutzer, der nach einem bestimmten Inhalt suchte, über die IP-Adresse eines Peers, der die gesuchte Datei bereitstellte, woraufhin die Client-Software des Benutzers diesen Host direkt kontaktieren und die betreffende Datei herunterladen konnte.

Ein Nebeneffekt des zentralisierten Verzeichnisservers von Napster war, dass es für andere relativ einfach war, das Netz vollständig zu durchsuchen, um festzustellen, wer welche Dateien zur Weitergabe bereitstellte, sozusagen ein effektives Durchforsten des gesamte Netzes. Irgendwann wurde klar, dass es sich bei einem erheblichen Teil aller Inhalte auf Napster um urheberrechtlich geschütztes Material handelte, was schließlich zu einstweiligen Verfügungen führte, die zur Abschaltung des Dienstes führten. Ein weiterer Nebeneffekt des zentralisierten Verzeichnisdienstes war, dass man zur Deaktivierung des Dienstes nur den Verzeichnisserver deaktivieren musste, ohne den Napster praktisch unbrauchbar wurde. Als Reaktion darauf begannen die Entwickler neuer P2P-Netze, Systeme zu entwerfen, die robuster auf Abschaltungen oder Ausfälle reagierten. Der allgemeine Ansatz sah vor, den Verzeichnis- oder Suchprozess zu dezentralisieren. Die P2P-Systeme der nächsten Generation, wie Gnutella, verfolgten diesen Ansatz.

Dezentralisierung des Verzeichnisses: Gnutella

Gnutella wurde im Jahr 2000 veröffentlicht; es versuchte, einige der Probleme des zentralisierten Verzeichnisdienstes Napster zu lösen, und zwar durch die Implementierung einer vollständig verteilten Suchfunktion. In Gnutella, so der Grundgedanke, versucht ein Peer, der dem Netzwerk beigetreten ist, durch einen Ad-hoc-Suchprozess andere angeschlossene Peers zu finden. Der Peer kontaktiert zunächst einige bekannte Gnutella-Peers, die er durch einen Bootstrapping-Prozess ermitteln muss. Eine Möglichkeit hierfür bestand darin, eine Reihe von IP-Adressen von Gnutella-Peers mit der Software selbst auszuliefern. Nachdem der Gnutella-Peer eine Reihe von Peers gefunden und eine Verbindung dazu aufgebaut hat, kann er Suchanfragen an diese benachbarten Peers stellen, die dann wiederum die Anfrage an ihre Nachbarn weiterleiten usw. Dieser allgemeine Ansatz zur Suche in einem Peer-to-Peer-Netzwerk wird oft als **Gossip** (*Klatsch, Tratsch*) bezeichnet.

Der Gossip-Ansatz löste zwar einige der Probleme, mit denen halbzentralisierte Dienste wie Napster konfrontiert waren, stieß aber schnell auf andere Probleme. Ein Problem bestand darin, dass dem Gnutella-Netz ständig Peers beitraten und es wieder verließen; Peers waren in diesem Fall einfach die Computer anderer Benutzer. Die Benutzer hatten im Prinzip keinen Grund, im Netz zu bleiben, nachdem sie die für sie interessanten Dateien abgerufen hatten. Folglich zeigten viele Benutzer ein sogenanntes **Trittbrettfahrerverhalten**, denn 70% von ihnen trugen keine Inhalte bei (Adar und Huberman, 2000). Zweitens skalierte der Flooding-basierte Gossip-Ansatz sehr schlecht, als Gnutella populär wurde: Die Anzahl der Gossip-Nachrichten wuchs exponentiell mit der Anzahl der Teilnehmer im Netz. Das Protokoll skalierte daher besonders schlecht. Für Benutzer mit begrenzter Netzkapazität war das Netz im Grunde völlig unbrauchbar. Die Einführung sogenannter **Ultra-Peers** in Gnutella milderte diese Skalierbarkeitsprobleme etwas ab, aber im Allgemeinen ging Gnutella ziemlich verschwenderisch mit den verfügbaren Netzressourcen um. Die mangelnde Skalierbarkeit des Suchprozesses von Gnutella inspirierte die Entwicklung von **verteilten Hash-Tabellen** (**DHTs**, *Distributed Hash Tables*), bei denen eine Suchanfrage an das entsprechende Peer-to-Peer-Netz auf der Grundlage des entsprechenden Hash-Wertes der Suchanfrage weitergeleitet wird. Jeder Knoten im Peer-to-Peer-Netz ist nur dafür verantwortlich, Informationen über eine Teilmenge des gesamten Suchraums zu verwalten, und die DHT ist für die Weiterleitung der Anfrage an den entsprechenden Peer verantwortlich, der die Suchanfrage auflösen kann. DHTs werden in vielen modernen Peer-to-Peer-Netzen verwendet, darunter eDonkey (das eine DHT für die Suche verwendet) und BitTorrent (das eine DHT zur Skalierung der Verfolgung von Peers im Netz verwendet, wie im nächsten Abschnitt beschrieben).

Schließlich überprüfte Gnutella nicht automatisch den Inhalt der Dateien, die die Benutzer herunterluden, was zu einer erheblichen Menge an gefälschten Inhalten im Netz führte. Warum sollte ein Peer-to-Peer-Netz so viel gefälschten Inhalt haben, werden Sie sich vielleicht fragen. Dafür gibt es viele mögliche Gründe. Ein einfacher Grund ist, dass Gnutella, wie jeder andere Internetdienst auch, zum Ziel eines DoS-Angriffs wurde, und eine der einfachsten Möglichkeiten, einen DoS-Angriff auf das Netz zu starten, waren sogenannte **Verschmutzungsangriffe** (*pollution attack*), die das Netzwerk mit gefälschten Inhalten überfluteten. Eine Gruppe, die besonders daran interessiert war, diese Netze unbrauchbar zu machen, war die Plattenindustrie (insbesondere die Recording Industry Association of America), die Peer-to-Peer-Netze wie Gnutella mit großen Mengen an gefälschten Inhalten verseuchte, um die Leute davon abzuhalten, die Netze zum Austausch urheberrechtlich geschützter Inhalte zu nutzen.

Die Peer-to-Peer-Netze sahen sich also mit einer Reihe von Herausforderungen konfrontiert: Skalierung, Überzeugung der Benutzer, auch nach dem Herunterladen der gesuchten Inhalte dem Netz treu zu bleiben, und Verifizierung der heruntergeladenen Inhalte. Das Design von BitTorrent bot eine Lösung für alle drei Herausforderungen, wie wir im Folgenden erörtern.

Skalierung, Anreize und Verifizierung meistert: BitTorrent

Das BitTorrent-Protokoll wurde 2001 von Bram Cohen entwickelt und sollte den Austausch von Dateien zwischen mehreren Peers beschleunigen und erleichtern. Es gibt Dutzende von frei verfügbaren Clients, die dieses Protokoll „sprechen", genauso wie es viele Browser gibt, die das HTTP-Protokoll „sprechen", um mit Webservern zu kommunizieren. Das Protokoll ist unter *www.bittorrent.org* als offener Standard erhältlich.

In einem typischen Peer-to-Peer-System, wie es mit BitTorrent gebildet wird, verfügt jeder Benutzer über Daten, die für andere Benutzer von Interesse sein können. Hierbei kann es sich um freie Software, Musik, Videos, Fotos usw. handeln. Vor dem Austauschen von Inhalten müssen zuerst drei Probleme gelöst werden:

1. Wie findet ein Peer andere Peers, die den Inhalt anbieten, den er gerne herunterladen möchte?

2. Wie wird Inhalt von Peers repliziert, um jedem ein superschnelles Herunterladen zu bieten?

3. Wie animieren Peers einander, Inhalte für andere hochzuladen bzw. für sich selbst herunterzuladen?

Das erste Problem besteht darin, dass zumindest am Anfang nicht alle Peers alle Inhalte haben. Der Ansatz, den BitTorrent verfolgt, besteht darin, dass jeder Content-Provider eine Content-Beschreibung erzeugt, die als **Torrent** (Sturzbach) bezeichnet wird. Dieser Torrent ist viel kleiner als der Inhalt und wird von einem Peer verwendet, um die Integrität der Daten zu verifizieren, die er von anderen Peers herunterlädt. Andere Benutzer, die den Inhalt herunterladen wollen, müssen sich zuerst den Torrent besorgen, indem sie ihn beispielsweise auf einer der Webseiten suchen, die für den Inhalt wirbt.

Torrents sind eigentlich nur Dateien in einem speziellen Format, die zwei wichtige Informationen enthalten: den Name eines **Trackers**, hinter dem sich ein Server verbirgt, der die Peers zum Inhalt des Torrents führt, und eine Liste gleich großer Teile oder **Segmente** (*chunk*), die den Inhalt bilden. In den frühen Versionen von BitTorrent war der Tracker ein zentraler Server; wie bei Napster führte die Zentralisierung des Trackers zu einem Single Point of Failure für ein BitTorrent-Netz. Infolgedessen dezentralisieren moderne Versionen von BitTorrent die Tracker-Funktionalität in der Regel mithilfe eines DHT. Für verschiedene Torrents können verschiedene Segmentgrößen verwendet werden (normalerweise 64 KB bis 512 KB). Die Torrent-Datei enthält die Namen aller Segmente, und zwar in Form von 160-Bit SHA-1-Hashes. Wir werden auf das Thema der kryptografischen Hashes wie SHA-1 in *Kapitel 8* näher eingehen. Im Moment reicht es, wenn Sie sich einen Hash als eine Art längere und sicherere Prüfsumme vorstellen. Da die Torrent-Datei nur die Segmentgröße und die Hashes enthält, ist sie drei Größenordnungen kleiner als der Inhalt, sodass sie schnell übertragen werden kann.

Um den Inhalt herunterzuladen, der in einem Torrent beschrieben wurde, kontaktiert ein Peer zuerst den Tracker für den Torrent. Der **Tracker** ist ein Server (oder eine von einer DHT organisierten Servergruppe), der eine Liste all der anderen Peers verwaltet, die den Inhalt aktiv hoch- und herunterladen. Diese Peergruppe wird **Schwarm** (*swarm*) genannt. Die Mitglieder des Schwarms kontaktieren den Tracker regelmäßig, um mitzuteilen, dass sie immer noch aktiv sind, bzw. wenn sie den Schwarm verlassen. Wenn ein neuer Peer den Tracker kontaktiert, um dem Schwarm beizutreten, erfährt er vom Tracker, welche anderen Peers dem Schwarm angehören. Sich die Torrent-Datei zu besorgen und den Tracker zu kontaktieren, sind die ersten beiden Schritte, um Inhalt herunterzuladen (▶Abbildung 7.47).

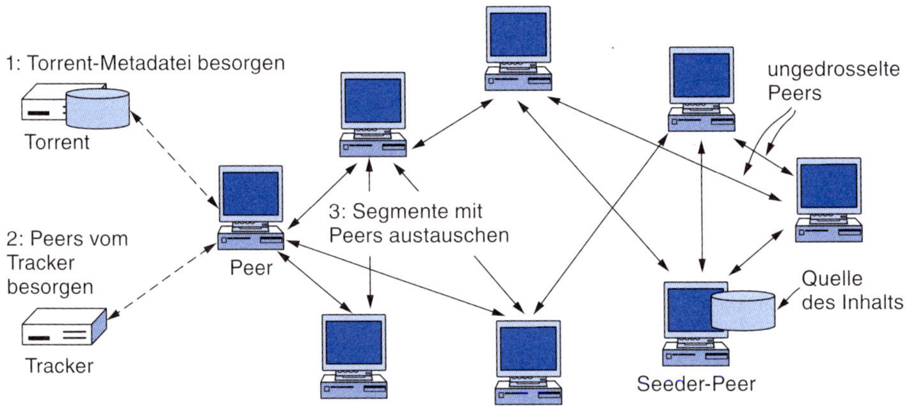

Abbildung 7.47: BitTorrent.

Das zweite Problem, das sich stellt, ist, wie sich beim Datenaustausch schnelle Download-Zeiten erreichen lassen. Am Anfang, wenn sich ein Schwarm bildet, haben einige Peers alle Segmente, aus denen der Inhalt besteht. Diese Peers werden **Seeder** (von *seed*, säen) genannt. Andere Peers, die dem Schwarm beitreten, haben keine Segmente. Dieses sind die Peers, die den Inhalt herunterladen.

Peers, die einem Schwarm angehören, laden fehlende Segmente von anderen Peers im Schwarm herunter und gleichzeitig Segmente zu anderen Peers hoch, die diese benötigen. Dieser Austausch ist in Abbildung 7.47 als letzter Schritt der Content-Verteilung dargestellt. Mit der Zeit sammelt der Peer weitere Segmente, bis er den ganzen Inhalt heruntergeladen hat. Der Peer kann den Schwarm jederzeit verlassen (und wieder zurückkehren). Normalerweise bleibt ein Peer noch kurz im Schwarm, nachdem er seinen eigenen Download beendet hat. Das ständige Kommen und Gehen der Peers kann die Fluktuationsrate in einem Schwarm relativ hochtreiben.

Damit obige Methode gut funktioniert, sollte jedes Segment bei möglichst vielen Peers zur Verfügung stehen. Wenn jeder Peer die Segmente in der gleichen Reihenfolge erhalten soll, würden wahrscheinlich viele Peers das nächste Segment von den Seedern erwarten. Dies hätte einen Engpass zur Folge. Um dieses Problem zu umgehen, tauschen Peers untereinander Listen ihrer Segmente aus. Anschließend wählen sie zum Herunterladen die Segmente, die nur schwer zu finden sind. Der Gedanke dahinter ist, dass das Herunterladen eines seltenen Segments eine Kopie erstellt, die dazu beiträgt, dass andere Peers das Segment leichter finden und herunterladen können. Wenn dies alle Peers machen, sind nach kurzer Zeit alle Segmente bei allen Peers im Schwarm verfügbar.

Das dritte Problem ist wahrscheinlich das interessanteste. CDN-Knoten dienen ausschließlich der Bereitstellung von Inhalten, P2P-Knoten nicht. P2P-Knoten werden aus den Rechnern der Benutzer gebildet, die unter Umständen stärker daran interessiert sind, Filme herunterzuladen, als anderen Benutzern mit ihren Downloads zu helfen. Knoten, die nur Ressourcen aus einem System ziehen, ohne selbst Beiträge zu leisten, werden **Trittbrettfahrer** oder **Leecher** (Blutegel) genannt. Wenn es zu viele von ihnen gibt, funktioniert das System nicht mehr gut. Bekanntlich hosteten frühere P2P-Systeme solche Peers (Saroiu et al., 2003), sodass BitTorrent bemüht war, ihre Zahl zu minimieren.

In BitTorrent-Clients wird der Ansatz verfolgt, Peers zu belohnen, die gutes Upload-Verhalten zeigen. Jeder Peer wählt willkürlich die Peers, von denen er Segmente herunterlädt, während er gleichzeitig Segmente hochlädt. Mit einigen wenigen, die die beste Download-Leistung aufweisen, tauscht er dann die Daten, während er gleichzeitig weitere Peers testet, um gute Partner zu finden. Das zufällige Ausprobieren von Peers erlaubt außerdem Neulingen, sich erste Segmente zu besorgen, die sie dann mit anderen Peers tauschen können. Die Peers, mit denen ein Knoten gerade Segmente austauscht, befinden sich im sogenannten **Unchoked**-Zustand (ungedrosselt).

Mit der Zeit soll dieser Algorithmus Peers, die vergleichbare Upload- und Download-Raten haben, einander zuordnen. Je mehr Hilfe ein Peer anderen Peers gegenüber leistet, desto mehr Hilfe kann er erwarten. Eine Gruppe von Peers zu verwenden, trägt außerdem dazu bei, die Download-Bandbreite eines Peers zum Zwecke einer sehr guten Leistung voll auszunutzen. Umgekehrt wird ein Peer, der keine Segmente auf andere Peers hochlädt oder dies nur sehr langsam macht, früher oder später abgeschnitten oder gedrosselt (**Choked**-Zustand). Diese Strategie soll von einem antisozialen Verhalten abhalten, bei dem Peers nur Nutznießer eines Schwarms sind.

Der Choke-Algorithmus wird manchmal auch als Implementierung der **Geben-und-Nehmen**-Strategie beschrieben, der zur Zusammenarbeit in wiederholten Interaktionen anregt. Die Theorie, die den Anreizen für eine Zusammenarbeit zugrunde liegt, beruht auf dem berühmten Geben-und-Nehmen-Spiel der Spieltheorie, bei dem die Spieler generell einen Anreiz haben, sich zu betrügen, es sei denn sie (1) spielen das Spiel wiederholt miteinander (wie es bei BitTorrent der Fall ist, wo die Peers wiederholt Segmente austauschen müssen) und (2) sie werden für die Nichtkooperation bestraft (wie es beim Choking der Fall ist). Trotz dieses Konzepts hindert BitTorrent Clients in der Praxis nicht daran, das System auf verschiedene Weise zu überlisten (Piatek et al., 2007). So kann beispielsweise der BitTorrent-Algorithmus, bei dem ein Client die seltenen Segmente bevorzugt, Anreize für einen Peer schaffen, falsche Angaben zu den Segmenten der Datei in seinem Besitz zu machen (z.B. indem er behauptet, seltene Segmente zu haben, obwohl dies nicht der Fall ist; Liogkas et al., 2006). Es gibt auch Software, bei der Clients den Tracker über ihr Upload-Download-Verhältnis belügen können, indem sie Uploads für sich reklamieren, die sie nicht durchgeführt haben. Aus diesen Gründen ist es für einen Peer von entscheidender Bedeutung, jedes Segment, das er von anderen Peers herunterlädt, zu verifizieren. Hierzu muss er lediglich den SHA-1-Hash-Wert jedes Segments, das in der Torrent-Datei enthalten ist, mit dem entsprechenden SHA-1-Hash-Wert vergleichen, den er für jedes entsprechende heruntergeladene Segment berechnen kann.

Eine weitere Herausforderung besteht darin, Peers einen Grund zu bieten, als Seeder im BitTorrent-Schwarm zu bleiben, auch wenn sie den Download der gesamten Datei abgeschlossen haben. Wenn sie dies nicht tun, besteht die Möglichkeit, dass niemand im Schwarm die gesamte Datei hat, und (schlimmer noch), dass einem Schwarm kollektiv Teile der gesamten Datei fehlen, sodass es für niemanden möglich ist, die gesamte Datei herunterzuladen. Dieses Problem ist besonders bei weniger beliebten Dateien akut (Menasche et al., 2013). Mit der Entwicklung verschiedener Ansätze wurde versucht, diese Anreizprobleme zu lösen (Ramachandran et al., 2007).

Wie Sie unserer Diskussion entnehmen können, führt BitTorrent viele neue Begriffe ein. Es gibt Torrents, Schwärme, Leechers, Seeders und Trackers sowie Snubbing, Choking usw. Weitere Informationen finden Sie in dem kurzen Aufsatz zu BitTorrent (Cohen, 2003).

7.5.5 Die Entwicklung des Internets

Wie in *Kapitel 1* beschrieben, ist die Geschichte des Internets eine außergewöhnliche. Sie begann als akademisches Forschungsprojekt, dem sich ein paar Dutzend amerikanische Universitäten mit einem ARPA-Vertrag anschlossen. Sogar das genaue Gründungsdatum ist unklar. War es der 21. November 1969, als die beiden ARPANET-Knoten, UCLA und SRI, miteinander verbunden wurden? War es der 17. Dezember 1972, als das hawaiianische AlohaNet mit dem ARPANET verbunden wurde, um ein Internetwork zu bilden? War es der 1. Januar 1983, als ARPA offiziell TCP/IP als Protokoll einführte? War es 1989, als Tim Berners-Lee eine Entwicklung vorstellte, die heute allgemein unter dem Begriff World Wide Web bekannt ist? Das ist schwer zu sagen; jedoch leicht erkennbar ist, dass sich seit den Anfängen des ARPANET und des jungen Internets viel verändert hat, vor allem durch die weitverbreitete Einführung von CDNs und Cloud Computing. Im Folgenden wollen wir die Entwicklung etwas näher beleuchten.

Das dem ARPANET und dem frühen Internet zugrunde liegende Modell ist in ▸Abbildung 7.48 dargestellt und besteht aus drei Komponenten:

1. Hosts (Computer, die die Arbeit für die Benutzer erledigten);
2. Router (im ARPANET IMPs genannt), die die Pakete vermittelten;
3. Übertragungsleitungen (ursprünglich gemietete Telefonleitungen mit einer Kapazität von 56 kbit/s).

Jeder Router war mit einem oder mehreren Computern verbunden.

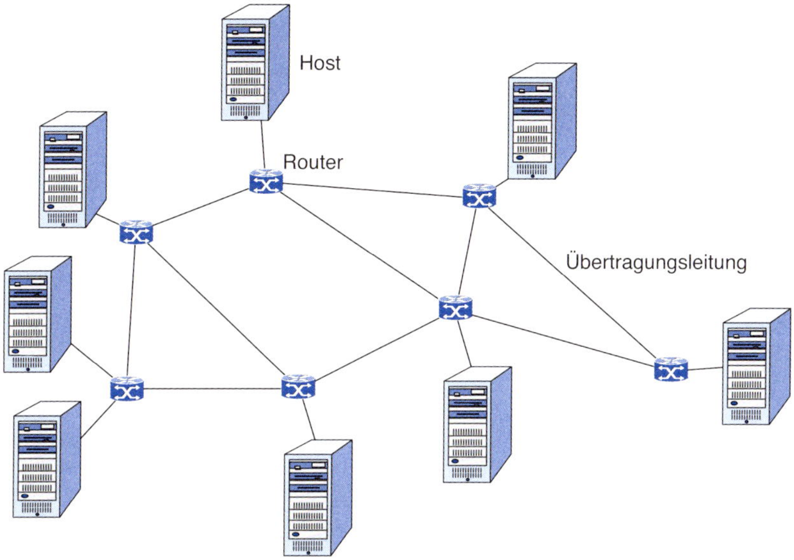

Abbildung 7.48: Das frühe Internet funktionierte primär über Punkt-zu-Punkt-Verbindungen.

Das konzeptionelle Modell der frühen Internetarchitektur basierte auf der Grundidee der Punkt-zu-Punkt-Kommunikation. Die Host-Computer wurden alle als gleichwertig betrachtet (obwohl einige viel leistungsfähiger waren als andere), und jeder Computer konnte Pakete an jeden anderen Computer senden, da jeder Computer eine eindeutige Adresse hatte. Mit der Einführung von TCP/IP waren dies alles 32-Bit-Nummern, was sich damals fast wie unendlich anfühlte, heute aber eher gegen null als gegen unendlich geht. Das Übertragungsmodell war ein einfaches zustandsloses Datagrammsystem, bei dem jedes Paket seine Zieladresse enthält. Sobald ein Paket einen Router durchlaufen hatte, wurde es vollständig vergessen. Das Routing erfolgte von einer Teilstrecke zur nächsten. Jedes Paket wurde auf der Grundlage seiner Zieladresse und der in den Router-Tabellen enthaltenen Informationen über die für das Ziel des Pakets zu verwendende Übertragungsleitung weitergeleitet.

Die Dinge begannen sich zu ändern, als das Internet seine akademischen Anfänge hinter sich ließ und sich der kommerziellen Nutzung öffnete. Dies führte zur Entwicklung der Backbonenetze, die sehr schnelle Verbindungen nutzten und von großen Telekommunikationsunternehmen wie AT&T und Verizon betrieben wurden. Jedes Unternehmen unterhielt sein eigenes Backbonenetz, aber die Unternehmen verbanden sich untereinander über Peering-Knotenpunkt. Internetdienstanbieter entstanden, um Haushalte und Unternehmen an das Internet anzuschließen, und regionale Netze verbanden die Internetdienstanbieter mit den Backbones. Diese wird in Abbildung 1.17 gezeigt. Der nächste Schritt war die Einführung nationaler Internetdienstanbieter und CDNs, wie in Abbildung 1.18 dargestellt.

Cloud Computing und sehr große CDNs haben die Struktur des Internets erneut auf eine schwere Bewährungsprobe gestellt, ähnlich der Beschreibung in *Kapitel 1*. Moderne Cloud-Rechenzentren, wie sie von Amazon und Microsoft betrieben werden, verfügen über Hunderttausende von Computern in ein und demselben Gebäude, sodass den Benutzern (in der Regel große Unternehmen) innerhalb von Sekunden 100, 1.000 oder sogar 10.000 Rechner zugewiesen werden können. Wenn Walmart einen großen Ausverkauf mit vielen Sonderrabatten hat und 10.000 Rechner benötigt, um die Last zu bewältigen, fordert er diese einfach automatisch bei seinem Cloud-Anbieter an, der sie ihm innerhalb von Sekunden zur Verfügung stellt. Am Tag danach kann er sie dann alle wieder zurückgeben. Fast alle großen Unternehmen, die mit Millionen von Verbrauchern zu tun haben, nutzen Cloud-Dienste, um ihre Rechnerkapazitäten bei Bedarf direkt hoch- oder herunterfahren zu können. Außerdem bieten Clouds, wie bereits erwähnt, einen recht guten Schutz gegen DDoS-Angriffe, da die Cloud so groß ist, dass sie Tausende von Anfragen pro Sekunde bewältigen und einfach weiterarbeiten kann, sodass die DDoS-Angriffe quasi ins Leere laufen.

CDNs sind hierarchisch aufgebaut, mit einer Master-Site (die aus Gründen der Zuverlässigkeit möglicherweise zwei- oder dreimal repliziert wird) und vielen Caches in der ganzen Welt, in die die Inhalte übertragen werden. Wenn ein Benutzer Inhalte anfordert, werden diese aus dem nächstgelegenen Cache bereitgestellt. Dies verringert die Latenzzeit und verteilt die Arbeitslast. Akamai, das erste große kommerzielle CDN, verfügt über 200.000 Cache-Knoten in mehr als 1.500 Netzen in mehr als 120 Ländern. Sein Konkurrent Cloudflare verfügt inzwischen über Cache-Knoten in mehr als 90 Ländern. In vielen Fällen befinden sich die Cache-Knoten der CDNs in den Büros der Internetdienstleister, sodass die Daten über ein sehr schnelles, vielleicht nur 5 Meter langes Glasfaserkabel vom CDN zum Internetdienstleister gelangen können. Diese neue Welt hat zu der in ▶Abbildung 7.49 dargestellten Internetarchitektur geführt, bei der der Großteil des Internetverkehrs zwischen Zugangsnetzen (z.B. regionalen Netzen) und verteilten Cloud-Infrastrukturen (d.h. entweder CDNs oder Cloud-Diensten) übertragen wird.

Benutzer senden Anfragen an große Server, die der Server ausführt, indem er eine Webseite erstellt, die zeigt, was er getan hat. Beispiele für Anfragen sind:

1. ein Produkt in einem E-Commerce-Shop kaufen;
2. eine E-Mail-Nachricht von einem E-Mail-Anbieter abrufen;
3. einer Bank einen Zahlungsauftrag erteilen;
4. einen Song oder Film zum Streamen auf einem Benutzergerät anfordern;
5. eine Facebook-Seite aktualisieren;
6. eine Onlinezeitung auffordern, einen Artikel anzuzeigen.

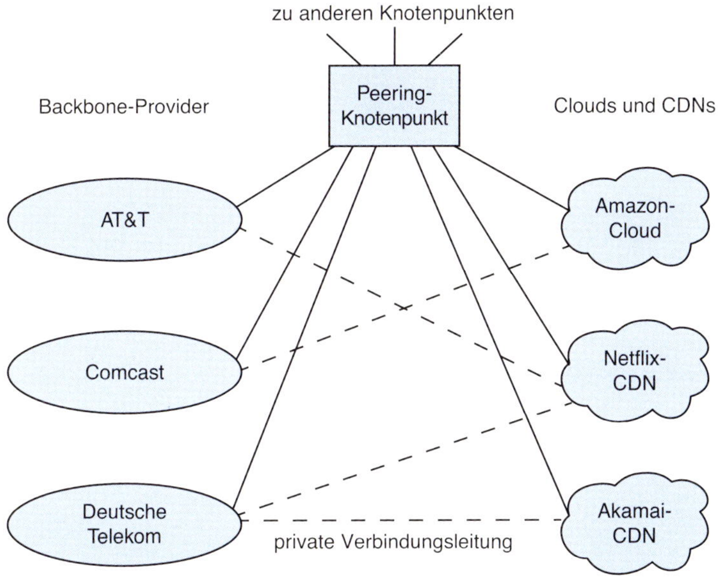

Abbildung 7.49: Der größte Teil des Internetverkehrs kommt heute aus Clouds und CDNs, wobei ein erheblicher Teil des Datenverkehrs zwischen Zugangsnetzen und ISPs über private Verbindungsleitungen ausgetauscht wird.

Fast der gesamte Internetverkehr basiert heute auf diesem Modell. Die zunehmende Verbreitung von Cloud-Diensten und CDNs hat das herkömmliche Client-Server-Modell des Internetverkehrs auf den Kopf gestellt. Heute wickelt ein Client den Abruf und Austausch von Inhalten nicht länger mit einem einzigen Server ab, sondern nutzt für seine Kommunikation größtenteils verteilte Cloud-Dienste; viele Access-ISPs senden zum Beispiel den Großteil ihres Datenverkehrs an verteilte Cloud-Dienste. In den meisten entwickelten Regionen besteht für die Benutzer einfach keine Notwendigkeit, auf riesige Content-Mengen über eine Langstreckeninfrastruktur zuzugreifen: CDNs haben einen Großteil dieser beliebten Inhalte in der Nähe des Benutzers bereitgestellt, oft in geografischer Nähe und über eine direkte Netzverbindung zu ihrem Access-ISP. CDNs stellen zunehmend immer mehr Inhalte bereit, die entweder direkt über private Verbindungsleitungen zu den Zugangsnetzen oder sogar über CDNs gehostet werden, bei denen sich die Cache-Knoten im Zugangsnetz selbst befinden.

Backbonenetze ermöglichen es den vielen Clouds und CDNs, sich über Peering-Knotenpunkte miteinander zu verbinden, wenn es keine private dedizierte Verbindung gibt. Der DE-CIX-Knotenpunkt in Frankfurt verbindet etwa 2.000 Netze. Der AMS-IX-Exchange in Amsterdam und der LINX-Exchange in London verbinden jeweils etwa 1.000 Netze. Die größeren Knotenpunkte in den Vereinigten Staaten verbinden jeweils Hunderte von Netzen. Diese Knotenpunkte sind ihrerseits mit einer oder mehreren OC-192- und/oder OC-768-Glasfaserverbindungen mit 9,6 bzw. 38,5 Gbit/s miteinander verbunden. Die Peering-Knotenpunkte und die größeren Carrier-Netze, die dort zusammentreffen, bilden das Internet-Backbone, an das die meisten Clouds und CDNs direkt angeschlossen sind.

Content- und Cloud-Provider verbinden sich zunehmend über private Verbindungsleitungen direkt mit den Access-ISPs, um die Inhalte näher beim Benutzer zu speichern; in einigen Fällen speichern sie die Inhalte sogar auf Servern direkt im Netz des Access-ISP. Ein Beispiel hierfür ist Akamai, das, wie bereits erwähnt, über 200.000 Server betreibt, die meisten davon in den ISP-Netzen. Dieser Trend wird sich fortsetzen und das Internet in den kommenden Jahren weiter prägen. Andere CDNs wie Cloudflare finden ebenfalls eine immer größere Verbreitung. Und schließlich setzen auch die Anbieter von Inhalten und Diensten selbst CDNs ein; Netflix hat zum Beispiel sein eigenes CDN namens Open Connect eingerichtet, bei dem Netflix-Inhalte auf Cache-Knoten entweder bei IXPs oder direkt in einem Access-ISP-Netz bereitgestellt werden. Das Ausmaß, in dem Internetpfade ein separates Backbonenetz oder einen **Internetknoten** (**IXP**, *Internet Exchange Point*) durchqueren, hängt von einer Vielzahl von Faktoren ab, darunter Kosten, verfügbare Konnektivität in der Region und Skaleneffekte. IXPs sind in Europa und anderen Teilen der Welt sehr beliebt, während in den Vereinigten Staaten Direktverbindungen über private Verbindungsleitungen beliebter und verbreiteter sind.

Zusammenfassung

Die **Namensgebung** im ARPANET war am Anfang sehr einfach: Es gab eine ASCII-Datei, die alle Namen der Hosts und die dazugehörigen IP-Adressen auflistete. Jede Nacht luden sich alle Rechner diese Datei herunter. Als sich jedoch aus dem ARPANET das Internet entwickelte und explosionsartig anwuchs, wurde ein wesentlich anspruchsvolleres und dynamisches Namensgebungssystem benötigt. Derzeit wird im Internet ein hierarchisches System namens **DNS** (Domain Name System) verwendet. Es organisiert alle Rechner im Internet in Baumstrukturen. Auf der obersten Ebene stehen die bekannten allgemeinen Domains, wie *com* oder *edu*, sowie über 200 Domains für einzelne Länder. DNS wird als verteiltes Datenbanksystem mit weltweit vorhandenen Servern implementiert. Durch Abfrage eines DNS-Servers kann ein Prozess zu einem Domainnamen im Internet die IP-Adresse erhalten, die er benötigt, um mit einem Rechner dieser Domain zu kommunizieren. DNS wird vielfältig eingesetzt; jüngste Entwicklungen haben Bedenken hinsichtlich der Privatsphäre bei der Nutzung eines DNS aufkommen lassen, was zu einer Verschlüsselung des DNS mit TLS oder HTTPS geführt hat. Die daraus resultierende potenzielle Zentralisierung des DNS ist im Begriff, grundlegende Aspekte der Internetarchitektur zu verändern.

E-Mail ist die erste Killeranwendung des Internets. Sie wird immer noch stark genutzt, denn jeder sendet E-Mails, vom kleinen Kind bis hin zu den Großeltern. Die meisten E-Mail-Systeme der Welt verwenden das in den RFCs 5321 und 5322 definierte Mailsystem. Die Nachrichten haben einfache ASCII-Header und mithilfe von MIME können viele Arten von Inhalten versendet werden. Die Mail wird zum Zustellen Nachrichtenübertragungsagenten übergeben und zum Anzeigen von einer Vielzahl von Benutzeragenten, einschließlich Webanwendungen, entgegengenommen. Die abgeschickte Mail wird mit SMTP versendet. Hierbei wird eine TCP-Verbindung vom sendenden zum empfangenden Nachrichtenübertragungsagenten errichtet.

Das **Web** ist die Anwendung, die von den meisten Menschen für das Internet gehalten wird. Ursprünglich war es ein System, um nahtlos Hypertextseiten (in HTML) über Rechner hinweg miteinander zu verknüpfen. Die Seiten werden mit HTTP heruntergeladen, indem eine TCP-Verbindung vom Browser zu einem Server hergestellt wird. Heutzutage wird viel Inhalt im Web dynamisch erzeugt, sei es beim Server (z.B. mit PHP) oder beim Browser (z.B. mit JavaScript). In Kombination mit Back-End-Datenbanken können mit dynamischen Serverseiten Webanwendungen wie E-Commerce und Suchmaschinen realisiert werden. **Dynamische Browserseiten** entwickeln sich zu umfangreichen Anwendungen mit allen Funktionen, wie E-Mail-Programme, die im Browser ausgeführt werden und die **Webprotokolle** für die Kommunikation mit den entfernten Servern verwenden. Seitdem die Werbeindustrie ihre Chancen im Web erkannte und zunehmend nutzte, ist Tracking im Web mittels einer Vielzahl von Techniken, von Cookies bis zum Canvas-Fingerprinting, nicht mehr wegzudenken. Es gibt zwar Möglichkeiten, bestimmte Arten von Tracking-Mechanismen wie Cookies zu blockieren, doch kann dies manchmal die Funktionalität einer Website beeinträchtigen, und einige Tracking-Mechanismen (z.B. Canvas Fingerprinting) sind unglaublich schwer zu blockieren.

Digitales Audio und **Video** sind seit dem Jahr 2000 die treibenden Kräfte bei der Entwicklung des Internets. Der größte Teil des Internetverkehrs besteht aus Videos. Viele dieser Videos werden von Websites über eine Kombination von Protokollen gestreamt, obwohl auch TCP weitverbreitet ist. Mediendaten werden live an viele Konsumenten übertragen. Dazu gehören Internetradio und Fernsehsender, die alle möglichen Ereignisse übertragen. Audio und Video werden außerdem für Echtzeitkonferenzen eingesetzt. Viele Anrufe erfolgen nicht mehr über das herkömmliche Telefonnetz, sondern über Voice-over-IP und beinhalten Videokonferenzen.

Es gibt eine kleine Zahl von extrem bekannten Websites sowie eine riesige Anzahl an weniger bekannten. Für den Ansturm auf die beliebten Websites wurden **Content-Verteilernetze (CDNs)** aufgebaut. CDNs leiten mittels DNS die Clients zu einem nahe gelegenen Server. Die Server befinden sich in Datenzentren rund um die Welt. Alternativ gibt es P2P-Netze, die es einer Gruppe von Rechnern erlauben, Inhalte wie Filme untereinander auszutauschen. Die Inhaltsverteilungskapazität dieser Netze wächst mit der Anzahl der Rechner im Netz und kann durchaus mit den größten Sites mithalten.

EXTRAS ONLINE

Lösungshinweise

Übungsaufgaben

1 Viele Firmenrechner haben drei verschiedene, weltweit eindeutige Identifikatoren. Wie lauten diese?

2 Warum steht in Abbildung 7.5 hinter *laserjet* kein Punkt?

3 Nennen Sie ein Beispiel, ähnlich dem in Abbildung 7.6 für einen Resolver, der den Domainnamen *courses.cs.vu.nl* in zwei Schritten sucht. In welchem Szenario wäre diese Vorgehensweise denkbar?

4 Welcher DNS-Record verifiziert den Schlüssel, der zum Signieren der DNS-Records für einen autoritativen Nameserver verwendet wird?

5 Welcher DNS-Record verifiziert die Signatur der DNS-Records für einen autoritativen Nameserver?

6 Beschreiben Sie den Prozess der Client-Zuordnung, bei dem ein Teil der DNS-Infrastruktur einen Content-Server identifiziert, der sich in der Nähe des Clients befindet, der die DNS-Anfrage gestellt hat. Erläutern Sie alle Annahmen, die bei der Bestimmung des Standorts des Clients eine Rolle spielen.

7 Stellen Sie sich vor, ein Cyberterrorist hätte es geschafft, sämtliche DNS-Server auf der ganzen Welt gleichzeitig zum Absturz zu bringen. Welche Möglichkeiten gäbe es danach noch, das Internet zu nutzen?

8 Erläutern Sie die Vor- und Nachteile der Nutzung von TCP anstelle von UDP für DNS-Anfragen und -Antworten.

9 Angenommen, das Caching-Verhalten für DNS-Suchen ist normal und das DNS ist nicht verschlüsselt, welche der folgenden Parteien kann alle Ihre DNS-Suchen von Ihrem lokalen Gerät aus sehen? Wenn DNS mit DoH oder DoT verschlüsselt ist, wer kann die DNS-Suchen sehen?

10 Nathan möchte einen originellen Domainnamen und verwendet ein randomisiertes Programm, um für sich einen sekundären Domainnamen zu erzeugen. Er möchte diesen Domainnamen in der allgemeinen Domain *com* registrieren. Der erzeugte Domainname ist 253 Zeichen lang. Erlaubt die *com*-Registrierungsstelle die Registrierung dieses Domainnamens?

11 Kann ein Rechner mit einem DNS-Namen mehrere IP-Adressen besitzen? Wie ist das möglich?

12 Die Anzahl der Unternehmen, die eine Website haben, ist in den letzten Jahren erheblich gestiegen. Daher haben sich Tausende von Unternehmen in der *com*-Domain registriert, sodass diese Domain den Top-Level-Server stark belastet. Schlagen Sie eine Lösung vor, um dieses Problem zu lindern, ohne dass das Benennungsschema verändert wird (also ohne neue Top-Level-Domainnamen einzuführen). Ihre Lösung darf Änderungen am Client-Code vornehmen.

13 Einige E-Mail-Systeme unterstützen das Header-Feld *Content Return:*. Es bestimmt, ob der Nachrichteninhalt im Falle einer Nichtzustellung zurückgesendet werden muss. Gehört dieses Feld in den Umschlag oder in den Header?

14 Sie erhalten eine verdächtige E-Mail und vermuten, dass sie von einem böswilligen Absender stammt. Im FROM-Feld der E-Mail steht, dass die E-Mail von einer Person Ihres Vertrauens gesendet wurde. Können Sie dem Inhalt der E-Mail trauen? Was können Sie noch tun, um ihre Authentizität zu überprüfen?

15 E-Mail-Systeme müssen Verzeichnisse haben, damit man die E-Mail-Adresse von Personen nachsehen kann. Um solche Verzeichnisse zusammenzustellen, sollten Namen in Standardkomponenten (z.B. Vor- und Nachname) aufgeteilt werden, um die Suche zu ermöglichen. Diskutieren Sie einige Probleme, die zuerst gelöst werden müssen, damit ein Standard weltweit akzeptiert wird.

16 Eine große Rechtsanwaltskanzlei mit vielen Angestellten richtet für jeden Angestellten eine eigene E-Mail-Adresse ein, die *<login>@kanzlei.com* lauten sollte. Leider hat die Kanzlei jedoch nicht explizit das Format des Logins definiert. Deshalb benutzen einige Angestellte ihren Vornamen, andere ihren Nachnamen und noch andere ihre Initialen als Login. Jetzt möchte die Kanzlei ein einheitliches Format vorgeben, zum Beispiel:

vorname.nachname@kanzlei.com

das für die E-Mail-Adressen aller ihrer Angestellten verwendet werden soll. Wie kann dies umgesetzt werden, ohne allzu viele Schwierigkeiten zu bereiten?

17 Eine Binärdatei ist 4.560 Byte lang. Wie lang wird sie, wenn sie mit der base64-Codierung verschlüsselt wird, wobei ein CR+LF-Paar (Zeilenschaltung und Zeilenvorschub) nach jeweils 110 gesendeten Byte und am Ende eingefügt wird?

18 Ein 100-Byte-ASCII-String ist base64-codiert. Wie lang ist der Ergebnis-String?

19 Ihr Kommilitone codiert die ASCII-Zeichenkette „ascii" mit base64, was zu „YXNjaWJ" führt. Zeigen Sie, was bei der Codierung falsch gelaufen ist, und geben Sie die korrekte Codierung des Strings an.

20 Sie erstellen eine Instant-Messaging-Anwendung als Computernetze-Übungsaufgabe. Die Anwendung muss in der Lage sein, ASCII-Text und Binärdateien zu übertragen. Leider hat ein Kommilitone in Ihrem Team bereits den Server-Code eingereicht, ohne eine Funktion zur Übertragung von Binärdateien vorzusehen. Können Sie diese Funktion trotzdem implementieren, indem Sie nur den Client-Code ändern?

21 In jedem Standard, wie z. B. RFC 5322, wird eine genaue Grammatik dessen benötigt, was erlaubt ist, damit verschiedene Implementierungen zusammenarbeiten können. Die SMTP-Header erlauben Leerzeichen zwischen den Token. Nennen Sie zwei plausible alternative Definitionen des Leerraums zwischen den Token.

22 Geben Sie fünf MIME-Typen an, die im Buch nicht erwähnt werden. Sie können diese Informationen in Ihrem Browser oder im Internet finden.

23 Angenommen, Sie möchten eine MP3-Datei an einen Freund senden, aber der ISP Ihres Freundes begrenzt das Volumen der eingehenden Mail auf 1 MB, die MP3-Datei ist aber 4 MB groß. Gibt es eine Möglichkeit, mit RFC 5322 und MIME dieser Situation Herr zu werden?

24 Benutzer können über IMAP E-Mail von einer entfernten Mailbox abrufen. Bedeutet dies, dass das interne Format der Mailboxen standardisiert sein muss, damit jedes IMAP-Programm auf der Clientseite die Mailbox auf jedem Server lesen kann? Erläutern Sie Ihre Antwort.

25 Obwohl es im Text nicht erwähnt wurde, ist eine alternative Form für eine URL die Verwendung der IP-Adresse anstelle ihres DNS-Namens. Erklären Sie anhand dieser Informationen, warum ein DNS-Name nicht mit einer Ziffer enden kann.

26 Stellen Sie sich vor, dass jemand in der Mathematikfakultät an der Universität Stanford gerade ein Dokument mit einem neuen Beweis geschrieben hat, das er über FTP zur Überprüfung an seine Kollegen verteilen will. Er stellt es in das FTP-Verzeichnis *ftp/pub/forReview/newProof.pdf*. Wie könnte die URL dafür lauten?

27 Stellen Sie sich eine Webseite vor, deren Laden über HTTP mit einer dauerhaften Verbindung und sequenziellen Anfragen 3 Sekunden dauert. Von diesen 3 Sekunden entfallen 150 ms auf den Verbindungsaufbau und die erste Antwort. Das Laden der gleichen Seite mit Pipeline-Anfragen dauert 200 ms. Es wird angenommen, dass das Senden einer Anfrage sofort erfolgt und dass die Zeit zwischen Anfrage und Antwort für alle Anfragen gleich ist. Wie viele Anfragen werden beim Abruf dieser Webseite durchgeführt?

28 Sie erstellen eine vernetzte Anwendung als Computernetze-Übungsaufgabe. Ein Kommilitone in Ihrem Team meint, dass Ihr System, da es über HTTP kommuniziert, das über TCP läuft, nicht die Möglichkeit eines Kommunikationsausfalls zwischen den Hosts in Betracht ziehen muss. Was entgegnen Sie Ihrem Kommilitonen?

29 Geben Sie für jede der folgenden Anwendungen mit Nennung der Gründe an, ob es (1) möglich und (2) besser ist, ein PHP-Skript oder JavaScript zu verwenden:

a. Anzeige eines Kalenders für einen beliebigen angeforderten Monat ab September 1752

b. Anzeige des Flugplans von Amsterdam nach New York

c. Darstellung eines Polynoms mit vom Benutzer angegebenen Koeffizienten

30 Mit dem Header *If-Modified-Since* kann geprüft werden, ob eine zwischengespeicherte Seite immer noch gültig ist. Es können Seiten mit Bildern, Klang und Videodateien wie auch HTML angefordert werden. Glauben Sie, dass die Effektivität dieser Technik für JPEG-Bilder im Vergleich zu HTML besser oder schlechter ist? Denken Sie sorgfältig darüber nach, was „Effektivität" bedeutet, und erläutern Sie Ihre Antwort.

31 Sie fordern eine Webseite von einem Server an. Die Antwort des Servers enthält den Header *Expires*, dessen Wert auf einen Tag in der Zukunft festgelegt ist. Nach fünf Minuten fordern Sie dieselbe Seite von demselben Server an. Kann der Server Ihnen eine neuere Version der Seite schicken? Erklären Sie, warum (nicht).

32 Ergibt es für einen ISP Sinn, als CDN zu fungieren? Wenn ja, wie funktioniert dies? Wenn nicht, was ist falsch an dieser Idee?

33 Audio-CDs codieren die Musik mit 44.000 Hz und 16-Bit-Samples. Wäre es sinnvoll, mit 176.000 Hz und 16-Bit-Samples eine bessere Audioqualität zu erzeugen? Wie wäre es mit 44.000 Hz und 24-Bit-Samples?

34 Angenommen, für Audio-CDs wird keine Komprimierung verwendet. Wie viele MB Daten muss die CD enthalten, um zwei Stunden Musik abzuspielen?

35 Kann die für die Internettelefonie erforderliche Datenrate anhand eines psychoakustischen Modells reduziert werden? Wenn ja, welche Bedingungen müssen hierfür erfüllt sein, damit es funktioniert? Wenn nicht, warum nicht?

36 Ein Server, der einen beliebten Chatroom hostet, sendet Daten mit einer Rate von 32 kbit/s an seine Clients. Wie groß ist die vom Server verwendete Paketgröße, wenn diese Daten alle 100 ms bei den Clients ankommen? Wie groß ist die Paketgröße, wenn die Clients die Daten jede Sekunde erhalten?

37 Ein Audiostreaming-Server hat eine unidirektionale „Entfernung" zu einem Mediaplayer von 100 ms. Er erzeugt mit 1 Mbit/s Ausgaben. Wenn der Mediaplayer einen Puffer von 2 MB besitzt, welche Aussage kann man dann über die Untergrenze und Obergrenze des Puffers treffen?

38 Sie streamen ein fünfminütiges Video und empfangen codierte Daten mit 80 Mbit/s mit einem Komprimierungsverhältnis von 200:1. Das Video hat eine Auflösung von 2.000 × 1.000 Pixeln, verwendet 20 Bit pro Pixel und wird mit 60 Bildern pro Sekunde abgespielt. Nach 40 Sekunden bricht Ihre Internetverbindung zusammen. Können Sie das Video bis zum Ende ansehen?

39 Angenommen, ein drahtloses Übertragungsmedium verliert viele Pakete. Wie könnten unkomprimierte Audiodaten in CD-Qualität so übertragen werden, dass ein verlorenes Paket zwar zu einer schlechteren Tonqualität führt, aber keine Lücke in der Musik entsteht?

40 Im Text haben wir ein Pufferschema für Video besprochen, das in Abbildung 7.34 dargestellt ist. Würde dieses Schema auch für reinen Ton funktionieren? Warum oder warum nicht?

41 Audio- und Videostreaming in Echtzeit muss reibungslos ablaufen: Ende-zu-Ende-Verzögerung und Paket-Jitter sind zwei Faktoren, die das Nutzererlebnis beeinflussen. Sind sie im Wesentlichen das gleiche? Unter welchen Umständen kommen die beiden Faktoren ins Spiel? Kann einer der beiden Faktoren bekämpft werden, und wenn ja, wie?

42 Wie groß ist die Bitübertragungsrate für die Übertragung nicht komprimierter 1.200×800-Farbrahmen mit 16 Bit/Pixel bei 50 Rahmen/s?

43 Welches Komprimierungsverhältnis ist erforderlich, um ein 4K-Video über einen 80-Mbit/s-Kanal zu senden? Nehmen Sie an, dass das Video mit einer Rate von 60 Bildern pro Sekunde abgespielt und jeder Pixelwert wird in 3 Bytes gespeichert wird.

44 Angenommen, ein DASH-System mit 50 Bildern pro Sekunde unterteilt ein Video in 10-Sekunden-Segmente mit jeweils genau 500 Bildern. Sehen Sie hier Probleme? (*Hinweis:* Denken Sie an die Art von Bilder, die in MPEG verwendet werden.) Wenn Sie ein Problem sehen, wie könnte es behoben werden?

45 Kann sich ein 1-Bit-Fehler in einem MPEG-Rahmen auf mehr als den Rahmen auswirken, in dem der Fehler vorhanden ist? Erklären Sie Ihre Antwort.

46 Stellen Sie sich vor, dass ein Videostreaming-Dienst beschließt, UDP anstelle von TCP zu verwenden. UDP-Pakete können in einer anderen Reihenfolge ankommen, als sie gesendet wurden. Welches Problem entsteht dadurch und wie kann es gelöst werden? Welche Komplikationen, wenn überhaupt, birgt Ihre Lösung?

47 Ein Kollege, der bei einem Spiele-Streaming-Unternehmen arbeitet, schlägt vor, ein neues Transportschichtprotokoll zu entwickeln, das die Schwächen von TCP und UDP überwindet und geringe Latenzzeiten und Jitter für Multimedia-Anwendungen garantiert. Erklären Sie, warum dies nicht funktionieren wird.

48 Betrachten Sie einen Videoserver für 50.000 Kunden, wobei jeder Kunde zwei Filme pro Monat sieht. Nehmen Sie an, dass zwei Drittel aller Filme um 20 Uhr gesendet werden. Wie viele Filme muss der Server während dieser Zeitspanne auf einmal übertragen? Wie viele OC-12-Verbindungen braucht der Server zum Netz?

49 Nehmen Sie an, dass das Zipf'sche Gesetz auf die Zugriffe auf einen Videoserver mit 10.000 Filmen anwendbar ist. Geben Sie einen Ausdruck für den Bruchteil aller Zugriffe auf den Speicher, wenn der Server die gängigsten 1.000 Filme im Speicher und die restlichen 9.000 auf Festplatte verwaltet. Schreiben Sie ein kleines Programm, um diesen Ausdruck numerisch auszuwerten.

50 Auf einer beliebten Webseite sind 2 Milliarden Videos zu finden. Wenn die Videopopularität einer Zipf'schen Verteilung folgt, welcher Anteil der Aufrufe entfällt dann auf die Top-10-Videos?

51 Einer der Vorteile von Peer-to-Peer-Systemen ist, dass es oft keinen zentralen Kontrollpunkt gibt, was diese Systeme widerstandsfähiger gegen Ausfälle macht. Erklären Sie, warum BitTorrent nicht vollständig dezentralisiert ist.

52 Einige Cybersquatters (Webbesetzer) haben registrierte Domainnamen, die eine Falschschreibung einer bekannten Unternehmensseiten darstellt, wie *www.microsfot.com*. Nennen Sie mindestens fünf solche Domains.

53 Viele Leute haben registrierte DNS-Namen, die aus einem *www.word.com* bestehen, wobei *word* ein normales Wort ist. Listen Sie für jede der folgenden Kategorien fünf Websites auf und fassen Sie kurz zusammen, was dahinter steckt (so verbirgt sich beispielsweise hinter *www.stomach.com* ein Gastroenterologe in Long Island). Die Liste der Kategorien lautet wie folgt: Tiere, Nahrungsmittel, Haushaltsgeräte und Körperteile. Bei der letzten Kategorie nehmen Sie bitte Körperteile oberhalb der Taille.

54 Nennen Sie einige Gründe, warum ein BitTorrent-Client betrügen oder lügen könnte, und wie er dies tun könnte.

Sicherheit in Netzen

8

» In den ersten zwei Jahrzehnten ihrer Existenz wurden Rechnernetze vorwiegend von Universitäten für E-Mail und von Großunternehmen für die gemeinsame Nutzung von Ressourcen wie Druckern benutzt. Unter diesen Bedingungen wurde dem Faktor Sicherheit wenig Aufmerksamkeit gewidmet. Aber da inzwischen Millionen von „Normalbürgern" Zugang zu Netzen haben, z. B. für E-Shopping und Onlinebanking, das Einreichen von Steuererklärungen usw., und sich eine Schwachstelle nach der anderen offenbart, ist Netzwerksicherheit zu einem sehr wichtigen Thema geworden. In diesem Kapitel werden wir die Sicherheitsaspekte in Netzen aus verschiedenen Blickwinkeln betrachten, uns mit etlichen Fallstricken beschäftigen sowie viele Algorithmen und Protokolle vorstellen, mit denen die Sicherheit von Rechnernetzen verbessert werden kann.

Historisch gesehen gab es Netzwerkhacker lange bevor es das Internet gab. Ziel war damals das Telefonnetz und das Manipulieren des Signalisierungsprotokolls wurde als **Telefon-Phreaking** bezeichnet. Telefon-Phreaking nahm seinen Anfang in den späten 1950ern und hatte seine Hoch-Zeit in den 1960ern und 1970ern. In jenen Tagen waren die Steuersignale zum Autorisieren und Routen der Anrufe immer noch „band-intern". Die Telefongesellschaft verwendete Töne bestimmter Frequenzen auf dem gleichen Kanal wie die Sprachkommunikation, um den Schaltern mitzuteilen, was sie tun sollen.

Einer der bekanntesten Telefon-Phreaker war **John Draper**, eine umstrittene Persönlichkeit. Er fand heraus, dass die Spielzeugpfeife aus den Cornflake-Schachteln von Cap'n Crunch in den späten 1960ern einen Ton erzeugte, der genau bei 2.600 Hz lag, was genau der Frequenz entsprach, mit der AT&T Ferngespräche autorisierte. Mithilfe dieser Pfeife konnte Draper kostenlose Ferngespräche führen. Draper erhielt den Namen **Captain Crunch** und setzte die Pfeifen ein, um sogenannte blaue Boxen zu erstellen, mit denen sich das Telefonsystem hacken ließ. 1974 wurde Draper wegen Gebührenbetrug festgenommen und wanderte ins Gefängnis. Doch vorher hatte er noch zwei andere Pioniere der Bay Area, **Steve Wozniak** und **Steve Jobs**, dazu verleitet, ebenfalls Telefon-Phreaking zu betreiben und ihre eigenen blauen Boxen zu bauen, aus den sich später der Computer entwickelte, den sie *Apple* nannten. Laut Wozniak hätte es ohne Captain Crunch kein Apple gegeben.

Sicherheit ist ein breites Thema und beschäftigt sich mit einer Vielzahl von Sünden. In der einfachsten Form soll sichergestellt werden, dass neugierige Menschen nicht die Nachrichten anderer lesen oder, schlimmer noch, ändern. Außerdem beschäftigt sie sich mit Angreifern, die versuchen, wichtige Netzwerkdienste wie BGP oder DNS zu unterminieren, Links oder Netzwerkdienste unzugänglich zu machen oder auf entfernte Dienste zuzugreifen, für die sie keine Zugangsberechtigung haben. Ebenso werden Möglichkeiten angegeben, um festzustellen, ob die Nachricht „Zahle bis Freitag oder ..." wirklich vom Finanzamt und nicht von der Mafia ist. Sicherheit hat auch damit zu tun, dass seriöse Nachrichten erfasst und wiedergegeben werden, sowie mit Personen, die später abstreiten, bestimmte Nachrichten gesendet zu haben.

Die meisten Sicherheitsprobleme werden absichtlich verursacht, von Personen, die sich davon einen Vorteil versprechen, Aufmerksamkeit suchen oder jemandem schaden wollen. Eine Auswahl solcher Übeltäter ist in ▶Abbildung 8.1 aufgeführt. Aus dieser Liste geht hervor, dass Netzsicherheit viel mehr verlangt, als das Netz von Programmierfehlern frei zu halten. Es bedeutet, dass man cleverer sein muss als die Eindringlinge, die meist intelligent, engagiert und gut ausgestattet sind. Es sollte auch klar sein, dass Maßnahmen, die gelegentliche Eindringlinge aufhalten, wenig Wirkung auf die wirklich ernst zu nehmenden Übeltäter haben.

James Mickens von Microsoft (inzwischen Professor an der Harvard-Universität) behauptete in einem Artikel in *USENIX ;Login:*, dass man zwischen den normalen Angreifern und hochgerüsteten Geheimdiensten unterscheiden müsse. Wenn Sie Feld-Wald-und-Wiesen-Feinde bekämpfen, reicht wahrscheinlich der gesunde Menschenverstand und grundlegende Sicherheitsmaßnahmen. Mickens geht ausführlich auf diese Unterscheidung ein:

> *„Wenn Ihr Gegner der Mossad ist, werden Sie sterben und es gibt nichts, was Sie dagegen tun können. Der Mossad lässt sich nicht dadurch einschüchtern, dass Sie https:// einsetzen. Wenn der Mossad an Ihre Daten kommen will, verwendet er eine Drohne, um Ihr Mobiltelefon durch ein baugleiches Mobiltelefon mit Uranüberzug zu ersetzen, sodass Sie an Krebs sterben. Dann halten sie eine Pressekonferenz und behaupten, dass sie damit nichts zu tun haben, während sie T-Shirts tragen, auf denen steht „DAS WAR UNSER WERK". Anschließend werden sie Ihre gesamte Hinterlassenschaft aufkaufen, sodass sie Ihre Urlaubsfotos betrachten können, anstatt Ihre geistlosen E-Mails über den Mossad zu lesen."*

Mickens möchte damit zum Ausdruck bringen, dass erfahrene und raffinierte Angreifer hochentwickelte Mittel haben, Ihre Systeme zu kompromittieren, und sie davon abzuhalten ist extrem schwer. Außerdem kann man den Polizeiakten entnehmen, dass die meisten Angriffe von Insidern kommen, die einen Groll gegen den Attackierten hegen. Dies sollte bei der Konzeption von Sicherheitssystemen berücksichtigt werden.

Übeltäter	Ziel
Student	Hat Spaß daran, in der E-Mail anderer Leute zu schnüffeln
Hacker	Will das Sicherheitssystem auf die Probe stellen und Daten stehlen
Handelsvertreter	Erhebt den Anspruch, dass er ganz Europa vertritt, nicht nur Andorra
Geschäftsmann	Hat Interesse am Marketingplan der Konkurrenz
Ehemaliger Mitarbeiter	Tobt seine Rachegelüste aus, weil er entlassen wurde
Buchhalter	Will Geldbeträge von der Firma betrügerisch abzweigen
Börsenmakler	Streitet ab, dass er dem Kunden über E-Mail ein Versprechen gegeben hat
Identitätsdieb	Klaut Kreditkartennummern zum Verkaufen
Regierungsstelle	Hat Interesse an den militärischen Geheimnissen des Feindes
Terrorist	Hat Interesse an geheimen biologischen Waffen

Abbildung 8.1: Auswahl böswilliger Eindringlinge und deren Gründe.

«

8.1 Grundlagen der Netzwerksicherheit

Die klassische Vorgehensweise bei Sicherheitsproblemen in Netzen besteht darin, drei wichtige Sicherheitseigenschaften zu unterscheiden: Geheimhaltung (*confidentiality*), Integrität (*integrity*) und Verfügbarkeit (*availabilty*). Die im Englischen geläufige Abkürzung CIA ist vielleicht etwas unglücklich, da ihre andere Bedeutung sich in der Vergangenheit nicht gerade gescheut hat, diese Eigenschaften zu verletzen. **Geheimhaltung** hat damit zu tun, dass Informationen vor dem Zugriff durch unberechtigte Benutzer geschützt werden. Dies ist der erste Gedanke beim Thema Sicherheit in Netzen. **Integrität** dreht sich darum sicherzustellen, dass eine empfangene Nachricht von dem erwarteten Sender stammt und nicht von einer böswilligen Person im Laufe der Übertragung verändert oder aufgesetzt wurde. **Verfügbarkeit** beschäftigt sich damit zu verhindern, dass Systeme und Dienste nicht nutzbar sind aufgrund von Abstürzen, Überlastung oder absichtlicher Fehlkonfigurationen. Gute Beispiele für Versuche, die Verfügbarkeit zu kompromittieren, sind DoS-Angriffe, die häufig großen Schaden bei hochrangigen Zielen wie Banken, Fluglinien und dem örtlichen Gymnasium während der Prüfungszeit anrichten. Zusätzlich zu dem klassischen Triumvirat von Geheimhaltung, Integrität und Verfügbarkeit, das den Sicherheitsbereich dominiert, gibt es andere Aspekte, die ebenfalls eine wichtige Rolle spielen. So beschäftigt sich **Authentifizierung** (*authentication*) damit festzustellen, mit wem Sie sprechen, bevor Sie sensible Informationen preisgeben oder einen Geschäftsabschluss anstreben. Und schließlich dreht sich **Nichtabstreitbarkeit** (*nonrepudiation*) um Signaturen: Wie können Sie beweisen, dass der Kunde wirklich eine elektronische Bestellung für zehn Millionen Schraubenzieher für Linkshänder zu 89 Cent das Stück aufgegeben hat, wenn er später behauptet, es sei ein Stückpreis von 69 Cent vereinbart worden? Vielleicht behauptet er sogar, die Bestellung nie aufgegeben zu haben, nachdem ein chinesisches Unternehmen den Markt mit Linkshänder-Schraubenzieher für 49 Cent flutet.

Alle diese Punkte spielen auch in traditionellen Systemen eine Rolle, aber mit beträchtlichen Unterschieden. Integrität und Geheimhaltung werden erreicht, indem man Einschreiben verwendet und Dokumente wegsperrt. Postzüge zu überfallen ist heute schwieriger als zu Zeiten von Jesse James. Außerdem kann man normalerweise den Unterschied zwischen einem Original und einer Fotokopie feststellen. Fertigen Sie als Test eine Fotokopie von einem gültigen Scheck an. Reichen Sie den Originalscheck am Montag bei Ihrer Bank ein. Nun versuchen Sie, die Fotokopie des Schecks am Dienstag einzureichen. Beobachten Sie den Unterschied im Verhalten des Bankangestellten.

Was die Authentifizierung angeht, können Leute andere am Gesicht, an der Stimme und an der Handschrift erkennen. Gültige Signaturen werden durch Unterschriften auf Papier mit Briefkopf, Siegeln usw. angegeben. Eine Fälschung kann in der Regel durch die Handschrift, die Tinte und durch Papierexperten nachgewiesen werden. Elektronisch ist das nicht möglich. Auch hier sind gute Lösungen dringend erforderlich.

Bevor wir uns mit den Lösungen befassen, betrachten wir, wo im Protokollstapel man Sicherheitsfragen im Netz einordnen kann. Wahrscheinlich gibt es nicht nur einen Ort. Jede Schicht muss etwas dazu beitragen. Auf der Bitübertragungsschicht kann das

Anzapfen von Leitungen dadurch verhindert werden, dass Übertragungsleitungen (oder besser Glasfaserkabel) in abgedichteten Röhren verlegt werden, die mit Schutzgas gefüllt sind. Ein Versuch, den Kabelkanal anzubohren, führt zum Entweichen von Gas und folglich zu einem Druckabfall, was wiederum einen Alarm auslöst. Diese Technik wird in einigen Militärsystemen verwendet.

Auf der Sicherungsschicht können Pakete einer Punkt-zu-Punkt-Verbindung verschlüsselt werden, wenn sie einen Rechner verlassen, und wieder entschlüsselt werden, wenn sie bei einem anderen Rechner ankommen. Alle Einzelheiten lassen sich auf der Sicherungsschicht erledigen, wobei die höheren Schichten davon nichts mitbekommen. Diese Lösung fällt weg, wenn die Pakete mehrere Router durchlaufen, weil in jedem Router eine Entschlüsselung anfällt, wodurch die Pakete Angriffen im Router ausgesetzt sind. Außerdem ist es nicht möglich, bestimmte Sitzungen zu schützen (z.B. für Online-Einkäufe mit Kreditkarte) und andere wiederum nicht. Trotzdem ist diese **Verbindungsverschlüsselung** (*link encryption*) meist nützlich und kann in jedem Netz leicht realisiert werden.

Auf der Vermittlungsschicht können Firewalls installiert werden, um Pakete zu schützen und Eindringlinge auszusperren. IPsec, ein Protokoll für die IP-Sicherheit, das Paketnutzdaten verschlüsselt, wird ebenfalls auf dieser Schicht ausgeführt. Auf der Transportschicht können komplette Verbindungen von Ende zu Ende bzw. von Prozess zu Prozess verschlüsselt werden. Themen wie Benutzerauthentifizierung und die Nichtabstreitbarkeit werden oft in der Anwendungsschicht behandelt, auch wenn die Benutzerauthentifizierung gelegentlich (z.B. im Fall von Drahtlosnetzen) in unteren Schichten erfolgen kann. Da Sicherheit alle Schichten des Netzprotokollstapels betrifft und wir das Thema nicht in jedem Kapitel dieses Buches ansprechen wollten, haben wir uns entschlossen, dem Thema ein eigenes Kapitel zu widmen.

8.1.1 Allgemeine Sicherheitsprinzipien

Auch wenn die Sicherheitsaspekte in allen Schichten des Netzes zu berücksichtigen sind, ist es sehr schwer zu entscheiden, ob sie alle und in ausreichendem Maße berücksichtigt wurden. Mit anderen Worten: Sicherheit zu *garantieren* ist keine leichte Aufgabe. Stattdessen versuchen wir, die Sicherheit durch die konsequente Anwendung einer Reihe von Sicherheitsprinzipien so weit wie möglich zu verbessern. Klassische Sicherheitsprinzipien wurden bereits 1975 von Jerome Saltzer und Michael Schroeder formuliert:

1. **Prinzip einfacher Sicherheitsmechanismen** (*principle of economy of mechanism*), manchmal auch als Prinzip der Einfachheit bezeichnet: Komplexe Systeme weisen in der Regel mehr Fehler auf als einfache Systeme. Außerdem verstehen Benutzer sie häufig nicht richtig und nutzen sie falsch oder nur eingeschränkt. Einfache Systeme sind also gute Systeme. PGP (*Pretty Good Privacy*, siehe Abschnitt 8.11) beispielsweise bietet einen starken Schutz für E-Mails. Dennoch finden viele Benutzer es in der Praxis als ziemlich umständlich, sodass es bisher noch keine sehr weite Verbreitung gefunden hat. Einfachheit trägt auch dazu bei, die

Angriffsfläche zu minimieren (alle Punkte, an denen ein Angreifer mit dem System interagieren und versuchen kann, es zu kompromittieren). Ein System, das nicht vertrauenswürdigen Benutzern eine große Anzahl von Funktionen bietet, die jeweils durch viele Codezeilen implementiert werden, bietet eine große Angriffsfläche. Wenn eine Funktion nicht wirklich benötigt wird, lassen Sie sie weg.

2. **Erlaubnisprinzip** (*principle of fail-safe defaults*): Angenommen, Sie müssen den Zugriff auf eine Ressource verwalten. Es ist besser, explizite Regeln für den Zugriff auf die Ressource aufzustellen, als zu ermitteln versuchen, unter welchen Bedingungen der Zugriff auf die Ressource verweigert werden sollte. Anders ausgedrückt: Standardmäßig den Zugriff nicht zu erlauben, ist sicherer.

3. **Prinzip der vollständigen Rechteprüfung** (*principle of complete mediation*): Bei jedem Zugriff auf eine Ressource sollte vorher auf die Berechtigung hin geprüft werden, d.h., es muss eine Möglichkeit gegeben sein, die Quelle einer Anfrage (den Anfragenden) zu bestimmen.

4. **Prinzip der minimalen Rechte** (*principle of least authority*, **POLA**): Dieses Prinzip besagt, dass jedes (Teil-)System nur die minimal notwendigen Rechte (Berechtigungen) haben sollte, um seine Aufgabe zu erfüllen, und nicht mehr. Wenn also ein Angreifer ein solches System kompromittiert, erhöht er seine Berechtigung nur um das absolute Minimum.

5. **Prinzip der differenzierten Rechtevergabe** (*principle of privilege separation*): Dieses Prinzip ist eng verwandt mit dem vorangegangenen Punkt: Es ist besser, das System in mehrere POLA-konforme Teilkomponenten aufzuteilen als nur eine einzige Komponente zu verwenden, die alle Berechtigungen in sich vereinigt. Auch hier gilt: Wenn eine Komponente kompromittiert wird, sind die Angreifer in ihren Möglichkeiten eingeschränkt.

6. **Prinzip der minimalen gemeinsamen Mechanismen** (*principle of least common mechanism*): Dieses Prinzip ist etwas komplizierter und besagt, dass die für den Ressourcenzugriff erforderlichen Mechanismen, die sich mehrere Benutzer teilen und auf die alle Benutzer angewiesen sind, minimiert werden sollten. Man kann sich das so vorstellen: Wenn man die Wahl hat zwischen der Implementierung einer Netzwerkroutine im Betriebssystem, deren globale Variablen von allen Benutzern gemeinsam genutzt werden, und ihrer Implementierung in einer Benutzerbereich-Bibliothek, die in jeder Hinsicht für den Benutzerprozess privat ist, sollte man sich für Letzteres entscheiden, denn die gemeinsam genutzten Daten im Betriebssystem können durchaus als Informationskanal zwischen verschiedenen Benutzern dienen. Ein Beispiel hierfür finden Sie im Abschnitt über das Hijacking von TCP-Verbindungen.

7. **Prinzip des offenen Designs** (*principle of open design*): Es besagt schlicht und einfach, dass das Design nicht geheim sein sollte, und verallgemeinert das in der Kryptografie bekannte Kerckhoffs'sche Prinzip. Im Jahr 1883 veröffentlichte der in den Niederlanden geborene Auguste Kerckhoffs zwei Zeitschriftenartikel über

militärische Kryptografie, in denen er forderte, dass ein Kryptosystem auch dann sicher sein sollte, wenn alles über das System, mit Ausnahme des Schlüssels, öffentlich bekannt ist. Mit anderen Worten: Verlassen Sie sich nicht auf „Sicherheit durch Unklarheit", sondern gehen Sie davon aus, dass sich der Gegner sofort mit Ihrem System vertraut macht und die Verschlüsselungs- und Entschlüsselungsalgorithmen kennt.

8. **Prinzip der Akzeptanz** (*principle of psychological acceptability*): Das letzte Prinzip ist nichttechnischer Art. Sicherheitsregeln und -mechanismen sollten einfach zu benutzen und zu verstehen sein. Auch hier gilt, dass viele Implementierungen des PGP-Schutzes für E-Mail dieses Prinzip nicht erfüllen. Akzeptanz bedeutet jedoch noch mehr. Neben der Benutzerfreundlichkeit des Mechanismus sollte auch klar sein, warum die Regeln und Mechanismen überhaupt notwendig sind.

Ein weiterer wichtiger Faktor für die Gewährleistung der Sicherheit ist das Konzept der **Isolierung**. Sie gewährleistet die Trennung von Komponenten (Programme, Computersysteme oder ganze Netze), die unterschiedlichen Sicherheitsbereichen angehören oder unterschiedliche Berechtigungen erfordern. Die gesamte Interaktion zwischen den verschiedenen Komponenten erfolgt erst nach ordnungsgemäßer Prüfung der Berechtigungen. Isolierung, POLA und eine strenge Kontrolle des Informationsflusses zwischen den Komponenten ermöglichen den Entwurf von stark unterteilten Systemen.

Die Netzsicherheit umfasst sowohl Belange aus dem Bereich Systems und Engineering als auch Belange, die in der Theorie, der Mathematik und der Kryptografie wurzeln. Ein gutes Beispiel für Ersteres ist der klassische **Ping of Death**, der es Angreifern ermöglichte, Hosts im gesamten Internet zum Absturz zu bringen, indem sie Fragmentierungsoptionen in IP nutzten, um ICMP-Netzwerk-Ping-Pakete zu erstellen, die größer als die maximal zulässige IP-Paketgröße waren. Da die empfangende Seite solche großen Pakete nicht erwartete, reservierte sie nicht genügend Pufferspeicher für alle Daten, und die überschüssigen Bytes überschrieben andere Daten, die auf den Puffer im Speicher folgten. Dies war eindeutig ein Fehler, der gemeinhin als Pufferüberlauf bekannt ist. Ein Beispiel für ein Kryptografieproblem ist der 40-Bit-Schlüssel, der in der ursprünglichen WEP-Verschlüsselung für WiFi-Netze verwendet wurde und von Angreifern mit ausreichender Rechenleistung leicht geknackt werden konnte.

8.1.2 Allgemeine Angriffsprinzipien

Der einfachste Weg, eine Diskussion über die Systemaspekte der Sicherheit zu strukturieren, besteht darin, sich in die Lage des Angreifers zu versetzen. Nachdem wir also oben die grundlegenden Aspekte der Sicherheit eingeführt haben, wollen wir nun die **Grundlagen der Angriffe** betrachten.

Aus der Sicht eines Angreifers stellt sich die Sicherheit eines Systems als eine Reihe von Herausforderungen dar, die er lösen muss, um seine Ziele zu erreichen. Es gibt eine Vielzahl von Möglichkeiten, die Geheimhaltung, Integrität, Verfügbarkeit oder eine der anderen Sicherheitseigenschaften zu verletzen. Um beispielsweise die

Geheimhaltung im Netzverkehr zu verletzen, kann ein Angreifer in ein System eindringen, um die Daten direkt zu lesen, die kommunizierenden Parteien dazu bringen, Daten unverschlüsselt zu senden, und diese abfangen, oder, falls er noch ehrgeiziger ist, die Verschlüsselung brechen. Alle diese Angriffsvarianten sind in der Praxis umsetzbar und bestehen aus mehreren Schritten. Wir werden uns in Abschnitt 8.2 eingehend mit den Grundlagen der Angriffe befassen. Betrachten wir zunächst die von Angreifern verfolgten verschiedenen Schritte und Ansätze.

1. **Erkundung** (*reconnaissance*): Alexander Graham Bell sagte einmal: „Vorbereitung ist der Schlüssel zum Erfolg". Dies gilt auch für Angreifer. Denn das erste, was Sie als Angreifer tun sollten, ist, so viel wie möglich über Ihr Ziel herauszufinden. Wenn Sie einen Angriff mittels Spam oder Social Engineering planen, sollten Sie sich mit den Onlineprofilen der Personen beschäftigen, die Sie zu einer Preisgabe vertraulicher Informationen verleiten wollen, oder Sie sollten sich des altmodischen Dumpster-Diving bedienen, d.h. im Müll der fraglichen Person nach vertraulichen Daten suchen. In diesem Kapitel beschränken wir uns jedoch auf die technischen Aspekte von Angriffs- und Abwehrmaßnahmen. Erkundung in der Netzwerksicherheit dient dazu, an Informationen zu gelangen, die für den Angreifer nützlich sind. Welche Rechner können wir von außen erreichen? Mit welchen Protokollen? Wie sieht die Topologie des Netzes aus? Welche Dienste laufen auf welchen Rechnern? Und so weiter. Erkundung ist Thema von Abschnitt 8.2.1.

2. **Herumschnüffeln und Ausspähen** (*sniffing and snooping*): Ein wichtiger Schritt bei vielen Netzangriffen ist das Abfangen von Netzpaketen. Wenn sensible Informationen unverschlüsselt gesendet werden, ist das Abfangen des Netzverkehrs für den Angreifer von hohem Nutzen, aber auch verschlüsselter Datenverkehr kann nützlich sein, beispielsweise um über die MAC-Adressen der kommunizierenden Parteien herauszufinden, wer mit wem und wann spricht usw. Außerdem muss ein Angreifer den verschlüsselten Datenverkehr abfangen, um die Verschlüsselung zu knacken. Da ein Angreifer Zugang zum Netzverkehr anderer Personen hat, deutet die Möglichkeit des Ausspähens darauf hin, dass zumindest die Prinzipien der vollständigen Rechteprüfung und der minimalen Rechte nicht ausreichend durchgesetzt werden. Ausspähen ist auf einem Übertragungsmedium wie WiFi einfach, aber wie kann man den Datenverkehr abfangen, wenn er nicht über die Verbindung läuft, mit der Ihr Computer verbunden ist? Ausspähen ist Thema von Abschnitt 8.2.2.

3. **Spoofing**: Eine weitere grundlegende Waffe in den Händen von Angreifern ist vorzugeben, jemand anderes zu sein. Gefälschter Netzverkehr gibt vor, von einem anderen Rechner zu stammen. So ist es beispielsweise ein Leichtes, einen Ethernet-Rahmen oder ein IP-Paket mit einer anderen Quelladresse zu übertragen, um eine Abwehrmaßnahme zu umgehen oder Denial-of-Service-Angriffe zu starten, da diese Protokolle sehr einfach sind. Aber ist dies auch bei komplizierten Protokollen wie TCP möglich? Wenn man nämlich ein TCP-SYN-Segment sendet, um eine Verbindung zu einem Server mit einer gefälschten IP-Adresse aufzubauen,

antwortet der Server mit seinem SYN/ACk-Segment (der zweiten Phase des Verbindungsaufbaus) an diese IP-Adresse, sodass die Angreifer die Antwort nur sehen können, wenn sie sich im selben Netzsegment befinden. Durch Spoofing wird das Prinzip der vollständigen Rechteprüfung umgangen: Wenn wir nicht feststellen können, wer eine Anfrage gesendet hat, können wir ihre Berechtigungen nicht richtig ermitteln. In Abschnitt 8.2.3 wird Spoofing im Detail diskutiert.

4. **Disruption**: Die dritte Komponente unseres CIA-Dreiklangs, die Verfügbarkeit, hat aufgrund von verheerenden **DoS**-Angriffen (**Denial of Service**) auf alle Arten von Organisationen auch für Angreifer an Bedeutung gewonnen. Darüber hinaus sind diese Angriffe als Reaktion auf neue Abwehrmaßnahmen immer ausgefeilter geworden. Man kann argumentieren, dass DoS-Angriffe die Tatsache ausnutzen, dass das Prinzip der minimalen gemeinsamen Mechanismen nicht konsequent durchgesetzt wird – die Isolierung ist nicht ausreichend. In Abschnitt 8.2.4 werden wir uns ansehen, wie sich solche Angriffe entwickelt haben.

Mit diesen grundlegenden Bausteinen können Angreifer eine breite Palette von Angriffen durchführen. Beispielsweise können Angreifer durch Erkunden und Ausspähen an die Adresse eines potenziellen Opfercomputers gelangen und herausfinden, dass dieser einem Server vertraut, sodass jede von diesem Server kommende Anfrage automatisch akzeptiert wird. Durch einen Denial-of-Service-Angriff (Disruption) können sie den echten Server zum Absturz bringen, um sicherzustellen, dass er nicht mehr auf das Opfer antwortet, und dann gefälschte Anfragen senden, die scheinbar von dem Server stammen. Genau so ist einer der berühmtesten Angriffe in der Geschichte des Internets (auf das San Diego Supercomputer Center) abgelaufen. Auf diesen Angriff werden wir später noch eingehen.

8.1.3 Von der Bedrohung zur Lösung

Nachdem wir die Aktionen und Schachzüge der Angreifer erörtert haben, wollen wir betrachten, was wir dagegen tun können. Da die meisten Angriffe über das Netz erfolgen, hat die Sicherheitsgemeinschaft schnell erkannt, dass das Netz auch ein guter Ort ist, um auf Angriffe zu überwachen. In Abschnitt 8.3 werden wir uns mit Firewalls, Systemen zur Erkennung von Eindringlingen und ähnlichen Abwehrmaßnahmen befassen.

Während sich die Abschnitte 8.2 und 8.3 mit den systembezogenen Problemen befassen, die sich ergeben, wenn Angreifer sensible Informationen oder Systeme in die Finger bekommen, widmen wir uns in den Abschnitten 8.4 bis 8.9 den eher formalen Aspekten der Netzsicherheit, wie **Kryptografie** und **Authentifizierung**. Die in der Mathematik verwurzelten und in Computersystemen implementierten kryptografischen Primitive tragen dazu bei, dass selbst dann, wenn der Netzverkehr in die falschen Hände gerät, nichts allzu Schlimmes passieren kann. Angreifer sind beispielsweise nicht in der Lage, die Geheimhaltung zu brechen, Inhalte zu verfälschen oder Netzwerkkonversationen erfolgreich wiederzugeben. Kryptografie ist ein umfangreiches Thema, da es verschiedene Arten von Primitiven für unterschiedliche Zwecke gibt (Authentizitätsnachweis, Verschlüsselung mit öffentlichen Schlüsseln, Verschlüsselung mit symmetrischen Schlüsseln usw.) und jede Art von Primitiven unterschiedliche Implementierungen aufweist. In Abschnitt 8.4 werden die wichtigsten Konzepte der Kryptografie vorgestellt und in den Abschnitten 8.5 und 8.6 wird die Kryptografie mit symmetrischen bzw. öffentlichen Schlüsseln erörtert. In Abschnitt 8.7 werden digitale Signaturen und in Abschnitt 8.8 die Schlüsselverwaltung behandelt.

Abschnitt 8.9 beschreibt das grundlegende Problem der sicheren Authentifizierung. Mittels Authentifizierung lässt sich Spoofing gänzlich verhindern. Es ist eine Technik, mit der ein Prozess verifiziert, dass sein Kommunikationspartner derjenige ist, für den er sich ausgibt, und nicht ein Betrüger. Da die Sicherheit zunehmend an Bedeutung gewann, entwickelte die Community eine Vielzahl an Authentifizierungsprotokollen. Wie wir sehen werden, bauen diese auf der Kryptografie auf.

In den Abschnitten, die auf die Authentifizierung folgen, sehen wir uns konkrete Beispiele für (oft kryptobasierte) Lösungen der Netzsicherheit an. Abschnitt 8.10 diskutiert Netztechnologien, die Kommunikationssicherheit bieten, wie z.B. IPsec, VPNs und Sicherheit drahtloser Netze. Abschnitt 8.11 befasst sich mit dem Problem der E-Mail-Sicherheit, einschließlich Erklärungen zu PGP (Pretty Good Privacy) und S/MIME (Secure Multipurpose Internet Mail Extension). Abschnitt 8.12 erörtert die Sicherheit im breiteren Webbereich mit Beschreibungen von sicherem DNS (DNSSEC), Skriptcode, der in Browsern ausgeführt wird, und dem Secure Sockets Layer (SSL).Wie wir sehen werden, verwenden diese Technologien viele der in den vorangegangenen Abschnitten besprochenen Ideen.

Abschließend werden wir in Abschnitt 8.13 soziale Themen erörtern. Was sind die Auswirkungen auf wichtige Rechte wie die Privatsphäre und die Redefreiheit? Wie steht es mit dem Urheberrecht und dem Schutz des geistigen Eigentums? Sicherheit ist ein wichtiges Thema, sodass es sich lohnt, es näher zu betrachten.

Bevor wir uns damit befassen, sollten wir noch einmal darauf hinweisen, dass das Thema Sicherheit ein ganz eigenes Fachgebiet ist. In diesem Kapitel konzentrieren wir uns daher nur auf Sicherheitsaspekte im Zusammenhang mit Netzwerken und Kommunikation und nicht auf Fragen zu Hardware, Betriebssystemen, Anwendungen oder Benutzern. Das bedeutet, dass wir uns nur kurz mit Fehlern befassen werden, und sie hier nichts finden über biometrische Benutzerauthentifizierung, Passwortsicherheit, Pufferüberlaufattacken, Trojaner, Login-Spoofing, Prozessisolierung oder Viren. All diese Themen werden ausführlich in *Kapitel 9* des Werkes *Moderne Betriebssysteme* (Tanenbaum und Bos, 2025) behandelt und der interessierte Leser sei für die Systemaspekte der Sicherheit auf dieses Buch verwiesen.

8.2 Die wichtigsten Komponenten eines Angriffs

Betrachten wir in einem ersten Schritt die grundlegenden Komponenten eines Angriffs. Praktisch alle Netzangriffe folgen einem Schema, das einige Varianten dieser Komponenten auf geschickte Weise miteinander kombiniert.

8.2.1 Erkunden

Angenommen, Sie sind ein Angreifer und beschließen eines schönen Morgens, Organisation X zu hacken. Ihre Informationen über das Unternehmen sind spärlich und das nächste Büro ist Tausende Kilometer entfernt, sodass die Suche nach Informationen im Müll (Dumpster-Diving) oder das Ausspähen von Daten und Passwörtern über die Schulter (Shoulder Surfing) keine Optionen sind. Sie können jederzeit mittels **Social Engineering** versuchen, an die sensiblen Informationen von Mitarbeitern zu gelangen, indem Sie ihnen E-Mails (Spam) schicken, sie anrufen oder sich mit ihnen in sozialen Netzwerken anfreunden, aber in diesem Buch interessieren wir uns eher für technische Fragen im Zusammenhang mit Computernetzen. Können Sie zum Beispiel herausfinden, welche Computer in dem Unternehmen vorhanden sind, wie sie miteinander verbunden sind und welche Dienste darauf ausgeführt werden?

Als Ausgangspunkt nehmen wir an, dass ein Angreifer über einige IP-Adressen von Rechnern in dem Unternehmen verfügt: Webserver, Nameserver, Anmeldeserver oder andere Rechner, die mit der Außenwelt kommunizieren. Das erste, was den Angreifer interessiert, ist, diesen Server zu untersuchen. Welche TCP- und UDP-Ports sind beispielsweise offen? Um dies herauszufinden, reicht es zu versuchen, eine TCP-Verbindung zu jeder einzelnen Portnummer aufzubauen. Ist die Verbindung erfolgreich, dann hat ein Dienst zugehört. Antwortet der Server z.B. auf Port 25, so ist ein SMTP-Server vorhanden, wenn die Verbindung auf Port 80 erfolgreich ist, gibt es wahrscheinlich einen Webserver usw. Eine ähnliche Technik kann auch für UDP angewendet werden (wenn das Ziel beispielsweise auf UDP-Port 53 antwortet, wissen wir, dass es einen DNS-Dienst betreibt, da dieser Port für DNS reserviert ist).

Port scannen

Auf einem Rechner zu sondieren, welche Ports aktiv sind, wird als **Port-Scanning** bezeichnet und kann ziemlich ausgeklügelt sein. Die zuvor beschriebene Technik, bei der ein Angreifer eine vollständige TCP-Verbindung zum Ziel herstellt (ein sogenannter **Verbindungsscan**), ist dagegen überhaupt nicht raffiniert. Es ist zwar äußerst effektiv, hat aber den großen Nachteil, dass das Sicherheitsteam des Ziels direkten Einblick in Ihr Tun hat. Viele Server neigen dazu, erfolgreiche TCP-Verbindungen zu protokollieren, und ein Angreifer möchte natürlich ein Auftauchen in den Protokollen während der **Erkundung**sphase weitestgehend vermeiden. Als Gegenmaßnahme könnte er mittels eines **halboffenen Scans** den Verbindungsaufbau absichtlich scheitern lassen. Ein halboffener Scan tut nur so, als würde er Verbindungen aufbauen: Er sendet TCP-Pakete mit gesetztem SYN-Flag an alle Portnummern von Interesse und wartet darauf, dass der Server die entsprechenden SYN/ACKs für die offenen Ports sendet, aber er schließt den Dreiwege-Handshake nie ab. Die meisten Server protokollieren diese erfolglosen Verbindungsversuche nicht.

Wenn halboffene Scans besser sind als Verbindungsscans, warum wird dann noch über Letztere diskutiert? Der Grund dafür ist, dass halboffene Scans die intelligenteren Angreifer erfordern. Eine vollständige Verbindung zu einem TCP-Port ist von den meisten Rechnern aus mit einfachen Tools wie telnet möglich, die oft auch Benutzern auch ohne Berechtigung zur Verfügung stehen. Bei einem halboffenen Scan müssen Angreifer jedoch genau bestimmen, welche Pakete übertragen werden sollen und welche nicht. Die meisten Systeme verfügen nicht über die dafür benötigten Standardwerkzeuge für Benutzer ohne Berechtigung und nur Benutzer mit Administratorrechten können einen halboffenen Scan durchführen.

Verbindungsscans (manchmal auch als **offene Scans** bezeichnet) und halboffene Scans gehen beide davon aus, dass es möglich ist, eine TCP-Verbindung von jedem beliebigen Rechner außerhalb des Netzwerks des Opfers zu initiieren. Es kann jedoch sein, dass die Firewall den Aufbau von Verbindungen vom Rechner des Angreifers aus nicht zulässt. Sie kann zum Beispiel alle SYN-Segmente blockieren. In diesem Fall muss der Angreifer möglicherweise auf esoterischere Scan-Techniken zurückgreifen. So sendet ein FIN-Scan anstelle eines SYN-Segments ein TCP-FIN-Segment, das normalerweise zum Schließen einer Verbindung verwendet wird, was auf den ersten Blick keinen Sinn ergibt, da keine Verbindung zu beenden ist. Allerdings fällt die Antwort auf das FIN-Paket bei offenen Ports (mit Abhördiensten dahinter) oft anders aus als bei geschlossenen Ports. Insbesondere senden viele TCP-Implementierungen ein TCP-RST-Paket, wenn der Port geschlossen ist, und gar nichts, wenn er offen ist. ▶Abbildung 8.2 veranschaulicht diese drei grundlegenden Scan-Techniken.

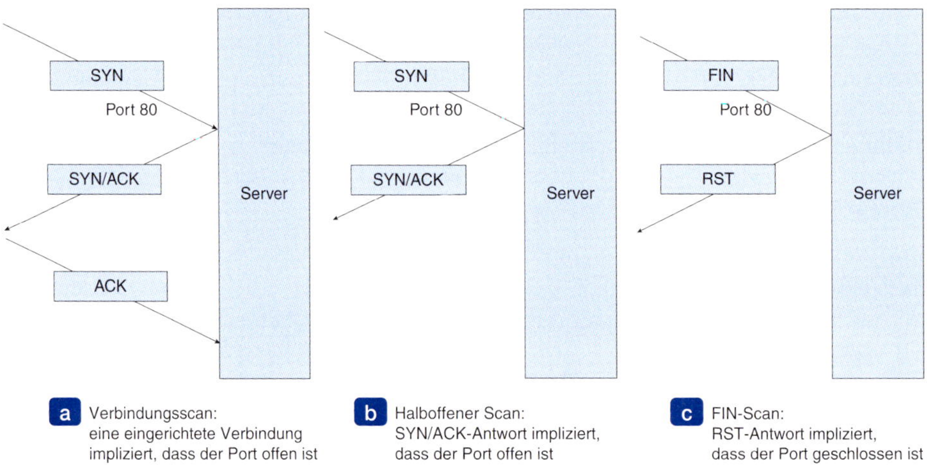

Abbildung 8.2: Grundlegende Port-Scanning-Techniken. (a) Verbindungsscan, (b) halboffener Scan, (c) FIN-Scan.

Jetzt denken Sie wahrscheinlich: „Wenn wir das mit den SYN-Flags und den FIN-Flags machen können, können wir dann auch einige der anderen Flags zweckentfremden?“ Da liegen Sie gar nicht so falsch. Jede Konfiguration, die zu unterschiedlichen Antworten für offene und geschlossene Ports führt, funktioniert. Eine bekannte andere Möglichkeit ist, viele Flags auf einmal zu setzen (FIN, PSH, URG), was als **Xmas-Scan** bekannt ist (weil Ihr Paket wie ein Weihnachtsbaum leuchtet).

Sehen Sie sich zunächst Abbildung 8.2a an. Wenn eine Verbindung hergestellt werden kann, bedeutet dies, dass der Port offen ist. Betrachten Sie nun Abbildung 8.2b. Eine ASYN/ACK-Antwort bedeutet ebenfalls, dass der Port offen ist. Und letztlich sehen wir in Abbildung 8.2c, dass auch eine RST-Antwort darauf hinweist, dass der Port offen ist.

Die Suche nach offenen Ports ist ein erster Schritt. Als Nächstes möchte der Angreifer genau wissen, welcher Server an diesem Port läuft, welche Software, welche Version der Software und auf welchem Betriebssystem. Nehmen wir zum Beispiel an, dass Port 8080 offen ist. Wahrscheinlich handelt es sich um einen Webserver, obwohl dies nicht sicher ist. Doch selbst wenn es ein Webserver ist, welcher genau ist es? Nginx, Lighttpd, Apache? Angenommen, ein Angreifer hat nur einen Exploit für Apache Version 2.4.37 und nur unter Windows, dann ist es wichtig, all diese Details, bekannt als **Fingerprinting**, herauszufinden. Wie bei unseren Port-Scans machen wir uns dabei die (manchmal subtilen) Unterschiede in der Art und Weise zunutze, wie diese Server und Betriebssysteme antworten. Wenn sich das alles kompliziert anhört, machen Sie sich keine Sorgen. Wie bei vielen komplizierten Dingen in Computernetzen hat sich eine hilfreiche Seele hingesetzt und all diese Scan- und Fingerprinting-Techniken für Sie in benutzerfreundlichen und vielseitig einsetzbaren Programmen wie **netmap** und **zmap** implementiert.

Traceroute

Zu wissen, welche Dienste auf einem Rechner aktiv sind, ist schön und gut, aber was ist mit den übrigen Rechnern im Netz? Wenn die erste IP-Adresse bekannt ist, versuchen viele Angreifer durch ein wenig Herumstochern festzustellen, was sich noch so alles herausfinden lässt. Wenn der erste Rechner beispielsweise die IP-Adresse 130.37.193.191 hat, liegt es nahe, auch 130.37.193.192, 130.37.193.193 und alle anderen möglichen Adressen im lokalen Netz auszuprobieren. Außerdem können Angreifer mit Programmen wie **Traceroute** den Pfad zur ursprünglichen IP-Adresse ermitteln. Traceroute sendet zunächst ein paar UDP-Pakete an das Ziel mit einem TTL-Wert (Time-to-live) von 1, dann ein paar weitere mit einem TTL-Wert von 2, dann ein paar mit einem TTL-Wert von 3 usw. Der erste Router setzt den TTL-Wert herab und verwirft sofort die ersten Pakete (weil die TTL jetzt null erreicht hat) und sendet eine ICMP-Fehlermeldung zurück, die besagt, dass die Pakete ihre zugewiesene Lebensdauer überschritten haben. Der zweite Router tut dasselbe für die zweite Menge von Paketen, der dritte für die dritte Menge, bis am Ende einige UDP-Pakete das Ziel erreichen. Durch das Sammeln der ICMP-Fehlerpakete und ihrer Quell-IP-Adressen kann traceroute die Gesamtroute zusammensetzen. Angreifer können die Ergebnisse nutzen, um noch mehr Ziele zu scannen, indem sie Adressbereiche von Routern in der Nähe des Ziels untersuchen und sich so einen rudimentären Überblick über die Netztopologie verschaffen.

8.2.2 Herumschnüffeln und Ausspähen (mit einem Spritzer Spoofing)

Viele Netzangriffe beginnen mit dem Abfangen des Netzverkehrs. Bei diesem Teil des Angriffs gehen wir davon aus, dass der Angreifer im Netz des Opfers präsent ist. Der

Angreifer bringt zum Beispiel einen Laptop in die Nähe des WiFi-Netzes des Opfers oder verschafft sich Zugang zu einem PC im kabelgebundenen Netz. Das Herumschnüffeln in einem Broadcast-Medium wie WiFi oder der ursprünglichen Ethernet-Implementierung ist einfach: Man klinkt sich an einem geeigneten Ort in den Kanal ein und lauscht auf die vorbeirasenden Bits. Zu diesem Zweck aktivieren Angreifer bei ihren Netzwerkschnittstellen den **promiskuitiven Modus** (*promiscuous mode*), damit sie alle Pakete auf dem Kanal akzeptieren, auch solche, die für einen anderen Host bestimmt sind, und erfassen dann mit Tools wie **tcpdump** oder **Wireshark** den Datenverkehr.

Ausspähen in vermittelten Netzen

In vielen Netzen ist das Ausspähen jedoch nicht so einfach, zum Beispiel im modernen Ethernet. Im Gegensatz zu den ursprünglichen Versionen ist das heutige Ethernet keine Netzwerktechnologie mehr, die auf gemeinsam genutzte Medien setzt. Die gesamte Kommunikation erfolgt inzwischen vermittelt und Angreifer werden, selbst wenn sie mit demselben Netzsegment verbunden sind, niemals einen der Ethernet-Rahmen empfangen, die für andere Hosts in diesem Segment bestimmt sind. In diesem Zusammenhang sei daran erinnert, dass Ethernet-Switches selbstlernend sind und schnell eine Weiterleitungstabelle aufbauen. Das Selbstlernen ist einfach und effektiv: Sobald ein Ethernet-Rahmen von Host A an Port 1 ankommt, registriert der Switch, dass der Verkehr für Host A an Port 1 gesendet werden soll. Jetzt weiß er, dass der gesamte Verkehr mit der MAC-Adresse von Host A im Zielfeld des Ethernet-Headers an Port 1 weiterzuleiten ist. Ebenso wird er den Verkehr für Host B an Port 2 weiterleiten und so weiter. Sobald die Weiterleitungstabelle vollständig ist, sendet der Switch den Datenverkehr, der explizit an Host B adressiert ist, nur noch an Port 2. Um Datenverkehr auszuspähen, müssen Angreifer genau hier ansetzen und einen Weg finden, das zu verhindern.

Es gibt mehrere Möglichkeiten für einen Angreifer, das Vermittlungsproblem zu überwinden. Sie alle nutzen **Spoofing**, aber wir werden sie in diesem Abschnitt trotzdem besprechen, da hier der Fokus darauf liegt, den Datenverkehr abzuhören.

Die erste Methode ist das **MAC-Cloning**. Dabei wird die MAC-Adresse des Hosts dupliziert, dessen Datenverkehr abgefangen werden soll. Wenn Sie vorgeben, diese MAC-Adresse zu besitzen (indem Sie Ethernet-Rahmen mit dieser Adresse senden), wird der Switch dies ordnungsgemäß in seiner Tabelle vermerken und fortan den gesamten für das Opfer bestimmten Datenverkehr an Ihren Rechner senden. Dies setzt natürlich voraus, dass Sie diese Adresse kennen, aber Sie sollten in der Lage sein, sie den ARP-Anfragen zu entnehmen, die vom Ziel schließlich via Broadcast an alle Hosts im Netzwerksegment gesendet werden. Erschwerend kommt allerdings hinzu, dass Ihre Zuordnung von der Switch entfernt wird, sobald der ursprüngliche Besitzer der MAC-Adresse seine Kommunikation wieder aufnimmt, sodass Sie diese **Manipulation der Switch-Tabelle** (*switch table poisoning*) ständig wiederholen müssen.

In einem alternativen, aber ähnlichen Ansatz können Angreifer es sich zunutze machen, dass die Switch-Tabelle eine begrenzte Größe hat, und den Switch mit Ethernet-Rahmen mit gefälschten Quelladressen überfluten. Der Switch weiß nicht, dass es sich um gefälschte MAC-Adressen handelt, und füllt damit einfach die Tabelle, bis sie voll ist, wobei er gegebenenfalls ältere Einträge löscht, um die neuen aufzunehmen. Da der Switch keinen Eintrag mehr für den Zielhost hat, kehrt er für den gesamten Datenverkehr zu Broadcasting zurück. Durch **MAC-Flooding** verhält sich Ihr Ethernet wieder wie ein Broadcast-Medium und macht Party, als wäre es 1979.

Anstatt den Switch durcheinanderzubringen, können Angreifer die Hosts auch direkt mit **ARP-Spoofing** oder **ARP-Poisoning** angreifen. Wie in *Kapitel 5* beschrieben, hilft das ARP-Protokoll einem Computer, die MAC-Adresse zu finden, die einer IP-Adresse entspricht. Zu diesem Zweck unterhält die ARP-Implementierung auf einem Rechner eine Tabelle mit Zuordnungen von IP- zu MAC-Adressen für alle Hosts, die mit diesem Rechner kommuniziert haben (die **ARP-Tabelle**). Jeder Eintrag hat eine Lebensdauer, die Time-to-live (TTL), von in der Regel einigen Dutzend Minuten. Danach wird die MAC-Adresse der entfernten Partei stillschweigend vergessen, in der Annahme, dass keine weitere Kommunikation zwischen diesen Parteien stattfindet (in diesem Fall wird die TTL zurückgesetzt), und für jede nachfolgende Kommunikation bedarf es zunächst einer ARP-Suche. Diese ARP-Suche ist einfach eine Broadcast-Nachricht, die in etwa lautet: „Leute, ich suche die MAC-Adresse des Rechners mit der IP-Adresse 192.168.2.24. Wenn Sie das sind, lassen Sie es mich bitte wissen.“ Die Suchanfrage enthält die MAC-Adresse des Anfordernden, sodass der Host 192.168.2.24 weiß, wohin er die Antwort senden muss, und auch die IP-Adresse des Anfordernden, sodass 192.168.2.24 die IP-zu-MAC-Adresse des Anfordernden in seine eigene ARP-Tabelle aufnehmen kann.

Wenn der Angreifer eine solche ARP-Anfrage für den Host 192.168.2.24 sieht, kann er dem Anfordernden seine eigene MAC-Adresse übermitteln. In diesem Fall wird die gesamte Kommunikation für 192.168.2.24 an den Rechner des Angreifers gesendet. Da ARP-Implementierungen in der Regel einfach und zustandslos sind, kann der Angreifer oft einfach ARP-Antworten senden, selbst wenn es gar keine Anfrage gab: Die ARP-Implementierung wird die Antworten für bare Münze nehmen und die Zuordnungen in ihrer ARP-Tabelle speichern.

Wenn er denselben Trick bei beiden Kommunikationspartnern anwendet, erhält der Angreifer den gesamten Datenverkehr zwischen ihnen. Indem er die Rahmen anschließend wieder an die richtigen MAC-Adressen weiterleitet, hat der Angreifer ein heimliches **MITM**-Gateway (*Man-in-the-Middle*) installiert, das den gesamten Verkehr zwischen den beiden Hosts abfangen kann.

8.2.3 Spoofing (außer ARP)

Im Allgemeinen bedeutet Spoofing, Bytes mit einer gefälschten Quelladresse über das Netz zu senden. Neben ARP-Paketen können Angreifer auch jede andere Art von Netzwerkverkehr fälschen. SMTP (Simple Mail Transfer Protocol) ist zum Beispiel ein freundliches, textbasiertes Protokoll, das überall zum Senden von E-Mails verwendet wird. Es verwendet den Header `Mail From:` als Hinweis auf die Quelle einer E-Mail, überprüft diesen aber standardmäßig nicht auf Korrektheit. Mit anderen Worten: Sie können in diesen Header schreiben, was Sie wollen. Alle Antworten werden an diese Adresse gesendet. Übrigens wird der Inhalt des Headers `Mail From:` dem Empfänger der E-Mail-Nachricht nicht einmal angezeigt. Stattdessen zeigt Ihr Mail-Client den Inhalt eines separaten `From:`-Headers. Aber auch dieses Feld wird nicht überprüft, ja, SMTP erlaubt Ihnen sogar, es zu fälschen, sodass die E-Mail, die Sie an Ihre Kommilitonen senden, um ihnen mitzuteilen, dass sie den Kurs nicht bestanden haben, den Eindruck erweckt, sie wäre vom Kursleiter gesendet worden. Wenn Sie zusätzlich den Header `Mail From:` auf Ihre eigene E-Mail-Adresse setzen, landen alle Antworten, die von panischen Studenten gesendet werden, in Ihrer Mailbox. Das wäre sicher ein großer Spaß! Weniger harmlos sind Kriminelle, die häufig E-Mails fälschen, um Phishing-E-Mails aus scheinbar vertrauenswürdigen Quellen zu versenden. Die E-Mail von „Ihrem Arzt", in der Sie aufgefordert werden, auf den unten stehenden Link zu klicken, um sich über die Ergebnisse Ihres medizinischen Tests zu informieren, kann zu einer Website führen, die behauptet, dass alles normal ist, aber nicht erwähnt, dass Sie sich gerade einen Virus auf Ihren Computer heruntergeladen hat. Die E-Mail von „Ihrer Bank" kann sich negativ auf Ihr finanzielles Wohlergehen auswirken.

ARP-Spoofing findet auf der Sicherungsschicht statt und SMTP-Spoofing auf der Anwendungsschicht, aber Spoofing kann Ihnen auf jeder Schicht des Protokollstapels begegnen. Manchmal ist Spoofing ganz einfach: Jeder, der in der Lage ist, eigene Pakete zu erstellen, kann gefälschte Ethernet-Rahmen, IP-Datagramme oder UDP-Pakete erzeugen. Man braucht nur die Quelladresse zu ändern, und das war's: Diese Protokolle haben keine Möglichkeit, die Manipulationen zu erkennen. Andere Protokolle stellen eine viel größere Herausforderung dar. Beispielsweise speichern die Endpunkte in TCP-Verbindungen den Status, wie die Sequenz- und Bestätigungsnummern, was das Spoofing viel schwieriger macht. Wenn der Angreifer nicht in der Lage ist, die entsprechenden Sequenznummern auszuspähen oder zu erraten, werden die gefälschten TCP-Segmente vom Empfänger als „außerhalb des Zeitfensters" zurückgewiesen. Wie wir später sehen werden, gibt es auch noch andere erhebliche Schwierigkeiten.

Selbst mit einfachen Protokollen können Angreifer großen Schaden anrichten. In Kürze werden wir sehen, wie gefälschte UDP-Pakete zu verheerenden **DoS**-Angriffen (*Denial of Service*) führen können. Vorher wollen wir jedoch untersuchen, wie Angreifer es durch Spoofing schaffen, die von Clients an den Server gesendeten Daten abzufangen, indem sie UDP-Datagramme in DNS fälschen.

DNS-Spoofing

Da das DNS für seine Anfragen und Antworten UDP verwendet, sollte das Spoofing einfach sein. So könnten wir beispielsweise, genau wie beim ARP-Spoofing-Angriff, darauf warten, dass ein Client eine Suchanfrage für die Domain *trusted-services.com* sendet, und dann möglichst zeitlich vor dem rechtmäßigen DNS eine falsche Antwort liefern, die den Client darüber informiert, dass *trusted-services.com* sich an einer IP-Adresse befindet, die uns gehört. Das ist einfach, wenn wir den vom Client eingehenden Datenverkehr abfangen (und somit die DNS-Suchanfrage sehen, auf die zu antworten ist). Aber was, wenn wir die Anfrage nicht sehen können? Denn wenn wir die Kommunikation bereits abhören können, ist das Abfangen der Kommunikation mittels DNS-Spoofing nicht sehr nützlich. Und was ist, wenn wir den Datenverkehr von mehreren Personen abfangen wollen, anstatt nur von einer?

Wenn Angreifer den lokalen Nameserver des Opfers mitbenutzen, besteht die einfachste Lösung darin, dass sie ihre eigene Anfrage nach beispielsweise *trusted-services.com* senden, was wiederum den lokalen Nameserver veranlasst, in ihrem Namen eine Suche nach dieser IP-Adresse durchzuführen, indem er den nächsten Nameserver im Suchprozess kontaktiert. Die Angreifer „antworten" auf diese Anfrage des lokalen Nameservers sofort mit einer gefälschten Antwort, die vorgibt, vom nächsten Nameserver zu kommen. Die Folge davon ist, dass der lokale Nameserver die gefälschte Zuordnung in seinem Cache speichert und sie dem Opfer anbietet, wenn er schließlich die Suche nach *trusted-services.com* durchführt. (Er würde sie auch allen anderen anbieten, die möglicherweise nach demselben Namen suchen). Auch wenn die Angreifer den lokalen Namen nicht teilen, kann der Angriff dennoch funktionieren, wenn der Angreifer das Opfer dazu bringen kann, eine Suchanfrage mit dem vom Angreifer bereitgestellten Domainnamen zu stellen. Der Angreifer könnte beispielsweise eine E-Mail senden, in der er das Opfer auffordert, auf einen Link zu klicken, damit der Browser die Namenssuche für den Angreifer durchführt. Nachdem er die Zuordnung für *trusted-services.com* manipuliert hat, werden alle nachfolgenden Suchanfragen für diese Domain die falsche Zuordnung zurückliefern.

Der aufmerksame Leser wird einwenden, dass dies gar nicht so einfach ist. Schließlich enthält jede DNS-Anfrage eine 16-Bit-Anfrage-ID, und eine Antwort wird nur akzeptiert, wenn die ID in der Antwort damit übereinstimmt. Wenn die Angreifer die Anfrage jedoch nicht sehen können, müssen sie die ID erraten. Bei einer einzigen Antwort ist die Wahrscheinlichkeit, dass sie richtig ist, eins zu 65.536. Im Durchschnitt müsste ein Angreifer in sehr kurzer Zeit Zehntausende von DNS-Antworten senden, um eine einzige Zuordnung auf dem lokalen Nameserver zu fälschen, und das unbemerkt. Nicht einfach.

Geburtstagsattacke

Es gibt einen einfacheren Weg, der manchmal als Geburtstagsattacke bezeichnet wird (oder **Geburtstagsparadoxon**, auch wenn es streng genommen gar kein Paradoxon ist). Die Idee für diesen Angriff stammt von einer Technik, die Mathematikprofessoren oft in ihren Wahrscheinlichkeitskursen vorstellen. Die Frage ist: Wie viele Schüler braucht man in einer Klasse, bevor die Wahrscheinlichkeit, dass zwei Personen am gleichen Tag Geburtstag haben, 50% übersteigt? Die meisten von uns erwarten, dass die Antwort über 100 liegt. Die Wahrscheinlichkeitstheorie besagt jedoch, dass es nur 23 sind. Bei 23 Personen ist die Wahrscheinlichkeit, dass keine zwei von ihnen den gleichen Geburtstag haben,

$$\frac{365}{365} \times \frac{364}{365} \times \frac{363}{365} \times \ldots \times \frac{343}{365} = 0,497203$$

Mit anderen Worten: Die Wahrscheinlichkeit, dass zwei Schüler am selben Tag Geburtstag haben, liegt bei über 50%.

Allgemeiner ausgedrückt: Wenn es eine Zuordnung zwischen Eingaben und Ausgaben mit n Eingaben (Personen, Identifikatoren usw.) und k möglichen Ausgaben (Geburtstagen, Identifikatoren usw.) gibt, dann gibt es $n(n-1)/2$ Eingabepaare. Bei $n(n-1)/2>k$ ist die Wahrscheinlichkeit ziemlich groß, dass es mindestens eine Übereinstimmung gibt. Folglich ist bei $n>\sqrt{2k}$ also eine Übereinstimmung hochwahrscheinlich. Das Entscheidende ist, dass wir nicht nach einer Übereinstimmung für den Geburtstag eines bestimmten Schülers suchen, sondern alle mit allen anderen vergleichen und jede Übereinstimmung zählt.

Mit dieser Erkenntnis schicken die Angreifer zuerst ein paar Hundert DNS-Anfragen für die Domainzuordnung, die sie korrumpieren wollen. Der lokale Nameserver versucht, jede dieser Anfragen einzeln aufzulösen, indem er den nächsthöheren Nameserver befragt. Es ist vielleicht nicht besonders intelligent, mehrere Anfragen für dieselbe Domain zu senden, aber kaum jemand würde behaupten, dass Nameserver intelligent sind, und schließlich hat der beliebte BIND-Nameserver lange Zeit genau so funktioniert. Jedenfalls senden die Angreifer unmittelbar nach dem Senden der Anfragen auch Hunderte von gefälschten „Antworten" für die Suche, die jeweils vorgeben, vom nächsthöheren Nameserver zu stammen, und einen anderen Vorschlag für die Anfrage-ID enthalten. Der lokale Nameserver führt implizit den n:m-Vergleich für uns durch, denn wenn eine Antwort-ID mit einer vom lokalen Nameserver gesendeten Anfrage übereinstimmt, so wird die Antwort akzeptiert. Es fällt auf, wie sehr dieses Szenario dem der Schülergeburtstage ähnelt: Der Nameserver vergleicht alle vom lokalen Nameserver gesendeten Anfragen mit allen gefälschten Antworten.

Die Manipulation des lokalen Nameservers für eine bestimmte Website verschafft den Angreifern Zugriff auf den Datenverkehr zu dieser Website für alle Clients des Nameservers. Indem sie ihre eigenen Verbindungen zu der Website aufbauen und dann die gesamte Kommunikation der Clients und des Servers als Zwischenstation weiterleiten, fungieren sie als heimlicher Mann in der Mitte (Man-in-the-Middle).

Kaminsky-Angriff

Noch schlimmer wird es, wenn Angreifer die Zuordnung nicht nur für eine einzelne Website, sondern für eine ganze Zone manipulieren. Dieser Angriff ist als Dan-Kaminsky-DNS-Angriff bekannt und löste weltweit bei Datensicherheitsbeauftragten und Netzwerkadministratoren eine große Panik aus. Um zu verstehen, warum sich alle dabei so ins Hemd gemacht haben, sollten wir uns die DNS-Suche etwas genauer ansehen.

Nehmen wir eine DNS-Suchanfrage nach der IP-Adresse von *www.cs.vu.nl*. Nach Erhalt dieser Anfrage sendet der lokale Nameserver seinerseits eine Anfrage entweder an den Root-Nameserver oder, was häufiger vorkommt, an den TLD-Nameserver (Top-Level-Domain) für die *.nl*-Domain. Letzteres ist häufiger der Fall, da die IP-Adresse des TLD-Nameservers meistens bereits im Zwischenspeicher des lokalen Nameservers enthalten ist. ▶Abbildung 8.3 zeigt diese Anfrage des lokalen Nameservers (mit der Bitte um einen „*A*-Record" für die Domain) in einer rekursiven Suche mit der Anfrage 1337.

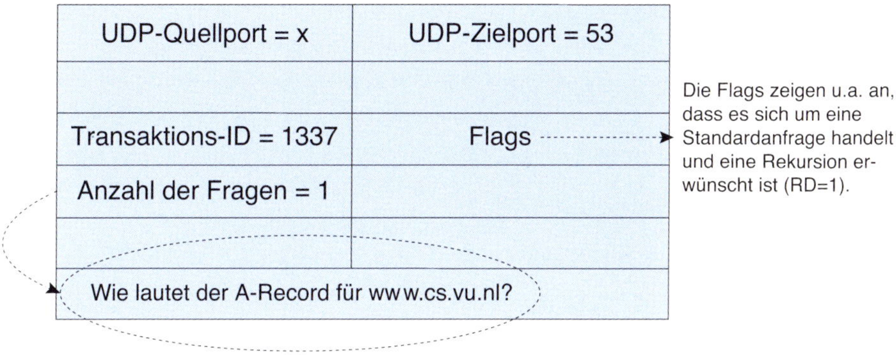

Abbildung 8.3: Eine DNS-Anfrage für *www.cs.vu.nl*.

Der TLD-Server kennt die genaue Zuordnung nicht, wohl aber die Namen der DNS-Server der Vrije Universiteit, die er in einer Antwort zurücksendet, da er keine rekursiven Suchen durchführt – danke dafür. Die in ▶Abbildung 8.4 gezeigte Antwort enthält einige interessante Felder. Erstens stellen wir fest, ohne ins Detail zu gehen, dass die Flags explizit darauf hinweisen, dass der Server keine rekursiven Suchen durchführen will, sodass der Rest der Suche iterativ erfolgt. Zweitens ist die Anfrage-ID der Antwort ebenfalls 1337, was mit der des Suchvorgangs übereinstimmt. Drittens liefert die Antwort die symbolischen Namen der Nameserver der Universität *ns1.vu.nl* und *ns2.vu.nl* als NS-Records. Diese Antworten sind autoritativ und reichen dem lokalen Nameserver im Prinzip aus, um die Anfrage zu vervollständigen: Indem er zunächst den A-Record eines der Nameserver nachschlägt und ihn anschließend kontaktiert, kann er die IP-Adresse von *www.cs.vu.nl* erfragen. Dies bedeutet jedoch, dass er zunächst denselben TLD-Nameserver erneut kontaktiert, um diesmal die IP-Adresse des Nameservers der Universität zu erfragen. Allerdings bedeutet dies eine zusätzliche Übertragungszeit, was die Effizienz mindert. Um diese zusätzliche Suche zu vermeiden, stellt der TLD-Nameserver in seiner Antwort die IP-Adressen der beiden Universitäts-Nameserver als zusätzliche Records mit einer kurzen TTL zur Verfügung. Diese zusätzlichen Records werden als **DNS Glue Records** bezeichnet und sind der Schlüssel zum Kaminsky-Angriff.

Die Angreifer werden folgendermaßen vorgehen. Zunächst senden sie Suchanfragen für eine nicht existierende Subdomain der Universitätsdomain wie: *ohdeardankaminsky.vu.nl*. Da die Subdomain nicht existiert, kann kein Nameserver die Zuordnung aus seinem Cache bereitstellen. Der lokale Nameserver kontaktiert stattdessen den TLD-Nameserver.

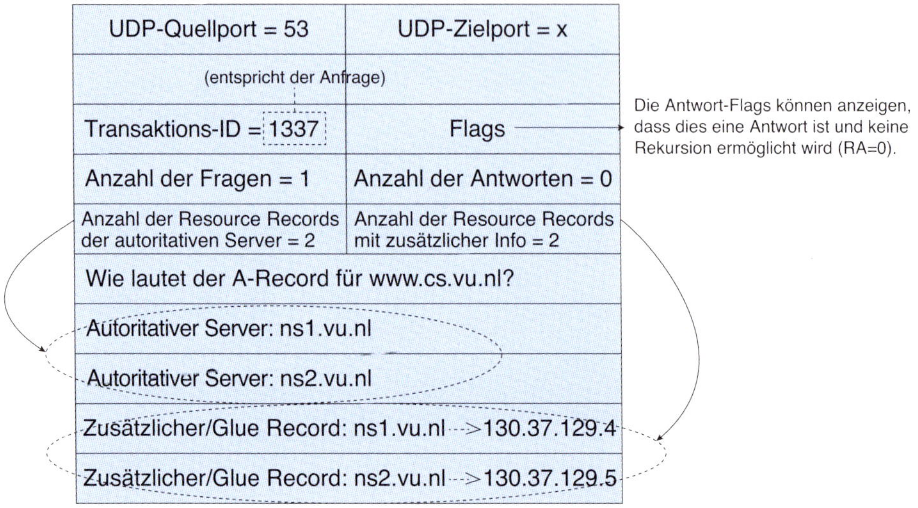

Abbildung 8.4: Eine DNS-Antwort, die von dem TLD-Nameserver gesendet wurde.

Unmittelbar nach den Anfragen senden die Angreifer viele gefälschte Antworten, die vorgeben, vom TLD-Nameserver zu stammen. Dies entspricht einer gewöhnlichen DNS-Spoofing-Anfrage, nur dass diesmal aus der Antwort hervorgeht, dass der TLD-Nameserver die Antwort nicht kennt (d.h. den *A*-Record nicht liefert), keine rekursiven Suchen durchführt und dem lokalen Nameserver rät, für die vollständige Suche einen der Universitäts-Nameserver zu kontaktieren. Er kann sogar die echten Namen dieser Nameserver bereitstellen. Das einzige, was sie fälschen, sind die Glue Records, für die sie IP-Adressen liefern, die sie kontrollieren. Infolgedessen wird bei jeder Suche nach einer Subdomain von *.vu.nl* der Nameserver der Angreifer kontaktiert, der eine Zuordnung zu jeder beliebigen IP-Adresse herstellen kann. Mit anderen Worten, die Angreifer sind in der Lage, als Man-in-the-Middle für jede beliebige Site der Universitätsdomain zu agieren!

Es waren zwar nicht alle Nameserver-Implementierungen für Angriffe dieser Art anfällig, aber die meisten. Offensichtlich hatte das Internet ein Problem. Deshalb wurde in der Microsoft-Zentrale in Redmond eilig eine Krisensitzung einberufen. Kaminsky erklärte später, dass alles so geheimnisvoll war, dass „Teilnehmer im Flugzeug auf dem Weg zu Microsoft nicht einmal wussten, um welchen Fehler es sich handelte“.

Wie haben diese cleveren Leute das Problem also gelöst? Die Antwort lautet: gar nicht. Das einzige, was sie gemacht haben, ist, es den Angreifern schwerer zu machen. Von den DNS-Spoofing-Angriffen wissen wir, dass ihr Kernproblem darin besteht, dass die Anfrage-ID nur 16 Bit lang ist, sodass sie entweder direkt oder mithilfe einer Geburtstagsattacke erraten werden kann. Mit einer längeren Anfrage-ID ist ein erfolgreicher Angriff sehr viel unwahrscheinlicher. Allerdings einfach nur das Format der DNS-Protokollnachricht zu ändern, ist nicht leicht und würde außerdem viele bestehende Systeme zerstören.

Die Lösung bestand darin, die Länge der Zufalls-ID zu verlängern, ohne dabei die Anfrage-ID zu verlängern, indem stattdessen auch der UDP-Quellport zufällig gewählt wurde. Wird eine DNS-Anfrage an den TLD-Nameserver gesendet, dann würde ein gepatchter Nameserver einen zufälligen Port aus Tausenden von möglichen Portnummern auswählen und diesen als UDP-Quellport verwenden. Nun muss der Angreifer nicht nur die Anfrage-ID, sondern auch die Portnummer erraten, und zwar bevor die legitime Antwort eintrifft. Die in *Kapitel 7* beschriebene 0x20-Codierung nutzt die Unabhängigkeit der DNS-Anfragen von der Groß- und Kleinschreibung aus, um der Transaktions-ID noch mehr Bits hinzuzufügen.

Glücklicherweise bietet **DNSSEC** eine solidere Verteidigung gegen DNS-Spoofing. DNSSEC besteht aus einer Sammlung von DNS-Erweiterungen, die DNS-Clients sowohl die Integrität als auch die Authentifizierung der Herkunft von DNS-Daten bieten. Die ersten Arbeiten an DNSSEC wurden in den frühen 1990er Jahren durchgeführt und der erste RFC wurde 1997 von der IETF veröffentlicht; DNSSEC wird nun allmählich in größerem Umfang eingesetzt, wie wir später in diesem Kapitel erläutern werden.

TCP-Spoofing

Im Vergleich zu den bisher besprochenen Protokollen ist das Spoofing in TCP unendlich viel komplizierter. Wenn Angreifer vorgeben wollen, dass ein TCP-Segment von einem anderen Computer im Internet stammt, müssen sie nicht nur die Portnummer, sondern auch die korrekten Sequenznummern erraten. Darüber hinaus ist es sehr kompliziert, eine TCP-Verbindung aufrechtzuerhalten, während man gefälschte TCP-Segmente einschleust. Wir unterscheiden zwei Fälle:

1. **Spoofing von Verbindungen**: Der Angreifer baut eine neue Verbindung auf und gibt sich als jemand an einem anderen Computer aus.
2. **Hijacking von Verbindungen**: Der Angreifer fügt Daten in eine bereits bestehende Verbindung zwischen zwei Parteien ein und gibt vor, eine dieser beiden Parteien zu sein.

Das bekannteste Beispiel für **TCP-Verbindungs-Spoofing** ist der Angriff von **Kevin Mitnick** auf das San Diego Supercomputing Center (SDSC) am ersten Weihnachtstag 1994. Es handelt sich um einen der berühmtesten Hacks der Geschichte, der in mehreren Büchern und Filmen verewigt wurde. Einer der Filme mit dem Titel „Takedown" war übrigens ziemlich teuer und basiert auf einem Buch, das der Systemadministrator des Supercomputing Center geschrieben hat. (Es dürfte kaum überraschen, dass der Administrator in dem Film als echt cooler Typ dargestellt wird.) Wir gehen hier darauf ein, weil er die Schwierigkeiten beim TCP-Spoofing recht gut veranschaulicht.

Kevin Mitnick war schon lange als böser Junge im Internet verschrien, bevor er das SDSC ins Visier nahm. Übrigens ist ein Angriff am Weihnachtstag im Allgemeinen eine gute Idee, da an Feiertagen weniger Benutzer und Administratoren unterwegs sind. Nach anfänglicher Erkundung entdeckte Mitnick, dass ein (X-Terminal-)Computer im SDSC eine Vertrauensbeziehung zu einem anderen (Server-)Computer im selben Zentrum hatte. ▶Abbildung 8.5a zeigt die Konfiguration. Insbesondere der Server war implizit vertrauenswürdig und jeder auf dem Server konnte sich am X-Terminal mit der Remote Shell (*rsh*) als Administrator anmelden, ohne ein Passwort eingeben zu müssen. Sein Plan war es, eine TCP-Verbindung zum X-Terminal aufzubauen, die vorgibt, der Server zu sein, und damit den Passwortschutz komplett auszuschalten – damals konnte man das tun, indem man „ ++ „ in die *.rhosts*-Datei schrieb.

Dies war jedoch nicht einfach. Wenn Mitnick eine gefälschte TCP-Verbindungsaufbauanforderung (ein SYN-Segment) mit der IP-Adresse des Servers an das X-Terminal gesendet hätte (Schritt 1 in Abbildung 8.5b), hätte das X-Terminal seine SYN/ACK-Antwort an den tatsächlichen Server geschickt, die damit für Mitnick unsichtbar gewesen wäre (Schritt 2 in Abbildung 8.5b). Infolgedessen hätte er die anfängliche Sequenznummer (*Initial Sequence Number*, ISN) des X-Terminals nicht gekannt, eine mehr oder weniger zufällige Zahl, die erforderlich ist für die dritte Phase des TCP-Handshake (die, wie wir bereits sagten, das erste Segment ist, das Daten enthalten kann). Schlimmer noch, nach dem Empfang des SYN/ACK hätte der Server sofort mit einem RST-Segment geantwortet, um den Verbindungsaufbau zu beenden (Schritt 3 in Abbildung 8.5c). Es muss also ein Problem gegeben haben, da der Server nie ein SYN-Segment gesendet hatte.

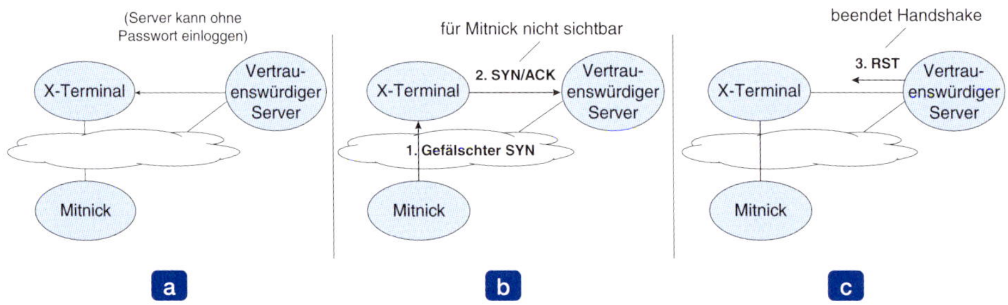

Abbildung 8.5: Herausforderungen für Kevin Mitnick beim Angriff auf das SDSC.

Man beachte, dass das Problem der unsichtbaren SYN/ACK und damit der fehlenden anfänglichen Sequenznummer (ISN) überhaupt kein Problem darstellen würde, wenn die ISN vorhersagbar wäre. Zum Beispiel, wenn sie bei jeder neuen Verbindung bei 0 beginnen würde. Da die ISN jedoch für jede Verbindung mehr oder weniger zufällig gewählt wurde, musste Mitnick herausfinden, wie sie generiert wird, um die Nummer *vorherzusagen*, die das X-Terminal in seinem unsichtbaren SYN/ACK an den Server verwenden würde.

Um diese Herausforderungen zu meistern, ging Mitnick bei seinem Angriff schrittweise vor. Zunächst interagierte er ausgiebig mit dem X-Terminal, indem er nicht gefälschte SYN-Nachrichten verwendete (Schritt 1 in ▶Abbildung 8.6). Diese TCP-Verbindungsversuche verschafften ihm zwar keinen Zugriff auf den Rechner, aber auf eine Reihe von ISNs. Zum Glück für Mitnick waren die ISNs nicht ganz zufällig. Er starrte eine Weile auf die Zahlen, bis er ein Muster erkannte und zuversichtlich war, dass er bei Kenntnis nur einer ISN in der Lage sein würde, die nächste vorherzusagen. Als Nächstes stellte er sicher, dass der vertrauenswürdige Server seine Verbindungsversuche nicht zurücksetzen konnte, indem er einen DoS-Angriff startete, der die

Reaktionsfähigkeit des Servers außer Kraft setzte (Schritt 2 in Abbildung 8.6b). Damit war der Weg frei für seinen eigentlichen Angriff.

Nachdem er das gefälschte SYN-Paket gesendet hatte (Schritt 3 in Abbildung 8.6b), erriet er die Sequenznummer, die das X-Terminal seiner SYN/ACK-Antwort an den Server beifügen würde (Schritt 4 in Abbildung 8.6b) und verwendete diese im dritten und letzten Schritt, in dem er den Befehl *echo* "+ +">>*.rhosts* als Daten an den vom Remote-Shell-Dämon verwendeten Port schickte (Schritt 5 in Abbildung 8.6c). Danach konnte er sich von jedem beliebigen Rechner aus ohne Passwort anmelden.

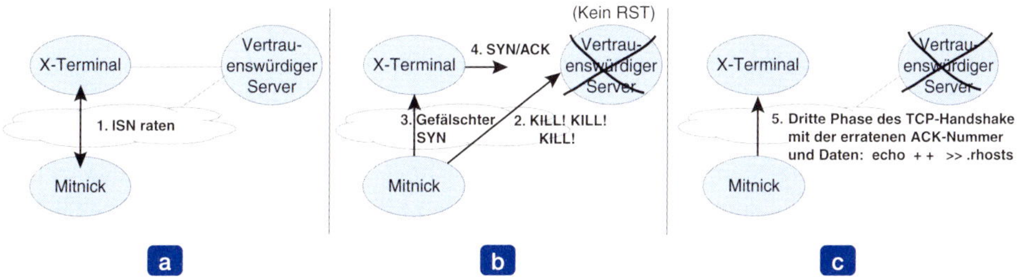

Abbildung 8.6: Der Angriff von Kevin Mitnick.

Da eine der Hauptschwachstellen, die Mitnick ausnutzte, die Vorhersagbarkeit der anfänglichen Sequenznummern von TCP war, haben die Entwickler von Netzwerk-Stacks seither große Anstrengungen unternommen, um bei TCP die Zufälligkeit der Wahl für diese sicherheitsrelevanten Zahlen zu verbessern. Infolgedessen ist der Mitnick-Angriff nicht mehr praktikabel. Heutige Angreifer müssen einen anderen Weg finden, um die anfänglichen Sequenznummern zu erraten, z.B. indem sie den von uns beschriebenen Angriff zum Hijacking von Verbindungen verwenden.

Hijacking von TCP-Verbindungen

Im Vergleich zum Verbindungs-Spoofing sind beim Hijacking von Verbindungen noch mehr Hürden zu überwinden. Nehmen wir an, dass die Angreifer in der Lage sind, eine bestehende Verbindung zwischen zwei kommunizierenden Parteien zu belauschen (weil sie sich im selben Netzsegment befinden), und daher die genauen Sequenznummern und alle anderen relevanten Informationen im Zusammenhang mit dieser Kommunikation kennen. Bei einem Hijacking-Angriff besteht das Ziel darin, eine bestehende Verbindung zu übernehmen, indem Daten in den Datenstrom eingespeist werden.

Um dies zu verdeutlichen, nehmen wir an, dass der Angreifer einige Daten in die TCP-Verbindung zwischen einem Client, der bei einer Webanwendung angemeldet ist, und einem Server einspeisen möchte, mit dem Ziel, dass entweder der Client oder der Server die vom Angreifer eingespeisten Bytes erhält. In unserem Beispiel sind die Sequenznummern der letzten vom Client bzw. Server gesendeten Bytes 1.000 bzw. 12.500. Nehmen wir weiterhin an, dass alle bisher empfangenen Daten bestätigt wurden und der Client und der Server derzeit keine Daten senden. Der Angreifer fügt nun beispielsweise 100 Bytes in den TCP-Stream zum Server ein, indem er ein gefälschtes

Paket mit der IP-Adresse und dem Quellport des Clients sowie der IP-Adresse und dem Quellport des Servers sendet. Dieses Vierertupel reicht aus, damit der Netzwerk-Stack die Daten an den richtigen Socket demultiplexen kann. Außerdem gibt der Angreifer die korrekte Sequenznummer (1.001) und Bestätigungsnummer (12.501) an, sodass TCP die 100-Byte-Nutzdaten an den Webserver weiterleitet.

Es gibt jedoch ein Problem. Nach dem Weiterleiten der injizierten Bytes an die Anwendung bestätigt der Server sie beim Client: „Danke für die Bytes, ich bin jetzt bereit, Byte-Nummer 1.101 zu empfangen." Diese Nachricht kommt für den Client überraschend, der denkt, der Server sei verwirrt. Schließlich hat er keine Daten gesendet und will immer noch Byte 1.001 senden. Dies teilt er dem Server auch prompt mit, indem er ein leeres Segment mit der Sequenznummer 1001 und der Bestätigungsnummer 12.501 sendet. „Wow" sagt der Server, „danke, aber das sieht wie ein alter ACK-Wert aus. Inzwischen habe ich bereits die nächsten 100 Bytes erhalten. Am besten sagen Sie der entfernten Partei Bescheid." Er sendet das ACK (seq = 1.101, ack = 12.501) zurück, was zu einem weiteren ACK durch den Client führt, und so weiter. Dieses Phänomen wird als **ACK-Sturm** bezeichnet, der erst dann aufhört, wenn eine der ACKs verloren geht (da TCP keine datenlosen ACKs erneut überträgt).

Wie kann der Angreifer den ACK-Sturm unterdrücken? Es gibt mehrere Tricks und wir werden sie alle besprechen. Der einfachste besteht darin, die Verbindung explizit abzubrechen, indem ein RST-Segment an die kommunizierenden Parteien gesendet wird. Alternativ kann der Angreifer sich auch des ARP-Poisoning bedienen, um eine der ACKs an eine nicht existierende Adresse zu senden, sodass sie verloren geht. Eine alternative Strategie besteht darin, die beiden Seiten der Verbindung so stark zu desynchronisieren, dass alle vom Client gesendeten Daten vom Server ignoriert werden und umgekehrt. Dies durch Senden vieler Daten zu erreichen, ist recht aufwendig, wohingegen ein Angreifer dies in der Phase des Verbindungsaufbaus leicht erreichen kann. Die Idee ist die folgende. Der Angreifer wartet, bis der Client eine Verbindung zum Server aufbaut. Sobald der Server mit einem SYN/ACK antwortet, sendet der Angreifer ein RST-Paket, um die Verbindung zu beenden, unmittelbar gefolgt von einem SYN-Paket mit derselben IP-Adresse und demselben TCP-Quellport, die ursprünglich vom Client verwendet wurden, aber mit einer anderen clientseitigen Sequenznummer. Nach dem darauffolgenden SYN/ACK des Servers befinden sich sowohl der Server als auch der Client im *ESTABLISHED*-Zustand, können aber nicht miteinander kommunizieren, da ihre Sequenznummern so weit auseinanderliegen, dass sie sich immer außerhalb des Fensters befinden. Stattdessen spielt der Angreifer die Rolle des Man-in-the-Middle und leitet Daten zwischen den beiden Parteien weiter, wobei er in der Lage ist, Daten nach Belieben einzuschleusen.

Off-Path-Angriffe: TCP-Exploits

Einige der Angriffe sind sehr komplex und schwer zu verstehen, geschweige denn abzuwehren. In diesem Abschnitt werden wir uns mit einem der komplizierteren Angriffe befassen. In den meisten Fällen befinden sich die Angreifer nicht im selben Netzwerksegment und können den Verkehr zwischen den Parteien nicht abhören.

Angriffe in einem solchen Szenario werden als Off-Path TCP-Exploits bezeichnet und sind sehr schwierig durchzuziehen. Selbst wenn wir den ACK-Sturm ignorieren, benötigt der Angreifer eine Menge Informationen, um Daten in eine bestehende Verbindung einzuschleusen:

1. Noch vor dem eigentlichen Angriff sollten die Angreifer herausfinden, ob es eine Verbindung zwischen zwei Parteien im Internet gibt, mit der begonnen werden kann.
2. Dann sollten sie die zu verwendenden Portnummern ermitteln.
3. Schließlich benötigen sie die Sequenznummern.

Eine ziemlich große Aufgabe, wenn man sich auf der anderen Seite des Internets befindet, aber nicht unbedingt unmöglich. Jahrzehnte nach dem Mitnick-Angriff auf das SDSC entdeckten Sicherheitsforscher eine neue Schwachstelle, die es ihnen ermöglichte, einen Off-Path TCP-Exploit auf weitverbreiteten Linux-Systemen durchzuführen. Sie beschrieben ihren Angriff in dem Artikel „*Off-Path TCP-Exploits: Global Rate Limit Considered Dangerous*" (Globale Ratenbegrenzung als gefährlich eingestuft), ein sehr treffender Titel, wie wir sehen werden. Wir erwähnen ihn hier, weil er zeigt, dass geheime Informationen manchmal auf indirektem Wege durchsickern können.

Ironischerweise wurde der Angriff durch eine neue Funktion ermöglicht, die das System eigentlich sicherer machen sollte. Wir haben bereits erwähnt, dass Dateninjektionen abseits des Pfades sehr schwierig sind, weil der Angreifer die Portnummern und die Sequenznummern erraten muss, was bei einem Brute-Force-Angriff sehr unwahrscheinlich ist. Aber es ist auch nicht absolut ausgeschlossen. Zumal die Sequenznummer nicht einmal genau stimmen muss, solange die gesendeten Daten „im Zeitfenster" liegen. Das bedeutet, dass Angreifer mit einer gewissen, wenn auch geringen Wahrscheinlichkeit bestehende Verbindungen zurücksetzen oder Daten in sie einspeisen können. Im August 2010 erschien eine neue TCP-Erweiterung in Form von RFC 5961, um dieses Problem zu beheben.

RFC 5961 änderte die Vorgehensweise von TCP beim Empfang von SYN-, RST- und normalen Datensegmenten. Der Grund dafür, dass diese Schwachstelle nur unter Linux auftrat, lag daran, dass nur Linux den RFC korrekt implementiert hatte. Zum besseren Verständnis sollten wir zunächst betrachten, wie TCP vor der Erweiterung funktionierte. Zu diesem Zweck gehen wir näher auf den Empfang von SYN-Segmenten ein. Vor RFC 5961 verwarf TCP beim Empfang eines SYN-Segments für eine bereits bestehende Verbindung das Paket, wenn es „außerhalb des Zeitfensters" war, baute hingegen die Verbindung neu auf, wenn es „im Zeitfenster" war. Der Grund war, dass TCP beim Empfang eines SYN-Segments davon ausging, dass die andere Seite einen Neustart durchgeführt hatte und die bestehende Verbindung daher nicht mehr gültig war. Dies ist nicht gut, da ein Angreifer nur ein einziges SYN-Segment mit einer Sequenznummer irgendwo im Empfangsfenster erhalten muss, um eine Verbindung neu aufzubauen. RFC 5961 schlug stattdessen vor, die Verbindung nicht sofort zurückzusetzen, sondern zunächst ein **Challenge ACK** an den offensichtlichen Absender des SYN zu senden. Wenn das Paket von dem legitimen entfernten Peer stammt, bedeutet dies, dass es die vorherige Verbindung tatsächlich verloren hat und nun eine neue aufbaut. Bei Erhalt des Challenge ACK sendet es deshalb ein RST-Paket mit der korrekten Sequenznummer. Die Angreifer können dies nicht tun, da sie das Challenge ACK nicht erhalten haben.

Das Gleiche gilt für RST-Segmente. Bei herkömmlichem TCP würden die Hosts die RST-Pakete verwerfen, wenn sie sich außerhalb des Zeitfensters befinden, und die Verbindung zurücksetzen, wenn sie im Zeitfenster sind. Um es zu erschweren, die Verbindung eines anderen zurückzusetzen, schlug RFC 5961 vor, die Verbindung nur dann sofort zurückzusetzen, wenn die Sequenznummer im RST-Segment genau der Sequenznummer am Anfang des Empfangsfensters entspricht (d.h. die nächste erwartete Sequenznummer). Wenn die Sequenznummer nicht exakt übereinstimmt, aber noch im Zeitfenster ist, bricht der Host die Verbindung nicht ab, sondern sendet ein Challenge ACK. Wenn der Absender legitim ist, sendet er ein RST-Paket mit der richtigen Sequenznummer.

Bei Datensegmenten schließlich führt das alte TCP zwei Überprüfungen durch. Zunächst prüft es die Sequenznummer, und wenn diese im Zeitfenster war, prüft es auch die Bestätigungsnummer. Diese betrachtet es als gültig, solange sie in einem (riesigen) Intervall liegen. Dabei bezeichnen wir die Sequenznummern des ersten unbestätigten Bytes mit *FUB* und die Sequenznummer des nächsten zu sendenden Bytes mit *NEXT*. Alle Pakete mit Bestätigungsnummern im Bereich [*FUB* – 2*GB*, *NEXT*] sind gültig, also die Hälfte des ACK-Nummernraums. Dies ist für einen Angreifer relativ leicht! Wenn dann außerdem die Bestätigungsnummer zufällig im Zeitfenster liegt, würde es die Daten verarbeiten und das Fenster wie gehabt eine Einheit weiter verschieben. Stattdessen besagt RFC 5961, dass wir zwar Pakete mit Bestätigungsnummern akzeptieren sollten, die (ungefähr) im Zeitfenster liegen, aber Challenge ACKs für die Pakete senden, die im Fenster [*FUB* – 2*GB*, *FUB* – *MAXWIN*] liegen, wobei *MAXWIN* das größte Fenster ist, das jemals von einem Peer angekündigt wurde.

Die Entwickler der Protokollerweiterung erkannten schnell, dass dies eventuell zu einer großen Anzahl von Challenge ACKs führen würde, und schlugen eine ACK-Drosselung als Lösung vor. In der Linux-Implementierung bedeutete dies, dass maximal 100 Challenge ACKs pro Sekunde über alle Verbindungen hinweg gesendet werden. Mit anderen Worten, eine globale Variable, die allen Verbindungen gemeinsam ist, verfolgt die Anzahl der gesendeten Challenge ACKs, und wenn der Zähler den Wert 100 erreicht, werden für dieses Ein-Sekunden-Intervall keine weiteren Challenge ACKs mehr gesendet, was auch immer passieren mag.

Das hört sich alles gut an, aber es gibt ein Problem. Eine einzige globale Variable repräsentiert einen gemeinsamen Zustand, der als Seitenkanal für clevere Angriffe dienen kann. Nehmen wir das erste Hindernis, das die Angreifer überwinden müssen: Kommunizieren die beiden Parteien miteinander? Erinnern wir uns daran, dass eine Challenge ACK in drei Szenarien gesendet wird:

1. ein SYN-Segment hat die richtigen IP-Adressen und Portnummern für Quelle und Ziel, unabhängig von der Sequenznummer;
2. ein RST-Segment, bei dem die Sequenznummer im Zeitfenster liegt;
3. ein Datensegment, bei dem sich zusätzlich die Bestätigungsnummer im Challenge-Fenster befindet.

Angenommen, die Angreifer wollen wissen, ob ein Benutzer unter 130.37.20.7 mit einem Webserver (Zielport 80) unter 37.60.194.64 kommuniziert. Da die Angreifer die Sequenznummer nicht herausfinden müssen, müssen sie nur die Nummer des Quellports erraten. Dazu bauen sie eine eigene Verbindung zum Webserver auf und senden 100 RST-Pakete in schneller Folge, woraufhin der Server 100 Challenge ACKs sendet, es sei denn, er hat bereits einige Challenge ACKs gesendet, in diesem Fall würde er weniger senden. Dies ist jedoch ziemlich unwahrscheinlich. Zusätzlich zu den 100 RST-Paketen senden die Angreifer daher ein gefälschtes SYN-Segment, das vorgibt, der Client unter 130.37.20.7 zu sein, mit einer geratenen Portnummer. Wenn sie jedoch die Portnummer richtig erraten haben, kommt es zu Szenario (1), bei dem der Server eine Challenge ACK an den legitimen Client sendet. Da der Server jedoch nur 100 Challenge ACKs pro Sekunde senden kann, bedeutet dies, dass die Angreifer nur 99 erhalten. Mit anderen Worten, durch das Zählen der Anzahl der Challenge ACKs können die Angreifer nicht nur feststellen, dass die beiden Hosts miteinander kommunizieren, sondern auch die (versteckte) Quellportnummer des Clients herausfinden. Natürlich braucht man eine ganze Reihe von Versuchen, bis alles stimmt, aber es ist definitiv machbar. Außerdem gibt es verschiedene Techniken, um die Versuche effizienter zu gestalten.

Sobald die Angreifer die Portnummer haben, können sie zur nächsten Phase des Angriffs übergehen: die Sequenz- und Bestätigungsnummern zu erraten. Die Idee ist ziemlich ähnlich. Für die Sequenznummer senden die Angreifer erneut 100 legitime RST-Pakete (die den Server dazu veranlassen, Challenge ACKs zu senden) und ein zusätzliches gefälschtes RST-Paket mit den richtigen IP-Adressen und den nun bekannten Portnummern sowie einer geratenen Sequenznummer. Wenn die geratene Zahl im Zeitfenster liegt, befinden wir uns in Szenario 2. Durch Zählen der Challenge ACKs, die die Angreifer erhalten, können sie also feststellen, ob sie beim Raten richtig lagen.

Schließlich senden sie für die Bestätigungsnummer zusätzlich zu den 100 RST-Paketen ein Datenpaket mit allen korrekt ausgefüllten Feldern, aber mit einer erratenen Bestätigungsnummer, und wenden denselben Trick an. Jetzt haben die Angreifer alle Informationen, die sie brauchen, um die Verbindung zurückzusetzen oder Daten einzuschleusen.

Der Off-Path-TCP-Angriff illustriert drei Dinge sehr gut. Erstens zeigt er, wie extrem kompliziert Netzangriffe werden können. Zweitens ist er ein hervorragendes Beispiel für einen netzbasierten **Seitenkanalangriff**, bei dem wichtige Informationen auf indirekte Weise durchsickern: In diesem Fall erfuhren die Angreifer alle Verbindungsdetails, indem sie etwas zählten, das in keinem Zusammenhang zu stehen scheint. Drittens zeigt der Angriff, dass der globale gemeinsam genutzte Zustand das Kernproblem solcher Seitenkanalangriffe ist. Schwachstellen durch Seitenkanäle treten überall auf, sowohl bei Software als auch bei Hardware, und in allen Fällen liegt die Ursache in der gemeinsamen Nutzung einer wichtigen Ressource. Natürlich wussten wir dies bereits, da es sich um eine Verletzung des allgemeinen **Prinzips der minimalen gemeinsamen Mechanismen** von Saltzer und Schroeder handelt, das wir zu Beginn dieses Kapitels erörtert haben. Aus der Sicherheitsperspektive ist es gut, sich daran zu erinnern, dass gemeinsame Nutzung oft ein Zeichen von Verantwortungslosigkeit ist!

Bevor wir zum nächsten Thema (Disruption und Denial of Service) übergehen, ist es gut zu wissen, dass Dateninjektion nicht nur in der Theorie schön ist, sondern auch in der Praxis eingesetzt wird. Nach den Enthüllungen von Edward Snowden im Jahr 2013 wurde klar, dass die NSA (*National Security Agency*) Massenüberwachungen durchführt. Eine ihrer Aktivitäten war Quantum, ein ausgeklügelter Netzwerkangriff, der Paketinjektion nutzte, um ausgewählte Benutzer, die sich mit beliebten Diensten (wie *X*, *Gmail* oder *Facebook*) verbinden, gezielt auf spezielle Server umzuleiten, die dann die Computer der Opfer hacken und der NSA die vollständige Kontrolle einräumen. Die NSA streitet natürlich alles ab, sie leugnet ja fast sogar ihre eigene Existenz. Intern wird schon gewitzelt:

Frage: Wofür steht die Abkürzung NSA?

Antwort: No Such Agency (Behörde gibt es nicht).

8.2.4 Disruption

Angriffe auf die Verfügbarkeit werden als Denial-of-Service-Angriffe (DoS) bezeichnet. Sie treten auf, wenn ein Opfer die Flut an empfangenen Daten nicht verarbeiten kann, und infolgedessen nicht mehr reagiert. Es gibt verschiedene Gründe, warum ein Rechner nicht mehr antwortet:

1. **Abstürze**: Der Angreifer sendet Inhalte, die den Rechner des Opfers zum Absturz bringen oder dafür sorgen, dass er sich aufhängt. Ein Beispiel für einen solchen Angriff ist der Ping of Death, den wir bereits besprochen haben.

2. **Algorithmische Komplexität**: Der Angreifer sendet Daten, die so ausgelegt sind, dass sie einen großen (algorithmischen) Overhead verursachen. Nehmen wir an, ein Server erlaubt es Kunden, umfangreiche Suchanfragen zu senden. In diesem Fall kann ein Angriff mittels algorithmischer Komplexität aus einer Reihe komplizierter regulärer Ausdrücke bestehen, die zu den denkbar schlechtesten Suchzeiten des Servers führen.

3. **Flooding/Überschwemmen** (*swamping*): Der Angreifer bombardiert das Opfer mit einer derart massiven Flut von Anfragen oder Antworten, dass das arme System überlastet ist. Oft, wenn auch nicht immer, stürzt das Opfer schließlich ab.

Flooding-Angriffe sind zu einem großen Problem für Unternehmen geworden, da es heutzutage sehr einfach und billig ist, DoS-Angriffe im großen Stil durchzuführen. Für ein paar US-Dollar oder Euro kann man ein Botnetz bestehend aus vielen Tausend Rechnern mieten, das jede beliebige Adresse angreift. Wenn die Angriffsdaten von einer großen Anzahl verteilter Rechner gesendet werden, spricht man von einem **DDoS**-Angriff (*Distributed Denial-of-Service*). Spezialisierte Dienste im Internet, sogenannte **Booter** oder **Stresser**, bieten benutzerfreundliche Schnittstellen, die es auch technisch nicht so versierten Benutzern ermöglichen, solche Angriffe zu starten.

SYN-Flooding

Früher waren DDoS-Angriffe recht einfach. Beispielsweise wurde eine große Anzahl von gehackten Rechnern verwendet, um einen SYN-Flooding-Angriff zu starten. Alle diese Rechner schickten TCP SYN-Segmente an den Server, oft sogar gefälscht, um den Eindruck zu erwecken, als kämen sie von verschiedenen Rechnern. Während der Server mit einem SYN/ACK antwortete, schloss niemand den TCP-Handshake ab, sodass der Server in der Schwebe gehalten wurde. Ein Host kann nur eine begrenzte Anzahl von Verbindungen im halboffenen Zustand halten. Danach nimmt er keine neuen Verbindungen mehr an.

Es gibt viele Lösungen, SYN-Flooding-Angriffe abzuwehren. Zum Beispiel können wir halboffene Verbindungen einfach fallen lassen, wenn wir ein Limit erreichen, um neuen Verbindungen den Vorzug zu geben, oder die SYN-Zeitüberschreitung reduzieren. Eine wichtige und sehr einfache Lösung, die heute von vielen Systemen unterstützt wird, sind die **SYN-Cookies**, auf die in *Kapitel 6* kurz eingegangen wurde. Systeme, die mit SYN-Cookies geschützt sind, verwenden einen speziellen Algorithmus zur Bestimmung der anfänglichen Sequenznummer, sodass der Server sich erst wieder etwas über eine Verbindung merken muss, wenn er das dritte Paket im Dreiwege-Handshake empfängt. Eine Sequenznummer besteht aus 32 Bit. Beim Einsatz von SYN-Cookies wählt der Server die anfängliche Sequenznummer wie folgt aus:

1. Die obersten 5 Bits sind der Wert von t *modulo* 32, wobei t ein langsam inkrementierender Timer ist (z.B. ein Timer, der alle 64 Sekunden erhöht wird).
2. Die nächsten 3 Bits sind eine Codierung der maximalen Segmentgröße (MSS, *Maximum Segment Size*), was acht mögliche Werte für die MSS ergibt.
3. Die verbleibenden 24 Bits sind der Wert eines kryptografischen Hash über den Zeitstempel t sowie die IP-Adressen und Portnummern von Quelle und Ziel.

Der Vorteil dieser Sequenznummer ist, dass der Server sie einfach in ein SYN/ACK unterbringen und dann getrost vergessen kann. Wenn der Handshake nie abgeschlossen wird, juckt das den Server gar nicht. Und wenn der Handshake abgeschlossen ist, mit eigener Sequenznummer plus einer in der Bestätigung, ist der Server in der Lage, den gesamten Status zu rekonstruieren, den er für den Verbindungsaufbau benötigt. Zunächst prüft er, ob der kryptografische Hash mit einem aktuellen Wert von t übereinstimmt, und baut dann den Eintrag in der SYN-Warteschlange unter Verwendung der in den 3 Bits codierten MSS schnell neu auf. Obwohl SYN-Cookies nur acht verschiedene Segmentgrößen zulassen und die Sequenznummer schneller als üblich anwachsen lassen, sind die Auswirkungen in der Praxis minimal. Besonders praktisch ist, dass das Schema mit normalem TCP kompatibel ist und der Client nicht die gleiche Erweiterung unterstützen muss.

Natürlich ist es auch bei Vorhandensein von SYN-Cookies immer noch möglich, einen DDoS-Angriff zu starten, indem der Handshake abgeschlossen wird, aber das ist für die Angreifer teurer (da ihren eigenen Rechner ebenfalls Grenzen für offene TCP-Verbindungen gesetzt sind), und, was noch wichtiger ist, es verhindert TCP-Angriffe mit gefälschten IP-Adressen.

Reflection und Verstärkung bei DDoS-Angriffen

TCP-basierte DDoS-Angriffe sind jedoch nicht die einzige Möglichkeit. In den letzten Jahren haben immer mehr der groß angelegten DDoS-Angriffe UDP als Transportprotokoll verwendet. Außerdem ist es mit UDP möglich, legitime Server im Internet auszutricksen, um sogenannte **Reflection-Angriffe** auf ein Opfer zu starten. Bei einem Reflection-Angriff sendet der Angreifer eine Anfrage mit einer gefälschten Quelladresse an einen legitimen UDP-Dienst, z.B. einen Nameserver. Der Server antwortet dann der gefälschten Adresse. Wenn wir dies von einer großen Anzahl von Servern aus tun, ist es mehr als wahrscheinlich, dass die Flut von UDP-Antwortpaketen das Opfer in die Knie zwingt. Reflection-Angriffe haben zwei wichtige Vorteile:

1. Durch Hinzufügen einer zusätzlichen Umleitungsebene macht es der Angreifer dem Opfer schwer, die Absender irgendwo im Netz zu blockieren (schließlich sind die Absender allesamt legitime Server).

2. Viele Dienste können den Angriff *verstärken*, indem sie große Antworten auf kleine Anfragen senden.

Diese auf Verstärkung (*amplification*) basierenden DDoS-Angriffe, Amplification-Angriff genannt, waren für einige der umfangreichsten Volumina des DDoS-Angriffsverkehrs in der Geschichte verantwortlich, die leicht den Terabit-pro-Sekunde-Bereich erreichen. Für einen erfolgreichen Amplification-Angriff muss der Angreifer nach öffentlich zugänglichen Diensten mit einem hohen Verstärkungsfaktor suchen. Zum Beispiel, wenn ein kleines Anfragepaket zu einem großen Antwortpaket wird, oder besser noch, zu mehreren großen Antwortpaketen. Der Byte-Verstärkungsfaktor gibt den relativen Gewinn in Bytes an, während der Paket-Verstärkungsfaktor den relativen Gewinn in Paketen angibt. ►Abbildung 8.7 zeigt die Verstärkungsfaktoren für mehrere gängige Protokolle. Auch wenn diese Zahlen beeindruckend aussehen, sollte man nicht vergessen, dass es sich um Durchschnittswerte handelt und einzelne Server noch höhere Werte aufweisen können. Interessanterweise hat DNSSEC, das Protokoll, das die Sicherheitsprobleme von DNS beheben sollte, einen viel höheren Verstärkungsfaktor als das einfache alte DNS, der bei einigen Servern über 100 liegt. Nicht zu übertreffen sind falsch konfigurierte *Memcached*-Server (schnelle In-Memory-Datenbanken), die bei einem massiven Amplification-Angriff von 1,7 Tbit/s im Jahr 2018 einen Verstärkungsfaktor von weit über 50.000 erreichten.

Protokoll	Byte-Verstärkung	Paket-Verstärkung
NTP	556,9	3,8
DNS	54,6	2,1
BitTorrent	3,8	1,6

Abbildung 8.7: Verstärkungsfaktoren für gängige Protokolle.

DDoS-Angriffe abwehren

Die Abwehr solch enormer Verkehrsströme ist nicht einfach, aber es gibt verschiedene Schutzmaßnahmen. Eine relativ einfache Technik besteht darin, den Datenverkehr in der Nähe der Quelle zu blockieren. Die gebräuchlichste Methode hierfür ist die sogenannte **Egress-Filterung**, bei der ein Netzgerät wie eine Firewall alle ausgehenden Pakete blockiert, deren Quell-IP-Adressen nicht mit denen innerhalb des Netzes übereinstimmen, an das sie angeschlossen ist. Dies setzt natürlich voraus, dass die Firewall weiß, welche Pakete mit einer bestimmten Quell-IP-Adresse ankommen könnten, was in der Regel nur am Rande des Netzes möglich ist. So könnte beispielsweise ein Universitätsnetz alle IP-Adressbereiche im Campusnetz kennen und so den ausgehenden Verkehr von jeder nicht zu ihm gehörenden IP-Adresse blockieren. Das Gegenstück zur Egress-Filterung ist die **Ingress-Filterung**, bei der ein Netzgerät den gesamten eingehenden Verkehr mit internen IP-Adressen filtert.

Eine weitere Maßnahme, die wir ergreifen können, besteht darin, den DDoS-Angriff mit freien Kapazitäten abzufangen, was jedoch teuer ist und auf individueller Basis für alle außer den größten Akteuren unerschwinglich sein kann. Glücklicherweise gibt es keinen Grund, hierbei einzeln vorzugehen. Durch die Bündelung von Ressourcen, die von vielen Parteien genutzt werden können, haben auch kleinere Akteure die Möglichkeit, sich DDoS-Schutz zu leisten. Wie bei einer Versicherung geht man davon aus, dass nicht jeder zur gleichen Zeit angegriffen wird.

Welchen Versicherungsschutz erhalten Sie also? Mehrere Unternehmen bieten an, Ihre Website mit einem **cloudbasierten DDoS-Schutz** abzusichern, der die Stärke der Cloud nutzt, um die Kapazität bei Bedarf zu erhöhen und DDoS-Angriffe abzuwehren. Im Prinzip besteht die Verteidigung darin, dass die Cloud die IP-Adresse des echten Servers abschirmt, ja sogar ganz verbirgt. Alle Anfragen werden an Proxys in der Cloud gesendet, die den böswilligen Datenverkehr so gut wie möglich herausfiltern (auch wenn dies bei raffinierten Angriffen nicht immer einfach ist) und die gutartigen Anfragen an den echten Server weiterleiten. Wenn die Anzahl der Anfragen oder der Umfang des Datenverkehrs für einen bestimmten Server steigt, stellt die Cloud mehr Ressourcen für die Bearbeitung dieser Pakete bereit. Mit anderen Worten, die Cloud „absorbiert" die Datenflut. In der Regel kann sie auch als **Scrubber** fungieren, der die Daten säubert. So kann sie beispielsweise überlappende TCP-Segmente oder seltsame Kombinationen von TCP-Flags entfernen und allgemein als Firewall für Webanwendungen (**WAF**, *Web Application Firewall*) dienen.

Für die Weiterleitung des Datenverkehrs über die cloudbasierten Proxys können Website-Besitzer zwischen mehreren unterschiedlich teuren Optionen wählen. Wenn sie es sich leisten können, können sie sich für **BGP-Blackholing** entscheiden. In diesem Fall wird davon ausgegangen, dass der Eigentümer der Website einen gesamten /24-Block von (16.777.216) Adressen kontrolliert. Die Idee ist, dass der Eigentümer einfach die BGP-Ankündigungen für diesen Block von seinen eigenen Routern zurückzieht. Stattdessen beginnt der cloudbasierte Sicherheitsanbieter mit der Ankündigung dieser IP-Adresse in seinem Netzwerk, sodass der gesamte Datenverkehr für den Server zuerst an die Cloud weitergeleitet wird. Nicht jeder hat jedoch ganze Netzwerkblöcke, mit denen er herumspielen kann, oder kann sich die Kosten für BGP-Rerouting leisten. Für sie gibt es die wirtschaftlichere Option des **DNS-Rerouting**. In diesem Fall ändern die Administratoren der Website die DNS-Zuordnungen in ihren Nameservern so, dass sie auf Server in der Cloud statt auf den echten Server verweisen. In beiden Fällen senden die Besucher ihre Pakete zunächst an die Proxys des cloudbasierten Sicherheitsanbieters, die die Pakete anschließend an den echten Server weiterleiten.

DNS-Rerouting ist einfacher zu implementieren, aber die Sicherheitsgarantien des cloudbasierten Sicherheitsanbieters sind nur stark, wenn die echte IP-Adresse des Servers verborgen bleibt. Wenn Angreifer diese Adresse in Erfahrung bringen, können sie die Cloud umgehen und den Server direkt angreifen. Leider gibt es viele Möglichkeiten, wie die IP-Adresse durchsickern kann. Wie bei FTP senden einige Webanwendungen die IP-Adresse bandintern an die entfernte Partei, sodass es in diesen Fällen nicht viel zu tun gibt. Alternativ könnten Angreifer historische DNS-Daten einsehen, um herauszufinden, welche IP-Adressen in der Vergangenheit für den Server registriert waren. Mehrere Unternehmen sammeln und verkaufen solche historischen DNS-Daten.

8.3 Firewalls und Systeme zum Erkennen von Eindringlingen

Die Möglichkeit, beliebige Rechner an beliebigen Stellen der Welt miteinander zu verbinden, hat Licht- und Schattenseiten. Für den Einzelnen ist es ein riesiger Spaß, zu Hause am PC im Internet zu surfen. Für die Sicherheitsbeauftragten in Unternehmen ist es ein Alptraum. Die meisten Unternehmen haben online umfangreiche vertrauliche Informationen gespeichert, seien es Betriebsgeheimnisse, Produktentwicklungspläne, Marketingstrategien, Finanzanalysen usw. Die Preisgabe solcher Informationen an einen Konkurrenten kann gravierende Folgen haben.

Neben dem Risiko, dass Daten in falsche Hände geraten können, besteht auch die Gefahr, dass unerwünschte Daten in das System eingeschleust werden. Insbesondere Viren, Würmer und anderes digitales Ungeziefer können Sicherheitsvorkehrungen durchbrechen, wertvolle Daten zerstören und dem Systemadministrator viel Zeit kosten, um die von ihnen hinterlassene Unordnung wieder zu richten. Meist werden die Rechner durch sorglose Mitarbeiter infiziert, die mal schnell ein witziges neues Spiel ausprobieren wollen.

Deshalb sind Mechanismen erforderlich, um die „guten“ Bits zu schützen und die „bösen“ auszusperren. Eine Methode ist die Verschlüsselung, mit der die Daten bei der Übertragung zwischen sicheren Bereichen geschützt werden können. Allerdings ist sie keine Hilfe, um digitale Schädlinge und Eindringlinge von Unternehmens-LANs fernzuhalten. Dies wird über Firewalls erreicht, die wir im Folgenden näher betrachten.

8.3.1 Firewalls

Firewalls sind nur die moderne Version einer mittelalterlichen Sicherheitsmaßnahme: ein tiefer Schutzgraben rund um die Burg. Jeder, der die Burg betreten oder verlassen wollte, musste über die Zugbrücke und wurde von der Wache am Eingangstor kontrolliert. Bei Netzen ist die gleiche Vorgehensweise möglich. Ein Unternehmen kann viele LANs zusammenschließen, jedoch fließt der gesamte Verkehr nach außen und nach innen durch eine elektronische Zugbrücke (Firewall), wie in ▶Abbildung 8.8 ersichtlich ist. Es gibt keinen anderen Weg.

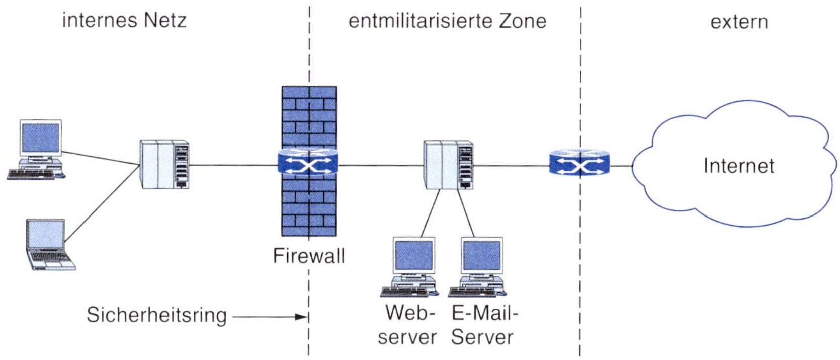

Abbildung 8.8: Eine Firewall, die ein internes Netz schützt.

Die Firewall fungiert als **Paketfilter**. Sie inspiziert jedes einzelne eingehende und ausgehende Paket. Pakete, die den Kriterien entsprechen, die der Netzadministrator in Regeln formuliert hat, werden normal weitergeleitet. Pakete, die den Test nicht bestehen, werden gnadenlos fallen gelassen.

Die Filterkriterien werden normalerweise als Regeln oder Tabellen formuliert. Diese listen die erlaubten und blockierten Quellen und Ziele auf und definieren die Standardregeln, die auf die Pakete anzuwenden sind, wenn sie an andere Rechner gesendet werden oder von anderen Rechnern kommen. Im gängigen Fall einer TCP/IP-Einstellung besteht eine Quelle oder ein Ziel aus einer IP-Adresse und einem Port. Ports geben an, welcher Dienst gewünscht wird. So wird TCP-Port 25 für Mail und TCP-Port 80 für HTTP verwendet. Einige Ports können einfach blockiert werden. Beispielsweise kann ein Unternehmen eingehende Pakete für alle IP-Adressen in Verbindung mit TCP-Port 79 blockieren. Für den Finger-Dienst war es einmal populär, die E-Mail-Adressen von Personen nachzuschlagen; dieser Dienst wird heute nicht mehr häufig genutzt, nicht zuletzt aufgrund seiner Rolle bei einem inzwischen berühmt-berüchtigten (Zufalls-)Angriff auf das Internet im Jahr 1988.

Andere Ports lassen sich nicht so einfach blockieren. Die Schwierigkeit ist, dass Netzadministratoren nach Sicherheit streben, aber die Kommunikation nach außen nicht abtrennen können. Das wäre für die Sicherheit wahrscheinlich viel einfacher und besser, aber es gäbe Benutzerbeschwerden ohne Ende. Da kommt eine Anordnung wie die **entmilitarisierte Zone** (*DMZ, DeMilitarized Zone*) in Abbildung 8.8 gerade recht. Diese Zone ist der Teil des Unternehmensnetzes, der außerhalb des Sicherheitskreises liegt. Hier ist alles möglich. Wird ein Rechner wie beispielsweise ein Webserver in der entmilitarisierten Zone platziert, so können Computer im Internet diesen Rechner kontaktieren, um die Unternehmenswebsite zu browsen. Jetzt kann die Firewall so konfiguriert werden, dass sie den eingehenden TCP-Verkehr auf Port 80 blockiert, sodass kein Computer im Internet über diesen Port die Rechner des internen Netzes attackieren kann. Damit eine Verwaltung des Webservers möglich ist, kann die Firewall eine Regel definiert haben, die Verbindungen zwischen internen Rechnern und dem Webserver zulässt.

Im Rüstungswettlauf mit den Angreifern sind die Firewalls mit der Zeit immer raffinierter geworden. Am Anfang wendeten die Firewalls eine Regel an, die unabhängig für jedes Paket gesetzt wurde. Es erwies sich jedoch als schwierig, Regeln zu schreiben, die nützliche Funktionalität erlauben, aber allen ungewollten Verkehr blockieren. **Zustandsorientierte Firewalls** ordnen Pakete Verbindungen zu und verwenden TCP/IP-Headerfelder, um diese Verbindungen zu verfolgen. Dadurch ist es möglich, Regeln zu erstellen, die zum Beispiel einem externen Webserver erlauben, Pakete an einen internen Host zu senden, aber nur, wenn der interne Host zuerst eine Verbindung mit dem externen Webserver hergestellt hat. Eine solche Regel ist mit zustandslosen Entwürfen nicht möglich, die alle Pakete von dem externen Server entweder durchlassen oder verwerfen müssen.

Ein weiterer Grad an Verbesserung gegenüber der zustandslosen Verarbeitung wurde erreicht, als die Firewalls **Application-Level-Gateways** implementierten. Hierbei schaut die Firewall direkt in die Pakete und gibt sich nicht mit den TCP-Headern zufrieden, um festzustellen, was die Anwendung macht. Mit dieser Fähigkeit ist es möglich, HTTP-Verkehr zum Webbrowsen von HTTP-Verkehr für P2P-Dateiaustausch zu unterscheiden. Administratoren können Regeln schreiben, um Unternehmen vor P2P-Dateiaustausch zu verschonen und gleichzeitig das Browsen im Web zuzulassen, das für das Geschäft absolut wichtig ist. Bei all diesen Methoden ist es möglich, nicht nur den eingehenden Verkehr, sondern auch den ausgehenden Verkehr zu kontrollieren, um zu verhindern, dass sensible Dokumente nach außen geschickt werden.

Aus der obigen Diskussion dürfte klar sein, dass Firewalls die Standardschichtung der Protokolle verletzen. Sie sind in der Vermittlungsschicht angesiedelt, linsen aber zum Filtern in die Transport- und die Anwendungsschicht. Das macht sie sehr anfällig. Beispielsweise neigen Firewalls dazu, sich bei der Portnummerierung auf die Standardkonventionen zu verlassen, um zu entscheiden, welche Art von Verkehr in einem Paket übertragen wird. Oft werden Standardports verwendet, aber nicht von allen

Rechnern und auch nicht von allen Anwendungen. Einige P2P-Anwendungen wählen die Ports dynamisch, um zu vermeiden, erkannt (und blockiert) zu werden. Außerdem verbergen Verschlüsselungen Informationen auf höherer Ebene vor der Firewall. Und schließlich kann eine Firewall den Computern, die darüber kommunizieren, nicht einfach mitteilen, welche Richtlinien angewendet werden und warum ihre Verbindung abgebrochen wird. Sie muss so tun, als handele es sich um einen Kabelbruch. Aus all diesen Gründen betrachten Netzwerk-Puristen Firewalls als ein Makel in der Architektur des Internets. Da jedoch das Internet für einen Computer ein gefährlicher Ort ist, sind Firewalls durchaus eine Hilfe und werden uns mit Sicherheit auch weiterhin gute Dienste leisten.

Selbst wenn die Firewall perfekt konfiguriert ist, gibt es noch eine Fülle von Sicherheitsproblemen. Wenn eine Firewall beispielsweise so konfiguriert ist, dass nur Pakete von speziellen Netzen eingehen dürfen (z.B. von den anderen Zweigstellen des Unternehmens), so kann ein Eindringling von außerhalb der Firewall falsche Quelladressen angeben, um diese Prüfung zu umgehen. Möchte ein Insider geheime Dokumente nach außen versenden, dann kann er sie verschlüsseln oder sogar fotografieren und die Fotos als JPEG-Dateien senden, was jeden E-Mail-Filter umgeht. Und wir haben noch gar nicht die Tatsache erwähnt, dass auch wenn drei Viertel aller Angriffe von außen kommt, es die Attacken von innen sind, beispielsweise von verärgerten Mitarbeitern, die normalerweise viel größeren Schaden anrichten (Verizon, 2009).

Ein weiteres Problem von Firewalls ist es, dass sie nur einen einzigen Verteidigungsring bieten. Wird dieser Ring durchbrochen, so ist alles möglich. Aus diesem Grund werden Firewalls oft auf mehreren Ebenen zur Verteidigung eingesetzt. So könnte beispielsweise eine Firewall den Eingang zu dem internen Netz überwachen und jeder Rechner in seiner eigenen Firewall ausgeführt werden. Leser, die glauben, dass eine Sicherheitsmaßnahme ausreicht, haben offensichtlich in letzter Zeit an keinen Linienflug auf einer internationalen Strecke teilgenommen. Infolgedessen verfügen viele Netze heute über mehrere Firewall-Ebenen, bis hin zu Firewalls für jeden einzelnen Host – ein einfaches Beispiel für eine umfassende Verteidigung. Es genügt zu sagen, dass es für Angreifer sowohl in Flughäfen als auch in Computernetzwerken viel schwieriger ist, in das gesamte System einzudringen, wenn sie mehrere unabhängige Abwehrmechanismen überwinden müssen.

8.3.2 Erkennen und Abwehren von Eindringlingen

Neben Firewalls und Scrubbern können Netzwerkadministratoren eine Vielzahl anderer Abwehrmaßnahmen ergreifen, z.B. Systeme zum Erkennen und Abwehren von Eindringlingen implementieren, die im weiteren Verlauf beschrieben werden. Wie der Name schon sagt, besteht die Aufgabe eines **Angriffserkennungssystems** (**IDS**, *Intrusion Detection System*) darin, Angriffe aufzuspüren – im Idealfall, bevor sie Schaden anrichten können. Solche Systeme können beispielsweise schon zu Beginn eines Angriffs Warnungen ausgeben, wenn sie Port-Scanning oder **Brute-Force-Angriffe auf ein SSH-Passwort** beobachten (bei dem ein Angreifer einfach mehrere gängige Passwörter zur Anmeldung ausprobiert), oder beim Überwachen einer TCP-Verbindung auf die Signatur des neuesten und bedeutendsten TCP-Exploits stoßen. Sie erkennen aber auch Angriffe, die erst zu einem späteren Zeitpunkt eintreten, wenn ein System bereits kompromittiert wurde und daraufhin ein ungewöhnliches Verhalten zeigt.

Wir können Systeme zur Erkennung von Eindringlingen in verschiedene Kategorien einteilen, indem wir berücksichtigen, *wo* und *wie* sie eingesetzt werden. Ein **HIDS** (*Host-basiertes IDS*) befindet sich am Endpunkt, wie einem Laptop oder Server, und scannt z. B. das Verhalten der Software oder den Netzwerkverkehr zu und von einem rechnerspezifischen Webserver. Im Gegensatz dazu überprüft ein **NIDS** (*Netzwerk-IDS*) den Datenverkehr für eine Reihe von Rechnern im Netz. Beide haben ihre Vor- und Nachteile.

Ein NIDS ist attraktiv, weil es viele Rechner schützt, Ereignisse auf verschiedenen Hosts korrelieren kann und keine Ressourcen auf den zu schützenden Rechnern verbraucht. Mit anderen Worten: Das IDS hat keine Auswirkungen auf die Leistung der Rechner in seinem Schutzbereich. Andererseits ist es schwierig, systemspezifische Probleme zu lösen. Nehmen wir beispielsweise an, dass über eine TCP-Verbindung überlappende TCP-Segmente gesendet werden: Paket A enthält die Bytes 1–200, während Paket B die Bytes 100–300 enthält. Offensichtlich überschneiden sich die Bytes in den Nutzdaten. Nehmen wir weiter an, dass die Bytes in der überlappenden Region unterschiedlich sind. Was soll das IDS tun?

Die eigentliche Frage lautet: Welche Bytes werden von dem empfangenden Host verwendet? Sind es die Bytes von Paket A, dann sollte das IDS diese Bytes auf bösartige Inhalte prüfen und die Bytes in Paket B ignorieren. Was aber, wenn der Host stattdessen die Bytes in Paket B verwendet? Und was, wenn einige Hosts im Netz die Bytes in Paket A und einige die Bytes in Paket B akzeptieren? Selbst wenn die Hosts alle gleich sind und das IDS weiß, wie sie die TCP-Ströme wieder zusammensetzen, kann es Schwierigkeiten geben. Angenommen, alle Hosts entscheiden sich normalerweise für die Bytes in Paket A. Wenn das IDS dieses Paket untersucht, ist es immer noch falsch, wenn das Ziel des Pakets zwei oder drei Teilstrecken im Netz entfernt ist und der TTL-Wert in Paket A 1 lautet, sodass es sein Ziel nicht einmal erreicht. Die Tricks, die Angreifer mit dem TTL-Feld oder sich überschneidenden Byte-Bereichen in IP-Fragmenten oder TCP-Segmenten anwenden, werden als **IDS-Umgehungstechniken** (*IDS evasion*) bezeichnet.

Ein weiteres Problem bei NIDS stellt die Verschlüsselung dar. Wenn die Netz-Bytes nicht mehr zu entziffern sind, wird es für das IDS viel schwieriger, festzustellen, ob sie bösartig sind. Dies ist ein weiteres Beispiel dafür, dass eine Sicherheitsmaßnahme (Verschlüsselung) den von einer anderen Maßnahme (IDS) gebotenen Schutz verringert. Als Abhilfe können die Administratoren dem IDS die Verschlüsselungscodes für das NIDS geben. Dies funktioniert, ist aber nicht ideal, da es zusätzliche Probleme bei der Schlüsselverwaltung verursacht. Außerdem ist zu beachten, dass das IDS den gesamten Netzwerkverkehr sieht und in der Regel selbst viele Codezeilen enthält, sodass es ein sehr interessantes Ziel für Angreifer sein kann. Wenn Sie das IDS knacken, erhalten Sie Zugriff auf den gesamten Netzwerkverkehr!

Ein hostbasiertes IDS hat den Nachteil, dass es auf jedem Rechner, auf dem es läuft, Ressourcen verbraucht und dass es nur einen kleinen Teil der Ereignisse im Netz sieht. Andererseits leidet es nicht so sehr unter Umgehungsproblemen, da es den Datenverkehr überprüfen kann, nachdem er von dem Netzstapel des Rechners, den es zu schützen versucht, wieder zusammengesetzt wurde. Außerdem kann das IDS in Fällen wie IPsec, wo die Pakete in der Vermittlungsschicht ver- und entschlüsselt werden, die Daten nach der Entschlüsselung überprüfen.

Neben den verschiedenen Speicherorten eines IDS haben wir auch eine gewisse Auswahl, *wie* ein IDS feststellt, ob etwas eine Bedrohung darstellt. Es gibt zwei Kategorien. **Signaturbasierte Systeme zur Erkennung von Eindringlingen** suchen nach Mustern in Form von Bytes oder Paketsequenzen, die Symptome für bekannte Angriffe sind. Wenn Sie wissen, dass ein UDP-Paket an Port 53 mit 10 bestimmten Bytes am Anfang der Nutzlast Teil eines Exploits *E* ist, kann ein IDS den Netzverkehr leicht nach diesem Muster scannen und im Erfolgsfall eine Warnung auslösen. Diese Warnung ist sehr spezifisch: („Ich habe *E* entdeckt") und drückt ein hohes Maß an Sicherheit aus („Ich weiß, dass es *E* ist"). Bei einem signaturbasierten IDS werden jedoch nur Bedrohungen erkannt, die bekannt sind und für die eine Signatur vorliegt. Alternativ kann ein IDS auch einen Alarm auslösen, wenn es ein *ungewöhnliches* Verhalten feststellt. Beispielsweise wenn ein Computer, der normalerweise nur SMTP- und DNS-Verkehr mit einigen wenigen IP-Adressen austauscht, plötzlich beginnt, HTTP-Verkehr an völlig unbekannte IP-Adressen außerhalb des lokalen Netzes zu senden. Ein IDS könnte dies als verdächtig einstufen. Da solche **auf Anomalien basierende Systeme zur Erkennung von Eindringlingen** (*anomaly-based intrusion detection system*), kurz Anomalienerkennungssysteme, bei jedem abnormalen Verhalten Alarm schlagen, können sie sowohl bekannte als auch unbekannte Angriffe erkennen. Der Nachteil ist, dass die Warnungen nicht sehr aussagekräftig sind. Zu hören, dass „etwas Ungewöhnliches im Netz passiert ist", ist viel weniger spezifisch und viel weniger nützlich als zu erfahren, dass die Sicherheitskamera am Tor jetzt von der Hajime-Malware angegriffen wird.

Ein **Angriffsverhinderungssystem** (**IPS**, *Intrusion Prevention System*) sollte nicht nur den Angriff erkennen, sondern ihn auch stoppen. In diesem Sinne ist es eine glorifizierte **Firewall**. Wenn das IPS zum Beispiel ein Paket mit der Hajime-Signatur sieht, kann es dieses Paket verwerfen, anstatt zuzulassen, dass es die Sicherheitskamera erreicht. Zu diesem Zweck sollte das IPS auf dem Weg zum Ziel platziert sein und Entscheidungen über die Annahme oder das Verwerfen von Datenverkehr quasi im Moment des Geschehens treffen. Im Gegensatz dazu kann sich ein IDS an einer anderen Stelle im Netzwerk befinden, solange wir den gesamten Datenverkehr spiegeln, damit es den Verkehr sieht. Sie fragen sich jetzt vielleicht: Warum die Mühe? Warum nicht einfach ein IDS einsetzen und den Bedrohungen erst gar keine Chance einräumen? Der Antwort nach liegt dies teilweise an der Leistung: Die Verarbeitung beim IDS bestimmt die Geschwindigkeit der Datenübertragung. Wenn Sie nur wenig Zeit haben, können Sie die Daten nicht so gründlich analysieren. Und was noch wichtiger ist: Was ist, wenn Sie sich irren? Was ist, wenn Ihr IPS feststellt, dass eine Verbindung einen Angriff enthält und sie abbricht, obwohl sie harmlos ist? Das kann bei wirklich wichtigen Verbindungen, von denen die Existenz ihres Unternehmens abhängt, schlimme Folgen haben. Es wäre vielleicht besser, einen Alarm auszulösen und jemanden die Verbindung untersuchen zu lassen, um zu entscheiden, ob sie wirklich bösartig war.

Vor allem ist es wichtig zu wissen, wie oft Ihr IDS oder IPS die richtige Entscheidung trifft. Wenn es zu viele Fehlalarme (**Falsch-Positive**) auslöst, kann es sein, dass Sie viel Zeit und Geld aufwenden müssen, um diesen nachzugehen. Wenn das System dagegen konservativ vorgeht und bei Angriffen oft keine Warnungen auslöst (**Falsch-Negative**), können Angreifer Ihr System immer noch leicht kompromittieren. Die Anzahl der Falsch-Positiven (FP) und Falsch-Negativen (FN) im Verhältnis zu den Echt-Positiven (TP) und Echt-Negativen (TN) bestimmt den Nutzen Ihres Schutzes. Wir drücken diese Eigenschaften üblicherweise in Form von **Präzision** und **Recall** aus: Die Präzision gibt als Kennzahl an, wie viele der von Ihnen erzeugten Alarme gerechtfertigt waren. Mathematisch ausgedrückt: $P = TP/(TP + FP)$. Recall gibt an, wie viele der tatsächlichen Angriffe Sie erkannt haben: $R = TP/(TP + FN)$. Manchmal werden die beiden Werte in der sogenannten **F-Maßnahme** kombiniert: $F = 2\,PR/(P + R)$. Schließlich sind wir manchmal einfach daran interessiert, wie oft ein IDS oder IPS etwas richtig gemacht hat. In diesem Fall verwenden wir die **Genauigkeit** als Metrik: $A = (TP + TN)/gesamt$.

Zwar sind hohe Werte für Recall und Präzision immer besser als niedrige, aber die Anzahl der falsch-negativen und falsch-positiven Ergebnisse ist in der Regel umgekehrt proportional: wenn die eine sinkt, steigt die andere. Der Kompromiss, welche Wertebereiche akzeptabel sind, ist jedoch von Situation zu Situation unterschiedlich. Wenn Sie das Pentagon sind, liegt Ihnen sehr viel daran, nicht kompromittiert zu werden. In diesem Fall sind Sie vielleicht eher bereit, ein paar falsch-positiven Ergebnissen, d.h. Fehlalarmen mehr nachzugehen, solange Sie nicht viele falsch-negative Ergebnisse haben. Wenn Sie hingegen eine Schule sind, ist die Sachlage weniger kritisch, und Sie möchten vielleicht das Geld für einen Administrator sparen, der die meiste Zeit seines Arbeitstages mit der Analyse von Fehlalarmen verbringt.

Um Ihnen die Bedeutung von Fehlalarmen zu verdeutlichen, müssen wir Ihnen noch einen letzten Punkt in Bezug auf diese Messgrößen erläutern. Wir verwenden eine Analogie, wie sie Stefan Axelsson in einem einflussreichen Artikel eingeführt hat, der erklärt, warum Eindringlinge so schwer zu erkennen sind (Axelsson, 1999). Nehmen wir an, es gibt eine Krankheit, die in der Praxis 1 von 100.000 Menschen betrifft. Wer mit dieser Krankheit diagnostiziert wird, stirbt innerhalb eines Monats. Glücklicherweise gibt es einen guten Test, um festzustellen, ob jemand infiziert ist. Der Test hat eine Genauigkeit von 99%: Wenn ein Patient krank ist (K), ist der Test in 99% der Fälle positiv (in der medizinischen Welt ist ein positiver Test etwas Schlechtes!), während er bei gesunden Patienten (G) in 99% der Fälle negativ (Neg) ist. Eines Tages machen Sie den Test und siehe da, der Test ist positiv (d.h. zeigt Pos an). Die Eine-Million-Dollar-Frage lautet deshalb: Wie schlimm ist es? Anders ausgedrückt: Sollten Sie sich von Freunden und Familie verabschieden, alle Ihre Besitztümer auf einem Flohmarkt verkaufen und Ihr restliches kurzes Leben von etwa 30 Tagen in Saus und Braus verbringen? Oder nicht?

Um diese Frage zu beantworten, sollten wir uns ein wenig mit der zugrunde liegenden Mathematik befassen. Was uns interessiert, ist die Wahrscheinlichkeit, dass Sie die Krankheit haben, wenn Sie positiv getestet wurden: $P(K|Pos)$. Folgendes ist bekannt:

$$\begin{aligned} P(Pos|K) &= 0{,}99 \\ P(Neg|G) &= 0{,}99 \\ P(K) &= 0{,}00001 \end{aligned}$$

Um $P\,(K|Pos)$ zu berechnen, verwenden wir das berühmte Bayes-Theorem:

$$\frac{P(K)P(Pos \mid K)}{P(Pos)}$$

In unserem Fall gibt es nur zwei mögliche Ergebnisse für den Test und zwei mögliche Ergebnisse dafür, ob Sie die Krankheit haben. Mit anderen Worten:

$$\begin{aligned} P(Pos) &= P(K)P(Pos|K) + P(G)P(Pos|G) \\ &\quad \text{wobei } P(G) = 1-P(K) \\ &\quad \text{und } P(Pos|G) = 1-P(Neg|G)\text{, sodass:} \\ P(Pos) &= P(K)P(Pos|K) + (1-P(K))\,(1-P(Neg|G)) \\ &= 0{,}00001 * 0{,}99 + 0{,}99999 * 0{,}01 \end{aligned}$$

sodass

$$\begin{aligned} P(Pos \mid K) &= \frac{0{,}00001 * 0{,}99}{0{,}00001 * 0{,}99 + 0{,}99999 * 0{,}01} \\ &= 0{,}00098 \end{aligned}$$

Mit anderen Worten: Die Wahrscheinlichkeit, krank zu sein, beträgt weniger als 0,1%. Noch kein Grund zur Panik. (Es sei denn, Sie haben Ihr gesamtes Hab und Gut vorzeitig bei einem Garagenflohmarkt veräußert.)

Wir sehen hier, dass die Endwahrscheinlichkeit stark von der Falsch-Positiv-Rate $P\,(Pos|G) = 1 - P\,(Neg|G) = 0{,}01$ dominiert wird. Der Grund dafür ist, dass die Anzahl der Vorfälle so gering ist (0,00001), dass alle anderen Terme in der Gleichung nicht ins Gewicht fallen. Das Problem wird als **Prävalenzfehler** (*base rate fallacy*) bezeichnet. Wenn wir „angegriffen" durch „krank" und „alarmiert" durch „positiv getestet" ersetzen, sehen wir, dass der Prävalenzfehler für jede IDS- oder IPS-Lösung extrem wichtig ist. Er begründet die Notwendigkeit, die Zahl der Fehlalarme gering zu halten.

Neben den grundlegenden Sicherheitsprinzipien von Saltzer und Schroeder haben viele Leute zusätzliche, oft sehr praktische Prinzipien angeboten. Ein besonders nützliches Prinzip, das hier erwähnt werden soll, ist das pragmatische **Prinzip der gestaffelten Verteidigung** (*defense in depth*). Oft empfiehlt es sich, mehrere sich ergänzende Techniken zum Schutz eines Systems einzusetzen. So können wir zum Beispiel eine Firewall, ein Angriffserkennungssystem und einen Virenscanner einsetzen, um Angriffe abzuwehren. Auch wenn keine der Maßnahme für sich genommen absolut sicher ist, so ist es doch viel schwieriger, sie alle gleichzeitig zu überlisten.

8.4 Kryptografie

Kryptografie kommt aus dem Griechischen und bedeutet „Lehre vom geheimen Schreiben". Sie hat eine lange und bewegte Geschichte, die Tausende von Jahren zurückreicht. Im folgenden Abschnitt stellen wir einige der Glanzlichter dieser Entwicklung vor als Hintergrundinformationen zu den nachfolgenden Themen. Wenn Sie die ganze Geschichte der Kryptografie kennenlernen möchten, kann das Werk von Kahn (1995) empfohlen werden. Eine umfassende Beschreibung aktueller Sicherheits- und Kryptografiealgorithmen, -protokolle und -anwendungen sowie verwandtes Material ist in Kaufman et al. (2022) enthalten. Weitere Informationen über den mathematischen Ansatz finden Sie in Kraft und Washington (2018). Einen weniger mathematischen Ansatz finden Sie in Esposito (2018).

In professionellen Kreisen wird zwischen Chiffren (*cipher*) und Codes (*code*) unterschieden. Eine **Chiffre** ist eine zeichen- oder bitweise Umwandlung, unabhängig von der linguistischen Struktur der Nachricht. Demgegenüber ersetzt ein **Code** ein Wort durch ein anderes Wort oder Zeichen. Codes werden nicht mehr eingesetzt, obwohl sie eine ruhmvolle Geschichte haben.

Der erfolgreichste Code, der je entwickelt wurde, wurde von der amerikanischen Armee im Zweiten Weltkrieg an der pazifischen Front eingesetzt. Hier ließ man einfach Navajo-Marines miteinander sprechen und dabei bestimmte Navajo-Begriffe für militärische Ausdrücke verwenden, wie *chay-dagahi-nail-tsaidi* (wörtlich: Schildkrötentöter) für Panzerabwehrwaffen. Die Navajo-Sprache ist sehr tonal, außerordentlich komplex und kennt keine Schrift. Und niemand in Japan kannte diese Sprache. Im September 1945 veröffentlichte der *San Diego Union* einen Artikel über den bis dato geheimen Einsatz der Navajos, um die Japaner in die Irre zu führen, und betonte, wie effektiv diese Maßnahme war. Die Japaner haben den Code nie entschlüsselt und viele Navajo-Code-Sprecher wurden mit hohen militärischen Ehren für außergewöhnliche Leistung und Tapferkeit ausgezeichnet. Die Tatsache, dass die Amerikaner den japanischen Code entschlüsselten, diese aber nie den Navajo-Code, spielte bei den amerikanischen Siegen im pazifischen Raum eine wichtige Rolle.

8.4.1 Einführung in die Kryptografie

Historisch haben vier Gruppen die Kunst der Kryptografie ausgeübt und weiterentwickelt – das Militär, das Diplomatische Corps, die Tagebuchschreiber und die Verliebten. Das Militär ist die Gruppe, die diese Wissenschaft über die Jahrhunderte am stärksten geprägt hat. In militärischen Organisationen wurden geheime Nachrichten zur Verschlüsselung und Übertragung an schlecht bezahlte, rangniedrige Funker gegeben. Aufgrund der großen Menge an zu übermittelnden Nachrichten konnte diese Arbeit nicht von einer kleinen Elite von Spezialisten durchgeführt werden.

Vor Anbruch des Computerzeitalters war der eigentliche Maßstab für die Kryptografie die Fähigkeit des Funkers, die notwendigen Umwandlungen durchzuführen – und das oft mitten auf dem Schlachtfeld und mit sehr dürftiger Ausrüstung. Ein weiteres

Problem war die schnelle Umstellung von einer kryptografischen Methode auf eine andere, weil dann viele Leute umgeschult werden mussten. Da jedoch die Gefahr bestand, dass ein Funker dem Feind in die Hände fiel, musste die kryptografische Methode bei Bedarf sofort umgestellt werden können. Diese widersprüchlichen Anforderungen führten zu dem in ▶Abbildung 8.9 dargestellten Modell.

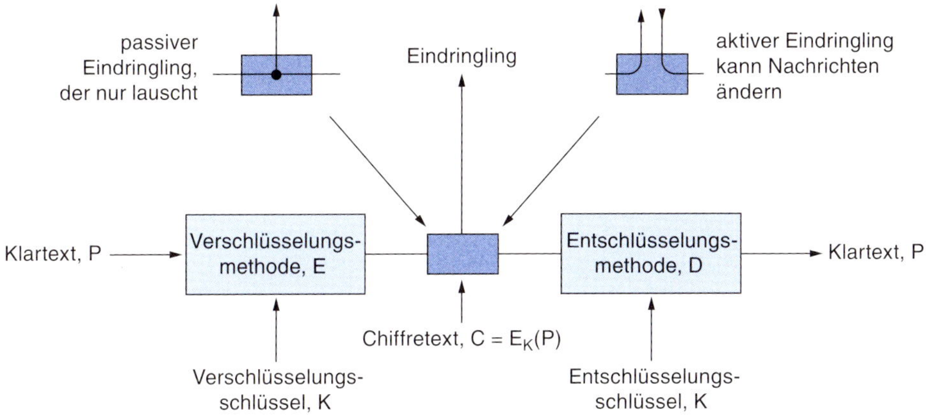

Abbildung 8.9: Das Verschlüsselungsmodell (für symmetrische Chiffren).

Die zu verschlüsselnden Nachrichten, auch **Klartext** (*plaintext*) genannt, werden hier durch eine Funktion umgewandelt, die von einem **Schlüssel** (*key*) parametrisiert wird. Das Ergebnis ist dann der **Chiffretext** (*ciphertext*), der (meist durch einen Boten oder über Funk) übertragen wird. Wir gehen davon aus, dass der Feind bzw. der **Eindringling** den ganzen verschlüsselten Text abhört und genau kopiert. Im Gegensatz zum eigentlichen Empfänger kennt der Feind den Schlüssel nicht und kann daher den Chiffretext nicht ohne Weiteres entschlüsseln. Manchmal kann der Eindringling den Kommunikationskanal nicht nur abhören (passiver Eindringling), sondern Nachrichten auch aufzeichnen und später nochmals abspielen, seine eigenen Nachrichten einspielen oder die Nachricht verändern, bevor sie beim Empfänger ankommt (aktiver Eindringling). Die Kunst, Chiffren zu entziffern, wird **Kryptoanalyse** (*cryptanalysis*) und die Kunst, diese zu entwickeln, **Kryptografie** (*cryptography*) genannt. Beide zusammen werden als **Kryptologie** (*cryptology*) bezeichnet.

Meist ist es nützlich, eine Notation zur Hand zu haben, die unverschlüsselten Text, verschlüsselten Text und Schlüssel verbindet. Wir verwenden $C=E_K(P)$, um zu bezeichnen, dass die Verschlüsselung des Klartextes P mit dem Schlüssel K zum Chiffretext C führt. Ebenso stellt $P=D_K(C)$ das Entschlüsseln von C dar, um wieder den Klartext zu erhalten. Es folgt dann, dass

$$D_K(E_K(P)) = P$$

Bei dieser Notation sind E und D lediglich mathematische Funktionen. Verzwickt ist hier, dass beides Funktionen von zwei Parametern sind und wir einen der Parameter (den Schlüssel) tiefgestellt haben, statt ihn als Argument zu verwenden, um ihn von der Nachricht zu unterscheiden.

Eine der wichtigsten Regeln der Kryptografie lautet, davon auszugehen, dass der Kryptoanalytiker die Methoden für die Verschlüsselung und Entschlüsselung kennt. Mit anderen Worten, er weiß, wie die Verschlüsselungsmethode E und die Entschlüsselung D in Abbildung 8.9 im Detail funktionieren. Der Aufwand für Entwurf, Test und Installation einer neuen Methode (die immer erforderlich ist, wenn die alte Methode gefährdet ist oder zumindest gefährdet scheint) hat die Geheimhaltung des Verschlüsselungsalgorithmus bisher immer vereitelt. Einfach anzunehmen, dass geheim bleibt, was geheim ist, ist noch viel gefährlicher.

Hier kommt der Schlüssel ins Spiel. Er besteht aus einer (relativ) kurzen Zeichenkette, die eine von vielen möglichen Verschlüsselungsmethoden auswählt. Im Gegensatz zur grundlegenden Verschlüsselungsmethode, die unter Umständen nur alle paar Jahre geändert wird, kann der Schlüssel bei Bedarf jederzeit variiert werden. Also ist unser Grundmodell eine stabile und allseits bekannte Verschlüsselung, die von einem geheimen und leicht zu verändernden Schlüssel parametrisiert wird. Das Konzept, dass ein Kryptoanalytiker den Algorithmus kennt und das Geheimnis nur in den Schlüsseln liegt, wird als **Kerckhoffs' Prinzip** bezeichnet, nach dem flämischen Militärkryptografen Auguste Kerckhoffs, der dies als Erster im Jahre 1883 formulierte (Kerckhoffs, 1883).

> *Kerckhoffs' Prinzip: Alle Algorithmen müssen öffentlich sein, nur die Schlüssel sind geheim.*

Die allgemeine Bekanntheit des Algorithmus kann nicht genug betont werden. Der Versuch, den Algorithmus geheim zu halten, wird in der Branche als **Security by Obscurity** (Sicherheit durch Unklarheit) bezeichnet und funktioniert nie. Durch Veröffentlichen des Algorithmus erhält der Kryptograf kostenlose Beratung von vielen akademischen Kryptologen, die daran interessiert sind, das System zu knacken, damit sie Aufsätze veröffentlichen können, um aufzuzeigen, wie schlau sie sind. Ist es vielen Fachleuten in etlichen Jahren nach der Veröffentlichung nicht gelungen, den Algorithmus zu knacken, kann man ihn wohl als stabil bezeichnen. (Andererseits haben Forscher Fehler in Open-Source-Sicherheitslösungen wie OpenSSL gefunden, die über ein Jahrzehnt alt waren, sodass der verbreitete Glauben an das Viele-Augen-Prinzip in der Praxis nicht immer funktioniert.)

Das eigentliche Geheimnis liegt im Schlüssel und seiner Länge. Man betrachte ein einfaches Kombinationsschloss. Das allgemeine Prinzip ist dabei, dass man nacheinander Zahlen eingibt. Jeder weiß das, aber der Schlüssel ist geheim. Eine Schlüssellänge von zwei Ziffern bedeutet, dass es 100 mögliche Kombinationen gibt. Eine Schlüssellänge von drei Ziffern bedeutet 1.000 mögliche Kombinationen, und eine von sechs Ziffern bietet eine Million Zahlenkombinationen. Je länger der Schlüssel, um so höher der **Arbeitsaufwand**, dem sich der Kryptoanalytiker gegenübergestellt sieht. Der Arbeitsaufwand zum Knacken des Systems durch vollständiges Durchsuchen des Schlüsselraums steigt exponentiell mit der Schlüssellänge. Die Geheimhaltung ergibt sich durch einen starken (aber öffentlichen) Algorithmus und einen langen Schlüssel. Um Ihren kleinen Bruder daran zu hindern, Ihre E-Mail zu lesen, reicht ein 64-Bit-Schlüssel aus. Für normale kommerzielle Einsatzbereiche sind mindestens 256 Bit notwendig. Und um Regierungen vom Schnüffeln abzuhalten, sollten nicht weniger als

512 Bit, besser aber noch mehr, verwendet werden. Diese Zahlen gelten für die symmetrische Verschlüsselung, bei der der Schlüssel für Ver- und Entschlüsselung der gleiche ist. Die Unterschiede zwischen symmetrischer und asymmetrischer Verschlüsselung werden später noch erläutert.

Aus Sicht des Kryptoanalytikers gibt es drei Varianten der Kryptoanalyse. Wenn er einen Chiffretext zur Verfügung hat, aber keinen Klartext dazu, nennt er sein Problem **Nur Chiffretext**. Dazu zählen die Kryptogramme in der Rätselspalte von Zeitungen. Hat der Kryptoanalytiker einen Chiffretext und den dazugehörigen Klartext, ist das der **bekannte Klartext**. Schließlich gibt es noch die Möglichkeit, dass er Teile eines Klartextes eigener Wahl verschlüsseln kann. Das ist der **gewählte Klartext**. Kryptogramme in Zeitungen wären ganz einfach zu lösen, wenn der Kryptoanalytiker fragen könnte: „Wie lautet die Verschlüsselung von ABCDEFGHIJKL?"

Neulinge im Bereich der Kryptografie glauben oft, dass eine Chiffre sicher ist, wenn sie einem Angriff aus der Nur-Chiffretext-Ecke widerstehen kann. Diese Annahme ist sehr naiv. In vielen Fällen kann der Kryptoanalytiker bestimmte Teile des Klartextes einfach erraten. Beispielsweise sagen viele Rechner bei der Anmeldung Folgendes: login. Mit einigen passenden Klartext/Chiffretext-Paaren ausgerüstet, wird der Job des Kryptoanalytikers wesentlich einfacher. Um tatsächliche Sicherheit zu garantieren, sollte der Kryptograf auf Nummer sicher gehen und das System so auslegen, dass es nicht zu knacken ist, auch wenn der Gegner beliebige Mengen von gewähltem Klartext verschlüsseln kann.

Verschlüsselungsmethoden wurden schon immer in zwei Kategorien unterteilt: Substitutionschiffren (*substitution cipher*) und Transpositionschiffren (*transposition cipher*). Im Folgenden werden wir kurz auf beide Kategorien eingehen, da sie uns Hintergrundinformationen zur modernen Kryptografie liefern.

8.4.2 Zwei Grundprinzipien der Verschlüsselung

Auch wenn wir auf den folgenden Seiten viele verschiedene kryptografische Systeme vorstellen, gibt es zwei Prinzipien, die allen zugrunde liegen und die Sie auf alle Fälle verstanden haben sollten. Lesen Sie sorgfältig. Wenn Sie sie verletzen, geschieht dies auf eigenes Risiko.

Redundanz

Das erste Prinzip ist, dass alle verschlüsselten Nachrichten in irgendeiner Form Redundanz aufweisen, d.h., sie enthalten Informationen, die zum Verständnis der Nachricht nicht erforderlich sind. Ein Beispiel soll dies verdeutlichen. Betrachten wir eine Internetversandfirma namens The Couch Potato (TCP) mit einem Gesamtangebot von 60.000 Artikeln. Da die TCP-Programmierer sehr effizient sein möchten, entschließen sie sich, dass ihre Auftragsnachrichten aus einem 16 Byte langen Kundennamen, gefolgt von einem 3-Byte-Datenfeld (1 Byte für die Menge und 2 Byte für die Artikelnummer) bestehen. Die letzten 3 Byte sollen mit einem sehr langen Schlüssel, den nur der Kunde und TCP kennen, verschlüsselt werden.

Auf den ersten Blick scheint die Lösung sicher zu sein. In gewissem Sinne ist sie das auch, weil bei passiven Lauschangriffen die Nachrichten nicht entschlüsselt werden können. Leider weist sie einen gravierenden Fehler auf, durch den sie unbrauchbar wird. Nehmen wir an, dass eine kürzlich entlassene Mitarbeiterin sich an ihrer Ex-Firma TCP rächen will. An ihrem letzten Arbeitstag nimmt sie die Kundenliste mit. Sie arbeitet die ganze Nacht an einem Programm, um fiktive Bestellungen mit echten Kundennamen zu erzeugen. Da sie keine Liste der Schlüssel hat, setzt sie in die letzten 3 Byte einfach zufällige Zahlen ein und sendet Hunderte von Bestellungen an TCP.

Beim Eintreffen dieser Nachrichten sucht der TCP-Computer den Schlüssel mithilfe des Kundennamens heraus und entschlüsselt die Nachricht. Leider ist fast jede 3-Byte-Nachricht gültig. Folglich beginnt der Computer mit dem Ausdrucken von Lieferanweisungen. Es mag zwar seltsam erscheinen, dass ein Kunde 837 Kinderschaukeln oder 540 Sandkästen bestellt, aber den Computer tangiert das nicht. Es könnte ja sein, dass der Kunde vorhat, eine Reihe von Spielplätzen zu bauen. Auf diese Weise kann ein aktiver Eindringling wie hier die gefeuerte Mitarbeiterin einen sehr großen Schaden anrichten, obwohl sie die von ihrem Computer erzeugten Nachrichten nicht versteht.

Das Problem kann durch das Hinzufügen von Redundanz in allen Nachrichten gelöst werden. Erstrecken sich Bestellungen z.B. über 12 Bytes, wobei die ersten 9 Bytes Nullen sein müssen, funktioniert diese Attacke nicht mehr, weil die Ex-Angestellte keinen großen Strom gültiger Nachrichten erzeugen kann. Die Moral von der Geschichte ist, dass alle Nachrichten eine beträchtliche Redundanz aufweisen müssen, damit aktive Eindringlinge nicht massenweise zufallsgesteuerten Schrott versenden können, der von Computern als gültige Nachricht interpretiert wird.

Daraus leiten wir Folgendes ab:

Kryptografisches Prinzip 1: *Nachrichten müssen eine gewisse Redundanz enthalten.*

Andererseits ist es für Kryptoanalytiker bei größerer Redundanz auch einfacher, Nachrichten zu brechen. Nehmen wir an, dass das Versandgeschäft ein sehr umkämpfter Markt ist und der größte Konkurrent von TCP, The Sofa Tuber, liebend gerne wissen möchte, wie viele Sandkästen TCP verkauft. Die Konkurrenz arrangiert also, dass die Telefonleitung von TCP angezapft wird. In dem ursprünglichen Schema mit 3-Byte-Nachrichten war die Kryptoanalyse fast unmöglich, weil der Kryptoanalytiker nach dem Raten eines Schlüssels keine Möglichkeit hatte festzustellen, ob er richtig geraten hatte, da schließlich fast jede Nachricht technisch zulässig wäre. Bei dem neuen 12-Byte-Schema ist es für den Kryptoanalytiker einfach, gültige von ungültigen Nachrichten zu unterscheiden.

Anders ausgedrückt, der Empfänger muss bei der Entschlüsselung der Nachricht angeben können, ob diese gültig ist, indem er sie einfach untersucht und eventuell noch eine einfache Berechnung ausführt. Diese Redundanz ist erforderlich, um aktive Eindringlinge davon abzuhalten, Müll zu senden und den Empfänger dazu zu bringen, den Müll in „Klartext“ zu entschlüsseln und dementsprechend zu handeln.

Andererseits vereinfacht gerade diese Redundanz passiven Eindringlingen, in das System einzubrechen, sodass hier eine gewisse Spannung vorliegt. Des Weiteren sollte Redundanz nie in Form von *n* Nullen am Anfang oder Ende einer Nachricht realisiert werden, da dies die Arbeit eines Kryptoanalytikers vereinfachen würde, der besser vorhersagbare Ergebnisse erhält, wenn er die Nachrichten mit kryptografische Algorithmen bearbeitet. Ein CRC-Polynom (siehe *Kapitel 3*) ist viel besser als eine Folge von Nullen, da der Empfänger dies sehr einfach prüfen kann, es aber mehr Arbeit für den Kryptoanalytiker bedeutet. Noch besser ist es, ein kryptografisches Hash zu verwenden, ein Konzept, das wir später behandeln. Im Moment reicht es, wenn Sie sich ein Hash als besseren CRC vorstellen.

Aktualität

Laut dem zweiten kryptografischen Prinzip müssen Maßnahmen ergriffen werden, um sicherzustellen, dass jede empfangene Nachricht als aktuell (d.h. vor sehr kurzer Zeit gesendet) verifiziert werden kann. Mit dieser Maßnahme werden aktive Eindringlinge gehindert, alte Nachrichten erneut abzuspielen. Ohne solche Maßnahmen könnte die gefeuerte Mitarbeiterin vom obigen Beispiel die Telefonleitung von TCP anzapfen und einfach alte gültige Nachrichten wiederholen. Es gilt also:

> **Kryptografisches Prinzip 2:** *Eine Methode zur Vereitlung von Replay-Angriffen ist erforderlich.*

Eine geeignete Maßnahme ist das Einfügen eines Zeitstempels in jede Nachricht, der nur kurzfristig gültig ist, z.B. 60 Sekunden. Der Empfänger kann die Nachrichten nur für 60 Sekunden behalten und die neu ankommenden Nachrichten mit den früheren vergleichen, um Duplikate auszufiltern. Nachrichten, die älter sind als 60 Sekunden, werden entfernt, da auch Kopien, die mehr als 60 Sekunden später ankommen, als veraltet zurückgewiesen werden. Der Intervall sollte nicht zu kurz sein (z.B. 5 Sekunden), da die Uhren von Sender und Empfänger unter Umständen nicht immer ganz synchron sind. Neben dem Zeitstempel gibt es weitere Methoden, die später beschrieben werden.

8.4.3 Substitutionschiffren

Bei einer **Substitutionschiffre** wird jeder Buchstabe oder jede Buchstabengruppe durch einen anderen Buchstaben oder eine andere Buchstabengruppe ersetzt. Die älteste bekannte Substitutionschiffre ist die **Cäsar-Chiffre**, deren Erfindung Julius Cäsar zugeschrieben wird. Hier wird *a* zu *D*, *b* zu *E*, *c* zu *F*, ... und *z* zu *C*. Das Wort *attack* wird beispielsweise zu *DWWDFN*. In den folgenden Beispielen ist Klartext immer in Kleinbuchstaben und Chiffretext in Großbuchstaben dargestellt.

Eine einfache Verallgemeinerung der Cäsar-Chiffre ermöglicht die Verschiebung des Chiffrenalphabets um *k* Buchstaben anstatt um 3. In diesem Fall wird *k* der Schlüssel für eine allgemeine Methode, Alphabete zirkulär zu verschieben. Diese Chiffre hat vielleicht die Pompejaner zum Narren gehalten, seither ist aber niemand mehr darauf reingefallen.

Die nächste Verbesserung ist, jedes Zeichen des Klartextes (der Einfachheit halber gehen wir von 26 Buchstaben aus) auf einen anderen Buchstaben abzubilden. Zum Beispiel:

Klartext:	a	b	c	d	e	f	g	h	i	j	k	l	m	n	o	p	q	r	s	t	u	v	w	x	y	z
Chiffretext:	Q	W	E	R	T	Y	U	I	O	P	A	S	D	F	G	H	J	K	L	Z	X	C	V	B	N	M

Dieses Grundsystem heißt **monoalphabetische Substitution** Hier ist der Schlüssel eine Buchstabenfolge mit 26 Zeichen, die dem vollständigen Alphabet entspricht. Mit dem obigen Schlüssel wird *attack* dann zu *QZZQEA* verschlüsselt.

Auf den ersten Blick wirkt dieses System sicher. Der Kryptoanalytiker kennt zwar das Grundsystem (Substitution Buchstabe für Buchstabe), er weiß aber nicht, welcher der $26! \approx 4 \times 10^{26}$ möglichen Schlüssel verwendet wurde. Alle durchzutesten, wie dies bei der Cäsar-Chiffre möglich ist, ist nicht sehr vielversprechend. Selbst ein Computer, der pro Lösung nur 1 ns benötigt, bräuchte 10.000 Jahre, um alle Möglichkeiten durchzurechnen.

Trotzdem kann die Chiffre problemlos gebrochen werden, auch wenn der Chiffretext nur kurz ist. Der Lösungsweg berücksichtigt die statistischen Eigenschaften natürlicher Sprachen. In der englischen Sprache ist beispielsweise das *e* der häufigste Buchstabe, dann kommen der Reihe nach *t, o, a, n, i* usw. Die häufigsten Kombinationen von zwei Buchstaben (**Digramme**) sind *th, in, er, re* und *an*. Die häufigsten Kombinationen von drei Buchstaben (**Trigramme**) sind *the, ing, and* und *ion*.

Will ein Kryptoanalytiker eine monoalphabetische Chiffre brechen, dann ermittelt er zuerst die relative Häufigkeit aller Buchstaben im Chiffretext. Dann könnte er versuchsweise dem häufigsten Buchstaben das *e* zuweisen und dem zweithäufigsten das *t*. Danach würde er nach einem häufig vorkommenden Trigramm mit der Struktur *tXe* suchen. Nun liegt nahe, dass das *X* ein *h* ist. Wenn auch die Struktur *thYt* oft vorkommt, ist das *Y* wahrscheinlich ein *a*. Nun kann er nach häufig vorkommenden Trigrammen der Struktur *aZW* suchen, die höchstwahrscheinlich *and* bedeutet. Indem er häufig vorkommende Buchstaben, Digramme und Trigramme errät, baut der Kryptoanalytiker Buchstabe für Buchstabe testweise einen Klartext auf.

Bei einer anderen Methode wird ein wahrscheinliches Wort oder eine Wortgruppe erraten. Ein Beispiel: Sehen Sie sich den folgenden Chiffretext einer englischen Buchhaltungsfirma an (der Text ist in Gruppen mit je fünf Buchstaben aufgeteilt):

CTBMN	BYCTC	BTJDS	QXBNS	GSTJC	BTSWX	CTQTZ	CQVUJ
QJSGS	TJQZZ	MNQJS	VLNSX	VSZJU	JDSTS	JQUUS	JUBXJ
DSKSU	JSNTK	BGAQJ	ZBGYQ	TLCTZ	BNYBN	QJSW	

Ein wahrscheinlich in der Nachricht vorkommendes Wort könnte bei einer Buchhaltungsfirma *financial* sein. Mit dem Wissen, dass in dem Wort *financial* der Buchstabe *i* zweimal auftaucht und dazwischen vier andere Buchstaben stehen, machen wir uns auf die Suche. Wir finden zwölf Treffer an den Positionen 6, 15, 27, 31, 42, 48, 56, 66, 70, 71, 76 und 82. Aber nur bei zwei davon, 31 und 42, wird der nächste Buchstabe (der *n* im Klartext entspricht) an der richtigen Stelle wiederholt. Von diesen beiden steht nur bei 31 das *a* an der korrekten Position, sodass wir wissen, dass *financial* an der Position 30 beginnt. Ab diesem Punkt ist die Ableitung des Schlüssels einfach, wobei die Häufigkeitsverteilung der Buchstaben für englische Texte herangezogen wird und nach fast vollständigen Wörtern gesucht wird.

8.4.4 Transpositionschiffren

Substitutionschiffren behalten die Reihenfolge der Klartextsymbole bei und verschleiern diese nur. **Transpositionschiffren** vertauschen Buchstaben, verwenden jedoch keine Ersatzzeichen. In ▶Abbildung 8.10 sehen Sie eine typische Transpositionschiffre, die sogenannte *Spaltentransposition*. Die Chiffre wird durch ein Wort (oder einen Ausdruck) verschlüsselt, das keine Buchstabenwiederholungen enthält. Im folgenden Beispiel lautet der Schlüssel MEGABUCK. Zweck dieses Schlüssels ist es, die Spalten zu nummerieren: Spalte 1 steht unter dem Schlüsselbuchstaben, der im Alphabet am weitesten vorne zu finden ist, usw. Der Klartext wird horizontal in Zeilen geschrieben und bei Bedarf zur Füllung der Matrix aufgefüllt. Der Chiffretext beginnt mit der Spalte, über der der (alphanumerisch) niedrigste Buchstabe steht.

Um eine Transpositionschiffre brechen zu können, muss der Kryptoanalytiker zuerst einmal erkennen, dass er eine solche vorliegen hat. Wenn er die Verteilung der häufigen Buchstaben (*E, T, A, O, I, N* usw.) untersucht, kann er leicht erkennen, ob sie dem normalen Klartextmuster entsprechen. Trifft das zu, handelt es sich um eine Transpositionschiffre, in der ja jeder Buchstabe sich selbst darstellt, sodass die Häufigkeitsverteilung beibehalten wird.

M	E	G	A	B	U	C	K
7	4	5	1	2	8	3	6
p	l	e	a	s	e	t	r
a	n	s	f	e	r	o	n
e	m	i	l	l	i	o	n
d	o	l	l	a	r	s	t
o	m	y	s	w	i	s	s
b	a	n	k	a	c	c	o
u	n	t	s	i	x	t	w
o	t	w	o	a	b	c	d

Klartext

pleasetransferonemilliondollarsto
myswissbankaccountsixtwotwo

Chiffretext

AFLLSKSOSELAWAIATOOSSCTCLNMOMANT
ESILYNTWRNNTSOWDPAEDOBUOERIRICXB

Abbildung 8.10: Eine Transpositionschiffre.

Als Nächstes muss der Kryptoanalytiker die Spaltenzahl erraten. Oft kann aus dem Kontext der Nachricht ein Wort erraten werden, das wahrscheinlich in der Nachricht vorkommt. Ein Beispiel: Unser Kryptoanalytiker hat den Verdacht, dass im Klartext der vorliegenden Meldung der Ausdruck *milliondollars* vorkommt. Wie man sieht, treten wegen des Umbruchs die Digramme *MO, IL, LL, LA, IR* und *OS* im Chiffretext auf. Der Buchstabe *O* im Chiffretext folgt auf den Buchstaben *M* (d.h., diese Buchstaben stehen in Spalte 4 übereinander), weil sie im Testwort *milliondollars* einen Abstand zueinander haben, der der Schlüssellänge entspricht. Wird ein Schlüssel mit der Länge 7 verwendet, entstehen im Chiffretext stattdessen die Digramme *MD*, *IO*, *LL*, *LL*, *IA*, *OR* und *NS*. Je nach Schlüssellänge bildet sich also im Chiffretext eine andere Gruppe von Digrammen. Indem man alle Möglichkeiten durchspielt, kann man oft leicht die Schlüssellänge bestimmen.

Im letzten Schritt müssen nur noch die Spalten in der richtigen Reihenfolge angeordnet werden. Wenn die Spaltenzahl k klein ist, kann jedes der $k(k-1)$ Spaltenpaare auf die statistische Digrammverteilung der englischen Sprache hin untersucht werden. Der Kryptoanalytiker geht nun davon aus, dass das Spaltenpaar mit der größten Übereinstimmung richtig platziert ist. Dann wird jede Spalte als Nachfolger des gefundenen Paars durchprobiert. Die Spalte mit der besten Trigramm- und Digrammverteilung wird versuchsweise weiterverwendet. So wird auch ihre Nachfolgerin gefunden. Der Vorgang wird so lange wiederholt, bis eine Testreihenfolge entstanden ist. Die Wahrscheinlichkeit ist groß, dass der Klartext an diesem Punkt durchschaut wird (z.B. wenn *milloin* vorkommt, ist klar, wo der Fehler liegt).

Einige Transpositionschiffren akzeptieren einen Eingabeblock von fester Länge und produzieren einen Ausgabeblock von fester Länge. Um diese Chiffren vollständig zu beschreiben, benötigt man lediglich eine Liste, die die Reihenfolge darlegt, in der die Zeichen produziert werden. Die Chiffre in Abbildung 8.10 kann als Blockchiffre mit 64 Zeichen bezeichnet werden. Der Ausgabeblock lautet: 4, 12, 20, 28, 36, 44, 52, 60, 5, 13, . . . , 62. Mit anderen Worten, das vierte Eingabezeichen *a* ist das erste Ausgabezeichen; danach kommt das zwölfte Zeichen *f* usw.

8.4.5 One-Time Pads

Die Ausarbeitung einer nicht knackbaren Chiffre ist eigentlich nicht schwer. Die Technik ist seit Jahrzehnten bekannt. Zuerst wählen Sie eine zufällige Bitfolge als Schlüssel. Dann konvertieren Sie den Klartext in eine Bitfolge, z.B. anhand seiner ASCII-Darstellung. Schließlich berechnen Sie das exklusive ODER (XOR) dieser beiden Zeichenfolgen Bit für Bit. Der resultierende Chiffretext kann nicht geknackt werden, da in einem ausreichend langen Chiffretext jeder Buchstabe gleich oft vorkommt, ebenso wie jedes Digramm und jedes Trigramm usw. Diese als **One-Time Pad** bezeichnete Methode ist gegen alle aktuellen und zukünftigen Angriffe gefeit, unabhängig davon, wie viel Rechenleistung ein Angreifer zur Verfügung hat. Der Grund liegt in der Informationstheorie: Es gibt einfach keine Information in der Nachricht, da alle möglichen Klartexte der gegebenen Länge gleich wahrscheinlich sind.

▶Abbildung 8.11 enthält ein Beispiel zur Verwendung von One-Time Pads. Als Erstes wird die Nachricht 1, „I love you“ in 7-Bit-ASCII konvertiert. Dann wird ein einmal verwendetes (One-Time) Pad, Pad 1, gewählt und mit der Nachricht mit XOR verknüpft, um den Chiffretext zu erhalten. Ein Kryptoanalytiker könnte alle möglichen One-Time Pads ausprobieren, um herauszufinden, welcher Klartext jeweils daraus entsteht. So könnte beispielsweise das als Pad 2 aufgeführte One-Time Pad versucht werden, was zu Klartext 2, „Elvis lives“, führt, was plausibel ist oder auch nicht (aber über den Rahmen dieses Buches hinausgeht). Es gibt in der Tat für jeden 11 Zeichen langen ASCII-Klartext ein One-Time Pad, das ihn erzeugt. Dies ist mit der Aussage gemeint, dass im Chiffretext keine Informationen enthalten sind: Man kann eine beliebige Nachricht in der korrekten Länge daraus ableiten.

Nachricht 1:	1001 001	0100 000	1101 100	1101 111	1110 110	1100 101	01000 000	1111 001	1101 111	1110 101	0101 110
Pad 1:	1010 010	1001 011	1110 010	1010 101	1010 010	1100 011	00010 11	0101 010	1010 111	1100 110	0101 011
Chiffretext:	0011 011	1101 011	0011 110	0111 010	0100 100	0000 110	01010 11	1010 011	0110 00	0010 011	0000 101
Pad 2:	1011 110	0000 111	1101 000	1010 011	1010 111	0100 110	10001 11	0111 010	1001 110	1110 110	1110 110
Klartext 2:	1000 101	1101 100	1110 110	1101 001	1110 011	0100 000	11011 00	1101 001	1110 110	1100 101	1110 011

Abbildung 8.11: Die Verwendung eines One-Time Pads für die Verschlüsselung und die Möglichkeit, jeden möglichen Klartext aus dem Chiffretext durch Verwendung eines anderen Pads zu erhalten.

One-Time Pads sind in der Theorie hervorragend, weisen aber in der Praxis verschiedene Nachteile auf. Erstens kann man sich den Schlüssel nicht merken; deshalb muss er vom Sender und vom Empfänger aufgeschrieben werden. Aufgeschriebene Schlüssel sind selbstverständlich nicht wünschenswert, da sie abgefangen werden können. Zweitens ist die Gesamtmenge der Daten, die übertragen werden können, durch die Größe des verfügbaren Schlüssels begrenzt. Wenn ein Spion seinen Glückstag hat und eine Fülle an Daten entdeckt, kann er sie unter Umständen nicht mehr an die Zentrale zurückübertragen, weil der Schlüssel aufgebraucht wurde. Drittens ist die Methode empfindlich gegenüber verlorenen oder eingefügten Zeichen. Laufen Sender und Empfänger nicht mehr synchron, werden alle Daten von diesem Punkt an verstümmelt.

Mit der zunehmenden Verbreitung von Computern kann die One-Time-Pad-Methode für bestimmte Anwendungen sehr nützlich werden. Die Quelle des Schlüssels könnte beispielsweise eine spezielle DVD sein, die mehrere Gigabyte an Informationen enthält. Wenn sie in einer DVD-Filmbox transportiert wird und ein paar Minuten Video vorne drangehängt sind, schöpft niemand Verdacht, dass sich etwas Geheimnisvolles dahinter verbirgt. Bei den Geschwindigkeiten von Gigabit-Netzen ist das Einlegen einer anderen DVD alle 30 Sekunden selbstverständlich etwas mühsam. Zudem müssen die DVDs persönlich vom Sender zum Empfänger getragen werden, bevor Nachrichten gesendet werden können. Dies schränkt die Nützlichkeit in der Praxis natürlich ein. Und da bald niemand mehr DVDs oder Blu-Ray-Discs verwenden wird, könnte jeder, der mit einer solchen Box erwischt wird, mit Argwohn betrachtet werden.

Quantenkryptografie

Es gibt vielleicht eine Lösung für das Problem, wie das One-Time Pad über das Netz übertragen werden kann, und diese kommt interessanterweise aus einer gänzlich unerwarteten Ecke: der Quantenmechanik. Dieser Ansatz ist noch experimentell, aber erste Tests sind vielversprechend. Falls er sich perfektionieren und effizienter machen lässt, werden irgendwann einmal für die gesamte Kryptografie One-Time Pads eingesetzt werden, da diese nachweisbar sicher sind. Im Folgenden erläutern wir kurz, wie die **Quantenkryptografie** funktioniert. Im Besonderen beschreiben wir ein Protokoll, das nach seinen Autoren und seinem Erscheinungsjahr als **BB84** bezeichnet wird (Bennet und Brassard, 1984).

Eine Benutzerin, Alice, möchte eine sichere Verbindung über ein One-Time Pad zu einem zweiten Benutzer, Bob, aufbauen. Alice und Bob nennt man auch **Principals**, die Hauptakteure unserer Geschichte. Bob ist ein Banker, mit dem Alice Geschäfte tätigen will. Die Namen „Alice" und „Bob" werden für die Principals in praktisch jedem Artikel und Buch über Kryptografie verwendet, seit Ron Rivest sie vor vielen Jahren eingeführt hat (Rivest et al., 1978). Kryptografen lieben die Tradition. Wenn wir hier „Andi" und „Barbara" verwenden würden, würde uns niemand mehr in diesem Kapitel etwas glauben. Also halten auch wir uns daran.

Wenn Alice und Bob ein One-Time Pad errichten könnten, wäre es ihnen möglich, darüber sicher zu kommunizieren. Die Frage lautet: Wie können sie dabei vorgehen, ohne zuvor DVDs, Bücher oder USB-Sticks auszutauschen? Wir können davon ausgehen, dass Alice und Bob sich jeweils am Ende eines Glasfaserkabels befinden, über das sie Lichtimpulse senden und empfangen. Ein unerschrockener Eindringling namens Trudy könnte aber das Kabel durchtrennen und aktiv anzapfen. Anschließend kann Trudy alle Bits in beide Richtungen lesen sowie in beide Richtungen falsche Nachrichten senden. Die Situation scheint für Alice und Bob aussichtslos zu sein, aber die Quantenkryptografie kann ein neues Licht auf dieses Thema werfen.

Die Quantenkryptografie basiert auf der Tatsache, dass Licht aus kleinen Paketen, sogenannten **Photonen**, besteht, die einige ganz bestimmte Eigenschaften haben. Darüber hinaus kann Licht polarisiert werden, indem es durch einen Polarisationsfilter geleitet wird, eine Tatsache, die Sonnenbrillenträgern und Fotografen wohlbekannt ist. Fällt ein Lichtstrahl (d.h. ein Strom von Photonen) durch einen Polarisationsfilter, sind alle austretenden Photonen in Richtung der Filterachse (z.B. vertikal) polarisiert. Wird der Strahl nun durch einen zweiten Polarisationsfilter geleitet, ist die Intensität des Lichts, das aus dem zweiten Filter austritt, proportional zum Quadrat des Kosinus des Winkels zwischen den Achsen. Sind die beiden Achsen lotrecht zueinander, gelangen keine Photonen durch. Die absolute Ausrichtung der beiden Filter spielt keine Rolle, nur der Winkel zwischen den Achsen zählt.

Um ein One-Time Pad zu erstellen, benötigt Alice zwei Gruppen von Polarisationsfiltern. Eine Gruppe besteht aus einem vertikalen und einem horizontalen Filter. Diese Einheit wird als **geradlinige Basis** (*rectilinear basis*) bezeichnet. Eine Basis ist nur ein Koordinatensystem. Die zweite Filtergruppe ist genauso aufgebaut, wird aber um

45 Grad gedreht, sodass ein Filter von unten links nach oben rechts verläuft und der andere Filter von oben links nach unten rechts. Diese Einheit wird als **diagonale Basis** bezeichnet. So verfügt Alice über zwei Basen, die sie schnell in ihren Strahl einbauen kann. In Wirklichkeit hat Alice jedoch keine vier separate Filter, sondern einen Kristall, dessen Polarisation elektrisch sehr schnell auf eine der vier zulässigen Richtungen umgeschaltet werden kann. Bob verfügt über die gleiche Ausrüstung wie Alice. Die Tatsache, dass Alice und Bob jeder zwei Basen zur Verfügung haben, ist für die Quantenkryptografie essenziell.

Alice weist nun für jede Basis der einen Richtung 0 und der anderen eine 1 zu. Im unten stehenden Beispiel gehen wir davon aus, dass sie vertikal auf 0 und horizontal auf 1 setzt. Unabhängig davon wählt sie auch für die Richtung von links unten nach rechts oben eine 0 sowie von oben links nach unten rechts eine 1. Sie sendet Bob diese Einstellungen als Klartext, obwohl sie weiß, dass Trudy ihre Nachricht lesen kann.

Nun wählt Alice ein One-Time Pad, beispielsweise auf der Basis eines Zufallszahlengenerators (dies ist für sich ein komplexes Thema). Sie überträgt es Bit für Bit an Bob, wobei für jedes Bit eine ihrer zwei Basen nach dem Zufälligkeitsprinzip ausgewählt wird. Um ein Bit zu senden, stößt ihre Photonenpistole ein Photon aus, das passend auf die Basis polarisiert ist, die für dieses Bit verwendet wird. Sie kann beispielsweise Basen diagonal, geradlinig, geradlinig, diagonal, geradlinig usw. wählen. Um ihr One-Time Pad 1001110010100110 mit diesen Basen zu senden, würde sie die Photonen wie in ▶Abbildung 8.12a dargestellt senden. Wenn man das One-Time Pad und die Basenfolge kennt, so kann die Polarisation für jedes Bit eindeutig bestimmt werden. Bits, die jeweils von einem Photon getragen werden, werden **Qubits** genannt.

Bob weiß nicht, welche Basis er verwenden soll, daher wählt er für jedes ankommende Photon zufällig eine aus und verwendet sie, wie in Abbildung 8.12b dargestellt. Wenn er die richtige Basis auswählt, erhält er das richtige Bit. Wenn er die falsche Basis auswählt, erhält er ein Zufallsbit. Denn wenn ein Photon auf einen Filter auftrifft, der um 45 Grad zu seiner eigenen Polarisation polarisiert ist, springt es mit gleicher Wahrscheinlichkeit und zufällig in die Polarisation des Filters oder in eine Polarisation, die senkrecht zum Filter ist. Diese Eigenschaft der Photonen ist für die Quantenmechanik von grundlegender Bedeutung. So sind einige Bits korrekt, andere zufällig, aber Bob weiß nicht welche. Die Ergebnisse von Bob werden in Abbildung 8.12c dargestellt.

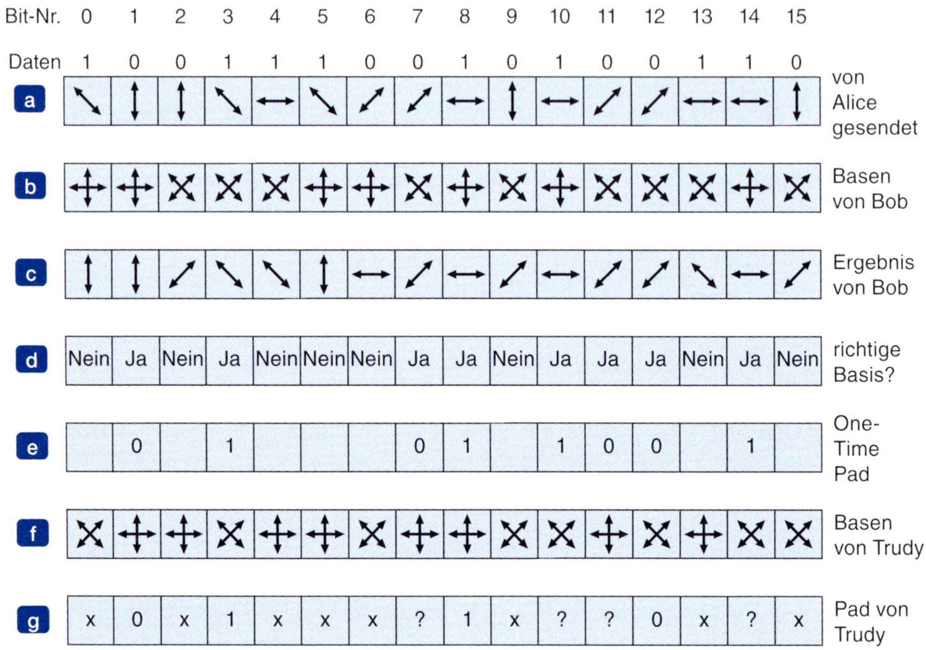

Abbildung 8.12: Beispiel für die Quantenkryptografie.

Wie findet Bob nun heraus, welche Basen richtig sind und welche falsch? Er teilt Alice im Klartext einfach mit, welche Basis er für jedes Bit verwendet hat, und sie sagt ihm im Klartext, welche richtig und falsch sind, wie in Abbildung 8.12d dargestellt. Mit dieser Information können beide eine Bitfolge der korrekten Treffer aufbauen, wie in Abbildung 8.12e dargestellt. Im Durchschnitt ist diese Bitfolge halb so lang wie die ursprüngliche Bitfolge, da sie aber beide Parteien kennen, können sie sie als One-Time Pad verwenden. Alice muss also nur eine Bitfolge übertragen, die etwas länger als zweimal die gewünschte Länge ist, und sie und Bob erhalten ein One-Time Pad in der gewünschten Länge. Problem gelöst.

Aber, Moment! Wir haben Trudy vergessen. Angenommen sie möchte gerne wissen, was Alice sagt, und schneidet das Glasfaserkabel auf und installiert ihren eigenen Detektor und Sender. Leider weiß auch sie nicht, welche Basis für jedes Photon verwendet wurde. Das Beste, was Sie tun kann, ist, wie Bob für jedes Photon zufällig eine Basis auszuwählen. Ein Beispiel für ihre abgefangenen Werte ist in Abbildung 8.12f dargestellt. Wenn Bob (in Klartext) berichtet, welche Basen er verwendet hat, und Alice ihm (in Klartext) mitteilt, welche richtig sind, weiß Trudy, was richtig und was falsch ist. In Abbildung 8.12 hat sie es für die Bits 0, 1, 2, 3, 4, 6, 8, 12 und 13 getroffen. Aber sie weiß aus der Antwort von Alice in Abbildung 8.12d, dass nur die Bits 1, 3, 7, 8, 10, 11, 12 und 14 zum One-Time Pad gehören. Vier dieser Bits hat sie korrekt erraten (1, 3, 8 und 12) und das richtige Bit abgefangen. Bei den anderen vier (7, 10, 11 und 14) hat sie falsch geraten und kennt das übertragene Bit nicht. Daher weiß Bob, dass das One-Time Pad mit 01011001 beginnt, wie in Abbildung 8.12e, Trudy hat aber nur 01?1??0?, wie in Abbildung 8.12g.

Natürlich sind sich Alice und Bob bewusst, dass Trudy Teile ihres One-Time Pads abgefangen haben kann, sodass sie daran interessiert sind, dass Trudy möglichst wenig Informationen erhält. Hierzu können sie eine Transformation darauf ausführen. Sie könnten beispielsweise das One-Time Pad in 1.024-Bit-Blöcke aufteilen und diese quadrieren, um eine 2.048-Bit-Zahl zu erstellen, und die Verkettung dieser 2.048-Bit-Zahlen als One-Time Pad verwenden. Mit der teilweisen Kenntnis der übertragenen Bitfolge hat Trudy keine Möglichkeit, ein Quadrat zu erzeugen, und kann so nichts damit anfangen. Die Umwandlung des ursprünglichen One-Time Pad in ein anderes, das Trudy weniger Informationen zukommen lässt, wird als **Privacy Amplification** (Geheimhaltungsverstärkung) bezeichnet. In der Praxis werden hier anstatt der Quadration komplexe Transformationen verwendet, bei denen jedes Ausgabebit von jedem Eingabebit abhängt.

Arme Trudy. Weder hat sie eine Ahnung, wie das One-Time Pad aussieht, noch kann sie ihre Anwesenheit länger geheim halten. Denn nun muss sie jedes empfangene Bit an Bob weitergeben, um ihn glauben zu lassen, er kommuniziere mit Alice. Das Problem ist, dass sie hier nichts anderes tun kann, als das empfangene Qubit zu übertragen, wobei sie die zum Empfang verwendete Polarisation benutzt. Hier liegt sie aber die Hälfte der Zeit falsch und erzeugt viele Fehler im One-Time Pad von Bob.

Wenn Alice dann mit der Übertragung der Daten beginnt, codiert sie sie mit einem aufwendigen Vorwärtsfehlerkorrekturcode. Aus der Sicht von Bob ist ein 1-Bit-Fehler im One-Time Pad das Gleiche wie ein 1-Bit-Übertragungsfehler. In beiden Fällen erhält er das falsche Bit. Wenn Vorwärtsfehlerkorrektur in ausreichendem Maße eingesetzt wird, kann er die ursprüngliche Nachricht trotz aller Fehler wiederherstellen. Aber er kann auch sehr einfach zählen, wie viele Fehler korrigiert wurden. Ist diese Zahl weitaus höher als die erwartete Fehlerrate der eingesetzten Geräte, dann weiß er, dass Trudy die Leitung angezapft hat, und kann dementsprechend handeln (z. B. Alice mitteilen, auf Funk umzustellen, die Polizei anzurufen usw.). Könnte Trudy ein Photon klonen, sodass sie in der Lage wäre, ein Photon zu untersuchen und ein identisches an Bob zu senden, so könnte sie der Entdeckung entgehen. Derzeit besteht aber diese Möglichkeit nicht. Aber selbst wenn Trudy Photonen klonen könnte, mindert dies nicht den Wert der Quantenkryptografie zur Errichtung von One-Time Pads.

Obwohl die Quantenkryptografie bereits über eine Entfernung von 60 km in Glasfaserkabeln funktioniert, ist die Ausstattung komplex und teuer. Aber die Idee ist vielversprechend, sofern es möglich ist, die Technik aufzuskalieren und billiger zu machen. Weitere Informationen über die Quantenkryptografie finden Sie in Clancy et al. (2019).

8.5 Algorithmen für die symmetrische Verschlüsselung

In der modernen Kryptografie werden die gleichen Grundprinzipien verwendet wie in der traditionellen Kryptografie – Transposition und Substitution –, aber mit einem anderen Schwerpunkt. Traditionell haben Kryptografen einfache Algorithmen verwendet. Heute trifft das Gegenteil zu: Das Ziel ist, den Verschlüsselungsalgorithmus so komplex auszulegen, dass sogar erfahrene Kryptoanalytiker mit einer riesigen Menge von verschlüsseltem Text ihrer Wahl nichts ohne Schlüssel anfangen können.

Die erste Klasse der Verschlüsselungsalgorithmen, die wir in diesem Kapitel behandeln, werden als **Algorithmen mit symmetrischen Schlüsseln** (*symmetric-key algorithm*) bezeichnet, da sie für die Ver- und Entschlüsselung denselben Schlüssel verwenden. Abbildung 8.9 zeigt die Verwendung eines symmetrischen Algorithmus. Wir werden uns hier vor allem auf **Blockchiffren** konzentrieren, die einen *n*-Bit-Block Klartext als Eingabe verwenden und diesen unter Verwendung eines Schlüssels in einen *n*-Bit-Block Chiffretext umwandeln.

Kryptografische Algorithmen können entweder in der Hardware (höhere Geschwindigkeit) oder in der Software (höhere Flexibilität) implementiert werden. Obwohl wir uns überwiegend mit Algorithmen und Protokollen beschäftigen, die von der eigentlichen Implementierung unabhängig sind, wollen wir doch kurz auf den Bau kryptografischer Hardware eingehen. Transpositionen und Substitutionen können mit einfachen Schaltungen implementiert werden. ▶Abbildung 8.13a zeigt ein Gerät, das **P-Box** genannt wird (*P* steht für Permutation). Dieses Gerät führt eine Transposition für eine 8-Bit-Eingabe durch. Wenn die 8 Bit von oben nach unten als 01234567 bezeichnet sind, lautet die Ausgabe dieser P-Box 36071245. Bei der entsprechenden internen Verdrahtung kann eine P-Box jede beliebige Transposition praktisch in Lichtgeschwindigkeit ausführen, da keine Berechnung erforderlich ist, sondern nur Signale weitergeleitet werden. Der Entwurf folgt dem Prinzip von Kerckhoffs: Der Angreifer weiß, dass die allgemeine Vorgehensweise das Vertauschen von Bits ist. Was er nicht weiß, ist, an welcher Position die jeweiligen Bits landen.

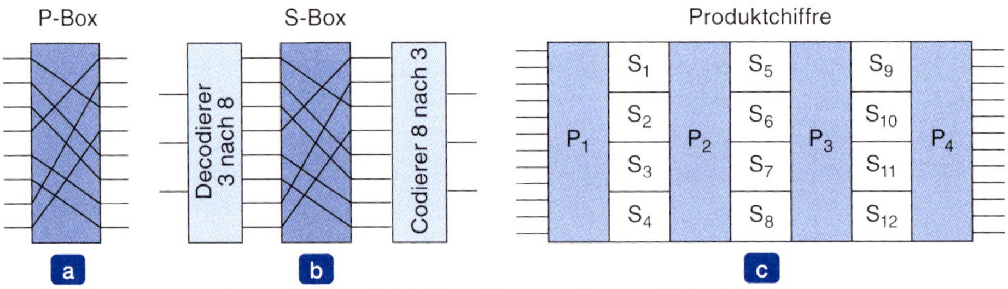

Abbildung 8.13: Grundelemente von Produktchiffren: (a) P-Box, (b) S-Box, (c) Produkt.

Substitutionen können mit **S-Boxen** durchgeführt werden, wie in Abbildung 8.13b dargestellt. In diesem Beispiel wird ein 3-Bit-Klartext eingegeben und ein 3-Bit-Chiffretext ausgegeben. Die 3-Bit-Eingabe wählt eine der acht Leitungen aus, die aus der ersten Stufe herauskommen, und setzt sie auf 1. Alle anderen Leitungen stehen auf 0. Die zweite Stufe ist eine P-Box. In der dritten Stufe wird die ausgewählte Eingabeleitung wieder in Binärform verschlüsselt. Werden bei der angegebenen Verdrahtung die acht oktalen Zahlen 01234567 nacheinander eingegeben, würde die Ausgabefolge 24506713 lauten. Anders ausgedrückt, 0 wurde durch 2 ersetzt, 1 durch 4 usw. Auch hier kann durch eine entsprechende Verdrahtung der P-Box in der S-Box jede Substitution vorgenommen werden. Darüber hinaus kann ein solches Gerät hardwaremäßig gebaut werden und eine hohe Geschwindigkeit erzielen, da Codierer und Decodierer nur ein oder zwei Gatterverzögerungen (unterhalb des Nanosekundenbereichs) haben. Die Weiterleitungszeit über eine P-Box kann unter einer Pikosekunde liegen.

Die wahre Stärke dieser Grundelemente zeigt sich erst, wenn mehrere Boxen hintereinander geschaltet werden, sodass sie wie in Abbildung 8.13c eine **Produktchiffre** bilden. In diesem Beispiel werden zwölf Eingangsleitungen in der ersten Stufe (P_1) transponiert, also permutiert. In der zweiten Stufe wird die Eingabe dann in vier Gruppen von je 3 Bit aufgeteilt, die jeweils unabhängig voneinander ersetzt werden (S_1 bis S_4). Diese Anordnung zeigt eine Methode zur Annäherung einer größeren S-Box aus vielen kleineren S-Boxen. Ihr Vorteil liegt darin, dass kleine S-Boxen für eine Hardware-Implementierung praktischer sind (z.B. kann eine 8-Bit-S-Box als Nachschlagetabelle mit 256 Einträgen realisiert werden), während große S-Boxen zu unhandlich werden, um sie zu bauen (z.B. würde eine 12-Bit-S-Box mindestens 2^{12}=4.096 gekreuzte Drähte in der mittleren Stufe beanspruchen). Diese Methode ist zwar weniger allgemein, aber leistungsfähig genug. Durch Einbinden einer ausreichend großen Zahl von Stufen in die Produktchiffre kann die Ausgabe das Ergebnis einer extrem komplizierten Funktion der Eingabe sein.

Produktchiffren, die *k* Bit Eingaben verarbeiten, um *k* Bit Ausgaben zu erzeugen, sind sehr gängig. In der Regel liegt bei 256. Eine Hardware-Implementierung hat in der Regel mindestens 20 physikalische Stufen statt der in Abbildung 8.13c gezeigten sieben. Eine Software-Implementierung hat eine Schleife mit mindestens acht Iterationen, wobei jede Schleife Substitutionen vom Typ S-Box auf Unterblöcken des zwischen 64 Bit und 256 Bit großen Datenblocks durchführt, gefolgt von einer Permutation, die die Ausgaben der S-Boxen mischt. Oftmals findet auch zu Beginn und am Ende eine spezielle Permutation statt. In der Literatur werden diese Iterationen als **Runden** (*round*) bezeichnet.

8.5.1 DES – Data Encryption Standard

Im Januar 1977 übernahm die US-Regierung eine von IBM entwickelte Produktchiffre als offizielle Norm für nicht geheime Nachrichten. Dies wiederum hat viele Hersteller dazu bewogen, diesen Verschlüsselungsalgorithmus, **DES** (*Data Encryption Standard*, Datenverschlüsselungsstandard), für ihre Sicherheitsprodukte zu übernehmen. Er ist in seiner ursprünglichen Form heute nicht mehr sicher, wird aber in einer modifizierten Version hier und da noch eingesetzt. Die ursprüngliche Version war umstritten, da IBM einen128-Bit-Schlüssel vorgesehen hatte, aber nach Diskussionen mit der NSA entschied sich IBM „freiwillig", die Schlüssellänge auf 56 Bit zu reduzieren, was Kryptografen zu dieser Zeit für zu klein hielten.

DES funktioniert im Wesentlichen wie in Abbildung 8.13c, aber auf größeren Einheiten. Der Klartext (in binärer Form) wird in 64-Bit-Einheiten zerlegt und jede davon wird separat mittels Permutationen und Substitutionen verschlüsselt, die von dem 56-Bit-Schlüssel in jeder der 16 aufeinanderfolgenden Runden parametrisiert wurden. Faktisch ist es eine gigantische monoalphabetische Substitutionschiffre auf einem Alphabet mit 64-Bit-Zeichen (dazu demnächst mehr).

Bereits 1979 erkannte IBM, dass die DES-Schlüssellänge von 56 Bit viel zu kurz ist, und entwickelte zur Erhöhung der Schlüssellänge ein abwärtskompatibles Schema. Sie verwendeten gleichzeitig zwei 56-Bit-Schlüssel, um insgesamt 112 Bit zu erhalten (Tuchman, 1979). Das neue Schema, das die Bezeichnung **Triple DES** erhielt, ist immer noch in Verwendung und funktioniert wie in ▶Abbildung 8.14 dargestellt.

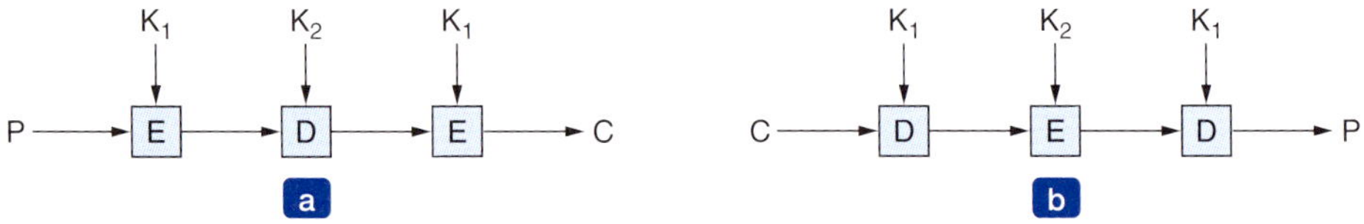

Abbildung 8.14: (a) Dreifache Verschlüsselung mit DES. (b) Entschlüsselung.

Dieses Design wirft zwei Fragen auf. Erstens: warum werden nur zwei Schlüssel verwendet anstatt drei? Zweitens: warum wird EDE (*Encrypt Decrypt Encrypt, Verschlüsselung* Entschlüsselung Verschlüsselung) verwendet? Die Antwort auf beide Fragen lautet: Wenn ein Computer, der Triple DES anwendet, mit einem anderen Computer kommunizieren muss, der nur einfaches DES anwendet, kann er beide Schlüssel auf den gleichen Wert setzen und dann Triple DES anwenden, um das gleiche Ergebnis wie bei der einfachen Verschlüsselung zu erhalten. Dank dieses Designs war es einfacher, auf Triple DES umzustellen. Es ist im Grunde genommen inzwischen veraltet, aber gelegentlich noch in einigen änderungsresistenten Anwendungen zu finden.

8.5.2 AES – Advanced Encryption Standard

Als sich abzeichnete, dass DES, selbst mit Triple DES, nicht mehr lange von großem Nutzen sein würde, entschied **NIST** (*National Institute of Standards and Technology*), eine Behörde des amerikanischen Handelsministeriums, dass die Regierung einen neuen kryptografischen Standard für nicht geheime Einsatzbereiche benötigte. NIST waren die Kontroversen um DES bekannt, sodass klar war, dass nicht einfach ein neuer Standard bekannt gegeben werden konnte, da sonst jeder, der sich auch nur ansatzweise in Kryptografie auskannte, automatisch angenommen hätte, die NSA hätte daran mitgewirkt, um alle damit verschlüsselten Nachrichten lesen zu können. Unter diesen Bedingungen würde vermutlich niemand den Standard einsetzen, und er würde sang- und klanglos dahinscheiden.

So schlug NIST für einen staatlichen Apparat einen erstaunlichen Weg ein: Es sponserte einen kryptografischen Wettbewerb. Im Januar 1997 wurden Wissenschaftler aus der ganzen Welt eingeladen, Vorschläge für einen neuen Standard einzureichen, der als **AES** (*Advanced Encryption Standard*, erweiterter Verschlüsselungsstandard) bezeichnet wurde. Die Wettbewerbsregeln lauteten:

1. Der Algorithmus muss eine symmetrische Blockchiffre sein.
2. Das gesamte Design muss öffentlich sein.
3. Schlüssel der Länge 128, 192 und 256 Bit müssen unterstützt werden.

4. Die Implementierung muss sowohl in Software wie auch in Hardware möglich sein.

5. Die Algorithmen müssen öffentlich oder zu nicht diskriminierenden Bedingungen lizenziert sein.

Es wurden 15 ernsthafte Vorschläge eingereicht, die in öffentlichen Konferenzen vorgestellt wurden. Die Teilnehmer wurden sogar ausdrücklich aufgefordert, nach Fehlern in den Vorschlägen zu suchen. Im August 1998 wählte NIST die fünf Finalisten vor allem unter Berücksichtigung von Sicherheit, Effizienz, Einfachheit, Flexibilität und Speicheranforderungen (wichtig für eingebettete Systeme). Es folgten weitere Konferenzen, um den Besten zu ermitteln.

Im Oktober 2000 gab NIST bekannt, dass es sich für Rijndael von Joan Daemen und Vincent Rijmen entschieden hatte. Der Name Rijndael, ausgesprochen (ungefähr) Rhein-doll, leitet sich aus den Nachnamen der Urheber ab: Rijmen + Daemen. Im November 2001 wurde Rijndael der Standard der amerikanischen Regierung, der als Federal Information Processing Standard FIPS 197 veröffentlicht wurde. Aufgrund der außergewöhnlichen Offenheit des Wettbewerbs, der technischen Eigenschaften von Rijndael und der Tatsache, dass die Gewinner zwei junge belgische Kryptografen waren (die wohl kaum eine Hintertür eingebaut haben, um der NSA eine Freude zu machen), hat sich Rijndael als führende kryptografische Chiffre etabliert. AES-Ver- und Entschlüsselung ist inzwischen Teil des Befehlssatzes einiger Mikroprozessoren.

Rijndael unterstützt Schlüssellängen und Blockgrößen von 128 bis 256 Bit in 32-Bit-Schritten. Schlüssellänge und Blocklänge können unabhängig voneinander ausgewählt werden. AES gibt aber vor, dass die Blockgröße 128 Bit und die Schlüssellänge 128, 192 oder 256 Bit betragen muss. Es ist zweifelhaft, ob 192-Bit-Schlüssel jemals verwendet werden, sodass AES de facto zwei Varianten hat: einen 128-Bit-Block mit einem 128-Bit-Schlüssel und einen 128-Bit-Block mit einem 256-Bit-Schlüssel.

In unserer unten stehenden Behandlung des Algorithmus untersuchen wir nur den Fall 128/128, da dieser der kommerzielle Standard ist. Ein 128-Bit-Schlüssel erlaubt einen Schlüsselraum von $2^{128} \approx 3 \times 10^{38}$ Schlüssel. Selbst wenn es der NSA gelingt, einen Rechner mit 1 Milliarde paralleler Prozessoren zu bauen, von denen jeder einen Schlüssel pro Pikosekunde auswerten kann, würde solch ein Rechner etwa 10^{10} Jahre benötigen, um den Schlüsselraum zu durchsuchen. Bis dahin ist die Sonne erloschen, sodass die dann Lebenden die Ergebnisse bei Kerzenschein lesen müssen.

Rijndael

Aus mathematischer Sicht basiert Rijndael auf der Galois-Feldtheorie, durch die er einige beweisbare Sicherheitseigenschaften erhält. Man kann dies aber auch als C-Code betrachten, ohne in die Mathematik einzusteigen.

Wie DES verwendet Rijndael Substitution und Permutationen sowie mehrere Runden. Die Anzahl der Runden hängt von der Schlüsselgröße und der Blockgröße ab und beträgt 10 für 128-Bit-Schlüssel mit 128-Bit-Blöcken und bis zu 14 für den größten Schlüssel oder den größten Block. Aber im Unterschied zu DES verwenden alle Operationen ganze Bytes, um die effiziente Implementierung in Hardware und Software zu ermöglichen. DES ist bitorientiert, sodass Software-Implementierungen langsam sind.

Der Algorithmus wurde nicht nur für höchste Sicherheit, sondern auch für höchste Geschwindigkeit entwickelt. Eine gute Software-Implementierung auf einem 2-GHz-Rechner sollte hier eine Verschlüsselungsrate von 700 Mbit/s erzielen. Dies ist schnell genug, um über ein Dutzend 4K-Videos in Echtzeit zu verschlüsseln. Die Hardware-Implementierungen sind noch schneller.

8.5.3 Chiffriermodi

Trotz aller Komplexität ist AES (oder DES bzw. in diesem Zusammenhang jede Blockchiffre) im Grunde eine monoalphabetische Substitutionschiffre mit großen Zeichen (128-Bit-Zeichen für AES und 64-Bit-Zeichen für DES). Gibt man den gleichen Klartextblock erneut ein, kommt der gleiche Chiffretextblock am Ende heraus. Wenn man den Klartext *abcdefgh* 100-mal mit dem gleichen DES-Schlüssel verschlüsselt, erhält man 100-mal den gleichen Chiffretext. Ein Eindringling kann diese Eigenschaft nutzen, um die Chiffre zu brechen.

Electronic-Code-Book-Modus

Um zu zeigen, wie diese monoalphabetische Substitutionschiffre zur teilweisen Entschlüsselung von Chiffren genutzt werden kann, verwenden wir (Triple) DES, da 64-Bit-Blöcke einfacher dargestellt werden können als 128-Bit-Blöcke. Aber AES hat genau das gleiche Problem. Der einfachste Einsatz von DES zur Verschlüsselung von langen Passagen Klartext ist, diesen in aufeinanderfolgende 8-Byte-Blöcke (64 Bit) aufzuteilen und sie nacheinander mit dem gleichen Schlüssel zu verschlüsseln. Der letzte Block wird bei Bedarf auf 64 Bit aufgefüllt. Diese Technik wird als **ECB-Modus** (*Electronic Code Book*) bezeichnet, in Analogie zu den altmodischen Codebüchern, in denen jedes Klartextwort gefolgt von seinem Chiffretext (in der Regel eine fünfstellige Dezimalzahl) aufgelistet war.

In ▶Abbildung 8.15 haben wir den Anfang einer Computerdatei, die Jahresboni auflistet, die eine Firma ihren Mitarbeitern auszahlen will. Diese Datei besteht aus aufeinanderfolgenden 32-Byte-Datensätzen, einem pro Mitarbeiter, in dem gezeigten Format: 16 Byte für den Namen, 8 Byte für den Posten und 8 Byte für den Bonus. Jeder der sechzehn 8-Byte-Blöcke (von 0 bis 15 durchnummeriert) wird durch (Triple) DES verschlüsselt.

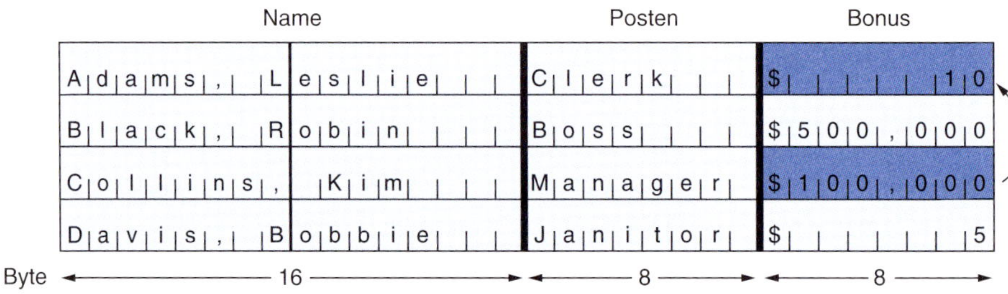

Abbildung 8.15: Der Klartext einer Datei, die als 16 DES-Blöcke verschlüsselt wird.

Leslie hatte gerade Streit mit dem Chef und erwartet in Bezug auf den Bonus nicht viel. Kim wird vom Chef bevorzugt, und jeder weiß das. Leslie kann sich nach der Verschlüsselung Zugriff auf die Datei verschaffen, bevor diese an die Bank gesendet wird. Kann sich Leslie gegen diese unfaire Behandlung wehren, auch wenn ihr nur die verschlüsselte Datei zur Verfügung steht?

Gar kein Problem! Leslie braucht nur eine Kopie von Chiffretextblock 12 (der den Bonus für Kim enthält) zu kopieren und ihn mit Chiffretextblock 4 (ihrem eigenen Bonus) auszutauschen. Auch ohne zu wissen, was in Block 12 steht, kann Leslie davon ausgehen, dass ihr Weihnachtsfest in diesem Jahr üppiger ausfallen wird. (Kopieren des achten Chiffretextblocks ist auch eine Möglichkeit, wird aber mit größerer Wahrscheinlichkeit aufgedeckt. Außerdem will Leslie ja nicht übertreiben.)

Cipher-Block-Chaining-Modus

Um diese Art von Attacken abzuwehren, können alle Blockchiffren auf unterschiedliche Weise verkettet werden. So führt das Ersetzen eines Blocks, wie Leslie dies getan hat, dazu, dass der auf einen ersetzten Block folgende verschlüsselte Klartext unverständlich wird. Eine Möglichkeit der Verkettung ist das **Cipher Block Chaining**. Bei dieser Methode (▶Abbildung 8.16) wird jeder Klartextblock vor der Verschlüsselung mit XOR mit dem vorherigen Chiffretextblock verknüpft. Folglich wird der gleiche Klartextblock nicht mehr auf den gleichen Chiffretextblock abgebildet und die Verschlüsselung ist keine große monoalphabetische Substitutionschiffre mehr. Der erste Block wird mit XOR mit einem zufällig gewählten **Initialisierungsvektor** (**IV**, *Initialization Vector*) verknüpft, der (im Klartext) mit dem Chiffretext übertragen wird.

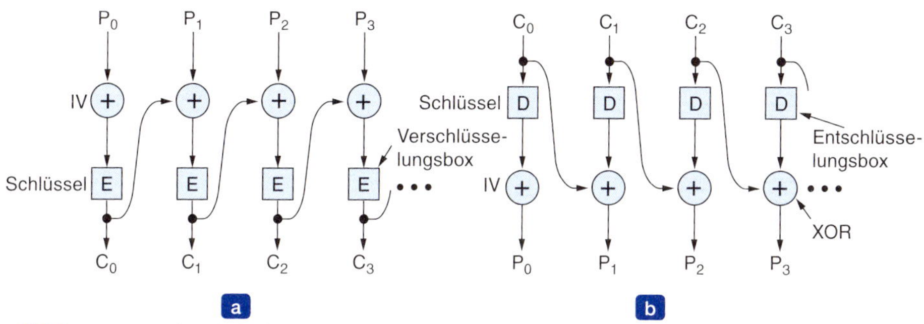

Abbildung 8.16: Cipher Block Chaining: (a) Verschlüsselung, (b) Entschlüsselung.

Das Beispiel in Abbildung 8.16 zeigt auf, wie das Cipher Block Chaining funktioniert. Wir beginnen mit der Berechnung $C_0=E(P_0 \text{ XOR } IV)$. Dann berechnen wir $C_1=E(P_1 \text{ XOR } C_0)$ usw. Die Entschlüsselung verwendet ebenso XOR, um den Prozess umzukehren, wobei $P_0=IV \text{ XOR } D(C_0)$ ist usw. Die Verschlüsselung von Block i ist also eine Funktion des gesamten Klartextes in den Blöcken 0 bis $i-1$. Deshalb erzeugt der gleiche Klartext je nachdem, wo er vorkommt, einen anderen Chiffretext. Eine Umwandlung der Art, wie Leslie sie durchführte, ergibt in den zwei von ihr manipulierten Bonusfeldern nur Unsinn. Ein scharfsinniger Sicherheitsmanager eines Unternehmens kann an dieser Besonderheit wahrscheinlich erkennen, wo man mit der Untersuchung beginnen muss.

Cipher Block Chaining hat auch den Vorteil, dass der gleiche Klartextblock nicht zum gleichen Chiffretextblock führt, was die Kryptoanalyse erschwert. Das ist überhaupt der wichtigste Grund für die Anwendung dieser Technik.

Cipher-Feedback-Modus

Cipher Block Chaining hat aber auch einen Nachteil. Bevor die Verschlüsselung beginnen kann, muss ein ganzer 64-Bit-Block ankommen. Für eine byteweise Verschlüsselung eignet sich der sogenannte **Cipher-Feedback-Modus** unter Verwendung von (Triple) DES (▶Abbildung 8.17) besser. Bei AES ist das Konzept das gleiche, nur wird ein 128-Bit-Schieberegister verwendet. In dieser Abbildung wird der Zustand des Verschlüsselungsrechners dargestellt, nachdem die Bytes 0 bis 9 verschlüsselt und übertragen wurden. Kommt Klartextbyte 10 an (siehe Abbildung 8.17a), arbeitet der DES-Algorithmus mit dem Inhalt des 64-Bit-Schieberegisters, um einen 64-Bit-Chiffretext zu erzeugen. Das linke Byte dieses Chiffretextes wird mit P_{10} XOR-verknüpft. Dieses Byte wird über die Übertragungsleitung gesendet. Darüber hinaus wird das Schieberegister um 8 Bit nach links verschoben, sodass C_2 am linken Ende herausfällt und C_{10} an der gerade am rechten Ende von C_9 frei gewordenen Stelle eingefügt wird.

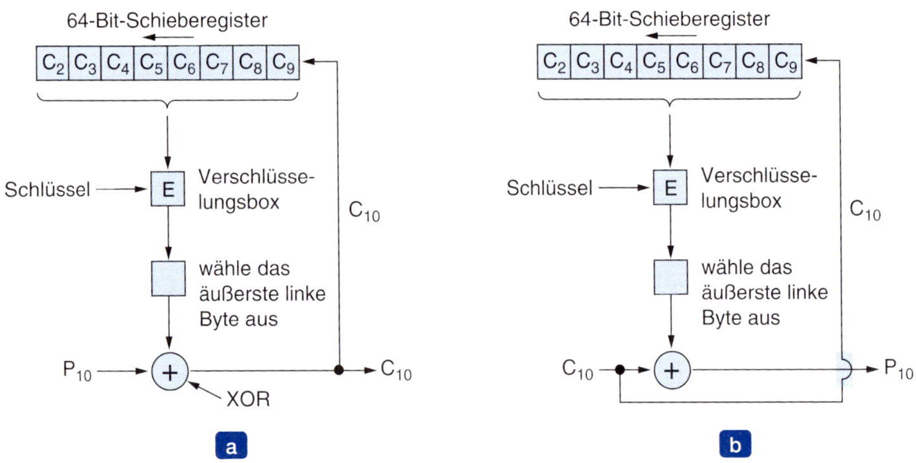

Abbildung 8.17: Cipher-Feedback-Modus: (a) Verschlüsselung, (b) Entschlüsselung.

Der Inhalt des Schieberegisters hängt von der gesamten Vorgeschichte des Klartextes ab. Deshalb wird ein Muster, das sich mehrmals im Klartext wiederholt, im Chiffretext jedes Mal anders verschlüsselt. Wie beim Cipher Block Chaining ist ein Initialisierungsvektor erforderlich, um den Ball ins Rollen zu bringen.

Die Entschlüsselung beim Cipher-Feedback-Modus erfolgt auf die gleiche Weise wie die Verschlüsselung. Insbesondere ist der Inhalt des Schieberegisters *verschlüsselt* und nicht *entschlüsselt*, sodass das ausgewählte Byte, das mit C_{10} XOR-verknüpft wird, um P_{10} zu erhalten, dasselbe ist, das ursprünglich mit P_{10} XOR-verknüpft wurde, um C_{10} zu erzeugen. Solange die zwei Schieberegister identisch sind, funktioniert das Entschlüsseln richtig. Es ist in Abbildung 8.17b dargestellt.

Ein Problem beim Cipher-Feedback-Modus ist, das ein bei der Übertragung versehentlich invertiertes Bit des Chiffretextes alle 8 zu entschlüsselnden Byte verstümmelt, die sich zusammen mit dem fehlerhaften Byte im Schieberegister befinden. Wird das fehlerhafte Byte aus dem Schieberegister geschoben, dann wird wieder der richtige Klartext erzeugt. Somit bleiben die Auswirkungen eines einzelnen invertierten Bit mehr oder weniger lokal und ruinieren nicht den Rest der Nachricht. Sie beschädigen aber so viele Bits, wie das Schieberegister breit ist.

Stream-Cipher-Modus

Aber es gibt natürlich Anwendungen, bei denen es nicht akzeptabel ist, dass ein 1-Bit-Fehler bei der Übertragung 64 Bit des Klartextes unbrauchbar macht. Für diese Anwendungen gibt es eine vierte Option, den **Stream-Cipher-Modus**. Hier wird ein Initialisierungsvektor mit einem Schlüssel verschlüsselt, um einen Ausgabeblock zu erhalten. Der Ausgabeblock wird dann mit dem Schlüssel verschlüsselt, um einen zweiten Ausgabeblock zu erhalten. Dieser Block wird dann verschlüsselt, um einen dritten Block zu erhalten usw. Die (beliebig lange) Folge von Ausgabeblöcken, die als **Schlüsselstrom** (*keystream*) bezeichnet wird, wird wie ein One-Time Pad behandelt und mit dem Klartext XOR-verknüpft, wie in ▶Abbildung 8.18a gezeigt. Beachten Sie, dass der Initialisierungsvektor (IV) nur im ersten Schritt verwendet wird. Danach wird die Ausgabe verschlüsselt. Beachten Sie auch, dass der Schlüsselstrom unabhängig von den Daten ist, sodass er bei Bedarf im Voraus berechnet werden kann. Er ist völlig unempfindlich gegenüber Übertragungsfehlern. Die Entschlüsselung ist in Abbildung 8.18b dargestellt.

Bei der Entschlüsselung wird der gleiche Schlüsselstrom auf der Empfängerseite generiert. Da der Schlüsselstrom nur vom IV und dem Schlüssel abhängt, wird er von Übertragungsfehlern im Chiffretext nicht berührt. Daher erzeugt ein 1-Bit-Fehler im übertragenen Chiffretext nur einen 1-Bit-Fehler im entschlüsselten Klartext.

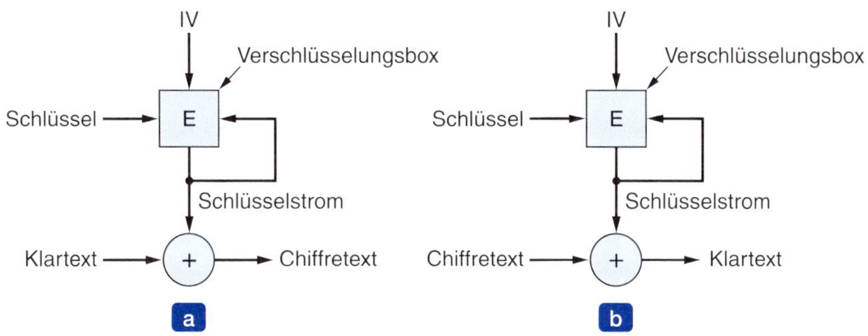

Abbildung 8.18: Stromchiffre: (a) Verschlüsselung, (b) Entschlüsselung.

Es ist wichtig, dass bei einer Stromchiffre nie das gleiche Schlüssel/IV-Paar zweimal verwendet wird, da es jedes Mal den gleichen Schlüsselstrom erzeugt. Wenn der gleiche Schlüsselstrom zweimal verwendet wird, ist der Chiffretext einem **Schlüsselstrom-Reuse-Angriff** ausgesetzt. Stellen Sie sich vor, dass ein Klartextblock P_0 mit dem Schlüsselstrom verschlüsselt wird, um P_0 XOR K_0 zu erhalten. Später wird ein zweiter Klartextblock Q_0 mit dem gleichen Schlüsselstrom verschlüsselt, um Q_0 XOR K_0 zu erhalten. Ein Eindringling, der diese beiden Chiffretextblöcke abfängt, kann einfach beide mit XOR verknüpfen, um P_0 XOR Q_0 zu erhalten, wodurch der Schlüssel entfernt wird. Der Eindringling hat nun das XOR der beiden Klartextblöcke. Ist einer davon bekannt oder kann erraten werden, so kann auch der andere ermittelt werden. In jedem Fall kann das XOR der beiden Klartextströme durch das Heranziehen der statistischen Eigenschaften der Nachricht angegriffen werden. Bei englischem Text beispielsweise ist das häufigste Zeichen im Strom höchstwahrscheinlich das XOR von zwei Leerzeichen, gefolgt von dem XOR eines Leerzeichens und dem Buchstaben „e" usw. Kurz gefasst: Wenn das XOR von zwei Klartexten vorliegt, hat der Kryptoanalytiker gute Chancen, beide zu entziffern.

8.6 Asymmetrische Verschlüsselung

Historisch ist die Verteilung der Schlüssel bei den meisten Kryptosystemen seit jeher der schwächste Punkt. Wenn ein Eindringling den Schlüssel stehlen konnte, war das System wertlos, gleichgültig, wie gut es war. Dabei sind Kryptologen immer davon ausgegangen, dass zum Verschlüsseln und Entschlüsseln dieselben Schlüssel verwendet werden (oder einfach voneinander abgeleitet werden können). Jedoch musste der Schlüssel an alle Benutzer des Systems verteilt werden. Daher schien es eher ein inhärentes Problem zu sein. Schlüssel müssen einerseits vor Diebstahl geschützt, andererseits aber auch verteilt werden. Man kann sie nicht in einem Banksafe wegschließen.

1976 schlugen die beiden Wissenschaftler Diffie und Hellman von der Stanford-Universität ein völlig anderes Kryptosystem vor, eines, bei dem sich die Schlüssel für die Ver- und die Entschlüsselung unterschieden (1976). Der zweite Schlüssel konnte nicht vom ersten abgeleitet werden. In ihrem Vorschlag musste der (mit Schlüssel versehene) Verschlüsselungsalgorithmus *E* und der (ebenfalls mit Schlüssel versehene) Entschlüsselungsalgorithmus *D* folgende drei Anforderungen erfüllen:

1. $D(E(P)) = P$.
2. Es ist extrem schwierig, *D* aus *E* abzuleiten.
3. *E* kann nicht durch eine gewählte Klartextattacke gebrochen werden.

Die erste Anforderung besagt: Wenn wir *D* auf eine verschlüsselte Nachricht $E(P)$ anwenden, erhalten wir die Originalnachricht im Klartext *P*. Ohne diese Eigenschaft könnte der legitime Empfänger den Chiffretext nicht entschlüsseln. Die zweite Anforderung spricht für sich selbst. Die dritte Anforderung ist nötig, weil Eindringlinge eventuell nach Herzenslust mit dem Algorithmus experimentieren können, wie wir gleich sehen werden. Unter diesen Umständen besteht kein Grund, dass der Schlüssel zum Verschlüsseln nicht öffentlich sein soll.

Die Methode funktioniert wir folgt: Eine Person, nennen wir sie Alice, möchte geheime Nachrichten empfangen. Sie entwirft zuerst zwei Algorithmen, die die obigen Anforderungen erfüllen. Der Verschlüsselungsalgorithmus und der Schlüssel von Alice werden öffentlich bekannt gemacht, daher der Name **Kryptografie mit öffentlichem Schlüssel** (*public key cryptography*). Alice könnte beispielsweise ihren öffentlichen Schlüssel auf ihrer Homepage im Web angeben. Wir verwenden die Notation E_A für den Verschlüsselungsalgorithmus, der von Alices öffentlichem Schlüssel parametrisiert wird. Entsprechend lautet der (geheime) Entschlüsselungsalgorithmus, der von Alices privatem Schlüssel parametrisiert wird, D_A. Bob macht das Gleiche; er gibt E_B bekannt, hält aber D_B geheim.

Lassen Sie uns sehen, ob wir das Problem lösen können, einen sicheren Kanal zwischen Alice und Bob aufzubauen, die vorher nie miteinander Kontakt hatten. Der Schlüssel für die Verschlüsselung von Alice E_A und derjenige von Bob E_B befinden sich in einer öffentlich zugänglichen Datei. Nun nimmt Alice ihre erste Nachricht P, berechnet $E_B(P)$ und sendet sie an Bob. Bob entschlüsselt sie durch Anwenden seines Geheimschlüssels D_B (d.h., er berechnet $D_B(E_B(P))=P$). Niemand anders kann die verschlüsselte Nachricht $E_B(P)$ lesen, weil das Verschlüsselungssystem als stark gilt und es zu schwierig ist, D_B vom öffentlich bekannten E_B abzuleiten. Zum Senden der Antwort, R, überträgt Bob $E_A(R)$. Alice und Bob können nun sicher kommunizieren.

An dieser Stelle wollen wir ein paar Worte zur Terminologie loswerden. Die Kryptografie mit öffentlichen Schlüsseln setzt voraus, dass jeder Benutzer zwei Schlüssel hat: einen öffentlichen Schlüssel, der von allen zum Verschlüsseln von Nachrichten an den Benutzer verwendet wird, und einen privaten Schlüssel, den der Benutzer zum Entschlüsseln benötigt. Wir nennen sie in diesem Buch durchgängig *öffentlich* (*public*) bzw. *privat* (*private*) und unterscheiden sie von den *geheimen* Schlüsseln, die in konventionellen Umgebungen mit symmetrischen Schlüsseln verwendet werden.

8.6.1 RSA

Der einzige Haken ist, dass wir Algorithmen finden müssen, die die drei obigen Anforderungen erfüllen. Aufgrund der erheblichen Vorteile der Kryptografie mit öffentlichen Schlüsseln sind viele Wissenschaftler eifrig bei der Arbeit. Einige Algorithmen wurden bereits veröffentlicht. Eine gute Methode wurde von einer Arbeitsgruppe am MIT entdeckt (Rivest et al., 1978) und ist nach den Anfangsbuchstaben der drei Entwickler (Rivest, Shamir, Adleman) mit **RSA** benannt. Dieser Algorithmus hat über 40 Jahre alle Versuche, ihn zu knacken, überstanden und gilt als sehr stark. Sehr viel praktische Sicherheit basiert darauf. Dafür wurde Rivest, Sharmi und Adleman 2002 sogar der ACM Turing Award verliehen. Der größte Nachteil ist, dass der Algorithmus einen Schlüssel von mindestens 2.048 Bit benötigt, um eine gute Sicherheit zu gewährleisten (gegenüber 256 Bit für Algorithmen mit symmetrischen Schlüsseln), was ihn ziemlich langsam macht.

Die RSA-Methode basiert auf einigen Prinzipien der Zahlentheorie. Nachfolgend eine Übersicht. Für ausführliche Informationen empfiehlt sich die Lektüre des Dokuments der Arbeitsgruppe.

1. Wähle zwei Primzahlen p und q (in der Regel 1.024 Bit).
2. Berechne $n=p\times q$ und $z=(p-1)\times(q-1)$.
3. Wähle eine Zahl, die teilerfremd zu z ist, und nenne sie d.
4. Finde e so, dass $e\times d=1 \bmod z$.

Sind diese Parameter im Voraus berechnet, können wir mit der Verschlüsselung beginnen. Wir teilen den Klartext (der als Bitkette gilt) in Blöcke auf, sodass jede Klartextnachricht P im Intervall $0 \leq P < n$ liegt. Dies erreichen wir, indem wir den Klartext in Blöcken zu je k Bit anordnen, wobei k die größte ganze Zahl ist, auf die die Bedingung $2^k < n$ zutrifft.

Um eine Nachricht P zu verschlüsseln, berechnen wir $C=P^e(\text{mod } n)$. Um C zu entschlüsseln, berechnen wir $P=C^d(\text{mod } n)$. Man kann beweisen, dass für alle P im angegebenen Intervall die Ver- und Entschlüsselungsfunktionen zueinander invers sind. Um die Nachricht zu verschlüsseln, benötigen wir die Werte e und n. Für die Entschlüsselung der Nachricht benötigen wir d und n. Der öffentliche Schlüssel besteht daher aus dem Wertepaar (e,n), während der private Schlüssel aus dem Paar (d,n) besteht.

Die Sicherheit der Methode hängt mit dem Problem zusammen, große Zahlen in Faktoren zu zerlegen. Kann der Kryptoanalytiker die (öffentlich bekannte) Zahl n in Faktoren zerlegen, so könnte er p und q und damit auch z herausfinden. Mit z und e und mithilfe des Algorithmus von Euklid könnte er d errechnen. Zum Glück ist es den Mathematikern in den letzten 300 Jahren nicht gelungen, große Zahlen in Faktoren zu zerlegen. Alle in diesem Zusammenhang bekannten Fakten weisen darauf hin, dass dies ein ausnehmend schwieriges Problem ist.

Nach Rivest und Kollegen erfordert das Zerlegen einer 500-stelligen Zahl 10^{25} Jahre mit Brachialgewalt (ein sogenannter Brute-Force-Angriff). Dabei wird in beiden Fällen vom besten bekannten Algorithmus und einem Rechner mit einer Befehlsausführungszeit von 1µs ausgegangen. Mit einer Million parallel ausgeführter Chips, die jeweils eine Befehlsausführungszeit von 1 ns aufweisen, würde es noch 10^{16} Jahre dauern. Auch wenn Computer weiterhin pro Jahrzehnt um eine Größenordnung schneller werden, wird es viele Jahre dauern, bis die Faktorisierung einer 500-stelligen Zahl durchführbar ist. Und wenn es dann soweit ist, können unsere Nachfahren p und q einfach größer wählen. Es dürfte jedoch niemanden überraschen, dass es auch Fortschritte bei den Angriffen gibt, die auch immer schneller werden.

▶Abbildung 8.19 zeigt ein einfaches Lehrbeispiel des RSA-Algorithmus. Für dieses Beispiel haben wir $p=3$ und $q=11$ gewählt, sodass $n=33$ und $z=20$ ist (da $(3-1) \times (11-1) = 20$). Ein passender Wert für d ist $d=7$, da 7 und 20 keine gemeinsamen Faktoren haben. Mit diesen Entscheidungen kann e durch Lösung der Gleichung $7e=1(\text{mod } 20)$

gefunden werden, was $e=3$ ergibt. Der Chiffretext C für eine Klartextnachricht P wird dargestellt durch $C=P^3(\text{mod } 33)$. Der Chiffretext wird vom Empfänger mit der Formel $P=C^7(\text{mod } 33)$ entschlüsselt. Die Abbildung zeigt als Beispiel die Verschlüsselung des Klartextes „SUZANNE".

Klartext (P)			Chiffretext (C)		Nach der Entschlüsselung	
Symbolisch	Numerisch	P^3	P^3 (mod 33)	C^7	C^7 (mod 33)	Symbolisch
S	19	6859	28	13492928512	19	S
U	21	9261	21	1801088541	21	U
Z	26	17576	20	1280000000	26	Z
A	01	1	1	1	01	A
N	14	2744	5	78125	14	N
N	14	2744	5	78125	14	N
E	05	125	26	8031810176	05	E

Berechnung des Senders — Berechnung des Empfängers

Abbildung 8.19: Beispiel des RSA-Algorithmus.

Da die in diesem Beispiel gewählten Primzahlen sehr klein sind, muss P kleiner sein als 33. Somit kann jeder Klartextblock nur ein Zeichen enthalten. Das Ergebnis ist eine nicht sehr beeindruckende monoalphabetische Substitutionschiffre. Hätten wir stattdessen p und $q \approx 2^{512}$ gewählt, wäre $n \approx 2^{1.024}$. Damit könnte jeder Block bis zu 1.024 Bit oder 128 8-Bit-Zeichen enthalten, im Gegensatz zu acht Zeichen bei DES und 16 Zeichen bei AES.

RSA ist in dem hier aufgeführten Beispiel mit einem symmetrischen Algorithmus im ECB-Modus vergleichbar: Der gleiche Eingabeblock ergibt den gleichen Ausgabeblock. Deshalb ist eine Form der Verkettung für die Datenverschlüsselung erforderlich. In der Praxis verwenden die meisten RSA-Systeme die Kryptografie mit öffentlichen Schlüsseln, um einmalig zu verwendende Schlüssel für Sitzungen zu verteilen, in denen dann mit symmetrischen Algorithmen wie AES gearbeitet wird. RSA ist zu langsam für die tatsächliche Verschlüsselung großer Datenmengen, wird aber sehr oft zur Verteilung von Schlüsseln eingesetzt.

8.6.2 Weitere Algorithmen für öffentliche Schlüssel

RSA wird zwar häufig verwendet, ist aber keinesfalls der einzige bekannte Algorithmus mit öffentlichen Schlüsseln. Der erste Algorithmus mit öffentlichen Schlüsseln war der *Rucksack-Algorithmus* (*knapsack algorithm*; Merkle und Hellman, 1978). Er basiert auf dem Konzept, dass jemand eine große Menge von Objekten mit je einer anderen Gewichtung besitzt. Der Inhaber codiert die Nachricht durch Auswahl einer geheimen Teilmenge der Objekte, dann packt er sie in den Rucksack. Die Gesamtgewichtung der Objekte im Rucksack wird veröffentlicht, ebenso wie die Liste aller möglichen Objekte und deren Gewichtung. Die Objektliste im Rucksack bleibt geheim. Mit bestimmten zusätzlichen Einschränkungen galt das Herausfinden der möglichen

Objektliste mit der gegebenen Gewichtung als rechnerisch unmöglich und bildete die Grundlage für den Algorithmus mit öffentlichen Schlüsseln.

Ralph Merkle, der Erfinder des Algorithmus, war überzeugt, dass sein Algorithmus absolut sicher sei. Er bot jedem, dem es gelänge, den Algorithmus zu knacken, eine Belohnung von 100 US-Dollar. Adi Shamir (das „S" in RSA) gelang dies und er holte sich seine Belohnung. Unbeirrt machte Merkle an der Verbesserung seines Algorithmus weiter und erhöhte seine Belohnung für das Knacken der neuen Version auf 1.000 US-Dollar. Ron Rivest (das „R" in RSA) knackte prompt die neue Fassung und verdiente sich so die Belohnung. Merkle hielt sich danach bei der folgenden Version mit einer weiteren Belohnung von 10.000 US-Dollar zurück, sodass Leonard Adleman (das „A" in RSA) leer ausging. Insgesamt wird der Rucksack-Algorithmus nicht als sicher betrachtet und in der Praxis nicht mehr eingesetzt.

Weitere Algorithmen mit öffentlichen Schlüsseln basieren auf der Aufgabe, diskrete Logarithmen zu berechnen, oder auf elliptischen Kurven (Menezes und Vanstone, 1993). Algorithmen, die diskrete Logarithmen benutzen, wurden von El Gamal (1985) und Schnorr (1991) erfunden. Elliptische Kurven wiederum basieren auf einem Zweig der Mathematik, der nicht so bekannt ist, außer bei den Elliptische-Kurven-Illuminati.

Daneben gibt es noch weitere Methoden, aber jene, die auf der Schwierigkeit der Faktorisierung großer Zahlen, der Berechnung diskreter Logarithmen modulo einer großen Primzahl bzw. auf elliptischen Kurven beruhen, sind bei Weitem die wichtigsten. Diese Aufgaben gelten naturgemäß als schwer zu lösen – viele Mathematiker haben sich daran seit vielen Jahren die Zähne ausgebissen, ohne einen größeren Durchbruch zu erzielen. Vor allem elliptische Kurven erfreuen sich eines großen Interesses, da Probleme der diskreten Logarithmen für elliptische Kurven noch schwieriger sind als die der Faktorisierung. Der niederländische Mathematiker Arjen Lenstra schlug einen Weg vor, kryptografische Algorithmen zu vergleichen, indem man berechnet, wie viel Energie man braucht, um sie zu knacken. Gemäß dieser Berechnung benötigt man zum Brechen eines 228-Bit-RSA-Schlüssels die Energie, die erforderlich ist, um einen Teelöffel Wasser zum Kochen zu bringen. Zum Brechen einer elliptischen Kurve dieser Länge bedarf es hingegen so viel Energie, wie nötig ist, um alles Wasser auf dem Planeten zu kochen. Spinnt man den Gedanken von Lenstra weiter, dann würde dem Problem bei all dem verdunsteten Wasser, inklusive dem der Körper der Möchte-Gern-Brecher, die Luft ausgehen.

8.7 Digitale Signaturen

Die Echtheit vieler juristischer, finanzieller und anderer Dokumente wird durch die darauf vorhandene handschriftliche Unterschrift gewährleistet. Fotokopien zählen nicht. Bevor jedoch Computernachrichtensysteme den physikalischen Transport von Papier-und-Tinte-Dokumenten ablösen können, muss eine Methode gefunden werden, um Dokumente fälschungssicher zu unterzeichnen.

Einen Ersatz für die handschriftliche Unterschrift zu finden, ist nicht einfach. Grundsätzlich wird ein System benötigt, mit dem eine Partei eine „unterschriebene“ Nachricht unter folgenden Voraussetzungen an eine andere Partei senden kann:

1. Der Empfänger kann die Identität des Senders überprüfen.
2. Der Sender kann den Inhalt der Nachricht später nicht verleugnen.
3. Der Empfänger kann die Nachricht nicht irgendwie selbst fabriziert haben.

Die erste Voraussetzung ist beispielsweise bei Banksystemen wichtig. Wenn der Computer eines Kunden den Computer der Bank auffordert, eine Tonne Gold zu kaufen, muss der Bankcomputer nachprüfen können, dass der anweisende Computer wirklich zu dem Kunden gehört, dessen Konto belastet werden soll. Anders ausgedrückt muss die Bank den Kunden authentifizieren (und der Kunde muss die Bank authentifizieren).

Die zweite Voraussetzung soll die Bank vor Betrug schützen. Wenn die Bank nun die Tonne Gold kauft und gleich darauf der Goldpreis stark fällt, könnte ein unehrlicher Kunde behaupten, er habe diese Anweisung nie erteilt, und die Bank verklagen. Wenn die Bank die Nachricht vor Gericht vorlegt, behauptet der Kunde, er habe sie nie gesendet. Die Eigenschaft, dass keine Vertragspartei später abstreiten kann, den Vertrag unterzeichnet zu haben, wird als **Nichtabstreitbarkeit** (*nonrepudiation*) bezeichnet. Die digitalen Signaturschemata, die wir im Folgenden untersuchen, helfen, dies sicherzustellen.

Die dritte Voraussetzung ist nötig, um den Kunden in dem Fall zu schützen, dass der Goldpreis plötzlich in die Höhe schießt und die Bank versucht, eine unterzeichnete Nachricht dergestalt zu manipulieren, dass der Kunde nicht eine Tonne, sondern nur einen Barren Gold gekauft hat. In diesem Fälschungsszenario behält die Bank das restliche Gold einfach für sich.

8.7.1 Signaturen mit symmetrischen Schlüsseln

Bei einem der Ansätze für digitale Signaturen ist eine zentrale Stelle vorgesehen, die alles weiß und der alle vertrauen. Nennen wir sie hier einfach *Big Brother* (*BB*). Jeder Benutzer wählt einen Geheimschlüssel und trägt ihn persönlich zu BB. Nur Alice und *BB* kennen also den Geheimschlüssel K_A von Alice.

Falls Sie den Überblick über all die Notationen mit ihren Symbolen und tiefgestellten Zeichen verlieren, schauen Sie in die Tabelle von ▶Abbildung 8.20, die die wichtigsten Notationen dieses und der nächsten Abschnitte zusammenfasst.

Term	Beschreibung
A	Alice (Sender)
B	Bob, der Banker (Empfänger)
P	Klartextnachricht, die Alice senden will
BB	Big Brother (eine vertrauenswürdige zentrale Stelle)
t	Zeitstempel
R_A	von Alice gewählte Zufallszahl
	Symmetrischer Schlüssel
K_A	Alices geheimer Schlüssel (analog zu K_B, K_{BB} etc.)
$K_A(M)$	Nachricht M, die mit Alices geheimen Schlüssel ver-/entschlüsselt wurde
	Asymmetrische Schlüssel
D_A	Alices privater Schlüssel (analog zu D_B etc.)
E_A	Alices öffentlicher Schlüssel (analog zu E_B etc.)
$D_A(M)$	Nachricht M, ent-/verschlüsselt mit Alices privatem Schlüssel
$E_A(M)$	Nachricht M, ent-/verschlüsselt mit Alices offentlichem Schlüssel
	Digests
$MD(P)$	Nachrichten-Digests des Klartextes P

Abbildung 8.20: Alice möchte eine Nachricht an ihren Banker senden: Eine Legende der Schlüssel und Symbole.

Möchte Alice eine unterschriebene Klartextnachricht P an ihren Banker Bob senden, so erzeugt sie $K_A(B, R_A, t, P)$, wobei B die Identität von Bob ist, R_A eine von Alice gewählte Zufallszahl, t ein Zeitstempel, um die Aktualität sicherzustellen, und $K_A(B, R_A, t, P)$ die Nachricht K_A, die mit ihrem Schlüssel verschlüsselt wurde. Sie sendet die Nachricht dann, wie in ▸Abbildung 8.21 dargestellt. BB erkennt, dass die Nachricht von Alice kommt, entschlüsselt sie und sendet eine Nachricht an Bob. Diese Nachricht enthält den Klartext aus Alices Nachricht und die unterzeichnete Nachricht $K_{BB}(A, t, P)$. Bob führt jetzt die Anfrage von Alice aus.

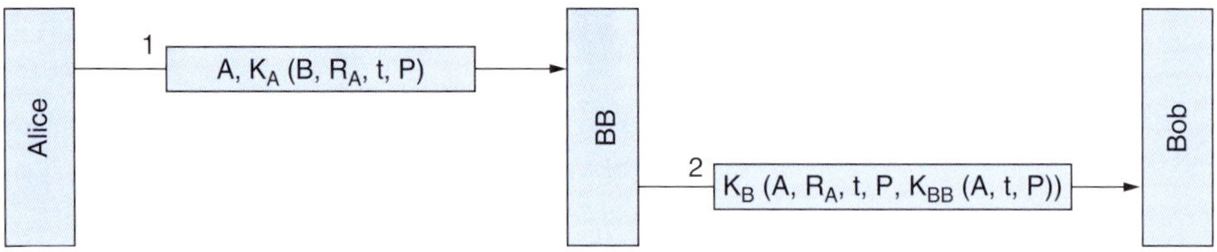

Abbildung 8.21: Digitale Signaturen mit Big Brother.

Was passiert, wenn Alice später leugnet, die Nachricht gesendet zu haben? Schritt 1 ist, dass jeder jeden verklagt (zumindest in den USA). Wird der Fall schließlich vor Gericht verhandelt und leugnet Alice immer noch, die Nachricht gesendet zu haben, wird Bob vom Richter befragt, wie er mit Sicherheit behaupten kann, dass die strittige Nachricht von Alice und nicht von Trudy stammt. Bob verweist zuerst darauf, dass *BB* eine Nachricht ohne Verschlüsselung mit K_A erst gar nicht von Alice angenommen hätte, sodass keine Möglichkeit für Trudy bestanden haben kann, *BB* eine falsche Nachricht von Alice zu senden, ohne dass *BB* dies sofort entdeckt.

Bob legt dann sehr dramatisch das Beweisstück A vor: $K_{BB}(A, t, P)$. Er sagt, dass dies eine von *BB* unterschriebene Nachricht sei, was belege, dass Alice *P* an Bob gesendet hat. Der Richter bittet *BB* (dem jeder vertraut), Beweisstück A zu entschlüsseln. Als *BB* nachweist, dass Bob die Wahrheit sagt, entscheidet das Gericht zugunsten von Bob. Klage abgewiesen.

Ein mögliches Problem beim Signaturprotokoll in Abbildung 8.21 ist, dass Trudy eine der Nachrichten erneut abspielt. Um dieses Problem zu minimieren, werden durchgängig Zeitstempel benutzt. Des Weiteren kann Bob alle kürzlich eingegangenen Nachrichten daraufhin prüfen, ob R_A in einer benutzt wurde. Trifft das zu, wird die Nachricht als Wiederholung abgewiesen. Bob weist sehr alte Nachrichten auf der Grundlage des Zeitstempels ab. Um sich gegen Instant-Replay-Attacken zu schützen, prüft Bob R_A in jeder ankommenden Nachricht, um festzustellen, ob eine solche Nachricht von Alice in der letzten Stunde eingegangen ist. Trifft das nicht zu, kann Bob sicher davon ausgehen, dass es sich um eine neue Anfrage handelt.

8.7.2 Signaturen mit öffentlichen Schlüsseln

Der Einsatz der Kryptografie mit geheimen Schlüsseln für digitale Signaturen hat das inhärente Problem, dass jeder Big Brother vertrauen muss. Außerdem kann Big Brother alle unterschriebenen Nachrichten lesen. Die offenkundigen Kandidaten, die als Big Brother agieren könnten, sind Regierungen, Banken oder Anwälte. Das sind genau die drei Gruppen, die vielen Bürgern alles andere als Vertrauen einflößen. Somit wäre es schön, wenn die Unterzeichnung elektronischer Dokumente auch ohne eine „vertrauenswürdige Stelle" möglich wäre.

Hier kann die Kryptografie mit öffentlichen Schlüsseln einen wichtigen Beitrag leisten. Nehmen wir an, dass die Ver- und Entschlüsselungsalgorithmen mit öffentlichen Schlüsseln das Merkmal $E(D(P))=P$ zusätzlich zu dem üblichen Merkmal $D(E(P))=P$ haben. (RSA hat dieses Merkmal, deshalb darf man davon ausgehen, dass diese Anforderung nicht übertrieben ist.) Unter der Annahme, dass dies der Fall ist, kann Alice eine unterschriebene Klartextnachricht *P* durch Übertragung von $E_B(D_A(P))$ an Bob senden. Beachten Sie, dass Alice ihren eigenen (privaten) Schlüssel D_A wie auch den öffentlichen Schlüssel von Bob E_B kennt, sodass Alice eine Nachricht erstellen kann.

Wenn Bob die Nachricht erhält, wandelt er sie, wie üblich, mit seinem privaten Schlüssel um, was $D_A(P)$ ergibt, wie in ▶Abbildung 8.22 dargestellt. Er speichert diesen Text an einem sicheren Ort und entschlüsselt ihn mit E_A, sodass er den Originalklartext erhält.

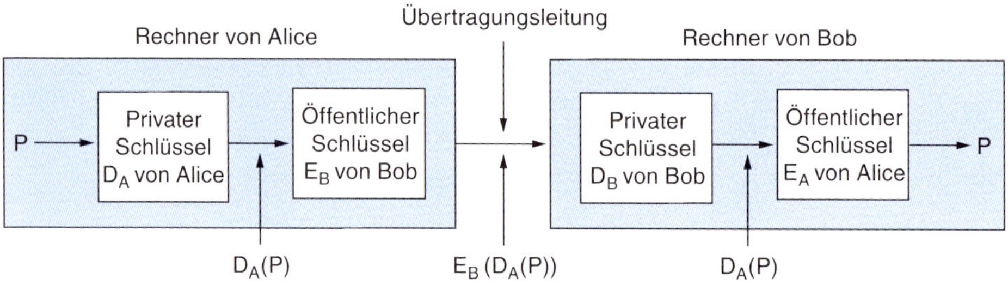

Abbildung 8.22: Digitale Signaturen mithilfe öffentlicher Schlüssel.

Um zu sehen, wie die Signatureigenschaft funktioniert, nehmen wir an, dass Alice im Nachhinein leugnet, Nachricht P an Bob gesendet zu haben. Wird der Fall vor Gericht verhandelt, kann Bob P und $D_A(P)$ als Beweisstücke vorlegen. Der Richter kann leicht prüfen, dass Bob tatsächlich eine gültige mit D_A verschlüsselte Nachricht hat, indem er E_A darauf anwendet. Da Bob nicht weiß, wie der private Schlüssel von Alice lautet, konnte er eine mit diesem Schlüssel verschlüsselte Nachricht nur erhalten haben, wenn sie wirklich von Alice gesendet wurde. Im Gefängnis wegen Meineid und Betrug hat Alice viel Zeit, sich Gedanken über neue Algorithmen mit öffentlichen Schlüsseln zu machen.

Die Kryptografie mit öffentlichen Schlüsseln für digitale Signaturen ist zwar eine elegante Methode, wirft aber je nach der Umgebung, in der sie eingesetzt wird, verschiedene Probleme auf. Zum einen kann Bob nur nachweisen, dass eine Nachricht von Alice gesendet wurde, solange D_A geheim bleibt. Gibt Alice ihren Geheimschlüssel preis, ist das Argument nicht mehr stichhaltig, weil dann jeder die Nachricht gesendet haben könnte, auch Bob selbst.

Ein Problem kann beispielsweise entstehen, wenn Bob der Börsenmakler von Alice wäre. Alice beauftragt Bob, eine bestimmte Aktie zu kaufen. Unmittelbar danach fällt der Kurs. Um Ansprüche gegen Bob geltend zu machen, rennt Alice zur Polizei und behauptet, man habe bei ihr eingebrochen und den PC, der ihren Schlüssel speichert, gestohlen. Je nach Land ist sie eventuell haftbar oder nicht, insbesondere wenn sie behauptet, den Einbruch erst später bei Rückkehr von der Arbeit bemerkt zu haben.

Ein anderes Problem bei elektronischen Signaturen kann entstehen, wenn Alice ihren Schlüssel ändert. Die Tatsache, dass sie das macht, ist absolut legal und wahrscheinlich periodisch sogar empfehlenswert. Wird die Sache später – wie oben beschrieben – vor Gericht verhandelt, wendet der Richter den *aktuellen* E_A auf $D_A(P)$ an und stellt fest, dass daraus nicht P erzeugt wird. Bob wird an dieser Stelle ziemlich dumm dastehen.

Im Prinzip kann für digitale Signaturen jeder Algorithmus mit öffentlichen Schlüsseln verwendet werden. Der De-facto-Industriestandard ist der RSA-Algorithmus. Viele Sicherheitsprodukte basieren darauf. 1991 schlug das NIST aber eine Variante des Algorithmus mit öffentlichen Schlüsseln von El Gamal für seinen neuen Standard **DSS** (*Digital Signature Standard*) vor. Die Sicherheit bei El Gamal basiert auf der Schwierigkeit, diskrete Logarithmen zu berechnen, nicht auf der Faktorisierung großer Zahlen.

Wie gewöhnlich, wenn die Regierung versucht, kryptografische Standards zu diktieren, gab es auch in diesem Fall viel Aufruhr. DSS wurde aus folgenden Gründen kritisiert:

1. DSS ist zu geheim (NSA legte das Protokoll zur Verwendung für El Gamal aus).
2. DSS ist zu langsam (10- bis 40-mal langsamer als RSA beim Prüfen von Signaturen).
3. DSS ist zu neu (El Gamal war noch nicht umfassend analysiert worden).
4. DSS ist zu unsicher (fester 512-Bit-Schlüssel).

In einer späteren Überarbeitung wurde der vierte Punkt ausgebügelt. Heute sind bis zu 1.024 Bit zulässig. Dennoch behalten die ersten beiden Punkte ihre Gültigkeit.

8.7.3 Message Digests

An Methoden für elektronische Signaturen wird heftig kritisiert, dass sie oft zwei getrennte Funktionen koppeln: Authentifizierung und Geheimhaltung. Meist ist nur Authentifizierung, nicht aber Geheimhaltung erforderlich. Auch ist der Erhalt einer Exportlizenz oft einfacher, wenn das betreffende System nur die Authentifizierung, aber nicht die Geheimhaltung bereitstellt. Nachfolgend wird ein Authentifizierungsschema beschrieben, bei dem nicht die gesamte Nachricht verschlüsselt werden muss.

Dieses Schema gründet auf dem Konzept einer Ein-Wege-Hash-Funktion, die einen beliebig langen Klartext nimmt und daraus eine Bitfolge fester Länge berechnet. Diese Hash-Funktion *MD*, die auch **Message Digest** (Nachrichten-Kurzfassung) genannt wird, hat vier wichtige Eigenschaften:

1. Mit gegebenem P ist es einfach, $MD(P)$ zu berechnen.
2. Mit gegebenem $MD(P)$ ist es effektiv unmöglich, P zu ermitteln.
3. Mit gegebenem P kann niemand P' finden, sodass $MD(P')=MD(P)$.
4. Eine Änderung der Eingabe in nur einem einzigen Bit erzeugt eine ganz andere Ausgabe.

Um Kriterium 3 zu erfüllen, muss die Hash-Tabelle mindestens 128 Bit lang sein, vorzugsweise länger. Um das Kriterium 4 zu erfüllen, muss die Hash-Tabelle die Bits sehr gründlich vermischen, nicht unähnlich den symmetrischen Verschlüsselungsalgorithmen, die wir kennengelernt haben.

Die Berechnung eines Message Digests aus einem Stück Klartext ist viel schneller als die Verschlüsselung des gleichen Klartextes durch einen Algorithmus mit öffentlichen Schlüsseln. Deshalb führen Message Digests bei Algorithmen für digitale Signaturen zu höheren Geschwindigkeiten. Um zu sehen, wie dies funktioniert, betrachten wir nochmals das Signaturprotokoll in Abbildung 8.21. Anstatt P mit $K_{BB}(A, t, P)$ zu unterschreiben, berechnet BB hier den Message Digest durch Anwenden von MD auf P, was $MD(P)$ ergibt. BB bindet dann $K_{BB}(A, t, MD(P))$ als fünftes Element in die mit K_B verschlüsselte Liste ein, die anstelle von $K_{BB}(A, t, P)$ an Bob gesendet wird.

Ergibt sich zwischen den Parteien eine Streitigkeit, kann Bob sowohl *P* als auch $K_{BB}(A, t, MD(P))$ vorlegen. Nachdem Big Brother das für den Richter entschlüsselt hat, hat Bob *MD*(*P*), was garantiert echt ist, sowie das vermeintliche *P*. Da es für Bob effektiv unmöglich ist, eine andere als die durch diese Hash-Tabelle vorgegebene Nachricht zu finden, kann der Richter leicht davon überzeugt werden, dass Bob die Wahrheit sagt. Diese Art der Verwendung von Message Digests spart sowohl Verschlüsselungszeit als auch Kosten für den Transport und das Speichern von Nachrichten.

Message Digests funktionieren auch in Kryptosystemen mit öffentlichen Schlüsseln, wie in ▸Abbildung 8.23 gezeigt. Hier berechnet Alice zuerst den Message Digest ihres Klartextes. Dann unterschreibt sie den Message Digest und sendet ihn mit dem Klartext an Bob. Falls Trudy *P* auf dem Transit ändert, kann Bob das erkennen, wenn er *MD*(*P*) berechnet.

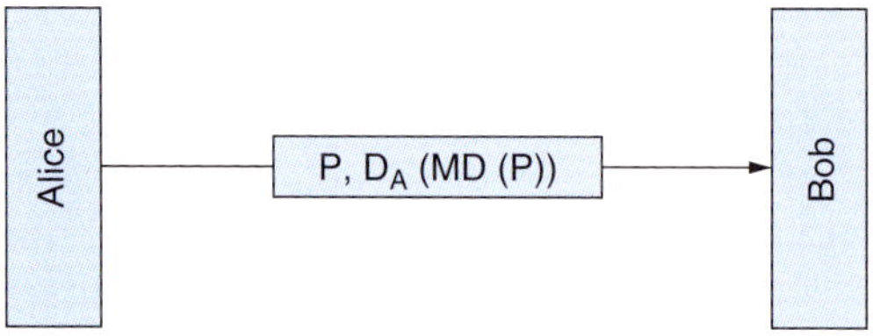

Abbildung 8.23: Digitale Signaturen mit Message Digests.

SHA-1, SHA-2 und SHA-3

Es wurde eine Vielzahl von Message-Digest-Funktionen vorgeschlagen. Eine der am häufigsten verwendeten Funktion ist **SHA-1** (*Secure Hash Algorithm 1*, sicherer Hash-Algorithmus). Bevor wir in die Erläuterung einsteigen, ist es wichtig zu wissen, dass SHA-1 seit 2017 gebrochen wurde und inzwischen von vielen Systemen ersetzt wird (doch mehr hierzu später). Wie alle Message Digest mischt er die Bits ausreichend stark, sodass jedes Ausgabebit von jedem Eingabebit betroffen ist. SHA-1 wurde von NSA entwickelt und von NIST in FIPS 180-1 abgesegnet. Es verarbeitet Eingabedaten in 512-Bit-Blöcken und erzeugt einen 160 Bit großen Message Digest. Wie Alice im Regelfall eine nicht geheime, aber unterzeichnete Nachricht an Bob sendet, wird in ▸Abbildung 8.24 gezeigt. Hierbei wird ihre Klartextnachricht in den SHA-1-Algorithmus eingespeist, um einen 160-Bit-SHA-1-Hash zu erhalten. Alice unterzeichnet den Hash mit ihrem privaten RSA-Schlüssel und sendet beide, d.h. die Klartextnachricht und den unterzeichneten Hash, an Bob.

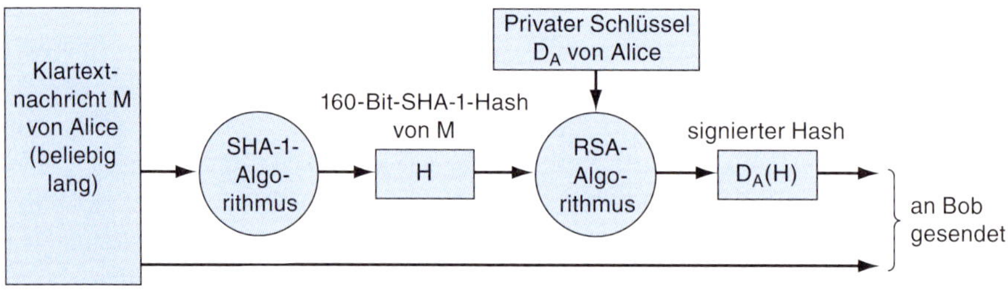

Abbildung 8.24: Einsatz von SHA-1 und RSA zur Unterzeichnung nicht geheimer Nachrichten.

Nach Erhalt der Nachricht berechnet Bob den SHA-1-Hash selbst und wendet den öffentlichen Schlüssel von Alice darauf an, um den ursprünglichen Hash-Wert *H* zu erhalten. Stimmen beide überein, wird die Nachricht als gültig betrachtet. Da für Trudy keine Möglichkeit besteht, die (Klartext-)Nachricht zu verändern, während sie übertragen wird, und eine neue zu erzeugen, die den Hash-Wert *H* hat, kann Bob Änderungen, die Trudy an der Nachricht vorgenommen hat, sehr leicht entdecken. Bei Nachrichten, deren Integrität wichtig ist, deren Inhalte aber nicht geheim sind, wird häufig das Schema in Abbildung 8.24 verwendet. Es garantiert bei relativ geringem Berechnungsaufwand, dass alle Änderungen, die an Klartextnachrichten während der Übertragung vorgenommen wurden, mit großer Wahrscheinlichkeit entdeckt werden können.

Seitdem wurden neue Versionen von SHA-1 entwickelt, die Hash-Werte von 224, 256, 384 bzw. 512 Bit erzeugen. Zusammen werden diese Versionen unter SHA-2 zusammengefasst. Nicht nur sind diese Hash-Werte länger als die von SHA-1, sondern es wurde auch die Digest-Funktion geändert, um einige der potenziellen Mängel von SHA-1 auszubügeln. Diese Mängel sind gravierend. 2017 wurde SHA-1 von einem Forscherteam von Google und vom CWI-Forschungszentrum in Amsterdam gebrochen. Speziell ist es den Forschern gelungen, **Hash-Kollisionen** zu erzeugen, was die Sicherheit von SHA-1 mehr oder weniger zunichte machte. Das führte nicht überraschend zu einem gesteigerten Interesse an SHA-2.

2006 rief das National Institute of Standards and Technology (NIST) einen Wettbewerb zur Entwicklung eines neuen Hash-Standards ins Leben, der inzwischen als SHA-3 bekannt ist. Der Wettbewerb wurde 2012 geschlossen. Drei Jahre später wurde der neuen SHA-3-Standard („Keccak“) offiziell veröffentlicht. Interessanterweise schlägt NIST nicht vor, dass sich alle von SHA-2 verabschieden und zu SHA-3 wechseln, da es bisher noch keine erfolgreichen Angriffe auf SHA-2 gegeben hat. Trotzdem ist es gut zu wissen, für den Fall aller Fälle einen mehr als gleichwertigen Ersatz zu haben.

8.7.4 Die Geburtstagsattacke

In der Welt der Kryptografie ist nichts so, wie es zu sein scheint. Man möchte vermuten, dass 2^m Operationen nötig sind, um einen Message Digest mit m Bit zu unterminieren. In Wirklichkeit reichen $2^{m/2}$ Operationen oft aus, indem man die sogenannte **Geburtstagsattacke** (*birthday attack*) anwendet. Diese Vorgehensweise wurde von Yuval (1979) in seinem inzwischen klassischen Aufsatz „How to Swindle Rabin“ veröffentlicht.

Wir wissen von unserer vorherigen Diskussion der DNS-Geburtstagsattacke, dass es für jede Zuordnung zwischen Eingaben und Ausgaben mit n Eingaben (Leuten, Nachrichten usw.) und k möglichen Ausgaben (Geburtstagen, Message Digests usw.) $n(n-1)/2$ Eingabepaare gibt. Ist $n(n-1)/2>k$, dann stehen die Chancen, mindestens einen Treffer zu erhalten, ziemlich gut. Somit gibt es mit einiger Wahrscheinlichkeit bei $n>\sqrt{k}$ einen Treffer. Dieses Ergebnis bedeutet, dass ein Message Digest von 64 Bit wahrscheinlich gebrochen werden kann, indem man etwa 2^{32} Nachrichten erzeugt und nach zweien mit dem gleichen Message Digest sucht.

Hier ein praktisches Beispiel. Die Informatikfakultät der State-Universität hat eine freie Dozentenstelle, für die sich zwei wissenschaftliche Mitarbeiter bewerben, die wir hier Tom und Dick nennen. Tom wird als Erster zum Bewerbungsgespräch eingeladen, weil er zwei Jahre vor Dick eingestellt wurde. Wenn er erfolgreich ist, hat Dick keine Chance mehr. Tom weiß, dass die Fakultätsleiterin Marilyn seine Arbeit sehr schätzt. Deshalb bittet er sie, ihm ein Empfehlungsschreiben an den Dekan zu verfassen, der über Toms Fall entscheidet. Nach dem Versenden werden alle Briefe vertraulich.

Marilyn weist ihre Sekretärin Ellen an, dem Dekan einen Brief mit dem besagten Anliegen zu schreiben. Wenn der Brief fertig ist, will Marilyn ihn durchsehen, den Message Digest von 64 Bit berechnen, ihn damit unterschreiben und an den Dekan senden. Ellen kann den Brief später per E-Mail versenden.

Bedauerlicherweise für Tom hat Ellen eine Affäre mit Dick, sodass sie den Brief zu dessen Gunsten verfasst. Sie schreibt folgenden Brief mit 32 Optionen in Klammern.

Dear Dean Smith,

This [*letter* | *message*] is to give my [*honest* | *frank*] opinion of Prof. Tom Wilson, who is [*a candidate* | *up*] for tenure [*now* | *this year*]. I have [*known* | *worked with*] Prof. Wilson for [*about* | *almost*] six years. He is an [*outstanding* | *excellent*] researcher of great [*talent* | *ability*] known [*worldwide* | *internationally*] for his [*brilliant* | *creative*] insights into [many | *a wide variety of*] [*difficult* | *challenging*] problems.

He is also a [*highly* | *greatly*] [*respected* | *admired*] [*teacher* | *educator*]. His students give his [*classes* | *courses*] [*rave* | *spectacular*] reviews. He is [*our* | *the Department's*] [*most popular* | *best-loved*] [*teacher* | *instructor*].

[*In addition* | *Additionally*] Prof. Wilson is a [*gifted* | *effective*] fund raiser. His [*grants* | *contracts*] have brought a [*large* | *substantial*] amount of money into [*the* | *our*] Department. [*This money has* | *These funds have*] [*enabled* | *permitted*] us to [*pursue* | *carry out*] many [*special* | *important*] programs, [*such as* | *for example*] your State 2000 program. Without these funds we would [*be unable* | *not be able*] to continue this program, which is so [*important* | *essential*] to both of us. I strongly urge you to grant him tenure.

Zum Nachteil für Tom schreibt Ellen anschließend noch einen zweiten Brief:

Dear Dean Smith,

This [*letter* | *message*] is to give my [*honest* | *frank*] opinion of Prof. Tom Wilson, who is [*a candidate* | *up*] for tenure [*now* | *this year*]. I have [known | worked with] Tom for [*about* | *almost*] six years. He is a [*poor* | *weak*] researcher not well known in his [*field* | *area*]. His research [*hardly ever* | *rarely*] shows [*insight in* | *understanding of*] the [*key* | *major*] problems of [*the* | *our*] day.

Furthermore, he is not a [*respected* | *admired*] [*teacher* | *educator*]. His students give his [*classes* | *courses*] [*poor* | *bad*] reviews. He is [*our* | *the Department's*] least popular [*teacher* | *instructor*], known [*mostly* | *primarily*] within [*the* | *our*] Department for his [*tendency* | *propensity*] to [*ridicule* | *embarrass*] students [*foolish* | *imprudent*] enough to ask questions in his classes.

[*In addition* | *Additionally*] Tom is a [*poor* | *marginal*] fund raiser. His [*grants* | *contracts*] have brought only a [*meager* | *insignificant*] amount of money into [*the* | *our*] Department. Unless new [*money is* | *funds are*] quickly located, we may have to cancel some essential programs, such as your State 2000 program. Unfortunately, under these [*conditions* | *circumstances*] I cannot in good [*conscience* | *faith*] recommend him to you for [*tenure* | *a permanent position*].

Nun setzt sich Ellen an ihren Computer und berechnet die 2^{32} Message Digests der zwei Briefe über Nacht. Die Chancen stehen gut, dass ein Digest des ersten Briefs mit einem des zweiten Briefs übereinstimmt. Andernfalls kann sie noch ein paar Optionen einfügen und es am Wochenende erneut versuchen. Nehmen wir an, sie findet einen Treffer. Nennen wir den „guten" Brief A und den „schlechten" B.

Ellen sendet Brief A nun per E-Mail an Marilyn zur Genehmigung. Brief B hält sie ganz geheim und zeigt ihn niemand. Marilyn genehmigt ihn selbstverständlich, berechnet ihr Message Digest von 64 Bit, unterschreibt und sendet den unterschriebenen Digest per E-Mail an den Dekan Smith. Unabhängig davon schickt Ellen den Brief B per E-Mail an den Dekan (nicht Brief A, was sie eigentlich tun sollte).

Nach dem Erhalt des Briefs und dem unterschriebenen Message Digest führt der Dekan den Message-Digest-Algorithmus auf Brief B aus, nimmt die Empfehlungen von Marilyn an und feuert Tom. Der Dekan erkennt nicht, dass es Ellen gelungen ist, zwei Briefe mit dem gleichen Message Digest zu generieren und ihm einen anderen zu senden als den, den Marilyn gesehen und genehmigt hat. (Wahlweises Ende: Ellen sagt Dick, was sie getan hat. Dick ist empört und macht mit ihr Schluss. Ellen ist sauer und gesteht alles Marilyn. Marilyn ruft den Dekan an. Tom erhält am Ende die Anstellung.) Mit SHA-2 ist die Geburtstagsattacke schwierig, weil es sogar bei der absurden Geschwindigkeit von einer Billion Digests pro Sekunde über 32.000 Jahre dauern würde, um alle 2^{80} Digests der zwei Briefe mit je 80 Varianten zu berechnen, und auch dann ist kein Treffer garantiert. Mit einer Cloud von 1.000.000 parallel arbeitenden Chips werden aus den 32.000 Jahren 2 Wochen.

8.8 Verwaltung öffentlicher Schlüssel

Durch die Verschlüsselung mit öffentlichen Schlüsseln können Personen, die keinen gemeinsamen Schlüssel haben, sicher miteinander kommunizieren. Darüber hinaus ist auch die Unterzeichnung von Nachrichten möglich, ohne dass eine vertrauenswürdige dritte Partei beteiligt ist. Zudem ermöglichen unterzeichnete Message Digests, dass der Empfänger die Integrität der empfangenen Nachrichten leicht und sicher verifizieren kann.

Hier gibt es aber noch ein Problem, über das wir zu schnell hinweggegangen sind. Wenn Alice und Bob einander nicht kennen, wie erhalten sie dann die gegenseitigen öffentlichen Schlüssel, um den Kommunikationsprozess einzuleiten? Die offensichtliche Lösung – Veröffentlichung des öffentlichen Schlüssels auf der eigenen Website – funktioniert aus dem folgenden Grund nicht. Angenommen Alice möchte den öffentlichen Schlüssel von Bob auf seiner Website nachsehen. Wie geht sie dabei vor? Sie beginnt, indem sie die URL von Bob eintippt. Ihr Browser schlägt dann die DNS-Adresse von Bobs Homepage nach und sendet an sie eine *GET*-Anforderung, wie in ▶Abbildung 8.25 gezeigt. Unglücklicherweise fängt Trudy die Anforderung ab und antwortet mit einer gefälschten Homepage, vermutlich einer Kopie der Homepage von Bob, wobei aber der öffentliche Schlüssel von Bob durch den öffentlichen Schlüssel von Trudy ersetzt wird. Wenn Alice nun die erste Nachricht mit E_T verschlüsselt, entschlüsselt Trudy diese, liest sie, verschlüsselt sie mit dem öffentlichen Schlüssel von Bob und sendet sie an Bob, der keine Ahnung davon hat, dass Trudy seine eingehenden Nachrichten liest. Noch schlimmer ist, dass Trudy die Nachrichten verändern könnte, bevor sie sie für Bob erneut verschlüsselt. Daher ist logischerweise ein Vorgehen erforderlich, mit dem sichergestellt werden kann, dass öffentliche Schlüssel sicher ausgetauscht werden können.

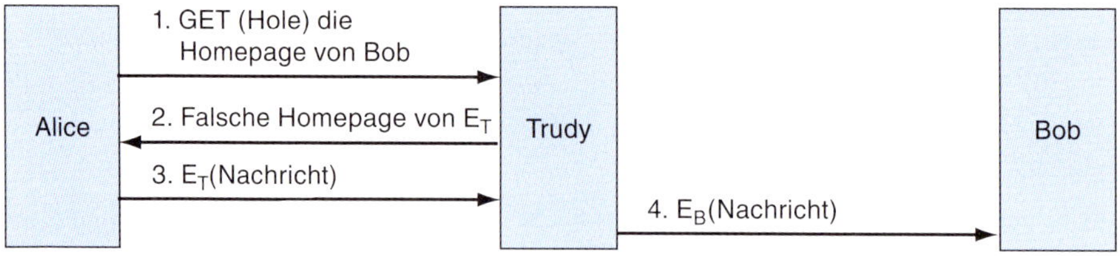

Abbildung 8.25: Eine Möglichkeit, wie Trudy die Verschlüsselung mit einem öffentlichen Schlüssel unterlaufen kann.

8.8.1 Zertifikate

Für einen ersten Versuch, öffentliche Schlüssel sicher zu verteilen, könnten wir uns eine Schlüsselverteilung vorstellen, die 24 Stunden täglich online verfügbar ist und öffentliche Schlüssel bei Anforderung bereitstellt. Eines der vielen Probleme ist, dass diese Lösung nicht skalierbar ist und das **Schlüsselverteilungszentrum** sicherlich schnell ein Engpass wird. Des Weiteren würde die Sicherheit im Internet zusammenbrechen, wenn das Zentrum je abstürzen sollte.

Aus diesen Gründen wurde eine andere Lösung entwickelt, bei der das Schlüsselverteilungszentrum nicht die ganze Zeit online sein muss. Es muss de facto überhaupt nicht online sein. Stattdessen werden öffentliche Schlüssel, die Personen, Unternehmen und anderen Organisationen gehören, zertifiziert. Eine Organisation, die öffentliche Schlüssel zertifiziert, wird als **Zertifizierungsstelle** (*CA*, *Certification Authority*) bezeichnet.

Als Beispiel nehmen wir an, dass Bob Alice und anderen ihm teilweise unbekannten Personen gestatten möchte, mit ihm sicher zu kommunizieren. Er kann dann mit seinem öffentlichen Schlüssel und seinem Pass oder Führerschein zu der Zertifizierungsstelle gehen und die Zertifizierung beantragen. Die Zertifizierungsstelle stellt dann ein Zertifikat, wie das in ▶Abbildung 8.26, aus und unterzeichnet den SHA-2-Hash mit dem privaten Schlüssel der Zertifizierungsstelle. Bob zahlt eine Gebühr an die Zertifizierungsstelle und erhält ein Dokument mit dem Zertifikat und dem signierten Hash (im Idealfall nicht über unzuverlässige Kanäle).

I hereby certify that the public key 19836A8B03030CF83737E3837837FC3s87092827262643FFA82710382828282A belongs to Robert John Smith 12345 University Avenue Berkeley, CA 94702 Birthday: July 4, 1958 Email: bob@superdupernet.com
SHA-2-Hash des obigen Zertifikats, der mit dem privaten Schlüssel der Zertifizierungsstelle unterzeichnet ist

Abbildung 8.26: Ein mögliches Zertifikat und der unterzeichnete Hash.

Die primäre Aufgabe eines Zertifikats ist, den öffentlichen Schlüssel mit dem Namen eines Principals (Person, Unternehmen usw.) zu verbinden. Zertifikate selbst sind nicht geheim oder geschützt. Bob könnte sich beispielsweise entschließen, sein neues Zertifikat mit einem Link auf der Hauptseite seine Website zu stellen, der besagt: Klicken Sie hier, um das Zertifikat für meinen öffentlichen Schlüssel zu erhalten. Ein Klick würde sowohl das Zertifikat als auch den Signaturblock (den unterzeichneten SHA-2-Hash des Zertifikats) zurückliefern.

Gehen wir das Szenario in Abbildung 8.25 noch einmal durch. Wenn Trudy die Anforderung von Alice für die Homepage von Bob abfängt, wie kann sie vorgehen? Sie kann ihr eigenes Zertifikat und den Signaturblock auf der gefälschten Seite einfügen. Wenn aber Alice das Zertifikat liest, sieht sie sofort, dass sie nicht mit Bob kommuniziert, da der Name von Bob fehlt. Trudy kann die Homepage von Bob während der Übertragung verändern, indem sie den öffentlichen Schlüssel von Bob durch ihren eigenen ersetzt. Wenn aber Alice den SHA-2-Algorithmus für das Zertifikat ausführt, erhält sie einen Hash, der nicht mit dem übereinstimmt, den sie erhält, wenn sie den bekannten öffentlichen Schlüssel der Zertifizierungsstelle auf den Signaturblock anwendet. Da Trudy den privaten Schlüssel der Zertifizierungsstelle nicht kennt, hat sie keine Möglichkeit, einen Signaturblock zu erstellen, der den Hash der geänderten Webseite mit ihrem öffentlichen Schlüssel enthält. Auf diese Weise kann Alice sichergehen, dass sie den öffentlichen Schlüssel von Bob und nicht von Trudy oder jemand anderem besitzt. Und wie versprochen muss die Zertifizierungsstelle nicht immer zur Verifikation online sein, sodass ein möglicher Engpass vermieden wird.

Wenngleich es die Standardaufgabe eines Zertifikats ist, einen öffentlichen Schlüssel an einen Principal zu binden, kann ein Zertifikat auch dazu benutzt werden, einen öffentlichen Schlüssel an ein **Attribut** zu binden. Ein Zertifikat könnte beispielsweise besagen: Der öffentliche Schlüssel gehört einer Person über 18. Es könnte als Nachweis verwendet werden, dass der Eigentümer des privaten Schlüssels nicht minderjährig ist und damit auf Inhalte zugreifen kann, die nicht für Minderjährige gedacht sind, wobei aber die Identität der Person nicht preisgegeben wird. In der Regel wird die Person, die das Zertifikat besitzt, dieses an Websites, Principals oder Prozesse senden, für die die Altersgrenze wichtig ist. Diese Sites, Principals oder Prozesse erzeugen dann eine Zufallszahl und verschlüsseln sie mit dem öffentlichen Schlüssel im Zertifikat. Wenn der Eigentümer dies entschlüsseln und zurücksenden kann, so ist das der Beweis, dass der Eigentümer tatsächlich das in dem Zertifikat angegebene Attribut besitzt. Alternativ könnte eine Zufallszahl erzeugt werden, um einen Sitzungsschlüssel für die nachfolgende Unterhaltung zu erzeugen.

Ein weiteres Beispiel für eine Situation, in der ein Zertifikat ein Attribut enthalten kann, ist ein objektorientiertes Verteilungssystem. Jedes Objekt besitzt in der Regel mehrere Methoden. Der Eigentümer des Objekts könnte jedem Kunden ein Zertifikat zur Verfügung stellen, das ein Bitmuster enthält, welche Methoden der Kunde aufrufen darf, wobei das Bitmuster mit einem unterzeichneten Zertifikat an den öffentlichen Schlüssel gebunden wird. Auch hier gilt, wenn der Zertifikatinhaber den Besitz des entsprechenden privaten Schlüssels nachweisen kann, kann er die in dem Bitmuster freigegebenen Methoden ausführen. Dieser Ansatz zeichnet sich dadurch aus, dass die Identität des Eigentümers nicht bekannt sein muss, was vor allem in Situationen nützlich ist, in denen Datenschutz wichtig ist.

8.8.2 X.509

Wenn jeder, der eine Signatur benötigt, mit einer anderen Art von Zertifikat zu der Zertifizierungsstelle liefe, würde die Verwaltung all dieser verschiedenen Formate schnell aus dem Ruder laufen. Um dieses Problem zu lösen, wurde ein Standard für Zertifikate entwickelt und von der ITU genehmigt. Dieser Standard wird als **X.509** bezeichnet und kommt im Internet häufig zum Einsatz. Seit der ersten Standardisierung hat er drei Versionen erlebt. Wir behandeln hier Version 3.

X.509 wurde sehr von der OSI-Welt beeinflusst und hat einige der schlechtesten Funktionen übernommen (wie Benennung und Codierung). Erstaunlicherweise hat die IETF die OSI-Konzepte bei X.509 durchgehen lassen, obwohl sie in fast allen anderen Bereichen, von den Rechneradressen und den Transportprotokollen bis hin zu den E-Mail-Formaten, OSI ignoriert hat und bestrebt war, die Sache richtig zu machen. Die IETF-Version von X.509 wird in RFC 5280 beschrieben.

X.509 ist im Grunde eine Möglichkeit, Zertifikate zu beschreiben. Die wichtigsten Felder eines Zertifikats sind in ▶Abbildung 8.27 aufgeführt. Die angegebenen Beschreibungen sollen eine allgemeine Vorstellung davon vermitteln, was die Felder tun. Weitere Informationen finden Sie im Standard selbst oder im RFC 2459.

Wenn Bob beispielsweise in der Kreditabteilung der Money Bank arbeitet, könnte seine X.500-Adresse wie folgt lauten:

```
/C=US/O=MoneyBank/OU=Loan/CN=Bob/
```

wobei *C* für das Land steht, *O* für die Organisation, *OU* für seine Abteilung und *CN* für seinen Namen. Zertifizierungsstellen und andere Entitäten werden ähnlich benannt. Ein erhebliches Problem bei X.500-Namen ist, dass Alice, wenn sie versucht, *bob@moneybank.com* zu kontaktieren, und ein Zertifikat mit dem X.500-Namen erhält, diesem Zertifikat nicht entnehmen kann, dass es sich auf den Bob bezieht, den sie kontaktieren möchte. Zum Glück sind ab Version 3 DNS-Namen anstatt X.500-Namen zulässig, sodass dieses Problem irgendwann verschwindet.

Feld	Bedeutung
Version	Angabe der X.509-Version.
Serial Number	Diese Zahl bestimmt zusammen mit dem Namen der Zertifizierungsstelle das Zertifikat eindeutig.
Signature Algorithm	Der zur Signierung des Zertifikats verwendete Algorithmus.
Issuer	X.500-Name der Zertifizierungsstelle.
Validity Period	Die Gültigkeitsdauer mit Anfangs- und Endzeitpunkt.
Subject Name	Der Name des Zertifikatinhabers, dessen Schlüssel zertifiziert wird.
Public Key	Der öffentliche Schlüssel des Zertifikatinhabers und die Kennung des verwendeten Algorithmus.
Issuer ID	Eine optionale Kennung, die die Ausgabestelle des Zertifikats eindeutig bestimmt.
Subject ID	Eine optionale Kennung, die den Zertifikatinhaber eindeutig festlegt.
Extensions	Es wurden viele Erweiterungen definiert.
Signature	Die Signatur des Zertifikats (mit dem privaten Schlüssel der Zertifizierungsstelle unterschrieben).

Abbildung 8.27: Die wichtigsten Felder eines X.509-Zertifikats.

Zertifikate werden mit OSI **ASN.1** (*Abstract Syntax Notation 1*) codiert, die man sich als eine Art Struktur in C vorstellen kann, aber mit einer ganz besonderen und ausführlichen Notation. Weitere Informationen über X.509 finden Sie in Ford und Baum (2000).

8.8.3 PKI – Infrastruktur für öffentliche Schlüssel

Es ist klar, dass eine einzige Zertifizierungsstelle, die weltweit alle Zertifikate ausgibt, nicht funktionieren kann. Sie würde unter der Last zusammenbrechen und darüber hinaus eine zentrale Fehlerquelle darstellen. Eine mögliche Lösung könnten mehrere Zertifizierungsstellen sein, die alle von der gleichen Organisation betrieben werden und alle den gleichen privaten Schlüssel zur Unterzeichnung der Zertifikate verwenden. Dies würde sicherlich das Last- und Fehlerproblem lösen, führt aber zu einem neuen Problem: Schlüssellecks (*key leakage*). Wenn Dutzende von Servern in der ganzen Welt verteilt sind, die alle den privaten Schlüssel der Zertifizierungsstelle enthalten, erhöht dies die Gefahr erheblich, dass der private Schüssel gestohlen oder anderweitig bekannt wird. Da eine Preisgabe des Schlüssels die weltweite elektronische Sicherheitsinfrastruktur lahmlegen würde, ist es sehr riskant, eine zentrale Zertifizierungsstelle einzurichten.

Darüber hinaus muss man fragen, welche Organisation als Zertifizierungsstelle infrage käme? Es gibt wohl kaum eine Behörde, die weltweit von allen als legitim und vertrauenswürdig akzeptiert würde. In einigen Ländern würden die Leute darauf bestehen, dass dies der Staat übernimmt, wohingegen in anderen Ländern die Mehrheit dafür wäre, dies nicht in staatliche Hände zu legen.

Aus diesen Gründen wurde eine andere Vorgehensweise zur Zertifizierung öffentlicher Schlüssel entwickelt. Diese wird als **PKI** (*Public Key Infrastructure*) bezeichnet. In diesem Abschnitt fassen wir die allgemeine Funktionsweise zusammen, obwohl es viele Vorschläge gibt, sodass sich die Details im Laufe der Zeit noch weiterentwickeln werden.

Eine PKI besteht aus mehreren Komponenten, einschließlich Benutzer, Zertifizierungsstellen, Zertifikate und Verzeichnisse. Die Aufgabe der PKI ist es, diese Komponenten zu strukturieren und Standards für verschiedene Dokumente und Protokolle zu definieren. Eine besonders einfache Form einer PKI ist eine Hierarchie von Zertifizierungsstellen, wie in ▶Abbildung 8.28 dargestellt. In diesem Beispiel haben wir drei Ebenen, in der Praxis können es aber durchaus weniger oder mehr sein. Die oberste Zertifizierungsstelle, die Wurzel (*root*), zertifiziert die Zertifizierungsstellen auf der zweiten Ebene, die wir als **regionale Zertifizierungsstellen** (*RA, Regional Authoritiy*) bezeichnen, da sich diese auf eine bestimmte geografische Region wie einem Land oder einen Kontinent beziehen. Der Begriff ist nicht standardisiert, aber für die verschiedenen Ebenen im Baum gibt es keine wirklichen Standardbegriffe. Diese regionalen Zertifizierungsstellen zertifizieren ihrerseits die eigentlichen Zertifizierungsstellen, die die X.509-Zertifkate an Organisationen und Personen ausgeben. Wenn die oberste Stelle eine neue regionale Zertifizierungsstelle autorisiert, erzeugt sie ein X.509-Zertifikat, das die Zertifizierung der regionalen Zertifizierungsstelle bestätigt und den öffentlichen Schlüssel der regionalen Zertifizierungsstelle enthält. Das unterzeichnete Zertifikat wird dann der regionalen Zertifizierungsstelle ausgehändigt. Genauso verfährt die regionale Zertifizierungsstelle, wenn sie eine neue zentrale Zertifizierungsstelle bestätigt: Sie erstellt und unterzeichnet einen öffentlichen Schlüssel, der die Genehmigung darstellt und den öffentlichen Schlüssel der Zertifizierungsstelle enthält.

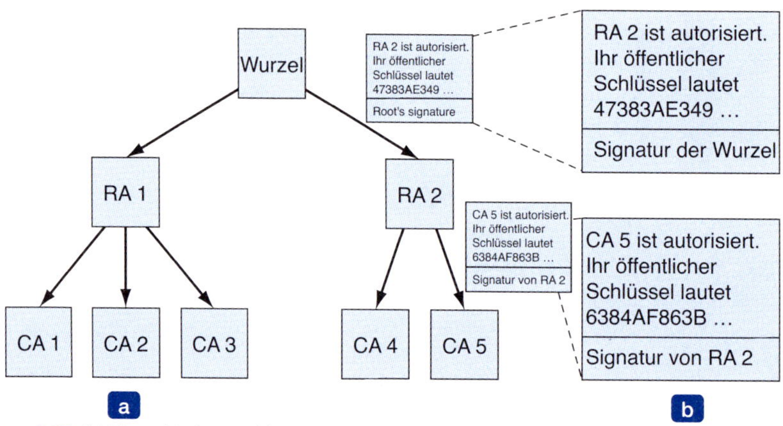

Abbildung 8.28: (a) Hierarchische PKI. (b) Eine Kette aus Zertifikaten.

Die PKI funktioniert wie folgt: Angenommen Alice benötigt den öffentlichen Schlüssel von Bob, um mit ihm zu kommunizieren. Sie sucht und findet ein entsprechendes Zertifikat, das von der Zertifizierungsstelle 5 (CA 5) unterzeichnet wurde. Alice hat aber noch nie etwas von CA 5 gehört. Nach allem, was sie weiß, könnte CA 5 die zehnjährige Tochter von Bob sein. Sie könnte zu CA 5 gehen und sagen: „Beweisen Sie Ihre Legitimität.“ CA 5 antwortet mit einem Zertifikat, das sie von der regionalen Zertifizierungsstelle 2 (RA 2) erhalten hat. Es enthält den öffentlichen Schlüssel von CA 5. Nachdem Alice damit über den öffentlichen Schlüssel von CA 5 verfügt, kann sie prüfen, ob das Zertifikat von Bob tatsächlich von CA 5 unterzeichnet wurde und somit legal ist.

Es sei denn, RA 2 ist der zwölfjährige Sohn von Bob. Daher muss sie im nächsten Schritt bei RA2 um einen Nachweis der Legitimität anfragen. Die Antwort ist ein Zertifikat, das von der obersten Stelle unterzeichnet ist und den öffentlichen Schlüssel von RA2 enthält. Nun ist Alice sicher, dass sie den öffentlichen Schlüssel von Bob hat.

Wie aber findet Alice den öffentlichen Schlüssel der obersten Stelle? Durch Zauberei. Man geht davon aus, dass jeder den öffentlichen Schlüssel der obersten Stelle kennt. So könnte beispielsweise ihr Browser den öffentlichen Schlüssel der obersten Stelle gleich ab Lieferung integriert haben.

Bob ist ein freundlicher Mensch und möchte Alice nicht zu viel Arbeit verursachen. Er weiß, dass sie CA 5 und RA 2 prüfen muss; daher übergibt er ihr, um ihr die Arbeit zu erleichtern, die beiden erforderlichen Zertifikate zusammen mit seinem. Nun kann sie mit ihrem Wissen des öffentlichen Schlüssels der obersten Stelle die obersten Zertifikate und den hierin enthaltenen öffentlichen Schlüssel prüfen, um den zweiten zu verifizieren. Auf diese Weise muss Alice niemanden kontaktieren, um die Verifikation auszuführen. Da alle Zertifikate unterschrieben sind, kann sie Fälschungsversuche an den Inhalten leicht entdecken. Eine Zertifikatskette, die zur obersten Stelle zurückgeht, wird manchmal auch als **Zertifizierungspfad** (*certification path*) oder **Vertrauenskette** (*chain of trust*) bezeichnet. Diese Technik kommt in der Praxis häufig zum Einsatz.

Natürlich haben wir immer noch das Problem, wer die oberste Stelle betreibt. Die Lösung ist hier, nicht eine oberste Stelle zu haben, sondern viele, die wiederum ihre eigenen regionalen Zertifizierungsstellen und deren untergeordneten Zertifizierungsstellen haben. Moderne Browser speichern öffentliche Schlüssel für über 100 oberste Zertifizierungsstellen, die manchmal als **Sicherheitsanker** (*trust anchor*) bezeichnet werden. Auf diese Weise kann vermieden werden, dass es nur eine einzige international vertrauenswürdige Einrichtung gibt.

Aber nun besteht das Problem, wie der Browser-Hersteller entscheidet, welche Sicherheitsanker vertrauenswürdig sind und welche eher nicht. Es bleibt letztlich dem Benutzer überlassen, dem Browser-Hersteller zu vertrauen, dass dieser eine gute Auswahl trifft und nicht einfach alle Sicherheitsanker aufnimmt, die bereit sind, eine Aufnahmegebühr zu zahlen. Viele Browser gewähren den Benutzern Einsicht in die

Schlüssel der obersten Zertifizierungsstelle (in der Regel in Form von Zertifikaten, die von der obersten Zertifizierungsstelle unterzeichnet wurden) und erlauben, diejenigen zu entfernen, die nicht vertrauenswürdig erscheinen. Weitere Informationen zu PKIs finden Sie in Stapleton und Epstein (2016).

Verzeichnisse

Ein weiteres Thema für jede PKI ist, wo die Zertifikate (und deren Ketten zurück zu einem Sicherheitsanker) gespeichert werden. Eine Möglichkeit ist, dass jeder Benutzer seine eigenen Zertifikate speichert. Dies ist zwar sicher (d.h., Benutzer können die unterzeichneten Zertifikate nicht verändern, ohne entdeckt zu werden), aber unbequem. Ein alternativer Vorschlag ist die Verwendung des DNS als Zertifikatverzeichnis. Bevor Alice also Bob kontaktiert, muss sie wahrscheinlich die IP-Adresse unter Verwendung des DNS nachschlagen. Warum sollte dann das DNS nicht gleich die gesamte Zertifikatkette zusammen mit seiner IP-Adresse zurückgeben?

Manche Leute glauben, dass dies eine gute Lösung sei. Andere wiederum bevorzugen spezielle Verzeichnisserver, deren einzige Aufgabe die Verwaltung der X.509-Zertifikate ist. Solche Verzeichnisse könnten Nachschlagedienste bereitstellen, die sich der Eigenschaften der X.500-Namen bedienen. Theoretisch könnte ein solcher Verzeichnisdienst Anfragen wie die folgende beantworten: „Erstelle mir eine Liste aller Personen namens Alice, die in der Vertriebsabteilung eines Unternehmens in Amerika oder Kanada tätig sind.“

Annullieren von Zertifikaten

In der realen Welt gibt es ebenfalls viele Zertifikate wie Pässe oder Führerscheine. Manchmal können diese Zertifikate entzogen werden, wie Führerscheine bei Fahrten mit zu viel Promille oder anderen Verletzungen der Verkehrsregeln. Das gleiche Problem tritt auch in der digitalen Welt auf: Die Vergabestelle eines Zertifikats kann dies unter Umständen zurückziehen, wenn die Organisation, die es besitzt, auf irgendeine Weise Missbrauch damit treibt. Es kann auch zurückgezogen werden, wenn der private Schlüssel des Objekts preisgegeben wurde oder, noch schlimmer, wenn der private Schlüssel der Zertifizierungsstelle in irgendeiner Weise manipuliert wurde. Daher muss eine PKI auch den Fall der Annullierung berücksichtigen, was alles etwas komplizierter macht.

Ein erster Schritt in diese Richtung ist, dass jede Zertifizierungsstelle in regelmäßigen Abständen eine **Sperrliste der Zertifikate** (*certificate revocation list*) ausgibt, die sie zurückgezogen hat. Da Zertifikate Ablaufdaten enthalten, muss die Sperrliste nur die Seriennummern der Zertifikate enthalten, die noch nicht abgelaufen sind. Ist das Datum abgelaufen, wird ein Zertifikat automatisch ungültig, sodass keine Unterscheidung zwischen den abgelaufenen und den wirklich zurückgezogenen erforderlich ist. In beiden Fällen können sie nicht mehr verwendet werden.

Bedauerlicherweise bedeutet die Einführung einer Sperrliste, dass ein Benutzer, der ein bestimmtes Zertifikat nutzen möchte, sich die Sperrliste besorgen muss, um zu

sehen, ob das Zertifikat annulliert wurde. Ist dies der Fall, sollte es nicht verwendet werden. Steht das Zertifikat aber nicht in der Liste, könnte es kurz nach deren Veröffentlichung annulliert worden sein. Daher ist die einzige Möglichkeit, hier wirklich sicherzugehen, die Zertifizierungsstelle direkt zu fragen. Bei der nächsten Verwendung des gleichen Zertifikats muss die Zertifizierungsstelle wieder gefragt werden, da das Zertifikat wenige Sekunden zuvor annulliert worden sein könnte.

Eine weitere Komplikation ist, dass das annullierte Zertifikat möglicherweise auch wieder aktiviert worden sein kann, wenn es beispielsweise aufgrund von nicht bezahlten Gebühren gesperrt wurde, die aber in der Zwischenzeit gezahlt wurden. Wenn man die Annullierung (und möglicherweise die Reaktivierung) einführt, verliert man eine der besten Eigenschaften, die Zertifikate haben, nämlich dass sie ohne Kontaktieren der Zertifizierungsstelle verwendet werden können.

Und wo sollten Sperrlisten gespeichert werden? Ein guter Ort wäre dort, wo auch die Zertifikate gespeichert sind. Eine Strategie der Zertifizierungsstelle kann darin bestehen, die Sperrlisten in periodischen Abständen auszugeben, damit die Verzeichnisse sie verarbeiten können, indem sie die annullierten Zertifikate entfernen. Wenn die Zertifikate nicht in Verzeichnissen gespeichert werden, können die Sperrlisten an verschiedenen Stellen im Netz zwischengespeichert werden. Da eine Sperrliste ein signiertes Dokument ist, wird ein Fälschungsversuch leicht entdeckt.

Wenn die Zertifikate eine lange Lebensdauer haben, werden auch die Sperrlisten lang. Wenn beispielsweise Kreditkarten fünf Jahre gültig sind, ist die Anzahl der ausstehenden Annullierungen viel größer, als wenn alle drei Monate neue Karten ausgegeben werden. Eine Standardlösung für lange Sperrlisten ist, ab und zu eine Masterliste auszugeben, zwischendurch aber häufiger Aktualisierungen zu veröffentlichen. Dies reduziert die für die Verteilung der Sperrlisten erforderliche Bandbreite.

8.9 Authentifizierungsprotokolle

Authentifizierung (Echtheitsprüfung) ist die Technik, durch die ein Prozess prüft, ob die Kommunikationspartner die sind, die sie sein sollten. Die Überprüfung der Identität eines entfernten Prozesses angesichts eines böswilligen aktiven Eindringlings ist erstaunlich schwierig und erfordert komplexe Protokolle auf der Grundlage der Kryptografie. In diesem Abschnitt werden einige der zahlreichen Authentifizierungsprotokolle beschrieben, die in unsicheren Rechnernetzen verwendet werden.

Einige Leute verwechseln Autorisation mit Authentifizierung oder setzen beides gleich. *Authentifizierung* hat mit der Frage zu tun, ob man wirklich mit einem spezifischen Prozess kommuniziert. *Autorisation* betrifft die Dinge, zu deren Ausführung ein Prozess berechtigt ist. Ein Client-Prozess nimmt beispielsweise Verbindung mit einem Dateiserver auf und sagt: „Ich bin Scotts Prozess und möchte die Datei *cookbook.old* löschen.“ Aus Sicht des Dateiservers müssen zwei Fragen beantwortet werden:

1. Handelt es sich wirklich um einen Prozess von Scott (Authentifizierung)?

2. Ist Scott berechtigt, die Datei *cookbook.old* zu löschen (Autorisation)?

Erst wenn beide Fragen zufriedenstellend geklärt wurden, kann die angeforderte Aktion ausgeführt werden. Die erste Frage ist die wichtigere. Weiß ein Dateiserver, mit wem er es zu tun hat, kann er die entsprechenden Berechtigungen in einer lokalen Tabelle oder Datenbank nachschlagen. Aus diesem Grund konzentrieren wir uns auf Authentifizierung.

Alle Authentifizierungsprotokolle basieren auf dem folgenden allgemeinen Modell: Alice beginnt mit dem Versenden einer Nachricht an Bob oder an ein vertrauenswürdiges **Schlüsselverteilungszentrum** (*Key Distribution Center, KDC*), bei dem Ehrlichkeit vorausgesetzt wird. In verschiedenen Richtungen werden mehrere weitere Nachrichten ausgetauscht. Ein Eindringling mit schlechten Absichten namens Trudy kann sich in diese Nachrichten einklinken, sie ändern oder erneut abspielen, um Alice und Bob zu hintergehen oder einfach nur um zu stören.

Dennoch kann Alice nach Beendigung des Protokolls sicher sein, dass sie mit Bob kommuniziert und umgekehrt. Des Weiteren richten die beiden bei den meisten Protokollen auch einen geheimen **Sitzungsschlüssel** (*session key*) für die bevorstehende Konversation ein. In der Praxis wird der gesamte Verkehr aus Leistungsgründen anhand von symmetrischen Schlüsseln (normalerweise AES) verschlüsselt, obwohl auch öffentliche Schlüssel für die Authentifizierungsprotokolle und für die Einrichtung des Sitzungsschlüssels verwendet werden.

Für jede neue Verbindung wird ein neuer, zufällig gewählter Sitzungsschlüssel benutzt, was dem Zweck dient, das Verkehrsvolumen zu minimieren, das mit den geheimen oder öffentlichen Schlüsseln der Benutzer ausgetauscht wird, die Menge an Chiffretext zu reduzieren, zu dem sich ein Eindringling eventuell Zugang verschafft, und den Schaden gering zu halten, wenn ein Prozess abstürzt und der dabei geschriebene Prozess-Dump in die falschen Hände gerät. In diesem Fall kann man nur hoffen, dass außer dem Sitzungsschlüssel keine anderen Schlüssel präsent sind. Alle permanenten Schlüssel sollten nach dem Aufbau der Sitzung sorgfältig auf null gesetzt werden.

8.9.1 Authentifizierung auf der Basis eines gemeinsamen geheimen Schlüssels

Bei unserem ersten Authentifizierungsprotokoll gehen wir davon aus, dass Alice und Bob bereits über einen gemeinsamen Schlüssel K_{AB} verfügen. Dieser gemeinsame Schlüssel wurde eventuell telefonisch oder persönlich vereinbart, jedenfalls nicht über das (unsichere) Netz.

Das Protokoll basiert auf einem Prinzip, das viele Authentifizierungsprotokolle aufweisen: Eine Partei sendet eine Zufallszahl an die andere, die sie dann auf spezielle Weise umwandelt und das Ergebnis zurückschickt. Solche Protokolle nennt man **Challenge-Response-Protokolle** (Aufforderung-Antwort-Protokolle). In diesem und den weiteren Authentifizierungsprotokollen wird folgende Notation benutzt:

A, B sind die Identitäten von Alice und Bob.

R_i sind die Aufforderungen; die auffordernde Partei wird durch Tiefstellung bezeichnet.

K_i sind Schlüssel, wobei i den Inhaber bezeichnet.

K_S ist der Sitzungsschlüssel.

Die Nachrichtenabfolge in unserem ersten Beispiel eines Authentifizierungsprotokolls mit gemeinsamem Schlüssel ist in ▶Abbildung 8.29 ersichtlich. Mit Nachricht 1 sendet Alice ihre Identität A an Bob in einer Weise, die Bob versteht. Bob hat selbstverständlich keine Möglichkeit festzustellen, ob diese Nachricht von Alice oder Trudy stammt. Er wählt deshalb eine Aufforderung (*challenge*) in Form einer großen Zufallszahl R_B und sendet sie als Nachricht 2 im Klartext an „Alice" zurück. Alice verschlüsselt die Nachricht dann mit dem Schlüssel, den sie mit Bob gemeinsam vereinbart hat, und sendet den Chiffretext $K_{AB}(R_B)$ in Nachricht 3 zurück. Wenn Bob diese Nachricht sieht, erkennt er sofort, dass sie von Alice kommt, da Trudy K_{AB} nicht kennt und die Nachricht daher nicht erzeugt haben kann. Da R_B zufällig aus einem großen Zahlenraum (z.B. 128-Bit-Zufallszahlen) gewählt wurde, ist es sehr unwahrscheinlich, dass Trudy R_B und die Antwort aus einer früheren Sitzung kennt. Ebenso ist es unwahrscheinlich, dass sie die korrekte Antwort auf irgendeine Aufforderung erraten kann.

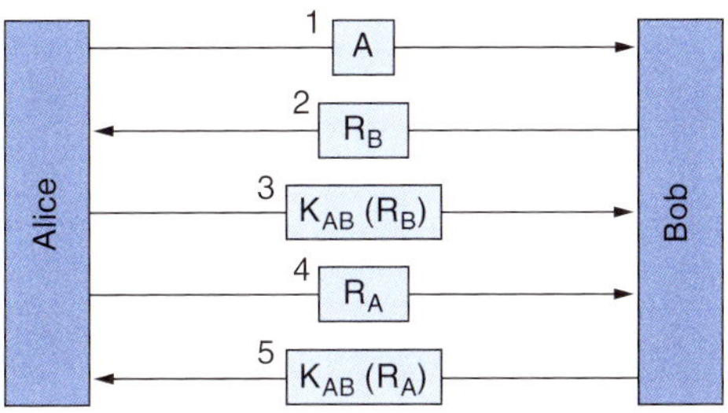

Abbildung 8.29: Zweiwege-Authentifizierung mithilfe des Challenge-Response-Protokolls.

Bob ist also inzwischen sicher, dass er es mit Alice zu tun hat, was bei Alice noch nicht der Fall ist. Sie weiß nur, dass Trudy in Nachricht 1 eingedrungen sein und R_B zurückgeschickt haben könnte. Vielleicht ist Bob letzte Nacht verstorben. Um auch ihrerseits sicherzustellen, mit wem sie es zu tun hat, wählt sie eine Zufallszahl R_A und sendet sie in Nachricht 4 als Klartext an Bob. Wenn Bob mit $K_{AB}(R_A)$ antwortet, weiß Alice, dass sie mit Bob spricht. Möchten die beiden jetzt einen Sitzungsschlüssel einrichten, wählt sich Alice einen K_S aus und sendet ihn mit K_{AB} verschlüsselt an Bob.

Das Protokoll von Abbildung 8.29 enthält fünf Nachrichten. Schauen wir einmal, ob wir hier clever sind und einige entfernen können. Ein Ansatz ist in ▶Abbildung 8.30 dargestellt. Hier wartet Alice nicht auf Bobs Kontaktaufnahme, sondern leitet selbst ein Challenge-Response-Protokoll ein. Bob antwortet auf Alices Aufforderung, sendet seinerseits aber selbst eine. Das gesamte Protokoll kann von fünf auf drei Nachrichten reduziert werden.

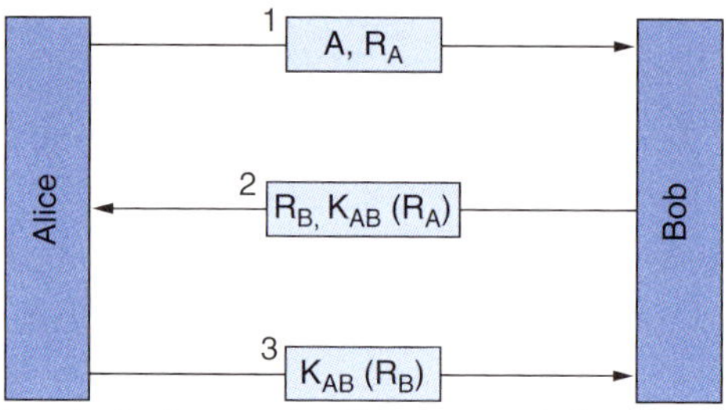

Abbildung 8.30: Gekürzte Form des Zweiwege-Authentifizierungsprotokolls.

Stellt das neue Protokoll eine Verbesserung gegenüber dem alten dar? In einer Hinsicht schon: Es ist kürzer. Leider ist es aber falsch. Unter bestimmten Umständen kann Trudy dieses Protokoll durch den sogenannten **Reflection-Angriff** attackieren. Insbesondere kann sie es knacken, wenn es möglich ist, zu Bob mehrere Sitzungen gleichzeitig aufzubauen. Dieser Fall würde z.B. zutreffen, wenn Bob eine Bank wäre und bereit, viele gleichzeitige Verbindungen von Bankautomaten entgegenzunehmen.

Trudys Reflection-Angriff ist in ▶Abbildung 8.31 dargestellt. Sie beginnt damit, sich als Alice auszugeben, und sendet R_T. Bob antwortet wie üblich mit seiner eigenen Aufforderung R_B. Jetzt hängt Trudy fest. Welche Möglichkeiten hat sie? Sie kennt $K_{AB}(R_B)$ nicht.

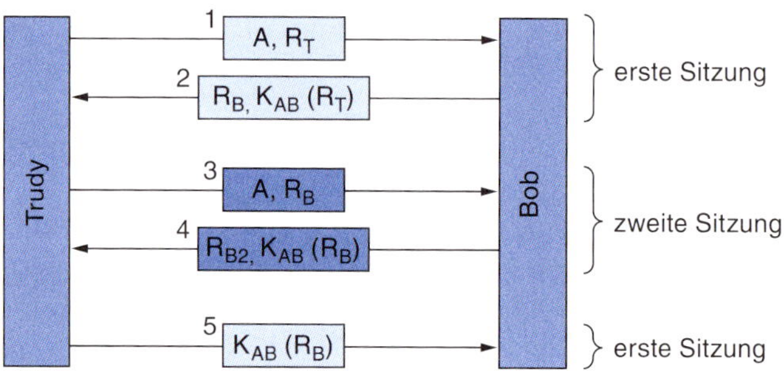

Abbildung 8.31: Trudys Reflection-Angriff.

Sie kann eine zweite Sitzung mit Nachricht 3 öffnen, mit der sie R_B aus Nachricht 2 als ihre Aufforderung bereitstellt. Bob entschlüsselt dies ruhig und sendet $K_{AB}(R_B)$ in Nachricht 4 zurück. Wir haben die Nachrichten in der zweiten Sitzung schattiert, um sie hervorzuheben. Nun hat Trudy die fehlende Information, kann die erste Sitzung vervollständigen und die zweite abbrechen. Bob ist überzeugt, dass Trudy Alice ist. Als sie nach dem Kontostand ihres Girokontos fragt, erhält sie deshalb prompt Auskunft. Sie fordert ihn auf, die gesamte Summe auf ein Geheimkonto in der Schweiz zu überweisen, was er geflissentlich durchführt.

Die Moral von der Geschichte ist:

> *Das Design eines korrekten Authentifizierungsprotokolls ist viel komplizierter, als es aussieht.*

Die folgenden vier allgemeinen Regeln helfen hier oftmals, die häufigsten Fallstricke zu vermeiden:

1. Der Initiator muss vor der antwortenden Seite seine Identität nachweisen. In diesem Fall hat Bob wertvolle Informationen preisgegeben, bevor Trudy den Nachweis ihrer Identität erbracht hat.

2. Der Initiator und die antwortende Seite müssen für den Nachweis verschiedene Schlüssel verwenden, auch wenn das bedeutet, dass mit zwei gemeinsamen Schlüsseln K_{AB} und K'_{AB} gearbeitet wird.

3. Der Initiator und die antwortende Seite müssen die Zufallszahl für ihre jeweilige Aufforderung aus unterschiedlichen Mengen ziehen. Der Initiator muss beispielsweise gerade und die antwortende Seite ungerade Zahlen verwenden.

4. Machen Sie das Protokoll resistent gegen Angriffe, die eine zweite parallele Sitzung aufbauen und dann die Informationen aus dieser Sitzung in der ersten Sitzung verwenden.

Wenn eine dieser Regeln verletzt wird, kann das Protokoll häufig ausgehebelt werden. Hier wurden alle vier Regeln missachtet, mit den entsprechend verheerenden Folgen.

Gehen wir nun zurück und sehen uns Abbildung 8.29 noch einmal genauer an. Ist es sicher, dass das Protokoll nicht Ziel eines Reflection-Angriffs wird? Nun, das hängt von verschiedenen Faktoren ab. Es ist ziemlich raffiniert. Trudy war mit ihrem Reflection-Angriff erfolgreich, weil es möglich war, eine zweite Sitzung mit Bob zu eröffnen, und er darin ausgetrickst wurde, seine eigenen Fragen zu beantworten. Was passiert, wenn Alice keine Person am Rechner, sondern ein ganz normaler Rechner wäre, der mehrere Sitzungen akzeptiert? Sehen wir uns kurz einmal an, was Trudy tun kann.

Um zu sehen, wie der Angriff von Trudy funktioniert, betrachten wir ▸Abbildung 8.32. Alice beginnt mit der Bekanntgabe ihrer Identität in Nachricht 1. Trudy fängt diese Nachricht ab und beginnt ihre eigene Sitzung mit Nachricht 2, in der sie behauptet, Bob zu sein. Auch hier haben wir wieder die schattierten Nachrichten in der zweiten Sitzung. Alice antwortet auf Nachricht 2: „Sie behaupten, Bob zu sein? Beweisen Sie dies in Nachricht 3“. An diesem Punkt hängt Trudy, weil sie nicht beweisen kann, dass sie Bob ist.

Was tut Trudy nun? Sie geht zur ersten Sitzung zurück, wo sie jetzt eine Aufforderung senden muss, und sendet das R_A, das sie in Nachricht 3 erhalten hat. Alice antwortet freundlich in Nachricht 5 und gibt Trudy so die Informationen, die sie benötigt, um die Nachricht 6 in der zweiten Sitzung zu senden. An diesem Punkt hat Trudy praktisch gewonnen, weil sie erfolgreich auf die Aufforderung von Alice in der zweiten Sitzung geantwortet hat. Sie kann die erste Sitzung nun abbrechen, eine beliebige alte Nummer für den Rest von Sitzung 2 senden und hat eine authentifizierte Sitzung mit Alice in der zweiten Sitzung.

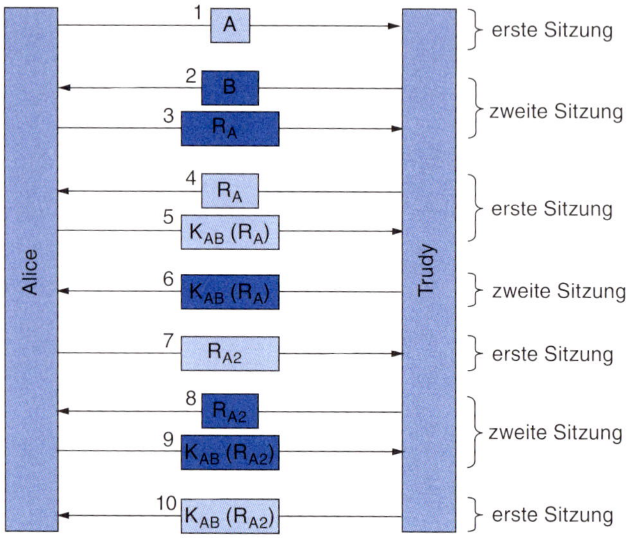

Abbildung 8.32: Ein Reflection-Angriff im Protokoll von Abbildung 8.29.

Doch Trudy ist eine Perfektionistin und sie will unbedingt ihre beachtlichen Fähigkeiten unter Beweis stellen. Anstatt eine alte Nummer zu senden, um die zweite Sitzung fertig aufzubauen, wartet sie, bis Alice die Nachricht 7 sendet, die Aufforderung von Alice für die erste Sitzung. Trudy weiß natürlich nicht, wie sie antworten soll, sodass sie den Reflection-Angriff erneut einsetzt und R_{A2} als Nachricht 8 zurücksendet. Alice verschlüsselt praktischerweise R_{A2} in Nachricht 9. Trudy wechselt nun in Sitzung 1 zurück und sendet Alice die gewünschte Nummer in Nachricht 10, kopiert aus dem, was Alice in Nachricht 9 gesendet hat. An dieser Stelle hat Trudy zwei vollständig authentifizierte Sitzungen mit Alice.

Der Angriff hat ein etwas anderes Ergebnis als ein Angriff bei dem Protokoll mit den drei Nachrichten, wie in Abbildung 8.31 gezeigt. Dieses Mal hat Trudy zwei authentifizierte Verbindungen mit Alice. Im vorherigen Beispiel hatte sie nur eine authentifizierte Verbindung mit Bob. Auch hier hätte der Angriff aufgehalten werden können, wenn wir alle allgemeinen oben erörterten Regeln für Authentifizierungsprotokolle befolgt hätten. Eine detaillierte Erörterung dieser Art von Angriffen und wie sie abgewehrt werden ist in Bird et al. (1993) enthalten. Sie zeigen auch, wie man systematisch Protokolle erstellen kann, die nachweisbar korrekt sind. Da bereits das einfachste dieser Protokolle relativ kompliziert ist, wollen wir hier eine andere Klasse von Protokollen zeigen, die auch funktioniert.

Das neue Authentifizierungsprotokoll wird in ▶Abbildung 8.33 (Bird et al., 1993) dargestellt. Es verwendet einen **HMAC** (*Hashed Message Authentication Code*), der die Integrität und Authentizität einer Nachricht garantiert. Ein einfacher und trotzdem mächtiger HMAC besteht aus einem Hash über der Nachricht sowie einem gemeinsamen Schlüssel. Wird der HMAC zusammen mit dem Rest der Nachricht gesendet, so kann kein Angreifer die Nachricht ändern oder fälschen: Änderungen auch nur eines

Bits würde zu einem fehlerhaften Hash führen und die Erzeugung eines gültigen Hash ist ohne Schlüssel nicht möglich. HMACs sind so beliebt, weil sie sehr effizient erstellt werden können (schneller als SHA-2 auszuführen und dann das Ergebnis mit RSA zu verschlüsseln).

Alice beginnt mit dem Senden einer Zufallszahl R_A an Bob als Nachricht 1. Eine Zufallszahl, die nur einmal in Sicherheitsprotokollen wie diesem verwendet wird, wird **Nonce** genannt, was mehr oder weniger eine Kurzform der englischen Bezeichnung „number used once" (einmal verwendete Nummer) ist. Bob antwortet, indem er seine eigene Nonce R_B auswählt und diese zusammen mit einem HMAC zurücksendet. Der HMAC ist aus einer Datenstruktur aufgebaut, die aus der Nonce von Alice, der von Bob, ihren Identitäten und dem gemeinsamen geheimen Schlüssel K_{AB} besteht. Aus dieser Datenstruktur wird dann mithilfe einer Hash-Funktion, z.B. SHA-2, der HMAC berechnet. Erhält Alice Nachricht 2, so hat sie nun R_A (das sie selbst gewählt hat), R_B, das als Klartext ankommt, zwei Identitäten und den geheimen Schlüssel K_{AB}, der bekannt ist, sodass sie den HMAC selbst berechnen kann. Stimmt dieser mit dem HMAC in der Nachricht überein, dann weiß sie, dass sie mit Bob spricht, da Trudy K_{AB} nicht kennt und daher nicht herausbekommen kann, welcher HMAC gesendet werden soll. Alice antwortet Bob mit einem HMAC, der nur die beiden Nonces enthält.

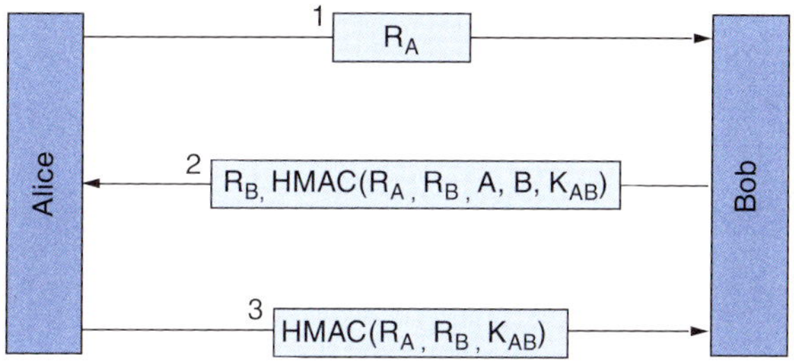

Abbildung 8.33: Authentifizierung mit HMACs.

Kann Trudy dieses Protokoll irgendwie unterlaufen? Nein, weil sie keine der beiden Parteien zwingen kann, einen von ihr gewählten Wert zu verschlüsseln oder dafür einen Hash zu bilden, wie dies in Abbildung 8.31 und Abbildung 8.32 passiert ist. Beide HMACs enthalten Werte, die von der sendenden Partei gewählt wurden, was Trudy nicht kontrollieren kann.

Für dieses Konzept können nicht nur HMACs verwendet werden. Ein alternatives Schema, das oftmals verwendet wird, besteht darin, nicht den HMAC über eine Reihe von Elementen zu berechnen, sondern diese Elemente sequenziell mit Cipher Block Chaining zu verschlüsseln.

8.9.2 Einrichten eines gemeinsamen Schlüssels: Das Schlüsselaustauschprotokoll von Diffie und Hellman

Bisher sind wir davon ausgegangen, dass Alice und Bob einen gemeinsamen Geheimschlüssel haben. Angenommen sie haben keinen (da es bislang keine universell akzeptierte PKI zur Signierung und Verteilung von Zertifikaten gibt). Wie können sie einen solchen Schlüssel einrichten? Eine Möglichkeit wäre, dass Alice Bob anruft und ihm ihren Schlüssel telefonisch durchgibt. Er würde wahrscheinlich aber so reagieren: „Wie kann ich wissen, dass Sie Alice und nicht Trudy sind?" Die beiden könnten ein Treffen vereinbaren, zu dem beide ihren Personalausweis, den Führerschein, drei Kreditkarten usw. mitbringen, aber viel beschäftigt, wie sie sind, würde ein beiden genehmer Termin wahrscheinlich erst in Wochen zustande kommen. Glücklicherweise gibt es, so unglaublich sich das anhört, eine Möglichkeit für völlig fremde Leute, am helllichten Tag einen gemeinsamen Geheimschlüssel zu vereinbaren, auch wenn Trudy fleißig alle Nachrichten aufzeichnet.

Das Protokoll, mit dem dies möglich ist, heißt **Diffie-Hellman-Schlüsselaustausch** (Diffie und Hellman, 1976). Es funktioniert wie folgt: Alice und Bob müssen sich auf zwei große Zahlen n und g einigen, wobei n eine Primzahl ist, ebenso wie $(n-1)/2$, und auf g bestimmte Bedingungen zutreffen. Diese Zahlen können öffentlich sein, sodass jeder von ihnen n und g auswählen und dem anderen mitteilen kann. Nun wählt Alice eine große Zahl x (z.B. 1.024 Bit groß) und hält sie geheim. Das Gleiche macht Bob mit y.

Alice leitet das Schlüsselaustauschprotokoll ein, indem sie Bob eine Nachricht mit (n, g, g^x mod n) sendet (▶Abbildung 8.34). Bob antwortet Alice mit der Nachricht g^y mod n. Alice erhebt die von Bob erhaltene Zahl in die x-te Potenz mod n und erhält so $(g^y \bmod n)^x$ mod n. Bob führt die gleiche Operation durch und erhält $(g^x \bmod n)^y$ mod n. Nach dem Gesetz der modularen Arithmetik ergeben beide Berechnungen g^{xy} mod n. Und siehe da, Alice und Bob haben damit einen Geheimschlüssel g^{xy} mod n.

Trudy zapft selbstverständlich auch diese beiden Nachrichten an. Sie kennt g und n aus Nachricht 1. Wenn sie x und y berechnen könnte, wäre sie in der Lage, den Geheimschlüssel herausfinden. Zu ihrem Pech kann sie mit g^x mod n allein x nicht ermitteln. Für die Berechnung diskreter Logarithmen modulo einer sehr großen Primzahl ist kein praktischer Algorithmus bekannt.

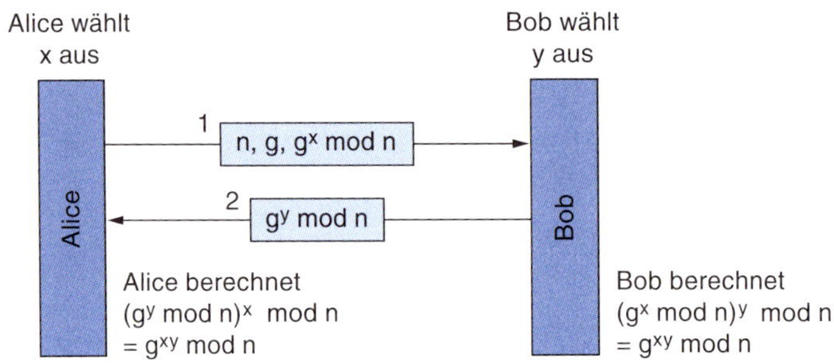

Abbildung 8.34: Das Schlüsselaustauschprotokoll von Diffie und Hellman.

Um das obige Beispiel zu konkretisieren, verwenden wir die (völlig unrealistischen) Werte n=47 und g=3. Alice wählt x=8 und Bob y=10. Beide werden geheim gehalten. Alices Nachricht an Bob lautet (47, 3, 28), weil 3^8 mod 47 28 ergibt. Bobs Nachricht an Alice ist (17). Alice berechnet 17^8 mod 47, was 4 ergibt. Bob berechnet 28^8 mod 47, was 4 ergibt. Alice und Bob haben unabhängig voneinander ermittelt, dass der geheime Schlüssel nun 4 ist. Trudy muss die Gleichung 3^x mod 47=28 lösen, was bei kleinen Zahlen wie dieser durch erschöpfende Suche durchgeführt werden kann. Aber wenn alle Zahlen Hunderte von Bits lang sind, funktioniert dies nicht mehr. Alle derzeit bekannten Algorithmen brauchen einfach zu lange, selbst auf blitzschnellen Rechnern mit zig Millionen Kernen.

Trotz der Eleganz des Diffie-Hellman-Algorithmus gibt es ein Problem: Wenn Bob das Tripel (47, 3, 28) erhält, kann er nicht unbedingt sicher sein, dass es von Alice und nicht von Trudy ist. Er hat keine Möglichkeit, das festzustellen. Trudy kann diese Tatsache ausnutzen und sowohl Alice als auch Bob täuschen (▸Abbildung 8.35). Während Alice und Bob *x* bzw. *y* wählen, wählt Trudy eine eigene Zufallszahl *z*. Alice sendet Nachricht 1 an Bob. Trudy fängt diese ab und sendet Nachricht 2 an Bob mit dem richtigen *g* und *n* (die ohnehin öffentlich sind), aber mit ihrem eigenen *z* anstelle von *x*. Sie sendet auch Nachricht 3 an Alice zurück. Später sendet Bob Nachricht 4 an Alice, die von Trudy wiederum abgefangen und zurückbehalten wird.

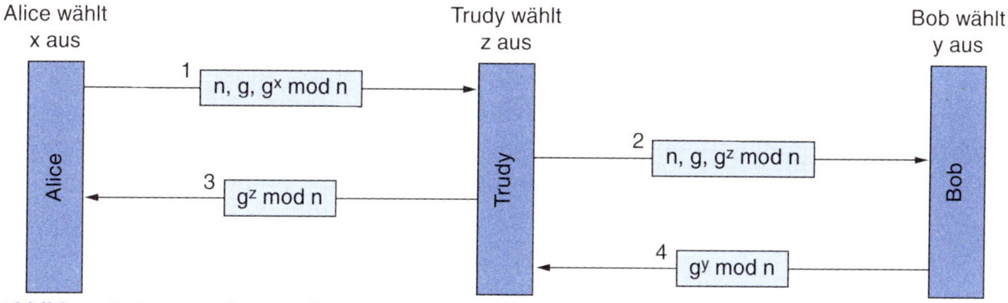

Abbildung 8.35: Der Bucket-Brigade- oder Man-in-the-Middle-Angriff.

Jetzt führt jeder die modulare Arithmetik durch. Alice berechnet den Geheimschlüssel als g^{xz} mod *n*, und Trudy macht das Gleiche (für die Nachrichten an Alice). Bob berechnet g^{yz} mod *n*, und Trudy macht wieder das Gleiche (für die Nachrichten an Bob). In der Annahme, mit Bob zu kommunizieren, richtet Alice (mit Trudy) einen Geheimschlüssel ein. Bob macht das Gleiche. Jede Nachricht, die Alice über die verschlüsselte Sitzung sendet, wird von Trudy abgefangen, gespeichert, nach Wunsch geändert und dann (wahlweise) an Bob weitergegeben. Die gleiche Prozedur erfolgt in entgegengesetzter Richtung. Trudy sieht alles und kann alle Nachrichten willkürlich ändern, während Alice und Bob überzeugt sind, über einen sicheren Kanal zu kommunizieren. Aus diesem Grund wird diese Attacke auch als **Man-in-the-Middle-Angriff** (**MITM**, Mittelsmann-Angriff) bezeichnet. Sie wird auch **Bucket-Brigade-Angriff** (Eimerketten-Angriff) genannt, weil sie Ähnlichkeit mit der Feuerwehr aus alten Zeiten hat.

8.9.3 Authentifizierung mithilfe eines Schlüsselverteilungszentrums

Wir haben gesehen, dass die Einrichtung eines Geheimschlüssels mit einem Fremden fast, aber nicht ganz funktioniert. Eventuell lohnt sich der ganze Aufwand überhaupt nicht. Um auf diese Weise mit *n* Leuten zu kommunizieren, braucht man *n* Schlüssel. Bei populären Personen wäre die Verwaltung der Schlüssel eine echte Belastung, insbesondere, wenn jeder Schlüssel auf einer eigenen Kunststoffchipkarte gespeichert werden muss.

Ein anderer Ansatz wird mit der Einführung eines vertrauenswürdigen Schlüsselverteilungszentrums (*Key Distribution Center, KDC*) verfolgt. Bei diesem Modell hat jeder Benutzer einen einzelnen Schlüssel gemeinsam mit dem KDC. Die Authentifizierung und die Verwaltung von Sitzungsschlüsseln erfolgen nun über das KDC. Das einfachste bekannte KDC-Authentifizierungsprotokoll mit zwei Parteien und einem vertrauenswürdigen KDC wird in ▶Abbildung 8.36 dargestellt.

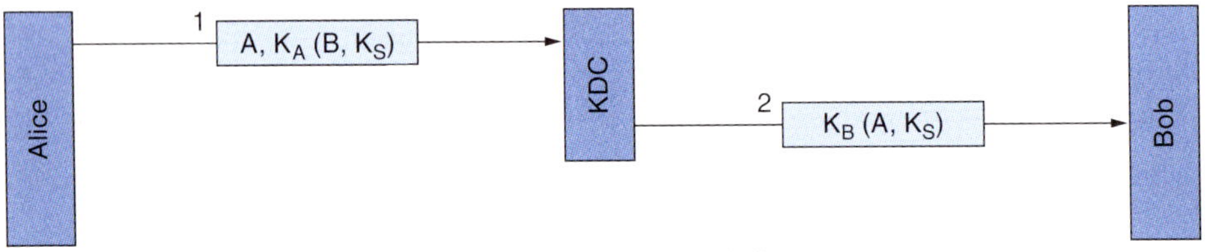

Abbildung 8.36: Ein erster Versuch zu einem Authentifizierungsprotokoll mit einem KDC.

Das Konzept für dieses Protokoll ist einfach: Alice wählt einen Sitzungsschlüssel K_S und teilt dem KDC mit, dass sie mittels K_S mit Bob kommunizieren will. Diese Nachricht ist mit dem Geheimschlüssel K_A, den nur Alice und das KDC kennen, verschlüsselt. Das KDC entschlüsselt diese Nachricht, entnimmt die Identität von Bob und den Sitzungsschlüssel. Dann sendet es eine Nachricht mit der Identität von Alice und dem Sitzungsschlüssel an Bob. Diese Nachricht wird mit K_B, dem Geheimschlüssel von Bob und dem KDC, verschlüsselt. Bob entschlüsselt diese Nachricht und erfährt, dass Alice mit ihm kommunizieren will und welchen Schlüssel sie dafür verwenden möchte.

Die Authentifizierung erfolgt hier kostenfrei. Das KDC weiß, dass Nachricht 1 nur von Alice kommen kann, da außer ihr und dem KDC selbst niemand den Geheimschlüssel kennt. Bob weiß, dass Nachricht 2 vom KDC, dem er vertraut, kommen muss, da niemand sonst seinen Geheimschlüssel kennt.

Leider weist dieses Protokoll einen schwerwiegenden Schwachpunkt auf. Trudy braucht Bares und denkt sich eine „ganz normale" Arbeit aus, die sie für Alice erbringen kann. Sie bewirbt sich und erhält den Job. Nach beendeter Arbeit fordert Trudy Alice dann höflich auf, mittels Banküberweisung zu bezahlen. Alice errichtet dann einen Sitzungsschlüssel mit ihrem Banker Bob. Dann sendet sie Bob eine Nachricht, in der sie ihn auffordert, Geld auf das Konto von Trudy zu überweisen.

Inzwischen ist Trudy wieder damit beschäftigt, im Netz zu schnüffeln. Sie kopiert Nachricht 2 von Abbildung 8.36 und den darauffolgenden Überweisungsauftrag. Später sendet sie beides erneut an Bob, der dieser Übertragung entnimmt, dass Alice Trudy noch einmal beschäftigt haben muss, weil sie wohl gute Arbeit leistet. Bob überträgt den gleichen Betrag vom Konto von Alice auf das von Trudy. Einige Zeit später, nach dem 50. Nachrichtenpaar, nimmt Bob mit Trudy Verbindung auf, um ihr ein Darlehensangebot zu machen, da ihr Geschäft offensichtlich phantastisch läuft. Dieses Problem nennt man **Replay-Attacke**.

Für eine Replay-Attacke gibt es mehrere Lösungen. Erstens kann man in jede Nachricht einen Zeitstempel einbinden. Erhält dann jemand eine überholte Nachricht, kann sie unverzüglich verworfen werden. Leider ist das problematisch, weil nicht alle Uhren im Netz gleich ticken, sodass eventuell auch der Zeitstempel kein verlässlicher Hinweis ist. Trudy kann mit ein wenig Aufwand Synchronisationslücken im Netz ausmachen und sie für ihre Replay-Nachrichten nutzen.

Die zweite Lösung ist, eine Nonce in jede Meldung einzufügen. Jede Partei muss sich an alle vorherigen Nonces erinnern und alle Nachrichten, die eine bereits benutzte Nonce enthalten, verwerfen. Diese Nonces müssen über viele Jahre gespeichert werden, weil Trudy eventuell eine fünf Jahre alte Nachricht abspielt. Stürzt eine Maschine ab, sodass die Liste der Nonces verloren geht, ist das Feld wieder frei für Replay-Attacken. Zeitstempel und Nonces können kombiniert werden, um einzuschränken, wie lang man sich Nonces merken muss. Allerdings wird das Protokoll hierdurch viel komplizierter.

Ein anspruchsvollerer Ansatz zur gegenseitigen Authentifizierung ist ein mehrwegiges Challenge-Response-Protokoll. Ein bekanntes Beispiel hierfür ist das **Needham-Schroeder-Authentifizierungsprotokoll** (Needham und Schroeder, 1978), von dem eine Variante in ▶Abbildung 8.37 dargestellt ist.

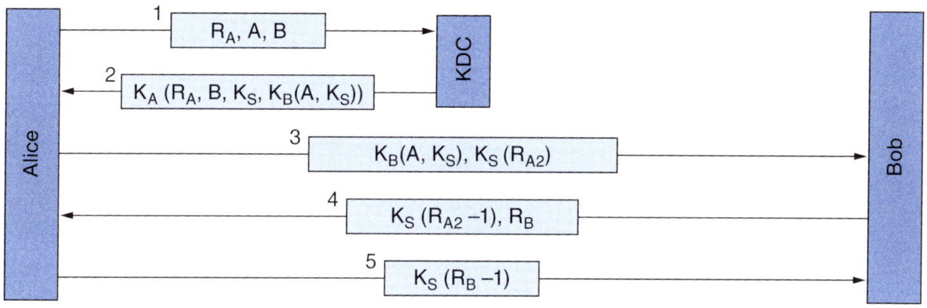

Abbildung 8.37: Das Needham-Schroeder-Authentifizierungsprotokoll.

Das Protokoll beginnt damit, dass Alice dem KDC die beabsichtigte Kommunikation mit Bob mitteilt. Diese Nachricht enthält eine große Zufallszahl R_A als Nonce. Das KDC sendet Nachricht 2 mit Alices Zufallsnummer, einem Sitzungsschlüssel und einem Ticket zurück, das sie an Bob senden kann. Mit der Zufallszahl R_A soll für Alice der Nachweis erbracht werden, dass Nachricht 2 neu und kein Replay ist. Bobs Identität ist ebenfalls enthalten für den Fall, dass Trudy das B in Nachricht 1 durch ihre eigene Identität ersetzt. In diesem Fall würde das KDC das Ticket am Ende von Nachricht 2 mit K_T anstelle von K_B verschlüsseln. Das mit K_B verschlüsselte Ticket ist in der verschlüsselten Nachricht eingebettet, sodass es auf dem Weg zu Alice nicht durch etwas anderes ersetzt werden kann.

Alice sendet das Ticket mit einer neuen Zufallszahl R_{A2}, mit Sitzungsschlüssel K_S verschlüsselt, an Bob. Mit Nachricht 4 sendet Bob $K_S(R_{A2}-1)$ zurück, um Alice zu beweisen, dass er der echte Bob ist. Das Zurücksenden von $K_S(R_{A2})$ hätte nicht funktioniert, weil Trudy dies gerade aus Nachricht 3 gestohlen haben könnte.

Nach Erhalt der Nachricht 4 ist Alice nun überzeugt, dass sie mit Bob kommuniziert und bislang keine Replays verwendet wurden. Schließlich hat sie R_{A2} gerade erst vor ein paar Millisekunden erzeugt. Mit Nachricht 5 soll Bob davon überzeugt werden, dass er mit der echten Alice verhandelt und keine Replays im Spiel sind. Da hier jede Partei für jede Nachricht eine Aufforderung und eine Antwort erzeugt, werden Replay-Angriffe ausgeschlossen.

Obwohl dieses Protokoll ziemlich stabil zu sein scheint, entdeckt man auf den zweiten Blick eine kleine Schwäche. Sollte es Trudy je gelingen, einen alten Sitzungsschlüssel im Klartext in die Hände zu bekommen, kann sie eine neue Sitzung zu Bob aufbauen und ihm Nachricht 3 vorspielen, mit der sie ihn davon überzeugt, dass sie Alice ist (Denning und Sacco, 1981). Diesmal könnte sie Alices Bankkonto plündern, ohne auch nur eine einzige „ganz normale" Arbeit erbracht zu haben.

Needham und Schroeder haben später ein Protokoll veröffentlicht, in dem dieses Problem behoben wurde (Needham und Schroeder, 1987). In der gleichen Zeitschriftausgabe haben Otway und Rees (1987) ebenfalls ein Protokoll veröffentlicht, das dieses Problem mit weniger Zeitaufwand löst. ▶Abbildung 8.38 zeigt das leicht modifizierte Otway-Rees-Protokoll.

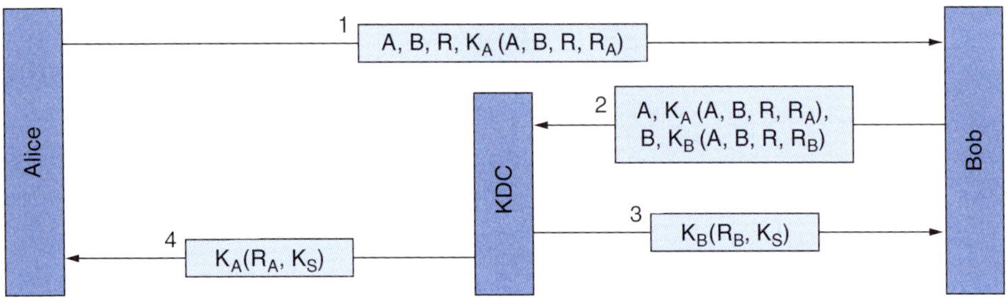

Abbildung 8.38: Das Otway-Rees-Authentifizierungsprotokoll (etwas vereinfacht).

Beim Otway-Rees-Protokoll beginnt Alice damit, dass sie ein Zufallszahlenpaar erzeugt: R als gemeinsamen Identifikator und R_A als Aufforderung an Bob. Nachdem Bob diese Nachricht erhalten hat, bildet er aus dem verschlüsselten Teil von Alices Nachricht eine neue und eine analoge von ihm. Beide mit K_A und K_B verschlüsselten Teile identifizieren Alice und Bob und enthalten sowohl den gemeinsamen Bezeichner als auch eine Aufforderung.

Das KDC prüft, ob R in beiden Teilen gleich ist. Dies trifft zum Beispiel nicht zu, wenn Trudy R in Nachricht 1 gefälscht oder einen Teil von Nachricht 2 ersetzt hat. Wenn die beiden R übereinstimmen, glaubt das KDC, dass die Anforderungsnachricht von Bob gültig ist. Es erzeugt einen Sitzungsschlüssel und verschlüsselt ihn zweimal, einmal für Alice und einmal für Bob. Jede Nachricht enthält die Zufallszahl des Empfängers als Nachweis, dass sie vom KDC und nicht von Trudy erzeugt wurden. Damit besitzen Alice und Bob den gleichen Sitzungsschlüssel und können mit der Übertragung beginnen. Beim ersten Austausch von Datennachrichten können beide erkennen, dass die jeweils andere Partei eine identische Kopie von K_S besitzt, sodass die Authentifizierung damit abgeschlossen ist.

8.9.4 Authentifizierung mit Kerberos

Ein in vielen echten Systemen (wie Windows) benutztes Authentifizierungsprotokoll ist **Kerberos**, das auf einer Variante von Needham-Schroeder basiert. Das Protokoll wurde nach dem mehrköpfigen Hund aus der griechischen Mythologie benannt, der den Eingang zum Hades bewacht (sicherlich, um unerwünschte Besucher fernzuhalten). Kerberos wurde am MIT mit dem Ziel entwickelt, Workstation-Benutzern sicheren Zugriff auf Netzressourcen zu ermöglichen. Der größte Unterschied zwischen Kerberos und dem Needham-Schroeder-Protokoll liegt in der Annahme, dass alle Uhren relativ synchron sind. Das Protokoll hat mehrere Überarbeitungen durchlaufen. V5 ist die heute in der Industrie am meisten verwendete Version und wird in RFC 4120 definiert. Die Vorgängerversion V4 wurde zurückgezogen, nachdem ernste Fehler gefunden wurden (Yu et al., 2004). V5 zeichnet sich gegenüber V4 durch viele kleine Änderungen aus sowie durch einige verbesserte Funktionen, z.B. dass es nicht mehr auf dem inzwischen veralteten DES aufsetzt. Weitere Informationen finden Sie in Sood (2012).

Zusätzlich zu Alice (einer Client-Workstation) umfasst Kerberos drei Server:

- Authentifizierungsserver (AS): Prüft Benutzer beim Anmelden.
- Ticketausgabe-Server (TGS, *Ticket-Granting Server*): Gibt die zum Nachweis der Identität benutzten Tickets aus.
- Bob-Server: Führt die Arbeit aus, die Alice anfordert.

Der AS ist mit einem KDC dahingehend vergleichbar, dass er gemeinsam mit jedem Benutzer ein geheimes Passwort teilt. Der TGS hat die Aufgabe, Tickets auszugeben, die die wahren Server davon überzeugen können, dass der Inhaber eines TGS-Tickets tatsächlich der ist, der er behauptet zu sein.

Um eine Sitzung zu beginnen, setzt sich Alice an eine beliebige öffentliche Workstation und tippt ihren Namen ein. Die Workstation sendet ihren Namen und den Namen des TGS im Klartext an den AS (Nachricht 1 in ▶Abbildung 8.39). Was zurückkommt, ist ein Sitzungsschlüssel und ein Ticket $K_{TGS}(A, K_S, t)$, das für den TGS bestimmt ist. Diese Elemente werden mit dem Geheimschlüssel von Alice verschlüsselt, sodass sie nur von Alice entschlüsselt werden können. Erst bei Ankunft von Nachricht 2 fordert die Workstation das Passwort von Alice an. Mit dem Passwort wird dann K_A erzeugt, um Nachricht 2 zu entschlüsseln sowie den darin enthaltenen Sitzungsschlüssel zu erhalten.

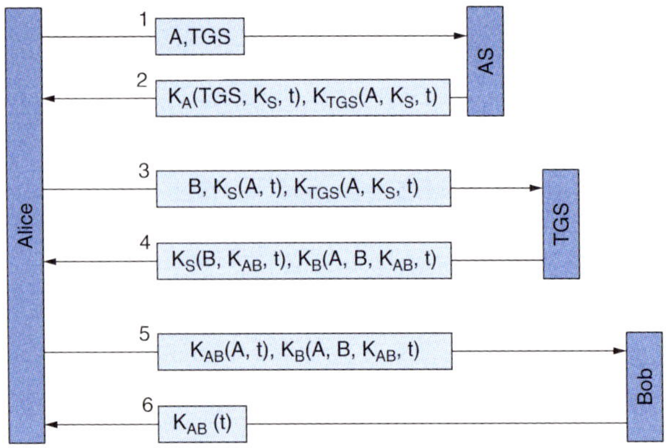

Abbildung 8.39: Ablauf von Kerberos V4.

An diesem Punkt überschreibt die Workstation Alices Passwort, um sicherzustellen, dass es sich höchstens ein paar Millisekunden in der Workstation befindet. Versucht Trudy, sich als Alice anzumelden, wird sie von der Workstation aufgrund eines falschen Passworts abgewiesen, weil sich der Standardteil von Nachricht 2 geändert hat.

Nachdem sich Alice angemeldet hat, kann sie der Workstation mitteilen, dass sie mit dem Dateiserver Bob Kontakt aufnehmen möchte. Die Workstation sendet Nachricht 3 an den TGS und fordert ein Ticket für den Einsatz mit Bob an. Das wichtigste Element in dieser Anforderung ist $K_{TGS}(A, K_S, t)$, das mit dem geheimen Schlüssel des TGS verschlüsselt wird und als Beweis dient, dass der Sender wirklich Alice ist. Der TGS antwortet Alice in Nachricht 4 mit der Erzeugung eines Sitzungsschlüssels K_{AB}, den sie zur Kommunikation mit Bob verwenden kann. Davon werden zwei Versionen zurückgeschickt. Die erste ist nur mit K_S verschlüsselt und kann von Alice gelesen werden. Die zweite ist ein weiteres Ticket, das mit dem Schlüssel von Bob K_B verschlüsselt ist, sodass Bob es lesen kann.

Trudy kann Nachricht 3 kopieren und versuchen, sie wiederzuverwenden, wird aber aufgrund des verschlüsselten Zeitstempels t, der mit der Nachricht gesendet wird, zurückgewiesen. Sie kann den Zeitstempel nicht durch einen neueren ersetzen, weil sie K_S, den Sitzungsschlüssel von Alice für die Kommunikation mit TGS, nicht kennt. Auch wenn Trudy Nachricht 3 schnell abspielt, erhält sie lediglich eine Kopie von Nachricht 4, die sie beim ersten Mal nicht entschlüsseln konnte und auch diesmal nicht entschlüsseln kann.

Nun kann Alice K_{AB} über das neue Ticket an Bob senden und eine Sitzung mit ihm aufbauen (Nachricht 5). Auch dieser Informationsaustausch erhält einen Zeitstempel. Die optionale Antwort (Nachricht 6) ist der Nachweis, dass Alice wirklich mit Bob, nicht mit Trudy, kommuniziert.

Nach dieser Abfolge von Nachrichten kann Alice mit Bob unter dem Schutzmantel von K_{AB} kommunizieren. Entschließt sie sich später, mit dem Server Carol zu kommunizieren, muss sie lediglich Nachricht 3 zum TGS wiederholen, nur diesmal C anstelle von B angeben. Der TGS antwortet prompt mit einem mit K_C verschlüsselten Ticket, das Alice an Carol senden kann, die es als Nachweis der Identität von Alice annimmt.

Der springende Punkt all dieser Mühe ist, dass Alice nun im gesamten Netz sicher auf Server zugreifen kann. Ihr Passwort muss nie im Netz verteilt werden. Es lag nur einige Millisekunden lang auf ihrer eigenen Workstation vor. Jeder Server ist aber für seine eigene Autorisation zuständig. Wenn Alice ihr Ticket Bob vorlegt, erhält er lediglich den Beweis, von wem es kommt. Wozu Alice berechtigt ist, liegt bei Bob.

Da nicht zu erwarten war, dass die ganze Welt nur einem einzigen Authentifizierungsserver trauen würde, trafen Kerberos-Entwickler Vorkehrungen für mehrere **Bereiche** (*realm*) mit je einem eigenen AS und TGS. Um ein Ticket für einen Server in einem entfernten Bereich zu erhalten, würde Alice ihren eigenen TGS um ein Ticket bitten, das der TGS im entfernten Bereich akzeptiert. Hat sich der entfernte TGS beim lokalen TGS (auf die für lokale Server übliche Weise) registriert, gibt der lokale TGS Alice ein für den entfernten TGS gültiges Ticket. Mit diesem Ticket kann sie auf die Server in diesem Bereich zugreifen. Zu beachten ist hier, dass zwei Parteien aus verschiedenen Bereichen, die miteinander kommunizieren wollen, dem TGS des jeweils anderen vertrauen müssen. Ansonsten ist keine Kommunikation möglich.

8.9.5 Authentifizierung mithilfe öffentlicher Verschlüsselung

Die gegenseitige Authentifizierung kann auch mit öffentlichen Schlüsseln erfolgen. Zu Beginn benötigt Alice den öffentlichen Schlüssel von Bob. Wenn eine PKI mit einem Verzeichnisserver existiert, der die Zertifikate für öffentliche Schlüssel ausgibt, kann Alice nach dem Schlüssel von Bob fragen (in ▶Abbildung 8.40 als Nachricht 1). Die Antwort in Nachricht 2 ist ein X.509-Zertifikat, das den öffentlichen Schlüssel von Bob enthält. Nachdem Alice verifiziert hat, dass die Signatur korrekt ist, sendet sie Bob eine Nachricht mit ihrer Identität und einer Nonce.

Erhält Bob diese Nachricht, kann er zunächst nicht wissen, ob sie von Alice oder Trudy kommt. Er spielt aber mit und fragt den Verzeichnisserver nach dem öffentlichen Schlüssel für Alice (Nachricht 4), den er sodann erhält (Nachricht 5). Er sendet Alice in Nachricht 6 das R_A von Alice, seine eigene Nonce R_B und einen vorgeschlagenen Sitzungsschlüssel K_S.

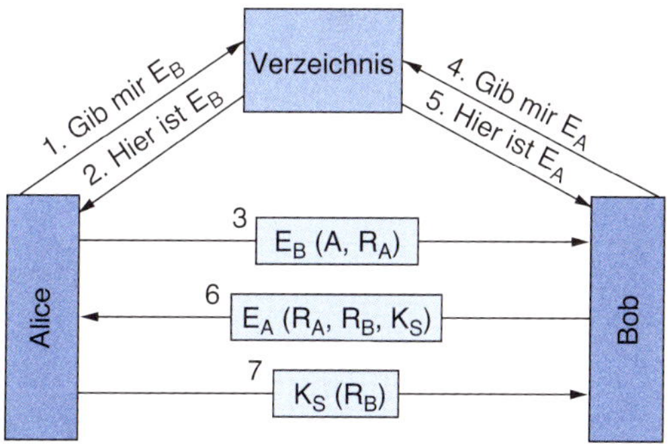

Abbildung 8.40: Gegenseitige Authentifizierung mithilfe öffentlicher Schlüssel.

Alice erhält Nachricht 6 und entschlüsselt sie mithilfe ihres privaten Schlüssels. Das R_A in der Nachricht nimmt sie mit Freuden zur Kenntnis, denn jetzt weiß sie, dass die Nachricht von Bob sein muss, da Trudy keine Möglichkeit hat, R_A zu ermitteln. Außerdem ist dadurch sichergestellt, dass die Nachricht aktuell ist, weil Alice eben erst R_A an Bob gesendet hat. Alice stimmt der Sitzung durch Zurücksenden von Nachricht 7 zu. Wenn Bob sieht, dass R_B mit dem soeben von ihm erzeugten Sitzungsschlüssel verschlüsselt ist, dann weiß er, dass Alice Nachricht 6 erhalten und R_A geprüft hat. Jetzt freut sich auch Bob.

Wie kann Trudy dieses Protokoll unterlaufen? Sie könnte Nachricht 3 fabrizieren und sich Bob gegenüber als Alice ausgeben. Alice würde dann aber ein R_A erhalten, das sie nicht gesendet hat, und die Sitzung abbrechen. Trudy kann Nachricht 7 an Bob nicht fälschen, weil sie weder R_B noch K_S kennt und diese ohne Alices privaten Schlüssel auch nicht ermitteln kann. Diesmal hat sie Pech.

8.10 Kommunikationssicherheit

Damit haben wir unsere Untersuchung der verfügbaren Werkzeuge abgeschlossen und Ihnen die wichtigsten Techniken und Protokolle vorgestellt. Der Rest dieses Kapitels beschreibt, wie diese Techniken in der Praxis zur Gewährleistung der Netzsicherheit eingesetzt werden. Am Ende des Kapitels gehen wir noch auf die sozialen Aspekte der Sicherheit ein.

Die folgenden Abschnitte sind dem Thema Kommunikationssicherheit gewidmet, also wie die Bits unerkannt und ohne Änderung von der Quelle zum Ziel gelangen und wie unerwünschte Bits draußen vor der Tür bleiben. Dies sind beileibe nicht die einzigen Sicherheitsthemen in der Netzwerktechnik, aber sie gehören sicherlich zu den wichtigsten.

8.10.1 IPsec

Der IETF war seit Jahren bekannt, dass es so gut wie keine Sicherheit im Internet gab. Diese zu ergänzen, war nicht einfach, weil ein Krieg darüber entbrannte, wo diese Eingriffe genau erfolgen sollten. Die meisten Sicherheitsexperten sind der Meinung, dass für absolute Sicherheit die Verschlüsselung und Integritätsprüfung von Ende-zu-Ende durchgeführt werden müssen (also in der Anwendungsschicht). Das bedeutet, der Quellprozess verschlüsselt und/oder schützt die Integrität der Daten und sendet diese an den Zielprozess, wo sie entschlüsselt und/oder verifiziert werden. Irgendwelche Manipulationen, die zwischen diesen beiden Prozessen oder in den beiden Betriebssystemen vorgenommen werden, können so entdeckt werden. Das Problem bei diesem Ansatz ist, dass alle Anwendungen geändert werden müssen, da sie jetzt für die Sicherheit zuständig sind. Angesichts dieses Aufwands besteht der nächstbeste Ansatz darin, die Verschlüsselung in der Transportschicht beziehungsweise in einer neuen Schicht zwischen der Anwendungsschicht und der Transportschicht vorzunehmen, sodass immer noch Ende-zu-Ende gewährleistet ist, aber keine Anwendungen geändert werden müssen.

Die gegenteilige Ansicht ist, dass Benutzer von Sicherheit keine Ahnung haben und sich nicht richtig schützen können und darüber hinaus auch niemand vorhandene Programme modifizieren möchte, sodass die Vermittlungsschicht die Pakete authentifizieren und/oder verschlüsseln sollte, ohne Einbezug der Benutzer. Nach Jahren harter Kämpfe gewann diese Ansicht ausreichend Anhänger, sodass ein Sicherheitsstandard für die Vermittlungsschicht definiert wurde. Teilweise wurde damit argumentiert, dass bei einer Verschlüsselung auf der Vermittlungsschicht sicherheitsbewusste Benutzer immer noch die Möglichkeit hätten, selbst Maßnahmen zu ergreifen, während Benutzer ohne Sicherheitsbewusstsein zum Teil geschützt wären.

Das Ergebnis dieser Auseinandersetzung war ein Entwurf namens **IPsec** (*IP security*, IP-Sicherheit), der unter anderem in vielen RFCs beschrieben wurde. Nicht alle Benutzer wollen eine Verschlüsselung (da sie berechnungstechnisch aufwendig ist). Anstatt jedoch die Verschlüsselung optional zu machen, entschied man sich für eine obligatorische Verschlüsselung mit der Option, einen Null-Algorithmus zu verwenden. Der Null-Algorithmus wird in RFC 2410 beschrieben und zeichnet sich durch Einfachheit, leichte Implementierbarkeit und hohe Geschwindigkeit aus.

Der gesamte IPsec-Entwurf ist ein Framework von mehreren Diensten, Algorithmen und Granularitäten. Es gibt mehrere Dienste, weil nicht jeder den Preis dafür zahlen möchte, alle Dienste immer bereit zu haben, sodass die Dienste à la carte verfügbar sind. Zum Beispiel dürfte jemand, der einen Film von einem entfernten Server streamt, nicht allzu sehr an Verschlüsselung interessiert sein (auch wenn der Inhaber des Urheberrechts das wahrscheinlich anders sieht). Die wichtigsten Dienste sind Datenschutz, Datenintegrität, Schutz vor Replay-Angriffen (Eindringling spielt die Konversation erneut ab). Alle diese Dienste basieren auf einer symmetrischen Verschlüsselung, da hohe Leistung äußerst wichtig ist.

Der Grund, warum es mehrere Algorithmen gibt, ist, dass ein Algorithmus, der heute als sicher gilt, morgen gebrochen werden kann. Durch diese Unabhängigkeit von einem bestimmten Algorithmus kann das IPsec-Framework weiterbestehen, selbst wenn einer der Algorithmen später gebrochen wird. Der Wechsel zu Algorithmus #2 ist wesentlich einfacher, als ein neues Framework zu erstellen.

Der Grund, warum es verschiedene Granularitäten gibt, ist es zu ermöglichen, unter anderem eine einzelne TCP-Verbindung, den gesamten Verkehr zwischen zwei Hosts oder den gesamten Datenverkehr zwischen zwei sicheren Routern zu schützen.

Ein etwas überraschender Aspekt bei IPsec ist, dass es verbindungsorientiert ist, obwohl es sich in der IP-Schicht befindet. So überraschend ist es wiederum nicht, weil zur Gewährleistung von Sicherheit auf alle Fälle ein Schlüssel für eine bestimmte Zeitspanne eingerichtet und verwendet werden muss – im Grunde eine Art von Verbindung, nur unter einem anderen Namen. Die Verbindungen amortisieren außerdem die Einrichtungskosten über viele Pakete. Eine „Verbindung" im Zusammenhang mit IPsec wird als **Sicherheitsassoziation** (*security association*) bezeichnet.

Eine Sicherheitsassoziation ist eine Simplexverbindung zwischen zwei Endpunkten, mit der ein Sicherheitsidentifikator verknüpft ist. Ist in beiden Richtungen sicherer Datenverkehr erforderlich, so sind zwei Sicherheitsassoziationen erforderlich. Sicherheitsidentifikatoren werden in Paketen übertragen, die auf diesen sicheren Verbindungen reisen. Mit ihnen werden Schlüssel und andere relevante Informationen nachgeschlagen, wenn ein sicheres Paket ankommt.

Technisch gesehen besteht IPsec aus zwei Teilen. Der erste Teil beschreibt zwei neue Header, die zu Paketen hinzugefügt werden können, um den Sicherheitsidentifikator, die Daten zur Integritätskontrolle und andere Informationen zu übertragen. Der andere Teil namens **ISAKMP** (*Internet Security Association and Key Management Protocol*) bezieht sich auf das Einrichten von Schlüsseln. ISAKMP ist ein Framework. Das Hauptprotokoll, das die ganze Arbeit macht, ist **IKE** (*Internet Key Exchange*). Durch immer neue Versionen wurde sichergestellt, dass die Fehler beseitigt wurden.

IPsec kann in einem von zwei Modi eingesetzt werden. Im **Transportmodus** wird der IPsec-Header direkt nach dem IP-Header eingefügt. Das Feld *Protocol* im IP-Header wird geändert um anzugeben, dass auf den normalen IP-Header ein IPsec-Header folgt (vor dem TCP-Header). Der IPsec-Header enthält Sicherheitsinformationen, vor allem den Sicherheitsidentifikator, eine neue Sequenznummer und möglicherweise eine Integritätsprüfung der Nutzdaten.

Im **Tunnelmodus** wird das gesamte IP-Paket, einschließlich Header und Daten, im Hauptteil eines neuen IP-Pakets mit einem vollständig neuen IP-Header gekapselt. Der Tunnelmodus ist nützlich, wenn der Tunnel an einem anderen Ort als dem Endziel endet. In einigen Fällen ist das Ende des Tunnels ein Sicherheits-Gateway, beispielsweise eine Firewall in einem Unternehmen. Dies ist in der Regel bei einem VPN (virtuelles privates Netzwerk) der Fall. In diesem Modus kapselt und entkapselt das Sicherheits-Gateway Pakete, wenn sie durch das Gateway gehen. Indem der Tunnel bei diesem sicheren Rechner endet, brauchen die Rechner im Unternehmens-LAN IPsec nicht zu kennen. Nur das Sicherheits-Gateway muss es kennen.

Der Tunnelmodus ist ebenfalls nützlich, wenn ein Bündel von TCP-Verbindungen zusammengefasst und als verschlüsselter Strom behandelt wird, da dies einen Eindringling davon abhält zu erkennen, wer wie viele Pakete an wen sendet. Es ist manchmal schon eine wertvolle Information, wenn man weiß, wie viele Daten in welche Richtung fließen. Wenn beispielsweise in einer Militärkrise der Datenverkehr zwischen dem Pentagon und dem Weißen Haus stark abfällt, aber der Datenverkehr zwischen dem Pentagon und einer Militärbasis tief in den Rocky Mountains von Colorado entsprechend zunimmt, kann ein Eindringling daraus wertvolle Schlüsse ziehen. Die Untersuchung der Flussmuster von Paketen, selbst wenn sie verschlüsselt sind, nennt man **Datenverkehrsanalyse** (*traffic analysis*). Der Tunnelmodus ist eine Möglichkeit, diese Analyse bis zu einem bestimmten Grad zu vereiteln. Der Nachteil des Tunnelmodus ist, dass hier ein zusätzlicher IP-Header hinzugefügt wird, was die Paketgröße erheblich erhöht. Demgegenüber wirkt sich der Transportmodus nicht sehr auf die Paketgröße aus.

Der erste neue Header ist zur **Authentifizierung, AH** (*Authentication Header*). Er bietet Integritätsprüfung und Sicherheit gegen Replay-Angriffe, aber keinen Datenschutz (also keine Verschlüsselung). Die Verwendung dieses Headers im Transportmodus ist in ▶Abbildung 8.41 dargestellt. In IPv4 steht er zwischen dem IP-Header (einschließlich beliebiger Optionen) und dem TCP-Header. In IPv6 ist er nur ein zusätzlicher Erweiterungs-Header und wird auch als solcher behandelt. Das Format ist dem eines standardmäßigen IPv6-Erweiterungs-Headers sehr ähnlich. Die Nutzdaten müssen für den Authentifizierungsalgorithmus eventuell wie gezeigt auf eine bestimmte Länge aufgefüllt werden.

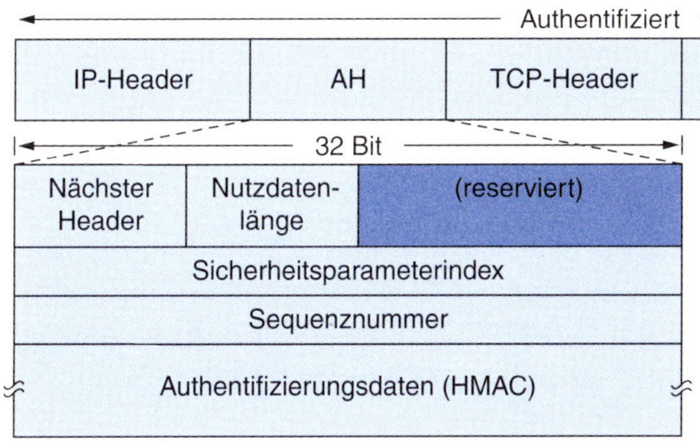

Abbildung 8.41: Der Header zur Authentifizierung, AH, von IPsec im Transportmodus für IPv4.

Untersuchen wir nun AH kurz. Im Feld *Next Header* wird der vorherige Wert des IP-Felds *Protocol* gespeichert, bevor er durch 51 ersetzt wurde, um anzugeben, dass ein AH folgt. In den meisten Fällen steht hier der Code für TCP (6). Die *Payload Length* gibt die Anzahl der 32-Bit-Wörter im AH minus 2.

Der *Security Parameters Index* ist der Verbindungsidentifikator. Er wird vom Sender eingefügt, um einen bestimmten Datensatz in der Datenbank des Empfängers anzugeben. Dieser Datensatz enthält den gemeinsamen Schlüssel, der bei dieser Verbindung verwendet wird, sowie andere Informationen über diese Verbindung. Wenn das Protokoll von der ITU anstatt der IETF erfunden worden wäre, würde dieses Feld den Namen *Virtual Circuit Number* tragen.

Das Feld *Sequence Number* dient zur Nummerierung der Pakete, die auf einer Sicherheitsassoziation gesendet wurden. Alle Pakete erhalten eine eindeutige Nummer, selbst erneute Übertragungen. Anders ausgedrückt, ein neu übertragenes Paket erhält eine andere Nummer als das Original (selbst wenn seine TCP-Sequenznummer die gleiche ist). Der Zweck dieses Feldes ist es, Replay-Angriffe zu entdecken. Diese Sequenznummern dürfen sich nicht wiederholen. Sind alle 2^{32} erschöpft, muss eine neue Sicherheitsassoziation erstellt werden, um die Kommunikation fortzusetzen.

Schließlich kommen wir noch zu *Authentication Data*, ein Feld variabler Länge, das die digitale Signatur der Nutzdaten enthält. Wird die Sicherheitsassoziation errichtet, verhandeln die beiden Seiten, welcher Signaturalgorithmus verwendet wird. In der Regel wird hier keine Verschlüsselung mit öffentlichem Schlüssel verwendet, da die

Pakete extrem schnell verarbeitet werden müssen und alle bekannten Algorithmen für öffentliche Schlüssel zu langsam sind. Da IPsec auf der symmetrischen Verschlüsselung basiert und Sender und Empfänger einen gemeinsamen Schlüssel aushandeln, bevor eine Sicherheitsassoziation errichtet wird, wird der gemeinsame Schlüssel bei der Berechnung der Signatur verwendet. Anders ausgedrückt, IPsec verwendet einen HMAC ähnlich dem, der im Abschnitt über Authentifizierung mithilfe gemeinsamer Schlüssel beschrieben wurde. Er kann, wie bereits erwähnt, viel schneller berechnet werden, als erst SHA-2 und dann auf dem Ergebnis RSA auszuführen.

Der AH erlaubt keine Verschlüsselung der Daten, sodass er am nützlichsten ist, wenn eine Integritätsprüfung, aber kein Datenschutz benötigt wird. Eine bemerkenswerte Eigenschaft des AH ist, dass die Integritätsprüfung einige Felder im IP-Header beinhaltet, und zwar diejenigen, die sich nicht verändern, während die Pakete von Router zu Router gesendet werden. Das Feld *Time to Live* verändert sich bei jeder Teilstrecke, sodass es sich nicht für die Integritätsprüfung eignet. Es wird aber die IP-Quelladresse in die Prüfung mit aufgenommen, sodass ein Eindringling den Ursprung des Pakets unmöglich fälschen kann.

Der alternative IPsec-Header ist **ESP** (*Encapsulating Security Payload*, Kapselung der Sicherheitsnutzdaten). Er wird sowohl für den Transport- als auch den Tunnelmodus verwendet und ist in ▶Abbildung 8.42 dargestellt.

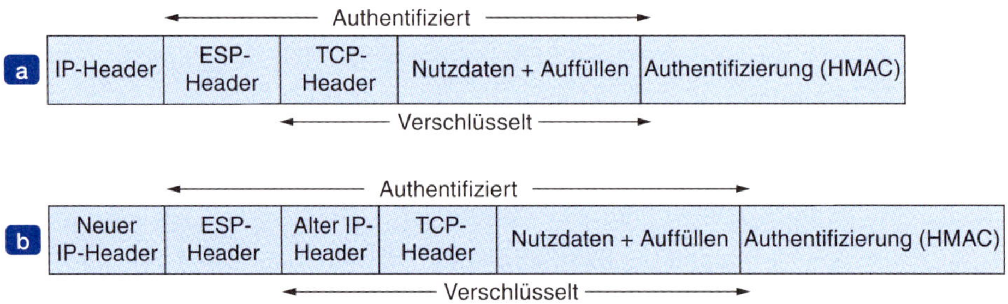

Abbildung 8.42: (a) ESP im Transportmodus. (b) ESP im Tunnelmodus.

Der ESP-Header besteht aus zwei 32-Bit-Wörtern. Es sind die vom AH bekannten Felder *Security Parameters Index* und *Sequence Number*. Ein drittes Wort, das im Allgemeinen darauf folgt (aber technisch nicht zum Header gehört), ist der *Initialization Vector*, der für die Datenverschlüsselung verwendet wird. Wird die Null-Verschlüsselung eingesetzt, fällt dies weg.

ESP stellt wie AH auch HMAC-Integritätsprüfungen bereit, die aber, anstatt in den Header aufgenommen zu werden, nach den Nutzdaten folgen, wie in Abbildung 8.42 gezeigt. HMAC ans Ende zu stellen, hat bei einer Hardware-Implementierung einen Vorteil: Der HMAC kann berechnet werden, während die Bits über die Netzwerkschnittstelle übertragen werden, und am Ende angehängt werden. Deshalb haben Ethernet und andere LANs ihre CRCs in einem Trailer anstatt im Header. Bei AH muss das Paket gepuffert und die Signatur berechnet werden, bevor das Paket gesendet werden kann, was die Anzahl der sendbaren Pakete/Sekunde eventuell reduziert.

In Anbetracht der Tatsache, dass ESP genauso viel und mehr als AH kann und effizienter zu booten ist, stellt sich die Frage: Warum braucht man AH überhaupt? Die Antwort hat überwiegend historische Gründe. Ursprünglich war AH nur für die Integrität zuständig und ESP für die Geheimhaltung der Daten. Später wurde ESP um die Integrität erweitert, aber die Entwickler von AH wollten es nach der ganzen Arbeit nicht einfach in der Versenkung verschwinden lassen. Ihr einziges echtes Argument ist, dass AH einen Teil des IP-Headers prüft, was ESP nicht macht. Doch abgesehen davon ist es ein schwaches Argument. Ein weiteres schwaches Argument ist, dass ein Produkt, das nur AH, aber nicht ESP unterstützt, weniger Schwierigkeiten hat, eine Exportlizenz zu erwerben, da es keine Verschlüsselung unterstützt. AH wird in Zukunft vermutlich verschwinden.

8.10.2 Virtuelle private Netze

Viele Unternehmen haben Niederlassungen und Produktionsstätten in verschiedenen Städten, manchmal sogar in verschiedenen Ländern. In früheren Zeiten, als es noch keine öffentlichen Datennetze gab, mieteten diese Unternehmen von der Telefongesellschaft Standleitungen zwischen einigen oder allen Standortpaaren. Manche Unternehmen verfolgen diese Strategie noch heute. Ein Netzwerk, das aus Unternehmensrechnern und Standleitungen besteht, wird als **privates Netz** bezeichnet.

Private Netze funktionieren prima und sind sehr sicher. Wenn nur Standleitungen verfügbar sind, kann kein Datenverkehr das Unternehmen verlassen, weil es keine undichten Stellen gibt. Eindringlinge müssten die Leitungen physisch anzapfen, was nicht so einfach ist. Das Problem bei privaten Netzen ist, dass die Miete einer Standleitung zwischen zwei Punkten sehr teuer ist. Als öffentliche Datennetze und später das Internet aufkamen, wollten viele Unternehmen ihren Datenverkehr (und eventuell auch den Sprachverkehr) auf ein öffentliches Netz übertragen, ohne dabei auf die Sicherheit von privaten Netzen zu verzichten.

Diese Forderung führte bald zur Erfindung von **virtuellen privaten Netzen** (**VPN**s, *Virtual Private Network*), bei denen es sich um sogenannte Overlay-Netze handelt, die auf den öffentlichen Netzen aufsetzen, aber die meisten Eigenschaften von privaten Netzen aufweisen. Sie werden als „virtuell" bezeichnet, weil sie nur in der Vorstellung vorhanden sind, so wie virtuelle Verbindungen keine wirklichen Leitungen sind und virtueller Speicher kein echter Speicherchip.

Beliebt ist der Ansatz, die VPNs direkt auf dem Internet aufzusetzen. Ein gängiger Entwurf ist, jedes Büro mit einer Firewall auszustatten und Tunnel durch das Internet zwischen allen Niederlassungen aufzubauen, wie in ▶Abbildung 8.43a dargestellt. Ein weiterer Vorteil, das Internet zur Konnektivität zu verwenden, ist, dass die Tunnel bei Bedarf so eingerichtet werden können, dass der Rechner eines Angestellten, der zu Hause arbeitet oder beruflich unterwegs ist, mitberücksichtigt wird, sofern diese Person einen Internetanschluss hat. Diese Flexibilität ist viel größer als bei Standleitungen, doch aus der Perspektive der Rechner im VPN sieht die Topologie genauso aus wie beim privaten Netz (Abbildung 8.43b). Wenn das System hochgefahren wird, muss jedes Firewall-Paar die Parameter seiner Sicherheitsassoziation verhandeln, einschließlich der Dienste, Modi, Algorithmen und Schlüssel. Wird IPsec zum Tunneling verwendet, so kann der gesamte Datenverkehr zwischen zwei Niederlassungen in einer authentifizierten, verschlüsselten Sicherheitsassoziation zusammengefasst und somit Integritätskontrolle, Geheimhaltung und sogar eine bedeutende Immunität gegenüber Datenverkehrsanalysen bereitgestellt werden. Viele Firewalls haben VPN-Funktionen integriert, aber diese können auch von ganz normalen Routern übernommen werden. Da Firewalls vor allem der Sicherheit dienen, ist es normal, dass die Tunnel an den Firewalls beginnen und enden, was eine klare Trennung zwischen Unternehmen und Internet herstellt. So sind Firewalls, VPNs und IPsec mit ESP im Tunnelmodus eine natürliche Kombination, die in der Praxis weitverbreitet ist.

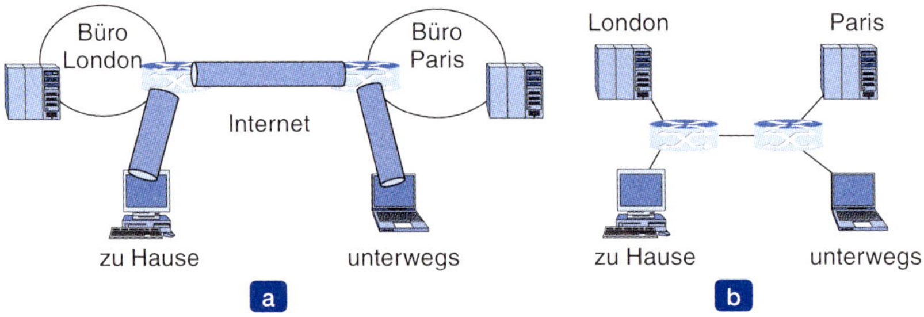

Abbildung 8.43: (a) Ein virtuelles privates Netz. (b) Topologie aus der Sicht von innen.

Wurde die Sicherheitsassoziation errichtet, dann kann der Verkehr zu fließen beginnen. Für einen Router im Internet ist ein Paket, das in einem VPN-Tunnel reist, nur ein einfaches Paket. Das einzig Ungewöhnliche daran ist das Vorhandensein des IPsec-Headers nach dem IP-Header. Da aber diese Extra-Header sich nicht auf den Weiterleitungsprozess auswirken, kümmern sich Router nicht darum.

Ein anderer Ansatz, der immer populärer wird, besteht darin, den ISP das VPN einrichten zu lassen. Unter Verwendung von MPLS (beschrieben in *Kapitel 5*) können die Pfade für den VPN-Verkehr über das ISP-Netz zwischen den Zweigniederlassungen eingerichtet werden. Diese Pfade halten den VPN-Verkehr von dem anderen Internetverkehr getrennt und erhalten garantiert eine bestimmte Bandbreite oder andere Dienstqualität.

Ein bedeutender Vorteil, ein VPN so aufzubauen, ist, dass es für die gesamte Benutzersoftware völlig transparent ist. Die Firewalls errichten und verwalten die Sicherheitsassoziationen. Die einzige Person, die dieses Setup kennt, ist der Systemadministrator, der die Sicherheits-Gateways konfigurieren und verwalten muss, oder der ISP-Administrator, der die MPLS-Pfade konfigurieren muss. Für jeden anderen ist es wieder wie ein privates Netzwerk mit Standleitungen. Weitere Informationen über VPNs finden Sie in Ashraf (2018).

8.10.3 Drahtlose Sicherheit

Es ist erstaunlich einfach, ein System auszulegen, das dank VPNs und Firewalls logisch völlig sicher ist, aber praktisch leck ist wie ein Sieb. Diese Situation kann eintreten, wenn einige der Rechner drahtlos sind und über Funk laufen, da hier die Firewall in beiden Richtungen „überflogen" wird. Die Reichweite von 802.11-Netzen beträgt oftmals ein paar Hundert Meter, sodass jeder, der ein Unternehmen ausspionieren möchte, sich einfach am Morgen auf den Angestelltenparkplatz stellen kann, mit einem Notebook mit 802.11-Unterstützung im Wagen, das alle herumschwirrenden Informationen aufzeichnet. Am späten Nachmittag ist die Festplatte voller wertvoller Nachrichten. Theoretisch sollte diese undichte Stelle nicht auftreten. Theoretisch sollte aber auch niemand eine Bank ausrauben.

Die Ursache für dieses Sicherheitsproblem liegt größtenteils bei den Herstellern, die versuchen, ihre drahtlosen Basisstationen (Zugangspunkte) benutzerfreundlich zu gestalten. In der Regel nimmt ein Benutzer das Gerät aus dem Karton und steckt den Stecker in die Steckdose. Das Gerät funktioniert sofort – meistens fast ohne jegliche Sicherheit, sodass vertrauliche Informationen für jeden im Funkbereich zugänglich sind. Wenn es dann an ein Ethernet angeschlossen wird, erscheint auch noch der gesamte Datenverkehr im Ethernet auf dem Parkplatz. Drahtlosigkeit ist der Traum eines jeden Schnüfflers: freie Daten, ohne dass man dafür etwas tun muss. Daher ist es natürlich logisch, dass die Sicherheit bei drahtlosen Systemen noch viel wichtiger ist als bei kabelbasierten. In diesem Abschnitt werden einige Möglichkeiten betrachtet, wie die Sicherheit in Funknetzen erhöht werden kann mit dem Schwerpunkt auf WiFi (802.11). Weitere Informationen finden Sie in Osterhage (2018).

Ein Teil des IEEE-802.11-Standards, der ursprünglich **IEEE 802.11i** hieß, legt ein Sicherheitsprotokoll auf der Sicherungsschicht fest, das einen drahtlosen Knoten daran hindert, Nachrichten zwischen einem anderen drahtlosen Knotenpaar zu lesen oder zu beeinträchtigen. Im Handel ist es auch unter dem Namen **WPA2** (*WiFi Protected Access 2*) bekannt. Einfaches WPA ist eine Interimslösung, die nur einen Teil von IEEE 802.11i implementiert. Es sollte zugunsten von WPA2 vermieden werden. Der Nachfolger von WPA2, intelligenterweise WPA3 genannt, wurde im Januar 2018 eingeführt und verwendet eine 128-Bit-Verschlüsselung im „persönlichen Modus" und eine 192-Bit-Verschlüsselung im „Unternehmensmodus". WPA3 weist viele Verbesserungen zu WPA2 auf. Die wahrscheinlich wichtigste ist bekannt als Dragonfly, ein überholter Handshake, um bestimmte Arten von Passwortrateangriffe, die bei WPA2 immer wieder auftauchten, abzuwehren. Während der Entstehungszeit dieses Buches war WPA3 noch nicht so weitverbreitet wie WPA2. Außerdem enthüllten Forscher im April 2019 einen Angriffsvektor namens Dragonblood, der viele der Sicherheitsvorteile von WPA3 zunichte macht. Deshalb konzentrieren wir uns in diesem Abschnitt auf WPA2.

Bevor wir näher auf IEEE 802.11i eingehen, wollen wir darauf hinweisen, dass es ein Ersatz ist für **WEP** (*Wired Equivalent Privacy*, Datenschutz-Äquivalent zu kabelgebundenen Übertragungen), der ersten Generation von IEEE-802.11-Sicherheitsprotokollen. WEP wurde von einem Netznormenausschuss entwickelt – eine Vorgehensweise, die sich grundlegend von der unterschied, die beispielsweise das NIST beim Entwurf von AES durch den Einsatz eines weltweiten öffentlichen Wettbewerbs verfolgte. Die Ergebnisse waren verheerend. Was war falsch an WEP? Aus Sicht der Sicherheit so ziemlich alles, wie sich nach und nach zeigte. Zum Beispiel wurden bei WEP geheime Daten verschlüsselt, indem sie mit der Ausgabe einer Stromchiffre XOR-verknüpft wurden. Leider führte eine schwache Schlüsselstromerzeugung dazu, dass die Ausgabe oft wiederverwendet wurde. Dies wiederum ermöglichte es, das System auf einfache Weise auszuhebeln. Außerdem basierte die Integritätsprüfung auf einem 32-Bit-CRC-Wert, um ein weiteres Beispiel zu nennen. Hierbei handelt es sich um einen effizienten Code zur Erkennung von Übertragungsfehlern, der kryptografisch nicht stark genug ist, um Angreifer abzuwehren.

Diese und andere Entwurfsfehler machten es sehr leicht, WEP zu knacken. Den ersten praktischen Beweis lieferte Adam Stubblefield während seiner Praktikantenzeit bei AT&T (Stubblefield et al., 2002). Es gelang ihm in nur einer Woche, einen von Fluhrer et al. (2001) grob umrissenen Angriff zu codieren und zu testen, wobei er einen Großteil der Zeit damit verbrachte, seine Vorgesetzten zu überzeugen, ihm für seine Versuche eine WiFi-Karte zu genehmigen. Derzeit gibt es kostenlose Software, die WEP-Kennwörter in nur einer Minute knackt, sodass von der Verwendung von WEP dringendst abgeraten wird. WEP schützt zwar vor gelegentlichem Zugriff, bietet jedoch keine wirkliche Sicherheit in irgendeiner Form. Als klar war, dass WEP leicht zu brechen war, wurde auf die Schnelle die IEEE-802.11i-Gruppe zusammengestellt, die im Juni 2004 einen formalen Standard vorlegte.

Im Folgenden wollen wir den Standard IEEE-802.11i beschreiben, der echte Sicherheit bietet, wenn er ordnungsgemäß eingerichtet und verwendet wird. Es gibt zwei geläufige Szenarien, in denen WPA2 Verwendung findet. Im ersten Szenario hat ein Unternehmen einen separaten Authentifizierungsserver einschließlich einer Benutzernamen- und Kennwortdatenbank eingerichtet, mit deren Hilfe festgelegt wird, ob ein drahtloser Client auf das Netz zugreifen darf. In diesem Fall verwenden Clients Standardprotokolle, um sich gegenüber dem Netz zu authentifizieren. Die beiden wichtigsten Protokolle sind **IEEE 802.1X**, mit dem der Zugangspunkt dem Client erlaubt, in Dialog mit dem Authentifizierungsserver zu treten, und das Ergebnis beobachtet, sowie **EAP** (*Extensible Authentification Protocol*; RFC 3748), das verrät, wie der Client und der Authentifizierungsserver interagieren. Eigentlich ist EAP ein Framework und andere Standards definieren die Protokollnachrichten. Wir wollen uns an dieser Stelle jedoch nicht eingehender mit den vielen Details dieses Austausches befassen, da sie für einen Überblick keine große Rolle spielen.

Das zweite Szenario sind Rechner im privaten Umfeld, wo es keinen Authentifizierungsserver gibt. Stattdessen gibt es nur ein gemeinsames Kennwort, mit dem die Clients auf das Drahtlosnetz zugreifen. Dieses Szenario ist weniger komplex als das mit einem Authentifizierungsserver, weshalb es bevorzugt zu Hause und in kleineren Betrieben verwendet wird. Leider ist es aber auch weniger sicher. Der Hauptunterschied ist, dass bei einem Authentifizierungsserver jeder Client einen Schlüssel zur Datenverschlüsselung erhält, der den anderen Clients nicht bekannt ist. Bei einem gemeinsamen Kennwort wird für jeden Client ein eigener Schlüssel abgeleitet, aber alle Clients haben das gleiche Kennwort und können die Schlüssel der anderen ableiten, wenn sie wollen.

Die Schlüssel, die verwendet werden, um den Verkehr zu verschlüsseln, werden als Teil eines Authentifizierungs-Handshakes berechnet. Der Handshake erfolgt direkt, nachdem der Client eine Verbindung zu einem Drahtlosnetz hergestellt und sich beim Authentifizierungsserver, sofern vorhanden, ausgewiesen hat. Zu Beginn des Handshakes hat der Client entweder das gemeinsame Netzkennwort oder sein Kennwort für den Authentifizierungsserver. Dieses Kennwort wird zur Ableitung eines Masterschlüssels verwendet. Allerdings wird der Masterschlüssel nicht direkt zum Verschlüsseln der Pakete eingesetzt. Es ist in der Kryptografie üblich, für jeden Nutzungszeitraum einen neuen Sitzungsschlüssel abzuleiten, den Schlüssel für verschiedene Sitzungen zu ändern und den Masterschlüssel so wenig wie möglich zu exponieren. Und genau dieser Sitzungsschlüssel wird im Handshake berechnet.

Der Sitzungsschlüssel wird mit dem 4-Pakete-Handshake berechnet (▶Abbildung 8.44). Zuerst sendet der Zugangspunkt eine Zufallszahl zur Identifizierung. Der Client wählt außerdem seine eigene Nonce. Er verwendet die Nonces, seine MAC-Adresse und die des Zugangspunkts sowie den Masterschlüssel zur Berechnung eines Sitzungsschlüssels K_S. Der Sitzungsschlüssel wird in mehrere Teile aufgespalten, die jeweils für einen anderen Zweck eingesetzt werden; dieses Detail haben wir ausgelassen. Jetzt verfügt der Client über Sitzungsschlüssel, aber der Zugangspunkt nicht. Deshalb sendet der Client seine Nonce an den Zugangspunkt und dieser führt die gleiche Berechnung aus, um die gleichen Sitzungsschlüssel abzuleiten. Die Nonces können offen versendet werden, da sich davon die Schlüssel nicht ableiten lassen – es sei denn, man verfügt über zusätzliche geheime Informationen. Die Nachricht vom Client wird mit einer Integritätsprüfung namens **MIC** (*Message Integrity Check*) auf der Basis eines Sitzungsschlüssels geschützt. Der Zugangspunkt kann prüfen, ob die MIC korrekt ist, und damit steht fest, dass die Nachricht tatsächlich vom Client gekommen sein muss, nachdem er die Sitzungsschlüssel berechnet hat. MIC ist nur ein anderer Name für einen Nachrichtenauthentifizierungscode (*Message Authentication Code*), wie in einem HMAC. Aufgrund der Verwechslungsgefahr mit MAC-Adressen (*Medium Access Control*) wird bei Netzprotokollen oft der Begriff MIC bevorzugt.

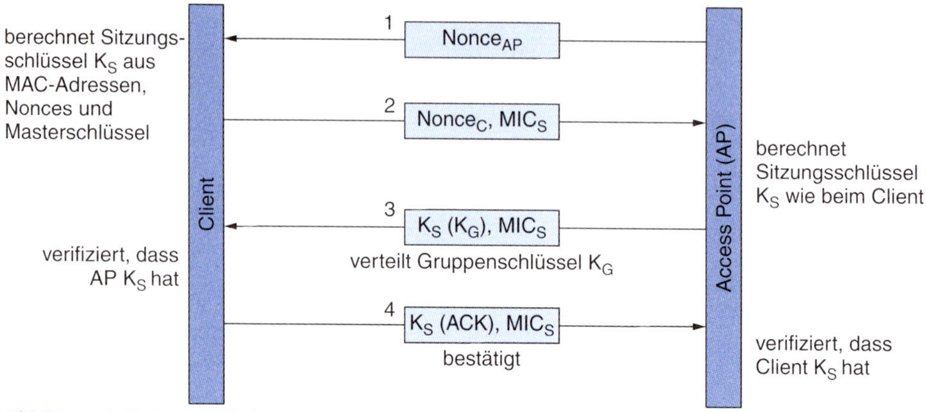

Abbildung 8.44: Der Handshake zum Einrichten des 802.11i-Schlüssels.

In den letzten zwei Nachrichten verteilt der Zugangspunkt einen Gruppenschlüssel K_G an den Client und der Client bestätigt die Nachricht. Über den Empfang dieser Nachrichten kann der Client verifizieren, dass der Zugangspunkt die korrekten Sitzungsschlüssel hat, und umgekehrt. Der Gruppenschlüssel wird für den Funk- und Multicastverkehr auf dem IEEE-802.11-LAN verwendet. Da aufgrund des Handshakes jeder Client über eigene Verschlüsselungsschlüssel verfügt, kann der Zugangspunkt keinen dieser Schlüssel verwenden, um Pakete an alle drahtlosen Clients zu senden; folglich müsste eine separate Kopie an jeden Client unter Verwendung seines Schlüssels gesendet werden. Stattdessen wird ein gemeinsamer Schlüssel verteilt, sodass der Funkverkehr nur einmal gesendet und trotzdem von allen Clients empfangen wird. Er muss aktualisiert werden, wenn Clients das Netz verlassen oder ihm beitreten.

Zum Schluss kommen wir zu dem Teil, dass die Schlüssel tatsächlich zur Gewährleistung von Sicherheit verwendet werden. Es gibt zwei Protokolle in IEEE 802.11i, die Vertraulichkeit, Integrität und Authentifizierung einer Nachricht erlauben. Wie WPA war eines der Protokolle, mit Namen **TKIP** (*Temporary Key Integrity Protocol*), nur eine Zwischenlösung. Es wurde entworfen, um die Sicherheit auf alten und langsamen IEEE-802.11-Karten zu verbessern, sodass zumindest ein gewisser Grad an Sicherheit, der besser war als bei WEP, als Firmware-Upgrade bereitgestellt werden konnte. Doch auch TKIP ist inzwischen gebrochen worden, sodass Sie mit dem anderen empfohlenen Protokoll, **CCMP**, besser dran sind. Wofür steht CCMP? Es ist die Abkürzung für *Counter mode with Cipher block chaining Message authentication code Protocol*. Wir nennen es hier einfach CCMP. Sie können es nennen wie Sie wollen.

CCMP funktioniert relativ einfach. Es basiert auf einer AES-Verschlüsselung mit 128-Bit-Schlüssel und -Blockgröße. Den Schlüssel erhält man über den Sitzungsschlüssel. Für die Vertraulichkeit werden die Nachrichten mit AES im Counter-Modus verschlüsselt. Diese Modi verhindern, dass die gleiche Nachricht jedes Mal mit den gleichen Bits verschlüsselt wird. Der Counter-Modus kombiniert die Verschlüsselungsdaten mit einem Zähler. Für die Integrität wird die Nachricht einschließlich der Header-Felder mit dem Cipher-Block-Chaining-Modus verschlüsselt und der letzte

128-Bit-Block wird als MIC behalten. Anschließend werden die Nachricht (im Counter-Modus verschlüsselt) und die MIC gesendet. Der Client und der Zugangspunkt können beide diese Verschlüsselung ausführen beziehungsweise sie verifizieren, wenn ein drahtloses Paket empfangen wird. Bei Funk- oder Multicast-Nachrichten wird die gleiche Prozedur mit dem Gruppenschlüssel verwendet.

8.11 E-Mail-Sicherheit

Eine zwischen zwei entfernten Standorten ausgetauschte E-Mail passiert auf ihrem Weg in der Regel Dutzende von Rechnern. Jeder davon könnte die Nachricht lesen und zur späteren Verwendung aufzeichnen. In der Praxis gibt es keinen Datenschutz – unabhängig von dem, was viele denken. Dennoch möchten viele, dass die von ihnen versendeten E-Mails nur von den angegebenen Empfängern und sonst von niemandem gelesen werden, weder von ihrem Chef noch von der Regierung. Dieser Wunsch hat verschiedene Leute und Gruppen dazu angeregt, die an früherer Stelle beschriebenen kryptografischen Prinzipien auch auf E-Mail anzuwenden. In den folgenden Abschnitten untersuchen wir das weitverbreitete, sichere E-Mail-System PGP und gehen dann kurz auf ein anderes ein: S/MIME.

8.11.1 PGP – Pretty Good Privacy

Unser erstes Beispiel, **PGP** (*Pretty Good Privacy*), ist im Wesentlichen das geistige Produkt einer einzelnen Person: Phil Zimmermann (1995). Zimmermann ist ein Verfechter des Datenschutzes, dessen Motto lautet: „Wird Datenschutz kriminalisiert, dann haben nur Kriminelle Datenschutz." Bei PGP, das 1991 vorgestellt wurde, handelt es sich um ein komplettes E-Mail-Sicherheitspaket, das Datenschutz, Authentifizierung, digitale Signaturen und Komprimierung in bedienungsfreundlicher Form bietet. Des Weiteren wird das Komplettpaket mitsamt dem ganzen Quellcode kostenlos über das Internet verteilt. Aufgrund der Qualität, des Preises (Nulltarif) und der einfachen Verfügbarkeit für MS-DOS/Windows, Unix, Linux und Macintosh wird es heute häufig eingesetzt.

PGP verschlüsselte ursprünglich Daten mit einer Blockchiffre namens **IDEA** (*International Data Encryption Algorithm*), die 128-Bit-Schlüssel verwendet. Sie wurde in der Schweiz entwickelt, als DES bereits als veraltet galt und AES noch nicht erfunden war. Von der Konzeption her funktioniert IDEA ähnlich wie DES und AES: Sie mischt die Bits in mehreren Runden, aber die Details der Mischfunktionen unterscheiden sich von DES und AES. Als dann AES als Verschlüsselungsalgorithmus aufkam, wurde dieser vorrangig verwendet.

PGP hat von Beginn an zu vielen Kontroversen Anlass gegeben (Levy, 1993). Da Zimmermann niemanden daran hinderte, PGP für jedermann zugänglich ins Internet zu stellen, behauptete die amerikanische Regierung, dass Zimmermann gegen die amerikanischen Gesetze zum Export von Rüstungsgütern verstoßen habe. Die Untersuchung der amerikanischen Regierung dauerte fünf Jahre, wurde aber schließlich aus zwei

Gründen eingestellt. Erstens hatte Zimmermann PGP nicht selbst ins Internet gestellt, sodass sein Anwalt anführte, dass *er* nie etwas exportiert habe (wobei dann noch der Sachverhalt zu untersuchen war, ob das Erstellen einer Website überhaupt als Export zu bewerten ist). Zweitens erkannte die Regierung schließlich, dass zum Gewinnen eines Prozesses das Gericht überzeugt werden musste, dass eine Website mit einem herunterladbaren Datenschutzprogramm unter das Waffenhandelsgesetz fällt, das den Export von Kriegsmaterialien wie Panzer, U-Boote, Militärflugzeuge und Atomwaffen verbietet. Außerdem waren die jahrelangen Negativschlagzeilen auch nicht gerade von Vorteil.

Nebenbei bemerkt sind die US-Exportregeln grotesk, um es freundlich auszudrücken. Die Regierung betrachtete das Ablegen von Code auf einer Website als illegalen Export und machte Zimmermann fünf Jahre lang das Leben schwer. Wenn andererseits jemand den vollständigen PGP-Quellcode in C als Buch veröffentlichte (in großer Schrift mit einer Prüfsumme auf jeder Seite, um das Scannen zu vereinfachen) und dann das Buch exportierte, war das für die Regierung in Ordnung, weil Bücher nicht als Waffen eingestuft werden. Das Schwert ist mächtiger als die Feder, zumindest für Uncle Sam.

Ein weiteres Problem von PGP war, dass es gegen Patentrechte verstieß. Das Unternehmen RSA Security, Inc., das das RSA-Patent hielt, behauptete, dass PGP durch die Verwendung des RSA-Algorithmus ihr Patent verletzte. Der Konflikt wurde aber mit Einführung von Version 2.6 und höher beigelegt. Darüber hinaus verwendet PGP noch einen weiteren patentierten Verschlüsselungsalgorithmus, IDEA, dessen Einsatz anfangs ein paar Probleme verursachte.

Da PGP als Open-Source-Quellcode vorliegt, haben diverse Einzelpersonen und Gruppen den Quellcode weiterentwickelt und eigene Versionen erzeugt. Einige Versionen zielten darauf ab, das Waffenexportgesetz zu umgehen, andere konzentrierten sich auf die Vermeidung von patentierten Algorithmen und wieder andere wollten PGP in eine kommerzielle Closed-Source-Software umwandeln. Als Folge davon hat PGP, trotz der leichten Liberalisierung des Waffenexportgesetzes (andernfalls hätten auch Produkte, die AES verwenden, nicht exportiert werden dürfen) und des seit September 2000 abgelaufenen RSA-Patents, damit zu kämpfen, dass verschiedene inkompatible Versionen von PGP unter verschiedenen Namen in Umlauf sind. Die nachfolgende Erörterung behandelt das klassische PGP, d.h. die älteste und einfachste Version, nur dass wir in unserer Erläuterung AES und SHA-2 statt IDEA und MD5 verwenden. Eine andere populäre Version, Open PGP, wird in RFC 2440 beschrieben. Eine weitere ist GNU Privacy Guard.

PGP bedient sich absichtlich bestehender kryptografischer Algorithmen, anstatt neue zu erfinden. Es basiert größtenteils auf Algorithmen, die bereits umfassend von Experten geprüft wurden und nicht von einer Regierungsbehörde mit dem Ziel der Abschwächung entworfen und beeinflusst wurden. Für regierungskritische Benutzer ist dies ein großes Plus.

PGP unterstützt Textkomprimierung, Geheimhaltung und digitale Signaturen und bietet umfangreiche Schlüsselverwaltungsfunktionen, seltsamerweise aber keine E-Mail-Unterstützung. Es funktioniert eher wie ein Präprozessor, der Klartext als Eingabe nimmt und als Ausgabe unterzeichneten Chiffretext in base64-codierter Form erzeugt. Diese Ausgabe kann dann natürlich per E-Mail verschickt werden. Einige PGP-Implementierungen rufen als letzten Schritt einen Benutzeragenten auf, der für das eigentliche Senden der Nachricht zuständig ist.

Um zu sehen, wie PGP funktioniert, betrachten wir das Beispiel in ▶Abbildung 8.45. Hier möchte Alice eine unterschriebene Nachricht P im Klartext sicher an Bob senden. PGP unterstützt verschiedene Verschlüsselungsverfahren, wie beispielsweise RSA und Elliptische-Kurven-Kryptografie, aber hier gehen wir davon aus, dass Alice und Bob private (D_X) und öffentliche (E_X) RSA-Schlüssel haben. Nehmen wir außerdem an, dass beide den öffentlichen Schlüssel des jeweils anderen kennen. Auf die PGP-Schlüsselverwaltung wird später ausführlich eingegangen.

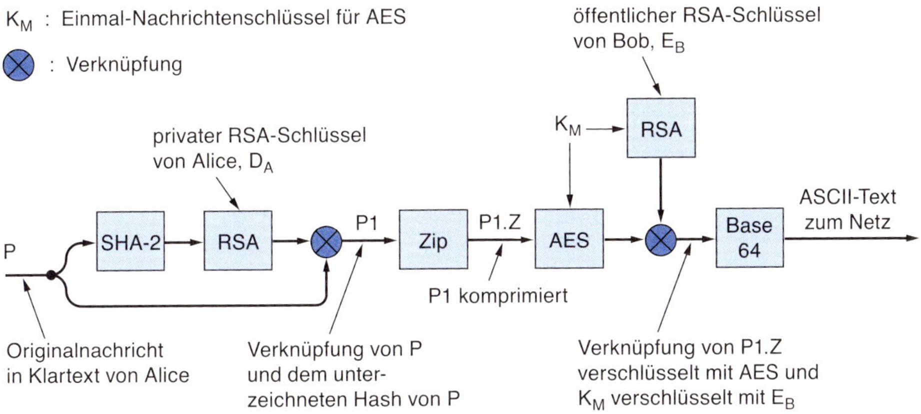

Abbildung 8.45: PGP beim Senden einer Nachricht.

Alice beginnt durch Starten des PGP-Programms auf ihrem Rechner. PGP berechnet für ihre Nachricht P zuerst den SHA-2-Hashwert und verschlüsselt diesen mit Alices privaten RSA-Schlüssel D_A. Wenn Bob die Nachricht erhält, kann er den Hashwert mit dem öffentlichen Schlüssel von Alice entschlüsseln und prüfen. Sollte auf dieser Stufe eine dritte Person (z.B. Trudy) den Hash abfangen und ihn mit dem bekannten öffentlichen Schlüssel von Alice entschlüsseln, wäre SHA-2 trotzdem so stark, dass es rechnerisch unmöglich ist, mit dem gleichen SHA-2-Hash eine andere Nachricht zu produzieren.

Der verschlüsselte Hash und die Originalnachricht werden zu einer Nachricht *P1* verkettet und mit dem ZIP-Programm komprimiert, das auf dem Ziv-Lempel-Algorithmus (Ziv und Lempel, 1977) basiert. Wir nennen die Ausgabe dieses Schrittes *P1.Z*.

Als Nächstes fordert PGP Alice auf, Zufallszeichen einzugeben. Sowohl der Inhalt als auch die Tippgeschwindigkeit werden herangezogen, um einen 256 Bit großen AES-Nachrichtenschlüssel K_M zu erzeugen. (In der PGP-Literatur wird dieser Schlüssel Sitzungsschlüssel genannt, was ein wenig irreführend ist, da es keine Sitzung gibt.) K_M wird benutzt, um *P1.Z* mit AES zu verschlüsseln. Darüber hinaus wird K_M mit Bobs öffentlichem Schlüssel E_B verschlüsselt. Diese zwei Komponenten werden dann verkettet und in base64 konvertiert (siehe den Abschnitt über MIME in *Kapitel 7*). Die sich daraus ergebende Nachricht enthält nur Buchstaben, Ziffern und die Zeichen +, / und =, was bedeutet, dass sie in den Body-Teil einer RFC-822-Nachricht eingefügt werden kann. Man kann somit davon ausgehen, dass sie unverändert ankommt.

Bob erhält die Nachricht, kehrt die base64-Codierung um und entschlüsselt den AES-Schlüssel mit seinem privaten RSA-Schlüssel. Mithilfe dieses Schlüssels entschlüsselt er die Nachricht und erhält *P1.Z*. Nach der Dekomprimierung trennt Bob den Klartext vom verschlüsselten Hash und entschlüsselt das Hash mit dem öffentlichen Schlüssel von Alice. Stimmt das Klartext-Hash mit seiner eigenen SHA-2-Berechnung überein, weiß er, dass *P* die richtige Nachricht ist und von Alice stammt.

Man beachte, dass RSA hier nur an zwei Stellen benutzt wird: zum Verschlüsseln des 256 Bit großen SHA-2-Hash und zum Verschlüsseln des 256-Bit-Schlüssels. RSA ist zwar langsam, muss aber hier nur eine mäßige Datenmenge verschlüsseln. Des Weiteren sind alle 512 Klartext-Bits extrem zufällig, sodass Trudy viel Arbeit hätte, den richtigen Schlüssel herauszubekommen. Der aufwendige Teil der Verschlüsselung wird von AES durchgeführt, das um einige Größenordnungen schneller ist als RSA. PGP bietet also Sicherheit, Komprimierung und eine digitale Signatur – und das alles effizienter als bei dem in Abbildung 8.22 aufgezeigten Schema.

PGP unterstützt vier RSA-Schlüssellängen. Die Wahl der geeigneten Länge liegt beim Benutzer. Wenn Sie beispielsweise ein regelmäßiger Benutzer sind, reicht wahrscheinlich schon eine Schlüssellänge von 1.024 Bit. Wenn Sie Bedenken wegen hochrangiger, staatlich unterstützter Organisationen haben, die sich mit drei Buchstaben abkürzen lassen, sollten besser 2.048 Bit das Minimum sein. Und sollten Sie der Meinung sein, dass Aliens, die uns technologisch 10.000 Jahre voraus sind, ihre E-Mails lesen, so gibt es immer noch die Option, 4.096 Bit große Schlüssel zu verwenden. Da RSA nur für zwei kleine Berechnungen benutzt wird, sollte für jede Mail die Alien-Schlüssellänge gewählt werden.

Das Format einer PGP-Nachricht ist in ▶Abbildung 8.46 dargestellt. Daneben gibt es noch zahlreiche andere Formate. Die Nachricht besteht aus drei Teilen: dem Schlüssel, der Signatur und der Nachricht. Der Schlüsselteil enthält nicht nur den Schlüssel, sondern auch einen Schlüsselidentifikator, da Benutzer mehrere öffentliche Schlüssel haben können.

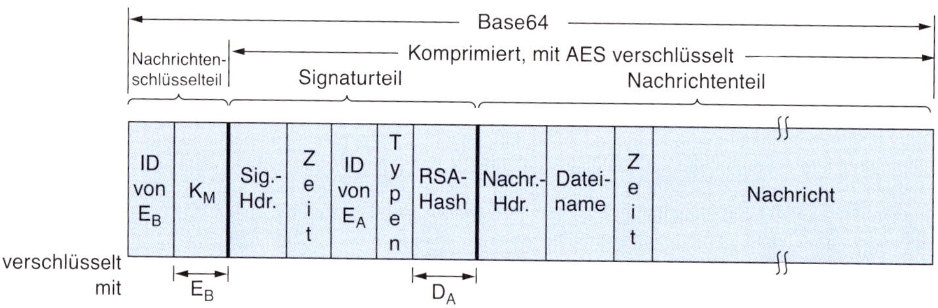

Abbildung 8.46: Eine PGP-Nachricht.

Der Signaturteil enthält einen Header, mit dem wir uns hier nicht befassen. Dem Header folgt ein Zeitstempel, der Identifikator für den öffentlichen Schlüssel des Senders, mit dem der Signatur-Hash entschlüsselt werden kann, einige Typinformationen zu den benutzten Algorithmen (sodass irgendwann einmal SHA-2 und RSA2 benutzt werden können, sofern sie erfunden werden) und der verschlüsselte Hash.

Der Nachrichtenteil enthält ebenfalls einen Header sowie den Standardnamen der Datei, der verwendet wird, wenn der Empfänger die Datei auf Festplatte schreibt, einen Zeitstempel für die Erstellung der Nachricht und schließlich die Nachricht selbst.

Der Schlüsselverwaltung wurde in PGP viel Aufmerksamkeit gewidmet, da dies die Achillesferse aller Sicherheitssysteme ist. Die Schlüsselverwaltung funktioniert wie folgt: Jeder Benutzer verwaltet lokal zwei Datenstrukturen: einen privaten und einen öffentlichen Schlüsselbund. Der **private Schlüsselbund** (*private key ring*) enthält ein oder mehrere persönliche Schlüsselpaare, die aus einem privaten und einem öffentlichen Schlüssel bestehen. Durch die Unterstützung mehrerer Paare kann der Benutzer seine öffentlichen Schlüssel periodisch oder bei Verdacht auf Missbrauch ändern, ohne dass aktuelle Nachrichten (bei der Übertragung oder in Bearbeitung) dadurch ungültig werden. Jedes Paar hat einen Identifikator. Auf diese Weise kann der Sender einer Nachricht dem Empfänger mitteilen, welcher öffentliche Schlüssel zum Verschlüsseln der Nachricht benutzt wurde. Nachrichtenidentifikatoren bestehen aus den 64 niederwertigen Bits des öffentlichen Schlüssels. Die Benutzer sind dafür verantwortlich, dass bei ihren öffentlichen Schlüsselidentifikatoren keine Konflikte entstehen. Die privaten Schlüssel auf Platte werden mit einem speziellen (beliebig langen) Passwort verschlüsselt, um sie vor Attacken zu schützen.

Der **öffentliche Schlüsselbund** (*public key ring*) eines Benutzers enthält die öffentlichen Schlüssel seiner Gesprächspartner. Sie werden benötigt, um die Nachrichtenschlüssel, die zu einer Nachricht gehören, zu verschlüsseln. Jeder Eintrag im öffentlichen Schlüsselbund enthält nicht nur den öffentlichen Schlüssel, sondern auch seinen 64-Bit-Identifikator und einen Hinweis darauf, wie stark das Vertrauen des Benutzers in den Schlüssel ist.

Hierbei stellt sich folgendes Problem: Nehmen wir an, dass öffentliche Schlüssel auf Websites verwaltet werden. Eine Möglichkeit für Trudy, Bobs geheime E-Mail zu lesen, wäre eine Attacke auf die Website und das Ersetzen von Bobs öffentlichem Schlüssel durch einen ihrer Wahl. Holt sich Alice später den vermeintlich Bob gehörenden Schlüssel, kann Trudy einen Bucket-Brigade-Angriff (MITM) auf Bob starten.

Um solche Angriffe zu verhindern oder zumindest deren Folgen einzugrenzen, muss Alice wissen, wie weit sie dem Element namens „Bobs Schlüssel" in ihrem eigenen öffentlichen Schlüsselbund vertrauen kann. Wenn Bob ihr den Schlüssel persönlich auf einer CD-ROM (oder einem moderneren Speichermedium) übergeben hat, kann sie von höchster Sicherheit ausgehen. Es ist dieser dezentralisierte, benutzergesteuerte Ansatz für die Verwaltung öffentlicher Schlüssel, der PGP vor zentralisierten PKI-Schemata auszeichnet.

Dennoch besorgen sich Benutzer manchmal öffentliche Schlüssel von einem vertrauenswürdigen Schlüsselserver. Aus diesem Grund unterstützte PGP nach der Standardisierung von X.509 neben dem traditionellen Schlüsselbundverfahren von PGP auch diese Zertifikate. Inzwischen bieten alle aktuellen Versionen von PGP Unterstützung für X.509.

8.11.2 S/MIME

Das Engagement der IETF im Bereich E-Mail-Sicherheit trägt die Bezeichnung **S/MIME** (*Secure/MIME*) und wird in den RFCs 2632 bis 2643 beschrieben. Es bietet Authentifizierung, Datenintegrität, Geheimhaltung und Nichtabstreitbarkeit. Darüber hinaus ist es ziemlich flexibel und unterstützt verschiedene Verschlüsselungsalgorithmen. Die Bezeichnung S/MIME lässt darauf schließen, dass es sich gut in MIME integrieren lässt und die verschiedensten Nachrichtentypen schützt. Es wurden beispielsweise mehrere neue MIME-Header definiert, die der Aufnahme digitaler Signaturen dienen.

S/MIME weist keine feste Zertifikathierarchie auf, die mit einer einzigen Wurzel beginnt – was eines der politischen Probleme war, die ein früheres System namens PEM (*Privacy Enhanced Mail*) zum Scheitern verurteilte. Stattdessen können die Benutzer mehrere Sicherheitsanker verwenden. Solange ein Zertifikat zu einem bestimmten Sicherheitsanker zurückverfolgt werden kann, dem der Benutzer vertraut, wird es als gültig betrachtet. S/MIME verwendet Standardalgorithmen und -protokolle, die wir bereits behandelt haben, sodass wir hier nicht weiter darauf eingehen. Weitere Informationen finden Sie in den RFCs.

8.12 Sicherheit im Web

Wir haben gerade zwei wichtige Bereiche erörtert, in denen Sicherheit benötigt wird: Kommunikation und E-Mail. Sie können sich diese als Suppe und Vorspeise vorstellen. Nun kommt das Hauptgericht: Sicherheit im Web. Das Web ist der Ort, in dem sich heutzutage die meisten Trudys tummeln und ihre Schurkereien aushecken. In den folgenden Abschnitten betrachten wir einige der Probleme und Themen im Zusammenhang mit der Sicherheit im Web.

Die Sicherheit im Web kann grob in drei Teile unterteilt werden. Erstens, wie werden die Objekte und Ressourcen sicher bezeichnet? Zweitens, wie können sichere und authentifizierte Verbindungen errichtet werden? Drittens, was passiert, wenn eine Website einem Client ein Stück ausführbaren Code schickt? Nachdem wir uns einige Bedrohungen näher angesehen haben, untersuchen wir diese Fragen.

8.12.1 Bedrohungen der Sicherheit

Man liest beinahe wöchentlich über Probleme mit der Sicherheit von Websites. Die Lage sieht wirklich ziemlich düster aus. Betrachten wir exemplarisch ein paar Vorfälle. Erstens gibt es zahlreiche Unternehmen, deren Homepage von Crackern angegriffen und durch eine neue Homepage ersetzt wurde. (Die Boulevardpresse bezeichnet Leute, die sich in Computer „einhacken", oftmals als „Hacker". Viele Programmierer reservieren diese Bezeichnung jedoch für großartige Programmierer. Wir bezeichnen diese Eindringlinge deshalb lieber als „Cracker".) Zu den gecrackten Websites gehören die von Yahoo, der U.S. Army, des CIA, der NASA und der *New York Times*. In den meisten Fällen haben Cracker nur einen witzigen Spruch hinterlassen, und die Sites waren innerhalb weniger Stunden wieder repariert.

Betrachten wir nun die schwerwiegenderen Fälle. Unzählige Sites wurden durch Denial-of-Service-Angriffe lahmgelegt, wobei der Cracker die Site mit so viel Verkehr flutet, dass sie nicht mehr auf normale Anfragen reagieren kann. Oftmals wird dieser Angriff von sehr vielen Rechnern gestartet, die der Cracker bereits gebrochen hat (DDoS-Angriffe). Diese Angriffe sind so häufig, dass sie keine Nachricht mehr wert sind, aber der von ihnen verursachte Geschäftsausfall kann den angegriffenen Sites Millionen von Euros kosten.

1999 brach ein schwedischer Cracker in die Website von Microsoft Hotmail ein und erzeugte eine gespiegelte Site, die jedem, der den Namen eines Hotmail-Benutzers eingab, erlaubte, die aktuellen und archivierten E-Mails des betreffenden Benutzers zu lesen.

In einem anderen Fall brach ein 19-jähriger Russe namens Maxim in eine E-Commerce-Website ein und stahl 300.000 Kreditkartennummern. Dann wandte er sich an die Besitzer der Site und teilte ihnen mit, dass er alle Kreditkartennummern ins Internet stellen werde, wenn sie ihm nicht 100.000 US-Dollar zahlten. Sie gaben dieser Erpressung nicht nach und er stellte tatsächlich die Kreditkartennummern ins Internet und fügte so unschuldigen Opfern schweren Schaden zu.

In einem anderen Fall schickte ein 23-jähriger Student aus Kalifornien eine Pressemeldung an eine Nachrichtenagentur, die fälschlicherweise behauptete, dass die Emulex Corporation einen riesigen Quartalsverlust verbuchen würde und der CEO mit sofortiger Wirkung zurücktrete. Innerhalb von ein paar Stunden fiel die Aktie des Unternehmens um 60%, sodass Aktionäre über 2 Milliarden US-Dollar verloren. Der Eindringling machte einen Gewinn von einer Viertelmillion US-Dollar, indem er seine Optionen auf die Aktien kurz vor dem Absenden der Ankündigung verkaufte. Wenn dieses Ereignis auch kein Einbruch in eine Website war, so ist doch klar, dass eine solche Ankündigung auf die Homepage eines großen Unternehmens eine ähnliche Wirkung hätte.

Wir könnten diese Beispiele (leider) endlos fortsetzen. Doch ist es nun an der Zeit, die technischen Fragen in Zusammenhang mit der Sicherheit im Web zu erörtern. Weitere Informationen zu den verschiedensten Sicherheitsproblemen finden Sie in Du (2019), Schneier (2004) und Stuttard und Pinto (2007). Außerdem wird eine Suche im Internet Ihnen eine Flut Sonderfälle liefern.

8.12.2 Sichere Namensvergabe und DNSSEC

Kommen wir noch einmal auf das Problem des DNS-Spoofing zu sprechen und beginnen wir mit etwas sehr Grundlegendem: Alice möchte die Website von Bob besuchen. Sie gibt die URL von Bob in ihren Browser ein und ein paar Sekunden später wird die Webseite angezeigt. Aber ist es die von Bob? Vielleicht. Auch hier könnte Trudy wieder am Werk sein. Sie könnte beispielsweise alle ausgehenden Pakete von Alice abfangen und sie untersuchen. Wenn sie eine *GET*-HTTP-Anfrage abfängt, die die Website von Bob anfordert, könnte sie selbst zur Website von Bob gehen, sich die Seite holen und diese nach Belieben modifizieren und die gefälschte Seite an Alice zurücksenden. Alice würde dies nicht merken. Noch schlimmer: Trudy könnte die Preise im E-Store von Bob senken, damit seine Produkte sehr attraktiv aussehen, und Alice dazu bringen, ihre Kreditkartennummer an „Bob" zu senden, um etwas zu erwerben.

Ein Nachteil dieses klassischen Man-in-the-Middle-Angriffs ist, dass Trudy in der Lage sein muss, den ausgehenden Datenverkehr von Alice abzufangen und den eingehenden Datenverkehr zu fälschen. In der Praxis muss sie entweder die Telefonleitung von Alice oder von Bob anzapfen, da Glasfaser-Backbones hierfür viel zu kompliziert sind. Doch auch wenn ein aktives Anzapfen der Leitung möglich ist, so ist es doch ziemlich arbeitsaufwendig, und Trudy ist zwar clever, aber faul.

Darüber hinaus gibt es einfachere Wege, Alice auszutricksen, z.B. DNS-Spoofing, das wir kurz in Abschnitt 8.2.3 angesprochen haben. Zur Erinnerung: Angreifer nutzen DNS-Spoofing, um eine unzulässige Zuordnung eines Dienstes in einem zwischengeschalteten Nameserver zu speichern, das dann auf die IP-Adresse des Angreifers zeigt. Wenn ein Benutzer mit dem Dienst kommunizieren möchte, ruft er die Adresse auf, aber anstatt mit dem korrekten Server zu sprechen, landet er beim Server des Angreifers.

Das eigentliche Problem ist, dass das DNS zu einer Zeit entwickelt wurde, als das Internet nur einigen Hundert Universitäten zu Recherchezwecken diente, und weder Alice, noch Bob oder Trudy durften hier mitmachen. Sicherheit war zu dieser Zeit kein Thema. Wichtig war, dass das Internet gut funktionierte. Diese Situation hat sich im Laufe der Jahre radikal geändert, sodass im Jahre 1994 die IETF eine Arbeitsgruppe einrichtete, deren Aufgabe es war, das DNS grundlegend sicher zu machen. Das (noch laufende) Projekt wurde unter dem Namen **DNSSEC** (*DNS Security*, DNS-Sicherheit) bekannt; seine Ergebnisse wurden in RFC 2535 zusammengefasst und später unter anderem in RFC 4033, RFC 4034 und RFC 4035 aktualisiert. Leider wird DNSSEC noch nicht überall eingesetzt, sodass unzählige DNS-Server immer noch mit Spoofing-Angriffen verwundbar sind.

DNSSEC ist von der Konzeption her sehr einfach. Es basiert auf der Verschlüsselung mit öffentlichen Schlüsseln. Jede DNS-Zone (wie in *Kapitel 7* erwähnt) hat ein Paar privater/öffentlicher Schlüssel. Jede von einem DNS-Server gesendete Information ist mit dem privaten Schlüssel der Ausgangszone signiert, sodass der Empfänger die Authentizität verifizieren kann. DNSSEC bietet drei fundamentale Dienste:

1. Nachweis, woher die Daten stammen.
2. Verteilung von einem öffentlichen Schlüssel.
3. Authentifizierung der Transaktionen und Anforderungen.

Der erstgenannte Dienst ist der Hauptdienst. Er verifiziert, dass die zurückerhaltenen Daten vom Besitzer der Zone genehmigt wurden. Der zweite ist beim sicheren Speichern und Abrufen öffentlicher Schlüssel wichtig. Der dritte ist erforderlich, um Playback- und Spoofing-Angriffe abzuwehren. Beachten Sie, dass Geheimhaltung nicht als Dienst angeboten wird, weil alle Informationen im DNS als öffentlich betrachtet werden. Da man davon ausgeht, dass die Einführung von DNSSEC mehrere Jahre dauert, ist die Fähigkeit, dass Server mit hohem Sicherheitsstandard mit Servern mit niedrigem Sicherheitsstandard zusammenarbeiten, von grundlegender Bedeutung. Dies impliziert, dass das Protokoll nicht geändert werden kann. Sehen wir uns einige Details etwas genauer an.

DNS-Records werden in Gruppen namens **RRSets** (*Resource Record Set*) zusammengefasst, wobei alle Records mit gleichem Namen, gleicher Klasse und gleichem Typ eine Gruppe bilden. Ein RRSet kann mehrere *A*-Records enthalten, beispielsweise wenn ein DNS-Name auf eine primäre IP-Adresse und eine sekundäre IP-Adresse abgebildet wird. Die RRSets werden um einige neue Record-Typen erweitert (im Folgenden erläutert). Aus jedem RRSet wird kryptografisch ein Hash erzeugt (z.B. mit SHA-2). Der Hash wird mit dem privaten Schlüssel der Zone unterzeichnet (z.B. mit RSA). Die an die Clients gerichtete Übertragungseinheit ist das unterzeichnete RRSet. Bei Empfang eines unterzeichneten RRSets kann der Client verifizieren, ob dies mit dem privaten Schlüssel der Ausgangszone unterzeichnet wurde. Stimmt die Signatur, werden die Daten akzeptiert. Da jedes RRSet eine eigene Signatur umfasst, können RRSets überall zwischengespeichert werden, selbst auf nicht vertrauenswürdigen Servern, ohne die Sicherheit zu gefährden.

DNSSEC führt verschiedene neue Record-Typen ein. Der erste ist der *DNSKEY*-Record. Dieser Record enthält den öffentlichen Schlüssel einer Zone, eines Benutzers, Hosts oder anderen Principals, den zur Unterzeichnung verwendeten kryptografischen Algorithmus und das zur Übertragung verwendete Protokoll sowie ein paar weitere Bits. Der öffentliche Schlüssel wird unverschlüsselt gespeichert. X.509-Zertifikate werden aufgrund ihrer Größe nicht verwendet. Im Algorithmusfeld steht eine 1 für die MD5/RSA-Signaturen beziehungsweise andere Werte für andere Kombinationen. Das Protokollfeld kann die Verwendung von IPSec oder einem anderen Sicherheitsprotokoll, falls verwendet, angeben.

Der zweite neue Record-Typ ist *RRSIG*. Dieser enthält den signierten Hash gemäß dem Algorithmus, der im *DNSKEY*-Record angegeben wurde. Die Signatur gilt für alle Records im RRSet, einschließlich jeglicher vorhandener *DNSKEY*-Records, sich selbst aber ausgeschlossen. Er enthält auch die Zeitangaben, wann die Gültigkeit der Signatur beginnt und abläuft, sowie den Namen des Unterzeichners und ein paar weitere Angaben.

Der Entwurf von DNSSEC sieht vor, dass der private Schlüssel einer Zone offline gehalten werden kann. Ein- oder zweimal pro Tag können die Datenbanken der Zone manuell (z.B. über ein sicheres Speichermedium, wie die alte, aber ziemlich vertrauenswürdige CD-ROM) auf einen nicht ans Netz angeschlossenen Rechner übertragen werden, auf dem sich der private Schlüssel befindet. Alle RRSets können dort signiert und die so erzeugten *RRSIG*-Records auf den primären Server der Zone über ein sicheres Medium zurücktransportiert werden. Auf diese Weise kann der private Schlüssel auf einem Speichermedium gespeichert werden, das in einem Safe aufbewahrt wird, außer wenn es mit dem nicht angeschlossenen Rechner zur Unterzeichnung der täglich neuen RRSets verbunden wird. Nach der Signatur werden alle Kopien des Schlüssels aus dem Speicher und von der Platte gelöscht und das Speichermedium wieder in den Safe zurückgelegt. Dieses Verfahren reduziert die elektronische Sicherheit auf die physische Sicherheit, da diese für viele besser nachvollziehbar ist.

Das Vorunterzeichnen von RRSets beschleunigt die Beantwortung von Anforderungen erheblich, da keine Verschlüsselung während der Anforderung vorgenommen werden muss. Der Nachteil ist, dass sehr viel Festplattenspeicher erforderlich ist, um alle Schlüssel und Signaturen in den DNS-Datenbanken zu speichern. Einige Records können sich durch eine Signatur um das Zehnfache vergrößern.

Erhält ein Client-Prozess ein unterzeichnetes RRSet, muss er den öffentlichen Schlüssel der Ursprungszone anwenden, um den Hash zu entschlüsseln, den Hash selbst berechnen und die beiden Werte vergleichen. Stimmen sie überein, werden die Daten als gültig betrachtet. Diese Prozedur wirft aber die Frage auf, wie der Client den öffentlichen Schlüssel der Zone erhält. Eine Möglichkeit ist, diesen von einem vertrauenswürdigen Server über eine sichere Verbindung (wie über IPsec) zu beziehen.

In der Praxis wird aber erwartet, dass Clients mit den öffentlichen Schlüsseln aller Top-Level-Domains vorkonfiguriert werden. Wenn Alice nun die Website von Bob besuchen möchte, kann sie das DNS nach dem RRSet von *bob.com* fragen, das seine IP-Adresse und einen *DNSKEY*-Record mit dem öffentlichen Schlüssel von Bob enthält. Dieses RRSet wird von der Top-Level-*com*-Domain unterzeichnet, sodass Alice die Gültigkeit sehr leicht verifizieren kann. Ein Beispiel der Inhalte dieses RRSets ist in ▶Abbildung 8.47 dargestellt.

Domainname	Time to Live	Klasse	Typ	Wert
bob.com.	86400	IN	A	36.1.2.3
bob.com.	86400	IN	KEY	3682793A7B73F731029CE2737D...
bob.com.	86400	IN	SIG	86947503A8B848F5272E53930C...

Abbildung 8.47: Beispiel für ein RRSet für *bob.com*. Der *DNSKEY*-Record ist der öffentliche Schlüssel von Bob. Der *RRSIG*-Record ist der unterzeichnete Hash des Top-Level-*com*-Servers der *A*- und *DNSKEY*-Records, um deren Authentizität zu verifizieren.

Mit der verifizierten Kopie von Bobs öffentlichem Schlüssel bewaffnet kann Alice nun den DNS-Server von Bob (von Bob betrieben) nach der IP-Adresse von *www.bob.com* fragen. Dieses RRSet wird mit dem privaten Schlüssel von Bob unterzeichnet, sodass Alice die Signatur auf dem von Bob zurückgegebenen RRSet verifizieren kann. Wenn es Trudy gelingt, ein falsches RRSet in einen der Caches einzuspeisen, kann Alice die fehlende Authentizität entdecken, weil der darin enthaltene *RRSIG*-Record nicht korrekt ist.

DNSSEC bietet auch ein kryptografisches Verfahren, um eine Antwort an eine spezielle Anforderung zu binden, damit Spoofing-Angriffe, wie wir sie am Anfang dieses Kapitels besprochen haben, vermieden werden. Diese (optionale) Anti-Spoofing-Maßnahme fügt der Antwort einen Hash der Anforderungsnachricht hinzu, der mit dem privaten Schlüssel des Antwortenden unterzeichnet ist. Da Trudy den privaten Schlüssel des Top-Level-*com*-Servers nicht kennt, kann sie keine Antwort auf eine Anforderung fälschen, die der ISP von Alice dorthin gesendet hat. Selbst wenn Trudy ihre Antwort als Erste zurückerhält, wird diese aufgrund der ungültigen Signatur für die Hash-Anforderung zurückgewiesen.

DNSSEC unterstützt auch ein paar andere Record-Typen. So kann beispielsweise der *CERT*-Record dazu verwendet werden, Zertifikate (wie X.509) zu speichern. Dieser Record wurde bereitgestellt, weil viele das DNS in eine PKI umwandeln wollten. Ob dies tatsächlich eintritt, bleibt abzuwarten. Wir beenden unsere Erörterung von DNSSEC hier. Weitere Informationen finden Sie in den betreffenden RFCs.

8.12.3 Transportschichtsicherheit

Die sichere Benennung ist ein guter Start, aber Websicherheit umfasst noch viel mehr. Der nächste Schritt betrifft sichere Verbindungen. Im Folgenden betrachten wir, wie man sichere Verbindungen verwirklichen kann. Nichts im Zusammenhang mit Sicherheit ist einfach; das gilt auch hierfür.

Als das Web in den Blickpunkt der Öffentlichkeit geriet, wurde es anfangs nur für die Verteilung statischer Seiten eingesetzt. Es dauerte aber nicht lange, bis Unternehmen auf die Idee kamen, das Internet für finanzielle Transaktionen wie Einkäufe mit Kreditkarten, Onlinebanking und Aktienhandel zu nutzen. Diese Anwendungen waren der Grund, dass der Ruf nach sicheren Verbindungen immer lauter wurde. Deswegen führte Netscape Communications Corp, der zu dieser Zeit führende Browseranbieter, 1995 ein Sicherheitspaket namens **SSL** (*Secure Sockets Layer*) ein, das heute als TLS (*Transport Layer Security*, Transportschichtsicherheit) bekannt ist. Diese Software und das dazugehörige Protokoll sind inzwischen weitverbreitet und werden unter anderem von Firefox, Brave, Safari und dem Internet Explorer eingesetzt, sodass es sich lohnt, dass wir uns näher damit befassen.

SSL errichtet eine sichere Verbindung zwischen zwei Sockets. Dies beinhaltet:

1. Verhandlung der Parameter zwischen Client und Server
2. Gegenseitige Authentifizierung von Client und Server

3. Geheime Kommunikation
4. Schutz der Datenintegrität

Wir haben diese Punkte bereits kennengelernt, sodass wir nicht nochmals darauf eingehen.

Die Positionierung von SSL im Protokollstapel wird in ▶Abbildung 8.48 dargestellt. Es wird im Grunde eine neue Schicht zwischen der Anwendungsschicht und der Transportschicht eingefügt, welche Anforderungen vom Browser akzeptiert und diese an TCP für die Übertragung zum Server übergibt. Ist die sichere Verbindung einmal errichtet, besteht die Hauptaufgabe von SSL in der Komprimierung und Verschlüsselung. HTTP über SSL wird als **HTTPS** (*Secure HTTP*) bezeichnet, obwohl es das HTTP-Standardprotokoll ist. Manchmal ist es auf einem neuen Port (443) anstatt auf dem Standardport (80) verfügbar. Nebenbei bemerkt ist der Einsatz von SSL nicht auf Webbrowser beschränkt, aber dies ist die am meisten genutzte Anwendung. Darüber hinaus bietet es auch gegenseitige Authentifizierung.

Anwendungsschicht (HTTP)
Sicherheitsschicht (SSL)
Transportschicht (TCP)
Vermittlungsschicht (IP)
Sicherungsschicht (PPP)
Bitübertragungsschicht (Modem, ADSL, Kabelfernsehen)

Abbildung 8.48: Schichten (und Protokolle) für einen privaten Benutzer, der mit SSL im Internet browst.

SSL hat mehrere Versionen durchlaufen. Im Folgenden erörtern wir nur Version 3, da dies die am meisten verwendete Version ist. SSL unterstützt eine Vielzahl von verschiedenen Optionen. Zu diesen Optionen gehören das Vorhandensein oder Fehlen der Komprimierung, die verwendeten kryptografischen Algorithmen und einige Themen im Zusammenhang mit Exportrestriktionen für Kryptografie. Letzteres dient vor allem dazu, dass eine fundierte Verschlüsselung nur verwendet wird, wenn sich beide Endpunkte einer Verbindung in den Vereinigten Staaten befinden. In den anderen Fällen sind die Schlüssel auf 40 Bit beschränkt, was Kryptografen als Witz betrachten. Netscape wurde gezwungen, diese Restriktionen umzusetzen, um eine Exportlizenz von der US-Regierung zu erhalten.

SSL besteht aus zwei Teilprotokollen, eines zur Errichtung einer sicheren Verbindung und eines zu dessen Verwendung. Beginnen wir damit, wie diese sicheren Verbindungen errichtet werden. Das Protokoll für den Verbindungsaufbau wird in ▶Abbildung 8.49 dargestellt. Es beginnt mit Nachricht 1, wenn Alice eine Verbindungsanforderung an Bob sendet. Die Anforderung gibt die SSL-Version von Alice und ihre Präferenzen bezüglich der Komprimierung und der kryptografischen Algorithmen an. Sie enthält auch eine Nonce, R_A, die später verwendet wird.

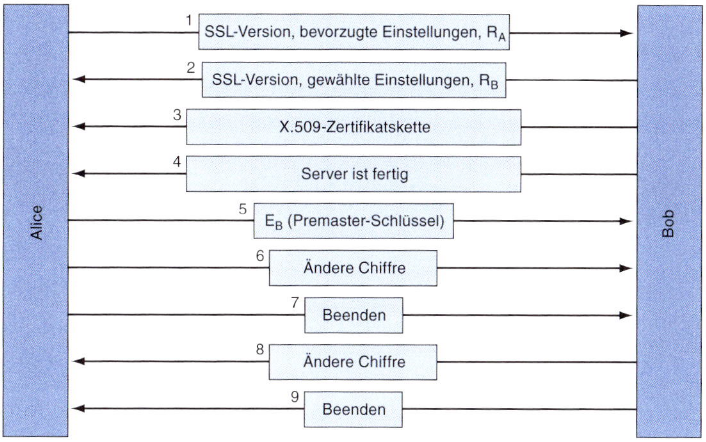

Abbildung 8.49: Eine vereinfachte Version des SSL-Teilprotokolls zum Verbindungsaufbau.

Nun ist Bob an der Reihe. In Nachricht 2 wählt Bob einen Algorithmus aus den verschiedenen, von Alice unterstützten Algorithmen aus und sendet seine eigene Nonce R_B. Dann sendet er in Nachricht 3 ein Zertifikat, das seinen öffentlichen Schlüssel enthält. Für den Fall, dass dieses Zertifikat nicht von einer bekannten Zertifizierungsstelle unterzeichnet ist, wird eine Zertifikatskette mitgeschickt, mit der eine solche Stelle abgeleitet werden kann. Alle Browser einschließlich der von Alice werden bereits mit etwa 100 öffentlichen Schlüsseln geliefert. Wenn also Bob eine Kette errichten kann, die sich zu einem dieser Schlüssel zurückverfolgen lässt, ist Alice in der Lage, den öffentlichen Schlüssel von Bob zu verifizieren. An diesem Punkt kann Bob einige andere Nachrichten senden (wie eine Anforderung nach dem Zertifikat von Alices öffentlichem Schlüssel). Ist Bob fertig, sendet er Nachricht 4, um Alice mitzuteilen, dass sie an der Reihe ist.

Alice antwortet, indem sie einen zufälligen 384-Bit-**Premaster-Schlüssel** (*premaster key*) wählt und diesen verschlüsselt mit Bobs öffentlichem Schlüssel an Bob schickt (Nachricht 5). Der eigentliche Sitzungsschlüssel zur Verschlüsselung der Daten wird aus dem Premaster-Schlüssel in Kombination mit den Nonces auf komplexe Weise abgeleitet. Nachdem Nachricht 5 empfangen wurde, können sowohl Alice wie auch Bob den Sitzungsschlüssel berechnen. Aus diesem Grund teilt Alice Bob mit, auf die neue Chiffre zu wechseln (Nachricht 6) und dass sie mit dem Teilprotokoll zum Sitzungsaufbau fertig ist (Nachricht 7). Bob bestätigt ihr daraufhin den Empfang dieser Nachrichten (Nachrichten 8 und 9).

Aber obwohl Alice nun weiß, wer Bob ist, weiß Bob nicht, wer Alice ist (außer Alice hat einen öffentlichen Schlüssel und ein entsprechendes Zertifikat, was eher unwahrscheinlich ist für eine Einzelperson). Da kann die erste Nachricht von Bob durchaus die Aufforderung an Alice sein, sich mit einem vorher definierten Benutzernamen und Passwort anzumelden. Das Anmeldeprotokoll liegt aber außerhalb von SSL. Wenn dies einmal ausgeführt wurde, über welche Verfahren auch immer, kann die Datenübertragung beginnen.

Wie oben erwähnt, unterstützt SSL mehrere kryptografische Algorithmen. Der stärkste Algorithmus verwendet Triple DES mit drei getrennten Schlüsseln für die Verschlüsselung und SHA für die Nachrichtenintegrität. Diese Kombination ist relativ langsam, sodass sie meistens für Onlinebanking und andere Anwendungen genutzt wird, bei denen die höchste Sicherheit erforderlich ist. Bei normalen E-Commerce-Anwendungen wird RC4 mit einem 128-Bit-Schlüssel zur Verschlüsselung und MD5 zur Nachrichtenauthentifizierung verwendet. RC4 nimmt den 128-Bit-Schlüssel als Ausgangsbasis und erweitert ihn zur internen Verwendung auf eine viel größere Zahl. Dann erzeugt er mit dieser internen Zahl einen Schlüsselstrom. Der Schlüsselstrom wird mit XOR mit dem Klartext verknüpft, um eine klassische Stromchiffre bereitzustellen, wie in Abbildung 8.18 dargestellt wird. Die Exportversionen verwenden ebenfalls RC4 mit 128-Bit-Schlüsseln, von denen jedoch 88 Bit öffentlich sind, um die Chiffre leicht aufbrechbar zu machen.

Bei dem eigentlichen Transport wird ein zweites Teilprotokoll verwendet, wie in ▸Abbildung 8.50 dargestellt. Die Nachrichten aus dem Browser werden zuerst in bis zu 16 KB große Teile zerlegt. Falls Komprimierung aktiviert ist, wird jede Einheit einzeln komprimiert. Danach wird der geheime Schlüssel aus den beiden Nonces und dem Premaster-Schlüssel mit dem komprimierten Text verkettet und aus dem Ergebnis mit dem vereinbarten Hashing-Algorithmus (in der Regel MD5) ein Hash gebildet. Dieser Hash wird an jedes Fragment als MAC angehängt. Das komprimierte Fragment plus MAC wird dann mit einem vereinbarten symmetrischen Verschlüsselungsalgorithmus verschlüsselt (in der Regel durch eine XOR-Verknüpfung mit dem RC4-Schlüsselstrom). Schließlich wird ein Fragment-Header angehängt und das Fragment über die TCP-Verbindung übertragen.

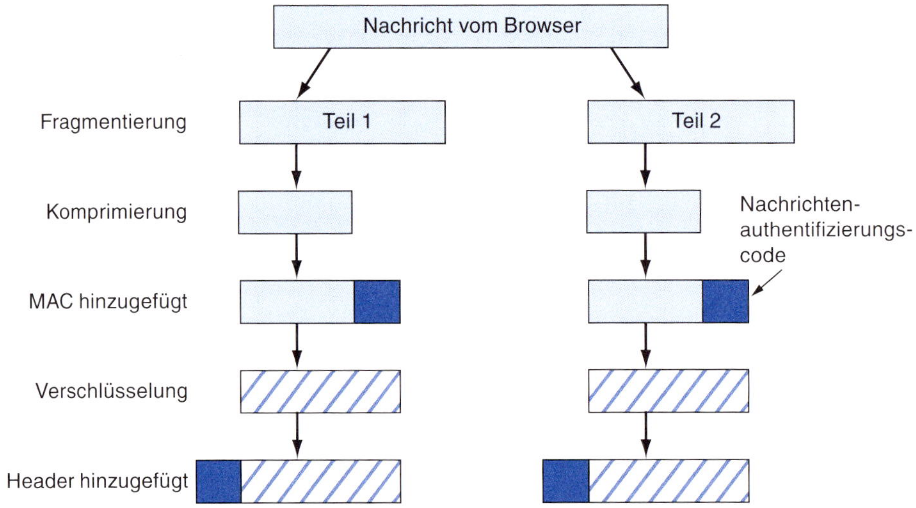

Abbildung 8.50: Datenübertragung mit SSL.

Allerdings ist ein Wort der Vorsicht angebracht. Da bekannt ist, dass RC4 einige schwache Schlüssel hat, die einfach aufgedeckt werden können, steht die Sicherheit bei SSL mit RC4 auf wackligen Beinen (Fluhrer et al., 2001). Browser, in denen der Benutzer die Chiffre-Suite auswählen kann, sollten per Konfiguration immer Triple DES mit 168-Bit-Schlüsseln und SHA-2 verwenden, selbst wenn diese Konfiguration langsamer ist als RC4 und MD5. Oder noch besser, die Benutzer sollten ein Browser-Upgrade verwenden, das den Nachfolger von SSL unterstützt, den wir nachfolgend besprechen werden.

Ein weiteres Problem mit SSL ist, dass Alice und Bob eventuell keine Zertifikate haben, und selbst wenn sie welche haben, verifizieren diese nicht immer, dass die verwendeten Schlüssel dazu passen.

1996 übergab Netscape Communications Corp. SSL an die IETF zur Standardisierung. Das Ergebnis war **TLS** (*Transport Layer Security*). Es wird in RFC 5246 beschrieben.

TLS wurde auf SSL Version 3 aufgebaut. Die an SSL vorgenommenen Änderungen waren relativ gering, aber ausreichend, dass SSL Version 3 und TLS nicht miteinander arbeiten können. So wurde beispielsweise die Art der Ableitung eines Sitzungsschlüssels aus dem Premaster-Schlüssel und den Nonces geändert, um den Schlüssel stärker zu machen (also schwerer entschlüsselbar). Aufgrund dieser Inkompatibilität implementieren die meisten Browser beide Protokolle, wobei TLS im Bedarfsfall zur Verhandlung auf SSL zurückgreift. Dies wird als SSL/TLS bezeichnet. Die erste TLS-Implementierung erschien 1999; August 2008 wurde Version 1.2 definiert und März 2018 Version 1.3. Sie unterstützt stärkere Chiffre-Suiten (vor allem AES) sowie Verschlüsselung der SNI (*Server Name Indication*), die verwendet werden kann, um die vom Benutzer besuchte Website zu identifizieren, wenn sie in Klartext übermittelt wird.

8.12.4 Nicht vertrauenswürdigen Code ausführen

Benennungen und Verbindungen sind zwei eng mit der Websicherheit in Verbindung stehende Bereiche. Aber es gibt noch weitere. Ein besonders schwieriges Problem ist, dass wir mehr und mehr fremden, nicht vertrauenswürdigen Code auf unseren lokalen Rechnern laufen lassen. Wir sehen uns nun einige der von derartigem nicht vertrauenswürdigen Code hervorgerufenen Probleme sowie Lösungsansätze an.

Skriptcode im Browser

In den Anfangszeiten, als die Webseiten nur statische HTML-Dateien waren, enthielten sie keinen ausführbaren Code. Heutzutage enthalten sie oftmals kleine Programme, die in der Regel in **JavaScript** geschrieben wurden (und manchmal in das effizientere **WebAssembly** kompiliert). Der Download und die Ausführung von solchem **mobilen Code** stellt offensichtlich ein erhebliches Sicherheitsrisiko dar, sodass verschiedene Methoden entwickelt wurden, um die Gefahren zu minimieren.

JavaScript besitzt kein formales Sicherheitsmodell, aber eine lange Geschichte fehlerhafter Implementierungen. Jeder Hersteller handhabt die Sicherheit auf andere Weise. Die wichtigste Verteidigung besteht darin, dass abgesehen im Falle von Fehlern die

Sprache eigentlich nichts Schlimmes machen sollte – irgendwelche Dateien lesen oder schreiben, auf die sensiblen Daten anderer Webseiten zugreifen etc. Wir sagen in der Regel, dass ein solcher Code in einer **Sandbox-Umgebung** ausgeführt wird. Das Problem ist nur, dass es sehr wohl Fehler gibt.

Das grundlegende Problem ist, dass die Ausführung von fremdem Code auf einem Rechner potenziell Ärger verursachen kann. Unter dem Sicherheitsaspekt ist dies so, wie wenn man einen Einbrecher ins Haus lässt und dann versucht, ihn sorgfältig zu überwachen, damit er nicht von der Küche ins Wohnzimmer entkommen kann. Wenn etwas Unerwartetes passiert und man für einen Moment abgelenkt wird, können schlimme Dinge passieren. Die Diskrepanz besteht hier darin, dass mobiler Code lebendige Grafiken und schnelle Interaktion ermöglicht, was viele Websitedesigner für wichtiger halten als Sicherheit, insbesondere, wenn andere mit ihren Rechnern das Risiko tragen.

Stellen Sie sich zum Beispiel vor, dass Sie auf einer Website mit Ihren persönlichen Daten die Möglichkeit haben, ein Feedback in Form eines beliebigen Textes abzugeben, der für alle anderen Nutzer sichtbar ist. Die Idee ist, dass die Nutzer dem Unternehmen darüber mitteilen können, wie sehr sie seine Dienste mögen oder hassen. Wenn die Website die Daten im Feedback-Formular jedoch nicht sehr sorgfältig bereinigt, könnte ein Angreifer auch ein wenig JavaScript-Code in das Textfeld einfügen. Stellen Sie sich nun vor, Sie besuchen die Website und sehen sich das Feedback anderer Nutzer an. Das JavaScript wird an Ihren Browser gesendet, der nicht weiß, dass es sich um ein Feedback handelt. Er sieht einfach nur JavaScript, wie es auf vielen anderen Webseiten zu finden ist, und führt es aus. Bösartiger JavaScript-Code ist in der Lage, alle datenschutzrelevanten Daten (z.B. Cookies), die Ihr Browser für diese Website speichert, zu stehlen und sie an den kriminellen Angreifer zu senden. Dies ist ein sogenannter **CSS**-Angriff (*Cross-Site Scripting*). **CSRF**-Angriffe (*Cross-Site Request Forgery*), die damit verwandt sind, können es einem Angreifer sogar ermöglichen, sich als Benutzer auszugeben.

Ein weiteres Problem kann darin bestehen, dass die JavaScript-Engine nicht so sicher ist, wie sie sein sollte. So kann beispielsweise ein Fehler im Browser vorhanden sein, über den bösartiger JavaScript-Code den Browser oder vielleicht sogar das gesamte System übernehmen kann. Dies wird als **Drive-by-Download** bezeichnet: Sie besuchen eine Website und werden infiziert, ohne es zu merken. Das bedeutet nicht einmal, dass die Website bösartig war – vielleicht befand sich das JavaScript in einer Werbung oder in einem Feedback-Feld, wie wir bereits gesehen haben. Ein besonders berühmter Angriff, bekannt als **Operation Aurora**, war der Angriff auf Google und mehrere andere Technologieunternehmen, bei dem die Angreifer einen Drive-by-Download nutzten, um sich im Unternehmen zu verbreiten, mit dem Ziel, Zugang zu den Code-Repositories zu erhalten.

Browsererweiterungen

Neben der Erweiterung von Webseiten mit Code gibt es einen florierenden Markt für **Browsererweiterungen**, **Add-ons** und **Plug-ins**. Dabei handelt es sich um Computerprogramme, die die Funktionalität der Webbrowser erweitern. Plug-ins bieten oft die Fähigkeit, einen bestimmten Inhaltstyp, wie PDFs oder Flash-Animationen, zu interpretieren oder anzuzeigen. Erweiterungen und Add-ons bieten neue Browserfunktionen wie eine bessere Kennwortverwaltung oder Möglichkeiten, mit Seiten zu interagieren, zum Beispiel indem eigene Notizen hinzugefügt werden, oder bequemeres Einkaufen für verwandte Artikel.

Eine Erweiterung, Add-on oder Plug-in zu installieren, ist ganz einfach: Wenn Sie beim Browsen im Internet auf etwas stoßen, was Sie gerne hätten, folgen Sie einfach dem Link, um das Programm zu installieren. Damit laden Sie Code vom Internet herunter, der bei Ihnen im Browser installiert wird. Alle diese Programme werden für Frameworks geschrieben, die je nach zu ergänzendem Browser unterschiedlich ausfallen. Eigentlich jedoch werden sie Teil der Trusted Computing Base des Browsers. Das heißt, wenn der installierte Code fehlerhaft ist, kann dies negative Auswirkungen für den ganzen Browser haben.

Es gibt noch zwei weitere offenkundige Schadensarten. Zum einen kann sich das Programm bösartig verhalten, indem es beispielsweise persönliche Daten ausspioniert und an einen entfernten Server sendet. Soweit der Browser weiß, hat der Benutzer die Erweiterung genau zu diesem Zweck installiert. Das zweite Problem ist, dass Plug-ins den Browser befähigen, neue Inhaltstypen zu interpretieren. Oft ist dieser Inhalt eine voll entwickelte Programmiersprache. PDF und Flash sind gute Beispiele. Wenn Benutzer Seiten mit PDF- und Flash-Inhalt anschauen, führen die Plug-ins in ihren Browsern den PDF- und Flash-Code aus. Dieser Code sollte besser sicher sein, denn oft weisen die Rechner Schwächen auf, die ausgenutzt werden können. Aus diesen Gründen sollten Add-ons und Plug-ins nur installiert werden, wenn sie absolut benötigt werden, und auch nur von vertrauenswürdigen Anbietern.

Trojaner und andere Malware

Trojaner und bösartige Software (Malware) sind eine andere Form von nicht vertrauenswürdigem Code. Oft installieren Benutzer diesen Code, ohne es zu merken, weil sie ihn für harmlos halten oder weil sie einen Anhang geöffnet haben, der zu einer heimlichen Ausführung von Code führte, mit dem dann zusätzliche bösartige Software installiert wurde. Wenn ein bösartiger Code ausgeführt wird, infiziert er in der Regel zunächst andere Programme (entweder auf der Festplatte oder im Arbeitsspeicher) und führt dann einen bösartigen Code aus. Er kann sich auf andere Computer ausbreiten, alle Ihre Dokumente auf der Festplatte verschlüsseln (zur Lösegeldforderung), Ihre Aktivitäten ausspionieren und viele andere unangenehme Dinge tun. Manche Malware infiziert den Bootsektor der Festplatte, sodass die Malware beim Hochfahren des Rechners ausgeführt wird. Malware ist im Internet ein riesiges Problem geworden und hat Milliarden Euro an Schaden angerichtet. Es gibt hierfür offensichtlich keine Lösung. Vielleicht schafft eine ganz neue Generation von Betriebssystemen, die auf sicheren Microkernels basiert und eine bessere Abschottung von Benutzern, Prozessen und Ressourcen bietet, hier Abhilfe.

8.13 Soziale Themen

Das Internet samt seiner Sicherheitstechnologie ist ein Bereich, in dem soziale Themen, öffentlich-rechtliche Belange und Technik frontal aufeinandertreffen, oftmals mit erheblichen Konsequenzen. Im Folgenden werden kurz drei Bereiche angesprochen: Datenschutz, Redefreiheit und Urheberrecht. Natürlich können wir diese Themen nur im Abriss behandeln. Weitere Informationen finden Sie in Anderson (2008a), Baase und Henry (2017), Bernal (2018) und Schneier (2004). Auch das Internet enthält eine Fülle von Materialien. Geben Sie nur einmal Wörter wie „Datenschutz“ (*privacy*), „Zensur“ (*censorship*) und „Urheberrecht“ (*copyright*) in eine Suchmaschine ein.

8.13.1 Vertrauliche und anonyme Kommunikation

Haben Personen ein Recht auf Datenschutz? Gute Frage. Der vierte Zusatzartikel der amerikanischen Verfassung verbietet dem Staat die willkürliche Durchsuchung von Wohnung, Papiere und Eigentum und schränkt die Bedingungen ein, unter denen Durchsuchungsbefehle erteilt werden können. So war der Schutz der Privatsphäre zumindest in den USA die letzten 200 Jahre geregelt.

In den letzten zehn Jahren hat sich aber einiges verändert: zum einen wurde es den Regierungen einfacher gemacht, ihre Bürger auszuspionieren, zum anderen haben sich die Möglichkeiten der Bürger verbessert, sich dagegen zu schützen. Wenn der Staat im 18. Jahrhundert die Papiere von Bürgern durchsuchen wollte, musste er einen Polizisten zu Pferd zur Farm des betreffenden Bürgers schicken, um Einsicht in bestimmte Dokumente zu fordern. Dies war sehr mühselig. Heutzutage bieten Telefongesellschaften und ISPs bei Vorlage eines Durchsuchungsbefehls bereitwillig Telefonüberwachung. Dies vereinfacht das Leben der Polizei und ein Sturz vom Pferd ist auch ausgeschlossen.

Die weitverbreitete Nutzung von Smartphones verleiht der staatlichen Schnüffelei eine neue Dimension. Viele Menschen tragen ein Smartphone mit sich herum, das Informationen über ihr gesamtes Leben enthält. Einige Smartphones können mithilfe von Gesichtserkennungssoftware entsperrt werden. Dies hat zur Folge, dass ein Polizeibeamter, der von einem Verdächtigen die Entsperrung seines Telefons verlangen will und dieser sich weigert, das Telefon nur vor das Gesicht des Verdächtigen halten muss, und schon ist es entsperrt. Die wenigsten Menschen denken bei der Aktivierung der Gesichtserkennung (oder ihres Vorgängers, der Fingerabdruckerkennung) an ein solches Szenario.

Die Kryptografie hat alles verändert. Jeder, der sich die Mühe macht, PGP herunterzuladen und zu installieren, und einen gut gehüteten Schlüssel in Alien-Stärke einsetzt, kann ziemlich sicher sein, dass niemand im Universum seine E-Mail liest – mit oder ohne Durchsuchungsbefehl. Regierungen sind sich dessen durchaus bewusst und alles andere als erfreut darüber. Echter Datenschutz bedeutet, dass es sehr viel schwieriger ist, Kriminelle aller Arten auszuspionieren, aber es ist auch viel schwieriger,

Journalisten und politische Gegner auszuspionieren. Folglich haben einige Regierungen die Verwendung oder den Export der Kryptografie untersagt. In Frankreich war beispielsweise vor 1999 die gesamte Kryptografie verboten – es sei denn, die Regierung hatte einen Schlüssel.

Frankreich war kein Einzelfall. Im April 1993 gab die amerikanische Regierung die Absicht bekannt, einen Hardware-Kryptoprozessor, den **Clipper-Chip**, zum Standard für die gesamte vernetzte Kommunikation zu machen. Auf diese Weise, so wurde argumentiert, könne die Privatsphäre der Personen geschützt werden. Nebenbei wurde erwähnt, dass der Chip der Regierung die Möglichkeit einräumte, den gesamten Datenverkehr über ein Schema namens **Key Escrow** zu entschlüsseln, das der Regierung Zugriff auf alle Schlüssel gewährte. Aber man versprach, nur bei Vorlage eines gültigen Durchsuchungsbefehls zu schnüffeln. Folge war natürlich ein riesiger Aufruhr, bei dem die Datenschutzvertreter den ganzen Plan verdammten und die offiziellen Gesetzesvertreter ihn lobten. Irgendwann gab die Regierung nach und ließ das Vorhaben fallen.

Wer sich für das Thema elektronischer Datenschutz interessiert, findet auf der Website der Electronic Frontier Foundation unter *www.eff.org* viele weitere Informationen.

Anonyme Remailer

Über Technologien wie PGP und SSL können zwei Parteien eine sichere, authentifizierte Kommunikation aufbauen, die nicht von Dritten überwacht oder gestört wird. Manchmal jedoch besteht der beste Datenschutz darin, auf Authentifizierung zu verzichten und stattdessen die Kommunikation anonym zu halten. Anonymität kann bei Punkt-zu-Punkt-Nachrichten, Newsgruppen oder beidem erstrebenswert sein.

Betrachten wir einige Beispiele. Als Erstes seien hier politische Dissidenten genannt, die in autoritären Regimen leben und oft anonym kommunizieren möchten, um einer Gefangenschaft oder Ermordung zu entgehen. Zweitens werden illegale Praktiken in Unternehmen, Ausbildungsstätten, Behörden und anderen Organisationen oftmals durch Informanten enthüllt, die lieber anonym bleiben möchten, um nicht belangt zu werden. Drittens gibt es viele Personen mit unpopulären sozialen, politischen und religiösen Ansichten, die miteinander per E-Mail oder in Newsgruppen kommunizieren wollen, ohne ihre Identität preiszugeben. Viertens gibt es solche, die anonym über ihre Probleme mit Alkoholismus, Geisteskrankheiten, sexueller Belästigung, Kindesmissbrauch diskutieren wollen oder als Mitglied einer verfolgten Minderheit an Newsgruppen teilzunehmen wünschen. Es gibt aber natürlich noch viele andere Beispiele.

Betrachten wir ein spezielles Beispiel. In den 1990er Jahren versendeten einige Kritiker einer religiösen Minderheit ihre Ansichten über einen **anonymen Remailer** an eine USENET-Newsgruppe. Ein anonymer Remailer ist ein Server, der es seinen Benutzern erlaubt, Pseudonyme zu erstellen und unter diesen Pseudonymen E-Mails über den Server zu versenden oder Mitteilungen zu verfassen, sodass niemand sagen kann, woher die Nachrichten eigentlich stammen. Einige Beiträge enthüllten Texte, die die religiöse Gruppe als Geschäftsgeheimnisse und urheberrechtlich geschützte Dokumente bezeichnete. Die religiöse Gruppierung reagierte mit einer Beschwerde bei den lokalen Behörden, dass ihre Geschäftsgeheimnisse offenbart und das Urheberrecht verletzt worden sei, beides Straftaten, die bis zum Server zurückverfolgt werden konnten. In dem sich anschließenden Gerichtsprozess wurde der Serverbetreiber gezwungen, die Zuordnungsdaten preiszugeben, die die wahre Identität der Personen enthüllten, die die Beiträge lanciert hatten. (Dies war übrigens nicht das erste Mal, dass eine religiöse Gruppe nicht erfreut darüber war, dass ihre Geheimnisse ans Tageslicht kamen: William Tyndale wurde im Jahre 1536 auf dem Scheiterhaufen verbrannt, weil er die Bibel ins Englische übersetzt hatte.)

Die Internetgemeinde war zum großen Teil außer sich über diesen Vertrauensbruch. Alle waren sich darin einig, dass ein anonymer Remailer, der eine Zuordnung zwischen den echten E-Mail-Adressen und den Pseudonymen (als Typ-1-Remailer bezeichnet) erlaubt, nicht viel wert sei. Dieser Fall regte verschiedene Leute dazu an, anonyme Remailer zu entwerfen, die auch juristischen Zwangsmaßnahmen standhielten.

Diese neuen Remailer werden oft als **Cypherpunk-Remailer** bezeichnet und funktionieren wie folgt: Der Benutzer erzeugt eine E-Mail-Nachricht einschließlich der RFC-822-Header (außer natürlich *From:*), verschlüsselt diese mit dem öffentlichen Schlüssel des Remailers und sendet sie an den Remailer. Hier werden die äußeren RFC-822-Header abgestreift, der Inhalt wird entschlüsselt und die Nachricht erneut versendet. Der Remailer verwaltet weder Konten noch Protokolle, sodass der Server keine Spuren der durchlaufenden Nachrichten aufweist, selbst wenn er irgendwann konfisziert werden sollte.

Viele Benutzer, die wirklich anonym bleiben wollen, leiten ihre Anfragen über mehrere anonyme Remailer, wie in ▶Abbildung 8.51 gezeigt. Hier möchte Alice Bob eine wirklich, wirklich, wirklich anonyme Valentinskarte senden, sodass sie drei Remailer verwendet. Sie erstellt die Nachricht M und versieht sie mit einem Header, der Bobs E-Mail-Adresse enthält. Dann verschlüsselt sie alles mit dem öffentlichen Schlüssel von Remailer 3, E_3 (durch die horizontale Schraffur angegeben). An diese hängt sie einen Header mit der E-Mail-Adresse von Remailer 3 in Klartext an. Dies ist die Nachricht, die in der Abbildung zwischen den Remailern 2 und 3 steht.

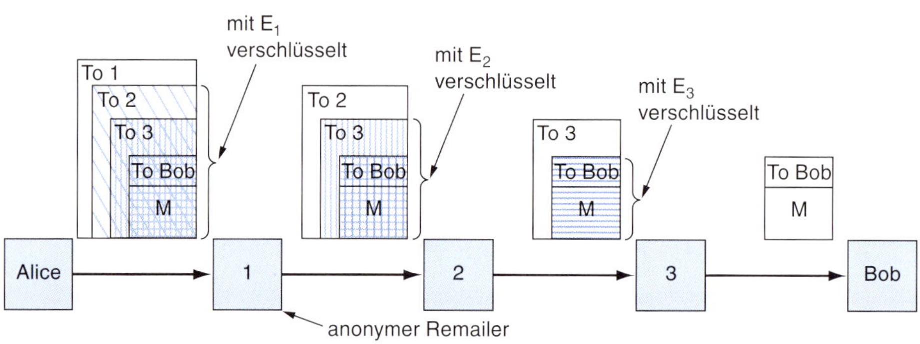

Abbildung 8.51: Wie Alice über drei Remailer Bob eine Nachricht sendet.

Dann verschlüsselt sie diese Nachricht mit dem öffentlichen Schlüssel des Remailers 2, E_2 (durch die vertikale Schraffur dargestellt), und hängt vorne einen Klartext-Header an, der die E-Mail-Adresse von Remailer 2 enthält. Die Nachricht wird in Abbildung 8.51 zwischen 1 und 2 dargestellt. Dann verschlüsselt sie diese Nachricht mit dem öffentlichen Schlüssel des Remailers 1, E_1, und hängt vorne einen Klartext-Header an, der die E-Mail-Adresse von Remailer 1 enthält. Dies ist die rechts von Alice stehende Nachricht, die dann tatsächlich übertragen wird.

Wenn die Nachricht bei Remailer 1 ankommt, wird der äußere Header entfernt. Der Hauptteil wird dann entschlüsselt und an Remailer 2 gesendet. Ähnlich wird mit den beiden anderen Remailern verfahren.

Obwohl es extrem schwierig ist, die eigentliche Nachricht zu Alice zurückzuverfolgen, ergreifen viele Remailer zusätzliche Sicherheitsmaßnahmen. So halten sie beispielsweise Nachrichten eine Zufallszeitspanne zurück, ergänzen oder entfernen Datenmüll am Anfang oder Ende und ordnen Nachrichten neu an, damit man schwerer ermitteln kann, welche Nachrichtenausgabe eines Remailers zu welcher Eingabe gehört, und um die Analyse des Datenverkehrs zu erschweren. Eine Beschreibung eines solchen Remailers finden Sie in Mazières und Kaashoek (1998).

Anonymität ist nicht auf E-Mail beschränkt. Es existieren auch Dienste, die anonymes Surfen im Web ermöglichen, und zwar mit der gleichen Vorgehensweise: Jeder Knoten kennt nur den nächsten Knoten in der Kette. Diese Methode wird **Onion-Routing** genannt, da jeder Knoten eine andere Schicht von der „Zwiebel" entfernt, um zu ermitteln, wohin das nächste Paket zu senden ist. Der Benutzer konfiguriert seinen Browser so, dass der Anonymizer-Dienst als Proxy verwendet wird. Ein bekanntes Beispiel für ein solches System ist Tor (Bernaschi et al., 2019). Ab der Konfiguration laufen alle HTTP-Anforderungen durch das Anonymizer-Netz, das die Seite anfordert und zurückschickt. Die Website betrachtet den Exit-Knoten des Anonymizer-Netzes als Quelle der Anforderung, und nicht den Benutzer. Solange das Anonymizer-Netz kein Protokoll aufzeichnet, kann selbst bei Vorlage einer richterlichen Anordnung niemand feststellen, wer welche Seite angefordert hat, da die Information nicht vorliegt.

8.13.2 Redefreiheit

Die anonyme Kommunikation erschwert, dass andere Details einer privaten Kommunikation sehen können. Ein zweites soziales Schwerpunktthema ist die Redefreiheit und deren Pendant, die Zensur, die Regierungen ausüben, um zu kontrollieren, welche Informationen ihre Bürger lesen und veröffentlichen dürfen. Das Web mit seinen Abermillionen Seiten ist zu einem Paradies für Zensoren geworden. Je nach Art und Ideologie des Regimes können Websites mit folgenden Inhalten gesperrt werden:

1. Kinder- und jugendgefährdende Inhalte
2. Hassinhalte, die auf bestimmte ethnische, religiöse, sexuelle oder andere Gruppen gerichtet sind

3. Informationen über Demokratie und demokratische Werte

4. Beschreibungen historischer Ereignisse, die der Version der Regierung widersprechen

5. Anleitungen zum Aufbrechen von Schlössern, Bauen von Waffen, Verschlüsseln von Nachrichten usw.

Die übliche Reaktion ist, die „schlechten" Sites zu sperren.

Manchmal fallen die Ergebnisse anders aus als erwartet. So haben beispielsweise einige öffentliche Bibliotheken Webfilter auf ihren Rechnern installiert, um sie kinderfreundlich zu machen, z.B. durch das Blockieren pornografischer Sites. Die Filter haben Sites auf ihren schwarzen Listen, prüfen die Seiten aber auch auf anstößige Wörter, bevor sie sie anzeigen. In einem Fall in Loudoun County, Virginia, blockierte der Filter die Suche eines Förderers der Bibliothek nach Brustkrebs, weil das Wort „Brust" vorkam. Der Förderer verklagte daraufhin Loudoun County. Dagegen haben in Livermore in Kalifornien Eltern eine öffentliche Bibliothek verklagt, weil sie *keinen* Filter installiert hatte und ihr zwölfjähriger Sohn beim Betrachten pornografischer Inhalte erwischt wurde. Was soll eine Bibliothek tun?

Vielen Leuten ist entgangen, dass das World Wide Web ein weltweites Web ist. Es umspannt die ganze Welt. Nicht alle Länder sind bezüglich der Inhalte im Web einer Meinung. So hat beispielsweise im November 2000 ein französisches Gericht Yahoo, ein kalifornisches Unternehmen, dazu verurteilt, die Anzeige von Auktionen mit Nazi-Erinnerungsstücken für französische Besucher der Yahoo-Website zu unterbinden, da der Besitz dieser Gegenstände gegen das französische Gesetz verstößt. Yahoo hat dies bei einem amerikanischen Gericht angefochten und Recht erhalten. Dennoch ist noch lange nicht geklärt, welches Recht in einem solchen Fall anzuwenden ist.

Zufällig war Yahoo viele Jahre lang einer der Lieblinge unter den Internetunternehmen. Aber nichts währt ewig, und so wurde 2017 verkündet, dass Verizon beabsichtigte, das Unternehmen für fast 5 Mrd. US-Dollar zu kaufen. Mehrerer Datenpannen bei Yahoo, die die Konten von Milliarden von Nutzern betrafen, hatten jedoch direkt zur Folge, dass der Preis um 350 Millionen US-Dollar reduziert wurde. Sicherheit hat ihren Preis.

Doch zurück zu dem Rechtsfall. Stellen Sie sich einmal Folgendes vor: Was würde passieren, wenn ein Gericht in Utah Frankreich anweisen würde, alle Websites mit Wein zu sperren, weil diese nicht mit den viel strengeren Alkoholgesetzen von Utah in Einklang stehen? Angenommen, China würde fordern, dass alle Websites, die demokratische Inhalte verbreiten, auf den Index gehören, weil dies nicht im Interesse des Staates ist. Gelten die iranischen Religionsgesetze für das liberale Schweden? Kann Saudi-Arabien Websites blockieren, die Frauenrechte behandeln? Das Thema ist eine echte Büchse der Pandora.

Ein passender Kommentar von John Gilmore lautet: „Das Internet interpretiert Zensur als technischen Defekt und umschifft sie." Eine konkrete Implementierung ist beispielsweise der **Eternity Service** (Anderson, 1996). Hiermit soll sichergestellt werden, dass veröffentlichte Informationen nicht zurückgezogen oder umgeschrieben werden können, wie dies in der Sowjetunion unter der Herrschaft von Josef Stalin an der Tagesordnung war. Um den Eternity Service zu nutzen, gibt der Benutzer an, wie lange das Material aufbewahrt werden soll, bezahlt eine umfangs- und zeitabhängige Gebühr und lädt das Material auf den Server. Danach kann keiner die Informationen mehr bearbeiten oder entfernen, nicht einmal derjenige, der sie auf den Server gestellt hat.

Wie könnte ein solcher Dienst implementiert werden? Das einfachste Modell ist ein Peer-to-Peer-System, in dem gespeicherte Dokumente auf Dutzenden von teilnehmenden Servern hochgeladen werden, von denen jeder einen Teil der Gebühr erhält und damit auch einen Anreiz, sich dem System anzuschließen. Die Server sollten über viele Gerichtsbarkeiten verteilt werden, um eine maximale Ausfallsicherheit zu gewährleisten. Listen mit zehn zufällig ausgewählten Servern sollten sicher an mehreren Orten gespeichert werden, sodass, wenn einige abgeschaltet werden, andere noch weiterexistieren. Eine Staatsgewalt, die ein Dokument auf einem Server zerstören möchte, könnte nie sicher sein, dass sie alle Kopien gefunden hat. Das System könnte auch selbstreparierend in dem Sinn sein, dass wenn bekannt wird, dass einige Kopien zerstört wurden, die restlichen Sites neue Speicherorte suchen, um diese zu ersetzen.

Der Eternity Service war der erste Vorschlag für ein zensurresistentes System. Seither wurden weitere vorgeschlagen und in einigen Fällen auch implementiert. Es wurden verschiedene neue Funktionen hinzugefügt, wie Verschlüsselung, Anonymität und Fehlertoleranz. Oftmals werden die gespeicherten Daten in mehrere Fragmente aufgeteilt, wobei jedes Fragment auf vielen Servern gespeichert wird. Zu diesen Systemen gehören Freenet (Clarke et al., 2002), PASIS (Wylie et al., 2000) sowie Publius (Waldman et al., 2000).

Zunehmend besorgniserregend ist nicht nur die Filterung oder Zensur von Informationen, sondern auch die Verbreitung von sogenannten **Desinformationen** bzw. Informationen, die absichtlich verdreht oder falsch dargestellt werden. Das Streuen von Desinformationen ist inzwischen eine neue Taktik, mit der Angreifer versuchen, Ergebnisse in der Politik, Gesellschaft und in der Finanzwelt zu beeinflussen. 2016 erstellten Angreifer bekanntermaßen Websites mit Desinformationen zu den Kandidaten der US-Präsidentschaftswahl und verbreiteten sie in den sozialen Medien. In anderen Fällen wurden Desinformationen dazu genutzt, Immobilienpreise für Investoren zu manipulieren. Leider ist es sehr schwer, Desinformationen als solche zu erkennen, und noch viel schwerer ist es, sie zu erkennen, bevor sie verbreitet werden.

Steganografie

In Ländern, in denen Zensur allgegenwärtig ist, versuchen Dissidenten oftmals ihre Spuren mit diversen Technologien zu verwischen. Kryptografie ermöglicht das Versenden geheimer Nachrichten (eventuell sogar illegalerweise), aber wenn die Regierung der Ansicht ist, dass Alice eine verdächtige Person ist, kann allein die Kommunikation mit Bob auch diesen zu einer verdächtigen Person machen, da repressive Regierungen das Konzept der transitiven Hülle verstehen, auch wenn sie einen Mangel an Mathematikern haben. Anonyme Remailer sind hier eine Möglichkeit, aber wenn sie in dem betreffenden Land gesperrt sind und Nachrichten an ausländische Remailer einer Exportlizenz der Regierung bedürfen, sind auch sie keine große Hilfe. Das Web kann hier jedoch weiterhelfen.

Personen, die geheim kommunizieren möchten, versuchen oftmals zu verbergen, dass sie überhaupt kommunizieren. Die Kunst, Nachrichten zu verbergen, wird als **Steganografie** bezeichnet, was sich aus dem Griechischen ableitet und „geheimes Schreiben" bedeutet. Ja, es war also auch schon den alten Griechen bekannt. Herodot beschreibt einen General, der den Kopf eines Boten rasierte, dort eine Nachricht eintätowierte und das Haar wieder nachwachsen ließ, bevor er ihn wegschickte. Moderne Verfahren gehen im Grunde nach dem gleichen Schema vor, nur haben sie eine höhere Bandbreite, eine geringere Latenzzeit und benötigen keinen Friseur.

Betrachten Sie als Beispiel ▶Abbildung 8.52a. Das Foto, von einem der Autoren in Kenia aufgenommen, enthält drei Zebras mit einer Akazie im Hintergrund. Abbildung 8.52b scheint das gleiche Foto mit den drei Zebras und der Akazie zu sein, jedoch mit einer zusätzlichen Besonderheit. Es enthält den ungekürzten Text von fünf Werken von Shakespeare: *Hamlet*, *König Lear*, *Macbeth*, *Der Kaufmann von Venedig* und *Julius Caesar*. Diese Texte belegen zusammen über 700 KB Speicher.

a b

Abbildung 8.52: (a) Drei Zebras und ein Baum (b) Drei Zebras, ein Baum und der vollständige Text von fünf Stücken von William Shakespeare.

Wie funktioniert dieser steganografische Kanal? Das ursprüngliche Farbbild hat 1.024×768 Pixel. Jedes Pixel besteht aus drei 8-Bit-Zahlen, je eine für den roten, grünen und blauen Wert dieses Pixels. Die Farbe des Pixels wird durch eine lineare Überlagerung der drei Farben erzeugt. Die steganografische Codierungsmethode verwendet das niederwertigste Bit eines jeden RGB-Farbwerts als verborgenen Kanal. So hat jedes Pixel Platz für 3 Bit geheime Informationen, eine im roten, eine im grünen und eine im blauen Wert. Bei einem Bild dieser Größe können bis zu 1.024×768×3 Bit oder 294.912 Byte geheime Informationen darin gespeichert werden.

Der volle Text der fünf Stücke und eine kurze Anmerkung kommen auf 734.891 Byte. Der Text wurde zuerst mit einem Standardkomprimierungs-Algorithmus auf etwa

274 KB komprimiert. Das komprimierte Ergebnis wurde mit IDEA verschlüsselt und in das niederwertigste Bit eines jeden Farbwerts eingefügt. Wie man sieht (oder besser, nicht sieht), ist das Vorhandensein der Information völlig unsichtbar. Sie ist auch unsichtbar in der großen Farbversion des Fotos. Das Auge kann 21-Bit-Farbe von 24-Bit-Farbe so gut wie nicht unterscheiden.

Wenn man die beiden Bilder in Schwarz-Weiß mit einer niedrigen Auflösung ansieht, erkennt man nicht, wie leistungsstark diese Technik ist. Damit Sie ein besseres Gefühl für die Arbeitsweise der Steganografie erhalten, haben wir eine Demonstration vorbereitet, einschließlich des hochauflösenden Farbbildes in Abbildung 8.52b mit den fünf eingebetteten Stücken. Die Demonstration enthält Werkzeuge zum Einfügen und Extrahieren von Text in Bildern und befindet sich auf der Website zum vorliegenden Buch.

Um die Steganografie für geheime Kommunikation zu nutzen, könnten Dissidenten eine Website erstellen, die voller politisch korrekter Bilder ist, wie Fotografien des Großen Führers, lokale Sport-, Film- und Fernsehstars usw. Natürlich wären die Bilder mit steganografischen Nachrichten versetzt. Wenn die Nachrichten zuerst komprimiert und dann verschlüsselt werden, würde auch jemand, der das Vorhandensein vermutet, enorme Schwierigkeiten haben, die Nachricht von weißem Rauschen zu unterscheiden. Natürlich sollten die Bilder aktuelle Scans sein. Nur ein Bild aus dem Internet zu kopieren und dann ein paar Bits zu ändern, ist zu offensichtlich. Wer wissen will, wie man eine Tonaufnahme in ein Standbild einbettet, findet dies beschrieben in Chaudhary und Chaudbe (2018).

Bilder sind bei Weitem nicht der einzige Träger für steganografische Nachrichten. Auch Audiodateien eignen sich hierfür. Verborgenen Informationen lassen sich in VoIP-Aufrufen beispielsweise durch die Manipulation von Paketverzögerungen, Verzerren des Audio, ja sogar in den Header-Feldern der Pakete übertragen (Lubacz et al., 2010). Selbst das Layout und die Anordnung der Tags in einer HTML-Datei können Informationen enthalten.

Obwohl wir die Steganografie im Abschnitt über die Redefreiheit behandelt haben, hat sie zahlreiche andere Einsatzbereiche. Eine häufige Verwendung ist, dass die Besitzer von Bildern geheime Nachrichten in diesen codieren, die ihre Urheberrechte dokumentieren. Wird solch ein Bild gestohlen und auf einer Website platziert, kann der gesetzmäßige Besitzer die steganografische Nachricht enthüllen, um vor Gericht zu beweisen, wem das Bild gehört. Dieses Verfahren nennt man auch **Watermarking** (*Wasserzeichen*). Es wird in Muyco und Hernandez (2019) erörtert.

Steganografie ist ein aktiver Forschungsbereich, dem ganze Konferenzen gewidmet sind. Es gibt einige interessante Arbeiten zu diesem Thema, unter anderem Hegarty und Keane (2018), Kumar (2018) und Patil et al. (2019).

8.13.3 Urheberrechte

Datenschutz und Zensur sind zwei Bereiche, in denen Technologie auf Politik trifft. Ein dritter Bereich ist das Urheberrecht. Das **Urheberrecht** (*copyright*) gibt den Urhebern von geistigem Eigentum, wie Schriftstellern, Dichtern, Bühnenautoren, Künstlern, Komponisten, Musikern, Fotografen, Filmschaffenden, Choreographen und anderen, das exklusive Recht, ihr geistiges Eigentum eine gewisse Zeitspanne exklusiv zu nutzen. Dies ist in der Regel die Lebenszeit des Autors plus 50 beziehungsweise 75 Jahre im Falle von Unternehmenseigentum. Nachdem das Urheberrecht eines Werks abläuft, ist das Werk öffentlich kostenfrei nutzbar. Das Gutenberg-Projekt (*www.gutenberg.org*) beispielsweise hat über 50.000 öffentlich verfügbare Werke (z.B. von Goethe, Schiller, Heine) im Web veröffentlicht. 1998 verlängerte der amerikanische Kongress auf Anforderung von Hollywood das Urheberrecht um zwanzig Jahre, wobei behauptet wurde, dass ohne diese Verlängerung kein Kreativschaffender mehr produktiv sein würde. In Folge wurde der Urheberrechtsschutz für den originalen Mickey-Maus-Film von 1928 verlängert bis 2024. Danach kann jeder ein Kino mieten und diesen Film legal zeigen, ohne die Genehmigung der Walt Disney Company einzuholen. Patente dagegen laufen nur zwanzig Jahre und es wird trotzdem ständig Neues erfunden.

Das Urheberrecht rückte in den Mittelpunkt als Napster, eine Musiktauschbörse, 50 Millionen Mitglieder hatte. Obwohl Napster im Prinzip keine Musik kopierte, waren die Gerichte der Auffassung, dass die Pflege einer zentralen Datenbank, in der verwaltet wurde, wer welches Stück hatte, eine Beihilfe zu einer Rechtsverletzung darstellte, das heißt, Napster half anderen Personen, diese Rechtsverletzung auszuführen. Während niemand ernsthaft behauptet, dass das Urheberrecht eine schlechte Idee ist (obwohl viele behaupten, dass die Zeitspanne viel zu lang ist, da sie große Unternehmen gegenüber der Öffentlichkeit begünstigt), wirft die nächste Musiktauschgeneration bereits größere ethische Probleme auf.

Betrachten Sie beispielsweise ein Peer-to-Peer-Netz, in dem Personen legale Dateien tauschen (Public-Domain-Musik, Heimvideos, religiöse Traktate, die keine Geschäftsgeheimnisse sind, usw.) sowie einige, die urheberrechtlich geschützt sind. Nehmen wir weiterhin an, dass jeder die ganze Zeit über ADSL oder Kabel online ist. Jeder Rechner hat einen Index dessen, was auf der Platte gespeichert ist, plus eine Liste der anderen Mitglieder. Jemand, der ein spezielles Stück sucht, kann zufällig ein Mitglied auswählen und prüfen, ob dieses das gewünschte Stück hat. Wenn nicht, kann er alle anderen Mitglieder in der Liste dieser Person durchgehen sowie alle Mitglieder in deren Listen usw. Computer sind für diese Art von Arbeit sehr gut geeignet. Wenn das gesuchte Objekt gefunden wird, muss der Suchende es nur kopieren.

Ist das Werk urheberrechtlich geschützt, besteht die Möglichkeit, dass der Anfordernde eine Gesetzesübertretung begeht (obwohl bei internationalen Übertragungen die Frage wichtig ist, welches Gesetz gilt, da in einigen Ländern das Hochladen nicht erlaubt ist, das Herunterladen jedoch schon). Wie sieht es aber für den Anbieter aus? Ist es ein Verbrechen, Musik zu haben, für die man gezahlt und die man legal auf die Festplatte heruntergeladen hat, wo andere sie finden können? Wenn Sie eine unverschlossene Hütte irgendwo auf dem Land haben und ein Dieb steigt ein mit Notebook und Scanner unter dem Arm, scannt ein urheberrechtlich geschütztes Buch ein auf die Festplatte des Notebooks und verschwindet, sind *Sie* dann schuldig, dass Sie nicht das Urheberrecht eines anderen geschützt haben?

Aber es sieht nach noch mehr Ärger an der Urheberrechtsfront aus. Es gibt einen großen Kampf zwischen Hollywood und der Computerbranche. Hollywood möchte das gesamte geistige Eigentum streng schützen und die Computerbranche möchte nicht die Polizei für Hollywood sein. Im Oktober 1998 verabschiedete der Kongress das **Digital Millennium Copyright Act** (*DMCA*, Urheberrechtsgesetz für das digitale Jahrtausend), das das Umgehen von vorhandenen Schutzmechanismen oder die Anleitung zum Umgehen vorhandener Schutzmechanismen zum kriminellen Akt erklärt. Eine ähnliche Gesetzgebung wurde in der Europäischen Union erlassen. Wenngleich praktisch niemand der Meinung ist, dass Piraten in Fernost urheberrechtlich geschützte Werke duplizieren dürfen, sind viele Leute der Ansicht, dass DMCA die Balance zwischen den Interessen der Urheberechtsbesitzer und dem öffentlichen Interesse verschiebt.

Ein typisches Beispiel: Im September 2000 sponserte ein Konsortium der Musikindustrie, das den Auftrag hatte, ein nicht knackbares System zum Onlineverkauf von Musik zu erarbeiten, einen Wettbewerb, bei dem die Teilnehmer eingeladen wurden, das System zu brechen (was genau das Richtige für jedes neue Sicherheitssystem ist). Ein Team von Sicherheitsforschern aus verschiedenen Universitäten, das von Prof. Edward Felten von Princeton geleitet wurde, nahm die Herausforderung an und knackte das System. Sie schrieben dann einen Artikel über ihre Ergebnisse und reichten diesen auf einer USENIX-Sicherheitskonferenz ein, wo er einer Begutachtung unterzogen und akzeptiert wurde. Vor der Präsentation des Artikels erhielt Felten einen Brief von der Recording Industry Association of America, worin den Autoren gedroht wurde, sie im Rahmen von DMCA gerichtlich zu belangen, falls sie den Artikel veröffentlichten.

Ihre Antwort war, dass sie eine Klage erhoben, um ein amerikanisches Gericht entscheiden zu lassen, ob die Veröffentlichung wissenschaftlicher Artikel über Forschungen im Bereich Sicherheit immer noch legal war. Nachdem ein wirkliches Gericht darüber zu befinden hatte, zog die Branche die Drohung zurück und das Gericht wies die Klage von Felten ab. Die Branche war zweifelsohne von der Schwachheit ihres Falls motiviert: Sie hatten Leute ermuntert, ihr System zu brechen, und dann jemandem gedroht, ihn zu verklagen, der ihre Herausforderung angenommen hatte. Nach der zurückgezogenen Klage wurde der Artikel veröffentlicht (Craver et al., 2001). Eine neue Konfrontation ist so gut wie sicher.

Inzwischen wurden Peer-to-Peer-Netzwerke zum Austausch urheberrechtlich geschützter Inhalte genutzt. Als Reaktion darauf sendeten die Urheberrechtsinhaber auf Grundlage des DMCA automatische Mitteilungen, sogenannte **DMCA Takedown Notices**, an Nutzer und Internetdienstanbieter. Die Urheberrechtsinhaber benachrichtigten (und verklagten) zunächst Einzelpersonen direkt, was sich jedoch als unpopulär und ineffektiv erwies. Jetzt verklagen sie die Internetdienstanbieter, weil sie Kunden, die gegen das DMCA verstoßen, nicht kündigen. Dies ist eine heikle Angelegenheit, da es in Peer-to-Peer-Netzwerken oft Teilnehmer gibt, die darüber lügen, was sie teilen (Cuevas et al., 2014; Santos et al., 2011), und sogar Ihr Drucker kann für einen Übeltäter gehalten werden (Piatek et al., 2008). Aber die Urheberrechtsinhaber haben einigen Erfolg mit diesem Ansatz: Im Dezember 2019 ordnete ein US-Bundesgericht an, dass Cox Communications 1 Milliarde US-Dollar an die Urheberrechtsinhaber zahlen muss, weil sie nicht ordnungsgemäß auf Takedown Notices reagierten.

Ein verwandtes Thema ist der Umfang der **Doktrin der angemessenen Verwendung** (*fair use doctrine*), der von den Gerichten in verschiedenen Ländern festgelegt wurde. Diese Doktrin besagt, dass Käufer eines urheberrechtlich geschützten Werks bestimmte begrenzte Rechte haben, das Werk zu kopieren. Hierzu gehört auch das Recht, Teile daraus für wissenschaftliche Zwecke zu zitieren, es als Lehrmaterial an Schulen und Universitäten zu verwenden und in einigen Fällen Sicherungskopien zur persönlichen Verwendung zu machen, falls das Original ausfällt. Was eine „angemessene" Verwendung ist, entscheidet erstens, ob es sich um einen kommerziellen Einsatz handelt, zweitens welcher Prozentsatz des Ganzen kopiert wird und drittens die Auswirkung des Kopierens auf den Verkauf des Werks. Da DMCA und ähnliche Gesetze in der Europäischen Union die Umgehung von Maßnahmen zum Urheberrechtschutz verbieten, verbieten diese Gesetze auch die legale angemessene Nutzung. In Wirklichkeit nimmt das DMCA den Benutzern ihre historischen Rechte und gibt den Verkäufern von Inhalten mehr Macht. Ein größerer Schlagabtausch wird unvermeidbar sein.

Eine weitere in Arbeit befindliche Entwicklung, die sogar DMCA in den Schatten stellt, was die Verschiebung der Balance zwischen den Urheberrechtbesitzern und den Benutzern angeht, ist das **Trusted Computing**, wie es von industriellen Gremien wie **TCG** (*Trusted Computing Group*), angeführt von Unternehmen wie Intel und Microsoft, befürwortet wird. Das Konzept besteht darin, auf der Ebene unterhalb des Betriebssystems Unterstützung zu bieten, um das Benutzerverhalten auf verschiedene Weise sorgfältig zu überwachen (z.B. das Abspielen von raubkopierter Musik), mit dem Ziel, unerwünschtes Verhalten zu unterbinden. Dies wird mithilfe eines kleinen Chips namens **TPM** (*Trusted Platform Module*) erreicht, der relativ manipulationssicher ist. Einige PCs, die heutzutage verkauft werden, sind mit einem TPM ausgestattet. Das System erlaubt Software, die von den Content-Providern geschrieben wurde, die PCs auf eine Art und Weise zu manipulieren, die von den Benutzern nicht geändert werden kann. Dies wirft die Frage auf, wem beim Trusted Computing noch vertraut werden kann. Mit Sicherheit nicht dem Benutzer. Man muss natürlich nicht betonen, dass die sozialen Folgen dieser Maßnahme immens sind. Es ist schön, dass die Industrie der Sicherheit schließlich Aufmerksamkeit zollt. Aber es ist beklagenswert, dass dies ganz auf die Durchsetzung der Urheberrechtsgesetze gerichtet ist und weniger darauf, Viren, Cracker, Eindringlinge und andere Sicherheitsthemen, die den meisten Leuten Sorgen machen, in den Griff zu kriegen.

Kurz gefasst: Die Gesetzgeber und Rechtsanwälte werden auch in den nächsten Jahren noch damit beschäftigt sein, ein Gleichgewicht zwischen den ökonomischen Interessen der Urheberrechtsbesitzer und dem öffentlichen Interesse zu finden. Cyberspace unterscheidet sich nicht von der materiellen Welt: Ständig ist eine Gruppe im Interessenkonflikt mit einer anderen, was zu Machtkämpfen und Rechtsstreitigkeiten und auch (hoffentlich) zu einer Art Lösung führt, zumindest bis wieder neue umstrittene Technologien aufkommen.

Zusammenfassung

Sicherheit findet sich an der Schnittstelle wichtiger Eigenschaften wie **Geheimhaltung**, **Integrität** und **Verfügbarkeit** (**CIA**). Leider ist sie oft schwer zu fassen, da es schwierig ist, genau anzugeben, wie sicher ein System ist. Was wir tun können, ist, Sicherheitsprinzipien wie die von Saltzer und Schroeder rigoros anzuwenden.

In der Zwischenzeit werden Angreifer versuchen, einem System zu schaden, indem sie die folgenden grundlegenden Bausteine kombinieren: Ausspähen (was läuft wo unter welchen Bedingungen), Schnüffeln (abhören des Datenverkehrs), Spoofen (vorgeben, jemand anderes zu sein) und Stören (Denial-of-Service). Jeder dieser Bausteine kann extrem weit entwickelt sein. Zum Schutz vor diesen Angriffen, auch in Kombination, installieren Netzwerkadministratoren Firewalls, Angrifferkennungssysteme und Angriffabwehrsysteme. Solche Lösungen können sowohl im Netz als auch auf dem Host eingesetzt werden und sowohl auf Signaturen als auch auf Anomalien basieren. In jedem Fall ist die Anzahl der falsch positiven (Fehlalarme) und falsch negativen Ergebnisse (nicht erkannte Angriffe) ein wichtiges Maß für die Nützlichkeit solcher Lösungen. Besonders wenn Angriffe selten sind und es viele Ereignisse gibt, besagt der Prävalenzfehler, dass die Falsch-Positiv-Rate die Leistungsfähigkeit eines Angrifferkennungssystems schnell reduziert.

Kryptografie ist ein Werkzeug, mit dem Informationen geheim gehalten werden können. Darüber hinaus sichert deren Verwendung die Integrität und Authentizität der Daten. Alle modernen kryptografischen Systeme basieren auf dem Kerckhoffs'schen Prinzip, dass der Algorithmus bekannt, aber der Schlüssel geheim ist. Viele kryptografische Algorithmen verwenden komplexe Transformationen, die Substitutionen und Permutationen enthalten, um Klartext in Chiffretext umzuwandeln. Wenn die Quantenkryptografie irgendwann praxistauglich ist, kann die Verwendung von One-Time Pads tatsächlich zu nicht aufbrechbaren Kryptosystemen führen.

Kryptografische Algorithmen können in Algorithmen mit symmetrischen und Algorithmen mit öffentlichen Schlüsseln unterteilt werden. Algorithmen mit symmetrischen Schlüsseln vertauschen die Bits in mehreren Runden, die von einem Schlüssel parametrisiert werden, um solchermaßen Klartext in Chiffretext zu verwandeln. AES (Rijndael) und Triple DES sind zurzeit die bekanntesten symmetrischen kryptografischen Algorithmen. Diese Algorithmen können unter anderem im elektronischen Code-Book-Modus, im Cipher-Block-Chaining-Modus, Stream-Cipher-Modus, Counter-Modus verwendet werden.

Algorithmen mit öffentlichen Schlüsseln haben die Eigenschaft, dass zur Verschlüsselung und zur Entschlüsselung jeweils ein anderer Schlüssel verwendet wird. Hierbei kann der Entschlüsselungsschlüssel nicht aus dem Verschlüsselungsschlüssel abgeleitet werden. Diese Eigenschaften erlauben die Veröffentlichung des öffentlichen Schlüssels. Der bedeutendste Algorithmus mit öffentlichen Schlüsseln ist RSA, der seine Stärke aus der Tatsache ableitet, dass es sehr schwierig ist, große Zahlen zu faktorisieren. Aber es werden auch Algorithmen auf EEC-Basis verwendet.

Rechtsgültige, kommerzielle und andere Dokumente müssen unterzeichnet werden. Folglich wurden einige Schemata für **digitale Signaturen** entwickelt, die Algorithmen mit sowohl symmetrischen wie auch öffentlichen Schlüsseln verwenden. In der Regel wird für Nachrichten, die unterzeichnet werden sollen, mithilfe von Algorithmen wie SHA-2 oder SHA-3 ein Hash gebildet, wobei dann diese Hashes anstatt der Originalnachricht unterzeichnet werden.

Öffentliche Schlüssel können mit Zertifikaten verwaltet werden. Dies sind Dokumente, die einen Principal an einen öffentlichen Schlüssel binden. Die Zertifikate werden von einer vertrauenswürdigen Stelle unterzeichnet oder von jemandem, der (rekursiv) von einer vertrauenswürdigen Stelle genehmigt wurde. Die Wurzel dieser Kette muss vorab bekannt sein. Browser haben in der Regel viele oberste Zertifikate bereits integriert.

Diese kryptografischen Werkzeuge können im sicheren Netzverkehr eingesetzt werden. IPsec verschlüsselt in der Vermittlungsschicht den Paketfluss von Host zu Host. **Firewalls** können den Datenverkehr in und aus einer Organisation prüfen, oftmals auf der Basis des verwendeten Protokolls und der Ports. **Virtuelle private Netze** können die alten Standleitungsnetze simulieren, um bestimmte Sicherheitseigenschaften zur Verfügung zu stellen. Und schließlich haben drahtlose Netze hohe Sicherheitsansprüche, damit die Nachrichten nicht von jedem gelesen werden können, und IEEE 802.11i bietet diese Sicherheit. Eine tief gestaffelte Verteidigung, die sich mehrerer Verteidigungsmechanismen bedient, ist immer eine gute Idee.

Wenn zwei Parteien eine Sitzung aufbauen, müssen sie sich gegenseitig **authentifizieren** und, wenn erforderlich, einen gemeinsamen **Sitzungsschlüssel** errichten. Es existieren verschiedene Authentifizierungsprotokolle, einschließlich einiger, die eine vertrauenswürdige dritte Partei, Diffie-Hellman, Kerberos und die Kryptografie mit öffentlichen Schlüsseln verwenden.

Die Sicherheit von E-Mail kann über eine Kombination der hier behandelten Technologien erreicht werden. **PGP** komprimiert beispielsweise Nachrichten und verschlüsselt sie dann mit einem geheimen Schlüssel. Es sendet den geheimen Schlüssel, der mit dem öffentlichen Schlüssel des Empfängers verschlüsselt wurde. Darüber hinaus wird von der Nachricht ein Hash gebildet und der signierte Hash gesendet, um die Integrität der Nachricht zu verifizieren.

Ein weiteres wichtiges Thema ist **Sicherheit im Web**. Hier sei als Erstes die sichere Benennung genannt. DNSSEC kann helfen, DNS-Spoofing zu vermeiden. Die meisten E-Commerce-Websites verwenden TLS, um sichere, authentifizierte Sitzungen zwischen Client und Server zu errichten. Außerdem werden zur Behandlung von mobilem Code verschiedene Techniken eingesetzt, wie **Sandboxing** und **Code-Signierung**.

Das Internet wirft viele Fragen auf, vor allem in Bereichen, in denen Technologie und öffentliches Politik im Widerstreit stehen. Zu diesen Bereichen gehören unter anderem **Datenschutz**, **Redefreiheit** und **Urheberrecht**. Die Lösung dieser Probleme erfordert Beiträge aus verschiedenen Disziplinen. In Anbetracht der Geschwindigkeit, mit der sich die Technologie entwickelt, und der Geschwindigkeit, mit der sich die Gesetzgebung und die öffentliche Politik weiterentwickeln, lehnen wir uns mal weit aus dem Fenster und behaupten, dass diese Probleme auch bei Erscheinen der nächsten Auflage noch nicht gelöst sein werden. Sollten wir uns irren, spendieren wir jedem unserer Leser einen Laib Käse.

Übungsaufgaben

EXTRAS ONLINE Lösungshinweise

1 Betrachten Sie das Prinzip der vollständigen Rechteprüfung. Welche nichtfunktionale Systemanforderung wird wahrscheinlich durch die strikte Einhaltung dieses Prinzips beeinträchtigt werden?

2 Welche Art von Scan stellt das folgende Netzwerkprotokoll dar? Vervollständigen Sie Ihre Antwort so genau wie möglich und geben Sie an, welche Hosts Ihrer Meinung nach aktiv sind und welche Ports Ihrer Meinung nach offen oder geschlossen sind.

Zeit	Von	An	Flags	Weitere Info
21:03:59.711106	brutus.net.53 >	host201.caesar.org.21:	F 0:0(0)	win 2048 (ttl 48, id 55097)
21:04:05.738307	brutus.net.53 >	host201.caesar.org.21:	F 0:0(0)	win 2048 (ttl 48, id 50715)
21:05:10.399065	brutus.net.53 >	host202.caesar.org.21:	F 0:0(0)	win 3072 (ttl 49, id 32642)
21:05:16.429001	brutus.net.53 >	host202.caesar.org.21:	F 0:0(0)	win 3072 (ttl 49, id 31501)
21:09:12.202997	brutus.net.53 >	host0241.caesar.org.21:	F 0:0(0)	win 2048 (ttl 52, id 47689)
21:09:18.215642	brutus.net.53 >	host024.caesar.org.21:	F 0:0(0)	win 2048 (ttl 52, id 26723)
21:10:22.664153	brutus.net.53 >	host003.caesar.org.21:	F 0:0(0)	win 3072 (ttl 53, id 24838)
21:10:28.691982	brutus.net.53 >	host003.caesar.org.21:	F 0:0(0)	win 3072 (ttl 53, id 25257)
21:11:10.213615	brutus.net.53 >	host102.caesar.org.21:	F 0:0(0)	win 4096 (ttl 58, id 61907)
21:11:10.227485	host102 > .caesar.org.21	brutus.net.53:	R 0:0(0)	ack4294947297 win 0 (ttl 25, id 38400)

3 Welche Art von Scan stellt das folgende Netzwerkprotokoll dar? Vervollständigen Sie Ihre Antwort so genau wie möglich und geben Sie an, welche Hosts Ihrer Meinung nach aktiv sind und welche Ports Ihrer Meinung nach offen oder geschlossen sind.

Zeit	Von	An	Flags	Weitere Info
20:31:49.635055	IP 127.0.0.1.56331 >	127.0.0.1.22:	Flags [FPU],	seq 149982695, win 4096, urg 0, length 0
20:31:49.635123	IP 127.0.0.1.56331 >	127.0.0.1.80:	Flags [FPU],	seq 149982695, win 3072, urg 0, length 0
20:31:49.635162	IP 127.0.0.1.56331 >	127.0.0.1.25:	Flags [FPU],	seq 149982695, win 4096, urg 0, length 0
20:31:49.635200	IP 127.0.0.1.25 >	127.0.0.1.56331	Flags[R.],	seq 0, ack149982696, win 0, length 0
20:31:49.635241	IP 127.0.0.1.56331 >	127.0.0.1.10000:	Flags [FPU],	seq 149982695, win 3072, urg 0, length 0
20:31:49.635265	IP 127.0.0.1.10000 >	127.0.0.1.56331:	Flags[R.],	seq 0, ack149982696, win 0, length 0
20:31:50.736353	IP 127.0.0.1.56332 >	127.0.0.1.80:	Flags [FPU],	seq 150048230, win 1024, urg 0, length 0
20:31:50.736403	IP 127.0.0.1.56332 >	127.0.0.1.22:	Flags [FPU],	seq 150048230, win 3072, urg 0, length 0

4 Was ist ein DoS-Angriff mit algorithmischer Komplexität?

5 Alice möchte mit der Website *www.vu.nl* kommunizieren, aber der Eintrag für diese Domain in ihrem Nameserver wurde manipuliert, sodass die Pakete auf einem von einem Angreifer kontrollierten Rechner landen. Inwieweit ist der Angreifer in der Lage, Geheimhaltung, Integrität und Authentizität in den folgenden Fällen zu beeinträchtigen: (a) unverschlüsselte Kommunikation (über HTTP) zwischen Alice und *www.vu.nl*, (b) verschlüsselte Kommunikation zwischen Alice und *www.vu.nl*, wenn die Website ein selbstsigniertes Zertifikat verwendet, (c) verschlüsselte Kommunikation (über HTTPS) zwischen Alice und *www.vu.nl*, wenn die Website ein von einer legitimen Zertifizierungsstelle signiertes Zertifikat verwendet?

6 Eine zustandslose Firewall blockiert TCP-Verbindungsanfragen von einem externen Standort zu einem beliebigen lokalen Host. Erläutern Sie, warum diese Verteidigung nicht sehr effektiv gegen anspruchsvolle Angreifer ist.

7 Erläutern Sie den Prävalenzfehler anhand der IDS-Leistung aus der vorherigen Frage.

8 Sie führen einen Off-Path-TCP-Übernahmeangriff auf Herberts Rechner durch und haben bereits festgestellt, dass Herbert von seinem Rechner aus auf dem FTP-Server von *vusec.net* eingeloggt ist (zur Erinnerung: FTP verwendet den Zielport 21 für Befehle). Beide Rechner laufen unter Linux und implementieren den ursprünglichen RFC 5961, wie im Text beschrieben. Mithilfe der Offpath-TCP-Exploitation-Technik wollen Sie nun auch den Quellport der FTP-Kontrollverbindung (auf Herberts Seite) herausfinden. Nehmen Sie an, dass alle Portnummern prinzipiell möglich sind und dass Sie unendlich viele Pakete pro Sekunde senden können. Zeigen Sie, wie man mithilfe einer binären Suche schnell die richtige Portnummer finden kann. Wie viele gefälschte Pakete müssen Sie mit dieser Technik im schlimmsten Fall versenden? Erläutern Sie Ihre Antwort.

9 Knacken Sie folgende monoalphabetische Substitutionschiffre. Der Klartext besteht nur aus Buchstaben. Es ist ein sehr bekannter Ausschnitt aus einem Gedicht von Lewis Carroll:

mvyy bek mnyx n yvjjyr snijrh invq n muvjvdt je n idnvy
jurhri n fehfevir pyeir oruvdq ki ndq uri jhrnqvdt ed zb jnvy
Irr uem rntrhyb jur yeoijrhi ndq jur jkhjyri nyy nqlndpr
Jurb nhr mnvjvdt ed jur iuvdtyr mvyy bek pezr ndq wevd jur qndpr
mvyy bek, medj bek, mvyy bek, medj bek, mvyy bek wevd jur qndpr
mvyy bek, medj bek, mvyy bek, medj bek, medj bek wevd jur qndpr

10 Eine affine Chiffre gehört zu den monoalphabetischen Substitutionschiffren, bei der die Buchstaben eines Alphabets der Größe m zuerst auf Ganzzahlen im Bereich 0 bis $m-1$ abgebildet werden. Anschließend wird die Ganzzahl, die jeweils für einen Klartextbuchstaben steht, in eine Ganzzahl umgewandelt, die Verschlüsselungsfunktion für einen einzigen Buchstaben lautet:

$$E(x) = (\alpha x + b) \bmod m,$$

wobei m die Größe des Alphabets ist und a und b der Schlüssel der Chiffre und teilerfremd sind. Trudy findet heraus, dass Bob einen Chiffretext mithilfe einer affinen Chiffre erzeugt hat. Sie erhält eine Kopie des Chiffretextes und stellt fest, dass der häufigste Buchstabe des Chiffretextes „R" und der zweithäufigste „K" ist. Zeigen Sie, wie Trudy den Code brechen kann, um den Klartext zu erhalten.

11 Knacken Sie folgende Spaltentausch-Transpositionschiffre. Der (englische) Klartext stammt aus einem bekannten Computerfachbuch, deshalb dürfte darin das Wort „connected" vorkommen. Der Klartext besteht nur aus Buchstaben (keine Leerzeichen). Der Chiffretext ist zur einfacheren Lesbarkeit in Blöcke von je vier Zeichen unterteilt.

oeet nott rece rowp sabe ndea oana tmrs otne heth imnc trdi ccfa lxgo ioua iere iybe nft

12 Alice verwendete eine Transpositionschiffre, um ihre Nachrichten an Bob zu verschlüsseln. Für zusätzliche Sicherheit hat sie die Transpositionschiffre mithilfe einer Substitutionschiffre verschlüsselt und die verschlüsselte Chiffre in ihrem Computer gespeichert. Trudy ist es gelungen, in den Besitz des Schlüssels der verschlüsselten Transpositionschiffre zu gelangen. Kann Trudy die Nachricht von Alice an Bob entschlüsseln? Begründen Sie Ihre Antwort.

13 Finden Sie ein 77 Bit großes One-Time Pad, das den Text „Donald Duck" aus dem Chiffretext von Abbildung 8.11 erstellt.

14 Sie sind ein Spion und haben bequemerweise eine Bibliothek mit einer riesigen Anzahl Bücher zur Hand. Ihr Verbindungsmann hat ebenfalls eine solche Bibliothek. Sie haben sich auf *Herr der Ringe* als One-Time Pad geeinigt. Erläutern Sie, wie Sie damit einen unendlich langen One-Time Pad erzeugen können.

15 Die Quantenkryptografie setzt eine Photonenpistole voraus, die bei Bedarf ein einzelnes Photon abschießt, das 1 Bit trägt. Berechnen Sie bei dieser Aufgabe, wie viele Photonen ein Bit auf einer 250-Gbit/s-Glasfaserverbindung trägt. Nehmen Sie an, dass die Länge des Photons gleich seiner Wellenlänge ist, die für diese Aufgabe 1 µm ist. Die Lichtgeschwindigkeit in Glasfasern ist 20 cm/ns.

16 Wenn Trudy bei Verwendung der Quantenkryptografie Photonen abfängt und neu erzeugt, sind einige davon falsch. Dies führt zu Fehlern im One-Time Pad von Bob. Wie hoch ist der Prozentsatz der falschen Bits im One-Time Pad von Bob im Durchschnitt?

17 Einem grundlegenden kryptografischen Prinzip zufolge müssen alle Nachrichten Redundanz aufweisen. Wir wissen aber auch, dass Eindringlinge sich die Redundanz zunutze machen können, um leichter festzustellen, ob der geratene Schlüssel korrekt ist. Betrachten Sie zwei Arten der Redundanz. Bei der ersten enthalten die ersten *n* Bit des Klartexts ein bekanntes Muster. Bei der zweiten enthalten die letzten *n* Bit der Nachricht einen Hash über die Nachricht. Sind diese beiden vom Sicherheitsstandpunkt aus gleichwertig? Erläutern Sie Ihre Antwort.

18 Betrachten Sie ein Banksystem, das folgendes Format für Transaktionsnachrichten verwendet: zwei Bytes für die Absender-ID, zwei Bytes für die Empfänger-ID und vier Bytes für den zu überweisenden Betrag. Die Überweisungen werden vor dem Versand verschlüsselt. Was könnten Sie zu diesen Nachrichten hinzufügen, damit sie den in diesem Kapitel besprochenen zwei Verschlüsselungsprinzipien entsprechen?

19 Eine Gruppe böser Menschen, die üblen Geschäften nachgeht, möchte nicht, dass die Polizei ihre digitale Kommunikation abhört. Um dies zu verhindern, verwenden sie ein verschlüsseltes Ende-zu-Ende-Nachrichtensystem, das eine nicht zu knackende Chiffre verwendet. Es gibt zwei Möglichkeiten, die es der Polizei trotzdem erlauben, ihre Gespräche abzuhören.

20 Angenommen, wir haben einen Dechiffrierrechner mit einer Million Prozessoren, der einen Schlüssel in 1 Nanosekunde berechnen kann, 10^{16} Jahre benötigen würde, um die 128-Bit-Version von AES aufzubrechen. Lassen Sie uns berechnen, wie lange es dauert, bis dieser Zeitraum auf 1 Jahr reduziert werden kann, was immer noch eine lange Zeit ist. Um dies zu erreichen, benötigen wir Computer, die 10^{16}-mal schneller sind. Angenommen, das Gesetz von Moore (die Rechenleistung verdoppelt sich alle 18 Monate) ist weiterhin gültig, wie viele Jahre benötigt ein Parallelrechner, um den Zeitraum zum Knacken der Chiffre auf ein Jahr zu senken?

21 AES unterstützt einen 256-Bit-Schlüssel. Wie viele Schlüssel hat AES-256? Schauen Sie, ob Sie eine Zahl gleicher Größenordnung in der Physik, Chemie oder Astronomie finden können. Nutzen Sie das Internet, um nach großen Zahlen zu suchen. Ziehen Sie aus Ihrer Suche eine Schlussfolgerung.

22 Betrachten wir Cipher Block Chaining. Statt der Umwandlung eines 0-Bits in ein 1-Bit wird diesmal ein zusätzliches 0-Bit in den Chiffretext nach Block C_i eingefügt. Wie viel Klartext wird dadurch verstümmelt?

23 Vergleichen Sie den Cipher-Block-Chaining-Modus mit dem Cipher-Feedback-Modus in Bezug auf die Zahl der Verschlüsselungsvorgänge, die nötig sind, um eine große Datei zu übertragen. Welcher Modus ist effizienter und um wie viel?

24 Alice und Bob kommunizieren über öffentliche Schlüssel. Wer kann den Klartext P aus $E_B(D_A(P))$ auslesen, und welche Schritte sind dazu erforderlich?

25 In ein paar Jahren sind Sie Lehrbeauftragter für Computernetze. Sie erklären den Studenten, dass bei der RSA-Kryptografie der öffentliche und der private Schlüssel aus (e, n) bzw. (d, n) bestehen. Die möglichen Werte von e und d hängen von einem Wert z ab, dessen mögliche Werte wiederum von n abhängen. Einer der Studenten bemerkt, dass dieses Schema unnötig kompliziert ist, und schlägt vor, es zu vereinfachen. Anstatt d als relative Primzahl zu z zu wählen, wird d als relative Primzahl zu n gewählt. Dann ergibt sich für e, dass $e \times d = 1$ modulo n ist. Auf diese Weise wird z nicht mehr benötigt. Wie wirkt sich diese Änderung auf den Aufwand aus, der erforderlich ist, um die Chiffre zu knacken?

26 Trudy hat folgende RSA-Schlüssel: $n_t = 33$, $d_t = 3$, $e_t = 7$. Trudy findet heraus, dass Bobs öffentlicher Schlüssel $n_b = 33$, $e_b = 3$ ist.

a. Wie kann Trudy diese Information nutzen, um verschlüsselte Nachrichten an Bob zu lesen?

b. Berechnen Sie auf der Grundlage Ihrer Schlussfolgerungen aus Abschnitt (a) die Anzahl der sicheren öffentlichen Schlüsselpaare für ein bestimmtes Paar von p und q.

27 Alice und Bob verwenden RSA-Verschlüsselung mit öffentlichem Schlüssel, um miteinander zu kommunizieren. Trudy findet heraus, dass Alice und Bob eine der Primzahlen genutzt haben, mit der die Anzahl n ihrer öffentlichen Schlüsselpaare festgelegt wird. In anderen Worten, Trudy hat festgestellt, dass $n_a = p_a \times q$ und $n_b = p_b \times q$. Wie kann Trudy sich diese Information zunutze machen, um Alices Code zu knacken?

28 In Abbildung 8.23 wird dargestellt, wie Alice Bob eine unterzeichnete Nachricht senden kann. Wenn Trudy P ersetzt, kann Bob dies feststellen. Was passiert aber, wenn Trudy sowohl P als auch die Signatur ersetzt?

29 Digitale Signaturen haben eine potenzielle Schwäche, was nicht zuletzt auf faule Benutzer zurückzuführen ist. Bei E-Commerce-Transaktionen könnte ein Vertrag erstellt werden, den der Benutzer mit seinem SHA-Hash unterzeichnen soll. Wenn der Benutzer nicht verifiziert, dass Vertrag und Hash übereinstimmen, könnte der Benutzer versehentlich einen anderen Vertrag unterzeichnen. Angenommen die Mafia versucht, diese Schwäche gewinnbringend für sich auszunutzen. Sie richtet eine Bezahl-Website ein (Pornografie, Glücksspiele usw.) und fragt neue Kunden nach deren Kreditkartennummer. Anschließend sendet die Mafia dem Kunden einen Vertrag, in dem der Kunde bestätigen soll, dass er diesen Dienst nutzen möchte und mit Kreditkarte bezahlt. Sie fordert den Kunden auf, diesen Vertrag zu unterzeichnen, wobei sie weiß, dass die meisten den Vertrag unterzeichnen werden, ohne zu prüfen, ob der Vertrag und der Hash übereinstimmen. Zeigen Sie, wie die Mafia Diamanten von einem seriösen Internetjuwelier kaufen kann, die dann einem arglosen Kunden berechnet werden.

30 Eine Mathematikklasse hat 25 Schüler. Angenommen, alle Schüler wurden in der ersten Hälfte des Jahres, d.h. zwischen dem 1. Januar und dem 30. Juni geboren. Wie hoch ist die Wahrscheinlichkeit, dass mindestens zwei Schüler am gleichen Tag Geburtstag haben? Gehen Sie davon aus, dass niemand am 29. Februar geboren wurde.

31 Nachdem Ellen Marilyn gegenüber ihre miese Tour in Sachen Beförderung von Tom gestanden hat, unternimmt Marilyn Anstrengungen zur Schadensbegrenzung. Sie entscheidet, den Inhalt künftiger Nachrichten auf ein Diktiergerät aufzusprechen und sie von ihrer neuen Sekretärin abtippen zu lassen. Dann möchte sie die Nachrichten an ihrem Terminal durchsehen, um sicherzustellen, dass sie nicht verändert wurden. Kann die neue Sekretärin immer noch die Nachrichten mit einer Geburtstagsattacke fälschen, und wenn ja, wie? *Tipp*: Sie kann.

32 Betrachten Sie den misslungenen Versuch von Alice in Abbildung 8.25, den öffentlichen Schlüssel von Bob zu erhalten. Angenommen, Bob und Alice nutzen bereits einen geheimen Schlüssel, aber Alice möchte noch den öffentlichen Schlüssel von Bob. Besteht eine Möglichkeit, diesen sicher zu erhalten? Falls ja, wie?

33 Alice möchte mit Bob über öffentliche Schlüssel kommunizieren. Sie stellt eine Verbindung zu jemandem her, von dem sie hofft, dass es Bob ist. Sie fragt ihn nach seinem öffentlichen Schlüssel, den er ihr in Klartext zusammen mit einem X.509-Zertifikat zusendet, das von der obersten Zertifizierungsstelle unterzeichnet wurde. Alice hat bereits den öffentlichen Schlüssel der obersten Zertifizierungsstelle. Welche Schritte führt Alice aus, um zu verifizieren, dass sie mit Bob spricht? Nehmen Sie an, dass Bob sich nicht darum kümmert, mit wem er spricht (z.B. kann Bob ein öffentlicher Dienst sein).

34 Angenommen, ein System verwendet PKI, das auf einer Baum-Hierarchie von Zertifizierungsstellen basiert. Alice möchte mit Bob kommunizieren und erhält ein Zertifikat von Bob, das von der Zertifizierungsstelle *X* nach der Errichtung eines Kommunikationskanals mit Bob unterzeichnet wurde. Angenommen, Alice hat von *X* noch nie etwas gehört. Welche Schritte führt Alice aus, um zu verifizieren, dass sie mit Bob spricht?

35 Kann IPsec mit AH im Transportmodus verwendet werden, wenn einer der Rechner hinter einer NAT-Box hängt? Erklären Sie Ihre Antwort.

36 Alice möchte eine Nachricht an Bob unter Verwendung von SHA-2-Hashes senden. Sie fragt Sie, welchen Signaturalgorithmus sie verwenden sollte. Welchen Algorithmus würden Sie empfehlen?

37 Nennen Sie einen Vorteil von HMACs gegenüber von RSA zum Signieren von SHA-2-Hashes.

38 Geben Sie einen Grund an, warum eine Firewall zur Untersuchung des eingehenden Datenverkehrs konfiguriert werden sollte. Geben Sie einen Grund an, warum sie zur Untersuchung des ausgehenden Datenverkehrs konfiguriert werden sollte. Sind Sie der Ansicht, dass die Untersuchungen erfolgreich sind?

39 Angenommen, eine Organisation verwendet ein sicheres VPN, um ihre Standorte über das Internet sicher zu verbinden. Jim, ein Benutzer in der Organisation, verwendet das VPN, um mit seiner Chefin Mary zu kommunizieren. Beschreiben Sie eine Kommunikationsart zwischen Jim und Mary, die weder einer Verschlüsselung noch eines anderen Sicherheitsmechanismus bedarf, sowie eine weitere Kommunikationsart, die einer Verschlüsselung oder eines anderen Sicherheitsmechanismus bedarf. Erklären Sie Ihre Antwort.

40 Ändern Sie eine Nachricht in dem Protokoll von Abbildung 8.31 geringfügig ab, um es gegen den Reflection-Angriff immun zu machen. Erläutern Sie, warum Ihre Änderung funktioniert.

41 Der Schlüsselaustausch nach Diffie-Hellman wird benutzt, um einen geheimen Schlüssel zwischen Alice und Bob einzurichten. Alice sendet Bob (227, 5, 82). Bob antwortet mit (125). Die Geheimnummer x von Alice ist 12 und Bobs Geheimnummer y ist 3. Zeigen Sie, wie Alice und Bob den Geheimschlüssel berechnen.

42 Auch wenn sich Alice und Bob nie getroffen haben, keine Geheimnisse teilen und keine Zertifikate haben, können sie dennoch einen gemeinsamen geheimen Schlüssel mit dem Diffie-Hellman-Algorithmus aufbauen. Erklären Sie, warum es sehr schwer ist, sich gegen einen Man-in-the-Middle-Angriff zu verteidigen.

43 Warum wird im Protokoll von Abbildung 8.36 A in Klartext zusammen mit dem verschlüsselten Sitzungsschlüssel gesendet?

44 Werden Zeitstempel und Nonces für Geheimhaltung, Integrität, Verfügbarkeit, Authentifizierung oder Nichtabstreitbarkeit verwendet? Erklären Sie Ihre Antwort.

45 Im Protokoll von Abbildung 8.36 haben wir darauf hingewiesen, dass der Beginn jeder Klartextnachricht mit 32 Nullbits ein Sicherheitsrisiko darstellt. Nehmen wir an, dass jede Nachricht mit einer Zufallszahl pro Benutzer beginnt, also mit einem zweiten geheimen Schlüssel, der nur dem Benutzer und dem KDC bekannt ist. Wird dadurch der Angriff auf den bekannten Klartext verhindert? Und warum?

46 Geheimhaltung, Integrität, Verfügbarkeit, Authentifizierung und Nichtabstreitbarkeit sind grundlegende Sicherheitseigenschaften. Erläutern Sie für jede dieser Eigenschaften, ob sie durch Kryptografie mit öffentlichen Schlüsseln gewährleistet werden kann. Wenn ja, erklären Sie, wie.

47 Betrachten Sie die in der obigen Aufgabe aufgeführten grundlegenden Sicherheitsprobleme und erläutern Sie für jede dieser Eigenschaften, ob sie durch Message Digests erfüllt werden kann.

48 In dem Needham-Schroeder-Protokoll erzeugt Alice zwei Aufforderungen, R_A und R_{A2}. Das scheint übertrieben zu sein. Hätte nicht eine genügt?

49 Nehmen Sie an, dass ein Unternehmen zur Authentifizierung Kerberos verwendet. Wie sieht es mit der Sicherheit und Dienstverfügbarkeit aus, wenn der Authentifizierungsserver oder der Ticketausgabe-Server ausfällt?

50 Alice verwendet das Authentifizierungsprotokoll mit öffentlichem Schlüssel aus Abbildung 8.40, um die Kommunikation mit Bob zu authentifizieren. Beim Senden der Nachricht 7 hat Alice jedoch vergessen, R_B zu verschlüsseln. Trudy kennt jetzt den Wert von R_B. Müssen Alice und Bob die Authentifizierungsprozedur mit neuen Parametern wiederholen, um eine sichere Kommunikation sicherzustellen? Erläutern Sie Ihre Antwort.

51 Bei dem Authentifizierungsprotokoll mit öffentlichen Schlüsseln von Abbildung 8.40 ist R_B in Nachricht 7 mit K_S verschlüsselt. Ist diese Verschlüsselung notwendig oder hätte es genügt, sie im Klartext zurückzusenden? Erklären Sie Ihre Antwort.

52 POS-Terminals, die mit Magnetstreifenkarten und PIN-Codes arbeiten, haben eine fatale Schwäche: Ein böswilliger Händler kann seinen Kartenleser so manipulieren, dass er alle auf Karten befindlichen Informationen und den PIN-Code erfasst und speichert, um künftig betrügerische Transaktionen durchzuführen. Terminals der nächsten Generation werden mit Karten arbeiten, die komplett mit CPU, Tastatur und einem winzigen Display ausgestattet sind. Denken Sie sich für dieses System ein Protokoll aus, das bösartige Händler nicht aufbrechen können.

53 Sie erhalten eine E-Mail von Ihrer Bank, die besagt, dass auf Ihrem Konto ungewöhnliches Verhalten festgestellt wurde. Wenn Sie jedoch dem eingebetteten Link in der E-Mail folgen und sich auf der Website der Bank anmelden, werden keine Transaktionen angezeigt. Sie loggen sich erneut aus. Vielleicht war es ein Fehler. Einen Tag später gehen Sie erneut auf die Website der Bank und loggen sich ein. Diesmal wird Ihnen angezeigt, dass Ihr gesamtes Geld auf ein unbekanntes Konto überwiesen wurde. Was war passiert?

54 Nennen Sie *zwei* Gründe, warum PGP Nachrichten komprimiert.

55 Ist es möglich, Multicasting bei einer PGP-Nachricht zu verwenden? Welche Beschränkungen sind anzuwenden?

56 Angenommen, jeder im Internet verwendet PGP. Könnte eine PGP-Nachricht dann an eine beliebige Internetadresse gesendet und von allen Beteiligten korrekt entschlüsselt werden? Diskutieren Sie Ihre Antwort.

57 Das SSL-Datentransportprotokoll enthält zwei Nonces wie auch einen Premaster-Schlüssel. Welchen Sinn, wenn überhaupt, hat die Verwendung der Nonces?

58 Gegeben sei ein Bild von 2.048×512 Pixel. Sie wollen eine Datei von 2,5 MB verschlüsseln. Welchen Teil der Datei können Sie in diesem Bild verschlüsseln? Welchen Teil könnten Sie verschlüsseln, wenn Sie die Datei auf ein Viertel ihrer Originalgröße komprimieren würden? Zeigen Sie Ihre Berechnungen.

59 Das Bild in Abbildung 8.52b enthält den ASCII-Text von fünf Shakespeare-Werken. Könnte man anstatt Text auch Musik in den Zebras verstecken? Wenn ja, wie würde dies funktionieren und wie viel könnte in dem Bild untergebracht werden? Wenn nicht, warum?

60 Sie erhalten eine Textdatei von 60 MB, die mittels Steganografie in den niederwertigen Bits einer jeden Farbe in einer Bilddatei verschlüsselt werden soll. Wie groß muss das Bild sein, um die ganze Datei zu verschlüsseln? Welche Größe wird benötigt, wenn die Datei zuvor auf ein Drittel ihrer Originalgröße komprimiert wird? Geben Sie Ihre Antwort in Pixel und geben Sie Ihren Rechenweg an. Gehen Sie davon aus, dass die Bilder ein Seitenverhältnis von 3:2 haben, z. B. 3.000×2.000 Pixel.

61 Alice war eine eifrige Benutzerin eines anonymen Typ-1-Remailers. Sie postete viele Nachrichten in ihrer Lieblings-Newsgruppe *alt.fanclub.alice*, und jeder wusste, dass alles von ihr stammte, da alle Nachrichten das gleiche Pseudonym trugen. Wenn der Remailer korrekt arbeitet, kann Trudy Alice nicht verkörpern. Nachdem die Typ-1-Remailer alle abgeschaltet wurden, wechselte Alice zu einem Cypherpunk-Remailer und startete einen neuen Thread in ihrer Newsgruppe. Entwickeln Sie für Alice eine Möglichkeit, um Trudy davon abzuhalten, neue Nachrichten als Alice in der Newsgruppe zu posten.

62 Im Jahr 2018 fanden Forscher zwei Sicherheitslücken in modernen Prozessoren, die als Spectre und Meltdown bezeichnet werden. Finden Sie heraus, wie der Meltdown-Angriff funktioniert, und erklären Sie, welche Sicherheitsprinzipien von den Entwicklern der Prozessoren nicht ausreichend beachtet wurden, sodass diese Schwachstellen entstanden sind. Erläutern Sie Ihre Antwort. Nennen Sie mögliche Gründe für die Nichteinhaltung dieser Prinzipien.

63 Auf einer Auslandsreise verbinden Sie sich mit einem eindeutigen Passwort mit dem WiFi-Netzwerk in Ihrem Hotel. Erklären Sie, wie ein Angreifer Ihre Kommunikation abhören kann.

64 Durchsuchen Sie das Internet nach einem Rechtsfall im Bereich Urheberrecht gegen angemessene Verwendung und schreiben Sie einen einseitigen Bericht darüber.

65 Schreiben Sie ein Programm, das seine Eingaben verschlüsselt, indem es diese mit einem Schlüsselstrom über XOR verknüpft. Suchen oder schreiben Sie einen möglichst guten Zufallszahlengenerator, um den Schlüsselstrom zu erzeugen. Das Programm sollte als Filter fungieren, Klartext von der Standardeingabe entgegennehmen und Chiffretext auf der Standardausgabe ausgeben (und umgekehrt). Das Programm sollte einen Parameter annehmen, den Schlüssel, der die Eingabe für den Zufallszahlengenerator bildet.

66 Schreiben Sie eine Prozedur, die den SHA-2-Hash eines Datenblocks berechnet. Diese Prozedur sollte zwei Parameter haben: einen Zeiger auf den Eingabepuffer und einen Zeiger auf einen 20-Byte-Ausgabepuffer. Um die exakte Spezifikation von SHA-2 kennenzulernen, durchsuchen Sie das Internet nach der vollständigen Spezifikation FIPS 180-1.

67 Schreiben Sie eine Funktion, die einen Strom von ASCII-Zeichen entgegennimmt und diese Eingabe unter Verwendung einer Substitutionschiffre mit dem Cipher-Block-Chaining-Modus verschlüsselt. Die Blockgröße sollte 8 Byte betragen. Das Programm sollte Klartext von der Standardeingabe entgegennehmen und den Chiffretext auf der Standardausgabe ausgeben. Bei diesem Problem dürfen Sie jedes beliebige System wählen, um festzulegen, dass das Ende der Eingabe erreicht ist und/oder wann der Block zur Vervollständigung aufgefüllt werden sollte. Sie können jedes Ausgabeformat wählen, solange es eindeutig ist. Das Programm sollte zwei Parameter empfangen:

a. einen Zeiger auf den Initialisierungsvektor

b. eine Zahl *k*, die die Verschiebung der Substitutionschiffre angibt, derzufolge jedes ASCII-Zeichen durch das *k*-te Zeichen davor im Alphabet verschlüsselt wird.

Wenn beispielsweise $k=3$ ist, wird A durch D ersetzt, B durch E usw. Legen Sie angemessene Annahmen hinsichtlich dem Erreichen des letzten Zeichens im ASCII-Satz zugrunde. Achten Sie darauf, in Ihrem Code deutlich alle Annahmen zu dokumentieren, die Sie über die Eingabe und den Verschlüsselungsalgorithmus machen.

Leseempfehlungen und Bibliografie

9

» Unsere Untersuchung von Rechnernetzen ist nun abgeschlossen, aber das ist erst der Anfang. Viele interessante Themen wurden nicht so ausführlich behandelt, wie sie das eigentlich verdient hätten. Andere wurden aus Platzmangel ganz weggelassen. In diesem Kapitel finden Sie Vorschläge für weiterführende Literatur und ein Literaturverzeichnis für den Fall, dass Sie Ihr Wissen über Rechnernetze noch vertiefen wollen. «

9.1 Empfehlungen für weiterführende Literatur

Auf dem Markt ist umfassende Literatur über alle Aspekte von Rechnernetzen erhältlich. Zwei Zeitschriften, die Artikel auf diesem Gebiet veröffentlichen, sind *IEEE/ACM Transactions on Communications* und *IEEE Journal on Selected Areas in Communications*.

Die Fachzeitschriften der ACM Special Interest Groups on Data Communications (SIGCOMM) und Mobility of Systems, Users, Data, and Computing (SIGMOBILE) enthalten viele interessante Aufsätze, vor allem zu Zukunftsthemen. Sie lauten *Computer Communication Review* und *Mobile Computing and Commun.Review*.

IEEE gibt ebenfalls die drei Fachzeitschriften *IEEE Internet Computing*, *IEEE Network Magazine* und *IEEE Communications Magazine* heraus, die Berichte, Tutorials und Fallstudien über Netzwerke enthalten. Die ersten beiden beschäftigen sich mit der Architektur, den Standards und der Software, die dritte geht in Richtung Kommunikationstechnologie (Lichtwellenleiter, Satelliten etc.).

Jährlich oder alle zwei Jahre finden verschiedene Konferenzen statt, die viele Berichte über Netze veröffentlichen. Insbesondere sollten Sie nach folgenden Konferenzen Ausschau halten: *SIGCOMM*, *NSDI* (*Symposium on Networked Systems Design and Implementation*), *MobiSys* (*Conference on Mobile Systems, Applications, and Services*), *SOSP* (*Symposium on Operating Systems Principles*) und *OSDI* (*Symposium on Operating Systems Design and Implementation*).

Es folgt nun eine Liste mit zusätzlichen Literaturempfehlungen, die nach den Kapiteln in diesem Buch aufgebaut ist. Viele davon sind Bücher oder Buchkapitel, einige auch Tutorials und Übersichten. Die vollständige Bibliografie folgt in Abschnitt 9.2.

9.1.1 Einführung und allgemeine Werke

Comer: *The Internet Book, 4. Auflage*

Dieses Buch ist für jeden ein Leckerbissen, der nach einer leichten Einführung in das Internet sucht. Comer beschreibt Geschichte, Wachstum, Technologien, Protokolle und Dienste im Internet in einer Sprache, die auch der Neuling versteht. Das Buch deckt aber derart viel Material ab, dass es auch für technisch versierte Leser interessant ist.

Computer Communication Review, Ausgabe zum 50. Jubiläum, Okt. 2019

ACM SIGCOMM wurde 2019 fünfzig Jahre alt und diese spezielle Ausgabe geht auf die Anfänge ein und wie sich die Vernetzung und SIGCOMM über die Jahre geändert haben. Einige der früheren SIGCOMM-Vorsitzenden haben Artikel darüber geschrieben, wie es früher war und wohin die Entwicklung in Zukunft gehen sollte. Ein weiteres Thema ist die Beziehung zwischen der wissenschaftlichen Forschung zum Networking und der Wirtschaft. Die Entwicklung des Newsletters wird ebenfalls diskutiert.

Crocker, S.D.: „The Arpanet and Its Impact on the State of Networking“

Zur Feier des 50. Geburtstags von ARPANET, dem Vorläufer des Internets, hat *IEEE Computer* sechs Entwickler des ARPANET zu einem (virtuellen) runden Tisch geladen, um das ARPANET und seine (enormen) Auswirkungen auf die Welt zu diskutieren. Zu den teilnehmenden Entwicklern gehörten Ben Barker, Vint Cerf, Steve Crocker, Bob Kahn, Len Kleinrock und Jeff Rulifson. Die Diskussion liefert viele interessante Einblicke. Zum Beispiel dürfte viele die Tatsache überraschen, dass kaum eine der Top-Forschungsuniversitäten der Vereinigten Staaten, für die das ARPANET eigentlich ursprünglich entwickelt wurde, dem Projekt am Anfang irgendeinen Wert beimaßen und deshalb zögerten, dem Projekt beizutreten.

Crovella und Krishnamurthy: *Internet Measurement*

Woran erkennen wir, wie gut das Internet wirklich funktioniert? Diese Frage ist nicht einfach zu beantworten, weil niemand für das Internet verantwortlich ist. Dieses Buch beschreibt die Techniken, die entwickelt wurden, um die Arbeitsweise des Internets zu messen – von der Netzinfrastruktur bis zu Anwendungen.

IEEE Internet Computing, Jan.–Feb. 2000

Die erste Ausgabe von *IEEE Internet Computing* im neuen Jahrtausend hat genau das gemacht, was man erwarten würde: Es hat die Leute, die an der Erstellung des Internets im alten Jahrtausend beteiligt waren, gefragt, wie es im neuen Jahrtausend wohl weitergehen wird. Zu den befragten Experten gehören Paul Baran, Lawrence Roberts, Leonard Kleinrock, Stephen Crocker, Danny Cohen, Bob Metcalfe, Bill Gates, Bill Joy und andere. Wie gut diese Vorhersagen waren, kann man nun, über zwei Jahrzehnte später, hier nachlesen.

Kurose und Ross: *Computer Networking: A Top-Down Approach, 8. Auflage*

Dieses Buch entspricht inhaltlich im Großen und Ganzem dem hier vorliegenden Werk, sieht man davon ab, dass es nach dem Einführungskapitel oben im Protokollstapel (der Anwendungsschicht) beginnt und sich dann nach unten zur Sicherungsschicht vorarbeitet. Zur Bitübertragungsschicht gibt es kein Kapitel, dafür aber zusätzliche Kapitel zu Sicherheit und Multimedia. Das Buch ist auch auf Deutsch unter dem Titel *Computernetzwerke: Der Top-Down-Ansatz* erschienen.

McCullough: *How the Internet Happened: From Netscape to the iPhone*

Alle, die nach einem locker-leichten historischen Abriss des Internets von Anfang der 1990er bis heute suchen, werden hier fündig. Es werden viele Unternehmen und Entwicklungen besprochen, die beim Entstehen und Wachsen des Internets eine größere Rolle gespielt haben, wie Netscape, Internet Explorer, AOL, Yahoo, Amazon, Google, Napster, Netflix, PayPal, Facebook und das iPhone.

Naughton: *A Brief History of the Future*

Wer hat eigentlich das Internet erfunden? Viele Leute haben dies für sich beansprucht. Und dies rechtmäßig, weil viele Leute auf verschiedene Arten daran beteiligt waren.

So zum Beispiel Paul Baran, der einen Bericht über Paketvermittlung geschrieben hat, die Mitarbeiter verschiedener Universitäten, die die ARPANET-Architektur entworfen haben, die Angestellten von BBN, die die ersten IMPs programmierten, nicht zuletzt Bob Kahn und Vint Cerf, die TCP/IP entwickelt haben, und so weiter. Dieses Buch erzählt die Geschichte des Internets (zumindest bis zum Jahr 2000), versehen mit vielen Anekdoten.

Severance: *Introduction to Networking: How the Internet Works*

Wer sich für Vernetzung und Netztechnologien interessiert, aber nur 100 und nicht 1.000 Seiten lesen möchte, ist hiermit gut bedient. Der Stoff wird leicht verständlich vermittelt und behandelt die wichtigsten Themen, einschließlich Netzwerkarchitekturen, Sicherungsschicht, IP, DNS, Transportschicht, Anwendungsschicht, SSL und das OSI-Modell. Die handgezeichneten Abbildungen sind ganz lustig.

9.1.2 Die Bitübertragungsschicht

Boccardi et al.: „Five Disruptive Technology Directions for 5G"

Befürworter der zellulären 5G-Netze behaupten, dass diese die Welt verändern werden. Aber wie? Dieser Aufsatz nennt fünf Bereiche, in denen 5G disruptiv wirken könnte: gerätezentrierte Architekturen, Verwendung von Millimeterwellen, MIMO, smarte Geräte und native Unterstützung für Maschine-zu-Maschine-Kommunikation.

Hu und Li: „Satellite-Based Internet: A Tutorial"

Der Internetzugang über Satellit ist anders als die Nutzung über terrestrische Leitungen. Hier gibt es nicht nur das Problem der Übertragungsverzögerung, auch Routing und die Vermittlung sind hier anders. In diesem Artikel untersuchen die Autoren die Themen im Zusammenhang mit dem Einsatz von Satelliten für den Internetzugang.

Hui: *Introduction to Fiber-Optic Communications*

Der Titel fasst es bereits gut zusammen („Einführung in die Glasfaserkommunikation"). Es gibt Kapitel zu Glasfaserkabel, Lichtquellendetektoren, optischen Verstärkern, optischen Übertragungssystemen und mehr. Das Buch ist etwas wissenschaftlich geschrieben, sodass etwas technisches Hintergrundwissen erforderlich ist, um es voll zu verstehen.

Lamparter et al.: „Multi-Gigabit over Copper Access Networks"

Jeder weiß, dass man für die Hochgeschwindigkeitsübertragung von Daten bis in die Wohnung am besten Glasfaser bis zum Haus (FTTH) verlegt. Allerdings ist eine weltweite Neuverkabelung sehr kostenintensiv. In diesem Aufsatz diskutieren die Autoren hybride Möglichkeiten der Verkabelung, die kurz- und mittelfristig sinnvoller sind, einschließlich Glasfaserleitungen, die bis zum Anschluss an die Gebäude (Mehrfamilienhäuser und Bürogebäude) reichen, in den Gebäuden aber die vorhandene Verkabelung und Infrastruktur wiederverwenden.

Pearson: *Fiber Optic Communication for Beginners: The Basics*

Wenn Sie sich auf die Schnelle über Glasfaserkabel informieren wollen, ist dieses 42-seitige Büchlein vielleicht das Richtige für Sie. Es erläutert, warum Glasfaser die Zukunft gehört, und geht auf Signalarten, Optoelektronik, passive Geräte, Fasermodes, Kabel, Verbinder, Splices und Tests ein.

Stockman und Coomans: „Fiber to the Tap: Pushing Coaxial Cable Networks to Their Limits“

Die Autoren sind der Meinung, dass Kabelfernsehnetze ihre Grenze noch nicht erreicht haben und sogar bis in den hohen Gigabit/s-Bereich vorstoßen könnten. In diesem Aufsatz beschreiben sie die verschiedenen Teile des Kabelsystems und wie es ihrer Meinung nach möglich ist, solche Geschwindigkeiten zu erreichen. Sie benötigen technisches Hintergrundwissen, um den Ausführungen vollständig folgen zu können.

9.1.3 Die Sicherungsschicht

Lin und Costello: *Error Control Coding, 2. Auflage*

Codes zum Entdecken und Korrigieren von Fehlern sind für zuverlässige Rechnernetze von zentraler Bedeutung. Dieses beliebte Lehrbuch erklärt einige der wichtigsten Codes, von einfachen linearen Hamming-Codes bin hin zu komplexeren Paritätsprüfcodes wie LDPC (*Low-Density Parity Check Code*). Es wird hierbei versucht, mit einem Minimum an Algebra auszukommen, doch dies ist immer noch eine Menge.

Kurose und Ross: *Computer Networking*

Kapitel 6 dieses Buches ist der Sicherungsschicht gewidmet. Es enthält auch einen Abschnitt zu Vermittlung in Datenzentren.

Stallings: *Data and Computer Communications, 10. Auflage*

Teil 2 behandelt digitale Datenübertragung und eine Vielzahl von Verbindungen, einschließlich Fehlererkennung, Fehlerkorrektur mit Neuübertragungen und Flusskontrolle.

9.1.4 Die MAC-Teilschicht

Alloulah und Huang: „Future Millimeter-Wave Indoor Systems“

Da die Funkfrequenzen bei und unter 5 GHz immer häufiger überbelegt sind, setzen Kommunikationstechniker auf höhere Frequenzen, um mehr von der ungenutzten Bandbreite zu erhalten. Der Bereich des Spektrums von 30–300 GHz wäre theoretisch verfügbar, aber bei diesen Frequenzen werden die Funkwellen von Wasser (z.B. Regen) absorbiert, sodass sie für den Innenbereich geeigneter sind. Dieser Aufsatz diskutiert einige der Probleme und Anwendungen für 802.11ad und andere Systeme, die auf diesen Millimeterwellen basieren.

Bing: *Wi-Fi Technologies and Applications*

IEEE 802.11 wurde zum Standard für die drahtlose Kommunikation und dieses Buch ist eine gute Empfehlung für Leser, die mehr darüber erfahren wollen. Das Buch deckt Frequenzbänder, Mehrantennensysteme und die verschiedenen 802.11-Standards ab. Es betrachtet auch Alternativen wie LTE-U und LAA. Es schließt mit einem Kapitel zu Modulationstechniken.

Colbach: *Bluetooth Tutorial: Design, Protocol and Specifications for BLE*

Bluetooth wird häufig verwendet, um mobile Geräte mit Kurzstreckenfunksignalen zu verbinden. Dieses Buch geht ausführlich auf Bluetooth (und zwar von Version 1.0 bis 5) ein, einschließlich seiner Architektur, Protokolle und Anwendungen.

Kasim: *Delivering Carrier Ethernet*

Heute ist Ethernet nicht nur eine Technologie für den lokalen Einsatz. Die neue Mode ist, Ethernet als eine Langstreckenverbindung für Carrier-grade-Ethernet zu benutzen. Dieses Buch trägt Artikel zusammen, die das Thema eingehend beleuchten.

Perlman: *Interconnections, 2. Auflage*

Mit diesem kompetenten und unterhaltsamen Buch ist Perlman eine hervorragende Arbeit über Bridges und Router gelungen. Die Autorin hat den Algorithmus entwickelt, der in der Spannbaum-Bridge von IEEE 802 verwendet wird. Sie ist eine der weltweit führenden Experten in verschiedenen Netzthemen.

Spurgeon und Zimmerman: *Ethernet: The Definitive Guide, 2. Auflage*

Nach einigen einführenden Abschnitten zu Verkabelung, Framing, automatische Verhandlung und Strom über Ethernet sowie zu Signalisierungssystemen gibt es Kapitel zu Ethernet-Systemen mit 10-, 100- und 1000 Mbit/s sowie 10-, 40- und 100-Gbit/s. Daran schließen sich Kapitel zu Verkabelung, Vermittlung, Leistung und Fehlersuche an. Es handelt sich hier eher um ein praxisorientiertes als theoretisches Buch.

9.1.5 Die Vermittlungsschicht

Comer: *Internetworking with TCP/IP, Band 1, 5. Auflage*

Comer hat das Standardwerk über die TCP/IP-Protokollsuite geschrieben, das nun in der fünften Auflage erschienen ist. In der ersten Hälfte des Buchs werden IP und verwandte Protokolle der Vermittlungsschicht beschrieben. Die anderen Kapitel behandeln vor allem die höheren Schichten und sind ebenso lesenswert.

Hallberg: *Quality of Service in Modern Packet Networks*

Der Verkehr im Internet wird größtenteils von Multimedia beherrscht, was die Dienstgüte immer mehr in den Mittelpunkt rückt. Dieses Buch behandelt viele verwandte Themen wie integrierte und differenzierte Dienste, Paketwarteschlangen und Zeitplanung der Paketübertragung, Überlastungsvermeidung, Dienstgütemessung und vieles mehr.

Feamster et al.: „The Road to SDN“

Dieser Übersichtsartikel beschreibt die Geistesgeschichte und Wurzeln der softwaredefinierten Netze, die bis zu der zentralen Steuerung der Telefonnetze zurückreicht. Es untersucht auch die verschiedenen Bedingungen, sowohl technischer als politischer Art, die zu dem Aufstieg von SDN in den späten 2000er beitrug.

Grayson et al.: *IP Design for Mobile Networks*

Traditionelle Telefonnetze und das Internet befinden sich auf einem Kollisionskurs – und die mit IP implementierten Mobilfunknetze befinden sich mittendrin. Dieses Buch erklärt, wie ein Netz, das die IP-Protokolle verwendet, entworfen wird und wie es mobile Telefondienste unterstützt.

Nucci und Papagiannaki: *Design, Measurement and Management of Large-Scale IP Networks*

Wir haben viel darüber gesprochen, wie Netze arbeiten, doch nicht darüber, wie Sie Netze entwerfen, installieren und verwalten würden, wenn Sie ein ISP wären. Dieses Buch füllt die Lücke und stellt moderne Methoden zum Traffic-Engineering vor und behandelt, wie ISPs Dienste zur Netznutzung anbieten.

Perlman: *Interconnections, 2. Auflage*

In den Kapiteln 12 bis 15 beschreibt Perlman viele Aspekte des Entwurfs von Algorithmen für Unicast- und Multicast-Routing sowohl für WANs wie auch für Netzwerke aus LANs. Aber der bei Weitem beste Teil des Buches ist Kapitel 18, in dem die Autorin ihre jahrelange Erfahrung im Bereich der Netzprotokolle in einem informativen und unterhaltsamen Kapitel zusammenfasst. Es ist eine Pflichtlektüre für Protokollentwickler.

Stevens: *TCP/IP Illustrated, Band 1*

In den Kapiteln 3 bis 10 werden IP und die dazugehörenden Protokolle (ARP, RARP und ICMP) umfassend behandelt und durch zahlreiche Beispiele verdeutlicht.

Swami et al.: „Software-defined Networking-based DDoS Defense Mechanisms“

Softwaredefinierte Netzwerktechnik interagiert in zweierlei Hinsicht mit Sicherheit, speziell mit DDoS-Angriffen. Zum einen kann der SDN-Code selbst ein Ziel für Angriffe sein. Zweitens kann der SDN-Code selbst dazu beitragen, das Netz gegen DDoS-Angriffe zu schützen. Dieser Übersichtsartikel untersucht viele andere Artikel, die diese beiden Themen ansprechen.

Varghese: *Network Algorithmics*

Wir haben viel Zeit investiert, darüber zu sprechen, wie Router und andere Netzelemente miteinander interagieren. Dieses Buch ist anders: Hier geht es darum, wie Router praktisch entworfen werden, um Pakete mit erstaunlichen Geschwindigkeiten weiterzuleiten. Wer Interesse an diesem Insiderblick und an verwandten Fragestellungen hat, für den ist dies das richtige Buch. Der Autor ist eine Autorität im Bereich intelligenter Algorithmen, die in der Praxis zur Implementierung von Elementen für Hochgeschwindigkeitsnetze in Soft- und Hardware eingesetzt werden.

9.1.6 Die Transportschicht

Comer: *Internetworking with TCP/IP, Band 1, 5. Auflage*

Wie oben erwähnt, hat Comer ein Standardwerk über die TCP/IP-Protokollsuite geschrieben. Die zweite Hälfte des Buchs behandelt UDP und TCP.

Feamster und Livingood: „Internet Speed Measurement: Current Challenges and Future Recommendations"

Die Autoren besprechen die Herausforderungen, die mit dem Messen der Internetgeschwindigkeit verbunden sind, da die Zugangsnetze immer schneller werden. Zur Vertiefung dieses Themas beschreibt der Aufsatz die Entwurfsprinzipien zur Geschwindigkeitsmessung des Internets sowie die Herausforderungen in diesem Bereich, die mit den schneller werdenden Zugangsnetzen immer größer werden.

Pyles et al.: *Guide to TCP/IP: IPv6 and IPv4*

Ein weiteres Buch zu TCP, IP und verwandten Protokollen. Im Gegensatz zu den anderen enthält dieses Buch umfangreiches Material zu IPv6, einschließlich Kapitel vom Übergang zu IPv6 und dem Einsatz von IPv6.

Stevens: *TCP/IP Illustrated, Band 1*

In den Kapiteln 17 bis 24 wird TCP umfassend behandelt und durch zahlreiche Beispiele verdeutlicht.

9.1.7 Die Anwendungsschicht

Ahsan et a.: „DASHing Towards Hollywood"

DASH and HLS verwenden zum Zwecke der Webkompatibilität HTTP. Beide bauen auf TCP auf, das die zuverlässige, reihenfolgegetreue Zustellung gegenüber der zeitgerechten Zustellung priorisiert. Dieser Artikel zeigt, wie durch die Verwendung eine TCP-Variante die Leistung von Videostreaming bei Stillstand aufgrund der Beseitigung von Head-of-Line-Blocking verbessert werden kann.

Berners-Lee et al.: „The World Wide Web"

Unternehmen Sie eine Reise in die Vergangenheit und erleben Sie das Web und seine Zukunft aus der Perspektive seines Erfinders und einiger seiner Kollegen von CERN. Der Artikel konzentriert sich auf die Webarchitektur, URLs, HTTP und HTML sowie auf künftige Trends und vergleicht das Web mit anderen verteilten Informationssystemen.

Chakraborty et al.: *VoIP Technology: Applications and Challenges*

Das alte analoge Telefonsystem ist so gut wie am Aussterben und in manchen Ländern bereits tot. Es wird durch VoIP ersetzt. Wenn Sie daran interessiert sind, wie VoIP genau funktioniert, sind Sie hier genau richtig. Zu den behandelten Themen zählen die VoIP-Technologie, Protokolle, Dienstgüteprobleme, VoIP über drahtlose Netze, Leistung, Optimierung, Behandlung von Überlastung und vieles mehr.

Dizdarevic et al.: „A Survey of Communication Protocols for Internet of Things ...“

Das Internet der Dinge ist ein Thema, das immer mehr an Bedeutung gewinnt, auch wenn die Protokolle für die Kommunikation der „Dinge“ mit den Servern und den Clouds fragmentarisiert sind. Normalerweise werden sie in der Anwendungsschicht über TCP ausgeführt. Es gibt allerdings sehr viele Protokolle, einschließlich REST, HTTP, MQTT, CoAP, AMQP, DDS, XMPP und sogar HTTP/2.0. Dieser Aufsatz beschreibt sie alle und betrachtet sie im Zusammenhang mit Themen wie Leistung, Latenz, Energie, Sicherheit und mehr. Der Aufsatz weist mehr als 130 Literaturhinweise auf.

Goralski: *The Illustrated Network: How TCP/IP Works in a Modern Network*

Der Titel dieses Buches ist etwas irreführend. Auch wenn TCP sicherlich ausführlich behandelt wird, gilt dies auch für viele andere Netzwerkprotokolle und -technologien. Unter anderem behandelt es Protokolle und Schichten, TCP/IP, Datenübertragungstechnologien, optische Netze, IPv4 und IPv6, ARP, Routing, Multiplexing, Peering, BGP, Multicast, MPLS, DHCP, DNS, FTP, SMTP, HTTP, SSL und vieles mehr.

Held: *A Practical Guide to Content Delivery Networks, 2. Auflage*

Dieses Buch bietet eine bodenständige Darstellung, wie CDNs arbeiten, wobei besonders die praktischen Überlegungen beim Entwurf und Betrieb eines CDN mit guter Performanz hervorgehoben werden.

Li et al.: „Two Decades of Internet Video Streaming: A Retrospective View“

Videostreaming beherrscht das Internet. Ein Großteil seiner Bandbreite wird inzwischen von Netflix, YouTube und anderen Streamingdiensten belegt. Dieser Artikel beschäftigt sich mit der Geschichte und Technologie von Videostreaming.

Simpson: *Video Over IP, 2. Auflage*

Der Autor betrachtet aus der Weitwinkelperspektive, wie IP-Technologie benutzt werden kann, um Videodaten über Netze zu transportieren, sowohl über das Internet als auch über private Netze, die zum Übertragen von Video entworfen wurden. Interessanterweise ist dieses Buch eher auf Video-Fachleute ausgerichtet, die etwas über Netze lernen möchten, als umgekehrt.

Wittenburg: *Understanding Voice Over IP Technology*

Dieses Buch beschreibt, wie Voice-over-IP funktioniert – vom Übertragen der Audiodaten mit den IP-Protokollen und Fragen der Dienstgüte, über die SIP- und H.323-Protokollsuites. Angesichts des Materials ist die Darstellung zwangsläufig ausführlich, aber zugänglich aufbereitet und in überschaubare Einheiten aufgeteilt.

9.1.8 Netzsicherheit

Anderson: „Making Security Sustainable“

Das Internet der Dinge wird Einfluss darauf nehmen, wie wir Sicherheit verstehen. Früher schickte ein Autohersteller ein paar Prototypen eines neuen Fahrzeugs zum Testen an die zuständigen Behörden. Wenn diese gebilligt wurden, stellten sie Millionen von identischen Kopien davon her. Wenn Autos mit dem Internet verbunden werden und ihre Software einmal wöchentlich aktualisiert wird, ist dieses alte Modell nicht mehr durchführbar. In diesem Artikel diskutiert Anderson dies und viele verwandte Schutz- und Sicherheitsthemen, die sich dabei ergeben.

Anderson: *Security Engineering, 2. Auflage*

Dieses Buch bietet eine wundervolle Mischung von Sicherheitstechniken formuliert durch das Verständnis, wie diese (sinnvoll und missbräuchlich) eingesetzt werden. Es ist technischer als *Secrets and Lies*, aber weniger technisch als *Network Security* (siehe unten). Nach einer Einführung in die grundlegenden Sicherheitstechniken sind ganze Kapitel verschiedenen Anwendungen, wie Einsatz im Bankbereich, Bedienung von Atomkraftwerken, Sicherheitsdruck, Biometrik, elektronische Kriegsführung, Telekommunikationssicherheit, E-Commerce und Urheberrechtsschutz gewidmet.

Fawaz und Shin: „Security and Privacy in the Internet of Things“

Das Internet der Dinge ist ein explodierender Bereich. Abermilliarden von Geräten werden bald mit dem Internet verbunden sein, unter anderem Autos, Schrittmacher, Türschlösser und vieles mehr. Sicherheit und Datenschutz sind von großer Bedeutung in vielen IoT-Anwendungen, werden aber häufig in den Diskussionen zu diesem Thema übergangen. Die Autoren besprechen die Situation und schlagen eine Lösung vor.

Ferguson et al.: *Cryptography Engineering*

In vielen Büchern können Sie nachlesen, wie die populären kryptografischen Algorithmen funktionieren. Dieses Buch erzählt Ihnen, wie Sie Kryptografie verwenden – warum kryptografische Protokolle auf genau diese Art entworfen werden und wie sie zu einem System zusammengesetzt werden, welches Ihre Sicherheitsziele erfüllen wird. Es ist ein ziemlich kompaktes Buch, das Pflichtlektüre für jeden Entwickler ist, dessen Systeme mit Kryptografie zu tun haben.

Fridrich: *Steganography in Digital Media*

Steganografie geht zurück auf das antike Griechenland, wo Wachs auf leeren Tafeln geschmolzen wurde, sodass geheime Nachrichten auf dem darunterliegenden Holz angebracht werden konnten, bevor der Wachs erneut aufgetragen wurde. Heutzutage stellen Videos, Audiodaten und andere Inhalte im Internet unterschiedliche Träger für geheime Nachrichten dar. Es werden hier verschiedene moderne Techniken zum Verstecken und Auffinden von Informationen in Bildern besprochen.

Kaufman et al.: *Network Security, 3. Auflage*

Dieses kompetente und stellenweise witzige Buch ist eine technischere Informationsquelle für Netzsicherheitsalgorithmen und Protokolle. Algorithmen und Protokolle für symmetrische und öffentliche Schlüssel, Nachrichten-Hashes, Authentifizierung, Kerberos, PKI, IPsec, SSL/TLS und E-Mail-Sicherheit werden ausführlich behandelt. Kapitel 26 über Sicherheitsfolklore ist ein wahrer Schatz. Beim Thema Sicherheit steckt der Teufel in den Details. Jeder, der plant, ein Sicherheitssystem zu entwerfen, das auch wirklich verwendet wird, wird aus den praxisbezogenen Ratschlägen in diesem Kapitel eine Menge lernen.

Schneier: *Secrets and Lies*

Wenn Sie *Cryptography Engineering* von vorne bis hinten durchgelesen haben, wissen Sie alles, was man über kryptografische Algorithmen wissen muss. Wenn Sie dann *Secrets and Lies* von vorne bis hinten durchlesen (wozu man erheblich weniger Zeit braucht), erfahren Sie, dass kryptografische Algorithmen nicht die ganze Geschichte sind. Die meisten Sicherheitsmängel treten nicht aufgrund fehlerhafter Algorithmen oder zu kurzer Schlüssel auf, sondern durch Fehler in der Sicherheitsumgebung. Als nicht technische und sehr faszinierende Darstellung der Computersicherheit im weitesten Sinn ist dieses Buch sehr empfehlenswert.

Skoudis und Liston: *Counter Hack Reloaded, 2. Auflage*

Die beste Methode, einen Hacker zu stoppen, ist, wie ein Hacker zu denken. Dieses Buch zeigt, wie Hacker ein Netz sehen, und argumentiert, dass Sicherheit eine Funktion des gesamten Netzentwurfs sein sollte, nicht ein nachträglicher Einfall, der auf einer speziellen Technologie basiert. Es werden beinahe alle gängigen Angriffe behandelt, einschließlich „Social Engineering"-Arten, die die Unkenntnis der Sicherheitsmaßnahmen von Benutzern ausnutzen.

Ye et al.: „A Survey on Malware Detection Using Data Mining Techniques"

Malware gibt es überall und die meisten Rechner führen Viren- und Malwareschutzsoftware aus. Wie entdecken und klassifizieren die Vertreiber dieser Programme die Malware? Dieser Übersichtsartikel betrachtet die Malware- und Antimalware-Branchen und wie Malware durch Data Mining entdeckt werden kann.

9.2 Alphabetische Bibliografie

Abramson, N.: „Internet Access Using VSATs", *IEEE Commun. Magazine*, Vol. 38, S. 60–68, Juli 2000.

Adar, E., und B.A. Huberman: „Free Riding on Gnutella", *First Monday*, Okt. 2000.

Ahmed, A., Z. Shafiq, B. Harkeerat und A. Khakpour: „Suffering from Buffering? Detecting QoE Impairments in Live Video Streams", *Int'l Conf. on Network Protocols*, IEEE, 2017.

Ahsan, A., S. M. McQuistin, C. Perkins und J. Ott: „DASHing Towards Hollywood", *Proc. Ninth ACM Multimedia Systems Conf.*, ACM, S. 1–12, 2018.

Allman, M., und Paxson, V.: „On Estimating End-to-End Network Path Properties", *Proc. SIGCOMM '99 Conf.*, ACM, S. 263–274, 1999.

Alloulah, M., und H. Huang: „Future Millimeter-Wave Indoor Systems: A Blueprint for Joint Communication and Sensing", IEEE Computer, Vol. 52, S. 16–24, Juli 2019.

Altamini, S., und S. Shirmohammadi: „Client-server Cooperative and Fair DASH Video Streaming", *Proc. 29th Workshop on Network and Operating System Support for Digital Audio and Video*, ACM, S. 1–6, Juni 2019.

Anderson, C.: *The Long Tail: Why the Future of Business is Selling Less of More*, überarbeitete und aktualisierte Auflage, New York, Hyperion, 2008a.

Anderson, R.J.: „Making Security Sustainable", *Commun. of the ACM*, Vol. 61, S. 24–25, März 2018.

Anderson, R.J.: *Security Engineering: A Guide to Building Dependable Distributed Systems*, 2. Auflage, New York, John Wiley & Sons, 2008b.

Anderson, R.J.: „Free Speech Online and Offline", *IEEE Computer*, Vol. 25, S. 28–30, Juni 2002.

Anderson, R.J.: „The Eternity Service", *Proc. Pragocrypt Conf.*, CTU Publishing House, S. 242–252, 1996.

Andrews, J.G., S. Buzzo, W. Choi, S.V. Hanly, A. Lozano, A. C. K. SOONG und J. C. Zhang: „What Will 5G Be?", *IEEE J. on Selected Areas in Commun.*,Vol. 32, S. 1065–1082, Juni 2014.

Antonakakis, M., R. Perdisci, D. Dagon, W. Lee und N. Feamster: „Building a Dynamic Reputation System for DNS", *USENIX Security Symposium*, S. 273–290, 2010.

Apthorpe, N., D. Huang, D. Reisman, A. Narayanan und N. Feamster: „Keeping the Smart Home Private with Smart(er) TrafficShaping", *Proceedings on Privacy Enhancing Technologies*, S. 128–48, 2019.

Ashraf, Z.: *Virtual Private Networks in Theory and Practice*, München, Grin Verlag, 2018.

Atencio, L.: *The Joy of JavaScript*, Shelter Island, NY, Manning Publications, 2020.

Axelsson, S.: „The Base-rate Fallacy and its Implications for the Difficulty of Intrusion Detection", *Proc. Conf. on Computer and Commun. Security*, ACM, S. 1–7, 1999.

Baase, S., und T. Henry: *A Gift of Fire: Social, Legal, and Ethical Issues for Computing Technology*, 5. Auflage, Upper Saddle River, NJ, Pearson Education, 2017.

Ballardie, T., P. Francis und J. Crowcroft: „Core Based Trees (CBT)", *Proc. SIGCOMM '93 Conf.*, ACM, S. 85–95, 1993.

Baran, P.: „On Distributed Communications: I. Introduction to Distributed Communication Networks", *Memorandum RM-420-PR*, Rand Corporation, August 1964.

Basu, S., A. Sundarrajan, J. Ghaderti, S. Shakkottai und R. Sitaraman: „Adaptive TTL-Based Caching for Content Delivery", *IEEE/ACM Trans. on Networking*, Vol. 26, S. 1063–1077, Juni 2018.

Bellman, R.E.: *Dynamic Programming*, Princeton, NJ, Princeton University Press, 1957.

Bellovin, S.: „The Security Flag in the IPv4 Header", *RFC 3514*, April 2003.

Belsnes, D.: „Flow Control in the Packet Switching Networks", *Communications Networks*, Uxbridge, England, Online, S. 349–361, 1975.

Bennet, C.H., und G. Brassard: „Quantum Cryptography: Public Key Distribution and Coin Tossing", *International Conf. on Computer Systems and Signal Processing*, S. 175–179, 1984.

Beresford, A., und F. Stajano: „Location Privacy in Pervasive Computing", *IEEE Pervasive Computing*, Vol. 2, S. 46–55, Januar 2003.

Bernal, P.: *The Internet, Warts and All*, Cambridge, UK, Cambridge University Press, 2018.

Bernaschi, M., A. Celestini, S. Guarino, F. Lombardi und E. Mastrostefano: „Spiders Like Onions: on the Network of Tor Hidden Services", *Proc. World Wide Web Conf.*, ACM, S. 105–115, Mai 2019.

Berners-Lee, T., A. Cailliau, A. Loutonen, H.F. Nielsen und A. Secret: „The World Wide Web", *Commun. of the ACM*, Vol. 37, S. 76–82, August 1994.

Bertsekas, D., und R. Gallager: *Data Networks*, 2. Auflage, Englewood Cliffs, NJ, Prentice Hall, 1992.

Bhatti, S.N., und J. Crowcroft: „QoS Sensitive Flows: Issues in IP Packet Handling", *IEEE Internet Computing*, Vol. 4, S. 48–57, Juli–August 2000.

Biham, E., und A. Shamir: „Differential Fault Analysis of Secret Key Cryptosystems", *Proc. 17th Ann. Int'l Cryptology Conf.*, Berlin, Springer LNCS 1294, S. 513–525, 1997.

Bing, B.: *Wi-Fi Technologies and Applications*, Seattle, Amazon, 2017.

Bird, R., I. Gopal, A. Herzberg, P.A. Janson, S. Kutten, R. Molva und M. Yung: „Systematic Design of a Family of Attack-Resistant Authentication Protocols", *IEEE J. on Selected Areas in Commun.*, Vol. 11, S. 679–693, Juni 1993.

Birrell, A.D., und B.J. Nelson: „Implementing Remote Procedure Calls", *ACM Trans. on Computer Systems*, Vol. 2, S. 39–59, Feb. 1984.

Birkyukov, A., A. Shamir und D. Wagner: „Real Time Cryptanalysis of A5/1 on a PC", *Proc. Seventh Int'l Workshop on Fast Software Encryption*, Berlin, Springer LNCS 1978, S. 1–8, 2000.

Bischof, Z., F. Bustamante und N. Feamster: „Characterizing and Improving the Reliability of Broadband Internet Access", *CQ The 46th Research Conf. on Commun., Information, and Internet Policy (TPRC)*, SSRN, 2018.

Boccardi, F., R.W. Heath, A. Lozano, T.L. Marzetta und P. Popovski: „Five Disruptive Technology Directions for 5G", *IEEE Commun. Magazine*, Vol. 52, S. 74–80, Feb. 2014.

Boggs, D., J. Mogul und C. Kent: „Measured Capacity of an Ethernet: Myths and Reality", *Proc. SIGCOMM '88 Conf.*, ACM, S. 222–234, 1988.

Borisov, N., I. Goldberg und D. Wagner: „Intercepting Mobile Communications: The Insecurity of 802.11", *Seventh Int'l Conf. on Mobile Computing and Networking*, ACM, S. 180–188, 2001.

Bosshart, P., D. Daly, G. Gibb, M. Mizzard, N. McKeown, J. Rexford und D. Walker: „P4: Programming Protocol-Independent Packet Processors", *Computer Commun. Review*, Vol. 44, S. 87–95, April 2014.

Bosshart, P., G. Gibb, H.-S. Kim, G. Varghese, N. McKeown, M. Izzard, F. Mujica und M. Horowitz: „Forwarding Metamorphosis: Fast Programmable Match-Action Processing in Hardware for SDN", *Computer Commun. Review*, Vol. 43, S. 99–110, April 2013.

Braden, R.: „Requirements for Internet Hosts – Communication Layers", RFC 1122, Oktober 1989.

Braden, R., D. Borman und C. Partridge: „Computing the Internet Checksum", *RFC 1071*, September 1988.

Breslau, L., P. Cao, L. Fan, G. Phillips und S. Shenker: „Web Caching and Zipf-like Distributions: Evidence and Implications", *Proc. INFOCOM Conf.*, IEEE, S. 126–134, 1999.

Bronzino, F., P. Schmitt, S. Ayoubi, G. Martins, R. Teixeira und N. Feamster: „Inferring Streaming Video Quality from Encrypted Traffic: Practical Models and Deployment Experience", *ACM SIGMETRICS*, 2020.

Bush, V.: „As We May Think", *Atlantic Monthly*, Vol. 176, S. 101–108, Juli 1945.

Calder, M., X. Fan, Z. Hu, E. Katz-Bassett, J. Heidemann und R. Govindan: „Mapping the Expansion of Google's Serving Infrastructure", *ACM SIGCOMM Internet Measurement Conf.*, ACM, S. 313–326, 2013.

Capetanakis, J.I.: „Tree Algorithms for Packet Broadcast Channels", *IEEE Trans. on Information Theory*, Vol. IT–5, S. 505–515, Sept. 1979.

Casado, M., M.J. Freedman, J. Petit, J. Luo, N. McKeown und S. Schenker: „Ethane: Taking Control of the Enterprise", *Proc. SIGCOMM 2007 Conf.*, ACM, S. 1–12, 2007.

Castagnoli, G., S. Brauer und M. Herrmann: „Optimization of Cyclic Redundancy-Check Codes with 24 and 32 Parity Bits", *IEEE Trans. on Commun.*, Vol. 41, S. 883–892, Juni 1993.

Cerf, V., und R. Kahn: „A Protocol for Packet Network Interconnection", *IEEE Trans. on Commun.*, Vol. COM–2, S. 637–648, Mai 1974.

Chakraborty, T., S. Misra und R. Prasad: *VoIP Technology: Applications and Challenges*, Berlin, Springer, 2019.

Chang, F., J. Dean, S. Ghemawat, W. Hsieh, D. Wallach, M. Burrows, T. Handra, A. Fikes und R. Gruber: „Bigtable: A Distributed Storage System for Structured Data", *Proc. OSDI 2006 Symp.*, USENIX, S. 15–29, 2006.

Chase, J.S., A.J. Gallatin und K.G. Yocum: „End System Optimizations for High-Speed TCP", *IEEE Commun. Magazine*, Vol. 39, S. 68–75, April 2001.

Chaudary, A., und M.K. Chaube: „Hiding MP3 in Colour Image Using Whale Optimization", *Proc. Second Int'l Conf. on Vision, Image, and Signal Processing*, ACM, Art. 54, 2018.

Chen, S., und K. Nahrstedt: „An Overview of QoS Routing for Next-Generation Networks", *IEEE Network Magazine*, Vol. 12, S. 64–69, Nov./Dez. 1998.

Chen, X., S. Feibish, Y. Koral, J. Rexford, O. Rottenstreich, S. Monetti und T. Wang: „Fine-Grained Queue Measurement in the Data Plane", *CoNext*, ACM, Dez. 2019.

Chiu, D., und R. Jain: „Analysis of the Increase and Decrease Algorithms for Congestion Avoidance in Computer Networks", *Comput. Netw. ISDN Syst.*, Vol. 17, S. 1–4, Juni 1989.

Clancy, T.C., R.W. McGwier und L. Chen: „Post-Quantum Cryptography and 5G Security: A Tutorial", *Proc. WiSec*, ACM, S. 285–287, 2019.

Clark, D.D.: „The Design Philosophy of the DARPA Internet Protocols", *Proc. SIGCOMM '88 Conf.*, ACM, S. 106–114, 1988.

Clark, D.D.: „Window and Acknowledgement Strategy in TCP", *RFC 813*, Juli 1982.

Clark, D.D., V. Jacobson, J. Romkey und H. Salwen: „An Analysis of TCP Processing Overhead", *IEEE Commun. Magazine*, Vol. 27, S. 23–29, Juni 1989.

Clark, D.D., S. Shenker und L. Zhang: „Supporting Real-Time Applications in an Integrated Services Packet Network", *Proc. SIGCOMM '92 Conf.*, ACM, S. 14–26, 1992.

Clarke, A.C.: „Extra-Terrestrial Relays", *Wireless World*, 1945.

Clarke, I., S. G. Miller, T.W. Hong, O. Sandberg und B. Wiley: „Protecting Free Expression Online with Freenet", *IEEE Internet Computing*, Vol. 6, S. 40–49, Jan.–Feb. 2002.

Coding, M: *JavaScript for Beginners*, Seattle, Amazon, 2019.

Cohen, B.: „Incentives Build Robustness in BitTorrent", *Proc. First Workshop on Economics of Peer-to-Peer Systems*, Juni 2003.

Colbach, B.: *Bluetooth Tutorial: Design, Protocol and Specifications for BLE – Bluetooth Low Energy 4.0 and Bluetooth 5*, Seattle, Amazon Kindle, 2019.

Comer, D.E.: *The Internet Book*, 4. Auflage, Englewood Cliffs, NJ, Prentice Hall, 2007.

Comer, D.E.: *Internetworking with TCP/IP*, Vol. 1, 5. Auflage, Englewood Cliffs, NJ, Prentice Hall, 2005.

Craver, S.A., M. Wu, B. Liu, A. Stubblefield, B. Swartzlander, D. W. Wallach, D. Dean und E.W. Felten: „Reading Between the Lines: Lessons from the SDMI Challenge", *Proc. 10th USENIX Security Symp.*, USENIX, 2001.

Crocker, S.D.: „The Arpanet and Its Impact on the State of Networking", IEEE Computer, Vol. 52, S. 14–23, Okt. 2019.

Crovella, M., und B. Krishnamurthy: *Internet Measurement*, New York, John Wiley & Sons, 2006.

Cuevas, R., M. Kryczka, R. Ginzalez, A. Cuevas und A. Azcorra: „TorrentGuard: Stopping Scam and Malware Distribution in the BitTorrent Ecosystem", *Computer Networks*, Vol. 59, S. 77–90, 2014.

Daemen, J., und V. Rijmen: *The Design of Rijndael*, Berlin, Springer, 2002.

Dagon, D., M. Antonakakis, P. Vixie, T. Jinmei und W. Lee: „Increased DNS Forgery Resistance Through 0x20-bit Encoding", *Proceedings of the 15th ACM Conf. on Computer and Commun. Security*, ACM, S. 211–222, 2008.

Dalal, Y., und R. Metcalfe: „Reverse Path Forwarding of Broadcast Packets", *Commun. of the ACM*, Vol. 21, S. 1040–1048, Dez. 1978.

Dan, K., A.N. Kitagaw, S. Sakuraba und N. Yamai: „Spam Domain Detection Method Using Active DNS Data and E-Mail Reception Log", *Proc. 43rd Computer Softw. and Appl. Conf., IEEE*, S. 896–899, 2019.

Davie, B., und A. Farrel: *MPLS: Next Steps*, San Francisco, Morgan Kaufmann, 2008.

Davie, B., und Y. Rekhter: *MPLS Technology and Applications*, San Francisco, Morgan Kaufmann, 2000.

Davies, J.: *Understanding IPv6*, 2. Auflage, Redmond, WA, Microsoft Press, 2008.

Davis, J.: *Wifi Technology: Advances and Applications*, New York, NY, Research Press, 2018.

Day, J.D.: „The (Un)Revised OSI Reference Model", *Computer Commun. Rev.*, Vol. 25, S. 39–55, Okt. 1995.

Day, J.D., und H. Zimmermann: „The OSI Reference Model", *Proc. of the IEEE*, Vol. 71, S. 1334–1340, Dez. 1983.

De Marco, G., und D. Kowalski: „Contention Resolution in a Nonsynchronized Multiple Access Channel", *J. of Theoretical Computer Science*, Vol. 689, S. 1–13, Aug. 2017.

Dean, J., und T.S. Ghemawa: „MapReduce: a Flexible Data Processing Tool“, *Commun. of the ACM*, Vol. 53, S. 72–77, Jan. 2008.

Deering, S.E.: „SIP: Simple Internet Protocol“, *IEEE Network Magazine*, Vol. 7, S. 16–28, Mai/Juni 1993.

Deering, S., und D. Cheriton: „Multicast Routing in Datagram Networks and Extended LANs“, *ACM Trans. on Computer Systems*, Vol. 8, S. 85–110, Mai 1990.

Demers, A., S. Keshav und S. Shenker: „Analysis and Simulation of a Fair Queueing Algorithm“, *Internetwork: Research and Experience*, Vol. 1, S. 3–26, Sept. 1990.

Denning, D.E., und G.M. Sacco: „Timestamps in Key Distribution Protocols“, *Commun. of the ACM*, Vol. 24, S. 533–536, Aug. 1981.

Diffie, W., und M.E. Hellman: „Exhaustive Cryptanalysis of the NBS Data Encryption Standard“, *IEEE Computer*, Vol. 10, S. 74–84, Juni 1977.

Diffie, W., und M.E. Hellman: „New Directions in Cryptography“, *IEEE Trans. on Information Theory*, Vol. IT-2, S. 644–654, Nov. 1976.

Dijkstra, E.W.: „A Note on Two Problems in Connexion with Graphs“, *Numer. Math.*, Vol. 1, S. 269–271, Okt. 1959.

Dizdarevic, J., D. Carpio, A. Jukan und X. Masip-Bruin: „A Survey of Communication Protocols for Internet of Things and Related Challenges of Fog and Cloud Computing Integration“, *ACM Computing Surveys*, Vol. 51, Art. 116, Jan. 2019.

Donahoo, M., und K. Calvert: *TCP/IP Sockets in C*, 2. Auflage, San Francisco, Morgan Kaufmann, 2009.

Donahoo, M., und K. Calvert: *TCP/IP Sockets in Java*, 2. Auflage, San Francisco, Morgan Kaufmann, 2008.

Dorfman, R.: „Detection of Defective Members of a Large Population“, *Annals Math. Statistics*, Vol. 14, S. 436–440, 1943.

Du, W.: *Computer & Internet Security: A Hands-on Approach*, 2. Auflage, Seattle, Amazon, 2019.

Dutcher, B.: *The NAT Handbook*, New York, John Wiley & Sons, 2001.

El Gamal, T.: „A Public-Key Cryptosystem and a Signature Scheme Based on Discrete Logarithms“, *IEEE Trans. on Information Theory*, Vol. IT-1, S. 469–472, Juli 1985.

Esposito, V.: *Cryptography for Beginners: a Useful Support for Understanding*, Seattle, Amazon Digital Services, 2018.

Fall, K.: „A Delay-Tolerant Network Architecture for Challenged Internets“, *Proc. SIGCOMM 2003 Conf.*, ACM, S. 27–34, Aug. 2003.

Fawaz, K., und K.G. Shin: „Security and Privacy in the Internet of Things“, *IEEE Computer*, Vol. 52, S. 40–49, April 2019.

Feamster, N., H. Balakrishnan, J. Rexford, A. Shaikh und J. van der Merve: „The Case for Separating Routing from Routers", *Proc. SIGCOMM Workshop on Future Directions in Network Architecture*, ACM, S. 5–12, 2004.

Feamster, N., und J. Livingood: „Internet Speed Measurement: Current Challenges and Future Recommendations", *Commun. of the ACM*, ACM, 2020.

Feamster, N., J. Rexford und E. Zegura: „The Road to SDN", *ACM Queue*, Vol. 11, S. 20, Dez. 2013.

Fenner, B., M. Handley, H. Holbrook und I. Kouverlas: „Protocol Independent Multicast-Sparse Mode (PIM-SM)", *RFC 4601*, Aug. 2006.

Ferguson, N., B. Schneider und T. Kohno: *Cryptography Engineering: Design Principles and Practical Applications*, New York, John Wiley & Sons, 2010.

Fletcher, J.: „An Arithmetic Checksum for Serial Transmissions", *IEEE Trans. on Commun.*, Vol. COM-0, S. 247–252, Jan. 1982.

Floyd, S., M. Handley, J. Padhye und J. Widmer: „Equation-Based Congestion Control for Unicast Applications", *Proc. SIGCOMM 2000 Conf.*, ACM, S. 43–56, Aug. 2000.

Floyd, S., und V. Jacobson: „Random Early Detection for Congestion Avoidance", *IEEE/ACM Trans. on Networking*, Vol. 1, S. 397–413, Aug. 1993.

Fluhrer, S., I. Mantin und A. Shamir: „Weakness in the Key Scheduling Algorithm of RC4", *Proc. Eighth Ann. Workshop on Selected Areas in Cryptography*, Berlin, Springer LNCS 2259, S. 1–24, 2001.

Fontugne, R., P. Abry, K. Fukuda, D. Veitch, P. Borgnat und H. Wendt: „Scaling in Internet Traffic: A 14 Year and 3 Day Longitudinal Study, With Multiscale Analyses and Random Projections", *IEEE/ACM Trans. on Networking*, Vol. 25, S. 2152–2165, Aug. 2017.

Ford, B.: „Structured Streams: A New Transport Abstraction", *Proc. SIGCOMM 2007 Conf.*, ACM, S. 361–372, 2007.

Ford, L.R. Jr., und D.R. Fulkerson: *Flows in Networks*, Princeton, NJ, Princeton University Press, 1962.

Ford, W., und M.S. Baum: *Secure Electronic Commerce*, Upper Saddle River, NJ, Prentice Hall, 2000.

Forney, G.D.: „The Viterbi Algorithm", *Proc. of the IEEE*, Vol. 61, S. 268–278, März 1973.

Foster, N., R. Harrison, M. Freedman, C. Monsanto, J. Rexford, A. Story und D. Walker: „Frenetic: A Network Programming Language", *ACM Sigplan Notices*, Vol. 46, S. 279–291, Sep. 2011.

Francis, P.: „A Near-Term Architecture for Deploying Pip", *IEEE Network Magazine*, Vol. 7, S. 30–37, Mai/Juni 1993.

Fraser, A.G.: „Towards a Universal Data Transport System", *IEEE J. on Selected Areas in Commun.*, Vol. 5, S. 803–816, Nov. 1983.

Fridrich, J.: *Steganography in Digital Media: Principles, Algorithms und Applications*, Cambridge, Cambridge University Press, 2009.

Fuller, V., und T. Li: „Classless Inter-domain Routing (CIDR): The Internet Address Assignment and Aggregation Plan", *RFC 4632*, Aug. 2006.

Gallagher, R.G.: „A Minimum Delay Routing Algorithm Using Distributed Computation", *IEEE Trans. on Commun.*, Vol. COM-5, S. 73–85, Jan. 1977.

Gallagher, R.G.: „Low-Density Parity Check Codes", *IRE Trans. on Information Theory*, Vol. 8, S. 21–28, Jan. 1962.

Garcia-Luna-Aceves, J.: „Carrier-Sense Multiple Access with Collision Avoidance and Detection", *Proc. 20th Int'l Conf. on Modelling, Analysis, and Simulation of Wireless and Mobile Systems*, ACM, S. 53–61, Nov. 2017.

Gettys, J.: „Bufferbloat: Dark Buffers in the Internet", *IEEE Internet Computing*, IEEE, S. 96, 2011.

Gilder, G.: „Metcalfe's Law and Legacy", *Forbes ASAP*, 13. Sept. 1993.

Goralski, W.J.: *SONET*, 2. Auflage, New York, McGraw-Hill, 2002.

Grayson, M., K. Shatzkamer und S. Wainner: *IP Design for Mobile Networks*. Cisco Press, Indianapolis, 2009.

Grobe, K., und M. Eiselt: *Wavelength Division Multiplexing: A Practical Engineering Guide*, New York, John Wiley & Sons, 2013.

Grobe, K., und J. Elbers: „PON in Adolescence: From TDMA to WDM-PON", *IEEE Commun. Magazine*, Vol. 46, S. 26–34, Jan. 2008.

Gross, G., M. Kaycee, A. Lin, A. Malis und J. Stephens: „The PPP Over AAL5", *RFC 2364*, Juli 1998.

Gupta, A., R. Harrison, M. Canini, N. Feamster, J. Rexford und W. Willinger: „Sonata: Query-driven Streaming Network Telemetry", *Proc. SIGCOMM 2018 Conf.*, ACM, S. 357–371, 2018.

Ha, S., I. Rhee und X. Lisong: „CUBIC: A New TCP-Friendly High-Speed TCP Variant", *SIGOPS Oper. Syst. Rev.*, Vol. 42, S. 64–74, Juni 2008.

Hallberg, G.: *Quality of Service in Modern Packet Networks*, Seattle, Amazon, 2019.

Halperin, D., T. Heydt-Benjamin, B. Ransford, S. Clark, B. Defend, W. Morgan, K. Fu, T. Kohno und W. Maisel: „Pacemakers and Implantable Cardiac Defibrillators: Software Radio Attacks and Zero-Power Defenses", *IEEE Symp. on Security and Privacy*, S. 129–142, Mai 2008.

Halperin, D., W. Hu, A. Sheth und D. Wetherall: „802.11 with Multiple Antennas for Dummies“, *Computer Commun. Rev.*, Vol. 40, S. 19–25, Jan. 2010.

Hamming, R.W.: „Error Detecting and Error Correcting Codes“, *Bell System Tech. J.*, Vol. 29, S. 147–160, April 1950.

Harte, L: *Introduction to Cable TV (Catv): Systems, Services, Operation, and Technology*, Morrisville, NC, DiscoverNet Publishing, 2017.

Harte, L., B. Bromley und M. Davis: *Introduction to CDMA*, Fayetteville, NC, Phoenix Global Support, 2012.

Harte, L., S. Kellogg, R. Dreher und T. Schaffnit: *The Comprehensive Guide to Wireless Technology*, APDG Publishing, Fuquay-Varina, 2000.

Hawkins, J.: *Carrier Ethernet*, Hanover, MD, Ciena, 2016.

Hawley, G.T.: „Historical Perspectives on the U.S. Telephone Loop“, *IEEE Commun. Magazine*, Vol. 29, S. 24–28, März 1991.

Hegarty, M.T., und A.J. Keane: *Steganography, The World of Secret Communications*, Amazon CreateSpace, 2018.

Held, G.: *A Practical Guide to Content Delivery Networks*, 2. Auflage, CRC Press, Boca Raton, 2010.

Heusse, M., F. Rousseau, G. Berger-Sabbatel und A. Duda: „Performance Anomaly of 802.11b“, *Proc. INFOCOM Conf.*, IEEE, S. 836–843, 2003.

Hiertz, G., D. Denteneer, L. Stibor, Y. Zang, X. Costa und B. Walke: „The IEEE 802.11 Universe“, *IEEE Commun. Magazine*, Vol. 48, S. 62–70, Jan. 2010.

Hoe, J.: „Improving the Start-up Behavior of a Congestion Control Scheme for TCP“, *Proc. SIGCOMM '96 Conf.*, ACM, S. 270–280, 1996.

Hu, Y., und V.O.K. Li: „Satellite-Based Internet: A Tutorial“, *IEEE Commun. Magazine*, Vol. 30, S. 154–162, März 2001.

Huang, T.Y., R. Johari, N. McKeown, M. Trunnell und M. Watson: „A Buffer-based Approach to Rate Adaptation: Evidence from a Large Video Streaming Service“, *Proc. SIGCOMM 2014 Conf.*, ACM, S. 187–198, 2014.

Hui, R.: *Introduction to Fiber-Optic Communications*, London, Academic Press, 2020.

Huitema, C.: *Routing in the Internet*, 2. Auflage, Prentice Hall, Englewood Cliffs, 1999.

Hull, B., V. Bychokovsky, K. Chen, M. Goraczko, A. Miu, E. Shih, Y. Zhang, H. Balakrishnan und S. Madden: „CarTel: A Distributed Mobile Sensor Computing System“, *Proc. Sensys 2006 Conf.*, ACM, S. 125–138, Nov. 2006.

Huston, G.: „The Death of Transit and Beyond“, 2018.

Irmer, T.: „Shaping Future Telecommunications: The Challenge of Global Standardization“, *IEEE Commun. Magazine*, Vol. 32, S. 20–28, Jan. 1994.

Jacobson, V.: „Compressing TCP/IP Headers for Low-Speed Serial Links“, *RFC 1144*, Feb. 1990.

Jacobson, V.: „Congestion Avoidance and Control“, *Proc. SIGCOMM '88 Conf.*, ACM, S. 314–329, 1988.

Juang, P., H. Oki, Y. Wang, M. Martonosi, L. Peh und D. Rubenstein: „Energy-Efficient Computing for Wildlife Tracking: Design Tradeoffs and Early Experiences with ZebraNet“, *SIGOPS Oper. Syst. Rev.*, Vol. 36, S. 96–107, Okt. 2002.

Kamoun, F., und L. Kleinrock: „Stochastic Performance Evaluation of Hierarchical Routing for Large Networks“, *Computer Networks*, Vol. 3, S. 337–353, Nov. 1979.

Karagiannis, V., A. Venito, R. Coelho, M. Borkowski und G. Fohler: „Edge Computing with Peer to Peer Interactions: Use Cases and Impact“, *Proc. Workshop on Fog Computing and the IoT*, ACM, S. 46–50, April 2019.

Karn, P.: „MACA – A New Channel Access Protocol for Packet Radio“, *ARRL/CRRL Amateur Radio Ninth Computer Networking Conf.*, S. 134–140, 1990.

Karn, P., und C. Partridge: „Improving Round-Trip Estimates in Reliable Transport Protocols“, *Proc. SIGCOMM '87 Conf.*, ACM, S. 2–7, 1987.

Kasim, A.: *Delivering Carrier Ethernet*. McGraw-Hill, New York, 2007.

Katabi, D., M. Handley und C. Rohrs: „Congestion Control for High Bandwidth-Delay Product Networks“, Proc. *SIGCOMM 2002 Conf.*, ACM, S. 89–102, 2002.

Katz, D., und P.S. Ford: „TUBA: Replacing IP with CLNP“, *IEEE Network Magazine*, Vol. 7, S. 38–47, Mai/Juni 1993.

Kaufman, C., R. Perlman und M. Speciner: *Network Security*, 3. Auflage, Prentice Hall, Englewood Cliffs, 2022.

Kent, C., und J. Mogul: „Fragmentation Considered Harmful“, *Proc. SIGCOMM '87 Conf.*, ACM, S. 390–401, 1987.

Khanna, A., und J. Zinky: „The Revised ARPANET Routing Metric“, *Proc. SIGCOMM '89 Conf.*, ACM, S. 45–56, 1989.

Kim, H., J. Reich, A. Gupta, M. Shahbaz, N. Feamster und R. Clark: „Kinetic: Verifiable Dynamic Network Control“, *12th USENIX Sym. on Networked Systems Design and Implementation*, ACM, S. 59–72, 2015.

Kinnear, E., P. McManus und C. Wood: „Oblivious DNS over HTTPS“, IETF Network Working Group Internet Draft, 2019.

Kleinrock, L.: „Power and Other Deterministic Rules of Thumb for Probabilistic Problems in Computer Communications“, *Proc. Intl. Conf. on Commun.*, S. 43.1.1–43.1.10, Juni 1979.

Kleinrock, L., und F. Tobagi: „Random Access Techniques for Data Transmission over Packet-Switched Radio Channels“, *Proc. Nat. Computer Conf.*, S. 187–201, 1975.

Kohler, E., H. Handley und S. Floyd: „Designing DCCP: Congestion Control without Reliability", *Proc. SIGCOMM 2006 Conf.*, ACM, S. 27–38, 2006.

Koopman, P.: „32-Bit Cyclic Redundancy Codes for Internet Applications", *Proc. Intl. Conf. on Dependable Systems and Networks.* IEEE, S. 459–472, 2002.

Kraft, J., und L. Washington: *An Introduction to Number Theory with Cryptography*, 2. Auflage, London, Chapman and Hall, 2018.

Kumar, R.: *All about Steganography and Detection of Stegano Images*, Riga, Lettland, Lap Lambert Academic Publishing, 2018.

Kurose, J., und K. Ross: *Computer Networking: A Top-Down Approach*, 8. Auflage, Upper Saddle River, NJ, Pearson, 2021. Deutsche Ausgabe: *Computernetzwerke: Der Top-Down-Ansatz*, 6. Auflage, München, Pearson, 2014.

Kuszyk, A., und M. Hammoudeh: „Contemporary Alternatives to Traditional Processor Design in the Post Moore's Law Era", *Proc. Second Int'l Conf. on Future Networks and Distributed Systems*, ACM, Art. 46, 2018.

Labovitz, C., A. Ahuja, A. Bose und F. Jahanian: „Delayed Internet Routing Convergence", *IEEE/ACM Trans. on Networking*, Vol. 9, S. 293–306, Juni 2001.

Laino, J.: *The Telecom Handbook*, New York, CMP Books, 2017.

Lam, C.K.M., und B.C.Y. Tan: „The Internet Is Changing the Music Industry", *Commun. of the ACM*, Vol. 44, S. 62–66, Aug. 2001.

Lamparter, O., L. Fang, J.-C. Bischoff, M. Reitmann, R. Schwendener und T. Zasowski: „Multi-Gigabit over Copper Access Networks: Architectural Evolution and Techno-Economic Analysis", *IEEE Commun. Magazine*, Vol. 57, S. 22–27, Aug. 2019.

Le Feuvre, J., C. Concolato, N. Bouzakaria und V. Nguyen: „MPEG-DASH for Low Latency and Hybrid Streaming Services", *Proc. 23rd Int'l conf. on Multimedia*, ACM, S. 751–752, Juni 2015.

Lemon, J.: „Resisting SYN Flood DOS Attacks with a SYN Cache", *Proc. BSDCon Conf.*, USENIX, S. 88–98, 2002.

Levy, S.: „Crypto Rebels", *Wired*, S. 54–61, Mai/Juni 1993.

Li, B., Z. Wang, J. Liu und W. Zhu: „Two Decades of Internet Video Streaming: A Retrospective View", *ACM Trans. on Multimedia Computing*, Vol. 9, Art. 33, Okt. 2013.

Li, M., D. Agrawal, D. Ganesan und A. Venkataramani: „Block-Switched Networks: A New Paradigm for Wireless Transport", *Proc. NSDI 2009 Conf.*, USENIX, S. 423–436, 2009.

Li, Z., D. Levin, N. Spring und B. Bhattacharjee: „Internet Anycast: Performance, Problems, and Potential", *Proc. SIGCOMM 2018 Conf.*, S. 59–73, Aug. 2018.

Lin, S., und D. Costello: *Error Control Coding*, 2. Auflage, Pearson Education, Upper Saddle River, 2004.

Lubacz, J., W. Mazurczyk und K. Szczypiorski: „Vice over IP“, *IEEE Spectrum*, S. 42–47, Feb. 2010.

Macedonia, M.R.: „Distributed File Sharing“, *IEEE Computer*, Vol. 33, S. 99–101, 2000.

Malis, A., und W. Simpson: „PPP over SONET/SDH“, *RFC 2615*, Juni 1999.

Mangla, T., E. Halepovic, M. Ammar und E. Zegura: „eMIMIC: Estimating HTTP-Based Video QoE Metrics from Encrypted Network Traffic“, *Network Traffic Measurement and Analysis Conf.*, IEEE, S. 1–8, 2018.

Massey, J.L.: „Shift-Register Synthesis and BCH Decoding“, *IEEE Trans. on Information Theory*, Vol. IT-5, S. 122–127, Jan. 1969.

Matsui, M.: „Linear Cryptanalysis Method for DES Cipher“, *Advances in Cryptology – Eurocrypt 1993 Proceedings*, Springer LNCS 765, Berlin, S. 386–397, 1994.

Mazieres, D., und M.F. Kaashoek: „The Design, Implementation and Operation of an Email Pseudonym Server“, *Proc. Fifth Conf. on Computer and Commun. Security*, ACM, S. 27–36, 1998.

McCullough, B.: *How the Internet Happened: From Netscape to the iPhone*, New York, Liveright, 2018.

McKeown, N., T. Andeerson, H. Balakrishnan, G. Parulkar, L. Peterson, J. Rexford, S. Shenker und J. Turner: „OpenFlow: Enabling Innovation in Campus Networks“, *Computer Commun. Review*, Vol. 38, S. 69–74, April 2008.

Menasche, D.S., D.A. Rocha, A. Antonio, B. Li, D. Towsley und A. Venkataramani: „Content Availability and Bundling in Swarming Systems“, *IEEE/ACM Trans. on Networking*, IEEE, S. 580–593, 2013.

Menezes, A.J., und S.A. Vanstone: „Elliptic Curve Cryptosystems and Their Implementation“, *Journal of Cryptology*, Vol. 6, S. 209–224, 1993.

Merkle, R.C., und M. Hellman: „Hiding and Signatures in Trapdoor Knapsacks“, *IEEE Trans. on Information Theory*, Vol. IT-4, S. 525–530, Sept. 1978.

Metcalfe, R.M.: „Metcalfe's Law after 40 Years of Ethernet“, *IEEE Computer*, Vol. 46, S. 26–31, 2013.

Metcalfe, R.M.: „Computer/Network Interface Design: Lessons from Arpanet and Ethernet“, *IEEE J. on Selected Areas in Commun.*, Vol. 11, S. 173–179, Feb. 1993.

Metcalfe, R.M., und D.R. Boggs: „Ethernet: Distributed Packet Switching for Local Computer Networks“, *Commun. of the ACM*, Vol. 19, S. 395–404, Juli 1976.

Metz, C: „Interconnecting ISP Networks“, *IEEE Internet Computing*, Vol. 5, S. 74–80, März–April 2001.

Mishra, P.P., H. Kanakia und S. Tripathi: „On Hop by Hop Rate-Based Congestion Control“, *IEEE/ACM Trans. on Networking*, Vol. 4, S. 224–239, April 1996.

Mitra, J., und T. Nayak: „Reconfigurable Very High Throughput Low Latency VLSI (FPGA) Design Architecture of CRC 32“, *Integration*, Vol. 56, S. 1–14, Jan. 2017.

Mogul, J.C.: „IP Network Performance“, *Internet System Handbook*, D.C. Lynch und M.Y. Rose (Hrsg.), Addison-Wesley, Bostonm S. 575–575, 1993.

Mogul, J., und S. Deering: „Path MTU Discovery“, *RFC 1191*, Nov. 1990.

Mogul, J., und G. Minshall: „Rethinking the Nagle Algorithm“, *Comput. Commun. Rev.*, Vol. 31, S. 6–20, Jan. 2001.

Moy, J.: „Multicast Routing Extensions for OSPF“, *Commun. of the ACM*, Vol. 37, S. 61–66, Aug. 1994.

Muyco, S.D., und A.A. Hernandez: „Least Significant Bit Hash Algorithm for Digital Image Watermarking Authentication“, *Proc. Fifth Int'l Conf. on Computing and Art. Intell*, ACM, S. 150–154, 2019.

Nagle, J.: „On Packet Switches with Infinite Storage“, *IEEE Trans. on Commun.*, Vol. COM-5, S. 435–438, April 1987.

Nagle, J.: „Congestion Control in TCP/IP Internetworks“, *Computer Commun. Rev.*, Vol. 14, S. 11–17, Okt. 1984.

Naughton, J.: *A Brief History of the Future* , Overlook Press, Woodstock, 2000.

Needham, R.M., und M.D. Schroeder: „Using Encryption for Authentication in Large Networks of Computers“, *Commun. of the ACM*, Vol. 21, S. 993–999, Dez. 1978.

Needham, R.M., und M.D. Schroeder: „Authentication Revisited“, *Operating Systems Rev.*, Vol. 21, S. 7, Jan. 1987.

Nelakuditi, S., und Z.-L. Zhang: „A Localized Adaptive Proportioning Approach to QoS Routing“, *IEEE Commun. Magazine Vol. 40*, S. 66–71, Juni 2002.

NIST: „Secure Hash Algorithm“, *U.S. Government Federal Information Processing Standard 180*, 1993.

Norton, W.B.: *The Internet Peering Playbook: Connecting to the Core of the Internet*, DrPeering Press, 2011.

Nucci, A., und D. Papagiannaki: *Design, Measurement and Management of Large-Scale IP Networks*, Cambridge University Press, Cambridge, 2008.

Nugent, R., R. Munakana, A. Chin, R. Coelho und J. Puig-Suari: „The CubeSat: The PicoSatellite Standard for Research and Education“, *Proc. SPACE 2008 Conf.*, AIAA, 2008.

Olejnik, L., C. Castellucia und C. Diaz: „The Leaking Battery“, *Data Privacy Management and Security Assurance Springer*, S. 254–263.

Oran, D.: „OSI IS-IS Intra-domain Routing Protocol“, *RFC 1142*, Feb. 1990.

Osterhage, W.: *Wireless Network Security*, 2. Auflage, Boca Raton, FL, CRC Press, 2018.

Otway, D., und O. Rees: „Efficient and Timely Mutual Authentication“, *Operating Systems Rev.*, S. 8–10, Jan. 1987.

Padhye, J., V. Firoiu, D. Towsley und J. Kurose: „Modeling TCP Throughput: A Simple Model and Its Empirical Validation“, *Proc. SIGCOMM '98 Conf.*, ACM, S. 303–314, 1998.

Palmer, M., T. Kruger, N. Chandrasekaran und A. Feldmann: „The QUIC Fix for Optimal Video Streaming“, *Proc. Workshop on Evolution, Performance, and Interoperability of QUIC*, ACM, S. 43–49, Dec. 2018.

Parameswaran, M., A. Susarla und A.B. Whinston: „P2P Networking: An Information-Sharing Alternative“, *IEEE Computer*, Vol. 34, S. 31–38, Juli 2001.

Parekh, A., und R. Gallagher: „A Generalized Processor Sharing Approach to Flow Control in Integrated Services Networks: The Multiple-Node Case“, *IEEE/ACM Trans. on Networking*, Vol. 2, S. 137–150, April 1994.

Parekh, A., und R. Gallagher: „A Generalized Processor Sharing Approach to Flow Control in Integrated Services Networks: The Single-Node Case“, *IEEE/ACM Trans. on Networking*, Vol. 1, S. 344–357, Juni 1993.

Partridge, C., J. Hughes und J. Stone: „Performance of Checksums and CRCs over Real Data“, *Proc. SIGCOMM '95 Conf.*, ACM, S. 68–76, 1995.

Partridge, C., T. Mendez und W. Milliken: „Host Anycasting Service“, *RFC 1546*, Nov. 1993.

Patil, P., V. Bubane und N. Pandhare: *Audio Steganography*, Riga, Lettland, Lap Lambert Academic Publishing, 2019.

Paxson, V., und S. Floyd: „Wide-Area Traffic: The Failure of Poisson Modeling“, *IEEE/ACM Trans. on Networking*, Vol. 3, S. 226–244, Juni 1995.

Pearson, E.: *Fiber Optic Communications For Beginners: The Basics*, Fiber Optic Assoc., 2015.

Perkins, C.E.: „IP Mobility Support for IPv4“, *RFC 3344*, Aug. 2002.

Perkins, C.E.: RTP: *Audio and Video for the Internet*, Addison-Wesley, Boston, 2003.

Perkins, C.E. (Hrsg.): *Ad Hoc Networking*, Addison-Wesley, Boston, 2001.

Perkins, C.E.: *Mobile IP Design Principles and Practices*, Prentice Hall, Upper Saddle River, 1998.

Perkins, C.E., und E. Roye: „The Ad Hoc On-Demand Distance-Vector Protocol“, *Ad Hoc Networking*, C. Perkins (Hrsg.), Addison-Wesley, Boston, 2001.

Perlman, R.: *Interconnections*, 2. Auflage, Addison-Wesley, Boston, 2000.

Perlman, R.: *Network Layer Protocols with Byzantine Robustness*, Doktorarbeit, MIT, 1988.

Perlman, R.: „An Algorithm for the Distributed Computation of a Spanning Tree in an Extended LAN", *Proc. SIGCOMM '85 Conf.*, ACM, S. 44–53, 1985.

Perlman, R., und C. Kaufman: „Key Exchange in IPsec", *IEEE Internet Computing*, Vol. 4, S. 50–56, Nov.–Dez. 2000.

Perros, H.G.: *Connection-Oriented Networks: SONET/SDH, ATM, MPLS and Optical Networks*, New York, John Wiley & Sons, 2005.

Peterson, L., T. Anderson, S. Katti, N. McKeown, G. Parulkar, J. Rexford, M. Satyanarayanan, O. Sunay und A. Vahdat: „Democratizing the Network Edge", *Computer Commun. Review*, Vol. 49, S. 31–36, April 2019.

Peterson, W.W., und D.T. Brown: „Cyclic Codes for Error Detection", *Proc. IRE*, Vol. 49, S. 228–235, Jan. 1961.

Piatek, M., T. Kohno und A. Krishnamurthy: „Challenges and Directions for Monitoring P2P File Sharing Networks – or Why My Printer Received a DMCA Takedown Notice", *3rd Workshop on Hot Topics in Security*, USENIX, Juli 2008.

Piatek, M., T. Isdal, T. Anderson, A. Krishnamurthy und V. Venkataramani: „Do Incentives Build Robustness in BitTorrent?", *Proc. NSDI 2007 Conf.*, USENIX, S. 1–14, 2007.

Postel, J.: „Internet Control Message Protocols", *RFC 792*, Sept. 1981.

Pyles, J., J.L. Carrell und E. Tittel: *Guide to TCP/IP: IPv6 and IPv4*, 5. Auflage, Boston, Cengage Learning, 2017.

Quinlan, J., und C. Sreenan: „Multi-profile Ultra High Definition (UHD) AVC and HEVC 4K DASH Datasets", *Proc. Ninth Multimedia Systems Conf.*, ACM, S. 375–380, Juni 2018.

Rabin, J., und C. McCathieNevile: „Mobile Web Best Practices 1.0", *W3C Recommendation*, Juli 2008.

Ramachandran, A., A. Das Sarma, N. Feamster: „Bit Store: An Incentive-Compatabile Solution for Blocked Downloads in BitTorrent", *Proc. Joint Workshop on Econ. Networked Syst. and Incentive-Based Computing*, 2007.

Ramachandran, S., T. Gryya, K. Dapena und P. Thomas: „The Truth about Faster Internet: It'sNot Worth It", *The Wall Street Journal*, S. A1, 2019.

Ramakrishnam, K.K., S. Floyd und D. Black: „The Addition of Explicit Congestion Notification (ECN) to IP", *RFC 3168*, Sept. 2001.

Ramakrishnam, K.K., und R. Jain: „A Binary Feedback Scheme for Congestion Avoidance in Computer Networks with a Connectionless Network Layer“, *Proc. SIGCOMM '88 Conf.*, ACM, S. 303–313, 1988.

Ribezzo, G., G. Samela, V. Palmisano, L. De Cicco und S. Mascolo: „A DASH Video Streaming for Immersive Contents“, *Proc. Ninth Multimedia Systems Conf.*, ACM, S. 525–528, Juni 2018.

Rivest, R.L.: „The MD5 Message-Digest Algorithm“, *RFC 1320*, April 1992.

Rivest, R.L., A. Shamir und L. Adleman: „On a Method for Obtaining Digital Signatures and Public Key Cryptosystems“, *Commun. of the ACM*, Vol. 21, S. 120–126, Feb. 1978.

Roberts, L.G.: „Extensions of Packet Communication Technology to a Hand Held Personal Terminal“, *Proc. Spring Joint Computer Conf.*, AFIPS, S. 295–298, 1972.

Roberts, L.G.: „Multiple Computer Networks and Intercomputer Communication“, *Proc. First Symp. on Operating Systems Prin.*, ACM, S. 3.1–3.6, 1967.

Rose, M.T.: *The Simple Book*, Prentice Hall, Englewood Cliffs, 1994.

Rose, M.T.: *The Internet Message*, Prentice Hall, Englewood Cliffs, 1993.

Ruiz-Sanchez, M.A., E.W. Biersack und W. Dabbous: „Survey and Taxonomy of IP Address Lookup Algorithms“, *IEEE Network Magazine*, Vol. 15, S. 8–23, März–April 2001.

Saltzer, J.H., D.P. Reed und D.D. Clark: „End-to-End Arguments in System Design“, *ACM Trans. on Computer Systems*, Vol. 2, S. 277–288, Nov. 1984.

Santos, F.R., W.L. Da Costa Cordeiro, L.P. Gaspary und M.P. Barcellos: „Funnel: Choking Polluters in BitTorrent File Sharing Communities“, *IEEE Trans. on Network and Service Management*, Vol. 8, S. 310–321, April 2011.

Saroiu, S., K. Gummade und S. Gribble: „Measuring and Analyzing the Characteristics of Napster & Gnutella Hosts“, *Multim. Syst.*, Vol. 9, S. 170–184, Aug. 2003.

Schmitt, P., A. Edmundson, A. Mankin und N. Feamster: „Oblivious DNS: Practical Privacy for DNS Queries“, *Proc. on Privacy Enhancing Technologies*, S. 228–244, 2019.

Schneier, B.: *Secrets and Lies*, John Wiley & Sons, New York, 2004.

Schnorr, C.P.: „Efficient Signature Generation for Smart Cards“, *Journal of Cryptology*, Vol. 4, S. 161–174, 1991.

Schwartz, M., und N. Abramson: „The AlohaNet: Surfing for Wireless Data“, *IEEE Commun. Magazine*, Vol. 47, S. 21–25, Dez. 2009.

Senn, J.A.: „The Emergence of M-Commerce“, *IEEE Computer*, Vol. 33, S. 148–150, Dez. 2000.

Severance, C.R.: *Introduction to Networking: How the Internet Works*, Amazon CreateSpace, 2015.

Shaikh, A., J. Rexford und K. Shin: „Load-Sensitive Routing of Long-Lived IP Flows", *Proc. SIGCOMM '99 Conf.*, ACM, S. 215–226, Sept. 1999.

Shalunov, S., und R. Carlson: „Detecting Duplex Mismatch on Ethernet", *Passive and Active Network Measurement*, Springer LNCS 3431, Berlin, S. 3135–3148, 2005.

Shannon, C.: „A Mathematical Theory of Communication", *Bell System Tech. J.*, Vol. 27, S. 379–423, Juli 1948; und S. 623–656, Okt. 1948.

Shreedhar, M., und G. Varghese: „Efficient Fair Queueing Using Deficit Round Robin", *Proc. SIGCOMM '95 Conf.*, ACM, S. 231–243, 1995.

Siganos, G., M. Faloutsos, P. Faloutsos und C. Faloutsos: „Power Laws and the AS-level Internet Topology", *IEEE/ACM Trans. on Networking*, Vol. 11, S. 514–524, Aug. 2003.

Simpson, W.: *Video Over IP*, 2. Auflage, Focal Press, Burlington, 2008.

Simpson, W.: „PPP in HDLC-like Framing", *RFC 1662*, Juli 1994b.

Simpson, W.: „The Point-to-Point Protocol (PPP)", *RFC 1661*, Juli 1994a.

Siu, K., und R. Jain: „A Brief Overview of ATM: Protocol Layers, LAN Emulation und Traffic", *ACM Computer Communications Review*, Vol. 25, S. 6–20, April 1995.

Skoudis, E., und T. Liston: *Counter Hack Reloaded*, 2. Auflage, Prentice Hall, Upper Saddle River, 2006.

Smith, D.K., und R.C. Alexander: *Fumbling the Future*. William Morrow, New York, 1988.

Sood, K.: *Kerberos Authentication Protocol: Cryptography and Network Security*, Riga, Lettland, Lap Lambert Academic Publishing, 2012.

Sotirov, A., M. Stevens, J. Appelbaum, A. Lenstra, D. Molnar, D. Osvik und B. de Weger: „MD5 Considered Harmful Today", *Proc. 25th Chaos Communication Congress*, Verlag Art d'Ameublement, 2008.

Southey, R.: *The Doctors*, Longman, Brown, Green and Longmans, London, 1848.

Spurgeon, C.E.: *Ethernet: The Definitive Guide*, O'Reilly, Sebastopol, 2000.

Stallings, W.: *Data and Computer Communications*, 10. Auflage, Pearson Education, Upper Saddle River, 2015.

Stapleton, J., und W.C. Epstein: *Security without Obscurity: A Guide to PKI Operations*, Boca Raton, FL, CRC Press, 2016.

Stevens, W.R.: *TCP/IP Illustrated: The Protocols*. Addison-Wesley, Boston, 1994.

Stevens, W.R., B. Fenner und A.M. Rudoff: *UNIX Network Programming: The Sockets Network API*, Boston, Addison-Wesley, 2004.

Stockman, G.-J., und W. Coomans: „Fiber to the Tap: Pushing Coaxial Cable Networks to Their Limits", *IEEE Commun. Magazine*, Vol. 57, S. 34–39, Aug. 2019.

Stubblefield, A., J. Ioannidis und A.D. Rubin: „Using the Fluhrer, Mantin und Shamir Attack to Break WEP", *Proc. Network and Distributed Systems Security Symp.*, ISOC, S. 1–11, 2002.

Stuttard, D., und M. Pinto: *The Web Application Hacker's Handbook*, John Wiley & Sons, New York, 2007.

Su, S.: *The UMTS Air Interface in RF Engineering*, McGraw-Hill, New York, 2007.

Sun, S., A.I.H. Mkwaw, E. Jammeh und E. Iffeachor: *Guide to Voice and Video over IP: For Fixed and Mobile Networks*, Berlin, Springer, 2015.

Sundaresan, S., W. De Donato, N. Feamster, R. Teixeira, S. Crawford und A. Pescape: „Broadband Internet Performance: A View from the Gateway", *Proc. SIGCOMM 2011 Conf.*, ACM, S. 134–145, 2011.

Sunshine, C.A., und Y.K. Dalal: „Connection Management in Transport Protocols", *Computer Networks*, Vol. 2, S. 454–473, 1978.

Swami, R., M. Dave und V. Ranga: „Software-defined Networking-based DDoS Defense Mechanisms", *ACM Computing Surveys*, Vol. 52, Art. 28, April 2019.

Tan, K., J. Song, Q. Zhang und M. Sridharn: „A Compound TCP Approach for High-Speed and Long Distance Networks", *Proc. INFOCOM Conf.*, IEEE, S. 1–12, 2006.

Tanenbaum, A.S., und H. Bos: *Modern Operating Systems*, 5. Auflage, Upper Saddle River, NJ, Prentice Hall, 2023. Deutsche Ausgabe: *Moderne Betriebssysteme*, 5. Auflage, München, Pearson Studium, 2025.

Tomlinson, R.S.: „Selecting Sequence Numbers", *Proc. SIGCOMM/SIGOPS Interprocess Commun. Workshop*, ACM, S. 11–23, 1975.

Tuchman, W.: „Hellman Presents No Shortcut Solutions to DES", *IEEE Spectrum*, Vol. 16, S. 40–41, Juli 1979.

Turner, J.S.: „New Directions in Communications (or Which Way to the Information Age)", *IEEE Commun. Magazine*, Vol. 24, S. 8–15, Okt. 1986.

Vanhoeff, M., und F. Piessens: „Key Reinstallation Attacks: Forcing Nonce Reuse in WPA2", *Proc. 2017 SIGSAC Conf. on Computer and Commun. Security*, ACM, S. 1313–1328, 2017.

Varghese, G.: *Network Algorithmics*. Morgan Kaufmann, San Francisco, 2004.

Varghese, G., und T. Lauck: „Hashed and Hierarchical Timing Wheels: Data Structures for the Efficient Implementation of a Timer Facility", *Proc. 11th Symp. on Operating Systems Prin.*, ACM, S. 25–38, 1987.

VERIZON BUSINESS: *2009 Data Breach Investigations Report*, Verizon, 2009.

Viterbi, A.: *CDMA: Principles of Spread Spectrum Communication*, Prentice Hall, Englewood Cliffs, 1995.

Waitzman, D., C. Partridge und S. Deering: „Distance Vector Multicast Routing Protocol“, *RFC 1075*, Nov. 1988.

Waldman, M., A.D. Rubin und L.F. Cranor: „Publius: A Robust, Tamper-Evident, Censorship-Resistant Web Publishing System“, *Proc. Ninth USENIX Security Symp.*, USENIX, S. 59–72, 2000.

Walters, R.: *Spread Spectrum: Hedy Lamarr and the Mobile Phone*, Kindle, 2013.

Wang, B., und F. Ren: „Improving Robustness of DASH Against Network Uncertainty“, *2019 Int'l Conf. on Multimedia and Expo*, IEEE, S. 448–753, Juli 2019.

Wang, Z., und J. Crowcroft: „SEAL Detects Cell Misordering“, *IEEE Network Magazine*, Vol. 6, S. 8–9, Juli 1992.

Warneke, B., M. Last, B. Liebowitz und K.S.J. Pister: „Smart Dust: Communicating with a Cubic Millimeter Computer“, *IEEE Computer*, Vol. 34, S. 44–51, Jan. 2001.

Wei, D., J. Cheng, S. Low und S. Hedge: „FAST TCP: Motivation, Architecture, Algorithms, Performance“, *IEEE/ACM Trans. on Networking*, Vol. 14, S. 1246–1259, Dez. 2006.

Weiser, M.: „The Computer for the Twenty-First Century“, *Scientific American*, Vol. 265, S. 94–104, Sept. 1991.

Wittenburg, N.: *Understanding Voice Over IP Technology*, Delmar Cengage Learning, Clifton Park, 2009.

Wood, L., W. Ivancic, W. Eddy, D. Stewart, J. Northam, C. Jackson und A. da Silva Curiel: „Use of the Delay-Tolerant Networking Bundle Protocol from Space“, *Proc. 59th Int'l Astronautical Congress*, Int'l Astronautical Federation, S. 3123–3133, 2008.

Wu, T.: „Network Neutrality, Broadband Discrimination“, *Journal on Telecom. and High-Tech. Law*, Vol. 2, S. 141–179, 2003.

Wylie, J., M.W. Bigrigg, J.D. Strunk, G.R. Ganger, H. Kiliccote und P.K. Khosla: „Survivable Information Storage Systems“, *IEEE Computer*, Vol. 33, S. 61–68, Aug. 2000.

Ye, Y., T. Li, D. Adjeroh und S.S. Itengar: „A Survey on Malware Detection Using Data Mining Techniques“, *ACM Computing Surveys*, Vol. 50, Art. 41, Juni 2017.

Yu, T., S. Hartman und K. Raeburn: „The Perils of Unauthenticated Encryption: Kerberos Version 4“, *Proc. NDSS Symposium*, Internet Society, Feb. 2004.

Yuval, G.: „How to Swindle Rabin“, *Cryptologia*, Vol. 3, S. 187–190, Juli 1979.

Zacks, M.: „Antiterrorist Legislation Expands Electronic Snooping“, *IEEE Internet Computing*, Vol. 5, S. 8–9, Nov.–Dez. 2001.

Zhang, Y., L. Breslau, V. Paxson und S. Shenker: „On the Characteristics and Origins of Internet Flow Rates“, *Proc. SIGCOMM 2002 Conf.*, ACM, S. 309–322, 2002.

Zhang, Y., X. Yuan und N.-F. Tzeng: „Pseudo-Honeypot: Toward Efficient and Scalable Spam Sniffer“, *Proc. 49th Int'l Conf. on Dependable Systems and Networks*, IEEE, S. 435–446, 2019.

Zimmermann, P.R.: *The Official PGP User's Guide*, MIT Press, Cambridge, 1995.

Zipf, G.K.: *Human Behavior and the Principle of Least Effort: An Introduction to Human Ecology*, Addison-Wesley, Boston, 1949.

Ziv, J., und Z. Lempel: „A Universal Algorithm for Sequential Data Compression“, *IEEE Trans. on Information Theory*, Vol. IT-3, S. 337–343, Mai 1977.

Register

Numerisch

A

B

C

D

E

F

G

H

I

J

K

L

M

N

O

S

T

W

X

Z